Soergel

Kommentar zum
Bürgerlichen Gesetzbuch

Band 9/1b

Stand der 13. Auflage

Band	Titel	§§	Stand
Band 1:	Allgemeiner Teil 1	§§ 1 – 103	Frühjahr 2000
Band 2:	Allgemeiner Teil 2	§§ 104 – 240	März 1999
Band 2a:	Allgemeiner Teil 3	§§ 13, 14 126a, 126b, 127 194 – 218	Herbst 2002
Band 3/1:	Schuldrecht 1/1	§§ 241, 242	
Band 3/2:	Schuldrecht 1/2	§§ 243 – 304	Mai 2014
Band 4:	Schuldrecht 2	§§ 305 – 310, UKlaG	Oktober 2018
Band 5/1a:	Schuldrecht 3/1a	§§ 311, 311a – c, 313, 314	April 2013
Band 5/1b:	Schuldrecht 3/1b	§§ 312 – 312k, 315 – 319	März 2022
Band 5/2:	Schuldrecht 3/2	§§ 320 – 327	Frühjahr 2005
Band 5/3:	Schuldrecht 3/3	§§ 328 – 432	August 2009 mit Nachtrag zur Neufassung der §§ 355 – 361 BGB i.d. ab 11.6.2010 geltenden Fassung
Band 6/1a:	Schuldrecht 4/1a	§§ 433 – 439	–
Band 6/1b:	Schuldrecht 4/1b	§§ 440 – 453	–
Band 6/2:	Schuldrecht 4/2	§§ 454 – 480	Januar 2009
Band 7:	Schuldrecht 5	§§ 481 – 534	Sommer 2014
Band 8:	Schuldrecht 6	§§ 535 – 610	Sommer 2007
Band 9/1a:	Schuldrecht 7/1a	§§ 611 – 619a	–
Band 9/1b:	Schuldrecht 7/1b	§§ 620 – 630h; AGG	31. Dezember 2021
Band 9/2:	Schuldrecht 7/2	§§ 631 – 651y	Januar 2022
Band 10:	Schuldrecht 8	§§ 652 – 704	Sommer 2011
Band 11/1:	Schuldrecht 9/1	§§ 705 – 758	Sommer 2011
Band 11/2:	Schuldrecht 9/2	§§ 759 – 779	2015
Band 11/3:	Schuldrecht 9/3	§§ 780 – 822	Sommer 2011
Band 12:	Schuldrecht 10	§§ 823 – 853. ProdHG. UmweltHG	Sommer 2005
Band 13:	Schuldrechtl. Nebengesetze 1	CISG	Frühjahr 2000
Band 14:	Sachenrecht 1	§§ 854 – 984	Sommer 2002
Band 15/1:	Sachenrecht 2/1	§§ 985 – 1017 Erbbau VO	Herbst 2006
Band 15/2:	Sachenrecht 2/2	WEG	August 2017 mit grundlegenden Nachträgen bis März 2018
Band 16:	Sachenrecht 3	§§ 1018 – 1296	Frühjahr 2001
Band 17/1:	Familienrecht 1/1	§§ 1297 – 1588	Sommer 2012
Band 17/2:	Familienrecht 1/2	NehelLG. LPartG. GewSchG. FamFG	Herbst 2012
Band 18:	Familienrecht 2	§§ 1587 – 1588. VAHRG. VAÜG	Frühjahr 2000
Band 18a:	Familienrecht 2a	VersAusglG	Frühjahr 2012
Band 19/1:	Familienrecht 3/1	§§ 1589 – 1615n	Frühjahr 2012
Band 19/2:	Familienrecht 3/2	§§ 1616 – 1717	Herbst 2016
Band 20:	Familienrecht 4	§§ 1741 – 1921	Frühjahr 2000
Band 21:	Erbrecht 1	§§ 1922 – 2063	Januar 2002
Band 22:	Erbrecht 2	§§ 2064 – 2273. BeurkG	Winter 2002/2003
Band 23:	Erbrecht 3	§§ 2274 – 2385	Sommer 2002
Band 24:	EGBGB 1	Art. 1 –12	–
Band 25:	EGBGB 2	Art. 13 – 26	–
Band 26:	EGBGB 3	Art. 27 – 37	–
Band 27/1:	Rom II-VO; Internationales Handelsrecht; Internationales Bank- und Kapitalmarktrecht		Oktober 2018

Bürgerliches Gesetzbuch

mit Einführungsgesetz und Nebengesetzen

Band 9/1b
Schuldrecht 7/1b
§§ 620–630h, AGG

Wissenschaftliche Redaktion
Prof. Dr. Thomas Raab, Trier

Bearbeitet von:

Prof. Dr. Thomas Klein
§§ 620-625

Prof. Dr. Philipp S. Fischinger/Jonas B. Hofer
§§ 626-628

Jonas B. Hofer
§§ 629, 630

Claudia Holzner/Lucia Kretschmer
§§ 630a, 630b, §§ 630f, 630 g

Prof. Dr. Jens Prütting/Dorothée-Christine Heyn
§§ 630c-630e

Claudia Holzner
§ 630h Abs. 3

Dr. Andreas Manok
§ 630h

Prof. Dr. Achim Seifert
AGG

Stand: 31. Dezember 2021

Verlag W. Kohlhammer

Zitiervorschlag:
Soergel/Klein § 620 Rz 1

13. Auflage 2023

Alle Rechte vorbehalten
© W. Kohlhammer GmbH, Stuttgart
Gesamtherstellung: W. Kohlhammer GmbH, Stuttgart

Print:
ISBN 978-3-17-042940-6

Für den Inhalt abgedruckter oder verlinkter Websites ist ausschließlich der jeweilige Betreiber verantwortlich. Die W. Kohlhammer GmbH hat keinen Einfluss auf die verknüpften Seiten und übernimmt hierfür keinerlei Haftung.

Vorwort zur 13. Auflage

Im Jahre 1921 begründeten die bayerischen Juristen Hofrat Soergel und Oberjustizrat Lindemann einen neuen Kommentar zum Bürgerlichen Gesetzbuch. Zusammen mit ihren Mitarbeitern, die alle der juristischen Praxis angehörten, waren sie darauf bedacht, die „einschlägigen Entscheidungen und Ergebnisse der Rechtsprechung und Rechtslehre vollständig" zusammenzustellen. In seiner 1. Auflage konnte sich der Kommentar noch auf zwei Bände (Band 1: Allgemeiner Teil, Recht der Schuldverhältnisse; Band 2: Sachenrecht, Familienrecht, Erbrecht, Einführungsgesetz) beschränken und dies auch über die folgenden Auflagen einhalten; erst später wuchs er um einen weiteren Band auf drei Bände an.

Nach dem Kriege wurde mit der 8. Auflage (1952 ff), die dann schon vier Bände umfasste, die bisherige Tradition des auf reichhaltige Kasuistik bedachten Fundstellennachweises mit Erläuterungen zunächst noch fortgeführt. An dieser Auflage arbeiteten erstmals neben Praktikern auch Wissenschaftler mit, darunter der Heidelberger Professor Siebert. Siebert entwickelte mit Fachkollegen zusammen eine neue Konzeption, die die bewährte Eigenart des Kommentars „die einschlägigen Entscheidungen – auch aus der Praxis der Untergerichte – möglichst vollständig zusammenzustellen" beibehielt, darüber hinaus aber großen Wert darauf legte, die wissenschaftliche Literatur mit aufzuarbeiten und sich am wissenschaftlichen Gespräch selbst zu beteiligen. Diese Konzeption wurde mit der 9. Auflage (1959 ff) verwirklicht. Zu Recht erschien der nun auf sechs Bände angewachsene Kommentar für zwei Auflagen unter dem Namen „Soergel-Siebert"; er entwickelte sich zu einer „der Praxis wie der Wissenschaft gleichermaßen dienliche, vollständige und systematisch gestraffte Darstellung des gesamten Rechtsstoffes", die in den Folgejahren ihren Beitrag zur Fortentwicklung des Bürgerlichen Rechts und zur Klärung von Streitfragen leisten konnte.

Der verstärkten Kodifizierung bürgerlich-rechtlicher Materien in eigenständigen Gesetzen musste der Kommentar Rechnung tragen und sich diesen „Nebengesetzen" öffnen. Dies und das zunehmende Bestreben nach Einzelfallgerechtigkeit, das sich in Zahl und Umfang der gerichtlichen Entscheidungen niederschlägt, steigerten den Umfang der Gesamtkommentierung stetig. So umfasste die 12. Auflage zwölf Bände größeren Umfangs.

Die 13. Auflage wird aus Gründen der leichteren Handhabbarkeit auf schmalere Bände übergehen. Da mit einem weiteren Wachsen des zu behandelnden Stoffes gerechnet werden muss, ist die neue Auflage auf fünfundzwanzig Bände angelegt. Die ausgewogene Zusammensetzung der Autoren aus Wissenschaft, häufig auch als Richter im Nebenamt tätig, und wissenschaftlich ausgewiesenen Praktikern bietet die Gewähr dafür, dass in der Verbindung von Wiedergabe der Rechtsprechung mit einer systematisch und wissenschaftlich fundierten Darstellung der Rechtsprobleme sowohl gemeinsame Grundlagen und sich anbahnende rechtliche Entwicklungen aufgezeigt werden, als auch die Rechtsprechung vor diesem Hintergrund eine kritische Beleuchtung erfährt.

Im Jahre 1998 erschien im Rahmen der 12. Auflage des Soergels der Band 4/1. Er umfasste mit den §§ 516-651 BGB weite Teile des Besonderen Schuldrechts, insbesondere neben der Schenkung die Verträge über Gebrauchsüberlassungen (Miete, Pacht, Leihe), das Darlehen, den Dienstvertrag und den Werkvertrag. Seither ist eine ungebührlich lange Zeit vergangen. Mehrfache Wechsel der Bandredaktion und der Bearbeiter, verbunden auch mit der Notwendigkeit der Aktualisierung bereits abgeschlossener Bearbeitungen, haben immer wieder zu Verzögerungen geführt. Das Anwachsen des Umfangs der Kommentierungen erforderte zudem eine deutlich stärkere Segmentierung der einzelnen Bände. So finden sich nunmehr die Kommentierungen zu den Gebrauchsüberlassungsverträgen und diejenigen zum Werk- und Reisevertrag in eigenen Bänden (Band 8 und Band 9/2).

Auch im Kontext des Bandes zum Dienstvertrag ergab sich im Laufe der Zeit zusätzlicher Kommentierungsbedarf. So sollte neben den §§ 611-630 BGB zusätzlich das 2006 in Kraft getretene Allgemeine Gleichbehandlungsgesetz (AGG) in diesen Band aufgenommen werden, da es seine Bedeutung vor allem im Kontext des Dienstvertrags entfaltet. Zudem wurde im Jahre 2013 der Behandlungsvertrag als Spezialfall des Dienstvertrages in das BGB eingefügt (§§ 630a-630h). Mit diesen Ergänzungen sollte der Band zum Dienstvertrag ursprünglich in einem Band erscheinen (Band 9/1). Nach Vorliegen der Manuskripte erwies sich dies allerdings als nicht mehr praktikabel, da deren Umfang die üblichen Umfänge der Bände der 13. Auflage deutlich gesprengt hätte. Daher hat sich der Verlag in Abstimmung mit der Bandredaktion entschlossen, den Inhalt auf zwei Teilbände aufzuteilen. Band 9/1b (§§ 620-630h) macht den Anfang. Die übrigen Bestimmungen des Dienstvertrages (§§ 611-619a) werden in Kürze in Band 9/1a folgen.

Schon die seit der Vorauflage verstrichene Zeit, aber auch zahlreiche Gesetzesänderungen sowie die Entwicklung in Rechtsprechung und Literatur haben praktisch eine völlige Neukommentierung erforderlich gemacht. Der vorliegende Band befindet sich grundsätzlich auf dem Stand vom 31. Dezember 2021. Rechtsprechung und Literatur sind bis einschließlich zu diesem Zeitpunkt berücksichtigt. Die zum 1. Januar 2023 in Kraft getretenen Änderungen durch das Gesetz zur Reform des Vormundschafts- und Betreuungsrechts vom 4. Mai 2021 (BGBl I S 882) sind ebenfalls bereits eingearbeitet. Nach dem 31. Dezember 2021 eingetretene Gesetzesänderungen konnten noch im Rahmen der Drucklegung berücksichtigt werden. Dies gilt insbesondere für die Änderungen durch das Gesetz zur Umsetzung der RL (EU) 2019/1152 vom 20. Juli 2022 (BGBl I S 1174).

Das AGG (BGBl I 2022 S. 2010) hat den Stand vom 19. Dezember 2022.

Bürgerliches Gesetzbuch

mit Einführungsgesetz und Nebengesetzen

Kohlhammer-Kommentar

begründet von
Dr. Hs. Th. Soergel, Bayer. Hofrat (†)

neu herausgegeben von
Dr. W. Siebert, o. Professor der Rechte in Heidelberg (†)

Dreizehnte neubearbeitete Auflage

Verlag W. Kohlhammer

Dr. Claus Ahrens
Professor an der Bergischen Universität Wuppertal

Dr. Christoph Althammer
Professor an der Universität Freiburg

Dr. Clemens Appl
Professor an der Donau-Universität Krems

Dr. Stefan Arnold, LL.M. (Cambridge)
Professor an der Universität Graz

Dr. Jürgen F. Baur
Professor (em.) an der Universität Köln, Richter am Hanseatischen Oberlandesgericht a.D., Hamburg

Dr. Axel Beater
Professor an der Universität Greifswald

Dr. Peter Becker, Zertif. Mediator (CVM)
Notarassessor, Tauberbischofsheim

Dr. Christoph Benicke
Professor an der Universität Gießen

Dr. Volker Beuthien
Professor (em.) an der Universität Marburg

Dr. Günter Borchert
Professor an der Bergischen Universität Wuppertal

Dr. Mag. Priv.-Doz. Henriette Christine Boscheinen-Duursma, LL.M. (Passau), M.A.S. (European Law)
em. Rechtsanwältin in Linz, Dozentin an der Universität Salzburg

Hans-Christoph Bruß
Rechtsanwalt in Karlsruhe

Dr. Wolfram Buchwitz
Professor an der Universität Würzburg, Richter am Oberlandesgericht Frankfurt a.M.

Dr. Katja Ciolek-Krepold
Richterin am Amtsgericht München

Dr. Dagmar Coester-Waltjen, LL.M. (Univ of Michigan)
Professorin an der Universität München

Dr. Ignacio Czeguhn
Professor an der Freien Universität Berlin

Dr. Jürgen Damrau
Professor (em.) an der Universität Konstanz, Richter am Landgericht a.D.

Dr. Albrecht Dieckmann †
Professor (em.) an der Universität Freiburg i.Br.

Dr. Hans-Werner Eckert
Professor (em.) an der Universität Greifswald

Dr. Jens Ekkenga
Professor an der Universität Gießen

Johannes Engel
Rechtsanwalt in Frankfurt/Main

Dr. Hermann Fahse
Kanzler der Technischen Universität Kaiserslautern a.D., Honorarprofessor an der Technischen Universität Kaiserslautern

Dr. Christian Fischer
Professor an der Universität Jena

Dr. Gerfried Fischer, LL.M.
Professor (em.) an der Universität Halle-Wittenberg

Dr. Philipp S. Fischinger, LL.M. (Harvard)
Professor an der Universität Mannheim

Dr. Wolfgang Forster
Professor an der Universität Tübingen

Dr. Jörg Fritzsche
Professor an der Universität Regensburg

Dr. Dr. h.c. Hans Friedhelm Gaul
Professor (em.) an der Universität Bonn

Dr. Martin Gebauer
Professor an der Universität Tübingen

Dr. Andreas Gietl
Richter am Amtsgericht Cham

Dr. Jochen Glöckner, LL.M. (USA)
Professor an der Universität Konstanz, Richter am Oberlandesgericht Karlsruhe

Christian Grebe
Wissenschaftlicher Mitarbeiter an der Universität Gießen

Dr. Peter Gröschler
Professor an der Universität Mainz

Dr. Dr. Herbert Grziwotz
Notar in Regen, Honorarprofessor an der Universität Regensburg

Dr. Beate Gsell
Professorin an der Universität München

Dr. Otmar Häberle
Vorsitzender Richer am Oberlandesgericht a.D., Stuttgart

Dr. Mathias Habersack
Professor an der Universität München

Dr. Walther Hadding
Professor (em.) an der Universität Mainz

Dr. Jan Dirk Harke
Professor an der Universität Jena, Richter am Thüringer Oberlandesgericht

Dr. Franz Häuser
Professor (em.) an der Universität Leipzig

Dr. Röse Häußermann
Präsidentin des Landgerichts Tübingen a.D.

Dr. Dr. h.c. Wolfgang Hefermehl †
Professor (em.) an der Universität Heidelberg, Honorarprofessor an den Universitäten Mannheim und Salzburg

Dr. Irmgard Heinrich
Notarin in Hamburg a.D.

Dr. Walther Heintzmann
Präsident des Landgerichts a.D., Lüneburg Honorarprofessor an der Universität Hannover

Jan F. Hellwig
Wissenschaftlicher Mitarbeiter an der Universität Gießen

Dr. Martin Henssler
Professor an der Universität Köln

Dorothée-Christine Heyn
Wissenschatliche Mitarbeiterin an der Bucerius Law School Hamburg

Dr. Katharina Hilbig-Lugani
Professorin an der Universität Düsseldorf

Dr. Günther Hönn
Professor (em.) an der Universität des Saarlandes

Jonas B. Hofer
Rechtsanwalt Stuttgart

Dr. Bernd von Hoffmann
Professor an der Universität Trier

Dr. Gerhard Hohloch
Professor an der Universität Freiburg i.Br., Richter am Oberlandesgericht Stuttgart

Claudia Holzner, LL.M. (Dresden International University)
Rechtsanwältin Hamburg

Dr. Matthias Jacobs
Professor an der Bucerius Law School, Hamburg

Axel Jakobitz
Richter am Amtsgericht Schwandorf

Dr. Susanne Kappler
Notarin in Arnstorf

Dr. Tobias Kappler
Notar in Osterhofen, Lehrbeauftragter Universität Regensburg

Dr. Erik Kießling
Vorsitzender Richter am Oberlandesgericht Zweibrücken

Dr. Thomas Klein
Professor an der Hochschule für Technik und Wirtschaft des Saarlandes

Dr. Gerhard Klumpe
Vorsitzender Richter am Landgericht Dortmund

Dr. Eckart Klein
Professor an der Universität Potsdam

Dr. Kai-Oliver Knops
Professor an der Universität Hamburg

Dr. Robert Koch, LL.M.
Professor an der Universität Hamburg

Dr. Dr. h.c. Horst Konzen
Professor (em.) an der Universität Mainz

Dr. Rüdiger Krause
Professor an der Universität Göttingen

Dr. Hans-Michael Krepold †
Professor an der Hochschule Aschaffenburg Syndikus

Lucia Kretschmer
Rechtsanwältin Leipzig

Dr. Dieter Krimphove
Professor an der Universität Paderborn, Jean-Monnet-Professor ad personam

Dr. Dr. h.c. Herbert Kronke
Generalsekretär a.D., Professor an der Universität Heidelberg

Dr. Thilo Kuntz, LL.M. (University of Chicago)
Professor an der Bucerius Law School, Hamburg

Dr. Martin Leiß, M.A.
Notar in Rosenheim

Dr. Alina Lengauer
Professorin an der Universität Wien

Dr. Gabriel M. Lentner
Assistenzprofessor an der Donau-Universität Krems

Dr. Ulrich Leptien †
Vorsitzender Richter am Hanseatischen Oberlandesgericht Hamburg

Dr. Saskia Lettmaier, LL.M. (Harvard)
BA (Oxford), Universität Regensburg

Dr. Stephan Liermann
Präsident des Landgerichts a.D., Bonn, Honorarprofessor an der Universität Köln

Dr. Walter Lindacher
Professor (em.) an der Universität Trier, Richter am Oberlandesgericht a.D.

Dr. Martin Lipp
Professor an der Universität Gießen

Dr. Thomas Lobinger
Professor an der Universität Heidelberg

Dr. Martin Löhnig
Professor an der Universität Regensburg

Dr. Karl-Georg Loritz
Professor an der Universität Bayreuth

Dr. Heiner Lück
Professor an der Universität Halle-Wittenberg

Dr. Dr. h.c. Alexander Lüderitz †
Professor an der Universität Köln

Dr. Andreas Manok, LL.M. (Dresden International University)
Rechtsanwalt Ravensburg

Dr. Jochen Marly
Professor an der Technischen Universität Darmstadt

Dr. Jörg Mayer †
Notar in Simbach

Aeneas Nalbantis
Wissenschaftlicher Mitarbeiter an der Universität Gießen

Dr. Hubert Minz
Rechtsanwalt in Sankt Augustin, Präsident der Fachhochschule des Bundes für öffentliche Verwaltung a.D.

Dr. Joachim Münch
Professor an der Universität Göttingen

Dipl.-Kfm. Dr. Klaus Neuhoff
Leiter, Institut Stiftung und Gemeinwohl, Private Universität Witten/Herdecke, Witten

Dr. Werner Niedenführ
Richter am Oberlandesgericht Frankfurt/Main

Dr. Dr. h. c. Thomas Pfeiffer
Professor an der Universität Heidelberg, Richter am Oberlandesgericht a.D.

Dr. Ina Plettenberg
Wissenschaftliche Mitarbeiterin an der Universität Regensburg

Dr. Mareike Preisner, LL.M. (Wien)
Richterin am Amtsgericht Wolfratshausen

Dr. Jens Prütting
Professor an der Bucerius Law School Hamburg

Dr. Thomas Raab
Professor an der Universität Trier

Dr. Thomas Ratka
Professor an der Donau-Universität Krems

Dr. Roman Alexander Rauter
Wien

Alexander von Reden, LL.M. (Suffolk Univ Boston)
Rechtsanwalt in Frankfurt/Main

Dr. Oliver Remien †
Professor an der Universität Würzburg

Maria-Viktoria Runge-Rannow
Wissenschaftliche Mitarbeiterin an der Universität Regensburg

Dr. Judith Schacherreiter
Privatdozentin an der Universität Wien

Dr. Daniel Schäuble
Notar in Waldshut-Tiengen

Dr. Dietmar Schmeiduch
Abteilungsdirektor der Deutschen Rentenversicherung Rheinland a.D.

Dr. Martin Schmidt-Kessel
Professor an der Universität Bayreuth

Dr. Adrian Schmidt-Recla
Professor an der Universität Leipzig

Dr. Franz Schnauder
Richter am Oberlandesgericht Karlsruhe

Dr. Klaus Schreiber
Professor an der Universität Bochum

Dr. Christian Schubel
Professor an der Andrássy-Universität Budapest

Dr. Hans Schulte-Nölke
Professor an der Universität Osnabrück

Dr. Eva Schumann
Professorin an der Universität Göttingen

Dr. Wolfgang Schur Apl.
Professor an der Universität Gießen

Dr. Klaus Schurig
Professor (em.) an der Universität Passau

Dr. Maximilian Seibl, LL.M. (Harvard)
Akademischer Rat auf Zeit, Universität München

Dr. Achim Seifert
Professor an der Universität Jena

Dr. Dominik Skauradszun
Professor an der Hochschule Fulda

Dr. Dennis Solomon, LL.M. (Berkeley)
Professor an der Universität Passau

Dr. Andreas Spickhoff
Professor an der Universität München

Andreas Spreng
Richter am Landgericht Konstanz

Dr. Astrid Stadler
Professorin an der Universität Konstanz

Dr. Axel Stein
Professor an der Fachhochschule Münster

Dr. Hans-Wolfgang Strätz
Professor (em.) an der Universität Konstanz

Dr. Rolf Stürner
Professor (em.) an der Universität Freiburg i.Br., Richter am Oberlandesgericht Karlsruhe a.D.

Dr. Arndt Teichmann
Professor (em.) an der Universität Mainz, Richter am Oberlandesgericht Koblenz a.D.

Dr. Thomas Thiede, LL.B., LL.M.
Univ.-Lekt. an der Universität Graz, Lehrbeauftragter an der Universität Bochum, Rechtsanwalt in Dortmund

Dr. Harald Vinke
Staatsbetrieb Sächsisches Immobilien-und Baumanagement, Dresden

Hans-Joachim Weber
Vizepräsident des Landgerichts Waldshut-Tiengen a.D.

Dr. Bernd Wegmann
Notar in Ingolstadt, Honorarprofessor an der Hochschule Ingolstadt

Dr. Marina Wellenhofer
Professorin an der Universität Frankfurt/Main

Dr. Reinhard Welter †
Professor an der Universität Leipzig

Dr. Christoph Wendelstein
Akademischer Rat a.Z. Universität Konstanz

Dr. Stephan Wendt
Notar in Freinsheim

Dr. Stefan Werner
Rechtsanwalt in Frankfurt/Main

Dr. Johannes Wertenbruch
Professor an der Universität Marburg

Dr. Gerrit Winter
Professor (em.) an der Universität Hamburg

Dr. Manfred Wolf †
Professor (em.) an der Universität Frankfurt/Main, Rechtsanwalt

Dr. Sebastian Zander
Notar in Weinheim

Dr. Barbara Zecca-Jobst
Richterin am Verwaltungsgericht Regensburg

Dr. Walter Zimmermann
Vizepräsident des Landgerichts Passau a.D., Honorarprofessor an der Universität Regensburg

Inhaltsverzeichnis

zu Band 9/1b

Abkürzungsverzeichnis		XIII
	bearbeitet von Rechtsanwalt Dr. Michael Matthiessen, Berlin	
Buch 2	**Recht der Schuldverhältnisse**	
Abschnitt 8	**Einzelne Schuldverhältnisse**	
Titel 8	**Dienstvertrag und ähnliche Verträge**	
Untertitel 1	**Dienstvertrag §§ 611-630**	1
	bearbeitet von Prof. Dr. Thomas Klein, Saarbrücken (§§ 620-625), Prof. Dr. Philipp S. Fischinger, Mannheim/Jonas B. Hofer, Stuttgart (§§ 626-628), Jonas B. Hofer, Stuttgart (§§ 629, 630)	
Untertitel 2	**Behandlungsvertrag §§ 630a-630h**	279
	bearbeitet von Claudia Holzner, Hamburg/Lucia Kretschmer, Leipzig (§§ 630a, 630b, 630f, 630 g), Prof. Dr. Jens Prütting, Hamburg/Dorothée-Christine Heyn, Hamburg (§§ 630c-630e), Claudia Holzner, Hamburg (§ 630h Abs. 3), Dr. Andreas Manok, Ravensburg (§ 630h)	
	Allgemeines Gleichbehandlungsgesetz (AGG)	779
	bearbeitet von Prof. Dr. Achim Seifert, Jena	
Stichwortverzeichnis		917
	bearbeitet von Rechtsanwalt Dr. Michael Matthiessen, Berlin	

Abkürzungsverzeichnis

Bei **Kommentaren und Lehrbüchern** sind die neuesten Auflagen genannt; in Zweifelsfällen ist die Auflage in den Fußnoten angegeben. Bei Kommentaren ist im Abkürzungsverzeichnis auf Bearbeiter und/oder auf Herausgeber verwiesen.

Bei **Zeitschriften, Entscheidungssammlungen und Gesetzblättern** ist neben der jeweils am Ende angegebenen Zitierweise, soweit möglich, auch angeführt, in welcher Zeit sie erschienen sind. Soweit die Erscheinungsdauer nicht überprüft werden konnte, ist auf die Angabe bei Kirchner/Butz, „Abkürzungsverzeichnis der Rechtssprache", 5. Auflage 2003, zurückgegriffen worden.

In den Fußnoten sind von den **Gerichten** die Oberlandesgerichte in der Regel nur mit Ortsnamen, die übrigen mit Abkürzungen und, soweit erforderlich, mit Ortsnamen zitiert. Bei mehreren aufeinanderfolgenden Zitaten von Entscheidungen desselben Gerichts ist das Gericht im Allgemeinen nur vor der ersten Fundstelle genannt.

In der **alphabetischen Reihenfolge** werden die Umlaute ä, ö, ü wie a, o, u angesehen; sie stehen also nicht als ae, oe, ue hinter ad, od, ud.

A

aA	andere Auffassung
AA	Arbeitsrecht aktiv (1.2005ff) (Jahr, Seite)
aaO	am angegebenen Ort
abl	ablehnend
ABl, Abl, AblEG	Amtsblatt der Europäischen Gemeinschaft (1.1958ff; ab 11.1968: Ausg C: Mitteilungen u Bekanntmachungen) (Jahr, Seite)
AcP	Archiv für civilistische Praxis (1.1818–149.1944; 150.1948/49ff) (Band [Jahr], Seite)
Adomeit/Mohr, AGG	K Adomeit u J Mohr, Allgemeines Gleichbehandlungsgesetz, 2. Aufl 2011
AE	Arbeitsrechtliche Entscheidungen (1.1990ff) (Jahr, Seite)
aF	alte Fassung
Ahrens/von Bar/Fischer/Spickhoff/Taupitz, Medizin und Haftung	H-J Ahrens, Ch v Bar, G Fischer, A Spickhoff u J Taupitz, Medizin und Haftung, 2009
AHRS	Arzthaftpflicht-Rechtsprechung, Rechtsprechungssammlung zur gesamten Arzthaftpflicht, begr v E Ankermann u B W Pauge, hrsg v H J Kullmann, B Pauge, K Stöhr u K-H Zoll, Loseblatt, Stand: März 2019
AiB	Arbeitsrecht im Betrieb (1.1979ff) (Jahr, Seite)
AJP/PJA	Aktuelle Juristische Praxis/Pratique Juridique Actuelle (1.2006ff) (Jahr, Seite)
Alpmann/Brockhaus, Fachlexikon Recht	Fachlexikon Recht, hrsg v F A Brockhaus, 21. Aufl 2005
Annuß/Thüsing/Maschmann, TzBfG	G Annuß u G Thüsing, Kommentar zum TzBfG, 3. Aufl 2012
AnwBl	Anwaltsblatt. Nachrichten für die Mitglieder des Deutschen Anwaltsvereins eV (13.1926–20.1933; NF 1.1950/51ff; vorher: NachrDtAnwV) (Jahr, Seite)
AP	Arbeitsrechtliche Praxis, Sammlung der Entscheidungen des Bundesarbeitsgerichts, der Landesarbeitsgerichte und Arbeitsgerichte (1.1950–5.1954) (Jahr, Nr), dann: Arbeitsrechtliche Praxis, Nachschlagewerk des Bundesarbeitsgerichts, (Nr zu § … Stichwort)
APS/…(Bearb)	Kündigungsrecht - Großkommentar zum gesamten Recht der Beendigung von Arbeitsverhältnissen, hrsg v R Ascheid, U Preis, I Schmidt u R Linck, versch Bearb, 6. Aufl 2021
AR-Blattei	Arbeitsrechts-Blattei: Systematische Darstellungen, begr v W Oehmann, hrsg. v Th Dieterich, Loseblatt, 65. Aufl 2007
ArbR, ArbRAktuell	Arbeitsrecht Aktuell, Informationen für die arbeitsrechtliche Praxis (1.2008ff) (Jahr, Seite)
ArbRB	Der Arbeitsrechts-Berater (1.2003ff) (Jahr, Seite)
Arnold/Gräfl/…(Bearb), TzBfG	Kommentar zum TzBfG, hrsg v M Arnold u E Gräfl, versch Bearb, 5. Aufl 2021
ARS, ARSt	Arbeitsrecht in Stichworten (Arbeitsrechtliche Entscheidungen aus sämtlichen Besatzungszonen) (Jahr, Seite)
ArztR	Arztrecht (1.1960ff) (Jahr, Seite)
AuA	Arbeit und Arbeitsrecht (1.1963ff) (Jahr, Seite)
AuR	Arbeit und Recht (1.1952ff) (Jahr, Seite)
ausf	ausführlich

B

B+P	Zeitschrift für Betrieb und Personal (1.2020ff) (Jahr, Seite)
Backmeister/Trittin/Mayer/…(Bearb)	Kommentar zum Kündigungsschutzgesetz mit Nebengesetzen, hrsg v Th Backmeister, W Trittin u U R Mayer, versch Bearb, 4. Aufl 2009
Bader/Bram/…(Bearb), BGB	P Bader, R Bram ua, Kündigungs- und Bestandsschutz im Arbeitsverhältnis – Kommentar, Loseblatt, 1. Aufl 1989

Abkürzungsverzeichnis

BAGE	Entscheidungen des Bundesarbeitsgerichts (1.1954ff) (Band, Seite)
Bamberger/Roth/...(Bearb)	H G Bamberger/H Roth, Kommentar zum Bürgerlichen Gesetzbuch, begr v H G Bamberger u H Roth, hrsg v W Hau u R Poseck, versch Bearb, 5 Bde, 4. Aufl 2019ff
Bauer/Krieger/Arnold, Arbeitsrechtliche Aufhebungsverträge	J-H Bauer, S Krieger u Ch Arnold, Arbeitsrechtliche Aufhebungsverträge, 9. Aufl 2014
Bauer/Krieger/Günther, AGG	J-H Bauer, S Krieger u J Günther, Kommentar zum AGG, 5. Aufl 2018
Baumbach/Hopt/...(Bearb), HGB	Kommentar zum Handelsgesetzbuch, begr v A Baumbach, hrsg v K J Hopt, versch Bearb, 41. Aufl 2022
Baumgärtl/Laumen/Prütting, Hdb der Beweislast	Handbuch der Beweislast, hrsg v G Baumgärtel, H-W Laumen u H Prütting, 3 Bde, versch Bearb, 4. Aufl 2018
Bäune/Meschke/Rothfuß, Kommentar Ärzte-ZV, Zahnärzte-ZV	St Bäune, A Meschke u S Rothfuß, Kommentar zur Zulassungsverordnung für Vertragsärzte und Vertragszahnärzte, 2008
BauR	Baurecht (1.1970ff) (Jahr, Seite)
BB	Der Betriebs-Berater (1.1946ff) (1946: Jahr, Heft, Seite; dann: Jahr, Seite)
Becker/Kingreen, SGB V - Komm GKV	Kommentar zum SGB V – Gesetzliche Krankenversicherung, hrsg v U Becker u Th Kingreen, versch Bearb, 8. Aufl 2022
BeckOGK/...(Bearb)	Beck'scher Online-Großkommentar zum Zivilrecht, hrsg v B Gsell, W Krüger, St Loren zu J Mayer, versch Bearb
BeckOK-ArbR/...(Bearb)	Beck'scher Online-Kommentar zum Arbeitsrecht, hrsg v Ch Rolfs, R Giesen, M Meßling u P Udsching, versch Bearb, Stand: 63. Edition 2022
BeckOK-ÄrzteZV/...(Bearb)	s BeckOK SozR
BeckOK-BGB/...(Bearb)	Beck'scher Online-Kommentar zum BGB, hrsg v W Hau u R Poseck, versch Bearb, 63. Edition, Stand: 2022
BeckOK-GewO/...(Bearb)	Beck'scher Online-Kommentar zur GewO, hrsg v J-Ch Pielow, versch Bearb, 57. Edition, Stand: 2022
BeckOK-GG/...(Bearb)	Beck'scher Online-Kommentar zum GG, hrsg v V Epping u Ch Hillgruber, versch Bearb, Stand: 52. Edition 2022
BeckOK-SozR/...(Bearb)	Beck'scher Online-Kommentar zum Sozialrecht, hrsg v Ch Rolfs, R Gießen, M Meßling u P Udsching, versch Bearb, Stand: 66. Edition 2022
BeckOK-StGB/...(Bearb)	Beck'scher Online-Kommentar zum StGB, hrsg v B v Hentschel-Heinegg, versch Bearb, Stand: 52. Edition 2022
BeckOK-StPO/...(Bearb)	Beck'scher Online-Kommentar zur StPO, hrsg v J Graf, versch Bearb, Stand: 45. Edition 2022
BeckOK-StVollzG/...(Bearb)	Beck'scher Online-Kommentar zum Strafvollzugsrecht Bund, hrsg v J Graf u F Arloth, versch Bearb, Stand: 22. Edition 2022
BeckOK-ZPO/...(Bearb)	Beck'scher Online-Kommentar zur ZPO, hrsg v V Vorwerk u Ch Wolf, versch Bearb, Stand: 44. Edition 2022
BeckRS	Beck Rechtsprechung, abrufbar in der Online-Datenbank des C H Beck-Verlags (www.beck-online.de)
Begr	Begründung
Bergmann/Wever, Die Arzthaftung	K O Bergmann u C Wever, Die Arzthaftung, 4. Aufl 2014
BGBl I	Bundesgesetzblatt Teil I (1951ff) ([Jahr,] Seite)
BGBl II	Bundesgesetzblatt Teil II (1951ff) ([Jahr,] Teil, Seite) (Teil, Gliederungsnummer)
BGHSt	Entscheidungen des Bundesgerichtshofes in Strafsachen (1.1951ff) (Band, Seite)
BGHZ	Entscheidungen des Bundesgerichtshofes in Zivilsachen (1.1951ff) (Band, Seite)
BKR	Zeitschrift für Bank- und Kapitalmarktrecht (1.2001ff) (Jahr, Seite)
Bleckwenn, Die Haftung des Tierarztes im Zivilrecht	E Bleckwenn, Die Haftung des Tierarztes im Zivilrecht, 2013
Bogdandy/...(Bearb), Europäisches Verfassungsrecht	A Bogdandy, Europäisches Verfassungsrecht, 2. Aufl 2009
BR-Drucks	Drucksache des Deutschen Bundesrates (Nummer, Jahr)
BReg	Bundesregierung
BRHP/...(Bearb)	s Bamberger/Roth/...(Bearb)
BRJ	Bonner Rechtsjournal (1.2019ff) (Jahr, Seite)
Brüggemeier, Haftungsrecht	G Brüggemeier, Haftungsrecht: Struktur, Prinzipien, Schutzbereich, 2006
BSGE	Entscheidungen des Bundessozialgerichts (Band, Seite)
BStBl	Bundessteuerblatt Teil I; II; III (1.1951ff) (Jahr, Teil, Seite)
BT-Drucks	Drucksache des Deutschen Bundestages (Wahlperiode, Nummer)
Bubenzer/Peetz/Mallach, SeeArbG	Ch Bubenzer, J Noltin, R Peetz u E Mallach, Kommentar zum SeeArbG, 2. Aufl 2023
BuW	Betrieb und Wirtschaft (1.2000-12.2004) (Jahr, Seite)
BVerfGE	Entscheidungen des Bundesverfassungsgerichts (1.1952ff) (Band, Seite)
BVerwGE	Entscheidungen des Bundesverwaltungsgerichts (1.1954ff) (Band, Seite)

C

Calliess/Ruffert/...(Bearb), AEUV	Kommentar zu EUV und AEUV, hrsg v Ch Calliess u M Ruffert, versch Bearb, 6. Aufl 2022
Campenhausen/de Wall, Staatskirchenrecht	A F v Campenhausen u H de Wall, Staatskirchenrecht, 5. Aufl 2022
Clausen/Schroeder-Printzen, MHbB MedR	s MünchAnwHdb MedR/...(Bearb)
CR, CuR	Computer und Recht (1.1985ff) (Jahr, Seite)

Abkürzungsverzeichnis

D

Datenschutz-Berater	Datenschutz-Berater (1.1976ff) (Jahr, Seite)
Däubler/…(Bearb), AGG	Nomos-Kommentar zum AGG u EntgTranspG, hrsg v W Däubler u Th Beck, versch Bearb, 5. Aufl 2022
Däubler/…(Bearb), EntgTranspG	s Däubler/…(Bearb), AGG
Däubler/…(Bearb), TVG	Kommentar zum TVG, hrsg v W Däubler, versch Bearb, 5. Aufl 2022
Däubler/…(Bearb), Arbeitskampfrecht	Arbeitskampfrecht, hrsg v W Däubler, versch Bearb, 4. Aufl 2018
Dautert/Jortzig	I Dautert u A Jortzig, Arzthaftung – Mängel im Schadensausgleich?, 2004
DB	Der Betrieb (1.1948ff) (Jahr, Seite)
DDZ/…(Bearb)	Praxiskommentar zum Kündigungsschutzrecht, hrsg v W Däubler u B Zwanziger, versch Bearb, 11. Aufl 2020
Deutsch/Lippert/Ratzel/Tag/Gassner	E Deutsch, H-D Lippert, R Ratzel, B Tag u U M Gassner, Kommentar zum Medizinproduktegesetz, 3. Aufl 2018
Deutsch/Spickhoff, MedR-HdB	E Deutsch u A Spickhoff, Medizinrecht, 7. Aufl 2014
Deutsches Ärzteblatt	Deutsches Ärzteblatt (1.1903ff) (Jahr, Seite)
DJBZ	Zeitschrift des Deutschen Juristinnenbundes (1.1997ff) (Jahr, Seite)
DKW/…(Bearb), BetrVG	Kommentar zum BetrVG, hrsg v W Däubler, Th Klebe u P Wedde, versch Bearb, 18. Aufl 2022
DMW	Deutsche Medizinische Wochenschrift (1.1875ff) (Jahr, Seite)
Dölling/Duttge/Rössner/…(Bearb), StPO	Gesamtes Strafrecht, Kommentar zu StGB, StPO und Nebengesetzen, hrsg v D Dölling, G Duttge, St König u D Rössner, versch Bearb, 5. Aufl 2022
DÖD	Der Öffentliche Dienst (1.1948ff) (Jahr, Seite)
DÖV	Die Öffentliche Verwaltung (1.1948ff) (Jahr, Seite)
DR	Deutsches Recht (1.1931–15.1945; ab 9.1939: Ausg A: Wochenausg, vereinigt mit JW)(Jahr, Seite)
DRiZ, DRZ	Deutsche Richterzeitung (1.1909–27.1935; 28.1950ff; dazwischen DRpfl) (Jahr, Seite)
DStR	Deutsche Steuer-Rundschau (1.1951–11.1961); Deutsches Steuerrecht (1.1962/63ff) (Jahr, Seite)
DStRE	Deutsches Steuerrecht – Entscheidungsdienst (1.1997ff) (Jahr, Seite)
DuD	Datenschutz und Datensicherheit (1.2006ff) (Jahr, Seite)
DZWiR	Deutsche Zeitschrift für Wirtschafts- und Insolvenzrecht (1.1991ff) (Jahr, Seite)

E

Ebenroth/Boujong/Joost/Strohn/Löwisch, HGB	Kommentar zum HGB, begr v K Ebenroth u C Th Boujong, hrsg v D Joost u L Strohn, versch Bearb, zwei Bde, 4. Aufl 2020
ECLI	European Case Law Identifier
EnzEuR/…(Bearb)	Enzyklopädie Europarecht, hrsg v A Hatje, P-Ch Müller-Graff u J P Terhechte, versch Bearb, 12 Bde, 2. Aufl 2022
ErfK/…(Bearb)	Erfurter Kommentar zum Arbeitsrecht, hrsg v R Müller-Glöge, U Preis u I Schmidt, versch Bearb, 22. Aufl 2022
Erman/…(Bearb)	W Erman, Handkommentar zum Bürgerlichen Gesetzbuch, begr v W Erman, neu hrsg v H P Westermann, 16. Aufl 2020
Ermert, Patientenrechtegesetz	P Ermert, Patientenrechtegesetz, 2014
Esser/(…Bearb), SchuldR	J Esser u a, Schuldrecht, Großes Lehrbuch; Bd I: Allgemeiner Teil, 8. Aufl 1995; Bd II, Besonderer Teil, 8. Aufl 1998
Ethik-Med	Ethik in der Medizin (1.1988ff) (Jahr, Seite)
EUArbR/…(Bearb)	Kommentar zum Europäischen Arbeitsrecht, hrsg v M Franzen, I Gallner u H Oetker, versch Bearb, 4. Aufl 2022
EuGRZ	Europäische Grundrechte-Zeitschrift (1.1974ff) (Jahr, Seite)
EuZA	Europäische Zeitschrift für Arbeitsrecht (1.2007ff) (Jahr, Seite)
EuZW	Europäische Zeitschrift für Wirtschaftsrecht (1.1990ff) (Jahr, Seite)
EWIR, EWiR	Entscheidungen zum Wirtschaftsrecht, Rechtsprechung mit Kurzkomm für die Praxis (1985ff) (Jahr, Seite)
EzA	Entscheidungssammlung zum Arbeitsrecht (Loseblattsammlung), hrsg v E Stahlhacke (Nr zu § … Stichwort)
EzA SD	EzA-Schnelldienst (1.1989ff) (Jahr, Seite)

F

FamRZ	Ehe u Familie im privaten u öffentlichen Recht. Zeitschrift für das gesamte Familienrecht (1.1954ff, ab 9.1962ff: Zeitschrift für das gesamte Familienrecht, Ehe u Familie im privaten u öffentlichen Recht (Jahr, Seite)
Fischer, StGB	Th Fischer, Kommentar zum Strafgesetzbuch, 69. Aufl 2022
Fitting/Engels/Schmidt/…(Bearb), BetrVG	Kommentar zum BetrVG, begr v K Fitting, fortgef v G Engels, I Schmidt ua, versch Bearb, 31. Aufl 2022
Frahm/Walter, Arzthaftungsrecht	W Frahm u A Walter, Arzthaftungsrecht, 7. Aufl 2020
Franzki, Der Behandlungsvertrag	D Franzki, Der Behandlungsvertrag, 2014
Frenz, Handbuch Europarecht IV	W Frenz, Handbuch Europarecht Band IV: Europäische Grundrechte, 2008
FS, Festschr	Festschrift

G

Gamillscheg, Kollektives Arbeitsrecht I	F Gamillscheg, Kollektives Arbeitsrecht Band 1, 1997

Abkürzungsverzeichnis

GE	s Grundeigentum
Geiß/Greiner, Arzthaftpflichtrecht	K Geiß u H-P Greiner, Arzthaftpflichtrecht, 8. Aufl 2022
GmS-OGB	Gemeinsamer Senat der obersten Gerichtshöfe des Bundes
GesR	Gesundheitsrecht (1.2002ff) (Jahr, Seite)
GewArch	Gewerbearchiv (1.1955ff) (Jahr, Seite)
GGW	Gesundheit + Gesellschaft Wissenschaft (1.2001ff) (Jahr, Seite)
Giesen, Arzthaftungsrecht	D Giesen, Arzthaftungsrecht, 2009
GK-BetrVG/…(Bearb)	Gemeinschaftskommentar zum BetrVG, hrsg v G Wiese, P Kreutz u H Oetker, versch Bearb, 2 Bde, 12. Aufl 2021
GmbH-Rdsch, GmbHR	Rundschau für (G.m.b.H.) GmbH (1.1910–35.1944; 41.1950ff) (Jahr, Spalte; seit 41.1950: Jahr, Seite)
Goette/Arnold/…(Bearb), Handbuch Aufsichtsrat	Handbuch Aufsichtsrat, hrsg v W Goette u M Arnold, versch Bearb, 2021
GPR	Zeitschrift für Gemeinschaftsprivatrecht (1.2003ff) (Jahr, Seite)
Grabitz/Hilf/Nettesheim/…(Bearb), AEUV	Das Recht der Europäischen Union: EUV/AEUV, begr v E Grabitz, fortgef v M Hilf, hrsg v M Nettesheim, versch Bearb, Loseblatt, 73. Aufl 2021
Gramberg-Danielsen, Rechtsophtalmologie	B Gramberg-Danielsen, Rechtsophtalmologie, 1985
Greger/Zwickel, Haftungsrecht des Straßenverkehrs	R Greger u M Zwickel, Haftungsrecht des Straßenverkehrs, 6. Aufl 2021
Grobys/Panzer-Heemeier, StichwortKommentar Arbeitsrecht	StichwortKommentar Arbeitsrecht, hrsg v I Grobys u A Panzer-Heemeier, versch Bearb, 4. Aufl 2022
Grüneberg/…(Bearb)	Grüneberg (vormals: Palandt) Bürgerliches Gesetzbuch u EG-BGB, KurzKomm, versch Bearb, 81. Aufl 2022
Grundeigentum, GrundE	Das Grundeigentum (1.1876–62.1943) (Jahr, Seite)
GRUR	Gewerblicher Rechtsschutz und Urheberrecht (1.1896–49.1944; 50.1948ff) (Jahr, Seite)
GRUR-Prax	Gewerblicher Rechtsschutz und Urheberrecht. Praxis im Immaterialgüter- und Wettbewerbsrecht (1.2008ff) (Jahr, Seite)
GRUR-RR	GRUR-Rechtsprechungsreport (1. 2001ff) (Jahr, Seite)
GS	Großer Senat
GuP	Gesundheit und Pflege (1.2010ff) (Jahr, Seite)
GVBl	Gesetz- und Verordnungsblatt
GWR	Gesellschafts- und Wirtschaftsrecht (1.2009ff) (Jahr, Seite)

H

Hacks/Wellner/Häcker/Offenloch, Schmerzens geldbeträge -	W Wellner, F Häcker u Th Offenloch, Schmerzensgeldbeträge, 41. Aufl 2022
Heidel/Pauly, AnwaltFormulare	Th Heidel u St Pauly, AnwaltFormulare: Schriftsätze, Verträge, Erläuterungen, 10. Aufl 2021
Henssler/Bepler/Moll/…(Bearb), Der Tarifvertrag	Der Tarifvertrag, hrsg v M Henssler, K Bepler u W Moll, versch Bearb, 2. Aufl 2016
Hirte/Vallender, InsO	s Uhlenbruck/…(Bearb), InsO
HK/…(Bearb)	H Dörner, I Ebert ua, Handkommentar zum Bürgerlichen Gesetzbuch, 11. Aufl 2022
HK-AKM/…(Bearb)	Heidelberger Kommentar zum Arztrecht, Krankenhausrecht, Medizinrecht, hrsg v H-J Rieger, F J Dahm, Ch Katzenmeier, M H Stellpflug u O Ziegler, versch Bearb, mehrere Ordner, Loseblatt, Stand: 88. Aktualisierung 2021
HK-KSchR/…(Bearb)	Nomos-Handkommentar zum Kündigungsschutzrecht, hrsg v I Gallner, W Mestwerdt u St Nägele, versch Bearb, 7. Aufl 2021
HK-TzBfG/…(Bearb)	Nomos-Handkommentar zum TzBfG, hrsg v W Boecken u J Joussen, versch Bearb, 6. Aufl 2019
Hoffmann/Kleinken, GOÄ-Kommentar	Kommentar zur Gebührenordnung für Ärzte, hrsg v H Hoffmann u B Kleinken, versch Bearb, zwei Ordner, Loseblatt, Stand: 43. Aktualisierung 2021
Holoubek/Lienbacher, GRC-Kommentar	Kommentar der Charta der Grundrechte der Europäischen Union, hrsg v M Holoubek u G Lienbacher, 2. Aufl 2019
Holzner, Datenschutz	C Holzner, Datenschutz, Dokumentations- und Organisationspflichten in der ärztlichen Praxis, 2020
HRR	Juristische Rundschau, Bd II: Die Rechtsprechung (1.1925- 3.1927; dann:) Höchstrichterliche Rechtsprechung (4.1928- 18.19429 (Jahr, Nummer)
Hueck/Nipperdey, Lehrbuch des Arbeitsrechts I	A Hueck u H C Nipperdey, Lehrbuch des Arbeitsrechts, Band I, 7. Aufl 1963
Huster/Kaltenborn, Krankenhausrecht	Praxishandbuch Krankenhausrecht, hrsg v St Huster u M Kaltenborn, versch Bearb, 2. Aufl 2017
HWK/..(Bearb),	Kommentar zum Arbeitsrecht, hrsg v M Henssler, H J Willemsen u H-J Kalb, versch Bearb, 10. Aufl 2022

I

idF	in der Fassung
iE, iErg	im Ergebnis
Igl/Welti/Nebendahl, GesundheitsR	G Igl, F Welti, M Nebendahl ua, Gesundheitsrecht, 4. Aufl 2022

Abkürzungsverzeichnis

J

JA	Juristische Arbeitsblätter (1.1969ff) (Jahr, Seite)
Jaeger, Patientenrechtegesetz	L Jaeger, Kommentar zum Patientenrechtegesetz, 2013
Jaeger/Luckey, Schmerzensgeld	L Jaeger u J Luckey, Schmerzensgeld, Kommentar, 11. Aufl 2021
Jakobs/Schubert, SchuldR II	H H Jakobs u W Schubert, Recht der Schuldverhältnisse II, 1978
Jansen, Der Medizinische Standard	Ch Jansen, Der Medizinische Standard, 2019
Jarass, GRC	H D Jarass, Charta der Grundrechte der Europäischen Union: GRCh, Kommentar, 4. Aufl 2021
Jauernig/…(Bearb)	Kommentar zum BGB, hrsg v R Stürner, versch Bearb, 18. Aufl 2021
JbArbR	Jahrbuch des Arbeitsrechts (1.1962ff) (Band, Seite)
JMBl	Justiz- und Ministerialblatt
Jorzig, HdB-ArztHaftR	Handbuch Arzthaftungsrecht, hrsg v A Jorzig, 2. Aufl 2021
JR	Juristische Rundschau (Bd I: Aufsätze 1.1925-3.1927) (Jahr, Spalte; Bd II s. HRR) (4.1928-11.1935; 1.1947ff) (Jahr, Seite)
Jura, JURA	Jura - Juristische Ausbildung, (1.1979ff)) (Jahr, Seite)
jurisPK/…(Bearb)	s jurisPK/…(Bearb)
jurisPK-BGB/…(Bearb)	Juris Praxiskommentar zum BGB, hrsg v M Herberger, versch Bearb, mehrere Bde, 8. Aufl 2017ff
jurisPR-ArbR	juris PraxisReport Arbeitsrecht (1.2003ff) (Jahr, Seite)
jurisPR-MedizinR	juris PraxisReport Medizinrecht (1.2009ff) (Jahr, Seite)
JuS	Juristische Schulung, Zeitschrift für Studium und Ausbildung (1.1961ff.) (Jahr, Seite)
JW	Juristische Wochenschrift (1.1872-68.1939, dann DR) (Jahr, Seite)
JZ	Juristenzeitung (6.1951ff; Fortsetzung von DRZ u SJZ) (Jahr, Seite)

K

K&R	Kommunikation und Recht (Jahr, Seite)
Katzenmeier, Arzthaftung	Ch Katzenmeier, Arzthaftung, 2002
Kempen/Zachert/…(Bearb), TVG	O Kempen u U Zachert, Kommentar zum TVG, 5. Aufl 2013
Kissel, Arbeitskampfrecht	O R Kissel, Arbeitskampfrecht, 2002
Koller/Kindler/Roth/Morck/…(Bearb), HGB	I Koller, P Kindler, W-H Roth u K-D Drüen, Kommentar zum HGB, 9. Aufl 2019
KommJur	Kommunaljurist (1.2005ff) (Jahr, Seite)
KR/…(Bearb)	KR-Gemeinschaftskommentar zum Kündigungsschutzgesetz und zu sonstigen kündigungsschutzrechtlichen Vorschriften, hrsg v P v Bader, E Fischermeier, I Gallner, O Klose, B Kreft u M Kreutzberg-Kowalczyk, versch Bearb, 13. Aufl 2022
Krauskopf/…(Bearb), SGB I	Krauskopf-Kommentar zur Sozialen Krankenversicherung und Pflegeversicherung, hrsg v R Wagner u St Knittel, versch Bearb, 3 Ordner, Loseblatt, 115. Aufl 2022
KriPoZ-RR	Kriminalpolitische Zeitschrift-Rechtsprechungsreport (1.2019ff) (Jahr, Seite)
Kröber/Dölling/Leygraf/Saß, Handbuch der forensischen Psychiatrie	H-L Kröber, D Dölling, N Leygraf u H Saß, Handbuch der forensischen Psychiatrie, 2007
KrV, KritV	Kritische Vierteljahresschrift für Gesetzgebung und Rechtswissenschaft (1.1993ff) (Jahr, Seite)
Küttner, Personalbuch	Küttner Personalbuch 2022, hrsg v J Röller, versch Bearb, 29. Aufl 2022

L

Lackner/Kühl, StGB	Kommentar zum StGB, begr v E Dreher, fortgef v K Lackner u K Kühl, versch Bearb, 30. Aufl 2023
LAGE	Entscheidungen der Landesarbeitsgerichte, hrsg v G-A Lipke, mehrere Ordner, Loseblatt
Landmann/Rohmer/…(Bearb), GewO	Kommentar zur GewO, begr v R v Landmann u E Rohmer, versch Bearb, Loseblatt, 86. Aufl 2021
Larenz, SchuldR	K Larenz, Lehrbuch des Schuldrechts, Bd. 1: Allgemeiner Teil, 14. Aufl 1987, Bd 2: Besonderer Teil, 13. Aufl 1986
Lauf/Dierks/Wienke, Die Entwicklung der Arzthaftung	A Laufs, Ch Dierks, A Wienke ua, Die Entwicklung der Arzthaftung, 1997
Laufs/Katzenmeier/Lipp, Arztrecht	Arztrecht, begr v A Laufs, fortgef v Ch Katzenmeier, u V Lipp, 8. Aufl 2021
Laufs/Kern/Rehborn, HdB ArztR	Handbuch des Arztrechts, begr v A Laufs u W Uhlenbruck, hrsg v B-R Kern u M Rehborn, versch Bearb, 5. Aufl 2019
Laux/Schlachter/…(Bearb), TzBfG	Kommentar zum TzBfG, hrsg v H Laux u M Schlachter, versch Bearb, 2. Aufl 2011
Leipold/Tsambikakis/Zöller, Anwalt-Kommentar StGB	AnwaltKommentar zum StGB, hrsg v K Leipold, M Tsambikakis u M A Zöller, versch Bearb, 3. Aufl 2020
LKB/…(Bearb)	R Linck, R Krause u F Bayreuther, Kommentar zum KSchG, 16. Aufl 2019
LKRZ	Zeitschrift für Landes- und Kommunalrecht (Jahr, Seite)
LK-StGB/…(Bearb)	Leipziger Kommentar zum StGB, hrsg v G Cirener, H Radtke, R Rissing-van Saan, Th Rönnau u W Schluckebier, versch Bearb, 19 Bde, 13. Aufl 2006ff
LM	Nachschlagewerk des Bundesgerichtshofes, Leitsätze u Entscheidungen mit Anmerkungen, hrsg v Lindenmaier u Möhring (LM Nummer … zu Gesetz § … ; ohne Gesetzesangabe: BGB)

Abkürzungsverzeichnis

LMK	Kommentierte BGH-Rechtsprechung, hrsg v F Lindenmaier u P Möhring (1.2003ff) (Jahr, Seite)
Löwisch/...(Bearb), Arbeitskampf- und Schlichtungsrecht	Arbeitskampf- u Schlichtungsrecht, hrsg v M Löwisch, versch Bearb, 1997
Löwisch/Rieble, TVG	M Löwisch u V Rieble, Kommentar zum TVG, 4. Aufl 2017
LPK-SGB IX/...(Bearb)	Nomos Lehr- und Praxiskommentar zum SGB IX, hrsg v D H Dau, F J Düwell, J Joussen u St Luik, versch Bearb, 6. Aufl 2021
LS, Ls	Leitsatz

M

mablAnm	mit ablehnender Anmerkung
mAnm	mit Anmerkung
Martis/Winkhart, Arzthaftungsrecht	R Martis u M Winkhart-Martis, Arzthaftungsrecht, 6. Aufl 2021
Maschmann/Sieg/Göpfert/...(Bearb), Vertragsgestaltung im Arbeitsrecht	Vertragsgestaltung im Arbeitsrecht, hrsg v F Maschmann, R Sieg u B Göpfert, versch Bearb, 3. Aufl 2020
MBO/...(Bearb)	s Ratzel/Lippert/Prütting, MBO Komm
MDR	Monatsschrift für Deutsches Recht (1.1947ff) (Jahr, Seite)
Medicus/Lorenz, Schuldrecht I, Allgemeiner Teil	Lehrbuch Schuldrecht I, Allgemeiner Teil, begr v D Medicus, fortgef v St Lorenz, 22. Aufl 2021
MedR	Medizinrecht (1.1983ff) (Jahr, Seite)
medstra	Zeitschrift für Medizinstrafrecht (1.2015ff) (Jahr, Seite)
Meinel/Heyn/Herms, AGG	G Meinel, J Heyn u S Herms, Kommentar zum AGG, 2007
Meinel/Heyn/Herms/...(Bearb), TzBfG	G Meinel, J Heyn u S Herms, Kommentar zum TzBfG, 6. Aufl 2022
Meyer/Hölscheidt/...(Bearb), GRC	Nomos-Kommentar zur Charta der Grundrechte der Europäischen Union, hrsg v J Meyer u S Hölscheidt, versch Bearb, 5. Aufl 2019
Meyer-Ladewig/Nettesheim/von Raumer, EMRK	Nomos-Kommentar zur EMRK, hrsg v J Meyer-Ladewig, M Nettesheim u St v Raumer, versch Bearb, 4. Aufl 2017
mkritAnm	mit kritischer Anmerkung
MMR	Multi Media und Recht (1.1998ff) (Jahr, Seite)
Mot, Motive	Motive zum Entwurf eines Bürgerlichen Gesetzbuches für das Deutsche Reich, Bd I Allgemeiner Teil; Bd II Recht der Schuldverhältnisse; Bd III Sachenrecht; Bd IV
Mugdan	Die gesamten Materialien zum Bürgerlichen Gesetzbuch für das Deutsche Reich, hrsg v B Mugdan, Bd I-V, 1899 (Band, Seite)
MünchAnwHdb MedR/...(Bearb)	Münchener Anwaltshandbuch Medizinrecht, begr v M Terbille, hrsg v T Clausen u J Schroeder-Printzen, versch Bearb, 3. Aufl 2020
MünchArbR/...(Bearb)	Münchener Anwaltshandbuch Arbeitsrecht, hrsg v W Moll, versch Bearb, 5. Aufl 2021
MünchArbR-HB/...(Bearb)	Münchener Handbuch zum Arbeitsrecht, hrsg v H Kiel, St Lunk u H Oetker, versch Bearb, vier Bde. 5. Aufl 2021ff
MünchKomm/...(Bearb)	Münchener Kommentar zum Bürgerlichen Gesetzbuch, hrsg v K Rebmann u F Säcker, 13 Bde, versch Bearb, 9. Aufl 2022ff
MünchKomm-AktG/...(Bearb)	Münchener Kommentar zum Aktiengesetz, 7 Bde, hrsg v W Goette, versch Bearb, 5. Aufl 2022ff
MünchKomm-HGB/...(Bearb)	Münchener Kommentar zum Handelsgesetzbuch, hrsg v K Schmidt, 7 Bde, versch Bearb, 5. Aufl 2021ff
MünchKomm-StGB/...(Bearb)	Münchener Kommentar zum StGB, hrsg v V Erb u J Schäfer, 9 Bde, 4. Aufl 2021
MünchKomm-ZPO/...(Bearb)	Münchener Kommentar zur Zivilprozessordnung, hrsg v G Lüke/P Wax, versch Bearb, 3 Bde, 6. Aufl 2022ff
Musielak/Voit, ZPO	Kommentar zur Zivilprozeßordnung, hrsg v H J Musielak u W Voit, versch Bearb, 19. Aufl 2022
mweitBsp	mit weiteren Beispielen
mwN, mwNachw	mit weiteren Nachweisen
mzustAnm	mit zustimmender Anmerkung

N

Nerlich/Römermann/Andres, InsO	Kommentar zur InsO, hrsg v J Nerlich u V Römermann, versch Bearb, Loseblatt, 43. Aufl 2021
Neumann/Pahlen/Grainer/Winkler/Jabben/...(Bearb), SGB IX	D Neumann, R Pahlen, St Grainer, J Winkler U Jabben, Kommentar zum SGB IX, begr v H Wilrodt u O Gotzen, 14. Aufl 2020
nF	neue Fassung
Nikisch, Arbeitsrecht I	A Nikisch, Arbeitsrecht I, 1955
NJ	Neue Justiz (ehem DDR) (1.1947ff) (Jahr, Seite)
NJOZ	Neue Juristische Online-Zeitschrift (1.2001ff) (Jahr, Seite)
NJW	Neue Juristische Wochenschrift (1.1947/48ff) (Jahr, Seite)
NJW-RR	NJW-Rechtsprechungsreport Zivilrecht (1.1986ff) (Jahr, Seite)
NJW-Spezial	Neue Juristische Wochenschrift Spezial (1.2004ff) (Jahr, Seite)
NK	Neue Kriminalpolitik (1.1988ff) (Jahr, Seite)
NK-BGB/...(Bearb)	Nomos-Kommentar zum BGB, hrsg v B Dauner-Lieb, mehrere Bde, versch Bearb, 3. Aufl 2022
NK-GA/...(Bearb)	Nomos Kommentar Gesamtes Arbeitsrecht, hrsg v W Boecken, F J Düwell, M Diller u H Hanau, versch Bearb, drei Bde, 2. Aufl 2023
NK-GesMedR/...(Bearb)	Nomos Kommentar Gesamtes Medizinrecht, hrsg v K O Bergmann, B Pauge u H-D Steinmeyer, versch Bearb, 3. Aufl 2018

Abkürzungsverzeichnis

Noack/Servatius/Haas, GmbHG	Kommentar zum GmbHG, hrsg v U Noack, W Servatius u U Haas, versch Bearb, 23. Aufl 2022
NStZ	Neue Zeitschrift für Strafrecht (1.1981ff) (Jahr, Seite)
NStZ-RR	Neue Zeitschrift für Strafrecht, Rechtsprechungs-Report (1.1995ff) (Jahr, Seite)
NVwZ	Neue Zeitschrift für Verwaltungsrecht, vereinigt mit Verwaltungsrechtsprechung (1.1982ff) (Jahr, Seite)
NVwZ-RR	Neue Zeitschrift für Verwaltungsrecht, Rechtsprechungs-Report (1.1988ff) (Jahr, Seite)
NWB	NWB Steuer- und Wirtschaftsrecht (1.1979ff) (Jahr, Seite)
NWVBl	Nordrhein-Westfälische Verwaltungsblätter (1.1986ff) (Jahr, Seite)
NZA	Neue Zeitschrift für Arbeits- und Sozialrecht (1.1984ff) (Jahr, Seite)
NZA-RR	NZA-Rechtsprechungsreport (1.1996ff) (Jahr, Seite)
NZFam	Neue Zeitschrift für Familienrecht (1.2013ff) (Jahr, Seite)
NZG	Neue Zeitschrift für Gesellschaftsrecht (1.1998ff) (Jahr, Seite)
NZI	Neue Zeitschrift für das Recht der Insolvenz und Sanierung (1.1998ff) (Jahr, Seite)
NZM	Neue Zeitschrift für Miet- und Wohnungsrecht (1.1998ff) (Jahr, Seite)
NZS	Neue Zeitschrift für Sozialrecht (1.1992ff) (Jahr, Seite)

O

OLG, OLGZ	Entscheidungen der Oberlandesgerichte in Zivilsachen einschl der freiwilligen Gerichtsbarkeit (1.1965ff) (Jahr, Seite)
OLG-NL	OLG-Rechtsprechung Neue Länder für Brandenburg, Mecklenburg-Vorpommern, Sachsen, Sachsen-Anhalt, Thüringen, hrsg von den Oberlandesgerichten der Neuen Länder (1.1994ff) (Jahr, Seite)
openJur	Juristische Rechtsprechungsdatenbank, abrufbar unter www.openjur.de
Otto, Arbeitskampf- und Schlichtungsrecht	H Otto, Arbeitskampf- und Schlichtungsrecht, 2006

P

PaPfleReQ	Patienten- & Pflegerecht mit Qualitätsmanagement (1.1993ff) (Jahr, Seite)
Patientenrechte	Patientenrechte - Menschenrechte (1.2001ff) (Jahr, Seite)
Pauge/Offenloch, Arzthaftungsrecht	B Pauge u Th Offenloch, Arzthaftungsrecht, 14. Aufl 2018
PersR	Der Personalrat (1.1983ff) (Jahr, Seite)
PharmR	Pharma Recht (1.1978ff) (Jahr, Seite)
PraktArbR	Sammlung Müller-Gröniger - Praktisches Arbeitsrecht - Gesetzestexte, Rechtsprechung, Schrifttum, hrsg v G Müller u K Gröniger, Loseblatt (Leitzahl [Gesetz], Paragraf und Seite)
Preis/...(Bearb), Der Arbeitsvertrag	Der Arbeitsvertrag, hrsg v U Preis, versch Bearb, 6. Aufl 2022
Preis/Sagan/...(Bearb), Europäisches Arbeitsrecht	Europäisches Arbeitsrecht, hrsg v U Preis u A Sagan, versch Bearb, 2. Aufl 2019
Prölss/Martin/...(Bearb), VVG	Kommentar zu VVG und EGVVG sowie Kommentierung wichtiger Versicherungsbedingungen, begr v E R Prölss, fortgef v A Martin, versch Bearb, 31. Aufl 2021
Prot, Protokolle	Protokolle der Kommission für die zweite Lesung des Entwurfs des Bürgerlichen Gesetzbuchs. Bd I u IV, 1897; Bd II, 1898; Bd III u V, 1899
Prütting, Formularbuch Fachanwalt Medizinrecht	D Prütting, Formularbuch des Fachanwalts Medizinrecht, 2018

Q

Quaas/Zuck/Clemens/Gokel, Medizinrecht	M Quaas, R Zuck, Th Clemens u J M Gokel, Medizinrecht, 4. Aufl 2018

R

Raap, Wehrrecht	Wehrrecht, hrsg v Ch Raap, versch Bearb, 2021
Rasch, WBVG	E Rasch, Kommentar zum WBVG, 2012
Ratzel/Lippert/Prütting, MBO-Komm	R Ratzel, H-D Lippert u J Prütting, Kommentar zur MBO, 7. Aufl 2018
Ratzel/Lissel, Hdb d Medizinschadensrechts	Handbuch des Medizinschadensrechts, hrsg v R Ratzel u P M Lissel, versch Bearb, 2013
Ratzel/Luxenburger, HdBMedRecht	Handbuch Medizinrecht, hrsg v R Ratzel u B Luxenburger, versch Bearb, 4. Aufl 2020
RdA	Recht der Arbeit (1.1948ff) (Jahr, Seite)
RDG	Rechtsdepesche für das Gesundheitswesen (1.2003ff) (Jahr, Seite)
RDV	Recht der Datenverarbeitung (1.1988ff) (Jahr, Seite)
RefE	Referentenentwurf
RegE	Regierungsentwurf
Rehborn, Arzt. Patient. Krankenhaus	M Rehborn, Arzt. Patient. Krankenhaus. Rechte und Pflichten, 3. Aufl 1987
RGRK/...(Bearb)	Das Bürgerliche Gesetzbuch mit besonderer Berücksichtigung der Rechtsprechung des Reichsgerichts und des Bundesgerichtshofes. Komm, hrsg v Mitgliedern des Bundesgerichtshofes, versch Bearb, 12. Aufl 1974–2000

Abkürzungsverzeichnis

RGSt	Entscheidungen des Reichsgerichts in Strafsachen (1.1880– 77.1944) (Band, Seite)
RGZ	Entscheidungen des Reichsgerichts in Zivilsachen (1.1880– 172.1945) (Band, Seite)
Richardi/Dörner/Weber/Benecke, BPersVG	Personalvertretungsrecht, Kommentar zum BPersVG mit Erläuterungen zu den Personalvertretungsgesetzen der Länder, hrsg v R Richardi, H-J Dörner u Ch Weber, versch Bearb, 5. Aufl 2020
Richardi/Thüsing, BetrVG	Kommentar zum BetrVG, hrsg v R Richardi u R Thüsing, versch Bearb, 17. Aufl 2022
Riesenhuber, Europäisches Vertragsrecht	K Riesenhuber, Europäisches Vertragsrecht, 2. Aufl 2011
RL	Richtlinie
Roesgen/Jaeger/Bertram/Grafe/Mischkowski/Paul/Probst/Scola/Wöllenweber, Patientenrechte- Arztpflichten	M Roesgen, L Jaeger, E Bertram, S Grafe, T Mischkowsky, D. Paul, J Probst, E Scola u H D Wöllenweber, Patientenrechte- Arztpflichten, 2015
Rosenberg/Schwab/Gottwald, Zivilprozessrecht	L Rosenberg, K H Schwab u P Gottwald, Zivilprozessrecht, 18. Aufl 2018
Roxin/Schünemann	Strafverfahrensrecht, begr v E Kern, fortgef v B Schünemann u C Roxin, 30. Aufl 2022

S

Sachs/...(Bearb)	Kommentar zum GG, hrsg v M Sachs, versch Bearb, 9. Aufl 2021
SAE	Sammlung arbeitsrechtlicher Entscheidung (1.1928ff) (Jahr, Seite)
Schaub/...(Bearb)	Arbeitsrechts-Handbuch, begr v G Schaub, versch Bearb, 19. Aufl 2021
Schiek/...(Bearb), AGG	D Schiek, Kommentar zum AGG, 2007
Schiek/Dieball/Horstkötter/Seidel/Vierten/Wankel, Frauengleichstellungsgesetze	D Schiek, H Dieball, I Horstkötter, L Seidel, U M Vierten u S Frauengleichstellungsgesetze des Bundes und der Länder, 2. Aufl 2002
Schlachter/Heinig, Europäisches Arbeits- und Sozialrecht	M Schlachter u H M Heinig, Europäisches Arbeits- und Sozialrecht, 2. Aufl 2021
Schlachter/Heuschmid/Ulber, Arbeitsvölkerrecht	M Schlachter, J Heuschmid u D Ulber, Arbeitsvölkerrecht, 2019
Schmidt/...(Bearb), InsO	Kommentar zur InsO, hrsg v K Schmidt, versch Bearb, 20. Aufl 2022
Schnapp/Wigge, HdB d Vertragsarztrechts	Handbuch des Vertragsarztrechts – das gesamte Kassenarztrecht, hrsg v F E Schnapp u P Wigge, 2006
Schönke/Schröder, StGB	Kommentar zum StGB, begr v A Schönke u H Schröder, versch Bearb, 30. Aufl 2019
Schüren/Hamann, AÜG	Kommentar zum AÜG, hrsg v P Schüren u W Hamann, versch Bearb, 6. Aufl 2022
Seiter, Streikrecht	H Seiter, Streikrecht und Aussperrungsrecht, 1975
Sievers, TzBfG J Sievers	Taschenkommentar zum TzBfG, 7. Aufl 2022
Simitis/Hornung/Spiecker/...(Bearb), DSGVO	Datenschutzrecht, Kommentar zur DSGVO und zum BDSG, hrsg v Sp Simitis, G Hornung u I Spiecker, versch Bearb, 2. Aufl 2023
Slg	Sammlung
Sozialrecht aktuell	Sozialrecht aktuell (1.1996ff) (Jahr, Seite)
Spickhoff/...(Bearb), MedR-Komm	Kurzkommentar zum Medizinrecht, hrsg v A Spickhoff, versch Bearb, 3. Aufl 2018
SpuRt	Zeitschrift für Sport und Recht (Jahr, Seite)
SPV/...(Bearb)	Kündigung u Kündigungsschutz im Arbeitsverhältnis, begr v E Stahlhacke, fortgef v U Preis u R Vossen, 11. Aufl 2015
Staud/...(Bearb)	J v Staudingers Kommentar zum Bürgerlichen Gesetzbuch, begr v J v Staudinger, versch Bearb, 12. Aufl 1978ff., 13. Bearb 1993ff
Stauf, Wehrrecht III	W Stauf, Wehrrecht III, 2002
stRspr	ständige Rechtsprechung
StudZR	Studentische Zeitschrift für Rechtswissenschaft (1.2004ff) (Jahr, Seite
StV	Der Strafverteidiger (1.1981ff) (Jahr, Seite)

T

Terbille/Clausen/Schroeder-Printzen, Medizinrecht	s MünchAnwHdb MedR/...(Bearb)
Thüsing/Rachor/Lembke/...(Bearb)	Praxiskommentar zum KSchG, hrsg v G Thüsing, St Rachor u M Lembke, versch Bearb, 4. Aufl 2018

U

UBH/...(Bearb)	Kommentar zum AGB-Recht, hrsg v P Ulmer, H E Brandner, H-D Hensen, versch Bearb, 13. Aufl 2022
Uhlenbruck/...(Bearb), InsO	Uhlenbruck - Kommentar zur InsO, hrsg v H Hirte u H Vallender, versch Bearb, 2 Bde, 16. Aufl 2023
Ulber, AÜG	Kommentar zum AÜG, hrsg v D Ulber u J Ulber, 6. Aufl 2023
Uleer/Miebach/Patt, GOÄ-Kommentar	Abrechnung von Arzt- und Krankenhausleistungen, hrsg v Ch Uleer, bearb v J Miebach u J Patt, 3. Aufl 2006
Ulsenheimer/Gaede, Arztstrafrecht in der Praxis	Arztstrafrecht in der Praxis, begr v K Ulsenheimer, fortgef v K Gaede, 6. Aufl 2020

Abkürzungsverzeichnis

V

VersR	Versicherungsrecht. Juristische Rundschau für die Individualversicherung (1.1950ff) (Jahr, Seite)
von der Groeben/Schwarze/Hatje/…(Bearb), GRC	Europäisches Unionsrecht, EUV, AEUV, GRC, hrsg v H von der Groeben, J Schwarze u A Hatje, versch Bearb, 7. Aufl 2015
Voraufl	Vorauflage
VSSR	Vierteljahresschrift für Sozialrecht (1.1982ff) (Jahr, Seite)
VuR	Verbraucher und Recht (1.1986ff) (Jahr, Seite)

W

Warn, WarnR	Warneyer Rechtsprechung des Bundesgerichtshofes in Zivilsachen (1.1962ff) (Jahr, Nummer)
Weigel, Organvermittlung und Arzthaftung	J Weigel, Organvermittlung und Arzthaftung, 2017
Wendeling-Schröder/Stein, AGG	U Wendeling-Schröder u A Stein, Kommentar zum AGG, 2008
Wenzel, HdB Fachanwalt Medizinrecht	Handbuch des Fachanwalts Medizinrecht, hrsg v F Wenzel, versch Bearb, 4. Aufl 2019

Z

ZBVR online	Online-Zeitschrift für Betriebsverfassungsrecht (1.2005ff) (Jahr, Seite)
ZD	Zeitschrift für Datenschutz (1.2010ff) (Jahr, Seite)
ZESAR	Zeitschrift für europäisches Sozial- und Arbeitsrecht (1.2001ff) (Jahr, Seite)
ZEuP	Zeitschrift für Europäisches Privatrecht (1.1993ff) (Jahr, Seite)
ZEV	Zeitschrift für Erbrecht und Vermögensnachfolge (1.1994ff) (Jahr, Seite)
ZfA	Zeitschrift für Arbeitsrecht (1.1970ff) (Jahr, Seite)
ZfS, ZfSch	Zeitschrift für Schadensrecht (1.1980ff) (Jahr, Seite)
ZGR	Zeitschrift für Unternehmens- u Gesellschaftsrecht (1.1972ff) (Jahr, Seite)
ZInsO	Zeitschrift für das gesamte Insolvenzrecht (1.1998ff) (Jahr, Seite)
ZIP	Zeitschrift für Wirtschaftsrecht und Insolvenzpraxis (1.1980ff) (Jahr, Seite)
ZJS	Zeitschrift für das Juristische Studium (1.2008ff) (Jahr, Seite)
ZMGR	Zeitschrift für das gesamte Medizin- und Gesundheitsrecht (1.2003ff) (Jahr, Seite)
ZMV	Die Mitarbeitervertretung - Zeitschrift für die Praxis der Mitarbeitervertretung in den Einrichtungen der katholischen und evangelischen Kirche (1.1991ff) (Jahr, Seite)
Zöller/…(Bearb), ZPO	Kommentar zur ZPO, begr v R Zöller, versch Bearb, 34. Aufl 2022
Zöllner/Loritz/Hergenröder, ArbR	W Zöllner, K-G Loritz u C W Hergenröder, Lehrbuch Arbeitsrecht, 7. Aufl 2015
ZRP	Zeitschrift für Rechtspolitik (1.1968ff) (Jahr, Seite)
ZStV	Zeitschrift für Stiftungs- und Vereinswesen (1.2010ff) (Jahr, Seite)
ZTR	Zeitschrift für Tarifrecht (1.1987ff) (Jahr, Seite)
ZUM	Zeitschrift für Urheber- und Medienrecht (29.1985ff; vorher: Film und Recht) (Jahr, Seite)
zust	zustimmend
ZVertriebsR	Zeitschrift für Vertriebsrecht (1.2011ff) (Jahr, Seite)

Buch 2
Recht der Schuldverhältnisse

Abschnitt 8
Einzelne Schuldverhältnisse

Titel 8
Dienstvertrag und ähnliche Verträge

Untertitel 1
Dienstvertrag

Vorbemerkungen §§ 620-630

ÜBERSICHT

- **A. Grundlagen** 1–49
  - **I. Gegenstand und Systematik** 1
  - **II. Beendigungstatbestände im Überblick** 2–16
    1. Begriff der Beendigung 2
    2. Beendigungstatbestände 3
    3. Tatbestände ohne Beendigungswirkung 4–16
       - a) Tod des Dienstberechtigten 5
       - b) Insolvenz 6
       - c) Unmöglichkeit der Dienstleistung und Arbeitsunfähigkeit ... 7
       - d) Erreichen gesetzlicher Altersgrenzen 8
       - e) Mutterschutz, Elternzeit, Pflegezeit 9
       - f) Betriebsstilllegung und Betriebsveräußerung 10
       - g) Widerruf einer Organstellung .. 11
       - h) Suspendierung 12, 13
       - i) Unwirksamkeit des Arbeitsvertrages zwischen Verleiher und Leiharbeitnehmer nach AÜG § 9 .. 14
       - j) Beendigung einer vorläufigen personellen Maßnahme 15
       - k) Störung der Geschäftsgrundlage . 16
  - **III. Rechtsgrundlagen und rechtlicher Rahmen** 17–49
    1. Allgemeine Regelungen 18
    2. Arbeitsrechtliche Regelungen 19–45
       - a) Unionsrecht 20–24
         - aa) Primärrecht 20–23
         - bb) Sekundärrecht 24
       - b) Völkerrecht 25–27
         - aa) Europäische Menschenrechtskonvention (EMRK) 25
         - bb) (Revidierte) Europäische Sozialcharta ([R]ESC) ... 26
         - cc) ILO-Übereinkommen Nr 158 27
       - c) Verfassungsrecht 28–31
         - aa) Gesetzgebungskompetenz .. 28
         - bb) Grundrechtliches Spannungsfeld und verfassungsrechtliche Schutzpflicht ... 29
         - cc) Besonderheiten bei kirchlichen Arbeitgebern 30
         - dd) Weitere materielle Vorgaben 31
       - d) Gesetzliche Regelungen 32–43
         - aa) Allgemeiner Kündigungsschutz 33
         - bb) Besonderer Kündigungsschutz 34–41
         - cc) Befristungsrecht 42
         - dd) Sozialrecht 43
       - e) Tarifverträge 44
       - f) Betriebs- und Dienstvereinbarungen 45
    3. Andere Sonderregelungen 46–49
       - a) Handelsrecht 46
       - b) Heimarbeit 47
       - c) Arbeitnehmerähnliche Personen . 48
       - d) (Fremd)Geschäftsführer 49
- **B. Zeitablauf, Zweckerreichung und Bedingungseintritt** 50
- **C. Aufhebungsvertrag** 51–89
  - **I. Abschluss** 52–63
    1. Zustandekommen 52–54
    2. Anspruch auf Abschluss 55
    3. Hinweis- und Aufklärungspflichten . 56–58
    4. Gebot fairen Verhandelns 59, 60
    5. Beteiligungsrechte 61
    6. Keine Einschränkungen durch Kündigungsschutzrecht 62
    7. Wirksamkeit im Falle einer Massenentlassung (KSchG § 17) 63
  - **II. Inhalt** 64–72
    1. Beendigung des Dienstverhältnisses und Beendigungszeitpunkt . 64–66
    2. Aufschiebend bedingte Beendigung . 67, 68
    3. AGB-Kontrolle 69–71
    4. Keine Umgehung des § 613a 72
  - **III. Rechtsfolgen** 73–75
  - **IV. Beseitigung des Aufhebungsvertrags** 76–84
    1. Anfechtung 77–79
    2. Widerruf 80, 81
    3. Rücktritt 82
    4. Verstoß gegen das Gebot fairen Verhandelns 83
    5. Störung der Geschäftsgrundlage ... 84
  - **V. Abwicklungsvertrag und Klageverzichtsabrede** 85–89
- **D. Kündigung** 90–153

I. Grundlagen ... 90–95
1. Begriff und Rechtsnatur ... 90
2. Kündigungsarten ... 91–94
   a) Ordentliche und außerordentliche Kündigung ... 91
   b) Teilkündigung ... 92
   c) Änderungskündigung ... 93, 94
3. Wirkung ... 95

II. Inhalt der Kündigungserklärung ... 96–106
1. Kündigungswille ... 96
2. Beendigungszeitpunkt ... 97, 98
3. Bedingte Kündigung ... 99–101
4. Begründung ... 102–106
   a) Grundsätzlich kein Begründungszwang ... 102
   b) Ausnahmen ... 103
   c) Vereinbarte Begründungspflicht ... 104
   d) Begründung im Kündigungsschutzprozess ... 105
   e) Begründung gegenüber dem Betriebsrat ... 106

III. Kündigungsberechtigung und Abgabe der Kündigungserklärung durch einen Stellvertreter ... 107–113

IV. Zugang der Kündigungserklärung ... 114–124
1. Zugang unter Anwesenden ... 115
2. Zugang unter Abwesenden ... 116–123
   a) Verfügungsgewalt des Empfängers ... 117
   b) Möglichkeit der Kenntnisnahme ... 118, 119
   c) Empfangsberechtigte Dritte ... 120–123
      aa) Empfangsvertreter ... 121, 122
      bb) Empfangsboten ... 123
3. Hindernisse und Verzögerungen ... 124

V. Form der Kündigungserklärung ... 125–127

VI. Beseitigung der Kündigung ... 128–131
1. Anfechtung ... 128
2. Widerruf und Rücknahme ... 129–131

VII. Umdeutung ... 132, 133

VIII. Zeit der Kündigung ... 134–137

IX. Allgemeine Kündigungsschranken ... 138–150
1. Verstoß gegen ein gesetzliches Verbot ... 139
2. Sittenwidrigkeit ... 140–142
3. Verstoß gegen Treu und Glauben ... 143–148
   a) KSchG als lex specialis ... 144–146
   b) Verfassungsrechtlich gebotener Mindestschutz im Kleinbetrieb ... 147
   c) Verstoß gegen § 242 durch Art und Weise der Kündigungserklärung ... 148
4. Diskriminierungsverbote ... 149, 150

X. Gleichbehandlungsgrundsatz ... 151

XI. Vereinbarte Kündigungsschranken ... 152, 153
1. Individualvertragliche Vereinbarungen ... 152
2. Kollektivvertragliche Vereinbarungen ... 153

E. Kündigung von Arbeitsverhältnissen ... 154–222

I. Allgemeiner Kündigungsschutz (KSchG) ... 154–190
1. Zweck des KSchG ... 154
2. Rechtsnatur ... 155, 156
3. Geltungsbereich ... 157–165
   a) Sachlich ... 157
   b) Persönlich ... 158, 159
   c) Zeitlich (Erfüllung der Wartezeit) ... 160, 161
   d) Betrieblich ... 162–165
4. Grundzüge des allgemeinen Kündigungsschutzes ... 166–171
   a) Erfordernis eines Kündigungsgrunds ... 166, 167
   b) Widerspruch des Betriebsrats ... 168
   c) Prinzipien des Kündigungsschutzes ... 169–171
      aa) Negative Zukunftsprognose ... 169
      bb) Verhältnismäßigkeitsgrundsatz ... 170
      cc) Interessenabwägung ... 171
5. Personenbedingte Kündigung ... 172–176
   a) Kündigungsgrund ... 172
   b) Prüfungskriterien ... 173
   c) Hauptanwendungsfall: Krankheitsbedingte Kündigung ... 174–176
6. Verhaltensbedingte Kündigung ... 177–179
   a) Kündigungsgrund ... 177
   b) Prüfungskriterien ... 178, 179
7. Betriebsbedingte Kündigung ... 180–190
   a) Kündigungsgrund ... 180
   b) Gerichtliche Überprüfung der Unternehmerentscheidung ... 181
   c) Prüfungskriterien ... 182–184
   d) Sozialauswahl ... 185–188
   e) Interessenausgleich mit Namensliste ... 189
   f) Abfindungsanspruch (KSchG § 1a) ... 190

II. Schutz bei Massenentlassungen ... 191–197
1. Begriff der Massenentlassung ... 192
2. Arbeitnehmerbegriff und Betriebsbegriff ... 193, 194
3. Konsultationsverfahren ... 195
4. Anzeigepflicht ... 196
5. Rechtsfolgen für Kündigungen ... 197

III. Kollektivrechtlicher Kündigungsschutz durch Beteiligungsrechte der Interessenvertretung ... 198–205
1. Betriebe der Privatwirtschaft ... 199–201
2. Öffentlicher Dienst ... 202–204
3. Beteiligung der Schwerbehindertenvertretung ... 205

IV. Besonderer Kündigungsschutz ... 206–219
1. Amtsträger und Wahlbewerber ... 207–210
2. Schwerbehinderte Arbeitnehmer ... 211–214
   a) Geltungsbereich ... 211
   b) Ordentliche Kündigung ... 212, 213
   c) Außerordentliche Kündigung ... 214
3. Kündigungsschutz nach dem MuSchG ... 215–218
4. Sonstige Vorschriften ... 219

V. Kündigungsschutzklage und Wirksamkeitsfiktion ... 220–222

F. Anfechtung und Nichtigkeit des Dienstvertrages ... 223, 224

G. Tod des Dienstverpflichteten ... 225

H. Gesetzliche Anordnung der Beendigung ... 226

I. Gerichtliche Auflösung ... 227, 228

J. Lossagungsrecht des Arbeitnehmers ... 229

K. Lösende Aussperrung ... 230

Untertitel 1 Dienstvertrag   Vor §§ 620-630

Schrifttum:

I. Unions- und völkerrechtlicher Rahmen: R. Rebhahn, Der Kündigungsschutz des Arbeitnehmers in den Staaten der EU, ZfA 2003, 163; W. Brose, Das Ende der Kleinbetriebsklausel und des Contrat nouvelles embauches wegen Europarechtswidrigkeit?, ZESAR 2008, 221; P. Hanau, Die Europäische Grundrechtecharta – Schein und Wirklichkeit im Arbeitsrecht, NZA 2010, 1; Willemsen/Sagan, Die Auswirkungen der europäischen Grundrechtecharta auf das deutsche Arbeitsrecht, NZA 2011, 258; Helm/Bell/Windirsch, Der Entfristungsanspruch des befristet beschäftigten Betriebsratsmitglieds, AuR 2012, 293; R. Buschmann, Europäischer Kündigungsschutz, AuR 2013, 388; R. Rebhan, Europäische Entwicklungen im Kündigungsschutz, DRdA 2014, 183; A. Junker, Europäische Vorschriften zur Kündigung, EuZA 2014, 143; M. Meyer, Kündigungsschutz im Kleinbetrieb oder in der Wartezeit nach der Grundrechtecharta?, NZA 2014, 993; J. Heuschmid, Die Sachgrundlose Befristung im Lichte des Verfassungs- und Unionsrechts, AuR 2014, 221; R. Buschmann, Altersdiskriminierung in der Namensliste, in: Festschr für Wank, 2014, S 63; M. Franzen, Europäisches Recht und die Beendigung von Arbeitsverhältnissen in Deutschland, NZA-Beilage 2015, 77; von der Groeben/Schwarze/Hatje, Europäisches Unionsrecht, 2015[7]; Meyer/Hölscheidt, Charta der Grundrechte der Europäischen Union, 2019[5]; F. Malorny, Diskriminierungsschutz als Grenze kirchlicher Selbstbestimmung, EuZA 2019, 441; Holoubek/Lienbacher, GRC Kommentar, 2019[2]; Schlachter/Heuschmid/Ulber, Arbeitsvölkerrecht, 2019[1]; H. Krings, Der unionsrechtliche Betriebsbegriff im Massenentlassungsrecht, NJW 2020, 2765; Schlachter/Heinig, Enzyklopädie Europarecht VII – Europäisches Arbeits- und Sozialrecht (EnzEuR), 2020[2]; Grabenwarter, Enzyklopädie Europarecht II – Europäischer Grundrechteschutz (EnzEuR), 2021[2]; Callies/Ruffert, EUV/AEUV, 2021[6]; H. Jarass, Charta der Grundrechte der Europäischen Union: GRCh, 2021[4]; Grabitz/Hilf/Nettesheim, Das Recht der Europäischen Union: EUV/AEUV, 2021[73].

II. Aufhebungsvertrag: P. Hofmann, Die Anfechtung eines Aufhebungsvertrages durch den Arbeitnehmer, SAE 1971, 74; K. Deubner, Kündigungsdrohung als Zwang zur Abgabe einer Willenserklärung, JuS 1971, 71; K. Hümmerich, Abschied vom arbeitsrechtlichen Aufhebungsvertrag, NZA 1994, 200; J. Bauer, Spiel mit Worten, NZA 1994, 440; K. Hümmerich, Letztmals: Abschied vom arbeitsrechtlichen Aufhebungsvertrag, NZA 1994, 833; B. Puttkamer, Rücktritt vom Aufhebungsvertrag – Anm zum Urteil des LAG Köln 05.01.1996 – 4 Sa 909/94, BB 1996, 1440; K. Hümmerich, Acht aktuelle Vorteile beim Abwicklungsvertrag, BB 1999, 1868; J. Bauer, Grenzen und Beseitigung arbeitsrechtlicher Aufhebungsverträge, Festschr für Däubler, 1999, S 143; R. Adam, Anfechtung eines Aufhebungsvertrags wegen Drohung – Gleitzeitmanipulation, SAE 2000, 204; K. Hümmerich, Neues zum Abwicklungsvertrag, NZA 2001, 1280; Nebeling/Schmid, Zulassung der verspäteten Kündigungsschutzklage nach Anfechtung eines Abwicklungsvertrags wegen arglistiger Täuschung, NZA 2002, 1310; R. Singer, Arbeitsvertragsgestaltung nach der Reform des BGB, RdA 2003, 194; M. Benecke, Der verständige Arbeitgeber, RdA 2004, 147; S. Schewiola, Der arbeitsrechtliche Aufhebungs- und Abwicklungsvertrag (Diss Köln 2006), Hamburg 2006; E. Franz, Der Abschluss eines Aufhebungsvertrags (Diss Köln 2005), Frankfurt aM 2006; F. Probst, Aufhebungs- und Abwicklungsverträge, Saarbrücken 2007; I. Marx, Absprachen der Arbeitsvertragsparteien zur Vermeidung einer Sperrzeit gemäß § 144 SGB III (Diss Gießen 2007), Frankfurt aM 2008; R. Linck, Die neuere Rechtsprechung des Bundesarbeitsgerichts zu arbeitsrechtlichen Aufhebungsverträgen, JbArbR 45, 73 (2008); E. Giesing, Inhaltskontrolle und Abschlusskontrolle arbeitsrechtlicher Aufhebungsverträge, 2008[1]; C. Kroeschell, Die neuen Regeln bei Aufhebungs- und Abwicklungsvereinbarungen, NZA 2008, 560; Bauer/Günther, Neue Spielregeln für Klageverzichtsvereinbarungen, NJW 2008, 1617; Weber/Ehrich/Burmester/Fröhlich, Handbuch der arbeitsrechtlichen Aufhebungsverträge, 2009[5]; Rieble/Wiebauer, Widerspruch (§ 613a VI BGB) nach Aufhebungsvertrag, NZA 2009, 401; K. Winter, Aufklärungspflichten beim Aufhebungsvertrag (Diss Mannheim 2010), Baden-Baden 2010; C. Rolfs, Die Inhaltskontrolle arbeitsrechtlicher Beendigungsvereinbarungen, Festschr für Reuter, 2010, S 825; NJW 2010, 3624; NJW 2011, 2028; NJW 2011, 2937; NJW 2011, 3629; Lingemann/Groneberg, Der Aufhebungsvertrag (Teil 1 bis 5), NJW 2010, 3496; Besgen/Velten, Der Rücktritt vom Aufhebungsvertrag in der Insolvenz, NZA-RR 2010, 561; Tödtmann/Kaluza, Aufhebungsvertrag als Alternative zur Kündigung, AiB 2011, 448; S. Müller, Klageverzicht und Abwicklungsvereinbarung, BB 2011, 1653; J. Hjort, Aufhebungsvertrag und Abfindung, Frankfurt aM 2011; G. Becker, Die unzulässige Einflussnahme des Arbeitgebers auf die Entscheidungsfreiheit des Arbeitnehmers am Beispiel des arbeitsrechtlichen Aufhebungsvertrages (Diss HU Berlin 2009), Berlin 2011; M. Bernhardt, Alternativen zur Kündigung, Berlin 2012; R. Abele, Kein Rücktritt vom Aufhebungsvertrag nach Antragstellung auf Eröffnung des Insolvenzverfahrens, NZA 2012, 487; H. Willemsen, Aufhebungsverträge bei Betriebsübergang – ein „Erfurter Roulette"?, NZA 2013, 242; W. Reinfelder, Der Rücktritt von Aufhebungsvertrag und Prozessvergleich, NZA 2013, 62; C. Hilgenstock, Das Arbeitszeugnis als kompensatorische Gegenleistung im Abwicklungsvertrag, ArbR 2013, 254; Bauer/Krieger/Arnold, Arbeitsrechtliche Aufhebungsverträge – Handbuch, 2014[9]; Tilse/Wolgast, Beendigung von Arbeitsverhältnissen durch Kündigung oder Aufhebungsvertrag, 2015[3]; Fischinger/Werthmüller, Der Aufhebungsvertrag im Irish-Pub – Die Neuregelungen der §§ 312 ff BGB und die Widerruflichkeit arbeitsrechtlicher Aufhebungsverträge, NZA 2016, 193; M. Meyer, Angemessenheitskontrolle von Beendigungsabreden in Aufhebungs- und Abwicklungsverträgen?, BB 2016, 1589; M. Lembke, Verbraucherrechtliches Widerrufsrecht des Arbeitnehmers bei Auflösungsvereinbarungen?, BB 2016, 3125; Kuhn/Becker, Arbeits- und Sozialversicherungsrechtliche Aspekte bei Aufhebungsverträgen, DB 2016, 1994; C. Kroeschell, Aufhebungsverträge und Sperrzeit, jM 2016, 30; S. Kamanabrou, Eindeutig kein Widerrufsrecht bei Aufhebungsverträgen am Arbeitsplatz?, NZA 2016, 919; M. Fuhlrott, Gestaltung von Abwicklungsverträgen – Aktuelle Rechtsprechung, GWR 2016, 177; Bauer/Arnold/Zeh, Widerruf von Arbeits- und Aufhebungsverträgen – Wirklich alles neu?, NZA 2016, 449; S. Overkamp, Der Aufhebungsvertrag aus arbeitsrechtlicher Sicht, jM 2017, 64; W. v Bernuth, Aufhebungsverträge – Aktuelle Rechtsprechung, BB 2017, 2857; S. Müller, Das Gebot fairen Verhandelns beim Abschluss von Aufhebungsverträgen, DB 2019, 1792; P. Fischinger, Lösungsmöglichkeiten von arbeitsrechtlichen (Aufhebungs-)Verträgen: Widerrufsrecht und „Gebot fairen Verhandelns", NZA 2019, 729; BAG 6 AZR 75/18, JZ 2019, 897 (M. Zimmer); BAG 6 AZR 75/18, NJW 2019, 1969 (Bachmann/Ponßen); D. Johnson, Gutes Timing ist alles – Zur Massenentlassungsanzeige bei Aufhebungsverträgen, BB 2019, 1909; Bauer/Romero, Kein Widerrufsrecht bei Aufhebungsverträgen – Verletzung des Gebots fairen Verhandelns, JZ 2019, 608; BAG 6 AZR 75/18, JuS 2019, 1204 (B. Boemke); N. Petersen, Hürden beim Abschluss eines arbeitsrechtlichen Aufhebungsvertrags, NWB 2019, 1682; Lingemann/Chakrabarti, Ein Ende, das keines ist – Die Beseitigung von Aufhebungsverträgen, NJW 2019, 2445; D. Holler, Das „Gebot fairen Verhandelns" bei der Loslösung von Aufhebungsverträgen, NJW 2019, 2206; P. Mückl, Aktualisierte Spielregeln bei Massenentlassungen, BB 2020, 1332; M. Reufels, Das neue Gebot beim Abschluss von Aufhebungsverträgen: Bedenkzeit geben, ArbRB 2020, 253; P. Fischinger, Das Gebot fairen

Verhandelns als Allzweckwaffe gegen unliebsame Aufhebungsverträge, NZA-RR 2020, 516; M. Reufels, Befristungskontrolle für nur vermeintliche Aufhebungsverträge, ArbRB 2020, 57; R. Heinkel, Aufhebungsvertrag – Das endgültige Ende des Arbeitsverhältnisses?, ZTR 2020, 261; A. Spilger, Entgeltanspruch bei Unwirksamkeit eines arbeitsrechtlichen Aufhebungsvertrags?, NZA 2020, 357; S. Kamanabrou, Das Gebot fairen Verhandelns bei Aufhebungsverträgen, RdA 2020, 201.

III. Kündigung: 1. Kommentarliteratur und Handbücher: Backmeister/Trittin/Mayer, Kündigungsschutzgesetz mit Nebengesetzen, 2009[4]; Lingemann, Kündigungsschutz, 2011[1]; Laux/Schlachter, Teilzeit- und Befristungsgesetz: TzBfG, 2011[2]; Haas, Recht und Praxis der verhaltensbedingten Kündigung, 2013[1]; Thüsing, Arbeitsrechtlicher Diskriminierungsschutz, 2013[2]; Tilse/Wolgast, Beendigung des Arbeitsverhältnisses durch Kündigung oder Aufhebungsvertrag, 2015[3]; Meyer, Kündigung im Arbeitsrecht, 2016[2]; Däubler, Tarifvertragsgesetz mit Arbeitnehmer-Entsendegesetz, 2016[4]; Löwisch/Schlünder/Spinner/Wertheimer, Kündigungsschutzgesetz, 2018[11]; Thüsing/Rachor/Lembke, Kündigungsschutzgesetz, 2018[4]; Koller/Kindler/Roth/Morck, Handelsgesetzbuch: HGB, 2019[9]; Ebenroth/Boujong/Joost/Strohn, Handelsgesetzbuch: HGB I, 2020[4]; Preis, Der Arbeitsvertrag, 2020[4]; Däubler/Deinert/Zwanziger, Kündigungsschutzrecht (DDZ), 2020[11]; Gallner/Mestwerdt/Nägele, Kündigungsschutzrecht Handkommentar (HK-KSchR), 2021[7]; Drescher/Fleischer/Schmidt, Münchner Kommentar zum HGB I, 2021[5].
2. Aufsatzliteratur, Monographien und Urteilsanmerkungen: Preis, Prinzipien des Kündigungsrechts bei Arbeitsverhältnissen (Diss Köln 1986), München 1987; Eckert, Keine Berufung auf das Fehlen der Kündigungserklärung bei gegenstandslos gewordenem Arbeitsverhältnis – Unterlassene Kündigung nach Ausreise aus der DDR, EWiR 1996, 13; Lettl, Der arbeitsrechtliche Kündigungsschutz nach den zivilrechtlichen Generalklauseln, NZA-RR 2004, 57; Däubler, Weniger Kündigungsschutz in Kleinbetrieben, AiB 2004, 7; Bender/Schmidt, KSchG 2004: Neuer Schwellenwert und einheitliche Klagefrist, NZA 2004, 358; Raab, Der erweiterte Anwendungsbereich der Klagefrist gemäß § 4 KSchG, RdA 2004, 321; Schlachter, Fristlose Kündigung wegen Entwendung geringwertiger Sachen des Arbeitgebers, NZA 2005, 433; Krets, Klageverzichts- und Abwicklungsverträge ohne Abfindung, Festschr für Bauer, 2010, S 601; Eisemann, Kündigungsfrist und Klagefrist, NZA 2011, 601; Grawe, Die Teilkündigung im deutschen Arbeitsrecht (Diss Heidelberg 2011), Hamburg 2011; Griebeling, Kündigung wegen eines Motivbündels – heilt ein objektiver Kündigungsgrund die Diskriminierungsabsicht?, Festschr für Etzel, 2011, S 185; Schmiegel/Yalcin, Zurückweisung einer Kündigung nach § 174 BGB – unter Berücksichtigung der Besonderheiten im öffentlichen Dienst, ZTR 2011, 395; Meyer/Reufels, Prozesstaktische Erwägungen bei Vollmachtsproblemen, NZA 2011, 5; Däubler, Die Unternehmerfreiheit im Arbeitsrecht, Saarbrücken 2012; Bayreuther, Altersgrenzen, Kündigungsschutz nach Erreichen der Altersgrenze und die Befristung von „Altersrentnern", NJW 2012, 2758; Szech, Die Anfechtung des Arbeitsvertrages durch den Arbeitgeber und das Allgemeine Gleichbehandlungsgesetz (Diss Düsseldorf 2011), Baden-Baden 2012; Wolf, Druckkündigungen mit diskriminierendem Hintergrund (Diss Göttingen 2011), Frankfurt aM 2012; Breitfeld/Strauß, Stolperfallen für Arbeitgeber bei der Begründung und Beendigung von Arbeitsverhältnissen mit schwerbehinderten Arbeitnehmern, BB 2012, 2817; Springer, Wirksame Kündigung: Achtung bei Erklärung, Termin und Zustellung der Kündigung!, BB 2012, 1477; Müller, Der Kündigungszugang in der arbeitsrechtlichen Praxis, FA 2012, 356; Rehm, Ungleichbehandlung aufgrund des Alters im Kündigungsschutz (Diss Bielefeld 2013), Berlin 2013; Müller, Die Zurückweisung nach § 174 Satz 1 BGB im Kündigungsrecht, FA 2013, 37; Stein, Betriebsbedingte Kündigungsgründe – Tabuzone für Arbeitsgerichte?, AuR 2013, 243; Schindler/Künzl, Tarifvertraglicher Ausschluss der ordentlichen Kündbarkeit und Sozialauswahl, ZTR 2014, 395; Kaspryzyk, Altersdiskriminierung im deutschen Arbeitsrecht (Diss Mainz 2012), Hamburg 2014; Günther/Frey, Diskriminierende Kündigungen, NZA 2014, 589; Schlachter, Das Verbot der Altersdiskriminierung und der Gestaltungsspielraum bei Tarifvertragsparteien, 2014; Stoffels, Formbedürftigkeit von Aufhebungsverträgen und Kündigungen bei Kollektivverträgen, Festschr für v Hoyningen-Huene, 2014, S 477; Ulrici, Zur gegenständlichen Reichweite der kündigungsrechtlichen Präklusion, Festschr für v Hoyningen-Huene, 2014, 501; Bauer, Rechtsfolgen (auch) diskriminierender Kündigungen, Festschr für v Hoyningen-Huene, 2014, S 29; Klostermann-Schneider, § 174 BGB: Zurückweisung der vom Bevollmächtigten vorgenommenen Kündigung und ihre Grenzen (Diss Passau 2015), Frankfurt 2015; Plocher, Kündigung des Arbeitsverhältnisses bei Krankheit, DB 2015, 2083; Fuhlrott, Der arbeitsrechtliche Gleichbehandlungsgrundsatz als Anspruchsnorm, ArbR 2015, 141; Schwab/Hromek, Alte Streitstände im neuen Verbraucherprivatrecht, JZ 2015, 271; Fuhlrott, Der arbeitsrechtliche Gleichbehandlungsgrundsatz als Anspruchsnorm, ArbR 2015, 141; Haußmann/Merten, „Kündigungspflicht" und ihre arbeitsrechtliche Umsetzung, NZA 2015, 258; Absenger, Arbeitsrechtlicher Kündigungsschutz in Deutschland – Wahrnehmung und Wirklichkeit, Festschr für Höland, 2015, S 433; Uhl, Anwendbarkeit und Rechtsfolgen des § 15 AGG bei diskriminierenden Kündigungen (Diss Augsburg 2015), Hamburg 2016; Bauer/v Medem, Altersdiskriminierende Kündigung im Kleinbetrieb, NJW 2016. 210; Benecke, AGG und Kündigungsschutz – das BAG und die diskriminierende Kündigung, AuR 2016, 9; Joussen, Abmahnung und Krankheit, Das Abmahnungserfordernis bei Therapieverweigerung, NZA-RR 2016, 1; Niemann, Änderungskündigung und Änderungsschutzklage: eine Einladung zum Diskurs, RdA 2016, 339; Betz-Rehm/Schiepel/Kanne, Rechtliche und praktische Probleme der krankheitsbedingten Kündigung, ZTR 2016, 239; Kalb, Von der Verdachts- zur Vertrauenskündigung, ZfA 2016, 467; v Stein, Das Betriebliche Eingliederungsmanagement in § 84 Abs. 2 SGB IX – Eine (kritische) Bestandsaufnahme, ZfA 2016, 549; Spelge, Die Kunst, formal wirksam zu kündigen – Probleme der Schriftform, Vertretungsmacht und Genehmigung bei der Kündigung von Rechtsverhältnissen am Beispiel der GbR, RdA 2016, 309; Klein/Hlava, Zählen Geschäftsführer als Arbeitnehmer im Sinne der Massenentlassungsrichtlinie?, AuR 2016, 76; Beck, Betriebliches Eingliederungsmanagement, NZA 2017, 81; Liebers/Schuppner, Kollusion von Arbeitnehmern mit Vertretern des Arbeitgebers, NZA 2017, 155; Nebeling/Karcher, Zugang einer Kündigungserklärung: Zustellungsmöglichkeiten und Probleme, BB 2017, 437; Aufterbeck, Die verhaltensbedingte Kündigung als Einfallstor für BGB AT-Klassiker, JuS 2017, 15; v Steinau-Steinrück/Bertz, Die Handhabbarkeit des Massenentlassungsverfahrens, NZA 2017, 145; Rupp, Das betriebliche Eingliederungsmanagement im Kündigungsschutzprozess, NZA 2017, 361; Dzida/Förster, Kündigung des Arbeitsverhältnisses aufgrund „politischer" Äußerungen in sozialen Netzwerken, BB 2017, 757; Heitmann, Die Arbeitgeberkündigung eines Anlageberaters – unter besonderer Beachtung bankaufsichtsrechtlicher Anforderungen, RdA 2017, 166; Willemsen, Verhaltensbedingte Kündigung: Fünf Thesen und fünf Fragezeichen, RdA 2017, 115; v Bemuth, Anzeige- und Konsultationspflichten bei Massenentlassungen in Wellen, DB 2017, 1027; Wolff/Köhler, Neues zur Massenentlassungsanzeige: Mehr administrativer Aufwand und Risiken für den Arbeitgeber!, BB 2017, 1078; Lingemann/Steinhauser, Fallen beim Ausspruch von Kündigungen – Betriebsratsanhörung, NJW 2017, 937; C Schmidt/Wilkening, Reformbedarf im Rahmen von Massenentlassungen – Umformulierung von § 17 KSchG, NZA-RR 2017, 169;

Fuhlrott/Oltmann, Kündigungsrelevanz von Äußerungen in sozialen Medien, DB 2017, 1840; Lingemann/Steinhauser, Alte und neue Fallen beim Ausspruch von Kündigungen – Massenentlassungsanzeige, NJW 2017, 2245; Klinkhammer/Schmidbauer, Zugang von Kündigungserklärungen, ArbRAktuell 2018, 362; Holler, Konturierung des Begriffs der „Entlassung" nach dem § 17 KSchG, NZA 2019, 291; Hülsemann/Osso, Die Kündigung des Arbeitsverhältnisses durch den Arbeitnehmer – eine sichere Beendigung des Arbeitsverhältnisses? (Teil 1), ArbRAktuell 2020, 336; Hülsemann/Osso, Die Kündigung des Arbeitsverhältnisses durch den Arbeitnehmer – eine sichere Beendigung des Arbeitsverhältnisses? (Teil 2), ArbRAktuell 2020, 375; v Stein, Die krankheitsbedingte Kündigung im Licht des betrieblichen Eingliederungsmanagements, NZA 2020, 753; Betz, Die Bindungswirkung von rechtskräftigen Entscheidungen über Kündigungsschutzklagen, NZA-RR 2021, 281; Holler, Die Änderungskündigung im arbeitsgerichtlichen Verfahren, JA 2021, 587; Schulte/Schulte, Zurückweisung der Kündigung, ArbRB 2021, 18.

IV. Sonderkündigungsschutz: 1. Allgemein: Werres, Betriebsstilllegung und Sonderkündigungsschutz, NZI 2009, 24; Wickede, Sonderkündigungsschutz im Arbeitsverhältnis (Diss Mainz 2008), Berlin 2009; Bender, Vorschläge zur Neuordnung des Sonderkündigungsschutzes nach MuSchG und SGB IX (Diss Göttingen 2007), Frankfurt am Main 2009; Eylert/Sänger, Der Sonderkündigungsschutz im 21. Jahrhundert – Zur Entwicklung der Rechtsprechung des Bundesarbeitsgerichts zum Sonderkündigungsschutz, RdA 2010, 24; Hangarter, Arbeitnehmer mit Sonderkündigungsschutz in der Massenentlassung, FA 2017, 130; Gutmann, Kündigungsschutz von Drittstaatsangehörigen wegen Wehrdienstes, NZA 2017, 889; Schröder, Haftungsrisiken bei Klageerhebung – Sonderkündigungsschutz, NJW 2021, 2337.
2. Amtsträger und Wahlbewerber: Schorb/Wolff, Die Freikündigungspflicht des Arbeitgebers zugunsten sonderkündigungsgeschützter Arbeitnehmer, ArbRAktuell 2010, 489; Maiß/Kluth, Die Kündigung von Betriebsratsmitgliedern aus betriebsbedingten Gründen, ArbRAktuell 2010, 412; Hertzfeld, Kündigung, Sonderkündigungsschutz, Auflösungsantrag – ein disharmonischer Dreiklang, NZA-RR 2012, 1; Schindele/Söhl, Kündigungsschutz der Wahlbewerber bei den Betriebsratswahlen, ArbRAktuell 2013, 124; Grau/Schaut, Aktuelle Fragen zum Sonderkündigungsschutz von Wahlbewerbern bei den Betriebsratswahlen, BB 2014, 757; Nebeling/Tüx, Das Schicksal des Sonderkündigungsschutzes gemäß § 15 Abs. 3a KSchG während des laufenden Verfahrens zur gerichtlichen Bestellung eines Wahlvorstandes, BB 2014, 1402; Richter, Kündigung von Betriebsratsmitgliedern, ArbRAktuell 2016, 591; Eylert/Rinck, Besonderer Kündigungsschutz durch Betriebsratswahlen, BB 2018, 308.
3. MuSchG und BEEG: Fiedler, Die Elternzeit, FPR 2007, 338; Böggemann, Betriebsstilllegung während der Elternzeit, NVwZ 2009, 819; Springer/Kamppeter, Schwanger – und jetzt? Ein Leitfaden für Arbeitgeber, BB 2010, 2960; Kittner, § 9 MuSchG, § 18 BEEG – Prüfungsumfang und Entscheidung bei betrieblich veranlassten Kündigungen, NZA 2010, 198; Wiebauer, Elternzeit und beabsichtigte Betriebsstilllegung, NZA 2011, 177; Oberthür, Unionsrechtliche Impulse für den Kündigungsschutz von Organvertretern und Arbeitnehmerbegriff, NZA 2011, 253; Fischer, Die Fremdgeschäftsführerin und andere Organvertreter auf dem Weg zur Arbeitnehmereigenschaft, NJW 2011, 2329; Wiebauer, Die Rechtsprechung zum besonderen Fall nach § 9 MuSchG und § 18 BEEG, BB 2013, 1784; Klinkhammer/Brungs, Sonderkündigungsschutz in der Elternzeit – Grenzen der unzulässigen Rechtsausübung?, ArbRAktuell 2014, 349; Fecker/Scheffzek, Elternzeit – ungeklärte (Rechts)Fragen aus der Praxis, NZA 2015, 778; Kalenbach, Neuregelungen bei der Elternzeit, öAT 2015, 114; Pauken, Aktuelle Rechtsprechung zu Mutterschutz und Schwangerschaft, ArbRAktuell 2015, 297; Humberg, Mutterschutzrechtlicher Sonderkündigungsschutz bei künstlicher Befruchtung, NJW 2015, 3410; v Steinau-Steinrück, In welchem Maß schützt Schwangerschaft vor Kündigung?, NJW-Spezial 2018, 242; Reidel, Zum Kündigungsverbot von Schwangeren noch vor Tätigkeitsaufnahme, öAT 2020, 205; Becker, Die Kündigung von Arbeitnehmern während der Inanspruchnahme von Elternzeit in Abschnitten, ArbRAktuell 2020, 588.
4. Schwerbehinderte: Bauer/Powietzka, Kündigung schwerbehinderter Arbeitnehmer – Nachweis, Sozialauswahl, Klagefrist und Reformbedarf, NZA-RR 2004, 505; Düwell, Der Kündigungsschutz schwerbehinderter Beschäftigter nach der Novelle vom 23. April 2004, BB 2004, 2811; Gravenhorst, Plädoyer für einen Systemwechsel beim Sonderkündigungsschutz behinderter Arbeitnehmer, NZA 2005, 803; Düwell, Schwerbehindertenkündigung und Beteiligtenverfahren, BB 2011, 2485; Gehlhaar, Neue Regeln für die Anzeige der Schwerbehinderung nach einer Kündigung NZA 2011, 673; Breitfeld/Strauß, Stolperfalle für Arbeitgeber bei der Begründung und Beendigung von Arbeitsverhältnissen mit schwerbehinderten Arbeitnehmern, BB 2012, 2817; Bartl, Aufhebungsvertrag mit einem schwerbehinderten Menschen – Beteiligungsrechte der Schwerbehindertenvertretung, AiB 2013, 90; Husemann, Die Information über die Schwerbehinderung im Arbeitsverhältnis, RdA 2014, 16; Dau/Düwell/Joussen, Sozialgesetzbuch IX, 2014[4]; Luickhardt, Neues & Altes zur Kündigung schwerbehinderter Arbeitnehmer, BB 2015, 2741; Nägele-Berkner, Das Nachschieben von Kündigungsgründen bei der Kündigung von Schwerbehinderten – BAG versus BVerwG, NZA 2016, 19; Hahn, Beteiligung von Personalrat, Schwerbehindertenvertretung und Integrationsamt vor Ausspruch einer ordentlichen Kündigung nach dem neuen LPVG BW, öAT 2016, 197; Richter, Erweiterung des Sonderkündigungsschutzes für schwerbehinderte Arbeitnehmer: Der neue § 95 II 3 SGB IX, ArbRAktuell 2017, 84; Bayreuther, Der neue Kündigungsschutz schwerbehinderter Arbeitnehmer nach § 95 II SGB IX, NZA 2017, 87; Klein, Der Kündigungsschutz schwerbehinderter Arbeitnehmer nach dem Bundesteilhabegesetz, NJW 2017, 852; Ramrath, Auswirkungen des Bundesteilhabegesetzes auf das Arbeitsrecht, FA 2017, 158; Benkert, Verstärkter Kündigungsschutz für schwerbehinderte Arbeitnehmer, NJW-Spezial 2017, 370; Boecken, Neuregelungen des Rechts der Schwerbehindertenvertretung durch das Bundesteilhabegesetz (BTHG) – insb zur Unwirksamkeit von Kündigungen nach § 95 Abs 2 Satz 2 SGB IX, VSSR 2017, 69; Lingemann/Steinhauser, Fallen beim Ausspruch von Kündigungen – Anhörung der Schwerbehindertenvertretung, NJW 2017, 1369; Mühlmann, Beteiligung der Schwerbehindertenvertretung bei Kündigung durch den Arbeitgeber, NZA 2017, 884; Griese, Das Arbeitsrecht in Inklusionsbetrieben, ZfA 2018, 44; Conze, Zur Beteiligung der Schwerbehindertenvertretung vor der Kündigung eines schwerbehinderten Menschen, öAT 2018, 27; Karcher/Bachmann, Der Sonderkündigungsschutz schwerbehinderter Menschen und weitere Besonderheiten, BB 2020, 2484; Löser, Rechte der Schwerbehindertenvertretung, öAT 2021, 155.

V. Tarifvertraglicher Kündigungsschutz, Arbeitskampf, Betriebsverfassung und Personalvertretung: Gamillscheg, Kollektives Arbeitsrecht I, 1997; Kissel, Arbeitskampfrecht, 2002; Otto, Arbeitskampf- und Schlichtungsrecht, 2006; Däubler, Arbeitskampfrecht, 2018[4]; Löwisch/Rieble, Tarifvertragsgesetz, 2017[4].

A. Grundlagen

I. Gegenstand und Systematik

1 Die §§ 620-630 enthalten grundlegende Bestimmungen zur Beendigung des Dienstverhältnisses, welches als Dauerschuldverhältnis grds nicht durch einen einmaligen Leistungsaustausch sein Ende findet[1]. Sie ergänzen die allgemeinen Vorschriften zur Beendigung von (Dauer–)Schuldverhältnissen (insbes §§ 313, 314, 323 ff) und stehen zu diesen in einem Spezialitätsverhältnis. Die Normen gelten teils für alle Dienstverhältnisse (§§ 626, 628, 629), teils regeln sie speziell die Beendigung von Arbeitsverhältnissen (§§ 622, 623) oder von Dienstverhältnissen, die keine Arbeitsverhältnisse sind (§§ 621, 627). Die übrigen Vorschriften (§§ 620, 624, 625, 630) gelten nach ihrem Wortlaut zwar ebenfalls für alle Dienstverhältnisse, in Bezug auf Arbeitsverhältnisse werden sie jedoch weitgehend durch Spezialgesetze verdrängt[2].

Das BGB regelt die Beendigung von Dienstverhältnissen nicht abschließend. Insbes die Beendigung von Arbeitsverhältnissen ist in zahlreichen Spezialgesetzen und in Kollektivverträgen geregelt (s Rz 19 ff). Sonderregelungen gelten aber auch für bestimmte Dienstverhältnisse, die (zumindest nach deutschem Verständnis) keine Arbeitsverhältnisse sind (s unten Rz 46 ff).

II. Beendigungstatbestände im Überblick

2 1. **Begriff der Beendigung.** Die Beendigung des Dienstverhältnisses ist von der Suspendierung abzugrenzen. Während im Falle der Suspendierung nur bestimmte Rechte und Pflichten (in der Regel die Hauptleistungspflichten) aus dem Dienstverhältnis ruhen, ohne dass das rechtliche Band zwischen den Vertragsparteien aufgelöst wird (s unten Rz 12)[3], führt die Beendigung des Dienstverhältnisses zur Auflösung des Rechtsverhältnisses und zum Wegfall aller Rechte und Pflichten, mit Ausnahme von evtl bestehenden nachvertraglichen Pflichten. Die Beendigung ist ferner von Fällen abzugrenzen, in denen ein Dienstverhältnis nicht zustande kommt. Letzteres betrifft diejenigen Fälle, in denen der Wirksamkeit des Dienstvertrags rechtshindernde Einwendungen entgegenstehen (zB §§ 134, 138). Wird dieser Mangel vor Vertragsdurchführung erkannt, stellen sich grds keine besonderen Abgrenzungsprobleme. Schwieriger gestaltet sich die Situation, wenn der Nichtigkeitsgrund erst zu einem späteren Zeitpunkt erkannt wird oder, zB durch Anfechtung, erst zu einem späteren Zeitpunkt eintritt. In diesen Fällen entsteht durch die Vertragsdurchführung ein fehlerhaftes Dienst- bzw Arbeitsverhältnis. Die Berufung auf die Nichtigkeit des Vertrags bzw die Anfechtung der auf den Abschluss des Vertrags gerichteten Willenserklärung hat in diesen Fällen entgegen den allgemeinen Regeln nur *ex nunc*-Wirkung, dh das fehlerhafte Dienst- bzw Arbeitsverhältnis wird nur für die Zukunft aufgelöst (zu Ausnahmen s Rz 223)[4]. Eine Rückabwicklung für die Vergangenheit findet nicht statt. Aufgrund dieser Wirkung können die Geltendmachung von Nichtigkeitsgründen und die Anfechtung nach Beginn der Vertragsdurchführung ebenfalls als Beendigungstatbestände verstanden werden, da sie zur Beendigung des bestehenden (fehlerhaften) Dienst- bzw Arbeitsverhältnisses führen (s Rz 223 f).

3 2. **Beendigungstatbestände.** Zu unterscheiden ist zwischen allgemeinen Beendigungstatbeständen, die für alle Dienstverhältnisse gelten, und speziellen Beendigungstatbeständen, die nur für bestimmte Dienstverhältnisse gelten.

Für alle Dienstverhältnisse gelten folgende Beendigungstatbestände:

– Zeitablauf, Zweckerreichung und Bedingungseintritt
– Aufhebungsvertrag
– Kündigung
– Anfechtung und Nichtigkeit des Dienstvertrages
– Tod des Dienstverpflichteten.

Das Arbeitsverhältnis kann ferner beendet werden durch:

– Gesetzliche Anordnung der Beendigung
– Gerichtliche Auflösung
– Lossagungsrecht des Arbeitnehmers
– Lösende Aussperrung

---

1 Schaub/Linck § 121 Rz 1.
2 Staud/Oetker Rz 4 f vor §§ 620 ff.
3 APS/Preis Grundlagen K Rz 74.
4 Grundlegend BAGE 5, 159 = AP Nr 2 zu § 123 BGB.

Ein Dienstvertrag in Gestalt eines Verbrauchervertrags über eine digitale Dienstleistung (§ 327 Abs 2 Satz 2) kann gem §§ 327c, 327m und 327r Abs 3 und 4 beendet werden (vgl § 620 Abs 4; s dazu § 620 Rz 82 ff).

3. Tatbestände ohne Beendigungswirkung. Abzugrenzen sind die Beendigungstatbestände von Tatbeständen, die das Dienstverhältnis unberührt lassen oder lediglich zu einer Modifikation der vertraglichen Rechte und Pflichten oder zu einem Wechsel der Vertragsparteien führen. **4**

a) **Tod des Dienstberechtigten.** Während der Tod des Dienstverpflichteten grds zur Beendigung des Dienstverhältnisses führt (s unten Rz 225), beendet der Tod des Dienstberechtigten das Dienstverhältnis grds nicht[5]. Stattdessen treten die Erben des Dienstberechtigten in dessen Rechtsstellung ein (§ 1922 Abs 1). § 613 Satz 2 greift in diesem Fall nicht, denn die Norm enthält nur eine Zweifelsregelung und erklärt den Anspruch nicht für unvererbbar[6]. **5**

Bezieht sich der Dienstvertrag auf Dienstleistungen, die ganz oder überwiegend für die Person des Dienstberechtigten zu leisten waren (zB Pflegedienstleistungen), gilt im Grundsatz nichts Anderes. Eine automatische Auflösung des Dienstverhältnisses durch den Tod des Dienstberechtigten[7] ist auch in diesem Fall abzulehnen. Die Erbringung der Dienstleistung wird zwar durch den Tod des Dienstberechtigten gemäß § 275 Abs 1 unmöglich; dies hat jedoch keine Auswirkungen auf den Bestand des Dienstverhältnisses[8]. Eine Beendigung durch den Tod des Dienstberechtigten kommt nur in Betracht, wenn dieses Ereignis als **auflösende Bedingung** vereinbart worden ist[9]. Handelt es sich um ein Arbeitsverhältnis, bedarf eine solche Vereinbarung allerdings der Schriftform (TzBfG §§ 21, 14 Abs 4), dh eine Vereinbarung durch schlüssiges Verhalten scheidet aus[10]. Zudem muss eine sachliche Rechtfertigung (TzBfG §§ 21, 14 Abs 1) vorliegen, die sich in diesen Fällen in der Regel aus der Eigenart der Arbeitsleistung (TzBfG § 14 Abs 1 Satz 2 Nr 4) ergeben wird[11]. Das Arbeitsverhältnis endet dann gemäß TzBfG §§ 21, 15 Abs 2 frühestens 2 Wochen nach Zugang der schriftlichen Unterrichtung des Arbeitnehmers über den Zeitpunkt des Todes des Arbeitgebers[12]. In allen anderen Fällen bedarf es zur Auflösung des Dienstverhältnisses nach dem Tod des Dienstberechtigten einer (**ordentlichen**) **Kündigung** durch die Erben[13]. Nach einer älteren Entscheidung des BAG soll beim Tod eines rheinischen Nur-Notars ausnahmsweise auch eine **außerordentliche Kündigung** der Notariatsangestellten möglich sein, weil der Betrieb in diesem Fall mit dem Tod des Notars untergehe und eine Belastung der Erben mit der Gehaltszahlung unverhältnismäßig sei[14]. In der Literatur wird dies teilweise auf die Kündigung von Pflegekräften übertragen[15]. Eine Unzumutbarkeit der Weiterbeschäftigung bis zum Ablauf der Kündigungsfrist kann angesichts der neueren Rspr jedoch in beiden Fällen nicht (mehr) angenommen werden. Die Einhaltung der Kündigungsfrist gehört zum unternehmerischen Risiko des Arbeitgebers[16]. Eine außerordentliche betriebsbedingte Kündigung kommt nach st Rspr im Ausnahmefall in Betracht, wenn die ordentliche Kündigung ausgeschlossen ist und der Arbeitgeber gezwungen wäre, ein Arbeitsverhältnis über Jahre hinweg durch Gehaltszahlungen, denen keine entsprechende Arbeitsleistung mehr gegenübersteht, aufrechtzuerhalten[17]. Selbst in einem solchen Fall muss der Arbeitgeber jedoch eine fiktive Kündigungsfrist einhalten, welche der Frist entspricht, die gelten würde, wenn die ordentliche Kündigung nicht ausgeschlossen wäre[18].

b) **Insolvenz.** Weder die Insolvenz des Dienstberechtigten noch die Insolvenz des Dienstverpflichteten führt zur Beendigung des Dienstverhältnisses (InsO § 108)[19]. Vielmehr gelten auch nach Eröffnung des Insolvenzverfahrens grds die allgemeinen Regelungen[20]. Im Falle der Insolvenz des Dienstberechtigten besteht gemäß InsO § 113 allerdings ein **besonderes Kündigungsrecht**. Das Dienstverhältnis kann danach ohne Rücksicht auf eine vereinbarte Vertragsdauer oder einen Ausschluss der ordentlichen Kündigung sowohl vom Insolvenzverwalter als auch vom Dienstverpflichteten ordentlich gekündigt werden. Die Kündigungsfrist beträgt drei Monate zum **6**

---

5 Staud/Oetker Rz 72 vor §§ 620 ff; MünchKomm/Hesse Rz 58 vor § 620.
6 MünchKomm/Müller-Glöge § 613 Rz 22; APS/Preis Grundlagen K Rz 12.
7 So etwa Staud[12]/Neumann Rz 17 vor §§ 620 ff.
8 MünchKomm/Hesse Rz 58 vor § 620.
9 LAG Hamburg 17. Juni 1952 – 20 Sa 217/52 – PraktArbR BGB § 613 Nr 54; APS/Preis Grundlagen K Rz 12; zur Möglichkeit einer solchen Vereinbarung unter gleichzeitigem Ausschluss des ordentlichen Kündigungsrechts des Arbeitgebers BAG AP Nr 60 zu § 138 BGB = BB 2004, 2303.
10 Laux/Schlachter/Schlachter TzBfG § 21 Rz 7; Staud/Richardi/Fischinger § 613 Rz 24.
11 Staud/Oetker Rz 73 vor §§ 620 ff.
12 Staud/Richardi/Fischinger § 613 Rz 24.
13 MünchKomm/Hesse Rz 58 vor § 620; Staud/Oetker Rz 72 vor §§ 620 ff.
14 BAGE 5, 256 = NJW 1958, 1013.
15 Staud/Richardi/Fischinger § 613 Rz 24.
16 BAGE 88, 10 = NZA 1998, 771; AP Nr 60 zu § 138 BGB = BB 2004, 2303.
17 BAGE 88, 10 = NZA 1998, 771; BAGE 152, 345 = NZA 2016, 366.
18 BAGE 88, 10 = NZA 1998, 771.
19 Schaub/Linck § 121 Rz 17; vgl auch BGH AP Nr 3 zu § 64 GmbHG = NZA 2005, 1415; BAGE 112, 214 = NZA 2005, 408.
20 KR/Spelge InsO §§ 113 Rz 31; Staud/Oetker Rz 97 vor §§ 620 ff.

Monatsende, sofern nicht ohnehin eine kürzere Frist gilt (InsO § 113 Satz 2). Die Vorschrift ist vor allem für Arbeitsverhältnisse von erheblicher Relevanz, da für diese oftmals längere Kündigungsfristen gelten (vgl § 622) und das Recht zur ordentlichen Kündigung mitunter vollständig ausgeschlossen ist (zB in TzBfG § 15 Abs 4 sowie in zahlreichen Tarifverträgen[21])[22]. Die Eröffnung des Insolvenzverfahrens ist als solche weder ein wichtiger Grund für eine außerordentliche Kündigung iSv § 626[23] noch ein betriebliches Erfordernis iSv KSchG § 1 Abs 2, das eine betriebsbedingte Kündigung rechtfertigt[24].

7 c) **Unmöglichkeit der Dienstleistung und Arbeitsunfähigkeit.** Das Dienstverhältnis wird nicht dadurch beendet, dass die Erbringung der Dienstleistung unmöglich wird[25]. Die Unmöglichkeit hat unmittelbar lediglich zur Folge, dass der Dienstverpflichtete die Dienstleistung nicht erbringen muss (§ 275 Abs 1-3) und nach § 326 Abs 1 seinen Vergütungsanspruch verliert, sofern sich aus anderen Vorschriften (zB §§ 326 Abs 2, 615, 616) nichts anderes ergibt[26]. Zur Beendigung des Dienstverhältnisses ist dagegen eine Kündigung oder eine anderweitige Vertragsauflösung erforderlich[27]. Die Unmöglichkeit der Leistungserbringung erlangt dabei gegebenenfalls als Kündigungsgrund iSv KSchG § 1 Bedeutung und kann in Ausnahmefällen einen wichtigen Grund iSv § 626 darstellen[28]. Gleiches gilt im Falle der Arbeitsunfähigkeit eines Arbeitnehmers[29]. Auch diese führt nicht zur Auflösung des Arbeitsverhältnisses, sondern befreit den Arbeitnehmer von seiner Leistungspflicht (§ 275 Abs 1), während sich die Fortzahlung des Entgelts nach den Vorschriften des EFZG richtet[30]. Eine langandauernde Arbeitsunfähigkeit kann den Arbeitgeber allerdings zur personenbedingten Kündigung berechtigen (s Rz 174). Eine außerordentliche Kündigung wegen andauernder Arbeitsunfähigkeit kommt indes nur in Ausnahmefällen in Betracht (s § 626 Rz 116 ff)[31]. Selbst im Falle der dauerhaften Erwerbsunfähigkeit wird das Arbeitsverhältnis nicht automatisch aufgelöst, es sei denn, es besteht eine arbeitsvertragliche oder tarifvertragliche Vereinbarung[32], die eine Beendigung des Arbeitsverhältnisses in diesem Fall vorsieht (vgl zB TVöD/TV-L § 33 Abs 2)[33].

8 d) **Erreichen gesetzlicher Altersgrenzen.** Das Erreichen der gesetzlichen Regelaltersgrenze (SGB VI § 35 Satz 2) führt, sofern dies nicht vertraglich oder kollektivvertraglich vereinbart ist (zB TVöD/TV-L § 33 Abs 1), nicht zur Beendigung des Arbeitsverhältnisses[34] und stellt keinen Kündigungsgrund iSv KSchG § 1 dar, der eine Kündigung des Arbeitsverhältnisses durch den Arbeitgeber rechtfertigt (vgl SGB VI § 41 Satz 1)[35].

9 e) **Mutterschutz, Elternzeit, Pflegezeit.** Die Beschäftigungsverbote des MuSchG führen nicht zur Beendigung des Arbeitsverhältnisses[36]. Es werden lediglich die Hauptleistungspflichten suspendiert[37]. Eine Kündigung des Arbeitsverhältnisses ist nach MuSchG § 17 ausgeschlossen, sofern nicht ausnahmsweise die zuständige oberste Landesbehörde zugestimmt hat. Ebenso führen Elternzeit (BEEG § 15) und Pflegezeit (PflegeZG § 3) nur zum Ruhen des Arbeitsverhältnisses, welches zugleich einem besonderen Kündigungsschutz unterliegt (vgl BEEG § 18, PflegeZG § 5)[38].

10 f) **Betriebsstilllegung und Betriebsveräußerung.** Eine Betriebsstilllegung hat keine Auswirkungen auf den Bestand des Dienst- bzw Arbeitsverhältnisses[39]. Der Dienstberechtigte bzw Arbeitgeber gerät vielmehr in Annahmeverzug und schuldet gemäß § 615 grds die Vergütung[40]. Zur Beendigung des Dienst- bzw Arbeitsverhältnisses bedarf es einer (betriebsbedingten) Kündigung. Diese kann bei Vorliegen eines Arbeitsverhältnisses unter den Voraussetzungen des KSchG durch den mit der Betriebsstilllegung einhergehenden Wegfall des Arbeitsplatzes gerechtfertigt werden[41]. Eine außerordentliche Kündigung scheidet hingegen regelmäßig aus, es sei denn, die ordentliche Kündigung ist vertraglich oder tarifvertraglich ausgeschlossen (s § 626 Rz 137 ff)[42].

---

21 Dazu Däubler/Heuschmid/Klein TVG § 1 Rz 868 ff.
22 Staud/Oetker Rz 97 f vor §§ 620 ff.
23 Staud/Oetker Rz 98 vor §§ 620 ff.
24 BAGE 104, 131 = NZA 2003, 789.
25 MünchKomm/Hesse Rz 63 vor § 620.
26 Staud/Oetker Rz 105 vor §§ 620 ff.
27 Vgl Staud/Oetker Rz 105 vor §§ 620 ff; MünchKomm/Hesse Rz 63 vor § 620.
28 MünchKomm/Hesse Rz 63 vor § 620.
29 APS/Preis Grundlagen K Rz 15.
30 Vgl ErfK/Reinhard EFZG § 3 Rz 3.
31 BAG AP Nr 12 zu § 626 BGB Krankheit = NZA 2004, 1271.
32 Zu den Wirksamkeitsvoraussetzungen einer solchen Vereinbarung s BAGE 113, 64 = NZA 2006, 211; Laux/Schlachter/Schlachter TzBfG § 21 Rz 26.
33 MünchKomm/Hesse Rz 61 vor § 620.
34 APS/Preis Grundlagen K Rz 16.
35 ErfK/Rolfs SGB VI § 41 Rz 5 ff.
36 ErfK/Schlachter MuSchG § 3 Rz 2.
37 BAGE 96, 34 = NZA 2001, 445.
38 Staud/Oetker Rz 113 f vor §§ 620 ff.
39 MünchKomm/Hesse Rz 60 vor § 620; Staud/Oetker Rz 109 vor §§ 620 ff.
40 BAGE 77, 123 = NZA 1995, 468.
41 MünchKomm/Hesse Rz 60 vor § 620.
42 BAGE 48, 220 = NZA 1985, 559; NZA 2013, 959 = AP Nr 242 zu § 626 BGB; NZA 2014, 895 = AP Nr 6 zu § 626 BGB Unkündbarkeit.

Auch eine Betriebsveräußerung führt nicht zur Beendigung des Dienst- bzw Arbeitsverhältnisses[43]. Für Arbeitsverhältnisse gilt in diesem Fall jedoch § 613a Abs 1 Satz 1, wonach das Arbeitsverhältnis mit dem Betriebsübergang auf den Erwerber übergeht[44]. Der Arbeitnehmer kann dem Übergang jedoch gemäß § 613a Abs 6 mit der Folge widersprechen, dass das Arbeitsverhältnis mit dem Veräußerer bestehen bleibt. Das Arbeitsverhältnis kann dann durch den Veräußerer nach den allgemeinen Regeln (zB betriebsbedingt) gekündigt werden. Das Kündigungsverbot des § 613a Abs 4 ist nicht einschlägig.

g) **Widerruf einer Organstellung**. Bei Organmitgliedern (Vorstände oder Geschäftsführer) führt der Widerruf ihrer Organstellung nicht gleichzeitig zur Beendigung ihres Anstellungsverhältnisses (Trennungsprinzip)[45]. Die Beendigung des Dienstverhältnisses kann allerdings durch eine vertragliche Vereinbarung an den Widerruf der Organstellung gekoppelt werden[46]. Das Dienstverhältnis endet auch dann jedoch erst mit Ablauf der Frist des § 622, sofern das betroffene Organmitglied nicht oder nur geringfügig am Kapital der Gesellschaft beteiligt ist[47]. Besteht eine vertragliche Koppelung nicht, muss das Dienstverhältnis gesondert gekündigt werden (zur Kündigungsfrist s § 621 Rz 8 ff). Die Kündigung bedarf keines sie rechtfertigenden Grundes[48]. Das KSchG findet keine Anwendung (KSchG § 14)[49]. Eine außerordentliche Kündigung kommt bei Vorliegen eines wichtigen Grunds in Betracht, wobei an diesen wegen der besonderen Vertrauensstellung keine allzu hohen Anforderungen zu stellen sind[50]. Allein der Widerruf der Bestellung genügt jedoch als wichtiger Grund nicht[51].

h) **Suspendierung**. Die Suspendierung des Dienst- bzw Arbeitsverhältnisses führt lediglich zum teilweisen oder vollständigen Ruhen der vertraglichen Rechte und Pflichten, ohne das rechtliche Band zwischen den Parteien aufzulösen[52]. In der Regel werden beide Hauptleistungspflichten, also die Dienstleistungspflicht einerseits und die Vergütungspflicht andererseits, suspendiert. Zuweilen bezieht sich die Suspendierung allerdings auch ausschließlich auf die Dienstleistungs- bzw Arbeitspflicht. Eine Suspendierung beider Hauptleistungspflichten **kraft Gesetzes** tritt nach ArbPlSchG § 1[53], BEEG § 15[54] und PflegeZG § 3[55] ein. Auch ein rechtmäßiger **Streik** führt zur Suspendierung der Hauptleistungspflichten[56]. Gleiches gilt für die von der hM anerkannte **suspendierende Aussperrung** (zur lösenden Aussperrung s unten Rz 230)[57].

Suspendierung kann auch durch **Parteivereinbarung** eintreten. Diese unterliegt uU rechtlichen Einschränkungen aus §§ 305 ff. Schließlich kommt eine Suspendierung ausnahmsweise durch **einseitige Anordnung** des Dienstberechtigten in Betracht.

i) **Unwirksamkeit des Arbeitsvertrages zwischen Verleiher und Leiharbeitnehmer nach AÜG § 9**. Verliert der Verleiher die gemäß AÜG § 1 Abs 1 Satz 1 erforderliche Überlassungserlaubnis, wird der Vertrag zwischen Verleiher und Leiharbeitnehmer nach AÜG § 9 Abs 1 Nr 1 *ex nunc* unwirksam, sofern der Leiharbeitnehmer nicht schriftlich gegenüber dem Verleiher oder dem Entleiher erklärt, dass er an dem Arbeitsvertrag mit dem Verleiher festhält. Dasselbe gilt nach AÜG § 9 Abs 1 Nr 1a bei einem Verstoß gegen AÜG § 1 Abs 1 Satz 5 und 6 sowie nach AÜG § 9 Abs 1 Nr 1b bei einer Überschreitung der nach AÜG § 1 Abs 1b zulässigen Überlassungshöchstdauer. Die Festhaltenserklärung ist nur wirksam, wenn sie zuvor nach Maßgabe des AÜG § 9 Abs 2 bei einer Agentur für Arbeit vorgelegt und mit einem Hinweis versehen worden ist. An die Stelle des unwirksamen Arbeitsvertrags mit dem Verleiher tritt gemäß AÜG § 10 Abs 1 Satz 1 ein fingiertes Arbeitsverhältnis mit dem Entleiher[58]. Dagegen bleibt bei vermuteter Arbeitsvermittlung (AÜG § 1 Abs 2) das Arbeitsverhältnis mit dem vermeintlichen Verleiher bestehen[59]. Ein fingiertes Arbeitsverhältnis zum vermeintlichen Entleiher soll in diesen Fällen nach der Rspr nicht zustande kommen[60].

---

43 Staud/Oetker Rz 110 vor §§ 620 ff.
44 APS/Preis Grundlagen K Rz 13.
45 BGH NJW 2003, 351 = BB 2002, 2629; NZA 2003, 439 = BB 2003, 650; BAG NZA 2008, 168 = AP Nr 11 zu § 14 KSchG 1969.
46 BGH NJW 1989, 2683 = AP Nr 26 zu § 622 BGB; NJW 1999, 3263 = BB 1999, 2100.
47 BGH NJW 1989, 2683 = AP Nr 26 zu § 622 BGB.
48 BGH NZG 2004, 90 = NJW-RR 2004, 540; BAG NZA 2008, 168 = AP Nr 11 zu § 14 KSchG 1969.
49 BAG NZA 2008, 168 = AP Nr 11 zu § 14 KSchG 1969.
50 ErfK/Niemann BGB § 626 Rz 11.
51 BGH BB 1953, 691 = LM Nr 5 zu § 75 AktG; NJW 1989, 2683 = AP Nr 26 zu § 622 BGB.
52 APS/Preis Grundlagen K Rz 74.
53 BAG AP Nr 1 zu § 1 ArbPlatzSchutzG = DB 1971, 1627.
54 BAGE 72, 222 = NZA 1993, 801.
55 BAGE 142, 371 = NZA 2012, 1216.
56 BAGE 1, 291 = NJW 1955, 882.
57 BVerfGE 84, 212 = NJW 1991, 2549; BAGE 23, 292 = NJW 1971, 1668.
58 Vgl MünchKomm/Hesse Rz 67 vor § 620.
59 Vgl BAGE 105, 317 = AP Nr 4 zu § 13 AÜG; ebenso ErfK/Wank AÜG § 1 Rz 78.
60 BAG NZA 2013, 1267 = DB 2013, 2334; BAGE 95, 165 = NZA 2000, 1160; aA Schüren in: Schüren/Hamann (Hrsg), AÜG, 2018⁵, AÜG § 1 Rz 542 f; Ulber in: Ulber (Hrsg), AÜG, 2017⁵, AÜG § 1 Rz 162.

15 j) **Beendigung einer vorläufigen personellen Maßnahme.** Gemäß BetrVG § 100 kann der Arbeitgeber eine nach BetrVG § 99 mitbestimmungspflichtige Einstellung als vorläufige personelle Maßnahme vornehmen, bevor der Betriebsrat zugestimmt hat. Hat die vorläufige Einstellung im Verfahren nach BetrVG § 100 Abs 2 Satz 3 keinen Bestand, so endet sie mit Ablauf von zwei Wochen nach Rechtskraft der gerichtlichen Entscheidung und darf von diesem Moment an nicht mehr aufrechterhalten werden (BetrVG § 100 Abs 3). Konsequenzen hat dies allerdings nur für die tatsächliche Beschäftigung. Das Arbeitsverhältnis besteht auch nach Ende der vorläufigen Einstellung fort und kann, sofern es nicht unter der auflösenden Bedingung des Wegfalls der betriebsverfassungsrechtlichen Zulässigkeit geschlossen wurde, nur durch Kündigung oder Aufhebungsvertrag beendet werden[61].

16 k) **Störung der Geschäftsgrundlage.** Eine Störung oder auch der Wegfall der Geschäftsgrundlage führen, wie § 313 zeigt, ohne Kündigung nicht zur Beendigung des Dienst- oder Arbeitsverhältnisses[62]. Die Kündigung richtet sich auch in diesen Fällen nach den spezielleren Vorschriften des Dienstvertrags- bzw des Arbeitsrechts[63]. Die veränderten Umstände sind daher im Lichte der jeweils einschlägigen Kündigungstatbestände (§§ 620 ff, § 626; KSchG § 1) zu würdigen[64]. Liegen die Voraussetzungen für eine Kündigung danach nicht vor, kann diese gesetzliche Wertung nicht durch einen Rückgriff auf § 313 umgangen werden[65]. § 313 hat daher im Dienstvertrags- und Arbeitsrecht nur im Hinblick auf Vertragsanpassungen eine eigenständige Bedeutung. Für die Anpassung von Arbeitsverträgen auf Verlangen des Arbeitgebers gilt dies jedoch nur, wenn das Arbeitsverhältnis nicht in den Anwendungsbereich des spezielleren KSchG § 2 fällt[66].

Die Rechtsprechung hat in der Vergangenheit in **besonderen Ausnahmefällen** anerkannt, dass das Arbeitsverhältnis **ohne eine besondere rechtsfeststellende oder rechtsgestaltende Erklärung** seine Beendigung finden kann, wenn außergewöhnliche Verhältnisse eine an sich zulässige Kündigung unmöglich oder doch unzumutbar machen[67]. An das Vorliegen solcher außergewöhnlicher Verhältnisse sind hohe Anforderungen zu stellen. Die vom BAG entschiedenen Fälle standen im Zusammenhang mit den politischen, wirtschaftlichen und sozialen Umbrüchen der Nachkriegszeit und der Wiedervereinigung; nur in vergleichbaren Ausnahmesituationen kommt ein Rückgriff auf diese Rechtsprechung in Betracht[68]. **Dogmatisch** handelt es sich allerdings nicht um eine Beendigung des Arbeitsverhältnisses infolge einer Störung oder des Wegfalls der Geschäftsgrundlage durch den Eintritt tatsächlicher Umstände, sondern um einen **Anwendungsfall des § 242**: Die Vertragsparteien können sich nach Treu und Glauben nicht auf das Fehlen einer Kündigungserklärung berufen, weil eine solche der anderen Vertragspartei angesichts der außergewöhnlichen Umstände entweder nicht möglich oder nicht zumutbar war[69].

III. Rechtsgrundlagen und rechtlicher Rahmen

17 Die Beendigung des Dienstverhältnisses hat in den §§ 620 ff keine abschließende Regelung gefunden. Neben speziellen gesetzlichen Vorschriften werden vor allem im Arbeitsrecht auch unions- und verfassungsrechtliche Vorgaben relevant. Darüber hinaus sind gegebenenfalls vertragliche und kollektivvertragliche Regelungen zu beachten.

18 1. **Allgemeine Regelungen.** Den allgemeinen Rahmen für die Beendigung von Dienstverhältnissen enthält das BGB. Relevant sind neben den §§ 620 ff die Vorschriften des allgemeinen Teils und des allgemeinen Schuldrechts. Diese Vorschriften gelten, mit einigen Ausnahmen (s Rz 1), unabhängig von der Art des Dienstverhältnisses. Für die Beendigung von Dienstverhältnissen, die eine **Geschäftsbesorgung** zum Gegenstand haben, gelten zudem gem § 675 Abs 1 die §§ 671 Abs 2, 672-674 entsprechend. Für Dienstverträge in Gestalt eines **Verbrauchervertrags über eine digitale Dienstleistung** (§ 327 Abs 2 Satz 2) gelten neben den allgemeinen Regelungen die speziellen Bestimmungen der §§ 327c, 327m und 327r Abs 3 und 4 (vgl § 620 Abs 4; s dazu § 620 Rz 82 ff).

---

61 GK-BetrVG/Raab BetrVG § 100 Rz 47.
62 Staud/Oetker Rz 83 vor §§ 620 ff.
63 Vgl BAG NZA 1996, 249 = NJW 1996, 1299; NZA 2006, 587 = DB 2006, 1114; MünchKomm/Finkenauer § 313 Rz 172.
64 BAG NZA 2010, 465 = DB 2010, 509; Staud/Oetker Rz 83 vor § 620 ff.
65 MünchKomm/Finkenauer § 313 Rz 172.
66 BAG NZA 2010, 465 = DB 2010, 509; Staud/Oetker Rz 84 vor §§ 620 ff.
67 BAG DB 1962, 542 = AP Nr 4 zu § 242 BGB Geschäftsgrundlage; AP Nr 5 zu § 242 BGB Geschäftsgrundlage (m Anm Beitzke) = DB 1963, 1223; AP Nr 6 zu § 242 BGB Geschäftsgrundlage (m Anm Beitzke) = JuS 1964, 291; NZA 1996, 29 = AP Nr 17 zu § 242 BGB Geschäftsgrundlage.
68 Vgl Eckert EWiR 1996, 13, 14.
69 BAG NZA 1996, 29 = AP Nr 17 zu § 242 BGB Geschäftsgrundlage; Staud/Oetker Rz 108 vor §§ 620 ff.

2. **Arbeitsrechtliche Regelungen.** Umfangreiche Spezialvorschriften bestehen für die Beendigung von Arbeitsverhältnissen. 19

a) **Unionsrecht.** – aa) **Primärrecht.** (1) **Kompetenzen der EU.** Die EU kann nach AEUV 20
Art 153 Abs 1 Buchst d Mindestvorschriften zum Schutz der Arbeitnehmer bei Beendigung des Arbeitsvertrags erlassen. Gemäß AEUV Art 153 Abs 2 UAbs 3 ist hierzu allerdings ein einstimmiger Beschluss des Rats erforderlich. Die Kompetenz erstreckt sich auf alle Beendigungsgründe (zB Kündigung, Aufhebungsvertrag, Befristung) und auf alle Umstände der Beendigung (zB Verfahrensvorschriften, Kündigungsfristen, Abfindungsregelungen)[70]. Bisher hat die Union von dieser Kompetenz keinen Gebrauch gemacht[71]. Das Sekundärrecht regelt die Beendigung von Arbeitsverhältnissen nur punktuell durch Rechtsakte, die sich auf andere Kompetenzgrundlagen stützen (i Einz s Rz 24), ein allgemeiner europäischer Rahmen zum Beendigungsschutz besteht (noch) nicht[72].

(2) **Grundrechtsgewährleistungen.** Neben dieser kompetenzrechtlichen Regelung gewähr- 21
leistet das Primärrecht in **GRC Art 30** jedem Arbeitnehmer „nach dem Unionsrecht und den einzelstaatlichen Rechtsvorschriften und Gepflogenheiten **Anspruch auf Schutz vor ungerechtfertigter Entlassung**". Der Gewährleistungsgehalt dieser Norm ist ebenso wie ihr Anwendungsbereich noch weitgehend ungeklärt[73]. In der Literatur gehen die Ansichten insbesondere wegen des Verweises auf das Unionsrecht und die einzelstaatlichen Rechtsvorschriften und Gepflogenheiten weit auseinander. Teils wird GRC Art 30 als überflüssige Norm angesehen, weil sich aus ihr keine Pflicht zur Einführung oder Beibehaltung irgendeiner Form des Kündigungsschutzes ergebe[74]. Nach anderer Ansicht ist der in der Norm enthaltene Verweis als Ausgestaltungsvorbehalt zu verstehen, der der Union und den Mitgliedstaaten zwar einen weiten Gestaltungsspielraum belässt, aber eine Beachtung des Wesensgehalts verlangt[75]. Eine weitere Meinung geht davon aus, dass der Verweis in GRC Art 30 aus systematischen Gründen keine relevante Bedeutung haben könne und sich der Inhalt der Norm insbesondere aus Art 24 der revidierten Sozialcharta (s Rz 26) ergibt, auf den in den Erläuterungen zu GRC Art 30 Bezug genommen wird[76].

Nach hier vertretener Ansicht ist der Verweis wörtlich zu verstehen: Arbeitnehmer haben einen Anspruch auf den Schutz vor ungerechtfertigter Entlassung, dessen inhaltliche Ausgestaltung sich „nach dem Unionsrecht und den einzelstaatlichen Rechtsvorschriften und Gepflogenheiten" richtet. Der Inhalt des grundrechtlich geschützten Anspruchs ergibt sich also nicht aus GRC Art 30, sondern aus dem (übrigen primären und sekundären) Unionsrecht sowie aus den Rechtsvorschriften und Gepflogenheiten der Mitgliedstaaten[77]. GRC Art 30 enthält folglich keine eigenständigen inhaltlichen Vorgaben für den Schutz der Arbeitnehmer[78]. Daraus kann aber nicht der Schluss gezogen werden, dass die Norm „überflüssig"[79] oder lediglich ein „Fall wohlklingender Grundrechtslyrik"[80] sei. Die Norm hat zwei rechtliche Funktionen: Erstens wertet sie den Schutz vor ungerechtfertigter Entlassung in seiner Ausgestaltung durch das Unionsrecht und vor allem durch das nationale Recht grundrechtlich auf und **schützt** dadurch **insbesondere das nationale Recht vor Beeinträchtigungen durch das Unionsrecht**[81]. Jede Beeinträchtigung des nationalen Kündigungsschutzes durch die Union bedarf wegen GRC Art 30 einer Rechtfertigung am Maßstab des GRC Art 52 Abs 1. Zweitens **erhebt** GRC Art 30 **den Schutz vor ungerechtfertigter Entlassung zur grundrechtlichen Abwägungsposition**, die Beeinträchtigungen anderer Grundrechte (zB der unternehmerischen Freiheit nach GRC Art 16) sowie Beeinträchtigungen der Grundfreiheiten des Binnenmarkts (insbesondere der Niederlassungsfrei-

---

70 Vgl Calliess/Ruffert/Krebber AEUV Art 153 Rz 19; EUArbR/Franzen AEUV Art 153 Rz 28; Grabitz/Hilf/Nettesheim/Benecke AEUV Art 153 Rz 74.
71 Die Richtlinie 98/59/EG des Rates vom 20. Juli 1998 zur Angleichung der Rechtsvorschriften der Mitgliedstaaten über Massenentlassungen (Massenentlassungsrichtlinie), die Mindestvorschriften zum Schutz der Arbeitnehmer bei Beendigung des Arbeitsvertrags enthält, wurde auf Grundlage der Binnenmarktkompetenz des EGV Art 94 (nunmehr AEUV Art 115) erlassen.
72 EnzEuR II/Rebhahn § 16 Rz 85.
73 Der EuGH hielt die GRC in den einschlägigen Vorabentscheidungsersuchen jeweils für unanwendbar (s Rz 22) und hat daher bislang keine inhaltlichen Aussagen zur Auslegung des GRC Art 30 getroffen.
74 Calliess/Ruffert/Krebber GRC Art 30 Rz 2.
75 Kröll in: Holoubek/Lienbacher (Hrsg), GRC-Kommentar, 2. Aufl 2019, Art 30 Rz 9; EUArbR/Schubert GRC Art 30 Rz 2; Frenz, Handbuch Europarecht IV, Europäische Grundrechte, Rz 3839 ff.
76 NK-GA/Heuschmid/Lörcher GRC Art 30 Rz 13.
77 So auch Meyer/Hölscheidt/Hüpers/Reese GRC Art 30 Rz 10.
78 So auch Meyer/Hölscheidt/Hüpers/Reese GRC Art 30 Rz 8.
79 Calliess/Ruffert/Krebber GRC Art 30 Rz 2.
80 Kröll in: Holoubek/Lienbacher (Hrsg), GRC-Kommentar, 2. Aufl 2019, Art 30 Rz 7.
81 Meyer/Hölscheidt/Hüpers/Reese GRC Art 30 Rz 10.

heit nach AEUV Art 49) rechtfertigen kann[82]. Für die hier befürwortete Interpretation des GRC Art 30 spricht sowohl dessen Wortlaut als auch GRC Art 52 Abs 6, wonach den einzelstaatlichen Rechtsvorschriften und Gepflogenheiten, wie es in der Charta bestimmt ist, in vollem Umfang Rechnung zu tragen ist. Außerdem kann sie auf die Entstehungsgeschichte gestützt werden, denn der Aufnahme des Verweises war eine Diskussion im Konvent über die Notwendigkeit einer Absicherung des in den Mitgliedstaaten bestehenden Schutzniveaus vorausgegangen[83]. Wie der Wortlaut durch den Begriff „Anspruch" deutlich macht, enthält GRC Art 30 ein **subjektives Recht** und nicht bloß einen Grundsatz iSv GRC Art 52 Abs 5[84]. Hierfür spricht auch die dargestellte Funktion des Grundrechts.

22 GRC Art 30 gilt nach GRC Art 51 Abs 1 Satz 1 für die Organe, Einrichtungen und sonstigen Stellen der Union sowie für die Mitgliedstaaten bei der Durchführung von Unionsrecht[85]. Er ist bei der Auslegung des Sekundärrechts zu berücksichtigen und erfordert unter Umständen eine **grundrechtskonforme Auslegung**. Dies gilt nicht nur für die partiellen Regelungen zum Kündigungsschutz (s dazu Rz 24)[86], sondern auch für andere sekundärrechtliche Bestimmungen, sofern sie die durch GRC Art 30 geschützten Regelungen über den Schutz vor ungerechtfertigter Entlassung (s Rz 21) beeinträchtigen. Für die Mitgliedstaaten wird GRC Art 30 vor allem als Rechtfertigungsgrund für die Beschränkung der Grundfreiheiten des Binnenmarkts relevant (s dazu bereits Rz 21). Bei der Umsetzung einschlägiger RL sind die Mitgliedstaaten zwar ebenfalls an GRC Art 30 gebunden. Da die Norm – nach hier vertretener Ansicht – allerdings keine eigenen inhaltlichen Vorgaben enthält, ergeben sich aus ihr keine über die nach AEUV Art 288 ohnehin bestehende Umsetzungspflicht hinausreichenden Verpflichtungen.

23 **Praktische Relevanz** hatte GRC Art 30 in der Rspr des EuGH bisher nur in der Rs AGET Iraklis, in der der EuGH anerkannte, dass der Anspruch auf Schutz vor ungerechtfertigter Entlassung grundsätzlich geeignet ist, eine Beeinträchtigung der unternehmerischen Freiheit zu rechtfertigen[87]. Im Rahmen der Verhältnismäßigkeitsprüfung wurde der besondere Schutz aus GRC Art 30 sodann jedoch nicht hinreichend berücksichtigt[88]. Nationale Gerichte hatten in weiteren Vorlagen eine Anwendung des GRC Art 30 erwogen, in denen der EuGH die Norm jedoch nicht für entscheidungserheblich hielt[89]: In der Rs Nisttahuz Poclava verneinte der EuGH die Anwendbarkeit der Befristungs-RL und musste sich daher nicht zu deren Auslegung im Lichte des GRC Art 30 äußern[90]. In der Rs Daouidi ging es um die Anwendung des GRC Art 30 im Falle einer krankheitsbedingten Kündigung; der EuGH sah die streitgegenständliche Erkrankung jedoch nicht als Behinderung iSd RL 2000/78/EG an und lehnte deshalb auch eine Anwendung des GRC Art 30 ab[91]. Ebenfalls für nicht anwendbar hielt der EuGH GRC Art 30 in der Rs Consulmarketing, da die in Rede stehenden Bestimmungen des italienischen Rechts zum Schutz der Arbeitnehmer bei Massenentlassungen in keinem Zusammenhang mit den sich aus der Richtlinie 98/59/EG ergebenden Verpflichtungen standen[92].

---

[82] Vgl EuGH NJW 2017, 1723 (m Anm Grundel) = EuZW 2017, 229 (m Anm Franzen) – AGET Iraklis Rz 89, wonach GRC Art 30 Beeinträchtigungen der unternehmerischen Freiheit gemäß GRC Art 16 rechtfertigen kann. Meyer/Hölscheidt/Hüpers/Reese GRC Art 30 Rz 21 kritisieren jedoch zu Recht, dass der besondere Schutz aus GRC Art 30 in der sich anschließenden Rechtfertigungsprüfung nicht hinreichend berücksichtigt wird.

[83] Vgl Meyer/Hölscheidt/Hüpers/Reese GRC Art 30 Rz 7, 10.

[84] Meyer/Hölscheidt/Hüpers/Reese GRC Art 30 Rz 20; von der Groeben/Schwarze/Hatje/Lembke GRC Art 30 Rz 8; EUArbR/Schubert GRC Art 30 Rz 2; NK-GA/Heuschmid/Lörcher GRC Art 30 Rz 2; EnzEuR II/Rebhahn § 16 Rz 4; Stern/Sachs/Lang GRC Art 30 Rz 5; wohl auch Jarass GRC Art 30 Rz 2; aA Calliess/Ruffert/Krebber EU-GRC Art 30 Rz 2.

[85] Jarass GRC Art 30 Rz 3.

[86] Auf diese abstellend: EnzEuR II/Rebhahn § 16 Rz 85; EUArbR/Schubert GRC Art 30 Rz 27.

[87] EuGH NJW 2017, 1723 (m Anm Grundel) = EuZW 2017, 229 (m Anm Franzen) – AGET Iraklis Rz 89.

[88] Meyer/Hölscheidt/Hüpers/Reese GRC Art 30 Rz 21.

[89] Hinzuweisen ist in diesem Zusammenhang auch auf folgende Beschlüsse, in denen sich der EuGH mangels Anwendbarkeit des Unionsrechts für offensichtlich unzuständig (iSv EuGH-VerfO Art 53 Abs 2) hielt: EuGH 4. Juni 2020 – Rs C-32/20 – Balga; 8. Dezember 2016 – Rs C-27/16 – Marinkov; 16. Januar 2014 – Rs C-332/13 – Weigl; 16. Januar 2014 – Rs C-614/12 – Dutka; 10. Oktober 2013 – Rs C-488/12 –Nagy; bereits vor Inkrafttreten der GRC: 16. Januar 2008, C-361/07 – Polier.

[90] EuGH EuZW 2015, 439 = NZA 2015, 349 – Nisttahuz Poclava (m krit Anm Klein, jurisPR-ArbR 11/2015 Anm 2); vgl zur Auslegung der Befristungs-RL im Lichte des GRC Art 30 auch BAG NZA 2014, 483 = ZTR 2014, 292; Heuschmid AuR 2014, 221; zu der Frage nach einem Entfristungsanspruch befristet beschäftigter Betriebsratsmitglieder unter Berücksichtigung von RL 2002/14/EG Art 7: ArbG München 8. Oktober 2010 – 24 Ca 861/10; Helm/Bell/Windirsch AuR 2012, 293.

[91] EuGH EuZW 2017, 263 = ZESAR 2017, 505 (i Erg keine Prüfung an GRC Art 30 mangels Vorliegen einer Behinderung iSd RL 2000/78/EG); vgl zur Anwendung auf krankheitsbedingte Kündigungen auch Willemsen/Sagan NZA 2011, 258, 259.

[92] EuGH NZA 2021, 627 = EAS Teil C RL 1999/70/EG § 4 Nr 20 – Consulmarketing; eine auf GRC Art 30 gestützte Überprüfung der Rechtfertigung der Kündigung im Fall einer Massenentlassung verneinend auch bereits: EnzEuR II/Rebhahn § 16 Rz 86.

In der Literatur werden weitere Ansatzpunkte für **mögliche Vorlagen an den EuGH** diskutiert: So wird etwa in Frage gestellt, inwiefern die Bildung von Altersgruppen (nach KSchG § 1 Abs 3 Satz 2) sowie die Aufstellung von Namenslisten (iSv KSchG § 1 Abs 5) mit dem Verbot der Altersdiskriminierung aus der RL 2000/78/EG unter Berücksichtigung von GRC Art 30 zu vereinbaren ist[93]. Ebenfalls im Zusammenhang mit der Gleichbehandlungsrahmen-RL wird die Unionsrechtmäßigkeit des SGB IX § 173 Abs 1 Nr 1 infrage gestellt, wonach das Kündigungsverbot für schwerbehinderte Menschen und Gleichgestellte erst nach sechs Monaten einsetzt[94]. Ferner wird diskutiert, ob es angesichts des GRC Art 30 mit der Betriebsübergangs-RL zu vereinbaren wäre, wenn ein Arbeitnehmer seinen Kündigungsschutz verliert, weil sein Arbeitsverhältnis im Wege eines Teilbetriebsübergangs auf einen Betrieb übergeht, welcher unter die Kleinbetriebsklausel des KSchG § 23 fällt[95]. Darüber hinaus wird vereinzelt ein weiterer Anwendungsbereich des GRC Art 30 angenommen; von diesem Standpunkt aus wäre auch die Kleinbetriebsklausel (KSchG § 23) und die Wartezeit nach KSchG § 1 Abs 1 rechtfertigungsbedürftig[96]. Letztere Ansicht steht jedoch ersichtlich im Widerspruch zur Rspr des Gerichtshofs zum Anwendungsbereich der Charta[97]. Auf Grundlage der hier vertretenen Ansicht wird GRC Art 30 in keinem der diskutierten Fälle relevant, da sich aus der Norm keine eigenständigen inhaltlichen Vorgaben für den Schutz der Arbeitnehmer ergeben (s Rz 21).

bb) **Sekundärrecht.** Die Beendigung von Arbeitsverhältnissen hat bislang im europäischen Sekundärrecht **keine umfassende Regelung** gefunden. Zahlreiche RL enthalten jedoch Vorschriften, aus denen sich Vorgaben ergeben.

- Die **Massenentlassungs-RL**[98], die durch die KSchG §§ 17-22 ins deutsche Recht umgesetzt wurde, schreibt vor einer Massenentlassung eine Information und Konsultation der Arbeitnehmervertretung sowie eine schriftliche Anzeige bei der zuständigen Behörde vor.
- Die **Arbeitsbedingungen-RL**[99] enthält in Art 8 eine Regelung zur Probezeit, die danach grundsätzlich nicht länger als sechs Monate dauern darf (s dazu § 622 Rz 29). Zudem verpflichtet Art 4 Abs 2 Buchst j der RL den Arbeitgeber zur Unterrichtung des Arbeitnehmers über das bei der Kündigung des Arbeitsverhältnisses vom Arbeitgeber und vom Arbeitnehmer einzuhaltende Verfahren, einschließlich der formellen Anforderungen und der Länge der Kündigungsfristen.
- Die durch das TzBfG ins deutsche Recht umgesetzte EGB-UNICE-CEEP-Rahmenvereinbarung über befristete Arbeitsverträge vom 18. März 1999 im Anhang der **Befristungs-RL**[100] verlangt in § 5 Maßnahmen zur Verhinderung des Missbrauchs aufeinanderfolgender befristeter Arbeitsverhältnisse (durch das Erfordernis eines die Befristung rechtfertigenden Sachgrundes, eine Begrenzung der insges max zulässigen Dauer der aufeinanderfolgenden Arbeitsverhältnisse oder eine Begrenzung der zulässigen Zahl der Verlängerungen befristeter Arbeitsverhältnisse) und enthält weitere Mindestanforderungen zum Schutz der befristet Beschäftigten (zB das Diskriminierungsverbot in § 4).
- Relevant werden auch die sekundärrechtlichen **Diskriminierungsverbote** aufgrund der (zugeschriebenen) Rasse, der ethnischen Herkunft, der Religion oder Weltanschauung, einer Behinderung, des Alters, der sexuellen Ausrichtung oder des Geschlechts, die sich auch auf Entlassungsbedingungen erstrecken (RL 2000/43/EG[101] Art 3 Abs 1 Buchst c; RL 2000/78/EG[102] Art 3 Abs 1 Buchst c; RL 2006/54/EG[103] Art 14 Abs 1 Buchst c).

---

93 Buschmann, in: Festschr für Wank, 2014, S 63 ff.
94 Meyer NZA 2014, 993, 997.
95 Buschmann AuR 2013, 388, 392; vgl zu dieser Fallgestaltung: BAGE 121, 273 = NZA 2007, 739.
96 Buschmann AuR 2013, 388 ff; NK-GA/Heuschmid/Lörcher GRC Art 30 Rz 10; Brose ZESAR 2008, 221, 228: zur Vereinbarkeit mit GRC Art 30, allerdings ohne Ausführungen zum Anwendungsbereich; aA BAGE 140, 76 = NZA 2012, 286; EnzEuR II/Rebhahn § 16 Rz 30; Willemsen/Sagan NZA 2011, 258, 259; vgl auch EuGH 16. Januar 2008 – Rs C-361/07 – Polier.
97 Vgl nur EuGH NZA 2021, 627 = EAS Teil C RL 1999/70/EG § 4 Nr 20 – Consulmarketing.
98 RL 98/59/EG des Rates vom 20. Juli 1998 zur Angleichung der Rechtsvorschriften der Mitgliedstaaten über Massenentlassungen (ABl L 225, 16).
99 RL (EU) 2019/1152 des Europäischen Parlaments und des Rates vom 20. Juni 2019 über transparente und vorhersehbare Arbeitsbedingungen in der Europäischen Union (ABl L 186, 105).
100 RL 1999/70/EG des Rates vom 28. Juni 1999 zu der EGB-UNICE-CEEP-Rahmenvereinbarung über befristete Arbeitsverträge (ABl L 175, 43).
101 RL 2000/43/EG des Rates vom 29. Juni 2000 zur Anwendung des Gleichbehandlungsgrundsatzes ohne Unterschied der Rasse oder der ethnischen Herkunft (ABl L 180, 22).
102 RL 2000/78/EG des Rates vom 27. November 2000 zur Festlegung eines allgemeinen Rahmens für die Verwirklichung der Gleichbehandlung in Beschäftigung und Beruf (ABl L 303, 16).
103 RL 2006/54/EG des Europäischen Parlaments und des Rates vom 5. Juli 2006 zur Verwirklichung des Grundsatzes der Chancengleichheit und Gleichbehandlung von Männern und Frauen in Arbeits- und Beschäftigungsfragen (ABl L 204, 23).

– Zudem ergeben sich aus dem Sekundärrecht spezielle **Kündigungs- und Maßregelungsverbote**. So darf nach Betriebsübergangs-RL[104] Art 4 ein Betriebsübergang als solcher keinen Kündigungsgrund darstellen. Ein Verbot der Kündigung schwangerer Arbeitnehmerinnen ergibt sich aus Mutterschutz-RL[105] Art 10. § 5 Nr 2 der UNICE-CEEP-EGB-Rahmenvereinbarung vom 6. Juni 1997 über Teilzeitarbeit, die im Anhang der Teilzeitarbeit-RL[106] enthalten ist, stellt klar, dass die Weigerung eines Arbeitnehmers, von einem Vollzeit- in ein Teilzeitarbeitsverhältnis oder umgekehrt zu wechseln, als solche keinen Kündigungsgrund darstellt. Ebenso darf die Beantragung oder Inanspruchnahme von Vaterschafts-, Eltern- oder Pflegeurlaub sowie die Inanspruchnahme flexibler Arbeitsregelungen kein Kündigungsgrund sein (Vereinbarkeits-RL[107] Art 12). Dasselbe gilt gem Arbeitsbedingungen-RL[108] Art 18 im Hinblick auf die Inanspruchnahme der Rechte aus dieser RL. Zu nennen ist in diesem Zusammenhang außerdem das Verbot von Repressalien einschließlich Kündigungen gem Whistleblower-RL[109] Art 19. Weitere Maßregelungsverbote finden sich schließlich in RL 2000/43/EG Art 9, in RL 2000/78/EG Art 11, in RL 2006/54/EG Art 24 sowie in RL 89/391/EWG[110] Art 7 Abs 2, Art 11 Abs 4.

– Weitere Vorgaben enthält das Sekundärrecht schließlich im Hinblick auf den **Schutz von Arbeitnehmervertretern** (Konsultations-RL[111] Art 7, EBR-RL[112] Art 10 Abs 3, Beteiligungs-RL[113] Art 10, SCE-Ergänzungs-RL[114] Art 12, Kapitalgesellschaften-Verschmelzungs-RL[115] Art 16 Abs 3 Buchst f).

– Neben diesen arbeitsrechtlichen RL ist die **Handelsvertreter-RL**[116] zu nennen, die in Kapitel IV Regelungen zur Beendigung des Handelsvertretervertrags enthält, die in HGB §§ 89 ff ins deutsche Recht umgesetzt wurden (s auch Rz 46).

25 b) **Völkerrecht.** – aa) **Europäische Menschenrechtskonvention (EMRK)**. Eine ausdrückliche Gewährleistung des Kündigungsschutzes, wie in GRC Art 30, enthält die EMRK nicht. Dennoch hat die EMRK aufgrund anderer Gewährleistungen schon in verschiedenen Kündigungsschutzverfahren Bedeutung erlangt. So hat der EGMR im Falle einer **Kündigung eines Angestellten der katholischen Kirche** wegen Ehebruchs verlangt, neben dem Selbstbestimmungsrecht der katholischen Kirche auch das Recht des Arbeitnehmers auf Achtung seines Privat- und Familienlebens nach EMRK Art 8 zu berücksichtigen[117]. Auch im Zusammenhang mit der **Kündigung wegen „Whistleblowing"** wird die EMRK relevant. Nach der Rechtsprechung des EGMR ist in diesen Fällen das Recht des Arbeitgebers auf Schutz seines guten Rufs und seiner geschäftlichen Interessen gegen das Recht des Arbeitnehmers auf Freiheit der Meinungsäußerung (EMRK Art 10) abzuwägen[118]. So kann etwa eine **Strafanzeige gegen den Arbeitgeber**

---

104 RL 2001/23/EG des Rates vom 12. März 2001 zur Angleichung der Rechtsvorschriften der Mitgliedstaaten über die Wahrung von Ansprüchen beim Übergang von Unternehmen, Betrieben oder Unternehmens- und Betriebsteilen (ABl L 82, 16).
105 RL 92/85/EWG des Rates vom 19. Oktober 1992 über die Durchführung von Maßnahmen zur Verbesserung der Sicherheit und des Gesundheitsschutzes von schwangeren Arbeitnehmerinnen, Wöchnerinnen und stillenden Arbeitnehmerinnen am Arbeitsplatz (ABl L 348, 1).
106 RL 97/81/EG des Rates vom 15. Dezember 1997 zu der von UNICE, CEEP und EGB geschlossenen Rahmenvereinbarung über Teilzeitarbeiter (ABl L 14, 9, berichtigt ABl 1998 L 128, 71).
107 RL (EU) 2019/1158 des Europäischen Parlaments und des Rates vom 20. Juni 2019 zur Vereinbarkeit von Beruf und Privatleben für Eltern und pflegende Angehörige und zur Aufhebung der Richtlinie 2010/18/EU des Rates (ABl L 188, 79).
108 RL (EU) 2019/1152 des Europäischen Parlaments und des Rates vom 20. Juni 2019 über transparente und vorhersehbare Arbeitsbedingungen in der Europäischen Union (ABl L 186, 105).
109 RL (EU) 2019/1937 des Europäischen Parlaments und des Rates vom 23. Oktober 2019 zum Schutz von Personen, die Verstöße gegen das Unionsrecht melden (ABl L 305, 17).
110 RL 89/391/EWG des Rates vom 12. Juni 1989 über die Durchführung von Maßnahmen zur Verbesserung der Sicherheit und des Gesundheitsschutzes der Arbeitnehmer bei der Arbeit (ABl L 183, 1).
111 RL 2002/14/EG des Europäischen Parlaments und des Rates vom 11. März 2002 zur Festlegung eines allgemeinen Rahmens für die Unterrichtung und Anhörung der Arbeitnehmer in der Europäischen Gemeinschaft (ABl L 80, 29).
112 RL 2009/38/EG des Europäischen Parlaments und des Rates vom 6. Mai 2009 über die Einsetzung eines Europäischen Betriebsrats oder die Schaffung eines Verfahrens zur Unterrichtung und Anhörung der Arbeitnehmer in gemeinschaftsweit operierenden Unternehmen und Unternehmensgruppen (ABl L 122, 28).
113 RL 2001/86/EG des Rates vom 8. Oktober 2001 zur Ergänzung des Statuts der Europäischen Gesellschaft hinsichtlich der Beteiligung der Arbeitnehmer (ABl L 294, 22).
114 RL 2003/72/EG des Rates vom 22. Juli 2003 zur Ergänzung des Statuts der Europäischen Genossenschaft hinsichtlich der Beteiligung der Arbeitnehmer (ABl L 207, 25).
115 RL 2005/56/EG des Europäischen Parlaments und des Rates vom 26. Oktober 2005 über die Verschmelzung von Kapitalgesellschaften aus verschiedenen Mitgliedstaaten (ABl L 310, 1, berichtigt ABl 2008 L 28, 40).
116 RL 86/653/EWG des Rates vom 18. Dezember 1986 zur Koordinierung der Rechtsvorschriften der Mitgliedstaaten betreffend die selbständigen Handelsvertreter (ABl L 382, 17).
117 EGMR EuGRZ 2010, 560 = NZA 2011, 279 – Schüth/Deutschland; s zur Kündigung von Arbeitnehmern bei kirchlichen Arbeitgebern auch EGMR NZA 2011, 277 = EuGRZ 2010, 571 – Obst/Deutschland; NZA 2012, 199 = EzA § 611 BGB 2002 Kirchliche Arbeitnehmer Nr 17 – Siebenhaar/Deutschland.
118 EGMR NZA 2011, 1269 = RdA 2012, 108 (m Anm Schlachter) – Heinisch/Deutschland.

wegen Missständen am Arbeitsplatz gerechtfertigt sein, wenn vernünftigerweise nicht erwartet werden kann, dass interne Kanäle angemessen funktionieren[119]. Bedeutsam kann die EMRK auch bei der Kündigung eines Arbeitnehmers wegen **politischer Betätigung** oder Mitgliedschaft in einer Partei werden[120]. Gleiches gilt bei einer diskriminierenden Kündigung wegen **gewerkschaftlicher Betätigung**[121].

bb) **(Revidierte) Europäische Sozialcharta ([R]ESC)**. Bereits ESC Art 4 Satz 1 Nr 4 verpflichtete die Vertragsstaaten, das Recht der Arbeitnehmer auf eine **angemessene Kündigungsfrist** im Falle der Beendigung des Arbeitsverhältnisses anzuerkennen[122]. Da dieses Recht im Widerspruch zu dem Recht des Arbeitgebers zur außerordentlichen Kündigung nach BGB § 626 stehen könnte, wurde ESC Art 4 **von der BRD nicht ratifiziert**[123]. Zudem bestanden Bedenken bezüglich der in BGB § 622 Abs 4 eröffneten Möglichkeit einer tarifvertraglichen Verkürzung der Kündigungsfrist[124]. 26

Nach **Art 24 der revidierten Fassung der Europäischen Sozialcharta (RESC)**[125] haben Arbeitnehmer das Recht, nicht ohne einen triftigen Grund gekündigt zu werden, der mit ihrer Fähigkeit oder ihrem Verhalten zusammenhängt oder auf den Erfordernissen der Tätigkeit des Unternehmens, des Betriebs oder des Dienstes beruht. Zudem sieht die Vorschrift vor, dass Arbeitnehmer die Kündigung bei einer unparteiischen Stelle anfechten können und dass die ohne triftigen Grund gekündigten Arbeitnehmer das Recht auf eine angemessene Entschädigung oder einen anderen zweckgemäßen Ausgleich haben. Die bereits im Jahr 2007 unterzeichnete RESC wurde von der Bundesrepublik im Jahr 2020 zwar endlich ratifiziert[126], zu RESC Art 24 wurde jedoch ein Ratifikationsvorbehalt abgegeben, da die Kleinbetriebsklausel des KSchG § 23 mit der Vorschrift nicht vereinbar wäre[127]. Die genannten Bestimmungen der ESC und der RESC haben, solange sie nicht ratifiziert wurden, keine unmittelbaren Auswirkungen auf das deutsche Kündigungsschutzrecht. Nach den amtlichen Erläuterungen zu GRC Art 30 sind sie jedoch als Erkenntnisquelle bei der Auslegung des Unionsrechts heranzuziehen und könnten auf diese Weise auch für die BRD relevant werden.

cc) **ILO-Übereinkommen Nr 158**. Auf der Ebene der International Labour Organization (ILO) ist das Übereinkommen Nr 158 über die Beendigung des Arbeitsverhältnisses durch den Arbeitgeber aus dem Jahr 1982 zu nennen. Das Übereinkommen sieht ua vor, dass das Arbeitsverhältnis eines Arbeitnehmers nur dann beendigt werden darf, wenn ein triftiger Grund hierfür vorliegt, der mit der Fähigkeit oder dem Verhalten des Arbeitnehmers zusammenhängt oder sich auf die Erfordernisse der Tätigkeit des Unternehmens, Betriebs oder Dienstes stützt (Art 4). Nach Art 8 hat ein Arbeitnehmer das Recht, die Kündigung bei einer unparteiischen Stelle, zB bei einem Gericht, einem ArbG, einem Schiedsausschuss oder einem Schiedsrichter anzufechten. Die unparteiische Stelle muss befugt sein, die für die Beendigung des Arbeitsverhältnisses geltend gemachten Gründe sowie die sonstigen Umstände des betreffenden Falles zu prüfen und darüber zu entscheiden, ob sie gerechtfertigt war (Art 9). Besondere Bestimmungen enthält das Übereinkommen zur Beendigung des Arbeitsverhältnisses aus wirtschaftlichen, technologischen, strukturellen oder ähnlichen Gründen (Art 13-14). Das Übereinkommen stünde der Herausnahme der Kleinbetriebe aus dem Geltungsbereich des KSchG entgegen und wurde nicht zuletzt aus diesem Grund **von der BRD bisher nicht ratifiziert**[128]. Unmittelbare Auswirkungen auf das deutsche Kündigungsschutzrecht hat das Übereinkommen daher nicht. Es ist allerdings nicht auszuschließen, dass es mittelbaren Einfluss gewinnt, etwa indem es vom EuGH oder EGMR als Rechtserkenntnisquelle herangezogen wird. 27

c) **Verfassungsrecht. – aa) Gesetzgebungskompetenz**. Das Kündigungsschutz- und das Befristungsrecht fallen unter den Kompetenztitel des GG Art 74 Abs 1 Nr 12 und sind somit Gegenstand der konkurrierenden Gesetzgebung. Beide Bereiche werden durch Bundesrecht (dazu Rz 32 ff) umfassend geregelt, so dass für landesgesetzliche Regelungen kaum Raum besteht. 28

bb) **Grundrechtliches Spannungsfeld und verfassungsrechtliche Schutzpflicht**. Regelungen zur Beendigung von Arbeitsverhältnissen stehen im Spannungsfeld widerstreitender und gleichermaßen grundrechtlich geschützter Interessen von Arbeitnehmer und Arbeitgeber. Auf der einen Seite schützt GG Art 12 Abs 1 das Interesse des Arbeitnehmers an der Erhaltung seines 29

---

119 EGMR NZA 2011, 1269 = RdA 2012, 108 (m Anm Schlachter) – Heinisch/Deutschland.
120 Siehe dazu EGMR NJW 1996, 375 = AuR 1995, 471 – Vogt/Deutschland.
121 Siehe dazu EGMR 30. Juli 2009 – Beschwerde-Nr 67336/01 – Danilenkov/Russland.
122 Dazu Schlachter in: Schlachter/Heuschmid/Ulber (Hrsg), Arbeitsvölkerrecht, § 6 Rz 570 f.
123 BT-Drucks IV/2117, 31.
124 BT-Drucks 13/11415, 7.
125 Dazu Schlachter in: Schlachter/Heuschmid/Ulber (Hrsg), Arbeitsvölkerrecht, § 6 Rz 572 ff.
126 Gesetz vom 12. November 2020 (BGBl II 900).
127 BT-Drucks 19/20976, 52 und 72.
128 Zu den Gründen s Einz BT-Drucks 12/3495, 17 ff.

Arbeitsplatzes. Daraus folgt zwar weder eine Bestandsgarantie noch ein unmittelbarer Schutz gegen den Verlust des Arbeitsplatzes aufgrund privater Dispositionen[129]. Vor dem Hintergrund des Sozialstaatsprinzips (GG Art 20 Abs 1) begründet die in GG Art 12 Abs 1 enthaltene objektive Wertentscheidung für die Berufsfreiheit allerdings wegen der strukturellen Unterlegenheit des einzelnen Arbeitnehmers und des sozialen und wirtschaftlichen Ungleichgewichts zwischen Arbeitgeber und Arbeitnehmer eine **staatliche Schutzpflicht**[130]. Auf der anderen Seite genießt auch die unternehmerische Entscheidungsfreiheit und die wirtschaftliche Betätigungsfreiheit des Arbeitgebers grundrechtlichen Schutz aus GG Art 12 Abs 1[131].

Angesichts dieser Kollisionslage ist der Gesetzgeber verfassungsrechtlich zur Herstellung eines angemessenen Ausgleichs der widerstreitenden Interessen im Sinne praktischer Konkordanz verpflichtet[132]. Dabei kommt ihm ein weiter Einschätzungs- und Gestaltungsspielraum zu[133]. Die verfassungsrechtliche Schutzpflicht wird erst verletzt, wenn die grundrechtlich geschützten Interessen einer Seite denjenigen der anderen Seite solchermaßen untergeordnet werden, dass von einem angemessenen Ausgleich nicht mehr die Rede sein kann[134]. Das geltende Kündigungsschutzrecht wird diesen verfassungsrechtlichen Anforderungen grds gerecht[135]. Es ist jedoch **verfassungskonform auszulegen und anzuwenden**. Dies gilt vor allem mit Blick auf die Herausnahme von Kleinbetrieben aus dem Anwendungsbereich des KSchG (KSchG § 23 Abs 1), die nur vor dem Hintergrund mit GG Art 12 Abs 1 vereinbar ist, dass die Arbeitnehmer außerhalb des Anwendungsbereichs des KSchG nicht schutzlos gestellt sind. Um diesen **verfassungsrechtlich gebotenen Mindestschutz** zu gewährleisten, ist der objektive Gehalt der Grundrechte im Rahmen der **zivilrechtlichen Generalklauseln** (insbes §§ 138, 242) zu beachten (s dazu unten Rz 138 ff, insbes 147)[136]. Darüber hinaus folgt aus der objektiven Werteordnung des GG das Erfordernis einer umfassenden Würdigung aller Umstände des Einzelfalls[137] sowie die Anwendung des Verhältnismäßigkeitsgrundsatzes[138]. Auch bei der **Verfahrensgestaltung** (zB bei der Verteilung der Darlegungs- und Beweislast) ist der staatlichen Schutzpflicht Rechnung zu tragen[139]. Die staatliche Schutzpflicht ist ferner bei der Ausgestaltung des **Befristungsrechts** relevant. Sie rechtfertigt grds die Beschränkung der sachgrundlosen Befristung auf die erstmalige Beschäftigung bei dem jeweiligen Arbeitgeber nach TzBfG § 14 Abs 2 Satz 2 (s i Einz § 620 Rz 25)[140].

30 cc) **Besonderheiten bei kirchlichen Arbeitgebern.** Nach der Rspr des BVerfG ergeben sich aus der Verfassungsgarantie des kirchlichen Selbstbestimmungsrechts (GG Art 140 iVm WRV Art 137 Abs 3) **Einschränkungen des Kündigungsschutzes bei kirchlichen Arbeitgebern**, die sich dahingehend auswirken, dass die Arbeitsgerichte bei der Überprüfung einer Kündigung die Anforderungen zu Grunde zu legen haben, die nach dem kirchlichen Selbstverständnis an die Ausübung kirchlicher Ämter zu stellen sind[141]. Die kirchlichen Einschätzungen unterliegen danach lediglich einer gerichtlichen Plausibilitätskontrolle und einer gerichtlichen Kontrolle am Maßstab der Grundprinzipien der Rechtsordnung, die im allgemeinen Willkürverbot (GG Art 3 Abs 1), im Begriff der „guten Sitten" (§ 138 Abs 1) und im Ordre Public (EGBGB Art 30) ihren Niederschlag gefunden haben[142]. Liegt nach den kirchlichen Anforderungen (bspw wegen Ehebruchs[143] oder Wiederheirat[144]) ein Kündigungsgrund vor, schließt sich auf einer zweiten Prüfungsstufe eine umfassende Gesamtabwägung an, bei der das Selbstbestimmungsrecht der Kirchen und die Interessen und Grundrechte des Arbeitnehmers einander gegenüberzustellen sind, wobei dem Selbstverständnis der Kirchen allerdings ein besonderes Gewicht beizumessen sein soll[145]. Diese eingeschränkte gerichtliche Kontrolle steht im **Widerspruch zum Unionsrecht**. Wie der EuGH entschieden hat, müssen Entscheidungen kirchlicher Arbeitgeber, wenn

---

129 BVerfGE 84, 133, 146 = NJW 1991, 1667; BVerfGE 85, 360, 372 f = NJW 1992, 1373; BVerfGE 92, 140, 150 = NZA 1995, 619; BVerfGE 97, 169, 175 = NZA 1998, 470; BVerfGE 149, 126 = NZA 2018, 774 Rz 47.
130 BVerfGE 81, 242 = NZA 1990, 389; BVerfGE 84, 133, 146 = NJW 1991, 1667; BVerfGE 85, 360, 372 f = NJW 1992, 1373; BVerfGE 92, 140, 150 = NZA 1995, 619; BVerfGE 97, 169, 175 = NZA 1998, 470; BVerfGE 149, 126 = NZA 2018, 774 Rz 42, 47.
131 BVerfGE 149, 126 = NZA 2018, 774 Rz 38 mwN.
132 BVerfGE 97, 169, 176 = NZA 1998, 470; BVerfGE 149, 126 = NZA 2018, 774 Rz 42.
133 BVerfGE 149, 126 = NZA 2018, 774 Rz 43.
134 BVerfGE 97, 169, 176 = NZA 1998, 470.
135 BVerfGE 97, 169, 175 = NZA 1998, 470.
136 BVerfGE 97, 169, 175 = NZA 1998, 470.
137 BVerfGE 96, 152, 164 = NJW 1997, 2312.
138 BVerfGE 128, 157 = NZA 2011, 400.
139 BVerfG NZA 2005, 41 = AP Nr 49 zu § 9 KSchG 1969.
140 BVerfGE 149, 126 = NZA 2018, 774.
141 BVerfGE 70, 138 = NJW 1986, 367; 137, 273 = NZA 2014, 1387 Rz 113; NZA 2001, 717 = MDR 2001, 635; NZA 2002, 609 = NJW 2002, 2771; BAG NZA 2014, 653 Rz 32 = AP Nr 159 zu § 2 KSchG 1969.
142 BVerfGE 137, 273 = NZA 2014, 1387 Rz 113; BAGE 145, 90 Rz 21 = NJW 2014, 104.
143 Vgl BAG NZA 2000, 208 = AP GrO kath Kirche Art 4 Nr 1; EGMR NZA 2011, 279 = NVwZ 2011, 482 – Schüth.
144 Vgl BVerfGE 137, 273, 317 = NZA 2014, 1387.
145 BVerfGE 137, 273, 317 = NZA 2014, 1387 Rz 120; BAGE 145, 90 Rz 22 = NJW 2014, 104; zu den Anforderungen aus der EMRK in diesem Zusammenhang s Rz 24 mit Hinweisen auf die Rspr des EGMR.

sie zu einer Ungleichbehandlung wegen der Religion oder Weltanschauung führen, Gegenstand einer **wirksamen gerichtlichen Kontrolle** sein können[146]. Von der Konfessionszugehörigkeit abhängige unterschiedliche Anforderungen an das loyale und aufrichtige Verhalten der Beschäftigten sind nach Art 4 Abs 2 der RL 2000/78/EG nur zulässig, wenn die Religion im Hinblick auf die Art der betreffenden beruflichen Tätigkeiten oder die Umstände ihrer Ausübung angesichts des Ethos der Kirche eine wesentliche berufliche Anforderung ist, die dem Grundsatz der Verhältnismäßigkeit entspricht[147]. Diese unionsrechtlichen Vorgaben gehen dem Selbstbestimmungsrecht der Kirchen aus GG Art 140 iVm WRV Art 137 Abs 3 wegen des Anwendungsvorrangs des Unionsrechts vor[148]. Das BAG hat daher entschieden, dass AGG § 9 Abs 1 Alt 1 unangewendet bleiben muss[149] und AGG § 9 Abs 2 unionsrechtskonform auszulegen ist[150] (s AGG § 9 Rz 10 und 19). Die unionsrechtlichen Einschränkungen des Selbstbestimmungsrechts der Kirchen gelten aber nur, soweit dieses Recht mit den unionsrechtlichen Diskriminierungsschutzvorschriften kollidiert (zB durch unterschiedliche Loyalitätsanforderungen an Beschäftigte mit vergleichbaren Tätigkeiten allein aufgrund ihrer Konfession)[151]. Inwiefern daneben noch ein praktischer Anwendungsbereich für die Rspr des BVerfG besteht, bleibt abzuwarten. Ob die unionsrechtliche Einschränkung des Selbstbestimmungsrechts mit dem GG vereinbar ist oder der EuGH seine Kompetenzen überschritten hat, muss das BVerfG aufgrund einer gegen eines der BAG-Urteile eingelegten Verfassungsbeschwerde klären[152].

dd) **Weitere materielle Vorgaben.** Neben der Berufsfreiheit können bei der Beendigung von Arbeitsverhältnissen weitere Grundrechte relevant werden. Der allgemeine Gleichheitsgrundsatz aus GG Art 3 Abs 1 verbietet auch im Kündigungsschutz ungerechtfertigte Differenzierungen und steht damit zB unterschiedlichen Kündigungsfristen für Arbeiter und Angestellte grds entgegen (s dazu § 622 Rz 45)[153]. Ein ausdrückliches Kündigungsverbot ergibt sich aus GG Art 9 Abs 3 Satz 2, wonach eine Kündigung aufgrund der Gewerkschaftsmitgliedschaft des Arbeitnehmers unwirksam ist[154]. GG Art 6 Abs 4 gebietet den Kündigungsschutz für Frauen während der Schwangerschaft und nach der Entbindung, den der Gesetzgeber durch MuSchG § 17 verwirklicht (s dazu Rz 214 ff)[155]. Auch der besondere Kündigungsschutz für schwerbehinderte Arbeitnehmer hat in GG Art 3 Abs 3 (iVm GG Art 12 Abs 1) eine verfassungsrechtliche Grundlage (s dazu Rz 211 ff)[156]. Darüber hinaus können etwa die Meinungsfreiheit (GG Art 5 Abs 1)[157], die Glaubens- und Bekenntnisfreiheit (GG Art 4 Abs 1 und 2)[158] oder die Gewissensfreiheit (GG Art 4 Abs 1)[159] im Kündigungsrecht relevant werden. Eine weitere spezielle kündigungsrechtliche Verfassungsbestimmung findet sich schließlich in GG Art 48 Abs 2 Satz 2, wonach eine Kündigung wegen der Übernahme des Amtes eines Abgeordneten unzulässig ist (s auch AbgG § 2).

d) **Gesetzliche Regelungen.** Die Beendigung von Arbeitsverhältnissen wird durch verschiedene Gesetze sowohl allgemein als auch speziell für bestimmte Arbeitnehmergruppen geregelt[160]. Die arbeitsrechtlichen Vorschriften ergänzen die Bestimmungen des BGB, nach denen bei der Kündigung des Dienstverhältnisses lediglich die in §§ 621, 622 vorgesehenen Kündigungsfristen, ggf die Schriftform gem § 623 sowie die allgemeinen Schranken (§§ 138, 226, 242) zu beachten sind. Sie dienen dem Schutz der aufgrund ihrer strukturellen Unterlegenheit typischerweise schutzbedürftigen Arbeitnehmer und verwirklichen damit die aus GG Art 12 Abs 1 iVm dem Sozialstaatsprinzip folgende staatliche Schutzpflicht (s Rz 29).

---

146 EuGH NJW 2018, 3086 = NZA 2018, 1187 – IR; NJW 2018, 1869 = NZA 2018, 569 – Egenberger.
147 EuGH NJW 2018, 3086 = NZA 2018, 1187 – IR.
148 S dazu Malorny EuZA 2019, 441.
149 BAGE 164, 117 = NZA 2019, 455.
150 BAGE 166, 1 = NZA 2019, 901.
151 BAGE 166, 1 = NZA 2019, 901 Rz 70.
152 Anhängig unter dem Aktenzeichen 2 BvR 934/19; ausf zur Vereinbarkeit mit dem GG s bereits BAGE 166, 1 = NZA 2019, 901.
153 BVerfGE 82, 126 = NZA 1990, 721.
154 BAGE 54, 353 = NZA 1988, 64.
155 BVerfGE 52, 357 = NJW 1980, 824; BVerfGE 55, 154 = NJW 1981, 1313.
156 Wickede, Sonderkündigungsschutz, S 332 ff; Bender, Vorschläge zur Neuordnung des Sonderkündigungsschutzes, S 122 f.
157 BAGE 41, 150 = NJW 1984, 1142: Kündigung wegen Tragens einer „Anti-Strauß-Plakette"; BVerfG NZA 1999, 77 = AuR 1999, 36: Abmahnung wegen kritischer Äußerung in einem Leserbrief.
158 Relevant wurde GG Art 4 Abs 1 und 2 insbs im Zusammenhang mit dem Tragen eines islamischen Kopftuchs, das allein eine Kündigung regelmäßig (auch im Verkauf) nicht zu rechtfertigen vermag (BAGE 103, 111 = NZA 2003, 483; BVerfG NJW 2003, 2815 = NZA 2003, 959). Dies gilt nach der Rspr jedoch nicht für Arbeitsverhältnisse mit kirchlichen Arbeitgebern (vgl BAGE 149, 144 = NZA 2014, 1407). Auch im öffentlichen Dienst kann das Tragen eines Kopftuchs zum Schutz der staatlichen Neutralität eingeschränkt werden, ein pauschales Verbot ist allerdings nicht gerechtfertigt (BVerfGE 138, 296 = NJW 2015, 1359; NZA 2016, 1522 = NJW 2017, 381). Zur Rechtfertigung eines Kopftuchverbots am Maßstab der RL 2000/78/EG s EuGH NJW 2017, 1087 = NZA 2017, 373 – Achbita; NJW 2017, 1089 = NZA 2017, 375 – Bougnaoui und ADDH; NJW 2021, 2715 = NZA 2021, 1085 – Wabe.
159 BAGE 47, 363 = NZA 1986, 21: Ablehnung des Drucks von Werbung für kriegsverharmlosende Literatur; BAGE 62, 59 = NZA 1990, 144: Verweigerung der Teilnahme an medizinischer Forschung mit militärischem Nutzen.
160 Zur geschichtlichen Entwicklung des Kündigungsschutzes s etwa APS/Preis Grundlagen A Rz 1 ff.

33 aa) **Allgemeiner Kündigungsschutz.** Der allgemeine Kündigungsschutz wird vor allem durch das **KSchG** gewährleistet, welches insbes eine sachliche Rechtfertigung der Kündigung verlangt (s dazu Rz 166 ff) und – in Umsetzung der RL 98/59/EG – Vorschriften zum Schutz bei Massenentlassungen enthält (s dazu Rz 191). Darüber hinaus gewährleistet **BetrVG § 102**, wonach der Betriebsrat vor jeder Kündigung anzuhören ist, präventiven Kündigungsschutz (s dazu Rz 199 ff). Ähnliche Bestimmungen gelten nach SprAuG § 31 Abs 2 für leitende Angestellte sowie nach BPersVG § 85, 86 (bzw nach den entsprechenden Bestimmungen der LPersVG) für Beschäftigte im öffentlichen Dienst.

34 bb) **Besonderer Kündigungsschutz.** Besonderer Kündigungsschutz besteht nach **MuSchG § 17** für Frauen während der Schwangerschaft, bis zum Ablauf von 4 Monaten nach einer Fehlgeburt nach der 12. Schwangerschaftswoche und bis zum Ende der Schutzfrist nach der Entbindung, mindestens jedoch bis zum Ablauf von 4 Monaten nach der Entbindung (i Einz s Rz 215 ff). Auch während der Elternzeit sowie in der Zeit zwischen dem Elternzeitverlangen und dem Beginn der Elternzeit gilt nach **BEEG § 18** ein besonderer Kündigungsschutz. Gleiches gilt bei der Inanspruchnahme von **Pflegezeit** (PflegeZG § 5) oder Familienpflegezeit (FPfZG § 2 Abs 3 iVm PflegeZG § 5).

35 Für **schwerbehinderte Menschen** iSv SGB IX § 2 Abs 2 und ihnen gleichgestellte behinderte Menschen iSv SGB IX § 2 Abs 3 gilt nach SGB IX §§ 168 ff ein besonderer Kündigungsschutz (i Einz s Rz 211 ff). Zudem ist nach SGB IX § 178 Abs 2 Satz 1 vor der Kündigung neben dem Betriebsrat die Schwerbehindertenvertretung anzuhören.

36 Besonderen Kündigungsschutz genießen auch **Mitglieder der betrieblichen Interessenvertretungen** sowie Wahlbewerber und Mitglieder des Wahlvorstandes (i Einz s Rz 207 ff). Die ordentliche Kündigung dieses Personenkreises ist nach KSchG § 15 grds ausgeschlossen. Die außerordentliche Kündigung bedarf gemäß BetrVG § 103 der Zustimmung des Betriebsrats bzw nach BPersVG § 55 (bzw nach den entsprechenden landesrechtlichen Vorschriften) der Zustimmung des Personalrats. Die Vorschriften gelten nach EBRG § 40 auch für Mitglieder des EBR und des besonderen Verhandlungsgremiums sowie gemäß SGB IX § 179 Abs 3 für die Vertrauensperson der Schwerbehinderten. Für Mitglieder des Sprecherausschusses sowie für Arbeitnehmervertreter im Aufsichtsrat gilt zwar kein gesetzliches Kündigungsverbot, sie dürfen jedoch wegen ihrer Tätigkeit nicht benachteiligt und folglich auch nicht gekündigt werden (SprAuG § 2 Abs 3 Satz 2, MitbestG § 26 Satz 2, DrittelbG § 9 Satz 2).

37 Auch für **andere Funktionsträger** im Betrieb ist die ordentliche Kündigung teilweise gesetzlich ausgeschlossen. Dies gilt nach BDSG § 6 Abs 4 Satz 2 und 3 für den Datenschutzbeauftragten, nach BImSchG § 58 Abs 2 für den Immissionsschutzbeauftragten, nach BImSchG § 58d iVm § 58 Abs 2 für den Störfallbeauftragten, nach KrWG § 60 Abs 3 Satz 1 iVm BImSchG § 58 Abs 2 für den Abfallbeauftragten sowie nach WHG § 66 iVm BImSchG § 58 Abs 2 für den Gewässerschutzbeauftragten. Dagegen besteht für Sicherheitsbeauftragte (SGB VII § 22 Abs 3) sowie für Betriebsärzte und Fachkräfte für Arbeitssicherheit (ASiG § 8 Abs 1 Satz 2) lediglich ein Benachteiligungsverbot.

38 Weitere Benachteiligungsverbote bestehen für ehrenamtliche Richter (ArbGG § 26 Abs 1, SGG § 20 Abs 1, DRiG § 45 Abs 1a Satz 3), für die Mitglieder von Selbstverwaltungsorganen der Sozialversicherungsträger (SGB III § 371 Abs 6 Satz 2, SGB IV § 40 Abs 2 Satz 2) sowie für Helfer des THW (THWG § 3 Abs 1 Satz 1). Zu nennen sind in diesem Zusammenhang ferner die besonderen Vorschriften zum Kündigungsschutz bei der Teilnahme an Eignungsübungen (EignÜbG § 2) und bei der Einberufung zum Wehrdienst (ArbPlSchG § 2), die nach ArbPlSchG § 16 Abs 7 auch im Falle des freiwilligen Wehrdienstes sowie nach ArbPlSchG § 16 Abs 6 für in Deutschland beschäftigte Ausländer bei der Erfüllung der Wehrpflicht im Heimatland gelten. Nach ZDG § 78 Abs 2 gelten die Vorschriften zudem für Zivildienstleistende.

39 Ferner wird in verschiedenen Vorschriften klargestellt, dass bestimmte Ereignisse bzw Umstände keinen Kündigungsgrund darstellen. Dies gilt nach TzBfG § 11 für die Weigerung des Arbeitnehmers von einem Vollzeit- in ein Teilzeitarbeitsverhältnis oder umgekehrt zu wechseln, nach SGB VI § 41 Satz 1 für den Anspruch des Arbeitnehmers auf eine Altersrente, nach ATG § 8 Abs 1 für die Möglichkeit der Inanspruchnahme von Altersteilzeitarbeit, die überdies auch bei der Sozialauswahl nicht zum Nachteil des Arbeitnehmers berücksichtigt werden darf, sowie nach SGB IV § 7 Abs 1b für die Möglichkeit eines Arbeitnehmers zur Vereinbarung flexibler Arbeitszeiten.

40 **Kündigungserleichterungen** enthält InsO § 113 im Falle einer **Insolvenz des Arbeitgebers** (s Rz 6). Zudem enthalten die InsO §§ 125 ff Sonderregelungen.

Spezielle Vorschriften gelten nach BBiG §§ 20-23 für die **Beendigung von Ausbildungsver-** 41
hältnissen.

cc) **Befristungsrecht.** Für befristete bzw auflösend bedingte Arbeitsverhältnisse gelten die 42
Vorschriften des TzBfG bzw die speziellen Befristungsvorschriften für wissenschaftliches und
künstlerisches Personal (WissZeitVG) sowie für Ärzte in der Weiterbildung (ÄrzteBefrG) (s dazu
i Einz § 620 Rz 22 ff). Eine spezielle Regelung zur Befristung des Arbeitsverhältnisses nach
Erreichen der Regelaltersgrenze enthält SGB VI § 41 Satz 3.

dd) **Sozialrecht.** Die arbeitsrechtlichen Vorschriften werden durch sozialrechtliche Bestim- 43
mungen flankiert. Zahlreiche Berührungspunkte bestehen zu den Vorschriften der Arbeitsförde-
rung im SGB III. Zu nennen sind hier insbes die allgemeinen Vorschriften über das Zusammen-
wirken mit den Agenturen für Arbeit in SGB III § 2, die Vorschriften über Transferleistungen in
SGB III §§ 110, 111, die Vorschriften über das Ruhen des Anspruchs auf Arbeitslosengeld bei
Entlassungsentschädigung (SGB III § 158) und Sperrzeit wegen Arbeitsaufgabe bzw verspäteter
Arbeitsuchendmeldung (SGB III § 159 Abs 1 Satz 2 Nr 1 und 7) sowie die Verpflichtung des
Arbeitgebers zur Ausstellung einer Arbeitsbescheinigung (SGB III § 312).

e) **Tarifverträge.** Die Beendigung von Arbeitsverhältnissen kann nach TVG § 1 Abs 1 durch 44
einen Tarifvertrag normativ geregelt werden[161]. In der Praxis wird von dieser Möglichkeit verbreitet Gebrauch gemacht. So werden etwa **Kündigungstermine und -fristen** abweichend von
§ 622 geregelt (s i Einz § 622 Rz 37 ff) oder besondere Formvorschriften für Arbeitgeberkündigungen vereinbart. Zahlreiche Tarifverträge verstärken den **Kündigungsschutz für ältere
Arbeitnehmer**, indem sie (ordentliche) Kündigungen ausschließen oder erschweren (zB TVöD
§ 34 Abs 2)[162]. Zum Teil gestalten Tarifverträge auch die Sozialauswahl nach KSchG § 1 aus,
indem sie zB Auswahlrichtlinien enthalten oder eine konzernweite Berücksichtigung freier
Arbeitsplätze vorsehen[163]. Manche Tarifverträge sehen vor, dass eine ordentliche Kündigung der
vorherigen **Zustimmung des Betriebsrats**[164] oder der Gewerkschaft[165] bedarf. Lange Tradition
haben auch sog **Rationalisierungsschutzabkommen**, in denen (zumeist branchenbezogene)
Mindeststandards vereinbart werden, um rationalisierungsbedingte Entlassungen und andere
Nachteile zu verhindern bzw abzumildern (zB durch den Ausschluss betriebsbedingter Beendigungskündigungen, längere Kündigungsfristen, Abfindungen, Wiedereinstellungsansprüche)[166].
In jüngerer Zeit haben zudem sog **Tarifsozialpläne** (Sozialtarifverträge) Bedeutung gewonnen,
welche die Abmilderung der Folgen einer konkreten Betriebsschließung oder -verlagerung
bezwecken und bspw Bestimmungen über längere Kündigungsfristen, Transfergesellschaften,
Qualifizierungsmaßnahmen und Abfindungen enthalten[167].

f) **Betriebs- und Dienstvereinbarungen.** Normative Regelungen zur Beendigung des 45
Arbeitsverhältnisses können auch in einer Betriebsvereinbarung (BetrVG § 77) bzw einer Dienstvereinbarung (BPersVG § 63) enthalten sein. KSchG § 1 räumt diesen Vereinbarungen zum Teil
eine herausgehobene Stellung ein. Wird in **Auswahlrichtlinien** (iSv BetrVG § 95 bzw BPersVG
§ 80 Abs 1 Nr 12) festgelegt, wie die sozialen Gesichtspunkte bei betriebsbedingten Kündigungen
zueinander zu bewerten sind, kann diese Bewertung nur auf grobe Fehlerhaftigkeit überprüft
werden (KSchG § 1 Abs 4)[168]. Derselbe Prüfungsmaßstab für die Sozialauswahl gilt gem KSchG
§ 1 Abs 5, wenn die Arbeitnehmer, denen gekündigt werden soll, bei einer Kündigung aufgrund
einer Betriebsänderung iSv BetrVG § 111 im Interessenausgleich namentlich bezeichnet werden
(sog **Namensliste**)[169]. Ein Verstoß gegen eine Auswahlrichtlinie nach BetrVG § 95 begründet
für den Betriebsrat ein Widerspruchsrecht (BetrVG § 102 Abs 3 Nr 2).

Im Übrigen können in Betriebsvereinbarungen unter Berücksichtigung des Tarifvorbehalts
(BetrVG § 77 Abs 3) weitere Regelungen zur Beendigung des Arbeitsverhältnisses getroffen wer-

---

161 Vgl Däubler/Heuschmid/Klein TVG § 1 Rz 868 ff;
Henssler/Bepler/Moll/Hexel/Bork Der Tarifvertrag
Teil 5 (6) und Teil 5 (21); Kempen/Zachert/Schu-
bert/Zachert TVG § 1 Rz 94 ff; Löwisch/Rieble
TVG § 1 Rz 2233 ff.
162 Zur Rechtswirksamkeit solcher Klauseln s BAGE
145, 296 = NZA 2014, 208; NZA 2008, 1120 = BB
2009, 447; ausführlich Däubler/Heuschmid/Klein
TVG § 1 Rz 908 ff; Schlachter, Das Verbot der Altersdiskriminierung und der Gestaltungsspielraum
der Tarifvertragsparteien, 2014.
163 BAGE 122, 264 = NZA 2007, 1278; AP Nr 148 zu
§ 626 BGB = NZA 1999, 258.
164 BAG AP Nr 4 zu § 620 BGB Schuldrechtliche Kün-
digungsbeschränkung = EzA § 4 TVG Einzelhandel Nr 47.
165 BAG NZA 2011, 708 = DB 2011, 1399.
166 Im Einzelnen Däubler/Heuschmid/Klein TVG § 1
Rz 869.
167 Dazu BAGE 122, 134 = NJW 2007, 3660.
168 Vgl APS/Kiel KSchG § 1 Rz 690 ff; KR/Rachor
KSchG § 1 Rz 772 ff; Fitting BetrVG § 95 Rz 23 ff;
GK-BetrVG/Raab BetrVG § 95 Rz 34 ff; Richardi/
Thüsing BetrVG § 95 Rz 38 ff.
169 Vgl APS/Kiel KSchG § 1 Rz 706 ff; KR/Rachor
KSchG § 1 Rz 781 ff; Däubler/Kittner/Klebe/
Wedde/Däubler BetrVG §§ 112, 112a Rz 30 ff; Fitting BetrVG §§ 112, 112a Rz 49 ff; GK-BetrVG/Oet-
ker BetrVG §§ 112, 112a Rz 97 ff.

den[170]. So kann insbes vereinbart werden, dass Kündigungen der Zustimmung des Betriebsrats bedürfen und bei Meinungsverschiedenheiten die Einigungsstelle entscheidet (BetrVG § 102 Abs 6). Nach der Rspr des BAG ist auch eine Vereinbarung wirksam, nach der das Arbeitsverhältnis mit Erreichen der **Regelaltersgrenze** der gesetzlichen Rentenversicherung endet[171]. Weitere Beendigungsregelungen in Dienstvereinbarungen scheiden dagegen wegen BPersVG § 63 Abs 1 Satz 1 aus.

46 3. **Andere Sonderregelungen.** – a) **Handelsrecht.** Für die Beendigung des Dienstverhältnisses eines Handelsvertreters (iSv HGB § 84) gelten anstelle der §§ 620 ff grds die Spezialvorschriften der HGB §§ 89 und 89a[172]. Soweit diese Vorschriften keine Sonderregelungen enthalten, finden die §§ 620 ff jedoch Anwendung. Dies gilt unstreitig für § 620 Abs 1[173]. Umstritten ist dagegen die Anwendbarkeit des § 624 (s § 624 Rz 5)[174] und des § 626 Abs 2 (s § 626 Rz 18)[175].

47 b) **Heimarbeit.** Spezielle Vorschriften gelten auch für die Beendigung des Beschäftigungsverhältnisses von Heimarbeitern (iSv HAG § 1 Abs 2, § 2 Abs 1 und 2). HAG § 29 Abs 1-4 sieht für die ordentliche Kündigung – teilweise in Anlehnung an § 622 – besondere Kündigungsfristen und -termine vor. Für die außerordentliche Kündigung findet § 626 entsprechende Anwendung (HAG § 29 Abs 6). Eine Anhörung des Betriebsrats vor Ausspruch der Kündigung ist erforderlich, wenn der Heimarbeiter überwiegend für den Betrieb arbeitet und daher gem BetrVG § 5 Abs 1 Satz 2 als Arbeitnehmer iSd BetrVG gilt[176].

Besonderer Kündigungsschutz gilt nach HAG § 29a für Mitglieder des Betriebsrats und der Jugend- und Auszubildendenvertretung sowie für Mitglieder des Wahlvorstands und Wahlbewerber. Überdies gelten die Sonderkündigungsschutzvorschriften für schwerbehinderte Menschen (SGB IX § 210 Abs 2 iVm §§ 168 ff), für Frauen während der Schwangerschaft, nach einer Fehlgeburt und nach der Entbindung (MuSchG § 17 iVm § 1 Abs 2 Satz 2 Nr 6) sowie für Personen, die Elternzeit (BEEG § 20 Abs 2 iVm § 18), Pflegezeit (PflegeZG § 7 Abs 1 Nr 3 iVm § 5) oder Familienpflegezeit (FPfZG § 2 Abs 3 iVm PflegeZG § 7 Abs 1 Nr 3 iVm § 5) wahrnehmen[177].

48 c) **Arbeitnehmerähnliche Personen.** Für arbeitnehmerähnliche Personen gelten grds die §§ 620 ff, soweit die Vorschriften nicht ausschließlich die Beendigung von Arbeitsverhältnissen regeln (vgl Rz 1). Die Sonderkündigungsschutzvorschriften finden mit Ausnahme des MuSchG § 17 (vgl MuSchG § 1 Abs 2 Satz 2 Nr 7) und des PflegeZG § 5 (vgl PflegeZG § 7 Abs 1 Nr 3 sowie FPfZG § 2 Abs 3) keine Anwendung[178]. Die **Vorschriften des AGG** finden auf arbeitnehmerähnliche Personen gem AGG § 6 Abs 1 Nr 3 Anwendung und gelten auch im Hinblick auf die Kündigung des Dienstverhältnisses. AGG § 2 Abs 4, wonach für Kündigungen ausschließlich die Bestimmungen zum allgemeinen und besonderen Kündigungsschutz gelten sollen, steht der Anwendung des AGG in diesen Fällen nicht entgegen[179]. Die Norm soll lediglich das Verhältnis zwischen dem AGG und dem KSchG sowie den speziell auf Kündigungen zugeschnittenen Vorschriften regeln[180]. Sie ist daher im Wege der teleologischen Reduktion auf Kündigungen zu beschränken, die in den Anwendungsbereich solcher Vorschriften fallen[181].

49 d) **(Fremd)Geschäftsführer.** Für die Beendigung des Anstellungsvertrages eines Geschäftsführers gelten – wie auch für andere Organmitglieder juristischer Personen – grds die Vorschriften der §§ 620 ff, soweit diese nicht ausschließlich für Arbeitsverhältnisse gelten (s Rz 1). Besonderheiten ergeben sich aufgrund der Rspr des EuGH für Fremdgeschäftsführer sowie für Geschäftsführer, die als Minderheitsgesellschafter keinen beherrschenden Einfluss auf die Gesellschaft nehmen können. Solche Geschäftsführer gelten sowohl als Arbeitnehmer iSd Mutter-

---

170 Vgl Richardi/Richardi BetrVG § 77 Rz 99; Staud/Oetker Rz 42 vor §§ 620 ff.
171 BAG NZA 2013, 916 = DB 2013, 1852; BAGE 63, 211 = NZA 1990, 816; aA Richardi/Richardi BetrVG § 77 Rz 119.
172 Staud/Oetker Rz 10 vor §§ 620 ff; MünchKomm-HGB/v Hoyningen-Huene § 89 Rz 3.
173 Baumbach/Hopt/Hopt HGB § 89 Rz 6; Münch-Komm-HGB/v Hoyningen-Huene § 89 Rz 3; Koller/Kindler/Roth/Morck/Roth HGB § 89 Rz 1; Ebenroth/Boujong/Joost/Strohn/Löwisch HGB § 89 Rz 5.
174 Zum Streitstand: MünchKomm-HGB/v Hoyningen-Huene § 89 Rz 4 f.
175 Ablehnend BGH NJW 1987, 57 = DB 1986, 2228; NJW 2011, 3361 = MDR 2011, 988; zum Streitstand: MünchKomm-HGB/v Hoyningen-Huene § 89a Rz 5.
176 BAGE 81, 245 = NZA 1996, 380.
177 KR/Rost/Kreutzberg-Kowalczyk HAG §§ 29, 29a Rz 73 ff; Staud/Oetker Rz 13 vor §§ 620 ff.
178 Staud/Oetker Rz 14 f vor §§ 620 ff; KR/Rost/Kreutzberg-Kowalczyk Rz 46 ff zu ArbNähnl. Pers.
179 Offen gelassen: Staud/Oetker Rz 15 vor §§ 620 ff; Schutz zumindest über die Generalklauseln; aA KR/Rost/Kreutzberg-Kowalczyk Rz 56 zu Arb-Nähnl. Pers.
180 BAGE 147, 60 Rz 23 ff = NZA 2014, 372.
181 BAGE 147, 60 Rz 32 ff = NZA 2014, 372.

schutzsRL[182] als auch iSd MassenentlassungsRL[183]. Im Hinblick auf den besonderen Kündigungsschutz nach MuSchG § 17 hat der Gesetzgeber der Rspr des EuGH Rechnung getragen. Anstelle des Arbeitnehmerbegriffs (vgl MuSchG § 1 Nr 1 aF) ist nunmehr der Beschäftigtenbegriff iSv SGB IV § 7 Abs 1 für die Anwendung des MuSchG maßgeblich (MuSchG § 1 Abs 2 Satz 1), der insbesondere auch Fremdgeschäftsführerinnen sowie Minderheitsgesellschafter-Geschäftsführerinnen einer GmbH erfasst[184]. Eine Anpassung des KSchG § 17 an die Rspr des EuGH ist indes noch nicht erfolgt. Eine solche ist jedoch erforderlich, da eine richtlinienkonforme Auslegung des KSchG § 17 wegen seines eindeutigen Wortlauts (vgl KSchG § 17 Abs 5 Nr 1) ausscheidet[185].

B. Zeitablauf, Zweckerreichung und Bedingungseintritt

Siehe dazu § 620 Rz 8 ff **50**

C. Aufhebungsvertrag

Das Dienstverhältnis kann im Rahmen der Privatautonomie durch Vereinbarung beendet werden. Voraussetzung für den Eintritt der Beendigungswirkung ist der Abschluss eines wirksamen Aufhebungsvertrags. Dieser ist dadurch gekennzeichnet, dass er auf die alsbaldige Beendigung des Dienstverhältnisses zielt. Er ist abzugrenzen vom Abwicklungsvertrag (s Rz 85), der das Dienstverhältnis nicht beendet, sondern lediglich die Modalitäten der Abwicklung des auf andere Weise (in der Regel durch Kündigung) beendeten Dienstverhältnisses regelt, sowie von der nachträglichen Befristung eines ursprünglich unbefristeten Dienstverhältnisses. **51**

I. Abschluss

1. **Zustandekommen.** Der Aufhebungsvertrag kommt nach den allgemeinen Regeln (§§ 145 ff) zustande. Vertragspartner sind die Parteien des Dienstverhältnisses; besteht dieses gegenüber mehreren, ist eine Aufhebung nur im Einvernehmen aller Beteiligten möglich[186]. Ist über das Vermögen des Dienstverpflichteten bzw Arbeitnehmers ein (Verbraucher-)**Insolvenzverfahren** eröffnet, hat dies keine Auswirkungen auf dessen Befugnis, über den Bestand des Dienst- oder Arbeitsverhältnisses zu verfügen[187]. Beim Vertragsabschluss durch einen **Minderjährigen** ist die Zustimmung seines gesetzlichen Vertreters notwendig (§§ 107, 108), sofern nicht eine Ermächtigung iSv § 113 vorliegt (s § 113 Rz 24). Ob § 113 auch auf die Auflösung von Ausbildungsverhältnissen anwendbar ist, ist zweifelhaft (s § 113 Rz 6 u 2)[188], nach richtiger Ansicht aber zu verneinen, da der Ausbildungszweck im Vordergrund des Vertragsverhältnisses steht. **52**

Der Aufhebungsvertrag kann **grds formlos** – auch durch konkludentes Handeln – geschlossen werden. Die Beendigung eines **Arbeitsverhältnisses** bedarf allerdings nach § 623 der **Schriftform** iSv § 126 (s dazu § 623 Rz 24 f). **53**

Eine unwirksame **Kündigungserklärung** kann grds unter den Voraussetzungen des § 140 in ein Angebot auf Abschluss eines Aufhebungsvertrages **umgedeutet** werden[189]. Für die Annahme dieses Angebots genügt es allerdings nicht, dass der Vertragspartner die Kündigung akzeptiert. Er muss vielmehr Kenntnis von der Unwirksamkeit der Kündigung haben und sich der Abgabe einer rechtsgeschäftlichen Willenserklärung bewusst sein[190]. Bei Arbeitsverhältnissen ist zudem sowohl bei der Angebots- als auch bei der Annahmeerklärung das Schriftformerfordernis des § 623 zu wahren (s § 623 Rz 24)[191]. Nach der Rspr kann ein Aufhebungsvertrag auch dadurch zustande kommen, dass im unmittelbaren zeitlichen und sachlichen Zusammenhang mit einer Kündigung schriftlich ein Klageverzicht vereinbart wird, wenn dieser Zusammenhang die **54**

---

182 EuGH Slg 2010, I-11405 = NZA 2011, 143 – Danosa.
183 EuGH NZA 2015, 861 – Balkaya = NJW 2015, 2481; s dazu Klein/Hlava AuR 2016, 76 ff.
184 BT-Drucks 18/8963, 49.
185 Klein/Hlava AuR 2016, 76, 79; aA DDZ/Callsen KSchG § 17 Rz 11.
186 DDZ/Däubler Rz 9 zu Aufhebungsvertrag.
187 BAGE 149, 38 = NZA 2014, 1155.
188 Befürwortend offenbar BAGE 125, 285 Rz 18 = NJW 2008, 1833; offen gelassen BAGE 140, 64 = NZA 2012, 495; ablehnend dagegen die hM MünchKomm/Spickhoff § 113 Rz 14; BeckOK-BGB/Wendtland § 113 Rz 9; Erman/H F Müller § 113 Rz 5; Grüneberg/Ellenberger § 113 Rz 2; Staud/Knothe § 113 Rz 7.
189 Vgl BAG NZA 1986, 28 = DB 1985, 1484; DB 1972, 1784 = AP Nr 64 zu § 626 BGB.
190 BAG DB 1972, 1784 = AP Nr 64 zu § 626 BGB.
191 APS/Rolfs Rz 16 zu Aufhebungsvertrag; Bauer/Krieger/Arnold A Rz 10.

Annahme rechtfertigt, Kündigung und Klageverzicht seien gemeinsam nur ein anderes Mittel, um das Arbeitsverhältnis in Wirklichkeit im gegenseitigen Einvernehmen zu lösen[192].

55 **2. Anspruch auf Abschluss.** Ein Anspruch auf Abschluss eines Aufhebungsvertrages besteht grds nicht, kann jedoch vertraglich sowie zugunsten eines Arbeitnehmers auch durch Betriebsvereinbarung (zB im Rahmen eines Sozialplans) oder Tarifvertrag begründet werden. Verpflichtet sich eine Partei individualvertraglich (zB in einem Vorvertrag) zum Abschluss eines Aufhebungsvertrages, ist bei Arbeitsverhältnissen Schriftform (§ 623) erforderlich[193]. Bietet der Arbeitgeber anderen Arbeitnehmern den Abschluss von Aufhebungsverträgen gegen Zahlung einer Abfindung nach von ihm selbst gesetzten Regeln an, kann sich aus dem arbeitsrechtlichen Gleichbehandlungsgrundsatz ein Anspruch des einzelnen Arbeitnehmers ergeben[194]. Verweigert der Arbeitgeber unter Verstoß gegen ein **Diskriminierungsverbot** gem AGG §§ 1, 7 den Abschluss eines Aufhebungsvertrags[195], kann der Beschäftigte den Abschluss unter den Voraussetzungen des AGG § 15 Abs 1 als Schadensersatz im Wege der Naturalrestitution (§ 249 Abs 1) verlangen; AGG § 15 Abs 6 ist in diesem Fall nicht einschlägig, da nicht die Begründung, sondern die Beendigung des Arbeitsverhältnisses verlangt wird[196].

56 **3. Hinweis- und Aufklärungspflichten.** Aufklärungspflichten bestehen beim Abschluss von Aufhebungsverträgen im Allgemeinen nicht. Grundsätzlich hat jede Partei selbst für die Wahrung ihrer Interessen zu sorgen und sich über Rechtsfolgen und ggf drohende Nachteile eines Aufhebungsvertrages zu informieren[197]. Im Arbeitsverhältnis können sich für Arbeitgeber aus der Rücksichtnahmepflicht des § 241 Abs 2 jedoch ausnahmsweise Aufklärungspflichten ergeben, wenn eine umfassende Interessenabwägung unter Berücksichtigung aller Umstände des Einzelfalls ergibt, dass der Arbeitnehmer auf eine sachgerechte Aufklärung durch den Arbeitgeber vertrauen darf[198]. Davon kann insbes ausgegangen werden, wenn der Arbeitgeber einen Vertrauenstatbestand oder durch sein früheres Verhalten eine Gefahrenquelle geschaffen hat[199]. Ein solcher Vertrauenstatbestand kann etwa vorliegen, wenn der Aufhebungsvertrag auf Initiative und im Interesse des Arbeitgebers geschlossen und der Eindruck erweckt wird, dass bei der einvernehmlichen Auflösung des Arbeitsverhältnisses auch die Interessen des Arbeitnehmers gewahrt werden[200]. Umgekehrt bestehen regelmäßig keine Aufklärungspflichten, wenn die Initiative vom Arbeitnehmer ausgeht[201]. Ausnahmsweise können den Arbeitgeber aber auch in diesen Fällen Aufklärungspflichten treffen, zB bei einem erkennbar außergewöhnlichen Informationsbedürfnis des Arbeitnehmers wegen drohender atypischer Nachteile in der bAV[202].

57 Anerkannt wurden Aufklärungspflichten von der Rspr im Hinblick auf drohende Nachteile in Bezug auf die **bAV**[203]. Bezüglich **sozialversicherungsrechtlicher Nachteile** kommen Aufklärungspflichten unter den genannten Voraussetzungen grds auch in Betracht[204]. Diesbezüglich genügt es jedoch regelmäßig, wenn der Arbeitgeber in allgemein gehaltener Form auf drohende Nachteile hinweist und den Arbeitnehmer im Übrigen an die zuständigen Stellen verweist[205]. Aus SGB III § 2 Abs 2 Satz 2 Nr 3, wonach der Arbeitgeber den Arbeitnehmer vor der Beendigung des Arbeitsverhältnisses über die Notwendigkeit eigener Aktivitäten zur Arbeitssuche sowie über seine Meldepflichten informieren soll, ergibt sich keine selbständige Aufklärungspflicht[206]. SGB III § 2 Abs 2 Satz 2 Nr 3 ist auch kein Schutzgesetz iSv § 823 Abs 2[207]. Ferner können Aufklärungspflichten beim Abschluss eines Aufhebungsvertrages im Zusammenhang mit einem **Wechsel zu einem Tochterunternehmen** des Arbeitgebers bestehen[208].

---

192 BAG NZA 2015, 350 = NJW 2015, 1038; BAGE 122, 111 = NZA 2007, 1227; krit APS/Greiner § 623 BGB Rz 9; Bauer/Günther NJW 2008, 1617, 1618; Krets, in: Festschr für Bauer, 2010 S 601, 609; Müller BB 2011, 1653; Preis/Rolfs Der Arbeitsvertrag II V 50 Rz 35.
193 BAG NZA 2010, 273 = NJW 2010, 1100.
194 Offen gelassen BAG NZA 2010, 273 = NJW 2010, 1100; ablehnend Staud/Oetker Rz 59 vor §§ 620 ff.
195 Zu den Besonderheiten im Hinblick auf das Differenzierungsmerkmal Alter: BAGE 133, 265 = NZA 2010, 561.
196 Staud/Oetker Rz 59 vor §§ 620 ff.
197 BAG NZA 1990, 971 = DB 1990, 2431; NZA 2002, 1150 = DB 2002, 2387.
198 Vgl BAG NZA-RR 2012, 148 = AP Nr 42 zu § 620 BGB Aufhebungsvertrag; APS/Rolfs Rz 5 zu Aufhebungsvertrag; zum Teil wird die Rechtsgrundlage auch im Grundsatz von Treu und Glaube (§ 242) gesehen, etwa BAG BAG NZA 2002, 1150 = DB 2002, 2387; Staud/Oetker Rz 60 vor §§ 620 ff; ErfK/Müller-Glöge BGB § 620 Rz 12.
199 BAG NZA 2002, 1150 = DB 2002, 2387.
200 BAG NZA 2002, 1150 = DB 2002, 2387; NZA 2001, 206 = DB 2001, 286; NZA 1990, 971 = DB 1990, 2431.
201 BAG NZA 2002, 1150 = DB 2002, 2387; NZA 1988, 837 = NJW 1989, 247.
202 Vgl BAG NZA 2002, 1150 = DB 2002, 2387.
203 BAG NZA 2001, 206 = DB 2001, 286; speziell im Hinblick auf den öD: BAGE 47, 169 = AP Nr 5 zu § 1 BetrAVG Zusatzversorgungskassen.
204 Vgl BAG NZA 1988, 837 = NJW 1989, 247.
205 MünchKomm/Hesse Rz 45 vor § 620.
206 BAGE 116, 78 = NZA 2005, 1406.
207 BAGE 116, 78 = NZA 2005, 1406.
208 BAG BB 2002, 2335 = EzA § 1 KSchG Wiedereinstellungsanspruch Nr 7; verneinend BAG NZA-RR 2012, 148 = AP Nr 42 zu § 620 BGB Aufhebungsvertrag.

Eine **Verletzung der Aufklärungspflichten** führt nicht zur Unwirksamkeit des Aufhebungs- 58
vertrags. Unter den Voraussetzungen des § 280 Abs 1 hat der Arbeitnehmer jedoch Anspruch auf
Schadensersatz. Dabei kommt neben einer finanziellen Entschädigung für entstandene Nachteile[209] im Rahmen der Naturalrestitution nach § 249 Abs 1 auch ein Anspruch auf Rückgängigmachung des Aufhebungsvertrags[210] in Betracht[211]. Wird der Aufhebungsvertrag anlässlich eines Wechsels zu einem Konzernunternehmen geschlossen, kann im Falle einer Insolvenz dieses Unternehmens ein Wiedereinstellungsanspruch gegenüber dem früheren Arbeitgeber bestehen, wenn dieser über Weiterbeschäftigungsmöglichkeiten verfügt und bei Abschluss des Aufhebungsvertrags den Anschein erweckt hat, er werde „im Fall der Fälle" für eine Weiterbeschäftigung des Arbeitnehmers Sorge tragen[212]. Eine bewusste Verletzung einer Aufklärungspflicht kann überdies zur Anfechtung des Aufhebungsvertrags wegen arglistiger Täuschung (§ 123) berechtigen[213].

4. Gebot fairen Verhandelns. Beim Abschluss des Aufhebungsvertrags ist das Gebot fairen 59
Verhandelns zu beachten. Dabei handelt es sich nach der Rspr des BAG um eine durch die
Aufnahme von Vertragsverhandlungen begründete **Nebenpflicht iSd § 311 Abs 2 Nr 1 iVm
§ 241 Abs 2**[214]. Das Gebot soll unterhalb der Schwelle der von §§ 105, 119 ff erfassten Willensmängel die Entscheidungsfreiheit bei Vertragsverhandlungen schützen und ein Mindestmaß an Fairness im Vorfeld des Vertragsschlusses gewährleisten[215]. Es wird verletzt, wenn eine unfaire Verhandlungssituation herbeigeführt oder ausgenutzt und die Entscheidungsfreiheit des Vertragspartners in zu missbilligender Weise beeinflusst wird. Eine solche unfaire Verhandlungssituation kann insbesondere anzunehmen sein, wenn eine psychische Drucksituation geschaffen oder ausgenutzt wird, die eine freie und überlegte Entscheidung des Vertragspartners erheblich erschwert oder sogar unmöglich macht[216]. Entscheidend sind die Umstände des Einzelfalls. **Beispielhaft** nennt das BAG die Schaffung besonders unangenehmer Rahmenbedingungen, die erheblich ablenken oder sogar den Fluchtinstinkt wecken[217], die Ausnutzung einer objektiv erkennbaren körperlichen oder psychischen Schwäche oder unzureichender Sprachkenntnisse sowie die Nutzung eines Überraschungsmoments (Überrumpelung)[218]. Demgegenüber genügt es für die Annahme einer unfairen Verhandlungssituation nicht, dass der Arbeitgeber dem Arbeitnehmer weder eine Bedenkzeit noch ein Rücktritts- oder Widerrufsrecht eingeräumt oder dem Arbeitnehmer die Unterbreitung einer Aufhebungsvereinbarung vorher nicht angekündigt hat[219]. Zu den Rechtsfolgen s Rz 83.

Die Rspr wurde in der Literatur kontrovers aufgenommen[220]. **Kritisiert** wird insbesondere, 60
dass das BAG mit dem Gebot fairen Verhandelns ein zusätzliches Instrument schaffe, das neben
das ausdifferenzierte System des BGB trete[221] und die gesetzgeberische Entscheidung, arbeitsrechtliche Aufhebungsverträge nicht in den Anwendungsbereich des verbraucherrechtlichen Widerrufsrechts (§§ 312 ff) einzubeziehen, unterlaufe[222]. Die **Kritik überzeugt nicht**. Das Gebot stützt sich auf § 241 Abs 2 und beruht damit – trotz unbestreitbarer Schwächen in der Urteilsbegründung[223] – auf einer gesetzlichen Grundlage[224]. Die §§ 105, 119 ff schließen nicht aus, dass die Entscheidungsfreiheit bei Vertragsverhandlungen aus anderen rechtlichen Gründen auch unterhalb der Schwelle der von diesen Normen erfassten Willensmängel geschützt wird[225]. Zumindest für arbeitsrechtliche Aufhebungsverträge lässt sich das Gebot fairen Verhandelns als vertragliche Nebenpflicht iSv § 241 Abs 2 begründen. Die Parteien stehen in einem Dauerschuldverhältnis, im Rahmen dessen sich der Arbeitnehmer aufgrund der vertraglichen Weisungsgebundenheit in einer strukturell schwächeren Position befindet[226]. Die Entscheidung des Gesetzgebers gegen ein Widerrufsrecht wird dadurch nicht in Frage gestellt, denn das BAG gewährt dem Arbeitnehmer kein generelles Lösungsrecht vom Aufhebungsvertrag, sondern lediglich ein Mindestmaß an Fairness und betont darüber hinaus die Maßgeblichkeit der Umstände des Einzelfalls.

---

209 BAG NZA-RR 2012, 148 = AP Nr 42 zu § 620 BGB Aufhebungsvertrag.
210 Vgl BAGE 109, 294 = NZA 2004, 606; ablehnend BAG NZA-RR 2012, 148 = AP Nr 42 zu § 620 BGB Aufhebungsvertrag.
211 MünchKomm/Hesse Rz 46 vor § 620.
212 BAG BB 2002, 2335 = EzA § 1 KSchG Wiedereinstellungsanspruch Nr 7.
213 BAG AP Nr 27 zu § 620 BGB Aufhebungsvertrag = EzA § 312 BGB 2002 Nr 2.
214 BAGE 165, 315 = NZA 2019, 688; krit Holler NJW 2019, 2206; Fischinger NZA-RR 2020, 516.
215 BAGE 165, 315 = NZA 2019, 688.
216 BAGE 165, 315 = NZA 2019, 688 Rz 34.
217 Diesbezüglich verweist das BAG exemplarisch auf die Konstellation bei Thüringer LAG 10. September 1998 – 5 Sa 104/97.
218 BAGE 165, 315 = NZA 2019, 688 Rz 34.
219 BAGE 165, 315 = NZA 2019, 688 Rz 34.
220 Zustimmend: Bachmann/Ponßen NJW 2019, 1969 f; Müller DB 2019, 1792 ff; Schmidt AP BGB § 620 Aufhebungsvertrag Nr 50; Zimmer JZ 2019, 897 ff; ablehnend: Bauer/Romero ZfA 2019, 608 ff; Boemke JuS 2019, 1204 ff; Fischinger NZA 2019, 729 ff; Holler NJW 2019, 2206 ff, differenzierend: Kamanabrou RdA 2020, 201 ff.
221 Fischinger NZA 2019, 729 ff; ErfK/Müller-Glöge BGB § 620 Rz 15.
222 Holler NJW 2019, 2206, 2208.
223 Vgl dazu Kamanabrou RdA 2020, 201, 202 ff.
224 Dies anerkennend auch Fischinger NZA 2019, 729, 730.
225 So auch Bachmann/Ponßen NJW 2019, 1969, 1970.
226 Ähnlich Bachmann/Ponßen NJW 2019, 1969, 1970; Kamanabrou RdA 2020, 201, 202, 206.

Zuzugeben ist der in der Literatur geäußerten Kritik, dass das Gebot fairen Verhandelns anfällig für persönliche Wertvorstellungen ist[227]. Dieser Einwand vermag die Rspr des BAG jedoch nicht grundsätzlich infrage zu stellen, sondern kann nur zu einer sorgfältigen Prüfung unter Berücksichtigung der konkreten Umstände des Einzelfalls und des vom BAG abgesteckten Rahmens anhalten[228].

61 **5. Beteiligungsrechte.** Eine Pflicht zur **Anhörung des Betriebsrats** vor Abschluss eines Aufhebungsvertrags besteht nach dem BetrVG nicht[229]. Gleiches gilt nach dem BPersVG für die Beteiligung des Personalrats[230]. Dagegen ist ein Aufhebungsvertrag nach den landesrechtlichen Vorschriften des LPVG NRW § 74 Abs 3 unwirksam, wenn der Personalrat zuvor nicht angehört wurde[231]. Über den Abschluss eines Aufhebungsvertrags mit einem schwerbehinderten Arbeitnehmer muss der Arbeitgeber gem SGB IX § 178 Abs 1 Satz 1 Halbs 1 unverzüglich die **Schwerbehindertenvertretung** informieren; ein Anhörungsrecht soll diese nach der Rspr allerdings nicht haben[232]. Ein Anspruch des Arbeitnehmers auf **Hinzuziehung eines Betriebsratsmitglieds** zu einem Personalgespräch über den Abschluss eines Aufhebungsvertrags kann sich aus BetrVG § 82 Abs 2 Satz 2 ergeben[233].

62 **6. Keine Einschränkungen durch Kündigungsschutzrecht.** Aufhebungsverträge unterliegen nicht den kündigungsschutzrechtlichen Einschränkungen (mit Ausnahme des KSchG § 17, s dazu Rz 63 u 191 ff). Ein Aufhebungsgrund ist nicht erforderlich; Kündigungsfristen sind nicht einzuhalten[234]. Bestehender Sonderkündigungsschutz (s Rz 206 ff) steht dem Abschluss eines Aufhebungsvertrags ebenfalls nicht entgegen, da dieser lediglich die Kündigungsbefugnis des Arbeitgebers, nicht aber die Vertragsfreiheit der Arbeitsvertragsparteien einschränkt[235]. Aus diesem Grund ist auch eine Zustimmung der zuständigen Behörde (zB gem SGB IX § 168, MuSchG § 9, BEEG § 18, PflegeZG § 5) oder des Betriebsrats gem BetrVG § 103 nicht erforderlich. Eine **Ausnahme** besteht jedoch für die Beendigung eines Arbeitsverhältnisses mit einem schwerbehinderten Menschen im Falle des Eintritts der teilweisen Erwerbsminderung, der Erwerbsminderung auf Zeit, der Berufsunfähigkeit oder der Erwerbsunfähigkeit auf Zeit. In diesen Fällen ist nach **SGB IX** § 175 die Zustimmung des Integrationsamts auch dann erforderlich, wenn die Beendigung ohne Kündigung erfolgt. Im Abschluss des Aufhebungsvertrages ist jedoch ein Verzicht des Arbeitnehmers auf den besonderen Beendigungsschutz zu sehen. Der Verzicht ist allerdings erst nach Eintritt der Tatbestandsvoraussetzungen des SGB IX § 175 möglich, so dass das Zustimmungserfordernis nur entfällt, wenn der Aufhebungsvertrag nach Eintritt der Erwerbsminderung bzw Berufs- oder Erwerbsunfähigkeit geschlossen wird[236]. Wird die Aufhebungsvereinbarung indes bereits vorher unter aufschiebender Bedingung getroffen, ist bei Eintritt der Bedingung die Zustimmung des Integrationsamts erforderlich[237].

63 **7. Wirksamkeit im Falle einer Massenentlassung (KSchG § 17).** Aufhebungsverträge sind als Entlassung iSv KSchG § 17 Abs 1 Satz 2 zu berücksichtigen, sofern sie nicht ausschließlich auf Initiative des Arbeitnehmers geschlossen werden[238]. Ein ohne Massenentlassungsanzeige gem KSchG § 17 Abs 1 und Konsultationsverfahren gem KSchG § 17 Abs 2 abgeschlossener Aufhebungsvertrag ist bei Vorliegen der Voraussetzungen des KSchG § 17 Abs 1 unwirksam[239]. Erstattung der Massenentlassungsanzeige und Abschluss des Konsultationsverfahrens müssen vor Abschluss des Aufhebungsvertrags erfolgen[240].

II. Inhalt

64 **1. Beendigung des Dienstverhältnisses und Beendigungszeitpunkt.** Bei der inhaltlichen Gestaltung des Aufhebungsvertrags sind die Parteien grds frei. Zwingend ist lediglich eine Eini-

---

227 Holler NJW 2019, 2206, 2210.
228 Zu weitgehend: LAG Mecklenburg-Vorpommern NZA-RR 2020, 520 = öAT 2020, 214; s dazu die rhetorisch überzogene, in der Sache aber weitgehend berechtigte Kritik bei Fischinger NZA-RR 2020, 516 ff.
229 BAGE 115, 165 Rz 19 = NZA 2006, 48.
230 Richardi/Dörner/Weber/Benecke BPersVG § 79 Rz 19.
231 LAG Hamm AP Nr 1 zu § 72a LPVG NW = PersR 1996, 452.
232 BAG AP Nr 4 zu § 95 SGB IX = EzA § 95 SGB IX Nr 4; aA: Bartl AiB 2013, 90; v Roetteken jurisPR-ArbR 29/2012 Anm 2.
233 BAGE 112, 341 = NZA 2005, 416.
234 KR/Spilger Rz 1 u 18 zu Aufhebungsv; SPV/Preis Rz 34.
235 BAG NJW 1983, 2958 = AP Nr 22 zu § 123 BGB (m Anm Herschel); DDZ/Däubler Rz 4 zu Aufhebungsvertrag.
236 KR/Gallner SGB IX § 175 Rz 6; LPK-SGB IX/Düwell § 175 Rz 8.
237 Vgl BAGE 137, 113 = NZA 2011, 854.
238 BAG EzA § 17 KSchG Nr 34 = AP Nr 464 zu § 613a BGB; ErfK/Kiel KSchG § 17 Rz 14.
239 BAGE 91, 107 = NZA 1999, 761.
240 EuGH Slg 2005, I-885 = NZA 2005, 213 – Junk; MünchKomm/Hesse Rz 43 vor § 620; APS/Rolfs Rz 83 zu Aufhebungsvertrag; vgl BAG EzA § 17 KSchG Nr 34 = AP Nr 464 zu § 613a BGB; BAGE 144, 47 = NZA 2013, 845; BAGE 117, 281 = NZA 2006, 971; noch offen gelassen BAG NZA 2005, 1109 = DB 2005, 2141.

gung über die Beendigung des Dienstverhältnisses, die sich im Wege der Auslegung aus den abgegebenen Erklärungen ermitteln lassen muss[241]. Handelt es sich um die Aufhebung eines Arbeitsverhältnisses, muss diese Einigung in der schriftlichen Vertragsurkunde Anklang gefunden haben. Beim Wechsel eines Arbeitnehmers in eine Organstellung (Geschäftsführer, Vorstand) genügt dabei in der Regel der Abschluss eines schriftlichen Dienstvertrages (ausf § 623 Rz 25).

Eine Verständigung über den **Beendigungszeitpunkt** ist nicht unbedingt notwendig; im Zweifel wird von einer sofortigen Beendigung auszugehen sein, sofern sich aus anderen Anhaltspunkten nicht etwas anderes ergibt[242]. Eine **rückwirkende** Auflösung kommt nur in Betracht, soweit das Dienstverhältnis bereits außer Vollzug gesetzt ist[243]. Dagegen kann einem vollzogenen Dienstverhältnis nicht rückwirkend seine vertragliche Grundlage entzogen werden[244]; die Vereinbarung kann aber in eine Beendigung zu dem Zeitpunkt umgedeutet werden, zu dem das Dienstverhältnis außer Vollzug gesetzt ist[245]. **65**

Auch die Vereinbarung eines **in der Zukunft liegenden Beendigungszeitpunkts** ist grds zulässig. Bei Arbeitsverhältnissen ist jedoch eine **Abgrenzung zur nachträglichen Befristung** eines ursprünglich unbefristeten Arbeitsverhältnisses erforderlich, da letztere gem TzBfG § 14 nur bei Vorliegen eines sachlichen Grundes gerechtfertigt ist und der gerichtlichen Befristungskontrolle unterliegt[246]. Überschreitet die vereinbarte Fortsetzungsdauer die maßgebliche Frist für eine ordentliche Kündigung nicht bzw nicht wesentlich, liegt keine nachträgliche Befristung vor[247]. Aber auch bei (um ein Vielfaches) längerer Fortsetzungsdauer kann noch ein Aufhebungsvertrag vorliegen, wenn eine Gesamtwürdigung der getroffenen Vereinbarungen auf einen solchen schließen lässt[248]. Dafür sprechen typischerweise Vereinbarungen über die Zahlung einer Abfindung, über die Freistellung des Arbeitnehmers bis zum Beendigungszeitpunkt, über die Erteilung eines (wohlwollenden) Zeugnisses sowie über Urlaubsregelungen, Rückgabepflichten, Abwicklungsmodalitäten und Ausgleichsklauseln[249]. Auch der Abschluss der Vereinbarung innerhalb der Frist zur Erhebung der Kündigungsschutzklage nach vorangegangener Kündigung durch den Arbeitgeber kann als Indiz für einen Aufhebungsvertrag gewertet werden[250]. Dasselbe gilt für den Umstand, dass der späte Beendigungszeitpunkt allein auf Veranlassung des Arbeitnehmers in den Vertrag aufgenommen wurde[251]. Demgegenüber spricht das Fehlen spezifischer Beendigungsvereinbarungen bei gleichzeitiger Vereinbarung eines die maßgebliche Kündigungsfrist wesentlich überschreitenden Beendigungszeitpunkts für das Vorliegen einer nachträglichen Befristung, die einer Rechtfertigung durch einen Sachgrund bedarf[252]. **66**

2. **Aufschiebend bedingte Beendigung.** Aufhebungsverträge können grds auch **bedingt** (§ 158) geschlossen werden, sofern nicht zwingende Bestimmungen des Kündigungsschutzrechts bzw des Befristungsrechts umgangen werden[253]. Da eine aufschiebende Bedingung im Aufhebungsvertrag dieselben Folgen wie eine auflösende Bedingung im Arbeitsvertrag hat, ist nach TzBfG § 21 iVm § 14 Abs 1 ebenfalls ein sachlicher Grund erforderlich[254]. **Unzulässig** ist bspw eine Vereinbarung, nach der das Arbeitsverhältnis endet, wenn der Arbeitnehmer nach dem Ende seines Urlaubs die Arbeit an dem vereinbarten Tag nicht wiederaufnimmt[255], oder eine Vereinbarung mit einem alkoholgefährdeten Arbeitnehmer, wonach das Arbeitsverhältnis endet, wenn dieser Alkohol zu sich nimmt[256]. Gleiches gilt für eine Vereinbarung, nach der ein Berufsausbildungsverhältnis enden soll, wenn das Berufsschulzeugnis des Auszubildenden die Note „mangelhaft" aufweist[257]. Keine Bedenken bestehen hingegen, wenn der Eintritt der vereinbarten Bedingung allein vom Willen des Arbeitnehmers abhängig ist[258]. **67**

Die dargestellten Grundsätze gelten grds gleichermaßen, wenn in einem Aufhebungsvertrag die (unbedingte) **Beendigung des Arbeitsverhältnisses mit einem bedingten Wiedereinstellungsanspruch** verknüpft wird[259]. Keine Umgehung zwingender Kündigungsschutzvorschriften **68**

---

241 Staud/Oetker Rz 56 vor §§ 620 ff.
242 DDZ/Däubler Rz 5 zu Aufhebungsvertrag; APS/Rolfs Rz 39 zu Aufhebungsvertrag.
243 BAG NZA 2010, 273 = NJW 2010, 1100; BAGE 90, 260 = NZA 1999, 422.
244 MünchKomm/Hesse Rz 41 vor § 620; Staud/Oetker Rz 62 vor §§ 620 ff; BeckOK-BGB/Plum § 620 Rz 78.
245 MünchKomm/Hesse Rz 41 vor § 620.
246 BAGE 93, 162 = NZA 2000, 718; s dazu Reufels ArbRB 2020, 57 ff.
247 BAG NZA 2017, 849 = AP BGB § 620 Aufhebungsvertrag Nr 49; NZA 1997, 390 = NJW 1997, 3043.
248 BAG NZA 2017, 849 = AP BGB § 620 Aufhebungsvertrag Nr 49; BAGE 139, 376 = NZA 2012, 205.
249 BAGE 121, 257 = NZA 2007, 614; BAGE 125, 70 = NZA 2008, 348; BAGE 139, 376 = NZA 2012, 205; APS/Rolfs Rz 50 zu Aufhebungsvertrag.
250 BAGE 121, 257 = NZA 2007, 614.
251 BAGE 125, 70 = NZA 2008, 348.
252 BAG NZA 2017, 849 = AP BGB § 620 Aufhebungsvertrag Nr 49; APS/Rolfs Rz 50 zu Aufhebungsvertrag.
253 Vgl BAGE 26, 417 = NJW 1975, 1531.
254 Staud/Oetker Rz 64 vor §§ 620 ff.
255 BAGE 26, 417 = NJW 1975, 1531.
256 LAG München DB 1988, 506 = RzK I 9i Nr 11.
257 BAG NZA 1987, 20 = NJW 1987, 279.
258 APS/Rolfs Rz 45 zu Aufhebungsvertrag.
259 BAG NZA 1988, 391 = AP Nr 14 zu § 620 BGB Bedingung; NZA 1985, 324 = NJW 1985, 1918; APS/Rolfs Rz 46 zu Aufhebungsvertrag.

soll nach der **Rspr des BAG** jedoch vorliegen, wenn kurz vor Ablauf der sechsmonatigen Probezeit die Auflösung des Arbeitsverhältnisses zu einem späteren – die kurze Probezeitkündigungsfrist angemessen überschreitenden – Zeitpunkt vereinbart wird, verbunden mit einer bedingten Wiedereinstellungszusage für den Fall, dass der Arbeitnehmer sich bis zu dem vereinbarten Zeitpunkt bewährt[260]. Der Aufhebungsvertrag ersetze dann lediglich die zulässige Arbeitgeberkündigung in der Wartezeit und berühre den Kündigungsschutz nicht. Dem kann nur unter der Voraussetzung einer **restriktiven Kontrolle** zugestimmt werden. Die Vereinbarung führt faktisch zu einer Verlängerung der Wartezeit des KSchG § 1 Abs 1 und ist daher geeignet, den Kündigungsschutz zu umgehen. Es ist daher in jedem Einzelfall zu prüfen, ob der Aufhebungsvertrag tatsächlich ausschließlich die Probezeitkündigung ersetzt oder vielmehr den Zweck hat, die Wartezeit zu verlängern und den zwingenden Kündigungsschutz zu umgehen. Letzteres ist insbes dann anzunehmen, wenn keine sachlichen Gründe vorliegen, die einen verständigen Arbeitgeber zu einer Probezeitkündigung veranlassen könnten. Ein restriktiver Prüfungsmaßstab wird auch durch die **Arbeitsbedingungen-RL**[261] gefordert. Diese sieht in Art 8 Abs 1 eine Höchstdauer der Probezeit von sechs Monaten vor und lässt gem Art 8 Abs 3 eine Verlängerung nur zu, wenn diese durch die Art der Tätigkeit gerechtfertigt oder im Interesse des Arbeitnehmers ist.

69 3. **AGB-Kontrolle.** Aufhebungsverträge unterliegen grds unter den Voraussetzungen der §§ 305-310 der AGB-Kontrolle[262]. Dabei sind bei Verträgen über die Aufhebung von Arbeitsverhältnissen insbes § 310 Abs 3 Nr 1 und 2 zu beachten, die den Anwendungsbereich der AGB-Kontrolle für Verträge zwischen Arbeitgeber und Arbeitnehmer über § 305 Abs 1 hinaus ausweiten. Die **Beendigungsvereinbarung** als solche soll nach der Rspr wegen § 307 Abs 3 keiner Angemessenheitskontrolle gem § 307 Abs 1 Satz 1 unterliegen, da es sich bei dieser nicht um eine von Rechtsvorschriften abweichende oder diese ergänzende Regelung handele[263]. Dieses Verständnis ist jedoch keineswegs zwingend. Die Beendigungsvereinbarung beendet das Arbeitsverhältnis ohne Einhaltung einer Kündigungsfrist (§ 622) und nimmt dem Arbeitnehmer die Möglichkeit, einer gerichtlichen Überprüfung des Beendigungsgrunds (KSchG § 4). Angesichts dieser Wirkung ist die Beendigungsvereinbarung, wenn sie zur Vermeidung einer vom Arbeitgeber in Aussicht gestellten Kündigung geschlossen wird, als eine von Rechtsvorschriften abweichende Vereinbarung zu betrachten und einer Inhaltskontrolle zu unterziehen[264].

70 Abgelehnt wird eine Inhaltskontrolle ferner für eine als Gegenleistung für die Zustimmung des Arbeitnehmers zur Auflösung des Arbeitsverhältnisses vorgesehene **Abfindung**[265]. Dies ist zutreffend, soweit es um eine isolierte Kontrolle der Abfindungsvereinbarung geht. Wird entgegen der Rspr eine Überprüfung der Beendigungsvereinbarung am Maßstab des § 307 Abs 1 Satz 1 befürwortet, kommt der Abfindungsvereinbarung jedoch bei der Beurteilung der Angemessenheit der Beendigungsvereinbarung Bedeutung zu[266]. In jedem Fall anwendbar ist nach § 307 Abs 3 Satz 2 das Transparenzgebot des § 307 Abs 1 Satz 2. Ist die Beendigungsvereinbarung in einem anderen vom Arbeitgeber für eine Vielzahl von Fällen vorformulierten Vertrag enthalten, der bspw die Bezeichnung „Ergänzung zum Arbeitsvertrag" trägt, kann es sich um eine **überraschende Klausel** handeln, die gem § 305c Abs 1 nicht Vertragsbestandteil wird[267].

71 **Nebenabreden** im Aufhebungsvertrag (zB Freistellungsregelungen, Urlaubsabgeltung, Verzichtsklauseln[268], Wettbewerbsverbote) unterliegen auch nach der Rspr der Inhaltskontrolle nach § 307 Abs 1, bei der gem § 310 Abs 4 Satz 2 die Besonderheiten des Arbeitsrechts angemessen zu berücksichtigen sind[269]. Dies gilt ua für eine **Klageverzichtsklausel** in einem Aufhebungsvertrag, welche die gerichtliche Geltendmachung der Unwirksamkeit des Aufhebungsvertrags verhindern soll. Eine solche Klausel ist in einem zur Vermeidung einer vom Arbeitgeber angedrohten Kündigung geschlossenen Aufhebungsvertrag nur angemessen, wenn ein verständiger Arbeitgeber eine solche Kündigung ernsthaft in Erwägung ziehen durfte[270].

72 4. **Keine Umgehung des § 613a.** Im Zusammenhang mit einem Betriebsübergang ist der Abschluss eines Aufhebungsvertrages mit dem Betriebsveräußerer **grds zulässig**, sofern er auf

---

260 BAG AP Nr 22 zu § 620 BGB Aufhebungsvertrag = DB 2002, 1997.
261 RL (EU) 2019/1152 des Europäischen Parlaments und des Rates vom 20. Juni 2019 über transparente und vorhersehbare Arbeitsbedingungen in der Europäischen Union (ABl L 186, 105).
262 Ausf Giesing Inhaltskontrolle und Abschlusskontrolle arbeitsrechtlicher Aufhebungsverträge, S 28 ff.
263 BAG NZA 2013, 1206 = BB 2014, 443; NZA 2008, 1148 = NJW 2008, 3372.
264 DDZ/Däubler Rz 46 zu Aufhebungsvertrag; Meyer BB 2016, 1589, 1593.
265 BAGE 154, 178 = NZA 2016, 762; BAGE 151, 108 Rz 23 = NZA 2015, 676 mwN.
266 DDZ/Däubler Rz 46 zu Aufhebungsvertrag.
267 BAGE 121, 257 = NZA 2007, 614.
268 BAGE 154, 178 = NZA 2016, 762.
269 BAGE 154, 178 Rz 38 = NZA 2016, 762 mwN; SPV/Preis Rz 36.
270 BAGE 151, 108 = NZA 2015, 676.

das endgültige Ausscheiden des Arbeitnehmers aus dem Betrieb gerichtet ist[271]. Der Zulässigkeit steht auch die Übernahme des Arbeitnehmers durch eine Beschäftigungs- und Qualifizierungsgesellschaft (BQG) nicht entgegen, solange der Arbeitnehmer keine sichere Aussicht auf eine anschließende Übernahme beim Betriebserwerber hat und die Zwischenschaltung der BQG nicht nur zum Schein oder zur Umgehung der Sozialauswahl erfolgt[272]. Als Umgehung des § 613a **nichtig** (gem § 134) ist hingegen eine Aufhebungsvereinbarung, die auf die Beseitigung der Kontinuität des Arbeitsverhältnisses bei gleichzeitigem Erhalt des Arbeitsplatzes zielt. Davon ist auszugehen, wenn mit der Aufhebung des Arbeitsverhältnisses zugleich ein neues vereinbart oder zumindest verbindlich in Aussicht gestellt wird[273]. Letzteres setzt nicht voraus, dass die Begründung des neuen Arbeitsverhältnisses explizit ausgesprochen wird; es genügt vielmehr, dass die spätere Einstellung beim Betriebserwerber für den Arbeitnehmer nach den gesamten Umständen klar zu erkennen ist[274].

III. Rechtsfolgen

Der Aufhebungsvertrag führt zur Beendigung des Dienstverhältnisses zu dem vertraglich bestimmten Zeitpunkt (s dazu Rz 65). Ist der Aufhebungsvertrag unwirksam oder wird er durch Anfechtungs-, Widerrufs- oder Rücktrittserklärung wirksam beseitigt, besteht das Dienstverhältnis fort. Wird das Dienstverhältnis vor dem vereinbarten Beendigungszeitpunkt von einer Partei gekündigt, wird der Aufhebungsvertrag grds gegenstandslos[275]. Enthält der Vertrag neben der Beendigungsvereinbarung weitere Vereinbarungen, ist deren Schicksal durch Auslegung zu ermitteln. Im Zweifel ist anzunehmen, dass die Vereinbarungen unter der Bedingung abgeschlossen wurden, dass das Dienstverhältnis tatsächlich durch den Aufhebungsvertrag und nicht auf andere Weise beendet wird[276]. 73

Im Hinblick auf die Beendigung von **Arbeitsverhältnissen** sind überdies die **sozialrechtlichen Folgen** zu beachten. Die einvernehmliche Aufhebung des Arbeitsverhältnisses führt üblicherweise zu einer Sperrzeit nach SGB III § 159 Abs 1 Satz 2 Nr 1 und einer Kürzung der Dauer des Anspruchs auf Arbeitslosengeld gem SGB III § 148 Abs 1 Nr 4[277]. 74

Ein auf Veranlassung des Arbeitgebers zur Durchführung einer Betriebsänderung abgeschlossener Aufhebungsvertrag stellt eine **Entlassung iSv BetrVG § 113** dar[278]. 75

IV. Beseitigung des Aufhebungsvertrags

Wurde ein Aufhebungsvertrag wirksam geschlossen, ist dieser grds für beide Parteien bindend. Allein die Tatsache, dass der Arbeitgeber dem Arbeitnehmer weder eine Bedenkzeit noch ein Rücktritts- bzw Widerrufsrecht eingeräumt hat, führt nicht zur Unwirksamkeit des Vertrags[279]. Unter bestimmten Voraussetzungen kommt jedoch eine einseitige Lösung vom Vertrag in Betracht. 76

1. **Anfechtung**. Der Aufhebungsvertrag kann unter den Voraussetzungen der §§ 119 ff angefochten werden. Praxisrelevant ist insbes § 123[280]. So liegt zB eine zur Anfechtung berechtigende **arglistige Täuschung** vor, wenn der Arbeitgeber den Arbeitnehmer beim Abschluss des Aufhebungsvertrages über einen bevorstehenden Betriebsübergang[281] oder über eine angeblich bevorstehende Betriebsstilllegung[282] täuscht. Eine arglistige Täuschung kann überdies vorliegen, wenn der Arbeitgeber Tatsachen verschweigt, zu deren Offenbarung er verpflichtet ist[283]. Auch eine Anfechtung wegen **widerrechtlicher Drohung** kommt in Betracht. Allein die Drohung **mit einer Kündigung** genügt dazu jedoch nicht. Nur wenn ein verständiger Arbeitgeber[284] eine 77

---

271 BAG ZInsO 2013, 946 = AP Nr 436 zu § 613a BGB (Ls) = FA 2012, 375 (Kurzwiedergabe); BAGE 139, 52 = NZA 2012, 152; NZA 2007, 866 = BB 2007, 1054; BAGE 115, 340 = NZA 2006, 145; NZA 1999, 262 = ZInsO 1998, 191 (Ls); krit zu dem vom BAG herangezogenen Abgrenzungsmerkmal: Willemsen NZA 2013, 242.
272 NZA 2007, 866 = BB 2007, 1054; BAGE 115, 340 = NZA 2006, 145.
273 BAG ZInsO 2013, 946 = AP Nr 436 zu § 613a BGB (Ls) = FA 2012, 375 (Kurzwiedergabe); BAGE 139, 52 = NZA 2012, 152; NZA 2007, 866 = BB 2007, 1054; BAGE 115, 340 = NZA 2006, 145.
274 BAG ZInsO 2013, 946 = AP Nr 436 zu § 613a BGB (Ls) = FA 2012, 375 (Kurzwiedergabe).
275 BAGE 85, 114 = NZA 1997, 813.
276 BAGE 85, 114 = NZA 1997, 813.
277 Dazu Kuhn/Becker DB 2016, 1994; Düwell jurisPR-ArbR 15/2017 Anm 1; zu weiteren sozialrechtlichen Folgen APS/Rolfs Rz 112 ff zu Aufhebungsvertrag.
278 BAGE 107, 347 = NZA 2004, 440.
279 BAGE 74, 281 = NZA 1994, 209.
280 Vgl etwa LAG Rheinland-Pfalz ZTR 2017, 380 = EzA-SD 2017, Nr 16, 6.
281 BAG NZA 2007, 866 = BB 2007, 1054.
282 DDZ/Däubler Rz 78 zu Aufhebungsvertrag.
283 BAG NZA 2012, 1316 = NJW 2012, 3390.
284 Krit zum Abgrenzungsmerkmal des „verständigen Arbeitgebers": Benecke RdA 2004, 147, die stattdessen darauf abstellen will, ob der Arbeitnehmer „zu einer überstürzten Entscheidung gezwungen wird"; Singer RdA 2003, 194, 197.

außerordentliche oder ordentliche[285] Kündigung nicht ernsthaft in Erwägung ziehen durfte, liegt nach der Rspr eine widerrechtliche Drohung vor[286]. Dabei kommt es nicht darauf an, ob sich die in Aussicht gestellte Kündigung, wenn sie ausgesprochen worden wäre, in einem Kündigungsschutzprozess tatsächlich als wirksam erwiesen hätte[287]. Eine widerrechtliche Drohung liegt jedoch vor, wenn der Arbeitgeber bei verständiger Abwägung aller Umstände des Einzelfalls davon ausgehen musste, dass die angedrohte Kündigung im Falle ihres Ausspruchs einer arbeitsgerichtlichen Prüfung mit hoher Wahrscheinlichkeit nicht standhalten wird[288]. Dies ist insbes der Fall, wenn der Drohende selbst nicht an seine Berechtigung glaubt oder sein Rechtsstandpunkt nicht mehr vertretbar ist[289]. Maßgebend für die Beurteilung sind nicht nur die beim Arbeitgeber im Zeitpunkt der Drohung vorhandenen Erkenntnisse, sondern der objektiv mögliche und damit hypothetische Wissensstand eines verständigen Arbeitgebers[290]. Bestehen nur gewisse Verdachtsmomente (etwa im Hinblick auf die Vortäuschung einer Arbeitsunfähigkeit), ist der Arbeitgeber verpflichtet, diese vor der Androhung einer Kündigung näher aufzuklären[291]. Die Drohung muss nicht ausdrücklich ausgesprochen werden, sondern kann auch durch schlüssiges Verhalten erfolgen[292]. Es kommt auch nicht darauf an, ob der Drohende zur Kündigung berechtigt ist[293]. Die Widerrechtlichkeit der Drohung wird durch Einräumung einer Bedenkzeit nicht beseitigt[294]. Die eingeräumte Bedenkzeit lässt ohne Hinzutreten weiterer Umstände auch die Ursächlichkeit der Drohung nicht entfallen[295]. Hat der Arbeitgeber bereits eine Kündigung ausgesprochen und hält er bei sich anschließenden Verhandlungen über einen Aufhebungsvertrag lediglich an dieser Kündigung fest, ist eine widerrechtliche Drohung regelmäßig zu verneinen[296]. Etwas anderes kann jedoch gelten, wenn der Arbeitnehmer von seinem Empfängerhorizont aus aufgrund der zeitlichen und sachlichen Nähe zum Kündigungsausspruch davon ausgehen kann, dass „das letzte Wort noch nicht gesprochen ist"[297]. Im Hinblick auf die Drohung mit einer **Strafanzeige** gelten im Wesentlichen dieselben Grundsätze, dh die Widerrechtlichkeit ist zu bejahen, wenn ein verständiger Arbeitgeber eine Strafanzeige nicht ernsthaft in Erwägung ziehen würde[298].

78 Ein **Inhaltsirrtum** ist angesichts der nach § 623 für die Aufhebung von Arbeitsverhältnissen erforderlichen Schriftform nur in Ausnahmefällen denkbar, etwa beim Vertragsschluss mit einem ausländischen, der deutschen Sprache nur bedingt mächtigen Arbeitnehmer[299]. Bei einem **Irrtum über die Folgen des Aufhebungsvertrags** kommt eine Anfechtung nach § 119 Abs 1 hingegen nur in Betracht, wenn die Rechtsfolgen selbst Inhalt der Willenserklärung geworden sind[300]. Ein Irrtum über die mutterschutzrechtlichen Konsequenzen eines Aufhebungsvertrags begründet daher grds kein Anfechtungsrecht iSd § 119 Abs 1[301]. Hat eine Arbeitnehmerin bei Abschluss eines Aufhebungsvertrages keine Kenntnis von einer bereits bestehenden Schwangerschaft, liegt darin nach der Rspr des BAG kein zur Anfechtung berechtigender **Irrtum über eine verkehrswesentliche Eigenschaft** iSv § 119 Abs 2[302].

79 Bei einem mehrseitigen Aufhebungsvertrag oder enger Verflechtung des Aufhebungsvertrags mit einem Vertrag mit einem Dritten (zB mit der Übertragung einer Versorgungsanwartschaft im Wege einer Schuldübernahme durch den neuen Arbeitgeber gem § 4 Abs 2 BetrAVG) ist die Anfechtung gegenüber allen beteiligten Parteien zu erklären[303].

80 **2. Widerruf.** Umstritten war die Frage, ob die auf den Abschluss eines Aufhebungsvertrags gerichtete Willenserklärung des Arbeitnehmers nach den Vorschriften der §§ 312, 312g, 312b iVm § 355 widerrufen werden kann. Auf Grundlage der bis zum 12. Juni 2014 geltenden Regelung

---

285 BAG NZA 1992, 1023 = EzA § 123 BGB Nr 36.
286 BAGE 125, 70 = NZA 2008, 348; NZA 2006, 841 = ZTR 2006, 556; BAGE 109, 22 = NZA 2004, 597; NZA 1996, 1030 = NJW 1997, 676; BAGE 32, 194 = AP Nr 21 zu § 123 BGB (m abl Anm Kramer); die Widerrechtlichkeit bei einer Drohung mit einer Kündigung verneinend: Adam, SAE 2000, 204 ff; ähnlich Bauer, Festschr für Däubler, 1999, S 143, 146 (bezogen auf die Drohung mit einer ordentlichen Kündigung).
287 BAGE 125, 70 = NZA 2008, 348; BAGE 109, 22 = NZA 2004, 597; BAGE 100, 52 = NZA 2002, 731; BAGE 74, 281 = NZA 1994, 209; BAGE 32, 194 = AP Nr 21 zu § 123 BGB (m abl Anm Kramer); aA Deubner JuS 1971, 71, 72; Hofmann SAE 1971, 70, 75; Singer RdA 2003, 194, 197.
288 BAGE 125, 70 = NZA 2008, 348; NZA 2006, 841 = ZTR 2006, 556; NZA 1996, 1030 = NJW 1997, 676; NZA 1996, 875 = BB 1996, 434.
289 BAGE 125, 70 = NZA 2008, 348; BGH NJW 2005, 2766 = ZUM 2005, 645.
290 BAG NZA 1987, 91 = RzK I 9i Nr 6; BAGE 41, 229 = NJW 1983, 2782.
291 BAG NZA 1996, 1030 = NJW 1997, 676.
292 BAG NZA 1996, 875 = BB 1996, 434.
293 BAG NZA 2006, 841 = ZTR 2006, 556.
294 BAGE 125, 70 = NZA 2008, 348.
295 BAGE 125, 70 = NZA 2008, 348.
296 BAGE 120, 251 = NZA 2007, 466.
297 BAGE 120, 251 = NZA 2007, 466; NZA 2000, 27= DB 1999, 2574.
298 BAG NZA 1987, 91 = RzK I 9i Nr 6.
299 DDZ/Däubler Rz 75 zu Aufhebungsvertrag.
300 BAG AP Nr 22 zu § 123 BGB (m krit Anm Herschel) = NJW 1983, 2958.
301 BAG AP Nr 22 zu § 123 BGB (m krit Anm Herschel) = NJW 1983, 2958.
302 BAG NJW 1992, 2173 = DB 1992, 1529; aA DDZ/Däubler Rz 77 zu Aufhebungsvertrag mwN.
303 BAG NZA-RR 2012, 148 = AP Nr 42 zu § 620 BGB Aufhebungsvertrag.

des § 312 Abs 1 Nr 1 aF hatte das BAG ein Widerrufsrecht abgelehnt[304]. Durch das Gesetz zur Umsetzung der Verbraucherrechte-RL[305] und zur Änderung des Gesetzes zur Regelung der Wohnungsvermittlung vom 20. September 2013 wurden die gesetzlichen Regelungen zum Widerruf jedoch mit Wirkung zum 13. Juni 2014 grundlegend reformiert[306]. Nach § 312g Abs 1 hat der Verbraucher nun ein Widerrufsrecht bei außerhalb von Geschäftsräumen geschlossenen Verträgen. Ein außerhalb von Geschäftsräumen geschlossener Vertrag liegt gem § 312b vor, wenn er bei gleichzeitiger körperlicher Anwesenheit des Verbrauchers und des Unternehmers an einem Ort geschlossen wurde, der kein Geschäftsraum des Unternehmers ist. Geschäftsräume sind nach § 312b Abs 2 unbewegliche Gewerberäume, in denen der Unternehmer seine Tätigkeit dauerhaft ausübt, und bewegliche Gewerberäume, in denen der Unternehmer seine Tätigkeit für gewöhnlich ausübt. Anwendbar sind die §§ 312 ff nach § 312 Abs 1 auf Verbraucherverträge iSv § 310 Abs 3, bei denen sich der Verbraucher zu der Zahlung eines Preises verpflichtet. Die Neuregelung hatte die Diskussion über das Bestehen eines Widerrufsrechts zwischenzeitlich neu entfacht[307]. Inzwischen hat das BAG jedoch für Klarheit gesorgt: Auch nach den neuen Widerrufsvorschriften hat der Arbeitnehmer nach Abschluss eines Aufhebungsvertrages unabhängig vom Ort des Vertragsschlusses **kein Widerrufsrecht**[308]. Wie das BAG eingehend und zutreffend ausführt, zeigt der systematische Zusammenhang der §§ 312 – 312h, dass arbeitsrechtliche Aufhebungsverträge nicht dem Anwendungsbereich dieser Regelungen unterfallen sollen[309].

Unabhängig von § 312g Abs 1 kann allerdings **vertraglich** oder **tarifvertraglich** ein **Widerrufsrecht** vorgesehen werden[310]. Lässt ein Tarifvertrag einen schriftlichen Verzicht auf das tariflich vorgesehene Widerrufsrecht zu, kann ein solcher Verzicht in die Vertragsurkunde des Aufhebungsvertrages aufgenommen werden[311]. 81

3. **Rücktritt.** Wird in einem Aufhebungsvertrag die Aufhebung des Dienstverhältnisses gegen Zahlung einer Abfindung vereinbart, handelt es sich um einen gegenseitigen Vertrag iSv §§ 320 ff, bei dem die Zustimmung zur Beendigung des Dienstverhältnisses einerseits und die Verpflichtung zur Zahlung einer Abfindung andererseits im Gegenseitigkeitsverhältnis stehen[312]. Unter den Voraussetzungen der §§ 323 ff kann demnach ein Rücktrittsrecht bestehen[313]. Dieses kann jedoch ausdrücklich oder konkludent ausgeschlossen werden, da die §§ 323 ff dispositiv sind (s § 323 Rz 8). Für die Annahme eines konkludenten Ausschlusses bedarf es allerdings besonderer Anhaltspunkte, die sich unmittelbar aus dem Aufhebungsvertrag ergeben müssen[314]. Ein vollständiger Ausschluss des Rücktrittsrechts kann den Arbeitnehmer unangemessen benachteiligen und nach § 307 Abs 1 Satz 1 bzw nach § 309 Nr 8 Buchst a unwirksam sein[315]. In der Praxis dürfte das Rücktrittsrecht vor allem relevant werden, wenn der Arbeitgeber die zugesagte Abfindung nicht rechtzeitig zahlt. Aber auch die Verletzung anderer Pflichten aus dem Aufhebungsvertrag kann ein Rücktrittsrecht begründen, sofern es sich nicht bloß um eine unerhebliche Pflichtverletzung iSv § 323 Abs 5 Satz 2 handelt. Besonderheiten gelten in der **Insolvenz** des Arbeitgebers. Nach der Rspr des BAG scheidet ein Rücktrittsrecht aus § 323 bzw § 326 nach Eröffnung des Insolvenzverfahrens bzw Beantragung der Eröffnung des Insolvenzverfahrens aus[316]. Dies gilt allerdings nicht, wenn der Aufhebungsvertrag mit dem Insolvenzverwalter geschlossen wird, da es sich bei dem Abfindungsanspruch in diesem Fall um eine Masseverbindlichkeit iSv InsO § 55 Abs 1 Nr 1 handelt[317]. Die **Rechtsfolge** eines wirksamen Rücktritts vom Aufhebungsvertrag ist umstritten. Das BAG konnte die Frage bisher dahinstehen lassen[318]. Nach einer verbreiteten Ansicht bedarf es keiner (rückwirkenden) Neubegründung des Arbeitsverhältnisses, da die Rückgewähr der vom Arbeitnehmer geleisteten Zustimmung zur Beendigung des Arbeitsverhältnisses den Aufhebungsvertrag unmittelbar beseitige und damit den konstitutiven 82

---

304 BAGE 109, 22 = NZA 2004, 597.
305 RL 2011/83/EU.
306 BGBl I, 3642.
307 Vgl Schwab/Hromek JZ 2015, 271; Fischinger/Werthmüller NZA 2016, 193; Bauer/Arnold/Zeh NZA 2016, 449; Kamanabrou NZA 2016, 919; Lembke BB 2016, 3125.
308 BAGE 165, 315 = NZA 2019, 688; MünchKomm/Hesse Rz 32 vor § 620; ErfK/Müller-Glöge BGB § 620 Rz 14; KR/Spilger Rz 30 zu AufhebungsV.
309 BAGE 165, 315 = NZA 2019, 688.
310 So etwa in § 11 Abs 10 des Manteltarifvertrages für die Beschäftigten des Einzelhandels NRW v 20. September 1996.
311 BAG NZA 1986, 25 = DB 1985, 1485.
312 BAGE 139, 376 Rz 18 = NZA 2012, 205; NZA 2016, 716 = AP Nr 57 zu § 794 ZPO (m Anm Hau); APS/Rolfs Rz 63 zu Aufhebungsvertrag; ErfK/Müller-Glöge BGB § 620 Rz 15; aA v Puttkamer BB 1996, 1440.
313 BAGE 139, 376 = NZA 2012, 205; ausf Reinfelder NZA 2013, 62.
314 BAG NZA 2016, 716 = AP Nr 57 zu § 794 ZPO (m Anm Hau); Schaub/Linck § 122 Rz 37; aA LAG Köln LAGE § 794 ZPO Nr 8 = NZA-RR 1997, 11; APS/Rolfs Rz 64, 105 zu Aufhebungsvertrag: Rücktrittsrecht regelmäßig konkludent abbedungen.
315 Reinfelder NZA 2013, 62, 63.
316 BAGE 139, 376 = NZA 2012, 205; NZA 2012, 1316 = DB 2012, 2348; AP Nr 43 zu § 620 BGB Aufhebungsvertrag = ZInsO 2012, 450; ausf Abele NZA 2012, 487.
317 Reinfelder, NZA 2013, 62, 64; Schaub/Linck § 122 Rz 37.
318 BAGE 139, 376 = NZA 2012, 205.

Beendigungstatbestand entfallen lasse[319]. Vor dem Hintergrund der Rspr zu den Rechtsfolgen eines Verstoßes gegen das Gebot fairen Verhandelns (s Rz 83) dürfte auch das BAG eher zu dieser Ansicht neigen. Überzeugender ist indes die Gegenansicht. Im Gegensatz zur Anfechtung (§ 142 Abs 1) beseitigt der Rücktritt den Vertrag nicht mit Wirkung *ex tunc*, sondern wandelt ihn mit Wirkung *ex nunc* in ein Rückgewährschuldverhältnis um (§ 346 Abs 1)[320]. Es bedarf daher einer Rückabwicklung des Aufhebungsvertrages im Wege einer rückwirkenden Neubegründung des aufgelösten Arbeitsverhältnisses[321]. Zwingend ist die rückwirkende Neubegründung des Arbeitsverhältnisses auch bei einem wirksamen **Rücktritt von einem Abwicklungsvertrag**, da in diesem Fall der Beendigungstatbestand sogar außerhalb des Vertrags liegt (s auch Rz 88). Wurde der Abwicklungsvertrag als **Prozessvergleich** zur Erledigung eines Kündigungsschutzverfahrens geschlossen, entfällt mit dem Rücktritt die prozessbeendende Wirkung und das Verfahren ist entsprechend fortzusetzen[322]. Problematischer ist die Situation, wenn der Arbeitnehmer aufgrund eines im Abwicklungsvertrag vereinbarten **Klageverzichts** auf die Erhebung einer Kündigungsschutzklage verzichtet hat. In diesem Fall wird die dreiwöchige Klagefrist nach KSchG § 4 Satz 1 regelmäßig verstrichen sein. Erfolgt der Rücktritt innerhalb von sechs Monaten nach Ablauf der Klagefrist, kommt ein Antrag auf Zulassung der verspäteten Kündigungsschutzklage nach KSchG § 5 in Betracht. Scheidet auch diese Möglichkeit aus, muss dem Arbeitnehmer ein Wiedereinstellungsanspruch eingeräumt werden, denn nur auf diese Weise kann die rechtswirksame Beendigung des Arbeitsverhältnisses, die der Arbeitnehmer durch den Klageverzicht (aufgrund der Wirkung des KSchG § 7) dem Arbeitgeber gewährt hat, rückabgewickelt werden[323].

83 **4. Verstoß gegen das Gebot fairen Verhandelns.** Eine schuldhafte Verletzung des Gebots fairen Verhandelns (s dazu Rz 59) führt nach der Rspr des BAG regelmäßig zur **Unwirksamkeit des Aufhebungsvertrags**[324]. Nach Ansicht des Gerichts entspricht dies dem Zweck der Naturalrestitution, die im konkreten Fall auf den Entfall der Rechtswirkung des Vertragsschlusses gerichtet sei. Es leuchte nicht ein, weshalb die Naturalrestitution ggf erst durch Abgabe einer nach ZPO § 894 fingierten Willenserklärung erreicht werden solle[325]. Dieser Ansatz des BAG mag pragmatisch sein, er entspricht jedoch nicht dem Gesetz und wird deshalb zu Recht **kritisiert**[326]. Gem § 249 Abs 1 hat der Schadensersatzpflichtige den Zustand herzustellen, der bestehen würde, wenn der zum Ersatz verpflichtende Umstand nicht eingetreten wäre. Die Naturalrestitution tritt also nicht automatisch ein, sondern erfordert ein Handeln des Schadensersatzpflichtigen. Für den unter Verstoß gegen das Gebot fairen Verhandelns zustande gekommenen Aufhebungsvertrag folgt daraus die Pflicht zur Rückabwicklung des Aufhebungsvertrags, die nur durch einen rückwirkenden Neuabschluss des Arbeitsvertrags zu den bisherigen Konditionen erfolgen kann[327]. Die bloße Aufhebung des Aufhebungsvertrags genügt hingegen nicht, da sie die bereits eingetretenen Rechtsfolgen des Aufhebungsvertrags nicht beseitigt[328].

84 **5. Störung der Geschäftsgrundlage.** Haben sich Umstände, die zur Grundlage des Aufhebungsvertrags geworden sind, nach Vertragsschluss schwerwiegend verändert und hätten die Parteien den Vertrag nicht oder mit anderem Inhalt geschlossen, wenn sie diese Veränderung vorausgesehen hätten, so kann nach § 313 Abs 1 Anpassung des Vertrags verlangt werden, soweit einem Teil unter Berücksichtigung aller Umstände des Einzelfalls, insbes der vertraglichen oder gesetzlichen Risikoverteilung, das Festhalten am unveränderten Vertrag nicht zugemutet werden kann. Dasselbe gilt nach § 313 Abs 2, wenn sich wesentliche Vorstellungen als falsch herausstellen, die zur Grundlage des Vertrages geworden sind. Ist eine Anpassung des Vertrags nicht möglich oder einem Teil nicht zumutbar, kann der benachteiligte Teil gem § 313 Abs 3 vom Vertrag zurücktreten. § 313 wird insbes bei Aufhebungsverträgen relevant, die auf Veranlassung des Arbeitgebers zur Vermeidung einer betriebsbedingten Kündigung geschlossen wurden. Einem solchen Vertrag liegt regelmäßig die gemeinsame Vorstellung zugrunde, dass eine Weiterbeschäftigung aus betrieblichen Gründen nicht möglich und eine betriebsbedingte Kündigung ohne den Abschluss des Aufhebungsvertrages unvermeidbar ist. Ergibt sich in der Zeit zwischen dem Abschluss des Aufhebungsvertrags und dem vereinbarten Vertragsende unvorhergesehen eine Weiterbeschäfti-

---

[319] Reinfelder, NZA 2013, 62, 66, Schaub/Linck § 122 Rz 38; KR/Spilger AufhebungsV Rz 27; ArbG Solingen 21. August 2009 – 4 Ca 911/09 lev.
[320] MünchKomm/Gaier Vor § 346 Rz 36.
[321] So auch LAG Düsseldorf ZIP 2010, 1099 = LAGE § 346 BGB 2002 Nr 1 (m zust Anm Roth EWiR 2010, 449, 450); LAG Niedersachsen LAGE § 611 BGB 2002 Aufhebungsvertrag Nr 9 = EzA-SD 2011, Nr 6, 9; Besgen/Velten NZA-RR 2010, 561, 562 f.
[322] BAG NZA 2016, 716 = AP Nr 57 zu § 794 ZPO (m Anm Hau).
[323] Reinfelder NZA 2013, 62, 66; aA Schaub/Linck § 122 Rz 39, der dem Arbeitnehmer lediglich einen Schadensersatzanspruch nach § 325 einräumt.
[324] BAGE 165, 315 = NZA 2019, 688 Rz 35 ff.
[325] BAGE 165, 315 = NZA 2019, 688 Rz 39.
[326] Schmidt AP BGB § 620 Aufhebungsvertrag Nr 50; Fischinger NZA 2019, 729, 732 ff; Holler NJW 2019, 2206, 2210; Kamanabrou RdA 2020, 201, 210.
[327] Holler NJW 2019, 2206, 2210; Kamanabrou RdA 2020, 201, 210.
[328] Kamanabrou RdA 2020, 201, 210; aA Fischinger NZA 2019, 729, 734.

gungsmöglichkeit für den Arbeitnehmer, kann dieser nach den Regeln des § 313 Vertragsanpassung verlangen, wobei die Anpassung insbes in der Wiedereinstellung des Arbeitnehmers liegen kann[329]. Dass hingegen allein die Ungewissheit über die künftigen Entwicklungen die Parteien zum Abschluss eines Aufhebungsvertrages veranlasst hat, kann nur angenommen werden, wenn entsprechende Anhaltspunkte vorliegen[330]. Keine unvorhergesehene, schwerwiegende nachträgliche Veränderung der Umstände iSv BGB § 313 Abs 1 liegt dagegen vor, wenn sich das den Parteien bekannte Risiko einer drohenden Zahlungsunfähigkeit des zur Zahlung einer Abfindung verpflichteten Arbeitgebers nach Vertragsschluss realisiert[331].

V. Abwicklungsvertrag und Klageverzichtsabrede

Der Abwicklungsvertrag führt im Gegensatz zum Aufhebungsvertrag nicht selbst zur Beendigung des Arbeitsverhältnisses, sondern **regelt die Modalitäten** der bereits durch einen anderen Beendigungstatbestand (in der Regel durch Kündigung) herbeigeführten Beendigung. Dieser Unterschied darf jedoch nicht darüber hinwegtäuschen, dass auch der Abwicklungsvertrag letztlich die **Auflösung des Arbeitsverhältnisses bezwecken kann**[332]. Der Vertrag enthält typischerweise einen Verzicht des Arbeitnehmers auf die Erhebung einer Kündigungsschutzklage. Demgegenüber verpflichtet sich der Arbeitgeber in der Regel zur Erbringung bestimmter Leistungen (zB zur Zahlung einer Abfindung oder zur Übernahme in eine Beschäftigungs- und Qualifizierungsgesellschaft). Der Arbeitnehmer verliert durch den Klageverzicht die Möglichkeit, die Wirksamkeit der Kündigung gerichtlich prüfen zu lassen. Die ausgesprochene Kündigung gilt daher wegen KSchG § 7 als von Anfang an rechtswirksam. Dies birgt für den Arbeitnehmer ein erhebliches Risiko. Erweist sich der Abwicklungsvertrag später als unwirksam oder wird er durch Anfechtung beseitigt oder durch Rücktritt in ein Rückgewährschuldverhältnis umgewandelt, ändert dies nichts an der Wirksamkeit der ausgesprochenen Kündigung. Für den Arbeitgeber hat die Abwicklung des Arbeitsverhältnisses mittels Kündigung und Abwicklungsvertrag damit Vorteile gegenüber dem Abschluss eines Aufhebungsvertrages, denn wenn letzterer nachträglich keinen Bestand hat, entfällt mit dem Vertrag zugleich der Beendigungstatbestand. Der Arbeitnehmer wird dagegen regelmäßig keinen Einfluss auf die Wahl des Beendigungsmodells haben und sich oftmals der unterschiedlichen Wirkung von Aufhebungs- und Abwicklungsvertrag nicht bewusst sein[333]. Er ist daher regelmäßig auf den Schutz der Rechtsordnung angewiesen. 85

Vor diesem Hintergrund geht das BAG zutreffend davon aus, dass eine Klageverzichtsvereinbarung, die im unmittelbaren zeitlichen und sachlichen Zusammenhang mit dem Ausspruch einer Kündigung getroffen wird und die die Annahme rechtfertigt, Kündigung und Klageverzicht seien gemeinsam nur ein anderes Mittel, um das Arbeitsverhältnis in Wirklichkeit im gegenseitigen Einvernehmen zu lösen, gem § 623 der **Schriftform** bedarf (s dazu i Einz § 623 Rz 16)[334]. 86

Zudem sind Klageverzichtsvereinbarungen in Formularverträgen, die innerhalb der dreiwöchigen Klagefrist nach KSchG § 4 Satz 1 getroffen werden, einer **Inhaltskontrolle nach § 307 Abs 1 Satz 1 und Abs 2** zu unterziehen[335]. Dies gilt auch dann, wenn der Klageverzicht die Hauptabrede eines eigenständigen Klageverzichts- bzw Abwicklungsvertrags darstellt. Nach § 307 Abs 3 Satz 1 sind Hauptabreden nicht generell von der Inhaltskontrolle ausgenommen, sondern nur, wenn sie – wie regelmäßig – keine von Rechtsvorschriften abweichenden oder diese ergänzenden Regelungen enthalten[336]. Ein innerhalb der Klagefrist vereinbarter Klageverzicht weicht jedoch von der Rechtsvorschrift des KSchG § 4 Satz 1 (ggf iVm KSchG § 13 Abs Satz 2) ab, indem er dem Arbeitnehmer die dreiwöchige Überlegungsfrist nimmt, innerhalb derer dieser sich entscheiden kann, ob er eine Kündigungsschutzklage erhebt[337]. Steht einem innerhalb der Klagefrist formularvertraglich vereinbarten Klageverzicht keine **kompensierende Gegenleistung des Arbeitgebers** (zB bezüglich des Beendigungszeitpunkts, der Beendigungsart, der Zahlung einer Entlassungsentschädigung oder des Verzichts auf eigene Ersatzansprüche) gegenüber, ist die Vereinbarung wegen unangemessener Benachteiligung des Arbeitnehmers gem § 307 Abs 1 Satz 1 unwirksam, und zwar unabhängig davon, ob überhaupt keine oder eine unangemessene Kompensation vereinbart wurde[338]. Die **Angemessenheit der Kompensation** ist auf Grundlage einer umfassenden Würdigung der auf beiden Seiten anzuerkennenden, typischer- 87

---

329 BAG NZA 2008, 1148 = NJW 2008, 3372 Rz 25; aA APS/Rolfs Rz 108 zu Aufhebungsvertrag.
330 AA APS/Rolfs Rz 107 zu Aufhebungsvertrag.
331 BAG NZA 2012, 1316 = NJW 2012, 3390.
332 BAGE 122, 111 Rz 27 = NZA 2007, 1227.
333 Meyer BB 2016, 1589, 1592.
334 BAGE 122, 111 Rz 25 ff = NZA 2007, 1227; NZA 2015, 350 Rz 27 = NJW 2015, 1038.
335 BAGE 153, 1 = NZA 2016, 351; BAGE 151, 108 = NZA 2015, 676; NZA 2015, 350 = NJW 2015, 1038; dazu ausf Meyer BB 2016, 1589.
336 BAG NZA 2015, 350 = NJW 2015, 1038 Rz 20.
337 BAG NZA 2015, 350 = NJW 2015, 1038 Rz 21; aA Rolfs, Festschr für Reuter, 2010, S 825, 835.
338 BAGE 153, 1= NZA 2016, 351; NZA 2015, 350 = NJW 2015, 1038.

weise berührten Interessen zu beurteilen und damit grds nach einem generellen und typisierenden, vom Einzelfall losgelösten Maßstab zu prüfen[339]. Im Anwendungsbereich des KSchG kann zur Beurteilung der Angemessenheit einer Entschädigung an KSchG § 1a angeknüpft werden[340]. Nicht ausreichend ist in jedem Fall die Verpflichtung des Arbeitgebers zur Erteilung eines „guten" Zeugnisses, denn die Pflicht zur Zeugniserteilung folgt ohnehin bereits aus GewO § 109 Abs 1 Satz 1 und 3[341].

88 Zulässig sind sog **„Turboklauseln" bzw „Sprinterprämien"**, die dem Arbeitnehmer ein Recht einräumen, sich (in der Regel gegen Zahlung einer zusätzlichen Abfindung) durch einseitige Erklärung vorzeitig (dh vor Ablauf der Kündigungsfrist) vom Arbeitsverhältnis zu lösen (s dazu auch § 623 Rz 8)[342].

89 Die **Anfechtung des Abwicklungsvertrags** (zB wegen arglistiger Täuschung) hat – ebenso wie die Nichtigkeit aus anderen Gründen – keine Auswirkung auf die Wirksamkeit der dem Vertrag zugrundeliegenden Kündigung (zu den Rechtsfolgen eines Rücktritts s Rz 82)[343]. Sie führt lediglich dazu, dass die im Abwicklungsvertrag getroffenen Vereinbarungen, insbes der Klageverzicht, ihre Wirkung verlieren. Ist die Klagefrist (KSchG § 4 Satz 1) noch nicht verstrichen, kann der Arbeitnehmer fristgerecht Kündigungsschutzklage erheben, ohne dass sich besondere Probleme stellen. Wurde der Abwicklungsvertrag als Prozessvergleich zur Beilegung eines Kündigungsschutzstreits geschlossen, führt die Unwirksamkeit des Vergleichs zur Fortsetzung des ursprünglichen Kündigungsschutzprozesses, da mit der Unwirksamkeit des Vergleichs auch dessen prozessbeendende Wirkung entfällt[344]. Ist die dreiwöchige Klagefrist des KSchG § 4 Satz 1 bereits verstrichen, kommt eine **nachträgliche Zulassung der Klage nach KSchG § 5** in Betracht. Die zweiwöchige Antrags- und Klagefrist gem KSchG § 5 Abs 3 Satz 1 wird in diesem Fall durch die Anfechtungserklärung in Gang gesetzt, da erst mit dieser die Nichtigkeit (§ 142 Abs 1) des Klageverzichts herbeigeführt wird, so dass das Klagehindernis entfällt[345]. Eine absolute zeitliche Grenze für die nachträgliche Zulassung der Klage ergibt sich aus KSchG § 5 Abs 3 Satz 2, wonach der Antrag **nach Ablauf von sechs Monaten nach Verstreichen der Klagefrist** nicht mehr gestellt werden kann. Ist diese Grenze erreicht, kann die Wirksamkeitsfiktion des KSchG § 7 nicht mehr abgewendet werden. Dies ist insbes dann unbefriedigend, wenn der Arbeitgeber den Arbeitnehmer durch arglistige Täuschung zum Abschluss des Abwicklungsvertrags bestimmt hat. Der Arbeitnehmer kann den Vertrag zwar innerhalb eines Jahres nach Entdeckung der Täuschung (§ 124) anfechten, auf die Wirksamkeit der Kündigung hat dies jedoch keine Auswirkungen. Im Falle einer **arglistigen Täuschung über das Vorliegen eines (betriebsbedingten) Kündigungsgrunds** ist dem Arbeitnehmer jedoch nach §§ 280 Abs 1, 241 Abs 2, 249 Abs 1 ein **Wiedereinstellungsanspruch** zuzusprechen. Hätte der Arbeitnehmer nicht aufgrund des täuschungsbedingten Irrtums auf die Erhebung einer Kündigungsschutzklage verzichtet, wäre im Kündigungsschutzprozess mangels Kündigungsgrunds die Unwirksamkeit der Kündigung festgestellt worden. Nur durch die Anerkennung eines Wiedereinstellungsanspruchs kann der Zustand hergestellt werden, der bestehen würde, wenn der Arbeitnehmer nicht täuschungsbedingt von einer Klageerhebung abgesehen hätte.

D. Kündigung

I. Grundlagen

90 **1. Begriff und Rechtsnatur.** Ist die Dauer des Dienstverhältnisses weder bestimmt noch aus der Beschaffenheit oder dem Zweck der Dienste zu entnehmen, endet das Dienstverhältnis als Dauerschuldverhältnis regelmäßig durch Kündigung (§ 620 Abs 2). Die Kündigung ist ein **Gestaltungsrecht**, welches grds beiden Parteien zusteht (zu den Beschränkungen und Beschränkungsmöglichkeiten der Kündigungsfreiheit s Rz 138 ff) und zur Beendigung des Dienstverhältnisses führt[346]. Das Kündigungsrecht unterliegt als Gestaltungsrecht zwar nicht der Verjährung, kann aber nach den allgemeinen Grundsätzen verwirkt werden[347]. Die Kündigungserklärung ist ein **einseitiges empfangsbedürftiges Rechtsgeschäft**, auf das grds die allgemeinen Vorschrif-

---

339 BAGE 153, 1 Rz 19 = NZA 2016, 351.
340 Meyer BB 2016, 1589, 1593.
341 BAGE 153, 1 Rz 23 ff = NZA 2016, 351; aA Hilgenstock ArbR 2013, 254.
342 BAGE 154, 40 = NZA 2016, 361; s ausf Aszmons DB 2017, 2227; Mückl/Krings ZInsO 2017, 1255.
343 APS/Rolfs Rz 27 zu Aufhebungsvertrag; Schaub/Linck § 122 Rz 48.
344 BAG NZA 2016, 716 = AP Nr 57 zu § 794 ZPO (m Anm Hau).
345 Nebeling/Schmid NZA 2002, 1310, 1312 f; aA Bauer NZA 1994, 440, 441.
346 Staud/Oetker Rz 116 vor §§ 620 ff.
347 MünchKomm/Hesse Rz 2 vor § 620.

ten über Rechtsgeschäfte (§§ 104 ff) Anwendung finden[348]. Da die Kündigung das Dienstverhältnis beendet, ist sie ein **Verfügungsgeschäft**[349].

2. Kündigungsarten. – a) Ordentliche und außerordentliche Kündigung. Zu unterscheiden ist zwischen ordentlicher Kündigung unter Einhaltung der nach §§ 621, 622 maßgeblichen Kündigungsfrist und außerordentlicher Kündigung (§ 626), die fristlos oder mit sozialer Auslauffrist erfolgen kann. Während die ordentliche Kündigung des Dienstverhältnisses grds nicht das Vorliegen eines Kündigungsgrundes voraussetzt (zu den umfangreichen Ausnahmen von diesem Grundsatz im Arbeitsrecht s Rz 166), ist die außerordentliche Kündigung nur zulässig, wenn Tatsachen vorliegen, aufgrund derer dem Kündigenden unter Berücksichtigung aller Umstände des Einzelfalles und unter Abwägung der Interessen beider Vertragsteile die Fortsetzung des Dienstverhältnisses bis zum Ablauf der Kündigungsfrist oder bis zu der vereinbarten Beendigung des Dienstverhältnisses nicht zugemutet werden kann (s ausf § 626 Rz 40 ff). 91

b) **Teilkündigung.** Durch die **Teilkündigung** werden einzelne Vereinbarungen des Dienstvertrages gekündigt, ohne das Dienstverhältnis insgesamt zu beenden. Es erfolgt also eine einseitige Veränderung des Vertragsinhalts unabhängig vom Willen des jeweils anderen Vertragspartners. Aus diesem Grund ist die Teilkündigung grds unzulässig[350]. Setzt sich ein Gesamtvertragsverhältnis aus mehreren Teilverträgen zusammen, kann eine Teilkündigung jedoch ausnahmsweise zulässig sein, wenn die Teilverträge nach dem Gesamtbild des Vertrags als jeweils für sich selbständig lösbar aufgefasst werden müssen[351]. Die Parteien können zudem vertraglich die Möglichkeit einer Teilkündigung vorsehen[352]. Letzteres kann nach richtiger Ansicht allerdings nicht für Arbeitsverhältnisse gelten, da anderenfalls der zwingende Schutz vor einer einseitigen Veränderung des Vertragsinhalts nach KSchG § 2 umgangen würde, auf den der Arbeitnehmer nicht im Vorhinein verzichten kann[353]. Eine Vereinbarung über die Möglichkeit einer einseitigen Änderung der Vertragsbedingungen kann jedoch – unabhängig von der gewählten Bezeichnung – als Widerrufsvorbehalt auszulegen sein[354]. 92

c) **Änderungskündigung.** Die **Änderungskündigung** ist eine Beendigungskündigung verbunden mit dem Angebot einer Fortsetzung des Dienstverhältnisses zu geänderten Bedingungen[355]. Sie kann auch als bedingte Kündigung für den Fall erklärt werden, dass der Kündigungsgegner der Änderung der Vertragsbedingungen nicht zustimmt. Letzteres scheitert nicht an der grds Bedingungsfeindlichkeit der Kündigung, da der Eintritt der Bedingung allein vom Willen des Erklärungsempfängers abhängig ist (sog Potestativbedingung, s dazu Rz 100)[356]. Das Änderungsangebot muss in jedem Fall spätestens mit der Kündigung erklärt werden[357]. Es muss so eindeutig bestimmt bzw bestimmbar sein, dass aus ihm ersichtlich wird, welche Vertragsbedingungen künftig gelten sollen (zur Form s § 623 Rz 23)[358]. Ob eine Änderungskündigung oder eine Beendigungskündigung verbunden mit einem von der Beendigung unabhängigen Vertragsangebot zur Begründung eines neuen Dienstverhältnisses erklärt wurde, ist durch Auslegung zu ermitteln[359]. Ergibt die Auslegung, dass eine von dem Änderungsangebot unabhängige Beendigung des Dienstverhältnisses nicht beabsichtigt war, ist die Kündigung nach § 139 unwirksam, wenn vor oder mit ihr kein wirksames und annahmefähiges Änderungsangebot abgegeben wurde[360]. 93

Die Änderungskündigung zielt wie die Teilkündigung (s Rz 92) auf die einseitige Änderung des Vertragsinhalts ab, lässt allerdings anders als diese den Bestand des Dienstverhältnisses nicht unberührt[361]. Wird das Angebot zur Vertragsfortführung nicht angenommen, wird das Dienstverhältnis durch die Änderungskündigung beendet[362]. Bei **Arbeitsverhältnissen** besteht im 94

---

348 MünchKomm/Hesse Rz 1 vor § 620; Staud/Oetker Rz 116 vor §§ 620 ff; Grüneberg/Weidenkaff Rz 28 vor § 620.
349 Staud/Oetker Rz 118 vor §§ 620 ff.
350 BAGE 40, 199 = DB 1983, 1368; BAGE 66, 214 = NZA 1991, 377; NZA 1997, 711 = BB 1997, 2004; NZA 2011, 1036 = DB 2011, 1926; MünchKomm/Hesse Rz 78 vor § 620; Staud/Oetker Rz 204 vor §§ 620 ff; Grüneberg/Weidenkaff Rz 34 vor § 620; krit SPV/Preis Rz 167.
351 BAGE 66, 214 = NZA 1991, 377; BAGE 121, 369 = NZA 2007, 563.
352 BAG AP Nr 1 zu § 620 BGB Teilkündigung (m Anm Hueck) = PraktArbR KSchG § 1 Abs 1 Nr 291; Staud/Oetker Rz 207 vor §§ 620 ff; MünchKomm/Hesse Rz 78 vor § 620.
353 Staud/Oetker Rz 207 vor §§ 620 ff; aA BAG AP Nr 1 zu § 620 BGB Teilkündigung (m Anm Hueck) = PraktArbR KSchG § 1 Abs 1 Nr 291; NZA 2011, 1036 = DB 2011, 1926: sofern die Teilkündigung nicht zur Umgehung zwingender Kündigungsschutzvorschriften führt.
354 BAGE 40, 199 = DB 1983, 1368.
355 BAGE 147, 237 Rz 38 = NZA 2014, 1069; Grüneberg/Weidenkaff Rz 40 vor § 620.
356 LAG Köln NZA-RR 2003, 18 = AiB 2003, 51; MünchKomm/Hesse Rz 75 vor § 620; DDZ/Däubler Einleitung Rz 119.
357 BAG EzA § 620 BGB Kündigung Nr 3 = RzK I 2a Nr 27.
358 BAGE 112, 58 = NZA 2005, 635.
359 BAG EzA § 620 BGB Kündigung Nr 3 = RzK I 2a Nr 27.
360 BAG EzA § 620 BGB Kündigung Nr 3 = RzK I 2a Nr 27.
361 Vgl BAGE 147, 237 Rz 38 = NZA 2014, 1069.
362 Staud/Oetker Rz 216 vor §§ 620 ff.

Anwendungsbereich des KSchG nach **KSchG § 2** die Möglichkeit, das Angebot abweichend von § 150 Abs 2 unter dem Vorbehalt anzunehmen, dass die Änderung der Arbeitsbedingungen nicht sozial ungerechtfertigt ist[363]. Der Vorbehalt erlischt gem KSchG § 7 Halbs 2, wenn der Arbeitnehmer nicht innerhalb von drei Wochen nach Zugang der Kündigung Klage auf Feststellung erhebt, dass die Änderung der Arbeitsbedingungen sozial ungerechtfertigt oder aus anderen Gründen rechtsunwirksam ist (KSchG § 4 Satz 2). Außerhalb des Anwendungsbereichs des KSchG gilt dagegen § 150 Abs 2; eine Annahme unter Vorbehalt gilt also als Ablehnung verbunden mit einem neuen Antrag, den der Kündigende freilich auch konkludent annehmen kann[364]. Möglich ist sowohl eine **ordentliche** als auch eine **außerordentliche Änderungskündigung**, wobei grds dieselben Voraussetzungen wie für eine (normale) Beendigungskündigung (etwa hinsichtlich der Kündigungsfristen, des Kündigungsschutzes oder der Betriebsratsbeteiligung) gelten[365].

95 3. **Wirkung.** Die (Beendigungs-)Kündigung **beendet das Dienstverhältnis** mit Zugang bzw mit Ablauf der Kündigungsfrist. Sie entfaltet folglich anders als die Anfechtung (s Rz 223) bzw die Geltendmachung von Nichtigkeitsgründen (s Rz 224) keine Wirkung für die Vergangenheit, sondern wirkt nur **ex nunc**. Nach Eintritt der Beendigungswirkung besteht zwischen den Parteien ein nachvertragliches Schuldverhältnis, das beide Seiten insbes zur Rücksichtnahme auf die Rechte, Rechtsgüter und Interessen des anderen Teils verpflichtet[366].

II.   Inhalt der Kündigungserklärung

96 1. **Kündigungswille.** In der Kündigungserklärung muss **mit der erforderlichen Bestimmtheit und Deutlichkeit klar und zweifelsfrei** der Wille des Kündigenden zum Ausdruck kommen, das Dienstverhältnis für die Zukunft einseitig zu beenden[367]. Einer ausdrücklichen Verwendung des Begriffs „Kündigung" bedarf es nicht, solange im Wege der Auslegung nach §§ 133, 157 der Kündigungswille eindeutig zu ermitteln ist[368]. Ist der Kündigungswille klar und eindeutig erkennbar, steht eine Bezeichnung der Erklärung als „Entlassung", „Auflösung", „Anfechtung", „Widerruf" oä einer Auslegung der Erklärung als Kündigung nicht entgegen[369]. Indes genügt es nicht, dass der Beendigungswille des Erklärenden erkennbar ist, wenn die Erklärung zugleich die Deutungsmöglichkeit zulässt, die Beendigungswirkung solle nicht durch Kündigung, sondern durch einen anderen Beendigungstatbestand (zB durch Ausübung eines Widerrufsrechts, Anfechtung, Dienstentlassung eines Dienstordnungsangestellten oder eine von dem Erklärenden für möglich erachtete Beendigungserklärung eigener Art) eintreten[370]. Die Kündigung des Dienstverhältnisses kann grds auch durch **konkludentes Handeln** erfolgen (zB durch die Ablehnung jeder weiteren Tätigkeit des Dienstverpflichteten durch den Dienstberechtigten)[371]. Dies gilt wegen des **Schriftformerfordernisses des § 623** allerdings nicht für die **Kündigung von Arbeitsverhältnissen**.

97 2. **Beendigungszeitpunkt.** Neben dem Kündigungswillen muss die Kündigungserklärung den gewollten Beendigungszeitpunkt erkennen lassen. Hierzu genügt im Falle einer **ordentlichen Kündigung** in der Regel die Angabe des Kündigungstermins oder der Kündigungsfrist[372]. Ausreichend ist aber auch ein Hinweis auf die maßgeblichen gesetzlichen, tarifvertraglichen bzw vertraglichen Kündigungsfristen, sofern der Erklärungsempfänger das Beendigungsdatum aufgrund dieses Hinweises unschwer ermitteln kann[373]. Davon ist auszugehen, wenn die Feststellung der rechtlich zutreffenden Frist keine umfassenden tatsächlichen Ermittlungen oder die Beantwortung schwieriger Rechtsfragen erfordert[374]. Dasselbe gilt für eine Kündigung „zum nächstzulässigen Termin"[375]. Nicht hinreichend bestimmt ist dagegen eine Kündigungserklärung, in der mehrere Termine für die Beendigung genannt werden, wenn für den Erklärungsempfänger nicht eindeutig zu erkennen ist, welcher Termin gelten soll[376]. Wird die ordentliche Kündigung nur

---

[363] Staud/Oetker Rz 216 vor §§ 620 ff.
[364] Staud/Oetker Rz 155 vor §§ 620 ff.
[365] Vgl MünchKomm/Hesse Rz 70 vor § 620.
[366] Staud/Oetker Rz 117 vor § 620 ff.
[367] MünchKomm/Hesse Rz 84 vor § 620; Staud/Oetker Rz 147 vor §§ 620 ff.
[368] BAGE 129, 265 = DB 2009, 1710; BAGE 119, 311 = NZA 2007, 377.
[369] MünchKomm/Hesse Rz 84 vor § 620.
[370] BAGE 129, 265 = DB 2009, 1710; BAGE 116, 336 = NZA 2006, 791.
[371] Vgl BAG AP Nr 18 zu § 611 BGB Urlaubsrecht; BAGE 37, 267 = NJW 1983, 303; s auch die zahlreichen Bsp aus der Rspr bei MünchKomm/Hesse Rz 87 vor § 620.
[372] BAG NZA 2016, 485 = NJW 2016, 1117.
[373] BAGE 145, 249 Rz 15 = NZA 2013, 1137.
[374] BAG NZA 2016, 485 = NJW 2016, 1117 Rz 16; NZA 2015, 162 = NJW 2014, 3533 Rz 17; BAGE 145, 184 Rz 49 = NZA 2013, 1197.
[375] BAG NZA 2016, 485 = NJW 2016, 1117 Rz 16; NZA 2015, 162 = NJW 2014, 3533 Rz 17; BAGE 145, 249 Rz 15 = NZA 2013, 1137; Raab RdA 2004, 321, 326.
[376] BAG NZA 2016, 485 = NJW 2016, 1117 Rz 16; NZA 2015, 162 = NJW 2014, 3533 Rz 18; BAGE 145, 249 Rz 15 = NZA 2013, 1137.

hilfsweise für den Fall der Unwirksamkeit einer außerordentlichen Kündigung erklärt, ist eine Angabe des Beendigungszeitpunkts nicht notwendig, da aufgrund der außerordentlichen Kündigung für den Erklärungsempfänger erkennbar ist, dass eine Beendigung zum frühestmöglichen Zeitpunkt gewollt ist[377].

Will der Kündigende das Dienstverhältnis **außerordentlich kündigen**, muss dies aus der Erklärung selbst bzw den Umständen der Erklärung (zB aus der beigefügten Begründung) für den Empfänger erkennbar sein[378]. Bei einer fristlosen Kündigung bereitet dies in der Regel keine Probleme. Soll das Dienstverhältnis dagegen außerordentlich mit sozialer Auslauffrist gekündigt werden, muss der Wille zur außerordentlichen Kündigung zweifelsfrei aus der Erklärung hervorgehen[379]. Dies gilt auch dann, wenn das Recht zur ordentlichen Kündigung ausgeschlossen ist[380]. Lässt die Erklärung nicht eindeutig erkennen, dass eine außerordentliche Kündigung gewollt ist, gilt sie als ordentliche Kündigung[381]. 98

3. **Bedingte Kündigung.** Die Kündigung wird oftmals als „bedingungsfeindliches Rechtsgeschäft" bezeichnet. Diese Charakterisierung trifft nur mit Einschränkungen zu. Richtig ist, dass die Kündigung wegen ihrer rechtsgestaltenden Wirkung nicht vom Eintritt beliebiger Ereignisse in der Zukunft abhängig gemacht werden kann, da der Empfänger anderenfalls keine Gewissheit über das zukünftige Schicksal des bestehenden Dienstverhältnisses hätte[382]. Eine Kündigung, die bspw im Falle neuer Kundenaufträge gegenstandslos werden soll, ist daher unwirksam[383]. Gleiches gilt für eine Kündigung unter der Bedingung, dass sich die Leistungen des Arbeitnehmers nicht verbessern[384] oder der Arbeitnehmer eine Prüfung nicht besteht. Dagegen begegnet **eine Bedingung, deren Eintritt allein vom Willen des Kündigungsempfängers abhängig** ist (sog Potestativbedingung), keinen rechtlichen Bedenken. In diesem Fall besteht für den Empfänger keine unzumutbare Ungewissheit über den Fortbestand des Dienstverhältnisses, da er es selbst in der Hand hat, die Ungewissheit zu beenden[385]. Praktisch relevant wird dies vor allem bei der Änderungskündigung (s Rz 93). 99

Zulässig ist auch eine **„hilfsweise" bzw „vorsorglich" erklärte Kündigung**, deren Wirkung davon abhängig gemacht wird, dass das Dienstverhältnis nicht bereits durch einen anderen Beendigungstatbestand (zB durch außerordentliche Kündigung oder Anfechtung) endet[386]. Genau genommen liegt in einem solchen Fall bereits keine Bedingung iSv § 158 vor, sondern eine unbedingte Kündigung, die ins Leere geht, wenn das Dienstverhältnis bereits durch einen anderen Tatbestand beendet wurde[387]. Die Wirksamkeit des vorrangig gewollten Beendigungstatbestandes steht zum Zeitpunkt des Ausspruchs der Kündigung objektiv bereits fest und wird in einem späteren Gerichtsprozess lediglich festgestellt. Die Ungewissheit ergibt sich also nicht aus einem zukünftigen Ereignis, sondern aus der ggf unsicheren Einschätzung der Rechtslage zum Zeitpunkt der Kündigung. Das BAG geht indes von einer *„zulässigen auflösenden Rechtsbedingung iSv § 158 Abs 2"* aus, deren Wirkung endet, *„wenn feststeht, dass das Arbeitsverhältnis bereits zu einem früheren Zeitpunkt aufgelöst worden ist"*[388]. 100

Eine unbedingte Kündigung liegt auch vor, wenn der Kündigende die Kündigung „vorsorglich" erklärt und sich zugleich deren Rücknahme oder den Abschluss eines neuen Dienstvertrages vorbehält[389]. 101

4. **Begründung.** – a) **Grundsätzlich kein Begründungszwang.** Die Angabe von Gründen ist grds nicht erforderlich[390]. Dies gilt sowohl für die ordentliche als auch für die außerordentliche Kündigung. In letzterem Fall muss der Kündigende jedoch dem anderen Teil gem § 626 Abs 2 Satz 3 auf Verlangen den Kündigungsgrund schriftlich mitteilen. Ein Verstoß gegen diese Mitteilungspflicht führt jedoch nicht zur Unwirksamkeit der Kündigung, sondern begründet 102

---

377 BAG NZA 2016, 485 = NJW 2016, 1117 Rz 18; BAGE 145, 184 Rz 50 = NZA 2013, 1197.
378 BAGE 37, 267 = NJW 1983, 303.
379 BAGE 37, 267 = NJW 1983, 303; AP Nr 50 zu § 1 KSchG = DB 1958, 403; BAGE 1, 237 = AP Nr 1 zu § 123 GewO.
380 LAG Düsseldorf EzA § 626 BGB nF Nr 32; MünchKomm/Hesse Rz 85 vor § 620; Staud/Oetker Rz 152 vor §§ 620 ff.
381 LAG Köln NZA-RR 2006, 353 = BB 2006, 1455 (Ls); APS/Preis Grundlagen D Rz 20; Staud/Oetker Rz 152 vor §§ 620 ff.
382 MünchKomm/Hesse Rz 88 vor § 620.
383 BAGE 97, 193 = NZA 2001, 1070.
384 DDZ/Däubler Einleitung Rz 117.
385 BAG DB 1968, 1588 = NJW 1968, 2078; DDZ/Däubler Einleitung Rz 117; APS/Preis Grundlagen D Rz 14.
386 BAG NZA 2016, 485 = NJW 2016, 1117; BAGE 146, 333 = AP Nr 1 zu § 164 SGB V; NZA 2015, 162 = NJW 2014, 3533; BAGE 145, 184 Rz 44 = NZA 2013, 1197; BAG NZA 2008, 812 Rz 22 = AP Nr 137 zu § 2 KSchG 1969.
387 Staud/Oetker Rz 158 vor §§ 620 ff; APS/Preis Grundlagen D Rz 17.
388 BAG NZA 2016, 485 = NJW 2016, 1117 Rz 21; NZA 2015, 162 Rz 12 = NJW 2014, 3533; ebenso MünchKomm/Hesse Rz 88 vor § 620.
389 APS/Preis Grundlagen D Rz 17; Staud/Oetker Rz 159 vor § 620 ff.
390 BAG AP Nr 44 zu § 611 BGB Kirchendienst = ZMV 2005, 152 = EzA § 242 BGB 2002 Kündigung Nr 5.

allenfalls Auskunfts- bzw Schadensersatzansprüche (i Einz s § 626 Rz 192 ff)[391]. Gleiches gilt im Falle der betriebsbedingten Kündigung gem KSchG § 1 Abs 3 Satz 1 Halbs 2, wonach der Arbeitgeber dem Arbeitnehmer auf Verlangen die Gründe anzugeben hat, die zu der getroffenen sozialen Auswahl geführt haben.

103 b) **Ausnahmen.** Eine Ausnahme besteht für die **Kündigung von Ausbildungsverhältnissen** nach der Probezeit. Diese ist bei Nichtbeachtung der in BBiG § 22 Abs 3 vorgeschriebenen Pflicht zur Angabe der Kündigungsgründe gem § 125 nichtig[392]. Anzugeben sind die konkreten Tatsachen, die für die Kündigung maßgebend sind, und nicht bloß Werturteile wie zB „mangelhaftes Benehmen" oder „Störung des Betriebsfriedens"[393]. Dabei müssen die Kündigungsgründe so genau bezeichnet werden, dass zu erkennen ist, um welche konkreten Vorfälle es sich handelt[394]. Der Kündigungsempfänger muss aufgrund der Angaben die Erfolgsaussichten einer Kündigungsschutzklage abschätzen können[395].

Eine weitere Spezialvorschrift enthält **MuSchG § 17 Abs 2 Satz 2**, wonach die Kündigung gegenüber einer Frau während der Schwangerschaft sowie bis zum Ablauf von vier Monaten nach der Entbindung bzw nach einer Fehlgeburt nach der 12. Schwangerschaftswoche der schriftlichen Form und der Angabe des zulässigen Kündigungsgrunds bedarf[396]. Ebenfalls der schriftlichen Begründung bedarf gem **SGB IX § 221 Abs 7** die Kündigung des zwischen einem behinderten Menschen und einer anerkannten Werkstatt für behinderte Menschen geschlossenen **Werkstattvertrags**[397].

104 c) **Vereinbarte Begründungspflicht.** Ein Begründungserfordernis kann **vertraglich oder kollektivvertraglich** vereinbart werden (vgl auch Rz 152). Ob die Begründung in einem solchen Fall Wirksamkeitsvoraussetzung sein oder lediglich ein Anspruch auf deren Mitteilung begründet werden soll, ist im Wege der Auslegung zu ermitteln. Bei einer individualvertraglichen Abrede ist im Zweifel von einem konstitutiven Formerfordernis auszugehen (§ 125 Satz 2)[398]. Ein Verstoß gegen ein konstitutives Begründungserfordernis führt zur unheilbaren Nichtigkeit der Kündigung; eine Nachholung der Begründung ist ausgeschlossen[399]. Welche **Anforderungen an die Mitteilung der Gründe** zu stellen sind, hängt vom Einzelfall und von der Kündigungsart ab. Der Gekündigte muss jedenfalls aufgrund der ihm mitgeteilten Gründe entscheiden können, ob er die Kündigung anerkennen oder gegen sie vorgehen will[400]. Dazu ist im Falle einer betriebsbedingten Kündigung auch die Angabe der Kriterien für die Sozialauswahl erforderlich[401]. Die bloße Bezeichnung der Kündigung als „betriebsbedingt" sowie die Nennung pauschaler Schlagworte bzw Werturteile genügen nicht[402]. Auch die Bezugnahme auf ein inhaltlich nicht näher umschriebenes Gespräch mit dem Gekündigten reicht nicht aus[403]. Ob eine konkrete Bezugnahme auf Schriftstücke genügt, mit denen dem Gekündigten die Kündigungsgründe bereits zuvor mitgeteilt wurden, ist nicht abschließend geklärt[404]. Man wird dies nur bejahen können, wenn die konkret in Bezug genommenen Schriftstücke dem Gekündigten in engem zeitlichem Zusammenhang mit der Kündigung zugegangen sind. Nur unter diesen Voraussetzungen liegt eine gleichwertige Information des Kündigungsempfängers vor, die eine rechtliche Gleichbehandlung rechtfertigt.

105 d) **Begründung im Kündigungsschutzprozess.** Im Kündigungsschutzprozess trägt der Arbeitgeber gem KSchG § 1 Abs 2 Satz 4 die Beweislast für die Tatsachen, die die Kündigung bedingen. Er kann sich dabei grds auf alle Gründe stützen, die vor Ausspruch der Kündigung entstanden sind[405]. Besteht jedoch aufgrund einer spezialgesetzlichen Vorschrift oder einer vertraglichen oder kollektivvertraglichen Vereinbarung ein konstitutives Begründungserfordernis, können im Kündigungsschutzprozess keine Gründe mehr nachgeschoben werden, die nicht bereits in der Kündigungserklärung genannt sind[406].

106 e) **Begründung gegenüber dem Betriebsrat.** Unabhängig vom Erfordernis einer Begründung gegenüber dem Arbeitnehmer ist der Arbeitgeber nach BetrVG § 102 Abs 1 Satz 2 in

---

391 BAGE 14, 65 = NJW 1963, 1267; BAGE 24, 401 = DB 1973, 481.
392 BAGE 24, 133 = AP Nr 1 zu § 15 BBiG; ErfK/Schlachter BBiG § 22 Rz 7.
393 BAG AP Nr 4 zu § 15 BBiG = DB 1977, 868.
394 BAG AP Nr 4 zu § 15 BBiG = DB 1977, 868.
395 BAG AP Nr 4 zu § 15 BBiG = DB 1977, 868.
396 S dazu ArbG Nürnberg 22. Februar 2010 – 8 Ca 2123/09 – AE 2010, 165; ErfK/Schlachter MuSchG § 17 Rz/Rolfs MuSchG 1968 § 9 Rz 121 ff.
397 BAGE 151, 139 Rz 31 ff = NZA 2015, 1071.
398 BAG NZA 2013, 900 Rz 25 ff = DB 2013, 1305.
399 BAG NZA 1999, 603 = DB 1999, 1764.
400 BAG NZA 1999, 602 = DB 1999, 1763.
401 ErfK/Müller-Glöge BGB § 620 Rz 67; offen gelassen, aber eher abl: BAG AP Nr 4 zu § 54 BMT-G II = EzA § 125 BGB 2002 Nr 1.
402 BAG NZA 1999, 603 = DB 1999, 1764.
403 BAG NZA 1999, 602 = DB 1999, 1763.
404 Offengelassen: BAG NZA 1999, 603 = DB 1999, 1764.
405 BGH NZA 2005, 1415 = NJW 2005, 3069; BAGE 86, 88 = NZA 1997, 1158; BAGE 49, 39 = NZA 1986, 674; NJW 1980, 2486 = DB 1980, 1350.
406 BAGE 24, 133 = AP Nr 1 zu § 15 BBiG; APS/Preis Grundlagen D Rz 28.

jedem Fall verpflichtet, dem Betriebsrat die Kündigungsgründe mitzuteilen. Eine Anhörung ohne Angabe der Gründe genügt nicht den gesetzlichen Anforderungen und hat gem BetrVG § 102 Abs 1 Satz 3 die Unwirksamkeit der Kündigung zur Folge[407]. Soweit die Gründe dem Arbeitgeber bei Ausspruch der Kündigung bereits bekannt waren, sind sie im Kündigungsschutzprozess nur zu berücksichtigen, wenn sie dem Betriebsrat im Rahmen der Anhörung mitgeteilt wurden[408]. Hat der Arbeitgeber von Kündigungsgründen erst später Kenntnis erlangt, kann er sie im Kündigungsschutzprozess nachschieben, wenn er zuvor den Betriebsrat analog BetrVG § 102 Abs 1 angehört hat[409].

III. Kündigungsberechtigung und Abgabe der Kündigungserklärung durch einen Stellvertreter

Eine wirksame Kündigung kann grds nur durch einen Kündigungsberechtigten erklärt werden (beachte aber Rz 112). Kündigungsberechtigt sind grds nur die Vertragspartner des Dienstvertrags. Die Kündigung muss daher grds von einer Vertragspartei abgegeben werden und der anderen zugehen. Bei juristischen Personen liegt die Kündigungsbefugnis grds beim Vertretungsorgan. Eine Abspaltung und Übertragung des Kündigungsrechts (gem §§ 413, 398) ist grds nicht möglich[410]. Zulässig und – vor allem bei juristischen Personen – von hoher praktischer Relevanz ist dagegen die Ausübung des Kündigungsrechts durch einen **Stellvertreter**[411]. Hierbei ist jedoch zu beachten, dass für den Empfänger (bspw durch den Zusatz „iV") erkennbar ist, dass der Unterzeichner der Kündigungserklärung als Stellvertreter und nicht als Bote handelt, da durch die eigenhändige Unterschrift eines Boten die bei der Kündigung von Arbeitsverhältnissen zwingend zu beachtende Schriftform nicht gewahrt wird[412]. Das BAG verlangt diesbezüglich, dass der rechtsgeschäftliche Vertretungswille in der Urkunde zumindest andeutungsweise zum Ausdruck kommt, was abhängig von den Gesamtumständen auch bei einer Unterzeichnung mit dem Zusatz „iA" der Fall sein kann[413]. In wessen Namen der Vertreter handelt, ist gem §§ 133, 157 unter Berücksichtigung aller Umstände aus Sicht eines objektiven Empfängers zu bestimmen[414]. Nach der Rspr des BAG kann ein Dritter ferner **gem § 185 ermächtigt** werden, Kündigungen im eigenen Namen mit Wirkung für den Arbeitgeber auszusprechen[415]. **107**

Gem **§ 174 Satz 1** bedarf die Kündigung durch einen Bevollmächtigten der Vorlage einer **Vollmachtsurkunde**. Dies **gilt auch im öffentlichen Dienst**[416]. Die Vollmachtsurkunde muss im Original vorgelegt werden, eine (Fax-)Kopie genügt nicht[417]. Eine im Rahmen einer früheren Kündigung vorgelegte Vollmachtsurkunde genügt bei einer späteren Kündigung grds nicht als Vorlage iSv § 174 Satz 1; sie kann jedoch den Empfänger iSv § 174 Satz 2 über die Bevollmächtigung in Kenntnis setzen, wenn für diesen deutlich wird, dass sie sich auch auf spätere Kündigungen erstreckt[418]. Wird eine Vollmachtsurkunde nicht vorgelegt, kann der Kündigungsempfänger die Erklärung zurückweisen. Die Kündigung wird dann **unheilbar unwirksam**, eine Genehmigung nach § 177 ist nicht möglich[419]. Die Zurückweisung muss **unverzüglich** (iSv § 121 Abs 1 Satz 1) erfolgen. Dies ist nach der Rspr ohne das Vorliegen besonderer Umstände nach einer Zeitspanne von mehr als einer Woche nicht mehr der Fall[420]. Das BAG betont jedoch zugleich, dass es stets auf die Umstände des Einzelfalls ankommt. Dem Erklärungsempfänger muss eine gewisse Zeit zur Überlegung und zur Einholung eines Rechtsrats eingeräumt werden[421]. Daher **108**

---

407 BAGE 152, 118 Rz 13 ff = NZA 2016, 99.
408 BAG NZA 2016, 287 = AP Nr 74 zu § 1 KSchG 1969 Rz 47.
409 BAG NZA 2013, 1416 = DB 2013, 2805 Rz 29 ff.
410 SPV/Preis Rz 4; MünchKomm/Hesse Rz 82 vor § 620; ErfK/Müller-Glöge BGB § 620 Rz 23; aA Staud/Oetker Rz 209 vor §§ 620 ff; offenlassend: BAGE 170, 84 = NJW 2020, 2976 Rz 19.
411 Das Kündigungsrecht kann jedoch vertraglich ausschließlich dem Arbeitgeber selbst vorbehalten werden, vgl BAG DB 1976, 441 = AP Nr 8 zu § 626 BGB Ausschlußfrist (m Anm Nickel/Brauerause).
412 BAGE 119, 311 = NZA 2007, 377.
413 BAGE 125, 208 = NZA 2008, 403; ZTR 2009, 441 = AP Nr 58 zu § 14 TzBfG (red Ls); NZA 2017, 1125 = AP TzBfG § 14 Nr 157.
414 BAG NZA-RR 2007, 571 = AP Nr 20 zu § 174 BGB.
415 BAGE 170, 84 = AP BGB § 626 Nr 277 (m zust Anm Hergenröder).
416 Zu den Besonderheiten im öff Dienst s insbes: BAGE 140, 64 = NZA 2012, 495: Bekanntmachung der Kündigungsbefugnis durch komplizierten, zutiefst ausdifferenzierten Ministererlass; BAGE 119, 311 = NZA 2007, 377: organschaftliche Vertretung jur Personen des öff Rechts; BAGE 96, 65 = NZA 2001, 219: Kündigung Leiterin der Standortverwaltung, öff Bekanntmachung der Kündigungsbefugnis im Amtsbl; NZA 1997, 1343 = AP Nr 11 zu § 620 BGB Kündigungserklärung: Referatsleiter innerhalb einer Personalabteilung als Bevollmächtigter, Dienstsiegel; NZA 1990, 63 = DB 1990, 635: Sachbearbeiter als Bevollmächtigter; BAGE 59, 93 = AP Nr 6 zu § 174 BGB: Vorschriften der Gemeindeordnung als Vertretungsregelung, Dienstsiegel als Vollmachtsurkunde.
417 BGH NJW 1994, 1472 = DB 1994, 873; NJW 1981, 1210 = DB 1981, 1874; LAG Düsseldorf NZA 1995, 994 = LAGE § 174 BGB Nr 7.
418 BAGE 152, 363 = AP Nr 24 zu § 174 BGB (m Anm Klostermann-Schneider).
419 BAGE 137, 347 Rz 20 = NZA 2011, 683; 119, 311 Rz 33 = NZA 2007, 377.
420 BAGE 140, 64 = NZA 2012, 495; BAGE 169, 38 = NZA 2020, 505.
421 BAGE 140, 64 = NZA 2012, 495; instruktiv: Aufterbeck JuS 2017, 15.

dürfte eine Frist von deutlich unter einer Woche regelmäßig nicht in Betracht kommen[422]. In jedem Fall noch unverzüglich ist die Zurückweisung einer an einem Freitag zugegangenen Kündigung am darauffolgenden Montag[423]. Die Frist beginnt mit der tatsächlichen Kenntnisnahme des Kündigungsempfängers von der Kündigung und der fehlenden Vollmachtsurkunde[424]. Nicht ausreichend ist eine Zurückweisung der Kündigung in einer fristgerecht erhobenen Kündigungsschutzklage, wenn diese dem Arbeitgeber erst nach Ablauf der Klagefrist zugestellt wird[425].

109 Die Zurückweisung muss **gerade wegen der fehlenden Vollmachtsurkunde** erfolgen[426]. Es genügt nicht, dass der Empfänger die Kündigungsbefugnis des Kündigenden verneint, ohne deren Nachweis durch Vorlage einer Vollmachtsurkunde zu fordern[427]. Bei Vertretungsketten ist durch Auslegung (§§ 133, 157) zu ermitteln, ob sich die Zurückweisung nur auf einzelne Vertretungsverhältnisse oder auf mehrere oder alle Vertretungsverhältnisse bezieht[428]. Die Zurückweisung bedarf keiner bestimmten Form[429]. Sie kann ihrerseits **durch einen Bevollmächtigten** erfolgen, der dann jedoch seinerseits eine Vollmachtsurkunde vorlegen muss[430].

110 Die **Zurückweisung** ist nach § 174 Satz 2 **ausgeschlossen**, wenn der Vollmachtgeber den **Kündigungsempfänger von der Bevollmächtigung in Kenntnis gesetzt** hat. Eine bestimmte Form ist hierfür nicht vorgeschrieben[431]. Eine konkludente Mitteilung genügt[432]. Das Inkenntnissetzen muss allerdings ein gleichwertiger Ersatz für die fehlende Vorlage einer Vollmachtsurkunde sein[433]. Die bloße Mitteilung im Arbeitsvertrag, dass der jeweilige Inhaber einer bestimmten Funktion kündigen dürfe, reicht nicht aus[434]. Der Kündigungsempfänger muss aufgrund eines zusätzlichen Handelns des Vertretenen die Möglichkeit haben, die im Arbeitsvertrag abstrakt genannte Funktion der konkreten Person des jeweiligen Stelleninhabers zuzuordnen[435]. Diese Möglichkeit kann auch dadurch geschaffen werden, dass der Arbeitgeber im Vertrag oder während des Arbeitsverhältnisses aufzeigt, auf welchem Weg der Arbeitnehmer jederzeit unschwer erfahren kann, welche Person die mit der Kündigungsberechtigung verbundene Position innehat[436]. Ausreichend ist regelmäßig auch die Berufung eines Mitarbeiters in eine bestimmte Stelle, die üblicherweise mit dem Kündigungsrecht verbunden ist (zB die Bestellung zum Prokuristen, Generalbevollmächtigten oder Leiter der Personalabteilung), wenn die Funktionsübertragung aufgrund der Stellung des Stelleninhabers im Betrieb ersichtlich ist oder eine entsprechende Bekanntmachung im Betrieb erfolgt[437]. Liegen diese Voraussetzungen nicht vor, bedarf es einer gesonderten Mitteilung des Vertretenen an den Kündigungsempfänger; der rein interne Vorgang der Berufung eines Mitarbeiters in eine Stelle genügt nicht[438]. Handelt es sich bei dem Kündigenden um einen Prokuristen, wird die Kenntnis des Erklärungsempfängers indes durch HGB § 15 Abs 2 fingiert, wenn die **Prokura** länger als fünfzehn Tage im Handelsregister eingetragen ist[439]. Im **öffentlichen Dienst** genügen nicht bekannt gegebene intern praktizierte Verwaltungsregelungen nicht; dagegen ist etwa die öffentlich bekannt gemachte Befugnis zur Vertretung auf Grund eines Ministererlasses ausreichend[440]. Hat der Kündigungsempfänger den Vertreter in der bestehenden Geschäftsverbindung auch ohne Vorlage einer Vollmachtsurkunde wiederholt als solchen anerkannt und ist kein begründeter Zweifel am Bestehen der Vollmacht aufgetreten, ist die Zurückweisung gem § 242 unzulässig[441].

111 Die **Prozessvollmacht** umfasst nach ZPO § 81 grds alle den Rechtsstreit betreffenden Prozesshandlungen. Dazu gehören auch materiell-rechtliche Erklärungen, sofern sie im Prozess abzugeben sind oder im Dienste der Rechtsverfolgung oder Rechtsverteidigung des jeweiligen Rechtsstreits stehen[442]. Die Abgabe einer weiteren Kündigungserklärung in einem Kündigungsschutzprozess ist demnach von der Prozessvollmacht nicht gedeckt, da Streitgegenstand des Kündigungsschutzprozesses allein die Beendigung des Arbeitsverhältnisses durch die

---

[422] SPV/Preis Rz 102.
[423] BAG AP Nr 2 zu § 174 BGB = DB 1978, 2082.
[424] BAGE 169, 38 = NZA 2020, 505; ErfK/Müller-Glöge BGB § 620 Rz 26.
[425] BAG NZA 1999, 818 = DB 1999, 1612.
[426] BAG NJW 2012, 1677 = NZA 2012, 1101.
[427] BAG NZA-RR 2007, 571 = AP Nr 20 zu § 174 BGB.
[428] BAGE 170, 84 = AP BGB § 626 Nr 277 (m zust Anm Hergenröder) Rz 48.
[429] BAG NZA 2015, 159 Rz 16 = NJW 2014, 3595.
[430] BAGE 140, 64 Rz 27 = NZA 2012, 495.
[431] BAGE 152, 363 = NZA 2016, 102.
[432] BAG NZA 2006, 980 = AP Nr 54 zu § 1 KSchG 1969 Verhaltensbedingte Kündigung.
[433] BAGE 169, 38 Rz 52 = NZA 2020, 505; BAGE 137, 347 Rz 23 = NZA 2011, 683.
[434] BAGE 137, 347 = NZA 2011, 683.
[435] BAGE 137, 347 = NZA 2011, 683.
[436] BAGE 137, 347 Rz 30 = NZA 2011, 683.
[437] BAGE 169, 38 = NZA 2020, 505; NZA 2015, 159 = NJW 2014, 3595; BAGE 137, 347 = NZA 2011, 683; NZA 1997, 1343 = AP Nr 11 zu § 620 BGB Kündigungserklärung; BGH NJW 2009, 293 Rz 11 = NZG 2009, 30 Rz 11.
[438] BAG NZA 2015, 159 = NJW 2014, 3595; BAGE 137, 347 = NZA 2011, 683.
[439] BAG NZA 2015, 159 = NJW 2014, 3595; BAGE 137, 347 = NZA 2011, 683; NZA 1992, 449 = AP Nr 9 zu § 174 BGB.
[440] BAGE 119, 311 mwN = NZA 2007, 377.
[441] BAGE 169, 38 = NZA 2020, 505.
[442] BAG AP Nr 2 zu § 81 ZPO (m Anm Rimmelspacher) = DB 1978, 167; BGHZ 31, 206, 209 = NJW 1960, 480.

angegriffene Kündigung ist[443]. Die Prozessvollmacht kann allerdings **über den Rahmen des ZPO § 81 hinaus erweitert** worden sein und auch die Folgekündigung umfassen, was durch Auslegung (§§ 133, 157) zu ermitteln ist[444]. Wurde im Kündigungsschutzprozess der Antrag nach KSchG § 4 mit einem allgemeinen Feststellungsantrag nach ZPO § 256 verbunden, erstreckt sich die Prozessvollmacht auf alle Kündigungen, die den mit dem Feststellungsantrag verbundenen weiteren Streitgegenstand betreffen[445]. Eine Zurückweisung der Kündigungserklärung scheidet in diesen Fällen gem § 174 Satz 2 aus[446].

Beruht die Vertretungsmacht des Kündigenden nicht auf einer rechtsgeschäftlichen, sondern auf einer **gesetzlichen oder einer dieser gleichgestellten Vertretungsmacht** (zB im Falle einer Kündigung durch den Insolvenzverwalter[447] oder einen organschaftlichen Vertreter einer juristischen Person des öffentlichen oder privaten Rechts), ist **§ 174 nicht anwendbar**[448]. Sind jedoch mehrere Geschäftsführer einer GmbH nur **gemeinsam vertretungsberechtigt** und haben diese einen der Geschäftsführer intern ermächtigt, Kündigungserklärungen allein abzugeben, ist **§ 174 analog** anzuwenden, dh der ermächtigte Geschäftsführer muss bei Ausspruch einer Kündigung eine Ermächtigungsurkunde vorlegen[449]. Dasselbe gilt bei einer Kündigung, die ein abweichend von der gesetzlichen Grundregel der §§ 709, 714 allein vertretungsberechtigter Gesellschafter im Namen einer **GbR** vornimmt[450]. **112**

Wird eine Kündigung gegenüber dem Vertragspartner von einem **Vertreter ohne Vertretungsmacht** erklärt, kann der Vertretene die Kündigung gem §§ 180 Satz 2, 184 rückwirkend genehmigen, sofern der Kündigungsempfänger die fehlende Vertretungsmacht nicht bei Vornahme der Kündigung beanstandet hat[451]. Die Beanstandung der fehlenden Vertretungsmacht muss unverzüglich erfolgen[452]. Die Genehmigung kann auch konkludent etwa durch ein Verteidigungsvorbringen im Kündigungsschutzprozess erfolgen[453]. Im Falle der außerordentlichen Kündigung ist die Genehmigung nur innerhalb der zweiwöchigen Frist des § 626 Abs 2 Satz 1 möglich[454]. Die **Klagefrist** des KSchG § 4 Satz 1 beginnt frühestens mit Zugang der Genehmigung zu laufen[455]. **113**

IV. Zugang der Kündigungserklärung

Die Kündigungserklärung wird als empfangsbedürftige Willenserklärung erst mit **Zugang beim Empfänger wirksam** (vgl § 130 Abs 1 Satz 1). Nach § 132 Abs 1 wird der Zugang fingiert, wenn die Erklärung durch Vermittlung eines Gerichtsvollziehers nach ZPO §§ 192 ff zugestellt worden ist. Bei unbekanntem Aufenthaltsort des Kündigungsempfängers ist nach § 132 Abs 2 eine **öffentliche Zustellung** (iSv ZPO §§ 186 ff) möglich. **114**

1. Zugang unter Anwesenden. Eine mündlich oder konkludent erklärte Kündigung unter Anwesenden ist zugegangen, wenn der Empfänger sie vernommen hat[456]. Dasselbe gilt für telefonisch erklärte Kündigungen (arg § 147 Abs 1 Satz 2)[457]. Eine verkörperte Willenserklärung – zB eine **schriftliche Kündigungserklärung** – geht unter Anwesenden zu, wenn sie durch Übergabe in den Herrschaftsbereich des Empfängers gelangt[458]. Dabei ist es unerheblich, ob der Empfänger die Verfügungsgewalt über das Schriftstück dauerhaft erlangt[459]. Es genügt, wenn der Empfänger aufgrund der Aushändigung und Übergabe des Schriftstücks vom Inhalt der Erklärung Kenntnis nehmen kann[460]. Ob der Empfänger den Inhalt der Erklärung tatsächlich zur **115**

---

443 BAG AP Nr 2 zu § 81 ZPO (m Anm Rimmelspacher) = DB 1978, 167; Staud/Oetker Rz 173 vor §§ 620 ff; SPV/Preis Rz 112; MünchKomm/Hesse Rz 95 vor § 620; ErfK/Müller-Glöge BGB § 620 Rz 28; Schaub/Linck § 123 Rz 18.
444 BAG AP Nr 2 zu § 81 ZPO (m Anm Rimmelspacher) = DB 1978, 167.
445 BAGE 57, 231 = NZA 1988, 651.
446 BAG AP Nr 2 zu § 81 ZPO (m Anm Rimmelspacher) = DB 1978, 167.
447 LAG Schleswig-Holstein 5. Februar 2013 – 1 Sa 299/12 = AA 2013, 90 (Kurzwiedergabe).
448 BAGE 119, 311 = NZA 2007, 377; AP Nr 18 zu § 174 BGB = ZTR 2005, 658.
449 BAG NJW 1981, 2374 = AP Nr 4 zu § 174 BGB (m Anm Hueck); AP Nr 18 zu § 174 BGB = ZTR 2005, 658.
450 BAGE 169, 38 = NZA 2020, 505.
451 BAG AP Nr 24 zu § 626 BGB Ausschlußfrist = EzA § 626 nF BGB Nr 106; BAGE 51, 314 = NJW 1987, 1038; AP Nr 1 zu § 184 BGB (m Anm Larenz) = PraktArbR KSchG § 1 Abs 1 Nr 270.
452 BAG ZIP 1986, 388; BGH NJW 2013, 297 = MDR 2013, 17.
453 BAG NZA 2011, 571 = AP Nr 232 zu § 626 BGB Rz 13.
454 BAG AP Nr 24 zu § 626 BGB Ausschlußfrist = EzA § 626 nF BGB Nr 106; BAGE 51, 314 = NJW 1987, 1038.
455 BAGE 143, 84 = NZA 2013, 524; NZA 2009, 1146 = AP Nr 70 zu § 4 KSchG 1969.
456 Vgl BGH NJW 1989, 1728 = MDR 1989, 527; BAGE 40, 95 = NJW 1983, 2835.
457 MünchKomm/Einsele § 130 Rz 28.
458 BAG NZA 2015, 1183 = AP Nr 27 zu § 130 BGB; NZA 2005, 513 = NJW 2005, 1533.
459 NZA 2005, 513 = NJW 2005, 1533; RzK I 2c Nr 36 = ZInsO 2005, 671.
460 BAG NZA 2015, 1183 = AP Nr 27 zu § 130 BGB; NZA 2005, 513 = NJW 2005, 1533.

Kenntnis nimmt, ist unbeachtlich[461]. Gibt der Empfänger den ihm überreichten Brief ungeöffnet wieder zurück, weil der Arbeitgeber keine Angaben über den Inhalt machen will, ist die im Umschlag enthaltene Kündigungserklärung dennoch zugegangen[462]. Dasselbe gilt, wenn das Schriftstück so in der unmittelbaren Nähe des Empfängers abgelegt wird, dass dieser es ohne weiteres an sich nehmen und von seinem Inhalt Kenntnis nehmen kann, sofern der Empfänger zuvor die Entgegennahme abgelehnt hat[463].

116 2. **Zugang unter Abwesenden.** Eine Willenserklärung ist unter Abwesenden iSv § 130 Abs 1 Satz 1 zugegangen, sobald sie in verkehrsüblicher Weise in die tatsächliche Verfügungsgewalt des Empfängers oder eines empfangsberechtigten Dritten gelangt ist und dieser unter gewöhnlichen Verhältnissen und den Gepflogenheiten des Verkehrs die Möglichkeit der Kenntnisnahme hat[464].

117 a) **Verfügungsgewalt des Empfängers.** In verkehrsüblicher Weise in die tatsächliche Verfügungsgewalt des Empfängers gelangt eine **schriftliche Kündigungserklärung** in der Regel durch Einwurf in den Briefkasten[465] oder Einsortierung in das Postbrieffach. Fehlt eine solche Empfangseinrichtung, kann der Zugang durch Einwurf in einen von mehreren Bewohnern gemeinsam genutzten Briefschlitz in der Haustür bewirkt werden[466]. Ausreichend ist es auch, wenn die Kündigungserklärung unter der Wohnungstür des Empfängers durchgeschoben wird[467]. Auch die Befestigung des Briefs an der Haustür kann ausreichend sein, wenn der Brief nicht in einen Briefschlitz geworfen werden kann[468]. Ein **Übergabeeinschreiben** gelangt in die Verfügungsgewalt des Empfängers, wenn es diesem übergeben oder von ihm bei der Poststelle abgeholt wird; der Einwurf eines Benachrichtigungszettels in den Hausbriefkasten reicht indes noch nicht[469]. Dagegen gelangt ein Einwurfeinschreiben – wie ein Brief – mit Einwurf in den Briefkasten des Empfängers in dessen Herrschaftsbereich[470].

Eine per **Telefax** übermittelte Kündigungserklärung gelangt in die Verfügungsgewalt des Empfängers, wenn sie vollstädig empfangen und im Faxgerät gespeichert wurde[471]. Auf den Abschluss des Druckvorgangs kann es angesichts der modernen Kommunikationstechnik nicht mehr ankommen[472]. Bei einer **E-Mail** ist grds auf die Speicherung im Postfach des Empfängers bzw seines Providers abzustellen[473].

118 b) **Möglichkeit der Kenntnisnahme.** Für den Zeitpunkt des Zugangs kommt es weder darauf an, wann die Erklärung in die Verfügungsgewalt des Empfängers gelangt, noch darauf, wann der Empfänger sie zur Kenntnis nimmt. Maßgeblich ist allein die Möglichkeit der Kenntnisnahme, die nach den „gewöhnlichen Verhältnissen" und den „Gepflogenheiten des Verkehrs" zu beurteilen ist[474]. Der **Einwurf in einen Briefkasten** bewirkt den Zugang, sobald nach der Verkehrsanschauung mit der nächsten Leerung zu rechnen ist[475]. Maßgeblich ist die Verkehrsanschauung am Zustellungsort, die als eine im Wesentlichen auf tatsächlichem Gebiet liegende Frage durch das Gericht festzustellen ist[476]. Nicht beanstandet wurde bisher die Annahme, dass bei Hausbriefkästen im Allgemeinen mit einer Leerung unmittelbar nach Abschluss der üblichen Postzustellzeiten zu rechnen ist[477]. Da die üblichen Postzustellzeiten jedoch stark variieren können, ist ggf eine geeignete Tatsachenfeststellung erforderlich[478]. Dabei ist zu beachten, dass etwaige seltene späte Zustellungen die Verkehrsanschauung über die regelmäßige Leerung des Hausbriefkastens in der Regel nicht prägen[479]. Ein nach Schluss der Geschäftszeiten[480] bzw am späten Abend oder zur Nachtzeit eingeworfener Brief geht in der Regel erst am nächsten Werktag zu[481]. Wenn der Empfänger weiß oder annehmen muss, dass ein Schreiben nach den üblichen Postzustellzeiten in seinen Briefkasten eingeworfen wurde, ist unter gewöhnlichen Verhältnissen

---

461 BAG NZA 2005, 513 = NJW 2005, 1533.
462 BAG RzK I 2c Nr 36 = ZInsO 2005, 671.
463 BAG NZA 2015, 1183 = AP Nr 27 zu § 130 BGB.
464 BAGE 138, 127 Rz 9 mwN = NZA 2011, 847; AP Nr 19 zu § 5 KSchG 1969 = EzA § 5 KSchG Nr 41 Rz 21 mwN.
465 BAG NZA 2019, 1490 = NJW 2019, 3666; AP Nr 19 zu § 5 KSchG 1969 = EzA § 5 KSchG Nr 41 Rz 21.
466 BGHZ 190, 99 Rz 20 = NJW 2011, 2440.
467 ArbG Hagen DB 1976, 1159 = BB 1976, 1561.
468 LAG Hamm NZA 1994, 32 = MDR 1993, 658.
469 BAGE 103, 277 = NZA 2003, 719; BAGE 83, 73 = NZA 1996, 1227.
470 LAG Köln NZA-RR 2011, 244; Grüneberg/Ellenberger § 130 Rz 6; JurisPK/Reichold § 130 Rz 27.
471 BGHZ 167, 214 Rz 18 = NJW 2006, 2263.
472 So aber noch BGH NJW 2004, 1320 = MDR 2004, 560.
473 Grüneberg/Ellenberger § 130 Rz 7a; MünchKomm/Einsele § 130 Rz 18; zum speziellen Problem des Zugangs einer E-Mail, die von der Firewall bzw vom Spamfilter des Empfängers blockiert wird s LG Hamburg MMR 2010, 654 (m abl Anm Hoppe) = K&R 2010, 207; JurisPK/Reichold § 130 Rz 17.1 mwN.
474 BAG BAG NZA 2019, 1490 = NJW 2019, 3666 Rz 12; AP Nr 19 zu § 5 KSchG 1969 = EzA § 5 KSchG Nr 41 Rz 21 mwN.
475 BAG NZA 2019, 1490 = NJW 2019, 3666 Rz 12.
476 BAG NZA 2019, 1490 = NJW 2019, 3666 Rz 14 und 21; zust Markworth SAE 2020, 80 ff; abl Bruns NJW 2019, 3618 ff.
477 BAG NZA 2019, 1490 = NJW 2019, 3666 Rz 15 mwN.
478 BAG NZA 2019, 1490 = NJW 2019, 3666 Rz 26.
479 BAG NZA 2019, 1490 = NJW 2019, 3666 Rz 26.
480 BGH NJW 2008, 843 = MDR 2008, 439.
481 MünchKomm/Einsele § 130 Rz 19; BeckOK/Wendtland § 130 Rz 13; HK/Dörner § 130 Rz 4; Grüneberg/Ellenberger § 130 Rz 6.

noch am selben Tag mit einer Kenntnisnahme zu rechnen[482]. Ein an einem Sonntag eingeworfenes Schreiben geht erst am darauffolgenden Werktag zu[483].

Da es auf die gewöhnlichen Verhältnisse und die Gepflogenheiten des Verkehrs und damit auf eine typisierende Betrachtungsweise ankommt, ist es für den Zeitpunkt des Zugangs unerheblich, wenn der **Empfänger vorübergehend abwesend** ist (zB wegen Urlaub, Krankheit, Haft)[484]. Dies gilt selbst dann, wenn der Arbeitgeber von der Abwesenheit Kenntnis hat[485]. Den Arbeitgeber trifft in diesen Fällen grundsätzlich keine Nebenpflicht gem § 241 Abs 2, den Arbeitnehmer über den Zugang der Kündigung zu informieren[486]. Ist der Arbeitnehmer infolge der Abwesenheit unverschuldet an einer rechtzeitigen Klageerhebung nach § 4 Satz 1 KSchG gehindert, ist die verspätete Kündigungsschutzklage nach KSchG § 5 zuzulassen[487]. **119**

c) **Empfangsberechtigte Dritte.** Der Zugang kann auch über einen Empfangsvertreter (§ 164 Abs 3) des Empfängers oder über einen Empfangsboten bewirkt werden. **120**

aa) **Empfangsvertreter.** Geht die Kündigung einem Empfangsvertreter zu, wirkt der Zugang unmittelbar gegenüber dem Adressaten (§ 164 Abs 3 iVm Abs 1 Satz 1). Maßgeblich ist also allein der Zugang an den Vertreter. Wann der Adressat unter gewöhnlichen Verhältnissen von der Erklärung Kenntnis erhält, ist unerheblich. Empfangsvertreter werden vor allem **auf Seiten des Arbeitgebers** tätig (zB Geschäftsführer einer GmbH, Prokuristen, Handlungs- oder Generalbevollmächtigte). Soll die Kündigung gegenüber einem **nicht voll Geschäftsfähigen** erklärt werden, ist nach § 131 der Zugang beim gesetzlichen Vertreter erforderlich, sofern nicht eine Einwilligung des gesetzlichen Vertreters oder eine Ermächtigung nach § 113 vorliegt[488]. Eine gegenüber den gesetzlichen Vertretern abzugebende Kündigungserklärung geht nur zu, wenn sie tatsächlich in deren Herrschaftsbereich gelangt und zudem mit dem erkennbaren Willen abgegeben worden ist, den gesetzlichen Vertreter zu erreichen[489]. Dafür kann es auch genügen, wenn die Erklärung an einen Auszubildenden, „gesetzlich vertreten durch seine Eltern" adressiert ist[490]. Wenn mehrere gesetzliche Vertreter vorhanden sind, genügt der Zugang an einen von ihnen (§ 1629 Abs 1 Satz 2). Das gilt bei **Gesamtvertretung** auch für Organe **von juristischen Personen** bzw rechtsfähigen Personengesellschaften (vgl zB HGB § 123 Abs 2 Satz 3, AktG § 78 Abs 2 Satz 2, GmbHG § 35 Abs 2 Satz 2)[491]. **121**

Prozessbevollmächtigte können Empfangsvertreter sein, wenn sich die Prozessvollmacht auf die Entgegennahme von Kündigungen erstreckt. Das ist regelmäßig nicht der Fall, da die Prozessvollmacht nach ZPO § 81 nur Erklärungen abdeckt, die den Gegenstand des Rechtsstreits betreffen[492]. Eine Ausnahme besteht, wenn neben dem Antrag nach KSchG § 4 ein allgemeiner Feststellungsantrag gestellt wurde. In diesem Fall sind Folgekündigungen ebenfalls Gegenstand des Verfahrens, soweit sie den Feststellungsantrag betreffen[493]. **122**

bb) **Empfangsboten.** Der Empfangsbote hat lediglich die Funktion einer „personifizierten Empfangseinrichtung" bzw eines „Übermittlungswerkzeugs" des Adressaten[494]. Eine ihm gegenüber abgegebene Erklärung geht dem Empfänger daher erst in dem Zeitpunkt zu, in dem dieser unter Zugrundelegung gewöhnlicher Übermittlungsverhältnisse die (theoretische) Möglichkeit der Kenntnisnahme hat[495]. Mit der Übergabe der Erklärung an den Empfangsboten geht zugleich das Übermittlungsrisiko an den Empfänger über[496]. Leitet der Bote die Erklärung nicht weiter, geht dies also zu Lasten des Empfängers[497]. Empfangsbote ist, wer nach der Verkehrsauffassung als ermächtigt anzusehen ist, den Empfänger in der Empfangnahme zu vertreten[498]. Die Ertei- **123**

---

482 BAG NZA 2015, 1183 = AP Nr 27 zu § 130 BGB.
483 LAG Schleswig-Holstein LAGE § 130 BGB 2002 Nr 7 = BB 2015, 2868.
484 BAGE 162, 317 = NZA 2018, 1157 Rz 15; JurisPK/Reichold § 130 BGB Rz 16; MünchKomm/Einsele § 130 Rz 19; Staud/Oetker Rz 134 vor §§ 620 ff; Grüneberg/Ellenberger § 130 Rz 5.
485 BAG AP Nr 19 zu § 5 KSchG 1969 = EzA § 5 KSchG Nr 41 Rz 22; NZA 2004, 1330 = AP Nr 22 zu § 620 BGB Kündigungserklärung; BAGE 58, 9 = NZA 1988, 875; NZA 1989, 635 = NJW 1989, 2213; anders hingegen noch BAGE 34, 305 = NJW 1981, 1470.
486 BAGE 162, 317 = NZA 2018, 1157 Rz 36.
487 BAG AP Nr 19 zu § 5 KSchG 1969 = EzA § 5 KSchG Nr 41; NZA 1989, 635 = NJW 1989, 2213; zum Verschulden eines Arbeitnehmers, der sich nicht nur vorübergehend im Ausland aufhält und nicht sichergestellt hat, dass er von einem in seinen Briefkasten eingeworfenen Kündigungsschreiben

Kenntnis erlangt: BAGE 162, 317 = NZA 2018, 1157.
488 Vgl BAGE 125, 345 = NZA 2008, 1055; MünchKomm/Einsele § 131 Rz 3 ff, 7.
489 BAGE 140, 64 = NZA 2012, 495; BAGE 136, 131 = NJW 2011, 872.
490 BAGE 140, 64 = NZA 2012, 495.
491 Staud/Oetker Rz 139 vor §§ 620 ff.
492 LAG Baden-Württemberg BB 1967, 1423 = DB 1967, 2079.
493 BAGE 57, 231 = NZA 1988, 651.
494 BGH 17. März 1994 – X ZR 80/92 – NJW 1994, 2613; BAG NJW 2018, 3331 = NZA 2018, 1335.
495 BAGE 138, 127 Rz 18 = NZA 2011, 847; BGH 17. März 1994 – X ZR 80/92 – NJW 1994, 2613.
496 BAG AP Nr 8 zu § 130 BGB = DB 1977, 546.
497 Grüneberg/Ellenberger § 130 Rz 9; BeckOK/Wendtland § 130 Rz 19.
498 BAG NZA 1993, 259 = NJW 1993, 1093; BGH NJW 2002, 1565 = DB 2002, 1368.

lung einer besonderen Vollmacht oder Ermächtigung ist nicht erforderlich[499]. **Als Empfangsboten anzusehen** sind insbes in einer gemeinsamen Wohnung lebende Ehegatten, selbst wenn ihnen die Erklärung außerhalb der Wohnung übermittelt wird[500], sonstige erwachsene Haushaltsangehörige, insbes Lebenspartner und Partner in einer nichtehelichen Lebensgemeinschaft, sowie Hausangestellte[501], aber auch ein Zimmervermieter des Empfängers oder der Portier eines Hotels, in dem der Empfänger wohnt[502]. Auf Seiten des Arbeitgebers sind etwa Büroangestellte oder Betriebsleiter Empfangsboten[503]. Die Eigenschaft als Empfangsbote ist nicht abhängig vom Bestehen einer persönlichen oder vertraglichen Beziehung zwischen Empfangsbote und Adressat, sondern kann sich auch aus einer normativ ausgestalteten Verpflichtung zur Weiterleitung einer Willenserklärung an den Adressaten ergeben, wie sie zB für Mitarbeiter einer JVA besteht[504]. Wird die Erklärung an einen Dritten übermittelt, der nach der Verkehrsanschauung nicht als Empfangsbote anzusehen ist, ist dieser **Erklärungsbote des Absenders** und das Übermittlungsrisiko verbleibt beim Absender[505].

124 3. **Hindernisse und Verzögerungen.** Scheitert der Zugang beim Empfänger oder kommt es zu Verzögerungen, stellt sich die Frage, in wessen Risikosphäre das Zugangshindernis fällt. Zunächst trägt grds der Absender das Risiko der Übermittlung. Erst wenn dieser alles Erforderliche und ihm Zumutbare getan hat, damit seine Erklärung den Adressaten erreichen kann, stellt sich überhaupt die Frage, welche Obliegenheiten den Empfänger treffen können[506]. Beruht die Verzögerung bzw das Scheitern des Zugangs dagegen auf einem Fehler des Absenders, bspw auf einer fehlerhaften oder unvollständigen Adressangabe oder auf einer unzureichenden Frankierung, bleibt es bei der ursprünglichen Risikoverteilung[507]. Liegt das Hindernis hingegen im Einflussbereich des Adressaten und hat dieser es zu vertreten, kann es ihm je nach den Umständen des Einzelfalls nach Treu und Glauben (BGB § 242) versagt sein, sich auf den verspäteten Zugang zu berufen[508]. Voraussetzung ist allerdings, dass das Verhalten des Adressaten sich als **Verstoß gegen bestehende Sorgfalts- oder Rücksichtnahmepflichten** darstellt[509]. Davon ist etwa auszugehen, wenn der Empfänger grundlos die Entgegennahme eines Schreibens ablehnt, obwohl er im Rahmen vertraglicher Beziehungen mit der Abgabe rechtserheblicher Erklärungen durch den Absender rechnen musste (bspw anlässlich einer Besprechung mit dem Arbeitgeber im Betrieb)[510]. Dasselbe gilt nach der Rspr, wenn der Empfänger ein per **Übergabeeinschreiben** versandtes Kündigungsschreiben trotz Benachrichtigung nicht oder verspätet bei der Poststelle abholt, obwohl er weiß, dass der Ausspruch einer fristlosen Kündigung durch seinen Arbeitgeber unmittelbar bevorsteht[511]. Nach Ansicht des BAG muss sich der Empfänger in diesem Fall so behandeln lassen, als sei das Einschreiben bereits beim Zustellversuch zugegangen[512]. Dies überzeugt jedoch nicht. Unter gewöhnlichen Verhältnissen muss davon ausgegangen werden, dass ein Übergabeeinschreiben möglicherweise nicht an den Adressaten übergeben werden kann und daher von diesem erst innerhalb der üblichen Aufbewahrungsfrist bei der Poststelle abgeholt wird[513]. Ein Verstoß gegen Sorgfalts- und Rücksichtnahmepflichten kann daher nur angenommen werden, wenn der Empfänger das Einschreiben überhaupt nicht abholt. Will der Absender einen früheren Zugang gewährleisten, steht es ihm frei, eine andere Übermittlungsart zu wählen. Muss der Empfänger weder mit einer Kündigung oder einer anderen rechtserheblichen Erklärung rechnen, trifft ihn keine allgemeine Obliegenheit, Übergabeeinschreiben alsbald bei der Poststelle abzuholen[514]. Teilt der Arbeitnehmer dem Arbeitgeber eine **fehlerhafte Anschrift** mit bzw unterlässt er es, den Arbeitgeber nach einem **Wohnungswechsel** über die neue Anschrift zu informieren, handelt er treuwidrig[515]. Dies gilt jedoch nicht, wenn dem Absender die Anschrift eines empfangsberechtigten Rechtsanwalts bzw diejenige eines amtlich bestellten Betreuers des Empfängers bekannt ist[516]. Will der Arbeitgeber dem Arbeitnehmer die Kündigungserklärung am Arbeitsplatz übergeben, verhält sich der Arbeitnehmer nicht treuwidrig,

---

499 BAGE 138, 127 Rz 12 = NZA 2011, 847; NZA 1993, 259 = NJW 1993, 1093.
500 BAGE 138, 127 = NZA 2011, 847.
501 Vgl BAGE 138, 127 Rz 16 = NZA 2011, 847; AP Nr 8 zu § 130 BGB = DB 1977, 546.
502 BAG AP Nr 7 zu § 130 BGB = DB 1976, 1018; AP Nr 8 zu § 130 BGB = DB 1977, 546.
503 BAG AP Nr 8 zu § 130 BGB = DB 1977, 546.
504 BAG NJW 2018, 3331 = NZA 2018, 1335.
505 MünchKomm/Einsele § 130 Rz 26; JurisPK/Reichold § 130 Rz 31; BeckOK/Wendtland § 130 Rz 18 f; Grüneberg/Ellenberger § 130 Rz 9.
506 BAG NZA 2015, 1183 = AP Nr 27 zu § 130 BGB; BAGE 125, 345 = NZA 2008, 1055; NZA 2006, 204 = AP Nr 24 zu § 130 BGB.
507 Vgl APS/Preis Grundlagen D Rz 42.
508 BAG NZA 2015, 1183 Rz 21 = AP Nr 27 zu § 130 BGB mwN; BAGE 125, 345 = NZA 2008, 1055; BAGE 83, 73 = NZA 1996, 1227.
509 BAG NZA 2015, 1183 Rz 21 = AP Nr 27 zu § 130 BGB; NZA 2006, 204 Rz 15 = AP Nr 24 zu § 130 BGB.
510 BAG NZA 2015, 1183 Rz 21 = AP Nr 27 zu § 130 BGB; NZA 1993, 259 = NJW 1993, 1093.
511 BAGE 103, 277 = NZA 2003, 719.
512 BAG AP Nr 9 zu § 18 SchwbG = DB 1986, 2336.
513 ErfK/Müller-Glöge BGB § 620 Rz 54a; aA MünchKomm/Hesse Rz 111 vor § 620: Abholung am folgenden Werktag.
514 MünchKomm/Hesse Rz 111 vor § 620.
515 BAG NZA 2006, 204 = AP Nr 24 zu § 130 BGB.
516 BAGE 125, 345 = NZA 2008, 1055.

wenn er den Arbeitsplatz bereits kurz vor Arbeitsschluss verlässt[517]. Lehnt ein **Empfangsbote** die Annahme eines Kündigungsschreibens des Arbeitgebers ab, muss der Arbeitnehmer die Kündigung grds nicht als zugegangen gegen sich gelten lassen, sofern er nicht, etwa durch vorherige Absprache, auf die Annahmeverweigerung Einfluss genommen hat[518].

V. Form der Kündigungserklärung

Die Kündigung des Dienstverhältnisses kann **grds formlos** erfolgen. Aus Beweisgründen ist die Einhaltung der Schrift- oder zumindest der Textform jedoch empfehlenswert. Für die Kündigung von **Arbeitsverhältnissen** gilt seit Inkrafttreten des § 623 ein zwingendes Schriftformerfordernis (i Einz s die Kommentierung zu § 623), dessen Missachtung gem § 125 Satz 1 die Unwirksamkeit der Kündigung zur Folge hat. Dasselbe gilt nach BBiG § 22 Abs 3 für die Kündigung eines Berufsausbildungsverhältnisses. Strengere Formerfordernisse ergeben sich zum Teil aus Spezialgesetzen (zB BBiG § 22 Abs 2, MuSchG § 17 Abs 2 Satz 2). **125**

Formerfordernisse können auch **vertraglich vereinbart** werden (arg § 127). In Formularverträgen darf jedoch für Erklärungen, die dem Verwender gegenüber abzugeben sind, keine strengere Form als die Textform vorgesehen werden (**§ 309 Nr 13 Buchst b**). Eine Klausel im Formularvertrag, wonach die Kündigungserklärung gegenüber dem Verwender einer Begründung bedarf oder nur durch Einschreiben erfolgen kann, ist daher unwirksam[519]. Ob die vertraglich vereinbarte Form konstitutiv für die Wirksamkeit der Kündigung sein soll oder nur der Beweissicherung dient, ist durch Auslegung zu ermitteln. Im Zweifel ist von einem konstitutiven Formerfordernis auszugehen (§ 125 Satz 2)[520]. Die konkreten Anforderungen, die an die Wahrung der vereinbarten Form zu stellen sind, richten sich nach der Parteivereinbarung; im Zweifel gilt die Auslegungsregelung des § 127[521]. Haben die Parteien für die Kündigung die Form des Einschreibens vereinbart, ist in der Regel von einem konstitutiven Schriftformerfordernis auszugehen, wohingegen die vereinbarte Übermittlungsart im Zweifel nur der Beweissicherung dient, so dass der Zugang auch auf andere Weise wirksam erfolgen kann[522]. Die Verletzung einer lediglich der Beweissicherung dienenden Formabrede hat keine Auswirkung auf die Wirksamkeit der erklärten Kündigung, es besteht jedoch ein Anspruch auf Nachholung der Form[523]. Eine Aufhebung der vertraglich vereinbarten Form ist zwar (auch konkludent) möglich, allein aus der widerspruchslosen Hinnahme der Kündigung kann aber nicht auf den Willen geschlossen werden, das Formerfordernis aufzuheben[524]. **126**

Zudem können **Tarifverträge** Formvorschriften für die Kündigung von Arbeitsverhältnissen und nach TVG § 12a auch für die Kündigung von Dienstverhältnissen mit arbeitnehmerähnlichen Personen enthalten. Für die Kündigung von Arbeitsverhältnissen können ferner Betriebsvereinbarungen eine bestimmte Form vorsehen. Eine Verletzung der kollektivvertraglich vorgesehenen Formerfordernisse hat wegen des Rechtsnormcharakters dieser Klauseln (EGBGB Art 2) gem § 125 Satz 1 die Nichtigkeit der Kündigungserklärung zur Folge[525]. **127**

VI. Beseitigung der Kündigung

1. **Anfechtung**. Die Kündigung kann als einseitiges Rechtsgeschäft nach den allgemeinen Vorschriften (§§ 119 ff) vom Kündigenden angefochten werden. Praktische Relevanz dürfte insbes die Anfechtung wegen arglistiger Täuschung bzw widerrechtlicher Drohung nach § 123 haben, wenn zB ein Arbeitnehmer im Hinblick auf eine angebliche Betriebsverlagerung oder zur Vermeidung einer in Aussicht gestellten Arbeitgeberkündigung das Arbeitsverhältnis selbst kündigt. Für die Anfechtung gelten in diesen Fällen dieselben Grundsätze wie für die Anfechtung eines Aufhebungsvertrages (s ausf Rz 77)[526]. **128**

2. **Widerruf und Rücknahme**. Die Kündigungserklärung kann nur wirksam widerrufen werden, wenn der Widerruf dem Empfänger spätestens zeitgleich mit der Kündigungserklärung **129**

---

517 LAG Köln NZA-RR 2006, 466 = LAGE § 130 BGB 2002 Nr 3; MünchKomm/Hesse Rz 111 vor § 620; aA ErfK/Müller-Glöge BGB § 620 Rz 54a.
518 BAGE 138, 127 Rz 21 = NZA 2011, 847; NZA 1993, 259 = NJW 1993, 1093.
519 Staud/Oetker Rz 126 vor §§ 620 ff.
520 BAG NZA 2013, 900 Rz 25 ff = DB 2013,1305; Grüneberg/Ellenberger § 125 Rz 17.
521 Grüneberg/Ellenberger § 127 Rz 1; Erman/Arnold § 127 Rz 1.
522 BGH NJW 2004, 1320 = MDR 2004, 560; BAG NJW 1980, 1304 = DB 1980, 547.
523 BAG NZA 2013, 900 Rz 27 = DB 2013, 1305; BAGE 126, 364 = NZA 2008, 1233; BGH NJW-RR 1996, 641 = NJW 1996, 2501 (Ls); Grüneberg/Ellenberger § 125 Rz 17; MünchKomm/Einsele § 125 Rz 69.
524 AA Staud/Oetker Rz 125 vor §§ 620 ff.
525 BAG NZA 1999, 602 = DB 1999, 1763.
526 Staud/Oetker Rz 233 vor §§ 620 ff; ErfK/Müller-Glöge BGB § 620 Rz 59; vgl BAG NZA-RR 2012, 129 Rz 13 ff = AP Nr 71 zu § 123 BGB; DB 2003, 1685 = AP Nr 63 zu § 123 BGB.

zugeht (§ 130 Abs 1 Satz 2). Ein spezielles gesetzliches Widerrufsrecht, wie es zB in § 355 für den Widerruf bei Verbraucherverträgen geregelt ist, besteht für einseitige Rechtsgeschäfte wie die Kündigung nicht[527]. Ist die Kündigungserklärung dem Empfänger zugegangen und damit gem § 130 Abs 1 Satz 1 wirksam geworden, ist eine **einseitige Rücknahme ausgeschlossen**[528]. Dies gilt auch dann, wenn die Kündigung unwirksam ist[529]. Es obliegt dem Kündigungsgegner, sich auf die Unwirksamkeit zu berufen oder stattdessen die Kündigung als wirksam anzuerkennen (und ggf die Klagefrist des KSchG § 4 Satz 1 verstreichen zu lassen, um die Wirksamkeitsfiktion des KSchG § 7 herbeizuführen), zB weil er bereits anderweitige Dispositionen getroffen hat. Der Kündigende verstößt in der Regel gegen Treu und Glauben (§ 242), wenn er sich auf die **Unwirksamkeit seiner eigenen Erklärung** beruft[530]. Dies gilt jedoch nicht, wenn die Kündigung mangels Wahrung der in § 623 vorgeschriebenen Schriftform nichtig ist, denn § 623 soll den Kündigenden gerade vor Übereilung schützen[531]. Ebenso kann sich der Kündigende auf eine etwaige Unwirksamkeit gem §§ 105, 111 berufen, da auch diese Vorschriften seinen Schutz bezwecken[532].

130 In der einseitigen **Rücknahme** der Kündigungserklärung ist ein **Angebot auf Fortsetzung** des Dienstverhältnisses zu sehen, das der Kündigungsempfänger annehmen oder ablehnen kann. Erhebt ein Arbeitnehmer Kündigungsschutzklage bzw hält er eine bereits erhobene Klage aufrecht, kann darin nicht zwingend eine konkludente Annahme der „Rücknahme" der Kündigung gesehen werden[533]. Erstens kann der Arbeitnehmer im Prozess bis zum Schluss der letzten mündlichen Verhandlung in der Berufungsinstanz einen Auflösungsantrag nach KSchG § 9 stellen[534]. Zweitens zeigt die Klageerhebung bzw das Festhalten an der Klage, dass der Arbeitnehmer ein Interesse an der gerichtlichen Feststellung der Unwirksamkeit der Kündigung hat[535]. Aus denselben Gründen kann die Erhebung einer Kündigungsschutzklage auch nicht als antizipiertes Einverständnis mit der Rücknahme der Kündigung verstanden werden[536]. Das Rechtsschutzinteresse für die erhobene Kündigungsschutzklage bleibt trotz „Rücknahme" erhalten[537]. Erklärt der Arbeitnehmer hingegen den Rechtsstreit nach der „Rücknahme" der Kündigung in der Hauptsache für erledigt, ist darin eine Annahme des Angebots zur Fortsetzung des Arbeitsverhältnisses zu sehen[538].

131 Einigen sich die Parteien über die „Rücknahme" der Kündigung, ist mangels entgegenstehender Abreden davon auszugehen, dass das ursprünglich bestehende **Dienstverhältnis rückwirkend mit unverändertem Inhalt fortgesetzt** werden soll[539]. Dies gilt auch in den Fällen, in denen die Kündigungsfrist bereits abgelaufen ist, denn in der einvernehmlichen „Rücknahme" kommt der Parteiwille zum Ausdruck, dass die Kündigung keine Auswirkungen auf den Inhalt und den Fortbestand des Dienstverhältnisses haben soll[540]. Für in der Zwischenzeit nicht entgegengenommene Dienste besteht nach § 615 ein Anspruch auf Annahmeverzugslohn[541].

VII. Umdeutung

132 Eine unwirksame Kündigung kann unter den Voraussetzungen des § 140 in ein anderes Rechtsgeschäft umgedeutet werden. In Betracht kommt vor allem die Umdeutung einer mangels Vorliegens der Voraussetzungen des § 626 unwirksamen **außerordentlichen Kündigung in eine ordentliche Kündigung** (s dazu § 626 Rz 202). Dagegen kann eine **ordentliche Kündigung nicht in eine außerordentliche umgedeutet** werden, da das Ersatzgeschäft in seinen

---

527 BAG NZA-RR 2012, 129 Rz 13 ff = AP Nr 71 zu § 123 BGB.
528 BAG NZA 2014, 303 Rz 32 = NJW 2014, 1032; NZA 2006, 693 Rz 18 = NJW 2006, 1997; BAGE 40, 56 = NJW 1983, 1628; BAGE 35, 30 = NJW 1982, 1118; AP Nr 22 zu § 1 KSchG (m Anm Herschel) = SAE 1957, 84 (m Anm Bohn); DDZ/Däubler Einleitung Rz 137; ErfK/Müller-Glöge BGB § 620 Rz 73; Staud/Oetker Rz 232 vor §§ 620 ff.
529 BAG NZA 2014, 303 Rz 32 = NJW 2014, 1032; ErfK/Müller-Glöge BGB § 620 Rz 74; DDZ/Däubler Einleitung Rz 138; SPV/Preis Rz 149 f.
530 BAGE 130, 14 = NZA 2009, 840 Rz 18.
531 Vgl BAGE 130, 14 = NZA 2009, 840 Rz 18.
532 Vgl zur Nichtigkeit nach § 105 Abs 2: BAGE 160, 221 = NZA 2017, 1524.
533 SPV/Preis Rz 151; aA noch Soergel[12]/Kraft Rz 62 vor §§ 620-630.
534 Vgl BAGE 35, 30 = NJW 1982, 1118; BAGE 40, 56 = NJW 1983, 1628.
535 SPV/Preis Rz 151.
536 BAGE 40, 56 = NJW 1983, 1628; NZA 2000, 1332 = AP Nr 114 zu § 102 BetrVG 1972; Staud/Oetker Rz 234 vor §§ 620 ff; ErfK/Müller-Glöge BGB § 620 Rz 75; aA LAG Hamm ZIP 1982, 486= DB 1982, 2706.
537 BAGE 130, 166 = DB 2009, 1653; BAGE 40, 56 = NJW 1983, 1628.
538 BAG NZA 1987, 17 = EzA § 615 BGB Nr 47; ErfK/Müller-Glöge BGB § 620 Rz 74; SPV/Preis Rz 151.
539 BAG NZA 1987, 17 = EzA § 615 BGB Nr 47; ErfK/Müller-Glöge BGB § 620 Rz 73; DDZ/Däubler Einleitung Rz 140; SPV/Preis Rz 152.
540 Ebenso MünchKomm/Hesse Rz 139 vor § 620; DDZ/Däubler Einleitung Rz 140; aA Staud/Oetker Rz 237 vor §§ 620 ff: die Annahme einer rückwirkenden Fortsetzung des Vertragsverhältnisses setzt zusätzliche Anhaltspunkte voraus.
541 BAG NZA 1987, 17 = EzA § 615 BGB Nr 47.

Wirkungen nicht über diejenigen des ursprünglich beabsichtigten Geschäfts hinausgehen darf[542]. Dies gilt auch für die Umdeutung der ordentlichen Kündigung eines ordentlich unkündbaren Arbeitnehmers in eine außerordentliche Kündigung mit notwendiger Auslauffrist[543]. In diesem Fall geht die Wirkung der außerordentlichen Kündigung sogar ganz offensichtlich über diejenige der ordentlichen Kündigung hinaus, denn die außerordentliche Kündigung vermag das Arbeitsverhältnis trotz des bestehenden Sonderkündigungsschutzes zu beenden. Auch die **Umdeutung einer Kündigung in eine Anfechtungserklärung** ist grds nicht möglich[544]. Eine außerordentliche Kündigung, die auf einen Sachverhalt gestützt wird, der zugleich einen Anfechtungsgrund iSd §§ 119, 123 darstellt, kann allerdings ausnahmsweise in eine Anfechtungserklärung umgedeutet werden, sofern sich dieses Ergebnis nicht bereits ohnehin aus der Auslegung der Erklärung ergibt[545]. Zur Möglichkeit der Umdeutung einer unwirksamen Kündigung in ein **Angebot auf Abschluss eines Aufhebungsvertrages** s bereits Rz 54.

Schließlich kommt eine Umdeutung der Kündigungserklärung in Fällen **fehlerhafter Fristberechnung** in Betracht. Voraussetzung ist jedoch, dass die Kündigung aufgrund der fehlerhaften Fristberechnung unwirksam ist. Daran fehlt es, wenn die Erklärung als Kündigung zum richtigen Kündigungstermin ausgelegt werden kann[546]. Dies ist etwa der Fall, wenn die Erklärung neben dem fehlerhaften Kündigungstermin den Zusatz „fristgemäß zum"[547] oder „hilfsweise zum nächstmöglichen Zeitpunkt"[548] enthält. Nach der Rspr des **2. Senats** des BAG ist eine ordentliche Kündigung in aller Regel dahin auszulegen, dass sie das Arbeitsverhältnis zum zutreffenden Termin beenden soll, auch dann, wenn sie ihrem Wortlaut nach zu einem früheren Termin gelten soll[549]. Etwas anderes soll nur gelten, wenn sich aus der Kündigung und den im Rahmen der Auslegung zu berücksichtigenden Umständen des Einzelfalls ein Wille des Arbeitgebers ergibt, die Kündigung nur zum erklärten Zeitpunkt gegen sich gelten zu lassen[550]. Der Kündigungstermin sei dann ausnahmsweise integraler Bestandteil der Willenserklärung. Damit scheide aber auch eine Umdeutung aus, da ein derart klar artikulierter Wille des Arbeitgebers nicht den Schluss auf einen mutmaßlichen Willen, wie ihn BGB § 140 erfordert, zulasse[551]. Der **5. Senat** des BAG misst dem im Kündigungsschreiben angegebenen Kündigungszeitpunkt indes mehr Gewicht bei[552]. Der vom 2. Senat zugrunde gelegten Auslegungsregel fehle eine hinreichende Tatsachenbasis, das Risiko, einen ausdrücklich genannten Kündigungstermin rechtlich zutreffend bestimmt zu haben, dürfe nicht auf den Empfänger der Kündigungserklärung abgewälzt werden[553]. Nach Ansicht des 5. Senats ist eine Kündigung daher unwirksam, wenn ein fehlerhafter Beendigungstermin genannt wird und sich aus der Erklärung selbst oder aus den zu berücksichtigenden Umständen keine Anhaltspunkte dafür ergeben, dass (auch) eine Kündigung zu einem anderen Termin gewollt oder das angegebene Datum nur das Ergebnis einer vorangegangenen Berechnung anhand mitgeteilter Daten ist[554]. Ist eine Kündigung danach unwirksam, kann sie grds in eine Kündigung zum nächstzulässigen Termin umgedeutet werden[555]. Voraussetzung ist nach Ansicht des 5. Senats jedoch, dass die fehlerhafte Kündigungsfrist durch **fristgerechte Erhebung einer Kündigungsschutzklage** (KSchG § 4) angegriffen wurde[556]. Anderenfalls soll die Kündigung aufgrund der Fiktionswirkung des KSchG § 7 mit dem fehlerhaften Kündigungstermin wirksam werden und eine Umdeutung ausscheiden[557]. Kann die Erklärung indes als Kündigung zum nächstzulässigen Termin ausgelegt werden, kann die Einhaltung der Kündigungsfrist auch nach Ablauf der Klagefrist des KSchG § 4 gerügt werden, da in einem solchen Fall die Wirksamkeit der Kündigung nicht angegriffen wird[558].

---

542 BAG DB 1975, 214 = AP Nr 1 zu § 44 TV AL II (m Anm Herschel).
543 MünchKomm/Hesse Rz 130 vor § 620; zuletzt offengelassen: BAG NZA-RR 2011, 75 = EzA § 611 BGB 2002 Kirchliche Arbeitnehmer Nr 14; AP Nr 60 zu § 138 BGB = BB 2004, 2303; SPV/Preis Rz 414; aA ErfK/Müller-Glöge BGB § 620 Rz 62; Schaub/Linck § 123 Rz 65.
544 BAG AP Nr 4 zu § 9 MuSchG 1968 (m Anm Schmidt) = NJW 1976, 592.
545 Staud/Oetker Rz 230 vor §§ 620 ff; Staud/Roth § 140 Rz 42; ErfK/Müller-Glöge BGB § 620 Rz 63; ähnlich APS/Preis Grundlagen D Rz 121; aA MünchKomm/Busche § 140 Rz 31; Schaub/Linck § 123 Rz 65.
546 BAGE 116, 336 = NZA 2006, 791 Rz 24 mwN; MünchKomm/Hesse Rz 132 vor § 620.
547 BAG NZA 2013, 1076 = AP Nr 131 zu § 615 BGB.
548 BAGE 135, 278 = NZA 2011, 343.
549 BAGE 116, 336 = NZA 2006, 791 Rz 25 ff; NZA 2006, 1405 = NJW 2006, 3513 Rz 15; dem folgend der 6. Senat: BAGE 117, 68 = NZA 2006, 1207 Rz 32; offen gelassen vom 8. Senat: NZA 2009, 29 = NJW 2009, 391 Rz 31.
550 BAGE 116, 336 = NZA 2006, 791 Rz 28; NZA 2006, 1405 = NJW 2006, 3513 Rz 15.
551 AA APS/Linck BGB § 622 Rz 45; KR/Spilger BGB § 622 Rz 163.
552 Vgl BAG NZA 2013, 1076 Rz 15 f = AP Nr 131 zu § 615 BGB; BAGE 135, 255 = NZA 2010, 1409 Rz 21 ff; s auf zu den Unterschieden in der Rspr der beiden Senate Eisemann NZA 2011, 601; KR/Spilger BGB § 622 Rz 163 mwN.
553 BAG NZA 2013, 1076 Rz 16 = AP Nr 131 zu § 615 BGB.
554 BAGE 135, 255 = NZA 2010, 1409 Rz 25 ff.
555 BAGE 135, 255 = NZA 2010, 1409 Rz 29.
556 BAGE 135, 255 = NZA 2010, 1409 Rz 30; aA Eisemann NZA 2011, 601, 605 ff.
557 BAGE 135, 255 = NZA 2010, 1409 Rz 30.
558 2. Senat: BAGE 135, 278 = NZA 2011, 343 Rz 12; ebenso der 5. Senat: BAG NZA 2013, 1076 Rz 15 = AP Nr 131 zu § 615 BGB.

VIII. Zeit der Kündigung

134 Die Kündigung kann – vorbehaltlich abweichender Regelungen im Arbeits- bzw Kollektivvertrag – grds zu jeder Zeit ausgesprochen werden, dh auch außerhalb der Arbeitszeit sowie an Sonn- und Feiertagen. Im Einzelfall kann eine Kündigung zur Unzeit allerdings gegen § 242 verstoßen (s dazu Rz 148).

135 Soll die Kündigung zu einem bestimmten Termin wirksam werden, sind in der Regel Kündigungsfristen einzuhalten (s §§ 621, 622). Die Kündigung muss dann rechtzeitig vor Beginn der Kündigungsfrist erklärt werden, um die Frist einzuhalten. Sie kann aber auch früher erklärt werden, so dass sich die Kündigungsfrist faktisch verlängert. Wird dadurch jedoch verhindert, dass Kündigungsschutzvorschriften eingreifen, die bei einer späteren Erklärung der Kündigung zum selben Beendigungstermin zu beachten wären (zB infolge der Erfüllung der Wartezeit nach KSchG § 1 Abs 1), gelten die Schutzvorschriften analog § 162 auch für die früher erklärte Kündigung[559]. Dies soll nicht gelten, wenn dem Arbeitnehmer mit der verlängerten Kündigungsfrist eine weitere Bewährungschance eingeräumt werden soll und für den Fall der Bewährung die Wiedereinstellung zugesagt wird (s dazu Rz 68)[560].

136 Der Dienstvertrag kann grds auch schon **vor dem vereinbarten Dienstantritt** sowohl ordentlich als auch außerordentlich gekündigt werden[561]. Das Recht zur ordentlichen Kündigung vor Dienstantritt kann von den Parteien jedoch ausdrücklich oder konkludent ausgeschlossen werden, wobei ein konkludenter Ausschluss nur anzunehmen ist, wenn er sich zweifelsfrei aus den Umständen ergibt[562]. Dies ist der Fall, wenn die Umstände einen gesteigerten Vertrauensschutz für den Kündigungsempfänger erforderlich machen, etwa bei Zusage einer Dauer- oder Lebensanstellung oder bei Abwerbung aus sicherer Stellung[563]. Gleiches gilt bei einem Umzug auf Veranlassung des Arbeitgebers[564]. Auch die Vereinbarung einer Vertragsstrafe für den Fall des Nichtantritts[565] oder der Verzicht auf eine Probezeit[566] sprechen für einen Ausschluss des Kündigungsrechts. Allein die (nicht durch den Vertragspartner veranlasste) Aufgabe einer gut dotierten Stellung genügt indes nicht[567]. Auch eine Erfahrungsregel, wonach die Parteien eines Dienstvertrages sich regelmäßig darüber einig sind, der Vertrag dürfe erst nach Arbeitsantritt gekündigt werden, besteht nicht[568]. Im Insolvenzfall findet InsO § 113 (s dazu Rz 6) auch auf Kündigungen vor Dienstantritt Anwendung[569]. Die Kündigung einer schwangeren Arbeitnehmerin vor vereinbarter Tätigkeitsaufnahme unterliegt dem Kündigungsverbot gem MuSchG § 17 Abs 1 Satz 1[570]. Das KSchG findet mangels Erfüllung der Wartezeit (KSchG § 1 Abs 1) in der Regel keine Anwendung, es sei denn, eine einzel- oder kollektivvertragliche Vereinbarung sieht einen Ausschluss der Wartezeit oder die Anrechnung von Vorbeschäftigungszeiten bei demselben oder einem anderen Arbeitgeber vor[571]. Die **außerordentliche Kündigung** kann im Vorfeld nicht ausgeschlossen werden[572].

137 Wird das Dienstverhältnis vor Dienstantritt gekündigt und haben die Parteien diesbezüglich keine ausdrückliche Vereinbarung getroffen, ist durch Auslegung zu ermitteln, ob die **Kündigungsfrist** bereits mit Zugang der Kündigung zu laufen beginnt oder erst an dem Tag des vertraglich vorgesehenen Arbeitsbeginns[573]. Nicht überzeugend ist die Ansicht des BAG[574], bei Fehlen einer Parteivereinbarung über den Beginn des Laufs der Kündigungsfrist im Wege der ergänzenden Vertragsauslegung unter Berücksichtigung der konkreten Umstände des Einzelfalls und der beiderseitigen Interessen den hypothetischen Willen der Parteien zu ermitteln. Liegt **keine Vereinbarung bezüglich der Kündigungsfrist** vor, ist der Vertrag nicht lückenhaft, sondern der gesetzliche Regelfall maßgebend, wonach die Kündigungsfrist **mit Zugang der**

---

559 Staud/Oetker Rz 161 vor §§ 620 ff; vgl dazu BAGE 147, 251 Rz 47 = NZA 2014, 1083; BAGE 31, 83 = NJW 1979, 2421; BAGE 4, 306 = AP Nr 34 zu § 1 KSchG; für eine Lösung über § 242 hingegen APS/Vossen KSchG § 1 Rz 34.

560 BAG AP Nr 22 zu § 620 BGB Aufhebungsvertrag = DB 2002, 1997; ähnlich LAG Baden-Württemberg LAGE § 1 KSchG Nr 21= ZBVR online 2015, Nr 11, 25.

561 BAGE 117, 68 = NZA 2006, 1207; NZA 2004, 1089 = NJW 2004, 3444; BAG NZA 1986, 671 = AP Nr 4 zu § 620 BGB; BAGE 31, 121 = AP Nr 3 zu § 620 BGB; BAGE 26, 71 = AP Nr 2 zu § 620 BGB; MünchKomm/Hesse Rz 124 vor § 620; Erman/Riesenhuber § 620 Rz 138; Staud/Oetker Rz 162 vor §§ 620 ff.

562 BAG BB 2017, 1596 Rz 30 = ZIP 2017, 1083; NZA 2004, 1089 = NJW 2004, 3444; BAGE 31, 121 = AP Nr 3 zu § 620 BGB.

563 BAGE 31, 121 = AP Nr 3 zu § 620 BGB.

564 Erman/Riesenhuber § 620 Rz 138.

565 BAG NZA 2004, 1089 = NJW 2004, 3444; Erman/Riesenhuber § 620 Rz 138.

566 MünchKomm/Hesse Rz 124 vor § 620; ErfK/Müller-Glöge BGB § 620 Rz 69.

567 ErfK/Müller-Glöge BGB § 620 Rz 69.

568 BAGE 31, 121 = AP Nr 3 zu § 620 BGB.

569 BAGE 158, 214 = BB 2017, 1596 Rz 30.

570 BAGE 170, 74 = NZA 2020, 721.

571 BAGE 158, 214 = BB 2017, 1596 Rz 38.

572 ErfK/Müller-Glöge BGB § 620 Rz 70; MünchKomm/Hesse Rz 137 vor § 620.

573 BAG NZA 2004, 1089 = NJW 2004, 3444; MünchKomm/Hesse Rz 138 vor § 620; ErfK/Müller-Glöge BGB § 620 Rz 71.

574 BAG NZA 2004, 1089 = NJW 2004, 3444; BAGE 117, 68 = NZA 2006, 1207.

Kündigung zu laufen beginnt[575]. Eine abweichende Vereinbarung muss sich eindeutig aus den Umständen ergeben[576]. Maßgeblich ist, ob die Parteien zumindest eine vorübergehende tatsächliche Durchführung des Dienstverhältnisses und damit eine gewisse Mindestbeschäftigungsdauer wollten[577]. Ist dies – zB angesichts eines gesteigerten Vertrauensschutzinteresses – der Fall, wird man jedoch in der Regel bereits davon ausgehen müssen, dass die Kündigung vor Dienstantritt ausgeschlossen werden sollte (s dazu Rz 136).

IX. Allgemeine Kündigungsschranken

Für die Kündigung als Rechtsgeschäft **gelten die allgemeinen zivilrechtlichen Wirksamkeitsschranken**. Zu nennen sind etwa die Unwirksamkeit wegen Geschäftsunfähigkeit bzw beschränkter Geschäftsfähigkeit (§§ 105, 106, 111), die Formnichtigkeit (§ 125) sowie die rückwirkende Vernichtung durch Anfechtung (§ 142 Abs 1, s dazu bereits Rz 128). Zudem unterliegt die Kündigung den Schranken aus §§ 134, 138 und 242. Zu den speziellen Schranken der Kündigung von Arbeitsverhältnissen s Rz 154 ff. Zu den Voraussetzungen der außerordentlichen Kündigung s die Kommentierung zu § 626. **138**

1. **Verstoß gegen ein gesetzliches Verbot**. Gem § 134 ist die Kündigung nichtig, wenn sie gegen ein gesetzliches Verbot verstößt und sich aus dem Gesetz nicht ein anderes ergibt (wie etwa aus § 627 Abs 2 Satz 2). Kündigungsverbote folgen vereinzelt unmittelbar aus dem GG[578]. So ist gem GG Art 48 Abs 2 Satz 2 eine Kündigung wegen der Übernahme des Amts eines Abgeordneten unzulässig. Nach GG Art 9 Abs 3 Satz 2 ist eine gegen die Koalitionsfreiheit gerichtete Kündigung verboten[579]. Verletzt die Kündigung andere **Grundrechte**, ist sie zwar mangels unmittelbarer Drittwirkung nicht gem § 134 nichtig; die Unwirksamkeit kann sich jedoch aus § 138 Abs 1 bzw § 242 ergeben, da bei deren Auslegung die objektive Werteordnung des GG zu berücksichtigen ist (s dazu Rz 141 f u 144 ff)[580]. Spezielle gesetzliche Kündigungsverbote bestehen insbes im Arbeitsrecht (s dazu Rz 154 ff). Vereinzelt gelten auch für andere Dienstverhältnisse spezielle Kündigungsverbote (s dazu Rz 46-49). **139**

2. **Sittenwidrigkeit**. Gem § 138 Abs 1 ist eine Kündigung nichtig, wenn sie gegen die guten Sitten verstößt (vgl KSchG § 13 Abs 2)[581]. Die Sittenwidrigkeit einer Kündigung kann sich im Rahmen einer Gesamtwürdigung aller Umstände aus dem ihr zugrundeliegenden **Motiv oder Zweck** ergeben[582]. Subjektiv muss der Kündigende nicht im Bewusstsein der Sittenwidrigkeit handeln, sondern lediglich die die Sittenwidrigkeit begründenden Umstände kennen[583]. Bei der Beurteilung ist allerdings ein strenger Maßstab anzulegen[584]. § 138 verlangt nur die Einhaltung eines „ethischen Minimums"[585]. Erforderlich ist daher, dass die Kündigung auf einem verwerflichen Motiv wie zB Rachsucht oder Vergeltung beruht oder in sonstiger Weise dem Anstandsgefühl aller billig und gerecht Denkenden widerspricht[586]. Allein der Umstand, dass die Kündigung nach den Vorschriften des KSchG als sozialwidrig zu beurteilen wäre, führt noch nicht zur Sittenwidrigkeit[587]. Stützt sich der Kündigende auf einen Grund, der geeignet ist, eine Kündigung nach § 626 bzw KSchG § 1 zu rechtfertigen, spricht dies regelmäßig gegen die Sittenwidrigkeit[588]. Allein der Zugang der Kündigung am 24. Dezember begründet nicht deren Sittenwidrigkeit[589]. Wird ein Arbeitnehmer gekündigt, weil er „unbequem" geworden ist, ist die Kündigung nach Ansicht des BAG nicht allein deshalb sittenwidrig[590]. Dagegen verstößt die Kündigung eines Arbeitnehmers wegen Arbeitsunfähigkeit gegen § 138 Abs 1, wenn die Arbeitsunfähigkeit infolge eines vom Arbeitgeber (bedingt) vorsätzlich verursachten Arbeitsunfalls eingetreten ist[591]. **140**

---

575 Staud/Oetker Rz 163 f vor §§ 620 ff; das BAG geht hiervon zumindest im Zweifel aus, vgl BAGE 117, 68 = NZA 2006, 1207.
576 ErfK/Müller-Glöge BGB § 620 Rz 71; Staud/Oetker Rz 164 vor §§ 620 ff.
577 ErfK/Müller-Glöge BGB § 620 Rz 71.
578 Grüneberg/Ellenberger § 134 Rz 4.
579 BAGE 4, 22 = BB 1957, 546.
580 MünchKomm/Hesse Rz 199 vor § 620; Staud/Oetker Rz 182 vor §§ 620 ff; zur Berücksichtigung der grundrechtlichen Gewährleistungen bei der Konkretisierung und Anwendung der Generalklauseln s BVerfGE 89, 214 = NJW 1994, 36.
581 Ganz hM statt vieler: MünchKomm/Hesse Rz 200 vor § 620; Grüneberg/Weidenkaff Rz 48 vor § 620; Erman/Riesenhuber § 620 Rz 161; aA Lettl NZA-RR 2004, 57, 60: Kündigungsschutz durch die zivilrechtlichen Generalklauseln allein im Bereich des § 242 anzusiedeln.
582 BAG NZA 1998, 145 = DB 1997, 1878; 28. April 1994 – 2 AZR 726/93 – RzK I 8k Nr 6.
583 MünchKomm/Hesse Rz 201 vor § 620; vgl BAG NZA 1991, 264 = NJW 1991, 860.
584 BAG NZA 1998, 145 = DB 1997, 1878; BAGE 61, 151 = NZA 1989, 962.
585 BAGE 97, 92 = NZA 2001, 833.
586 BAGE 61, 151 = NZA 1989, 962; BAGE 12, 60 = DB 1962, 243.
587 BAGE 97, 92 = NZA 2001, 833.
588 BAG NZA 1998, 145 = DB 1997, 1878.
589 BAG NZA 1986, 97 = DB 1985, 2003.
590 BAG DB 1964, 1066 = AP Nr 3 zu § 242 BGB Auskunftspflicht.
591 BAG DB 1972, 2071 = AP Nr 1 zu § 1 KSchG 1969 (m Anm Konzen).

141 Ein Verstoß gegen die guten Sitten kommt insbes in Betracht, wenn die Kündigung den in den **Grundrechten** zum Ausdruck kommenden Wertvorstellungen und Grundsatzentscheidungen des GG widerspricht, die bei der Auslegung und Anwendung des § 138 Abs 1 als Richtlinien zu beachten sind[592]. Der durch § 138 Abs 1 vermittelte Schutz der Grundrechte des Arbeitnehmers ist jedoch umso schwächer, je stärker im Einzelfall die Grundrechtspositionen des Arbeitgebers betroffen sind[593]. Sittenwidrig ist eine Kündigung wegen einer Verletzung des Rechts auf informationelle Selbstbestimmung (GG Art 2 Abs 1 iVm Art 1 Abs 1), wenn sie allein auf die wahrheitswidrige Beantwortung einer nicht weiter spezifizierten Frage nach eingestellten Ermittlungsverfahren gestützt wird[594]. Auch eine Kündigung, die gegen das Grundrecht der Gleichberechtigung von Mann und Frau aus GG Art 3 Abs 2[595] oder gegen ein Diskriminierungsverbot aus GG Art 3 Abs 3[596] verstößt, ist nach § 138 Abs 1 nichtig. Dasselbe gilt wegen einer Verletzung des allgemeinen Persönlichkeitsrechts für eine Kündigung aus Gründen der sexuellen Orientierung[597]. Sittenwidrig ist ferner eine Kündigung wegen der Mitgliedschaft oder der Betätigung in einer Gewerkschaft[598].

142 Einen Sonderfall der sittenwidrigen Kündigung bildet die **Maßregelungskündigung**, mit der ein rechtlich korrektes Verhalten des Kündigungsempfängers, insbes die Wahrnehmung von Rechten, sanktioniert werden soll[599]. Dieser Sonderfall hat für Arbeitsverhältnisse in § **612a** eine spezielle Regelung gefunden, die der allgemeinen Regelung des § 138 Abs 1 als lex specialis vorgeht[600]. Dasselbe gilt für das spezielle Maßregelungsverbot in AGG § 16. Auf Dienstverhältnisse, die keine Arbeitsverhältnisse sind, findet § 612a indes keine Anwendung; hier ist weiterhin § 138 Abs 1 maßgeblich[601].

143 3. **Verstoß gegen Treu und Glauben.** Der das gesamte Rechtsleben beherrschende Grundsatz von Treu und Glauben (§ 242) setzt grds auch der Ausübung des Kündigungsrechts Schranken. Eine gegen Treu und Glauben verstoßende Kündigung ist wegen Rechtsmissbrauchs unzulässig.

144 a) **KSchG als lex specialis.** Bei der **Kündigung von Arbeitsverhältnissen** hat § 242 nur einen engen Anwendungsbereich (insbes im Kleinbetrieb, s dazu Rz 147). Das **KSchG** hat den Grundsatz von Treu und Glauben konkretisiert und **weitgehend abschließend geregelt**[602]. Für § 242 bleibt daher nur Raum, wenn die Kündigung den Grundsatz von Treu und Glauben in einer Weise verletzt, die von KSchG § 1 nicht erfasst ist[603]. Als typische Anwendungsfälle bleiben

– willkürliche oder auf sachfremden Gründen beruhende Kündigungen, wobei es genügt, dass ein irgendwie einleuchtender Grund für die Beendigung besteht[604],
– den Arbeitnehmer (etwa wegen seines Sexualverhaltens) diskriminierende Kündigungen[605],
– auf unsubstantiierten Verdächtigungen von weitreichender Tragweite für das weitere berufliche Fortkommen des Arbeitnehmers beruhende Kündigungen[606],
– widersprüchliches Verhalten des Arbeitgebers[607],

---

592 BVerfGE 97, 169 = NZA 1998, 470; BVerfGK 8, 244 = NZA 2006, 913; BAGE 143, 343 = NZA 2013, 429.
593 BAG NZA 2020, 171 = NJW 2020, 634 (Abwägung zwischen der Meinungsfreiheit der Arbeitnehmerin und den Grundrechten der Arbeitgeberin aus GG Art 6 Abs 2 und Art 13 Abs 1 im Falle vermeintlicher Verbreitung negativer Tatsachen durch die als Nanny beschäftigte Arbeitnehmerin).
594 BAGE 143, 343 = NZA 2013, 429.
595 S dazu BAG 30. November 1956 – 1 AZR 260/55 – AP Nr 26 zu § 1 KSchG, wonach die Nichtigkeit allerdings aus § 134 folgen soll.
596 S dazu BAGE 51, 246 = NJW 1987, 1100, wonach die Nichtigkeit allerdings aus § 134 folgen soll.
597 ErfK/Kiel·KSchG § 13 Rz 6; APS/Preis Grundlagen J Rz 39; offengelassen: BAGE 77, 128 = NZA 1994, 1080, wonach die Kündigung zumindest gegen § 242 verstößt.
598 ErfK/Kiel KSchG § 13 Rz 6; s dazu auch BAG 5. März 1987 – 2 AZR 187/86 – RzK I 4d Nr 7.
599 S dazu etwa BAGE 12, 60 = DB 1962, 243: Sittenwidrigkeit einer Kündigung wegen der Forderung nach einer Nachdienstentschädigung.
600 BAGE 55, 190 = NZA 1988, 18; NZA 1989, 559 = AP Nr 10 zu § 1 TVG Rückwirkung.
601 BAGE 113, 129 = NZA 2005, 637: Beendigungsmitteilung des Auftraggebers ggü einer arbeitnehmerähnlichen Person.
602 St Rspr BAG BAG NZA 2020, 171 = NJW 2020, 634; BAGE 140, 76 Rz 11 = NZA 2012, 286; NZA 2002, 87 = NJW 2002, 532; BAGE 97, 294 = NZA 2001, 890; BAGE 97, 92 = NZA 2001, 833; BAGE 77, 128 = NZA 1994, 1080; BAGE 44, 201 = DB 1984, 407; BAGE 8, 132 = NJW 1960, 67.
603 St Rspr BAG BAG NZA 2020, 171 = NJW 2020, 634; BAGE 140, 76 Rz 11 = NZA 2012, 286; NZA 2002, 87 = NJW 2002, 532; BAGE 97, 294 = NZA 2001, 890; BAGE 97, 92 = NZA 2001, 833; BAGE 77, 128 = NZA 1994, 1080; BAGE 44, 201 = DB 1984, 407; BAGE 8, 132 = NJW 1960, 67.
604 BAG BAG NZA 2020, 171 = NJW 2020, 634; BAGE 123, 191 = NZA 2007, 1049; NZA-RR 2008, 405 = ZTR 2008, 397.
605 BAGE 77, 128 = NZA 1994, 1080.
606 BAGE 44, 201 = AP Nr 29 zu § 102 BetrVG 1972.
607 Vgl BAG DB 1980, 1701 = AP Nr 1 zu § 17 SchwbG.

– der Ausspruch der Kündigung zur Unzeit[608] oder in ehrverletzender Form sowie
– die Verwirkung des Kündigungsrechts[609].

Ein Verstoß gegen Treu und Glauben kommt ferner im öffentlichen Dienst in Betracht, wenn der Gekündigte zum Zeitpunkt der Kündigung wegen GG Art 33 Abs 2 einen Einstellungsanspruch hat und deswegen mit Ablauf der Kündigungsfrist sofort wieder eingestellt werden müsste[610].

145 Für die Kündigung von **Dienstverhältnissen, die keine Arbeitsverhältnisse sind**, besteht hingegen keine spezielle gesetzliche Regelung, die § 242 konkretisiert. § 242 kann daher in diesen Fällen auch zur Anwendung gelangen, wenn der Verstoß gegen Treu und Glauben auf einem Grund beruht, der im Geltungsbereich des KSchG von dessen § 1 erfasst wäre[611].

146 Der Vorrang des KSchG gilt auch bei **Kündigungen in der Wartezeit** gem KSchG § 1 Abs 1. Anderenfalls würde in diesen Fällen der gesetzlich ausgeschlossene Kündigungsschutz über § 242 dennoch gewährt und die Möglichkeit des Arbeitgebers eingeschränkt, während der Wartezeit die Eignung des Arbeitnehmers zu überprüfen[612]. Die Einschränkung des Kündigungsschutzes in der Wartezeit begegnet keinen verfassungsrechtlichen Bedenken[613]. Bei einer Wartezeitkündigung ist daher nicht zu prüfen, ob andere Beschäftigungsmöglichkeiten für den betroffenen Arbeitnehmer bestehen, denn dieses Erfordernis ist Ausfluss der Anwendung des dem gesetzlichen Kündigungsschutz gem KSchG § 1 Abs 2 zugrunde liegenden Verhältnismäßigkeitsgrundsatzes[614]. Auch ein Abmahnungserfordernis besteht grds nicht, es sei denn, der Arbeitgeber würde sich anderenfalls mit der Kündigung in Widerspruch zu seinem bisherigen Verhalten setzen[615].

147 b) **Verfassungsrechtlich gebotener Mindestschutz im Kleinbetrieb.** Für die Kündigung von Arbeitnehmern in Kleinbetrieben, die gem KSchG § 23 Abs 1 nicht in den betrieblichen Geltungsbereich des KSchG fallen, gelten grds ebenfalls die in Rz 146 dargestellten Grundsätze, denn auch in diesen Fällen ist die gesetzgeberische Entscheidung zu respektieren. Aus verfassungsrechtlichen Gesichtspunkten bedürfen die dargestellten Grundsätze jedoch einiger Einschränkungen, um dem verfassungsrechtlich gebotenen Mindestschutz (s dazu Rz 29) im Rahmen der Generalklausel des § 242 Rechnung zu tragen[616]. Ist eine Auswahl unter mehreren Arbeitnehmern zu treffen, gebietet der verfassungsrechtliche Schutz des Arbeitsplatzes durch GG Art 12 Abs 1 sowie das Sozialstaatsprinzip (GG Art 20 Abs 1) ein gewisses Maß an sozialer Rücksichtnahme[617]. Zudem darf ein durch langjährige Mitarbeit erdientes Vertrauen in den Fortbestand des Arbeitsverhältnisses nicht unberücksichtigt bleiben[618]. Der im Rahmen des § 242 zu gewährleistende verfassungsrechtlich gebotene Mindestschutz führt jedoch nicht dazu, dass der Kündigungsschutz der Arbeitnehmer in Kleinbetrieben demjenigen des KSchG § 1 angeglichen wird. Eine Außerachtlassung des gebotenen Mindestmaßes an sozialer Rücksichtnahme wird erst im Falle einer **evident fehlerhaften Auswahl** des zu kündigenden Arbeitnehmers angenommen[619]. Kann der Arbeitgeber weitere (zB betriebliche oder persönliche) Gründe für seine Auswahl vortragen, ist zu prüfen, ob die vom Arbeitgeber getroffene Auswahl auch unter Einbeziehung dieser Gründe die sozialen Belange des betroffenen Arbeitnehmers in treuwidriger Weise unberücksichtigt lässt[620]. Die gebotene Berücksichtigung des durch langjährige Beschäftigung entstandenen Vertrauens verlangt, dass der Grund für die Kündigung auch angesichts der langjährigen Betriebszugehörigkeit „einleuchten" muss; die Kündigung darf daher zB nicht auf einen eindeutig nicht ins Gewicht fallenden einmaligen Fehler eines seit Jahrzehnten beanstandungsfrei beschäftigten Arbeitnehmers gestützt werden[621]. Die **Darlegungs- und Beweislast** für einen Verstoß gegen Treu und Glauben obliegt grds dem Arbeitnehmer. Zu seinen Gunsten gelten jedoch die Grundsätze der abgestuften Beweislast, er muss also im ersten Schritt lediglich

---

608 BAGE 97, 294 = NZA 2001, 890; NZA 1986, 97 = DB 1985, 2003.
609 BAG NZA 2017, 703 = NJW 2017, 1833; NZA 2003, 795 = AP Nr 42 zu § 1 KSchG 1969 Verhaltensbedingte Kündigung; ZTR 1998, 565 = RzK I 5h Nr 46 mwN.
610 BAG AP Nr 10 zu § 242 BGB Kündigung = PersR 1999, 507; BAGE 51, 246 = NJW 1987, 1100.
611 Staud/Oetker Rz 194 vor §§ 620 ff.
612 BAGE 140, 76 Rz 11 = NZA 2012, 286; NZA-RR 2008, 405 = ZTR 2008, 397; BAGE 123, 191= NZA 2007, 1049; AP Nr 44 zu § 611 BGB Kirchendienst = ZMV 2005, 152.
613 BVerfGK 8, 244 = NZA 2006, 913.
614 BAGE 123, 191 = NZA 2007, 1049; SAE 2004, 46 = AP Nr 18 zu § 1 KSchG 1969 Wartezeit.
615 BAGE 123, 191 = NZA 2007, 1049; AP Nr 17 zu § 242 BGB Kündigung = EzA § 242 BGB 2002 Kündigung Nr 4; BAGE 97, 141 = NZA 2001, 951.
616 BVerfGE 97, 169 = NZA 1998, 470; BAGE 97, 92 = NZA 2001, 833.
617 BVerfGE 97, 169 = NZA 1998, 470.
618 BVerfGE 97, 169 = NZA 1998, 470.
619 BAGE 97, 92 = NZA 2001, 833.
620 BAGE 97, 92 = NZA 2001, 833.
621 BAG AP Nr 17 zu § 242 BGB Kündigung = EzA § 242 BGB 2002 Kündigung Nr 4.

Tatsachen vortragen, welche die Treuwidrigkeit der vom Arbeitgeber getroffenen Auswahl indizieren[622].

148 c) **Verstoß gegen § 242 durch Art und Weise der Kündigungserklärung.** Einen Sonderfall der treuwidrigen Kündigung soll die sog **„ungehörige Kündigung"** darstellen. Darunter werden insbes Kündigungen verstanden, die wegen der Art und Weise ihrer Erklärung gegen Treu und Glauben verstoßen[623]. Zum Teil werden aber auch Kündigungen in diese Fallgruppe einbezogen, weil sie auf einem vermeintlich „ungehörigen" Grund beruhen[624]. Ergibt sich die „Ungehörigkeit" der Kündigung aus dem ihr zugrunde liegenden Kündigungsgrund bzw Motiv, handelt es sich richtigerweise jedoch nicht um einen Sonderfall des § 242, sondern um einen Fall der sittenwidrigen Kündigung iSd § 138 Abs 1. Es verbleiben damit nur die Fallgestaltungen, in denen sich die Treuwidrigkeit der Kündigung aus der Art und Weise der Erklärung ergibt. Dies kann etwa der Fall sein, wenn die Kündigung vor versammelter Belegschaft, aufgrund eines nicht näher konkretisierten und deshalb nicht widerlegbaren Verdachts[625] oder **zur Unzeit** ausgesprochen wird[626]. Letzteres setzt jedoch neben dem Ausspruch der Kündigung zur Unzeit weitere Umstände voraus, etwa dass der Arbeitgeber absichtlich oder aufgrund einer Missachtung der persönlichen Belange des Arbeitnehmers einen den Arbeitnehmer besonders beeinträchtigenden Kündigungszeitpunkt wählt[627]. Allein der Zugang der Kündigung am 24. Dezember genügt daher nicht[628]. Auch der Ausspruch der Kündigung kurz nach dem Tod eines nahen Angehörigen[629] oder nach einer Fehlgeburt der Arbeitnehmerin[630] verstößt nicht gegen § 242. Dagegen wurde eine Kündigung, die dem Arbeitnehmer nach einem Arbeitsunfall am selben Tag unmittelbar vor einer auf dem Unfall beruhenden Operation im Krankenhaus ausgehändigt wurde, als Kündigung zur Unzeit angesehen[631]. Eine wegen der Art und Weise ihrer Erklärung treuwidrige Kündigung ist wie andere gegen § 242 verstoßende Kündigungen **rechtsunwirksam**, denn § 242 setzt der Rechtsausübung eine Schranke[632].

149 4. **Diskriminierungsverbote.** Das AGG verbietet Benachteiligungen aus Gründen der (vermeintlichen) Rasse oder wegen der ethnischen Herkunft, des Geschlechts, der Religion oder Weltanschauung, einer Behinderung, des Alters oder der sexuellen Identität (AGG §§ 1, 7). Der persönliche Anwendungsbereich des AGG umfasst Arbeitnehmer, zu ihrer Berufsausbildung Beschäftigte sowie arbeitnehmerähnliche Personen, in Heimarbeit Beschäftigte und ihnen Gleichgestellte (AGG § 6 Abs 1 Satz 1). Nach AGG § 2 Abs 4 gelten für Kündigungen jedoch ausschließlich die Bestimmungen zum allgemeinen und besonderen Kündigungsschutz. Im Anwendungsbereich des KSchG sind die Benachteiligungsverbote des AGG daher nicht als eigenständiger Unwirksamkeitsgrund zu prüfen, sondern als Konkretisierung der Sozialwidrigkeit im Rahmen des KSchG § 1 zu beachten[633]. Auf die Kündigung von Arbeitsverhältnissen, die (noch) nicht in den Geltungsbereich des KSchG fallen, ist das AGG hingegen unmittelbar als eigenständiger Unwirksamkeitsgrund anzuwenden[634]. AGG § 2 Abs 4 ist insoweit teleologisch zu reduzieren, denn die Norm soll lediglich das Verhältnis zwischen AGG und KSchG sowie den speziell auf Kündigungen zugeschnittenen Bestimmungen regeln[635]. Das AGG ist daher auch auf die Kündigung des Dienstverhältnisses arbeitnehmerähnlicher Personen sowie auf die Kündigung von Heimarbeitsverhältnissen unmittelbar anzuwenden (s dazu auch Rz 47).

150 Für **sonstige Dienstverhältnisse**, die nicht in den Anwendungsbereich des AGG § 6 Abs 1 fallen, gelten die Benachteiligungsverbote des AGG zwar nicht. Vor dem Hintergrund der Diskriminierungsverbote des GG Art 3 Abs 3 sowie des allgemeinen Gleichheitssatzes des GG Art 3 Abs 1 wird eine Berücksichtigung der Diskriminierungsverbote in der Sache jedoch regelmäßig

---

622 BAGE 97, 92 = NZA 2001, 833; NZA 2002, 87 = NJW 2002, 532.
623 APS/Preis Grundlagen J Rz 47; Staud/Oetker Rz 193 vor §§ 620 ff.
624 So Staud/Oetker Rz 193 vor §§ 620 ff, der die Kündigung wegen AIDS-Infektion sowie wegen Homosexualität in diesem Zusammenhang nennt; noch weiter offensichtlich das Begriffsverständnis von Erman/Riesenhuber § 620 Rz 158 ff.
625 BAGE 10, 207 = NJW 1961, 1085.
626 Staud/Oetker Rz 193 vor §§ 620 ff.
627 BAGE 97, 294 = NZA 2001, 890.
628 BAG NZA 1986, 97 = DB 1985, 2003.
629 BAGE 97, 294 = NZA 2001, 890.
630 BAG NZA 1991, 63 = NJW 1991, 247.
631 LAG Bremen LAGE Nr 2 zu § 242 BGB (m Anm Buchner) = AR-Blattei ES 1020 Nr 268 (m Anm Kort); allein der Zugang der Kündigung während eines Krankenhausaufenthalts verstößt indes nicht gegen § 242, s LAG Köln LAGE § 242 BGB 2002 Kündigung Nr 1= EzA-SD 2006, Nr 20, 10 (Ls).
632 BAGE 97, 294 = NZA 2001, 890; Staud/Oetker Rz 193 vor §§ 620 ff; nach aA löst die wegen der Art und Weise ihrer Erklärung treuwidrige Kündigung nur Schadensersatzansprüche aus: Soergel[12]/Kraft Rz 73 vor §§ 620-630; Schaub/Linck § 129 Rz 20; MünchArbR/Wank § 109 Rz 80.
633 BAGE 128, 238 = NZA 2009, 361; BAGE 145, 296 = NZA 2014, 208 Rz 36; NZA 2010, 457 = NJW 2010, 1395.
634 BAGE 152, 134 = NZA 2015, 1380; BAGE 147, 60 = NZA 2014, 372.
635 BAGE 147, 60 = NZA 2014, 372.

geboten sein. Eine gegen die Benachteiligungsverbote gem AGG §§ 1, 7 verstoßende Kündigung wird daher in der Regel nach § 138 Abs 1 sowie nach § 242 unwirksam sein[636].

X. Gleichbehandlungsgrundsatz

Eine Verletzung des arbeitsrechtlichen **Gleichbehandlungsgrundsatzes** kann nach der Rspr des BAG nicht unmittelbar zur Unwirksamkeit der Kündigung führen[637]. Möglich ist jedoch eine mittelbare Wirkung des Gleichbehandlungsgrundsatzes im Rahmen der Interessenabwägung. Greift der Arbeitgeber bei gleicher Ausgangslage (zB gleichartiger Pflichtverletzung) nur einzelne Arbeitnehmer heraus, kann daraus zu schließen sein, dass ihm die Fortsetzung des Arbeitsverhältnisses auch mit dem herausgegriffenen Arbeitnehmer zumutbar ist, sofern der Arbeitgeber nicht darlegen kann, warum die Zumutbarkeit im Fall des herausgegriffenen Arbeitnehmers anders zu beurteilen ist als in den übrigen Fällen[638].

XI. Vereinbarte Kündigungsschranken

1. Individualvertragliche Vereinbarungen. Das Recht der ordentlichen Kündigung kann durch Vereinbarung im Rahmen der Privatautonomie eingeschränkt oder ausgeschlossen werden[639]. Es darf jedoch für den Arbeitnehmer nicht an strengere Voraussetzungen geknüpft werden als für den Arbeitgeber (analog § 622 Abs 6)[640]. Eine Beschränkung des Kündigungsrechts des Arbeitnehmers ist zudem nur zulässig, wenn sie ihm nach § 242 zuzumuten ist und einem billigenswerten Interesse des Arbeitgebers entspricht[641]. Die Parteien verpflichten sich durch einen vertraglichen Ausschluss der Kündigung nicht bloß, eine der Vereinbarung widersprechende Kündigung zu unterlassen[642], sondern verfügen unmittelbar über ihr Kündigungsrecht[643]. Ein Verstoß gegen die Vereinbarung führt daher zur Unwirksamkeit der Kündigung. Das Recht der außerordentlichen Kündigung kann dagegen vertraglich nicht ausgeschlossen werden (s § 626 Rz 25).

2. Kollektivvertragliche Vereinbarungen. Das Recht der ordentlichen Kündigung kann auch durch Tarifvertrag oder Betriebsvereinbarung ausgeschlossen bzw eingeschränkt werden (s dazu Rz 44 f). Verstößt die Kündigung gegen ein solches Kündigungsverbot, ist sie gem § 134 nichtig, denn die Kollektivvertragsnormen sind wegen ihres Rechtsnormcharakters Gesetz iSd § 134 (s EGBGB Art 2)[644]. Die außerordentliche Kündigung kann auch durch Kollektivvertrag nicht ausgeschlossen werden. Nach BetrVG § 102 Abs 6 kann sie jedoch der Mitbestimmung des Betriebsrats unterworfen werden[645]. Zudem kann ein Tarifvertrag vorsehen, dass bestimmte Gründe (zB betriebsbedingte Gründe) weder eine ordentliche noch eine außerordentliche Kündigung rechtfertigen (vgl ex BAT § 55 Abs 2)[646].

E. Kündigung von Arbeitsverhältnissen

I. Allgemeiner Kündigungsschutz (KSchG)

1. Zweck des KSchG. Das KSchG gewährleistet unter bestimmten Voraussetzungen einen Schutz vor sozialwidrigen Kündigungen und bildet damit den Kern des Kündigungsschutzrechts[647]. Es ist in erster Linie ein **Bestandsschutzgesetz**, nur in Ausnahmefällen (s KSchG § 9) sieht es die Auflösung des Arbeitsverhältnisses gegen Zahlung einer Abfindung vor[648].

2. Rechtsnatur. Das KSchG ist **einseitig zwingendes Arbeitnehmerschutzrecht**, dh der gesetzliche Kündigungsschutz kann weder individualvertraglich noch durch Tarifvertrag oder

---

636 Vgl zur Treuwidrigkeit der Kündigung eines Arbeitsverhältnisses wegen der sexuellen Identität: BAGE 77, 128 = NZA 1994, 1080.
637 BAG DB 1979, 1659 = BB 1979, 1347.
638 BAG DB 1979, 1659 = BB 1979, 1347; APS/Preis Grundlagen J Rz 58; Staud/Oetker Rz 196 vor §§ 620 ff.
639 Erman/Riesenhuber § 620 Rz 165 f; Grüneberg/Weidenkaff Rz 44 vor § 620; SPV/Preis Rz 255.
640 Erman/Riesenhuber § 620 Rz 166; SPV/Preis Rz 255.
641 Grüneberg/Weidenkaff Rz 44 vor § 620.
642 So aber BAGE 8, 132 = NJW 1960, 67.
643 BAG BB 2004, 2303 = AP Nr 60 zu § 138 BGB; Staud/Oetker Rz 195 vor §§ 620 ff; SPV/Preis Rz 260.
644 BAG NZA 2009, 679 = DB 2009, 2381; SPV/Preis Rz 262; MünchArbR/Wank § 109 Rz 84.
645 HM s GK-BetrVG/Raab § 102 Rz 243; Fitting BetrVG § 102 Rz 124; DKW/Bachner BetrVG § 102 Rz 343.
646 Offengelassen: BAGE 152, 47 Rz 27 = NZA 2015, 1315; s dazu i Einz Däubler/Heuschmid/Klein TVG § 1 Rz 918.
647 DDZ/Deinert KSchG § 1 Rz 1.
648 BAG NZA 2006, 363 = NJW 2006, 1307; NZA 1994, 309 = EzA § 1 KSchG Krankheit Nr 39; APS/Vossen KSchG § 1 Rz 1; HK-KSchR/Mayer KSchG § 1 Rz 3.

Betriebsvereinbarung im Voraus abbedungen oder eingeschränkt werden[649]. Zum Nachteil des Arbeitnehmers abweichende Vereinbarungen sind nichtig[650]. Das gilt auch für einen während des bestehenden ungekündigten Arbeitsverhältnisses erklärten Verzicht des Arbeitnehmers auf den Kündigungsschutz[651]. Nach Zugang der Kündigung ist ein wirksamer Verzicht jedoch möglich und zwar auch schon vor Ablauf der Klagefrist nach KSchG § 4 (zum Klageverzicht in Abwicklungsverträgen s Rz 85 ff)[652]. **Abweichungen zugunsten des Arbeitnehmers** (etwa durch einen Verzicht auf die Wartezeit oder eine Anwendung im Kleinbetrieb) sind sowohl individual- als auch kollektivvertraglich zulässig (s dazu auch Rz 152 u 153)[653].

156 Das KSchG ist **kein Schutzgesetz iSv § 823 Abs 2**, da es lediglich die vertragliche Beziehung zwischen den Arbeitsvertragsparteien regelt und keinen besonderen Schutz gegen Rechtsverletzungen bezweckt[654].

157 3. **Geltungsbereich.** – a) **Sachlich.** Das KSchG gilt sachlich für **ordentliche Kündigungen des Arbeitgebers** einschließlich Änderungskündigungen (s KSchG § 2). Es findet auch im Insolvenzverfahren bei Kündigung durch den Insolvenzverwalter Anwendung[655]. Auch bei kirchlichen Arbeitsverhältnissen ist das staatliche Kündigungsrecht und damit auch das KSchG grds anwendbar, jedoch ist das Selbstbestimmungsrecht der Kirche im Rahmen der kündigungsschutzrechtlichen Bestimmungen zu berücksichtigen (dazu und zu den Ausnahmen im Anwendungsbereich des EU-Rechts s Rz 30)[656]. Das Recht zur außerordentlichen Kündigung wird durch das KSchG nicht berührt (KSchG § 13 Abs 1 Satz 1). Jedoch gelten für Kündigungsschutzklagen gegen außerordentliche Kündigungen gem KSchG § 13 Abs 1 Satz 2-5 verschiedene Vorschriften des KSchG, insbes die Klagefrist des KSchG § 4 Satz 1 sowie die Wirksamkeitsfiktion des KSchG § 7 (i Einz s § 626 Rz 239 ff). Keine Anwendung findet das KSchG, wenn das Arbeitsverhältnis auf andere Weise endet (zB durch Eigenkündigung des Arbeitnehmers, Aufhebungsvertrag, Anfechtung oder Zeitablauf)[657].

158 b) **Persönlich.** Das KSchG gilt nur für die Kündigung gegenüber Arbeitnehmern, wobei der allgemeine Arbeitnehmerbegriff (s § 611a) maßgeblich ist (zum Arbeitnehmerbegriff des § 17 s Rz 193)[658]. Geschützt sind grds auch leitende Angestellte, für diese gelten gem KSchG § 14 Abs 2 allerdings gewisse Einschränkungen. Teilzeitbeschäftigte fallen unabhängig vom Umfang ihrer vertraglichen Arbeitszeit in den persönlichen Geltungsbereich des KSchG[659]. **Keine Anwendung** findet das Gesetz gem KSchG § 14 Abs 1 auf die Mitglieder des zur gesetzlichen Vertretung einer juristischen Person berufenen Organs (zB Geschäftsführer einer GmbH) sowie auf die durch Gesetz, Satzung oder Gesellschaftsvertrag zur Vertretung einer Personengesamtheit berufenen Personen, ohne Rücksicht darauf, ob im Einzelfall ein Arbeitsverhältnis vorliegt[660]. Ebenfalls nicht in den Geltungsbereich des KSchG fallen Personen, die in einem Dienstverhältnis stehen, ohne Arbeitnehmer zu sein. Das gilt auch für arbeitnehmerähnliche Personen und Heimarbeiter[661]. Der Anwendungsbereich des KSchG kann jedoch vertraglich auf Personen ausgedehnt werden, die nicht in seinen gesetzlichen Geltungsbereich fallen[662].

159 Für **Auszubildende** gelten die abschließenden Regelungen der BBiG §§ 21-23[663]. Gleiches gilt gem BBiG § 26 für andere Vertragsverhältnisse, die keine Arbeitsverhältnisse sind und aufgrund derer erstmals berufliche Kenntnisse, Fertigkeiten oder Erfahrungen vermittelt werden (zB Volontariat)[664].

---

649 BAGE 55, 298 = DB 1987, 2575; BAGE 28, 40 = AP Nr 1 zu § 95 BetrVG 1972 (m zust Anm Hueck); BGH NZA 2010, 889 Rz 13 = NJW 2010, 2343; LKB/Krause KSchG § 1 Rz 4; ErfK/Oetker KSchG § 1 Rz 13; KR/Griebeling/Rachor KSchG § 1 Rz 31.
650 BAGE 147, 251 Rz 44 = NZA 2014, 1083; KR/Griebeling/Rachor KSchG § 1 Rz 31.
651 BAGE 26, 417 = NJW 1975, 1531; LKB/Krause KSchG § 1 Rz 7; ErfK/Oetker KSchG § 1 Rz 13; HK-KSchR/Mayer KSchG § 1 Rz 12.
652 BAGE 32, 6 = NJW 1079, 2267; LKB/Krause KSchG § 1 Rz 10; HK-KSchR/Mayer KSchG § 1 Rz 12.
653 BAGE 147, 251 Rz 44 = NZA 2014, 1083; AP-Newsletter 2013, 203 = EzA § 1 KSchG Nr 64; BAGE 115, 92 = NZA 2006, 207; LKB/Krause KSchG § 1 Rz 6; DDZ/Deinert KSchG § 1 Rz 5; APS/Vossen KSchG § 1 Rz 6.
654 ErfK/Oetker KSchG § 1 Rz 8; KR/Rachor KSchG § 1 Rz 44; APS/Vossen KSchG § 1 Rz 19; MünchKomm/Hergenröder Anh § 622 KSchG Einl Rz 15.
655 BAGE 147, 89 Rz 44 = NZA-RR 2014, 185; BAGE 112, 273 = NZA 2005, 285.
656 BAG NZA 2014, 362 Rz 35 = AP Nr 73 zu § 611 BGB Kirchendienst; BAGE 145, 90 Rz 22 = NZA 2013, 1131; BAG ZTR 2006, 604 = AP Nr 46 zu § 611 BGB Kirchendienst; BVerfGE 70, 138 = NJW 1986, 367.
657 Schaub/Linck § 130 Rz 29; APS/Vossen KSchG § 1 Rz 56.
658 ErfK/Oetker KSchG § 1 Rz 24; APS/Vossen KSchG § 1 Rz 21; DDZ/Deinert KSchG § 1 Rz 8; LKB/Krause KSchG § 1 Rz 39, 41; MünchKomm/Hergenröder Anh § 622 KSchG § 1 Rz 2; zur Geltung des KSchG für besonderen Arten des Arbeitsverhältnisses s KR/Rachor KSchG § 1 Rz 47 ff.
659 BAGE 54, 248 = NZA 1987, 629.
660 BAG NZA 2008, 168 Rz 22 = NJW 2008, 1018.
661 Zu den nicht geschützten Personen s ausf LKB/Krause KSchG § 1 Rz 55 ff.
662 BGH NZA 2010, 889 Rz 13 = NJW 2010, 2343.
663 ErfK/Oetker KSchG § 1 Rz 29; LKB/Krause KSchG § 1 Rz 68.
664 Vgl BAG DB 2004, 141 = AP Nr 2 zu § 19 BBiG.

c) Zeitlich (Erfüllung der Wartezeit). Die Anwendung des KSchG setzt nach dessen § 1 **160**
Abs 1 weiter voraus, dass das Arbeitsverhältnis in demselben Betrieb oder Unternehmen ohne Unterbrechung länger als sechs Monate bestanden hat. Die Wartezeit beginnt mit dem Zeitpunkt, von dem ab die Arbeitsvertragsparteien ihre wechselseitigen Rechte und Pflichten begründen wollen, im Regelfall also mit dem Zeitpunkt der vereinbarten Arbeitsaufnahme[665]. Für die Fristberechnung gelten §§ 187 Abs 2, 188 Abs 2[666]. § 193 findet keine Anwendung[667]. Maßgeblicher Zeitpunkt für die Erfüllung der Wartezeit ist der Zugang der Kündigungserklärung und nicht das Beendigungsdatum, es sei denn, durch die Kündigung soll entgegen Treu und Glauben der Eintritt des allgemeinen Kündigungsschutzes vereitelt werden[668].

Für die Erfüllung der Wartezeit ist allein der **rechtliche Bestand** des Arbeitsverhältnisses **161**
maßgeblich, auf eine tatsächliche Beschäftigung kommt es nicht an[669]. Ausfallzeiten aufgrund von Krankheit, Schwangerschaft, Urlaub oder Arbeitskämpfen hemmen den Lauf der sechsmonatigen Wartefrist daher nicht[670]. Rechtliche **Unterbrechungen** des Bestands des Arbeitsverhältnisses sind ausnahmsweise unerheblich, sofern sie verhältnismäßig kurz sind und im engen zeitlichen und sachlichen Zusammenhang ein neues Arbeitsverhältnis begründet wird[671]. In einem **Ausbildungsverhältnis** zurückgelegte Zeiten sind nach der Übernahme in ein Arbeitsverhältnis auf die Wartezeit anzurechnen[672]. Ein betriebliches Praktikum, das der beruflichen Fortbildung gedient hat, ist nur anzurechnen, wenn es im Rahmen eines Arbeitsverhältnisses abgeleistet wurde[673]. Unberücksichtigt bleiben Zeiten, in denen der Arbeitnehmer zuvor als Geschäftsführer, freier Mitarbeiter, Beamter oder Leiharbeitnehmer für den Arbeitgeber tätig war[674]. Die Wartezeit ist **unternehmensbezogen**[675]. Es ist daher für die Erfüllung der Wartezeit unschädlich, wenn der Arbeitnehmer innerhalb der Wartezeit in verschiedenen Betrieben des Unternehmens beschäftigt wird. Auch ein Betriebsübergang innerhalb der Wartezeit ist unschädlich, selbst wenn das Arbeitsverhältnis zum Zeitpunkt des Betriebsübergangs kurzzeitig unterbrochen war[676].

d) Betrieblich. Der allgemeine Kündigungsschutz gilt gem KSchG § 23 Abs 1 Satz 2 nicht **162**
in Kleinbetrieben, die in der Regel nicht mehr als 5 Arbeitnehmer beschäftigen. Bei der Berechnung dieses Schwellenwertes sind nur Arbeitnehmer zu berücksichtigen, deren Arbeitsverhältnis vor dem 1. Januar 2004 begonnen hat (KSchG § 23 Abs 1 Satz 3 Halbs 2). Für Arbeitnehmer, deren Arbeitsverhältnis später begonnen hat, gilt der allgemeine Kündigungsschutz erst, wenn im Betrieb in der Regel mehr als 10 Arbeitnehmer beschäftigt werden, wobei bei der Berechnung dieses Schwellenwertes alle Arbeitnehmer zu berücksichtigen sind, unabhängig davon, wann ihr Arbeitsverhältnis begonnen hat (KSchG § 23 Abs 1 Satz 3 Halbs 1). Die unterschiedlichen Schwellenwerte sind der Historie des KSchG § 23 Abs 1 geschuldet. Der Gesetzgeber hat den Schwellenwert für die Geltung des allgemeinen Kündigungsschutzes mWz 1. Januar 2004 von 5 auf 10 Arbeitnehmer erhöht[677]. KSchG § 23 Abs 1 Satz 2 dient dem **Bestandschutz**, indem er den zum 31. Dezember 2003 bestehenden Kündigungsschutz der Alt-Arbeitnehmer aufrechterhält, solange ihre Zahl nicht auf 5 oder weniger sinkt[678]. Aufgrund der Regelung in KSchG § 23 Abs 1 Satz 3 Halbs 2 kommen Neueinstellungen (auch Ersatzeinstellungen) den Alt-Arbeitnehmern allerdings nicht zugute[679]. Ist die Zahl der Alt-Arbeitnehmer einmal auf 5 oder darunter gesunken, gilt der allgemeine Kündigungsschutz erst wieder, wenn in der Regel mehr als 10 Arbeitnehmer im Betrieb beschäftigt sind[680]. Wird das Arbeitsverhältnis eines Alt-Arbeitnehmers vorübergehend unterbrochen, ohne dass dadurch die Zahl der Alt-Arbeitnehmer insgesamt unter

---

665 BAGE 146, 257 Rz 30 ff = NZA 2014, 725.
666 Vgl BAGE 102, 49 = NZA 2003, 377; s ausf APS/Vossen KSchG § 1 Rz 30; HK-KSchR/Mayer KSchG § 1 Rz 69 ff.
667 BAGE 146, 257 Rz 46 ff = NZA 2014, 725.
668 BAGE 31, 83 = NJW 1979, 2421; s auch BAGE 147, 251 Rz 47 = NZA 2014, 1083; s ausf LKB/Krause KSchG § 1 Rz 86 ff; APS/Vossen KSchG § 1 Rz 32 ff.
669 BAGE 89, 307 = NZA 1999, 314.
670 BAGE 146, 257 Rz 33 ff = NZA 2014, 725.
671 Grundlegend BAGE 28, 252 = NJW 1977, 1309; seitdem st Rspr, zB BAG NZA 2014, 362 Rz 36 = AP Nr 73 zu § 611 BGB Kirchendienst; BAG AP-Newsletter 2013, 203 Rz 13 = EzA § 1 KSchG Nr 64; BAGE 138, 321 Rz 22 = NZA 2012, 148.
672 BAG NZA 2000, 720 = NJW 2000, 1355.
673 BAG NZA 2000, 529 = AP Nr 11 zu § 1 KSchG 1969 Wartezeit.
674 Zur Nichtberücksichtigung von Beschäftigungszeiten als Leiharbeitnehmer: BAGE 147, 251 Rz 23 = NZA 2014, 1083; s zur ausnahmsweisen Berücksichtigung von Beschäftigungszeiten eines Geschäftsführers: BAGE 116, 254 = NZA 2006, 366; s auch ausf KR/Rachor KSchG § 1 Rz 113; APS/Vossen KSchG § 1 Rz 36 ff.
675 Ausf APS/Vossen KSchG § 1 Rz 43 f; LKB/Krause KSchG § 1 Rz 89 ff.
676 BAGE 102, 58 = NZA 2003, 145; ausf zur Rechtsnachfolge s LKB/Krause KSchG § 1 Rz 95 ff.
677 S dazu KR/Bader KSchG § 23 Rz 8; Bender/Schmidt NZA 2004, 358; Däubler AiB 2004, 7.
678 BAGE 145, 184 Rz 23 = NZA 2013, 1197; BAGE 119, 343 Rz 17 = NZA 2007, 438.
679 Grundlegend: BAGE 119, 343 Rz 12 ff = NZA 2007, 438; seitdem st Rspr: NZA 2009, 484 Rz 3 = AP Nr 44 zu § 23 KSchG 1969; BAGE 145, 184 Rz 23 = NZA 2013, 1197.
680 BAGE 119, 343 Rz 12 ff = NZA 2007, 438; ErfK/Kiel KSchG § 23 Rz 2.

den Schwellenwert von mehr als 5 sinkt, kann der Alt-Arbeitnehmer nach der Unterbrechung unter Umständen wieder in den Genuss des Bestandsschutz kommen[681].

163 Bei der Berechnung der betrieblichen Schwellenwerte sind die zu ihrer Berufsausbildung Beschäftigten nicht zu berücksichtigen. **Teilzeitbeschäftigte** sind bei einer regelmäßigen Wochenarbeitszeit von nicht mehr als 20 Stunden mit 0,5 und bei einer regelmäßigen Wochenarbeitszeit von nicht mehr als 30 Stunden mit 0,75 zu berücksichtigen (KSchG § 23 Abs 1 Satz 4).

164 Das KSchG enthält keine eigene **Betriebsdefinition**. Es gilt der allgemeine arbeitsrechtliche Betriebsbegriff, wonach unter einem Betrieb die organisatorische Einheit zu verstehen ist, innerhalb derer der Arbeitgeber allein oder in Gemeinschaft mit seinen Mitarbeitern mit Hilfe von sächlichen und immateriellen Mitteln bestimmte arbeitstechnische Zwecke fortgesetzt verfolgt, die sich nicht in der Befriedigung von Eigenbedarf erschöpfen[682].

165 Maßgeblicher **Zeitpunkt** für die Feststellung der Beschäftigtenzahl ist der Zugang der Kündigung[683]. Es kommt jedoch nicht auf die zufällige tatsächliche Anzahl der Beschäftigten zu diesem Zeitpunkt an, sondern auf die **„in der Regel"** im Betrieb beschäftigten Arbeitnehmer[684]. Abzustellen ist also auf die Beschäftigungslage, die für den Betrieb im Allgemeinen kennzeichnend ist[685]. Aus diesem Grund sind auch im Betrieb beschäftigte Leiharbeitnehmer zu berücksichtigen, wenn ihr Einsatz auf einem „in der Regel" vorhandenen Personalbedarf beruht[686].

166 4. Grundzüge des allgemeinen Kündigungsschutzes. – a) **Erfordernis eines Kündigungsgrunds**. Die zentrale Kündigungsschranke des allgemeinen Kündigungsschutzes ist das Erfordernis eines Kündigungsgrunds (KSchG § 1 Abs 1 u 2). Eine Kündigung ist sozial ungerechtfertigt und damit rechtsunwirksam, wenn sie nicht durch Gründe, die in der **Person oder im Verhalten des Arbeitnehmers** liegen, oder durch **dringende betriebliche Erfordernisse**, die einer Weiterbeschäftigung des Arbeitnehmers im Betrieb entgegenstehen, bedingt ist (KSchG § 1 Abs 2 Satz 1). Die in KSchG § 1 Abs 2 Satz 1 aufgezählten Gründe sind abschließend[687]. Sie sind allerdings nicht als konkret subsumierbare Tatbestandsvoraussetzungen zu verstehen, sondern beschreiben lediglich, aus welcher Richtung die Störung des Arbeitsverhältnisses kommen kann[688]. Es handelt sich um **unbestimmte Rechtsbegriffe**, die der Konkretisierung bedürfen und insbes durch die Rspr des BAG eine solche erfahren haben[689].

167 Die in KSchG § 1 Abs 2 Satz 1 genannten Gründe sind **lediglich relative Kündigungsgründe**. Absolute Kündigungsgründe, die unabhängig von den Umständen des Einzelfalls zur Kündigung berechtigen, sind nach der Konzeption des KSchG § 1 nicht anzuerkennen[690]. Hinzukommen muss daher eine konkrete Störung des Arbeitsverhältnisses, aufgrund derer dem Arbeitgeber die Fortsetzung des Arbeitsverhältnisses nicht zugemutet werden kann[691]. Kündigungsrechtlich relevant sind nur solche Gründe, die zu einer **arbeitsvertragsbezogenen Beeinträchtigung** führen[692]. Für betriebsbedingte Kündigungen folgt dies schon unmittelbar aus KSchG § 1 Abs 2 Satz 2, der darauf abstellt, dass die dringenden betrieblichen Erfordernisse einer Weiterbeschäftigung entgegenstehen, dh sie müssen sich konkret nachteilig auf die Einsatzmöglichkeit des gekündigten Arbeitnehmers auswirken[693]. Aber auch verhaltens- bzw personenbezogene Gründe können eine Kündigung nur rechtfertigen, wenn sie das Arbeitsverhältnis konkret beeinträchtigen oder zu einer erheblichen Beeinträchtigung der betrieblichen Interessen führen[694]. Zur Feststellung der Unzumutbarkeit dieser Beeinträchtigung **bedarf es einer Güter-**

---

681 S dazu BAGE 145, 184 Rz 19 ff = NZA 2013, 1197.
682 BAG AP Nr 48 zu § 23 KSchG 1969 Rz 15 = DB 2011, 118; BAGE 125, 274 = NZA 2008, 872; NZA 2004, 1380 = NJW 2005, 90; ausf s LKB/Bayreuther KSchG § 23 Rz 9 ff; zum Erfordernis einer verfassungskonformen Auslegung: BVerfGE 97, 169 = NZA 1998, 470; BAG NZA 2017, 859 = AP Nr 52 zu § 23 KSchG 1969; NZA 2016, 1196 = AP Nr 51 zu § 23 KSchG 1969.
683 BAG NZA 2005, 764 = AP Nr 34 zu § 23 KSchG 1969; ErfK/Kiel KSchG § 23 Rz 8; KR/Bader KSchG § 23 Rz 52.
684 BAGE 144, 222 Rz 24 = NZA 2013, 726; NZA 2005, 764 = AP Nr 34 zu § 23 KSchG 1969.
685 BAGE 144, 222 Rz 24 = NZA 2013, 726; NZA 2005, 764 = AP Nr 34 zu § 23 KSchG 1969; NZA 1991, 562 = AP Nr 11 zu § 23 KSchG 1969.
686 BAGE 144, 222 Rz 11 = NZA 2013, 726.
687 DDZ/Deinert KSchG § 1 Rz 49; KR/Rachor KSchG § 1 Rz 209; HK-KSchR/Pfeiffer KSchG § 1 Rz 181.
688 BAGE 40, 361 = NJW 1983, 2897; LKB/Krause KSchG § 1 Rz 161; Schaub/Linck § 130 Rz 30; HK-KSchR/Pfeiffer KSchG § 1 Rz 172; ErfK/Oetker KSchG § 1 Rz 63.
689 SPV/Preis Rz 884; KR/Rachor KSchG § 1 Rz 209; ErfK/Oetker KSchG § 1 Rz 62.
690 BAGE 59, 32 = NZA 1989, 464; ebenso zu § 626: BAGE 134, 349 = NZA 2010, 1227; SPV/Preis Rz 884; DDZ/Deinert KSchG § 1 Rz 50.
691 BAGE 67, 75 = BAG NZA 1991, 557; NZA 1987, 776 = DB 1987, 2207; BAGE 40, 361 = NJW 1983, 2897; LKB/Krause KSchG § 1 Rz 162 ff; ErfK/Oetker KSchG § 1 Rz 67; HK-KSchR/Pfeiffer KSchG § 1 Rz 172; MünchKomm/Hergenröder Anh § 622 KSchG § 1 Rz 74.
692 MünchKomm/Hergenröder Anh § 622 KSchG § 1 Rz 78; DDZ/Deinert KSchG § 1 Rz 53.
693 BAGE 55, 262 = NZA 1987, 776.
694 BAGE 61, 131 = AP Nr 20 zu § 1 KSchG 1969 Krankheit (m Anm Preis); BAGE 67, 75 = NZA 1991, 557.

und **Interessenabwägung** unter Berücksichtigung der Umstände des Einzelfalls und der vom Gesetz getroffenen Wertungen (s Rz 171)[695].

b) **Widerspruch des Betriebsrats.** Nach KSchG § 1 Abs 2 Satz 2 Nr 1 ist eine Kündigung **168** auch dann sozial ungerechtfertigt, wenn sie gegen eine Richtlinie nach BetrVG § 95 verstößt oder der Arbeitnehmer an einem anderen Arbeitsplatz in demselben Betrieb oder einem anderen Betrieb des Unternehmens weiterbeschäftigt werden kann und der Betriebsrat aus einem dieser Gründe der Kündigung widersprochen hat[696]. Entsprechendes gilt gem KSchG § 1 Abs 2 Satz 2 Nr 2 im öffentlichen Dienst, wenn die zuständige Personalvertretung aus einem der genannten Gründe widersprochen hat. Durch KSchG § 1 Abs 2 Satz 2 wird der kollektivrechtliche mit dem individualrechtlichen Schutz verknüpft[697]. Ist einer der Widerspruchstatbestände des KSchG § 1 Abs 2 Satz 2 gegeben und hat der Betriebsrat ordnungsgemäß widersprochen, liegt eine **absolute Sozialwidrigkeit** vor, mit der Folge, dass die Kündigung stets sozialwidrig ist, ohne dass es einer Abwägung der beiderseitigen Interessen bedarf[698].

c) **Prinzipien des Kündigungsschutzes.** – aa) **Negative Zukunftsprognose.** Die Kündi- **169** gung ist nicht Reaktion auf Vergangenes, sondern trägt der Unzumutbarkeit einer Weiterbeschäftigung des Arbeitnehmers Rechnung, die sich aus einem der in KSchG § 1 Abs 2 Satz 1 genannten Gründe ergibt[699]. Sie kann daher nur sozial gerechtfertigt sein, wenn verhaltens- bzw personenbezogene Gründe auch zukünftig unzumutbare Beeinträchtigungen des Arbeitsverhältnisses erwarten lassen oder wenn aufgrund eines dringenden betrieblichen Erfordernisses der Beschäftigungsbedarf voraussichtlich dauerhaft entfällt[700]. Erforderlich ist daher eine Prognose hinsichtlich des zukünftigen Verlaufs des Arbeitsverhältnisses bzw des zukünftigen Beschäftigungsbedarfs. Prognosegrundlage sind die zum Zeitpunkt der Kündigung vorliegenden Tatsachen[701]. Diese müssen mit einem Grad an Wahrscheinlichkeit, der keine vernünftigen Zweifel offen lässt, eine negative Zukunftsprognose tragen[702]. Daraus folgt zugleich, dass bei der Beurteilung der sozialen Rechtfertigung der Kündigung nur die Kündigungsgründe beachtlich sind, die bereits zum **Zeitpunkt** des Zugangs der Kündigung vorlagen[703].

bb) **Verhältnismäßigkeitsgrundsatz.** Nach dem das gesamte Kündigungsrecht beherrschen- **170** den Grundsatz der Verhältnismäßigkeit kommt eine Beendigungskündigung als äußerstes Mittel (**Ultima Ratio**) nur in Betracht, wenn keine anderweitige Beschäftigungsmöglichkeit, unter Umständen auch mit schlechteren Arbeitsbedingungen, besteht[704]. Seine gesetzliche Grundlage findet der Verhältnismäßigkeitsgrundsatz unmittelbar in KSchG § 1: Er liegt zum einen den spezifischen Tatbeständen des KSchG § 1 Abs 2 Satz 2 u 3 zugrunde und ist zum anderen in dem Tatbestandsmerkmal „bedingt" sowie in dem Merkmal der „dringenden betrieblichen Erfordernisse" angelegt[705]. Eine Bestätigung findet dieses Verständnis in SGB III § 2 Abs 2 Nr 2, wonach Arbeitgeber die Inanspruchnahme von Leistungen der Arbeitsförderung und die Entlassung von Arbeitnehmern vorrangig durch betriebliche Maßnahmen vermeiden sollen[706]. Vor dem Ausspruch einer Kündigung müssen folglich alle anderen Möglichkeiten ausgeschöpft werden, um die Kündigung zu vermeiden (zB Überstundenabbau, Kurzarbeit, Versetzung)[707]. Beruht die Kündigung auf einem steuerbaren Verhalten des Arbeitnehmers, so folgt aus dem Verhältnismäßigkeitsgrundsatz, dass ihr im Regelfall eine **Abmahnung** vorausgehen muss[708].

cc) **Interessenabwägung.** Personen-, verhaltens- oder betriebsbedingte Gründe iSd KSchG **171** § 1 Abs 2 Satz 1 rechtfertigen eine Kündigung nur, wenn sie auch unter Abwägung der Interessen des Arbeitnehmers an der Aufrechterhaltung des Arbeitsverhältnisses einerseits sowie den Interessen des Arbeitgebers an der Auflösung des Arbeitsverhältnisses andererseits von solchem Gewicht

---

695 BAGE 59, 32 = NZA 1989, 464; LKB/Krause KSchG § 1 Rz 164; APS/Vossen KSchG § 1 Rz 61.
696 Ausf s KR/Rachor KSchG § 1 Rz 807 ff;.
697 Schaub/Linck § 130 Rz 40.
698 BAGE 25, 278 = AP Nr 2 zu § 1 KSchG 1969; SPV/Preis Rz 1276; Schaub/Linck § 130 Rz 40; APS/Vossen KSchG § 1 Rz 92.
699 DDZ/Deinert KSchG § 1 Rz 55; SPV/Preis Rz 892.
700 BAGE 149, 18 Rz 31 = NZA 2015, 101; NZA 2006, 980 = AP Nr 54 zu § 1 KSchG 1969 Verhaltensbedingte Kündigung; NZA 1991, 185 = DB 1990, 2274; NZA 1989, 633 = NJW 1989, 2493; ErfK/Oetker KSchG § 1 Rz 78 ff; HK-KSchR/Pfeiffer § 1 Rz 173.
701 MünchKomm/Hergenröder Anh § 622 KSchG § 1 Rz 124.
702 DDZ/Deinert KSchG § 1 Rz 56; MünchKomm/Hergenröder Anh § 622 KSchG § 1 Rz 124; vgl auch allg: BGHZ 53, 245 = NJW 1970, 946.
703 BAG NZA 1991, 185 = DB 1990, 2274; DDZ/Deinert KSchG § 1 Rz 57; MünchKomm/Hergenröder Anh § 622 KSchG § 1 Rz 126.
704 BAGE 151, 199 Rz 26 = NZA 2015, 1083; BAGE 150, 117 Rz f = NZA 2015, 612; BAGE 146, 37 Rz 22 = NZA 2014, 730; BAGE 33, 1 = NJW 1981, 298; APS/Vossen KSchG § 1 Rz 65; krit MünchArbR/Wank § 110 Rz 52 f.
705 SPV/Preis Rz 886 f; APS/Vossen KSchG § 1 Rz 65.
706 SPV/Preis 888; KR/Rachor KSchG § 1 Rz 222.
707 BAGE 151, 199 Rz 26 = NZA 2015, 1083; NZA 2012, 852 Rz 27 = NJW 2012, 2747; BAGE 123, 234 = NZA 2008, 173; ausf KR/Rachor KSchG § 1 Rz 224 ff.
708 BAGE 150, 109 Rz 21 ff = NZA 2015, 294; NZA-RR 2007, 571 Rz 48 = ZTR 2008, 110; Schlachter NZA 2005, 433, 435.

sind, dass sie die Kündigung als angemessen erscheinen lassen[709]. Erforderlich ist eine umfassende Interessenabwägung unter Berücksichtigung der Umstände des Einzelfalls. Im Falle der betriebsbedingten Kündigung kann sich diese Abwägung nach der Rspr des BAG jedoch, wenn überhaupt, allenfalls in seltenen Ausnahmefällen zugunsten des Arbeitnehmers auswirken (s Rz 183)[710]. In die Interessenabwägung **einzubeziehen** sind auf der Seite des Arbeitnehmers ua das Lebensalter[711], die Betriebszugehörigkeit[712], Unterhaltspflichten[713] und die Vermittlungsaussicht auf dem Arbeitsmarkt[714].

172 5. **Personenbedingte Kündigung**. – a) **Kündigungsgrund**. Gründe in der Person des Arbeitnehmers sind solche, die auf persönlichen **Verhältnissen, Eigenschaften und Fähigkeiten des Arbeitnehmers** beruhen[715]. Sie liegen also in der Sphäre des Arbeitnehmers, wenngleich sie nicht von ihm verschuldet sein müssen[716]. Eine Rechtfertigung der Kündigung durch personenbedingte Gründe setzt voraus, dass der Arbeitnehmer seine vertraglich geschuldete Arbeitsleistung zukünftig ganz oder teilweise nicht mehr erbringen kann, weil er die erforderliche Eignung bzw Fähigkeit nicht (mehr) besitzt[717]. Die größte praktische Relevanz haben personenbezogene Kündigungen wegen Krankheit (s Rz 174 ff). Daneben sind weitere typische Gründe[718] zB die Arbeitsverhinderung wegen Straf- oder Untersuchungshaft[719], die mangelnde Eignung wegen Alkohol- oder Drogensucht[720], wegen des Verlusts von erforderlichen Erlaubnissen oder Berechtigungen (zB Entzug der Fahrererlaubnis[721], der Fluglizenz[722], der kanonischen Beauftragung[723]), wegen Zweifel an der Zuverlässigkeit und Vertrauenswürdigkeit nach außerdienstlich begangener Straftat[724], wegen mangelnder fachlicher Qualifikation[725] oder wegen fehlender Sprachkenntnisse[726]. Auch bei einer Kündigung wegen des dringenden Verdachts einer Pflichtverletzung (**Verdachtskündigung**) handelt es sich um eine personenbedingte Kündigung[727], die jedoch auch als ordentliche Kündigung sozial nur gerechtfertigt werden kann, wenn Tatsachen vorliegen, die zugleich eine außerordentliche, fristlose Kündigung gerechtfertigt hätten (s i Einz § 626 Rz 125 ff)[728]. Der Unterschied zur außerordentlichen Verdachtskündigung besteht demzufolge vor allem darin, dass die zweiwöchige Kündigungserklärungsfrist gem § 626 Abs 2 Satz 1 nicht gilt. Allerdings kann ein längeres Zuwarten des Arbeitgebers trotz Kenntnis von den für die Kündigung maßgebenden Umständen zu der Annahme berechtigen, dass die Kündigung nicht durch den Verlust des vertragsnotwendigen Vertrauens iSv KSchG § 1 Abs 2 Satz 1 „bedingt" ist[729].

173 b) **Prüfungskriterien**. Das BAG überprüft die Rechtfertigung einer personenbedingten Kündigung in einem **dreistufigen Prüfungsschema**[730]: Auf der ersten Stufe ist zunächst eine **negative Zukunftsprognose** hinsichtlich der voraussichtlichen Dauer der Einschränkung der Fähigkeit bzw Eignung des Arbeitnehmers zur ordnungsgemäßen Erbringung der Arbeitsleistung erforderlich. Liegt eine Negativprognose vor, ist auf der zweiten Stufe festzustellen, ob der in der Person des Arbeitnehmers liegende Grund eine **erhebliche Beeinträchtigung betrieblicher Interessen** zur Folge hat. Auf der dritten Stufe ist schließlich im Rahmen einer umfassenden **Interessenabwägung** zu prüfen, ob die betrieblichen Beeinträchtigungen zu einer billigerweise nicht mehr hinzunehmenden Belastung des Arbeitgebers führen. Darüber hinaus gilt auch bei der personenbedingten Kündigung der **Verhältnismäßigkeitsgrundsatz** (s Rz 170). Als mildere

---

709 St Rspr BAGE 1, 117 = SAE 1955, 78; BAGE 9, 36 = NJW 1960, 2070; BAGE 123, 234 = NZA 2008, 173; NZA 2015, 931 Rz 13 = ZTR 2015, 533; hM zB KR/Rachor KSchG § 1 Rz 219; DDZ/Deinert KSchG § 1 Rz 63.
710 BAGE 153, 126 Rz 29 = NZA 2016, 33; BAGE 115, 122 = DB 2005, 2303; BB 1987, 2302 = EzA § 1 KSchG Betriebsbedingte Kündigung Nr 48; s dazu auch Preis, Prinzipien des Kündigungsrechts bei Arbeitsverhältnissen, S 208 ff; krit DDZ/Deinert KSchG § 1 Rz 303 f.
711 BAG NZA 1990, 307 = DB 1990, 429.
712 BAG NZA 1997, 761 = NJW 1997, 2540.
713 BAGE 93, 255 = NZA 2000, 768; NZA 1997, 761 = NJW 1997, 2540.
714 BAG NZA 1991, 185 = DB 1990, 2274.
715 BAGE 121, 32 = NZA 2007, 680 Rz 15.
716 BAGE 114, 51 = NZA 2005, 759.
717 BAG NZA 2014, 653 Rz 26 = AP Nr 159 zu § 2 KSchG 1969; NZA 2013, 1345 Rz 14 = NJW 2014, 244; BAGE 121, 32 = NZA 2007, 680 Rz 15.
718 Ausf zu den einzelnen Gründen DDZ/Deinert KSchG § 1 Rz 159 ff; KR/Rachor KSchG § 1 Rz 295 ff; SPV/Preis Rz 1233 ff; Schaub/Linck § 131 Rz 16 ff.
719 BAG NZA 2013, 1211 Rz 21 = NJW 2013, 3325; BAGE 136, 213 = NZA 2011, 686 Rz 12.
720 BAG NZA 2014, 602 = NJW 2014, 2219; NZA-RR 2013, 627 = DB 2013, 882.
721 BAG AP Nr 212 zu § 626 BGB = DB 2009, 123.
722 BAGE 96, 336 = NZA 2001, 1304.
723 BAG NZA 2014, 653 = AP Nr 159 zu § 2 KSchG 1969.
724 BAG NZA 2013, 1345 Rz 14 = NJW 2014, 244.
725 BAG NZA 2012, 1449 = NJW 2012, 3740; BAGE 82, 124 = NZA 1996, 581.
726 BAGE 133, 141 = NZA 2010, 625.
727 MünchKomm/Hergenröder Anh § 622 KSchG § 1 Rz 224; ErfK/Oetker KSchG § 1 Rz 177; aA Enderlein RdA 2000, 325, 329.
728 BAGE 165, 255 = NZA 2019, 893.
729 BAGE 165, 255 = NZA 2019, 893.
730 St Rspr: BAG NZA 2015, 931 Rz 13 = ZTR 2015, 533; BAGE 135, 361 Rz 11 = NZA 2011, 39; NZA 2008, 471 Rz 13 = NJW 2008, 1757; NZA 2007, 1041 = NJW 2007, 3148; BAGE 91, 271 = NZA 1999, 978; NZA 1993, 497 = DB 1993, 1292.

Mittel kommen insbes die Umgestaltung des bisherigen Arbeitsbereichs sowie die Beschäftigung des Arbeitnehmers auf einem anderen Arbeitsplatz, ggf nach zumutbarer Umschulung oder Fortbildung bzw zu anderen Arbeitsbedingungen, in Betracht[731]. Zudem muss der Arbeitgeber dem Arbeitnehmer uU zunächst die Chance einräumen, bestimmte Behandlungsmaßnahmen (zB eine Entziehungskur) zu ergreifen[732]. Eine **vorherige Abmahnung** ist zu verlangen, wenn der Arbeitnehmer den in seiner Person liegenden Grund durch steuerbares Verhalten beseitigen kann (zB durch Qualifizierungsmaßnahmen)[733]. Entbehrlich soll sie indes sein, wenn der Arbeitnehmer keine Bereitschaft zeigt, an der an sich möglichen Behebung des personenbedingten Leistungshindernisses mitzuwirken[734]. Dies leuchtet allerdings nicht ein, denn gerade in diesen Fällen wird die Warnfunktion der Abmahnung relevant.

c) **Hauptanwendungsfall: Krankheitsbedingte Kündigung.** Eine krankheitsbedingte 174 Kündigung kommt zunächst anlässlich einer **Langzeiterkrankung** in Betracht. Steht fest, dass der Arbeitnehmer seine Arbeitsleistung zukünftig überhaupt nicht mehr erbringen kann (**dauernde Leistungsunfähigkeit**), ist in aller Regel ohne weiteres von einer erheblichen Beeinträchtigung betrieblicher Interessen auszugehen, da das Verhältnis von Leistung und Gegenleistung dauerhaft erheblich gestört ist[735]. Dem steht der Fall gleich, dass die Wiederherstellung der Arbeitsfähigkeit ungewiss ist und in den nächsten 24 Monaten nicht mit einer anderen Prognose gerechnet werden kann[736]. Liegen diese Voraussetzungen indes nicht vor, ist auch bei einer langanhaltenden Erkrankung nicht ohne weiteres eine Beeinträchtigung betrieblicher Interessen anzunehmen[737]. Es bedarf vielmehr einer expliziten Feststellung der Beeinträchtigung, die sich etwa aus der Unzumutbarkeit erforderlicher Überbrückungsmaßnahmen ergeben kann. Die Überbrückung eines Zeitraums von bis zu 24 Monaten durch die befristete Einstellung einer Ersatzkraft ist dem Arbeitgeber jedoch angesichts der Befristungsmöglichkeit gem TzBfG § 14 Abs 2 Satz 1 typischerweise zuzumuten[738]. Auf wirtschaftliche Belastungen des Arbeitgebers wird sich die Beeinträchtigung der betrieblichen Interessen im Falle einer Langzeiterkrankung wegen der Begrenzung der Entgeltfortzahlung auf sechs Wochen (EFZG § 3 Abs 1 Satz 1) regelmäßig nicht stützen lassen[739]. Auch die weiterhin entstehenden Urlaubsansprüche des erkrankten Arbeitnehmers begründen keine unzumutbare wirtschaftliche Belastung des Arbeitnehmers, da diese regelmäßig spätestens 15 Monaten nach Ablauf des Urlaubsjahres verfallen[740].

Weiterhin kommt eine krankheitsbedingte Kündigung wegen **häufiger Kurzerkrankungen** 175 in Betracht, wenn zum Kündigungszeitpunkt objektive Tatsachen vorliegen, welche die Besorgnis weiterer Erkrankungen im bisherigen Umfang befürchten lassen[741]. In diesem Zusammenhang kann häufigen Kurzerkrankungen in der Vergangenheit im Rahmen der anzustellenden Zukunftsprognose eine indizielle Wirkung für eine entsprechende Entwicklung des Krankheitsbildes in der Zukunft zukommen, sofern die Krankheiten nicht ausgeheilt sind[742]. Für die Erstellung der Gesundheitsprognose ist – vorbehaltlich besonderer Umstände des Einzelfalls – ein Referenzzeitraum von drei Jahren maßgeblich[743]. Eine Beeinträchtigung betrieblicher Interessen kann sich aus auftretenden Betriebsablaufstörungen sowie aus wirtschaftlichen Belastungen, etwa durch zu erwartende, einen Zeitraum von mehr als 6 Wochen pro Jahr übersteigende Entgeltfortzahlungskosten, ergeben[744].

Ein weiterer Anwendungsfall der krankheitsbedingten Kündigung ist schließlich die Kündi- 176 gung wegen **krankheitsbedingter Minderung der Leistungsfähigkeit**. Eine solche setzt voraus, dass die Arbeitsleistung die berechtigte Erwartung des Arbeitgebers in einem Maße unterschreitet, dass ihm ein Festhalten am Arbeitsvertrag nicht weiter zuzumuten ist[745]. Davon wurde etwa bei einer Unterschreitung der Normalleistung um ein Drittel ausgegangen[746]. Zu prüfen

---

731 BAG NZA 2015, 931 Rz 15 = ZTR 2015, 533; BAGE 150, 117 Rz 24 = NZA 2015, 612.
732 BAGE 150, 117 Rz 24 = NZA 2015, 612; BAGE 92, 96 = NZA 1999, 1328.
733 BAGE 86, 95 = NJW 1998, 554; Joussen NZA-RR 2016, 1, 3 f; aA APS/Vossen KSchG § 1 Rz 131; SPV/Preis Rz 1219.
734 BAGE 133, 141 = NZA 2010, 625 Rz 28; NZA 2009, 425 Rz 33 = EzA § 1 KSchG Personenbedingte Kündigung Nr 23.
735 BAGE 135, 361 Rz 11 = NZA 2011, 39; NZA 2010, 1234 Rz 14 = NJW 2010, 3467; BAGE 116, 7 = NZA 2006, 486 Rz 21 mwN.
736 BAG 101, 39 = NZA 2002, 1081.
737 BAG NZA 2015, 1249 Rz 18 ff = NJW 2016, 106.
738 BAG NZA 2015, 1249 Rz 18 = NJW 2016, 106; noch auf Grundlage des BeschFG: BAGE 91, 271 = NZA 1999, 978.
739 Ebenso ErfK/Oetker KSchG § 1 Rz 130a.
740 Ebenso BAG NZA 2015, 1249 Rz 22 = NJW 2016, 106; zum Verfall des Urlaubsanspruchs s BAGE 142, 371 = NZA 2012, 1216.
741 BAGE 147, 162 Rz 27 = NZA 2014, 962; NZA 2008, 593 Rz 16 = AP Nr 29 zu § 1 KSchG 1969 Personenbedingte Kündigung mwN.
742 BAG NZA 2008, 593 Rz 16 = AP Nr 29 zu § 1 KSchG 1969 Personenbedingte Kündigung; NZA 2006, 655 = AP Nr 42 zu § 1 KSchG 1969 Krankheit; AP Nr 40 zu § 1 KSchG 1969 Krankheit = EzA § 1 KSchG Krankheit Nr 50.
743 BAGE 162, 327 = NZA 2018, 1056.
744 BAGE 147, 162 Rz 27 = NZA 2014, 962; EzA § 1 KSchG Krankheit Nr 31 = EEK II/193; BAGE 61, 131 = NZA 1989, 923.
745 BAGE 109, 87 = NZA 2004, 784 mwN.
746 BAG NZA 1992, 1073 = DB 1992, 2196.

ist jedoch auch hier stets, ob nicht ein milderes Mittel, insbes eine Beschäftigung zu veränderten Vertragsbedingungen, zur Verfügung steht⁷⁴⁷. Dabei ist die Durchführung eines betrieblichen Eingliederungsmanagements gem SGB IX § 167 Abs 2 zwar keine formelle Wirksamkeitsvoraussetzung für den Ausspruch einer krankheitsbedingten Kündigung⁷⁴⁸. Wurde entgegen SGB IX § 167 Abs 2 kein betriebliches Eingliederungsmanagement durchgeführt, hat dies allerdings Auswirkungen auf die Darlegungslast des Arbeitgebers im Kündigungsschutzprozess⁷⁴⁹.

177 6. **Verhaltensbedingte Kündigung.** – a) **Kündigungsgrund.** Ein verhaltensbedingter Kündigungsgrund iSv KSchG § 1 Abs 2 Satz 1 kann vorliegen, wenn der Arbeitnehmer seine vertraglichen Haupt- oder Nebenpflichten⁷⁵⁰ erheblich und in der Regel schuldhaft verletzt hat (s dazu auch § 626 Rz 59 ff)⁷⁵¹. Wie bei der personenbedingten Kündigung liegt die Störung des Arbeitsverhältnisses in der Sphäre des Arbeitnehmers. Verhaltensbedingte Gründe können jedoch nach richtiger Ansicht nur Handlungsweisen des Arbeitnehmers sein, die diesem **vorwerfbar** sind⁷⁵². Vorwerfbar idS sind steuerbare, dh willentlich beeinflussbare, Handlungsweisen⁷⁵³. Dagegen trifft den Arbeitnehmer kein Vorwurf, wenn ihm die Pflichterfüllung aus von ihm nicht zu vertretenden Gründen subjektiv nicht möglich ist⁷⁵⁴.

178 b) **Prüfungskriterien.** Da auch die verhaltensbedingte Kündigung keinen Strafcharakter hat, sondern das Risiko weiterer Vertragsverletzungen ausschließen soll, setzt eine Rechtfertigung der verhaltensbedingten Kündigung ebenfalls eine negative Zukunftsprognose voraus⁷⁵⁵. Bei dieser kommt dem Verhalten des Arbeitnehmers in der Vergangenheit allerdings eine erhebliche indizielle Bedeutung zu.

179 Eine ordentliche verhaltensbezogene Kündigung setzt in der Regel eine einschlägige **Abmahnung** voraus. Lediglich in Ausnahmefällen kann diese entbehrlich sein, insbes wenn eine Verhaltensänderung nicht zu erwarten ist oder die Pflichtverletzung so schwer wiegt, dass auch deren erstmalige Hinnahme dem Arbeitgeber nicht zuzumuten ist⁷⁵⁶. Anders als die verhaltensbedingte Kündigung aus wichtigem Grund (vgl § 626 Abs 2 Satz 1) unterliegt die ordentliche verhaltensbedingte Kündigung **keiner besonderen Ausschlussfrist**, sondern lediglich den Grenzen der Verwirkung⁷⁵⁷. Ein nach § 626 Abs 2 Satz 1 ausgeschlossener „wichtiger Grund" kann daher weiterhin einen verhaltensbedingten Grund für eine ordentliche Kündigung darstellen⁷⁵⁸.

180 7. **Betriebsbedingte Kündigung.** – a) **Kündigungsgrund.** Ein dringendes betriebliches Erfordernis iSv KSchG § 1 Abs 2 Satz 1 liegt vor, wenn das **Bedürfnis für die Weiterbeschäftigung des Arbeitnehmers im Betrieb dauerhaft entfallen** ist⁷⁵⁹. Es kann sich sowohl aus innerbetrieblichen als auch aus außerbetrieblichen Gründen ergeben⁷⁶⁰. Um einen innerbetrieblichen Grund handelt es sich, wenn das Bedürfnis für die Weiterbeschäftigung eines oder mehrerer Arbeitnehmer aufgrund der betrieblichen Umsetzung einer Organisationsentscheidung des Arbeitgebers entfällt⁷⁶¹. Kündigungsschutzrechtlich relevante außerbetriebliche Gründe können außerhalb des Betriebs liegende Faktoren sein, die einen konkreten Bezug zum Betrieb des Arbeitgebers aufweisen und sich auf diesen auswirken (zB Auftragsmangel, Umsatzrückgang, Veränderung der Marktstruktur)⁷⁶². In der Regel sind außerbetriebliche Gründe lediglich Motiv bzw Anlass für eine (gestaltende) Organisationsentscheidung des Arbeitgebers⁷⁶³. Vorstellbar ist allerdings auch, dass der Arbeitgeber die Anzahl der benötigten Arbeitskräfte im Rahmen einer selbstbindenden Unternehmerentscheidung unmittelbar vom Umfang des Arbeitsaufkommens oder anderen betriebsexternen Faktoren abhängig gemacht hat⁷⁶⁴. Der Grund für die betriebsbedingte Kündigung beruht demzufolge entweder auf einer gestaltenden oder auf einer selbstbindenden unternehmerischen Entscheidung des Arbeitgebers⁷⁶⁵, wobei die Art der Entscheidung

---

747 BAGE 109, 87 = NZA 2004, 784; BAGE 85, 107 = NZA 1997, 709.
748 BAGE 123, 234 = NZA 2008, 173.
749 BAGE 150, 117 = NZA 2015, 612; BAGE 160, 150 = ZTR 2018, 136.
750 Zu den wichtigsten kündigungsrelevanten Pflichtverletzungen s ausf KR/Rachor KSchG § 1 Rz 448 ff; DDZ/Däubler KSchG § 1 Rz 715 ff.
751 BAG NZA 2012, 607 Rz 20 = DB 2012, 926 mwN.
752 Ebenso DDZ/Däubler KSchG § 1 Rz 687; ErfK/Oetker KSchG § 1 Rz 188; SPV/Preis Rz 1197; offen gelassen: BAG NZA 2012, 607 Rz 21 = DB 2012, 926; aA BAGE 90, 367 = NZA 1999, 863; APS/Dörner KSchG § 1 Rz 276.
753 BAG NZA 2012, 607 Rz 22 = DB 2012, 926 mwN.
754 Vgl BAGE 70, 262 = NZA 1993, 115.
755 SPV/Preis Rz 1209.
756 BAG NZA 2013, 27 Rz 22 = NJW 2013, 104; ausf SPV/Preis Rz 1207 ff.
757 BAG NZA 2014, 965 Rz 25 = NJW 2014, 2520.
758 ErfK/Oetker KSchG § 1 Rz 188.
759 BAG NZA 2012, 852 Rz 15 = NJW 2012, 2747; BAGE 138, 321 Rz 41 = NJW 2012, 475.
760 BAG NZA 2011, 505 Rz 13 = DB 2011, 879; AP Nr 7 zu § 9 AÜG Rz 15 = DB 2006, 1962.
761 BAG NZA 2011, 505 Rz 13 = DB 2011, 879; einzelne Bsp bei DDZ/Deinert KSchG § 1 Rz 249.
762 BAGE 54, 248 = NZA 1987, 629; KR/Rachor KSchG § 1 Rz 554; APS/Kiel KSchG § 1 Rz 466.
763 BAG ZTR 2003, 521 = AP Nr 128 zu § 1 KSchG 1969 Betriebsbedingte Kündigung; SPV/Preis Rz 915.
764 SPV/Preis Rz 915; vgl BAG NZA 1990, 65 = DB 1989, 2384.
765 Zu den Entscheidungsarten s APS/Kiel KSchG § 1 Rz 454; SPV/Preis Rz 912; HK-KSchR/Zimmermann KSchG § 1 Rz 663: „ungebundene und gebundene Entscheidung".

für die Darlegungs- und Beweislast des Arbeitgebers im Kündigungsschutzprozess relevant wird[766]. Die Umsetzung der betrieblichen Entscheidung muss spätestens mit Ablauf der Kündigungsfrist zu einem voraussichtlichen dauerhaften Wegfall des Beschäftigungsbedarfs führen[767]. Die dazu erforderliche **Prognose** muss schon im Zeitpunkt des Zugangs der Kündigung objektiv berechtigt sein, dh die unternehmerische Entscheidung muss zwar noch nicht umgesetzt, aber bereits endgültig getroffen worden sein und die geplante Maßnahme muss bereits feststehen und greifbare Formen angenommen haben[768].

b) **Gerichtliche Überprüfung der Unternehmerentscheidung.** Die unternehmerische Entscheidung ist nach der st Rspr des BAG lediglich im Rahmen einer **Missbrauchskontrolle** dahingehend überprüfbar, ob sie offenbar unvernünftig oder willkürlich ist und ob sie für den Wegfall des Beschäftigungsbedarfs ursächlich ist[769]. Darüber hinaus lehnt das BAG eine Überprüfung der Entscheidung auf ihre sachliche Rechtfertigung oder Zweckmäßigkeit ab[770]. Beschränkt sich die unternehmerische Entscheidung auf den bloßen Entschluss, den Personalbestand auf Dauer zu reduzieren, muss der Arbeitgeber sie jedoch durch Tatsachenvortrag hinsichtlich ihrer organisatorischen Durchführbarkeit sowie hinsichtlich ihrer Dauerhaftigkeit verdeutlichen[771]. **181**

c) **Prüfungskriterien.** Allein die Feststellung, dass der Beschäftigungsbedarf aufgrund der Durchführung einer unternehmerischen Entscheidung dauerhaft entfallen ist, rechtfertigt die betriebsbedingte Kündigung noch nicht. Ein betriebliches Erfordernis ist nur **dringend**, wenn der bei Ausspruch der Kündigung bestehenden betrieblichen Lage nicht durch andere Maßnahmen als durch eine Beendigungskündigung entsprochen werden kann[772]. Das Merkmal konkretisiert also den Grundsatz der **Verhältnismäßigkeit**[773]. Es ist daher zu prüfen, ob das geänderte unternehmerische Konzept die Kündigung unvermeidbar macht[774]. Eine Möglichkeit zur Vermeidung der Kündigung ist insbes die **Weiterbeschäftigung auf einem anderen Arbeitsplatz** im Betrieb oder im Unternehmen, ggf nach zumutbaren Umschulungs- oder Fortbildungsmaßnahmen oder unter geänderten Arbeitsbedingungen (vgl KSchG § 1 Abs 2 Satz 2 Nr 1 Buchst b, Nr 2 Buchst b, Satz 3)[775]. Daneben sind allerdings auch andere technische bzw organisatorische Möglichkeiten zur Kündigungsvermeidung zu prüfen, etwa der Abbau von Überstunden oder des Einsatzes von Leiharbeit[776]. **182**

Die einzelfallbezogene **Interessenabwägung** hat bei der Prüfung der Rechtfertigung betriebsbedingter Kündigungen nur geringe Relevanz. Nach der Rspr des BAG kann sie sich, wenn überhaupt, allenfalls in **seltenen Ausnahmefällen zugunsten des Arbeitnehmers** auswirken[777]. Erwägt hat das BAG eine solche Ausnahme für den Fall, dass der Arbeitnehmer aufgrund schwerwiegender persönlicher Umstände besonders schutzbedürftig ist[778]. In seiner jüngeren Rspr hat das BAG mehrfach betont, dass die Voraussetzungen für eine derartige „Härtefallregelung" so hoch anzusetzen seien, dass kaum mehr Raum für eine praktische Anwendung einer solchen Interessenabwägung bliebe[779]. **183**

Ein besonderer Prüfungspunkt ergibt sich bei betriebsbedingten Kündigungen aus KSchG § 1 Abs 3, wonach die Kündigung im Falle einer fehlerhaften **Sozialauswahl** sozial ungerechtfertigt ist (s dazu Rz 195 ff). **184**

d) **Sozialauswahl.** Nach KSchG § 1 Abs 3 ist eine betriebsbedingte Kündigung trotz Vorliegens eines dringenden betrieblichen Erfordernisses sozial ungerechtfertigt, wenn der Arbeitgeber bei der Auswahl des Arbeitnehmers die Dauer der Betriebszugehörigkeit, das Lebensalter, die Unterhaltspflichten und die Schwerbehinderung des Arbeitnehmers nicht oder nicht ausreichend berücksichtigt hat. Eine Sozialauswahl iSv KSchG § 1 Abs 3 ist durchzuführen, wenn als Adressat **185**

---

766 S dazu HK-KSchR/Zimmermann KSchG § 1 Rz 666 mwN.
767 BAG NZA 2015, 679 Rz 14 = DB 2015, 1105; BAGE 149, 18 Rz 31 = NZA 2015, 101.
768 BAG NZA 2015, 679 Rz 15 f = DB 2015, 1105; BAGE 133, 240 Rz 17 ff = NZA 2010, 944.
769 BAGE 149, 18 Rz 31 = NZA 2015, 101; NZA 2007, 855 Rz 24 = ZTR 2007, 631; BAGE 115, 149 = NZA 2006, 92 mwN.
770 BAGE 145, 265 Rz 19 f = NZA 2014, 139 mwN; krit Däubler, Die Unternehmerfreiheit im Arbeitsrecht, 2012, S 21 ff; Stein AuR 2013, 243, 245 ff.
771 BAGE 92, 71 = NZA 1999, 1098; BAGE 92, 61 = NZA 1999, 1095.
772 BAGE 114, 243 = NZA 2005, 1289.
773 BAGE 114, 243 = NZA 2005, 1289; zur weitergehenden Bedeutung des Merkmals der Dringlichkeit s SPV/Preis Rz 924 ff.
774 KR/Rachor KSchG § 1 Rz 565.
775 Ausf s HK-KSchR/Zimmermann KSchG § 1 Rz 691 ff; LKB/Krause KSchG § 1 Rz 707 ff.
776 I Einz s DDZ/Deinert KSchG § 293 ff; SPV/Preis Rz 1003 ff; APS/Kiel KSchG § 1 Rz 531 ff.
777 BAGE 153, 126 Rz 29 = NZA 2016, 33; BAGE 115, 122 = DB 2005, 2303; BB 1987, 2302 = EzA § 1 KSchG Betriebsbedingte Kündigung Nr 48; s dazu auch Preis, Prinzipien des Kündigungsrechts bei Arbeitsverhältnissen, S 208 ff; KR/Rachor KSchG § 1 Rz 585 f; krit DDZ/Deinert KSchG § 1 Rz 303 f.
778 BAG NJW 1981, 301 = DB 1980, 1400.
779 BAGE 115, 122 = DB 2005, 2303; NZA 2005, 687 = NJW 2005, 2109.

einer betriebsbedingten Kündigung mehrere Arbeitnehmer in Betracht kommen[780]. Sie scheidet dagegen aus, wenn allen Arbeitnehmern zum Ablauf der für sie jeweils geltenden Kündigungsfrist gekündigt wird[781].

186 Die **Prüfung der Sozialauswahl** erfolgt in drei Schritten: Im **ersten Schritt** wird geprüft, welche Arbeitnehmer einzubeziehen sind. Die Sozialauswahl ist betriebsbezogen durchzuführen[782]. Einzubeziehen sind alle Arbeitnehmer des Betriebs, die objektiv miteinander vergleichbar sind und auf deren Arbeitsplatz die unmittelbar vom Arbeitsplatzwegfall betroffenen Arbeitnehmer tatsächlich und rechtlich einsetzbar sind[783]. Unter den vergleichbaren Arbeitnehmern sind im **zweiten Schritt** anhand der in KSchG § 1 Abs 3 genannten Sozialkriterien die Arbeitnehmer zu ermitteln, die sozial am wenigsten schutzbedürftig sind. Die Aufzählung der zu berücksichtigenden Kriterien im Gesetz ist abschließend[784]. Das Gesetz verlangt nur eine ausreichende Berücksichtigung der Kriterien, zu ihrer Gewichtung enthält es dagegen keine Vorgaben, so dass dem Arbeitgeber insoweit ein Beurteilungsspielraum zukommt[785]. Ein absoluter Vorrang kommt jedoch keinem der Kriterien zu[786]. Die Sozialauswahl kann auch anhand eines Punkteschemas durchgeführt werden, in dem die Gewichtung der im Gesetz genannten Auswahlkriterien durch die Verteilung von Sozialpunkten erfolgt[787]. Im **dritten Schritt** sind schließlich die Arbeitnehmer aus der Sozialauswahl herauszunehmen, deren Weiterbeschäftigung, insbes wegen ihrer Kenntnisse, Fähigkeiten und Leistungen oder zur Sicherung einer ausgewogenen Personalstruktur des Betriebs, im berechtigten betrieblichen Interesse liegt (KSchG § 1 Abs 3 Satz 2). Die Herausnahme erfolgt nur auf Verlangen des Arbeitgebers. Ein *berechtigtes* Interesse an der Weiterbeschäftigung liegt vor, wenn das betriebliche Interesse an der Weiterbeschäftigung gegenüber den gegenläufigen Interessen der sozial schwächeren Arbeitnehmer überwiegt, es bedarf also einer einzelfallbezogenen Interessenabwägung[788]. Dabei müssen die Gründe für eine Herausnahme des Leistungsträgers aus der Sozialauswahl umso gewichtiger sein je schutzbedürftiger der sozial schwächere Arbeitnehmer ist[789].

187 Im Hinblick auf die **Folgen einer fehlerhaften Sozialauswahl** ist danach zu differenzieren, ob sich der Fehler auf die Auswahl des betreffenden Arbeitnehmers ausgewirkt hat. Nur wenn der Fehler bei der Sozialauswahl die Auswahl des betreffenden Arbeitnehmers tatsächlich beeinflusst hat, ist die Kündigung unwirksam[790]. Wäre der betreffende Arbeitnehmer indes auch bei fehlerfreier Sozialauswahl gekündigt worden, bleibt es bei der Wirksamkeit der Kündigung. Dies gilt selbst dann, wenn keine Sozialauswahl durchgeführt wurde und die richtige Auswahl lediglich zufällig erfolgte[791]. Die **Darlegungs- und Beweislast** für eine fehlerhafte Sozialauswahl liegt nach KSchG § 1 Abs 3 Satz 3 beim Arbeitnehmer. Der Arbeitgeber hat ihm jedoch auf Verlangen nach KSchG § 2 Abs 3 Satz 1 Halbs 2 die Gründe mitzuteilen, die zu der sozialen Auswahl geführt haben. Zudem gilt eine abgestufte Darlegungslast[792].

188 Die Gewichtung der im Gesetz abschließend festgelegten sozialen Gesichtspunkte kann in einem **Tarifvertrag oder in einer Betriebsvereinbarung nach BetrVG § 95** bzw in einer entsprechenden Auswahlrichtlinie nach den Personalvertretungsgesetzen festgelegt werden (zB durch die Vereinbarung eines Punkteschemas). Liegt eine solche kollektivrechtliche Auswahlrichtlinie vor, kann die **Gewichtung der sozialen Gesichtspunkte** im Kündigungsschutzprozess nur noch auf **grobe Fehlerhaftigkeit** überprüft werden (KSchG § 1 Abs 4). Grob fehlerhaft ist die Gewichtung, wenn einzelne Sozialdaten überhaupt nicht, eindeutig unzureichend oder mit eindeutig überhöhter Bedeutung berücksichtigt wurden[793]. Im Übrigen verbleibt es bei der uneingeschränkten gerichtlichen Überprüfung der Sozialauswahl[794].

---

780 SPV/Preis Rz 1021.
781 BAG AP Nr 199 zu § 1 KSchG 1969 Betriebsbedingte Kündigung Rz 42 = DB 2013, 2687; NZA 2005, 1351 = NJW 2006, 2508.
782 BAG AP Nr 199 zu § 1 KSchG 1969 Betriebsbedingte Kündigung Rz 42 = DB 2013, 2687; im öffentlichen Dienst tritt die Dienststelle an die Stelle des Betriebs: BAGE 153, 126 Rz 23 = NZA 2016, 33; zur rechtsträgerübergreifenden Sozialauswahl im gemeinsamen Betrieb mehrerer Unternehmen: BAGE 167, 170 = NZA 2019, 1427.
783 S dazu eingehend BAGE 114, 374 = NZA 2005, 1302; i Einz s HK-KSchR/Zimmermann KSchG § 1 Rz 828 ff; APS/Kiel KSchG § 1 595 ff.
784 BAGE 123, 1 = NZA 2008, 33 Rz 52.
785 BAG NZA 2013, 837 Rz 13 = DB 2013, 1674; NZA 2010, 1059 Rz 13 = DB 2010, 2230; DB 2007, 2097 = AP Nr 89 zu § 1 KSchG 1969 Soziale Auswahl; BAGE 123, 1 = NZA 2008, 33 Rz 64; BAGE 115, 92 = NZA 2006, 207.
786 BAG NZA 2010, 457 Rz 29 = NJW 2010, 1395; BAGE 115, 92 = NZA 2006, 207.
787 BAGE 120, 137 = NZA 2007, 549; aA Thüsing/Rachor/Lembke/Thüsing KSchG § 1 Rz 867: einzelfallbezogene Abschlussprüfung auch bei Anwendung eines Punkteschemas erforderlich.
788 BAGE 123, 20 = NZA 2007, 1362 Rz 34; vgl auch BAG NZA 2003, 42 = NJW 2002, 3797.
789 BAGE 142, 339 Rz 36 = NZA 2013, 86.
790 BAG NZA 2010, 457 Rz 32 = NJW 2010, 1395; BAGE 120, 137 = NZA 2007, 549.
791 BAG NZA 2013, 837 Rz 13 = DB 2013, 1674.
792 S dazu BAG AP Nr 89 zu § 1 KSchG 1969 Soziale Auswahl Rz 38 = DB 2007, 2097; BAGE 114, 374 = NZA 2005, 1302.
793 BAG NZA 2010, 1059 Rz 13 = DB 2010, 2230.
794 HK-KSchR/Zimmermann KSchG § 1 Rz 901; APS/Kiel KSchG § 1 691.

e) **Interessenausgleich mit Namensliste.** Erfolgen betriebsbedingte Kündigungen aufgrund 189 einer Betriebsänderung iSv BetrVG § 111, können die Betriebsparteien im Interessenausgleich die Arbeitnehmer, denen gekündigt werden soll, namentlich festlegen (sog Namensliste). Diese Festlegung hat nach KSchG § 1 Abs 5 erhebliche Auswirkungen auf die Überprüfung der Kündigung im Kündigungsschutzprozess. Nach KSchG § 1 Abs 5 Satz 1 wird (widerlegbar) vermutet, dass die Kündigung durch dringende betriebliche Erfordernisse bedingt ist. Zudem ist die Sozialauswahl gem KSchG § 1 Abs 5 Satz 2 nur auf grobe Fehlerhaftigkeit zu überprüfen. Die Beschränkung des Prüfungsmaßstabes in KSchG § 1 Abs 5 Satz 2 bezieht sich, anders als diejenige in KSchG § 1 Abs 4, auf die gesamte Sozialauswahl und nicht bloß auf die Gewichtung der sozialen Gesichtspunkte[795]. Eine grobe Fehlerhaftigkeit liegt vor, wenn eine evidente, massive Abweichung von den Grundsätzen des KSchG § 1 Abs 3 vorliegt und der Interessenausgleich jede soziale Ausgewogenheit vermissen lässt[796]. Im Falle eines mit dem Insolvenzverwalter geschlossenen Interessenausgleichs mit Namensliste gilt InsO § 125. Besteht kein Betriebsrat oder kommt kein Interessenausgleich zustande, kann in einem arbeitsgerichtlichen Beschlussverfahren auf Antrag des Insolvenzverwalters festgestellt werden, dass die Kündigung der Arbeitsverhältnisse der im Antrag bezeichneten Arbeitnehmer durch dringende betriebliche Erfordernisse bedingt und sozial gerechtfertigt ist (InsO § 126). Die rechtskräftige Entscheidung hat in einem späteren Kündigungsschutzprozess gem InsO § 127 Bindungswirkung.

f) **Abfindungsanspruch (KSchG § 1a).** Gem KSchG § 1a kann dem Arbeitnehmer im Falle 190 einer betriebsbedingten Kündigung ausnahmsweise ein gesetzlicher Abfindungsanspruch zustehen. Die Vorschrift soll den Arbeitsvertragsparteien „eine einfach zu handhabende, moderne und unbürokratische Alternative zum Kündigungsschutzprozess" bieten[797]. Sie setzt zunächst voraus, dass der Arbeitgeber wegen dringender betrieblicher Erfordernisse gekündigt und der Arbeitnehmer keine Kündigungsschutzklage erhoben hat (KSchG § 1a Abs 1 Satz 1). Zudem muss der Arbeitgeber den Arbeitnehmer in der Kündigungserklärung auf den Abfindungsanspruch hingewiesen haben (KSchG § 1a Abs 1 Satz 2). Die Höhe der Abfindung beträgt 0,5 Monatsverdienste für jedes Jahr des Bestehens des Arbeitsverhältnisses (KSchG § 1a Abs 3).

II. Schutz bei Massenentlassungen

Besondere Anforderungen gelten nach KSchG §§ 17-22 für ordentliche Kündigungen im Rahmen 191 von Massenentlassungen. Die Vorschriften verfolgen arbeitsmarktpolitische Zwecke und dienen der Umsetzung der unionsrechtlichen Vorgaben der **Massenentlassungs-RL**[798], die explizit auch den Schutz der Arbeitnehmer bezweckt[799]. Sie enthalten zwingendes Recht und gelten auch in der Insolvenz[800]. Der allgemeine Kündigungsschutz nach KSchG §§ 1-14 sowie der besondere Kündigungsschutz bleiben von den KSchG §§ 17-22 unberührt[801].

1. **Begriff der Massenentlassung.** Eine Massenentlassung liegt nach KSchG § 17 Abs 1 Satz 1 192 vor, wenn innerhalb von 30 Kalendertagen

– in Betrieben mit in der Regel mehr als 20 und weniger als 60 Arbeitnehmern mehr als 5 Arbeitnehmer entlassen werden,
– in Betrieben mit in der Regel mindestens 60 und weniger als 500 Arbeitnehmern 10 vom Hundert der im Betrieb regelmäßig beschäftigten Arbeitnehmer oder aber mehr als 25 Arbeitnehmer entlassen werden oder
– in Betrieben mit in der Regel mindestens 500 Arbeitnehmern mindestens 30 Arbeitnehmer entlassen werden.

Bei der Ermittlung der Schwellenwerte sind neben betriebsbedingten Kündigungen auch andere Beendigungen des Arbeitsverhältnisses auf Veranlassung des Arbeitgebers (zB Eigenkündigungen von Arbeitnehmern oder Aufhebungsverträge) zu berücksichtigen (KSchG § 17 Abs Satz 2)[802]. Außerordentliche Kündigungen werden dagegen nicht berücksichtigt (KSchG § 17 Abs 4 Satz 2).

---

795 BAG NZA 2010, 1352 Rz 29 = DB 2010, 2566.
796 BAG NZA 2013, 333 Rz 42 = DB 2013, 523 mwN.
797 BT-Drucks 15/1204 S 12.
798 RL 98/59/EG des Rates vom 20. Juli 1998 zur Angleichung der Rechtsvorschriften der Mitgliedstaaten über Massenentlassungen (ABl L 225, 16).
799 DDZ/Callsen KSchG § 17 Rz 4; APS/Moll KSchG Rz 8 ff vor § 17; ErfK/Kiel KSchG § 17 Rz 1 f.
800 ErfK/Kiel KSchG § 1 Rz 3.

801 APS/Moll KSchG § 17 Rz 17 ff; HK-KSchR/Pfeiffer KSchG § 17 Rz 10 ff; DDZ/Callsen KSchG § 17 Rz 5.
802 S dazu BAG AP Nr 464 zu § 613a BGB Rz 44 ff = EzA § 17 KSchG Nr 34; BAGE 142, 202 = NZA 2012, 1029; zum Entlassungsbegriff bei Arbeitnehmern in Elternzeit s BAG NZA 2017, 577 = DB 2017, 1094.

193 **2. Arbeitnehmerbegriff und Betriebsbegriff.** Der Arbeitnehmerbegriff des KSchG § 17 ist ein **unionsrechtlicher Begriff**, bei der Auslegung ist daher die Rspr des EuGH zu beachten[803]. Er umfasst auch die zu ihrer Berufsausbildung Beschäftigten[804]. Eine Erfüllung der Wartezeit des KSchG § 1 Abs 1 setzt KSchG § 17 nicht voraus, es sind also auch diejenigen Arbeitnehmer zu berücksichtigen, die noch nicht sechs Monate im Betrieb beschäftigt sind[805]. Ausgenommen sind nach KSchG § 17 Abs 5 die Mitglieder des Vertretungsorgans einer juristischen Person, die zur Vertretung einer Personengesamtheit berufenen Personen sowie Geschäftsführer, Betriebsleiter und ähnliche leitende Personen, soweit diese zur selbständigen Einstellung und Entlassung von Arbeitnehmern berechtigt sind. Angesichts der Entscheidung des EuGH in der Rs „Balkaya" ist **KSchG § 17 Abs 5** in seiner aktuellen Fassung **nicht mit dem Unionsrecht vereinbar**[806]. Da eine richtlinienkonforme Auslegung am eindeutigen Wortlaut des KSchG § 17 Abs 5 scheitert, bedarf es einer Änderung durch den Gesetzgeber[807]. Ob **Leiharbeitnehmer** bei der Bestimmung der Betriebsgröße nach KSchG § 17 Abs 1 Satz 1 zu berücksichtigen sind, ist nicht abschließend geklärt[808]. Das BAG hatte die Frage dem EuGH vorgelegt[809], das Verfahren wurde jedoch anderweitig beendet[810].

194 Der **Betriebsbegriff** des KSchG § 17 ist ein unionsrechtlicher Begriff, der einheitlich und losgelöst vom nationalen Begriffsverständnis (etwa des KSchG oder des BetrVG[811]) auszulegen ist[812]. Zu Ausnahmen für Saison- und Kampagnenbetrieben s KSchG § 22.

195 **3. Konsultationsverfahren.** Sofern ein Betriebsrat besteht, hat der Arbeitgeber diesen vor einer Massenentlassung nach den näheren Maßgaben des KSchG § 17 Abs 2 Satz 1 rechtzeitig und schriftlich zu unterrichten. Zudem hat der Arbeitgeber nach KSchG § 17 Abs 2 Satz 2 mit dem Betriebsrat über Möglichkeiten zur Vermeidung oder Einschränkung der Entlassungen und ihrer Folgen zu beraten.

196 **4. Anzeigepflicht.** Steht eine Massenentlassung iSv KSchG § 17 Abs 1 bevor, hat der Arbeitgeber diese nach Maßgabe des KSchG § 17 Abs 3 bei der zuständigen Agentur für Arbeit schriftlich anzuzeigen. Die Anzeige hat nach Abschluss des Konsultationsverfahrens nach KSchG § 17 Abs 2 und vor Ausspruch der Kündigungen zu erfolgen[813]. Maßgeblich ist der Zeitpunkt des Zugangs der Kündigung[814]. Die Massenentlassungsanzeige löst nach KSchG § 18 Abs 1 eine einmonatige Sperrfrist aus, innerhalb derer eine Entlassung nur mit der Zustimmung der Agentur für Arbeit wirksam wird. Nach KSchG § 18 Abs 2 kann die Agentur für Arbeit die Sperrfrist auf zwei Monate verlängern. Nach Ablauf der Sperrfrist bzw Zustimmung der Agentur für Arbeit müssen die Entlassungen innerhalb von 90 Tagen durchgeführt werden, anderenfalls bedarf es unter den Voraussetzungen des KSchG § 17 Abs 1 einer erneuten Anzeige (KSchG § 18 Abs 4).

197 **5. Rechtsfolgen für Kündigungen.** Hat der Arbeitgeber eine nach KSchG § 17 Abs 1 erforderliche Massenentlassungsanzeige unterlassen oder nicht wirksam erstattet oder ein nach KSchG § 17 Abs 2 erforderliches Konsultationsverfahren nicht durchgeführt, führt dies nach § 134 zur **Nichtigkeit** der ausgesprochenen Kündigungen[815]. Diese muss der Arbeitnehmer jedoch durch fristgerechte Erhebung einer Kündigungsschutzklage gerichtlich geltend machen[816]. Das Recht zur **außerordentlichen Kündigung** bleibt gem KSchG § 17 Abs 4 unberührt.

III. Kollektivrechtlicher Kündigungsschutz durch Beteiligungsrechte der Interessenvertretung

198 Der individualrechtliche Kündigungsschutz des KSchG wird durch einen kollektivrechtlichen – dem Ausspruch der Kündigung grds vorgelagerten – Schutz ergänzt[817]. Die jeweils zuständige Interessenvertretung ist vor jeder Kündigung anzuhören und erhält auf diese Weise die

---

803 EuGH NZA 2015, 861 Rz 33 = NJW 2015, 2481 – Balkaya; ErfK/Kiel KSchG § 17 Rz 6; KR/Weigand KSchG § 17 Rz 46.
804 Ausf KR/Weigand KSchG § 17 Rz 47.
805 DDZ/Callsen KSchG § 17 Rz 12; HK-KSchR/Pfeiffer KSchG § 17 Rz 23.
806 EuGH NZA 2015, 861 = NJW 2015, 2481 – Balkaya.
807 S dazu Klein/Hlava AuR 2016, 76 ff; aA DDZ/Callsen KSchG § 17 Rz 11.
808 Befürwortend: LAG Düsseldorf AuR 2017, 127 = ArbR 2017, 227.
809 BAGE 161, 81 = NZA 2018, 245.
810 EuGH 17. Mai 2018 – C-57/18 (Streichung aus dem Register des Gerichtshofs).
811 Anders noch die frühere Rspr, die den Begriff aus BetrVG §§ 1, 4 heranzog: BAG AP Nr 1 zu § 343 InsO Rz 149 = NZI 2013, 758 mwN.
812 BAGE 169, 362 = NZA 2020, 1006; BAGE 170, 98 = NZA 2020, 1303.
813 Schaub/Linck § 142 Rz 25; HK-KSchR/Pfeiffer KSchG § 17 Rz 63; ErfK/Kiel KSchG § 17 Rz 34.
814 BAGE 167, 102 = NZA 2019, 1638.
815 BAGE 144, 366 = NZA 2013, 966.
816 Schaub/Linck § 142 Rz 28; HK-KSchR/Pfeiffer KSchG § 17 Rz 82; ErfK/Kiel KSchG § 17 Rz 39 mwN.
817 Richardi/Thüsing BetrVG § 102 Rz 5; GK-BetrVG/Raab § 102 Rz 3.

Möglichkeit bereits im Vorfeld auf den Kündigungsentschluss des Arbeitgebers Einfluss zu nehmen, um die Kündigung ggf zu vermeiden[818].

1. Betriebe der Privatwirtschaft. Gem BetrVG § 102 Abs 1 Satz 1 ist der Betriebsrat vor **199 jeder Kündigung** zu hören. Die Anhörung des Betriebsrats ist **Wirksamkeitsvoraussetzung** der Kündigung. Wurde sie unterlassen oder fehlerhaft durchgeführt, ist die Kündigung unwirksam (BetrVG § 102 Abs 1 Satz 3), es sei denn, die Mängel der Anhörung liegen in der Sphäre des Betriebsrats. Die Unwirksamkeit nach BetrVG § 102 Abs 1 Satz 3 muss von dem betroffenen Arbeitnehmer durch fristgerechte Erhebung einer Kündigungsschutzklage gerichtlich geltend gemacht werden.

Einer **ordentlichen Kündigung** kann der Betriebsrat zudem unter den Voraussetzungen des **200** BetrVG § 102 Abs 3 widersprechen. Der Widerspruch des Betriebsrats hat zur Folge, dass der Arbeitnehmer auf sein Verlangen nach BetrVG § 102 Abs 5 Satz 1 bis zum rechtskräftigen Abschluss des Kündigungsschutzprozesses unter unveränderten Arbeitsbedingungen **weiterzubeschäftigen** ist, vorausgesetzt er hat fristgerecht Kündigungsschutzklage erhoben. Gem BetrVG § 102 Abs 5 Satz 2 kann der Arbeitgeber beim ArbG die Entbindung von der Weiterbeschäftigungspflicht beantragen. Der Widerspruch des Betriebsrats nach BetrVG § 102 Abs 3 Nr 2 u 3 kann zudem einen absoluten Sozialwidrigkeitsgrund iSv KSchG § 1 Abs 2 Satz 2 Nr 1 begründen (s bereits Rz 168).

Eine beabsichtigte Kündigung gegenüber einem **leitenden Angestellten** iSv BetrVG § 5 **201** Abs 3 ist dem Betriebsrat nach BetrVG § 105 lediglich rechtzeitig mitzuteilen. Eine Verletzung dieser Mitteilungspflicht hat jedoch keine Auswirkung auf die Wirksamkeit der Kündigung[819]. Besteht allerdings ein **Sprecherausschuss**, ist dieser vor der Kündigung eines leitenden Angestellten nach SprAuG § 31 Abs 2 Satz 1 zu hören. Ein Verstoß gegen diese Anhörungspflicht führt nach SprAuG § 31 Abs 2 Satz 3 zur Unwirksamkeit der Kündigung.

2. Öffentlicher Dienst. Der Personalrat wirkt nach BPersVG § 85 Abs 1 Satz 1 bei ordentlichen **202** Kündigungen mit und ist nach BPersVG § 86 Satz 1 vor einer außerordentlichen Kündigung zu hören. Eine ohne Beteiligung des Personalrats ausgesprochene Kündigung ist gem BPersVG § 85 Abs 3 unwirksam. Dasselbe gilt im Falle einer fehlerhaften Beteiligung, sofern der Fehler nicht in der Sphäre des Personalrats liegt. Die Unwirksamkeit muss durch fristgerechte Erhebung einer Kündigungsschutzklage gerichtlich geltend gemacht werden.

Gegen eine **ordentliche Kündigung** kann der Personalrat nach Maßgabe des BPersVG § 85 **203** Abs 1 Satz 3 Einwendungen erheben. Wird dem Arbeitnehmer dennoch gekündigt, ist dieser auf sein Verlangen bis zum rechtskräftigen Abschluss des Kündigungsschutzverfahrens zu unveränderten Arbeitsbedingungen weiter zu beschäftigen, sofern er fristgerecht Kündigungsschutzklage erhoben hat. Unter den Voraussetzungen des BPersVG § 85 Abs 2 Satz 2 kann das ArbG den Arbeitgeber auf seinen Antrag von der Weiterbeschäftigungspflicht entbinden. Beruhen die Einwendungen des Personalrats auf BPersVG § 85 Abs 1 Satz 3 Nr 2 oder 3, können sie zudem einen absoluten Sozialwidrigkeitsgrund iSv KSchG § 1 Abs 2 Satz 2 Nr 2 begründen (s bereits Rz 168).

In den **Landespersonalvertretungsgesetzen** ist der kollektivrechtliche Kündigungsschutz **204** unterschiedlich ausgestaltet. In einigen Ländern entsprechen die Regelungen inhaltlich oder sogar wörtlich derjenigen des BPersVG, teilweise enthalten die Landesgesetze jedoch auch weitergehende Regelungen[820]. Nach dem unmittelbar für die Länder geltenden **BPersVG § 128** ist die Beteiligung des Personalrats für alle Länder als Wirksamkeitsvoraussetzung der Kündigung ausgestaltet.

3. Beteiligung der Schwerbehindertenvertretung. Vor der Kündigung eines schwerbehin- **205** derten Menschen ist gem SGB IX § 178 Abs 2 Satz 1 die Schwerbehindertenvertretung zu beteiligen. Die Beteiligung der Schwerbehindertenvertretung tritt neben die Beteiligung des Betriebs- bzw Personalrats und ist von dieser unabhängig. Eine ohne die erforderliche Beteiligung der Schwerbehindertenvertretung erklärte Kündigung ist gem SGB IX § 178 Abs 2 Satz 3 unwirksam[821].

---

818 BAGE 74, 185 = NZA 1994, 311; NZA 1990, 748 = NJW 1990, 2489; GK-BetrVG/Raab § 102 Rz 3; DKW/Bachner BetrVG § 102 Rz 3.
819 BAG DB 1976, 1064 = AP Nr 13 zu § 5 BetrVG 1972; GK-BetrVG/Raab § 105 Rz 15; DKW/Bachner BetrVG § 105 Rz 12; Fitting BetrVG § 105 Rz 9.
820 S dazu i Einz Richardi/Dörner/Weber/Benecke Personalvertretungsrecht BPersVG § 79 Rz 144 ff; Alt-

vater/Baden/Berg/Kröll/Noll/Seulen/Altvater BPersVG § 79 Rz 82 ff.
821 S dazu BAGE 164, 360 = NZA 2019, 305; s ausf auch Bayreuther NZA 2017, 87 ff; Boecken VSSR 2017, 69 ff; Grundel ZAT 2017, 50 ff; Klein NJW 2017, 852 ff; Kleinebrink DB 2017, 126 ff; Mühlmann NZA 2017, 884 ff; Schmitt BB 2017, 2293 ff.

IV. Besonderer Kündigungsschutz

206 Für bestimmte, besonders schutzbedürftige Arbeitnehmer besteht neben dem allgemeinen Kündigungsschutz ein besonderer Kündigungsschutz.

207 1. **Amtsträger und Wahlbewerber.** Nach KSchG § 15 Abs 1 u 2 ist die **ordentliche Kündigung** von Mitgliedern des Betriebsrats, der Jugend- und Auszubildendenvertretung, des Seebetriebsrats, der Bordvertretung und der Personalvertretung während der Dauer der Amtszeit sowie innerhalb von 12 Monaten bzw bei Mitgliedern der Bordvertretung innerhalb von 6 Monaten nach Beendigung der Amtszeit unzulässig. Dasselbe gilt gem KSchG § 15 Abs 3 für Mitglieder eines Wahlvorstands vom Zeitpunkt ihrer Bestellung an sowie für Wahlbewerber vom Zeitpunkt der Aufstellung des Wahlvorschlags an, jeweils bis zum Ablauf von sechs Monaten nach Bekanntgabe des Wahlergebnisses. Ferner sind nach KSchG § 15 Abs 3a Wahlinitiatoren vor ordentlichen Kündigungen geschützt, wobei sich die Dauer des Schutzes danach richtet, ob ein Betriebsrat zustande kommt oder nicht. Der besondere Kündigungsschutz des KSchG § 15 gilt gem SGB IX § 179 Abs 3 Satz 1 auch für die Vertrauenspersonen der Schwerbehinderten.

208 Im Falle einer **Betriebsstilllegung** ist eine ordentliche Kündigung gegenüber Amtsträgern und Wahlbewerbern ausnahmsweise zulässig (KSchG § 15 Abs 4). Wird eine Abteilung stillgelegt, in der eine nach KSchG § 15 Abs 1-3a geschützte Person beschäftigt ist, kann unter den Voraussetzungen des KSchG § 15 Abs 5 iVm Abs 4 ebenfalls ausnahmsweise eine ordentliche Kündigung zulässig sein.

209 Eine **außerordentliche Kündigung** schließt KSchG § 15 nicht aus. **Während der Dauer der Amtszeit** bedarf die Kündigung von Mitgliedern des Betriebsrats, der Jugend- und Auszubildendenvertretung, des Seebetriebsrats, der Bordvertretung und der Personalvertretung jedoch der Zustimmung des Betriebsrats nach BetrVG § 103 iVm KSchG § 15 Abs 1 oder der zuständigen Personalvertretung nach den entsprechenden personalvertretungsrechtlichen Vorschriften (vgl BPersVG §§ 55, 127 Abs 1 iVm KSchG § 15 Abs 2). Wird die erforderliche Zustimmung verweigert, ist eine außerordentliche Kündigung erst zulässig, nachdem das zuständige ArbG bzw VG die Zustimmung ersetzt hat. **Nach Beendigung der Amtszeit** gelten für die außerordentliche Kündigung ehemaliger Amtsträger nur die allgemeinen Vorschriften. Das Zustimmungserfordernis gilt anders als der Schutz vor ordentlicher Kündigung nicht über das Ende der Amtszeit hinaus. Für Wahlvorstandsmitglieder und Wahlbewerber gilt das Zustimmungserfordernis im Falle der außerordentlichen Kündigung bis zur Bekanntgabe des Wahlergebnisses (vgl BetrVG § 103 iVm KSchG § 15 Abs 3 sowie BPersVG §§ 25 Abs 1 Satz 3, 55 Abs 1, 127 Abs 1 iVm KSchG § 15 Abs 3).

210 Maßgeblicher **Zeitpunkt** für die Beurteilung der Anwendbarkeit des Sonderkündigungsschutzes ist der Zeitpunkt des Zugangs der Kündigungserklärung[822].

211 2. **Schwerbehinderte Arbeitnehmer.** – a) **Geltungsbereich.** Für schwerbehinderte Menschen (iSv SGB IX § 2 Abs 2) und diesen gleichgestellte behinderte Menschen (iSv SGB IX § 2 Abs 3) enthalten die SGB IX §§ 168 ff besondere Kündigungsschutzbestimmungen, welche nach Erfüllung einer **sechsmonatigen Wartezeit**[823] gelten (SGB IX § 173 Abs 1 Nr 1). Die SGB IX §§ 168 ff gelten auch für **Auszubildende** (vgl BBiG § 10 Abs 2) sowie für in **Heimarbeit** beschäftigte und diesen gleichgestellte schwerbehinderte Menschen (vgl SGB IX § 210 Abs 2), nicht hingegen für arbeitnehmerähnliche Personen und Mitglieder von Vertretungsorganen einer juristischen Person[824]. Der Sonderkündigungsschutz gilt nicht, wenn einer der in SGB IX § 173 geregelten Ausnahmetatbestände greift[825]. Unerheblich ist die Betriebsgröße; der Sonderkündigungsschutz des SGB IX gilt auch im Kleinbetrieb[826]. Der Sonderkündigungsschutz gilt unabhängig davon, ob der Arbeitgeber zum Zeitpunkt des Ausspruchs der Kündigung von der Schwerbehinderteneigenschaft des Arbeitnehmers Kenntnis hatte[827]. Nach SGB IX § 173 Abs 3 muss die Schwerbehinderteneigenschaft zum Zeitpunkt der Kündigung jedoch entweder nachgewiesen sein, dh es muss ein entsprechender Feststellungsbescheid vorliegen oder die Schwerbehinderung muss offenkundig sein[828], oder der Antrag auf Feststellung muss spätestens 3 Wochen (bzw bei Erforderlichkeit eines Gutachtens spätestens 7 Wochen) vor Ausspruch der Kündigung gestellt worden sein und der Arbeitnehmer muss seine Obliegenheiten gegenüber der zuständi-

---

822 BAG NZA 2013, 425 Rz 20 = NJW 2013, 1323; DDZ/Deinert KSchG § 15 Rz 33; ErfK/Kiel KSchG § 15 Rz 2.
823 Ausf dazu LPK-SGB IX/Düwell § 173 Rz 5 ff; SPV/Vossen Rz 1491 f.
824 APS/Vossen SGB IX § 168 Rz 7; ErfK/Rolfs SGB IX § 168 Rz 3.
825 Dazu i Einz ErfK/Rolfs SGB IX § 173 Rz 2 ff; SPV/Vossen Rz 1493 ff.
826 ErfK/Rolfs SGB IX § 168 Rz 3; SPV/Vossen Rz 1489.
827 BAG NZA-RR 2011, 516 Rz 21 = AP Nr 11 zu § 85 SGB IX; BAGE 124, 43 = NZA 2008, 407 Rz 24.
828 BAGE 125, 345 = NZA 2008, 1055 Rz 17.

gen Behörde erfüllt haben[829]. Bei **Unkenntnis des Arbeitgebers** muss sich der Arbeitnehmer innerhalb einer Frist von drei Wochen nach Zugang der Kündigungserklärung auf den besonderen Kündigungsschutz berufen, anderenfalls verwirkt er den besonderen Schutz[830]. Zu der Frist hinzuzurechnen ist die Zeitspanne, innerhalb derer der Arbeitnehmer den Zugang der Information beim Arbeitgeber (zB durch eine schriftliche Mitteilung) zu bewirken hat[831]. Informiert der Arbeitnehmer den Arbeitgeber erstmals in der bei Gericht eingereichten Klageschrift über seine Schwerbehinderung, kann er sich nicht auf ZPO § 167 berufen[832].

212 b) **Ordentliche Kündigung.** Den Kern des besonderen Kündigungsschutzes bildet das in SGB IX § 168 enthaltene Zustimmungserfordernis des Integrationsamts. Dabei handelt es sich um ein öffentlich-rechtliches **Verbot mit Erlaubnisvorbehalt**[833]. Durch die Zustimmung des Integrationsamts wird die öffentlich-rechtliche Verbotsschranke aufgehoben und eine wirksame Kündigung möglich[834]. Die Zustimmung ist schriftlich zu beantragen (SGB IX § 170 Abs 1 Satz 1). Über den Antrag soll innerhalb eines Monats entschieden werden (SGB IX § 171 Abs 1). Die Entscheidung ergeht außer in den Fällen des SGB IX § 172 grds nach pflichtgemäßem Ermessen[835]. Hat das Integrationsamt die Zustimmung erteilt, kann die Kündigung nur innerhalb eines Monats nach Zustellung der Entscheidung ausgesprochen werden (SGB IX § 171 Abs 3). Eine ohne die vorherige Zustimmung des Integrationsamts ausgesprochene Kündigung ist nach § 134 nichtig[836]. Die Unwirksamkeit ist durch fristgemäße Erhebung einer Kündigungsschutzklage gerichtlich geltend zu machen[837].

213 Neben dem Zustimmungserfordernis sieht SGB IX § 169 für ordentliche Kündigungen eine **Kündigungsfrist** von mindestens 4 Wochen vor. Längere Kündigungsfristen (zB nach § 622 oder aufgrund vertraglicher oder tarifvertraglicher Regelungen) werden durch die Vorschrift nicht berührt[838]. SGB § 169 wird daher nur relevant, wenn die Kündigungsfrist aufgrund einer tarifvertraglichen (§ 622 Abs 4) oder vertraglichen (§ 622 Abs 5) Vereinbarung weniger als 4 Wochen beträgt[839].

214 c) **Außerordentliche Kündigung.** Die außerordentliche Kündigung bedarf nach SGB IX § 174 Abs 1 iVm § 168 ebenfalls der vorherigen Zustimmung durch das Integrationsamt. Der Antrag kann nur innerhalb von 2 Wochen nach Kenntniserlangung des Arbeitgebers von den für die Kündigung maßgebenden Tatsachen gestellt werden (SGB IX § 174 Abs 2). Das Integrationsamt entscheidet über den Antrag innerhalb von 2 Wochen. Wird innerhalb dieser Frist eine Entscheidung nicht getroffen, gilt die Zustimmung als erteilt (SGB IX § 174 Abs 3 Satz 2). Die Zustimmung soll erteilt werden, wenn die Kündigung aus einem Grund erfolgt, der nicht im Zusammenhang mit der Behinderung steht (SGB IX § 174 Abs 4). Erteilt das Integrationsamt seine Zustimmung oder gilt sie als erteilt, kann der Arbeitgeber die Kündigung auch dann noch aussprechen, wenn die zweiwöchige Ausschlussfrist nach § 626 Abs 2 Satz 1 bereits abgelaufen ist, vorausgesetzt, er erklärt die Kündigung unverzüglich (ohne schuldhaftes Zögern) nach Erteilung der Zustimmung (SGB IX § 174 Abs 5)[840]. Die vierwöchige Mindestkündigungsfrist des SGB IX § 169 gilt bei außerordentlichen Kündigungen nicht (SGB IX § 174 Abs 1).

215 3. **Kündigungsschutz nach dem MuSchG.** Für die Kündigung gegenüber einer Frau in der Schwangerschaft[841], bis zum Ablauf von 4 Monaten nach einer Fehlgeburt nach der zwölften Schwangerschaftswoche sowie bis zum Ende der Schutzfrist nach der Entbindung, mindestens jedoch bis zum Ablauf von 4 Monaten nach der Entbindung, enthält MuSchG § 17 Abs 1 Satz 1 ein Kündigungsverbot, das als **Verbot mit Erlaubnisvorbehalt** ausgestaltet ist[842]. MuSchG § 17 gilt sowohl für ordentliche als auch für außerordentliche Kündigungen. Maßgeblicher Zeitpunkt ist der Zugang der Kündigung. Wird eine Arbeitnehmerin erst nach Zugang der Kündigung schwanger, ist MuSchG § 17 nicht anwendbar[843]. Im Falle einer Anfechtung des Arbeitsverhält-

---

829 BAGE 121, 335 = NZA 2008, 302 Rz 39; DDZ/Söhngen SGB IX § 173 Rz 9 ff; ErfK/Rolfs SGB IX § 173 Rz 6.
830 BAG NZA 2017, 304 Rz 22 = NJW 2017, 684; BAG NZA-RR 2011, 516 Rz 22 = AP Nr 11 zu § 85 SGB IX; BAGE 133, 249 = NZA 2011, 411 Rz 16.
831 BAG NZA 2017, 304 Rz 22 = NJW 2017, 684.
832 BAG NZA 2017, 304 Rz 22 = NJW 2017, 684.
833 BAG NZA 2013, 504 Rz 22 = NJW 2013, 1898; BAGE 141, 1 Rz 21 = NZA 2012, 555.
834 BVerwGE 91, 7 = NZA 1993, 76.
835 BVerwGE 99, 336 = NZA-RR 1996, 288.
836 BAGE 153, 138 Rz 68 = NZA 2016, 473; BAGE 153, 1 Rz 31 = NZA 2016, 351.
837 KR/Gallner SGB IX §§ 168-173 Rz 154 ff; ErfK/Rolfs SGB IX § 168 Rz 13; APS/Vossen SGB IX § 168 Rz 34 ff.
838 APS/Vossen SGB IX § 169 Rz 3.
839 LPK-SGB IX/Düwell § 169 Rz 4 ff; APS/Vossen SGB IX § 169 Rz 1.
840 Dazu BAG NJW 2021, 3069 = ZTR 2021, 523; NZA 2020, 1326 = NJW 2020, 3546; NZA 2020, 717 = NJW 2020, 1835; NZA 2013, 507 Rz 13 ff = AP Nr 9 zu § 91 SGB IX.
841 Zum Beginn der Schwangerschaft bei In-vitro-Fertilisation s BAGE 151, 189 = NZA 2015, 734.
842 Schaub/Linck § 169 Rz 1; APS/Rolfs MuSchG § 9 Rz 16.
843 Schaub/Linck § 169 Rz 3.

216 Der besondere Kündigungsschutz setzt voraus, dass der Arbeitgeber zum Kündigungszeitpunkt positive **Kenntnis von der Schwangerschaft** hat oder innerhalb von 2 Wochen nach Zugang der Kündigung durch die Arbeitnehmerin über die Schwangerschaft in Kenntnis gesetzt wird. Wird die Mitteilung der Schwangerschaft innerhalb dieser Frist versäumt, führt dies zum endgültigen Verlust des besonderen Kündigungsschutzes, es sei denn, die Arbeitnehmerin war unverschuldet an der Mitteilung verhindert und hat diese unverzüglich nachgeholt (vgl MuSchG § 17 Abs 1 Satz 2)[846].

217 Greift der besondere Kündigungsschutz nach MuSchG § 17 ein, ist eine Kündigung nur zulässig, wenn zuvor die zuständige oberste Landesbehörde oder die von ihr bestimmte Stelle zugestimmt hat (MuSchG § 17 Abs 2 Satz 1). Die Entscheidung der Behörde ist eine Ermessensentscheidung[847]. Durch die Zustimmung wird die Kündigungssperre des MuSchG § 17 Abs 1 aufgehoben[848]. Für den Antrag bei der zuständigen Behörde bestehen keine besonderen Form- bzw Verfahrensvorschriften. Bei einer außerordentlichen Kündigung muss der Antrag jedoch innerhalb der Zwei-Wochen-Frist des § 626 Abs 2 gestellt werden; ist die Zwei-Wochen-Frist zum Zeitpunkt der Zustimmungserteilung verstrichen, kann die außerordentliche Kündigung dennoch erklärt werden, sofern dies unverzüglich erfolgt (analog SGB IX § 174 Abs 5)[849]. Eine **ohne die vorherige Zustimmung** der zuständigen Behörde ausgesprochene Kündigung ist **gem § 134 unheilbar nichtig**[850]. Die Nichtigkeit muss innerhalb der Klagefrist des KSchG § 4 durch Erhebung einer Kündigungsschutzklage geltend gemacht werden[851].

218 Die Kündigung bedarf nach MuSchG § 17 Abs 2 Satz 2 der **Schriftform** und ist **schriftlich zu begründen**; eine unter Verletzung dieser Erfordernisse erklärte Kündigung ist unwirksam[852].

219 **4. Sonstige Vorschriften.** Besonderer Kündigungsschutz besteht auch bei der Inanspruchnahme von Elternzeit (s BEEG § 18), Pflegezeit (PflegeZG § 5) und Familienpflegezeit (FPfZG § 2 Abs 3 iVm PflegeZG § 5). Zudem bestehen für bestimmte Funktionsträger besondere Schutzvorschriften (s Rz 37).

V. Kündigungsschutzklage und Wirksamkeitsfiktion

220 Will ein Arbeitnehmer geltend machen, dass eine Kündigung sozial ungerechtfertigt oder aus anderen Gründen rechtsunwirksam ist, so muss er **innerhalb von drei Wochen nach Zugang der schriftlichen Kündigung Kündigungsschutzklage** beim Arbeitsgericht erheben (KSchG § 4 Satz 1). Maßgebend für den Anfang der Frist ist der Zugang der Kündigung (s dazu Rz 114 ff) als Ereignis iSv § 187 Abs 1. Die Frist endet gem § 188 Abs 2 mit dem Ablauf des gleichen Wochentages der dritten Woche[853]. Soweit die Kündigung der Zustimmung einer Behörde bedarf (zB gem SGB IX § 168, MuSchG § 17 Abs 1), beginnt die Frist gem KSchG § 4 Satz 4 erst mit der Bekanntgabe der Entscheidung der Behörde an den Arbeitnehmer. Das Fehlen der erforderlichen Zustimmung kann deshalb bis zur Grenze der Verwirkung jederzeit geltend gemacht werden, wenn die Zustimmung nicht beantragt wurde oder eine Bekanntgabe der Entscheidung unterblieben ist[854]. Diese Ausnahmeregelung ist allerdings nur anwendbar, wenn der Arbeitgeber zum Zeitpunkt des Zugangs der Kündigung von den Tatsachen Kenntnis hatte, die den Sonderkündigungsschutz begründen[855]. Erlangt der Arbeitgeber von diesen Umständen erst nach Zugang der Kündigung Kenntnis, gilt die dreiwöchige Frist gem KSchG § 4 Satz 1[856]. Nach Ablauf der Klagefrist kann die **verspätete Klage** nur unter den Voraussetzungen des KSchG § 5 zugelassen werden.

221 Die Kündigungsschutzklage ist eine besondere Feststellungsklage[857], die auf die Feststellung gerichtet ist, dass die mit der Klage angegriffene Kündigung das Arbeitsverhältnis nicht aufgelöst

---

844 Eine Anfechtung des Arbeitsvertrages wegen wahrheitswidriger Beantwortung der Frage nach einer Schwangerschaft scheidet jedoch in der Regel aus, s BAGE 71, 252 = NZA 1993, 257.
845 ErfK/Schlachter MuSchG § 17 Rz 16; APS/Rolfs MuSchG 1968 § 9 Rz 61 f.
846 ErfK/Schlachter MuSchG § 17 Rz 8.
847 BAG DB 1993, 1783 = AP Nr 20 zu § 9 MuSchG 1968.
848 ErfK/Schlachter MuSchG § 17 Rz 14.
849 LAG Köln NZA-RR 2001, 303 = AiB 2001, 233; APS/Rolfs MuSchG § 9 Rz 124; DDZ/Söhngen/Brecht-Heitzmann MuSchG § 17 Rz 58.
850 BAGE 170, 74 = NZA 2020, 721; DB 1968, 1632 = AP Nr 28 zu § 9 MuSchG; APS/Rolfs MuSchG § 9 Rz 90.
851 BAG NZA 2009, 980 = AP Nr 38 zu § 9 MuSchG 1968; i Einz s ErfK/Schlachter MuSchG § 17 Rz 16.
852 ErfK/Schlachter MuSchG § 17 Rz 15; APS/Rolfs MuSchG § 9 Rz 126 f.
853 ErfK/Kiel KSchG § 4 Rz 21.
854 BAGE 125, 345 = NZA 2008, 1055.
855 BAG NZA 2009, 980 = BB 2009, 2092.
856 BAG NZA 2009, 980 = BB 2009, 2092; ErfK/Kiel KSchG § 4 Rz 24.
857 APS/Hesse KSchG § 4 Rz 18.

hat. Wird eine sozialwidrige oder aus sonstigen Gründen unwirksame Kündigung nicht fristgerecht durch Erhebung einer Kündigungsschutzklage angegriffen, gilt sie **nach KSchG § 7 als von Anfang an rechtswirksam**.

KSchG § 4 Satz 1 und § 7 gelten sowohl für ordentliche als auch für außerordentliche (s KSchG § 13 Abs 1 Satz 2) Kündigungen. Sie gelten auch bei Kündigungen im Kleinbetrieb (s KSchG § 23 Abs 1 Satz 2 und 3) bzw innerhalb der Wartezeit[858]. Zu den sonstigen Unwirksamkeitsgründen, die innerhalb der Klagefrist geltend zu machen sind, zählen ua Verstöße gegen §§ 134, 138 Abs 1, 242, die Nichtbeachtung besonderer Kündigungsschutzvorschriften (zB MuSchG § 17, BEEG § 18, SGB IX § 168, KSchG § 15), die fehlende oder nicht ordnungsgemäße Anhörung des Betriebs- oder Personalrats, Verstöße gegen tarifvertragliche Kündigungsverbote sowie im Falle der außerordentlichen Kündigung das Fehlen eines wichtigen Grundes[859]. Wird lediglich die **Nichteinhaltung der objektiv richtigen Kündigungsfrist** gerügt, ist zu differenzieren (s dazu auch oben Rz 133): Kann die Erklärung als Kündigung zum richtigen Kündigungstermin ausgelegt werden, kann die Nichteinhaltung der Kündigungsfrist in den Grenzen der Verwirkung auch nach Ablauf der dreiwöchigen Klagefrist des KSchG § 4 Satz 1 geltend gemacht werden[860]. Scheidet eine solche Auslegung hingegen aus, führt die Nichteinhaltung der Kündigungsfrist zur Unwirksamkeit der Kündigung und damit zur Anwendung des KSchG § 4 Satz 1[861]. Nicht abschließend geklärt und in der Literatur zum Teil umstritten ist die Frage, inwiefern Mängel, welche der Kündigungserklärung als solcher anhaften, von KSchG § 4 Satz 1 und § 7 erfasst sind[862]. Eindeutig nicht in den Anwendungsbereich der Normen fällt der Mangel der Schriftform, denn KSchG § 4 Satz 1 setzt ausdrücklich den Zugang der schriftlichen Kündigung voraus[863].

F. Anfechtung und Nichtigkeit des Dienstvertrages

Der Dienstvertrag kann nach Maßgabe der §§ 119 ff angefochten werden. Ob eine Erklärung als Anfechtung oder außerordentliche Kündigung zu verstehen ist, ist durch Auslegung (§§ 133, 157) zu ermitteln. Eine Anfechtungserklärung kann uU in eine Kündigungserklärung umgedeutet werden; die Umdeutung einer Kündigungs- in eine Anfechtungserklärung scheidet hingegen in der Regel aus (s zu den Ausnahmen Rz 132). Wird der Dienstvertrag wirksam angefochten, ist dieser gem § 142 Abs 1 als von Anfang an nichtig anzusehen (*ex tunc*-Wirkung). Bei bereits durch Leistungsaustausch in Vollzug gesetzten Arbeitsverhältnissen gilt dies jedoch lediglich für die Zukunft (*ex nunc*-Wirkung), die Anfechtung hat damit lediglich eine „kündigungsähnliche" Wirkung[864]. Von dieser Ausnahme ist jedoch eine Rückausnahme zu machen, wenn das Arbeitsverhältnis durch Beendigung des Leistungsaustauschs (zB wegen Arbeitsunfähigkeit) wieder außer Vollzug gesetzt wurde[865]. Die gem § 142 Abs 1 vorgesehene Rückwirkung der Anfechtung wird in einem solchen Fall nur für den Zeitraum ausgeschlossen, während dessen das Arbeitsverhältnis tatsächlich in Vollzug gesetzt war.

Ist der Dienstvertrag nichtig (zB wegen eines Gesetzesverstoßes nach § 134 oder wegen Sittenwidrigkeit nach § 138 Abs 1), bedarf es keiner besonderen Erklärung, um die Beendigung des Dienstverhältnisses herbeizuführen, da ein solches überhaupt nicht wirksam zustande gekommen ist[866]. Beruft sich eine Partei auf die Nichtigkeit des Vertrages, hat dies daher keine gestaltende, sondern lediglich klarstellende Wirkung. Ist das Dienstverhältnis bereits in Vollzug gesetzt, kann die Nichtigkeit grds nur für die Zukunft geltend gemacht werden, eine bereicherungsrechtliche Rückabwicklung für die Vergangenheit findet – wie im Fall der Anfechtung (s Rz 223) – nicht statt[867].

G. Tod des Dienstverpflichteten

Der Tod des Dienstverpflichteten führt regelmäßig zur Beendigung des Dienstverhältnisses, da die Dienstleistungspflicht in der Regel höchstpersönlich ist (§ 613 Satz 1)[868]. Abweichend

---

858 BAGE 117, 68 = NZA 2006, 1207.
859 S dazu mzN: ErfK/Kiel KSchG § 4 Rz 4; APS/Hesse KSchG § 4 Rz 10 f.
860 BAGE 116, 336 = NZA 2006, 791; BAGE 135, 278 = NZA 2011, 343.
861 BAG NZA 2013, 1076 Rz 15 = AP Nr 131 zu § 615 BGB; NZA 2017, 502 Rz 70 = ZTR 2017, 246.
862 S dazu mwN: APS/Hesse KSchG § 4 Rz 10c.
863 BAGE 143, 84 Rz 11 = NZA 2013, 524; BAGE 123, 209 = NZA 2007, 972 Rz 10; BAGE 117, 68 = NZA 2006, 1207.
864 BAGE 5, 159 = AP Nr 2 zu § 123 BGB; BAGE 90, 251 = AP BGB § 123 Nr 49; Staud/Oetker Rz 87 vor § 620; MünchKomm/Hesse Rz 23 vor § 620.
865 BAGE 90, 251 = AP BGB § 123 Nr 49.
866 Staud/Oetker Rz 88 vor §§ 620 ff.
867 Grüneberg/Weidenkaff § 611 Rz 23; Erman/Edenfeld § 611 Rz 267.
868 MünchKomm/Hesse Rz 57 vor § 620; Staud/Oetker Rz 70 vor §§ 620 ff; Erman/Edenfeld § 613 Rz 2; Grüneberg/Weidenkaff Rz 2 vor § 620.

von diesem Grundsatz kann vertraglich ein Eintrittsrecht des Erben vereinbart werden[869]. Ein automatischer Eintritt des Erben in die Dienstpflicht ohne dessen Zustimmung kann vertraglich jedoch nicht begründet werden[870]. Bezüglich sonstiger Verbindlichkeiten des Dienstverpflichteten aus dem Dienstverhältnis (zB Herausgabepflichten) haften die Erben nach den allgemeinen erbrechtlichen Grundsätzen[871]. Noch nicht erfüllte Ansprüche aus dem Dienstverhältnis gehen auf die Erben über, sofern es sich nicht um höchstpersönliche Ansprüche handelt[872].

H. Gesetzliche Anordnung der Beendigung

226 Die Beendigung von Arbeitsverhältnissen wird vereinzelt unmittelbar durch eine gesetzliche Bestimmung angeordnet, so dass das Arbeitsverhältnis kraft Gesetzes endet. Von größerer Relevanz war insbes die gesetzlich angeordnete Beendigung der Arbeitsverhältnisse, die zu Einrichtungen der ehemaligen DDR bestanden hatten, welche nicht auf den Bund oder eine bundesunmittelbare Körperschaft, Anstalt oder Stiftung überführt worden waren (Einigungsvertrag Anlage I Kap XIX Sachgeb A III Nr 1 Abs 2 Satz 5)[873].

In jüngerer Zeit hat die gesetzliche Anordnung in SGB V § 164 Abs 4 Satz 1 aF die ArbG beschäftigt[874]. Nach dieser Norm endeten die Vertragsverhältnisse der Beschäftigten einer Innungskrankenkasse, die nicht beim Landesverband der Innungskrankenkassen oder bei einer anderen Innungskrankenkasse untergebracht werden können, im Falle einer Auflösung bzw Schließung der Kasse mit dem Tag der Auflösung bzw Schließung. Entsprechendes galt gem SGB V § 146a Satz 3 aF bei der Schließung einer Ortskrankenkasse für deren Beschäftigte sowie gem SGB V § 155 Abs 4 Satz 9 aF bei der Schließung oder Auflösung einer Betriebskrankenkasse für deren Beschäftigte[875]. Seit 1. April 2020 gilt unabhängig von der Art der Krankenkasse SGB V § 168 Abs 3 Satz 1.

Eine Beendigung des Arbeitsverhältnisses kraft Gesetzes ergibt sich ferner aus EÜG § 3.

I. Gerichtliche Auflösung

227 Für Arbeitsverhältnisse sieht das Gesetz vereinzelt eine Auflösung durch gerichtliche Entscheidung vor. Der in der Praxis wichtigste Fall ist die Auflösung des Arbeitsverhältnisses gegen Zahlung einer Abfindung im Kündigungsschutzprozess nach **KSchG § 9**. Die Auflösung erfolgt durch Urteil auf Antrag des Arbeitnehmers oder des Arbeitgebers. Sie setzt neben der Feststellung der Sozialwidrigkeit der Kündigung voraus, dass dem Arbeitnehmer die Fortsetzung des Arbeitsverhältnisses nicht zuzumuten ist oder Gründe vorliegen, die eine den Betriebszwecken dienliche weitere Zusammenarbeit zwischen Arbeitgeber und Arbeitnehmer nicht erwarten lassen[876]. Die Höhe der Abfindung richtet sich nach KSchG §§ 10, 11 und ist im Urteil vAw festzusetzen[877]. Entsprechendes gilt gem KSchG § 13 Abs 1 Satz 3-5, wenn dem Arbeitnehmer nach einer unbegründeten außerordentlichen Kündigung die Fortsetzung des Arbeitsverhältnisses nicht zuzumuten ist, sowie gem KSchG § 13 Abs 2 iVm § 9 Abs 1 Satz 1, wenn die Kündigung gegen § 138 Abs 1 verstößt und dem Arbeitnehmer die Fortsetzung des Arbeitsverhältnisses nicht zuzumuten ist. Der Beendigungszeitpunkt ist im Urteil nach Maßgabe des KSchG § 9 Abs 2 bzw § 13 Abs 1 Satz 4 festzusetzen.

228 Eine gerichtliche Auflösung des Arbeitsverhältnisses sieht zudem **BetrVG § 78a Abs 4 Satz 1 Nr 2** vor. Danach kann der Arbeitgeber im arbeitsgerichtlichen Beschlussverfahren die Auflösung des gem BetrVG § 78a Abs 2 Satz 1 durch schriftliches Weiterbeschäftigungsverlangen des Auszubildenden im Anschluss an ein Berufsausbildungsverhältnis entstandenen Arbeitsverhältnisses beantragen, wenn ihm die Weiterbeschäftigung unter Berücksichtigung aller Umstände nicht zugemutet werden kann.

---

869 MünchKomm/Hesse Rz 57 vor § 620.
870 Staud/Oetker Rz 71 vor §§ 620 ff.
871 Staud/Richardi/Fischinger § 613 Rz 14.
872 Staud/Oetker Rz 71 vor §§ 620 ff; MünchKomm/Hesse Rz 57 vor § 620.
873 DDZ/Däubler Einleitung Rz 168.
874 S BAGE 146, 333 = AP Nr 1 zu § 164 SGB V; ZTR 2014, 425 = AP Nr 2 zu § 164 SGB V; BAGE 146, 353 = AP Nr 3 zu § 164 SGB V.
875 DDZ/Däubler Einleitung Rz 170.
876 Betrifft der Auflösungsantrag das Anstellungsverhältnis eines leitenden Angestellten, bedarf der Antrag des Arbeitgebers nach KSchG § 14 Abs 2 Satz 2 keiner Begründung.
877 ErfK/Kiel KSchG § 9 Rz 27.

J. Lossagungsrecht des Arbeitnehmers

Hat die Kündigungsschutzklage des Arbeitnehmers Erfolg, besteht das Arbeitsverhältnis grds **229** unverändert fort. Ist der Arbeitnehmer in der Zwischenzeit ein neues Arbeitsverhältnis eingegangen, wird er allerdings ggf kein Interesse an der Fortsetzung des alten Arbeitsverhältnisses haben. KSchG § 12 räumt ihm daher in dieser Situation das Recht ein, sich durch einseitige empfangsbedürftige Willenserklärung gegenüber dem alten Arbeitgeber von seinem fortbestehenden Arbeitsverhältnis loszusagen. Das Lossagungsrecht besteht unabhängig davon, ob mit der Kündigungsschutzklage eine ordentliche oder eine außerordentliche Kündigung angegriffen wurde (vgl KSchG § 13 Abs 1 Satz 5). Die Erklärung muss binnen einer Woche nach Rechtskraft des Urteils erfolgen. Zur Fristwahrung genügt es, dass die Erklärung rechtzeitig zur Post gegeben wird (KSchG § 12 Satz 2). Das alte Arbeitsverhältnis erlischt mit Zugang der Erklärung beim alten Arbeitgeber (KSchG § 12 Satz 3).

K. Lösende Aussperrung

Hält man eine lösende Aussperrung für zulässig[878], ist in dieser ein eigenständiger kollektivrechtlicher Beendigungstatbestand zu sehen. Nach der Rspr des BAG ist in keinem Fall eine **230** lösende Aussperrung gegenüber besonders geschützten Personen (SGB IX § 168, MuSchG § 9, KSchG § 15) zulässig[879]. Zudem besteht nach Beendigung des Arbeitskampfes ein Wiedereinstellungsanspruch[880]. Die besseren Argumente sprechen allerdings generell gegen die Zulässigkeit der lösenden Aussperrung[881].

§ 620 Beendigung des Dienstverhältnisses

(1) Das Dienstverhältnis endigt mit dem Ablauf der Zeit, für die es eingegangen ist.

(2) Ist die Dauer des Dienstverhältnisses weder bestimmt noch aus der Beschaffenheit oder dem Zwecke der Dienste zu entnehmen, so kann jeder Teil das Dienstverhältnis nach Maßgabe der §§ 621 bis 623 kündigen.

(3) Für Arbeitsverträge, die auf bestimmte Zeit abgeschlossen werden, gilt das Teilzeit- und Befristungsgesetz.

(4) Ein Verbrauchervertrag über eine digitale Dienstleistung kann auch nach Maßgabe der §§ 327c, 327m und 327r Absatz 3 und 4 beendet werden.

ÜBERSICHT

I. Textgeschichte 1	1. Entwicklung 22
II. Bedeutung und Inhalt 2–7	2. Unionsrechtliche Vorgaben 23
III. Beendigung befristeter Dienstverhältnisse 8–21	3. Begriff 24
1. Begriff des befristeten Dienstvertrags 8	4. Sachgrundlose Befristung 25–33
2. Vereinbarung einer Befristung bzw auflösenden Bedingung 9–20	5. Sachgrundbefristung 34–60
a) Zeitbefristung 10	a) Begriff des Sachgrundes 34
b) Zweckbefristung 11	b) Dauer 35
c) Auflösende Bedingung 12	c) Beurteilungszeitpunkt und Prognose 36
d) Doppelbefristung 13	d) Typische Sachgründe 37–59
e) Grenzen der Vertragsfreiheit . . 14	aa) Vorübergehender Bedarf . . . 37
f) Befristete Dienstverträge mit arbeitnehmerähnlichen Personen 15–17	bb) Anschlussbeschäftigung nach Ausbildung oder Studium . . 38
g) Befristete Dienstverträge mit Heimarbeitern 18, 19	cc) Vertretung 39–42
h) Befristete Handelsvertreterverträge 20	dd) Eigenart der Arbeitsleistung 43–46
3. Wirkung 21	ee) Erprobung 47
IV. Beendigung befristeter Arbeitsverhältnisse 22–81	ff) Gründe in der Person des Arbeitnehmers 48
	gg) Haushaltsrecht 49–52
	hh) Gerichtlicher Vergleich . . . 53
	ii) Unbenannte Sachgründe (Generalklausel) 54–59
	e) Befristungsketten und institutioneller Rechtsmissbrauch 60
	6. Auflösende Bedingung 61

---

878 Unter strengen Voraussetzungen BAGE 23, 292 = NJW 1971, 1668; Löwisch/Rieble Arbeitskampf- und Schlichtungsrecht, 1997, 170.2 Rz 235.
879 BAGE 23, 292 = NJW 1971, 1668.
880 BAGE 15, 145 = NJW 1964, 941.
881 S dazu Gamillscheg, Kollektives Arbeitsrecht I S 1040 ff; Kissel, Arbeitskampfrecht § 52 Rz 52 ff, 72; Otto, Arbeitskampf- und Schlichtungsrecht § 8 Rz 16; Däubler/Wolter Arbeitskampfrecht § 21 Rz 50 f.

7. Befristungs- bzw Bedingungsabrede . 62–67	b) Klagefrist 78
8. Rechtsfolgen einer wirksamen Befristung 68–74	c) Befristungskontrolle bei mehreren aufeinanderfolgenden Befristungen 79
a) Beendigung des Arbeitsverhältnisses 68–71	d) Beweisfragen 80
b) Vorzeitige Kündigung befristeter Arbeitsverträge 72, 73	11. Reformbestrebungen 81
c) Fortsetzung nach Beendigung . . 74	**V. Beendigung von Verbraucherverträgen über eine digitale Dienstleistung** 82–89
9. Rechtsfolgen unwirksamer Befristung 75	
10. Befristungskontrollklage 76–80	
a) Anwendungsbereich 77	

Schrifttum:

I. Kommentare und Handbücher: Rolfs, Teilzeit- und Befristungsgesetz Kommentar, 2002; Laux/Schlachter, Teilzeit- und Befristungsgesetz: TzBfG, 2011²; Dörner, Der befristete Arbeitsvertrag, 2011²; Annuß/Thüsing, Kommentar zum Teilzeit- und Befristungsgesetz, 2012³; Meinel/Heyn/Herms, Teilzeit- und Befristungsgesetz: TzBfG, 2015⁵; Boecken/Joussen, Teilzeit- und Befristungsgesetz Handkommentar (HK-TzBfG), 2019⁶; Däubler/Deinert/Zwanziger, Kündigungsschutzrecht (DDZ), 2020¹¹; Schaub, Arbeitsrechts-Handbuch, 2021¹⁹; Etzel/Bader/Fischmeier/ua., KR – Gemeinschaftskommentar zum Kündigungsschutzgesetz und zu sonstigen kündigungsrechtlichen Vorschriften, 2021¹³; Gallner/Mestwerdt/Nägele, Kündigungsschutzrecht Handkommentar (HK-KSchR), 2021⁷; Arnold/Gräfl, Teilzeit- und Befristungsgesetz Praxiskommentar, 2021⁵; Kiel/Lunk/Oetker, Münchener Handbuch zum Arbeitsrecht, 2021⁵; Sievers, Kommentar zum TzBfG, 2021⁷.

II. Sonstige Literatur zum Befristungsrecht: 1. Grundlagen und Überblick: Rolfs, Das neue Recht der Teilzeitarbeit, RdA 2001, 129; Hanau, Offene Fragen zum Teilzeitrecht, NZA 2001, 1168; Hromadka, Das neue Teilzeit- und Befristungsgesetz, NJW 2001, 400; Däubler, Das neue Teilzeit- und Befristungsgesetz, ZIP 2001, 217; Preis/Gotthardt, Das Teilzeit- und Befristungsgesetz, DB 2001, 145; Pöltl, Befristete Arbeitsverträge nach dem Gesetz über Teilzeitarbeit und befristete Arbeitsverträge im Geltungsbereich des BAT, NZA 2001, 582; Francken, Die Tarifdisponibilität des § 14 II 3 TzBfG als win/win-Regelung in der Beschäftigungskrise, NZA 2010, 305; Liebscher, Befristung und Haushaltsrecht, öAT 2010, 56; Preis/Greiner, Befristungsrecht – Quo vadis?, RdA 2010, 148; Persch, Die Befristung des unbefristeten Arbeitsverhältnisses durch Altersgrenzen, NZA 2010, 77; Pötters/Traut, Eskalation oder Burgfrieden: Mangold vor dem BVerfG, ZESAR 2010, 267; Bauer, Tückisches Befristungsrecht, NZA 2011, 241; Persch, Der Prüfungsgegenstand der Entfristungskontrolle im Lichte der Befristungsrichtlinie 1999/70/EG, NZA 2011, 1068; Greiner, Methodenfragen des Befristungsrechts, NZA-Beilage 2011, 117; Runggaldier, Der befristete Arbeitsvertrag in rechtsvergleichender Sicht, Festschr für Säcker, 2011, 299; Lipke, Die Sachgrundprognose zur Befristung des Arbeitsverhältnisses – Verstoß gegen das Unionsrecht?, Festschr für Etzel, 2011, 255; Nebe, Das befristete Arbeitsverhältnis im deutschen und europäischen Arbeitsrecht – vom sozialen zum richterlichen Dialog, JbArbR 48, 2011, 89; Wendeling-Schröder, Neue Elemente im Befristungsrecht, AuR 2012, 92; Städler, Die Verlängerungsmöglichkeit befristeter Arbeitsverträge nach § 14 I 1 Halbs. 2 TzBfG, DB 2012, 1082; Persch, Kuriosa des Befristungsrechts, NZA 2012, 1079; Greiner, Befristungsrecht – Ein Zwischenstopp, NZA 2012, 1065; Boecken/Jacobsen, Tarifdispositivität nach § 14 Abs. 2 Satz 3 TzBfG, ZfA 2012, 37; Linsenmaier, Befristung und Bedingung – Ein Überblick über die aktuelle Rechtsprechung des Siebten Senats des BAG unter besonderer Berücksichtigung des Unionsrechts und des nationalen Verfassungsrechts, RdA 2012, 193; Helm/Bell/Windirsch, Der Entfristungsanspruch des befristet beschäftigten Betriebsratsmitglieds, AuR 2012, 293; Huber/Schuber/Ögüt, Die Absicherung befristet beschäftigter Betriebsratsmitglieder, AuR 2012, 429; Schuhmacher, Arbeitsvertragliche Befristungsabreden auf die Vollendung des 65. Lebensjahres, DB 2013, 2331; Sieweke, Befristung und Grundsatz der Bestenauswahl – ein (verfassungswidriger) Widerspruch?, AuR 2013, 159; Picker, Doppelt hält besser! – Zur Doppelbefristung und ihrem Verhältnis zur Fiktionswirkung des § 15 Abs. 5 TzBfG, ZfA 2013, 73; v Steinau-Steinrück, Aufhebungsvertrag, Vergleich und Befristung, NJW-Spezial 2013, 690; Greiner, Sachgrundbefristung und sachgrundlose Befristung als komplementäre Schutzkonzepte mit Annäherungstendenz, ZESAR 2013, 305; Junker, Europarechtliche und verfassungsrechtliche Fragen des deutschen Befristungsrechts, EuZA 2013, 3; Lembke, Neues vom EuGH zum Befristungsschutz von Leiharbeitnehmern, NZA 2013, 815; Greiner, Zwischen Küzük, Albron Catering, Della Rocca und Cartesio, NZA 2014, 284; Lingemann/Steinhauser, Der Kündigungsschutzprozess in der Praxis – Freiwillige Prozessbeschäftigung, NZA 2014, 216; Greiner, Befristungsrecht im Gemeinschaftsbetrieb mehrerer Unternehmen – die „Jobcenter"-Fälle, DB 2014, 1987; Schmidt, Neues zur Teilbefristung – Das TzBfG im Gewand der AGB-Kontrolle, NZA 2014, 760; Bauer, Arbeitsrechtliche Baustellen des Gesetzgebers – insbesondere im Befristungsrecht, NZA 2014, 889; Baumgarten, Der Widerspruch nach § 15 Abs. 5 TzBfG – Schaffung von Klarheit nicht Arbeit – Zur dauerhaften Fortwirkung des Widerspruchs nach § 15 Abs. 5 TzBfG auch bei „längerem" Weiterarbeiten des Arbeitnehmers, BB 2014, 2165; Hartmann, Altersdiskriminierende Befristungsdauer bei Arbeitsverträgen, Festschr für v Hoyningen-Huene, 2014, 123; Helm/Steinicken, Das unionsrechtliche Klarstellungsgebot im Befristungsrecht, ArbR 2015, 41; Schneider, Schriftform der Befristungsabrede bei tarifvertraglich überlagerten Arbeitsverhältnissen, RdA 2015, 263; Kiel, Einstellung auf Zeit, NZA-Beilage 2016, 72; Hunold, Mehrfachbefristungen, AuA 2015, 572; Gronemeyer, Die verfassungsrechtliche Zulässigkeit landesrechtlicher Befristungsregelungen für angestellte Hochschulprofessoren, RdA 2016, 24; Lunk/Leder, Der Arbeitsvertrag – Befristung und Teilzeit, NJW 2016, 1705; Bader/Jörchel, Das Befristungsrecht weiter in Bewegung – Eine kritische Bestandsaufnahme seit 2014, NZA 2016, 1105; Chaudhry, Doppelbefristungen in Vertretungsfällen und Befristungsdauer, NZA 2018, 484; Laskawy/Lomb, Angemessenheitskontrolle von befristeten Vertragsbedingungen, DB 2018, 833; Mävers, Verhältnis von Befristungen mit und ohne Sachgrund, ArbRAktuell 2020, 660; Stähler, Sachliche Rechtfertigung der Befristung eines Arbeitsvertrags, DB 2020, 175; Frohne, Die Fallstricke der Befristung mit Sachgrund, DB 2021, 2358.

2. Sachgrundlose Befristung: Richter/Wolke, Die Veränderung von Vertragsinhalten bei der Verlängerung sachgrundlos befristeter Arbeitsverträge, RdA 2011, 305; Tilch/Vennewald, Update: Sachgrundlose Befristung, NJW-Spezial 2011, 690; Rudolf, Die sachgrundlose Befristung von Arbeitsverträgen im Wandel der Zeit, BB 2011, 2808; Hunold, Sachgrundlose Befristung nach Ende der Berufsausbildung, NZA 2012, 431; Francken, Die Schranken der sachgrundlosen Befristung auf Grund Tarifvertrags nach § 14 II 3 TzBfG, NZA 2013, 122; Roß-

dorf/Mühlhausen, Nochmals: Verlängerung im Sinne des § 14 Abs. 2 Satz 1 TzBfG bei gleichzeitiger Lohnerhöhung? – mit systematisierter Übersicht der Rechtsprechung und Literatur, RdA 2013, 226; Heuschmid, Die sachgrundlose Befristung im Lichte des Verfassungs- und Unionsrechts, AuR 2014, 221; Zehrer/Ostermaier, Zulässigkeit einer sachgrundlosen Verlängerung der Sachgrundbefristung, FA 2015, 34; Seiwerth, Grenzen der tarifvertraglichen Ausweitung sachgrundloser Befristung, RdA 2016, 214; Frieling/Münder, Neue richterrechtliche Grenzen der Tarifdispositivität sachgrundloser Befristungsmöglichkeiten, NZA 2017, 766; Bayreuther, Das BVerfG und die sachgrundlose Befristung – Neues aus dem Arbeitsverfassungsrecht, NZA 2018, 905; Schulz, Sachgrundlose Befristung – Quoten sind keine Lösung!, ArbRAktuell 2018, 170; Kling, Die sachgrundlose Befristung eines ehemaligen Arbeitnehmers, MDR 2018, 1089; Pfeufer, Zur sachgrundlosen Befristung von Arbeitsverträgen nicht tarifgebundener Betriebe, DB 2018, 2181; Kucuk, Tariföffnungsklausel bei sachgrundloser Befristung, DB 2019, 1395; Hrach, Sachgrundlose Verlängerung einer Sachgrundbefristung möglich?, NZA 2019, 436; Löwisch, Geltungserhaltende Reduktion tariflicher Höchstdauer sachgrundloser Befristungen, DB 2020, 1140; Butz/Dierks, Sachgrundlose Befristung bei neugegründeter hundertprozentiger Tochtergesellschaft, DB 2020, 398.

3. Vorbeschäftigungsverbot: Persch, Zur Unverhältnismäßigkeit des unbeschränkten Vorbeschäftigungsverbots in § 14 Abs. 2 S 2 TzBfG, ZTR 2010, 2; Lakies, Verfassungswidrige Rechtsprechung zur Erleichterung der sachgrundlosen Befristung, AuR 2011, 190; Wedel, Sachgrundlose Beschäftigung – zeitliche Beschränkung der Zuvor-Beschäftigung, AuR 2011, 413; Kossens, Sachgrundlose Beschäftigung trotz Zuvor-Beschäftigung, jurisPR-ArbR 37/2011 Anm. 1; Müller, Die sachgrundlose Befristung nach § 14 II TzBfG in der aktuellen Rechtsprechung – neue Entscheidung des BAG zur „Zuvorbeschäftigung", öAT 2011, 219; Kuhnke, Sachgrundlose Befristung von Arbeitsverträgen bei „Zuvor-Beschäftigung" – Überraschende Kehrtwende des BAG, NJW-Spezial 2011, 3131; Stenslik/Heine, Sachgrundlose Befristung trotz Vorbeschäftigung?, DStR 2011, 2202; Persch, Kehrtwende in der BAG-Rechtsprechung zum Vorbeschäftigungsverbot bei sachgrundloser Befristung nach § 14 Abs. 2 S 2 TzBfG, ZTR 2011, 404; Lakies, Der neue Trend im Befristungsrecht: Rechtsprechung ohne Gesetzesbindung, ArbR 2011, 447; Bissels/Haag, Das Anschlussverbot nach § 14 II TzBfG, ArbR 2011, 261; Höpfner, Die Reform der sachgrundlosen Befristung durch das BAG – Arbeitsmarktpolitische Vernunft contra Gesetzestreue, NZA 2011, 893; Natzel, Klargestellt: Ein früheres Berufsausbildungsverhältnis unterfällt nicht dem Vorbeschäftigungsverbot des § 14 Abs. 2 Satz 2 TzBfG, SAE 2012, 39; Löwisch, Die „Zuvor"-Regelung des § 14 Abs. 2 Satz 2 TzBfG in neuer Sicht des BAG, SAE 2012, 31; Däubler/Stoye, Sachgrundlose Befristung, AiB 2012, 14; Sprenger, Sachgrundlose Befristung nach der „verjährten" Zuvorbeschäftigung, BB 2012, 447; Wank, Sachgrundlose Befristung – „Zuvor-Beschäftigung" – Besprechung des Urteils BAG v 6.4.2011 – 7 AZR 716/09, RdA 2012, 361; Linsenmaier, Zur Methodik der Rechtsfindung – warum in § 14 Abs 2 Satz 2 TzBfG „bereits zuvor" nicht „jemals zuvor" bedeutet, Festschr für Bepler, 2012, S 373; Buschmann, Pianistische Auslegung, AuR 2014, 455; v Medem, Aktuelle Entwicklungen beim Anschlussverbot nach § 14 II 2 TzBfG, ArbR 2014, 425; Reinhardt/Domni, Vorbeschäftigungsverbot nach § 14 Abs. 2 Satz 2 TzBfG: Drei Jahre oder lebenslang?, DB 2017, 133; Schwarze, Verfassungsmäßigkeit des Vorbeschäftigungsverbots in § 14 Abs. 2, 2018, 787; Benkert, Befristung und Vorbeschäftigung – Rechnen mit unbekannten Größen, NJW-Spezial 2019, 690; Lembke/Tegel, Neues zum Vorbeschäftigungsverbot des Befristungsrechts, NZA 2019, 1029; Fischer, Die Rechtsprechungsänderung zum befristungsrechtlichen Vorbeschäftigungsverbot und ihre Folgen für die Personalpraxis, BB 2019, 2356; Schröder, Vorbeschäftigungsverbot: Fünf Jahre sind nicht „sehr lange", DB 2019, 73; Rech, Die Rechtsprechung zur Vorbeschäftigung bei sachgrundloser Befristung – ein Beitrag zur Bestimmung der Grenzen des Richterrechts?, RdA 2020, 31; Weinbrenner/Warczinski, Prüfung der Vorbeschäftigung bei sachgrundloser Befristung, öAT 2020, 249; Schwarze, Vorbeschäftigungsverbot bei sachgrundloser Befristung, JA 2020, 309; Krol, Verfassungskonforme Auslegung des Verbots einer sachgrundlosen Befristung im Fall einer Vorbeschäftigung, DB 2021, 1018; Lembke/Tegel, Die formularmäßige Frage nach Vorbeschäftigungen, NZA 2021, 984; Fabisch, Die Vorbeschäftigung im Befristungsrecht – Einschränkung durch verfassungskonforme Auslegung, NZA 2021, 9.

4. Zu einzelnen Befristungsgründen: Schlachter, Befristete Einstellung nach Abschluss der Ausbildung – Sachgrund erforderlich?, NZA 2003, 1180; Joussen, Die Anwendbarkeit von § 14 Abs. 1 Satz 2 Nr. 7 TzBfG im kirchlichen Bereich, RdA 2010, 65; Maaß, Die Befristung des Arbeitsvertrages aufgrund „gedanklicher" Vertretung, ArbR 2010, 187; Schmalenberg, Haushaltsbefristung – Konkretisierung des Sachgrundes, RdA 2010, 372; Willikonsky, Befristung von Arbeitsverträgen wegen Inanspruchnahme von Elternzeit oder Beurlaubung zur Kinderbetreuung, Festschr für Etzel, 2011, 467; Persch, Die Haushaltsbefristung nach § 14 Abs. 1 S 2 Nr. 7 TzBfG als unangemessene sektorale Privilegierung des öffentlichen Dienstes?, ZTR 2011, 653; Lakies, Befristungen zur Vertretung im öffentlichen Dienst, Der Personalrat 2012, 59; Hunold, Befristung zur Vertretung nur zulässig bei Totalausfall eines Mitarbeiters?, DB 2012, 288; Preis/Loth, Der Gesamtvertretungsbedarf – eine zulässige Kategorie des Befristungsrechts?, ZTR 2013, 232; Persch, Bestandsaufnahme zur Vertretungsbefristung nach § 14 Abs. 1 S 2 Nr. 2 TzBfG, BB 2013, 629; Bohlen, Der Vergleich – Noch ein praxistaugliches Mittel zur arbeitsvertraglichen Befristung?, NZA-RR 2015, 449; Guth, Führung auf Probe als Befristungsgrund, PersR 2015, 31; Bohlen, Europarechtskonformität einer arbeitsvertraglichen Befristung durch Vergleich (§ 14 Abs. 1 Satz 2 Nr. 8 TzBfG), ZESAR 2015, 377; Baumgarten, Die arbeitsgerichtliche Figur des verständig befristenden Arbeitgebers – Teil 1 – maßgebliche Parameter der Arbeitsgerichte in Sachen „anerkannter Vertretungsbedarf" und die Feststellung institutionellen Rechtsmissbrauchs, BB 2016, 885; Baumgarten, Die arbeitsgerichtliche Figur des verständig befristenden Arbeitgebers – Teil 2 – maßgebliche Parameter der Arbeitsgerichte in Sachen „anerkannter Vertretungsbedarf" und die Feststellung institutionellen Rechtsmissbrauchs, BB 2016, 949; Plehn, Vereinbarung einer überwiegend künstlerischen Tätigkeit im Arbeitsvertrag einer Maskenbildnerin als sachlicher Befristungsgrund, DB 2018, 1534; Pallasch, Befristung und Kündigung von Schauspielerverträgen, RdA 2019, 61; Stiegler, Probezeit – Neujustierung durch die „Arbeitsbedingungen-Richtlinie" DB 2020, 2577; Maul-Sartori, Die Probezeitvorschrift der Arbeitsbedingungenrichtlinie: Unionsrechtliche Eingrenzung von Erprobungsbefristung und kündigungsschutzrechtlichen Wartezeiten, AuR 2020, 203; Preis/Morgenbrodt, Die Arbeitsbedingungenrichtlinie 2019/1152/EU – Inhalt, Kontext und Folgen für das national Recht (Teil 2), ZESAR 2020, 409.

5. Kettenbefristung und Missbrauchskontrolle: Persch, Die Verhinderung des Missbrauchs von Kettenbefristungen – ein Überblick über die Rechtslage in Europa, ZESAR 2010, 55; Brock, Wiederholte Befristung bei ständigem Vertretungsbedarf, öAT 2012, 250; Brose/Sagan, Kettenbefristung wegen Vertretungsbedarfs im Zwielicht des Unionsrechts, NZA 2012, 308; Drosdeck/Bitsch, Zulässigkeit von Kettenbefristungen, NJW 2012, 977; Kamanabrou, Die Kettenbefristung zur Vertretung – nationale, europarechtliche und rechtsvergleichende Aspekte, EuZA 2012, 441; Lakies, Neue Rechtsprechung zu „Kettenbefristungen", PersR 2013, 54; Schmitt, Kettenbefristung im Vertretungsfall – ein neuer Maßstab für die Missbrauchskontrolle?, ZESAR 2012, 369; Böhm, Kettenbefristungen bei Vertretungsfällen, DB 2013, 516; Natter, Kettenbefristung beim Abendpersonal der Büh-

nen, AuR 2013, 156; Bayreuther, Kettenbefristung zur Vertretung von Arbeitnehmern, NZA 2013, 23; Adam, Neues zur Kettenbefristung, AuR 2013, 394; Bruns, Institutioneller Missbrauch als Kontrollparameter im arbeitsrechtlichen Befristungsrecht, NZA 2013, 769; Drosdeck/Bitsch, Die rechtsmissbräuchliche Vertretungsbefristung, NJW 2013, 130; Kiel, Vertretungsbefristung und Rechtsmissbrauch: Die Konzeption des Bundesarbeitsgerichts zur Befristungskontrolle bei Befristungsketten, JbArbR 50, 2013, 25; Schlachter, Das Konzept des Missbrauchs im EU-Befristungsrecht, Festschr für Wank, 2014, 503; v Stein, Missbrauchskontrolle bei befristeten Arbeitsverträgen, NJW 2015, 369; Kamanabrou, Das Recht der Kettenbefristung in ausgewählten EU-Mitgliedstaaten, NZA 2016, 385; Eufinger, Missbrauchskontrolle bei „Kettenbefristungen" de lege lata und de lege ferenda; AuR 2016, 224; Zimmermann/Völkerding, Kettenbefristungen bei Serienschauspielern sind zulässig, DB 2018, 1349; Kuckuk, Missbrauchskontrolle bei der Befristung wegen der Eigenart der Arbeitsleistung, NZA 2019, 22; Schwarze, Die „letzte Befristung" in der Kette – eine sinnvolle Regel und ihre fragwürdige Begründung, RdA 2020, 276; Scheifele, Rechtsmissbrauchskontrolle bei langjähriger und mehrfacher Befristung, DB 2020, 63.

6. Befristung im Profisport: Gotthardt, Der Spitzensport, das Arbeitsrecht und Schweden, RdA 2015, 214; Mosch, Verträge für Fußballprofis auf dem arbeitsrechtlichen Prüfstand, NJW-Spezial 2015, 370; Henkel/Illes, Arbeitsrecht im Profifußball, AuA 2015, 649; Urban-Crell, Profifußball und Arbeitsrecht – zwei Welten prallen aufeinander, DB 2015, 2396; Walker, Zur Zulässigkeit der Befristung von Arbeitsverträgen mit Berufsfußballspielern, NZA 2016, 657; Bepler, Arbeitsrechtliche Sonderwege im bezahlten Fußball? (Teil 1), jM 2016, 105; Schulz, Eigenart der Arbeitsleistung und Befristung im Profifußball; NZA-RR 2016, 460; Fischinger/Reiter, K.O. für den Befristungsschutz in der Fußball-Bundesliga?, NZA 2016, 661; Boemke/Jäger, Befristung wegen Eigenart der Arbeitsleistung – unter besonderer Berücksichtigung des Profisports, RdA 2017, 20; Tilch, „Ich habe Vertrag!" – Befristungen im Sportrecht, NJW-Spezial 2017, 114; Koch, Befristungsabrede im Profifußball wirksam, RdA 2019, 54; Boemke, Arbeitsrecht: Befristete Arbeitsverträge mit Profifußballern, JuS 2019, 73; Fischinger, Befristung der Arbeitsverträge von Sportdirektoren, NZA 2020, 218; Brugger, Die Befristung von Arbeitsverträgen im Sport, NZA-RR 2021, 113; Schütz/Schütz/Schütz, Zur Befristung von Trainerverträgen im Profifußball wegen des Nachlassens der Motivationskraft, SpuRt 2021, 198; Eylert/Koch, Die Rechtsprechung des 7. Senats und der Profifußball, NZA 2021, 1281.

7. Befristung von Rentnern: Bauer/Gottschalk, Beschäftigung von Altersrentnern – Ein Überblick über die rechtlichen Gestaltungsmöglichkeiten und ein Plädoyer für die Anerkennung als Sachgrund der Befristung, BB 2013, 501; Giesen, Befristetes Arbeitsverhältnis im Rentenalter – zum neue § 41 Satz 3 SGB VI -, ZfA 2014, 217; Poguntke, Neue Gestaltungsmöglichkeiten bei der Beschäftigung älterer Arbeitnehmer, NZA 2014, 1372; Kleinebrink, Altersbefristung nach neuem Recht, DB 2014, 1490; Gräf, Alles hat ein Ende? – Zur Befristung von Arbeitsverhältnissen nach Erreichen der Regelaltersgrenze, Neue Arbeitswelt 2014, 55; Neufeld/Flockenhaus/Schemmel, Abschlagsfreie Rente mit 63 – Auswirkungen des RV-Leistungsverbesserungsgesetzes für Recht und Praxis, BB 2014, 2741; Kramer, Gestaltung des Hinausschiebens einer vereinbarten Altersgrenze, ArbR 2015, 144; Bayreuther, Auflösung des Arbeitsverhältnisses durch Altersgrenzen und die Beschäftigung von „Altersrentnern", NZA-Beilage 2015, 84; Sprenger, Die befristete Beschäftigung von Rentenanwärtern und Rentnern, BB 2016, 757; Besgen, Die Befristung von Arbeitsverhältnissen mit Rentnern, jM 2016, 409; Heinz, „65 Jahre + x" und arbeitswillig – Rechtliche Möglichkeiten der befristeten (Weiter-) Beschäftigung von Rentnern, BB 2016, 2037; Walker, Die nachträgliche Altersbefristung auf einem Zeitpunkt vor Erreichen der Regelaltersgrenze, NZA 2017, 1417; Schröder, Altersgrenzen und Befristungsrecht – eine explosive Mischung, ArbRAktuell 2018, 91; Schröder, Befristungsrecht hebelt Altersgrenzen aus, DB 2018, 1536; Schiefer/Köster, (Aktuelle) rechtliche Aspekte bei Altersgrenzenregelungen, DB 2018, 2874; Arnold/Zeh, Die befristete Beschäftigung von Rentnern, NZA 2019, 1017.

8. Beschäftigungsförderungsgesetz: v Hoyningen-Huene, Das neue Beschäftigungsgesetz 1985, NJW 1985, 1801; Otto, Erleichterte Zulassung befristeter Arbeitsverträge, NJW 1985, 1807; Friauf, Verfassungsrechtliche Aspekte der erleichterten Zulassung von befristeten Arbeitsverhältnissen, NZA 1985, 513; Mückenberger, Der verfassungsrechtliche Schutz des Dauerarbeitsverhältnisses – Anmerkungen zur Befristungsregelung des Beschäftigungsförderungsgesetzes 1985, NZA 1985, 518; Herschel, Die Gefährdung der Rechtskultur, AuR 1985, 265; Löwisch, Das Beschäftigungsförderungsgesetz 1985, BB 1985, 1200; Schüren, Neue rechtliche Rahmenbedingungen der Arbeitszeitflexibilisierung, RdA 1985, 22; Löwisch, Zur Verfassungsmäßigkeit der erweiterten Zulassung befristeter Arbeitsverhältnisse durch das Beschäftigungsförderungsgesetz, NZA 1985, 472; Schanze, Zur Frage der Verfassungsmäßigkeit der erleichterten Zulassung befristeter Arbeitsverträge im Beschäftigungsförderungsgesetz, RdA 1986, 30; Hanau, Befristung und Abrufarbeit nach dem Beschäftigungsförderungsgesetz 1985, RdA 1987, 25; Rolfs, Erweiterte Zulässigkeit befristeter Arbeitsverträge durch das arbeitsrechtliche Beschäftigungsförderungsgesetz, NZA 1996, 1134; Lorenz, Das Arbeitsrechtliche Beschäftigungsförderungsgesetz, DB 1996, 1973; Löwisch, Das Arbeitsrechtliche Beschäftigungsförderungsgesetz, NZA 1996, 1009.

9. Reformbestrebungen: Klein, Die geplante Neuregelung des Befristungsrechts, DB 2018, 1018; Kleinebrink, Geplante TzBfG-Reformen: Auswirkungen auf die arbeitsrechtlichen Gestaltungsmöglichkeiten, DB 2018, 1147; Stoffels, Die im Koalitionsvertrag vorgesehene quotale Begrenzung der sachgrundlosen Befristung – zugleich ein Lehrstück zur Problematik arbeitsrechtlicher Schwellenwerte, ZfA 2019, 291; Chandna-Hoppe, Das Befristungsrecht im Wandel – Unionsrechtlicher Rahmen, verfassungsrechtliche Implikation und mögliche Gesetzesänderungen, ZfA 2020, 70; Bauer/Romero, Verschärfung des allgemeinen Befristungsrechts, NZA 2021, 688; Waskow, Änderungsbestrebungen im Befristungsrecht, NZA 2021, 1289; Gooren/Joeris, Alles neu im Befristungsrecht?, NJW-Spezial 2021, 370; v Stein, Befristete Arbeitsverhältnisse auf dem Rückzug?, ZRP 2021, 146; Deinert/Kittner, Die arbeitsrechtliche Bilanz der Großen Koalition 2018-2021, RdA 2021, 257.

I. Textgeschichte

1 § 620 hat seit Inkrafttreten des BGB nur wenige Änderungen erfahren. Abs 1 gilt unverändert in seiner ursprünglichen Fassung. In Abs 2 wurde die Verweisung am Ende der Vorschrift mehrfach angepasst. Ursprünglich enthielt die Norm – wie heute – einen Verweis auf die §§ 621-623. Nach Aufhebung des § 623 aF verwies Abs 2 seit dem 1. September 1969 nur noch auf §§ 621,

622¹. Mit Wirkung zum 1. Januar 2001 wurde der Verweis mit Inkrafttreten des neuen § 623 erneut angepasst². Abs 3 wurde mit Wirkung zum 1. Januar 2001 neu eingefügt³. Abs 4 wurde mit Wirkung zum 1. Januar 2022 neu eingefügt⁴.

II. Bedeutung und Inhalt

§ 620 normiert den Grundsatz, dass das Dienstverhältnis als Dauerschuldverhältnis entweder von vornherein nur auf eine bestimmte Zeit eingegangen werden kann oder anderenfalls durch Kündigung endet. Es handelt sich insofern um einen allg Grundsatz, der auch für andere Dauerschuldverhältnisse gilt (vgl zB § 542 zur Beendigung des Mietverhältnisses). § 620 regelt die Beendigung von Dienstverhältnissen nicht erschöpfend. Für Dienstverträge in Gestalt von Verbraucherverträgen über eine digitale Dienstleistung (§ 327 Abs 2 Satz 2) wird dies in Abs 4 ausdrücklich klargestellt (s Rz 82 ff). **2**

Die Systematik des § 620 erweckt den Anschein, dass die Beendigung durch Zeitablauf der Regelfall ist (vgl Abs 1). Zumindest in Bezug auf Arbeitsverhältnisse entspricht dies jedoch weder den Leitgedanken des Arbeitsrechts, noch der Wirklichkeit. Leitbild des nationalen wie auch des europäischen Arbeitsrechts ist das unbefristete Vollzeitarbeitsverhältnis (sog „Normalarbeitsverhältnis")⁵. Befristete Arbeitsverhältnisse haben zwar in den letzten Jahren zugenommen, sie bildeten mit einem Anteil von ca 6,3 Prozent im Jahr 2020 jedoch nach wie vor die Ausnahme⁶ und sind nur unter bestimmten Voraussetzungen überhaupt zulässig (s Rz 25 ff). **3**

Abs 1 legt nicht fest, unter welchen Voraussetzungen ein Dienstverhältnis auf bestimmte Zeit eingegangen werden kann. Die Norm setzt die Existenz befristeter Dienstverhältnisse voraus und regelt lediglich, dass diese mit Ablauf der Zeit, für die sie eingegangen worden sind, automatisch enden, ohne dass es einer Kündigung bedarf. Die Frage nach der **Zulässigkeit der Befristung** von Dienst- und insbes von Arbeitsverträgen ist hingegen nach anderen Vorschriften und – soweit solche nicht bestehen – nach allgemeinen Grundsätzen zu beantworten. Dabei gilt zunächst der Grundsatz, dass es den Parteien des Dienstvertrages im Rahmen ihrer Vertragsfreiheit freisteht, die Beendigung des Dienstverhältnisses vom Eintritt einer auflösenden Bedingung oder vom Erreichen eines Zwecks oder eines kalendermäßig bestimmten **Beendigungszeitpunkts** abhängig zu machen. Dies ist unbedenklich, solange für die Kündigung des Dienstverhältnisses keine über die Einhaltung der Kündigungsfrist hinausgehenden Schranken bestehen. Wird die Zulässigkeit von Kündigungen jedoch – wie im Arbeitsrecht – zum Schutz des schwächeren Vertragspartners eingeschränkt, kann durch die Vereinbarung einer Befristung der Kündigungsschutz umgangen werden. Angesichts dieser Missbrauchsgefahr hielt schon das Reichsarbeitsgericht eine Kettenbefristung für unzulässig, wenn diese ausschließlich in der Absicht einer Umgehung zwingenden Kündigungsschutzes erfolgte⁷. Das BAG setzte diese Linie prinzipiell fort, gab allerdings das subjektive Erfordernis einer Umgehungsabsicht auf und verlangte stattdessen eine sachliche Rechtfertigung für den Abschluss eines befristeten Arbeitsvertrags⁸. Der Gesetzgeber hat die Voraussetzungen für die Befristung von Arbeitsverträgen erstmals im Beschäftigungsförderungsgesetz 1985⁹ gesetzlich geregelt und die Befristungsmöglichkeiten später durch das Beschäftigungsförderungsgesetz 1996¹⁰ ausgedehnt. Seit 1. Januar 2001 ist die Zulässigkeit von befristeten Arbeitsverhältnissen im Wesentlichen im TzBfG geregelt. Daneben bestehen spezielle Vorschriften für die Befristung des Arbeitsverhältnisses nach Erreichen der Altersgrenze (SGB VI § 41 Satz 3) sowie für die Befristung von Arbeitsverträgen mit künstlerischem und wissenschaftlichem Personal (WissZeitVG) und Ärzten in der Weiterbildung (ÄArbVtrG). Diese Sonderregelungen lässt das TzBfG ausdrücklich unberührt (TzBfG § 23). Vor dem Hintergrund der genannten Gesetze beschränkt sich der **Anwendungsbereich von Abs 1** auf befristete Dienstverträge, die **4**

---

1 Erstes Arbeitsrechtsbereinigungsgesetz v 14. August 1969, BGBl I, 1106.
2 Ges über Teilzeitarbeit und befristete Arbeitsverträge und zur Änderung und Aufhebung arbeitsrechtlicher Bestimmungen v 21. Dezember 2000, BGBl I, 1966.
3 Ges über Teilzeitarbeit und befristete Arbeitsverträge und zur Änderung und Aufhebung arbeitsrechtlicher Bestimmungen v 21. Dezember 2000, BGBl I, 1966.
4 Ges zur Umsetzung der Richtlinie über bestimmte vertragsrechtliche Aspekte der Bereitstellung digitaler Inhalte und digitaler Dienstleistungen v 25. Juni 2021, BGBl I, 2123.
5 EuGH Slg 2006, I-6057 „Adeneler" Rz 61, 73 = NZA 2006, 909; BAGE 120, 42 Rz 21 = NZA 2007, 332.
6 Institut für Arbeitsmarkt- und Berufsforschung, Aktuelle Daten und Indikatoren, Befristete Beschäftigung in Deutschland 2020, 26. April 2021; zur tatsächlichen Verbreitung befristeter Arbeitsverträge s auch ausf KR/Lipke BGB § 620 Rz 67 ff.
7 RAG ARS 32, 174 mwN.
8 Grundl BAGE 10, 65 = NJW 1961, 798; zur Entwicklung der Rspr s Dörner Rz 2 ff; Laux/Schlachter/Schlachter TzBfG Einführung B Rz 2 ff; APS/Backhaus TzBfG § 14 Rz 1 ff.
9 Beschäftigungsförderungsgesetz (BeschFG) 1985 v 26. April 1985 (BGBl I S 710); verlängert durch Ges v 22. Dezember 1989 (BGBl I S 2406) und Ges v 26. Juli 1994 (BGBl I S 1786).
10 Arbeitsrechtliches Beschäftigungsförderungsgesetz v 25. September 1996 (BGBl I S 1476).

keine Arbeitsverträge sind[11]. Dies wird durch Abs 3, dem darüber hinaus kein eigener Regelungsgehalt zukommt, „im Interesse der Verständlichkeit des Rechts"[12] klargestellt[13].

5 Auch im Hinblick auf **Kündigungen** ergibt sich aus § 620 ein unvollständiges Bild. Abs 2 verweist lediglich auf die nach §§ 621, 622 einzuhaltenden Kündigungsfristen und auf die bei der Kündigung von Arbeitsverhältnissen nach § 623 zu beachtende Schriftform. Unerwähnt bleiben die arbeitsrechtlichen Vorschriften zum allgemeinen und besonderen Kündigungsschutz, welche in der Praxis erhebliche Bedeutung haben (s dazu Rz 154 ff vor §§ 620-630). Auch die für bestimmte andere Dienstverhältnisse geltenden Spezialvorschriften werden nicht genannt (s Rz 45 ff vor §§ 620-630).

6 Das Recht der ordentlichen Kündigung ist nach Abs 2 auf Dienstverhältnisse beschränkt, deren Dauer weder bestimmt noch aus der Beschaffenheit oder dem Zwecke der Dienste zu entnehmen ist. Daraus ergibt sich im Umkehrschluss, dass die **ordentliche Kündigung von befristeten Dienstverhältnissen ausgeschlossen** ist[14]. Dies gilt für beide Vertragsparteien. Eine Ausnahme besteht allerdings nach InsO § 113 im Insolvenzfall (s Rz 6 vor §§ 620-630). Die ordentliche Kündigung kann zudem vertraglich zugelassen werden. Für befristete Arbeitsverhältnisse sieht TzBfG § 15 Abs 4 ausdrücklich vor, dass sie der ordentlichen Kündigung nur unterliegen, wenn dies vertraglich oder tarifvertraglich vorgesehen ist. Für den Dienstverpflichteten bzw den Arbeitnehmer kann das Recht der ordentlichen Kündigung max für die Dauer von fünf Jahren und 6 Monaten ausgeschlossen werden (s § 624 bzw TzBfG § 15 Abs 5). Das Recht zur Kündigung aus wichtigem Grund (§ 626) bzw zur fristlosen Kündigung bei Vertrauensstellung (§ 627) wird durch die Beschränkungen der ordentlichen Kündbarkeit nicht berührt[15].

7 Für **auflösend bedingte Dienstverträge** können die vorstehenden Ausführungen hingegen nicht uneingeschränkt gelten. Während die Beendigung des Vertragsverhältnisses im Falle einer Befristung von einem Ereignis abhängt, dessen Eintritt gewiss ist, ist es bei einem auflösend bedingten Vertrag ungewiss, ob das Ereignis, an das die Auflösung geknüpft ist, überhaupt eintritt. Angesichts dieser Ungewissheit ist die Dauer des Dienstverhältnisses weder bestimmt, noch aus der Beschaffenheit oder dem Zwecke der Dienste zu entnehmen. Es ist daher nach Abs 2 ordentlich kündbar[16]. Etwas anderes gilt jedoch für **auflösend bedingte Arbeitsverträge**. Diese unterliegen aufgrund der speziellen gesetzlichen Regelung in TzBfG §§ 21, 15 Abs 4 nur der ordentlichen Kündigung, wenn dies einzelvertraglich oder im anwendbaren Tarifvertrag vereinbart ist[17].

III. Beendigung befristeter Dienstverhältnisse

8 1. **Begriff des befristeten Dienstvertrags.** Nach Abs 1 endet das Dienstverhältnis mit Ablauf der Zeit, für die es eingegangen ist. Ein Umkehrschluss aus Abs 2 zeigt, dass Abs 1 nicht nur Fälle erfasst, in denen die Parteien die Dauer des Dienstverhältnisses kalendermäßig bestimmt haben, sondern auch diejenigen Fälle, in denen die Dauer des Dienstverhältnisses sich aus der Beschaffenheit oder dem Zwecke der Dienste ergibt. Der befristete Dienstvertrag kann daher in Anlehnung an die Definition des TzBfG § 3 Abs 1 Satz 2 definiert werden als Dienstvertrag, dessen Dauer kalendermäßig bestimmt ist (**kalendermäßig befristeter Dienstvertrag**) oder sich aus Art, Zweck oder Beschaffenheit der Dienstleistung ergibt (**zweckbefristeter Dienstvertrag**)[18].

Daneben kann der **Dienstvertrag unter auflösender Bedingung** geschlossen werden (§ 158 Abs 2). Zwar handelt es sich in diesem Fall nicht um einen befristeten, sondern um einen bedingten Vertrag. Der Unterschied besteht jedoch nur in der Ungewissheit über den tatsächlichen Eintritt des Ereignisses, von dem die Beendigungswirkung abhängig ist. Auf der Rechtsfolgenseite unterscheiden sich Befristung und auflösende Bedingung – außer im Hinblick auf die ordentliche Kündbarkeit (s Rz 7) – nicht; in beiden Fällen endet das Dienstverhältnis automatisch, ohne dass es einer Kündigung bedarf.

9 2. **Vereinbarung einer Befristung bzw auflösenden Bedingung.** Eine Beendigung des Dienstverhältnisses durch Zeitablauf, Zweckerreichung oder Bedingungseintritt setzt voraus, dass die Parteien – zumindest konkludent – eine Befristung oder eine auflösende Bedingung verein-

---

11 Erman/Riesenhuber § 620 Rz 3; Grüneberg/Weidenkaff § 620 Rz 4.
12 BT-Drucks 14/4374 S 22.
13 Laux/Schlachter/Schlachter TzBfG § 23 Anh 2 C Rz 1.
14 MünchKomm/Hesse § 620 Rz 11; Erman/Riesenhuber § 620 Rz 2; Staud/Preis § 620 Rz 4.
15 MünchKomm/Hesse § 620 Rz 11.
16 AA BAGE 33, 220 = NJW 1981, 246; Staud/Preis § 620 Rz 5; KR/Lipke BGB § 620 Rz 13.
17 Davon ging die Rspr auch schon vor Inkrafttreten des TzBfG auf Grundlage des § 620 BGB aus: BAGE 33, 220 = NJW 1981, 246.
18 MünchKomm/Hesse § 620 Rz 4.

bart haben. Dies gilt nicht nur für kalendermäßig bestimmte Befristungen, sondern auch, wenn das Ende des Dienstverhältnisses an eine Zweckbefristung oder eine Zweckbedingung geknüpft wird[19]. Der Vereinbarung muss sich – ggf im Wege der Auslegung – der Parteiwille entnehmen lassen, dass das Dienstverhältnis mit Ablauf der festgelegten Vertragsdauer bzw mit Erreichung des Zwecks oder Eintritt der Bedingung enden soll. Mit anderen Worten: Die Parteien müssen nicht nur eine Mindestdauer des Vertragsverhältnisses festgelegt haben, sondern zugleich eine Höchstdauer[20]. Anderenfalls handelt es sich nicht um eine Befristung, sondern lediglich um einen befristeten Kündigungsausschluss[21]. Demgegenüber handelt es sich um einen befristeten Vertrag, wenn die Parteien lediglich eine Höchstdauer festlegen und im Übrigen die ordentliche Kündigung zulassen (s dazu Rz 6).

a) **Zeitbefristung.** Bei der kalendermäßigen Befristung wird die Vertragsdauer nach Kalenderzeiträumen (zB Tagen, Wochen, Monaten, Jahren) oder durch die Angabe eines konkreten Beendigungsdatums bestimmt. Möglich ist auch eine Anknüpfung an feststehende kalendermäßig bestimmte Ereignisse (zB „für die Dauer der Semesterferien", „für die Bundesligasaison", „für die Dauer der Frankfurter Buchmesse")[22]. Der Beendigungszeitpunkt muss anhand der Vereinbarung jedoch eindeutig bestimmt oder zumindest bestimmbar sein; ungefähre Angaben (zB „ca 6 Monate", „für die Erntesaison") genügen nicht und führen zur Unwirksamkeit der Befristungsabrede[23]. Unter Umständen kann eine unbestimmte Zeitangabe jedoch als Zweckbefristung zu verstehen sein[24]. 10

b) **Zweckbefristung.** Bei der Zweckbefristung wird das Ende des Dienstverhältnisses nicht an einen kalendermäßig bestimmten Zeitpunkt, sondern an den Eintritt eines zukünftigen Ereignisses geknüpft, wobei die Parteien den Eintritt des Ereignisses als gewiss und lediglich den Zeitpunkt des Eintritts als ungewiss ansehen[25]. Dass der Zeitpunkt der Zweckerreichung für die Parteien voraussehbar ist und in einem überschaubaren zeitlichen Rahmen liegt[26], ist nicht erforderlich, solange die Parteien den Eintritt des Ereignisses als gewiss ansehen[27]. Aus der Zweckbestimmung muss – ggf im Wege der Auslegung – zweifelsfrei zu erkennen sein, welches Ereignis zur Beendigung des Dienstverhältnisses führen soll[28]. Der Eintritt des für die Beendigung des Dienstverhältnisses maßgeblichen Ereignisses muss nach objektiven Maßstäben zu bestimmen sein[29]. 11

c) **Auflösende Bedingung.** Wird der Vertrag unter einer auflösenden Bedingung geschlossen, ist die Beendigung des Dienstverhältnisses ebenfalls vom Eintritt eines zukünftigen Ereignisses abhängig; anders als bei der Zweckbefristung ist jedoch schon ungewiss, ob das Ereignis überhaupt eintritt[30]. Auch hier gilt, dass das Ereignis, das zur Auflösung des Vertrags führen soll, eindeutig bestimmt werden muss. 12

d) **Doppelbefristung.** Möglich und grds rechtlich zulässig ist auch eine Kombination von Zweck- und Zeitbefristung (Doppelbefristung) bzw von auflösender Bedingung und Zeitbefristung[31]. Das Dienstverhältnis endet mit Zweckerreichung bzw Bedingungseintritt, spätestens aber mit Ablauf der kalendermäßigen Befristung. Die Wirksamkeit beider Befristungen bzw der auflösenden Bedingung und der Zeitbefristung ist unabhängig voneinander zu beurteilen[32]. Ist bspw die Zweckbefristung mangels eindeutiger Zweckbestimmung unwirksam, hat dies keine Auswirkungen auf die Wirksamkeit der kalendermäßigen Befristung. Wird das Dienstverhältnis nach Zweckerreichung vom Dienstverpflichteten fortgesetzt, entsteht kein unbefristetes Dienstverhältnis. § 625 ist in diesen Fällen nicht anwendbar[33]. Zum einen dürfte in der Doppelbefris- 13

---

19 BGH NJW 2007, 213 = MDR 2007, 326.
20 Vgl Staud/Preis § 620 Rz 4.
21 Grüneberg/Weidenkaff § 620 Rz 3; ErfK/Müller-Glöge TzBfG § 3 Rz 7; KR/Bader TzBfG § 3 Rz 36.
22 Laux/Schlachter/Schlachter TzBfG § 3 Rz 11; APS/Backhaus TzBfG § 3 Rz 4.
23 Erman/Riesenhuber § 620 Rz 4.
24 Laux/Schlachter/Schlachter TzBfG § 3 Rz 11; KR/Bader TzBfG § 3 Rz 21.
25 BAG NZA 2017, 638 Rz 13 = ZTR 2017, 314 mwN; BAGE 138, 242 Rz 15 = NZA 2011, 1346.
26 So zur Befristung von Arbeitsverträgen BAGE 41, 391 = NJW 1983, 1927; relativierend BAG NZA 1987, 238 = DB 1987, 1257; NZA 1988, 201 = ZTR 1988, 97.
27 Dies gilt auf Grundlage der TzBfG §§ 3 Abs 1, 15 Abs 2 auch für zweckbefristete Arbeitsverträge (hM KR/Bader TzBfG § 3 Rz 27; ErfK/Müller-Glöge TzBfG § 3 Rz 10; Laux/Schlachter/Schlachter TzBfG § 3 Rz 14; APS/Backhaus TzBfG § 3 Rz 23; Staud/Preis § 620 Rz 26; Dörner Rz 50; aA Rolfs TzBfG § 3 Rz 9 f).
28 BAGE 152, 273 Rz 23 = NZA 2016, 169; BAG NZA 2006, 321 = NJW 2006, 1084 mwN.
29 KR/Bader TzBfG § 3 Rz 27; ErfK/Müller-Glöge TzBfG § 3 Rz 10; Laux/Schlachter/Schlachter TzBfG § 3 Rz 12.
30 BAGE 138, 242 Rz 15 = NZA 2011, 1346.
31 BAG NZA 2017, 638 Rz 13 = ZTR 2017, 314; BAG NZA 2014, 150 Rz 17 = NJW 2014, 489; BAGE 138, 242 Rz 17 = NZA 2011, 1346 mwN; KR/Bader TzBfG § 3 Rz 51; Dörner Rz 54; Laux/Schlachter/Schlachter TzBfG § 3 Rz 15; Meinel/Heyn/Herms/Meinel TzBfG § 3 Rz 11; HK-TzBfG/Joussen § 3 Rz 29.
32 BAGE 138, 242 Rz 17 = NZA 2011, 1346; BAGE 98, 337 = NZA 2002, 85.
33 Vgl zur Anwendbarkeit des § 15 Abs 5 bei der Doppelbefristung von Arbeitsverhältnissen BAGE 138, 242 Rz 28 ff = NZA 2011, 1346.

tung regelmäßig eine Abbedingung des § 625 im Hinblick auf den ersten Beendigungszeitpunkt zu sehen sein, so dass eine Anwendung des § 625 nur bei einer Fortsetzung nach Ablauf der Zeitbefristung in Betracht kommt. Zum anderen ergibt sich aus dem Zweck des § 625, dass die Norm lediglich Auffangcharakter hat (s dazu § 625 Rz 5).

14 e) **Grenzen der Vertragsfreiheit.** Bei einem freien Dienstvertrag haben die Parteien grds einen weiten Gestaltungsspielraum bei der Festlegung von Befristungen und Bedingungen. Die Gefahr einer Umgehung von Kündigungsschutzvorschriften besteht mangels solcher Vorschriften regelmäßig nicht[34]. Während bei Arbeitsverhältnissen typischerweise das Bedürfnis besteht, das Bestandsinteresse des Arbeitnehmers zu schützen und Befristungen nur ausnahmsweise zuzulassen, sind die Interessen der Parteien und deren Schutzbedürftigkeit bei freien Dienstverträgen je nach Vertragsgegenstand sehr unterschiedlich. So kann etwa auch das Interesse des Dienstberechtigten an der Vermeidung einer übermäßig langen Bindung aufgrund langer Befristungsdauer schutzwürdig sein (zB im Rahmen von Privatschul- oder Unterrichtsverträgen)[35]. Eine Begrenzung für Befristungsvereinbarungen in freien Dienstverträgen enthält lediglich § 624. Im Übrigen gelten die **allgemeinen Schranken aus § 242**. Sofern es sich um Befristungsklauseln in **AGB** handelt, gelten zudem die §§ 305 ff. Dabei kann insbes § 309 Nr 9 relevant werden, der nicht nur kalendermäßige Befristungen über mehr als zwei Jahre verbietet, sondern auch Zweckbefristungen, sofern die Parteien nicht den Eintritt des Ereignisses innerhalb von zwei Jahren als sicher vorausgesetzt haben[36]. Tritt das Ereignis dennoch später ein, ist es dem Verwender nach § 242 versagt, einer nach Ablauf von zwei Jahren erklärten ordentlichen Kündigung den mit der Befristung einhergehenden Kündigungsausschluss entgegen zu halten[37].

15 f) **Befristete Dienstverträge mit arbeitnehmerähnlichen Personen.** Auf Befristungsabreden in Dienstverträgen mit arbeitnehmerähnlichen Personen ist das TzBfG, wie sich aus § 3 ergibt, nicht unmittelbar anwendbar[38]. Eine analoge Anwendung scheitert an der unterschiedlichen Ausgangslage[39]. Während für Arbeitnehmer die Vorschriften des allgemeinen und des besonderen Kündigungsschutzes gelten, kann das Dienstverhältnis mit einer arbeitnehmerähnlichen Person jederzeit unter Einhaltung der maßgeblichen Kündigungsfrist (s dazu § 621 Rz 7) ordentlich gekündigt werden. Eine Umgehung von Kündigungsschutzvorschriften durch den Abschluss befristeter Verträge ist folglich nicht zu befürchten. Auch unionsrechtlich begegnet die Beschränkung der Anwendung des TzBfG auf Arbeitnehmer keinen Bedenken. § 2 Nr 1 der EGB-NICE-CEEP-Rahmenvereinbarung über befristete Arbeitsverträge im Anhang der RL 1999/70/EG stellt auf den Arbeitnehmerbegriff gemäß der Definition in den einzelnen Mitgliedstaaten ab. Maßgeblich für den Anwendungsbereich der RL ist also nicht der – im Vergleich zum deutschen Recht – weitere autonome Arbeitnehmerbegriff des Unionsrechts, sondern der nationale Begriff[40]. Dieser darf lediglich nicht zur Folge haben, dass eine Kategorie von Personen willkürlich vom Schutz der Rahmenvereinbarung ausgeschlossen wird[41].

16 Werden mit einer arbeitnehmerähnlichen Person über einen längeren Zeitraum **ständig und ohne größere Unterbrechungen** befristete Einzelverträge geschlossen, kann dies ein schützenswertes Vertrauen dahingehen begründen, dass die betroffene Person auch in Zukunft in gleichem Umfang beauftragt wird. Ist dies der Fall, entsteht zwischen den Parteien durch konkludentes Handeln über die befristeten Einzelverträge hinaus ein Dauerschuldverhältnis, im Rahmen dessen der Auftraggeber verpflichtet ist, auf die Interessen des arbeitnehmerähnlich beschäftigten Mitarbeiters Rücksicht zu nehmen (§ 241 Abs 2). Der Auftraggeber ist daher verpflichtet, die **Einstellung der ständigen Auftragserteilung rechtzeitig anzukündigen**[42]. Die Länge der Ankündigungsfrist muss sich richtigerweise nach den Umständen des Einzelfalls richten, wobei insbes die gesetzlichen Fristen für die Kündigung eines Heimarbeitsverhältnisses gem HAG § 29 (s dazu § 621 Rz 7) eine Orientierung bieten können[43]. Die einzuhaltende Ankündigungsfrist kann die vom BAG bisher zugrunde gelegte Frist von zwei Wochen[44] daher durchaus

---

34 BAGE 69, 62 = NZA 1992, 1125; BAGE 39, 329 = AP Nr 32 zu § 611 BGB Lehrer Dozenten.
35 Staud/Preis § 620 Rz 8.
36 BGH NJW 2007, 213 = MDR 2007, 326; NJW 2019, 1280 = MDR 2019, 280.
37 BGH NJW 2007, 213 = MDR 2007, 326.
38 BAG ZTR 2006, 390 = AP Nr 12 zu § 611 BGB Arbeitnehmerähnlichkeit; Laux/Schlachter/Schlachter TzBfG § 3 Rz 3; Staud/Preis § 620 Rz 7; MünchKomm/Hesse § 620 Rz 7; aA DDZ/Däubler BGB § 620 Rz 4.
39 Ähnlich KR/Rost/Kreutzberg-Kowalczyk Rz 59 zu ArbNähnl Pers.
40 Laux/Schlachter/Schlachter TzBfG Einführung B Rz 11; Meinel/Heim/Herms/Meinel TzBfG § 14 Rz 7; APS/Backhaus BGB § 620 Rz 2.
41 EuGH EzA Richtlinie 99/70 EG-Vertrag 19999 Nr 10 Rz 31 = ZESAR 2015, 236 – Fiamingoua; siehe i Einz EuArbR/Krebber RL 1999/70/EG § 2 Rz 9 ff.
42 KR/Rost/Kreutzberg-Kowalczyk Rz 66 zu ArbNähnl Pers.
43 KR/Rost/Kreutzberg-Kowalczyk Rz 68 ff zu ArbNähnl Pers.
44 BAGE 19, 324 = NJW 1967, 1982; BB 1971, 568 = DB 1971, 1625.

überschreiten⁴⁵. Versäumt der Auftraggeber diese Ankündigung, hat er eine entsprechend lange Auslauffrist zu gewähren, innerhalb derer er zur Zahlung der durchschnittlichen Vergütung verpflichtet ist⁴⁶.

Ist die Erreichung des vereinbarten Zwecks bzw der Eintritt der auflösenden Bedingung und damit letztlich das Ende des Dienstvertrages für eine arbeitnehmerähnliche Person nicht erkennbar, ist **TzBfG § 15 Abs 2 analog anzuwenden**. Sinn und Zweck der in dieser Norm vorgesehenen Auslauffrist ist es, dem Arbeitnehmer Zeit zu geben, sich auf das bevorstehende Ende des Arbeitsverhältnisses einzustellen und einen neuen Arbeitsplatz zu suchen⁴⁷. Im Hinblick auf diesen Zweck befinden sich arbeitnehmerähnliche Personen angesichts ihrer wirtschaftlichen Abhängigkeit vom Auftraggeber in einer vergleichbaren Situation und sind in gleicher Weise wie Arbeitnehmer sozial schutzbedürftig. Das Dienstvertragsrecht hält für diese Situation keine geeignete Regelung bereit, obwohl eine solche erforderlich wäre, um den aus GG Art 12 Abs 1 folgenden Mindestschutz zu gewährleisten. Die Regelungslücke ist im Wege der Analogie zu schließen. Das Dienstverhältnis endet daher frühestens zwei Wochen nach Zugang einer schriftlichen Unterrichtung über den Zeitpunkt der Zweckerreichung durch den Auftraggeber, wenn der Eintritt des maßgeblichen Ereignisses für die arbeitnehmerähnliche Person nicht erkennbar ist⁴⁸.

g) **Befristete Dienstverträge mit Heimarbeitern.** Für in Heimarbeit Beschäftigte findet das TzBfG mangels Arbeitnehmereigenschaft weder unmittelbare noch analoge Anwendung (vgl Rz 15)⁴⁹. Vor dem Hintergrund der HAG §§ 29, 29a, der Beteiligungsrechte des Betriebsrats im Falle einer Kündigung nach BetrVG § 102 und der für die in Heimarbeit Beschäftigten geltenden Sonderkündigungsschutzbestimmungen (s dazu Rz 47 vor §§ 620-630) besteht jedoch die Gefahr einer Umgehung zwingender Kündigungsschutzvorschriften durch den Abschluss befristeter Verträge. Um dies zu verhindern, ist in Anwendung der von der Rspr vor Inkrafttreten des TzBfG entwickelten Grundsätze zur Befristung von Arbeitsverträgen ein die Befristung rechtfertigender **sachlicher Grund** zu verlangen⁵⁰. Die teilweise vertretene Ansicht, wonach ein sachlicher Grund nur erforderlich sein soll, wenn bereits bei Abschluss des befristeten Vertrags aufgrund einer objektiven Prognose vorauszusehen ist, dass bei Vertragsende ein Sonderkündigungstatbestand eingreift⁵¹, überzeugt nicht. Ob besondere Kündigungsschutzvorschriften zu beachten sind, kann nicht bei Vertragsschluss prognostiziert werden, sondern ist erst im Zeitpunkt der (beabsichtigten) Beendigung des Heimarbeitsverhältnisses auf Grundlage der dann gegebenen Umstände zu beantworten. Die Befristung des Heimarbeitsverhältnisses schließt das Eingreifen der Sonderkündigungsschutzvorschriften jedoch generell aus. Sie führt damit zu einer generellen Umgehung des Sonderkündigungsschutzes und ist daher mit dessen Schutzzweck nicht zu vereinbaren. Zudem wird durch die Befristung die Beteiligung des Betriebsrats nach BetrVG § 102 umgangen.

Wurde das Heimarbeitsverhältnis wirksam zweckbefristet und ist die Zweckerreichung für den Heimarbeiter nicht erkennbar, endet es **analog TzBfG § 15 Abs 2** frühestens zwei Wochen nach Zugang einer schriftlichen Unterrichtung des Heimarbeiters durch den Auftraggeber über den Zeitpunkt der Zweckerreichung (vgl Rz 17)⁵².

h) **Befristete Handelsvertreterverträge.** Für Handelsvertreterverträge gelten gem HGB §§ 89 und 89a besondere Kündigungsvorschriften. Spezielle Regelungen hinsichtlich der Zulässigkeit von Zeitverträgen mit Handelsvertretern existieren nicht. Das TzBfG findet keine Anwendung. Werden befristete Verträge allerdings mehrfach kurz vor oder kurz nach ihrem Ablauf mit den im Wesentlichen gleichen Bedingungen ohne eine erneute Aushandlung verlängert, sind diese **Kettenverträge** als einheitliches unbefristetes Vertragsverhältnis anzusehen und die Regelungen des HGB § 89 anzuwenden⁵³.

---

45 KR/Rost/Kreutzberg-Kowalczyk Rz 84 zu ArbNähnl Pers.
46 Vgl BAGE 19, 324 = NJW 1967, 1982; BB 1971, 568 = DB 1971, 1625; KR/Rost/Kreutzberg-Kowalczyk Rz 78 zu ArbNähnl Pers.
47 BAG NZA 2016, 173 Rz 30 = ZTR 2016, 86; s ausf Laux/Schlachter/Schlachter TzBfG § 15 Rz 5.
48 Vgl BAGE 19, 324 = NJW 1967, 1982; BB 1971, 568 = DB 1971, 1625; MünchKomm/Hesse § 620 Rz 7; KR/Rost/Kreutzberg-Kowalczyk Rz 66 zu ArbNähnl Pers.
49 MünchKomm/Hesse § 620 Rz 8; KR/Rost/Kreutzberg-Kowalczyk HAG § 29, 29a Rz 92; MünchArbR/Heenen § 315 Rz 37.
50 KR/Rost/Kreutzberg-Kowalczyk HAG §§ 29, 29a Rz 93; DDZ/Däubler HAG §§ 29, 29a Rz 29; HK-ArbR/Berg HAG §§ 29, 29a Rz 6; Brecht HAG § 29 Rz 6; Schmidt/Koberski/Tiemann/Wascher HAG Rz 12 vor §§ 29 ff; aA APS/Backhaus BGB § 620 Rz 3.
51 So APS/Backhaus BGB § 620 Rz 3; MünchArbR/Heinkel § 200 Rz 37.
52 MünchKomm/Hesse § 620 Rz 8.
53 BGH MDR 2002, 1259 = BB 2002, 2036 mwN; siehe i Einz MünchKomm-HGB/Ströbl HGB § 89 Rz 34 ff; Ebenroth/Boujong/Joost/Strohn/Löwisch HGB § 89 Rz 22.

21 3. **Wirkung.** Wurde das Dienstverhältnis wirksam befristet, endet es automatisch mit Ablauf des letzten Tages der vereinbarten kalendermäßigen Frist bzw mit Ablauf des Tages, an welchem der vereinbarte Zweck erreicht wird (zu den Besonderheiten bei Doppelbefristung s Rz 13; in Ausnahmefällen kann eine Auslauffrist zu beachten sein, s dazu Rz 16 f u 19). Zur vorzeitigen Kündigung des Dienstverhältnisses siehe bereits Rz 6 f sowie § 624. Wird das Dienstverhältnis nach Ablauf der Befristung fortgesetzt, kann sich das Dienstverhältnis nach § 625 auf unbestimmte Zeit verlängern.

IV. Beendigung befristeter Arbeitsverhältnisse

22 1. **Entwicklung.** Die nach § 620 im Hinblick auf die Befristung von Dienstverträgen bestehende weitgehende Vertragsfreiheit wurde im Arbeitsrecht lange Zeit allein durch die Rspr beschränkt. Hintergrund dieser Beschränkungen war der offensichtliche Wertungswiderspruch zwischen den weitgehenden Befristungsmöglichkeiten einerseits und dem kündigungsschutzrechtlichen Bestandschutz im unbefristeten Arbeitsverhältnis andererseits. Das BAG beurteilte die Zulässigkeit befristeter Arbeitsverträge nach einer grundlegenden Entscheidung des Großen Senats vom 12. Oktober 1960 am Maßstab der objektiven Gesetzesumgehung und verlangte für die rechtswirksame Befristung eines Arbeitsvertrages im Anwendungsbereich des KSchG eine Rechtfertigung durch einen sachlichen Grund[54]. Bezüglich der Anforderungen an den sachlichen Befristungsgrund bildete sich in der Folge der Entscheidung des Großen Senats eine umfangreiche Kasuistik heraus[55], die letztlich jedoch keine rechtssichere Grundlage für die Praxis bereitstellen konnte[56]. Neben die nach der Rspr zulässige Sachgrundbefristung trat mit dem Beschäftigungsförderungsgesetz 1985 die Möglichkeit einer sachgrundlosen Befristung des Arbeitsvertrags für die Dauer von bis zu 18 Monaten (bzw von bis zu 24 Monaten in neugegründeten Unternehmen und solchen mit weniger als 20 Arbeitnehmern)[57]. Durch das Beschäftigungsförderungsgesetz 1996 wurde diese Möglichkeit auf 24 Monate ausgedehnt und eine dreimalige Verlängerung des befristeten Arbeitsvertrags zugelassen[58]. Zudem ließ das Beschäftigungsförderungsgesetz 1996 die sachgrundlose Befristung unbegrenzt zu, wenn der Arbeitnehmer bei Beginn des befristeten Arbeitsverhältnisses das 60. Lebensjahr vollendet hatte. Mit Wirkung zum 1. Januar 2001 wurden die bis zum 31. Dezember 2000 befristeten Regelungen des Beschäftigungsförderungsgesetzes durch das TzBfG abgelöst, das zugleich die Vorgaben der RL 1999/70/EG ins nationale Recht umsetzen sollte[59]. Daneben bestehen spezielle Vorschriften insbes für wissenschaftliches Personal an Hochschulen und Forschungseinrichtungen (WissZeitVG) sowie für Ärzte in der Weiterbildung (ÄArbVtrG)[60].

23 2. **Unionsrechtliche Vorgaben.** Die Befristungs-RL 1999/70/EG[61] führt die zwischen den branchenübergreifenden Organisationen EGB, UNICE und CEEP geschlossene Rahmenvereinbarung über befristete Arbeitsverträge durch und war bis zum 10. Juli 2001 in nationales Recht umzusetzen. Die eigentlichen materiellen Vorgaben ergeben sich aus der Rahmenvereinbarung, deren Ziel ua die Schaffung eines Rahmens zur Verhinderung von Missbrauch durch aufeinanderfolgende befristete Arbeitsverträge oder -verhältnisse ist (s § 1 Buchst b der Rahmenvereinbarung). Der Anwendungsbereich der Rahmenvereinbarung wird nach § 2 Nr 1 durch den Arbeitnehmerbegriff des jeweiligen Mitgliedstaates bestimmt. Die Definition durch das nationale Recht darf allerdings nicht dazu führen, dass eine Kategorie von Personen willkürlich vom Schutz der Rahmenvereinbarung ausgeschlossen wird[62]. Auch im Übrigen belässt die RL den Mitgliedstaaten einen weiten Gestaltungsspielraum. Nach § 5 der Rahmenvereinbarung sind die Mitgliedstaa-

---

54 BAGE 10, 65 = NJW 1961, 798. Die dogmatische Begründung des BAG erfuhr in der Literatur von Anfang an Kritik; die Begrenzung der Zulässigkeit befristeter Arbeitsverträge wurde jedoch (mit unterschiedlichen Begründungsansätzen) überwiegend geteilt, s dazu etwa die Nachweise bei Staud/Preis § 620 Rz 10; Dörner Rz 17.
55 S dazu Soergel[12]/Kraft § 620 Rz 14 ff.
56 Wiedemann/Palenberg RdA 1977, 85 f; Laux/Schlachter/Schlachter TzBfG Einführung B Rz 6. Zeitschrift vor Kommentar?.
57 Ges v 26. April 1985 (BGBl I, 710); s dazu v Hoyningen-Huene NJW 1985, 1801; Otto NJW 1985, 1807; Friauf NZA 1985, 513; Mückenberger NZA 1985, 518; Herschel AuR 1985, 265; Löwisch BB 1985, 1200; ders NZA 1985, 478; Schüren RdA 1985, 25; Schanze RdA 1986, 30; Hanau RdA 1987, 25.
58 Ges v 25. September 1996 (BGBl I, 1476); s dazu Rolfs NZA 1996, 1134; Löwisch NZA 1996, 1009; Lorenz DB 1996, 1973.
59 Ges v 21. Dezember 2000 (BGBl I, 1966); s dazu Hromadka NJW 2001, 400; Däubler ZIP 2001, 217; Rolfs RdA 2001, 129; Hanau NZA 2001, 1168; Pöltl NZA 2001, 582; Preis/Gotthardt DB 2001, 145.
60 Zur Entwicklung dieser Vorschriften s KR/Treber WissZeitVG § 1 Rz 1 ff; ÄArbVtrG § 1 Rz 4 ff.
61 RL 1999/70/EG des Rates vom 28. Juni 1999 zu der EGB-UNICE-CEEP-Rahmenvereinbarung über befristete Arbeitsverträge (ABl Nr L 175, 43).
62 EuGH EzA Richtlinie 99/70 EG-Vertrag 19999 Nr 10 Rz 31 = ZESAR 2015, 236 – Fiamingo ua; siehe i Einz EuArbR/Krebber RL 1999/70/EG § 2 Rz 9 ff.

ten lediglich verpflichtet, eine der folgenden Maßnahmen zur Missbrauchsvermeidung zu ergreifen:

– Festlegung sachlicher Rechtfertigungsgründe für die Verlängerung befristeter Arbeitsverhältnisse
– Festlegung der insgesamt zulässigen Höchstdauer aufeinanderfolgender befristeter Arbeitsverträge
– Festlegung der max zulässigen Zahl der Verlängerungen befristeter Arbeitsverhältnisse

Dabei sind die Mitgliedstaaten jedoch an den mit der Rahmenvereinbarung verfolgten Zweck gebunden, die getroffenen Maßnahmen müssen also geeignet sein, den Missbrauch aufeinanderfolgender Befristungen zu vermeiden[63]. Anders als das deutsche TzBfG gilt die Befristungs-RL nicht bereits für die erstmalige Befristung eines Arbeitsvertrages, sondern lediglich für den Abschluss mehrerer aufeinanderfolgender befristeter Arbeitsverträge[64]. Der über diese unionsrechtlich zwingende Vorgabe hinausgehende Schutz des deutschen Rechts ist jedoch mit der RL vereinbar (vgl § 8 Nr 1 der Rahmenvereinbarung).

3. **Begriff**. Der Begriff des befristet beschäftigten Arbeitnehmers wird in TzBfG § 3 Abs 1 wie folgt legal definiert: „Befristet beschäftigt ist ein Arbeitnehmer mit einem auf bestimmte Zeit geschlossenen Arbeitsvertrag. Ein auf bestimmte Zeit geschlossener Arbeitsvertrag (befristeter Arbeitsvertrag) liegt vor, wenn seine Dauer kalendermäßig bestimmt ist (**kalendermäßig befristeter Arbeitsvertrag**) oder sich aus Art, Zweck oder Beschaffenheit der Arbeitsleistung ergibt (**zweckbefristeter Arbeitsvertrag**)." Der Arbeitsvertrag kann also wie der Dienstvertrag sowohl kalendermäßig befristet als auch zweckbefristet werden. Der von § 3 Nr 1 der Rahmenvereinbarung im Anhang der RL 1999/70/EG ebenfalls erfasste **auflösend bedingte Arbeitsvertrag** wird hingegen in TzBfG § 3 Abs 1 nicht genannt[65]. Dass er in den Geltungsbereich einbezogen ist, ergibt sich jedoch aus TzBfG § 21, wonach die zentralen Vorschriften des TzBfG auch für Arbeitsverträge gelten, die unter einer auflösenden Bedingung geschlossen wurden[66]. Zur Abgrenzung der verschiedenen Befristungsarten s Rz 10 ff.

4. **Sachgrundlose Befristung**. Die Befristung eines Arbeitsvertrags ist nach TzBfG § 14 Abs 1 Satz 1 grds nur zulässig, wenn sie durch einen sachlichen Grund gerechtfertigt ist. Von diesem Grundsatz macht TzBfG § 14 Abs 2 eine weitreichende Ausnahme, indem er eine *kalendermäßige Befristung* bis zu einer Dauer von **zwei Jahren** auch ohne Vorliegen eines sachlichen Grunds zulässt. Innerhalb dieser zulässigen Gesamtdauer von zwei Jahren kann das befristete Arbeitsverhältnis bis zu **dreimal verlängert** werden (TzBfG § 14 Abs 2 Satz 1 Halbs 2). Möglich sind also bspw 4 Verträge über jeweils 6 Monate. Dabei ist es unerheblich, ob der ursprüngliche Vertrag mit oder ohne Sachgrund befristet war, sofern eine kalendermäßige Befristung vereinbart war, die Voraussetzungen des TzBfG § 14 Abs 2 vorliegen und dessen Anwendbarkeit nicht (konkludent) abbedungen wurde[67]. Die befristeten Arbeitsverhältnisse müssen jedoch nahtlos, dh ohne zeitliche Lücke, aneinander anschließen, da anderenfalls keine Verlängerung vorliegt, sondern ein neuer Vertragsschluss[68]. Der Verlängerungsvertrag muss daher bereits vor Ablauf des zu verlängernden Vertrags in schriftlicher Form geschlossen werden[69]. Inhaltlich darf er nur den Beendigungszeitpunkt hinausschieben, die übrigen Vertragsbedingungen müssen nach der Rspr des BAG unverändert bleiben, es sei denn die vorgenommene Änderung dient lediglich der Anpassung des Vertragstexts an die zum Zeitpunkt der Verlängerung geltende Rechtslage oder der Arbeitnehmer hat zum Zeitpunkt der Verlängerung einen Anspruch auf die vorgenommene Änderung[70]. Einvernehmliche Änderungen der Arbeitsbedingungen während der Laufzeit eines sachgrundlos befristeten Arbeitsvertrags unterliegen indessen nicht der Befristungskontrolle[71].

Die **Verkürzung der Laufzeit** eines sachgrundlos befristeten Vertrages bedarf als eigenständige Befristungsabrede gem TzBfG § 14 Abs 1 eines sachlichen Grunds[72].

---

63 Schlachter, in: Festschr für Wank, 2014, S 503, 507.
64 EuGH NZA 2014, 475 Rz 36 = AP Nr 12 zu Richtlinie 99/70/EG.
65 Laux/Schlachter/Schlachter TzBfG § 3 Rz 1; Meinel/Heyn/Herms/Meinel TzBfG § 3 Rz 1.
66 ErfK/Müller-Glöge TzBfG § 3 Rz 1.
67 HM, statt vieler: Laux/Schlachter/Schlachter TzBfG § 14 Rz 109; APS/Backhaus TzBfG § 14 Rz 523; Dörner Rz 478 ff.
68 HM, statt vieler: APS/Backhaus TzBfG § 14 Rz 514 mzN; KR/Lipke TzBfG § 14 Rz 559 mzN.
69 BAG NZA 2014, 623 = ZTR 2014, 290; NZA 2006, 605 = AP Nr 22 zu § 14 TzBfG; ebenso zur sachgrundlosen Befristung auf Grundlage des BeschFG: BAG NZA 2001, 659 = DB 2001, 874; BAGE 95, 255 = NJW 2001, 532.
70 BAG NZA 2021, 1187 = ZTR 2021, 589; NZA 2014, 623 = ZTR 2014, 290; BAGE 125, 248 = NZA 2008, 701; BAGE 119, 212 = NZA 2007, 204 (m abl Anm Bauer); zustimmend Dörner Rz 463 ff; aA APS/Backhaus TzBfG § 14 Rz 517 mzN.
71 BAG NZA 2021, 1187 = ZTR 2021, 589; BAGE 119, 212 = NZA 2007, 204.
72 BAG NZA 2017, 634 = BB 2017, 1529 (m abl Anm Maschmann).

26 Eine sachgrundlose Befristung ist nicht zulässig, wenn mit demselben Arbeitgeber **bereits zuvor ein befristetes oder unbefristetes Arbeitsverhältnis** bestanden hat (TzBfG § 14 Abs 2 Satz 2). Damit sollen Befristungsketten verhindert werden[73]. Das BAG hatte TzBfG § 14 Abs 2 Satz 2 – infolge einer Rechtsprechungsänderung im Jahr 2011[74] – dahingehend **eingeschränkt**, dass ein früheres Arbeitsverhältnis mit demselben Arbeitgeber einer sachgrundlosen Befristung nicht entgegensteht, wenn das Ende des vorangegangenen Arbeitsverhältnisses **mehr als drei Jahre zurückliegt**[75]. Diese Rspr war auf berechtigte Kritik gestoßen, da sich der erkennende 7. Senat über den eindeutigen Willen des Gesetzgebers hinweggesetzt und die Norm *contra legem* eingeschränkt hatte[76]. Mehrere LAG hatten dem BAG daher die Gefolgschaft verweigert und eine zeitliche Einschränkung des TzBfG § 14 Abs 2 Satz 2 abgelehnt[77]. Das ArbG Braunschweig war dem BAG in der einschränkenden Auslegung der Norm ebenfalls nicht gefolgt. Es hielt die Norm jedoch für verfassungswidrig und legte sie im Wege der konkreten Normenkontrolle gem GG Art 100 Abs 1 dem BVerfG vor[78]. Das **BVerfG**, das daneben auch über die Verfassungsbeschwerde eines Arbeitnehmers gegen ein der BAG-Rspr folgendes Urteil des LAG Nürnberg[79] zu entscheiden hatte, stellte im Juni 2018 fest, dass **TzBfG § 14 Abs 2 Satz 2 grundsätzlich mit dem GG vereinbar** ist[80]. Die Norm schränke zwar die Arbeitsvertragsfreiheit ein, weil sie den Arbeitsvertragsparteien die Vereinbarung einer erneuten sachgrundlosen Befristung verbietet. Diese Einschränkung trage jedoch der aus GG Art 12 Abs 1 folgenden Pflicht des Staates zum Schutz der strukturell unterlegenen Arbeitnehmer und dem Sozialstaatsprinzip (gem GG Art 20 Abs 1, Art 28 Abs 1) Rechnung und sei daher grundsätzlich gerechtfertigt. Unzumutbar ist die Beschränkung der individuellen Berufsfreiheit durch TzBfG § 14 Abs 2 Satz 2 nach der Entscheidung des BVerfG jedoch, soweit eine Gefahr der Kettenbefristung in Ausnutzung einer strukturellen Unterlegenheit der Beschäftigten nicht besteht und das Verbot der sachgrundlosen Befristung zur Sicherung des unbefristeten Arbeitsverhältnisses als Regelfall nicht erforderlich ist. Davon soll insbes auszugehen sein, „wenn eine Vorbeschäftigung sehr lang zurückliegt, ganz anders geartet war oder von sehr kurzer Dauer gewesen ist (etwa bei geringfügigen Nebenbeschäftigungen während der Schul- und Studien- oder Familienzeit, bei Werkstudierenden oder bei einer Unterbrechung der Erwerbsbiographie, die mit einer beruflichen Neuorientierung oder einer Aus- und Weiterbildung einhergeht)"[81]. In diesen Fällen sieht das BVerfG die Fachgerichte in der Pflicht, den **Anwendungsbereich des TzBfG § 14 Abs 2 Satz 2 durch verfassungskonforme Auslegung einzuschränken**. Eine klare Absage erteilte das BVerfG hingegen dem vom BAG verfolgten Ansatz, den zeitlichen Anwendungsbereich des TzBfG § 14 Abs 2 Satz 2 generell auf drei Jahre zu beschränken. Die Rspr des BAG überschreite die Grenzen zulässiger Rechtsfortbildung, weil sie die gesetzgeberische Grundentscheidung durch ein eigenes Regelungsmodell ersetze, das der Gesetzgeber erkennbar nicht wollte.

27 Das BAG hat seine Rspr aus dem Jahr 2011 inzwischen aufgegeben[82]. Es prüft nun ausgehend von den Vorgaben des BVerfG unter Würdigung des jeweiligen Einzelfalls, ob die Vorbeschäftigung sehr lang zurückliegt, ganz anders geartet war oder von sehr kurzer Dauer gewesen ist[83]. Bei den vom BVerfG genannten Kriterien handelt es sich nach Ansicht des BAG um unbestimmte Rechtsbegriffe, bei deren Beurteilung den Gerichten der Tatsacheninstanzen ein Spielraum zukommt[84]. Das BAG lässt sich bei der Beurteilung der Frage, ob eine **Vorbeschäftigung sehr lange zurückliegt**, maßgeblich von der Erwägung leiten, dass die sachgrundlose Befristung bei der erneuten Einstellung eines Arbeitnehmers bei demselben Arbeitgeber auf Ausnahmefälle beschränkt werden muss, um das unbefristete Arbeitsverhältnis als Regelfall zu erhalten[85]. Dieser Ausnahmecharakter ist gewährleistet, wenn bei der erneuten Einstellung des Arbeitnehmers mehr als ein halbes Berufsleben vergangen ist, so dass eine dritte sachgrundlos befristete Einstellung bei demselben Arbeitgeber nach Ablauf derselben Zeitspanne typischerweise nicht mehr

---

73 BT-Drucks 14/4374, S 19.
74 Zur früheren Rspr: BAG ZTR 2009, 544 = EzTöD 100 § 30 Abs 1 TVöD-AT Sachgrundlose Befristung Nr 12 mwN; BAGE 108, 269 = NZA 2005, 218.
75 BAGE 137, 275 = NZA 2011, 905; BAGE 139, 213 Rz 23 ff = NZA 2012, 255; zustimmend Linsenmaier, in: Festschr für Bepler, 2012, S 373 ff; ders RdA 2012, 193, 204 f; Wank RdA 2012, 361 ff; Persch ZTR 2011, 404 ff; Löwisch SAE 2012, 31 ff; ErfK/Müller-Glöge TzBfG § 14 Rz 99.
76 Statt aller: Höpfner NZA 2011, 893 ff; Lakies AuR 2011, 190 ff; ders ArbRAktuell 2011, 447 ff; Kossens jurisPR-ArbR 37/2011, Anm 1 unter D; Wedel AuR 2011, 413 f; Däubler/Stoye AiB 2012, 14 ff; Wendeling-Schröder AuR 2012, 92, 93.
77 LAG Baden-Württemberg ZIP 2013, 2481 = AuR 2014, 30; LAGE § 14 TzBfG Nr 82 = AE 2014, 233; ZTR 2017, 187 = EzA-SD 2017, Nr 6, 11 (red Ls); LAG Niedersachsen 16. Februar 2016 – 9 Sa 376/15 – AE 2017, 114; LAG Sachsen-Anhalt 29. Mai 2017 – 6 Sa 405/15 (m Anm Klein jurisPR-ArbR 35/2017 Anm 3).
78 ArbG Braunschweig LAGE § 14 TzBfG Nr 83 = EzA-SD 2014, Nr 18, 8-11.
79 LAG Nürnberg 30. Januar 2014 – 5 Sa 1/13.
80 BVerfGE 149, 126 = NZA 2018, 774.
81 BVerfGE 149, 126 = NZA 2018, 774.
82 BAGE 165, 116 = NZA 2019, 700.
83 BAGE 165, 116 = NZA 2019, 700; BAGE 167, 334 = NZA 2020, 40; NZA 2021, 338 = NJW 2021, 1114.
84 BAG NZA 2021, 338 = NJW 2021, 1114.
85 BAG AP TzBfG § 14 Nr 179.

in Betracht kommt[86]. Deshalb hat das BAG nach Ablauf von 22 Jahren seit der Beendigung des früheren Arbeitsverhältnisses eine sehr lange zurückliegende Vorbeschäftigung angenommen[87]. Einen Zeitablauf von etwa fünf Jahren und vier Monaten[88], acht[89] bzw 15[90] Jahren ließ das BAG indessen nicht ausreichen. Bei Hinzutreten besonderer Umstände kann indes auch bei einer kürzer zurückliegenden Vorbeschäftigung eine Einschränkung des TzBfG § 14 Abs 2 Satz 2 geboten sein. So hat etwa das LAG Berlin-Brandenburg einen Zeitablauf von ca 17 Jahren genügen lassen, weil das Vorbeschäftigungsverhältnis auf Betreiben des Arbeitnehmers vorzeitig aufgelöst wurde[91]. Die Annahme einer **ganz anders gearteten Tätigkeit** setzt nach Ansicht des BAG regelmäßig voraus, „dass die in dem neuen Arbeitsverhältnis geschuldete Tätigkeit Kenntnisse oder Fähigkeiten erfordert, die sich wesentlich von denjenigen unterscheiden, die für die Vorbeschäftigung erforderlich waren"[92]. Eine Vorbeschäftigung von **sehr kurzer Dauer** liegt jedenfalls bei einer Beschäftigungsdauer von zwei Jahren nicht vor[93]. Da das BAG sich argumentativ auf die sechsmonatige Wartezeit gem KSchG § 1 Abs 1 sowie die dreimonatige Höchstbeschäftigungsdauer für die Verkürzung der Kündigungsfrist bei Beschäftigung einer vorübergehenden Aushilfe gem § 622 Abs 5 Nr 1 stützt, ist zu erwarten, dass es eine diese Zeiträume übersteigende Vorbeschäftigung ohne Hinzutreten anderer Umstände nicht als sehr kurz ansehen wird. Hierfür spricht auch, dass das BAG einen Rechtsstreit, der eine etwa sechswöchige Vorbeschäftigung betraf, die ca neun Jahre zurücklag, an das LAG zurückverwies, um zu prüfen, ob es sich um eine nur geringfügige Nebenbeschäftigung während der Schul-, Studien- oder Ausbildungszeit handelte[94]. Die kurze Dauer von ca sechs Wochen genügte also für sich genommen offenbar nicht, um eine Einschränkung des Anwendungsbereichs des TzBfG § 14 Abs 2 Satz 2 zu rechtfertigen. Dem ist nun das LAG Schleswig-Holstein mit der Annahme entgegengetreten, dass jedenfalls eine Beschäftigungsdauer von weniger als drei Monaten als sehr kurz anzusehen sei[95].

Eine **vorangegangene Beschäftigung** bei demselben Arbeitgeber **auf Grundlage eines anderen Rechtsverhältnisses** (zB auf Grundlage eines freien Dienst- oder Werkvertrags) steht einer sachgrundlosen Befristung nicht entgegen. Nicht von dem Vorbeschäftigungsverbot des TzBfG § 14 Abs 2 Satz 2 erfasst ist nach der Rspr des BAG auch die Beschäftigung in einem **Heimarbeitsverhältnis**[96], in einem **Beamtenverhältnis**[97] in einem **Ausbildungsverhältnis**[98] sowie im Rahmen eines berufsvorbereitenden **Praktikums**, sofern dieses nicht auf Grundlage eines Arbeitsvertrages durchgeführt wurde[99]. Sieht ein sachgrundlos befristeter Arbeitsvertrag eine **aufschiebende Bedingung** vor, deren Eintritt vereinbarungsgemäß erst Wochen nach Aufnahme der Arbeit erfolgt (zB Vorlage eines Führungszeugnisses), soll nach Ansicht des Hessischen LAG während der Schwebezeit kein „anderes Arbeitsverhältnis" iSv TzBfG § 14 Abs 2 Satz 2 vorliegen[100]. Diese Ansicht überzeugt allerdings nicht. Wenn die Parteien eine Arbeitsaufnahme vor Eintritt der aufschiebenden Bedingung vereinbaren, obwohl der Arbeitsvertrag erst mit Eintritt der Bedingung wirksam werden soll, schließen sie – zumindest konkludent – einen anderen Arbeitsvertrag für die Dauer der Schwebezeit[101]. Es ist jedoch zu prüfen, ob die Vereinbarung der Parteien gem §§ 133, 157 nicht dahingehend auszulegen ist, dass es sich eigentlich um eine auflösende Bedingung handelt (zB Auflösung bei Nichtvorlage eines Führungszeugnisses bis zu einem bestimmten Zeitpunkt), bei deren Eintritt das Arbeitsverhältnis bereits vor Ablauf der kalendermäßigen Befristung enden soll (vgl dazu die Ausführungen zur Doppelbefristung in Rz 13).

Die Vorbeschäftigung iSd TzBfG § 14 Abs 2 Satz 2 muss bei **demselben Arbeitgeber** bestanden haben. Arbeitgeber idS ist der Vertragsarbeitgeber, also die natürliche oder juristische Person, die den Arbeitsvertrag mit dem Arbeitnehmer geschlossen hat[102]. Unerheblich ist hingegen, ob der Arbeitnehmer zuvor auf demselben Arbeitsplatz, in demselben Betrieb bzw in derselben

---

86 BAGE 167, 334 = NZA 2020, 40.
87 BAGE 167, 334 = NZA 2020, 40.
88 BAG AP TzBfG § 14 Nr 179.
89 BAGE 165, 116 = NZA 2019, 700; NZA 2019, 1274 AP TzBfG § 14 Nr 176.
90 BAG NZA 2019, 1271 = ZTR 2019, 626.
91 LAG Berlin-Brandenburg 11. September 2020 – 2 Sa 747/20.
92 BAG NZA 2021, 338 = NJW 2021, 1114.
93 BAG NZA 2021, 338 = NJW 2021, 1114 mwN.
94 BAG NZA 2019, 1563 = BB 2019, 2874.
95 LAG Schleswig-Holstein 9. September 2020 – 4 Sa 100/20; gegen dieses Urteil ist unter dem Aktenzeichen 7 AZR 530/20 eine Revision anhängig.
96 BAG NZA 2017, 244 = MDR 2017, 345.
97 BAGE 154, 196 = NZA 2016, 758.
98 BAGE 162, 124 Rz 16 = NZA 2018, 943; BAGE 139, 213 Rz 14 ff = NZA 2012, 255; zustimmend Natzel SAE 2012, 39; Hunold NZA 2012, 431; zu Recht aA Schlachter NZA 2003, 1180 ff; Laux/Schlachter/Schlachter TzBfG § 14 Rz 113 f; DDZ/Wroblewski TzBfG § 14 Rz 202.
99 BAG NZA 2006, 154 = ZTR 2006, 388.
100 Hess LAG 6. August 2019 – 15 Sa 424/19 – LAGE § 14 TzBfG Nr 127.
101 So auch Sievers jurisPR-ArbR 45/2019 Anm 4.
102 St Rspr BAGE 120, 34 = NZA 2007, 443; NZA 2011, 1147 Rz 18 = DB 2011, 2494; BAGE 146, 371 Rz 18 = NZA 2014, 426; NZA 2014, 840 Rz 18 = DB 2014, 1322; NZA 2015, 1507 Rz 16 = ZTR 2016, 46; AP TzBfG § 14 Nr 179.

Dienststelle beschäftigt war[103]. Ein früheres Arbeitsverhältnis mit einem **konzernverbundenen** Arbeitgeber ist von TzBfG § 14 Abs 2 Satz 2 nicht erfasst[104]. Bei einem **Betriebsübergang** ist zu unterscheiden: Geht der Betrieb während des Arbeitsverhältnisses über, liegt sowohl eine Vorbeschäftigung mit dem Veräußerer als auch mit dem Erwerber vor. Geht der Betrieb nach Beendigung des Arbeitsverhältnisses auf einen neuen Inhaber über, so steht das frühere Arbeitsverhältnis mit dem Veräußerer einer sachgrundlosen Befristung beim Erwerber nicht entgegen[105]. Eine frühere Beschäftigung als **Leiharbeitnehmer** steht einer späteren sachgrundlos befristeten Einstellung beim Entleiher nicht entgegen. Ein Leiharbeitnehmer kann beim Verleiher grds ohne Verstoß gegen TzBfG § 14 Abs 2 Satz 2 sachgrundlos befristet eingestellt werden, auch wenn er im Rahmen des Leiharbeitsverhältnisses bei seinem früheren Arbeitgeber eingesetzt wird[106]. Bestanden die Arbeitsverhältnisse nach den dargestellten Grundsätzen mit verschiedenen Arbeitgebern, kann die Vertragsgestaltung im Einzelfall jedoch **rechtsmissbräuchlich** sein. Davon ist insbes auszugehen, wenn mehrere rechtlich und tatsächlich verbundene Vertragsarbeitgeber in bewusstem und gewolltem Zusammenwirken ausschließlich deshalb aufeinanderfolgende befristete Arbeitsverträge mit einem Arbeitnehmer schließen, um das Vorbeschäftigungsverbot aus TzBfG § 14 Abs 2 Satz 2 zu umgehen und über die nach TzBfG § 14 Abs 2 Satz 1 vorgesehenen Befristungsmöglichkeiten hinaus sachgrundlose Befristungen aneinanderreihen zu können[107]. Indiz für eine solche rechtsmissbräuchliche Gestaltung kann die unveränderte Beschäftigung des Arbeitnehmers auf demselben Arbeitsplatz sein[108]. Liegt ein solcher Rechtsmissbrauch vor, kann sich der unredliche Arbeitgeber nicht auf die Befristung berufen[109].

30 Der Arbeitgeber hat vor Abschluss eines sachgrundlos befristeten Arbeitsvertrags ein **Fragerecht** in Bezug auf Vorbeschäftigungen[110]. Beantwortet der Bewerber die Frage des Arbeitgebers wahrheitswidrig, kann letzterer den wegen TzBfG § 14 Abs 2 Satz 2 unwirksam befristeten Arbeitsvertrag **anfechten**[111].

31 Die Höchstdauer der sachgrundlosen Befristung und die Anzahl möglicher Verlängerungen kann durch **Tarifvertrag** abweichend von TzBfG § 14 Abs 2 Satz 1 (auch zuungunsten des Arbeitnehmers, vgl TzBfG § 22 Abs 1) geregelt werden (TzBfG § 14 Abs 2 Satz 3). Der Regelungsbefugnis der Tarifvertragsparteien sind aufgrund des Verfassungs- und Unionsrechts jedoch Grenzen gesetzt. Diese sind nach Ansicht des BAG bei einer zulässigen Höchstdauer von sechs Jahren und einer bis zu neunmaligen Verlängerung erreicht[112]. Zugunsten der Arbeitnehmer können die Tarifvertragsparteien die tarifvertraglich erweiterte Möglichkeit zur sachgrundlosen Befristung von zusätzlichen Voraussetzungen (zB von der Zustimmung des Betriebsrats) abhängig machen[113]. Die Anwendung der tarifvertraglichen Regelungen kann im Geltungsbereich des Tarifvertrags auch von nicht tarifgebundenen Arbeitgebern und Arbeitnehmern vertraglich vereinbart werden (TzBfG § 14 Abs 2 Satz 4).

32 TzBfG § 14 Abs 2a enthält eine **Privilegierung für neugegründete Unternehmen**. Diese dürfen in den ersten vier Jahren nach ihrer Gründung kalendermäßig befristete Arbeitsverträge ohne Vorliegen eines Sachgrunds bis zu einer Gesamtdauer von 4 Jahren abschließen und diese Verträge bis zum Erreichen dieser Gesamtdauer mehrfach verlängern. Ausgenommen von dieser Privilegierung sind jedoch Neugründungen im Zusammenhang mit der rechtlichen Umstrukturierung von Unternehmen und Konzernen (TzBfG § 14 Abs 2a Satz 2). Maßgebend für den Zeitpunkt der Gründung ist die Aufnahme einer Erwerbstätigkeit, die nach AO § 138 der Gemeinde und dem Finanzamt mitzuteilen ist (TzBfG § 14 Abs 2a Satz 3). Das Vorbeschäftigungsverbot des TzBfG § 14 Abs 2 Satz 2 (s dazu oben Rz 26 ff) sowie die Tariföffnungsklausel und die Möglichkeit der individualvertraglichen Bezugnahme nach TzBfG § 14 Abs 2 Satz 3 und 4 (s dazu Rz 31) gelten nach TzBfG § 14 Abs 2a Satz 4 entsprechend.

---

103 Vgl BAG NZA 2019, 1274 = TzBfG § 14 AP Nr 176 (Beschäftigung im Geschäftsbereich unterschiedlicher Bundesministerien); NZA 2015, 1507 Rz 16 = ZTR 2016, 46; ErfK/Müller-Glöge TzBfG § 14 Rz 93.
104 BAGE 120, 34 = NZA 2007, 443; aA DDZ/Wroblewski TzBfG § 14 Rz 206.
105 Vgl BAGE 115, 340 = NZA 2006, 145; ZInsO 2013, 946 = AP Nr 436 zu § 613a BGB (Ls).
106 BAG NZA 2011, 1147 Rz 18 = DB 2011, 2494; BAGE 120, 34 = NZA 2007, 443 Rz 26.
107 BAG NZA 2015, 1507 Rz 24 = ZTR 2016, 46; BAGE 146, 371 Rz 25 = NZA 2014, 426.
108 BAG NZA 2015, 1507 Rz 29 = ZTR 2016, 46.
109 BAGE 145, 128 Rz 26 = NZA 2013, 1214; NZA 2014, 840 Rz 25 = DB 2014, 1322; NZA 2015, 1507 Rz 24 = ZTR 2016, 46.
110 BAG AP TzBfG § 14 Nr 179; BVerfGE 149, 126 = NZA 2018, 774.
111 BAG AP TzBfG § 14 Nr 179.
112 BAG NZA 2019, 1223 = AP TzBfG § 14 Nr 177 (m Anm Seiwerth); NZA 2017, 463 = AP Nr 147 zu § 14 TzBfG; zust Gräf SAE 2019, 11; Barthel/Müller DB 2017, 1329, 1330; krit Frieling/Münder, NZA 2017, 766 ff; Kamanabrou Anm AP TzBfG § 14 Nr 147; Hamann NZA 2019, 424.
113 BAG NZA 2018, 999 = ZTR 2018, 540.

Untertitel 1 Dienstvertrag 33–36 **§ 620**

Eine weitere **Sonderregelung** enthält **TzBfG § 14 Abs 3**[114]. Danach ist die kalendermäßige 33 Befristung eines Arbeitsvertrages ohne Vorliegen eines sachlichen Grundes bis zu einer Dauer von 5 Jahren zulässig, wenn der Arbeitnehmer bei Beginn des befristeten Arbeitsverhältnisses das **52. Lebensjahr vollendet** hat und unmittelbar vor Beginn des befristeten Arbeitsverhältnisses mindestens 4 Monate beschäftigungslos iSd SGB III § 138 Abs 1 Nr 1[115] gewesen ist, Transferkurzarbeitergeld bezogen oder an einer öffentlich geförderten Beschäftigungsmaßnahme nach dem SGB II oder III[116] teilgenommen hat. TzBfG § 14 Abs 3 enthält – anders als Abs 2 und 2a – kein Vorbeschäftigungsverbot[117]. Eine Begrenzung der Verlängerungsmöglichkeiten innerhalb der Gesamtdauer von 5 Jahren besteht nicht (TzBfG § 14 Abs 3 Satz 2).

5. **Sachgrundbefristung**. – a) **Begriff des Sachgrundes**. Die Befristung mit Sachgrund ist 34 nach der gesetzlichen Konzeption des TzBfG § 14 der Regelfall der befristeten Beschäftigung[118]. Dabei knüpft das Gesetz an die Rspr zur Zulässigkeit befristeter Arbeitsverträge an, die bereits vor Inkrafttreten des TzBfG eine sachliche Rechtfertigung für den Abschluss eines befristeten Arbeitsvertrags verlangte (s Rz 22)[119]. TzBfG § 14 Abs 1 definiert den Begriff des sachlichen Grundes nicht, sondern konkretisiert diesen in Satz 2 lediglich durch einen **Katalog typischer Befristungsgründe**, die überwiegend bereits zuvor von der Rspr anerkannt worden waren[120]. Der Katalog in Satz 2 ist **nicht abschließend**[121]. Andere sachliche Gründe können eine Befristung jedoch nur rechtfertigen, wenn sie den in TzBfG § 14 Abs 1 Satz 2 Nr 1-8 genannten Sachgründen von ihrem Gewicht her gleichwertig sind[122].

b) **Dauer**. Der sachlichen Rechtfertigung bedarf nur die Befristung als solche, nicht hingegen 35 die **Befristungsdauer**[123]. Die gewählte Vertragslaufzeit hat aber Bedeutung bei der Prüfung, ob ein sachlicher Rechtfertigungsgrund für die Befristung tatsächlich vorliegt oder nur vorgeschoben ist[124]. Sie muss sich zumindest insoweit an dem die Befristung rechtfertigenden Sachgrund orientieren, dass sie diesen nicht in Frage stellt[125]. Wird eine Vertragsdauer gewählt, welche die voraussichtliche Dauer des Sachgrunds erheblich überschreitet, lässt dies den Schluss zu, dass der behauptete Sachgrund tatsächlich nur vorgeschoben ist[126]. Dasselbe gilt, wenn die vereinbarte Vertragslaufzeit derart hinter der voraussichtlichen Dauer des Sachgrunds zurückbleibt, dass eine sinnvolle, dem Sachgrund entsprechende Mitarbeit des Arbeitnehmers nicht mehr möglich erscheint[127].

c) **Beurteilungszeitpunkt und Prognose**. Die Rechtswirksamkeit der Befristungsabrede ist 36 allein aufgrund der **Umstände im Zeitpunkt des Vertragsschlusses** zu beurteilen[128]. Ein späterer Wegfall des ursprünglich gegebenen Sachgrunds ist ohne Bedeutung[129]. Setzt der Sachgrund eine Prognose voraus (zB hinsichtlich des vorübergehenden Charakters des Arbeitskräftebedarfs), muss der Arbeitgeber **seiner Prognoseentscheidung greifbare Tatsachen zugrunde legen**, die bei Vertragsschluss mit einiger Sicherheit erwarten lassen, dass die den Sachgrund begründen-

---

114 Die Norm wurde durch das Ges zur Verbesserung der Beschäftigungschancen älterer Menschen v 10. April 2007 (BGBl I, 538) neu gefasst, weil TzBfG § 14 Abs 3 aF nach dem Urteil des EuGH in der Rs „Mangold" (Slg 2005, I-9981 = NZA 2005, 1345; s dazu BAGE 118, 76 = NZA 2006, 1162 sowie BVerfGE 126, 286 = NZA 2010, 995) wegen einer Verletzung des primärrechtlichen Verbots der Altersdiskriminierung unanwendbar war (s ausf zur Entwicklung der Norm Dörner Rz 508 ff mwN; KR/Lipke TzBfG § 14 Rz 645 ff). Die Vereinbarkeit der Neuregelung mit dem Unionsrecht ist umstritten, s dazu die Unionsrechtskonformität befürwortend BAGE 148, 193 Rz 10 ff = NZA 2015, 1131; APS/Backhaus TzBfG § 14 Rz 631 ff mwN; demgegenüber die Unionsrechtskonformität ablehnend DDZ/Wroblewski TzBfG § 14 Rz 241 ff mwN; Heuschmid AuR 2014, 221, 223.
115 Der Begriff der Beschäftigungslosigkeit iSd SGB III § 138 Abs 1 Nr 1 ist weiter als derjenige der Arbeitslosigkeit, s dazu iE Meinel/Heyn/Herms/Meinel TzBfG § 14 Rz 308 f; APS/Backhaus TzBfG § 14 Rz 636 ff; KR/Lipke TzBfG § 14 Rz 666 f.
116 Krit zu diesem Begriff APS/Backhaus TzBfG § 14 Rz 644 ff.
117 Laux/Schlachter/Schlachter TzBfG § 14 Rz 145, 160; Meinel/Heyn/Herms/Meinel TzBfG § 14 Rz 306.
118 BT-Drucks 14/4374, 13; APS/Backhaus TzBfG § 14 Rz 14; Meinel/Heyn/Herms/Meinel TzBfG § 14 Rz 2.
119 BT-Drucks 14/4374, 13.
120 APS/Backhaus TzBfG § 14 Rz 28; Meinel/Heyn/Herms/Meinel TzBfG § 14 Rz 32.
121 BAG NZA-RR 2015, 569 Rz 13 = AP Nr 132 zu § 14 TzBfG; NZA 2014, 150 Rz 29 = NJW 2014, 489; APS/Backhaus TzBfG § 14 Rz 116 mzN.
122 BAG NZA-RR 2015, 569 Rz 13 = AP Nr 132 zu § 14 TzBfG; BAGE 132, 344 Rz 15 = NZA 2010, 495; BAGE 114. 146 = NZA 2005, 923.
123 BAG NZA 2009, 727 Rz 10 = ZTR 2009, 386; s auch grundl (allerdings noch zur Rechtslage vor Inkrafttreten des TzBfG): BAGE 59, 265 = DB 1989, 1677; ebenso in der Lit: Laux/Schlachter/Schlachter TzBfG § 14 Rz 13; Meinel/Heyn/Herms/Meinel TzBfG § 14 Rz 35; aA DDZ/Wroblewski TzBfG § 14 Rz 20.
124 BAG AP Nr 65 zu § 14 TzBfG Rz 22 = RiA 2010, 138 (Kurzwiedergabe).
125 BAG NZA 2009, 727 Rz 10 = ZTR 2009, 386.
126 BAG AP Nr 65 zu § 14 TzBfG Rz 22 = RiA 2010, 138 (Kurzwiedergabe); BAGE 59, 265 = DB 1989, 1677.
127 BAG ZTR 2008, 508 = AP Nr 45 zu § 14 TzBfG Rz 19; BAGE 59, 265 = DB 1989, 1677.
128 BAG NZA 2015, 301 Rz 22 = ZTR 2015, 222.
129 BAGE 138, 242 = NZA 2011, 1346 Rz 40; NZA-RR 2003, 621 = AP Nr 252 zu § 620 BGB Befristeter Arbeitsvertrag.

den Umstände in Zukunft tatsächlich eintreten[130]. Die Prognose ist Teil des Sachgrunds[131]. Bewahrheitet sie sich, wird vermutet, dass sie hinreichend fundiert erstellt wurde; der Arbeitnehmer muss daher Tatsachen vortragen, nach denen die Prognose zumindest bei Vertragsschluss nicht gerechtfertigt war[132]. Bestätigt sich die Prognose hingegen nicht, muss der Arbeitgeber die Tatsachen vortragen, die ihm zum Zeitpunkt des Vertragsschlusses eine hinreichend fundierte Prognose erlaubten[133].

37   d) **Typische Sachgründe.** – aa) **Vorübergehender Bedarf.** Nach TzBfG § 14 Abs 1 Satz 2 Nr 1 liegt ein sachlicher Grund vor, wenn der betriebliche Bedarf an Arbeitsleistung nur vorübergehend besteht. Erfasst wird sowohl ein vorübergehend erhöhter als auch ein künftig absehbar wegfallender Arbeitskräftebedarf[134]. Ein vorrübergehender Mehrbedarf kann sich sowohl aus einer zeitlich begrenzten betrieblichen Sonderaufgabe als auch aus einem vorübergehenden Anstieg des Arbeitskräftebedarfs zur Erledigung der betrieblichen Daueraufgaben ergeben[135]. Dabei kann eine Aufgabe nicht zugleich Sonder- und Daueraufgabe sein[136]. Durch die Zergliederung von Daueraufgaben künstlich geschaffene „Projekte" können eine Befristung nicht rechtfertigen[137]. Allein die Ungewissheit über die künftige Entwicklung des Arbeitskräftebedarfs genügt nicht[138]. Vielmehr muss bei Vertragsschluss mit hinreichender Sicherheit zu erwarten sein, dass für die Beschäftigung des befristet eingestellten Arbeitnehmers nach Beendigung des befristeten Arbeitsvertrags kein dauerhafter Bedarf mehr besteht[139]. Diesbezüglich hat der Arbeitgeber aufgrund konkreter Tatsachen eine **Prognose** zu erstellen (vgl Rz 36)[140]. Maßgebend für die Feststellung des betrieblichen Bedarfs an der Arbeitsleistung sind die Verhältnisse in dem Betrieb, für den der Arbeitnehmer befristet eingestellt ist; TzBfG § 14 Abs 1 Satz 2 Nr 1 ist weder arbeitgeber- noch betriebsorganisationsbezogen, sondern **betriebstätigkeitsbezogen** auszulegen[141].

Der vorübergehende Arbeitskräftebedarf rechtfertigt die Befristung nur, wenn der Arbeitnehmer gerade zur Deckung dieses Bedarfs eingestellt wird, wobei ein **ursächlicher Zusammenhang** zwischen dem zeitweilig erhöhten Bedarf und der befristeten Einstellung genügt[142]. Der Arbeitgeber kann die vorübergehend anfallenden Arbeiten also auch anderen (Stamm-)Arbeitnehmern zuweisen und deren reguläre Tätigkeiten dem befristet eingestellten Arbeitnehmer übertragen. Insgesamt dürfen jedoch nicht mehr Arbeitnehmer befristet eingestellt werden als zur Deckung des vorübergehenden Bedarfs erforderlich sind[143]. Dass der prognostizierte vorübergehende Bedarf über das Ende des mit dem befristet beschäftigten Arbeitnehmer abgeschlossenen Arbeitsvertrags hinaus besteht, steht einer Befristung nach TzBfG § 14 Abs 1 Satz 2 Nr 1 nicht entgegen[144].

In den Anwendungsbereich von TzBfG § 14 Abs 1 Satz 2 Nr 1 fallen auch **Saison- und Kampagnenbetriebe**, bei denen der (erhöhte) Arbeitskräftebedarf regelmäßig nur vorübergehend besteht[145].

38   bb) **Anschlussbeschäftigung nach Ausbildung oder Studium.** Nach TzBfG § 14 Abs 1 Satz 2 Nr 2 liegt ein Sachgrund vor, wenn die Befristung im Anschluss an eine Ausbildung oder ein Studium erfolgt, um den Übergang des Arbeitnehmers in eine Anschlussbeschäftigung zu erleichtern. Eine **Ausbildung** liegt vor, wenn ein bestimmtes Ausbildungsziel systematisch verfolgt wird und die dem Auszubildenden vermittelten Kenntnisse, Erfahrungen oder Fähigkeiten

---

130 Vgl BAG NZA 2002, 666 = ZTR 2001, 520; ErfK/Müller-Glöge BGB § 620 Rz 18.
131 BAG NZA 2019, 1709 = NJW 2020, 98.
132 BAG NZA 2019, 611 = NJW 2019, 1697; NZA 2002, 666 = ZTR 2001, 52.
133 BAG NZA 2002, 666 = ZTR 2001, 52.
134 BT-Drucks 14/4374, 18 f; BAG NZA 2017, 631 Rz 30 = AP Nr 153 zu § 14 TzBfG; Arnold/Gräfl/Gräfl TzBfG § 14 Rz 68; Meinel/Heyn/Herms/Meinel TzBfG § 14 Rz 87.
135 BAG NZA 2019, 1709 = NJW 2020, 98; Arnold/Gräfl/Gräfl TzBfG § 14 Rz 71.
136 BAG ZMV 2019, 158 = AP TzBfG § 14 Nr 174; vgl auch zur Abgrenzung von Dauer- und Sonderaufgaben: BAG NZA 2019, 1709 = NJW 2020, 98.
137 BAG NZA 2019, 611 = NJW 2019, 1697.
138 BT-Drucks 14/4374, 19; BAG NZA 2014, 480 Rz 17 = AP Nr 117 zu § 14 TzBfG; NZA 2012, 1366 Rz 30 = DB 2012, 2638; Arnold/Gräfl/Gräfl TzBfG § 14 Rz 69; Dörner Rz 268; Laux/Schlachter/Schlachter TzBfG § 14 Rz 30; ErfK/Müller-Glöge TzBfG § 14 Rz 23a.
139 BAG NZA 2019, 1709 = NJW 2020, 98; NZA 2012, 1366 Rz 30 = DB 2012, 2638 mwN.
140 BAG NZA 2017, 711 Rz 13 = AP Nr 148 zu § 14 TzBfG; NZA 2012, 1366 Rz 30 = DB 2012, 2638 mwN.
141 BAG NZA 2017, 631 Rz 30 = AP Nr 153 zu § 14 TzBfG.
142 BAG NZA 2013, 1292 Rz 31 = AP Nr 109 zu § 14 TzBfG; BAGE 133, 319 Rz 15 = NZA 2010, 633.
143 Vgl BAG NZA 2017, 711 Rz 15 = AP Nr 148 zu § 14 TzBfG; NZA 1997, 313 = DB 1997, 232; ErfK/Müller-Glöge TzBfG § 14 Rz 23b; Arnold/Gräfl/Gräfl TzBfG § 14 Rz 80.
144 BAG NZA 2017, 711 Rz 14 = AP Nr 148 zu § 14 TzBfG.
145 BAG NJW 2020, 946 = BB 2020, 763; hM: Laux/Schlachter/Schlachter TzBfG § 14 Rz 33 ff; Meinel/Heyn/Herms/Meinel TzBfG § 14 Rz 99; ErfK/Müller-Glöge TzBfG § 14 Rz 24a; Arnold/Gräfl/Gräfl TzBfG § 14 Rz 82; KR/Lipke TzBfG § 14 Rz 209; vgl auch zur Rechtslage vor Inkrafttreten des TzBfG: BAG NZA 1987, 627 = SAE 1988, 75; BAGE 10, 65 = NJW 1961, 798; aA DDZ/Wroblewski TzBfG § 14 Rz 63 ff; Schüren/Zachert AuR 1988, 245; Däubler Arbeitsrecht 2 Rz 1860a.

Untertitel 1 Dienstvertrag   38 § 620

auch außerhalb der Organisation des Arbeitgebers beruflich verwertbar sind[146]. Erfasst werden daher neben den Berufsausbildungsverhältnissen iSv BBiG § 10 und den Vertragsverhältnissen iSv BBiG § 26 auch öffentlich-rechtlich gestaltete Ausbildungsverhältnisse[147] (zB im Rahmen eines Referendariats[148]). Nicht erfasst werden dagegen berufliche **Fortbildungen und Umschulungen**[149]. Hierfür sprechen der Wortlaut, ein systematischer Vergleich mit TzBfG § 10, aus dem sich ergibt, dass das TzBfG zwischen Aus- und Weiterbildung unterscheidet, sowie der Zweck des TzBfG § 14 Abs 1 Satz 2 Nr 2, den Berufsstart zu erleichtern. Ein **Studium** ist jeder geordnete Ausbildungsgang an einer nach dem Hochschulrecht anerkannten Einrichtung, die einen staatlich anerkannten Abschluss vermittelt[150]. Ein (erfolgreicher) Abschluss des Studiums ist nicht erforderlich, die befristete Einstellung ist auch im Anschluss an ein abgebrochenes Studium möglich[151].

Das Merkmal *im Anschluss* an eine Ausbildung oder ein Studium setzt einen **zeitlichen Zusammenhang** zwischen Ausbildung bzw Studium und befristeter Einstellung voraus[152]. Einigkeit besteht dahingehend, dass das Merkmal keinen nahtlosen Übergang voraussetzt. Ungeklärt ist dagegen, in welchem Umfang eine Unterbrechung zulässig ist[153]. Da sich dem Gesetz keine starre Zeitgrenze entnehmen lässt, wird man die Frage letztlich nur anhand der Umstände des Einzelfalls beantworten können[154]. Aus dem Merkmal folgt zudem, dass nur der **erste Arbeitsvertrag** im Anschluss an die Ausbildung bzw das Studium nach TzBfG § 14 Abs 1 Satz 2 Nr 2 befristet werden kann[155]. Eine Verlängerung des befristeten Vertrages kann auf diesen Sachgrund nicht gestützt werden[156]. Streitig ist, ob auch kurzfristige **Gelegenheitsjobs** ohne fachlichen Zusammenhang mit Ausbildung oder Studium eine spätere Befristung nach TzBfG § 14 Abs 1 Satz 2 Nr 2 ausschließen[157]. Der Zweck des TzBfG § 14 Abs 1 Satz 2 Nr 2, den Berufsstart zu erleichtern, spricht in diesen Fällen für eine teleologische Reduktion, denn kurzfristige Gelegenheitsjobs, die eindeutig nicht in Zusammenhang mit der Ausbildung bzw dem Studium stehen, dienen nicht dem Berufseinstieg und vermitteln auch keine beruflichen Erfahrungen, die einen künftigen Berufseinstieg erleichtern.

Befristete Beschäftigung und Ausbildung müssen **nicht bei demselben Arbeitgeber** erfolgen[158]. Es ist auch nicht erforderlich, dass bei Abschluss des befristeten Vertrages eine **Aussicht auf eine Anschlussbeschäftigung** besteht[159].

Eine **zeitliche Befristungshöchstgrenze** enthält das Gesetz nicht. Da die Befristung im Anschluss an die Ausbildung jedoch letztlich ebenso wie die sachgrundlose Befristung nach

---

146 Vgl BAG AP Nr 85 zu § 14 TzBfG Rz 22 = EzA § 14 TzBfG Nr 79; Arnold/Gräfl/Gräfl TzBfG § 14 Rz 100.
147 ErfK/Müller-Glöge TzBfG § 14 Rz 31.
148 Sächs LAG 15. September 2009 – 7 Sa 13/09; APS/Backhaus TzBfG § 14 Rz 122; KR/Lipke TzBfG § 14 Rz 228; Annuß/Thüsing/Maschmann TzBfG § 15 Rz 30; aA Sievers TzBfG § 14 Rz 256.
149 Streitig, wie hier: Arnold/Gräfl/Gräfl TzBfG § 14 Rz 81; DDZ/Wroblewski TzBfG § 14 Rz 69; Sievers TzBfG § 14 Rz 255; ErfK/Müller-Glöge TzBfG § 14 Rz 31; Dörner Rz 237; Annuß/Thüsing/Maschmann TzBfG § 14 Rz 30; APS/Backhaus TzBfG § 14 Rz 122; aA Meinel/Heyn/Herms/Meinel TzBfG § 14 Rz 106: mit Ausnahme der rein betrieblich orientierten Fortbildung; KR/Lipke TzBfG § 14 Rz 226: mit Ausnahme der auf die betrieblichen Bedürfnisse zugeschnittenen Fort- und Weiterbildung; differenzierend: Laux/Schlachter/Schlachter TzBfG § 14 Rz 40: Einbeziehung der Umschulung, keine Einbeziehung von Fortbildungsmaßnahmen. Das BAG erkennt die Befristung im Anschluss an die Weiterbildung offensichtlich als unbenannten Sachgrund iSv TzBfG § 14 Abs 1 Satz 1 an, s BAG AP Nr 85 zu § 14 TzBfG Rz 22 = EzA § 14 TzBfG Nr 79.
150 Arnold/Gräfl/Gräfl TzBfG § 14 Rz 102; ErfK/Müller-Glöge TzBfG § 14 Rz 31; Dörner Rz 239; Laux/Schlachter/Schlachter TzBfG § 14 Rz 41; zu weit verstanden wird der Begriff hingegen, wenn auch staatlich nicht anerkannte Studiengänge an privaten Einrichtungen einbezogen werden, so aber Meinel/Heyn/Herms/Meinel TzBfG § 14 Rz 106; APS/Backhaus TzBfG § 14 Rz 122.
151 Sievers TzBfG § 14 Rz 259; Arnold/Gräfl/Gräfl TzBfG § 14 Rz 102; Laux/Schlachter/Schlachter TzBfG § 14 Rz 41.
152 Laux/Schlachter/Schlachter TzBfG § 14 Rz 42; Arnold/Gräfl/Gräfl TzBfG § 14 Rz 103; DDZ/Wroblewski TzBfG § 14 Rz 68; HK-TzBfG/Boecken § 14 Rz 62.
153 Vgl zB Laux/Schlachter/Schlachter TzBfG § 14 Rz 42: 6 Monate in Anlehnung an Abs 3 aF; DDZ/Wroblewski TzBfG § 14 Rz 68: 3-4 Monate; HK-TzBfG/Boecken § 14 Rz 62: einige Monate; Meinel/Heyn/Herms/Meinel TzBfG § 14 Rz 107: keine zeitliche Grenze, uU auch mehrere Jahre.
154 So auch Arnold/Gräfl/Gräfl TzBfG § 14 Rz 104.
155 BAGE 124, 196 = NZA 2008, 295; Arnold/Gräfl/Gräfl TzBfG § 14 Rz 105; Laux/Schlachter/Schlachter TzBfG § 14 Rz 43; HK-TzBfG/Boecken § 14 Rz 62.
156 BAGE 124, 196 = NZA 2008, 295.
157 Befürwortend: Arnold/Gräfl/Gräfl TzBfG § 14 Rz 105; Dörner Rz 242; Meinel/Heyn/Herms/Meinel TzBfG § 14 Rz 108; Sievers TzBfG § 14 Rz 263; ablehnend: APS/Backhaus TzBfG § 14 Rz 125; Laux/Schlachter/Schlachter TzBfG § 14 Rz 43; HK-TzBfG/Boecken § 14 Rz 62; offen gelassen: BAG AP Nr 85 zu § 14 TzBfG = EzA § 14 TzBfG Nr 79.
158 Arnold/Gräfl/Gräfl TzBfG § 14 Rz 105; Dörner Rz 238; APS/Backhaus TzBfG § 14 Rz 125.
159 Laux/Schlachter/Schlachter TzBfG § 14 Rz 44; ErfK/Müller-Glöge TzBfG § 14 Rz 33.

TzBfG § 14 Abs 2 eine Brücke zur Dauerbeschäftigung sein soll[160], ist es gerechtfertigt, die in TzBfG § 14 Abs 2 Satz 1 vorgesehene Höchstgrenze von 2 Jahren analog anzuwenden[161].

39 cc) **Vertretung.** Nach TzBfG § 14 Abs 1 Satz 2 Nr 3 kann ein Arbeitnehmer zur Vertretung eines anderen Arbeitnehmers befristet beschäftigt werden. Der sachliche Grund für die Befristung liegt in diesem Fall darin, dass der Arbeitgeber bereits zu einem anderen, vorübergehend ausfallenden Mitarbeiter in einem Rechtsverhältnis steht und mit dessen Rückkehr rechnet[162]. Voraussetzung ist daher zunächst der Ausfall einer Stammkraft, wobei das Merkmal „eines anderen Arbeitnehmers" nicht zu eng verstanden werden darf; die Vertretung eines Beamten[163] oder eines freien Mitarbeiters wird ebenso erfasst, wie die Vertretung mehrerer Teilzeitkräfte durch einen befristet Beschäftigten[164]. Gründe für den Ausfall der Stammkraft können zB Krankheit, Beurlaubung, Mutterschutz bzw Elternzeit (vgl BEEG § 21[165]), Pflegezeit (vgl PflegeZG § 6), Familienpflegezeit (vgl FPfZG § 2 Abs 3 iVm PflegeZG § 6), Freistellung nach dem BetrVG bzw PersVG[166] oder Abordnung[167] sein. Es muss sich jedoch in allen Fällen um einen **vorübergehenden Ausfall** handeln. Bei der diesbezüglich zu treffenden **Prognoseentscheidung** (s dazu Rz 36) darf der Arbeitgeber grds davon ausgehen, dass der Vertretene künftig wieder an seinen Arbeitsplatz zurückkehren wird[168]. Dies gilt auch im Falle einer mehrfachen Befristung zur Vertretung derselben Stammkraft. Die Anforderungen an die aufzustellende Prognose steigen nicht mit zunehmender Anzahl einzelner befristeter Verträge[169]. Nur wenn der Vertretene dem Arbeitgeber gegenüber bereits vor Abschluss des befristeten Arbeitsvertrags verbindlich erklärt hat, dass er nicht an den Arbeitsplatz zurückkehren werde, darf der Arbeitgeber regelmäßig nicht mehr mit einem lediglich vorübergehenden Ausfall rechnen[170]. Diese Grundsätze gelten jedoch nicht, wenn der Ausfall der Stammkraft nicht „fremdbestimmt" ist (zB durch Krankheit, Urlaub oder Freistellung), sondern auf Umständen und Entscheidungen aus der Sphäre des Arbeitgebers beruht, wie bei der Abordnung der Stammkraft auf einen anderen Arbeitsplatz[171]. In letzterem Fall kann nicht pauschal von einer Rückkehr der abgeordneten Stammkraft ausgegangen werden. Stattdessen müssen bei der Prognose sämtliche Umstände des Einzelfalls gewürdigt werden[172].

Ständiger Vertretungsbedarf schließt nach der Rspr des BAG das Vorliegen eines Sachgrunds iSv TzBfG § 14 Abs 1 Satz 2 Nr 3 nicht aus, solange bei Abschluss des befristeten Vertrags ein Vertretungsfall vorliegt[173]. Eine **unzulässige Dauerbefristung** liegt danach nur vor, wenn der Arbeitnehmer von vornherein nicht lediglich zur Vertretung eines bestimmten Arbeitnehmers eingestellt wird, sondern bereits bei Vertragsschluss beabsichtigt ist, ihn für eine zum Zeitpunkt des Vertragsschlusses noch nicht absehbare Vielzahl von Vertretungsfällen auf Dauer zu beschäftigen[174]. Demgegenüber ist eine Vertretungsbefristung nicht schon ausgeschlossen, wenn bei Vertragsschluss lediglich zu erwarten ist, dass über das Ende der Vertragslaufzeit hinaus ein weiterer, die Weiterbeschäftigung des Arbeitnehmers ermöglichender Vertretungsbedarf vorhanden sein wird[175]. Der Arbeitgeber ist nicht gezwungen, wegen des ständigen Vertretungsbedarfs eine **Personalreserve** aus unbefristet beschäftigten Mitarbeitern vorzuhalten[176].

---

160 Vgl BT-Drucks 14/4374, 14 u 19.
161 Ebenso i Erg: LAG Köln 13. Juni 2006 – 13 Sa 124/06 = AE 2007, 139 (Ls); HK-TzBfG/Boecken § 14 Rz 64; Annuß/Thüsing/Maschmann TzBfG § 14 Rz 32; Meinel/Heyn/Herms TzBfG § 14 Rz 109; APS/Backhaus TzBfG § 14 Rz 128; Laux/Schlachter/Schlachter TzBfG § 14 Rz 45: ggf engere Grenzen in Orientierung an einschlägigen TV; weitergehend hingegen Arnold/Gräfl/Gräfl TzBfG § 14 Rz 107: je nach Umständen des Einzelfalls; Dörner Rz 247: auch mehr als 2 Jahre; ErfK/Müller-Glöge TzBfG § 14 Rz 33: auch mehr als 3 Jahre; enger hingegen DDZ/Wroblewski TzBfG § 4 Rz 70: 0,5 bis 1 Jahr.
162 BAGE 152, 273 Rz 28 = NZA 2016, 169; NZA 2014, 430 Rz 20 = NJW 2014, 1548; BAGE 136, 17 Rz 19 = NZA 2011, 1155; NZA 2010, 34 Rz 12 = NJW 2009, 3180.
163 Vgl dazu BAG NZA 2010, 34 = NJW 2009, 3180; NZA-RR 2013, 185 = ZTR 2013, 138; vor Inkrafttreten des TzBfG bereits BAG NZA 2001, 1069 = DB 2001, 2099; vgl auch BT-Drucks 14/4374, 19.
164 Vgl Laux/Schlachter/Schlachter TzBfG § 14 Rz 52; APS/Backhaus TzBfG § 14 Rz 137.
165 S dazu BAG NZA 2015, 928 Rz 16 = NJW 2016, 185; s auch ausf Arnold/Gräfl/Just TzBfG § 21 Rz 21 ff.
166 Vgl BAGE 100, 304 = NZA 2002, 896.
167 Zur Abordnungsvertretung s BAGE 144, 193 = NZA 2013, 614; BAGE 144, 202 = NZA 2013, 611; NZA 2013, 1292 = AP Nr 109 zu § 14 TzBfG; NZA 2014, 26 = AP Nr 108 zu § 14 TzBfG.
168 St Rspr: BAG NZA 2015, 928 Rz 21 = NJW 2016, 185; NZA 2015, 617 Rz 16 = BB 2015, 1081; BAGE 144, 193 Rz 21 = NZA 2013, 614; NZA 2010, 34 Rz 12 = NJW 2009, 3180; vgl auch bereits BAGE 107, 18 = NZA 2004, 1055; NZA 1992, 883 = BB 1992, 1831.
169 BAG NZA 2015, 928 Rz 21 = NJW 2016, 185; NZA 2012, 1359 Rz 16 ff = DB 2012, 2634.
170 BAG NZA 2015, 928 Rz 21 = NJW 2016, 185; NZA 2010, 34 Rz 12 = NJW 2009, 3180.
171 BAG NZA 2017, 1253 = NJW 2017, 3464.
172 BAG NZA 2017, 1253 = NJW 2017, 3464.
173 BAG NZA 2015, 928 Rz 21 = NJW 2016, 185.
174 BAGE 142, 308 Rz 18 = NZA 2012, 1351; vgl auch bereits BAG NZA 1985, 561 = DB 1985, 2152.
175 BAGE 142, 308 Rz 18 = NZA 2012, 1351.
176 BAGE 142, 308 Rz 41 = NZA 2012, 1351; ebenso zur Auslegung der Rahmenvereinbarung EuGH, NZA 2012, 135 Rz 50, 54, 56 = NJW 2012, 989 – „Kücük".

Untertitel 1 Dienstvertrag 40–43 § 620

TzBfG § 14 Abs 1 Satz 2 Nr 3 setzt einen **Kausalzusammenhang** zwischen dem vorüberge- 40
henden Ausfall der Stammkraft und der befristeten Einstellung der Vertretungskraft voraus[177].
Der Vertreter muss jedoch nicht zwingend die Tätigkeiten der verhinderten Stammkraft übernehmen (**unmittelbare Vertretung**). Der Arbeitgeber kann die Aufgaben des verhinderten Mitarbeiters auch auf andere Mitarbeiter umverteilen und der Vertretungskraft die Aufgaben dieser
Mitarbeiter übertragen (**mittelbare Vertretung**). In einem solchen Fall ist zum Nachweis des
Kausalzusammenhangs grds die Vertretungskette zwischen dem Vertretenen und dem Vertreter
darzulegen[178]. Schließlich lässt das BAG es auch genügen, wenn der Arbeitgeber dem befristet
eingestellten Vertreter Aufgaben überträgt, die er rechtlich und tatsächlich auch dem vorübergehend abwesenden Arbeitnehmer hätte übertragen können, unabhängig davon, ob dieser die Aufgaben zuvor jemals ausgeübt hat[179]. Voraussetzung ist jedoch, dass der Arbeitgeber die dem
Vertreter übertragenen Aufgaben bei Abschluss des befristeten Arbeitsvertrags einem oder mehreren vorübergehend abwesenden Beschäftigten nach außen erkennbar gedanklich zuordnet
(**gedankliche Zuordnung**)[180]. Die Zuordnung kann zB durch eine entsprechende Angabe im
Arbeitsvertrag des befristet eingestellten Arbeitnehmers erfolgen[181]. Eine gedankliche Zuordnung genügt jedoch nicht, wenn der befristet eingestellte Arbeitnehmer für eine im Wege der
vorübergehenden Abordnung innerhalb des Unternehmens anderweitig eingesetzte Stammkraft beschäftigt wird[182]. Ebenso scheidet eine gedankliche Zuordnung aus, wenn mit der abwesenden Stammkraft ein Abrufarbeitsverhältnis gem TzBfG § 12 Abs 1 begründet wird[183]. In
diesen Fällen könnte der Arbeitgeber anderenfalls sein Direktionsrecht in Bezug auf die Stammkraft sowohl durch die gedankliche Zuordnung der Tätigkeit des Vertreters als auch durch eine
Beendigung der Abordnung bzw einen Abruf der Arbeit gem TzBfG § 12 Abs 1 ausüben[184].

Im **Schulbereich** hat die Rspr in der Vergangenheit zudem eine Vertretungsbefristung in
Form einer **Gesamtvertretung** zugelassen[185]. Danach war die befristete Einstellung von Vertre-
tungskräften zur Abdeckung eines rechnerisch ermittelten schuljahresbezogenen Vertretungsbedarfs innerhalb einer Schulverwaltungseinheit zulässig, unabhängig davon, ob die Vertretungs-
kräfte an den Schulen der zu vertretenden Lehrkräfte eingesetzt wurden oder deren
Fächerkombinationen unterrichteten. Nachdem diese Rspr in der Literatur auf berechtigte Kritik
gestoßen war[186], hat das BAG **zuletzt offengelassen**, ob an dem Rechtsinstitut der Gesamtvertretung festzuhalten ist[187].

Die befristete Einstellung eines Arbeitnehmers **zur Besetzung eines Arbeitsplatzes, der** 41
zu einem späteren Zeitpunkt anderweitig besetzt werden soll (zB durch einen unbefristet
beschäftigten Arbeitnehmer, dessen bisheriger Arbeitsplatz in Zukunft wegfällt, oder durch die
Übernahme eines Auszubildenden), fällt zwar nicht unter TzBfG § 14 Abs 1 Satz 2 Nr 3; die
beabsichtigte anderweitige Besetzung des Arbeitsplatzes kann die Befristung jedoch uU als sonstiger, in TzBfG § 14 Abs 1 Satz 2 nicht ausdrücklich genannter Sachgrund rechtfertigen (s dazu
Rz 58)[188].

Die **Laufzeit** des befristeten Arbeitsvertrags kann hinter der erwarteten Gesamtdauer des 42
Vertretungsbedarfs zurückbleiben. Der Arbeitgeber kann frei entscheiden, ob er den vorübergehenden Ausfall der Stammkraft komplett oder nur teilweise durch die befristete Einstellung
einer Ersatzkraft überbrückt[189]. Eine Vielzahl kurzer befristeter Arbeitsverträge, deren Laufzeit
jeweils erheblich hinter dem voraussichtlichen Vertretungsbedarf zurückbleibt, kann aber darauf
hindeuten, dass der Sachgrund der Befristung nur vorgeschoben ist[190].

dd) **Eigenart der Arbeitsleistung**. Nach TzBfG § 14 Abs 1 Satz 2 Nr 4 liegt ein Sachgrund 43
vor, wenn die Eigenart der Arbeitsleistung die Befristung rechtfertigt. Der Befristungsgrund

---

177 BAGE 117, 104 Rz 13 = NZA 2006, 781; BAGE 136, 17 Rz 19 = NZA 2011, 1155; BAGE 144, 202 Rz 15 = NZA 2013, 611; Meinel/Heyn/Herms/Meinel TzBfG § 14 Rz 111; Laux/Schlachter/Schlachter TzBfG § 14 Rz 49; ErfK/Müller-Glöge TzBfG § 14 Rz 37.
178 BAG NZA 2014, 430 Rz 23 = NJW 2014, 1548; BAGE 136, 17 Rz 22 = NZA 2011, 1155.
179 BAGE 117, 104 Rz 15 = NZA 2006, 781; NZA 2010, 942 Rz 12 = NJW 2010, 2684; NZA 2011, 507 Rz 15 = AP Nr 78 zu § 14 TzBfG.
180 BAG NZA 2017, 307 Rz 21 = NJW 2017, 586; NZA 2015, 617 Rz 21 mwN = BB 2015, 1081.
181 BAGE 136, 17 Rz 23 = NZA 2011, 1155; NZA-RR 2013, 185 Rz 19 = AP Nr 2 zu § 14 TzBfG Vertretung.
182 BAGE 144, 202 Rz 20 ff = NZA 2013, 611.
183 BAG BB 2018, 1592 = NZA 2018, 858.
184 Vgl BAG BB 2018, 1592 = NZA 2018, 858.
185 BAGE 90, 335 = NZA 1999, 928; BAGE 54, 10 = NZA 1987, 739; BAGE 42, 203 = DB 1984, 935.
186 Brose NZA 2009, 706, 708; Preis/Loth ZTR 2013, 232 ff; Persch BB 2013, 629, 631; DDZ/Wroblewski TzBfG § 14 Rz 87.
187 BAG NZA-RR 2013, 185 Rz 30 = AP Nr 2 zu § 14 TzBfG Vertretung.
188 Vgl BAG NZA-RR 2015, 569 = AP Nr 132 zu § 14 TzBfG; BAGE 132, 344 = NZA 2010, 495.
189 BAG NZA 2014, 430 Rz 31 = NJW 2014, 1548; NZA 2010, 34 Rz 26 = NJW 2009, 3180 mwN.
190 BAG NZA 2010, 34 Rz 26 = NJW 2009, 3180; ähnlich LAG Köln EzTöD 100 § 30 Abs 1 TVöD-AT Sachgrundbefristung Nr 87 = AuA 2016, 696.

bedarf angesichts seiner weiten Formulierung einer restriktiven Interpretation[191]. Die Arbeitsleistung muss Besonderheiten aufweisen, die ein berechtigtes Interesse des Arbeitgebers am Abschluss eines nur befristeten Arbeitsvertrags begründen und das Interesse des Arbeitnehmers an der Begründung eines Dauerarbeitsverhältnisses überwiegen[192]. Ausweislich der Gesetzesbegründung bezieht sich der Befristungsgrund insbes auf die aus der Rundfunk- sowie aus der Kunstfreiheit abgeleiteten Befristungsmöglichkeiten[193]. Die Rundfunkfreiheit aus GG Art 5 Abs 1 erstreckt sich nach der Rspr des BVerfG auch auf das Recht der Rundfunkanstalten, bei der Auswahl, Einstellung und Beschäftigung der **programmgestaltenden Rundfunkmitarbeiter** den Programmerfordernissen Rechnung zu tragen[194]. Sie kann daher die Befristung des Arbeitsvertrags mit diesen Mitarbeitern rechtfertigen, ohne dass es weiterer sachlicher Gründe für die Befristung bedarf[195]. Allerdings kommt der Rundfunkfreiheit gegenüber den Interessen des Arbeitnehmers kein genereller Vorrang zu; erforderlich ist vielmehr eine **einzelfallbezogene und ergebnisoffene Abwägung** zwischen dem durch GG Art 12 Abs 1 geschützten Bestandsschutzinteresse des Arbeitnehmers und den bei einer unbefristeten Beschäftigung zu erwartenden Auswirkungen auf die berechtigten Interessen des Arbeitgebers[196]. Eine programmgestaltende Tätigkeit setzt keine schöpferische Mitwirkung an den einzelnen gesendeten Programmbeiträgen voraus, sondern kann auch bspw in der Ausarbeitung einer übergeordneten Rahmenkonzeption, in der Festlegung verbindlicher Leitideen oder in der Auswahl und Zusammenstellung der Sendungen bestehen[197]. Hingegen scheidet die Rundfunkfreiheit als Rechtfertigungsgrund für die Befristung eines Arbeitsvertrags mit einem nicht programmgestaltend tätigen Arbeitnehmer (zB betriebstechnische Mitarbeiter, Verwaltungspersonal) aus[198]. Die dargestellten Grundsätze sind auf die **Presse** übertragbar[199].

44 Auch die in GG Art 5 Abs 3 gewährleistete Kunstfreiheit verlangt besondere Möglichkeiten der **befristeten Einstellung von Künstlern** und künstlerischen Hilfspersonen, um einerseits der künstlerischen Gestaltungsfreiheit von Intendanten, Regisseuren etc und andererseits dem Abwechslungsbedürfnis des Publikums Rechnung zu tragen[200]. In diesen Fällen liegt der Befristungsgrund ebenfalls in der Eigenart der Arbeitsleistung[201]. Teils bestehen auch spezielle tarifvertragliche Regelungen zur Befristung von künstlerischem Personal, etwa im Tarifvertrag „Normalvertrag Bühne"[202]. Befristet eingestellt werden können insbes Arbeitnehmer im Bühnenbereich wie zB Einzeldarsteller, Kapellmeister, Spielleiter, Dramaturgen, Singchordirektoren, Tanzmeister, Repetitoren, Inspizienten und Souffleure[203] sowie überwiegend künstlerisch tätige Maskenbildner[204] und Schauspieler, die eine bestimmte Rolle in einer Fernsehserie übernehmen sollen[205]. Dagegen besteht etwa bei Chorsängern oder Orchestermusikern kein Abwechslungsbedürfnis, das eine Befristung rechtfertigt[206]. Zweifelhaft erscheint auch die Befristung von Mitgliedern einer Tanzgruppe[207]. Die Befristungsmöglichkeit nach TzBfG § 14 Abs 1 Nr 4 steht auch einer im Auftrag einer Fernsehanstalt tätigen Produktionsgesellschaft offen[208]. Die befristete Beschäftigung von Arbeitnehmern, die keine künstlerische (Hilfs-)Tätigkeit ausüben (zB Technik-, Verwaltungs- und Servicepersonal), kann nicht auf TzBfG § 14 Abs 1 Satz 2 Nr 4 gestützt werden[209].

---

191 Sächs LAG 21. Juli 2014 – 5 Sa 504/13 Rz 32; ErfK/Müller-Glöge TzBfG § 14 Rz 44; Laux/Schlachter/Schlachter TzBfG § 14 Rz 54.
192 BAGE 161, 283 Rz 16 = NZA 2018, 703.
193 BT-Drucks 14/4374, 19; BAG NZA 2019, 108 = NJW 2019, 948.
194 BVerfGE 59, 231 = NJW 1982, 1447; BVerfGE 64, 256 = DB 1983, 2314; NZA 1993, 741 = EzA § 611 BGB Arbeitnehmerbegriff Nr 50; NZA 2000, 653 = EzA Art 5 GG Nr 25.
195 BAGE 120, 104 Rz 24 = NZA 2007, 321 mwN; NZA 2014, 1018 Rz 15 = ZTR 2014, 355 mwN; LAG München LAGE § 14 TzBfG Nr 103 = EzA-SD 2016, Nr 6, 8 (Revision anhängig unter Az: 7 AZR 864/15).
196 St Rspr: BAG NZA 2019, 108 Rz 12, z Prüfungsmaßstab s Rz 18 = NJW 2019, 948; BAGE 119, 138 Rz 11, z Prüfungsmaßstab s Rz 21 = NZA 2007, 147 mwN; BAGE 132, 59 Rz 38 = NZA 2009, 1253; NZA 2014, 1018 Rz 15, 32 = ZTR 2014, 355.
197 BAG NZA 1993, 354 = AP Nr 144 zu § 620 BGB Befristeter Arbeitsvertrag.
198 Vgl BAGE 120, 104 Rz 24 = NZA 2007, 321; ausf zur Abgrenzung m zahlreichen Bsp und Nachw s APS/Backhaus TzBfG § 14 Rz 393.
199 Vgl LAG München LAGE § 620 BGB Nr 24 = AfP 1991, 560; Meinel/Heyn/Herms/Meinel TzBfG § 14 Rz 146.
200 BAGE 107, 28 = NZA 2004, 311; BAGE 89, 339 = NZA 1999, 442 mwN.
201 Vgl LAG Köln NZA-RR 2014, 124 = NJW 2014, 816 (Ls).
202 Dazu Arnold/Gräfl/Gräfl TzBfG § 14 Rz 157 ff; KR/Lipke TzBfG § 14 Rz 310 ff; Dörner Rz 397 ff.
203 BAGE 89, 339 = NZA 1999, 442.
204 BAGE 161, 179 = NZA 2018, 656.
205 BAGE 160, 133 = NZA 2018, 229; BAGE 107, 28 = NZA 2004, 311.
206 Vgl BAG DB 1971, 246 = AP Nr 34 zu § 620 BGB Befristeter Arbeitsvertrag.
207 So auch Arnold/Gräfl/Gräfl TzBfG § 14 Rz 176; Laux/Schlachter/Schlachter TzBfG § 14 Rz 57; keine Bedenken hingegen: BAG ZTR 1987, 215 = AP Nr 27 zu § 611 BGB Bühnenengagementsvertrag.
208 BAGE 160, 133 = NZA 2018, 229.
209 Laux/Schlachter/Schlachter TzBfG § 14 Rz 57; ErfK/Müller-Glöge TzBfG § 14 Rz 47; KR/Lipke TzBfG § 14 Rz 309; APS/Backhaus TzBfG § 14 Rz 285; Dörner Rz 406 f.

Untertitel 1 Dienstvertrag   45–47 § 620

Eine weitere unter TzBfG § 14 Abs 1 Satz 2 Nr 4 diskutierte Fallgruppe bildet die Befristung **45**
von Arbeitsverträgen mit **(Profi-) Sportlern und Trainern**. Die dargestellten Grundsätze zur
Befristung von Arbeitsverhältnissen im Bereich von Rundfunk, Presse und Kunst können auf
diese Arbeitsverträge allerdings nicht unbesehen übertragen werden. Erstens können sich die
Arbeitgeber im Sportbereich nicht auf einen vergleichbaren grundrechtlichen Schutz stützen
und zweitens ist auch ein vergleichbares Verlangen des Publikums nach Abwechslung nicht zu
erkennen[210]. Das BAG hat die Befristung des Arbeitsvertrags eines **Sporttrainers** vor Inkrafttreten des TzBfG für sachlich gerechtfertigt gehalten, wenn mit der Aufgabe des Trainers regelmäßig
die Gefahr der nachlassenden Fähigkeit zur weiteren Motivation der Sportler verbunden ist,
wovon nicht auszugehen ist, wenn die zu betreuenden Sportler ohnehin während der vorgesehenen Befristungsdauer wechseln[211]. In jüngerer Zeit hat vor allem die Frage nach der Möglichkeit
der Befristung von Verträgen mit **Berufsfußballern** für kontroverse Diskussionen gesorgt[212].
Auslöser war das Urteil des ArbG Mainz im Fall Heinz Müller gegen FSV Mainz 05, wonach die
Befristung eines Arbeitsverhältnisses mit einem Berufsfußballer nicht durch den Sachgrund der
Eigenart der Arbeitsleistung gerechtfertigt werden kann[213]. Das LAG Rheinland-Pfalz ging indes
davon aus, dass die Befristung durch den sachlichen Grund der Eigenart der Arbeitsleistung
gerechtfertigt ist, und hob die erstinstanzliche Entscheidung auf[214]. Das BAG bestätigte dies und
stellte fest, dass die Befristung des Arbeitsvertrags eines Lizenzspielers der **1. Fußball-Bundesliga**
regelmäßig durch die Eigenart der Arbeitsleistung sachlich gerechtfertigt ist[215].

Als weitere Fallgruppe des TzBfG § 14 Abs 1 Satz 2 Nr 4 ist – vor dem Hintergrund der **46**
Sicherung der verfassungsrechtlich geschützten Unabhängigkeit der freien Mandatsausübung –
die Befristung von Arbeitsverträgen mit **wissenschaftlichen Mitarbeitern von Parlamentsfraktionen** anerkannt[216]. Andere Fraktionsmitarbeiter[217] können indes nicht auf Grundlage des
TzBfG § 14 Abs 1 Satz 2 Nr 4 befristet beschäftigt werden[218]. Übertragbar ist der Gedanke
hingegen auf die Befristung des Arbeitsvertrages von wichtigen Mitarbeitern in **ministeriellen
Leitungsstäben**[219]. Die Tätigkeit als wissenschaftlicher Mitarbeiter eines Betriebs- oder Personalrats[220] rechtfertigt eine Befristung indes ebenso wenig wie die Tätigkeit als Fremdsprachenlektor
an einer Hochschule[221]. Auch Arbeitsverträge mit wissenschaftlichem Personal an Hochschulen
zum Zwecke der wissenschaftlichen Qualifikation können nicht nach TzBfG § 14 Abs 1 Satz 2
Nr 4 befristet werden, da die Norm insoweit durch die abschließenden Sondervorschriften des
WissZeitVG verdrängt wird[222].

ee) **Erprobung**. Nach TzBfG § 14 Abs 1 Satz 2 Nr 5 liegt ein sachlicher Grund vor, wenn die **47**
Befristung zur Erprobung erfolgt. Ob ein befristetes Arbeitsverhältnis zur Erprobung oder ein
unbefristetes Arbeitsverhältnis mit anfänglicher Probezeit iSv § 622 Abs 3 (s dort Rz 30) vereinbart wurde, ist durch Vertragsauslegung zu ermitteln[223]. Im Zweifel ist Letzteres anzunehmen[224].
Eine Befristung zur Erprobung ist nach vorzugswürdiger Ansicht nur zulässig, wenn bei erfolgrei-

---

210 Laux/Schlachter/Schlachter TzBfG § 14 Rz 60; Fischinger/Reiter NZA 2016, 661, 662.
211 BAGE 90, 98 = NZA 1999, 646; BAGE 91, 200 = NZA 2000, 102.
212 S zB Katzer/Frodl NZA 2015, 657; Gotthardt RdA 2015, 214; Mosch NJW-Spezial 2015, 370; Henkel/Illes AuA 2015, 649; Urban-Crell DB 2015, 2396; Bepler jM 2016, 105; Fischinger/Reiter NZA 2016, 661; Schulz NZA-RR 2016, 460; Walker NZA 2016, 657; ders ZfA 2016, 567; Boemke/Jäger RdA 2017, 20; s auch bereits Vogt, Befristungs- und Optionsvereinbarungen im professionellen Mannschaftssport, 2013; Blang, Befristung von Arbeitsverträgen mit Lizenzspielern und Trainern, 2009; Horst/Persch RdA 2006, 166; Zindel, Die Befristung von Arbeitsverträgen mit Trainern im Spitzensport, 2006.
213 ArbG Mainz NZA 2015, 684 = SpuRt 2015, 179.
214 LAG Rheinland-Pfalz NZA 2016, 699 = BB 2016, 1529; krit zur Begründung des LAG: Fischinger/Reiter NZA 2016, 661 ff; vgl auf Grundlage der Rechtslage vor Inkrafttreten des TzBfG: LAG Nürnberg SpuRt 2010, 33 = FA 2006, 280.
215 BAGE 161, 283 = NZA 2018, 703.
216 BAGE 89, 316 = NZA 1999, 149; LAG Berlin-Brandenburg LAGE § 14 TzBfG Nr 58 = EzA SD 2010, Nr 23, 7 (Ls); ErfK/Müller-Glöge TzBfG § 14 Rz 48; Laux/Schlachter/Schlachter TzBfG § 14 Rz 61; Arnold/Gräfl/Gräfl TzBfG § 14 Rz 189; DDZ/Wroblewski TzBfG § 14 Rz 102; s auch ausf Koch, NZA 1998, 1160; krit Dach, NZA 1999, 627.
217 Zur Abgrenzung s Thüringer LAG 25. September 2001 – 7 Sa 522/2000.
218 LAG Berlin-Brandenburg 24. September 2014 – 24 Sa 525/14; 25. August 2015 – 7 Sa 355/15 (m Anm Kossens jurisPR-ArbR 48/2015 Anm 4); Arnold/Gräfl/Gräfl TzBfG § 14 Rz 190; DDZ/Wroblewski TzBfG § 14 Rz 102.
219 LAG Mecklenburg-Vorpommern ZTR 2013, 155 = LAGE § 14 TzBfG Nr 73; vgl auch LAG Köln ZTR 2015, 591 Rz 18 = EzTöD 100 § 30 Abs 1 TVöD-AT Sachgrundbefristung Nr 78.
220 Vgl BAGE 106, 238 = NZA 2004, 498; DDZ/Wroblewski TzBfG § 14 Rz 103.
221 BAG NJW 2009, 795 = ZTR 2008, 567.
222 BAGE 155, 101 Rz 15 ff = NZA 2016, 1276.
223 Laux/Schlachter TzBfG § 14 Rz 64; Meinel/Heyn/Herms/Meinel TzBfG § 14 Rz 177.
224 ErfK/Müller-Glöge TzBfG § 14 Rz 49; vgl dazu BAGE 36, 229 = NJW 1982, 1173.

cher Erprobung eine Dauerbeschäftigung angestrebt wird[225]. Hat zuvor bereits ein (befristetes oder unbefristetes) Arbeitsverhältnis zwischen den Parteien bestanden, ist eine Befristung zur Erprobung in der Regel nicht gerechtfertigt, es sei denn, es liegen sachliche Gründe vor, die eine erneute Erprobung rechtfertigen[226]. Davon wird man ausnahmsweise ausgehen können, wenn das frühere Arbeitsverhältnis sehr lange zurückliegt[227], wenn erprobt werden soll, ob der zwischenzeitlich nicht mehr geeignete Arbeitnehmer den Anforderungen wieder gewachsen ist[228], oder wenn sich die Anforderungen des neuen Arbeitsplatzes erheblich von denjenigen des früheren Arbeitsplatzes unterscheiden, so dass die frühere Beschäftigung keinen Rückschluss auf die Eignung des Arbeitnehmers zulässt[229]. Im Anschluss an ein Ausbildungsverhältnis ist eine Befristung zur Erprobung nur anzuerkennen, wenn die Eignung des Arbeitnehmers aufgrund der im Rahmen des Ausbildungsverhältnisses verrichteten Tätigkeiten nicht beurteilt werden kann (zB weil die Ausbildung rein theoretischen Charakter hatte oder sich die Tätigkeiten deutlich unterscheiden)[230].

Eine **Höchstdauer** für die Befristung zur Erprobung sieht das Gesetz nicht vor. Die vereinbarte Befristungsdauer muss sich jedoch an ihrem Zweck orientieren und in einem angemessenen Verhältnis zu der in Aussicht genommenen Tätigkeit stehen[231]. In Anlehnung an § 622 Abs 3 und KSchG § 1 Abs 1 wird in der Regel eine sechsmonatige Probezeit als angemessen angesehen[232]. Abhängig von den Umständen des Einzelfalls (insbes von Art und Schwierigkeit der Tätigkeit sowie von der Qualifikation des Arbeitnehmers) kann allerdings auch eine kürzere oder längere Probezeit angemessen sein[233]. Eine längere Befristungsdauer muss künftig jedoch an den **Vorgaben der RL (EU) 2019/1152** gemessen werden, die bis zum 1. August 2022 umzusetzen ist. Die Erprobungsbefristung ist als Probezeit iSv RL (EU) 2019/1152 Art 8 Abs 1 anzusehen, da die Vereinbarung einer Erprobungsbefristung und die Vereinbarung einer Probezeit iSv § 622 Abs 3 funktionell gleichwertig sind[234]. Die Befristung zur Erprobung darf daher grds nicht länger als sechs Monate dauern. Eine längere Erprobungsdauer kann unter den Voraussetzungen des RL (EU) 2019/1152 Art 8 Abs 3 Satz 1 vereinbart werden, wenn dies durch die Art der Tätigkeit gerechtfertigt oder im Interesse des Arbeitnehmers ist[235]. Bisher waren längere Erprobungszeiten nach der Rspr des BAG insbes bei künstlerischen oder wissenschaftlichen Tätigkeiten zulässig[236]. Auch im Falle einer unterdurchschnittlichen Qualifikation eines Arbeitnehmers hat das BAG eine längere Befristungszeit anerkannt[237]. Ebenso konnten gezielte tätigkeitsbegleitende Unterstützungsmaßnahmen (zB durch eine Arbeitsassistenz) eine längere Erprobungsdauer rechtfertigen[238]. Anhaltspunkte konnten sich ferner aus einschlägigen Tarifverträgen ergeben[239]. Inwiefern an dieser Rspr festgehalten werden kann, müssen ggf Vorlagen an den EuGH klären. Das gilt

---

225 BAG NZA 1997, 378 = ZTR 1997, 137; Laux/Schlachter/Schlachter TzBfG § 14 Rz 65; Meinel/Heyn/Herms/Meinel TzBfG § 14 Rz 181; APS/Backhaus TzBfG § 14 Rz 363; DDZ/Wroblewski TzBfG § 14 Rz 106; Sievers TzBfG § 14 Rz 377; Dörner Rz 168; Annuß/Thüsing/Maschmann TzBfG § 14 Rz 48; aA BAG ZTR 2002, 172 = EzA § 620 BGB Kündigung Nr 4; ErfK/Müller-Glöge TzBfG § 14 Rz 49; KR/Lipke TzBfG § 14 Rz 348.
226 Vgl BAG NZA 2020, 536 = ZTR 2020, 290; NZA-RR 2018, 180 = ZTR 2018, 133; NZA 2010, 1293 Rz 16 = DB 2010, 2809; APS/Backhaus TzBfG § 14 Rz 364; Arnold/Gräfl/Gräfl TzBfG § 14 Rz 194; Meinel/Heyn/Herms/Meinel TzBfG § 14 Rz 182; Laux/Schlachter/Schlachter TzBfG § 14 Rz 65.
227 BAG NZA-RR 2018, 180 = ZTR 2018, 133; vgl auch Dörner Rz 174 f.
228 Vgl BAGE 34, 88 = DB 1980, 2244.
229 Vgl BAG NZA 2020, 536 = ZTR 2020, 290; NZA 2004, 1333 = DB 2004, 2585; DB 1981, 2498 = AP Nr 1 zu § 5 BAT; ErfK/Müller-Glöge TzBfG § 14 Rz 50; Meinel/Heyn/Herms/Meinel TzBfG § 14 Rz 183.
230 So auch APS/Backhaus TzBfG § 14 Rz 364; Laux/Schlachter/Schlachter TzBfG § 14 Rz 65; DDZ/Wroblewski TzBfG § 14 Rz 110; Meinel/Heyn/Herms/Meinel TzBfG § 14 Rz 182; Sievers TzBfG § 14 Rz 386; KR/Lipke TzBfG § 14 Rz 350; aA ErfK/Müller-Glöge TzBfG § 14 Rz 50; HK-KSchR/Mestwerdt TzBfG § 14 Rz 127; offenbar auch BAGE 36, 229 = NJW 1982, 1173 in einem obiter dictum bezüglich der Erprobung eines Lehrers im Anschluss an das Referendariat.

231 BAG NZA-RR 2018, 180 = ZTR 2018, 133; NZA 2016, 814 Rz 40 = AP Nr 72 zu § 307 BGB; NZA 2010, 1293 Rz 16 = DB 2010, 2809.
232 BAG NZA 2016, 814 Rz 40 = AP Nr 72 zu § 307 BGB; NZA 2010, 1293 Rz 16 = DB 2010, 2809; AP Nr 45 zu § 620 BGB Befristeter Arbeitsvertrag = DB 1978, 1744.
233 BAG NZA-RR 2018, 180 = ZTR 2018, 133; Arnold/Gräfl/Gräfl TzBfG § 14 Rz 197; Laux/Schlachter/Schlachter TzBfG § 14 Rz 66; aA APS/Backhaus TzBfG § 14 Rz 366: auch bei einfachen Tätigkeiten 6 Monate.
234 Maul-Sartori AuR 2020, 203, 206; wohl auch Stiegler DB 2020, 2577, 2579 f; aA Preis/Morgenbrodt ZESAR 2020, 409, 410.
235 Stiegler DB 2020, 2577, 2581 f; Maul-Sartori AuR 2020, 203, 207.
236 BAG NZA-RR 2018, 180 = ZTR 2018, 133; AP Nr 45 zu § 620 BGB Befristeter Arbeitsvertrag = DB 1978, 1744; NZA 1997, 841 = AP Nr 27 zu § 611 BGB Musiker.
237 BAG ZTR 1995, 166 = AP Nr 163 zu § 620 BGB Befristeter Arbeitsvertrag: 12-monatige Befristung zur Erprobung eines Lehrers, dessen Examensnoten für eine Übernahme in den Schuldienst des Landes nicht ausreichten.
238 BAG NZA 2010, 1293 Rz 19 = DB 2010, 2809.
239 BAG NZA 2020, 536 = ZTR 2020, 290; NZA 2016, 814 Rz 40 = AP Nr 72 zu § 307 BGB; NZA 2010, 1293 Rz 16 = DB 2010, 2809; AP Nr 45 zu § 620 BGB Befristeter Arbeitsvertrag = DB 1978, 1744.

auch für die von der Rspr[240] bisher für zulässig erachtete **Verlängerung** eines zur Erprobung befristeten Arbeitsvertrags im Rahmen der im Einzelfall angemessenen Erprobungszeit. Einer solchen Verlängerung könnte künftig RL (EU) 2019/1152 Art 8 Abs 2 Satz 2 entgegenstehen, wonach bei einer Vertragsverlängerung für dieselbe Funktion und dieselben Aufgaben keine neue Probezeit gelten darf[241].

ff) **Gründe in der Person des Arbeitnehmers**. Der Befristungsgrund kann nach TzBfG § 14 Abs 1 Satz 2 Nr 6 auch in der Person des Arbeitnehmers liegen. Die Gesetzesbegründung nennt als Beispiele die vorübergehende Beschäftigung eines Arbeitnehmers aus **sozialen Gründen** (zB um die Zeit bis zur bereits feststehenden Aufnahme einer anderen Beschäftigung oder eines Studiums zu überbrücken) sowie die Beschäftigung für die Dauer einer **befristeten Aufenthaltserlaubnis**[242], soweit zum Zeitpunkt des Vertragsschlusses bereits hinreichend gewiss ist, dass diese nicht verlängert wird[243]. Zur Vermeidung von Missbrauch stellt das BAG zu Recht **strenge Anforderungen** an eine Befristung aus sozialen Gründen: Eine Befristung ist demnach nur gerechtfertigt, wenn es ohne den in der Person des Arbeitnehmers begründeten sozialen Zweck überhaupt nicht zum Abschluss eines Arbeitsvertrags, auch nicht eines befristeten Arbeitsvertrags, gekommen wäre[244]. Die sozialen Gründe müssen zwar nicht das einzige, aber dennoch das überwiegende Motiv des Arbeitgebers sein[245]. Anerkannt wurde zB die befristete Beschäftigung eines Arbeitnehmers nach der Bewilligung einer befristeten Erwerbsminderungsrente, um ihm weiterhin eine Teilnahme am sozialen und beruflichen Leben zu ermöglichen[246] Auch die kurzfristige Weiterbeschäftigung eines wissenschaftlichen Mitarbeiters zur Fertigstellung seiner Dissertation kann eine Befristung rechtfertigen[247]. Dagegen kann die befristete Einstellung eines Arbeitnehmers im Rahmen eines Trainee-Programms nicht deshalb auf TzBfG § 14 Abs 1 Satz 2 Nr 6 gestützt werden, weil der Arbeitsmarkt im Berufsfeld des Betroffenen nicht viele Stellen bietet[248].

In der Person des Arbeitnehmers liegt der Befristungsgrund auch in den Fällen, in denen die befristete Beschäftigung auf **Wunsch des Arbeitnehmers** erfolgt[249]. Dazu genügt es nicht, dass der Arbeitnehmer lediglich das befristete Angebot des Arbeitgebers angenommen hat, denn anderenfalls wäre jede arbeitsvertragliche Befristung gerechtfertigt[250]. Es müssen vielmehr Tatsachen vorliegen, aus denen ein Interesse des Arbeitnehmers gerade an einer befristeten Beschäftigung folgt[251]. Nur wenn der Arbeitnehmer auch bei einem Angebot auf Abschluss eines unbefristeten Vertrags nur ein befristetes Arbeitsverhältnis vereinbart hätte, ist von einer Befristung auf Wunsch des Arbeitnehmers auszugehen[252]. Die Befristung des Arbeitsvertrages mit einem **Studenten** ist daher nicht per se nach TzBfG § 14 Abs 1 Satz 2 Nr 6 gerechtfertigt, sondern nur unter der Voraussetzung, dass dem Interesse des Studenten, seine Arbeitsverpflichtung mit den Anforderungen des Studiums in Einklang zu bringen, nicht in einem unbefristeten Arbeitsverhältnis Rechnung getragen werden kann[253]. Von einer auf Wunsch des Arbeitnehmers vereinbarten Befristung kann auch nicht bereits deshalb ausgegangen werden, weil dieser die freie Wahl hatte, eine mit finanziellen Vergünstigungen verbundene nachträgliche Befristung seines Arbeitsvertrags anzunehmen oder sein unbefristetes Arbeitsverhältnis unverändert fortzusetzen[254].

Auf TzBfG § 14 Abs 1 Satz 2 Nr 6 kann ferner eine **befristete Fortsetzung des Arbeitsverhältnisses nach Erreichen des Renteneintrittsalters** gestützt werden, sofern der Arbeitnehmer Altersrente aus der gesetzlichen Rentenversicherung beanspruchen kann und die befristete Fortsetzung des Arbeitsverhältnisses einer konkreten, zum Zeitpunkt des Vertragsschlusses beste-

---

240 BAG NZA 1997, 841 = AP Nr 27 zu § 611 BGB Musiker; Meinel/Heyn/Herms/Meinel TzBfG § 14 Rz 185; APS/Backhaus TzBfG § 14 Rz 370; Laux/Schlachter/Schlachter TzBfG § 14 Rz 67.
241 Vgl Maul-Sartori AuR 2020, 203, 207.
242 Dazu BAGE 93, 160 = NZA 2000, 722.
243 BT-Drucks 14/4374, 19.
244 BAGE 150, 366 Rz 33 = NZA 2015, 1066; AP Nr 85 zu § 14 TzBfG Rz 27 = EzA § 14 TzBfG Nr 79; NZA 2009, 727 Rz 9 = ZTR 2009, 386; das BAG knüpft damit an seine Rspr vor Inkrafttreten des TzBfG an, s dazu: BAG NZA 1986, 571 = DB 1986, 1926.
245 BAGE 150, 366 Rz 33 = NZA 2015, 1066; AP Nr 85 zu § 14 TzBfG Rz 27 = EzA § 14 TzBfG Nr 79; NZA 2009, 727 Rz 9 = ZTR 2009, 386.
246 BAG NZA 2009, 727 = ZTR 2009, 386.
247 LAG Berlin-Brandenburg LAGE § 14 TzBfG Nr 77a = ZTR 2013, 401 (Ls).
248 BAG AP Nr 85 zu § 14 TzBfG = EzA § 14 TzBfG Nr 79.
249 BAG NZA 2017, 849 = AP BGB § 620 Aufhebungsvertrag Nr 49; BAGE 150, 366 Rz 36 = NZA 2015, 1066; Meinel/Heyn/Herms/Meinel TzBfG § 14 Rz 191; MünchKomm/Hesse Anh zu § 620 TzBfG § 14 Rz 63; aA MünchArbR/Wank § 103 Rz 110: unbenannter Sachgrund.
250 BAG NZA 2017, 849 = AP BGB § 620 Aufhebungsvertrag Nr 49; MünchArbR/Wank § 103 Rz 107.
251 BAG NZA 2017, 849 = AP BGB § 620 Aufhebungsvertrag Nr 49; BAGE 150, 366 Rz 36 = NZA 2015, 1066 mwN.
252 BAG NZA 2017, 849 = AP BGB § 620 Aufhebungsvertrag Nr 49; BAGE 150, 366 Rz 36 = NZA 2015, 1066 mwN.
253 BAGE 90, 103 = NZA 1999, 990; NZA 1995, 30 = NJW 1995, 981; aA noch BAGE 65, 86 = NZA 1991, 18.
254 BAG NZA 2017, 849 = AP BGB § 620 Aufhebungsvertrag Nr 49.

henden Personalplanung des Arbeitgebers dient (zB der Einarbeitung einer Ersatz- oder Nachwuchskraft)[255]. Eine befristete Fortsetzung des Arbeitsverhältnisses über die vertraglich als Altersgrenze festgesetzte Regelaltersgrenze hinaus kann zudem dadurch erreicht werden, dass der Beendigungszeitpunkt gem **SGB VI § 41 Satz 3** noch während des laufenden Arbeitsverhältnisses durch Vereinbarung hinausgeschoben wird[256]. Eine solche Vereinbarung bedarf keiner weiteren Rechtfertigung durch einen Sachgrund iSv TzBfG § 14 Abs 1[257].

49 gg) **Haushaltsrecht.** Nach TzBfG § 14 Abs 1 Satz 2 Nr 7 ist eine Befristung sachlich gerechtfertigt, wenn der Arbeitnehmer aus Haushaltsmitteln vergütet wird, die haushaltsrechtlich für eine befristete Beschäftigung bestimmt sind, und er entsprechend beschäftigt wird. Der Befristungsgrund begegnet als **Sonderbefristungstatbestand für den öffentlichen Dienst**[258] vor dem Hintergrund der Befristungs-RL und des Gleichheitssatzes aus GRC Art 20 gewichtigen **unionsrechtlichen Bedenken**[259]. Diese hatten das BAG zu einer Vorlage an den EuGH[260] veranlasst, die jedoch wegen Erledigung des Ausgangsverfahrens (gem ZPO § 91a) nicht zur Entscheidung gelangte[261]. Die unionsrechtlichen Bedenken sind damit – insbes angesichts der äußerst kritischen Beurteilung des Generalanwalts Jääskinen[262] – allerdings keineswegs ausgeräumt[263]. Verfassungsrechtliche Bedenken[264] können nach Ansicht des BAG im Wege der verfassungskonformen Auslegung des Befristungsgrundes ausgeräumt werden[265].

50 Nach der Rspr des BAG **setzt eine Befristung nach TzBfG § 14 Abs 1 Satz 2 Nr 7 voraus**, dass die Haushaltsmittel für die befristete Beschäftigung in einem Haushaltsplan bereitgestellt werden und dort mit einer konkreten Sachregelung auf der Grundlage einer nachvollziehbaren Zwecksetzung ausgebracht und für eine Aufgabe von nur vorübergehender Dauer vorgesehen sind[266]. Zudem müssen die inhaltlichen Anforderungen für die im Rahmen der befristeten Arbeitsverträge auszuübenden Tätigkeiten bzw die Bedingungen, unter denen diese auszuführen sind, unmittelbar in den Rechtsvorschriften, mit denen die Haushaltsmittel ausgebracht werden, enthalten sein[267]. Der befristet beschäftigte Arbeitnehmer muss überwiegend entsprechend der Zwecksetzung der bereitstehenden Haushaltsmittel eingesetzt werden, wobei die Umstände bei Vertragsschluss maßgeblich sind (Erforderlichkeit einer fundierten Prognose, s dazu Rz 36)[268]. Es ist nicht erforderlich, dass die Haushaltsmittel für die Vergütung des Arbeitnehmers bereits bei Vertragsschluss für die gesamte Vertragslaufzeit in einem Haushaltsgesetz ausgebracht sind. Auch insofern genügt eine hinreichend fundierte Prognose auf der Grundlage von nachprüfbaren Tatsachen, welche die Annahme rechtfertigen, dass für die gesamte Vertragslaufzeit ausreichende Haushaltsmittel für die Vergütung des befristet beschäftigten Arbeitnehmers bereitstehen werden[269]. Die **Laufzeit** des befristeten Vertrags kann damit über das Haushaltsjahr hinausgehen. Sie kann nach Ansicht des BAG auch hinter dem Bewilligungszeitraum der im Haushaltsplan vorgesehenen Haushaltsmittel zurückbleiben[270].

51 **Nicht abschließend geklärt** ist die Frage, ob auch ein Haushalt, der nicht von einem Parlament aufgestellt wurde, den Anforderungen des TzBfG § 14 Abs 1 Satz 2 Nr 7 entspricht. Das

---

255 BAGE 150, 366 Rz 26 ff = NZA 2015, 1066.
256 Ausf dazu APS/Greiner SGB VI § 41 Rz 48 ff; KR/Bader TzBfG § 23 Rz 28 ff; HK-TzBfG/Boecken SGB VI § 41 Rz 1 ff.
257 BAGE 164, 370 = NJW 2019, 1322.
258 Ausf zur Befristung im öff Dienst: Roth, Die Haushalts- und Vertretungsbefristung im allgemeinen öffentlichen Dienst, 2013.
259 Krebber EuZA 2017, 3, 19 mwN; Preis/Greiner RdA 2010, 148, 156 f; Brose NZA 2009, 706, 711 f; die Unionsrechtmäßigkeit bejahend: Persch ZTR 2011, 653 ff; Groeger NJW 2008, 465, 471; Löwisch NZA 2006, 457 ff.
260 BAGE 136, 93 = AP Nr 17 zu § 14 TzBfG Haushalt (m zust Anm Greiner).
261 S auch die wegen Erledigung des Ausgangsverfahrens ebenfalls nicht zur Entscheidung gelangten Vorlagebeschlüsse des LAG Köln ZTR 2010, 427 = LAGE § 14 TzBfG Nr 57 sowie die dazu ergangenen Schlussanträge des Generalanwalts Jääskinen v 15. Oktober 2011 – Rs C-313/10, der die Vereinbarkeit mit dem Unionsrecht ablehnt. Zuletzt konnte das BAG wegen mangelnder Entscheidungserheblichkeit von einer erneuten Vorlage absehen, s BAG NZA 2017, 249 Rz 43 = ZTR 2017, 108.
262 Schlussanträge des Generalanwalts Jääskinen v 15. Oktober 2011 – Rs C-313/10.
263 BAG NZA 2018, 1549 = ZTR 2019, 50.
264 Vgl Staud/Preis § 620 Rz 150 mwN.
265 BAG ZTR 2008, 393 Rz 22 f = AP Nr 47 zu § 14 TzBfG (Ls); NJW 2010, 2536 Rz 10 f = NZA-RR 2010, 549; vgl zur Verfassungsmäßigkeit der wortgleichen Vorgängerregelung im Hochschulbereich gem HRG § 57b Abs 2 Nr 2 aF: BVerfGE 94, 268 = NJW 1997, 513.
266 BAG NZA 2017, 249 Rz 38 = ZTR 2017, 108; NZA 2014, 150 Rz 31 = NJW 2014, 489; NJW 2010, 2536 Rz 10 = NZA-RR 2010, 549; BAGE 130, 313 Rz 17 = NZA 2009, 1143; BAGE 120, 42 Rz 11 = NZA 2007, 332; vgl zur verfassungsrechtlich gebotenen Auslegung der wortgleichen Vorgängerregelung im Hochschulbereich gem HRG § 57b Abs 2 Nr 2 aF: BVerfGE 94, 268 = NJW 1997, 513.
267 BAG NZA 2017, 249 Rz 38 = ZTR 2017, 108; NZA 2014, 150 Rz 31 = NJW 2014, 489; NJW 2010, 2536 Rz 10 = NZA-RR 2010, 549; BAGE 130, 313 Rz 17 = NZA 2009, 1143; BAGE 120, 42 Rz 11 = NZA 2007, 332.
268 BAG NZA 2017, 249 Rz 39 = ZTR 2017, 108; BAGE 121, 236 Rz 11 = NZA 2007, 871; zu Recht krit zum alleinigen Abstellen auf die Umstände im Zeitpunkt des Vertragsschlusses: Preis/Greiner RdA 2010, 148, 153.
269 BAG NZA 2017, 249 Rz 40 = ZTR 2017, 108; BAGE 130, 313 Rz 19 f = NZA 2009, 1143.
270 BAGE 121, 236 Rz 21 ff = NZA 2007, 871.

BAG hält die Norm jedenfalls für **unanwendbar**, wenn – wie bspw im Falle der Bundesagentur für Arbeit – das den Haushaltsplan aufstellende Organ und der Arbeitgeber identisch sind und es an einer unmittelbaren demokratischen Legitimation des Haushaltsplangebers fehlt[271]. Ob der Haushaltsplan einer Gebietskörperschaft den Anforderungen des TzBfG § 14 Abs 1 Satz 2 Nr 7 genügt, konnte das BAG offen lassen[272]. Der Wortlaut der Norm lässt beide Auslegungsmöglichkeiten zu[273]. Eine Auslegung der Vorschrift im Lichte der Befristungs-RL spricht jedoch für eine restriktive Handhabung. § 5 der Rahmenvereinbarung im Anhang der Befristungs-RL dürfte einer Auslegung entgegenstehen, die es letztlich unterstaatlichen Stellen überlässt, den Sachgrund durch Ausweisung entsprechender Haushaltsmittel normativ auszufüllen[274]. Eine Haushaltsbefristung dürfte daher lediglich auf der Grundlage von Haushaltsmitteln in Betracht kommen, die in einem förmlichen **Haushaltsgesetz des Bundes oder eines Bundeslandes** ausgebracht sind[275].

Nicht unter TzBfG § 14 Abs 1 Satz 2 Nr 7 fällt auch die sog **Drittmittelbefristung**[276]. Nach der Rspr des BAG kann die zeitlich begrenzte Bereitstellung von Drittmitteln jedoch unter bestimmten Voraussetzungen als unbenannter Sachgrund über die Generalklausel des TzBfG § 14 Abs 1 Satz 1 eine Befristung rechtfertigen (s dazu Rz 57)[277]. Für Hochschulen und Forschungseinrichtungen enthält zudem WissZeitVG § 2 Abs 2 eine spezielle Regelung zur Drittmittelbefristung.

Nach den dargestellten Grundsätzen genügt es zB nicht, wenn in einem Haushaltsplan pauschal und ohne nähere Aufschlüsselung in einem bestimmten Umfang Ermächtigungen für die befristete Einstellung von Arbeitnehmern zur Beschäftigung mit Aufgaben nach dem SGB II zur Verfügung gestellt werden[278]. Auch die Beschäftigung des Arbeitnehmers auf einer Stelle, die im Haushaltsplan mit einem „kw"-Vermerk (künftig wegfallend) versehen ist, reicht alleine nicht aus, um eine Befristung nach TzBfG § 14 Abs 1 Satz 2 Nr 7 zu rechtfertigen[279]. Dagegen hat das BAG eine ausreichende haushaltsrechtliche Zwecksetzung iSd oben dargestellten Grundsätze angenommen, wenn im Haushaltsplan Mittel für die Einstellung von Aushilfskräften vorgesehen sind, die eine nur vorübergehende Beschäftigung des aus den verfügbaren Haushaltsmitteln vergüteten Arbeitnehmers zulassen[280].

hh) **Gerichtlicher Vergleich.** Nach TzBfG § 14 Abs 1 Satz 2 Nr 8 ist eine Befristung sachlich gerechtfertigt, wenn sie auf einem gerichtlichen Vergleich beruht. Der Sachgrund beruht auf der Annahme, dass die **Mitwirkung des Gerichts** die Wahrung der Schutzinteressen des Arbeitnehmers hinreichend gewährleistet[281]. Ein gerichtlicher Vergleich iSd Norm liegt daher nur vor, wenn er entweder durch Protokollierung im Rahmen der mündlichen Verhandlung oder durch Annahme eines Vergleichsvorschlages des Gerichts gem ZPO § 278 Abs 6 Satz 1 Alt 2 zustande gekommen ist[282]. Ein Vergleichsschluss nach schriftlicher Unterbreitung eines Vergleichsvorschlags durch die Parteien gem ZPO § 278 Abs 6 Satz 1 Alt 1 genügt indes in der Regel nicht, da das Gericht in diesem Fall regelmäßig nicht am Inhalt des Vergleichs verantwortlich mitwirkt[283]. Etwas anderes kann ausnahmsweise gelten, wenn das Gericht durch einen Vergleichsvorschlag am Inhalt des Vergleichs verantwortlich mitgewirkt hat und der Vergleich daraufhin gem ZPO § 278 Abs 6 Satz 1 Alt 1 zustande kommt[284]. Ein **außergerichtlicher Vergleich** (auch ein Anwaltsvergleich iSv ZPO § 796a) fällt nicht unter TzBfG § 14 Abs 1 Satz 2 Nr 8 und kann

---

271 BAGE 137, 178 Rz 14 ff = NZA 2011, 911; noch offen gelassen BAGE 132, 45 Rz 12 = NZA 2009, 1257.
272 BAGE 137, 178 Rz 14 = NZA 2011, 911.
273 BAGE 137, 178 Rz 15 = NZA 2011, 911; APS/Greiner TzBfG § 14 Rz 151.
274 APS/Greiner TzBfG § 14 Rz 151.
275 In diesem Sinne LAG Berlin-Brandenburg LAGE § 14 TzBfG Nr 35 = ZTR 2007, 462 (Ls); APS/Greiner TzBfG § 14 Rz 151; HK-TzBfG/Boecken § 14 Rz 106; Staud/Preis § 620 Rz 161; krit gegenüber einer Anwendung der Norm auf andere Haushaltspläne auch Laux/Schlachter/Schlachter TzBfG § 14 Rz 83; DDZ/Wroblewski TzBfG § 14 Rz 140; aA ErfK/Müller-Glöge TzBfG § 14 Rz 71c; MünchKomm/Hesse Anh zu § 620 TzBfG § 14 Rz 73; Annuß/Thüsing/Maschmann TzBfG § 14 Rz 60; KR/Lipke TzBfG § 14 Rz 465.
276 BAG NZA 2018, 663 = AP TzBfG § 14 Nr 165 mwN; APS/Greiner TzBfG § 14 Rz 153; MünchKomm/Hesse Anh zu § 620 TzBfG § 14 Rz 74; KR/Lipke TzBfG § 14 Rz 477 ff; Staud/Preis § 620 Rz 160; Dörner Rz 221; aA ErfK/Müller-Glöge TzBfG § 14 Rz 73.
277 Zu den Voraussetzungen s BAG 29. Juli 2009 – 7 AZR 907/07 Rz 33 = AP Nr 65 zu § 14 TzBfG (Ls) = RiA 2010, 138 (Kurzwiedergabe); 15. Februar 2006 – 7 AZR 241/05 Rz 12 = ZTR 2006, 509 Rz 12.
278 BAG NJW 2010, 2536 Rz 15 = NZA-RR 2010, 549.
279 BAG NZA 2018, 1549 = ZTR 2019, 50; BAGE 132, 45 = NZA 2009, 1257.
280 BAGE 121, 236 = NZA 2007, 871.
281 BT-Drucks 14/4374, 19.
282 BAGE 120, 251 Rz 55 ff = NZA 2007, 466; BAGE 140, 368 Rz 17 = NZA 2012, 919.
283 BAGE 140, 368 Rz 19 ff = NZA 2012, 919; NZA 2016, 39 Rz 26 ff = AP Nr 126 zu § 14 TzBfG; NZA 2016, 1535 Rz 23 = AP Nr 142 zu § 14 TzBfG; NZA 2017, 706 Rz 15 ff = ZTR 2017, 432.
284 BAG NZA 2016, 1485 Rz 21 ff = AP Nr 141 zu § 14 TzBfG; NZA 2017, 706 Rz 16 = ZTR 2017, 432.

entgegen der früheren Rspr[285] vor Inkrafttreten des TzBfG eine Befristung nicht mehr rechtfertigen[286].

Zur Vermeidung einer **missbräuchlichen Ausnutzung** des Befristungsgrunds verlangt das BAG einen offenen Streit der Parteien über den Fortbestand des zwischen ihnen bestehenden Arbeitsverhältnisses zum Zeitpunkt des Vergleichsschlusses[287]. Ein gerichtlicher Vergleich rechtfertigt die darin vereinbarte Befristung nur, wenn er zur Beilegung eines **Kündigungsschutzverfahrens** oder eines sonstigen **Feststellungsrechtsstreits über den Fortbestand oder die Fortsetzung des Arbeitsverhältnisses** geschlossen wurde[288]. Neben Streitigkeiten über den Eintritt oder die Wirksamkeit eines Beendigungstatbestands (zB Kündigung, Befristung, auflösende Bedingung, Aufhebungsvertrag) sind damit auch Rechtsstreite erfasst, mit denen der Arbeitnehmer die Fortsetzung seines Arbeitsverhältnisses durch Abschluss eines Folgevertrags erreichen will (zB aufgrund eines Anspruchs aus GG Art 33 Abs 2, aus einer vertraglichen oder tarifvertraglichen Regelung oder aus § 242)[289].

Nach TzBfG § 14 Abs 1 Satz 2 Nr 8 kann nicht nur der (Neu-)Abschluss eines befristeten Vertrags gerechtfertigt werden, sondern auch die **Umwandlung eines unbefristeten Vertrags** in einen befristeten[290].

54 ii) **Unbenannte Sachgründe (Generalklausel)**. Die Aufzählung der Sachgründe in TzBfG § 14 Abs 1 Satz 2 Nr 1-8 ist nicht abschließend und soll weder andere von der Rspr vor Inkrafttreten des TzBfG akzeptierte noch weitere sachliche Gründe ausschließen[291]. Auf Grundlage der Generalklausel in TzBfG § 14 Abs 1 Satz 1 können weitere (im Gesetz nicht genannte) Sachgründe anerkannt werden. Diese müssen jedoch den in TzBfG § 14 zum Ausdruck kommenden **Wertungsmaßstäben** entsprechen und von ihrem Gewicht her den im Gesetz genannten Sachgründen **gleichwertig** sein[292].

55 (1) **Altersgrenzen**. Zahlreiche Arbeits- bzw Tarifverträge enthalten eine Altersgrenze, mit deren Erreichen das Arbeitsverhältnis automatisch enden soll (vgl dazu auch Rz 8 vor §§ 620–630). Eine solche Vereinbarung stellt eine kalendermäßige Befristung des Arbeitsverhältnisses dar, die gem TzBfG § 14 Abs 1 einer sachlichen Rechtfertigung bedarf[293]. Die Altersgrenze unterliegt daher der arbeitsgerichtlichen Befristungskontrolle[294]. Trotz der Einordnung der Altersgrenze als Befristungsregelung kann das Arbeitsverhältnis als „unbefristetes" Normalarbeitsverhältnis bezeichnet werden, denn das Ausscheiden aus dem Arbeitsverhältnis mit Erreichen der gesetzlichen Altersgrenze widerspricht gerade nicht dem gesellschaftlichen und rechtlichen Leitbild[295].

Knüpft die Altersgrenze an die gesetzliche **Regelaltersgrenze (SGB VI § 35 S 2)** an, ist die Befristung regelmäßig gerechtfertigt, wenn der Arbeitnehmer nach dem Vertragsinhalt und der Vertragsdauer eine Altersrente erwerben kann oder bereits erworben hat[296]. Das gilt gleichermaßen, wenn zwar kein Anspruch auf eine gesetzliche Rente, aber stattdessen auf eine aus Sicht des Gesetzgebers der gesetzlichen Rente gleichstehende Altersversorgung iSv SGB VI § 6 Abs 1 (insbes aufgrund der Mitgliedschaft in einer berufsständischen Versorgungseinrichtung) erworben wurde[297]. Auf die konkrete wirtschaftliche Absicherung des betroffenen Arbeitnehmers bei Errei-

---

285 BAG EzA § 620 BGB Nr 113 = RzK I 9a Nr 66; BAGE 45, 160 = NZA 1984, 34; BAGE 33, 27 = DB 1980, 1994.
286 BAGE 150, 8 Rz 18 = NZA 2015, 379; Arnold/Gräfl/Gräfl TzBfG § 14 Rz 293; ErfK/Müller-Glöge TzBfG § 14 Rz 77; DDZ/Wroblewski TzBfG § 14 Rz 153; Sievers TzBfG § 14 Rz 515; APS/Backhaus TzBfG § 14 Rz 461; HK-TzBfG/Boecken § 14 Rz 121; Laux/Schlachter/Schlachter TzBfG § 14 Rz 93; aA Staud/Preis § 620 Rz 164: Anerkennung des außergerichtlichen Vergleichs als unbenannter Sachgrund.
287 BAG AP Nr 1 zu § 14 TzBfG Vergleich Rz 28 = NZA 2006, 1431 (Ls); BAGE 140, 368 Rz 13 = NZA 2012, 919; BAGE 150, 8 Rz 14 = NZA 2015, 379; NZA 2016, 39 Rz 25 = AP Nr 126 zu § 14 TzBfG.
288 BAGE 120, 251 Rz 55 = NZA 2007, 466; BAGE 140, 368 Rz 13 = NZA 2012, 919; BAGE 150, 8 Rz 15 ff = NZA 2015, 379; NZA 2016, 39 Rz 23 = AP Nr 126 zu § 14 TzBfG.
289 BAGE 150, 8 Rz 17 ff = NZA 2015, 379.
290 BAGE 82, 101 = NZA 1996, 1089 = AP Nr 179 zu § 620 BGB Befristeter Arbeitsvertrag (m Anm Plander); ErfK/Müller-Glöge TzBfG § 14 Rz 75.
291 BT-Drucks 14/4374, 18; BAGE 112, 187 = NZA 2005, 401; MünchArbR/Wank § 103 Rz 107.
292 BAGE 114, 146 Rz 27 = NZA 2005, 923; BAGE 132, 344 Rz 15 = NZA 2010, 495; NZA-RR 2015, 569 Rz 13 = AP Nr 132 zu § 14 TzBfG.
293 BAG NZA 2018, 507 = AP TzBfG § 14 Nr 163; BAGE 109, 6 = NZA 2004, 1336.
294 BAG NZA 2018, 507 = AP TzBfG § 14 Nr 163; BAGE 136, 270 Rz 26 = NZA 2011, 586 mwN.
295 Vgl BAGE 136, 270 Rz 23 = NZA 2011, 586; NZA 2013, 916 Rz 57 = DB 2013, 1852.
296 BAGE 115, 265 = NZA 2006, 37 mwN zur älteren Rspr; BAGE 127, 74 Rz 24 = NZA 2008, 1302; NZA 2012, 271 Rz 22 = ZTR 2012, 88; NZA 2013, 916 Rz 30 = DB 2013, 1852; BAGE 153, 46 Rz 15 = NZA 2016, 54; NZA 2016, 695 Rz 26 = ZTR 2016, 342.
297 BAG NZA 2018, 507 = AP TzBfG § 14 Nr 163.

chen der Altersgrenze kommt es nicht an[298]. Eine auf das Erreichen der Regelaltersgrenze bezogene Befristung des Arbeitsverhältnisses verstößt nicht gegen das Verbot der Altersdiskriminierung aus AGG §§ 1, 7, da sie nach AGG § 10 Satz 1, 2, 3 Nr 5 gerechtfertigt werden kann[299]. Auch mit der RL 2000/78/EG ist eine solche Altersgrenze grds vereinbar[300]. Wurde vor dem Inkrafttreten des RV-Altersgrenzenanpassungsgesetzes[301] am 1. Januar 2008 vereinbart, dass das Arbeitsverhältnis **mit Vollendung des 65. Lebensjahres** automatisch enden soll, ist diese Vereinbarung nach der Anhebung des Regelrentenalters regelmäßig dahin auszulegen, dass das Arbeitsverhältnis erst mit der Vollendung des für den Bezug einer Regelaltersrente maßgeblichen Lebensalters enden soll[302]. Das **Schriftformerfordernis** nach TzBfG § 14 Abs 4 gilt auch für die Vereinbarung einer Altersgrenze. Eine teleologische Reduktion scheidet aus, da auch in diesen Fällen die Warn- und die Beweisfunktion der Schriftform zum Tragen kommen[303].

Soll das Arbeitsverhältnis bereits **vor Erreichen der Regelaltersgrenze** automatisch zu dem Zeitpunkt enden, zu dem der Arbeitnehmer eine **vorgezogene Altersrente** beantragen kann, ist SGB VI § 41 Satz 2 zu beachten[304]. Danach gilt die Vereinbarung dem Arbeitnehmer gegenüber als auf das Erreichen der Regelaltersgrenze abgeschlossen, sofern sie nicht innerhalb der letzten drei Jahre vor diesem Zeitpunkt abgeschlossen oder von dem Arbeitnehmer innerhalb der letzten drei Jahre vor diesem Zeitpunkt bestätigt worden ist[305].

In der Vergangenheit ließ die Rspr auch **andere Altersgrenzen** zu, die sich auf einen früheren Zeitpunkt **vor Erreichen der gesetzlichen Regelaltersgrenze** bezogen, sofern sie durch einen sachlichen Grund gerechtfertigt waren[306]. Dies betraf vor allem besondere Altersgrenzen von **60 Jahren für Cockpitpersonal**, die ua aus Gründen der Sicherheit im Luftverkehr als gerechtfertigt angesehen wurden. Auf Grundlage des AGG und des unionsrechtlichen Verbots der Altersdiskriminierung in der RL 2000/78/EG sowie in GRC Art 21 Abs 1 konnte diese Rspr jedoch nicht aufrechterhalten werden[307].

(2) **Aus- und Weiterbildung.** Das Berufsausbildungsverhältnis ist bereits nach BBiG § 21 Abs 1 ein befristetes Vertragsverhältnis, so dass sich die Frage nach einer sachlichen Rechtfertigung der Befristung in diesem Fall nicht stellt. Gleiches gilt nach BBiG § 26 für Personen, die in einem anderen Vertragsverhältnis eingestellt werden, um berufliche Fertigkeiten, Kenntnisse, Fähigkeiten oder berufliche Erfahrungen zu erwerben, soweit nicht ein Arbeitsverhältnis vereinbart ist[308]. Erfolgt eine Aus- oder Weiterbildung hingegen im Rahmen eines Arbeitsverhältnisses, kann die Aus- oder Weiterbildung die Befristung des Arbeitsvertrags sachlich rechtfertigen, sofern dem Arbeitnehmer durch die Tätigkeit zusätzliche Kenntnisse und Erfahrungen vermittelt werden, die durch die übliche Berufstätigkeit nicht erworben werden können[309]. Dabei kann es genügen, wenn die Aus- bzw Weiterbildung hauptsächlich dazu dient, bereits erworbene theoretische Kenntnisse in die Praxis umzusetzen[310]. Es muss jedoch ein **bestimmtes Ausbildungsziel systematisch verfolgt** werden[311]. Außerdem müssen die dem Arbeitnehmer vermittelten Kenntnisse, Erfahrungen oder Fertigkeiten auch **außerhalb der Organisation des Arbeitgebers beruflich verwertbar** sein, dh eine ausschließlich auf die betrieblichen Bedürfnisse des Arbeitgebers zugeschnittene Qualifizierung rechtfertigt eine Befristung nicht[312].

Besteht die Aus- bzw Weiterbildung in einer **wissenschaftlichen Qualifizierung** an einer Hochschule, kann die Befristung des Arbeitsvertrages nicht auf TzBfG § 14 Abs 1 Satz 1 gestützt

---

298 BAG NZA 2018, 507 = AP TzBfG § 14 Nr 163; BAGE 115, 265 = NZA 2006, 37; BAGE 127, 74 Rz 26 f = NZA 2008, 1302.
299 BAGE 136, 270 Rz 36 ff = NZA 2011, 586; NZA 2012, 271 Rz 24 ff = ZTR 2012, 88; NZA 2015, Rz 30 ff = AP Nr 134 zu § 14 TzBfG; Meinel/Heyn/Herms/Meinel TzBfG § 14 Rz 215 ff; ErfK/Schlachter AGG § 10 Rz 12.
300 Vgl EuGH Slg 2010, I-9391 = NZA 2010, 1167 – Rosenbladt; Slg 2011, I-6919 = NVwZ 2011, 1249 – Fuchs; APS/Backhaus TzBfG § 14 Rz 173 ff; Arnold/Gräfl/Gräfl TzBfG § 14 Rz 253 ff.
301 Ges v 30. April 2007, BGBl I, 554.
302 BAGE 153, 46 Rz 21 ff = NZA 2016, 54; NZA 2016, 695 Rz 15 ff = AP Nr 134 zu § 14 TzBfG; ErfK/Rolfs SGB VI § 41 Rz 10.
303 BAG NZA 2018, 507 = AP TzBfG § 14 Nr 163.
304 Meinel/Heyn/Herms/Meinel TzBfG § 14 Rz 236; Arnold/Gräfl/Gräfl TzBfG § 14 Rz 258.
305 Ausf s ErfK/Rolfs SGB VI § 41 Rz 10 ff; APS/Greiner SGB VI § 41 Rz 19 ff.
306 BAG NZA 1986, 325 = DB 1986, 281; AP Nr 1 zu § 620 BGB Altersgrenze = EzA § 620 BGB Bedingung Nr 6; NZA 1993, 998 = DB 1993, 443; BAGE 88, 118 = NZA 1998, 715; BAGE 88, 162 = NZA 1998, 716; BAGE 100, 292 = NZA 2002, 789; NZA 2003, 812 = ZTR 2003, 402; AP Nr 22 zu § 620 BGB Altersgrenze Nr 2; ZTR 2005, 255 = EzA § 620 BGB 2002 Altersgrenze Nr 5.
307 EuGH Slg 2011, I-8003 = NZA 2011, 1039 – Prigge; BAGE 140, 248 = NZA 2012, 575; NZA 2010, 1248 = ZTR 2010, 581; NZA 2012, 691 = AP Nr 92 zu § 14 TzBfG; NZA 2012, 866 = AP Nr 93 zu § 14 TzBfG.
308 Sievers TzBfG § 14 Rz 526; Arnold/Gräfl/Gräfl TzBfG § 14 Rz 295.
309 BAGE 130, 322 Rz 24 = NZA 2009, 1099; AP Nr 85 zu § 14 TzBfG Rz 22 = EzA § 14 TzBfG Nr 79.
310 BAGE 130, 322 Rz 24 = NZA 2009, 1099; AP Nr 85 zu § 14 TzBfG Rz 22 = EzA § 14 TzBfG Nr 79.
311 BAGE 130, 322 Rz 24 = NZA 2009, 1099; AP Nr 85 zu § 14 TzBfG Rz 22 = EzA § 14 TzBfG Nr 79.
312 BAGE 130, 322 Rz 24 = NZA 2009, 1099; AP Nr 85 zu § 14 TzBfG Rz 22 = EzA § 14 TzBfG Nr 79.

werden, da die Norm insoweit durch die speziellere Vorschrift des WissZeitVG § 2 Abs 1 verdrängt wird[313].

57 (3) **Drittmittel**. Allein die Ungewissheit über die in Zukunft zur Verfügung stehenden Mittel rechtfertigt eine Befristung des Arbeitsvertrags nicht. Werden Drittmittel jedoch von vornherein nur für eine genau bestimmte Zeitdauer bewilligt und sollen sie anschließend wegfallen, kann die Drittmittelfinanzierung ein sachlicher Grund iSv TzBfG § 14 Abs 1 Satz 1 sein[314]. In diesem Fall wird davon ausgegangen, dass sowohl der Drittmittelgeber als auch der Arbeitgeber sich gerade mit den Verhältnissen der betroffenen Stelle befasst und ihre Entscheidung über den Wegfall des konkreten Arbeitsplatzes aus sachlichen Gründen getroffen haben[315]. Sollen die Drittmittel nach Ende des Bewilligungszeitraums hingegen nicht wegfallen, kann die Befristung nicht allein darauf gestützt werden, dass Arbeitsverträge für Mitwirkung an dem Projekt nach Vorgabe des Drittmittelgebers jeweils erst nach Bewilligung der Drittmittel befristet abzuschließen sind[316]. Für die Befristung von Arbeitsverträgen mit wissenschaftlichem Personal an staatlichen Hochschulen wegen Drittmittelfinanzierung enthält **WissZeitVG § 2 Abs 2** eine spezielle Regelung.

58 (4) **Personalplanung**. Ein sachlicher Grund für die Befristung eines Arbeitsvertrags kann auch die **für einen späteren Zeitpunkt geplante anderweitige Besetzung des Arbeitsplatzes** sein. Voraussetzung ist jedoch, dass der Arbeitgeber bei Abschluss des befristeten Arbeitsvertrags mit dem anderen, als Dauerbesetzung vorgesehenen Arbeitnehmer bereits vertraglich gebunden ist[317]. Wird ein Arbeitnehmer als Ersatz für einen ausgeschiedenen Arbeitnehmer eingestellt, dem der Arbeitgeber eine **Wiedereinstellungszusage** erteilt hat, ist eine Befristung gerechtfertigt, wenn zwischen der Wiedereinstellungszusage und der Einstellung der Ersatzkraft ein ursächlicher Zusammenhang besteht und der Arbeitgeber innerhalb eines überschaubaren Zeitraums ernsthaft mit einer Geltendmachung des Wiedereinstellungsanspruchs rechnen muss[318]. Die befristete Beschäftigung der Ersatzkraft muss in diesen Fällen geeignet sein, eine Beschäftigungsmöglichkeit für den wiedereinzustellenden Mitarbeiter freizuhalten[319].

Auch die beabsichtigte Besetzung eines Arbeitsplatzes durch die **Übernahme eines Auszubildenden** nach Abschluss der Ausbildung kann eine Befristung rechtfertigen[320]. Dies gilt ohne weiteres allerdings nur dann, wenn der Auszubildende in ein unbefristetes Dauerarbeitsverhältnis übernommen werden soll[321]. Soll der Auszubildende aufgrund eines tarifvertraglichen Anspruchs befristet übernommen werden, kann eine Befristung hierauf nur gestützt werden, wenn der Auszubildende nach Abschluss seiner Ausbildung nicht auf einem Arbeitsplatz beschäftigt werden kann, der wegen des Ausscheidens eines früher nach dem Tarifvertrag befristet übernommenen Auszubildenden frei wird[322]. Eine namentliche Zuordnung des befristet beschäftigten Arbeitnehmers zu einem bestimmten Auszubildenden ist nicht erforderlich[323]. Jedoch muss zwischen der Beschäftigung des befristet eingestellten Arbeitnehmers und der beabsichtigten Übernahme des Auszubildenden ein Kausalzusammenhang bestehen. Ein solcher besteht, wenn die Zahl der Arbeitnehmer, die im Hinblick auf die Übernahme der Auszubildenden befristet beschäftigt wurden, die Zahl der Auszubildenden, mit deren Übernahme zu rechnen ist, nicht übersteigt[324].

Ist im Hinblick auf eine dauerhaft zu besetzende Stelle eine **Konkurrentenklage** anhängig, kann dies die Befristung des Arbeitsvertrags mit dem auf dieser Stelle beschäftigten Arbeitnehmer bis zum Abschluss des Rechtsstreits sachlich rechtfertigen[325].

---

313 BAG NZA 2016, 1276 = NJW 2016, 3259.
314 BAG NZA 2018, 663 = AP TzBfG § 14 Nr 165; ZTR 2006, 509 = BeckRS 2006, 42340 mwN; ebenso zur Rechtslage vor Inkrafttreten des TzBfG: BAG ZTR 2005, 100 = AP Nr 4 zu § 17 TzBfG; BAGE 59, 265 = ZTR 1989, 493.
315 BAG NZA 2018, 663 = AP TzBfG § 14 Nr 165; ZTR 2006, 509 = BeckRS 2006, 42340 mwN; ebenso zur Rechtslage vor Inkrafttreten des TzBfG: BAG ZTR 2005, 100 = AP Nr 4 zu § 17 TzBfG; BAGE 59, 265 = ZTR 1989, 493.
316 BAG NZA 2018, 663 = AP TzBfG § 14 Nr 165.
317 BAGE 132, 344 Rz 16 = NZA 2010, 495; BAGE 134, 339 Rz 22 = NZA 2010, 1172; NZA 2011, 507 Rz 24 = ZTR 2011, 381.
318 BAGE 134, 339 Rz 23 = NZA 2010, 1172.
319 BAGE 134, 339 Rz 23 = NZA 2010, 1172.
320 BAG NZA-RR 2015, 569 Rz 12 ff = AP Nr 132 zu § 14 TzBfG; ebenso bereits zur Rechtslage vor Inkrafttreten des TzBfG: BAG EzA § 620 BGB Nr 181 = RzK I 9a Nr 198; NZA 1994, 167 = DB 1994, 98; NZA 1985, 90 = DB 1984, 2708.
321 BAG NZA-RR 2015, 569 Rz 15 = AP Nr 132 zu § 14 TzBfG.
322 BAG NZA-RR 2015, 569 Rz 15 = AP Nr 132 zu § 14 TzBfG.
323 BAG NZA-RR 2015, 569 Rz 20 = AP Nr 132 zu § 14 TzBfG.
324 BAG NZA-RR 2015, 569 Rz 20 = AP Nr 132 zu § 14 TzBfG.
325 BAGE 114, 146 = NZA 2005, 923.

(5) **Sonstige.** Anerkannt ist auch die Befristung von Arbeitsverträgen mit **beurlaubten** 59
Beamten für den Fall des Wiederauflebens des Beamtenverhältnisses[326] sowie mit beurlaubten
Arbeitnehmern, die in einem unbefristeten Arbeitsverhältnis mit einem anderen Arbeitgeber
stehen und über eine gesicherte Rückkehrmöglichkeit verfügen[327]. Die Verlängerung eines befristeten Arbeitsvertrages ist ferner sachlich gerechtfertigt, wenn der befristete Vertrag zur **Sicherung der personellen Kontinuität der Betriebsarbeit** geeignet und erforderlich ist[328].

e) **Befristungsketten und institutioneller Rechtsmissbrauch.** Ist die Befristung durch 60
einen sachlichen Grund gerechtfertigt, schließt sich nach der Rspr des BAG in einem zweiten
Schritt eine Missbrauchskontrolle nach den Grundsätzen des institutionellen Rechtsmissbrauchs
(§ 242) an[329]. Mit dieser Kontrolle trägt die Rspr den vom **EuGH** in der Rs „**Kücük**"[330] aufgestellten Anforderungen Rechnung. Das Erfordernis einer Missbrauchskontrolle beschränkt sich
nicht auf bestimmte Sachgründe, sondern gilt **in allen Fällen der Sachgrundbefristung** (auch
wenn diese etwa auf dem Sachgrund der Drittmittelfinanzierung nach WissZeitVG § 2 Abs 2
beruht)[331].

Das BAG misst im Rahmen der Missbrauchsprüfung vor allem der **Gesamtdauer** der befristeten Verträge sowie der **Anzahl der Vertragsverlängerungen** Bedeutung zu. Es knüpft dabei an
die gesetzlichen Wertungen des TzBfG § 14 Abs 2 an, wonach eine sachgrundlose Befristung bis
zu einer Höchstdauer von zwei Jahren bei maximal dreimaliger Verlängerungsmöglichkeit zulässig ist. Daraus schließt das BAG, dass bei einer durch einen Sachgrund gerechtfertigten Befristung
erst das erhebliche Überschreiten der Grenzwerte des TzBfG § 14 Abs 2 auf eine missbräuchliche
Gestaltung schließen lässt[332]. **Quantitative Vorgaben** bezüglich des „erheblichen Überschreitens" der Grenzwerte lehnte das BAG zunächst unter Hinweis auf das Gebot der umfassenden
Einzelfallabwägung ab. Stattdessen gab es in seinen ersten Entscheidungen grobe Orientierungshilfen und behielt sich vor, diese im Laufe der weiteren Entwicklung der Rspr aus Gründen der
Rechtssicherheit ggf weiter zu konkretisieren[333]. Diese Konkretisierung erfolgte in einem Urteil
vom 26. Oktober 2016[334]. Das BAG unterscheidet – wie auch bereits in seinen grundlegenden
Entscheidungen aus dem Jahr 2012[335] – drei Stufen („*Rechtsmissbrauchsampel*"[336]):

– Auf der **ersten Stufe** besteht kein gesteigerter Anlass zur Missbrauchskontrolle[337]. Sie ist
  dadurch gekennzeichnet, dass die in TzBfG § 14 Abs 2 Satz 1 für die sachgrundlose Befristung
  festgelegten Grenzen nicht um ein Mehrfaches überschritten sind[338]. Davon ist konkret auszugehen, wenn **nicht mindestens das Vierfache eines** der in TzBfG § 14 Abs 2 Satz 1 bestimmten Werte **oder das Dreifache beider Werte** überschritten ist[339].
– Die **zweite Stufe** ist dadurch gekennzeichnet, dass die Grenzen des TzBfG § 14 Abs 2 Satz 1
  alternativ oder kumulativ mehrfach überschritten werden[340]. Davon ist regelmäßig auszugehen, wenn einer der in TzBfG § 14 Abs 2 Satz 1 festgelegten Werte mehr als das Vierfache
  beträgt oder beide Werte das Dreifache übersteigen[341]. In diesen Fällen ist eine **umfassende**

---

326 BAG AP TVG § 1 Tarifverträge: Telekom Nr 21; AP TVG § 1 Tarifverträge: Telekom Nr 19; NJW 2019, 103 = NZA 2019, 331; NZA 2019, 324 = ZTR 2018, 712; NZA 2006, 858 = ZTR 2006, 106; ZTR 2001, 525 = RzK I 9c Nr 38;.
327 BAG NZA 1997, 550 = AP Nr 181 zu § 620 BGB Befristeter Arbeitsvertrag.
328 BAGE 100, 204 = NZA 2002, 986.
329 Grundl BAGE 142, 308 = NZA 2012, 1351; seitdem st Rspr, BAGE 157, 125 = NZA 2017, 382 Rz 23 = AP Nr 146 zu § 14 TzBfG; NZA 2017, 307 Rz 28 = NJW 2017, 586; BAGE 155, 227 Rz 32 = NZA 2016, 1463; krit bezüglich der zweistufigen Prüfung anstelle einer Prüfung des Missbrauchs im Rahmen der Sachgrundprüfung: Bayreuther NZA 2013, 23, 24 f; Greiner Anm AP Nr 99 zu § 14 TzBfG; ders ZESAR 2014, 357, 362; vgl auch die grds dogm Kritik bei Bruns NZA 2013, 769, 771 f.
330 EuGH NZA 2012, 135 = NJW 2012, 989; vgl idS auch EuGH NZA 2015, 153 = EzA Richtlinie 99/70 EG-Vertrag 1999 Nr 11 – „Mascolo"; NZA 2016, 1323 = EzA Richtlinie 99/70 EG-Vertrag 1999 Nr 14 – „Popescu".
331 BAGE 155, 227 Rz 32 = NZA 2016, 1463; s dazu Brose EuZA 2017, 256; vgl auch BAGE 150, 8 Rz 27 = NZA 2015, 379.
332 BAGE 142, 308 Rz 48 = NZA 2012, 1351; NZA 2016, 354 Rz 16 = ZTR 2016, 285; BAGE 157, 125 = NZA 2017, 382 Rz 26 = AP Nr 146 zu § 14 TzBfG.
333 BAGE 142, 308 Rz 48 = NZA 2012, 1351; NZA 2012, 1359 Rz 43 = DB 2012, 2634; zust Meinel/Heyn/Herms/Meinel TzBfG § 14 Rz 46; für konkretere Vorgaben hingegen: Jörchel NZA 2012, 1065, 1069 f; Bayreuther NZA 2013, 23, 25; Schmid BB 2013, 192; Persch, BB 2013, 629, 633; Drosdeck/Bitsch NJW 2013, 1345, 1347; v Stein NJW 2015, 369, 374.
334 BAGE 157, 125 = NZA 2017, 382 Rz 25 ff = AP Nr 146 zu § 14 TzBfG.
335 BAGE 142, 308 Rz 48 = NZA 2012, 1351; NZA 2012, 1359 Rz 43 = DB 2012, 2634.
336 Kiel JbArbR 50 (2013) 25, 45.
337 BAGE 157, 125 = NZA 2017, 382 Rz 26 = AP Nr 146 zu § 14 TzBfG.
338 So auch bereits BAGE 142, 308 Rz 48 = NZA 2012, 1351; NZA 2012, 1359 Rz 43 = DB 2012, 2634.
339 BAGE 157, 125 = NZA 2017, 382 Rz 26 = AP Nr 146 zu § 14 TzBfG.
340 So auch bereits BAGE 142, 308 Rz 48 = NZA 2012, 1351; NZA 2012, 1359 Rz 43 = DB 2012, 2634; NZA 2013, 777 Rz 39 = ZTR 2013, 455.
341 BAGE 157, 125 = NZA 2017, 382 Rz 27 = AP Nr 146 zu § 14 TzBfG.

Missbrauchskontrolle geboten, im Rahmen derer es zunächst Sache des Arbeitnehmers ist, weitere für einen Missbrauch sprechende Umstände vorzutragen[342].

- Auf der **dritten Stufe** kann schließlich eine **missbräuchliche Ausnutzung** der an sich eröffneten Möglichkeit zur Sachgrundbefristung **indiziert** sein[343]. Hierhin gehören Fälle, in denen die Grenzen des TzBfG § 14 Abs 2 Satz 1 alternativ oder kumulativ in besonders gravierendem Ausmaß überschritten sind. Dies ist in der Regel anzunehmen, wenn durch die befristeten Verträge einer der Werte des § 14 Abs 2 Satz 1 TzBfG um **mehr als das Fünffache** überschritten wird oder wenn **beide Werte jeweils mehr als das Vierfache** betragen[344]. Der Arbeitgeber kann in einem solchen Fall den indizierten Missbrauch durch den Vortrag besonderer Umstände entkräften[345].

Ist eine umfassende Missbrauchsprüfung geboten, kann insbes von Bedeutung sein:

- ob der Arbeitnehmer stets auf demselben **Arbeitsplatz** mit denselben **Aufgaben** beschäftigt wurde oder ob es sich um wechselnde, ganz unterschiedliche Aufgaben handelt[346]
- ob der Arbeitgeber gegenüber einem bereits langjährig befristet beschäftigten Arbeitnehmer **trotz der Möglichkeit einer dauerhaften Einstellung** immer wieder auf befristete Verträge zurückgreift[347]
- ob die Laufzeit der Verträge wiederholt hinter der **prognostizierten Dauer des Vertretungsbedarfs** zurückbleibt, ohne dass dafür ein berechtigtes Interesse des Arbeitgebers erkennbar ist[348]
- auf welche **Art der Vertretung** die Befristung gestützt wird (so erweist sich etwa eine unmittelbare Vertretung in der Regel als weniger missbrauchsanfällig)[349]
- Anzahl und Dauer etwaiger **Unterbrechungen** zwischen den befristeten Arbeitsverträgen[350], wobei bei erheblichen Unterbrechungen, welche die Annahme „aufeinanderfolgender Arbeitsverträge" ausschließen, im Rahmen der Rechtsmissbrauchsprüfung nur die Dauer des Arbeitsverhältnisses und die Zahl der Vertragsverlängerungen nach der Unterbrechung zu berücksichtigen sind[351]
- **grundrechtliche Gewährleistungen** (insbes aus GG Art 5 Abs 1 u 3)[352]
- besondere Anforderungen der in Rede stehenden **Branchen** und/oder **Arbeitnehmerkategorien**, sofern dies objektiv gerechtfertigt ist[353].

61   **6. Auflösende Bedingung.** Wird ein Arbeitsvertrag unter einer auflösenden Bedingung geschlossen (zum Begriff s Rz 12), sind einige Bestimmungen des TzBfG entsprechend anwendbar (s TzBfG § 21). Insbes bedarf auch die Vereinbarung einer auflösenden Bedingung eines Sachgrunds (TzBfG § 21 iVm § 14 Abs 1). Da TzBfG § 14 Abs 2, 2a und 3 nicht entsprechend anzuwenden sind, besteht das **Sachgrunderfordernis** bei auflösend bedingten Arbeitsverträgen immer[354]. Einige Stimmen in der Literatur stellen unter Bezugnahme auf die Rspr des BAG[355] zur Rechtslage vor dem Inkrafttreten des TzBfG strengere Anforderungen an die sachliche Rechtfertigung einer auflösenden Bedingung[356]. Die hM lehnt dies mangels entsprechender Anhaltspunkte im Gesetz indessen ab[357].

62   **7. Befristungs- bzw Bedingungsabrede.** Die Befristung des Arbeitsvertrags setzt eine klare und unmissverständliche Vereinbarung der Parteien über die Beendigung des Arbeitsverhältnisses

---

342 BAGE 157, 125 = NZA 2017, 382 Rz 27 = AP Nr 146 zu § 14 TzBfG; NZA 2013, 777 Rz 39 = ZTR 2013, 455.
343 BAGE 157, 125 = NZA 2017, 382 Rz 28 = AP Nr 146 zu § 14 TzBfG; NZA 2016, 354 Rz 16 = ZTR 2016, 285; NZA 2015, 928 Rz 26 = NJW 2016, 185.
344 BAGE 157, 125 = NZA 2017, 382 Rz 28 = AP Nr 146 zu § 14 TzBfG.
345 BAGE 157, 125 = NZA 2017, 382 Rz 28 = AP Nr 146 zu § 14 TzBfG.
346 BAGE 159, 125 Rz 20 = ZIP 2017, 2119; BAGE 157, 125 = NZA 2017, 382 Rz 24 = AP Nr 146 zu § 14 TzBfG.
347 BAG NZA-RR 2014, 408 Rz 36 = AP Nr 116 zu § 14 TzBfG; BAGE 142, 308 Rz 45 = NZA 2012, 1351.
348 BAGE 142, 308 Rz 46 = NZA 2012, 1351; zu den Besonderheiten im Schulbereich beachte BAGE 157, 125 = NZA 2017, 382 Rz 42 = AP Nr 146 zu § 14 TzBfG.
349 BAGE 159, 125 Rz 20 = ZIP 2017, 2119; BAG NZA 2016, 354 Rz 22 = ZTR 2016, 285.
350 BAG NZA 2014, 26 = AP Nr 108 zu § 14 TzBfG Rz 27.
351 BAG NZA 2017, 706 Rz 31 f = ZTR 2017, 432: Unterbrechung von 2 Jahren; NZA 2018, 1549 Rz 38 = ZTR 2019, 50: Unterbrechung von 11 Monaten; zur Berücksichtigung kürzerer Unterbrechungen vgl BAG BB 2018, 1592 Rz 30 = NZA 2018, 858.
352 BAG NZA 2015, 928 Rz 25 = NJW 2016, 185; NZA 2015, 301 Rz 38 = ZTR 2015, 222; NZA-RR 2014, 408 Rz 36 = AP Nr 116 zu § 14 TzBfG.
353 BAGE 159, 125 Rz 20 = ZIP 2017, 2119; BAG NZA 2016, 354 Rz 15 = ZTR 2016, 285.
354 Arnold/Gräfl/Rambach TzBfG § 21 Rz 7; ErfK/Müller-Glöge TzBfG § 21 Rz 3.
355 Etwa BAG NZA 1992, 452 = DB 1992, 896.
356 APS/Backhaus TzBfG § 21 Rz 11 ff; DDZ/Wroblewski TzBfG § 21 Rz 12; Staud/Preis § 620 Rz 254.
357 Arnold/Gräfl/Rambach TzBfG § 21 Rz 8; ErfK/Müller-Göge TzBfG § 14 Rz 3; KR/Lipke TzBfG § 21 Rz 22; Laux/Schlachter/Schlachter TzBfG § 21 Rz 19; Annuß/Thüsing/Annuß TzBfG § 21 Rz 9; HK-TzBfG/Joussen § 21 Rz 12; MünchKomm/Hesse Anh zu § 620 TzBfG § 21 Rz 9.

bei Fristablauf bzw Zweckerreichung voraus[358]. Die Befristungsabrede bedarf gem TzBfG § 14 Abs 4 zu ihrer Wirksamkeit der **Schriftform**. Dasselbe gilt gem TzBfG § 21 iVm § 14 Abs 4 für die Vereinbarung einer auflösenden Bedingung. Der Schriftform bedürfen auch **Vertragsverlängerungen**[359] sowie sonstige Änderungen der Vertragslaufzeit (auch die nachträgliche Befristung eines unbefristeten Arbeitsverhältnisses)[360]. Ebenso formbedürftig ist eine Vereinbarung nach Ausspruch einer Kündigung über die **befristete Weiterbeschäftigung** des Arbeitnehmers nach Ablauf der Kündigungsfrist bis zum rechtskräftigen Abschluss des Kündigungsschutzprozesses[361]. Nicht erfasst sind hingegen Mindestbefristungsabreden in unbefristeten Arbeitsverträgen, die lediglich die Möglichkeit der ordentlichen Kündigung für eine bestimmte Dauer ausschließen[362]. Auch die Aufhebung einer Befristungsabrede, also die Umwandlung eines befristeten Arbeitsvertrags in einen unbefristeten, bedarf nicht der Schriftform[363].

Das Schriftformerfordernis gilt auch für Altersgrenzen (s Rz 55)[364]. Sieht jedoch ein auf das Arbeitsverhältnis – kraft Tarifbindung oder arbeitsvertraglicher Bezugnahme – insgesamt anwendbarer einschlägiger **Tarifvertrag** eine Befristung oder eine auflösende Bedingung des Arbeitsverhältnisses vor, findet das Schriftformgebot keine Anwendung[365].

63 Das Formerfordernis bezieht sich nicht auf den gesamten Arbeitsvertrag, sondern lediglich auf die Befristungsabrede[366]. Der Schriftform unterliegt daher bei der kalendermäßigen Befristung das **Enddatum** bzw die **Vertragsdauer**[367]. Bei einer **Zweckbefristung** muss der Vertragszweck schriftlich vereinbart werden, da die Dauer des Arbeitsverhältnisses allein von diesem abhängt[368]. Demgegenüber unterliegt der Vertragsbeginn regelmäßig nicht der Schriftform, sofern dessen Angabe nicht zur Bestimmung des Enddatums erforderlich ist[369]. Der die Befristung rechtfertigende **Sachgrund** bzw deren sonstige Rechtfertigung (zB TzBfG § 14 Abs 2) unterliegen regelmäßig ebenfalls nicht dem Schriftformerfordernis[370]. Der Rechtfertigungsgrund muss auch nicht Vertragsinhalt geworden sein, sondern ist ausschließlich objektive Wirksamkeitsvoraussetzung für die vereinbarte Befristung des Arbeitsverhältnisses[371]. Etwas anderes kann sich ausnahmsweise aus einem **spezialgesetzlichen Zitiergebot** (zB WissZeitVG § 2 Abs 4) oder aus einem Tarifvertrag ergeben[372]. Haben die Parteien im Vertrag einen bestimmten Sachgrund ausdrücklich angegeben, kann dies ein Indiz dafür sein, dass sie die Möglichkeit einer sachgrundlosen Befristung ausschließen wollten[373].

64 Die **Anforderungen** an die Schriftform ergeben sich im Einzelnen aus § 126. Da sich aus TzBfG § 14 Abs 4 nichts anderes ergibt, kann die Schriftform gem § 126 Abs 3 auch durch die **elektronische Form** (iSv § 126a) ersetzt werden (beachte aber NachwG § 2 Abs 1 Satz 2 Nr 3, Satz 3)[374]. Wird die Abrede im Rahmen eines **gerichtlichen Vergleichs** getroffen, ist die Schriftform gem §§ 126 Abs 4, 127a gewahrt.

65 Eine nur mündlich vereinbarte Befristung ist **nichtig** (§ 125 Satz 1 iVm TzBfG § 14 Abs 4)[375]. Der Arbeitsvertrag als solcher bleibt von dem Formmangel jedoch unberührt, da nur die Befristungsabrede formbedürftig ist[376]. An Stelle des befristeten Arbeitsverhältnisses entsteht nach TzBfG § 16 Satz 1 ein **unbefristetes Arbeitsverhältnis**[377]. Die **spätere schriftliche Niederlegung** der Befristung nach Vertragsbeginn führt nicht dazu, dass die Befristung rückwirkend

---

358 BAG NZA 2017, 912 Rz 17 = AP Nr 152 zu § 14 TzBfG.
359 BAGE 114, 146 Rz 11 = NZA 2005, 923.
360 ErfK/Müller-Glöge TzBfG § 14 Rz 115; HK-TzBfG/Boecken § 14 Rz 194; MünchKomm/Hesse Anh zu § 620 TzBfG § 14 Rz 111; Arnold/Gräfl/Gräfl § 14 Rz 422; APS/Greiner TzBfG § 14 Rz 673.
361 BAGE 108, 191 = NZA 2004, 1275.
362 Arnold/Gräfl/Gräfl TzBfG § 14 Rz 430; MünchKomm/Hesse Anh zu § 620 TzBfG § 14 Rz 108; APS/Greiner TzBfG § 14 Rz 670; ErfK/Müller-Glöge TzBfG § 14 Rz 116; KR/Lipke § 14 Rz 700.
363 ErfK/Müller-Glöge TzBfG § 14 Rz 115; Meinel/Heyn/Herms/Meinel TzBfG § 14 Rz 332; Arnold/Gräfl/Gräfl TzBfG § 14 Rz 431.
364 BAG NZA 2018, 507 Rz 58 = AP TzBfG § 14 Nr 163.
365 BAG NZA 2018, 507 Rz 58 = AP TzBfG § 14 Nr 163; BAGE 148, 357 Rz 27 ff = NZA 2014, 1341.
366 BAG NZA 2017, 638 Rz 28 = ZTR 2017, 314; HK-TzBfG/Boecken § 14 Rz 192; ErfK/Müller-Glöge TzBfG § 14 Rz 115.
367 Meinel/Heyn/Herms/Meinel TzBfG § 14 Rz 342.
368 BAG NZA 2006, 321 = NJW 2006, 1084.
369 Hess LAG 18. Dezember 2013 – 2 Sa 871/13; LAG Düsseldorf 9. April 2019 – 3 Sa 1126/18; APS/Backhaus TzBfG § 14 Rz 699.
370 BAG NZA 2004, 1333 = DB 2004, 2585; BAGE 119, 157 Rz 10 = NZA 2007, 34; NZA 2011, 1151 Rz 15 = AP Nr 83 zu § 14 TzBfG.
371 BAG NZA 2004, 1333 = DB 2004, 2585.
372 BAG NZA 2011, 1151 Rz 25 = AP Nr 83 zu § 14 TzBfG; MünchKomm/Hesse Anh zu § 620 TzBfG § 14 Rz 129; zu dem in AVR Diakonisches Werk § 5 Abs 5 enthaltenen Zitiergebot s BAGE 119, 157 Rz 10 = NZA 2007, 34.
373 BAG NZA 2011, 1151 Rz 20 = AP Nr 83 zu § 14 TzBfG.
374 HK-TzBfG/Boecken § 14 Rz 204; offengelassen: ArbG Berlin 28. September 2021 – 36 Ca 15296/20.
375 BAGE 113, 75 = NZA 2005, 575; BAGE 123, 109 Rz 18 = NZA 2008, 108; BAG NZA 2017, 638 Rz 28 = ZTR 2017, 314.
376 BAGE 113, 75 = NZA 2005, 575.
377 BAGE 123, 109 Rz 18 = NZA 2008, 108; BAG NZA 2017, 638 Rz 28 = ZTR 2017, 314.

wirksam wird[378]. Nach § 141 Abs 1 ist die Bestätigung eines nichtigen Rechtsgeschäfts durch denjenigen, der es vorgenommen hat, als erneute Vornahme zu beurteilen. Die Bestätigung hat demnach keine rückwirkende Kraft, sondern vermag dem Rechtsgeschäft allenfalls für die Zukunft Geltung zu verschaffen[379]. Auch aus § 141 Abs 2 lässt sich die rückwirkende Wirksamkeit der Befristung nicht ableiten, sondern allenfalls eine schuldrechtliche Verpflichtung der Parteien, einander zu gewähren, was sie haben würden, wenn der Vertrag von Anfang an gültig gewesen wäre[380]. Außerdem ist die Norm bereits nicht anwendbar, da es an dem von der Norm vorausgesetzten nichtigen Vertrag fehlt, weil der Formmangel nur zur Nichtigkeit der Befristungsabrede führt[381]. Durch die nachträgliche schriftliche Niederlegung der Befristungsabrede kann daher allenfalls das zunächst unbefristet entstandene Arbeitsverhältnis nachträglich befristet werden[382]. Dies kann durch Bestätigung der nichtigen Befristungsabrede gem § 141 Abs 1 geschehen, wobei § 141 Abs 1 voraussetzt, dass die Parteien den Grund der Nichtigkeit kennen oder zumindest Zweifel an der Rechtsbeständigkeit der Vereinbarung haben[383]. Eine Bestätigung scheidet also aus, wenn den Parteien das Bewusstsein der möglichen Fehlerhaftigkeit des Rechtsgeschäfts fehlt[384]. Zudem kann der – mangels wirksamer Befristung gem TzBfG § 16 Satz 1 – unbefristete Arbeitsvertrag durch Vereinbarung nachträglich befristet werden. In diesem Fall müssen die Parteien allerdings übereinstimmende, auf diese Rechtsfolge gerichtete Willenserklärungen abgeben[385]. Es genügt also nicht, dass die Parteien lediglich eine mündlich vereinbarte Befristung zu einem späteren Zeitpunkt (nach Aufnahme der Arbeit) in einem schriftlichen Arbeitsvertrag niederlegen, da sie auf diese Weise regelmäßig keine neue Befristungsvereinbarung treffen, sondern die zuvor mündlich getroffene Vereinbarung schriftlich festhalten[386]. Weicht die in dem nach Vertragsbeginn unterzeichneten Arbeitsvertrag enthaltene Befristungsabrede indes inhaltlich von der mündlich vereinbarten Befristungsabrede ab, enthält der schriftliche Arbeitsvertrag eine eigenständige Befristung, die dem Schriftformgebot genügt[387]. Die nachträgliche Befristung bedarf jedoch **zwingend eines Sachgrundes**, denn eine sachgrundlose Befristung scheidet wegen des Vorbeschäftigungsverbots (TzBfG § 14 Abs 2 Satz 2) aus, weil mit dem Arbeitgeber infolge der unwirksamen Befristung bereits ein unbefristetes Arbeitsverhältnis bestanden hat[388].

66 Hat der Arbeitgeber in den Vertragsverhandlungen mit dem Arbeitnehmer den Abschluss des befristeten Arbeitsvertrags ausdrücklich unter den **Vorbehalt eines schriftlichen Vertragsschlusses** gestellt oder dem Arbeitnehmer die **schriftliche Niederlegung des Vereinbarten angekündigt**, kann der Arbeitnehmer das ihm vorliegende schriftliche Vertragsangebot nicht konkludent durch die Arbeitsaufnahme annehmen, sondern ausschließlich durch die Unterzeichnung der Vertragsurkunde[389]. Nimmt der Arbeitnehmer die Arbeit dennoch auf, ohne zuvor das schriftliche Vertragsangebot durch Unterzeichnung anzunehmen, entsteht lediglich ein faktisches Arbeitsverhältnis[390]. Dies setzt allerdings voraus, dass das vom Arbeitgeber unterzeichnete Vertragsangebot dem Arbeitnehmer **vor der Arbeitsaufnahme zugegangen** ist[391]. Die Übersendung eines vom Arbeitgeber noch nicht unterzeichneten Exemplars der Vertragsurkunde genügt nicht[392].

67 Eine in einem **Formulararbeitsvertrag** enthaltene Befristungsabrede unterliegt der **Klauselkontrolle** nach §§ 305 ff[393].

68 **8. Rechtsfolgen einer wirksamen Befristung.** – a) **Beendigung des Arbeitsverhältnisses.** Wurde der Arbeitsvertrag wirksam befristet, so endet ein **kalendermäßig** befristetes Arbeitsverhältnis mit Ablauf der vereinbarten Zeit (TzBfG § 15 Abs 1).

69 Ein **zweckbefristetes** Arbeitsverhältnis endet gem TzBfG § 15 Abs 2 mit Erreichen des Zwecks, frühestens jedoch zwei Wochen nach Zugang der **schriftlichen Unterrichtung** des Arbeitnehmers durch den Arbeitgeber über den Zeitpunkt der Zweckerreichung. Bei der Unterrichtung handelt es sich nicht um eine Willenserklärung, sondern um eine rechtsgeschäftsähnli-

---

378 BAGE 123, 109 Rz 18 = NZA 2008, 108; NZA 2016, 358 Rz 19 = NJW 2016, 1403.
379 BAGE 113, 75 = NZA 2005, 575.
380 BAGE 113, 75 = NZA 2005, 575.
381 BAGE 113, 75 = NZA 2005, 575.
382 BAGE 113, 75 = NZA 2005, 575; BAGE 123, 109 Rz 18 = NZA 2008, 108; NZA 2016, 358 Rz 19 = NJW 2016, 1403.
383 BAGE 113, 75 = NZA 2005, 575 mwN.
384 BAGE 113, 75 = NZA 2005, 575 mwN.
385 BAGE 113, 75 = NZA 2005, 575; BAGE 123, 109 Rz 18 = NZA 2008, 108; NZA 2016, 358 Rz 19 = NJW 2016, 1403.
386 BAGE 113, 75 = NZA 2005, 575; BAGE 123, 109 Rz 18 = NZA 2008, 108.
387 BAGE 123, 109 Rz 18 = NZA 2008, 108.
388 BAGE 114, 146 = NZA 2005, 923; BAGE 113, 75 = NZA 2005, 575.
389 BAG NZA 2008, 1184 Rz 14 = NJW 2008, 3453; NZA 2016, 358 Rz 20 = NJW 2016, 1403.
390 BAG NZA 2008, 1184 Rz 14 = NJW 2008, 3453; NZA 2016, 358 Rz 20 = NJW 2016, 1403.
391 BAG NZA 2017, 638 Rz 37 ff = ZTR 2017, 314.
392 BAG NZA 2017, 638 Rz 39 = ZTR 2017, 314.
393 BAGE 126, 295 = NZA 2008, 876.

che Handlung³⁹⁴. §§ 126, 126a finden daher keine unmittelbare Anwendung. Richtigerweise ist jedoch eine analoge Anwendung zu befürworten, da der Schutzzweck des TzBfG § 15 Abs 2 mit demjenigen des § 623 vergleichbar ist³⁹⁵. Nach anderer Ansicht – die sich ua auf die Rspr des BAG zur Auslegung des Schriftformerfordernisses in einer tarifvertraglichen Ausschlussklausel³⁹⁶ sowie des Schriftformerfordernisses in BetrVG § 99 Abs 3³⁹⁷ stützt – soll hingegen auch ein Telefax ausreichen³⁹⁸. Die Unterrichtung über die Zweckerreichung ist zwingende Voraussetzung für die Beendigungswirkung der Zweckbefristung (vgl auch TzBfG § 22). Dass der Arbeitnehmer auf andere Weise von der Zweckerreichung Kenntnis erlangt (zB durch einen nicht bevollmächtigten Dritten), ist nicht ausreichend³⁹⁹. Dies muss mangels gesetzlicher Ausnahmeregelung selbst dann gelten, wenn die Zweckerreichung in der Sphäre des Arbeitnehmers eintritt⁴⁰⁰.

Der Zeitpunkt der Zweckerreichung ist konkret durch die Angabe eines Datums mitzuteilen⁴⁰¹. Ist das **mitgeteilte Datum** der Zweckerreichung **objektiv unzutreffend**, muss differenziert werden: Tritt die Zweckerreichung früher ein, endet das Arbeitsverhältnis dennoch am mitgeteilten Termin⁴⁰². Wird der Zweck erst später erreicht, ist eine erneute Mitteilung erforderlich; erfolgt diese nicht spätestens unverzüglich nach Zweckerreichung, gilt das Arbeitsverhältnis unter den Voraussetzungen des TzBfG § 15 Abs 6 als auf unbestimmte Zeit verlängert⁴⁰³. Unabhängig vom Zeitpunkt der Zweckerreichung endet das Arbeitsverhältnis in jedem Fall **frühestens zwei Wochen nach Zugang der schriftlichen Unterrichtung** beim Arbeitnehmer⁴⁰⁴. Erfolgt die **Unterrichtung erst nach Zweckerreichung**, ist zu prüfen, ob nicht schon nach TzBfG § 15 Abs 6 ein unbefristetes Arbeitsverhältnis entstanden ist, wobei eine unverzüglich nach Zweckerreichung erfolgte Mitteilung als Widerspruch iSv TzBfG § 15 Abs 6 anzusehen ist⁴⁰⁵. Wird das Arbeitsverhältnis trotz Zweckerreichung mangels ordnungsgemäßer Unterrichtung durch den Arbeitgeber nicht beendet, ist der Arbeitnehmer dennoch vertraglich verpflichtet, das Arbeitsverhältnis fortzusetzen. Da TzBfG § 15 Abs 2 lediglich dem **Schutz des Arbeitnehmers** dient, kann dieser nicht gezwungen werden, gegen seinen Willen das Arbeitsverhältnis fortzusetzen und ist daher **berechtigt, die Arbeit einzustellen**⁴⁰⁶.

Ein **auflösend bedingtes** Arbeitsverhältnis endet gem TzBfG §§ 21 iVm 15 Abs 2 mit Eintritt der auflösenden Bedingung, frühestens jedoch zwei Wochen nach Zugang der schriftlichen Unterrichtung des Arbeitnehmers durch den Arbeitgeber über den Zeitpunkt des Bedingungseintritts. Die oben (Rz 70) dargestellten Grundsätze gelten in diesen Fällen entsprechend.

---

394 BAGE 161, 266 Rz 26 = NZA 2018, 925; Sievers TzBfG § 15 Rz 9; KR/Lipke TzBfG § 15 Rz 21; MünchKomm/Hesse Anh zu § 620 TzBfG § 15 Rz 10.
395 So auch APS/Backhaus TzBfG § 15 Rz 8; DDZ/Wroblewski TzBfG § 15 Rz 7; ErfK/Müller-Glöge TzBfG § 15 Rz 2; Dörner Rz 706; Laux/Schlachter/Schlachter TzBfG § 15 Rz 9; HK-TzBfG/Joussen § 15 Rz 40; Annuß/Thüsing/Maschmann TzBfG § 15 Rz 4; Meinel/Heyn/Herms/Meinel TzBfG § 15 Rz 21.
396 BAGE 96, 28 = NZA 2001, 231.
397 BAGE 101, 298 = NZA 2003, 226.
398 ZB MünchKomm/Hesse Anh zu § 620 TzBfG § 15 Rz 11; Sievers TzBfG § 15 Rz 9.
399 APS/Backhaus TzBfG § 15 Rz 6; Meinel/Heyn/Herms/Meinel § 15 TzBfG Rz 13; Rolfs TzBfG § 15 Rz 14; Annuß/Thüsing/Maschmann TzBfG § 15 Rz 4; DDZ/Wroblewski TzBfG § 15 Rz 6; Dörner Rz 705; Laux/Schlachter/Schlachter TzBfG § 15 Rz 8.
400 APS/Backhaus TzBfG § 15 Rz 6; DDZ/Wroblewski TzBfG § 15 Rz 6; Rolfs TzBfG § 15 Rz 13; KR/Lipke TzBfG § 15 Rz 25; Dörner Rz 711; Sievers TzBfG § 15 Rz 8; vgl auch BAGE 148, 357 Rz 68 = NZA 2014, 1341; BAGE 117, 255 Rz 35 f = ZTR 2006, 548; BAGE 113, 64 = NZA 2006, 211: Beendigung des Arbeitsverhältnisses bei Bewilligung einer Erwerbsminderungsrente; aA Annuß/Thüsing/Maschmann TzBfG § 15 Rz 9; Meinel/Heyn/Herms/Meinel § 15 TzBfG Rz 7 f; HK-KSchR/Mestwerdt TzBfG § 15 Rz 10; Laux/Schlachter/Schlachter TzBfG § 15 Rz 6; Arnold/Gräfl/Arnold TzBfG § 15 Rz 24; MünchKomm/Hesse Anh zu § 620 TzBfG § 15 Rz 16.
401 ErfK/Müller-Glöge TzBfG § 15 Rz 3; Arnold/Gräfl/Arnold TzBfG § 15 Rz 25; Sievers TzBfG § 15 Rz 10; Meinel/Heyn/Herms/Meinel § 15

Rz 14 f; KR/Lipke TzBfG § 15 Rz 26; weitergehende inhaltliche Anforderungen im Hinblick auf konkrete Angaben zur Zweckerreichung befürwortend: DDZ/Wroblewski TzBfG § 15 Rz 6.
402 ErfK/Müller-Glöge TzBfG § 15 Rz 3; Sievers TzBfG § 15 Rz 26; Laux/Schlachter/Schlachter TzBfG § 15 Rz 11; Arnold/Gräfl/Arnold TzBfG § 15 Rz 32; KR/Lipke TzBfG § 15 Rz 15; MünchKomm/Hesse Anh zu § 620 TzBfG § 15 Rz 14; aA APS/Backhaus TzBfG § 15 Rz 10: objektiv unrichtige Mitteilung ist wirkungslos.
403 Ebenso: Sächs LAG 25. Januar 2008 – 3 Sa 458/07, EzAÜG § 14 TzBfG Nr 3; Annuß/Thüsing/Maschmann TzBfG § 15 Rz 9; Arnold/Gräfl/Arnold TzBfG § 15 Rz 32; Sievers TzBfG § 15 Rz 32; Laux/Schlachter/Schlachter TzBfG § 15 Rz 12; eine Beendigung zum Zeitpunkt der Zweckerreichung ohne erneute Unterrichtung befürwortend hingegen: MünchKomm/Hesse Anh zu § 620 TzBfG § 15 Rz 14; ErfK/Müller-Glöge TzBfG § 15 Rz 3; Dörner Rz 716; HWK/Rennpferdt TzBfG § 15 Rz 19; einen Beurteilungsspielraum des Arbeitgebers befürwortend: Meinel/Heyn/Herms/Meinel § 15 Rz 15.
404 BAG NZA 2020, 1470 Rz 24 = AP TzBfG § 21 Nr 17; ZTR 2012, 162 Rz 27 = AP Nr 9 zu § 21 TzBfG.
405 Arnold/Gräfl/Arnold TzBfG § 15 Rz 35; Laux/Schlachter/Schlachter TzBfG § 15 Rz 14; Annuß/Thüsing/Maschmann TzBfG § 15 Rz 9; Sievers TzBfG § 20 ff.
406 Annuß/Thüsing/Maschmann TzBfG § 15 Rz 5; Arnold/Gräfl/Arnold TzBfG § 15 Rz 37; APS/Backhaus TzBfG § 15 Rz 13; MünchKomm/Hesse Anh zu § 620 TzBfG § 15 Rz 21; HK-TzBfG/Joussen § 15 Rz 51; aA KR/Lipke TzBfG § 15 Rz 17; ErfK/Müller-Glöge TzBfG § 15 Rz 6; Sievers TzBfG § 15 Rz 30.

72 b) **Vorzeitige Kündigung befristeter Arbeitsverträge.** Ist das Arbeitsverhältnis wirksam befristet, unterliegt es nur dann der ordentlichen Kündigung, wenn dies einzelvertraglich oder im anwendbaren Tarifvertrag vereinbart ist (TzBfG § 15 Abs 4)[407]. Die entsprechende **einzelvertragliche Vereinbarung** bedarf keiner bestimmten **Form** und kann folglich auch konkludent getroffen werden[408]. Der Wille der Vertragsparteien, den gesetzlichen Kündigungsausschluss abzubedingen, muss aus den Umständen jedoch eindeutig erkennbar sein[409]. Die Vereinbarung von Kündigungsfristen für die ordentliche Kündigung genügt in der Regel diesen Anforderungen[410]. Die Möglichkeit zur ordentlichen Kündigung kann auch in einem **Formulararbeitsvertrag** enthalten sein, es handelt sich insoweit weder um eine überraschende Klausel iSv § 305c Abs 1 noch um eine unangemessene Benachteiligung des Arbeitnehmers iSv § 307 Abs 1 Satz 1, Abs 2[411]. Die Anwendbarkeit einer entsprechenden **tarifvertraglichen Regelung** kann sich aus beidseitiger Tarifgebundenheit, Allgemeinverbindlichkeit oder arbeitsvertraglicher Bezugnahme ergeben[412]. Auch eine individualvertragliche Bezugnahme auf kirchliche Arbeitsrechtsregelungen, die eine Kündigungsmöglichkeit vorsehen, ist möglich[413]. Durch Betriebsvereinbarung kann das Recht der ordentlichen Kündigung indes nicht eingeräumt werden[414]. Einseitig zugunsten des Arbeitgebers kann das Kündigungsrecht nicht eingeräumt werden (Rechtsgedanke des § 622 Abs 6)[415].

73 Ist die Möglichkeit zur ordentlichen Kündigung weder vertraglich noch tarifvertraglich vorgesehen, kann das Arbeitsverhältnis nur unter den Voraussetzungen des § 626 **außerordentlich gekündigt** werden[416]. Eine Ausnahme besteht nach InsO § 113 im Insolvenzfall (s Rz 6 vor §§ 620 – 630). Weitere Ausnahmen enthalten BEEG § 21 Abs 4 sowie PflegeZG § 6 Abs 3 Satz 1 (ggf iVm FPfZG § 2 Abs 3). Ist das Arbeitsverhältnis für die Lebenszeit einer Person oder für längere Zeit als fünf Jahre eingegangen, kann der Arbeitnehmer nach Ablauf von fünf Jahren unter Einhaltung einer sechsmonatigen Kündigungsfrist ordentlich kündigen (TzBfG § 15 Abs 5).

Ein Verstoß gegen den in TzBfG § 15 Abs 4 vorgesehenen Ausschluss der ordentlichen Kündigung muss innerhalb der Klagefrist des KSchG § 4 Satz 1 gerichtlich geltend gemacht werden[417].

74 c) **Fortsetzung nach Beendigung.** Wird das Arbeitsverhältnis nach Ablauf der Zeit, für die es eingegangen ist, nach Zweckerreichung oder nach Eintritt der auflösenden Bedingung mit Wissen des Arbeitgebers fortgesetzt, so gilt es nach TzBfG § 15 Abs 6 als auf unbestimmte Zeit verlängert, wenn der Arbeitgeber nicht unverzüglich widerspricht oder dem Arbeitnehmer die Zweckerreichung nicht unverzüglich mitteilt. Die Norm regelt im Wege einer gesetzlichen Fiktion die stillschweigende Verlängerung des Arbeitsverhältnisses unabhängig vom Willen der Parteien[418]. Sie verdrängt die Vorschrift des § 625 für die Fälle der Fortsetzung des Arbeitsverhältnisses nach Zeitablauf, Zweckerreichung oder Eintritt einer auflösenden Bedingung; endet das Arbeitsverhältnis auf andere Weise (zB durch Kündigung oder Anfechtung), ist § 625 weiterhin anwendbar[419]. TzBfG § 15 Abs 6 findet auch im Falle einer Kombination von auflösender Bedingung und zeitlicher Höchstbefristung (s dazu Rz 13) Anwendung. Die Rechtsfolge der Norm beschränkt sich in diesen Fällen nach Eintritt der auflösenden Bedingung allerdings auf den befristeten Fortbestand des Arbeitsverhältnisses bis zum Ablauf der kalendermäßigen Befristung[420]. Wird das Arbeitsverhältnis nach Zweckerreichung oder Bedingungseintritt noch bis zum

---

[407] So auch bereits zur Rechtslage vor Inkrafttreten des TzBfG: BAGE 33, 220 = NJW 1981, 246; BAGE 88, 131 = NZA 1998, 747.
[408] Arnold/Gräfl/Arnold TzBfG § 15 Rz 43 f; ErfK/Müller-Glöge TzBfG § 15 Rz 12; Meinel/Heyn/Herms/Meinel TzBfG § 15 Rz 36; APS/Backhaus TzBfG § 15 Rz 23; BeckOK-ArbR/Bayreuther TzBfG § 15 Rz 14.
[409] BAGE 33, 220 = NJW 1981, 246 mwN; ZTR 2002, 172 = EzA § 620 BGB Kündigung Nr 4; APS/Backhaus TzBfG § 15 Rz 22.
[410] APS/Backhaus TzBfG § 15 Rz 22.
[411] BAG DB 2011, 2552 Rz 14 ff = AP Nr 6 zu § 15 TzBfG; Sievers TzBfG § 15 Rz 32; Arnold/Gräfl/Arnold TzBfG § 15 Rz 47.
[412] ErfK/Müller-Glöge TzBfG § 15 Rz 10; Meinel/Heyn/Herms/Meinel TzBfG § 15 Rz 40.
[413] BAG NZA 2014, 362 Rz 27 ff = AP Nr 73 zu § 611 BGB Kirchendienst.
[414] Laux/Schlachter/Schlachter TzBfG § 15 Rz 18; APS/Backhaus TzBfG § 15 Rz 20; DDZ/Wroblewski TzBfG § 15 Rz 14; BeckOK-ArbR/Bayreuther TzBfG § 15 Rz 14; ErfK/Müller-Glöge TzBfG § 15 Rz 10; Meinel/Heyn/Herms/Meinel TzBfG § 15 Rz 41; Sievers TzBfG § 15 Rz 36.
[415] LAG Köln AE 2016, 139 = LAGE § 15 TzBfG Nr 12; DDZ/Wroblewski TzBfG § 15 Rz 13; MünchKomm/Hesse Anh zu § 620 TzBfG § 15 Rz 28; APS/Backhaus TzBfG § 15 Rz 21; KR/Lipke TzBfG § 15 Rz 39.
[416] Arnold/Gräfl/Arnold TzBfG § 15 Rz 41; BeckOK-ArbR/Bayreuther TzBfG § 15 Rz 14; Meinel/Heyn/Herms/Meinel TzBfG § 15 Rz 39; MünchKomm/Hesse Anh zu § 620 TzBfG § 15 Rz 29; DDZ/Wroblewski TzBfG § 15 Rz 11; vgl auch BAG NZA 2021, 1092 Rz 23 = NJW 2021, 2602.
[417] BAG NZA 2010, 1142 Rz 8 = NJW 2010, 3258.
[418] BAG NZA 2016, 358 Rz 24 = NJW 2016, 1403 (m Anm Kock); AP Nr 12 zu § 57a HRG Rz 23 = EzA § 15 TzBfG Nr 2.
[419] BAGE 107, 237 = NZA 2004, 255; ErfK/Müller-Glöge TzBfG § 15 Rz 25; MünchKomm/Hesse Anh zu § 620 TzBfG § 15 Rz 45.
[420] BAGE 138, 242 = NZA 2011, 1346.

Untertitel 1 Dienstvertrag   75–77 § 620

Ablauf der Zweiwochenfrist des TzBfG § 15 Abs 2 fortgesetzt, liegt bis dahin keine Fortsetzung iSv TzBfG § 15 Abs 6 vor[421].

9. **Rechtsfolgen unwirksamer Befristung.** Die Rechtsfolgen einer unwirksamen Befristung regelt TzBfG § 16. Der Anwendungsbereich der Norm ist nicht auf Verstöße gegen Vorschriften des TzBfG beschränkt, sondern erfasst alle Unwirksamkeitsgründe[422]. TzBfG § 16 Satz 1 Halbs 1 fingiert im Falle einer rechtsunwirksamen Befristung ein unbefristetes Arbeitsverhältnis[423]. Die Unwirksamkeit der Befristung lässt also den übrigen Vertragsinhalt unberührt[424] und führt entgegen der Vermutungsregelung des § 139 nicht zur Gesamtnichtigkeit des Arbeitsvertrags. Das nach TzBfG § 16 Satz 1 Halbs 1 entstandene unbefristete Arbeitsverhältnis ist grds nach den allgemeinen Vorschriften ordentlich kündbar. Für den Arbeitgeber gelten allerdings Einschränkungen. Nach TzBfG § 16 Satz 1 Halbs 2 kann er das Arbeitsverhältnis frühestens zum vereinbarten Ende ordentlich kündigen, sofern nicht nach TzBfG § 15 Abs 4 die ordentliche Kündigung zu einem früheren Zeitpunkt möglich ist. Ist die Befristung *nur* wegen des Mangels der Schriftform unwirksam, kann der Arbeitsvertrag jedoch auch bereits vor dem vereinbarten Ende ordentlich gekündigt werden (TzBfG § 16 Satz 2).   75

10. **Befristungskontrollklage.** Will der Arbeitnehmer geltend machen, dass die Befristung seines Arbeitsvertrags rechtsunwirksam ist, muss er nach TzBfG § 17 Satz 1 innerhalb von drei Wochen nach dem vereinbarten Ende des befristeten Arbeitsvertrags Klage beim Arbeitsgericht auf die Feststellung erheben, dass das Arbeitsverhältnis aufgrund der Befristung nicht beendet ist. Entsprechendes gilt nach TzBfG § 21 iVm § 17 Satz 1, wenn der Arbeitnehmer geltend machen will, dass das Arbeitsverhältnis nicht aufgrund des Eintritts einer auflösenden Bedingung beendet ist[425]. Wird die Befristungs- bzw Bedingungskontrollklage nicht rechtzeitig erhoben, gilt die Befristung bzw die Bedingung gem TzBfG § 17 Satz 2 iVm § 7 KSchG als **von Anfang an rechtswirksam**. Eine allgemeine **Feststellungsklage (ZPO § 256) des Arbeitgebers**, welche die Wirksamkeit der Befristung eines Arbeitsvertrags oder den Eintritt bzw den Zeitpunkt der Zweckerreichung klären soll, ist unzulässig[426]. In Betracht kommt eine Feststellungsklage des Arbeitgebers hingegen, wenn streitig ist, ob überhaupt eine Befristung vereinbart worden ist[427].   76

a) **Anwendungsbereich.** TzBfG § 17 gilt für alle befristeten Arbeitsverhältnisse, unabhängig davon, ob die Befristung auf TzBfG § 14 oder auf einer spezialgesetzlichen Rechtsgrundlage beruht[428]. Für die Anwendung der Norm kommt es auch nicht darauf an, ob sich der Arbeitnehmer auf Unwirksamkeitsgründe aus dem TzBfG oder auf andere Unwirksamkeitsgründe beruft[429]. Auch eine Verletzung des Schriftformerfordernisses nach TzBfG § 14 Abs 4 ist anders als im Falle einer Kündigung (s dazu Rz 222 vor §§ 620-630) innerhalb der Klagefrist geltend zu machen[430]. Die Klagefrist ist nach der neueren Rspr des BAG auch dann einzuhalten, wenn der Arbeitnehmer nicht die Unwirksamkeit der Zweckbefristungs- bzw Bedingungsvereinbarung geltend machen will, sondern die **Nichterreichung des Zwecks** bzw den Nichteintritt der Bedingung[431]. Nicht einschlägig ist TzBfG § 17 hingegen, wenn geltend gemacht wird, dass **überhaupt keine Befristung oder Bedingung vereinbart** worden ist[432]. Richtigerweise findet TzBfG § 17 daher auch keine Anwendung, wenn sich der Arbeitnehmer darauf beruft, die Befristungsabrede in einem Formularvertrag sei wegen **Verstoß gegen § 305c Abs 1** nicht Vertragsbe-   77

---

421 BAGE 137, 292 Rz 67 = NJW 2011, 2748; NZA 2016, 173 Rz 27 = ZTR 2016, 86.
422 Str, wie hier: Arnold/Gräfl/Spinner TzBfG § 16 Rz 4; Sievers TzBfG § 16 Rz 1; Meinel/Heyn/Herms/Meinel TzBfG § 16 Rz 8; KR/Lipke TzBfG § 16 Rz 5; Dörner Rz 779; HK-TzBfG/Joussen § 16 Rz 6 f; Annuß/Thüsing/Maschmann § 16 Rz 2; DDZ/Wroblewski TzBfG § 16 Rz 1; aA: ErfK/Müller-Glöge TzBfG § 16 Rz 1; APS/Backhaus TzBfG § 16 Rz 1.
423 BeckOK-ArbR/Bayreuther TzBfG § 16 Rz 1; Sievers TzBfG § 16 Rz 2.
424 BAG NZA 2009, 425 Rz 30 = EzA § 1 KSchG Personenbedingte Kündigung Nr 23.
425 BAGE 111, 148 = NZA 2005, 520; BAGE 137, 292 Rz 16 ff = NJW 2011, 2748; BAGE 148, 357 Rz 18 = NZA 2014, 1341.
426 BAG NJW 2017, 2573 Rz 9 = NZA 2017, 803.
427 BAG NJW 2017, 2573 Rz 16 = NZA 2017, 803.
428 ErfK/Müller-Glöge TzBfG § 17 Rz 3; APS/Backhaus TzBfG § 17 Rz 8; Arnold/Gräfl/Spinner TzBfG § 17 Rz 3; MünchKomm/Hesse Anh zu § 620 TzBfG § 17 Rz 2; MünchArbR/Wank § 106 Rz 3.
429 BeckOK-ArbR/Bayreuther TzBfG § 17 Rz 2; Arnold/Gräfl/Spinner TzBfG § 17 Rz 4; Sievers TzBfG § 17 Rz 3; Meinel/Heyn/Herms/Meinel TzBfG § 17 Rz 5 f; Laux/Schlachter/Schlachter TzBfG § 17 Rz 5.
430 MünchArbR/Wank § 106 Rz 4.
431 Grundl: BAGE 137, 292 Rz 16 ff = NJW 2011, 2748; seitdem st Rspr: ZTR 2012, 162 Rz 26 = AP Nr 9 zu § 21 TzBfG; BAGE 150, 165 Rz 14 = NZA-RR 2016, 83; zur Übertragbarkeit auf die Geltendmachung der Nichterreichung des Zwecks BAG NZA 2012, 1366 Rz 15 = DB 2012, 2638; zust: ErfK/Müller-Glöge TzBfG § 17 Rz 2; zu Recht aA: Sievers TzBfG § 17 Rz 13; APS/Backhaus TzBfG § 17 Rz 15c sowie die ältere Rspr, etwa BAGE 111, 148 = NZA 2005, 520; AP Nr 7 zu § 1 TVG Tarifverträge: Waldarbeiter Rz 15 = NZA-RR 2010, 38 (Ls).
432 BAGE 136, 270 Rz 15 = NZA 2011, 586; Sievers TzBfG § 17 Rz 5; ErfK/Müller-Glöge TzBfG § 17 Rz 4; KR/Bader TzBfG § 17 Rz 5; Dörner Rz 807; MünchKomm/Hesse Anh zu § 620 TzBfG § 17 Rz 5; APS/Backhaus TzBfG § 17 Rz 15; Laux/Schlachter/Schlachter TzBfG § 17 Rz 6; aA Annuß/Thüsing/Maschmann TzBfG § 17 Rz 3a.

standteil geworden⁴³³. Einschlägig ist in beiden Fällen die allg Feststellungsklage gem ZPO § 256 Abs 1⁴³⁴. Wird ein Verstoß gegen § 307 geltend gemacht, ist TzBfG § 17 wegen der in § 306 vorgesehenen Rechtsfolge indes anwendbar⁴³⁵. Unanwendbar ist TzBfG § 17 ferner, wenn der Arbeitnehmer geltend macht, dass die Befristungs- bzw Bedingungsabrede nicht hinreichend bestimmt ist⁴³⁶. Die Klagefrist gem TzBfG § 17 Satz 1 und die Fiktion nach TzBfG § 17 Satz 2 iVm KSchG § 7 Halbs 1 gelten nicht, wenn der Arbeitnehmer nur die Einhaltung der Auslauffrist gem TzBfG § 15 Abs 2 geltend macht⁴³⁷.

78 b) **Klagefrist.** Die Klagefrist beginnt nach TzBfG § 17 Satz 1 mit dem Zeitpunkt des vereinbarten Endes des befristeten Arbeitsvertrags. Dies ist bei **zeitbefristeten Arbeitsverträgen** der im Vertrag durch die Angabe eines Kalenderzeitraums oder eines konkreten Beendigungsdatums bestimmte Zeitpunkt. Die Befristungskontrollklage kann in diesen Fällen auch schon vor Fristablauf erhoben werden⁴³⁸. **Zweckbefristete bzw auflösend bedingte Arbeitsverträge** sollen nach der vertraglichen Vereinbarung mit Zweckerreichung bzw mit Eintritt der auflösenden Bedingung enden. Die Klagefrist beginnt demzufolge grds mit Zweckerreichung bzw Bedingungseintritt⁴³⁹. Nach TzBfG § 15 Abs 2 (bzw TzBfG § 21 iVm § 15 Abs 2) endet das zweckbefristete bzw auflösend bedingte Arbeitsverhältnis jedoch frühestens zwei Wochen nach Zugang der schriftlichen Unterrichtung des Arbeitnehmers durch den Arbeitgeber über den Zeitpunkt der Zweckerreichung bzw des Bedingungseintritts (s dazu Rz 69). Bei Zweckerreichung bzw Bedingungseintritt vor Ablauf dieser Frist wird das Arbeitsverhältnis folglich wegen TzBfG § 15 Abs 2 über das eigentlich vereinbarte Ende hinaus bis zum Ablauf der Zweiwochenfrist fortgesetzt. In diesen Fällen beginnt die Klagefrist gem TzBfG § 17 Satz 1 und 3 erst mit **Zugang der schriftlichen Erklärung** des Arbeitgebers, dass das Arbeitsverhältnis aufgrund der Befristung bzw der auflösenden Bedingung beendet sei⁴⁴⁰. **Vor der schriftlichen Unterrichtung** über die Zweckerreichung ist kein Raum für eine Befristungskontrollklage, sondern ausschließlich eine allgemeine Feststellungsklage (ZPO § 256) zulässig⁴⁴¹. Bei einem **Streit über den Zeitpunkt der Zweckerreichung** bzw des Bedingungseintritts beginnt die Dreiwochenfrist nach der Rspr des BAG grds mit dem vom Arbeitgeber in der schriftlichen Erklärung angegebenen Zeitpunkt zu laufen⁴⁴². Geht die schriftliche Erklärung dem Arbeitnehmer erst nach dem angegebenen Zeitpunkt zu, setzt erst der Zugang die Frist in Gang⁴⁴³.

79 c) **Befristungskontrolle bei mehreren aufeinanderfolgenden Befristungen.** Nach st Rspr des BAG unterliegt grds nur der zuletzt abgeschlossene Arbeitsvertrag der Befristungskontrolle⁴⁴⁴. Das bedeutet, dass ein Arbeitnehmer die Unwirksamkeit der Befristung eines Arbeitsvertrags regelmäßig nicht mehr erfolgreich gerichtlich geltend machen kann, wenn er mit dem Arbeitgeber bereits „vorbehaltlos" einen Folgevertrag geschlossen hat⁴⁴⁵. Dies folgt nach Ansicht des BAG daraus, dass die Parteien ihr Arbeitsverhältnis durch den Abschluss eines weiteren befristeten Arbeitsvertrags auf eine neue – für ihre künftigen Rechtsbeziehungen allein maßgebende – Rechtsgrundlage stellen⁴⁴⁶. Ein infolge unwirksamer Befristung ggf entstandenes unbefristetes Arbeitsverhältnis werde damit zugleich aufgehoben⁴⁴⁷. Will sich der Arbeitnehmer die Möglichkeit einer Kontrolle der vorangegangenen Befristung offen halten, müssen die Parteien ihm dieses Recht im nachfolgenden Vertrag ausdrücklich oder konkludent **vorbehalten**; ein vom Arbeit-

---

433 BAG NZA 2018, 507 Rz 19 = AP TzBfG § 14 Nr 163; BAGE 126, 295 Rz 10 = NZA 2008, 876; Arnold/Gräfl/Spinner TzBfG § 17 Rz 5; APS/Backhaus TzBfG § 17 Rz 15a; Sievers TzBfG § 17 Rz 6; aA Hunold NZA-RR 2013, 463, 464 f.
434 BAGE 126, 295 Rz 10 = NZA 2008, 876; BAGE 136, 270 Rz 15 = NZA 2011, 586.
435 BAG NZA 2018, 507 Rz 19 = AP TzBfG § 14 Nr 163; Arnold/Gräfl/Spinner TzBfG § 17 Rz 5; APS/Backhaus TzBfG § 17 Rz 15a; Sievers TzBfG § 17 Rz 7; aA wohl ErfK/Müller-Glöge TzBfG § 17 Rz 4.
436 BAG NZA 2017, 849 Rz 22 = AP BGB § 620 Aufhebungsvertrag Nr 49; ErfK/Müller-Glöge TzBfG § 17 Rz 4; Sievers TzBfG § 17 Rz 9; APS/Backhaus TzBfG § 17 Rz 14; Laux/Schlachter/Schlachter TzBfG § 17 Rz 6; aA Arnold/Gräfl/Spinner § 17 Rz 6; KR/Bader TzBfG § 17 Rz 5; Annuß/Thüsing/Maschmann TzBfG § 17 Rz 3a; Meinel/Heyn/Herms/Meinel TzBfG § 17 Rz 12; MünchKomm/Hesse Anh zu § 620 TzBfG § 17 Rz 5.
437 BAG NZA 2016, 173 Rz 33 = ZTR 2016, 86.
438 BAGE 165, 116 Rz 15 = NZA 2019, 700 mwN; BAGE 164, 381 Rz 14 = NZA 2019, 451 mwN.
439 BAG ZTR 2012, 162 Rz 27 = AP Nr 9 zu § 21 TzBfG; NZA 2016, 173 Rz 20 = ZTR 2016, 86; APS/Backhaus TzBfG § 17 Rz 21.
440 BAGE 137, 292 Rz 22 = NJW 2011, 2748; NZA 2016, 173 Rz 20 = ZTR 2016, 86 mwN; BAGE 155, 1 Rz 15 = ZTR 2016, 520 mwN.
441 BAG NZA 2017, 631 Rz 12 = AP Nr 153 zu § 14 TzBfG.
442 BAG NZA 2016, 634 Rz 27 = BB 2016, 1594.
443 BAG NZA 2016, 634 Rz 27 = BB 2016, 1594.
444 BAGE 121, 247 Rz 15 = NZA 2007, 803; NZA 2009, 35 Rz 12 = ZTR 2009, 155 mwN; BAGE 139, 109 Rz 50 = NZA 2012, 385 mwN; NZA 2016, 949 Rz 14 f = NJW 2016, 2683 mwN; zust: MünchKomm/Hesse Anh zu § 620 TzBfG § 17 Rz 24; zu Recht krit: APS/Backhaus TzBfG § 17 Rz 65; BeckOK-ArbR/Bayreuther TzBfG § 17 Rz 5; Wolter AuR 2011, 382, 383 f.
445 BAGE 139, 109 Rz 51 = NZA 2012, 385.
446 BAG NZA 2016, 949 Rz 14, 16 = NJW 2016, 2683.
447 BAGE 139, 109 Rz 50 = NZA 2012, 385 mwN; NZA 2016, 949 Rz 14, 16 = NJW 2016, 2683.

nehmer einseitig erklärter Vorbehalt genügt nicht[448]. Eine weitere **Ausnahme** besteht nach der Rspr des BAG, wenn es sich bei dem letzten Vertrag um einen **unselbständigen Annex** zu dem vorangegangenen Vertrag handelt, mit dem das bisherige befristete Arbeitsverhältnis nur hinsichtlich seines Endzeitpunkts modifiziert werden sollte[449]. Ein solcher Annexvertrag liegt jedoch nur vor, wenn der Anschlussvertrag lediglich eine verhältnismäßig geringfügige Anpassung der ursprünglich vereinbarten Vertragslaufzeit an erst später eintretende, unvorhersehbare Umstände enthält, um die Laufzeit des alten Vertrags mit dem Sachgrund der Befristung in Einklang zu bringen[450].

d) **Beweisfragen.** Die Darlegungs- und Beweislast für die Voraussetzungen einer wirksamen Befristung liegen nach den allgemeinen Grundsätzen bei derjenigen Partei, die sich im Prozess auf die Wirksamkeit der Befristung bzw der auflösenden Bedingung, dh auf die Beendigung des Arbeitsverhältnisses, beruft[451]. Dies wird zumeist der Arbeitgeber sein. Auch die Umstände, aus denen sich die Erreichung des vereinbarten Zweckes bzw der Eintritt der vereinbarten auflösenden Bedingung ergibt, hat die Partei zu beweisen, die sich auf die Beendigung des Arbeitsverhältnisses beruft[452]. Etwas anderes soll für das Anschlussverbot nach TzBfG § 14 Abs 2 Satz 2 gelten: Zwar handelt es sich auch hierbei um eine Wirksamkeitsvoraussetzung für die sachgrundlose Befristung, wegen des Ausnahmecharakters dieser Einwendung soll die Darlegungs- und Beweislast hier jedoch bei der Partei liegen, welche die Unwirksamkeit der Befristung geltend macht[453]. Damit muss regelmäßig der Arbeitnehmer darlegen und beweisen, dass mit demselben Arbeitgeber bereits zuvor ein Arbeitsverhältnis bestanden hat. 80

11. **Reformbestrebungen.** Im Koalitionsvertrag zwischen CDU/CSU und SPD für die **19. Legislaturperiode** waren einige Änderungen des Befristungsrechts vorgesehen. Zum einen sollte die sachgrundlose Befristung nur noch für eine Höchstdauer von 18 Monaten bei maximal einmaliger Verlängerung zulässig sein und der Anteil der sachgrundlos befristet Beschäftigten auf 2,5 Prozent der Gesamtbelegschaft begrenzt werden. Zum anderen sollten „unendlich lange Ketten von befristeten Arbeitsverhältnissen" gesetzlich ausgeschlossen werden. Dazu sollte die Befristung eines Arbeitsverhältnisses ausgeschlossen werden, wenn der Arbeitnehmer bei dem Arbeitgeber zuvor bereits fünf oder mehr Jahre beschäftigt war. Auf diese Gesamtdauer sollten vorherige „Entleihung(en)" des Arbeitnehmers durch Verleihunternehmen angerechnet werden. Nach Erreichen dieser Höchstgrenze sollte ein befristetes Arbeitsverhältnis erst nach Ablauf einer Karenzzeit von drei Jahren möglich sein. Für die Befristung wegen der Eigenart des Arbeitsverhältnisses (TzBfG § 14 Abs 1 Nr 4) war eine Ausnahme von der Höchstgrenze geplant. Der Vorschlag stieß in der Literatur sowohl auf verfassungsrechtliche als auch auf rechtspolitische **Kritik**[454]. Zur Umsetzung der Koalitionsvereinbarung legte Bundesarbeitsminister Hubertus Heil am 14. April 2021 zwar einen **Referentenentwurf** vor[455]. Über das Entwurfsstadium kam das Reformvorhaben in der 19. Legislaturperiode allerdings nicht mehr hinaus[456]. 81

Der Koalitionsvertrag für die **20. Legislaturperiode** zwischen SPD, BÜNDNIS 90/DIE GRÜNEN und FDP sieht eine Abschaffung der Haushaltsbefristung sowie eine Verhinderung von Kettenbefristungen durch eine Begrenzung der Sachgrundbefristung auf sechs Jahre vor.

V. Beendigung von Verbraucherverträgen über eine digitale Dienstleistung

Gem § 620 Abs 4 kann ein Verbrauchervertrag über eine digitale Dienstleistung auch nach Maßgabe der §§ 327c, 327m und 327r Abs 3 und 4 beendet werden. Der Absatz wurde erst mit Wirkung zum 1. Januar 2022 neu eingefügt[457] und dient der Umsetzung der Richtlinie (EU) 82

---

448 BAGE 121, 247 Rz 15 = NZA 2007, 803; NZA 2009, 35 Rz 12 = ZTR 2009, 155; NZA 2016, 949 Rz 14 = NJW 2016, 2683 mwN.
449 BAGE 111, 377 = NZA 2005, 357; NZA 2005, 933 = NJW 2005, 2876; BAGE 124, 196 Rz 11 = NZA 2008, 295 mwN.
450 BAGE 124, 196 Rz 12 = NZA 2008, 295 mwN.
451 BAG NZA-RR 2015, 9 Rz 33 = DB 2014, 2973; LAG Rheinland-Pfalz 5. September 2011 – 5 Sa 552/10; Laux/Schlachter/Schlachter TzBfG § 14 Rz 27; ErfK/TzBfG § 17 Rz 13; APS/Backhaus TzBfG § 3 Rz 38; Staud/Preis § 620 Rz 65.
452 APS/Backhaus TzBfG § 3 Rz 38.
453 BAG NZA 2006, 154 Rz 18 = ZTR 2006, 388; zust: ErfK/Müller-Glöge TzBfG § 17 Rz 13 f; Münch-Komm/Hesse Anh zu § 620 TzBfG § 17 Rz 37; Laux/Schlachter/Schlachter TzBfG § 14 Rz 27; Arnold/Gräfl/Gräfl TzBfG § 14 Rz 361; zu Recht aA: APS/Backhaus TzBfG § 14 Rz 605 f; DDZ/Wrobelwski TzBfG § 14 Rz 221; KR/Lipke TzBfG § 14 Rz 757.
454 Klein DB 2018, 1018; Kleinebrink DB 2018, 1147; Stoffels ZfA 2019, 291; Chandna-Hoppe ZfA 2020, 70.
455 Dazu Bauer/Romero NZA 2021, 688; Waskow NZA 2021, 1289; Gooren/Jöris NJW-Spezial 2021, 370; v Stein ZRP 2021, 146.
456 Deinert/Kittner RdA 2021, 257, 266.
457 Ges zur Umsetzung der Richtlinie über bestimmte vertragsrechtliche Aspekte der Bereitstellung digitaler Inhalte und digitaler Dienstleistungen v 25. Juni 2021 (BGBl I S 2123).

2019/770[458]. Die Norm hat ausweislich der Gesetzesbegründung eine klarstellende Funktion[459]. Der Gesetzgeber befürchtete, dass ansonsten aus § 620 Abs 1 bis 3 „der unzutreffende Schluss gezogen werden [könnte], dass ein Dienstvertrag und damit auch ein Verbrauchervertrag über eine digitale Dienstleistung nur in den darin genannten Fällen beendet werden kann"[460].

83 Abs 4 gilt für Dienstverträge, die zugleich Verbraucherverträge über eine digitale Dienstleistung sind. Verbraucherverträge sind gem § 310 Abs 3 Verträge zwischen einem Unternehmer und einem Verbraucher. **Digitale Dienstleistungen** werden in § 327 Abs 2 Satz 2 legal definiert als Dienstleistungen, die dem Verbraucher (1.) die Erstellung, die Verarbeitung oder die Speicherung von Daten in digitaler Form oder den Zugang zu solchen Daten ermöglichen, oder (2.) die gemeinsame Nutzung der vom Verbraucher oder von anderen Nutzern der entsprechenden Dienstleistung in digitaler Form hochgeladenen oder erstellten Daten oder sonstige Interaktionen mit diesen Daten ermöglichen. Von dieser Definition erfasst sind etwa die Bereitstellung von Software-as-a-Service, von Cloud-Speicherkapazitäten, von Streaming-Diensten, von Verkaufs-, Vergleichs-, Buchungs-, Vermittlungs- und Bewertungsportalen sowie von sozialen Netzwerken[461].

84 Die in den §§ 327 ff mit Wirkung zum 1. Januar 2022 neu ins allgemeine Schuldrecht[462] aufgenommenen Regelungen für Verbraucherverträge über digitale Produkte statuieren keinen neuen Vertragstyp, sondern enthalten **typenübergreifende Bestimmungen**, die **unabhängig von der vertragstypologischen Einordnung** des jeweiligen Vertrags gelten[463]. Für Verträge über digitale Produkte gelten daher unabhängig von den §§ 327 ff die für den jeweils einschlägigen Vertragstyp geltenden Bestimmungen des besonderen Schuldrechts, weshalb eine vertragstypologische Zuordnung weiterhin erfolgen muss[464]. Bei den Verträgen kann es sich etwa um Kauf-, Schenkungs-, Miet-, Dienst- oder Werkverträge oder auch um atypische oder typengemischte Verträge handeln[465].

85 Wenn ein Vertrag über digitale Dienstleistungen als Dienstvertrag einzuordnen ist, gelten neben den §§ 327 ff die Vorschriften zum Dienstvertrag nach §§ 611 ff, einschließlich der Vorschriften über die Beendigung von Dienstverhältnissen nach §§ 620 ff. Der Vertrag kann folglich gem § 620 Abs 1 durch Zeitablauf enden oder gem Abs 2 durch Kündigung beendet werden. Daneben kann der Vertrag nach den Vorschriften der §§ 327 ff (s Rz 88) beendet werden. Dieses **Nebeneinander der Beendigungsmöglichkeiten** stellt § 620 Abs 4 klar. Damit steht einerseits fest, dass ein Dienstvertrag über digitale Dienstleistungen iSv § 327 nicht ausschließlich gem § 620 Abs 1 und 2 beendet werden kann; andererseits ist aber auch klargestellt, dass die §§ 327 ff die Bestimmungen der §§ 620 ff nicht verdrängen[466]. Die Vollharmonisierung der Vorschriften über digitale Dienstleistungen durch die Richtlinie (EU) 2019/770 steht der Anwendung der §§ 620 ff nicht entgegen, da die Vertragsbeendigung durch Zeitablauf und Kündigung durch die Richtlinie nicht harmonisiert wird[467].

86 Ausgeschlossen ist ein Nebeneinander von den nach §§ 327 ff geltenden Beendigungsvorschriften für Verbraucherverträge über digitale Dienstleistungen und **arbeitsrechtlichen Beendigungsvorschriften**. Eine Einordnung des Verbrauchervertrags über digitale Dienstleistungen als Arbeitsvertrag scheidet trotz Einordnung des Arbeitnehmers als Verbraucher iSv § 13 aus, da § 327 Abs 1 Satz 1 voraussetzt, dass die digitale Dienstleistung durch den Unternehmer gegen Zahlung eines Preises bereitgestellt wird, wohingegen der Arbeitsvertrag gem § 611a dadurch gekennzeichnet ist, dass der Arbeitnehmer die Arbeitsleistung erbringt und im Gegenzug vom Arbeitgeber eine Vergütung erhält[468].

87 Die §§ 620 ff enthalten lediglich **dispositive Vorschriften** über die Beendigung von Dienstverhältnissen. Die Vertragsparteien können folglich abweichende Vereinbarungen (etwa hinsichtlich der Kündigungsfristen) treffen. Grenzen können sich freilich aus §§ 305 ff bei der Vereinbarung von Beendigungsregeln in AGB ergeben. Diese Grundsätze gelten auch für Dienstverträge über digitale Dienstleistungen iSv § 327. Die §§ 327 ff enthalten indessen grundsätzlich **einseitig zwingendes Verbraucherschutzrecht**, von dem nur in den engen Grenzen des § 327s durch

---

458 Richtlinie (EU) 2019/770 des Europäischen Parlaments und des Rates vom 20. Mai 2019 über bestimmte vertragsrechtliche Aspekte der Bereitstellung digitaler Inhalte und digitaler Dienstleistungen (ABl L 136 v 22. Mai 2019 S 1; L 305 v 26. November 2019 S 62).
459 BT-Drucks 19/27653, 86.
460 BT-Drucks 19/27653, 86.
461 JurisPK/Kaesling BGB § 327 Rz 12 mwN.
462 Zum Standort der Vorschriften im AT: Rosenkranz ZUM 2021, 195, 196 f.
463 Wendehorst NJW 2021, 2913; Weiß ZVertriebsR 2021, 208.
464 Wendehorst NJW 2021, 2913.
465 Vgl BeckOGK/Fries BGB § 327 Rz 20; Wendehorst NJW 2021, 2913 f.
466 BeckOGK/Sutschet BGB § 620 Rz 624.
467 BeckOGK/Sutschet BGB § 620 Rz 624.
468 Vgl BeckOGK/Sutschet BGB § 620 Rz 624.

Vereinbarung abgewichen werden kann. Eine Vertragsbeendigung nach §§ 327c, 327m und 327r Abs 3 und 4 ist daher auch entgegen etwaiger vertraglicher Vereinbarungen möglich.

Gem § 327c Abs 1 Satz 1 kann der Verbraucher den Vertrag beenden, wenn der Unternehmer seiner fälligen Verpflichtung zur Bereitstellung des digitalen Produkts auf Aufforderung des Verbrauchers nicht unverzüglich nachkommt. § 327m Abs 1 erlaubt dem Verbraucher die Beendigung des Vertrags, wenn das digitale Produkt mangelhaft ist und die Voraussetzungen eines der in § 327m Abs 1 Nr 1 bis 6 geregelten Tatbestände vorliegen, es sei denn, der Mangel ist unerheblich und es handelt sich nicht um einen Vertrag iSv § 327 Abs 3 (vgl § 327m Abs 2). § 327r Abs 3 Satz 1 ermöglicht dem Verbraucher die Beendigung des Vertrags, wenn eine Änderung des digitalen Produkts die Zugriffsmöglichkeit des Verbrauchers auf das digitale Produkt oder die Nutzbarkeit des digitalen Produkts für den Verbraucher beeinträchtigt, sofern kein Ausschlussgrund nach § 327r Abs 4 vorliegt. Die **Erklärung und die Rechtsfolgen der Vertragsbeendigung** werden einheitlich in § 327o geregelt. Nach dessen Abs 1 Satz 1 erfolgt die Beendigung des Vertrags durch Erklärung gegenüber dem Unternehmer, in welcher der Entschluss des Verbrauchers zur Beendigung zum Ausdruck kommt. Es bedarf also keiner ausdrücklichen Bezeichnung der Erklärung als Beendigung iSv §§ 327c, 327m oder 327r. Aus diesem Grund kann auch eine als Kündigung bezeichnete Erkärung als Beendigungserklärung iSv § 327o Abs 1 Satz 1 auszulegen sein. Davon ist mangels entgegenstehender Anhaltspunkte regelmäßig auszugehen, wenn die Voraussetzungen eines der in §§ 327c, 327m oder 327r geregelten Beendigungstatbestände vorliegen und eine Kündigung nicht oder nur unter Einhaltung einer Kündigungsfrist in Betracht kommt[469]. Lässt die Erklärung des Verbrauchers indes erkennen, dass er den Vertrag trotz Beendigungsmöglichkeit nach §§ 327c, 327m oder 327r erst mit Abauf einer Kündigungsfrist beenden möchte, wird sie als Kündigungserklärung zu verstehen sein[470]. Erklärt der Verbraucher die Vertragsbeendigung, obwohl die Voraussetzungen nach §§ 327c, 327m oder 327r nicht vorliegen, kann die Erklärung in eine Kündigungserklärung umgedeutet werden[471].

§ 620 Abs 4 lässt die weder in den Abs 1 und 2 noch in den §§ 327c, 327m und 327r geregelten Beendigungstatbestände unberührt. Ein Dienstvertrag über digitale Dienstleistungen iSv § 327 kann also bspw auch durch **Aufhebungsvertrag** oder **Anfechtung** beendet werden.

§ 621 Kündigungsfristen bei Dienstverhältnissen

Bei einem Dienstverhältnis, das kein Arbeitsverhältnis im Sinne des § 622 ist, ist die Kündigung zulässig, wenn die Vergütung nach Tagen bemessen ist, an jedem Tag für den Ablauf des folgenden Tages;
1. wenn die Vergütung nach Wochen bemessen ist, spätestens am ersten Werktag einer Woche für den Ablauf des folgenden Sonnabends;
2. wenn die Vergütung nach Monaten bemessen ist, spätestens am 15. eines Monats für den Schluss des Kalendermonats;
3. wenn die Vergütung nach Vierteljahren oder längeren Zeitabschnitten bemessen ist, unter Einhaltung einer Kündigungsfrist von sechs Wochen für den Schluss eines Kalendervierteljahrs;
4. wenn die Vergütung nicht nach Zeitabschnitten bemessen ist, jederzeit; bei einem die Erwerbstätigkeit des Verpflichteten vollständig oder hauptsächlich in Anspruch nehmenden Dienstverhältnis ist jedoch eine Kündigungsfrist von zwei Wochen einzuhalten.

ÜBERSICHT

1. Textgeschichte 1	b) Vergütung nach Tagen (Nr 1) . . 16
2. Bedeutung und Zweck 2	c) Vergütung nach Wochen (Nr 2) . 17
3. Anwendungsbereich 3–12	d) Vergütung nach Monaten (Nr 3) 18
a) Allgemeines 3, 4	e) Vergütung nach Quartalen und
b) Sonderregelungen 5	längeren Zeitabschnitten (Nr 4) . 19
c) Arbeitnehmerähnliche Personen . 6, 7	f) Nicht nach Zeitabschnitten
d) Organmitglieder 8–12	bestimmte Vergütung (Nr 5) . . . 20, 21
4. Abdingbarkeit 13, 14	6. Beweisfragen 22
5. Kündigungsfristen 15–21	
a) Bestimmung der maßgeblichen Frist 15	

---

469 IdS auch BeckOGK/Sutschet BGB § 620 Rz 626.
470 IdS auch BeckOGK/Sutschet BGB § 620 Rz 626.
471 BeckOGK/Sutschet BGB § 620 Rz 626.

Schrifttum: Bauer, Die Anwendung arbeitsrechtlicher Schutzvorschriften auf den Fremdgeschäftsführer der GmbH, DB 1979, 2178; Jakobs/Schubert, Recht der Schuldverhältnisse II, 1980; BGH NJW 1984, 1532 (Heinbuch); Schneider, Die Kündigung freier Dienstverträge, 1987; Wank, Arbeitnehmer und Selbstständige, 1988; Bauer, Kündigung und Kündigungsschutz vertretungsberechtigter Organmitglieder, BB 1994, 885; Reiserer, Die ordentliche Kündigung des Dienstvertrags eines GmbH-Geschäftsführers, DB 1994, 1822; Hümmerich, Grenzfall des Arbeitsrechts: Kündigung des GmbH-Geschäftsführers, NJW 1995, 1177; Hromadka, Arbeitnehmerähnliche Personen – Rechtsgeschichtliche, dogmatische und rechtspolitische Überlegungen, NZA 1997, 1249; Lunk, Rechtliche und taktische Überlegungen bei Kündigung und Abberufung des GmbH-Geschäftsführers, ZIP 1999, 1777; Müller, Zur Frist bei ordentlicher Kündigung eines GmbH-Geschäftsführers, EWiR 1999, 493; Schubert, Der Schutz der arbeitnehmerähnlichen Personen, 2004; Stück, Der GmbH-Geschäftsführer zwischen Gesellschafts- und Arbeitsrecht im Spiegel aktueller Rechtsprechung, GmbHR 2006, 1009; BAG 8. Mai 2007 – 9 AZR 777/06, AP Nr 15 zu § 611 BGB Arbeitnehmerähnlichkeit (Schubert); Uffmann, Interim Management in Zeiten nachhaltiger Unternehmensführung? – Blick auf ein relativ unbekanntes Phänomen am Beispiel des Nachfolgeprozesses von Familienunternehmen, ZGR 2013, 273; Stagat, Kündigungsfrist für Geschäftsführerdienstverträge, DB 2020, 2414; Uffmann, Kündigungsfristen für Geschäftsführeranstellungsverträge, NJW 2020, 3210; Däubler/Deinert/Zwanziger, Kommentar zum KSchR (DDZ), 2020[11]; Hau/Poseck, Beck'scher Online-Kommentar BGB (BeckOK-BGB), 2021[59]; Boemke, Kündigungsfrist bei GmbH-Geschäftsführern, JuS 2021, 180; Stöhr, Der arbeitsrechtliche Schutz von GmbH-Geschäftsführern am Beispiel der Kündigungsfrist, RdA 2021, 104; Gallner/Mestwerdt/Nägele, Handkommentar zum Kündigungsschutzrecht (HK-KSchR), 2021[7]; Etzel/Bader/Fischermeier/ua., KR – Gemeinschaftskommentar zum Kündigungsschutzgesetz und zu sonstigen kündigungsschutzrechtlichen Vorschriften, 2021[13].

1 1. **Textgeschichte.** § 621 hat seine heutige Fassung durch Art 2 Nr 3 des 1. Arbeitsrechtsbereinigungsgesetzes (ArbRBerG)[1] erhalten. Die Nrn 1-4 entsprechen inhaltlich den Regelungen des § 621 idF v 18. August 1896, wobei § 621 in seiner ursprünglichen Fassung sowohl für freie Dienstverträge, als auch für Arbeitsverträge galt. Die in Nr 5 enthaltene Regelung war bis zur Änderung durch das 1. ArbRBerG in § 623 enthalten. Die Kündigungsfristen für Dienstverhältnisse von mit festen Bezügen zur Leistung von Diensten höherer Art Angestellten regelte ursprünglich § 622. Durch das 1. ArbRBerG wurde der Geltungsbereich des § 621 auf Dienstverhältnisse, die keine Arbeitsverhältnisse sind, beschränkt[2]. Zugleich wurden die allgemeinen Kündigungsfristen für Arbeitsverhältnisse in § 622 neu geregelt (Art 2 Nr 4 ArbRBerG) und Sonderregelungen aufgehoben (vgl Art 5 ArbRBerG). Durch spätere Änderungen wurde § 621 lediglich redaktionell angepasst und mit einer amtlichen Überschrift versehen[3].

2 2. **Bedeutung und Zweck.** § 621 knüpft die Kündigungsfrist an die vertraglich vereinbarten Vergütungszeiträume. Dahinter steckt der Gedanke, dass es bei Zeitlohn dem mutmaßlichen Parteiwillen entspricht, das Dienstverhältnis nur mit Ablauf eines Entlohnungsabschnittes zu beenden, um angebrochene Vergütungszeiträume zu vermeiden[4]. Die Kündigungsfristen sollen es den Parteien erleichtern, sich auf das Ende des Dienstverhältnisses einzustellen, und insbesondere den Dienstverpflichteten vor finanziellen Einbußen schützen[5].

3 3. **Anwendungsbereich.** – a) **Allgemeines.** Die in § 621 geregelten Kündigungsfristen gelten grds für alle **Dienstverhältnisse, die keine Arbeitsverhältnisse iSd § 622 sind.** Der Verweis auf den das Arbeitsverhältnis ebenfalls nicht definierenden § 622 erklärt sich vor dem Hintergrund der bis zur Einführung des § 611a fehlenden gesetzlichen Definition des Arbeitsvertrags und stellt lediglich das Alternativverhältnis zwischen § 621 und § 622 heraus. Nach Einführung der Legaldefinition des Arbeitsvertrags in § 611a läge ein Verweis auf diese Vorschrift näher. In der Sache brächte das freilich keinen Unterschied. Als entscheidendes Abgrenzungskriterium bleibt die Frage, ob es sich um ein (freies) Dienstverhältnis oder um ein (abhängiges) Arbeitsverhältnis handelt. Da die Grenzziehung zwischen § 621 und § 622 allerdings schon in der Vergangenheit als misslungen erachtet wurde (vgl Rz 8), bietet sich eine grundlegende Überarbeitung des Geltungsbereichs der beiden Normen an.

4 Die Fristen des § 621 gelten **nur für ordentliche Kündigungen**, also grds nur bei unbefristeten Dienstverhältnissen. Ist die Dauer des Dienstverhältnisses hingegen bestimmt oder aus der Beschaffenheit oder dem Zwecke der Dienste zu entnehmen, findet § 621 keine Anwendung (vgl § 620 Abs 2), sofern nicht ausnahmsweise (s dazu § 620 Rz 6) ein Recht zur ordentlichen Kündigung vereinbart wurde[6]. Die Fristen gelten – vorbehaltlich abweichender Vereinbarungen – **für beide Parteien**[7].

5 b) **Sonderregelungen.** Spezielle Regelungen bestehen nach HAG § 29 für die Kündigung eines **Heimarbeiters**, nach HGB § 89 für die Kündigung eines **Handelsvertreters** und nach

---

1 Ges v 14. August 1969 (BGBl I S 1106).
2 BT-Drucks V/3913, 10.
3 Vgl Art 1 Abs 2 Satz 3 Ges v 26. November 2001 (BGBl I S 3138); Bek v 2. Januar 2002 (BGBl I S 42).
4 Jakobs/Schubert SchuldR II S 797.
5 Jakobs/Schubert SchuldR II S 797; Staud/Preis § 621 Rz 4; MünchKomm/Hesse § 621 Rz 2.
6 BGHZ 120, 108 = NJW 1993, 326; MünchKomm/Hesse § 621 Rz 7; Erman/Riesenhuber § 621 Rz 2; BeckOK-BGB/Plum § 621 Rz 2.
7 Erman/Riesenhuber § 621 Rz 7.

SeeArbG § 66 für die Kündigung des **Heuerverhältnisses**. In diesen Fällen findet § 621 keine Anwendung. Unanwendbar ist § 621 wegen FernUSG § 5 auch für die Kündigung eines **Fernunterrichtsvertrags**. Für Direktunterrichtsverträge, deren Dauer nicht aus dem Zweck der Dienste zu entnehmen ist[8], gilt hingegen § 621, da FernUSG § 5 weder unmittelbar, noch entsprechend anwendbar ist[9].

c) **Arbeitnehmerähnliche Personen.** Für **arbeitnehmerähnliche Personen** können sich 6 Kündigungsfristen und Regelungen zum Kündigungsschutz aus einem Tarifvertrag iSv TVG § 12a ergeben, sofern dieser aufgrund beidseitiger Tarifbindung oder vertraglicher Verweisung Anwendung findet[10].

Umstritten ist indes, ob für arbeitnehmerähnliche Personen, die aufgrund eines (unbefristeten) Dienstvertrags beschäftigt werden, die Kündigungsfristen des **HAG § 29 analog** anzuwenden sind. Das BAG und einige Stimmen in der Literatur lehnen dies ab[11]. Dem ist zu widersprechen. Die analoge Anwendung des HAG § 29 ist verfassungsrechtlich geboten, um den aus GG Art 12 Abs 1 folgenden Mindestschutz (vgl Rz 29 vor §§ 620-630) zu gewährleisten[12]. Das BAG hält längere Kündigungsfristen im Wesentlichen wegen der fehlenden persönlichen Abhängigkeit der arbeitnehmerähnlichen Personen für entbehrlich[13]. Der verfassungsrechtlich gebotene Mindestschutz beruht jedoch nicht auf der persönlichen Abhängigkeit des Arbeitnehmers, sondern vor allem auf der schwächeren Verhandlungsposition des Arbeitnehmers, in der dieser sich befindet, weil der Arbeitsplatz die zentrale wirtschaftliche Existenzgrundlage für ihn und seine Familie ist[14]. Dies trifft auf arbeitnehmerähnliche Personen in gleicher Weise zu, da für deren Status gerade die wirtschaftliche Abhängigkeit von einem Auftraggeber kennzeichnend ist. Der Wille des Gesetzgebers steht der analogen Anwendung des HAG § 29 nicht entgegen[15]. Aus der Tatsache, dass der Gesetzgeber bei der Änderung des HAG § 29 durch das KündFG[16] keine Gleichstellung bei den Kündigungsfristen vorgenommen hat, kann nicht geschlossen werden, dass HAG § 29 bewusst nicht auf andere arbeitnehmerähnliche Personen erstreckt wurde[17]. Aus den Gesetzesmaterialien ergibt sich nur, dass der Gesetzgeber davon ausging, dass Heimarbeiter bei der Auflösung des Beschäftigungsverhältnisses in einer mit Arbeitnehmern vergleichbaren Lage sind[18]. Anhaltspunkte dafür, dass der Gesetzgeber die Schutzbedürftigkeit anderer arbeitnehmerähnlicher Personen bewusst anders beurteilt hat, sind nicht ersichtlich. Nach richtiger Ansicht ist HAG § 29 daher auf arbeitnehmerähnliche Personen, die aufgrund eines Dienstvertrags beschäftigt werden, analog anwendbar[19].

d) **Organmitglieder.** Für die Kündigung des Anstellungsverhältnisses mit **vertretungsberechtigten Organmitgliedern** hatte § 621 lange keine praktische Relevanz. Die Norm war nach der Rspr des **BGH** lediglich auf die Kündigung eines Gesellschaftergeschäftsführers anwendbar, der aufgrund seiner Gesellschafterstellung beherrschenden Einfluss auf die Gesellschaft hat, wobei dessen Anstellungsvertrag ohnehin nicht gegen seinen Willen gekündigt werden kann[20]. Auf die Kündigung des Anstellungsverhältnisses anderer Geschäftsführer wendete der BGH **§ 622 Abs 1 Satz 1 aF**[21] **analog** an, selbst wenn diese am Kapital der Gesellschaft beteiligt waren[22]. Der BGH stützte diese Analogie auf ein Redaktionsversehen des Gesetzgebers. Dieser habe mit dem 1. ArbRBerG (s dazu § 622 Rz 2) lediglich das Recht der Kündigung von Arbeitsverhältnissen vereinheitlichen und bereinigen wollen[23]. Er sei dabei davon ausgegangen, dass § 622 in seiner bis dahin geltenden Fassung für selbständige Dienstverhältnisse ohne Bedeutung ist, ohne zu bedenken, dass die höhere Dienste leistenden Geschäftsführer der GmbH, die bisher als Angestellte unter BGB § 622 fielen (s dazu § 622 Rz 1), keine Arbeitnehmer sind[24]. Die analoge

---

8 Vgl dazu BGHZ 175, 102 = NJW 2008, 1064.
9 BGHZ 90, 280 = NJW 1984, 1531 (m Anm Heinbuch); BGHZ 120, 108 = NJW 1993, 326; MünchKomm/Hesse § 621 Rz 10; Staud/Preis § 621 Rz 11.
10 Vgl Staud/Preis § 621 Rz 10; HK-KSchR/Spengler BGB § 621 Rz 3.
11 BAG BB 2007, 2298 = AP Nr 15 zu § 611 BGB Arbeitnehmerähnlichkeit (m abl Anm Schubert); MünchKomm/Hesse § 621 Rz 9; Staud/Preis § 621 Rz 10; HK-KSchR/Spengler BGB § 621 Rz 3; wohl auch ErfK/Müller-Glöge BGB § 621 Rz 2.
12 Ausf Schubert AP Nr 15 zu § 611 BGB Arbeitnehmerähnlichkeit (unter III.).
13 BAG BB 2007, 2298 Rz 27 = AP Nr 15 zu § 611 BGB Arbeitnehmerähnlichkeit (m abl Anm Schubert).
14 Vgl BVerfGE 97, 169 = NZA 1998, 470.
15 So aber BAG BB 2007, 2298 Rz 22 ff = AP Nr 15 zu § 611 BGB Arbeitnehmerähnlichkeit (m abl Anm Schubert); wie hier Hromadka NZA 1997, 1249, 1256.
16 Ges v 7. Oktober 1993 (BGBl I S 1668).
17 DDZ/Zwanziger/Callsen BGB § 621 Rz 4.
18 BT-Drucks 12/4902, 10 f.
19 DDZ/Zwanziger/Callsen BGB § 621 Rz 3 ff; KR/Rost/Kreutzberg-Kowalczyk Rz 86 zu ArbNähnl Pers; Schubert, Der Schutz der arbeitnehmerähnlichen Personen, 2004, S 440 ff; Schubert AP Nr 15 zu § 611 BGB Arbeitnehmerähnlichkeit; Hromadka NZA 1997, 1249, 1256.
20 BGHZ 91, 217 = NJW 1984, 2528.
21 In der Fassung v 14. August 1969, BGBl I S 1106 (s dazu § 622 Rz 2).
22 BGHZ 91, 217 = NJW 1984, 2528; BGHZ 79, 291 = NJW 1981, 1270.
23 BGHZ 79, 291 = NJW 1981, 1270.
24 BGHZ 79, 291 = NJW 1981, 1270; krit zu dieser Argumentation Uffmann NJW 2020, 3210, 3213.

Anwendung sei im Interesse des Geschäftsführers und der Gesellschaft geboten. Der Geschäftsführer stelle der Gesellschaft seine Arbeitskraft – wie ein Arbeitnehmer – hauptberuflich zur Verfügung und sei von ihr je nach der Höhe seines Gehalts mehr oder weniger wirtschaftlich abhängig[25]. Der Geschäftsführer bedürfe daher hinreichender Zeit, sich nach einer anderen hauptberuflichen Beschäftigung umzusehen, zugleich benötige aber auch die Gesellschaft eine genügende Zeitspanne, um einen qualifizierten Nachfolger zu suchen und einzustellen[26]. Die **hM** schloss sich dem BGH an[27].

9 Das **BAG** ist dem BGH nun jedoch entgegengetreten[28]. Es **lehnt eine analoge Anwendung** des § 622 mit der Begründung **ab**, dass es wegen der für freie Dienstverhältnisse bestehenden Regelung in § 621 an einer planwidrigen Regelungslücke fehle. Der Gesetzgeber habe mit der ab 15. Oktober 1993 geltenden Neufassung des § 622 die Anbindung an Arbeitsverhältnisse betont und die zu diesem Zeitpunkt bestehende Rspr des BGH nicht übernommen. Anhaltspunkte für ein diesbezügliches „Redaktionsversehen" bestünden nicht. Überdies führe die Anwendung des § 622 auf Geschäftsführer zu einem Wertungswiderspruch mit der Rspr des BAG, wonach für arbeitnehmerähnliche Personen keine längeren Kündigungsfristen gelten. Eine Divergenzvorlage an den Gemeinsamen Senat der obersten Gerichtshöfe des Bundes hielt das BAG wegen der zwischenzeitlichen Änderung des § 622 für nicht erforderlich[29].

10 Die **Argumentation** des BAG **überzeugt nicht**[30]. Der Verzicht des Gesetzgebers auf eine Übernahme der BGH-Rspr ins Gesetz kann auch als „beredtes Schweigen" verstanden werden, zumal sich in den Materialien keine Hinweise finden, die auf eine beabsichtigte Änderung der Rechtslage hindeuten[31]. Der befürchtete Wertungswiderspruch ist durch eine analoge Anwendung des HAG § 29 auf arbeitnehmerähnliche Personen zu vermeiden (s Rz 7). § 621 steht der Annahme einer Regelungslücke nicht entgegen. Die Norm gilt abstrakt für alle Dienstverhältnisse, die keine Arbeitsverhältnisse sind. Sie enthält jedoch – abgesehen von der regelmäßig nicht einschlägigen Regelung in Nr 5 Halbs 2 (s Rz 20 f) – keine spezifische Regelung für Dienstverpflichtete, die aufgrund eines Dienstverhältnisses, das kein Arbeitsverhältnis ist, ihre persönliche Arbeitskraft – wie ein Arbeitnehmer – hauptberuflich einem Dienstberechtigten zur Verfügung stellen und deshalb von diesem Dienstverhältnis wirtschaftlich abhängig sind. Eine solche Regelung ist jedoch zur Erfüllung des aus GG Art 12 Abs 1 folgenden Mindestschutzes verfassungsrechtlich geboten (vgl Rz 7), weil auch bei Dienstverhältnissen mit Organmitgliedern nicht generell von einer annähernd gleichen Verhandlungsstärke ausgegangen werden kann und wegen der hauptberuflichen Tätigkeit für die Gesellschaft oftmals eine wirtschaftliche Abhängigkeit besteht. Bedenken gegen eine Anwendung der Kündigungsfristen des § 621 auf wirtschaftlich abhängige Organmitglieder bestehen ferner im Hinblick auf GG Art 3 Abs 1. Die wirtschaftlich abhängigen Organmitglieder wären dadurch deutlich schlechter vor einem plötzlichen Wegfall ihrer Existenzgrundlage geschützt als Arbeitnehmer, obwohl sie sich in einer vergleichbaren Lage befinden. Dass eine persönliche Abhängigkeit fehlt, rechtfertigt diese Ungleichbehandlung nicht, da nicht die persönliche, sondern die wirtschaftliche Abhängigkeit den Schutzbedarf der Gekündigten begründet[32]. Es besteht demnach entgegen der Ansicht des BAG eine Regelungslücke, die aus verfassungsrechtlichen Gründen durch eine analoge Anwendung des § 622 zu schließen ist.

11 Analog anzuwenden sind auch die **verlängerten Kündigungsfristen des § 622 Abs 2**[33]. Auch insoweit besteht eine vergleichbare Interessenlage, da auch die langjährige Anstellung als Geschäftsführer ein besonderes Vertrauen in den Fortbestand des Anstellungsverhältnisses begründet, das die längere Kündigungsfrist rechtfertigt. Ebenfalls analog anzuwenden ist § 622 Abs 6[34]. Die Norm enthält einen allgemeinen Rechtsgedanken (vgl § 622 Rz 66), der auch in HGB § 89 Abs 2 und HAG § 29 Abs 5 zum Ausdruck kommt und für alle Dienstverhältnisse

---

25 BGHZ 91, 217 = NJW 1984, 2528.
26 BGHZ 91, 217 = NJW 1984, 2528.
27 Karlsruhe NZG 2017, 226 Rz 86 = GmbHR 2017, 295; Düsseldorf NZG 2000, 1044; GmbHR 2012, 1347 = BB 2013, 1403; LAG Köln NZA-RR 1999, 300 = EWiR 1999, 493 (Ls); LAG Rheinland-Pfalz NZG 2009, 195 = ZInsO 2009, 679; LG Duisburg ZInsO 2008, 515 = BB 2008, 273; Staud/Preis § 621 Rz 8 f; MünchKomm/Hesse § 621 Rz 12; ErfK/Müller-Glöge BGB § 621 Rz 4; Bauer BB 1994, 855, 856; Reiserer DB 1994, 1822, 1823; Stück GmbHR 2006, 1009, 1015; APS/Linck BGB § 622 Rz 12; aA Hümmerich NJW 1995, 1177; Uffmann ZGR 2013, 273, 301; Boemke RdA 2018, 1, 21.
28 BAGE 171, 44 = NZA 2020, 1179; zust Aufterbeck/Lambertz jurisPR-ArbR 7/2021 Anm 6; Mentzel/Sura EWiR 2021, 71, 72; Uffmann NJW 2020, 3210; vgl auch bereits Hümmerich NJW 1995, 1177; Uffmann ZGR 2013, 273, 301.
29 Zu Recht krit: Uffmann NJW 2020, 3210, 3212.
30 ErfK/Müller-Glöge BGB § 621 Rz 4; aA BeckOK-BGB/Plum § 621 Rz 3.
31 Stöhr RdA 2021, 104, 110.
32 Vgl Stöhr RdA 2021, 104, 108 f.
33 MünchKomm/Hesse § 621 Rz 12; Staud/Preis § 621 Rz 9; ErfK/Müller-Glöge BGB § 621 Rz 4; vgl auf Grundlage des AngestelltenkündigungsG BAG ZIP 1986, 1213 = DB 1986, 2132.
34 Offengelassen: BGHZ 164, 98 = DB 2005, 2401.

Untertitel 1 Dienstvertrag 12–15 § 621

gilt, aufgrund derer der Dienstverpflichtete seine Arbeitskraft hauptberuflich einem Dienstberechtigten zur Verfügung stellt.

Auf die Kündigung des Anstellungsverhältnisses des **Vorstands einer AG** ist § 622 Abs 1 **12** und 2 ebenfalls analog anzuwenden[35]. Eine Grundlage für eine andere Behandlung der Vorstandsmitglieder besteht nach dem Wegfall des AngKSchG nicht mehr[36]. Dasselbe gilt für § 622 Abs 6.

4. Abdingbarkeit. § 621 ist innerhalb der allgemeinen Grenzen (§§ 138, 242) **vollständig** **13** **dispositiv**[37]. Sowohl die Kündigungsfristen, als auch die Kündigungstermine können abbedungen und durch andere Vereinbarungen ersetzt werden[38]. Eine Verkürzung der Kündigungsfrist ist bis hin zur vollständigen Entfristung der Kündigung möglich[39]. Die ordentliche Kündigung kann eingeschränkt, an bestimmte Voraussetzungen geknüpft oder vollständig ausgeschlossen werden[40]. Für die Verlängerung der Kündigungsfristen und die Beschränkung des Kündigungsrechts des Dienstverpflichteten ergeben sich jedoch aus § 624 Grenzen (s § 624 Rz 4). Die einzuhaltenden Kündigungsfristen können für die Parteien unterschiedlich geregelt werden. § 621 enthält diesbezüglich – anders als § 622 Abs 6 – keine Einschränkung[41]. Die Abbedingung **bedarf keiner bestimmten Form**[42]. Sie kann ausdrücklich oder konkludent erfolgen[43]. Auch ein Verweis auf einen Tarifvertrag und die darin enthaltenen Kündigungsfristen ist möglich[44]. Durch einen Ortsbrauch oder eine allg Übung können abweichende Kündigungsfristen Vertragsbestandteil werden, wenn beide Parteien bei Vertragsschluss davon Kenntnis haben oder die Voraussetzungen des HGB § 346 vorliegen[45].

Bei einer Abweichung von § 621 in **AGB** ist § 309 Nr 9 zu beachten. Danach ist bei einem **14** Vertragsverhältnis, das die regelmäßige Erbringung von Dienstleistungen *durch den Verwender* zum Gegenstand hat, ua eine den anderen Vertragsteil länger als zwei Jahre bindende Vertragslaufzeit unwirksam (Buchst a). Die Vertragslaufzeit beginnt mit Vertragsschluss, auch wenn die Leistungserbringung erst zu einem späteren Zeitpunkt beginnt[46]. Nicht angerechnet wird jedoch eine Probezeit, innerhalb derer der Vertrag durch den Kunden jederzeit gekündigt werden kann, da es insoweit an einer bindenden Laufzeit fehlt[47]. Unabhängig von den Grenzen des § 309 Nr 9 sind formularmäßig vereinbarte Kündigungsfristen einer Inhaltskontrolle am Maßstab des § 307 zugänglich, da der Gesetzgeber in § 309 Nr 9 lediglich Höchstfristen definiert hat, bei deren Überschreitung die Klausel stets unwirksam ist[48]. Ist die vereinbarte Klausel nach § 307 bzw § 309 unwirksam, scheidet eine geltungserhaltende Reduktion der Bindungsdauer auf das gerade noch zulässige Maß aus[49]. Die entstandene Regelungslücke ist nach § 306 Abs 2 durch einen Rückgriff auf § 621 zu schließen[50]. Einer ergänzenden Vertragsauslegung bedarf es insoweit nicht[51], da im Dienstvertragsrecht, anders als bspw im Kauf- oder Werkvertragsrecht, mit § 621 eine dispositive gesetzliche Regelung besteht. Der Anwendung des § 621 kann auch nicht entgegengehalten werden, dass ein Dienstvertrag mit unangemessener Laufzeit dennoch ein Vertrag auf bestimmte Zeit iSv BGB § 620 sei[52]. Angesichts der Unwirksamkeit der vereinbarten Bindungsfrist ist das Ende des Vertrags gerade nicht (mehr) bestimmt, so dass ein unbefristeter Vertrag vorliegt[53], auf den § 621 anwendbar ist.

5. Kündigungsfristen. – a) **Bestimmung der maßgeblichen Frist.** Die Kündigungsfrist für **15** freie Dienstverträge richtet sich nach den vertraglich vereinbarten Vergütungszeiträumen. Wie

---

35 BGH NJW 1981, 2748 = DB 1981, 1661; MünchKomm/Hesse § 621 Rz 13.
36 ErfK/Müller-Glöge BGB § 621 Rz 4; MünchKomm/Hesse § 621 Rz 13; Staud/Preis § 621 Rz 9.
37 BGHZ 190, 80 Rz 12 = NJW 2011, 2955; BGHZ 40, 235 = NJW 1964, 350 MünchKomm/Hesse § 621 Rz 29.
38 Staud/Preis § 621 Rz 12; Erman/Riesenhuber § 621 Rz 4.
39 BeckOK-BGB/Plum § 621 Rz 5; ErfK/Müller-Glöge BGB § 621 Rz 14.
40 MünchKomm/Hesse § 621 Rz 29; ErfK/Müller-Glöge § 621 Rz 14.
41 MünchKomm/Hesse § 621 Rz 29; Erman/Riesenhuber § 621 Rz 6.
42 Erman/Riesenhuber § 621 Rz 6; MünchKomm/Hesse § 621 Rz 30.
43 Staud/Preis § 621 Rz 12.
44 BGH NJW 1998, 1481 = DB 1998, 571; Staud/Preis § 621 Rz 12.
45 MünchKomm/Hesse § 621 Rz 30; Erman/Riesenhuber § 621 Rz 6; Staud/Preis § 621 Rz 12.
46 BGH NJW 2013, 926 Rz 22 = MDR 2013, 259; so auch bereits auf Grundlage des AGBG: BGHZ 122, 63 = NJW 1993, 1651.
47 BGHZ 120, 108 = NJW 1993, 326; Grüneberg/Grüneberg § 309 Rz 91.
48 Staud/Preis § 621 Rz 13; MünchKomm/Hesse § 621 Rz 31; ebenso auf Grundlage des AGBG: BGHZ 120, 108 = NJW 1993, 326; BGHZ 100, 373 = NJW 1987, 2012; BGHZ 90, 280 = NJW 1984, 1531.
49 BGHZ 143, 104 = NJW 2000, 1110; Grüneberg/Grüneberg § 309 Rz 95.
50 BGHZ 180, 144 (Rz 27) = NJW 2009, 1738; Grüneberg/Grüneberg § 309 Rz 95; in diesem Sinne auch bereits BGH NJW-RR 1997, 942 = WM 1997, 1624; aA MünchKomm/Hesse § 621 Rz 33: ergänzende Vertragsauslegung.
51 So aber Erman/Riesenhuber § 621 Rz 5; MünchKomm/Hesse § 621 Rz 33; BGH NJW 1985, 2585 = MDR 1985, 668; auch noch Soergel[12]/Kraft § 621 Rz 6.
52 So aber BGH NJW 1985, 2585 = MDR 1985, 668.
53 MünchKomm/Wurmnest § 309 Nr 9 Rz 20.

lange das Dienstverhältnis bestanden hat, ist – anders als in § 622 – unerheblich. Für die Bestimmung der nach § 621 maßgeblichen Kündigungsfrist ist zu unterscheiden: Wird die **Vergütung nach Zeitabschnitten** bemessen, richtet sich die Frist nach den Nrn 1-4. Dabei ist zu beachten, dass das Gesetz auf die *Bemessung* der Vergütung abstellt und nicht auf die Fälligkeit oder die Zahlungsweise[54]. Eine wochen- oder monatsweise Auszahlung einer nach Tagessätzen bemessenen Vergütung ändert also nichts an der Maßgeblichkeit der Kündigungsfrist der Nr 1[55]. Wurden nebeneinander mehrere Vergütungsformen vereinbart, kommt es auf den wesentlicheren Teil der Vergütung an[56]. Bei einer Bemessung der Vergütung nach Stunden ist Nr 1 analog anzuwenden (s Rz 13). Wird die Vergütung **nicht nach Zeitabschnitten** bemessen, ist Nr 5 einschlägig.

16   b) **Vergütung nach Tagen (Nr 1)**. Wenn die Vergütung nach Tagen bemessen ist, kann das Dienstverhältnis an *jedem* Tag für den Ablauf des folgenden Tages gekündigt werden. Kündigungserklärung und Ablauf der Kündigungsfrist können auf einen Sonn- oder Feiertag fallen[57]. § 193 findet keine Anwendung[58]. Die Kündigung ist unabhängig davon zulässig, ob an den betreffenden Tagen eine Dienstleistung geschuldet wird[59]. Nr 1 ist analog anzuwenden, wenn die Vergütung nach Stundensätzen berechnet wird, da § 621 insoweit keine Regelung enthält und die Interessenlage bei stunden- und tageweiser Vergütung vergleichbar ist[60].

17   c) **Vergütung nach Wochen (Nr 2)**. Bei einer nach Wochen bemessenen Vergütung ist die Kündigung des Dienstverhältnisses spätestens am ersten Werktag einer Woche für den Ablauf des folgenden Sonnabends zulässig. Fällt der Montag auf einen gesetzlichen Feiertag, ist der erste Werktag in der Woche maßgeblich, der nicht auf einen Feiertag fällt[61]. Eine Anwendung des § 193 scheidet damit logisch aus[62]. Wird die Kündigung nicht am ersten Werktag gem § 130 wirksam (s dazu Rz 114 vor §§ 620-630), endet das Dienstverhältnis erst mit Ablauf des Sonnabends der darauffolgenden Woche.

18   d) **Vergütung nach Monaten (Nr 3)**. Ist die Vergütung nach Monaten bemessen, muss die Kündigung spätestens am 15. eines Monats für den Schluss des Monats erklärt werden. § 193 findet keine Anwendung, da die Kündigungserklärung nicht unbedingt am 15. abzugeben ist und die Zeit vor Beginn der Kündigungsfrist selbst keine Frist ist, da sie keinen Anfangszeitpunkt hat[63]. Überdies würde durch eine Anwendung des § 193 der von § 621 bezweckte Schutz des Kündigungsempfängers verkürzt[64]. Wird die Kündigungserklärung erst nach Ablauf des 15. wirksam, endet das Dienstverhältnis erst zum Ende des Folgemonats, selbst dann, wenn bis zum Monatsende noch eine Frist von 2 Wochen eingehalten werden würde[65].

19   e) **Vergütung nach Quartalen und längeren Zeitabschnitten (Nr 4)**. Ist die Vergütung nach Vierteljahren oder längeren Zeiträumen bemessen, ist eine Kündigung unter Einhaltung einer sechswöchigen Kündigungsfrist jeweils zum Quartalsende möglich. Die Kündigungserklärung muss also spätestens am 17. Februar (bzw in Schaltjahren am 18.), am 19. Mai, am 19. August bzw am 19. November wirksam werden, um das Dienstverhältnis zum Ende des jeweiligen Quartals beenden zu können[66]. § 193 findet keine Anwendung[67]. Der Stichtag verschiebt sich umgekehrt aber auch nicht auf den letzten Werktag, wenn er auf einen Sonn- oder Feiertag fällt (zur Bewirkung des Zugangs an Sonn- und Feiertagen s Rz 134 vor §§ 620-630)[68].

20   f) **Nicht nach Zeitabschnitten bestimmte Vergütung (Nr 5)**. Nr 5 gilt, wenn die Vergütung nicht nach Zeitabschnitten bemessen ist, also bspw bei Vergütung auf Stück- oder Provisionsbasis bzw durch Gewinnbeteiligung[69]. Gerade in diesen Fällen ist jedoch immer zunächst zu

---

54 RAG ARS 10, 40; Staud/Preis § 621 Rz 19; Erman/Riesenhuber § 621 Rz 7; MünchKomm/Hesse § 621 Rz 18; aA Köln NJW 1983, 1002 = MDR 1983, 55.
55 MünchKomm/Hesse § 621 Rz 18.
56 RAG ARS 10, 40; MünchKomm/Hesse § 621 Rz 18; Staud/Preis § 621 Rz 19; ErfK/Müller-Glöge BGB § 621 Rz 6.
57 Staud/Preis § 621 Rz 21; ErfK/Müller-Glöge BGB § 621 Rz 7; MünchKomm/Hesse § 621 Rz 19.
58 Staud/Preis § 621 Rz 20; Erman/Riesenhuber § 621 Rz 8; s auch BGHZ 162, 175 = NJW 2005, 1354; aA Jauernig/Mansel § 621 Rz 2.
59 MünchKomm/Hesse § 621 Rz 19; Staud/Preis § 621 Rz 21; Erman/Riesenhuber § 621 Rz 8.
60 KG 25. Februar 1994 – 7 U 3732/93 – KGR Berlin 1994, 97; BeckOK-BGB/Plum § 621 Rz 6; Staud/Preis § 621 Rz 21; Erman/Riesenhuber § 621 Rz 8; ErfK/Müller-Glöge BGB § 621 Rz 7; MünchKomm/Hesse § 621 Rz 19.
61 MünchKomm/Hesse § 621 Rz 21; Erman/Riesenhuber § 621 Rz 9; Staud/Preis § 621 Rz 22.
62 Staud/Preis § 621 Rz 20.
63 BGHZ 162, 175 = NJW 2005, 1354 mwN; MünchKomm/Hesse § 621 Rz 16; BeckOK-BGB/Plum § 621 Rz 9; Grüneberg/Weidenkaff § 621 Rz 6; aA Staud/Preis § 621 Rz 20, 23; Jauernig/Mansel § 621 Rz 2.
64 BGHZ 162, 175 = NJW 2005, 1354; BGHZ 59, 265 = NJW 1972, 2083; MünchKomm/Hesse § 621 Rz 16.
65 Vgl Erman/Riesenhuber § 621 Rz 10; MünchKomm/Hesse § 621 Rz 22.
66 MünchKomm/Hesse § 621 Rz 23; BeckOK-BGB/Plum § 621 Rz 10.
67 BGHZ 59, 265 = NJW 1972, 2083 zu HGB § 89 aF, der ebenfalls eine sechswöchige Kündigungsfrist zum Quartalsende vorsah; s auch bereits oben Rz 15 mwN.
68 MünchKomm/Hesse § 621 Rz 23; Staud/Preis § 621 Rz 24; aA Erman/Riesenhuber § 621 Rz 11.
69 Erman/Riesenhuber § 621 Rz 12.

prüfen, ob ein freier Dienstvertrag und nicht etwa ein Handelsvertretervertrag, ein Werkvertrag oder ein Arbeitsvertrag auf Akkordlohnbasis vorliegt[70]. Unter Nr 5 fallen etwa Fahrschulverträge[71], Prepaid-Mobilfunkverträge[72], ärztliche Behandlungsverträge[73], Verträge über ambulante pflegerische Leistungen, die als Sachleistungen gegenüber der Pflegeversicherung abgerechnet werden[74], oder ein Dienstvertrag zwischen Polizei und einem Blutentnahmen für die Polizei durchführenden niedergelassenen Arztes[75].

Nach Nr 5 Halbs 1 ist die Kündigung grds **jederzeit** möglich, dh es bedarf nicht der Einhaltung einer Kündigungsfrist bzw eines Kündigungstermins. Nimmt das Dienstverhältnis die Erwerbstätigkeit des Dienstverpflichteten jedoch vollständig oder hauptsächlich in Anspruch, ist eine **Kündigungsfrist von 2 Wochen** einzuhalten (Nr 5 Halbs 2). Das Dienstverhältnis nimmt den Dienstverpflichteten hauptsächlich in Anspruch, wenn er mehr als die Hälfte seiner Arbeitszeit aufwenden muss[76]. Dabei kommt es nicht abstrakt auf eine übliche oder durchschnittliche Arbeitszeit an, sondern auf die individuelle Arbeitszeit des Dienstverpflichteten[77]. Arbeitet bspw ein Rentner nur wenige Stunden für einen Dienstberechtigten, ohne einer weiteren Tätigkeit nachzugehen, nimmt ihn das Dienstverhältnis vollständig in Anspruch[78]. Da Nr 5 auf die Erwerbstätigkeit des Dienstverpflichteten abstellt, sind auch sonstige Erwerbstätigkeiten (zB aufgrund eines Arbeits- oder Werkvertrags) zu berücksichtigen[79]. Einen bestimmten **Kündigungstermin** gibt Nr 5 nicht vor. Die Kündigung kann also – unter Einhaltung der zweiwöchigen Frist – zu jedem Termin erfolgen[80]. 21

6. Beweisfragen. Die Darlegungs- und Beweislast trägt nach allg Grundsätzen derjenige, der sich auf die gesetzlichen Kündigungsfristen oder eine abweichende Vereinbarung beruft[81]. 22

§ 622 Kündigungsfristen bei Arbeitsverhältnissen

(1) Das Arbeitsverhältnis eines Arbeiters oder eines Angestellten (Arbeitnehmers) kann mit einer Frist von vier Wochen zum Fünfzehnten oder zum Ende eines Kalendermonats gekündigt werden.
(2) Für eine Kündigung durch den Arbeitgeber beträgt die Kündigungsfrist, wenn das Arbeitsverhältnis in dem Betrieb oder Unternehmen
1. zwei Jahre bestanden hat, einen Monat zum Ende eines Kalendermonats,
2. fünf Jahre bestanden hat, zwei Monate zum Ende eines Kalendermonats,
3. acht Jahre bestanden hat, drei Monate zum Ende eines Kalendermonats,
4. zehn Jahre bestanden hat, vier Monate zum Ende eines Kalendermonats,
5. zwölf Jahre bestanden hat, fünf Monate zum Ende eines Kalendermonats,
6. 15 Jahre bestanden hat, sechs Monate zum Ende eines Kalendermonats,
7. 20 Jahre bestanden hat, sieben Monate zum Ende eines Kalendermonats.
(3) Während einer vereinbarten Probezeit, längstens für die Dauer von sechs Monaten, kann das Arbeitsverhältnis mit einer Frist von zwei Wochen gekündigt werden.
(4) Von den Absätzen 1 bis 3 abweichende Regelungen können durch Tarifvertrag vereinbart werden. Im Geltungsbereich eines solchen Tarifvertrags gelten die abweichenden tarifvertraglichen Bestimmungen zwischen nicht tarifgebundenen Arbeitgebern und Arbeitnehmern, wenn ihre Anwendung zwischen ihnen vereinbart ist.
(5) Einzelvertraglich kann eine kürzere als die in Absatz 1 genannte Kündigungsfrist nur vereinbart werden,
1. wenn ein Arbeitnehmer zur vorübergehenden Aushilfe eingestellt ist; dies gilt nicht, wenn das Arbeitsverhältnis über die Zeit von drei Monaten hinaus fortgesetzt wird;
2. wenn der Arbeitgeber in der Regel nicht mehr als 20 Arbeitnehmer ausschließlich der zu ihrer Berufsbildung Beschäftigten beschäftigt und die Kündigungsfrist vier Wochen nicht unterschreitet.

---

70 MünchKomm/Hesse § 621 Rz 27.
71 Vgl AG Freiburg NJW-RR 1997, 1284 = ZfSch 1998, 176.
72 München 12. Dezember 2019 – 8 U 178/19, CR 2021, 350.
73 Vgl OLGR Stuttgart 2007, 689 = NJW-RR 2007, 1214.
74 BGHZ 190, 80 = NJW 2011, 2955.
75 LG Essen 9. Oktober 1997 – 2 S 64/97 – MedR 1998, 367.
76 MünchKomm/Hesse § 621 Rz 26; Erman/Riesenhuber § 621 Rz 13; Staud/Preis § 621 Rz 28.
77 MünchKomm/Hesse § 621 Rz 26; Erman/Riesenhuber § 621 Rz 13; Staud/Preis § 621 Rz 28.
78 ErfK/Müller-Glöge BGB § 621 Rz 11; MünchKomm/Hesse § 621 Rz 26; Erman/Riesenhuber § 621 Rz 13; Staud/Preis § 621 Rz 28.
79 Erman/Riesenhuber § 621 Rz 13.
80 ErfK/Müller-Glöge BGB § 621 Rz 11; MünchKomm/Hesse § 621 Rz 26; Staud/Preis § 621 Rz 29.
81 NK-GA/Boecken BGB § 621 Rz 14; HWK/Bittner BGB § 621 Rz 33.

§ 622

Bei der Feststellung der Zahl der beschäftigten Arbeitnehmer sind teilzeitbeschäftigte Arbeitnehmer mit einer regelmäßigen wöchentlichen Arbeitszeit von nicht mehr als 20 Stunden mit 0,5 und nicht mehr als 30 Stunden mit 0,75 zu berücksichtigen. Die einzelvertragliche Vereinbarung längerer als der in den Absätzen 1 bis 3 genannten Kündigungsfristen bleibt hiervon unberührt.

(6) Für die Kündigung des Arbeitsverhältnisses durch den Arbeitnehmer darf keine längere Frist vereinbart werden als für die Kündigung durch den Arbeitgeber.

ÜBERSICHT

I. Textgeschichte 1–3	a) Verlängerung der Kündigungsfrist 41
II. Bedeutung und Zweck 4	b) Verkürzung der Kündigungsfrist . 42
III. Anwendungsbereich 5–14	c) Kündigungstermine 43
1. Persönlich 5–10	d) Verlängerte Kündigungsfristen und sonstige Sonderregelungen 44
2. Gegenständlich 11–13	e) Ungleichbehandlung von Arbeitern und Angestellten 45, 46
3. Spezielle gesetzliche Vorschriften . . 14	f) Verbot der Altersdiskriminierung 47
IV. Gesetzliche Kündigungsfristen . . 15–36	g) Benachteiligungsverbot (§ 622 Abs 6) 48
1. Abdingbarkeit und freiwillige Verlängerung 15, 16	4. Rechtsfolgen unwirksamer tarifvertraglicher Regelungen 49
2. Fristberechnung 17, 18	VI. Kündigungsfristen in Betriebsvereinbarungen 50
3. Grundkündigungsfrist 19, 20	VII. Vertragliche Kündigungsfristen . 51–64
4. Verlängerte Kündigungsfristen 21–27	1. Vertragliche Bezugnahme auf tarifvertragliche Regelungen (§ 622 Abs 4 Satz 2) 51–57
a) Allgemeines 21	a) Arbeitsvertragliche Vereinbarung 52, 53
b) Kündigungstermin 22	b) Einschlägiger Tarifvertrag 54–56
c) Bestimmung der maßgeblichen Kündigungsfrist 23–27	c) Wirkung 57
aa) Bestand des Arbeitsverhältnisses 24	2. Kündigungsfristen für Aushilfskräfte (§ 622 Abs 5 Satz 1 Nr 1) 58
bb) Beschäftigung „in dem Betrieb oder Unternehmen" 25	3. Kündigungsfristen im Kleinunternehmen (§ 622 Abs 5 Satz 1 Nr 2) 59, 60
cc) Berücksichtigung früherer Arbeitsverhältnisse 26	4. Verlängerung der gesetzlichen Kündigungsfristen (§ 622 Abs 5 Satz 3) . . 61, 62
dd) Beschäftigungszeiten vor Vollendung des 25. Lebensjahrs 27	5. Günstigkeitsvergleich 63
5. Kündigung in der Probezeit 28–36	6. Abweichung von tarifvertraglichen Kündigungsfristen 64
a) Zweck und Hintergrund 28, 29	VIII. Verbot einseitiger Kündigungserschwerungen (Abs 6) 65, 66
b) Vereinbarte Probezeit 30, 31	IX. Beweisfragen 67
c) Probezeit im befristeten Arbeitsverhältnis 32, 33	X. Übergangsbestimmungen 68
d) Dauer der Probezeit 34	
e) Kündigungsfrist 35, 36	
V. Abweichende tarifvertragliche Kündigungsfristen (§ 622 Abs 4 Satz 1) 37–49	
1. Zweck und Hintergrund 37	
2. Abweichung durch Tarifvertrag . . 38–40	
3. Inhalt und Grenzen der tarifvertraglichen Regelungsbefugnis 41–48	

Schrifttum: Nikisch, Arbeitsrecht I, 1961[3]; Hueck/Nipperdey, Lehrbuch des Arbeitsrechts I, 1963[7]; Bengelsdorf, Die tariflichen Kündigungsfristen für Arbeiter nach der Entscheidung des BVerfG, NZA 1991, 121; Wollgast, Verfassungswidrigkeit der Übergangsregelung des Kündigungsfristengesetzes, AuR 1993, 325; Widlak, Einheitliche Kündigungsfristen für Arbeiter und Angestellte, AuA 1993, 353; Widlak, Einheitliche gesetzliche Kündigungsfristen für Arbeiter und Angestellte, BuW 1993, 779; Wank, Die neuen Kündigungsfristen für Arbeitnehmer (§ 622 BGB), NZA 1993, 961; Kehrmann, Neue gesetzliche Kündigungsfristen für Arbeiter und Angestellte, AiB 1993, 746; Hromadka, Rechtsfragen zum Kündigungsfristengesetz, BB 1993, 2372; Sieg, Kündigungsfristen und -termine, AuA 1993, 165; Bauer, Entwurf eines Kündigungsfristengesetzes, NZA 1993, 495; Preis/Kramer, Das neue Kündigungsfristengesetz, DB 1993, 2125; Worzalla, Auswirkungen des Kündigungsfristengesetzes auf Regelungen in Tarif- und Einzelarbeitsverträgen, NZA 1994, 145; Drüll/Schmitte, Kündigungsfristen im Baugewerbe, NZA 1994, 398; Voss, Auswirkungen des Gesetzes zur Vereinheitlichung der Kündigungsfristen (KündFG) auf das Arbeitnehmerüberlassungsgesetz, NZA 1994, 57; Bauer, Kündigung und Kündigungsschutz vertretungsberechtigter Organmitglieder, BB 1994, 855; Kramer, Unterschiedliche vertragliche Kündigungsfristen für Arbeiter und Angestellte, ZIP 1994, 929; Knorr, Die gesetzliche Neuregelung der Kündigungsfristen, ZTR 1994, 267; Heilmann, Kündigungsfristen im europäischen Vergleich, AuA 1994, 175; Hohmeister, Die gesetzliche Neuregelung der arbeitsrechtlichen Kündigungsfristen, PersR 1994, 9; Adomeit/Thau, Das Gesetz zur Vereinheitlichung der Kündigungsfristen von Arbeitern und Angestellten, NJW 1994, 11; Müller-Glöge, Tarifliche Regelung der Kündigungsfristen und -termine, in Festschr für Schaub, 1998, S 497; Diller, § 622 BGB und Quartalskündigungsfristen, NZA 2000, 293; Oetker, Arbeitsrechtlicher Kündigungsschutz und Tarifautonomie, ZfA 2001, 287; Blomeyer, Aktuelle Rechtsprobleme der Probezeit, NJW 2008, 2812; Beckmann, Keine Bindungswirkung eines Vier-Jahres-Vertrags, jurisPR-ArbR 9/2008 Anm 2; Bauer/v Medem, Kücükdeveci = Mangold hoch zwei? Europäische Grundrechte verdrängen deutsches Arbeitsrecht, ZIP 2010, 449; Kolbe, Kücükdeveci und tarifliche Altersgrenzen, BB 2010, 501; Persch, Anwendung des arbeitsrechtlichen Günstigkeitsprinzips auf die

Länge von Kündigungsfristen, BB 2010, 181; W a l t e r m a n n, Unanwendbarkeit des nationalen Rechts bei Verstoß gegen das europarechtliche Verbot der Altersdiskriminierung, EuZA 2010, 541; S c h u b e r t, Europarechtswidrigkeit von § 622 Abs 2 Satz 2 BGB, EuZW 2010, 180; T h ü s i n g, Blick in das europäische und ausländische Arbeitsrecht, RdA 2010, 187; S e i f e r t, Das Arbeitsrecht nach der Kücükdeveci-Entscheidung des EuGH und der Honeywell-Entscheidung des BVerfG, JbArbR 48, 119; P o e t t e r / T r a u t, Eskalation oder Burgfrieden: Mangold vor dem BVerfG, ZESAR 2010, 267; J o u s s e n, Verbot der Altersdiskriminierung, ZESAR 2010, 185; G a u l / K o e h l e r, Kücükdeveci: Der Beginn der Jagd auf Entschädigung?, BB 2010, 503; P r e i s / T e m m i n g, Der EuGH, das BVerfG und der Gesetzgeber – Lehren aus Mangold II, NZA 2010, 185; K r o i s, Inhalt und Grenzen des unionsrechtlichen Verbots der Altersdiskriminierung, DB 2010, 1704; F r a n z e n, Die Umsetzung des EuGH-Urteils „Kücükdeveci" durch Unanwendbarkeit des § 622 Abs 2 Satz 2 BGB, RIW 2010, 577; F r a n z e n, Zum europarechtlichen Verbot der Altersdiskriminierung und der Nichtanwendung von einer Richtlinie entgegenstehenden nationalen Vorschriften durch nationale Gerichte, GPR 2010, 81; O e t k e r, Anmerkung zu BAG 9. September 2010 – 2 AZR 714/08 – Zur Unvereinbarkeit von § 622 Abs. 2 S 2 BGB mit Unionsrecht, EWiR 2011, 243; F i s c h i n g e r, Normverwerfungskompetenz nationaler Gerichte bei Verstößen gegen primärrechtliche Diskriminierungsverbote ohne vorherige Anrufung des EuGH, ZEuP 2011, 201; H e n n i n g, Zur rechtlichen Genese des § 622 BGB und deren Auswirkungen auf die Praxis, 2011; E i s e m a n n, Kündigungsfrist und Klagefrist, NZA 2011, 601; M u t h e r s, Umdeutung einer Kündigung mit zu kurzer Kündigungsfrist, RdA 2012, 173; R i c h t e r, Should I stay or should I go? - Risiken der Arbeitnehmerkündigung unter Missachtung der Kündigungsfrist, ArbR 2013, 509; K o c h e r, Hausangestellte im deutschen Arbeitsrecht – Ratifikation der ILO-Konvention 189, NZA 2013, 929; B o e m k e, Arbeitsrecht: Günstigkeitsvergleich bei vertraglicher Kündigungsfrist, JuS 2015, 1123; K l e i n, Dauer der Probezeit unterliegt keinen unionsrechtlichen Beschränkungen, jurisPR-ArbR 11/2015 Anm 2; B o e m k e, Unwirksamkeit einer einzelvertraglichen Kündigungsfrist von drei Jahren zum Monatsende, jurisPR-ArbR 20/2016 Anm 4; G r a v e n h o r s t, Privathaushalte als „Betrieb" iSv § 622 Abs 2 BGB?, jurisPR-ArbR 12/2016 Anm 4; F u h l r o t t, Unangemessene Verlängerung von Kündigungsfristen in Formular-Arbeitsverträgen, NJW 2018, 1139; B o e m k e, Arbeitsrecht: Auslegung von AGB zu Kündigungsfrist in der Probezeit, JuS 2018, 168; R i c h a r d i, Arbeitsrecht in der Kirche, 2020[8]; B e r g / K o c h e r / S c h u m a n n, Tarifvertragsgesetz und Arbeitskampfrecht (TVG), 2020[7]; D ä u b l e r / D e i n e r t / Z w a n z i g e r, Kommentar zum KSchR (DDZ), 2020[11]; P a u l, Keine Anwendbarkeit von § 622 II BGB auf Arbeitsverhältnis im privaten Haushalt, ArbR Aktuell 2020, 471; S t i e g l e r, Kurzarbeit und Probezeit, ArbRAktuell 2020, 157; v Steinau-Steinrück/Jöris, NJW-Spezial 2020, 498; S t i e g l e r, Probezeit – Neujustierung durch die „Arbeitsbedingungen-Richtlinie", DB 2020, 2577; S t i e g l e r, Probezeit – Neujustierung durch die „Arbeitsbedingungen-Richtlinie", DB 2020, 2577; B o e m k e, Arbeitsrecht: Kündigungsfrist bei GmbH Geschäftsführern, JuS 2021, 180; H ö s e r, Verlängerung der Probezeit, BB 2021, 692; L a b e r / S t a n k a: Neues zum Anwendungsbereich der Kündigungsfristenregelung in § 622 BGB, ArbRB 2021, 22; G a l l n e r / M e s t w e r d t / N ä g e l e, Handkommentar zum Kündigungsschutzrecht (HK-KSchR), 2021[7]; H a u / P o s e c k, Beck'scher Online-Kommentar BGB (BeckOK-BGB), 2021[59].

I. Textgeschichte

In seiner **ursprünglichen Fassung** galt § 622 lediglich für Angestellte, die mit festen Bezügen zur Leistung von Diensten höherer Art angestellt waren und deren Erwerbstätigkeit durch das Anstellungsverhältnis vollständig oder hauptsächlich in Anspruch genommen wurde. Für diese Angestellten sah § 622 eine Kündigungsfrist von 6 Wochen zum Ende eines Kalendervierteljahres vor. Dieselbe Frist galt gem HGB § 66 bzw GewO § 133a für kaufmännische bzw gewerbliche Angestellte. Demgegenüber konnte das Arbeitsverhältnis eines gewerblichen Arbeiters nach GewO § 122 mit einer Frist von zwei Wochen zu jedem beliebigen Termin gekündigt werden[1]. **1**

Durch das **1. Arbeitsrechtsbereinigungsgesetz** (ArbRBerG)[2] wurden die Kündigungsfristen im Dienstvertragsrecht insgesamt neu geregelt und die Kündigungsfristen für Angestellte und Arbeiter in § 622 zusammengefasst[3]. Die unterschiedlichen Kündigungsfristen für Angestellte und Arbeiter wurden allerdings beibehalten. Für Angestellte galt weiterhin eine Frist von 6 Wochen zum Quartalsende (Abs 1 aF). Für Arbeiter galt eine Grundkündigungsfrist von 2 Wochen (Abs 2 Satz 1 aF), die gem Abs 2 Satz 2 aF in Abhängigkeit von der Betriebszugehörigkeit auf bis zu 3 Monate zum Ende eines Kalendervierteljahres (bei einer Betriebszugehörigkeit von mehr als 20 Jahren) anstieg. Für Angestellte galten hingegen, sofern der Arbeitgeber in der Regel mehr als 2 Angestellte beschäftigte, die nach der Beschäftigungsdauer gestaffelten verlängerten Kündigungsfristen aus AngKSchG § 2, die bis zu 6 Monate (bei einer Beschäftigungsdauer von 12 Jahren) betragen konnten[4]. Bei der Berechnung der jeweils maßgeblichen Beschäftigungsdauer wurden bei den gewerblichen Arbeitern die Zeiten, die vor der Vollendung des 35. Lebensjahres lagen, nicht berücksichtigt (§ 622 Abs 2 Satz 2 Halbs 2 aF); bei Angestellten wurden die Zeiten vor Beendigung des 25. Lebensjahres nicht berücksichtigt (AngKSchG § 2 Abs 1 Satz 3). Das **BVerfG** hielt sowohl die unterschiedlichen Altersgrenzen für Arbeiter und Angestellte[5] als auch die kürzeren Kündigungsfristen für Arbeiter[6] für **unvereinbar mit GG Art 3 Abs 1**[7]. Der **2**

---

1 Zum Ganzen: Nikisch, Arbeitsrecht I, 1961[3], § 49 II; Hueck/Nipperdey, Lehrbuch des Arbeitsrechts I, 1963[7], § 58.
2 Ges zur Änderung des Kündigungsrechtes und anderer arbeitsrechtlicher Vorschriften v 14. August 1969 (BGBl I S 1106).
3 Ausf s KR/Spilger BGB § 622 Rz 7 ff.
4 Ges über die Fristen für die Kündigung von Angestellten v 9. Juli 1926 (RGBl I S 399).
5 BVerfGE 62, 256 = DB 1983, 450.
6 BVerfGE 82, 126 = NJW 1990, 2246.
7 Dazu Soergel[12]/Kraft § 622 Rz 3 f; KR/Spilger BGB § 622 Rz 11 ff.

Gesetzgeber hat daraufhin zunächst im Jahr 1990[8] die für die Berücksichtigung der Beschäftigungszeiten maßgebliche Altersgrenze für Arbeiter und Angestellte einheitlich auf 25 Jahre festgelegt und schließlich durch das **Kündigungsfristengesetz (KündFG) im Jahr 1993**[9] die Kündigungsfristen insgesamt vereinheitlicht[10]. Dazu wurden Arbeiter und Angestellte unter dem Oberbegriff „Arbeitnehmer" zusammengefasst (vgl § 622 Abs 1) und einheitliche Kündigungsfristen und -termine für alle Arbeitnehmer festgelegt. Zugleich wurden die Sonderregelungen für die Kündigung von Angestellten nach dem AngKSchG außer Kraft gesetzt (Art 7 Satz 2 KündFG). Neu aufgenommen wurde durch das KündFG die verkürzte Kündigungsfrist während einer vereinbarten Probezeit (§ 622 Abs 3)[11]. Durch die in Abs 4 vorgesehene Möglichkeit einer tarifvertraglichen Abweichung von den gesetzlichen Regelungen wurde die schon auf Grundlage des § 622 Abs 3 aF bestehende Möglichkeit einer tarifvertraglichen Verkürzung der Kündigungsfristen ausdrücklich auf abweichende Regelungen hinsichtlich der Kündigungstermine sowie hinsichtlich der Voraussetzungen, unter denen der Anspruch auf verlängerte Kündigungsfristen entsteht, erweitert[12]. Beibehalten wurde die bereits auf Grundlage des § 622 Abs 4 aF zulässige individualvertragliche Verkürzung der Kündigungsfristen bei der Einstellung eines Arbeitnehmers zur vorübergehenden Aushilfe (§ 622 Abs 5 Satz 1 Nr 1). Die Möglichkeit einer individualvertraglichen Abweichung im Kleinbetrieb (§ 622 Abs 5 Satz 1 Nr 2) wurde indes durch das KündFG erstmalig geschaffen[13]. Art 5 KündFG hat zudem durch die Aufhebung von ArbGB-DDR § 55 die Geltung des § 622 auf das gesamte Bundesgebiet erstreckt[14].

3 Die durch das KündFG neu gefassten Regelungen in § 622 wurden seither mehrmals geändert. In § 622 Abs 5 Satz 2 wurden durch Art 7 des BeschFG 1996[15] und später durch Art 6a des Ges zu Korrekturen in der Sozialversicherung und zur Sicherung der Arbeitnehmerrechte[16] die Schwellenwerte geändert. Zudem wurde durch Art 4d des Qualifizierungschancengesetzes[17] mit Wirkung zum 1. Januar 2019 das EuGH-Urteil in der Rs C-555/07 „Kücükdeveci" (s dazu Rz 26) umgesetzt. Dazu wurde Abs 2 Satz 2 ersatzlos gestrichen, wonach bei der Berechnung der Beschäftigungsdauer die vor der Vollendung des fünfundzwanzigsten Lebensjahres des Arbeitnehmers liegenden Zeiten nicht zu berücksichtigen waren.

II. Bedeutung und Zweck

4 § 622 beschränkt die Kündigungsfreiheit durch die Festlegung von verbindlichen Kündigungsfristen und -terminen und schafft damit einen zeitlich begrenzten Kündigungsschutz[18]. Die Norm dient dem Schutz beider Vertragspartner: Auf der einen Seite erhält der Arbeitnehmer die Möglichkeit, sich innerhalb der Kündigungsfrist um einen neuen Arbeitsplatz zu bemühen; auf der anderen Seite wird auch der Arbeitgeber vor einer plötzlichen Beendigung des Arbeitsverhältnisses geschützt, so dass er ggf rechtzeitig eine Ersatzkraft einstellen kann[19]. Zugleich hat der Gesetzgeber des KündFG dem **Flexibilitätsinteresse des Arbeitgebers** in erheblichem Maße Rechnung getragen, indem er relativ kurze Grundkündigungsfristen festgelegt und eine Kündigung jeweils zum 15. bzw spätestens zum Ende eines Kalendermonats vorgesehen hat[20]. Durch die Möglichkeit einer verkürzten Kündigungsfrist während einer vereinbarten Probezeit in Abs 3 wurde darüber hinaus eine Erleichterung geschaffen, um unbefristete Einstellungen nicht übermäßig zu erschweren[21]. Weitere Flexibilisierungsmöglichkeiten eröffnet Abs 4, wonach die Regelungen des § 622 vollständig tarifdispositiv sind. Ein erhöhtes **Schutzbedürfnis der Arbeitnehmer** erkennt der Gesetzgeber – wie sich aus den gestaffelten Kündigungsfristen nach Abs 2 ergibt – mit zunehmender Betriebszugehörigkeit an[22], wobei in den ersten 10 Jahren nur eine

---

8 Art 2 des Ges zur Änderung des Arbeitsgerichtsgesetzes und anderer arbeitsrechtlicher Vorschriften (Arbeitsgerichtsgesetz-Änderungsgesetz) v 26. Juni 1990 (BGBl I S 1206).
9 Ges zur Vereinheitlichung der Kündigungsfristen von Arbeitern und Angestellten (Kündigungsfristengesetz – KündFG) v 7. Oktober 1993 (BGBl I S 1668).
10 Zum Gesetzgebungsverfahren s Wank NZA 1993, 961; Staud/Preis § 622 Rz 2; KR/Spilger BGB § 622 Rz 52.
11 S dazu BT-Drucks 12/4902, 8 f.
12 BT-Drucks 12/4902, 9.
13 Die Regelung wurde erst im Vermittlungsverfahren auf Vorschlag des Vermittlungsausschusses aufgenommen, s BT-Drucks 12/5721.
14 S ausf zu den bis dahin geltenden Regelungen in den neuen Bundesländern: KR/Spilger BGB § 622 Rz 37 ff.
15 Arbeitsrechtliches Ges zur Förderung von Wachstum und Beschäftigung (Arbeitsrechtliches Beschäftigungsförderungsgesetz – BeschFG 1996) v 25. September 1996 (BGBl I S 1476).
16 Ges v 19. Dezember 1998 (BGBl I S 3843).
17 Ges zur Stärkung der Chancen für Qualifizierung und für mehr Schutz in der Arbeitslosenversicherung v 18. Dezember 2018 (BGBl I S 2651).
18 Vgl Staud/Preis § 622 Rz 9; HK-KSchR/Spengler BGB § 622 Rz 1.
19 ErfK/Müller-Glöge BGB § 622 Rz 1; HK-KSchR/Spengler BGB § 622 Rz 1; DDZ/Callsen BGB § 622 Rz 1; vgl auch Staud/Preis § 622 Rz 9.
20 BeckOK-BGB/Plum § 622 Rz 2; vgl auch BT-Drucks 12/4902, 7 u 8.
21 BT-Drucks 12/4902, 7 u 9.
22 Staud/Preis § 622 Rz 9.

moderate Verlängerung der Kündigungsfrist vorgesehen ist. Ein eigenständiger Zweck kommt auch den in Abs 1 u 2 geregelten **Kündigungsterminen** zu. Sie sollen nicht nur die Berechnung des Ablaufs der Kündigungsfristen erleichtern, sondern im Rahmen des zeitlichen Bestandsschutzes die Beendigungswirkung der Kündigung auf einen späteren Zeitpunkt hinausschieben und damit sicherstellen, dass das Arbeitsverhältnis nicht zu einem für den Gekündigten ungünstigen Zeitpunkt endet[23]. Durch die Einhaltung einheitlicher Kündigungstermine sollen zugleich Angebot und Nachfrage auf dem Arbeitsmarkt möglichst auf bestimmte Zeitpunkte konzentriert werden[24]. Die Beteiligten sollen die Gelegenheit haben, zu einem üblichen Einstellungstermin einen anderen Arbeitsvertrag einzugehen[25].

III. Anwendungsbereich

1. **Persönlich.** Während § 621 für alle Dienstverhältnisse gilt, die keine Arbeitsverhältnisse sind, ist § 622 grds nur bei der Kündigung von **Arbeitsverhältnissen iSv § 611a** anwendbar. Eine Unterscheidung zwischen Arbeitern und Angestellten ist auf Grundlage des geltenden Rechts nicht mehr vorgesehen (s Rz 2). § 622 gilt unabhängig vom Umfang der regelmäßigen Arbeitszeit auch für Teilzeitbeschäftigte und geringfügig Beschäftigte iSv SGB IV § 8[26]. Auch Aushilfskräfte fallen, wie sich aus § 622 Abs 5 Satz 1 Nr 1 ergibt, in den Anwendungsbereich der Norm (s unten Rz 58). Sofern das Arbeitsverhältnis eines **befristet Beschäftigten** gem TzBfG § 15 Abs 4 ordentlich kündbar ist (s dazu § 620 Rz 77), gelten die Kündigungsfristen des § 622 (einschließlich der verlängerten Kündigungsfristen nach Abs 2) ebenfalls[27]. Für **Leiharbeitnehmer** gilt § 622 mit Ausnahme von Abs 5 Satz 1 Nr 1 (s AÜG § 11 Abs 4 Satz 1).

§ 622 enthält **keine Wartezeit**. Die Grundkündigungsfrist (Abs 1) gilt grds ab Vertragsschluss (zur Kündigung vor Arbeitsbeginn s Rz 136 f vor §§ 620-630). Für die ersten 6 Monate kann jedoch eine Probezeit vereinbart werden, innerhalb derer nach Abs 3 eine zweiwöchige Kündigungsfrist gilt (i Einz Rz 28). § 622 gilt auch in **Kleinunternehmen**; im Rahmen des Abs 5 Satz 1 Nr 2 sind hier jedoch individualvertragliche Abweichungen zulässig (s Rz 59)[28].

Leitende Angestellte fallen in den Anwendungsbereich des § 622. Dagegen ist § 622 auf die Anstellungsverhältnisse von **Organmitgliedern** einer juristischen Person (Geschäftsführer, Vorstände) mangels Arbeitnehmereigenschaft nicht unmittelbar anwendbar. Ob § 622 analog anzuwenden ist, sofern die Organmitglieder nicht einen beherrschenden Anteil am Kapital der Gesellschaft halten, ist umstritten und wird von BGH und BAG unterschiedlich beurteilt (i Einz § 621 Rz 8 f).

Für **Hausangestellte und Hausgehilfen in Privathaushalten** sollen nach der Rspr des BAG[29] und der hM[30] nur die Grundkündigungsfrist und die Kündigungstermine des Abs 1 gelten, nicht aber die verlängerten Kündigungsfristen des Abs 2[31]. Die für diese Herausnahme der Hausangestellten aus dem Geltungsbereich des Abs 2 angeführten Gründe überzeugen allerdings nicht. Nach Abs 2 Nr 1 gilt eine verlängerte Kündigungsfrist erstmals, „wenn das Arbeitsverhältnis *in dem Betrieb oder Unternehmen* zwei Jahre bestanden hat". Aus der Formulierung „in dem Betrieb oder Unternehmen" schließt das BAG, dass Arbeitsverhältnisse, die ausschließlich in einem privaten Haushalt durchzuführen sind, ausgeschlossen sind[32]. Es verkennt dabei, dass es sich bei dem Merkmal „in dem Betrieb oder Unternehmen" nicht um eine Tatbestandsvoraussetzung, sondern um eine Bezugsgröße für die Berechnung der Beschäftigungsdauer handelt[33]. Der Betrieb hatte ursprünglich vor allem bei Betriebsübergängen als eigenständige Bezugsgröße

---

23 BAG NZA 1986, 229 = AP Nr 20 zu § 622 BGB; NZA 2008, 476 Rz 41 = AP Nr 31 zu § 17 KSchG 1969 (Ls).
24 BAG NZA 1986, 229 = AP Nr 20 zu § 622 BGB; NZA 2008, 476 Rz 41 = AP Nr 31 zu § 17 KSchG 1969 (Ls).
25 BAG NZA 1986, 229 = AP Nr 20 zu § 622 BGB; NZA 2008, 476 Rz 41 = AP Nr 31 zu § 17 KSchG 1969 (Ls).
26 ErfK/Müller-Glöge BGB § 622 Rz 6; HK-KSchR/Spengler BGB § 622 Rz 6.
27 ErfK/Müller-Glöge BGB § 622 Rz 6; s auch EuGH NZA 2014, 421 Rz 40 = EzA Richtlinie 99/70 EG-Vertrag 1999 Nr 8.
28 BeckOK-BGB/Plum § 622 Rz 4; APS/Linck BGB § 622 Rz 11.
29 BAGE 171, 84 = AP BGB § 622 Nr 78 (m krit Anm Riesenhuber) = JZ 2020, 1117 (m krit Anm Treichel).
30 Staud/Preis § 622 Rz 13; MünchKomm/Hesse § 622 Rz 7; ErfK/Müller-Glöge BGB § 622 Rz 6a; APS/Linck BGB § 622 Rz 10; KR/Spilger BGB § 622 Rz 58; Erman/Riesenhuber § 622 Rz 4; Grüneberg/Weidenkaff § 622 Rz 4.
31 Ebenso LAG Baden-Württemberg NZA-RR 2016, 17 = AE 2016, 86; Kocher NZA 2013, 929, 931 f; Scheiwe AuR 2019, 446 ff; Thüsing/Rachor/Lembke/Jacobs/Wege BGB § 622 Rz 2; DDZ/Callsen BGB § 622 Rz 10.
32 BAGE 171, 84 Rz 9 = AP BGB § 622 Nr 78 (m krit Anm Riesenhuber) = JZ 2020, 1117 (m krit Anm Treichel).
33 So auch Riesenhuber AP BGB § 622 Nr 78.

neben dem Unternehmen Bedeutung[34]. Heute wird er als eigenständige Bezugsgröße noch relevant, wenn ein Arbeitnehmer in einem Gemeinschaftsbetrieb bei verschiedenen Unternehmen beschäftigt war (s Rz 25)[35]. Die Anknüpfung an den Betrieb und das Unternehmen erweitert den Bezugsrahmen für die Berechnung der maßgeblichen Beschäftigungsdauer. Neben den Beschäftigungszeiten bei dem kündigenden Unternehmen sind auch Zeiten zu berücksichtigen, die im selben Betrieb, aber bei einem anderen Arbeitgeber angesammelt wurden. Vor diesem Hintergrund wird deutlich, dass der Begriff „Unternehmen" in Abs 2 lediglich – terminologisch unscharf – als Synonym für den ansonsten in § 622 benutzten Begriff „Arbeitgeber" steht[36]. Ein darüber hinaus gehender Regelungsgehalt kommt dem Begriff erkennbar nicht zu. Insbes lässt sich daraus nicht schließen, dass der Gesetzgeber Privathaushalte aus dem Anwendungsbereich der Vorschrift ausschließen wollte[37]. Auch die Gesetzesmaterialien lassen einen solchen Willen des Gesetzgebers nicht erkennen[38]. Der Zweck des Abs 2, länger beschäftigten, typischerweise älteren Arbeitnehmern einen verbesserten temporären Kündigungsschutz zu gewähren (s dazu Rz 4), spricht eher für als gegen die Einbeziehung von Hausangestellten in Privathaushalten, da diese nicht weniger schutzbedürftig sind[39]. Das BAG argumentiert indessen, dass der Normzweck der Herausnahme der Hausangestellten nicht entgegenstehe, da es sich bei Abs 2 um das Ergebnis einer Abwägung mit den gegenläufigen Interessen der Arbeitgeber handele und diese Abwägung trotz gleicher Schutzbedürftigkeit der Arbeitnehmer für verschiedene Sachverhalte bzw aufgrund spezifischer Interessen bestimmter Arbeitgeber unterschiedlich ausfallen könne[40]. Diese Argumentation suggeriert eine vom Gesetzgeber bewusst getroffene Abwägung, für die weder der Wortlaut noch die Materialien belastbare Anhaltspunkte liefern.

9   Die von der hM angenommene **Privilegierung von Privathaushalten**, die mitunter mehr Arbeitnehmer als ein kleiner Gewerbebetrieb beschäftigen können[41], ist – entgegen der Ansicht des BAG[42] – **nicht mit dem allgemeinen Gleichheitssatz aus GG Art 3 Abs 1 vereinbar**[43]. Das BAG erkennt zutreffend, dass die Nichtanwendung des Abs 2 zu „einer ggf beträchtlichen Ungleichbehandlung" führen kann[44]. Es hält diese jedoch für gerechtfertigt. Die Argumentation des BAG stützt sich vor allem auf den Schutz des dem Kernbereich des GG Art 13 Abs 1 zuzuordnenden höchstpersönlichen Rückzugsraum des Arbeitgebers[45]. Dem Arbeitgeber sei wegen dieses besonderen Schutzes die tatsächliche Beschäftigung des ordentlich gekündigten Arbeitnehmers bis zum Ablauf der Kündigungsfrist regelmäßig nicht zuzumuten. Ihm verbleibe daher nur die Möglichkeit der Freistellung unter Fortzahlung der Vergütung, die zu einer groben Äquivalenzstörung führe[46]. Diese Annahme kann allenfalls im Hinblick auf verhaltensbedingte Kündigungen überzeugen, denen eine erhebliche Pflichtverletzung des Arbeitnehmers vorausgegangen war. In diesen Fällen bedarf es jedoch keiner generellen Verkürzung der Kündigungsfrist für die Beschäftigten in Privathaushalten, da die Unzumutbarkeit der Weiterbeschäftigung bis zum Ablauf der Kündigungsfrist regelmäßig zur außerordentlichen Kündigung gem § 626 berechtigt. Warum dem Arbeitgeber auch bei einer personen- oder betriebsbedingten Kündigung eine Beschäftigung während des Laufs der Kündigungsfrist regelmäßig nicht zumutbar sein sollte, erschließt sich indessen nicht[47]. Unabhängig davon, ist das Schutzgut des GG Art 13 Abs 1 in jedem Fall nur mittelbar betroffen. Die Einhaltung der verlängerten Kündigungsfrist belastet

---

34 Dies erkennt auch BAGE 171, 84 Rz 13 = AP BGB § 622 Nr 78 (m krit Anm Riesenhuber) = JZ 2020, 1117 (m krit Anm Treichel).
35 BeckOGK/Klumpp BGB § 622 Rz 47; Staud/Preis § 622 Rz 25b.
36 Vgl zur mangelnden Stringenz der Begrifflichkeiten Kocher NZA 2013, 929, 931; vgl ferner allg zum Problem der unreflektierten Begriffsverwendung im Arbeitsrecht Preis RdA 2000, 257.
37 IdS auch Riesenhuber AP BGB § 622 Nr 78; aA Steinke, RdA 2018, 232, 240, die ohne nähere Auseinandersetzung mit dem nach ihrer Ansicht „eindeutigen" Wortlaut von einer „klaren gesetzgeberischen Wertung" ausgeht.
38 Treichel JZ 2020, 1121, 1123; Riesenhuber AP BGB § 622 Nr 78; in der Analyse der Materialien ebenso Steinke RdA 2018, 232, 236, die daraus im Ergebnis jedoch eine andere Schlussfolgerung zieht.
39 LAG Baden-Württemberg NZA-RR 2016, 17 = AE 2016; dies anerkennend auch Steinke, RdA 2018, 232, 240.
40 BAGE 171, 84 Rz 18 = AP BGB § 622 Nr 78 (m krit Anm Riesenhuber) = JZ 2020, 1117 (m krit Anm Treichel).
41 Exemplarisch LAG Düsseldorf 10. Mai 2016 – 14 Sa 82/16 = LAGE KSchG § 23 Nr 29 („Insgesamt beschäftigt der Beklagte in seinem Haushalt dauerhaft ca 15 Arbeitnehmer, darunter eine Hausdame, zwei Mitarbeiterinnen im Housekeeping, eine Mitarbeiterin für die Wäsche, einen Fahrer, einen Koch, drei Gärtner, eine Nanny sowie insgesamt fünf Mitarbeiterinnen im Service").
42 BAGE 171, 84 Rz 19 ff = AP BGB § 622 Nr 78 (m krit Anm Riesenhuber) = JZ 2020, 1117 (m krit Anm Treichel).
43 LAG Baden-Württemberg NZA-RR 2016, 17 = AE 2016; Kocher NZA 2013, 929, 931; Scheiwe AuR 2019, 446, 451; zweifelnd auch Treichel JZ 2020, 1121, 1123 f; s auch Gravenhorst jurisPR-ArbR 12/2016 Anm 4 sowie KR/Spilger BGB § 622 Rz 58, die jedoch eine verfassungskonforme Auslegung ablehnen.
44 BAGE 171, 84 Rz 24 = AP BGB § 622 Nr 78 (m krit Anm Riesenhuber) = JZ 2020, 1117 (m krit Anm Treichel).
45 S zur Heranziehung des GG Art 13 die grundsätzliche Kritik bei Scheiwe AuR 2019, 446, 450.
46 BAGE 171, 84 Rz 28 = AP BGB § 622 Nr 78 (m krit Anm Riesenhuber) = JZ 2020, 1117 (m krit Anm Treichel).
47 Treichel JZ 2020, 1121, 1123.

den Arbeitgeber lediglich wirtschaftlich, da er länger zur Fortzahlung des Entgelts verpflichtet ist. Von der Pflicht zur tatsächlichen Beschäftigung des Arbeitnehmers kann er sich indessen nach st Rspr[48] durch einseitige Freistellungserklärung befreien, wenn der Beschäftigung überwiegende schutzwerte Interessen des Arbeitgebers entgegenstehen[49]. In Bezug auf die finanziellen Belastungen bestehen keine hinreichend gewichtigen Unterschiede zwischen der Beschäftigung von Arbeitnehmern in Privathaushalten und in sonstigen Kleinbetrieben, welche die mitunter erhebliche Ungleichbehandlung der Arbeitnehmer rechtfertigen könnten. In beiden Fällen kann der Ausspruch einer Kündigung eher als in größeren Unternehmen zu persönlichen Konflikten führen, die eine Weiterbeschäftigung während des Laufs der Kündigungsfrist unzumutbar erscheinen lassen. Die Anknüpfung an die Beschäftigung im privaten Haushalt erweist sich deshalb als ungeeignet, diejenigen Fälle, in denen dem Arbeitgeber eine tatsächliche Beschäftigung während des Laufs der Kündigungsfrist unzumutbar ist, typisierend zu erfassen. So dürfte bspw die Weiterbeschäftigung eines Gärtners, der die zum Privathaushalt des Arbeitgebers gehörenden Außenanlagen pflegt, den Arbeitgeber üblicherweise weniger belasten als die Weiterbeschäftigung eines Arbeitnehmers, der in einem Familienbetrieb täglich mit dem Betriebsinhaber und dessen Familienangehörigen zusammenarbeiten muss. Da in Privathaushalten überwiegend Frauen tätig sind[50], führt eine Nichtanwendung des Abs 2 außerdem zu einer **mittelbaren Diskriminierung wegen des Geschlechts**, die aus den soeben dargestellten Gründen nicht zu rechtfertigen und deshalb mit GG Art 3 Abs 2 und 3 und RL 2006/54/EG Art 2 Abs 1 Buchst b nicht zu vereinbaren ist[51].

Keine Anwendung findet § 622 auf die Kündigung des Beschäftigungsverhältnisses von **Heimarbeitern** (beachte aber HAG § 29) und **arbeitnehmerähnlichen Personen** (s dazu § 621 Rz 7). **10**

2. **Gegenständlich.** § 622 gilt für die ordentliche Kündigung von Arbeitsverhältnissen, wobei die Grundkündigungsfrist nach Abs 1 für beide Parteien gilt, während die verlängerten Kündigungsfristen des Abs 2 nur für ordentliche Kündigungen durch den Arbeitgeber gelten. Bei befristeten bzw auflösend bedingten Arbeitsverträgen ist § 622 anwendbar, wenn die ordentliche Kündigung ausnahmsweise nach TzBfG § 15 Abs 4 zugelassen ist (s dazu § 620 Rz 77)[52]. Gilt ein unwirksam befristeter Arbeitsvertrag gem TzBfG § 16 Satz 1 Halbs 1 als auf unbestimmte Zeit geschlossen, richten sich die Kündigungsfrist und der Kündigungstermin nach § 622. Daneben ist TzBfG § 16 Satz 1 Halbs 2 u Satz 2 zu beachten (s dazu § 620 Rz 75). **11**

Anwendbar ist § 622 auch auf die ordentliche **Änderungskündigung**[53], da es sich bei dieser ebenfalls um eine Kündigung – wenn auch verbunden mit dem Angebot, das Arbeitsverhältnis zu geänderten Bedingungen fortzusetzen – handelt[54]. Ist ausnahmsweise eine Teilkündigung des Arbeitsvertrags zulässig (s dazu Rz 92 vor §§ 620-630), gilt § 622 auch für diese[55]. **12**

Für **außerordentliche Kündigungen** gilt § 622 nicht, auch dann nicht, wenn die außerordentliche Kündigung nicht fristlos, sondern mit „sozialer Auslauffrist" erklärt wird, denn in diesem Fall steht es dem Kündigenden frei, die Dauer der Auslauffrist selbst zu bestimmen[56]. Ist indessen im Falle eines **ordentlich nicht kündbaren Arbeitnehmers** ausnahmsweise eine außerordentliche Kündigung aus personen- bzw betriebsbedingten Gründen zulässig, muss der Arbeitgeber eine notwendige Auslauffrist einhalten, die der gesetzlichen Frist für eine ordentliche Kündigung entspricht (i Einz s § 626 Rz 138). **13**

3. **Spezielle gesetzliche Vorschriften.** § 622 wird zum Teil durch speziellere gesetzliche Vorschriften ergänzt bzw verdrängt. Für die Kündigung von **Ausbildungsverhältnissen** gilt ausschließlich BBiG § 22. Für die Kündigung von **Heuerverhältnissen** enthält SeeArbG § 66 von § 622 Abs 1 u 2 abweichende Kündigungsfristen; § 622 Abs 3-6 finden nach SeeArbG § 66 Abs 4 entsprechende Anwendung. Bei einer Kündigung durch den **Insolvenzverwalter** findet § 622 zwar grds Anwendung, die Kündigungsfrist beträgt nach InsO § 113 Satz 2 allerdings höchstens drei Monate (s auch Rz 6 vor §§ 620-630). Für eine Kündigung des Arbeitsverhältnisses durch den Arbeitnehmer zum Ende der **Elternzeit** gilt nach BEEG § 19 eine Kündigungsfrist von 3 Monaten. Für **schwerbehinderte** Menschen gilt nach SGB IX § 169 eine Mindestkündi- **14**

---

48 BAGE 154, 28 Rz 27 = NJW 2016, 970; BAGE 148, 16 Rz 14 = NJW 2014, 2302 mwN.
49 Ebenso Scheiwe AuR 2019, 446, 450.
50 Scheiwe AuR 2019, 446, 451.
51 Kocher NZA 2013, 929, 931; Scheiwe AuR 2019, 446, 451; aA BAGE 171, 84 = AP BGB § 622 Nr 78 (m krit Anm Riesenhuber) = JZ 2020, 1117 (m krit Anm Treichel).
52 APS/Linck BGB § 622 Rz 19.
53 BAG NJW 1994, 2564 = NZA 1994, 751; MünchKomm/Hesse § 622 Rz 11.
54 APS/Linck BGB § 622 Rz 20.
55 MünchKomm/Hesse § 622 Rz 11; vgl auch BAG NZA 1990, 848 = AP Nr 17 zu § 17 BAT.
56 APS/Linck BGB § 622 Rz 17; MünchKomm/Hesse § 622 Rz 13; vgl BAG AuR 1973, 153 = AP Nr 3 zu § 63 SeemG.

gungsfrist von 4 Wochen, die jedoch längere Kündigungsfristen unberührt lässt (s Rz 213 vor §§ 620-630).

IV. Gesetzliche Kündigungsfristen

15 **1. Abdingbarkeit und freiwillige Verlängerung.** Die Kündigungsfristen und -termine sind prinzipiell einseitig zwingend, dh, zuungunsten des Arbeitnehmers kann von den gesetzlichen Regelungen nicht abgewichen werden. Die Regelungen sind jedoch nach Abs 4 tarifdispositiv (s Rz 37 ff). Individualvertraglich können für den Arbeitnehmer günstigere Vereinbarungen getroffen werden. Individualvertragliche Abweichungen zuungunsten des Arbeitnehmers sind nur ausnahmsweise innerhalb der engen Grenzen des Abs 5 zulässig (s Rz 58 ff).

16 Der Kündigende kann das Arbeitsverhältnis **freiwillig mit einer längeren Frist kündigen**, ohne dass es hierzu einer Vereinbarung mit dem Vertragspartner bedarf. Die gesetzlichen Kündigungstermine nach Abs 1 bzw Abs 2 Satz 1 sind jedoch auch in diesem Fall einzuhalten[57]. Wird die Kündigung früher ausgesprochen, um zu verhindern, dass Kündigungsschutzvorschriften eingreifen, die bei einer späteren Erklärung der Kündigung zum selben Beendigungstermin zu beachten wären (zB infolge der Erfüllung der Wartezeit nach KSchG § 1 Abs 1), gelten die Schutzvorschriften analog § 162 auch für die früher erklärte Kündigung[58]. Dies soll nicht gelten, wenn dem Arbeitnehmer mit der verlängerten Kündigungsfrist eine weitere Bewährungschance eingeräumt werden soll und für den Fall der Bewährung die Wiedereinstellung zugesagt wird (s dazu Rz 135 vor §§ 620-630; zur Situation bei Abschluss eines Aufhebungsvertrags mit bedingter Wiedereinstellungszusage s Rz 68 vor §§ 620-630)[59].

17 **2. Fristberechnung.** Grds gelten für die Fristberechnung die §§ 186 ff. Für den **Fristbeginn** ist der Zugang der Kündigungserklärung (s dazu Rz 114 vor §§ 620-630) maßgebend. Bei einer (zulässigerweise) bedingten Kündigung (s dazu Rz 99 vor §§ 620-630) ist ausnahmsweise nicht auf deren Zugang, sondern auf den Eintritt der Bedingung abzustellen[60]. Der Tag, an dem der Zugang bewirkt wird, ist nach § 187 Abs 1 bei der Berechnung der Frist nicht mitzuzählen; der Fristlauf beginnt erst am darauffolgenden Tag. Fällt dieser Tag auf einen Sonn- oder Feiertag, hat dies auf den Fristlauf keine Auswirkungen. Dasselbe gilt, wenn der Tag, an dem die Kündigungserklärung spätestens wirksam werden muss, um das Arbeitsverhältnis zum beabsichtigten Termin zu beenden, auf einen Sonn- oder Feiertag fällt. **§ 193 findet keine Anwendung**[61]: Der Zeitraum vor Beginn der Kündigungsfrist selbst ist keine Frist iSv § 193, da es an einem Anfangszeitpunkt fehlt[62]. Überdies würde durch eine Anwendung des § 193 der von § 622 bezweckte Schutz des Kündigungsempfängers verkürzt[63]. Soweit die Kündigungsfrist nach Wochen bestimmt ist (Abs 1 u 3), **endet** die Kündigungsfrist mit Ablauf desjenigen Tages der letzten Woche, der durch seine Benennung dem Tag entspricht, an welchem die Kündigungserklärung zugegangen ist (§ 188 Abs 2). Ist die Kündigung bspw an einem Montag zugegangen, endet die Grundkündigungsfrist nach Abs 1 folglich 4 Wochen später mit Ablauf des Montags. Ist die Frist nach Monaten bestimmt (Abs 2), endet sie mit Ablauf desjenigen Tages des letzten Monats, der durch seine Zahl dem Tage entspricht, an dem die Kündigung zugegangen ist (§ 188 Abs 2). Fehlt im letzten Monat der für den Fristablauf maßgebende Tag, so endet die Frist mit dem Ablauf des Monatsletzten (§ 188 Abs 3). Geht die Kündigung zB am 30. November zu, endet eine Monatsfrist mit Ablauf des 30. Dezember; eine 3-Monatsfrist endet mit Ablauf des 28. (in Schaltjahren des 29.) Februar.

18 Ist die Kündigung nur zu bestimmten **Kündigungsterminen** zulässig (Abs 1, Abs 2), **endet das Arbeitsverhältnis** erst mit Ablauf dieses Termins und nicht schon mit Ablauf der Kündigungsfrist. Wird die Kündigungsfrist nicht eingehalten, beendet die Kündigung das Arbeitsverhältnis zum angestrebten Termin nicht. Ob die Kündigung das Arbeitsverhältnis zum nächsten Kündigungstermin beendet, hängt davon ab, ob die Erklärung dahingehend ausgelegt werden

---

57 BAG NZA 2008, 476 Rz 38 ff = AP Nr 31 zu § 17 KSchG 1969 (Ls); NJW 2009, 391 Rz 29 = NZA 2009, 29; ErfK/Müller-Glöge BGB § 622 Rz 13; APS/Linck BGB § 622 Rz 31.
58 Staud/Oetker Rz 135 vor §§ 620 ff; vgl dazu BAGE 147, 251 Rz 47 = NZA 2014, 1083; BAGE 31, 83 = NJW 1979, 2421; BAGE 4, 306 = AP Nr 34 zu § 1 KSchG; für eine Lösung über § 242 hingegen APS/Vossen KSchG § 1 Rz 34.
59 BAG AP Nr 22 zu § 620 BGB Aufhebungsvertrag = DB 2002, 1997; ähnlich LAG Baden-Württemberg LAGE § 1 KSchG Nr 21= ZBVR online 2015, Nr 11, 25.
60 APS/Preis Grundlagen D Rz 16; aA MünchArbR/Greiner § 108 Rz 39: Fristbeginn mit Ablauf einer für den Arbeitnehmer vorgesehenen Entscheidungsfrist.
61 BGHZ 162, 175 = NJW 2005, 1354; BAGE 22, 304 = NJW 1970, 1470; Staud/Preis § 622 Rz 23; BeckOK-BGB/Plum § 622 Rz 6; ErfK/Müller-Glöge BGB § 622 Rz 11.
62 BGHZ 162, 175 = NJW 2005, 1354.
63 BGHZ 162, 175 = NJW 2005, 1354; BGHZ 59, 265 = NJW 1972, 2083.

kann. Kann die Erklärung nicht in diesem Sinne ausgelegt werden, kommt eine Umdeutung in Betracht (i Einz s Rz 132 vor §§ 620-630). Wird eine Kündigung „zum" Monatsersten erklärt, ist die Erklärung dahingehend auszulegen, dass das Arbeitsverhältnis zum Ende des Vormonats gekündigt werden soll[64]. Ist **kein Kündigungstermin** einzuhalten (bspw in den Fällen des Abs 3), endet das Arbeitsverhältnis mit Ablauf der Kündigungsfrist[65].

3. Grundkündigungsfrist. § 622 legt in Abs 1 eine einheitliche Grundkündigungsfrist von **19 4 Wochen zum 15. bzw zum Ende eines Monats** fest. Abs 1 gilt für beide Vertragsparteien. Es handelt sich nicht um eine Monatsfrist, sondern um eine 4-Wochen-Frist. Konkret ergeben sich folgende Termine:

Kündigung zum 15. des Monats	Spätester Zugang	Kündigung zum Ende des Monats	Spätester Zugang
Januar	18. Dezember	Januar	3. Januar
Februar	18. Januar	Februar	31. Januar (Schaltjahr 1. Februar)
März	15. Februar (in Schaltjahren 16. Februar)	März	3. März
April	18. März	April	2. April
Mai	17. April	Mai	3. Mai
Juni	18. Mai	Juni	2. Juni
Juli	17. Juni	Juli	3. Juli
August	18. Juli	August	3. August
September	18. August	September	2. September
Oktober	17. September	Oktober	3. Oktober
November	18. Oktober	November	2. November
Dezember	17. November	Dezember	3. Dezember

Die Grundkündigungsfrist gilt ab Vertragsschluss, sofern nicht eine Probezeit mit einer kürzeren Kündigungsfrist nach Abs 3 vereinbart wurde (s dazu Rz 6). Sie ist auch bei einer ordentlichen Kündigung vor dem vereinbarten Dienstantritt einzuhalten (s dazu Rz 136 f vor §§ 620-630)[66]. **20**

4. Verlängerte Kündigungsfristen. – a) **Allgemeines.** Abs 2 enthält verlängerte Kündigungsfristen für die Kündigung durch den Arbeitgeber, die ab einer gewissen Dauer der Betriebs- bzw Unternehmenszugehörigkeit des Arbeitnehmers einzuhalten sind. Für die Kündigung durch den Arbeitnehmer bleibt es – vorbehaltlich abweichender Vereinbarungen im Tarif- bzw Arbeitsvertrag (s dazu Rz 37 ff u 51 ff) – bei der Grundkündigungsfrist und den Kündigungsterminen nach Abs 1[67]. Die Vorschrift **dient dem Schutz** von länger beschäftigten und damit betriebstreuen, typischerweise älteren Arbeitnehmern[68]. Die Verlängerung der Kündigungsfristen erfolgt in 7 Schritten, erstmals nach 2 Jahren auf einen Monat zum Monatsende und letztmals nach 20 Jahren auf 7 Monate zum Monatsende. Die Regelung geht von dem Gedanken eines allmählichen, stufenweisen Übergangs von kürzeren Kündigungsfristen zu Beginn des Arbeitsverhältnisses zu längeren Fristen mit zunehmendem Bestand des Arbeitsverhältnisses aus[69]. Die von der Beschäftigungsdauer abhängige Staffelung der Kündigungsfristen stellt **keine mittelbare Diskriminierung wegen des Alters** iSv RL 2000/78/EG Art 2 Abs 2 Buchst b dar, da sie durch ihr Ziel, länger beschäftigten und damit betriebstreuen, typischerweise älteren Arbeitnehmern durch längere Kündigungsfristen einen verbesserten Kündigungsschutz zu gewähren, sachlich gerechtfertigt ist[70]. **21**

b) **Kündigungstermin.** Ist eine verlängerte Kündigungsfrist nach Abs 2 einzuhalten, kann die Kündigung durch den Arbeitgeber nur zum **Monatsende** ausgesprochen werden. Eine Kündigung zum 15. des Monats ist nicht mehr zulässig. Auf Quartalskündigungsfristen, wie sie vor Inkrafttreten des KündFG für Angestellte sowie für Arbeiter mit zwanzigjähriger Betriebszugehö- **22**

---

64 BAGE 103, 1 = AP Nr 27 zu §§ 22, 23 BAT Zuwendungs-TV; Staud/Preis § 622 Rz 23.
65 ErfK/Müller-Glöge BGB § 622 Rz 11.
66 BeckOK-BGB/Plum § 622 Rz 7.
67 APS/Linck BGB § 622 Rz 31.
68 BAGE 149, 125 Rz 21 = NZA 2014, 1400 = AP Nr 70 zu § 622 BGB (m zust Anm Kaiser).
69 BT-Drucks 12/4902, 7.
70 BAGE 149, 125 Rz 8 ff = NZA 2014, 1400 = AP Nr 70 zu § 622 BGB (m zust Anm Kaiser).

rigkeit gegolten hatten, hat der Gesetzgeber bewusst verzichtet, um eine schubweise Belastung des Arbeitsmarkts zum Quartalsende zu vermeiden[71].

23 c) **Bestimmung der maßgeblichen Kündigungsfrist.** Die nach § 622 Abs 2 maßgebliche Kündigungsfrist richtet sich nach der Beschäftigungsdauer des zu kündigenden Arbeitnehmers. Entscheidend ist, wie lange das Arbeitsverhältnis zum **Zeitpunkt des Zugangs der Kündigungserklärung** bestanden hat[72]. Eine spätere Erfüllung der erforderlichen Beschäftigungsdauer führt grds nicht mehr zu einer Verlängerung der Kündigungsfrist. Im Einzelfall kann die längere Kündigungsfrist analog § 162 jedoch ausnahmsweise Anwendung finden, wenn die Kündigung gezielt früher ausgesprochen wurde, um das Erreichen einer längeren Kündigungsfrist zu verhindern (vgl Rz 135 vor §§ 620-630)[73].

24 aa) **Bestand des Arbeitsverhältnisses.** Für den **Beginn der Beschäftigungsdauer** ist der Zeitpunkt maßgebend, von dem an die Arbeitsvertragsparteien ihre wechselseitigen Rechte und Pflichten begründen wollen[74]. Es kommt allein auf den rechtlichen Bestand des Arbeitsverhältnisses an[75]. **Tatsächliche Unterbrechungen** (zB durch Freistellung, Krankheit, Urlaub, Arbeitskampf) haben keine Auswirkungen[76]. Dasselbe gilt für Zeiten, in denen das Arbeitsverhältnis kraft Gesetzes ruht, zB Zeiten des Grundwehrdienstes oder einer Wehrübung (ArbPlSchG § 6 Abs 2 Satz 1) sowie des Zivildienstes (ZDG § 78 Abs 1 iVm ArbPlSchG § 6 Abs 2 Satz 1), Elternzeit oder Mutterschutz[77]. Inhalt, Art und Umfang des Arbeitsverhältnisses sind unerheblich. Es genügt der Bestand eines **Teilzeitarbeitsverhältnisses**[78]. Auch die aufgrund eines befristeten Arbeitsvertrags erfüllten Beschäftigungszeiten sind zu berücksichtigen. Eine Änderung der Tätigkeit oder der Wechsel in eine Stellung als leitender Angestellter lassen den Bestand des Arbeitsverhältnisses unberührt. Wird ein Auszubildender im Anschluss an seine Ausbildung in ein Arbeitsverhältnis übernommen, sind auch die Zeiten **der Berufsausbildung** bei der Ermittlung der Beschäftigungsdauer zu berücksichtigen[79]. Dagegen ist ein betriebliches Praktikum nur zu berücksichtigen, wenn es im Rahmen eines Arbeitsverhältnisses abgeleistet worden ist[80]. Beschäftigungszeiten aus einem **Leiharbeitsverhältnis** sind nur im Arbeitsverhältnis mit dem Verleiher relevant, eine Anrechnung in einem späteren Arbeitsverhältnis mit dem Entleiher findet nicht statt[81]. Ob Zeiten einer Beschäftigung als **freier Mitarbeiter** zu berücksichtigen sind, ist **umstritten**[82]. Nach hier vertretener Ansicht muss Folgendes gelten: Sonstige Beschäftigungszeiten, die nicht in einem Arbeitsverhältnis abgeleistet wurden, sind zu berücksichtigen, sofern in dem betreffenden Beschäftigungsverhältnis vergleichbare Kündigungsfristen Anwendung finden. Dies ist der Fall bei einer früheren Beschäftigung als **Geschäftsführer** (vgl Rz 7, § 621 Rz 8 ff)[83], als **Heimarbeiter** (vgl HAG § 29 Abs 4), als **Handelsvertreter** (vgl HGB § 89 Abs 1) oder als **arbeitnehmerähnliche** Person (vgl § 621 Rz 7). Zwar handelt es sich bei diesen Beschäftigungsverhältnissen nicht um Arbeitsverhältnisse. Es wäre jedoch mit dem Zweck der verlängerten Kündigungsfristen, den länger beschäftigten Personen einen verbesserten Kündigungsschutz zu gewähren, nicht zu vereinbaren, wenn die im früheren Beschäftigungsverhältnis angesammelten Zeiten durch den Wechsel des Beschäftigungsverhältnisses verloren gingen. Die Beschäftigungszeiten sind daher im Wege einer Analogie entsprechend zu berücksichtigen.

---

71 BT-Drucks 12/4902, 7.
72 BAGE 57, 1 = NZA 1988, 877 (zu BAT § 53); Staud/Preis § 622 Rz 25a; ErfK/Müller-Glöge BGB § 622 Rz 9; MünchKomm/Hesse § 622 Rz 27.
73 BAGE 57, 1 = NZA 1988, 877; MünchKomm/Hesse § 622 Rz 27.
74 BAGE 146, 257 Rz 30 = NZA 2014, 725: für den Beginn der Wartezeit nach KSchG § 1; ErfK/Müller-Glöge BGB § 622 Rz 9; APS/Linck BGB § 622 Rz 32.
75 Staud/Preis § 622 Rz 25a; APS/Linck BGB § 622 Rz 32.
76 MünchKomm/Hesse § 622 Rz 29; Wank NZA 1993, 961, 965.
77 APS/Linck BGB § 622 Rz 35; MünchKomm/Hesse § 622 Rz 29.
78 APS/Linck BGB § 622 Rz 39; KR/Spilger BGB § 622 Rz 72.
79 BAGE 135, 278 Rz 30 = NZA 2011, 343; NJW 2000, 1355 = NZA 2000, 720.
80 BAG NZA 2000, 529 = DB 2000, 772: zur Anrechnung auf die Wartezeit nach KSchG § 1.
81 Staud/Preis § 622 Rz 25b; ebenso zur Anrechnung auf die Wartezeit nach KSchG § 1: BAGE 147, 251 Rz 23 = NZA 2014, 1083.
82 Eine Anrechnung befürwortend: BAG DB 1979, 896 = AP Nr 7 zu § 2 AngestelltenkündigungsG (noch auf Grundlage des AngKSchG); ErfK/Müller-Glöge BGB § 622 Rz 10b; MünchKomm/Hesse § 622 Rz 31; Staud/Preis § 622 Rz 25b; eine Anrechnung unter Verweis auf den Wortlaut des § 622 Abs 2 Satz 1 ablehnend indes: APS/Linck BGB § 622 Rz 40; DDZ/Callsen BGB § 622 Rz 11; eine Anrechnung auf die Wartezeit nach KSchG § 1 ablehnend auch BAGE 79, 193 = NZA 1995, 881: eine tatsächliche Beschäftigung ohne Arbeitsverhältnis (zB als mitarbeitender Familienangehöriger, freier Mitarbeiter, Leiharbeitnehmer usw) kann fehlende Zeiten des rechtlichen Bestehens eines Arbeitsverhältnisses nicht ersetzen.
83 LAG Rheinland-Pfalz 17. April 2008 – 9 Sa 684/07 Rz 24 ff = AE 2008, 221 = DB 2008, 1632 (Ls); i Erg auch BAGE 116, 254 Rz 26 ff = NJW 2006, 1899: „Vereinbaren die Parteien nach der Kündigung des Geschäftsführervertrags eine Weiterbeschäftigung des Betreffenden – ohne wesentliche Änderung seiner Arbeitsaufgaben – im Rahmen eines Arbeitsverhältnisses, so lässt dies mangels abweichender Vereinbarungen regelmäßig auf den Parteiwillen schließen, die Beschäftigungszeit als Geschäftsführer auf das neu begründete Arbeitsverhältnis anzurechnen".

bb) **Beschäftigung „in dem Betrieb oder Unternehmen"**. Die Beschäftigungsdauer ist 25 unternehmensbezogen zu ermitteln. Eine Beschäftigung im selben Betrieb ist nicht erforderlich. Der Betrieb wird jedoch als eigenständige Bezugsgröße relevant, wenn das Arbeitsverhältnis im selben Betrieb zu unterschiedlichen Unternehmen bestanden hat. Diese Situation kann bei einer Beschäftigung in einem **Gemeinschaftsbetrieb** eintreten[84]. Vor Inkrafttreten des § 613a hatte der Betrieb als Bezugsgröße außerdem bei **Betriebsübergängen** praktische Bedeutung[85]. In diesen Fällen gilt nun § 613a Abs 1 Satz 1, der Erwerber tritt also in die Rechte und Pflichten des Veräußerers ein, weshalb die beim Veräußerer zurückgelegten Beschäftigungszeiten ohnehin zu berücksichtigen sind[86]. Dabei ist eine kurzfristige Unterbrechung des Arbeitsverhältnisses zum Zeitpunkt des Betriebsübergangs unschädlich, wenn die Beschäftigungszeiten beim Veräußerer und beim Erwerber in einem engen sachlichen Zusammenhang stehen[87]. Beschäftigungszeiten bei verschiedenen Unternehmen eines **Konzerns** sind nicht zusammenzurechnen[88]. Zur Situation bei Haushaltsangestellten s Rz 8.

cc) **Berücksichtigung früherer Arbeitsverhältnisse**. Bei einer rechtlichen Unterbrechung 26 des Arbeitsverhältnisses stellt sich die Frage, ob Zeiten aus einem früheren Arbeitsverhältnis zu berücksichtigen sind. Schließen sich die Arbeitsverhältnisse **nahtlos** aneinander an, ist dies unzweifelhaft zu bejahen, da ununterbrochen ein Arbeitsverhältnis bestand[89]. Dies gilt auch dann, wenn das frühere Vertragsverhältnis nicht deutschem, sondern ausländischem Arbeitsvertragsstatut unterlag[90]. Problematischer sind die Fälle, in denen zwischen den einzelnen Arbeitsverhältnissen **zeitliche Unterbrechungen** liegen. In diesen Fällen steht die Unterbrechung des Arbeitsverhältnisses einer Berücksichtigung der Vorbeschäftigungszeiten grds entgegen[91]. Die Außerachtlassung der Vorbeschäftigungszeiten führt jedoch zu unbilligen, dem Schutzzweck des § 622 Abs 2 widersprechenden Ergebnissen, wenn sich die einzelnen Arbeitsverhältnisse im Rahmen einer wertenden Gesamtbetrachtung als einheitliches Arbeitsverhältnis darstellen oder wenn die Unterbrechung (auch) im Interesse des Arbeitgebers lag (zB bei einer Unterbrechung zur Teilnahme an einer beruflichen Weiterbildung[92]). Nach dem Grundsatz von Treu und Glauben (§ 242) sind die Vorbeschäftigungszeiten daher anzurechnen, wenn die Arbeitsverhältnisse in einem **engen zeitlichen und sachlichen Zusammenhang** stehen, wobei es insbesondere auf Anlass und Dauer der Unterbrechung sowie auf die Art der Weiterbeschäftigung ankommt[93]. Eine feste zeitliche Grenze lässt sich nicht nennen[94]. Der Unterbrechungsdauer kommt zwar eine wichtige, aber nicht die allein maßgebliche Bedeutung zu[95]. Es bedarf einer Abwägung im Einzelfall[96]. Je länger das Arbeitsverhältnis unterbrochen war, desto gewichtiger müssen die sachlichen Gründe sein, die für ein einheitliches Arbeitsverhältnis sprechen[97]. Dabei ist zu berücksichtigen, inwiefern das aktuelle Arbeitsverhältnis an das frühere Arbeitsverhältnis anknüpft und diesem inhaltlich entspricht[98]. Wird bspw ein Lehrer im Rahmen eines befristeten Arbeitsverhältnisses bis zum Beginn der Sommerferien beschäftigt und zu Beginn des nächsten Schuljahrs erneut eingestellt und in demselben Schultyp eingesetzt, ist die Beschäftigungsdauer aus dem ersten Arbeitsverhältnis im Folgearbeitsverhältnis trotz der 6-wöchigen Unterbrechung zu berücksichtigen, da das Arbeitsverhältnis an das vorangegangene anknüpft und während des Unterbrechungszeitraums auch bei Fortbestand des Arbeitsverhältnisses keine Unterrichtsverpflichtungen bestanden hätten[99]. Die Unterbrechungszeit als solche ist nach hM nicht als

---

84 Staud/Preis § 622 Rz 25b; BeckOGK/Klumpp BGB § 622 Rz 47.
85 BAGE 171, 84 Rz 13 = AP BGB § 622 Nr 78 (m krit Anm Riesenhuber) = JZ 2020, 1117 (m krit Anm Treichel).
86 BAG NZA 2004, 319 = AP Nr 62 zu § 622 BGB; APS/Linck BGB § 622 Rz 41; MünchKomm/Hesse § 622 Rz 28; ErfK/Müller-Glöge BGB § 622 Rz 10a.
87 BAG NZA 2004, 319 = AP Nr 62 zu § 622 BGB.
88 Staud/Preis § 622 Rz 25b; APS/Linck BGB § 622 Rz 33; KR/Spilger BGB § 622 Rz 73.
89 Vgl BAGE 28, 176 = NJW 1977, 1311 (zur Wartezeit gem KSchG § 1); NZA 1994, 214 = AP Nr 2 zu § 21 SchwbG 1986 (zur Wartezeit gem SchwbG § 20 Abs 1 Nr 1); BAGE 138, 321 Rz 21 = NJW 2012, 475 (zur Wartezeit gem KSchG § 1).
90 BAGE 138, 321 Rz 23 ff = NJW 2012, 475 (zur Wartezeit gem KSchG § 1).
91 APS/Linck BGB § 622 Rz 35.
92 Vgl LAG Niedersachsen NZA-RR 2003, 531 = LAGE § 622 BGB Nr 43.
93 Vgl BAGE 28, 252 = NJW 1977, 1309; DB 1979, 1754 = BB 1979, 1505; BAGE 89, 307 = NZA 1999, 314; BAGE 123, 185 Rz 14 = NZA 2007, 1103; AE 2009, 57 Rz 19 = AP BGB § 88 zu § 1 KSchG 1969 (Ls); BAGE 138, 321 Rz 22 = NJW 2012, 475; APS/Linck BGB § 622 Rz 36; ErfK/Müller-Glöge BGB § 622 Rz 10; MünchKomm/Hesse § 622 Rz 30.
94 Vgl BAGE 123, 185 Rz 15 = NZA 2007, 1103 (zur Wartezeit gem KSchG § 1); BAGE 138, 321 Rz 23 ff = NJW 2012, 475 (zur Wartezeit gem KSchG § 1).
95 BAG NZA 1999, 481 = DB 1998, 2533.
96 BAGE 138, 321 Rz 22 = NJW 2012, 475 (zur Wartezeit gem KSchG § 1).
97 BAGE 89, 307 = NZA 1999, 314; NZA 1999, 481 = DB 1998, 2533; BAGE 138, 321 Rz 22 = NJW 2012, 475.
98 MünchKomm/Hesse § 622 Rz 30.
99 Vgl BAGE 123, 185 Rz 18 = NZA 2007, 1103; wird der Lehrer indes vor und nach den Sommerferien in unterschiedlichen Schultypen und Klassenstufen an Schulen desselben Landes eingesetzt, soll es an einem sachlichen Zusammenhang fehlen: BAG AE 2009, 57 Rz 23 = AP Nr 88 zu § 1 KSchG 1969 (Ls).

Beschäftigungszeit zu berücksichtigen[100]. Dieser Grundsatz bedarf indes einer Einschränkung: Ist der Arbeitnehmer während der Unterbrechung faktisch weiterhin an den Arbeitgeber gebunden und deshalb auch ohne Bestand des Arbeitsverhältnisses zur Betriebstreue angehalten, ist nach § 242 auch die Zeit der Unterbrechung auf die Beschäftigungsdauer anzurechnen. Dies ist insbesondere der Fall, wenn bereits zu Beginn der Unterbrechung feststeht, dass der Arbeitnehmer zeitnah (zB nach den Sommerferien) wiedereingestellt wird und daher kein anderes Arbeitsverhältnis eingehen kann.

27 dd) **Beschäftigungszeiten vor Vollendung des 25. Lebensjahrs**. Gem § 622 Abs 2 Satz 2 aF blieben bei der Berechnung der Beschäftigungsdauer die vor der Vollendung des 25. Lebensjahrs des Arbeitnehmers liegenden Zeiten unberücksichtigt. Diese Vorschrift verstieß als Entlassungsbedingung iSv RL 2000/78/EG Art 3 Abs 1 Buchst c gegen das **primärrechtliche Verbot der Altersdiskriminierung** (inzwischen ausdrücklich normiert in GRC Art 21 Abs 1) in seiner Konkretisierung durch RL 2000/78/EG[101]. Da § 622 Abs 2 Satz 2 aF einer unionsrechtskonformen Auslegung nicht zugänglich war, musste die Norm **wegen des Anwendungsvorrangs des Unionsrechts unangewendet** bleiben[102]. Die Kündigungsfrist bestimmte sich daher ausschließlich nach § 622 Abs 2 Satz 1[103]. Dies galt für alle Kündigungen, die nach dem 2. Dezember 2006 (Ablauf der Umsetzungsfrist für das Diskriminierungsmerkmal Alter gem RL 2000/78/EG Art 18 Abs 2) ausgesprochen wurden[104]. Ein Vertrauensschutz bestand nicht[105]. Inzwischen wurde Abs 2 Satz 2 aF durch Art 4d des Qualifizierungschancengesetzes[106] mit Wirkung zum 1. Januar 2019 aufgehoben. Sieht eine **tarifvertragliche Regelung** für die Berechnung der Kündigungsfrist eine Altersgrenze für die Berücksichtigung der Beschäftigungszeiten vor, ist diese Bestimmung gem AGG § 7 Abs 2 iVm §§ 7 Abs 1, 1 unwirksam[107]. Verweist ein Tarifvertrag lediglich deklaratorisch auf Abs 2 Satz 2 aF, geht dieser Verweis ins Leere[108].

28 **5. Kündigung in der Probezeit.** – a) **Zweck und Hintergrund**. Gem § 622 Abs 3 kann das Arbeitsverhältnis während einer vereinbarten Probezeit, längstens für die Dauer von sechs Monaten, mit einer Frist von zwei Wochen gekündigt werden. Die Kündigungsfrist während einer vereinbarten Probezeit wurde erstmals durch das KündFG (s Rz 2) ausdrücklich gesetzlich geregelt[109]. Die zweiwöchige Frist knüpft an die frühere Kündigungsfrist für Arbeiter nach § 622 Abs 2 aF an[110]. § 622 Abs 3 soll den praktischen Bedürfnissen beider Arbeitsvertragsparteien Rechnung tragen, während einer überschaubaren ersten Zeit der Beschäftigung die Leistungsfähigkeit des Arbeitnehmers bzw die Arbeitsbedingungen zu erproben und bei negativem Ausgang das Arbeitsverhältnis relativ kurzfristig beenden zu können[111]. Die Vorschrift soll unbefristete Einstellungen erleichtern und der Gefahr entgegenwirken, dass zur Vereinbarung einer Probezeit auf befristete Arbeitsverträge zurückgegriffen wird[112]. Inwiefern dieses Ziel erreicht wurde, ist angesichts eines Anteils befristeter Neueinstellungen von etwa 40 Prozent (bezogen auf alle Neueinstellungen)[113] allerdings äußerst zweifelhaft.

29 Die **RL (EU) 2019/1152** über transparente und vorhersehbare Arbeitsbedingungen[114], die bis zum 1. August 2022 umzusetzen war, enthält erstmals auch **unionsrechtliche Vorgaben** in

---

100 BAG AP Nr 61 zu § 622 BGB = EzA § 622 BGB 2002 Nr 1 (zu BRTV-Bau § 12 Ziff 1 Nr 1.2 Satz 3); Staud/Preis § 622 Rz 25b; MünchKomm/Hesse § 622 Rz 30; APS/Linck BGB § 622 Rz 36; ErfK/Müller-Glöge BGB § 622 Rz 10b; aA KR/Spilger BGB § 622 Rz 71: Berücksichtigung der Unterbrechungszeit in Anlehnung an §§ 210, 212 aF und ZPO § 207 aF; offengelassen: BAGE 28, 252 = NJW 1977, 1309.
101 EuGH Slg 2010, I-365 = NJW 2010, 427 – Kücükdeveci; s dazu: Bauer/v Medem ZIP 2010, 449; Fischinger ZEuP 2011, 203; Franzen GPR 2010, 81; Joussen ZESAR 2010, 185; Kolbe BB 2010, 501; Krois DB 2010, 1704; Oetker EWiR 2011, 243; Pötter/Traut ZESAR 2010, 267; Preis/Temming NZA 2010, 185; Schubert EuZW 2010, 180; Seifert JbArbR 48, 119; Thüsing RdA 2010, 187; Waltermann EuZA 2010, 541.
102 BAGE 135, 255 Rz 16 ff = NJW 2010, 3740; BAGE 135, 278 Rz 15 ff = NJW 2011, 1626; ebenso bereits vor der Kücükdeveci-Entscheidung des EuGH: LAG Berlin-Brandenburg NZA-RR 2008, 17 = DB 2007, 2542; LAG Schleswig-Holstein SchlHA 2008, 364 = BB 2008, 1785 (Ls) = DB 2008, 1976 (Ls); LAG Mecklenburg-Vorpommern NZA-RR 2010, 18 = ZInsO 2010, 592 (Ls); zur Unanwendbarkeit altersdiskriminierender Vorschriften des nationalen Rechts s auch bereits EuGH Slg 2005, I-9981 Rz 77 = NJW 2005, 3695 – Mangold; zum Anwendungsvorrang des Unionsrechts BVerfGE 126, 286 = NJW 2010, 3422.
103 BAGE 135, 278 Rz 21 = NJW 2011, 1626; aA Wackerbarth/Kreße EuZW 2010, 252.
104 BAGE 135, 255 Rz 18 = NJW 2010, 3740; Preis/Temming NZA 2010, 185, 188.
105 BAGE 135, 278 Rz 23 ff = NJW 2011, 1626; vgl dazu auch EuGH NZA 2016, 537 Rz 28 ff = EuZW 2016, 466 (m krit Anm Benecke) – Dansk Industri.
106 Ges zur Stärkung der Chancen für Qualifizierung und für mehr Schutz in der Arbeitslosenversicherung v 18. Dezember 2018 (BGBl I S 2651).
107 BAG NZA 2012, 754 Rz 16 ff = DB 2012, 807.
108 BAG NZA 2012, 754 Rz 13 = DB 2012, 807.
109 BT-Drucks 12/4902, 8.
110 BT-Drucks 12/4902, 8 f.
111 BT-Drucks 12/4902, 9.
112 BT-Drucks 12/4902, 9.
113 Vgl dazu Seils/Emmler Befristete Neueinstellungen, Policy Brief Nr 54 des WSI der Hans-Böckler-Stiftung.
114 ABl EU L 186 S 105.

Untertitel 1 Dienstvertrag 30–32 § 622

Bezug auf die Probezeit[115]. Gem Art 8 stellen die Mitgliedstaaten sicher, dass eine Probezeit, falls das Arbeitsverhältnis nach Maßgabe des nationalen Rechts oder der nationalen Gepflogenheiten eine solche umfasst, nicht länger als sechs Monate dauert. Dieser zeitlichen Vorgabe wird § 622 Abs 3 gerecht[116]. Bei befristeten Arbeitsverhältnissen müssen die Mitgliedstaaten gem Art 8 Abs 2 Satz 1 dafür Sorge tragen, dass die Probezeitdauer im Verhältnis zur erwarteten Dauer des Vertrags und der Art der Tätigkeit steht (s dazu Rz 32). Bei einer Vertragsverlängerung für dieselbe Funktion und dieselben Aufgaben darf für das Arbeitsverhältnis keine neue Probezeit gelten (Art 8 Abs 2 Satz 2). Längere Probezeiten können die Mitgliedstaaten in Ausnahmefällen festsetzen, wenn dies durch die Art der Tätigkeit gerechtfertigt oder im Interesse des Arbeitnehmers ist (Art 8 Abs 3 Satz 1). Außerdem können die Mitgliedstaaten festlegen, dass die Probezeit in Fällen, in denen der Arbeitnehmer während der Probezeit der Arbeit ferngeblieben war, entsprechend verlängert werden kann (Art 8 Abs 3 Satz 2).

b) **Vereinbarte Probezeit.** § 622 Abs 3 setzt die Vereinbarung einer Probezeit voraus. Als **30** Probezeit wird nach allgemeinem Sprachgebrauch die Zeit bezeichnet, in der einerseits dem Arbeitgeber Gelegenheit gegeben werden soll, die Eignung des Arbeitnehmers zu überprüfen, und andererseits dem Arbeitnehmer eine Entscheidung darüber ermöglicht werden soll, ob die Stellung und die Verhältnisse im Betrieb seinen Erwartungen entsprechen[117]. Die Probezeit iSv § 622 Abs 3 ist **abzugrenzen vom befristeten Erprobungsarbeitsverhältnis** gem TzBfG § 14 Abs 1 Satz 2 Nr 5 (s dazu § 620 Rz 47). In letzterem dient das Arbeitsverhältnis in seiner gesamten Dauer dem Erprobungszweck und endet ohne Kündigung mit Zeitablauf. Eine Fortsetzung im Falle der Bewährung kann bereits im Ursprungsvertrag vereinbart werden oder auf einem nachfolgenden Vertrag beruhen. Ein befristetes Erprobungsarbeitsverhältnis muss klar und eindeutig, unter Wahrung der gem TzBfG § 14 Abs 4 erforderlichen Schriftform, vereinbart werden[118]. Im Zweifel ist ein unbefristetes Arbeitsverhältnis mit anfänglicher Probezeit anzunehmen[119].

Die **Probezeitvereinbarung** kann im **Arbeitsvertrag**, in einer (freiwilligen) Betriebsvereinbarung oder im anwendbaren **Tarifvertrag** enthalten sein[120]. Bei Regelungen in einer Betriebsvereinbarung oder einem Tarifvertrag ist zu unterscheiden, ob konstitutiv eine Probezeit zu Beginn des Arbeitsverhältnisses begründet wird (zB TVöD § 2 Abs 4 Satz 1) oder lediglich Rahmenbedingungen (bspw hinsichtlich der max Dauer oder der Kündigungsfristen) für die individualvertragliche Vereinbarung einer Probezeit gesetzt werden[121]. Die arbeitsvertragliche Vereinbarung einer Probezeit iSv § 622 Abs 3 bedarf **keiner bestimmten Form**. Die Probezeit muss nicht zwingend ausdrücklich vereinbart werden, sondern kann sich durch Auslegung der vertraglichen Vereinbarungen ergeben[122]. Haben die Arbeitsvertragsparteien für die ersten 6 Monate eine zweiwöchige Kündigungsfrist vereinbart, kann darin in der Regel die stillschweigende Vereinbarung einer sechsmonatigen Probezeit gesehen werden[123]. Eine Vermutung, dass eine Probezeit für die ersten Monate des Arbeitsverhältnisses vereinbart wurde, gibt es jedoch nicht[124]. Gemäß NachwG § 2 Abs 1 Satz 2 Nr 6 muss die Dauer der Probezeit in die nach dem **NachwG** zu erstellende Niederschrift des Arbeitsvertrags aufgenommen werden. Zudem muss die Niederschrift einen Hinweis auf die verkürzte Kündigungsfrist nach § 622 Abs 3 enthalten (NachwG § 2 Abs 1 Satz 2 Nr 14)[125].

c) **Probezeit im befristeten Arbeitsverhältnis.** Eine anfängliche Probezeit kann auch in **32** einem befristeten Arbeitsvertrag vereinbart werden[126]. Eine solche Vereinbarung umfasst idR – auch ohne ausdrückliche Kündigungsregelung – die stillschweigende Vereinbarung, dass das befristete Arbeitsverhältnis während der Probezeit unter Einhaltung der gesetzlichen (§ 622 Abs 3) bzw tarifvertraglichen Kündigungsfrist ordentlich gekündigt werden kann[127]. Umstritten ist, ob auch die bloße Vereinbarung eines **befristeten Erprobungsarbeitsverhältnisses** iSv TzBfG § 14 Abs 1 Satz 2 Nr 5 (s dazu § 620 Rz 47) dessen ordentliche Kündbarkeit gem § 622 Abs 3 umfasst. Dies wird teils unter Verweis auf den Wortlaut des § 622 Abs 3 und dessen

---

115 Ausf Maul-Sartori AuR 2020, 203 ff; Stiegler DB 2020, 2577 ff; Oberthür ArbRB 2019, 317 ff; Picker ZEuP 2020, 305, 326 ff; Preis/Morgenbrodt ZESAR 2020, 409 ff.
116 Maul-Sartori AuR 2020, 203; Picker ZEuP 2020, 305, 326; Schaub/Linck § 126 Rz 22.
117 BAG NZA 1997, 841 = AP Nr 27 zu § 611 BGB Musiker; APS/Linck BGB § 622 Rz 62.
118 Staud/Preis § 622 Rz 38.
119 BAGE 6, 228 = NJW 1959, 454; Staud/Preis § 622 Rz 38; MünchKomm/Hesse § 622 Rz 33.
120 Schaub/Koch § 182 Rz 3; KR/Spilger BGB § 622 Rz 178.
121 Schaub/Koch § 182 Rz 3.
122 APS/Linck BGB § 622 Rz 62; Schaub/Koch § 182 Rz 3.
123 KR/Spilger BGB § 622 Rz 179; MünchKomm/Hesse § 622 Rz 34.
124 APS/Linck BGB § 622 Rz 64.
125 BT-Drucks 20/1636, 27.
126 BAG ZTR 2002, 172 = EzA § 620 BGB Kündigung Nr 4; BAGE 125, 325 Rz 14 = NJW 2008, 2521 (m zust Anm Kock).
127 BAG ZTR 2002, 172 = EzA § 620 BGB Kündigung Nr 4; BAGE 125, 325 Rz 14 = NJW 2008, 2521 (m zust Anm Kock).

Entstehungsgeschichte angenommen[128]. Dem ist aus systematischen Gründen zu widersprechen. § 622 regelt nicht die ordentliche Kündbarkeit des Arbeitsverhältnisses, sondern setzt diese voraus und legt die einzuhaltenden Kündigungsfristen fest. Ob das befristete Erprobungsarbeitsverhältnis der ordentlichen Kündigung unterliegt, richtet sich nach TzBfG § 15 Abs 4 und ist folglich allein davon abhängig, ob dies einzelvertraglich oder im anwendbaren Tarifvertrag vereinbart ist (s § 620 Rz 72)[129].

33 Nach bisheriger Rspr galt Abs 3 auch für befristete Arbeitsverträge uneingeschränkt, die Probezeit konnte· also unabhängig von der Befristungsdauer bis zu 6 Monate betragen[130]. Dieses Ergebnis war mit **RL (EU) 2019/1152 Art 8 Abs 2** nicht zu vereinbaren, wonach die Probezeitdauer bei befristeten Verträgen im Verhältnis zur erwarteten Dauer des Vertrags und der Art der Tätigkeit stehen muss[131]. Der Gesetzgeber hat daher zur Umsetzung der Richtlinienvorgaben in TzBfG § 15 Abs 3 eine Neuregelung aufgenommen, nach der die Probezeit in einem befristeten Arbeitsverhältnis im Verhältnis zu der erwarteten Dauer der Befristung und der Art der Tätigkeit stehen muss. Konkrete Vorgaben zur zulässigen Dauer der Probezeit enthält weder TzBfG § 15 Abs 3 noch die RL[132]. Erforderlich ist eine Angemessenheitsprüfung im Einzelfall unter Berücksichtigung der erwarteten Dauer des Vertrags und der Art der Tätigkeit.

34 d) **Dauer der Probezeit**. Abs 3 regelt nicht die Dauer der Probezeit, sondern legt lediglich fest, dass während der vereinbarten Probezeit längstens für die Dauer von 6 Monaten die verkürzte Kündigungsfrist gilt[133]. Der vom Gesetzgeber gewählte Zeitraum deckt sich mit der Wartezeit gem KSchG § 1 Abs 1 sowie SGB IX § 173. Die verkürzte Kündigungsfrist gilt daher auch für schwerbehinderte Menschen, da die Frist nach SGB IX § 169 erst nach Erfüllung der sechsmonatigen Wartezeit gilt[134]. Wurde zunächst eine **kürzere** Probezeit vereinbart, kann diese nachträglich einvernehmlich auf längstens 6 Monate **verlängert** werden[135]. Es findet **keine einzelfallbezogene Angemessenheitsüberprüfung** der vereinbarten Dauer statt (beachte aber Rz 33)[136]. Die Vereinbarung einer **längeren Probezeit** führt nicht zur Unwirksamkeit der Probezeitvereinbarung, sondern hat lediglich zur Folge, dass nach Ablauf von 6 Monaten die Grundkündigungsfrist des § 622 Abs 1 Anwendung findet[137]. Die in einem **Formulararbeitsvertrag** enthaltene Probezeitvereinbarung unterliegt als normausfüllende Klausel zwar der Inhaltskontrolle gem §§ 307 ff[138]. Im Umfang der gesetzlich vorgesehenen Höchstdauer ist sie jedoch grds nicht unangemessen iSv § 307 Abs 1 Satz 1, Abs 2 Nr 1[139]. Bei der **Berechnung** des Ablaufs der Probezeit ist gem § 187 Abs 2 iVm § 188 Abs 2 der erste Arbeitstag voll einzubeziehen, sofern sich die Parteien vorab über die Arbeitsaufnahme zu einem bestimmten Termin verständigt haben[140]. Dies gilt auch dann, wenn der schriftliche Arbeitsvertrag erst am Tage der Arbeitsaufnahme nach Arbeitsbeginn unterzeichnet wird[141]. **Tatsächliche Unterbrechungen** (zB Krankheit, Urlaub) führen mit Ausnahme von Grundwehrdienst oder Wehrübungen (ArbPlSchG § 6 Abs 3) bzw Zivildienst (ZDG § 78 Abs 1 iVm ArbPlSchG § 6 Abs 3) nicht zu einer Verlängerung der Probezeit[142].

---

128 APS/Linck BGB § 622 Rz 67.
129 Staud/Preis § 622 Rz 37; BeckOGK/Klumpp BGB § 622 Rz 63; MünchKomm/Hesse § 622 Rz 33; KR/Spilger BGB § 622 Rz 177.
130 BAGE 125, 325 Rz 15 ff = NJW 2008, 2521 (m zust Anm Kock).
131 Maul/Sartori AuR 2020, 203; Stiegler DB 2020, 2577, 2579; Preis/Morgenbrodt ZESAR 2020, 409, 410 f; Picker ZEuP 2020, 305, 328.
132 Zur im Gesetzgebungsverfahren diskutierten Beschränkung auf ein Viertel der Befristungsdauer s Preis/Morgenbrodt ZESAR 2020, 409, 411.
133 Vgl Preis/Morgenbrodt ZESAR 2020, 409 f, die deshalb im Hinblick auf RL (EU) 2019/1152 Art 8 Abs 1 eine ausdrückliche Beschränkung der Probezeit auf 6 Monate fordern.
134 MünchKomm/Hesse § 622 Rz 34.
135 LAG Rheinland-Pfalz NZA 2000, 258 = MDR 1999, 1393; ErfK/Müller-Glöge BGB § 622 Rz 15; MünchKomm/Hesse § 622 Rz 34; KR/Spilger BGB § 622 Rz 181.
136 BAGE 125, 325 Rz 15 ff = NJW 2008, 2521 (m zust Anm Kock); APS[5]/Linck BGB § 622 Rz 65; MünchKomm/Hesse § 622 Rz 34; aA KR/Spilger BGB § 622 Rz 181; Preis/Kliemt/Ulrich AR-Blattei SD 1270 Probearbeitsverhältnis Rz 230.
137 I Erg ebenso: APS/Linck BGB § 622 Rz 65; MünchKomm/Hesse § 622 Rz 34; Staud/Preis § 622 Rz 36; KR/Spilger BGB § 622 Rz 176; missverständlich hingegen der Leitsatz zu BAGE 125, 325 = NJW 2008, 2521: „Die Wirksamkeit einer Probezeitvereinbarung nach § 622 Abs 3 BGB hängt vorbehaltlich abweichender tarifvertraglicher Bestimmungen nach § 622 Abs 4 BGB allein davon ab, dass die Probezeitdauer 6 Monate nicht übersteigt", zumal das BAG i Erg offenbar der hier vertretenen Ansicht folgt (vgl Rz 16 der Entscheidung); zur abweichenden Rechtslage bei Vereinbarung einer entgegen TzBfG § 15 Abs 3 unverhältnismäßig langen Probezeit in einem befristeten Arbeitsvertrag s BT-Drs 20/1636, 34; Bayreuther NZA 2022, 951, 955.
138 BAGE 150, 380 Rz 36 = NJW 2015, 2284; aA noch BAGE 125, 325 Rz 28 = NJW 2008, 2521; MünchKomm/Hesse § 622 Rz 34; APS/Linck BGB § 622 Rz 65.
139 BAGE 150, 380 Rz 40 = NJW 2015, 2284 (zur Probezeit nach BBiG § 20).
140 BAGE 102, 49 = NJW 2003, 1828.
141 BAGE 102, 49 = NJW 2003, 1828.
142 MünchKomm/Hesse § 622 Rz 35.

e) **Kündigungsfrist**. Wenn eine Probezeit vereinbart wurde, gilt die zweiwöchige Kündigungsfrist des § 622 Abs 3 kraft Gesetzes[143]. Einer besonderen Vereinbarung über die Kündigungsfrist während der Probezeit bedarf es nicht. Wird arbeitsvertraglich eine Probezeitkündigungsfrist von weniger als zwei Wochen vereinbart, führt dies lediglich zur Unwirksamkeit der Kündigungsfristvereinbarung und lässt die Probezeitvereinbarung im Übrigen unberührt, so dass sich die Kündigungsfrist nach § 622 Abs 3 richtet[144]. Die Frist gilt **für beide Parteien**, da Abs 3 anders als Abs 2 keine Beschränkung auf Kündigungen durch den Arbeitgeber enthält[145]. Nach § 622 Abs 3 ist kein bestimmter **Kündigungstermin** einzuhalten. Die Kündigung kann unter Einhaltung der zweiwöchigen Kündigungsfrist zu jedem Termin ausgesprochen werden[146]. Maßgeblich für die Anwendung der 2-Wochen-Frist ist der Zugang der Kündigung während der Probezeit, so dass die **Kündigung auch noch am letzten Tag der Probezeit** mit einer Frist von 2 Wochen ausgesprochen werden kann, auch wenn das Arbeitsverhältnis dadurch erst nach Ablauf der Probezeit endet[147]. Das Arbeitsverhältnis kann grds auch während der Probezeit mit einer längeren Frist gekündigt werden. Der Arbeitgeber handelt insbes nicht rechtsmissbräuchlich, wenn er das Arbeitsverhältnis kurz vor Ablauf der Probezeit nicht mit der kurzen Probezeitkündigungsfrist, sondern mit einer überschaubaren, längeren Kündigungsfrist kündigt und dem Arbeitnehmer für den Fall seiner Bewährung die Wiedereinstellung zusagt, um ihm eine **Bewährungschance** zu geben (zur Rechtslage bei einem Aufhebungsvertrag s Rz 68 vor §§ 620-630)[148].

Die zweiwöchige Kündigungsfrist des § 622 Abs 3 kann gem § 622 Abs 4 Satz 1 **tarifvertraglich** sowohl verkürzt als auch verlängert werden. **Individualvertraglich** kann die Frist verlängert werden; eine Verkürzung ist hingegen im Arbeitsvertrag nur durch Bezugnahme auf einen einschlägigen Tarifvertrag mit einer entsprechenden Regelung möglich[149]. Enthält ein **Formulararbeitsvertrag** in einer Klausel eine Probezeit und in einer anderen eine Kündigungsfrist, ohne dass unmissverständlich deutlich wird, dass die Kündigungsfrist erst nach Ablauf der Probezeit gelten soll, ist dies regelmäßig dahingehend zu verstehen, dass der Arbeitgeber von Beginn des Arbeitsverhältnisses an nur mit der in der Vertragsklausel ausdrücklich festgelegten Kündigungsfrist kündigen kann[150].

V. Abweichende tarifvertragliche Kündigungsfristen (§ 622 Abs 4 Satz 1)

1. **Zweck und Hintergrund**. Nach § 622 Abs 4 Satz 1 kann durch Tarifvertrag von den gesetzlichen Regelungen der Abs 1-3 abgewichen werden. Die Tariföffnungsklausel soll dem praktischen Bedürfnis nach Regelungen entsprechen, welche die Besonderheiten einzelner Wirtschaftsbereiche oder Beschäftigtengruppen berücksichtigen[151]. § 622 Abs 4 Satz 1 knüpft an § 622 Abs 3 aF an. Im Gegensatz zu § 622 Abs 3 aF bezieht sich § 622 Abs 4 Satz 1 aber nicht nur auf die Regelung der Kündigungsfristen, sondern auch auf abweichende Regelungen hinsichtlich der Kündigungstermine und der Voraussetzungen, unter denen der Anspruch auf verlängerte Kündigungsfristen entsteht[152]. § 622 Abs 4 Satz 1 ließ die zum Zeitpunkt seines Inkrafttretens **bestehenden Tarifverträge unberührt**[153]. Die tarifvertraglichen Kündigungsfristen behielten folglich ihre Wirksamkeit[154].

2. **Abweichung durch Tarifvertrag**. § 622 Abs 4 Satz 1 lässt nur eine Abweichung durch Tarifvertrag zu. Abweichende Regelungen in kirchlichen Arbeitsvertragsrichtlinien sowie in Betriebs- oder Dienstvereinbarungen sind nicht erfasst[155]. Auch eine Delegation der Regelungsbefugnis durch die Tarifvertragsparteien an die Betriebsparteien ist nicht möglich. Die tarifvertraglichen Kündigungsfristen können im einzelnen Arbeitsverhältnis kraft Tarifgebundenheit gem TVG §§ 3 Abs 1, 4 Abs 1 oder AVE gem TVG § 5 Abs 4 Anwendung finden. Gem § 622 Abs 4 Satz 2 können die von § 622 Abs 1-3 abweichenden Tarifregelungen im Geltungsbereich

---

143 Staud/Preis § 622 Rz 39; KR/Spilger BGB § 622 Rz 179; MünchKomm/Hesse § 622 Rz 34; APS/Linck BGB § 622 Rz 69.
144 Hess LAG NZA-RR 2011, 571 = FA 2011, 333 (Ls); LAG Rheinland-Pfalz NZA-RR 2010, 464 = LAGE § 307 BGB 2002 Nr 23; KR/Spilger BGB § 622 Rz 179; ErfK/Müller-Glöge BGB § 622 Rz 15; MünchKomm/Hesse § 622 Rz 36; Staud/Preis § 622 Rz 40.
145 KR/Spilger BGB § 622 Rz 179; MünchKomm/Hesse § 622 Rz 32.
146 APS/Linck BGB § 622 Rz 69; KR/Spilger BGB § 622 Rz 176; MünchKomm/Hesse § 622 Rz 32.
147 BAG NJW 1966, 1478 = DB 1966, 985; Staud/Preis § 622 Rz 36; MünchKomm/Hesse § 622 Rz 35; KR/Spilger BGB § 622 Rz 176; APS/Linck BGB § 622 Rz 69; ErfK/Müller-Glöge BGB § 622 Rz 14.
148 BAG AP Nr 22 zu § 620 BGB Aufhebungsvertrag = DB 2002, 1997.
149 KR/Spilger BGB § 622 Rz 176; ErfK/Müller-Glöge BGB § 622 Rz 15; APS/Linck BGB § 622 Rz 70.
150 BAG NJW 2017, 1895 = NZA 2017, 773.
151 BT-Drucks 12/4902, 9.
152 BT-Drucks 12/4902, 9.
153 BAGE 81, 76 = NZA 1996, 539; NZA 1996, 1166 = DB 1996, 1088; NZA 1997, 726 = DB 1997, 1283; DB 2003, 51 = EzA § 622 BGB Tarifvertrag Nr 3.
154 Staud/Preis § 622 Rz 60.
155 ErfK/Müller-Glöge BGB § 622 Rz 19; aA hinsichtlich kirchlicher AVR: Richardi, Arbeitsrecht in der Kirche § 7 Rz 13.

des Tarifvertrags auch durch arbeitsvertragliche Bezugnahme zur Anwendung gebracht werden (s dazu Rz 51). Die abweichenden Regelungen gelten während der **Nachwirkung** eines Tarifvertrags (TVG § 4 Abs 5) fort, sofern das Arbeitsverhältnis dem Tarifvertrag schon während dessen Geltungsdauer unterlag[156].

39 Eine tarifvertragliche Abweichung von § 622 Abs 1-3 setzt eine konstitutive tarifvertragliche Kündigungsregelung voraus. Ob der Tarifvertrag eine solche enthält, kann insbes fraglich sein, wenn der Tarifvertrag lediglich die gesetzlichen Vorschriften wiederholt oder auf diese verweist. Solange die tarifvertraglichen und gesetzlichen Regelungen übereinstimmen, wirft dies keine besonderen Probleme auf. Weichen die Regelungen infolge einer Gesetzesänderung jedoch inhaltlich voneinander ab, muss durch Auslegung des Tarifvertrags ermittelt werden, ob es sich um eine **konstitutive**, dh in ihrer normativen Wirkung von der außertariflichen Norm unabhängige, oder lediglich um eine **deklaratorische** Regelung handelt[157]. Eine konstitutive Regelung kann nur angenommen werden, wenn der Wille der Tarifvertragsparteien, eine selbständige Regelung zu treffen, im Tarifvertrag einen hinreichend erkennbaren Ausdruck gefunden hat[158]. Gerade bei neueren Tarifverträgen kann von den Tarifvertragsparteien erwartet werden, dass sie ihren Normsetzungswillen verdeutlichen, wenn sie mit der Übernahme von Gesetzesrecht eine eigenständige Tarifregelung beabsichtigen[159]. Eine konstitutive Regelung ist regelmäßig anzunehmen, wenn die Tarifvertragsparteien eine im Gesetz nicht oder anders enthaltene Regelung treffen oder eine gesetzliche Regelung übernehmen, die sonst nicht für die betroffenen Arbeitsverhältnisse gelten würde[160]. Wurden hingegen die einschlägigen gesetzlichen Vorschriften, die ohnehin für die betroffenen Arbeitsverhältnisse gelten würden, wörtlich oder inhaltlich unverändert übernommen, spricht dies bei Fehlen gegenteiliger Anhaltspunkte dafür, dass die Tarifvertragsparteien die Regelungen lediglich im Interesse der Klarheit und Übersichtlichkeit deklaratorisch in den Tarifvertrag aufgenommen haben, um die Tarifgebundenen möglichst umfassend über die Rechtslage zu informieren[161]. Dies gilt insbes, wenn ein Tarifvertrag bei mehreren eng zusammenhängenden Fragen bzgl der einen eine vom Gesetzestext abweichende Regelung trifft und bzgl der anderen den Gesetzestext wörtlich wiedergibt[162]. Auch ein Verweis auf ohnehin anwendbare gesetzliche Vorschriften ist im Zweifel deklaratorisch und damit dynamisch zu verstehen[163]. Eine tarifvertragliche Bestimmung kann auch lediglich **teilweise konstitutiven** Charakter haben und im Übrigen nur deklaratorisch die gesetzliche Regelung wiedergeben[164]. Dies ist der Fall, wenn der Tarifvertrag ein vom Gesetz abweichendes Fristenregime enthält und für die Fristberechnung vorsieht, dass Beschäftigungszeiten, die vor Vollendung des 25. Lebensjahres liegen, „entsprechend § 622 Abs 2 Satz 2" nicht berücksichtigt werden[165]. Möglich ist auch, dass die Tarifvertragsparteien eine eigenständige tarifliche Grundkündigungsfrist regeln und hinsichtlich der verlängerten Kündigungsfristen auf das Gesetz verweisen[166].

40 Hat eine tarifvertragliche Regelung nur deklaratorische Bedeutung, schlägt eine Gesetzesänderung auf die tarifliche Regelung durch, dh, es gelten jeweils die aktuellen gesetzlichen Vorschriften[167]. Fällt eine gesetzliche Regelung – wie zB § 622 Abs 2 Satz 2 aF – ersatzlos weg, geht der Verweis ins Leere[168]. Handelt es sich um eine konstitutive Tarifregelung, ist ihre Wirksamkeit im Falle einer Gesetzesänderung unabhängig vom Schicksal der gesetzlichen Regelungen zu beurteilen[169].

41 **3. Inhalt und Grenzen der tarifvertraglichen Regelungsbefugnis. – a) Verlängerung der Kündigungsfrist.** Durch Tarifvertrag können alle gesetzlichen Kündigungsfristen (Grundkündigungsfrist, verlängerte Kündigungsfrist, Kündigungsfrist während der Probezeit) verlängert werden. Die ordentliche Kündigung durch den Arbeitgeber kann vorübergehend oder dauerhaft (zB ab Erreichen einer bestimmten Altersgrenze) ausgeschlossen werden. Für die Kündigung durch den Arbeitnehmer ergibt sich aus **§ 624 bzw TzBfG § 15 Abs 5** eine absolute Höchstgrenze von

---

156 APS/Linck BGB § 622 Rz 78; MünchKomm/Hesse § 622 Rz 66.
157 BAG DB 2003, 51 = EzA § 622 BGB Tarifvertrag Nr 3; BAGE 81, 76 = NZA 1996, 539; BAGE 40, 102 = AP Nr 133 zu § 1 TVG Auslegung.
158 BAG DB 2003, 51 = EzA § 622 BGB Tarifvertrag Nr 3; BAGE 81, 76 = NZA 1996, 539.
159 BAG DB 2003, 51 = EzA § 622 BGB Tarifvertrag Nr 3.
160 BAG DB 2003, 51 = EzA § 622 BGB Tarifvertrag Nr 3; BAGE 81, 76 = NZA 1996, 539; BAGE 74, 167 = NZA 1994, 221.
161 BAG DB 2003, 51 = EzA § 622 BGB Tarifvertrag Nr 3; BAGE 81, 76 = NZA 1996, 539; BAGE 40, 102 = AP Nr 133 zu § 1 TVG Auslegung.
162 BAGE 40, 102 = AP Nr 133 zu § 1 TVG Auslegung.
163 BAG AP Nr 212 zu § 1 TVG Tarifverträge: Metallindustrie Rz 16 = EzA § 1 TVG Auslegung Nr 47 mwN.
164 BAG NZA 2012, 754 Rz 15 = DB 2012, 807 mwN; NZA 1997, 726 = DB 1997, 1283; MünchKomm/Hesse § 622 Rz 52; APS/Linck BGB § 622 Rz 85; ErfK/Müller-Glöge BGB § 622 Rz 27.
165 BAG NZA 2012, 754 Rz 13 = DB 2012, 807.
166 Vgl BAG NZA 1996, 1166 = DB 1996, 1088.
167 BAG NZA 1997, 97 = AP Nr 21 zu § 1 TVG Tarifverträge Textilindustrie; MünchKomm/Hesse § 622 Rz 53; ErfK/Müller-Glöge BGB § 622 Rz 26; BeckOK-BGB/Plum § 622 Rz 17.
168 BAG NZA 2012, 754 Rz 13-15 = DB 2012, 807.
169 MünchKomm/Hesse § 622 Rz 53; vgl auch BAG NZA 2012, 754 Rz 16 = DB 2012, 807.

5 Jahren und 6 Monaten. Unverhältnismäßig lange Kündigungsfristen können allerdings auch bereits unterhalb dieser Grenze das Recht des Arbeitnehmers auf freie Berufs- und Arbeitsplatzwahl aus GG **Art 12 Abs 1** verletzen (zum Parallelproblem bei vertraglicher Verlängerung der Kündigungsfrist s Rz 62)[170].

b) **Verkürzung der Kündigungsfrist.** Die Tarifvertragsparteien können die Kündigungsfrist **42** auch verkürzen. Eine nicht tarifdisponible Mindestfrist ergibt sich aus dem Gesetz nicht. Zulässig ist daher nach hM auch eine Frist von einem Tag oder ein vollständiger Verzicht auf eine Frist (**entfristete Kündigung**)[171]. Dieser Grundsatz bedarf jedoch einer Einschränkung. Mit dem durch GG Art 12 Abs 1 geschützten Interesse des Arbeitnehmers am Erhalt seines Arbeitsplatzes[172] wäre es nicht zu vereinbaren, wenn ein Arbeitnehmer selbst nach mehrjähriger Beschäftigung jederzeit mit der sofortigen Beendigung seines Arbeitsverhältnisses rechnen müsste[173]. Die Möglichkeit einer entfristeten Beendigungskündigung ist daher auf die Probezeit zu beschränken. Für Änderungskündigungen kann die Kündigungsfrist tarifvertraglich auch für länger bestehende Arbeitsverhältnisse auf wenige Wochen verkürzt werden, insbesondere wenn eine Betriebsänderung durch flankierende Tarifregelungen begleitet wird[174]. Die entfristete Kündigung ist keine außerordentliche Kündigung iSv § 626, sondern eine ordentliche Kündigung mit abgekürzter Kündigungsfrist, was sowohl hinsichtlich der Beteiligungsrechte des Betriebs- oder Personalrats[175] als auch bei der Anwendung des KSchG[176] zu beachten ist[177].

c) **Kündigungstermine.** Durch Tarifvertrag können die gesetzlichen Kündigungstermine **43** geändert oder eingeschränkt oder zusätzliche Kündigungstermine vorgesehen werden. Auch ein vollständiger Verzicht auf Kündigungstermine ist möglich[178].

d) **Verlängerte Kündigungsfristen und sonstige Sonderregelungen.** Die tarifvertragliche **44** Regelungsbefugnis erstreckt sich auch auf die Ausgestaltung der verlängerten Kündigungsfristen nach § 622 Abs 2 Satz 1. Dabei sind die Tarifvertragsparteien nicht an die gesetzliche Struktur gebunden. Sie können sowohl die Anzahl der Stufen und deren jeweiligen Voraussetzungen als auch die Fristen abweichend regeln. Auch ein vollständiger **Verzicht auf eine nach Betriebszugehörigkeit gestaffelte Verlängerung** der Kündigungsfristen ist möglich, denn eine solche Staffelung ist weder durch § 622 noch durch höherrangiges Recht zwingend vorgegeben[179]. Die Tarifvertragsparteien können daher auch einheitliche Kündigungsfristen für alle Arbeitnehmer vorsehen. Zulässig sind auch **kürzere Kündigungsfristen für Kleinbetriebe**, die typischerweise eine geringere Wirtschaftskraft aufweisen und weniger gut in der Lage sind, kurzfristig eintretende Auftragseinbrüche aufzufangen[180]. Eine Verkürzung der gesetzlichen Kündigungsfristen kann an die Voraussetzung geknüpft werden, dass das jeweilige Arbeitsverhältnis in den Geltungsbereich eines wirksamen Sozialplans fällt[181].

e) **Ungleichbehandlung von Arbeitern und Angestellten.** § 622 Abs 4 Satz 1 lässt zwar **45** Differenzierungen zwischen verschiedenen Beschäftigtengruppen zu. Die Differenzierungen bedürfen jedoch vor dem Hintergrund des allgemeinen Gleichheitssatzes aus GG Art 3 Abs 1, an den die Tarifvertragsparteien uneingeschränkt gebunden sind[182], einer sachlichen Rechtfertigung. Eine **pauschale Differenzierung** zwischen Arbeitern und Angestellten (wie in § 622 Abs 1 und 2 aF) ist verfassungswidrig, da keine hinreichend gruppenspezifischen Unterschiede zwischen Arbeitern und Angestellten bestehen, welche die ungleichen Kündigungsfristen rechtfertigen könnten[183]. Dies gilt auch, wenn die unterschiedlichen Fristen durch die gleichen Tarifparteien in verschiedenen Tarifverträgen (zB TV Arbeiter und TV Angestellte) vereinbart wurden[184]. Dagegen hat das BAG **unterschiedliche Kündigungsfristen gebilligt**, wenn diese

---

170 Berg/Kocher/Schumann/Schumann, TVG § 1 Rz 312; Däubler/Heuschmid/Klein TVG § 1 Rz 901; MünchKomm/Hesse § 622 Rz 55.
171 BAG DB 1978, 2370 = AP Nr 1 zu §§ 55 MTL II; NZA 1988, 52 = DB 1988, 185; NZA 1989, 58 = DB 1988, 2106; APS/Linck BGB § 622 Rz 79; HK-KSchR/Spengler BGB § 622 Rz 33; KR/Spilger § 622 Rz 211.
172 BVerfGE 97, 169 = NJW 1998, 1475.
173 So wohl auch DDZ/Callsen BGB § 622 Rz 18; Oetker ZfA 2001, 287, 308.
174 LAG Berlin-Brandenburg 31.3.2015 – 7 Sa 1928/14 Rz 47 ff: Verkürzung der Kündigungsfrist auf 3 Wochen.
175 BAG DB 1978, 2370 = AP Nr 1 zu §§ 55 MTL II.
176 BAG NZA 1988, 52 = DB 1988, 185.
177 ErfK/Müller-Glöge BGB § 622 Rz 20.
178 MünchKomm/Hesse § 622 Rz 56.

179 BAGE 126, 309 Rz 14 ff = NZA 2008, 960; Staud/Preis § 622 Rz 63; MünchKomm/Hesse § 622 Rz 54; aA KR/Spilger BGB § 622 Rz 246.
180 BAGE 126, 309 Rz 30 = NZA 2008, 960.
181 BAGE 168, 238 = NZA-RR 2020, 199.
182 BAGE 74, 167 = NZA 1994, 221 mwN; BAGE 69, 257 = NZA 1992, 739 mwN.
183 BVerfGE 82, 126 = NJW 1990, 2246: Verfassungswidrigkeit der unterschiedlichen Kündigungsfristen des § 622 aF; s auch bereits BVerfG 16.11.1982 – BVerfGE 62, 256 = DB 1983, 450: Verfassungswidrigkeit der unterschiedlichen Berechnung der für die Kündigungsfrist maßgeblichen Beschäftigungsdauer; BAGE 69, 257 = NZA 1992, 739 mwN; NZA 1992, 787 = DB 1992, 1349 mwN; EzA § 622 nF BGB Nr 62 = RzK I 3e Nr 75.
184 DDZ/Callsen BGB § 622 Rz 21; ErfK/Müller-Glöge BGB § 622 Rz 32.

durch hinreichend **gruppenspezifische Besonderheiten sachlich gerechtfertigt** sind[185]. Davon geht das BAG aus, wenn die tariflichen Regelungen nur eine verhältnismäßig kleine Gruppe nicht intensiv benachteiligen oder bevorzugen oder mit Hilfe verkürzter Kündigungsfristen für Arbeiter funktions-, branchen- oder betriebsspezifischen Interessen im Geltungsbereich des Tarifvertrags entsprochen werden soll[186]. So soll etwa das Bedürfnis an flexibler Personalplanung wegen produkt-, mode- und saisonbedingter Auftragsschwankungen im produktiven Bereich erheblich kürzere Kündigungsfristen für Arbeiter rechtfertigen, wenn diese im Gegensatz zu Angestellten ganz überwiegend nur in der Produktion tätig sind[187]. Längere Kündigungsfristen für Angestellte sollen durch gruppenspezifische Schwierigkeiten bestimmter Arbeitnehmer bei der Stellensuche zu rechtfertigen sein, wenn bspw die höher- und hochqualifizierten Arbeitnehmer überwiegend zur Gruppe der Angestellten gehören[188]. Nicht ausreichen ließ das BAG hingegen den pauschalen Hinweis auf „Besonderheiten des Baugewerbes"[189]. Im Einzelnen existiert eine umfangreiche Kasuistik[190]. Neben einem die Ungleichbehandlung rechtfertigenden Grund verlangt das BAG, dass die Ungleichbehandlung und der rechtfertigende Grund in einem **angemessenen Verhältnis** zueinander stehen[191].

46 Nach der Rspr des BAG können sowohl die Grundkündigungsfristen als auch die verlängerten Kündigungsfristen unterschiedlich geregelt werden[192]. Da auf der einen Seite evtl vorhandene Unterschiede hinsichtlich des Schutzbedürfnisses von Arbeitern und Angestellten und des betrieblichen Flexibilitätsinteresses mit fortschreitender Betriebszugehörigkeit an Gewicht verlieren und auf der anderen Seite die Betriebstreue der Beschäftigten an Bedeutung gewinnt, kommt eine Rechtfertigung **unterschiedlicher verlängerter Kündigungsfristen** allerdings nur unter besonderen Umständen und bei Vorliegen erheblicher, sachlicher Gründe in Betracht[193]. Wird die Verfassungsmäßigkeit tariflicher Kündigungsfristen von einer Partei oder vom Gericht bezweifelt, sind entsprechend der **Grundsätze des ZPO § 293** von Amts wegen die für bzw gegen eine Verfassungswidrigkeit sprechenden Umstände zu ermitteln[194].

47 f) **Verbot der Altersdiskriminierung.** Eine Grenze der tarifvertraglichen Regelungsbefugnisse ergibt sich aus den Diskriminierungsverboten des AGG, insbes aus dem Verbot der Altersdiskriminierung (s dazu auch bereits Rz 27).

48 g) **Benachteiligungsverbot (§ 622 Abs 6).** Gem § 622 Abs 6 darf für die Kündigung des Arbeitsverhältnisses durch den Arbeitnehmer keine längere Frist vereinbart werden als für die Kündigung durch den Arbeitgeber. Dieses Benachteiligungsverbot begrenzt auch die Gestaltungsbefugnis der Tarifvertragsparteien, da der Gesetzgeber bei der Neuregelung des § 622 Abs 6 durch das KündFG auf die bis dahin bestehende Beschränkung auf einzelvertragliche Vereinbarungen verzichtet hat[195].

49 4. **Rechtsfolgen unwirksamer tarifvertraglicher Regelungen.** Ist eine von § 622 Abs 1-3 abweichende tarifvertragliche Regelung (bspw wegen eines Verstoßes gegen GG Art 3 Abs 1 oder gem AGG § 7 Abs 2 iVm §§ 7 Abs 1, 1) unwirksam, ist die entstandene Lücke in der Regel durch die Regelungen des BGB § 622 zu schließen[196]. Eine **richterliche Lückenschließung** durch ergänzende Vertragsauslegung kommt nur in Betracht, wenn ausreichende Anhaltspunkte dafür vorliegen, welche Regelung die Tarifvertragsparteien mutmaßlich getroffen hätten, wenn ihnen die Nichtigkeit bewusst gewesen wäre[197].

VI. Kündigungsfristen in Betriebsvereinbarungen

50 Eine Verkürzung der Kündigungsfristen durch Betriebsvereinbarung scheidet mangels einer entsprechenden Öffnungsklausel in § 622 aus. Die Betriebsparteien können jedoch unter Beach-

---

185 BAGE 67, 367 = NJW 1991, 3168; EzA § 622 nF BGB Nr 62 = RzK I 3e Nr 75; krit zur Rspr Staud/Preis § 622 Rz 79 ff.
186 BAGE 67, 367 = NJW 1991, 3168; EzA § 622 nF BGB Nr 62 = RzK I 3e Nr 75.
187 BAGE 69, 257 = NZA 1992, 739; NZA 1992, 787 = DB 1992, 1349; BAGE 76, 111 = NZA 1994, 1045.
188 BAGE 67, 367 = NJW 1991, 3168.
189 BAG 29.8.1991 – 2 AZR 72/91.
190 S dazu KR/Spilger BGB § 622 Rz 252 ff; HK-KSchR/Spengler BGB § 622 Rz 37 f; APS/Linck BGB § 622 Rz 90 ff; Staud/Preis § 622 Rz 74; MünchKomm/Hesse § 622 Rz 62.
191 BAGE 76, 111 = NZA 1994, 1045.
192 BAG NZA 1992, 787 = DB 1992, 1349; aA DDZ/Callsen BGB § 622 Rz 24.
193 BAG NZA 1992, 166 = DB 1992, 226.
194 BAG NZA 1993, 995 = DB 1993, 1578.
195 BT-Drucks 12/4902, 9; Staud/Preis § 622 Rz 64; ErfK/Müller-Glöge BGB § 622 Rz 21.
196 BAGE 76, 103 = NZA 1994, 799; BAG NZA 2012, 754 Rz 16 ff = DB 2012, 807; APS/Linck BGB § 622 Rz 89; Staud/Preis § 622 Rz 84; ErfK/Müller-Glöge BGB § 622 Rz 33; Kramer ZIP 1994, 929, 935; Worzalla NZA 1994, 145, 149; aA Hromadka BB 1993, 2372, 2378; Kehrmann AiB 1993, 746, 748.
197 BAG NJW 1991, 3170 = NZA 1991, 797; ErfK/Müller-Glöge BGB § 622 Rz 33; Staud/Preis § 622 Rz 85.

tung des gesetzlichen Mindestschutzes die Kündigungsfristen durch freiwillige Betriebsvereinbarung (BetrVG § 88) verlängern[198]. In der Regel steht einer solchen Vereinbarung jedoch der Tarifvorbehalt aus BetrVG § 77 Abs 3 entgegen, da die meisten Manteltarifverträge Regelungen über Kündigungsfristen enthalten[199]. Aus demselben Grund ist eine Übernahme der tarifvertraglichen Kündigungsfristen durch Betriebsvereinbarung unzulässig, es sei denn, der Tarifvertrag enthält eine entsprechende Öffnungsklausel[200].

VII. Vertragliche Kündigungsfristen

1. Vertragliche Bezugnahme auf tarifvertragliche Regelungen (§ 622 Abs 4 Satz 2). Gem 51 § 622 Abs 4 Satz 2 können nicht tarifgebundene Arbeitgeber und Arbeitnehmer im Anwendungsbereich des Tarifvertrags die Geltung der abweichenden tarifvertraglichen Bestimmungen individualvertraglich vereinbaren. Die Vorschrift ermöglicht eine Gleichbehandlung aller Arbeitnehmer und soll insbes eine Benachteiligung tarifgebundener Arbeitnehmer durch die Anwendung verkürzter tarifvertraglicher Kündigungsfristen verhindern[201].

a) **Arbeitsvertragliche Vereinbarung.** Typischerweise wird die Anwendung der tarifvertrag- 52 lichen Bestimmungen durch eine **Bezugnahmeklausel** im (Formular-) Arbeitsvertrag vereinbart. Zwingend ist eine solche schriftliche Klausel aber nicht. Da § 622 Abs 4 Satz 2 keine bestimmte Form vorschreibt, kann die Vereinbarung auch mündlich oder durch konkludentes Handeln getroffen werden[202]. Die Anwendung der tariflichen Bestimmungen kann sich daher auch aus einer **betrieblichen Übung** ergeben[203]. Das BAG hatte dies zwar in einer Einzelfallentscheidung abgelehnt. Aus der Begründung lässt sich jedoch nicht ableiten, dass eine betriebliche Übung in jedem Fall ausscheidet. Das BAG stützt seine Ablehnung allein darauf, dass die angeblich bestehende betriebliche Übung über die Anwendung des in Rede stehenden Tarifvertrags dem Arbeitnehmer nicht bekannt gewesen, geschweige denn, dass dieser hiermit einverstanden gewesen sei[204]. Daraus folgt, dass eine Vereinbarung über die Anwendung der tarifvertraglichen Kündigungsfristen durch betriebliche Übung möglich ist, wenn die entsprechende betriebliche Praxis dem Arbeitnehmer bekannt ist und von diesem zumindest konkludent gebilligt wird[205]. Dies ist regelmäßig der Fall, wenn der Arbeitgeber ein einschlägiges Tarifwerk insgesamt auf sämtliche Arbeitnehmer des Betriebs anwendet[206]. Davon ist im Zweifel auszugehen, wenn der Arbeitgeber tarifgebunden ist[207]. Wendet der Arbeitgeber hingegen nur Teile eines Tarifwerks im Betrieb an, bedarf es konkreter Anhaltspunkte dafür, dass dem Arbeitnehmer die Anwendung der tariflichen Kündigungsbestimmungen bekannt war. Eine Bezugnahme auf die tariflichen Regelungen ist auch möglich, wenn **nur eine der beiden Parteien nicht tarifgebunden** ist[208]. Ein anderes Normverständnis würde dem Normzweck widersprechen und zu dem wenig nachvollziehbaren Ergebnis führen, dass die Tarifgebundenheit eines Vertragspartners der Anwendung der tariflichen Bestimmungen entgegenstehen würde.

§ 622 Abs 4 Satz 2 setzt den übereinstimmenden **Parteiwillen** voraus, die tariflichen Bestim- 53 mungen zur Anwendung zu bringen. Eine zufällige Übereinstimmung der individualvertraglich vereinbarten Frist mit einer Tarifregelung genügt nicht[209]. Es empfiehlt sich daher, die Anwendung der Tarifbestimmungen im Arbeitsvertrag klar zum Ausdruck zu bringen. Einer damit ggf verbundenen Abweichung vom Gesetz müssen sich die Parteien indes nicht bewusst sein[210]. Die Vereinbarung kann durch (dynamische) Verweisung auf den Tarifvertrag oder durch Wiedergabe der Tarifregelungen im Arbeitsvertrag erfolgen. Bei arbeitsvertraglicher **Verweisung** muss diese so eindeutig sein, dass die in Bezug genommenen Tarifvertragsbestimmungen zweifelsfrei bestimmbar sind[211]. Gem **NachwG § 2 Abs 1 Satz 2 Nr 14 u 15** ist der Arbeitgeber verpflichtet, die Fristen für die Kündigung des Arbeitsverhältnisses und einen in allgemeiner Form gehaltenen Hinweis auf die Tarifverträge, die auf das Arbeitsverhältnis anzuwenden sind, in die dem Arbeit-

---

198 DDZ/Callsen BGB § 622 Rz 44.
199 DDZ/Callsen BGB § 622 Rz 44; BeckOK-ArbR/Gotthardt BGB § 622 Rz 50; vgl dazu auch BAG NZA-RR 2011, 18 Rz 25 ff = EzA § 626 BGB 2002 Unkündbarkeit Nr 17.
200 DDZ/Callsen BGB § 622 Rz 44; Staud/Preis § 622 Rz 47.
201 Staud/Preis § 622 Rz 42.
202 MünchKomm/Hesse § 622 Rz 70; Staud/Preis § 622 Rz 47; ErfK/Müller-Glöge BGB § 622 Rz 37.
203 APS/Linck BGB § 622 Rz 97; MünchKomm/Hesse § 622 Rz 70; ErfK/Müller-Glöge BGB § 622 Rz 37; DDZ//Callsen BGB § 622 Rz 35; BAGE 101, 75 = NZA 2002, 1096: Bezugnahme auf tarifliche Ausschussfristen durch betriebliche Übung.

204 BAG 3. Juli 1996 – 2 AZR 469/95 – RzK I 3e Nr 62.
205 Ebenso MünchKomm/Hesse § 622 Rz 70.
206 MünchKomm/Hesse § 622 Rz 70; Staud/Preis § 622 Rz 47.
207 BAG NZA 1999, 879 = AP Nr 9 zu § 1 TVG Bezugnahme auf Tarifvertrag.
208 MünchKomm/Hesse § 622 Rz 70; APS/Linck BGB § 622 Rz 97.
209 LAG Rheinland-Pfalz 6. Dezember 2006 – 9 Sa 742/06 Rz 25.
210 MünchKomm/Hesse § 622 Rz 71; ErfK/Müller-Glöge BGB § 622 Rz 37.
211 MünchKomm/Hesse § 622 Rz 71; ErfK/Müller-Glöge BGB § 622 Rz 37.

nehmer spätestens einen Monat nach dem vereinbarten Beginn des Arbeitsverhältnisses auszuhändigende **Niederschrift** aufzunehmen. Eine Verletzung dieser Pflicht hat jedoch keine Auswirkung auf die Wirksamkeit der getroffenen Vereinbarung und begründet nicht den Einwand rechtsmissbräuchlichen Verhaltens, wenn sich der Arbeitgeber auf die kürzere tarifliche Kündigungsfrist beruft[212].

54 b) **Einschlägiger Tarifvertrag.** § 622 Abs 4 Satz 2 lässt eine arbeitsvertragliche Bezugnahme auf abweichende Tarifregelungen nur im Geltungsbereich eines Tarifvertrags zu. Das Arbeitsverhältnis muss also dem **räumlichen, sachlichen und persönlichen Geltungsbereich** des in Bezug genommenen Tarifvertrags unterfallen[213]. Die Bezugnahme auf einen „fremden" Tarifvertrag ist nur zulässig, wenn dieser für den Arbeitnehmer günstigere Regelungen enthält als § 622 Abs 1-3 (arg § 622 Abs 5 Satz 3)[214]. Nicht möglich ist hingegen die Anwendung eines Tarifvertrags, der zwar günstigere Regelungen als der einschlägige Tarifvertrag, aber dennoch ungünstigere Regelungen als § 622 Abs 1-3 vorsieht[215]. Unterfällt das Arbeitsverhältnis, bspw infolge eines **Betriebsübergangs**, nicht mehr dem Geltungsbereich des Tarifvertrags, muss differenziert werden: Bei „statischer" oder „kleiner dynamischer" Verweisung gelten die Tarifregelungen weiter, sofern sie für den Arbeitnehmer günstigere Regelungen enthalten als § 622 Abs 1-3; im Übrigen gelten die gesetzlichen Regelungen[216]. Enthält der Arbeitsvertrag hingegen eine große dynamische Bezugnahmeklausel oder eine vor dem 1. Januar 2002 vereinbarte Gleichstellungsabrede, gelten die Regelungen des nunmehr einschlägigen Tarifvertrags[217].

55 Gem § 622 Abs 4 Satz 2 können auch gem TVG § 4 Abs 5 **nachwirkende Tarifregelungen** im Arbeitsverhältnis Anwendung finden, und zwar auch dann, wenn deren Anwendung erstmals im Nachwirkungszeitraum vereinbart wurde[218]. Das folgt aus dem Zweck der Norm, eine Gleichbehandlung der Arbeitnehmer zu ermöglichen[219]. Die Verweisung auf einen lediglich nachwirkenden Tarifvertrag muss jedoch klar und unmissverständlich sein, eine Verweisung auf den „die Firma bindenden" Tarifvertrag genügt nicht[220]. Endet die Nachwirkung durch den Abschluss eines neuen Tarifvertrags, ist eine weitere Anwendung der Regelungen des abgelösten Tarifvertrags nicht mehr möglich[221]. Die Regelungen des neuen Tarifvertrags gelten nur bei dynamischer Verweisung[222].

56 Die tariflichen Kündigungsregelungen des einschlägigen Tarifvertrags müssen **insgesamt** im Arbeitsverhältnis zur Anwendung gebracht werden. Eine **isolierte** Anwendung einzelner Klauseln (zB einer verkürzten Grundkündigungsfrist, einer verkürzten Probezeitkündigungsfrist oder einer abweichenden Regelung der verlängerten Kündigungsfristen) ist nicht möglich, da auf diese Weise die von § 622 Abs 4 Satz 2 vermutete Ausgewogenheit der tariflichen Gesamtregelung in Frage gestellt würde[223].

57 c) **Wirkung.** Die vertragliche Bezugnahme hat zur Folge, dass die vom Gesetz abweichenden tarifvertraglichen Regelungen allein aufgrund der vertraglichen Vereinbarung im Arbeitsverhältnis Anwendung finden. § 622 Abs 4 Satz 2 ermöglicht damit eine individualvertragliche Abweichung von § 622 Abs 1-3. Anders als die Tarifvertragsparteien haben die Arbeitsvertragsparteien jedoch keinen eigenständigen Gestaltungsspielraum, ihre Entscheidung beschränkt sich auf die Frage, ob sie die tariflichen Regelungen anwenden oder es bei den gesetzlichen Regelungen belassen. Auf die **Rechtsnatur** der Vereinbarung als schuldrechtliche arbeitsvertragliche Bestimmung hat der Verweis auf die tariflichen Bestimmungen keine Auswirkungen, insbes TVG § 4 findet keine Anwendung[224]. Ist der in Bezug genommene **Tarifvertrag rechtsunwirksam**, treten an die Stelle der unwirksamen Tarifnormen die gesetzlichen Bestimmungen des § 622 Abs 1-3[225]. Wurde die Anwendung der Tarifregelungen **nicht wirksam vereinbart** oder besteht

---

212 Vgl zur Berufung auf eine tarifliche Ausschlussfrist: BAGE 101, 75 = NZA 2002, 1096; NZA 2012, 750 Rz 30 = DB 2012, 1388.
213 ErfK/Müller-Glöge BGB § 622 Rz 35; Staud/Preis § 622 Rz 44; APS/Linck BGB § 622 Rz 98.
214 ErfK/Müller-Glöge BGB § 622 Rz 35; APS/Linck BGB § 622 Rz 98; DDZ/Callsen BGB § 622 Rz 33; aA Staud/Preis § 622 Rz 44.
215 ErfK/Müller-Glöge BGB § 622 Rz 35.
216 Vgl MünchKomm/Hesse § 622 Rz 76.
217 Vgl MünchKomm/Hesse § 622 Rz 76.
218 Staud/Preis § 622 Rz 46; ErfK/Müller-Glöge BGB § 622 Rz 36; MünchKomm/Hesse § 622 Rz 72; APS/Linck BGB § 622 Rz 99; BeckOK-ArbR/Gotthardt BGB § 622 Rz 39; ebenso zu BUrlG § 13 Abs 1 Satz 2: BAG DB 1978, 2226 = AP Nr 12 zu § 13 BUrlG (m zust Anm Wiedemann).
219 ErfK/Müller-Glöge § 622 Rz 36; MünchKomm/Hesse § 622 Rz 72; APS/Linck § 622 Rz 99.
220 BAG 18. August 1982 – 5 AZR 281/80; ErfK/Müller-Glöge BGB § 622 Rz 36.
221 Staud/Preis § 622 Rz 46; ErfK/Müller-Glöge § 622 Rz 36.
222 MünchKomm/Hesse § 622 Rz 72.
223 MünchKomm/Hesse § 622 Rz 73; ErfK/Müller-Glöge BGB § 622 Rz 35; APS/Linck BGB § 622 Rz 98; Staud/Preis § 622 Rz 45; KR/Spilger BGB § 622 Rz 212; DDZ/Callsen BGB § 622 Rz 34 mit rechtspolitischer Kritik.
224 Staud/Preis § 622 Rz 42; APS/Linck BGB § 622 Rz 100; MünchKomm/Hesse § 622 Rz 74.
225 BAG NZA 2012, 754 Rz 23 = DB 2012, 807; APS/Linck BGB § 622 Rz 100; ErfK/Müller-Glöge BGB § 622 Rz 36.

der in Bezug genommene Tarifvertrag nicht oder nicht mehr (s dazu Rz 55), gelten ebenfalls die gesetzlichen Bestimmungen.

2. Kündigungsfristen für Aushilfskräfte (§ 622 Abs 5 Satz 1 Nr 1). Gem § 622 Abs 5 **58** Satz 1 Nr 1 kann einzelvertraglich eine kürzere als die in Abs 1 genannte Kündigungsfrist vereinbart werden, wenn ein Arbeitnehmer zur vorübergehenden Aushilfe eingestellt ist. Dies gilt jedoch nicht, wenn das Arbeitsverhältnis über die Zeit von drei Monaten hinaus fortgesetzt wird. Die Besonderheit eines **Aushilfsarbeitsverhältnisses** besteht darin, dass der Arbeitgeber es von vornherein nicht auf Dauer eingehen will, sondern nur zur Deckung eines vorübergehenden Bedarfs an Arbeitskräften, der nicht durch den normalen Betriebsablauf, sondern durch den Ausfall von Stammkräften oder einen zeitlich begrenzten zusätzlichen Arbeitsanfall begründet ist[226]. Das Vorliegen eines Aushilfsarbeitsverhältnisses iSv § 622 Abs 5 Satz 1 Nr 1 setzt daher voraus, dass ein nur vorübergehender Bedarf objektiv vorliegt und die nur vorübergehend beabsichtigte Beschäftigung im Arbeitsvertrag ausgewiesen ist[227]. § 622 Abs 5 Satz 1 Nr 1 gilt sowohl für **unbefristete** als auch für **befristete Aushilfsarbeitsverhältnisse**, sofern deren ordentliche Kündbarkeit vereinbart ist[228]. Keine Anwendung findet die Vorschrift auf Arbeitsverhältnisse zwischen Verleihern und **Leiharbeitnehmern** (AÜG § 11 Abs 4 Satz 1). § 622 Abs 5 Satz 1 Nr 1 lässt eine Abweichung von den gesetzlichen Regelungen für eine Dauer von **bis zu 3 Monaten** zu. Dies gilt auch dann, wenn von Anfang an feststeht, dass das Arbeitsverhältnis länger als 3 Monate bestehen wird[229]. Die verkürzte Kündigungsfrist gilt – vorbehaltlich anderer Vereinbarungen – für jede Kündigung, die innerhalb des 3-Monats-Zeitraums zugeht[230]. Nach Ablauf von 3 Monaten gelten die gesetzlichen bzw tarifvertraglichen Kündigungsfristen und -termine[231]. Eine **Mindestkündigungsfrist** besteht nicht[232]. Es kann daher auch die Möglichkeit einer entfristeten ordentlichen Kündigung vereinbart werden[233]. Die Abweichungsbefugnis nach § 622 Abs 5 Satz 1 Nr 1 bezieht sich auch auf die **Kündigungstermine**[234]. Vereinbaren die Parteien ausdrücklich ein **Aushilfsarbeitsverhältnis, ohne eine Vereinbarung über (abgekürzte) Kündigungsfristen** zu treffen, gelten die gesetzlichen Kündigungsfristen[235]. § 622 Abs 5 Satz 1 Nr 1 räumt den Parteien lediglich die Möglichkeit ein, kürzere Kündigungsfristen zu vereinbaren. Einen Automatismus, wie ihn § 622 Abs 3 im Falle einer vereinbarten Probezeit vorsieht, enthält § 622 Abs 5 Satz 1 Nr 1 nicht[236]. Erforderlich ist vielmehr eine Vereinbarung über die konkret einzuhaltende Frist[237].

3. Kündigungsfristen im Kleinunternehmen (§ 622 Abs 5 Satz 1 Nr 2). § 622 Abs 5 **59** Satz 1 Nr 2 ermöglicht die einzelvertragliche Verkürzung der in § 622 Abs 1 genannten Kündigungsfrist, wenn der Arbeitgeber in der Regel nicht mehr als 20 Arbeitnehmer ausschließlich der zu ihrer Berufsbildung Beschäftigten beschäftigt und die Kündigungsfrist vier Wochen nicht unterschreitet. Bei strikter Wortlautauslegung bliebe für die Norm kein Anwendungsbereich, da eine Verkürzung der in § 622 Abs 1 genannten vierwöchigen Frist ohne Unterschreitung einer vierwöchigen Frist logisch unmöglich ist. Soll die Norm überhaupt einen Anwendungsbereich erhalten, muss sie daher so verstanden werden, dass sie nicht nur eine Abweichung von der in § 622 Abs 1 genannten Kündigungsfrist, sondern auch von den dort genannten **Kündigungsterminen** zulässt[238]. Die Arbeitsvertragsparteien können demnach in Kleinunternehmen abweichend von § 622 Abs 1 andere oder zusätzliche Kündigungstermine zulassen oder auf die Einhaltung eines Kündigungstermins verzichten. § 622 Abs 5 Satz 1 Nr 2 lässt indes **keine Verkürzung der Grundkündigungsfrist** und **keine Abweichungen von § 622 Abs 2** zu[239]. Angesichts dieses Regelungsgehalts wird die rechtspolitische Sinnhaftigkeit des § 622 Abs 5 Satz 1 Nr 2 zu Recht in Frage gestellt, zumal die durch die Norm ermöglichten ungeraden Beendigungstermine mit Blick auf die am Arbeitsmarkt im Übrigen üblichen Einstellungstermine einen unterbrechungsfreien Übergang des Arbeitnehmers in ein neues Arbeitsverhältnis bzw die nahtlose Anschlussbeschäftigung einer Ersatzkraft erschweren[240].

---

226 BAG AP Nr 23 zu § 622 BGB = DB 1986, 2548.
227 BAG AP Nr 23 zu § 622 BGB = DB 1986, 2548.
228 BAG AP Nr 23 zu § 622 BGB = DB 1986, 2548.
229 ErfK/Müller-Glöge BGB § 622 Rz 16.
230 APS/Linck BGB § 622 Rz 109; ErfK/Müller-Glöge BGB § 622 Rz 16.
231 APS/Linck BGB § 622 Rz 109.
232 BT-Drucks 12/4902, 9.
233 BAG AP Nr 23 zu § 622 BGB = DB 1986, 2548; Staud/Preis § 622 Rz 31; DDZ/Callsen BGB § 622 Rz 46.
234 BAG AP Nr 23 zu § 622 BGB = DB 1986, 2548; APS/Linck BGB § 622 Rz 106; ErfK/Müller-Glöge BGB § 622 Rz 17; MünchKomm/Hesse § 622 Rz 80; DDZ/Callsen BGB § 622 Rz 46.
235 Staud/Preis § 622 Rz 33; MünchKomm/Hesse § 622 Rz 83; ErfK/Müller-Glöge BGB § 622 Rz 17; APS/Linck BGB § 622 Rz 107.
236 MünchKomm/Hesse § 622 Rz 83.
237 APS/Linck BGB § 622 Rz 107.
238 Staud/Preis § 622 Rz 48; APS/Linck BGB § 622 Rz 110.
239 APS/Linck BGB § 622 Rz 110; MünchKomm/Hesse § 622 Rz 87.
240 Staud/Preis § 622 Rz 6; Kehrmann AiB 1993, 746.

60 § 622 Abs 5 Satz 1 Nr 2 gilt nur, wenn der Arbeitgeber in der Regel nicht mehr als 20 Arbeitnehmer ausschließlich der zu ihrer Berufsbildung Beschäftigten beschäftigt. **Zu ihrer Berufsausbildung Beschäftigte** sind Auszubildende, Umschüler, Anlernlinge, Volontäre und Praktikanten[241]. Bei der Feststellung der Zahl der beschäftigten Arbeitnehmer sind **Teilzeitbeschäftigte** mit einer regelmäßigen wöchentlichen Arbeitszeit von nicht mehr als 20 Stunden mit 0,5 und nicht mehr als 30 Stunden mit 0,75 zu berücksichtigen. Maßgeblich ist grds die vertraglich vereinbarte Arbeitszeit, es sei denn, diese wird nicht nur vorübergehend tatsächlich überschritten[242]. Es kommt nicht auf die Anzahl der Beschäftigten im Betrieb, sondern im Unternehmen an; die Beschäftigten mehrerer Betriebe sind also zusammenzurechnen[243]. Maßgeblich ist die Zahl der **„in der Regel"** Beschäftigten. Es kommt daher nicht auf die zufällige tatsächliche Beschäftigtenzahl zum Zeitpunkt des Kündigungszugangs an, sondern auf die Feststellung der Beschäftigungslage, die im Allgemeinen für den Betrieb kennzeichnend ist[244]. Dazu bedarf es grds eines Rückblicks auf die bisherige personelle Stärke des Betriebs und einer Einschätzung seiner zukünftigen Entwicklung, wobei Zeiten außergewöhnlich hohen oder niedrigen Geschäftsanfalls nicht zu berücksichtigen sind[245]. **Leiharbeitnehmer** wird man in Anlehnung an die BAG-Rspr[246] zur Kleinbetriebsklausel des KSchG § 23 Abs 1 bei der Ermittlung der Beschäftigtenzahl berücksichtigen müssen, wenn ihr Einsatz auf einem „in der Regel" vorhandenen Personalbedarf beruht[247].

61 4. **Verlängerung der gesetzlichen Kündigungsfristen (§ 622 Abs 5 Satz 3).** Die gesetzlichen Kündigungsfristen können grds für beide Vertragsparteien durch arbeitsvertragliche Vereinbarung verlängert werden (§ 622 Abs 5 Satz 3). Die Kündigungsfrist für den Arbeitnehmer darf jedoch nicht länger sein als die vom Arbeitgeber einzuhaltende Frist (§ 622 Abs 6, s i Einz Rz 65). Die Vereinbarung **gleichlanger Fristen**, zB durch Anwendung der verlängerten Kündigungsfristen des § 622 Abs 2 Satz 1 auf Arbeitnehmerkündigungen, ist hingegen grds zulässig und auch in einem **Formulararbeitsvertrag** keine überraschende Klausel iSv § 305c Abs 1[248]. Zulässig und hinreichend transparent (iSd § 307 Abs 1 Satz 2) ist zB eine Klausel, nach der „das Arbeitsverhältnis beiderseits ordentlich unter Einhaltung der für den Arbeitgeber nach § 622 gesetzlich geltenden Kündigungsfristen gekündigt werden" kann[249]. Die gesetzlich vorgesehenen **Kündigungstermine** können durch vertragliche Vereinbarung nicht abweichend geregelt werden[250]. Zulässig ist es jedoch, bestimmte Kündigungstermine auszuschließen und eine Kündigung bspw nur zum Monats-, Quartals- oder Jahresende zuzulassen[251].

62 Die vertragliche **Verlängerung der Kündigungsfrist für eine Kündigung durch den Arbeitnehmer** unterliegt den **Grenzen** aus § 624 bzw TzBfG § 15 Abs 5. Die vereinbarten Kündigungsfristen und -termine dürfen nicht zur Folge haben, dass der Arbeitnehmer länger als 5 ½ Jahre an den Arbeitsvertrag gebunden ist. Im Einzelfall kann die Vereinbarung auch unterhalb dieser Grenze nach § 138 Abs 1 unwirksam sein, wenn sie das Recht des Arbeitnehmers auf freie Berufswahl bzw freie Wahl des Arbeitsplatzes aus GG Art 12 Abs 1 verletzt oder die berufliche und wirtschaftliche Bewegungsfreiheit des Arbeitnehmers in unangemessener und deshalb rechtlich zu missbilligender Weise beschränkt[252]. **Formularvertraglich** vereinbarte Kündigungsfristen unterliegen zudem der **Inhaltskontrolle am Maßstab des § 307**. Keine Anwendung findet allerdings § 307 Abs 2 Nr 1, da eine Verlängerung der Kündigungsfristen nicht von wesentlichen Grundgedanken der gesetzlichen Regelung abweicht, sondern nach § 622 Abs 5 Satz 3 und Abs 6 vom gesetzlichen Regelungskonzept vorgesehen ist[253]. **Unangemessen** iSv § 307 Abs 1 Satz 1 ist eine Verlängerung der Kündigungsfrist, wenn die Verlängerung nicht oder nicht angemessen kompensiert wird[254]. Erforderlich ist eine einzelfallbezogene Abwägung unter Berücksichtigung aller dem Arbeitnehmer gewährten Vorteile, die zu der Verlängerung der Kün-

---

241 MünchKomm/Hesse § 622 Rz 88; ErfK/Müller-Glöge BGB § 622 Rz 18.
242 APS/Linck BGB § 622 Rz 112; ErfK/Müller-Glöge BGB § 622 Rz 18.
243 APS/Linck BGB § 622 Rz 111.
244 BAGE 109, 215 = NJW 2004, 1818 (zu KSchG § 23 Abs 1 Satz 2).
245 BAG NZA 2005, 764 = AP Nr 34 zu § 23 KSchG 1969 (zu KSchG § 23 Abs 1 Satz 2).
246 BAGE 144, 222 = NZA 2013, 726.
247 ErfK/Müller-Glöge BGB § 622 Rz 18; APS/Linck BGB § 622 Rz 112.
248 BAG NZA 2009, 1337 = SAE 2010, 167 (m Anm Juncker/Amschler); APS/Linck BGB § 622 Rz 113.
249 BAG NZA 2009, 1337 Rz 22 = SAE 2010, 167 (m Anm Juncker/Amschler); ErfK/Müller-Glöge BGB § 622 Rz 40.
250 BAG NZA 2008, 476 Rz 40 f = AP Nr 31 zu § 17 KSchG 1969 (Ls); NJW 2009, 391 Rz 29 = NZA 2009, 29 mwN.
251 BAG NZA 2009, 370 = DB 2009, 569: Kündigung ausschließlich zum 31. Juli; ErfK/Müller-Glöge BGB § 622 Rz 41; KR/Spilger BGB § 622 Rz 204; MünchKomm/Hesse § 622 Rz 93.
252 BAG DB 1970, 497 = AP Nr 7 zu § 611 BGB Treuepflicht: verneint bei Vereinbarung einer einjährigen Kündigungsfrist; ErfK/Müller-Glöge BGB § 622 Rz 42; MünchKomm/Hesse § 622 Rz 96.
253 BAGE 161, 9 Rz 31 = NZA 2018, 297.
254 BAGE 161, 9 Rz 33 = NZA 2018, 297.

digigungsfrist in einem inneren Zusammenhang stehen[255]. Dabei genügt idR allein die Verlängerung der für den Arbeitgeber geltenden Kündigungsfrist als Ausgleich nicht, denn der daraus resultierende Vorteil hat für den Arbeitnehmer, jedenfalls bei einer Bindung von mehr als einem Jahr, kaum einen praktischen Nutzen, da ihm die Suche nach einer Anschlussbeschäftigung angesichts der üblicherweise eher kurzfristigen Stellenausschreibungen erst innerhalb der letzten Monate vor Beendigung des Arbeitsverhältnisses möglich ist[256]. Akzeptiert wurden von der Rspr etwa eine zweimonatige Kündigungsfrist jeweils zum 31. Juli eines Jahres[257], eine 18-monatige Kündigungsfrist zum Monatsende für einen Einkaufsleiter einer europaweit tätigen Supermarktkette[258] sowie eine zweijährige Kündigungsfrist zum Quartalsende verbunden mit der Aufstiegschance zum „Einkaufsleiter"[259]. Als unwirksam angesehen wurden indessen eine Kündigungsfrist von drei Jahren zum Monatsende[260] sowie eine 6-monatige Kündigungsfrist zum Ablauf jeweils des 4. Beschäftigungsjahres ohne angemessenen Ausgleich für den Arbeitnehmer[261].

5. Günstigkeitsvergleich. Ob eine nach § 622 Abs 5 Satz 3 zulässige Verlängerung der Kündigungsfrist oder eine unzulässige Abweichung von § 622 Abs 1-3 vorliegt, ist im Wege eines Günstigkeitsvergleichs festzustellen[262]. Dabei sind die einzelvertraglich vereinbarten Kündigungsfristen und -termine grds als Einheit zu betrachten und im Wege eines **Gruppenvergleichs** der gesetzlichen Regelung gegenüberzustellen[263]. Eine isolierte Betrachtung ist ausnahmsweise möglich, wenn die Parteien mit einer Beschränkung der Kündigungstermine besondere, eigenständige Ziele verfolgt haben[264]. Sofern teilweise ausgeführt wird, dass für den Vergleich der **Zeitpunkt** des Vertragsschlusses maßgeblich sei[265], ist dies insofern missverständlich, als es nicht darum geht, die Wirksamkeit der vertraglichen Regelung anhand der zum Zeitpunkt des Vertragsschlusses geltenden gesetzlichen Regelungen zu beurteilen. Gemeint ist vielmehr, dass der Günstigkeitsvergleich abstrakt und nicht bezogen auf den Zeitpunkt des Ausspruchs der Kündigung durchzuführen ist[266]. Die vertragliche Regelung ist nur dann günstiger und damit wirksam, wenn sie in jedem Fall zu einer späteren Beendigung des Arbeitsverhältnisses führt[267]. Dass die vertragliche Regelung für die längere Zeit innerhalb eines Kalenderjahres (zB in 8 von 12 Monaten) den besseren Schutz gewährt, genügt nicht[268]. Nicht abschließend geklärt ist, ob eine einheitliche, von der Dauer der Betriebszugehörigkeit unabhängige Kündigungsfrist solange Wirkung entfalten kann, bis sie mit einer für den Arbeitnehmer günstigeren Frist des § 622 Abs 2 Satz 1 kollidiert[269]. Diese Frage ist zu bejahen. Die gesetzlichen Regelungen des § 622 können die vertraglichen Vorschriften nur in ihrem jeweiligen Anwendungsbereich verdrängen. Der Günstigkeitsvergleich muss daher **gesondert für § 622 Abs 1 und jede einzelne Stufe des § 622 Abs 2 Satz 1** erfolgen[270]. 63

6. Abweichung von tarifvertraglichen Kündigungsfristen. Von den in einem Tarifvertrag vorgesehenen Kündigungsfristen kann gem TVG § 4 Abs 3 zugunsten des Arbeitnehmers abgewichen werden. Zulässig sind also vertragliche Vereinbarungen, die eine längere Kündigungsfrist für die Kündigung durch den Arbeitgeber vorsehen. Da die tarifvertraglichen Regelungen die Anwendung der gesetzlichen Regelungen ausschließen, ist auch eine individualvertragliche Verlängerung der Fristen zulässig, die hinter den gesetzlichen Fristen zurückbleibt[271]. Dies gilt allerdings nur, wenn beide Vertragsparteien kraft Tarifbindung oder Allgemeinverbindlichkeitserklärung an den Tarifvertrag gebunden sind. Für den nach TVG § 4 Abs 3 erforderlichen Günstigkeitsvergleich gelten die in Rz 58 dargestellten Grundsätze entsprechend. 64

---

255 BAGE 161, 9 Rz 37 = NZA 2018, 297.
256 So auch Sächs LAG 19. Januar 2016 – 3 Sa 406/15 Rz 73 f.
257 BAG NZA 2009, 370 = DB 2009, 569.
258 ArbG Heilbronn 8. Mai 2012 – 5 Ca 307/11.
259 LAG Nürnberg 28. März 2019 – 3 SaGa 3/19 – NZA-RR 2020, 168 (Ls) = ArbRAktuell 2020, 120 (Ls).
260 Sächs LAG 19. Januar 2016 – 3 Sa 406/15 (m krit Anm Boemke jurisPR-ArbR 20/2016 Anm 4); bestätigt durch BAGE 161, 9 Rz 37 = NZA 2018, 297.
261 LAG München 22. August 2007 – 11 Sa 1277/06 (m zust Anm Beckmann jurisPR-ArbR 9/2008 Anm 2).
262 BAGE 150, 337 Rz 13 = NJW 2015, 2205.
263 BAGE 98, 205 = NJW 2002, 1363; BAGE 150, 337 Rz 14 = NJW 2015, 2205.
264 BAGE 98, 205 = NJW 2002, 1363; BAGE 150, 337 Rz 14 = NJW 2015, 2205.

265 Staud/Preis § 622 Rz 87; APS/Linck BGB § 622 Rz 120.
266 BAGE 150, 337 Rz 15 f = NJW 2015, 2205; iErg auch Staud/Preis § 622 Rz 87; APS/Linck BGB § 622 Rz 120; aA DDZ/Callsen BGB § 622 Rz 50: Günstigkeitsvergleich bezogen auf den konkreten Kündigungstermin.
267 BAGE 150, 337 Rz 18 = NJW 2015, 2205.
268 BAGE 150, 337 Rz 18 = NJW 2015, 2205.
269 Offengelassen: BAGE 150, 337 Rz 17 = NJW 2015, 2205.
270 Ebenso APS/Linck BGB § 622 Rz 120; ErfK/Müller-Glöge BGB § 622 Rz 38; Persch BB 2010, 181, 184 f.
271 ErfK/Müller-Glöge BGB § 622 Rz 38; MünchKomm/Hesse § 622 Rz 97; KR/Spilger § 622 Rz 273.

VIII. Verbot einseitiger Kündigungserschwerungen (Abs 6)

65 Für die Kündigung durch den Arbeitnehmer darf gem Abs 6 keine längere Frist vereinbart werden als für die Kündigung durch den Arbeitgeber. Abs 6 schützt das **Mobilitätsinteresse des Arbeitnehmers**[272]. Das Verbot gilt sowohl für arbeitsvertragliche als auch für tarifvertragliche Regelungen[273]. Es bezieht sich über seinen Wortlaut hinaus auch auf die Regelung von Kündigungsterminen, dh, für die Kündigung durch den Arbeitgeber dürfen nicht mehr Kündigungstermine vorgesehen werden als für die Kündigung durch den Arbeitnehmer[274]. Hingegen soll Abs 6 nach der Rspr des BAG nicht gelten, wenn der Arbeitgeber die Kündigung mit der kurzen Frist ausschließlich in einer Situation erklären kann, in der der Arbeitnehmer kein Mobilitäts-, sondern ausschließlich ein Bestandsinteresse hat[275]. Die **Rechtsfolge eines Verstoßes** gegen Abs 6 ergibt sich aus §§ 134, 139, die Vereinbarung ist also insoweit nichtig, wie sie für den Arbeitnehmer eine längere Kündigungsfrist vorsieht als für den Arbeitgeber[276].

66 Aus § 622 Abs 6 ergibt sich zudem der **allgemeine Rechtsgedanke**, dass die ordentliche Kündigung des Arbeitnehmers gegenüber derjenigen des Arbeitgebers nicht erschwert werden darf[277]. Für die Kündigung durch den Arbeitnehmer dürfen daher keine strengeren Form- oder Begründungserfordernisse festgelegt werden als für die Kündigung durch den Arbeitgeber[278]. Aus dem Rechtsgedanken des § 622 Abs 6 folgt auch, dass die Kündigung eines Arbeitsverhältnisses nicht einseitig zugunsten des Arbeitgebers zugelassen werden kann (s auch § 620 Rz 72)[279]. In der Vergangenheit wurden außerdem faktische Kündigungsbeschränkungen an § 622 Abs 6 gemessen. Als unwirksame Umgehung des § 622 Abs 6 wurden angesehen: eine Vereinbarung, wonach der Arbeitnehmer im Fall der fristgerechten Kündigung eine von ihm gestellte Kaution verliert[280], die Vereinbarung einer Vertragsstrafe[281] bzw Abfindung[282] für den Fall einer fristgemäßen Kündigung durch den Arbeitnehmer, eine Vereinbarung, wonach der Arbeitnehmer einen Anspruch auf Leistungsprovision[283] bzw Umsatzbeteiligung[284] bei unterjähriger Kündigung ganz verliert. Dagegen soll allein eine für den Arbeitnehmer ungünstige Reflexwirkung seiner Kündigung nicht gegen das Verbot aus § 622 Abs 6 verstoßen[285]. Entscheidend soll eine **Würdigung der Gesamtumstände** unter Beachtung des Gebots der **Verhältnismäßigkeit** sein[286]. In der **Praxis** besteht seit Inkrafttreten des Schuldrechtsmodernisierungsgesetzes für die Anwendung des § 622 Abs 6 in derartigen Fallgestaltungen kaum noch eine Notwendigkeit, da es sich regelmäßig um formularvertragliche Vereinbarungen handeln wird, die der Inhaltskontrolle am Maßstab der §§ 307 ff unterliegen[287]. Der Rechtsgedanke aus § 622 Abs 6 ist im Rahmen der Inhaltskontrolle jedoch als gesetzliches Leitbild iSv § 307 Abs 2 Nr 1 heranzuziehen[288].

IX. Beweisfragen

67 Die Darlegungs- und Beweislast verteilt sich nach allgemeinen Grundsätzen wie folgt: Wer aus einer verlängerten Kündigungsfrist Rechte ableitet, hat deren tatsächliche Voraussetzungen darzulegen und zu beweisen[289]. Beruft sich eine Partei auf eine vom Gesetz abweichende, für sie günstigere tarifvertragliche oder individualvertragliche Kündigungsfrist, trägt sie die Darlegungs- und Beweislast für die Vereinbarung und deren Voraussetzungen[290].

---

272 BAG NZA 2019, 246 Rz 47 = AP Nr 172 zu § 2 KSchG 1969 (m krit Anm Stöhr).
273 BT-Drucks 12/4902, 9; MünchKomm/Hesse § 622 Rz 110; KR/Spilger BGB § 622 Rz 234; APS/Linck BGB § 622 Rz 116.
274 Staud/Preis § 622 Rz 52; MünchKomm/Hesse § 622 Rz 110; ErfK/Müller-Glöge BGB § 622 Rz 43; APS/Linck BGB § 622 Rz 116; DDZ/Callsen BGB § 622 Rz 55.
275 BAG NZA 2019, 246 Rz 46 ff = AP Nr 172 zu § 2 KSchG 1969 (m krit Anm Stöhr).
276 BAG NZA 2019, 246 Rz 46 ff = AP Nr 172 zu § 2 KSchG 1969 (m krit Anm Stöhr) unter Aufgabe der früheren Rspr, wonach der Arbeitgeber analog HGB § 89 Abs 2 Satz 2 die für den Arbeitnehmer vereinbarte längere Frist einhalten musste, s dazu noch BAGE 115, 88 = NJW 2005, 3230.
277 Staud/Preis § 622 Rz 53; KR/Spilger BGB § 622 Rz 169; APS/Linck BGB § 622 Rz 117.
278 KR/Spilger BGB § 622 Rz 169.
279 LAG Köln LAGE § 15 TzBfG Nr 12 = AE 2016, 139; LAG München 17. Dezember 2019 – 6 Sa 543/18 – NZA-RR 2020, 358.
280 BAG DB 1971, 1068 = AP Nr 9 zu § 622 BGB.
281 BAG DB 1972, 1245 = AP Nr 12 zu § 622 BGB; BAGE 2, 322 = AP Nr 1 zu § 394 BGB.
282 BAG NZA 1990, 147 = DB 1990, 434.
283 BAGE 84, 17 = NJW 1997, 541.
284 BAG NJW 1999, 1571 = NZA 1999, 420.
285 BGHZ 164, 107 = NJW 2005, 3644; BAGE 99, 53 = NZA 2002, 148; NZA 2019, 1440 = ZTR 2019, 672 (zu tariflichen Stichtags- und Rückzahlungsregelungen).
286 BGHZ 164, 107 = NJW 2005, 3644; BAGE 97, 333 = RdA 2002, 184 (m Anm Schlachter): zu BBiG § 5 aF.
287 APS/Linck BGB § 622 Rz 118; ErfK/Müller-Glöge BGB § 622 Rz 45; MünchKomm/Hesse BGB § 622 Rz 113; DDZ/Callsen BGB § 622 Rz 55.
288 APS/Linck BGB § 622 Rz 118; BeckOK-ArbR/Gotthardt BGB § 622 Rz 65.
289 ErfK/Müller-Glöge BGB § 622 Rz 50.
290 DDZ/Callsen BGB § 622 Rz 72; KR/Spilger BGB § 622 Rz 164.

Untertitel 1 Dienstvertrag §§ 622, 623

X. Übergangsbestimmungen

Durch das KündFG wurde in **EGBGB Art 222** eine Bestimmung eingefügt, die den Übergang zum neuen Recht regelt. **68**

§ 623 Schriftform der Kündigung

Die Beendigung von Arbeitsverhältnissen durch Kündigung oder Auflösungsvertrag bedürfen zu ihrer Wirksamkeit der Schriftform; die elektronische Form ist ausgeschlossen.

ÜBERSICHT

1. Textgeschichte 1	6. Rechtsfolgen bei Formmangel 26–30
2. Bedeutung und Zweck 2	a) Kündigung 27
3. Anwendungsbereich 3–17	b) Auflösungsvertrag 28
a) Arbeitsverhältnis 3–7	c) Treuwidrige Berufung auf die
b) Kündigung 8–11	Formnichtigkeit 29, 30
c) Auflösungsvertrag 12–17	7. Prozessuales und Beweisfragen 31, 32
4. Abdingbarkeit 18	8. Übergangsbestimmungen 33
5. Schriftform 19–25	
a) Kündigung 21–23	
b) Auflösungsvertrag 24, 25	

Schrifttum: Kliemt, Formerfordernisse im Arbeitsverhältnis (Diss Köln 1994), Heidelberg 1995; Singer, Wann ist widersprüchliches Verhalten verboten? – Zu den Rechtsfolgen der form- und grundlosen Eigenkündigung eines Arbeitnehmers, NZA 1998, 1309; Böhm, § 623 BGB: Risiken und Nebenwirkungen – Quasi una glossa ordinaria, NZA 2000, 561; Rolfs, Schriftform für Kündigungen und Beschleunigung des arbeitsgerichtlichen Verfahrens, NJW 2000, 1227; Richardi/Annuß, Der neue § 623 BGB – Eine Falle im Arbeitsrecht?, NJW 2000, 1231; Schaub, Gesetz zur Vereinfachung und Beschleunigung des arbeitsgerichtlichen Verfahrens, NZA 2000, 344; Preis/Gotthardt, Schriftformerfordernis für Kündigungen, Aufhebungsverträge und Befristungen nach § 623 BGB, NZA 2000, 348; Berscheid, Schriftform für Beendigung von Arbeitsverträgen, ZInsO 2000, 208; Däubler, Obligatorische Schriftform für Kündigungen, Aufhebungsverträge und Befristungen – Der neue § 623 BGB, AiB 2000, 188; Sander/Siebert, Das Arbeitsgerichtsbeschleunigungsgesetz, BuW 2000, 424; Sander/Siebert, Die Schriftform im (Individuellen) Arbeitsrecht (Teil I), AuR 2000, 287; Sander/Siebert, Die Schriftform im (Individuellen) Arbeitsrecht (Teil II), AuR 2000, 330; Gaul, Das Arbeitsgerichtsbeschleunigungsgesetz: Schriftform für Kündigung und andere Änderungen, DStR 2000, 691; Löwisch, Arbeitsrechtliche Fragen des Übergangs in den Ruhestand, ZTR 2000, 531; Krause, Das Schriftformerfordernis des § 623 BGB beim Aufstieg eines Arbeitnehmers zum Organmitglied, ZIP 2000, 2284; Caspers, Rechtsfolgen des Formverstoßes bei § 623 BGB, RdA 2001, 28; Richardi, Formzwang im Arbeitsrecht, NZA 2001, 57; Niebler/Schmiedl, Die Rechtsprechung des BAG zum Schicksal des Arbeitsverhältnisses bei Geschäftsführerbestellung nach In-Kraft-Treten des § 623 BGB, NZA-RR 2001, 281; BAG 8. Juni 2000 – 2 AZR 207/99, SAE 2001, 109 (Adam); Lohr, Die fristlose Kündigung des Dienstvertrages eines GmbH-GF, NZG 2001, 826; Hümmerich, Neues zum Abwicklungsvertrag, NZA 2001, 1280; Schliemann, Das Arbeitsrecht im BGB (ArbR-BGB), 2002²; Gotthardt/Beck, Elektronische Form und Textform im Arbeitsrecht: Wege durch den Irrgarten, NZA 2002, 876; Bauer, Neue Spielregeln für Aufhebungs- und Abwicklungsverträge durch das geänderte BGB?, NZA 2002, 169; Eberle, Geltendmachung der Unwirksamkeit der mündlichen Kündigung, NZA 2003, 1121; Bauer/Beck/Lösler, Schriftform- und Zuständigkeitsprobleme beim Aufstieg eines Angestellten zum Geschäftsführer einer GmbH, ZIP 2003, 1821; Zimmer, Kündigungen im Management: § 623 gilt nicht für GmbH-Geschäftsführer und AG-Vorstände, BB 2003, 1175; Binding, Die elektronische Form im Arbeitsrecht (Diss Köln 2003), Baden-Baden 2004; Sievers, Nur ausnahmsweise Berufung auf fehlende Schriftform für Kündigung und Auflösungsvereinbarung, jurisPR-ArbR 6/2005 Anm 3; Sievers, Schriftform bei Kündigung durch GbR, jurisPR-ArbR 35/2005 Anm 3; Kramer, Formerfordernis im Arbeitsverhältnis als Grenzen für den Einsatz elektronischer Kommunikationsmittel, DB 2006, 502; Wolmerath, Schriftformerfordernis für Umschulungsvertrag, jurisPR-ArbR 37/2006 Anm 5; Langner, Die aktuelle Rechtsprechung zu § 623 BGB bei der Bestellung von Arbeitnehmern zu Organmitgliedern, DStR 2007, 535; Fischer, Formgerechte Beendigung eines Arbeitsvertrages durch schriftlichen Dienstvertrag als GmbH-Geschäftsführer, jurisPR-ArbR 15/2007 Anm 4; Wackerbarth, Auflösungsvertrag – Geschäftsführerdienstvertrag, RdA 2008, 376; Jooß, Aufhebung des Arbeitsverhältnisses durch Abschluss eines Geschäftsführerdienstvertrags, RdA 2008, 285; Kleinebrink, Grundsätze der inhaltlichen Gestaltung außergerichtlicher Aufhebungsverträge, ArbRB 2008, 121; Kiel/Koch, Die betriebsbedingte Kündigung, 2009²; Backmeister/Trittin/Mayer, Kündigungsschutzgesetz, 2009⁴; Bauer/Günther, Schriftform bei Klageverzichtsvertrag, AP Nr 9 zu § 623 BGB; Boemke, Notwendige Schriftform für Aufhebung des Arbeitsvertrages bei Beförderung zum GmbH-Geschäftsführer, jurisPR-ArbR 29/2011 Anm 5; Lützen, „Schriftlich" und „Schriftform" – der unbekannte Unterschied, NJW 2012, 1627; Hoffmann, Keine Berufung auf fehlende Schriftform der Eigenkündigung bei widersprüchlichem Verhalten, jurisPR-ArbR 29/2012, Anm 3; Springer, Wirksame Kündigung: Achtung bei Erklärung, Termin und Zustellung der Kündigung!, BB 2012, 1477; Fischer, Zugang einer schriftlichen Kündigung unter Anwesenden nur bei Übergabe des Originalschreibens, jurisPR-ArbR 35/2013 Anm 1; Spelge, Die Kunst, formal wirksam zu kündigen – Probleme der Schriftform, Vertretungsmacht und Genehmigung bei der Kündigung von Rechtsverhältnissen am Beispiel der GbR, RdA 2016, 309; Oberthür/Stähler, Formfragen im Arbeitsverhältnis, ArbRB 2016, 273; Weinbrenner/Portnjagin, Aktuelles zum Schriftformerfordernis im (öffentlich-rechtlichen) Arbeitsverhältnis, öAT 2016, 219; Maul-Sartori, Schriftform bei Abwicklungsverträgen mit Sprinter-Klausel, jurisPR-ArbR 17/2016 Anm 5; Bader/Bram/ua., Kündigungs- und Bestandsschutz im Arbeitsverhältnis; Overkamp, Der Aufhebungsvertrag aus arbeitsrechtlicher Sicht, jM 2017, 64; Maaß, Der Aufhebungsvertrag, ZAP 2017, 309; Vielmeier, Ein Relikt aus einer längst vergangenen Zeit: das Schriftformerfordernis des § 623 BGB, DB 2018, 305; Thüsing/Laux/Lembke, Kündigungsschutzgesetz, 2018⁴; Däubler/Deinert/Zwanziger, Kündigungsschutzrecht (DDZ), 2020¹¹; Gallner/Mestwerdt/Nägele, Kündigungsschutzrecht Handkommentar (HK-KSchR), 2021⁷; Hau/

Poseck, Beck'scher Online-Kommentar BGB (BeckOK-BGB), 2021[59]; Etzel/Bader/Fischmeier/ua., KR – Gemeinschaftskommentar zum Kündigungsschutzgesetz und zu sonstigen kündigungsrechtlichen Vorschriften, 2021[13].

1. Textgeschichte. § 623 enthielt ursprünglich die inzwischen in § 621 Nr 5 geregelten Kündigungsfristen bei Akkordlohn und Provision[1]. Das nunmehr in § 623 enthaltene Schriftformerfordernis für die Beendigung von Arbeitsverhältnissen durch Kündigung oder Auflösungsvertrag wurde durch das Arbeitsgerichtsbeschleunigungsgesetz mit Wirkung zum 1. Mai 2000 erstmals gesetzlich geregelt[2]. Dabei erstreckte sich der Anwendungsbereich des § 623 zunächst auch auf die Befristung von Arbeitsverhältnissen. Mit Inkrafttreten des TzBfG am 1. Januar 2001 wurde die Befristung jedoch aus § 623 gestrichen und in TzBfG § 14 Abs 4 geregelt (s dazu § 620 Rz 62 ff)[3]. Halbs 2 wurde anlässlich der Einführung der elektronischen Form mit Wirkung zum 1. August 2001 eingefügt[4].

2. Bedeutung und Zweck. § 623 enthält ein konstitutives Schriftformerfordernis für die Beendigung von Arbeitsverhältnissen durch Kündigung oder Auflösungsvertrag. Die Vorschrift dient der Gewährleistung größtmöglicher Rechtssicherheit und soll Streitigkeiten darüber vermeiden, ob überhaupt eine Kündigung erklärt bzw ein Auflösungsvertrag geschlossen wurde[5]. Außerdem sollen durch die Vermeidung von Streitigkeiten und die Vereinfachung der Beweiserhebung die ArbG entlastet werden[6]. Das Schriftformerfordernis hat damit vor allem **Beweisfunktion**[7]. Es stellt durch die erforderliche Unterschrift eine eindeutige Verbindung zwischen der Urkunde und dem Unterzeichner her (Identitätsfunktion) und gewährleistet, dass die Erklärung inhaltlich vom Unterzeichner herrührt (Echtheitsfunktion)[8]. Der Empfänger erhält damit die Möglichkeit zu überprüfen, wer die Erklärung abgegeben hat und ob die Erklärung echt ist (Verifikationsfunktion)[9]. Daneben hat das Schriftformerfordernis – wie bei der Einfügung von Halbs 2 klargestellt wurde[10] – eine **Warnfunktion**, die insbesondere den Arbeitnehmer vor einer übereilten Aufgabe des Arbeitsplatzes schützen soll[11]. Diese Warnfunktion wird nach Einschätzung des Gesetzgebers durch die elektronische Form noch nicht erfüllt, weshalb die Ersetzung der Schriftform durch die elektronische Form ausgeschlossen wird[12]. Zudem ging der Gesetzgeber davon aus, dass bei Behörden oder bei Neubewerbungen regelmäßig noch die herkömmliche Papiervorlage erforderlich ist und die Alternative des elektronischen Dokumentes deshalb keinen praktischen Nutzen hätte, sondern eher hinderlich sein könnte[13].

3. Anwendungsbereich. – a) Arbeitsverhältnis. § 623 ist auf alle Arbeitsverhältnisse anwendbar. Ob es sich um ein unbefristetes oder um ein befristetes Arbeitsverhältnis handelt, ist unerheblich. Auch auf den Umfang der wöchentlichen Arbeitszeit kommt es nicht an. In den Anwendungsbereich fallen folglich auch Arbeitsverhältnisse von Aushilfskräften und geringfügig Beschäftigten[14]. Unerheblich ist auch, wie lange das Arbeitsverhältnis bereits bestanden hat. § 623 ist auch auf Kündigungen und Auflösungsverträge innerhalb der Probezeit oder vor Dienstantritt anzuwenden. Eine Einschränkung zugunsten von Kleinarbeitgebern enthält § 623 nicht, so dass er bspw auch auf die Arbeitsverhältnisse von Hausangestellten anzuwenden ist[15]. § 623 gilt mangels abweichender gesetzlicher Regelung (etwa in InsO § 113) auch im Insolvenzverfahren[16].

Für **Berufsausbildungsverhältnisse** und andere Vertragsverhältnisse iSv BBiG § 26 (zB mit Volontären oder Praktikanten) gilt § 623 gem BBiG § 10 Abs 2, soweit nicht die Spezialvorschrift des BBiG § 22 Abs 3 einschlägig ist, die ebenfalls ein konstitutives Schriftformerfordernis für die Kündigung enthält und unter bestimmten Voraussetzungen eine Angabe der Kündigungsgründe verlangt (s dazu Rz 103 vor §§ 620-630)[17]. Im Gegensatz zu § 623 Halbs 2 schließt BBiG § 22 Abs 3 die elektronische Form nicht ausdrücklich aus. Nach richtiger Ansicht ist § 623 Halbs 2 jedoch analog anzuwenden, da die Erwägungen des Gesetzgebers (s Rz 2) für den Ausschluss der elektronischen Form in § 623 Halbs 2 auf Ausbildungsverhältnisse übertragbar sind und es nicht einleuchtet, warum für die Beendigung des Ausbildungsverhältnisses durch Kündigung einerseits

---

1 Aufgehoben durch Ges v 14. August 1969 (BGBl I S 1106: 1. ArbRBerG).
2 Art 2 Ges v 30. März 2000 (BGBl I S 333).
3 Ges v 21. Dezember 2000 (BGBl I S 1966).
4 Art 1 Nr 7 Ges v 13. Juli 2001 (BGBl I S 1542).
5 BT-Drucks 14/626, 11; vgl auch BT-Drucks 14/4987, 22.
6 BT-Drucks 14/626, 11.
7 BAGE 117, 20 Rz 23 = NZA 2007, 97; BAGE 120, 251 Rz 21 = NZA 2007, 466.
8 BAG NJW 2005, 2572 = NZA 2005, 865; BAGE 154, 40 Rz 27 = NJW 2016, 2138.
9 BAG NJW 2005, 2572 = NZA 2005, 865; BAGE 154, 40 Rz 27 = NJW 2016, 2138.
10 BT-Drucks 14/4987, 22.
11 BAGE 117, 20 Rz 23 = NZA 2007, 97; BAGE 120, 251 Rz 21 = NZA 2007, 466.
12 BT-Drucks 14/4987, 22.
13 BT-Drucks 14/4987, 22.
14 BAGE 117, 20 Rz 24 = NJW 2006, 2796; Staud/Oetker § 623 Rz 9; ErfK/Müller-Glöge BGB § 623 Rz 2.
15 Staud/Oetker § 623 Rz 9.
16 Staud/Oetker § 623 Rz 15; MünchKomm/Henssler § 623 Rz 12; ErfK/Müller-Glöge BGB § 623 Rz 2a.
17 Erman//Riesenhuber § 623 Rz 6; ErfK/Müller-Glöge BGB § 623 Rz 2a.

und Aufhebungsvertrag andererseits im Hinblick auf die elektronische Form unterschiedliche Regelungen gelten sollten[18]. Keine Spezialvorschriften enthält das BBiG zu **Auflösungsverträgen**, so dass § 623 vor allem hier relevant wird. Auf **Umschulungsverträge** findet § 623 nach der Rspr des BAG keine Anwendung[19].

Auf Heuerverhältnisse ist § 623 gem SeeArbG § 65 Abs 4 anwendbar, soweit das Schriftformerfordernis sich nicht bereits aus der spezielleren Bestimmung des SeeArbG § 65 Abs 2 ergibt, wonach die Beendigung des Heuerverhältnisses durch Kündigung zu ihrer Wirksamkeit der Schriftform bedarf. Eine weitere gesetzliche Sondervorschrift, die § 623 vorgeht, enthält MuSchG § 17 Abs 2 Satz 2, wonach die Kündigung der Schriftform bedarf und den Kündigungsgrund angeben muss (s Rz 103 vor §§ 620-630). 5

Auf Dienstverhältnisse, die keine Arbeitsverhältnisse sind, ist § 623 nicht unmittelbar anwendbar. Eine **analoge Anwendung** auf Dienstverhältnisse von **arbeitnehmerähnlichen Personen, Heimarbeitern und Handelsvertretern** lehnt die hM ab[20]. Dies verdient allerdings keine Zustimmung. Das Schriftformerfordernis wurde im Zusammenhang mit der Vereinfachung und Beschleunigung des arbeitsgerichtlichen Verfahrens in § 623 aufgenommen (s Rz 1). Der Gesetzgeber beabsichtigte mit der Regelung die Gewährleistung größtmöglicher Rechtssicherheit und die Entlastung der ArbG durch Vermeidung von Rechtsstreitigkeiten und Vereinfachung der Beweiserhebung (s Rz 2)[21]. Vor diesem Hintergrund wäre es konsequent gewesen, den Anwendungsbereich des § 623 auch auf arbeitnehmerähnliche Personen, Heimarbeiter und Handelsvertreter zu erstrecken, da diese nach ArbGG § 5 Abs 1 Satz 2 u Abs 3 als Arbeitnehmer iSd ArbGG gelten[22]. Anhaltspunkte für eine bewusste Ausklammerung dieser Personengruppen ergeben sich aus den Gesetzgebungsmaterialien nicht[23] und lassen sich angesichts des gesetzgeberischen Ziels auch sachlich nicht begründen. Es ist daher von einer unbewussten Regelungslücke auszugehen. Dagegen spricht nicht, dass in HAG § 29 Abs 5 u 6 zwar auf § 622 Abs 4–6 und § 626, nicht aber auf § 623 verwiesen wird[24], denn HAG § 29 wurde letztmals durch das KündFG 1993 geändert und lässt daher keine Rückschlüsse auf die Regelungsabsichten des Gesetzgebers bei Verabschiedung des § 623 im Jahr 2000 zu. Die für eine analoge Anwendung notwendige vergleichbare Interessenlage ist ebenfalls vorhanden. Dabei kommt es angesichts der in den Materialien ausdrücklich genannten Regelungsziele nicht in erster Linie auf eine den Arbeitnehmern vergleichbare Schutzbedürftigkeit der arbeitnehmerähnlichen Personen an[25], sondern auf die vergleichbare Interessenlage im Hinblick auf die Gewährleistung größtmöglicher Rechtssicherheit und die Erleichterung der Beweisführung im arbeitsgerichtlichen Verfahren. 6

Auf die Kündigung des Anstellungsverhältnisses von **Organmitgliedern** einer juristischen Person ist § 623 nicht anwendbar, es sei denn das Anstellungsverhältnis ist ausnahmsweise als Arbeitsverhältnis zu qualifizieren[26]. Eine analoge Anwendung lässt sich unter Berücksichtigung des Zwecks und der Funktionen des § 623 nicht begründen. Eine Entlastung der Arbeitsgerichte scheitert schon an ihrer fehlenden Zuständigkeit[27]. Zudem besteht weder hinsichtlich der Beweisfunktion noch hinsichtlich der Warnfunktion des § 623 eine vergleichbare Situation. Die Warnfunktion tritt schon wegen der regelmäßig vorhandenen Geschäftserfahrung der Beteiligten in den Hintergrund. Überdies setzt die Kündigung des Anstellungsverhältnisses eines Organmitglieds – anders als die Kündigung eines Arbeitnehmers oder einer arbeitnehmerähnlichen Person – einen Beschluss der Gesellschaft voraus[28]. Zweifel über das Vorliegen einer Kündigung dürften daher regelmäßig nicht entstehen. Auch die Gründe, auf die sich die analoge Anwendung des § 622 auf Organmitglieder stützt (s § 621 Rz 8), tragen eine Analogie im Falle des § 623 nicht[29]. Bei der Anwendung des § 622 geht es darum, dem wirtschaftlich abhängigen Geschäftsführer einen zeitlich begrenzten Kündigungsschutz zu gewähren, damit er sich auf die Beendi- 7

---

18 Ebenso Gotthardt/Beck NZA 2002, 876, 877; Staud/Oetker § 623 Rz 16; aA MünchKomm/Henssler § 623 Rz 9.
19 BAGE 117, 20 = NJW 2006, 2796.
20 MünchKomm/Henssler § 623 Rz 6; Staud/Oetker § 623 Rz 10 ff; APS/Greiner BGB § 623 Rz 4; Erman/Riesenhuber § 623 Rz 4; KR/Spilger BGB § 623 Rz 43; aA DDZ/Däubler BGB § 623 Rz 9; Backmeister/Trittin/Mayer/Trittin BGB § 623 Rz 6.
21 BT-Drucks 14/626, 11.
22 Vgl auch krit bzgl der fehlenden Anpassung des HAG § 29: Staud/Oetker § 623 Rz 14.
23 AA ohne nähere Begründung Staud/Oetker Rz 11.
24 So aber MünchKomm/Henssler § 622 Rz 6.
25 So aber MünchKomm/Henssler § 622 Rz 6: Analogie scheitert in jedem Fall an fehlender vergleichbarer Schutzbedürftigkeit; aber auch DDZ/Däubler BGB § 623 Rz 9: Analogie wegen vergleichbarer Schutzbedürftigkeit; ebenso Backmeister/Trittin/Mayer/Trittin BGB § 623 Rz 6.
26 MünchKomm/Henssler § 623 Rz 6; BeckOK-ArbR/Gotthardt BGB § 623 Rz 2; Staud/Oetker § 623 Rz 12; Erman/Riesenhuber § 623 Rz 5; BeckOK-BGB/Plum § 623 Rz 2; zur möglichen Qualifizierung des Anstellungsverhältnisses eines GmbH-Geschäftsführers als Arbeitsverhältnis: BAG NJW 1999, 3731 = NZA 1999, 987; BGH NZA 2003, 439 = DB 2003, 657.
27 Zimmer BB 2003, 1175, 1177.
28 Vgl etwa Nürnberg NZG 2001, 810 = OLGR Nürnberg 2011, 266.
29 AA KR/Spilger BGB § 623 Rz 42.

gung des Anstellungsverhältnisses einstellen kann. § 623 knüpft demgegenüber nicht an die wirtschaftliche Abhängigkeit und die daraus folgende Schutzbedürftigkeit im Arbeitsverhältnis an, sondern an die tatsächlichen Schwierigkeiten, die sich aus einer formfreien Kündigung des Arbeitsverhältnisses ergeben können[30].

8 b) **Kündigung.** Eine Kündigung iSd § 623 ist eine einseitige empfangsbedürftige Willenserklärung, durch die das Arbeitsverhältnis nach dem Willen des Kündigenden sofort oder nach Ablauf der Kündigungsfrist unmittelbar beendet werden soll[31]. Ob der Begriff der Kündigung ausdrücklich gebraucht wird, ist unerheblich[32]. Entscheidend ist allein, ob der Kündigende eindeutig seinen Willen kundgibt, das Arbeitsverhältnis einseitig lösen zu wollen[33]. Der Schriftform bedarf daher auch eine Erklärung, mit der ein Arbeitnehmer von der in einem Abwicklungsvertrag vorgesehenen Möglichkeit Gebrauch macht, sein vorzeitiges Ausscheiden aus dem Arbeitsverhältnis zu erklären[34]. § 623 gilt für **arbeitgeber- und arbeitnehmerseitige Kündigungen**[35]. Erfasst werden ordentliche und außerordentliche Kündigungen[36]. Auch auf bedingte Kündigungen (s dazu Rz 99 vor §§ 620-630) ist § 623 anzuwenden, da diese ebenfalls zur Beendigung des Arbeitsverhältnisses führen können[37]. Bei der **Änderungskündigung** erstreckt sich das Schriftformerfordernis auf das Änderungsangebot, das Bestandteil der Kündigung ist[38]. Der Schriftform des § 623 unterliegt auch die zur Beendigung des Arbeitsverhältnisses führende **Lossagung** des Arbeitnehmers nach KSchG § 12 Satz 1, die als gesetzliches Sonderkündigungsrecht einzuordnen ist[39].

9 Nach seinem Wortlaut gilt § 623 nicht für die **Anfechtung** der auf den Abschluss des Arbeitsvertrags gerichteten Willenserklärung. Die hM lehnt in diesen Fällen eine Anwendung des § 623 ab[40]. Überzeugender ist jedoch eine analoge Anwendung. Der Gesetzgeber wollte mit der Einführung des § 623 im Hinblick auf die Beendigung von Arbeitsverhältnissen größtmögliche Rechtssicherheit gewährleisten (vgl Rz 2). Er hat daher neben der Kündigung auch den Aufhebungsvertrag und die Befristung der Schriftform unterworfen. Die Anfechtung hat der Gesetzgeber ausweislich der Gesetzgebungsmaterialien offensichtlich nicht bedacht. Ihre Ausklammerung aus dem Wortlaut des § 623 ist also keine bewusste Entscheidung, sondern stellt sich angesichts des verfolgten Ziels als planwidrige Regelungslücke dar[41]. Diese kann im Wege der Analogie geschlossen werden, da die Interessenlage vergleichbar ist[42]. Dabei kommt es weder darauf an, dass der Grund für die Anfechtung schon vor oder bei Abschluss des Arbeitsvertrags vorlag[43], noch darauf, dass das Arbeitsverhältnis nur unter Willensmängeln zustande gekommen ist[44]. Im Hinblick auf die vom Gesetzgeber mit § 623 vor allem bezweckte Rechtsklarheit und Beweiserleichterung ist für die Vergleichbarkeit der Interessenlage allein maßgeblich, dass die Auflösung des Arbeitsverhältnisses sowohl bei der Kündigung als auch bei der Anfechtung allein von der Abgabe einer wirksamen Gestaltungserklärung abhängig ist[45]. Bezüglich des Vorliegens dieser Gestaltungserklärung soll das Schriftformerfordernis des § 623 Klarheit verschaffen. Beruft sich eine Vertragspartei gem §§ 134 bzw 138 oder wegen fehlender Geschäftsfähigkeit auf die **Nichtigkeit** des Arbeitsvertrags, ist § 623 hingegen nicht analog anwendbar, da es sich insofern – anders

---

30 Zimmer BB 2003, 1175, 1177.
31 BAGE 154, 40 Rz 31 = NJW 2016, 2138; BeckOK-ArbR/Gotthardt BGB § 623 Rz 11.
32 BAGE 154, 40 Rz 31 = NJW 2016, 2138; BeckOK-ArbR/Gotthardt BGB § 623 Rz 11.
33 BAGE 154, 40 Rz 31 = NJW 2016, 2138; BeckOK-ArbR/Gotthardt BGB § 623 Rz 11.
34 BAGE 154, 40 Rz 33 ff = NJW 2016, 2138.
35 APS/Greiner BGB § 623 Rz 5; BeckOK-ArbR/Gotthardt BGB § 623 Rz 11; MünchKomm/Henssler § 623 Rz 14.
36 Staud/Oetker § 623 Rz 28; MünchKomm/Henssler § 623 Rz 14; HK-KSchR/Spengler BGB § 623 Rz 8; ErfK/Müller-Glöge BGB § 623 Rz 3.
37 Staud/Oetker § 623 Rz 30; ErfK/Müller-Glöge BGB § 623 Rz 3; MünchKomm/Henssler § 623 Rz 14.
38 BAGE 112, 58 = NZA 2005, 635; BAGE 167, 22 Rz 30 = NZA 2019, 1143.
39 BAGE 154, 40 Rz 41 = NJW 2016, 2138; MünchKomm/Henssler § 623 Rz 19; Schaub/Linck § 123 Rz 51; BeckOK-ArbR/Gotthardt BGB § 623 Rz 3; BeckOK-BGB/Plum § 623 Rz 3; ErfK/Müller-Glöge BGB § 623 Rz 3b; APS/Greiner BB § 623 Rz 6; HK-KSchR/Spengler BGB § 623 Rz 8; Erman/Riesenhuber § 623 Rz 8; Thüsing/Rachor/Lembke/Rambach KSchG § 12 Rz 19; aA Bader/Bram/Bader BGB § 623 Rz 12; ArbR-BGB/Röhsler § 623 Rz 35.
40 MünchKomm/Henssler § 623 Rz 20; ErfK/Müller-Glöge BGB § 623 Rz 3b; Schaub/Linck § 123 Rz 52; BeckOK-BGB/Plum § 623 Rz 4; Staud/Oetker § 623 Rz 36; Erman/Riesenhuber § 623 Rz 9; APS/Greiner BGB § 623 Rz 10; HK-KSchR/Spengler BGB § 623 Rz 9; ArbR-BGB/Röhsler § 623 Rz 38; Bader/Bram/Bader BGB § 623 Rz 16; KR/Spilger BGB § 623 Rz 67.
41 DDZ/Däubler BGB § 623 Rz 17; Staud/Oetker § 623 Rz 36.
42 Ebenso DDZ/Däubler BGB § 623 Rz 17; Sander/Siebert AuR 2000, 330, 333 f; Backmeister/Trittin/Mayer/Trittin BGB § 623 Rz 8a; aA die hM, statt vieler: Staud/Oetker § 3 Rz 36; MünchKomm/Henssler § 623 Rz 20; APS/Greiner BGB § 623 Rz 10.
43 So etwa APS/Greiner BGB § 623 Rz 10; NK-GA/Boecken BGB § 623 Rz 13.
44 So etwa Staud/Oetker § 623 Rz 36.
45 In diesem Sinne auch BAGE 154, 40 Rz 31 = NJW 2016, 2138: „Entscheidend ist, dass der Kündigende eindeutig seinen Willen kundgibt, das Arbeitsverhältnis einseitig lösen zu wollen."

als bei der Anfechtung – nur um eine Wissens- und nicht um eine Gestaltungserklärung handelt[46].

Auf die **Teilkündigung** (s dazu Rz 92 vor §§ 620-630) ist § 623 nicht anwendbar, da diese nicht zur Beendigung des Arbeitsverhältnisses führt[47]. Dasselbe gilt für den Widerruf einzelner Arbeitsbedingungen[48]. Ebenfalls unanwendbar ist § 623 auf **Abmahnungen**, weil diese nicht auf die Beendigung, sondern die Fortführung des Arbeitsverhältnisses gerichtet sind[49]. Keine Anwendung findet § 623 auch auf den **Widerspruch gegen den Übergang** des Arbeitsverhältnisses auf den Betriebserwerber; in diesen Fällen schreibt jedoch § 613a Abs 6 Satz 1 die Schriftform vor[50]. **10**

Nicht anzuwenden ist § 623 auf einen **Widerspruch** gegen die stillschweigende Verlängerung des Arbeitsverhältnisses nach § 625 bzw nach TzBfG § 15 Abs 6, da dieser Widerspruch nicht zur Beendigung des Arbeitsverhältnisses führt, sondern lediglich die stillschweigende Verlängerung des Arbeitsverhältnisses verhindert[51]. Ebenfalls nicht in den Anwendungsbereich des § 623 fällt die Mitteilung des Arbeitgebers über die **Nichtverlängerung eines auslaufenden befristeten Arbeitsvertrags**[52]. Dies gilt selbst dann, wenn sich das befristete Arbeitsverhältnis vorbehaltlich einer gegenteiligen Erklärung automatisch verlängern soll[53]. Auch in diesen Fällen endet das Arbeitsverhältnis aufgrund der Befristung. Die Nichtverlängerungsmitteilung entspricht wertungsmäßig nicht einer Kündigung[54], sondern einem Widerspruch nach TzBfG § 15 Abs 6. Für die Hauptanwendungsfälle solcher Vertragsgestaltungen im Bühnenarbeitsrecht ergibt sich das Schriftformerfordernis jedoch regelmäßig aus den einschlägigen Tarifverträgen[55]. **11**

c) **Auflösungsvertrag.** Mit dem Begriff „Auflösungsvertrag" verwendet der Gesetzgeber in § 623 einen gesetzlich nicht näher definierten Begriff, den er im Arbeitsrecht bis dahin nicht verwendet hatte und dessen Inhalt rechtlich nicht fest umrissen ist[56]. Der Begriff wird mit demjenigen des Aufhebungsvertrags gleichgesetzt[57]. Daran ist zutreffend, dass die beiden Begriffe im allgemeinen Sprachgebrauch synonym verwendet werden. Allerdings fehlt auch für den Aufhebungsvertrag eine gesetzliche Definition, weshalb auch der Begriff des „Aufhebungsvertrags" einer inhaltlichen Konkretisierung bedarf. Diese kann nur durch Auslegung des § 623 erfolgen. Nach dessen Wortlaut bedarf der Schriftform die *Beendigung des Arbeitsverhältnisses durch Auflösungsvertrag*. Es handelt sich also um einen Vertrag, der das Arbeitsverhältnis beendet. Fraglich ist, ob dem Begriff „Auflösung" eigenständige Bedeutung zukommt. Sprachlich kann der Begriff als Synonym für „Beendigung" verstanden werden. Dies spricht gegen einen eigenen Regelungsgehalt des Begriffs und für einen ausschließlich deklaratorischen Charakter. Systematik, Normzweck und Gesetzesmaterialien bestätigen dieses Verständnis. § 623 unterwirft die Beendigung des Arbeitsverhältnisses durch Kündigung oder Auflösungsvertrag dem Schriftformerfordernis. Die Norm unterscheidet also zwischen der Beendigung durch einseitige Gestaltungserklärung (Kündigung) und einvernehmlicher Beendigung durch Vertrag (Auflösungsvertrag). Zweck der Norm ist die Gewährleistung größtmöglicher Rechtssicherheit. Diesem Zweck entspricht es, jede vertragliche Beendigung des Arbeitsverhältnisses zu erfassen und den Anwendungsbereich nicht auf bestimmte vertragliche Gestaltungen zu beschränken. Schließlich verwendet der Gesetzgeber in den Materialien selbst den Begriff „Aufhebungsvertrag". Der Gesetzgeber misst dem Wortteil „Auflösung" demzufolge selbst keine spezielle Bedeutung bei. Auflösungsvertrag iSv § 623 ist demnach **die Beendigung des Arbeitsverhältnisses durch Vertrag**. Das BAG versteht **12**

---

46 So i Erg auch Sächs LAG 28. Juni 2013 – 3 Sa 746/12 Rz 41 bestätigt durch: BAG NJW 2016, 1403 Rz 26 = NZA 2016, 358; APS/Greiner BGB § 623 Rz 5; Staud/Oetker § 623 Rz 37; aA DDZ/Däubler BGB § 623 Rz 17.

47 BeckOK-ArbR/Gotthardt BGB § 623 Rz 11; APS/Greiner BGB § 623 Rz 5; Staud/Oetker § 623 Rz 32; MünchKomm/Henssler § 623 Rz 15; HK-KSchR/Spengler BGB § 623 Rz 9; Erman/Riesenhuber § 623 Rz 7; ArbR-BGB/Röhsler § 623 Rz 33; aA Kiel/Koch, Die betriebsbedingte Kündigung, 2000, Vorbem Rz 5.

48 Staud/Oetker § 623 Rz 32; MünchKomm/Henssler § 623 Rz 15; Erman/Riesenhuber § 623 Rz 7.

49 Staud/Oetker § 623 Rz 29; HK-KSchR/Spengler BGB § 623 Rz 9; MünchKomm/Henssler § 623 Rz 15; APS/Greiner BGB § 623 Rz 5; DDZ/Däubler BGB § 623 Rz 13; aA Backmeister/Trittin/Mayer/Trittin BGB § 623 Rz 8a.

50 MünchKomm/Henssler § 623 Rz 18; APS/Greiner BGB § 623 Rz 7.

51 MünchKomm/Henssler § 623 Rz 18;.

52 Staud/Oetker § 623 Rz 33; MünchKomm/Henssler § 623 Rz 17; APS/Greiner BGB § 623 Rz 5; DDZ/Däubler BGB § 622 Rz 18.

53 Ebenso ErfK/Müller-Glöge BGB § 623 Rz 3a; MünchKomm/Henssler § 623 Rz 17; offengelassen: APS/Greiner BGB § 623 Rz 5; DDZ/Däubler BGB § 623 Rz 19; eine analoge Anwendung erwägend indes Staud/Oetker § 623 Rz 34.

54 So aber Staud/Oetker § 623 Rz 34.

55 APS/Greiner BGB § 623 Rz 5; MünchKomm/Henssler § 623 Rz 17; ErfK/Müller-Glöge BGB § 623 Rz 3a; DDZ/Däubler BGB § 623 Rz 19; s auch BSchG Hamburg NZA-RR 2002, 462 = LAGE § 14 TzBfG Nr 3.

56 BAGE 122, 111 Rz 26 = NZA 2007, 1227.

57 BAGE 154, 40 Rz 32 = NJW 2016, 2138; MünchKomm/Henssler § 623 Rz 21; ErfK/Müller-Glöge BGB § 623 Rz 4; KR-Spilger BGB § 623 Rz 75; Staud/Oetker § 623 Rz 44; JurisPK/Weth § 623 Rz 16; aA APS/Greiner BGB § 623 Rz 8; BeckOK-ArbR/Gotthardt BGB § 623 Rz 54.

den Auflösungsvertrag daher zutreffend als Vereinbarung über das vorzeitige Ausscheiden eines Arbeitnehmers aus einem Arbeitsverhältnis[58].

13 Da für die Anwendung des § 623 lediglich die Beendigung des Arbeitsverhältnisses durch Vertrag entscheidend ist, kommt es auf die **Bezeichnung des Vertrags** durch die Parteien nicht an[59]. Maßgeblich ist allein der Regelungswille der Parteien, der im Wege der Auslegung (gem §§ 133, 157) zu ermitteln ist[60]. Haben die Parteien die Beendigung des Arbeitsverhältnisses vereinbart, ist die Schriftform erforderlich. Unerheblich für die Anwendung des § 623 ist auch der **Zeitpunkt der Beendigung**[61]. Formbedürftig ist daher auch eine rückwirkende Beendigung (zur ausnahmsweisen Zulässigkeit s Rz 65 vor §§ 620-630). Liegt der Beendigungstermin in der Zukunft, kann uU eine nachträgliche Befristung des Arbeitsverhältnisses vorliegen (zur Abgrenzung s Rz 66 vor §§ 620-630), die zwar nicht nach § 623, wohl aber nach TzBfG § 14 Abs 4 der Schriftform bedarf, wobei diese – anders als nach § 623 – durch die elektronische Form ersetzt werden kann[62]. Für einen aufschiebend **bedingten Aufhebungsvertrag** gelten TzBfG § 21 iVm § 14 Abs 1 u 4, da der Vertrag in seiner Wirkung einem auflösend bedingten Arbeitsvertrag entspricht (s Rz 67 vor §§ 620-630)[63].

14 Eine Beendigung des Arbeitsverhältnisses durch Vertrag liegt zweifellos vor, wenn die Parteien ausdrücklich vereinbaren, das zwischen ihnen bestehende Arbeitsverhältnis sofort oder alsbald zu beenden. Eine solche Vereinbarung wird üblicherweise als Aufhebungsvertrag bezeichnet (s dazu i Einz Rz 51 ff vor §§ 620-630). Problematischer sind Fälle, in denen die Abrede über die Beendigung des Arbeitsverhältnisses nicht ausdrücklich, sondern lediglich konkludent im Zusammenhang mit anderen Vereinbarungen getroffen wird. Vereinbaren die Parteien etwa, dass die bisher auf Grundlage eines Arbeitsverhältnisses erbrachten Tätigkeiten zukünftig auf anderer Rechtsgrundlage (bspw aufgrund eines freien Dienstvertrags) erbracht werden, wird durch diese **Vertragsänderung** zugleich das Arbeitsverhältnis beendet, weshalb § 623 Anwendung findet[64]. Dasselbe gilt bei einem Wechsel eines Arbeitnehmers in eine **Anstellung als Organmitglied** (Geschäftsführer, Vorstand) unter Auflösung des bisher bestehenden Arbeitsverhältnisses (zur Wahrung der Schriftform in diesen Fällen s Rz 25)[65]. Auch der Abschluss eines **Altersteilzeitvertrags** ist formbedürftig, sofern die Vereinbarung nicht nur zu einer Reduzierung der Arbeitszeit, sondern zu einem vorzeitigen Ausscheiden aus dem Arbeitsverhältnis führen soll[66]. Schließlich gilt § 623 für eine Vertragsänderung ausnahmsweise auch dann, wenn diese so zu verstehen ist, dass die Parteien das bestehende Arbeitsverhältnis beenden und zugleich ein vom bisherigen Arbeitsverhältnis rechtlich und tatsächlich unabhängiges Arbeitsverhältnis neu begründen[67]. Davon ist auszugehen, wenn sich das Arbeitsverhältnis aufgrund der Änderung als ein vollständig anderes Arbeitsverhältnis darstellt[68]. Im Übrigen gilt § 623 für die Aufhebung oder Änderung arbeitsvertraglicher Vereinbarungen nicht, da es sich insofern nicht um eine Beendigung des Arbeitsverhältnisses durch Vertrag handelt, sondern um eine Fortsetzung des Arbeitsverhältnisses zu geänderten Bedingungen[69]. **Wechselt** der Arbeitnehmer aufgrund eines **dreiseitigen Vertrags** zu einem anderen Arbeitgeber (bspw zu einer Beschäftigungsgesellschaft) ist § 623 einschlä-

---

58 BAGE 154, 40 Rz 32 = NJW 2016, 2138.
59 Staud/Oetker § 623 Rz 48; Erman/Riesenhuber § 623 Rz 10; MünchKomm/Henssler § 623 Rz 21; ErfK/Müller-Glöge BGB § 623 Rz 4; NK-GA/Boecken BGB § 623 Rz 14.
60 BAGE 123, 294 Rz 22 = NJW 2007, 3228 (m zust Anm Gravenhorst).
61 Staud/Oetker § 623 Rz 46; MünchKomm/Henssler § 623 Rz 21.
62 MünchKomm/Henssler § 623 Rz 21.
63 Staud/Oetker § 623 Rz 47; APS/Greiner BGB § Rz 8; BeckOK-ArbR/Gotthardt BGB § 623 Rz 54.
64 BAG NJW 2007, 1485 Rz 12 = NZA 2007, 580; LAG Berlin NZA-RR 2003, 516 = LAGE § 623 BGB Nr 4; Staud/Oetker § 623 Rz 49; JurisPK/Weth § 623 Rz 27; NK-GA/Boecken BGB § 623 Rz 15; APS/Greiner BGB § 623 Rz 8; ErfK/Müller-Glöge BGB § 623 Rz 5.
65 BAGE 123, 294 Rz 22 f = NJW 2007, 3228 (m zust Anm Gravenhorst); Erman/Riesenhuber § 623 Rz 13; Staud/Oetker § 623 Rz 49; NK-GA/Boecken BGB § 623 Rz 16; MünchKomm/Henssler § 623 Rz 28 f; ErfK/Müller-Glöge BGB § 623 Rz 5; JurisPK/Weth § 623 Rz 18; einschränkend Krause ZIP 2000, 2284, 2286 ff: Teleologische Reduktion bei einem Wechsel in die Stellung eines Vorstandsmitglieds einer AG; eine Anwendung des § 623 ablehnend: Adam SAE 2001, 109, 114; Jooß RdA 2008, 285, 286 f; Bauer/Baeck/Lösler ZIP 2003, 1821, 1822.
66 Gaul DStR 2000, 691, 692; Löwisch ZTR 2000, 531, 533.
67 Bader/Bram/Bader BGB § 623 Rz 20; JurisPK/Weth § 623 Rz 26.
68 Preis/Gotthardt NZW 2000, 348, 354; Staud/Oetker § 623 Rz 51; APS/Greiner BGB § 623 Rz 8; NK-GA/Boecken BGB § 623 Rz 15; DDZ/Däubler BGB § 623 Rz 40.
69 DDZ/Däubler BGB § 623 Rz 40; Bader/Bram/Bader BGB § 623 Rz 20; HK-KSchR/Spengler BGB § 623 Rz 12; Staud/Oetker § 623 Rz 50.

gig, weil durch den Wechsel das Arbeitsverhältnis mit dem ursprünglichen Arbeitgeber beendet wird[70].

Auf einen **Vorvertrag**, der eine Pflicht zum Abschluss eines Auflösungsvertrags begründet, ohne das Arbeitsverhältnis selbst zu beenden, findet § 623 nicht unmittelbar Anwendung. Die Norm ist in diesen Fällen jedoch **analog** anzuwenden, da sie anderenfalls ihre Warnfunktion (s Rz 2) nicht entfalten könnte[71]. Wird ein Auflösungsvertrag einvernehmlich geändert, bedarf die **Änderung** nach § 623 der Schriftform, da der geänderte Vertrag nunmehr das Arbeitsverhältnis beenden soll[72]. Dies gilt ausnahmsweise nicht, wenn die Änderung lediglich der Beseitigung einer bei der Abwicklung des Geschäfts unvorhergesehen aufgetretenen Schwierigkeit dient, ohne die beiderseitigen Verpflichtungen wesentlich zu verändern[73]. Die **Aufhebung eines Auflösungsvertrags** ist hingegen mangels vertraglicher Beendigung des Arbeitsverhältnisses nicht formbedürftig[74]. **15**

Ein **Klageverzichts-** bzw **Abwicklungsvertrag** (s dazu Rz 85 ff vor §§ 620-630) ist grds kein Auflösungsvertrag iSv § 623, denn er regelt lediglich die Modalitäten der bereits durch einen anderen Beendigungstatbestand (zumeist durch Kündigung) herbeigeführten Beendigung[75]. Es fehlt daher an der von § 623 vorausgesetzten Beendigung des Arbeitsverhältnisses durch den Vertrag. Der Schriftform bedarf deshalb regelmäßig nur die dem Vertrag zugrundeliegende Kündigungserklärung[76]. Auch hier gilt jedoch der Grundsatz, dass nicht die Bezeichnung durch die Parteien, sondern der tatsächliche Regelungswille entscheidend ist[77]. Es muss daher im Einzelfall geprüft werden, ob das Arbeitsverhältnis tatsächlich nicht doch durch den Vertrag beendet wird. Vereinbaren die Parteien etwa, dass der Arbeitnehmer vor Ablauf der Kündigungsfrist aus dem Arbeitsverhältnis ausscheidet, wird das Arbeitsverhältnis durch die vertragliche Vereinbarung und nicht durch die zuvor erklärte Kündigung beendet[78]. Ist die dem Abwicklungsvertrag zugrundeliegende Kündigung unwirksam, ist zu differenzieren: Wurde die Unwirksamkeit gerichtlich festgestellt oder beruht die Unwirksamkeit auf einem von der Fiktion des KSchG § 7 nicht erfassten Grund (zB fehlende Schriftform oder Vertretungsmacht), erfolgt die Beendigung des Arbeitsverhältnisses durch den Vertrag, sofern dieser dahingehend auszulegen ist, dass das Arbeitsverhältnis in jedem Fall beendet werden soll[79]. In allen anderen Fällen gilt die Kündigung – unabhängig von ggf vorliegenden Unwirksamkeitsgründen – als von Anfang an rechtswirksam, wenn der Arbeitnehmer auf die rechtzeitige Erhebung einer Kündigungsschutzklage verzichtet oder eine bereits erhobene Klage zurücknimmt. Die Klageverzichtsvereinbarung bedarf in diesen Fällen grds nicht der Schriftform[80]. Dies gilt jedoch nicht, wenn die **Unwirksamkeit der Kündigung offensichtlich** ist und den Parteien daher bewusst sein musste[81]. In einem solchen Fall ist der tatsächliche Regelungswille der Parteien auf die einvernehmliche Beendigung des Arbeitsverhältnisses gerichtet. Der Arbeitnehmer erklärt durch den Klageverzicht sein Einverständnis zur Beendigung des Arbeitsverhältnisses, obwohl dieses durch die im Raum stehende Kündigung offensichtlich nicht beendet werden kann. Die Situation ist folglich eine grundlegend andere, als wenn die Parteien von der Wirksamkeit der Kündigung ausgehen oder diese zumindest ernsthaft **16**

---

70 LAG Köln AR-Blattei ES 260 Nr 22 = EzA-SD 2003, Nr 9, 7 (Ls); LAG Rheinland-Pfalz 26. Oktober 2007 – 9 Sa 362/07 Rz 30; LAG Hamm, 25. August 2011 – 17 Sa 498/11 Rz 101; LAG Schleswig-Holstein 19. Dezember 2013 – 5 Sa 149/13 Rz 33 – LAGE § 623 BGB 2002 Nr 9; APS/Greiner BGB § 623 Rz 9a; BeckOK-ArbR/Gotthardt BGB § 623 Rz 57; BeckOK-BGB/Plum § 623 Rz 7; DDZ/Däubler BGB § 623 Rz 39; ErfK/Müller-Glöge BGB § 623 Rz 4; NK-GA/Boecken BGB § 623 Rz 15; Schaub/Linck § 122 Rz 3; offengelassen: BAG NZA-RR 2012, 148 Rz 25 = AP Nr 42 zu § 620 BGB Aufhebungsvertrag; aA LAG Hamm 17. Juni 2009 – 6 Sa 321/09 Rz 26 ff.
71 BAG NJW 2010, 1100 Rz 25 = NZA 2010, 273; NK-GA/Boecken BGB § 623 Rz 19; Erman/Riesenhuber § 623 Rz 10; MünchKomm/Henssler § 623 Rz 22.
72 Staud/Oetker § 623 Rz 94; KR/Spilger BGB § 623 Rz 161; ErfK/Müller-Glöge BGB § 623 Rz 20.
73 BGH NJW 2018, 3523 Rz 5 = WM 2019, 376 mwN; LAG München 12. November 2020 – 3 Sa 301/20: Abänderung des Beendigungstermins um einen Monat wegen unvorhersehbarer Verzögerung.
74 Staud/Oetker § 623 Rz 96; MünchKomm/Henssler § 623 Rz 27; BeckOK-BGB/Plum § 623 Rz 14; Erman/Riesenhuber § 623 Rz 10; JurisPK/Weth § 623 Rz 33.
75 BAGE 154, 40 Rz 32 = NJW 2016, 2138; BAGE 120, 251 Rz 19 = NJW 2007, 1831; BeckOK-ArbR/Gotthardt BGB § 623 Rz 56; APS/Greiner BGB § 623 Rz 8; ErfK/Müller-Glöge BGB § 623 Rz 8; MünchKomm/Henssler § 623 Rz 24; Staud/Oetker § 623 Rz 53; Rolfs NJW 2000, 1227, 1228; Hümmerich NZA 2001, 1280, 1281; Bauer NZA 2002, 169, 170; aA Backmeister/Trittin/Mayer/Trittin KSchG § 623 Rz 11; Schaub NZA 2000, 344, 347; Berscheid ZInsO 2000, 208, 209; Sander/Siebert BuW 2000, 424, 425.
76 BAGE 154, 40 Rz 32 = NJW 2016, 2138.
77 LAG Rheinland-Pfalz 22. Januar 2014 – 7 Sa 431/13 Rz 45.
78 LAG Mecklenburg-Vorpommern 16. November 2006 – 1 Sa 111/06 Rz 27 f; Staud/Oetker § 623 Rz 54; MünchKomm/Henssler § 623 Rz 25; ErfK/Müller-Glöge § 623 Rz 8.
79 Staud/Oetker § 623 Rz 54 u 56; MünchKomm/Henssler § 623 Rz 24 f.
80 BAG NJW 2015, 1038 Rz 27 = NZA 2015, 350; MünchKomm/Henssler § 623 Rz 24 f; BeckOK-ArbR/Gotthardt BGB § 623 Rz 56; ErfK/Müller-Glöge BGB § 623 Rz 8.
81 Staud/Oetker § 623 Rz 54.

in Betracht ziehen müssen und durch den Vertrag in erster Linie potentielle Prozessrisiken ausräumen. Aus ähnlichen Erwägungen gilt § 623 für einen Klageverzicht, der im unmittelbaren zeitlichen und sachlichen Zusammenhang mit einer Kündigung vereinbart wird, sofern dieser Zusammenhang die Annahme rechtfertigt, Kündigung und Klageverzicht seien gemeinsam nur ein anderes Mittel, um das Arbeitsverhältnis in Wirklichkeit im gegenseitigen Einvernehmen zu lösen[82]. Dies kann etwa der Fall sein, wenn der Arbeitgeber dem Arbeitnehmer vorschlägt, erst zu einem nach Ablauf der Kündigungsfrist liegenden Termin zu kündigen, sofern der Arbeitnehmer auf eine Kündigungsschutzklage verzichtet[83]. Auch in diesen Fällen ist der tatsächliche Regelungswille auf die Beendigung des Arbeitsverhältnisses durch Vertrag gerichtet und der Abwicklungsvertrag nur eine – für den Arbeitgeber vorteilhaftere (s dazu Rz 87 vor §§ 620-630) – Gestaltungsform zur Erreichung dieses Ziels. Soll die Warnfunktion des § 623 in diesen Fällen nicht vollständig leerlaufen, muss auf den tatsächlichen Willen abgestellt werden.

17 Eine **Ausgleichsquittung**, mit welcher der Arbeitnehmer den Empfang der Arbeitspapiere quittiert und bestätigt, dass ihm keine Ansprüche aus dem Arbeitsverhältnis mehr zustehen, fällt regelmäßig nicht in den Anwendungsbereich des § 623, da sie das Arbeitsverhältnis nicht beendet, sondern – wie der Abwicklungsvertrag – an die auf andere Weise herbeigeführte Beendigung des Arbeitsverhältnisses anknüpft[84]. Enthält die Ausgleichsquittung einen Klageverzicht, gelten dieselben Grundsätze wie für den vertraglichen Klageverzicht (s Rz 16). Läuft der in der Ausgleichsquittung erklärte Anspruchsverzicht mangels wirksamer Beendigung des Arbeitsverhältnisses darauf hinaus, dass das Arbeitsverhältnis zwar fortbesteht, in ihm jedoch künftig keine Vergütungs- und Beschäftigungsansprüche mehr entstehen, ist § 623 einschlägig, weil sich das Arbeitsverhältnis wegen des umfassenden Anspruchsverzichts als ein vollständig anderes Arbeitsverhältnis darstellt (s vgl Rz 14)[85].

18 4. **Abdingbarkeit.** § 623 ist **zwingendes** Recht und kann weder durch Vertrag noch durch Betriebsvereinbarung oder Tarifvertrag abbedungen werden[86]. Möglich ist jedoch die Vereinbarung strengerer Formerfordernisse (s dazu Rz 125 f vor §§ 620-630). Diese dürfen allerdings nicht einseitig die Kündigung durch den Arbeitnehmer erschweren (s § 622 Rz 65 f).

19 5. **Schriftform.** § 623 enthält ein konstitutives Schriftformerfordernis iSv § 126[87]. Die Schriftform kann wegen § 623 Halbs 2 nicht durch die elektronische Form (§ 126 Abs 3, § 126a) ersetzt werden[88]. Eine Erklärung per **Telefax, E-Mail, E-Postbrief, SMS** genügt zur Wahrung der Schriftform nicht[89]. Die Schriftform wird nach § 126 Abs 4 durch notarielle Beurkundung bzw nach § 126 Abs 4 iVm § 127a durch die Protokollierung eines **gerichtlichen Vergleichs** ersetzt. § 127a gilt analog, wenn der gerichtliche Vergleich nach § 278 Abs 6 zustande gekommen ist[90]. Nicht ausreichend ist indes die bloße Abgabe einer Erklärung zu Protokoll in der mündlichen Verhandlung[91]. Ein **außergerichtlicher Vergleich** – auch ein Anwaltsvergleich gem ZPO § 796a – bedarf der Schriftform des § 126; eine analoge Anwendung des § 127a kommt nicht in Betracht[92].

20 Die Unterzeichnung der Urkunde durch den **Stellvertreter** einer Partei genügt den Erfordernissen des § 623, da der Stellvertreter – im Gegensatz zum Boten – die Willenserklärung selbst abgibt und damit Aussteller der Urkunde ist. Der Vertretungswille des Stellvertreters muss allerdings in der Urkunde, wenn auch nur unvollkommen, Ausdruck gefunden haben[93]. Dies kann etwa durch den Zusatz „iV" oder bei Vertretung einer GbR durch den Zusatz „in Alleinvertretung für die GbR" geschehen. Fehlt ein eindeutiger Zusatz, ist im Einzelfall zu ermitteln, ob der Vertretungswille in der Urkunde Anklang gefunden hat. Ob der Vertreter zur Abgabe der Erklärung im Namen des Vertretenen ermächtigt ist, ist eine Frage der Vertretungsmacht und für die Einhaltung der Schriftform unerheblich[94]. Die Bevollmächtigung des Vertreters bedarf gem § 167

---

82 BAG NJW 2015, 1038 Rz 27 = NZA 2015, 350.
83 BAGE 122, 111 Rz 14 = NZA 2007, 1227.
84 Staud/Oetker § 623 Rz 57; JurisPK/Weth § 623 Rz 23; APS/Greiner BGB § 623 Rz 8; KR/Spilger BGB § 623 Rz 51; DDZ/Däubler BGB § 623 Rz 43; MünchKomm/Henssler § 623 Rz 28 f; aA Backmeister/Trittin/Mayer/Trittin BGB § 623 Rz 11; Sander/Siebert AuR 2000, 287, 335.
85 LAG Düsseldorf DB 2005, 1463 = LAGE § 307 BGB 2002 Nr 7; BeckOK-BGB/Plum § 623 Rz 9.
86 BAGE 154, 40 Rz 28 = NJW 2016, 2138; Grüneberg/Weidenkaff § 623 Rz 3; BeckOK-BGB/Plum § 623 Rz 2; MünchKomm/Henssler § 623 Rz 30; ErfK/Müller-Glöge BGB § 623 Rz 10a.
87 BAGE 125, 366 Rz 44 = NZA 2008, 719; Grüneberg/Weidenkaff § 623 Rz 7; MünchKomm/Henssler § 623 Rz 33; ErfK/Müller-Glöge BGB § 623 Rz 10; Staud/Oetker § 623 Rz 63.
88 BAGE 125, 366 Rz 45 = NZA 2008, 719.
89 BAGE 154, 40 Rz 47 = NJW 2016, 2138: keine Formwahrung durch Telefax; LAG Hamm MMR 2008, 252 = K&R 2007, 669: keine Formwahrung durch SMS.
90 BAGE 120, 251 Rz 20 ff = NJW 2007, 1831; BGHZ 214, 45 = NJW 2017, 1946.
91 BeckOK-ArbR/Gotthardt BGB § 623 Rz 34; APS/Greiner BGB § 623 Rz 25.
92 Staud/Oetker § 623 Rz 47; JurisPK/Weth § 623 Rz 20; Bader/Bram/Bader BGB § 623 Rz 17.
93 BAGE 125, 70 Rz 18 f = NZA 2008, 348; NZA 2021, 552 Rz 62 = NJW 2021, 1551.
94 BAGE 125, 70 Rz 23 = NZA 2008, 348.

Abs 2 nicht der Schriftform; eine teleologische Reduktion dieser Bestimmung ist bei dem Formerfordernis des BGB § 623 nicht geboten[95].

a) **Kündigung.** Gem § 126 Abs 1 muss die Kündigungserklärung vom Aussteller eigenhändig durch Namensunterschrift oder mittels notariell beglaubigten Handzeichens unterzeichnet werden. Die schriftliche Urkunde muss mindestens die Kündigungserklärung als solche enthalten[96]. Einer expliziten Verwendung des Begriffs „Kündigung" bedarf es nicht; der Kündigungswille muss jedoch aus Sicht des Kündigungsempfängers zweifelsfrei zum Ausdruck gekommen sein (s zu den inhaltlichen Anforderungen i Einz Rz 96 ff vor §§ 620-630)[97]. Eine gesetzliche Pflicht zur schriftlichen Angabe der Gründe besteht nur in Ausnahmefällen (s dazu Rz 103 vor §§ 620-630). Eine Pflicht zur schriftlichen Begründung kann sich zudem aus einer Bestimmung im Arbeits- oder Kollektivvertrag ergeben (s Rz 104 vor §§ 620-630). Werden die Gründe freiwillig mitgeteilt, kann dies formlos geschehen[98]. Von den formalen Voraussetzungen der Kündigungserklärung zu unterscheiden sind ggf bestehende Mitteilungspflichten aus § 626 Abs 2 Satz 3 bzw KSchG § 1 Abs 3 Satz 1 Halbs 2 (s dazu Rz 102 vor §§ 620-630), deren Verletzung keine Auswirkung auf die Wirksamkeit der Kündigung hat.

Eine im Prozess durch den Prozessvertreter erklärte **Schriftsatzkündigung** wahrt die nach § 623 erforderliche Schriftform, wenn die dem Kündigungsempfänger zugehende Abschrift vom Prozessbevollmächtigten eigenhändig unterschrieben ist (zum Zugang s Rz 111 u 122 vor §§ 620-630)[99]. Ausreichend ist es allerdings auch, wenn die für das Gericht bestimmte Urschrift eigenhändig unterzeichnet ist und die dem Kündigungsempfänger zugehende Abschrift mit einem Beglaubigungsvermerk versehen ist, den der Verfasser des Schriftsatzes eigenhändig unterzeichnet hat[100].

Bei der **Änderungskündigung** bedarf neben der Kündigungserklärung auch das Änderungsangebot der Schriftform[101]. Dies folgt aus der Beweisfunktion des § 623. Die gesetzliche Verklammerung der beiden Willenserklärungen in KSchG § 2 zu einer gemeinsamen Einheit[102] führt dazu, dass die Kündigung das Arbeitsverhältnis nur beendet, wenn der Arbeitnehmer das Änderungsangebot ablehnt. Ob überhaupt eine Beendigung des Arbeitsverhältnisses durch Kündigung vorliegt, kann daher nicht losgelöst von dem Änderungsangebot beurteilt werden[103]. Nach der Andeutungstheorie (s dazu § 133 Rz 28) genügt es jedoch, wenn der Inhalt des Änderungsangebots im Kündigungsschreiben hinreichenden Anklang gefunden hat[104]. Die Annahmeerklärung des Arbeitnehmers fällt hingegen – auch wenn sie nach KSchG § 2 unter Vorbehalt erklärt wird – nicht in den Anwendungsbereich des § 623[105].

b) **Auflösungsvertrag.** Nach § 126 Abs 2 muss bei einem Auflösungsvertrag die Unterzeichnung durch beide Parteien auf derselben Urkunde erfolgen. Wenn über den Vertrag mehrere gleichlautende Urkunden aufgenommen werden, genügt die Unterzeichnung der jeweils für die andere Partei bestimmten Urkunde (s i Einz § 126 Rz 20). Die Urkunden müssen jedoch beide den vollständigen Vertragstext enthalten, der Austausch eines unterzeichneten Angebots und einer unterzeichneten Annahme auf unterschiedlichen Schriftstücken genügt nicht[106]. Nimmt der Arbeitnehmer das schriftliche Angebot des Arbeitgebers mit Einschränkungen schriftlich an, kommt ein wirksamer Auflösungsvertrag nur zu Stande, wenn auch der Arbeitgeber die veränderte Vertragsurkunde erneut unterzeichnet[107]. Das **Formerfordernis** soll sich nach **hM** auf den **gesamten Inhalt des Auflösungsvertrags** einschließlich aller Nebenabreden (zB über Abfin-

---

95 BAGE 125, 70 Rz 23 = NZA 2008, 348.
96 Staud/Oetker § 623 Rz 76; BeckOK-ArbR/Gotthardt BGB § 623 Rz 18; APS/Greiner BGB § 623 Rz 13.
97 BAGE 154, 40 Rz 31 = NJW 2016, 2138; Staud/Oetker § 623 Rz 76; BeckOK-ArbR/Gotthardt BGB § 623 Rz 27; APS/Greiner BGB § 623 Rz 18; ErfK/Müller-Glöge BGB § 623 Rz 15.
98 MünchKomm/Henssler § 623 Rz 38.
99 LAG Niedersachsen NZA-RR 2002, 242 = LAGE § 623 BGB Nr 2; APS/Greiner BGB § 623 Rz 17b; ErfK/Müller-Glöge BGB § 623 Rz 17; BeckOK-ArbR/Gotthardt BGB § 623 Rz 33.
100 BAG NZA 2021, 552 Rz 64 = NJW 2021, 1551; LAG Niedersachsen NZA-RR 2002, 242 = LAGE § 623 BGB Nr 2; s zur Wahrung der Schriftform gem § 613a Abs 6 Satz 1: BAG NJW 2007, 250 = NZA 2006, 1406; zur Wahrung der Schriftform bei Kündigung eines Pacht- bzw Mietvertrags: BGH ZMR 1987, 56 = WuM 1987, 209; BayObLG NJW 1981, 2197 = MDR 1981, 1020; Hamm NJW 1982, 452 = WuM 1982, 44.
101 BAGE 132, 78 Rz 16 = NJW 2010, 1161; BAGE 112, 58 = NZA 2005, 635; Staud/Oetker § 623 Rz 80; MünchKomm/Henssler § 623 Rz 38; ErfK/Müller-Glöge BGB § 623 Rz 16; aA KR/Spilger BGB § 623 Rz 138; Caspers RdA 2001, 28, 30.
102 Richardi/Annuß NJW 2000, 1231, 1233.
103 Besonders deutlich wird dies, wenn die Änderungskündigung rechtskonstruktiv als Kündigung unter der aufschiebenden Bedingung der Ablehnung des Änderungsangebots erklärt wird, vgl Staud/Oetker § 623 Rz 80.
104 BAGE 112, 58 = NZA 2005.
105 MünchKomm/Henssler § 623 Rz 38; APS/Greiner BGB § 623 Rz 23; Staud/Oetker § 623 Rz 81; ErfK/Müller-Glöge BGB § 623 Rz 16; JurisPK/Weth § 623 Rz 10.
106 BGH BauR 1994, 131 = MDR 1994, 275; ErfK/Müller-Glöge BGB § 623 Rz 19; Preis/Gotthardt NZA 2000, 348, 354.
107 BAG NJW 2009, 698 Rz 18 = NZA 2009, 161.

dungszahlung, Anspruchsverzicht oder Freistellung) erstrecken[108]. Formlos getroffene Nebenabreden sollen demnach gem § 125 Satz 1 nichtig sein und gem § 139 die Gesamtnichtigkeit des Auflösungsvertrags zur Folge haben können[109]. Dies **überzeugt nicht**[110]. Der Schriftform bedarf nach § 623 die *Beendigung* des Arbeitsverhältnisses durch Auflösungsvertrag und nicht der Auflösungsvertrag als solcher. § 623 unterscheidet sich insoweit von anderen gesetzlichen Formvorschriften, nach denen der betreffende *Vertrag* einer bestimmten Form bedarf (etwa §§ 311b, 484 Abs 1, 492 Abs 1, 550, 585a, 655b Abs 1). Weder die Warn- noch die Beweisfunktion des § 623 verlangen eine Ausdehnung des Schriftformerfordernisses über den Wortlaut hinaus. § 623 soll den Arbeitnehmer vor einer übereilten Aufgabe des Arbeitsplatzes schützen[111]. Zu diesem Zweck muss der Arbeitnehmer nur vor der vertraglichen Beendigung seines Arbeitsverhältnisses gewarnt werden. Die Beweisfunktion des § 623 soll Streitigkeiten darüber vermeiden, ob überhaupt ein Auflösungsvertrag abgeschlossen wurde[112]. Dazu ist es lediglich erforderlich, dass die einvernehmliche Beendigung des Arbeitsverhältnisses schriftlich niedergelegt ist. Überdies gewährleistet die Erstreckung der Formbedürftigkeit auf Nebenabreden keine erhöhte Rechtssicherheit, da eine Beweiserhebung über ggf formunwirksam getroffene Nebenabreden wegen der nach § 139 möglicherweise eintretenden Gesamtnichtigkeit dennoch nötig wäre. Die hM führt zudem zu dem unbefriedigenden Ergebnis, dass formlose Nebenabreden, deren Nichtigkeit nicht zur Gesamtnichtigkeit des Vertrags führt, ersatzlos entfallen. Zum Schriftformerfordernis bei bedingtem Aufhebungsvertrag s bereits Rz 13.

25 Die Parteien müssen den Auflösungsvertrag weder als solchen bezeichnen, noch müssen sie die Beendigung des Arbeitsverhältnisses ausdrücklich vereinbaren. Der Wille der Parteien, das Arbeitsverhältnis einvernehmlich zu beenden, kann sich auch im Wege der Auslegung der getroffenen schriftlichen Vereinbarungen ergeben[113]. Wegen des Schriftformerfordernisses muss die Beendigung jedoch in der Vertragsurkunde zumindest Anklang gefunden haben (Andeutungstheorie). Außerhalb der Urkunde liegende Umstände dürfen nur berücksichtigt werden, wenn der einschlägige rechtsgeschäftliche Wille der Parteien in der formgerechten Urkunde einen wenn auch nur unvollkommenen oder andeutungsweisen Ausdruck gefunden hat[114]. Konkludente Auflösungsvereinbarungen kommen daher nur unter engen Voraussetzungen in Betracht. Praktische Bedeutung haben sie vor allem bei der **Bestellung eines Arbeitnehmers zum Organmitglied** einer juristischen Person. In diesen Fällen stellt sich die Frage, ob das Arbeitsverhältnis durch den Abschluss des neuen Anstellungsvertrags wirksam beendet wird. Während nach älterer Rspr im Zweifel lediglich von einer Suspendierung des bisherigen Arbeitsverhältnisses auszugehen war[115], nimmt das BAG seit 1993 in inzwischen st Rspr an, dass das ursprüngliche Arbeitsverhältnis mit Abschluss des Anstellungsvertrags beendet wird, soweit nicht klar und eindeutig etwas anderes vertraglich vereinbart worden ist[116]. Zur Einhaltung des nach § 623 für den Auflösungsvertrag geltenden Schriftformerfordernisses genügt es demnach, dass der Anstellungsvertrag schriftlich geschlossen wurde[117]. Der Wille zur einvernehmlichen Beendigung des Arbeitsverhältnisses findet in diesen Fällen in der schriftlichen Vertragsurkunde regelmäßig darin seinen Ausdruck, dass die vertraglichen Beziehungen durch den schriftlichen Anstellungsvertrag insgesamt neu geregelt werden[118]. Wird dem Arbeitnehmer die Geschäftsführerstellung hingegen nur vorübergehend bei ansonsten unveränderten Vertragsbedingungen übertragen, fehlt es an einem hinreichenden Anhaltspunkt für den Willen, das Arbeitsverhältnis zu beenden und nicht bloß ruhend zu stellen[119]. Nicht ausreichend ist der Abschluss eines schriftlichen Geschäftsführerdienstvertrags mit einer vom Arbeitgeber verschie-

---

108 MünchKomm/Henssler § 623 Rz 39; Staud/Oetker § 623 Rz 91; ErfK/Müller-Glöge BGB § 623 Rz 20; BeckOK-ArbR/Gotthardt BGB § 623 Rz 63; BeckOK-BGB/Plum § 623 Rz 13; APS/Greiner BGB § 623 Rz 30; Preis/Gotthardt NZA 2000, 348, 355.
109 ErfK/Müller-Glöge BGB § 623 Rz 20; Münch-Komm/Henssler § 623 Rz 39; Staud/Oetker § 623 Rz 92; Erman/Riesenhuber § 623 Rz 23; DDZ/Däubler § 623 Rz 48; Preis/Gotthardt NZA 2000, 348, 355.
110 Ebenso JurisPK/Weth § 623 Rz 37.
111 BT-Drucks 14/4987, 22.
112 BT-Drucks 14/626, 11.
113 BAGE 123, 294 Rz 22 = NJW 2007, 3228 (m zust Anm Gravenhorst); ErfK/Müller-Glöge BGB § 623 Rz 5a; Staud/Oetker § 623 Rz 49.
114 BAGE 123, 294 Rz 22 = NJW 2007, 3228 (m zust Anm Gravenhorst); BAGE 112, 58 = NZA 2005, 635; Staud/Oetker § 623 Rz 95.

115 BAGE 49, 81 = NZA 1986, 792 = AP Nr 3 zu § 5 ArbGG 1979 (m abl Anm Martens).
116 BAG NZA 1994, 212 = DB 1994, 428; NJW 2003, 918 = NZA 2003, 272; BAGE 123, 294 Rz 23 = NJW 2007, 3228 (m zust Anm Gravenhorst); NJW 2008, 3514 Rz 22 = NZA 2008, 1002; NJW 2009, 2078 = NZA 2009, 669; abl Wackerbarth RdA 2008, 376 ff: keine Beendigung des Arbeitsverhältnisses, sondern Änderungsvertrag; ebenso Jooß RdA 2008, 285 ff.
117 BAGE 123, 294 Rz 23 = NJW 2007, 3228 (m zust Anm Gravenhorst); NJW 2009, 2078 = NZA 2009, 669; NJW 2011, 2684 Rz 12 = NZA 2011, 874.
118 BAGE 123, 294 Rz 23 f = NJW 2007, 3228 (m zust Anm Gravenhorst).
119 BAGE 118, 278 Rz 18 = NZA 2005, 635; Staud/Oetker § 623 Rz 95.

denen Gesellschaft (zB mit einer Konzerngesellschaft), da es in diesem Fall an einem schriftlichen Auflösungsvertrag zwischen Arbeitgeber und Arbeitnehmer fehlt[120].

6. Rechtsfolgen bei Formmangel. Die Nichteinhaltung der nach § 623 erforderlichen Schriftform führt nach hM **gem § 125 Satz 1** zur **Nichtigkeit** der Kündigung bzw des Auflösungsvertrags[121]. Nach anderer Ansicht soll sich die Rechtsfolge unmittelbar aus § 623 ergeben, der die Wahrung der Schriftform ausdrücklich in den Rang einer Wirksamkeitsvoraussetzung erhebe[122]. Für die hM spricht, dass § 125 Satz 1 die Rechtsfolge der Nichtigkeit ausdrücklich anordnet, wohingegen die Unwirksamkeit aus § 623 sich erst aus einem Umkehrschluss ergibt. Die Formulierung „zu ihrer Wirksamkeit" in § 623 dürfte eher der Klarstellung dienen, dass es sich um ein konstitutives Formerfordernis handelt. Letztlich kann die Rechtsfolge aber sowohl aus § 125 Satz 1 iVm § 623 als auch unmittelbar aus § 623 abgeleitet werden. Praktische Konsequenzen ergeben sich aus der unterschiedlichen Herleitung der Rechtsfolge nicht[123]. Insbes tritt auch bei einer Herleitung der Unwirksamkeit aus § 623 nicht etwa eine schwebende Unwirksamkeit ein, da § 623 **keine Heilung** des Formmangels vorsieht[124]. Das Arbeitsverhältnis besteht unverändert fort. Ggf bestehende Ansprüche auf Annahmeverzugslohn richten sich nach § 615.

a) **Kündigung.** Eine formunwirksame Kündigung beendet das Arbeitsverhältnis nicht. Sie muss unter Einhaltung der Schriftform und unter Beachtung der Kündigungsfrist wiederholt werden[125]. Bei einer außerordentlichen Kündigung muss dies innerhalb der zweiwöchigen Kündigungserklärungsfrist nach § 626 Abs 2 Satz 1 geschehen[126]. Auch eine formwirksame Bestätigung der Kündigung ist allenfalls als erneute Vornahme zu beurteilen (§ 141 Abs 1). Dies setzt jedoch voraus, dass der Kündigungswille auch in der Bestätigung zumindest andeutungsweise zum Ausdruck kommt[127]. Die Nichtigkeit wird weder dadurch beseitigt, dass der Kündigungsempfänger den Empfang der Kündigung bestätigt[128], noch dadurch, dass er sich mit der formunwirksamen Kündigung einverstanden erklärt[129]. Der Annahme eines stillschweigend geschlossenen Auflösungsvertrags steht die Formbedürftigkeit des Auflösungsvertrags entgegen. Einer **Umdeutung** der formnichtigen Kündigungserklärung steht § 623 zwar nicht grds entgegen. Nach hier vertretener Ansicht sind jedoch keine praktisch relevanten Fälle denkbar, in denen eine Umdeutung in Betracht kommt. Da der Abschluss eines Aufhebungsvertrags selbst der Schriftform bedarf, kann eine formnichtige Kündigungserklärung unter Geltung des § 623 nicht mehr in ein Angebot auf Abschluss eines Auflösungsvertrags umgedeutet werden[130]. Dasselbe gilt nach hier vertretener Ansicht für die Umdeutung in eine Anfechtungserklärung (s Rz 9; allg zur Umdeutung einer außerordentlichen Kündigung in eine Anfechtung s Rz 132 vor §§ 620-630).

b) **Auflösungsvertrag.** Auch ein formunwirksamer Auflösungsvertrag beendet das Arbeitsverhältnis nicht. Erstreckt man das Formerfordernis mit der hM auf den Auflösungsvertrag einschließlich aller Nebenabreden, hat die Nichteinhaltung der Schriftform unmittelbar die Nichtigkeit des gesamten Vertrags zur Folge[131]. Wird hingegen mit der hier vertretenen Ansicht (Rz 24) davon ausgegangen, dass nur die Beendigungsvereinbarung der Schriftform bedarf, ist auch nur diese gem § 125 Satz 1 nichtig. Die Nichtigkeit der Nebenabreden ergibt sich in diesem Fall jedoch aus § 139. Wurden aufgrund der nichtigen Vereinbarungen bereits Leistungen erbracht, richtet sich die **Rückabwicklung** nach Bereicherungsrecht[132]. Hat der Leistende bzw der Leistungsempfänger Kenntnis von der Formnichtigkeit, sind §§ 814, 819 zu beachten[133]. Bei einem formwirksamen Neuabschluss des Auflösungsvertrags können die Parteien eine rückwirkende Beendigung des Arbeitsverhältnisses vorsehen, soweit das Arbeitsverhältnis bereits außer Vollzug gesetzt ist (s Rz 65 vor §§ 620-630). Wird eine **Rückwirkung** nicht vereinbart, tritt die

---

120 BAG NZA 2014, 540 Rz 25 = DB 2014, 1081.
121 BAGE 115, 165 Rz 26 = NZA 2006, 48; BAGE 122, 111 Rz 19 = NZA 2007, 1227; NJW 2010, 1100 Rz 24 = NZA 2010, 273; BAGE 154, 40 Rz 11 = NZA 2016, 361; MünchKomm/Henssler § 623 Rz 41; ErfK/Müller-Glöge BGB § 623 Rz 21; APS/Greiner BGB § 623 Rz 36; Grüneberg/Weidenkaff § 623 Rz 8; BeckOK-BGB/Plum § 623 Rz 15; KR/Spilger BGB § 623 Rz 182; DDZ/Däubler BGB § 623 Rz 28; BeckOK-ArbR/Gotthardt BGB § 623 Rz 65; Jauernig/Mansel § 623 Rz 1.
122 Staud/Oetker § 623 Rz 97; HK-KSchR⁴/Dorndorf KSchG § 1 Rz 117a.
123 Staud/Oetker § 623 Rz 99; MünchKomm/Henssler § 623 Rz 41.
124 Staud/Oetker § 623 Rz 100; MünchKomm/Henssler § 623 Rz 41; APS/Greiner BGB § 623 Rz 36; ErfK/Müller-Glöge BGB § 623 Rz 21.
125 APS/Greiner BGB § 623 Rz 36; MünchKomm/Henssler § 623 Rz 41; ErfK/Müller-Glöge BGB § 623 Rz 21.
126 ErfK/Müller-Glöge BGB § 623 Rz 21; JurisPK/Weth § 623 Rz 41.
127 JurisPK/Weth § 623 Rz 41.
128 Staud/Oetker § 623 Rz 100.
129 LAG Rheinland-Pfalz 31. Januar 2008 – 9 Sa 416/07 Rz 15; JurisPK/Weth § 623 Rz 40.
130 ErfK/Müller-Glöge BGB § 623 Rz 23; MünchKomm/Henssler § 623 Rz 44; APS/Greiner BGB § 623 Rz 37.
131 APS/Preis BGB § 623 Rz 38.
132 Staud/Oetker § 623 Rz 125; APS/Greiner BGB § 623 Rz 38; MünchKomm/Henssler § 623 Rz 48.
133 MünchKomm/Henssler § 623 Rz 48.

Beendigungswirkung erst mit dem wirksamen Abschluss des Vertrags ein. Der Anwendung der Auslegungsregel des § 141 Abs 2, wonach die Parteien bei Bestätigung eines nichtigen Rechtsgeschäfts im Zweifel verpflichtet sind, einander zu gewähren, was sie haben würden, wenn der Vertrag von Anfang an gültig gewesen wäre, steht die Warnfunktion des § 623 entgegen[134].

29 c) **Treuwidrige Berufung auf die Formnichtigkeit.** Die Nichtigkeitsfolge nach § 125 Satz 1 tritt bei Verstößen gegen § 623 in aller Regel auch dann ein, wenn im Einzelfall einem, mehreren oder gar allen Schutzzwecken auf andere Weise Genüge getan ist, denn die gesetzlichen Formvorschriften sind gegenüber der Erfüllung der ihnen zugrundeliegenden Schutzzwecke verselbständigt[135]. Nach dem Grundsatz von **Treu und Glauben (§ 242)** kann es einer Partei jedoch ausnahmsweise versagt sein, sich auf die Formnichtigkeit zu berufen (s dazu allg § 125 Rz 37). Eine solche Ausnahme unterliegt jedoch strengen Anforderungen. Es genügt nicht, dass die Nichtigkeit den einen Vertragsteil hart trifft, das Ergebnis muss vielmehr für eine Vertragspartei schlechthin untragbar sein[136]. Die Treuwidrigkeit der Berufung auf die Nichteinhaltung der Schriftform kann sich insbes unter dem Gesichtspunkt des Verbots widersprüchlichen Verhaltens ergeben. Dies setzt erstens voraus, dass der Erklärungsgegner einen besonderen Grund hatte, trotz des Formmangels auf die Gültigkeit der Erklärung zu vertrauen; zweitens muss sich der Erklärende mit der Berufung auf den Formmangel zu seinen vorangegangenen Verhalten in Widerspruch setzen[137]. Auch der Arbeitgeber kann sich auf die Formwidrigkeit berufen, ohne dadurch automatisch treuwidrig zu handeln[138]. Wenn beide Seiten die Formbedürftigkeit kannten, scheidet ein schützenswertes Vertrauen auf die Gültigkeit der formnichtigen Erklärung regelmäßig aus[139]. Eine Ausnahme hiervon kann nur gelten, wenn eine Seite ihre Machtstellung ausgenutzt hat, um die Formwahrung zu verhindern[140]. Davon kann insbes ausgegangen werden, wenn der Arbeitgeber den Arbeitnehmer beim Abschluss eines Aufhebungsvertrags unter Ausnutzung seiner Machtstellung zum Verzicht auf eine schriftliche Niederlegung nötigt[141]. Allein der Umstand, dass die formlos abgegebene Beendigungserklärung ernst gemeint war, macht die Berufung auf die fehlende Schriftform nicht treuwidrig, denn § 623 nimmt bewusst in Kauf, dass auch ernstgemeinte – aber eben nur mündlich abgegebene – Erklärungen wirkungslos sind[142]. Vor diesem Hintergrund überzeugt es nicht, einen Verstoß gegen Treu und Glauben anzunehmen, wenn der Arbeitnehmer seiner Beendigungsabsicht mit ganz besonderer Verbindlichkeit und Endgültigkeit mehrfach – aber eben nur mündlich – Ausdruck verliehen hat[143]. Allein die mehrfache – wenngleich eindringliche – Wiederholung einer formunwirksamen Erklärung ändert nichts an deren Formwidrigkeit und kann kein schutzwürdiges Vertrauen begründen. Erforderlich sind vielmehr zusätzliche Umstände, die das Verhalten des Berechtigten in hohem Maße als widersprüchlich erscheinen lassen[144].

30 Angesichts dieser hohen Anforderungen greift der Einwand der treuwidrigen Berufung auf die Formnichtigkeit einer Kündigung bzw eines Aufhebungsvertrags in der **Praxis** nur selten durch[145]. In der Rspr wurde ein Verstoß gegen Treu und Glauben durch die Berufung auf die Formnichtigkeit in folgenden Fällen angenommen: Berufung auf die Nichtigkeit einer in einem

---

134 Vgl zur Unanwendbarkeit des § 141 Abs 2 bei formunwirksamer Befristung: BAGE 113, 75 = NJW 2005, 2333.
135 BAG NJW 2005, 844 = NZA 2005, 162.
136 BAG NJW 2011, 2684 Rz 18 = DB 2011, 1400; DB 2010, 1353 Rz 39 = ZTR 2010, 430.
137 BAG NJW 2005, 844 = NZA 2005, 162.
138 BAG DB 2010, 1353 Rz 38 = ZTR 2010, 430.
139 Hess LAG 9. Februar 2007 – 3 Sa 383/06 Rz 46 unter Bezugnahme auf BGH NJW 1973, 1455 = MDR 1973, 1011; ErfK/Müller-Glöge BGB § 623 Rz 24; APS/Greiner BGB § 623 Rz 42; Staud/Oetker § 623 Rz 130.
140 BGHZ 48, 396 = NJW 1968, 39 (m abl Anm Reinicke); APS/Greiner BGB § 623 Rz 42; Staud/Oetker § 623 Rz 130.
141 MünchKomm/Henssler § 623 Rz 45; Staud/Oetker § 623 Rz 130; Kliemt, Formerfordernisse im Arbeitsverhältnis, 1995 S 556.
142 BAG NJW 2005, 844 = NZA 2005, 162.
143 So aber LAG Rheinland-Pfalz 8. Februar 2012 – 8 Sa 318/11 (m krit Anm Hoffmann jurisPR-ArbR 29/2012 Anm 3); vor Inkrafttreten des § 623 auf Grundlage einer vereinbarten Schriftform auch: BAGE 87, 200 = NJW 1998, 1659; eine Übertragung der Grundsätze auf § 623 offenlassend: BAG NJW 2005, 844 = NZA 2005, 162; krit MünchKomm/Henssler § 623 Rz 45; Singer NZA 1998, 1309 ff.
144 BAGE 154, 40 Rz 51 = NJW 2016, 2138; NJW 2011, 2684 Rz 18 = DB 2011, 1400; BGH NJW 2004, 3330 = DB 2004, 2692.
145 Einen Verstoß gegen § 242 verneinend etwa: BAGE 154, 40 Rz 51 = NJW 2016, 2138; NJW 2011, 2684 Rz 19 = DB 2011, 1400; DB 2010, 1353 Rz 38 = ZTR 2010, 430; BAG NJW 2005, 844 = NZA 2005, 162; Thür LAG 22. März 2017 – 6 Sa 291/14 Rz 72; LAG Mecklenburg-Vorpommern 22. Januar 2015 – 5 Sa 89/14 Rz 62 ff; LAG Köln 16. Oktober 2013 – 11 Sa 345/13 Rz 20 ff; LAG Berlin-Brandenburg 30. April 2010 – 10 Sa 2642/09 Rz 66 f; LAG Hamm 25. August 2011 – 17 Sa 498/11 Rz 103; 17. August 2007 – 10 Sa 512/07 Rz 68 ff; Hess LAG 4. März 2013 – 17 Sa 633/12 Rz 40 ff; 25. Mai 2011 – 17 Sa 222/11 Rz 33 ff; 9. Februar 2007 – 3 Sa 383/06 Rz 46; 5. Juli 2007 – 11/19 Sa 69/07 Rz 19 ff; LAG München 13. Juli 2006 – 6 Sa 1150/05 Rz 31 ff; LAG Düsseldorf 29. November 2005 – 16 Sa 1030/05 Rz 16 ff – LAGE § 623 BGB 2002 Nr 4; LAG Rheinland-Pfalz 4. September 2009 – 6 Sa 309/09 Rz 39; 31. Januar 2008 – 9 Sa 416/07 Rz 16; 26. Oktober 2007 – 9 Sa 362/07 Rz 35; 17. März 2004 – 10 Sa 19/04; 28. Oktober 2003 – 5 Sa 754/03; ArbG Paderborn 22. März 2006 – 3 Ca 1947/05 Rz 38.

Gerichtstermin übergebenen, unbeglaubigten Fotokopie des in der Gerichtsakte enthaltenen Kündigungsschreibens durch einen Kündigungsempfänger, der weder von den bei der Übergabe gegebenen Aufklärungsmöglichkeiten Gebrauch gemacht noch die Erklärung wegen Nichteinhaltung der vereinbarten Form unverzüglich zurückgewiesen hatte[146]; Berufung auf die Nichtigkeit eines Auflösungsvertrags durch eine Vertragspartei, die sämtliche Vorteile aus dem nichtigen Vertrag gezogen hatte[147]; Berufung auf die Nichtigkeit eines Aufhebungsvertrags durch eine Vertragspartei, die in mehrfacher Weise ihren Willen zur Beendigung des Arbeitsverhältnisses kundgetan, über längere Zeit aus dem nichtigen Vertrag Vorteile gezogen und sich erst nachträglich auf die Unwirksamkeit ihrer eigenen Erklärung berufen hatte[148]; Berufung auf die Nichtigkeit einer 4 Jahre zuvor formlos erklärten Kündigung durch einen Arbeitnehmer, der „mit fliegenden Fahnen" zu einer Tochtergesellschaft ins Ausland gewechselt war, wobei er im Einvernehmen mit dem bisherigen Arbeitgeber die maßgebliche Kündigungsfrist nicht eingehalten, eine schriftliche Bestätigung des bisherigen Arbeitgebers über die Beendigung des Arbeitsverhältnisses widerspruchslos hingenommen und ein Arbeitszeugnis mit Bedauernsformel erhalten hatte[149]; die Berufung auf die Nichtigkeit eines formlos geschlossenen Auflösungsvertrags durch einen Arbeitnehmer, der sowohl gegenüber dem Arbeitgeber als auch im Kollegenkreis unmissverständlich zum Ausdruck gebracht hatte, dass er das Arbeitsverhältnis beenden und ein „mehr als attraktives Angebot" von einem anderen Unternehmen „zu hundert Prozent" annehmen möchte, wobei der Arbeitnehmer ein Schreiben des Arbeitgebers, in dem dieser seinen Willen zur einvernehmlichen Beendigung kundgetan hatte, gegengezeichnet und seine Arbeitsmittel und den Dienstwagen zurückgegeben hatte[150]; Berufung auf die Nichtigkeit der Änderung eines Auflösungsvertrags 2 Jahre nach Abwicklung des geänderten Vertrags[151].

7. Prozessuales und Beweisfragen. Die Unwirksamkeit einer Kündigung wegen Nichteinhaltung der Schriftform muss **nicht innerhalb der Klagefrist** des KSchG § 4 gerichtlich geltend gemacht werden[152]. Die Klagefrist beginnt gem KSchG § 4 Satz 1 mit Zugang der *schriftlichen* Kündigung und wird daher durch eine den Anforderungen des § 623 nicht genügende Kündigung nicht in Gang gesetzt. Eine Grenze für die gerichtliche Geltendmachung der Formnichtigkeit kann sich aber aus dem Rechtsinstitut der **Verwirkung** ergeben[153]. Die Formnichtigkeit der Kündigung bzw des Auflösungsvertrags kann durch Erhebung einer **allgemeinen Feststellungsklage** (ZPO § 256) geltend gemacht werden[154]. Das erforderliche Feststellungsinteresse liegt vor, wenn sich die Gegenseite der Beendigung des Arbeitsverhältnisses berühmt[155]. Zudem kann die Formnichtigkeit inzident im Rahmen einer Leistungsklage (zB auf Zahlung von Annahmeverzugslohn gem § 615) oder zur Abwehr einer Leistungsklage (zB auf Zahlung einer Abfindung) geltend gemacht werden.

Die **Darlegungs- und Beweislast** für die Einhaltung der Schriftform trägt die Partei, die sich auf die Wirksamkeit der Kündigung bzw des Auflösungsvertrags beruft[156]. Macht eine Partei geltend, dass es der anderen Partei nach § 242 verwehrt sei, sich auf die Formnichtigkeit zu berufen, muss sie die Umstände, aus denen sich die Treuwidrigkeit ergibt, darlegen und beweisen[157].

8. Übergangsbestimmungen. Eine Übergangsbestimmung existiert nicht. Das Schriftformerfordernis gilt daher ab Inkrafttreten des § 623 am 1. Mai 2000[158]. Vor diesem Zeitpunkt zugegangene Kündigungen bzw abgeschlossene Auflösungsverträge werden nicht erfasst[159].

---

146 BAG NJW 1999, 596 = NZA 1998, 1330: auf Grundlage eines vereinbarten Schriftformerfordernisses.
147 LAG Köln 27. August 2003 – 8 Sa 268/03.
148 LAG Niedersachsen 11. August 2005 – 4 Sa 1855/04 Rz 50.
149 Hess LAG 26. Februar 2013 – 13 Sa 845/12 Rz 41.
150 LAG Niedersachsen 5. Dezember 2005 – 11 Sa 931/05 Rz 62 ff.
151 LAG München 12. November 2020 – 3 Sa 301/20 Rz 49 f.
152 BAGE 123, 209 Rz 10 = NZA 2007, 972; BAGE 143, 84 Rz 11 = NZA 2013, 524; MünchKomm/Henssler § 623 Rz 42; ErfK/Müller-Glöge BGB § 623 Rz 22; KR/Spilger BGB § 623 Rz 217.
153 NK-GA/Boecken BGB § 623 Rz 40; ErfK/Müller-Glöge BGB § 623 Rz 22; HK-KSchR/Spengler BGB § 623 Rz 42; DDZ/Däubler BGB § 623 Rz 48; Eberle NZA 2003, 1121, 1122 ff; Caspers RdA 2001, 28 f; zu den Voraussetzungen der Prozessverwirkung s BAGE 129, 265 Rz 21 = DB 2009, 1710.
154 KR/Spilger BGB § 3 Rz 218 f; NK-GA/Boecken BGB § 623 Rz 40; Bader/Bram/Bader BGB § 623 Rz 61.
155 KR/Spilger BGB § 3 Rz 218.
156 MünchKomm/Henssler § 623 Rz 49; Bader/Bram/Bader BGB § 623 Rz 61; JurisPK/Weth § 623 Rz 47; NK-GA/Boecken BGB § 623 Rz 41; Erman/Riesenhuber § 623 Rz 29; HK-KSchR/Spengler BGB § 623 Rz 45; Staud/Oetker § 623 Rz 8.
157 HK-KSchR/Spengler BGB § 623 Rz 45; juris/PK/Weth § 623 Rz 47.
158 ErfK/Müller-Glöge BGB § 623 Rz 9; NK-GA/Boecken BGB § 623 Rz 20; Staud/Oetker § 623 Rz 8.
159 BAG NZA 2001, 718 = AP Nr 16 zu § 125 BGB; NZA 2013, 1428 Rz 21 = ZTR 2013, 680.

§ 624 Kündigungsfrist bei Verträgen über mehr als fünf Jahre

Ist das Dienstverhältnis für die Lebenszeit einer Person oder für längere Zeit als fünf Jahre eingegangen, so kann es von dem Verpflichteten nach dem Ablauf von fünf Jahren gekündigt werden. Die Kündigungsfrist beträgt sechs Monate.

ÜBERSICHT

1. Textgeschichte 1
2. Bedeutung und Zweck 2–4
3. Anwendungsbereich 5, 6
4. Abdingbarkeit 7
5. Tatbestandsvoraussetzungen ... 8–10
   a) Anstellung für die Lebenszeit einer Person 8
   b) Anstellung für längere Zeit als 5 Jahre 9, 10
6. Rechtsfolgen 11
7. Beweisfragen 12

Schrifttum: Duden, Kündigung von Tankstellenverträgen nach § 624 BGB, NJW 1962, 1326; Boldt, Zur vorzeitigen Kündigung eines Handelsvertreterverhältnisses, BB 1962, 906; Oetker, Das Dauerschuldverhältnis und seine Beendigung, 1994; Kania/Kramer, Unkündbarkeitsvereinbarungen in Arbeitsverträgen, Betriebsvereinbarungen und Tarifverträgen, RdA 1995, 287; Baeck/Diller, Arbeitsrechtliche Probleme bei Aktienoptionen und Belegschaftsaktien, DB 1998, 1405; Kelber, Die Transferpraxis beim Vereinswechsel im Profifußball auf dem Prüfstand, NZA 2001, 11; Geller, Der vertragliche Ausschluss der ordentlichen Kündbarkeit, 2001; Hausch, Langfristige Arbeitsverträge mit Lizenzfußballern (Diss Bonn 2002), 2003; Stoffels, Laufzeitkontrolle von Franchiseverträgen, DB 2004, 1871; Schlachter, Minderjährigenschutz bei langzeitbefristeten Arbeitsverträgen im Berufssport, FamRZ 2006, 155, Adam, Kündigung Unkündbarer in der Rechtsprechung des BAG, AuR 2007, 151; Kossens, Wirksamer Ausschluss der ordentlichen Kündigung in einem Personalüberleitungsvertrag, jurisPR-ArbR 13/2009 Anm 5; Staake, Der Verfall von Aktienoptionen bei Mitarbeiterbeteiligungsprogrammen, NJOZ 2010, 2494; Billing/Röschenkemper, Zur AGB-rechtlichen Zulässigkeit von Laufzeitregelungen in Franchiseverträgen, ZVertriebsR 2015, 139; Hans, Markenlizenzverträge: Beendigungs- und Störungsfragen, GWR 2016, 437; Boemke, Unwirksamkeit einer einzelvertraglichen Kündigungsfrist von drei Jahren zum Monatsende, jurisPR-ArbR 20/2016 Anm 4; Laber/Santon: Kündigungsfristen gestalten, ArbRB 2018, 57; Däubler/Deinert/Zwanziger, Kündigungsschutzrecht (DDZ), 2020[11]; Gallner/Mestwerdt/Nägele, Kündigungsschutzrecht Handkommentar (HK-KSchR), 2021[7]; Etzel/Bader/Fischmeier/ua., KR – Gemeinschaftskommentar zum Kündigungsschutzgesetz und zu sonstigen kündigungsrechtlichen Vorschriften, 2021[13].

1 1. **Textgeschichte.** § 624 gilt seit dem Inkrafttreten des BGB unverändert.

2 2. **Bedeutung und Zweck.** § 624 dient dem Schutz des Dienstverpflichteten vor einer übermäßigen Beschränkung seiner persönlichen und beruflichen Freiheit[1]. Die Vorschrift schafft bei typisierender Betrachtungsweise einen angemessenen Ausgleich zwischen den beteiligten Interessen und ist – insbes im Hinblick auf die Berufsfreiheit (GG Art 12 Abs 1) – **verfassungsrechtlich nicht zu beanstanden**[2]. Zugleich zeigt die Norm, dass der Gesetzgeber eine langfristige Bindung aufgrund eines Dienstvertrags bis hin zu einer lebenslangen Bindung für grds zulässig hält[3]. Allein die lange Bindung des Dienstverpflichteten kann deshalb nicht zur **Sittenwidrigkeit** eines Dienstvertrags iSv § 138 Abs 1 führen[4]. Im Übrigen bleibt § 138 Abs 1 unberührt[5]. Auch der Unwirksamkeit einer formularvertraglichen Klausel wegen überlanger Bindung des Dienstverpflichteten nach **§ 307 Abs 1** steht § 624 nicht entgegen (s § 622 Rz 62)[6]. Unberührt bleibt ferner das Recht zur außerordentlichen Kündigung nach § 626[7].

3 § 624 beruht auf der Erwägung, dass eine mehr als fünfjährige Bindung den Dienstverpflichteten übermäßig in der persönlichen Freiheit beschränkt[8] und sich deshalb aus sozialpolitischen und volkswirtschaftlichen Gründen verbietet[9]. Indem auf längere Zeit eingegangene Dienstverhältnisse nicht für nichtig erklärt werden, sondern dem **Dienstverpflichteten** nach Ablauf von 5 Jahren ein **Kündigungsrecht** eingeräumt wird, schließt § 624 eine längere Vertragsdauer jedoch nicht per se aus. Es liegt vielmehr in der Hand des Dienstverpflichteten, ob er das für längere Zeit eingegangene Dienstverhältnis nach Ablauf von 5 Jahren fortsetzt oder von seinem

---

1 BAGE 69, 171 = NZA 1992, 543; BAGE 84, 255 = NZA 1997, 597; MünchKomm/Henssler § 624 Rz 1; Erman/Riesenhuber § 624 Rz 1; BeckOK-BGB/Plum § 624 Rz 1; NK-GA/Boecken BGB § 624 Rz 1.
2 BAGE 69, 171 = NZA 1992, 543; NZA 2013, 1206 Rz 32 = BB 2014, 443.
3 Vgl BAG BB 2004, 2303 = AP Nr 60 zu § 138 BGB.
4 Staud/Preis § 624 Rz 1 unter Hinweis auf Motive, Bd 2 S 466; KR/Fischermeier/Krumbiegel BGB § 624 Rz 2; MünchKomm/Henssler § 624 Rz 2; Erman/Riesenhuber § 624 Rz 1.
5 Staud/Preis § 624 Rz 1.
6 Staud/Preis § 624 Rz 2.
7 DDZ/Callsen BGB § 624 Rz 2a; NK-GA/Boecken BGB § 624 Rz 1.
8 BAG NZA 2013, 1206 Rz 32 = BB 2014, 443.
9 RGZ 80, 277, 279 unter Bezugnahme auf Motive, Bd 2 S 466, Protokolle Bd 2 S 300, Denkschrift zum BGB S 640 sowie Stenographische Berichte über die Beratung des BGB im Reichstag S 737, 2812 ff; dem folgend: BAGE 69, 171 = NZA 1992, 543.

Kündigungsrecht Gebrauch macht[10]. Ein besonderes **Schutzbedürfnis des Dienstberechtigten** vor einer langfristigen Bindung erkennt das Gesetz nicht an. Insoweit bleibt es bei den **allg Regeln** (§§ 138 Abs 1, 242, 307 Abs 1), die im Einzelfall eine unangemessene Bindungsdauer begrenzen können[11]. Wegen des unabdingbaren Rechts zur außerordentlichen Kündigung nach § 626 bleibt für § 138 Abs 1 jedoch praktisch wenig Raum, da bei Unzumutbarkeit der Vertragsbindung für den Dienstberechtigten ein außerordentliches Kündigungsrecht nach § 626 besteht[12].

Nach § 624 kann der Dienstverpflichtete das Dienstverhältnis nach Ablauf von 5 Jahren unter Einhaltung einer Kündigungsfrist von 6 Monaten kündigen. Daraus folgt eine maximale Bindungsdauer von 5 Jahren und 6 Monaten (s Rz 11). Diese Höchstbindungsdauer steht auch einer längerfristigen Bindung durch Kündigungsfristen bzw -termine entgegen (s dazu § 622 Rz 41 u 62). Darüber hinaus ist § 624 der – insbes im Rahmen von §§ 138 u 307 zu berücksichtigende – **allg Grundgedanke** zu entnehmen, dass bei langfristigen Vertragsverhältnissen, welche die persönliche und berufliche Bewegungsfreiheit beeinträchtigen (zB Tankstellen-Stationärverträge), nach Ablauf einer bestimmten Frist die Möglichkeit zur Beendigung bestehen muss[13]. **4**

3. **Anwendungsbereich.** § 624 gilt grds für alle Dienstverhältnisse unabhängig vom Inhalt der Dienstleistung, der Höhe und Art der Vergütung und dem Ort der Leistungserbringung (zB Betrieb oder Haushalt)[14]. Für Arbeitsverträge enthält TzBfG § 15 Abs 5 eine – inhaltsgleiche – Spezialregelung, die § 624 als lex specialis vorgeht[15]. Nach zutreffender Ansicht ist der Anwendungsbereich des § 624 teleologisch dahin gehend einzuschränken, dass die Vorschrift nur für Dienstverhältnisse gilt, die rechtlich oder zumindest faktisch eine **persönliche Dienstleistung** des Dienstverpflichteten zum Gegenstand haben[16]. Die Norm soll den Dienstverpflichteten vor einer übermäßigen Beschränkung seiner persönlichen und beruflichen Freiheit schützen. Ist der Dienstverpflichtete weder rechtlich noch faktisch gezwungen, die Dienstleistung persönlich zu erbringen, sondern bedient er sich zur Leistungserbringung Erfüllungsgehilfen, wird er auch durch eine lange vertragliche Bindung in seiner persönlichen Freiheit nicht beschränkt. Nach inzwischen ganz hM gilt § 624 auch für **Handelsvertreter**, soweit diese in einem Dienstverhältnis stehen oder ihr Rechtsverhältnis maßgebend durch dienstvertragliche Elemente geprägt ist[17]. Dem ist zu folgen, denn die speziellen Kündigungsbestimmungen in HGB §§ 89, 89a enthalten keine Regelung zum Schutz vor einer die persönliche und berufliche Freiheit des Handelsvertreters übermäßig beeinträchtigenden Vertragsbindung und verdrängen deshalb die allg Regelung des § 624 nicht. Auf **gemischte Verträge** ist § 624 entsprechend anwendbar, wenn dienstvertragliche Elemente, insbes persönliche Leistungspflichten, überwiegen[18]. **5**

Eine **analoge** Anwendung auf **andere (atypische) Dauerschuldverhältnisse** kann im Einzelfall in Betracht kommen, wenn ein ordentliches Kündigungsrecht nicht geregelt ist und vertraglich nicht ausdrücklich ausgeschlossen wurde[19]. Bejaht wurde eine analoge Anwendung auf einen Gestattungsvertrag über eine Grundstücksnutzung für Breitbandkabelanlagen mit einer Laufzeit von 25 Jahren[20], auf einen Vertrag über die Belieferung mit Kosmetikprodukten[21], auf einen Vertrag über ein Wasserentnahmerecht[22], auf einen Vertrag zur zahnärztlichen Versorgung von Heilfürsorgeberechtigten[23] sowie auf einen Vertrag über die Verteilung von energiewirt- **6**

---

10 RGZ 80, 277, 279: Der Dienstverpflichtete soll beim Ablauf der 5 Jahre das Recht haben, zu prüfen, ob die Fortsetzung des Dienstverhältnisses seinen Interessen entspricht oder ob ihm die Bedingungen des Vertrags, seine persönlichen Verhältnisse, die Persönlichkeit oder die Verhältnisse des Dienstberechtigten oder etwaige sonstige Umstände die Auflösung des Dienstverhältnisses wünschenswert erscheinen lassen.
11 MünchKomm/Henssler § 624 Rz 2.
12 BAG BB 2004, 2303 = AP Nr 60 zu § 138 BGB.
13 BGHZ 83, 313 = NJW 1982, 1692; MünchKomm/Henssler § 624 Rz 1; Staud/Preis § 624 Rz 5.
14 MünchKomm/Henssler § 624 Rz 3; NK-GA/Boecken BGB § 624 Rz 4; HK-KSchR/Spengler BGB § 624 Rz 2.
15 BT-Drucks 14/4374, 20.
16 I Erg ebenso: APS/Backhaus BGB § 624 Rz 4; ErfK/Müller-Glöge BGB § 624 Rz 1; nach Schutzbedürftigkeit differenzierend: DDZ/Callsen BGB § 624 Rz 1: keine Anwendung des § 624, wenn Dienstberechtigter schützenswerter ist (zB bei Altenheimverträgen); aA Staud/Preis § 624 Rz 3; Münch-

Komm/Henssler § 624 Rz 3; HK-KSchR/Spengler BGB § 624 Rz 2; offengelassen Köln 20. März 2020 – I-20 U 240/19 – NJW 2020, 1976 (Kündigung eines Privatschulvertrags durch eine juristische Person).
17 Hamm BB 1978, 1335 = DB 1978, 1445; Staud/Preis § 624 Rz 4; MünchKomm/Henssler § 624 Rz 4; NK-GA/Boecken BGB § 624 Rz 4; Erman/Riesenhuber § 624 Rz 3; Jauernig/Mansel § 624 Rz 2; offengelassen: BGHZ 52, 171 = ARST 1969, 141 (s dort auch die Nachw zum früheren Streitstand).
18 Koblenz 1. Oktober 2013 – 3 U 328/13 Rz 90; Staud/Preis § 624 Rz 5; APS/Backhaus BGB § 624 Rz 7; JurisPK/Weth § 624 Rz 1; ErfK/Müller-Glöge BGB § 624 Rz 1; aA Jauernig/Mansel § 624 Rz 2.
19 BGH 25. Mai 1993 – X ZR 79/92 – NJW-RR 1993, 1460; vgl auch BGH NJW 1972, 1128 = MDR 1972, 491.
20 KG 2. Juli 2002 – 14 U 201/01 – Grundeigentum 2002, 1332.
21 Koblenz BB 2013, 2131 = MMR 2013, 715.
22 LG Essen 24. November 2010 – 11 O 55/09.
23 SG Düsseldorf 30. Mai 2012 – S 2 KA 462/11 Rz 23.

schaftsrechtlichen Konzessionsabgaben[24]. Abgelehnt wurde eine analoge Anwendung auf Tankstellen-Stationärverträge[25], auf einen Personalüberleitungsvertrag[26], auf einen Nutzungs- und Organisationsvertrag zwischen Golfclub und Betreibergesellschaft mit einer Vertragsdauer von 25 Jahren[27] sowie auf die Kündigung einer Kommanditbeteiligung an einer Publikumsgesellschaft bei Vereinbarung einer 17-jährigen Vertragslaufzeit[28].

7 4. **Abdingbarkeit.** § 624 ist **zwingendes Recht**[29]. Das Kündigungsrecht des Dienstverpflichteten nach Ablauf von 5 Jahren kann nicht ausgeschlossen werden. Die sechsmonatige Kündigungsfrist nach Satz 2 kann verkürzt, nicht aber verlängert werden[30]. Für Arbeitsverhältnisse ergibt sich der zwingende Charakter des inhaltsgleichen TzBfG § 15 Abs 5 unmittelbar aus TzBfG § 22.

8 5. **Tatbestandsvoraussetzungen.** – a) **Anstellung für die Lebenszeit einer Person.** Das Dienstverhältnis ist für die Lebenszeit einer Person (Satz 1, 1. Alt) eingegangen, wenn sich die Parteien bis zum Tod des Dienstverpflichteten, des Dienstberechtigten oder einer dritten Person (zB einer pflegebedürftigen Person) vertraglich gebunden haben und das Dienstverhältnis (erst) mit dem Tod der betreffenden Person enden soll[31]. Die vertragliche Bindung auf Lebenszeit muss sich **eindeutig** aus den getroffenen Vereinbarungen ergeben. Eine ausdrückliche Vereinbarung ist zwar nicht erforderlich, **im Zweifel** wird man aber davon ausgehen müssen, dass es nicht dem Willen der Parteien entspricht, eine so weitreichende Bindung einzugehen[32]. Ein bloß auf unbestimmte Zeit eingegangenes Dienstverhältnis ist nicht auf Lebenszeit eingegangen, sondern kann unter Einhaltung der maßgeblichen Kündigungsfrist ordentlich gekündigt werden. Auch aus der Bezeichnung der Tätigkeit als **Lebensaufgabe** oder aus der Vereinbarung einer **Lebens- oder Dauerstellung** kann nicht automatisch auf eine Bindung auf Lebenszeit geschlossen werden, da eine solche Vereinbarung vielfältige Deutungen zulässt[33]. Der tatsächliche Erklärungsgehalt ist im Einzelfall durch Auslegung der getroffenen Vereinbarung unter Berücksichtigung aller Begleitumstände zu ermitteln[34]. Nur wenn sich dabei herausstellt, dass die Parteien auch eine vorzeitige ordentliche Kündigung des Dienstverhältnisses durch den Dienstverpflichteten ausschließen wollten, ist § 624 einschlägig. Ergibt die Auslegung indes, dass nur die Kündigung durch den Dienstberechtigten ausgeschlossen werden sollte, kann das Dienstverhältnis vom Dienstverpflichteten unter Einhaltung der maßgeblichen Kündigungsfrist ordentlich gekündigt werden; § 624 ist dann nicht einschlägig[35].

9 b) **Anstellung für längere Zeit als 5 Jahre.** Nach Satz 1, 2. Alt besteht das besondere Kündigungsrecht des Dienstverpflichteten auch, wenn das Dienstverhältnis für längere Zeit als 5 Jahre eingegangen ist. Erfasst werden sowohl kalendermäßig befristete Verträge, deren Laufzeit 5 Jahre überschreitet, als auch zweckbefristete und auflösend bedingte Verträge, sofern vor Ablauf von 5 Jahren der Zweck noch nicht erreicht bzw die auflösende Bedingung noch nicht eingetreten ist[36]. Auch die 2. Alt greift nur ein, wenn eine ordentliche Kündigung während der Laufzeit des Dienstverhältnisses ausgeschlossen ist. Die mehr als fünfjährige Bindungsdauer muss sich nicht aus einem einzelnen Dienstvertrag ergeben, sondern kann auch aus einer Aneinanderreihung mehrerer Dienstverträge folgen, sofern sich aus diesen – von vornherein oder zu einem späteren Zeitpunkt – eine verbindliche vertragliche Bindung des Dienstverpflichteten von mehr als 5 Jahren ergibt[37]. Wird hingegen erst nach Ablauf eines auf 5 Jahre befristeten Dienstvertrags ein weiterer über 5 Jahre befristeter Dienstvertrag abgeschlossen, fehlt es an einer 5 Jahre übersteigenden Bindungsdauer. Dasselbe gilt nach der Rspr des BAG, wenn sich ein zunächst auf 5 Jahre befristeter Vertrag **um weitere fünf Jahre verlängert**, sofern er nicht zuvor vom Dienstverpflichteten mit einer angemessenen Kündigungsfrist gekündigt wird[38]. Das BAG hat in diesem Zusammenhang eine Kündigungsfrist von einem Jahr für angemessen gehalten[39]. Das überzeugt

---

24 OVG Nordrhein-Westfalen KStZ 2012, 57 RZ 59 = NWVBl 2012, 239.
25 BGHZ 52, 171 = ARST 1969, 141; beachte aber BGHZ 83, 313 = NJW 1982, 1692: Berücksichtigung der in § 624 enthaltenen Grundwertung im Rahmen von § 138 (s dazu auch Rz 4).
26 LAG Schleswig-Holstein 1. April 2009 – 6 Sa 409/08 Rz 232; LAG München 29. März 2012 – 4 Sa 997/11 Rz 109; 13. Februar 2013 – 10 Sa 879/12 Rz 118.
27 Koblenz 1. Oktober 2013 – 3 U 328/13 Rz 90 – NZG 2013, 1198.
28 München 13. Januar 2011 – 23 U 3628/10 Rz 30.
29 RGZ 80, 277, 278; Staud/Preis § 624 Rz 7; MünchKomm/Henssler § 624 Rz 14.
30 MünchKomm/Henssler § 624 Rz 15; Staud/Preis § 624 Rz 8.
31 Staud/Preis § 624 Rz 10.
32 JurisPK/Weth § 624 Rz 4; Staud/Preis § 624 Rz 11.
33 BAG DB 1972, 244 = AP Nr 1 zu § 611 BGB Gruppenarbeitsverhältnis; vgl auch DB 1972, 2071 = BB 1972, 1370; zu den verschiedenen Deutungsmöglichkeiten s Erman/Riesenhuber § 624 Rz 5.
34 HK-KSchR/Spengler BGB § 624 Rz 4.
35 Staud/Preis § 624 Rz 12.
36 Staud/Preis § 624 Rz 18; HK-KSchR/Spengler BGB § 624 Rz 5.
37 KR/Fischermeier/Krumbiegel BGB § 624 Rz 23; Staud/Oetker § 624 Rz 19.
38 BAGE 69, 171 = NZA 1992, 543.
39 BAGE 69, 171 = NZA 1992, 543.

nicht. Wenn sich das Dienstverhältnis um weitere 5 Jahre verlängert, sofern es nicht spätestens ein Jahr vor dem ursprünglich vereinbarten Beendigungszeitpunkt gekündigt wird, entsteht eine Bindungsdauer von 6 Jahren (ein Jahr Kündigungsfrist + fünfjährige Verlängerung). Der Dienstverpflichtete kann das Dienstverhältnis daher 5 Jahre nach Ablauf der in der Verlängerungsklausel vorgesehenen Kündigungsfrist gem § 624 kündigen[40]. Für die Anwendung von § 624 Satz 1 Alt 2 kann es nach dem Normzweck nicht darauf ankommen, mittels welcher vertraglichen Konstruktion ein Dienstverhältnis für längere Zeit als 5 Jahre eingegangen wird.

Ähnlich ist die Situation, wenn ein Dienstverhältnis vor Ablauf der Vertragszeit um 5 Jahre **10** verlängert wird. Auch in diesem Fall entsteht eine Vertragsbindung, die den Zeitraum von 5 Jahren überschreitet (Restlaufzeit des alten Vertrags + Verlängerungszeitraum). Der Dienstverpflichtete kann das Dienstverhältnis daher nach Ablauf von 5 Jahren ab dem Zeitpunkt der Vertragsverlängerung gem § 624 mit einer Frist von 6 Monaten kündigen[41]. Eine Umgehung des § 624 durch eine frühzeitige Vertragsverlängerung ist damit ausgeschlossen. Es bedarf daher keiner Einschränkung des Zeitraums, innerhalb dessen die Vertragsverlängerung zulässig ist. Erfolgt die Vertragsverlängerung innerhalb der letzten 6 Monate, ist eine Verlängerung um 5 Jahre möglich, da das neue Dienstverhältnis trotz Berücksichtigung der Restlaufzeit des vorangegangenen Dienstverhältnisses vor Ablauf der 6-monatigen Kündigungsfrist nach § 624 Satz 2 endet. Wird der Vertrag zu einem früheren Zeitpunkt verlängert, hat es der Dienstverpflichtete in der Hand, das Vertragsverhältnis nach Ablauf von 5 Jahren unter Beachtung der 6-monatigen Kündigungsfrist (§ 624 Satz 2) zu kündigen und damit vor Ablauf der vereinbarten Vertragslaufzeit zu beenden. In der Literatur wird hingegen überwiegend davon ausgegangen, dass das Dienstverhältnis schon innerhalb einer angemessenen Frist vor Ablauf des ersten 5-Jahres-Zeitraums um weitere 5 Jahre verlängert werden kann, ohne dass die 5-Jahresfrist des § 624 bereits mit der Vertragsverlängerung zu laufen beginnt. Entscheidend soll nach dieser Ansicht sein, dass der Dienstverpflichtete zum Zeitpunkt der Vertragsverlängerung die für die Fortsetzung oder Aufhebung des Dienstverhältnisses maßgeblichen Umstände übersehen konnte[42].

6. Rechtsfolgen. § 624 begründet ein **außerordentliches Kündigungsrecht für den** **11** **Dienstverpflichteten**[43]. Dieser kann das Dienstverhältnis nach Ablauf von 5 Jahren unter Einhaltung einer Kündigungsfrist von 6 Monaten kündigen. Der 5-Jahres-Zeitraum **beginnt mit Abschluss des Dienstvertrags** und nicht erst mit dessen Vollzug[44]. Dafür spricht der Wortlaut („eingegangen") und der Normzweck, denn der Dienstverpflichtete wird bereits mit Vertragsschluss für die Zukunft gebunden und ist daher unabhängig vom tatsächlichen Vollzug des Vertrags in seiner beruflichen Freiheit, insbes im Hinblick auf den Abschluss anderer Dienstverträge, eingeschränkt. Die 6-monatige **Kündigungsfrist** nach Satz 2 **beginnt** mit Zugang der Kündigung, frühestens jedoch mit Ablauf des 5-Jahres-Zeitraums, zu laufen. Die Kündigung wird also frühestens nach 5 Jahren und 6 Monaten wirksam[45]. Endet das Dienstverhältnis ohnehin nach Ablauf von 5 Jahren und 6 Monaten, läuft das Kündigungsrecht leer[46]. Wird die Kündigung vor Ablauf von 5 Jahren erklärt, kann sie in eine fristgerechte Kündigung umgedeutet werden, sofern sich dies nicht ohnehin im Wege der Auslegung ergibt[47]. Nach Ablauf von 5 Jahren kann das Kündigungsrecht unter Einhaltung der 6-monatigen Kündigungsfrist **jederzeit und zu jedem Termin** ausgeübt werden[48]. Es unterliegt keiner Ausschlussfrist[49]. Eine **Verwirkung** des Kündigungsrechts ist ausgeschlossen, da der Dienstverpflichtete anderenfalls entgegen des Zwecks des § 624 an den Vertrag gebunden wäre[50]. Ein **Verzicht** auf das bereits entstandene Kündigungsrecht nach § 624 wirkt max 5 Jahre[51]. §§ 621, 622 finden keine Anwendung[52].

7. Beweisfragen. Die Darlegungs- und Beweislast für das Vorliegen der Voraussetzungen des **12** § 624 trägt nach allg Grundsätzen derjenige, der die Rechtsfolge des § 624 für sich in Anspruch nimmt. Dies wird regelmäßig der Dienstverpflichtete sein, der sich auf sein außerordentliches

---

40 Ähnlich JurisPK/Weth § 624 Rz 7: 5-Jahres-Zeitraum fängt bei Vertragsverlängerung mit der Vertragsänderung erneut an zu laufen; i Erg auch DDZ/Callsen BGB § 624 Rz 5: Anwendung der 6-monatigen Kündigungsfrist des § 624 Satz 2.
41 In diesem Sinne auch JurisPK/Weth § 624 Rz 7.
42 S dazu etwa Staud/Preis § 624 Rz 20; KR/Fischermeier/Krumbiegel BGB § 624 Rz 24; auch noch Soergel[12]/Kraft § 624 Rz 6; konkreter: ErfK/Müller-Glöge TzBfG § 15 Rz 20: höchstens ein Jahr vor Ablauf des Vertrags.
43 Staud/Preis § 624 Rz 24.
44 HK-KSchR/Spengler BGB § 624 Rz 8; aA Staud/Preis § 624 Rz 22; MünchKomm/Henssler § 624 Rz 11.
45 MünchKomm/Henssler § 624 Rz 12.
46 DDZ/Callsen BGB § 624 Rz 7.
47 JurisPK/Weth § 624 Rz 12; DDZ/Callsen BGB § 624 Rz 6.
48 MünchKomm/Henssler § 624 Rz 13.
49 Staud/Preis § 624 Rz 23; MünchKomm/Henssler § 624 Rz 12.
50 HM JurisPK/Weth § 624 Rz 12; HK-KSchR/Spengler BGB § 624 Rz 8; aA NK-GA/Boecken BGB § 624 Rz 14.
51 MünchKomm/Henssler § 624 Rz 12; NK-GA/Boecken BGB § 624 Rz 13.
52 Erman/Riesenhuber § 624 Rz 7; MünchKomm/Henssler § 624 Rz 13.

Kündigungsrecht beruft. Ist streitig, ob überhaupt ein Dienstverhältnis auf Lebenszeit oder für längere Zeit als 5 Jahre geschlossen wurde, trägt die Partei die Darlegungs- und Beweislast, die sich auf den Ausschluss des ordentlichen Kündigungsrechts beruft[53].

§ 625 Stillschweigende Verlängerung

Wird das Dienstverhältnis nach dem Ablauf der Dienstzeit von dem Verpflichteten mit Wissen des anderen Teiles fortgesetzt, so gilt es als auf unbestimmte Zeit verlängert, sofern nicht der andere Teil unverzüglich widerspricht.

ÜBERSICHT

1. Textgeschichte 1	b) Fortsetzung durch den Dienstverpflichteten 10–12
2. Bedeutung und Zweck 2	c) Mit Wissen des Dienstberechtigten 13, 14
3. Anwendungsbereich 3	d) Kein Widerspruch des Dienstberechtigten 15–17
4. Entsprechende Anwendung der Vorschriften für Rechtsgeschäfte 4	7. Rechtsfolgen 18, 19
5. Abdingbarkeit 5	8. Prozessuales und Beweisfragen 20, 21
6. Tatbestandsvoraussetzungen 6–17	
a) Ablauf der Dienstzeit 6–9	

Schrifttum: Kramer, Die arbeitsvertragliche Abdingbarkeit des § 625 BGB, NZA 1993, 1115; Hennige, Rechtliche Folgewirkungen schlüssigen Verhaltens der Arbeitsvertragsparteien, NZA 1999, 281; Nehls, Die Fortsetzung des befristeten Arbeitsverhältnisses nach §§ 625 BGB/15 Abs 5 TzBfG, DB 2001, 2718; Schliemann, Das Arbeitsrecht im BGB (ArbR-BGB), 2002²; Ricken, Annahmeverzug und Prozessbeschäftigung während des Kündigungsrechtsstreits, NZA 2005, 323; Fischer, Weiterarbeit eines abberufenen Geschäftsführers ohne neuen (Arbeits-)Vertrag und Kündigung, jurisPR-ArbR 15/2007 Anm. 6; Benecke, Das gesetzlich begründete Arbeitsverhältnis nach § 24 BBiG, NZA 2009, 820; Röttgen, Keine Wahrung der Schriftform für Weiterbeschäftigungsverlangen durch E-Mail, jurisPR-ArbR 16/2010 Anm 2; Hägele Fortsetzung eines befristeten Geschäftsführer-Anstellungsvertrags, GmbHR 2011, 190; Ahrendt, Kombination aus auflösender Bedingung und Zeitbefristung, jurisPR-ArbR 6/2012 Anm 2; Baumgarten, Der Widerspruch nach § 15 Abs. 5 TzBfG – Schaffung von Klarheit nicht Arbeit, BB 2014, 2165; Middel, Prozessbeschäftigung als unfreiwillige Weiterbeschäftigung (Diss Erlangen-Nürnberg 2014), Frankfurt 2014; Poguntke, Neue Gestaltungsmöglichkeiten bei der Beschäftigung älterer Arbeitnehmer, NZA 2014, 1372; Bader, Arbeitsrechtliche Altersgrenzen weiter flexibilisiert, NZA 2014, 749; Däubler/Deinert/Zwanziger, Kündigungsschutzrecht (DDZ), 2020¹¹; Goette/Habersack, Münchener Kommentar zum Aktiengesetz: AktG II, 2021⁵; Gallner/Mestwerdt/Nägele, Kündigungsschutzrecht Handkommentar (HK-KSchR), 2021⁷; Etzel/Bader/Fischmeier/ua., KR – Gemeinschaftskommentar zum Kündigungsschutzgesetz und zu sonstigen kündigungsrechtlichen Vorschriften, 2021¹³.

1 **1. Textgeschichte.** § 625 gilt seit dem Inkrafttreten des BGB unverändert.

2 **2. Bedeutung und Zweck.** Wird das Dienstverhältnis über das Vertragsende hinaus fortgesetzt, kann zweifelhaft sein, ob in der tatsächlichen Fortsetzung eine stillschweigende Vertragsverlängerung zu sehen ist und welche Bedingungen künftig gelten sollen. § 625 ordnet in diesen Fällen im Wege einer **gesetzlichen Fiktion** die Entstehung eines unbefristeten Dienstverhältnisses an[1]. Der Geschäftswille der Parteien für die Fortsetzung des Dienstverhältnisses wird aufgrund **unwiderlegbarer gesetzlicher Vermutung** unterstellt, ohne Rücksicht darauf, ob er tatsächlich vorgelegen hat[2]. Die Norm beruht auf der Erwägung, dass die Fortsetzung des Dienstverhältnisses durch den Verpflichteten mit Wissen des Berechtigten im Regelfall Ausdruck eines stillschweigenden Willens der Parteien zur Verlängerung des Vertragsverhältnisses ist[3]. Sie **bezweckt** die Schaffung von **Rechtssicherheit und -klarheit** sowie die Verhinderung eines vertraglosen Zustands[4]. § 625 entspricht damit seinem Zweck nach § 545 und überträgt den darin enthaltenen mietrechtlichen Grundsatz auf das Dienstverhältnis[5].

3 **3. Anwendungsbereich.** § 625 gilt für privatrechtliche Dienstverhältnisse aller Art[6]. Die Norm erfasst grds alle Beendigungstatbestände. Für die Beendigung von **Arbeitsverhältnissen** aufgrund einer Befristung oder einer auflösenden Bedingung (vgl TzBfG § 21) enthält TzBfG § 15 Abs 6 allerdings eine wesensgleiche Spezialvorschrift, die § 625 als *lex specialis* vorgeht[7]. § 625 wird im Bereich des Arbeitsrechts jedoch – anders als § 624 – nicht vollständig verdrängt,

---

53 MünchKomm/Henssler § 624 Rz 16.

1 BAG DB 1961, 575 = BB 1961, 484; 13. August 1987 – 2 AZR 122/87; 18. September 1991 – 7 AZR 364/90; NJW 1999, 1654 = NZA 1999, 482; 18. Oktober 2006 – 7 AZR 749/05 Rz 15; APS/Backhaus BGB § 625 Rz 2; aA MünchKomm³/Schwerdtner § 625 Rz 11: Fiktionswirkung bezieht sich nur auf die Dauer der Verlängerung.

2 BAG DB 1961, 575 = BB 1961, 484; 13. August 1987 – 2 AZR 122/87; 18. September 1991 – 7 AZR 364/90.

3 BAGE 107, 237 = NZA 2004, 255.
4 MünchKomm/Henssler § 625 Rz 1.
5 Vgl Motive II, S 468.
6 MünchKomm/Henssler § 625 Rz 3.
7 Staud/Preis § 625 Rz 2.

da der Anwendungsbereich des TzBfG § 15 Abs 6 auf befristete bzw auflösend bedingte Arbeitsverhältnisse beschränkt ist[8]. Wird das Arbeitsverhältnis durch Kündigung, Aufhebungsvertrag oder Anfechtung beendet, ist § 625 weiterhin anwendbar[9]. Bei einer **Weiterbeschäftigung von Auszubildenden** im Anschluss an das Berufsausbildungsverhältnis gilt nicht § 625, sondern BBiG § 24[10]. Auf **Handelsvertreter** ist § 625 wegen der in HGB § 89 Abs 3 enthaltenen Spezialvorschrift nicht anwendbar[11]. Ebenfalls unanwendbar ist § 625 auf das Anstellungsverhältnis von **Vorständen einer AG**, da der Anstellungsvertrag gem AktG § 84 Abs 1 Satz 5 iVm AktG § 84 Abs 1 Satz 1-4 regelmäßig nur auf die Dauer von 5 Jahren geschlossen werden kann[12]. Durch diese Befristung soll der Aufsichtsrat die Möglichkeit erhalten, spätestens alle 5 Jahre zu überprüfen, ob ein Vorstandsmitglied noch zur Leitung der Gesellschaft geeignet ist. Die Fiktion eines unbefristeten Anstellungsverhältnisses nach § 625 würde dieser gesetzgeberischen Intention zuwiderlaufen und wird durch AktG § 84 Abs 1 daher implizit ausgeschlossen. Unanwendbar ist § 625 auch auf **öffentlich-rechtliche Dienstverhältnisse**[13].

4. Entsprechende Anwendung der Vorschriften für Rechtsgeschäfte. Bei der Fortsetzung des Dienstverhältnisses iSd § 625 handelt es sich um einen Tatbestand schlüssigen Verhaltens kraft gesetzlicher Fiktion[14]. Die tatsächliche Fortsetzung des Dienstverhältnisses wird vom Gesetz einer Willenserklärung gleichgestellt[15]. Die Parteien werden so behandelt, als hätten sie eine auf die Fortsetzung des Dienstverhältnisses gerichtete Willenserklärung abgegeben. Aus diesem Grund sind die Vorschriften über Rechtsgeschäfte (insbes §§ 104 ff sowie §§ 164 ff) entsprechend anzuwenden[16].

5. Abdingbarkeit. § 625 ist – anders als TzBfG § 15 Abs 6 iVm TzBfG § 22 Abs 1 – parteidispositives Recht[17]. Die Fiktion des § 625 greift daher nicht ein, wenn die Parteien vor oder nach Ablauf der Dienstzeit eine andere Vereinbarung über die Verlängerung des Vertragsverhältnisses treffen[18]. Auch nachträglich können die Parteien die Rechtsfolgen des § 625 einvernehmlich wieder aufheben[19]. Ebenso kann § 625 bereits bei Vertragsschluss abbedungen werden[20]. Letzteres ist auch **formularvertraglich** möglich[21]. Die Abbedingung bedarf keiner bestimmten Form. Sie kann **konkludent** erfolgen[22], jedoch muss der entsprechende Parteiwille aus den Umständen des Einzelfalls klar ersichtlich sein[23]. Eine Klausel, wonach eine Änderung oder Verlängerung des Vertrags der Schriftform bedarf, genügt zur Abbedingung des § 625 nicht[24]. Eine solche Klausel soll Streitigkeiten in Bezug auf das Bestehen und den Inhalt mündlich oder konkludent getroffener Vereinbarungen vermeiden, die im Anwendungsbereich des § 625 wegen der gesetzlichen Fiktion nicht entstehen. Zur Abbedingung des § 625 durch eine sog Doppelbefristung s § 620 Rz 13.

6. Tatbestandsvoraussetzungen. – a) **Ablauf der Dienstzeit.** § 625 setzt voraus, dass die Dienstzeit abgelaufen ist, dh, das Vertragsverhältnis muss beendet sein. Erfasst werden alle Beendigungstatbestände (insbes ordentliche und außerordentliche Kündigung, Ablauf einer Befris-

---

8 MünchKomm/Henssler § 625 Rz 3.
9 BAGE 107, 237 = NZA 2004, 255; BAGE 162, 124 Rz 27 = NZA 2018, 943.
10 BAGE 162, 124 Rz 27 f = NZA 2018, 943; KR/Fischermeier/Krumbiegel BGB § 625 Rz 2.
11 Erman/Riesenhuber § 625 Rz 2.
12 Staud/Preis § 625 Rz 5a; APS/Backhaus BGB § 625 Rz 5; MünchKomm-AktG/Spindler AktG § 84 Rz 81 mwN; offen gelassen: BAGE 132, 27 Rz 32 = NZA 2009, 1205; BGH NJW 1997, 2319 = DB 1997, 1455; WM 1967, 540 = DB 1967, 1095; aA Erman/Riesenhuber § 625 Rz 2: über die Frist von AktG § 84 Abs 1 hinausgehendes Arbeitsverhältnis gem § 134 nichtig; MünchKomm/Henssler § 625 Rz 6: Anwendungsspielraum für § 625 im Rahmen von AktG § 84 Abs 1 Satz 3.
13 BAG 27. November 1987 – 7 AZR 314/87 – RzK I 9a Nr 29: keine Anwendung auf öffentlich-rechtliches Lehrauftragsverhältnis iSv WissHG NW § 56 aF (vgl HG NW § 43: „öffentlich-rechtliches Rechtsverhältnis eigener Art").
14 BAG DB 1961, 575 = BB 1961, 484; BAGE 107, 237 = NZA 2004, 255 mwN.
15 BAG DB 1961, 575 = BB 1961, 484.
16 BAG DB 1961, 575 = BB 1961, 484; 13. August 1987 – 2 AZR 122/87; Staud/Preis § 625 Rz 9; APS/Backhaus BGB § 625 Rz 3; KR/Fischermeier/Krumbiegel BGB § 625 Rz 7; MünchKomm/Henssler § 625 Rz 1.
17 BGHZ 40, 235 = NJW 1964, 350; BAG 7. Juni 1984 – 2 AZR 273/83; NJW 1989, 2415 = NZA 1989, 595; Staud/Preis § 625 34; ErfK/Müller-Glöge BGB § 625 Rz 9; APS/Backhaus BGB § 625 Rz 34; differenzierend MünchKomm/Henssler § 625 Rz 25.
18 BAG NZA 2014, 362 Rz 64 = AP Nr 73 zu § 611 BGB Kirchendienst.
19 BAG NJW 1989, 2415 = NZA 1989, 595.
20 DDZ/Däubler BGB § 625 Rz 28; MünchKomm/Henssler § 625 Rz 25; Staud/Preis § 625 Rz 35.
21 Erman/Riesenhuber § 625 Rz 12; DDZ/Däubler BGB § 625 Rz 28; MünchKomm/Henssler § 625 Rz 27; ArbR-BGB/Röhsler § 625 Rz 34; zweifelnd: HK-KSchR/Spengler BGB § 625 Rz 17.
22 LG Paderborn 4. Juni 2019 – 6 O 29/17: durch die Vereinbarung eines Ruhegelds nach Vollendung des 65. Lebensjahres.
23 BAG NZA 2014, 362 Rz 64 = AP Nr 73 zu § 611 BGB Kirchendienst.
24 BAG 4. August 1988 – 6 AZR 354/86 (zu einem tarifvertraglichen Schriftformerfordernis); JurisPK (Weth § 625 Rz 19; Staud/Preis § 625 Rz 39; MünchKomm/Henssler § 625 Rz 27; HWK/Bittner/Tiedemann § 625 Rz 43; DDZ/Däubler BGB § 625 Rz; HK-KSchR/Spengler BGB § 625 Rz 17; ErfK/Müller-Glöge BGB § 625 Rz 9; aA München 10. April 2019 – 7 U 2876/18.

tung, Eintritt einer auflösenden Bedingung, Anfechtung, Aufhebungsvertrag). Die in der Literatur[25] vertretene Ansicht, wonach beim Abschluss eines **Aufhebungsvertrags** wegen der Einigkeit über die Nichtfortsetzung des Dienstverhältnisses stets von einer die Anwendung des § 625 ausschließenden Vereinbarung auszugehen sein soll, überzeugt nicht[26]. Wird das Dienstverhältnis dennoch fortgesetzt, kann trotz der bei Abschluss des Aufhebungsvertrags bestehenden Einigkeit zweifelhaft sein, ob eine stillschweigende Verlängerung gewollt ist. Ist nicht feststellbar, dass die Parteien dies in jedem Fall ausschließen wollten, gilt § 625.

7   Entgegen einer gelegentlich vertretenen Ansicht erfasst § 625 auch die Beendigung des Dienstverhältnisses durch **Zweckerreichung** und **Bedingungseintritt**[27]. Das Merkmal Ablauf der Dienstzeit setzt keinen Zeitablauf (iSv § 620 Abs 1) voraus. Anderenfalls wäre entgegen der auch von den Vertretern der Gegenansicht geteilten hM auch die Beendigung des Dienstverhältnisses durch Kündigung nicht von § 625 erfasst. Die Zweckerreichung bzw der Bedingungseintritt hat auch nicht notwendigerweise den Wegfall der bisher ausgeübten Tätigkeit zur Folge, weshalb die Fortsetzung des Dienstverhältnisses nicht zwingend immer eine Einigung über eine neue Aufgabe voraussetzt. Für Arbeitsverhältnisse ist die Streitfrage inzwischen durch den Gesetzgeber geklärt. TzBfG § 15 Abs 6 gilt ausdrücklich auch bei einer Beendigung durch Zweckerreichung und gem TzBfG § 21 auch bei Eintritt einer auflösenden Bedingung.

8   Für **Arbeitsverhältnisse** gilt § 625 nur, soweit das Arbeitsverhältnis nicht durch Zeitablauf, Zweckerreichung oder Bedingungseintritt (vgl TzBfG § 21) endet, da anderenfalls die speziellere Vorschrift des TzBfG § 15 Abs 6 einschlägig ist. Als praktische Anwendungsfälle bleiben damit vor allem die Beendigung des Arbeitsverhältnisses durch ordentliche oder außerordentliche Kündigung, Auflösungsvertrag oder Anfechtung. Bei einer Fortsetzung eines Probearbeitsverhältnisses über den vereinbarten Zeitpunkt hinaus bzw bei einer Fortsetzung des Arbeitsverhältnisses nach Erreichen der Altersgrenze ist indes TzBfG § 15 Abs 6 einschlägig[28]. Vereinbaren die Parteien, das Arbeitsverhältnis befristet oder bis zum Eintritt einer auflösenden Bedingung (zB rechtskräftige Abweisung der Kündigungsschutzklage) fortzusetzen, gilt weder § 625 noch TzBfG § 15 Abs 6, da weiterhin ein Arbeitsverhältnis besteht und die Dienstzeit nicht abgelaufen ist[29].

9   § 625 setzt voraus, dass das Dienst- bzw Arbeitsverhältnis **als Ganzes sein Ende** gefunden hat[30]. Das Auslaufen einzelner Vertragsbedingungen genügt nicht[31]. Im Falle einer **Änderungskündigung** ist § 625 nur anwendbar, wenn das Änderungsangebot abgelehnt wurde. Bei Annahme des Änderungsangebots (ggf auch unter Vorbehalt gem KSchG § 2) gilt § 625 nicht[32].

10 b) **Fortsetzung durch den Dienstverpflichteten.** Der Dienstverpflichtete muss das Dienstverhältnis unmittelbar im Anschluss an die Beendigung durch die **Erbringung der vertraglich geschuldeten Dienste** tatsächlich fortsetzen[33]. Eine Fortsetzung nach 10-tägiger **Unterbrechung** erfüllt diese Voraussetzung nicht[34]. Dabei soll es nach der Rspr des BAG nicht auf die Gründe der Unterbrechung ankommen, selbst dann, wenn die Unterbrechung auf einem **Ausgleich von Überstunden oder Urlaub** beruht[35]. Letzteres überzeugt nicht[36]. § 625 verlangt nach seinem Wortlaut eine Fortsetzung des Dienstverhältnisses nach Ablauf der Dienstzeit. Eine Fortsetzung des Dienstverhältnisses liegt auch vor, wenn bspw über das Ende des Dienstverhältnisses hinaus Urlaub gewährt wird und der Dienstverpflichtete das Dienstverhältnis unmittelbar nach Beendigung des Urlaubs tatsächlich fortsetzt. In diesem Fall wird das Dienstverhältnis genau so fortgesetzt, wie es fortgesetzt würde, wenn es weiterbestünde. Es kann daher ebenfalls zweifelhaft sein, ob in der Fortsetzung eine stillschweigende Verlängerung zu sehen ist, weshalb § 625 nach seinem Zweck Anwendung finden muss. Dasselbe muss gelten, wenn das Dienstverhältnis unmittelbar im Anschluss an einen Feiertag oder eine Arbeitsunfähigkeit tatsächlich fortgesetzt wird. Nach Ansicht des BAG kann die gewährte Arbeitsbefreiung indes nur ein **Indiz** dafür

---

25 KR/Fischermeier/Krumbiegel BGB § 625 Rz 22; MünchKomm/Henssler § 625 Rz 7.
26 So auch BAGE 107, 237 = NZA 2004, 255; APS/Backhaus BGB § 625 Rz 7; Erman//Riesenhuber § 625 Rz 3; DDZ/Däubler BGB § 625 Rz 9; ErfK/Müller-Glöge BGB § 625 Rz 3.
27 APS/Backhaus BGB § 625 Rz 8; JurisPK/Weth § 625 Rz 7; aA MünchKomm/Henssler § 625 Rz 9; KR/Fischermeier/Krumbiegel BGB § 625 Rz 22; HK-KSchR/Spengler BGB § 625 Rz 7.
28 KR/Fischermeier/Krumbiegel BGB § 625 Rz 21.
29 Vgl BAG SAE 1960, 150 = AP Nr 9 zu § 15 AZO; LAG Mecklenburg-Vorpommern 1. September 2020 – 5 Sa 208/19 – NZA-RR 2021, 15; Staud/Preis § 625 Rz 17.
30 BAGE 107, 237 = NZA 2004, 255; BAGE 162, 124 Rz 27 = NZA 2018, 943; ErfK/Müller-Glöge BGB § 625 Rz 3.
31 BAGE 107, 237 = NZA 2004, 255.
32 NK-GA/Boecken BGB § 625 Rz 5.
33 BAG NJW 1999, 1654 = NZA 1999, 482; BAGE 99, 223 = NZA 2003, 153; BAGE 100, 292 = NZA 2002, 789.
34 BAG NJW 1999, 1654 = NZA 1999, 482.
35 BAG NJW 1999, 1654 = NZA 1999, 482; BAGE 99, 223 = NZA 2003, 153.
36 Ebenso DDZ/Däubler BGB § 625 Rz 10.

sein, dass sich die Parteien vor Ablauf der Dienstzeit bereits auf eine befristete oder unbefristete Fortsetzung des Arbeitsverhältnisses geeinigt haben[37].

Dass der Verpflichtete lediglich seinen Willen zur Fortsetzung des Dienstverhältnisses ausdrücklich oder konkludent zum Ausdruck bringt, genügt nicht[38]. Umgekehrt ist es unerheblich, wenn der **Verpflichtete** das Dienstverhältnis **nur vorübergehend fortsetzen will**, aber dieser Wille nach außen nicht erkennbar wird. Der Wille des Verpflichteten ist in einem solchen Fall als geheimer Vorbehalt entsprechend § 116 rechtlich unbeachtlich[39]. Setzt der Verpflichtete das Dienstverhältnis rein **gefälligkeitshalber** (zB bis zur Aufnahme der Tätigkeit durch einen Nachfolger) fort, wird regelmäßig von einer Abbedingung des § 625 auszugehen sein, sofern der Gefälligkeitscharakter für den Berechtigten erkennbar ist[40]. **11**

Die bloße **Fortzahlung der Vergütung** durch den Dienstberechtigten ist nicht tatbestandsmäßig. Dies gilt selbst dann, wenn es sich bei der fortgezahlten Vergütung um Urlaubsentgelt, den Ausgleich von Überstunden oder Entgeltfortzahlung iSv EFZG §§ 3 oder 4 handelt[41]. Allein die Gewährung von Arbeitsbefreiung unter Fortzahlung der Vergütung löst die Rechtsfolge des § 625 folglich nicht aus (zur Fortsetzung des Dienstverhältnisses unmittelbar im Anschluss an die Arbeitsbefreiung s Rz 10). **12**

c) **Mit Wissen des Dienstberechtigten.** § 625 setzt die positive Kenntnis[42] des Dienstberechtigten von der Fortsetzung des Dienstverhältnisses durch die tatsächliche Erbringung der geschuldeten Dienste durch den Dienstverpflichteten voraus, **nicht** aber das **Wissen über den Ablauf der Dienstzeit**[43]. Es ist daher unerheblich, wenn der Dienstberechtigte zum Zeitpunkt der Fortsetzung versehentlich oder irrig annimmt, dass das Dienstverhältnis noch nicht beendet sei[44]. Ein Irrtum des Dienstberechtigten über die Beendigung berechtigt auch nicht zur Anfechtung gem § 119, da es auf einen entsprechenden Geschäftswillen wegen der gesetzlichen Fiktion nicht ankommt[45]. Irren indes beide Seiten über den Ablauf der Dienstzeit, ist § 625 nicht anwendbar[46]. **13**

Der Dienstberechtigte muss nicht persönlich Kenntnis von der Fortsetzung haben. Ausreichend ist entsprechend § 166 die Kenntnis eines zum Abschluss von Dienst- bzw Arbeitsverträgen **berechtigten Vertreters**[47]. Die Kenntnis eines **vollmachtlosen** Arbeitskollegen oder Vorgesetzten genügt nicht[48]. So genügt bspw im Hochschulbereich nicht die Kenntnis eines Institutsleiters oder sonstigen Vorgesetzten des Arbeitnehmers, sondern allein die Kenntnis der für die Universität zum Abschluss von Arbeitsverträgen berechtigten Stelle[49]. Es gelten jedoch die Grundsätze der Anscheins- und Duldungsvollmacht[50]. Bei Leiharbeitsverhältnissen ist dem Verleiher die **Kenntnis des Entleihers** von der Weiterarbeit nur zuzurechnen, wenn er diesen zum Abschluss von Arbeitsverhältnissen bevollmächtigt hat oder dessen Handeln ihm nach den Grundsätzen der Duldungs- oder Anscheinsvollmacht zuzurechnen ist[51]. **14**

d) **Kein Widerspruch des Dienstberechtigten.** Die Fiktionswirkung des § 625 tritt nicht ein, wenn der Dienstberechtigte der Fortsetzung des Dienstverhältnisses unverzüglich widerspricht. Der Widerspruch ist eine **einseitige empfangsbedürftige Willenserklärung**, für die die Vorschriften über Rechtsgeschäfte (§§ 104 ff) gelten[52]. Er wird idR mit Zugang beim Dienstverpflichteten wirksam (§ 130). Bei Erklärung durch einen Stellvertreter gilt § 174. Eine **Anfechtung des Widerspruchs** ist nach Maßgabe der §§ 119 ff möglich. Das Unterlassen des Widerspruchs kann hingegen nicht angefochten werden, da es sich hierbei nicht um eine **15**

---

37 BAG NJW 1999, 1654 = NZA 1999, 482.
38 BAG NJW 1999, 1654 = NZA 1999, 482.
39 KR/Fischermeier/Krumbiegel BGB § 625 Rz 25; DDZ/Däubler BGB § 625 Rz 11; HK-KSchR/Spengler BGB § 625 Rz 10.
40 Staud/Preis § 625 Rz 19.
41 Vgl BAG NJW 1999, 1654 = NZA 1999, 482; BAGE 99, 223 = NZA 2003, 153; BAGE 100, 292 = NZA 2002, 789; LAG Hamm LAGE § 625 BGB Nr 1 = EEK I/1034.
42 BAG 18. September 1991 – 7 AZR 364/90.
43 DDZ/Däubler BGB § 625 Rz 17; APS/Backhaus BGB § 625 Rz 17; Staud/Preis § 625 Rz 21; Erman/Riesenhuber § 625 Rz 5; KR/Fischermeier/Krumbiegel BGB § 625 Rz 29; NK-GA/Boecken BGB § 625 Rz 7; HK-KSchR/Spengler BGB § 625 Rz 11; ArbR-BGB/Röhsler § 625 Rz 19; Grüneberg/Weidenkaff § 625 Rz 2 aA ErfK/Müller-Glöge BGB § 625 Rz 5; JurisPK/Weth § 625 Rz 11; aA zu BBiG § 24: BAGE 162, 124 = NZA 2018, 943.
44 LAG Bremen 30. März 1955 – Sa 29/55 – DB 1955, 536.
45 APS/Backhaus BGB § 625 Rz 17; MünchKomm/Henssler § 625 Rz 13.
46 Staud/Preis § 625 Rz 22; ArbR-BGB/Röhsler § 625 Rz 19; KR/Fischermeier/Krumbiegel BGB § 625 Rz 10; NK-GA/Boecken BGB § 625 Rz 7.
47 BAGE 97, 78 = NZA 2001, 1141; BAGE 99, 223 = NZA 2003, 153; ZTR 2002, 439 = EzA § 625 BGB Nr 5; NJW 2021, 183 = ZIP 2021, 139; NK-GA/Boecken BGB § 5 Rz 7; MünchKomm/Henssler BGB § 625 Rz 11.
48 BAG NJW 2021, 183 = ZIP 2021, 139; LAG Köln 27. Juni 2001 – 3 Sa 220/01 – DB 2001, 2256 (Ls).
49 BAGE 99, 223 = NZA 2003, 153.
50 DDZ/Däubler BGB § 625 Rz 15; NK-GA/Boecken BGB § 625 Rz 7; MünchKomm/Henssler BGB § 625 Rz 11.
51 BAG NZA 2017, 55 Rz 32 = AP Nr 9 zu § 15 TzBfG.
52 BAG 13. August 1987 – 2 AZR 122/87; ebenso zu TzBfG § 15 Abs 5: BAG NJW 2016, 1403 Rz 24 = NZA 2016, 358; BAGE 148, 349 Rz 25 = NZA 2014, 1330; BAGE 110, 295 Rz 37 = NZA 2004, 1346.

Willenserklärung handelt[53]. Der Widerspruch bedarf keiner bestimmten Form (etwa der Schriftform nach § 623) und keiner Begründung[54]. Er kann ausdrücklich oder **konkludent** (zB durch Aushändigung der Arbeitspapiere) erfolgen[55]. Der Widerspruch kann auch im Angebot eines neuen befristeten Arbeitsvertrags[56] oder im Klageabweisungsantrag im Kündigungsschutzprozess[57] liegen. Auch Verhandlungen zwischen dem Dienstberechtigten und dem Dienstverpflichteten über den Neuabschluss eines befristeten oder inhaltlich geänderten Vertrags können als Widerspruch iSv § 625 anzusehen sein[58].

16 Der Widerspruch muss **unverzüglich** (dh ohne schuldhaftes Zögern, vgl § 121 Abs 1 Satz 1) erfolgen. Die Frist beginnt nach der Rspr mit der Kenntnis des Dienstberechtigten von den für die Entscheidung über das Fortbestehen des Dienstverhältnisses maßgebenden Umständen[59]. Dazu soll insbes die Kenntnis darüber gehören, dass der Dienstverpflichtete seine Dienste über die Vertragszeit hinaus weiter erbringt[60]. Dem ist nur mit der Einschränkung zuzustimmen, dass allein die Kenntnis von der tatsächlichen Fortsetzung des Dienstverhältnisses, also von der weiteren Leistungserbringung, maßgebend ist, denn nur diese Kenntnis setzt § 625 tatbestandlich voraus (s Rz 13)[61]. Die Unkenntnis vom Vertragsende ist für den Fristbeginn indes unerheblich und kann allenfalls dazu führen, dass eine Verzögerung des Widerspruchs nicht schuldhaft iSv § 121 Abs 1 Satz 1 ist[62].

17 Unverzüglich bedeutet **nicht sofort**. Dem Dienstberechtigten ist eine von den Umständen des Einzelfalls abhängige **kurze Frist** zur Überlegung bzw zur Einholung von Rechtsrat einzuräumen[63]. Nach verbreiteter Ansicht ist ein erst **nach Ablauf einer Woche** erklärter Widerspruch in aller Regel nicht mehr unverzüglich[64]. Da letztlich jedoch immer die **Umstände des Einzelfalls** zu berücksichtigen sind, taugt diese Grenzziehung allenfalls als Orientierungshilfe. Je nach Umständen des Einzelfalls kann sich auch eine deutlich kürzere Frist ergeben[65]. So gelten etwa verschärfte Anforderungen an das Merkmal „unverzüglich", wenn der Dienstberechtigte bspw durch die Zuweisung eines anderen Arbeitsplatzes einen besonderen Vertrauenstatbestand geschaffen hat[66]. Beruht die Verzögerung indes bspw darauf, dass zunächst versucht wurde, eine Einigung über die Fortsetzung des Dienstverhältnisses zu finden, kann je nach Umständen des Einzelfalls auch ein späterer Widerspruch noch unverzüglich sein[67]. Der Widerspruch kann auch bereits **kurz vor Ende** des Dienstverhältnisses erklärt werden[68]. Unwirksam ist indes ein „Widerspruch **auf Vorrat**" weit vor Beendigung des Dienstverhältnisses[69].

18 7. Rechtsfolgen. Liegen die Tatbestandvoraussetzungen vor und wurde § 625 nicht abbedungen, tritt die Fiktionswirkung kraft Gesetzes ein. Das Dienstverhältnis besteht als unbefristetes Dienstverhältnis mit ansonsten **unverändertem Inhalt** fort[70]. Es kann fortan durch ordentliche Kündigung beendet werden, auch wenn die ordentliche Kündigung ursprünglich aufgrund der vereinbarten Befristung nach § 620 ausgeschlossen war[71]. Dabei gelten grds die gesetzlichen **Kündigungsfristen** gem §§ 621, 622. Nach früher hM traten diese auch an die Stelle der von den Parteien ursprünglich vereinbarten Kündigungsfristen[72]. Aus § 625 ergibt sich diese Rechtsfolge jedoch nicht. § 625 fingiert lediglich die Verlängerung des Dienstverhältnisses auf unbestimmte Zeit. Im Übrigen lässt § 625 die vertraglichen Vereinbarungen unberührt. Die vertraglich

---

53 ErfK/Müller-Glöge BGB § 625 Rz 6; NK-GA/Boecken BGB § 625 Rz 8.
54 Staud/Preis § 625 Rz 25; ErfK/Müller-Glöge BGB § 625 Rz 6; HK-KSchR/Spengler BGB § 625 Rz 13.
55 BAGE 87, 194 = NZA 1998, 1000; BAG ZTR 2002, 439 = EzA § 625 BGB Nr 5; s zu TzBfG § 15 Abs 5: BAGE 148, 349 Rz 25 = NZA 2014, 1330; BAGE 110, 295 Rz 37 = NZA 2004, 1346.
56 BAGE 12, 328 = DB 1962, 773; BAGE 33, 94 = NJW 1980, 2543; BAGE 100, 204 = NJW 2002, 2265.
57 LAG Köln NZA-RR 1996, 202 = ZTR 1996, 130 (Ls).
58 BGH BB 1967, 646 = DB 1967, 1095.
59 BAG 13. August 1987 – 2 AZR 122/87.
60 BAG 13. August 1987 – 2 AZR 122/87; ebenso KR/Fischermeier/Krumbiegel BGB § 625 Rz 36; Staud/Preis § 625 Rz 23.
61 Ebenso APS/Backhaus BGB § 625 Rz 24; zu TzBfG § 15 Abs 5: Sievers TzBfG § 15 Rz 63; HK-TzBfG/Joussen § 15 Rz 83; Annuß/Thüsing/Maschmann TzBfG § 15 Rz 21.
62 APS/Backhaus BGB § 625 Rz 24; i Erg auch MünchKomm/Henssler BGB § 625 Rz 19: die Frist beginnt, wenn der Dienstberechtigte Kenntnis hat bzw haben kann.
63 APS/Backhaus BGB § 625 Rz 25; NK-GA/Boecken BGB § 625 Rz 9; zu TzBfG § 15 Abs 5: BAG AP Nr 12 zu § 57a HRG Rz 25 = EzA § 15 TzBfG Nr 2.
64 Staud/Preis § 625 Rz 23; APS/Backhaus BGB § 625 Rz 25; MünchKomm/Henssler BGB § 625 Rz 19; NK-GA/Boecken BGB § 625 Rz 9; JurisPK/Weth § 625 Rz 17; HK-KSchR/Spengler BGB § 625 Rz 14; DDZ/Däubler BGB § 625 Rz 22; KR/Fischermeier/Krumbiegel BGB § 625 Rz 36; vgl auch BAG AP Nr 117 zu § 242 BGB Ruhegehalt = SAE 1967, 177.
65 Staud/Preis § 625 Rz 23.
66 BAG AP Nr 117 zu § 242 BGB Ruhegehalt = SAE 1967, 177.
67 MünchKomm/Henssler BGB § 625 Rz 19; KR/Fischermeier/Krumbiegel BGB § 625 Rz 37; ErfK/Müller-Glöge BGB § 625 Rz 7.
68 BAGE 12, 328 = DB 1962, 773; BAGE 87, 194 = DB 1998, 2371.
69 HK-KSchR/Spengler BGB § 625 Rz 14; APS/Backhaus BGB § 625 Rz 20; Kliemt/Kramer Anm zu LAG Hamm vom 9.6.1994, 17 Sa 166/94, LAGE BGB § 625 Nr 4.
70 KR/Fischermeier/Krumbiegel BGB § 625 Rz 40; HK-KSchR/Spengler BGB § 625 Rz 15.
71 JurisPK/Weth § 625 Rz 20.
72 S dazu die Nachweise in BAG NJW 1989, 2415 = NZA 1989, 595.

Untertitel 1 Dienstvertrag   §§ 625, 626

vereinbarten Kündigungsfristen gelten daher in der Regel unverändert weiter, sofern die ursprüngliche Vereinbarung nicht eindeutig nur auf eine vorübergehende Beschäftigung abstellt und mit der unbefristeten Fortsetzung des Vertrags hinfällig wird[73]. Zu diesem Verständnis neigt prinzipiell auch das BAG[74]. Da die zu entscheidende Fallgestaltung eine abschließende Klärung der Rechtsfrage allerdings nicht erforderlich machte, ließ es die Frage letztlich offen und beschränkte sich auf die Feststellung, dass die vereinbarten Kündigungsfristen zumindest dann weitergelten, wenn die Auslegung des ursprünglichen Vertrags ergibt, dass die Regelung auch auf den Fall der Fortsetzung des Dienstverhältnisses zu beziehen ist, oder die Parteien bei Fortsetzung des Dienstverhältnisses (konkludent) eine entsprechende Vereinbarung getroffen haben[75].

Sind die Tatbestandsvoraussetzungen des **§ 625 nicht erfüllt**, bleibt es bei der Beendigung des Dienstverhältnisses. Wird das Dienstverhältnis dennoch fortgesetzt (zB durch Weiterarbeit trotz Widerspruch des Dienstberechtigten oder nach vorübergehender Unterbrechung), ist nach allgemeinen Grundsätzen zu prüfen, ob die Parteien (konkludent) einen neuen Dienstvertrag geschlossen haben[76]. Fehlt es an einer neuen vertraglichen Grundlage, richtet sich die **Rückabwicklung** grds nach Bereicherungsrecht, da auch ein fehlerhaftes Dienst- bzw Arbeitsverhältnis einen übereinstimmend in Vollzug gesetzten (fehlerhaften) Dienst- bzw Arbeitsvertrag voraussetzt[77]. Dies gilt jedoch nicht für den Zeitraum **zwischen Ablauf der Dienstzeit und rechtzeitigem Widerspruch** des Dienstberechtigten. Während diesem Zeitraum akzeptiert der Dienstberechtigte die Fortsetzung des Dienstverhältnisses, obwohl er der Fortsetzung auch sofort widersprechen könnte. Aus diesem Grund ist eine Anwendung der Grundsätze vom fehlerhaften Dienst- bzw Arbeitsverhältnis gerechtfertigt[78]. 19

8. **Prozessuales und Beweisfragen.** Der Dienstverpflichtete kann **Feststellungsklage (ZPO § 256)** erheben, um geltend zu machen, dass das Dienstverhältnis gem § 625 mit unverändertem Inhalt auf unbestimmte Zeit fortbesteht, wenn der Dienstberechtigte den Fortbestand bestreitet[79]. Eine Klagefrist ist nicht zu beachten, insbes TzBfG § 17 gilt weder unmittelbar noch analog[80]. In Betracht kommt allenfalls eine Verwirkung der Geltendmachung nach allgemeinen Grundsätzen[81]. 20

Die **Darlegungs- und Beweislast** für die Fortsetzung des Dienstverhältnisses nach Ablauf der Dienstzeit mit Wissen des Dienstberechtigten trägt der Dienstverpflichtete, wenn dieser sich auf den Fortbestand des Dienstverhältnisses beruft. Für den unverzüglichen Widerspruch ist dagegen der Dienstberechtigte beweispflichtig[82]. 21

§ 626 [Fristlose Kündigung aus wichtigem Grund]

(1) Das Dienstverhältnis kann von jedem Vertragsteil aus wichtigem Grund ohne Einhaltung einer Kündigungsfrist gekündigt werden, wenn Tatsachen vorliegen, aufgrund derer dem Kündigenden unter Berücksichtigung aller Umstände des Einzelfalles und unter Abwägung der Interessen beider Vertragsteile die Fortsetzung des Dienstverhältnisses bis zum Ablauf der Kündigungsfrist oder bis zu der vereinbarten Beendigung des Dienstverhältnisses nicht zugemutet werden kann.

(2) Die Kündigung kann nur innerhalb von 2 Wochen erfolgen. Die Frist beginnt mit dem Zeitpunkt, in dem der Kündigungsberechtigte von den für die Kündigung maßgebenden Tatsachen Kenntnis erlangt. Der Kündigende muss dem anderen Teil auf Verlangen den Kündigungsgrund unverzüglich schriftlich mitteilen.

ÜBERSICHT

I. **Allgemeines** 1–39	b) Normzweck 2
1. Entstehungsgeschichte und Normzweck 1, 2	2. § 626 im Kontext anderer Beendigungsarten 3–14
a) Textgeschichte 1	a) Ordentliche Kündigung 4

---

73 JurisPK/Weth § 625 Rz 21; HK-KSchR/Spengler BGB § 625 Rz 15; DDZ/Däubler BGB § 625 Rz 20; i Erg auch MünchKomm/Henssler § 625 Rz 21; aA KR/Fischermeier/Krumbiegel BGB § 625 Rz 41; Erman/Riesenhuber § 625 Rz 9; NK-GA/Boecken BGB § 625 Rz 13.
74 BAG NJW 1989, 2415 = NZA 1989, 595.
75 BAG NJW 1989, 2415 = NZA 1989, 595.
76 DDZ/Däubler BGB § 625 Rz 24; KR/Fischermeier/Krumbiegel BGB § 625 Rz 38.
77 Vgl BAG NJW 1998, 557 = NZA 1998, 199; KR/Fischermeier/Krumbiegel BGB § 625 Rz 38.
78 APS/Backhaus BGB § 625 Rz 33; ArbR-BGB/Röhsler § 625 Rz 29 f; aA ErfK/Müller-Glöge BGB § 625 Rz 8; HK-KSchR/Spengler BGB § 625 Rz 15.
79 NK-GA/Boecken BGB § 625 Rz 17; JurisPK/Weth § 625 Rz 23.
80 JurisPK/Weth § 625 Rz 23.
81 JurisPK/Weth § 625 Rz 23; MünchKomm/Henssler § 625 Rz 23.
82 Vgl zu BBiG § 17 aF: BAG DB 1985, 2304 = BB 1985, 2173.

b) Aufhebungsvertrag	5–7
c) Anfechtung	8–10
d) Rücktrittsrechte	11
e) Widerruf der Organstellung	12
f) Auflösungserklärung, KSchG § 12	13
g) Abkehrrecht im Arbeitskampf	14
3. Anwendungsbereich	15, 16
a) Sämtliche Dienstverhältnisse	15
b) Beendigungs- und Änderungskündigung	16
4. Gesetzliche Sonderregelungen	17–23
a) Handelsvertreter	18
b) Berufsausbildungsverhältnis	19
c) Heuerverhältnis	20
d) Öffentlicher Dienst im Gebiet der ehemaligen DDR	21
e) Dienstordnungs-Angestellte	22
f) Dienste höherer Art	23
5. § 626 und Insolvenz	24
6. Ausschluss, Beschränkung und Erweiterung des Rechts zur Kündigung aus wichtigem Grund	25–34
a) Zwingendes Recht	25
b) Beschränkung	26–29
c) Erweiterung	30, 31
d) Konkretisierung	32
e) Verzicht	33
f) Verzeihung	34
7. Kollektivrechtliche und öffentlich-rechtliche Zustimmungserfordernisse	35–39
a) Allgemein	35
b) Beteiligung des Betriebs- bzw Personalrats	36, 37
c) Mutterschutz; Elternzeit; Pflegezeit	38
d) Schwerbehinderte	39
II. Der wichtige Grund	**40–56**
1. Die Generalklausel als Grundlage	40–43
a) Objektive Bewertung	41
b) Beurteilungszeitpunkt	42
c) Verschulden	43
2. Die Konkretisierung der Generalklausel	44–54
a) Erste Stufe: „an sich" wichtiger Grund	45–47
aa) Bereich des Leistungsverhältnisses	46
bb) Verhaltensbedingte, personenbedingte und betriebsbedingte Gründe	47
b) Zweite Stufe: „ultima ratio"	48–51
aa) Abmahnung	50
bb) Außerordentliche Beendigungskündigung	51
c) Dritte Stufe: Interessenabwägung	52–54
3. Sonderkonstellationen: Ordentlich unkündbare Arbeitnehmer	55, 56
a) Grundsatz	55
b) Betriebsverfassungsrechtliche Amtsträger	56
III. Einzelfälle des wichtigen Grundes	**57–166**
1. Kündigungsgründe des Dienstberechtigten (Arbeitgeber)	58–148
a) Verhaltensbedingte Gründe	59–114
aa) Grundlagen	59–62
bb) Einzelfälle	63–95
cc) Straftaten gegenüber dem Arbeitgeber/Kollegen/Kunden	96–104
dd) Straftaten gegenüber Dritten	105–114
b) Gründe in der Person des Dienstpflichtigen	115–136

aa) Grundlagen	115
bb) Krankheit	116–121
cc) Freiheitsstrafe	122, 123
dd) Wehr-/Zivildienst	124
ee) Verdacht auf Vertrauensbruch	125–131
ff) Fehlende Arbeitserlaubnis	132, 133
gg) Fehlen notwendiger öffentlich-rechtlicher Erlaubnisse	134
hh) Unfähigkeit und Minderleistungen	135
ii) Sicherheitsbedenken	136
c) Betriebliche Gründe	137–148
aa) Betriebseinstellung und Betriebseinschränkung	137–140
bb) Wirtschaftliche Schwierigkeiten	141
cc) Insolvenz	142, 143
dd) Betriebsübergang	144
ee) Druck auf den Arbeitgeber (Druckkündigung)	145–147
ff) Tod des Arbeitgebers	148
2. Kündigungsgründe des Dienstpflichtigen (Arbeitnehmer)	149–166
a) Grundlagen	149–151
b) Gründe im Verhalten oder der Person des Dienstberechtigten/Arbeitgebers	152–162
aa) Lohnrückstände	152, 153
bb) Unterlassen der Urlaubsgewährung	154
cc) Mobbing, Herabsetzungen, Verdächtigungen	155–157
dd) Verletzung von Arbeitsschutz- und Datenschutzvorschriften	158
ee) Vorenthaltung von Kompetenzen	159
ff) Verletzung der Beschäftigungspflicht	160
gg) Werkswohnung	161
hh) Krankheiten	162
c) Gründe in der Person des Dienstverpflichteten/Arbeitnehmers	163–166
aa) Krankheiten	163
bb) Berufliche Veränderungen	164
cc) Studienplatz	165
dd) Privat motivierte Arbeitsaufgabe	166
IV. Die außerordentliche Änderungskündigung	**167–174**
1. Grundlagen	167
2. Voraussetzungen	168–171
3. Verhältnis zur Beendigungskündigung	172
4. Betriebsverfassungsrechtliche Amtsträger	173
5. Rechtsfolgen	174
V. Kündigung betriebsverfassungsrechtlicher Amtsträger	**175–179**
1. Grundlagen	175, 176
2. Erfordernis einer arbeitsvertraglichen Pflichtverletzung	177
3. Unzumutbarkeit der Weiterbeschäftigung	178
4. Kündbarkeit des Arbeitsverhältnisses	179
VI. Besonderheiten bei der Gruppenarbeit	**180–188**
1. Grundsätze der Rechtsprechung	180
2. Kritik	181–188
a) Einzelbetrachtung	182
b) Folgen für das Kündigungsrecht	183–187
aa) Kündigung gegenüber den anderen Gruppenmitgliedern	184

bb) Außerordentliches Kündigungsrecht der anderen Gruppenmitglieder 185	aa) Verdachtskündigung 220–222
cc) Besonderer Kündigungsschutz 186, 187	bb) Druckkündigung 223
c) Folge für den Entgeltanspruch . . 188	cc) Änderungskündigung 224
	dd) Dauersachverhalte 225–228
VII. Die Kündigungserklärung 189–207	d) Kündigungserklärungsfrist und Mitwirkung des Betriebsrats . . . 229–231
1. Allgemeines 189, 190	e) Kündigungserklärungsfrist und Zustimmungserfordernis 232
2. Angabe der Gründe 191–195	3. Fristberechnung 233–236
a) Grundlagen 191	a) Geltung der allgemeinen Vorschriften 233
b) Begründungsverlangen 192–195	b) Zugang 234
3. Fristlose oder befristete außerordentliche Kündigung 196–198	c) Abhilfemöglichkeiten 235, 236
a) Grundsatz 196	4. Folge der Fristversäumnis 237
b) Ausnahmen 197	**IX. Prozessuale Fragen** 238–266
c) Erkennbarkeit 198	1. Klageerhebung 238–243
4. Kein Anhörungserfordernis 199, 200	a) Arbeitsverhältnis 239–242
5. Umdeutung 201–205	b) Andere Dienstverhältnisse 243
a) Ordentliche Kündigung 202, 203	2. Streitgegenstand 244, 245
b) Anfechtung 204	3. Darlegungs- und Beweislast 246–250
c) Aufhebungsvertrag 205	4. Nachschieben von Kündigungsgründen 251–265
6. Zeitpunkt und Zugang 206	a) Grundsatz 252–262
7. Kündigungsberechtigte 207	aa) Gründe vor Kündigung entstanden 253–261
VIII. Die Kündigungserklärungsfrist des § 626 Abs 2 208–237	bb) Gründe nach Kündigung entstanden 262
1. Allgemeines 208–213	b) Vorherige Anhörung der Personalvertretungen 263
a) Normgehalt 208	c) Erforderliche Zustimmung der Personalvertretungen 264
b) Zweck 209	d) Zustimmung einer Behörde . . . 265
c) Anwendungsbereich 210, 211	5. Revisionsgerichtliche Nachprüfbarkeit 266
d) Verfassungsmäßigkeit 212	
e) Zwingende Regelung 213	
2. Fristbeginn 214–232	
a) Person des Kündigungsberechtigten 215	
b) Kenntnis 216–219	
c) Sonderfälle 220–228	

Schrifttum: a) Allgemeines: *Herschel,* Druckkündigung und Schadensausgleich, in: Festschr für H Lehmann II, 1956, S 662; *ders,* Beschränkung der Befugnis zur außerordentlichen Kündigung, in: Festschr für A Nikisch, 1958, S 49; *Nikisch,* ArbR I, 3. Aufl 1961, S 718; *Wiedemann,* Subjektives Recht und sozialer Besitzstand nach dem KSchG, RdA 1961, 1; *Hueck/Nipperdey,* ArbR I, 7. Aufl 1963, S 581; *Schultz,* Die Druckkündigung im Arbeitsrecht, RdA 1963, 81; *Galperin,* Der wichtige Grund zur außerordentlichen Kündigung, DB 1964, 1114; *Wenzel,* Neue Kündigungsbestimmungen im Arbeitsrecht, MDR 1969, 968; *König,* Zur näheren Bestimmung des wichtigen Grundes bei der außerordentlichen Kündigungen durch den Arbeitgeber, RdA 1969, 8; *Knütel,* Die Begründungspflicht bei Kündigungen, NJW 1970, 121; *Etzel,* Die außerordentliche Kündigung nach dem neuen BetrVG, DB 1973, 1017; *Meisel,* Die Anhörung des Betriebsrats vor einer außerordentlichen Kündigung nach dem neuen BetrVG, DB 1974, 138; *Nickel,* Abschied von der fristlosen Kündigung, AuR 1975, 97; *Seiter,* Streikrecht und Aussperrungsrecht, 1975; *Grunsky,* Die Verdachtskündigung, ZfA 1977, 167; *Herschel,* Neue Tatsachen nach Verdachtskündigung im Arbeitsvertrag, BlStSozArbR 1977, 113; *Konzen,* Der Arbeitskampf im Verfassungs- und Privatrechtssystem, AcP 177 (1977), 473; *Moritz,* Grenzen der Verdachtskündigung, NJW 1978, 402; *Mayer-Maly,* Druck und Recht im Arbeitsrecht, RdA 1979, 356; *Zöllner,* Gutachten D zum 52. DJZ, 1978; *Buchner,* Tendenzförderung als arbeitsvertragliche Pflicht, ZfA 1979, 335; *Dudenbostel/Klas,* Außerdienstliches Verhalten als Kündigungsgrund, AuR 1979, 296; *Konzen,* Tarifvertragliche Kampfklauseln, ZfA 1980, 77; *Herschel,* Gedanken zur Theorie des arbeitsrechtlichen Kündigungsgrundes, in: Festschr für G. Müller, 1981, S 191; *Gamillscheg,* Der zweiseitig zwingende Charakter des § 626 BGB, AuR 1981, 105; *Picker,* Die Anfechtung von Arbeitsverträgen, ZfA 1981, 1; *Schwerdtner,* Nachschieben von Kündigungsgründen, BlStSozArbR 1981, 147; *Buchner,* Meinungsfreiheit im Arbeitsrecht, ZfA 1982, 49; *Dernbach,* Abberufung und Kündigung des GmbH-Geschäftsführers, BB 1982, 1266; *Oetker,* Rechtsprobleme bei der außerordentlichen Kündigung eines Vertrauensmannes der Schwerbehinderten, BB 1983, 1671; *Meisel,* Die Mitwirkung und Mitbestimmung des Betriebsrates in personellen Angelegenheiten, 1984; *Moll,* Die außerordentliche betriebsbedingte (Änderungs-)Kündigung zwischen unternehmerischer Organisationsfreiheit und Arbeitsplatzschutz, DB 1984, 1346; *Schmid,* Die Abmahnung und ihre rechtliche Problematik, NZA 1985, 409; *Tschöpe,* Außerordentliche Kündigung bei Diebstahl geringwertiger Sachen, NZA 1985, 588; *Picker,* Fristlose Kündigung und Unmöglichkeit, Annahmeverzug und Vergütungsgefahr im Dienstvertragsrecht, JZ 1985, 641, 693; *Reuter,* Das Gewissen des Arbeitnehmers als Grenze des Direktionsrechts des Arbeitgebers, BB 1986, 385; *Schwerdtner,* Grenzen der Zulässigkeit des Nachschiebens von Kündigungsgründen im Kündigungsschutzprozeß, NZA 1987, 361; *Preis,* Prinzipien des Kündigungsschutzes bei Arbeitsverhältnissen, 1987; *Blaese,* Die arbeitsrechtliche Druckkündigung, DB 1988, 178; *Falkenberg,* Die Abmahnung, NZA 1988, 489; *Caesar,* Die Kündigung vor Arbeitsantritt, NZA 1989, 251; *Hager,* Die Umdeutung der außerordentlichen in eine ordentliche Kündigung, BB 1989, 693; *Heinze,* Zur Abgrenzung von Betriebsbuße und Abmahnung, NZA 1990, 1690; *Knorr/Bichlmeier/Kremhelmer,* Handbuch des Kündigungsrechts, 3. Aufl 1991; *Fenski/Linck,* Besonderheiten der Beendigung von Arbeitsverhältnissen in den neuen Bundesländern, NZA 1992, 337; *Künzl,* Aspekte des Kündigungsrechts in den neuen Bundesländern, ArbuR 1992, 204; *Ascheid,* Aktuelle Rechtsprechung zum Einigungsvertrag, NZA 1993, 97; *Wank,* Tendenzen der BAG Rechtsprechung zum Kündigungsrecht, RdA 1993, 79; *Bauer/Diller,* Koppelung von Abberufung und Kündigung bei Organmitgliedern – Zulässige Gestaltung oder sittenwidrige Falle?, GmbHR 1998, 809; *Otto,* Der Wegfall des Vertrauens in den Arbeitnehmer als wichtiger Grund zur Kündigung des Arbeits-

verhältnisses, 1998; Adam, Abschied von Unkündbaren, NZA 1999, 846; Bader, Die arbeitsrechtliche Abmahnung und ihre Entfernung aus der Personalakte – Versuch einer Rückbesinnung auf die Grundlagen, ZTR 1999, 200; Groeger, Probleme der außerordentlichen Kündigung ordentlich unkündbarer Arbeitnehmer, NZA 1999, 850; Zuber, Das Abmahnerfordernis vor Ausspruch verhaltensbedingter Kündigungen, NZA 1999, 1142; Lingemann, Unterhaltspflichten und Kündigung, BB 2000, 1835; Schmitz-Scholemann, Ehrverletzungen als Kündigungsgrund, BB 2000, 926; Bengelsdorf, Alkoholkonsum und verhaltensbedingte Kündigung, NZA 2001, 993; Berkowsky, Die verhaltensbedingte Kündigung, NZA-RR 2001, 1, 57; Mauer/Schüßler, Kündigung unkündbarer Arbeitnehmer, BB 2001, 466; Berkowsky, Die betriebsbedingte Kündigung, 5. Aufl, 2002; v Hase, Fristlose Kündigung und Abmahnung nach neuem Recht, NJW 2002, 2278; Etzel, Die „Orlando-Kündigung": Kündigung tariflich unkündbarer Arbeitnehmer, ZTR 2003, 210; Diller, Der Wahnsinn hat Methode/Teil II) – Über die Unmöglichkeit, ein Verfahren nach § 103 BetrVG erfolgreich zu Ende zu bringen, NZA 2004, 579; Reichel, Entwendung geringwertiger Sachen des Arbeitgebers als Kündigungsgrund, AuR 2004, 250; Deinert, Die Verdachtskündigung – Neues zu einem alten Thema?, ArbuR 2005, 285; Bröhl, Die außerordentliche Kündigung mit notwendiger Auslauffrist, 2005; Herbert/Oberrath, Schweigen ist Gold? Rechtliche Vorgaben für den Umgang des Arbeitnehmers mit seiner Kenntnis über Rechtsverstöße im Betrieb, NZA 2005, 193; Insam, Ist die Druckkündigung nur als außerordentliche Kündigung zulässig?, DB 2005, 2298; Schlachter, Fristlose Kündigung wegen Entwendung geringwertiger Sachen des Arbeitgebers, NZA 2005, 433; Besgen, Private Internetnutzung – Fristlose Kündigung oder Abmahnung?, SAE 2006, 117; Koch, Das Abmahnungserfordernis bei der außerordentlichen Kündigung von Organmitgliedern einer Gesellschaft, ZIP 2005, 1621; Diller, Kündigung des GmbH-Geschäftsführers wegen Spesenbetrugs, GmbHR 2006, 333; Horstmeier, Können angestellte Leitungsorgane von Gesellschaften ohne vorherige Abmahnung außerordentlich gekündigt werden?, GmbHR 2006, 400; Löwisch, Kündigen unter dem AGG, BB 2006, 2189; Deinert, Die Druckkündigung im Lichte der Diskriminierungsverbote, RdA 2007, 275; Breucker, Die Druckkündigung im Sport, NZA 2008, 1046; Dzida, Zur Frage der außerordentlichen Kündigung einer Geschäftsführertätigkeit – Kein Wiederaufleben des ursprünglichen Arbeitsverhältnisses, NJW 2008, 3516; Hirdina, Rechtsfragen zur Kündigung eines Praktikumsvertrags, NZA 2008, 916; Eylert/Sänger, Verstöße von Arbeitnehmern der Sozialleistungsträger gegen den Sozialdatenschutz und ihre arbeitsrechtlichen Folgen, ZTR 2009, 368; Kolbe, Unkündbarkeit für Korruptionstäter?, NZA 2009, 228; Richardi ua, Münchener Handbuch zum Arbeitsrecht, 3. Aufl 2009; Bartels, Die arbeitsvertragliche Vertrauens(dis)kontinuität und ihre Folgen für § 626 BGB, RdA 2010, 109; Bröhl, Aktuelle Tendenzen der BAG-Rechtsprechung zu ordentlich unkündbaren Arbeitnehmern, RdA 2010, 170; Vietmeyer/Byers, Zulässige heimliche Videoüberwachung an öffentlich zugänglichen Arbeitsplätzen?, DB 2010, 1462; Stoffels, Die „Emmely-Entscheidung" des BAG – bloß eine Klarstellung von Missverständnissen?, NJW 2011, 118; Kort, Kündigungsrechtliche Fragen bei Äußerungen des Arbeitnehmers im Internet, NZA 2012, 1321; Bauer/Günther, Kündigung wegen beleidigender Äußerungen auf Facebook – Vertrauliche Kommunikation unter Freunden?, NZA 2013, 67; Kramer, Kündigung eines leitenden Angestellten wegen Internetnutzung, NZA 2013, 311; Lembke, Die Verdachtskündigung in Recht und Praxis, RdA 2013, 82; v Busekist/Fahrig, Whistleblowing und der Schutz von Hinweisgebern, BB 2013, 119; Pallasch, Homosexualität als Kündigungsgrund, NZA 2013, 1176; Eylert, Die Verdachtskündigung, NZA-RR 2014, 393; Hamacher, Neues zur betriebsbedingten Druckkündigung – Bedrückend?, NZA 2014, 134; Wiese ua, GK-BetrVG, 10. Aufl 2014, §§ 102, 103; Hromadka/Maschmann, Arbeitsrecht I, 6. Aufl 2015; Zöllner/Loritz/Hergenröder, Arbeitsrecht, 7. Aufl 2015, § 25; Medicus/Lorenz, Schuldrecht I, 21. Aufl 2015, §§ 2, 51; Baur, Kündigung wegen Konkurrenztätigkeit im gekündigten Arbeitsverhältnis, BB 2015, 1088; Fuhlrott, Sondergeschützte Arbeitnehmer, AuA 2015, 154; Haußmann/Merten, „Kündigungspflicht" und ihre arbeitsrechtliche Umsetzung, NZA 2015, 258; Lembke, Verbraucherrechtliches Widerrufsrecht des Arbeitnehmers bei Auflösungsvereinbarungen?, BB 2015, 3125; Preis, Unbillige Weisungsrechte und überflüssige Änderungskündigungen, NZA 2015, 1; Stahlhacke/Preis/Vossen, Kündigung und Kündigungsschutz im Arbeitsverhältnis, 11. Aufl 2015; Werner, Kopplungsklauseln in Geschäftsführerdienstverträgen und ihre rechtlichen Rahmenbedingungen, NZA 2015, 1235; Fischer-Lescano, Whistleblowing Internationale Regulierung AuR 2016, 4; Husemann, Zur Berücksichtigung des Arbeitnehmerverhaltens nach außerordentlicher Kündigung, RdA 2016, 30; Etzel/Bader/Fischermeier ua, Gemeinschaftskommentar zum Kündigungsrecht (KR), 11. Aufl 2016; Bauer/Arnold/Zeh, Widerruf von Arbeits- und Aufhebungsverträgen – Wirklich alles neu?, NZA 2016, 449; Fischinger/Werthmüller, Der Aufhebungsvertrag im Irish Pub, NZA 2016, 193; Kramer, Außerordentliche Kündigung wegen privater Nutzung betrieblicher Ressourcen, NZA 2016, 341; Schaub, Arbeitsrechts-Handbuch, 17. Aufl 2017, §§ 127, 128; Hofer, Das arbeitsgerichtliche Verfahren im schriftlichen Assessorexamen, JA 2017, 853; Lingemann/Steinhauser, Fallen beim Ausspruch von Kündigungen – Betriebsratsanhörung, NJW 2017, 937; Arnold/Stark, „Rechte" Betriebsräte – Was kann und soll der Arbeitgeber tun?, ArbRAktuell 2018, 197; Hofer/Grimm, Die Änderungskündigung –ein vernachlässigtes Gestaltungsinstrument (?), JA 2019, 486; Koehler, Koppelungsklauseln in Geschäftsführeranstellungsverträgen, NZG 2019, 1406; Klinkhammer, Anhörung des Arbeitnehmers vor Ausspruch von Verdachtskündigungen, ArbRAktuell 2020, 7; Reinartz, Vom Sinn und Unsinn des Schleppnetzantrags, NZA 2020, 215; Goette/Arnold, Handbuch Aufsichtsrat, 2021; Arnold/Romero/Hofer, „Stay on Board" – Auswirkungen des FüPoG II auf Vorstandsverträge, ZIP 2021, 2605; Holler, Die Änderungskündigung im arbeitsgerichtlichen Verfahren, JA 2021, 587.
b) Zur außerordentlichen Kündigung betriebsverfassungsrechtlicher Amtsträger: Säcker, Rechtsfragen der außerordentlichen Kündigung von Betriebsratsmitgliedern, DB 1967, 2027, 2072; Etzel, Der besondere Kündigungsschutz für Betriebsratsmitglieder und andere Arbeitnehmer, die Aufgaben der Betriebsverfassung wahrnehmen, BlStSozArbR 1972, 86; Bieback, Arbeitsverhältnis und Betriebsratsamt bei der außerordentlichen Kündigung von Betriebsratsmitgliedern, RdA 1978, 82; Matthes, Probleme des Kündigungsschutzes von Betriebsratsmitgliedern, DB 1980, 1165; Oetker, Außerordentliche Kündigung von Betriebsratsmitgliedern – Aktuelle Probleme des Stimmrechtsausschlusses wegen Interessenkollision, AuR 1987, 224; Leuze, Die Anforderungen an arbeitsrechtliche Maßnahmen gegen Betriebsrats- und Personalratsmitglieder, DB 1993, 2590; Wiese ua, GK-BetrVG, 10. Aufl 2014, Anm, zu § 103; Etzel/Bader/Fischermeier ua, Gemeinschaftskommentar zum Kündigungsrecht (KR), 11. Aufl 2016; Hillbrandt, Neue Entwicklungen beim Sonderkündigungsschutz von Mandatsträgern, NZA 1998, 1258; Weber/Lohr, Der Sonderkündigungsschutz von Betriebsratsmitgliedern, BB 1999, 2350; Bröhl, Aktuelle Tendenzen der Rechtsprechung zu ordentlich unkündbaren Arbeitnehmern, RdA 2010, 170; Eylert/Sänger, Der Sonderkündigungsschutz im 21. Jahrhundert, RdA 2010, 24.
c) Zur Ausschlussfrist des Abs 2 Satz 1: Brill, Die Zwei-Wochen-Frist des § 626 Abs 2 BGB nF für die außerordentliche Kündigung, AuR 1971, 167; Herschel, Wichtiger Grund und Erklärungsfrist bei außerordentlicher Kündigung, AuR 1971, 257; H P Müller, Die Bedeutung der Einschaltung des Betriebsrats für den Beginn der Ausschlußfrist des § 626 Abs 2 BGB, DB 1975, 1363; Gamillscheg, Betriebsrat und Kündigung, in: Festschr

25 Jahre BAG, 1979, S 117; Wiesner, Zum Beginn der Ausschlußfrist von § 626 Abs 2 BGB bei Kenntniserlangung durch Organmitglieder, BB 1981 1533, Densch/Kahlo, Zur Ausschlußfrist des § 626 Abs 2 BGB bei fristloser Kündigung eines GmbH-Geschäftsführers durch die Gesellschafterversammlung, DB 1983, 811; ders, Zur Ausschlußfrist des § 626 II bei fristloser Kündigung eines leitenden Angestellten durch den Gesamtvorstand eines eingetragenen Vereins, DB 1987, 581; Becker-Schaffner, Die Rechtsprechung zur Ausschlußfrist des § 626 II BGB, DB 1987, 2145; Popp, Ausschlußfrist gem § 626 II 1, 2 BGB – ein gesetzlich konkretisierter Verwirkungstatbestand, NZA 1987, 367; Gerauer, Nochmals: Beginn der Ausschlußfrist des § 626 BGB bei Dauertatbeständen, BB 1988, 2032; Lüders, Beginn der Zwei-Wochen-Frist des § 626 Abs 2 BGB bei Kenntniserlangung durch Organmitglieder, BB 1990, 790; Sandmann, Keine Bindung des Arbeitsgerichts an die Prüfung der Kündigungserklärungsfrist des § 626 Abs 2 BGB durch das Integrationsamt, SAE 2007, 215; Joussen, Die Kündigungsfristen bei der außerordentlichen Kündigung von Schwerbehinderten, DB 2002, 2162; Schumacher-Mohr, Fristprobleme bei der außerordentlichen Kündigung von Vorstandsmitgliedern einer Aktiengesellschaft, ZIP 2002, 2245; Sandmann, Keine Bindung des Arbeitsgerichts an die Prüfung der Kündigungserklärungsfrist des § 626 Abs 2 BGB durch das Integrationsamt, SAE 2007, 215; Heinemeyer/Thomas, Compliance: Die Einhaltung der Zweiwochenfrist bei Ausspruch fristloser Kündigungen im Rahmen von unternehmensinternen Ermittlungen, BB 2012, 1218; Dzida, Tat- und Verdachtskündigung bei komplexen Sachverhalten, NZA 2014, 809; Arnold/Schansker, Die Zweiwochenfrist des § 626 II BGB bei der außerordentlichen Kündigung vertretungsberechtigter Organmitglieder, NZG 2013; Huth/Siemsglüss, Der nach außen getretene Kündigungsentschluss als fristauslösendes Ereignis für § 626 II BGB.

I. Allgemeines

1. Entstehungsgeschichte und Normzweck. – a) Textgeschichte. In seiner ursprünglichen, 1900 in Kraft getretenen Fassung lautete § 626: „Das Dienstverhältnis kann von jedem Teil ohne Einhaltung einer Kündigungsfrist gekündigt werden, wenn ein wichtiger Grund vorliegt". Durch das Erste Arbeitsrechtsbereinigungsgesetz vom 14. August 1969 (BGBl I, S 1106) wurde § 626 neu gefasst. Aufgenommen wurde eine Umschreibung des „wichtigen Grundes" (Abs 1), eine Ausschlussfrist für die Kündigungserklärung (Abs 2 Satz 1) sowie die Pflicht für den Kündigenden, den Grund für die Kündigung dem anderen Teil auf Verlangen schriftlich mitzuteilen (Abs 2 Satz 2). Auch diese Modifikationen vermögen nichts daran zu ändern, dass es sich bei der Vorschrift letztlich um eine Norm mit **generalklauselartiger Weite** handelt, ist eine abstrakte, alle denkbaren Konstellationen außerordentlicher Kündigungen erfassende Kodifizierung doch nicht möglich. Daraus folgt – wie der Gesetzgeber ausweislich der Gesetzesmaterialien erkannte[1] – notgedrungen, dass die Letztentscheidung über die Norm dem erkennenden Richter überantwortet ist. Seit dem 3. Oktober 1990 gelten die §§ 626, 628 auch in den neuen Bundesländern unmittelbar als Bundesrecht (vgl BGBl II 1990, 1139 ff). 1

b) **Normzweck**. § 626 kodifiziert für Dienstverhältnisse das für alle Dauerschuldverhältnisse grundsätzlich anerkannte Recht zur fristlosen Kündigung aus wichtigem Grund[2]; neben der 2002 geschaffenen allgemeinen Grundnorm des § 314 sind insoweit beispielsweise §§ 543, 723 Abs 1 Satz 2, 3 zu nennen. Angesichts der auch in der immer stärker durch Digitalisierung geprägten Arbeitswelt typischerweise nach wie vor bestehenden engen persönlichen Bindung der Vertragsparteien hat das Recht, sich unter bestimmten Voraussetzungen sofort vom Vertrag lösen zu können, besondere Bedeutung. § 626 erlaubt dies, wenn dem Kündigenden das Festhalten am Vertrag nicht einmal mehr bis zum vereinbarten Ende des Vertrages bzw bis zum Ablauf der geltenden Kündigungsfrist zumutbar ist. Bei Verträgen über Dienste höherer Art in einer besonderen Vertrauensstellung geht § 627 über diese Regelung sogar noch insoweit hinaus, als sie eine fristlose Kündigung grundsätzlich sogar ohne wichtigen Grund zulässt. 2

2. § 626 im Kontext anderer Beendigungsarten. Das Recht zur außerordentlichen Kündigung nach §§ 626, 627 ist gegenüber anderen Instrumenten, die möglicherweise dazu geeignet wären, Dienstverhältnisse zu beenden, abzugrenzen[3]. 3

a) **Ordentliche Kündigung.** Während die außerordentliche Kündigung das Dienstverhältnis sofort beendet, tritt die rechtliche Beendigung bei einer ordentlichen Kündigung erst nach Ablauf einer mehr oder weniger langen Kündigungsfrist (vgl § 621 für freie Dienstverhältnisse und § 622 für Arbeitsverhältnisse) ein. Für das Verhältnis der ordentlichen zur außerordentlichen Kündigung ist zu unterscheiden: Während bei freien Dienstverhältnissen sowie bei der Kündi- 4

---

1 * Die Autoren danken den Wissenschaftlichen Hilfskräften des Lehrstuhls für ihre unverzichtbare Mithilfe bei der Fertigstellung dieser Kommentierung (§§ 626 – 630). Im Einzelnen gilt der Dank Frau Johanna Hübsch (LL.B.), Frau Lara Junge (LL.B.), Frau Katharina Voigt (LL.B.), Herrn Vincent Breme (LL.B.), Herrn Benedikt Brüß (LL.B.), Herrn Nils Eichhorn, Herrn Saša Gigic (LL.B.), Herrn Jonathan Godwyll (LL.B.), Herrn Silas Hengstberger (LL.B.), Herrn Benjamin Kolomiyets, Herrn Sven Knauer (LL.B.), Herrn Philipp Schröer (LL.B.) sowie Herrn Michal Wanik.
  Vgl Mugdan Materialien zum BGB, Bd 2, 262; Mot 469.
2 Vgl zB BGH NJW 1989, 1482, 1483; Medicus/Lorenz, SchuldR I, § 2 II 1 e) Rz 6, § 49 I 2 Rz 6.
3 Die in anderen Kommentierungen zu findenden Ausführungen zur Suspendierung unterbleiben hier, führt eine solche doch maximal zum Ruhen der vertraglichen Hauptleistungspflichten, nicht aber zur Beendigung des Dienstverhältnisses.

gung von Arbeitsverhältnissen durch Arbeitnehmer eine ordentliche Kündigung keines sachlichen Grundes bedarf, ist die arbeitgeberseitige Kündigung von Arbeitsverhältnissen in aller Regel nur möglich, wenn hierfür ein personenbedingter, verhaltensbedingter oder betriebsbedingter Grund besteht (vgl KSchG § 1 Abs 1, 2). Daraus folgt eine Verschärfung der Anforderungen an den wichtigen Grund iSv § 626, denn dieser muss mehr sein als ein bloßer Grund iSv KSchG § 1 Abs 2[4]. Zwischen außerordentlicher und ordentlicher Kündigung besteht mithin ein **Stufenverhältnis**, aus dem mehrere Aspekte folgen:

- Eine außerordentliche Kündigung ist unproblematisch jedenfalls dann unwirksam, wenn nicht einmal eine ordentliche Kündigung gerechtfertigt wäre. Umgekehrt liegt stets dann ein Grund iSv KSchG § 1 Abs 2 vor, wenn ein wichtiger Grund gemäß § 626 Abs 1 gegeben ist. Entsprechend bietet es sich auch bei § 626 an, für die Konkretisierung des wichtigen Grundes zwischen verhaltens-, personen- und betriebsbedingten Umständen zu differenzieren[5].
- Weil die außerordentliche Kündigung strengeren Voraussetzungen unterliegt und zu schärferen Rechtsfolgen führt, ist es möglich, eine Kündigung in der Hauptsache als außerordentliche und – sollte sie *als solche* nicht wirksam sein – hilfsweise als ordentliche Kündigung auszusprechen (dazu näher Rz 201).
- Überdies ist es denkbar, eine unwirksame außerordentliche in eine ordentliche Kündigung umzudeuten (§ 140), umgekehrt ist dies dagegen – unabhängig von der Willensrichtung des Kündigenden – nicht möglich (s näher Rz 201 ff).

5 b) **Aufhebungsvertrag.** Die von § 623 vorausgesetzte Möglichkeit, einen Aufhebungsvertrag zu schließen, durch den das Arbeitsverhältnis sofort (oder nach Ablauf einer Auslauffrist) konsensual beendet wird, steht grundsätzlich vollständig unabhängig neben dem Recht zur außerordentlichen Kündigung. Wechselwirkungen ergeben sich allerdings insofern, als der Aufhebungsvertrag wegen widerrechtlicher Drohung anfechtbar ist, wenn die vom Arbeitgeber als Alternative zum Aufhebungsvertrag in den Raum gestellte außerordentliche Kündigung mit hoher Wahrscheinlichkeit vor einem Arbeitsgericht keinen Bestand gehabt hätte und ein verständiger Arbeitgeber sie nicht ernsthaft in Erwägung hätte ziehen dürfen[6]. Erweist sich im Rahmen der Verhandlungen über einen Aufhebungsvertrag eine Drohung mit einer außerordentlichen Kündigung jedoch als nicht widerrechtlich, so verbietet es auch das Gebot fairen Verhandelns[7] nicht, die Annahme des Angebots „nur hier und jetzt" zu ermöglichen und andernfalls die fristlose Kündigung und Strafanzeige anzudrohen[8].

6 Soweit in der Literatur angenommen wird, nach Abschluss eines Aufhebungsvertrags in Kenntnis des wichtigen Grundes iSv Abs 1 scheide eine außerordentliche Kündigung aus, weil der Kündigungsberechtigte dadurch zum Ausdruck bringen wolle, von der Möglichkeit der außerordentlichen Kündigung keinen Gebrauch mehr machen zu wollen[9], so überzeugt das jedenfalls in dieser Pauschalität nicht. Zwar ist zuzugestehen, dass der nicht durch das weitere Verhalten des Arbeitnehmers veranlasste Ausspruch einer außerordentlichen Kündigung nach Abschluss des Aufhebungsvertrags mit dem „Geist", in dem dieser abgeschlossen wurde, nicht zu vereinbaren und die Kündigung daher nach Treu und Glauben (§ 242) unzulässig wäre. Etwas Anderes muss aber gelten, wenn der Arbeitnehmer rechtlich nicht völlig unbedeutende Anstalten trifft, sich vom Aufhebungsvertrag wieder zu lösen (zB indem er die Anfechtung erklärt oder sich auf ein – umstrittenes – Widerrufsrecht nach §§ 312b Abs 1 Satz 1 Nr 1, 312g Abs 1[10] beruft). Ist hier die Zwei-Wochen-Frist des § 626 Abs 2 noch nicht abgelaufen, wird man dem Arbeitgeber nicht die Möglichkeit absprechen können, „vorsichtshalber" eine außerordentliche Kündigung nachzuschieben. Dementsprechend ist es verfehlt, im Abschluss des Aufhebungsvertrags einen rechtlich bindenden Verzicht auf das Kündigungsrecht (dazu Rz 33) zu sehen.

7 Zur Umdeutung einer unwirksamen außerordentlichen Kündigung in einen Antrag auf Abschluss eines Aufhebungsvertrags vgl Rz 2052.

8 c) **Anfechtung.** Von § 626 unberührt bleibt nach zutreffender ganz hM[11] das Recht zur Anfechtung nach §§ 119, 123. Beide Regelungsmechanismen betreffen ganz unterschiedliche Problemlagen: Während das Recht zur Anfechtung auf Willensmängel zurückzuführen ist, die bei Abschluss des Dienstvertrages vorlagen, knüpfen Kündigungsgründe regelmäßig an Vorgänge

---

4 MünchKomm/Henssler § 626 Rz 2.
5 Staud/Preis § 626 Rz 7; MünchKomm/Henssler § 626 Rz 2.
6 BAG NJW 2004, 2401, 2402; NZA 2008, 348, 353; Staud/Fischinger § 138 Rz 599.
7 Kritisch zu dieser Figur, Fischinger NZA 2019, 729.
8 NZA 2022, 779.
9 So NK-BGB/Klappstein[3] § 626 Rz 7.
10 Vgl dazu Fischinger/Werthmüller NZA 2016, 193; Lembke BB 2016, 3125; Bauer/Arnold/Zeh NZA 2016, 449.
11 BAG NJW 1958, 516; NJOZ 2006, 2031; NZA-RR 2012, 43; NJW 2013, 1115; Picker ZfA 1981, 1; MünchKomm/Henssler § 626 Rz 44; Staud/Preis § 626 Rz 9.

an, die nach Vertragsschluss eintreten und die weitere Fortsetzung des – willensmängelfrei zustande gekommen – Vertrages unzumutbar machen. Mit anderen Worten dient das Anfechtungsrecht dem vergangenheitsbezogenen Schutz der Willensmängelfreiheit, das Kündigungsrecht dagegen ist zukunftsbezogen und soll es ermöglichen, ein unzumutbar gewordenes Arbeitsverhältnis abzustreifen.

Angesichts dieser unterschiedlichen Anknüpfungspunkte tritt ein echtes Konkurrenzverhältnis in Bezug auf den gleichen Tatsachenumstand zwischen beiden Beendigungsarten regelmäßig gar nicht ein. Ausgeschlossen ist ein solches aber auch nicht apodiktisch, ist es doch denkbar, dass Umstände, die zur Anfechtung des Arbeitsvertrages berechtigen, auch noch zum Zeitpunkt der Anfechtungserklärung so stark nachwirken, dass dem Anfechtungsberechtigten die Fortsetzung des Arbeitsverhältnisses unzumutbar ist. In einem solchen Fall gewährt das BAG zu Recht ein **Wahlrecht**, ob angefochten oder (außerordentlich) gekündigt werden soll[12]. Anfechtung und Kündigung folgen in diesem Fall folgerichtig auch unterschiedlichen Regelungen, und zwar sowohl hinsichtlich ihrer Voraussetzungen als auch ihrer Rechtsfolgen. So bewendet es für die Anfechtung bei den §§ 119 ff, 142 ff, wohingegen die Kündigungsvoraussetzungen und -beschränkungen keine Anwendung finden. Das gilt sowohl für formelle Anforderungen (wie zB § 623 oder BetrVG § 102) wie inhaltliche Kündigungseinschränkungen oder -ausschlüsse wie beispielsweise PflegeZG § 5. Auch die Fristen für die Ausübung des jeweiligen Gestaltungsrechts (§ 626 Abs 2 einerseits, §§ 121, 124 andererseits) bestehen grundsätzlich unabhängig voneinander, allerdings werden hier Verschränkungen diskutiert[13]. Zur **Umdeutung** vgl Rz 201 ff.

Was die **Rechtsfolgen** anbelangt, so müssten beide Instrumente im dogmatischen Ausgangspunkt eigentlich sehr unterschiedliche Wirkungen zeigen, beseitigt doch die außerordentliche Kündigung das Arbeitsverhältnis nur für die Zukunft, wohingegen die Anfechtung nach der gesetzlichen Konzeption des § 142 Abs 1 ex tunc wirkt. Faktisch werden die Ergebnisse beider Instrumente aber dadurch stark angeglichen, dass zur Vermeidung von Rückabwicklungsschwierigkeiten auch bei der Anfechtung – über die Grundsätze des fehlerhaften Arbeitsverhältnisses – regelmäßig nur eine ex nunc Wirkung angenommen wird[14].

d) **Rücktrittsrechte.** Gegenüber den Rücktrittsrechten nach §§ **323, 324, 326 Abs 5** ist § 626 lex specialis und schließt deren Anwendbarkeit schon deshalb aus, weil das Dienstverhältnis als Dauerschuldverhältnis nur mit Wirkung ex nunc, nicht aber ex tunc beendet werden soll. Dies gilt auch – obwohl hier keine Rückabwicklungsschwierigkeiten drohen – für die Zeit vor Dienstantritt. Gleiches gilt grundsätzlich auch für Kündigungsrechte nach § **313 Abs 3 Satz 2** und § **314**, wobei das in § 314 Abs 2 zu Tage tretende allgemeine Abmahnungserfordernis auch im Rahmen von § 626, der insoweit lückenhaft ist, zu berücksichtigen ist[15].

e) **Widerruf der Organstellung.** Nach deutscher Dogmatik ist bei Organen juristischer Personen streng zwischen dem Anstellungsverhältnis (Dienst- oder Arbeitsvertrag) und der gesellschaftsrechtlichen Bestellung in das Organverhältnis zu unterscheiden (**Trennungsprinzip**[16]). Entsprechendes gilt dann auch für die Beendigung des jeweiligen „Verhältnisses", die (außer-)ordentliche Kündigung des Anstellungsverhältnisses nach § 626 ist also vom Widerruf der Organstellung nach zB GmbHG § 38 Abs 1 oder AktG § 84 Abs 4 zu differenzieren. Die (wirksame) Abberufung als Organ führt daher nicht automatisch zu einem Erlöschen des Anstellungsvertrages, und auch die Bewertung des wichtigen Grundes für den Widerruf der Bestellung – wie er bei AktG § 84 Abs 4 notwendig ist – stellt nicht per se einen wichtigen Grund iSv § 626 dar[17].

f) **Auflösungserklärung, KSchG § 12.** Um die Entstehung von Doppelverpflichtungen aus zwei Arbeitsverhältnissen zu verhindern, normiert KSchG § 12 ein Sonderkündigungsrecht mit der Wirkung einer fristlosen Kündigung, wenn der Arbeitnehmer, der inzwischen ein neues Arbeitsverhältnis eingegangen ist, mit seiner Kündigungsschutzklage in Bezug auf das alte Arbeitsverhältnis obsiegt[18]. Ein Konkurrenzverhältnis zu § 626 ergibt sich letztlich nicht: Dem

---

12 BAG AP BGB § 119 Nr 3; AP BGB § 123 Nr 2, 64.
13 BAGE 32, 237; Staud/Richardi/Fischinger § 611a Rz 676 ff mwN.
14 Vgl Staud/Richardi/Fischinger § 611a Rz 681, 687 ff.
15 MünchKomm/Henssler § 626 Rz 52, 97 ff; APS/Vossen § 1 KSchG Rz 343.
16 Vgl zB BGH NJW 2000, 1864, 1865; NZA 2003, 439; NZG 2010, 827; BAG NZA 2008, 168; zu dieses durchbrechenden Koppelungsklauseln vgl Werner NZA 2015, 1234; Koehler NZG 2019, 1406 (für GmbH-Geschäftsführer) sowie Goette/Arnold/C. Arnold, Handbuch Aufsichtsrat, Rz 1680 (für Vorstandsdienstverträge).
17 BGHZ 15, 71, 74; Noack/Servatius/Haas GmbHG § 38 Rz 103 ff; Staud/Richardi/Fischinger § 611a Rz 377; vgl zum Verhältnis zum Widerruf der Bestellung auch Goette/Arnold/C.Arnold, Handbuch Aufsichtsrat, Rz 1677 ff, insb. zu Koppelungsklauseln Rz 1680 sowie zu den Auswirkungen einer Abberufung unter Zusage der Wiederbestellung nach AktG § 84 Abs 3 („stay on board") auf Vorstandsverträge vgl Arnold/Romero/Hofer ZIP 2021, 2605.
18 Vgl ErfK/Kiel KSchG § 12 Rz 1.

Arbeitnehmer steht in einer solchen Situation aufgrund der bloßen Tatsache, vielleicht unerwartet auf einmal in zwei Arbeitsverhältnissen gebunden zu sein, kein Kündigungsrecht nach § 626 zu, stellt dieser Umstand doch keinen wichtigen Grund dar; der Arbeitgeber wiederum mag zwar nunmehr vielleicht – aufgrund anderer Umstände – zu einer außerordentlichen Kündigung berechtigt sein, da ihm aber niemals das Recht aus KSchG § 12 zusteht, ergibt sich auch insoweit keine auflösungsbedürftige Normenkollision.

14   g) **Abkehrrecht im Arbeitskampf.** Nach einer älteren Entscheidung des BAG hat der Arbeitnehmer während einer suspendierenden Aussperrung durch den Arbeitgeber das Recht, das Arbeitsverhältnis jederzeit fristlos zu lösen („abkehren"). Begründet wurde dies damit, dass der Arbeitnehmer damit rechnen müsse, dass der Arbeitgeber im weiteren Fortgang des Arbeitskampfes zu einer lösenden Aussperrung übergeht und dem Arbeitnehmer daher die Möglichkeit zu geben sei, der Rechtsunsicherheit zu entgehen, ob sein Arbeitsverhältnis weiteren Arbeitskampfmaßnahmen des Arbeitgebers ausgesetzt sein wird[19]. Die Entscheidung, die ohnehin stets umstritten war[20], dürfte heute nicht mehr aufrechtzuerhalten sein, jedenfalls ist sie in der Praxis überholt. Denn ein Recht zur lösenden Aussperrung steht unter solch hohen Voraussetzungen, dass die Arbeitgeberseite darauf praktisch nie mehr zurückgreifen wird und entsprechend die vom BAG in den Mittelpunkt gerückte Unsicherheit für den Arbeitnehmer nicht mehr besteht. Selbst wenn man dies anders sähe, so würde das postulierte Abkehrrecht nicht überzeugen, besteht doch kein Grund, dem Arbeitnehmer gänzlich unabhängig von den Voraussetzungen der gesetzlichen Lösungsinstrumente – und damit letztlich contra legem – ein solches zu gewähren; mit der drohenden Rechtsunsicherheit lässt sich dies jedenfalls nicht rechtfertigen, bestehen Phasen der Unsicherheit darüber, ob das Arbeitsverhältnis auch künftig Bestand haben wird, doch in vielen Konstellationen.

15   **3. Anwendungsbereich.** – a) **Sämtliche Dienstverhältnisse.** § 626 gilt für alle Dienst-[21] und damit auch Arbeitsverhältnisse unabhängig von deren Dauer. Er ist daher auch auf solche auf Lebenszeit[22] sowie umgekehrt sehr kurzfristig (befristete) Dienstverhältnisse anwendbar[23], sofern nicht Sonderregelungen (dazu unten Rz 17 ff) eingreifen. Kraft Gesetzes ist § 626 auf Beschäftigungsverhältnisse von in Heimarbeit Beschäftigten anwendbar (HAG § 29 Abs 6). Der in der Vergangenheit angenommenen analogen Anwendung von § 626 auf alle Rechtsverhältnisse von längerer Dauer mit der Notwendigkeit persönlicher Zusammenarbeit[24] ist durch Schaffung der generellen Regelung des § 314 die dogmatische Grundlage entzogen worden, fehlt es nunmehr doch an der für eine Analogie notwendigen Regelungslücke[25].

16   b) **Beendigungs- und Änderungskündigung.** § 626 gilt für Beendigungskündigungen, aber auch für Änderungskündigungen (s zu dieser näher Rz 167 ff)[26]. Eine außerordentliche Teilkündigung ist nicht zulässig, selbst wenn dadurch das Äquivalenzgefüge, wie es im Vertrag festgelegt wurde, nicht gestört wird[27].

17   **4. Gesetzliche Sonderregelungen.** Für die außerordentliche Kündigung einiger spezieller Dienstverhältnisse enthalten verschiedene Gesetze Sondervorschriften.

18   a) **Handelsvertreter.** Für den Handelsvertreter hält HGB § 89a eine spezielle Regelung bereit. Für die Konkretisierung des auch dort genannten wichtigen Grundes kommt es wesentlich auf die Struktur des konkreten Handelsvertretervertrages an. Eine § 626 Abs 2 entsprechende Frist enthält HGB § 89a nicht, insoweit wird man aber auf den in § 314 Abs 3 zu Tage tretenden allgemeinen Rechtsgedanken zurückgreifen und die Kündigung nur innerhalb einer angemessenen Frist nach Kenntniserlangung vom Kündigungsgrund zulassen können[28]; auch in Bezug auf das grundsätzliche Erfordernis einer erfolglosen Abmahnung ist auf § 314 (Abs 2) zurückzugreifen[29].

19   b) **Berufsausbildungsverhältnis.** Für Berufsausbildungsverhältnisse und Vertragsverhältnisse iSv BBiG § 26 gilt BBiG § 22. Während der Probezeit ist eine fristlose Kündigung stets möglich (BBiG § 22 Abs 1), nach Ablauf der Probezeit dagegen nur aus wichtigem Grund (BBiG § 22 Abs 2 Nr 1). Bei der Konkretisierung des wichtigen Grundes sind Sinn und Zweck des

---

19 BAG AP GG Art 9 Arbeitskampf Nr 43.
20 Abl Konzen AcP 177 (1977), 473, 519; zustimmend dagegen Seiter, Streikrecht, S 275 f.
21 Vgl zB BGH NJW 2011, 1674 (Arztvertrag); NJW-RR 2006, 1490 (Steuerberater); OLG Köln NJW-RR 1992, 1400 (Beratervertrag).
22 BGH WM 1973, 782.
23 ErfK/Niemann § 626 Rz 3.
24 Vgl Soergel[12]/Kraft § 626 Rz 4.
25 Zutreffend Staud/Preis § 626 Rz 21.
26 Vgl dazu Vor § 620 Rz 93 sowie BAG AP KSchG 1969 § 2 Nr 16; KR/Fischermeier/Krumbiegel § 626 Rz 212.
27 Vgl KR/Kreft KSchG § 2 Rz 85.
28 MünchKomm/Henssler § 626 Rz 18; Staud/Preis § 626 Rz 28.
29 BGH NZG 2009, 310; NJW 2011, 608.

Ausbildungsverhältnisses zu berücksichtigen[30]. Eine dem § 626 Abs 2 entsprechende Regelung enthält BBiG § 22 Abs 4. Anders als bei § 626 setzt die Kündigung des Berufsausbildungsverhältnisses nicht nur voraus, dass die Kündigungserklärung schriftlich, sondern auch unter Angabe des Kündigungsgrundes erfolgt, BBiG § 22 Abs 3. Die Norm gilt nicht für **Umschulungsverhältnisse** (BBiG §§ 1 Abs 5, 62), hier ist vielmehr § 626 anzuwenden[31]. Zur Besonderheit der Kündigung von Ausbildungsverhältnissen in der Seeschifffahrt vgl SeeArbG § 88.

c) **Heuerverhältnis.** Für die Beendigung von Heuerverhältnissen von Seeleuten gelten die **20 SeeArbG §§ 67 ff, 88**. Im Grundsatz bestehen insoweit materiell-rechtlich zunächst keine Unterschiede, die Rechtsprechung zum wichtigen Grund iSv § 626 kann deshalb auf das Heuerverhältnis übertragen werden[32]. Allerdings normiert das SeeArbG besondere, typischerweise in Heuerverhältnissen vorkommende Kündigungsgründe beispielhaft[33], so in § 67 Abs 1 Satz 2 für die Kündigung durch den Reeder und in § 68 Abs 1 Satz 2 für die Kündigung durch das Besatzungsmitglied. Ferner normiert SeeArbG § 69 ein in Landarbeitsverhältnissen unbekanntes Kündigungsrecht wegen dringender Familienangelegenheiten. Das SeeArbG enthält schließlich spezielle Vorschriften für die Rechtsfolgen der außerordentlichen Kündigung, SeeArbG §§ 67 Abs 3, 68 Abs 2, 70.

d) **Öffentlicher Dienst im Gebiet der ehemaligen DDR.** Nach dem Einigungsvertrag gilt **21** § 626 zwar grundsätzlich auch im Beitrittsgebiet. Für die früher im öffentlichen Dienst der DDR Beschäftigten normiert allerdings Anl I Kap XIX A III Nr 1 Abs 5 beispielhaft spezielle Kündigungsgründe. Die Vorschrift, die unbefristet gilt[34], wird als abschließende Sonderregelung begriffen[35]. § 626 Abs 2 ist nicht anwendbar[36], allerdings wird man seit 2002 auch hier § 314 Abs 3 anwenden können[37].

e) **Dienstordnungs-Angestellte.** Im Bereich der gesetzlichen Unfallversicherung (SGB VII **22** §§ 144 ff) und der gesetzlichen Krankenversicherung (RVO §§ 354 ff) können Verträge mit Angestellten einer sog Dienstordnung unterstellt werden. Auch wenn dies nichts am privatrechtlichen Charakter der geschlossenen Arbeitsverhältnisse ändert und es sich bei den Dienstordnungs-Angestellten daher nach wie vor um Arbeitnehmer handelt[38], wirken die Dienstordnungen, bei denen es sich um öffentlich-rechtliche Satzungen handelt, zwingend auf die entsprechenden Arbeitsverhältnisse ein[39]. Für deren sofortige Beendigung ist allerdings strikt zwischen der „normalen" außerordentlichen Kündigung nach § 626 – die keinen Sonderregelungen folgt – und einer als Disziplinarstrafe einzustufenden **Dienstentlassung** (vgl insbesondere RVO § 354 Abs 5) zu unterscheiden. Letztere enthält ein klares Unwerturteil, woraus aber kein Stufenverhältnis zwischen ihr und der ein solches nicht aufweisenden außerordentlichen Kündigung abzuleiten ist[40]. Nicht nur im Fall der außerordentlichen Kündigung nach § 626, sondern auch bei der Dienstentlassung ist der Rechtsweg zu den Arbeitsgerichten eröffnet[41]. Auch wenn die Rechtsverhältnisse der Dienstordnungs-Angestellten in weiten Teilen zu einer Gleichstellung mit Beamten geführt hat[42], ist es als unzulässige Umgehung des unabdingbaren (s Rz 25) gesetzlichen Kündigungsschutzes anzusehen, wenn sich der Arbeitgeber das Recht zur einseitigen Versetzung in den einstweiligen Ruhestand vorbehält[43].

f) **Dienste höherer Art.** Für Dienstverhältnisse über Dienste höherer Art aufgrund eines **23** besonderen Vertrauensverhältnisses ist § 627 zu beachten.

5. **§ 626 und Insolvenz.** Die Eröffnung eines Insolvenzverfahrens über das Vermögen des **24** Dienstberechtigten wirkt sich auf § 626 nicht aus. Weder bestehen insolvenzrechtliche Sonderregelungen über das Recht zur außerordentlichen Kündigung, noch begründet die Eröffnung des Verfahrens einen wichtigen Grund zur Kündigung[44], vgl auch Rz 142. Zur stets möglichen ordentlichen Kündbarkeit von Arbeitsverhältnissen in der Insolvenz vgl InsO § 113.

---

30 Vgl KR/Weigand BBiG §§ 21, 22, 23, Rz 44 ff; BAG AP BBiG § 15 Nr 3.
31 BAG AP BBiG § 47 Nr 2; NZA 2007, 97.
32 Bubenzer/Peetz/Mallach SeeArbG § 67 Rz 1.
33 BT-Drucks 17/10959 S 85.
34 Fenski/Linck NZA 1992, 337; Ascheid NZA 1993, 97; Künzl AuR 1992, 204.
35 BAG AP Einigungsvertrag Anlage I Kap XIX Nr 4; BAG-Report 2003, 361; MünchKomm/Henssler § 626 Rz 20.
36 BAG AP Einigungsvertrag Anlage I Kap XIX Nr 4.
37 Vgl schon BAG NZA 1995, 169.
38 BAG ZTR 2008, 323; Staud/Richardi/Fischinger § 611 Rz 296.
39 BAGE 39, 76, 81; BAG ZTR 2008, 323.
40 KR/Fischermeier § 626 Rz 58 f; MünchKomm/Henssler[7] § 626 Rz 19.
41 BAG AP BGB § 611 Dienstordnungs-Angestellte Nr 31.
42 Staud/Richardi/Fischinger § 611a Rz 311.
43 BAG AP BGB § 611 Dienstordnungs-Angestellte Nr 75.
44 BAG NZA 2013, 959; zur KO vgl BAG KO § 22 Nr 1; Staud/Preis § 626 Rz 236; MünchKomm/Henssler § 626 Rz 21.

25 **6. Ausschluss, Beschränkung und Erweiterung des Rechts zur Kündigung aus wichtigem Grund. – a) Zwingendes Recht.** Die Regelung des § 626 ist für beide Seiten zwingend, und zwar sowohl für Arbeits- wie Dienstverträge[45]. Das Recht zur Kündigung aus wichtigem Grund kann daher weder durch Einzelvertrag noch durch Tarifvertrag oder Betriebsvereinbarung **ausgeschlossen** werden[46]; eine entsprechende Vereinbarung ist nach § 134 unwirksam[47]. Auch der Gesetzgeber kann dieses Recht nicht aufheben; ein Zwang, ein Dauerschuldverhältnis auch bei noch so dringenden Gründen für eine Auflösung aufrechterhalten zu müssen, würde gegen GG Art 1 Abs 1, Art 2 Abs 1 und Art 12 verstoßen[48]. Beschränkungen – etwa durch Anordnung des Zustimmungserfordernisses einer Behörde oder eines anderen Gremiums – können dagegen im Gesetz vorgesehen (vgl SGB IX §§ 174, 168) oder zugelassen werden (vgl zB BetrVG § 102 Abs 6), soweit eine gerichtliche Nachprüfung einer Zustimmungsverweigerung möglich ist[49].

26 b) **Beschränkung.** Neben dem vollständigen Ausschluss des Kündigungsrechts darf auch dessen Ausübung nicht durch die Vereinbarung zusätzlicher Voraussetzungen (Ausnahme: BetrVG § 102 Abs 6 für Betriebsvereinbarungen[50]) oder durch die Verbindung der Kündigung mit übermäßigen Nachteilen (Vertragsstrafe, Abfindungen, Rückzahlung von Urlaubsgeld oder Gratifikationen) **vereitelt** oder **unzumutbar erschwert** werden[51]. Bei der Beurteilung, ob die Kündigung unzumutbar erschwert wird, sind die Interessen der Vertragsparteien unter Beachtung der Wertung von GG Art 12 zu gewichten und gegeneinander abzuwägen.

27 Eine Beschränkung des Kündigungsrechtes ist auch in der Weise denkbar, dass durch Vereinbarung **bestimmte Gründe** nicht als wichtig oder nur bestimmte Gründe als wichtig angesehen werden sollen. Die Wirksamkeit solcher Vereinbarungen ist allerdings zu verneinen, wenn sie zu einer unzumutbaren Erschwerung der Kündigungsmöglichkeit führen. Zulässig ist es aber zB im öffentlichen Dienst, eine außerordentliche Kündigung auf Gründe zu beschränken, die bei einem Beamten zur Entlassung führen können[52], oder das Recht zur außerordentlichen Beendigungskündigung bei sogenannten unkündbaren Arbeitnehmern auf Gründe in der Person oder im Verhalten zu beschränken[53]. Aber auch solche Beschränkungen haben keine absolute Wirkung; sie geben dem Richter nur Anhaltspunkte für die Gewichtung der ausgeschlossenen oder festgelegten Gründe im Rahmen der Gesamtwürdigung nach § 626[54]. Ein an sich ausgeschlossener Grund kann daher durchaus im Einzelfall berücksichtigt werden.

28 Als unzulässige Beschränkung kann es auch einzustufen sein, wenn der Ausspruch der Kündigung von der **Zustimmung eines Dritten** abhängig gemacht wird. Dritter in diesem Sinne ist nicht, wer nur intern beim Kündigungsberechtigten am Entscheidungsfindungsprozess beteiligt ist (zB andere Geschäftsführer oder Gremien)[55]; eine Bindung an dessen Zustimmung stellt deshalb schon im Ausgangspunkt keine unzulässige Kündigungserschwerung dar. Dritter ist ferner nicht, wer zwar formell außerhalb des Kündigungsberechtigten angesiedelt ist (zB ein anderes Konzernunternehmen), auf den der Kündigungsberechtigte aber bestimmenden Einfluss ausüben kann, vor allem wenn dieser durch entsprechende Vereinbarungen oder Strukturen rechtlich gesichert ist; selbst wenn es an einem solchen bestimmenden Einfluss fehlt, kann am Vorliegen einer unzumutbaren Erschwerung bei enger (wirtschaftlicher) Verzahnung gezweifelt werden, zB wenn die Kündigung durch eine Tochtergesellschaft von einer Zustimmung der Muttergesellschaft abhängig sein soll. Selbst wenn es sich nach diesen Regeln um einen „Dritten" handelt, ist zu berücksichtigen, dass die Statuierung eines Zustimmungserfordernisses noch nicht automatisch unzulässig ist, sondern dies nur anzunehmen ist, wenn dies eine unzumutbare Erschwerung des Kündigungsrechts zur Folge hat[56].

29 **Tarifliche Maßregelungsverbote**, die den Arbeitgeber *nach Durchführung eines Arbeitskampfes*, in dessen Zuge Arbeitnehmern (außerordentlich) gekündigt wurde, zur Wiedereinstellung verpflichten, sind grundsätzlich nicht zu beanstanden; insbesondere enthalten sie keine unzuläs-

---

45 Staud/Preis § 626 Rz 39.
46 HM; vgl BAG AP BGB § 626 Nr 14, 27; NZA 2006, 1046, 1048; Zöllner, Gutachten zum 52. DJT, D 119 f; Zöllner/Loritz/Hergenröder, ArbR, § 25 III 7; MünchKomm/Henssler § 626 Rz 56; KR/Fischermeier/Krumbiegel § 626 Rz 64; Staud/Preis § 626 Rz 38; aM Gamillscheg AuR 1981, 105; in der Tendenz auch KR³/Wolf, Grunds Rz 459b: zwingend nur zugunsten des Arbeitnehmers.
47 APS/Vossen § 626 Rz 7; KR/Fischermeier/Krumbiegel § 626 Rz 64 ff.
48 BeckOK-ArbR/Stoffels § 626 Rz 18.
49 Vgl Zöllner/Loritz/Hergenröder, ArbR, § 25 III 7; Erman/Riesenhuber § 626 Rz 17.
50 Dazu Erman/Riesenhuber § 626 Rz 21.
51 Vgl BAG AP BGB § 626 Kündigungserschwerung Nr 1, 2; AP BGB § 626 Nr 14; AP InsO § 134 Nr 1; AP Inso § 55 Nr 20; NJW-RR 2008, 1488; MünchArbR/Rachor § 124 Rz 92.
52 Vgl BAG AP BGB § 611 Dienstordnungs-Angestellte Nr 6; Herschel, Festschr für G Müller, 1981, S 191, 195 ff.
53 Vgl BAT § 55 Abs 2; KR/Fischermeier/Krumbiegel § 626 Rz 73.
54 Differenzierend Herschel, Festschr für Nikisch, 1958, S 49, 60 f.
55 Vgl BAG NZA 1993, 934, 936 (Gesellschafterversammlung); NZA 1994, 443, 447 (Mitwirkung des Diözesanbischofs).
56 Vgl BAG NJW 1963, 2341.

sige Beschränkung des Rechts zur außerordentlichen Kündigung, denn durch die Wiedereinstellung verzichtet der Arbeitgeber nur faktisch im Nachhinein auf das Recht, eine mögliche außerordentliche Kündigung auszusprechen, was zulässig ist (s Rz 33 – Verzicht). Dagegen stellt es eine unzulässige Kündigungserschwerung dar, wenn die Tarifklausel im Hinblick auf *künftige* Arbeitskämpfe den Ausspruch von Kündigungen unabhängig davon untersagt, ob ein wichtiger Grund iSv § 626 vorliegt oder nicht[57].

c) **Erweiterung**. Eine Erweiterung des Rechts zur außerordentlichen Kündigung bei **Arbeitsverhältnissen** ist unwirksam, da dadurch die (für beide Seiten) zwingenden Kündigungsfristen des § 622 umgangen würden[58]. Das gilt grundsätzlich auch für Vereinbarungen von **Tarifvertragspartnern**. Da diese nach § 622 Abs 4 aber nicht an die Vorgaben der § 622 Abs 1-3 gebunden sind, sind sie insoweit nicht apodiktisch daran gehindert, Kündigungserleichterungen vorzunehmen[59]; auch sie haben aber die Wertung des **§ 622 Abs 6** zu beachten, wonach einseitige Erweiterungen des Kündigungsrechts des Arbeitgebers unzulässig sind[60]. **30**

Bei Dienstverhältnissen, die **keine Arbeitsverhältnisse** sind, ist eine Erweiterung des Rechts zur Kündigung aus wichtigem Grund dagegen für beide Seiten in den Grenzen der §§ 138, 242 und – soweit es sich um AGB handelt – § 307 zulässig, da § 621 nur dispositive Vorschriften über die Kündigungsfristen enthält[61]. In solchen Dienstverhältnissen können auch vertragliche Gründe festgelegt werden, die eine außerordentliche Kündigung rechtfertigen; eine zusätzliche Interessenabwägung ist dann nicht mehr erforderlich[62]. Etwas Anderes gilt aber, soweit man § 622 – und nicht § 621 – auch für Anstellungsverträge von Organmitgliedern anwenden will. Das BAG hat unlängst jedoch erstmals ausdrücklich entschieden, dass die gesetzliche Kündigungsfrist für Dienstverträge von GmbH-Geschäftsführern aus § 621 und nicht wie (jedenfalls für Fremdgeschäftsführer) von der bislang wohl überwiegenden Meinung aus § 622 folgt[63]. Eine gesetzliche Erleichterung der Kündigung aus wichtigem Grund für bestimmte Dienstverhältnisse sieht § 627 vor. **31**

d) **Konkretisierung**. Eine bloße Konkretisierung des unbestimmten Rechtsbegriffs „wichtiger Grund" ist zulässig, soweit darin nicht eine unzulässige Erweiterung oder Einschränkung des Kündigungsrechts liegt. Absolute Kündigungsgründe können auf diese Weise allerdings nicht geschaffen werden[64]. Die rechtliche Bedeutung solcher Konkretisierungen kann nur darin liegen, dass sie zeigen, welchen Umständen die Vertragsparteien bei der Beurteilung, ob ein wichtiger Grund vorliegt, besondere Bedeutung beimessen[65], was bei der Interessenabwägung (3. Stufe, s Rz 52 ff) zu berücksichtigen ist[66]. Voraussetzung ist allerdings, dass die Vereinbarung tatsächlich die (besonderen) Interessen der Vertragspartner aufgreift, standardmäßig formulierte Abreden, die ohne Bezug zum jeweiligen Arbeitsverhältnis stereotyp bestimmte Aspekte aufzählen, genügen hierfür nicht[67]. **32**

e) **Verzicht**. Ist ein wichtiger Grund eingetreten, so steht es dem Kündigungsberechtigten frei, auf die Ausübung des Kündigungsrechts mit rechtlicher Bindungswirkung zu verzichten[68]. Der Verzicht kann ausdrücklich oder konkludent erfolgen; letzteres ist insbesondere beim Ausspruch einer bloß ordentlichen Kündigung[69] oder der Beschränkung auf die Erteilung einer Abmahnung anzunehmen[70], hingegen genügt der Abschluss einer Aufhebungsvereinbarung nicht (s Rz 5 ff). **33**

f) **Verzeihung**. Vom unmittelbar rechtlich relevanten Verzicht ist die Verzeihung zu unterscheiden, wenngleich diese in der Praxis gerade vom konkludenten Verzicht wohl nur schwer abzugrenzen sein wird. Bei der Verzeihung handelt es sich um ein rein tatsächliches Verhalten, durch das der Kündigungsberechtigte ausdrücklich oder konkludent zu verstehen gibt, aus dem Vorfall keinen Anlass für eine Kündigung ziehen zu wollen[71]. (Mittelbar) rechtlich relevant ist **34**

---

57 Konzen ZfA 1980, 114; ErfK/Niemann § 626 Rz 195.
58 BAG AP BGB § 626 Nr 67; KR/Fischermeier/Krumbiegel § 626 Rz 75; Erman/Riesenhuber § 626 Rz 18; Staud/Preis § 626 Rz 43; NK-BGB/Klappstein § 626 Rz 15.
59 NK-BGB/Klappstein § 626 Rz 15; KR/Fischermeier/Krumbiegel § 626 Rz 75; näher APS/Vossen § 626 Rz 18 mwN.
60 Vgl KR/Fischermeier/Krumbiegel § 626 Rz 77; Staud/Preis § 622 Rz 47.
61 Grüneberg/Weidenkaff § 626 Rz 2; NK-BGB/Klappstein § 626 Rz 15; Staud/Preis § 626 Rz 44.
62 Vgl BGH BB 1988, 1771.
63 BAG NZA 2020, 1179 = ArbRAktuell 2020, 470 mAnm Arnold.
64 MünchKomm/Henssler § 626 Rz 74; Staud/Preis § 626 Rz 45.
65 BAG NZA-RR 2005, 440; Erman/Riesenhuber § 626 Rz 22; Staud/Preis § 626 Rz 45.
66 Vgl BAG AP BGB § 626 Nr 67; Staud/Preis § 626 Rz 45.
67 Staud/Preis § 626 Rz 45; BeckOK-ArbR/Stoffels § 626 Rz 26.
68 BAG AP BGB § 626 Nr 254; NZA 2016, 540.
69 APS/Vossen § 626 Rz 19.
70 BAG NZA 2010, 823; NZA 2016, 540.
71 APS/Vossen § 626 Rz 20; KR/Fischermeier/Krumbiegel § 626 Rz 70.

die Verzeihung, weil der Kündigungsberechtigte in einem solchen Fall nicht später doch noch wirksam eine darauf gestützte Kündigung aussprechen kann, widerspräche eine solche doch dem Grundsatz von Treu und Glauben[72].

35　**7. Kollektivrechtliche und öffentlich-rechtliche Zustimmungserfordernisse. – a) Allgemein.** Für eine Reihe vom Gesetzgeber als besonders schutzbedürftig eingestufter Arbeitnehmer bestehen gesetzliche Erschwernisse für die Ausübung des Rechts zur außerordentlichen Kündigung durch den Arbeitgeber. Diese Beschränkungen sind im Hinblick auf das Schutzbedürfnis der begünstigten Arbeitnehmer und im Hinblick auf die jeweils vorgesehene gerichtliche Nachprüfung einer Zustimmungsverweigerung bzw im Hinblick auf die gerichtliche Ersetzbarkeit der erforderlichen Zustimmung verfassungskonform[73].

36　**b) Beteiligung des Betriebs- bzw Personalrats.** Besteht eine **Arbeitnehmervertretung**, so ist die Anhörung des Betriebs- bzw Personalrats oder des Sprecherausschusses Wirksamkeitsvoraussetzung für jede und somit auch eine außerordentliche Kündigung (BetrVG § 102; BPersVG § 79 Abs 3; SprAuG § 31 Abs 2). Dasselbe gilt gemäß SGB IX § 178 Abs 2 S 1, 3 für die Beteiligung der Schwerbehindertenvertretung bei der Kündigung eines Schwerbehinderten oder diesen gleichgestellten Arbeitnehmern. Das Beteiligungsrecht der Arbeitnehmervertretung beschränkt sich in einem solchen Fall auf ein bloßes **Anhörungsrecht**[74], ein echtes Mitbestimmungsrecht besteht nicht, der Arbeitgeber bedarf also weder der Zustimmung der Arbeitnehmervertretung noch muss er begründen, warum er deren Votum nicht folgt.

37　Ein weitergehendes Recht steht den Arbeitnehmervertretern allerdings zu, soweit es um **betriebsverfassungsrechtliche Amtsträger** geht. Neben den aktuellen Amtsinhabern selbst zählen dazu auch die Mitglieder einer Jugend- und Auszubildendenvertretung (KSchG § 15 Abs 1) und des Wahlvorstands sowie Wahlbewerber (KSchG § 15 Abs 3) sowie Wahlinitiatoren (KSchG § 15 Abs 3a). Der Schutz wurde durch den mit dem Betriebsrätemodernisierungsschutz neu geschaffenen KSchG § 15 Abs 3b auf personenbedingte und verhaltensbedingte Kündigungen von Vorfeld-Initiatoren erstreckt. Gegenüber solchen Arbeitnehmern scheidet nach KSchG § 15 eine ordentliche Kündigung aus, kommt danach doch nur eine **Kündigung aus wichtigem Grund** in Betracht. Überdies bedarf diese außerordentliche Kündigung zu ihrer Wirksamkeit der vorherigen **Zustimmung der Arbeitnehmervertretung** (BetrVG § 103 Abs 1). Im Wesentlichen Gleiches wie im Betriebsverfassungsrecht gilt auch für den Bereich des Personalvertretungsrechts (KSchG § 15 Abs 2, BPersVG § 47) sowie aufgrund der Verweisung in SGB IX § 179 Abs 3 für die **Vertrauenspersonen** schwerbehinderter Menschen. Wird die Zustimmung verweigert, so ist sie auf Antrag des Arbeitgebers vom Arbeitsgericht zu ersetzen, wenn ein wichtiger Grund für die Kündigung vorliegt. Wird die Zustimmung rechtskräftig ersetzt, kann in einem anschließenden Kündigungsschutzprozess eine abweichende Entscheidung allenfalls ergehen, wenn Tatsachen vorgebracht werden, die im Zustimmungsersetzungsverfahren nicht vorgebracht werden konnten[75].

38　**c) Mutterschutz; Elternzeit; Pflegezeit.** Die Kündigung gegenüber einer Frau während der Schwangerschaft und bis zum Ablauf von 4 Monaten nach der Entbindung ist nach **MuSchG § 17** grundsätzlich unzulässig; sie kann nur ausnahmsweise von den für den Arbeitsschutz zuständigen obersten Landesbehörden für zulässig erklärt werden. Die Entscheidung der Behörde unterliegt der verwaltungsgerichtlichen Nachprüfung[76]. Im Wesentlichen Gleiches gilt nach **BEEG § 18** für die Kündigung des Arbeitsverhältnisses durch den Arbeitgeber; sie ist – vorbehaltlich einer ausnahmsweisen Zulässigkeitserklärung durch die für den Arbeitsschutz zuständige oberste Landesbehörde – ab dem Zeitpunkt ausgeschlossen, von dem an Elternzeit verlangt wurde, allerdings frühestens acht Wochen vor Beginn der Elternzeit und bis zum vollendeten dritten Lebensjahr des Kindes. Einen vergleichbaren Regelungsmechanismus enthält schließlich **PflegeZG § 5** ab Ankündigung – höchstens jedoch zwölf Wochen vor dem Beginn – bis zur Beendigung der Arbeitsverhinderung nach PflegeZG § 2 oder der Freistellung nach PflegeZG § 3; zu beachten ist, dass das PflegeZG nicht nur auf Arbeitnehmer anwendbar ist (vgl PflegeZG § 7 Abs 1 Nr 2, 3).

39　**d) Schwerbehinderte.** Die außerordentliche Kündigung gegenüber einem schwerbehinderten oder einem gleichgestellten behinderten (SGB IX § 151 Abs 3) Arbeitnehmer bedarf nach SGB IX §§ 174, 168 grundsätzlich der vorherigen Zustimmung des Integrationsamts; etwas Ande-

---

72　BeckOK-ArbR/Stoffels § 626 Rz 23.
73　Vgl Zöllner/Loritz/Hergenröder, ArbR, § 25 III 7.
74　Vgl zu den dennoch zahlreichen Fallstricken bei der Betriebsratsanhörung Lingemann/Steinhauser NJW 2017, 937.
75　Vgl dazu GK-BetrVG/Raab § 103 Rz 113; vgl auch BAG AP BetrVG 1972 § 103 Nr 3.
76　APS/Rolfs MuSchG § 17 Rz 137; ErfK/Schlachter MuSchG § 17 Rz 16.

res gilt nur, wenn einer der Ausnahmetatbestände des SGB IX § 173 eingreift. Wird die Kündigung ohne wirksame vorherige Zustimmung ausgesprochen, so ist sie unwirksam. Der Arbeitgeber muss die Zustimmung innerhalb von zwei Wochen, nachdem er vom Kündigungsgrund Kenntnis erlangt hat, beantragen, SGB IX § 174 Abs 2. Für die Fristberechnung gilt das Gleiche wie bei § 626 Abs 2 (s Rz 233). Es handelt sich um eine Ausschlussfrist, bei deren Versäumnis das Integrationsamt seine Zustimmung zu verweigern hat[77]. Das Integrationsamt hat sodann innerhalb von weiteren zwei Wochen zu entscheiden, anderenfalls wird seine Zustimmung fingiert (SGB IX § 174 Abs 3). Das Integrationsamt soll die Zustimmung erteilen, wenn die Kündigung aus einem Grund erfolgt, der nicht im Zusammenhang mit der Behinderung steht (SGB IX § 174 Abs 4). Die Entscheidung des Integrationsamts unterliegt als Verwaltungsakt der verwaltungsgerichtlichen Nachprüfung[78]. Zu Auswirkungen auf die Kündigungserklärungsfrist s Rz 232. Unabhängig von der Zustimmung des Integrationsamts besteht – soweit gebildet – die Pflicht zur Anhörung des Betriebsrats nach BetrVG § 102 und der Schwerbehindertenvertretung nach SGB IX § 178 Abs 2 S 1, 3 (vgl Rz 36).

II. Der wichtige Grund

1. Die Generalklausel als Grundlage. Der wichtige Grund zur außerordentlichen Kündigung ist im Gesetz in Form einer Generalklausel umschrieben, die den Richter verpflichtet, bei der Wertung der vorliegenden Tatsachen alle Umstände des konkreten Falles zu berücksichtigen und die Interessen beider Vertragsteile gegeneinander abzuwägen. Nur wenn diese Gesamtwürdigung zu dem Ergebnis führt, dass die Fortsetzung des Dienstverhältnisses dem Kündigenden nicht einmal mehr bis zum Ablauf einer vereinbarten Zeit bzw bis zum Ablauf der Frist für eine ordentliche Kündigung zumutbar ist, ist die Wirksamkeit der außerordentlichen Kündigung zu bejahen. Dies gilt auch für Dienstverträge, die keine Arbeitsverhältnisse sind[79]. Aus der Formulierung des Gesetzes ergibt sich, dass es sogenannte **absolute Kündigungsgründe**, bei deren Vorliegen ohne weitere Abwägung eine außerordentliche Kündigung berechtigt ist, **nicht** (mehr) **gibt**. Das hat das BAG in neuerer Rechtsprechung auch noch einmal bestätigt[80]. Die entsprechenden früheren gesetzlichen Regelungen (zB GewO §§ 123, 124; HGB §§ 71, 72) können nur noch als Anhaltspunkte im Rahmen der stets erforderlichen Gesamtwürdigung des konkreten Sachverhalts herangezogen werden[81]. Erforderlich ist stets eine Prüfung am Einzelfall unter Berücksichtigung des Verhältnismäßigkeitsgrundsatzes[82]. Die Gerichte, insbesondere die Arbeitsgerichte, haben inzwischen eine Reihe typisierter Merkmale und Fallgruppen herausgearbeitet, die, wenn sie vorliegen, in der Regel eine Kündigung aus wichtigem Grund rechtfertigen. **40**

a) **Objektive Bewertung.** Nach § 626 Abs 1 müssen Tatsachen objektiv vorliegen, die zu bewerten sind. Auf die subjektive Kenntnis des Kündigenden oder seine Motive kommt es nicht an[83]. Auch die Beurteilung der Tatsachen hat nach einem objektiven Maßstab zu erfolgen. Nur wenn aus der Sicht eines verständigen Vertragspartners die Fortsetzung des Dienstverhältnisses nicht (mehr) zumutbar ist, kann das Vorliegen eines wichtigen Grundes bejaht werden[84]. Das schließt nicht aus, dass bei der Interessenabwägung auch subjektive Umstände aus der Sphäre der Vertragsparteien eine Rolle spielen können, die aber wiederum nach objektiven Maßstäben zu bewerten und zu gewichten sind[85]. **41**

b) **Beurteilungszeitpunkt.** Bei der Prüfung, ob ein wichtiger Grund vorliegt, ist auf den **Zeitpunkt des Zugangs** der Kündigung abzustellen, da die Kündigung zu diesem Zeitpunkt wirksam werden soll[86]. Fällt ein Grund nachträglich weg, so ist dies für die Beurteilung grundsätzlich ohne Bedeutung. Ist die Kündigung wegen des Verdachts einer Straftat ausgesprochen (Verdachtskündigung), so kann sich allerdings, wenn sich der Verdacht später als unbegründet erweist, aus der Fürsorgepflicht des Arbeitgebers ein Wiedereinstellungsanspruch ergeben (vgl Rz 129)[87]. Zum Nachschieben von Kündigungsgründen vgl unten Rz 250 ff. **42**

---

77 BAG NJW 1977, 1701; BVerwG 2.5.1986 Buchholz 436.61 SchwbG § 21 Nr 7.
78 Neumann/Pahlen/Grainer/Winkler/Jabben/Neumann SGB IX § 174 Rz 27.
79 Vgl BAG AP BGB § 626 Nr 42.
80 Ausdrücklich BAG NZA 2010, 1227 Rz 16.
81 Vgl BAG NJW 1979, 332; NZA 1985, 661; Herschel, Festschr für G. Müller, 1981, S 191, 202; APS/Vossen § 626 Rz 57.
82 Vgl zB BAG NZA 2010, 1227; NZA 2013, 27.
83 BAG AP BGB § 626 Nr 42; KR/Fischermeier/Krumbiegel § 626 Rz 111; Staud/Preis § 626 Rz 57.
84 Vgl BAG EzA BGB § 626 Nr 1; KR/Fischermeier/Krumbiegel § 626 Rz 117.
85 Vgl Erman/Riesenhuber § 626 Rz 32.
86 Vgl zB BAG EzA KSchG § 2 Nr 3; LAG Berlin DB 1990, 2477; Erman/Riesenhuber § 626 Rz 34; Staud/Preis § 626 Rz 58.
87 Vgl Staud/Preis § 626 Rz 72; BGH AP BGB zu § 611 Fürsorgepflicht Nr 2.

43 c) **Verschulden.** Der wichtige Grund setzt **nicht notwendig ein schuldhaftes Verhalten** auf Seiten des Gekündigten voraus[88]; er kann sich auch aus nicht verschuldeten Umständen aus der Sphäre des Gekündigten ergeben. Dies ist insbesondere bei in der Person liegenden Gründen der Fall, vgl dazu unten Rz 115 ff. Das schließt umgekehrt aber auch nicht aus, dass etwaiges Verschulden als wichtiger Bewertungsfaktor im Rahmen der Beurteilung bedeutsam ist. Gründe im Verhalten des Dienstpflichtigen reichen, wenn kein Verschulden vorliegt, selten zur Rechtfertigung einer außerordentlichen Kündigung aus, vgl unten Rz 61. Mitwirkendes Verschulden des Kündigungsberechtigten kann dagegen dazu führen, dass seine außerordentliche Kündigung nicht gerechtfertigt ist[89].

44 **2. Die Konkretisierung der Generalklausel.** Da es nach der Fassung des § 626 Abs 1 sogenannte absolute Kündigungsgründe für eine außerordentliche Kündigung nicht mehr gibt (vgl dazu oben Rz 40), bedarf es bei der Prüfung, ob ein wichtiger Grund vorliegt, stets einer Berücksichtigung der **konkreten Umstände des Einzelfalles** und einer **Abwägung der Interessen der Vertragspartner.** Eine derartige Abwägung ist aber nur dann geboten, wenn die tatsächlichen Umstände überhaupt als Grund für eine außerordentliche Kündigung in Betracht kommen. Überwiegend wird eine zweistufige Prüfung des wichtigen Grundes vertreten[90]. Will man an der zweistufigen Prüfung festhalten, wird man die hier als zweite Stufe vorgesehene ultima-ratio Prüfung im Ergebnis in die Interessenabwägung aufnehmen müssen. Am Ergebnis ändert sich bei ordnungsgemäßer Prüfung nichts. Im Interesse einer Harmonisierung der Prüfung einer ordentlichen und außerordentlichen Kündigung scheint jedoch eine dreistufige Prüfung angezeigt. Es ist zudem nicht ersichtlich, warum eine umfassende Interessenabwägung auch dann angezeigt ist, wenn bereits ex ante klar ist, dass mildere Mittel zur Verfügung stehen. Die Prüfung, ob eine außerordentliche Kündigung zu Recht ausgesprochen wurde, hat deshalb in **drei Stufen** zu erfolgen:

45 a) **Erste Stufe: „an sich" wichtiger Grund.** Es ist zunächst zu fragen, ob der vorliegende Sachverhalt einen **„an sich" wichtigen Grund** für die vorzeitige Beendigung des Vertrags darstellt. Ist dies nicht der Fall, scheidet eine außerordentliche Kündigung von vornherein aus. Als Kündigungsgründe **„an sich geeignet"** sind alle Vorfälle, die eine **konkrete Beeinträchtigung** des Dienstverhältnisses darstellen und sich nachteilig „im Leistungsbereich, im Bereich der betrieblichen Verbundenheit, im Vertrauensbereich der Vertragsparteien oder im Unternehmensbereich" auswirken[91]. Für unabhängige Dienstverträge kommen mangels Einbindung in die betriebliche Struktur nur Störungen im Leistungs- und im Vertrauensbereich in Frage, im Übrigen ist insbesondere § 627 zu beachten.

46 aa) **Bereich des Leistungsverhältnisses.** Da in § 626, anders als in KSchG § 1, der Gesetzgeber keine Kategorisierung der Kündigungsgründe vornimmt, wird teilweise versucht, diese nach dem Bereich des Vertragsverhältnisses zu unterscheiden, aus dem die Störung herrührt. Zur Störung im **Leistungsbereich** führen insbesondere Verletzungen der Pflichten zur Dienstleistung, dh die Verweigerung der Dienstleistung, Schlechterfüllung und sonstige Verletzungen vertraglicher Pflichten. Dazu gehören etwa wiederholte Unpünktlichkeit des Arbeitnehmers[92], Verletzung der Pflicht des Arbeitnehmers, seine Arbeitsunfähigkeit nachzuweisen[93], unerlaubte Konkurrenztätigkeit[94], Verbüßung einer längeren Freiheitsstrafe[95], etc; zu Einzelfällen vgl unten Rz 63 ff, 115 ff. Zu Störungen im **betrieblichen Bereich** führen zB Verletzungen einer Arbeitsordnung und Störungen des Betriebsfriedens[96]. Störungen im **Vertrauensbereich** können Verletzungen der Treuepflicht des Arbeitnehmers oder der Fürsorgepflicht des Arbeitgebers darstellen, wie etwa Unterschlagungen, Tätlichkeiten oder grobe Beleidigungen des Vertragspartners. Gleiches gilt für alle Vorfälle, die die für das Vertragsverhältnis notwendige Vertrauensgrundlage zerstören, etwa der Verdacht einer strafbaren Handlung (dazu auch unten Rz 125 ff). Störungen im **Unternehmensbereich**, die durch Umstände eintreten, die von außen auf den Betriebsablauf einwirken (Brand, Naturkatastrophen, Auftragsmangel) reichen **in der Regel nicht** für eine außerordentliche Kündigung durch den Arbeitgeber, da dieser grundsätzlich das wirtschaftliche Risiko nicht auf den Arbeitnehmer abwälzen kann[97]; vgl im Einzelnen unten Rz 137. Anders kann die Beurteilung bei unabhängigen Dienstverträgen, insbesondere bei fehlender Schutzbedürftigkeit des Dienstpflichtigen, sein.

---

88 HM; vgl BAG AP BGB § 626 Nr 4; MünchKomm/Hensslerr § 626 Rz 113; Erman/Riesenhuber § 626 Rz 38; Staud/Preis § 626 Rz 64.
89 Vgl BAG AP ZPO § 313 Nr 9; Staud/Preis § 626 Rz 64; Erman/Riesenhuber § 626 Rz 38.
90 So wohl zB Staud/Preis § 626 Rz 51; ErfK/Niemann § 626 Rz 15; MünchKomm/Henssler § 626 Rz 82.
91 Vgl BAG EzA BGB § 626 nF Nr 91 für das Arbeitsverhältnis; vgl auch MünchArbR/Rachor § 124 Rz 3 ff.
92 BAG EzA BGB § 626 nF Nr 116.
93 BAG EzA BGB § 626 nF Nr 100.
94 BAG EzA BGB § 626 nF Nr 109.
95 BAG EzA BGB § 626 nF Nr 95, 154.
96 Vgl KR/Fischermeier/Krumbiegel § 626 Rz 180.
97 Vgl BAG AP BGB § 615 Betriebsrisiko Nr 28.

bb) **Verhaltensbedingte, personenbedingte und betriebsbedingte Gründe.** Es ist allerdings vor dem Hintergrund von KSchG § 1 genauso gut möglich und praktisch einfacher, auch bei der außerordentlichen Kündigung eine Kategorisierung in verhaltensbedingte, personenbedingte und betriebsbedingte Gründe vorzunehmen[98]. Dadurch soll die eher rechtsunsichere Bestimmung der wichtigen Gründe als „an sich geeignet" in Kombination mit einer unspezifischen Interessenabwägung durch die Bildung dieser Fallgruppen und durch diesen typischen Konstellationen gerecht werdende Rechtmäßigkeitsanforderungen einer sachgerechteren und rechtssicheren Lösung zugeführt werden[99]. Ob dieses Ziel dadurch erreicht wird, erscheint zumindest fraglich, allerdings wird eine Harmonisierung mit den ordentlichen Kündigungsgründen bewirkt. 47

b) **Zweite Stufe: „ultima ratio".** Ist ein an sich wichtiger Grund gegeben, so ist wie bei der ordentlichen Kündigung weiter zu fragen, ob die außerordentliche Kündigung das **relativ mildeste**, dh das mildeste aller dem Kündigungsberechtigten zur Verfügung stehenden, **gleich geeignete** Mittel ist (**„ultima ratio"**). Auch wenn dies regelmäßig als Erwägungsgrund der Interessenabwägung aufgefasst wird, ist doch nicht ersichtlich, warum nicht eine vorrangige Überprüfung der milderen Mittel erfolgen soll. Vielmehr erscheint es sachgerecht, in Fällen milderer Mittel die außerordentliche Kündigung von vornherein ausscheiden zu lassen. 48

Danach ist eine außerordentliche Kündigung erst zulässig, wenn andere nach der konkreten Situation mögliche und zumutbare mildere Mittel (zB Abmahnung, Versetzung, Änderungskündigung) nicht gegeben oder nicht ausreichend sind, um das Arbeitsverhältnis, wenn auch in veränderter Form, weiterführen zu können. Schon nach dem Wortlaut des § 626 kommt eine außerordentliche Kündigung nur in Frage, wenn die ordentliche Kündigung nicht ausreicht, den Konflikt zu bewältigen. Die außerordentliche Kündigung ist somit nur als letzte, unausweichliche Maßnahme zulässig[100]. 49

aa) **Abmahnung.** Ausfluss des ultima-ratio-Grundsatzes ist zunächst, dass der Arbeitgeber dann, wenn die beanstandete Verhaltensweise eine Vertragsverletzung im Leistungsbereich, uU auch eine solche im Vertrauensbereich, darstellt, zunächst eine **Abmahnung** ausspricht. Dies gilt allerdings nur, wenn der mit der Abmahnung ausgesprochene Hinweis darauf, dass der Arbeitgeber derartige Verhaltensweisen nicht dulden werde, als Warnung erforderlich und geeignet ist, den Arbeitnehmer in Zukunft zu vertragstreuem Verhalten zu veranlassen. Eine Abmahnung ist daher nicht erforderlich, wenn entweder die Vertragsverletzung des Arbeitnehmers so schwer ist, dass er vernünftigerweise nicht von einer Duldung durch den Arbeitgeber ausgehen kann oder aber wenn bereits ex ante erkennbar ist, dass eine Verhaltensänderung für die Zukunft auch nach einer Abmahnung objektiv nicht möglich oder nicht zu erwarten ist[101]. Zu Recht hat das BAG eine Betriebsbuße nicht als milderes Mittel anerkannt, da diese der Mitbestimmung des Betriebsrates unterliegt und damit eine Kündigung aus wichtigem Grund unzulässig erschwert[102]. 50

bb) **Außerordentliche Beendigungskündigung.** Aus dem ultima-ratio-Prinzip folgt weiter, dass eine außerordentliche Beendigungskündigung nur dann gerechtfertigt ist, wenn es keine Möglichkeit gibt, den Arbeitnehmer **an einem anderen freien Arbeitsplatz**, wenn auch zu geänderten Arbeitsbedingungen, **weiterzubeschäftigen**, sofern dies für beide Vertragspartner zumutbar ist. Dies gilt auch, wenn diese Weiterbeschäftigung nur bis zum Ablauf der Frist für eine ordentliche Kündigung möglich ist. Ist die Zuweisung der anderen Tätigkeit nicht kraft Direktionsrechts zulässig oder erklärt sich der Arbeitnehmer damit nicht vorbehaltlos einverstanden, so ist der Arbeitgeber verpflichtet, dem Arbeitnehmer ein **Änderungsangebot** zu unterbreiten. Nimmt der Arbeitnehmer dieses Änderungsangebot unter dem Vorbehalt des KSchG § 2 an, muss der Arbeitgeber anstelle der beabsichtigten Beendigungskündigung eine Änderungskündigung aussprechen: Vorrang der Änderungskündigung vor der Beendigungskündigung[103]. Auch die Einrichtung eines Home-Office Arbeitsplatzes kann ein milderes Mittel darstellen[104]. Zur außerordentlichen Änderungskündigung siehe Rz 167 ff. 51

---

98 Ebenso Maties, in: FS Preis (2021), S 851, 858.
99 Vgl zB MünchArbR/Wank[3] § 98 Rz 39 aA MünchArbR/Rachor § 124 Rz 18.
100 Vgl BAG AP BGB § 626 Nr 70 (m Anm G Hueck) = EzA BGB § 626 nF Nr 66 (m Anm Käppler); EzA BGB § 626 nF Nr 116; vgl zB Erman/Riesenhuber § 626 Rz 51; vgl Staud/Preis § 626 Rz 86.
101 BAG NZA 2010, 1227; NJW 2011, 2095; NZA-RR 2012, 567; NZA 2021, 1178, 1181; vgl zur Abmahnung auch Schmidt NZA 1985, 412.
102 BAG AP KSchG 1969 § 1 Verhaltensbedingte Kündigung Nr 25; anders wohl noch BAG EzA BGB § 626 nF Nr 116; vgl dazu auch Willemsen Anm zu BAG EzA BGB § 626 nF Nr 116; zur Abgrenzung vgl Heinze NZA 1990, 169.
103 Vgl BAG NJW 1979, 332, vgl auch Hofer/Grimm JA 2019, 486.
104 BAG NZA 2006, 985; BeckOK-ArbR/Stoffels § 626 Rz 67.

52 c) **Dritte Stufe: Interessenabwägung.** Letztlich ist zu fragen, ob im Hinblick auf die konkreten Umstände, unter **Abwägung der Interessen** der Beteiligten, die sofortige Auflösung des Vertrags gerechtfertigt ist. Dies folgt nicht zuletzt daraus, dass die Kündigung keine Sanktion für die Vergangenheit ist, sondern primär ein Mittel, um das Vertragsverhältnis im Hinblick auf die zu erwartenden künftigen Auswirkungen des festgestellten Sachverhalts **für die Zukunft** aufzulösen[105]. Der Kündigende soll also vor Schäden bewahrt werden, die ihm aufgrund der anhand des festgestellten Sachverhalts zu treffenden **Prognose** aus der Fortsetzung des Arbeitsverhältnisses in der Zukunft drohen. Allerdings bedeutet dies nicht, dass eine außerordentliche Kündigung nur bei Wiederholungsgefahr gerechtfertigt sein kann. Auch ein einmaliger, abgeschlossener Vorfall kann derartig schwerwiegend sein, dass die für die Fortsetzung des Arbeitsverhältnisses notwendige Vertrauensgrundlage dauerhaft und irreparabel zerstört ist[106].

53 Eine außerordentliche Kündigung ist dann möglich, wenn sich die tatsächlichen Umstände **konkret nachteilig** auf die Vertragsbeziehungen auswirken. Erforderlich ist eine betriebsbezogene Auswirkung für die Zukunft, die die **Fortsetzung** des Vertrages auch nur bis zum vereinbarten Vertragsende oder bis zum Ablauf der geltenden Kündigungsfrist **unzumutbar** macht. Dafür reicht es nach der Rechtsprechung des BAG nicht aus, wenn der Arbeitsablauf oder der Betriebsfriede konkret gefährdet sind, sondern nur, wenn insoweit eine **konkrete Störung** eingetreten ist[107]. Dies ist insbesondere bei der Würdigung außerdienstlichen Verhaltens, aber auch bei weltanschaulicher, konfessioneller oder politischer Einstellung und Betätigung des Dienstpflichtigen zu beachten.

54 Insgesamt geht es bei der Entscheidung, ob die Fortsetzung des Dienstverhältnisses zumindest für begrenzte Zeit noch zumutbar ist, um eine Abwägung der gegenläufigen schutzwerten Interessen beider Vertragsparteien[108]. Der gesamte Sachverhalt ist dabei in die Betrachtung mit einzubeziehen und umfassend zu würdigen. In diesem Rahmen können auch verfassungsrechtliche Wertentscheidungen wie die des Grundrechts aus GG Art 4 (Gewissensfreiheit), GG Art 5 (Meinungsfreiheit, Kunstfreiheit), aber auch der in GG Art 140, WRV Art 137 Abs 3 gewährleisteten Autonomie von Kirchen und Weltanschauungsvereinigungen eine Rolle spielen[109].

55 3. **Sonderkonstellationen: Ordentlich unkündbare Arbeitnehmer.** – a) **Grundsatz.** Nach § 626 Abs 1 kommt es für die Zulässigkeit einer außerordentlichen Kündigung darauf an, ob dem Kündigenden die Fortsetzung des Dienstverhältnisses **„bis zum Ablauf der Kündigungsfrist"** zumutbar ist. Daraus ergeben sich bei Arbeitsverhältnissen, die nicht durch ordentliche Kündigung beendet werden können (vgl zB nach KSchG § 15 oder aufgrund von Tarifverträgen) Schwierigkeiten. Der Ausschluss der ordentlichen Kündigung spricht sicher für eine besondere Schutzbedürftigkeit der Arbeitnehmer. Bei Unkündbarkeit wegen langer Betriebszugehörigkeit und hohen Lebensalters kann dies zu höheren Anforderungen an den wichtigen Grund führen[110]. Das gilt jedoch nicht uneingeschränkt. Der Ausschluss der ordentlichen Kündigung führt zu einer langfristigen Vertragsbindung, die sich je nach dem Sinn und Zweck des Ausschlusses der ordentlichen Kündigung im Rahmen der Interessenabwägung zugunsten oder zu Ungunsten des Arbeitnehmers auswirken kann. Abzustellen ist bei der Prüfung auf die tatsächliche künftige Vertragsbindung; auch die Art des Kündigungsgrundes spielt eine entscheidende Rolle, vgl insbesondere zur krankheitsbedingten Kündigung unten Rz 116[111]. Rechtfertigt eine Betriebsstilllegung ausnahmsweise die außerordentliche Kündigung gegenüber einem solchen Arbeitnehmer, ist die Kündigungsfrist einzuhalten, die gelten würde, wenn die ordentliche Kündigung nicht ausgeschlossen wäre (vgl unten Rz 138)[112].

56 b) **Betriebsverfassungsrechtliche Amtsträger.** Besonderheiten gelten bei den besonders geschützten betriebsverfassungsrechtlichen Amtsträgern. Vgl dazu unten Rz 175.

III. Einzelfälle des wichtigen Grundes

57 Über die Jahre hat die Rechtsprechung eine umfangreiche Kasuistik zu wichtigen Gründen für eine außerordentliche Kündigung entwickelt. Diese können eine Hilfestellung und Richt-

---

105 Staud/Preis § 626 Rz 89 ff; Erman/Belling § 626 Rz 37.
106 Zu der gesamten Problematik vgl BAG EzA BGB § 626 nF Nr 116 (m ausf Anm Kraft/Raab und Willemsen); Rüthers/Müller, Anm EzA KSchG § 1 Verhaltensbedingte Kündigung Nr 41; Staud/Preis § 626 Rz 91.
107 Vgl BAG EzA BGB § 626 nF Nr 116.
108 Vgl Erman/Riesenhuber § 626 Rz 49 ff; Staud/Preis § 626 Rz 75 ff.
109 Vgl zu GG Art 4: BAG AP BGB § 611 Direktionsrecht Nr 27; AP BGB § 611 Gewissensfreiheit Nr 1; zu GG Art 5: BAG EzA BGB § 626 nF Nr 85; Kissel NZA 1988, 151; zu GG Art 140 u WRV Art 137 Abs 3: BAG EzA KSchG § 1 Nr 8 Tendenzbetrieb; BAG EzA BGB § 611 Nr 24, 26, 27 Kirchliche Arbeitnehmer.
110 Vgl BAG EzA BGB § 626 Nr 1, 7; BAG EzA BGB § 626 nF Nr 55.
111 BAG EzA BGB § 626 nF Nr 93; ablehnend dazu Staud/Preis § 626 Rz 62.
112 Vgl BAG EzA BGB § 626 nF Nr 96; NZA 2001, 177.

schnur für die Bewertung künftiger Fallkonstellationen bieten. Nichtsdestotrotz können die nachfolgend dargestellten Einzelfälle aus der Rechtsprechung nicht schematisch auf andere Tatbestände übertragen werden. Es kommt immer darauf an, ob wegen der Störung des Dienst-/Arbeitsverhältnisses bei umfassender Interessenabwägung einem der Partner die Fortsetzung des Vertragsverhältnisses bis zu seinem Ende durch Zeitablauf oder durch Ablauf der Frist für eine ordentliche Kündigung unzumutbar ist. Dabei gilt, dass selbst dann, wenn ein Kündigungsgrund für sich genommen eine fristlose Beendigung nicht rechtfertigen würde, jedenfalls bei Gesamtbetrachtung mehrerer einzelner Kündigungsgründe die außerordentliche Kündigung gerechtfertigt sein kann[113].

1. Kündigungsgründe des Dienstberechtigten (Arbeitgeber). Als Gründe für eine außerordentliche Kündigung kommen vornehmlich Verletzungen dienst- bzw arbeitsvertraglicher Pflichten in Frage, die verschuldet oder unverschuldet sein können. Kündigungsgründe können im Verhalten oder der Person eines der Vertragspartner vorliegen oder aus dem betrieblichen Bereich herrühren. 58

a) **Verhaltensbedingte Gründe**. – aa) **Grundlagen**. Außerordentliche Kündigungen beruhen in der überwiegenden Mehrzahl auf einem **vertragswidrigen Verhalten** des Gekündigten. Verhaltensbedingte Gründe liegen vor, wenn der Gekündigte seine arbeitsvertraglichen Pflichten durch sein Verhalten verletzt. In der Praxis ist Anknüpfungspunkt regelmäßig ein Fehlverhalten, das die **Hauptleistungspflichten** des Dienst- bzw Arbeitsverhältnisses betrifft (zB Arbeitsverweigerung des Arbeitnehmers)[114] oder eine schwerwiegende Verletzung von **Nebenpflichten** (zB Tätlichkeit gegenüber dem Arbeitgeber) darstellt, die es rechtfertigt, nicht nur eine ordentliche Kündigung auszusprechen. 59

Die Verknüpfung mit den vertraglichen Pflichten bedeutet umgekehrt, dass ein Verhalten, welches keine Haupt- oder Nebenpflichten aus dem Dienst- bzw Arbeitsvertrag verletzt, eine außerordentliche verhaltensbedingte Kündigung nicht rechtfertigen kann[115]. Das Dienstverhältnis- bzw Arbeitsverhältnis muss durch das Verhalten des Gekündigten konkret und erheblich beeinträchtigt sein. Problematisch sind regelmäßig Fälle, in denen der Kündigende die Kündigung auf ein **außerdienstliches Verhalten** des Gekündigten stützt[116]. Wie dargestellt, erfordert eine verhaltensbedingte Kündigung stets eine Verletzung von Haupt- oder Nebenpflichten des Dienstvertrages, sodass außerdienstliches Verhalten nur dann zur Rechtfertigung einer Kündigung herangezogen werden kann, wenn dieses zugleich eine Verletzung einer arbeitsvertraglichen Pflicht, insbesondere der Rücksichtnahmepflicht aus § 241 Abs 2, darstellt. In **Tendenzbetrieben** kann tendenzwidriges Verhalten im privaten Bereich mit den Pflichten aus dem Arbeitsverhältnis unvereinbar sein[117]. Sonderregelungen gelten allerdings nur für die von entsprechenden Verbänden (wie zB Gewerkschaften, Arbeitgebervereinigungen)[118] und Kirchen[119] beschäftigten Tendenzträger, nicht aber für „normale" Arbeitnehmer. Aufgrund der vertraglichen Rücksichtnahmepflicht ist der Arbeitnehmer verpflichtet, auch außerdienstlich jedes ungerechtfertigte Verhalten zu unterlassen, mit dem er seinem Arbeitgeber einen Schaden zufügen würde[120]. Dies erfordert regelmäßig, dass ein enger Bezug des außerdienstlichen Verhaltens zum Dienst- bzw Arbeitsverhältnis vorliegt, beispielsweise wenn der Arbeitnehmer eine Straftat unter Nutzung von Betriebsmitteln oder betrieblichen Einrichtungen begeht, wenn sich der Arbeitgeber staatlichen Ermittlungen ausgesetzt sieht oder wenn er mit der Straftat durch den Arbeitnehmer selbst in Verbindung gebracht wird[121]. Auch bei einem Fehlverhalten (Diebstahl) gegenüber einem konzernverbundenen Unternehmen kann ein solcher Bezug vorliegen[122]. Je nach Position in einem Unternehmen unterscheiden sich die Anforderungen und die Reichweite der Rücksichtnahmepflicht. So wird ein außerdienstliches Fehlverhalten einer der Öffentlichkeit bekannten Führungskraft eher mit dem Unternehmen in Verbindung gebracht als dies bei einem von vielen Mitarbeitern einer Produktionsstätte der Fall wäre. Auch bei Hoheitsträgern werden regelmäßig höhere Ansprüche an das außerdienstliche Verhalten zu stellen sein, da diese häufig auch im Rahmen ihrer Freizeitbetätigungen als Hoheitsträger wahrgenommen werden und damit eine Anknüpfung zum Dienst- bzw Arbeitsverhältnis besteht. Im Bereich des außerdienstlichen Verhaltens verschwimmen die Grenzen zu personenbedingten Kündigungsgründen jedoch leicht. So kann ein außerdienstliches Verhalten, das mangels konkreten Bezugs zum Vertragsverhältnis 60

---

113 So BAG NZA 2016, 1527.
114 APS/Vossen § 626 Rz 72.
115 APS/Vossen § 626 Rz 72.
116 Vgl die ausführliche Darstellung von Einzelfällen bei APS/Vossen § 626 Rz 77 ff mit vielen Nachweisen aus der Rechtsprechung.
117 Vgl Buchner ZfA 1979, 335; ders ZfA 1982, 66 ff, 70; Staud/Preis § 626 Rz 196 ff.
118 Vgl BAG EzA BetrVG 1972 § 118 Nr 7, 10.
119 Vgl dazu BVerfG NJW 1986, 367; dazu auch KR/Fischermeier/Krumbiegel § 626 Rz 129.
120 Staud/Richardi/Fischinger § 611a Rz 1190 ff.
121 Vgl BAG NZA 2011, 112.
122 BAG NZA 1985, 285; APS/Vossen KSchG § 1 Rz 265.

nicht als verhaltensbedingter Kündigungsgrund geeignet ist, dennoch eine Kündigung aus personenbedingten Gründen rechtfertigen, etwa wenn sich der Gekündigte aufgrund des Verhaltens für seine konkret geschuldete Tätigkeit als unzuverlässig erweist (etwa bei außerdienstlichen Vermögensdelikten eines Kassiers oder Geldboten)[123].

61 Erforderlich ist darüber hinaus, dass dem Gekündigten sein Verhalten **vorwerfbar** ist, es also schuldhaft (vorsätzlich oder fahrlässig) und rechtswidrig erfolgte. Der Verschuldensgrad ist für die Bestimmung des wichtigen Grundes zwar zunächst unerheblich, muss jedoch bei der Interessenabwägung berücksichtigt werden[124]. Das Merkmal der Vorwerfbarkeit bildet zugleich das Abgrenzungskriterium für die Unterscheidung zwischen einem verhaltens- und einem personenbedingten Kündigungsgrund[125]. Auch wenn die Abgrenzung zunächst eher theoretischer Natur zu sein scheint, hat sie auch Auswirkungen auf die materiell-rechtliche Wirksamkeit der Kündigung, nämlich da, wo es auf die Erforderlichkeit einer vorherigen Abmahnung als milderes Mittel ankommt[126]. Ausnahmsweise soll jedoch auch ein **schuldloses Verhalten** des Arbeitnehmers zur Rechtfertigung einer verhaltensbedingten Kündigung herangezogen werden können, wenn der Kündigende aufgrund objektiv vorliegender Gründe mit wiederholten Pflichtverletzungen des Gekündigten rechnen müsse und eine Aufrechterhaltung dieses Zustandes dem Kündigenden nicht zumutbar sei[127]. Diese Rechtsprechung wird in der Literatur zu Recht kritisiert[128]. Anknüpfungspunkt für eine verhaltensbedingte Kündigung muss stets die kognitive Steuerungsfähigkeit seitens des Gekündigten sein. Ist diese nicht gegeben, kommt allenfalls eine **personenbedingte Kündigung** in Betracht. In diesen, regelmäßig absoluten Extremfällen (Messerangriff eines geisteskranken, schuldunfähigen Mitarbeiters[129]), besteht, wenn die Voraussetzungen für eine personenbedingte Kündigung ausnahmsweise, aus welchen Gründen auch immer, nicht vorliegen sollten, im Zweifel die Möglichkeit einer Auflösung nach KSchG §§ 9, 10, sofern der Kündigende zumindest hilfsweise eine ordentliche Kündigung erklärt hat[130].

62 Da eine verhaltensbedingte Kündigung nach hier vertretener Auffassung stets ein vom Gekündigten steuerbares Verhalten, auf das dieser konkret Einfluss nehmen kann, voraussetzt, ist bei der Kündigung aus verhaltensbedingten Gründen stets besonderes Augenmerk auf die Erforderlichkeit einer **vorherigen Abmahnung** zu legen (zum Erfordernis einer Abmahnung siehe oben Rz 50).

63 bb) **Einzelfälle**. (1) **Abkehrwille**. Allein die Absicht eines Arbeitnehmers, sein Arbeitsverhältnis zukünftig beenden zu wollen reicht nicht aus, um eine Kündigung, geschweige denn eine außerordentliche, zu rechtfertigen. Dies gilt selbst dann, wenn er diesen Willen zeigt, seine vertraglichen Pflichten jedoch weiterhin ordnungsgemäß ausübt. Verletzt er jedoch seine vertraglichen Pflichten, indem er beispielsweise in Konkurrenz zum Arbeitgeber tätig wird, kann dies eine Kündigung rechtfertigen[131]. Auch das aktive Umschauen nach einer neuen beruflichen Tätigkeit[132] ist grundsätzlich von GG Art 12 gedeckt und kann genauso wenig wie die Vorbereitung einer selbständigen Tätigkeit einen Kündigungsgrund darstellen[133]. Etwas anderes gilt allerdings dann, wenn der Arbeitnehmer zur Vorbereitung seiner Selbständigkeit versucht, andere Arbeitnehmer abzuwerben[134]. Auch wenn ein leitender Angestellter sich bei einem Konkurrenzunternehmen beworben hat, dies aber auf Nachfrage gegenüber dem Arbeitgeber leugnet, soll nach einer älteren Entscheidung des LAG Hamm eine außerordentliche Kündigung möglich sein[135].

64 (2) **Abwerbung**. Der ernsthafte und beharrliche Versuch, andere Arbeitnehmer abzuwerben, kann isoliert einen wichtigen Grund darstellen[136]. Dies gilt insbesondere dann, wenn die Abgeworbenen zum Vertragsbruch verleitet werden sollen (zB Verstoß gegen [nach-]vertragliches Wettbewerbsverbot) oder der Gekündigte von dritter Seite ein Entgelt für die Abwerbung erhält[137].

---

123 APS/Vossen § 626 Rz 80b.
124 Vgl zB BAG NZA 2010, 1227, 1231; APS/Vossen § 626 Rz 73.
125 BAG NZA 2003, 483; BeckOK-ArbR/Stoffels § 626 Rz 138.
126 APS/Vossen KSchG § 1 Rz 267.
127 Vgl zB BAG NZA 1999, 863; BeckRS 1989, 30730012; LAG Schleswig-Holstein NZA-RR 2011, 572; BeckOK-ArbR/Stoffels § 626 Rz 85; zuletzt offen gelassen BAG NZA 2012, 607.
128 APS/Vossen § 626 Rz 75; ErfK/Oetker KSchG § 1 Rz 191.
129 BAG BeckRS 1989, 30730012.
130 Zur gesamten Problematik vgl die ausführliche Darstellung bei APS/Vossen § 626 Rz 75.
131 Staud/Preis § 626 Rz 126.
132 BAG NZA 2010, 277; LAG Baden-Württemberg BB 1969, 536; APS/Vossen § 626 Rz 181a.
133 LAG Baden-Württemberg Betrieb 1961, 951; Staud/Preis § 626 Rz 126; ErfK/Niemann § 626 Rz 61.
134 BAG NZA 2008, 1415; ErfK/Niemann § 626 Rz 62 mwN.
135 LAG Hamm BB 1969, 797.
136 LAG Rheinland-Pfalz NZA 1993, 265; LAG Baden-Württemberg DB 1970, 2350.
137 BeckOK-ArbR/Stoffels § 626 Rz 97; Schaub/Linck § 127 Rz 63.

(3) **Alkoholkonsum/Drogen.** Erscheint der Arbeitnehmer alkoholisiert zur Arbeit oder kon- **65** sumiert er während der Arbeitszeit Alkohol, stellt dies regelmäßig eine Verletzung seiner vertraglichen Nebenpflichten dar[138]. Etwas Anderes gilt beispielsweise bei vom Arbeitgeber geduldeten sozialen Anlässen während der Arbeitszeit (Jubiläum, Ausstand, etc), jedoch nur im vom Arbeitgeber genehmigten Umfang. Ist die Arbeitsleistung des Arbeitnehmers infolge Alkoholkonsums von minderer Qualität, so liegt darüber hinaus sogar die Verletzung der Hauptleistungspflicht vor. Erforderlich ist jedoch regelmäßig ein wiederholter Verstoß sowie eine vorherige Abmahnung[139]. Gefährdet der Arbeitnehmer infolge seiner Alkoholisierung Andere (zB Busfahrer), ist eine außerordentliche Kündigung dagegen auch schon bei einmaligem Fehlverhalten möglich[140]. Ist der Arbeitnehmer alkoholkrank, beruht sein Fehlverhalten in der Regel nicht auf einem ihm vorwerfbaren Verhalten, sodass nur eine personenbedingte Kündigung in Betracht kommt (vgl dazu unten Rz 121)[141]. Ähnlich verhält es sich beim Konsum anderer Drogen, beispielsweise durch einen LKW-Fahrer[142].

(4) **Ankündigung einer Krankschreibung.** Die Ankündigung des Arbeitnehmers, er werde **66** sich krankschreiben lassen, ist nur dann keine Vertragspflichtverletzung, wenn es sich um den Hinweis auf ein rechtmäßiges Verhalten handelt, er also tatsächlich erkrankt ist und den Arbeitgeber darauf hinweist[143]. Anders ist dies jedoch, wenn der Arbeitnehmer die Krankschreibung für den Fall der Nichtgewährung von Urlaub ankündigt. Die Ankündigung einer zukünftigen, im Zeitpunkt der Ankündigung nicht bestehenden Erkrankung durch den Arbeitnehmer für den Fall, dass der Arbeitgeber einem unberechtigten Verlangen auf Gewährung von Urlaub nicht entsprechen sollte, ist regelmäßig ohne Rücksicht auf eine später tatsächlich auftretende Krankheit an sich geeignet, einen wichtigen Grund zur außerordentlichen Kündigung abzugeben[144]. Dabei ist es nicht erforderlich, dass die Drohung mit der Erkrankung unmittelbar erfolgt, sondern es reicht aus, dass diese im Zusammenhang mit dem Urlaubswunsch abgegeben wird und ein verständiger Dritter dies als deutlichen Hinweis werten kann, bei Nichtgewährung des Urlaubs werde eine Krankschreibung erfolgen werde[145]. Ist der Arbeitnehmer im Zeitpunkt der Ankündigung bereits erkrankt, ohne dass er dem Arbeitgeber dies mitgeteilt hat, wiegt die Pflichtverletzung des Arbeitnehmers zwar weniger schwer, ist darum aber nicht von vornherein ungeeignet, eine außerordentliche Kündigung zu rechtfertigen[146] (Zur Selbstbeurlaubung vgl unten Rz 91).

(5) **Anzeigenerstattung/Whistleblowing.** Erstattet ein Arbeitnehmer Anzeige gegen seinen **67** Arbeitgeber, Vorgesetzte oder Kollegen, kann dies den Arbeitgeber zu einer außerordentlichen Kündigung berechtigen[147]. Maßgeblich ist dabei zunächst, ob der Arbeitnehmer **wissentlich oder leichtfertig** falsche Angaben gemacht hat[148]. Bereits die Drohung mit wahrheitswidrigen Anzeigen oder einem Einschalten der Presse unter Angabe falscher Tatsachen kann eine außerordentliche Kündigung rechtfertigen[149]. Irrelevant ist dagegen, ob es aufgrund der Anzeige zu einer Verurteilung kommt[150].

Auch wenn der Arbeitnehmer nicht wissentlich oder leichtfertig falsche Angaben gemacht **68** hat, scheidet eine außerordentliche Kündigung nicht apodiktisch aus. Vielmehr ist auch hier auf das besondere Loyalitätsverhältnis von Arbeitnehmer und Arbeitgeber abzustellen, sodass der Arbeitnehmer zunächst gehalten ist, eine **unternehmens-/betriebsinterne Lösung** zu suchen[151]. Hat er dies erfolglos versucht oder ist von vornherein ersichtlich, dass dieser Weg keine Abhilfe schaffen wird, kann eine Anzeige bei einer öffentlichen Stelle gerechtfertigt sein[152]. Hier hat sich der Arbeitnehmer zunächst an Behörden und nicht an die Presse zu wenden[153]. Auch bei besonders schwerwiegenden oder vom Arbeitgeber selbst begangenen Straftaten wird

---

138 HWK/Quecke/Thies KSchG § 1 Rz 216; aA wohl APS/Vossen § 626 Rz 182a.
139 LAG Frankfurt LAGE KSchG § 1 Verhaltensbedingte Kündigung Nr 9; LAG Hamm LAGE KSchG § 1 Verhaltensbedingte Kündigung Nr 26.
140 Vgl zB LAG Nürnberg NZA-RR 2003, 301, 302; ErfK/Niemann § 626 Rz 63.
141 BeckOK-ArbR/Stoffels § 626 Rz 98; krit ErfK/Niemann § 626 Rz 63 zumindest für den Fall, dass eine Gefährdung Anderer vorliegt.
142 BAG AP BGB § 626 Nr 28.
143 LAG Köln NZA-RR 2000, 25; APS/Vossen § 626 Rz 186.
144 BAG NZA 1993, 308; NZA 2009, 779.
145 BAG NZA 2004, 564.
146 BAG NZA 2009, 779; vgl ausführlich zur Thematik APS/Vossen § 626 Rz 187 ff.
147 BAG AP HGB § 70 Nr 2; NZA 2004, 427; ausführlich zum Meinungsstand APS/Vossen § 626 Rz 190 ff.
148 EGMR NZA 2011, 1269; BVerfG NZA 2001, 888; BAG NZA 2004, 427; LAG Hamm NZA-RR 2004, 75; LAG Hessen NZA-RR 2002, 637; aA auf die objektive Wahrheit abstellend ErfK/Niemann § 626 Rz 64 mwN.
149 BAG NZA 1999, 587; BeckOK-ArbR/Stoffels § 626 Rz 128.
150 BAG NZA 2007, 502; ErfK/Niemann § 626 Rz 64.
151 EGMR NZA 2011, 1269; BAG NZA 2004, 427; NZA 2007, 502; BeckOK-ArbR/Stoffels § 626 Rz 128; APS/Vossen § 626 Rz 193.
152 EGMR NZA 2011, 1269; BAG NZA 2004, 427; NZA 2007, 502.
153 BeckOK-ArbR/Stoffels § 626 Rz 128; Staud/Preis § 626 Rz 133.

der Arbeitnehmer nicht zunächst eine interne Klärung versuchen müssen[154]. Letztlich wird man auch dann, wenn der Arbeitnehmer selbst Opfer einer Straftat des Arbeitgebers oder eines Vorgesetzten bzw Kollegen wurde, keinen Kündigungsgrund darin sehen können, wenn er berechtigterweise nach staatlichem Rechtsschutz nachsucht. Geht es dagegen um ein Fehlverhalten eines Kollegen oder Vorgesetzten gegenüber einem Arbeitnehmer, wird eine vorherige interne Klärung mit dem Arbeitgeber dagegen eher angezeigt und möglich sein[155].

69 Gerechtfertigt ist eine Kündigung allerdings immer dann, wenn der Arbeitnehmer die Anzeige **missbräuchlich** aus unlauteren Motiven (zB Rache) erstattet, um dem Arbeitgeber Schaden zuzufügen[156]. Praktische Relevanz hat diese Fallkonstellation angesichts der regelmäßig mit ihr einhergehenden Beweisschwierigkeiten aber kaum.

70 (6) **Arbeitsschutz/Arbeitssicherheit.** Missachtet der Arbeitnehmer notwendige Arbeitsschutzvorschriften, so kann dies, regelmäßig nach vorheriger Abmahnung, eine außerordentliche Kündigung rechtfertigen[157]. Die Fortsetzung einer gefährlichen Handlung des Arbeitnehmers nach Unterlassungsaufforderung der Vorgesetzten kann, unabhängig davon, ob ein Schaden tatsächlich eintritt, genauso eine außerordentliche Kündigung ohne vorherige Abmahnung rechtfertigen, wie die vorsätzliche Missachtung einer Sicherheitsvorschrift, wenn dadurch eine objektiv große Gefahr (zB Gefahr einer Explosion bei der Erhitzung einer Konservendose in einem Brennofen bei 900 Grad) hervorgerufen wird[158].

71 (7) **Arbeitsunfähigkeit.** Ein arbeitsunfähig erkrankter Arbeitnehmer muss sich so verhalten, dass er bald wieder gesund wird und an seinen Arbeitsplatz zurückkehren kann. Er hat alles zu unterlassen, was seine Genesung verzögern könnte. Er hat insoweit auf die schützenswerten Interessen des Arbeitgebers, die sich aus der Verpflichtung zur Entgeltfortzahlung ergeben, Rücksicht zu nehmen. Eine schwerwiegende Verletzung dieser Rücksichtnahmepflicht kann eine außerordentliche Kündigung aus wichtigem Grund an sich rechtfertigen[159]. **Gesundheitswidriges Verhalten** kann etwa vorliegen, wenn der Arbeitnehmer während seiner Erkrankung an Hirnhautentzündung in den Skiurlaub fährt[160] oder wenn er trotz einer Bronchitis einer Nebentätigkeit nachgeht[161]. Entscheidend ist, ob das Verhalten des Arbeitnehmers im Widerspruch zur Genesung seiner konkreten Erkrankung steht, sodass beispielsweise grundsätzlich nichts dagegenspricht, wenn ein wegen Depression krankgeschriebener Mitarbeiter in den Skiurlaub fährt. Ob eine vorherige Abmahnung erforderlich ist, hängt von den Umständen des Einzelfalls ab.

72 Auch eine **Nichtanzeige der Arbeitsunfähigkeit** entgegen EFZG § 5 Abs 1 Satz 1 oder die **Nichtvorlage der Arbeitsunfähigkeitsbescheinigung** nach EFZG 5 Abs 1 Satz 2 kann ausnahmsweise (zB bei beharrlicher Weigerung der Vorlage und damit einhergehenden Betriebsablaufstörungen) eine außerordentliche Kündigung rechtfertigen, allerdings ist dafür regelmäßig eine vorherige Abmahnung erforderlich[162].

73 Wenn der Arbeitnehmer sich eine unberechtigte ärztliche Arbeitsunfähigkeitsbescheinigung **erschleicht**, ist dies regelmäßig ein Grund für eine außerordentliche Kündigung[163]. Zur Ankündigung einer Krankschreibung vgl oben Rz 66. Zum „Krankfeiern" siehe unten Rz 112.

74 (8) **Arbeitsverweigerung.** Die beharrliche Weigerung des Arbeitnehmers, die vertraglich geschuldete Leistung zu erbringen, kann eine außerordentliche verhaltensbedingte Kündigung rechtfertigen[164]. Regelmäßig ist hierfür eine vorherige Abmahnung erforderlich, im Fall einer schwerwiegenden Verletzung der Arbeitspflicht kann diese jedoch entbehrlich sein[165]. Die Arbeitsverweigerung muss beharrlich sein, weshalb einmalige Weigerungen nur ausnahmsweise für eine außerordentliche Kündigung ausreichen können[166]. Erforderlich ist vielmehr eine bewusste und nachhaltige Weigerung, die geschuldete Leistung nicht oder nicht vollständig erbringen zu wollen. Darüber hinaus muss eine Negativprognose vorliegen, dass der Arbeitnehmer auch in Zukunft seine arbeitsvertraglich geschuldete Leistung nicht erfüllen wird. Eine Arbeitsverweigerung liegt jedoch nur dann vor, wenn der Arbeitnehmer die angewiesene Arbeitsleistung auch erbringen musste. Daher muss diese Leistung zum einen vom Weisungsrecht des

---

154 BAG NZA 2004, 427; NZA 2007, 502.
155 BAG NZA 2004, 427.
156 BAG NZA 2004, 427; BeckOK-ArbR/Stoffels § 626 Rz 131; MünchKomm/Henssler § 626 Rz 186.
157 LAG Düsseldorf DB 1953, 108; Staud/Preis § 626 Rz 136.
158 LAG Köln LAGE BGB § 626 Nr 71; LAG Rheinland-Pfalz NZA-RR 2006, 194; LAG Schleswig-Holstein NZA-RR 2007, 634; Staud/Preis § 626 Rz 136.
159 BAG NZA-RR 2006, 636.
160 BAG NZA-RR 2006, 636.
161 BAG NZA 1994, 63.
162 BAG NZA 1987, 93; ErfK/Niemann § 626 Rz 121, 122.
163 BAG NZA 1994, 93; NZA-RR 2006, 636; NZA 2017, 1179, 1180; Schaub/Linck § 127 Rz 73.
164 BAG NZA 2014, 533; NZA 2016, 417; NZA 2016, 1144; NZA 2018, 646, 649.
165 BAG NZA 2007, 617.
166 BAG NZA 2001, 893; APS/Vossen § 626 Rz 209; ErfK/Niemann § 626 Rz 70.

Arbeitgebers erfasst sein, zum anderen dürfen keine Gründe vorliegen, die die Weigerung des Arbeitnehmers trotz rechtmäßiger Weisung rechtfertigen. So kann eine Zuweisung einer Tätigkeit entgegen einer dem Arbeitgeber offenbarten Gewissensüberzeugung unzumutbar (vgl § 315) sein[167] und somit keine außerordentliche Kündigung bei Weigerung des Arbeitnehmers rechtfertigen. Irrt der Arbeitnehmer sich über seine Pflicht, der Anweisung folgen zu müssen, so rechtfertigt nur ein **verschuldeter Irrtum** eine außerordentliche Kündigung[168]. Als Verschulden muss sich der Arbeitnehmer aber jeden vernünftigen Zweifel an der Berechtigung seines Verhaltens zurechnen lassen. Die Teilnahme an einer vom Betriebsrat unzulässig einberufenen Betriebsversammlung ist keine beharrliche Arbeitsverweigerung, wenn der Arbeitnehmer den gesamten Umständen nach darauf vertrauen durfte, dass die Betriebsversammlung nicht gesetzwidrig ist[169]. Auch eine unzutreffende Auskunft durch die Gewerkschaft beseitigt das Verschulden nicht ohne weiteres[170].

(9) **Arbeitszeitbetrug.** Täuscht der Arbeitnehmer Arbeitszeiten vor, die er tatsächlich nicht **75** geleistet hat, ist dies eine schwere Pflichtverletzung und berechtigt den Arbeitgeber regelmäßig zur außerordentlichen Kündigung[171]. Das erfasst beispielsweise Fälle, in denen der Arbeitnehmer Zeiterfassungssysteme manipuliert. Gerade bei Arbeitszeitsystemen, bei denen der Arbeitgeber darauf vertraut, dass der Arbeitnehmer die Arbeitszeiten korrekt erfasst (zB Gleitzeit, Homeoffice, Telearbeit), stellt eine Manipulation der Zeiterfassung – unabhängig von der strafrechtlichen Bewertung – einen wichtigen Grund dar[172]. Zur Erschleichung einer Arbeitsbefreiung vgl auch unten Rz 112.

(10) **Betriebliche Ordnung.** Auch ein Verstoß gegen die betriebliche Ordnung kann einen **76** wichtigen Grund darstellen. Erforderlich ist eine konkrete Störung des Betriebsfriedens, während eine abstrakte Gefährdung des Betriebsablaufs nicht ausreicht[173]. Erforderlich ist regelmäßig eine vorherige Abmahnung[174]. Ein solcher Verstoß kann vorliegen bei Verteilen von Flugblättern[175], bei Aufruf zu einem wilden Streik oder[176] bei parteipolitischer Agitation im Betrieb[177]. Erklärt ein Arbeitnehmer gegenüber dem Werkschutz, er habe eine Bombe im Auto, kann sich auch daraus ein wichtiger Grund ergeben[178]. Zu Geschäfts- und Rufschädigung vgl unten Rz 79. Auch eine ehrverletzende Kritik in einer Betriebsversammlung kann uU eine außerordentliche Kündigung rechtfertigen[179]. Zu Straftaten vgl unten Rz 95. Die Amtspflichtverletzung eines Betriebsratsmitgliedes stellt nur dann einen wichtigen Grund dar, wenn durch sie zugleich auch Pflichten aus dem Arbeitsvertrag in erheblicher Weise verletzt wurden[180] (vgl dazu unten ausführlich Rz 177). Bei Meinungsäußerungen im Betrieb ist bei der Beurteilung, ob sie einen wichtigen Grund für eine Kündigung darstellen, immer auch das Grundrecht des GG Art 5 Abs 1 zu berücksichtigen. Zu Meinungsäußerungen im Betrieb vgl unten Rz 83.

(11) **Doping.** Nimmt ein Berufssportler verbotene Substanzen zur Leistungssteigerung, ist **77** dies in vorsätzlichen Fällen eine erhebliche Verletzung der arbeitsvertraglichen Pflichten und kann eine außerordentliche Kündigung rechtfertigen. Dies gilt dagegen nicht, wenn der Arbeitgeber daran beteiligt war, es duldet oder gar dazu auffordert[181]. Auch gegenüber Arbeitnehmern, die nicht selbst dopen, aber am Dopingvorgang beteiligt sind – etwa ein angestellter Arzt eines Universitätsklinikums, der Eigenblutdoping eines Sportlers betreut – kann eine außerordentliche Kündigung in Betracht kommen[182].

(12) **Ehrenämter.** Übernehmen Arbeitnehmer **private** Ehrenämter, haben sie diese grund- **78** sätzlich in ihrer Freizeit auszuüben. Führt die Ausübung eines privaten Ehrenamtes zu einer Störung des Arbeitsverhältnisses, kann dies nach vorheriger Abmahnung eine, in der Regel ordentliche, Kündigung rechtfertigen[183]. Die Übernahme **öffentlicher** Ehrenämter ist dagegen

---

167 Vgl BAG NZA 1986, 21, krit dazu Reuter BB 1986, 385; vgl auch BAG AP BGB § 611 Gewissensfreiheit Nr 1 (m Anm Kraft/Raab und Berger-Delhey); Staud/Preis § 626 Rz 242.
168 Vgl BAG AP AZO § 14 Nr 1; AP BGB § 615 Betriebsrisiko Nr 3; aM Nikisch, ArbR I, S 736.
169 BAG AP GewO § 123 Nr 24.
170 BAG AP BGB § 611 Direktionsrecht Nr 24.
171 Vgl zB BAG NZA 2019, 445, 447.
172 BAG NZA 2011, 1027; NZA 2014, 443; BAG NZA 2019, 445, 447; LAG Köln NZA-RR 2015, 128.
173 BAG NZA 1989, 261; Staud/Preis § 626 Rz 166; ausführlich APS/Vossen § 626 Rz 248 ff.
174 Staud/Preis § 626 Rz 166; ErfK/Niemann § 626 Rz 155.
175 BAG AP BGB § 611 Beschäftigungspflicht Nr 5; LAG München BB 1960, 742.
176 BAG AP GG Art 9 Arbeitskampf Nr 37.
177 BAG AP KSchG § 13 Nr 4; AP KSchG § 1 Nr 83; NJW 1984, 1142.
178 LAG Rheinland-Pfalz NZA-RR 2010, 134.
179 BAG AP KSchG § 1 Verhaltensbedingte Kündigung Nr 4.
180 BAG AP KSchG § 13 Nr 2, 3; LAG Mainz BB 1967, 248 f.
181 So auch APS/Vossen § 626 Rz 185a; ErfK/Niemann § 626 Rz 92; Teschner NZA 2001, 1233.
182 LAG Baden-Württemberg BeckRS 2009, 73044; ErfK/Niemann § 626 Rz 92.
183 ArbG Passau BB 1992, 567; vgl auch ErfK/Niemann § 626 Rz 93; Staud/Preis § 626 Rz 167.

regelmäßig spezialgesetzlich durch besondere Kündigungsvorschriften geschützt (vgl zB für Bundestagsabgeordnete GG Art 48 Abs 2; Europaabgeordnete EuAbgG § 3; sowie landesrechtliche Regelungen für Kommunalabgeordnete bzw Landtagsabgeordnete[184]).

79 (13) **Geschäfts- bzw Rufschädigung.** Das bewusste Verbreiten wahrheitswidriger Behauptungen oder Verbreiten von Gerüchten über die Geschäftsentwicklung des Arbeitgebers kann ein wichtiger Grund zur Kündigung sein, wenn dadurch dessen berechtigte Interessen erheblich beeinträchtigt, etwa der Betriebsfrieden oder Betriebsablauf erheblich gestört oder die Erfüllung der Arbeitspflicht behindert werden[185]. Besonderes Gewicht kommt dabei dem Verschuldensgrad, dem Grad der Betriebsstörung und den Gesamtumständen zu: Ist die Geschäftsschädigung gewollt, wird eine außerordentliche Kündigung regelmäßig möglich sein[186]. Auch wenn die Äußerungen einer Vielzahl von Menschen zugänglich gemacht werden (zB im Internet) verleiht dies der Pflichtverletzung ein höheres Gewicht[187].

80 (14) **Internetnutzung.** Die private Nutzung des vom Arbeitgeber vorgehaltenen Internets ist nicht pflichtwidrig, wenn der Arbeitnehmer die Kosten dafür trägt oder der Arbeitgeber die private Nutzung gestattet. Bei einem ausdrücklichen Verbot verletzt der Arbeitnehmer durch die private Internetnutzung dagegen seine vertraglichen Pflichten, wenn er dies während der Arbeitszeit tut[188]. Nutzt er während seiner Arbeitszeit das Internet in erheblichem zeitlichem Umfang zu privaten Zwecken, so kann er auch bei Fehlen eines ausdrücklichen Verbots grundsätzlich nicht darauf vertrauen, der Arbeitgeber werde dies tolerieren[189]. Allerdings darf der Arbeitnehmer auch bei einer geduldeten oder gestatteten Internetnutzung zu privaten Zwecken dies regelmäßig nur in einem Umfang nutzen, dass seine arbeitsvertraglichen Pflichten nicht beeinträchtigt werden[190].

81 Verletzt der Arbeitnehmer **datenschutzrechtliche Vorgaben** oder verwendet Viren oder sonstige schädliche Programme bzw führt durch fahrlässiges Verhalten (Wegdrücken von Warnhinweisen) Schäden in der EDV-Anlage des Arbeitgebers herbei, wird regelmäßig ein wichtiger Grund bestehen[191]. Ob eine vorherige Abmahnung erforderlich ist, hängt davon ab, ob der Arbeitnehmer erwarten durfte, dass sein Verhalten geduldet werde oder nicht (zB Virenschaden bei Herunterladen im Vergleich zu Surfen auf pornografischen Seiten)[192]. Surft der Arbeitnehmer auf pornografischen Seiten darf er nicht davon ausgehen, dass der Arbeitgeber dies gestattet[193]. Dasselbe wird man wohl auch bei Seiten mit extremistischen politischen Inhalten – wie zB Homepages verfassungswidriger oder islamistischer Gruppierungen – annehmen können.

82 (15) **Mobbing.** Mobbing bezeichnet das systematische Anfeinden, Schikanieren und Diskriminieren von Arbeitnehmern untereinander, von Untergebenen oder von Vorgesetzten[194]. Das BAG zieht zur genaueren Bestimmung den Begriff der Belästigung des AGG § 3 Abs 3 heran, erweitert jedoch über die Merkmale des AGG § 1 hinaus[195]. In schwerwiegenden Fällen des Mobbings, das zu Persönlichkeits- oder gar Gesundheitsverletzungen des Opfers führt, kann der Arbeitgeber eine außerordentliche Kündigung gegenüber dem Täter aussprechen. Der Arbeitnehmer, der einen Kollegen mobbt, verletzt damit seine arbeitsvertraglichen Nebenpflichten[196]. Im Übrigen kommt auch eine Kündigung wegen Störung des Betriebsfriedens in Betracht (vgl oben Rz 76)[197]. Unter Umständen kann auch der gemobbte Arbeitnehmer eine außerordentliche Kündigung aussprechen (zur außerordentlichen Kündigung des Arbeitnehmers vgl unten Rz 149) und gemäß § 628 Abs 2 Schadensersatz (vgl § 628 Rz 34 ff) verlangen, wenn der Arbeitgeber das Mobbing nicht unterbindet und die Situation für den Arbeitnehmer unerträglich ist[198].

83 (16) **Meinungsäußerung.** Grundsätzlich sind Meinungsäußerungen des Arbeitnehmers von der Meinungsfreiheit des GG Art 5 geschützt und können per se keinen Kündigungsgrund darstellen. Allerdings schränkt das BAG die Meinungsfreiheit durch die Grundregeln des Arbeitsver-

---

184 Vgl die einzelnen Regelungen bei KR/Weigand ParlKSch Rz 55 ff.
185 BAG NJW 1984, 1142; NZA 2010, 698, 699.
186 BAG NZA 2010, 823; NZA 2015, 635.
187 LAG Hamm BeckRS 2013, 69037; ErfK/Niemann § 626 Rz 99.
188 BAG NZA 2006, 98; NZA 2006, 977; NZA 2013, 27.
189 BAG NZA 2006, 98.
190 LAG Berlin-Brandenburg BeckRS 2016, 67048; ArbG Frankfurt NZA 2002, 1093; so im Ergebnis auch ErfK/Niemann § 626 Rz 100a.
191 ErfK/Niemann § 626 Rz 100 ff; APS/Vossen § 626 Rz 285h jeweils mit ausführlichen Nachweisen aus der Rechtsprechung.
192 BAG NZA 2006, 98; ErfK/Niemann § 626 Rz 100a.
193 APS/Vossen § 626 Rz 285j mwN aus der Rechtsprechung.
194 Vgl zum Begriff des Mobbings ausführlich Staud/Richardi/Fischinger § 611a Rz 1870.
195 BAG NZA 2008, 223, 225.
196 LAG Thüringen NZA-RR 2001, 577.
197 OVG Mecklenburg-Vorpommern NZA-RR 2004, 671; MünchKomm/Henssler § 626 Rz 251.
198 Vgl LAG Thüringen NZA-RR 2001, 577; Staud/Richardi/Fischinger § 611a Rz 1880.

hältnisses im Sinne eines allgemeinen Gesetzes ein[199]. Aktuell problematisch sind in diesem Zusammenhang oftmals Äußerungen in sozialen Medien wie zB Facebook. Sind diese öffentlich und ist ein Bezug zum Arbeitsverhältnis zu erkennen, ist im Lichte der Meinungsfreiheit zu bewerten, ob es sich um eine noch zulässige Meinungsäußerung handelt oder bereits vertragliche Rücksichtnahmepflichten verletzt werden[200]. Unzulässig ist es zudem, eine zulässige Meinungsäußerung inhaltlich zu bewerten[201]. Nicht von GG Art 5 geschützte Äußerungen (zB rechtsextreme oder rassistische Äußerungen[202]; Zeigen des Hitlergrußes[203]; unwahre Tatsachenbehauptungen; Verrat von Geschäfts- oder Betriebsgeheimnissen) können dagegen zur Begründung einer außerordentlichen Kündigung herangezogen werden[204]. Zur politischen Betätigung vgl Rz 85 ff; zur Störung der betrieblichen Ordnung Rz 76.

(17) **Nebentätigkeit.** Nebentätigkeiten sind grundsätzlich kein Kündigungsgrund, da auch 84 diese dem Schutz des GG Art 12 unterfallen. Etwas anderes gilt dann, wenn der Arbeitnehmer durch seine nicht genehmigte Nebentätigkeit ein berechtigtes Interesse seines Arbeitgebers verletzt[205]. Dies ist beispielsweise der Fall, wenn die Tätigkeit des Arbeitnehmers die Arbeitspflicht bei seinem Hauptarbeitgeber verletzt oder zu diesem in Konkurrenz tritt[206] (vgl zur Verletzung des Wettbewerbsverbotes unten Rz 114). Übt der Arbeitnehmer in Unkenntnis seines Arbeitgebers eine offensichtlich nicht genehmigungsfähige Nebentätigkeit aus, so stellt dies regelmäßig einen wichtigen Grund zur außerordentlichen Kündigung dar[207]. Gleiches gilt regelmäßig bei Ausübung einer nicht genehmigten Nebentätigkeit während der Arbeitszeit[208]. Eine, selbst genehmigungsfähige, Nebentätigkeit während der Arbeitsunfähigkeit kann ebenfalls eine außerordentliche Kündigung rechtfertigen, wenn sie dem Genesungsprozess entgegensteht (vgl oben Rz 71).

(18) **Politische Betätigung.** Bei politischer Betätigung des Arbeitnehmers ist danach zu tren- 85 nen, ob diese im Betrieb oder in seiner Freizeit stattfindet.

Innerbetrieblich ist die politische Betätigung eines Arbeitnehmers dann eine Verletzung der 86 arbeitsvertraglichen Pflichten, wenn es zu einer konkreten Gefährdung des Betriebsfriedens kommt (vgl zu Verstößen gegen die betriebliche Ordnung oben Rz 76)[209]. Dies ist beispielsweise bei rassistischen Äußerungen[210] oder beharrlichem Tragen politischer Symbole trotz Abmahnung[211] der Fall. Auch eine Teilnahme an einer Demonstration während der Arbeitszeit kann zur außerordentlichen Kündigung führen, jedoch sind stets die Umstände des Einzelfalls zu berücksichtigen[212]. Grundsätzlich ist der Meinungsfreiheit des Arbeitnehmers jedoch stets ein hohes Maß an Bedeutung zuzumessen (zur Meinungsäußerung vgl oben Rz 83). Dem Arbeitgeber, dem Betriebsrat und seinen Mitgliedern dagegen ist bereits gemäß **BetrVG § 74 Abs 2** jegliche innerbetriebliche parteipolitische Betätigung verboten.

Die **außerbetriebliche politische Betätigung** ist grundsätzlich zulässig und kann als solche 87 keine außerordentliche Kündigung rechtfertigen. Es müssen weitere Umstände dazukommen, die einen direkten Bezug zum Arbeitsverhältnis herstellen und dieses konkret beeinträchtigen (vgl zum außerdienstlichen Verhalten oben Rz 60)[213]. Ein strengerer Maßstab kann in Tendenzbetrieben gelten, wenn die Arbeitnehmer als Tendenzträger einer (einfachen) politischen Treuepflicht unterliegen (zB Parteimitglieder, DGB-Gewerkschafter, Angestellte des öffentlichen Dienstes, etc)[214]. Die politische Betätigung muss aber eine tatsächliche Beeinträchtigung des Arbeitsverhältnisses bewirken (zB beim Ansprechen von Kollegen in getakteter Arbeit während der Arbeitszeit). Allerdings kann auch in anderen Fällen eine personenbedingte Kündigung erfolgen, wenn der Arbeitnehmer durch seine politische Tätigkeit seine persönliche Eignung verliert[215].

---

199 St. Rspr. BAG NJW 1984, 1142 mwN aus der Rechtsprechung; Staud/Preis § 626 Rz 184.
200 Vgl zB LAG Rheinland-Pfalz BeckRS 2016, 122996.
201 Staud/Preis § 626 Rz 184.
202 LAG Sachsen NZA-RR 2018, 244.
203 ArbG Hamburg AA 2016, 201.
204 Staud/Preis § 626 Rz 184.
205 APS/Vossen § 626 Rz 240 f; Staud/Preis § 626 Rz 181 f.
206 APS/Vossen § 626 Rz 240; Staud/Preis § 626 Rz 181; MünchKomm/Henssler § 626 Rz 194; ErfK/Niemann § 626 Rz 118.
207 BAG NZA 1991, 141; NZA-RR 2009, 393.
208 BAG AP BGB § 626 Nr 60; MünchKomm/Henssler § 626 Rz 194.
209 BAG NJW 1984, 1142, ErfK/Niemann § 626 Rz 124.
210 Ausführlich ArbG Siegburg NZA 1994, 698; Staud/Preis § 626 Rz 188.
211 BAG NJW 1984, 1142; APS/Vossen § 626 Rz 251.
212 ErfK/Niemann § 626 Rz 125.
213 So auch MünchKomm/Henssler § 626 Rz 245.
214 BAG NZA 2012, 42; NZA-RR 2013, 441; LAG Hessen öAT 2016, 193; ErfK/Niemann § 626 Rz 126.
215 BAG NZA-RR 2012, 43.

88 (19) **Religiöse Symbole.** Das Tragen eines religiösen Symbols (zB Kopftuch, Kreuz) bzw die Weigerung, dieses abzulegen, rechtfertigt allein keine Kündigung[216]. Grundsätzlich ist bei der Abwägung den betroffenen Grundrechten in praktischer Konkordanz zu maximaler Wirksamkeit zu verhelfen[217]. Allerdings soll nach der Rechtsprechung des EuGH ein Arbeitgeber wirksam das Tragen religiöser Symbole untersagen können, wenn darin keine mittelbare Benachteiligung von Angehörigen einer konkreten Konfession zu sehen ist und das Verbot unterschiedslos für alle Konfessionen gilt[218]. Das BVerfG will dies jedoch nicht anlasslos, sondern nur bei einer konkreten Gefahr für andere Rechtsgüter ermöglichen[219]. Insbesondere in Tendenzbetrieben[220] und bei öffentlich-rechtlichen Arbeitgebern[221] kann ein Verstoß gegen das wirksam angeordnete religiöse Neutralitätsprinzip eine Abmahnung oder gar Kündigung rechtfertigen. Eine außerordentliche Kündigung wird regelmäßig aber nur nach vorheriger Abmahnung und in extrem unzumutbaren Fällen möglich sein.

89 (20) **Schlechtleistung.** Der Arbeitnehmer muss unter angemessener Ausschöpfung seiner persönlichen Leistungsfähigkeit arbeiten. Bleibt der Arbeitnehmer dahinter zurück, so kann dies eine verhaltensbedingte, in der Regel ordentliche Kündigung rechtfertigen[222]. Eine außerordentliche Kündigung kommt dagegen regelmäßig nur dann in Betracht, wenn der Arbeitnehmer vorsätzlich seine Arbeitskraft nicht ausschöpft[223]. Teilweise wird auch eine wiederholte fahrlässige Schlechtleistung für eine außerordentliche Kündigung für ausreichend erachtet[224]. Obliegen dem Arbeitnehmer dagegen Aufgaben mit besonderer Verantwortung, können ausnahmsweise bereits einmalige fahrlässige Schlechtleistungen eine außerordentliche Kündigung rechtfertigen (zB Ärzte, Piloten), wenn diese das Vertrauensverhältnis beschädigen, was insbesondere bei Gefährdung von Leben und Gesundheit des Arbeitgebers, Kunden oder Dritten der Fall ist[225].

90 (21) **Schwarzarbeit.** Während der Arbeitszeit beharrlich ausgeübte Schwarzarbeit kann eine außerordentliche Kündigung rechtfertigen[226]. Wird die Schwarzarbeit in der Freizeit ausgeübt, kommt es darauf an, ob ein Bezug zum Arbeitsverhältnis besteht[227]. Insbesondere bei einer nicht genehmigten Konkurrenztätigkeit kann hier eine Kündigung in Betracht kommen (vgl zu Nebentätigkeit oben Rz 84).

91 (22) **Selbstbeurlaubung.** Grundsätzlich darf der Arbeitnehmer nicht eigenmächtig Urlaub antreten, wenn der Arbeitgeber ihm seinen beantragten Urlaub nicht gewährt hat. Tut er dies dennoch, verletzt er seine arbeitsvertraglichen Pflichten in einer Weise, die den Arbeitgeber in der Regel zur außerordentlichen Kündigung berechtigt[228]. Das gilt auch bei einer Prozessbeschäftigung durch auflösend bedingte Fortsetzung des Arbeitsvertrags[229]. Auch einer Abmahnung bedarf es regelmäßig nicht, da der Arbeitnehmer davon ausgehen muss, dass der Arbeitgeber ein solches Verhalten nicht tolerieren wird[230]. Die Frage, ob der Arbeitgeber den Urlaub berechtigterweise abgelehnt hat oder nicht, ist im Rahmen der Interessenabwägung zu berücksichtigen[231]. Auch wenn gerichtlicher Rechtsschutz gegen die unberechtigte Verweigerung des Urlaubs nicht rechtzeitig zu erlangen ist, muss dies zugunsten des Arbeitnehmers berücksichtigt werden[232]. Verweigert der Arbeitgeber den Urlaub unberechtigt allein aus eigenem finanziellen Interesse und droht ein Verfall des Urlaubsanspruchs, soll eine außerordentliche Kündigung nicht möglich sein, wenn der Arbeitnehmer sich selbst beurlaubt[233].

---

216 BVerfG NZA 2003, 959; NJW 2015, 1359; BAG NZA 2003, 483.
217 Vgl zB BVerfG NZA 2003, 959; BAG NZA 2010, 227.
218 Vgl EuGH EuZW 2018, 480; Sprenger EUZA 2017, 352.
219 BVerfG NJW 2017, 381; vgl zum Spannungsfeld zwischen den Ansichten des EuGH und des BVerfG, Schubert NJW 2017, 2582, mit einer Aufarbeitung der aktuellen Rechtsprechung.
220 BAG NZA 2014, 1407 zum Fall des Kopftuchs in einem evangelischen Krankenhaus.
221 Vgl das Verbot der Landesregierung Baden-Württemberg für religiöse Symbole für Richter; vgl auch die Vorgabe des BVerfG, dass gesetzliche Verbote religiöser Symbole bei unterschiedsloser Geltung für möglich erachtet, um die staatliche Neutralität zu wahren NJW 2015, 1359 Ls 4.
222 BAG NZA 2004, 784; NZA 2008, 693.
223 LAG Düsseldorf DB 1962, 476; vgl APS/Vossen § 626 Rz 258; MünchKomm/Henssler § 626 Rz 164; KR/Fischermeier/Krumbiegel Rz 459.
224 MünchKomm/Henssler § 626 Rz 164.
225 Vgl ErfK/Niemann § 626 Rz 128a; APS/Vossen § 626 Rz 258 mit weitergehenden Ausführungen und Beispielen aus der Rechtsprechung.
226 LAG Düsseldorf DB 1969, 1803; ErfK/Niemann § 626 Rz 129.
227 ErfK/Niemann § 626 Rz 129; APS/Vossen § 626 Rz 260.
228 BAG NZA 1994, 548; NZA 2000, 1332; Staud/Preis § 626 Rz 151; APS/Vossen § 626 Rz 232; MünchKomm/Henssler § 626 Rz 171.
229 BAG NZA 2021, 1092.
230 Im Ergebnis auch BAG NZA 2000, 1332, 1334; MünchKomm/Henssler § 626 Rz 172; Staud/Preis § 626 Rz 151; krit APS/Vossen § 626 Rz 232.
231 Vgl LAG Köln NZA-RR 2014, 13; Staud/Preis § 626 Rz 151; APS/Vossen § 626 Rz 233.
232 BAG NZA 1994, 548; ErfK/Niemann § 626 Rz 147 will die Kündigung in solchen Fällen für unwirksam erachten und scheint damit faktisch ein Selbstbeurlaubungsrecht zu ermöglichen.
233 So der Fall bei BAG NZA 1994, 548.

Untertitel 1 Dienstvertrag 92–97 § 626

Die Grundsätze zur Selbstbeurlaubung sollen auf den eigenmächtigen Antritt der **Elternzeit** 92
ohne (rechtzeitiges) vorheriges Verlangen (BEEG § 16) übertragbar sein[234]. Im Rahmen der Interessenabwägung muss jedoch zugunsten des Arbeitnehmers berücksichtigt werden, dass der Arbeitnehmer sich um die Erziehung seines Kindes kümmern will[235].

Bleibt der Arbeitnehmer in Fällen des § 629 von der Arbeit fern, ohne dass er vom Arbeitgeber 93
hierfür freigestellt wird, kommt eine außerordentliche Kündigung dann regelmäßig nicht in Betracht, wenn der Arbeitnehmer einen Anspruch auf diese Freistellung gehabt hätte (vgl § 629 Rz 11).

Urlaubsüberschreitungen, die der Arbeitnehmer nicht zu verschulden hat, wie Naturkatastro- 94
phen, Erkrankungen usw, können eine Kündigung nicht rechtfertigen[236]. Etwas anderes gilt, wenn der Arbeitnehmer den Urlaub eigenmächtig verlängert, insbesondere wenn der Arbeitgeber den Urlaub oder die Verlängerung zuvor abgelehnt hat und der Arbeitnehmer für diesen Fall mit einer Krankschreibung gedroht hat[237]. Zur Drohung mit einer Krankschreibung siehe oben Rz 66.

(23) **Straftaten.** Oftmals liegen außerordentlichen Kündigungen in der Praxis strafbare Hand- 95
lungen oder zumindest der Verdacht strafbarer Handlungen (zur Verdachtskündigung vgl unten Rz 125) des Arbeitnehmers zugrunde. Allerdings berechtigt nicht jede Straftat, die ein Arbeitnehmer begeht, zur Kündigung des Arbeitsverhältnisses. Zu differenzieren ist zunächst zwischen Straftaten gegenüber dem Arbeitgeber bzw mit dem Arbeitsverhältnis verbundenen Personen (Kollegen, Kunden) sowie Straftaten gegenüber Dritten.

cc) **Straftaten gegenüber dem Arbeitgeber/Kollegen/Kunden.**

– **Allgemein.** Strafbare Handlungen gegenüber dem Arbeitgeber stellen eine Vertragspflicht- 96
verletzung dar und rechtfertigen regelmäßig eine außerordentliche Kündigung[238]. Das gilt auch für Straftaten zulasten von Kunden[239] oder – im Bereich des öffentlichen Dienstes – der Bürger[240]. Entscheidend ist stets die Zerstörung des Vertrauensverhältnisses, deren Bewertung unabhängig von der strafrechtlichen Bewertung des kündigungsrelevanten Sachverhalts ausfallen kann[241]. Hat der Arbeitgeber oder der Vorgesetzte an der Entstehung des Kündigungsgrundes selbst mitgewirkt, kann dies dazu führen, dass bereits der Tatbestand der strafbaren Handlung ausscheidet oder zumindest im Rahmen der Interessenabwägung ein Vertrauensverlust in den Arbeitnehmer nicht mit der Straftat begründet werden kann[242]. Während früher jedoch eine Straftat zulasten des Arbeitgebers regelmäßig zur Rechtfertigung einer außerordentlichen Kündigung ausgereicht hat, hat das BAG in jüngerer Rechtsprechung deutlicher hervorgehoben, dass auch bei Straftaten zulasten des Arbeitgebers eine umfassende Interessenabwägung zu erfolgen hat, in der insbesondere der Dauer des störungsfreien Verlaufs des Arbeitsverhältnisses angemessenes Gewicht zu verleihen ist; auch insoweit gibt es also keinen „absoluten Kündigungsgrund" (siehe oben Rz 40)[243].

– **Beleidigungen.** Grobe Beleidigungen[244] des Arbeitgebers, Vorgesetzten oder Arbeitskollegen 97
stellen eine erhebliche Pflichtverletzung dar und können regelmäßig eine (außerordentliche) Kündigung rechtfertigen[245]. Dasselbe gilt für Beleidigungen eines Kunden[246]. In besonders schwerwiegenden Fällen gilt das bereits bei einer einmaligen Begehung[247]. Dabei ist nicht die strafrechtliche Wertung entscheidend, etwa das Vorliegen einer Formalbeleidigung oder die Wahrnehmung berechtigter Interessen, sondern allein die Zumutbarkeit, das Dienstverhältnis fortzusetzen. Eine außerordentliche Kündigung wurde nicht als berechtigt erachtet, wenn die Beleidigung einem anderen Mitarbeiter gegenüber geäußert worden war und der Beleidigende sicher davon ausgehen konnte, dass die Beleidigung nicht weiter gegeben wird[248]. Äußerun-

234 LAG Baden-Württemberg LAGE BGB § 626 Nr 47; APS/Vossen § 626 Rz 235.
235 Vgl auch LAG Nürnberg NZA-RR 2007, 404.
236 Arb Marburg BB 1966, 945; Staud/Preis § 626 Rz 153; ErfK/Niemann § 626 Rz 149.
237 BAG NZA 1993, 308.
238 Vgl zB BAG NZA 2007, 744; NZA 2011, 571; Staud/Preis § 626 Rz 190; ErfK/Niemann § 626 Rz 133.
239 BAG NZA 2004, 919 (Hehlerei mit Ware des Geschäftspartners); LAG Niedersachsen NZA-RR 2013, 351 (unzulässige Privatliquidation); LAG Baden-Württemberg BeckRS 2010, 65774 (Unterschlagung von Kundengeldern); LAG Nürnberg EzA BGB § 626 nF Nr 104 (Diebstahl beim Vertragspartner); Staud/Preis § 626 Rz 190.
240 BAG NZA-RR 2009, 69.
241 BAG NZA 1997, 1340; ErfK/Niemann § 626 Rz 133a.
242 So zB ArbG München NZA-RR 2009, 134.
243 Vgl die Aufarbeitung bei Stoffels NJW 2011, 118 sowie die Rechtsprechung des BAG zB NZA 1985, 91 (Bienenstich); NZA 2010, 1227 (Emmely).
244 Zum Begriff der groben Beleidigung vgl BAG AP BGB § 626 Nr 13; vgl auch BAG BB 1970, 1349; LAG Düsseldorf DB 1972, 51.
245 BAG NZA 2011, 1412; NZA 2015, 797; LAG Berlin-Brandenburg BeckRS 2014, 66255; LAG Hessen NZA-RR 2014, 585.
246 LAG Schleswig-Holstein BeckRS 1998, 30467944.
247 BAG NZA 2010, 698; ErfK/Niemann § 626 Rz 86.
248 BAG AP BGB § 626 Nr 66.

Fischinger/Hofer

gen eines leitenden Angestellten über Maßnahmen des Arbeitgebers aus Sorge um den Betrieb heraus rechtfertigen grundsätzlich keine fristlose Kündigung[249]. Zu Meinungsäußerungen vgl Rz 83, zur Störung der betrieblichen Ordnung Rz 76, zur politischen Betätigung Rz 85 ff.

98 – **Bestechung.** Die Annahme von Schmiergeldern ist, in der Regel auch ohne vorherige Abmahnung, an sich geeignet, eine außerordentliche Kündigung zu rechtfertigen[250]. Eine Schädigung des Arbeitgebers ist nicht erforderlich[251]. Auch auf die Strafbarkeit des Verhaltens kommt es nicht an[252].

99 – **Eigentumsdelikte.** Vgl unten Vermögensdelikte Rz 104.

100 – **Sexuelle Belästigung.** Eine sexuelle Belästigung im Sinne des AGG § 3 Abs 4 stellt gemäß AGG § 7 Abs 3 eine Verletzung vertraglicher Pflichten und einen an sich wichtigen Grund zur Kündigung dar[253]. Bei leichteren Verstößen wird man eine Abmahnung für vorrangig erachten dürfen[254], wobei jedoch zu berücksichtigen ist, dass der Arbeitnehmer wissen muss, dass der Arbeitgeber sexuelle Belästigungen am Arbeitsplatz nicht dulden wird.

101 – **Stalking.** Stellt ein Arbeitnehmer einer Kollegin oder einem Kollegen unter bewusster Missachtung des entgegenstehenden Willens im Betrieb oder im Zusammenhang mit der geschuldeten Tätigkeit beharrlich nach, ist darin ein wichtiger Grund zu sehen[255]. Auf die strafrechtliche Würdigung als Straftat nach StGB § 238 kommt es nicht an, sondern allein auf die Verletzung der vertraglichen Nebenpflicht. Im Ergebnis sind für die Berechtigung zur Kündigung die Umstände des Einzelfalls, insbesondere die Intensität der Pflichtverletzung, die Folgen für den oder die Betroffene, eine etwaige Wiederholungsgefahr und der Verschuldensgrad entscheidend[256]. Zur Störung der betrieblichen Ordnung vgl Rz 76.

102 – **Tätlichkeiten.** Eine besonders schwerwiegende Verletzung arbeitsvertraglicher Nebenpflichten stellen tätliche Angriffe auf Arbeitskollegen, Vorgesetzte oder auch Kunden dar. Sie können in schwerwiegenden Fällen auch ohne vorherige Abmahnung eine außerordentliche Kündigung rechtfertigen[257]. Nicht entscheidend ist, dass es sich um eine vorsätzliche Tat handelt, sodass auch fehlgehende „Scherze" unter Arbeitskollegen (Böller im Dixi-Klo) einen wichtigen Grund darstellen können[258]. Selbst die Androhung erheblicher Körperverletzungen oder von „Amok" kann bereits für die Annahme eines wichtigen Grundes genügen[259] (vgl zur Störung der betrieblichen Ordnung oben Rz 76). Auch die Drohung mit einem Suizid kann ein an sich wichtiger Grund sein, jedenfalls dann, wenn der Arbeitnehmer den Arbeitgeber damit zu einer Handlung, Duldung oder Unterlassung zu bestimmen versucht[260].

103 – **Umweltdelikte.** Auch Umweltstraftaten können eine außerordentliche Kündigung rechtfertigen, insbesondere dann, wenn dadurch Kunden zu Schaden kommen können[261]. Dasselbe muss für Fälle gelten, in denen eine erhebliche Gefahr für die Allgemeinheit eintritt oder eintreten kann. Denn auch in diesen Fällen kann es – beispielsweise aufgrund einer damit verbundenen Berichterstattung – zu konkreten negativen Auswirkungen auf das Arbeitsverhältnis kommen. Ob ein einmaliger Vorfall für eine außerordentliche Kündigung reicht, wird nur am Einzelfall zu bewerten sein können.

104 – **Vermögensdelikte.** Von besonderer praktischer Relevanz für außerordentliche Kündigungen sind Vermögensdelikte (zB Diebstahl, Unterschlagung, Betrug, Untreue) gegenüber dem Arbeitgeber. Diese Delikte stellen schwerwiegende Vertragsverletzungen dar, die regelmäßig eine außerordentliche Kündigung rechtfertigen. Eine vorherige Abmahnung ist bei derartigen Verstößen in der Regel nicht erforderlich[262], wenn eine Verhaltensänderung in Zukunft selbst nach Abmahnung nicht zu erwarten ist oder es sich um eine so schwere Pflichtverletzung handelt, dass eine Hinnahme durch den Arbeitgeber offensichtlich – auch für den Arbeitneh-

---

249 BAG AP HGB § 70 Nr 8.
250 BAG NZA 2002, 232; NZA 2006, 101; MünchKomm/Henssler § 626 Rz 180.
251 BAG AP BetrVG 1972 § 102 Nr 73, 65; MünchKomm/Henssler § 626 Rz 180.
252 Schaub/Linck § 127 Rz 116; Staud/Richardi/Fischinger § 611 Rz 1271.
253 BAG NZA 2004, 1214; NZA-RR 2010, 180; NZA 2015, 294; NZA 2015, 343; NZA 2017, 1121; MünchKomm/Henssler § 626 Rz 250; Staud/Preis § 626 Rz 165 mwN.
254 BAG NZA 2015, 294.
255 BAG NZA-RR 2012, 567; ErfK/Niemann § 626 Rz 82a.
256 BAG NZA-RR 2012, 567; Staud/Preis § 626 Rz 165.
257 BAG NZA 1988, 137; DB 2009, 964; MünchKomm/Henssler § 626 Rz 252; ErfK/Niemann § 626 Rz 106; mit zahlreichen Einzelbeispielen aus der Rechtsprechung APS/Vossen § 626 Rz 270.
258 ArbG Krefeld BeckRS 2013, 65147.
259 BAG NZA 2017, 1605; LAG Düsseldorf BeckRS 2007, 47569; ErfK/Niemann § 626 Rz 106.
260 BAG NZA 2017, 1605.
261 Vgl zB LAG Hessen ArbuR 2006, 409; LAG Köln NZA-RR 2009, 368; Staud/Preis § 626 Rz 191.
262 Vgl zB BAG NJW 1985, 284; so auch Staud/Preis § 626 Rz 191; BeckOK-ArbR/Stoffels § 626 Rz 126.

mer erkennbar – ausgeschlossen ist[263]. Entscheidend für das Vorliegen eines Kündigungsgrundes ist weniger die strafrechtliche oder sachenrechtliche Einordnung, sondern die Verletzung von vertraglichen Pflichten, wie in diesen Fällen in der Regel die vertragliche Rücksichtnahme- und Treuepflicht des § 241 Abs 2[264]. Das BAG hat sich in jüngerer Rechtsprechung jedoch deutlich gegen einen absoluten Kündigungsgrund bei Straftaten positioniert (vgl oben Rz 96) und betont, dass auch bei Vermögensdelikten eine Interessenabwägung vorzunehmen ist, die durchaus auch zu Gunsten des Arbeitnehmers ausfallen kann[265]. Zwar hat das BAG genauso eine „Bagatellschwelle" abgelehnt, bei der eine Straftat grundsätzlich eine Kündigung nicht zu rechtfertigen vermag[266], jedoch dürfte im Rahmen der Interessenabwägung gerade bei geringen Schäden auf Seiten des Arbeitgebers (zB Entwendung geringwertiger Sachen) eine Interessenabwägung eher zu Gunsten des Arbeitnehmers ausfallen können.

dd) **Straftaten gegenüber Dritten.** Straftaten gegenüber Dritten (von Arbeitgeber/Kollegen/Kunden/Geschäftspartnern verschiedene) können dann eine außerordentliche Kündigung rechtfertigen, wenn sie einen Bezug zum Arbeitsverhältnis aufweisen, vgl insoweit zum außerdienstlichen Verhalten oben Rz 60. Soweit ein solcher Bezug nicht besteht, stellen derartige Straftaten keine Verletzung der vertraglichen Pflichten dar. Allerdings können sie gegebenenfalls Auswirkungen auf die persönliche Eignung des Arbeitnehmers haben und möglicherweise eine personenbedingte Kündigung rechtfertigen, vgl zur personenbedingten Kündigung unten Rz 115 ff. **105**

(24) **Streikteilnahme.** Die Teilnahme an einem **rechtmäßigen Streik** kann eine außerordentliche Kündigung nicht rechtfertigen, da die einzelnen Arbeitnehmer nicht vertragswidrig handeln[267]. Weigert sich ein Arbeitnehmer, der selbst nicht streikt, die Arbeit streikender Arbeitnehmer zu übernehmen (sog Streikarbeit), so kann dies eine Kündigung nicht rechtfertigen, auch wenn ihm diese Tätigkeiten grundsätzlich arbeitsvertraglich auferlegt werden können, sie ihm aber nur deshalb übertragen werden, weil sie ein anderer streikender Arbeitnehmer rechtmäßig verweigert. Der Arbeitnehmer soll nicht verpflichtet werden können, seinen streikenden Kollegen in den Rücken zu fallen, indem er Aufgaben außerhalb seines regulären Aufgabenkreises übernimmt[268]. Die Teilnahme an einem **rechtswidrigen Streik** stellt zwar eine Verletzung arbeitsvertraglicher Pflichten dar, die grundsätzlich eine außerordentliche Kündigung rechtfertigen kann[269]. Nichtsdestotrotz wird dies praktisch nur selten der Fall sein, da auch zugunsten des Arbeitnehmers mehrere Faktoren zu beachten sind. Zum einen kann er einem unverschuldeten Rechtsirrtum über die Rechtswidrigkeit des Streiks unterliegen, sodass es bereits an einer schuldhaften Vertragspflichtverletzung seitens des Arbeitnehmers fehlt[270]. Wird der rechtswidrige Streik von einer Gewerkschaft geführt, soll sich der Arbeitnehmer grundsätzlich auf die rechtliche Einschätzung der Rechtmäßigkeit des Streiks verlassen können und ein Kündigungsrecht in der Regel entfallen[271]. Dies gilt nach Meinung des BAG auch dann, wenn der Arbeitnehmer aufgrund einer komplizierten Rechtslage nur mit der Möglichkeit der Rechtswidrigkeit des Streiks rechnen musste[272]. Zum Erfordernis einer schuldhaften Vertragspflichtverletzung vgl oben Rz 61. Zum anderen soll im Rahmen der Interessenabwägung auch berücksichtigt werden, ob sich der Arbeitnehmer in einer psychischen Drucksituation befand. So soll zu berücksichtigen sein, dass der Arbeitnehmer unter dem Gesichtspunkt der Solidarität bei einer kollektiven Arbeitsniederlegung – zumindest solange er diese subjektiv als rechtmäßig ansehen konnte – als „Mitläufer" einem gewissen Druck ausgesetzt ist und ihm eine – meist nur symbolische – Distanzierung oft nicht zugemutet werden kann[273]. **106**

(25) **Unentschuldigtes Fehlen.** Grundsätzlich kann auch unentschuldigtes Fehlen ebenso wie unbefugtes vorzeitiges Verlassen des Arbeitsplatzes an sich geeignet sein, einen wichtigen Grund zur außerordentlichen Kündigung des Arbeitgebers zu begründen, wenn der Arbeitgeber den Arbeitnehmer erfolglos abgemahnt hat[274]. In der Regel wird eine einmalige unentschuldigte **107**

---

263 BAG NZA 2010, 1227; NZA 2011, 1027; NZA 2011, 1029; OLG Köln GmbHR 1996, 290.
264 Vgl BAG NZA 2010, 1227, 1230; NZA 2017, 112; vgl ausführlich APS/Vossen § 626 Rz 278.
265 BAG NZA 2010, 1227; NZA 2011, 1027; NZA 2011, 1029.
266 So ausdrücklich BAG NZA 2010, 1227, 1230; vgl APS/Possen § 626 Rz 275, 276.
267 Vgl Staud/Preis § 626 Rz 134.
268 BAG AP BGB § 615 Betriebsrisiko Nr 3; Staud/Preis § 626 Rz 134.
269 Vgl zB BAG NJW 1970, 486; BAG EzA GG Art 9 Arbeitskampf Nr 22, Nr 43; BAG EzA BGB § 626 nF Nr 89 = SAE 1985, 253 (m Anm Kraft); vgl auch Krichel NZA 1987, 297, 301.
270 BAG EzA GG Art 9 Arbeitskampf Nr 20, 24; MünchKomm/Henssler § 626 Rz 263.
271 BAG NJW 1984, 1271; ErfK/Niemann § 626 Rz 81; MünchKomm/Henssler § 626 Rz 263.
272 BAG NJW 1984, 1271; dazu krit Kraft SAE 1985, 262.
273 BAG NJW 1979, 236, 239; ErfK/Niemann § 626 Rz 80; MünchKomm/Henssler § 626 Rz 263.
274 BAG AP BGB § 626 Nr 76; NZA 2000, 1332.

Abwesenheit aber nicht genügen[275]. Etwas anderes mag jedoch gelten, wenn der Arbeitnehmer entgegen eines ausdrücklichen Verbots des Arbeitgebers fehlt[276]. Zur Selbstbeurlaubung vgl oben Rz 91. Zur Unpünktlichkeit vgl unten Rz 109.

108 (26) **Unerlaubte Nutzung von Betriebsmitteln.** Die Benutzung betrieblicher Mittel zu privaten Zwecken entgegen eines ausdrücklichen Verbotes kann eine außerordentliche Kündigung rechtfertigen[277]. Dies kann beispielsweise der Fall sein, wenn ein Arbeitnehmer – zumal mit Rohlingen des Arbeitgebers – unter Umgehung eines Kopierschutzes privat beschaffte Filme vervielfältigt[278]. Auch eine missbräuchliche Nutzung eines Dienstfahrzeugs kann eine außerordentliche Kündigung rechtfertigen[279]. Die unerlaubte private Nutzung der Telekommunikationsmittel des Arbeitgebers (Telefon, Fax, Mobiltelefon, etc) kann ebenfalls ein außerordentliches Kündigungsrecht begründen[280]. Selbst wenn die Telefonnutzung nicht ausdrücklich untersagt ist, kann eine übermäßige Nutzung eine Kündigung rechtfertigen. Vgl dazu und zur Nutzung des Internets oben Rz 80. Auch wenn ein Arbeitnehmer ihm nachgeordnete Mitarbeiter während der Arbeitszeit ohne Erlaubnis des Arbeitgebers privat für sich arbeiten lässt, kann dies einen wichtigen Grund zur außerordentlichen Kündigung darstellen[281].

109 (27) **Unpünktlichkeit.** Wenn ein Arbeitnehmer häufig zu spät zur Arbeit erscheint und damit seine Verpflichtungen aus dem Arbeitsverhältnis verletzt, kann eine außerordentliche Kündigung aus diesem Grunde ausnahmsweise dann in Betracht kommen, wenn die Unpünktlichkeit des Arbeitnehmers den Grad und die Auswirkung einer beharrlichen Verletzung (Verweigerung) seiner Arbeitspflicht erreicht hat. In diesem Falle ist es zwar nicht für die Eignung als wichtiger Grund, aber für die Interessenabwägung erheblich, ob es neben einer Störung im Leistungsbereich auch noch zu nachteiligen Auswirkungen im Bereich der betrieblichen Verbundenheit (Betriebsordnung, Betriebsfrieden) gekommen ist[282]. Vgl zur Arbeitsverweigerung oben Rz 74. In der Regel ist eine vorherige Abmahnung erforderlich[283].

110 (28) **Verrat von Betriebs- und Geschäftsgeheimnissen.** Der Arbeitnehmer unterliegt bereits aus § 241 Abs 2 einer Pflicht, Betriebs- und Geschäftsgeheimnisse seines Arbeitgebers einschließlich der ihm auf Grund seiner Tätigkeit bekannt gewordenen privaten Geheimnisse des Arbeitgebers zu wahren. Das folgt inzwischen auch aus dem **GeschGehG**[284]. Dieses verbietet in Bezug auf Geschäftsgeheimnisse (s GeschGehG § 2 Nr 1) die unbefugte Erlangung, Nutzung oder Offenlegung (GeschGehG § 4; Ausnahmen: GeschGehG §§ 3, 5). Bei einer Verletzung der Arbeitnehmer dieser Pflicht gelten zum einen die in GeschGeh §§ 6 ff geregelten Rechtsfolgen. Zum anderen stellt die Pflichtverletzung einen an sich wichtigen Grund iSv § 626 Abs 1 dar[285]. Dies gilt umso mehr, wenn der Arbeitnehmer einer besonderen, gemäß StGB § 203 strafbewehrten, Verschwiegenheitspflicht unterliegt, wie zB Ärzte, Anwälte usw[286]. Auch besondere Geheimhaltungspflichten für Mitglieder des Betriebsrats (vgl BetrVG § 79 Abs 1), des Personalrats (vgl zB BPersVG § 10) oder für Aufsichtsratsmitglieder (zB AktG §§ 116, 93 Abs 1 Satz 3) können bei ihrer Verletzung zugleich eine Verletzung arbeitsvertraglicher Pflichten darstellen und eine außerordentliche Kündigung rechtfertigen[287]. Einer Verletzung der Verschwiegenheitspflicht sollen Verstöße gegen den allgemeinen oder den besonderen Datenschutz gleichgestellt werden[288]. Bereits der heimliche Mitschnitt eines geheimen internen Gesprächs (zB eines Personalgesprächs) ist an sich geeignet, eine außerordentliche Kündigung zu rechtfertigen. Dabei kommt es nicht entscheidend auf die strafrechtliche Würdigung an (vgl StGB § 201). Maßgeblich ist die mit diesem Verhalten verbundene Verletzung der dem Arbeitnehmer nach § 241 Abs 2 obliegenden Pflicht zur Rücksichtnahme auf die berechtigten Interessen des Arbeitgebers[289].

111 (29) **Verschuldung.** Die Verschuldung des Arbeitnehmers allein ist noch kein Kündigungsgrund, selbst wenn damit wiederholt Lohnpfändungen einhergehen[290]. Etwas anderes kann bei Arbeitnehmern in einer besonderen Vertrauensposition gelten[291]. Führen die Lohnpfändungen

---

275 LAG Hamm LAGE BGB § 626 Nr 41; BeckOK-ArbR/Stoffels § 626 Rz 94; ErfK/Niemann § 626 Rz 141.
276 So zB ErfK/Niemann § 626 Rz 141.
277 BAG NZA 2016, 161; ErfK/Niemann § 626 Rz 142a.
278 BAG NZA 2016, 161.
279 BAG AP GewO § 123 Nr 26.
280 BAG NZA 2004, 717.
281 LAG Köln AuA 2016, 179.
282 BAG AP BGB § 626 Nr 99.
283 LAG Düsseldorf BB 1967, 799; ErfK/Niemann § 626 Rz 144; MünchKomm/Henssler § 626 Rz 169.
284 S näher dazu Staud/Richardi/Fischinger § 611a Rz 1240 ff.
285 BAG BeckRS 1982, 04958; NZA 2014, 1258, 1260.
286 ErfK/Niemann § 626 Rz 154.
287 BAG NZA 2009, 855; ErfK/Niemann § 626 Rz 154d; MünchKomm/Henssler § 626 Rz 219.
288 BAG NZA 2011, 1029; LAG Berlin-Brandenburg NZA-RR 2017, 404; Eylert/Sänger ZTR 2009, 398, 402; ErfK/Niemann § 626 Rz 154d; MünchKomm/Henssler § 626 Rz 219.
289 BAG NZA 2013, 143; LAG Rheinland-Pfalz NZA-RR 2016, 449; ErfK/Niemann § 626 Rz 154d.
290 BAG NJW 1982, 1062; BeckOK-ArbR/Stoffels § 626 Rz 137.
291 BAG NZA 1993, 17; BeckOK-ArbR/Stoffels § 626 Rz 137; ErfK/Niemann § 626 Rz 153.

aufgrund ihrer Vielzahl zu einer starken Belastung des Arbeitgebers, können diese aber gegebenenfalls eine ordentliche Kündigung rechtfertigen, regelmäßig aber nicht eine außerordentliche[292].

(30) **Vortäuschen einer Erkrankung/"Krankfeiern".** Meldet sich der Arbeitnehmer krank, ohne tatsächlich krank zu sein, begeht er damit zu Lasten seines Arbeitgebers einen Betrug, da dieser ihm Entgeltfortzahlung in dem Glauben an eine tatsächliche Erkrankung gewährt. Dieses Verhalten stellt in der Regel einen an sich wichtigen Grund zur außerordentlichen Kündigung dar[293]. Eine Abmahnung ist regelmäßig nicht erforderlich, da mit diesem Verhalten eine erhebliche Verletzung des Vertrauensverhältnisses einhergeht[294]. Zur Ankündigung einer Krankschreibung vgl oben Rz 66. Zu Pflichtverletzungen während des Genesungsprozesses vgl Rz 71. 112

(31) **Weisungswidriges Verhalten.** Ein nachhaltiger Verstoß des Arbeitnehmers gegen berechtigte Weisungen des Arbeitgebers stellt eine Vertragspflichtverletzung dar, die grundsätzlich eine außerordentliche Kündigung zu rechtfertigen vermag; der Arbeitnehmer, der die Weisungsbefolgung in der Annahme verweigert, sein Verhalten sei rechtmäßig, trägt das Risiko, dass sich seine (Rechts-)Auffassung als falsch herausstellt[295]. 113

(32) **Wettbewerbsverbot.** Der Arbeitnehmer unterliegt aufgrund seiner Treuepflicht aus §§ 241 Abs 2, 242, HGB § 60 einem allgemeinen Wettbewerbsverbot während seiner Tätigkeit[296]. Das Wettbewerbsverbot besteht während des gesamten rechtlichen Bestands des Arbeitsverhältnisses und somit auch während des Laufs einer Kündigungsfrist[297]. Verletzungen eines vertraglichen Wettbewerbsverbotes berechtigten regelmäßig zur außerordentlichen Kündigung[298]. Etwas anderes kann gelten, wenn besondere Umstände eine andere Beurteilung zugunsten des Arbeitnehmers erfordern[299]. Das soll zB bei nur gelegentlichen Freundschaftsdiensten im Bekanntenkreis der Fall sein[300]. Keinen Wettbewerbsverstoß stellt die Vorbereitung einer selbständigen Tätigkeit nach dem Arbeitsverhältnis dar[301] (vgl zum Abkehrwillen oben Rz 63). Problematisch können Fälle sein, in denen ein Arbeitgeber eine unwirksame (außer-)ordentliche Kündigung ausspricht, der Arbeitnehmer gegen diese vorgeht und zugleich (im Fall einer ordentlichen Kündigung nach Ablauf der Kündigungsfrist) eine Konkurrenztätigkeit aufnimmt[302]. Nach Ansicht des BAG soll diese Konkurrenztätigkeit für sich eine erneute außerordentliche Kündigung rechtfertigen können. Eine andere Bewertung lasse sich auch nicht aus § 615 Satz 2 ableiten[303]. Es wird aber – gerade dann, wenn der Arbeitnehmer nur aufgrund des vom Arbeitgeber gekündigten Arbeitsverhältnisses zu der neuen Tätigkeit veranlasst wurde – im Rahmen der Interessenabwägung viel zugunsten des Arbeitnehmers sprechen[304]. Zu Nebentätigkeiten vgl oben Rz 84. 114

b) **Gründe in der Person des Dienstpflichtigen.** – aa) **Grundlagen.** Während die verhaltensbedingte Kündigung auf das steuerbare und damit vorwerfbare Verhalten des zu Kündigenden rekurriert, knüpft die personenbedingte Kündigung an nicht steuerbare persönliche Fähigkeiten, Eigenschaften oder nicht vorwerfbare Einstellungen des Arbeitnehmers an[305]. Diese rechtfertigen dann eine außerordentliche Kündigung, wenn aufgrund dieser personenbezogenen Umstände dem Kündigenden die Fortsetzung des Arbeitsverhältnisses nicht mehr, und zwar nicht einmal mehr bis zum Ablauf der Kündigungsfrist einer ordentlichen Kündigung, zumutbar ist, weil der zu Kündigende die Fähigkeit oder Eignung zur Erbringung seiner Arbeitsleistung ganz oder zumindest in erheblichem Umfang verloren hat[306]. In aller Regel wird in diesen Fällen aber eine außerordentliche Kündigung ausscheiden und nur eine ordentliche in Betracht kommen, es sei denn, der Arbeitnehmer ist ordentlich unkündbar (vgl zB Rz 117). 115

bb) **Krankheit.** (1) **Grundsatz.** Auch wenn die Krankheit eines Dienstpflichtigen nicht generell ungeeignet ist, einen wichtigen Grund zu begründen[307], ist eine außerordentliche krankheitsbedingte Kündigung nur **ausnahmsweise** möglich, ist es dem Dienstberechtigten doch regelmäßig zuzumuten, den Ablauf der ordentlichen Kündigungsfrist abzuwarten[308]. Etwas anderes kann 116

---

292 Vgl BAG NJW 1982, 1062; NZA 2006, 841; ErfK/Niemann § 626 Rz 153.
293 BAG NZA 2008, 807; LAG Rheinland-Pfalz NZA-RR 2014, 127; vgl auch APS/Vossen § 626 Rz 189a mwN aus der Rechtsprechung.
294 BAG NZA-RR 2009, 622; ErfK/Niemann § 626 Rz 156; APS/Vossen § 626 Rz 189a.
295 BAG ZMV 2019, 224.
296 Vgl zB BAG AP BGB § 611 Treuepflicht Nr 7, 8; Staud/Richardi/Fischinger § 611a Rz 1204 mwN.
297 BAG NZA 2013, 207; Staud/Richardi/Fischinger § 611a Rz 1206.
298 BAG NZA 2008, 1415; genauso bereits NJW 1963, 1420; ErfK/Niemann § 626 Rz 102.
299 BAG NJW 1963, 1267; NJW 1988, 438.
300 LAG Schleswig-Holstein NZA-RR 2007, 240; ErfK/Niemann § 626 Rz 103.
301 Vgl zB BAG NZA 2008, 1415.
302 Vgl die ausführliche Darstellung dieser Problematik bei APS/Vossen § 626 Rz 297.
303 BAG NZA 1992, 212; NZA 2015, 429; aA LAG Köln LAGE HGB § 60 Nr 4; Hoß DB 1997, 1818.
304 BAG NZA 2015, 429; APS/Vossen § 626 Rz 297.
305 Vgl BAG NZA 2007, 680; NZA 2012, 444; NZA 2014, 653; ErfK/Oetker KSchG § 1 Rz 99.
306 BAG NZA 2009, 425.
307 Vgl BAG NZA 2004, 1271; NZA-RR 2013, 627.
308 BAG AP BGB § 626 Krankheit Nr 3, 7, 9.

nur in absoluten **Extremfällen** gelten, in denen dem Arbeitgeber die Tragung der Entgeltfortzahlungskosten nicht einmal mehr für die Dauer der Kündigungsfrist zumutbar ist[309].

117 (2) **Sonderfall: Ordentlich unkündbare Arbeitnehmer.** Eine Sondersituation ergibt sich bei **ordentlich unkündbaren Arbeitnehmern**. Bei diesen ist eine außerordentliche krankheitsbedingte Kündigung denkbar, ist es dem Arbeitgeber doch nicht zumutbar, ein Arbeitsverhältnis über Jahre oder gar Jahrzehnte mit einem Arbeitnehmer fortzusetzen, der (prognostisch) nie mehr in der Lage sein wird, die geschuldete Arbeitsleistung zu erbringen. Damit der Ausschluss der ordentlichen Kündbarkeit für den Arbeitnehmer nicht zum „Boomerang" wird, ist die außerordentliche Kündigung aber regelmäßig nur mit der Maßgabe zulässig, dass eine **soziale Auslauffrist** gewahrt wird, die mindestens so lang ist wie die hypothetische Kündigungsfrist bei ordentlicher Kündigung[310]. Ob mit dieser Maßgabe eine krankheitsbedingte außerordentliche Kündigung zulässig ist, richtet sich im Ausgangspunkt nach den gleichen Kriterien wie bei der ordentlichen krankheitsbedingten Kündigung (s dazu VOR § 620 Rz 172 ff), der dort bereits strenge Maßstab ist aber **auf allen Prüfungsstufen** noch weiter zu **verschärfen**[311]: So müssen die prognostizierten Fehlzeiten und die sich aus ihnen ergebende Beeinträchtigung betrieblicher Interessen deutlich über das Maß hinausgehen, welches eine ordentliche Kündigung sozial zu rechtfertigen vermag. Dies erfordert entweder ein gravierendes Missverhältnis zwischen Leistung und Gegenleistung, dh erheblichen Entgeltzahlungen dürfen keine nennenswerten Arbeitsleistungen gegenüberstehen, oder aber, dass aufgrund der Häufigkeit und Dauer der krankheitsbedingten Fehlzeiten der Einsatz des Arbeitnehmers nicht mehr sinnvoll und verlässlich geplant werden kann und dieser damit zur Förderung des Betriebszwecks faktisch nicht mehr beiträgt.

118 Daran gemessen wird zB eine außerordentliche Kündigung gebilligt, wenn der Arbeitnehmer dauerhaft arbeitsunfähig ist, er innerhalb der letzten drei Jahre vor der Kündigung insgesamt gerade einmal sechs Wochen gearbeitet hatte[312], damit zu rechnen ist, dass der Arbeitgeber für mehr als ein Drittel der jährlichen Arbeitstage Entgeltfortzahlung im Krankheitsfall leisten muss[313] oder es sich um eine besonders ansteckende oder ekelerregende Krankheit handelt[314]. Ferner kann einem befristet Beschäftigten, bei dem nach TzBfG § 15 Abs 4 die ordentliche Kündigung ausgeschlossen ist, außerordentlich gekündigt werden, wenn zu erwarten ist, dass er die gesamte oder den größten Teil der vereinbarten Befristungsdauer arbeitsunfähig erkrankt sein wird[315]. Dagegen scheidet eine fristlose Entlassung wegen einer im Dienst zugezogenen Erkrankung in aller Regel aus[316]. Bei Kündigung wegen häufiger Kurzerkrankungen ist in der Regel ein Referenzzeitraum von drei Jahren vor Zugang der Kündigung maßgeblich[317].

119 Eine Besonderheit gilt insoweit allerdings bei **Betriebsratsmitgliedern**, auch wenn sie an sich in die Gruppe der ordentlich Unkündbaren fallen. Bei diesen ist eine außerordentliche krankheitsbedingte Kündigung während der Amtszeit bzw der Zeitspanne des nachwirkenden Schutzes (KSchG § 15 Abs 1 Satz 2) in aller Regel nicht möglich, weil bei diesen im Rahmen der Zumutbarkeitsprüfung auf die fiktive Kündigungsfrist abzustellen ist, deren Einhaltung in aller Regel zumutbar wäre, so dass eine Kündigung insgesamt ausscheidet (vgl Rz 178)[318].

120 Ist der ordentlich unkündbare Arbeitnehmer nicht dauerhaft arbeitsunfähig, sondern liegt eine (dauerhafte) **krankheitsbedingte Minderung der Leistungsfähigkeit** vor, so ist eine außerordentliche Kündigung zwar ebenfalls nicht grundsätzlich ausgeschlossen, allerdings muss der Arbeitgeber zuvor – auch im Rahmen eines betrieblichen Eingliederungsmanagements (SGB IX § 167 Abs 2) – alles unternehmen, um durch ihm mögliche und zumutbare organisatorische Änderungen – wie der Zuweisung eines anderen Arbeitsplatzes, einer anderen Arbeit oder einer Modifikation des Arbeitsablaufs – der Problematik abzuhelfen[319]. Dabei sind hohe Anforderungen an die Bemühungen des Arbeitgebers zu stellen[320]. Umgekehrt ist der **Arbeitnehmer** gehalten, das ihm Mögliche und Zumutbare zu unternehmen, um den Bemühungen des Arbeitgebers zum Erfolg zu verhelfen[321]; tut er das nicht oder kommt er individual- oder kollektivvertraglichen

---

309 BAG AP BGB § 626 Krankheit Nr 9, 13; MünchKomm/Henssler § 626 Rz 222.
310 BAG BeckRS 2004, 40927; NZA 2014, 962; NZA-RR 2015, 16.
311 BAG NZA 2014, 962; NZA-RR 2015, 16.
312 BAG EzA BGB § 626 nF Nr 144; LAG Schleswig-Holstein DB 1969, 2091; MünchKomm/Henssler § 626 Rz 223.
313 BAG NZA 2018, 1056, 1059; MünchArbR/Rachor § 124 Rz 74.
314 MünchKomm/Henssler § 626 Rz 223.
315 MünchKomm/Henssler § 626 Rz 223.
316 So bereits zur ordentlichen Kündigung, wenn die Krankheit betrieblich verursacht wurde: BAG NZA 1990, 307; NJOZ 2003, 1746.
317 BAG NZA 2018, 1056, 1058.
318 BAG NZA 1994, 74; APS/Vossen § 626 Rz 313.
319 BAG NZA 1995, 1100; NZA 2010, 628; NZA-RR 2015, 16, 19.
320 APS/Vossen § 626 Rz 309a; BeckOK-ArbR/Stoffels § 626 Rz 146.
321 BAG NZA 2004, 1271.

Pflichten, an der Feststellung seiner Arbeitsfähigkeit mitzuwirken, nicht nach, so kommt eine darauf gestützte verhaltensbedingte Kündigung in Betracht[322].

(3) **Alkoholabhängigkeit.** Hat die Alkoholabhängigkeit des Arbeitnehmers wegen physischer oder psychischer Abhängigkeit ein medizinisches Krankheitsstadium erreicht und ist er deshalb nicht mehr oder nur noch sehr eingeschränkt arbeitsfähig, so gelten die oben skizzierten genannten Grundsätze zur krankheitsbedingten Kündigung entsprechend[323]. Daher kommt eine außerordentliche Kündigung in der Regel nicht in Betracht; etwas anderes gilt, wenn die ordentliche Kündigung ausgeschlossen ist[324]. Von einer mit der alkoholabhängigkeitsbedingten Arbeitsunfähigkeit begründeten personenbedingten Kündigung sind Konstellationen zu unterscheiden, in denen eine verhaltensbedingte Kündigung auf Alkoholmissbrauch im Betrieb oder alkoholbedingte Pflichtverletzungen gestützt wird (dazu Rz 65). 121

cc) **Freiheitsstrafe.** Eine außerordentliche Kündigung kann uU auch wegen einer vom Arbeitnehmer zu verbüßenden Freiheitsstrafe ausgesprochen werden[325]. Um eine personenbedingte Kündigung handelt es sich, wenn Anknüpfungspunkt für sie nicht die vom Arbeitnehmer begangene Straftat (dann läge eine verhaltensbedingte Kündigung vor[326]), sondern seine durch die Freiheitsstrafe bedingte Nichterbringbarkeit der Arbeitsleistung ist. Ob in diesem Fall nur eine ordentliche oder schon eine außerordentliche Kündigung möglich ist, hängt von den Einzelfallumständen ab, insbesondere von den **betrieblichen Auswirkungen** des Ausfalls des Arbeitnehmers[327]. Die negativen Auswirkungen auf den Betriebsablauf dürfen vom Arbeitgeber nicht durch mögliche und zumutbare Maßnahmen – insbesondere die Einstellung von Ersatzkräften – aufgefangen werden können[328]. Je länger die (Rest-)Haftstrafe ist und je öfter der Arbeitnehmer zu Haftstrafen verurteilt wird, desto eher kommt eine außerordentliche Kündigung in Betracht. Dabei sind – weil der Grund für die Abwesenheit vom Arbeitnehmer verschuldet wurde – keine so strengen Maßstäbe anzulegen wie bei der krankheitsbedingten Arbeitsunfähigkeit[329]. Ist der Arbeitnehmer (mittlerweile) als **Freigänger** in der Lage, seiner Arbeitsverpflichtung wieder nachzukommen, und wurde das Arbeitsverhältnis bis dato nicht wirksam gekündigt, so kommt eine personenbedingte Kündigung hingegen regelmäßig nicht mehr in Betracht. Im Rahmen seiner Fürsorgepflicht kann der Arbeitgeber auch verpflichtet sein, das seinerseits Erforderliche zu unternehmen, damit der Arbeitnehmer den Freigängerstatus erreicht; das gilt aber nur, wenn der Arbeitnehmer ihn über die Umstände der Tat und der Strafhaft nicht im Unklaren ließ und die Beschäftigung für den Arbeitgeber nicht mit Risiken oder Nachteilen belastet ist[330]. 122

Diese Grundsätze gelten im Wesentlichen auch, wenn sich der Arbeitnehmer in **Untersuchungshaft** befindet; die Tatsache, dass er bis zur rechtskräftigen Verurteilung als unschuldig gilt, ändert daran nichts[331]. Auch hier sind also die (voraussichtliche) Dauer der Untersuchungshaft und deren Auswirkungen auf den Betriebsablauf maßgeblich; beispielsweise hat das BAG eine 17-tägige Untersuchungshaft bei einem langjährigen Arbeitsverhältnis als nicht ausreichend angesehen, erst ab etwa einem Monat sei die Störung schwerwiegend genug[332]. Der in Untersuchungshaft genommene Arbeitnehmer hat seinen Arbeitgeber darüber sowie über die voraussichtliche Haftdauer zu **informieren**; unterlässt er dies, so kann das zwar im Grundsatz eine verhaltensbedingte Kündigung rechtfertigen, eine außerordentliche aber nur, wenn das Gewicht der Pflichtverletzung durch besondere Umstände erheblich verstärkt wird[333]. 123

dd) **Wehr-/Zivildienst.** Trotz der damit verbundenen, nicht nur kurzzeitigen Arbeitsverhinderung, rechtfertigt die Einberufung zum Wehr- oder Zivildienst wegen ArbPlSchG § 2/ZDG § 78 Abs 1 Nr 1 keine Kündigung; das ist jedoch insoweit weitgehend praktisch irrelevant, als zum 1.7.2011 – außer im Spannungs- und Verteidigungsfall (WPflG § 2) – der Grundwehrdienst und damit auch der Zivildienst ausgesetzt wurde. Wo der persönliche Anwendungsbereich des ArbPlSchG[334] nicht greift, dh insbesondere bei ausländischen Arbeitnehmern, ist ein Leistungsverweigerungsrecht anzunehmen, wenn der zeitliche Umfang des Wehrdienstes verhältnismäßig gering ist (zwei bis drei Monate); eine Kündigung scheidet dann aus[335]. Anders verhält es sich aber bei längerfristiger Abwesenheit, die zu Betriebsablaufstörungen führt. Hier kommt eine personenbedingte ordentliche – und in Extremfällen auch außerordentliche – Kündigung in 124

---

322 BAG AP BGB § 620 Kündigungserklärung Nr 19; BeckOK-ArbR/Stoffels § 626 Rz 146.
323 Vgl BAG NZA 2014, 602.
324 Vgl BAG AP BGB § 626 Nr 88, 159; NZA-RR 2013, 627.
325 Vgl BAG EzA BGB § 626 nF Nr 95; NZA 2016, 482; Staud/Preis § 626 Rz 222; Fischinger SpoPrax 2022, 14, 16.
326 Zur Abgrenzung vgl BAG NJW 2011, 2825.
327 BAG NJW 2011, 2825.
328 BAG AP BGB § 626 Nr 87; BeckOK-ArbR/Stoffels § 626 Rz 150.
329 BAG NJW 2011, 2825; NZA 2016, 482.
330 BAG AP BGB § 626 Nr 123.
331 BAG AP KSchG 1969 § 1 Nr 25.
332 BAG AP ZPO § 519 Nr 17.
333 BAG NZA 2015, 1180.
334 Dazu näher APS/Linck ArbPlSchG § 2 Rz 2 ff.
335 MünchKomm/Henssler § 626 Rz 230; MünchArbR/Kiel § 113 Rz 124.

Betracht[336]. Für die anstelle der Zivildienstleistenden tretenden Bundesfreiwilligen existiert keine entsprechende Regelung im BFDG.

125 ee) **Verdacht auf Vertrauensbruch.** (1) **Grundlagen.** Hat der Arbeitgeber den Verdacht, dass der Arbeitnehmer einen schweren **Vertrauensbruch** oder eine **strafbare Handlung** begangen hat, kann er zwischen zwei Kündigungsmöglichkeiten wählen: Entweder spricht er eine Kündigung wegen der (vermeintlichen) Tat aus (**Tatkündigung**), er läuft dann aber das Risiko, dass es ihm nicht gelingt, zu beweisen, dass der Arbeitnehmer die Tat wirklich begangen hat, woraufhin die Kündigung für unwirksam erklärt wird. Alternativ (oder kumulativ[337]) kann er nach ganz hM auch eine sog **Verdachtskündigung** aussprechen. Anknüpfungspunkt für sie ist kein (aus Sicht des Arbeitgebers) feststehendes schwerwiegendes Fehlverhalten des Arbeitnehmers, sondern der Verdacht eines solchen, der das für die Fortsetzung des Arbeitsverhältnisses notwendige Vertrauensverhältnis zerstört[338]. Systematisch handelt es sich deshalb nicht um eine verhaltens-, sondern eine **personenbedingte** (außerordentliche) Kündigung.

126 (2) **Voraussetzungen.** Um den Arbeitnehmer davor zu schützen, wegen eines bloßen Verdachts gekündigt werden zu können, ist diese an strenge Voraussetzungen geknüpft:

– Der Arbeitgeber muss seinen Verdacht auf **objektiv** nachvollziehbare, konkrete **Tatsachen** gründen[339]. Bloß subjektive Unterstellungen rechtfertigen demgegenüber keine Kündigung.
– Der Verdacht muss **dringend** sein, dh es muss eine überwiegende Wahrscheinlichkeit dafür bestehen, dass er zutreffend ist[340].
– Unterstellt, die dem Arbeitnehmer zur Last gelegten Umstände wären zutreffend, so müssten sie genügen, um eine außerordentliche verhaltensbedingte **Tatkündigung zu rechtfertigen**. Der Verdacht muss sich dabei auf eine Straftat oder wenigstens eine sonstige schwerwiegende Vertragspflichtverletzung handeln[341].
– Der Verdacht muss so gewichtig sein, dass dem Arbeitgeber infolge der daraus resultierenden Zerstörung des für das Arbeitsverhältnis erforderlichen Vertrauens dessen **Fortsetzung unzumutbar** ist[342]. Dies erscheint bei einer außerordentlichen Verdachtskündigung selbstverständlich. Das BAG hat jedoch in jüngerer Rechtsprechung entschieden und bestätigt, dass auch eine ordentliche Verdachtskündigung nur gerechtfertigt ist, wenn die Tatsachen, sollten sie sich als wahr erweisen, eine außerordentliche fristlose Kündigung rechtfertigen würden[343].
– Schließlich darf der Arbeitgeber die Kündigung erst aussprechen, nachdem er alle ihm **möglichen und zumutbaren Aufklärungsmaßnahmen** ergriffen hat, wobei er nicht nur nach belastenden, sondern auch nach entlastenden Umständen suchen muss. Dem Verdächtigen muss insbesondere **Gelegenheit zur Stellungnahme** und zur Ausräumung des Verdachts gegeben[344] sowie die Quelle des Verdachts genannt werden[345]. Der erforderliche Umfang und damit die Ausgestaltung der Anhörung richten sich nach den Umständen des Einzelfalls. Die Anhörung muss einerseits nicht den Anforderungen an die Anhörung des Betriebsrats gemäß BetrVG § 102 Abs 1 genügen. Andererseits reicht es jedoch nicht aus, den Arbeitnehmer mit einer allgemein gehaltenen Wertung zu konfrontieren. Vielmehr muss der Arbeitnehmer die Möglichkeit haben, bestimmte, zeitlich und räumlich eingegrenzte Tatsachen gegebenenfalls zu bestreiten oder den Verdacht entkräftende Tatsachen aufzeigen und somit zur Aufklärung beitragen zu können[346]. Die Erfüllung dieser Aufklärungspflicht ist grundsätzlich Wirksamkeitsvoraussetzung für die Verdachtskündigung[347]; ein Unterlassen der Anhörung wirkt sich nur dann nicht auf die Wirksamkeit der Kündigung aus, wenn die Anhörung aus vom Arbeitgeber nicht zu vertretenden Umständen unterblieb, zB weil der Arbeitnehmer eine Äußerung apodiktisch ablehnt[348].

127 (3) **Einzelfälle.** Eine Verdachtskündigung wurde für zulässig erklärt bei: Verdacht der Untreue eines Filialleiters[349]; Verhalten eines leitenden Angestellten mit selbständiger Tätigkeit, das Zweifel an seiner Ehrlichkeit erweckt[350]; Verdacht des Geschäftsdiebstahls, wenn der Angestellte auch ohne eigenes Verschulden einen Grund für die Annahme eines Verdachts und für die Zweifel an

---

336 Vgl BAG AP KSchG 1969 § 1 Verhaltensbedingte Kündigung Nr 7; MünchArbR/Kiel § 113 Rz 124.
337 BAG NZA 2009, 1136.
338 BAG NZA 2009, 604; gegen die Zulässigkeit von Verdachtskündigungen wegen EMRK Art 6 Abs 2 zB Deinert, AuR 2005, 285, 292, 295.
339 BAG NZA 2008, 636, 639; NZA 2013, 371, 372.
340 BAG NZA-RR 2011, 15; NZA-RR 2012, 222.
341 BAG AP BGB § 626 Verdacht strafbarer Handlung Nr 24, 28.
342 BAG AP BGB § 626 Verdacht strafbarer Handlung Nr 13.
343 BAG NZA 2016, 289; 2019, 893.
344 BAG NZA 1987, 699; EzA BetrVG 1972 § 102 Nr 62 (m Anm Kraft); NZA-RR 2008, 344.
345 BAG NJW 1961, 1085.
346 BAG NZA 2018, 1405; ausführlich zu den Kriterien einer ordnungsgemäßen Anhörung Klinkhammer, ArbRAktuell 2020, 7.
347 BAG NZA 1986, 674; NZA 1987, 69; NZA 2018, 1405; EzA BGB § 626 nF Verdacht strafbarer Handlung Nr 6 (m Anm Kraft).
348 BAG NZA 2008, 809.
349 BAG AP BGB § 626 Nr 8.
350 RAG ARS 43, 100.

Untertitel 1 Dienstvertrag

seiner Ehrlichkeit gegeben hat[351]; nichtaufklärbare Fehlbeträge in der Kasse[352]; Verdacht der Werkspionage[353]; Verdacht auf erhebliche Verletzung der dem Arbeitnehmer obliegenden Schadensabwendungs-/Schadensminderungspflicht[354]; Verdacht der Annahme von Schmiergeldern[355] oder eines Bestechungsversuches[356]; Verdacht, dass der Arbeitnehmer die Ausstellung einer Arbeitsunfähigkeitsbescheinigung mit unredlichen Mitteln beeinflusst oder sich auf unredliche Weise verschafft hat[357] sowie Verdacht auf „Blaumachen"[358].

(4) **Anhörung des Betriebsrats.** Besteht im Betrieb ein Betriebsrat und ist deshalb nach BetrVG § 102 vor Ausspruch der Kündigung dessen Anhörung erforderlich, so ist der Arbeitgeber gehalten, den Kündigungsgrund „Verdacht einer strafbaren Handlung" ausdrücklich anzugeben. Teilt der Arbeitgeber dem Betriebsrat lediglich mit, er beabsichtige dem Arbeitnehmer wegen einer begangenen Straftat zu kündigen, und stützt er später die Kündigung bei unverändertem Sachverhalt auch auf den Verdacht einer strafbaren Handlung, so ist der nachgeschobene Kündigungsgrund wegen insoweit fehlender Anhörung des Betriebsrats im Kündigungsschutzprozess nicht verwertbar (zum Nachschieben vgl Rz 251 ff)[359]. **128**

(5) **Kündigungserklärungsfrist.** Zu den besonderen Fragen, die sich in Bezug auf die Kündigungserklärungsfrist des § 626 Abs 2 bei Verdachtskündigungen stellen, vgl Rz 220. **129**

(6) **Wiedereinstellung.** Die Wirksamkeit der Verdachtskündigung bestimmt sich – wie bei anderen Kündigungen auch – nach dem Zeitpunkt des Zugangs der Kündigungserklärung[360]. Lagen zu diesem Zeitpunkt die oben genannten Voraussetzungen vor, ist und bleibt die Kündigung auch dann wirksam, wenn sich später herausstellt, dass der Verdacht unbegründet war. In diesem Fall kommt jedoch eine Wiedereinstellungspflicht des Arbeitgebers in Betracht[361]. Anzunehmen ist das aber nur, wenn sich der Verdacht positiv als falsch erweist, die bloße Einstellung eines staatlichen Ermittlungsverfahrens nach StPO § 170 Abs 2 genügt hierfür nicht[362]. **130**

(7) **Verhältnis zur Tatkündigung.** Im dogmatischen Ausgangspunkt sind Tat- und Verdachtskündigung streng zu unterscheiden, Anknüpfungspunkt für sie ist jeweils ein anderer. Das schließt es aber nicht aus, dass der Arbeitgeber beide **kumulativ** ausspricht. Zudem ist es den Arbeitsgerichten nach dem BAG möglich, in Fällen, in denen der Arbeitgeber nur wegen Verdachts kündigt, nach Überzeugung des Gerichts aber das Fehlverhalten tatsächlich feststeht, eine Tatkündigung anzunehmen, einer gesonderten „Umstellung" der Kündigung durch den Arbeitgeber bedürfe es nicht[363]. Das überzeugt angesichts der klaren dogmatischen Trennung beider Kündigungsarten nur bedingt, umso mehr als es dem Arbeitgeber unschwer möglich gewesen wäre, beide Kündigungen kumulativ auszusprechen. **131**

ff) **Fehlende Arbeitserlaubnis.** Bei der Beschäftigung von Ausländern stellt sich die Frage, ob diese einer Arbeitserlaubnis bedürfen[364]. Insoweit ist zu unterscheiden: Bürger aus der **Europäischen Union** bedürfen angesichts der durch AEUV Art 45 gewährleisteten Arbeitnehmerfreizügigkeit weder einer Aufenthalts- noch einer Arbeitserlaubnis; Gleiches gilt für die ihnen gleichgestellten Bürger der EFTA-Staaten im Europäischen Wirtschaftsraum (**EWR**), dh aus Island, Liechtenstein, Norwegen und der Schweiz. Bei **neuen EU-Mitgliedstaaten** wurde bislang stets vereinbart, dass der Zugang von deren Staatsangehörigen zum Arbeitsmarkt der alten Mitgliedstaaten beschränkt werden kann; die entsprechende Vorschrift findet sich in **SGB III § 284**, die derzeit aber keinen Anwendungsbereich hat, sondern allein mögliche künftige EU-Beitrittsstaaten betrifft. **Sonstige Ausländer** müssen nach AufenthG §§ 4 Abs 3, 18, 39 ff für die Ausübung einer Beschäftigung über eine gültige Aufenthaltserlaubnis verfügen. **132**

Fehlt es an der erforderlichen Genehmigung bzw Aufenthaltserlaubnis, so berührt dies nach zutreffender Auffassung zwar nicht die **Wirksamkeit des Arbeitsvertrags**[365], die Erfüllung der Arbeitsverpflichtung ist aber wegen rechtlicher Unzulässigkeit **unmöglich** (§ 275 Abs 1). Das gilt unabhängig davon, ob die Genehmigung/Erlaubnis während der gesamten Dauer des **133**

---

351 Sehr weitgehend BAG AP KSchG § 1 Nr 39.
352 RAG ARS 6, 575.
353 LAG Mannheim BB 1951, 784.
354 LAG Rheinland-Pfalz NZA-RR 2013, 129.
355 LAG Frankfurt BB 1954, 593.
356 LAG Düsseldorf DB 1963, 1055.
357 LAG Düsseldorf EzA BGB § 626 nF Nr 78; LAG Köln EzA BGB § 626 nF Nr 82.
358 LAG Hamm LAGE BGB § 626 Nr 20; LAG München LAGE BGB § 626 Nr 131.
359 BAG NZA 1986, 674.
360 BAG NZA 2011, 1084; daher bleibt auch der nachträgliche Freispruch unberücksichtigt und löst auch nicht etwa Schadensersatzansprüche des Arbeitnehmers aus, vgl BAG ArbRAktuell 2017, 488 mAnm Schuster.
361 BGH AP BGB § 611 Fürsorgepflicht Nr 2; BAG AP BGB § 626 Verdacht strafbarer Handlung Nr 13.
362 BAG AP BGB § 626 Verdacht strafbarer Handlung Nr 13, 27.
363 BAG NJW 2010, 398; NZA 2010, 1227.
364 Näher Staud/Richardi/Fischinger § 611a Rz 622 ff.
365 Ausführlich Staud/Richardi/Fischinger § 611 Rz 629 mwN.

Arbeitsverhältnisses fehlt, oder erst im Laufe der Zeit rechtskräftig[366] wegfällt. In beiden Fällen ist eine **personenbedingte Kündigung** durch den Arbeitgeber möglich. Ob er **außerordentlich oder nur ordentlich** kündigen kann, hängt von den Umständen des Einzelfalls ab. Dabei ist allerdings zu berücksichtigen, dass der Arbeitgeber mangels Leistungsfähigkeit des Arbeitnehmers (§ 297) nicht in Annahmeverzug (§ 615) geraten kann[367]; das Risiko unnützer Lohnkosten ist also kein die Notwendigkeit einer außerordentlichen Kündigung rechtfertigender Umstand. Im Übrigen sind folgende Überlegungen maßgebend[368]: (1) Wusste der Arbeitgeber bei der Einstellung von der fehlenden Erlaubnis? In diesem Fall scheidet eine außerordentliche Kündigung regelmäßig aus, begab sich der Arbeitgeber doch sehenden Auges in die Situation. Spiegelte umgekehrt der Arbeitnehmer dem Arbeitgeber wahrheitswidrig vor, über die erforderliche Genehmigung/Erlaubnis zu verfügen oder verschwieg er deren Wegfall, so erscheint eine außerordentliche Kündigung denkbar[369]. (2) Ist der Arbeitgeber aus wirtschaftlichen Gründen darauf angewiesen, den Arbeitsplatz schnell mit einem anderen Arbeitnehmer zu besetzen, um einen ungestörten Betriebsablauf sicherzustellen[370]? (3) Wie lange ist die Kündigungsfrist bei ordentlicher Kündigung?

134 gg) **Fehlen notwendiger öffentlich-rechtlicher Erlaubnisse.** Auch bei Fehlen sonstiger Erlaubnisse, die der Arbeitnehmer zwingend benötigt, um seine Arbeitsleistung gesetzeskonform erbringen zu können (wie zB die Fahrerlaubnis für einen LKW-Fahrer[371], die Approbation eines Arztes, die Anwaltszulassung eines Rechtsanwalts, Waffenschein für Personenschützer[372], die Erlaubnis zum Umgang mit Verschlusssachen[373]), ist eine personenbedingte Kündigung jedenfalls dann möglich, wenn der Mangel nicht nur kurzfristig bestehen wird und eine anderweitige Beschäftigung dem Arbeitgeber nicht zumutbar möglich ist. Ob dann eine außerordentliche oder nur eine ordentliche Kündigung möglich ist, hängt wie bei Rz 132 [Arbeitserlaubnis] von den Einzelfallumständen, insbesondere der Dauer der Kündigungsfrist, dem Wissen des Arbeitgebers und der Notwendigkeit, den Arbeitsplatz schnell neu zu besetzen, ab. Eine Kündigung ist dagegen nicht gerechtfertigt, wenn dem Arbeitnehmer nicht die notwendige öffentlich-rechtliche Erlaubnis fehlt/entzogen wird, sondern wenn der Arbeitgeber eine (zusätzliche) **betriebsinterne Erlaubnis** widerruft[374].

135 hh) **Unfähigkeit und Minderleistungen.** Qualitative Minderleistungen berechtigen regelmäßig nur in besonders schwerwiegenden Fällen zu einer außerordentlichen Kündigung[375]. Wenn überhaupt eine rechtlich relevante Minderleistung vorliegt, so ist es dem Arbeitgeber in aller Regel jedenfalls zuzumuten, den Ablauf der Kündigungsfrist abzuwarten. Etwas anderes gilt zum einen, wenn der Arbeitnehmer ordentlich unkündbar ist, allerdings muss der Arbeitgeber hier zunächst alle ihm möglichen und zumutbaren Maßnahmen ergreifen, um durch eine Änderung der Arbeitsbedingungen – zB Aufgabenverteilung, Arbeitsorganisation – der Problematik abzuhelfen und damit eine Weiterbeschäftigung zu ermöglichen[376]. Zum anderen erscheint eine außerordentliche Kündigung denkbar, wenn die Eignung zur Erbringung der geschuldeten Dienste vollständig und dauerhaft wegfällt[377].

136 ii) **Sicherheitsbedenken.** In sensiblen Bereichen, in denen Spionage oder Sabotage möglich sind (zB Geheimdienst, Wehrverwaltung, Ministerien), können Sicherheitsbedenken gegenüber einem Arbeitnehmer eine – auch außerordentliche – personenbedingte Kündigung rechtfertigen[378]. Voraussetzung ist allerdings, dass aufgrund konkreter Tatsachen spezifische Bedenken bestehen, was vom erkennenden Richter zu prüfen ist[379].

137 c) **Betriebliche Gründe.** – aa) **Betriebseinstellung und Betriebseinschränkung.** (1) **Grundsätze.** Die Einstellung oder Einschränkung der Geschäftstätigkeit aus wirtschaftlichen Gründen gibt grundsätzlich kein Recht zur außerordentlichen Kündigung[380]. Kann oder will der Arbeitgeber aus wirtschaftlichen Gründen den Betrieb nicht im bisherigen Umfang aufrechterhalten, so kann er zwar in einer marktwirtschaftlichen Ordnung hierzu nicht (dauerhaft) verpflichtet werden, im Interesse der Arbeitnehmer kann er die bestehenden Arbeitsverhältnisse

---

366 Fehlt es dagegen am rechtskräftigen Wegfall, ist maßgebend, ob bei Zugang der Kündigung mit der Erteilung der Genehmigung/Erlaubnis zu rechnen war oder nicht, APS/Vossen § 626 Rz 304.
367 Staud/Richardi/Fischinger § 615 Rz 88.
368 ErfK/Niemann § 626 Rz 67; MünchKomm/Henssler § 626 Rz 221.
369 LAG Nürnberg NZA 1995, 228.
370 BAG NJW 1977, 1023.
371 BAG AP BGB § 297 Nr 2.
372 BAG NJW 2013, 1115.
373 Vgl BAG NZA 2010, 628; NZA 2015, 1053.
374 BAG AP BGB § 626 Nr 212.
375 Vgl BAG EzA BGB § 626 nF Nr 154 (längere Strafhaft); LAG Baden-Württemberg BB 1966, 1103; LAG Frankfurt LAGE BGB § 626 Nr 29.
376 BAG AP BGB § 626 Krankheit Nr 7; BeckOK-ArbR/Stoffels § 626 Rz 148.
377 MünchKomm/Henssler § 626 Rz 225.
378 BeckOK-ArbR/Stoffels § 626 Rz 149.
379 BAG AP KSchG § 1 Sicherheitsbedenken Nr 1, 2, 3.
380 Vgl BGH BB 1957, 521; BAG AP BGB § 615 Betriebsrisiko Nr 28; NZA 2014, 895; zu Ausnahmen vgl BAG EzA BGB § 626 nF Nr 141.

aber nicht „von heute auf morgen" beenden, sondern nur per **ordentlicher Kündigungen** und somit unter Wahrung der jeweils einschlägigen Kündigungsfrist. Anders formuliert: Im Sinne von § 626 Abs 1 ist es dem den Betrieb stilllegenden Arbeitgeber regelmäßig zumutbar, das Arbeitsverhältnis bis zum Ablauf der Kündigungsfrist fortzusetzen, auch wenn er keinen wirtschaftlich verwertbaren Nutzen mehr an der Arbeitsleistung hat[381]. Dies gilt unabhängig davon, was **Anlass der Betriebsstilllegung** war. Ob der Arbeitgeber sich freiwillig – zB aus Altersgründen – zur Schließung entschließt, oder ob er sich aufgrund der Marktgegebenheiten, einem behördlichen Verbot der Betriebsfortführung oder dem physischen Untergang des Betriebs (zB Überschwemmung) zur Betriebsschließung entscheidet, spielt also keine Rolle. Irrelevant ist auch, ob den Arbeitgeber ein **Verschulden** trifft, ist dieser Umstand doch für die Zuweisung des Unternehmerrisikos nicht von Belang[382].

(2) **Sonderfall: Ausschluss der ordentlichen Kündbarkeit.** Besonderheiten gelten allerdings, wenn der betreffende Arbeitsplatz infolge einer Betriebs(teil)stilllegung wegfällt, aber das **Recht zur ordentlichen (betriebsbedingten) Kündigung** gesetzlich oder vertraglich **ausgeschlossen** ist. Dem Arbeitgeber muss hier letztlich mindestens mittelfristig eine Lösung des für ihn wirtschaftlich völlig sinnlosen und rein belastenden Arbeitsverhältnisses möglich sein. Das hat auch der Gesetzgeber anerkannt: So findet zB der für Betriebsräte grundsätzlich geltende Ausschluss der ordentlichen Kündigung (KSchG § 15 Abs 1) bei einer Betriebsstilllegung gerade keine Anwendung, KSchG § 15 Abs 4. Dieser Gedanke ist im Grundsatz zu **verallgemeinern** und insbesondere auch auf Fälle anzuwenden, in denen die ordentliche betriebsbedingte Kündigung durch Tarif- oder Arbeitsvertrag ausgeschlossen ist[383]. Die rechtstechnische Umsetzung ist hier nach hM allerdings eine andere, wird doch nicht der Weg über eine ordentliche Kündigung gewählt, sondern vielmehr das Instrument der sog **Orlando-Kündigung**. Dabei handelt es sich um eine **außerordentliche Kündigung mit sozialer Auslauffrist**, die regelmäßig mindestens so lang sein muss, wie es eine fiktive Kündigungsfrist bei ordentlicher Kündigung wäre[384]. **138**

Die Orlando-Kündigung ist jedoch nur möglich, wenn eine **anderweitige Beschäftigung** des ordentlich Unkündbaren auch unter Aufwendung aller zumutbaren Mittel überhaupt nicht mehr möglich ist[385]. Wie das BAG zu Recht betont, ist „der Arbeitgeber wegen des Ausschlusses der ordentlichen Kündigung in einem **besonderen Maß** verpflichtet zu versuchen, die Kündigung durch geeignete andere Maßnahmen zu vermeiden. Besteht irgendeine Möglichkeit, das Arbeitsverhältnis sinnvoll fortzusetzen, wird er den Arbeitnehmer in der Regel entsprechend einzusetzen haben. Erst wenn alle denkbaren Alternativen ausscheiden, kann ein wichtiger Grund zur außerordentlichen Kündigung vorliegen"[386]. Der Arbeitgeber muss entsprechend von sich aus nicht nur eine Versetzung in einen anderen Betrieb des Unternehmens, sondern auch die Zuweisung von Tätigkeiten aus anderen Arbeitsbereichen versuchen[387]. **139**

Wird der Betrieb, in dem der an sich ordentlich Unkündbare beschäftigt ist, nicht vollständig, sondern nur teilweise stillgelegt, so hat bei der Orlando-Kündigung eine **Sozialauswahl** analog KSchG § 1 Abs 3, 4 zu erfolgen[388]. **140**

bb) **Wirtschaftliche Schwierigkeiten.** Wenn schon eine Betriebsstilllegung keine außerordentliche Kündigung rechtfertigt, so kann für „bloße" wirtschaftliche Schwierigkeiten des Arbeitgebers, die nicht (sofort) zu einer Betriebsschließung zwingen, nichts anderes gelten, und zwar umso mehr, als selbst die Eröffnung des Insolvenzverfahrens regelmäßig kein Recht zur außerordentlichen Kündigung begründet (s Rz 24, 142). Eine außerordentliche Kündigung soll aber unter ganz besonderen Umständen möglich sein, und zwar, wenn die weitere Fortsetzung des Arbeitsvertrags eine außerordentliche, die wirtschaftliche Existenz des Arbeitgebers ernstlich bedrohende Belastung mit sich bringen würde[389]. Da dieses Problem mindestens mittelfristig regelmäßig über den Ausspruch ordentlicher Kündigungen gelöst werden kann, ist aber selbst dann richtigerweise so gut wie kein Raum für eine außerordentliche Kündigung. Entsprechend erlauben auch (vorübergehende) **Betriebsunterbrechungen** und -stockungen keine außerordentliche Kündigung. Sie fallen vielmehr in die Risikosphäre des Arbeitgebers, der insoweit auch regelmäßig Lohnfortzahlung schuldet, § 615[390]. **141**

---

381 Vgl zB BAG NZA 2013, 730.
382 BeckOK-ArbR/Stoffels § 626 Rz 160; Staud/Preis § 626 Rz 231.
383 Vgl zB BAG NZA 2007, 1278; NZA-RR 2011, 18; NZA 2013, 730; NZA 2019, 1345, 1346; für Sonderkündigungsschutz des Datenschutzbeauftragten vgl BAG NZA 2014, 895.
384 Vgl BAG EzA BGB § 626 nF Nr 96 m Anm Buchner; NZA 2013, 730 („zwingend").
385 BAG NZA 2013, 730; NZA 2014, 895.
386 BAG NZA 2013, 730; NZA 2019, 1345, 1346.
387 BAG AP BGB § 626 Nr 143; AP BGB § 615 Nr 97; für den öffentlichen Dienst: BAG NZA 2015, 866.
388 BAG AP BGB § 626 Nr 143; NZA 2019, 1345, 1347.
389 BAG AP BGB § 626 Nr 16.
390 BAG NZA 1987, 858; MünchKomm/Henssler § 626 Rz 234; Staud/Preis § 626 Rz 231.

142 cc) **Insolvenz.** Die Insolvenznähe oder -reife berechtigen ebenso wenig zur außerordentlichen betriebsbedingten Kündigung wie die Eröffnung des Insolvenzverfahrens. Das folgt zum einen aus InsO § 108, wonach der Bestand der Arbeitsverhältnisse durch die Insolvenzeröffnung unberührt wird. Zum anderen ergibt sich dies aus der Einordnung von InsO § 113, der dem Insolvenzverwalter keinen Sonderkündigungsgrund „Insolvenz" gibt, so dass auch der Verwalter nur unter den Voraussetzungen von KSchG § 1 Abs 2 Satz 1 Alt 3 kündigen kann[391].

143 Fraglich ist, ob für **Ausbildungsverhältnisse** Besonderheiten bestehen. Bei diesen ist gemäß BBiG § 22 Abs 2 Nr 1 nach Ablauf der Probezeit eine ordentliche Kündigung von Arbeitgeberseite ausgeschlossen und nur noch eine Kündigung aus wichtigem Grund möglich. Angesichts dessen wird bei Insolvenz des Arbeitgebers zum Teil ein Recht des Insolvenzverwalters zur außerordentlichen Kündigung bejaht[392]. Die herrschende Gegenauffassung lehnt hingegen auch insoweit ein außerordentliches Kündigungsrecht grundsätzlich ab; eine Ausnahme wird nur für den Fall gemacht, dass der Ausbildungszweck infolge der insolvenzbedingten Betriebsstilllegung nicht mehr erreicht werden kann, wobei umstritten ist, ob es sich dann um eine ordentliche Kündigung oder eine außerordentliche Kündigung mit Auslauffrist handelt und welche Kündigungs-/Auslauffrist zu beachten ist[393].

144 dd) **Betriebsübergang.** Ebenfalls kein Kündigungsrecht – und erst recht kein außerordentliches – besteht, wenn der Arbeitgeber den Betrieb im Wege eines Betriebsübergangs auf einen anderen überträgt. Im Gegenteil, hier verbietet **§ 613a Abs 4** sogar explizit eine Kündigung „wegen des Übergangs"; zulässig bleibt aber eine Kündigung aus anderen Gründen, zB weil Arbeitsplätze wegen Rationalisierungsmaßnahmen oder Synergieeffekten beim Erwerber wegfallen[394]. Auch hier besteht aber in aller Regel nur die Möglichkeit, ordentliche betriebsbedingte Kündigungen auszusprechen, außerordentliche Kündigungen kommen dagegen nicht in Betracht.

145 ee) **Druck auf den Arbeitgeber (Druckkündigung).** Unter einer Druckkündigung versteht man die Kündigung eines Arbeitnehmers, die ihren Anlass darin hat, dass die übrige Belegschaft oder außenstehende Dritte wie zB Kunden[395], Gewerkschaften oder Behörden die Entlassung unter Androhung von anderenfalls eintretenden Nachteilen vom Arbeitgeber fordern. Insoweit ist grundlegend zwischen zwei Konstellationen zu unterscheiden:

146 (1) **Unechte Druckkündigung.** Besteht unabhängig von dem ausgeübten Druck ein personen- oder verhaltensbedingter Grund an sich, der eine außerordentliche Kündigung des betroffenen Arbeitnehmers rechtfertigt, so handelt es sich nicht im engeren Sinne um eine Druckkündigung sondern, nur um eine sog unechte Druckkündigung. Es handelt sich dabei nicht um eine betriebsbedingte, sondern – je nachdem – um eine personen- oder verhaltensbedingte Kündigung. Für sie gelten im Grundsatz keine Besonderheiten. Eine Ausnahme ist allerdings im Rahmen der Interessenabwägung zu machen, in der die Drucksituation zu Gunsten des Arbeitgebers zu berücksichtigen ist[396]. Einen gesetzlich geregelten Sonderfall der unechten Druckkündigung regelt **BetrVG § 104**.

147 (2) **Echte Druckkündigung?.** Besteht hingegen an sich kein personen- oder verhaltensbedingter Grund für die Kündigung und erfolgt diese also nur aufgrund des auf den Arbeitgeber ausgeübten Drucks, liegt eine echte Druckkündigung vor. Inwieweit hier eine wirksame Kündigung zulässig ist, ist umstritten:

– Nach **hM** soll eine Drucksituation als solche durchaus geeignet sein, eine betriebsbedingte ordentliche – und höchst ausnahmsweise sogar eine betriebsbedingte außerordentliche[397] – Kündigung zu rechtfertigen[398], solange der Arbeitgeber sie nicht selbst herbeigeführt habe[399]. Allerdings sei der Arbeitgeber aufgrund seiner Fürsorgepflicht und dem **ultima-ratio-Prinzip** verpflichtet, sich zunächst einmal schützend vor den betroffenen Arbeitnehmer zu stellen, was insbesondere beinhalte, den Dritten von seiner Forderung abzubringen zu versuchen und,

---

391 Vgl BAG NZA 2003, 789; NZA 2006, 270; NZA 2007, 387; NZA 2008, 112; ErfK/Müller-Glöge InsO § 113 Rz 1.
392 ArbG Bochum ZIP 1985, 1515; Kuhn/Uhlenbruck KO § 22 Rz 8.
393 APS/Künzl InsO § 113 Rz 4; BeckOK-ArbR/Stoffels § 626 Rz 165; Schmidt/Ahrens InsO § 113 Rz 40; MünchKomm/Henssler § 626 Rz 237 mwN.
394 BAG NZA 1997, 148.
395 Vgl Fall in LAG Rheinland-Pfalz 14.12.2007 – 9 Sa 304/07.
396 ErfK/Niemann, § 626, Rz 185; vgl auch BAG NZA 1987, 21, 22.
397 BAG AP ZPO § 313 Nr 9.
398 BAG NZA 1987, 21; NZA 2014, 109; KR/Fischermeier/Krumbiegel, § 626, Rz 219 ff; MünchKomm/Henssler § 626 Rz 283 ff; Mayer-Maly RdA 1979, 356; Zur entsprechenden Anwendung der Grundsätze über die Druckkündigung auf das Handelsvertreterrecht vgl LAG Frankfurt AP BGB § 626 Druckkündigung Nr 9.
399 BAG AP BGB § 626 Druckkündigung Nr 8; Soergel[12]/Kraft § 626 Rz 65.

falls das nicht gelingt, nach anderen, milderen Mitteln wie beispielsweise einer Versetzung zu suchen[400]. Bringe dies aber keine Abhilfe und drohe im Falle der Verwirklichung der Drohung des/der Dritten dem Arbeitgeber eine Vernichtung seiner Existenz oder zumindest erhebliche wirtschaftliche Schäden (zB durch Streiks, Liefersperren, Abnahmeverweigerung), komme eine echte Druckkündigung in Betracht[401]. Zum Ausgleich solle der betroffene Arbeitnehmer Ansprüche gegen die Druckausübenden (§ 826)[402] und gegen den Arbeitgeber (aus § 280 [403], analog KSchG §§ 9, 10[404] oder Aufopferungsanspruch analog § 904 [405]) haben.

– Mit der **vorzugswürdigeren Gegenauffassung** ist die Zulässigkeit einer echten Druckkündigung stets zu verneinen[406]. Gegen die hM spricht zum einen, dass die von ihr postulierte Kündigung nicht mit dem abschließenden Kreis von nach KSchG § 1 Abs 1, 2 genannten Kündigungsgründen zu vereinbaren ist: Verhaltens- und personenbedingte Kündigungen scheiden jeweils aus, und auch eine betriebsbedingte Kündigung kommt nicht in Betracht, da eine solche nur möglich ist, wenn aufgrund einer Entscheidung des Arbeitgebers der Beschäftigungsbedarf entfällt. Zum anderen sind die von der hM zum teilweisen Ausgleich der mit ihrer Auffassung verbundenen Härten angenommenen Analogien dogmatisch einigermaßen zweifelhaft. Gesetzesnäher und dogmatisch überzeugender ist es demgegenüber vielmehr, die echte **Druckkündigung** für **unzulässig** zu halten. Ficht sie der Arbeitnehmer per Kündigungsschutzklage an, so kann allerdings unter den oben bei der hM genannten Voraussetzungen der Arbeitgeber im Ergebnis dennoch eine Beendigung des Arbeitsverhältnisses – wenn auch gegen Abfindungsleistung – erreichen, nämlich durch einen **Auflösungsantrag gemäß KSchG § 9 Abs 1 Satz 2, 1, § 10**.

ff) **Tod des Arbeitgebers.** Während der Tod des Dienstverpflichteten angesichts seiner im Zweifel persönlichen Dienstleistungspflicht (§ 613 Satz 1) in der Regel das Arbeitsverhältnis beendet, ohne dass es einer Kündigung bedarf[407], ist bei Versterben des Arbeitgebers zu unterscheiden: Wird der Arbeitnehmer, wie in der Regel, für eine betriebliche Tätigkeit eingestellt, ändert der Tod des Arbeitgebers nichts am Bestand des Arbeitsverhältnisses, auch eine Kündigung durch die Erben wegen des Todesfalls ist nicht möglich. Anders kann es sich verhalten, wenn die vom Arbeitnehmer zu erbringende Dienstleistung sinnvollerweise nur gegenüber dem Verstorbenen erbracht werden konnte, nicht aber gegenüber den Erben (zB Pflegekraft; Angestellter eines Rheinischen Nur-Notariats[408]). Endet das Arbeitsverhältnis in einem solchen Falle nicht ohnehin aufgrund entsprechender vertraglicher Absprache (zB auflösender Befristung, TzBfG § 21), so kann es von den Erben ordentlich gekündigt werden, eine außerordentliche Kündigung wird man hingegen in der Regel ablehnen müssen, weil die Erben insoweit in die „unternehmerische" Risikosphäre des Verstorbenen eintreten, und sie daher das Risiko tragen, die Arbeitsleistung nicht (mehr) sinnvoll nutzen zu können[409].

2. **Kündigungsgründe des Dienstpflichtigen (Arbeitnehmer).** – a) **Grundlagen.** Auch für die außerordentliche Kündigung durch den Dienstverpflichteten gelten nach zutreffender hM im Ausgangspunkt die gleichen Grundsätze wie für diejenige durch den Dienstberechtigten[410]. Neben einem wichtigen Grund an sich ist also auf zweiter Stufe der ultima-ratio-Grundsatz zu beachten, dh auch der außerordentlichen Kündigung durch den Dienstverpflichteten hat in aller Regel zunächst eine **Abmahnung** vorauszugehen[411]. Ferner ist auf dritter Stufe unter Berücksichtigung und Abwägung aller Umstände des Einzelfalls zu bestimmen, ob es dem Dienstpflichtigen zumutbar ist, das Dienstverhältnis bis zum Ablauf der ordentlichen Kündigungsfrist oder bis zum vereinbarten Ende fortzusetzen[412]. Schließlich gilt die Kündigungserklärungsfrist auch für Kündigungen durch den Dienstverpflichteten (Rz 210). Eine gesetzliche Sonderregelung für die Kündigung von Heuerverhältnissen durch den Dienstverpflichteten trifft **SeeArbG § 69** (s auch Rz 20).

---

400 BAG AP BGB § 626 BGB Druckkündigung Nr 13; NZA 1987, 21; Erman/Riesenhuber § 626 Rz 122.
401 BAG NZA 2014, 109, 112; APS/Vossen § 626 Rz 339.
402 Hromadka/Maschmann, ArbR I, § 10, Rz 123a; APS/Vossen § 626 Rz 344.
403 Vgl Deinert RdA 2007, 275, 280 f.
404 Dafür zB MünchKomm/Henssler § 626 Rz 287.
405 APS/Vossen § 626 Rz 344.
406 Hamacher NZA 2014, 134; KDZ/Deinert KSchG § 1 Rz 469.
407 Siehe Staud/Richardi/Fischinger § 613 Rz 10.
408 BAG AP BGB § 626 Nr 20.
409 BeckOK-ArbR/Stoffels § 626 Rz 166; für außerordentliche Kündbarkeit wohl MünchKomm/Henssler § 626 Rz 240; KR/Fischermeier/Krumbiegel § 626 Rz 158.
410 Vgl zB BAG NZA 2009, 840; NJW 2018, 3267, 3269; NZA 2021, 129, 130; APS/Vossen § 626 Rz 378; ErfK/Niemann § 626 Rz 158; BeckOK-ArbR/Stoffels § 626 Rz 167; einschränkend MünchKomm/Henssler § 626 Rz 297.
411 Vgl insb BAG BeckRS 2002, 41249; NZA 2007, 1419; LAG Baden-Württemberg BeckRS 2014, 68977.
412 BAG NZA 2009, 840; ErfK/Niemann § 626 Rz 158; Staud/Preis § 626 Rz 237; APS/Vossen § 626 Rz 378.

150 (Auch) der kündigende Dienstverpflichtete hat **kein Reuerecht**, an seine einmal ausgesprochene wirksame Kündigung ist er dementsprechend (selbstverständlich) gebunden, eine einseitige Rücknahme ist nicht möglich. Aber auch an eine **unwirksame Eigenkündigung**, die der Dienstberechtigte „akzeptiert", ist er nach der Rechtsprechung regelmäßig gebunden, sei es doch als treuwidrig einzustufen, wenn sich der kündigende Dienstverpflichtete später auf die Unwirksamkeit seiner Erklärung beruft[413]. Die ältere Rechtsprechung nahm dies aber (mit Recht) nur an, wenn der Kündigungserklärung wirklich eine erkennbar ernsthafte und endgültige Lösungsabsicht zugrunde lag[414]. Nach Einführung des Schriftformerfordernisses für Kündigungen in § 623 ist diese Einschränkung – zumindest für Arbeitsverhältnisse – ein Stück weit überholt bzw entbehrlich geworden[415]. Man wird nunmehr wie folgt unterscheiden können: Erfolgt die Kündigung **schriftlich**, so besteht eine entsprechend eindeutige und endgültige Trennungsabsicht; vorbehaltlich besonderer, in eine andere Richtung zeigender Einzelfallumstände, wird die Berufung auf die Unwirksamkeit der Kündigung demzufolge regelmäßig treuwidrig sein[416]. Genau umgekehrt verhält es sich dagegen bei einer nicht dem Schriftformerfordernis entsprechenden Kündigung, hier wird die Berufung auf die Unwirksamkeit meist nicht treuwidrig sein. Das gilt insbesondere für im „Affekt" ausgesprochene Kündigungen, die beispielsweise im Verlauf eines Streits erfolgen.

151 Für die **Umdeutung** einer unwirksamen außerordentlichen in eine wirksame ordentliche Kündigung gelten die gleichen Grundsätze wie bei der Kündigung durch den Dienstberechtigten (s Rz 202)[417]. Weil KSchG §§ 13 Abs 1 Satz 2, 4, 7 Satz 1 nur auf die Kündigung von, nicht aber auf solche durch Arbeitnehmer anwendbar sind, besteht für den Dienstberechtigten **keine Präklusionsfrist** zur Geltendmachung der Unwirksamkeit der Kündigung; prozessual ist richtige Klageart auch nicht eine punktuelle Kündigungsschutzklage, sondern eine allgemeine **Feststellungsklage (ArbGG § 46 Abs 2 Satz 1, ZPO §§ 495, 256 Abs 1)**.

152 b) **Gründe im Verhalten oder der Person des Dienstberechtigten/Arbeitgebers**. – aa) **Lohnrückstände**. Nichtzahlung des Lohnes oder Verzug mit der Lohnzahlung kann einen wichtigen Grund zur außerordentlichen Kündigung begründen. Erforderlich ist aber grundsätzlich, dass es sich entweder um einen **erheblichen Zeitraum** oder um einen **erheblichen Betrag** handelt[418]. Kleine Differenzen oder geringe Rückstände rechtfertigen dagegen in der Regel keine außerordentliche Kündigung[419]; etwas anderes gilt allerdings, wenn der Dienstberechtigte den Lohn willkürlich oder ohne nachvollziehbare Begründung verweigert[420]. Umgekehrt genügt selbst eine nicht unerhebliche Lohnzurückhaltung nicht, wenn es sich um einen abgeschlossenen Lebenssachverhalt handelt, der so speziell gelagert ist, dass eine Wiederholung der Problematik im laufenden Arbeitsverhältnis nach menschlicher Voraussicht nicht zu erwarten ist und für den bereits ein klärendes Klageverfahren eingeleitet ist[421]. Hinzunehmen sind gewisse Verzögerungen nach einer Neueinstellung oder bei der Änderung der privaten Umstände, die sich auf die abzuführende Lohnsteuer/Sozialversicherungsbeiträge auswirken[422]. Da zum vom Arbeitgeber regelmäßig geschuldeten Bruttolohn nicht nur der an den Arbeitnehmer auszuzahlende Nettobetrag, sondern auch die Abführung von **Lohnsteuer** und **Sozialversicherungsbeiträgen** zählt, kann ggf auch die Unterlassung dieser Abführung den Arbeitnehmer zur außerordentlichen Kündigung berechtigen[423].

153 Wird vor Ausspruch der Kündigung der geschuldete Betrag **nachgezahlt**, so entfällt in der Regel das Kündigungsrecht[424], dies gilt aber richtigerweise nur, wenn keine Wiederholungsgefahr besteht[425]. Hat der Arbeitnehmer Anspruch auf **Insolvenzgeld**, so steht das dem Bestehen des wichtigen Grundes nicht entgegen, vermag dieser sozialrechtliche Anspruch doch nicht die in der Nichtzahlung des Lohns liegende Pflichtverletzung zu beseitigen[426]. Die außerordentliche Kündigung wegen Zahlungsverzugs ist grundsätzlich nur nach einer vorherigen erfolglosen **Abmahnung** möglich[427]. Etwas anderes gilt aber, wenn mit einem vertragsgetreuen Verhalten – zB wegen hoffnungsloser Überschuldung des Dienstberechtigten – mit hoher Wahrscheinlichkeit nicht mehr zu rechnen ist[428]. Im Rahmen der **Interessenabwägung** von Bedeutung ist neben dem Verzugszeitraum und -betrag ferner, ob es sich bei dem Zahlungsverzug um einen einmali-

---

413 BAG NZA 1998, 420; BeckRS 2003, 30370804; NZA-RR 2012, 129; aA LAG Berlin BB 1989, 1121.
414 BAG NZA 1998, 420, 421 f; NZA 2004, 512.
415 Vgl auch BAG NZA 2009, 840, 841.
416 So nun auch BAG NZA 2021, 129, 130 f.
417 LAG Rheinland-Pfalz NZA-RR 2005, 251.
418 BAG NJW 1963, 2340; NZA 2002, 1323, 1326; NZA 2007, 1419; LAG Frankfurt DB 1965, 186.
419 BAG NZA 2002, 325; NJOZ 2003, 1760.
420 BAG AP BGB § 628 Nr 13.
421 BAG NJW 2012, 1900, 1903.
422 MünchKomm/Henssler § 626 Rz 301.
423 LAG Baden-Württemberg BB 1968, 874; APS/Vossen § 626 Rz 400.
424 BAG NZA 2007, 1419, 1420.
425 Schaub/Linck § 127 Rz 157; LAG Baden-Württemberg BB 1960, 289.
426 BAG NZA 2007, 1419, 1420.
427 BAG EzA BGB § 628 Nr 20; NZA 2007, 1419, 1420; NZA 2009, 840.
428 BAG NZA 2007, 1419, 1420.

gen Vorgang handelte oder dieser wiederholt erfolgte. Keine Rolle spielt nach dem BAG dagegen, ob der Arbeitgeber leistungsunfähig oder -unwillig war[429].

bb) **Unterlassen der Urlaubsgewährung.** Nach dem BUrlG steht jedem Arbeitnehmer pro Jahr eine bestimmte Mindestanzahl an Urlaubstagen zu. Ein Recht zur Selbstbeurlaubung besteht dabei nicht, vielmehr obliegt die Urlaubserteilung dem Arbeitgeber (s auch Rz 91). Der Arbeitgeber hat hierbei die Vorgaben des BUrlG § 7 Abs 1 und 2 zu beachten. Verletzt er diese Vorgaben, weil er (wiederholt) Urlaubswünsche des Arbeitnehmers ohne sachlichen Grund nicht erfüllt, so kann dies den Arbeitnehmer zur außerordentlichen Kündigung berechtigen. In aller Regel wird eine vorherige Abmahnung erforderlich sein; etwas anderes gilt aber, wenn der Arbeitgeber unmissverständlich zu verstehen gibt, dass er zur Urlaubserteilung unter keinen Umständen bereit ist[430]. Die gleichen Grundsätze wie für das Unterlassen der Urlaubsgewährung gelten, wenn der Arbeitgeber eine sonstige **Freistellung**, auf die der Arbeitnehmer Anspruch hat (zB nach § 629), zu Unrecht verweigert.

cc) **Mobbing, Herabsetzungen, Verdächtigungen.** Einen wichtigen Grund an sich zur außerordentlichen Kündigung des Dienstverpflichteten kann Fehlverhalten des Dienstberechtigten im „menschlichen Bereich" begründen, zB durch Mobbing, kränkende Behandlung, leichtfertige Verdächtigungen[431] oder unberechtigte Strafanzeigen[432], durch Anordnung körperlicher Durchsuchung ohne hinreichenden Grund[433], Beschimpfungen, Tätlichkeiten, Beleidigungen, sexuelle Belästigungen oder – bei ausländischen Arbeitnehmern – ausländerfeindliche Äußerungen[434]. Eine außerordentliche Kündigung lässt sich hierauf aber regelmäßig nur bei einer **gewissen Schwere** des Fehlverhaltens und, in der Regel, nach vorheriger erfolgloser **Abmahnung** stützen. Es gelten insoweit im Ausgangspunkt zwar die gleichen Grundsätze wie für den umgekehrten Fall eines Fehlverhaltens des Dienstverpflichteten gegenüber dem Dienstberechtigten. Allerdings ist zu berücksichtigen, dass – zumindest bei Arbeitsverhältnissen – der Arbeitnehmer regelmäßig in den Betrieb des Arbeitgebers eingegliedert ist und damit dessen erleichtertem „Zugriff" ausgesetzt ist. Während der Arbeitnehmer dem Arbeitgeber und dessen Fehlverhalten also sowohl faktisch wie juristisch regelmäßig nicht „entfliehen" kann, gilt das umgekehrt nicht durchgängig, kann der Arbeitgeber doch ggf durch Umorganisationen die das Fehlverhalten provozierenden Umstände einseitig ändern. Dieser Unterschied *kann* es rechtfertigen, dass inhaltlich gleiches Fehlverhalten von Arbeitnehmer oder Arbeitgeber in der Interessenabwägung unterschiedlich zu werten ist.

Aufgrund der Organisationsgewalt des Arbeitgebers kann er nicht nur für eigenes Verhalten, sondern ggf für dasjenige **anderer Arbeitnehmer** verantwortlich sein, wobei die für das Schadensrecht geltenden Zurechnungskriterien in der Sache auch im Rahmen außerordentlicher Kündigungen gelten. Entsprechend kommt eine Zurechnung des *Fremd*verhaltens in Betracht, wenn der sich Fehlverhaltende Erfüllungsgehilfe ist, was nur anzunehmen ist, wenn das Fehlverhalten in innerem sachlichen Zusammenhang zu den Aufgaben steht, die ihm vom Arbeitgeber zugewiesen wurden und nicht nur „bei Gelegenheit" erfolgte; regelmäßig kommt daher nur eine Zurechnung des Verhaltens von Vorgesetzten, nicht aber von Kollegen in Betracht[435]. Fehlt es daran, so kann eine *eigene* Verantwortlichkeit des Arbeitgebers vorliegen, wenn er gegen ihm bekanntes Fehlverhalten keine möglichen oder zumutbaren Maßnahmen ergriffen hat[436].

Von unzulässigen Herabsetzungen ist die **berechtigte Kritik** am Verhalten oder den Leistungen des Arbeitnehmers zu unterscheiden. Weil kein Recht auf einen kritikfreien Arbeitsplatz besteht, ist eine solche auch dann zulässig, wenn sie deutlich und schonungslos geäußert wird, solange dies nicht in herabwürdigender Weise erfolgt. Ebenfalls keine fristlose Kündigung durch den Arbeitnehmer rechtfertigt in der Regel eine vorherige **unbegründete Kündigung** seitens des Arbeitgebers[437]; etwas anderes gilt aber, wenn sie von herabsetzenden Umständen begleitet wird.

dd) **Verletzung von Arbeitsschutz- und Datenschutzvorschriften.** Die außerordentliche Kündigung durch den Dienstverpflichteten kann ferner durch die Nichtbeachtung von wesentlichen Arbeitsschutzbedingungen[438] oder Datenschutzvorschriften durch den Arbeitgeber gerechtfertigt sein. Ersteres ist nicht nur anzunehmen, wenn Vorschriften des öffentlich-rechtlichen

---

429 BAG NZA 2002, 325; NZA 2003, 816; NZA 2007, 1419.
430 ErfK/Niemann § 626 Rz 169.
431 Vgl BAG EzA BGB § 607 Nr 1; AP SeemG § 67 Nr 2; vgl aber auch LAG Baden-Württemberg BB 1960, 985.
432 Rieble/Wiebauer ZfA 2010, 63, 92.
433 LAG Mainz AP HGB § 71 Nr 1.
434 BAG DB 1967, 1375; LAG Düsseldorf DB 1972, 2072.
435 RAG ARS 5, 154.
436 Vgl im Mobbingkontext zB Staud/Richardi/Fischinger § 611a Rz 1880.
437 LAG Heidelberg DB 1950, 96.
438 Vgl BAG AP BGB § 626 Nr 62.

Arbeitsschutzes (grob) missachtet werden (zB ASiG, ArbSchG), sondern auch, wenn unter Verstoß gegen das ArbZG ständig und erheblich unzulässige Überstunden angeordnet werden. Die Kündigung ist in einem solchen Fall auch zulässig, wenn der Arbeitnehmer sich zunächst der rechtswidrigen Weisung beugte und die Überstunden erbrachte[439]. Auch insoweit gilt, dass die Kündigung regelmäßig erst nach einer entsprechenden Abmahnung durch den Arbeitnehmer zulässig ist; etwas anderes gilt, wenn das Verhalten des Arbeitgebers erwarten lässt, dass dieser nicht zu einer Änderung der bestehenden Praxis bereit ist.

159 ee) **Vorenthaltung von Kompetenzen.** Grundsätzlich stellt es keinen Grund für eine außerordentliche Kündigung dar, wenn dem Dienstverpflichteten bestimmte Kompetenzen wie zB eine Prokura oder die Ernennung zum Geschäftsführer vorenthalten wird[440]. Etwas anderes gilt allerdings, wenn (1) diese Vorenthaltung vertragswidrig ist und (2) dem Dienstverpflichteten die Fortsetzung des Dienstverhältnisses ohne die entsprechenden Kompetenzen unzumutbar ist[441]. Allerdings wird man vorrangig eine Abmahnung des Dienstverpflichteten verlangen müssen. In solchen Fällen kommen ggf auch Schadensersatzansprüche aus § 628 Abs 2 in Betracht (s § 628 Rz 34)[442]. Neben der vollständigen Vorenthaltung von Kompetenzen kann auch deren faktische Beschränkung, zB durch die Beiordnung eines Mitarbeiters oder Stellvertreters gegen den Willen eines Chefredakteurs, ggf eine außerordentliche Kündigung tragen[443].

160 ff) **Verletzung der Beschäftigungspflicht.** Verletzt der Arbeitgeber seine Pflicht zur vertragsgemäßen Beschäftigung, so stellt das einen wichtigen Grund zur außerordentlichen Kündigung durch den Arbeitnehmer dar[444], beeinträchtigt der Arbeitgeber dadurch doch das allgemeine Persönlichkeitsrecht des Arbeitnehmers[445]; das gilt auch bei Teilsuspendierungen, wenn dem Arbeitnehmer wesentliche Aufgaben entzogen werden und die Anordnung für den Arbeitnehmer zudem kränkend war[446]. Die außerordentliche Kündigung wird allerdings regelmäßig erst nach einer vorherigen fruchtlosen Abmahnung möglich sein. Kann der Arbeitnehmer kündigen, so kommt auch ein Schadensersatzanspruch aus § 628 Abs 2 in Betracht.

161 gg) **Werkswohnung.** Stellt der Arbeitgeber dem Arbeitnehmer eine Werkswohnung, so begründet nicht jeder Mangel der Wohnung einen wichtigen Grund im Sinne von § 626[447]. Hängen aber Erbringung der Arbeitsleistung und Nutzbarkeit der Wohnung untrennbar zusammen, so können schwerwiegende Mängel, die zu einer unzumutbaren Wohnsituation führen, eine Kündigung ggf rechtfertigen[448].

162 hh) **Krankheiten.** Leiden der **Dienstberechtigte** oder **Kollegen** des Dienstverpflichteten an **ansteckenden gefährlichen Krankheiten** und besteht eine Ansteckungsgefahr für den Dienstverpflichteten, so vermag das im Grundsatz eine außerordentliche Kündigung zu rechtfertigen[449].

163 c) **Gründe in der Person des Dienstverpflichteten/Arbeitnehmers.** – aa) **Krankheiten.** Die **eigene Dienstunfähigkeit** aufgrund einer schweren Erkrankung kann zwar ein wichtiger Grund zur außerordentlichen Kündigung durch den Dienstverpflichteten an sich sein. Eine außerordentliche Kündigung rechtfertigt sie aber nur in Ausnahmefällen, kann der arbeitsunfähig erkrankte Arbeitnehmer doch die Erfüllung seiner Arbeitspflicht verweigern (§ 275 Abs 1 oder 2); in Betracht kommt daher regelmäßig nur eine ordentliche Kündigung[450]. Überdies erfordert der ultima-ratio-Grundsatz zwar keine Abmahnung des Dienstberechtigten, jedoch muss diesem, wenn die Dienstunfähigkeit nur zeitlich und/oder in Bezug auf bestimmte Tätigkeiten eingeschränkt ist, Gelegenheit gegeben werden, einen anderen (Teilzeit-)Arbeitsplatz zur Verfügung zu stellen[451].

164 bb) **Berufliche Veränderungen.** Der Wunsch, sich beruflich zu verändern/zu verbessern und zu diesem Zweck ein Angebot auf einen Arbeitsplatz anzunehmen, rechtfertigt regelmäßig **nicht** eine außerordentliche Kündigung, und zwar selbst dann nicht, wenn der angebotene neue

---

439 BAG AP BGB § 626 Nr 62.
440 Vgl BGH NJW 2012, 1656.
441 BAG NZA 2002, 1323; vgl OLG Köln NZA-RR 2011, 411.
442 Vgl BAG AP KSchG 1969 § 4 Nr 8; NZA 2002, 1323; MünchKomm/Henssler § 626 Rz 307.
443 Vgl RGZ 112, 34.
444 BAG AP BGB § 628 Nr 7; AP BGB § 611 Beschäftigungspflicht Nr 14.
445 Näher zum allgemeinen Beschäftigungsanspruch Staud/Richardi/Fischinger § 611a Rz 1756 ff.
446 BAG AP BGB § 628 Nr 7.
447 BAG AP GewO § 124 Nr 1; LAG Düsseldorf DB 1964, 1032.
448 ErfK/Niemann § 626 Rz 170.
449 LAG Düsseldorf BB 1961, 49; MünchKomm/Henssler § 626 Rz 300.
450 BAG AP KSchG 1969 § 15 Nr 19; BeckRS 1989, 30730541; vgl auch BAG NJW 2018, 3267, 3269: Pflicht beider Vertragsparteien, darauf hinzuwirken, dass das Arbeitsverhältnis bis zum Ablauf der ordentlichen Kündigungsfrist in für beide Teile zumutbare Weise aufrechterhalten wird.
451 Vgl BAG AP BGB § 626 Krankheit Nr 1; APS/Vossen § 626 Rz 398.

Arbeitsplatz deutlich besser dotiert ist oder die sonstigen Arbeitsbedingungen besser sind[452]. Auch für das Angebot eines „**Traum-Jobs**" wird das in der Literatur nicht anders gesehen[453]; allerdings wird man hier aufgrund der Fürsorgepflicht des Arbeitgebers ausnahmsweise anders entscheiden können, wenn (1) es sich faktisch um ein einmaliges Angebot handelt, das – objektiv nachvollziehbar – in jeder Hinsicht (örtlich, zeitlich, inhaltlich) perfekt den Bedürfnissen des Arbeitnehmers gerecht wird, dieser (2) es nur annehmen kann, wenn er vorzeitig dem bestehenden Arbeitsverhältnis „entfliehen" kann und (3) keine überwiegenden, berechtigten Interessen des Arbeitgebers an der Erbringung der Arbeitsleistung bis zum Ablauf der Kündigungsfrist bestehen. Letzteres stünde zB bei einem abwanderungswilligen Fußballspieler einer außerordentlichen Kündigung des – regelmäßig befristeten und ordentlich nicht kündbaren[454] – Arbeitsvertrages entgegen, kann der aktuelle Arbeitgeber eine Ablösesumme doch nur verlangen, solange mit dem Spieler noch ein wirksames Arbeitsverhältnis besteht.

cc) **Studienplatz**. Umstritten ist, ob ein Recht zur außerordentlichen Kündigung besteht, wenn der Dienstverpflichtete so kurzfristig einen Studienplatz angeboten bekommt, dass vor Studienbeginn die Kündigungsfrist nicht mehr eingehalten werden kann[455]. Angesichts der meist überragenden Bedeutung von Universitätsstudien für das weitere Berufsleben wird man mit Blick auf GG Art 12 die Möglichkeit zur außerordentlichen Kündigung in solchen Konstellationen nicht apodiktisch ausschließen, sie zugleich aber auch nicht stets bejahen können. Maßgebend sind vielmehr die Einzelfallumstände, wobei maßgebliche Parameter – ähnlich beim Angebot des „Traum-Jobs" (Rz 164) – sind, ob es sich (1) faktisch um eine einmalige Chance handelt (oder ob nicht das Studium zum nächstmöglichen Semester aufgenommen werden kann), (2) die bestehenden Arbeitsverpflichtungen mit dem geplanten Studium (erheblich) kollidieren und (3) ob überwiegende, berechtigte Interessen des Arbeitgebers an der Erbringung der Arbeitsleistung bis zum Ablauf der Kündigungsfrist bestehen. **165**

dd) **Privat motivierte Arbeitsaufgabe**. Soll der Arbeitsplatz wegen Heirat oder anderer privater Gründe (zB Wunsch nach Sabbatical; vollständige Hinwendung zum Hobby usw) aufgegeben werden, so rechtfertigt dies **nicht** eine außerordentliche Kündigung. Dem Dienstverpflichteten ist hier vielmehr zuzumuten, die Kündigungsfrist abzuwarten, droht in diesen Fällen doch – anders als bei ggf den Konstellationen unter Rz 164 [berufliche Veränderung] und Rz 165 [Studienplatz] – regelmäßig keine dauerhafte Vereitelung einmaliger Chancen[456]. Anders verhält es sich, wenn der Dienstverpflichtete die **Strafhaft**, zu der er verurteilt wurde, nur antreten kann, wenn er vor Ablauf der Kündigungsfrist aus dem Arbeitsverhältnis ausscheidet; hier wird eine außerordentliche Kündigung regelmäßig möglich sein[457]. **166**

IV. Die außerordentliche Änderungskündigung

1. **Grundlagen**. Außerordentliche Kündigungen sind nicht nur als Beendigungs-, sondern auch als Änderungskündigungen (dazu allgemein VOR § 620 Rz 93) denkbar[458]. Die hierfür bestehende Voraussetzung, dass die Änderung der Arbeitsbedingungen alsbald bzw sogar sofort erforderlich ist, um den berechtigten Interessen des Kündigenden Rechnung zu tragen (s Rz 168), wird allerdings nur selten vorliegen, es wird vielmehr regelmäßig eine ordentliche Änderungskündigung genügen. Praktisch relevant wird die außerordentliche Änderungskündigung daher vor allem bei (einzel-/tarifvertraglich oder gesetzlich) **ordentlich unkündbaren** Arbeitnehmern[459]. **167**

2. **Voraussetzungen**. Grundlegende Voraussetzungen für eine außerordentliche Änderungskündigung sind, dass (1) dem Kündigenden die **Fortsetzung des Arbeitsverhältnisses zu den bisherigen Konditionen**, die er geändert haben möchte, **unzumutbar** ist, (2) die Änderung **alsbald** und unabweisbar notwendig ist und (3) die Änderung für den **Gekündigten zumutbar** ist und damit der Billigkeit entspricht[460]. Statt – wie bei der Beendigungskündigung – auf die Beendigung abzustellen, richtet sich die Rechtskontrolle bei der Änderungskündigung an dem **168**

---

452 BAG AP BGB § 611 Treuepflicht Nr 7; AP BGB § 626 Nr 59; LAG Schleswig-Holstein LAGE BGB § 626 Nr 55; KR/Fischermeier/Krumbiegel § 626 Rz 159.
453 MünchKomm/Henssler § 626 Rz 298.
454 LAG Rheinland-Pfalz NZA 2016, 699 Rz 31; vgl den Mustervertrag des DFB für Vertragsspieler § 11 (Stand 06/2016).
455 Bejahend ArbG Bremen BB 1961, 291; KR/Fischermeier/Krumbiegel § 626 Rz 160; MünchKomm/Henssler § 626 Rz 298; aA HWK/Sandmann § 626 Rz 311; ErfK/Niemann § 626 Rz 168.
456 MünchKomm/Henssler § 626 Rz 298; einschränkend ErfK/Niemann § 626 Rz 164.
457 MünchKomm/Henssler § 626 Rz 302.
458 Vgl zB BAG NZA 2009, 954; NZA-RR 2011, 167; APS/Vossen § 626 Rz 333, vgl zur Änderungskündigung allgemein auch Hofer/Grimm JA 2019, 486 (491).
459 ErfK/Niemann § 626 Rz 191a; BeckOK-ArbR/Stoffels § 626 Rz 209; APS/Vossen § 626 Rz 332; Hofer/Grimm JA 2019, 486 (491).
460 BAG NZA 2005, 949; NZA-RR 2011, 167.

Angebot aus, das Arbeitsverhältnis zu den geänderten Bedingungen fortzusetzen[461]. Daher: Je weitreichender die erstrebte Änderung ist, umso strengere Maßstäbe sind an die Rechtfertigung der Kündigung zu stellen[462]. Daran gemessen ist insbesondere die (außerordentliche) Änderungskündigung zur **Entgeltsenkung** nur in den Ausnahmefällen möglich, in denen der (Gesamt-[463])Betrieb bzw die Arbeitsplätze in seiner/ihrer Existenz gefährdet sind und die Lohnkürzung nicht nur geeignet ist, diese Gefahr zu bannen, sondern hierfür zwingend erforderlich ist, insbesondere also keine milderen Mittel in Betracht kommen[464]. Dagegen unterliegt eine Änderung „bloßer" **Nebenabreden** weniger strengen Maßstäben[465]. Keine Rolle für die rechtliche Bewertung der Wirksamkeit der Änderungskündigung spielt dagegen, ob der Arbeitnehmer das Angebot unter Vorbehalt annahm oder abgelehnt hat, dies wirkt sich nur bei den Rechtsfolgen aus[466].

169 Erstrebt der Kündigende die Abänderung des Arbeitsvertrags in mehr als nur einer Hinsicht, will er also zB neben der Arbeitszeit auch den Arbeitsplatz ändern, so müssen die oben (Rz 168) genannten Voraussetzungen im Grundsatz **für jede einzelne zu ändernde Arbeitsbedingung** vorliegen. Insbesondere muss also grundsätzlich jede der gewünschten Änderungen unabweisbar alsbald notwendig sein, der Kündigende darf nicht einen an sich eine außerordentliche Änderungskündigung liefernden Anlass dazu nutzen, nicht notwendige Änderungen durchzusetzen[467]. Allerdings gilt das nach dem BAG nur vorbehaltlich einer **Gesamtabwägung der beiderseitigen Interessen**. Diese könne nämlich auch ergeben, dass entweder der Arbeitnehmer eine an sich unzumutbare einzelne Änderung hinnehmen müsse oder aber der Arbeitgeber eine an sich berechtigte Änderungskündigung nicht durchsetzen könne, weil eine besonders gewichtige einzelne Änderung für den Arbeitnehmer unannehmbar ist[468].

170 Auch für die Änderungskündigung gilt der **ultima-ratio-Grundsatz**. Wäre es dem Arbeitgeber daher möglich und zumutbar, der krankheitsbedingten Minderleistung durch eine Änderung der Aufgabenverteilung Rechnung zu tragen, so scheidet eine außerordentliche Änderungskündigung aus[469]. Aus dem gleichen Grund kommt eine außerordentliche Änderungskündigung nur in Betracht, wo der Kündigende die Änderung nicht bereits per Ausübung seines Weisungsrechts (GewO § 106) erreichen kann[470]. Spricht der Arbeitgeber trotz der Möglichkeit, per Weisungsrecht vorzugehen, eine – deshalb: „überflüssige" – Änderungskündigung aus, so ist diese unwirksam, wenn der Arbeitnehmer das Änderungsangebot nicht angenommen hätte[471]; nahm der Arbeitnehmer das Angebot dagegen (unter Vorbehalt) an, soll die Kündigung nicht wegen ihrer Überflüssigkeit unwirksam sein[472].

171 Zur Kündigungserklärungsfrist (§ 626 Abs 2) s Rz 224.

172 3. **Verhältnis zur Beendigungskündigung**. Im Verhältnis zur Beendigungskündigung stellt die Änderungskündigung das für den Gekündigten **weniger belastende Instrument** dar, hat er es doch selbst in der Hand, durch vorbehaltlose Annahme oder Annahme unter Vorbehalt des Änderungsangebots die Beendigungskomponente der Änderungskündigung zu Fall zu bringen und damit den Fortbestand des Arbeitsverhältnisses – wenn auch ggf zu geänderten Bedingungen – sicherzustellen. Daraus folgt zweierlei: Zum einen ist der Ausspruch einer möglichen und zumutbaren Änderungskündigung in der Regel das gegenüber einer Beendigungskündigung mildere Mittel, was dementsprechend bei deren ultima-ratio-Prüfung zu berücksichtigen ist (s Rz 48 ff). Zum anderen ist an die Beurteilung einer Änderungskündigung in aller Regel ein anderer, weniger strenger Maßstab anzulegen als bei der einer Beendigungskündigung, ist doch nicht die außerordentliche Beendigung, sondern „nur" deren Inhaltsänderung nach § 626 rechtfertigungsbedürftig[473]. Allerdings gilt das nicht ausnahmslos[474].

173 4. **Betriebsverfassungsrechtliche Amtsträger.** Eine betriebsbedingte ordentliche oder außerordentliche Kündigung scheidet gegenüber betriebsverfassungsrechtlichen Amtsträgern grundsätzlich aus (s Rz 175 ff). Eine Ausnahme macht die Rechtsprechung aber für die **betriebsbedingte Änderungskündigung mit sozialer Auslauffrist**. Sie kommt in Betracht, wenn infolge einer vom Unternehmer in Ausübung seiner Unternehmerfreiheit beschlossenen Umstrukturierung das Arbeitsverhältnis mit dem Amtsträger nicht mehr sinnvoll zu den bisherigen Bedingungen fortgeführt werden kann. Denn dem Arbeitgeber ist es auch bei betriebsverfas-

---

461 KR/Fischermeier/Krumbiegel § 626 Rz 213.
462 Wiedemann RdA 1961, 1; MünchKomm/Henssler § 626 Rz 289; APS/Vossen § 626 Rz 334.
463 BAG AP KSchG 1969 § 2 Nr 51.
464 BAG AP KSchG 1969 § 2 Nr 50; NZA 2007, 1445; NZA 2018, 440.
465 BAG NZA 2003, 1029.
466 KR/Fischermeier/Krumbiegel § 626 Rz 214.
467 BAG AP BAT § 55 Nr 8; NZA 1987, 102.
468 BAG AP BGB § 626 Änderungskündigung Nr 1.
469 BAG NZA 1995, 1100; NZA 2014, 1089.
470 Vgl BAG AP KSchG 1969 § 2 Nr 135.
471 BAG AP KSchG 1969 § 2 Nr 135.
472 BAG AP KSchG 1969 § 2 Nr 36.
473 Vgl BAG AP BGB § 626 Änderungskündigung Nr 1; KR/Fischermeier/Krumbiegel § 626 Rz 213 mwN.
474 Vgl BAG AP KSchG 1969 § 2 Nr 51.

sungsrechtlichen Amtsträgern nicht zumutbar, ein für ihn sinnlos gewordenes Arbeitsverhältnis über einen erheblichen Zeitraum mit der Folge fortlaufender Lohnverpflichtungen fortzusetzen oder gar wegen des Beschäftigungsanspruchs dieser Personen auf die geplante organisatorische Umstrukturierung zu verzichten[475].

5. Rechtsfolgen. Wird eine Änderungskündigung durch den Arbeitgeber ausgesprochen, so gilt für die Reaktionsmöglichkeiten des Arbeitnehmers **KSchG § 2 analog**[476]. Der Arbeitnehmer hat folglich die Wahl zwischen vier Optionen: **174**

– Er kann das Änderungsangebot **schlicht ablehnen**, ohne eine Kündigungsschutzklage zu erheben. Das Arbeitsverhältnis endet in diesem Fall angesichts des in der Änderungskündigung enthaltenen Beendigungselements unmittelbar, die Kündigung gilt wegen KSchG §§ 13 Abs 1 Satz 2, 4, 7 als wirksam.
– Er kann das Änderungsangebot **vorbehaltlos annehmen**, mit der Folge, dass die Arbeitsbedingungen, die Gegenstand der Kündigung sind, unmittelbar geändert werden und das Arbeitsverhältnis zu den geänderten Bedingungen fortgesetzt wird.
– Er kann das Änderungsangebot **unter dem Vorbehalt des KSchG § 2 analog** annehmen, wobei dies bei einer außerordentlichen Änderungskündigung nur unverzüglich geschehen kann[477], es sei denn, die Kündigung wird mit sozialer Auslauffrist ausgesprochen, dann gilt analog KSchG § 2 Satz 2 eine Höchstfrist von drei Wochen[478]. In diesem Fall kann er die Unwirksamkeit der Änderung analog KSchG § 4 Satz 2 (s Rz 240) per sog Änderungsschutzklage gerichtlich geltend machen: Obsiegt er mit dieser, so war die Änderung der Arbeitsbedingungen durch die Änderungskündigung unwirksam, es gelten (rückwirkend) die ursprünglichen Bedingungen, zu denen das Arbeitsverhältnis auch künftig fortgesetzt wird; unterliegt er, so besteht das Arbeitsverhältnis hingegen zu in der Änderungskündigung vorgesehenen Konditionen fort.
– Schließlich kann der Arbeitnehmer auch das **Änderungsangebot ablehnen** und „normale" **Kündigungsschutzklage erheben** (KSchG § 13 Abs 1 Satz 2, §§ 4, 7). Für die Wirksamkeit der dann beendigend wirkenden Kündigung genügt es dabei aber, dass die Kündigung als Änderungskündigung wirksam war, dh es gelten „nur" die Anforderungen einer außerordentlichen Änderungs-, nicht aber die einer außerordentlichen Beendigungskündigung[479]. Lagen diese Voraussetzungen vor, so ist die Kündigung als Beendigungskündigung wirksam, das Arbeitsverhältnis endet unmittelbar mit ihrem Ausspruch; anderenfalls gelten (rückwirkend) die ursprünglichen Bedingungen, zu denen das Arbeitsverhältnis auch künftig fortgesetzt wird (analog KSchG § 8)[480].

V. Kündigung betriebsverfassungsrechtlicher Amtsträger

1. Grundlagen. Betriebsverfassungsrechtlichen und personalvertretungsrechtlichen Amtsträgern kann während und bestimmte Zeit nach ihrer Amtstätigkeit gemäß **KSchG § 15 Abs 1 bis 3b** grundsätzlich nur aus wichtigem Grund gekündigt werden; eine Ausnahme gilt allein bei Stilllegung des Betriebs oder der Betriebsabteilung, in der der geschützte Arbeitnehmer beschäftigt ist, KSchG § 15 Abs 4, 5 und für Vorfeld-Initiatoren, die gemäß KSchG § 15 Abs 3b nur vor verhaltens- und personen-, nicht aber betriebsbedingten ordentlichen Kündigungen geschützt sind. Abgesehen von diesen Ausnahmefällen können Amtsträger regelmäßig nur **außerordentlich verhaltensbedingt** gekündigt werden. Auch wenn insoweit im Grundsatz die gleichen materiellen Anforderungen wie bei Nicht-Amtsträgern gelten, sind einige Besonderheiten zu beachten (Rz 177). Dagegen scheidet selbst bei **dauerhafter krankheitsbedingter** Arbeitsunfähigkeit eine Kündigung während der Amtszeit regelmäßig aus (s Rz 119)[481]. Und auch **betriebsbedingte Kündigungen** von Amtsträgern werden – sieht man von den in KSchG § 15 Abs 4, 5 speziell geregelten Fällen sowie den Vorfeld-Initiatoren, die nach KSchG § 15 Abs 3b weiter betriebsbedingt ordentlich kündbar sind[482], ab – regelmäßig ausscheiden[483]; eine Ausnahme gilt allerdings für **betriebsbedingte Änderungskündigungen** (s Rz 173). Das gilt auch in der Insolvenz des Arbeitgebers, insbesondere stellt das Recht des **Insolvenzverwalters**, nach InsO § 113 **175**

---

475 BAG NZA 2005, 156; NZA 2005, 949; APS/Vossen § 626 Rz 334a; APS/Linck KSchG § 15 Rz 109.
476 BAG NZA-RR 2011, 167; ErfK/Niemann § 626 Rz 192.
477 BAG NZA 1987, 94; NZA 1988, 737.
478 BAG AP KSchG 1969 § 2 Nr 16; KR/Fischermeier/Krumbiegel § 626 Rz 214; BeckOK-ArbR/Stoffels § 626 Rz 210.
479 BAG NZA 2011, 460, 463; NZA 2015, 805, 807; ErfK/Oetker KSchG § 2 Rz 32.
480 Vgl APS/Künzl KSchG § 8 Rz 20.
481 BAG NZA 2014, 1089; krit APS/Linck KSchG § 15 Rz 110 f.
482 BT-Drucks 19/28899, 25; ErfK/Kiel KSchG § 15 Rz 13a.
483 APS/Linck KSchG § 15 Rz 106.

zu kündigen, keine Kündigung aus wichtigem Grund iSv KSchG § 15 Abs 1 bis 3a dar, so dass die Betriebsratsmitglieder auch in der Insolvenz den besonderen Kündigungsschutz genießen[484].

176 Neben den materiellen Erfordernissen bedarf eine außerordentliche Kündigung dieser Personen der vorherigen[485] **Zustimmung der jeweiligen betrieblichen Arbeitnehmervertretung** (BetrVG § 103, BPersVG § 47). Verweigert die Arbeitnehmervertretung sie, so kann das Arbeitsgericht sie allerdings unter bestimmten Voraussetzungen auf Antrag des Arbeitgebers ersetzen (vgl auch oben Rz 230). Dieses Zustimmungserfordernis dient einem bipolaren Zweck: Zum einen soll der Amtsträger geschützt werden, zum anderen aber auch das Gremium selbst, das nicht durch die „Entfernung" einzelner Mitglieder in seiner Funktionsfähigkeit behindert werden soll[486].

177 **2. Erfordernis einer arbeitsvertraglichen Pflichtverletzung.** Der Amtsträger steht dem Arbeitgeber in einem komplizierteren Rechten- und Pflichtenverhältnis gegenüber als ein Nicht-Amtsträger: Während bei letzterem allein die Vorgaben des Arbeitsverhältnisses zu beachten sind, treten bei ersterem neben diese auch die Amtsrechte und -pflichten. Entsprechend droht eine Belastung der Beziehungen zwischen Amtsträger und Arbeitgeber nicht nur durch eine Verletzung der Pflichten aus dem Arbeitsverhältnis, sondern auch durch Amtspflichtverletzungen. Im Hinblick auf die kündigungsrechtliche Relevanz ist allerdings zu unterscheiden:

– Verhaltensweisen, die **ausschließlich Amtspflichten** verletzen, berechtigen in keinem Fall zur außerordentlichen Kündigung des Arbeitsverhältnisses[487], würde anderenfalls der Amtsträger doch entgegen BetrVG § 78 Satz 2/BPersVG §§ 8, 107 Satz 1 benachteiligt. Vielmehr sind hier allein die kollektivarbeitsrechtlichen Sanktionsmechanismen einschlägig, dh vor allem BetrVG § 23 und BPersVG § 28[488]. Durchläuft der Arbeitgeber erfolgreich das Amtsenthebungsverfahren, so genießt der ehemalige Amtsträger nach KSchG § 15 Abs 1 aE keinen nachgelagerten besonderen Kündigungsschutz mehr und kann ggf ordentlich – eine außerordentliche Kündigung scheitert regelmäßig an § 626 Abs 2 – gekündigt werden; allerdings kann die der ordentlichen Kündigung zugrunde zu legende Negativprognose wegen der mangelnden Wiederholungsgefahr zu verneinen sein[489].

– Stellt die **Amtspflichtverletzung zugleich eine Arbeitsvertragspflichtverletzung** dar, kommt – neben den genannten kollektivarbeitsrechtlichen Sanktionen[490] – eine außerordentliche Kündigung dagegen in Betracht. Das BAG legt insoweit aber einen **strengeren Maßstab** als bei der Kündigung von Nicht-Amtsträgern an, um der besonderen Konfliktsituation, in der sich das Betriebsratsmitglied befindet, Rechnung zu tragen; entsprechend müsse unter Anlegung eines besonders strengen Maßstabs das pflichtwidrige Verhalten auch als schwerer Verstoß gegen die arbeitsvertraglichen Pflichten zu werten sein[491]. In der Literatur wird demgegenüber mit Recht betont, dass wegen BetrVG § 78 Satz 2 bzw BPersVG §§ 8, 107 Satz 1 die Mitgliedschaft im Betriebs- respektive Personalrat als solche nicht zu einer Erhöhung der Anforderungen an den wichtigen Grund oder die Interessenabwägung führt. Allerdings ist im Rahmen der Interessenabwägung die **besondere Konfliktsituation** zu berücksichtigen, in der sich nur Amtsträger befinden können (zB bei kontroversen Diskussionen des Betriebsrats mit dem Arbeitgeber). Ist das kündigungsrelevante Verhalten auf diese besondere Konfliktsituation zurückzuführen, ist das zugunsten des Amtsträgers zu berücksichtigen[492]. Für zulässig erklärt wurde eine außerordentliche Kündigung eines Amtsträgers zB bei bewusst wahrheitswidrigen, den Betriebsfrieden störenden Äußerungen[493], bei krass beleidigenden Aussagen gegenüber Vorgesetzten („KZ-Methoden")[494], bei Schmähkritik gegenüber dem Unternehmen, die nicht mehr von der Meinungsfreiheit gedeckt ist[495] oder vorsätzlichen Falschaussagen[496].

– Verletzt der Amtsträger dagegen **ausschließlich arbeitsvertragliche Pflichten**, so ist er im Grundsatz gleich wie jeder andere Arbeitnehmer zu behandeln, läge anderenfalls doch eine

---

484 BAG NZA 2006, 370; APS/Linck KSchG § 15 Rz 102; MünchKomm/Hergenröder KSchG § 15 Rz 92.
485 Vgl BAG NZA 1998, 1273.
486 BAG NZA 2013, 143, 144.
487 Ganz hM, vgl zB BAG AP BGB § 626 Nr 95; APS/Linck KSchG § 15 Rz 115.
488 BAG NZA-RR 2011, 15; NZA 2013, 143.
489 BeckOK-ArbR/Volkening KSchG § 15 Rz 70.
490 Nicht überzeugend für einen Vorrang der kollektivarbeitsrechtlichen Sanktionsinstrumente Bieback RdA 1978, 82; Leuze DB 1993, 2590; wie hier BeckOK-ArbR/Volkening KSchG § 15 Rz 69; APS/Linck KSchG § 15 Rz 117.
491 BAG NZA 1987, 392; NZA 2009, 855; NZA-RR 2010, 236; NZA-RR 2011, 15; zu „rechten" Betriebsräten und Reaktionsmöglichkeiten des Arbeitgebers, Arnold/Stark, ArbRAktuell 2018, 197.
492 APS/Linck KSchG § 15 Rz 118; vgl jetzt auch BAG NZA 2013, 143.
493 BAG AP BGB § 611 Beschäftigungspflicht Nr 5.
494 BAG AP BGB § 626 Nr 96.
495 BAG NZA 2014, 660; vgl aber auch BAG NZA 2015, 245.
496 BAG NZA-RR 2010, 236.

gegen BetrVG § 78 Satz 2 bzw BPersVG §§ 8, 107 Satz 1 verstoßende Begünstigung des Amtsträgers vor[497]. Allerdings soll im Rahmen der Interessenabwägung das kollektive **Interesse der Belegschaft** am Erhalt ihrer gewählten Vertreter zugunsten des Amtsträgers zu berücksichtigen sein, so dass ggf auf die Kündigung eines für die Arbeit des Gremiums unentbehrlichen Mitglieds zu verzichten sei[498]; auch wenn dem im Ausgangspunkt zuzustimmen ist, darf dies nicht als „Freifahrtschein" für den Amtsträger begriffen und gehandhabt werden, die Funktionsfähigkeit des Gremiums ist nur ein – wenn auch wichtiger – Faktor, der ggf hinter überwiegenden legitimen Arbeitgeberinteressen zurückzustehen hat. Auch wenn der Amtsträger teilweise oder gar vollständig freigestellt ist (vgl BetrVG §§ 37 Abs 2, 38; BPersVG § 46 Abs 3, 4) und deshalb seine vertragliche Primärpflicht ruht, bleiben seine arbeitsvertraglichen Nebenpflichten davon unberührt. Ihre Verletzung während der Freistellung kann daher ggf eine außerordentliche Kündbarkeit rechtfertigen[499]. Ein zur Kündigung berechtigendes Verhalten wurde in der Rechtsprechung zB **bejaht** bei vorgetäuschter Arbeitsunfähigkeit und genesungswidrigem Verhalten[500], bei Selbstbeurlaubung[501], sexuellen Belästigungen[502], der Erstellung heimlicher Mitschnitte von Personalgesprächen[503], einem Arbeitszeitbetrug[504] oder der Bereitschaft zur Falschaussage gegen den Arbeitgeber[505]; **verneint** wurde es dagegen bei der Durchführung von Wahlwerbung durch einen Wahlbewerber während der Arbeitszeit[506], dem Tragen eines Gewerkschaftsbuttons während der Arbeitszeit[507], Haschischkonsum im Betriebsratsbüro ohne Auswirkungen auf die Arbeitsleistung[508] oder herabsetzenden Aussagen über den Arbeitgeber in einem Gewerkschaftsblatt[509].

3. **Unzumutbarkeit der Weiterbeschäftigung**. Im Grundsatz wäre angesichts des nicht zwischen Amtsträgern und Nicht-Amtsträgern differenzierenden Wortlauts von § 626 Abs 1 auch bei der außerordentlichen Kündigung von Amtsträgern im letzten Schritt zu prüfen, ob dem Arbeitgeber unter Berücksichtigung aller Umstände des Einzelfalls und unter Abwägung der Interessen beider Vertragsteile die Fortsetzung des Arbeitsverhältnisses bis zum Ablauf der Kündigungsfrist zumutbar ist. Da die ordentliche Kündigung bei Amtsträgern aber gerade ausgeschlossen ist, würde die Vorschrift bei unbesehener Anwendung zu einer Benachteiligung von Amtsträgern gegenüber Nicht-Amtsträgern führen, die mit BetrVG § 78 bzw BPersVG § 107 nicht zu vereinbaren wäre. Abzuhelfen ist dem Problem damit, dass auf die **fiktive Kündigungsfrist** abzustellen ist, die gelten würde, wenn die ordentliche Kündigung nicht gesetzlich ausgeschlossen wäre (vgl oben Rz 120)[510]. Ist die Beschäftigung des Amtsträgers bis dahin zumutbar, so ist der Amtsträger insgesamt **nicht kündbar**: Eine ordentliche Kündigung scheitert an KSchG § 15 Abs 1-3b, eine außerordentliche an der fehlenden Unzumutbarkeit[511]. Und auch eine – bei KSchG § 15 Abs 4, 5 mögliche – **außerordentliche Kündigung mit sozialer Auslauffrist** ist in solchen Konstellationen nicht möglich, würde sie doch den vom Gesetzgeber mit KSchG § 15 Abs 1-3b intendierten Schutz gerade konterkarieren und den Amtsträger faktisch einem Nicht-Amtsträger gleichstellen[512].

4. **Kündbarkeit des Arbeitsverhältnisses**. Liegen die materiellen und formellen Voraussetzungen für eine Kündigung des Amtsträgers aus wichtigem Grund vor, so soll der Arbeitgeber nach seiner Wahl die Kündigung als **fristlose** oder (freiwillig) unter Gewährung einer **sozialen Auslauffrist** aussprechen können[513]; in letzterem Fall muss er aber darauf achten, deutlich zum Ausdruck zu bringen, dass er keine – nach KSchG § 15 Abs 1 bis 3b ausgeschlossene – ordentliche Kündigung, sondern eine außerordentliche Kündigung mit Auslauffrist ausspricht[514]. Praktisch sollten Arbeitgeber bei der Gewährung einer freiwilligen Auslauffrist jedoch zurückhaltend sein, da damit doch erhebliche Zweifel an der für eine außerordentliche Kündigung notwendigen Unzumutbarkeit der Fortführung des Arbeitsverhältnisses gesetzt werden. Hier droht dem Arbeitgeber, der es „gut meint", dass die außerordentliche Kündigung aufgrund der Auslauffrist insgesamt unwirksam ist.

---

497 BAG AP BGB § 626 Nr 95; LAG Köln LAGE KSchG § 15 Nr 14; Richardi/Thüsing, BetrVG, Anhang zu § 103, Rz 18.
498 ErfK/Kiel KSchG § 15 Rz 23; MünchKomm/Hergenröder KSchG § 15 Rz 100; vgl (im Rahmen von BetrVG § 103) auch BAG AP BetrVG 1972 § 103 Nr 1, 3, 17.
499 Vgl BAG NZA-RR 2011, 15, 17; ErfK/Kiel KSchG § 15 Rz 23.
500 LAG Berlin NZA-RR 1999, 523.
501 BAG NZA 1998, 708.
502 BAG NZA 2001, 91.
503 BAG NZA 2013, 143.
504 BAG AP BetrVG 1972 § 103 Nr 7.
505 BAG AP BGB § 626 Nr 95.
506 LAG Köln LAGE KSchG § 15 Nr 7.
507 ArbG Köln BB 1985, 663.
508 LAG Baden-Württemberg NZA 1994, 175.
509 LAG Berlin 19.9.1996 – 12 Sa 70/96.
510 BAG NZA 2002, 815; Richardi/Thüsing BetrVG Anhang zu § 103 Rz 18.
511 BAG NZA 2008, 777; NZA 2013, 224.
512 BAG NZA 2008, 777; NZA 2013, 224.
513 Allgemeine Meinung, vgl zB MünchKomm/Hergenröder KSchG § 15 Rz 95.
514 BAG AP KSchG 1969 § 15 Nr 6.

VI. Besonderheiten bei der Gruppenarbeit

180 **1. Grundsätze der Rechtsprechung.** Bei der Gruppenarbeit ist die Arbeitsleistung mehrerer Arbeitnehmer gerade als gemeinsame Leistung zu erbringen, dh die Arbeitsleistungen der einzelnen Gruppenmitglieder sind untrennbar miteinander verbunden, und zwar unabhängig davon, ob es sich um eine durch den Arbeitgeber gebildete sog Betriebsgruppe oder um eine von den Arbeitnehmern vor Begründung des Arbeitsverhältnisses gegründete sog Eigengruppe (zB Streichquartett) handelt[515]. Die kündigungsrechtliche Behandlung solcher Gruppen ist umstritten. Nach Auffassung des **BAG** können die Arbeitsverhältnisse in beiden Fällen grundsätzlich nur **von bzw gegenüber der gesamten Gruppe gekündigt** werden[516]. Daraus wird für den Fall von Eigengruppen geschlossen, dass dann, wenn die außerordentliche Kündigung eines Gruppenmitglieds möglich ist, allen Gruppenmitgliedern gekündigt werden kann[517].

181 **2. Kritik.** In dieser Pauschalität vermag dieser Ansatz jedoch nicht zu überzeugen. Zutreffend ist er zugegebenermaßen, wenn eine Eigengruppe in Form einer GbR besteht, liegt dann doch tatsächlich nur ein Rechtsverhältnis – nämlich das zwischen „Arbeitgeber" und GbR – vor. Dieses kann logischerweise nur einheitlich behandelt (also insbesondere auch gekündigt) werden[518]. Handelt es sich dagegen bei der Eigengruppe nicht um eine GbR, so bestehen trotz der gemeinsam zu erbringenden Arbeitsleistung einzelne Rechtsbeziehungen.

182 **a) Einzelbetrachtung.** Entgegen dem BAG ist richtigerweise in diesen Fällen eine Einzelbetrachtung der zu den einzelnen Gruppenmitgliedern bestehenden Vertragsverhältnisse vorzunehmen. Ob diese – jeweils – gekündigt werden können, muss daher innerhalb des jeweiligen Vertragsverhältnisses beantwortet werden. Dafür spricht auch ein Vergleich mit § 425 Abs 2, der für den – hier nicht vorliegenden – Fall der Gesamtschuld anordnet, dass Tatsachen einer Kündigung nur für und gegen den Gesamtschuldner wirken. Wenn das selbst in dem Fall einer Gesamtschuld gilt, die insoweit eine noch engere Verknüpfung der Vertragsverhältnisse aufweist, als ein und dieselbe Leistung geschuldet ist, während vorliegend nur einzelne Leistungen aus der jeweiligen Vertragsbeziehung geschuldet werden, – dann muss im Falle einer Gruppenarbeit erst recht eine Betrachtung anhand der einzelnen Vertragsverhältnisse vorgenommen werden. Daher muss für jedes einzelne Gruppenmitglied geprüft werden, ob eine (außerordentliche) Kündigung möglich ist.

183 **b) Folgen für das Kündigungsrecht.** Nach hier vertretener Auffassung kann im Ausgangspunkt nur dem Arbeitnehmer, der den wichtigen Grund (zB verhaltensbedingt) gesetzt hat, außerordentlich gekündigt werden. Die Vertragsverhältnisse der anderen Gruppenmitglieder bleiben davon hingegen im Grundsatz unberührt.

184 **aa) Kündigung gegenüber den anderen Gruppenmitgliedern.** Nur weil einem Gruppenmitglied zB verhaltensbedingt gekündigt werden kann, scheidet gegenüber den anderen Gruppenmitgliedern eine Kündigung aus diesem Grund also in der Regel aus. In Betracht kommt hier nur ggf eine personen- oder betriebsbedingte Kündigung, wenn deren Voraussetzungen vorliegen. Bei **Eigengruppen** wird hier regelmäßig eine personenbedingte Kündigung möglich sein, da sich die Gruppe zur gemeinsamen Leistung verpflichtet hat und diese rein tatsächlich aufgrund eines nunmehr fehlenden Gruppenmitgliedes nicht mehr zu erbringen vermag (so wird ein Quartett zu dritt die geschuldete Leistung nicht erbringen können, daher liegt ein „in" der Person liegender Grund vor). Entscheidet sich der Arbeitgeber, diese personenbedingte Kündigung auszusprechen, wird er aber wohl nur für alle verbleibenden Gruppenmitglieder einheitlich entscheiden dürfen und nicht einzelne Mitglieder kündigen, es sei denn, er hat für diese Ungleichbehandlung einen sachlichen Grund[519].

Bei **Betriebsgruppen** dagegen erscheint es fraglich, ob ein personenbedingter Grund vorliegt. Denn hier ist die enge Verzahnung der Arbeitsverhältnisse ja nur deshalb eingetreten, weil der Arbeitgeber die Arbeitnehmer zu der Betriebsgruppe zusammengefasst hat. Anders als bei der Eigengruppe unterliegt die Gruppenbildung daher nicht der Entscheidung der Arbeitnehmer, sondern der des Arbeitgebers. Dem Arbeitgeber wäre es daher durchaus möglich, ein „neues" Gruppenmitglied einzufügen und damit die weitere Gruppenarbeit zu sichern. Entschließt sich der Arbeitgeber hingegen, die Gruppenarbeit insgesamt einzustellen und keinen neuen Arbeitnehmer einzustellen, so kommt ggf eine betriebsbedingte Kündigung der anderen Gruppenmit-

---

515 Näher Staud/Richardi/Fischinger § 611a Rz 179 ff mwN.
516 BAG AP BGB § 611 Gruppenarbeitsverhältnis Nr 1.
517 BAG AP BGB § 626 Nr 39; AP BGB § 611 Gruppenarbeitsverhältnis Nr 1.
518 Zu dieser Möglichkeit vgl APS/Preis, Kündigungsrecht, 1. Teil Grundlagen zur Beendigung von Arbeitsverhältnissen F Rz 42.
519 Vgl zur „herausgreifenden Kündigung" MünchKomm/Henssler § 626 Rz 116.

glieder in Betracht; das gilt allerdings nur, wenn der Arbeitskräftebedarf tatsächlich wegfällt, der bloße Entschluss des Arbeitgebers, von Betriebsgruppenarbeit zur „normalen Einzelarbeit" zurückzukehren, genügt hierfür nicht.

bb) **Außerordentliches Kündigungsrecht der anderen Gruppenmitglieder.** Fraglich ist zudem, was gilt, wenn der Arbeitgeber nach den obigen Regeln die übrigen Gruppenmitglieder nicht kündigen will oder nicht (mehr) kann. Hier stellt sich zunächst die Frage, ob eine **Kündigung durch die anderen Gruppenmitglieder** möglich ist. Das wird man zumindest für **Eigengruppen** für möglich halten können, da diese von vornherein die Leistung nur gemeinsam erfüllen wollten. Lediglich aufgrund der – rechtmäßigen – Kündigung des Arbeitgebers gegenüber dem vertragsbrüchigen Gruppenmitglied wird den anderen Arbeitnehmern die Erbringung ihrer geschuldeten Arbeitsleistung als Gruppe unmöglich. Insoweit wird man sie zwar regelmäßig auf die Möglichkeit einer ordentlichen Kündigung verweisen können. Etwas anderes gilt aber, wenn für sie eine lange Kündigungsfrist gilt, so dass sie einen langen Zustand der Beschäftigungslosigkeit im laufenden Arbeitsverhältnis hinnehmen müssten, wäre das doch mit ihrem grundrechtlich geschützten Beschäftigungsanspruch nicht vereinbar (vgl auch oben Rz 160). Legt man die hier vertretene Auffassung (s Rz 182) zugrunde, so kann jedes Gruppenmitglied für sich über die Kündigung entscheiden. Bei der **Betriebsgruppe** dagegen wird man ein Kündigungsrecht der Arbeitnehmer nur dann annehmen können, wenn sie vom Arbeitgeber nach der Kündigung des vertragsbrüchigen Gruppenmitglieds für längere Zeit nicht beschäftigt werden, zB weil dieser sich weigert oder es ihm nicht gelingt, ein „Ersatzmitglied" einzustellen.

cc) **Besonderer Kündigungsschutz.** (1) **Meinungsstand.** Wie in dem Fall zu verfahren ist, dass nur eines der Gruppenmitglieder einen wichtigen Grund gesetzt hat, eines der Gruppenmitglieder aber **besonderen Kündigungsschutz** genießt (zB PflegeZG § 5 oder MuSchG § 17), ist auch nach der von hM und Rechtsprechung vertretenen Ansicht umstritten. Zum Teil wird dafür plädiert, den Kündigungsschutz nach den Voraussetzungen zu bestimmen, die bei der Mehrheit der Gruppe vorliegen, denn es sei dem Arbeitgeber nicht zumutbar, zB das gesamte Orchester weiterzubeschäftigen, nur weil die Harfenistin schwanger ist[520]. Die extreme Gegenauffassung hält demgegenüber die Kündigung gegenüber allen Gruppenmitgliedern für unzulässig, wenn nur eines von ihnen einen besonderen Kündigungsschutz genießt[521]. Vermittelnd wird schließlich dafür plädiert, dass dem besonders geschützten Arbeitnehmer nicht, den anderen Gruppenmitgliedern hingegen sehr wohl gekündigt werden könne[522].

(2) **Stellungnahme.** Auch hier wird man richtigerweise eine Betrachtung anhand der einzelnen Vertragsbeziehungen vornehmen müssen. Daher wird jedenfalls dann, wenn der wichtige Grund von dem unter besonderen Kündigungsschutz stehenden Arbeitnehmer gesetzt wird, die Kündigung gegenüber allen Gruppenmitgliedern ausscheiden[523]. Denn derjenige, der den wichtigen Grund gesetzt hat, kann aufgrund des besonderen Kündigungsschutzes nicht gekündigt werden und für die anderen liegt damit auch kein personen- bzw betriebsbedingter Kündigungsgrund vor. Wird der wichtige Grund dagegen von einem anderen, nicht besonders geschützten Mitglied gesetzt, so ist dieser kündbar mit den entsprechenden Auswirkungen (s oben Rz 184 ff) für die Vertragsverhältnisse der jeweils anderen Gruppenmitglieder.

c) **Folge für den Entgeltanspruch.** Zudem stellt sich die Frage, was mit dem Lohnanspruch der im Vertragsverhältnis verbleibenden Gruppenmitglieder geschieht. Soweit die Erbringung der Arbeitsleistung aufgrund des Fehlens des ausgeschiedenen Gruppenmitgliedes unmöglich geworden ist, entfällt gemäß § 326 Abs 1 grundsätzlich auch der Lohnanspruch, soweit nicht eine Ausnahmeregelung greift. Zu denken wäre zunächst an § 615, allerdings wird ein Annahmeverzug bereits daran scheitern, dass die Leistung der Arbeitnehmer zum gegenwärtigen Zeitpunkt nicht möglich ist (§ 297). Daher bleibt allein der Rückgriff auf § 326 Abs 2 Satz 1 Alt 1, wonach der Lohnanspruch fortbesteht, wenn der Arbeitgeber für die Unmöglichkeit der Arbeitsleistung allein oder weit überwiegend verantwortlich ist. Nach der Rechtsprechung kommt es bei der Frage, welche Umstände der Gläubiger „zu verantworten" hat, maßgeblich darauf an, welche Gefahren und Risiken nach dem Vertrag dem Gläubiger bzw Schuldner auferlegt werden[524]. Zwar wird man unmittelbar eine „Verantwortung" des Arbeitgebers für die Unmöglichkeit sehen müssen – immerhin hat er das Arbeitsverhältnis des gekündigten Gruppenmitglieds beendet und damit die Unmöglichkeit der Arbeitsleistung unmittelbar herbeigeführt – allerdings wird man auch hier wiederum zwischen Eigengruppen und Betriebsgruppen unterscheiden müssen. So

---

520 MünchKomm/Henssler § 626 Rz 14.
521 LAG Düsseldorf BB 1965, 495; in diese Richtung tendenziell auch BAG AP BGB § 611 Gruppenarbeitsverhältnis Nr 1.
522 ErfK/Niemann § 626 Rz 48.
523 So wohl HWK/Sandmann § 626 Rz 118; ablehnend MünchKomm/Henssler § 626 Rz 14.
524 Vgl zB BGH NJW 2011, 756, aber auch MünchKomm/Ernst § 326 Rz 53 ff mit vielen Nachweisen zu den verschiedenen vertretenen Meinungen.

kann man – im Wege der ergänzenden Vertragsauslegung[525] – bei einer Eigengruppe durchaus vertreten, dass das Risiko einer Kündigung eines einzelnen Gruppenmitglieds und der damit verbundenen Unmöglichkeit der Arbeitsleistung bereits vertraglich den Gruppenmitgliedern aufgrund der von ihnen selbst gewählten engen Verbundenheit auferlegt wurde. Bei der Betriebsgruppe dagegen wird man dies gerade nicht annehmen können, was zur Folge hat, dass die Mitglieder der Betriebsgruppe ihren Lohnanspruch behalten.

VII. Die Kündigungserklärung

189 1. **Allgemeines.** Das Vorliegen der materiellen Kündigungsvoraussetzungen beendet nicht automatisch das Dienstverhältnis, sondern ist nur Voraussetzung für die Wirksamkeit einer außerordentlichen Kündigung. Der Kündigungsberechtigte hat mithin ein Wahlrecht, ob er das Dienstverhältnis fortbestehen lassen möchte oder ob er eine außerordentliche Kündigung ausspricht. Bei dieser handelt es sich somit um ein **Gestaltungsrecht**.

190 Für die Kündigungserklärung gelten im Ausgangspunkt die allgemeinen Anforderungen (vgl näher VOR § 620 Rz 96), insbesondere hat sie **schriftlich** zu erfolgen (§ 623). Die Erklärung muss nicht nur **unzweideutig** erkennen lassen, dass das Dienstverhältnis aufgelöst werden soll, sondern auch, dass dies gerade aus wichtigem Grund geschehen soll[526]; besonders bedeutsam ist letzteres, wenn eine soziale Auslauffrist zu gewähren ist oder aus Kulanz gewährt wird[527].

191 2. **Angabe der Gründe. – a) Grundlagen.** Wie sich mittelbar aus § 626 Abs 2 Satz 3 ergibt, ist die Angabe des Kündigungsgrundes grundsätzlich nicht erforderlich und schon gar keine Wirksamkeitsvoraussetzung[528]. Eine Ausnahme gilt zunächst für die Kündigung eines **Berufsausbildungsverhältnisses** nach Ablauf der Probezeit. Hier verlangt BBiG § 22 Abs 3 – sowohl für die Kündigung durch den Ausbilder wie den Auszubildenden – die „Angabe der Kündigungsgründe"; bei einem Verstoß ist die Kündigung nach § 125 unwirksam[529], eine Heilung durch Nachschieben der Begründung ist nicht möglich[530]. Eine weitere Ausnahme normiert MuSchG § 17 Abs 2 Satz 2 für die (ausnahmsweise durch die oberste Landesbehörde für den Arbeitsschutz für zulässig erklärte) **Kündigung gegenüber einer Schwangeren**; auch insoweit führt die Nichtangabe der Gründe richtigerweise zur Unwirksamkeit der Kündigung[531]. Schließlich kann eine entsprechende Pflicht zur Angabe einzel- oder kollektivvertraglich **vereinbart** werden, eine solche Absprache stellt keine unzumutbare (und daher unzulässige, s Rz 26 ff) Erschwerung des Kündigungsrechts dar.

192 b) **Begründungsverlangen.** Nach **§ 626 Abs 2 Satz 3** sind dem Kündigungsempfänger auf Verlangen die Gründe unverzüglich schriftlich mitzuteilen. Damit soll der Gekündigte in die Lage versetzt werden, prüfen zu können, ob er die Kündigung gerichtlich angreifen möchte oder nicht[532].

193 Das Verlangen kann ausdrücklich, aber auch konkludent erfolgen. Zwar ist das Verlangen an sich mangels gesetzlicher Regelung nicht an eine **Frist** gebunden, man wird es aber für unzulässig halten müssen, wenn der Arbeitnehmer keine Kündigungsschutzklage erhoben hat, inzwischen die Klageerhebungsfrist der KSchG § 13 Abs 1 Satz 2, § 4 Satz 1 abgelaufen ist und eine Zulassung verspäteter Klagen nach KSchG § 5 ausscheidet. Denn hier kann der mit dem Begründungsverlangen verfolgte Zweck, dem Gekündigten eine Informationsbasis für die Entscheidung über die Klageerhebung zu liefern, nicht mehr eintreten[533]. Folgt man dieser Auffassung, so spielt es kaum eine praktische Rolle, dass das Begründungsverlangen auch wegen Verwirkung ausgeschlossen können sein soll[534], wird doch zumindest das Zeitmoment so gut wie nie erfüllt sein.

194 Die Mitteilung der Kündigungsgründe muss unverzüglich, dh ohne schuldhaftes Zögern (§ 121 Abs 1 Satz 1) sowie angesichts des Zwecks von § 626 Abs 2 Satz 3 **vollständig** und **korrekt** erfolgen. Hatte der Arbeitgeber zuvor den Betriebs- oder Personalrat anzuhören (BetrVG § 102; BPersVG § 79 Abs 3), so ist er an die dort gegebene Begründung gebunden[535].

---

525 Vgl MünchKomm/Ernst § 326 Rz 56.
526 BAG EzA BGB § 626 nF Nr 81; NZA 2015, 162; AP BGB § 626 Nr 254.
527 Zu Recht MünchKomm/Henssler § 626 Rz 68.
528 BAG NJW 1973, 533; ErfK/Niemann § 626 Rz 243; BeckOK-ArbR/Stoffels § 626 Rz 30.
529 BAG EzA BGB § 125 Nr 3; ErfK/Schlachter BBiG § 22 Rz 7.
530 BAG AP BBiG § 15 Nr 1; LAG Rheinland-Pfalz NZA-RR 2013, 406.
531 ErfK/Schlachter MuSchG § 17 Rz 13.
532 Schaub/Linck § 127 Rz 15.
533 MünchKomm/Henssler § 626 Rz 70; BeckOK-ArbR/Stoffels § 626 Rz 30; Schaub/Linck § 127 Rz 15; ErfK/Niemann § 626 Rz 242; aA LAG Zweibrücken GmbHR 2009, 1159 f; APS/Vossen § 626 Rz 160.
534 So MünchKomm/Henssler § 626 Rz 70.
535 MünchKomm/Henssler § 626 Rz 73.

Unterbleibt die (unverzügliche) Mitteilung trotz eines solchen Verlangens, so ändert dies **195** nichts an der Wirksamkeit der Kündigung[536]. Auch ist die Versäumnis kein Grund, der eine verspätete Klageerhebung nach KSchG § 5 rechtfertigt[537]. Jedoch kann der Gekündigte uU **Ersatz des Schadens** wegen Verletzung einer vertraglichen Nebenpflicht (§ 280 Abs 1) verlangen, der ihm durch Unterbleiben der Begründung entstanden ist[538]. Denkbar sind hier insbesondere Prozesskosten, wenn der Gekündigte bei rechtzeitiger Mitteilung der Kündigungsgründe von einer Klageerhebung abgesehen hätte[539]. Nicht ersatzfähig sind hierbei allerdings wegen ArbGG § 12a die Anwaltskosten in erster Instanz[540]. Erklärt der Gekündigte nach verspäteter Mitteilung der Kündigungsgründe den Kündigungsrechtsstreit für erledigt, können dem Kündigenden ggf nach ZPO § 91a analog die Kosten auferlegt werden[541].

3. **Fristlose oder befristete außerordentliche Kündigung**. – a) **Grundsatz**. Anders als **196** ordentliche Kündigungen (vgl §§ 621, 622) sind außerordentliche Kündigungen grundsätzlich nicht an Termine und Fristen gebunden. Außerordentliche Kündigungen können und werden daher in aller Regel auch als **fristlose** ausgesprochen, die das Dienstverhältnis unmittelbar mit Zugang beenden. Arbeitgeber sollten zurückhaltend sein, eine außerordentliche Kündigung mit einer Auslauffrist aussprechen, wenn diese nicht ausnahmsweise erforderlich ist. Da die außerordentliche Kündigung stets erfordert, dass es dem Arbeitgeber zumutbar ist, den Arbeitnehmer bis zum Ablauf der ordentlichen Kündigungsfrist weiter zu beschäftigen, kann eine – freiwillig – gewährte Auslauffrist leicht dazu führen, dass die außerordentliche Kündigung insgesamt unwirksam ist – bringt der Arbeitgeber doch gerade zum Ausdruck, dass eine Weiterbeschäftigung nicht gänzlich unzumutbar zu sein scheint.

b) **Ausnahmen**. Auch bei einer außerordentlichen Kündigung ist die Einhaltung einer Kündi- **197** gungsfrist erforderlich, wenn dies (zuvor) **vereinbart** wurde. Diese Vereinbarung ist jedoch nur insoweit verbindlich, als die Einhaltung der Frist im konkreten Fall zumutbar ist. Beträgt die vereinbarte Frist zB drei Monate, so hat der Richter im Einzelfall der Vereinbarung die Anerkennung zu versagen, wenn durch ihre Einhaltung in Anbetracht der besonderen Umstände der Zweck des Gesetzes, eine rasche Lösung vom Vertrag zu ermöglichen, vereitelt werden würde[542]. Des Weiteren kann die Einhaltung einer sozialen Auslauffrist, die dann der jeweils einschlägigen Kündigungsfrist entspricht, geboten sein, wenn die **ordentliche Kündigung** einzel- oder kollektivvertraglich **ausgeschlossen** ist, für den Arbeitnehmer aber – zB wegen einer Betriebs(teil)schließung – keine Beschäftigungsmöglichkeit mehr besteht ("**Orlando-Kündigung**", s Rz 138 ff).

c) **Erkennbarkeit**. Auch wenn der Kündigende bei einer außerordentlichen Kündigung eine **198** Auslauffrist gewährt bzw gewähren muss, bleibt diese Kündigung eine außerordentliche. Allerdings muss er in der Kündigungserklärung hinreichend **klar zum Ausdruck bringen**, dass es sich um eine außerordentliche Kündigung handeln soll[543]; fehlt es daran, so ist die befristet ausgesprochene Kündigung als ordentliche Kündigung zu behandeln[544], was für den Kündigenden Risiken birgt, denn wenn die ordentliche Kündigung unwirksam sein sollte (zB wegen eines tariflichen Ausschlusses der ordentlichen Kündbarkeit), liegt gar keine wirksame Kündigung vor, denn eine Umdeutung einer unwirksamen ordentlichen in eine außerordentliche Kündigung scheidet stets aus (s Rz 203).

4. **Kein Anhörungserfordernis**. Eine Anhörung des Dienstpflichtigen vor Ausspruch der **199** Kündigung ist – anders als die der Mitarbeitervertretungen (Rz 36, vgl auch 229) – **grundsätzlich keine Wirksamkeitsvoraussetzung**[545]. Das gilt selbst dann nicht, wenn nicht auszuschließen ist, dass sich der zu Kündigende entlasten könnte[546]; dass dem gekündigten Dienstpflichtigen dies im folgenden Kündigungsschutzprozess gelingen kann, ist Risiko des Kündigenden. Mit anderen Worten ist die Anhörung reine Obliegenheit des Kündigenden. Eine Pflicht zur Anhörung lässt sich auch nicht aus der Fürsorgepflicht ableiten, entsprechend begründet ihr Unterlassen keine Schadensersatzpflicht aus § 280 Abs 1[547].

Nur in **Ausnahmefällen** wird man eine Anhörung zur formellen Wirksamkeitsvoraussetzung **200** erheben können. Neben den bekannten Fällen der **Verdachtskündigungen**, bei denen die

---

536 Vgl BT-Drucks 5/4376 S 3; MünchKomm/Henssler § 626 Rz 69.
537 Schaub/Linck § 127 Rz 17.
538 BAG AP BGB § 626 Nr 65; Staud/Preis § 626 Rz 258.
539 Schaub/Linck § 127 Rz 16; Schwerdtner BlStSozArbR 1981, 147.
540 BAG NZA 1992, 1101.
541 BAG AP BGB § 626 Nr 65.
542 RAG ARS 31, 212.
543 BAG AP BGB § 626 Nr 31; AP KSchG § 1 Nr 50.
544 Vgl BAG NJW 1955, 807, 808.
545 BAG AP BGB § 626 Nr 63; AP BetrVG 1972 § 103 Nr 9; Staud/Preis § 626 Rz 255.
546 BAG AP BGB § 626 Nr 138.
547 MünchKomm/Henssler § 626 Rz 77.

Rechtsprechung dies grundsätzlich verlangt (Rz 126, 218)[548], ist das nur selten denkbar. Das BAG hat insoweit ausgesprochen, dass einem Arbeitnehmer nicht auf Basis von Gerüchten und unsubstantiierten Verdächtigungen gekündigt werden dürfe, ohne ihm vorher Gelegenheit zur Stellungnahme zu geben[549]. Dagegen besteht bei Druckkündigungen keine vorherige Anhörungspflicht[550].

201 5. **Umdeutung.** Ist die ausgesprochene außerordentliche Kündigung unwirksam, weil entweder die materiellen Voraussetzungen nicht vorliegen, die Frist des Abs 2 nicht gewahrt oder sonst ein formeller Fehler begangen wurde, so stellt sich die Frage nach einer Umdeutung (§ 140). In Betracht kommt insoweit:

202 a) **Ordentliche Kündigung.** Eine unwirksame außerordentliche Kündigung kann im Prinzip unschwer nach § 140 in eine ordentliche Kündigung umgedeutet werden, soweit diese wirksam wäre. Meist wird eine solche Umdeutung dem Wunsch des Kündigenden entsprechen, ist doch davon auszugehen, dass derjenige, der eine außerordentliche Kündigung anstrebt, mit dieser aber nicht Erfolg hat, das Dienstverhältnis wenigstens per ordentlicher Kündigung nach Ablauf der Kündigungsfrist beenden möchte[551]. Dieser Annahme steht auch nicht entgegen, dass es nach ganz hM zulässig ist, beide Kündigungsarten (explizit) miteinander zu verbinden, dh in der Hauptsache eine außerordentliche und zugleich hilfsweise eine ordentliche Kündigung auszusprechen. Voraussetzung der Umdeutung ist aber, wie bereits angedeutet, dass die hypothetische ordentliche Kündigung überhaupt wirksam wäre. Schwierigkeiten können insoweit oftmals BetrVG § 102/BPersVG § 79 Abs 3 bereiten. Diese stehen einer Umdeutung regelmäßig entgegen, wenn der Betriebs-/Personalrat ausschließlich zu einer außerordentlichen Kündigung (und nicht sicherheitshalber auch hilfsweise zu einer ordentlichen) angehört wurde; etwas Anderes wird man hier nur dann annehmen können, wenn der Betriebs-/Personalrat der außerordentlichen Kündigung vorbehaltlos zustimmte und deshalb davon auszugehen ist, dass er sich auch gegenüber einer (hilfsweisen) ordentlichen Kündigung entsprechend positioniert hätte[552].

203 Stets ausgeschlossen ist es umgekehrt, eine unwirksame ordentliche in eine außerordentliche Kündigung umzudeuten. Denn § 140 lässt eine Umdeutung nur zu, wenn das Ersatzgeschäft in seinen Wirkungen nicht über diejenigen des nichtigen Geschäfts hinausgeht[553]. Angesichts der in der Regel sofortigen Beendigungswirkung der außerordentlichen Kündigung (s Rz 196) gehen deren Rechtswirkungen aber gerade über die einer ordentlichen hinaus.

204 b) **Anfechtung.** Umstritten ist, ob im Verhältnis von Anfechtung und Kündigung eine Umdeutung nach § 140 möglich ist. Unstrittig kann eine unwirksame ordentliche Kündigung nicht in eine Anfechtung (oder eine außerordentliche Kündigung, s Rz 203) umgedeutet werden, weil letztere angesichts ihrer sofortigen Beendigungswirkung weitergehende Rechtsfolgen zeitigt als eine das Arbeitsverhältnis ja erst nach Ablauf der Kündigungsfrist beendende ordentliche Kündigung[554]. Anders wird man dagegen für das Verhältnis von außerordentlicher Kündigung und Anfechtung entscheiden können: So nur erkennbar ist, dass die Umdeutung dem Wunsch des Erklärenden entspricht, wird man in beide „Richtungen" eine solche zulassen können[555]; das gilt entgegen einer in der Literatur zu findenden Auffassung[556], die sich zu Unrecht auf eine Entscheidung des BAG[557] beruft, auch dann, wenn die außerordentliche Kündigung gegen eine öffentlich-rechtliche Kündigungsschranke verstößt. Denn wenn – wie oben dargelegt – beide Lösungsinstrumente voneinander unabhängig sind und daher (unstrittig) für die Anfechtung nicht die Schranke des MuSchG § 17 gilt, so ist nicht einzusehen, warum in derartigen Konstellationen eine Umdeutung apodiktisch ausscheiden sollte. Nicht ausgeschlossen ist richtigerweise auch die Umdeutung einer Anfechtung in eine ordentliche Kündigung, was angesichts der Fassung des § 140 allerdings nur „direkt" möglich ist, nicht hingegen in der Form, dass zunächst in eine unwirksame außerordentliche und diese dann in eine wirksame ordentliche Kündigung umgedeutet wird.

205 c) **Aufhebungsvertrag.** Die hM hält auch die Umdeutung einer unwirksamen außerordentlichen Kündigung in ein Angebot auf Abschluss eines Aufhebungsvertrags für möglich[558]. Ob

---

548 BAG AP BetrVG § 102 Nr 39; AP BGB § 626 Verdacht strafbarer Handlung Nr 19.
549 BAG AP BetrVG § 102 Nr 29.
550 BAG AP BGB § 626 Druckkündigung Nr 12; ErfK/Niemann § 626 Rz 47.
551 Vgl BAG NZA 1985, 286; NZA 2010, 1348.
552 BAG AP BetrVG 1972 § 102 Nr 15; NZA 2006, 491, 494.
553 BGH NJW 1956, 297; NJW 2011, 2713; Staud/Roth § 140 Rz 22; MünchKomm/Busche § 140 Rz 17.
554 So zu Recht BAG AP MuSchG § 9 Nr 4.
555 Angedeutet in BAG NJW 1976, 592; MünchKomm/Henssler § 626 Rz 47; ErfK/Kiel § 626 Rz 12.
556 Staud/Preis § 626 Rz 10; MünchKomm/Henssler § 626 Rz 47; wie hier möglicherweise ErfK/Kiel § 626 Rz 12.
557 BAG AP MuSchG § 9 Nr 4.
558 BeckOK-ArbR/Stoffels § 626 Rz 41.

Untertitel 1 Dienstvertrag 206–210 § 626

man das dogmatisch für überzeugend hält, sei dahingestellt. In der Praxis spielt das jedenfalls für Arbeitsverträge letztlich aber keine Rolle, da in der bloß widerspruchslosen Hinnahme der Kündigung kein Einverständnis des Gekündigten zu sehen ist[559] und es idR am Schriftformerfordernis des § 623 fehlt[560].

6. Zeitpunkt und Zugang. Die außerordentliche Kündigung kann, ebenso wie die ordentliche, auch schon vor erstmaliger Erbringung der Dienstleistung (Arbeitsaufnahme) ausgesprochen werden. Auch in diesem Fall wirkt sie grundsätzlich sofort, dh sie beendet das Dienstverhältnis, bevor dieses jemals in Vollzug gesetzt wurde[561]. Zu weiteren Einzelheiten zur Wirksamkeit der Kündigungserklärung, insbesondere zum Zugang, vgl VOR § 620 Rz 96, 114 ff. Ob eine wegen ihrer Begleitumstände – insbesondere ihres Zugangszeitpunkts – ungehörige Kündigung aus diesem Grunde rechtsunwirksam sein kann, hat das BAG unentschieden gelassen, allein der Zugang am 24. Dezember begründet die Unwirksamkeit der Kündigung jedoch nicht[562]. **206**

7. Kündigungsberechtigte. Kündigungsberechtigt sind grundsätzlich der Dienstberechtigte und der Dienstverpflichtete, auf Seiten des Dienstberechtigten auch die von ihm zur Kündigung ermächtigten Personen (vgl dazu VOR § 620 Rz 107 ff). Das Recht zur außerordentlichen Kündigung seitens des Arbeitgebers kann durch Vereinbarung mit dem Arbeitnehmer ausschließlich dem Arbeitgeber selbst vorbehalten werden, ohne dass darin eine unzulässige Kündigungserschwerung (Rz 26) zu sehen wäre[563]. **207**

VIII. Die Kündigungserklärungsfrist des § 626 Abs 2

1. Allgemeines. – a) Normgehalt. Eine außerordentliche Kündigung kann nach Abs 2 Satz 1 nur innerhalb einer Frist von zwei Wochen erfolgen. Die Frist beginnt nach Satz 2, wenn der Kündigungsberechtigte von den für die Kündigung maßgeblichen Tatsachen Kenntnis erlangt hat. Erforderlich ist, dass die Kündigung innerhalb von zwei Wochen **zugehen** muss, anderenfalls ist sie **unwirksam**, weil dann fingiert wird, dass die Tatsachenumstände keine außerordentliche Kündigung rechtfertigen; sie wird allerdings wiederum wirksam, wenn die Nichtbeachtung der Frist nicht innerhalb der allgemeinen dreiwöchigen Klageerhebungsfrist (KSchG §§ 13 Abs 1 Satz 2, 4) gerichtlich ordnungsgemäß geltend gemacht wird. **208**

b) Zweck. Mit der Ausschlussfrist werden zwei ähnliche, theoretisch aber zu trennende Zwecke verfolgt[564]. Blickt man auf die **Perspektive des Kündigungsempfängers**, so soll über die kurze Frist sichergestellt werden, dass er möglichst rasch Klarheit darüber erlangt, ob der Kündigungsberechtigte bestimmte Vorkommnisse zum Anlass für eine außerordentliche Kündigung nimmt[565]; er soll also vor einem längeren Schwebezustand bewahrt werden, der – führt man sich die oft gravierenden Folgen einer außerordentlichen Kündigung für das weitere Erwerbsleben vor Augen – auch eine erhebliche psychische Belastung darstellen könnte. Verhindert wird auf diese Weise ferner, dass der Kündigungsberechtigte sich einen Kündigungsgrund „aufsparen" kann, den er im Fortgang des Dienstverhältnisses (wiederholt) dazu nutzen kann, Druck auf den Vertragspartner auszuüben[566]. Aus der **Warte des Kündigungsberechtigten** begründet Abs 2 die Obliegenheit, sich zeitnah darüber klar zu werden, ob ein bestimmter Umstand aus seiner Sicht so schwer wiegt, dass er sich zur außerordentlichen Kündigung veranlasst sieht; denn bei längerem Zuwarten würde er sich mit der in der Kündigung liegenden Erklärung, das Verhalten wiege so schwer, dass ihm nicht einmal mehr die Fortsetzung des Dienstverhältnisses bis zum Ablauf der Kündigungsfrist einer ordentlichen Kündigung zumutbar wäre, in Widerspruch setzen[567]. Diese Überlegung erklärt letztlich auch die Regelung des Fristbeginns in Abs 2 **Satz 2**, denn erst dann, wenn der Kündigende von allen für die Kündigung relevanten Umständen sichere Kenntnis hat, ist es gerechtfertigt, die Kündigungserklärungsfrist laufen zu lassen. Aufgrund der beiden genannten Überlegungen wird die Vorschrift überwiegend als Normierung und Konkretisierung eines Spezialfalls der **Verwirkung** verstanden, die deshalb eine **materiellrechtliche Ausschlussfrist** statuiert[568]. **209**

c) Anwendungsbereich. Der Anwendungsbereich von Abs 2 ist denkbar **weit**. Die Vorschrift gilt für alle Kündigungen von Dienstverhältnissen aus wichtigem Grund und ist insoweit lex **210**

---

559 BAG AP BGB § 626 Nr 64.
560 Staud/Preis § 626 Rz 40.
561 BAG AP BGB § 620 Nr 1; Caesar NZA 1989, 251; KR/Fischermeier/Krumbiegel § 626 Rz 25.
562 BAG NZA 1986, 97; vgl auch oben Rz 140 vor § 620.
563 Vgl BAG AP BGB § 626 Ausschlußfrist Nr 8; Staud/Preis § 626 Rz 249.
564 Vgl auch BT-Drucks 14/6060 S 178 (zu § 314 Abs 3).
565 BAG NZA-RR 2011, 177; BeckOK-ArbR/Stoffels § 626 Rz 173.
566 BAG AP BGB § 626 Ausschlussfrist Nr 14; ErfK/Niemann § 626 Rz 200.
567 Vgl MünchKomm/Henssler § 626 Rz 313.
568 BAG AP MuSchG § 9 Nr 24; AP BGB § 626 Ausschlußfrist Nr 4; Herschel Anm zu BAG EzA BGB § 626 nF Nr 37; Staud/Preis § 626 Rz 285; ErfK/Niemann § 626 Rz 200; aA Popp NZA 1987, 366.

specialis zu § 314 Abs 3. Keine Rolle für die Anwendbarkeit spielt, ob die Kündigung als fristlose ausgesprochen wird oder unter Gewährung einer Auslauffrist erfolgt[569]. Das gilt auch, wenn die Kündigung in einem Tarifvertrag entsprechend § 626 vorgesehen ist[570]. Sie gilt auch für Dienstverhältnisse, die nicht Arbeitsverhältnisse sind[571] sowie für Änderungskündigungen und für Kündigungen gegenüber Amtsträgern. Die Erklärungsfrist gilt weiter für außerordentliche Kündigungen durch den Dienstpflichtigen, auch wenn er Arbeitnehmer ist[572]. Anwendbar ist Abs 2 schließlich auch dann, wenn die Kündigung einer vorherigen besonderen Zustimmung, zB nach SGB IX §§ 174, 168 oder MuSchG § 17 Abs 2 bedarf[573]; in diesem Fall bestehen aber gesetzliche Mechanismen, die sicherstellen, dass die Wahrung der Frist dem Arbeitgeber nichts Unmögliches abverlangt. Einen Sonderfall stellt es dar, wenn die außerordentliche Kündigung durch einen **falsus procurator** ausgesprochen wird; hier kommt eine rückwirkende Heilung (§§ 180 Satz 2, 177, 184) nur in Betracht, wenn der Vertretene innerhalb der Frist des Abs 2 das Geschäft genehmigt[574].

211 **Keine Anwendung** findet Abs 2 dagegen auf ordentliche Kündigungen von Dienstverhältnissen, und zwar auch nicht auf solche, die hilfsweise für den Fall der Unwirksamkeit der primär erklärten außerordentlichen Kündigung gestützt auf denselben Sachverhalt ausgesprochen werden[575]. Ferner findet Abs 2 keine Anwendung auf außerordentliche Kündigungen, die sich nach gesetzlichen Sondervorschriften (s Rz 17 ff) richten, hier gelten jeweils besondere Bestimmungen (zB BBiG § 22 Abs 4). Nichts Anderes gilt bei ordentlichen Verdachtskündigungen; daran ändert auch der Umstand, dass das Verhalten, dessen der Arbeitnehmer verdächtig ist, wäre es erwiesen, auch eine außerordentliche (Tat-)Kündigung rechtfertigen müsste s Rz 126, nichts[576]. Auch im Verfahren nach BetrVG § 78a Abs 4 gilt § 626 Abs 2 weder direkt noch analog[577]. Schließlich lässt sich – jedenfalls seit Schaffung von § 314 Abs 3 zum 1.1.2002 – aus § 626 Abs 2 kein verallgemeinerungsfähiger Rechtsgedanke mehr ableiten, der eine analoge Anwendung auf andere (Dauer-)Schuldverhältnisse, die vertragstypologisch nicht dem Dienstvertragsrecht zuzuordnen sind, gebieten würde[578].

212 d) **Verfassungsmäßigkeit**. Entgegen den zum Teil in der Literatur geäußerten Bedenken gegen die Verfassungsmäßigkeit dieser Regelung[579] hält das BAG und mit ihm die herrschende Meinung die Vorschrift zu Recht für verfassungsgemäß[580]. Für die zeitliche Befristung der Möglichkeit, eine außerordentliche Kündigung auszusprechen, lassen sich gute Gründe finden (s Rz 209). Überdies verlangt Abs 2 dem Kündigungsberechtigten nichts Unmögliches oder Unzumutbares ab, schon weil die Frist erst bei sicherer Kenntnis aller für die Kündigungsentscheidung relevanter Tatsachen zu laufen beginnt; außerdem sind vergleichsweise kurze Fristen im Arbeitsrecht weit verbreitet, erinnert sei nur an die nur marginal längere Klageerhebungsfrist der KSchG §§ 4, 7.

213 e) **Zwingende Regelung**. Wie Abs 1 (s Rz 25), so ist auch die Ausschlussfrist von Abs 2 zwingend. Sie kann weder durch Einzelvertrag[581] noch durch Betriebsvereinbarung oder Tarifvertrag ausgeschlossen werden. Dies gilt auch für die Regelung über den Fristbeginn[582].

214 **2. Fristbeginn**. Die Frist beginnt, sobald der Kündigungsberechtigte von den für die Kündigung maßgebenden Tatsachen sichere und möglichst vollständige Kenntnis erlangt hat.

215 a) **Person des Kündigungsberechtigten**. Maßgebend ist ausschließlich die Kenntnis des „Kündigungsberechtigten". Dies ist, wer im konkreten Fall dazu befugt ist, die Kündigung auszusprechen[583]; vgl hierzu schon grundsätzlich oben Rz 207 sowie Rz 107 ff vor § 620. Ergänzend:
– Das Recht zur außerordentlichen Kündigung durch den Arbeitgeber kann durch Vereinbarung mit dem Arbeitnehmer **ausschließlich dem Arbeitgeber selbst** unter Ausschluss von zB Vorgesetzten oder Personalleitern vorbehalten werden[584]. Er ist dann in der Regel auch

---

569 BAG NZA 2014, 962.
570 BAG EzA BGB § 626 Änderungskündigung Nr 1.
571 Vgl BGH NJW 2013, 2425; BAG EzA BGB § 626 nF Nr 37.
572 BAG NZA 2007, 1419, 1421; NZA 2009, 840, 841; KR/Fischermeier/Krumbiegel § 626 Rz 328; aA Gamillscheg, Festschr BAG, 1979, S 125.
573 Vgl BAG NZA 2020, 1326.
574 BAG AP BGB § 180 Nr 2; AP BGB § 626 Ausschlussfrist Nr 24.
575 BAG AP GG Art 140 Nr 4; NZA 2019, 893, 897; Staud/Preis § 626 Rz 288; aA LAG Hamm DB 1979, 607.
576 BAG NZA 2019, 893, 897.
577 BAG NZA 1984, 44; Staud/Preis § 626 Rz 285.
578 MünchKomm/Henssler § 626 Rz 319; ErfK/Niemann § 626 Rz 203.
579 Vgl Küchenhoff AuR 1971, 1.
580 BAG EzA BGB § 626 nF Nr 8; MünchKomm/Henssler § 626 Rz 311.
581 BAG AP BGB § 626 Ausschlußfrist Nr 6 (m zust Anm Martens).
582 Vgl BAG EzA BGB § 626 nF Nr 64; MünchKomm/Henssler § 626 Rz 347 f, der allerdings eine Konkretisierung der Voraussetzungen für den Fristbeginn für zulässig hält; wie hier Staud/Preis § 626 Rz 287; KR/Fischermeier/Krumbiegel § 626 Rz 336.
583 BAG AP BGB § 626 Ausschlussfrist Nr 3.
584 Vgl BAG EzA BGB § 626 nF Nr 43; Staud/Preis § 626 Rz 307.

alleiniger Kündigungsberechtigter iSv Abs 2 Satz 2. Ist der Arbeitgeber in einer solchen Konstellation nicht nur ganz kurzfristig daran gehindert, das Kündigungsrecht auszuüben, so ist durch ergänzende Vertragsauslegung zu ermitteln, ob die Beschränkung der Kündigungsbefugnis auch für diesen Fall gelten soll; das kann zu dem Ergebnis führen, dass der Arbeitgeber sich die Kenntnis eines allgemein zum Ausspruch außerordentlicher Kündigungen berechtigten Vertreters zurechnen lassen muss[585]. Ist der Arbeitgeber minderjährig, so kommt es nach dem Rechtsgedanken des § 166 Abs 1 auf die Kenntnis seiner gesetzlichen Vertreter an[586].

– Bedient sich der Arbeitgeber eines rechtsgeschäftlichen **Vertreters** oder hat er einen gesetzlichen Vertreter, so ist nach § 166 Abs 1 grundsätzlich dessen Wissensstand relevant. Bei **Gesamtvertretern** setzt bereits die Kenntniserlangung durch einen Vertreter den Fristlauf in Gang[587]. Ein **Prokurist** ist selbst dann iSv Abs 2 Kündigungsberechtigter, wenn sich der Arbeitgeber intern das Recht vorbehalten hat, selbst über außerordentliche Kündigungen zu entscheiden[588]. Nach Auffassung des BAG kommt ferner eine Zurechnung der Kenntnis eines nicht zur Kündigung berechtigten **Dritten** nach Treu und Glauben in Betracht, wenn (1) es dessen Stellung im Betrieb nach den konkreten Umständen erwarten lässt, er werde den Kündigungsberechtigten von dem Kündigungssachverhalt unterrichten – gemeint sind vor allem Leiter nachgeordneter Betriebe und Betriebsteile – *und* (2) die verspätet erlangte Kenntnis des eigentlich Kündigungsberechtigten auf einer mangelhaften Organisation beruht, obwohl dem Arbeitgeber eine andere Organisation zumutbar gewesen wäre[589]; zu bejahen ist das idR bei Personalleitern, nicht aber bei dem Schulleiter eines Gymnasiums[590]. Abgesehen davon ist die Kenntnis anderer Personen als des Kündigungsberechtigten, auch die Kenntnis vorgesetzter Organe oder Dienststellen mit personellen Überwachungsaufgaben, nach zutreffender Auffassung nicht maßgeblich[591].

– Bei den **Personen(handels)gesellschaften** ist jeder vertretungsberechtigte Gesellschafter kündigungsberechtigt[592]. Dabei genügt für den Beginn des Fristlaufs die Kenntniserlangung durch einen von ihnen, wird doch den anderen dessen Kenntnis analog § 31 zugerechnet[593].

– Bei einer **juristischen Person** ist Kündigungsberechtigter primär das nach Gesetz oder der Satzung zuständige Organ, sofern die Kündigungsberechtigung nicht anderen Personen übertragen ist[594]. Soll das Anstellungsverhältnis eines Organmitglieds beendet werden, ist Kündigungsberechtigter idS regelmäßig ein Kollegialorgan, wie etwa der Aufsichtsrat bei der Kündigung eines Vorstandsdienstvertrags oder die **Gesellschafter- oder Generalversammlung**. In diesen Fällen beginnt die Kündigungserklärungsfrist erst zu laufen, nachdem das zuständige Kollegialorgan in ordnungsgemäß einberufene und zusammengetretene Sitzung als solche in Kenntnis gesetzt wurde oder im Rahmen einer Beschlussfassung außerhalb der Sitzung informiert wurden[595]. Erlangt ein Mitglied des Kollegialorgans zuvor Kenntnis, so hat er unverzüglich, also ohne schuldhaftes Zögern (§ 121 Abs 1 S 1), die Versammlung einzuberufen; tut er das nicht, so muss sich die Gesellschaft so behandeln lassen, als wäre die Versammlung rechtzeitig einberufen worden[596]. Hat die Gesellschaft allerdings nur einen Gesellschafter, so genügt dessen Kenntnis oder diejenige seines organschaftlichen Vertreters[597]. Soll dagegen ein Arbeitnehmer gekündigt werden, ist Kündigungsberechtigter mitunter auch der **Vorstand** als Kollegialorgan. Beim Vorstand genügt selbst dann bereits die Kenntnis eines Vorstandsmitglieds, wenn die Vorstandsmitglieder nach der Satzung nur insgesamt kündigen können – das Wissen eines Vorstandsmitglieds als gesetzlicher Vertreter wird der Gesellschaft, anders als das Wissen eines Aufsichtsratsmitglieds, gem § 166 Abs 1 zugerechnet[598].

– Besonderheiten sind angesichts der dort geltenden speziellen Zuständigkeitsregelungen bei Kündigungen im **öffentlichen Dienst** zu beachten. Das kann, je nach Fallgestaltung, zB bei kommunalen Arbeitnehmern der Bürgermeister, aber auch der Gemeinderat oder ein

---

585 BAG AP BGB § 626 Ausschlussfrist Nr 8.
586 KR/Fischermeier/Krumbiegel § 626 Rz 362; APS/Vossen § 626 Rz 131.
587 BAG AP BGB § 626 Ausschlussfrist Nr 3; NZA 2020, 1405, 1407; MünchKomm/Henssler § 626 Rz 322.
588 BAG AP BGB § 626 Ausschlussfrist Nr 8.
589 BAG AP BGB § 626 Nr 217; AP BGB § 626 Ausschlußfrist Nr 11, 33.
590 BAG AP BGB § 626 Nr 217.
591 Vgl BAG EzA BGB § 626 nF Nr 64; MünchKomm/Henssler § 626 Rz 325; weitergehend dagegen zB Staud/Preis § 626 Rz 305; Wenzel MDR 1969, 670.
592 BeckOK-ArbR/Stoffels § 626 Rz 180.
593 Vgl BAG NZA 2008, 348; APS/Vossen § 626 Rz 131.
594 Vgl BGH NJW 2013, 2425 mwN.
595 BGH NJW 1981, 166; BAG AP BGB § 620 Befristeter Arbeitsvertrag Nr 195; Goette/Arnold/C.Arnold, Handbuch Aufsichtsrat, Rz 1709 ff; zum Beginn der Kündigungserklärungsfrist bei der Kündigung eines Vorstandsmitglieds; ErfK/Niemann § 626 Rz 207; APS/Vossen § 626 Rz 131a.
596 BAG AP BGB § 626 Ausschlussfrist Nr 41, vgl ausführlich dazu, ab wann eine schuldhafte Verzögerung anzunehmen ist Goette/Arnold/C.Arnold, Handbuch Aufsichtsrat, Rz 1713.
597 BGH NJW 2013, 2425.
598 BAG AP BGB § 628 Nr 1; BeckOK-ArbR/Stoffels § 626 Rz 183; APS/Vossen Rz 131a.

Verwaltungsausschuss sein[599]. Da die Darstellung der Details aber den Rahmen der vorliegenden Kommentierung sprengen würde, sei allein auf die entsprechenden Judikate verwiesen[600].

216 b) **Kenntnis.** Erforderlich ist **positive Kenntnis** vom Kündigungssachverhalt; selbst grob fahrlässige Unkenntnis genügt nicht[601]. Dies setzt voraus, dass der Kündigungsberechtigte einen solchen Teil des Kündigungssachverhalts mit Sicherheit kennt, dass er sich ein eigenes Urteil über die Wichtigkeit des Grundes und damit darüber bilden kann, ob die Fortsetzung des Arbeitsverhältnisses (wenigstens bis Ablauf der Kündigungsfrist) zumutbar ist[602]. Zur Meinungsbildung gehören dabei alle Umstände, dh nicht nur solche, die gegen, sondern auch solche, die **zugunsten des Gekündigten** sprechen können[603].

217 Oftmals sind **Ermittlungs- und Aufklärungsmaßnahmen** samt ggf Urkundeneinsicht und -prüfung notwendig, um die entsprechenden Kenntnisse zu erlangen. Während dieser beginnt die Frist wegen **Hemmung** nicht zu laufen, solange nur die Maßnahmen nach pflichtgemäßem Ermessen tatsächlich erforderlich sind und mit der gebotenen – nicht hektischen – Eile durchgeführt werden[604]; ggf ist auch die persönliche Anhörung von Be- und Entlastungszeugen erforderlich[605]. Werden Ermittlungs- und Aufklärungsmaßnahmen von einer internen Compliance-Abteilung durchgeführt, beginnt die Kündigungserklärungsfrist regelmäßig erst dann zu laufen, wenn ein von der Compliance-Abteilung erstellter (Abschluss- oder Zwischen-)Bericht an die kündigungsberechtigten Stellen im Unternehmen weitergeleitet wird[606]. Dass sich die Ermittlungsmaßnahmen im Nachhinein als erfolglos erweisen, ist irrelevant, solange sie nur aus ex-ante-Sicht als geboten erschienen[607]. Eine Regelfrist für die Maßnahmen lässt sich insoweit nicht benennen, maßgeblich sind stets die Umstände des Einzelfalls[608]. Auch während der notwendigen und mit der gebotenen Eile durchgeführten Suche und Sicherung von **Beweismitteln** beginnt die Frist nicht zu laufen[609]. In der Literatur werden Aufklärungsmaßnahmen als meist entbehrlich eingestuft, wenn der zu Kündigende ein umfassendes **Geständnis** ablegt[610]. Ist der außerordentlich zu kündigende Arbeitnehmer **erkrankt**, so darf der Arbeitgeber nicht beliebig lange warten, bis er versucht, mit dem Arbeitnehmer die notwendige erforderliche Sachverhaltsaufklärung durchzuführen; vielmehr ist der Arbeitgeber nach einer angemessenen Frist gehalten, mit dem Arbeitnehmer Kontakt aufzunehmen, um zu klären, ob dieser gesundheitlich in der Lage ist, an der Sachverhaltsaufklärung mitzuwirken[611].

218 Auch wenn die **Anhörung** des zu Kündigenden im Grundsatz – eine Ausnahme besteht vor allem bei Verdachtskündigungen – keine materiell-rechtliche Voraussetzung für die Wirksamkeit der Kündigung ist, so ist sie zur Aufklärung des Sachverhalts doch oftmals erforderlich. Ist das der Fall, so ist die Frist bis zur Anhörung gehemmt[612], wobei auch hier gilt, dass die Anhörung zeitnah durchgeführt wird, ein Zuwarten von länger als einer Woche wird nur selten zu rechtfertigen sein (zB bei Erkrankung des Arbeitnehmers)[613]. Eine mündliche (**zweite**) **Anhörung** kann ebenfalls erforderlich sein, insbesondere wenn der zu Kündigende zunächst nur schriftlich zu den Vorwürfen Stellung genommen hatte; die Frist beginnt dann erst mit Abschluss dieser zweiten Anhörung, wenn diese innerhalb kurzer Zeit (idR maximal eine Woche) nach der ersten Anhörung erfolgt[614]. Generell ist der Beginn der Frist **gehemmt**, solange der Kündigungsberechtigte die zur Aufklärung des Sachverhalts erforderlichen Maßnahmen durchführt. Steht der Kündigungssachverhalt aufgrund eines Geständnisses des Kündigungsempfängers fest, hemmen weitere Ermittlungen den Fristbeginn nicht mehr[615].

---

599 BAG AP BAT § 54 Nr 1.
600 Vgl zB BAG AP BGB § 626 Nr 89; AP BGB § 180 Nr 2.
601 BGH NJW 2013, 2425; BAG EzA BGB § 626 nF Nr 8, 46; NZA 2007, 744; Staud/Preis § 626 Rz 289.
602 BAG NZA 2014, 1015; NZA 2015, 621.
603 BAG NZA-RR 2011, 178; NZA 2014, 1015.
604 BAG NZA 2006, 101; NZA-RR 2008, 630; NZA 2014, 1015; ausführlich zu den Fallstricken insbesondere bei nach außen getretenem Kündigungsentschluss Huth/Siemsglüss NZA-RR 2021, 635.
605 LAG Niedersachsen NZA-RR 2003, 20; ErfK/Niemann § 626 Rz 210a.
606 BAG NZA 2022, 1276; Diller ArbRAktuell 2022, 455.
607 BAG NJW 1972, 1486; NZA 2006, 101; NZA-RR 2011, 177.
608 Vgl BAG EzA BGB § 626 Ausschlußfrist Nr 2, 4, 5; NJW 1994, 3117; aM offenbar Staud/Preis § 626 Rz 291: „Eine Woche (Regelfrist)".
609 BAG NJW 1973, 214; NZA 1989, 105; NZA 2006, 101.
610 Dzida NZA 2014, 809, 810; ErfK/Niemann § 626 Rz 210a.
611 BAG NZA 2020, 1326, 1331; vgl auch schon BAG NZA 2019, 1415, 1418.
612 Vgl BAG NZA 1994, 934; BAG EzA BGB § 626 nF Nr 10; NZA 2006, 1211; NZA-RR 2011, 178; zu den Auswirkungen notwendiger Ermittlungsmaßnahmen auf den Beginn der Kündigungserklärungsfrist bei Beendigung von Vorstandsverträgen vgl Goette/Arnold/C.Arnold, Handbuch Aufsichtsrat, Rz 1718 ff.
613 BAG NZA 2006, 1211; NZA 2014, 1015; NZA 2019, 1415, 1417.
614 BAG AP BGB § 626 Ausschlußfrist Nr 6.
615 BAG NJW 1976, 797.

Die (empfundene) Notwendigkeit, **Rechtsrat** einzuholen, bewirkt nach hM keine Fristhemmung[616]. Das LAG Hamm begründet dies damit, dass es hier nicht um Tatsachenermittlung, sondern -bewertung gehe und mit vollständiger Sachverhaltskenntnis der Fristlauf beginne; überdies könne der notwendige Rechtsrat parallel zur Sachverhaltsaufklärung eingeholt werden[617]. Das ist aber für komplexe Sachverhalte wie Steuerhinterziehungen oder Bilanzfälschungen mit schwierigen Rechtsfragen nicht nur wenig realitätsnah, die Auffassung ist auch mit dem Zweck des Abs 2 kaum zu vereinbaren. Dieser knüpft daran an, dass der Kündigungsberechtigte sich darüber klar werden kann, ob ein bestimmter Umstand so schwer wiegt, dass nur eine sofortige Beendigung des Arbeitsverhältnisses zumutbar ist – das aber setzt voraus, dass er weiß bzw ihm zumindest eine zuverlässige fachmännische Einschätzung vorliegt, die die Rechtslage bewertet[618]. Hinzu kommt, dass bei derartig komplexen Sachverhalten oftmals die vom LAG Hamm angesprochene parallele Einholung von Rechtsrat nicht möglich oder jedenfalls kaum zumutbar ist, weil (teuer) bezahlte Anwälte permanent neue Sachstände für die Bewertung zugrunde legen müssten. 219

c) **Sonderfälle.** – aa) **Verdachtskündigung.** Bei strafbaren Handlungen oder sonstigen schweren Pflichtverletzungen hat der Kündigungsberechtigte die Wahl, ob er eine Verdachtskündigung oder eine Tatkündigung ausspricht (näher Rz 125, 131). Des Weiteren kann er wählen, ob er selbst die notwendigen Ermittlungen durchführt, es gelten dann die obigen Grundsätze entsprechend, denn auch für die Verdachtskündigung gilt Abs 2[619]. Die Ermittlungen – zu denen bei Verdachtskündigungen schon aus materiell-rechtlichen Gründen die Anhörung des Verdächtigen zählten – sind mit der gebotenen Eile durchzuführen, nach ihrem Abschluss beginnt die Frist zu laufen[620]; dass der Arbeitgeber davon abgesehen hat, die Staatsanwaltschaft zwecks Durchführung weiterer Ermittlungen einzuschalten, ist ihm nicht vorzuwerfen und lässt die Wirksamkeit der Verdachtskündigung unberührt[621]. Spricht der Arbeitgeber nach dem (scheinbaren) Abschluss der Ermittlungsarbeiten eine Verdachtskündigung aus, ergeben sich später aber noch weitere (relevante) Verdachtsgesichtspunkte, so kann eine zweite Verdachtskündigung erfolgen[622]. 220

Alternativ kann der Arbeitgeber aber auch die Aufnahme eigener Ermittlungen unterlassen und stattdessen den Ausspruch der Kündigung vom Ausgang eines **staatsanwaltlichen Ermittlungsverfahrens**, einer strafgerichtlichen Verurteilung oder auch eines Disziplinarverfahrens abhängig machen[623]. In einem solchen Fall ist er an seine Entscheidung aber insoweit gebunden, als er nicht zu einem beliebigen Zeitpunkt vor Abschluss des Verfahrens selbst wieder Ermittlungen aufnehmen und innerhalb von zwei Wochen nach deren Abschluss kündigen kann[624]. Hat der zu Kündigende allerdings durch ein umfassendes Geständnis keinen Raum mehr für Zweifel gelassen, besteht grundsätzlich kein Grund mehr, den Ausgang des Strafverfahrens abzuwarten, die Frist des Abs 2 beginnt hier also sofort zu laufen; etwas anderes gilt, wenn es für die Bewertung des Sachverhalts und der Frage, ob wegen dieses außerordentlich gekündigt werden kann, auf die gerichtliche Entscheidung ankommt[625]. 221

Der Arbeitgeber ist nicht genötigt, eine Verdachtskündigung auszusprechen, sondern er kann auch abwarten, bis sich der Verdacht (bei ihm subjektiv) zur Gewissheit verdichtet hat und dann eine **Tatkündigung** erklären. Insoweit ist es ihm (erst recht) erlaubt, den Ausgang des Strafverfahrens abzuwarten. Die Frist des Abs 2 beginnt dann nicht vor Kenntnis des rechtskräftigen Abschlusses des Strafverfahrens[626], ggf – wenn deren Einsicht für die kündigungsrechtliche Bewertung erforderlich ist – auch erst mit Veröffentlichung der Urteilsgründe[627]. 222

bb) **Druckkündigung.** Bei Druckkündigungen ist mit Blick auf die Frist des Abs 2 zu unterscheiden: Hat derjenige, dessen Entlassung gefordert wird, selbst einen verhaltensbedingten Grund für eine außerordentliche Kündigung gesetzt (unechte Druckkündigung s Rz 146), so gelten auch insoweit keine Besonderheiten, mit anderen Worten: Die Frist beginnt zu laufen, sobald der Kündigungsberechtigte Kenntnis von den den wichtigen Grund begründenden Umständen erlangt. Beruht die mögliche Kündigung dagegen nicht auf einem Fehlverhalten des 223

---

616 LAG Hamm MDR 1999, 683; APS/Vossen § 626 Rz 128; Staud/Preis § 626 Rz 290; BeckOK-ArbR/Stoffels § 626 Rz 186.
617 LAG MDR 1999, 683, 684.
618 Zutreffend Dzida NZA 2014, 809, 811 f; Heinemeyer/Thomas BB 2012, 1218, 1220.
619 BAG NZA 2011, 798.
620 BAG NZA-RR 2008, 344, 346.
621 Vgl BAG NZA 1990, 568.
622 BAG NZA 2011, 798.
623 Vgl BAG AP BGB § 626 Verdacht strafbarer Handlung Nr 1, AP BGB § 626 Ausschlußfrist Nr 31, Nr 9; NZA-RR 2009, 69; NZA 2014, 529; Grunsky ZfA 1977, 172; KR/Fischermeier § 626 Rz 339; Staud/Preis § 626 Rz 290; aA MünchKomm/Henssler § 626 Rz 346.
624 BAG NZA 2011, 798.
625 BAG EzA BGB § 626 nF Nr 76, 160; Staud/Preis § 626 Rz 296; KR/Fischermeier/Krumbiegel § 626 Rz 339.
626 BAG AP BGB § 626 Nr 160.
627 BAG NZA 2013, 665.

zu Kündigenden (echte Druckkündigung), so ist der Arbeitgeber aufgrund seiner Fürsorgepflicht vorrangig verpflichtet, dem Druck entgegenzutreten und überdies nach milderen Mitteln als der Kündigung zu suchen, mittels derer die Situation entspannt werden kann (s Rz 147). Entsprechend läuft hier die Frist nicht bereits ab dem Entlassungsverlangen, sondern erst ab dem Zeitpunkt, in dem dem Arbeitgeber bekannt ist, dass keine andere Möglichkeit mehr als die Kündigung besteht[628].

224 cc) **Änderungskündigung.** Abs 2 gilt selbstverständlich auch für außerordentliche Änderungskündigungen (s dazu Rz 167 ff). Sie beginnt zu laufen, sobald der Kündigende Kenntnis davon erlangt, welche Änderung für welchen Arbeitsplatz erforderlich ist. Bei betriebsbedingten Änderungskündigungen beginnt sie daher nicht bereits zu laufen, wenn der Arbeitgeber den (generellen) Beschluss trifft, den Betrieb einzuschränken, sondern erst dann, wenn konkret feststeht, wie die Arbeitsbedingungen welcher Arbeitnehmer in Umsetzung dieses Beschlusses geändert werden müssen[629]. Wird die Änderungskündigung dagegen auf die mangelnde Eignung des Arbeitnehmers für die weitere Ausübung der geschuldeten Leistung gestützt, so handelt es sich um einen Dauertatbestand mit der Folge, dass es genügt, dass der Mangel bis zu den letzten zwei Wochen vor Ausspruch der Kündigung vorlag[630].

225 dd) **Dauersachverhalte.** Unter dem Oberbegriff des Dauersachverhalts sind unterschiedliche, rechtlich differenziert zu behandelnde Fallgestaltungen zu unterscheiden:

226 (1) **Gesamtbetrachtung.** Denkbar ist zunächst, dass fortlaufend neue kündigungsrelevante Tatsachen gesetzt werden, die erst in ihrer Gesamtschau das notwendige Gewicht für die Begründung eines wichtigen Grundes darstellen. Denkbar ist das zB beim Mobbing[631] oder beim wiederholten, aber jeweils nur kurzzeitig unentschuldigten Fehlen. Für den Fristbeginn ist hier auf den letzten Vorfall abzustellen, der ein weiteres Glied in der Ereigniskette darstellt und den Kündigungsentschluss ausgelöst hat, mit anderen Worten beginnt mit jeder neuen Mobbinghandlung die Frist neu zu laufen[632]. Entsprechendes gilt bei jedem neuen unentschuldigten Fehlen, wobei hier die Frist erst mit der jeweiligen Rückkehr an den Arbeitsplatz beginnt[633].

227 (2) Bei noch **nicht abgeschlossenen Dauerzuständen** – zB einem unentschuldigten Fehlen über Wochen oder gar Monate hinweg[634] oder einem Zahlungsverzug des Dienstberechtigten[635] – beginnt die Frist nicht vor Beendigung des Dauerzustands zu laufen[636].

228 (3) Anders verhält es sich bei **abgeschlossenen, aber noch fortwirkenden** Tatbeständen, zB wenn der Arbeitnehmer in der Vergangenheit mehrere Vertragspflichtverletzungen beging, die das für die Fortsetzung des Arbeitsverhältnisses notwendige Vertrauensverhältnis dauerhaft zerstörten. Hier sind die für die Kündigung maßgebenden Umstände in der Vergangenheit bereits abgeschlossen, der Vertrauensverlust beim Kündigungsberechtigten ist nur eine reine Schlussfolgerung, die aber keinen neuen Fristlauf auszulösen vermag[637].

229 d) **Kündigungserklärungsfrist und Mitwirkung des Betriebsrats.** Abs 2 Satz 1 gilt auch, wenn zu einer außerordentlichen Kündigung die vorherige **Anhörung** des Betriebsrats nach **BetrVG § 102** (bzw des Personalrats, BPersVG § 79 Abs 3) erforderlich ist. Durch das betriebsverfassungsrechtliche Verfahren wird die Ausschlussfrist des Abs 2 weder unterbrochen noch gehemmt[638]. Weil der Betriebsrat Bedenken gegen eine außerordentliche Kündigung innerhalb von drei Tagen schriftlich mitzuteilen hat (BetrVG § 102 Abs 2 Satz 3), muss der Arbeitgeber das Anhörungsverfahren spätestens am 10. Tag nach Kenntniserlangung einleiten[639]. Tut der Arbeitgeber dies nicht, so bleibt ihm nur die Hoffnung, dass der Betriebsrat sich abschließend vor Ablauf der Drei-Tages-Frist äußert, denn in einem solchen Fall kann der Arbeitgeber sofort kündigen[640].

230 Bedarf die Kündigung nicht nur der Anhörung, sondern darüber hinaus der **Zustimmung** des Betriebsrats nach **BetrVG § 103**, so schließt auch dies die Anwendbarkeit von § 626 Abs 2

---

628 BeckOK-ArbR/Stoffels § 626 Rz 193; ErfK/Niemann § 626 Rz 215.
629 BAG AP BGB § 626 Ausschlußfrist Nr 10; MünchKomm/Henssler § 626 Rz 294.
630 BAG NZA 1996, 871; NZA-RR 2011, 167.
631 Vgl Staud/Richardi/Fischinger § 611a Rz 1873.
632 BAG JZ 1973, 60; NZA 1996, 871; NZA 2007, 1154; LAG Düsseldorf DB 1981, 1731.
633 BAG AP BGB § 626 Ausschlussfrist Nr 13 und 38; ErfK/Niemann § 626 Rz 214; BeckOK-ArbR/Stoffels § 626 Rz 189.
634 BAG NJW 2014, 1323.
635 BAG NZA 2007, 1419.
636 BAG NZA 2005, 1415; NZA 2010, 628; NZA 2013, 730.
637 BAG AP BGB § 626 Ausschlussfrist Nr 4; NZA 2006, 1211; BeckOK-ArbR/Stoffels § 626 Rz 188.
638 BAG AP BetrVG 1972 § 103 Nr 10; Staud/Preis § 626 Rz 300 f; MünchKomm/Henssler § 626 Rz 353; aA Meisel, Die Mitwirkung und Mitbestimmung des Betriebsrats in personellen Angelegenheiten, 1984, Rz 690.
639 ErfK/Niemann § 626 Rz 224; APS/Vossen § 626 Rz 145; MünchKomm/Henssler § 626 Rz 353.
640 Vgl BAG NZA 2004, 1330.

nicht aus⁶⁴¹. Der Arbeitgeber muss deshalb jedenfalls die Zustimmung des Betriebsrats innerhalb der Frist des Abs 2 beantragen und falls sie erteilt wird, die Kündigung auch noch innerhalb der Frist erklären. Verweigert der Betriebsrat die Zustimmung oder erteilt er sie (analog BetrVG § 102 Abs 2 Satz 3) nicht innerhalb von drei Tagen, so muss der Arbeitgeber nach zutreffender hM in Rechtsprechung und Literatur des Weiteren innerhalb der Frist des Abs 2 auch noch das Zustimmungsersetzungsverfahren nach BetrVG § 103 Abs 2 beim Arbeitsgericht einleiten⁶⁴². Ersetzt das Arbeitsgericht die Zustimmung auf Antrag des Arbeitgebers, so muss dieser allerdings analog SGB IX § 174 Abs 5 unverzüglich nach Rechtskraft der Entscheidung die Kündigung erklären; einer weiteren Überlegungsfrist von zwei Wochen bedarf er dann nach zutreffender hM nicht mehr⁶⁴³. Für die Wahrung des Unverzüglichkeitserfordernisses genügt nicht die Absendung, entscheidend ist vielmehr der Zugang beim Kündigungsempfänger; hat dieser aber die Ursache für den verspäteten Zugang gesetzt, ist das dem Kündigenden nicht zur Last zu legen⁶⁴⁴. Endet der Sonderkündigungsschutz des Amtsträgers während des laufenden gerichtlichen Zustimmungsersetzungsverfahrens, so muss der Arbeitgeber die Kündigung unverzüglich nach Kenntniserlangung erklären⁶⁴⁵. Die Aussagen in dieser Randziffer gelten auch dann, wenn der Arbeitgeber während des laufenden gerichtlichen Zustimmungsersetzungsverfahrens gegenüber dem Arbeitnehmer eine Kündigung ohne vorherige Zustimmung des Betriebsrats erklärt⁶⁴⁶.

231 Im Wesentlichen die gleichen Grundsätze gelten im Falle des **BetrVG § 102 Abs 6**, der **vereinbarten Zustimmungsbedürftigkeit**. Auch hier muss der Arbeitgeber innerhalb der Zwei-Wochen-Frist nicht nur die Zustimmung des Betriebsrats beantragen. Wird diese verweigert, ist aber nicht – wie bei BetrVG § 103 – direkt der Weg zu einer Zustimmungsersetzung durch das Arbeitsgericht eröffnet, sondern es ist zunächst (ebenfalls noch innerhalb der Frist des § 626 Abs 2) die Einigungsstelle anzurufen. Ersetzt diese die Zustimmung, so hat der Arbeitgeber die Kündigung unverzüglich auszusprechen (vgl SGB IX § 174 Abs 5)⁶⁴⁷, anderenfalls hat er unverzüglich das Arbeitsgericht anzurufen. Erklärt das Arbeitsgericht den Einigungsstellenspruch für unwirksam, hat der Arbeitgeber wieder unverzüglich zu kündigen⁶⁴⁸.

232 e) **Kündigungserklärungsfrist und Zustimmungserfordernis**. In einigen Fällen ist eine außerordentliche Kündigung erst nach vorheriger behördlicher Zustimmung zulässig, so insbesondere bei **MuSchG § 17, SGB IX § 174, BEEG § 18** und **PflegeZG § 5**. Auch insoweit gilt, dass der Antrag bei der jeweils zuständigen Behörde, die Kündigung für zulässig zu erklären, innerhalb der Frist des § 626 Abs 2 gestellt werden muss (vgl auch SGB IX § 174 Abs 2); geschieht das nicht, so ist die Kündigung selbst dann unwirksam, wenn die Behörde die gewünschte Zustimmung erteilt⁶⁴⁹. Wurde der Antrag dagegen rechtzeitig gestellt und erteilt sodann die Behörde die gewünschte Zustimmung, so muss der Arbeitgeber die Kündigung grundsätzlich unverzüglich erklären (vgl SGB IX § 174 Abs 5)⁶⁵⁰; Gleiches gilt, wenn die Zustimmung nach SGB IX § 174 Abs 3 Satz 2 als erteilt gilt⁶⁵¹. Dabei kommt es – anders als bei ordentlichen Kündigungen (SGB IX § 171) – nicht auf die förmliche Zustellung der Behördenentscheidung an, sondern auf die sichere Kenntnis des Arbeitgebers von dieser⁶⁵². Unverzüglich bedeutet weder sofort, noch ist unverzüglich an eine konkrete Zeitvorgabe gebunden. Vielmehr kommt es auf eine verständige Abwägung der beiderseitigen Interessen an. Ohne das Vorliegen besondere Umstände ist nach mehr als einer Woche jedoch nach der Rechtsprechung des BAG grundsätzlich keine Unverzüglichkeit mehr gegeben⁶⁵³. Eine Ausnahme vom Erfordernis der unverzüglichen Kündigung nach Kenntniserlangung von der Behördenentscheidung gilt in dem (Sonder-)Fall, dass die Behördenentscheidung noch innerhalb der Zwei-Wochen-Frist des Abs 2 ergeht; dann darf der Arbeitgeber die Frist insgesamt ausschöpfen⁶⁵⁴.

233 3. **Fristberechnung**. – a) **Geltung der allgemeinen Vorschriften**. Die Fristberechnung richtet sich nach §§ 187 Abs 1, 188 Abs 2 Satz 1 Hs 1. Für den Beginn wird also der Tag nicht mitgerechnet, an dem der Kündigungsberechtigte von dem Kündigungssachverhalt ausreichend Kenntnis erhalten hat. Entsprechend: Erlangt der Kündigungsberechtigte an einem Mittwoch Kenntnis, so endet die Frist mit Ablauf des Mittwochs der übernächsten Woche. Für den Ablauf der Frist gilt auch § 193, ggf verlängert sich die Frist daher auf den nächsten Werktag⁶⁵⁵. Wäre

---

641 BAG AP BetrVG 1972 § 103 Nr 10.
642 BAG AP BetrVG 1972 § 103 Nr 10; NZA 1986, 719; NZA 1997, 371; Richardi/Thüsing BetrVG § 103 Rz 60.
643 BAG AP BetrVG 1972 § 103 Nr 3, Nr 36; NZA 2018, 240, 244; NZA 2020, 1639, 1640; Richardi/Thüsing BetrVG § 103 Rz 63; aA Fitting BetrVG § 103 Rz 46; Diller NZA 2004, 579, 585.
644 BAG NZA 2003, 719.
645 BAG NZA 2018, 240, 244; NZA 2020, 1639, 1640.
646 BAG NZA 2020, 1639, 1640.
647 Vgl BAG NZA-RR 2006, 440.
648 Vgl zu allem MünchKomm/Henssler § 626 Rz 368.
649 BAG AP SGB IX § 91 Nr 6; NZA 2007, 744; Sandmann SAE 2007, 217.
650 KR/Vossen SGB IX § 174 Rz 21.
651 ErfK/Niemann § 626 Rz 228a.
652 BAG NZA 2005, 1173, 1174; NZA 2008, 809; BeckOK-ArbR/Stoffels § 626 Rz 199.
653 BAG NZA 2020, 717.
654 BAG AP BGB § 626 Ausschlussfrist Nr 45.
655 BAG BeckRS 1985, 30714854; NZA 2014, 725.

die Anwendung ausgeschlossen, wäre die als Höchst-, aber auch als Mindestfrist ausgestaltete Ausschlussfrist und damit die Überlegungsfrist für den Kündigungsberechtigten entgegen der gesetzlichen Regelung verkürzt[656].

234 b) **Zugang.** Für die Fristwahrung ist erforderlich, dass die Kündigung dem Kündigungsempfänger vor ihrem Ablauf zugeht[657]. Die rechtzeitige Abgabe durch den Kündigungsberechtigten genügt also nicht.

235 c) **Abhilfemöglichkeiten.** Da es sich bei der Frist des Abs 2 um eine materielle Ausschlussfrist handelt (vgl oben Rz 209), kann **keine Wiedereinsetzung** in den vorigen Stand nach ZPO §§ 233 ff gewährt werden, gelten diese Bestimmungen doch nur für prozessuale Fristen[658]. Auch eine Anwendung der Regelungen über die **Verjährungshemmung** bzw den Verjährungsneubeginn kommt grundsätzlich nicht in Frage[659]. Ausnahmsweise kann man allerdings **§ 206 analog** anwenden, wenn die Fristwahrung objektiv – zB wegen eines Streiks bei der Post – schlicht nicht möglich war[660]. Das kann jedoch nur gelten, wenn der Kündigende alle ihm möglichen und zumutbaren Anstrengungen unternommen hat: Wird beispielsweise ein Poststreik für die kommende Woche angekündigt, so wird ihm oftmals zuzumuten sein, ggf schneller seine Entscheidung zu fällen und die Kündigungserklärung noch so rechtzeitig zur Post zu bringen, dass mit einer Zustellung noch vor Beginn des Streiks zu rechnen ist. Oder: Hat der Kündigungsempfänger seinen Wohn- oder Geschäftssitz an einem Ort, der vom Kündigenden mit (soweit vorhanden) Pkw oder öffentlichen Verkehrsmitteln zu überschaubaren Kosten in überschaubarem Zeitraum zu erreichen ist, wird man ihm abverlangen können, ausnahmsweise selbst den Zugang zu bewirken; ggf kommt auch die Einschaltung eines gesonderten Kurierdienstes in Betracht. Das zeigt, dass die Berufung auf § 206 analog ein absolutes Ausnahmeinstrument in völlig atypischen Fällen ist.

236 Ebenfalls nur in Ausnahmefällen wird die Berufung des Gekündigten auf die Fristversäumnis als **treuwidrig** und daher nach § 242 unbeachtlich anzusehen sein. Voraussetzung ist, dass die Anwendung der Ausschlussfrist zu unerträglichen Rechtsfolgen führen würde. Das ist regelmäßig nur denkbar, wenn die Fristversäumnis (maßgeblich) auf ein Verhalten des Kündigungsempfängers zurückzuführen ist, zB weil dieser um Bedenkzeit für die Annahme eines Angebots auf Abschluss eines Aufhebungsvertrags bat[661] oder wenn sich die Parteien darauf einigten, den Ausgang eines strafgerichtlichen Verfahrens abwarten zu wollen[662]; vom Kündigungsberechtigten ist in solchen Konstellationen allerdings zu verlangen, dass er sodann unverzüglich handelt, dh unverzüglich nach Ende des Strafverfahrens bzw nach (erfolglosem) Ablauf der Bedenkzeit die Kündigung ausspricht. Gleiches gilt, wenn der Arbeitgeber in Kenntnis eines Antrags des Arbeitnehmers auf Anerkennung als Schwerbehinderter zunächst nicht innerhalb der Frist des Abs 2 kündigt, sondern das Integrationsamt (SGB IX § 174) einschaltet und sich später herausstellt, dass der Arbeitnehmer gar nicht schwerbehindert ist[663]. In sonstigen Fällen liegt die Annahme von Treuwidrigkeit aber regelmäßig fern, insbesondere, wenn auch eine ordentliche Kündigung möglich gewesen wäre.

237 4. **Folge der Fristversäumnis.** Folge der Fristversäumnis ist, dass die **außerordentliche Kündigung nicht mehr** auf die **verfristeten Sachverhalte gestützt** werden kann. Denn dadurch wird die unwiderlegliche Vermutung begründet, dass die verfristeten Gründe keine außerordentliche Kündigung tragen[664]. Die darauf gestützte Kündigung wird/ist aber dennoch wirksam, wenn entweder der gekündigte Arbeitnehmer dem Kündigungsschutzgesetz unterliegt und die Klagefrist des KSchG §§ 13 Abs 1 Satz 2, 4 versäumt hat (vgl dazu unten Rz 239) oder aber die Kündigung durch andere, nicht verfristete Umstände gestützt, aufgrund derer der Arbeitgeber auch gekündigt hat, gerechtfertigt werden kann. Unberührt bleibt überdies die Möglichkeit, bei Vorliegen der entsprechenden Voraussetzungen das Dienstverhältnis **ordentlich** zu kündigen[665]; ggf kommt gerade wegen der Fristversäumnis auch eine Umdeutung in eine ordentliche Kündigung in Betracht.

---

656 BAG DB 1978, 1405; vgl KR/Fischermeier/Krumbiegel § 626 Rz 374.
657 BAG EzA BGB § 626 nF Nr 26, 63 (m insow zust Anm Kraft); Staud/Preis § 626 Rz 299.
658 BAG DB 1972, 147; KR/Fischermeier/Krumbiegel § 626 Rz 332.
659 Kraft Anm zu BAG EzA § 626 nF Nr 63 S 224a; aA Herschel Anm zu BAG EzA BetrVG 1972 § 103 Nr 20 (unter III 1b); KR/Fischermeier § 626 Rz 377.
660 Staud/Preis § 626 Rz 299; KR/Fischermeier/Krumbiegel § 626 Rz 348 f.
661 BGH NJW 1975, 1698.
662 BGH II ZR 131/73; LAG Düsseldorf/Köln EzA BGB § 626 nF Nr 73.
663 Vgl BAG AP BGB § 626 Ausschlussfrist Nr 26.
664 Vgl BAG AP KSchG 1969 § 13 Nr 1.
665 BAG NZA 2003, 795; ErfK/Niemann § 626 Rz 222.

IX. Prozessuale Fragen

1. Klageerhebung. Jeder Dienstverpflichtete bzw Dienstberechtigte kann sich unter Hinzu- 238
ziehung gerichtlicher Hilfe gegen eine ihm gegenüber erklärte außerordentliche Kündigung wehren. Allerdings unterscheiden sich die prozessualen Möglichkeiten und die an diese gerichteten Anforderungen, je nachdem ob es sich bei dem gekündigten Dienstverhältnis um einen freien Dienstvertrag oder ein Arbeitsverhältnis handelt.

a) **Arbeitsverhältnis.** Gemäß KSchG § 13 Abs 1 Satz 2 muss die Rechtsunwirksamkeit einer 239
außerordentlichen Kündigung des Arbeitgebers mittels der speziellen, punktuellen Kündigungsschutzklage innerhalb der dreiwöchigen Klageerhebungsfrist des KSchG § 4 Satz 1 geltend gemacht werden. Dies gilt auch dann, wenn der betroffene Arbeitnehmer nicht den allgemeinen Kündigungsschutz durch das KSchG genießt: Was den betrieblichen Anwendungsbereich anbelangt, so folgt dies aus dem klaren Wortlaut von KSchG §§ 13, 23 Abs 1 Satz 2 („mit Ausnahme der §§ 4 bis 7 und des § 13 Abs 1 Satz 1 und 2"). Für Arbeitnehmer, die die Wartefrist des KSchG § 1 Abs 1 nicht erfüllen und deren Kündigung daher nicht sozial rechtfertigungsbedürftig ist, ergibt sich dies zwar nicht direkt aus dem Wortlaut, allerdings wäre es mit dem Normzweck des KSchG § 4 Satz 1, der gerade Rechtssicherheit herbeiführen und für eine schnelle Klärung der Rechtswirksamkeit der Kündigung sorgen soll[666], nicht zu vereinbaren, wenn die dreiwöchige Klagefrist zwar für Arbeitnehmer, die unter den besonderen Schutz des KSchG fallen, gelten würde, Arbeitnehmer, die innerhalb der Wartefrist gekündigt werden, aber zeitlich unbeschränkt Klage[667] erheben könnten[668]. Wie bei der Kündigungsschutzklage gegen eine ordentliche Kündigung ist auch bei einer Kündigungsschutzklage gegen eine außerordentliche Kündigung das Feststellungsinteresse im Sinne der ArbGG § 46 Abs 2, ZPO § 256 immer gegeben, da gemäß KSchG § 7, der ebenfalls gemäß KSchG § 13 Abs 1 Satz 2 Anwendung findet, die materielle Präklusion und somit die materielle Wirksamkeit der außerordentlichen Kündigung droht. Ein gegen eine isoliert erklärte außerordentliche Kündigung gerichteter Kündigungsschutzantrag umfasst regelmäßig auch das Begehren festzustellen, dass das Arbeitsverhältnis auch nicht aufgrund einer Umdeutung in eine ordentliche Kündigung endet[669].

Handelt es sich um eine **außerordentliche Änderungskündigung** (s Rz 167 ff), so erscheint 240
die Anwendbarkeit des Regelungsregimes der KSchG § 2, 4 Satz 2 zunächst problematisch, da KSchG § 13 Abs 1 Satz 2 ausdrücklich auf KSchG § 4 Satz 1 verweist, nicht jedoch auf KSchG § 2 oder KSchG § 4 Satz 2. Nichtsdestotrotz wendet das BAG diese Normen zu Recht entsprechend auf eine außerordentliche Änderungskündigung an[670]. Denn wenn man, wie es die Rechtsprechung tut (vgl oben Rz 167), die Möglichkeit einer außerordentlichen Änderungskündigung anerkennt, so ist es nur sachgerecht, dem Gekündigten nicht nur einen Beendigungsschutz, sondern auch einen Änderungsschutz zu gewähren, für den jedoch dann keine anderen prozessualen Regelungen gelten können. Daraus folgt, dass der Arbeitnehmer die Annahme des Änderungsangebots unter Vorbehalt unverzüglich erklären und gegebenenfalls entsprechend innerhalb der Frist des KSchG § 4 Satz 1 auch Änderungsschutzklage erheben muss[671].

Die Klageerhebungsfrist ist bei einer außerordentlichen arbeitgeberseitigen Kündigung nur 241
in wenigen Fällen ausnahmsweise unbeachtlich, etwa wenn der Zugang der Kündigung bestritten, die Kündigung durch einen Nichtberechtigten erklärt oder die Schriftform nicht eingehalten wurde[672]. In diesen Fällen ist ausnahmsweise die **allgemeine Feststellungsklage** statthaft. Die Rüge, dass die Kündigungserklärungsfrist des Abs 2 nicht eingehalten wurde, ist dagegen innerhalb der Frist des KSchG § 4 Satz 1 geltend zu machen[673].

Auch eine **außerordentliche Kündigung durch den Arbeitnehmer** kann gerichtlich auf 242
ihre Wirksamkeit überprüft werden, wobei dies ausweislich des ausdrücklichen Wortlauts des KSchG § 4 Satz 1 nicht innerhalb der dreiwöchigen Klageerhebungsfrist erfolgen muss, da KSchG § 4 Satz 1 lediglich für Arbeitgeberkündigungen gilt[674]. Soweit der Arbeitgeber gemäß ZPO § 256 ein Interesse an der Feststellung der Unwirksamkeit hat, kann er eine entsprechende Feststellungsklage erheben[675]. Dies liegt beispielsweise vor, wenn der Arbeitgeber dem Vorwurf

---

666 APS/Hesse KSchG § 4 Rz 3; ErfK/Kiel KSchG § 4 Rz 1; MünchKomm/Hergenröder KSchG § 4 Rz 1.
667 Zu den Anforderungen an eine ordnungsgemäße Erhebung der Kündigungsschutzklage vgl VOR § 620 Rz 220; Hofer JA 2017, 853.
668 BAG NZA 2007, 972; APS/Biebl KSchG § 13 Rz 12 f.
669 BAG NZA 2019, 1343.
670 BAG AP KSchG 1969 § 2 Nr 16; vgl zu den Fallstricken der Änderungskündigung im arbeitsgerichtlichen Verfahren Holler, JA 2021, 587.
671 BAG AP KSchG 1969 § 2 Nr 16; Staud/Preis § 626 Rz 311.
672 BAG NZA 2009, 1146; Staud/Preis § 626 Rz 311; vgl zur Thematik ausführlich APS/Hesse KSchG § 4 Rz 10 ff.
673 BAGE 24, 292; Erman/Riesenhuber § 626 Rz 132; Staud/Preis § 626 Rz 311.
674 BAG NZA 1986, 714; NZA 2009, 840.
675 BAG NZA 1986, 714; NZA 2009, 840.

pflichtwidrigen Verhaltens entgegentreten will[676]. Am Feststellungsinteresse wird es aber regelmäßig fehlen, wenn die Kündigungsfrist abgelaufen ist, da der Arbeitnehmer bis zu diesem Zeitpunkt das Arbeitsverhältnis auch ohne Grund hätte beenden können[677]; wurde die Klage vor Ablauf der Kündigungsfrist erhoben, so wird sie nachträglich unzulässig. Daneben kann das Klagerecht des Arbeitgebers nach allgemeinen Grundsätzen **verwirkt** werden. Dies setzt voraus, dass der Kläger längere Zeit bis zur Klageerhebung abgewartet hat, der Kündigende deshalb darauf vertraut, die Kündigung werde nicht mehr angegriffen und ihm eine Einlassung auf die Klage nicht mehr zugemutet werden kann[678].

243 b) **Andere Dienstverhältnisse.** Dienstpflichtige, die nicht Arbeitnehmer sind, sind an die Klageerhebungsfrist des KSchG § 4 nicht gebunden[679]. Diese Personen können daher auch nach Ablauf der Drei-Wochen-Frist Klage auf Feststellung erheben, dass das Dienstverhältnis durch die Kündigung nicht aufgelöst wurde. Das Feststellungsinteresse im Sinne von ZPO § 256 wird auch hier regelmäßig zunächst vorliegen, es entfällt aber, wenn (zwischenzeitlich) die ordentliche Kündigungsfrist abgelaufen ist; die Klage wird damit unzulässig. Im Übrigen ist es auch insoweit möglich, das Klagerecht zu verwirken (vgl oben Rz 242).

244 2. **Streitgegenstand.** Streitgegenstand einer Kündigungsschutzklage ist grundsätzlich, ob das Arbeitsverhältnis durch eine bestimmte Kündigung zu einem bestimmten Zeitpunkt aufgelöst wurde[680]. Die Rechtsprechung vertritt jedoch darüber hinaus, dass durch das stattgebende Urteil zugleich festgestellt wird, dass bis zu dem durch die konkret angegriffene Kündigung maßgeblichen Beendigungszeitpunkt ein Arbeitsverhältnis noch bestanden hat (sog erweiterter punktueller Streitgegenstand)[681]. Daher sind vom Kündigungsschutzantrag auch alle Beendigungstatbestände erfasst, die das Arbeitsverhältnis vor oder zeitgleich mit diesem Zeitpunkt beendet hätten und dies unabhängig davon, ob diese Beendigungstatbestände von einer Partei in den Prozess eingeführt wurden. Das bedeutet für eine außerordentliche Kündigung, dass von einer Kündigungsschutzklage, die gegen eine ordentliche Kündigung gerichtet ist, regelmäßig auch eine während des Laufs der Kündigungsfrist erklärte außerordentliche Kündigung erfasst ist[682]. Etwas anderes gilt dann, wenn der Arbeitnehmer die Klage allein auf die ausdrücklich angegriffene Kündigung beschränkt hat[683]. Hier kann gegebenenfalls ein Schleppnetzantrag helfen[684].

245 Außerhalb des KSchG § 4 umfasst der Streitgegenstand dagegen den Bestand des Dienstverhältnisses insgesamt, sodass darüber entschieden wird, ob im Zeitpunkt der letzten mündlichen Verhandlung ein Dienstverhältnis noch besteht oder nicht[685].

246 3. **Darlegungs- und Beweislast.** Bei einer Kündigungsschutzklage nach dem Kündigungsschutzgesetz muss aufgrund des punktuellen Streitgegenstands dieser Klage (vgl oben Rz 244) eine Kündigung überhaupt vorliegen, was vom Arbeitnehmer nachzuweisen ist[686]. Dies gilt dagegen nicht bei der – auch hilfsweise erklärten – allgemeinen Feststellungsklage, da es hier gerade nicht auf das Vorliegen einer Kündigung ankommt[687].

247 Die Darlegungs- und Beweislast erfolgt nach einem **mehrstufigen Konzept**. Zunächst trägt der Kündigende die Beweislast für die Tatsachen und Umstände, auf die die Kündigung gestützt wird[688]. Dasselbe gilt für diejenigen Umstände, die die Unzumutbarkeit begründen, das Dienstverhältnis bis zum Ablauf der ordentlichen Kündigungsfrist fortzusetzen[689]. Der Kündigende muss jedoch nicht nur die objektiven Merkmale für einen Kündigungsgrund sowie die bei der Interessenabwägung für den Gekündigten ungünstigen Umstände vortragen. Vielmehr muss er auch die vom Gekündigten behaupteten Rechtfertigungsgründe widerlegen. Denn wenn sich das Verhalten des Gekündigten rechtfertigen lässt, liegt kein zur Kündigung berechtigender Vertragsverstoß vor, sodass der Kündigende auch diejenigen Tatsachen beweisen muss, die die vom Gekündigten behauptete Rechtfertigung ausschließen[690].

248 Trägt der Gekündigte also Rechtfertigungs- oder Entschuldigungsgründe schlüssig vor, so greift eine **abgestufte Darlegungslast** in der Form, dass der Gekündigte die Tatsachengrundlage

---

676 BAG NZA 1986, 714; Staud/Preis § 626 Rz 311.
677 LAG Köln BeckRS 2016, 65274; ErfK/Niemann § 626 Rz 229a.
678 Vgl BAG AP BGB § 242 Prozeßverwirkung Nr 1; AP BGB § 242 Verwirkung Nr 3.
679 MünchKomm/Hergenröder KSchG § 4 Rz 3; BeckOK-ArbR/Kerwer KSchG § 4 Rz 8.
680 BAG NZA 1994, 812, 813 mwN aus der Rechtsprechung; vgl auch zur Thematik Hofer JA 2017, 853.
681 BAG NZA 1996, 651, 652.
682 BAG NZA 2015, 635, wo eine in der Kündigungsfrist der angegriffenen ordentlichen Kündigung erfolgte außerordentliche Kündigung als vom Streitgegenstand umfasst angesehen wurde.
683 BAG NZA 2015, 635, 638.
684 Reinartz NZA 2020, 215; Hofer JA 2017, 853.
685 BAG AP ZPO § 256 Nr 50.
686 Vgl zB APS/Vossen § 626 Rz 166.
687 So zu Recht APS/Vossen § 626 Rz 167.
688 BAG AP BGB § 626 Nr 8; Staud/Preis § 626 Rz 313; MünchKomm/Henssler § 626 Rz 377 jeweils mwN.
689 BAG AP BGB § 626 Ausschlussfrist Nr 4; AP BGB § 626 Nr 70; Staud/Preis § 626 Rz 313.
690 BAG NJW 1977, 167; Staud/Preis § 626 Rz 314.

dieser Gründe so substantiiert wie möglich darlegen und der Kündigende sodann diese widerlegen und gegebenenfalls Beweis führen muss, dass diese nicht vorliegen[691]. So trifft den wegen unerlaubter Konkurrenztätigkeit kündigenden Arbeitgeber beispielsweise die Darlegungs- und Beweislast für diejenigen Tatsachen, die die vom Arbeitnehmer substantiiert behauptete Rechtfertigung durch Einwilligung ausschließen[692].

Es muss auf beiden Seiten verhindert werden, dass die beweisbelastete Partei dadurch überfordert wird, dass sie Tatsachen zu beweisen hat, die in die Sphäre der jeweils anderen Partei fallen[693]. Daher sind die Anforderungen an die konkrete Beweisführungslast danach zu richten, wie substantiiert sich der Gekündigte auf die Kündigungsgründe einlässt, sodass der Kündigende nicht von vornherein alle nur denkbaren Rechtfertigungsgründe zu widerlegen hat[694]. Beruft sich ein Arbeitnehmer beispielsweise darauf, der Arbeit wegen Krankheit ferngeblieben zu sein, so muss er dies so substantiiert vortragen, dass der Arbeitgeber seinerseits substantiiert die Behauptungen des Arbeitnehmers bestreiten kann. Dies kann entweder durch substantiierten Vortrag geschehen, woran der Arbeitnehmer erkrankt war und weshalb er deswegen nicht zur Arbeit erscheinen konnte oder aber durch Vorlage eines ärztlichen Attests[695]. Mit letzterem kann regelmäßig der Nachweis für die Tatsache der arbeitsunfähigen Erkrankung geführt werden, es sei denn der Arzt hat sich nachweislich nicht damit auseinandergesetzt, wie sich die Krankheit auf die Arbeitsfähigkeit des Arbeitnehmers auswirkt[696]. Macht ein Arbeitnehmer einen **Rechtsirrtum** geltend, so liegen die diesem zugrundeliegenden Umstände allein in seiner Sphäre, sodass er diese zu beweisen hat, insbesondere also wenn er sich darauf beruft, sich vor einer nicht von der Gewerkschaft getragenen Arbeitsniederlegung bei einer sachkundigen Stelle informiert zu haben[697]. Beruft sich ein gekündigter Arbeitnehmer darauf, als milderes Mittel wäre die Versetzung auf einen anderen Arbeitsplatz möglich, so wird man wie auch bei der ordentlichen, in der Regel betriebsbedingten, Kündigung annehmen dürfen, dass der Arbeitnehmer grundsätzlich vortragen muss, auf welchen Arbeitsplätzen seines Erachtens eine Weiterbeschäftigung möglich sei, und der Arbeitgeber sodann darlegen und beweisen muss, warum dies nicht der Fall ist[698]. Nach Ansicht des BAG hat der Arbeitgeber dagegen nicht nur darzutun, dass eine Weiterbeschäftigung des Arbeitnehmers auf dem bisherigen Arbeitsplatz nicht mehr möglich ist, sondern muss vielmehr von sich aus darlegen, dass im Fall einer Beendigungskündigung überhaupt keine Möglichkeit mehr besteht, das Arbeitsverhältnis und sei es zu geänderten Bedingungen und nach entsprechender Umschulung sinnvoll fortzusetzen. Das Fehlen jeglicher Beschäftigungsmöglichkeit zähle bei der außerordentlichen betriebsbedingten Kündigung zum „wichtigen Grund" und sei deshalb primär vom Arbeitgeber darzulegen[699]. Für den Fall einer außerordentlichen Änderungskündigung folge daraus, dass der Arbeitgeber von sich aus darzulegen hat, dass es keine zumutbare, sich weniger weit als das unterbreitete Änderungsangebot von den bisherigen Vertragsbedingungen entfernte Beschäftigungsmöglichkeit gibt[700]. Im Ergebnis vermag diese Unterscheidung nicht zu überzeugen.

Auch die Einhaltung der **Kündigungserklärungsfrist** des Abs 2 muss der Kündigende darlegen und beweisen[701]. Obwohl nach den allgemeinen Beweisregeln bei einer Ausschlussfrist eigentlich der Kündigungsempfänger die Kenntniserlangung als den Fristlauf auslösendes Ereignis zu beweisen hätte[702], ist dem Kündigenden der Nachweis für die Einhaltung der Frist aufzuerlegen, da es sich um Umstände handelt, die aus seiner Sphäre stammen[703]. An diesen Nachweis sind grundsätzlich strenge Anforderungen zu stellen[704]. Der Kündigende muss daher substantiiert vortragen und gegebenenfalls beweisen, wann er auf welchem Wege Kenntnis von den Umständen, die der Kündigung zugrundeliegen, erlangt hat, denn nur so ist der Gekündigte in der Lage, seinerseits substantiiert zu bestreiten[705]. Zu beachten ist aber, dass die Einhaltung der Kündigungserklärungsfrist auch unstreitig gestellt werden kann und der Kündigende in seiner Klageerwiderung daher nur dann ausdrücklich und ausführlich hierzu vortragen muss, wenn Zweifel an der Fristwahrung bestehen oder der Gekündigte deren Wahrung bestritten hat[706].

---

691 Vgl zB BAG NZA-RR 2011, 15; ErfK/Niemann § 626 Rz 235.
692 BAG NJW 1988, 438.
693 Vgl Staud/Preis § 626 Rz 315.
694 Vgl dazu BAG EzA BGB § 626 nF Nr 109; vgl auch AP BGB § 626 Nr 76, 97; Staud/Preis § 626 Rz 315.
695 Vgl dazu insgesamt BAG NJW 1977, 167.
696 Staud/Preis § 626 Rz 315; LAG Hessen NZA 1994, 886.
697 BAG NJW 1979, 236; MünchKomm/Henssler § 626 Rz 377.
698 In diese Richtung BAG AP BGB § 626 Nr 70; MünchKomm/Henssler § 626 Rz 378; Staud/Preis § 626 Rz 316.
699 BAG NZA 2021 1252; NZA 2019, 1345 mwN.
700 BAG NZA 2021 1252 (1254).
701 MünchKomm/Henssler § 626 Rz 381; APS/Vossen § 626 Rz 168.
702 Vgl MünchKomm/Henssler § 626 Rz 381.
703 So auch APS/Vossen § 626 Rz 168; Staud/Preis § 626 Rz 309; ErfK/Niemann § 626 Rz 239.
704 Staud/Preis § 626 Rz 309.
705 MünchKomm/Henssler § 626 Rz 382.
706 So zu Recht Staud/Preis § 626 Rz 309; ErfK/Niemann § 626 Rz 239.

Grundsätzlich kann der Gekündigte den Beginn der Frist auch mit **Nichtwissen** bestreiten (ZPO § 138 Abs 4), jedoch ist dies ausgeschlossen, wenn er am Vorgang der Kenntniserlangung beteiligt war[707]. Soweit der Kündigende behauptet, die Frist sei durch notwendige weitere Ermittlungsmaßnahmen (vgl oben Rz 217 ff) **gehemmt** worden, trägt er auch hierfür die Darlegungs- und Beweislast[708].

251   4. **Nachschieben von Kündigungsgründen.** Bei der Prüfung, ob ein wichtiger Grund vorliegt, ist auf den **Zeitpunkt des Zugangs** der Kündigung abzustellen, da die Kündigung zu diesem Zeitpunkt wirksam werden soll (vgl zum Beurteilungszeitpunkt oben Rz 42)[709].

252   a) **Grundsatz.** Die Angabe der Kündigungsgründe ist bei der außerordentlichen Kündigung, außer im Falle des BBiG § 22 Abs 3, MuSchG § 17 Abs 2 Satz 2 oder einer individual- oder kollektivrechtlich vereinbarten Regelung dieser Art[710], grundsätzlich **keine Wirksamkeitsvoraussetzung** (vgl dazu oben Rz 191). Daher ist das Nachschieben von weiteren, die Kündigung (möglicherweise) rechtfertigenden Gründen grundsätzlich möglich und scheitert nicht bereits an der fehlenden Benennung in der Kündigungserklärung. Allerdings ist insoweit danach zu unterscheiden, wann die weiteren Gründe zeitlich entstanden sind:

253   aa) **Gründe vor Kündigung entstanden.** Da es auf das objektive Vorliegen von Gründen zum Zeitpunkt des Zugangs der Kündigungserklärung ankommt, kann der Kündigende grundsätzlich alle Gründe geltend machen („nachschieben"), die bis zu diesem Zeitpunkt entstanden sind (zu Besonderheiten bei erforderlicher Anhörung der Personalvertretungen oder behördlichem Zustimmungserfordernis vgl unten Rz 263 ff)[711].

254   Ob durch das Nachschieben auch ein komplettes **Auswechseln der Kündigungsgründe** in dem Sinne, „dass die Kündigung einen völlig anderen Charakter erhält" bewirkt werden kann, hat das BAG bisher offengelassen[712]. Diese Frage ist zu bejahen, da nur zu beurteilen ist, ob zur Zeit des Zugangs der Kündigungserklärung objektiv ein wichtiger Grund vorlag, während es auf die Kenntnis des Kündigenden von diesen Gründen gerade nicht ankommt[713].

255   Das Nachschieben ist jedoch nicht grenzenlos möglich. Zum einen können sich Grenzen im laufenden Prozess aus **prozessualen Vorschriften** ergeben. Das erstmalige Nachschieben von Kündigungsgründen kann in der Berufungsinstanz wegen ZPO § 529 ausscheiden[714], aber auch in erster Instanz ist das Nachschieben von Kündigungsgründen nur bis zur Grenze des verspäteten Vorbringens (ArbGG § 56 Abs 2, ZPO § 296 Abs 2) möglich.

256   Daneben können **materielle Grenzen** bestehen. Stellt die Angabe der Kündigungsgründe ausnahmsweise eine **Wirksamkeitsvoraussetzung** dar (siehe oben Rz 191), ist ein Nachschieben von Kündigungsgründen bereits deshalb ausgeschlossen und der Kündigende kann sich nicht auf einen Kündigungsgrund berufen, der in der Kündigungserklärung nicht genannt ist[715]. Dies gilt unabhängig davon, ob die weiteren Gründe dem Kündigenden bereits bekannt waren oder nicht.

257   Je nachdem, ob dem Kündigenden die weiteren Gründe im Zeitpunkt der Kündigung bereits bekannt waren oder nicht, ergeben sich zudem weitere Grenzen. Bei Kenntnis dürfen die Gründe dem Kündigenden nicht **mehr als zwei Wochen vor Ausspruch der Kündigung** bekannt gewesen sein, da sonst die Kündigungserklärungsfrist des Abs 2 für diese Gründe nicht eingehalten wurde[716]. Allerdings gebieten Abs 2 Sätze 1 und 2 nicht, dass der Kündigungsgrund innerhalb von zwei Wochen nach Kenntnis nachgeschoben werden muss, auch nicht bei späterer Kenntniserlangung[717]. Zweck der Kündigungserklärungsfrist ist es, dem Gekündigten alsbald Klarheit darüber zu verschaffen, ob der Kündigungsberechtigte von der Möglichkeit der außerordentlichen Kündigung Gebrauch macht. Dieser Zweck ist mit Ausspruch der Kündigung

---

707 APS/Vossen § 626 Rz 171; MünchKomm/Henssler § 626 Rz 382.
708 APS/Vossen § 626 Rz 170; ErfK/Niemann § 626 Rz 239.
709 Vgl zB BAG EzA KSchG § 2 Nr 3; Staud/Preis § 626 Rz 58.
710 Vgl zB BAG NZA 2013, 900.
711 StRspr; vgl BAG AP BGB § 626 Nachschieben von Kündigungsgründen Nr 1; NZA 1986, 674; NZA 2021, 710; Staud/Preis § 626 Rz 66.
712 BAG AP BGB § 626 Nachschieben von Kündigungsgründen Nr 1; NZA 2008, 636; s. auch NZA 2021, 710.
713 MünchKomm/Henssler § 626 Rz 394; Birk Anm zu BAG AP BGB § 626 Nachschieben von Kündigungsgründen Nr 1.
714 Vgl BAG AP BGB § 626 Nachschieben von Kündigungsgründen Nr 1.
715 MünchKomm/Henssler § 626 Rz 396, jedoch nur für Kündigungsgründe die zwischen Abgabe der Kündigungserklärung und deren Zugang entstehen.
716 MünchKomm/Henssler § 626 Rz 393; kritisch Staud/Preis § 629 Rz 69, der dies nicht für zwingend hält.
717 ErfK/Niemann § 626 Rz 230; MünchKomm/Henssler § 626 Rz 393.

erreicht. Durch das Nachschieben weiterer Gründe für die bereits ausgesprochene Kündigung werden schutzwürdige Interessen des Gekündigten nicht verletzt[718].

Fraglich ist in diesem Kontext aber, wie sich die Regelung des Abs 2 **Satz 3** auf das Nachschieben von Kündigungsgründen auswirkt. Allein aus der Tatsache, dass der Gekündigte das Recht hat, vom Kündigenden die Gründe für die Kündigung zu erfragen, führt jedenfalls nicht dazu, dass das Nachschieben von Gründen per se ausscheidet. Anderenfalls würde entgegen der gesetzlichen Regelung die Mitteilung der Gründe faktisch zur Wirksamkeitsvoraussetzung erhoben[719]. 258

Allerdings kann die erfolgte Mitteilung von Kündigungsgründen auch nicht vollständig folgenlos bleiben[720]. Der Gekündigte soll durch die Mitteilung der Kündigungsgründe gerade in die Lage versetzt werden, seine Verteidigungschancen abzuwägen und setzt daher zumindest ein gewisses Vertrauen in die Richtigkeit und Vollständigkeit der Angaben des Kündigenden voraus[721]. Basierend auf dieser Überlegung wird teilweise vertreten, dass Abs 2 Satz 3 zwar nicht dazu führe, dass das Nachschieben von Gründen unzulässig werde, nachdem der Kündigende die Gründe mitgeteilt habe, der Gekündigte könne jedoch Schadensersatz für die Prozesskosten verlangen, wenn er aufgrund des Nachschiebens den Rechtsstreit verliere[722]. Richtigerweise wird man hier **differenzieren** müssen: In Fällen, in denen der Kündigende vorsätzlich Gründe verschweigt, mit der Absicht, diese später nachzuschieben, wird ein Nachschieben dieser Gründe aufgrund der **Rechtsmissbräuchlichkeit** (§ 242) dieses Vorgehens für unzulässig erachtet werden müssen. Auch wenn der Kündigende ohne eine solche bereits gefasste Absicht weitere ihm bekannte Kündigungsgründe verschweigt, wird man ein Nachschieben von Kündigungsgründen in der Regel ausscheiden lassen müssen. Hier ließe sich an einen konkludenten **Verzicht** darauf, die Kündigung auf einen nicht genannten Grund zu stützen, denken. 259

Anders verhält es sich in Fällen unvorsätzlichen Nichtbenennens. Denkbar sind solche vor allem, wenn der Kündigende im Zeitpunkt der Mitteilung davon ausgeht, dass die Kündigung durch den mitgeteilten Grund hinreichend gerechtfertigt ist, er im Laufe des Prozesses aber erkennt, dass weitere Gründe erforderlich sind. In einem solchen Fall wird man – mit der hM – das Nachschieben von Gründen auch noch **nach** Mitteilung gemäß Abs 2 Satz 3 für zulässig halten können. Fraglich ist allerdings, ob die damit einhergehenden Härten – wie das in der Literatur zT behauptet wird – für den Gekündigten über die Gewährung eines Schadensersatzanspruchs abgemildert werden können. Voraussetzung hierfür wäre allerdings eine **schuldhafte Pflichtverletzung**. Eine solche kann richtigerweise nicht im Nachschieben als solchem gesehen werden, denn wenn dieses Verhalten rechtlich zulässig ist, kann es nicht Ankerpunkt für eine Haftungsbegründung sein. Als denkbarer Anknüpfungspunkt für eine Haftung kommt daher allein die (fahrlässige) Nicht-Mitteilung möglicher weiterer Kündigungsgründe auf die Anfrage des Gekündigten nach Abs 2 Satz 3 in Betracht. Das erscheint jedoch problematisch, da im Zeitpunkt der Abgabe der Mitteilung über die Kündigungsgründe der Kündigende gerade davon ausging, den maßgeblichen Kündigungsgrund zu nennen. Hier wird man wohl nur dann einen Fahrlässigkeitsvorwurf erheben können, wenn der Kündigende hätte erkennen müssen, dass er auf den weiteren Kündigungsgrund wird zurückgreifen müssen. Fehlt es daran, scheidet trotz des Nachschiebens ein Schadensersatzanspruch des Gekündigten aus. 260

Waren die weiteren Gründe dem Kündigenden überhaupt noch **nicht bekannt**, wird sich die vorstehende Problematik dagegen nicht stellen[723]. Ein Anspruch auf Schadensersatz wird mangels Verschulden nach § 276 ausscheiden, da der Kündigende **keine Nachforschungspflicht** bezüglich weiterer Kündigungsgründe hat[724]. 261

bb) **Gründe nach Kündigung entstanden**. Erst später entstandene Umstände können grundsätzlich nicht zur Rechtfertigung der bereits erklärten Kündigung herangezogen werden, jedoch eine **erneute Kündigung** ermöglichen[725]. Dies soll ausnahmsweise dann nicht gelten, wenn es sich nicht um völlig neue Tatsachen handelt, sondern um Umstände, die den Grund für die erklärte fristlose Kündigung aufhellen[726]. 262

b) **Vorherige Anhörung der Personalvertretungen**. Besonderheiten ergeben sich allerdings in Fällen, in denen die vorherige Anhörung des Betriebsrats (BetrVG § 102 Abs 1), des Sprecherausschusses (SprAuG § 31 Abs 2), der Schwerbehindertenvertretung (SGB IX § 178 Abs 2) bzw der Personalvertretung (BPersVG § 79 Abs 3, 4) Wirksamkeitsvoraussetzung für die Kündigung 263

---

718 Vgl KR/Fischermeier/Krumbiegel § 626 Rz 192 f.
719 So wohl auch Staud/Preis § 626 Rz 66.
720 AA wohl Staud/Preis § 626 Rz 66, der eben dies annimmt.
721 BT-Drucks V/3913 S 11.
722 MünchKomm/Henssler § 626 Rz 74 ff, 391.
723 ErfK/Niemann § 626 Rz 230.
724 MünchKomm/Henssler § 626 Rz 394.
725 BAG AP BGB § 626 Nr 9; Staud/Preis § 626 Rz 58.
726 BAG AP BGB § 626 Nr 62; Staud/Preis § 626 Rz 67.

ist. Nach BetrVG § 102 sind dem Betriebsrat alle Gründe zu nennen, auf die der Arbeitgeber seine Kündigung stützen will. Entsprechend dem Zweck des BetrVG § 102 können Gründe, die dem Arbeitgeber bei Einleitung des Anhörungsverfahrens bekannt waren, die er dem Betriebsrat aber nicht mitgeteilt hat, im Kündigungsprozess nicht mehr nachgeschoben werden[727]. Etwas anderes gilt nur für Tatsachen, die die dem Betriebsrat genannten Gründe nur erläutern oder konkretisieren[728]. Gründe, die nach Einleitung des Anhörungsverfahrens, aber vor Ausspruch der Kündigung entstanden sind und Gründe, die bei Abgabe der Kündigungserklärung vorlagen, dem Arbeitgeber aber nicht bekannt waren, können im Prozess dagegen nachgeschoben werden, aber erst dann, wenn der Arbeitgeber die Anhörung des Betriebsrats nachgeholt hat[729]. Gleiches gilt für die Information des Sprecherausschusses, der Schwerbehindertenvertretung bzw der Personalvertretungen.

264 c) **Erforderliche Zustimmung der Personalvertretungen.** Ist die Zustimmung des Betriebsrats nach BetrVG § 103 für die außerordentliche Kündigung eines Betriebsratsmitglieds (ebenso durch den Verweis des SGB IX § 179 Abs 3 für Mitglieder der Schwerbehindertenvertretung; für Mitglieder des Personalrats vgl BPersVG § 47) erforderlich und hat der Betriebsrat die Zustimmung verweigert, so können im Zustimmungsersetzungsverfahren nach BetrVG § 103 Abs 2 alle Gründe vorgebracht werden, die dem Arbeitgeber bis dahin bekannt werden, sofern er zuvor dem Betriebsrat Gelegenheit gegeben hat, seine ablehnende Entscheidung im Hinblick auf die neuen Gründe zu überprüfen[730]. Für die Mitteilung der Gründe an den Betriebsrat – nicht aber für ihre Einführung in das Zustimmungsersetzungsverfahren – gilt die Frist des Abs 2[731]. Ist die Kündigung ausgesprochen, so können im Kündigungsschutzprozess nur Gründe nachgeschoben werden, die vor Zugang der Kündigung entstanden, dem Arbeitgeber aber erst nach Abschluss des Zustimmungs- oder Zustimmungsersetzungsverfahrens bekannt geworden sind.

265 d) **Zustimmung einer Behörde.** Ist zu einer außerordentlichen Kündigung die vorherige Zustimmung einer Behörde erforderlich (vgl oben Rz 38, 232) und hat diese die Zustimmung erteilt, so können in das Kündigungsschutzverfahren alle Gründe eingeführt werden, die vor Zugang der Kündigung entstanden waren[732].

266 5. **Revisionsgerichtliche Nachprüfbarkeit.** Der „wichtige Grund" ist ein vom Revisionsgericht nachzuprüfender unbestimmter Rechtsbegriff; seine Feststellung ist keine Tat-, sondern eine Rechtsfrage. Da aber die Gesamtwürdigung aller Umstände des Einzelfalls nur dem Tatrichter möglich ist, kann die Revisionsinstanz lediglich die **richtige Anwendung des Rechtsbegriffs** nachprüfen, dh die Frage, ob ein bestimmter Vorgang an sich, ohne die tatsächlichen Besonderheiten des Einzelfalls, einen wichtigen Grund abzugeben geeignet ist und ob der Instanzrichter alle für die Frage nach dem wichtigen Grund wesentlichen Umstände frei von inneren Widersprüchen und ohne Verstoß gegen Denkgesetze und Erfahrungssätze berücksichtigt hat[733]. Im Rahmen der Interessenabwägung muss sich die Zumutbarkeitsprüfung des Instanzrichters auf alle vernünftigerweise in Betracht kommende Umstände des Einzelfalls erstrecken und diese müssen vollständig und widerspruchsfrei gegeneinander abgewogen worden sein, woraufhin sie auch von der Revisionsinstanz überprüft wird[734].

§ 627 [Fristlose Kündigung bei Vertrauensstellung]

(1) Bei einem Dienstverhältnis, das kein Arbeitsverhältnis im Sinne des § 622 ist, ist die Kündigung auch ohne die im § 626 bezeichnete Voraussetzung zulässig, wenn der zur Dienstleistung Verpflichtete, ohne in einem dauernden Dienstverhältnis mit festen Bezügen zu stehen, Dienste höherer Art zu leisten hat, die auf Grund besonderen Vertrauens übertragen zu werden pflegen.

(2) Der Verpflichtete darf nur in der Art kündigen, dass sich der Dienstberechtigte die Dienste anderweit beschaffen kann, es sei denn, dass ein wichtiger Grund für die unzeitige Kündigung vorliegt. Kündigt er ohne solchen Grund zur Unzeit, so hat er dem Dienstberechtigten den daraus entstehenden Schaden zu ersetzen.

---

[727] HM; vgl BAG EzA BetrVG 1972 § 102 Nr 44; NZA 1986, 674; APS/Vossen § 626 Rz 49a.
[728] BAG EzA BetrVG 1972 § 102 Nr 62 (m Anm Kraft); APS/Vossen § 626 Rz 49a.
[729] Vgl BAG EzA BetrVG 1972 § 102 Nr 62; MünchKomm/Henssler § 626 Rz 356.
[730] Vgl BAG EzA BetrVG § 103 Nr 9, 16; NZA 2008, 1081.
[731] Vgl BAG AP BetrVG 1972 § 103 Nr 1, 4, 7.
[732] KR/Fischermeier/Krumbiegel § 626 Rz 198 f.
[733] StRspr; vgl zB BAG AP BGB § 626 Nr 5, 6, 37, 38, 42, 65 (m krit Anm Birk), Nr 109; vgl auch Staud/Preis § 626 Rz 319 f.
[734] MünchKomm/Henssler § 626 Rz 403; Staud/Preis § 626 Rz 320.

ÜBERSICHT

1. Allgemeines 1
2. Verhältnis zu anderen Normen ... 2
3. Voraussetzungen für die Anwendbarkeit 3–13
   a) Keine Anwendung auf Arbeitsverhältnisse 3
   b) Dienste höherer Art 4–7
   c) Besonderes Vertrauen 8–10
   d) Kein dauerndes Dienstverhältnis mit festen Bezügen 11–13
      aa) Dauerndes Dienstverhältnis . 12
      bb) Feste Vergütung 13
4. Rechtsfolgen 14, 15
5. Kündigung zur Unzeit, Abs 2 16–18
6. Abdingbarkeit 19–22
7. Darlegungs- und Beweislast 23

Schrifttum: Dörner, Verbraucherschutz bei privatem Direktunterricht, NJW 1979, 241; Schlosser, Erleichterte Kündigung von Direktunterrichtsverträgen?, NJW 1980, 273; van Venrooy, Unwirksamkeit der unzeitigen Kündigung in den gesetzlich geregelten Fällen, JZ 1981, 53; Schneider, Die Kündigung freier Dienstverhältnisse 1987; Moritz, Der Softwarepflegevertrag – Abschlußzwang und Schutz vor Kündigung zur Unzeit?, CR 1999, 541; Koch, Honoraranspruch nach kurzfristiger Terminabsage bei Dienstleistungen auf Vertrauensgrundlage, FS Strätz, 2009, S 289; Stähler, Der freie Dienstvertrag in der Rechtsprechung seit 1900, 2009; Artz, Fristlose Kündigung und Rückabwicklung eines Dienstvertrags mit Vertrauensstellung, ZGS 2010, 21; Dombek, Das Vertragsverhältnis zwischen Mandant und Rechtsanwalt, FS Streck, 2011, S 655; Menke/Schulz, Fristlose Kündigung nach § 627 BGB im Sportrecht, NJW 2011, 1845; Simonet, Das Tatbestandsmerkmal der „festen Bezüge" iSd § 627 BGB und dessen Auswirkungen auf die generelle Gebräuchlichkeit dauerhafter Dienstverträge im Wirtschaftsverkehr, BB 2012, 2053; Weller, Persönliche Leistungen, 2012; Maschmann, Fristlose Kündigung von Verträgen über Dienste höherer Art, in: Festschr Hoyningen-Huene, 2014, S 297; Niebling, AGB-Klauseln in Online-Partnervermittlungsverträgen, MDR 2015, 6; Rachow, Die rechtliche Behandlung von Online-Partnervermittlungen – Überlegungen zu einem von der Rechtsordnung missbilligten Geschäftsmodell, MMR 2015, 152; Ritter, Stolpersteine bei der Mandatsniederlegung, NJW 2015, 2008; Fischer, Die fristlose Kündigung bei Vertrauensstellung (§ 627 BGB), 2015; Schwede/Schwede, (Unwirksame) AGB in KiTa-Betreuungsverträgen, NZFam 2017, 591; Güngor, Die Kündigung von Versicherungsmaklerverträgen gem. § 627 BGB, MDR 2020, 647; Niebling, Die Online Partnerschaftsvermittlung aus rechtlicher Sicht, NJOZ 2021, 1.

1. **Allgemeines.** Abs 1 ist durch Gesetz vom 14. August 1969 (BGBl, S 1106: Erstes Arbeitsrechtsbereinigungsgesetz) neu gefasst worden; eine sachliche Änderung ist dadurch nicht eingetreten. § 627 lässt, über § 626 hinausgehend, eine **fristlose Kündigung ohne wichtigen Grund** für solche Dienstverhältnisse zu, bei denen eine jederzeitige Lösbarkeit wegen **besonderer Vertrauensbeziehungen** notwendig, wegen des Fehlens sozialer Abhängigkeit aber auch vertretbar erscheint. Die persönliche Freiheit jeder Partei, sich von einem Dienstvertrag zu lösen, der auf einem besonderen Vertrauensverhältnis beruht, soll dadurch geschützt werden[1]. Damit stellt § 627 einen Sonderfall dar, der die zivilrechtliche Dogmatik des Dienstvertragsrechts durchbricht, wonach entweder eine Kündigung mit Kündigungsfrist ohne wichtigen Grund oder eine Kündigung ohne Kündigungsfrist mit wichtigem Grund vorgesehen ist. Die Norm versucht dem Interessenkonflikt gerecht zu werden, dass einerseits bei Vertrauensverlust in besonders vertrauensbasierten Dienstleistungen dem Dienstberechtigten eine jederzeitige Lösungsmöglichkeit zustehen muss, die aber auch auf Vertrauensstörungen im subjektiven Bereich beruhen kann und somit gerade keinen wichtigen Grund voraussetzen darf[2], und andererseits nicht bei jedem Dienstvertrag die persönliche Freiheit des Dienstberechtigten Vorrang vor dem Interesse des Dienstverpflichteten an der Einhaltung einer Kündigungsfrist oder dem Vorliegen eines wichtigen Grundes hat[3]. Dieser Grundkonflikt ist bei der Auslegung der Norm stets zu beachten. Hinsichtlich des Zeitpunkts der Kündigung wird dem teilweise auch durch die Schadensersatzregelung des Abs 2 Rechnung getragen (vgl unten Rz 16 ff).

2. **Verhältnis zu anderen Normen.** § 627 nimmt eine Sonderrolle innerhalb des Dienstvertragsrechts ein. Im Verhältnis zu den Rücktrittsrechten genießt § 627, genauso wie § 626, als lex specialis Vorschrift Vorrang[4]. Zum Verhältnis zu § 626 vgl unten Rz 15. FernUSG § 5 dagegen geht § 627 vor[5]. Die Vorschriften der BBiG § 22[6] und SGB XI § 120 Abs 2[7] lassen das Kündigungsrecht des § 627 unberührt. Praktisch bedeutungslos ist der Streit bei BRAO §§ 48, 49, da selbst bei gegebener Kündigungsmöglichkeit ein (berufsrechtlicher) Anspruch auf Wiederbegründung des Vertragsverhältnisses besteht[8].

---

1 BGH NJW 1986, 373.
2 Vgl BGH NJW 2010, 1520, 1521; Staud/Preis § 627 Rz 4.
3 Vgl MünchKomm/Henssler § 627 Rz 3.
4 § 626 Rz 11.
5 Vgl Staud/Preis § 627 Rz 6; MünchKomm/Henssler § 627 Rz 6.
6 Vgl Staud/Preis § 627 Rz 6; MünchKomm/Henssler § 627 Rz 6.
7 BGH NJW 2011, 2955; Vgl zu SGB XI § 120 NK-Gesundheitsrecht/Fischinger/Hofer § 120 Rz 12 ff.
8 Vgl MünchKomm/Henssler § 627 Rz 7 mwN zum Streitstand.

3   3. Voraussetzungen für die Anwendbarkeit. – a) Keine Anwendung auf Arbeitsverhältnisse. Die Vorschrift gilt nur für Dienstverhältnisse, die keine Arbeitsverhältnisse[9] sind. Dies wurde durch das Erste Arbeitsrechtsbereinigungsgesetz klargestellt. Allerdings sind Arbeitsverhältnisse in der Regel auf Dauer angelegt, sodass die ausdrückliche Regelung in Abs 1 für die meisten Fälle lediglich deklaratorischen Charakter hat[10].

4   b) Dienste höherer Art. Der Dienstpflichtige muss zur Leistung von Diensten höherer Art verpflichtet sein. Was darunter zu verstehen ist, definiert das Gesetz nicht. Verbreitet findet sich die Formel, Dienste höherer Art seien solche, die ein überdurchschnittliches Maß an Fachkenntnis, Kunstfertigkeit oder wissenschaftlicher Bildung, eine hohe geistige Phantasie oder Flexibilität erfordern[11]. Das spiegeln die in den Protokollen angeführten Beispiele wider, wo von (Leib-)Arzt, Lehrer, Rechtsanwalt, Hofmeister und Syndikus die Rede ist[12]. Entsprechend hat die Rechtsprechung als Dienste höherer Art die Tätigkeit des Arztes[13], des Zahnarztes[14], auch des Betriebsarztes[15], des Rechtsanwaltes[16], des Wirtschaftsprüfers und Wirtschaftsberaters[17], des Steuerberaters[18] sowie des Architekten[19] anerkannt.

5   Die (Instanz-)Rechtsprechung hat den **Anwendungsbereich** aber mittlerweile **stark ausgedehnt** und das Erfordernis einer *akademischen* Ausbildung letztlich aufgegeben. So wurden als Dienstleistungen höherer Art **anerkannt**: Inkassobeauftragter[20], Kommissionär[21], Krankenpfleger[22], Sportlerberater und -manager[23], Berater/Promoter eines Künstlers[24], Hochzeitsplaner[25], Ehe- und Partnerschaftsvermittler[26], IT-Beratervertrag[27], gewerbsmäßiger Hausverwalter größerer Mietshäuser[28] oder die Dienstleistungen im Rahmen eines Girovertrags[29]. Auch ein Ausbilder, der nicht bloß mechanisch-manuelle Tätigkeiten lehrt, kann Dienste höherer Art leisten, wie etwa bei der Ausbildung zum Heilpraktiker[30] (vgl aber zu solchen, in der Regel als Direktunterrichtsverträge ausgestalteten Verhältnissen, unten Rz 10). Bei Beraterverträgen ist allerdings zu beachten, dass diese – je nach versprochener Tätigkeit – auch als Werkverträge ausgestaltet sein können und damit nicht unter § 627 fallen; Dienstverträge sind beispielsweise bei Dauerberatungsmandaten oder Projektberatung anzunehmen, da hier kein konkreter Erfolg, sondern die Beratung als solche geschuldet wird[31]. Bejaht wurde die Anwendbarkeit von § 627 sogar für den Versicherungsmaklervertrag[32]. **Verneint** wurde eine Leistung höherer Dienste bei einem „Verkaufstrainer"[33], einem Buchmachergehilfen[34], einem Gartengrundstücksverwalter[35] oder der dauerhaften Haarentfernung (oder umgekehrt der Behandlung gegen Haarausfall)[36] in einem Kosmetikstudio[37].

6   Stellungnahme: Mit dem Verzicht auf das Erfordernis einer akademischen Ausbildung läuft die Rechtsprechung auf den ersten Blick ein Stück weit Gefahr, an Abgrenzungskraft und Kontur zu verlieren. Sichtet man die einschlägigen Judikate, so ist der Rechtsprechung aber zuzugeben, dass es ihr trotzdem meist gelingt, feine, aber sichtbare und in der Sache überzeugende Grenzlinien zu ziehen (zB die Unterscheidung zwischen Hausverwalter und Gartengrundstücksverwalter). Überdies ist zweitens nicht zu übersehen, dass schon der historische Gesetzgeber vor allem das Merkmal der besonderen Vertrauensstellung in den Mittelpunkt gerückt hat. So heißt es in den Protokollen: „Einer Erweiterung bedarf es für gewisse Dienstverhältnisse, deren gemeinsame Eigenthümlichkeit darin besteht, daß sie Dienste höherer Art zum Gegenstande haben, die auf Grund besonderen Vertrauens übertragen zu werden pflegen, wie dies namentlich bei den Diens-

---

9   Zum Begriff des Arbeitsverhältnisses vgl Staud/Richardi/Fischinger, § 611a Rz 12.
10 Vgl zB ErfK/Müller-Glöge § 627 Rz 4.
11 AG Köln NJW-RR 1993, 1207; Staud/Preis § 627 Rz 18; HWK/Sandmann § 627 Rz 7.
12 Mudgan II, S 1256.
13 BGH NJW-RR 2015, 686: Betriebsarzt; NJW 2018, 3513: Behandlungsvertrag; vgl OLG Stuttgart NJW 1986, 2374: Urlaubsvertreter eines frei praktizierenden Arztes; LG Mannheim VersR 1973, 1175.
14 OLG Düsseldorf MDR 1986, 933, 934.
15 BGH NZA 2015, 490.
16 BGH NJW 1978, 2304; NJW-RR 2012, 294.
17 BGHZ 47, 303, 306.
18 BGH BeckRS 2006, 07042; NJW 2010, 1520; NJW 2014, 2715; NJW-RR 2019, 1459.
19 BGHZ 31, 224, 228, das klarstellt, dass ein Architektenvertrag – sofern er einen Dienst- und keinen Werkvertrag darstellt – „höherer Art" ist.
20 BGH NJW-RR 2004, 989; LG Bonn 11.2.1998 – 5 S 186/97.
21 RGZ 110, 119, 123.
22 BGH ZGS 2011, 373.
23 OLG Sachsen-Anhalt SpuRt 2009, 81; OLG Karlsruhe SpuRt 2021, 93; LG Kleve SpuRt 2010, 209.
24 BGH NJW 1983, 1191, 1192; NJW-RR 1993, 505.
25 AG Dortmund 11.6.2013 – 425 C 1803/13.
26 BGH NJW 1987, 2808; NJW-RR 2010, 410; OLG Hamm NJW-RR 1987, 243; OLG Köln NJW 2021, 640; vgl zum Partnerschaftsvermittlungsvertrag auch Niebling NJOZ 2021, 1.
27 BGH NStZ-RR 2018, 349.
28 LG Berlin 23.8.2001 – 31 O 206/01; 24.6.2004 – 5 O 639/03.
29 BGH NJW 1991, 978.
30 OLG Karlsruhe NJW 1981, 1676; m Anm Heinbuch NJW 1981, 2734.
31 Vgl zu „Beraterverträgen" auch Fischer S 28 ff.
32 LG Braunschweig 25.1.2012 – 22 O 1431/11; zustimmend Güngor, MDR 2020, 647.
33 BGH NJW 1986, 373.
34 RAG ARS 4, 143, 145 f.
35 OLG Hamm 6.11.2011 – 17 U 23/11.
36 LG Dortmund NJW-RR 1991, 1404.
37 AG Hannover MDR 2014, 517.

ten der Aerzte, Lehrer und Rechtsanwälte zutrifft. Nach der Natur solcher Vertragsverhältnisse kann keinem der beiden Theile die Fortsetzung zugemuthet werden, wenn das *persönliche Vertrauen* zwischen ihnen erschüttert ist."[38]. Trotz der beispielhaften Aufzählung durch den historischen Gesetzgeber war deshalb schon in den damaligen Gesetzesmaterialien die Keimzelle für eine Erweiterung der Vorschrift über den Bereich akademisch Gebildeter hinaus angelegt. Sähe man dies anders, würde sich unter der Geltung des Grundgesetzes überdies die Frage nach der Vereinbarkeit der Vorschrift mit GG Art 3 Abs 1 stellen, ist doch nicht einzusehen, warum die Kündbarkeit von Dienstverhältnissen davon abhängen sollte, ob der Dienstverpflichtete einen akademischen Abschluss erlangt hatte oder nicht.

Aus diesen Überlegungen wird in der Literatur zT gefolgert, das Merkmal „Dienste höherer Art" sei nicht mehr als eigenes Tatbestandselement aufzufassen, sondern § 627 als „Dienste, die auf Grund eines besonderen Vertrauens übertragen zu werden pflegen zu lesen"[39]. Diese „Umdeutung" der Norm geht indessen zu weit. Mit dem Wortlaut, der klar zwischen zwei unterschiedlichen Tatbestandsvoraussetzungen trennt, ist das schon nicht vereinbar. Ferner ist nicht zu übersehen, dass die Rechtsprechung über das Merkmal der Dienste höherer Art durchaus ein erstes Grobraster aufspannt, mittels dessen gewisse Tätigkeiten schon mangels der erforderlichen überdurchschnittlichen Fachkenntnis, Kunstfertigkeit oder wissenschaftlichen Bildung vom Anwendungsbereich ausgenommen werden. Zuzugeben ist der genannten Literaturauffassung allerdings, dass das maßgebliche Kriterium, das ein Sonderkündigungsrecht ohne wichtigen Grund ermöglicht, in der engen Vertrauensbeziehung liegt. Als Sonderfall eines Kündigungsrechts aufgrund besonderer Vertrauensbeziehung spricht deshalb einiges dafür, den Begriff des Dienstes höherer Art im Sinne der Norm weit auszulegen und eine Einschränkung (erst) über das Merkmal der Inanspruchnahme besonderen Vertrauens vorzunehmen[40]. 7

c) **Besonderes Vertrauen**. Erfasst werden nur Dienste höherer Art, die üblicherweise **aufgrund besonderen Vertrauens** übertragen werden. Maßgeblich ist dabei die **typische Situation**, nicht ob im konkreten Fall die Übertragung der Dienste aufgrund besonderen Vertrauens erfolgte[41]. Dies wird bereits durch den Wortlaut „pflegen" deutlich. Überdies: Gerade wenn – wie hier postuliert – das Verständnis des „Dienstes höherer Art" weit zu verstehen und aufgrund des Merkmals des besonderen Vertrauens einzuschränken ist (s Rz 4 ff), ist es gerechtfertigt, den typisierten Begriff des Dienstes höherer Art auch durch eine Typisierung und vom Einzelfall gelöste Betrachtung des „besonderen Vertrauens" einzuschränken. Die besondere Vertrauensbeziehung setzt hierbei nicht nur ein Vertrauen in die fachliche Qualität des Dienstpflichtigen, sondern auch in seine Person voraus[42]. Dagegen wird kein „gegenseitiges" Vertrauen vorausgesetzt, sodass es nicht darauf ankommt, ob auch der Dienstverpflichtete dem Dienstberechtigten besonderes Vertrauen entgegenbringt[43]. 8

Besonderes Vertrauen kann dann angenommen werden, wenn bei der Beauftragung Dienstleistungen in Anspruch genommen werden, bei denen der Dienstberechtigte typischerweise einen gesteigerten Wert auf die persönliche Zuverlässigkeit, Loyalität und Seriosität des Dienstverpflichteten legt[44]. Das ist regelmäßig bei den benannten wirtschaftsberatenden Tätigkeiten der Fall, in denen der Steuerberater, Wirtschaftsberater oder Rechtsanwalt vertiefte Einblicke in Geschäfts-, Berufs-, Einkommens- und Vermögensverhältnisse bekommt[45]. 9

Ob ein derartiges Vertrauensverhältnis nur zu natürlichen Personen oder auch zu einer **Institution** bestehen kann, ist umstritten[46]. Soweit es um **Direktunterrichtsverträge**[47] geht und der Unterricht nicht mit einem bestimmten Lehrer vereinbart wird, verneint die Rechtsprechung die Anwendung des § 627, da hier nicht das Vertrauen in eine konkrete Person oder Personen- 10

---

38 Zit nach Mugdan II, S 1256 (Hervorhebungen hier).
39 Vgl Maschmann, Festschr Hoyningen-Huene, 2014, S 297, 300; Fischer S 84.
40 So wohl auch die (neuere) Rechtsprechung, vgl BGH NJW 2006, 1490; NJW 2010, 1520; NJW 2011, 3575, die maßgeblich auf das besondere Vertrauen abstellen – und das bereits bei der Begründung, dass ein „Dienstverhältnis höherer Art" vorliege.
41 RGZ 82, 285, 286 f; BGH NJW 1986, 373; NJW 2011, 3575; van Venrooy JZ 1981, 53, 55 f.
42 So bereits BGHZ 31, 224, 228; BGH NJW 1986, 373; BAG AP BGB § 419 Betriebsnachfolge Nr 6.
43 MünchKomm/Henssler § 627 Rz 26.
44 Vgl zB BGH NJW 2011, 3575; BeckRS 2016, 20739.
45 BGH NJW-RR 2006, 1490; NJW 2010, 1520; NJW 2011, 3575; MünchKomm/Henssler § 627 Rz 26.
46 Bejahend: Dörner NJW 1979, 241, 245; generell für die Anwendbarkeit auf Unternehmen: Fischer S 86 ff; verneinend: Schlosser NJW 1980, 273, 274; Staud/Preis § 627 Rz 22.
47 Für Fernunterrichtsverträge gilt die lex specialis Vorschrift des FernUSG § 5, die – bei Anwendbarkeit des § 627 auf Direktunterrichtsverträge – auch nicht analog auf diese angewandt werden kann, vgl Staud/Preis § 627 Rz 24.

mehrheit, sondern allein in die Vermittlung von Fachwissen im Mittelpunkt stehe[48]. Der BGH hat zwischenzeitlich auch für Kinderkrippenverträge angenommen, dass es sich um ein dauerndes Dienstverhältnis mit festen Bezügen handelt[49]. Anders wurde dagegen zu Recht bei der Beauftragung einer Anwaltssozietät oder einer Wirtschaftsprüferkanzlei insgesamt entschieden, da hier das Vertrauen in jeden in der Sozietät beschäftigten Berufsträger besteht[50]. Auch bei einer Partnerschaftsvermittlung muss es egal sein, ob der Vermittler als Privatperson oder beispielsweise als GmbH tätig wird[51].

11 d) **Kein dauerndes Dienstverhältnis mit festen Bezügen**. Es darf kein dauerndes Dienstverhältnis mit festen Bezügen vorliegen. Beide (negativen) Voraussetzungen müssen kumulativ erfüllt sein, um die Anwendbarkeit des § 627 auszuschließen[52].

12 aa) **Dauerndes Dienstverhältnis**. Das Gesetz selbst bestimmt nicht, wann ein Dienstverhältnis als **dauernd** anzusehen ist, sodass stets am Einzelfall bewertet werden muss, ob ein dauerndes Dienstverhältnis angenommen werden kann. Regelmäßig wird man ein dauerndes Dienstverhältnis annehmen können, wenn ständige, kontinuierliche und nicht nur einmalige oder vorübergehende Dienste geschuldet werden[53]. Dafür genügt auch ein befristeter Dienstvertrag auf längere Dauer[54]. Die Rechtsprechung[55] lässt einen auf ein Jahr befristeten Vertrag genügen, „wenn es sich um die Verpflichtung für ständige und langfristige Aufgaben handelt und beide Vertragsteile von der Möglichkeit und Zweckmäßigkeit einer Verlängerung ausgehen"[56]. Auch wenn der Dienstverpflichtete nur jeweils eine Woche im Monat tätig werden soll, kann ein auf Dauer angelegtes Dienstverhältnis vorliegen[57]. Maßgebend sind letztlich die Verkehrsanschauung und der Sprachgebrauch[58]. Soziale und/oder wirtschaftliche Abhängigkeit des Dienstpflichtigen sind nicht erforderlich[59]. Der BGH will im Rahmen des Merkmals „dauerndes Dienstverhältnis" auch berücksichtigen, ob eine persönliche Bindung zwischen dem Dienstverpflichteten und dem Dienstberechtigten besteht, was dann nicht der Fall sei, wenn der Dienstverpflichtete seine Leistungen einer großen, unbestimmten und unbegrenzten Zahl von Interessenten anbiete[60]. Das ist jedoch richtigerweise eine Frage des „besonderen Vertrauens", das ein vom „dauernden Dienstverhältnis" unabhängiges Tatbestandsmerkmal darstellt. Soweit der BGH damit argumentiert, es sei aufgrund des Erfordernisses einer persönlichen Bindung daher notwendig, dass das Dienstverhältnis die sachlichen und persönlichen Mittel des Dienstverpflichteten nicht nur unerheblich beansprucht und damit eine gewisse wirtschaftliche Erheblichkeit ausmacht, führt dies zu einem Verschwimmen der Tatbestandsmerkmale des § 627[61].

13 bb) **Feste Vergütung**. Besteht ein dauerndes Dienstverhältnis in diesem Sinne, so dürfen für dieses keine **festen Bezüge** vereinbart sein. Feste Vergütung ist jede auf eine bestimmte Dauer vereinbarte Vergütung für die gesamte Dienstleistung[62]. Entscheidend ist, ob der Dienstverpflichtete von vornherein mit einem Zufluss festgelegter Beträge rechnen kann, um damit seine wirtschaftliche Existenz sichern zu können[63]. Da es aber nicht auf die wirtschaftliche Abhängigkeit zu einem Vertragspartner ankommt, kann die Höhe der Bezüge keine Rolle spielen[64]. Gleichgültig ist auch, nach welchen Zeitabschnitten die Vergütung zu leisten ist. Für die Annahme fester Bezüge ist allerdings nicht notwendig, dass alle Honorar- oder Lohnbestandteile fest sind. Es genügt, wenn vertraglich ein festes Mindesthonorar vereinbart ist, auch wenn die darüber hinausgehenden Vergütungsansprüche nicht bestimmt sind[65]. Nicht ausreichend ist dagegen, wenn im Rahmen eines umfassenden Vertragsverhältnisses, wie zB einem Dauerberatungsmandat, lediglich für einen Teilbereich eine Pauschalvergütung vereinbart wird, sodass § 627 in diesen

---

48 Vgl BGHZ 90, 280, 282; OLG Frankfurt NJW 1981, 2760; OLG Karlsruhe NJW 1981, 1676, 1677; OLG Celle NJW 1981, 2762; NJW-RR 1995, 1465; LG Nürnberg NJW-RR 2001, 1349; KG NJW-RR 2003, 1062; vgl auch MünchKomm/Henssler § 626 Rz 28 mwN.
49 BAG NJW 2016, 1578; vgl zu den Auswirkungen auf die Gestaltung von AGB in KiTa-Verträgen Schwede/Schwede NZFam 2017, 591.
50 Vgl zB BGH NJW 1022, 3575; zu Recht auch MünchKomm/Henssler § 626 Rz 27.
51 BGH NJW 2010, 150.
52 RGZ 80, 29; BGHZ 47, 303, 305; BGH NJW 2011, 3575; BAG NZA 2006, 1094; Dörner NJW 1979, 271, 245.
53 LG München NJW 1980, 293; LG Bielefeld NJW 1981, 1678, 1679.
54 Vgl zB BGH NJW 2016, 157 mwN.
55 BGHZ 47, 303, 307; 90, 280, 282; BAG NZA 2006, 1094; OLG Köln NJW-RR 1987, 441; vgl auch BGH NJW 1993, 326, 327: Zweijähriger Ausbildungsvertrag.
56 Krit dazu: Heinbuch NJW 1984, 1532, 1533.
57 BGH NJW-RR 2015, 686; BeckRS 2016, 04747; MünchKomm/Henssler § 627 Rz 14 mwN.
58 BGHZ 47, 303, 305; BGH NJW 2011, 3575.
59 BGHZ 47, 303, 306; 90, 280, 282; BGH NJW 2016, 1578; Staud/Preis § 627 Rz 15.
60 BGH NJW 2011, 3575.
61 Vgl auch Staud/Preis § 627 Rz 15; Erman/Belling/Riesenhuber § 627 Rz 9.
62 LG München NJW 1980, 293.
63 Vgl BGH NJW 2011, 3575; Staud/Preis § 627 Rz 16; Erman/Belling/Riesenhuber § 627 Rz 10.
64 So zu Recht Staud/Preis § 627 Rz 16; vgl auch OLG Karlsruhe NJW 1981, 1676, 1677.
65 BGH NJW 2010, 1520.

Fällen anwendbar ist[66]. Ohne feste Bezüge ist das Dienstverhältnis auch dann, wenn die Vergütung von außervertraglichen Entwicklungen[67] oder vom Ergebnis der Dienstleistungen abhängt, wie bei Provisionen und Prämien.

4. **Rechtsfolgen.** Soweit § 627 anwendbar ist, kann der Dienstvertrag nach Abs 1 **von beiden Parteien** ohne Einhaltung einer Kündigungsfrist gekündigt werden (vgl aber zur Kündigung zur Unzeit unten Rz 16 ff); die Gewährung einer Auslauffrist ist selbstverständlich zulässig[68]. Da § 627 dem Kündigenden das jederzeitige Recht zur Lösung vom Vertrag ohne das Erfordernis eines wichtigen Grundes einräumt, kann der Kündigende, anders als bei § 626, innerhalb der Auslauffrist noch einmal fristlos kündigen und ist nicht an die einst eingeräumte Frist gebunden[69]. Es ist nicht erforderlich, dass ein Grund für die Kündigung genannt wird, allerdings muss sich aus der Erklärung klar ergeben, ob der Kündigende sie auf § 627 oder auf § 626 stützt[70]. Auch ein Formbedürfnis besteht nicht, insbesondere ist die Anwendung von § 623 ausgeschlossen, da dessen klarer Wortlaut ein Arbeitsverhältnis erfordert, während § 627 bei Arbeitsverhältnissen ausdrücklich ausgeschlossen ist[71].

§ 626 bleibt neben § 627 anwendbar[72]. Erweist sich eine Kündigung, die unter Berufung auf § 627 erklärt wurde, als unwirksam, kann sie nach § 140 in eine Kündigung aus wichtigem Grund nach § 626 **umgedeutet** werden; auch die Umdeutung einer Kündigung nach § 626 in eine solche nach § 627 ist, wenn dessen Voraussetzungen vorliegen, möglich[73].

5. **Kündigung zur Unzeit, Abs 2.** Während das Kündigungsrecht des Dienstberechtigten keinen weiteren Einschränkungen unterliegt, darf der Dienstpflichtige nach Abs 2 nicht „zur Unzeit" kündigen, es sei denn, er hat dafür einen wichtigen Grund. Dies entspricht einem **allgemeinen Rechtsgedanken** bei auf besonderem Vertrauen beruhenden Rechtsverhältnissen (vgl zum Auftrag § 671 Abs 2; zur Gesellschaft § 723 Abs 2; zur Geschäftsführung § 712 Abs 2 oder zum Testamentsvollstrecker § 2226)[74]. Eine Kündigung zur Unzeit liegt vor, wenn der Dienstberechtigte sich die Dienste nicht anderweitig beschaffen kann (vgl Abs 2 Satz 1)[75]. Bei Kündigung unter Gewährung einer Auslauffrist liegt eine Kündigung zur Unzeit nur vor, wenn die Ersatzbeschaffung innerhalb der Frist nicht möglich ist[76]. Dass die anderweitige Beschaffung der Dienste zu den gleichen Bedingungen möglich ist und dass der neue Dienstpflichtige zur Leistung der Dienste in gleicher Qualität in der Lage ist, ist nicht erforderlich[77]. Beispiele: Ein Arzt darf eine Behandlung nur abbrechen, wenn damit bis zum Aufsuchen eines anderen Arztes keine Gefährdung des Patienten verbunden ist[78]. Auch ein Rechtsanwalt darf sein Mandat in der Regel nicht im oder unmittelbar vor einem Termin zur mündlichen Verhandlung oder kurz vor dem Ablauf wichtiger Fristen niederlegen[79].

Ein **wichtiger Grund**, der auch eine Kündigung zur Unzeit rechtfertigt, liegt vor, wenn der Dienstberechtigte Anlass zur Kündigung gegeben hat oder der Dienstpflichtige außerstande ist, die Dienste weiter zu erbringen. Die Voraussetzungen des § 626 Abs 1 brauchen nicht erfüllt zu sein, sodass nicht die Unzumutbarkeit der Fortsetzung überhaupt maßgeblich ist; vielmehr müssen Gründe vorliegen, die die Unzumutbarkeit der Fortsetzung bis zu dem Zeitpunkt, zu dem der Dienstberechtigte sich die Dienstleistung anderweitig beschaffen kann, begründen[80].

Kündigt der Dienstpflichtige zur Unzeit ohne wichtigen Grund, so führt dies **nicht** zur **Unwirksamkeit** der Kündigung, allerdings ist er nach Abs 2 Satz 2 dem Dienstberechtigten zum **Schadensersatz** verpflichtet[81]. Der Anspruch ist auf das negative Interesse (Vertrauensschaden), begrenzt durch das positive Interesse, gerichtet, dagegen nicht auf das Erfüllungsinteresse, da nicht die Auflösung des Dienstverhältnisses als solche die Schadensersatzpflicht auslöst, sondern

---

66 BGH NJW 2010, 1520; NZA 2015, 490, 491; vgl auch Erman/Belling/Riesenhuber § 627 Rz 10; aA MünchKomm/Henssler § 627 Rz 17; Henssler/Deckenbrock EWiR 2010, 243.
67 Vgl BGH NJW-RR 1993, 505.
68 Vgl ErfK/Müller-Glöge § 627 Rz 3.
69 Staud/Preis § 627 Rz 25; MünchKomm/Henssler § 627 Rz 9; ErfK/Müller-Glöge § 627 Rz 3.
70 Erman/Belling/Riesenhuber § 627 Rz 11.
71 MünchKomm/Henssler § 627 Rz 9; zur alten Rechtslage vor Einführung des § 623 OLG München BeckRS 2001, 30154177.
72 Grüneberg/Weidenkaff § 627 Rz 6; MünchKomm/Henssler § 627 Rz 5; Erman/Belling/Riesenhuber § 627 Rz 11.
73 Erman/Belling/Riesenhuber § 627 Rz 11.
74 ErfK/Müller-Glöge § 627 Rz 7; Erman/Belling/Riesenhuber § 627 Rz 13; van Venrooy JZ 1981, 53.
75 BGH NJW 2013, 1591.
76 Staud/Preis § 627 Rz 28.
77 Vgl Erman/Belling/Riesenhuber § 627 Rz 14; Staud/Preis § 627 Rz 28.
78 Vgl MünchKomm/Henssler § 627 Rz 34; Staud/Preis § 627 Rz 28.
79 BGH NJW 2013, 1591; ErfK/Müller-Glöge § 627 Rz 7; Erman/Belling/Riesenhuber § 627 Rz 14; HWK/Sandmann Rz 10.
80 Erman/Belling/Riesenhuber § 627 Rz 14; Staud/Preis § 627 Rz 31; MünchKomm/Henssler § 627 Rz 37; aM Soergel[11]/Kraft § 627 Rz 4.
81 BGH NJW 1987, 2808; ErfK/Müller-Glöge § 627 Rz 8; aA van Venrooy JZ 1981, 53; zur Möglichkeit einer ausnahmsweise unwirksamen Kündigung aufgrund § 242 vgl MünchKomm/Henssler § 627 Rz 40.

§ 627 19–21   Abschnitt 8 Einzelne Schuldverhältnisse

die Beendigung zu einem unpassenden Zeitpunkt[82]. Ausnahmsweise kann aber auch der Dienstberechtigte zum Schadensersatz verpflichtet sein, und zwar dann, wenn er durch eine zulässige Kündigung nach § 627 eine Nebenpflicht des Dienstvertrags verletzt. Dies kann beispielsweise der Fall sein, wenn der Patient einen individuellen Behandlungstermin nicht rechtzeitig absagt. Die Pflichtverletzung liegt dann allerdings nicht in der Kündigung zur Unzeit, sondern in der nicht rechtzeitigen oder vollständig unterbliebenen Absage[83].

19   **6. Abdingbarkeit.** Die Vorschrift ist **einzelvertraglich** abdingbar, da dem Kündigenden das nicht dispositive Kündigungsrecht nach § 626 aus wichtigem Grund verbleibt[84]. Der Ausschluss kann auch stillschweigend vereinbart werden, es bedarf dafür jedoch eines hinreichend deutlichen Parteiwillens[85]. Allein aus dem Abschluss eines befristeten Dienstverhältnisses kann ein stillschweigender Ausschluss nicht geschlossen werden[86]. Auch eine vertragliche Vereinbarung, dass sich die Vertragslaufzeit verlängert, wenn nicht innerhalb einer vereinbarten Frist eine Kündigung erfolgt, wird einen konkludenten Ausschluss des jederzeitigen Kündigungsrechts nicht begründen können. Da auch Verträge mit kürzeren Laufzeiten unter den Begriff des dauernden Dienstverhältnisses fallen, wenn eine Verlängerungsmöglichkeit besteht (s Rz 12), kann dies nicht gleichzeitig als Ausschlusstatbestand gewürdigt werden. Regelungen über eine fristgebundene ordentliche Kündigung lassen deshalb für sich gesehen noch nicht den Schluss zu, die Parteien hätten auf ihr wechselseitiges Kündigungsrecht nach § 627 bewusst verzichtet. Vielmehr bedarf es der Feststellung weitergehender Umstände, um diese Annahme zu rechtfertigen[87]. Bei einem Geschäftsbesorgungsvertrag kann ein erhebliches wirtschaftliches Interesse des Beauftragten für den Ausschluss des § 627 sprechen[88]. Umstritten ist, ob auch bei **Partnervermittlungsverträgen** ein individualvertraglicher Kündigungsausschluss möglich sein soll. So wird teilweise vertreten, dass diese Möglichkeit aufgrund der sehr persönlichen Dienstleistung gegen § 138 verstoße[89]. Überwiegend wird dies jedoch abgelehnt und auch hier ein Ausschluss für möglich erachtet[90]. Möglich ist auch, die Ausübung des Kündigungsrechts insoweit einzuschränken, dass eine **Kündigungsfrist** oder eine vorherige **Ankündigung** erforderlich ist[91].

20   Nach überwiegender Meinung kann allerdings § 627 pauschal **nicht durch Formularverträge** oder in Allgemeinen Geschäftsbedingungen abbedungen werden, da es gemäß § 307 Abs 2 Nr 1 mit dem Grundgedanken der gesetzlichen Regelung nicht vereinbar wäre, wenn der Verwender der AGB einen ihm nicht mehr vertrauenden Vertragspartner durch AGB am Dienstverhältnis festhalten könnte[92]. Ob dies auch gilt, wenn durch AGB das Kündigungsrecht nicht ausgeschlossen, sondern nur eingeschränkt wird, wurde vom BGH bislang stets offen gelassen[93]. Die Parteien haben es jedoch durch die Vereinbarung eines dauerhaften Dienstverhältnisses mit festen Bezügen in der Hand, § 627 allein durch – formularmäßige – Vertragsgestaltung zu umgehen[94]. Das Verbot, den Ausschluss in AGB zu vereinbaren, soll auch zwischen Kaufleuten gelten[95].

21   Selbst wenn ein Ausschluss des Kündigungsrechts nach dem Vorstehenden grundsätzlich möglich ist, kann das Kündigungsrecht **nicht unbegrenzt** ausgeschlossen werden. Dies gilt sowohl für befristete als auch für unbefristete Verträge. Teilweise wird dies aus der Wertung der § 138 und § 624 herausgelesen[96], andere stützen eine Beschränkung auf Treu und Glauben, § 242[97].

---

82   So auch HWK/Sandmann § 627 Rz 11; ErfK/Müller-Glöge § 627 Rz 8; Staud/Preis § 627 Rz 30; MünchKomm/Henssler § 627 Rz 36.
83   Vgl hierzu MünchKomm/Henssler § 627 Rz 34 mwN.
84   RGZ 69, 363; LG München NJW-RR 1992, 444; Staud/Preis § 627 Rz 6; MünchKomm/Henssler § 627 Rz 41.
85   RGZ 69, 363; 80, 29; 105, 416; BGH NJW-RR 1991, 439; NJW-RR 2015, 686; Staud/Preis § 627 Rz 7; aA Heinbuch MDR 1980, 983; ders NJW 1981, 2734.
86   RGZ 80, 29; BGH NJW-RR 1991, 439; Staud/Preis § 627 Rz 7.
87   So BGH NJW-RR 2015, 686; MünchKomm/Henssler § 627 Rz 41.
88   Vgl BGH NJW-RR 1991, 439.
89   Vgl zB OLG Düsseldorf NJW-RR 1987, 691; AG Bochum NJW-RR 1991, 1207; ohne Normnennung Erman/Belling/Riesenhuber § 627 Rz 3.
90   BGH NJW 1999, 276; NJW 2005, 2543; MünchKomm/Henssler § 627 Rz 41; Staud/Preis § 627 Rz 6.
91   BGH NJW 2008, 1064; vgl Staud/Preis § 627 Rz 6; MünchKomm/Henssler § 627 Rz 41; Erman/Belling/Riesenhuber § 627 Rz 3.
92   BGH NJW 1989, 1479; NJW 1999, 276; NJW 2010, 150; NJW 2011, 2955; BeckRS 2016, 04747; NJW 2021, 1392, 1396; OLG Karlsruhe SpuRt 2021, 93; vgl aber auch LG Frankfurt/M NJW-RR 1990, 314; Staud/Preis § 627 Rz 8; aA AG Göppingen NJW 1981, 1675.
93   BGH NJW 1989, 149; NZBau 2005, 509; NJW 2010, 1420; NJW 2021, 1392, 1396.
94   Vgl MünchKomm/Henssler § 627 Rz 44.
95   OLG Koblenz BeckRS 2005, 09590; MünchKomm/Henssler § 627 Rz 44; zum Ausschluss beim Anwaltsvertrag vgl KG KGBl 1906, 19; beim Kassenarztvertrag RG HRR 1932 Nr 1440; zur Zulässigkeit einer Beschränkung des Kündigungsrechts durch Vereinbarung einer Kündigungsfrist s Wertenbruch MedRecht 1994, 394.
96   So wohl MünchKomm/Henssler § 627 Rz 42, der unter Verweis auf OLG Naumburg BeckRS 2009, 12143 zu einer Höchstgrenze von 2 Jahren kommen will.
97   OLG Frankfurt BeckRS 2007, 65228 (5 Jahre unwirksam); OLG Naumburg BeckRS 2009, 12143 (2 Jahre wirksam); Staud/Preis § 627 Rz 6.

Diese Erwägungen zur Abbedingung des Kündigungsrechts aus § 627 erstrecken sich auch auf die Regelung des Abs 2, sodass individualvertraglich – nicht jedoch in AGB – geregelt werden kann, dass eine Kündigung zur Unzeit auch ohne wichtigen Grund und ohne die Folge einer Schadensersatzpflicht erklärt werden kann[98]. 22

7. **Darlegungs- und Beweislast.** Im Streitfall hat der Kündigende das Vorliegen der Voraussetzungen für die Anwendbarkeit des Abs 1 darzulegen und zu beweisen[99]. Nicht bewiesen werden muss dagegen, dass eine Störung des Vertrauensverhältnisses vorliegt[100]. Macht der Dienstberechtigte einen Schadensersatzanspruch aus Abs 2 geltend, so muss er die Voraussetzungen – insbesondere die Tatsachen, die die Kündigung als „unzeitig" erscheinen lassen und den Schaden – darlegen und gegebenenfalls beweisen[101]. Das Vorliegen eines wichtigen Grundes dagegen muss nach allgemeinen Regeln der kündigende Dienstverpflichtete darlegen und beweisen, wenn dem Dienstberechtigten zuvor der Nachweis der Kündigung zur Unzeit gelingt[102]. 23

§ 628 [Vergütung, Schadensersatz bei fristloser Kündigung]

(1) Wird nach dem Beginn der Dienstleistung das Dienstverhältnis auf Grund des § 626 oder des § 627 gekündigt, so kann der Verpflichtete einen seinen bisherigen Leistungen entsprechenden Teil der Vergütung verlangen. Kündigt er, ohne durch vertragswidriges Verhalten des anderen Teiles dazu veranlasst zu sein, oder veranlasst er durch sein vertragswidriges Verhalten die Kündigung des anderen Teiles, so steht ihm ein Anspruch auf die Vergütung insoweit nicht zu, als seine bisherigen Leistungen infolge der Kündigung für den anderen Teil kein Interesse haben. Ist die Vergütung für eine spätere Zeit im Voraus entrichtet, so hat der Verpflichtete sie nach Maßgabe des § 346 oder, wenn die Kündigung wegen eines Umstandes erfolgt, den er nicht zu vertreten hat, nach den Vorschriften über die Herausgabe einer ungerechtfertigten Bereicherung zurückzuerstatten.

(2) Wird die Kündigung durch vertragswidriges Verhalten des anderen Teiles veranlasst, so ist dieser zum Ersatz des durch die Aufhebung des Dienstverhältnisses entstehenden Schadens verpflichtet.

ÜBERSICHT

I. **Allgemeines** 1–4	Dienstverpflichteten, Abs 1
1. Norminhalt und -zweck 1–3	Satz 2 Alt 2 22–24
2. Anwendungsbereich 4	c) Interessenwegfall 25
II. **Vergütungspflicht (Abs 1)** 5–33	4. Rückforderung zu viel gezahlter Vergütung, Abs 1 Satz 3 26–29
1. Allgemeine Voraussetzungen 5–7	a) Allgemeines 26
a) Vorleistungspflicht 5	b) Anwendbare Vorschriften 27
b) Dienstleistung 6	c) Vertretenmüssen 28
c) Außerordentliche Kündigung .. 7	d) Rückforderung von Sonderleistungen 29
2. Rechtsfolge: Anspruch auf Teilvergütung, Abs 1 Satz 1 8–15	5. Abdingbarkeit 30–32
a) Grundlagen 8	a) Individualabreden 31
b) Einzelfälle 9–15	b) Allgemeine Geschäftsbedingungen 32
aa) Stundenlohnvereinbarungen 9	6. Darlegungs- und Beweislast 33
bb) Monatslöhne 10	III. **Schadensersatzpflicht (Abs 2)** ... 34–83
cc) Pauschalhonorare 11	1. Allgemeines 34
dd) Gratifikationen 12	2. Verhältnis zu anderen Vorschriften . 35–38
ee) Gewinnbeteiligungen; Provisionen 13	3. Voraussetzungen 39–50
ff) Urlaub 14	a) Vertragswidriges Verhalten des Gekündigten 39–42
gg) Vergütungsansprüche von Rechtsanwälten/Steuerberatern 15	b) Beendigung des Dienstverhältnisses 43–45
3. Kürzung der Teilvergütung, Abs 1 Satz 2 16–25	c) Kausalität 46, 47
a) Kündigung des Dienstverpflichteten ohne Veranlassung durch Dienstberechtigten, Abs 1 Satz 2 Alt 1 17–21	d) Sonderfall: Beiderseitiges vertragswidriges Verhalten 48–50
b) Kündigung des Dienstberechtigten infolge Veranlassung durch	4. Zu ersetzender Schaden 51–79
	a) Grundlagen 51
	b) Anspruchsgegner 52

---

[98] Vgl Staud/Preis § 627 Rz 9; MünchKomm/Henssler § 627 Rz 43.
[99] BeckOK-BGB/Plum § 627 Rz 14; HWK/Sandmann § 627 Rz 13.
[100] BGH NJW 1999, 276; LG Mönchengladbach SpuRt 2011, 38; Staud/Preis § 627 Rz 32.
[101] Staud/Preis § 627 Rz 32; MünchKomm/Henssler § 627 Rz 45.
[102] HWK/Sandmann § 627 Rz 13; ErfK/Müller-Glöge § 627 Rz 10.

c) Zeitliche Befristung des Anspruchs 53–59
  aa) Unbefristetes freies Dienstverhältnis 54
  bb) Befristetes freies Dienstverhältnis 55
  cc) Anwendungsbereich von § 627 56
  dd) Arbeitsverhältnis und Anspruchsinhaber Arbeitgeber 57
  ee) Kein Greifen des KSchG und des besonderen Kündigungsschutzes 58
  ff) Arbeitnehmer unterfällt KSchG und/oder besonderem Kündigungsschutz ... 59

d) Dienstpflichtiger als Anspruchsinhaber 60–63
  aa) Schadensposten 60–62
  bb) Rechtliche Behandlung des Schadensersatzanspruchs bei Arbeitnehmern 63
e) Dienstberechtigter als Anspruchsinhaber 64–76
  aa) Mögliche Schadensposten .. 65–74
  bb) Gesamtschuldnerschaft ... 75
  cc) Beschränkte Arbeitnehmerhaftung 76
f) Anspruchsmindernde Faktoren . 77–79
5. Abdingbarkeit 80
6. Darlegungs- und Beweislast 81–83

Schrifttum: Kipp, Über Doppelwirkungen im Recht, Festschr Martitz, 1911, S 211; Hueck/Nipperdey, ArbR I, 7. Aufl 1963; Fuchs, Berechnung des Gehalts für einzelne Tage eines Monats, BB 1972, 127; W-H Roth, Der Vergütungsanspruch bei schlechter Leistung im Recht der freien Berufe (I), VersR 1979 494. Weiss, Die Haftung des Arbeitgebers aus § 628 Abs 2 BGB, JuS 1985, 593; Gessert, Schadensersatz nach Kündigung, 1987; Bengelsdorf, Schadensersatz bei Nichtantritt der Arbeit, BB 1989, 2390; Larenz/Canaris, Schuldrecht II, 1, 13. Aufl 1994, § 51; Stoffels, Der Vertragsbruch des Arbeitnehmers – Zugleich ein Beitrag zu den Grenzen der Vereinbarungsfreiheit im Arbeitsverhältnis, 1994; Hümmerich, Die Streitwertrechtsprechung der Arbeitsgerichte im Urteilsverfahren, NZA-RR 2000, 225; Steenken, Die Auswirkungen der Schlechterfüllung des Anwaltsvertrages auf den Vergütungsanspruch, 2002; Bauer/Diller/Krets, BGH contra BAG – Schadensersatz nach § 628 Abs. 2 BGB wegen Abberufung und/oder Nichtbestellung eines GmbH-Geschäftsführers?, DB 2003, 2687; Schulte, Der Schadensersatzanspruch des Arbeitnehmers gemäß § 628 Abs 2 BGB, Festschr Schwerdtner, 2003, S 183; Herbert/Oberrath, Rechtsprobleme des Nichtvollzugs eines abgeschlossenen Aufhebungsvertrages, NZA 2004, 121; Benecke/Pils, Arbeitspaltzwechsel nach Abwerbung: Rechtsprobleme des „Headhunting", NZA-RR 2005, 561; Henssler/Deckenbrock, Der (Teil-)Vergütungsanspruch des Rechtsanwalts im Falle vorzeitiger Mandatsbeendigung im Normgefüge des § 628 BGB, NJW 2005, 1; Maschmann, Die mangelhafte Arbeitsleistung, NZA-Beilage 2006, 13; Mugler, Finanzielle Konsequenzen der Niederlegung des Mandats wegen Verweigerung einer nachträglichen Vergütungsvereinbarung, AGS 2006, 469; Wichert, Schlechterfüllung bei der Partnerschaftsvermittlung, ZMR 2007, 241; Diller, Konkurrenztätigkeit des GmbH-Geschäftsführers während des Kündigungsprozesses, ZIP 2007, 201; Kilian, Das künftige Erfolgshonorar für Rechtsanwälte, Steuerberater und Wirtschaftsprüfer – Detailprobleme der bevorstehenden Neufassungen, BB 2007, 1905; Canaris, Die Problematik der Minderung beim Dienstvertrag, in: Festschr für Karsten Schmidt, 2009, S 17; Lunk, Vergütungsansprüche der Organmitglieds anlässlich der Beendigung des Dienstverhältnisses – Optionen zwischen § 615 BGB und § 628 BGB, Festschr Kreutz, 2010, S 733; Rosenberg/Schwab/Gottwald, Zivilprozessrecht, 17. Aufl 2010; Würdinger, Doppelwirkungen im Zivilrecht, JuS 2011, 769; Haase, Abberufung des Geschäftsführers und Beschränkung der Geschäftsführungsbefugnis als vertragswidriges Verhalten der GmbH?, GmbHR 2012, 614; Henssler/Michel, Austritt und Ausschluss aus der freiberuflichen Sozietät, NZG 2012, 401; Fischer, Die fristlose Kündigung bei Vertrauensstellung, 2015; Fischinger, Haftungsbeschränkung im Bürgerlichen Recht, 2015; Ritter, Stolpersteine bei der Mandatsniederlegung, NJW 2015, 2008; Armbrüster, Schiedsrichterhonorar bei vorzeitiger Verfahrensbeendigung, SchiedsVZ 2016, 81; Offermann-Burckart, Kein anwaltlicher Gebührenanspruch bei fristloser Mandatskündigung wegen Vertrauensverlusts, NJW 2016, 1552; Ganz, Der Arbeitnehmer mahnt ab – die Bedeutung des Schadensersatzes nach §§ 626 und 628 BGB in Zeiten des Fachkräftemangels, ArbRAktuell 2021, 656.

I. Allgemeines

1. Norminhalt und -zweck. Die Vorschrift regelt Folgewirkungen der außerordentlichen Kündigung eines Dienstverhältnisses. **Abs 1** bestimmt dabei das Schicksal der **Vergütungsansprüche** des Dienstverpflichteten. Praktisch bedeutsam ist dies eher im Bereich freier Dienstverträge als bei Arbeitsverträgen, wird die Vorschrift doch nur relevant, wenn eine laufende Abrechnungsperiode unterbrochen oder eine Gesamtvergütung vereinbart wurde[1].

Abs 2 normiert dagegen einen **Schadensersatzanspruch**, wenn die Kündigung durch das vertragswidrige Verhalten des anderen Teils veranlasst wurde; dadurch soll verhindert werden, dass derjenige Vermögenseinbußen erleidet, der durch das vertragswidrige Verhalten seines Vertragspartners zur Beendigung der Vertragsbeziehung veranlasst wurde[2]. Die angeordnete Schadensersatzpflicht stellt keine „Einbahnstraße" dar, sondern kann – je nach Konstellation – sowohl Schadensersatzansprüche des Dienstberechtigten wie -verpflichteten begründen[3]. Einen vergleichbaren Regelungsmechanismus normieren für den Rücktritt vom Verlöbnis die §§ 1297, 1298.

Sonstige Folgen und Auswirkungen einer durch vertragswidriges Verhalten provozierten Beendigung des Dienstverhältnisses (zB der Einfluss auf nachvertragliche Wettbewerbsverbote) regelt die deshalb lückenhafte Vorschrift nicht[4].

---

1 MünchKomm/Henssler § 628 Rz 1.
2 BAG NJW 1989, 1054; NZA 2003, 816.
3 MünchKomm/Henssler § 628 Rz 1.
4 APS/Rolfs § 628 Rz 1.

Untertitel 1 Dienstvertrag 4–9 § 628

2. **Anwendungsbereich.** § 628 gilt grundsätzlich für alle Dienstverhältnisse (zu Sonderfällen **4** siehe Rz 36). Er ist anwendbar, wenn dieses außerordentlich gekündigt wurde. Wenn das Dienstverhältnis auf andere Weise – insbesondere durch ordentliche Kündigung oder Aufhebungsvertrag – beendet wurde, ist er hingegen nicht anzuwenden[5]. Eine Ausnahme soll allerdings im Hinblick auf Abs 1 Satz 2[6] sowie Abs 2[7] gelten, wenn der Dienstverpflichtete die Vertragsbeendigung per Aufhebungsvertrag durch sein vorheriges vertragswidriges Verhalten provoziert hat (s auch Rz 43 ff). Nach hM findet § 628 entgegen seinem Wortlaut auch bei einer **Kündigung vor Dienstantritt** Anwendung[8].

II. Vergütungspflicht (Abs 1)

1. **Allgemeine Voraussetzungen.** – a) **Vorleistungspflicht.** Abs 1 setzt zunächst voraus, dass **5** der Dienstverpflichtete vorleistungspflichtig („einen seinen bisherigen Leistungen") ist. Eine solche Vorleistungspflicht ordnet grundsätzlich § 614 Satz 1 für alle Dienstverträge an, so dass diese Voraussetzung häufig erfüllt sein dürfte.

b) **Dienstleistung.** Der Dienstverpflichtete muss zudem vor der Kündigung bereits Dienste **6** erbracht haben. Weil die Vorschrift auch bereits bei Kündigungen vor Dienstantritt anwendbar ist (s Rz 4), zählt hierzu nicht nur die Leistung, derentwegen der Dienstvertrag ursprünglich geschlossen wurde – dh die Hauptleistung als solche –, sondern auch diese spezifisch vorbereitende und sonstige, die Hauptleistung erst ermöglichende Leistungen (zB Anlegen von Schutzkleidung, Reisezeiten)[9]; selbst Allgemeinkosten können geschuldet sein, aber nur in dem Umfang, der der tatsächlichen Laufzeit des Vertrages entspricht (pro rata temporis)[10]. Aufwendungen, die im Interesse des Dienstberechtigten getätigt werden, sind nicht über Abs 1, sondern über § 670 (vollständig) zu liquidieren[11].

c) **Außerordentliche Kündigung.** Voraussetzung ist schließlich, dass eine Kündigung aus **7** wichtigem Grund ausgesprochen wurde. Bei ordentlichen Kündigungen findet der Vergütungsanspruch bis zum Ablauf der Kündigungsfrist – wie zuvor – seine Grundlage in der vertraglichen Abrede. Fraglich ist, ob die Anwendung von Abs 1 voraussetzt, dass die erklärte **außerordentliche Kündigung wirksam** ist. Das ist – für Abs 1 Satz 2 – letztlich zu verneinen, ergäbe sich doch anderenfalls das widersinnige Ergebnis, dass ein Dienstverpflichteter, der wirksam nach §§ 626, 627 gekündigt hat, eine Kürzung seiner Vergütung hinnehmen müsste, wohingegen eine solche bei einer unwirksamen Kündigung ausschiede[12].

2. **Rechtsfolge: Anspruch auf Teilvergütung, Abs 1 Satz 1.** – a) **Grundlagen.** Wird das **8** Dienstverhältnis aus wichtigem Grund nach Beginn der Dienstleistungen mit Wirkung ex tunc gekündigt, so bringt Abs 1 Satz 1 die eigentliche Selbstverständlichkeit zum Ausdruck, dass der Dienstpflichtige Anspruch auf einen Teil der vereinbarten Vergütung hat. Was die vergütungspflichtigen „**bisherigen Leistungen**" sind, bestimmt sich bei Zeitlohnvereinbarungen im Ausgangspunkt nach dem pro-rata-temporis-Grundsatz[13], dh nach dem Verhältnis zwischen dem bereits erbrachten und den für die Vertragserfüllung insgesamt zu erbringenden Leistungen. Allerdings schließt das weder aus, dass auch Auslagen des Dienstverpflichteten, die (auch) für die geplante künftige Vertragserfüllung anfielen und nicht mehr rückgängig gemacht werden können (s Rz 6), zu ersetzen sind, noch steht die grundsätzliche quantitativ-zeitanteilige Betrachtungsweise einer wertenden Berücksichtigung **qualitativer Elemente** – zB Erbringung unterschiedlicher Dienstleistungen (Bereitschaftsdienst vs zulagenpflichtige Überstunden) – entgegen[14]. Keine Rolle spielt insoweit aber – anders als bei Abs 1 Satz 2 –, welchen (Aneignungs-)Wert die Arbeitsleistung für den Dienstberechtigten hatte[15]. Bei Akkordlöhnen ist nicht nach Zeitanteilen, sondern nach dem bis zum Wirksamwerden der Kündigung erzielten Arbeitsergebnis (Stückzahl) quantitativ abzurechnen[16].

b) **Einzelfälle.** – aa) **Stundenlohnvereinbarungen.** Typischerweise keine Schwierigkeiten **9** ergeben sich bei **Stundenlohnvereinbarungen**, ergibt sich der Teilvergütungsanspruch doch –

---

5   BAG NJW 1994, 1069, 1070; APS/Rolfs § 628 Rz 3.
6   BeckOK-ArbR/Stoffels § 628 Rz 3; ErfK/Müller-Glöge § 628 Rz 6; HWK/Sandmann § 628 Rz 23.
7   BAG NJW 1971, 2092.
8   Herbert/Oberrath NZA 2004, 121, 127; Münch-Komm/Henssler § 628 Rz 2; APS/Rolfs § 628 Rz 1.
9   Näher BGH NJW 1991, 2763.
10 BGH NJW 1991, 2763.
11 APS/Rolfs § 628 Rz 6.
12 HM, MünchKomm/Henssler § 628 Rz 5; BeckOK-ArbR/Stoffels § 628 Rz 4; APS/Rolfs § 628 Rz 10;
    dazu tendierend wohl auch BAG AP BGB § 628 Teilvergütung Nr 2.
13 BGH NJW 2010, 150; OLG Nürnberg NJW-RR 1997, 1556; APS/Rolfs § 628 Rz 5.
14 BeckOK-ArbR/Stoffels § 626 Rz 10; MünchKomm/Henssler § 626 Rz 8.
15 ErfK/Müller-Glöge § 628 Rz 4; BeckOK-ArbR/Stoffels § 628 Rz 10.
16 Hueck/Nipperdey, ArbR I, S 712, S 324 Fn 39; BAG AP BGB § 628 Teilvergütung Nr 1.

allerdings vorbehaltlich einer eventuellen qualitativen Betrachtung (Rz 8) – aus der simplen Multiplikation der geleisteten Stunden mit der vereinbarten Vergütung pro Stunde.

10   bb) **Monatslöhne.** Bei der Vereinbarung von **Monatslöhnen** bestimmen sich die „bisherigen Leistungen" im Grundsatz nach der bis zum Wirksamwerden der Kündigung abgeleisteten Arbeitszeit, wobei bei Arbeitnehmern wegen EFZG § 2 auch Feiertage anzusetzen sind[17]. Nun stellt sich die Problematik, dass die einzelnen Kalendermonate unterschiedlich viele Arbeitstage (und Feiertage) aufweisen. Um dem gerecht zu werden, ist im Ausgangspunkt erforderlich, dass das Monatsgehalt durch die Summe der Arbeits- und Feiertage dividiert und mit der Summe der bereits abgeleisteten Arbeits- und bisherigen Feiertage multipliziert wird[18]. Man wird Abs 1 Satz 1 aber insoweit für dispositiv halten können, als es den Parteien gestattet ist, zu vereinbaren, sich an § 191 und BBiG § 18 Abs 1 Satz 2 zu orientieren, sprich für jeden Monat pauschal 30 Kalendertage anzusetzen und die tatsächlich angefallenen Kalender-, Werk- und Arbeitstage unberücksichtigt zu lassen[19]. Ist es zur Berechnung der „bisherigen Leistungen" erforderlich, **Wochen** in Kalendermonate (oder vice versa) umzurechnen, so sind für jeden Monat 4,348 Wochen anzusetzen[20].

11   cc) **Pauschalhonorare.** Bei **Pauschalhonoraren** ist der vereinbarte Gesamtbetrag auf denjenigen Teil herabzusetzen, der der bisherigen Tätigkeit entspricht[21]; ggf ist dieser nach ZPO § 287 zu schätzen[22].

12   dd) **Gratifikationen.** Im Rahmen von Arbeitsverhältnissen gewährt der Arbeitgeber teilweise eine neben dem laufenden Entgelt gewährte besondere Vergütung, die aus bestimmten Anlässen gezahlt wird (zB Weihnachten, Jahresurlaub)[23]. Scheidet der Arbeitnehmer (per außerordentlicher Kündigung) aus, bevor der Auszahlungszeitraum erreicht ist, so ist danach zu unterscheiden, um welche Art von Gratifikation es sich handelt, was wiederum von dem mit ihr verfolgten Zweck abhängt[24]:

– Soll mit der Gratifikation ausschließlich die (vergangene oder künftige) **Betriebstreue belohnt** werden, so lässt es das BAG nach wie vor zu, dass der Anspruch unter den Vorbehalt gestellt wird, dass der Arbeitnehmer an einem bestimmten Stichtag nicht bereits ausgeschieden ist und/oder das Arbeitsverhältnis gekündigt wurde. Das soll selbst dann gelten, wenn der Grund für die Beendigung des Arbeitsverhältnisses nicht aus der Sphäre des Arbeitnehmers, sondern der des Arbeitgebers stammt[25].
– Hat die Gratifikation dagegen **reinen Entgeltcharakter**, so hat der Arbeitnehmer einen anteiligen Anspruch entsprechend dem pro-rata-temporis-Grundsatz. Dieser teilweise Anspruch kann dem Arbeitnehmer auch nicht wirksam per vertraglicher Vereinbarung („Stichtagsklausel") entzogen werden, hat er das entsprechende Entgelt doch bereits durch Erbringung der Arbeitsleistung bis zur Beendigung des Arbeitsverhältnisses verdient[26]. Fällig ist der Anspruch aber erst, wenn er auch bei fortbestehendem Arbeitsverhältnis fällig geworden wäre; die verfrühte Beendigung des Arbeitsverhältnisses bewirkt mithin keine Vorverlagerung des Fälligkeitszeitpunkts[27].
– Traditionell erkannte das BAG auch noch eine dritte Kategorie von Gratifikationen an, nämlich solche mit **Mischcharakter**, dh solche, die nicht nur Entgelt für geleistete Arbeit sind, sondern auch die Betriebstreue honorieren sollen. In seiner neueren Rechtsprechung behandelt das Gericht diese Gratifikationen allerdings – jedenfalls im Hinblick auf Stichtagsklauseln – wie Sonderzuwendungen mit reinem Entgeltcharakter. Entsprechend gilt auch hier, dass bei einem vorzeitigen Ausscheiden grundsätzlich ein anteiliger Anspruch pro-rata-temporis besteht[28].

13   ee) **Gewinnbeteiligungen; Provisionen.** Hat der Dienstverpflichtete Anspruch auf Gewinnbeteiligung, so hat er bei vorzeitigem Ausscheiden einen entsprechend anteiligen Anspruch, der

---

17   ArbG Marburg BB 1963, 1376; Staud/Preis § 628 Rz 19; APS/Rolfs § 628 Rz 7.
18   Fuchs BB 1972, 137; APS/Rolfs § 628 Rz 7.
19   Vgl BAG AP BGB § 628 Teilvergütung Nr 1; zu weitgehend ErfK/Müller-Glöge § 628 Rz 5a, wenn dieser (wohl) meint, dass dies stets – unabhängig von den Parteivereinbarungen – möglich sein soll.
20   BAG NZA-RR 2013, 662; NZA-RR 2014, 500.
21   BGH NJW 1987, 315; NJW 2011, 1674; vgl auch BAG AP BGB § 628 Teilvergütung Nr 4; HWK/Sandmann § 628 Rz 14.
22   LG Hannover NJW 1981, 1678; BeckOK-ArbR/Stoffels § 628 Rz 11.
23   Näher dazu Staud/Richardi/Fischinger § 611a Rz 1556 ff.
24   Zu den verschiedenen Arten Staud/Richardi/Fischinger § 611a Rz 1557; zu Stichtagsklauseln näher siehe aaO 1565 ff.
25   BAG AP BGB § 611 Gratifikation Nr 27, 96, 123; NZA 2012, 620; NZA 2014, 1136; HWK/Thüsing § 611a Rz 263.
26   BAG AP BGB § 611 Gratifikation Nr 100.
27   BAG AP BGB § 611 Gratifikation Nr 100.
28   BAG NZA 2012, 561; NZA 2014, 368 (dort auch zu möglichen Ausnahmen).

allerdings in der Regel nicht bereits bei Ausscheiden, sondern erst in dem Zeitpunkt fällig wird, in dem er auch bei Fortbestand des Dienstverhältnisses fällig geworden wäre[29]. Anspruch auf Provisionen können auch dann bestehen, wenn der Erfolg (idR der Vertragsschluss) erst nach dem Ausscheiden eintritt; die für Handlungsgehilfen geltenden Vorschriften HGB §§ 87 Abs 3, 65 sind insoweit analog auch auf Arbeitnehmer anwendbar[30].

ff) **Urlaub.** Hat der ausscheidende Arbeitnehmer noch Anspruch auf Erholungsurlaub nach **14** dem BUrlG, so ist zu unterscheiden: Der Anspruch auf **Urlaubsabgeltung** folgt aus BUrlG § 7 Abs 4, auf § 628 ist hier nicht zurückzugreifen. Etwas anderes gilt aber für einen eventuellen Anspruch auf **Urlaubsgeld**; da es sich insoweit um eine Gratifikation handelt, gelten die oben genannten Grundsätze entsprechend.

gg) **Vergütungsansprüche von Rechtsanwälten/Steuerberatern.** Bei Rechtsanwälten und **15** Steuerberatern sind RVG § 15 Abs 4 bzw StBVV § 12 Abs 4 zu beachten. Danach wirkt es sich auf durch die bislang erbrachten Dienstleistungen bereits entstandene Gebühren nicht aus, wenn sich die Angelegenheit vorzeitig erledigt oder der Auftrag endet, bevor die Angelegenheit erledigt ist. Eine Kürzung dieser Gebühren ist mithin nicht möglich[31]. Wie der Wortlaut der genannten Vorschriften andeutet, macht das RVG bzw die StBVV davon allerdings zT Ausnahmen (zB Nr 3101 VV). Dies gilt auch bei Honorarvereinbarungen, die die gesetzlichen Gebührensätze übersteigen[32]. Bei Erfolgshonoraren kann nur eine anteilige Vergütung verlangt werden, abhängig davon, welchen Anteil an dem letztendlichen Erfolg die bisher erbrachten Leistungen hatten; da dies zu erheblichen Beweisschwierigkeiten führen kann, ist es angezeigt, entsprechende vertragliche Regelungen vorzusehen[33].

3. **Kürzung der Teilvergütung, Abs 1 Satz 2.** Der grundsätzliche Anspruch des Dienst- **16** pflichtigen auf Teilvergütung nach Abs 1 Satz 1 entfällt ganz oder teilweise nach Abs 1 Satz 2, soweit die bisherigen Leistungen infolge der (unwirksamen oder wirksamen, s Rz 7) Kündigung für den Dienstberechtigten nicht von Interesse sind und der Dienstpflichtige ohne Anlass gekündigt oder die Kündigung des Dienstberechtigten durch vertragswidriges Verhalten veranlasst hat. Dabei kommt nur eine Kürzung noch offener, nicht erfüllter Ansprüche in Betracht; eine Rückabwicklung bereits abgerechneter Vergütungsperioden ist über Abs 1 Satz 2 nicht möglich[34]. Liegen diese Voraussetzungen vor, so erfolgt die **Kürzung automatisch kraft Gesetzes**, einer Aufrechnungserklärung bedarf es nicht[35].

a) **Kündigung des Dienstverpflichteten ohne Veranlassung durch Dienstberechtigten,** **17** **Abs 1 Satz 2 Alt 1.** In seiner ersten Alternative erfasst Abs 1 Satz 2 Fälle, in denen der Dienstverpflichtete das Dienstverhältnis außerordentlich kündigte, ohne hierzu durch ein vertragswidriges Verhalten des Dienstberechtigten veranlasst worden zu sein. Auch wenn dies der Wortlaut nicht eindeutig vorgibt, entspricht es der heute ganz hM, dass ein vertragswidriges Verhalten in diesem Sinne nur vorliegt, wenn der **Dienstberechtigte** den Umstand, der den Dienstverpflichteten zur Kündigung veranlasste, **nach §§ 276, 278 zu vertreten hat**[36]; dafür spricht der Vergleich mit der zweiten Alternative von Abs 1 Satz 2 (Rz 22) ebenso wie derjenige mit Abs 2, der bei gleicher Wortwahl unzweifelhaft wegen seiner Eigenschaft als Spezialfall zu § 280 Verschulden voraussetzt (s Rz 34)[37]. Entsprechend greift Abs 1 Satz 2 Alt 1 ein, wenn der Dienstverpflichtete zwar die Umstände begründete, die den Dienstberechtigten zur Kündigung veranlassten, dies aber weder von ihm selbst noch von einem seiner Erfüllungsgehilfen (§ 278) zu vertreten war. Weil eine außerordentliche Kündigung des Dienstberechtigten nicht nur bei einem vertragswidrigen Verhalten des Dienstverpflichteten, sondern auch zB aufgrund von Umständen in Betracht kommt, die nicht vom Dienstverpflichteten zu vertreten sind bzw die originär in der Person des Dienstverpflichteten begründet sind (s näher § 626 Rz 115 ff), kann auch dann über Abs 1 Satz 2 Alt 1 eine Kürzung vorzunehmen sein, wenn der Dienstberechtigte wirksam außerordentlich kündigen konnte[38].

Angesichts des Wortlauts („durch vertragswidriges Verhalten … dazu veranlasst") greift Abs 1 **18** Satz 2 Alt 1 nur ein, wenn nicht nur dem Dienstberechtigten ein zu vertretendes vertragswidriges

---

29 Staud/Preis § 628 Rz 21; ErfK/Müller-Glöge § 628 Rz 5b.
30 BeckOK-ArbR/Stoffels § 628 Rz 12; ErfK/Müller-Glöge § 628 Rz 5b; APS/Rolfs § 628 Rz 8.
31 NJW 2014, 2715, 2716; MünchKomm/Henssler § 628 Rz 13.
32 MünchKomm/Henssler § 628 Rz 14.
33 MünchKomm/Henssler § 628 Rz 16.
34 BeckOK-ArbR/Stoffels § 628 Rz 14; MünchKomm/Henssler § 628 Rz 18.
35 BGH NJW 1982, 437; Fischer S 163; MünchKomm/Henssler § 628 Rz 17.
36 Vgl zB BGH NJW 2014, 317; BAG NJW 2011, 1674; BeckOK-ArbR/Stoffels § 628 Rz 16.
37 BAG NJW 1982, 437; Grüneberg/Weidenkaff § 628 Rz 4; APS/Rolfs § 628 Rz 12.
38 Zutreffend ErfK/Müller-Glöge § 628 Rz 9.

Verhalten vorzuwerfen ist, sondern dieses auch adäquat **kausal** für die außerordentliche Kündigung durch den Dienstverpflichteten war[39]. Trifft nicht den Dienstberechtigten alleine eine Schuld für den den Anlass der Kündigung begründenden Sachverhalt, sondern ist auch dem Dienstverpflichteten ein Schuldvorwurf zu machen, so soll nach hM analog § 254 die Kürzung nach Abs 1 Satz 2 Alt 1 anteilig entsprechend der Verschuldensanteile erfolgen[40].

19 Eine **Veranlassung der Kündigung** in diesem Sinne ist zB zu **bejahen**, wenn der Dienstberechtigte den Dienstverpflichteten in herabwürdigender, kränkender Weise vollständig oder von wesentlichen Teilen seiner Arbeitsaufgaben suspendiert[41]. Gleiches hat das BAG – im Rahmen von Abs 2 – angenommen bei Ausspruch einer unwirksamen außerordentlichen Kündigung, wenn der Arbeitgeber die Unwirksamkeit der Kündigung kannte oder bei gehöriger Sorgfalt hätte kennen müssen[42]; auch wenn dem nicht apodiktisch zu widersprechen ist, so dürfen die Anforderungen an die „gehörige Sorgfalt" auch nicht überspannt werden, eine Veranlassung wird man daher richtigerweise nur annehmen können, wo eine hohe Wahrscheinlichkeit für die Unwirksamkeit der außerordentlichen Kündigung sprach. Im Arbeitsverhältnis ist im Übrigen beispielsweise an schwerwiegende Diskriminierungen, sexuelle Übergriffe oder sonstige schwerwiegende Pflichtverletzungen des Arbeitgebers zu denken[43]. Ein Rechtsanwalt hat Veranlassung zur Kündigung, wenn das Vertrauensverhältnis zum Mandanten aufgrund eines von diesem zu vertretenden Umstandes – zB Nichtzahlung des Vorschusses nach RVG § 9[44] oder anmaßendes und ungeziemtes Verhalten des Mandanten[45] – gestört wurde[46]; Gleiches gilt, wenn der Rechtsanwalt das Mandat kündigt, nachdem er sich aufgrund inhaltlich zutreffender Begutachtung weigert, ein Rechtsmittel zu begründen und durchzufechten[47].

20 Umgekehrt stellt es **keine** (schuldhafte) **Veranlassung der Kündigung** durch den Dienstberechtigten dar, wenn die Arbeit bei ihm nicht den Vorstellungen des Dienstverpflichteten entspricht, er Streit mit Kollegen hat, er einen neuen Arbeitsplatz gefunden hat oder wegen Heirat oder dem Wunsch, auszuwandern, wegzieht[48]. Gleiches gilt idR, wenn dem Arbeitnehmer die bislang bestehende Prokura entzogen wird[49]. Auch die Abberufung als Geschäftsführer begründet angesichts der jederzeitigen Widerruflichkeit keine Veranlassung für eine außerordentliche Kündigung durch den abberufenen Geschäftsführer[50]. Bei Vorstandsmitgliedern ist dagegen bereits der Widerruf der Bestellung selbst nur bei Vorliegen eines wichtigen Grundes zulässig, vgl AktG § 84 Abs 4. Legt dagegen das Vorstandsmitglied das Amt berechtigterweise nieder, kommt möglicherweise eine Anwendung von § 628 in Betracht[51].

21 Weil Abs 1 Satz 2 – außer im Arbeitsverhältnis – **abdingbar** ist (näher Rz 30), können die Parteien im Vorfeld auch vereinbaren, dass eine Kürzung nicht nur bei schuldhaftem, sondern auch schuldlosem vertragswidrigen Verhalten möglich ist[52].

22 **b) Kündigung des Dienstberechtigten infolge Veranlassung durch Dienstverpflichteten, Abs 1 Satz 2 Alt 2.** Die Teilvergütung nach Satz 1 ist ferner zu kürzen, wenn der Dienstverpflichtete durch sein vertragswidriges Verhalten die Kündigung des Dienstberechtigten veranlasst. Wie bei Alt 1 ist auch hier Voraussetzung, dass (1) der Dienstberechtigte das vertragswidrige Verhalten nach §§ 276, 278 zu **vertreten** hat und (2) dieses Verhalten adäquat **kausal** für die Kündigung war[53]. Entsprechend scheidet Alt 2 nicht nur aus, wenn der Dienstberechtigte außerordentlich wegen eines betriebsbedingten (§ 626 Rz 137) oder personenbedingten (§ 626 Rz 115 ff) Grundes kündigt, sondern auch, wenn der Kündigende erst nach der Kündigung Kenntnis von dem schuldhaften vertragswidrigen Verhalten des Dienstverpflichteten erlangt[54]. Vertragswidriges Verhalten kann sowohl bei einer Verletzung von Neben- als auch Hauptleistungspflichten vorliegen. Bei Hauptleistungspflichtverletzungen stellt sich allerdings das Problem, dass im Arbeitsrecht das Vorliegen einer Schlechtleistung insoweit oft nur schwer feststellbar ist, als der Arbeitnehmer keine an einem objektiven Maßstab zu bemessende „Normalleistung" schuldet, sondern „lediglich" das ihm nach seinem individuellen Leistungsvermögen subjektiv Mögliche[55]; bei

---

39 BGH NJW 1963, 2068; BAG AP BGB § 628 Teilvergütung Nr 2; BeckOK-ArbR/Stoffels § 628 Rz 17.
40 BeckOK-ArbR/Stoffels § 628 Rz 16; MünchKomm/Henssler § 628 Rz 17; ErfK/Müller-Glöge § 628 Rz 9b.
41 BAG AP BGB § 628 Nr 7.
42 BAG AP BGB § 276 Vertragsverletzung Nr 2; BeckOK-ArbR/Stoffels § 628 Rz 18; ErfK/Müller-Glöge § 628 Rz 9a.
43 Vgl Ganz ArbRAktuell 2021, 656. Zu Kündigungsgründen des Arbeitnehmers vgl im Übrigen § 626 Rz 148 ff.
44 OLG Düsseldorf VersR 1988, 1155.
45 Vgl LG Hamburg AnwBl 1985, 261.
46 OLG Nürnberg MDR 1973, 135.
47 BGH NJW 2014, 317; JZ 2017, 846.
48 Staud/Preis § 628 Rz 23.
49 BGH NJW 2003, 351; BAG AP BGB § 628 Nr 5.
50 BGH NJW 2012, 1656; Staud/Preis § 628 Rz 24.
51 Goette/Arnold/C. Arnold, Handbuch Aufsichtsrat, Rz 1676.
52 MünchKomm/Henssler § 628 Rz 21; Staud/Preis § 628 Rz 25.
53 BGH NJW 1963, 2068; OLG Koblenz MDR 1976, 44; APS/Rolfs § 628 Rz 13a.
54 BeckOK-ArbR/Stoffels § 628 Rz 19.
55 BAGE 22, 402, 406; Staud/Richardi/Fischinger § 611a Rz 1066 mwN.

freien Berufen dagegen hat die Rechtsprechung eine gewisse Objektivierung durch die Etablierung generalisierender Leistungsstandards bewirkt[56].

Bei Dienstverhältnissen, die **Dienste höherer Art** zum Gegenstand haben und keine Arbeitsverträge sind, ist umstritten, ob das vertragswidrige Verhalten einengend zu interpretieren sei, setzt deren außerordentliche Kündigung nach § 627 doch keinen wichtigen Grund voraus. Die Mindermeinung plädiert dafür, hier zur Voraussetzung zu erheben, dass das Verhalten des Dienstverpflichteten eine schwerwiegende Vertragspflichtverletzung oder einen wichtigen Grund iSv § 626 begründe, drohe doch anderenfalls dem Dienstverpflichteten eine Kürzung seines Teilvergütungsanspruchs auch bei nur leichten Pflichtverletzungen[57]. Der **BGH** lehnt eine derartige Restriktion des Anwendungsbereichs dagegen im Ausgangspunkt ab; allerdings scheidet auch nach seiner Auffassung wegen der Wertung des § 323 Abs 5 Satz 2 eine Kürzung nach Abs 1 Satz 2 Alt 2 bei einer nur geringfügigen vertragswidrigen Pflichtverletzung aus[58]. Dem BGH ist entgegenzuhalten, dass bei Dienstverträgen über Dienste höherer Art angesichts der besonderen Vertrauensstellung zwar eine erleichterte Kündigung – § 627 statt § 626 – möglich sein muss, dass dieser Gedanke es aber nicht rechtfertigt, den höhere Dienste erbringenden Dienstverpflichteten gegenüber anderen Dienstverpflichteten auch im Hinblick auf das bereits verdiente Entgelt zu benachteiligen[59]. Mit der Mindermeinung ist deshalb bei Dienstverträgen über Dienste höherer Art eine **einengende Interpretation** von Abs 1 Satz 2 Alt 2 dergestalt vorzunehmen, dass er nur anwendbar ist, wenn das Verhalten des Dienstverpflichteten einen wichtigen Grund iSv § 626 darstellt. 23

Als **vertragswidriges Verhalten** kann der Ausspruch einer außerordentlichen Kündigung durch den Dienstverpflichteten anzusehen sein (siehe aber Rz 19)[60]. Angesichts der hohen Kosten zahnärztlicher Behandlungen und der oftmals bestehenden Unsicherheit, inwieweit diese von der (gesetzlichen) Krankenkasse übernommen werden, muss ein **Zahnarzt** bei einer komplizierten Zahnbehandlung die vorherige Zustimmung der Krankenversicherung einholen; tut er dies nicht, so entfällt – nach der außerordentlichen Kündigung durch den Patienten – sein Teilvergütungsanspruch[61]. Ein prozessbevollmächtigter **Rechtsanwalt** verliert seinen Honoraranspruch, wenn der Mandant wegen des Verdachts strafbarer Handlungen gegenüber anderen Mandanten das Vertragsverhältnis außerordentlich gekündigt hat[62]. Erweckt der Anwalt den Eindruck, er gebe die Sache seines Mandanten bereits verloren und stellt er deshalb die geschuldeten Bemühungen ein, so kann er, wenn der Mandant deshalb kündigt, seines Honoraranspruchs nach Abs 1 Satz 2 verlustig gehen[63]. Im Übrigen rechtfertigt – jedenfalls nach der hier vertretenen Auffassung (s Rz 23) – aber nicht jede kleine Pflichtverletzung des Rechtsanwalts den Entzug bereits erarbeiteter Teilvergütungen[64]. 24

c) **Interessenwegfall**. Eine Kürzung des Vergütungsanspruchs kommt nur und insoweit in Betracht, als die **bisherigen Leistungen** gerade **wegen der Beendigung des Dienstverhältnisses** für den Dienstberechtigten nicht mehr von Interesse – dh von Vorteil oder Wert[65] – sind[66]. Das ist anzunehmen, wenn die bisherigen Leistungen für den Dienstberechtigten **mangels wirtschaftlicher Verwertbarkeit nutzlos** sind[67]. Eine derartige Nutzlosigkeit ist weder anzunehmen, wenn die Leistung zwar objektiv wertlos ist, der Dienstberechtigte sie aber nichtsdestotrotz nutzt, noch, wenn der Dienstberechtigte sie zwar nicht nutzt, sie aber objektiv wirtschaftlich verwertbar wäre[68]. Ein klassisches Beispiel für eine nicht mehr verwertbare Dienstleistung stellt es dar, wenn ein Bühnenkünstler oder ein Musiker nach den Proben, aber vor der ersten Vorstellung ausscheidet[69]. Umgekehrt wird bei Akkordlohngestaltungen eine wirtschaftliche Verwertbarkeit oft zu bejahen sein, kann sich der Dienstberechtigte doch meist die bis zum Ausscheiden erbrachten Einzelleistungen zunutze machen[70]; allerdings kann der Arbeitgeber ggf die Mehrkosten in Abzug bringen, die durch die Einschaltung der Folgekraft entstehen[71]. Bei mehreren hinterein- 25

---

56 Maschmann NZA-Beilage 1/2006, 13, 16; W-H Roth VersR 1979, 494, 498, 503; Fischer S 165.
57 OLG Düsseldorf NZG 2012, 421; Henssler/Deckenbrock NJW 2005, 1, 2; Canaris, Festschr Schmidt, S 177, 182 ff.
58 BGH NJW 2011, 1674; OLG Köln VersR 2013, 1004.
59 Zutreffend Fischer S 171 ff; MünchKomm/Henssler § 628 Rz 23.
60 BAG AP BGB § 276 Vertragsverletzung Nr 2.
61 OLG Düsseldorf NJW 1987, 706; Staud/Preis § 628 Rz 26.
62 BGH NJW 1995, 1954.
63 Düsseldorf AnwBl 1985, 259; vgl auch BGH NJW 1985, 41; ausführlich MünchKomm/Henssler § 628 Rz 27 ff.
64 Vgl auch OLG Karlsruhe 20.1.1988 – 1 U 166/87.
65 ErfK/Müller-Glöge § 628 Rz 11.
66 Vgl BAG EzA BGB § 628 Nr 15; OLG Karlsruhe BeckRS 2011, 14394; BeckOK-ArbR/Stoffels § 628 Rz 20; dazu auch Hanau ZfA 1984, 453, 578; ausführlich Fischer S 174 ff.
67 BGH NJW 2011, 1674, 1675.
68 BGH NJW 2011, 1674, 1675; OLG Naumburg NJW-RR 2008, 1056, 1057.
69 RGRK[12]/Corts § 628 Anm 14; MünchKomm/Henssler § 628 Rz 35.
70 BeckOK-ArbR/Stoffels § 628 Rz 20.
71 APS/Rolfs § 628 Rz 15; MünchKomm/Henssler § 628 Rz 3.

der geschalteten, jeweils kurzfristigen Dienstverhältnissen, wird ein Interessenwegfall typischerweise seltener vorliegen als bei einem langfristig angelegten Projekt, bei dem oft erst bei oder kurz vor Abschluss ein für den Dienstberechtigten verwertbares Ergebnis vorliegt[72]; muss sich infolge des Ausscheidens des Dienstverpflichteten eine Ersatzkraft einarbeiten, um auf den gleichen Kenntnisstand zu kommen, spricht dies dafür, dass die frühere Leistung des Dienstverpflichteten nicht mehr von Wert für den Dienstberechtigten ist[73]. Bezieht sich der Teilvergütungsanspruch (auch) auf einen Zeitraum, in dem sich der Arbeitnehmer im Erholungsurlaub befand, kommt eine Kürzung mit dem Argument, der Arbeitgeber habe an dem Urlaub kein Interesse gehabt, nicht in Betracht[74]. Bei Rechtsanwälten nimmt der BGH an, dass dann, wenn nach der Beendigung des Mandatsverhältnisses ein weiterer Rechtsanwalt eingeschaltet werden muss, um das begonnene Verfahren zu einem Abschluss zu bringen, im Grundsatz ein Interessenwegfall anzunehmen sei[75]. Ggf kann die Frage, inwieweit die Dienstleistung noch von Wert für den Dienstberechtigten ist, nach **ZPO § 287 Abs 2 geschätzt** werden[76].

26   **4. Rückforderung zu viel gezahlter Vergütung, Abs 1 Satz 3. – a) Allgemeines**. Nach der gesetzlichen Grundkonzeption des § 614 Satz 1 kann der Dienstverpflichtete die vereinbarte Vergütung erst nach Leistung der Dienste verlangen; wird von den Parteien dementsprechend verfahren, so stellen sich keine Probleme der Vergütungsrückabwicklung, wenn der Dienstvertrag vorzeitig beendet wird. Anders verhält es sich aber, wenn es ausnahmsweise der **Dienstberechtigte** ist, der in **Vorleistung** (arbeitsrechtlich: Gehaltsvorschuss[77]) tritt und die Vergütung auch schon für Phasen nach der Kündigung erbracht hatte. Wie er diese zurückfordern kann, regelt Abs 1 Satz 3, der damit eine eigenständige **Anspruchsgrundlage** darstellt[78]. Nicht direkt anwendbar ist Abs 1 Satz 3, wenn der Dienstberechtigte eine Vergütung leistet, die er wegen einer späteren Teilvergütungskürzung nach Abs 1 Satz 2 nicht mehr schuldet; hier ist aber Abs 1 Satz 3 jedenfalls analog anwendbar[79]. Bei einem Partnerschaftsvermittlungsvertrag steht § 656 Abs 1 Satz 2 der Rückforderung nicht entgegen[80].

27   **b) Anwendbare Vorschriften**. Die Rückabwicklung erfolgt grundsätzlich über **§ 346**. Etwas anderes gilt, wenn der Dienstverpflichtete den zur Kündigung führenden Umstand nicht zu vertreten (s Rz 28) hat. Dann findet **Bereicherungsrecht** Anwendung, welches für den Dienstverpflichteten wegen des ggf eingreifenden Einwands des Wegfalls der Bereicherung (§§ 818 Abs 3, 4, 819 Abs 1) günstiger ist. Maßgeblicher Zeitpunkt für die verschärfte Haftung ist derjenige des Zugangs der Kündigungserklärung[81]. Handelt es sich bei dem Dienstvertrag um ein Arbeitsverhältnis, so kommt dem Arbeitnehmer nach der Rechtsprechung des BAG ein Anscheinsbeweis dahingehend zugute, dass bei nur geringfügigen Überzahlungen erfahrungsgemäß von einem ersatzlosen Verbrauch der Überzahlung für die Lebensführung – und damit einer Entreicherung – ausgegangen wird[82]. Haftet der Dienstberechtigte dagegen nach **Rücktrittsrecht**, so scheidet eine Berufung auf Entreicherung aus; überdies haftet er unter den Voraussetzungen des § 347 auf Verzinsung.

28   **c) Vertretenmüssen**. Der Dienstverpflichtete hat den zur Kündigung führenden Umstand zu vertreten, wenn er selbst – ohne dazu durch ein schuldhaftes vertragswidriges Verhalten des Dienstberechtigten veranlasst worden zu sein – das Dienstverhältnis kündigt, oder wenn er selbst durch sein eigenes schuldhaftes vertragswidriges Verhalten eine Kündigung des Dienstberechtigten verursacht hat; insoweit ist § 278 anwendbar[83], was zwar bei Arbeitnehmern selten relevant ist, bei freien Dienstverpflichteten aber durchaus in Betracht kommt.

29   **d) Rückforderung von Sonderleistungen**. Die Rückforderung bestimmter (arbeitsrechtlicher) Sonderleistungen wird von der ganz hM nicht anhand von Abs 1 Satz 3 vorgenommen, sondern anhand spezieller Sonderregeln. Das gilt namentlich für die Rückforderung von **Ausbildungsbeihilfen** des Arbeitgebers[84] oder die Rückzahlung von dem Arbeitnehmer gewährten **Gratifikationen**[85].

---

72 ErfK/Müller-Glöge § 627 Rz 11; MünchKomm/Henssler § 628 Rz 36.
73 BeckOK-ArbR/Stoffels § 628 Rz 20.
74 BAG AP BGB § 628 Teilvergütung Nr 2; BeckOK-ArbR/Stoffels § 628 Rz 21.
75 BGH NJW-RR 2012, 292; NJW 2014, 317; zT abweichend KG NJW-RR 2002, 708; OLG Karlsruhe NJW-RR 1994, 1084; Vgl näher MünchKomm/Henssler § 628 Rz 41 f mwN.
76 BeckOK-ArbR/Stoffels § 628 Rz 20.
77 Siehe Staud/Richardi/Fischinger § 611a Rz 1589, § 614 Rz 33.
78 Staud/Preis § 628 Rz 29; MünchKomm/Henssler § 628 Rz 43.
79 Vgl BGH NJW 2011, 1674; Henssler/Deckenbrock NJW 2005, 1, 5; Staud/Preis § 628 Rz 29; APS/Rolfs § 628 Rz 17.
80 MünchKomm/Henssler § 628 Rz 43.
81 APS/Rolfs § 628 Rz 18; ErfK/Müller-Glöge § 628 Rz 12a; BeckOK-ArbR/Stoffels § 628 Rz 24.
82 BAG NZA 1996, 27; NZA 2001, 966; NZA 2005, 814.
83 BeckOK-ArbR/Stoffels § 628 Rz 23; MünchKomm/Henssler § 628 Rz 44.
84 Siehe dazu ausführlich Staud/Richardi/Fischinger § 611a Rz 1578 ff mwN.
85 Dazu näher Staud/Richardi/Fischinger § 611a Rz 1556 ff mwN.

5. **Abdingbarkeit.** Hinsichtlich der Abdingbarkeit ist zwischen Individual- und Formularabreden zu differenzieren: 30

a) **Individualabreden.** Nach hM ist Abs 1 in Individualabreden – in den durch § 276 Abs 3 31
gezogenen Grenzen – **abdingbar**[86]. Zum Schutz von Arbeitnehmern wird man eine Abänderung zu ihren Lasten aber grundsätzlich nur nach Beendigung des Arbeitsverhältnisses zulassen können[87], jedenfalls ist zwingendes Arbeitnehmerschutzrecht (zB Unabdingbarkeit des Mindestlohnanspruchs, MiLoG § 3) zu beachten; eine Ausnahme gilt nur insoweit, als man bei Abs 1 Satz 1 pauschal 30 Kalendertage ansetzen kann (s Rz 10).

b) **Allgemeine Geschäftsbedingungen.** Engere Grenzen sind Abreden in AGB gesetzt. So 32
hat der BGH Klauseln, die dem Verwender eine wesentlich höhere Vergütung sichern, als dies nach Abs 1 Satz 1 der Fall wäre, wegen Verstoßes gegen § 308 Nr 8 lit a) für unzulässig erklärt[88]. Unzulässig ist auch eine Abrede, nach der der Vertragspartner dem Verwender eine Teilvergütung selbst dann zahlen muss, wenn der Verwender die Kündigung schuldhaft veranlasste und seine bisherigen Leistungen für den Vertragspartner nicht von Interesse sind[89]. Umgekehrt kann allerdings auch der vollständige Ausschluss des Teilvergütungsanspruchs gegen § 307 verstoßen[90].

6. **Darlegungs- und Beweislast.** Der **Dienstverpflichtete** muss zunächst im Rahmen von 33
Abs 1 **Satz 1** darlegen und ggf beweisen, welche Leistungen bis zum Zugang der Kündigungserklärung erbracht worden sind und welchem Teil der vereinbarten Vergütung diese entsprechen[91]. Dagegen trifft den **Dienstberechtigten** die Beweislast für die Voraussetzungen der Kürzungsregelung von Abs 1 **Satz 2**[92]. Er muss also darlegen und ggf beweisen, dass (1) entweder der Dienstpflichtige die Kündigung durch vertragswidriges Verhalten veranlasst hat oder dieser ohne, dass der Dienstberechtigte hierzu durch vertragswidriges Verhalten Anlass gab, gekündigt hat, sowie (2), dass das Interesse an dessen bisherigen Leistungen entfallen ist[93]; bei feststehender Pflichtverletzung des Dienstverpflichteten wird allerdings dafür plädiert, dass nach dem Rechtsgedanken des § 280 Abs 1 Satz 2 dessen Verschulden zu vermuten sei[94]. Im Rahmen von Abs 1 **Satz 3** muss der **Dienstberechtigte** darlegen und ggf beweisen, dass er einen Vorschuss geleistet hat; will der Dienstverpflichtete die strenge Haftung über das Rücktrittsrecht zugunsten derjenigen über das Bereicherungsrecht vermeiden, muss er entweder darlegen, dass die vom Dienstberechtigten vorgetragenen Gründe für die außerordentliche Kündigung nicht vorlagen, oder – wenn das nicht gelingt –, dass er diese nicht zu vertreten hat[95].

III. Schadensersatzpflicht (Abs 2)

1. **Allgemeines.** Abs 2 stellt sicher, dass auch die auf eigenem Entschluss beruhende Auflö- 34
sung eines Dienstvertrags die Schadensersatzpflicht desjenigen nicht beseitigt, der durch sein vertragswidriges Verhalten die Beendigung veranlasst hat. Es handelt sich um eine **Spezialregelung zu § 280** und setzt deshalb nach einhelliger Meinung als ungeschriebenes Tatbestandsmerkmal voraus, dass das vertragswidrige Verhalten schuldhaft (§§ 276, 278) erfolgte. Entsprechend ist der Anwendungsbereich von Abs 2 kleiner als derjenige des § 626, ermöglicht dieser eine außerordentliche Kündigung ggf doch auch aufgrund von Umständen, die der Kündigungsempfänger nicht zu vertreten hat. Abs 2 ist Ausdruck eines allgemeinen Rechtsgedankens[96]. Anders als Abs 1, der lediglich Ansprüche des Dienstverpflichteten normiert, kann bei Abs 2 jeder der beiden Beteiligten Anspruchsteller oder -gegner sein.

2. **Verhältnis zu anderen Vorschriften.** Als Spezialregelung schließt Abs 2 in seinem 35
Anwendungsbereich den Rückgriff auf § 280 sowie § 823 aus[97]. Wo es um Schadensposten geht, die auf die vom Kündigungsgegner durch schuldhaftes vertragswidriges Verhalten veranlasste Kündigung zurückzuführen sind, ist deshalb nur Abs 2, nicht aber § 280 anwendbar; bei schuldhaften Vertragsverletzungen minderen Gewichts, die die Voraussetzungen von Abs 2 nicht erfül-

---

[86] BGH BB 1952, 635; NJW 1987, 315; NJW-RR 2012, 294, 295; NJW 2014, 2715; Staud/Preis § 628 Rz 14; aA für Abs 1 Satz 2 MünchKomm/Henssler § 628 Rz 51 ff.
[87] Staud/Preis § 628 Rz 14.
[88] BGH NJW 1991, 2763, 2764; NJW-RR 2005, 642.
[89] LG Osnabrück 5.2.1986 – 1 S 381/85.
[90] BGH NJW 1985, 631; BeckOK-BGB/Plum § 628 Rz 9.
[91] ErfK/Müller-Glöge § 628 Rz 51; MünchKomm/Henssler § 628 Rz 57.
[92] BGH NJW 1982, 437; NJW 1997, 188.
[93] BGH NJW 1997, 188; NJW 2011, 1674; Fischer S 201.
[94] Grüneberg/Weidenkaff § 628 Rz 4; ErfK/Müller-Glöge § 628 Rz 9, 52.
[95] Staud/Preis § 628 Rz 63; APS/Rolfs § 628 Rz 72; MünchKomm/Henssler § 628 Rz 57; aA (Beweislast für Vertretenmüssen bei Dienstberechtigten) ErfK/Müller-Glöge § 628 Rz 53.
[96] BeckOK/ArbR/Stoffels § 628 Rz 29; vgl Motive Bd II, S 470 zu § 566; vgl auch RGZ 76, 367, 370.
[97] BAG AP BGB § 628 Nr 16 und 18; BeckOK-ArbR/Stoffels § 628 Rz 30; ErfK/Müller-Glöge § 628 Rz 14b.

len, kann deshalb nicht unter Rekurs auf § 280 Schadensersatz verlangt werden[98]. § 280 ist allerdings anwendbar, wo Schadenspositionen im Raum stehen, die nicht auf die vorzeitige Beendigung des Dienstverhältnisses zurückzuführen sind[99]. Neben einer wirksam vereinbarten **Vertragsstrafe** ist Abs 2 anwendbar[100], die verwirkte Strafe ist aber auf den Schadensersatzanspruch anzurechnen[101].

36 Für Berufsausbildungsverhältnisse und Handelsvertreterverträge ist die Schadensersatzpflicht in **BBiG § 23** bzw in **HGB § 89a Abs 2** speziell geregelt, ein Rückgriff auf Abs 2 scheidet aus[102]. Bei der Kündigung durch Seeleute gilt **SeeArbG § 68 Abs 2**, nach dessen Satz 2 die Anwendung von Abs 2 aber nicht ausgeschlossen ist; zu beachten ist ferner SeeArbG § 70. Macht in der Insolvenz des Arbeitgebers der Insolvenzverwalter von seinem Sonderkündigungsrecht aus InsO § 113 Satz 1 Gebrauch, so hat der Arbeitnehmer einen Schadensersatzanspruch (**InsO § 113 Satz 3**); neben diesem scheidet tatbestandlich ein Anspruch aus Abs 2 aus, ist Grund für die Beendigung des Arbeitsverhältnisses doch kein schuldhaftes vertragswidriges Verhalten des Arbeitnehmers. Anders verhält es sich aber (selbstverständlich), wenn eine der beiden Parteien wegen schuldhaften vertragswidrigen Verhaltens der anderen kündigt[103].

37 Eine Spezialvorschrift normiert auch **EFZG § 8 Abs 1 Satz 2**: Kündigt ein Arbeitnehmer das Arbeitsverhältnis außerordentlich aus einem vom Arbeitgeber zu vertretenden wichtigen Grund und ist er zu diesem Zeitpunkt arbeitsunfähig erkrankt, so bleibt sein Anspruch auf Entgeltfortzahlung unberührt; weil es insoweit also an einem Schaden des Arbeitnehmers fehlt, scheidet ein Anspruch aus Abs 2 aus[104].

38 Bei Arbeitsverhältnissen ist ferner **ArbGG § 61 Abs 2** zu beachten. Danach kann zum einen der Arbeitgeber auf einen Vertragsbruch des Arbeitnehmers ggf nicht nur mit einer Beendigung des Arbeitsverhältnisses reagieren, sondern ihn alternativ auf Erbringung der geschuldeten Arbeitsleistung verklagen. Obsiegt er, so ist auf Antrag des Arbeitgebers der Arbeitnehmer für den Fall, dass er die ausgeurteilte Handlung nicht innerhalb einer bestimmten Frist vornimmt, zu einer nach freiem Ermessen festzusetzenden Entschädigung zu verurteilen. Die Vorschrift gilt zum anderen nach hM auch in die andere „Richtung", dh wo es um die Durchsetzung des Beschäftigungsanspruchs des Arbeitnehmers gegen den Arbeitgeber geht[105].

39 **3. Voraussetzungen. – a) Vertragswidriges Verhalten des Gekündigten.** Abs 2 setzt zunächst voraus, dass die Vertragsauflösung durch ein vertragswidriges Verhalten des Gekündigten verursacht wurde. Das vertragswidrige Verhalten kann sowohl in der Verletzung vertraglicher Primär- wie Nebenpflichten bestehen (siehe näher zu einzelnen Fallgestaltungen oben Rz 19 f und Rz 22, 24). In diesem Zusammenhang „vertragswidrig" ist das Verhalten nach ganz hM nur dann, wenn es das Gewicht eines **wichtigen Grundes** iSv § 626 hat[106]. Daraus folgt: (1) Geringfügigere Pflichtverletzungen begründen keinen Schadensersatzanspruch nach Abs 2, auch wenn sie zum Anlass genommen wurden, das Dienstverhältnis wirksam konsensual oder einseitig zu beenden[107]. (2) Je nach Schwere und Art des Fehlverhaltens kann es erforderlich sein, dass der Fehlverhaltende *abgemahnt* wurde[108]. (3) Abs 2 setzt – wegen § 626 Abs 2 – des Weiteren voraus, dass zwischen dem Zeitpunkt, in dem die andere Vertragspartei von dem vertragswidrigen Verhalten Kenntnis erlangt, und der Verwirklichung des Beendigungstatbestands *nicht mehr als zwei Wochen* liegen[109]; das gilt unabhängig davon, ob der Dienstvertrag durch außerordentliche Kündigung oder auf andere Weise beendet wird[110].

40 Weil Abs 2 lex specialis zu § 280 ist, ist – anders als bei § 626 (s § 626 Rz 43) – stets Voraussetzung, dass das vertragswidrige Verhalten (Rz 39) iSv § 276 **schuldhaft** ist, wobei das Verschulden von Erfüllungsgehilfen nach § 278 zurechenbar ist[111]. Der Anwendungsbereich von Abs 2 ist deshalb geringer als der von § 626.

---

98 ErfK/Müller-Glöge § 628 Rz 48.
99 KR/Weigand § 628 Rz 19.
100 APS/Rolfs § 628 Rz 28, 32.
101 Vgl BAG NZA 1984, 255.
102 BAG NZA 2013, 1202; LAG Berlin-Brandenburg 15.8.2016 – 16 Ta 1117/16.
103 ArbG Bayreuth DZWIR 2002, 282; BeckOK-ArbR/Stoffels § 628 Rz 33; APS/Rolfs § 628 Rz 42.
104 MünchKomm/Henssler § 628 Rz 64.
105 APS/Rolfs § 628 Rz 40; BeckOK-ArbR/Hamacher ArbGG § 61 Rz 26; MünchKomm/Henssler § 628 Rz 63; ErfK/Koch ArbGG § 61 Rz 3; aA ArbG Wetzlar NZA 1987, 536.
106 BAG EzA BGB § 628 Nr 17; NZA 2002, 1323; NZA 2009, 547, 550; APS/Rolfs § 628 Rz 44; BeckOK-ArbR/Stoffels § 628 Rz 37.
107 BAG NJW 1971, 2092; NZA 2008, 1135; NJW 2012, 1900; LAG Düsseldorf 30.1.2012 – 9 Sa 1277/11; LAG Hamm 27.9.2013 – 10 Sa 629/13; LAG Köln 17.10.2015 – 12 Sa 711/15.
108 BAG NZA 2007, 1419; APS/Rolfs § 628 Rz 45.
109 BAG NZA 1990, 106; NZA 2002, 325; NZA 2002, 1323; ErfK/Müller-Glöge § 628 Rz 17; KR/Weigand § 628 Rz 22.
110 BAG NZA 1990, 106.
111 RGZ 112, 34, 37; BGH NJW 1984, 2093, 2094; BAG AP BGB § 628 Nr 2, 5, 6; LAG Schleswig-Holstein NZA-RR 2011, 575; BayObLG NJW-RR 2000, 156; BeckOK-ArbR/Stoffels § 628 Rz 37; ErfK/Müller-Glöge § 628 Rz 15.

Diese Grundsätze gelten richtigerweise auch für Dienstverträge über **Dienste höherer Art**. 41
Damit können diese zwar nach § 627 jederzeit und grundlos gekündigt werden, Schadensersatz
über Abs 2 kann aber auch hier nur verlangt werden, wenn die Beendigung durch ein schuldhaftes vertragswidriges Verhalten verursacht wurde[112]. Es ist jedoch darauf hinzuweisen, dass der
BGH für Abs 1 Satz 2 jüngst anders entschieden hat (s Rz 23). Aber erstens bezog er sich hierbei
eindeutig nicht auf Abs 2, und zweitens überzeugt die Rechtsprechung schon in ihrem originären
Anwendungsbereich nicht, sie sollte daher nicht auf Abs 2 übertragen werden.

Schafft – was kaum denkbar erscheint – der Kündigende selbst schuldhaft durch vertragswidriges Verhalten eine Situation, die ihn zu einer außerordentlichen Kündigung berechtigt, so hat 42
er selbst natürlich keinen Anspruch, vielmehr hat der Gekündigte **analog Abs 2** einen Ersatzanspruch[113].

b) **Beendigung des Dienstverhältnisses**. Abs 2 spricht allein von „Kündigung", womit im 43
systematischen Kontext der Norm eine wirksame **außerordentliche Kündigung** gemeint ist.
Die ganz hM wendet Abs 2 aber über seinen Wortlaut hinaus auf alle Fälle an, in denen das
Arbeitsverhältnis in **anderer Weise als durch außerordentliche Kündigung** beendet wurde,
sofern nur der andere Teil durch ein verschuldetes vertragswidriges Verhalten, das das Gewicht
eines wichtigen Grundes iSv § 626 hat (s Rz 39), den Anlass für die Beendigung gegeben hat (zB
Aufhebungsvertrag, ordentliche Kündigung, außerordentliche Kündigung mit Auslauffrist)[114].
Dem ist zuzustimmen[115], denn erstens geht es bei Abs 2 um einen Schadensersatz wegen Auflösungsverschuldens, sodass es nicht auf die Form, sondern auf den Grund für die Auflösung
ankommt[116], und zweitens würde sich jede andere Interpretation zu Lasten des sich fehlverhaltenden Dienstverpflichteten auswirken, wäre der Dienstberechtigte doch faktisch gezwungen,
auf das scharfe, den Dienstverpflichteten am meisten belastende Schwert der außerordentlichen
Kündigung zurückzugreifen; mildere, weniger belastende Wege – wie zB eine Aufhebungsvereinbarung – wären dagegen letztlich verschlossen. Allerdings verlangt das BAG, dass sich bei einem
Aufhebungsvertrag der Anspruchsberechtigte seinen Anspruch explizit vorbehält, sei doch anderenfalls sein Verhalten als Verzicht auf Ansprüche wegen Auflösungsverschuldens zu interpretieren[117]; Gleiches gilt beim Ausspruch einer lediglich ordentlichen Kündigung[118].

Kehrseite der Ausdehnung des Anwendungsbereichs auf andere Beendigungsarten ist jedoch, 44
dass auch in deren Kontext über Abs 2 nur Schadensersatz verlangt werden kann, wenn **§ 626
Abs 2** beachtet wurde, sprich zwischen der Kenntnis vom vertragswidrigen Verhalten und der
Verwirklichung des Beendigungstatbestands maximal zwei Wochen liegen (vgl Rz 39)[119].

Kein Anspruch nach Abs 2 besteht allerdings, wenn ein Arbeitsverhältnis im Gefolge einer 45
unwirksamen außerordentlichen Kündigung durch gerichtliche Entscheidung nach KSchG §§
(13 Abs 1 Satz 3), 9, 10 gegen Abfindungszahlung aufgelöst wird, soll die Abfindung doch gerade
als Pauschalentschädigung alle Schäden ausgleichen[120].

c) **Kausalität**. Abs 2 setzt in doppelter Weise Kausalität voraus: Zum einen insoweit, dass die 46
Kündigung/Beendigung gerade durch das vertragswidrige Verhalten des Gekündigten „veranlasst" wurde. Das erfordert einen **adäquat kausalen Zusammenhang zwischen dem Verhalten und der Beendigung**[121]. Dies ist bei einer **außerordentlichen Kündigung** unproblematisch anzunehmen, wenn dem Kündigenden das Fehlverhalten bei Ausspruch der Kündigung
bekannt war; erfuhr der Kündigende von dem vertragswidrigen Verhalten dagegen erst danach,
so kann er zwar uU diesen Umstand kündigungsrechtlich „nachschieben" (s § 626 Rz 251), ein
Anspruch aus Abs 2 lässt sich damit aber mangels der erforderlichen Kausalität nicht mehr
begründen[122]. Wird das Dienstverhältnis auf **andere Weise beendet** (s Rz 45), so kann der
Kausalzusammenhang schwerer feststellbar sein[123]. Die wohl hM versagt dem Anspruchssteller

---

112 MünchKomm/Henssler § 628 Rz 74.
113 Staud/Preis § 628 Rz 38; BeckOK-ArbR/Stoffels § 628 Rz 38.
114 BGHZ 44, 271, 274; BAG EzA BGB § 628 Nr 17; NJW 1971, 2092; NZA 2009, 547, 550.
115 Ebenso Canaris Anm zu BAG AP BGB § 628 Nr 6; BeckOK-ArbR/Stoffels § 628 Rz 35; ErfK/Müller-Glöge § 628 Rz 18; KR/Weigand § 628 Rz 22 mNw.
116 Staud/Preis § 628 Rz 41; aA Pal⁵⁶/Putzo § 628 Rz 1.
117 BAG NJW 1971, 2092; Staud/Preis § 628 Rz 41; HWK/Sandmann § 628 Rz 42; ErfK/Müller-Glöge § 628 Rz 18; APS/Rolfs § 628 Rz 48.
118 MünchKomm/Henssler § 628 Rz 81.
119 BAG EzA BGB § 628 Nr 17; ähnlich BGHZ 44, 271, 274 (unter 3); BAG AP BGB § 628 Nr 13; anders (nur bei außerordentlicher Kündigung) BGH NJW 1994, 1069, 1070 (unter 2 b).
120 BAG AP KSchG 1969 § 9 Nr 2; AP BGB § 628 Nr 16; BeckOK-ArbR/Stoffels § 628 Rz 36; aA MünchKomm/Henssler § 628 Rz 82.
121 BAG NZA 2003, 816; NZA-RR 2007, 134.
122 BAG NZA 2003, 816; LAG Köln NZA-RR 2007, 134.
123 ErfK/Müller-Glöge § 628 Rz 21.

hier Beweiserleichterungen und verlangt von ihm, dass er den Vollnachweis erbringt, die Beendigung gerade wegen des schuldhaften vertragswidrigen Verhaltens herbeigeführt zu haben[124].

47 Darüber hinaus setzt Abs 2 einen adäquaten **Kausalzusammenhang** zwischen der **Beendigung des Dienstverhältnisses und dem Schaden** voraus. Der Berechtigte soll – zunächst (zur zeitlichen Befristung des Anspruchs siehe sogleich sowie Rz 53) – so stehen, als wäre das Dienstverhältnis nicht vorzeitig beendet worden. Damit soll seine Schlechter-, aber auch seine Besserstellung ausgeschlossen sein; entsprechend kann der Dienstberechtigte bei einer vom Dienstverpflichteten schuldhaft veranlassten Kündigung keinen entgangenen Gewinn liquidieren, wenn der Dienstverpflichtete ohnehin nicht zur Arbeit verpflichtet gewesen wäre, zB wegen arbeitsunfähiger Erkrankung oder weil er berechtigt gewesen wäre, Pflegezeit nach dem PflegeZG in Anspruch zu nehmen[125]. Entgegen der früheren Auffassung, die eine Berufung auf rechtmäßiges hypothetisches Alternativverhalten nicht zuließ[126], gibt Abs 2 nach heute ganz herrschender, zutreffender Meinung keinen (Endlos-)Anspruch auf Ersatz aller Schäden, die (irgendwann einmal) infolge der Beendigung entstehen (werden), sondern beschränkt den Ersatzanspruch auf den **Verfrühungsschaden**, dh auf den Schaden, der gerade durch die vorzeitige Beendigung entstand[127]. Entsprechend ist der Ersatzanspruch auf die Zeit **bis zum Ablauf der Kündigungsfrist einer hypothetischen Kündigung befristet** (s näher Rz 54).

48 d) **Sonderfall: Beiderseitiges vertragswidriges Verhalten.** Fraglich ist, was gilt, wenn nicht nur einer Vertragspartei der Vorwurf schuldhaften vertragswidrigen Verhaltens zu machen ist, sondern beiden. Haben hier beide wechselseitige Schadensersatzansprüche aus Abs 2? Oder nur der zuerst Kündigende? Oder keiner von beiden?

49 Die – soweit ersichtlich – einhellige Meinung geht von letzterem aus, **versagt** also **beiden Parteien Schadensersatzansprüche** aus Abs 2, und zwar selbst dann, wenn beide Kündigungsgründe nicht in einem inneren sachlichen Zusammenhang stehen[128]. Das wird zum Teil damit begründet, dass das Dienstverhältnis „inhaltsleer" geworden sei und keine Grundlage mehr für einen Schadensersatzanspruch bieten könne, weil in einer solchen Situation keiner der Vertragspartner verlangen könne, über §§ 249 ff so gestellt zu werden, als würde der Vertrag fortbestehen[129]. Das überzeugt dogmatisch allerdings schwerlich, führen doch selbst (wiederholte) schwerste Pflichtverletzungen nicht dazu, dass das Vertragsverhältnis in seinem rechtlichen Bestand beeinträchtigt würde; warum es deshalb zur Schadensberechnung nach §§ 249 ff nicht mehr geeignet sein soll, erschließt sich nicht recht. Angeführt wird des Weiteren, es sei ein „**Wettlauf der Kündigungserklärungen**"[130] zu verhindern, der drohen würde, weil nach dem Wortlaut von Abs 2 nur diejenige Vertragspartei in den Genuss des Schadensersatzanspruches gelangt, die zuerst kündigt[131].

50 **Stellungnahme:** Die Überlegung, es sei ein „Wettlauf der Kündigungserklärungen" zu verhindern, hat zwar einiges für sich, ein absolut zwingendes Argument folgt aus ihr aber nicht. Wenn nach der Lehre von der **Doppelwirkung im Recht** selbst ein nichtiges Rechtsgeschäft anfechtbar ist[132], so liegt es nahe, dass auch ein bereits wirksam außerordentlich gekündigtes Dienstverhältnis nochmals (von der anderen Vertragspartei) außerordentlich gekündigt werden kann. So betrachtet ließe sich der unsachgemäße „Wettlauf der Kündigungserklärungen" also auch anders vermeiden, nämlich durch zwei gegenläufige Kündigungen. In diesem Fall müsste keine Seite befürchten, dass ihr die andere zuvorkommt, sie könnte vielmehr jeweils in Ruhe abwarten und für den Fall, dass diese kündigt, **ihrerseits kündigen** und damit das Eintrittsticket ins Reich der eigenen Anspruchsberechtigung lösen. Folge wäre, dass **beiden Vertragsparteien** jeweils ein Anspruch gegen die andere aus Abs 2 zustünde (wobei die Ansprüche idR zumindest zT über § 389 „bereinigt" werden könnten). Dieser Weg erscheint überdies **wertungsmäßig** überzeugender, ist doch nicht einsichtig, warum einer Vertragspartei, der (so sie kündigt) über Abs 2 ein Anspruch auf Schadensersatz zustehen würde, dieser vollständig entzogen werden sollte, nur weil sie selbst im Fall einer Kündigung durch die andere Partei einem gegenläufigen, betragsmäßig vielleicht deutlich geringerem Anspruch ausgesetzt wäre.

---

124 LAG Hamm BeckRS 2013, 73872; BeckOK-ArbR/Stoffels § 628 Rz 39.
125 Vgl BAG NJW 1963, 75; APS/Rolfs § 628 Rz 50.
126 Siehe noch BAG AP BGB § 276 Vertragsbruch Nr 3.
127 BAG NZA 2002, 325; NJW 2007, 3594; ErfK/Müller-Glöge § 628 Rz 33a; APS/Rolfs § 628 Rz 51; HWK/Sandmann § 628 Rz 66.
128 BAG NJW 1966, 1835; NZA 2007, 1419; NZA-RR 2009, 75; LAG Sachsen-Anhalt 30.6.2020 – 4 Sa 109/18, juris Rz 56; BeckOK-ArbR/Stoffels § 628 Rz 37.
129 BAG NJW 1966, 1835; APS/Rolfs § 628 Rz 47.
130 Staud/Preis § 628 Rz 40.
131 MünchKomm/Henssler § 628 Rz 85.
132 BGH NJW 2009, 3655, 2658; Kipp, Festschr Martitz, 1911, S 211 ff; BeckOK-BGB/Wendtland § 142 Rz 4; MünchKomm/Busche § 142 Rz 12; Grüneberg/Ellenberger § 142 Rz 1; Würdinger JuS 2011, 769.

Allerdings ist umgekehrt nicht zu übersehen, dass eine Abkehr von der Linie der einhelligen Meinung vor drei – mehr oder weniger gewichtigen – Problemen stünde:

- Erstens wäre zu befürchten, dass die Vertragspartei, der gekündigt wurde, in der Regel gar nicht auf die Idee kommt, eine „Gegenkündigung" auszusprechen[133]. Damit aber würde es insoweit an der von Abs 2 vorausgesetzten Situation, dass der Anspruchsinhaber aktiv die Beendigung des Dienstverhältnisses vorangetrieben hat, fehlen; die Gewährung eines Anspruchs an den sich passiv verhaltenden Kündigungsgegner, der keine „Gegenkündigung" erklärt, wäre aber mit dem Wortlaut nicht mehr vereinbar.
- Zweitens würde der hier erwogene Weg über wechselseitige Ansprüche bei beiderseitigen Kündigungen in einer Hinsicht eine Verschlechterung der Lage des zuerst Gekündigten begründen, vor allem, wenn dieser Arbeitnehmer ist. Er stünde dann nämlich vor der unerquicklichen Wahl: (1) Reagiert er auf die Kündigung durch den Arbeitgeber *nicht* selbst mit einer eigenen Kündigung, so kann er zwar die Kündigung des Arbeitgebers per Kündigungsschutzklage angreifen; unterliegt er damit jedoch, so kann er dem Schadensersatzanspruch des Arbeitgebers aus Abs 2 mangels eigener Kündigung keinen eigenen Schadensersatzanspruch entgegenhalten. (2) Entschließt er sich deshalb zu einer eigenen Kündigung, hat er zwar ggf einen Schadensersatzanspruch, er „verspielt" damit aber seinen kündigungsschutzrechtlichen Bestandsschutz, weil – die Wirksamkeit seiner eigenen Kündigung unterstellt – das Arbeitsverhältnis selbst dann endet, wenn die Kündigung des Arbeitgebers unwirksam sein sollte. Der Arbeitnehmer stünde also zwischen Scylla und Charybdis: Entweder läuft er Gefahr, dass er einseitig Schadensersatzverpflichtungen ausgesetzt ist, oder aber er opfert sein trotz der Kündigung durch den Arbeitgeber möglicherweise noch weiterbestehendes Arbeitsverhältnis. Auf Basis der einhelligen, stets jegliche Schadensersatzansprüche versagenden Meinung stellt sich dieses Problem dagegen nicht.
- Selbst wenn man über diese zwei Probleme hinwegsähe, stellte sich drittens die Frage nach der **methodischen Umsetzung** wechselseitiger Schadensersatzpflichten. Das zeigt ein Vergleich zur Situation im Verlöbnisrecht: Wertungsmäßig ist die vorliegende Konstellation mit derjenigen im Kontext der **§§ 1298, 1299** vergleichbar, wenn beide Verlobte aus einem wichtigen Grund zum Rücktritt vom Verlöbnis berechtigt sind, den der jeweils andere schuldhaft verursacht hat. Auch dort ist umstritten, ob in diesem Fall keinem oder beiden oder nur dem zuerst zurücktretenden Verlobten ein Schadensersatzanspruch zusteht. Nach überzeugender Auffassung hat dort jeder Verlobte jeweils einen Schadensersatzanspruch gegen den anderen[134]. Dieses wertungsmäßig überzeugendere Ergebnis lässt sich dort aber – und das ist der entscheidende Unterschied zur vorliegenden Situation bei Abs 2 – methodisch vertretbar umsetzen, weil das Verlöbnisrecht im Grundsatz sowohl eine Anspruchsgrundlage für den Rücktrittsgegner (§ 1298) wie für den Zurücktretenden (§ 1299) bereithält[135]. Abs 2 sieht hingegen ausschließlich einen Anspruch des Kündigenden selbst vor (und entspricht insoweit § 1299), eine „Umdeutung" der Norm auch in einen Anspruch des Kündigungsempfängers (entsprechend § 1298) würde dagegen die Grenzen der Auslegung wie der zulässigen Rechtsfortbildung (weit) überschreiten und ist deshalb de lege lata abzulehnen.

Zusammengefasst: Auch wenn es wertungsmäßig vorzugswürdig wäre, beiden Vertragspartnern wechselseitige Ansprüche einzuräumen, ist das jedenfalls de lege lata **nicht möglich**; es muss deshalb bei dem bislang einhellig vertretenen Ergebnis, dass **keinem der beiden Vertragspartner** ein Schadensersatzanspruch zusteht, verbleiben. De lege ferenda ist allerdings überlegenswert, ob nicht durch eine Rechtsänderung wechselseitige Ansprüche geschaffen werden.

4. **Zu ersetzender Schaden.** – a) **Grundlagen.** Der ausgleichspflichtige Schaden bestimmt sich nach den §§ 249 ff. Zu ersetzen ist daher der **gesamte Schaden** (§ 249), der gerade auf die Beendigung zurückgeht, einschließlich des **entgangenen Gewinns** (§ 252); es ist also nicht nur das negative, sondern das positive (Erfüllungs-)Interesse ersatzpflichtig[136]. Nach der Differenzhypothese ist zu prüfen, wie der Anspruchsteller bei Fortbestand des Dienstverhältnisses gestanden hätte[137]. Allerdings gewährt Abs 2 nur einen Anspruch für materielle Schäden, ein **Schmerzensgeldanspruch** kann auf ihn **nicht** gestützt werden[138].

---

133 Vgl Soergel[12]/Kraft § 628 Rz 12; MünchKomm/Henssler § 628 Rz 85.
134 Ausf § 1299 Rz 7 mwN.
135 Erforderlich ist nur eine – allerdings methodisch zulässige – teleologische Reduktion des § 1298 Abs 3, s § 1299 Rz 7.
136 BGH NJW 1993, 1386; BAG NZA 2002, 1323; ErfK/Müller-Glöge § 628 Rz 22; APS/Rolfs § 628 Rz 52.
137 BAG NJW 1963, 75, 76; vgl auch BGH NJW 1993, 1386.
138 LAG Stuttgart AP BGB § 611 Mobbing Nr 2; MünchKomm/Henssler § 628 Rz 97; BeckOK-ArbR/Stoffels § 628 Rz 52.

52 b) **Anspruchsgegner.** Verpflichtet ist – je nach Konstellation – der Dienstberechtigte oder -verpflichtete. Scheidet ein Gesellschafter aus einer Personengesellschaft aus und veranlasst die Gesellschaft erst danach schuldhaft die Kündigung des anderen Teils, so haftet der ausgeschiedene Gesellschafter nicht mehr nach §§ 736 Abs 2, HGB 160[139].

53 c) **Zeitliche Befristung des Anspruchs.** Im Ausgangspunkt stellt sich unabhängig davon, ob Anspruchsteller der Dienstberechtigte oder der Dienstverpflichtete ist, die Frage, ob der Anspruch zeitlich unbegrenzt besteht oder ob ihm in zeitlicher Hinsicht Höchstgrenzen gezogen werden können. Ist Anspruchsinhaber der Dienstberechtigte, so wird diese Problematik zum Beispiel relevant, wenn er nur eine Ersatzkraft findet, die im Vergleich zum ausgeschiedenen Dienstverpflichteten höhere Lohnkosten verursacht (s Rz 61) – hat der Dienstverpflichtete diese Differenz für einen unbeschränkten Zeitraum zu ersetzen? Umgekehrt: Ist Anspruchssteller der Dienstverpflichtete, so fragt sich, ob er die ihm durch die Auflösung des Dienstverhältnisses entgehende Vergütung dauerhaft, dh im Extremfall bis zum Erreichen des Renteneintrittsalters, ersetzt verlangen kann. Eine einheitliche Lösung dieser Fälle ist nicht möglich, vielmehr ist zu unterscheiden:

54 aa) **Unbefristetes freies Dienstverhältnis.** Handelt es sich um ein **unbefristetes freies Dienstverhältnis**, so ist es beiden Parteien jederzeit möglich, dieses durch ordentliche Kündigung mit den kurzen Kündigungsfristen des § 621 zu beenden. Weil es dem Anspruchsgegner unschwer möglich gewesen wäre, das Dienstverhältnis selbst durch ordentliche Kündigung alsbald zu beenden, beschränkt die ganz hM den Schadensersatzanspruch des Kündigenden auf den Zeitpunkt, zu dem eine solche Kündigung wirksam hätte ausgesprochen werden können, und gewährt somit nur einen Ausgleich für den **Verfrühungsschaden**[140]. Das ist sachgerecht, denn Abs 2 dient allein dazu, die schuldhafte Veranlassung der vorzeitigen Vertragsbeendigung zu sanktionieren, was zugleich dem Schadensersatzanspruch eine zeitliche Grenze zieht. Dies entspricht auch den Vorstellungen des historischen Gesetzgebers. So war man sich in der Zweiten Kommission einig, dass „bei der Bemessung des zu ersetzenden Schadens darauf Rücksicht zu nehmen sei, daß auch der zum Schadensersatz Verpflichtete seinerseits jederzeit in der Lage gewesen wäre, das Dienstverhältniß durch Kündigung zu beendigen[141]". In der Sache bedeutet dies eine zeitliche Haftungsbegrenzung, die nur deshalb nicht in den Gesetzestext aufgenommen wurde, weil man annahm, dass sie „aus dem Begriff des Schadens ohne weiteres erfolge"[142]. Mit der hM ist deshalb der Schaden grundsätzlich auf den **Zeitraum bis zum Ablauf der Kündigungsfrist einer hypothetischen Kündigung** zu begrenzen; das gilt unabhängig davon, ob der Kündigungsempfänger von seinem Kündigungsrecht Gebrauch gemacht hätte, ein entsprechender Beweis muss daher nicht geführt werden[143]. Etwas anderes gilt nur, wenn der **Kündigungsgegner** wirksam **auf sein Kündigungsrecht verzichtet** hatte; hier ist der Anspruch zeitlich unbeschränkt[144].

55 bb) **Befristetes freies Dienstverhältnis.** Ist das **freie Dienstverhältnis** dagegen **befristet**, so endet die Schadensersatzpflicht spätestens mit Ablauf der vereinbarten Befristung[145]. Sie endet früher, wenn das Dienstverhältnis vom Anspruchsgegner des Abs 2 ordentlich gekündigt werden könnte; nach allgemeinen Grundsätzen ist eine ordentliche Kündigung bei befristeten Verträgen im Grundsatz aber gerade ausgeschlossen (vgl § 620 Abs 2 sowie die Klarstellung in TzBfG § 15 Abs 3 für Arbeitsverträge), sodass es hierfür einer entsprechenden Vereinbarung bedarf[146].

56 cc) **Anwendungsbereich von § 627.** Unterfällt das **freie Dienstverhältnis** dem Anwendungsbereich von **§ 627**, so besteht im Grundsatz letztlich keinerlei Schadensersatzanspruch, kann der in Anspruch Genommene doch stets einwenden, selbst voraussetzungslos und jederzeit fristlos kündigen zu können; etwas anderes gilt nur, wenn sein Kündigungsrecht aus § 627 wirksam abbedungen (dazu § 627 Rz 19 ff) war[147].

57 dd) **Arbeitsverhältnis und Anspruchsinhaber Arbeitgeber.** Ähnliches wie bei aa) gilt, wenn ein **Arbeitsverhältnis** vorliegt und Anspruchsinhaber der **Arbeitgeber** ist, da der Arbeitnehmer stets ordentlich kündigen kann. Entsprechend beschränkt sich seine Schadensersatzpflicht auf den Zeitraum, innerhalb dessen er selbst das Arbeitsverhältnis hätte beenden können. Ist das Arbeitsverhältnis **befristet**, gilt das zu bb) Gesagte entsprechend.

---

139 MünchKomm/Henssler § 628 Rz 88.
140 BGH NJW 1993, 1386; BAG AP BGB § 628 Nr 8, 18; Stoffels, Vertragsbruch, S 134 ff; Staud/Preis § 628 Rz 44; MünchKomm/Henssler § 628 Rz 89.
141 Jakobs/Schubert, Beratungen II, §§ 626-628, S 823.
142 Jakobs/Schubert, Beratungen II, §§ 626-628, S 823.
143 BGH NJW 1966, 347; BAG NJW 1984, 2846.
144 BGH NJW 2008, 3436; BeckOK-ArbR/Stoffels § 628 Rz 42.
145 BGH NJW 1993, 1386.
146 MünchKomm/Hesse § 620 Rz 11.
147 MünchKomm/Henssler § 628 Rz 95.

ee) **Kein Greifen des KSchG und des besonderen Kündigungsschutzes.** Keine Probleme 58
ergeben sich ferner, wenn es sich um ein **Arbeitsverhältnis** handelt, Anspruchsinhaber der
Arbeitnehmer ist, dieser aber (noch) **nicht dem KSchG unterfällt** und auch **nicht** durch
Vorschriften des **besonderen Kündigungsschutzes** geschützt ist. Denn hier kann auch der
Arbeitgeber unschwer das Arbeitsverhältnis jederzeit unter Beachtung der Kündigungsfrist des
§ 622 ordentlich kündigen, entsprechend ist der Anspruch des Arbeitnehmers auf diese Zeitspanne zu begrenzen.

ff) **Arbeitnehmer unterfällt KSchG und/oder besonderem Kündigungsschutz.** Problematisch sind allein Konstellationen, in denen ein **Arbeitnehmer**, der dem **KSchG unterfällt** 59
und/oder **besonderen Kündigungsschutz** genießt, Anspruchsinhaber ist. Denn in diesem Fall
ist wegen KSchG § 1 (bzw der Vorschrift des besonderen Kündigungsschutzes) gerade *nicht* jederzeit und schon gar nicht voraussetzungslos eine ordentliche Kündigung durch den Arbeitgeber
möglich; ob sie es in der Zukunft einmal geworden wäre, ist idR unbeweisbare Spekulation.

(1) Aus diesem Grund wird von Teilen der Literatur und der älteren Rechtsprechung eine
zeitlich **unbeschränkte Schadensersatzhaftung** postuliert[148]. Begrenzt werden könne der
Anspruch nur über § 254 Abs 2 bei Verletzung der Erwerbsobliegenheit des Arbeitnehmers (s
Rz 72 ff).

(2) Die heute hM einschließlich des **BAG** entscheidet allerdings anders[149]. Das Gericht beruft
sich dabei unter anderem auf den Wortlaut und die Entstehungsgeschichte von Abs 2, zeigten
die Beratungen der Zweiten Kommission doch, dass der Gesetzgeber von einer immanenten
Haftungsbeschränkung ausging (s die Zitate oben unter [1]). Im Grundsatz sei deshalb auch der
Schadensersatzanspruch des Arbeitnehmers auf den **Verfrühungsschaden** bis zum Ablauf der
Kündigungsfrist einer hypothetischen ordentlichen Kündigung durch den Arbeitgeber begrenzt.
Allerdings ist nach dem BAG weiter zu berücksichtigen, dass der durch das schuldhafte vertragswidrige Verhalten des Arbeitgebers zur außerordentlichen Kündigung veranlasste Arbeitnehmer
mit Ausspruch der Kündigung auf den durch das Kündigungsschutzrecht vermittelten Bestandsschutz verzichte. Dabei handele es sich um einen **zu entschädigenden** Schaden, dessen Höhe
analog KSchG §§ 9, 10 zu bemessen sei. Allerdings gewährt das Gericht diesen Entschädigungsanspruch kumulativ zum Verfrühungsschaden nicht voraussetzungslos, sondern nur, wenn der
Auflösungsantrag des Arbeitnehmers bei unberechtigter fristloser Kündigung des Arbeitgebers
zum Kündigungstermin einer (umgedeuteten) ordentlichen Kündigung hätte gestellt werden
können[150]. Abgelehnt wird ein zusätzlicher Entschädigungsanspruch überdies bei Berufsausbildungsverhältnissen[151].

(3) **Stellungnahme**: Entgegen dem BAG spricht der *Wortlaut* von Abs 2 nicht für, sondern
vielmehr *gegen* eine zeitliche Beschränkung, sieht dieser doch nicht nur keine solche vor, sondern
spricht von dem „durch die Aufhebung […] entstehenden Schaden" – darunter könnte aber
unschwer auch ein entgangener Verdienst subsumiert werden, der erst Jahre nach der Beendigung
des Arbeitsverhältnisses entsteht. Auch die *Systematik des Schadensrechts* spricht gegen die Auffassung der hM, ist die Naturalrestitution (§ 249) doch auf Totalreparation gerichtet, was auch einen
sich ggf erst Jahre nach dem schädigenden Ereignis verwirklichten Schadensposten einschließt.
Wenn dem in der Literatur entgegengehalten wird, es sei eine „lebensfremde Unterstellung",
davon auszugehen, das Arbeitsverhältnis hätte ohne das vertragswidrige Verhalten des Kündigungsempfängers bis zum Eintritt des Arbeitnehmers in den Ruhestand überdauert[152], so wird
damit genau dieses Grunddatum des Schadensersatzrechts verkannt und unzulässig prozessuale
Beweisaspekte und materielle Erwägungen vermischt. Auch das vom BAG angeführte Argument
der *Entstehungsgeschichte* ist so zwingend nicht, traf der damalige Gesetzgeber die Aussage doch
vor dem Hintergrund einer (Arbeits-)Rechtsordnung, der ein dem heutigen Kündigungsschutzregime auch nur annähernd vergleichbarer Bestandsschutz des Arbeitsverhältnisses völlig fremd
war; es ist daher reine Spekulation, ob die Zweite Kommission gleich entschieden hätte, wenn
schon damals ein vergleichbarer Kündigungsschutz existierte oder sie vorausgesehen hätte, dass
ein solcher eines Tages geschaffen wird.

Trotz dieser Erwägungen wird man letztlich dem BAG zustimmen können. Wie in der Literatur nämlich zutreffend herausgearbeitet wurde, steht ein Arbeitnehmer, der wegen eines schuldhaften vertragswidrigen Verhaltens seines Arbeitgebers selbst kündigt, wertungsmäßig einem

---

148 So noch BAG DB 1959, 378; Hümmerich NZA-RR 2000, 225, 228; Soergel[12]/Kraft § 628 Rz 16; MünchKomm[3]/Schwerdtner § 628 Rz 20; KR/Weigand § 628 Rz 38.
149 BAG NZA 2002, 325, 330; APS/Rolfs § 628 Rz 61; ErfK/Müller-Glöge § 628 Rz 23; KR/Weigand § 628 Rz 38; so iE auch BeckOK-ArbR/Stoffels § 628 Rz 43.
150 BAG NZA 2002, 325, 330; so auch LAG Köln mit Anm Siebert ArbRAktuell 2021, 163.
151 BAG NZA 2013, 1202.
152 So APS/Rolfs § 628 Rz 61.

Arbeitnehmer gleich, der von seinem Arbeitgeber unwirksam außerordentlich gekündigt wurde, im dagegen angestrengten Kündigungsschutzprozess obsiegt, dann aber nach KSchG § 13 Abs 1 Satz 3 die gerichtliche Auflösung des Arbeitsverhältnisses bewirkt, weil ihm dessen Fortsetzung wegen des Verhaltens des Arbeitgebers nicht mehr zumutbar ist[153]. Hier wie dort ist es letztlich der Arbeitgeber, der durch sein schuldhaftes vertragswidriges Verhalten eine vorzeitige Beendigung des Arbeitsverhältnisses verursacht. Das rechtfertigt, auch die Rechtsfolgen einander anzupassen und insoweit den Inhalt des Schadensersatzes danach zu bemessen, was der Arbeitnehmer als Abfindung erhalten hätte, wenn er nach unwirksamer außerordentlicher Kündigung durch den Arbeitgeber einen Auflösungsantrag gestellt hätte. Der Schadensersatz entspricht damit in seiner Höhe der **angemessenen Abfindung** nach **KSchG §§ 13 Abs 1 Sätze 3-5, 10 analog**. Diese umfasst neben dem während des Laufs der Kündigungsfrist einer hypothetischen ordentlichen Arbeitgeberkündigung entstehenden Verfrühungsschaden auch einen angemessenen Ausgleich für den Verlust des Bestandsschutzes (es sei denn, der Arbeitgeber hätte selbst im Zeitpunkt der Arbeitnehmerkündigung das Arbeitsverhältnis wirksam kündigen können, vgl oben bei der Darstellung der Auffassung des BAG unter [b]).

(4) Die soeben skizzierten Grundsätze gelten (natürlich) nicht, wenn der Arbeitnehmer nicht über Abs 2 den Arbeitgeber in Anspruch nimmt, sondern aus § 280 seinen **Prozessvertreter**, den er beauftragte, gegen eine vom Arbeitgeber erklärte Kündigung per Kündigungsschutzklage vorzugehen, und durch dessen Verschulden der Prozess verloren ging. In diesem Fall gelten die §§ 249 ff uneingeschränkt, der Prozessvertreter haftet daher ohne zeitliche Grenze. Diese Situation ist sowohl mit der unter (5) (a) – (c) erörterten Konstellation wie auch der vom originären Anwendungsbereich des KSchG §§ 9 (bzw 13), 10 erfassten Lage nicht zu vergleichen. Während in diesen beiden letzteren Fällen die Auflösung des Arbeitsverhältnisses nämlich jeweils auf einem freien Entschluss des Arbeitnehmers (zur außerordentlichen Kündigung bzw zur Beantragung einer Auflösung) beruht, will er im ersten Fall – wie die Erhebung einer Kündigungsschutzklage zeigt – am Arbeitsverhältnis gerade festhalten. Wird dieser Wunsch durch das Verschulden des Rechtsvertreters konterkariert, ist nicht einsichtig, warum dieser von einer Haftungsmilderung profitieren dürfen sollte[154].

60 d) **Dienstpflichtiger als Anspruchsinhaber.** – aa) **Schadensposten.** Steht der Schadensersatzanspruch dem Dienstpflichtigen zu, ist ihm die durch die Auflösung des Dienstverhältnisses entgangene **Vergütung** einschließlich aller Sonderzahlungen wie zB Gewinnanteile, Prämien, unverfallbare Ruhegehaltanwartschaften[155] sowie eventueller Feiertagsvergütungen[156] zu ersetzen, die er bei Fortbestand des Dienstverhältnisses erhalten hätte[157], wobei der Fälligkeitszeitpunkt nicht vorverlegt wird[158]; er hat dabei die Wahl zwischen der Bruttolohnmethode und der modifizierten Nettolohnmethode[159]. Der Anspruch ist allerdings **zeitlich begrenzt** auf die Dauer der Kündigungsfrist einer hypothetischen Kündigung durch den Dienstberechtigten (s bei Rz 54; dies gilt selbst bei **Arbeitsverhältnissen**, hier ist allerdings idR noch zusätzlich eine angemessene Abfindung zu zahlen.

61 Handelte es sich bei dem gekündigten Dienstverhältnis um ein Arbeitsverhältnis, so hat der Arbeitgeber dem Arbeitnehmer neben dem entgangenen Lohn die **Kosten** zu ersetzen, die diesem durch die **Suche nach einem neuen Arbeitsplatz** entstehen; Umzugskosten sind hiervon allerdings nur erfasst, wenn gerade die vorzeitige Beendigung des Arbeitsverhältnisses den Umzug notwendig machte[160]. Die Kosten für die Gründung eines eigenen Unternehmens des Arbeitnehmers hat der Arbeitgeber nicht zu ersetzen[161].

62 Oftmals knüpft ein an den Arbeitnehmer gewährtes **Arbeitgeberdarlehen** den Rückzahlungsanspruch an die Beendigung des Arbeitsverhältnisses. Endet das Arbeitsverhältnis allerdings aufgrund einer vom Arbeitgeber schuldhaft veranlassten außerordentlichen Kündigung des Arbeitnehmers, steht einer dadurch ausgelösten, vorzeitigen Rückzahlungsverpflichtung Treu und Glauben – vgl den Rechtsgedanken des § 162 – entgegen[162].

---

153 So zutreffend BeckOK-ArbR/Stoffels § 628 Rz 43; ErfK/Müller-Glöge § 628 Rz 28; dem folgend BAG NZA 2002, 325, 330; aA Soergel[12]/Kraft § 628 Rz 17.
154 Ebenso BGH NZA 2007, 2044; BeckOK-ArbR/Stoffels § 628 Rz 44a; MünchKomm/Henssler § 628 Rz 96.
155 BAG AP BGB § 630 Nr 6; vgl aber auch BAG AP BGB § 628 Nr 16.
156 ArbG Marburg BB 1963, 1376.
157 BAG NZA 2012, 377.
158 APS/Rolfs § 628 Rz 58.
159 BAG AP BGB § 249 Nr 35; LAG Nürnberg NZA-RR 2002, 128; BeckOK-ArbR/Stoffels § 628 Rz 50; anders BAG NZA 2002, 1323: nur Bruttolohnmethode; näher ErfK/Müller-Glöge § 628 Rz 40, 40a.
160 BAG AP BBiG § 16 Nr 1; BeckOK-ArbR/Stoffels § 628 Rz 51.
161 MünchKomm/Henssler § 628 Rz 97.
162 Staud/Preis § 628 Rz 52; BeckOK-ArbR/Stoffels § 628 Rz 53; APS/Rolfs § 628 Rz 58.

bb) **Rechtliche Behandlung des Schadensersatzanspruchs bei Arbeitnehmern.** Der 63
Schadensersatzanspruch aus Abs 2 ist rechtlich betrachtet nicht mit dem primären vertraglichen
Vergütungsanspruch identisch, ist das Arbeitsverhältnis doch durch die Kündigung beendet und
kann dementsprechend ein Lohnanspruch nicht mehr entstehen. Es ist aber auch nicht zu übersehen, dass er – in erster Linie – der Kompensation von Vergütungsleistungen dient, die nach
der Kündigung entstanden wären (s Rz 55). Er steht deshalb – wirtschaftlich betrachtet – dem
Lohnanspruch im Wesentlichen gleich. Aus diesem Grund gelten für den Schadensersatzanspruch einige für Arbeitslöhne konzipierte Regelungssysteme entsprechend, allerdings nur insoweit, als ihm im konkreten Fall tatsächlich **Lohnersatzfunktion** zukommt:

- Anwendbar ist insoweit die zivilprozessuale **Pfändungsschutzvorschrift** des ZPO § 850i[163]. Entsprechend gelten insoweit auch die Aufrechnungs- bzw Abtretbarkeitsbeschränkungen der §§ 394, 400. Umgekehrt erfasst ein Pfändungs- und Überweisungsbeschluss, der sich auf das laufende Gehalt bezieht, wegen ZPO § 832 insoweit auch den Schadensersatzanspruch aus Abs 2[164].
- Der Schadensersatz ist **lohnsteuerrechtlich** als Lohnersatz (EStG §§ 2 Abs 1 Nr 4, 19, LStDV § 2 Abs 2 Nr 4) zu behandeln, wobei der ermäßigte Steuersatz der EStG §§ 34 Abs 2 Nr 2, Abs 1, 24 Abs 1 Nr 1 lit a) gilt[165].
- Anders ist die Rechtslage im **Sozialversicherungsrecht**. Der Schadensersatz ist – auch soweit er Lohnersatzleistung ist – nicht als Einnahme aus einer Beschäftigung iSv SGB IV § 14 anzusehen[166]. Entsprechend sind für ihn keine Sozialabgaben abzuführen. Allerdings erfordert der Grundsatz der Naturalrestitution, dass der Arbeitgeber dem Arbeitnehmer einen entsprechenden freiwilligen Weiterversicherungsschutz finanzieren muss (SGB V § 9; SGB VI § 7; SGB IX § 26)[167]. Da es in der Arbeitslosenversicherung keine freiwillige (Weiter-)Versicherung gibt, bleibt hier nur, dass der Arbeitgeber eine entsprechende Ersatzleistung gegenüber dem Arbeitnehmer erbringt[168]. Tut er dies, so ruht der Arbeitslosengeldanspruch zeitweise bis zu dem Tage, an dem das Arbeitsverhältnis durch ordentliche Kündigung geendet hätte, SGB III § 158 Abs 1; erbringt der Arbeitgeber die Leistung allerdings nicht, so wird das Arbeitslosengeld trotz des Ruhens des Anspruchs geleistet (SGB § 158 Abs 4), der Anspruch geht per cessio legis auf die Agentur für Arbeit über (SGB X § 115).
- In der **Insolvenz des Arbeitgebers** ist die Schadensersatzforderung grundsätzlich normale, nicht bevorrechtigte Insolvenzforderung (InsO §§ 108 Abs 2, 38)[169]. Masseverbindlichkeit iSv InsO § 55 Abs 1 ist sie nur, wenn sie durch den Insolvenzverwalter begründet wurde[170]. Fällt der anspruchsberechtigte Arbeitnehmer mit seiner Schadensersatzforderung wegen der Insolvenz des Arbeitgebers (weitgehend) aus, hat er **keinen Anspruch auf Insolvenzgeld**, da dieses gemäß SGB III § 166 Abs 1 Nr 1 nicht für Ansprüche auf Arbeitsentgelt für die Zeit *nach* Beendigung des Arbeitsverhältnisses gilt.

e) **Dienstberechtigter als Anspruchsinhaber.** Steht der Schadensersatzanspruch dem 64
Dienstberechtigten zu, so ist der Dienstpflichtige zum Ersatz des gesamten durch die verfrühte
Beendigung des Dienstverhältnisses entstehenden Schadens nach §§ 249 ff – dem sog **Verfrühungsschaden**[171] – verpflichtet. Da der Dienstverpflichtete jederzeit die Möglichkeit hat, sein
Dienstverhältnis unter Einhaltung der maßgeblichen Kündigungsfrist zu beenden, endet die für
die Schadensersatzberechnung maßgebliche Zeit jedenfalls zu dem Zeitpunkt, zu dem eine solche Kündigung hätte ausgesprochen werden können (s Rz 54 ff)[172].

aa) **Mögliche Schadensposten.** Als Schadenspositionen kommen beim Dienstberechtigten 65
insbesondere in Betracht:

(1) **Personalmehrkosten.** Stellt der Dienstberechtigte eine Ersatzkraft an, die im Vergleich 66
zum ausgeschiedenen Dienstverpflichteten **Mehrkosten** verursacht, so können diese über Abs 2
liquidiert werden[173]. Diese Mehrkosten können va aus einem im Vergleich höheren Lohn oder
aus der Ersatzkraft zu ersetzenden Aufwendungen (zB Hotelkosten) resultieren. Auch insoweit
gewährt Abs 2 aber keinen zeitlich unbegrenzten Ersatzanspruch, sondern gleicht **nur den Ver-**

---

163 APS/Rolfs § 628 Rz 65.
164 Zöller/Stöber § 832 Rz 2, § 850 Rz 15; MünchKomm/Henssler § 628 Rz 106.
165 BFH DB 1979, 481; BeckOK-ArbR/Stoffels § 628 Rz 58.
166 ErfK/Müller-Glöge § 628 Rz 45; BeckOK-ArbR/Stoffels § 628 Rz 58.
167 MünchKomm/Henssler § 628 Rz 108; ArbRBGB/Corts § 628 Rz 57; KR/Weigand § 628 Rz 59.
168 MünchKomm/Henssler § 628 Rz 108; ArbRBGB/Corts § 628 Rz 57.
169 BAG NJW 1981, 885; BeckRS 1998, 13940; Nerlich/Römermann/Hamacher InsO § 113 Rz 208.
170 Nerlich/Römermann/Andres InsO § 55 Rz 110; APS/Rolfs § 628 Rz 66; MünchKomm/Henssler § 628 Rz 109; ErfK/Müller-Glöge § 628 Rz 45.
171 BAG AP BGB § 276 Vertragsbruch Nr 7 und Nr 8; BeckOK-ArbR/Stoffels § 628 Rz 45.
172 MünchKomm/Henssler § 628 Rz 91; KR/Weigand § 628 Rz 91; Staud/Preis § 628 Rz 47.
173 BAG AP HGB § 60 Nr 5; LAG Berlin DB 1974, 538; ErfK/Müller-Glöge § 628 Rz 34a.

frühungsschaden aus. Entsprechend sind zB Lohnmehrkosten dem Dienstberechtigten nur bis zu dem Zeitpunkt zu erstatten, bis zu dem der Dienstverpflichtete per ordentlicher Kündigung hätte ausscheiden können[174].

67 Ersatzfähig können auch die **Akquisekosten** für die Suche nach dieser Ersatzkraft sein. Dazu können Inseratskosten – va in Tageszeitungen –, die vom Arbeitgeber übernommenen Vorstellungskosten der Ersatzkraft (Anreise und ggf Übernachtung) sowie die Kosten für die Einschaltung eines Headhunters zählen. Weil Abs 2 nur dem Ausgleich des Verfrühungsschadens dient (s Rz 54), ist Grundvoraussetzung für die Ersatzfähigkeit allerdings, dass diese Kosten gerade **wegen der vorzeitigen Kündigung** anfielen; anders formuliert sind sie nur dann ersatzfähig, wenn sie bei fristgerechter Kündigung nicht angefallen wären[175]. Daran gemessen werden insbesondere die Vorstellungskosten der Ersatzkraft typischerweise nicht liquidierbar sein, wären diese doch meist auch bei einer ordentlichen Kündigung angefallen[176]. Zweite Voraussetzung für ihre Ersatzfähigkeit ist, dass die entstandenen Kosten **notwendig** und **angemessen** sind. Das richtet sich nach den Umständen des Einzelfalls, insbesondere der Bedeutung des Arbeitsplatzes, der Dringlichkeit der Neubesetzung, der Kosten, Größe und Häufigkeit der geschalteten Anzeige et cetera[177].

68 Auch **Vorhaltekosten** für eine Personalreserve für Vertragsbruchfälle sind über Abs 2 ersatzfähig[178]. In der Praxis werden hier aber oftmals erhebliche Beweisschwierigkeiten hinsichtlich der konkreten Höhe dieser Kosten bestehen[179].

69 Ersatzfähig sind auch sonstige Personalmehraufwendungen des Dienstberechtigten, die durch die Fortführung der vom inzwischen ausgeschiedenen Dienstverpflichteten begonnenen Arbeit entstehen. Dazu zählen namentlich zusätzliche **Überstundenvergütungen**, die der Arbeitgeber an seine anderen Arbeitnehmer als Ausgleich für deren zeitliche Mehrarbeit zahlen muss[180]. Mangels Vermögensschadens des Arbeitgebers keinen ersatzfähigen Posten stellt es dagegen dar, wenn die anderen Arbeitnehmer zwar die Arbeit des ausgeschiedenen Kollegen übernehmen (müssen), hierfür aber keine Überstunden leisten, sondern dies in ihrer normalen Arbeitszeit erledigen[181].

70 (2) **Entgangener Gewinn**. Entgeht dem Dienstberechtigten infolge der verfrühten Beendigung ein ansonsten realisierbarer Gewinn (zB durch Produktionsausfall), so ist dieser über Abs 2 erstattungsfähig. Zugunsten des Dienstberechtigten sind hierbei § 252 sowie ZPO § 287 anwendbar[182]. Ob der Gewinn unmittelbar durch den „Ausfall" des ausgeschiedenen Dienstverpflichteten entstand, oder mittelbar dadurch, dass der Dienstberechtigte einen anderen Arbeitnehmer auf den Arbeitsplatz des Ausgeschiedenen versetzte und deshalb dessen Arbeit „liegenblieb", spielt keine Rolle[183]. Ein Ersatzanspruch scheidet allerdings insoweit aus, als der Dienstberechtigte selbst bei hypothetischem Fortbestand des Dienstverhältnisses zeitweise keinen Anspruch auf die Erbringung der Dienstleistung hatte, zB weil der Dienstverpflichtete arbeitsunfähig erkrankt war[184].

71 Differenziert zu betrachten sind Konstellationen, in denen der **Dienstberechtigte** überobligatorisch – weil durch die Schadensminderungspflicht des § 254 Abs 2 nicht geboten – die vom ausgeschiedenen Dienstverpflichteten nicht mehr geleistete **Arbeit selbst erbringt**: Hätte der Dienstberechtigte in der Zeit, die er hierfür aufwendet, durch anderweitige Verwendung seiner Arbeitskraft einen Gewinn erwirtschaftet, so kann er diesen ersetzt verlangen; der Dienstverpflichtete kann dem dann nicht entgegenhalten, die überobligationsmäßige Leistung des Dienstberechtigten habe in seinem – des Dienstverpflichteten – Bereich den Eintritt eines Vermögensschadens verhindert[185]. Hätte der Dienstberechtigte hingegen in der aufgewendeten Zeit keinen anderen Gewinn erwirtschaftet (weil er hierfür seine Freizeit opferte), scheidet der Ersatz eines entgangenen Gewinns richtigerweise aus. Um zu verhindern, dass der Dienstverpflichtete von dem überobligatorischen Einsatz des Dienstberechtigten ungerechtfertigterweise profitiert, muss man letzterem aber über Abs 2 einen Vergütungsanspruch auf die Differenz zwischen der eigenen Vergütung und derjenigen des Dienstverpflichteten zusprechen[186]; ggf ist der Rechtsgedanke des

---

174 BGH NJW 1968, 221, 222; NJW 1993, 1386; NZA 2002, 325; APS/Rolfs § 628 Rz 54.
175 Vgl BAG AP BGB § 276 Vertragsbruch Nr 7 und Nr 8.
176 BAG AP BGB § 276 Vertragsbruch Nr 7; Stoffels, Vertragsbruch, S 141.
177 Vgl auch BAG AP BGB § 276 Vertragsbruch Nr 3, 7.
178 ErfK/Müller-Glöge § 628 Rz 34a; BeckOK-ArbR/ Stoffels § 628 Rz 46.
179 Vgl auch BAG AP BGB § 339 Nr 9.
180 LAG Berlin DB 1974, 538.
181 ErfK/Müller-Glöge § 628 Rz 34a.
182 BAG NJW 1963, 75.
183 MünchKomm/Henssler § 628 Rz 104.
184 BAG AP BGB § 628 Nr 2 (m krit Anm Brecher) = SAE 63, 59 (m Anm Larenz); zustimmend Larenz, SchuldR II, 1¹³, § 52 III, S 339 f.
185 Vgl BAG NJW 1968, 221.
186 Vgl auch Staud/Preis § 628 Rz 51.

§ 612 Abs 2 heranzuziehen. Wegen § 843 Abs 4 gelten die gleichen Grundsätze bei der überobligatorischen Mitarbeit eines Familienmitglieds oder eines **sonstigen Dritten** anstelle des Dienstverpflichteten[187].

(3) **Weitere Vermögensfolgen einer Betriebsstörung**. Führt die vom Dienstverpflichteten veranlasste außerordentliche Kündigung zu einem Produktionsausfall oder einer sonstigen Betriebsstörung, kann der Dienstberechtigte des Weiteren seine nutzlos aufgewendeten **Fixkosten** ersetzt verlangen[188]. Führt die Betriebsstörung überdies dazu, dass der Dienstberechtigte gegenüber einem Dritten schadensersatzpflichtig wird – namentlich wegen Verzugs mit seinen diesem gegenüber bestehenden Leistungspflichten oder weil durch die Verzögerung eine Vertragsstrafe fällig wird –, so kann er auch diesen Schaden vom Dienstverpflichteten ersetzt verlangen[189].

(4) **Verlust des Konkurrentenschutzes**. Der Dienstberechtigte kann infolge der durch den Dienstverpflichteten veranlassten außerordentlichen Kündigung ferner insoweit einen Nachteil erleiden, als er dadurch den ggf kraft Gesetzes (HGB § 60 oder BGB § 242) bestehenden Konkurrentenschutz[190] verliert. Entsteht dem Dienstberechtigten dadurch ein Vermögensnachteil, so ist er nach dem BAG über Abs 2 iVm § 249 so zu stellen, wie er bei Vereinbarung eines *zulässigen* nachvertraglichen Wettbewerbsverbots[191] gestanden hätte[192]; ist das in natura nicht möglich, ist der Anspruch auf Geldzahlung gerichtet (§ 251 Abs 1)[193]. Wie auch sonst gilt das allerdings nur bis zu dem Zeitpunkt, zu dem der Dienstverpflichtete das Dienstverhältnis hätte ordentlich kündigen können.

(5) **Sonstiges**. Je nach Art des Dienstverhältnisses sind noch ganz andere Schadensposten denkbar. Verzögert zB ein Zahnarzt eine medizinisch gebotene und von der Krankenkasse konsentierte Behandlung eines Patienten dergestalt, dass der Patient in der Zwischenzeit auf seine Kosten einen Bionator tragen musste, so kann der Patient kündigen und die Kosten nach Abs 2 vom Arzt ersetzt verlangen[194].

bb) **Gesamtschuldnerschaft**. Verletzen mehrere Dienstverpflichtete ihre Vertragspflichten in schuldhafter Weise, so haften sie grundsätzlich **nicht** als Gesamtschuldner, weil ihre Dienstverträge als relative Schuldverhältnisse getrennt zu betrachten sind; das gilt auch dann, wenn die vertragsbrüchigen Arbeitnehmer in einer Eigen- oder Betriebsgruppe (vgl dazu § 626 Rz 180 ff) zusammengefasst waren. Anders verhält es sich aber, wenn die Vertragsbrüche aufgrund eines **gemeinschaftlichen Entschlusses** erfolgen, was insb beim sog „wilden Streik" denkbar ist[195].

cc) **Beschränkte Arbeitnehmerhaftung**. Handelt es sich bei dem zum Schadensersatz Verpflichteten um einen Arbeitnehmer, so ist fraglich, ob zu seinen Gunsten die Grundsätze beschränkter Arbeitnehmerhaftung[196] anzuwenden sind. Man wird das zu bejahen haben, wenn und soweit das die Kündigung veranlassende Verhalten – knüpfte man hieran einen (hypothetischen) Schadensersatzanspruch dem Grunde nach – haftungsprivilegiert wäre.

f) **Anspruchsmindernde Faktoren**. Im Wege der **Vorteilsausgleichung** können Vorteile, die dem Anspruchsteller aus der vorzeitigen Beendigung erwachsen, anspruchsmindernd berücksichtigt werden[197]. Das können zB Fahrkosten sein, die sich der Dienstberechtigte erspart, weil er nicht mehr zum Leistungsort anreisen muss[198].

Ist der Dienstberechtigte infolge des Freiwerdens von seiner Leistungsverpflichtung gegenüber dem Dienstverpflichteten in der Lage, seine Arbeitskraft anderweitig einzusetzen, so ist sein Anspruch aus Abs 2 gemäß **§ 254 Abs 2 Satz 1** um den dabei erzielten Verdienst anspruchsmindernd zu berücksichtigen[199]. Gleiches gilt, wenn er die ihm nunmehr mögliche anderweitige Verwendung seiner Dienste schuldhaft unterlässt. Hierfür ist erforderlich, dass zwischen dem Freiwerden der Arbeitskraft und dem/der anderweitigen Verdienst(-möglichkeit) ein Kausalzu-

---

187 MünchKomm/Henssler § 628 Rz 104.
188 ErfK/Müller-Glöge § 628 Rz 38; BeckOK-ArbR/Stoffels § 628 Rz 47.
189 LAG Düsseldorf DB 1968, 90; Staud/Preis § 628 Rz 49; BeckOK-ArbR/Stoffels § 628 Rz 47.
190 Dazu Staud/Richardi/Fischinger § 611a Rz 1204 ff mwN.
191 Dazu Staud/Richardi/Fischinger § 611a Rz 1216 ff mwN.
192 BAG AP BGB § 628 Nr 8; BB 1977, 847; ErfK/Müller-Glöge § 628 Rz 35; APS/Rolfs § 628 Rz 55; ablehnend Benecke/Pils NZA-RR 2005, 561, 565 mit Fn 73.
193 Stoffels, Vertragsbruch, S 148.
194 OLG Koblenz MDR 2016, 521.
195 BAG AP TVG § 4 Ausschlussfristen Nr 50.
196 Dazu näher Staud/Richardi/Fischinger § 619a Rz 28 ff; Fischinger, Haftungsbeschränkung, S 508 ff jeweils mwN.
197 Bauer/Diller/Krets DB 2003, 2687, 2690; ErfK/Müller-Glöge § 628 Rz 41; zur Vorteilsausgleichung allgemein vgl Rz 279 ff vor § 249; Staud/Höpfner § 249 Rz 133 ff.
198 BeckOK-ArbR/Stoffels § 628 Rz 56.
199 BeckOK-ArbR/Stoffels § 628 Rz 56.

sammenhang besteht[200]. Für die schuldhafte Unterlassung genügt – anders als bei § 615 Satz 2 – (einfache) Fahrlässigkeit, Bösgläubigkeit ist dagegen nicht erforderlich[201]. Will der Dienstpflichtige dies vermeiden, muss er deshalb alles unternehmen, um eine mögliche und zumutbare andere Beschäftigung zu finden; eine bloße Meldung zur Agentur für Arbeit genügt hierfür nicht[202].

79 Schließlich ist auch ein originäres Mitverschulden des Anspruchsstellers nach **§ 254 Abs 1** anspruchsmindernd zu berücksichtigen[203]. Hat er zB durch sein eigenes Verhalten das vertragswidrige Verhalten des Kündigungsempfängers erst provoziert, so ist sein Anspruch zu kürzen[204]. Wiegt der das Mitverschulden begründende Umstand so stark, dass er sogar einen wichtigen Grund iSv § 626 darstellt, entfällt der Anspruch vollständig (s Rz 48 ff).

80 5. **Abdingbarkeit.** Anders als Abs 1 (siehe Rz 30) ist Abs 2 weitgehend abdingbar, die Grenze des § 276 Abs 3 ist aber – selbst in Individualverträgen – zu beachten[205]. So ist es zB möglich, den Anspruch unabhängig von einer *schuldhaften* Veranlassung durch den Anspruchsgegner auszugestalten. Überdies kann – e contrario BBiG § 12 Abs 2 Nr 4 – eine Schadenspauschalierung vorgenommen werden, wobei bei AGB § 309 Nr 5 zu beachten ist. Bei Arbeitsverträgen darf durch die Modifikation von Abs 2 allerdings kein zwingendes Arbeitsrecht umgangen werden. So verbietet es zB der Rechtsgedanke des § 622 Abs 6, dass der Arbeitnehmer in Bezug auf die Beendigung gegenüber dem Arbeitgeber schlechter gestellt wird[206]. Außerdem darf die Beschränkung des Anspruchs nicht dazu führen, dass die Kündigungsmöglichkeit des Arbeitnehmers unzulässig weit eingeschränkt wird[207]; ein vollständiger Ausschluss des Anspruchs zulasten des Arbeitnehmers ist daher nicht im Vorfeld, sondern erst – in Form eines Verzichts auf den bereits entstandenen Anspruch – nach Ausspruch der Kündigung möglich.

81 6. **Darlegungs- und Beweislast.** Der **Anspruchssteller** muss darlegen und ggf beweisen, dass die Kündigung durch das vertragswidrige Verhalten des Anspruchsgegners veranlasst wurde und durch die Kündigung ein adäquat kausaler Schaden entstanden ist[208]. Zu Gunsten des Anspruchsstellers sind aber § 252 sowie ZPO § 287 anwendbar, und zwar sowohl hinsichtlich der Schadenshöhe wie der haftungsausfüllenden Kausalität[209]; Voraussetzung hierfür ist allerdings, dass die dargelegten Umstände eine hinreichende Basis für die Schadensschätzung bieten[210].

82 Wer hinsichtlich der **schuldhaften** Veranlassung zur Kündigung darlegungs- und beweisbelastet ist, ist umstritten. Nach einer Auffassung hat sich der Anspruchsgegner nach dem Rechtsgedanken des § 280 Abs 1 Satz 2 von der Verschuldensvermutung „reinzuwaschen"[211], nach der Gegenauffassung trägt demgegenüber der Anspruchsteller die Darlegungs- und Beweislast für den Verschuldensnachweis[212]. Beide Auffassungen haben Argumente für sich. So spricht für eine Beweislast des Anspruchsstellers, dass es sich entsprechend der Rosenberg'schen Formel[213] um eine für ihn günstige und daher von ihm zu beweisende Tatsache handelt; davon macht § 280 Abs 1 Satz 2 für *seinen* Anwendungsbereich eine Ausnahme, die angesichts dessen nicht oder nur mit Vorsicht auf andere Vorschriften übertragen werden kann. Auf der anderen Seite ist nicht zu übersehen, dass Abs 2 nach der Interpretation der ganz hM eine Spezialvorschrift zu § 280 ist (s Rz 34), was schon dafür sprechen könnte, die dort geltende Beweislastverteilung zu übernehmen, umso mehr, als anderenfalls die Existenz von Abs 2 dem Anspruchsteller zum Nachteil gereichen würde. Wiederum umgekehrt ist aber nicht zu übersehen, dass Abs 2 auch an anderer Stelle eine Verschlechterung zulasten des Anspruchsstellers begründet, namentlich insoweit, als er nur bei einer ausreichend gewichtigen schuldhaften Veranlassung der Beendigung des Dienstverhältnisses einen Schadensersatzanspruch gewährt und damit inzident selbigen bei einer weniger gravierenden Pflichtverletzung durch den Ausschluss des Rückgriffs auf § 280

---

200 BAG AP BGB § 615 Nr 47; ErfK/Müller-Glöge § 628 Rz 41a.
201 BAG AP BGB § 628 Nr 4; APS/Rolfs § 628 Rz 62; ErfK/Müller-Glöge § 628 Rz 41; BeckOK-ArbR/Stoffels § 628 Rz 56; KR/Weigand § 628 Rz 46.
202 BGH NJW 2011, 2291; OLG Düsseldorf FamRZ 1980, 1008; APS/Rolfs § 628 Rz 62; MünchKomm/Henssler § 628 Rz 105.
203 BGH NJW 1991, 165.
204 BeckOK-ArbR/Stoffels § 628 Rz 55; MünchKomm/Henssler § 628 Rz 86.
205 BGH AP BGB § 628 Nr 4; NJW-RR 2012, 294.
206 BeckOK-ArbR/Stoffels § 628 Rz 34.
207 Vgl MünchKomm/Henssler § 628 Rz 54; Staud/Preis § 628 Rz 14.
208 LAG Köln NZA-RR 2007, 134; BeckOK-ArbR/Stoffels § 628 Rz 62.
209 BGH AP BGB § 628 Nr 12; NJW-RR 1995, 248; BAG NJW 1972, 1437.
210 BAG AP BGB § 252 Nr 2; BeckOK-ArbR/Stoffels § 628 Rz 62.
211 MünchKomm/Henssler § 628 Rz 112; Staud/Preis § 628 Rz 64; BeckOK-BGB/Plum § 628 Rz 19.
212 APS/Rolfs § 628 Rz 73; NK-BGB/Klappstein § 628 Rz 43; ErfK/Müller-Glöge § 628 Rz 54; BeckOK-ArbR/Stoffels § 628 R 62.
213 Rosenberg/Schwab/Gottwald, Zivilprozessrecht § 116 Rz 9.

Untertitel 1 Dienstvertrag §§ 628, 629

versperrt (s Rz 35). Deshalb spricht – auch angesichts des eindeutigen Wortlauts von Abs 2 – insgesamt mehr dafür, entsprechend der Rosenberg'schen Formel den **Anspruchssteller** für darlegungs- und beweisbelastet zu halten. Auf die Rückausnahme von § 280 Abs 1 Satz 2 im Arbeitsrecht – **§ 619a** – kommt es deshalb nach hier vertretener Auffassung nicht an; anders würde es sich dagegen verhalten, wenn man mit der Gegenauffassung grundsätzlich den Anspruchsgegner als beweisbelastet ansieht; zu beachten wäre dann insoweit allerdings, dass § 619a nicht für sämtliche denkbaren Pflichtverletzungen des Arbeitnehmers anwendbar ist; insbesondere findet er keine Anwendung, wenn der Arbeitnehmer mit der Arbeitsleistung in Schuldnerverzug gelangt oder ihm ihre Erfüllung unmöglich wird[214] – hier bewendet es also auch bei Arbeitnehmern bei der Vermutung des § 280 Abs 1 Satz 2[215].

Unstrittig darlegungs- und beweispflichtig ist der **Anspruchsgegner** für den Einwand, der Anspruch sei wegen **Vorteilsausgleichung** oder eines **Mitverschuldens** des Anspruchsstellers zu kürzen[216]. Gleiches gilt, wenn er geltend macht, der Anspruchssteller habe sich seinerseits in einer Weise vertragswidrig verhalten, sodass der Anspruch insgesamt (s Rz 48 ff) entfällt[217]. 83

§ 629 [Freizeit zur Stellungssuche]

Nach der Kündigung eines dauernden Dienstverhältnisses hat der Dienstberechtigte dem Verpflichteten auf Verlangen angemessene Zeit zum Aufsuchen eines anderen Dienstverhältnisses zu gewähren.

ÜBERSICHT

I. Einführung 1–3	a) Zeitpunkt der Freizeitgewährung 15–17
1. Entstehungsgeschichte 1	b) Umfang der Freizeitgewährung . 18, 19
2. Normzweck 2	2. Vergütung während der Freizeitgewährung 20–22
3. Anwendungsbereich 3	3. Folgen der Verweigerung der Freizeitgewährung 23–27
II. Anspruchsvoraussetzungen 4–14	a) Klageweise Geltendmachung ... 23
1. Dauerndes Dienstverhältnis 4–6	b) Zurückbehaltungsrecht 24
2. Gekündigtes Dienstverhältnis ... 7–10	c) Leistungsverweigerungsrecht ... 25
3. Verlangen 11	d) Schadensersatz 26
4. Zum Aufsuchen eines anderen Dienstverhältnisses 12–14	e) Kündigung 27
III. Rechtsfolgen 15–27	
1. Freizeitgewährung 15–19	

Schrifttum: Nikisch, ArbR I, 3. Aufl 1961; Hueck/Nipperdey, ArbR I, 7. Aufl 1963; Vogt, Freizeit zur Stellensuche, DB 1968, 264; Bleistein, Rechtsfragen anläßlich der Vorverhandlungen zum Abschluß eines Arbeitsvertrages, BlfStR 1969, 172; Brill, Der Anspruch des Arbeitnehmers auf Freizeit zur Stellensuche, AuR 1970, 8; Dütz, Eigenmächtige Arbeitsversäumnis und Freizeitnahme durch Arbeitnehmer und Betriebsratsmitglieder (I), DB 1976, 1428; Brune, Stellensuche, AR-Blattei SD 1510; Müller, Der Anspruch des Bewerbers auf Erstattung seiner Vorstellungskosten, ZTR 1990, 237; Hümmerich/Holthausen/Welslau, Arbeitsrechtliches im Ersten Gesetz für moderne Dienstleistungen am Arbeitsmarkt, NZA 2003, 7; Sibben, Vergütungspflicht des Arbeitgebers für die Freistellung zur Meldung beim Arbeitsamt, DB 2003, 826; Sieber/Wagner, Keine Zahlungspflicht des Arbeitgebers bei Vorstellungsgesprächen, NZA 2003, 1312; Laber/Gerdom, Bezahlte Freizeit zur Stellensuche, ArbRB 2010, 255; Jüngst, Die Folgen von Arbeitsunterbrechungen, Freistellungen und Fehlzeiten für das Arbeitsverhältnis und insbesondere die Vergütung, B+P 2021, 739.

I. Einführung

1. Entstehungsgeschichte. § 629 wurde während der Reichstagsberatungen zum BGB in das Gesetz aufgenommen, nachdem die Norm zuvor als rein deklaratorische Konkretisierung der Fürsorgepflicht für unnötig erachtet wurde, und ist seit dem 01.01.1900 unverändert[1]. 2002 sollte die Vorschrift durch einen § 629a ergänzt werden, der dem Arbeitnehmer weitere Rechte zur Freistellung (ua zur Teilnahme an Qualifizierungsmaßnahmen der Agentur für Arbeit) einräumen sollte[2]. Nachdem dies im Vermittlungsausschuss keine Mehrheit fand, wurden stattdessen die im engen Zusammenhang mit § 629 zu verstehenden SGB III §§ 2 Abs 2 Satz 2 Nr 3, 28 Abs 1 geschaffen. 1

---

214 Näher Staud/Richardi/Fischinger § 619a Rz 11 ff.
215 Ebenso MünchKomm/Henssler § 628 Rz 112.
216 Vgl zB BGH NJW 1994, 389; MünchKomm/Henssler § 628 Rz 112.
217 ErfK/Müller-Glöge § 628 Rz 55.

1 Vgl Mugdan II S 1290; Jakobs/Schubert, Beratungen des BGB II, 1980, S 828 f.
2 BT-Drucks 15/25, S 20; zum Reformvorhaben vgl MünchKomm/Henssler § 629 Rz 4 f.

2. Normzweck. Die Vorschrift soll es dem gekündigten Dienstverpflichteten ermöglichen, eine unmittelbare Anschlussbeschäftigung zu finden, indem er gegenüber dem Dienstberechtigten einen Anspruch auf Freistellung von der Dienstpflicht in angemessenem Umfang hat, um eine neue Anstellung zu suchen. § 629 ist Ausfluss der Fürsorgepflicht und konkretisiert diese[3]. Aufgrund des Erholungszwecks des Urlaubs nach dem BUrlG, soll der Arbeitnehmer nicht darauf verwiesen werden können, für die Stellensuche seinen Urlaub aufzuwenden[4]. Angesichts ihres Schutzzwecks ist die Vorschrift **nicht abdingbar**[5]. Zur individual- oder kollektivvertraglichen Bestimmung einer angemessenen Zeitdauer vgl unten Rz 19.

3. Anwendungsbereich. Die Vorschrift gilt für unabhängige Dienstverhältnisse, Arbeitsverhältnisse, Vertragsverhältnisse arbeitnehmerähnlicher Personen, freier Mitarbeiter sowie über BBiG § 10 Abs 2 auch für Ausbildungsverhältnisse, sofern es sich um ein „dauerndes Dienstverhältnis" (vgl unten Rz 4) handelt[6]. Eine entsprechende Anwendung auf ähnliche Vertragsverhältnisse (zB Werkverträge) wird zu Recht abgelehnt, da die Voraussetzungen auf das Dienst- und Arbeitsverhältnis zugeschnitten sind[7]. Im Einzelfall wird man auch für Freiwilligendienstleistende (nach BFDG oder JFDG) eine Anwendung annehmen können, sofern die Voraussetzungen – insbesondere im Hinblick auf ein „dauerndes Dienstverhältnis" – vorliegen und eine entsprechende Freistellung mit der Eigenart des Freiwilligendienstes nicht in Widerspruch steht.

II. Anspruchsvoraussetzungen

1. Dauerndes Dienstverhältnis. Ein **dauerndes Dienstverhältnis** liegt vor, wenn der Vertrag auf unbestimmte Zeit geschlossen wurde. War das der Fall, so steht der Anwendbarkeit auch nicht entgegen, dass er tatsächlich nach relativ kurzer Zeit, etwa während der Probezeit, gekündigt wird[8]. Anwendbar ist § 629 ferner, wenn das Dienstverhältnis rein faktisch bereits längere Zeit dauert, auch wenn dies nicht die ursprüngliche Intention war[9]. Da § 629 von Kündigung spricht, könnte gefolgert werden, die Bestimmung finde keine Anwendung auf zeitlich befristete Dienstverhältnisse. Dies würde aber bei längerer Befristungsdauer dem Schutzzweck der Norm widersprechen. § 629 gilt daher nach allgemeiner Meinung auch bei **befristeten oder auflösend bedingten** Dienstverhältnissen, sofern sie für längere Zeit (vom BGH zB angenommen für ein einjähriges Dienstverhältnis) geschlossen sind[10]. Auch auf Teilzeitarbeitsverhältnisse findet § 629 grundsätzlich Anwendung[11] (zu Besonderheiten vgl unten Rz 16).

Bei kurzfristigen Verträgen, bei denen der Dienstpflichtige von vornherein mit einem alsbaldigen Stellenwechsel rechnen muss, ist der Freistellungsanspruch nach der Interessenlage und dem Schutzzweck der Norm nicht gegeben; er scheidet deshalb bei kurzfristigen **Aushilfs- und Probearbeitsverhältnissen** aus[12].

Man kann damit allgemein von einem dauernden Dienstverhältnis sprechen, wenn „sich die vom Dienstverpflichteten geschuldeten Dienste nicht in der Erbringung einmaliger oder mehrmalig wiederholender Einzelleistungen erschöpfen, sondern ihm ständige und langfristige Aufgaben übertragen sind"[13].

2. Gekündigtes Dienstverhältnis. Nach dem Wortlaut der Norm muss das Dienstverhältnis von einer der beiden Vertragsparteien gekündigt sein. Ausreichend ist eine Änderungskündigung, da auch diese bei Ablehnung des Änderungsangebots zur Beendigung des Dienstverhältnisses führen kann[14]. **Vor Ausspruch der Kündigung** entsteht der Anspruch auf Freizeitgewährung nur ausnahmsweise, etwa wenn der Dienstberechtigte den Dienstpflichtigen aufgefordert hat, sich eine neue Stelle zu suchen[15], oder wenn Entlassungen aus betrieblichen Gründen angekün-

---

3 Staud/Temming § 629 Rz 2; MünchKomm/Henssler § 629 Rz 2.
4 BAGE 3, 215, 217; BeckOK-ArbR/Stoffels § 629 Rz 1.
5 RAG ARS 3, 21; KG OLG 22, 304, 305; Staud/Temming § 629 Rz 5; ErfK/Müller-Glöge § 629 Rz 16.
6 ErfK/Müller-Glöge § 629 Rz 2; Staud/Temming § 629 Rz 4; Laber/Gerdom ArbRB 2010, 255.
7 Staud/Temming § 629 Rz 4.
8 ErfK/Müller-Glöge § 629 Rz 2a; Schaub/Linck § 25 Rz 8.
9 Staud/Preis § 629 Rz 8.
10 Vgl BGHZ 47, 303, 308; MünchKomm/Henssler § 629 Rz 7; vgl § 627 Rz 12.
11 AA wohl MünchKomm/Henssler § 629 Rz 7, der eine Anwendbarkeit aufgrund des Normzwecks regelmäßig für ausgeschlossen hält, da der Arbeitnehmer in der Freizeit der Stellensuche nachgehen könne.
12 So auch Staud/Temming § 629 Rz 8; ErfK/Müller-Glöge § 629 Rz 2a; differenzierend, aber im Ergebnis ebenso MünchKomm/Henssler § 629 Rz 8 f; aA Vogt DB 1968, 264.
13 So Staud/Temming § 629 Rz 8 unter Verweis auf ErfK/Müller-Glöge § 629 Rz 2.
14 MHdBArbR/Tillmanns, § 77 Rz 42; MünchKomm/Henssler Rz 9.
15 ArbG Ulm BB 1959, 740.

digt werden[16]. Der Wunsch des Dienstverpflichteten nach beruflicher Veränderung allein reicht dagegen nicht aus[17].

Bei Beendigungen aus anderem Anlass, etwa aufgrund Befristung oder auflösender Bedingung (vgl oben Rz 4), kommt dem Zeitpunkt der Kündigung der Zeitpunkt gleich, an dem das Dienstverhältnis hätte gekündigt werden müssen, um zu diesem Zeitpunkt zu enden[18]. **8**

Wird ein Dienstverhältnis durch **Aufhebungsvertrag** beendet, sollte nach überholter Auffassung durch Auslegung dieses Vertrages ermittelt werden, ob dem Dienstpflichtigen Freizeit zur Stellensuche zugesagt wurde, was bei Vereinbarung einer Auslauffrist regelmäßig anzunehmen sei[19]. Diese Ansicht wird zu Recht kritisiert, da sie mit dem zwingenden Charakter (vgl oben Rz 2) des § 629 unvereinbar ist[20]. Da, nach hier vertretener Auffassung, § 629 neben der Kündigung auch für alle anderen Beendigungstatbestände gilt und dem Arbeitnehmer nach Sinn und Zweck nicht zugemutet werden soll, für die Stellensuche Erholungsurlaub nehmen zu müssen, muss der Vorschrift auch bei einvernehmlicher vertraglicher Auflösung Geltung verschafft werden[21]. Bei einem Aufhebungsvertrag wird daher grundsätzlich Freizeit zu gewähren sein. **9**

Wird der Arbeitnehmer **fristlos gekündigt** oder in einem Aufhebungsvertrag eine sofortige Beendigung des Dienstverhältnisses vereinbart, scheitert ein Anspruch auf Freizeitgewährung in der Regel an der objektiven Unmöglichkeit nach § 275[22]. Anwendbar ist § 629 nach ganz überwiegender Auffassung dagegen, wenn bei der außerordentlichen Kündigung eine **Auslauffrist** vereinbart wurde[23]. **10**

3. **Verlangen.** Der Dienstberechtigte ist nur verpflichtet, den Dienstpflichtigen freizustellen, wenn dieser es **verlangt**. Erforderlich ist ein formloses Verlangen, in dem Grund (zB Vorstellungsgespräch) und Dauer der erforderlichen Freistellung genannt werden, nicht jedoch der konkrete Arbeitgeber, bei dem sich der Arbeitnehmer beworben hat[24]. Der Dienstpflichtige ist also grundsätzlich nicht berechtigt, sich die Freizeit zur Stellensuche selbst zu nehmen (vgl aber zur unberechtigten Verweigerung der Freistellung unten Rz 23 ff)[25]. Tut er es dennoch, stellt dies zwar ein unberechtigtes Verlassen der Arbeit dar, jedoch berechtigt dieses Verhalten, anders als bei der Selbstbeurlaubung[26], regelmäßig dann nicht zu einer außerordentlichen Kündigung, wenn der Arbeitnehmer bei ordnungsgemäßem Verlangen einen Anspruch auf Freizeitgewährung gehabt hätte[27]. Ist der Dienstverpflichtete bis zum Ablauf der Kündigungsfrist freigestellt und unterliegt somit keiner Dienstpflicht, ist ein Verlangen dagegen entbehrlich[28]. **11**

4. **Zum Aufsuchen eines anderen Dienstverhältnisses.** Damit ist zunächst beispielsweise die Vorstellung bei einem neuen Dienstberechtigten/Arbeitgeber gemeint. Der Anspruch geht jedoch noch weiter. Auch die erforderliche oder vom neuen Dienstberechtigten/Arbeitgeber gewünschte Vervollständigung von Bewerbungsunterlagen, etwa durch psychologische oder sonstige Einstellungstests oder medizinische Untersuchungen sind hierunter zu fassen[29]. Das Aufsuchen einer gewerblichen Arbeitsvermittlung ist ebenfalls erfasst[30]. Ein Freistellungsanspruch für Probearbeiten oder die Vorbereitung einer Selbständigkeit wird dagegen zu Recht überwiegend abgelehnt[31]. Sinn und Zweck ist es, dem Arbeitnehmer eine angemessene Möglichkeit zur Stellensuche zu ermöglichen, nicht jedoch, dass er seine Arbeitskraft – auch zu Erprobungszwecken – einem anderen Arbeitgeber zur Verfügung stellt. **12**

Gemäß SGB III § 2 Abs 2 Satz 2 Nr 3 soll der Arbeitgeber seine Arbeitnehmer vor der Beendigung des Arbeitsverhältnisses frühzeitig über die Notwendigkeit eigener Aktivitäten bei der Suche nach einer anderen Beschäftigung sowie über die Verpflichtung zur **Meldung nach SGB III § 38 Abs 1** bei der Agentur für Arbeit informieren, sie hierzu freistellen und die Teilnahme an erforderlichen Maßnahmen der beruflichen Weiterbildung ermöglichen. Diese Soll-Vorschrift wird durch den Freistellungsanspruch des Arbeitnehmers nach § 629 flankiert, sodass **13**

---

16 Staud/Temming § 629 Rz 13.
17 LAG Düsseldorf DB 1967, 1227; MünchKomm/Henssler § 629 Rz 10.
18 ErfK/Müller-Glöge § 629 Rz 3; Schaub/Linck § 25 Rz 9.
19 So noch die Vorauflage Soergel[12]/Kraft § 629 Rz 6.
20 MünchKomm/Henssler § 629 Rz 11; Staud/Temming § 629 Rz 12.
21 MünchKomm/Henssler § 629 Rz 11.
22 Staud/Temming § 629 Rz 12; ErfK/Müller-Glöge § 629 Rz 3.
23 ErfK/Müller-Glöge § 629 Rz 3; BeckOK-ArbR/Stoffels § 629 Rz 3; MünchKomm/Henssler § 629 Rz 9.
24 Laber/Gerdom ARbRB 2010, 255, 257.
25 LAG Düsseldorf BB 1965, 372; LAG Baden-Württemberg DB 1967, 1048; Jüngst B+P 2021, 739; Staud/Temming § 629 Rz 14.
26 Vgl zB BAG NZA 2000, 1332; § 626 Rz 91.
27 LAG Düsseldorf DB 1964, 338; DB 1967, 1227, 1228; LAG Baden-Württemberg DB 1967, 1048; Staud/Temming § 629 Rz 15; BeckOK-ArbR/Stoffels § 629 Rz 5.
28 Staud/Temming § 629 Rz 14.
29 ArbG Essen BB 1962, 560; MünchKomm/Henssler § 629 Rz 12.
30 BeckOK-ArbR/Stoffels § 629 Rz 6; ErfK/Müller-Glöge § 629 Rz 6.
31 MünchKomm/Henssler § 629 Rz 16; BeckOK-ArbR/Stoffels § 629 Rz 6.

zumindest für die sofortige „arbeitsuchend"-Meldung ein Anspruch besteht[32]. Umstritten ist dagegen, ob § 629 auch für **Qualifizierungsmaßnahmen der Agentur für Arbeit** gilt. So könnte man entgegnen, dass der geplante § 629a, der gerade eine derartige Freistellung vorgesehen hat, im Vermittlungsausschuss gescheitert ist. Allerdings wird man die an dessen Stelle eingeführte sozialrechtliche Soll-Vorschrift als gesetzliche Leitempfehlung auffassen müssen und zumindest zur Auslegung des § 629 heranziehen können[33]. Da dessen Wortlaut einer Freistellung für Qualifizierungsmaßnahmen nicht entgegensteht, wird man auch für solche Maßnahmen einen Freistellungsanspruch bejahen können[34]. Dies muss zumindest dann gelten, wenn ein solcher Kurs zur weiteren Vermittlung dringend erforderlich ist und der Freistellung keine betrieblichen Gründe entgegenstehen (vgl unten Rz 15)[35].

14 Wurde einem Dienstverpflichteten gemäß § 629 Freizeit zur Stellensuche gewährt, verwendet dieser die Freizeit jedoch nachweislich nicht hierfür, so stellt dies eine Vertragspflichtverletzung dar, die zu einer außerordentlichen Kündigung berechtigen kann[36].

III. Rechtsfolgen

15 1. **Freizeitgewährung.** – a) **Zeitpunkt der Freizeitgewährung.** Die Festlegung des Zeitpunkts ist Sache des Dienstberechtigten. Er hat dabei § 315 zu beachten. In diesem Zusammenhang sind die Interessen des Dienstverpflichteten an einem möglichst raschen Abschluss eines neuen Dienstverhältnisses, aber auch die Interessen des Dienstberechtigten an einem ungestörten Arbeitsablauf zu berücksichtigen[37]. Der Dienstverpflichtete hat die Arbeitsbefreiung rechtzeitig zu beantragen. Er hat grundsätzlich keinen Anspruch darauf, zu einem gewissen Zeitpunkt von der Arbeitspflicht freigestellt zu werden. Nicht entsprechend, aber dem Rechtsgedanken nach, ist jedoch die Wertung des BUrlG § 7 Abs 1 heranzuziehen, dass der Arbeitgeber nur bei dringenden betrieblichen Bedürfnissen den für einen bestimmten Zeitpunkt geäußerten Freistellungswunsch zurückweisen darf[38]. Daher ist einem Dienstverpflichteten, der zu einem konkreten Zeitpunkt ein Vorstellungsgespräch hat, die Freistellung in der Regel zu diesem Zeitpunkt zu gewähren[39].

16 Der Dienstverpflichtete in einem **Teilzeitverhältnis** wird dagegen regelmäßig in seiner Freizeit Gelegenheit zur Stellensuche haben, was bei der Gewährung der Freizeit zur Stellensuche zu berücksichtigen ist, den Anspruch aber nicht von vornherein ausscheiden lässt[40]. Ist aber die Freizeitgewährung gerade während der Arbeitszeit erforderlich (zB aufgrund eines Vorstellungsgespräches zu genau dieser Zeit), so findet § 629 bereits aufgrund des Gleichbehandlungsgebots des TzBfG § 4 in gleicher Weise Anwendung. Bei Tätigkeit in zwei oder mehreren Teilzeitverhältnissen muss in der Interessenabwägung berücksichtigt werden, ob die Freizeitgewährung eines der Teilzeitverhältnisse in besonderer Weise belastet[41].

17 Der Dienstberechtigte darf den Dienstpflichtigen jedoch keinesfalls auf ihm noch zustehende Urlaubstage verweisen[42]. Für das Verhältnis von Freizeitgewährung nach dieser Norm und Urlaub gilt insoweit: Bei Urlaubsgewährung **nach Zugang der Kündigung** muss der Freistellungsanspruch nach § 629 bis zum Zeitpunkt der Gewährung des Erholungsurlaubes geltend gemacht worden sein[43]. Hat ein Arbeitnehmer den Freizeitanspruch nicht geltend gemacht und ist ihm bis zur Beendigung des Arbeitsverhältnisses Urlaub gewährt, so kann dieser Urlaub nicht nachträglich in eine Freistellung nach § 629 umgewandelt werden, was dann zur Folge hätte, dass der Arbeitnehmer nach Beendigung des Arbeitsverhältnisses noch Urlaubsabgeltung für die Tage verlangen könnte, die er während seines Urlaubs zur Stellensuche verwendet hat[44]. Ist der Urlaub dagegen bereits **vor Zugang der Kündigung** erteilt, kommt es darauf an, ob der Arbeitnehmer zusätzlich Freizeitgewährung zur Stellensuche beantragt. Da die Stellensuche erst jetzt erforder-

---

32 Staud/Temming § 629 Rz 16; MünchKomm/Henssler § 629 Rz 13; aA Hümmerich/Holthausen/Welslau NZA 2003, 7, 8; bzgl des Verhältnisses von § 629 zu SGB III § 2 Abs 2 Satz 2 Nr 3 offen gelassen BAG NZA 2013, 284, 287.
33 Vgl MünchKomm/Henssler § 629 Rz 14; Köhler DStR 2003, 1303, 1305.
34 Vgl insoweit ErfK/Müller-Glöge § 629 Rz 6; MünchKomm/Henssler § 629 Rz 15; Staud/Temming § 629 Rz 16.
35 MünchKomm/Henssler § 629 Rz 15; Staud/Temming § 629 Rz 16.
36 LAG Hessen AE 2013, 168; Staud/Temming § 629 Rz 15.
37 LAG Düsseldorf BB 1965, 372; ErfK/Müller-Glöge § 629 Rz 7.
38 Vgl dazu ArbG Marburg BB 1964, 1259 und den daraus folgenden Ausführungen bei Staud/Temming § 629 Rz 19.
39 MünchKomm/Henssler § 629 Rz 17.
40 So aber wohl MünchKomm/Henssler § 629 Rz 7.
41 MünchKomm/Henssler § 629 Rz 7.
42 BAG AP BGB § 611 Urlaubsrecht Nr 14.
43 BAG AP BGB § 611 Urlaubsrecht Nr 14; Staud/Preis § 629 Rz 14.
44 BAG AP BGB § 611 Urlaubsrecht Nr 14; LAG Düsseldorf DB 1973, 676; Staud/Preis § 629 Rz 14.

lich wird, hat der Anspruch auf Freizeitgewährung zur Stellensuche Vorrang vor dem Erholungsurlaub[45].

b) **Umfang der Freizeitgewährung**. Der Dienstpflichtige hat Anspruch auf Freistellung für eine angemessene Zeit. Dieser unbestimmte Rechtsbegriff bezieht sich auf Zahl, Dauer und Zeitpunkt der Dienstbefreiungen, ist nach Berufsart und Geschäftszweig unterschiedlich und bestimmt sich wesentlich nach der Verkehrssitte, den Interessen beider Parteien und den objektiven Notwendigkeiten der Stellensuche[46]. Zu gewähren ist nicht nur die geringstmögliche, sondern die dem **Zweck entsprechende Zeit**[47]. **18**

Die angemessene zeitliche Dauer der Freistellung kann nach vorherrschender Ansicht **individualvertraglich oder kollektivrechtlich** in den Grenzen der Billigkeit (§ 315 Abs 3) festgelegt werden[48]. Dies kann nur so zu verstehen sein, dass die Parteien vertraglich nur solche Regelungen treffen können, die der Arbeitgeber einseitig nach billigem Ermessen hätte treffen dürfen, da vertragliche Regelungen im Übrigen nicht am Maßstab des § 315 zu messen sind. Ist eine konkretere Ausgestaltung in einem Tarifvertrag getroffen, hat diese in der Regel die Vermutung der Angemessenheit für sich und kann deshalb auch auf nicht tarifgebundene Arbeitnehmer im Anwendungsbereich des Tarifvertrages übertragen werden[49]. Bleibt die tarifliche Regelung jedoch allgemein oder im Einzelfall hinter dem gesetzlichen Gebot einer im Einzelfall der Billigkeit entsprechenden angemessenen Zeit zurück, so ist die vertragliche Bestimmung aufgrund der Unabdingbarkeit des § 629 unwirksam[50] und es ist darüber hinaus Freizeit zu gewähren[51]. Da eine allgemeine Bestimmung des angemessenen Zeitrahmens regelmäßig nicht die Kriterien des Einzelfalls berücksichtigt haben wird[52], ersetzt auch eine vertragliche Bestimmung nicht eine kritische Überprüfung der Angemessenheit anhand des Einzelfalls, sondern kann lediglich als Indiz für eine angemessene Freizeitgewährung dienen. **19**

2. Vergütung während der Freizeitgewährung. Da der Dienstverpflichtete von der Dienstpflicht befreit wird, besteht grundsätzlich auch kein Vergütungsanspruch. Durchbrochen wird dieser Grundsatz von der insbesondere für Arbeitsverhältnisse relevanten Vorschrift des § 616 Satz 1. Danach verliert der zur Dienstleistung Verpflichtete seinen Vergütungsanspruch nicht dadurch, dass er für eine verhältnismäßig nicht erhebliche Zeit durch einen in seiner Person liegenden Grund ohne sein Verschulden an der Dienstleistung verhindert wird. Nach überwiegender Auffassung findet § 616 Satz 1 auf Fälle des § 629 Anwendung[53]. Wie § 629 erfordert auch § 616 Satz 1 zur Bestimmung der verhältnismäßig nicht erheblichen Zeit eine umfassende Interessenabwägung. Da die Maßstäbe des § 629 und des § 616 Satz 1 jedoch nicht dieselben sind, kann eine angemessene Freistellung zur Stellensuche bereits eine verhältnismäßig erhebliche Zeit darstellen, mit der Folge, dass der Dienstverpflichtete für diese Zeit insgesamt[54] keinen Vergütungsanspruch hat[55]. **20**

Die Vergütungspflicht nach § 616 Satz 1 kann jedoch einzel- oder tarifvertraglich abbedungen werden[56]. Ob der Vergütungsanspruch auch für Fälle des § 629 abbedungen ist, muss anhand der Vertragsklausel durch Auslegung im Einzelfall entschieden werden. Bei einem Aufhebungsvertrag kann gegebenenfalls ein schlüssiger Ausschluss von BGB § 616 vorliegen, etwa wenn mit einer Abfindung alle Nachteile aus der Beendigung des Vertrags abgegolten werden sollen[57]. Allgemeine Klauseln im Anstellungsvertrag, wie „bezahlt wird nur die geleistete Arbeit", reichen jedoch alleine regelmäßig nicht aus[58]. Will der Dienstberechtigte sichergehen, dass Fälle des § 629 erfasst sind, sollte er dies ausdrücklich in die Klausel aufnehmen[59]. **21**

Von Vergütungsfragen zu unterscheiden ist die Frage, ob der Dienstberechtigte unter gewissen Umständen vom potentiell neuen Dienstberechtigten Ersatz der ihm durch die Bewerbung entstandenen Aufwendungen ersetzt verlangen kann[60]. **22**

---

45 So zu Recht Staud/Temming § 629 Rz 14; BeckOK-ArbR/Stoffels § 629 Rz 5.
46 Vgl LAG Düsseldorf BB 1965, 372; ErfK/Müller-Glöge § 629 Rz 7.
47 Vgl ErfK/Müller-Glöge § 629 Rz 7; MünchKomm/Henssler § 629 Rz 22.
48 Staud/Temming § 629 Rz 5; BeckOK-ArbR/Stoffels § 629 Rz 1; ErfK/Müller-Glöge § 629 Rz 16.
49 MünchKomm/Henssler § 629 Rz 21; Erman/Riesenhuber § 629 Rz 5.
50 Brune, Stellensuche, AR-Blattei SD 1510 Rz 84.
51 So zu Recht auch MünchKomm/Henssler § 629 Rz 21.
52 Brune, Stellensuche, AR-Blattei SD 1510 Rz 84.
53 RAG ARS 3, 21, 23; BAG AP BGB § 629 Nr 1; AP BGB § 616 Nr 41; Staud/Temming § 629 Rz 22; MünchKomm/Henssler § 629 Rz 24; Jüngst B+P 2021, 739.
54 ErfK/Preis § 616 Rz 10; MünchKomm/Henssler § 616 Rz 71.
55 BAG AP BGB § 616 Nr 41; Staud/Temming § 629 Rz 22; MünchKomm/Henssler § 629 Rz 24.
56 BAG AP BGB § 629 Nr 1; Staud/Preis § 629 Rz 23; offengelassen in BAG DB 1979, 1946.
57 MünchKomm/Henssler § 629 Rz 11.
58 BAG AP BGB § 629 Nr 1; MünchKomm/Henssler § 629 Rz 25; Staud/Temming § 629 Rz 24.
59 Vgl zB Laber/Gerdom ArbRB 2010, 255, 258.
60 Staud/Fischinger § 611a BG Rz 1814.

23 3. **Folgen der Verweigerung der Freizeitgewährung**. – a) **Klageweise Geltendmachung**. Der Dienstpflichtige kann die Gewährung der Freizeit klageweise geltend machen. Regelmäßig wird dies, wenn überhaupt, im Wege der **einstweiligen Verfügung** geltend zu machen sein. Aufgrund der überragenden Bedeutung der Stellensuche, insbesondere für den Arbeitnehmer, ist ein Verfügungsgrund grundsätzlich zu bejahen[61]. Hier wird es zwar regelmäßig zu einer – an sich unzulässigen – Vorwegnahme der Hauptsache kommen, diese ist jedoch im Hinblick auf die Gewährung effektiven Rechtsschutzes ausnahmsweise hinzunehmen[62]. Die Darlegungs- und Beweislast für die Voraussetzungen des § 629 liegt nach allgemeinen Grundsätzen beim Arbeitnehmer, den angemessenen Zeitraum setzt das Gericht nach Maßgabe des § 315 Abs 3 fest[63].

24 b) **Zurückbehaltungsrecht**. Umstritten ist, ob der Dienstverpflichtete in Fällen, in denen der Dienstberechtigte unberechtigt die Freizeitgewährung verweigert, einseitig die ihm zustehende Freizeit nehmen kann[64]. Die Rechtsprechung stützt diese Möglichkeit teilweise auf § 320, teilweise auf § 273[65]. Beide Ansätze überzeugen jedoch nicht. § 320 ist bereits deshalb nicht anwendbar, weil es sich beim Anspruch auf Dienstleistung einerseits und auf Freizeitgewährung andererseits nicht um synallagmatische Ansprüche handelt[66]. Auch § 273 kann bereits dogmatisch nicht dazu führen, dass sich der Arbeitnehmer die Freizeit selbst nimmt. Soweit der Anwendbarkeit von § 273 jedoch fehlende Fälligkeit des Freizeitgewährungsanspruchs entgegengehalten wird, kann dem nicht gefolgt werden. Der Anspruch wird mit Geltendmachung gegenüber dem Dienstberechtigten fällig, weshalb er auch klageweise geltend gemacht werden kann[67]. Allerdings ist § 273 ein Zurückbehaltungsrecht, mit dem der Gläubiger eines Anspruchs den Schuldner durch Nichterfüllung seines Gegenanspruches dazu zwingen kann, den Anspruch zu erfüllen. Es ist jedoch nicht vorgesehen, dass der Gläubiger den Anspruch durch die Ausübung des Zurückbehaltungsrechts selbst verwirklicht, was hier der Fall wäre[68]. Daher kann der Dienstverpflichtete sich die Freizeit nicht selbst gewähren. Er kann das Zurückbehaltungsrecht lediglich **vor** dem gewünschten Termin der Freizeitgewährung ausüben, um den Dienstberechtigten zu zwingen, ihm die Freizeit zu diesem Termin zu gewähren; **ab dem** gewünschten Termin fehlt es an einem durchsetzbaren Anspruch, der zur Zurückbehaltung berechtigen würde[69].

25 c) **Leistungsverweigerungsrecht**. Soweit Freizeitgewährung für ein Vorstellungsgespräch auch kurzfristig nicht mehr im Wege des einstweiligen Rechtsschutzes zu erreichen ist, wird dem Dienstverpflichteten teilweise ein Leistungsverweigerungsrecht bezüglich der Dienstleistung aus § 275 Abs 3 zuerkannt. Da der Dienstberechtigte die Freistellung zu Unrecht verweigert hat, der Dienstverpflichtete aufgrund des Wegfalls des Dienstverhältnisses auf der Suche nach einer neuen Anstellung ist und eine Durchsetzung mittels Rechtsbehelfs nicht mehr erreicht werden kann, solle die Interessenabwägung regelmäßig zugunsten des Dienstverpflichteten ausfallen[70]. Dogmatisch ist das jedoch fragwürdig[71].

26 d) **Schadensersatz**. Sofern dem Dienstverpflichteten durch die Verweigerung der Freizeitgewährung ein Schaden entstanden ist, ist der Dienstberechtigte gemäß § 280 Abs 1 zum Ersatz verpflichtet, da er durch die verweigerte Freizeitgewährung seine vertraglichen Pflichten verletzt[72]. Kündigt der Dienstverpflichtete das Dienstverhältnis außerordentlich (vgl Rz 27), hat er zudem einen Schadensersatzanspruch aus § 628 Abs 2[73]. Als Schaden kommen hier beispielsweise entgangene Arbeitslosenentgeltzahlungen in Betracht, wenn gegen einen Arbeitnehmer aufgrund einer nicht oder verspätet durchgeführten persönlichen Arbeitslosmeldung eine Sperrfrist verhängt wird. Allerdings wird man in diesen Fällen regelmäßig einen wichtigen Grund gemäß SGB III § 159 Abs 1 Satz 1, 3 annehmen können, sodass gerade keine Sperrfrist verhängt wird[74]. Sofern der Arbeitnehmer nachweisen kann, dass er aufgrund der verweigerten Freistellung einen konkreten Arbeitsplatz nicht bekommen hat, kann auch das dort entgangene Arbeitsentgelt

---

61 MünchKomm/Henssler § 629 Rz 20; Köhler DStR 2003, 1303, 1306.
62 Vgl zu dieser Problematik BeckOK-ZPO/Mayer § 938 Rz 14, § 916 Rz 11.
63 ErfK/Müller-Glöge § 629 Rz 17; Staud/Temming § 629 Rz 29.
64 Bejahend LAG Berlin AP BGB § 629 Nr 48; LAG Baden-Württemberg DB 1967, 1048; ArbG Ulm BB 1959, 740; Erman/Riesenhuber § 629 Rz 6; iErg ebenso Nikisch, ArbR I S 857; zu Recht ablehnend Staud/Temming § 629 Rz 21; MünchKomm/Henssler § 629 Rz 19; Dütz DB 1976, 1428; Vogt DB 1968, 264, 266.
65 LAG Berlin AP BGB § 629 Nr 48; LAG Baden-Württemberg DB 1967, 1048; ArbG Ulm BB 1959, 740.
66 Vgl Staud/Temming § 629 Rz 21; MünchKomm/Henssler § 629 Rz 19.
67 So zu Recht Staud/Temming § 629 Rz 21; aA MünchKomm/Henssler § 629 Rz 19.
68 Vgl Staud/Temming § 629 Rz 21; MünchKomm/Henssler § 629 Rz 19.
69 So ausführlich auch ErfK/Müller-Glöge § 629 Rz 8.
70 MünchKomm/Henssler § 629 Rz 20; Dütz DB 1976, 1480, 1481.
71 MünchKomm/Henssler § 629 Rz 19; Staud/Temming, § 629 Rz 21.
72 Staud/Temming § 629 Rz 20; ErfK/Müller-Glöge § 629 Rz 10.
73 ErfK/Müller-Glöge § 629 Rz 10; Staud/Temming § 629 Rz 20.
74 MünchKomm/Henssler § 629 Rz 23; Staud/Temming § 629 Rz 20.

einen Schaden darstellen[75]. In diesem Fall stellt sich, ähnlich wie im Rahmen des AGG § 15[76], die Frage nach der Schadensberechnung bzw -beschränkung. Regelmäßig wird ein Anspruch hier allerdings am Nachweis der Kausalität scheitern, für die der Arbeitnehmer beweispflichtig ist[77].

e) **Kündigung.** Je nach Einzelfall kann die Verweigerung der Freizeitgewährung den Dienstverpflichteten zur außerordentlichen Kündigung nach § 626 berechtigen[78]. In der Regel erfordert dies jedoch eine vorherige Abmahnung[79]. 27

§ 630 [Pflicht zur Zeugniserteilung]

Bei der Beendigung eines dauernden Dienstverhältnisses kann der Verpflichtete von dem anderen Teil ein schriftliches Zeugnis über das Dienstverhältnis und dessen Dauer fordern. Das Zeugnis ist auf Verlangen auf die Leistungen und die Führung im Dienst zu erstrecken. Die Erteilung des Zeugnisses in elektronischer Form ist ausgeschlossen. Wenn der Verpflichtete ein Arbeitnehmer ist, findet § 109 der Gewerbeordnung Anwendung.

ÜBERSICHT

I. **Einführung** 1, 2	cc) Befriedigend – stets zur Zufriedenheit/zur vollen Zufriedenheit 54
1. Entstehungsgeschichte 1	
2. Normzweck 2	
II. **Anwendungsbereich** 3–12	dd) Ausreichend – zur Zufriedenheit 55
1. Dauernde Dienstverhältnisse 3–8	
a) Dauernd 4	ee) Mangelhaft – im Großen und Ganzen/insgesamt zur Zufriedenheit 56
b) Dienstverhältnis 5–8	
2. Arbeitsverhältnisse 9–11	
3. Sonstige Vertragsverhältnisse 12	ff) Ungenügend – hat sich bemüht 57, 58
III. **Entstehung des Zeugnisanspruchs** 13–30	VI. **Zeugniserteilung** 59–75
1. Endzeugnis 13–20	1. Erteilungsberechtigung 59, 60
a) Ordentliche Kündigung 15, 16	2. Betriebsrat 61
b) Außerordentliche Kündigung . . 17	3. Form 62–68
c) Aufhebungsvertrag 18	a) Äußere Form 63
d) Befristete Arbeitsverhältnisse . . . 19	b) Sprache 64
e) Kündigungsschutzklage 20	c) Datum 65
2. Zwischenzeugnis 21–30	d) Überschrift 66
IV. **Verhältnis Zwischenzeugnis – Endzeugnis** 31–34	e) Aussteller 67
	f) Schlussformel 68
1. Subsidiarität 32, 33	4. Holschuld 69
2. Bindungswirkung 34	5. Wahlrecht 70–72
V. **Inhalt des Zeugnisses** 35–58	6. Geltendmachung nach Ausscheiden . 73, 74
1. Allgemeines 35–41	7. Zurückbehaltungsrecht 75
a) Einheitlichkeit 36, 37	VII. **Rechtsfolgen bei fehlerhaftem Zeugnis** 76–89
b) Vollständigkeit 38	
c) Zeugniswahrheit 39	1. Widerruf 76–80
d) Zeugnisklarheit 40	2. Berichtigung 81–83
e) Wohlwollenspflicht 41	3. Schadensersatz 84–89
2. Einfaches Zeugnis 42–45	a) Gegenüber dem Arbeitnehmer . 84, 85
a) Personaldaten 43	b) Gegenüber einem späteren Arbeitgeber 86–89
b) Vollständige und genaue Tätigkeitsbeschreibung 44	
c) Dauer 45	VIII. **Abdingbarkeit und Verzicht** 90–93
3. Qualifiziertes Zeugnis 46–58	IX. **Auskunftspflicht gegenüber Dritten** 94, 95
a) Verhalten/Führung 47	
b) Leistung 48	X. **Prozessuales** 96–107
c) Sonstiges 49	1. Klageweises Vorgehen 96–100
d) Prüfungen und akademische Grade 50	a) Zeugniserteilung 97, 98
	b) Berichtigung 99
e) Bewertungsskala 51–58	c) Widerruf 100
aa) Sehr gut – stets zur vollsten Zufriedenheit 52	2. Darlegungs- und Beweislast 101–106
	a) Erfüllungsanspruch 102
bb) Gut – stets zur vollen Zufriedenheit 53	b) Berichtigung 103, 104
	c) Widerruf 105

---

75 Brune, Stellensuche, AR-Blattei SD 1510 Rz 100.
76 Vgl zur Diskussion im Rahmen des AGG § 15 Staud/Richardi/Fischinger § 611a Rz 485 ff.
77 Brune, Stellensuche, AR-Blattei SD 1510 Rz 100.
78 Vgl § 626 Rz 154; MünchKomm/Henssler § 629 Rz 23; Schaub/Linck § 25 Rz 14.
79 Brune, Stellensuche, AR-Blattei SD 1510 Rz 101.

d) Schadensersatz 106
3. Vollstreckung 107

Schrifttum: Hueck, Widerruf eines unrichtigen Zeugnisses, BB 1951, 253; Sieg, Rechtsprobleme beim Widerruf eines Arbeitszeugnisses, RdA 1951, S 413; Hohn, Über den Inhalt von Zeugnissen, BB 1961, 1273; Nikisch, ArbR I, 3. Aufl 1961, § 54 IV; Hueck/Nipperdey, ArbR I, 7. Aufl 1963, § 51; Ludwig, Vorläufiges Zeugnis, Betr 1967, 2163; Schleßmann, Geheimzeichen und Merkmale bei Arbeitszeugnissen, BB 1975, 329; Lammel, Zur Auskunftshaftung, AcP 179 (1979), 337; Brill, Angabe der Betriebsratszugehörigkeit im Zeugnis?, BB 1981, 616; K. Schmid, Leistungsbeurteilung in Arbeitszeugnissen und ihre rechtliche Problematik, Betr 1982, 1111; van Venrooy, Das Dienstzeugnis, 1984; Grimm, AR-Bl. SD 1850; [D] Zeugnis I; Kölsch, Die Haftung des Arbeitgebers bei nicht ordnungsgemäßer Zeugniserteilung, NZA 1985, 382; K Schmidt, Aussagen über Führungsleistungen im Arbeitszeugnis und ihre rechtliche Problematik, Betr 1986, 1334; Geißler, Der Anspruch auf Erteilung eines Arbeitszeugnisses in der Vollstreckungspraxis des Gerichtsvollziehers, DGVZ 1988, 17; Schleßmann, Das Arbeitszeugnis, BB 1988, 1320; Liedtke, Der Anspruch auf ein qualifiziertes Arbeitszeugnis, NZA 1988, 270; Becker-Schaffner, Die Rechtsprechung zum Zeugnisrecht, BB 1989, 2105; Göldner, Grundlagen des Zeugnisrechts, 1989; ders, Die Problematik der Zeugniserteilung im Arbeitsrecht, ZfA 1991, 225; Oetker, Zeugnisanspruch AuA 1991, 238; Pflichten des Arbeitgebers beim Erteilen eines Zeugnisses; Nowak AuA 1992, 68; Schulz, Alles über Arbeitszeugnisse, 3. Aufl 1993; Brill, Rund um das Arbeitszeugnis, AuA 1994, 230; Eisbrecher, Haftung bei Zeugniserteilung und Auskünften unter Arbeitgebern über Arbeitnehmer, 1994; Popp, Die Bekanntgabe des Austrittsgrundes im Arbeitszeugnis, NZA 1997, 588; Hohmeister, Zeugnisanspruch für freie Mitarbeiter, NZA 1998, 571; Korinth, Prozessuale Stolpersteine auf dem Weg zum Arbeitszeugnis, ArbRB 2004, 321; Adam, Praxisprobleme des Zeugnisrechts, MDR 2005, 553; Gäntgen, Qualifiziertes Zeugnis – Darlegungs- und Beweislast, RdA 2005, 181; Preis/Bender, Recht und Zwang zur Lücke – Zwischen List, Tücke und Wohlwollen im Arbeitsleben, NZA 2005, 1321; Mühlhausen, Die Erwähnung von Ausfallzeiten im Arbeitszeugnis, NZA-RR 2006, 337; Berkowsky, Der arbeitsrechtliche Zeugnisanspruch in der Insolvenz, NZI 2008, 224; Düwell/Dahl, Die Leistungs- und Verhaltensbeurteilung im Arbeitszeugnis, NZA 2011, 958; Greiser/Kador, Das Arbeitszeugnis im Wandel der Rechtsprechung, AuR 2012, 201; Jüchser, Auswirkungen des Betriebsübergangs auf den Zeugnisanspruch des Arbeitnehmers nach § 109 GewO, NZA 2012, 244; Bauer/Krieger/Arnold, Arbeitsrechtliche Aufhebungsverträge, 9. Aufl 2014; Ecklebe, Das Arbeitszeugnis – Viel Lärm um Nichts oder ein Relikt aus vergangenen Tagen?, DB 2015, 923; Kolbe, Zeugnisberichtigung und Beweislast, NZA 2015, 582; Richard, Inhaltliche Grenzen des Zeugnisanspruchs des Arbeitnehmers, Diss. Bielefeld 2015; Schleßmann, Das Arbeitszeugnis, 21. Aufl 2015; Popp, Das formal korrekte Arbeitszeugnis, DB 2016, 1075; Gäntgen, Die Leistungsbeurteilung im Arbeitszeugnis, RdA 2016, 147; Horcher, § 15 FAO Selbststudium – Prozessuale Fragen zum Zeugnisanspruch, ArbRB 2016, 317; Maschmann/Sieg/Göpfert, Vertragsgestaltung im Arbeitsrecht, 2. Aufl 2016; Benkert, Gestaltung von Arbeitszeugnissen, NJW-Spezial 2019, 562; Hofer/Hengstberger, Vertragliche Haftung für fehlerhafte Arbeitszeugnisse zwischen Arbeitgebern, NZA-RR 2020, 118; Wiebauer, Formulierung des Arbeitszeugnisses durch Vergleich, RdA 2020, 283.

I. Einführung

1 **1. Entstehungsgeschichte.** § 630 wurde durch die 2. Kommission in den Gesetzesentwurf aufgenommen und bestand in dieser Form bis zum Jahr 2001 fort[1]. Durch das Gesetz zur Anpassung der Formvorschriften des Privatrechts und anderer Vorschriften an den modernen Rechtsgeschäftsverkehr vom 13. Juli 2001 (BGBl I S 1542) wurde Satz 3 hinzugefügt. Ein Jahr später wurde die Regelung durch das Gesetz zur Änderung der Gewerbeordnung und sonstiger gewerberechtlicher Vorschriften vom 24.08.2002 (BGBl I S 3412) um Satz 4 erweitert.

2 **2. Normzweck.** Bereits in den Erwägungen zur Einführung der Norm im 19. Jahrhundert wurde festgestellt, das Zeugnis sei für das Fortkommen des Dienstleistenden von großer Wichtigkeit[2]. Daran hat sich auch in Zeiten von Onlinebewerbungen, XING oder LinkedIn nichts geändert[3], da das Zeugnis eine – zumindest planmäßig – objektive Fremddarstellung und nicht eine Selbstdarstellung enthält. Auch wenn § 630 über Satz 4 überwiegend im Arbeitsverhältnis Bedeutung erlangt, reicht sein Anwendungsbereich doch weiter (Rz 3 ff). Bei Bewerbungen wird regelmäßig erwartet, dass der Bewerber sein bisheriges Erwerbsleben vollständig durch (gute) Zeugnisse belegen kann. Die Zeugnisse stellen daher für den Arbeitnehmer gleichsam die „Visitenkarte" für zukünftige Bewerbungen dar und sind für diesen somit von erheblicher Relevanz[4]. Dem soll § 630 durch die Gewährung eines gesetzlichen Anspruchs auf Zeugniserteilung Rechnung tragen. Der Anspruch auf Zeugniserteilung ist Ausfluss der allgemeinen Fürsorgepflicht[5].

---

[1] Prot II 307; Staud/Temming § 630 Rz 1; MünchKomm/Henssler § 630 Rz 1.
[2] Mugdan Materialien zum BGB, Bd 2, S 917; so auch BAG NJW 1975, 407.
[3] Staud/Temming § 630 Rz 2, der trotz Möglichkeit der telefonischen Auskunft beim letzten Arbeitgeber den Zeugnissen weiterhin Bedeutung beimisst.
[4] BAG NJW 1993, 2197; Staud/Temming § 630 Rz 2; BeckOK-BGB/Plum § 630 Rz 1. Ob das in der Praxis tatsächlich der Realität entspricht, darf dagegen durchaus bezweifelt werden – vgl Bauer ArbRAktuell 2017, 169.
[5] So bereits Nikisch, ArbR I, S 857; MünchKomm/Henssler, § 630 Rz 2.

Untertitel 1 Dienstvertrag 3–8 § 630

II. Anwendungsbereich

1. Dauernde Dienstverhältnisse. § 630 Satz 1 – 3 gelten nach dem Wortlaut für „dauernde 3
Dienstverhältnisse".

a) **Dauernd.** Die Bedeutung des Merkmals „dauernd" ist umstritten. Der Gesetzgeber wollte 4
mit diesem Merkmal sicherstellen, dass der Dienstberechtigte überhaupt eine Beurteilungsmöglichkeit hat, aber zugleich verhindern, dass er zu häufig mit Zeugniswünschen konfrontiert wird[6]. Daher soll „dauernd" nach überwiegender Auffassung jedes Dienstverhältnis sein, das auf Dauer angelegt ist oder bereits für eine gewisse Dauer bestanden hat[7]. In Abgrenzung zu GewO § 109, der auf das Merkmal „dauernd" verzichtet, ist dem für ein qualifiziertes Zeugnis grundsätzlich zuzustimmen. Richtigerweise wird man jedoch zwischen qualifiziertem (Rz 46 ff) und einfachem Zeugnis (dazu Rz 42 ff) unterscheiden müssen: Um dem Dienstleistenden auch bei nicht auf Dauer angelegten oder tatsächlich dauerhaft bestehenden Dienstverhältnissen die Möglichkeit zu geben, seine Beschäftigungszeiten lückenlos zu dokumentieren, ist diesem auch bei solchen Dienstverhältnissen zumindest ein Anspruch auf ein einfaches Zeugnis zu gewähren[8].

b) **Dienstverhältnis.** Der Begriff des **Dienstverhältnisses** ist recht weit gefasst und bezieht 5
so nach dem Wortlaut alle Dienstverhältnisse mit ein, das heißt auch **Dienstverhältnisse mit Selbständigen**. Dies begegnete jedoch bereits früh Bedenken: Dienstverträge mit Selbständigen (zB Arzt, Anwalt, etc) kennzeichne, dass diese gerade nicht in die Organisation eines anderen eingebunden sind und damit weitgehend weisungsfrei tätig werden. Diese Selbständigen werben vielmehr mit ihrem Renommee, ihren Qualifikationen, ihren Leistungen und Ergebnissen. Anders als weisungsabhängig Tätige benötigen sie gerade kein Zeugnis ihrer Dienstberechtigten, um beruflich weiterzukommen[9]. Bereits das Reichsgericht hat entschieden:

> „§ 630 BGB [bezieht sich] zwar seinem Wortlaute nach auf alle dauernden Dienstverhältnisse. Daraus ist aber nicht zu folgern, dass die Vorschrift auf Dienstverträge jeder Art angewandt werden kann. Sie soll dem Dienstpflichtigen, der seine Arbeitskraft einem bestimmten Arbeitgeber überlassen hat, das Fortkommen in einer anderen dienenden Stellung erleichtern und eignet sich nur für Personen, die in einer gewissen Unterordnung zum Arbeitgeber stehen. Daß [sic!] sie auch nur für solche Personen berechnet war, wird durch die Entstehung der Vorschrift bestätigt. Zu ihrer Rechtfertigung wurde auf § 113 GewO, der von dem Rechte des Arbeiters auf ein Zeugnis handelt, und auf die ähnliche Bestimmungen enthaltende Gesindeordnung hingewiesen. Daraus ergibt sich deutlich, dass man nur solche Dienstverhältnisse im Auge hatte, bei denen der Dienstberechtigte über Zeit und Arbeitskraft des Dienstverpflichteten unmittelbar verfügt, und die infolgedessen eine persönliche Abhängigkeit in Unterordnung begründen."[10]

Der somit begründeten teleologischen Reduktion hat sich die Literatur überwiegend angeschlossen[11]. Daher sollen lediglich Dienstverhältnisse mit abhängig Beschäftigten wie zB arbeitnehmerähnlichen Personen im Sinne des ArbGG § 5 Abs 1 Satz 2, Heimarbeitern, Handelsvertretern im Sinne des HGB § 84 Abs 2, GmbH-Geschäftsführern, die nicht zugleich Mehrheitsgesellschafter sind, abhängigen freien Mitarbeitern oder Einfirmenhandelsvertretern im Sinne des HGB § 92a unter den Begriff des Dienstverhältnisses fallen[12].

Fraglich ist jedoch, ob an dieser teleologischen Reduktion auch nach der Entwurfsbegründung zum Gesetz zur Änderung der Gewerbeordnung und sonstiger gewerberechtlicher Vorschriften vom 24.08.2002 weiter festgehalten werden kann. In der Entwurfsbegründung führt der Gesetzgeber aus: *„Die in § 630 BGB enthaltene Vorschrift über das Zeugnis findet in Zukunft nur noch auf Dienstverträge mit Selbständigen Anwendung"*[13]. Der Gesetzgeber hat mit dieser Änderung des § 630, die ausdrücklich den Anwendungsbereich des § 630 modifizierte (s unten Rz 9), in Kenntnis der von der Rechtsprechung entwickelten teleologischen Reduktion deutlich gemacht, dass Dienstverträge mit Selbständigen von der Norm erfasst sein sollen.

Letztlich wird sich in der Praxis bei den meisten Selbständigen die Frage, ob sie sich von den 8
Dienstberechtigten ein Zeugnis ausstellen lassen, nicht stellen, da regelmäßig wohl kein Bedürf-

---

6 Vgl Mugdan, Bd II, S 916.
7 Staud/Temming § 630 Rz 4; NK-BGB/Klappstein § 630 Rz 11; Grüneberg/Weidenkaff § 630 Rz 4, der eine Kumulation der beiden Merkmale für erforderlich hält; aA Erman/Riesenhuber § 630 Rz 6, der allein darauf abstellt, dass das Dienstverhältnis eine gewisse Zeit gedauert hat.
8 So auch MünchKomm/Henssler § 630 Rz 11.
9 Staud/Temming § 630 Rz 3; MünchKomm/Henssler § 630 Rz 9.
10 RGZ 87, 440, 443.
11 Staud/Temming § 630 Rz 3; NK-BGB/Klappstein § 630 Rz 1; MünchKomm/Henssler § 630 Rz 9; aA Hohmeister NZA 1998, 571.
12 Vgl zB die Aufzählung bei ErfK/Müller-Glöge § 630 Rz 2; MünchKomm/Henssler § 630 Rz 9; Staud/Temming § 630 Rz 3 jeweils mwN.
13 BT-Drucks 14/8796 S 29.

nis danach besteht. Das rechtfertigt jedoch nicht, den Anspruch bereits rechtlich auszuschließen. Denn es sind – so man zB für eine längere ärztliche Behandlungs- oder eine anwaltliche Beratungsbeziehung das Merkmal „dauernd" bejahen kann – durchaus Konstellationen denkbar, in denen zB auch ein Arzt ein Interesse daran haben könnte, von seinen Patienten ein Zeugnis über die Qualität seiner Arbeitsleistung ausgestellt zu bekommen, um damit seine Reputation auszubauen.

9 2. **Arbeitsverhältnisse**. Aufgrund des nunmehr eindeutigen Verweises auf GewO § 109 sind alle Arbeitsverhältnisse dem Anwendungsbereich des § 630 entzogen[14]. Anders als § 630 erfordert GewO § 109 gerade kein „dauerndes" Arbeitsverhältnis, sodass ein Zeugnisanspruch im Arbeitsverhältnis bereits nach dem ersten Arbeitstag entsteht[15]. § 630 hat indes seine Bedeutung für das Arbeitsrecht verloren[16].

10 Auch für fehlerhafte Arbeitsverhältnisse und Weiterbeschäftigungsverhältnisse (zB Prozessbeschäftigung) ist GewO § 109, zumindest entsprechend, anwendbar[17]. Im Hinblick auf die neuere Rechtsprechung des EuGH, die den Fremdgeschäftsführer zumindest hinsichtlich auf europarechtliche Vorschriften als Arbeitnehmer ansieht[18], ist fraglich, ob der **GmbH-Geschäftsführer**, der nicht zugleich Mehrheitsgesellschafter ist, weiterhin unter § 630 Satz 1 – 3 gefasst werden kann. Überträgt man die Wertung des EuGH auch auf rein nationale Rechtsvorschriften, so ist es möglich, dass ein solcher Fremdgeschäftsführer nicht mehr in den Anwendungsbereich des § 630 Satz 1 – 3 fällt, sondern gemäß §§ 630 Satz 4, GewO 109 einen Zeugnisanspruch nach den Vorschriften für Arbeitnehmer geltend machen kann. Die höchstrichterliche Rechtsprechung ist bei der Einordnung des Fremdgeschäftsführers nach wie vor geteilter Meinung[19]. Zielführend wird eine Betrachtung im Einzelfall sein, sodass ein tatsächlich weisungsabhängiger Fremdgeschäftsführer unter §§ 630 Satz 4, GewO 109 fällt, während sich der Zeugnisanspruch in sonstigen Fällen nach § 630 Satz 1 – 3 richtet. Letztlich werden die praktischen Auswirkungen jedoch regelmäßig gering sein, da sich die Anforderungen an Zeugnisse nach beiden Normen inhaltlich weitgehend gleichen.

11 Soweit nicht ausdrücklich gekennzeichnet, gelten die Ausführungen dieser Kommentierung für Zeugnisse nach § 630 sowie GewO § 109 gleichermaßen. Aufgrund der überwiegenden Bedeutung für das Arbeitsrecht werden fortan allerdings ausschließlich die Termini Arbeitgeber und Arbeitnehmer verwendet.

12 3. **Sonstige Vertragsverhältnisse**. Für einzelne Vertragsverhältnisse ist der Zeugnisanspruch spezialgesetzlich geregelt, so zB in BBiG § 16 für Auszubildende bzw BBiG § 26 für andere Ausbildungsverhältnisse (zB Praktikanten, Volontäre, etc), in SeeArbG § 33 für Seeleute, in EhfG § 18 für Entwicklungshelfer. Während SoldG § 32 auch weiterhin sowohl für Berufs- wie auch Zeitsoldaten einen weiten Anwendungsbereich hat, kommt ZDG § 46 für Zivildienstleistende aktuell keine Bedeutung zu. Für den anstelle des Zivildiensts eingeführten Bundesfreiwilligendienst regelt BFDG § 11 einen Zeugnisanspruch. Für weitere Freiwilligendienste (zB freiwilliges soziales Jahr; freiwilliges ökologisches Jahr) enthält JFDG § 11 einen Anspruch auf die Erteilung eines Zeugnisses.

III. Entstehung des Zeugnisanspruchs

13 1. **Endzeugnis**. § 630 erfasst grundsätzlich den Anspruch auf ein Endzeugnis. So soll dieser Anspruch nach dem Wortlaut des § 630 sowie des GewO § 109 bei **Beendigung** des Dienst- oder Arbeitsverhältnisses entstehen. In diesem Zeitpunkt entsteht der Anspruch und wird auch sofort fällig[20]. Erfüllbar ist der Anspruch jedoch erst, wenn der Dienstverpflichtete sein Wahlrecht (Rz 70) zwischen einfachem und qualifiziertem Zeugnis ausgeübt hat.

14 **Beendigung** in diesem Sinne meinte nach der ursprünglichen Intention des Gesetzgebers den Zeitpunkt, an dem das Dienst- oder Arbeitsverhältnis tatsächlich beendet wird[21]. Die Rechtsprechung sowie die überwiegende Literatur geht heute jedoch im Hinblick auf den Normzweck und das Zusammenspiel mit § 629 davon aus, dass der Dienstverpflichtete das Zeugnis bereits

---

14 BT-Drucks 14/8796 S 29: „§ 109 GewO regelt künftig das Zeugnisrecht einheitlich für alle Arbeitnehmerinnen und Arbeitnehmer.".
15 So zB auch MünchKomm/Henssler § 630 Rz 10; BeckOK-ArbR/Tillmanns GewO § 109 Rz 5.
16 BT-Drucks 14/8796 S 29: „Die in § 630 BGB enthaltene Vorschrift über das Zeugnis findet in Zukunft nur noch auf Dienstverträge mit Selbständigen Anwendung.".
17 Staud/Temming § 630 Rz 3.
18 EuGH EuZW 2015, 682.
19 Vgl die Darstellung der verschiedenen Ansichten bei BeckOK-GewO/Hoffmann GewO § 109 Rz 17 ff.
20 BAG AP BAT § 70 Nr 10.
21 Staud/Temming § 630 Rz 12.

anlässlich (Rz 15 ff) der Beendigung verlangen kann[22]. Da der Hauptzweck des Zeugnisanspruchs das berufliche Fortkommen ist, ist es nur sachgerecht, insbesondere dem Arbeitnehmer bereits vor dem tatsächlichen Ausscheiden einen Anspruch auf die Zeugniserteilung zu gewähren, ist doch das Zeugnis des ehemaligen Arbeitgebers eine essentielle Bewerbungsunterlage für den neuen Bewerbungsprozess.

15 a) **Ordentliche Kündigung.** Bei einer ordentlichen Kündigung entsteht der Zeugnisanspruch also bei Zugang der Kündigungserklärung und nicht erst mit Ablauf der Kündigungsfrist[23]. Dies gilt sowohl für ein einfaches, als auch ein qualifiziertes Zeugnis[24]. Dies muss auch dann gelten, wenn die Kündigung vom Arbeitnehmer ausgesprochen wird, da auch hier davon ausgegangen werden muss, dass sich der Arbeitnehmer noch weiterbewerben will und nicht nur dann kündigt, wenn er bereits eine neue Arbeitsstelle gefunden hat.

16 Uneinigkeit herrscht jedoch darüber, ob das Zeugnis bereits als **Endzeugnis** ausgestaltet sein muss oder beispielsweise noch als „**vorläufig**" bezeichnet werden darf: Einerseits besteht das Arbeitsverhältnis mit all seinen gegenseitigen Pflichten noch bis zum Ablauf der Kündigungsfrist weiter, was im Fall des § 622 Abs 2 Nr 7 immerhin einen Zeitraum von sieben Monaten ausmacht und bei entsprechenden Absprachen gar noch länger ausfallen kann. Da auch dieser Zeitraum zeugnisrelevant ist, spricht manches dafür, dass der Aussteller deutlich machen können soll, dass es sich lediglich um ein vorläufiges Zeugnis handelt[25]. Andererseits ist das Arbeitszeugnis von seinem Sinn und Zweck her dafür gedacht, das berufliche Fortkommen des Arbeitnehmers zu fördern (vgl Rz 2). Wird ein Zeugnis anlässlich der Beendigung eines Arbeitsverhältnisses ausgestellt, wird man es auch als Endzeugnis bezeichnen können, um den Arbeitnehmer, der sich bereits während des Laufs der Kündigungsfrist regelmäßig um eine neue Stelle bewerben wird, in seinem Fortkommen nicht zu behindern. Sollte sich während der Kündigungsfrist an der inhaltlichen Bewertung der Arbeitsleistung des Arbeitnehmers etwas ändern, so kann immer noch Berichtigung verlangt werden – sowohl vom Arbeitgeber (Widerruf; vgl Rz 76) wie auch vom Arbeitnehmer (Berichtigung; vgl Rz 81). Allerdings gilt es zu beachten, dass das Zeugnis bereits als Endzeugnis existiert und es praktisch für den Arbeitgeber schwer werden dürfte, dieses Zeugnis wieder zu beseitigen, wenn der Arbeitnehmer sich dem Berichtigungsanspruch des Arbeitgebers entzieht. Daher wird es interessengerecht sein, dem **Arbeitgeber** ein **Wahlrecht** einzuräumen, ob er während der Kündigungsfrist ein Zeugnis als Endzeugnis oder als vorläufiges Zeugnis bezeichnet.

17 b) **Außerordentliche Kündigung.** Bei einer außerordentlichen Kündigung kann sofort mit Zugang der Kündigungserklärung ein Endzeugnis verlangt werden, und zwar selbst dann, wenn die Kündigung vom Arbeitnehmer ausgesprochen wurde[26].

18 c) **Aufhebungsvertrag.** Wird ein Aufhebungsvertrag geschlossen, entsteht der Zeugnisanspruch im Zeitpunkt des Vertragsschlusses[27]. Nicht überzeugend ist es, auf die Dauer der hypothetischen Kündigungsfrist abzustellen, wenn statt eines Aufhebungsvertrages das Arbeitsverhältnis durch Kündigung zum Beendigungszeitpunkt beendet worden wäre. Zum einen werden Aufhebungsverträge oft zur Vermeidung einer arbeitgeberseitigen Kündigung geschlossen, womit es näher liegt, – dem Zugang der Kündigung entsprechend – den Zeitpunkt des Vertragsschlusses zu wählen[28]. Zum anderen werden bei Aufhebungsverträgen häufig bewusst kurzfristige Beendigungen vereinbart, bei denen die Restlaufzeit die Kündigungsfrist deutlich unterschreitet. In einem solchen Fall wäre es sinnwidrig, für den Zeitpunkt der Entstehung des Zeugnisanspruches auf einen hypothetischen Kündigungszeitpunkt abzustellen, der vor dem Zeitpunkt des Vertragsschlusses liegt. Sofern zwischen Aufhebungsvertrag und Beendigungszeitpunkt ein großer zeitlicher Abstand liegt, kann sich auch hier die Frage stellen, ob der Anspruch auf ein Endzeugnis oder ein vorläufiges Endzeugnis gerichtet ist, die letztlich jedoch wie bei der ordentlichen Kündigung zu beantworten ist (vgl Rz 16). Da es sich beim Aufhebungsvertrag um eine einvernehmliche vertragliche Beendigung des Arbeitsverhältnisses handelt, werden im Aufhebungsvertrag häufig die Zeugniserteilung betreffende Regelungen vereinbart[29].

---

22 BAG NZA 1987, 628; Staud/Temming § 630 Rz 12; Grüneberg/Weidenkaff § 630 Rz 5; MünchKomm/Henssler § 630 Rz 13.
23 Staud/Temming § 630 Rz 13; NK-BGB/Klappstein § 630 Rz 13; MünchKomm/Henssler § 630 Rz 13.
24 Staud/Temming § 630 Rz 13.
25 MünchKomm/Henssler § 630 Rz 14.
26 Staud/Temming § 630 Rz 15; MünchKomm/Henssler § 630 Rz 15.
27 ErfK/Müller-Glöge GewO § 109 Rz 9; Erman/Riesenhuber § 630 Rz 7; Staud/Preis § 630 Rz 18.
28 Staud/Temming § 630 Rz 18, auch mit Erwägungen zur gegenteiligen Ansicht.
29 Bauer/Krieger/Arnold, Arbeitsrechtliche Aufhebungsverträge, IV 177; Maschmann/Sieg/Göpfert/Künzl, Vertragsgestaltung im Arbeitsrecht, S 471 Rz 35.

19 d) **Befristete Arbeitsverhältnisse.** Anders als beispielsweise bei einer Kündigung, endet das befristete Arbeitsverhältnis aufgrund der anfänglichen Befristungsabrede, sodass hier keine durch die Parteien verursachte Handlung (Zugang der Kündigungserklärung, Abschluss eines Aufhebungsvertrages) als Entstehungszeitpunkt herangezogen werden kann. Nichtsdestotrotz entsteht auch bei einem befristeten Vertrag der Zeugnisanspruch angemessene Zeit vor dessen Ende; ein Anhaltspunkt für die Angemessenheit ist die Dauer der Kündigungsfrist, die gelten würde, wenn es sich um einen Vertrag auf unbestimmte Zeit handeln würde[30]. Auch hier stellt sich sodann die Frage, ob der Anspruch auf ein Endzeugnis oder ein vorläufiges Endzeugnis gerichtet ist. Letztlich kann hier jedoch nichts anderes gelten als bei einer ordentlichen Kündigung (vgl Rz 16).

20 e) **Kündigungsschutzklage.** Der Zeugnisanspruch wird von der Erhebung einer Kündigungsschutzklage nicht beeinflusst. Der Arbeitgeber kann die Zeugniserteilung nicht mit Verweis auf das anhängige Verfahren verweigern – er widerspräche sich insoweit selbst, wenn er die von ihm ausgesprochene Kündigung in Bezug auf die Zeugniserteilung nicht gegen sich gelten lassen will[31].

Im Fall einer Prozessbeschäftigung bleibt es daher beim Anspruch auf ein Endzeugnis für das Arbeitsverhältnis, um dessen Beendigung gestritten wird. Für Zeiten der Prozessbeschäftigung hat der Arbeitnehmer einen eigenen Zeugnisanspruch (s Rz 10, 24)[32].

21 2. **Zwischenzeugnis.** Unabhängig von der Beendigung kann bei berechtigtem Interesse des Arbeitnehmers ein Anspruch auf ein **Zwischenzeugnis** entstehen. Dieser Anspruch ergibt sich nicht direkt aus § 630 oder GewO § 109[33]. Auch aus BetrVG § 82 Abs 2 kann kein Anspruch auf ein Zwischenzeugnis hergeleitet werden[34]. Immerhin folgt hieraus jedoch, dass ein gegebenenfalls ausgestelltes Zeugnis mündlich zu erörtern ist[35]. Teilweise wird ein Anspruch auf ein Zwischenzeugnis in Tarifverträgen geregelt, in anderen Fällen lässt es sich, so seine Voraussetzungen vorliegen, aus der vertraglichen Fürsorgepflicht des Arbeitgebers ableiten[36]. Bei Dienstverpflichteten, die nicht Arbeitnehmer sind, ist im Einzelfall zu prüfen, ob eine Fürsorgepflicht mit entsprechendem Inhalt besteht, wobei dies zumindest für arbeitnehmerähnliche Personen angenommen werden kann[37].

22 Der Arbeitnehmer hat einen **Anspruch auf die Erteilung eines Zwischenzeugnisses**, wenn er hierfür ein **berechtigtes Interesse** hat[38]. Ein solches kann dann angenommen werden, wenn das Arbeitsverhältnis tatsächlich oder rechtlich eine nicht unwesentliche Zäsur erfährt[39]. Das ist in mehreren Fallkonstellationen anerkannt:

23 – **In-Aussicht-Stellen einer Beendigung des Arbeitsverhältnisses.** Wird das Arbeitsverhältnis noch nicht beendet, dem Arbeitnehmer dies aber beispielsweise im Vorfeld einer Restrukturierung in Aussicht gestellt, so liegt es im Interesse aller Parteien, dass der Arbeitnehmer sich frühzeitig um einen anderen Arbeitsplatz bemüht. Um dies zu ermöglichen, muss er Anspruch auf die Erteilung eines Zwischenzeugnisses haben[40].

24 – **Prozessbeschäftigung.** In Fällen der Weiterbeschäftigung während eines Kündigungsprozesses soll der Arbeitnehmer ein Wahlrecht haben, ob er bereits im Zeitpunkt des Ablaufs der Kündigungsfrist ein Endzeugnis begehrt (worauf er grundsätzlich Anspruch hat, s oben Rz 10) oder sich zunächst mit einem Zwischenzeugnis zufrieden gibt[41]. Allerdings endet das ursprüngliche Arbeitsverhältnis im Falle der rein faktischen Prozessbeschäftigung mit Ablauf der Kündigungsfrist – es scheint daher schon vor dem Hintergrund der Zeugniswahrheit nicht angemessen, das Endzeugnis auf den Zeitraum der Prozessbeschäftigung zu erstrecken (s unten Rz 45)[42]. Vielmehr entsteht hierfür ein neuer, eigenständiger Zeugnisanspruch, der

---

[30] Vgl Erman/Riesenhuber § 630 Rz 7; vgl auch MünchKomm/Henssler 630 Rz 16.
[31] LAG Mainz BeckRS 2018, 38087; Staud/Temming § 630 Rz 16; MünchKomm/Henssler § 630 Rz 12.
[32] Staud/Temming § 630 Rz 3, 17.
[33] BAG NZA 2020, 1194 (1199); MünchKomm/Henssler § 630 Rz 17; Staud/Temming § 630 Rz 19.
[34] Staud/Temming § 630 Rz 19; MünchKomm/Henssler § 630 Rz 20; GK-BetrVG/Franzen § 82 Rz 16; Hueck/Nipperdey I S 461.
[35] Fitting BetrVG § 82 Rz 10; BeckOK-ArbR/Werner BetrVG § 82 Rz 6.
[36] BAG NZA 2020, 1194 (1199); MünchArbR/Francke § 138 Rz 10 f; Staud/Temming § 630 Rz 19; Erman/Riesenhuber § 630 Rz 1; MünchKomm/Henssler § 630 Rz 17.
[37] MünchKomm/Henssler § 630 Rz 17.
[38] Schaub/Linck § 147 Rz 9; MünchArbR/Francke § 138 Rz 10; MünchKomm/Henssler § 630 Rz 18.
[39] Staud/Temming § 630 Rz 20; Schaub/Linck § 147 Rz 9.
[40] BAG NZA 2019, 1355; NZA 2020, 1194 (1190); Staud/Temming § 630 Rz 20; MünchKomm/Henssler § 630 Rz 18; Erman/Riesenhuber § 630 Rz 8; Schaub/Linck § 147 Rz 9.
[41] LAG Hamm NZA-RR 2007, 486; MünchKomm/Henssler § 630 Rz 18; Erman/Riesenhuber § 630 Rz 8.
[42] So auch BAG BeckRS 2016, 73357.

sich nach den allgemeinen Regeln richtet. Daher wird auch im Zeitpunkt des Ablaufs der Kündigungsfrist kein Zwischenzeugnis mehr erteilt werden können, da es keinen Grund mehr gibt, nicht direkt ein Endzeugnis zu erteilen. Ein Wahlrecht des Arbeitnehmers scheidet daher aus.

– **Stellen- oder Vorgesetztenwechsel**[43]. Auch bei einer Änderung der Zuordnung des Arbeitsplatzes innerhalb des betrieblichen Gefüges muss der Arbeitnehmer einen Anspruch auf ein Zwischenzeugnis erhalten. Im Fall eines neuen Vorgesetzten lässt sich das damit begründen, dass dieser die bisherige Leistung des Arbeitnehmers schlicht deshalb nicht beurteilen kann, weil er diese nicht als sein Vorgesetzter wahrgenommen hat. Im Fall des Stellenwechsels hat der Arbeitnehmer ein berechtigtes Interesse daran, dass er bezüglich seiner vor der Zäsur liegenden Tätigkeit einen Nachweis erhält. Häufig fallen Stellen- und Vorgesetztenwechsel in der betrieblichen Praxis zusammen. 25

– **Betriebsübergang**[44]. Auch im Fall eines Betriebsübergangs hat der Arbeitnehmer einen Anspruch auf ein Zwischenzeugnis des Veräußerers. Die Zäsur ergibt sich hier aus dem Wechsel des Arbeitgebers gemäß § 613a Abs 1 Satz 1. Letztlich handelt es sich um eine ähnliche Konstellation wie die eines Vorgesetztenwechsels. 26

– **Ruhen des Arbeitsverhältnisses**[45]. Wenn das Arbeitsverhältnis längere Zeit ruht (zB Elternzeit, Sabbatical), stellt dieses Ruhen eine Zäsur dar, die dem Arbeitnehmer ein berechtigtes Interesse daran gibt, für den bisherigen Teil des Arbeitsverhältnisses einen entsprechenden Zeugnisnachweis zu erhalten. Das gilt auch dann, wenn der Grund für das Ruhen des Arbeitsverhältnisses in dessen steuerbarem Verhalten liegt. 27

– **Vorlagepflicht gegenüber Dritten**[46]. Ein berechtigtes Interesse kann auch dann angenommen werden, wenn der Arbeitnehmer das Zeugnis zur Vorlage gegenüber Dritten benötigt, wie zB zur Einschreibung an einer Hochschule oder zur Teilnahme an Fortbildungsmaßnahmen. 28

– **Änderungen des Unternehmensgefüges**[47]. Bei Führungskräften sollen auch Änderungen des Unternehmensgefüges zu einem Anspruch auf ein Zwischenzeugnis führen. Zu bejahen ist das etwa in Fällen der Umwandlung oder Fusion, des Inhaberwechsels oder eines „change of control". 29

Abgelehnt wurde ein Anspruch auf ein Zwischenzeugnis dagegen, wenn der Arbeitnehmer das Zeugnis allein deshalb begehrt, um es in einem Prozess hinsichtlich seiner Höhergruppierung als Beweismittel einzuführen[48]. Zu Recht führt das BAG hierzu aus, dass das Zeugnis nicht dazu diene, die unterschiedliche Auffassung des Arbeitgebers und des Arbeitnehmers über den Inhalt und den Umfang der übertragenen Aufgaben zu beseitigen, sondern vielmehr den Zweck habe, Dritte über die Tätigkeit des Arbeitnehmers zu unterrichten[49]. 30

IV. Verhältnis Zwischenzeugnis – Endzeugnis

Das Verhältnis von Zwischen- und Endzeugnis ist geprägt von zwei Fragen: Zum einen nach der Subsidiarität des Zwischen- gegenüber dem Endzeugnis, zum anderen, inwiefern der Arbeitgeber bei der Ausstellung des Endzeugnisses an die Bewertung im Zwischenzeugnis gebunden ist. 31

1. **Subsidiarität.** Der Zwischenzeugnisanspruch, der sich (subsidiär) aus der vertraglichen Fürsorgepflicht ergibt (vgl Rz 2), soll nach der wohl überwiegenden Auffassung gegenüber dem gesetzlichen Zeugnisanspruch als **subsidiär** anzusehen sein[50]. Das bedeutet, dass ein Arbeitnehmer dann kein Zwischenzeugnis verlangen können soll, wenn er Anspruch auf Erteilung eines Endzeugnisses hat[51]. Das vermag in dieser Pauschalität indes **nicht zu überzeugen**. Nimmt man mit der überwiegenden Auffassung an, dass der Arbeitnehmer bereits „anlässlich" der Beendigung, also beispielsweise mit Erklärung der Kündigung, einen Anspruch auf ein Endzeugnis (Rz 14 ff) erwirbt, würde bei einer strengen Subsidiarität zu diesem Zeitpunkt bereits ein 32

---

43 BAG NZA 2019, 1355; NZA 2020, 1194, 1190; MünchArbR/Francke § 138 Rz 10; Staud/Temming § 630 Rz 20; MünchKomm/Henssler § 630 Rz 18; Schaub/Linck § 147 Rz 9.
44 Schaub/Linck § 147 Rz 9.
45 Staud/Preis § 630 Rz 20; Schaub/Linck § 147 Rz 9.
46 MünchArbR/Francke § 138 Rz 10; Staud/Temming § 630 Rz 20; MünchKomm/Henssler § 630 Rz 19.
47 MünchKomm/Henssler § 630 Rz 18.
48 BAG NZA 1993, 1031.
49 BAG NZA 1993, 1031, 1032.
50 MünchKomm/Henssler § 630 Rz 17; Staud/Temming § 630 Rz 19.
51 LAG Hamm NZA-RR 2007, 486, „Deswegen ist der Arbeitnehmer berechtigt ein Zwischenzeugnis zu verlangen, solange noch nicht feststeht, dass das Arbeitsverhältnis beendet ist"; Staud/Temming § 630 Rz 19.

Anspruch auf ein Zwischenzeugnis ausscheiden. In Fällen langer Kündigungsfristen kann jedoch eine solche Subsidiarität nicht angenommen werden. Vielmehr muss hier der Anspruch auf ein Zwischenzeugnis anerkannt werden. Denn es sind durchaus Fälle denkbar, in denen der Arbeitnehmer daran interessiert ist, kein vorläufiges Endzeugnis, sondern ein Zwischenzeugnis für den Bewerbungsprozess verwenden zu können. Dies kann beispielsweise der Fall sein, weil er damit bei einem potentiellen neuen Arbeitgeber eine stärkere Verhandlungsposition hat, da nicht bereits durch die Bezeichnung des Zeugnisses als „vorläufiges Endzeugnis" klargestellt wird, dass der Bewerber seinen ehemaligen Job verloren hat bzw in absehbarer Zeit verlieren wird. Das BAG hat insoweit entschieden, dass ein Arbeitnehmer grundsätzlich nach Ablauf der Kündigungsfrist bzw nach Ende eines befristeten Vertrages nur noch ein Endzeugnis verlangen kann[52]. Streiten die Parteien dagegen gerichtlich über die Beendigung, liege darin ein berechtigtes Interesse für ein Zwischenzeugnis, das jedoch mit rechtskräftigem Abschluss des Beendigungsrechtsstreits entfalle[53].

33 Ausgeschlossen ist ein Anspruch auf ein Zwischenzeugnis dagegen dann, wenn dem Arbeitnehmer bereits ein Endzeugnis erteilt wurde. Hierfür besteht kein berechtigtes Interesse mehr[54].

34 **2. Bindungswirkung.** Zudem stellt sich die Frage, inwieweit die Bewertung in einem Zwischenzeugnis Bindungswirkung für ein späteres Endzeugnis entfaltet. Grundsätzlich wird man davon ausgehen dürfen, dass es sich bei der Erteilung eines Endzeugnisses um eine eigenständige Bewertung der Leistungen des Arbeitgebers im Zeitpunkt der Zeugniserteilung handelt. Diese, möglicherweise mehrere Jahre, später erfolgte Bewertung muss daher den gesamten Beurteilungszeitraum zugrunde legen und kann deshalb in der Gesamtwürdigung auch von früheren Bewertungen abweichen. Wo sich allerdings die Beurteilungsgrundlagen seit der Erteilung des Zwischenzeugnisses nicht oder nicht wesentlich geändert haben, muss dem Zwischenzeugnis eine Indizwirkung zugesprochen werden, sodass der Arbeitgeber nur dann von den Bewertungen im Zwischenzeugnis abweichen kann, wenn spätere Leistung und Verhalten eine insgesamt andere Bewertung rechtfertigen[55]. Soweit ein Betriebserwerber ein Endzeugnis über eine Tätigkeit beim Veräußerer ausstellt, ist dieser an das Zwischenzeugnis des Betriebsveräußerers gebunden[56].

V. Inhalt des Zeugnisses

35 **1. Allgemeines.** Hinsichtlich des Inhalts ist zwischen einfachem und qualifiziertem Zeugnis zu unterscheiden. Für Arbeitsverhältnisse ergibt sich diese inhaltliche Unterscheidung bereits aus dem Wortlaut des GewO § 109 Abs 1: Satz 2 definiert das einfache Zeugnis über die Mindestangabe zu Art und Dauer der Tätigkeit, Satz 3 das qualifizierte Zeugnis über die zusätzlichen Angaben bezüglich Leistung und Verhalten im Arbeitsverhältnis. Dieselbe Unterteilung nimmt § 630 Satz 1, 2 für sonstige Dienstverhältnisse vor. Obwohl sich der Wortlaut der beiden Vorschriften unterscheidet, wird von einem einheitlichen Zeugnisrecht ausgegangen[57]. Dieses unterliegt gleichermaßen den allgemeinen Zeugnisgrundsätzen:

36 a) **Einheitlichkeit.** Nach dem Grundsatz der Einheitlichkeit, der vor allem beim qualifizierten Zeugnis zum Tragen kommt, muss das Zeugnis auf Art und Dauer sowie Leistung und Verhalten/Führung erstreckt werden und darf sich, auch auf das Verlangen des Arbeitnehmers[58], nicht auf einen dieser Aspekte begrenzen[59]. Dem Leser soll durch das Zeugnis ein Gesamtbild vermittelt werden[60]. Das verbietet es indes nicht, dass der Arbeitgeber Leistung und Verhalten unabhängig voneinander bewerten kann und hierbei zu unterschiedlichen Beurteilungen kommt[61].

37 Eine weitere Komponente des Grundsatzes der Einheitlichkeit ist hinsichtlich des Beurteilungszeitraums zu sehen. Das Zeugnis bezieht sich auf die Gesamtleistung und die Gesamtführung während der gesamten Vertragsdauer, sodass nicht einzelne Zeitabschnitte oder Vorfälle

---

52 BAG NZA 2020, 1194, 1199.
53 BAG NZA 2016, 547; NZA 2020, 1194, 1199.
54 LAG Hamm NZA-RR 2007, 486; Staud/Temming § 630 Rz 19.
55 BAG NZA 2008, 298; MünchArbR/Francke § 138 Rz 47 mwN.
56 BAG NZA 2008, 298.
57 Staud/Temming § 630 Rz 21; MünchKomm/Henssler § 630 Rz 25; Erman/Riesenhuber § 630 Rz 1; Schaub/Linck § 147 Rz 1.
58 Grüneberg/Weidenkaff § 630 Rz 8; Staud/Temming § 630 Rz 39.
59 So zu Recht LAG Düsseldorf LAGE BGB § 630 Nr 10; Staud/Temming § 630 Rz 39; MünchKomm/Henssler § 630 Rz 33; aA wohl noch BAG AP TVAL II § 48 Nr 2.
60 Staud/Temming § 630 Rz 39; MünchKomm/Henssler § 630 Rz 33.
61 LAG Rheinland-Pfalz NZA-RR 2010, 69; MünchKomm/Henssler § 630 Rz 33.

über Gebühr hervorgehoben werden dürfen[62]. Dies gilt selbst für Zeiten vor einem Betriebsübergang[63].

b) Vollständigkeit. Mit dem Einheitlichkeitsgrundsatz in unmittelbarem Zusammenhang **38** steht der Grundsatz der Vollständigkeit. Auch dieser soll dem Ziel dienen, ein vollständiges Bild des Bewerbers zu liefern[64]. Daher muss die gesamte Entwicklung des Arbeitnehmers im Betrieb im Zeugnis dargestellt werden, indem es alle wesentlichen Tatsachen und Bewertungen enthält und dem künftigen Arbeitgeber so ein objektives Bild über den Verlauf des konkreten Arbeitsverhältnisses vermittelt[65]. Dem genügt der Arbeitgeber regelmäßig nicht, wenn er Führung und Leistung allein mit einer floskelhaften Bewertung beurteilt[66]. Auch die alleinige Bezeichnung einer Tätigkeit als die eines „Facharbeiters" genügt dem Grundsatz der Vollständigkeit nicht. Es ist das konkrete Aufgabengebiet darzustellen[67]. Letztlich sind die Grenzen des Vollständigkeits- und des Einheitlichkeitsgrundsatzes fließend.

c) Zeugniswahrheit. Der Grundsatz der Zeugniswahrheit ist einer der zentralsten Grund- **39** sätze des Zeugnisrechts und besagt, dass der Inhalt des Zeugnisses der Wahrheit entsprechen muss[68]. Das bezieht sich in erster Linie darauf, dass die Tatsachen, die der Bewertung zugrunde gelegt werden, für den Leser nachvollziehbar dargestellt sind, ohne dass er weitere Hilfsmittel benötigt[69]. Dies umfasst alle wesentlichen Tatsachen, die für eine Gesamtbeurteilung von Bedeutung sind[70]. Dabei darf der Arbeitgeber auch dort nichts auslassen, wo der Leser eine positive Hervorhebung erwartet[71]. Unzulässig ist die Darstellung von Behauptungen, Annahmen oder Verdächtigungen[72]. So darf zum Beispiel nicht in ein Zeugnis aufgenommen werden, wenn gegen den Arbeitnehmer der Verdacht einer Straftat im Raum steht, selbst wenn der **Verdacht** so schwer wiegt, dass er zum Anlass einer Verdachtskündigung genommen werden könnte[73]. Umstritten ist dagegen, ob ein **Hinweis** darauf aufgenommen werden darf, dass gegen den Arbeitnehmer ein Ermittlungsverfahren eingeleitet wurde oder ein **Strafverfahren** mit Bezug zum Arbeitsverhältnis anhängig ist. Zum einen wird vertreten, dass dies unzulässig wäre, da es sich bis zum Abschluss des Verfahrens um Verdachtsmomente handle, die selbst bei einer späteren Einstellung des Verfahrens nach StPO § 170 Abs 2 im Zeugnis eine gewisse Endgültigkeit und Gewissheit darstellten. Damit würde das Fortkommen des Arbeitnehmers in unzulässiger Weise erschwert[74]. Das überzeugt indes nicht. Dass ein Ermittlungsverfahren läuft oder ein Strafverfahren anhängig ist, ist zunächst eine Tatsache. Hieran kann und wird regelmäßig auch für einen künftigen Arbeitgeber ein Interesse bestehen[75]. Sollte das Ermittlungsverfahren nach Zeugniserteilung eingestellt oder der Arbeitnehmer freigesprochen werden, hat er aber einen Anspruch auf Berichtigung des Zeugnisses[76]. Für die – wohl seltenen – Fälle, dass ein Arbeitgeber durch Einleitung eines Strafverfahrens eine Tatsache nur schafft, um sie dann im Zeugnis berücksichtigen zu können[77], wird man eine Ausnahme aufgrund unzulässiger Rechtsausübung nach § 242 annehmen können.

d) Zeugnisklarheit. GewO § 109 Abs 2 regelt für das Arbeitszeugnis den Grundsatz der **40** Zeugnisklarheit: „Das Zeugnis muss klar und verständlich formuliert sein." Obwohl § 630 einen solchen Grundsatz nicht enthält, wird der Grundsatz der Zeugnisklarheit auch für Zeugnisse nach § 630 gelten müssen[78]. Dies gilt allein schon deshalb, weil eine klare und verständliche Formulierung zugleich Ausdruck wie auch Voraussetzung für die Beachtung des Grundsatzes der Zeugniswahrheit ist[79]. Ziel der Zeugnisklarheit ist es, die in der „Zeugnissprache" entstandenen Geheimzeichen und Merkmale zu vermeiden, die in einer scheinbar positiven Formulierung

---

62 RAG ARS 17, 382, 188; LAG Hessen NZA 1985, 27; Staud/Temming § 630 Rz 39 mit Hinweis auf Ausnahmen im Einzelfall.
63 BAG AP BGB § 630 Nr 33; BeckOK-ArbR/Tillmanns GewO § 109 Rz 38.
64 BeckOK-GewO/Hoffmann GewO § 109 Rz 124.
65 BAG AP BGB § 630 Nr 11; NZA 2005, 1237; NZA 2008, 1349, 1350.
66 Staud/Temming § 630 Rz 40; ArbR-BGB/Eisemann § 630 Rz 40.
67 BeckOK-GewO/Hoffmann GewO § 109 Rz 124.
68 So bereits BAG NJW 1960, 1973, aber bis heute als oberster Grundsatz anerkannt, vgl zB BAG NZA 2012, 448; LAG Hamm BeckRS 2016, 68959; Staud/Temming § 630 Rz 41 mwN aus der Rechtsprechung.
69 MünchKomm/Henssler § 630 Rz 34; Staud/Temming § 630 Rz 41.
70 Staud/Temming § 630 Rz 41.
71 BAG AP BGB § 630 Ehrlichkeit eines Kassierers Nr 6; Staud/Temming § 630 Rz 41.
72 MünchKomm/Henssler § 630 Rz 34; Staud/Temming § 630 Rz 41; LAG Hamm NZA-RR 1998, 151, 158.
73 So Staud/Temming § 630 Rz 41.
74 LAG Düsseldorf DB 2005, 1799; ArbG Düsseldorf NZA-RR 2004, 294; MünchKomm/Henssler § 630 Rz 41; Schaub/Linck § 147 Rz 28.
75 Vgl BAG AP BGB § 630 Nr 10; LAG Baden-Württemberg BeckRS 2008, 51922; Staud/Temming § 630 Rz 41.
76 LAG Baden-Württemberg BeckRS 2008, 51922; Staud/Temming § 630 Rz 41.
77 So die Befürchtung des LAG Düsseldorf DB 2005, 1799.
78 So auch BeckOK-BGB/Plum § 630 Rz 4.
79 MünchKomm/Henssler § 630 Rz 2; von diesem Gedanken getragen auch BAG NZA 2012, 1244, 1245.

versteckt werden[80]. Entscheidend ist dabei stets der objektive Empfängerhorizont eines Zeugnislesers und nicht, welche Vorstellungen der Zeugnisverfasser mit seiner Wortwahl verbunden hat[81]. Hierfür ist auf das Verständnis eines durchschnittlichen Beteiligten oder Angehörigen des vom Zeugnis angesprochenen Personenkreises abzustellen[82].

41 e) **Wohlwollenspflicht.** Allgemein anerkannt ist zuletzt, dass der Arbeitgeber einer Wohlwollenspflicht unterliegt. Er ist „auf Grund nachwirkender Fürsorgepflicht gehalten, nach Maßgabe des billigerweise von ihm zu Verlangenden alles zu vermeiden, was sich bei der Suche des ausgeschiedenen Arbeitnehmers nach einem neuen Arbeitsplatz für ihn als nachteilig auswirken kann."[83] Dies hat zur Folge, dass der Arbeitgeber gehalten ist, wohlwollende, wenngleich nicht übertreibende Formulierungen zu verwenden[84]. Hierin wird vielfach ein Konflikt insbesondere mit dem Grundsatz der Zeugniswahrheit gesehen. Tatsächlich könnte man bei verfehlter Lesart der Wohlwollenspflicht einen solchen Konflikt erkennen: Wer besonders wohlwollend sein will, unterlässt die Darstellung von negativen Ereignissen, da diese sich negativ auf das Fortkommen des Arbeitnehmers auswirken können. Andererseits ist ein eventuell besonders wahrheitsgetreu ausgestelltes Zeugnis nicht unbedingt „wohlwollend". Allerdings kann dies nur vordergründig einen Konflikt darstellen, da eine eindeutige Rangordnung zu Gunsten der Zeugniswahrheit besteht[85]: „Insbesondere wird auch der Wohlwollensgrundsatz, wonach das Fortkommen des Arbeitnehmers durch den Zeugnisinhalt nicht unnötig erschwert werden darf, durch die Wahrheitspflicht begrenzt. **Ein Zeugnis muss nur im Rahmen der Wahrheit wohlwollend sein.**"[86] Der Arbeitnehmer kann daher beispielsweise aus der Wohlwollenspflicht keinen Anspruch auf eine Zeugnisbewertung mit der Gesamtnote „gut" ableiten, nur weil dies in der Branche üblich ist, wenn dies den tatsächlichen Leistungen nicht entspricht[87].

42 2. **Einfaches Zeugnis.** Das einfache Zeugnis ist auf die grundlegendsten Daten des Vertragsverhältnisses beschränkt und beinhaltet eine Darstellung von Art und Dauer der Tätigkeit (§ 630 Satz 1; GewO § 109 Abs 1 Satz 2). Anders als bei einem qualifizierten Zeugnis findet gerade keine Beurteilung von Leistung oder Verhalten statt, sondern es erfolgt nur eine rein deskriptive Darstellung[88]. Im Wesentlichen ist der Arbeitgeber dabei in seiner Wortwahl frei, sodass er im Rahmen der vorgenannten Grundsätze einzelne Bereiche mehr hervorheben kann als andere[89]. Insoweit besteht ein sehr begrenzter Beurteilungsspielraum[90]. Im Einzelnen muss ein einfaches Zeugnis enthalten:

43 a) **Personaldaten.** Das Zeugnis muss die Identität des Arbeitnehmers feststellen lassen[91]. Daher sind mindestens Name und Vorname erforderlich. Regelmäßig wird man noch den Beruf bezeichnen. Informationen, die das Persönlichkeitsrecht des Arbeitnehmers betreffen, wie Alter und Geburtsdatum, Konfession oder Staatsangehörigkeit, sind nur mit Einverständnis des Arbeitnehmers anzugeben oder aber, wenn weitere Angaben zur genauen Identifikation des Arbeitnehmers notwendig sind[92]. Eine Anschrift sollte im Zeugnis selbst nicht genannt werden[93].

b) **Vollständige und genaue Tätigkeitsbeschreibung.**

44 – Dabei müssen in chronologischer Reihenfolge alle Aufgaben und Tätigkeiten aufgeführt werden, die ein Urteil über Kenntnisse und Leistungsfähigkeit des Mitarbeiters erlauben[94].
– Der Arbeitgeber kann sich dabei nicht auf die **Entgelteingruppierung** des Arbeitnehmers berufen. Zwar besitzt die tarifliche Eingruppierung in vielen Branchen eine nicht unerhebliche Aussagekraft über den Inhalt des Arbeitsverhältnisses[95]. Jedoch darf der neue Arbeitgeber auch nicht nach der Höhe der zuletzt erhaltenen Vergütung fragen, weshalb man auch in

---

80 BT-Drucks 14/8796 S 25; bisher ohne praktischen Erfolg, wie MünchKomm/Henssler § 630 Rz 2 feststellt.
81 BAG NZA 2006, 104; NZA 2008, 1349, 1350; NZA 2012, 448, 449.
82 Vgl BAG NZA 2012, 448 (3. Ls).
83 BAG AP BGB § 611 Fürsorgepflicht Nr 80.
84 LAG Berlin-Brandenburg BeckRS 2013, 73543, das den Arbeitgeber selbst bei völliger Unfähigkeit des Arbeitnehmers verpflichtete, wahrheitsgemäß Führung und Leistung zu beschreiben, ohne dabei herabwürdigende oder beleidigende Formulierungen zu wählen.
85 Eine Rangordnung impliziert auch MünchKomm/Henssler § 630 Rz 42: „Das Zeugnis muss in erster Linie wahr und erst in zweiter Linie wohlwollend sein; Wahrheit rangiert also vor Wohlwollen".
86 Std Rechtsprechung vgl BAG NJW 1972, 1214; NZA 1993, 698; NZA 2013, 324, 326; NZA 2015, 435, 437; BeckRS 2016, 73357.
87 BAG NZA 2015, 435; so auch MünchKomm/Henssler § 630 Rz 43.
88 So auch Staud/Temming § 630 Rz 36; MünchKomm/Henssler § 630 Rz 31; aA wohl LAG Baden-Württemberg LAGE BGB § 630 Nr 17.
89 Vgl zB BAG AP BGB § 630 Nr 6.
90 BAG AP BGB § 630 Nr 11; MünchKomm/Henssler Rz 31.
91 Landmann/Rohmer/Wiebauer GewO § 109 Rz 57; Staud/Temming § 630 Rz 30.
92 Landmann/Rohmer/Wiebauer GewO § 109 Rz 57 f; Staud/Temming § 630 Rz 30; MünchKomm/Henssler § 630 Rz 29.
93 LAG Hamburg NZA 1994, 890; aA ErfK/Müller-Glöge GewO § 109 Rz 13.
94 BAG AP BGB § 630 Nr 11; Staud/Temming § 630 Rz 31; MünchKomm/Henssler § 630 Rz 26.
95 Daher für eine Nennung im Zeugnis: ErfK/Müller-Glöge GewO § 109 Rz 29; Landmann/Rohmer/Wiebauer GewO § 109 Rz 76.

einem Zeugnis diese nicht nennen darf[96]. Auf die tariflichen Eingruppierungskriterien wird man bei der Beschreibung der Tätigkeit dagegen zurückgreifen können[97].
- **Unwesentliches** kann verschwiegen werden, wenn sich daraus keine Schlussfolgerungen über besondere Kenntnisse oder Fähigkeiten des Arbeitnehmers ableiten lassen[98].
- Wenn **Fortbildungs- und Weiterbildungsmaßnahmen** einen Eindruck einer noch bestehenden Qualifikation erlauben, die sich nicht bereits aus der reinen Tätigkeitsbeschreibung ergibt, sind solche Maßnahmen aufzunehmen[99].
- Die **Gewerkschaftszugehörigkeit** darf allein schon wegen GG Art 9 Abs 3 nicht erwähnt werden[100].
- Eine Tätigkeit als **Betriebs- oder Personalrat** darf wegen BetrVG § 78 Satz 2 in einem einfachen Zeugnis nicht aufgenommen werden[101]. Anders verhält es sich allerdings, wenn der Arbeitnehmer dies wünscht[102]. In einem qualifizierten Zeugnis darf sie nur dann aufgenommen werden, wenn der Arbeitnehmer lange Zeit freigestellt war und der Arbeitgeber dadurch nicht mehr in der Lage ist, Leistung und Führung des Arbeitnehmers in seiner beruflichen Tätigkeit zu bewerten[103]. Dies gebietet dann der Grundsatz der Zeugniswahrheit. Bei einem nicht freigestellten Betriebsratsmitglied muss dagegen der gesamte Zeitraum der Tätigkeit für den Arbeitgeber von der Bewertung umfasst sein, auch wenn der Arbeitnehmer in den letzten Jahren vor der Beendigung fast ausschließlich Betriebsratstätigkeiten ausgeübt hat[104].
- **Wettbewerbsverbote** dürfen ebenfalls nur auf Wunsch des Arbeitnehmers aufgenommen werden, da sie nichts mit der Art oder Dauer der Beschäftigung beim Arbeitgeber zu tun haben und auch in einem qualifizierten Zeugnis keine Aussage über Leistung und Führung treffen können[105].
- Auch der **Beendigungsgrund** spielt in einem einfachen Zeugnis über Dauer und Art der Tätigkeit keine Rolle und darf daher nur auf Wunsch des Arbeitnehmers aufgenommen werden[106]. Etwas anderes gilt in einem qualifizierten Zeugnis, wenn hieraus Schlussfolgerungen auf Leistung oder Verhalten des Arbeitnehmers gezogen werden können[107].
- Wurde dem Arbeitnehmer **Prokura** erteilt, hat er einen Anspruch darauf, dass dies auch in ein einfaches Zeugnis aufgenommen wird[108]; bei zeitlich beschränkter Erteilung, muss dies aufgrund der Wahrheitspflicht deutlich gemacht werden[109].

c) **Dauer.** Die Dauer richtet sich nach dem rechtlichen Bestand der Vertragsbeziehung, auch wenn die tatsächliche Beschäftigungszeit kürzer war[110]. **45**

- **Unterbrechungen. Kürzere Unterbrechungen** bleiben unerwähnt. Das betrifft im Wesentlichen Urlaubs- oder Krankheitszeiten[111]. Auch Zeiten eines rechtmäßigen Arbeitskampfes bleiben unerwähnt[112]. Aufgrund des Grundsatzes der Zeugniswahrheit sind **längere Unterbrechungen** dagegen stets anzugeben, da ansonsten bei Dritten der falsche Eindruck erweckt würde, die Beurteilung des Arbeitnehmers beruhe auf einer der Dauer des rechtlichen Bestands des Arbeitsverhältnisses üblicherweise entsprechenden tatsächlich erbrachten Arbeitsleistung[113]. Das ist beispielsweise der Fall bei **Erziehungsurlaub**[114], **Wehr- oder Zivildienst** oder **längeren Krankheiten**[115]. Ab wann eine erwähnenswerte längere Unterbrechung vorliegt, ist nicht anhand einer schematischen Grenze zu entscheiden, vielmehr muss unter Abwägung aller Umstände des Einzelfalls unter Berücksichtigung der Interessen aller Beteiligten entschieden werden, ob eine Unterbrechung erwähnt werden muss oder nicht.

---

96 So Staud/Temming § 630 Rz 32; ArbR-BGB/Eisemann § 630 Rz 33.
97 Staud/Temming § 630 Rz 32; ErfK/Müller-Glöge GewO § 109 Rz 29.
98 BAG AP BGB § 630 Nr 11; Staud/Temming § 630 Rz 31.
99 So auch Staud/Temming § 630 Rz 32; MünchKomm/Henssler § 630 Rz 26.
100 ArbG Ludwigshafen DB 1987, 1364; Staud/Temming § 630 Rz 32; MünchKomm/Henssler § 630 Rz 28.
101 BAG NZA 1993, 222, 223; LAG Hamm LAGE BGB § 630 Nr 13; Staud/Temming § 630 Rz 32; MünchKomm/Henssler § 630 Rz 28.
102 So zu Recht Staud/Temming § 630 Rz 32.
103 BAG NZA 1993, 222, 224; LAG Hessen DB 1978, 167; LAG Köln BeckRS 2013, 73873.
104 LAG Nürnberg NZA-RR 2019, 304.
105 LAG Hamm BB 1962, 638; MünchKomm/Henssler § 630 Rz 28.
106 LAG Düsseldorf LAGE BGB § 630 Nr 4; LAG Köln BGB § 630 LAGE Nr 11; LAG BGB § 630 Hamm LAGE Nr 1; MünchKomm/Henssler § 630 Rz 30; Staud/Temming § 630 Rz 35.
107 Grüneberg/Weidenkaff Anh zu § 630 Rz 8; Popp NZA 97, 588.
108 ErfK/Müller-Glöge GewO § 109 Rz 29; MünchArbR/Francke § 138 Rz 33.
109 LAG Baden-Württemberg NZA 1993, 127.
110 BGH NJW 1968, 396; Staud/Temming § 630 Rz 33; MünchKomm/Henssler § 630 Rz 26.
111 Staud/Temming § 630 Rz 34; MünchKomm/Henssler § 630 Rz 28.
112 Staud/Temming § 630 Rz 34; ErfK/Müller-Glöge GewO § 109 Rz 28; für rechtswidrige Arbeitskämpfe vgl Hohn, BB 1961, 1273.
113 BAG NZA 2005, 1237; MünchKomm/Henssler § 630 Rz 28.
114 BAG NZA 2005, 1237; ErfK/Müller-Glöge GewO § 109 Rz 28a; Staud/Temming § 630 Rz 34.
115 LAG Hessen NZA-RR 2016, 179; ErfK/Müller-Glöge GewO § 109 Rz 28a; Staud/Temming § 630 Rz 48.

Dabei ist neben der Dauer und der zeitlichen Lage der Ausfallzeiten vor allem zu berücksichtigen, ob dem (dann qualifizierten) Zeugnis Bedeutung in Bezug auf die Aussagen über die Berufserfahrung oder das Verhalten des Arbeitnehmers während des Arbeitsverhältnisses zukommt[116]. Umstritten ist, ob auch Unterbrechungen aufgrund der Verbüßung von **Freiheitsstrafen** erwähnt werden dürfen. Aufgrund des Grundsatzes der Zeugniswahrheit werden hierbei längere Unterbrechungen aufgrund des soeben Gesagten zu erwähnen sein[117]. Bei kürzeren Freiheitsstrafen soll dagegen darauf abgestellt werden, ob diese einen Bezug zum Arbeitsverhältnis aufweisen[118]. Das überzeugt jedoch nur für ein qualifiziertes Zeugnis. Denn anders als ein qualifiziertes Zeugnis bewertet ein einfaches Zeugnis gerade nicht das Verhalten des Arbeitnehmers, vielmehr werden rein deskriptiv die Daten des Arbeitsverhältnisses dargestellt. In einem einfachen Zeugnis darf daher eine lediglich kurzfristige Unterbrechung aufgrund einer Freiheitsstrafe keine Erwähnung finden.

– **Prozessbeschäftigung.** Umstritten ist, ob auch Zeiträume einer Prozessbeschäftigung zur Abwendung der Zwangsvollstreckung aufgenommen werden müssen, insbesondere in Fällen, in denen die Kündigungsschutzklage später abgewiesen wird: Zum einen wird vertreten, dass diese Zeiträume mit aufgenommen werden müssten, da sonst der Arbeitnehmer keinen Nachweis über diese, mitunter lang anhaltende Phase faktischer Beschäftigung führen könne. Daher solle hier ausnahmsweise die tatsächliche Beschäftigungsdauer und nicht der tatsächliche Bestand ausschlaggebend sein[119]. Das BAG geht allerdings davon aus, dass durch die Weiterbeschäftigung nach wirksamer Beendigung des Arbeitsverhältnisses regelmäßig kein neues Arbeitsverhältnis und auch keine befristete Fortsetzung des alten Arbeitsverhältnisses begründet werde. Aus dem Grundsatz der Zeugniswahrheit folge deshalb, dass der Arbeitgeber auch in diesem Fall das rechtliche Ende des Arbeitsverhältnisses angeben kann und Zeiten einer erzwungenen Weiterbeschäftigung nicht hinzugerechnet werden können[120]. Dem ist zuzustimmen. Da das Arbeitsverhältnis bereits zu diesem Zeitpunkt geendet hat, kann der Arbeitgeber nicht verpflichtet sein, ein ununterbrochenes Arbeitsverhältnis bis zum Wegfall der Beschäftigungspflicht zu bezeugen. Dem Interesse des Arbeitnehmers, lückenlos seine Beschäftigung nachzuweisen, wird damit genüge getan, dass er für den Zeitraum der Prozessbeschäftigung einen eigenen Zeugnisanspruch hat[121], da für die Prozessbeschäftigung die §§ 630, GewO 109 entsprechend gelten (s oben Rz 10). Dem steht auch nicht der Grundsatz der Zeugniseinheit entgegen, da sich auch dieser insoweit dem Grundsatz der Zeugniswahrheit unterordnen muss und nicht der Eindruck eines ununterbrochenen Arbeitsverhältnisses erweckt werden darf.

46 3. **Qualifiziertes Zeugnis.** Das qualifizierte Zeugnis ist ein „Mehr" zum einfachen Zeugnis: Es hat – wie das einfache Zeugnis – Daten zu Dauer und Art der Tätigkeit zu enthalten (s oben Rz 42 ff), weist aber **zusätzlich** die für den zukünftigen Bewerbungsprozess besonders relevanten Gesichtspunkte der Leistung und des Verhaltens/der Führung aus[122]. Das qualifizierte Zeugnis ist „nur" auf Verlangen des Arbeitnehmers auszustellen. Dies ist mittlerweile in der Praxis jedoch zum Regelfall geworden, sodass nach §§ 133, 157 die Bitte um Zeugniserteilung bei nicht erkennbar entgegenstehenden Interessen des Arbeitnehmers regelmäßig als Verlangen eines qualifizierten Zeugnisses ausgelegt werden muss[123].

47 a) **Verhalten/Führung.** § 630 Satz 2 stellt auf die Führung, GewO § 109 Abs 1 Satz 3 auf das Verhalten ab, was inhaltlich dasselbe meint, nämlich eine *„zusammenfassende Darstellung der für die Beschäftigung wesentlichen Charaktereigenschaften und Persönlichkeitszüge."*[124] Die Beurteilung von Leistung und Verhalten/Führung ist unabhängig voneinander und muss nicht zu einer gleich guten bzw schlechten Bewertung führen[125]. Wie bereits der Wortlaut klarstellt, ist grundsätzlich auf Verhalten/Führung im Dienst bzw Arbeitsverhältnis abzustellen[126]. Das aber erfasst dann das **gesamte Sozialverhalten**[127] des Arbeitnehmers: „*Mit ‚Führung' ist nicht etwa die sozialethische Führung des Arbeitnehmers zu verstehen, sondern dessen Sozialverhalten, seine Kooperations- und Kompromißbereitschaft [sic!], gegebenenfalls sein Führungsverhalten und -stil. Gemeint ist hier ein zusam-*

---

116 BAG NZA 2005, 1237; für eine maßgebliche Berücksichtigung des Verhältnisses von Arbeits- und Unterbrechungszeiträumen, LAG Köln NZA-RR 2012, 563; Mühlhausen NZA-RR 2006, 337.
117 So auch ErfK/Müller-Glöge GewO § 109 Rz 28a.
118 So zB Staud/Temming § 630 Rz 34.
119 Staud/Temming § 630 Rz 33; MünchKomm/Henssler § 630 Rz 27.
120 BAG BeckRS 2016, 73357.
121 LAG Hessen BeckRS 2015, 70616.
122 LAG Hamm NZA-RR 1996, 151 (Ls 2); MünchKomm/Henssler § 630 Rz 32.
123 MünchKomm/Henssler § 630 Rz 32; Staud/Temming § 630 Rz 37, der als entgegenstehendes Interesse zB eine dienstbezogene Straftat erkennt; ErfK/Müller-Glöge GewO § 109 Rz 5; Liedtke NZA 1988, 270; aA noch Landmann/Rohmer/Neumann 83. EL Dez 2019 GewO § 109 Rz 18.
124 Staud/Temming § 630 Rz 45 mit Verweis auf Grimm, Zeugnis Rz 67; Genauso ErfK/Müller-Glöge GewO § 109 Rz 43.
125 LAG Rheinland-Pfalz NZA-RR 2010, 69; ErfK/Müller-Glöge GewO § 109 Rz 43; Staud/Temming § 630 Rz 45.
126 ErfK/Müller-Glöge GewO § 109 Rz 43.
127 MünchKomm/Henssler § 630 Rz 40.

menfassendes Urteil über die Eigenschaften und das gesamte dienstliche Verhalten des Arbeitnehmers, also um das betriebliche Zusammenwirken, nämlich sein Verhalten zu Vorgesetzten, gleichgeordneten Arbeitskollegen, nachgeordneten Mitarbeitern, aber auch gegenüber Kunden. Es ist wichtig, daß [sic!] alle Verhaltensrichtungen beurteilt werden, da Auslassungen – zB Nichterwähnung einer Gruppe – Rückschlüsse auf Verhaltens-, Anpassungs-, Kontakt- oder Führungsschwierigkeiten zulassen. In der Zeugnissprache spricht man von einem ‚beredtem Schweigen'"[128]. Konkrete einzelne Vorfälle sollen nur dann besonders hervorgehoben werden, wenn sie charakteristisch für das Vertragsverhältnis sind[129]. **Außerdienstliches Verhalten/Führung** darf nur dann aufgenommen werden, wenn es das dienstliche Verhalten beeinträchtigt[130]. Dies ist etwa der Fall, wenn der Arbeitnehmer unbefugt ein Dienstfahrzeug seines Arbeitgebers in fahruntüchtigem Zustand zu einer Privatfahrt nutzt[131] oder Drogenkonsum in der Freizeit sich auf Verhalten/Führung bzw die Leistung auswirkt[132]. **Straftaten**[133] dürfen nur bei Bezug zum Vertragsverhältnis aufgenommen werden und das auch nur, solange sich der Arbeitnehmer nicht nach BZRG § 53 als unbestraft bezeichnen darf[134]. Wurde eine Straftat zu Recht aufgenommen, kann der Arbeitnehmer dann, wenn er sich nach dem BZRG wieder als unbestraft bezeichnen kann, nach den Grundsätzen der Berichtigung des Zeugnisses (vgl Rz 81) die Löschung aus dem Zeugnis verlangen, weil er sonst in seinem beruflichen Fortkommen unzulässig gestört würde[135]. Wenn der Leser des Zeugnisses positive Hervorhebung erwartet, darf auch durch eine Auslassung nicht ein entgegenstehendes Verhalten suggeriert werden, zB Ehrlichkeit eines Kassierers[136]. Heikel ist für den Ersteller insoweit, dass Selbstverständlichkeiten[137] ansonsten nicht aufgenommen werden dürfen[138]. Welche Merkmale hier regelmäßig aufzunehmen sind, richtet sich nach dem „Zeugnisbrauch" der jeweiligen Branche[139]. Ein polemisches, ironisches oder im grob unsachlichen Stil verfasstes Zeugnis ist unzulässig[140].

b) **Leistung.** Zu bewerten ist die Art und Weise, wie der Arbeitnehmer seine Aufgaben erledigt hat[141]. Hierfür werden verschiedene Merkmale herangezogen: Arbeits- und Leistungsbereitschaft, Arbeitsgüte, Arbeitsökonomie, Arbeitstempo, Belastbarkeit, Eigeninitiative, Entscheidungsfähigkeit, Urteilsvermögen, Ausdrucksvermögen, Verhandlungsgeschick, etc[142]. Besondere Fachkenntnisse oder herausgehobene Leistungen, die auch für einen späteren Arbeitgeber interessant sein können, sind hervorzuheben[143]. Ansonsten dürfen auch hier Einzelfälle nur erwähnt werden, sofern sie charakteristisch sind[144]. Allerdings gibt es auch hinsichtlich gewisser Leistungen einen von Branche zu Branche divergierenden Zeugnisbrauch, sodass je nach Branche die Erwähnung gewisser Leistungen in einem Zeugnis schlicht erwartet wird[145]. **48**

c) **Sonstiges.** Krankheiten dürfen nur insoweit erwähnt werden, als sie Auswirkungen auf Leistung oder Verhalten haben[146]. Sind solche Auswirkungen nicht gegeben, dürfen sie auch dann nicht erwähnt werden, wenn sie der Grund für die Beendigung des Arbeitsverhältnisses sind[147]. Führen sie jedoch zu längeren Unterbrechungen des Arbeitsverhältnisses, gelten die dort dargestellten Grundsätze (s Rz 45)[148]. **49**

d) **Prüfungen und akademische Grade.** Werden sie während des Vertragsverhältnisses erworben oder stehen mit ihm im Zusammenhang, sind sie im Zeugnis zu erwähnen, sofern sie **50**

---

128 LAG Hamm LAGE BGB § 630 Nr 26.
129 Preis/Bender NZA 2005, 1321, 1327; Staud/Temming § 630 Rz 45.
130 Vgl MünchKomm/Henssler § 630 Rz 42; unklarer Staud/Temming § 630 Rz 45, 47, wo auf die Wesentlichkeit für das Gesamtbild des Arbeitsverhältnisses abgestellt wird.
131 BAG AP TVAL II § 48 Nr 2.
132 BAG AP TVAL II § 48 Nr 2; MünchKomm/Henssler § 630 Rz 42; Staud/Preis § 630 Rz 48.
133 Zu Ermittlungsverfahren vgl oben Rz 39.
134 Vgl zB Staud/Temming § 630 Rz 47; kritisch ErfK/Müller-Glöge GewO § 109 Rz 44a.
135 Staud/Preis § 630 Rz 47.
136 BAG AP BGB § 630 Nr 6; LAG Hamm BeckRS 2019, 24758; Staud/Temming § 630 Rz 48.
137 Vgl insoweit die Aufbereitung von Selbstverständlichkeiten bei Göldner ZfA 1991, 225, 232 f (zB Fleiß, Pünktlichkeit oder Zuverlässigkeit). Abgelehnt für die Eigenschaft „selbständig" bei einer Sekretärin einer internationalen Anwaltskanzlei LAG Düsseldorf BeckRS 2017, 138742.
138 BGH AP BGB § 826 Nr 10; Göldner ZfA 1991, 225, 232 ff; Staud/Temming § 630 Rz 48.
139 Vgl BAG AP GewO § 109 Nr 1; Gäntgen RdA 2016, 147.
140 LAG Köln BeckRS 2017, 104733; LAG Schleswig-Holstein BeckRS 2003, 17117.
141 ErfK/Müller-Glöge GewO § 109 Rz 40; Staud/Temming § 630 Rz 46.
142 Vgl zB MünchKomm/Henssler § 630 Rz 37; ErfK/Müller-Glöge GewO § 109 Rz 40; Göldner ZfA 1991, 225, 245 ff.
143 ZB eine Erfindung eines Mitarbeiters in der Forschung, LAG Hamm NZA-RR 1998, 151; Staud/Temming § 630 Rz 46.
144 ErfK/Müller-Glöge GewO § 109 Rz 40; Staud/Temming § 630 Rz 46.
145 Vgl BAG AP GewO § 109 Nr 1; Gäntgen RdA 2016, 147.
146 LAG Sachsen NZA-RR 1997, 47; ErfK/Müller-Glöge GewO § 109 Rz 45; Staud/Temming § 630 Rz 48.
147 LAG Sachsen NZA-RR 1997, 47; Staud/Temming § 630 Rz 48.
148 LAG Sachsen NZA-RR 1997, 47; Staud/Temming § 630 Rz 48.

auch für einen zukünftigen Arbeitgeber von Interesse sind, wobei es unerheblich ist, ob der akademische Grad im Betrieb selbst geführt wurde oder nicht[149].

51 e) **Bewertungsskala.** Im Gegensatz zum einfachen Zeugnis erfordert das qualifizierte Zeugnis vom Aussteller eine Bewertung. Dabei unterliegt er einem Beurteilungsspielraum: Erforderlich ist die objektive und daher nachvollziehbare Erfassung von Leistung und Verhalten des Arbeitnehmers im Vergleich zu anderen Mitarbeitern bei stets gleichbleibendem Maßstab[150]. Stets zu beachten sind auch hier die Grenzen der allgemeinen Zeugnisgrundsätze[151]. Für die Bewertung hat sich in der Praxis eine an Schulnoten orientierte mehrstufige Notenskala entwickelt[152]:

52 aa) **Sehr gut – stets zur vollsten Zufriedenheit.** Die Leistungen eines Arbeitnehmers sind mit „sehr gut" zu bezeichnen, wenn der Arbeitnehmer seine Arbeit ohne jede Beanstandung erbracht hat **und darüber hinaus** ihn besonders auszeichnende Umstände, zB schnellere Erledigung der Arbeit als üblich, Entwicklung neuer Ideen, etc vorliegen[153]. Allein die Tatsache, dass die Arbeitsleistung nicht beanstandet wurde, führt dagegen noch nicht zu einer Bewertung mit „sehr gut"[154]. Werden die Einzelbeurteilungen ausnahmslos als „sehr gut" bewertet und wurde auch die Tätigkeit des Arbeitnehmers als „sehr erfolgreich" hervorgehoben, so muss auch die abschließende Gesamtbewertung „sehr gut" lauten[155].

53 bb) **Gut – stets zur vollen Zufriedenheit.** Eine Leistung, die nie zu beanstanden war, sich aber dennoch vom Durchschnitt abhebt, wird mit gut zu bezeichnen sein[156]. Hierfür wird von der die volle Zufriedenheit ausdrückenden Formulierung durch das Hinzufügen eines steigernden Zusatzes wie „stets", „immer" oder „durchgehend" abgewichen[157].

54 cc) **Befriedigend – stets zur Zufriedenheit/zur vollen Zufriedenheit.** Diese – beiden gängigen – Formulierungen weisen eine Note der Stufe befriedigend aus. Sie steht für eine Leistung, die im Allgemeinen den Anforderungen entspricht[158]. Dies wird der Fall sein, wenn die Leistung bei langjähriger Beschäftigung nur vereinzelt Anlass zur Beanstandung gegeben hat[159]. Die Note befriedigend ist als mittlere Bewertungsstufe der Dreh- und Angelpunkt der vorherrschenden fünfstufigen Notenskala[160].

55 dd) **Ausreichend – zur Zufriedenheit.** Mit ausreichend wird bereits eine unterdurchschnittliche Leistung bewertet[161]. Damit wird zum Ausdruck gebracht, dass die Leistung zwar eher mäßig, aber insgesamt noch brauchbar war[162].

56 ee) **Mangelhaft – im Großen und Ganzen/insgesamt zur Zufriedenheit.** Eine Leistung kann dann auch mit mangelhaft bewertet werden, wenn der Arbeitnehmer keinerlei brauchbare Arbeitsleistungen erbracht hat[163].

57 ff) **Ungenügend – hat sich bemüht.** Teilweise wird in der Praxis auch noch eine sechste Notenstufe verwendet[164]. Andere begnügen sich mit einer fünfstufigen Notenskala[165].

58 Grundsätzlich drückt der Arbeitgeber Zufriedenheit dabei bereits mit einer Bewertung in der Notenstufe „befriedigend" aus. In der Praxis zeichnet sich jedoch, vermeintlich auf die Wohlwollenspflicht gestützt, die Tendenz zu einer übermäßig guten Notengebung ab. Gerade in Fällen, in denen Bewertungen mit „gut" oder gar „sehr gut" branchenüblich sind, kann dies Arbeitnehmer dann bereits bei einer Bewertung mit „befriedigend" in ihrem beruflichen Fortkommen behindern. Das BAG hat jedoch klargestellt, dass die Tendenz zur Erteilung von Gefälligkeitszeugnissen nicht dazu führe, dass ein Arbeitnehmer in dieser Branche ebenfalls Anspruch auf eine bessere Bewertung habe[166]. Nun könnte man fordern, dass zumindest dann, wenn sich innerhalb einer Branche eine entsprechende Tendenz abzeichnet, sich bereits der Bewertungsmaßstab, der Zufriedenheit ausdrückt, verschoben hat, sodass insoweit auch in den Notenbewer-

---

149 LAG Hessen BeckRS 2013, 72676; Staud/Temming § 630 Rz 48.
150 MünchKomm/Henssler § 630 Rz 35.
151 Staud/Temming § 630 Rz 50.
152 Vgl zB BAG NZA 2004, 842; NZA 2015, 435, 436; für eine sechsstufige Notenskala Schaub/Linck § 147 Rz 23; für das wohl überwiegende fünfstufige Notenskala, ErfK/Müller-Glöge GewO § 109 Rz 32 f; Staud/Preis § 630 Rz 51; MünchKomm/Henssler § 630 Rz 99 ff.
153 LAG Hamm LAGE BGB § 630 Nr 27 (LS 3).
154 LAG Düsseldorf DB 1985, 2692; MünchKomm/Henssler § 630 Rz 100.
155 BAG EzA BGB § 630 Nr 16; MünchKomm/Henssler § 630 Rz 100.
156 Staud/Temming § 630 Rz 51.
157 BAG NZA 2015, 435, 436.
158 BAG NZA 2015, 435, 436; MünchKomm/Henssler § 630 Rz 102.
159 Staud/Temming § 630 Rz 51.
160 ErfK/Müller-Glöge GewO § 109 Rz 32.
161 LAG Köln NZA-RR 2000, 235; Schaub/Linck § 147 Rz 23.
162 MünchKomm/Henssler § 630 Rz 102.
163 LAG Köln LAGE BGB § 630 Nr 34.
164 Vgl zB Gäntgen RdA 2016, 14.
165 Vgl zB BAG NZA 2004, 843.
166 BAG NZA 2015, 435.

tungen eine Anpassung vorgenommen werden muss[167]. Allerdings unterstellt dies, dass eine Vergleichbarkeit nur innerhalb einer Branche bestehen soll. Gerade in Zeiten der Digitalisierung, in Zeiten steten Wandels des Arbeitsumfeldes, wird dies jedoch eine zu enge Betrachtung darstellen. Daher wird man eine solche Anpassung erst dann vornehmen können, wenn sich objektiv messen lässt, dass sich branchenübergreifend insgesamt der Bewertungsmaßstab verändert hat und mit dem Begriff „befriedigend" nicht mehr die Zufriedenheit mit der Leistung zum Ausdruck gebracht wird. Das ist jedoch (noch) nicht der Fall[168].

VI. Zeugniserteilung

1. Erteilungsberechtigung. Zur Ausstellung des Zeugnisses ist der Dienstberechtigte bzw Arbeitgeber berechtigt. Bei natürlichen Personen ist das grundsätzlich der Arbeitgeber in Person, bei juristischen Personen deren gesetzlicher Vertreter[169]. Der Arbeitgeber darf sich durch einen **Bevollmächtigten** vertreten lassen, dieser muss jedoch dem Arbeitnehmer gegenüber ranghöher und weisungsbefugt sein[170]. Der Vertreter muss **demselben Betrieb**[171] angehören, weshalb das Zeugnis nicht von einem externen Berater ausgestellt werden darf[172]. Er kann jedoch das von diesem entworfene Zeugnis wortwörtlich übernehmen und es eigenhändig unterzeichnen, solange das Zeugnis den inhaltlichen Anforderungen, insbesondere bezüglich der Wahrheitspflicht, genügt[173]. Der Arbeitnehmer kann die Unterzeichnung des Zeugnisses durch einen Vertreter des Arbeitgebers verweigern, wenn es zu schweren Zerwürfnissen gekommen ist, jedoch nicht die Unterzeichnung durch eine von ihm bestimmte Person verlangen[174]. Unschädlich ist es dagegen, wenn der Arbeitnehmer selbst bei der Erstellung des Zeugnisses **mitwirkt**. Der Arbeitgeber nimmt – selbst bei einem komplett selbständig vom Arbeitnehmer entworfenen Zeugnis – mit seiner Unterschrift diesen Inhalt als eigenen an und zeichnet hierfür verantwortlich[175]. In der Praxis – beispielsweise in Aufhebungsverträgen[176] oder gerichtlichen Vergleichen[177] – wird häufig vereinbart, dass der Arbeitgeber ein Zeugnis nach dem Entwurf des Arbeitnehmers ausstellt. Nach einem **Betriebsübergang** wird das Endzeugnis vom Erwerber ausgestellt, allerdings kann der Arbeitnehmer ein Zwischenzeugnis verlangen (s Rz 21) für das nach § 613a Abs 2 Satz 1 eine gesamtschuldnerische Haftung von Erwerber und Veräußerer besteht[178]. Der Erwerber hat im Zweifel Auskunft beim Veräußerer einzuholen[179]. Bei **Leiharbeitnehmern** richtet sich der Anspruch gegen den Verleiher, da dieser alleiniger Arbeitgeber des Leiharbeitnehmers ist[180]. Der Entleiher hat jedoch als vertragliche Nebenpflicht aus dem Überlassungsvertrag dem Verleiher seine Beurteilung mitzuteilen[181]. Im Fall der **Insolvenz** ist zu unterscheiden, ob das Arbeitsverhältnis vor oder nach der Insolvenzeröffnung endet: Vor Eröffnung bleibt grundsätzlich der Insolvenzschuldner auch Schuldner des Zeugnisanspruchs[182]. Besteht das Arbeitsverhältnis auch nach Insolvenzeröffnung zunächst fort, hat der Insolvenzverwalter das Zeugnis auszustellen, auch für den Zeitraum vor der Insolvenz[183]. Der Insolvenzverwalter hat gegen den Arbeitgeber gemäß InsO § 97 einen Auskunftsanspruch, um den Zeugnisanspruch zu erfüllen[184]. Wird ein vorläufiger Insolvenzverwalter nach InsO § 22 bestellt, so richtet sich der Anspruch gegen ihn[185]. Im Falle des **Todes des Arbeitgebers** richtet sich der Zeugnisanspruch gegen den Erben[186].

---

167 So die Vorinstanz, LAG Berlin-Brandenburg BeckRS 2013, 70587.
168 BAG NZA 2015, 435.
169 Staud/Temming § 630 Rz 22; MünchKomm/Henssler § 630 Rz 52; ErfK/Müller-Glöge GewO § 109 Rz 3.
170 BAG AP BGB § 630 Nr 27; Landmann/Rohmer/Wiebauer GewO § 109 Rz 52; aA MünchKomm/Henssler § 630 Rz 54, der zwischen einfachem und qualifiziertem Zeugnis unterscheidet und nur für letzteres eine Überordnung verlangt.
171 Bei verbundenen Unternehmen, bei denen die Personalführung durch ein anderes Unternehmen ausgeübt wird, kann auch diese das Zeugnis (mit-)unterzeichnen, ErfK/Müller-Glöge GewO § 109 Rz 3a.
172 LAG Hamm DB 1966, 1815; MDR 2000, 590.
173 LAG Hamm MDR 2000, 590 (2. Ls).
174 So zu Recht Staud/Temming § 630 Rz 22; ErfK/Müller-Glöge § 630 Rz 3a; aA MünchKomm/Henssler § 630 Rz 54. Zu vollstreckungsrechtlichen Problemen siehe unten Rz 107.
175 LAG Köln ZInsO 2005, 333; Staud/Temming § 630 Rz 22a; ErfK/Müller-Glöge GewO § 109 Rz 24.
176 Maschmann/Sieg/Göpfert/Künzl, Vertragsgestaltung im Arbeitsrecht, S 484 Rz 82 d).
177 Vgl BAG NZA 2012, 1244.
178 MünchKomm/Henssler § 630 Rz 52; ErfK/Müller-Glöge GewO § 109 Rz 3a; Jüchser NZA 2012, 244, 246.
179 BAG NZA 2008, 298.
180 Ennuschat/Wank/Winkler/Wank GewO § 109 Rz 6; MünchKomm/Henssler § 630 Rz 52.
181 HWK/Gäntgen GewO § 109 Rz 13.
182 BAG NZA 1991, 599; Staud/Temming § 630 Rz 24; ErfK/Müller-Glöge GewO § 109 Rz 4.
183 BAG NZA 1991, 599; NZA 2004, 1392; Staud/Temming § 630 Rz 24; ErfK/Müller-Glöge GewO § 109 Rz 4.
184 BAG NZA 2004, 1392; MünchKomm/Henssler § 630 Rz 53; Staud/Temming § 630 Rz 24.
185 BAG NZA 2004, 1392; MünchKomm/Henssler § 630 Rz 53; Staud/Temming § 630 Rz 24.
186 ArbG Münster BB 1990, 2266; MünchArbR/Francke § 138 Rz 6; MünchKomm/Henssler § 630 Rz 53.

60 Sowohl die Erben als auch der Insolvenzverwalter werden von ihrer Verpflichtung frei, wenn sich die erforderlichen Einkünfte nicht einholen lassen[187]. Entsprechendes muss auch für den Erwerber gelten, wenn er keine hinreichenden Informationen über die Beschäftigung beim Veräußerer in Erfahrung bringen kann[188].

61 **2. Betriebsrat.** Eine Beteiligung des Betriebsrates ist **nicht** erforderlich, es besteht insoweit kein **Mitbestimmungsrecht** bei der Erteilung des Zeugnisses[189]. Gemäß BetrVG § 94 Abs 2 können zwar allgemeine Beurteilungsgrundsätze in einer Betriebsvereinbarung vereinbart werden[190]. Daraus folgt aber keine Mitbestimmung bei der Beurteilung im Einzelfall, jedoch kann der Arbeitnehmer die Entfernung einer Beurteilung aus der Personalakte verlangen, die unter Verstoß gegen die aufgestellten Beurteilungsgrundsätze zustande kommt[191].

62 **3. Form.** Das Zeugnis muss zunächst schriftlich im Sinne des § 126 erteilt werden, die elektronische Form ist dabei ausdrücklich ausgeschlossen (Satz 3). Da das Zeugnis zur Vorlage bei einem zukünftigen Arbeitgeber eine für das gesamte weitere Berufsleben hohe Bedeutung hat, sind die formellen Anforderungen an das Zeugnis relativ hoch. Im Einzelnen:

63 a) **Äußere Form.** Das Zeugnis muss zunächst den im Geschäftsleben üblichen Mindestanforderungen genügen: „Es ist haltbares Papier von guter Qualität zu benutzen, das Zeugnis muß [sic!] sauber und ordentl. geschrieben sein und darf keine Flecken, Radierungen, Verbesserungen, Durchstreichungen oder ähnl. enthalten."[192] In der Regel wird das erfordern, dass das Zeugnis maschinenschriftlich und nicht handschriftlich erstellt wird[193]. Des Weiteren muss das Zeugnis von solcher Qualität sein, dass sichergestellt ist, dass der Arbeitnehmer saubere und ordentliche Kopien anfertigen kann, weil dies für das berufliche Fortkommen unerlässlich ist[194]. Anspruch auf ein ungefaltetes Zeugnis besteht dagegen nicht[195]. Verfügt ein Arbeitgeber ausschließlich über gelochtes Geschäftspapier, darf ein Zeugnis auch auf gelochtem Geschäftspapier erteilt werden[196]. Auch ein ordnungsgemäßer Briefkopf auf Firmenpapier darf erwartet werden, wenn dies im Geschäftszweig des Arbeitgebers für schriftliche Äußerungen üblich ist[197]. Der Arbeitgeber ist – auch bei nachträglicher Zeugniserteilung – berechtigt, seinen jeweils aktuellen Briefkopf im Zeitpunkt der Zeugniserteilung zu verwenden[198]. Geheimzeichen (zB Hervorhebung durch Unterstreichung, Benutzung von Anführungs-, Frage- oder Ausrufezeichen; Striche am Rand; Smileys), die den Arbeitnehmer in einer aus dem Wortlaut nicht ersichtlichen Weise kennzeichnen sollen, sind verboten[199].

64 b) **Sprache.** Wenn nicht anders vertraglich vereinbart, ist das Zeugnis grundsätzlich in deutscher Sprache auszustellen. War das Arbeitsverhältnis insgesamt von einer anderen Sprache geprägt, hat der Arbeitnehmer einen Anspruch darauf, dass das Zeugnis in dieser Sprache ausgestellt wird[200]. Allein die Verwendung eines Arbeitsvertrages in einer anderen Sprache dürfte allerdings noch nicht ausreichend sein, um ein solches Gepräge anzunehmen.

65 c) **Datum.** Das Zeugnis muss grundsätzlich das **Datum seiner Ausstellung** enthalten[201]. Wird das Zeugnis allerdings später berichtigt oder neu geschrieben, muss das Datum der ursprünglichen Ausstellung verwendet werden, zumindest soweit die verspätete Ausstellung nicht vom Arbeitnehmer zu vertreten ist, da hieraus Hinweise für einen möglichen Rechtsstreit über den Zeugnisinhalt gezogen werden könnten[202]. Auch wenn sich der Arbeitgeber zunächst unberechtigterweise weigert, das Zeugnis auszustellen, wird man eine Rückdatierung für zulässig erachten müssen[203]. Die Rechtsprechung hat daraus teilweise abgeleitet, dass bei einem qualifizierten Zeugnis das Datum der rechtlichen Beendigung des Arbeitsverhältnisses aufzunehmen

---

187 BAG NZA 1991, 599, 600; Staud/Temming § 630 Rz 24; MünchKomm/Henssler § 630 Rz 53.
188 Jüchser NZA 2012, 244, 246.
189 MünchArbR/Francke § 138 Rz 58.
190 Vgl hierzu beispielsweise Richardi/Thüsing BetrVG § 94 Rz 57 ff.
191 Richardi/Thüsing BetrVG § 94 Rz 75.
192 BAG NZA 1993, 697 mwN.
193 LAG Hamm NZA-RR 1998, 151; Landmann/Rohmer/Wiebauer GewO § 109 Rz 59, der ausdrücklich auch ein säuberlich handgeschriebenes Zeugnis für ausreichend erachtet.
194 BAG NJW 2000, 1060, 1061: Diese Voraussetzung sei nicht erfüllt, wenn sich Falzungen auf den Kopien durch quer über den Bogen verlaufende Schwärzungen abzeichnen.
195 BAG NZA 2000, 257; LAG Mainz GWR 2018, 185 (kein Anspruch auf ein ungeknicktes und ungetackertes Zeugnis).
196 LAG Nürnberg BeckRS 2019, 26243.
197 BAG NZA 1993, 697; Staud/Temming § 630 Rz 26 mwN.
198 LAG Hessen BeckRS 2020, 44257.
199 ErfK/Müller-Glöge GewO § 109 Rz 16; Popp DB 2016, 1075, 1077; bezgl Smiley ArbG Kiel BeckRS 2013, 71590.
200 MünchKomm/Henssler § 630 Rz 49; aA noch Landmann/Rohmer/Neumann GewO 83. EL Dez 2019 § 109 Rz 11.
201 Vgl LAG Mainz BeckRS 2017, 146893.
202 BAG AP BGB § 630 Nr 19; LAG Mainz BeckRS 2017, 146893; Landmann/Rohmer/Wiebauer GewO § 109 Rz 53.
203 So im Grundsatz auch MünchKomm/Henssler § 630 Rz 48.

sei²⁰⁴. Dem ist jedoch, außer in vorgenannten Fällen, nicht zu folgen. Wird das Zeugnis dagegen schlicht später ausgestellt, ist eine Rückdatierung ausgeschlossen²⁰⁵.

d) **Überschrift**. Das Zeugnis muss grundsätzlich nicht als Zeugnis überschrieben sein. Allerdings muss sich aus der Formulierung klar ergeben, ob es sich um ein Endzeugnis oder ein Zwischenzeugnis handelt²⁰⁶.

e) **Aussteller**. Zu den allgemeinen Angaben gehört auch, dass der Aussteller des Zeugnisses erkennbar ist. Dabei müssen Vertretungsverhältnisse und Funktion angegeben werden, da diese Aufschluss über die Wertschätzung des Arbeitnehmers sowie die Kompetenz des Ausstellers zur Beurteilung des Arbeitnehmers geben können²⁰⁷. Der Leser muss diese ohne weiteres aus dem Zeugnis ablesen können, wobei allein der Zusatz „Dr" nicht ausreicht²⁰⁸.

f) **Schlussformel**. In der Praxis werden häufig Schlussformeln wie „Wir bedauern das Ausscheiden, danken für die Zusammenarbeit und wünschen ihm für seinen weiteren Lebensweg alles Gute!" verwendet, die das Zeugnis abrunden und die Bewerbungschancen des Arbeitnehmers steigern können²⁰⁹. Der Arbeitgeber ist jedoch grundsätzlich **nicht verpflichtet**, das Arbeitszeugnis mit einer Formulierung abzuschließen, in der er dem Arbeitnehmer für die Zusammenarbeit dankt und ihm für die Zukunft alles Gute wünscht²¹⁰. Das gilt auch im Fall eines überdurchschnittlichen Zeugnisses²¹¹. Das Gesetz verpflichtet den Arbeitgeber nämlich nicht, ein Empfinden über das Ende des Arbeitsverhältnisses zum Ausdruck zu bringen; auch aus der Wohlwollenspflicht oder der Üblichkeit einer solchen Formulierung lässt sich ein solcher Anspruch nicht begründen²¹². Daraus folgt, dass ein Arbeitnehmer, der mit der vom Arbeitgeber verwendeten Schlussformel nicht einverstanden ist, nur verlangen kann, dass das Zeugnis ohne diese Schlussformel ausgestellt wird, nicht aber mit einer von ihm verlangten²¹³. Der Arbeitgeber kann eine Schlussformel jedoch zusagen, zB in einem Vergleich²¹⁴. Die Zusage eines „qualifizierten wohlwollenden Arbeitszeugnisses" enthält allein nicht die Zusage einer Schlussformel²¹⁵. Wird eine Schlussformel verwendet, so darf diese nicht im Widerspruch zum Zeugnisinhalt stehen oder diesen relativieren²¹⁶.

4. **Holschuld**. Das Zeugnis ist eine Holschuld, sodass der Arbeitnehmer es grundsätzlich am Arbeitsplatz abzuholen hat²¹⁷. Erklärt der Arbeitgeber daher, das Zeugnis liege für den Arbeitnehmer zur Abholung bereit, liegt damit in aller Regel Erfüllung vor, sofern das Zeugnis den gesetzlichen Vorgaben entspricht²¹⁸. Allerdings kann der Arbeitgeber aus seiner nachvertraglichen Fürsorgepflicht gehalten sein, dem Arbeitnehmer das Zeugnis nachzuschicken, etwa dann, wenn es für den Arbeitnehmer unverhältnismäßig aufwendig wäre, das Zeugnis abzuholen²¹⁹. Das muss auch gelten, wenn der Arbeitgeber das Arbeitszeugnis bei Beendigung des Arbeitsverhältnisses noch nicht fertiggestellt hat. Allein aus Verzugsgesichtspunkten folgt dies nicht, da der Verzug nichts am Charakter der Holschuld zu ändern vermag²²⁰.

5. **Wahlrecht**. Umstritten ist, ob es sich bei der Zeugnisschuld um eine echte Wahlschuld zwischen einfachem und qualifiziertem Zeugnis im Sinne des § 262 handelt. Folge wäre, dass der Arbeitnehmer nur entweder einen Anspruch auf ein einfaches oder ein qualifiziertes Zeugnis hat²²¹. Versteht man das so, wäre die Pflicht aus § 630 erfüllt, wenn der Arbeitgeber das vom

---

204 LAG Köln BeckRS 2020, 9141.
205 Wenn die verspätete Ausstellung auf der Nachlässigkeit des Arbeitnehmers beruht LAG Mainz BeckRS 2017, 146893; Staud/Temming § 630 Rz 29; Landmann/Rohmer/Wiebauer GewO § 109 Rz 53; aA MünchKomm/Henssler § 630 Rz 48, der eine Rückdatierung aus denselben Gründen wie bei der Berichtigung für möglich erachtet.
206 Vgl Staud/Temming § 630 Rz 29 mwN.
207 BAG AP BGB § 630 Nr 23; Landmann/Rohmer/Wiebauer GewO § 109 Rz 52.
208 LAG Hessen BeckRS 2015, 70610.
209 BAG NZA 2013, 324; NZA 2001, 843.
210 BAG NZA 2022, 783; NZA 2013, 324; NZA 2001, 843; aA LAG Düsseldorf NZA-RR 2011, 123; NZA-RR 2009, 177, das anhand der Leistungs- und Verhaltensbeurteilung differenziert, ob ein Anspruch auf eine Schlussformel besteht; vgl zu wN ErfK/Müller-Glöge GewO § 109 Rz 46; Staud/Temming § 630 Rz 49.
211 BAG NZA 2022, 783 für ein „leicht" überdurchschnittliches Zeugnis.
212 So auch BAG NZA 2013, 324; das LAG Düsseldorf NZA-RR 2021, 334 sieht jedoch bei einem einwandfreien Zeugnis zumindest einen Anspruch auf Dank und gute Wünsche – nicht jedoch auf ein, tatsächlich nicht vorhandenes, Bedauern. Beachte zudem LAG Mecklenburg-Vorpommern NZA-RR 2019, 519, das bei konkreten Anhaltspunkten dafür, dass die Verweigerung der Schlussformel eine Kränkung des Arbeitnehmers darstellen solle, einen Anspruch auf eine Schlussformel annimmt. Will man dieser Rechtsprechung folgen, müssten die Anforderungen an die konkreten Anhaltspunkte jedoch hoch angesetzt werden.
213 BAG NZA 2013, 324.
214 LAG Berlin-Brandenburg BeckRS 2018, 9551; Wiebauer RdA 2020, 283.
215 LAG Düsseldorf NZA-RR 2021, 334.
216 BAG NZA 2001, 843; LAG Mainz, BeckRS 2020, 45161; ErfK/Müller-Glöge GewO § 109 Rz 46a.
217 BAG NJW 1995, 2373; LAG Schleswig-Holstein BeckRS 2021, 3692; MünchKomm/Henssler § 630 Rz 55.
218 LAG Schleswig-Holstein BeckRS 2021, 3692.
219 BAG NJW 1995, 2373; Staud/Temming § 630 Rz 9; MünchKomm/Henssler § 630 Rz 55.
220 So zu Recht MünchKomm/Henssler § 630 Rz 55.
221 Staud/Temming § 630 Rz 10, 54; Schaub/Linck § 147 Rz 7.

Arbeitnehmer gewählte Zeugnis erteilt. Andere verstehen die Qualifikation als Wahlschuld weder als mit dem Wortlaut des Gesetzes noch der arbeitsrechtlichen Interessenlage vereinbar[222]. Tatsächlich ergibt sich jedoch aus der Formulierung des Gesetzes „das Zeugnis", dass der Arbeitnehmer nur „ein" Zeugnis verlangen können soll. Dies als Wahlschuld zu begreifen, liegt nahe. Anerkannt ist aber, dass der Arbeitnehmer ein berechtigtes Interesse daran haben kann, auch nach Erteilung eines einfachen Zeugnisses noch ein qualifiziertes Zeugnis verlangen zu können[223]. Folgt man der Auffassung, dass es sich um eine echte Wahlschuld handle, ergibt sich dieser Anspruch auf ein **„zweites"** Zeugnis aus einer (nach-)vertraglichen Fürsorgepflicht und nicht mehr aus § 630 – denn dieser wäre bereits durch die Erteilung des einfachen Zeugnisses erfüllt. Einhellig wird gefordert, dass die Erteilung des qualifizierten Zeugnisses Zug um Zug gegen **Rückgabe** des einfachen Zeugnisses erfolgen soll[224]. Zumindest bei der Annahme, dass der Zeugnisanspruch aus vertraglicher Fürsorgepflicht und nicht mehr aus § 630 erfolgen soll, überzeugt das nicht. Denn dann wurde das einfache Zeugnis zur Erfüllung des Anspruchs aus § 630 erteilt und es besteht gerade **kein Rückforderungsanspruch**.

71 Ob der Arbeitnehmer nach Erteilung eines qualifizierten Zeugnisses noch ein einfaches Zeugnis verlangen kann, erscheint regelmäßig zweifelhaft[225]. Hier wird man wohl nur im Ausnahmefall ein berechtigtes Interesse des Arbeitnehmers begründen können, warum er dieses zusätzlich zum deutlich weiteren qualifizierten Zeugnis, das die Inhalte des einfachen Zeugnisses ebenfalls abdeckt, benötigt[226]. Die Kosten für ein einfaches Zeugnis nach Erhalt des qualifizierten Zeugnisses wird man dann jedoch dem Arbeitnehmer auferlegen müssen.

72 Erteilt der Arbeitgeber nicht die vom Arbeitnehmer gewählte Zeugnisform, so kann dieser das Zeugnis als nach § 263 Abs 2 nicht geschuldet zurückweisen.

73 **6. Geltendmachung nach Ausscheiden.** Der Zeugnisanspruch kann auch nach dem Ausscheiden aus dem Arbeitsverhältnis geltend gemacht werden. Er kann jedoch innerhalb der Regelfrist des § 195 **verjähren**. Darüber hinaus soll nach überwiegender Ansicht auch die **Verwirkung** des Zeugnisanspruches in Betracht kommen können[227]. Verwirkung setzt ein Umstandsmoment und ein Zeitmoment voraus[228]. Bezüglich des Umstandsmoments wird vertreten, dass ein solches nur für qualifizierte Zeugnisse eintreten könne, da die für ein einfaches Zeugnis erforderlichen Angaben dem ehemaligen Arbeitgeber auch noch nach längerer Zeit nachvollziehbar seien. Zudem sei die Herleitung der Verwirkung unter der früheren 30jährigen Verjährungsfrist entstanden und mittlerweile hinfällig[229]. Dem ist zumindest für Arbeitsverhältnisse zuzustimmen. Kritisch zu sehen ist, sowohl für einfache wie qualifizierte Zeugnisse, die großzügige Begründung des Zeitmoments. Das BAG[230] hält hier zehn Monate für ausreichend, andere halten das Zeitmoment schon nach sechs Monaten für gegeben. Es begründet dies mit der überragenden Bedeutung des Zeugnisses für das berufliche Fortkommen. Der Arbeitnehmer müsse daher schnell und zeitnah ein Zeugnis fordern. Allerdings wird man gerade aufgrund der besonderen, auch langwirkenden Bedeutung für das gesamte Arbeitsleben, einem Arbeitnehmer vielmehr bis zur Grenze der Verjährung einen Anspruch auf ein Arbeitszeugnis zusprechen müssen. Zumindest aber sind vor diesem Hintergrund an das Umstandsmoment hohe Anforderungen zu stellen. Dies gilt umso mehr, als sich die Arbeitswelt mittlerweile gewandelt hat und sich nicht mehr klassischerweise ein Arbeitsverhältnis an das andere anschließt, sondern in Zeiten von Arbeit 4.0 und Sabbaticals auch Phasen ohne Arbeitsverhältnisse finden. Sollte einem Arbeitgeber die Erstellung eines – qualifizierten – Zeugnisses zu einem späteren Zeitpunkt praktisch nicht mehr möglich sein, wird der Anspruch nach § 275 Abs 1 unmöglich. Zur ausdrücklichen Abdingbarkeit und zum Verzicht s Rz 90 ff.

74 Im Falle eines **Verlusts** oder einer **Beschädigung** des Zeugnisses wird man eine nachvertragliche Nebenpflicht dahingehend annehmen können, dass der Arbeitgeber dem Arbeitnehmer auf dessen Kosten ein **neues** Zeugnis auszustellen hat, das im Rahmen der Möglichkeiten des Arbeitgebers und in zumutbarer Weise das ursprüngliche Zeugnis soweit möglich rekonstruiert[231]. Dabei ist ein Wechsel der Zeugnisart nur dann möglich, wenn die Neuausstellung eines qualifizierten Zeugnisses unmöglich ist (zB bei Verlust und langem Zeitablauf). Dann kann der Arbeitnehmer zumindest ein einfaches Zeugnis verlangen[232].

---

222 Vgl zB MünchKomm/Henssler § 630 Rz 24.
223 BeckOK-BGB/Plum § 630 Rz 11.
224 BAG AP BGB § 630 Nr 16; auch Staud/Temming § 630 Rz 54.
225 LAG Hamm NZA-RR 1998, 151, 155.
226 Kritisch auch MünchArbR/Francke § 138 Rz 14.
227 BAG NJW 1988, 1616; NZA 2006, 346; Münch-Komm/Henssler § 630 Rz 65; Erman/Riesenhuber § 630 Rz 20; MünchArbR/Francke § 138 Rz 19.
228 Vgl zB BGH NJW 2014, 1230, 1231.
229 Staud/Temming § 630 Rz 52.
230 BAG NJW 1988, 1616.
231 Vgl LAG Hamm LAGE BGB § 630 Nr 5; ErfK/Müller-Glöge GewO § 109 Rz 58; Staud/Temming § 630 Rz 58.
232 So zu Recht Staud/Temming § 630 Rz 58.

7. Zurückbehaltungsrecht. Der Arbeitgeber kann dem Arbeitnehmer kein Zurückbehaltungsrecht aus § 273 gegen den Zeugniserteilungsanspruch entgegenhalten, wenn er andere Ansprüche aus dem Arbeitsverhältnis gegen den Arbeitnehmer hat[233]. Dies würde dem Charakter des Zeugnisanspruchs als Ausfluss der Fürsorgepflicht widersprechen und das Fortkommen des Arbeitnehmers erschweren[234]. Die Einrede des nicht erfüllten Vertrags (§ 320) scheidet schon deshalb aus, weil der Zeugnisanspruch nicht in einem synallagmatischen Verhältnis zu den arbeitgeberseitigen Ansprüchen steht[235]. 75

VII. Rechtsfolgen bei fehlerhaftem Zeugnis

1. **Widerruf.** Das erteilte Zeugnis ist **nicht anfechtbar**, da es nur eine Wissens- und keine Willenserklärung darstellt[236], kann aber vom Ausstellenden im Fall der Unrichtigkeit **widerrufen** werden[237]. Die Widerrufbarkeit ergibt sich aus der Notwendigkeit, Dritte vor einem falschen Zeugnis zu schützen. 76

Voraussetzung ist, dass das Zeugnis unbewusst **in wesentlichen Punkten fehlerhaft** ausgestellt wurde[238]. Als wesentlich sind dabei solche Punkte anzusehen, die für einen anderen Arbeitgeber bei der Einstellung von ausschlaggebender Bedeutung sein können[239]. Das kann sich sowohl auf die tatsächliche Sachlage als auch den durch das Zeugnis objektiv zum Ausdruck gebrachten Inhalt (zB Verkennung einer Zeugnisfloskel) beziehen, nicht jedoch auf eine lediglich falsche Wertung[240]. Ist das Zeugnis zugunsten des Arbeitnehmers falsch, muss der Arbeitgeber das Zeugnis schon deshalb widerrufen können, als er sich sonst möglicherweise Schadensersatzansprüchen des neuen Arbeitgebers aussetzt (vgl Rz 84, 86). 77

Hat der Arbeitgeber dagegen bei der Ausstellung Kenntnis von der Unrichtigkeit (zB Gefälligkeitszeugnis), kann er aufgrund dieser bewusst wahrheitswidrigen Bezeugung grundsätzlich – bis zur Grenze der Sittenwidrigkeit – den Zeugnisinhalt nicht widerrufen[241]. Bereits vorliegende Erkenntnisse organschaftlicher oder rechtsgeschäftlicher Vertreter muss er sich zurechnen lassen[242]. Wird dagegen gezielt die Unkenntnis eines organschaftlichen Vertreters über maßgebliche Umstände für die Zeugniserteilung ausgenutzt und stellt sich dieses Vorgehen als treuwidrig heraus, kann der Arbeitgeber das Zeugnis widerrufen[243]. 78

Wurde der Zeugnisinhalt insgesamt oder teilweise durch Urteil festgelegt, kann dieser insoweit aufgrund der Rechtskraftwirkung der Entscheidung nicht mehr widerrufen werden und muss gegebenenfalls mit den entsprechenden prozessualen Rechtsbehelfen angegriffen werden[244]. Bei einem Vergleich ist der Widerruf nur in den Grenzen des § 779 möglich[245]. 79

Der Widerrufende kann verlangen, dass ihm das unrichtige Zeugnis Zug um Zug gegen die Erteilung eines neuen Zeugnisses herausgegeben wird. Bis zur Erteilung des neuen Zeugnisses hat der Arbeitnehmer jedoch ein Zurückbehaltungsrecht aus § 273 an dem widerrufenen Zeugnis[246]. Der Widerruf ist bei jeder Zeugnisart möglich und an keine Frist gebunden, kann aber verwirkt werden[247]. 80

2. **Berichtigung.** Mit der Möglichkeit des Arbeitgebers, ein unrichtiges Zeugnis zu widerrufen, geht die Möglichkeit des Arbeitnehmers einher, ein nicht den gesetzlichen Anforderungen genügendes Zeugnis vom Arbeitgeber berichtigen lassen zu können[248]. Umstritten ist die **Rechtsgrundlage** dieses Berichtigungsanspruchs. Einvernehmen besteht insoweit, dass der Berichtigungsanspruch dann als Erfüllungsanspruch anzusehen ist, wenn das Zeugnis aufgrund seiner Mängel den Zeugnisanspruch noch nicht erfüllen konnte. Wenn das Zeugnis dagegen inhaltliche Bewertungsmängel aufweist, so wird der Anspruch teilweise auch auf Sekundäran- 81

---

233 MünchKomm/Henssler § 630 Rz 57; Landmann/Rohmer/Wiebauer GewO § 109 Rz 36.
234 Staud/Temming § 630 Rz 55; ErfK/Müller-Glöge GewO § 109 Rz 48; Erman/Riesenhuber § 630 Rz 21.
235 Schaub/Linck § 147 Rz 13; ErfK/Müller-Glöge GewO § 109 Rz 48.
236 Staud/Temming § 630 Rz 59; Schaub/Linck § 147 Rz 36; Hueck BB 1951, 253; aA LAG Frankfurt DB 1951, 308; MünchKomm/Henssler § 630 Rz 68.
237 Vgl dazu Hueck/Nipperdey, ArbR I, S 466; Sieg RdA 1951, 413 ff; Erman/Riesenhuber § 630 Rz 24; MünchKomm/Henssler § 630 Rz 65; MHdBArbR/Francke § 138 Rz 48.
238 LAG Schleswig-Holstein NZA-RR 2018, 69; Staud/Temming § 630 Rz 60; Erman/Riesenhuber § 630 Rz 24.
239 BGH NJW 1979, 1882, 1884.
240 Staud/Temming § 630 Rz 60.
241 Staud/Temming § 630 Rz 61; Schaub/Linck § 147 Rz 36; MünchKomm/Henssler § 630 Rz 70.
242 LAG Schleswig-Holstein NZA-RR 2018, 69.
243 LAG Schleswig-Holstein NZA-RR 2018, 69.
244 MünchKomm/Henssler § 630 Rz 70; Staud/Temming § 630 Rz 63; Schaub/Linck § 147 Rz 36.
245 MünchKomm/Henssler § 630 Rz 70; Staud/Temming § 630 Rz 63, auch mit Ausführungen zu den prozessualen Besonderheiten beim gerichtlichen Vergleich.
246 Staud/Temming § 630 Rz 60.
247 Vgl MünchKomm/Henssler § 630 Rz 69.
248 Staud/Temming § 630 Rz 59.

sprüche aus § 280 mit der Folge der Naturalrestitution in Form eines neuen, richtigen Zeugnisses gestützt[249]. Richtigerweise wird man allerdings Erfüllung erst bei Erteilung eines den gesetzlichen Anforderungen genügenden und damit richtigen Zeugnisses annehmen können, woraus folgt, dass der „Berichtigungsanspruch" in Wahrheit nichts anderes als der ursprüngliche Erfüllungsanspruch ist[250]. Das ist auch insoweit interessengerecht, als der Berichtigungsanspruch auch bei fehlendem Verschulden des Arbeitgebers zu gewähren ist und schlicht an die objektive Unrichtigkeit des Zeugnisses anknüpfen sollte. Das bedeutet zugleich, dass Zeugnisbestandteile, auf die der Arbeitnehmer von vornherein keinen Anspruch hatte, im Zeugnistext ersatzlos gestrichen und die Klage insoweit abgewiesen wird, selbst dann, wenn die Formulierung für den Arbeitnehmer günstig wäre[251].

82 Der Anspruch ist grundsätzlich auf Erteilung eines neuen Zeugnisses in einer neuen Urkunde Zug um Zug gegen Rückgabe des fehlerhaften Zeugnisses gerichtet[252]. Das muss zumindest dann gelten, wenn Korrekturen Zweifel an der Ordnungsmäßigkeit wecken können, was wohl regelmäßig anzunehmen ist[253]. Schreibfehler im Zeugnistext sind grundsätzlich vom Arbeitgeber zu korrigieren[254].

83 Der Berichtigungsanspruch ist möglichst zeitnah nach Zeugniserteilung geltend zu machen. Zwar unterliegt auch der Berichtigungsanspruch grundsätzlich der dreijährigen Verjährungsfrist, häufig soll jedoch bereits deutlich früher Verwirkung eintreten können[255]. So sollen für das Zeitmoment bereits wenige Monate und für das Umstandsmoment das Schweigen des Arbeitnehmers ausreichen[256]. Vor dem Hintergrund der überragenden Bedeutung eines richtigen Zeugnisses für das weitere Berufsleben des Arbeitnehmers ist jedoch auch im Hinblick auf die Berichtigung eine Verwirkung – entgegen der wohl herrschenden Ansicht – nur unter besonderen Umständen anzunehmen und nicht leichtfertig zu bejahen[257].

84 **3. Schadensersatz.** – a) **Gegenüber dem Arbeitnehmer**. Ist das Zeugnis schuldhaft nicht, zu spät oder fehlerhaft ausgestellt worden, so hat der **Arbeitnehmer** neben dem Erfüllungsanspruch einen vertraglichen **Schadensersatzanspruch** aus § 280 Abs 1 bzw 2, wenn ihm infolge der Verzögerung oder der Mängel des Zeugnisses ein Schaden entstanden ist[258].

85 Ein Mitverschulden des Arbeitnehmers ist zu berücksichtigen, wenn er etwa den säumigen Arbeitgeber nicht auf die Gefahr eines außergewöhnlich hohen Schadens hingewiesen hat[259]. Liegt der Schaden darin, dass der Arbeitnehmer aufgrund des fehlerhaften Zeugnisses keine neue Anstellung gefunden hat und er insoweit entgangenen Lohn geltend macht, so muss er sich dasjenige anrechnen lassen, was er von Dritten erhält, insbesondere von der Agentur für Arbeit (Vorteilsausgleich), bzw schuldhaft zu erwerben unterlässt (Schadensminderungsobliegenheit)[260]. Schadensersatzansprüche können bei längerem Zuwarten des Arbeitnehmers verwirken[261]. Anders als beim Erfüllungsanspruch wird man hier auf die allgemeinen Grundsätze zurückgreifen können, da hinsichtlich des Schadensersatzanspruchs nicht unmittelbar die Bedeutung auch für das zukünftige Berufsleben des Arbeitnehmers zum Tragen kommt.

86 b) **Gegenüber einem späteren Arbeitgeber**. Gegenüber einem späteren Arbeitgeber kann der Ausstellende wegen eines unrichtigen Zeugnisses nach **§ 826** haften, wenn der neue Arbeitgeber im Vertrauen auf das Zeugnis den Arbeitnehmer mit Aufgaben betraut hat, für die dieser nicht geeignet ist[262]. Der Ausstellende muss sich bewusst gewesen sein, dass das Zeugnis – auch durch Schweigen – einen falschen Eindruck von der Persönlichkeit des Arbeitnehmers erwecken konnte, und muss diese Folge mindestens mit bedingtem Vorsatz gebilligt haben[263].

249 So ErfK/Müller-Glöge GewO § 109 Rz 67.
250 So die wohl ständige Rechtsprechung BAG NZA 2008, 1349; NZA 2012, 448; Staud/Temming § 630 Rz 64 mwN aus der Rechtsprechung; differenzierend dagegen beim Schadensersatz Staud/Temming § 630 Rz 76.
251 So das LAG Mainz mit Blick auf die Schlussformel, BeckRS 2020, 45161; aA LAG Niedersachsen BeckRS 2022, 20216.
252 Vgl zB ErfK/Müller-Glöge GewO § 109 Rz 67.
253 MünchArbR/Francke § 138 Rz 20; MünchKomm/Henssler § 630 Rz 50.
254 LAG Hessen, AuA 2015, 549; LAG Mecklenburg-Vorpommern NZA-RR 2019, 519; Benkert NJW-Spezial 2019, 562; aA ErfK/Müller-Glöge GewO § 109 Rz 15.
255 BAG NJW 2008, 1175.
256 Vgl Staud/Temming § 630 Rz 65 mwN.
257 Verwirkung demnach zB zu Recht bejaht LAG Frankfurt RDV 2013, 262, wenn der Arbeitnehmer seine Tätigkeitsbeschreibung selbst entworfen hat und dann zwei Jahre und acht Monate nicht gegen die Änderungen des Arbeitgebers vorgegangen ist.
258 BAG AP HGB § 73 Nr 6 = SAE 1968, 157 (m krit Anm Kraft); BAG EzA HGB § 73 Nr 2; trotz aller Schwierigkeiten differenzierend zwischen Verzögerungs- und Schlechterfüllungsschaden Staud/Temming § 630 Rz 77.
259 Vgl dazu LAG Düsseldorf DB 1955, 1120.
260 Vgl BAG AP BGB § 630 Nr 8; MünchKomm/Henssler § 630 Rz 75.
261 BAG AP BGB § 630 Nr 8.
262 Vgl BGH AP BGB § 826 Nr 10 und 16; vgl auch BGH NJW 1979, 1882.
263 RAG JW 1937, 3105; BGH AP BGB § 826 Nr 10 und 16; OLG Hamburg NJW 1956, 348 (mit weitergehender Anm Neumann-Duesberg); vgl auch Neumann-Duesberg und Cebulka NJW 1956, 916 f.

Der **BGH** geht überdies davon aus, dass der Aussteller eines unrichtigen Zeugnisses auch aus **87** **vertraglichen** bzw **vertragsähnlichen Grundsätzen** haften kann[264]: Entschieden hat er das für die Konstellation, dass der Aussteller eines unrichtigen Zeugnisses einen Dritten nicht gewarnt hat, obwohl er nachträglich die Unrichtigkeit des Zeugnisses erkannt hat und ihm zugleich bekannt wurde, dass dieser bestimmte Dritte auf das Zeugnis vertraute und dadurch schweren Schaden zu nehmen drohte. Warne der Aussteller hier nicht, so hafte er nach „vertragsähnlichen" Grundsätzen. Der Grund für diese Haftung soll darin bestehen, dass das Zeugnis bei dem Dritten „dessen Vertrauen […] bestimmungsgemäß in Anspruch nimmt"; dem Zeugnis komme eine rechtsgeschäftliche Komponente zu. Dogmatisch wird eine solche Haftung wohl nur auf §§ 311 Abs 3, 241 Abs 2 basieren können. Voraussetzung wäre dann, dass der Aussteller in besonderem Maße Vertrauen für sich beansprucht und dadurch den Abschluss des neuen Arbeitsvertrages erheblich beeinflusst, um überhaupt eine vertragsähnliche Beziehung bejahen zu können. Die Warnpflicht müsste dann in einem zweiten Schritt als Nebenpflicht des § 241 Abs 2 angenommen werden.

Bejaht man das Erfordernis des besonderen Vertrauens im Sinne des § 311 Abs 3 für Fälle, in **88** denen sich der konkrete neue Arbeitgeber auf das Zeugnis des alten Arbeitgebers verlässt, so dürfte dies in letzter Konsequenz auch dazu führen, dass man auch in der Konstellation, dass der Arbeitgeber das Zeugnis fahrlässig falsch ausgestellt hat, eine Haftung für Schäden begründen müsste, die durch die schuldhaft fehlerhafte Ausstellung entstehen[265]. Damit würde die Haftung des Arbeitgebers weit über die strengen Anforderungen des § 826 erweitert.

Die zu einem Einzelfall ergangene Rechtsprechung des BGH so weitgehend zu verstehen, **89** erscheint jedoch fragwürdig. Teilweise wird vertreten, dass der Gesetzgeber einer vertraglichen Haftung dadurch Tür und Tor geöffnet habe, dass er bei der Neufassung des GewO § 109 in den Erwägungsgründen auch auf das „schutzwürdige Interesse des einstellenden Arbeitgebers"[266] abgestellt habe[267]. Im Ergebnis sprechen die besseren Gründe gegen eine vertragliche Haftung[268]. Letztlich gilt es zu berücksichtigen, dass der Arbeitgeber das Zeugnis in erster Linie erteilt, um seiner gesetzlichen Verpflichtung gegenüber seinem eigenen Arbeitnehmer zu genügen und nicht um eine rechtsgeschäftliche Verbindung mit einem Dritten einzugehen. Zudem wäre die Rechtsfolge einer solch weiten Haftung – auch vor dem Hintergrund der Wohlwollenspflicht – zu weitgehend. Will man entgegen der hier vertretenen Ansicht eine vertragliche bzw vertragsähnliche Haftung annehmen, so wird man diese aber zumindest auf **Vorsatz und grobe Fahrlässigkeit** zu beschränken haben, indem man die Haftungsbeschränkungen bei unentgeltlichen Leistungen, vgl zB **§§ 521, 599 entsprechend** anwendet – denn letztlich erbringt auch der Arbeitgeber gegenüber dem Dritten eine unentgeltliche Leistung[269]. Eine derartige Einschränkung scheint auch der BGH vornehmen zu wollen, auch wenn er diese nicht normativ verankert[270].

VIII. Abdingbarkeit und Verzicht

Der Zeugnisanspruch ist grundsätzlich **nicht abdingbar**, da ihm aufgrund seiner besonderen **90** Bedeutung für das berufliche Fortkommen des Arbeitnehmers zwingender Charakter zukommt[271]. Vor Beendigung des Arbeitsverhältnisses abgegebene Verzichtserklärungen sind nach § 134 nichtig[272]. Umstritten ist dagegen, ob auf diesen nach Beendigung des Arbeitsverhältnisses **verzichtet** werden kann[273]. Da dem Arbeitnehmer durch das Gesetz jedoch nur ein Recht auf ein Zeugnis gegeben wird und die Schutzbedürftigkeit vor einer unzulässigen Druckausübung durch den Arbeitgeber nach Beendigung des Arbeitsverhältnisses nicht mehr im gleichen Maße besteht, wird man einen **ausdrücklichen** Verzicht ab diesem Zeitpunkt als zulässig erachten müssen[274].

Allgemeine Ausgleichsklauseln, die beispielsweise in einem Aufhebungsvertrag enthalten **91** sind oder im Wege des Vergleichs einen Kündigungsschutzprozess beenden („Damit sind alle gegenseitigen Ansprüche erledigt"), sollen nach der Rechtsprechung des BAG nur bei Hinzutreten besonderer Umstände so ausgelegt werden können, dass sie auch einen Verzicht auf ein

---

264 BGH NJW 1979, 1882.
265 So auch MünchKomm/Henssler § 630 Rz 80; Staud/Temming § 630 Rz 82.
266 BT-Drucks 14/8796 S 25.
267 So MünchKomm/Henssler § 630 Rz 82 unter Verweis auf BT-Drucks 14/8796 S 25.
268 Vgl ausführlich zur Thematik Hofer/Hengstberger NZA-RR 2020, 118; so auch Wiebauer RdA 2020, 283.
269 Vgl Hofer/Hengstberger NZA-RR 2020, 118.
270 BGH NJW 1979, 1882; Schleßmann S 186 ff.
271 BAG NJW 1975, 407; Staud/Temming § 630 Rz 7; Grüneberg/Weidenkaff Anh zu § 630 Rz 2; ErfK/Müller-Glöge GewO § 109 Rz 52.
272 Staud/Temming § 630 Rz 7.
273 Offengelassen BAG NJW 1975, 407; ErfK/Müller-Glöge GewO § 109 Rz 52.
274 LAG Köln LAGE BGB § 630 Nr 22; MünchKomm/Henssler § 630 Rz 63; Staud/Temming § 630 Rz 8; ErfK/Müller-Glöge GewO § 109 Rz 52.

qualifiziertes Zeugnis enthalten. Das BAG erkennt zwar an, dass eine Ausgleichsklausel nur dann ihrem Zweck, klare Verhältnisse zu schaffen, gerecht werde, wenn sie weit ausgelegt werde. Hier aber müsse die besondere Bedeutung des Zeugnisses für das berufliche Fortkommen des Arbeitnehmers stärker gewichtet werden und ausgeschlossen sein, dass ein Arbeitnehmer unbedacht in einer allgemein gehaltenen Erklärung auf sein Zeugnis verzichte, ohne dies überhaupt zu realisieren. Daher könne eine Verzichtserklärung auf das Zeugnis allenfalls dann angenommen werden, wenn sich dies mit ausreichender Sicherheit aus dem Wortlaut oder den Begleitumständen ergebe[275]. Das soll auch für den Berichtigungsanspruch gelten, wenn dem Arbeitnehmer ein Zeugnis bereits erteilt wurde[276]. Dieser Schluss wäre insoweit richtig, da der Berichtigungsanspruch nach richtiger Auffassung weiter auf Erfüllung des ursprünglichen Zeugnisanspruchs gerichtet ist, jedoch wird man hierin einen Umstandsmoment für die Annahme einer Verwirkung sehen müssen (zur Verwirkung s oben Rz 73).

92 Allerdings ist die Rechtsprechung des BAG **kritisch** zu sehen: Man wird wohl von einem redlichen und verständigen Arbeitnehmer, der in einem Kündigungsschutzstreit einen Vergleich mit einer Klausel abschließt, die alle noch bestehenden gegenseitigen Ansprüche für erledigt erklärt, erwarten können, dass er erkennt, dass dies nicht nur für finanzielle Ansprüche, sondern alle im Raum stehenden Ansprüche gilt. Dafür sprechen neben dem Wortlaut der Ausgleichsklausel auch die Interessenlage und ihr Regelungszweck[277]. Daher wird man in solchen Fällen einen wirksamen Ausschluss des Zeugnisanspruchs annehmen müssen. Das muss jedenfalls dann gelten, wenn der Arbeitnehmer anwaltlich beim Vergleichsabschluss vertreten ist.

93 Dies steht dann auch im Einklang mit der wohl herrschenden Auffassung, dass **vertragliche sowie tarifliche Ausschlussfristen** regelmäßig auch den Anspruch auf ein qualifiziertes Zeugnis erfassen sollen[278].

IX. Auskunftspflicht gegenüber Dritten

94 Über den Zeugnisanspruch hinaus ist der Arbeitgeber aus **nachwirkender Treue- und Fürsorgepflicht**[279] verpflichtet, Auskünfte über den ausgeschiedenen Arbeitnehmer zu erteilen, soweit der Arbeitnehmer das verlangt und dem Arbeitgeber die Auskunftserteilung nicht wegen Ablaufs unzumutbar geworden ist[280]. Dies gilt jedoch nur dann, wenn der Arbeitnehmer an der Auskunftserteilung ein berechtigtes Interesse hat und der Arbeitgeber dadurch nicht übermäßig beansprucht wird[281]. Die Auskunftspflicht kann auch vertraglich vereinbart werden[282]. Verlangt der Arbeitnehmer die Auskunftserteilung, muss diese entsprechend den Grundsätzen der Zeugniserteilung erfolgen, sodass der Arbeitnehmer sein Verlangen nicht auf positive Aspekte beschränken kann, sondern der Arbeitgeber auch für den Arbeitnehmer negative Aspekte zu nennen hat[283].

95 Umstritten ist, ob der Arbeitgeber auch gegen den Willen des Arbeitnehmers **berechtigt ist**, späteren Arbeitgebern auf deren Verlangen Auskunft zu erteilen, sofern damit sachlich begründete Zwecke verfolgt werden[284]. Zumindest begegnet ein Auskunftsrecht gegen den Willen des Arbeitnehmers erheblichen datenschutzrechtlichen Bedenken[285]. **Eine Pflicht** zur Auskunftserteilung des Arbeitgebers gegenüber dem neuen Arbeitgeber besteht jedenfalls grundsätzlich nicht[286]. Anders liegt dies zum Beispiel, wenn der Arbeitgeber zur Abwendung eines Schadensersatzanspruches nachträglich verpflichtet ist, den neuen Arbeitgeber auf einen Fehler im Zeugnis hinzuweisen (vgl oben Rz 86)[287]. Wurde eine Auskunft erteilt, so muss der Arbeitgeber in der

---

275 BAG NJW 1975, 407; Staud/Temming § 630 Rz 8; MünchKomm/Henssler § 630 Rz 63.
276 Vgl LAG Düsseldorf LAGE BGB § 630 Nr 24; MünchKomm/Henssler § 630 Rz 63.
277 Ebenso, ausdrücklich dem BAG widersprechend, LAG Berlin Brandenburg BeckRS 2012, 65741; LAG Mainz BeckRS 2020, 38894.
278 BAG AP BAT § 70 Nr 10; Staud/Temming § 630 Rz 56; MünchKomm/Henssler § 630 Rz 64.
279 Nach anderer Ansicht ist dies keine nachwirkende Treue- bzw Fürsorgepflicht, da dieser Anspruch bereits als Ergänzung der Zeugnispflicht im Arbeitsverhältnis angelegt sei, so Staud/Temming § 630 Rz 84.
280 BAG AP BGB § 630 Nr 1; AP BGB § 626 Nr 43; AP BGB § 611 Persönlichkeitsrecht Nr 8; Hueck/Nipperdey, ArbR I, S 472; Staud/Temming § 630 Rz 84; für den öffentlichen Arbeitgeber vgl BAG AP GG Art 35 Nr 1 sowie BVerwG AP GG Art 2 Nr 19.
281 MünchKomm/Henssler § 630 Rz 85; Schaub/Linck § 147 Rz 47; Staud/Temming § 630 Rz 84.
282 MünchArbR/Francke § 138 Rz 67; MünchKomm/Henssler § 630 Rz 85.
283 BAG AP BGB § 630 Nr 10; Schaub/Linck § 147 Rz 48; Staud/Temming § 630 Rz 4.
284 So noch BAG AP BGB § 630 Nr 1 und BGH AP BGB § 630 Nr 2; krit Staud/Temming § 630 Rz 85; MünchKomm/Henssler § 630 Rz 86 f; aA Schaub/Linck § 147 Rz 45.
285 Vgl Staud/Richardi/Fischinger § 611a Rz 1867; aus diesem Grund eine Auskunftspflicht ablehnend Schaub/Linck § 147 Rz 45.
286 Zur gesamten Problematik der Auskunftserteilung vgl Staud/Richardi/Fischinger § 611a Rz 1867; Staud/Temming § 630 Rz 84.
287 MünchKomm/Henssler § 630 Rz 87, auch mit Ausführungen zur datenschutzrechtlichen Behandlung.

Regel dem Arbeitnehmer auf dessen Wunsch den Inhalt seiner Auskunft bekanntgeben[288]. Für **unrichtige Auskünfte** haftet der Arbeitgeber in gleicher Weise wie für ein fehlerhaftes Zeugnis[289].

X. Prozessuales

1. **Klageweises Vorgehen.** Im Falle einer Klage bestehen verschiedene Ansprüche an eine ordnungsgemäße Klageerhebung, je nachdem, ob es sich um eine Zeugniserteilung, -berichtigung oder einen Widerruf handelt. **96**

a) **Zeugniserteilung.** Weigert sich der Arbeitgeber, ein Zeugnis auszustellen, so kann der Arbeitnehmer Leistungsklage auf Zeugniserteilung erheben. **Zuständig** sind für Klagen von Arbeitnehmern und arbeitnehmerähnlichen Personen gemäß ArbGG § 2 Abs 1 Nr 3e) die Arbeitsgerichte im Urteilsverfahren, für freie Dienstverträge die ordentlichen Gerichte. Möglich ist auch ein Vorgehen im Wege der **einstweiligen Verfügung**, wobei aufgrund der hierin grundsätzlich zu sehenden Vorwegnahme der Hauptsache strenge Anforderungen an den Verfügungsgrund zu stellen sind[290]. Grundsätzlich ist der Antrag bei der Klage auf Erteilung eines Zeugnisses – je nach Begehren – auf Erteilung eines einfachen bzw eines qualifizierten Zeugnisses zu richten. Verlangt der Arbeitnehmer zudem einen bestimmten Inhalt, so hat er im **Klageantrag** genau zu bezeichnen, was in welcher Form im Zeugnis enthalten sein soll, da der Antrag ansonsten nicht vollstreckbar ist[291]. Allerdings ist hier bei der Klage auf erstmalige Zeugniserteilung Vorsicht walten zu lassen: Da die Formulierung des Zeugnisses grundsätzlich Sache des Arbeitgebers ist[292], wird eine konkrete Formulierung leicht zu einer Abweisung der Klage als unbegründet führen können[293]. **97**

Soweit teilweise vertreten wird[294], es fehle der Klage bereits das **Rechtsschutzbedürfnis**, wenn der Arbeitnehmer den Arbeitgeber nicht zuvor erfolglos dazu aufgefordert hat, ein Zeugnis zu erteilen, weil er dann das Wahlrecht noch nicht ausgeübt habe und der Anspruch damit nicht erfüllbar sei, vermag dies nicht zu überzeugen. Denn durch die Klageerhebung mit dem Antrag entweder ein einfaches oder ein qualifiziertes Zeugnis auszustellen, wird diese Wahl gerade getroffen. Beachtlich ist dies jedoch im Rahmen der Kostenentscheidung bei der Frage, ob Anlass zur Klage im Sinne des ZPO § 93, oder Mutwilligkeit im Sinne des ZPO § 114 im Rahmen der Prozesskostenhilfeentscheidung vorliegt[295]. Eine Klage auf Erteilung eines qualifizierten Zeugnisses ist jedenfalls dann nicht mutwillig, wenn der Arbeitgeber im Verfahren eindeutig erkennen lässt, dass er den Zeugnisanspruch nicht erfüllen wird[296]. **98**

b) **Berichtigung.** Obwohl es sich beim Anspruch auf Zeugnisberichtigung nach richtiger Auffassung ebenfalls um einen Erfüllungsanspruch handelt, reicht es hier nicht aus, schlicht die Ausstellung eines Zeugnisses zu beantragen. Vielmehr ist der Arbeitnehmer, wenn er einzelne Formulierungen des Zeugnisses angreift oder konkrete Ergänzungen wünscht, gehalten, einen **bestimmten Antrag** zu stellen, der den genauen Zeugnistext beinhaltet[297]. Das Gericht ist befugt, das Zeugnis als einheitliches Ganzes zu überprüfen und unter Umständen selbst zu formulieren[298]. **99**

c) **Widerruf.** Der Klageantrag ist auf Herausgabe des Zeugnisses zu richten, wobei sinnvollerweise direkt Zug um Zug die Erteilung eines neuen Zeugnisses angeboten und dessen Inhalt im Antrag bereits wiedergeben werden sollte[299]. **100**

2. **Darlegungs- und Beweislast.** Auch die Darlegungs- und Beweislast ist je nach Begehren unterschiedlich verteilt. **101**

a) **Erfüllungsanspruch.** Der Arbeitnehmer ist für die anspruchsbegründenden Tatsachen darlegungs- und beweisbelastet. Es obliegt also ihm, das Bestehen eines dauernden Dienstverhältnisses und das für ein qualifiziertes Zeugnis erforderliche Verlangen nachzuweisen, wogegen **102**

---

288 BGH AP BGB § 630 Nr 2.
289 Staud/Temming § 630 Rz 86; LAG Hamburg RdA 1950, 78; LAG Hamm DB 1954, 476; ArbG Rheine DB 1967, 513.
290 LAG Hessen BeckRS 2014, 68627; MünchKomm/Henssler § 630 Rz 58; Horcher ArbRB 2016, 317, 319, der bereits für ausreichend erachtet, dass der Arbeitnehmer für die laufende Stellensuche auf ein Zeugnis angewiesen ist.
291 BAG NJOZ 2001, 44; BeckRS 2017, 103516; ErfK/Müller-Glöge GewO § 109 Rz 73.
292 BAG AP BGB § 630 Nr 6.
293 Vgl ErfK/Müller-Glöge GewO § 109 Rz 73; aA wohl Staud/Temming § 630 Rz 67 für den Fall, dass die Erteilung des Zeugnisses bislang nur an einem Streit über eine konkrete Formulierung gescheitert ist.
294 So zB LAG Köln NZA-RR 2013, 493.
295 So auch Horcher ArbRB 2016, 317.
296 LAG Hamm ArbRAktuell 2020, 611.
297 BAG NJOZ 2001, 44; ErfK/Müller-Glöge GewO § 109 Rz 74; Horcher ArbRB 2016, 317.
298 BAG AP HGB § 73 Nr 1, 12.
299 Staud/Temming § 630 Rz 68.

nach allgemeinen Regeln Einwendungen gegen den Anspruch vom Arbeitgeber vorzutragen und ggf zu beweisen sind[300].

103 b) **Berichtigung**. Umstritten ist die Verteilung der Darlegungs- und Beweislast, wenn der Arbeitnehmer Berichtigung des Zeugnisses geltend macht[301]. Nach früherer Rechtsprechung war der Arbeitgeber, der sich auf Erfüllung des Anspruchs beruft, für diese nach allgemeinen Regeln beweisbelastet[302]. Geht es um die Gesamtbewertung oder um einzelne konkrete Bewertungen, so verfolgt das BAG mittlerweile eine Aufteilung je nachdem, welche Notenstufe der Arbeitnehmer einklagt: Will der Arbeitnehmer eine bessere als der Notenstufe 3 entsprechende Bewertung, so hat er die Tatsachen dafür vorzutragen und zu beweisen[303]. Vergibt dagegen der Arbeitgeber eine Note schlechter als der Stufe 3 entsprechend, so trifft ihn die Darlegungs- und Beweislast[304]. Diese Auftrennung lässt sich damit begründen, dass der Arbeitnehmer selbst nur eine Leistung mittlerer Art und Güte schuldet, was dazu führt, dass es an ihm ist, eine überobligatorische Erfüllung nachzuweisen[305]. Keinen Einfluss auf die Darlegungs- und Beweislast hat dagegen die Branchenüblichkeit einer gewissen Gesamtnote[306]. Verwendet der Arbeitnehmer das Zeugnis rügelos, so kann hierin eine Annahme als Erfüllung gesehen werden, was dann nach § 363 dazu führt, dass der Arbeitnehmer nunmehr umfassend darlegungs- und beweisbelastet ist[307].

104 Begehrt der Arbeitnehmer die Ergänzung seines Zeugnisses, weil er der Ansicht ist, es liege ein Zeugnisbrauch vor, nach dem der Arbeitgeber eine konkrete Eigenschaft oder Leistung im Zeugnis grundsätzlich aufführen müsse, ist nach der Rechtsprechung des BAG grundsätzlich der Arbeitgeber beweisbelastet, da er sich auf Erfüllung des Zeugnisanspruchs auch im Hinblick auf die Vollständigkeit beruft. Da damit der Arbeitgeber das Fehlen eines Zeugnisbrauchs beweisen müsste, was wie stets bei negativen Tatsachen schwierig umzusetzen sein wird, wird man in diesen Fällen wohl eine vermittelnde Lösung finden müssen. *Gäntgen* schlägt überzeugend eine abgestufte Darlegungs- und Beweislast vor, nach welcher der Arbeitnehmer schlüssig Tatsachen für einen Zeugnisbrauch vorschlagen muss; bestreitet der Arbeitgeber diese substantiiert, ist Beweis zu erheben; ein non-liquet soll dann jedoch zu Lasten des Arbeitgebers gehen[308].

105 c) **Widerruf**. Beim Widerruf liegt die Darlegungs- und Beweislast für ein unrichtiges Zeugnis allein beim Arbeitgeber[309].

106 d) **Schadensersatz**. Die **Darlegungs- und Beweislast** dafür, dass die Pflichtverletzung des Arbeitgebers für den Schaden des Arbeitnehmers/Dritten ursächlich gewesen ist, liegt nach der Rechtsprechung bei diesem[310]. Dabei kommen aber dem Arbeitnehmer die Darlegungs- und Beweiserleichterungen des § 252 Satz 2 zugute; ob diese Voraussetzungen vorliegen, hat das Gericht nach ZPO § 287 Abs 1 zu würdigen[311].

107 3. **Vollstreckung**. Die Vollstreckung erfolgt nach ZPO § 888 Abs 1 durch Androhung von Zwangsgeld oder Zwangshaft[312]. Gemäß allgemeinen Regeln muss der Titel daher stets vollstreckbar sein. Daran fehlt es beispielsweise, wenn in einem gerichtlichen Vergleich lediglich auf einen im Schriftsatz enthaltenen Zeugnisentwurf verwiesen wird[313]. Dasselbe gilt, wenn der Arbeitgeber zur Erteilung eines Zeugnisses verpflichtet wird, dessen Inhalt einer bestimmten Notenstufe entsprechen oder das eine nicht näher bestimmte Dankes-, Bedauerns- und Gute-Wünsche-Formel enthalten soll. Ein solcher Titel genügt nicht den zwangsvollstreckungsrechtlichen Bestimmtheitsanforderungen, da es Sache des Arbeitgebers bleibt, das Zeugnis im Einzelnen abzufassen, wobei die Formulierung in seinem pflichtgemäßen Ermessen steht[314]. Ausreichend ist dagegen, wenn sich der Arbeitgeber in einem Prozessvergleich verpflichtet, ein pflichtgemäßes qualifiziertes Zeugnis entsprechend einem vom Arbeitnehmer noch anzufertigenden Entwurf zu erstellen, wobei das BAG klarstellt, dass bei einer solchen Vereinbarung der Arbeitgeber durch Zwangsmittel zwar verpflichtet werden kann, das Zeugnis nach den vom

---

300 Staud/Temming § 630 Rz 67; ErfK/Müller-Glöge GewO § 109 Rz 80.
301 Vgl ausführlich zum Streitstand Staud/Temming § 630 Rz 70 f sowie ErfK/Müller-Glöge § 109 Rz 81 ff.
302 Vgl zB BAG AP BGB § 630 Nr 1.
303 BAG NZA 2004, 842; NZA 2015, 435; LAG Köln NZA-RR 2000, 235.
304 BAG AP BGB § 640 Nr 12; LAG Hamm LAGE BGB § 630 Nr 16.
305 So überzeugend Staud/Temming § 630 Rz 71.
306 BAG NZA 2015, 435.
307 Vgl ErfK/Müller-Glöge GewO § 109 Rz 86; wohl eingeschränkt Staud/Temming § 630 Rz 71.
308 Gäntgen RdA 2016, 147, 148.
309 LAG Hamm LAGE BGB § 630 Nr 25; Staud/Temming § 630 Rz 68; ErfK/Müller-Glöge GewO § 109 Rz 80.
310 BAG AP HGB § 73 Nr 6.
311 BAG EzA HGB § 73 Nr 2; Staud/Temming § 630 Rz 79.
312 BAG DB 1986, 1340; NZA 2012, 1244; LAG Düsseldorf BB 1959, 117.
313 LAG Mainz BeckRS 2011, 71748; Korinth ArbRB 2004, 324.
314 BAG BeckRS 2017, 103516; LAG Hessen, NZA-RR 2019, 157; Wiebauer RdA 2020, 283; aA LAG Berlin-Brandenburg BeckRS 2018, 9551; Etwas anderes kann gelten, wenn die Parteien eine konkrete Formulierung für diese Notenstufe vereinbart haben, vgl LAG Hessen BeckRS 2019, 37946.

Arbeitnehmer vorgegebenen Formulierungen auszustellen, jedoch nicht, wenn diese nicht mit dem Grundsatz der Zeugniswahrheit in Einklang stehen[315]. Das BAG hat klargestellt, dass es dem Arbeitnehmer – sollte sein Leistungsbegehren nicht vollstreckbar sein – freistehe, in einem erneuten Erkenntnisverfahren seine Ansprüche vollstreckbar titulieren zu lassen[316]. Verpflichtet sich der Arbeitgeber in einem gerichtlichen Vergleich zur Erteilung eines Zeugnisses, das die Unterschrift eines bestimmten Vorgesetzten trägt, so wird die Erfüllung dieses Anspruchs für den Arbeitgeber unmöglich, wenn dieser Vorgesetzte das Unternehmen verlassen hat. Dieser Einwand kann auch im Vollstreckungsverfahren geltend gemacht werden[317].

Untertitel 2
Behandlungsvertrag

Vorbemerkung zu §§ 630a ff

ÜBERSICHT

1. Die Entstehungsgeschichte der §§ 630a – 630h 1–7
2. Die Systematik 8–16
3. Die Regelungsziele 17–20
4. Die Kritik 21–24
   a) Gegenüber dem Patientenrechtegesetz 21, 22
   b) Gegenüber der Medizinrechtsentwicklung 23, 24
5. Prozessuales 25–80
   a) Der Gerichtsstand 25–29
   b) Das Verfahren vor den Gutachter– oder Schlichtungsstellen 30–36
   c) Die Besetzung des Spruchkörpers 37, 38
   d) Die Passivlegitimation im Arzthaftungsprozess 39
   e) Der Streitgegenstand im Arzthaftungsprozess 40–45
   f) Der Umfang der Substantiierungspflicht des Patienten im Arzthaftungsprozess 46–50
   g) Die sekundäre Darlegungslast . . 51–55
   h) Die Beweismittel im Arzthaftungsprozess 56–59
   i) Der medizinische Sachverständige 60–70
   j) Das selbständige Beweisverfahren nach ZPO § 485 71–78
   k) Die prozessuale Fristsetzung . . . 79, 80

Aus Gründen der besseren Lesbarkeit wurde in der gesamten Kommentierung der §§ 630a ff die männliche Form (Arzt, Behandler, Patient) gewählt, nichtsdestoweniger beziehen sich die Angaben gleichermaßen für alle Geschlechter männlich, weiblich und divers (m/w/d).

Schrifttum: Allgemeine Literatur zum Behandlungsvertrag
I. Kommentare und Handbücher zum Behandlungsvertrag, zum Medizin- und Haftungsrecht
Deutsch/Spickhoff, Medizinrecht, Arztrecht, Arzneimittelrecht, Medizinprodukterecht und Transfusionsrecht, 6. Aufl 2008 (zit MedR-HdB[6]); Giesen, Arzthaftungsrecht, 1995; Kern (Hrsg), Gendiagnostikgesetz Kommentar, 2012 (zit Kern/…Bearb, GenDG); Laufs/Kern, Handbuch des Arztrechts, 4. Aufl 2010 (zit HdB ArztR[4]); Bergmann/Wever, Die Arzthaftung, 4. Aufl 2014; Deutsch/Spickhoff, Medizinrecht, Arztrecht, Arzneimittelrecht, Medizinprodukterecht und Transfusionsrecht, 7. Aufl 2014 (zit MedR-HdB[7]); Bergmann/Pauge/Steinmeier (Hrsg), Nomos Kommentar Gesamtes Medizinrecht, 3. Aufl 2018 (zit NK-GesMedR); Deutsch/Lippert/Ratzel/Tag/Gassner, Kommentar zum Medizinproduktegesetz, 3. Aufl 2018 (zit MPG/…Bearb); Pauge/Offenloch, Arzthaftungsrecht, 14. Aufl 2018; D Prütting, Formularbuch des Fachanwalts Medizinrecht, 2. Aufl 2018; Ratzel/Lippert/Prütting, Kommentar zur (Muster-Berufsordnung für die in Deutschland tätigen Ärztinnen und Ärzte, MBO-Ä 1977, 7. Aufl 2018 (zit MBO/…Bearb); D Prütting, Medizinrecht Kommentar, 5. Aufl 2019 (zit MedR-Komm); Spickhoff, Medizinrecht Kommentar, 3. Aufl 2018 (zit MedR-Komm); Jaeger/Luckey, Schmerzensgeld, 10. Aufl 2019; Laufs/Kern/Rehborn (Hrsg), Handbuch des Arztrechts, 5. Aufl 2019 (zit HdB ArztR[5]); Becker/Kingreen, SGB V Kommentar, Gesetzliche Krankenversicherung, 7. Aufl 2020; Clausen/Schroeder-Printzen (Hrsg), Münchener Anwaltshandbuch Medizinrecht, 3. Aufl 2020 (zit MHbB MedR); Frahm/Walter, Arzthaftungsrecht, 7. Aufl 2020; Ratzel/Luxenburger (Hrsg), Handbuch Medizinrecht, 4. Aufl 2020 (zit HdB MedR); Jorzig (Hrsg), Handbuch Arzthaftungsrecht, 2. Aufl 2021 (zit HdB-ArztHaftR); Laufs/Katzenmeier/Lipp, Arztrecht, 8. Aufl 2021; Martis/Winkhart, Arzthaftungsrecht, 6. Aufl 2021; D Prütting/J Prütting, Medizin- und Gesundheitsrecht, 2. Aufl 2021 (zit MedR); Rieger (Hrsg), Heidelberger Kommentar Arztrecht, Krankenhausrecht, Medizinrecht (HK-AKM/…Bearb), Loseblatt, Stand: Dezember 2021; Geiß/Greiner, Arzthaftpflichtrecht, 8. Aufl 2022.
II. Kommentare und Handbücher zum Strafrecht und Strafverfahrensrecht
Rudolphi/Horn/Samson, Systematischer Kommentar, StGB Band 4, 9. Aufl 2017; Lackner/Kühl, StGB, 29. Aufl 2018; Schönke/Schröder, StGB, 30. Aufl 2019; Münchener Kommentar zum StGB, hrsg von Erb und Schäfer, 4. Aufl 2020 ff (zit MünchKomm-StGB/…Bearb); Ulsenheimer/Gaede (Hrsg), Arztstrafrecht in der Praxis, 6. Aufl 2020; Graf (Hrsg.), Beck'scher Online-Kommentar zum Strafvollzugsrecht des Bundes (Stand 1.8.2021; zit BeckOK-StVollz Bund); v Heintschel-Heinegg, Beck'scher Online-Kommentar zum StGB (Stand

---

315 BAG NZA 2012, 1244; vgl auch LAG Hessen BeckRS 2019, 1413; aA LAG Düsseldorf BeckRS 2014, 73396; wohl auch Wiebauer RdA 2020, 283.
316 BAG BeckRS 2017, 103516.
317 LAG Hessen BeckRS 2021, 3037.

1.8.2021; zit BeckOK-StGB); Joecks/Jäger, StGB, Studienkommentar, 13. Aufl 2021; Dölling/Duttge/Rössner, Gesamtes Strafrecht Handkommentar, 5. Aufl 2022; Fischer, StGB, 69. Aufl 2022;

III. Schrifttum vor BGB § 630a

Junghanns, Die Aufklärungspflicht des Arztes, in: Stiftung zur Förderung der wissenschaftlichen Forschung über Wesen und Bedeutung der freien Berufe (Hrsg), 1962; Deutsch/Geiger, Gutachten und Vorschläge zur Überarbeitung des Schuldrechts Band II, 1981; Kern, Schwachstellenanalyse der Rechtsprechung, in: Laufs/Dierks/Albrecht/Wienke/Graf-Baumann/Hirsch (Hrsg), Die Entwicklung der Arzthaftung, 1997, 313; Francke/Hart, Bundesärztekammer (Hrsg), Charta der Patientenrechte, 1999;

Rehborn, Anmerkung zu OLG Saarbrücken, Urt v 12.7.2000 – 1 U 1082/99, MDR 2000, 1319; Kluth, Kassenärztliche Vereinigung – Körperschaften des öffentlichen Rechts, MedR 2003, 123; Rieser, Patientenrechte: 20 Seiten Übereinkunft – anstelle eines Gesetzes, Deutsches Ärzteblatt 2003, 100 (13): A-814/B-690/C-646; Zypries, Patientenrechte: Mehr Transparenz im medizinischen Behandlungsverhältnis, Deutsches Ärzteblatt 2003, 100 (13): A-812/B-688/C-644; Lippert, Wechselwirkungen: Korruptionsstrafrecht – ärztliches Standesrecht, in: Tag/Tröger/Taupitz (Hrsg), Drittmitteleinwerbung – Strafbare Dienstpflicht?, 2004, 177; Schäfer, Drittmittel und Strafrecht, in: Tag/Tröger/Taupitz (Hrsg), Drittmitteleinwerbung – Strafbare Dienstpflicht?, 2004, 65; Ellbogen, Die Anzeigepflicht der Kassenärztlichen Vereinigungen nach § 81a IV SGB V und die Voraussetzungen der Strafvereitelung gemäß § 258 I StGB, MedR 2006, 457; Ellbogen/Wichmann, Zu Problemen des ärztlichen Abrechnungsbetruges, insbesondere der Schadensberechnung, MedR 2007, 10; Pitschas, Stärkt die Gesundheitsreform 2007 die verfassungsverbürgte Patientenkompetenz?, Vierteljahresschrift für Sozialrecht (VSSR) 2007, 319; Badle, Betrug und Korruption im Gesundheitswesen. Ein Erfahrungsbericht aus der staatsanwaltlichen Praxis, NJW 2008, 1028; Laufs, Die jüngere Entwicklung des Arztberufes im Spiegel des Rechts, in: Katzenmeier/Bergdolt (Hrsg), Das Bild des Arztes im 21. Jahrhundert, 2009, 15; Stumpf/Voigts, Gesundheitsmarkt zwischen Kooperation und Korruption, MedR 2009, 205;

Irrgang, Die Rolle der Präklusion im Arzthaftungsprozess, MedR 2010, 533; Gadamer, Über die Verborgenheit der Gesundheit, 2010; Weiss, Korrupte Medizin – Ärzte als Komplizen der Konzerne, 2010; Rosenberger, Arzthaftungsprozess: Ohne den Sachverständigen ist der Richter faktisch hilflos, Deutsches Ärzteblatt 2011; 108 (30): A-1624/B-1380/C-1376; Zöller, Patientenrechtegesetz, MedR 2011, 229; Althammer, Streitgegenstand und Interesse, 2012; Deutsch, Deutsche Sonderwege zur Arzthaftung, NJW 2012, 2009; Hart, Ein Patientenrechtegesetz ohne Eigenschaften, Über den Mangel an legislativer Eigenständigkeit, GesR 2012, 385; Katzenmeier, Die Rahmenbedingungen der Patientenautonomie, MedR 2012, 576; Krüger-Brand, Patientenrechtegesetz: Ergänzungen zum Referentenentwurf, Deutsches Ärzteblatt 2012; 109 (20): A-998/B-862/C-854; Olzen/Metzmacher, Erste Überlegungen zum Referentenentwurf für ein Patientenrechtegesetz, JR 2012, 271; Olzen/Uzunovic, Der Behandlungsvertrag im BGB – Ein Vergleich des Referenten- und des Regierungsentwurfs für ein Gesetz zur Stärkung der Patientenrechte, JR 2012, 447; Reuter/Hahn, Der Referentenentwurf zum Patientenrechtegesetz – Darstellung der wichtigsten Änderungsvorschläge für das BGB, Versicherung und Recht (VuR) 2012, 247; Schelling/Warntjen, Die Pflicht des Arztes zur Offenbarung von Behandlungsfehlern, MedR 2012, 506; Spickhoff, Patientenrechte und Gesetzgebung, ZRP 2012, 65; Wagner, Kodifikation des Arzthaftungsrechts?, VersR 2012, 789;

Geiger, Ärzte-Korruption – Wie viel Strafrecht braucht das Gesundheitswesen? Neue Kriminalpolitik (NK) 2013, 136; Hassner, Ärztliche Selbstbestimmungsaufklärung und zivilrechtliche Haftung – Aktuelle Rechtsprechung und Entwurf eines Patientenrechtegesetzes, VersR 2013, 23; Katzenmeier, Der Behandlungsvertrag – Neuer Vertragstypus im BGB, NJW 2013, 817; Katzenmeier, Patientenrechte und Arzthaftung, in: Lorenz (Hrsg), Karlsruher Forum 2013: Patientenrechte und Arzthaftung, VersR–Schriften 52; Kern, in: Ratzel/Lissel, Handbuch des Medizinschadensrechts, 2013; Mäsch, Demokratisches Schamanentum in Wahlkampfzeiten, NJW 2013, 1354; Preis/Schneider, Das Patientenrechtegesetz – eine gelungene Kodifikation?, NZS 2013, 281; Schneider, Der Behandlungsvertrag, JuS 2013, 104; Schultze-Zeu/Riehn, Ärztliche Behandlungsfehler – die Unterstützungspflicht der gesetzlichen Krankenversicherung gem SGB V § 66 und die Mitwirkungspflichten der Versicherten, VersR 2013, 1482; Spickhoff, Patientenrechte und Patientenpflichten – Die medizinische Behandlung als kodifizierter Vertragstypus, VersR 2013, 267; Thole, Das Patientenrechtegesetz – Ziele der Politik, MedR 2013, 145; Thole/Schanz, Die Rechte der Patienten – transparent, verlässlich und ausgewogen, RDG 2013, 64; Ermert, Patientenrechtegesetz. Umsetzung bestehender Rechtsprechung und Probleme in der Praxis, 2014; Heinz, Die Sachverständigenablehnung im Arzthaftungsprozess, GesR 2014, 141; Holzner, Das 4. Dresdner Medizinrechtssymposium, ZMGR 2015, 280; Spickhoff, Die Arzthaftung im neuen bürgerlich-rechtlichen Normenumfeld, MedR 2015, 845;

Comes, Gutachterkommissionen und Schlichtungsstellen zur Regelung von Arzthaftpflichtfragen, https://arge-medizinrecht.de/wp-content/uploads/2016/04/comes-1-2015-01.pdf (zuletzt abgerufen am 4.10.2021); Katzenmeier/Jansen, Möglichkeiten der Krankenkassen, ihre Versicherten beim Verdacht eines Behandlungsfehlers zu unterstützen, Rechtsgutachten zu § 66 SGB V für den Beauftragten der Bundesregierung für die Belange der Patientinnen und Patienten sowie Bevollmächtigten für Pflege, 2016; Nußstein, Rechtskraft und Arzthaftung, VersR 2016, 1291; Dautert, Zum Vorliegen eines Gehörsverstoßes in einem Arzthaftungsprozess, GesR 2017, 81; Katzenmeier/Jansen, Die Rolle der GKV bei Arzt-Patient-Streitigkeiten Überlegungen zu einer Materialisierung des 66 SGB V, in: Katzenmeier/Ratzel (Hrsg), Festschrift für Franz-Josef Dahm: Glück auf! Medizinrecht gestalten, 2017, S 261; Lempert, Wissenschaft: Radikale Medizinkritik; Deutsches Ärzteblatt 2017, 114 (14): A-701/B-598/C-584; Brinkmann, Substantiierungspflicht im Arzthaftungsprozess, MedR 2018, 698; Kaiser/Mahrenholtz, Arzthaftung – Nachweis und Durchsetzung von Ansprüchen bei ärztlichen Behandlungsfehlern, 2018; Prütting Anmerkung zu BGH, Beschl v 15.5.2018 – VI ZR 287/17, MedR 2019, 146; Walter, Debatte: Die Rechtsprechung des Reichsgerichts – Eine Betrachtung arzthaftungsrechtlicher und arztstrafrechtlicher Entscheidungen im Zeitraum von 1918 bis 1945, Rechtskultur 7, 2018, 47; Halbe, Medizinische Sachverständige: Der Arzt als Gutachter, Deutsches Ärzteblatt 2019; 116 (35): A-1558/B-1282/C-1262; auf der Heiden, Anmerkung zu BGH, Beschl v 19.5.2020 – VI ZB 51/19, NJW 2020, 2276; Graf/Johannes, Ärztliche Aufklärung und richterliche Krankenaktenbeiziehung im selbständigen Beweisverfahren, MedR 2020, 26; Igl, Das Recht und seine Funktionen für die Gesundheitsberufe, in: Katzenmeier (Hrsg), Festschrift für Dieter Hart, 2020, 258; Süss, Anmerkung zu OLG Dresden, Urt v 12.5.2020 – 4 U 1388/19, MedR 2021, 46; Illich, Die Nemesis der Medizin, Neuauflage 2021; Jorzig/Dautert/Benson, in: Heidel/Pauly (Hrsg), AnwaltFormulare, 10. Aufl 2021; Vogeler, Anmerkung zu OLG Dresden Urt v 12.5.2020 – 4 U 1388/19, GuP 2021, 76.

1. Die Entstehungsgeschichte der §§ 630a – 630h. Ein Patientenrechtegesetz in dem Sinne, **1** dass unter diesem Titel ein eigenständiges Gesetz existiert, gibt es nicht. Vielmehr handelt es sich um ein sogenanntes Artikelgesetz, dessen Artikel Änderungen anderer Gesetze enthalten. Die §§ 630a–630h sind durch das sog Patientenrechtegesetz (PatRG) vom 20.2.2013 in das BGB eingefügt worden und gem PatRG Art 5[1] am 26.2.2013 in Kraft getreten. Am 16.1.2012 wurde ein Referentenentwurf eines „Gesetzes zur Verbesserung der Rechte von Patientinnen und Patienten" vorgelegt[2]. Der Bundestag hat das Gesetz am 29.11.2012 beschlossen, welchem der Bundesrat am 1.2.2013 zustimmte. Dadurch wurden grundlegende Rechte für Patienten unter der Betitelung „Behandlungsvertrag" in acht neuen Paragrafen im BGB verankert. Ergänzend hinzugekommen sind Regelungen betreffend das Sozialgesetzbuch V (SGB V), die Ärztezulassungsverordnung (Ärzte-ZV), das Krankenhausfinanzierungsgesetz (KHG) etc. Diese Vorschriften sind für den Patienten von weitaus größerer Bedeutung als für den Arzt im Verhältnis zum Patienten. Das formelle Gesetz als solches basiert auf einem gemeinsamen Gesetzentwurf der Bundesministerien der Justiz und der Gesundheit[3], damit wurden erstmalig Patientenrechte in Deutschland explizit in Gesetzesform geregelt[4]. Das Patientenrechtegesetz findet deshalb eingrenzend auch nur auf Behandlungsverträge Anwendung, die nach dessen Inkrafttreten geschlossen wurden[5]. Nach allgemein anerkanntem Rechtsgrundsatz unterstehen Schuldverhältnisse in Bezug auf Inhalt und Wirkung grds dem Recht, das zur Zeit der Verwirklichung ihres Entstehungstatbestandes galt, sodass es einer besonderen gesetzlichen Regelung bedarf, wenn sie bei einer Gesetzesänderung dem neuen Recht unterworfen werden sollen[6]. Umfasst ist von der Kodifikation insbesondere das, was zuvor als richterrechtlich geprägtes sog „Arzthaftungsrecht" galt[7]. Unter diesen Begriff wurde üblicherweise nicht nur die Haftung von Ärzten subsumiert, sondern auch die Haftung von Krankenhausträgern, Zahnärzten, Heilpraktikern etc gefasst[8].

Bereits das Reichsgericht formulierte im ausgehenden 19. Jahrhundert Grundsätze bezogen **2** auf das Selbstbestimmungsrecht des Patienten. Die sog „Körperverletzungsdoktrin", die besagt, dass der medizinische Eingriff tatbestandsmäßig den Straftatbestand der Körperverletzung erfüllt, geht auf ein Urteil des Reichsgerichts aus dem Jahr 1894 zurück. Gemäß dem Urteil[9] erfüllt jeder ärztliche Heileingriff den Tatbestand der Körperverletzung nach StGB § 223, bleibt jedoch dann straflos, wenn der Heileingriff medizinisch indiziert ist und eine Rechtfertigung aufgrund der wirksamen Einwilligung des Patienten erfährt. Das Reichsgericht entschied, dass ein Oberarzt – er hatte eine medizinisch indizierte Fußamputation bei einem Kind ohne die Einwilligung dessen Vaters vorgenommen – eine Körperverletzung begangen hatte. Dieser Rechtsprechung, welche eine strenge Anbindung der Heilgewalt an die Einwilligung des Patienten vornahm, sind sowohl der Zivilsenat[10] als auch der Strafsenat[11] des BGH gefolgt. Es fand damit eine Abkehr von der Haltung der Ärzte und Juristen statt, dass die Rechtmäßigkeit eines ärztlichen Heileingriffs sich grundsätzlich bereits aus dessen Indiziertheit ergebe. Vielmehr stelle jeder ärztliche Heileingriff tatbestandlich eine Körperverletzung im Sinne der StGB §§ 223 ff, § 823 Abs 1 dar.

Weiterhin befand das Reichsgericht, dass der Arzt davon ausgehen dürfe, dass der Kranke sich **3** „seinem Rat unterordnen, seine Weisungen befolgen, sich seine Heilmittel gefallen lassen werde, ihm daher bei allen seinen Eingriffen in den Organismus des zu Heilenden dessen Zustimmung zur Seite steht". Damit wurden die patientenseitigen Nebenpflichten und Obliegenheiten angesprochen, die gemäß § 630c unter dem Titel „Mitwirkung der Vertragsparteien" nunmehr gere-

---

1 Artikel 5 – Gesetz zur Verbesserung der Rechte von Patientinnen und Patienten (PatRechteG k a Abk) G v 20.2.2013 BGBl I S 277 (Nr 9); Geltung ab 26.2.2013.
2 Steinhilper, in: Laufs/Kern/Rehborn, HdB ArztR[5], § 92 Rz 12.
3 BeckOK-BGB/Katzenmeier, Stand: 1.5.2022, § 630a Rz 3; Krüger-Brand Deutsches Ärzteblatt 2012, 109 (20): A-998/B-862/C-854.
4 Kern/Rehborn, in: Laufs/Kern/Rehborn, HdB ArztR[5], § 92 Rz 12.
5 Spickhoff MedR 2015, 845, 847.
6 RG, Urt v 4.11.1913 – Rep II 297/13, RGZ 83, 248, 254; BGH, Urt v 11.11.1953 – II ZR 181/52, BGHZ 10, 391, 394; OLG Hamburg, Urt v 13.6.2017 – 9 U 242/16, S 8, Anlagenband; vgl EGBGB Art 170 und BVerfG, Beschl v 20.10.2010 – 1 BvR 2062/09, -juris Rz 30 mwN.
7 Kern/Rehborn, in: Laufs/Kern/Rehborn, HdB ArztR[5], § 92 Rz 12; Erman[16]/Rehborn/Gescher, Vorbemerkung vor § 630a Rz 1; BT-Drucks 17/10488, 9.
8 Erman[16]/Rehborn/Gescher, Vorbemerkung vor § 630a Rz 1.
9 RG, Urt v 31.5.1894 – Rep 1406/94, RGSt 25, 375, 375 ff.
10 „Erstes Elektroschockurteil" BGH, Urt v 10.7.1954 – VI ZR 45/54, NJW 1956, 1106, 1106 ff: „Die Behandlung ohne die hiernach erforderliche Einwilligung, die eine angemessene Aufklärung voraussetzte, ist widerrechtlich.".
11 BGH, Urt v 25.3.1988 – 2 StR 93/88, BGHSt 35, 246.

gelt sind. Die Urteilsaussage des Reichsgerichts war, dass bis auf wenige Ausnahmefälle[12] grundsätzlich keine medizinische Behandlung gegen den Patientenwillen erlaubt ist: diese entfaltete Bindungswirkung. Die ärztliche Aufklärung bzw die Einwilligung in die ärztliche Behandlung wurden vom Reichsgericht ebenso sehr früh, nämlich im Jahr 1912, problematisiert[13]. Hier wurde eine Rechtspflicht zur Aufklärung über eventuelle schädliche Operationsfolgen noch explizit abgelehnt[14]. Es wurde davon ausgegangen, dass eine umfassende Belehrung des zu operierenden Patienten durch die Darstellung möglicher Folgen diesen abschrecken, da in Angst versetzen und schließlich hierdurch der Heilungserfolg gefährdet würde. Erstmalig wurde das Selbstbestimmungsrecht des Patienten 1937 in der Rpsr dergestalt thematisiert, dass die ärztliche Behandlung dieses berücksichtigen und sich ihm zu unterwerfen habe[15]. Das Reichsgericht war zwar stets von der Notwendigkeit der Einwilligung des Patienten in die Vornahme eines ärztlichen Eingriffes ausgegangen, koppelte diese jedoch zuvor nicht an eine wirksame Aufklärung des Patienten. Erst in Entscheidungen der 1930er Jahre ist klar geworden, dass die Einwilligung des Patienten in die betreffende Behandlung eine entsprechende ärztliche Aufklärung voraussetzt[16]. Zum Aufklärungsumfang gab das Reichsgericht an, dass dies eine Frage sei, die durch die Konsultation eines medizinischen Sachverständigen festzulegen sei[17].

4   Der BGH hatte sich in seiner Rechtsprechung schon früh, bereits zu Beginn der 1950er Jahre, mit der Problematik der Aufklärung des Patienten vor ärztlichen Eingriffen auseinanderzusetzen[18], so entschied der BGH im „ersten Elektroschockurteil", dass das Selbstbestimmungsrecht des Patienten sich auf das allgemeine Persönlichkeitsrecht stütze und sich daraus eine Pflicht zur ärztlichen Aufklärung ableiten ließe. Die Bestimmung des Aufklärungsumfanges wurde nun zur Rechtsfrage. Im „zweiten Elektroschockurteil" wurden hierzu Präzisierungen durch den BGH vorgenommen[19]. Die in den 1950er und 60er Jahren entwickelten Grundsätze zur ärztlichen Aufklärung wurden zur ständigen Rechtsprechung des sich fortentwickelnden Arzthaftungsrechtes[20].

5   Im weiteren Verlauf der Historie zeigte sich eine zunehmende Verschärfung der Anforderungen an die Arztaufklärung[21]. Konkret benannte Patientenrechte im Sinne eines umfassenden Patientenrechtegesetzes waren jedoch noch in weiter Ferne, obgleich schon früh über eine Kodifizierung des Arzthaftungsrechts diskutiert wurde[22]. Für die in den 1980er Jahren vom Bundesmi-

---

12   Bspw ist eine medizinische Behandlung aufgrund einer Einweisung gegen den Willen des Patienten möglich (und dann auch zwingend erforderlich), wenn eine akute und erhebliche Selbst- oder Fremdgefährdung vorliegt und keine andere Möglichkeit mehr besteht, den Erkrankten oder seine Umgebung durch weniger einschneidende Maßnahmen zu schützen. Die gesetzlichen Grundlagen hierfür legt das Unterbringungsgesetz (Bayern, Baden-Württemberg, Saarland) bzw das Gesetz für psychisch Kranke (PsychKG, restliche Bundesländer) fest. Ansonsten sind medizinische Anordnungen zur Quarantäne aufgrund einer infektiösen Krankheit denkbar, iRe Betreuung nach §§ 1832, 1831 Abs 1, Abs 4 iVm §§ 1831 Abs 5, 1820 Abs 2 Nr 2, bei der Inaugenscheinnahme durch das Gericht und/oder Anordnungen durch einen medizinischen Sachverständigen nach ZPO § 371 (wobei diese mit der Konsequenz des möglichen Prozessverlustes auch abgelehnt werden können) sowie im Rahmen der Feststellung der Abstammung nach ZPO § 372a.
13   Walter Rechtskultur 7, 2018, 47.
14   RG, Urt v 1.3.1912 – Rep III 231/11, RGZ 78, 432.
15   RG, Urt v 19.3.1937 – 1 D 19/37, HRR 1937 Nr 1429.
16   RG, Urt v 19.5.1931 – III 202/30, JW 1932, 3328; RG, Urt v 30.6.1939 – III 189/38, DR 1939, 2161; RG, Urt v 8.12.1939 – III 34/39, DR 1940, 506; RG, Urt v 3.12.1941 – III 68/41, RGZ 168, 206, 213.
17   RG, Urt v 29.2.1932 – 2 D 57/32, RGSt 66, 181, 183; RG, Urt v 3.12.1941 – III 68/41, RGZ 168, 206, 213; vgl RG, Urt v 19.3.1937 – 1 D 19/37, HRR 1937 Nr 1429.
18   „Erstes Elektroschockurteil" BGH, Urt v 10.7.1954 – VI ZR 45/54, NJW 1956, 1106, 1106 ff; BGH, Urt v 11.4.1956 – VI ZR 20/55, VersR 1956, 479; BGH, Urt v 5.12.1958 – VI ZR 266/57, VersR 1959, 308; BGH, Urt v 9.12.1958 – VI ZR 203/57, BGHZ 29, 46; BGH, Urt v 16.1.1959 – VI ZR 179/57, BGHZ 29, 176.
19   „Zweites Elektroschockurteil" BGH, Urt v 9.12.1958 – VI ZR 203/57, BGHZ 29, 46; BGH, Urt v 16.1.1959 – VI ZR 179/57, BGHZ 29, 176.
20   BGH, Urt v 10.7.1954 – VI ZR 45/54, NJW 1956, 1106; BGH, Urt v 11.4.1956 – VI ZR 20/55, VersR 1956, 479; BGH, Urt v 5.12.1958, VI ZR 266/57, VersR 1959, 308; BGH, Urt v 9.12.1958 – VI ZR 203/57, BGHZ 29, 46; BGH, Urt v 16.1.1959 – VI ZR 179/57, BGHZ 29, 176; BGH, Urt v 22.12.1959 – VI ZR 151/58, VersR 1960, 475; BGH, Urt v 7.2.1961 – VI ZR 69/60, VersR 1961, 421; BGH, Urt v 11.4.1961 – VI ZR 135/60, VersR 1961, 725; BGH, Urt v 26.9.1961 – VI ZR 124/60, VersR 1961, 1036; BGH, Urt v 26.9.1961 – VI ZR 225/60, NJW 1961, 2203; BGH, Urt v 24.10.1961 – VI ZR 106/61, VersR 1962, 46; BGH, Urt v 16.10.1962 – VI ZR 198/61, NJW 1963, 393; BGH, Urt v 18.5.1965 – VI ZR 4/64, NJW 1965, 2005; BGH, Urt v 4.1.1966 – VI ZR 172/64, DMW 1966, 1424; BGH, Urt v 2.2.1968 – VI ZR 115/67, VersR 1968, 558.
21   Vgl die Historie der Rspr zur ärztlichen Aufklärung bei Kern, Schwachstellenanalyse der Rechtsprechung, in: Laufs/Dierks/Albrecht/Wienke/Graf-Baumann/Hirsch (Hrsg), Die Entwicklung der Arzthaftung, S 313, 314, 316; Junghanns, Die Aufklärungspflicht des Arztes, in: Stiftung zur Förderung der wissenschaftlichen Forschung über Wesen und Bedeutung der freien Berufe (Hrsg), Die Aufklärungspflicht des Arztes, 59, 61, 62 ff.
22   Erman[16]/Rehborn/Gescher, Vorbemerkung vor § 630a Rz 2.

nister der Justiz eingesetzte sog Schuldrechtskommission wurden die ersten namhaften Vorschläge einer Kodifizierung unterbreitet[23].

Dem folgte eine langjährige Diskussion um ein Patientenrechtegesetz, die in einem ersten **6** Schritt 1999 in dem Papier „Patientenrechte in Deutschland heute" mündete[24]. Zudem wurde Ende der 1990er Jahre dazu für die Bundesländer Bremen, Hamburg und NRW ein Rechtsgutachten veröffentlicht[25]. Auf entsprechenden Beschluss der 72. Gesundheitsministerkonferenz 1999 setzte anschließend die damalige Bundesregierung eine Arbeitsgruppe „Patientenrechte in Deutschland: Fortentwicklungsbedarf und Fortentwicklungsmöglichkeiten" ein, deren Unterarbeitsgruppe „Arztvertragsrecht und Behandlungsfehlerhaftung" den dort bestehenden Handlungsbedarf evaluierte[26]. Die Unterarbeitsgruppe verneinte zwar gesetzgeberischen Handlungsbedarf, stellte aber ein Informations- und Vollzugsdefizit im Arzthaftungsrecht fest. Das Jahresgutachten 2000/2001 des Sachverständigenrats für die „Konzertierte Aktion im Gesundheitswesen" empfahl, „die bislang in unterschiedlichen Gesetzestexten verstreuten Patientenrechte in einem Patientenrechte-Gesetz zusammenzufassen", „um die derzeitig komplexe rechtliche Situation für die Patienten in einfacher Weise identifizierbar zu machen"[27].

Die Bundesregierung setzte 2002 eine Arbeitsgruppe ein, die die Broschüre von 1999 erwei- **7** terte und aktualisierte und unter dem Namen „Patientenrechte in Deutschland" herausgab[28]. Aber auch dieses Papier blieb rechtlich unverbindlich[29]. Im Januar 2004 trat die im Gesundheitsmodernisierungsgesetz geregelte Beteiligung von Patienten sowie eine Regelung über den Beauftragten der Bundesregierung für die Belange der Patienten durch SGB V §§ 140f-h in Kraft[30]. Die Bundesregierung und der Patientenbeauftragte der Bundesregierung sahen sich weiterhin veranlasst, ein „Patientenschutzgesetz" auf dem Weg zu bringen[31]. Mit dem in Kraft getretenen PatRG wurde die Diskussion bezüglich der Notwendigkeit einer in Gesetzesform kodifizierten Rechtsgrundlage für die Behandlung von Patienten zumindest vorerst beendet. Der Gesetzgeber selber hat das PatRG dabei als kodifiziertes „Richterrecht" betrachtet[32].

2. **Die Systematik**. Das PatRG änderte die Systematik des BGB. Die Betitelung des achten **8** Abschnitts lautet nun „Dienstvertrag und ähnliche Verträge", bestehend aus den Untertiteln 1. „Dienstvertrag", (§§ 611–630) und 2. „Behandlungsvertrag", §§ 630a–630h. Es handelt sich somit aufgrund der systematischen Einordnung um einen „dienstvertragsähnlichen" Vertrag[33]. Die Einordnung des Behandlungsvertrages in das Dienstvertragsrecht sichert, dass der Arzt, im Zweifelsfall, gem § 613 Satz 1 die Leistung in Person erbringen muss. Ebenso steht damit fest, dass der Arzt idR keinen Erfolg bei der Behandlung schuldet, wie es bei einem Werkvertrag nach § 631 der Fall wäre. Demzufolge handelt es sich beim Behandlungsvertrag nicht um „einen eigenen Typus"[34], wohl aber wird er durch die Besonderheiten der ärztlichen Tätigkeit charakterisiert und gilt damit als „besonderer Dienstvertrag"[35], da der Arztvertrag von einem besonderen Vertrauenselement getragen wird[36]. Das Vertrauen, das Patient und Arzt ineinander setzen, dient dabei der Konkretisierung abstrakter Rechtsregeln[37].

Das Arztrecht im engeren Sinne und das Sondermaterien der Produktsicherheit und Produkt- **9** haftung einschließende Medizinrecht sind Querschnittsmaterien, die verschiedene Bereiche des öffentlichen Rechts, einschließlich des Strafrechts sowie des Privatrechts unter dem Gesichtspunkt ihrer Relevanz für die ärztliche Berufsausübung bzw für medizinische Dienstleistungen zusammenfassen[38]. Das Patientenrechtegesetz betrifft Behandlungsstandards, den Umgang mit Patientenakten, Aufklärungs- und Dokumentationspflichten von Ärzten, Informationspflichten

---

23 Deutsch/Geiger, Gutachten und Vorschläge zur Überarbeitung des Schuldrechts Bd II 1981, 1055 ff.
24 Vgl zur Entstehungsgeschichte des PatRG HK-AKM/Hart, 68. Aktualisierung April 2017, Patientenrechte (Nr 4015), Rz 2.
25 Francke/Hart, Bundesärztekammer (Hrsg), Charta der Patientenrechte; Erman[16]/Rehborn/Gescher, Vorbemerkung vor § 630a Rz 2.
26 BT-Drucks 17/10488, 11.
27 BT-Drucks 17/10488, 11.
28 Zypries Deutsches Ärzteblatt 2003, 100 (13): A-812/B-688/C-644.
29 Zypries Deutsches Ärzteblatt 2003, 100 (13): A-814/B-690/C-646.
30 HK-AKM/Hart, 68. Aktualisierung April 2017, Patientenrechte (Nr 4015), Rz 2.
31 Ermert, Patientenrechtegesetz. Umsetzung bestehender Rechtsprechung und Probleme in der Praxis, 3; Koalitionsvertrag CDU, CSU und FDP „Wachstum, Bildung, Zusammenhalt", 17. Legislaturperiode, S 90; Zöller MedR 2011, 229, 229 ff.
32 BT-Drucks 17/10488, 1.
33 Erman[16]/Rehborn/Gescher, Vorbemerkung vor § 630a Rz 2; Spickhoff VersR 2013, 267, 268 f; Thole MedR 2013, 145, 146.
34 Überholt damit Deutsch/Spickhoff, MedR-HdB[6], Rz 113: „eigener Typus mit hauptsächlichen Merkmalen ärztlicher Tätigkeit", auch wenn noch vertreten wird, dass es „rechtspolitisch zutreffender gewesen wäre", so von Deutsch/Spickhoff, MedR-HdB[7], Rz 144.
35 Staud[2019]/Latzel, § 611 Rz 12.
36 Deutsch/Spickhoff, MedR-HdB[7], Rz 104, 138, 139: „Der Behandlungsvertrag ist mithin ein dem Dienstvertrag ähnlicher Vertragstypus.".
37 Deutsch/Spickhoff, MedR-HdB[7], Rz 104, 138, 139.
38 Deutsch/Spickhoff, MedR-HdB[7], Rz 2.

über Behandlungsfehler sowie Regelungen zur Beweisführung in Arzthaftungsprozessen und ist somit zum engeren Arztrecht zu zählen.

10 Weitere Punkte des PatRG wurden im Fünften Sozialgesetzbuch (SGB V) geregelt, darunter die Unterstützung der Krankenkassen für Versicherte bei Behandlungsfehlern, das Risiko-, Fehler- und Beschwerdemanagement der Krankenhäuser sowie die Beteiligung von Patientenorganisationen an der ärztlichen Bedarfsplanung auf Länderebene. Das Patientenrechtegesetz beschränkte sich nicht auf die Einfügung des Untertitels über den Behandlungsvertrag in das BGB, sondern brachte somit auch einige Änderungen des Rechts der Sozialen Krankenversicherung. Haftungsrechtlich relevant ist die Änderung des SGB V § 66, der besagt, dass die Krankenkassen die Versicherten bei der Verfolgung von Schadensersatzansprüchen, die bei der Inanspruchnahme von Versicherungsleistungen aus Behandlungsfehlern entstanden sind, unterstützen sollen. Dies gilt allerdings nur insoweit, als die Ersatzansprüche nicht ohnehin gemäß SGB X 116 auf die Krankenkasse übergegangen sind.

11 Nicht geregelt wurden hinsichtlich der von Patienten selbst zu zahlenden sogenannten Individuellen Gesundheitsleistungen (IGeL), die von den Krankenkassen in der Regel als nicht notwendig klassifiziert werden. Ebenso ergibt sich aus dem PatRG keine Regelung zum vom Bundesrat geforderten Härtefall–Fonds[39]. Aus diesem sollten Patienten entschädigt werden können, die bei einer stationären Behandlung einen Schaden erleiden, der sie erheblich beeinträchtigt, dessen Ursache aber nicht sicher nachgewiesen werden kann oder aber eine seltene oder unbekannte Komplikation darstellt.

12 Bei den Regelungen der §§ 630a ff handelt es sich ua um in Gesetzform gegossenes Arzthaftungsrecht, das über Jahrzehnte von den Gerichten aufgrund des § 823 Abs 1 erarbeitet wurde und sich an der Rspr des BGH orientiert hat. Die Vorschriften der §§ 630a–630g regeln dabei verschiedenste Rechte und Pflichten in der Beziehung von Patienten und Behandelnden, während § 630h Beweisfragen und Fragen der Beweislastverteilung regelt. Die Haftung ist nicht in diesen Vorschriften geregelt worden.

13 Es fehlt ferner an einer eigenen Anspruchsgrundlage für die Arzthaftung. § 630a Abs 1 entspricht damit der Tradition des BGB, das im Besonderen Schuldrecht an die Spitze der Kapitel zu den verschiedenen Vertragstypen jeweils eine Klassifikationsnorm stellt, welche die Hauptpflichten der Parteien benennt[40]. Der Regelungsstil des BGB ist durch das „Vor-die-Klammer-Ziehen" verallgemeinerungsfähiger Tatbestände gekennzeichnet[41]. Diese Tradition hat die Schuldrechtsreform 2002 fortgeführt, indem sie das besondere Vertragsrecht der §§ 433 ff weitgehend von Haftungstatbeständen freigehalten und diese im allgemeinen Schuldrecht konzentriert hat[42]. Durch das Patientenrechtegesetz erfolgte zudem eine Schwerpunktverlagerung in Richtung des Vertragsrechts[43], welche die Anwendung des Deliktsrechts nur bei dem Fehlen einer vertraglichen oder quasivertraglichen Anspruchsgrundlage erforderlich werden lässt[44].

14 Einschlägig für die Haftung des Behandelnden aus Vertrag ist daher § 280 Abs 1. Die Bestimmung des § 630a Abs 2 steht mit derjenigen des vorangegangenen Absatzes in keinem systematischen Zusammenhang. § 630a Abs 2 ist eine Sonderregel zu § 276 Abs 2, die den allgemeinen Sorgfaltsstandard des Zivilrechts speziell für den Arzt als eine Partei des Behandlungsvertrags konkretisiert[45].

15 Die richterrechtlichen Regeln zur Arzthaftung sind im Rahmen des Deliktsrechts entwickelt worden. Darauf basiert die Haftung des Behandlers aus § 823. Die Vertragshaftung wegen „positiver Vertragsverletzung" eines Dienstvertrags lief daneben, ohne tatsächlich Bedeutung in der Praxis zu erlangen[46]. Maßgebend dafür war zum einen, dass bis zum Zweiten Schadensersatzrechtsänderungsgesetz 2002 im Rahmen der Vertragshaftung für Körper- und Gesundheitsverletzungen kein Schmerzensgeld zu zahlen war[47]. Vielmehr war der Ersatz immaterieller Schäden gem § 847 aF auf das Deliktsrecht begrenzt, was insofern sinnvoll war, da nicht alle Heilbehandlungen im Rahmen eines Vertrages erfolgen und der behandelnde Arzt, dem eine Pflichtverletzung vorgeworfen wird, zudem nicht immer ein Vertragspartner des Patienten ist.

---

39 BR–Drucks 312/12 (B).
40 MünchKomm[8]/Wagner, § 630a Rz 1.
41 MünchKomm[8]/Wagner, vor § 630a Rz 10.
42 MünchKomm[8]/Wagner, vor § 630a Rz 10.
43 Kern/Rehborn, in: Laufs/Kern/Rehborn, HdB ArztR[5], § 102 Rz 1.
44 Kern/Rehborn, in: Laufs/Kern/Rehborn, HdB ArztR[5], § 102 Rz 1.
45 BT–Drucks 17/10488, 19; BGH, Urt v 9.12.1974 – VII ZR 182/73, BGHZ 63, 306, 309; BGH, Urt v 18.3.1980 – VI ZR 247/78, BGHZ 76, 259, 261; BGH, Urt v 8.1.1991 – VI ZR 102/90, NJW 1991, 1540, 1541; OLG München, Urt v 18.11.2010 – 1 U 5334/09, NJW-RR 2011, 749, 751; BeckOK-BGB/Katzenmeier, Stand: 1.5.2022, § 630a Rz 145; Deutsch/Spickhoff, MedR-HdB[7], Rz 145 f.
46 MünchKomm[8]/Wagner, vor § 630a Rz 3.
47 MünchKomm[8]/Wagner, vor § 630a Rz 3.

Soweit die Haftung aus § 823 Abs 1 zu der Haftung aus § 280 Abs 1 in Konkurrenz stand, **16** wurde seitens der Rspr stets darauf geachtet, die beiden Haftungsregime nicht auseinander laufen zu lassen[48]. Das Patientenrechtegesetz hat mit der deliktsrechtlichen Tradition der Arzthaftung gebrochen und die Materie in das Vertragsrecht verschoben. Da die deliktische Haftung aus § 823 Abs 1 daneben bestehen bleibt, führt dieser Schritt zu einer Doppelspurigkeit der Arzthaftung auf vertraglicher sowie deliktsrechtlicher Grundlage, die auf der richterlichen Spruchpraxis basiert. Man spricht insoweit von einer Dualität der Haftungssysteme[49].

3. **Die Regelungsziele.** Mit Einführung des Patientenrechtegesetzes sollte der Patient ua bei **17** der Verfolgung von Behandlungsfehlern unterstützt werden[50]. Der Behandlungsvertrag sollte, nun gesetzlich kodifiziert, zwei Parteien hervorbringen, die sich auf Augenhöhe begegnen[51] und ein selbstbestimmtes Handeln des „mündigen Patienten" zumindest normativ verankern. Der Gesetzgeber ging zu Recht davon aus, dass der Patient bei der Behandlung mitwirken müsse, da nur so deren Durchführung iSd „Partnerschaftsgedankens"[52] erfolgreich sein könne. Bislang stehe dazu „Wesentliches nicht im Gesetz", sondern sei Richterrecht, deshalb wüssten oftmals weder Behandelnde noch Patienten, welche Rechte und Pflichten ihnen zuteilwerden[53].

Zunächst wurde seitens des Gesetzgebers daher als Ziel die Verbesserung der Transparenz des **18** Arzthaftungsrechts genannt[54]. Den Weg hierzu sollte im Wesentlichen eine Kodifizierung der richterrechtlich entwickelten Grundsätze weisen. Dabei sollten „Unklarheiten beseitigt werden, die sich aus der bisherigen Rechtsprechung ergeben haben"[55]. Ein inhaltliches Reformziel der durch die Rspr bereits entwickelten Rechtsgrundsätze verfolgte der Gesetzgeber hingegen nicht[56]. Das primäre Ziel des PatRG war es, das Informationsgefälle zwischen Arzt und Patient einzuebnen sowie die Appellfunktion und die Präventivwirkung der Haftung zu stärken[57]. In der Gesetzesbegründung wurde ausdrücklich klargestellt, dass „sämtliche in den BGB-E §§ 630a bis 630h dargelegten Pflichten bereits durch die von der Rechtsprechung entwickelten Grundsätze zur Arzthaftung, durch das Grundgesetz, durch die Berufsordnung der Ärzte sowie durch weitergehende besondere Gesetze geregelt sind."[58]

Grds bestimmen die Parteien den Vertragsinhalt[59]. Das wird aber beim Behandlungsvertrag **19** zumeist unterbleiben. Grund dafür ist, dass bei Abschluss des Vertrages nicht eindeutig ist, was der Vertragsinhalt konkret sein wird, da dieser aus der Anamnese und den Untersuchungen resultiert und erst die Diagnostik den Umfang der vertraglichen Leistungen vorgeben kann. Soweit es an Absprachen fehlt, können die ärztlichen Berufspflichten zur Auslegung oder sogar Vervollständigung des Vertrages herangezogen werden[60]. Generell kann daher nur festgestellt werden, dass der Arzt die ärztliche Behandlung im weitesten Sinne schuldet, während der Patient das anfallende Honorar zu zahlen hat, soweit dieses nicht durch die GKV geleistet wird[61]. Den selbstzahlenden Patienten hat der behandelnde Arzt über die anfallenden Behandlungskosten zu informieren[62]. Resultierend daraus trifft die Informationspflicht den Arzt, wenn dieser weiß, dass eine Kostenübernahme durch einen Dritten zumindest unsicher ist[63]. In Anlehnung an die Rechtsprechung ist die wirtschaftliche Aufklärung, die sich früher aus § 241 Abs 2 als vorvertragliche Aufklärungspflicht ergab und somit eine Nebenpflicht darstellte, nun in § 630c normiert. Der Gesetzgeber knüpft an die Unterlassung der wirtschaftlichen Aufklärung jedoch keine unmittelbaren Rechtsfolgen. Auch wenn diese nicht durch den Gesetzgeber normiert sind, wird davon ausgegangen, dass bei Verletzung von § 630c der Arzt die Leistung grds nicht abrechnen darf und ihn ggf eine Schadensersatzpflicht nach § 280 Abs 1 trifft.

Im verrechtlichten Gesundheitssystem verändert sich auch die Rolle des Patienten[64]. Es treffen **20** ihn bspw die sich aus § 630c Abs 1 ergebenden Pflichten und Lasten[65]. Andererseits erhält er mehr Rechte gegenüber seinem Behandler, auch auf Information[66] sowie einen Zuwachs an

---

48 MünchKomm[8]/Wagner, vor § 630a Rz 3.
49 Kern/Rehborn, in: Laufs/Kern/Rehborn, HdB ArztR[5], § 102 Rz 1.
50 BT-Drucks 17/10488, 1.
51 BT-Drucks 17/10488, 1, 39, 41, 42.
52 BT-Drucks 17/10488, 21; jurisPK BGB[9]/Schmidt, § 630c Rz 2; Erman[16]/Rehborn/Gescher, § 630c Rz 1.
53 Erman[16]/Rehborn/Gescher, Vorbemerkung vor § 630a Rz 6; vgl auch Spickhoff MedR 2015, 845, 846.
54 MünchKomm[8]/Wagner, vor § 630a Rz 3.
55 BT-Drucks 17/10488, 9.
56 BT-Drucks 17/10488, 9.
57 MünchKomm[8]/Wagner, vor § 630a Rz 3.
58 BT-Drucks 17/10488, 13.
59 Kern/Rehborn, in: Laufs/Kern/Rehborn, HdB ArztR[5], § 42 Rz 1.
60 Kern/Rehborn, in: Laufs/Kern/Rehborn, HdB ArztR[5], § 42 Rz 1.
61 Kern/Rehborn, in: Laufs/Kern/Rehborn, HdB ArztR[5], § 42 Rz 1.
62 Kern/Rehborn, in: Laufs/Kern/Rehborn, HdB ArztR[5], § 42 Rz 1.
63 BeckOK-BGB/Katzenmeier, Stand: 1.5.2022, § 630c Rz 18.
64 HdB ArztR[5]/Kern/Rehborn, § 1 Rz 1.
65 Laufs, Die jüngere Entwicklung des Arztberufes im Spiegel des Rechts, in: Katzenmeier/Bergdolt (Hrsg), Das Bild des Arztes im 21. Jahrhundert S 15; vgl MünchKomm[8]/Wagner, § 630c Rz 6.
66 BT-Drucks 17/10488, 1.

Rechten gegenüber seiner Sozialversicherung. Grundsätzlich erfordert die immer ernster werdende Kostenrechnung geradezu gebieterisch, dass die Gesundheitspflege wieder als eine allgemeine Aufgabe der Bevölkerung selber erkannt und wahrgenommen wird[67], obgleich die Rechte der Patienten gegenüber Leistungs- und Kostenträgern gestärkt wurden. Dies betrifft Entscheidungsfristen bei der Leistungsbewilligung, die Widerrufsmöglichkeit einer Teilnahme an selektivvertraglichen Versorgungsformen sowie einen Unterstützungsanspruch bei Verfahren um Schadenersatz wegen Behandlungsfehlern[68]. Die GKV trägt insofern ihren Teil zur Durchsetzung der Patientenrechte bei, als SGB V § 66 normiert, dass die Krankenkassen die Versicherten bei der Verfolgung von Schadensersatzansprüchen aus Behandlungsfehlern unterstützen sollen[69]. Zur Verbesserung der Patientenrechte tragen somit „insbesondere der Ausbau der Patientenbeteiligung an Leistungsentscheidungen auf den Ebenen der Systemverantwortung einerseits und die Stärkung der individuellen Gesundheitsverantwortung andererseits" bei[70].

21 4. **Die Kritik.** – a) **Gegenüber dem Patientenrechtegesetz.** Das Patientenrechtegesetz hat weder wesentliche Neurungen des Arztrechtes im engeren Sinne noch des Medizinrechts im weiteren Sinne hervorgebracht, sondern sich stattdessen vor allem auf das Arzthaftungsrecht konzentriert. Dies bezieht sich fast ausschließlich auf das von den Gerichten im Rahmen der allgemeinen Deliktshaftung nach § 823 gebildete Richterrecht. Die Stellung des Patienten hat es dabei allenfalls marginal verbessert[71]. Anders als es die Bezeichnung suggeriert, bewirken die Aufnahme des Behandlungsvertrages durch die §§ 630a ff sowie die vorgenommenen Änderungen im Sozialrecht[72] nur einen unwesentlichen Zuwachs an Rechten, was nicht zuletzt die Ursache der geteilten Reaktionen hierauf war[73]. Der Änderungsgehalt gegenüber der bisherigen ständigen Rechtsprechung war zudem gering[74]. Vielfach gerügt wurde, dass die Kodifizierung eher eine Momentaufnahme des Richterrechts darstellen würde, wodurch die „Entwicklungsoffenheit des Arzthaftungsrechts in bedauerlicher Weise beschnitten" werden würde[75]. Die Ziele des Gesetzgebers, Rechtssicherheit, Transparenz und Rechtsdurchsetzung zu bewirken, oder die Hoffnung, durch eine Kodifizierung zur Rechtsdurchsetzung beizutragen seien jedenfalls nach einigen Jahren des PatRG noch nicht erreicht worden[76]. Ein „Modernisierungsschub" wurde nicht angestrebt, war zudem nach dem Gesetz nicht erwartbar, sodass von einem „neuen Aufbruch" nicht gesprochen werden könne[77]. Aufgrund des von der Rechtsprechung stets intendierten Gleichlaufs der vertraglichen und deliktischen Haftung dürfte zudem eher nicht mit einer Fortentwicklung des Beweisrechts auf Grundlage des kumulativ greifenden Deliktsrechts zu rechnen sein[78].

22 Trotz der berechtigten Kritik[79] an bestimmten Aspekten der Neuregelung liegt deren wesentlicher Wert in der Kodifikation selbst, und somit der Rückführung eines bis dato in weiten Teilen

---

67 Gadamer, Über die Verborgenheit der Gesundheit, S 8.
68 Eingehend Katzenmeier/Jansen, Möglichkeiten der Krankenkassen, ihre Versicherten beim Verdacht eines Behandlungsfehlers zu unterstützen, Rechtsgutachten zu § 66 SGB V für den Beauftragten der Bundesregierung für die Belange der Patientinnen und Patienten sowie Bevollmächtigten für Pflege; für die Unterstützung Pflegebedürftiger verweist SGB XI § 115 Abs 3 Satz 7 Halbs 2 auf SGB V § 66 SGB („gilt entsprechend"), für die Private Krankenversicherung vgl VVG § 192 Abs 3 Nr 4; zur Sozialgesetzgebung im Gesundheitssektor Igl, Das Recht und seine Funktionen für die Gesundheitsberufe, in: Katzenmeier (Hrsg), Festschr für Dieter Hart, 258, 258 ff; HK-AKM/Hart, 68. Aktualisierung, April 2017, Patientenrechte (Nr 4015), Rz 8, 8 ff; HdB ArztR⁵/Kern/Rehborn, § 1 Rz 1; Schultze-Zeu/Riehn VersR 2013, 1482, 1483, 1485; Pitschas Vierteljahresschrift für Sozialrecht (VSSR) 2007, 319, 320 ff.
69 Katzenmeier/Jansen, Die Rolle der GKV bei Arzt-Patient-Streitigkeiten Überlegungen zu einer Materialisierung des 66 SGB V, in: Katzenmeier/Ratzel (Hrsg), Festschr für Franz-Josef Dahm: Glück auf! Medizinrecht gestalten, 261, 262, 263, 277.
70 Pitschas Vierteljahresschrift für Sozialrecht (VSSR) 2007, 319 ff, 334, zitiert nach Laufs, Die jüngere Entwicklung des Arztberufes im Spiegel des Rechts, in: Katzenmeier/Bergdolt (Hrsg), Das Bild des Arztes im 21. Jahrhundert, S 15.
71 Spickhoff ZRP 2012, 65 ff; Reuter/Hahn VuR 2012, 247 ff; Katzenmeier MedR 2012, 576 ff; Olzen/Metzmacher JR 2012, 271 ff; Wagner VersR 2012, 789 ff; Deutsch NJW 2012, 2009 f; Mäsch NJW 2013, 1354 ff; Preis/Schneider NZS 2013, 281 ff; Thole/Schanz RDG 2013, 64 ff; Hassner VersR 2013, 23 ff; Olzen/Uzunovic JR 2012, 447, 447 ff; Schelling/Warntjen MedR 2012, 506, 506 ff; Schneider JuS 2013, 104, 104.
72 Kritisch Preis/Schneider NZS 2013, 286 f.
73 Stellungnahme der maßgeblichen Patientenorganisationen nach SGB V § 140 f zum Referentenentwurf für ein Patientenrechtegesetz des Bundesministeriums der Justiz und des Bundesministeriums für Gesundheit vom 6.2.2012.
74 HK-AKM/Hart, 68. Aktualisierung, April 2017, Patientenrechte (Nr 4015), Rz 2, 8; Katzenmeier, Patientenrechte und Arzthaftung, in: Lorenz (Hrsg), Karlsruher Forum 2013, 5, 6 ff.
75 Erman¹⁶/Rehborn/Gescher, Vorbemerkung vor § 630a Rz 6; Wagner VersR 2012, 789, 789 ff; Deutsch NJW 2012, 2009 ff; Hart GesR 2012, 385 ff; Katzenmeier NJW 2013, 817, 822; Spickhoff VersR 2013, 267, 278.
76 HK-AKM/Hart, 68. Aktualisierung, April 2017, Patientenrechte (Nr 4015), Rz 2, 8.
77 HK-AKM/Hart, 68. Aktualisierung, April 2017, Patientenrechte (Nr 4015), Rz 2, 8.
78 So für möglich gehalten von Wagner VersR 2012, 789, 801.
79 Vgl Preis/Schneider NZS 2013, 281, 282 ff; Katzenmeier NJW 2013, 817, 822 f.

durch Richterrecht geprägten Bereichs, auf einen „niedergeschriebenen und mit legislativer Kompetenz ausgestatteten Normentext"[80].

23 b) **Gegenüber der Medizinrechtsentwicklung.** Die aufgezeigte Entwicklung wird durch eine heftige Medizinkritik[81] insbesondere bezüglich der Beziehung von Ärzten zu Pharmakonzernen[82] und schon fast alltäglich gewordenen Straf- und Haftungsprozessen gegen Ärzte[83] begleitet. Die Anforderungen von Dokumentation und Bürokratie mit einem Zuviel an IT-Arbeit lasten schwer auf den Ärzten, hinzukommt das sie steuernde komplizierte sozialversicherungsrechtliche Abrechnungssystem[84]. Das Verbot der Bestechlichkeit gilt für alle Heilberufe, die für ihre Berufsausübung eine staatlich geregelte Ausbildung brauchen, also nicht nur für Ärzte und Apotheker, sondern auch für bspw PTA und MTA, Ergotherapeuten und Krankenpfleger[85]. Die Erscheinungsformen von Korruption im Gesundheitswesen sind vorrangig das „Pharmamarketing", bspw AMG § 67 Abs 6, die „Zuweisung gegen Entgelt", bspw SGB V § 73 Abs 7 und die „Unzulässige Zusammenarbeit", bspw SGB V § 128 Abs 2[86].

24 Die Kassenärztlichen Vereinigungen (KVen) befinden sich ihrerseits in einem „partiellen Systemwandel"[87]. Zu deren Kerngeschäft gehören ua die Verhandlungen mit den Krankenkassen bezüglich Versorgungsaufträgen und Honorare. Hinzukommt die Abrechnungsprüfung sowie Verteilung des zur Verfügung stehenden Honorars an die Ärzte. Je mehr die Krankenkassen aber Einzel- und Gruppenverträge entgegen dem Prinzip des Kollektivabschlusses und im Widerspruch zum herkömmlichen Sicherstellungsauftrag abschließen, umso mehr sind die substanziellen Aufgaben der KVen dahingehend zu hinterfragen, ob die Selbstverwaltung, die demokratische Partizipation und die gesetzliche Pflichtmitgliedschaft verfassungsrechtlich noch zu legitimieren sind[88].

25 5. **Prozessuales**. – a) **Der Gerichtsstand**. Die Frage des Gerichtsstandes entscheidet sich nach ZPO §§ 12 ff. Grundsätzlich ist Klage am allgemeinen Gerichtsstand des Beklagten, also an seinem Wohnsitz zu erheben, soweit keine ausschließlichen Gerichtsstände in Betracht kommen, vgl ZPO § 12. Auch besondere Gerichtsstände können dem allgemeinen vorgehen, ausschließliche Gerichtsstände bestehen idR nicht[89]. Für die stationäre Behandlung im Krankenhaus wurde bspw entschieden, dass aufgrund des einheitlichen Leistungsorts nach ZPO § 29 auch für die Honorarklage des Krankenhauses ein Gerichtsstand am Sitz des Krankenhauses begründet ist[90]. Krankenhäuser müssen Entgeltforderungen aus dem Krankenhausaufnahmevertrag somit nicht zwingend am Wohnsitz des Patienten geltend machen. Vielmehr kann nun gem ZPO § 29 Abs 1 auch am Sitz des Krankenhauses geklagt werden. Dies war bislang nur im Anwendungsbereich von EuGVVO Art 5 Nr 1 lit b) möglich[91]. Dies begründet der BGH damit, dass der Schwerpunkt der dem Patienten zu erbringenden Leistungen am Ort des Krankenhauses liegt[92]. Unbeachtlich ist, dass einzelne Leistungen auf Veranlassung des Krankenhauses oder der zur selbständigen Liquidation berechtigten Ärzte von Dritten oder von Einrichtungen außerhalb des Krankenhauses erbracht werden. Soweit die Mitwirkung des Patienten erforderlich ist, wird sie am Ort des Krankenhauses benötigt. Die gesamte Durchführung des Vertrags ist an seine persönliche Anwesenheit im Krankenhaus gebunden. Insofern liegt ein einheitlicher Leistungsort für alle Vertragspflichten vor[93]. Das AG Münster beurteilt dies für die ambulante Behandlung anders und lehnt einen einheitlichen Erfüllungsort am Sitz der Praxis ausdrücklich ab[94].

---

80 Reuter/Hahn VuR 2012, 247, 258; Thole/Schanz RDG 2013, 64 ff.
81 Illich, Die Nemesis der Medizin, S 46 f, 53 f, 57 f, 75 f; Lempert Deutsches Ärzteblatt 2017, 114 (14): A-701/B-598/C-584; Stumpf/Voigts MedR 2009, 207 ff.
82 Vgl Weiss, Korrupte Medizin – Ärzte als Komplizen der Konzerne, 129 ff.
83 Geiger Neue Kriminalpolitik (NK) 2013, 136, 136 ff; Badle NJW 2008, 1028 ff; Ellbogen/Wichmann MedR 2007, 10, 11; Ellbogen MedR 2006, 457; ausführlich dazu Schäfer, Drittmittel und Strafrecht, in: Tag/Tröger (Hrsg), Drittmitteleinwerbung – Strafbare Dienstpflicht?, 65 ff mwN; Lippert, Wechselwirkungen: Korruptionsstrafrecht – ärztliches Standesrecht, in: Tag/Tröger/Taupitz (Hrsg), 177 ff mwN.
84 Kern/Rehborn, in: Laufs/Kern/Rehborn, HdB ArztR[5], § 1 Rz 20.
85 Holzner ZMGR 2015, 280, 284.
86 Holzner ZMGR 2015, 280, 284.
87 Kluth MedR 2003, 123, 124.
88 Kern/Rehborn, in: Laufs/Kern/Rehborn, HdB ArztR[5], § 1 Rz 20.
89 Walter, in Jorzig, HdB-ArztHaftR[2], Teil III Kapitel 7, Rz 22.
90 BGH, Urt v 8.12.2011 – III ZR 114/11, NJW 2012, 860; BayObLG NJW-RR 2006, 15; OLG Karlsruhe BeckRS 2010, 00033, MedR 2010, 508; OLG Celle NJW 1990, 777 f; LG München NJW-RR 2003, 488; MDR 2003, 53; AG Rottweil NJW-RR 1999, 866.
91 BGH, Urt v 8.12.2011 – III ZR 114/11, NJW 2012, 860.
92 BGH, Urt v 8.12.2011 – III ZR 114/11, NJW 2012, 860.
93 OLG Zweibrücken NJW-RR 2007, 1145; LG Hagen MedR 2009, 675; LG Magdeburg NJW-RR 2008, 1591; LG Mainz NJW 2003, 1612; LG Osnabrück NJW-RR 2003, 789; AG Frankfurt/M NJW 2000, 1802; AG Köln NJW-RR 1995, 185; LG Heidelberg NJW-RR 2014, 777.
94 AG Münster, Urt v 15.1.2019 – 48 C 3492/18, BeckRS 2019, 959.

26 Soweit die grundsätzliche Abweichung vom gesetzlichen Gerichtsstand bei Geldschulden als Schickschulden am Wohnsitz des Beklagten kritisch hinterfragt wird, ist dem entgegenzuhalten, dass die Besonderheit des einheitlichen Leistungsortes aus der Besonderheit des Vertragsverhältnisses über die Behandlung zwischen Arzt und Patient folgt. Dieses lässt sich nicht ohne weiteres mit den „normalen" gegenseitigen Verträgen vergleichen. Unter Berücksichtigung der Rechtsprechung des BGH kann daher auch für die Vergütungsansprüche aus ambulanter Behandlung ein Gerichtsstand am Sitz der Praxis begründet werden. Zumal ZPO § 29 die Verknüpfung des Gerichtsortes mit dem Ort, an dem die streitige Verpflichtung zu erfüllen ist, gerade bezweckt[95]. Nach herrschender Rechtsprechung wird der Ort, an dem die vertragscharakteristische Leistung zu erbringen ist, als gemeinsamer Erfüllungsort der beiderseitigen Verpflichtungen angesehen[96]. Ausschlaggebend ist der Ort, an dem die vertragliche Dienstleistung zu erbringen ist[97]. Bei einem Krankenhausaufnahmevertrag ergibt sich aus der Natur des Schuldverhältnisses im Sinne des § 269 Abs 1 ein einheitlicher Leistungsort am Krankenhausstandort, der auch den Vergütungsanspruch des Krankenhauses umfasst[98]. Für den Arzt ist dies idR der Ort der Praxis[99]. Ein besonderer Gerichtsstand am Praxisort für Honorarklagen des Arztes besteht indes nicht[100]. Anders kann dies bspw bei zahnärztlichen Behandlungen betrachtet werden, da hierbei die zu erbringende Leistung am Patienten am Sitz des Zahnarztes stattfindet. Der Zahnarzt kann die vertragscharakteristische Leistung, die Heilbehandlung, aufgrund der nötigen medizinischen Gerätschaften idR nur in seiner Praxis vornehmen[101]. Wegen der somit bestehenden Besonderheiten ist auch der Praxisort als Erfüllungsort iSd ZPO § 29, § 269 zu betrachten[102]. Für den Diplompsychologen soll dies aus nicht nachvollziehbaren Gründen nicht gelten[103].

27 In Haftungsverfahren kommt als Gerichtsstand der Ort der unerlaubten Handlung iSd ZPO § 32 in Betracht. Das kann der Ort der Schädigung sein, aber auch der Ort, an dem die Verletzung eingetreten ist[104]. Unmaßgeblich ist dabei der Ort, an dem mögliche Folgewirkungen der bereits andernorts entstandenen Integritätseinbuße eingetreten sind[105]. Weitere Schmerzen, die als sekundäre Schadensfolge eingetreten sind, begründen keinen weiteren Gerichtsstand nach ZPO § 32[106]. Zudem soll am Gerichtsstand der unerlaubten Handlung auch über konkurrierende vertragliche Ansprüche entschieden werden[107], denn ZPO § 32 begründet eine örtliche Zuständigkeit zur Entscheidung unter allen in Betracht kommenden Gesichtspunkten und stellt keine Beschränkung auf den Gesichtspunkt der unerlaubten Handlung dar[108]. Ob überhaupt eine unerlaubte Handlung tatbestandlich vorliegt, ist zwar eine Frage der Begründetheit der Klage, deren Entscheidung nicht in der Zulässigkeit vorweggenommen werden darf. Jedoch wird sie als sog doppelrelevante Tatsache iRd Zulässigkeit zunächst als gegeben betrachtet, die richterliche Prüfung erfolgt wie gewohnt erst in der Darlegungs- und Beweisstation.

28 Werden mehrere Beklagte verklagt, die gesamtschuldnerisch haften, wie es in Arzthaftungsprozessen oftmalig der Fall ist (bspw werden sowohl der im Notdienst behandelnde Arzt, das Krankenhaus als auch der Träger des Notfalldienstes verklagt), gilt, dass bei unterschiedlichen Gerichtsständen der jeweiligen Beklagten[109] die Auswahl des zuständigen Gerichts nach den Grundsätzen der Zweckmäßigkeit und Prozessökonomie erfolgt. Auszuwählen ist grundsätzlich eines der Gerichte, zu denen die allgemeinen Gerichtsstände der Beklagten führen. Dies ist insbesondere dann sinnvoll, wenn im Bezirk des ausgewählten Gerichts die zeitlich erste

---

95 MünchKomm-ZPO⁶/Patzina, § 29 Rz 1.
96 MünchKomm-ZPO⁶/Patzina, § 29 Rz 2.
97 MünchKomm-ZPO⁶/Patzina, § 29 Rz 40.
98 BGH, Urt v 8.12.2011 – III ZR 114/11, NJW 2012, 860.
99 OLG Düsseldorf, Urt v 18.6.1974 – 23 U 170/73, NJW 1974, 2187; Walter, in: Jorzig, HdB-ArztHaftR², Teil III Kapitel 7, Rz 22; zur örtlichen Zuständigkeit und dem Erfüllungsort für Verpflichtungen aus einem Behandlungsvertrag mit einem Heilpraktiker nach ZPO § 29 AG Rottweil, Urt v 16.12.1998 – 5 C 234/98, NJW-RR 1999, 866; zur örtlichen Zuständigkeit des Gerichts bei synallagmatischen Verträgen bei divergierenden Leistungsorten der Vertragsparteien und zur Barzahlung als Gegenleistung für die Inanspruchnahme ärztlicher oder therapeutischer Leistungen, Wohnsitz des Schuldners als Erfüllungsort bei Honorarklagen von Angehörigen des freien Berufs AG Köln, Urt v 7.12.1993 – 129 C 340/93, NJW-RR 1995, 185.
100 AG Frankfurt/M, Beschl v 11.9.2018 – 32 C 1041/18 (90), openJur 2019, 35963 Rz 5-9; AG Frankfurt/M, Urt v 29.10.1998 – 30 C 1635/98-25, NJW 2000, 1802; aA LG Hamburg, Urt v 19.11.1991 – 302 S 76/91, -juris; die örtliche Zuständigkeit bei Honorarklagen wird innerhalb der amtsgerichtlichen Rspr noch nicht einheitlich betrachtet.
101 OLG Düsseldorf, Urt v 3.6.2004 – I-8 U 110/03, MedR 2005, 723.
102 OLG Düsseldorf, Urt v 3.6.2004 – I-8 U 110/03, MedR 2005, 723.
103 So aber das AG Köln, das sich auf den Wohnsitz des Schuldners bezieht AG Köln, Urt v 7.12.1993 – 129 C 340/93, NJW-RR 1995, 185.
104 KG, Beschl v 1.6.2006 – 28 AR 28/06, GesR 2006, 409.
105 OLG Hamm, Beschl v 16.6.2015 – 1-32 SA 17/15, GesR 2015, 632; Walter, in: Jorzig, HdB-ArztHaftR², Teil III Kapitel 7, Rz 22.
106 OLG Hamm, Beschl v 16.6.2015 – 1-32 SA 17/15, GesR 2015, 632.
107 BGH, Urt v 10.12.2002 – X ARZ 208/02, BGHZ 153, 173.
108 BGH, Urt v 10.12.2002 – X ARZ 208/02, BGHZ 153, 173.
109 BayObLG, Urt v 1.8.2019 – 1 AR 72/19, GesR 2019, 656, 657, 658.

(behauptete) fehlerhafte Behandlung stattgefunden hat[110]. Grundsätzlich hat der Kläger nach ZPO § 35 die Wahl, wo er Klage erhebt, soweit sich mehrere allgemeine Gerichtsstände gegenüberstehen. Eine Antragsstellung nach ZPO § 36 Abs 1 Nr 3 kommt gleichfalls in Betracht[111].

Der schlüssige Tatsachenvortrag einer passiven Streitgenossenschaft nach ZPO § 60 bezogen auf die Behauptung, jeder von mehreren angeblichen Behandlungsfehlern habe haftungsrechtlich eine Ursache für den eingetretenen Schaden gesetzt, soll als Voraussetzung für die Bestimmung des Gerichtsstands genügen[112]. Zur Begründung einer Zuständigkeit gemäß ZPO § 32 ist erforderlich, dass der Kläger Tatsachen behauptet, aus denen sich das Vorliegen einer im Gerichtsbezirk begangenen unerlaubten Handlung schlüssig ergibt[113]. Dies gilt auch für den Behandlungsfehler. Bei einer Klage gegen Streitgenossen muss der Behandlungsfehler für jeden der Beitragenden dargelegt werden. Unterbleibt dies, kommt es nicht mehr auf die Frage einer zuständigkeitsbegründenden wechselseitigen Zurechnung von „Tatbeiträgen"[114] und den durch den primären Verletzungserfolg definierten Erfolgsort[115] an. Es haften dem Geschädigten grundsätzlich alle für den Schaden Verantwortlichen gleichstufig – ohne Rücksicht auf das Gewicht der Einzelbeiträge, auch dann, wenn die Schädiger aufgrund verschiedener Verträge jeweils in unterschiedlichem Ausmaß verpflichtet wären[116]. Es entsteht eine gesamtschuldnerische Haftung der Verantwortlichen iSd § 421. **29**

b) **Das Verfahren vor den Gutachter- oder Schlichtungsstellen.** Die Gutachter- und Schlichtungsstellen sind ua an den jeweiligen Landesärztekammern eingerichtet. Sie haben die Aufgabe, auf Antrag das Vorliegen eines möglichen Behandlungsfehlers zu prüfen. Das Verfahren ist für den Patienten idR kostenfrei und kann der Vorbereitung auf einen möglichen Arzthaftungsprozess dienen. Das Ergebnis der Gutachter- bzw Schlichtungsstelle ist rechtlich nicht bindend. Der Patient geht insoweit weder ein finanzielles Risiko ein, noch muss er die Verjährung seines etwaigen Schadensersatzanspruchs fürchten. Wendet sich ein Patient wegen eines möglichen Behandlungsfehlers an eine Gutachterkommission oder Schlichtungsstelle, hält dieses nämlich den Lauf der Verjährungsfrist an[117]. Grds bewirkt das Schlichtungsverfahren eine Hemmung der Verjährungsfrist nur dann, wenn der Schuldner an dem Verfahren beteiligt ist und sich auf dieses einlässt. Das ist allerdings nicht der Fall, wenn eine Partei dem Verfahren widerspricht[118]. Demnach besteht gemäß §§ 203, 204 Abs 1 Nr 4b, die ein einvernehmliches Verhandeln der Parteien voraussetzen, keine Verjährungshemmung im Zeitraum zwischen Einreichung des Antrages auf Durchführung eines Schlichtungsverfahrens durch den Patienten bis zum Widerspruch durch den Arzt. **30**

Die Verjährungsfrist wird nur dann gehemmt, wenn die Streitparteien den Einigungsversuch einvernehmlich unternommen haben. Die Ablehnung des Haftpflichtversicherers des Arztes wirkt sich auf den Eintritt der Hemmungswirkung jedoch nicht aus[119]. Auch die Frage, ob der Schlichtungsantrag nach der Verfahrensordnung der Schlichtungsstelle unzulässig oder unbegründet ist, ist für den Eintritt der Hemmungswirkung grundsätzlich unerheblich[120]. Maßgeblich für das Anhalten der Verjährungsfrist ist ZPO § 204 Abs 1 Nr 4b folgend der Tag, an „dem die Bekanntgabe des bei der Schlichtungsstelle eingereichten Güteantrags veranlasst wird"[121]. **31**

Soll ein positives Gutachten der Schlichtungsstelle im Arzthaftungsprozess genutzt werden, muss der Gutachter als Urheber des Gutachtens mit dessen Verwertung im Gerichtsverfahren einverstanden sein. Der Beweiswert des Gutachtens ist als Urkundenbeweis im Prozess zu bewer- **32**

---

110 BayObLG, Urt v 1.8.2019 – 1 AR 72/19, GesR 2019, 656, 657, 658.
111 Walter, in: Jorzig, HdB-ArztHaftR², Teil III Kapitel 7, Rz 23.
112 Zur gerichtlichen Zuständigkeitsbestimmung bei medizinischen Behandlungsfehlern OLG München, Beschl v 1.8.2019 – 1 AR 72/19, BeckRS 2019, 29249; BGH, Beschl v 6.6.2018 – X ARZ 303/18, NJW 2018, 2200; OLG Bremen, Beschl v 1.11.2011 – 3 AR 16/11, MDR 2012, 490; OLG München, Beschl v 20.7.2005 – 1Z AR 118/05, NJW-RR 2006, 210; Zöller³⁴/Schultzky, § 36 Rz 20.
113 BGH, Urt v 29.6.2010 – VI ZR 122/09, NJW-RR 2010, 1554; BGH, Urt v 28.2.1996 – XII ZR 181/93, BGHZ 132, 105; BGH, Urt v 25.1.1993 – IX ZR 32/93, BGHZ 124, 237.
114 OLG München, Beschl v 1.8.2019 – 1 AR 72/19, BeckRS 2019, 29249; BGH, Urt v 9.3.2010 – VI ZR 131/09, GesR 2010, 251 = VersR 2010, 768; m Anm Jorzig, jurisPR-MedizinR 6/2010 Anm 2; m Anm Jung BG 2010, 462, 463; BGH, Urt v 22.11.1994 – XI ZR 45/91, NJW 1995, 1225.
115 Vgl BGH, Urt v 27.5.2008 – VI ZR 69/07, BGHZ 176, 342; zur Zuständigkeit aus ZPO § 32 als Ort der unerlaubten Handlung OLG Köln, Beschl v 31.7.2017 – 5 W 9/17, openJur 2019, 17631 Rz 4.
116 BGH, Urt v 7.12.2017 – IX ZR 25/17, BeckRS 2017, 141717, Rz 15.
117 BGH, Urt v 17.1.2017 – VI ZR 239/15, BGHZ 213, 281 = NJW 2017, 1879.
118 OLG Köln, Beschl v 1.7.2013 – 5 U 44/13, openJur 2014, 241.
119 BGH, Urt v 17.1.2017 – VI ZR 239/15, BGHZ 213, 281.
120 BGH, Urt v 17.1.2017 – VI ZR 239/15, BGHZ 213, 281.
121 BGH, Urt v 17.1.2017 – VI ZR 239/15, BGHZ 213, 281.

ten[122]. Grundsätzlich hat das Gericht bei Arzthaftungssachen zur Aufklärung des medizinischen Sachverhalts einen Gutachter einzuschalten[123]. Das Gericht kann von der Einholung eines weiteren Sachverständigengutachtens absehen, wenn ihm ein früher erstattetes Gutachten über die Beweisfrage vorliegt. Es kann dieses im Wege des Urkundenbeweises würdigen, dies bezieht sich auch auf Gutachten der Schlichtungsstellen[124]. Die Verjährungshemmung tritt zudem nur gegenüber den im Antrag genannten Parteien ein. Werden im Schlichtungsverfahren neue Erkenntnisse über Behandlungsfehler weiterer Krankenhäuser/Ärzte gewonnen, müssen diese in das Schlichtungsverfahren einbezogen werden, ggf dann durch ein weiteres Verfahren.

33 Sollte es im Schlichtungsverfahren um Personen gehen, die gesetzlich vertreten werden, muss eine von allen Vertretern unterzeichnete Vollmacht (bspw bei einem Kind beide Elternteile) für den Anwalt vorliegen. Anderenfalls läge keine wirksame Vertretung vor; mit der Folge, dass keine Verjährungshemmung eintritt, da Verhandlungen durch Vertreter ohne Verhandlungsvollmacht geführt wurden[125].

34 Die Verfahren vor der Schlichtungsstelle können ebenso im Prozesskostenhilfeverfahren (PKH) verwendet werden[126]. Ist in einem vorgerichtlichen Schlichtungsverfahren ein Gutachten erstattet worden, welches für den PKH-Antragsteller negativ ausfiel, muss für einen Anspruch auf Prozesskostenhilfe substantiiert dargelegt werden, dass und warum die Feststellungen dieses Gutachtens unzureichend sind[127]. Ein negatives Gutachten der Schlichtungsstelle kann einen ablehnenden PKH-Beschluss bewirken, muss es aber nicht. Soweit der Antragsteller das zu seinen Ungunsten ausgefallene Gutachten der Schlichtungsstelle mit nachvollziehbaren Argumenten und Beweisangeboten in Zweifel ziehen kann, könnte ihm PKH gewährt werden[128].

35 Eine antizipierte Beweiswürdigung des Schlichtungsgutachtens im Hinblick auf eine Erfolglosigkeit der Arzthaftungsklage ist nicht möglich, wenn sich aus dem Gutachten zwar kein grober Behandlungsfehler ergibt, die Feststellungen des Gutachters und der Schlichtungsstelle aber auch nicht geeignet sind, das Vorliegen eines groben Behandlungsfehlers zu verneinen[129]. Das Gericht hat den Vortrag des Antragstellers ausreichend zu würdigen, darf dem Gutachten aber keine zu hohe Bedeutung beimessen und letztlich keine erhöhten Anforderungen an das Vorbringen des Patienten im Arzthaftungsprozess stellen. Sofern der Antragsteller weitere Gesundheitsbeeinträchtigungen behauptet, deren Prüfung nicht Gegenstand des Gutachtens waren und eine fehlerhafte Therapie- und Sicherungsaufklärung rügt, die nie Gegenstand des Schlichtungsverfahrens ist, sind weitere Beweiserhebungen nötig[130].

36 Die Einholung eines Gutachtens seitens des Medizinischen Dienstes (MD) der Krankenkasse hat oftmalig das Ziel, der Rückforderung von Behandlungskosten durch die Krankenkassen[131]. Auch ein solches Gutachten kann im Prozess vorgelegt werden, es hemmt allerdings nicht die Verjährung[132].

37 c) **Die Besetzung des Spruchkörpers.** Es bietet sich an, Arzthaftungsprozesse aufgrund ihrer Spezialität und der steten Notwendigkeit eines Sachverständigengutachtens vor einer Zivilkammer und nicht vor einem Einzelrichter zu entscheiden[133]. Seit dem 1.1.2018 sind gem GVG §§ 72a, 119a bei Land- und Oberlandesgerichten Zivilkammern einzurichten, die sich den Streitigkeiten aus Heilbehandlungen widmen[134]. Gemäß ZPO § 348 Abs 1 Satz 2 Nr 2 lit e) ist eine originäre Übertragung der Streitigkeit von der Zivilkammer auf eines ihrer Mitglieder als Einzelrichter nicht vorgesehen. Auch von einer obligatorischen Übertragung iSd ZPO § 348a ist

---

122 Zur richterlichen Pflicht bzgl der Einholung eines Sachverständigengutachtens BGH, Beschl v 6.5.2008 – VI ZR 250/07, MDR 2008, 915.
123 BGH, Beschl v 6.5.2008 – VI ZR 250/07, MDR 2008, 915.
124 BGH, Urt v 19.5.1987 – VI ZR 147/86, NJW 1987, 2300.
125 Zur verjährungshemmenden Wirkung von Verhandlungen durch Vertreter ohne Verhandlungsvollmacht LG Nürnberg-Fürth, Urt v 28.8.2008 – 4 O 3675/07, -juris.
126 Zur PKH-Bewilligung trotz Verschweigens eines Schlichtungsverfahrens mit negativem Ausgang OLG Oldenburg, Urt v 19.11.1992 – 5 W 106/92, NJW 1994, 807; zum medizinischen Sachverständigengutachten im PKH-Verfahren OLG Schleswig, Beschl v 23.6.2008 – 4 W 32/08, GesR 2009, 331; OLG Stuttgart, Beschl v 28.2.2008 – 1 W 4/08, GesR 2009, 41.
127 OLG Dresden, Beschl v 1.11.2018 – 4 W 868/18, MedR 2019, 476, 477.
128 OLG Oldenburg, Beschl v 27.1.1998 – 5 W 9/98, -juris.
129 OLG Brandenburg, Beschl v 21.2.2008 – 12 W 28/07, -juris.
130 OLG Naumburg, Beschl v 6.6.2012 – 1 W 25/12, MedR 2013, 519.
131 Comes, Gutachterkommissionen und Schlichtungsstellen zur Regulierung von Arzthaftpflichtfragen, S 13, https://arge-medizinrecht.de/wp-content/uploads/2016/04/comes-1-2015-01.pdf, zuletzt abgerufen am 4.12.2021.
132 Comes, Gutachterkommissionen und Schlichtungsstellen zur Regulierung von Arzthaftpflichtfragen, S 13, https://arge-medizinrecht.de/wp-content/uploads/2016/04/comes-1-2015-01.pdf, zuletzt abgerufen am 4.12.2021.
133 Walter, in: Jorzig, HdB-ArztHaftR², Teil III Kapitel 7, Rz 25, 26.
134 Walter, in: Jorzig, HdB-ArztHaftR², Teil III Kapitel 7, Rz 24.

aufgrund der überwiegend schwierigen Tatsachenfeststellung und/oder Rechtsanwendung Abstand zu nehmen. Gleichwohl ist nicht von einer generellen Zuständigkeit der Zivilkammer in erstinstanzlichen Arzthaftungsprozessen auszugehen[135]. Hinzukommt, dass ein Verstoß gegen die üblicherweise vorherrschende Kammerzuständigkeit keinen Berufungsgrund darstellt, vgl ZPO §§ 348 Abs 4, 348a Abs 3. Ausnahmen gelten nur bei willkürlichen Übertragungen auf den Einzelrichter bzw willkürlicher Annahme desgleichen in erster Instanz[136]. Im Berufungsverfahren ist hingegen eine Übertragung auf einen Einzelrichter nur möglich, soweit erstinstanzlich vor einem Einzelrichter entschieden wurde sowie keine besondere Schwierigkeit in rechtlicher oder tatsächlicher Hinsicht vorliegt, ZPO § 526 Abs 1 Nr 1, 2. In der Praxis kommt dies jedoch nur in äußersten Ausnahmefällen vor. Reversibel ist in diesem Zusammenhang eine vollständige Beweisaufnahme im Berufungsverfahren durch den Einzelrichter[137].

Nach ZPO §§ 41, 42 Abs 1 und 2 darf ein Richter aufgrund von bestimmten Ausschlussgründen sowie wegen Besorgnis der Befangenheit abgelehnt werden. Eine Besorgnis der Befangenheit liegt vor, wenn Umstände bestehen, die geeignet sind, Misstrauen gegen seine Unparteilichkeit hervorzurufen[138]. Derartige Umstände hat das Gericht im entschiedenen Fall im Hinblick darauf angenommen, dass der betreffende Richter am OLG in der jüngeren Vergangenheit mehrfach in der von dem Rechtsstreit betroffenen Augenklinik der Beklagten ärztlich behandelt wurde und gegenwärtig noch weiter behandelt wird. So ein Umstand lasse aus der nachvollziehbaren Perspektive des Klägers an seiner Unvoreingenommenheit zweifeln. Begründet wird dies mit dem besonderen Vertrauensverhältnis zwischen Behandler und Behandeltem[139]. 38

d) **Die Passivlegitimation im Arzthaftungsprozess.** Der Patient steht bei Klageerhebung vor der schwierigen Aufgabe, den richtigen Beklagten zu finden[140]. Grds sind im Bereich der Haftung drei Bereiche angesprochen: zunächst die Verursacherhaftung, dann die Vertragshaftung und schließlich die Rechtsscheinhaftung[141]. Es ist demnach erst zu ermitteln, wer den entscheidenden Verursachungsbeitrag durch seine Handlung gesetzt hat und welche dahingehenden rechtlichen Konstellationen hierdurch einschlägig sind[142]. Hieraus ergibt sich die Klagebefugnis und in materiell-rechtlicher Hinsicht die Frage der Aktiv- und der Passivlegitimation[143]. Aufgrund komplexer Behandlungsabläufe kommen in Arzthaftungsprozessen oft mehrere Beklagte in Betracht[144], die einander als Gesamtschuldner haften können. Eine vertragliche Einstandspflicht trifft den Behandler, der die diagnostische oder therapeutische Aufgabe vereinbarungsgemäß übernommen hat[145]. In Frage kommen der niedergelassene Arzt, dies auch in Form einer Berufsausübungsgemeinschaft oder eines MVZ, der Chefarzt für die Privatpatienten aus seiner Praxis, aber auch in der Krankenhausambulanz, der Krankenhausträger und der selbstliquidierende Krankenhausarzt für die stationäre sowie die vor- und nachstationäre Behandlung und der Krankenhausträger für das ambulante Operieren[146]. Bspw kann ein Patient nach ggf fehlerhafter stationärer Operation den Krankenhausträger aus vertraglicher Haftung, aber auch den eigentlichen Operateur aus deliktischer Haftung verklagen. Hinzukommen Konstellationen, in welchen pflegerische Maßnahmen prä- oder postoperativ eine Rolle spielen. Bei fehlender Passivlegitimation wird die Klage grds als unbegründet abgewiesen. Das ist insbesondere problematisch, da die Verjährungsfrist gegenüber den richtigen Beklagten zwischenzeitlich weiterläuft[147]. Allerdings ist die Parteibezeichnung auslegbar, sodass bei fehlerhafter Bezeichnung des Beklagten entscheidend ist, wie nach objektiver Sicht die Bezeichnung zu verstehen ist[148]. Zur Auslegung ist die gesamte Klageschrift heranzuziehen[149]. Dabei soll es unerheblich sein, ob die irrtümlich bezeichnete Prozesspartei ggf gar nicht existiert[150]. Es gilt, dass für die ordnungsgemäße Klageerhebung die 39

---

135 BGH, Urt v 14.5.2013 – VI ZR 325/11, NJW 2013, 2601.
136 Walter, in: Jorzig, HdB-ArztHaftR[2], Teil III Kapitel 7, Rz 25.
137 BGH, Urt v 26.10.1993 – VI ZR 155/92, NJW 1994, 801.
138 OLG Koblenz, Beschl v 15.2.2012 – 5 U 1011/11, MDR 2012, 428, 429 f.
139 OLG Karlsruhe, Beschl v 27.6.2019 – 13 W 22/19, -juris.
140 Vgl Jorzig/Dautert/Benson, in: Heidel/Pauly (Hrsg), AnwaltFormulare[10], § 5 Arzthaftungsrecht, Rz 88.
141 Jorzig/Dautert/Benson, in: Heidel/Pauly (Hrsg), AnwaltFormulare[10], § 5 Arzthaftungsrecht Rz 88.
142 Jorzig/Dautert/Benson, in: Heidel/Pauly (Hrsg), AnwaltFormulare[10], § 5 Arzthaftungsrecht Rz 88.
143 Kern, in: Ratzel/Lissel, Hdb d Medizinschadensrechts, § 1 Rz 42.
144 Zu den verschiedenen möglichen Beklagten: Jorzig, in: Jorzig, HdB-ArztHaftR[2], Teil III Kapitel 1, Rz 1 ff; Rehborn, in: Laufs/Kern/Rehborn, HdB ArztR[5], § 116 Rz 2–57.
145 Kern, in: Ratzel/Lissel, Hdb d Medizinschadensrechts, § 1 Rz 48.
146 Kern, in: Ratzel/Lissel, Hdb d Medizinschadensrechts, § 1 Rz 48.
147 Jorzig, in Jorzig, HdB-ArztHaftR[2], Teil III Kapitel 1, Rz 2.
148 Jorzig/Dautert/Benson, in: Heidel/Pauly (Hrsg), AnwaltFormulare[10], § 5 Arzthaftungsrecht Rz 88.
149 Jorzig/Dautert/Benson, in: Heidel/Pauly (Hrsg), AnwaltFormulare[10], § 5 Arzthaftungsrecht Rz 88.
150 Jorzig/Dautert/Benson, in: Heidel/Pauly (Hrsg), AnwaltFormulare[10], § 5 Arzthaftungsrecht Rz 88.

Angabe einer zustellungsfähigen Anschrift des beklagten Arztes erforderlich ist[151]. Dafür kann durchaus die Klinikanschrift des Arztes ausreichen[152].

40 e) **Der Streitgegenstand im Arzthaftungsprozess.** Beim Streitgegenstand handelt es sich um den als Rechtsschutzbegehren oder Rechtsfolgebehauptung aufgefassten eigenständigen prozessualen Anspruch. Was Gegenstand eines Prozesses wird, entscheidet sich dabei nach dem zweigliedrigen Streitgegenstandsbegriff, der sich aus Klageantrag und Anspruchsgrund mit dem dafür dargebotenen Lebenssachverhalt ergibt[153]. Zum Klagegrund sind alle Tatsachen zu rechnen, die zu dem zur Entscheidung gestellten Tatsachenkomplex gehören, den der Kläger zur Stützung seines Rechtsanspruchs dem Gericht zu unterbreiten hat[154]. Die Bestimmung des Streitgegenstands in Form der Klageerhebung hat materiell-rechtliche sowie prozessuale Folgen. Neben der Verjährungshemmung sowie Entstehung von Prozesszinsen (§§ 204, 291) gibt die Klageerhebung auch die Reichweite der Rechtskraft des späteren Urteils vor und führt dazu, dass in gleicher Sache nicht noch einmal Klage erhoben werden darf[155]. Die Besonderheiten bei der Klärung des Streitgegenstands im Arzthaftungsprozess ergeben sich aus den Umständen von mehreren Behandlungsfehlern sowie dem etwaigen Verhältnis von Behandlungs- und Aufklärungsfehler. Wird in einem Arzthaftungsprozess der Schadensersatzanspruch des Patienten auf unzureichende ärztliche Aufklärung einerseits und fehlerhafte Behandlung andererseits gestützt, so handelt es sich bei dem Klagebegehren in der Regel um zwei unterschiedliche Streitgegenstände[156]. Maßgeblich dafür ist, ob über den Streitgegenstand[157] bereits rechtskräftig entschieden ist. Bei Identität der Streitgegenstände ist die materielle Rechtskraft negative Prozessvoraussetzung im nachfolgenden Prozess. Das heißt, sie verbietet nicht nur eine vom ersten Urteil abweichende Entscheidung, sie macht die Klage bereits unzulässig[158]. Den Streitgegenstand können die Parteien durch die Gestaltung ihres Vorbringens nicht willkürlich begrenzen[159]. Vielmehr wird der Streitgegenstand durch den prozessualen Anspruch und den ihm zugrundeliegenden Lebenssachverhalt bestimmt, und zwar unabhängig davon, ob einzelne Tatsachen dieses Lebenssachverhalts von den Parteien vorgetragen worden sind oder nicht[160]. Die Ausschlusswirkung der Rechtskraft geht dabei über die im Prozess vorgetragenen Tatsachen hinaus und erfasst grundsätzlich auch nicht vorgetragene Tatsachen, soweit diese nicht erst nach Schluss der mündlichen Verhandlung im ersten Rechtsstreit entstanden sind[161].

41 Die Umsetzung des Streitgegenstandsbegriffs im Arzthaftungsrecht ist im Einzelnen umstritten. Herrschend wird vertreten, streitgegenständlich sei das gesamte vorgetragene Behandlungsgeschehen[162], möglich ist aber auch der Behandlungszeitraum[163] oder der gesamte Behandlungsvorgang[164]. Die Rechtskraft der Entscheidung nach ZPO § 322 Abs 1 erstreckt sich dabei grundsätzlich auf alle mit dem Geschehen verknüpften Behandlungsfehler[165]. Der Patient ist damit gehindert, in einem weiteren Prozess andere, auch diesem Behandlungsgeschehen zugrunde liegende Behandlungsfehler geltend zu machen[166].

42 Nach einer restriktiveren Ansicht liegt ein einheitlicher Streitgegenstand nur vor, wenn für einen Gesundheitsschaden verschiedene Behandlungsfehler als Ursache in Betracht kämen, die sämtlich in einem einheitlichen Geschehen – etwa einer Operation – wurzeln[167]. Sie führt ein

---

151 Geiß/Greiner, Arzthaftpflicht[8], E Rz 26.
152 BGH, Urt v 31.10.2000 – VI ZR 198/99, BGHZ 145, 358, 363.
153 Walter, in: Jorzig, HdB-ArztHaftR[2], Teil III Kapitel 5, Rz 22.
154 BGH, Urt v 13.1.2009 – XI ZR 66/08, NJW-RR 2009, 790, 791; BGH, Urt v 24.5.2012 – IX ZR 168/11, VersR 2013, 454, 457.
155 Walter, in: Jorzig, HdB-ArztHaftR[2], Teil III Kapitel 5, Rz 20.
156 Zu Streitgegenstand und zur Operationsdokumentation OLG Nürnberg, Urt v 20.4.2017 – 5 U 458/16.
157 Zöller[34]/Vollkommer, Einl vor § 1 Rz 60.
158 Jorzig/Dautert/Benson, in: Heidel/Pauly (Hrsg), AnwaltFormulare[10], § 5 Arzthaftungsrecht Rz 87.
159 Zur Zulässigkeit einer erneuten Klage zum identischen Streitgegenstand OLG Hamm, Urt v 27.1.1999 – 3 U 58/98, openJur 2011, 81662 Rz 27.
160 OLG Hamm, Urt v 27.1.1999 – 3 U 58/98, openJur 2011, 81662 Rz 27.
161 BGH, Urt v 15.10.1986 – IV ZR 78/85, BGHZ 98, 353, 358 = NJW 1987, 1201; BGH, Urt v 17.3.1995 – V ZR 178/93, NJW 1995, 1757, 1758.
162 Vgl LG Wiesbaden, Urt v 9.9.2014 – 1 O 10/14, GesR 2014, 676, 676 f; OLG Saarbrücken, Urt v 12.7.2000 – 1 U 1082/99, MDR 2000, 1317, 1319 m Anm Rehborn MDR 2000, 1319; offengelassen von OLG Karlsruhe, Urt v 12.9.2012 – 7 U 146/11, openJur 2014, 8400 Rz 11; Frahm/Walter, Arzthaftungsrecht[7], Teil 6 Rz 582; Deutsch/Spickhoff, MedR-HdB[7], Rz 746; Althammer, Streitgegenstand und Interesse, 498.
163 OLG Hamm, Urt v 27.1.1999 – 3 U 58/98, NJW-RR 1999, 1589, 1590.
164 LG Koblenz, Urt v 18.2.2009 – 10 O 172/08, BeckRS 2009, 07440.
165 LG Wiesbaden, Urt v 9.9.2014 – 1 O 10/14, GesR 2014, 676, 676 f; Frahm/Walter, Arzthaftungsrecht[7], Teil 6 Rz 582; Irrgang MedR 2010, 533, 535.
166 Frahm/Walter, Arzthaftungsrecht[7], Teil 6 Rz 582; LG Wiesbaden, Urt v 9.9.2014 – 1 O 10/14, GesR 2014, 676; aA Nußstein VersR 2016, 1291, 1293, nach dem zwischen Behandlungsfehlern auf der einen Seite und Dokumentations- sowie Aufklärungsfehlern bei der therapeutischen, der wirtschaftlichen und der Sicherungsaufklärung differenziert werden muss, da letztere dem einheitlichen Streitgegenstand nicht angehören.
167 LG Wiesbaden, Urt v 9.9.2014 – 1 O 10/14, GesR 2014, 676. MünchKomm[8]/Wagner, § 630a Rz 190.

Urteil des BGH[168] an, welches dahingehend zu verstehen sei, dass bei Klagen gestützt auf unzureichende ärztliche Aufklärung einerseits und fehlerhafter Behandlung anderseits keine Streitgegenstandidentität vorliege[169].

Diese Bestimmung durch den Kläger erfährt eine Relativierung durch die Pflicht zur erweiterten Ermittlung des medizinischen Sachverhalts von Amts wegen, oft gekennzeichnet als Suche des Gerichts nach der, oft jedweder, medizinischen Ursache eines Schadens. Das kann dazu führen, dass es gegen oder ohne den Willen des Klägers zu einer Erweiterung des Streitgegenstandes kommt. Dieses Spannungsverhältnis zwischen Beschränkung des Streitgegenstandes durch den Kläger einerseits und Amtsermittlung andererseits ist noch nicht abschließend gelöst[170]. In Ansehung der maßvollen Substantiierungsanforderungen kann der Kläger in Abhängigkeit vom Sachverständigengutachten ohne Änderung des Streitgegenstandes seine Klage auf die durch den Sachverständigen aufgedeckten Behandlungsfehler stützen und muss dafür eventuell akzeptieren, dass die Rechtskraft eines Vorprozesses sämtliche dem Behandlungsgeschehen darüber hinaus noch anhaftenden Behandlungsfehler erfasse[171]. 43

Sachgerecht erscheint in jedem Fall eine Differenzierung[172], nach der die Pflicht zur standardgemäßen Behandlung und die Pflicht zur Aufklärung im Falle ihrer Verletzung unterschiedliche Lebenssachverhalte betreffen[173]. Verschiedene Verletzungen des geschuldeten Standards und unterschiedliche Mängel bspw der Risikoaufklärung stellen jeweils einen einheitlichen Streitgegenstand dar. Allerdings begründet der Schmerzensgeldanspruch, den ein Patient auf verschiedene, den Ärzten im Rahmen derselben Operation und der damit in unmittelbarem Zusammenhang stehenden Nachbehandlung unterlaufene Behandlungsfehler stützt, einen einzigen, alle Behandlungsfehler umfassenden Streitgegenstand[174]. Mehrere Behandlungsfehler, die den Ärzten im Rahmen derselben Operation unterlaufen sind, begründen somit einen einheitlichen Schmerzensgeldanspruch, der nicht in Teilbeträge zum Ausgleich einzelner im Rahmen eines einheitlichen Behandlungsgeschehens unterlaufener Behandlungsfehler aufgespalten werden kann[175]. 44

Die Prüfungskompetenz des Berufungsgerichts hinsichtlich der erstinstanzlichen Tatsachenfeststellung ist dabei nicht auf Verfahrensfehler und damit auf den Umfang beschränkt, in dem eine zweitinstanzliche Tatsachenfeststellung der Kontrolle durch das Revisionsgericht unterliegt. Auch verfahrensfehlerfrei getroffene Tatsachenfeststellungen sind für das Berufungsgericht nach ZPO § 529 Abs 1 Nr 1 nicht bindend, wenn konkrete Anhaltspunkte dafür bestehen, dass die Feststellungen unvollständig oder unrichtig sind. Dabei können sich Zweifel an der Richtigkeit und Vollständigkeit der entscheidungserheblichen Feststellungen auch aus der Möglichkeit unterschiedlicher Wertung ergeben, insbesondere daraus, dass das Berufungsgericht das Ergebnis einer erstinstanzlichen Beweisaufnahme anders würdigt als das Gericht der Vorinstanz. Besteht aus Sicht des Berufungsgerichts die nicht notwendig überwiegende Wahrscheinlichkeit, dass im Fall der Beweiserhebung die erstinstanzliche Feststellung keinen Bestand haben wird, ist es zu einer erneuten Tatsachenfeststellung verpflichtet[176]. 45

f) **Der Umfang der Substantiierungspflicht des Patienten im Arzthaftungsprozess.** Ob und inwieweit die nicht darlegungsbelastete Partei ihren Sachvortrag substantiieren muss, lässt sich aus dem Wechselspiel von Vortrag und Gegenvortrag bestimmen[177]. Je detaillierter der Vortrag der darlegungsbelasteten Partei ist, desto höher ist die Erklärungslast des Gegners[178]. Liegt danach ein hinreichender Gegenvortrag der nicht darlegungsbelasteten Partei vor, ist es wiederum Sache der darlegungs- und beweisbelasteten Partei, ihren Sachvortrag zu ergänzen und näher aufzugliedern[179]. Hat der Kläger seine Tatsachenbehauptung substantiiert aufgestellt, muss der Beklagte sie auch substantiiert bestreiten. Das heißt, er muss konkreten Gegenvortrag leisten. Tut er das nicht, gilt die klägerische Behauptung gem ZPO § 138 Abs 3 als zugestanden. Der 46

---

168 BGH, Urt v 5.12.2006 – VI ZR 228/05, NJW-RR 2007, 414, 415.
169 LG Wiesbaden, Urt v 9.9.2014 – 1 O 10/14, GesR 2014, 676; Staud²⁰²¹/Hager, § 823 Rz 179; aA Erman¹⁶/Rehborn/Gescher, Vorbemerkung vor § 630a Rz 13; Nußstein VersR 2016, 1291, 1293.
170 Erman¹⁶/Rehborn/Gescher, Vorbemerkung vor § 630a Rz 14.
171 OLG Saarbrücken, Urt v 12.7.2000 – 1 U 1082/99, MDR 2000, 1317, 1318 m Anm Rehborn MDR 2000, 1319; LG Koblenz, Urt v 18.2.2009 – 10 O 172/08, BeckRS 2009, 07440.
172 Nußstein VersR 2016, 1291, 1293.
173 Erman¹⁶/Rehborn/Gescher, Vorbemerkung vor § 630a Rz 13; Nußstein VersR 2016, 1291,1293.
174 Zum einheitlichen Schmerzensgeldanspruch bei verschiedenen Behandlungsfehlern innerhalb einer OP BGH, Urt v 14.3.2017 – VI ZR 605/15, NJW-RR 2017, 725.
175 BGH, Urt v 14.2.2017 – VI ZR 434/15, NJW-RR 2017, 725, 726 f.
176 BGH, Urt v 14.2.2017 – VI ZR 434/15, NJW-RR 2017, 725; BGH, Urt v 21.6.2016 – VI ZR 403/14, NJW-RR 2017, 219; BGH, Urt v 9.3.2005 – VIII ZR 266/03, BGHZ 162, 313 = NJW 2005, 1583.
177 BGH, Urt v 19.12.2017 – II ZR 88/16, BGHZ 217, 130.
178 BGH, Urt v 19.12.2017 – II ZR 88/16, BGHZ 217, 130.
179 BGH, Urt v 19.12.2017 – II ZR 88/16, BGHZ 217, 130.

Beklagte ist allerdings nicht verpflichtet, zur Substantiierung ein Gegengutachten einzuholen, wenn der Kläger seine Behauptung mit einem Parteigutachten untermauert hat[180], da das Privatgutachten lediglich einen qualifizierten Parteivortrag darstellt. Behauptet der Kläger dagegen lediglich das Vorliegen der Tatsache ohne Substanz, kann der Beklagte sich (zunächst) auf ein einfaches Bestreiten zurückziehen[181].

47 Grds sind im Arzthaftungsprozess an die Substantiierungspflicht des klagenden Patienten nur maßvolle Anforderungen zu stellen[182]. Es ist ausreichend, wenn der Tatsachenvortrag den Sachverhalt in groben Zügen zum Ausdruck bringt. So muss ein Patient beispielsweise nicht substantiiert zur Kausalität der Hyposensibilisierung für einen erlittenen Schlaganfall und die daraus resultierenden Schäden vortragen[183]. Von dem Patienten könne keine genaue Kenntnis der medizinischen Vorgänge erwartet und deshalb auch nicht gefordert werden. Insbesondere sei der Patient nicht verpflichtet, sich medizinisches Fachwissen anzueignen[184]. Im konkreten Fall betraf dieses mögliche Entstehungsursachen einer Infektion, die der klagende Patient nicht ermittelt und daher in seiner Klage auch nicht vorgetragen hat[185]. Es ist daher ausreichend, dass der Patient den Behandlungsablauf detailliert beschreibt und erklärt, worin die von ihm behaupteten Fehler der Antragsgegnerin gelegen haben sollen[186].

48 Selbst nach den abgesenkten Maßstäben für die Substantiierungspflicht im Arzthaftungsprozess genügt es nicht lediglich vorzutragen, dass vorhandene Gesundheitsbeeinträchtigungen auf eine Sauerstoffunterversorgung unter der Geburt zurückzuführen sein müssten und somit dem Arzt letztlich nur den negativen Ausgang der Behandlung vorzuwerfen[187]. Das gilt umso mehr dann, wenn ein in einem Schlichtungsverfahren eingeholtes Gutachten einen Fehler verneint[188]. Ferner obliegt dem klagenden Patienten die übliche Substantiierungspflicht bezüglich seines Sachvortrags und seiner umfassenden Wahrnehmung bspw hinsichtlich des Aufklärungsgespräches, aber auch hinsichtlich solcher Situationen, die nicht durch ein Sachkundedefizit zwischen Patient und beklagtem Arzt charakterisiert sind[189]. Letzteres wäre der Fall, wenn es nicht um den medizinischen Sachverhalt als solchen geht, sondern um allgemeine Eindrücke des Patienten bspw von der Behandlungssituation oder der Arztpraxis.

49 Im Berufungsverfahren ist es dem klagenden Patienten hingegen abzuverlangen, sich medizinisch fundiert mit den von ihm beanstandeten Feststellungen eines erstinstanzlichen Gerichtsgutachtens, auf die sich das erstinstanzliche Gericht gestützt hat, auseinanderzusetzen[190]. Dies umfasst ggf die Inbezugnahme auf ein Privatgutachten, medizinischen Leitlinien oder andere Stimmen aus der medizinischen Literatur[191]. Klärt der Arzt auch über eine ernsthafte Alternative zu der von ihm in Aussicht genommenen Behandlung auf, ist er nicht verpflichtet, zu diesem Gespräch einen Arzt derjenigen Fachrichtung hinzuziehen, in die diese Alternativbehandlung fällt[192].

50 Bestehen Unklarheiten bspw zur Entstehungsquelle einer Infektion, muss das Gericht diese aufklären. Zumeist wird dies durch ein medizinisches Sachverständigengutachten geschehen[193]. Auf diesem Weg gleicht das Gericht das Wissensgefälle zwischen dem Arzt und dem Patienten aus und sorgt für ein faires Verfahren. Insofern werden die geringen Substantiierungsanforderungen durch eine erweiterte Pflicht des Gerichts zur Sachverhaltsermittlung von Amts wegen ausgeglichen[194]. Diese Pflicht wird unglücklicherweise auch als „Amtsermittlungsgrundsatz" bezeichnet, obwohl auch im Arzthaftungsprozess selbstverständlich der Beibringungsgrundsatz gilt[195]. Die Pflicht des Gerichts, ein faires Verfahren zu führen, äußert sich im Arzthaftungsprozess in der Beiziehung der Patientenakte des Behandelnden, ggf auch weiterer Behandelnder, in deren

---

180 BGH, Urt v 19.2.2003 – IV ZR 321/02, NJW 2003, 1400 = MDR 2003, 766.
181 BGH, Urt v 19.12.2017 – II ZR 88/16, BGHZ 217, 130, 131 ff.
182 Vgl zu den maßvollen Substantiierungspflichten OLG Dresden, Urt v. 12.5.2020 – 4 U 1388/19, NJW-RR 2020, 1415 = MedR 2021, 46 m Anm Süss MedR 2021, 46; m Anm Vogeler GuP 2021, 76.
183 OLG Frankfurt/M, Beschl v 2.7.2018 – 8 W 18/18, openJur 2019, 35880 Ls.
184 BGH, Beschl v 1.3.2016 – VI ZR 49/15, NJW 2016, 1328, 1328.
185 BGH, Beschl v 1.3.2016 – VI ZR 49/15, NJW 2016, 1328, 1328.
186 OLG Frankfurt/M, Beschl v 2.7.2018 – 8 W 18/18, openJur 2019, 35880; Brinkmann MedR 2018, 698, 699.
187 OLG Dresden, Beschl v 1.11.2018 – 4 W 868/18, MedR 2019, 476.
188 OLG Dresden, Beschl v 1.11.2018 – 4 W 868/18, MedR 2019, 476.
189 Walter, in: Jorzig, HdB-ArztHaftR², Teil III Kapitel 5, Rz 6.
190 BGH, Beschl v 6.7.2020 – VI ZB 27/19, -juris Rz 5; OLG Dresden, Urt v 12.5.2020 – 4 U 1388/19, NJW-RR 2020, 1415.
191 OLG Dresden, Urt v 12.5.2020 – 4 U 1388/19, NJW-RR 2020, 1415.
192 OLG Dresden, Urt v 12.5.2020 – 4 U 1388/19, NJW-RR 2020, 1415.
193 BGH, Urt v 18.2.2020 – VI ZR 280/19, NJW-RR 2020, 720, 721 = MDR 2020, 727.
194 Erman¹⁶/Rehborn/Gescher, Vorbemerkung vor § 630a Rz 13.
195 Walter, in: Jorzig, HdB-ArztHaftR², Teil III Kapitel 5, Rz 14.

Auswertung, der Einholung von Sachverständigengutachten von Amts wegen, in der Partei- und auch Zeugenvernehmung von Amts wegen[196] und schließlich in einer gesteigerten Hinweispflicht nach ZPO § 139[197].

g) **Die sekundäre Darlegungslast.** Der Grundsatz der Substantiierungspflicht durch den klagenden Patienten erfährt eine Einschränkung, wenn der Kläger keine nähere Kenntnis von den maßgeblichen Umständen und auch keine Möglichkeit zur weiteren Sachaufklärung hat. Während der Beklagte alle wesentlichen Tatsachen kennt und es ihm unschwer möglich und zumutbar ist, nähere Angaben zu machen[198]. In diesem Fall trifft den Beklagten eine sekundäre Darlegungslast, im Rahmen derer es ihm auch obliegt, zumutbare Nachforschungen zu unternehmen. Genügt er seiner sekundären Darlegungslast nicht, gilt die Behauptung des Anspruchstellers nach ZPO § 138 Abs 3 als zugestanden[199]. Bspw ist dies der Fall, wenn der Kläger an einer medizinischen Indikation für eine Operation zweifelt, sodann muss der beklagte Behandler die Indikation substantiiert vortragen, da dies ihm in der Regel unschwer möglich und zumutbar ist[200]. Aus einer sekundären Darlegungslast folgt allerdings keine Beweislastumkehr. 51

In einer neueren Entscheidung konkretisierte der BGH, dass für das Auslösen der sekundären Darlegungslast nicht Voraussetzung sei, dass der Patient konkrete Anhaltspunkte für einen Hygieneverstoß vorträgt[201]. Der BGH führt damit seine bisherige Rspr fort[202], dass ein patientenseitiger Vortrag zu konkreten Anhaltspunkten für einen Hygieneverstoß zur Auslösung der sekundären Darlegungslast ausreichend sein kann, nicht jedoch zur Voraussetzung erhoben wird. Im Arzthaftungsprozess wird die erweiterte sekundäre Darlegungslast ausgelöst, wenn die primäre Darlegung des Konfliktstoffs durch den Patienten den Anforderungen genügt und die Vermutung eines fehlerhaften Verhaltens der Behandlungsseite aufgrund der Folgen für ihn gestattet, während es dieser möglich und zumutbar ist, den Sachverhalt näher aufzuklären[203]. Letzteres wird bei der Behauptung eines Hygieneverstoßes regelmäßig der Fall sein[204]. Die Existenz möglicher Infektionsquellen entzieht sich in Ermangelung der Einsichtnahme in die Behandlungsunterlagen in der Regel der Kenntnis des Patienten[205], während die Behandlerseite ohne Weiteres über die entsprechenden Informationen verfügt. 52

Eine Besonderheit gilt bei der Behauptung eines Aufklärungsfehlers und in dessen Folge ggf fehlender Einwilligung in die medizinische Behandlung. Hier obliegt dem Behandler stets eine Darlegungs- und Beweispflicht[206]. Er muss konkret zur stattgefundenen Aufklärung und deren Inhalt vortragen, wobei ihm die Berufung auf die sog „immer-so"-Rechtsprechung offensteht[207]. Aufgrund der bloßen Behauptungsmöglichkeit der fehlenden oder fehlerhaften Aufklärung seitens des Patienten, ist die Erhebung der Aufklärungsrüge in Arzthaftungsprozessen sehr häufig anzutreffen. 53

Eine sekundäre Darlegungslast kommt ebenso auf den Betreiber eines Pflegeheims zu. Bei der Behauptung einer unzureichenden Pflege, muss er umfassend zur ordnungsgemäßen Einhaltung seiner Pflichten vortragen, wozu insbesondere die Vorlage einer lückenlosen Pflegedokumentation gehört[208]. Gleiches gilt für den Bereich des vollbeherrschbaren Risikos. Kommt ein Heimbewohner während einer pflegerischen Maßnahme zu Fall und verletzt sich dabei, so geschieht dies im vollbeherrschbaren Gefahrenbereich des Pflegeheims[209], sodass zu dessen Ungunsten die Vermutungswirkung des § 630h Abs 1 greift. Der Heimbetreiber muss insoweit nicht nur die ordnungsgemäße Ausführung der ergriffenen Pflegemaßnahme darlegen, er hat sogar den vollen Entlastungsbeweis anzutreten[210]. 54

---

196 Erman[16]/Rehborn/Gescher, Vorbemerkung vor § 630a Rz 13.
197 Walter, in: Jorzig, HdB-ArztHaftR[2], Teil III Kapitel 5, Rz 17.
198 BGH, Urt v 19.2.2019 – VI ZR 505/17, BGHZ 221, 139, 140 f = MedR 2019, 649.
199 Walter, in: Jorzig, HdB-ArztHaftR[2], Teil III Kapitel 5, Rz 8; zur sekundären Darlegungslast BGH, Urt v 30.7.2020 – VI ZR 367/19, NJW 2020, 2804.
200 Walter, in: Jorzig, HdB-ArztHaftR[2], Teil III Kapitel 5, Rz 9.
201 BGH, Beschl v 18.2.2020 – VI ZR 280/19, NJW-RR 2020, 720; aA LG Flensburg, Urt v 8.9.2020 – 3 O 375/14, MedR 2021, 652 m Anm Achterfeld, MedR 2021, 655 (656).
202 Fortführung von BGH, Beschl v 25.6.2019 – VI ZR 12/17, NJW-RR 2019, 1360; Abgrenzung zu BGH, Beschl v 16.8.2016 – VI ZR 634/15, NJW-RR 2016, 1360; BGH Urt v 28.8.2018 – VI ZR 509/17, NJW-RR 2019, 17.
203 BGH, Beschl v 18.2.2020 – VI ZR 280/19, NJW-RR 2020, 720.
204 BGH, Beschl v 18.2.2020 – VI ZR 280/19, NJW-RR 2020, 720.
205 Vgl hierzu die Kommentierung zu BGB § 630g Rz 52, 53, 54.
206 Walter, in: Jorzig, HdB-ArztHaftR[2], Teil III Kapitel 5, Rz 12.
207 Walter, in: Jorzig, HdB-ArztHaftR[2], Teil III Kapitel 4, Rz 13, 25.
208 LG Nürnberg-Fürth, Urt v 25.5.2012 – 12 O 589/12, NJW-RR 2013, 469.
209 OLG Düsseldorf, Urt v 17.1.2012 – 24 U 78/11, NJW-RR 2012, 716.
210 OLG Düsseldorf, Urt v 17.1.2012 – 24 U 78/11, NJW-RR 2012, 716.

55 Auch im notfalldienstlichen Bereich spielt die sekundäre Darlegungslast oftmals eine Rolle. Hier verfügt der Betreiber einer Notaufnahme nicht nur über die Behandlungsunterlagen des Patienten, sondern auch über die notwendigen Informationen zu den Maßnahmen, die zur Einhaltung der Hygienebestimmungen und zur Infektionsprävention in der Notaufnahme erfolgt sind, sowie zu den dortigen Arbeitsabläufen und -anweisungen[211]. Insoweit kann ihm die Vorlage der entsprechenden Dokumentation zugemutet werden.

56 h) **Die Beweismittel im Arzthaftungsprozess.** Als Beweismittel kommen in Betracht die Einnahme des Augenscheinbeweises, der Zeugenbeweis, der Urkunden- und der Sachverständigenbeweis sowie nach ZPO § 448 die Vernehmung als Partei von Amts wegen. Hat eine Partei im Gegensatz zur anderen keine Zeugen, so wird aus Gründen der prozessualen „Waffengleichheit" zugelassen, diese Partei als Partei von Amts wegen zu vernehmen. In Betracht kommt dies bspw beim Themenkomplex „Aufklärung". Jedoch steht es im Ermessen des Gerichts, die Partei lediglich nach ZPO § 141 anzuhören oder nach ZPO § 448 als Partei zu vernehmen[212]. Die Parteivernehmung nach ZPO §§ 445 oder 447 ist in der Praxis äußerst selten[213], da grds von einem Widerruf der gegnerischen Partei ausgegangen werden kann.

57 In Arzthaftungsprozessen kann die Einbeziehung der Behandlungsdokumentation für die Urteilsfindung von entscheidender Bedeutung sein. Hierüber kann im Wege des Urkundenbeweises oder durch Inaugenscheinnahme Beweis erhoben werden. Wird die Patientenakte elektronisch geführt, so wird sie nach ZPO § 371 Abs 1 Satz 2 als Augenscheinbeweis klassifiziert[214]. Etwas anderes gilt, soweit die elektronische Dokumentation mit einer qualifizierten elektronischen Signatur versehen ist, insoweit findet ZPO § 371a Anwendung mit der Folge, dass der elektronischen Dokumentation der Beweiswert einer Privaturkunde zukommt[215]. Gleiches gilt für die Dokumentation in Papierform.

58 Der Zeugenbeweis kommt vor allem bei Arzthaftungsprozessen in Betracht, in welchen ein vermeintlich ordnungsgemäß stattgefundenes Aufklärungsgespräch in Streit steht. Der Behandler benennt insoweit häufig Fachpersonal, welches an dem Aufklärungsgespräch beteiligt war, ebenso ist die Berufung auf die sog „immer-so"-Rechtsprechung zulässig[216]. Medizinisches Personal, aber auch Angehörige eines klagenden Patienten können ferner als Zeugen aussagen, wenn es um den Nachweis des Umfangs oder der Schwere eines Krankheitsverlaufes geht. Zu beachten ist schließlich die Möglichkeit der Zeugnisverweigerung nach ZPO § 383.

59 Die Inaugenscheinnahme ist zulässig bei der Behandlungsdokumentation, so bei der Einsichtnahme in Röntgenaufnahmen[217]. Jedoch kommt der Augenscheinbeweis ebenso gegenüber einer Person, insbesondere den klagenden Patienten, in Betracht. Dabei kann der Patient dazu angehalten sein, gemäß ZPO § 372a Untersuchungen und insbesondere Blutentnahmen über sich ergehen zu lassen. Der Augenscheinbeweis darf seitens desjenigen, der in Augenschein genommen wird, nur bei einem triftigen Grund verweigert werden. Ein triftiger Grund zur Verweigerung des Augenscheins besteht iRd ZPO § 371 dann, wenn die Schwere des mit dem Augenschein verbundenen Eingriffs außer Verhältnis zur Bedeutung des Streitgegenstandes steht[218]. Kleine, schmerzlose, ambulante ärztliche Untersuchungen sind fast immer zu dulden, gewichtigere, wie bspw die Entnahme von Rückenmarksflüssigkeit, nur in wichtigen Streitsachen[219]. Besteht gar eine erwähnenswerte Wahrscheinlichkeit für einen Gesundheitsschaden, so besteht ein triftiger Grund für die Verweigerung der Augenscheineinnahme[220]. Eine Weigerung, sich auf den Geisteszustand untersuchen zu lassen, wurde früher von der Rspr stets als berechtigt angesehen, allerdings hat die Weigerung ggf Prozessnachteile zur Folge. Die Verweigerung der Untersuchung hat Auswirkungen auf die Beweislage, möglich sind eine Änderung bezüglich der Beweislastverteilung ebenso wie eine Beweisvereitelung.

60 i) **Der medizinische Sachverständige.** Zwar ist der Sachverständige nur ein Beweismittel nach ZPO § 402 und von Gesetzes wegen nur zur Feststellung von Tatsachen, nicht aber zur Klärung von Rechtsfragen einsetzbar, gleichwohl geht im Arzthaftungsprozess seine Funktion

---

211 BGH, Urt v 24.11.2020 – VI ZR 415/19, NJW-RR 2021, 93.
212 Walter, in: Jorzig, HdB-ArztHaftR², Teil III Kapitel 4, Rz 21.
213 Walter, in: Jorzig, HdB-ArztHaftR², Teil III Kapitel 4, Rz 27.
214 Walter, in: Jorzig, HdB-ArztHaftR², Teil III Kapitel 4, Rz 20.
215 Walter, in: Jorzig, HdB-ArztHaftR², Teil III Kapitel 4, Rz 20.
216 Walter, in: Jorzig, HdB-ArztHaftR², Teil III Kapitel 4, Rz 13, 25.
217 Zum Einblick in streitentscheidende Röntgenaufnahmen OLG München, Urt v 10.2.2011 – 1 U 5066/09, openJur 2012, 114007 Rz 52; OLG Düsseldorf, Urt v 29.3.2007 – I-8 U 62/06, openJur 2013, 24158 Rz 40.
218 MünchKomm-ZPO⁶/Zimmermann, ZPO § 371 Rz 28.
219 MünchKomm-ZPO⁶/Zimmermann, ZPO § 370 Rz 28.
220 OLG Düsseldorf, Urt v 14.6.1984 – 8 U 166/83 (nicht rechtskräftig), NJW 1984, 2635; MünchKomm-ZPO⁶/Zimmermann, ZPO § 371 Rz 28.

weit darüber hinaus[221]. Nach ständiger Rechtsprechung des BGH[222] darf kein Gericht einen Behandlungsfehlerprozess ohne ärztliches Gutachten entscheiden[223]. „Die Frage, welche Maßnahmen der Arzt aus der berufsfachlichen Sicht seines Fachbereichs unter Berücksichtigung der in seinem Fachbereich vorausgesetzten Kenntnisse und Fähigkeiten in der jeweiligen Behandlungssituation ergreifen muss, richtet sich in erster Linie nach medizinischen Maßstäben, die der Tatrichter mit Hilfe eines Sachverständigen zu ermitteln hat. Er darf den medizinischen Standard grundsätzlich nicht ohne eine entsprechende Grundlage in einem Sachverständigengutachten oder gar entgegen den Ausführungen des Sachverständigen aus eigener Beurteilung heraus festlegen"[224].

Kein Jurist, und sei er noch so lange mit Arzthaftpflichtsachen beschäftigt, hat hinreichende **61** medizinische Sachkenntnis, um derartige Fragen ohne sachverständige Hilfe entscheiden zu können[225]. Als verfahrensfehlerhaft ist es deswegen insbesondere anzusehen, wenn sich das Gericht Fachwissen anmaßt und das Vorbringen des beklagten Arztes als unsubstantiiert zurückweist[226]. Das Gericht darf im Arzthaftungsprozess die Beweisanforderungen nicht überdehnen, insofern, als dass es keine absolute naturwissenschaftliche Gewissheit geben muss, um die nach ZPO § 286 gebotene richterliche Gewissheit für die Urteilsfindung zu erzielen. Relevant ist vielmehr, dass mittels des Sachverständigengutachtens ein für das praktische Leben brauchbarer Grad an Gewissheit erreicht wird, der die vom Patienten geschilderten und auch laut den vorliegenden Unterlagen entstandenen gesundheitlichen Beeinträchtigungen ursächlich auf die genannten Versäumnisse zurückführt und die Entstehung des daraus resultierenden Gesundheitsschadens (sowie aller weiterer Schäden) möglich erscheinen lässt. Das Gutachten muss wesentliche Zweifel an einem anderen Geschehensgang ausräumen. Das Ergebnis der Urteilsfindung soll nach brauchbaren Grundsätzen der Wahrscheinlichkeit überzeugen. Das bedeutet jedoch nicht, dass das Gericht seine eigene Fachkenntnis bzw durch vergangene Arzthaftpflichtprozesse angeeignete Erfahrungssätze nicht in seine Entscheidung mit einfließen lassen darf. Beabsichtigt der Spruchkörper ein derartiges Vorgehen, muss diesbezüglich jedoch ein richterlicher Hinweis gegenüber den Parteien erfolgen[227]. Gleiches gilt, wenn das Gericht gänzlich auf ein medizinisches Gutachten verzichtet, da es meint, für die entscheidungserhebliche Frage genügend eigene besondere Sachkenntnis aufzuweisen oder aber aufgrund besonderer Fachkenntnisse das Gutachten für die Entscheidungsfindung als ungeeignet erachtet[228]. Von der Erhebung eines gerichtlich angeordneten Sachverständigengutachtens kann grundsätzlich nur dann ausnahmsweise gem ZPO § 411a abgesehen werden, wenn bereits ein früher erstelltes gerichtliches Gutachten über dieselbe Beweisfrage vorliegt. Die fehlerhafte Nichteinholung eines beantragten Sachverständigengutachtens stellt eine Verletzung des rechtlichen Gehörs gem GG Art 103 dar und ist somit revisibel[229], also mit einem Rechtsmittel anfechtbar. Werden die Beweisgrundsätze falsch angewendet, ist entweder die Berufung oder die Revision möglich. Dies gilt erst recht, wenn der Richter verkennt, dass ein Gutachter irrtümlich von einem naturwissenschaftlich geprägten Ursächlichkeitsbegriff ausgeht und aus diesem Grund eine juristische Ursächlichkeit verkannt oder sogar verneint wurde[230].

Die bloße Anhörung des Sachverständigen als sachverständigen Zeugen genügt im Zweifel **62** nicht, da es nicht Aufgabe eines sachverständigen Zeugen ist, dem Gericht allgemeine Erfahrungssätze oder auch spezielles Fachwissen zu vermitteln, welche(s) für die Entscheidungsfindung von Bedeutung ist[231]. Eine derartige Anhörung kommt nur in Betracht, wenn der jeweilige Sachverständige nur über Tatsachen berichten kann und soll. Weiterhin ist zu berücksichtigen, dass einem Sachverständigen mehr Pflichten zuteil werden (zB nach ZPO § 407a), die in ihrer Schlussfolgerung zu einer höheren Beweiskraft führen würden als dem bloßen Zeugenbeweis[232].

---

221 Rosenberger Deutsches Ärzteblatt 2011, 108 (30): A-1624/B-1380/C-1376.
222 BGH, Beschl v 23.2.2021 – VI ZR 44/20, NJW 2021, 1536.
223 Keine Festlegung des medizinischen Standards ohne Sachverständigengrundlage BGH, Urt v 29.11.1994 – VI ZR 189/93, NJW 1995, 776, 660; OLG Koblenz, Urt v 19.5.2005 – 5 U 1470/04, MedR 2005, 473; OLG Frankfurt/M, Urt v 4.11.2008 – 8 U 158/08, GesR 2009, 196; OLG Dresden, Urt v 23.4.2010 – 4 U 1704/09, -juris.
224 BGH, Beschl v 23.2.2021 – VI ZR 44/20 (amtl Ls), NJW 2021, 1536.
225 Zur Feststellung, dass der Tatrichter einen groben Behandlungsfehler nicht ohne ausreichende Grundlage in den medizinischen Darlegungen des Sachverständigen bejahen darf BGH, Urt v 3.7.2001 – VI ZR 418/99, NJW 2001, 2795, 2795 f.
226 OLG Frankfurt/M, Urt v 4.11.2008 – 8 U 158/08, GesR 2009, 196.
227 BGH, Urt v 29.1.2019 – VI ZR 113/17, BGHZ 221, 43; BGH, Beschl v 9.1.2018 – VI ZR 106/17, NJW 2018, 2730.
228 BGH, Urt v 29.1.2019 – VI ZR 113/17, BGHZ 221, 43.
229 BGH, Beschl v 23.2.2021 – VI ZR 44/20, NJW 2021, 1536.
230 Vgl BGH, Urt v 8.7.2008 – VI ZR 259/06, NJW 2008, 2846 = MedR 2009, 44.
231 OLG Koblenz, Urt v 19.5.2005 – 5 U 1470/04, MedR 2005, 473.
232 OLG Koblenz, Urt v 19.5.2005 – 5 U 1470/04, MedR 2005, 473.

63 Auch in Versicherungsprozessen kann die Einholung eines ärztlichen Gutachtens für die Urteilsfindung ausschlaggebend sein. Stellt sich zB die Frage, ob eine Unfallverletzung kausal für weitere Schäden ist oder ob eine bestimmte Erkrankung/Einschränkung vorliegt, die dann zu Ansprüchen aus einem Versicherungsvertrag führt[233], ist es Aufgabe des Sachverständigen, auf entsprechenden Antrag hin, mit seinem Gutachten die Grundlage für die Entscheidung des Spruchkörpers zu liefern[234].

64 Gesetzliche Regeln zur Beweisführung durch den Gutachter finden sich in allen Gerichtsordnungen, wenngleich in unterschiedlicher Ausprägung. Den größten Normenbestand weisen ZPO §§ 402–414 und StPO §§ 72–84 auf. Hingegen verweisen VwGO § 98 und SGG § 118 Abs 1 pauschal auf die Regelungen der ZPO. Die Unterschiede zwischen ZPO und StPO ergeben sich im Wesentlichen aus den unterschiedlichen Verfahrensgrundsätzen. Einzelne Vorschriften der ZPO, bspw ZPO § 407a, gelten sinngemäß auch in der StPO. Eine Besonderheit im sozialgerichtlichen Verfahren ergibt sich aus SGG § 109. Hiernach kann auf Antrag des Versicherten, des behinderten Menschen, des Versorgungsberechtigten oder Hinterbliebenen ein bestimmter Arzt gutachterlich gehört werden. Dabei handelt es sich um ein gerichtliches Sachverständigengutachten und nicht um ein Privatgutachten[235]. Der anzuhörende Arzt muss dabei zumindest eindeutig identifizierbar sein. Ist er das nicht, so handelt es sich um eine bloße Antragsankündigung[236]. SGG § 109 stellt eine Durchbrechung des im Sozialgerichtsverfahren geltenden Amtsermittlungsgrundsatzes dar und soll Waffengleichheit und Rechtsfrieden herstellen[237].

65 Die Feststellung der dem Sachverständigen vorzugebenden Tatsachengrundlagen ist wegen des Grundsatzes der Beweisunmittelbarkeit nach ZPO § 355 Aufgabe des Gerichts gem ZPO § 404a Abs 3. Ebenso fällt die Formulierung der Beweisfragen in die Zuständigkeit des Gerichts, ZPO § 404 Abs 1. Sie müssen einerseits so präzise sein, dass gem ZPO § 407a Abs 3 Inhalt und Umfang des Auftrags klar sind. Sie sollte dem Sachverständigen andererseits genügend Raum geben, über die Fragestellung hinaus spontan auf Bedenken gegen das Vorgehen des Arztes hinzuweisen, wozu er verpflichtet ist. Die Auswahl erfolgt durch das Gericht nach ZPO § 404 Abs 1 mittels eines anfragenden Auftrages. Der Sachverständige wird kraft seiner Ernennung durch das Gericht als solcher tätig, ZPO § 404 Abs 1 Satz 2[238]. Zwischen dem Gericht und dem Sachverständigen besteht eine öffentlich-rechtliche Beziehung eigener Art und keine vertragliche Beziehung[239].

66 Wird der Arzt von einem Gericht mit der Erstattung eines Gutachtens beauftragt, ist er grundsätzlich verpflichtet, das Gutachten zu erstellen, weil er iSd ZPO § 407 und StPO § 75 zur Ausführung seines Berufes „öffentlich bestellt oder ermächtigt" ist. Unter bestimmten Umständen kann der Arzt von dieser Pflicht befreit werden; das gilt nicht nur bei Vorliegen eines Befangenheitsgrundes, sondern nach ZPO § 408 auch bei Überlastung. Dann ist ein weiterer Gutachter des jeweiligen medizinischen Fachgebietes auszusuchen.

67 Der Sachverständige muss über fundierte Sachkunde und Erfahrung auf dem zu begutachtenden Gebiet verfügen[240]. Das erfordert häufig die Beauftragung von Zweitgutachtern für die verschiedenen Beweisfragen. Je nach Lage des Falles kann der für ein bestimmtes Fachgebiet hinzugezogene Sachverständige aber auch die Kompetenz zur Beurteilung über das Fachgebiet hinausgehender Fragen haben. Der Beweis wird gem ZPO § 403 mit der Bezeichnung der zu begutachtenden Punkte angetreten. Nach ZPO § 404 stand es bislang im Ermessen des Gerichtes, den Sachverständigen zu bestimmen. Aufgrund des neu eingefügten ZPO § 404 Abs 2[241] können die Parteien des Verfahrens vor der Bestellung des medizinischen Sachverständigen nun zu dessen Person und Auswahl angehört werden. Hierdurch soll den Prozessparteien mehr Mitspracherecht und Einfluss zugebilligt werden.

68 Ein Sachverständiger kann nach ZPO § 406 Abs 1 aus den gleichen Gründen wie ein Richter abgelehnt werden. Hierzu zählt zunächst die Aufzählung in ZPO § 41. Auch dürfen in der Person des Sachverständigen keine Befangenheitsgründe nach ZPO § 406 Abs 1 iVm § 42 Abs 2 oder StPO § 74 iVm § 24 vorliegen[242]. Gem ZPO § 407a Abs 2 muss der Sachverständige prüfen,

---

233 Halbe Deutsches Ärzteblatt 2019, 116 (35–36): A-1558/B-1282/C-1262.
234 Halbe Deutsches Ärzteblatt 2019, 116 (35–36): A-1558/B-1282/C-1262.
235 Halbe Deutsches Ärzteblatt 2019, 116 (35–36): A-1558/B-1282/C-1262.
236 BeckOK Sozialrecht/Hintz, Stand: 1.3.2022, § 109 SGG Rz 2.
237 Halbe Deutsches Ärzteblatt 2019, 116 (35–36): A-1558/B-1282/C-1262; BeckOK Sozialrecht/Hintz, Stand: 1.3.2022, § 109 SGG vor Rz 1.
238 Halbe Deutsches Ärzteblatt 2019, 116 (35–36): A-1558/B-1282/C-1262.
239 Halbe Deutsches Ärzteblatt 2019, 116 (35–36): A-1558/B-1282/C-1262.
240 Schünemann, in: Jorzig, HdB-ArztHaftR[2], Teil III Kapitel 3, Rz 33, 34.
241 Fassung aufgrund des Gesetzes zur Änderung des Sachverständigenrechts v 11.10.2016, BGBl I S 2222, in Kraft getreten 15.10.2016.
242 Vgl Heinz GesR 2014, 141, 142.

ob ein geeigneter Grund vorliegt, Misstrauen gegen seine Unparteilichkeit zu rechtfertigen. Ist dies der Fall, hat der Sachverständige dem Gericht solche Gründe umgehend mitzuteilen. Ein Unterlassen der Mitteilung rechtfertigt die Festsetzung eines Ordnungsgeldes. Die Möglichkeit des Ausschlusses des Sachverständigen wegen einer möglichen Befangenheit gem ZPO § 406 Abs 1 muss hinreichend vernünftig und objektiv begründet sein und ist gem ZPO § 406 Abs 3 glaubhaft zu machen[243]. Auch gem JVG § 8 Abs 1 entfällt der Vergütungsanspruch des Sachverständigen, sollte er es unterlassen, der heranziehenden Stelle die Umstände anzuzeigen, die zu seiner Ablehnung durch einen Verfahrensbeteiligten berechtigen können.

Die Begutachtung erfolgt idR durch ein schriftliches Gutachten des medizinischen Sachverständigen. Dieses wird gem ZPO § 411 Abs 1 durch das Gericht mit einer einzuhaltenden Frist in Auftrag gegeben. Den Parteien wird nach ZPO § 411 Abs 4 Gelegenheit zur Stellungnahme bezüglich des Gutachtens eingeräumt. Die Beantwortung von Ergänzungsfragen seitens der Parteien erfolgt erneut schriftlich, kann aber auch iRd mündlichen Verhandlung stattfinden. Eine ausschließlich mündliche Gutachtenerstellung wird allerdings als bedenklich angesehen[244]. ZPO § 411 Abs 3 Satz 2 normiert in dessen neu eingefügtem Satz 2 die Befugnis des Gerichts, anstelle der mündlichen Gutachtenserläuterung eine schriftliche Ergänzung herbeizuführen[245]. Bislang hatte das Gericht gem ZPO § 411 Abs 3 Satz 1 zu gewährleisten, dass nur solche Sachverständige bestellt werden, die auch im Rahmen der mündlichen Verhandlung zur Verfügung stehen[246]. Der ständigen Rechtsprechung des BGH zufolge hat jede Partei das Recht, die Ladung des Sachverständigen zur Erörterung seines schriftlichen Gutachtens in der mündlichen Verhandlung zu verlangen[247]. Gem ZPO § 397 steht jeder Partei ausdrücklich ein Fragerecht hinsichtlich derjenigen Umstände zu, die sie zur Aufklärung der Sache für sachdienlich erachtet[248]. Zudem erfordert es der Grundsatz der Gewährung des rechtlichen Gehörs, der Partei die Möglichkeit einzuräumen, einem Sachverständigen nach Vorliegen des schriftlichen Gutachtens Fragen zu stellen, Bedenken vorzutragen oder ihn um nähere Erläuterung von Zweifelsfragen zu bitten[249]. Dieses Recht der Partei wird von ZPO § 411 Abs 3 auch insoweit nicht eingeschränkt, da die Vorschrift dem Gericht lediglich ein (pflichtgebundenes) Ermessen einräumt, den Sachverständigen auch ohne Antrag einer Partei zur mündlichen Erläuterung des Gutachtens zu laden oder gem ZPO § 411 Abs 3 Satz 2 eine schriftliche Ergänzung anzuordnen, für den Fall, dass Zweifel oder Unklarheiten bestehen bleiben. Die Normen der ZPO §§ 397, 402 sind zudem zwingendes Recht.

Das Gutachten kann auf Grund der Aktenlage erstellt werden, wird aber zumeist die zumutbare körperliche Untersuchung des Betroffenen erfordern. Weigert sich der betroffene Patient, sich untersuchen zu lassen, kann er im zivil-, aber auch im sozialgerichtlichen Verfahren nicht dazu gezwungen werden. Das Selbstbestimmungsrecht des zu Begutachtenden steht einer zu erduldenden Untersuchung idR entgegen. Aufgrund der Beweislastverteilung kann dies im Zweifel zu einem für den zu Begutachtenden nachteiligen non-liquet führen. Die körperliche Untersuchung unterliegt nicht der Parteiöffentlichkeit der Beweisaufnahme gem ZPO § 357 Abs 1. Das Gericht entscheidet vielmehr gem ZPO § 404a Abs 4, inwieweit der Sachverständige im Rahmen des Haftungsprozesses mit den Parteien in Kontakt treten darf. Unterzieht sich der Patient der körperlichen Untersuchung, welche als starker Eingriff in die Intimsphäre anzusehen ist[250], so dürfen grundsätzlich nur der Gutachter und seine Hilfspersonen anwesend sein[251]. Der beklagte Arzt darf gegen den Willen des Patienten nicht an der Untersuchung teilnehmen[252]. Das soll auch schon für das Anamnesegespräch gelten[253]. Da der Ausschluss der Parteien von der ärztlichen Untersuchung dem Schutz der Intimsphäre des zu Untersuchenden dient, kann dieser selbst darauf verzichten und bspw Dritten wie seinem Rechtsanwalt oder dem Ehepartner die Anwesen-

---

243 BGH, Beschl v 13.12.2016 – VI ZB 1/16, ZMGR 2/2017, 109, 110; BGH Beschl v 10.1.2017 – VI ZB 31/16 GesR 2017,177.
244 Schünemann, in: Jorzig, HdB-ArztHaftR², Teil III Kapitel 3, Rz 102.
245 Fassung aufgrund des Gesetzes zur Änderung des Sachverständigenrechts v 11.10.2016, BGBl I S 2222, in Kraft getreten 15.10.2016.
246 Vgl EGMR, Urt v 21.10.2010 – 43155/08, NJW 2011, 1055.
247 Jeder Prozesspartei steht gem ZPO §§ 397, 402 zur Gewährleistung des rechtlichen Gehörs das Recht zu, einen Sachverständigen zu seinem schriftlichen Gutachten mündlich zu befragen, vgl BGH, Beschl v 21.2.2017 – VI ZR 314/15, NJW-RR 2017, 762.
248 ZPO § 397 gilt gem ZPO § 402 für den Sachverständigenbeweis entsprechend.
249 Vgl BGH, Beschl v 21.2.2017 – VI ZR 314/15, NJW-RR 2017, 762.
250 LSG Rheinland-Pfalz, Urt v 23.2.2006 – L 4 B 33/06 SB, NJW 2006, 1547; MünchKomm ZPO⁶/Zimmermann, § 371 Rz 28.
251 Zur Anwesenheit Dritter bei der ärztlichen Begutachtung und zum Ausschluss eines Rechtsanwalts von der Anwesenheit iRd körperlichen Untersuchung LSG Rheinland-Pfalz, Urt v 23.02.2006 – L 4 B 33/06 SB, NJW 2006, 1547; MünchKomm ZPO⁶/Zimmermann, § 371 Rz 28.
252 OLG Frankfurt/M, Beschl v 15.2.2010 – 8 W 7/10, MDR 2010, 652; OLG Köln, Beschl v 25.3.1992 – 27 W 16/92, NJW 1992, 1568.
253 OLG München, Beschl v 1.6.2015 – 24 W 881/15, GesR 2015, 634.

heit gestatten[254]. Dem Sachverständigen soll dabei grundsätzlich ein Ermessen dahingehend zustehen, ob er dieser hinzugezogenen Person die Anwesenheit bei der Untersuchung gestattet[255]. Das soll jedenfalls dann gelten, wenn es sich um eine implantologische und prothetische also eine einfache, die Persönlichkeits- und Intimsphäre nicht erheblich belastende Behandlung handelt[256]. Offengelassen wird, ob etwas anderes in den Fällen gelten soll, in denen die Persönlichkeit und der Intimbereich des Patienten stärker betroffen ist.

71   j) **Das selbständige Beweisverfahren nach ZPO § 485.** Das selbständige Beweisverfahren nach ZPO ist im Arzthaftungsverfahren zulässig[257]. Es ist auch bei Arzthaftungsansprüchen möglich, allerdings nicht, soweit es um Wertungsfragen zum Vorliegen eines Behandlungsfehlers, der Kausalität und des Verschuldens geht[258]. Das selbstständige Beweisverfahren ist gesetzlich in den ZPO §§ 485 ff geregelt. Der mit dieser Vorschrift verfolgte Zweck besteht darin, Prozesse zu vermeiden, wenn sich die Parteien in Arzthaftungsprozessen bspw vor allem über Fragen tatsächlicher Art streiten[259]. Der BGH hat angenommen, dass das rechtliche Interesse an der Durchführung eines selbstständigen Beweisverfahrens vorliegt, wenn die vorprozessuale Klärung der haftungsrechtlich maßgeblichen Gründe für einen Gesundheitsschaden durch einen Sachverständigen erforderlich ist und die begehrte Feststellung der Vermeidung eines Rechtsstreits dienen kann, allerdings für eine abschließende Entscheidung weitere Aufklärungen erforderlich erscheinen[260]. Ein weiteres Aufklärungsbedürfnis hinsichtlich eines Behandlungsfehlers steht dem rechtlichen Interesse an der vorprozessualen Beweissicherung nicht entgegen[261]. Die Feststellung eines groben Behandlungsfehlers ist ebenfalls im selbstständigen Beweisverfahren möglich. Da es sich um die Beantwortung einer Rechtsfrage auf der Grundlage des medizinischen Standards handelt, kann das Gericht eine solche Feststellung nicht treffen, wenn „keine hinreichend tragfähige tatsächliche Grundlage in den Ausführungen des medizinischen Sachverständigen" zu sehen ist[262].

72   Klärungsfähige Tatsachen im Rahmen der Durchführung eines selbständigen Beweisverfahrens im Arzthaftungsrecht sind nach ZPO § 485 Abs 2 Nr 1 bis 3 insbesondere die Tatsachenfragen nach dem Zustand einer Person, der Ursache eines Personenschadens oder dem Aufwand für die Schadensbeseitigung[263]. Inhaltlich dient es vor allem der Beurteilung des Zustandes einer Person, der Schadensursache und des Aufwandes, der zur Beseitigung des Schadens notwendig ist. Da sich durch diese Beurteilung im Regelfall ergibt, ob und in welcher Höhe ein Anspruch begründet ist, kann das selbständige Beweisverfahren vorgeschaltet zum Prozess eine zeit- und kostensparende Alternative darstellen[264]. Grundsätzlich ist es dazu geeignet, den Parteien einfacher zu einem Vergleich zu verhelfen. Dieser ist gem ZPO § 492 Abs 3 zulässig.

73   Um dem Verlust von Beweismitteln oder einer drohenden Erschwerung der Verwertbarkeit von Beweismitteln entgegenzuwirken oder auch, um einen Prozess in Gänze zu vermeiden, kann auch das Gericht auf Antrag einer Partei ein selbstständiges Beweisverfahren anordnen[265]. Dies war im Sinne einer vorsorglichen Tatsachenfeststellung durch eine Beweisaufnahme außerhalb des Urteilsverfahrens stets unproblematisch möglich[266]. Als Beweismittel gelten dabei nach ZPO § 485 Abs 1 der Augenscheinbeweis, der Zeugenbeweis oder die Parteivernehmung sowie die Begutachtung durch einen Sachverständigen[267].

74   Uneinig war man sich besonders darüber, ob auch Aufklärungsfehler und die diesbezüglichen Beweisfragen die Tatbestandsvoraussetzung der „Ursache eines Personenschadens" iSd ZPO § 485

---

254 LSG Rheinland-Pfalz, Urt v 23.2.2006 – L 4 B 33/06 SB, NJW 2006, 1547.
255 OLG Köln, Beschl v 30.10.2009 – 5 U 112/08, MedR 2010, 879; zur Anwesenheit einer dritten Person bei psychiatrischer Begutachtung OVG Koblenz, Beschl v 11.6.2013 – 2 A 11071/12, NVwZ-RR 2013, 972.
256 OLG Köln, Beschl v 30.10.2009 – 5 U 112/08, MedR 2010, 879, 880.
257 BGH, Beschl v 13.9.2011 – VI ZB 67/10, NJW 2011, 3371, 3372 f; BGH, Beschl v 9.2.2010 – VI ZB 59/09, VersR 2010, 1241; BGH, Beschl v 13.9.2005 – VI ZB 84/04, BGHZ 164, 94 = VersR 2006, 95; BGH, Urt v 21.1.2003 – VI ZB 51/02, BGHZ 153, 302, 303.
258 Geiß/Greiner, Arzthaftpflicht[8], E Rz 26.
259 MünchKomm ZPO[6]/Schreiber, § 485 Rz 1.
260 BGH v 24.9.2013 – VI ZB 12/13, BGHZ 198, 23; vgl ausführlich dazu Jorzig/Dautert/Benson, in: Heidel/Pauly (Hrsg), AnwaltFormulare[10], § 5 Arzthaftungsrecht Rz 83.
261 BGH, Beschl v 24.9.2013 – VI ZB 12/13, BGHZ 198, 23.
262 BGH, Urt v 28.5.2002 – VI ZR 42/01, NJW 2002, 2944.
263 Bergmann/Wever, Die Arzthaftung[4], S 176.
264 Kaiser/Mahrenholtz, Arzthaftung – Nachweis und Durchsetzung von Ansprüchen bei ärztlichen Behandlungsfehlern, Rz 8.4.
265 Kaiser/Mahrenholtz, Arzthaftung – Nachweis und Durchsetzung von Ansprüchen bei ärztlichen Behandlungsfehlern, Rz 8.4.
266 Erman[16]/Rehborn/Gescher, Vorbemerkung vor § 630a Rz 11; Jorzig/Dautert/Benson, in: Heidel/Pauly (Hrsg), AnwaltFormulare[10], § 5 Arzthaftungsrecht Kapitel I Selbständiges Beweisverfahren, Rz 83.
267 Jorzig/Dautert/Benson, in: Heidel/Pauly (Hrsg), AnwaltFormulare[10], § 5 Arzthaftungsrecht Rz 83.

Abs 2 Nr 2 erfüllen. Der BGH hat befunden, dass Beweisfragen zu Inhalt und Umfang der ärztlichen Aufklärungspflicht als Gegenstand eines selbständigen Beweisverfahrens nach ZPO § 485 Abs 2 in Betracht kommen[268].

Sollte im selbstständigen Beweisverfahren die rechtliche Frage des Verschuldens des Arztes und der Kausalität der Verletzung für den geltend gemachten Schaden ungeklärt bleiben, wird aufgrund eines vorprozessualen Gutachtens im selbständigen Beweisverfahren eher erkennbar, ob und in welcher Gravität ein Behandlungsfehler gegeben ist. Deshalb kann die vorprozessuale Klärung des Gesundheitsschadens und seiner Gründe durchaus prozessökonomisch sein[269]. Die Frage zur ärztlichen Aufklärung ist damit tauglicher Gegenstand im selbständigen Beweisverfahren. Ärztliche Aufklärungsfehler und die diesbezüglichen Beweisfragen erfüllen die Tatbestandsvoraussetzungen der Ursache eines Personenschadens iSd ZPO § 485 Abs 2 Satz 1 Nr 2[270]. Der Gesetzgeber selber sieht nach Einführung des PatRG nicht nur den Behandlungsfehler, sondern explizit auch den Aufklärungsfehler als „Ursache eines Personenschadens" an[271]. 75

Damit tritt auch bei der Durchführung des selbständigen Beweisverfahrens die Verjährungshemmung nach ZPO § 204 Abs 1 Nr 7 ein. Diese Verjährungshemmung bezieht sich ebenso auf Aufklärungsfehler und die diesbezüglichen Beweisfragen. Auch im selbständigen Beweisverfahren bedarf es aber eines Mindestmaßes an Substantiierung[272]. 76

Im selbständigen Beweisverfahren aufgrund von Arzthaftungsansprüchen ist ZPO § 142, wonach das Gericht einer Partei oder einem Dritten aufgeben kann, die in ihrem Besitz befindliche(n) Urkunde(n) vorzulegen, nicht anwendbar[273]. Aus den Vorschriften über die Beweisaufnahme im Wege eines selbständigen Beweisverfahrens gem ZPO § 485 Abs 2 lässt sich unmittelbar keine Anwendbarkeit dieser Vorschriften herleiten[274]. Somit kann ausschließlich eine Begutachtung durch den medizinischen Sachverständigen durchgeführt werden. Lediglich im Fall eines sichernden Beweisverfahrens gem ZPO § 485 Abs 1 kommt bei Besorgnis des Verlustes oder der erschwerten Benutzung eines Beweismittels auch der Beweis durch Augenschein in Betracht, da ZPO § 371 Abs 2 auf ZPO § 144 verweist, sollte sich der Gegenstand nicht im Besitz des Beweisführers befinden[275]. Im Falle des ZPO § 485 Abs 2 kommt hingegen nur die Einholung eines Sachverständigengutachtens in Betracht, woran ZPO § 142 nicht partizipiert[276]. Andere Beweismittel, insbesondere die Inaugenscheinnahme, die Verwertung von Urkunden, Zeugen- oder Parteivernehmungen sind nach ZPO § 485 Abs 2 nicht zulässig, sodass sie auch nicht erhoben werden dürfen[277]. 77

Da im selbständigen Beweisverfahren für den Gegner keine prozessuale Verpflichtung besteht, an der Beweiserhebung mitzuwirken, besteht für den Antragsteller als beweisbelastete Partei kein Anspruch auf Vorlage von Urkunden durch den Antragsgegner zum Zwecke der Gutachtenerstattung. 78

k) **Die prozessuale Fristsetzung.** Es gilt das Verbot der Überbeschleunigung[278]. Arzthaftungsprozesse sind nicht ohne sachverständige Beratung zu entscheiden[279]. In Arzthaftungssachen kann ein Verstoß gegen das verfassungsmäßige Verbot einer „Überbeschleunigung" insbesondere dann vorliegen, wenn das als verspätet zurückgewiesene Verteidigungsvorbringen ein 79

---

268 BGH, Beschl v 6.7.2020 – VI ZB 27/19, NJW-RR 2020, 1005; BGH, Beschl v 19.5.2020 – VI ZB 51/19, NJW 2020, 2273 mit Anm auf der Heiden NJW 2020, 2276; OLG Hamburg, Beschl v 11.10.2016 – 1 W 68/16, VersR 2017, 967; zur Zulässigkeit eines selbständigen Beweisverfahrens zur Feststellung ärztlicher Behandlungsfehler OLG Nürnberg, Urt v 14.3.2017 – 5 W 1043/16, VersR 2017, 969; Graf/Johannes MedR 2020, 26, 26 f; aA Erman[16]/Rehborn/Gescher, Vorbemerkung vor § 630a Rz 11; OLG Karlsruhe, Urt v 3.12.2018 – 13 W 103/18 und 13 W 104/18.
269 BGH, Beschl v 6.7.2020 – VI ZB 27/19, NJW-RR 2020, 1005 = VersR 2020, 1396.
270 OLG Rostock, Urt v 1.10.2018 – 5 W 32/18, VersR 2019, 470, 470 f.
271 OLG Rostock, Urt v 1.10.2018 – 5 W 32/18, VersR 2019, 470.
272 BGH, Urt v 8.11.2016 – VI ZR 512/15, VersR 2017, 316; Dautert GesR 2017, 81, 82.
273 Zum nicht gegebenen Recht der Beiziehung von Behandlungsdokumentationen im selbständigen Beweisverfahren nach ZPO §§ 142, 485, 492 Abs 1 LG Aachen, Beschl v 16.1.2019 – 11 OH 6/18, MedR 2019, 481, 482; im Prozess besteht ein volles Einsichtsrecht und ein Anspruch auf Übersendung der Kopien der Patientenakte; Grund hierfür ist der Grundsatz des rechtlichen Gehörs, der es gebiete, den Parteien Einsichtnahme in Unterlagen zu gewähren, auf deren Grundlage die Entscheidung des Gerichts gestützt wird vgl OLG Dresden, Beschl v 28.6.2021 – 4 W 386/21, -juris.
274 LG Aachen, Beschl v 16.1.2019 – 11 OH 6/18, MedR 2019, 481, 482.
275 LG Aachen, Beschl v 16.1.2019 – 11 OH 6/18, MedR 2019, 481, 482.
276 LG Aachen, Beschl v 16.1.2019 – 11 OH 6/18, MedR 2019, 481, 482.
277 Jorzig/Dautert/Benson, in: Heidel/Pauly (Hrsg), AnwaltFormulare[10], § 5 Arzthaftungsrecht Rz 83.
278 BGH, Urt v 3.7.2012 – VI ZR 120/11, NJW 2012, 2808.
279 Vgl zur Zurückweisung verspäteten Vorbringens BGH, Urt v 21.10.1986 – VI ZR 107/86, BGHZ 98, 368, 369 f; zur Bedeutung der Sachverständigengrundlage BGH, Urt v 29.11.1994 – VI ZR 189/93, VersR 1995, 659, 660; BGH Urt v 15.7.2003 – VI ZR 203/02, VersR 2003, 1541, 1542; BGH, Beschl v 28.3.2008 – VI ZR 57/07, GesR 2008, 361, 362, 363.

Sachverständigengutachten veranlasst hätte, dieses Sachverständigengutachten aber in der Zeit zwischen dem Ende der Einspruchsbegründungsfrist und der darauffolgenden mündlichen Verhandlung ohnehin nicht hätte eingeholt werden können. Auch eine Frist von zwei Wochen ist zu kurz für eine angemessene Klageerwiderung[280], damit auch für eine Replik oder eine Stellungnahme zu einem Beschluss[281]. Grundsätzlich ist davon auszugehen, dass der Anspruch auf rechtliches Gehör verletzt wird, wenn die vor Erlass einer Entscheidung vom Gericht gesetzte Frist zur Äußerung nach objektiven Gesichtspunkten nicht ausreicht, um innerhalb der Frist eine sachlich fundierte Äußerung zum entscheidungserheblichen Sachverhalt und zur Rechtslage zu erbringen[282].

80 Im Arzthaftungsprozess findet eine Aussetzung des Verfahrens gemäß ZPO § 149 aufgrund eines laufenden Straf- oder Ermittlungsverfahrens idR nicht statt[283].

§ 630a Vertragstypische Pflichten beim Behandlungsvertrag

(1) Durch den Behandlungsvertrag wird derjenige, welcher die medizinische Behandlung eines Patienten zusagt (Behandelnder), zur Leistung der versprochenen Behandlung, der andere Teil (Patient) zur Gewährung der vereinbarten Vergütung verpflichtet, soweit nicht ein Dritter zur Zahlung verpflichtet ist.

(2) Die Behandlung hat nach den zum Zeitpunkt der Behandlung bestehenden, allgemein anerkannten fachlichen Standards zu erfolgen, soweit nicht etwas anderes vereinbart ist.

ÜBERSICHT

I. Normzweck und Entstehungsgeschichte 1, 2	3. Gespaltener Arzt-Krankenhaus-Vertrag bei Wahlleistungen 66
II. Abgrenzung zum Werkvertrag . . 3–16	4. Gespaltener Arzt-Krankenhaus-Vertrag bei stationärer Behandlung durch den Belegarzt 67
III. Medizinische Behandlung eines Menschen 17–24	**VII. Behandlung im Rahmen eines öffentlichen Amtes** 68–75
IV. Die Behandlungspflicht 25–59	**VIII. Zustandekommen des Behandlungsvertrags; Kontrahierungszwang** 76–78
1. Rechtsnatur 25, 26	
2. Des Vertragsarztes 27–30	
3. Des privat behandelnden Arztes . . 31	
4. Im Notfalldienst, der Notaufnahme, dem Rettungsdienst 32–38	**IX. Beendigung des Behandlungsvertrags** 79–81
5. (Mit-)Behandlung des Ehegatten gemäß § 1357 39–41	**X. Vertragliche Pflichten des Patienten** 82–150
6. Behandlung Minderjähriger 42–54	1. Entstehen und Fälligkeit der Vergütungspflicht 82–84
a) Behandlungsvertrag mit dem Minderjährigen 43–45	2. Entfallen der Honorarpflicht 85
b) Gesetzlich versicherte Minderjährige 46, 47	3. Honorarvereinbarungen 86–94
c) Privatversicherte Minderjährige . 48	4. Vergütung bei Beauftragung eines Laborarztes 95, 96
d) Einwilligungsfähigkeit des Minderjährigen 49	5. Vorschuss 97
e) Drei-Stufen-Theorie 50, 51	6. Begleichung der Rechnung 98–111
f) Trennung/Scheidung bei den Sorgeberechtigten 52	a) Ärztliche Rechnung für die Behandlung Minderjähriger bei verheirateten Eltern 99
g) Wille des Jugendlichen 53, 54	b) Ärztliche Rechnung für die Behandlung Minderjähriger bei getrenntlebenden, geschiedenen oder unverheirateten Eltern . . . 100–102
7. Behandlung bewusstloser und betreuter Patienten 55–57	
8. Neuregelung des § 1358 58	
9. Keine Identität zwischen Behandelndem und dem die Behandlung zusagenden Vertragspartner erforderlich . 59	c) Ärztliche Rechnung an den volljährigen aber bei den Eltern mitversicherten Patienten 103
V. Ambulante Behandlung 60–63	d) Ärztliche Rechnung an den betreuten Patienten 104–106
VI. Stationäre Behandlung 64–67	e) Ärztliche Rechnung im Krankenhausbehandlungsvertrag 107–110
1. Totaler Krankenhausvertrag 64	
2. Totaler Krankenhausvertrag mit Arztzusatzvertrag 65	

---

280 OLG Düsseldorf, Urt v 22.9.2011 – I 8 U 29/11, openJur 2012, 82225 Rz 8.
281 Zur Verletzung des Anspruchs auf rechtliches Gehör BGH, Beschl v 15.5.2018 – VI ZR 287/17, MedR 2019, 144,146 m Anm Prütting MedR 2019, 146, 147.
282 BGH, Beschl v 15.5.2018 – VI ZR 287/17, MedR 2019, 144, 145 m Anm Prütting MedR 2019, 146, 147.
283 Geiß/Greiner, Arzthaftpflicht[8], E Rz 26.

f) Abtretung der Honorarforderung an ein Inkassobüro	111
7. Kooperationsobliegenheiten	112–150
a) Mitwirkungsobliegenheit	113–118
b) Informationsobliegenheit/-pflicht	119–125
c) Befolgungsobliegenheit	126–131
d) Duldungsobliegenheit/-pflicht	132–145
aa) Strafrechtliche Verfolgungsmaßnahmen	134
bb) Behandlung Strafgefangener	135
cc) Unterbringung Straffälliger in einem psychiatrischen Krankenhaus oder in einer Entziehungsanstalt	136, 137
dd) Unterbringung psychisch Kranker	138
ee) Anordnungen nach dem IfSG	139
ff) Zwangsbehandlung von Betreuten	140, 141
gg) Zivilprozessuale Untersuchung	142
hh) Rechtsfolgen bei Verstoß gegen die Duldungsobliegenheit/-pflicht	143–145
e) Termineinhaltungspflicht	146, 147
f) Wartepflicht	148
g) Loyalitätspflichten des Patienten bei Internetbewertungen	149
h) Mitwirkung im Prozess	150
XI. Vertragliche Pflichten des Behandelnden	151–254
1. Höchstpersönliche Erfüllung	151–181
a) Arztvorbehalt	155–158
b) Persönlich zu erbringende Leistungen	159–165
c) Originär nichtärztliche Aufgaben	166, 167
d) Delegation ärztlicher Aufgaben	168–177
aa) Nicht delegationsfähige Leistungen	169, 170
bb) Generell delegationsfähige Leistungen	171
cc) Im Einzelfall delegationsfähige Leistungen	172–177
e) Substitution	178, 179
f) Ermächtigte Krankenhausärzte	180
g) Rechtsfolgen des Verstoßes gegen die persönliche Leistungserbringung	181
2. Leistungsinhalte	182–254
a) Hauptpflichten: Behandlung nach Aufklärung und Einwilligung	182–200
aa) Einleitung	182–185
bb) Aufklärungsgespräch	186–189
cc) Aufklärungsgespräch im Rahmen der Fernbehandlung	190
dd) Umfang der Selbstbestimmungsaufklärung	191–196
ee) Therapeutische Aufklärung/Sicherungsaufklärung	197, 198
ff) Mutmaßliche Einwilligung	199
gg) Hypothetische Einwilligung	200
b) Nebenpflichten	201–254
aa) Ärztliche Schweigepflicht gemäß StGB § 203 Abs 1	201–223
aaa) Einleitung	201
bbb) Grundlagen des StGB § 203 Abs 1	202–204
ccc) Ärztliche Zeugnisverweigerungsrechte	205
ddd) Rechtsfolgen eines Verstoßes gegen StGB § 203 Abs 1	206
eee) Ärztliche Schweigepflicht gemäß MBO-Ä § 9	207
fff) Verhältnis DSGVO zur ärztlichen Schweigepflicht	208
ggg) Novellierung des StGB § 203	209
hhh) Auftragsverarbeitung nach DSGVO Art 28	210–214
iii) Verpflichtung zur Geheimhaltung iRd Auftragsvereinbarung nach DSGVO Art 28	215–217
jjj) Abrechnung des Arzthonorars durch eine externe Verrechnungsstelle	218
kkk) Abrechnung des Arzthonorars durch die PKV	219, 220
lll) Erhebung von Sozialdaten bei dem Arzt durch die GKV	221, 222
mmm) Durchbrechung der ärztlichen Schweigepflicht aufgrund der Mitteilungspflicht für selbstverschuldete Gesundheitsschäden nach SGB V § 294a Abs 2	223
bb) Information über eigene Behandlungsfehler des Arztes gemäß § 630c Abs 2 Satz 2	224–227
cc) Ärztliche Dokumentation gemäß § 630 f Abs 1	228–236
dd) Pflicht zur Fortbildung/Wissenschaftliche Literatur	237, 238
ee) Pflicht zur Teilnahme am Notdienst	239–242
ff) Gewährung des Einsichtsrechts in die Patientenakte	243–247
gg) Individuelle Gesundheitsleistungen (IGeL)	248–254
XII. Behandlungsabschnitte	255–421
1. Diagnose	255–267
a) Diagnoseirrtümer	259–261
b) Befunderhebungsfehler	262–267
2. Indikation	268
3. Therapiewahl	269–279
4. Rezeptur und Verschreibung	280, 281
5. Überwachungspflicht	282–288
6. Ärztliche Einbestellungspflichten	289, 290
7. Nachsorge	291–294
8. Kommunikation und Information der einzelnen Leistungserbringer gemäß MBO-Ä § 7 Abs 7 iVm § 7 Abs 3	295–301
9. Organisation und Koordination	302–360
a) Voll beherrschbares Risiko	305–349
aa) Sturzfälle	310
bb) Lagerungsfälle	311, 312
cc) Mangelhafte apparative Ausstattung und mangelnde Beherrschung medizinischer Geräte in technischer Hinsicht	313–319
dd) Verstöße gegen Hygienevorschriften mit daraus resultierenden Infektionen	320–322
ee) Mangelnde Befähigung	323–327
ff) Verbleib von OP-Material im Körper des Patienten	328
gg) Mangelnde Berücksichtigung von grundsätzlichen Schutz- und Organisationspflichten	329–332
hh) Vorhaltung hinreichender Sachausstattung	333–337
ii) Einhaltung von Qualitätssicherungs- und Obhutspflichten, Schutz vor Selbstgefähr-	

	dung und Überwachungspflichten gegenüber dem Patienten	338–346
jj)	Testamentserrichtung im Krankenhaus	347, 348
kk)	Kontrolle des Chefarztes	349
b)	Personaleinsatz	350–360
aa)	Krankenhausträger	350–354
bb)	Chefarzt	355–359
cc)	Der ärztliche Leiter/Direktor	360
10.	Telemedizin	361, 362
11.	Behandlung nach Standard gemäß § 630a Abs 2	363–377
a)	Facharztstandard	367–373
b)	Patientenwunsch	374
c)	Dynamischer Standard	375
d)	Gruppenstandard	376
e)	Beurteilungszeitpunkt	377
12.	Entscheidungshilfen für Arzt und Patient	378–389
a)	Richtlinien	379
b)	Leitlinien	380–388
c)	Stellungnahmen	389
13.	Behandlung außerhalb des Standards	390–408
a)	Einleitung	390
b)	Neue Behandlungsmethoden und die Grundsätze der Rechtsprechung	391–397
c)	Freie Therapiewahl	398
d)	Standard der Naturheilkunde	399
e)	Vorgreiflichkeit der Arzneimittelzulassung im Verhältnis zum „Off-Label-Use"	400–408
14.	Sorgfaltsstandards bei der Telemedizin	409–417
15.	Sozialrechtliche Einschränkungen	418–421
XIII.	**Das Gewährleistungsrecht des Behandlungsvertrags: Unmöglichkeit, Minderung, Kündigung, Rücktritt, Schadensersatz**	422–436
1.	Unmöglichkeit	425–429
2.	Minderung	430
3.	Vergütung erbrachter Teilleistungen	431
4.	Nacherfüllung	432, 433
5.	Rücktritt	434
6.	Schadensersatz wegen Nachbehandlung durch einen anderen Arzt und Rechtsanwaltskosten	435, 436
XIV.	**Haftung für Behandlungsfehler**	437–505
1.	Dualistisches Anspruchssystem	437–443
2.	Deliktische Haftung	444–446
3.	Arbeitsteilung/ Übernahmeverschulden	447–461
a)	Horizontale Arbeitsteilung	448–457
b)	Vertikale Arbeitsteilung	458–461
4.	Haftung aufgrund eines Rechtsscheintatbestandes	462
5.	Haftung des Krankenhausträgers	463–465
6.	Haftung selbstliquidierender Ärzte und Belegärzte	466–468
7.	Haftung von Instituts- und Chefarztambulanzen	469–482
8.	Haftung beamteter Ärzte	483–490
9.	Haftung des Notarztes im Krankenhaus	491
10.	Haftung des Notarztes im Rettungsdienst der Länder	492–495
11.	Haftung des Durchgangsarztes, SGB VII § 34 Abs 1 Satz 1	496, 497
12.	Haftung des Anstaltsarztes im öffentlichen Justizvollzugsdienst	498–500
13.	Haftung bei Delegationsfehlern	501
14.	Haftung mehrerer Ärzte	502
15.	Haftungsbeschränkungen	503–505
XV.	**Art und Umfang des Schadens, Mitverschulden des Patienten**	506–531
1.	Überblick	506–508
2.	Schadensarten	509–526
3.	Mitverschulden	527–531
XVI.	**Kasuistik**	532–559
1.	Allgemeinmedizin	532
2.	Anästhesie	533
3.	Chiropraktik	534
4.	Chirurgie	535
5.	Durchgangsarzt	536
6.	Gerontologie	537
7.	Gynäkologie	538–541
a)	Geburtshilfe	538
b)	Frauenheilkunde	539
c)	Sterilisation	540
d)	Schwangerschaftsabbruch	541
8.	Hautarzt	542
9.	HNO-Bereich	543
10.	Internistische Fälle	544
11.	Kinderheilkunde	545
12.	Kosmetische Chirurgie	546
13.	Labormedizin	547
14.	Naturheilkunde	548
15.	Neurochirurgie	549
16.	Neurologie	550
17.	Notarzt	551
18.	Ophthalmologie	552
19.	Orthopädie	553
20.	Physiotherapie	554
21.	Psychiatrie	555
22.	Psychotherapie	556
23.	Radiologie	557
24.	Urologie	558
25.	Zahnmedizin	559

Schrifttum § 630a:

Allgemeines: Lenckner, Ärztliches Berufsgeheimnis, in: Göppinger (Hrsg), Ärztliches Berufsgeheimnis, Arzt und Recht – Medizinische Grenzprobleme unserer Zeit, 1966; Welp, Die Geheimsphäre des Verteidigers in ihren strafprozessualen Funktionen, in: Lackner/Leferenz/Schmidt/Welp/Wolff (Hrsg), Festschrift für Wilhelm Gallas zum 70. Geburtstag am 22. Juli 1973, 1973, 391; Lenckner, in: Eser/Hirsch, Sterilisation und Schwangerschaftsabbruch, 1980, 55; Herzog, Die rechtliche Problematik von Aids in der Praxis des niedergelassenen Arztes, MedR 1988, 289; Peter, Die Beweissicherungspflicht des Arztes, NJW 1988, 751; Nüssgens, in: Reichsgerichtsrätekommentar, 12. Aufl 1989; Deutsch, Embryonenschutz in Deutschland, NJW 1991, 721; Schmidt-Beck, Rechtliche Aspekte der EDV-gestützten ärztlichen Dokumentation, NJW 1991, 2335; Taupitz, Die Standesordnungen der freien Berufe, 1991; Kern, Die zivilrechtliche Beurteilung von Schwarzarbeiterverträgen, in: Lange/Nörr/Westermann (Hrsg), Festschrift für Joachim Gernhuber zum 70. Geburtstag, 1993, 191; Laufs, Arztrecht, 5. Aufl 1993; Taupitz, Zur zulässigen Ausgestaltung ärztlicher Honorarvereinbarungen, ArztR 1993, 333; Kraemer, Die Novellierung der Gebührenordnung für Ärzte, NJW 1996, 764; Taupitz, Vertragsfreiheit in privatärztlichen Gebührenrecht, MedR 1996, 533; Kern, Schwachstellenanalyse der Rechtsprechung, in: Laufs/Dierks/Albrecht/Wienke/Graf-Baumann/Hirsch (Hrsg), Die Entwicklung der Arzthaftung, 1997, 313; Schreiber, Unvollkommene Verbindlichkeiten, JURA 1998, 270; Lepa, Der Anscheinsbeweis im Arzthaftungsrecht, in: Ahrens/Bar/Fischer/Spickhoff/Taupitz (Hrsg), Festschrift für Erwin Deutsch zum 70. Geburtstag, 1999, 635; Volk, Zum Schaden beim Abrechnungsbetrug – Das Verhältnis von Strafrecht und Sozialversicherungsrecht, NJW 2000, 3385; Stauf,

Wehrrecht III, 2002; Laufs, in: Laufs/Uhlenbruck, Handbuch des Arztrechts, 3. Aufl 2002; Müller, Der HWS-Schaden – Bestandsaufnahme und Perspektiven, in: Homburger Tage 2002, Deutscher Anwaltverlag, 2003, 7; Müller, Macht und Grenzen ärztlichen Handelns, GesR 2004, 257; Neupert, Die konkurrierende Gesetzgebung im Gesundheitswesen am Beispiel der „Regelkompetenz" von Rettungsassistenten, MedR 2004, 134; Muschner, Der prozessuale Beweiswert ärztlicher (EDV-)Dokumentation, VersR 2006, 621; Kiefer, Regelungsbedarf und Gestaltungsspielräume bei der Beleihung, Zeitschrift für Landes- und Kommunalrecht (LKRZ), 2009, 441; V Bar/Clive/Schulte-Nölke (Hrsg), Principles, Definitions and Model Rules of European Private Law, Volume 2, 2009; Jung, Die Doppelfunktion des Durchgangs- (D-) Arztes; Die Berufsgenossenschaft (BG) 2010, 462; Spickhoff, Die Entwicklung des Arztrechts 2010/2011, NJW 2011, 1651; Kern, Das Gutachten im Arzthaftpflichtprozess, Behandlungsfehler, in: Ekkernkamp/Peters/Wich (Hrsg), Kompendium der medizinischen Begutachtung – effektiv und rechtssicher, 2012, 1; Olzen/Metzmacher, Erste Überlegungen zum Referentenentwurf für ein Patientenrechtegesetz, JR 2012, 271; Soukup, Der Einwand des rechtmäßigen Alternativverhaltens bei ärztlichen Behandlungsfehlern, Leipziger Juristische Studien – Medizinrechtliche Abteilung – Band 9, 2012; Sowada, Die hypothetische Einwilligung im Strafrecht, NStZ 2012, 1; Manok, Body Integrity Identity Disorder, Die Zulässigkeit von Amputationen gesunder Gliedmaßen aus rechtlicher Sicht, Leipziger Juristische Studien – Medizinrechtliche Abteilung – Band 8, 2012; Martell, Der Schutz des Verbrauchers im Heimrecht, 2012; Reuter/Hahn, Der Referentenentwurf zum Patientenrechtegesetz – Darstellung der wichtigsten Änderungsvorschläge für das BGB, VuR 2012, 247; Rasch, Wohn- und Betreuungsvertragsgesetz Kommentar, 2012; Spickhoff, Patientenrechte und Gesetzgebung, ZRP 2012, 65; Wagner, Kodifikation des Arzthaftungsrechts? VersR 2012, 789; Olzen/Kaya, Der Behandlungsvertrag, §§ 630a–h BGB, Jura 2013, 661; Montgomery/Brauer/Hübner/Seebohm, Das Patientenrechtegesetz aus Sicht der Ärzteschaft, MedR 2013, 149; Osmialowski, Strafrechtliches Verfahren und Approbation, Orthopädische und Unfallchirurgische Praxis (OUP), 9/2013, 428; Thole, Das Patientenrechtegesetz – Ziele der Politik, MedR 2013, 145; Schneider, Der Behandlungsvertrag, JuS 2013, 104; Spickhoff, Patientenrechte und Patientenpflichten – Die medizinische Behandlung als kodifizierter Vertragstypus, VersR 2013, 267; Franzki, Der Behandlungsvertrag, 2014; Jütte/Thürmann, Placebo: Wirkungen sind messbar, Deutsches Ärzteblatt 2014, 111 (21): A–396/B–802/C–760, https://www.aerzteblatt.de/archiv/160266/Placebo-Wirkungen-sind-messbar (zuletzt abgerufen am 16.12.2021); Manok, Die medizinisch nicht indizierte Beschneidung des männlichen Kindes, Rechtslage vor und nach Inkrafttreten des § 1631d BGB, 2014; Rönnau, Grundwissen Strafrecht, JuS 2014, 882; Hess/Klakow-Franck (Bearb) Gebührenordnung für Ärzte Gebührenverzeichnis für ärztliche Leistungen, Analoge Bewertungen und Abrechnungsempfehlungen Auslegungshinweise IGeL-Ratgeber, Stand Juli 2015, https://www.bundesaerztekammer.de/fileadmin/user_upload/downloads/pdf-Ordner/GOAE/Analogverzeichnis.pdf (zuletzt abgerufen am 14.10.2021); Holzner, Palliativmedizin: Das Selbstbestimmungsrecht beachten, Deutsches Ärzteblatt 2015, 112 (25): A-1126/B-941/C-913; Holzner, IT-Sicherheit und Datenschutz am Beispiel der Zulässigkeit des „remote support" und des „cloud computing" im Gesundheitswesen, ZMGR 2016, 222; Lorenz, Grundwissen – Zivilrecht: Geschäftsführung ohne Auftrag (GoA), JuS 2016, 12; Uphoff/Hindemith, Dreieinhalb Jahre Patientenrechtegesetz – ein Zwischenfazit, GGW 2016, Jahrgang 16, Heft 4, 15; Deutsch/Spickhoff/Ullrich, Die Pflicht des Arztes, den Patienten auf eine Impfung hinzuweisen, Schriftenreihe der Stiftung Eine Chance für Kinder Band 15, 2017; Göcken, Mandatsgeheimnis und Outsourcing auf Dritte, NJW aktuell, 2017, 2354; Steinhilper, in: Schnapp/Wigge (Hrsg), Handbuch des Vertragsarztrechts, 3. Aufl 2017; Tigges, in: Prütting (Hrsg), Formularbuch des Fachanwalts Medizinrecht, 2. Aufl 2018; Weichert, in Kühling/Buchner, DSGVO BDSG, 2. Aufl 2018; Effertz, Der Apotheker als Behandler ohne Behandlungsbefugnis, GesR 2019, 15; Holzner, Datenschutz, Dokumentations- und Organisationspflichten in der ärztlichen Praxis, 2019; Jürgens, Betreuungsrecht, 6. Aufl 2019; Ipsen/Britz, Datenschutzrechtliche Zulässigkeit von Apps, in: Spiecker gen. Döhmann/Wallrabenstein (Hrsg), Gesundheitsversorgung in Zeiten der Datenschutz-Grundverordnung, 2019; Makowsky, Grundzüge des Behandlungsvertragsrechts, JuS 2019, 332; Effertz, Impfen in der Apotheke – ein Fall für den Behandlungsvertrag?, Apotheke & Recht, 6/2020, 251; Katzenmeier/Achterfeld, Digitaler Gesundheitstreffpunkt, E-Health-Kiosk, Videosprechstunde, Telemedizin, Rechtsfragen neuer Formen assistenzgestützter Gesundheitsversorgung, in: Katzenmeier (Hrsg), Festschrift für Dieter Hart, 2020, 283; Ludwig, Beschleunigte Zulassungen und Orphan-Arzneimittel in der Onkologie: Status quo, Probleme und Reformbedarf, in: Katzenmeier (Hrsg), Festschrift für Dieter Hart, 2020, 361; Wenzel, in: Wenzel, Handbuch des Fachanwalts Medizinrecht, 4. Aufl 2020; Raap, in: Raap (Hrsg) Wehrrecht, 2021.

Behandlungspflichten: Baumgärtel, Das Wechselspiel der Beweislastverteilung im Arzthaftungsprozeß, in: Baltzer (Hrsg), Gedächtnisschrift Bruns, 1980, 93; Gehrlein, Kein Anspruch des Patienten auf Ablichtung seiner Krankenunterlagen, NJW 2001, 2773; Bartlakowski, Die ärztliche Behandlungsdokumentation, 2003; Bernzen, Die neue Mitteilungspflicht nach § 294a Abs 2 SGB V und der Leistungsausschluss nach § 52 Abs 2 SGB V, MedR 2008, 549; Bahner, Vertragsärztlicher Notdienst: Die einen Freud, die anderen Leid, Deutsches Ärzteblatt 2009, 106 (22): A-1163/B-999/C-971; Biermann, Rechtliche Aspekte in der Notfallmedizin – Teil 1, Notfallmedizin up2date 2009; 4(4): 297; Ackenheil, Im Notfalldienst – Tierarzt nicht erreichbar, hundkatzepferd 2014, 24; Berner, Rechtsreport: Arzt muss Laborbefund auswerten, Deutsches Ärzteblatt 2018, 115(7): A-307/B-263/C-263; Braun/Willkomm, Die Verletzung der ärztlichen Schweigepflicht, medstra 2018, 195;

Behandlung Minderjähriger: Belling/Ebert/Michlik, Das Selbstbestimmungsrecht Minderjähriger bei medizinischen Eingriffen – eine rechtsvergleichende Studie zum amerikanischen, französischen und deutschen Recht, 1994; Coester-Waltjen, Reichweite und Grenzen der Patientenautonomie von Jungen und Alten, MedR 2012, 553; Harder/Erlinger, Verordnung von Kontrazeptiva an Minderjährige. Ein rechtliches Problem? Der Gynäkologe 2004, 366; Rothärmel, Einwilligung, Veto, Mitbestimmung. Die Geltung der Patientenrechte für Minderjährige, 2004; Nebendahl, Selbstbestimmungsrecht und rechtfertigende Einwilligung des Minderjährigen bei medizinischen Eingriffen, MedR 2009, 197; Peters, Wenn Kinder anderer Meinung sind. Die ethische Problematik von Kindeswohl und Kindeswille in der Kinder- und Jugendmedizin, 2013; Ludyga, Die Schweigepflicht von Ärzten bei der Behandlung Minderjähriger, NZFam 2017, 1121; Lauf/Birck, Minderjährige als Partei des Behandlungsvertrags, NJW 2018, 2230; Reuter, Der Abschluss des Arztvertrages durch einen minderjährigen Patienten, 2018; Valerius, Die Einwilligungsfähigkeit Minderjähriger, Recht der Jugend und des Bildungswesens 2018, 244; Pramann, Worauf Ärzte bei der Behandlung Minderjähriger achten sollten, Deutsches Ärzteblatt 2019, 116 (4): 2; Lugani, Einwilligung in Schwangerschaftsabbruch durch Minderjährige, NJW 2020, 1330; Sommer, Die Verletzung der ärztlichen Schweigepflicht im Zusammenhang mit Kindesmißhandlungen, 2020;

§ 630a Abschnitt 8 Einzelne Schuldverhältnisse

Höchstpersönlichkeit der Behandlung, Delegation: Hahn, Die Haftung des Arztes für nichtärztliches Hilfspersonal, 1981; Hahn, Zulässigkeit und Grenzen der Delegierung ärztlicher Aufgaben – Zur Übertragung von Blutentnahmen, Injektionen, Infusionen und Bluttransfusionen auf nichtärztliches Assistenzpersonal, NJW 1981, 1977; Seewald, Die Beteiligung nichtärztlicher Heilberufe an der Krankenpflege nach der Reichsversicherungsordnung, NJW 1981, 2493; Gitter/Köhler, Der Grundsatz der persönlichen ärztlichen Leistungspflicht, Ausformung und Auswirkungen auf die Leistungserbringung in ärztlichen Kooperationsformen, 1989; Narr, Zur rechtlichen Zulässigkeit einer arztfreien Analgosedierung im Rettungsdienst, MedR 1989, 215; Taupitz, Die Abrechnung „eigener" Laborleistungen nach § 4 Abs 2 GOÄ neuer Fassung: Fachkundepflicht des abrechnenden Arztes? MedR 1996, 498; Peikert, Persönliche Leistungserbringungspflicht, MedR 2000, 352; Debong, Rechtliche Grundlagen des Einsatzes von nichtärztlichem Assistenzpersonal, ArztR 2007, 204; Flintrop, Parallelnarkosen: Helios entschärft umstrittenes Konzept, Deutsches Ärzteblatt 2007, B-613, C-589, 1; Polonius, Einsatz von nichtärztlichem Personal in der Herzchirurgie und darüber hinaus, Arzt 8/2007, 202; Andreas, Delegation ärztlicher Tätigkeiten auf nichtärztliches Personal, ArztR 2008, 144; Bäune, in: Bäune/Meschke/Rothfuss (Hrsg), Kommentar zur Zulassungsverordnung für Vertragsärzte und Vertragszahnärzte, 2008; Bender, Vertretung des Chefarztes bei wahlärztlicher Behandlung, MedR 2008, 336; Gerst, Delegation ärztlicher Leistungen: Notwendige Präzisierungen, Deutsches Ärzteblatt 2008, 105(41): A-2138/B-1836/C-1791; Kern, Delegation ärztlicher Leistungen, Ärzteblatt Sachsen 2008, 48; Spickhoff/Seibl, Haftungsrechtliche Aspekte der Delegation, MedR 2008, 463; Pitz in: Taupitz/Pitz/Niedziolka, Der Einsatz nicht-ärztlichen Heilpersonals, 2008; Wienke, Einschränkungen des Arztvorbehalts, in: Wienke/Dierks, Zwischen Hippokrates und Staatsmedizin, 2008, 113; Frahm, Die Zulässigkeit der Delegation ärztlicher Leistungen auf nichtärztliches Personal, VersR 2009, 1576; Kunz-Schmidt, Bedienungsfehler beim Einsatz von Medizintechnik, voll beherrschbares Risiko und nichtärztliche Mitarbeiter, MedR 2009, 517; Bauer, Gegenwart und Zukunft der Delegation und Substitution ärztlicher Leistungen GewArch 2012, 13; Bohne, Delegation ärztlicher Tätigkeiten, Recht und Medizin, Band 110, 2012; Achterfeld, Aufgabenverteilung im Gesundheitswesen, 2014; Gerst, Delegation und Substitution: Wer wann wo behandeln darf, Deutsches Ärzteblatt 2015, 112(10): A-402/B-348/C-340;; Krull, Delegation ärztlicher Leistungen an nichtärztliches Personal: Möglichkeiten und Grenzen, Deutsches Ärzteblatt 2015, 112 (3): [2].

Patientenpflichten: Kern, Fremdbestimmung bei der Einwilligung in ärztliche Eingriffe, NJW 1994, 753; Laufs, Der mündige, aber leichtsinnige Patient, NJW 2003, 2288; Ellbogen, Die Nichtbezahlung von Arztrechnungen durch Privatpatienten, ArztR 2007, 46; Kern, Arzt und Vorschuss, GesR 2007, 241.

Ambulante und stationäre Behandlung: Bösert, Der Regierungsentwurf eines Gesetzes zur Schaffung von Partnerschaftsgesellschaften (Partnerschaftsgesellschaftsgesetz – PartGG), Deutsches Steuerrecht 1993, 1332; Reiling, Die Grundlagen der Krankenhaushaftung, MedR 1995, 433; Spickhoff, Ausschluß der Haftung des Krankenhausträgers durch AGB, VersR 1998, 1189; Rehborn, Arzt. Patient. Krankenhaus, 3. Aufl 2000; Kutlu, AGB-Kontrolle bei stationärer Krankenhausaufnahme, 2006; Lindenau/Spiller, Die Partnerschaftsgesellschaft im Vergleich, IWW 07/2006, 169, https://www.iww.de/pfb/archiv/rechtsformwahl-die-partnerschaftsgesellschaft-im-vergleich-f33334 (zuletzt abgerufen am 16.12.2021); Miebach, in: Uleer/Miebach/Patt (Hrsg), Abrechnung von Arzt- und Krankenhausleistungen, 3. Aufl 2006; Holzner, Das Krankenhaus als Ersatz für die Arztpraxis, Die aktuellen Auswirkungen des SGB V § 116b Abs 2, Leipziger Juristische Studien - Medizinrechtliche Abteilung – Band 7, 2011; Pauli, Risikomanagement und CIRS als Gegenstand der Krankenhaushaftung, 2013; Neelmeier, Infrastrukturbedingte Behandlungsfehler. Zur Verantwortung und Haftung sog. „patientenferner Entscheider" im Medizinrecht, SchlHA 11/2015, 420; Walther-Wenke/Kloss, in: Plasmaderivate im Krankenhaus, hämotherapie, Fachmagazin für die Transfusionsmedizin, 2016; Gaidzik/Weimer, in: Huster/Kaltenborn (Hrsg), Krankenhausrecht, 2. Aufl 2017; Pramann, Arztrecht: Wann Krankenhausärzte eine Ermächtigung beantragen können, Deutsches Ärzteblatt 2017, 114 (43): (2); Scholl-Eickmann/Büchling, Aufsuchen der Krankenhausambulanz begründet Vertrag des Patienten mit dem Chefarzt, Chefärztebrief (CB) 08/2017, 14; Kütemeyer/Pramann, Recht: Haftungsrisiken, die Krankenhausärzte kennen sollten, Deutsches Ärzteblatt 2018, 115 (38): [2]; Rimbach-Schurig, Krankenhausentlassung 2019/2020: Anschlussversorgung sicherstellen, 2019; Webel, Wirksame Einwilligung des Patienten als Vergütungsvoraussetzung bei Krankenhausbehandlung, ZMGR 2020, 108.

Einzelne Behandlungsabschnitte: Kern, Dokumentation und Schweigepflicht, in: Gramberg-Danielsen (Hrsg), Rechtsophthalmologie, 1985, 52; Kern, Aufklärungspflicht und wissender Patient, MedR 1986, 176; Herzog, Die rechtliche Problematik von Aids in der Praxis des niedergelassenen Arztes, MedR 1988, 289; Peter, Die Beweissicherungspflicht des Arztes, NJW 1988, 751; Rumler-Detzel, Therapiefreiheit und Berufshaftpflicht des Arztes, VersR 1989, 1008; Schmidt-Beck, Rechtliche Aspekte der EDV-gestützten ärztlichen Dokumentation, NJW 1991, 2335; Rieger, Einsichtsrecht des Patienten in Krankenhausunterlagen, Deutsche Medizinische Wochenschrift (DMW) 1999, 130; Biermann, Sorgfaltspflicht des Arztes bei der Verabreichung von Sedativa bei ambulanten Patienten, BDAktuell Jus-Letter 4: 4 in Anaesth Intensivmed 45: März 2004 (2); Bodenburg, Alternative Medizin im Spannungsfeld von Heilungschancen und ärztlichem Risiko, Neue Juristische Online Zeitung (NJOZ) 2009, 2823; Schelling/Gaibler, Aufklärungspflicht und Einwilligungsfähigkeit: Regeln für diffizile Konstellationen, Deutsches Ärzteblatt 2012, 109 (10): A-476/B-410/C-406; Neitzke, Medizinische Klinik Intensivmedizin und Notfallmedizin 2014, 8; Albrecht, Kapitel Rationale in: Albrecht (Hrsg), Chancen und Risiken von Gesundheits-Apps (CHARISMHA), Medizinische Hochschule Hannover, 2016, https://www.bundesgesundheitsministerium.de/fileadmin/Dateien/3_Downloads/A/App-Studie/CHARISMHA_gesamt_V.01.3-20160424.pdf (zuletzt abgerufen am 31.12.2021); Roesgen/Jaeger/Bertram/Graefe/Mischkowsky/Paul/Probst/Scola/Wöllenweber, Patientenrechte – Arztpflichten (Teil I). Passion Chirurgie, 5 (12), 2016: Artikel 06_01; Bundesärztekammer, Fortbildungscurriculum für Medizinische Fachangestellte und Arzthelfer/innen „Nicht-ärztliche Praxisassistentin" nach „§ 87 Abs. 2b Satz 5 SGB V", 2. Aufl 2017, https://www.bundesaerztekammer.de/fileadmin/user_upload/downloads/CurrPraxisassistentin100826.pdf. (zuletzt abgerufen am 27.9.2021); Wienke, Rechtssichere Aufklärung fremdsprachiger Patienten. Orthopädische Unfallchirurgie 7/2017, 32; Hegerfeld, Ärztliche Aufklärungs- und Informationspflichten: Eine Auseinandersetzung mit der Qualität der Kodifizierung der § 630e und § 630c BGB (Studien zum Privatrecht), 2018; Pramann, Betreuungsrecht: Worauf Ärzte im Alltag achten sollten, Deutsches Ärzteblatt 2018, 115 (16): (2); Barth, Erfahrungen der Akutpsychiatrie mit der erneut veränderten Rechtslage bei Zwangsbehandlungen, Ärzteblatt Sachsen 3/2020, 22; Rixen, Die Impfpflicht nach dem Masernschutzgesetz, NJW 2020, 647; Vogeler, Medizinische Rechtfertigung und Aufklärungspflichten bei Anwendung

Untertitel 2 Behandlungsvertrag § 630a

einer Außenseitermethode, Gesundheit und Pflege (GuP) 2020, 75; Ahmadi, Ärztliche Einbestellungspflichten, 2021.

Beginn und Ende des Behandlungsvertrages

Medizinischer Standard: Deutsch, Medizin und Forschung vor Gericht, 1978; Carstensen, Vom Heilversuch zum medizinischen Standard, Deutsches Ärzteblatt 1989, A 2431, 2432; Damm, Medizintechnik und Arzthaftungsrecht – Behandlungsfehler und Aufklärungspflicht bei medizintechnischen Behandlungsalternativen, NJW 1989, 737; Buchborn, Ärztlicher Standard: Begriff – Entwicklung – Anwendung, MedR 1993, 328; Rumler-Detzel, Arbeitsteilung und Zusammenarbeit in der Chirurgie – rechtliche Verantwortlichkeit, VersR 1994, 254; Ollenschläger/Thomeczek, Ärztliche Leitlinien – Definitionen, Ziele, Implementierung, in: BÄK, KBV, AWMF (Hrsg), Curriculum Qualitätssicherung, Teil 1: Ärztliches Qualitätsmanagement, Texte und Materialien der BÄK zur Fortbildung und Weiterbildung, Band 10, 1996, 177; Sackett et al., Evidence based medicine: what it is and what it isn't, BMJ 1996, 71; Bloch/Lauterbach/Oesingmann/Rienhoff/Schirmer/Schwartz, Beurteilungskriterien für Leitlinien in der medizinischen Versorgung, Beschlüsse der Vorstände von Bundesärztekammer und Kassenärztlicher Bundesvereinigung v Juni 1997, Deutsches Ärzteblatt 1997, 94: A-2154-5, https://www.aerzteblatt.de/archiv/7397/Bekanntmachungen-Beurteilungskriterien-fuer-Leitlinien-in-der-medizinischen-Versorgung-Beschluesse-der-Vorstaende-von-Bundesaerztekammer-und-Kassenaerztlicher-Bundesvereinigung-Juni-1997 (zuletzt abgerufen am 31.12.2021); Deutsch, Haftungserhebliche Standards, JZ 1997, 1030; Antes, Evidence-Based Medicine, Internist 1998, 39 (9): 899; Perleth/Antes, Evidenz-basierte Medizin, 1998; Hart, Ärztliche Leitlinien–Definitionen, Funktionen, rechtliche Bewertungen Gleichzeitig ein Beitrag zum medizinischen und rechtlichen Standardbegriff, MedR 1998, 8; Sackett/Richardson/Rosenberg/Haynes, Evidenzbasierte Medizin, 1999; Antes/Bassler, Evidence-Based Medicine, Forschungstransfer und die Rolle der medizinischen Journale, Deutsche Medizinische Wochenschrift 2000; 125 (38), 1119; Dressler, Die Bedeutung von ärztlichen Leitlinien im Rechtsstreit, in: Hart (Hrsg), Ärztliche Leitlinien, 2000; Hart, Ärztliche Leitlinien – rechtliche Aspekte, Ärztliche Fortbildung. Qualitätssicherung., 2000, 94: 65; Deutsch, Die Behandlung von Patienten mit fortgeschrittenen Tumoren als Rechtsproblem, MedR 2001, 435; Laum, Spannungen zwischen Arzthaftung und Leistungsgrenzen, Deutsches Ärzteblatt 2001, 98: A 3176–3180; Bergmann, BADK-Information 2003; Jorzig/Feifel, Leitlinien und Standard – Grenzen einer Systematisierung im Arzthaftungsprozess, GesR 2004, 310; Frahm, Einschränkung der Therapiefreiheit durch das Haftungsrecht, GesR 2005, 529; Hart, in: Hart (Hrsg), Klinische Leitlinien und Recht, 2005; Hart, in: Hart (Hrsg), Ärztliche Leitlinien im Medizin- und Gesundheitsrecht, Recht und Empirie professioneller Normbildung, 2005; Dressler, Die Bedeutung von ärztlichen Leitlinien im Rechtsstreit, in: Hart (Hrsg), Ärztliche Leitlinien im Medizin- und Gesundheitsrecht, Recht und Empirie professioneller Normbildung, 2005, 161; Hinne, Das Einsichtsrecht in Patientenakten, NJW 2005, 2270; Bergmann, Leitlinien, Richtlinien und Empfehlungen in der Zahnheilkunde – Rechtliche Implikationen und Überlegungen, GesR 2006, 337; Brunkhorst/Dittmayer, Der „medizinische Standard": Wie bestimmt sich eigentlich der „richtige" Standard?, 2008, https://www.helge-brunkhorst.de/texte/Standard.pdf (zuletzt abgerufen am 16.12.2021); Hart, Vertrauen, Kooperation und Organisation. Probleme der Zusammenarbeit, der Übergabe und an Schnittstellen im Arzthaftungsrecht, in: Kern/Wadle/Schroeder/Katzenmeier (Hrsg), Humaniora: Medizin–Recht–Geschichte: Festschrift für Adolf Laufs zum 70. Geburtstag, 2006, 843; Hauck, „Off-Label-Use" in der Rechtsprechung des BSG, Arzneimittel und Recht (A & R), 2006, 147; Laufs, Zur haftungsrechtlichen Relevanz medizinischer Leitlinien (Thesen), in: Berg/Ulsenheimer (Hrsg), Patientensicherheit, Arzthaftung, Praxis- und Krankenhausorganisation, 2006, 253; Raspe, Theorie, Geschichte und Ethik der Evidenzbasierten Medizin (EbM), in: Kunz/Ollenschläger/Raspe/Jonitz/Danner-Banzhoff (Hrsg), Lehrbuch Evidenzbasierte Medizin in Klinik und Praxis, 2. Aufl 2007, 15; Stöhr, Leitlinien, Richtlinien und ärztliche Haftung, in: Müller/Osterloh/Stein (Hrsg), Festschrift für Günter Hirsch zum 65. Geburtstag, 2008, 431; Buchner, Die Abhängigkeit des haftungsrechtlichen vom sozialrechtlichen Standard, in: Lilie/Bernat/Rosenau (Hrsg), Standardisierung in der Medizin als Rechtsproblem, 2009, 63; Göben, Der „Off-Label-Use" von Fertigarzneimitteln: Offene Fragen an der Schnittstelle von Standard, Humanität und Wirtschaftlichkeitsgebot, in: Ahrens/von Bar/Fischer/Spickhoff/Taupitz (Hrsg), Medizin und Haftung, Festschrift für Erwin Deutsch zum 80. Geburtstag, 2009, 179; Buchner/Schmacke, Standardfestlegung unter Dissens, GesR 2010, 169; Gaidzik, in: Widder/Gaidzik (Hrsg), Begutachtung in der Neurologie, 2011; Ihle, Medizinische Leitlinien und juristische Entscheidung: GesR 2011, 394; Kopp, Wissensgewinnung und Leitlinien, GesR 2011, 385; Taupitz, Medizinische Informationstechnologie, leitliniengerechte Medizin und Haftung des Arztes, AcP 2011, 352; Müller/Raschke, Homöopathie durch Ärzte und die Einhaltung des medizinischen Standards, NJW 2013, 428; Sherman/LI/Shapley/Robb/Woodcock, Expediting Drug Development — The FDA's New „Breakthrough Therapy" Designation New Engl J Med 2013, 369, 1877; Schroeder-Printzen, Veränderung des medizinischen Standards durch das SGB V? in: Jorzig/Uphoff (Schriftleitung) Standard-Chaos? Der Sachverständige im Dickicht zwischen Jurisprudenz und Medizin, Schriftenreihe Medizinrecht, 2014; Sailer/Wienke, Was darf der Weiterbildungsassistent, was nicht? https://www.dgou.de/fileadmin/user_upload/Dokumente/News/News/2014_10_10_WBK_Beitrag_Weiterbildungsassistent.pdf (zuletzt abgerufen am 30.9.2021); Gassner/Strömer, Mobile Health Applications – haftungsrechtlicher Standard und das Laissez-faire des Gesetzgebers, VersR 2015, 1219; Geier, Anspruch des Patienten auf eine Behandlung contra legem, MedR 2017, 293; Prütting, Responsio auf den Beitrag: Anspruch des Patienten auf eine Behandlung contra legem?, MedR 2017, 531; Borchers, „Ich werde schaden" Nocebo – der böse Bruder des Placebos, Fokus Onkologie (21) 2018, 38; Braun, Die Zulässigkeit von ärztlichen Fernbehandlungsleistungen nach der Änderung des § 7 IV MBO-Ä, MedR 2018, 563; Frahm/Jansen/Katzenmeier/Kienzle/Kingreen/Lungstras/Saeger/Schmitz-Luhn/Woopen, Medizin und Standard – Verwerfungen und Perspektiven, MedR 2018, 447; Geisler, Der Placeboeffekt – ein merkwürdig unterrepräsentiertes Thema in der Pflegeausbildung, 2018; Hartmann, Entlassmanagement, Praxistipps zur Umsetzung im Krankenhaus, 2018; Giesselmann, Medizinprodukte: Risikoklasse für Apps steigt, Deutsches Ärzteblatt 2018, 115 (12): A-538; Geser, Grenzen der Hilfeleistungspflicht des Notarztes im öffentlichen Rettungsdienst, 2019; Jansen, Der Medizinische Standard, Begriff und Bestimmung ärztlicher Behandlungsstandards an der Schnittstelle von Medizin, Haftungsrecht und Sozialrecht, 2019; Francke, Evidenzbasierung der Medizin – Zur Entwicklung der Wissensgrundlagen des Gesundheits- und Medizinrechts, in: Katzenmeier (Hrsg) Festschrift für Dieter Hart, 2020, 161; Hase, Gesundheits- und Sozialrecht zwischen normativer Abstraktion und Individualisierung, in: Katzenmeier (Hrsg), Festschrift für Dieter Hart, 2020, 201; Prütting, Rechtsgebietsübergreifende Normenkollisionen: Ein Lösungsansatz am Beispiel der Schnittstelle von Zivil- und Sozialversicherungsrecht im Gesundheitswesen, 2020; Raspe, Evidence-based Medicine (EbM) und klinische Praxisleitlinien in Deutschland, in: Katzenmeier (Hrsg), Festschrift für Dieter Hart, 2020, 443.

§ 630a

Organisation und Koordination: Deutsch, Die Anfängeroperation: Aufklärung, Organisation, Haftung und Beweislastumkehr, NJW 1984, 650; Franzki, Rechtsfragen der Anfängeroperation, MedR 1984, 186; Müller-Graff, Berufshaftung und Organisationshaftung bei der ärztlichen Anfängeroperation, BGHZ 88, 248, JuS 1985, 352; Kern, Behandlung durch einen selbständig handelnden Assistenzarzt (Anfängeroperation), DMW 1990, 1368; Opderbecke/Weissauer, Facharztqualität versus formelle Facharztqualifikation, MedR 1993, 2; Ulsenheimer, Operationsdurchführung und –überwachung eines „Berufsanfängers", sog „Facharzturteil", Der Gynäkologe 1993, 349; Büsken/Klüglich, Die Krankenhausbehandlung: Haftungssystem und innerbetrieblicher Schadensausgleich, VersR 1994, 1141; Bergmann, Die Organisation des Krankenhauses unter haftungsrechtlichen Gesichtspunkten, VersR 1996, 810; Müller, Die freiberufliche Hebamme als Erfüllungs- und Verrichtungsgehilfin des Belegarztes, MedR 1996, 208; Steffen, Arzt und Krankenpflege – Konfliktfelder und Kompetenzen, MedR 1996, 265; Opderbecke, Arzt und Krankenpflege: Konfliktfelder und Kompetenzen, Anmerkungen zum gleichnamigen Beitrag von Erich Steffen, MedR 1996, 542; Stindt, Haftungsrechtliche Relevanz von Organisationsstrukturen, in: Arbeitsgemeinschaft Rechtsanwälte im Medizinrecht e.V. (Hrsg), Krankenhaus im Brennpunkt, 1997, 27; Sommer, OP-Lagerungen in der Unfallchirurgie und Orthopädie, 1999; Deutsch, Das Organisationsverschulden des Krankenhausträgers, NJW 2000, 1745; Kern, Organisationsverschulden – Ausdruck institutioneller Sorgfaltspflichtverletzungen, MedR 2000, 347; Katzenmeier, Arbeitsteilung, Teamarbeit und Haftung, MedR 2004, 34; Schlund, Juristische Einzelaspekte beim Notarzteinsatz, ArztR 2004, 244; Kern, Organisationsverschulden in der Judikatur, in: Berg/Ulsenheimer (Hrsg), Patientensicherheit, Arzthaftung, Praxis- und Krankenhausorganisation, 2006, 59; Schulte-Sasse/Bruns, Fachübergreifender Bereitschaftsdienst – Lebensgefahr als Folge von Kosteneinsparungen, ArztR 2006, 116; Mehringer, Die Anfängeroperation, 2007; Offermanns/Bergmann, Neuordnung von Aufgaben des Ärztlichen Dienstes, 2008; Koenig/Müller, Haftungsrechtliche Maßstäbe beim „Off-off"-label-Use trotz Verfügbarkeit eines indikationsspezifisch zugelassenen Arzneimittels, MedR 2008, 190; Riedel, Die Haftung für Verbrennungen bei Anwendung von Elektro-Chirurgie-Geräten, MedR 2009, 83; Prütting, Darlegungs- und Beweislast im Arzthaftungsprozess bei voll beherrschbarem Risiko, MedR 2010, 31; Schildwächter, Die Arzneimittelversorgung im Krankenhaus, GesR 2014, 641; Bergmann/Kienzle, Krankenhaushaftung: Organisation, Schadensverhütung und Versicherung – Leitfaden für die tägliche Praxis, 4. Aufl 2015; Gillmeister, Das Nottestament vor drei Zeugen gemäß § 2250 BGB – Voraussetzungen, Haftungsrisiken für die Beteiligten und Minimierungsmöglichkeiten dieser Risiken, ZMGR 2015, 91; Hellweg, Learning by doing, oder: Was darf der Chefarzt seinem Assistenzarzt zumuten?, Chefärztebrief (CB), 02/2015, 1; Fritz, Die Beweisregeln des § 630h BGB in der anwaltlichen Praxis Das voll beherrschbare Risiko – Organisationsfehler, ZMGR 2017, 232; Olah, Die ärztliche Arbeitsteilung und Aufgabendelegation im Rahmen der medizinischen Staatshaftung – Unter besonderer Berücksichtigung der Organisationspflichten im Behandlungsumfeld, Basler Studien zur Rechtswissenschaft, 2017.

Gewährleistung: Deutsch, Die Medizinhaftung nach dem neuen Schuldrecht und dem neuen Schadensrecht, JZ 2002, 588; Emmerich, Das Recht der Leistungsstörungen, 6. Aufl 2005; Peukert, § 326 Abs 1 Satz 2 BGB und die Minderung als allgemeiner Rechtsbehelf, AcP 2005, 430; Canaris, Die Problematik der Minderung beim Dienstvertrag, in: Bitter/Lutter/Priester/Schön/Ulmer (Hrsg), Festschrift für Karsten Schmidt, 2007, 177; Kern/Richter, Haftung für den Erfolgseintritt? – Die garantierte ärztliche Leistung, in: Wienke/Eberbach/Kramer/Janke, Die Verbesserung des Menschen: Tatsächliche und rechtliche Aspekte der wunscherfüllenden Medizin, 2009, 129; Ballhausen, Der Vorrang der Nacherfüllung beim Behandlungsvertrag, NJW 2011, 2694; Bartels, Ein Blick in die Zukunft und der Blick ins Gesetz: Der BGH und die Hellseherei, ZJS 2011, 106; Faust, Zivilrecht: Pflicht zur Entlohnung einer Kartenlegerin, JuS 2011, 359.

Haftungstatbestände: Wolf, Freizeichnungsverbot für leichte Fahrlässigkeit in AGB, NJW 1980, 2433; Bunte, Mandatsbedingungen der Rechtsanwälte und das AGB-Gesetz, NJW 1981, 2657; Kern, Die Haftpflicht des beamteten Arztes aus § 839 BGB, VersR 1981, 316; Deutsch, Die Anfängeroperation: Aufklärung, Organisation, Haftung und Beweislastumkehr, NJW 1984, 650; Franzki, Rechtsfragen der Anfängeroperation, MedR 1984, 186; Hart, Arzthaftung und Arzneimitteltherapie, MedR 1991, 300; Gropp, Zur rechtlichen Verantwortlichkeit des Klinikpersonals bei Suizidhandlungen hospitalisierter Psychiatriepatienten, MedR 1994, 127; Fuchs, Grundlagen und Probleme einer privatrechtlich ausgestalteten Arzthaftung, Arztrecht 1996; https://www.arztrecht.org/media/files/verlag/haftpflichtrecht/Arzthaftung_1996.pdf (zuletzt abgerufen am 16.9.2021); Ziegner, von, Arzthaftung – Rechtliche Probleme bei der zahnärztlich-prothetischen Behandlung, MDR 2001, 1088; Katzenmeier, Schuldrechtsmodernisierung und Schadensersatzrechtsänderung – Umbruch in der Arzthaftung, VersR 2002, 1066; Katzenmeier, Arzthaftung, 2002; Rehborn, Aktuelle Entwicklungen im Arzthaftungsrecht, MDR 2002, 1281; Althaus/Schnieder, Strafrechtliche Vorwürfe gegen Ärzte: Konsequenzen und Verteidigungsstrategie, Abrechnung aktuell 6/2003, 4; Ufer, Wer muß haften? BGH ändert seine Rechtsprechung, Niedersächsisches Ärzteblatt 2003, 38, http://www.haeverlag.de/proto/archiv/n0303_07.htm (zuletzt abgerufen 1.6.2022); Spindler/Rieckers, Die Auswirkungen der Schuld- und Schadensrechtsreform auf die Arzthaftung, JuS 2004, 272; Lippert, Die Haftung des Notarztes für Fehlbehandlungen – oder die liebe Not mit dem Staatshaftungsrecht, VersR 2004, 839; Wüstenbecker, Beamter im haftungsrechtlichen Sinne, in: Alpmann/Brockhaus, Fachlexikon Recht, 2004; Roth, Der Arzt als Samariter und das Haftungsrecht, NJW 2006, 2814; Ziegner, von, Der Zahnarzt in der zivilrechtlichen Haftung unter besonderer Abwägung des anzusetzenden Haftungsstandards, 2007; Sundmacher, Die unterlassene Befunderhebung des Arztes, 2008; Kern, Die neuere Entwicklung in der Rechtsprechung zur Aufklärungspflicht, GesR 2009, 1; Martis, Aktuelle Entwicklungen im Arzthaftungsrecht – Behandlungsfehler und Beweislastumkehr, MDR 2009, 1082; Müller, Aktuelle Entwicklungen in der Rechtsprechung zum Arzthaftungsrecht, 10. Deutscher Medizinrechtstag am 5.9.2009, Frankfurt/M, https://medizinrechtsanwaelte.de/medizinrechtstag/2009-frankfurt/Vortrag_Mueller.pdf (zuletzt abgerufen am 13.10.2021); Wagner, Privatrecht, in: Greiner/Gross/Nehm/Spickhoff (Hrsg), Neminem Laedere Aspekte des Haftungsrechts, Festschrift für Gerda Müller, 2009, 335; Rieger, Zur Haftung des Krankenhausträgers und des Chefarztes für Fehler eines niedergelassenen Konsiliararztes, Deutsche Medizinische Wochenschrift (DMW) 2010, 38; Kunz-Schmidt, Einführung in das Arzthaftungsrecht: Der Behandlungsfehler, NJ 2010, 177; Stöhr, Sozialrechtliche Vorgaben zur Wirtschaftlichkeit und Qualitätssicherung bei der Verordnung von Arzneimitteln und zivilrechtliche Haftung des Arztes bei der Arzneimittelbehandlung, MedR 2010, 214; Raap, Haftungsfragen bei der ärztlichen Behandlung im Sanitätsdienst der Bundeswehr, Wehrmedizinische Monatsschrift 2011/5-6; Hensen, in: Wenzel, Der Arzthaftungsprozess, Medizinschaden Fehler – Folgen – Verfahren, 2011; Heyers, Einführung in das Arzthaftungsrecht – unter Berücksichtigung des PatientenRG 2012-, Bonner Rechtsjournal (BRJ) 2/2012, 135; Braun, Der ärztliche Abrechnungsbetrug, Zeitschrift für

Untertitel 2 Behandlungsvertrag § 630a

das Juristische Studium 1/2014, 35; Hartmann/Tieben, Amtshaftung, JA 2014, 401; Kern/Reuter, Haftung für Hygienemängel – unter besonderer Berücksichtigung der aktuellen Rechtsprechung und des Patientenrechtegesetzes, MedR 2014, 785; Kern, Medizinprodukte in der Anwendung: Alle machen mit, keiner haftet?, Gesamtschuldnerausgleich? Medizinproduktehersteller – Arzt/Krankenhaus, in: Jorzig/Uphoff (Hrsg), 2014; Schärtl, Die Beweislastverteilung im Arzthaftungsprozess, NJW 2014, 3601; Kipker/Brönneke, Haftungsrisiken und Versicherungsfragen beim Einsatz medizinischer IT-Innovationen, Conference Paper November 2015, https://www.researchgate.net/publication/284430947_Haftungsrisiken_und_Versicherungsfragen_beim_Einsatz_medizinischer_IT-Innovationen (zuletzt abgerufen am 16.12.2021); Braun, Autonomie versus Akzessorietät des Strafrechts am Beispiel des ärztlichen Abrechnungsbetruges, 2016; Itzel/Schwall, Amtshaftung im Gesundheitswesen, GesR 2016, 741; Brettel, Patientenrechte von Strafgefangenen, GesR 2017, 477; Maus, Die Anwendung von Cannabisarzneimitteln unter besonderer Berücksichtigung des Vertragsarztrechts, des Arzthaftungs- und des Berufsrechts, Gesundheit und Pflege (GuP) 3/2017, 102; Ruhkamp, Die Haftung des Durchgangsarztes – Änderung der höchstrichterlichen Rechtsprechung, ArztR 2017, 173; Weigel, Organvermittlung und Arzthaftung, 2017; Katzenmeier, Rechtsfragen der Placebobehandlung, MedR 2018, 367; Katzenmeier, Haftungsrechtliche Grenzen ärztlicher Fernbehandlung, NJW 2019, 1769; Mannschatz, Missverständnis zwischen Ärzten führte zu Dauerschaden beim Patienten, Rechtsdepesche, 25.2.2019, https://www.rechtsdepesche.de/missverstaendnis-zwischen-aerzten-fuehrte-zu-dauerschaden-beim-patienten/(zuletzt abgerufen am 11.11.2021); Prütting, Grobe Pflichtverletzung und Kausalitätsnachweis, NJW 2019, 2661; Stellpflug, Arzthaftung bei der Verwendung telemedizinischer Anwendungen, GesR 2019, 76; Beneker, Gefangenenversorgung Niedersachsen testet Telemedizin für Inhaftierte, Ärztezeitung v 17.6.2020, https://www.aerztezeitung.de/Wirtschaft/Niedersachsen-testet-Telemedizin-fuer-Inhaftierte-410393.html (zuletzt abgerufen am: 16.9.2021); Brüggemeier, Der EuGH und die Haftung für Medizinprodukte. Zum Verhältnis von Marktverkehrsfreiheit und Rechtsgüterschutz, in: Katzenmeier (Hrsg), Festschrift für Dieter Hart, 2020, 23; Rehborn, Die hypothetische Einwilligung, in: Katzenmeier (Hrsg), Festschrift für Dieter Hart, 2020, 456.

Schadensarten: Schiemann, Perspektiven des Rechts der Verkehrsunfallschäden, Neue Zeitschrift für Verkehrsrecht 1996, 1; Steffen, Die Aushilfeaufgaben des Schmerzensgeldes, in: Boettcher/Hueck/Jähnke (Hrsg), Festschrift für Walter Odersky zum 65. Geburtstag, 1996, 723; Diederichsen, Neues Schadensersatzrecht: Fragen der Bemessung des Schmerzensgeldes und seiner prozessualen Durchsetzung, VersR 2005, 433; Jaeger, Höchstes Schmerzensgeld – ist der Gipfel erreicht?, VersR 2009, 159; Jungbecker, in: Dautert/Jorzig, Arzthaftung – Mängel im Schadensausgleich?, 2009; Kern, in: Ratzel/Lissel, Handbuch des Medizinschadensrechts, 2013; Katzenmeier, Hinterbliebenengeld – Anspruch auf Entschädigung für seelisches Leid, JZ 2017, 869; Wagner, Schadensersatz in Todesfällen – Das neue Hinterbliebenengeld, NJW 2017, 2641; Huber, Das Hinterbliebenengeld nach § 844 III BGB, JuS 2018, 744; Walter, Der Anspruch auf Hinterbliebenengeld, MedR 2018, 213; Jaeger/Luckey, Schmerzensgeld, 10. Aufl 2019; Pardey, in: Geigel, Der Haftpflichtprozess, 28. Aufl 2020; Hacks/Wellner/Häcker/Offenloch, Schmerzensgeldbeträge, 39. Aufl 2021; Zwickel, in: Greger/Zwickel, Haftungsrecht des Straßenverkehrs, 6. Aufl 2021.

Urteilsanmerkungen: Uhlenbruck, Anmerkung zu BGH, Urt v 18.6.1985 – VI ZR 234/83, MedR 1986, 141; Giesen, Anmerkung zu BGHZ 88, 248, JZ 1984, 327; Müller-Graff, Berufshaftung und Organisationshaftung bei der ärztlichen Anfängeroperation, Anmerkung zu BGHZ 88, 248, JuS 1985, 352; Uhlenbruck, Anmerkung zu BGH, Urt v 18.6.1985 – VI ZR 234/83, MedR 1986, 141; Deutsch, Einsatz medizinischer Spezialkenntnisse zugunsten des Patienten, Anmerkung zu BGH, Urt v 10.2.1987 – VI ZR 68/86, NJW 1987, 1479; Giesen, Anmerkung zu BGH, Urt v 28.6.1988 – VI ZR 288/87, JZ 1989, 95; Grunsky, Erstattungsfähigkeit von Kosten für Krankenbesuche, Entscheidungsbesprechung zu BGH, NJW 1991, 2340, JuS 1991, 907; Weissauer/Opderbecke, Eine erneute Entscheidung des BGH zur „Facharztqualität", Anmerkung zu BGH, Urt v 15.6.1993 – VI ZR 175/92, NJW 1993, 2989, MedR 1993, 447; Uhlenbruck, Anmerkung zu BGH, Urt v 1.2.1994 – VI ZR 65/93, JZ 1994, 787; Wienke/Sauerborn, Honoraranspruch des vertretenen Chefarztes – Urteilsaufbereitung LG Bonn, Urt v 20.6.1996 – 8 S 30/96, MedR 1997, 81; Meysen, Der haftungsrechtliche Beamtenbegriff am Ziel? Anmerkung zu BGH, Urt v 29.2.1996 – III ZR 238/94, JuS 1998, 404; Kern, Anmerkung zu OLG Stuttgart, Urt v 22.2.2001 – 14 U 62/2000, MedR 2002, 650; Schroeder-Printzen, Die Zulässigkeit des Off-Label-Use nach der Entscheidung des BSG vom 19.3.2002, Die Sozialgerichtsbarkeit (SGb) 12/2002, 664; Baxhenrich, Anmerkung zu BGH, Urt v 7.12.2004 – VI ZR 212/03, VersR 2005, 794; Katzenmeier, Anmerkung zu BGH, Urt v 28.4.2005 – III ZR 351/04, JZ 2005, 251; Katzenmeier, Aufklärung über neue medizinische Behandlungsmethoden – „Robodoc", NJW 2006, 2738; Muscheler, Zwang gegen einen einwilligungsunfähigen Betreuten, Anmerkung zu BGH, Urt v 1.2.2006 – XII ZB 236/05, FamRZ 2006, 690; Prütting, Anmerkung zu BGH, Urt v 20.3.2007 – VI ZR 158/06, NJW 2007, 1682; Spickhoff, Anmerkung zu BVerfG, Beschl v 6.6.2007 – 1 BvQ 18/07 und OLG Hamm, Beschl v 24.5.2007 – 1 UF 78/07, Teilentzug der elterlichen Sorge für im Koma liegendes Kind wegen geplanter Beendigung lebenserhaltender Maßnahmen -, FamRZ 2007, 2046 und 2098; Bergmann, Zulässigkeit der Übertragung von Injektionen auf nicht ärztliches Fachpersonal, Anmerkung zu OLG Dresden, Urt v 24.7.2008 – 4 U 1857/07, GesR 2008, 635; Spickhoff, Erforderliche Sorgfalt und Umfang der Aufklärungspflicht bei Anwendung einer Außenseitermethode, Anmerkung zu BGH, Urt v 22.5.2007 – VI ZR 35/06, MedR 2008, 87; Kaubisch/Legradi, Zur Ersatzfähigkeit von Besuchskosten „naher Angehöriger" – Besprechung Kammergericht, Urt v 12.3.2009 – 22 U 39/06, StudZR 3/2009, 565; Schmidt-Recla, Grober Behandlungsfehler + Mitverschulden = Beweislast-Pingpong? Anmerkung zu BGH, Urt v 16.6.2009 – VI ZR 157/08, MedR 2010, 104; Katzenmeier, Zur Abgrenzung von Befunderhebungsfehler und Diagnoseirrtum, Anmerkung zu BGH, Urt v 21.12.2010 – VI ZR 284/09, JZ 2011, 795; Jorzig, Anmerkung zu BGH, Urt v 9.3.2010 – VI ZR 131/09, DÖV 2011, 124; Schmidt-Recla, Anmerkung zu BGH, Urt v 21.12.2010 – VI ZR 284/09, MedR 2011, 648; Voigt, Anmerkung zu BGH, Urt v 21.12.2010 – VI ZR 284/09, MedR 2011, 650; Preis/Sagan, Anmerkung zu BGH, Urt v 29.3.2011 – VI ZR 133/10, MedR 2012, 38; Schmidt-Recla, Anmerkung zu BGH, Urt v 17.5.2011 – VI ZR 69/10, MedR 2012, 255; Bergmann/Wever, Zur Frage der Aufklärung und des Kausalitätsnachweises der Aufklärungspflichtverletzung bei einer fehlgeschlagenen Rückenoperation, Anmerkung zu OLG Köln, Urt v 30.5.2012 – 5 U 44/06, MedR 2013, 298; Beckemper, Zur hypothetischen Einwilligung in eine Leberzellentransplantation, Anmerkung zu BGH, Urt v BGH, 20.02.2013 – 1 StR 320/12, NZWiSt 2013, 232; Schwab, Schuldrecht: Vorrang der Nacherfüllung, Anmerkung zu OLG Jena, Urt v 29.5.2012 – 4 U 549/11, JuS 2013, 256; Gödicke, Risikoerklärung statt Risikoaufklärung, Rechtliche Anforderungen im Ausnahmefall vorwiegend schriftlicher Patientenaufklärung, dargestellt am Beispiel der H1N1-Pandemie-Impfung 2009, Besprechung von OLG Zweibrücken, Beschl v 31.1.2013 – 5 U 43/11, MedR

2014, 18; Schmidt-Recla, Anmerkung zu OLG Hamm, Urt v 12.8.2013 – 3 U 122/12, GesR 2014, 91; Valerius, Die hypothetische Einwilligung in den ärztlichen Heileingriff, Anmerkung zu BGH, Urt v 20.2.2013 – 1 StR 320/12, HRRS 2013 Nr 500, HRRS 2014, 22; Wiege, Anmerkung zu OLG Koblenz, Beschl v 9.10.2013 – 5 U 746/13, FamRZ 2014, 1156; Prütting, Anmerkung zu BGH, Beschl v 22.12.2015 – VI ZR 67/15, MedR 2016, 795; Genske, Besprechung von OLG Koblenz, Urt v 1.10.2014 – 5 U 463/14, MedR 2016, 173; Ahmadi, Anmerkung zu OLG Hamm, Urt v 26.4.2016 – 26 U 116/14, ZjS 2017, 362; Mäsch, Anmerkung zu BGH, Urt v 11.5.2017 – III ZR 92/16, NJW 2017, 2080; Marquardt, Anmerkung zu BGH, Beschl v 3.5.2017 – XII ZB 157/16, ZjS 2017, 588; Sandfort, Anmerkung zu BSG, Urt v 10.5.2017 – B 6 KA 15/16 R, MedR 2018, 54; Katzenmeier, Anmerkung zu BGH, Urt v 11.5.2017 – III ZR 92/16, MedR 2018, 93; Christophers, Anmerkung zu BSG, Urt v 13.2.2019 – B 6 KA 56/17 R, MedR 2019, 745; Nenadic/Schmidt-Recla, „Fünf- und Siebenpunkt"-Fixierung öffentlich-rechtlich untergebrachter Personen, Anmerkung zu BVerfG, Urt v 24.7.2018 – 2 BvR 309/15, 2 BvR 502/16, MedR 2019, 11; Jorzig, Anmerkung zu BGH, Urt v 10.3.2020 – VI ZR 281/19, Gesundheit und Pflege (GuP) 2020, 150; Schmidt, Zustimmung zum Schwangerschaftsabbruch bei einsichtsfähiger Minderjähriger nicht erforderlich, Anmerkung zu OLG Hamm, Beschl v 29.11.2019 – 12 UF 236/19, NZFam 2020, 14; Frahm, Anmerkung zu BGH, Beschl v 13.10.2020 – VI ZR 348/20, MedR 2021, 647; Achterfeld, Anmerkung zu LG Flensburg, Urt v 8.9.2020 – 3 O 375/14, MedR 2021, 652; Hahn, Zulässigkeit einer Zwangsbehandlung bei Fremdgefährdung trotz untersagender Patientenverfügung nach dem NdsPsychKG, Anmerkung zu LG Osnabrück, Beschl v 10.1.2020 – 4 T 8/20, 4 T 9/20, 4 T 10/20, MedR 2021, 656; Kääb, Kein Hinterbliebenengeld für Nasciturus, Anmerkung zu OLG München, Urt v 5.8.2021 – 24 U 5354/2, FD-StrVR 2021, 441338; Ziegler, Anmerkung zu OLG Karlsruhe, Urt v 19.2.2020 – 7 U 139/16, MedR 2021, 57.

I. Normzweck und Entstehungsgeschichte

1 § 630a ist mit den übrigen Vorschriften über den Behandlungsvertrag im Rahmen des Patientenrechtegesetzes vom 20.2.2013[1] in das BGB eingefügt worden und am 26.2.2013 in Kraft getreten. § 630a definiert den Behandlungsvertrag, indem er die vertragstypischen Pflichten der Parteien umreißt[2]. Durch den Behandlungsvertrag wird der Behandelnde zur medizinischen Behandlung des Patienten und dieser zur Gewährung der vereinbarten Vergütung verpflichtet. § 630a Abs 1 entspricht damit der Tradition des BGB, das im Besonderen Schuldrecht an die Spitze der Kapitel zu den verschiedenen Vertragstypen jeweils eine Klassifikationsnorm stellt, welche die Hauptpflichten der Parteien benennt[3]. Der Regelungsstil des BGB ist durch das „Vor-die-Klammer-Ziehen" verallgemeinerungsfähiger Tatbestände gekennzeichnet[4]. Diese Tradition hat die Schuldrechtsreform 2002 fortgeführt, indem sie das besondere Vertragsrecht der BGB §§ 433 ff weitgehend von Haftungstatbeständen frei gehalten und diese im allgemeinen Schuldrecht konzentriert hat[5]. Durch das Patientenrechtegesetz erfolgte eine Schwerpunktverlagerung in Richtung des Vertragsrechts[6], welche die Anwendung des Deliktsrechts nur bei dem Fehlen einer vertraglichen oder quasivertraglichen Anspruchsgrundlage erforderlich werden lässt[7].

2 Die Bestimmung des § 630a Abs 2 steht mit derjenigen des vorangegangenen Absatzes in keinem systematischen Zusammenhang. § 630a Abs 2 ist eine Sonderregel zu § 276 Abs 2, die den allgemeinen Sorgfaltsstandard des Zivilrechts speziell für den Arzt als Partei des Behandlungsvertrags konkretisiert[8]. Dem Behandelnden wird signalisiert, dass die Behandlung dem allgemein anerkannten fachlichen Standard zu entsprechen hat[9]. Im Kontext einer juristischen Fallprüfung ist § 630a Abs 2 bei der Prüfung eines Schadensersatzanspruchs wegen fehlerhafter Behandlung gemäß § 280 Abs 1 zu berücksichtigen.

II. Abgrenzung zum Werkvertrag

3 Gemäß § 630b gilt: „Auf das Behandlungsverhältnis sind die Vorschriften über das Dienstverhältnis, das kein Arbeitsverhältnis im Sinne des § 622 ist, anzuwenden, soweit nicht in diesem Untertitel etwas anderes bestimmt ist." Entsprechend gelten die Regeln für die „Dienste höherer

---

1 BGBl 2013 I S 277.
2 MünchKomm⁸/Wagner, § 630a Rz 1; BT-Drucks 17/10488, 17 mit Stellungnahme des BR, BT-Drucks 17/10488, 37 ff und Gegenäußerung der BReg, BT-Drucks 17/10488, 52 ff; Olzen/Metzmacher JR 2012, 271; Spickhoff ZRP 2012, 65; Wagner VersR 2012, 789, 790 f; Montgomery/Brauer/Hübner/Seebohm MedR 2013, 149, 151, 152.
3 MünchKomm⁸/Wagner, § 630a Rz 1.
4 MünchKomm⁸/Wagner, vor § 630a Rz 10.
5 MünchKomm⁸/Wagner, vor § 630a Rz 10.
6 Kern/Rehborn, in: Laufs/Kern/Rehborn, HdB ArztR⁵, § 102 Rz 1.
7 Kern/Rehborn, in: Laufs/Kern/Rehborn, HdB ArztR⁵, § 102 Rz 1.
8 BT-Drucks 17/10488, 19; zur Zahnprothetik BGH, Urt v 9.12.1974 – VII ZR 182/73, BGHZ 63, 306, 309; zur fehlgeschlagenen Sterilisation „Kind als Schaden" BGH, Urt v 18.3.1980 – VI ZR 247/78, BGHZ 76, 259, 261; zu Beweiserleichterungen bei Gefahren aus dem voll beherrschbaren Risikobereich BGH, Urt v 8.1.1991 – VI ZR 102/90, NJW 1991, 1540, 1541; zur Darlegungs- und Beweislast bei chirurgischem Eingriff durch Berufsanfänger BGH, Urt v 10.3.1992 – VI ZR 64/91, NJW 1992, 1560, 1561; zu den Anforderungen an die ärztliche Aufklärung und an die ärztl Qualifikation bei Halswirbelsäulenoperation OLG München, Urt v 18.11.2010 – 1 U 5334/09, NJW-RR 2011, 749, 751; BeckOK-BGB/Katzenmeier, Stand: 1.5.2022, § 630a Rz 145; Deutsch/Spickhoff, MedR-HdB⁷ Rz 145 f.
9 Kern, in: Ratzel/Lissel, Hdb d Medizinschadensrechts, § 1 Rz 5.

Art" gemäß § 627 Abs 1. Die Vorschrift verdeutlicht, dass der Behandlungsvertrag ein besonderer Dienstvertrag ist, auf den die Vorschriften des Dienstvertragsrechts anzuwenden sind, allerdings nur soweit die §§ 630a–h keine spezielleren Regeln enthalten. Die anzuwendenden Vorschriften sind: § 612 (Vergütung), § 613 (Persönliche Leistungserbringung), § 614 in Verbindung mit GOÄ § 12 (Fälligkeit der Vergütung), die §§ 626 und 627 (Kündigungsgründe) sowie schließlich § 628 (die Teilvergütung, mit der daraus resultierenden Möglichkeit, Vorschuss zu verlangen). Der Behandlungsvertrag zwischen Arzt und Patient ist, unabhängig davon, ob der Patient gesetzlich oder privat krankenversichert ist, privatrechtlicher Natur. Sein Zustandekommen folgt den allgemeinen zivilrechtlichen Regeln für Vertragsschlüsse. Damit entsprach der Gesetzgeber der Rspr des BGH und der Oberlandesgerichte, dass der Arztvertrag mehr sei als nur Rechtsbeziehung, sondern stattdessen durch eine besondere Vertrauensbeziehung gekennzeichnet sei. Dies gilt nach wie vor, trotz der Versachlichung in der Medizin, die den Patienten zunehmend als „Kunden" betrachtet. Vor der fehlenden gesetzlichen Regelung ging der BGB–Gesetzgeber für den Arztvertrag von einem sog freien Dienstvertrag gem § 611 aus („Dienstvertragstheorie"), für konkret geschuldete Operationen sollte vom Werkvertragsrecht auszugehen sein („Werkvertragstheorie")[10]. Die Ansicht, die für Geschäftsbesorgungsvertrag gemäß § 675 plädierte, war indessen als überholt verworfen worden[11]. Als Arbeitsvertrag ist der Behandlungsvertrag unter keinen Umständen zu qualifizieren; die arbeitsrechtlichen Bestimmungen der §§ 611 ff sind gemäß § 630b nicht auf Behandlungsverträge anwendbar[12].

Durch die Einführung des § 630a sowie dessen systematischer Stellung ist der Streit obsolet geworden, ob es sich beim Behandlungsvertrag um einen Dienst- oder einen Werkvertrag handelt, da § 630b klarstellt, dass die Vorschriften des Dienstvertragsrechts Anwendung finden[13]. Die geschuldete ärztliche Behandlung wurde einheitlich von Rspr und Literatur als Leistung von Diensten höherer Art angesehen. Entscheidend für die Einordnung als Dienstvertrag ist die Tatsache, dass der Arzt keinen Erfolg seiner Behandlung versprechen kann[14]. Dies gründet sich auf der Unwägbarkeit des menschlichen Körpers. Auch aus Gewissensgründen sollte der Arzt es bereits unterlassen, einen Behandlungserfolg zu gewährleisten, denn er kann keine Gewähr dafür übernehmen. Genau dies müsste er jedoch, wenn er eine Werkleistung versprechen würde. Wollte man dem Arzt das Risiko des Erfolges aufbürden, so widerspräche eine solche Erfolgsgarantie dem Wesen des Arztvertrages. Das Risiko der Erfolglosigkeit der Behandlung soll der Arzt nicht tragen müssen[15]. Der Arzt schuldet lediglich das sorgfältige Bemühen um die Wiederherstellung, Verbesserung oder Aufrechterhaltung der Gesundheit[16]. Man spricht insoweit auch von dem Arztvertrag als „persönlichen Dienstvertrag ohne Gesundheitsgarantie". Gegen die Einordnung als Werkvertrag wird zu Recht angeführt, dass das Werkvertragsrecht nicht den Besonderheiten des Behandlungsvertrags entspricht. Aber auch die Regelungen zur Sachmängelhaftung und zur Abnahme finden – naturgemäß – auf die medizinische Behandlung eines Menschen keine Anwendung. Die Einordnung des Behandlungsvertrages in das Dienstvertragsrecht sichert, dass der Arzt gemäß § 613 Satz 1 im Zweifelsfall die Leistung in Person erbringen muss. Demzufolge handelt es sich beim Behandlungsvertrag nicht um „einen eigenen Typus"[17], wohl aber wird er durch die Besonderheiten der ärztlichen Tätigkeit charakterisiert und gilt damit als „besonderer Dienstvertrag"[18], da der Arztvertrag von einem besonderen Vertrauenselement getragen wird[19]. Das Vertrauen, das Patient und Arzt ineinander setzen, dient dabei der Konkretisierung abstrakter Rechtsregeln[20]. So kann etwa die persönliche Behandlung durch einen bestimmten Arzt bzw seinen Vertreter oder die Betreuung durch ein Mitglied eines Teams, etwa eines Teams von Fachärzten für Anästhesie, vereinbart werden oder sich bereits aus der Treuebeziehung ergeben[21]. Das gilt nicht nur für Privatpatienten, sondern auch für Kassenpatienten im Krankenhaus, die zumindest über die Änderung der von ihm erkennbar erwarteten Einteilung des Opera-

---

10 Vgl Franzki, Der Behandlungsvertrag, S 7.
11 Franzki, Der Behandlungsvertrag, S 6.
12 BT-Drucks 17/10488, 21.
13 Braun ZJS 1/2014, 35, 36. Vgl BGHZ 63, 306, 309 = NJW 1975, 305; BGHZ 76, 249, 261 = NJW 1980, 1452, 1453; BGH NJW 1981, 613; BGH NJW 1981, 2002; BGHZ 97, 273; OLG Düsseldorf NJW 1975, 595; OLG Zweibrücken NJW 1983, 2094; OLG Köln VersR 1988, 1049; OLG Braunschweig VersR 1980, 853, 854; OLG Koblenz VersR 1981, 689; OLG Köln VersR 1980, 434; OLG München VersR 1981, 757, 758; OLG Köln VersR 1988, 1049; OLG Koblenz NJW-RR 1994, 52; LG Köln VersR 1980, 491.
14 JurisPK-BGB^9/Lafontaine, § 630a Rz 21.
15 Zu den Anforderungen an die ärztl Aufklärung vor einem nur relativ indizierten Eingriff OLG Koblenz, Urt v 19.12.2012 – 5 U 710/12, VersR 2013, 236, 237. Kern/Rehborn, in: Laufs/Kern/Rehborn, HdB ArztR^5, § 42 Rz 6.
16 BT-Drucks 17/10488, 17.
17 Überholt damit Deutsch/Spickhoff, MedR-HdB^6, Rz 113: „... eigener Typus mit hauptsächlichen Merkmalen ärztlicher Tätigkeit...", auch wenn vertreten wird, dass es rechtspolitisch zutreffender gewesen wäre, vgl Deutsch/Spickhoff, MedR-HdB^7, Rz 144.
18 Staud^{2019}/Latzel, § 611 Rz 12.
19 Zum Behandlungsvertrag nach PatRG Deutsch/Spickhoff, MedR-HdB^7, Rz 104, 138, 139: „Der Behandlungsvertrag ist mithin ein dem Dienstvertrag ähnlicher Vertragstypus.".
20 Deutsch/Spickhoff, MedR-HdB^7, Rz 104, 138, 139.
21 Deutsch/Spickhoff, MedR-HdB^7, Rz 104, 138, 139.

teurs unterrichtet werden sollten[22]. „Will ein Patient abweichend von den Grundsätzen des totalen Krankenhausaufnahmevertrags seine Einwilligung in einen ärztlichen Eingriff auf einen bestimmten Arzt beschränken, muss er seinen entsprechenden Willen eindeutig zum Ausdruck bringen"[23].

5 Dennoch wird die Frage, ob nicht auch Werkverträge oder gar Verträge sui generis als Behandlungsverträge möglich sind, wieder und immer noch erörtert. Zum einen wird eine ausdrückliche Vereinbarung eines Werkerfolges als Abweichung von dem gesetzlichen Leitbild für möglich gehalten[24]. Dem ist aus berufsrechtlichen Gründen zu widersprechen. MBO-Ä § 11 Abs 2 verbietet es dem Arzt, den Erfolg seiner Tätigkeit zu versprechen. Diese berufsrechtliche Festlegung beruht auf den tatsächlichen Voraussetzungen, welche die medizinische Behandlung des Patienten bestimmen, „dass der Einfluß eines derartigen Eingriffes auf den Ablauf biologischer und physiologischer Zusammenhänge im Organismus nicht nur von der ärztlichen Tätigkeit, sondern auch weitgehend von der individuellen Konstitution und dem nachoperativen Verhalten des Patienten abhängig ist"[25]. Zweifelhaft ist, ob der reine Diagnosevertrag, die sog second opinion, als Werkvertrag angesehen werden kann. Jedenfalls ist das „Werk" von vornherein eingeschränkt und reduziert sich praktisch auf das Bemühen um Mitteilung der nach dem Stand der Wissenschaft möglichen Erkenntnis über die Krankheit des Patienten[26]. Bei Zweitmeinungsverfahren, die auf der Grundlage des SGB V § 27b eingeholt werden, finden die §§ 630a ff Anwendung. Grund hierfür ist die G-BA Richtlinie zum Zweitmeinungsverfahren § 3 Abs 3, nach welchem die Zweitmeinung gemäß SGB V § 73 Abs 2 Satz 1 Nr 13 Bestandteil der vertragsärztlichen Versorgung ist[27]. In anderen Fällen, also bei anderen Erkrankungen als den in der Richtlinie zum Zweitmeinungsverfahren aufgezeigten, würde es sich bei der Einholung der Zweitmeinung um die Erstellung eines medizinischen Gutachtens nach Aktenlage und damit um den Abschluss eines Werkvertrag gemäß § 631 handeln. Voraussetzung dafür ist, dass die Fragestellung des Patienten sich lediglich darauf bezieht, ob der Erstbehandelnde seine Diagnose richtig gestellt hat und damit auf die Bewertung eines in der Vergangenheit bereits abgeschlossenen Sachverhaltes. Werden hingegen, worauf es in aller Regel ankommen wird, neue diagnostische Untersuchungen erforderlich, da die Einholung einer Zweitmeinung grundsätzlich auf die Einholung einer weiteren Diagnose abzielen dürfte, wird dem Zweitbehandler letztlich die gleiche Aufgabe zuteil wie dem Erstbehandler. Dann handelt es sich bei dem Vertrag gerichtet auf die Einholung einer „second opinion" erneut um einen Behandlungs- und damit um einen Dienstvertrag nach §§ 630a ff.

6 Schwieriger zu beurteilen sind die Fälle, in denen der Arzt Prothesen – im weitesten Sinne – in den Körper integriert. Die Anfertigung der Prothesen (Zahnersatz[28], Sehhilfen uä) unterfällt nach der älteren Rechtslage dem Werkvertragsrecht[29]. Die Offenheit des Wortlauts des § 630a Abs 1 könnte dafür sprechen, auf diese Fälle auch die Regeln des Behandlungsvertrages, also Dienstvertragsrecht, anzuwenden. Das ist den Materialien zufolge nicht der Fall[30] und wird auch von der neueren Literatur und Rspr nicht befürwortet. So unterliegt bspw die Farbgestaltung der Prothetik als reine technische Ausführung dem Werkvertragsrecht. Erteilt eine Patientin die Zustimmung zur Eingliederung des Zahnersatzes, ist von einer Abnahme des Werks nach § 640 Abs 2 auszugehen[31]. Es bleibt für diese handwerklichen oder fabrikmäßigen Anfertigungen beim Werkvertrag.

7 Soweit die Prothesen am menschlichen Körper vorbereitet oder eingepasst werden, gelten die oben genannten Gründe für den Dienstvertrag, sodass auch diese Tätigkeiten dem Behandlungsvertrag gemäß § 630a Abs 1 unterliegen. Das gilt sowohl für die Verschreibung einer Brille als auch für die Vermessungen zur Vorbereitung einer Zahnprothetik vor der Herstellung einer Prothese und ebenso für die Anpassung oder den Einsatz von Kontaktlinsen oder Zahnprothetik.

---

22 Zur wirksamen Einwilligung eines Patienten in eine Operation, OLG Celle, Urt v 2.3.1981 – 1 U 22/80, VersR 1982, 46; OLG Oldenburg, Urt v 11.5.2005 – 5 U 163/04, openJur 2012, 42907; OLG Köln, Urt v 25.8.2008 – 5 U 28/08, VersR 2009, 785.
23 BGH Urt v 11.5.2010 – VI ZR 252/08, NJW 2010, 2580.
24 Schneider JuS 2013, 104, 104 f; Kern/Rehborn, in: Laufs/Kern/Rehborn, HdB ArztR[5], § 42 Rz 9.
25 MünchKomm[8]/Wagner, § 630a Rz 4; Kern/Rehborn, in: Laufs/Kern/Rehborn, HdB ArztR[5], § 42 Rz 7; Kern, in: Jorzig, HdB-ArztHaftR[2], Teil I Kapitel 1, Rz 17; Zur Haftung für Nachbehandlungskosten, Zahnarzt OLG Koblenz, Urt v 10.10.2012 – 5 U 1505/11, GesR 2013, 224, 225.
26 Deutsch/Spickhoff, MedR-HdB[7], Rz 140.
27 Richtlinie zum Zweitmeinungsverfahren/Zm-RL), zuletzt geändert am 20.10.2022, veröffentlicht im Bundesanzeiger (Banz AT v 8.12.2022 B6), in Kraft getreten am 1.1.2023.
28 OLG Köln, Beschl v 27.3.2014 – 5 U 129/13, MedR 2015, 274.
29 OLG Köln, Beschl v 27.3.2014 – 5 U 129/13, MedR 2015, 274.
30 BT-Drucks 17/10488, 17 f.
31 Weitergehende Rechte stehen der Patientin somit nur dann zu, falls sie sich diese bei der Abnahme ausdrücklich vorbehalten hat OLG Dresden, Urt v 11.5.2021 – 4 U 1122/20, -juris.

Der bewährte Merksatz gilt: Alles was am Patienten geschieht, unterliegt dem Behandlungsvertrag (Dienstvertrag), alles, was außerhalb des Patienten geschieht, folgt dem Werkvertragsrecht.

Die für die Einordnung des Behandlungsvertrags als Dienstvertrag maßgebenden Gründe liegen nicht in der Beschreibung der ärztlichen Pflicht als Bemühenspflicht. Semantisch lässt sich jedes Bemühen auch als Erfolg darstellen, und logisch ist es ohne weiteres möglich, auf die ärztliche Pflicht als die Herbeiführung des Behandlungserfolgs abzustellen[32]. Maßgebend für die Qualifikationsentscheidung sind die Gesichtspunkte einer angemessenen Risikoverteilung und einer angemessenen Haftungsregel: Der Dienstberechtigte verdient die Vergütung nicht erst mit Eintritt des Behandlungserfolgs, gemäß §§ 641 Abs 1 Satz 1, 640, sondern gemäß § 614 bereits mit dem sorgfaltsgemäßen Bemühen um dessen Eintritt[33]. Die Pflichtverletzung iSd § 280 Abs 1 Satz 1 liegt nicht darin, dass der Heilungserfolg ausbleibt, sondern ist nur dann gegeben, wenn sich der Arzt nicht mit der gemäß § 630a Abs 2 gebotenen Sorgfalt um den Heilungserfolg bemüht hat[34]. Eine Zweifelsregel des Inhalts, dass ein Vertrag nach Möglichkeit den neuen Regeln der §§ 630a ff zugeordnet werden sollte, gibt es nicht[35]. **8**

Besondere Formen des Arztvertrags, wie die nachfolgend aufgeführten, haben nicht den typischen Heileingriff zum Gegenstand, sind aber gleichwohl als Dienstverträge zu klassifizieren. So liegt bei der Schönheitsoperation keine Heilbehandlung vor, da bis auf die Fälle der psychischen Erkrankung wegen Deformitäten oder bei Implantataufbau nach Brustamputation aufgrund einer vorangegangenen Krebsbehandlung keine medizinische Indikation angenommen werden kann. Dies schließt einen geschuldeten Heilerfolg per se aus. Deswegen wurde früher die Ansicht vertreten, dass aus Haftungsgründen hier ein Werkvertrag vorläge. Aus den genannten Gründen[36] ist diese Ansicht abzulehnen[37]. Zudem spricht die Gesetzesbegründung dafür, dass es sich auch bei Schönheitsoperationen um Dienstverträge handelt[38]. So stellt bspw auch die Unterspritzung unter die Haut einen instrumentellen Eingriff am Körper eines Menschen und damit einen operativen plastisch-chirurgischen Eingriff iSd HWG § 11 Abs 1 Nr 2 dar[39]. Der Erfolg als maßgebliches Entscheidungskriterium lässt sich bei kosmetischen Eingriffen durch den Behandelnden genauso wenig steuern wie bei Heileingriffen[40]. **9**

Der Behandlungsvertrag zur Sterilisation ist ein Dienstvertrag und unabhängig vom Vorliegen einer Indikation zulässig, auch bei Gefälligkeitssterilisationen. Es liegen zwei relevante gesetzliche Verbote diesbezüglich vor, einmal § 1830 für Betreute, weiterhin § 1631c bei Minderjährigen. Hingegen liegt kein grundsätzlicher Verstoß gegen die guten Sitten nach § 138 bei einer Sterilisation vor, da es keine Rechtspflicht gibt, sich bis zu einem bestimmten Lebensalter fortpflanzungsfähig zu halten. Es kommt vielmehr auf die Entscheidungsfreiheit des Einzelnen an, diesbezüglich abzuwägen mit dem, was der Betroffene durch den irreversiblen Verzicht auf seine Fortpflanzungsfähigkeit an Persönlichkeit aufgibt. Zudem liegt kein strafrechtliches Verbot gemäß StGB § 228 vor, da nach dem „Dohrn-Urteil" des BGH eine freiwillige Sterilisation mangels besonderer Strafandrohung nicht tatbestandsmäßig ist[41]. Im Einzelfall hat der Arzt aber immer festzustellen, ob nach den vom BGH entwickelten objektiven Kriterien ein Verstoß gegen die guten Sitten vorliegt, der nicht nur die Einwilligung, sondern auch den Vertrag nichtig macht. Das Ergebnis solcher Abwägung kann nach Lebensalter und jeweiliger Lebensgestaltung unterschiedlich ausfallen. Da gem § 1631c Eltern nicht in eine Sterilisation des Kindes einwilligen können und auch das Kind selbst nicht einwilligen kann, ist der Vertrag eines Minderjährigen oder seiner Eltern für ihn über eine Sterilisation gem § 134 nichtig. Anderes muss allerdings bei Vorliegen einer medizinischen Indikation gelten. Obwohl die Möglichkeit der Zwangssterilisation 1992 aufgehoben wurde, bietet § 1830 weiterhin die Grundlage für die Sterilisation einwilligungsunfähiger Personen mit Zustimmung des Betreuers und einer Genehmigung des Betreuungsgerichts gemäß § 1830 Abs 2 Satz 1. Da es sich dabei um einen besonders weitreichenden Eingriff handelt, ist eine ausdrückliche Betreuungsanordnung gesetzlich vorgesehen worden. Ein konkretes Schwangerschaftsrisiko ist hier gemäß § 1830 Abs 1 Nr 3 tatbestandliche Vorausset- **10**

---

32 MünchKomm⁸/Wagner, § 630a Rz 5; in diese Richtung, aber ohne Begr Schärtl NJW 2014, 3601, 3602.
33 MünchKomm⁸/Wagner, § 630a Rz 5.
34 MünchKomm⁸/Wagner, § 630a Rz 5.
35 So aber Spickhoff/Spickhoff, MedR-HdB ³, Rz 10.
36 Vgl § 630a Rz 6, 7.
37 Kern/Rehborn, in: Laufs/Kern/Rehborn, HdB ArztR⁵, § 42 Rz 7.
38 BT-Drucks 17/10488, 17, m Hinw auf kosmetische Operationen OLG Köln, Urt v 17.9.1987 – 7 U 58/87, MDR 1988, 317; OLG Köln, Urt v 15.9.1997 – 5 U 43/96, VersR 1998, 1510.
39 LG Frankfurt/M, Urt v 3.8.2021 – 06 O 16/21, openJur 2021, 31178 Rz 22.
40 Spickhoff/Spickhoff, MedR-Komm³, § 630a Rz 8; Kern/Richter, Haftung für den Erfolgseintritt? – Die garantierte ärztliche Leistung, in: Wienke/Eberbach/Kramer/Janke (Hrsg), Die Verbesserung des Menschen: Tatsächliche und rechtliche Aspekte der wunscherfüllenden Medizin, 129, 135 ff.
41 „Dohrn-Urteil" BGH, Urt v 27.10.1964 – 5 StR 78/64, BGHSt 20, 81 = NJW 1965, 355; BGH Urt v 4.10.1999 – 5 StR 712/98, NJW 2000, 885.

zung. Die Tatbestandsvoraussetzungen des § 1830 Abs 1 müssen kumulativ vorliegen, um die Sterilisation der Betreuten in rechtlich zulässiger Weise durchführen zu können. Auch die Kastration, die in der völligen operativen Entfernung oder dauernden Ausschaltung der Keimdrüsen (Hoden oder Eierstöcke) oder die Aufhebung ihrer Funktionsfähigkeit durch Bestrahlung beim Menschen besteht, ist als wesentlich radikalerer Eingriff im Vergleich zu der Sterilisation ein Dienstvertrag, jedenfalls insoweit, als sie medizinisch indiziert ist. Die Wirksamkeit des Vertrags bemisst sich nach der medizinischen Indikation oder bei der freiwilligen Kastration nach dem KastrationsG. Nur eine zwangsweise Kastration ist unzulässig und strafbar als schwere Körperverletzung gemäß StGB §§ 223, 226. Zudem ist der Arztvertrag zur Geschlechtsänderung ein Dienstvertrag, der bei medizinischer Indikation, an die strenge Anforderungen gestellt werden, zulässig ist.

11   Der Vertrag über den erlaubten Schwangerschaftsabbruch ist Gegenstand eines Dienstvertrags, allerdings gibt es hier zwei Verträge: einen mit dem beratenden Arzt und einen mit dem abbrechenden Arzt, dabei ist das StGB als Verbotsgesetz iSv § 134 zu beachten. Der Arztvertrag ist wirksam, wenn die Voraussetzungen des StGB § 218a vorliegen, hingegen führt die Verwirklichung des StGB § 218 zur Nichtigkeit des Arztvertrags gemäß § 134. Ebenso sind die Schwangerschaftsberatung und weiterhin die Pränataldiagnostik ein Dienstvertrag, letztgenannte mit dem Inhalt Diagnostik und Beratung. Der Dienstvertrag wird bejaht für die Verträge zur künstlichen Befruchtung, sowohl für die homologe als auch für die heterologe Insemination, für den Vertrag zwischen Arzt und Keimzellenspende sowie für die In-vitro-Fertilisation und die Kyrokonservierung von Eizellen sowie Samen. Der Arztvertrag über die Leihmutterschaft ist gemäß § 134 nichtig, da ein Verstoß gegen ESchG § 1 Abs 1 Nr 7 gegeben ist.

12   Das Humanexperiment in Abgrenzung vom Heilversuch, der vorrangig dazu dient, dem Patienten zu helfen und sekundär das Ziel verfolgt, ein Behandlungsverfahren zu erproben und optimieren, das medizinisch nicht indiziert ist, da das Forschungsinteresse im Vordergrund steht und eine Standardüberschreitung zwingend vorliegt, ist ebenfalls ein Dienstvertrag. Im Rahmen dieses Vertragsverhältnisses wird zunächst untersucht, ob der Proband überhaupt für die Teilnahme am Versuch geeignet ist. Anschließend wird ein Teilnahmevertrag geschlossen, der ab Versuchsbeginn gültig ist, dabei sind die gesetzlichen Regelungen (AMG, StrlSchV) und ethische Maßstäbe (Rev Deklaration v Helsinki 1996) einzuhalten sowie MBO-Ä § 15, die Beratung durch die Ethikkommission. Die Nichteinhaltung dieser Norm führt aber nicht automatisch zur Unwirksamkeit des Vertrags; vielmehr sind §§ 134, 138 im Einzelfall zu prüfen[42]. Auch vor der Kodifizierung des § 630a klassifizierte man den Teilnahmevertrag iRd klinischen Prüfung als einen Behandlungsvertrag nach §§ 611 ff[43]. Wird mit der Durchführung der klinischen Prüfung zugleich eine medizinische Behandlung vorgenommen, schließt der Patient ohnehin einen Behandlungsvertrag nach §§ 630a ff ab[44].

13   Die Entnahme und Verwendung von Körpermaterialien ist ein Dienstvertrag. Hinsichtlich der Organentnahme im Rahmen von Transplantationsverträgen[45] ist zu beachten, dass bei der Organspende zwei Eingriffe vorliegen, einmal der Vertrag über die Implantation des gespendeten Organs als normaler Behandlungsvertrag und bei einer Lebendspende der Dienstvertrag über die Explantation. Auf Seiten des Spenders handelt es sich um „fremdnützige Eingriffe", die einem Dritten zugutekommen und zu denen auch die Blutspende gehört. Ohne auf die Frage einzugehen, wann ein Patient tot ist, lässt sich für die Organentnahme beim toten Spender feststellen, dass es in diesen Fällen kaum jemals zu vertraglichen Beziehungen kommt, es sei denn, der morbid erkrankte Spender hätte sich bereits gegenüber einem Empfänger für seinen Todesfall vertraglich verpflichtet. Eine solche Verpflichtung wäre gemäß Transplantationsgesetz (TPG) § 9 Satz 2 zwar rechtlich zweifelhaft, gleichwohl aber zulässig. Bei einem Verstoß gegen das Verbot des Organhandels, TPG § 17, ist der Vertrag gemäß § 134 nichtig. Sogar die Beschneidung des

---

42   Kern/Rehborn, in: Laufs/Kern/Rehborn, HdB ArztR[5], § 42 Rz 79.
43   MPG[3]/Lippert, § 21 Rz 5; das MPG wurde durch die Verordnung (EU) Nr 2017/745 (MDR), die seit dem 27.5.2020 gilt, abgelöst, insoweit wird bzgl der klinischen Prüfung auf Art 61–82 der Verordnung (EU) Nr 2017/745 (MDR) sowie auf die ergänzenden Regelungen im deutschen Recht §§ 24–70 Medizinprodukterecht-Durchführungsgesetz – MPDG verwiesen.
44   MPG[3]/Lippert, § 21 Rz 5.
45   Weigel, Organvermittlung und Arzthaftung, S 107 ff.

männlichen Kindes wird im Rahmen eines Dienstvertrages erbracht, obgleich hierfür keine medizinische Indikation vorliegt[46].

Auch eine Blutspende, die nicht direkt in die durch Rspr entwickelte Begriffsbestimmung **14** einer medizinischen Behandlung fällt, ist eine solche, wodurch ein Behandlungsvertrag zwischen Spender und Blutspendedienst anzunehmen ist[47]. Es gehört originär zu den ärztlichen Aufgaben, die Spendereigenschaft festzustellen, den Spender über mögliche Risiken der Blutspende aufzuklären und die Blutentnahme durchzuführen nach Transfusionsgesetz (TFG) iVm Hämotherapierichtlinie §§ 5 Abs 1, 7. Entscheidend für die Einordnung als Behandlungsvertrag ist, dass sich der Behandelte ganz bewusst einem Eingriff in seine körperliche Unversehrtheit unterzieht, für dessen Durchführung eine ärztliche Approbation sowie eine Behandlung nach einschlägigen Richtlinien erforderlich ist.

Ob vorsorglich durchgeführte Schutzimpfungen ärztliche Behandlungen sind, ist fraglich[48]. **15** Sinn und Zweck von Schutzimpfungen ist die Verhütung vor Infektionskrankheiten. Zum Leistungsumfang der Schutzimpfung gehören die ärztlichen Leistungen und die zu verabreichenden Impfstoffe. Die vom Arzt zu erbringende Leistung ist zuvörderst die Aufklärung über den Nutzen und das Risiko der Impfung[49]. Dies gilt nach der teilweise in der Literatur vertretenen Ansicht insbesondere, wenn die Impfung im Kontext einer akuten und weltweit auch unter Fachleuten als kontrovers eingestuften Pandemie, welche die Anwendung neuartiger Impfstoffe erfordert, einzuordnen ist[50]. Dies gilt auch, wenn die Impfung freiwillig erfolgt[51]. Dem wäre entgegenzuhalten, dass bspw insbesondere über die SARS-CoV-2 Impfungen iRd Covid-19-Pandemie bereits im Vorfeld so umfassend informiert worden ist, dass in Anbetracht der speziellen pandemischen Erfordernisse im Einzelfall eine Aufklärung und Impfung seitens zB der Apotheker rechtlich als zulässig zu bewerten ist[52]. Ebenso ist aber vertretbar, dass gerade aufgrund der teilweise unwissenschaftlichen Beiträge während der Covid-19-Pandemie eine ärztliche Aufklärung hinsichtlich der Risiken einer SARS-CoV-2 Impfung angebracht wäre. Jedenfalls gehören Informationen über empfohlene Verhaltenshinweisen nach der Impfung und Kenntnisvermittlung über den Beginn und die Dauer der Schutzwirkung sowie Auffrischimpfungen seitens des Impfenden an den Impfling oder dessen Eltern/Betreuer/Bevollmächtigten etc stets dazu. Hinzukommt – und dies wäre für die Einordnung als ärztliche Aufgabe entscheidend – die Feststellung des Arztes, dass sich die zu impfende Person in einem impffähigen Zustand befindet sowie die anschließende Überwachung bei möglichen Impfreaktionen. Die Impfung selbst unterfällt damit als eine Maßnahme, die der Verhütung (infektionsbedingter) Krankheiten dient, zumindest inhaltlich dem Begriff der Behandlung gemäß § 630a Abs 1. Gleichsam hat der Arzt jede Schutzimpfung unverzüglich in den Impfausweis einzutragen oder eine Impfbescheinigung auszustellen, dies lässt weiterhin den Schluss zu, dass die Durchführung von Impfungen originäre Aufgabe des Arztes ist[53]. Darüber hinaus ergibt sich aus den Berufsordnungen der Landesärztekammern die ärztliche Pflicht, über die Impfmöglichkeit als Präventionsmaßnahme zu informieren[54]. Ferner besteht gegenüber GKV-Versicherten eine ärztliche Informationspflicht nach der Richtlinie des Gemeinsamen Bundesausschusses (GBA) über Schutzimpfungen nach SGB V § 20i Abs 1[55]. Da es sich bei der ärztlichen Pflicht, den Patienten auf die Möglichkeit der Impfung hinzuweisen, um eine Rechtspflicht handelt, kann ihre Missachtung entsprechende Rechtsfolgen auslösen[56]. Jeder (nicht) impfende Arzt hat sich zu vergegenwärtigen, dass er der fachgerechten Behandlung seiner

---

46 Vgl Manok, Die medizinisch nicht indizierte Beschneidung des männlichen Kindes, S 97; die fachärztlichen Vereinigungen der Kinderärzte- und Kinderchirurgen lehnen es wegen des Prinzips des „nihil nocere" ab, ein Kind zu beschneiden, wenn keine medizinische Notwendigkeit vorliegt. Der Gesetzgeber bindet dennoch einen Beschneidungseingriff, den es nach dem Facharztstandard nicht geben dürfte, nach § 1631d an die Einhaltung der Regeln der ärztlichen Kunst. Da der Gesetzgeber den Eingriff grds erlaubt, bleibt die ablehnende Haltung der Fachärzte bislang ohne rechtliche Bedeutung. Unter den „Regeln der ärztlichen Kunst" ist daher nach § 1631d das Folgende zu verstehen: eine fachgerechte Durchführung des Eingriffs, angemessene hygienische Rahmenbedingungen, eine effektive Schmerzbehandlung und eine umfassende Aufklärung der einwilligenden Eltern.
47 BGH, Urt v 14.3.2006 – VI ZR 279/04, NJW 2006, 2108 = MedR 2006, 588.
48 Zur Haftung des Arbeitgebers für Impfschäden aufgrund einer seitens der selbständigen Betriebsärztin durchgeführte Grippeschutzimpfung LAG Baden-Württemberg, Urt v 6.6.2016 – 9 Sa 11/16, openJur 2019, 42035 Rz 47, 48, 49.
49 Zur Begriffsdefinition der Heilbehandlung vgl § 630a Rz 17, 18.
50 Gödicke MedR 2014, 18, 21.
51 Vgl Staud[2021]/Hager, § 823 Abs 1 Rz 176.
52 BGBl 2021 Teil I Nr 79, vgl § 630a Rz 23.
53 Vgl zur Impfberechtigung des Apothekers nach SGB V § 132j (Grippeschutz) §§ 630a Rz 18a und nach SGB V § 20i Abs 3 Satz 2 iVm IfSG § 20b (COVID-19) §§ 630a Rz 21 – 24.
54 Vgl hierzu ausführlich Deutsch/Spickhoff/Ullrich, Die Pflicht des Arztes, den Patienten auf eine Impfung hinzuweisen, S 3 ff.
55 Deutsch/Spickhoff/Ullrich, Die Pflicht des Arztes, den Patienten auf eine Impfung hinzuweisen, S 3 ff.
56 Deutsch/Spickhoff/Ullrich, Die Pflicht des Arztes, den Patienten auf eine Impfung hinzuweisen, S 3 ff.

Patienten und in jedem Fall einer individuellen Aufklärung über die Impfung und ihrer jeweiligen Nebenwirkungen verpflichtet ist[57]. Dies gilt umso mehr, wenn aufgrund der Impfung schwere Nebenwirkungen zu erwarten sind oder jeweils konkrete Zeitabstände bei Mehrfachimpfungen einzuhalten sind, um deren Wirksamkeit zu realisieren. Dass für eine solche Behandlung ein besonderes Vertrauensverhältnis zum Behandler erforderlich ist, der das Impfregime engmaschig und individuell zu überwachen imstande ist, steht außer Frage.

16 Grds steht außer Frage, dass sowohl Blutspender als auch Impfling sich dem Eingriff nur unterziehen, wenn sichergestellt ist, dass er „lege artis" erfolgt. Eine fehlende medizinische Indikation für die Behandlung steht der Annahme eines Behandlungsvertrags nach den Regeln der §§ 630a ff dabei nicht entgegen[58].

III. Medizinische Behandlung eines Menschen

17 Unter Behandlung iSd § 630a ist grds die Heilbehandlung zu verstehen. Sie umfasst neben der Diagnose die Therapie und damit sämtliche Maßnahmen und Eingriffe am Körper eines Menschen, um Krankheiten, Leiden, Körperschäden, körperliche Beschwerden oder seelische Störungen nicht krankhafter Natur zu verhüten, zu erkennen, zu heilen oder zu lindern[59]. Unter medizinischer Behandlung sind somit sämtliche Dienstleistungen zu verstehen, die – auch präventiv – physisches oder psychisches menschliches Leid lindern oder dessen Ursache beheben sollen. Die ärztliche Behandlung ist nach den Regeln der Kunst (lege artis) erforderlich, um den Heilerfolg herbeizuführen. Eine sorgfältige Anamnese, die nicht nur der wichtigste, sondern oftmals auch der schwierigste Teil im Vorfeld der Diagnostik sein kann[60], die Untersuchung, die Erhebung von Befunden und die Diagnose sind ebenso unabdingbare Voraussetzungen einer wirksamen Behandlung wie die Indikationsstellung[61]. Art und Umfang der ärztlichen Behandlung richten sich nach Art der Erkrankung sowie nach der Indikationsstellung durch den Behandler und die durch ihn festgelegten Behandlungsmaßnahmen wie zB den operativen Eingriff, die Medikamenteneinnahme, die Physiotherapie etc. Eine Orientierung soll SGB V § 28 Abs 1 bieten, danach umfasst die ärztliche Behandlung die Tätigkeit des Arztes, „die zur Verhütung, Früherkennung und Behandlung von Krankheiten nach den Regeln der ärztlichen Kunst ausreichend und zweckmäßig ist. Zur ärztlichen Behandlung gehört auch die Hilfeleistung anderer Personen, die von dem Arzt angeordnet und von ihm zu verantworten ist". Nach SGB V § 28 Abs 2 gilt dies auch für die zahnärztliche Behandlung, welche „die Tätigkeit des Zahnarztes umfasst, die zur Verhütung, Früherkennung und Behandlung von Zahn-, Mund- und Kieferkrankheiten nach den Regeln der zahnärztlichen Kunst ausreichend und zweckmäßig ist; sie umfasst auch konservierend-chirurgische Leistungen und Röntgenleistungen, die im Zusammenhang mit Zahnersatz einschließlich Zahnkronen und Suprakonstruktionen erbracht werden". Allerdings ist der krankenversicherungsrechtliche Begriff der Krankheit nicht identisch mit dem medizinischen Krankheitsbegriff[62]. Der Begriff der Krankheit ist im Gesetz nicht legal definiert worden. Nach der Rechtsprechung des BSG ist eine Krankheit ein regelwidriger, vom Leitbild des gesunden Menschen abweichender Körper- und Geisteszustand, der ärztlicher Behandlung bedarf oder den Betroffenen arbeitsunfähig macht[63]. Während es im Versicherungsrecht auf eine tatsächlich vorliegende objektive Behandlungsbedürftigkeit ankommen soll, können auch nichtbehandlungsbedürftige Zustände und Beschwerden, die den Patienten in seinem subjektiven Wohlbefinden beeinträchtigen, ärztlich und auch anderweitig behandelt werden. Schmerzen als Symptome gehören ebenfalls dazu, weitere Beispiel wären die Organspende oder zB die Unfruchtbarkeit einer Frau im gebärfähigen Alter[64]. Nach SGB V § 27a Abs 1-5 gehört allerdings auch die künstliche Befruchtung unter den dort genannten Voraussetzungen zur Behandlung[65]. Die wichtigste Aufgabe des Arztes in berufsrechtlicher Hinsicht ist es, das Leben zu erhalten, die Gesundheit zu schützen und Leiden zu lindern gemäß MBO-Ä § 1 Abs 2[66]. Zu den medizini-

---

57 Zitiert nach Sächsischer Landesärztekammer: Ablehnung von Coronaimpfung kann Behandlungsfehler sein, https://www.aerzteblatt.de/nachrichten/130007/Aerztekammer-Ablehnung-von-Coronaimpfung-kann-Behandlungsfehler-sein, zuletzt abgerufen am 22.2.2022.
58 BT-Drucks 17/10488, 17.
59 BT-Drucks 312/12, 24 unter Hinweis auf Laufs, in: Laufs/Kern, HdB ArztR[4], § 10 Rz 1.
60 Kern, in: Laufs/Kern/Rehborn, HdB ArztR[5], § 50 Rz 2.
61 Kern, in: Laufs/Kern/Rehborn, HdB ArztR[5], § 53 Rz 1.
62 Kern/Rehborn, in: Laufs/Kern/Rehborn, HdB ArztR[5], § 46 Rz 4.
63 Kern/Rehborn, in: Laufs/Kern/Rehborn, HdB ArztR[5], § 46 Rz 5; BSG, Urt v 15.3.2018 – B 3 KR 18/17 R, -juris; so schon BSGE 26, 240 (242) = SoR Nr 23 zu § 182 RVO; BSGE 30, 151, 152 = SozR Nr 37 zu § 182 RVO.
64 Kern/Rehborn, in: Laufs/Kern/Rehborn, HdB ArztR[5], § 46 Rz 6.
65 Kern/Rehborn, in: Laufs/Kern/Rehborn, HdB ArztR[5], § 46 Rz 7.
66 Kern/Rehborn, in: Laufs/Kern/Rehborn, HdB ArztR[5], § 15 Rz 12.

schen Behandlungen zählen zwar in erster Linie solche durch Ärzte und Zahnärzte, aber nicht nur.

Nach der vom BGH entwickelten sog Erkenntnistheorie (bzw Eindruckstheorie) reicht es für **18** die Annahme einer erlaubnispflichtigen Ausübung der Heilkunde aus, wenn bereits der Eindruck des Heilens erweckt wird[67]. Die Definition des Berufes Arzt findet sich in BÄO § 2 Abs 5 iVm Heilpraktikergesetz (HeilprG) § 1 Abs 2. Gemäß HeilprG § 1 Abs 1 bedarf der Erlaubnis, wer die Heilkunde ausüben will, ohne als Arzt bestallt zu sein. HeilprG § 1 Abs 2 enthält eine Legaldefinition des Begriffes „Heilkunde", die als maßgebliche gesetzliche Grundlage für die Begriffsdefinition gilt. Darüber hinaus bietet die sog „Heilkunderichtlinie" weitere Orientierung in § 2 Abs 1 Satz 2[68]. Heilkunde iSd HeilprG § 1 Abs 2 ist jede berufs- oder gewerbsmäßig vorgenommene Tätigkeit zur Feststellung, Heilung oder Linderung von Krankheiten, Leiden oder Körperschäden bei Menschen, auch wenn sie im Dienste von anderen ausgeübt wird. Die Heilkunderichtlinie erweitert diese Begrifflichkeit in § 2 Abs 1 Satz 2 darum, dass die Ausübung von Heilkunde die auf wissenschaftliche Erkenntnis gegründete, praktische, selbstständige oder im Dienst anderer ausgeübte Tätigkeit zur Verhütung, Feststellung, Heilung oder Linderung menschlicher Krankheiten, Körperschäden oder Leiden sein muss. Weder das HeilprG noch die Richtline macht dabei keinen Unterschied, ob es sich bei den Krankheiten und Leiden um rein körperliche oder aber solche seelischer Natur handelt. Auch wird nicht auf die Behandlungsweise und -methode abgestellt. Das Ziel des HeilprG, die Gesundheit der Bevölkerung zu schützen, wird durch die Legaldefinition jedoch nur unzureichend ausgedrückt[69] und bedarf deshalb einerseits der einschränkenden Auslegung, andererseits der erweiternden Anwendung[70]. So werden bspw Heilhilfsberufe wie Krankenpfleger, Masseure, Logopäden, Medizinisch Technische Assistenten (MTA), Ergotherapeuten und Diätassistenten nicht erfasst, soweit sie auf ärztliche Anordnung therapeutisch tätig werden[71]. Sie gelten jedoch als „verlängerter Arm des Arztes" und üben auf erlaubte Weise Heilkunde aus[72]. Im Hinblick auf GG Art 12 Abs 1 gebietet die verfassungskonforme Auslegung, dass vom Ausübungsverbot des HeilprG § 1 nur solche Tätigkeiten erfasst werden, die einerseits ärztliche Fachkenntnisse voraussetzen und andererseits gesundheitliche Schädigungen zur Folge haben können, wofür auch eine nur mittelbare Gesundheitsgefährdung ausreicht. Diese kann bspw darin bestehen, dass das frühzeitige Erkennen ernster Leiden, das ärztliches Fachwissen voraussetzt, verzögert wird[73]. Hingegen reicht es für die Bejahung der Erlaubnispflicht gemäß HeilprG § 1 Abs 1 nicht aus, wenn an einer Person Tätigkeiten ausgeübt werden, die lediglich nach dem subjektiven Empfinden des Betroffenen als Heilkunde aufgefasst werden, insbesondere wenn der Betroffene von körperlichen Schmerz- und Leidenszuständen mit vermeintlich übersinnlichen Kräften befreit werden soll[74]. Hinzukommen muss für das Ausübungsverbot, dass dadurch unmittelbar oder mittelbar gesundheitliche Schäden verursacht werden können[75]. Das BVerfG hat daraus resultierend mit zwei Beschlüssen zu sogenannten Wunder- bzw Geistheilern klargestellt[76], dass allein das Gefährdungspotential der heilkundlichen Tätigkeit geeignet ist, eine Erlaubnispflicht der Tätigkeit auszulösen und den Begriff der Heilkunde restriktiv ausgelegt.

Gemäß § 630a Abs 1 wird derjenige als Behandler definiert, der eine medizinische Behandlung **19** zusagt. Dies umfasst nicht nur Ärzte, sondern auch Angehörige der medizinischen Assistenzberufe, nachgeordnete Berufe und andere freie Berufe[77]. Wer als Behandler gilt, grenzt § 630a Abs 1 weder ein noch ab. Die zur Ausübung der Heilkunde nach BÄO § 2 Abs 1 erforderliche Approbation als Arzt oder eine Erlaubnis nach HeilprG § 1 Abs 1 ist für die Kennzeichnung als Behandler im Sinne von § 630a nicht ausschlaggebend. Ein Konsiliarius ist, falls am Patienten tätig und therapieverantwortlich, ebenso Behandler. Entscheidend ist somit, wem das fachliche Weisungs-

---

67 BGH, Urt v 13.9.1977 – 1 StR 389/77, NJW 1978, 599; vgl Laufs, in: Laufs/Kern, HdB ArztR[4], § 10 Rz 6.
68 „Heilkunderichtlinie", Richtlinie über die Festlegung ärztlicher Tätigkeiten zur Übertragung auf Berufsangehörige der Alten- und Krankenpflege zur selbständigen Ausübung von Heilkunde im Rahmen von Modellvorhaben nach SGB V § 63 Abs 3c.
69 Vgl Laufs, in: Laufs/Kern, HdB ArztR[4], § 10 Rz 6, er geht von „Mängeln der Legaldefinition" aus.
70 „Vitametiker-Entscheidung" Niedersächsiches OVG, Urt v 20.7.2006 – 8 LC 185/04, openJur 2012, 44665 Rz 25, 26.
71 „Vitametiker-Entscheidung" Niedersächsiches OVG, Urt v 20.7.2006 – 8 LC 185/04, openJur 2012, 44665 Rz 25, 26.
72 BVerwG, Urt v 25.6.1970 –1 C 53/66, BVerwGE 35, 308 ff.
73 VGH Mannheim, Urt v 17.2.2005 – 9 S 216/04, NVwZ-RR 2005, 725 f.
74 BGH, Urt v 4.11.1955 – 5 StR 421/55, BGHSt 8, 237 ff; BGH, Urt v 13.9.1977 – 1 StR 389/77, NJW 1978, 599 f.
75 BVerwG, Urt v 11.11.1993 – 3 C 45/91, BVerwGE 94, 269 ff.
76 BVerfG, Beschl v 2.3.2004 – 1 BvR 784/03, NJW-RR 2004, 705; BVerfG, Beschl v 3.6.2004 – 2 BvR 1802/02, NJW 2004, 2890 f.
77 Roesgen/Jaeger/Bertram/Grafe/Mischkowsky/Paul/Probst/Scola/Wöllenweber, Patientenrechte – Arztpflichten (Teil I). Passion Chirurgie. 2015 Dezember; 5 (12): Artikel 06_01.

recht zusteht[78]. Auch Notfallsanitäter[79] gehören ebenso wie Rettungssanitäter dazu, weiterhin Masseure, Altenpfleger und Arzthelfer, aber auch Personen, die bei einem Heilberufler zur Vorbereitung des Berufes tätig sind, wie beispielsweise famulierende Medizinstudierende oder Lehrschwestern/-pfleger.

20 Der Gegenstand des Behandlungsvertrags ist tätigkeitsbezogen – und nicht statusbezogen – definiert, sodass es auf die tatsächliche berufliche Stellung der behandelnden Person nicht ankommt[80]. Die Legaldefinition lässt zudem den Zweck der Heilung ausreichen, ohne die Wirksamkeit des Mittels zu berücksichtigen. Auch ein gewerbliches „Schamanentum" wäre demzufolge erlaubnispflichtige Heilkunde[81], sodass das BVerfG den Begriff der Heilkunde in seiner „Geistheiler-Entscheidung" aufgrund des mit der Erlaubnispflicht einhergehenden Eingriffs in die Berufswahlfreiheit restriktiv auslegte und darauf abstellte, ob für die Tätigkeit ärztliche Fachkenntnisse erforderlich seien und von dieser Gefahren für die Gesundheit ausgehen könnten[82]. Die §§ 630a ff sind folglich auch dann anwendbar, wenn ein Laie oder ein Medizinstudent Dienstleistungen erbringt, die dem Bereich der Heilbehandlung zuzurechnen sind und typischerweise von Ärzten, Zahnärzten, Psychotherapeuten, Hebammen usw erbracht werden. Um die weitgefasste Begrifflichkeit des Behandlers gemäß § 630a Abs 1 zu erläutern, kann darüber hinaus exemplarisch aufgezählt werden, dass Behandler auch Physiotherapeuten, (Kinder-/Säuglings-)Krankenschwestern[83]/-pfleger, Hebammen/Entbindungspfleger/-innen, medizinische Bademeister[84], Ergotherapeuten, Heilpraktiker, Logopäden oder auch Diätassistenten sein können[85], nicht aber Altenpfleger[86]. Berufsträger der Hilfsberufe wie bspw medizinische Fachangestellte (Arzthelfer), Medizinisch-technische Assistenten usw sind keine Behandelnden gemäß § 630a[87]. Eine Influencerin, die ohne Zulassung als Heilpraktikerin tätig wird[88] und dabei Frauen Lippen und Nasen fehlerhaft mit Hyaluronsäure aufspritzt, wird nicht als Behandlerin tätig, sondern macht sich vielmehr strafbar[89]. Keine Behandlung iSv Abs 1 erfolgt bei der Gesundheits- und Körperpflege, bspw durch Fitness- und Sporttrainer, Kosmetiker[90], Orthopädieschuhmacher, Sauna- oder Solarienbetreiber oder Schönheitspfleger wie bspw den Friseur[91]. Auch der Tätowierer gilt nicht als Behandler, insoweit gilt Werkvertragsrecht[92].

21 Die Qualifikation der Behandlung als „medizinische" schließt damit Verträge aus, die auf andere „Behandlungen" gerichtet sind, selbst wenn sie bei Menschen appliziert werden. Zu Recht hat sich der Entwurf in diesem Punkt gegen das breitere Modell des Gemeinsamen Referenzrahmens für ein Europäisches Privatrecht entschieden[93]. Verträge über Pflege- oder Betreuungsleistungen fallen deshalb nicht unter § 630a[94]. Zu beachten ist ggf das Gesetz zur Regelung von Verträgen über Wohnraum mit Pflege- und Betreuungsleistungen (WBVG)[95]. Ausweislich der Gesetzesbegründung zu § 630a sollen die vertraglichen Regelungen nicht gelten, wo es spezialgesetzliche Vertragsregelungen wie das WBVG gibt[96]. Der BGH hat jedoch im Falle eines Pflegeheimbewohners argumentativ auf § 630g und die Einsichtnahme in die Dokumentation zurück-

---

78 Roesgen/Jaeger/Bertram/Grafe/Mischkowsky/Paul/Probst/Scola/Wöllenweber, Patientenrechte – Arztpflichten, 2015 Dezember; 5 (12): Artikel 06_01.
79 Der Rettungsassistent war in Deutschland der erste staatlich anerkannte Beruf im Rettungsdienst. Er wurde mit Wirkung zum 1.1.2014 durch den sog Notfallsanitäter abgelöst, diese Bezeichnung wurde durch das NotfallsanitäterG eingeführt.
80 MünchKomm[8]/Wagner, § 630a Rz 7.
81 Vgl § 630a Rz 415.
82 BVerfG, Beschl v 2.3.2004 – 1 BvR 784/03, NJW-RR 2004, 705.
83 Zur Haftung einer Krankenanstalt für Krankenschwester, welcher der Hebamme bei der Geburt hilft; zu heiße Wärmflasche verbrennt Säugling BGH, Urt v 1.2.1994 – VI ZR 65/93, NJW 1994, 1596.
84 Zur Beweislastumkehr iRd Haftung eines Bademeisters gemäß §§ 630h, 630a BGH, Urt v 23.11.2017 – III ZR 60/16, BGHZ 217, 50, 51, 53 = NJW 2018, 301.
85 Vgl Deutsch/Spickhoff, MedR-HdB[7], Rz 139.
86 Deutsch/Spickhoff, MedR-HdB[7], Rz 139; Sachs/Degenhart[6], Art 74 GG Rz 86.
87 Jauernig[18]/Mansel, § 630a Rz 8d.
88 Vgl HeilprG § 5.
89 Zur Verwirklichung des Tatbestandes der gefährlichen Körperverletzung aufgrund einer „Schönheitsbehandlung" durch eine nicht als Heilpraktikerin zugelassene Täterin unter Verwendung einer Hyaluronsäurespritze BGH, Beschl v 28.10.2020 – 1 StR 158/20, NWB GAAAH-75221.
90 Zur Eingruppierung eines bestehenden Vertragsverhältnisses über eine kosmetische Haarentfernung mittels IPL-Laser als Dienstvertrag gem §§ 611 ff (mangels medizinischer Behandlung iSd § 630a Abs 1) OLG Köln, Urt v 16.12.2020 – 5 U 39/20, MDR 2021, 363.
91 Jauernig[18]/Mansel, § 630a Rz 8d.
92 Jauernig[18]/Mansel, § 630a Rz 8d.
93 V Bar/Clive/Schulte-Nölke (Hrsg), Principles, Definitions and Model Rules of European Private Law, Vol 2, 1932 ff; krit dazu Wagner, Privatrecht, in: Greiner/Gross/Nehm/Spickhoff (Hrsg), Neminem Laedere Aspekte des Haftungsrechts, Festschr für Gerda Müller, 2009, 335, 344.
94 BT-Drucks 17/10488, 17.
95 BT-Drucks 17/10488, 17; zum Recht der Wohn- und Betreuungsverträge eingehend Rasch, Wohn- und Betreuungsvertragsgesetz (WBVG) Kommentar; Martell, Der Schutz des Verbrauchers im Heimrecht, 189 ff; das WBVG hat 2009 die zivilrechtlichen Bestimmungen des Heimgesetzes (HeimG §§ 5 ff) abgelöst.
96 BT-Drucks 17/10488, 17.

gegriffen[97]. Da die Bezugnahme auf das WBVG nur in der Begründung zu § 630a erfolgt ist, wird sie dergestalt auszulegen sein, dass im Anwendungsbereich des WBVG zwar kein spezifischer Behandlungsvertrag abgeschlossen werden muss, dies hingegen die ergänzende Anwendung des Patientenrechtegesetzes im Übrigen wie bspw nach § 630g nicht verhindert[98]. Zur Einsicht in die Pflegedokumentation muss der Pflegeheimbewohner somit ebenfalls kein besonderes Interesse darlegen; dieses ergibt sich wie bei dem Recht des Patienten gem § 630g Abs 1 Satz 1 unmittelbar aus seinem Selbstbestimmungsrecht[99].

Fraglich ist, ob der Veterinärmediziner ebenfalls als Behandler anzusehen ist. Die tierärztliche **22** Behandlung soll von den § 630a ff nach der Gesetzesbegründung nicht geregelt werden[100]. Die Behandlung von Tieren falle nicht unter die §§ 630a ff, weil Patient in diesem Sinne nur ein Mensch ist, nicht aber ein Tier. Die Vorschriften sind nur auf Menschen zugeschnitten. Da es allerdings viele Gemeinsamkeiten der Tiermedizin mit der Humanmedizin gibt (es geht um die Heilung eines lebenden Organismus), hat die Rspr die Beweisregeln hinsichtlich der Haftung in der Tiermedizin den Grundsätzen der Humanmedizin entnommen. Diese Rspr wird durch die gesetzliche Regelung der §§ 630a ff nicht berührt. Zudem sind die Aufklärungsgrundsätze der Humanmedizin nicht vollumfänglich auf das Tierarztrecht übertragbar, da der Tierarzt nur eine an wirtschaftlichen, ideellen und den Anforderungen des Tierschutzes ausgerichtete Beratung schulde[101]. Die Vorschriften über die humanärztliche Aufklärung können hierauf nicht übertragen werden[102]. Obgleich es eventuell im Interesse des Tiereigentümers wäre, nicht nur zu erfahren, wie viel ein Eingriff kostet und ob er gegen den Tierschutz verstößt, sondern auch welches Gesundheitsrisiko damit einhergeht und ob es nicht auch Behandlungsalternativen dazu gäbe. Nur der informierte Tiereigentümer kann eine entsprechende Einwilligung (in Paralle zu § 630d) zur Behandlung seines Tieres erteilen[103]. Hinsichtlich des zu überwindenden Wissensgefälles zwischen Veterinärmediziner und Tiereigentümer oder Humanmediziner und Patient ist insoweit kein Unterschied erkennbar[104]. Dennoch soll das Handeln im Rahmen des erteilten Auftrags unabhängig von einer Risikoaufklärung grundsätzlich zur Rechtfertigung des tierärztlichen Eingriffs dienen[105]. Ebenso ist der Tierarzt unabhängig von einer Einwilligung des Tiereigentümers zur Euthanasie des Tieres berechtigt und berufsrechtlich verpflichtet[106], um dieses von etwaigen Qualen zu erlösen[107]. Da die Grundsätze der Einwilligungsaufklärung im Tierarztrecht nur im reduzierten Maße anwendbar sind[108], bleibt es die Sache des Auftraggebers bzw Tiereigentümers, eine Vertragspflichtverletzung des Tierarztes sowie deren Ursächlichkeit für den eingetretenen Schaden zu beweisen, sodass das allgemeine Dienstvertragsrecht für die tierärztliche Behandlung anwendbar bleiben soll[109].

Hinsichtlich der Behandlereigenschaft bei den Apothekern spricht entgegen der ursprüngli- **23** chen Gesetzesbegründung vieles dafür, sie unter § 630a Abs 1 zu fassen[110] und das Patientenrech-

---

97 Zum Übergang des Anspruches des Pflegeheimbewohners auf Einsicht in die Pflegeunterlagen gem SGB X § 116 Abs 1 Satz 1 iVm BGB § 401 Abs 1 analog, § 412 auf den Sozialversicherungsträger über, wenn mit seiner Hilfe das Bestehen von Schadensersatzansprüchen geklärt werden soll und die den Altenpflegern obliegende Pflicht zur Verschwiegenheit einem Gläubigerwechsel nicht entgegensteht BGH, Urt v 26.2.2013 – VI ZR 359/11, MDR 2013, 653 = VersR 2013, 648.
98 BGH, Urt v 26.2.2013 – VI ZR 359/11, MDR 2013, 653 = VersR 2013, 648.
99 Zum Einsichtsrecht des Patienten in die Krankenunterlagen nach psychiatrischer Behandlung BGH, Urt v 2.10.1984 – VI ZR 311/82, VersR 1984, 1171 f; zum Arztspielraum bzgl eines Einsichtsrechtes des Patienten in Krankenunterlagen nach psychiatrischer Behandlung BGH, Urt v 6.12.1988 – VI ZR 76/88, BGHZ 106, 146, 148; zum Einsichtnahmerecht durch Patienten in Krankenunterlagen im Maßregelvollzug BVerfG, Urt v 9.1.2006 – 2 BvR 443/02, BVerfGK 7, 168 = NJW 2006, 1116, 1121.
100 BT-Drucks 17/10488, 11, 18; trotz des Urt des BGH zur Umkehr der Beweislast bei grobem Behandlungsfehler eines Tierarztes, BGH, Urt v 10.5.2016 – VI ZR 247/15, NJW 2016, 2502.
101 Zum Schadenersatz wegen der fehlerhaften Behandlung eines Hundes und einer Aufklärungspflichtverletzung OLG Dresden, Beschl v 9.1.2020 – 4 U 1964/19, NJW-RR 2020, 405; zur Aufklärungspflicht des Tierarztes OLG Hamm, Urt v 13.1.2015 – 26 U 95/14, openJur 2015, 7018 Rz 33, 34, 35.
102 OLG Dresden, Beschl v 9.1.2020 – 4 U 1964/19, NJW-RR 2020, 405.
103 Vgl zu den Anforderungen an die Aufklärung vor einem tierärztlichen Eingriff OLG Koblenz, Urt v 24.10.2012 – 5 U 603/12, VersR 2013, 513.
104 MünchKomm[8]/Wagner, § 630a Rz 11.
105 Zum Umfang der Beratungspflichten eines Tierarztes vor Operation eines Pferdes OLG Dresden, Beschl v 9.1.2020 – 4 U 1964/19, NJW-RR 2020, 405.
106 Vgl MBO-Tierärzte § 2 Abs 2.
107 Zur Pflichtverletzung bei der Behandlung eines Reitpferdes und zur Rechtmäßigkeit der Einschläferung eines Tieres BGH, Urt v 19.1.1982 – VI ZR 281/79, NJW 1982, 1327; MünchKomm[8]/Wagner, § 630a Rz 11.
108 MünchKomm[8]/Wagner, § 630a Rz 11.
109 Vgl BT-Drucks 17/10488, 11; MünchKomm[8]/Wagner, § 630a Rz 11.
110 Vgl dazu Effertz Apotheke & Recht, 6/2020, 251, 254, 255; Effertz GesR 2019, 15, 15.

tegesetz auf sie gleichfalls anzuwenden[111]. So üben sie typische behandlungsrechtliche Elemente insbesondere im Rahmen der Selbstmedikation aus und dürfen die bisher rein ärztliche Influenza-Impfung nach SGB V § 132j eigenverantwortlich substituieren. Der Trend zur Übernahme ärztlicher Aufgaben durch den Apotheker nimmt zu und ist besonders aktuell wieder Gegenstand der gesundheitspolitischen Überlegungen[112].

24 Der Apotheker hat sich von seiner ursprünglichen Funktion als Arzneimittelhersteller und Distributor entfernt und übt in der Versorgungsrealität zum Teil ärztliche Tätigkeiten aus[113]. Wenngleich ihm die Ausübung der Heilkunde gesetzlich verboten ist, erfordert die ordnungsgemäße Erfüllung seines Versorgungsauftrages die Ausübung der Heilkunde zurechenbarer Tätigkeiten wie Anamnese, Diagnose, Aufklärung oder Therapieauswahl[114]. Allerdings kann man Impfungen wie bspw die Grippeschutzimpfung auch der Prävention zuordnen. Im Spezialfall der Grippeschutzimpfungen nach SGB V § 132j in Apotheken wäre die Substitution der Anamnese und Aufklärung möglich (und nötig), da ein Apotheker sowohl das hierfür notwendige pharmakologische Wissen durch seine Ausbildung als auch die Durchführungskompetenz durch die vorgeschriebenen Schulungen in sich vereinen würde[115].

IV. Die Behandlungspflicht

25 **1. Rechtsnatur.** Das Rechtsverhältnis zwischen Patient und Arzt oder Krankenhausträger ist grundsätzlich privatrechtlich. Das gilt auch für die Beziehung zwischen dem gesetzlich krankenversicherten Patienten und dem Vertragsarzt, weiterhin bei der Behandlung eines Privat- oder Kassenpatienten in einem Krankenhaus[116]. Auch bei der Aufnahme in ein Krankenhaus kommt es in aller Regel zum Abschluss eines privatrechtlichen Behandlungsvertrages[117]. Auch vor dem Inkrafttreten des PatRG ging die hM im Zivilrecht von einem privatrechtlichen Vertrag zwischen Arzt und gesetzlich krankenversichertem Patienten aus, folgte somit der sog Vertragskonzeption[118]. Hingegen lehnte die im Sozialrecht vorherrschende „Versorgungskonzeption" angesichts der Einbettung des Arzt-Patienten-Verhältnisses in das öffentlich-rechtliche Versorgungssystem nach SGB V einen Vertragsschluss zwischen Arzt und GKV-Patient ab[119]. Die sozialrechtliche Rechtsprechung[120], weitgehend im Einklang mit der sozialrechtlichen Lehre[121], negierte einen Vertragsschluss zumindest, wenn GKV-Versicherte sog damals „Kassenleistungen" in Anspruch nahmen unter Verweis auf SGB V § 76 Abs 4. Es wurde argumentiert, dass die Behandlung im Rahmen eines öffentlich-rechtlichen Sonderverhältnisses erfolge[122]. Dieser Streit war nicht, wie vielfach angenommen, rein akademischer Natur[123]. Praktische Relevanz hatte er insbesondere, wenn es um die Frage ging, ob Allgemeine Geschäftsbedingungen – meist eines Krankenhausträgers – Geltung finden sollten[124]. Sofern die allgemeinen Voraussetzungen hierfür vorliegen, vgl §§ 305 f, konnte das nur dann der Fall sein, wenn zwischen den Parteien ein Vertrag zustande gekommen ist, in den diese wirksam einbezogen wurden. Die Bejahung eines privatrechtlichen Vertrages mit dem GKV-Patienten hat zudem Bedeutung für die Frage der freien Arztwahl, nach einem Ausfallhonorar des Arztes gegen den nicht erschienenen GKV-Patienten gemäß §§ 630b, 615 oder die Zuständigkeit nicht der Sozialgerichte, sondern der Zivilgerichte für Arzthaftungsklagen[125]. Die sozialrechtliche Ansicht ist mit der Regelung des Behandlungsvertrages im BGB überholt.

---

111 OLG Köln, Urt v 7.8.2013 – 5 U 92/12, MedR 2014, 105, 106 f: Gibt ein Apotheker grob fehlerhaft ein falsches Medikament an einen Patienten aus und bleibt unaufklärbar, ob ein gesundheitlicher Schaden des Patienten darauf zurückzuführen ist, muss der Apotheker beweisen, dass der Schaden nicht auf der Fehlmedikation beruht. Bei der fehlerhaften Verabreichung von Medikamenten kann das Zusammenwirken von Arzt, Apotheker und Medikament nicht sinnvoll getrennt werden. Deshalb wird bei groben Fehlern des Apothekers widerlegbar vermutet, dass ein Schaden kausal auf dessen Fehler zurückgeht.
112 Vgl Effertz Apotheke & Recht, 6/2020, 251, 254, 255; Effertz GesR 2019, 15, 15.
113 Effertz Apotheke & Recht, 6/2020, 251, 254, 255.
114 Effertz Apotheke & Recht, 6/2020, 251, 254.
115 Effertz Apotheke & Recht, 6/2020, 251, 254.
116 BGH, Urt v 3.2.1967 – VI ZR 114/65, BGHZ 47, 75; BGH, Urt v 28.4.2005 – III ZR 351/04, BGHZ 163, 42, 51 = NJW 2005, 2069.
117 Stollmann/Wollschläger, in: Laufs/Kern/Rehborn, HdB ArztR[5], § 79 Rz 43.
118 BGH, Urt v 18.3.1980 – VI ZR 247/78, BGHZ 76, 259, 261.
119 Clemens/Wiegand, in: Laufs/Kern/Rehborn, HdB ArztR[5], § 31 Rz 8.
120 BSG, Urt v 16.12.1993 – 4 RK 5/92, BSGE 73, 271, 278; aber auch BGH, Urt v 26.11.1998 – III ZR 223/97 = BGHZ 140, 102, 104.
121 Krause SGb 1982, 425, 431; Lenz NJW 1985, 649; Schmidt-de Caluwe VSSR 1998, 207, 224; Schnapp/Düring NJW 1989, 2913, 2916; vgl Natter, Der Arztvertrag mit dem sozialversicherten Patienten, S 45, 61 f.
122 Vgl zum Meinungsstand im Einzelnen Rehborn, in: Huster/Kaltenborn (Hrsg), Krankenhausrecht[2], § 14 Rz 7, 7a.
123 Rehborn GesR 2013, 257, 257, 258.
124 Rehborn GesR 2013, 257, 257, 258.
125 BeckOK-BGB/Katzenmeier, Stand: 1.5.2022, § 630a Rz 19.

Der Gesetzgeber geht ausdrücklich davon aus, dass der Behandler mit allen Patienten, unabhängig davon, ob privat oder gesetzlich versichert, „einen privatrechtlichen Behandlungsvertrag abschließt und der Arzt aus diesem Vertrag die Leistung der fachgerechten Behandlung schuldet"[126]. Der Gesetzgeber hat die Anwendung der §§ 630a ff nicht auf Selbstzahler beschränkt. Das Gesetz unterscheidet nicht zwischen gesetzlich oder privat krankenversicherten Patienten[127]. In den Motiven heißt es, es sei „der besonderen Konstruktion der gesetzlichen Krankenversicherung geschuldet, dass der Patient und der Arzt zwar einen privatrechtlichen Behandlungsvertrag abschließen und der Arzt aus diesem Vertrag die Leistung der fachgerechten Behandlung" schulde. Gleichwohl überlagere „das Recht der gesetzlichen Krankenversicherung an dieser Stelle das Privatrecht mit der Folge, dass sich der ansonsten synallagmatische Behandlungsvertrag zwischen dem Arzt und dem Patienten in ein partiell einseitiges Vertragsverhältnis" umwandle[128]. Hierin liegt ein Grund mehr, die Rechtsbeziehung zwischen Behandelnden (Arzt, Krankenhausträger, MVZ usw) und GKV-Versicherten im Grundsatz dogmatisch gleich zu behandeln[129]. Der Gesetzgeber hatte mit dem Erlass des PatRG die Intention, die Rechte der GKV-Patienten, die immerhin 90 Prozent der Krankenversicherten in Deutschland ausmachen, zu stärken und entschied sich daher der Vertragskonzeption folgend für die Annahme zivilrechtlicher Beziehungen iRd Behandlungsvertrages. Zwar betrifft der klassische Anwendungsfall des § 630a den privat krankenversicherten Patienten, jedoch wollte der Gesetzgeber auch das Rechtsverhältnis zwischen dem Behandler und dem gesetzlich versicherten Patienten ausdrücklich in den Anwendungsbereich des § 630a einbeziehen[130]. Zum Ausdruck gebracht wird dies durch die Zahlungsverpflichtung Dritter betreffende Formulierung in Abs 1, welche verdeutlicht, dass der Vertrag auch ohne Synallagma zustande kommt[131]. Hier liegt ein Unterschied zum normalen Dienstvertrag, bei dem der Dienstberechtigte selbst zur Zahlung der Vergütung verpflichtet ist, vgl § 611 Abs 1. Bei Vertragsschluss eingeschaltete gesetzliche Vertreter oder Bevollmächtigte des Patienten werden grds auch nicht Vertragspartei des Behandlungsvertrages, vgl § 164. Soweit ein Dritter, zum Beispiel die Krankenkasse die Behandlung bezahlt, wird dieser ebenfalls nicht Partei des Behandlungsvertrags. Äußerst deutlich wird die Einbeziehung der in der GKV-Versicherten in die zivilrechtliche Vertragsbeziehung zudem durch § 630c Abs 3 und die daraus resultierende wirtschaftliche Informationspflicht des Arztes gegenüber jedem seiner Patienten.

2. Des Vertragsarztes. Der Vertragsarzt unterliegt strengeren Regeln als der rein privatärztlich tätige Kollege und ist infolge seiner vertragsärztlichen Zulassung nach SGB V § 95 Abs 3 Satz 1 grundsätzlich verpflichtet, Kassenpatienten zu behandeln[132]. Dennoch lässt sich daraus kein Kontrahierungszwang ableiten, ansonsten wäre der Arzt unabhängig von seiner Leistungsfähigkeit, Praxisausstattung oder Honorierung stets zur Behandlung verpflichtet[133]. Wie bei jedem anderen Vertrag gelten grundsätzlich die Prinzipien der Vertragsautonomie und Abschlussfreiheit. Der Patient kann sich gemäß MBO-Ä § 7 Abs 2, SGB V § 76 seinen Arzt frei aussuchen[134]. Für einen gesetzlich versicherten Patienten ist dieses Recht durch SGB V § 76 Abs 3 Satz 1 teilweise (und temporär begrenzt) beschränkt, da dieser innerhalb eines Kalendervierteljahres nur bei Vorliegen eines wichtigen Grundes den Arzt wechseln soll[135]. Gemäß MBO-Ä § 1 Abs 3 ist auch der Arzt in der Ausübung seines Berufes frei, demnach muss er die ärztliche Behandlung ablehnen dürfen. Die Verpflichtung des Arztes, gemäß MBO-Ä § 7 Abs 2 Satz 2 in Notfällen zu helfen, wobei jedoch nur die unaufschiebbaren Maßnahmen ergriffen werden müssen, bleibt von dieser Regelung unberührt. Zu einer darüber hinausgehenden medizinischen Versorgung ist der Arzt auch in Notfällen nicht verpflichtet. Geht es um die Behandlung von Privatpatienten, kann der Arzt –wiederum mit Ausnahme von Notfällen – die Behandlung ablehnen. Die Ausnahme hiervon ist gemäß SGB V § 95 Abs 3 Satz 1 für den Vertragsarzt die Verpflichtung aus dem Versorgungsauftrag, da der Arzt hinsichtlich der Behandlung von gesetzlich versicherten Patienten gem SGB V § 95 Abs 3 Satz 1 Einschränkungen unterliegt, resultierend daraus, dass seine Zulassung gemäß SGB V § 15 die öffentlich–rechtliche Pflicht beinhaltet, an der vertragsärztlichen Versor-

---

126 Vgl BT-Drucks 17/10488, 19.
127 Vgl BT-Drucks 17/10488, 19; Wagner VersR 2012, 789, 793 meint, damit werde „der im Sozialrecht verbreiteten Gegenansicht die Grundlage" entzogen; ebenso Preis/Schneider NZS 2013, 281, 282.
128 BT-Drucks 17/10488, 19.
129 Vgl zu den Einzelheiten Rehborn GesR Heft 2013, 257, 257, 258; Habermalz NJW 2013, 3403, 3404; Erman[16]/Rehborn/Gescher, § 630g Rz 3; BVerfG, Beschl v 17.11.1992 – 1 BvR 162/89, MedR 1993, 232; VG Freiburg, Urt v 29.10.2015 – 6 K 2245/14, MedR 2017, 252, 254; aA jurisPK-BGB[9]/Lafontaine bspw in § 630g Rz 14: „630 g setzt einen wirksamen Behandlungsvertrag voraus.".
130 Clemens/Wiegand, in: Laufs/Kern/Rehborn, HdB ArztR[5], § 31 Rz 10.
131 Clemens/Wiegand, in: Laufs/Kern/Rehborn, HdB ArztR[5], § 31 Rz 10.
132 Kern/Rehborn, in: Laufs/Kern/Rehborn, HdB ArztR[5], § 15 Rz 13, 14.
133 BeckOK-BGB/Katzenmeier, Stand: 1.5.2022, § 630a Rz 42; vgl Deutsch/Spickhoff, MedR-HdB[7], Rz 125.
134 Kern/Rehborn, in: Laufs/Kern/Rehborn, HdB ArztR[5], § 44 Rz 12; § 15 Rz 13.
135 Vgl hierzu MBO[7]/Prütting, § 7 Rz 19.

gung teilzunehmen[136]. Nach den Grundsatzentscheidungen des BSG[137] ist der Arzt dazu verpflichtet, zur Erfüllung des Sicherstellungsauftrags dem GKV-Patienten alle wesentlichen Leistungen anzubieten, die typischerweise zu seinem Fachgebiet gehören. Gleichwohl ist damit kein Behandlungszwang iSd des Abschlusses eines Behandlungsvertrags verbunden.

28 Die gesetzliche Behandlungspflicht für den Vertragsarzt greift, wenn die jeweilige Leistung durch eine Gebührenposition im EBM/BEMA beschrieben wird und er alle für die Erbringung vorgeschriebenen Voraussetzungen hinsichtlich Qualifikation und apparativer Ausstattung erfüllt. Nach der Rspr des BSG[138] ist der Vertragsarzt nicht befugt, sein Leistungsspektrum beliebig und einseitig gegenüber den gesetzlich Krankenversicherten einzuengen. Alle ärztlichen Leistungen, soweit sie der vertragsärztlichen Versorgung zuzurechnen und im Rahmen der Praxis des Vertragsarztes erbringbar sind, hat der Vertragsarzt bei GKV-Versicherten und Privatpatienten im Rahmen seines Fachgebietes zu erbringen, soweit diesbezüglich medizinischer Bedarf besteht (Differenzierungsverbot)[139].

29 Der Vertragsarzt ist nur unter engen Voraussetzungen berechtigt, die Behandlung abzulehnen, so bspw, wenn ein volljähriger Kassenpatient seine elektronische Gesundheitskarte nicht vorlegt, BMV-Ä § 13 Abs 7 Satz 1. Unabhängig davon kann der Vertragsarzt die Behandlung von gesetzlich versicherten Patienten nur in begründeten Fällen ablehnen, BMV-Ä § 13 Abs 7 Satz 2 und 3. Ein solcher liegt in folgenden Fällen[140] vor: fehlendes Vertrauensverhältnis[141], Nichtbefolgung ärztlicher Anordnungen, erstrebte systematische, fachfremde Behandlung, ungebührliches Benehmen[142] (querulatorisches oder anderweitig unqualifiziertes Verhalten) des Patienten, das Begehren von Wunschrezepten, das Verlangen nach ärztlich nicht indizierten Behandlungsmaßnahmen oder die Durchführung riskanter Eingriffe, deren Durchführung nicht vitalindiziert ist (beispielsweise Schönheitseingriffe contra legem) oder das Verlangen eines Besuches außerhalb des Praxisbereiches ohne zwingenden Grund[143] oder außerhalb eines Notfalles[144]. Zum Notfall gehören auch Schmerzpatienten im Akutfall. Auch das Vorlegen eines Covid-Testes seitens des Patienten als Voraussetzung für die Durchführung der Behandlung[145] gilt nicht im Notfall, sondern nur für elektive Behandlungen zum Schutz der Mitpatienten und Mitarbeiter einer Praxis oder eines Krankenhauses[146].

30 Ein Grund zur Ablehnung liegt nicht in der Überschreitung von Budget- oder Fallzahlobergrenzen. Erst, wenn aufgrund nicht vorhandener Sachmittel oder eines Übermaßes an Patienten und einer vollständigen Überlastung des Arztes oder der Praxis eine Behandlung nach dem gebotenen Standard nicht mehr darstellbar wäre, kommt die Ablehnung einer ärztlichen Behandlung in Betracht[147]. Im Falle einer unberechtigten Ablehnung hat der Vertragsarzt ein vertragsärztliches Disziplinarverfahren zu befürchten[148]. Dies gilt insbesondere dann, wenn der Vertragsarzt sich wegen kapazitätsmäßiger Überlastung weigert, eine gesetzlich versicherte Patientin als Kassenpatientin zu behandeln, und diese stattdessen am selben Tag als Privatpatientin und gegen Privatliquidation behandelt[149]. Dies stellt einen Verstoß gegen das Sachleistungsprinzip sowie gegen die Vorschrift des SGB V § 128 Abs 5a dar[150]. Die Verhängung einer Geldbuße in Höhe

---

136 Kern/Rehborn, in: Laufs/Kern/Rehborn, HdB ArztR⁵, § 44 Rz 13.
137 Zur Zubereitung gebrauchsfertiger Arzneimittel als vertragsärztlicher Leistungspflicht BSG, Urt v 17.2.2016 – B 6 KA 3/15 R, openJur 2016, 13324 (Ls); zur Kostendeckung, die kein Maßstab ist BSG, Urt v 14.3.2001 – B 6 KA 54/00 R, BSGE 88, 20, 20 f; BSG, Urt v 14.3.2001 – B 6 KA 36/00 R, NJW 2002, 238 (Ls).
138 BSG, Urt v 17.2.2016 – B 6 KA 3/15 R, openJur 2016, 13324 (Ls).
139 BSG, Urt v 21.3.2001 – B 6 KA 67/00 R, -juris.
140 MBO⁷/Prütting, § 7 Rz 7.
141 MBO⁷/Prütting, § 7 Rz 22.
142 Kern/Rehborn, in: Laufs/Kern/Rehborn, HdB ArztR⁵, § 15 Rz 15.
143 Zur Frage, unter welchen Umständen ein Arzt „der die Behandlung übernommen hat" zu einem Krankenbesuch (sog Hausbesuch) verpflichtet ist; „Ein Hausbesuch ist jedenfalls dann erforderlich, wenn es sich offensichtlich um eine schwerere Erkrankung handelt" BGH, Urt v 20.2.1979 – VI ZR 48/78, VersR 1979, 376. Der Arzt hat die Verpflichtung, zu behandeln und damit auch die Verpflichtung zu einem Hausbesuch, wenn der Patient aus gesundheitlichen Gründen nicht selbst in die Praxis kommen kann. Dies ist der Fall, wenn der Patient nicht mobil und bettlägerig oder offensichtlich schwer erkrankt ist, bspw Patienten nach einem Schlaganfall mit Hemiparese (halbseitige Lähmung des Körpers), Tumorerkrankungen im Endstadium oder an COPD (chronische Lungenerkrankung) erkrankte Patienten, die auf Heimsauerstoff angewiesen sind.
144 MBO⁷/Prütting, § 7 Rz 20.
145 Zur Behandlungsverweigerung bei mangelndem Coronatest LG Dortmund, Beschl v 4.11.2020 – 4 T 1/20, NJW 2021, 1251 = openJur 2020, 76301 Rz 23, 24, 25.
146 Zur Behandlungsverweigerung bei mangelndem Coronatest LG Dortmund, Beschl v 4.11.2020 – 4 T 1/20, NJW 2021, 1251 = openJur 2020, 76301 Rz 23, 24, 25.
147 BeckOK-BGB/Katzenmeier, Stand: 1.5.2022, § 630a Rz 43.
148 BeckOK-BGB/Katzenmeier, Stand: 1.5.2022, § 630a Rz 42.
149 SG München, Urt v 23.4.2021 – S 28 KA 116/18, BeckRS 2021, 12199.
150 SG München, Urt v 23.4.2021 – S 28 KA 116/18, BeckRS 2021, 12199.

von € 2.500 durch Disziplinarbescheid gilt in diesem Zusammenhang als angemessen[151]. Da seine Berufsausübung es dem Arzt seit Alters her rechtlich gebietet zu helfen, darf der Arzt seine Hilfe nicht verweigern[152].

3. **Des privat behandelnden Arztes.** Dem privat abrechnenden Arzt steht die Ablehnung einer Behandlung nach MBO-Ä § 7 Abs 2 Satz 2 grundsätzlich frei[153]. Dennoch sind diskriminierende Behandlungsverweigerungen im Hinblick auf GG Art 3 Abs 3 GG und AGG §§ 19, 20 zu unterlassen[154]. Hat sich durch eine langjährige Behandlungsdauer ein besonderes Arzt–Patienten–Verhältnis entwickelt, sollte eine Ablehnung nur in Ausnahmefällen in Betracht gezogen werden[155]. Grund hierfür ist das besondere Vertrauensverhältnis und das berechtigte Vertrauen des Patienten darauf, dass der Arzt ihn auch bei künftigen Krankheiten behandeln wird[156]. Sofern aufgrund der Ablehnung seines Patienten der Verstoß eines Arztes gegen seine Berufspflicht angenommen wird, kann dies im Wege der Disziplinargerichtsbarkeit nach Maßgabe der Kammer- und Heilberufsgesetze geahndet werden[157]. Die unsachliche, willkürliche oder gar diskriminierende Ablehnung von Patienten kennt das (Arzt-) Recht nicht[158].

4. **Im Notfalldienst, der Notaufnahme, dem Rettungsdienst.** Der ärztliche Bereitschaftsdienst stellt die medizinische Versorgung der Patienten bei „nicht lebensbedrohlichen" Beschwerden in sogenannten Notfallpraxen sicher[159]. Niedergelassene Ärzte sind ebenso wie Privatärzte verpflichtet, am sog Bereitschaftsdienst teilzunehmen, MBO-Ä § 26. Der Bereitschaftsdient ist Teil der ambulanten Versorgung, sodass im Rahmen der Notfallbehandlung vertragliche Beziehungen zwischen dem Notfallpatienten und dem Notfallarzt zustande kommen[160]. In diesem Rahmen sollen bei akuten gesundheitlichen Beschwerden Sofortmaßnahmen erbracht werden. Der Arzt muss jedem Notruf gewissenhaft nachgehen[161]. Näheres zum Notfall- bzw Bereitschaftsdienst wird durch die Kammer- und Heilberufsgesetze der Länder geregelt.

Unabhängig davon sind die Notaufnahmen der Kliniken, welche den Patienten uneingeschränkt das ganze Jahr rund um die Uhr zur Verfügung stehen. An die Notaufnahme können sich insbesondere solche Patienten wenden, die sich in einem medizinischen Notfall befinden, aber noch mobil sind. Krankenhäuser, zumindest die im Sinne des Krankenhausfinanzierungsgesetzes, trifft im Rahmen ihres medizinisch-fachlichen Versorgungsauftrages die Pflicht zur Behandlung im Umfang der landesrechtlich festgelegten Aufnahmeverpflichtung[162]. Ambulante Notfallbehandlungen sind im Rahmen der vertragsärztlichen Versorgung abzurechnen[163]. Die stationäre Behandlung unterscheidet sich von der ambulanten Behandlung durch die Aufnahme in das Krankenhaus. Die organisatorische Eingliederung des Patienten erfolgt durch die Aufnahmeentscheidung des Krankenhausarztes auf der Basis eines entsprechenden Behandlungsplans sowie Behandlungsvertrages. Geht der Aufnahmeentscheidung eine Aufnahmeuntersuchung voraus, dient diese lediglich der Klärung, ob die stationäre Aufnahme und Behandlung des Patienten erforderlich ist. Entscheidet sich das Krankenhaus nach der Aufnahmeuntersuchung für eine Verweisung des Versicherten an eine andere Einrichtung oder in die ambulante Weiterbehandlung, liegt eine stationäre Behandlung dieses Krankenhauses nicht vor[164]. Dies gilt auch in Fällen, in denen Versicherte zunächst als Notfall eingeliefert werden[165]. Weder die Intubation noch die künstliche Beatmung im Schockraum begründen daher eine vollstationäre Behandlung iSe Krankenhausaufnahme[166]. Die Behandlung dort ist regelmäßig Teil der Notfallbehandlung und der Aufnahme des Patienten in die vollstationäre Versorgung vorgeschaltet.

Ergänzt werden ärztlicher Bereitschaftsdienst und die Notaufnahmen der Kliniken durch den Rettungsdienst. Unter den besonderen Bedingungen der öffentlichen Aufgabe des Rettungsdiens-

---

151 SG München, Urt v 23.4.2021 – S 28 KA 116/18, BeckRS 2021, 12199.
152 Kern/Rehborn, in: Laufs/Kern/Rehborn, HdB ArztR[5], § 15 Rz 15.
153 MBO[7]/Prütting, § 7 Rz 20.
154 Kern/Rehborn, in: Laufs/Kern/Rehborn, HdB ArztR[5], § 15 Rz 15; BeckOK-BGB/Katzenmeier, Stand: 1.5.2022, § 630a Rz 43.
155 Zur Frage unter welchen Umständen ein Arzt „der die Behandlung übernommen hat" zu einem Krankenbesuch (Hausbesuch) verpflichtet ist, BGH, Urt v 20.2.1979 – VI ZR 48/78, VersR 1979, 376.
156 MBO[7]/Prütting, § 7 Rz 21.
157 Bezirksberufsgericht für Ärzte in Stuttgart, Urt v 24.6.2009 – BGÄS 7/09, https://www.aerzteblatt.de/archiv/77275/Behandlung-im-Notfall-verweigert, zuletzt abgerufen am 8.11.2021.
158 Deutsch/Spickhoff, MedR-HdB[7], Rz 125.
159 Zum Notfallcharakter einer Behandlung vgl BSG, Urt v 26.6.2019 – B 6 KA 68/17 R, NZS 2020, 271.
160 Kern/Rehborn, in: Laufs/Kern/Rehborn, HdB ArztR[5], § 44 Rz 17.
161 Vgl § 630a Rz 428–432.
162 MBO[7]/Prütting, § 7 Rz 20.
163 BSG, Urt v 18.5.2021 – B 1 KR 11/20 R, openJur 2021, 41029 Rz 13, 14.
164 BSG, Urt v 18.5.2021 – B 1 KR 11/20 R, openJur 2021, 41029 Rz 13, 14.
165 BSG, Urt v 18.5.2021 – B 1 KR 11/20 R, openJur 2021, 41029 Rz 13, 14.
166 BSG, Urt v 18.5.2021 – B 1 KR 11/20 R, openJur 2021, 41029 Rz 13, 14.

tes[167] ist der Notarzt[168] rund um die Uhr einsatzfähig und wird bei lebensbedrohlichen Notfällen, wie bspw bei einem Schlaganfall, einem Herzinfarkt oder einem Unfall tätig. Grundsätzlich wird in der Medizin als Notfall jede Situation eines Menschen bezeichnet, die ohne sofortige medizinische Behandlung zu schweren (bleibenden) Schäden oder gar dem Tod führt und unmittelbar elementare Lebensfunktionen einschränkt. Beispiele hierfür wären Vergiftungen, schwere Verletzungen oder der Ertrinkungstod sowie akute Erkrankungen. Gemäß MBO-Ä § 7 Abs 2 Satz 2 sind Ärzte in einem Notfall zur Behandlung verpflichtet, eine Verweigerung der ärztlichen Behandlung ist nicht möglich. Der Arzt muss die unaufschiebbaren Maßnahmen ergreifen, jedoch keine darüberhinausgehende medizinische Versorgung leisten. Auch die Behandlung von Notfallpatienten in der präklinischen Notfallmedizin erfolgt nach den Regeln des Behandlungsvertrages nach §§ 630a ff. Der Behandlungsvertrag wird mit dem zunächst geschäfts- und einwilligungsunfähigen Patienten dabei auch als schwebend unwirksamer Vertrag geschlossen, erst durch nachträgliche Genehmigung wirksam werden[169].

35 Mit den Trägern des Rettungs- und denen des Notarztdienstes werden getrennte Behandlungsverträge über die jeweils zu erbringenden medizinischen Leistungen geschlossen. In der präklinischen Notfallmedizin ist der tatsächliche Wille des Notfallpatienten zu beachten. Kennt der Notarzt diesen[170], hat er dementsprechend zu handeln[171]. Auf die Ermittlung eines mutmaßlichen Willens des Patienten kommt es dann nicht mehr an. Dies gilt beispielsweise für den frei verantwortlichen Suizid, der im Versuchsstadium stecken bleibt[172]. Lassen sich weder aus Patientenverfügungen noch Patientenvollmachten ein auf die Situation zutreffender Wille entnehmen, sind diese zumindest bei der Ermittlung des mutmaßlichen Willens heranzuziehen. Nach Auffassung des BGH besteht allerdings bei einem Abbruch lebenserhaltender Maßnahmen nur dann eine Bindungswirkung für den Behandler, wenn sich der Verfügung konkrete Maßnahmen für die vorliegende Situation entnehmen lassen[173].

36 Inhalt der Behandlungsverträge sind die in §§ 630a ff geregelten Pflichten über die Information, Aufklärung und Einwilligung des Patienten. Beim schwebend unwirksamen Behandlungsvertrag werden sie erst durch dessen Genehmigung Vertragsinhalt. Für ihre Erfüllung und die Einhaltung des allgemein anerkannten fachlichen Standards haftet der Vertragspartner unabhängig von einem möglichen vertraglichen Schwebezustand. Bei bewusstlosen Patienten ist die Behandlung juristisch als sog Geschäftsführung ohne Auftrag gemäß §§ 677 ff zu werten (siehe hierzu Rz 65 f). Als subjektives Rechtfertigungselement muss der sog Geschäftsbesorgungswille des Arztes, damit der Wille, iSd Rechtsgutsinhabers zu handeln, gegeben sein[174]. Dabei ist der behandelnde Arzt verpflichtet, nicht nur das objektive Interesse, sondern auch den mutmaßlichen Willen des Patienten zu wahren, wobei dieser nicht zwangsläufig nachvollziehbar sein muss[175]. Der Arzt muss sich in die Situation des Patienten versetzen und versuchen, dessen Belange wahrzunehmen. Letztlich ist in diesem Bereich eine Gewissensentscheidung des Arztes gefragt. Diese kann zumindest dann nicht beanstandet werden, wenn erkennbar ist, dass der Arzt auf Grundlage der ihm vorliegenden Informationen eine nachvollziehbare Interessenabwägung vorgenommen hat. Im Regelfall wird der Patient den Vertragsschluss nach Wiedererlangung seines Bewusstseins nachholen. Die Voraussetzungen gemäß § 677 sind: fremdes Geschäft, mit Fremdgeschäftsführungswillen, ohne Auftrag, im Interesse und Willen des Geschäftsherrn.

37 Als Geschäftsführer ohne Auftrag kommt in der präklinischen Notfallmedizin nur ausgebildetes Personal des Rettungs- und des Notarztdienstes in Betracht. Dieses Personal hat bei der Aus-

---

167 Zur Haftung des Trägers des Rettungsdienstes für ärztliche Fehler BGH, Urt v 9.1.2003 – III ZR 217/01, BGHZ 153, 268. Die Haftung für Behandlungsfehler eines Notarztes im Rettungsdiensteinsatz richtet sich in Bayern nach Amtshaftungsgrundsätzen (Fortführung von BGH, Urt v 9.1.2003 – III ZR 217/01, BGHZ 153, 263, 263 ff). Damit hat der BGH seine bislang eher in die gegenteilige Richtung laufende Rechtsprechung vor dem Hintergrund einer 1997 erfolgten Änderung von SGB V § 75 Abs 1 S 2 korrigiert. Die notärztliche Versorgung im Rahmen des Rettungsdienstes wurde aus dem Sicherstellungsauftrag der KVen herausgenommen und der Landesgesetzgebung mit ihren Rettungsdienstgesetzen unterstellt, vgl Deutsch/Spickhoff, MedR-HdB[7], Rz 139.
168 Im Unterschied zum (vertrags-)ärztlichen Notdienst, den die kassenärztlichen Vereinigungen und die Kassenärztliche Bundesvereinigung gemäß SGB V § 75 Abs 1b zu sprechstundenfreien Zeiten unter Einbeziehung aller Mitglieder sicherstellt und gem SGB V § 75 Abs 2 Satz 2 überwacht, können am Rettungsdienst nur besonders qualifizierte Ärzte (mit Fachkundenachweis „Rettungsdienst" der Ärztekammer oder einer vergleichbaren Qualifikation, als sog Notärzte, teilnehmen (Bundesministerium der Justiz und für Verbraucherschutz, 1988); SGB V, BGBl I S 2652 (Nr 50) neuste Änderung: 3.6.2021 (BGBl I S 1309).
169 Lippert GesR 2015, 268, 269 f mwN; MBO[7]/Lippert, § 26 Rz 23.
170 Bspw dann, wenn der Notarzt auch der behandelnde Arzt war oder ist.
171 MBO[7]/Lippert, § 26 Rz 24.
172 LG Deggendorf, Beschl v 13.9.2013 – 1 Ks 4Js 7438/11, GesR 2014, 487.
173 BGH, Beschl v 6.7.2016 – XII B 61/16, openJur 2016, 8411 Rz 64–67; MBO[7]/Lippert, § 26 Rz 23.
174 Makowsky JuS 2019, 332, 333.
175 BGH, Urt v 17.3.2003 – XII ZB 2/03, BGHZ 154, 205; Lorenz JuS 2016, 12, 13.

führung der Geschäftsführung denselben Sorgfaltsmaßstab anzuwenden, wie er bei der Erfüllung des Behandlungsvertrages ansonsten auch anzuwenden ist[176].

Unabhängig davon trifft jeden Arzt die allgemeine Pflicht zur Hilfeleistung nach Strafgesetzbuch gemäß StGB § 323c „Unterlassene Hilfeleistung", wenn nicht darüber hinaus sogar schon eine Garantenpflicht zum Eingreifen begründet ist, die bei einer Unterlassung auch zur Strafbarkeit nach den unechten Unterlassungsdelikten über StGB § 13 führt[177]. Grundsätzlich wird einem Arzt aufgrund seines Sonderwissens oder seinen ärztlichen Instrumenten immer ein höheres Maß an Hilfe zumutbar sein müssen als dem Laien[178]. **38**

5. (Mit-)Behandlung des Ehegatten gemäß § 1357. Bei verheirateten Patienten kann der nicht behandelte Ehegatte des Patienten zur Zahlung der ärztlichen Gebühren verpflichtet sein. Gemäß § 1357 Abs 1 ist jeder Ehegatte berechtigt, Geschäfte zur angemessenen Deckung des Lebensbedarfs der Familie mit Wirkung auch für den anderen Ehegatten zu besorgen, wenn die Arztbehandlung zur Deckung des angemessenen Lebensbedarfs der Familie gehört[179]. Unter diese Sonderregelung der Verpflichtung auch des nicht behandelten Ehegatten des Patienten fallen Verträge über unaufschiebbare und sachlich gebotene Behandlungsleistungen[180]. Sachlich und zeitlich nicht gebotene Behandlungsleistungen wie aufwendiger Zahnersatz oder Wahlleistungen des Krankenhauses fallen nicht unter diese Bestimmung[181]. Dies soll insbesondere auch dann gelten, wenn ein derartiger Behandlungsaufwand dem Lebenszuschnitt der Eheleute bislang entsprochen hat[182]. **39**

Bevor der Ehepartner des behandelten Patienten auf Zahlung der ärztlichen Gebühren in Anspruch genommen wird, muss im Einzelfall genau geprüft werden, ob die Voraussetzungen des § 1357 Abs 1 tatsächlich vorliegen[183]. Es muss nicht zwingend ein Vergütungsanspruch gegeben sein[184]. Der geschieden oder getrennt von seiner Ehegattin lebende Ehemann, kann, da § 1357 nicht mehr für ihn eingreift, nicht im Rahmen der Geschäftsführung ohne Auftrag zu den Arztkosten für sie herangezogen werden[185]. Gibt die Ehefrau somit bei dem Beginn der Behandlung an, die Rechnung möge an die private Krankenversicherung ihres Ehemanns gesandt werden, wird diese tatsächlich selbst Vertragspartnerin des Arztes, da der Wille, in fremdem Namen zu handeln, nicht erkennbar wird[186]. **40**

Eine Mitverpflichtung des Ehegatten ist bei gesetzlich Krankenversicherten nur selten gegeben, da idR die Krankenkasse die Kostentragung übernimmt. Derartige Ausnahmen gibt es bei sog IGeL-Leistungen, bei Wahlleistungen nach KHEntgG § 17, bei Zusatzleistungen oder auch bei vom Versicherten nach SGB V § 13 Abs 2 gewählter Kostenerstattung[187]. Die angeführten Regelungen gelten auch für eingetragene Lebenspartnerschaften gemäß LPartG § 8 Abs 2 sowie seit 2017 für gleichgeschlechtliche Ehen. **41**

---

176 Biermann Notfallmedizin up2date 2009; 4(4): 297-313.
177 MBO[7]/Prütting, § 7 Rz 19; vgl Lipp, in: Laufs/Katzenmeier/Lipp, Arztrecht[8], IV Rz 11 ff mwN.
178 Schönke/Schröder[30]/Hecker, § 323c Rz 23.
179 Zu Geschäften zur Deckung des Lebensbedarf iRd unaufschiebbaren ärztlichen Behandlung und der Mitverpflichtung des mittellosen Ehegatten BGH, Urt v 27.11.1991 – XII ZR 226/90, BGHZ 116, 184; LG Saarbrücken, Urt v 16.4.1971 – 11 S 252/70, NJW 1971, 1894; Kern/Rehborn, in: Laufs/Kern/Rehborn, HdB ArztR [5], § 74 Rz 77.
180 Kern/Rehborn, in: Laufs/Kern/Rehborn, HdB ArztR[5], § 74 Rz 77; Grüneberg[81]/Siede, § 1357 Rz 14; BGH, Urt v 27.11.1991 – XII ZR 226/90, BGHZ 116, 184; BGH Urt v 28.4.2005 – III ZR 351/04, BGHZ 163, 42, 51 = JZ 2005, 949 m Anm Katzenmeier JZ 2005, 951.
181 Grüneberg[81]/Siede, § 1357 Rz 15.
182 Grüneberg[81]/Siede, § 1357 Rz 17; OLG Köln Urt v 16.9.1980 – 3 U 53/80, NJW 1981, 637; zur Anwendung des § 1357 auf einen Krankenhausaufnahmevertrag KG, Urt v 5.4.1984 – 20 U 3829/82, NJW 1985, 682; zur Einstandspflicht gem § 1357 Abs 1, wenn Kostentragung von vornherein ausgeschlossen ist OLG Köln Urt v 7.10.1998 – 5 U 174/97, NJW-RR 1999, 733; zur Mitverpflichtung des Ehegatten bei medizinisch indizierter, unaufschiebbarer Behandlung des Ehepartners OLG Frankfurt/M Urt v 16.9.1998 – 14 W 76/98, NJW-RR 1999, 731; zur Haftung des Ehegatten für Behandlungskosten OLG Saarbrücken, Urt v 12.4.2000 – 1 U 771/99 – 191, NJW 2001, 1798; zur Haftung des Ehegatten für Krankenhausbehandlungskosten LG Heidelberg, Urt v 14.2.2014 – 5 O 275/13, NJW-RR 2014, 777.
183 Der Ehegatte wird jedoch nie Vertragspartner des Arztes, vgl Deutsch/Spickhoff, MedR-HdB[7], Rz 124 und zu § 1357 vgl Deutsch/Spickhoff, MedR-HdB[7], Rz 132; in eine andere Richtung tendierend: Ehefrau ist auch bei Angabe der Versicherung des Ehemannes selbst Vertragspartei OLG Hamm, Urt v 28.4.1997 – 3 U 239/96, VersR 1997, 1360.
184 Zum Vertragspartner eines Behandlungsvertrages bei Behandlung der vom Krankenkassenmitglied getrennt lebenden Familienangehörigen, BGH, Urt v 15.5.1991 – VIII ZR 212/90, NJW 1991, 2958.
185 Kern/Rehborn, in: Laufs/Kern/Rehborn, HdB ArztR[5], § 74 Rz 51.
186 Kern/Rehborn, in: Laufs/Kern/Rehborn, HdB ArztR[5], § 74 Rz 51; zu Geschäften zur Deckung des Lebensbedarf iRd unaufschiebbaren ärztlichen Behandlung und der Mitverpflichtung des mittellosen Ehegatten BGH, Urt v 27.11.1991 – XII ZR 226/90, BGHZ 116, 184; OLG Hamm, Urt v 28.4.1997 – 3 U 239/96, VersR 1997, 1360.
187 MünchKomm[8]/Wagner, § 630a Rz 99.

42 **6. Behandlung Minderjähriger.** Minderjährige zwischen dem 7. und 18. Lebensjahr sind gemäß § 106 beschränkt geschäftsfähig[188]. Minderjährige, die das 7. Lebensjahr noch nicht vollendet haben, sind geschäftsunfähig, sodass eine von ihnen abgegebene Willenserklärung von Beginn an nichtig ist. Die volle Geschäftsfähigkeit wird grundsätzlich ab dem 18. Lebensjahr erlangt. Minderjährige können Verträge zwar ohne Einwilligung der Sorgeberechtigten schließen[189]. Diese sind aber gemäß § 108 Abs 1 schwebend unwirksam, bis die gesetzlichen Vertreter – in aller Regel seine Sorgeberechtigten – den Vertrag genehmigen[190]. Umgekehrt droht gegenüber Verpflichtungserklärungen, die Kinder im Falle der Behandlung der Eltern abgeben, das Verdikt der Sittenwidrigkeit, jedenfalls wenn die Angehörigen unter Druck stehen[191].

43 a) **Behandlungsvertrag mit dem Minderjährigen.** Behandelt der Arzt einen Minderjährigen, also einen Patienten, der das 18. Lebensjahr noch nicht vollendet hat, kommt regelmäßig ein zivilrechtlicher Behandlungsvertrag zwischen dem Arzt einerseits und dem oder den Sorgeberechtigten des Minderjährigen als Ausdruck derer elterlicher Sorge nach § 1626 andererseits zustande. Dies gilt ohne Ausnahme für Minderjährige, die das 7. Lebensjahr noch nicht vollendet haben und für beschränkt geschäftsfähige Minderjährige zwischen 7 und 18 Jahren, soweit der Behandlungsvertrag für sie nicht lediglich rechtlich vorteilhaft wäre. Hiervon ist in der Regel auszugehen, da den Minderjährigen mit Vertragsschluss eine Vergütungspflicht träfe. Nur unter besonderen Umständen wird man davon ausgehen können, dass die Eltern nach §§ 1626, 1629 Abs 1 den Vertrag im Namen des Kindes schließen wollen[192]. Bei dem zwischen den Sorgeberechtigten und dem Behandler geschlossenen Vertrag handelt es sich gemäß §§ 328 ff, 630a ff um einen Behandlungsvertrag zu Gunsten des minderjährigen Kindes[193]. Schließt ein Elternteil mit verbindlicher Wirkung für den anderen einen Arztvertrag zugunsten des gemeinsamen Kindes ab, wird das Kind anspruchsberechtigt nach § 328[194]. Indem der Minderjährige Anspruch auf eine sorgfältige Behandlung erhält, ist er ebenso Anspruchsberechtigter in einem Arzthaftungsprozess. § 328 ist darüber hinaus etwa dann einschlägig, wenn Gasteltern einen Arztvertrag in eigenem Namen zugunsten eines (volljährigen) Gastschülers oder Au-Pair eingehen[195] als auch bei der medizinischen Betreuung von minderjährigen Sportlern bei Sportveranstaltungen[196]. Für den Ausnahmefall, dass der Behandlungsvertrag mit dem Kind im Wege der Stellvertretung geschlossen wird, gilt § 1629 Abs 1[197]. Danach genügt der Abschluss durch ein Elternteil in einem Notfall iSd § 1629 Abs 1 Satz 4[198]. Unabhängig davon können die Eltern einander ausdrücklich oder konkludent ermächtigen, allein zu handeln. Der Rspr folgend darf der Arzt davon ausgehen, dass der mit dem Kind erschienene Elternteil zur Alleinentscheidung ermächtigt ist, wenn es sich um Routinefälle, wie bspw um die Behandlung leichterer Erkrankungen und Verletzungen, handelt und ihm keine entgegenstehenden Umstände bekannt sind[199]. Geht es allerdings um schwierige und weitreichende Entscheidungen, muss er die Einwilligung beider Elternteile einholen, es sei denn, ihm wird eine wirksame Bevollmächtigung des einen Elternteiles durch den anderen nachgewiesen, der dann quasi einer Sorgerechtsübertragung entspricht[200]. Zumeist wird der erschienene Elternteil sich selbst und den mitsorgeberechtigten, aber abwesenden Elternteil vertraglich binden wollen[201]. Die Mitverpflichtung des abwesenden Elternteiles kann sich daraus ergeben, dass der den Minderjährigen begleitende Elternteil den anderen nach §§ 164

---

188 Pramann Deutsches Ärzteblatt 2019, 116 (4): 2.
189 Pramann Deutsches Ärzteblatt 2019, 116 (4): 2.
190 Pramann Deutsches Ärzteblatt 2019, 116 (4): 2.
191 Vgl Deutsch/Spickhoff, MedR-HdB⁷, Rz 133; zur Sittenwidrigkeit der Mitverpflichtung eines Familienangehörigen im Rahmen eines Schuldbeitritts OLG Hamm, Urt v 31.1.2001 – 3 U 165/00, NJW 2001, 1797.
192 Lipp, in: Laufs/Katzenmeier/Lipp, Arztrecht⁸, III Rz 15.
193 BGH, Urt v 28.5.2005 – III ZR 351/04, openJur 2012, 59056 Rz 38.
194 Reuter, Der Abschluss des Arztvertrages durch einen minderjährigen Patienten, S 113; vgl Kern/Rehborn, in: Laufs/Kern/Rehborn, HdB ArztR⁵, § 43 Rz 42.
195 Jauernig¹⁸/Mansel, § 630a Rz 3; Staud²⁰²¹/Gutmann, § 630a Rz 103.
196 Staud²⁰²¹/Gutmann, § 630a Rz 103.
197 Lipp, in: Laufs/Katzenmeier/Lipp, Arztrecht⁸, III Rz 15.
198 Lipp, in: Laufs/Katzenmeier/Lipp, Arztrecht⁸, III Rz 15.
199 Zur gemeinsamen Zustimmung der Eltern bei ärztlicher Behandlung von Minderjährigen BGH, Urt v 28.6.1988 – VI ZR 288/87, BGHZ 105, 45 = JZ 1989, 95 m Anm Giesen, JZ 1989, 95, 96; zur wirksamen Bevollmächtigung des einen Elternteiles durch den anderen Sorgerechtsberechtigten, die eine Sorgerechtsübertragung überflüssig macht BGH, Beschl v 29.4.2020 – XII ZB 112/19, BGHZ 224, 184; Kern NJW 1994, 753, 756; BGH NJW 2000, 1784, 1785; OLG Hamm GesR 2016, 90, 91 f; Lipp, in: Laufs/Katzenmeier/Lipp, Arztrecht⁸, III Rz 16.
200 Zur wirksamen Bevollmächtigung des einen Elternteiles durch den anderen Sorgerechtsberechtigten, die eine Sorgerechtsübertragung überflüssig macht BGH, Beschl v 29.4.2020 – XII ZB 112/19, BGHZ 224, 184.
201 Zur gemeinsamen Zustimmung der Eltern bei ärztlicher Behandlung von Minderjährigen BGH, Urt v 28.6.1988 – VI ZR 288/87, BGHZ 105, 45 = JZ 1989, 95 m Anm Giesen JZ 1989, 95, 96.

ff wirksam vertritt oder nach § 1357 mitverpflichtet[202]. Während die Stellvertretung voraussetzt, dass der Ehegatte gegenüber dem Arzt als Vertreter auftritt[203], greift § 1357 auch dann ein, wenn der Arzt gar nicht weiß, dass der erschienene Elternteil mit dem anderen Sorgeberechtigten verheiratet ist[204].

44 Die Einwilligung zumindest eines Elternteiles hinsichtlich der Behandlung ist erforderlich. Eine ohne Einwilligung durchgeführte medizinische Maßnahme ist, sofern nicht die Ausnahme des § 630d Abs 1 Satz 4 vorliegt, eine rechtswidrige Körperverletzung, die gemäß StGB §§ 223 ff strafbar ist und gemäß §§ 823 ff zivilrechtliche Schadensersatzansprüche auslöst[205]. Sind die Voraussetzungen für eine wirksame Einwilligung der Sorgeberechtigten in die Behandlung des Kindes nicht gegeben, weil sie nach § 1631e Abs 1 gesetzlich ausgeschlossen ist oder zwar rechtlich möglich, aber aufgrund der weiteren Voraussetzungen nach § 1631e Abs 2 und Abs 3 unwirksam ist, bleibt es bei den straf- und zivilrechtlichen Sanktionen[206].

45 Die Regelung des § 1631e beruht auf dem Gesetz zum Schutz von Kindern mit Varianten der Geschlechtsentwicklung[207] und bezweckt den Schutz der körperlichen Integrität und des geschlechtlichen Selbstbestimmungsrechtes von Kindern mit einer Variante der Geschlechtsentwicklung[208]. § 1631e unterscheidet drei Fallgruppen. Abs 1 gilt generell für „Behandlungen". Soll nach Abs 1 die Behandlung einzig und allein das körperliche Erscheinungsbild des Kindes an das des weiblichen oder männlichen Geschlechts angleichen, ist die Vertretung des Kindes für die erforderliche Zustimmung zur Behandlung ausgeschlossen und die Behandlung rechtswidrig. Hierbei handelt es sich um ein absolutes Verbot für die Sorgeberechtigten in eine Behandlung gleich welcher Art diese sein mag, operativ, medikamentös oder hormonell, einzuwilligen, oder diese selbst durchzuführen[209]. Handelt es sich um operative Eingriffe, bei denen die Angleichung des körperlichen Erscheinungsbildes nur eine mögliche Folge ist, sodass es außerdem (mindestens) einen weiteren Grund für den Eingriff gibt und der Eingriff nicht aufgeschoben werden kann, bis das Kind einwilligungsfähig ist, ist die Vertretung des Kindes für die erforderliche Einwilligung in den Eingriff zulässig und daraus resultierend der Eingriff rechtmäßig. Weitere Voraussetzung ist, dass die Einwilligungserklärung vom Familiengericht genehmigt wurde. Ist aber der Eingriff so dringlich, dass keine familiengerichtliche Genehmigung abgewartet werden kann, ist die Vertretung des Kindes für die erforderliche Einwilligung in den Eingriff ebenfalls zulässig und der Eingriff rechtmäßig. Grds unterstellt Abs 3 Satz 1 die Einwilligung ebenfalls der familiengerichtlichen Genehmigung, es sei denn, das operative Verfahren ist zur Abwendung einer Gefahr für Leib und Leben so dringlich, dass das familiengerichtliche Verfahren nicht zugewartet werden kann[210]. Damit entfällt auch auch die Befassung einer interdisziplinären Kommission gemäß § 1631e Abs 4 und 5, da diese in das gerichtliche Verfahren ebenfalls eingebunden wird[211]. Aus der Beschränkung auf „operative Eingriffe" folgt, dass medikamentöse oder sonstige Behandlungen, die eine Angleichung des körperlichen Erscheinungsbildes „zur Folge haben können", von der Ausnahme, die Abs 2 gegenüber Abs 1 darstellt, nicht erfasst sind, in sie also nicht eingewilligt werden kann, solange das Kind selbst nicht einwilligungsfähig ist.

46 b) **Gesetzlich versicherte Minderjährige.** Bei GKV–Versicherten darf per Krankenversicherungskarte abgerechnet werden, SGB I § 36 Abs 1 Satz 1[212]. Insoweit führt der Abschluss des Behandlungsvertrags bei minderjährigen GKV-Versicherten zu keinem rechtlichen Nachteil, was die Einwilligung der gesetzlichen Vertreter iSd § 107 überflüssig macht[213]. Seit dem 1.1.1989 hat der über die Familie mitversicherte Minderjährige einen eigenen Leistungsanspruch nach SGB V § 10. Diesen Leistungsanspruch kann der Minderjährige mit Vollendung des 15. Lebensjahres

---

202 Zum Vertragspartner eines Zahnarzt-Behandlungsvertrages bei Behandlung der vom Krankenkassenmitglied getrennt lebenden Familienangehörigen, hier: Krankenversorgung der Bundesbahnbeamten BGH, Urt v 15.5.1991 – VIII ZR 212/90, NJW 1991, 2958; Behandlungsvertrag zur fehlenden Versicherungsschutz einer gesetzlichen Krankenversicherung, BGH Urt v 28.4.2005 – III ZR 351/04, BGHZ 163, 42, 51 = JZ 2005, 949 m Anm Katzenmeier, JZ 2005, 951.
203 Lipp, in: Laufs/Katzenmeier/Lipp, Arztrecht[8], III Rz 16.
204 Lipp, in: Laufs/Katzenmeier/Lipp, Arztrecht[8], III Rz 16.
205 BT-Drucks 19/24686, 14.
206 Vgl hierzu auch LG Nürnberg-Fürth, Urt v 17.12.2015 – 4 O 7000/11, BeckRS 2015, 20775: bereits 1995 haben die Ärzte eine intersexuelle Person über ihre beiden Geschlechter aufklären müssen, bevor diese in eine OP einwilligt: weil die (neutrale) Person vorher nicht ausreichend aufgeklärt wurde und die Einwilligung daher als nicht wirksam anzusehen ist, hat sie einen Anspruch auf Schmerzensgeld und Schadensersatz gegen ihre ehemaligen behandelnden Ärzte vgl LG Köln, Urt v 6.2.2008 – 25 O 179/07, openJur 2009, 38; vgl zur Pflicht zum sofortigen Operationsabbruch bei Feststellung der Zwittereigenschaft „Zwitterurteil I" OLG Köln, Urt v 5.9.2008 – 5 W 44/08, MedR 2009, 343.
207 BGBl I S 1082.
208 Grüneberg[81]/Götz, § 1631e Rz 1.
209 Grüneberg[81]/Götz, § 1631e Rz 3.
210 Grüneberg[81]/Götz, § 1631e Rz 5.
211 Grüneberg[81]/Götz, § 1631e Rz 9.
212 Reuter, Der Abschluss des Arztvertrages durch einen minderjährigen Patienten, S 167.
213 Lauf/Birck NJW 2018, 2230, 2231.

gemäß SGB I § 36 Abs 1 Satz 1 (Sozialmündigkeit) selbstständig geltend machen. Die Einwilligung in den ärztlichen Eingriff stellt jedoch keine Entgegennahme einer Sozialleistung dar und wird daher von SGB I § 36 nicht erfasst[214]. Über die Einwilligung haben deshalb bei allen minderjährigen Patienten die Sorgeberechtigten, idR also die Eltern, zu entscheiden und nach §§ 1626 ff, 1629 gegenüber dem Arzt zu erklären[215]. Die Zustimmung des oder der Sorgeberechtigten ist nicht erforderlich, wenn die Voraussetzungen einer partiellen Geschäftsfähigkeit gemäß §§ 112, 113 vorliegen. Danach ist der Minderjährige im Rahmen der normalen Geschäfte eines ihm vom gesetzlichen Vertreter gestatteten Dienst- oder Arbeitsverhältnisses nach § 113, die der genehmigte Betrieb eines Erwerbsgeschäftes gemäß § 112 mit sich bringt, unbeschränkt geschäftsfähig. Der Arzt darf den Minderjährigen bei Vorlage einer Krankenversicherungskarte oder einer elektronischen Gesundheitskarte als unbeschränkt geschäftsfähig ansehen, wenn die Behandlung der Erhaltung oder Wiederherstellung der Arbeitskraft dient. Zu beachten ist in diesem Zusammenhang auch der sog „Taschengeldparagraf" gemäß § 110. Hier handelt es sich bspw um Fälle, in denen der Minderjährige die Leistung mit Mitteln bewirkt, die ihm von den gesetzlichen Vertretern zur freien Verfügung oder deren Zustimmung von einem Dritten überlassen worden sind. Ein Beispiel hierfür wäre, dass eine 15-Jährige in eine dermatologische Praxis kommt und sich einer Kosmetikbehandlung unterzieht, für die sie bar zahlt. Erfüllt die Patientin dabei mit ihr überlassenen Mitteln den Arztvertrag, so ist auch dieser Vertrag von Anfang an wirksam. Das gilt sowohl für das Verpflichtungs- als auch für das Erfüllungsgeschäft. Allerdings begründet auch § 110, anders als die §§ 112, 113, keine Teilgeschäftsfähigkeit des Minderjährigen, sondern erlaubt ihm nur diejenigen Geschäfte, für deren Verwendung die Eltern die Mittel bestimmt oder erlaubt haben

47   Dass daraus eine Erweiterung der zivilrechtlichen Geschäftsfähigkeit dahingehend folgt[216], dass Minderjährige über 15 Jahren den Behandlungsvertrag grundsätzlich selbst abschließen, ist hingegen zu bezweifeln[217]. Inwieweit es daneben der Zustimmung der Eltern bedarf, wird nicht einheitlich beurteilt, was den behandelnden Arzt vor Unwägbarkeiten stellen kann[218]. Vorausgesetzt der Minderjährige könnte den Behandlungsvertrag selbst schließen, dürfte auch der über 15-jährige Kassenpatient eigenmächtig die Variante der Kostenerstattung anstelle der Sachleistung wählen, obwohl ihn dies regelmäßig rechtlich nachteilig gemäß SGB V § 13 zu einer finanziellen Vorleistung verpflichten würde. Die sozialrechtliche Handlungsfähigkeit wird in Anbetracht des strengen Minderjährigenschutzes des Zivilrechts daher keine faktische Geschäftsfähigkeit außerhalb der Regelungen des BGB begründen. Da eine Teilmündigkeit des Minderjährigen („Alleinentscheidungsrecht") das Elternrecht nach GG Art 6 Abs 2 beschränken würde, müsste der Gesetzgeber sie zunächst einführen[219]. Er ist jedoch bislang über die §§ 107 ff hinaus nur insoweit tätig geworden, als er Minderjährige nach Maßgabe des SGB I § 36 sozialrechtlich für handlungsfähig erklärt hat. Eine Teilmündigkeit Minderjähriger bei der Einwilligung in ärztliche Maßnahmen wurde bislang nicht eingeführt[220].

48   **c) Privatversicherte Minderjährige.** Ist der Minderjährige im Rahmen einer privaten Krankenversicherung versichert, wird der Behandlungsvertrag wiederum nur nach Zustimmung der Eltern geschlossen[221], da der Vertragsschluss für den Minderjährigen nicht lediglich rechtlich vorteilhaft wäre, es sei denn der Minderjährige ist selber abschlussfähig. Somit bedarf es der Zustimmung des gesetzlichen Vertreters, der dann auch der Rechnungsempfänger ist und für den Jugendlichen die Rechtsgeschäfte führt. Es gilt das sog Verursacherprinzip, das heißt, der Auftraggeber bezahlt und da dies aufgrund der mangelnden Geschäftsfähigkeit nicht der Jugendliche selbst sein kann, bleibt das vollendete 18. Lebensjahr die Voraussetzung hierfür. Die Ausführungen hinsichtlich § 110 gelten entsprechend[222].

49   **d) Einwilligungsfähigkeit des Minderjährigen.** Die Frage, ab welchem Alter ein Patient selbst die Einwilligung zu einer Behandlung abgeben kann, hängt nicht vom Eintritt der

---

214 Lipp, in: Laufs/Katzenmeier/Lipp, Arztrecht[8], III Rz 19.
215 Lipp, in: Laufs/Katzenmeier/Lipp, Arztrecht[8], III Rz 19.
216 Dies bejahend Kern/Rehborn, in: Laufs/Kern/Rehborn, HdB ArztR[5], § 44 Rz 3; eindeutig ablehnend Lipp, in: Laufs/Katzenmeier/Lipp, Arztrecht[8], III Rz 19, V Rz 52 unter Hinweis darauf, dass der Arzt bereits gemäß SGB I § 36 Abs 1 S 2 verpflichtet ist, die Eltern entsprechend zu unterrichten.
217 Vgl MünchKomm[8]/Spickhoff, vor BGB § 104 Rz 32.
218 Vgl zur Arztsicht Peters S 105 ff 4.1 Berücksichtigung des Kindeswillens in der Kinderheilkunde (am Beispiel Hannah Jones); eingehend ebenso Belling/Ebert/Michlik, Das Selbstbestimmungsrecht Minderjähriger bei medizinischen Eingriffen, S 103 ff, 115, 120–121, 127 ff, 135, 137; Nebendahl MedR 2009, 197.
219 Reuter, Der Abschluss des Arztvertrages durch einen minderjährigen Patienten, S 256 ff.
220 Lipp, in: Laufs/Katzenmeier/Lipp, Arztrecht[8], III Rz 16; aA Reuter, Der Abschluss des Arztvertrages durch einen minderjährigen Patienten, S 256 ff, der vertritt, dass § 630d Abs 1 Satz 2 bereits eine Teilmündigkeit (an-)bieten würde.
221 Pramann Deutsches Ärzteblatt 2019, 116 (4): 2.
222 Vgl § 630a Rz 52.

Geschäftsfähigkeit mit 18 Jahren ab[223]. Es kommt auf die tatsächliche Einsichts- und Entscheidungsfähigkeit an, die auch schon vor Erreichen der Volljährigkeitsgrenze gegeben sein kann. Die Einwilligungsfähigkeit des Patienten ist damit von dessen Geschäftsfähigkeit abzugrenzen. Auf die Geschäftsfähigkeit kommt es nach zutreffender Ansicht nicht an, weil es sich bei der Einwilligung um keine rechtsgeschäftliche Willenserklärung handelt, sondern sich diese auf Eingriffe in höchstpersönliche Rechtsgüter (wie die körperliche Unversehrtheit bei ärztlichen Eingriffen) bezieht[224]. Ebenso wenig ist die Strafmündigkeit nach StGB § 14 von Bedeutung, welche die Unrechtseinsicht in Bezug auf die Verletzung fremder Rechtsgüter betrifft[225]. Maßgeblich ist ausschließlich die tatsächliche Einsichts- und Urteilsfähigkeit des Betroffenen, der auf den rechtlichen Schutz seiner Interessen verzichtet[226]. Feste Altersgrenzen existieren nicht. Es ist aber davon auszugehen, dass die Einsichtsfähigkeit regelmäßig etwa ab dem 14. Lebensjahr[227], jedenfalls aber ab dem 15. Lebensjahr vorliegt, wenn der Minderjährige als Träger des Zustimmungserfordernisses nach seiner geistigen und sittlichen Reife die Bedeutung und Tragweite des Eingriffs und seiner Gestattung zu ermessen vermag[228]. Der Arzt hat in der jeweils konkreten Situation zu ermitteln, ob die Einsichtsfähigkeit des Minderjährigen vorliegt, dh ob er die Tragweite und Auswirkung des Eingriffs vollständig erfasst[229]. Bestehen ärztliche Zweifel hinsichtlich der Einwilligungsfähigkeit seines Patienten, bleiben für die Vornahme des ärztlichen Eingriffes grundsätzlich zunächst gemäß § 1626 die Eltern, in Wahrnehmung ihrer Personensorge, die Entscheidungsträger sowie auch die Adressaten der ärztlichen Aufklärung nach § 630e Abs 1[230]. Ein einwilligungsfähiger Minderjähriger kann somit idR zwar keinen Behandlungsvertrag abschließen, er muss aber zur medizinischen Maßnahme seine Einwilligung erteilen. Beinahe archiviert kann dabei auf folgenden Grundsatz der Rechtsprechung zurückgegriffen werden: „Der Gesetzgeber kann nicht mit der einen Hand genommen haben, was er mit der anderen Hand gab (…) Der Satz des preußischen Landrechts, wem die Gesetze ein Recht geben, dem bewilligen sie auch die Mittel, ohne welche dasselbe nicht ausgeübt werden kann, ist heutzutage so sehr im allgemeinen Rechtsbewußtsein durchgedrungen, daß er der Hervorhebung durch eine gesetzliche Vorschrift nicht mehr bedarf[231]."

e) **Drei-Stufen-Theorie.** Haben bei einem minderjährigen Kind beide Elternteile gemeinsam das Sorgerecht, ist die Zustimmung beider Elternteile zu einem ärztlichen Heileingriff erforderlich[232]. Bei der rechtlichen Wirksamkeit eines de lege artis ausgeführten ärztlichen Eingriffs kommt es auf die wirksame Einwilligung der gesetzlichen Vertreter, üblicherweise der Eltern, an[233]. Der BGH hat wegen der unterschiedlichen Schwere eines Eingriffs die sog Dreistufentheorie[234] entwickelt: Bei Eingriffen, die als ärztlicher Routineeingriff zu bewerten sind, wie bspw Zahnextraktionen, Standarduntersuchungen wie Medikamentengaben sowie kleineren Operationen darf der Arzt davon ausgehen, dass der anwesende Elternteil zur Vertretung des anderen Elternteiles bevollmächtigt ist[235]. Anders sind die Anforderungen bei Eingriffen von mittlerer Schwere, zu denen solche gerechnet werden, die eine umfangreichere Aufklärung erfordern. Hier hat der in der Aufklärungspflicht stehende Arzt dafür Sorge zu tragen, zu erfahren, ob der anwesende Elternteil vom anderen zur Einwilligung ermächtigt ist. Auf die nach Anfrage erhaltene Auskunft darf er vertrauen. Streng sind die Anforderungen bei einem schwerwiegenden Eingriff, dessen Kompliziertheit ihm immanent ist und welcher – mit hohen Risiken behaftet – weitreichende Komplikationen auszulösen geeignet ist. Hier trifft den Arzt die Pflicht, sich objektive Gewissheit zu verschaffen, dass beide Elternteile nach der an beide erfolgten Aufklärung mit dem Eingriff einverstanden sind.

Ebenso ist die Einwilligung beider Elternteile bei der Impfung des Minderjährigen erforderlich, da eine Impfung nach Ansicht der Rspr nicht Gegenstand der Alltagssorge sei[236]. Der in

---

223 Lauf/Birck NJW 2018, 2230, 2234.
224 BGH, Urt v 22.1.1953 – 4 StR 373/524, BGHSt 88, 90 f.
225 Valerius Recht der Jugend und des Bildungswesens 2018, 244, 247 mwN.
226 Valerius Recht der Jugend und des Bildungswesens 2018, 244, 247 mwN.
227 Kern NJW 1994, 753, 755.
228 Vgl zum Schwangerschaftsabbruch Ulsenheimer/Gaede, in: Ulsenheimer/Gaede, Arztstrafrecht in der Praxis[6], Rz 1099.
229 Kern NJW 1994, 753, 755.
230 BeckOK-BGB/Katzenmeier, Stand: 1.5.2022, BGB § 630e Rz 40, § 630d Rz 15.
231 RG, Urt v 4.11.1913 – Rep II. 297/13, RGZ 83, 248, 250, 252.
232 BGH, Urt v 15.6.2010 – VI ZR 204/09, NJW 2010, 2430, 2431.
233 „Veto-Entscheidung" BGH, Urt v 10.10.2006 – VI ZR 74/05, NJW 2007, 217 = MedR 2008, 289 m Anm Lipp MedR 2008, 292.
234 BGH, Urt v 28.6.1988 – VI ZR 288/87, BGHZ 105, 45 m Anm Giesen JZ 1989, 95.
235 MünchKomm[8]/Wagner, § 630d Rz 38.
236 BGH, Beschl v 3.5.2017 – XII ZB 157/16, NJW 2017, 2826 = ZjS 2017, 588 m Anm Marquardt ZjS 2017, 590; OLG Frankfurt/M, Beschl v 8.3.2021 – 6 UF 3/21, NJW 2021, 2051; aA OLG Frankfurt/M, Beschl v 7.6.2010 – 2 WF 117/10, GesR 2013, 664; AG Darmstadt, Beschl v 11.6.2015 – 50 F 39/15 SO; zur Annahme einer entspr Ermächtigung des bei dem Arzt erschienen Elternteiles OLG Koblenz, Beschl v 9.10.2013 – 5 U 746/13, MDR 2013, 1344 = FamRZ 2014, 1156.

der Rspr vertretenen Ansicht, dass eine Aufklärung und Entscheidung nur dem Elternteil zuzukommen braucht, der die Alltagssorge innehält, ist nicht zweifelsfrei zu folgen. Nicht immer ist es richtig, die Entscheidung durch den Elternteil treffen zu lassen, bei welchem sich die Kinder gewöhnlich aufhalten, auch wenn dieser regelmäßig derjenige sein wird, welcher über den Gesundheitszustand der Kinder am besten informiert ist. Obliegt beiden Eltern die Sorge und darf der Arzt von einer Ermächtigung in die ärztliche Behandlung für den abwesenden Elternteil ausgehen, so darf der zur Impfung erschienene Elternteil die Einwilligung in die ärztliche Behandlung geben[237]. Die Schutzimpfung eines Kindes ist eine Angelegenheit von erheblicher Bedeutung für das Kind, auch wenn es sich um eine bloße Standard– oder Routineimpfung handelt. Hierfür spricht, dass die Impfungen die unmittelbare Gesundheitssorge betreffen und von den durchgeführten Impfungen auch das Verhalten im Alltag abhängig ist. So kann eine nichtvorhandene Tetanusimpfung den betreuenden Elternteil davon abhalten, die Kinder an bestimmten Stellen im Freien spielen zu lassen. Die Folgen des Nichtimpfens sind unter Umständen derart gravierend, dass die Angelegenheit erhebliche Bedeutung erlangen kann. Nach § 1628 Satz 1 kann das Familiengericht, wenn sich die Eltern bei gemeinsamer elterlicher Sorge in einer einzelnen Angelegenheit oder in einer bestimmten Art von Angelegenheiten, deren Regelung für das Kind von erheblicher Bedeutung ist, nicht einigen können, auf Antrag eines Elternteils die Entscheidung einem Elternteil übertragen. Die Entscheidungskompetenz ist dem Elternteil zu übertragen, dessen Lösungsvorschlag dem Wohl des Kindes besser gerecht wird. Es ist hierfür in zulässiger Weise darauf abzustellen, welcher Elternteil seine Haltung an den Empfehlungen der STIKO orientiert. Die Impfempfehlungen der STIKO sind seitens des BGH als medizinischer Standard anerkannt worden, da der BGH die diesbezüglichen Richtlinien der STIKO als Leitlinie bestätigt[238] und der Impfentscheidung erhebliche Bedeutung beigemessen hat. Damit kann die streitige Impffrage zwischen zwei Elternteilen immer einer juristischen Prüfung unterzogen werden[239]. Bei Uneinigkeit der Eltern über die Durchführung einer Schutzimpfung kann die Entscheidungsbefugnis dem Elternteil, der die Impfung des Kindes entsprechend den Empfehlungen der Ständigen Impfkommission beim Robert–Koch–Institut befürwortet, jedenfalls dann übertragen werden[240], wenn bei dem Kind keine besonderen Impfrisiken vorliegen[241].

52 **f) Trennung/Scheidung bei den Sorgeberechtigten.** Wenn die Ehe geschieden ist oder die Eheleute getrennt leben, § 1357 Abs 3, gilt § 1357 nicht. Auch bei einer nichtehelichen Lebensgemeinschaft findet die Vorschrift keine Anwendung. Es gilt § 1687 Abs 1 Satz 2. In diesem Fall ist also der Elternteil aus dem Behandlungsvertrag verpflichtet, der das Kind in Behandlung gibt, sofern keine wirksame Stellvertretung vorliegt[242]. Eine Haftung des getrennt lebenden oder geschiedenen Ehegatten bzgl des anderen Elternteils nach den Grundsätzen der Geschäftsführung ohne Auftrag scheidet aus[243]. Leben die Eltern, denen die elterliche Sorge gemeinsam zusteht, nicht nur vorübergehend getrennt, hat jener Elternteil, bei dem sich das Kind mit Einwilligung des anderen Elternteils oder auf Grund einer gerichtlichen Entscheidung gewöhnlich aufhält, die Befugnis zur alleinigen Entscheidung in Angelegenheiten des täglichen Lebens, § 1687 Abs 1 Satz 2. Diese alleinige Sorge umfasst die gewöhnliche medizinische Versorgung des Kindes bei den sog „üblichen" Kinderkrankheiten. Bei Entscheidungen in Angelegenheiten, deren Regelung für das Kind von erheblicher Bedeutung ist, bspw einer Herzoperation oder auch der Impfung[244], ist aber das gegenseitige Einvernehmen beider Eltern erforderlich. Können sich diese nicht einigen, ist gemäß § 1628 eine Entscheidung des Familiengerichts herbeizuführen. Eine Entziehung des Personensorgerechts der Sorgeberechtigten durch das Familiengericht und die Bestellung eines Vormunds oder Pflegers für das Kind ist gemäß §§ 1666 ff nur in

---

237 Zur Frage, ob die Impfung eine Frage der Alltagssorge und die Kindsmutter alleinentscheidungsbefugt ist OLG Frankfurt/M, Beschl v 7.6.2010 – 2 WF 117/10, GesR 2013, 664, 665.
238 Marquardt ZjS 2017, 588, 589, 590.
239 Marquardt ZJS 2017, 588, 589, 590.
240 BGH, Beschl v 3.5.2017 – XII ZB 157/16, NJW 2017, 2826 = ZJS 2017, 588 m Anm Marquardt ZJS 2017, 589;, OLG Frankfurt/M, Beschl v 8.3.2021 – 6 UF 3/21, openJur 2021, 14345; OLG Frankfurt, Beschl v 17.8.2021 – 6 UF 120/21, NJW-RR 2021, 1301; AG Siegburg, Beschl v 16.12.2021 – 318 F 98/21, openJur 2022, 1444 Rz 18, 19, 20, 21, 22.
241 Zur Schutzimpfung eines Kindes, bei dem keine besonderen Impfrisiken vorliegen OLG Frankfurt/M, Beschl v 8.3.2021 – 6 UF 3/21, NJW 2021, 2051; AG Siegburg, Beschl v 16.12.2021 – 318 F 98/21, openJur 2022, 1444 Rz 18, 19, 20, 21, 22.
242 Zum Vertragspartner eines Behandlungsvertrages bei Behandlung der vom Krankenkassenmitglied getrennt lebenden Familienangehörigen, BGH, Urt v 15.5.1991 – VIII ZR 212/90, NJW 1991, 2958; Lipp, in: Laufs/Katzenmeier/Lipp, Arztrecht[8], III Rz 19.
243 Behandlungsvertrag bei fehlendem Versicherungsschutz der GKV, BGH Urt v 28.4.2005 – III ZR 351/04, BGHZ 163, 42, 51 = JZ 2005, 949 m Anm Katzenmeier JZ 2005, 251; Sieper MedR 2006, 638, 640.
244 Zur Schutzimpfung eines Kindes, bei dem keine besonderen Impfrisiken vorliegen OLG Frankfurt/M, Beschl v 8.3.2021 – 6 UF 3/21, NJW 2021, 2051; AG Siegburg, Beschl v 16.12.2021 – 318 F 98/21, openJur 2022, 1444 Rz 18, 19, 20, 21, 22.

besonders gravierenden Fällen der Kindeswohlgefährdung möglich[245]. Der Eingriff des Familiengerichts in die elterliche Sorge kommt somit bspw bei der Nichtwahrnehmung von ärztlichen Terminen in Frage, etwa den sogenannten „U–Untersuchungen", bei der Unterlassung einer gebotenen Impfung, lebensnotwendigen Operationen, der unterlassenen Vornahme einer Bluttransfusion oder der missbräuchlichen Einwilligung in eine Organspende.

g) **Wille des Jugendlichen.** Zwar gilt auch bei der Behandlung einsichtsfähiger Minderjähriger, dass vor schwerwiegenden Eingriffen grundsätzlich beide Elternteile aufgeklärt werden müssen[246]. Gleichzeitig ist aber auch der einsichtsfähige Minderjährige selbst vom Arzt aufzuklären; nach der sogenannten „Veto-Entscheidung" des BGH[247] steht dem Jugendlichen bei einem nur relativ indizierten Eingriff mit der Möglichkeit erheblicher Folgen für seine künftige Lebensgestaltung ein „Vetorecht" gegen die Einwilligung durch die gesetzlichen Vertreter zu. „Minderjährigen Patienten kann bei einem nur relativ indizierten Eingriff mit der Möglichkeit erheblicher Folgen für ihre künftige Lebensgestaltung – wenn sie über eine ausreichende Urteilsfähigkeit verfügt – zumindest ein Veto-Recht gegen die Fremdbestimmung durch die gesetzlichen Vertreter zustehen"[248]. Gegen den Willen des aufklärungsfähigen Jugendlichen darf eine ärztliche Maßnahme nicht vorgenommen werden. Die Weiterentwicklung der Rspr[249] gesteht darüber hinaus dem Minderjährigen sogar die volle Entscheidungskompetenz zu[250] unter der Voraussetzung, dass es sich um einen uneingeschränkt einsichts- und urteilsfähigen minderjährigen Patienten handele. Bei diesem sei volle Entscheidungskompetenz und keine Einschränkung auf ein bloßes Vetorecht gegeben[251]: „Hingegen liegt bei einem einsichts- und urteilsfähigen minderjährigen Patienten auch die volle Entscheidungskompetenz vor"[252]. Grundsätzlich konnte bei vorliegender Einwilligung des einsichtsfähigen Jugendlichen und fehlender Einwilligung der Sorgeberechtigten der Arzt die medizinische Maßnahme nicht vornehmen. Dem Persönlichkeitsrecht des Jugendlichen stand das Recht der elterlichen Sorge gegenüber, allerdings wird dieses durch die Verpflichtung der Eltern nach § 1626 Abs 2, die zunehmende Reife des Kindes zu berücksichtigen, eingeschränkt. In Fällen, in denen das Kind oder der Jugendliche einwilligungsfähig war und der Arzt, ohne dass die Eltern oder Sorgeberechtigten des Jugendlichen davon Kenntnis erlangen sollen, die Behandlung aus medizinischen Gründen durchführen sollte, war dementsprechend eine ärztliche Güterabwägung gefragt. So war beispielsweise die ärztliche Behandlung und Verordnung eines Kontrazeptivums bei einer Sechzehnjährigen erlaubt oder die Behandlungsdurchführung, wenn die Eltern eines Sechzehnjährigen nichts von dessen Drogensucht erfahren sollen. Hier war anerkannt, dass sich die Behandlungs- und die Schweigepflicht des Arztes sich gegenüber den Erziehungsberechtigten durchsetzt[253]. Allerdings sollen Angehörige des Patienten und Behörden bei einem rechtfertigenden Notstand, StGB § 34, benachrichtigt werden[254].

Heikel gestaltet sich der Fall des Schwangerschaftsabbruchs, der gegen den Willen der schwangeren Minderjährigen nicht durchgeführt werden darf. Umgekehrt bedarf die Minderjährige, sollte sie einwilligungsfähig sein, zum Schwangerschaftsabbruch nicht der Zustimmung ihrer gesetzlichen Vertreter[255]. Für das Vorliegen der Einwilligungsfähigkeit muss die Minderjährige

---

245 Zur fehlenden Einwilligung einer Bluttransfusion für Kind dessen Eltern den „Zeugen Jehovas" angehören OLG Hamm, Urt v 10.10.1967 – 3 Ss 1150/67, FamRZ 1968, 221; OLG Celle, Beschl v 21.2.1994 – 17 W 8/94, NJW 1995, 792; zur Bestellung des Stadtjugendamtes als Pfleger für ein Kind in appallischem Zustand BVerfG, Beschl v 6.6.2007 – 1 BvQ 18/07, openJur 2013, 25644 Rz 15 ff m Anm Spickhoff zu BVerfG, Beschl v 6.6.2007 – 1 BvQ 18/07 und OLG Hamm, Beschl v 24.5.2007 – 1 UF 78/07, FamRZ 2007, 2046, 2047.
246 „Veto–Entscheidung" BGH, Urt v 10.10.2006 – VI ZR 74/05, NJW 2007, 217, 218 = MedR 2008, 289 m Anm Lipp MedR 2008, 292.
247 Veto–Entscheidung BGH, Urt v 10.10.2006 – VI ZR 74/05, NJW 2007, 217, 218.
248 Zum Schadensersatzanspruch aufgrund einer Kreuzbandoperation, LG München, Urt v 22.9.2020 – 1 O 4890/17, BeckRS 2020, 26423 Ls 1; vgl BGH NJW 2007, 217, 218.
249 LG München, Urt v 22.9.2020 – 1 O 4890/17, BeckRS 2020, 26423.
250 LG München, Urt v 22.9.2020 – 1 O 4890/17, BeckRS 2020, 26423.
251 LG München, Urt v 22.9.2020 – 1 O 4890/17, BeckRS 2020, 26423 Ls 2.
252 LG München, Urt v 22.9.2020 – 1 O 4890/17, BeckRS 2020, 26423 Ls 2.
253 Harder/Erlinger Der Gynäkologe 2004, 366, 369; Schelling/Gaibler Deutsches Ärzteblatt 2012, 109 (10): A-476/B-410/C-406.
254 Der Arzt muss die Schwangerschaft einer Minderjährigen vor den Eltern geheim halten, wenn das dem Wunsch der Patientin entspricht. Eine Ausnahme gilt nur, wenn eine ernste Gefahr für Leib oder Leben der Patientin besteht. Informiert der Arzt nicht die Eltern, macht er sich nach StGB § 323c (unterlassene Hilfeleistung) strafbar, auch wenn eine bereits 21-jährige Tochter eine Eileiterschwangerschaft hatte, BGH, Urt v 26.10.1982 – 1 StR 413/82, -juris.
255 OLG Hamm, Beschl v 29.11.2019 – 12 UF 236/19, NJW 2020, 1373; Lugani NJW 2020, 1330, 1330 f; vgl dazu Schmidt NZFam 2020, 14; mit der Frage, ob Minderjährige wirksam in die Durchführung einer Behandlung einwilligen können, befassen sich Lauf/Birck NJW 2018, 2230, 2233; zur Schweigepflicht von Ärzten bei Behandlung Minderjähriger iRd Schwangerschaftsabbruchs Ludyga NZFam 2017, 1121 und Ulsenheimer/Gaede, in: Ulsenheimer/Gaede, Arztstrafrecht in der Praxis[6], Rz 1099.

die erforderliche Reife zur Bewertung des Eingriffs in Hinblick auf zukünftig mögliche psychische Belastungen aufweisen[256]. Das Zustimmungserfordernis der minderjährigen Patientin bei einem Schwangerschaftsabbruch wird grds mit der gravierenden Situation und den im Einzelfall möglichen gravierenden physischen und psychischen Folgen des Eingriffs begründet[257]. Ein Kinder– und Jugendpsychiater und der Arzt sollten gemeinsam feststellen, ob eine Minderjährige die Folgen eines solchen Eingriffs übersieht. Ggf ist das Jugendamt, KKG § 4[258], oder nach § 1666 das Familiengericht zu informieren.

55 **7. Behandlung bewusstloser und betreuter Patienten.** Ein bewusstlos in das Krankenhaus eingelieferter Patient oder ein Patient, der zeitweise außerstande ist, seinen Willen selbst zu artikulieren, kann keinen Behandlungsvertrag schließen. In jeder akuten Notfallsituation ist nach der Indikation zum ärztlichen Tätigwerden nach § 1828 Abs 1 Satz 1 die Frage der Einwilligungsfähigkeit zu prüfen[259]. Die Einwilligungsfähigkeit ist in § 630d Abs 1 nicht näher geregelt[260]. Einwilligungsunfähig ist nach der üblichen Definition, wer Art, Bedeutung und Tragweite bzw Folgen der Maßnahme nicht verstehen, oder seinen Willen danach nicht bestimmen kann. Abzustellen ist für die Beurteilung auf die ärztliche Aufklärung nach § 630e, die der Einwilligung vorauszugehen hat[261]. Der Patientenvertreter, dh entweder der Vorsorgebevollmächtigte gemäß § 1814 Abs 3 Nr 1 oder der Betreuer gemäß § 1814 Abs 1, Abs 4, darf erst dann in eine medizinische Maßnahme stellvertretend einwilligen, wenn der Patient in der konkreten Situation einwilligungsunfähig und die anstehende Maßnahme auch nicht von seiner zuvor erklärten Einwilligung oder seiner Patientenverfügung gedeckt ist, vgl § 630d Abs 1 Satz 2[262]. Ein Behandlungsvertrag ist zB dann anzunehmen, wenn der Patient vor seiner Bewusstlosigkeit zum Ausdruck gebracht hat, dass er die Behandlung seitens eines Arztes wünscht, wenn bspw ein Notarzt auf dessen Geheiss gerufen wurde, bevor er bewusstlos wird. Für Volljährige gilt bei Ehegatten § 1357. Allerdings konnte der Ehegatte keine Einwilligung in die medizinische Behandlung erteilen, nur in den Fällen, in denen er zugleich als Betreuer für den Bereich der Gesundheitssorge bestellt worden ist oder eine entsprechende Vorsorgevollmacht vorlegen kann. Dieses hat sich durch die Neuregelung des § 1358, der ein auf drei Monate zeitlich begrenztes Vertretungsrecht für Ehegatten im Akutfall regelt, geändert[263]. Ist der gesetzliche Vertreter nicht erreichbar oder kann er nicht rechtzeitig bestellt werden, bestimmt sich das Behandlungsgeschehen, da ein Bewusstloser oder eine nicht (voll) geschäftsfähige Person ohne die erforderliche Zustimmung des gesetzlichen Vertreters keinen wirksamen Vertrag schließen kann, nach den Regeln der Geschäftsführung ohne Auftrag gemäß §§ 677 ff. Als subjektives Rechtfertigungselement muss dabei der sog Geschäftsbesorgungswille des Arztes, in diesem Fall der Wille, im Sinne des Rechtsgutsinhabers zu handeln, gegeben sein[264]. Dabei ist der behandelnde Arzt verpflichtet, nicht nur das objektive Interesse, sondern den mutmaßlichen Willen des Patienten zu wahren, wobei dieser nicht zwangsläufig nachvollziehbar sein muss[265]. Ein Beispiel hierfür wäre, dass der Arzt nach den Festlegungen der Patientenverfügung, die zB nach einem Unfall keine Reanimation mehr anordnet, ohne Rechtfertigungsgrund in die körperliche Integrität des Patienten eingreift, sodass ein widerrechtliches Handeln vorliegt. Der Arzt muss sich daher bei einem Fall des §§ 677 ff in die Situation des Patienten versetzen und versuchen, dessen Belange wahrzunehmen. Letztlich ist in diesem Bereich somit eine Gewissensentscheidung des Arztes gefragt. Diese kann zumindest dann nicht beanstandet werden, wenn erkennbar ist, dass der Arzt auf Grundlage der ihm vorliegenden Informationen eine begründete, zumindest aber nachvollziehbare, individuelle Interessenabwägung vorgenommen hat. Grundsätzlich wird die Problematik nur selten relevant werden, da die Konstellation bei den sozialversicherten Patienten nicht einschlägig ist oder der Patient den Vertragsschluss nach Wiedererlangung des Bewusstseins nachholen wird[266]. Letzteres kann auch konkludent durch Fortsetzung der Behandlung oder durch die Begleichung der Rechnung erfolgen[267]. Der Behandelnde erlangt daraus regelmäßig den Honoraranspruch für alle geleisteten Dienste. Es entspricht dem typischen Willen der Parteien, ihr Verhältnis von Anfang an, dh somit ex tunc, auf eine einheitliche vertragliche Grundlage zu stellen[268], auch wenn dies aufgrund der mangelnden schwebenden Unwirksamkeit des Vertrages rechtstheoretisch schwierig ist, ist es dennoch rechtlich unbedenklich, den Arztvertrag mit Rückwirkung auf den Zeitpunkt

---

256 OLG Hamm, Beschl v 29.11.2019 – 12 UF 236/19, NJW 2020, 1373.
257 Zum Schwangerschaftsabbruch durch Minderjährige OLG Hamm, Urt v 16.7.1998 – 15 W 274/98, NJW 1998, 3424; Coester-Waltjen MedR 2012, 559.
258 Gesetz zur Kooperation und Information im Kinderschutz, BGBl I 2011, 2975.
259 Kern, in: Laufs/Kern/Rehborn, HdB ArztR[5], § 59 Rz 8.
260 Jürgens, Betreuungsrecht[6], § 1904 Rz 4.

261 Jürgens, Betreuungsrecht[6], § 1904 Rz 4.
262 Jürgens, Betreuungsrecht[6], § 1904 Rz 4.
263 Siehe nachfolgende § 630a Rz 58.
264 Makowsky JuS 2019, 332, 333.
265 Lorenz JuS 2016, 12, 13.
266 Kern, in: Laufs/Kern/Rehborn, HdB ArztR[5], § 43 Rz 19.
267 Kern, in: Laufs/Kern/Rehborn, HdB ArztR[5], § 43 Rz 19.
268 BeckOK-BGB/Katzenmeier, Stand: 1.5.2022, § 630a Rz 55.

der ersten Behandlung abzuschliessen[269]. Entscheidend bleibt für den (Zwischen-)Zeitraum gemäß § 630d Abs 1 Satz 4 analog, ob sich der Betroffene in Kenntnis der Lage für den Eingriff entschieden hätte[270].

Der Haftungsmaßstab ist nicht gemäß § 680 eingeschränkt, da der Arzt nicht nur im Rahmen der Hilfeleistungspflicht nach StGB § 323c tätig wird. Einzige Ausnahme hiervon ist der nur zufällig anwesende Arzt, dessen eigenem Fachbereich die Behandlung nicht unterfällt. Auch wenn der Patient die weitere Behandlung ablehnt, hat der Arzt einen Ersatzanspruch auf sein Honorar gemäß Geschäftsführung ohne Auftrag, §§ 683, 679, 670 und dies in Höhe des üblichen Honoraranspruchs gemäß § 1835 Abs 3 analog. Die Regeln zur Geschäftsführung ohne Auftrag sind nicht anwendbar, wenn der Behandelnde und der Patient den Vertragsschluss nachholen[271]. Vereinbaren die Parteien den Vertragsschluss bei Wiedererlangung des Bewusstseins des Patienten hingegen erst mit Wirkung ab dann, dh ex nunc, richtet sich die Vergütung des Arztes bis zu diesem Zeitpunkt nach den Regeln der GOÄ, ggf auch nach den Regeln der ungerechtfertigen Bereicherung gem §§ 812 ff oder denen der unerlaubten Handlung gem § 823[272]. **56**

Bei einer anhaltenden Einwilligungsunfähigkeit des Patienten kommt die Einsetzung eines Betreuers in Betracht. Vor Einleitung eines Betreuungsverfahrens ist zu prüfen, ob eine Vorsorgevollmacht gemäß § 1820 Abs 1 oder Patientenverfügung gemäß § 1827 Abs 1 vorliegt, da dann eine Subsidiarität der Betreuung gegeben ist. Mit der Reform des Betreuungsrechts ab 2023 müssen die Angelegenheiten durch den Bevollmächtigten gleichermaßen besorgt werden können (§ 1814 Abs 3 Nr 1 neue Fassung). Besteht bereits eine Betreuung, ist zu prüfen, ob die Einwilligung in medizinische Maßnahmen bzw die Gesundheitsfürsorge und Heilbehandlung zum gerichtlich festgelegten Aufgabenkreis des Betreuers gehören. Auch wenn eine Betreuung im Bereich Gesundheitsfürsorge und Heilbehandlung besteht, kann der Betreuer nicht an Stelle des beistandsberechtigten Betroffenen in eine Untersuchung des Gesundheitszustandes, eine Heilbehandlung oder einen ärztlichen Eingriff einwilligen, wenn der Betroffene noch selbst einwilligen kann[273]. Ist der Betroffene selbst einwilligungsunfähig, muss auf den erklärten oder mutmaßlichen Willen des Betreuten an vorderster Stelle zurückgegriffen werden gemäß § 1827 Abs 2 Satz 2. Besteht eine Vorsorgevollmacht in Gesundheitsangelegenheiten nach § 1820 Abs 1, Abs 2, reicht diese aus, um die ausreichende Berücksichtigung des Patientenwillens zu sichern. Der Bevollmächtigte steht dem Betreuer gemäß § 1814 Abs 3 Nr 1 rechtlich grundsätzlich gleich[274]. Unter einer Vorsorgevollmacht wird die Bevollmächtigung einer Person zur Erledigung von allen Angelegenheiten oder von einzelnen Aufgaben verstanden. Die Vorsorgevollmacht muss die vom Vollmachtgeber gemeinten medizinischen Maßnahmen ausdrücklich nennen. Für eine Einwilligung des Patientenvertreters und für eine daran anknüpfende Genehmigung des Betreuungsgerichts ist kein Raum, wenn der Patient einen entsprechenden eigenen Willen bereits in einer wirksamen Patientenverfügung gem § 1827 Abs 1 niedergelegt hat und diese auf die konkret eingetretene Lebens- und Behandlungssituation zutrifft[275]. Eine Patientenverfügung gemäß § 1827 Abs 1 ist eine schriftliche Erklärung mit dem Inhalt, dass der Patient für den Fall seiner Einwilligungsunfähigkeit in bestimmte, zum Zeitpunkt der Festlegung noch nicht unmittelbar bevorstehende Untersuchungen „bei einem bestimmten Krankheitsverlauf nicht mehr oder in festgelegter Art und Weise behandelt werden zu wollen"[276]. Für den Verzicht lebenserhaltender Maßnahmen stellt der BGH strenge Anforderungen an die Bestimmtheit einer Patientenverfügung. Unmittelbare Bindungswirkung soll eine Patientenverfügung nur dann entfalten, wenn ihr konkrete Entscheidungen des Betroffenen über die Einwilligung oder Nichteinwilligung in bestimmte ärztliche Maßnahmen entnommen werden können[277]. Der Patientenverfügung kommt auch in akuten Notfällen, in denen der Betreuer zB nicht erreichbar ist, Bedeutung zu[278]. Hier hat der Arzt zu prüfen, ob die patientenseitig getroffenen Festlegungen auf die aktuelle Lebens- und Behandlungssituation zutreffen. In Fällen, in denen eine Patientenverfügung fehlt oder deren Festlegungen nicht mehr auf die aktuelle Lebens- und Behandlungssituation zutreffen, ist der Betreuer oder der Bevollmächtigte derjenige, der den mutmaßlichen Willen des **57**

---

269 Kern, in: Laufs/Kern/Rehborn, HdB ArztR[5], § 43 Rz 23.
270 Katzenmeier, in: Laufs/Katzenmeier/Lipp, Arztrecht[8], V Rz 55.
271 BeckOK-BGB/Katzenmeier, Stand: 1.5.2022, § 630a Rz 55.
272 Kern, in: Laufs/Kern/Rehborn, HdB ArztR[5], § 43 Rz 23.
273 Pajonk/Messer/Berzewski, S2k-Leitlinie Notfallpsychiatrie, Stand v 18.10.2018, 10.6, Rechtliche Vertreter, S 262, 263.
274 Kern, in: Laufs/Kern/Rehborn, HdB ArztR[5], § 59 Rz 15.
275 Kern, in: Laufs/Kern/Rehborn, HdB ArztR[5], § 59 Rz 15.
276 Heckmann, in: Kröber/Dölling/Leygraf/Saß (Hrsg), Handbuch der forensischen Psychiatrie: Band 5: Forensische Psychiatrie im Privatrecht und Öffentlichen Recht, Juristische Grundlagen der öffentlich-rechtlichen Unterbringung, S 137–166.
277 Kern, in: Laufs/Kern/Rehborn, HdB ArztR[5], § 59 Rz 15.
278 Kern, in: Laufs/Kern/Rehborn, HdB ArztR[5], § 59 Rz 13.

Patienten zu ermitteln hat und auf dieser Grundlage entscheiden muss, ob er in eine ärztliche Behandlungsmaßnahme einwilligt, diese abbricht oder untersagt[279]. Kann ein entsprechender Wille auch aus Gesprächen mit den Angehörigen nicht ermittelt werden, gilt der Satz: in dubio pro vita[280].

58 **8. Neuregelung des § 1358.** Ein neuer Gesetzentwurf zur Reform des Vormundschafts- und Betreuungsrechts[281] hat ein zeitlich beschränktes Vertretungsrecht für Ehegatten geregelt. Der neue § 1358 ist am 1.1.2023 in Kraft getreten. Gemäß § 1358 Abs 1 soll bei Bewusstlosigkeit oder Krankheit des einen Ehegatten der andere berechtigt sein, Angelegenheiten der Gesundheitssorge zu erledigen, weil aufgrund der Akutsituation dieser sie selbst rechtlich nicht durchführen kann. Es handelt sich hierbei um ein Notvertretungsrecht eines Ehegatten für den anderen. Dieses stellt ausschließlich ein Recht hingegen keine Pflicht dar. § 1358 Abs 1 präsentiert eine abschließende Aufzählung von Rechtsbereichen, für die der Ehegatte als Vertreter fungieren darf. Umfasst sind hiervon neben medizinischen Untersuchungen (Nr 1), der Abschluss von Verträgen (Nr 2), die Geltendmachung von Ansprüchen (Nr 4) sowie die Entscheidung über freiheitsentziehende Maßnahmen (Nr 3). Zudem kann auch die unaufschiebbare und aus medizinischer Sicht notwendige Versorgung einer Erkrankung, die allerdings erstmals diagnostiziert worden sein muss, davon mitumfasst sein. Abs 3 des § 1358 beschränkt das Notvertretungsrecht, denn es gilt nicht, wenn die Ehegatten getrennt leben, wenn bekannt ist, dass eine Notvertretung im Vorherein abgelehnt wurde, jemand anderes bevollmächtigt oder ein Betreuer bestellt wurde. Zudem ist das Notvertretungsrecht zeitlich beschränkt. Es besteht ab dem festgestellten Zeitpunkt für sechs Monate und endet dann; zudem endet es automatisch immer, sobald die Voraussetzungen nach Abs 1 nicht mehr vorliegen und der Vertretene seine Angelegenheiten wieder selbst regeln kann. Darüber hinaus werden die behandelnden Ärzte gegenüber dem vertretenden Ehegatten von ihrer Schweigepflicht durch § 1358 Abs 2 entbunden. Dem behandelnden Arzt werden die nach § 1358 Abs 4 geltenden Dokumentations- und Informationspflichten auferlegt. Das bedeutet, er hat das Vorliegen der Voraussetzungen für ein Notvertretungsrecht nach § 1358 Abs 1 und den Zeitpunkt des Eintritts zunächst schriftlich zu bestätigen, § 1358 Abs 4 Nr 1, dem vertretenden Ehegatten diese Bestätigung mit einer Erklärung über die Voraussetzungen nach § 1358 Abs 1 und die Ausschlussgründe nach § 1358 Abs 3 vorzulegen, § 1358 Abs 4 Nr 2 und sich von dem vertretenden Ehegatten schriftlich versichern zu lassen, dass das Ehegattenvertretungsrecht bisher nicht ausgeübt wurde und kein Ausschlussgrund vorliegt, § 1358 Abs 4 Nr 3. Das Dokument ist dem vertretenden Ehegatten für die weitere Ausübung der Vertretungsberechtigung auszuhändigen. Zu beachten ist, dass das Notvertretungsrecht des Ehegatten die mutmaßliche Einwilligung des Patienten nicht entbehrlich macht.

59 **9. Keine Identität zwischen Behandelndem und dem die Behandlung zusagenden Vertragspartner erforderlich.** Der die Behandlung Zusagende und der die Behandlung tatsächlich Durchführende müssen nicht identisch sein. Dies zeigt sich beispielsweise, wenn eine juristische Person die Behandlung zusagt – etwa der Träger eines Krankenhauses – und den dann Behandelnden, also Ärzte als Erfüllungsgehilfen die Behandlung für sich durchführen lässt. Auch bei einer Berufsausübungsgemeinschaft (BAG, früher: Gemeinschaftspraxis) oder in einem Medizinischen Versorgungszentrum (MVZ) kann es eine juristische Person sein, die Behandlungen zusagt und ihrerseits Behandelnde bereitstellt, die die Behandlungsleistung als Erfüllungsgehilfen für sie erbringen[282].

V. Ambulante Behandlung

60 Niedergelassene Ärzte, die in eigener Praxis ambulant behandeln, haften für Behandlungs- und Aufklärungsfehler vertraglich gemäß § 280 und deliktsrechtlich auf der Basis von § 823 Abs 1. Bei genehmigungsfreien Vertretungen nach Ärzte–ZV § 32 Abs 1 Satz 2 kommt der Behandlungsvertrag weiterhin mit dem Praxisinhaber zustande. Für den Bereich der vertragsärztlichen Versorgung gilt, dass sich der Vertragsarzt bei Krankheit, Urlaub oder Teilnahme an ärztlicher Fortbildung oder an einer Wehrübung innerhalb von zwölf Monaten bis zu drei Monaten vertreten lassen kann[283]; in unmittelbarem zeitlichen Zusammenhang mit der Entbindung kann sich eine Vertragsärztin insgesamt bis zu einer Dauer von zwölf Monaten vertreten lassen[284]. Die systematische Abwesenheit von einem Tag in der Woche gilt nicht als Urlaub[285]. Der Vertreter

---

279 Kern, in: Laufs/Kern/Rehborn, HdB ArztR[5], § 59 Rz 13.
280 Kern, in: Laufs/Kern/Rehborn, HdB ArztR[5], § 59 Rz 13.
281 BT-Drucks 564/20.
282 BT-Drucks 17/10488, 18.
283 Grüneberg[81]/Weidenkaff, § 630a Rz 3.
284 Tigges, in: D Prütting (Hrsg), Formularbuch Fachanwalt Medizinrecht, Arzthaftung[2], Kapitel 4 Rz 227.
285 SG Mainz, Urt v 24.2.1988 – S 1a KA 76/87, -juris.

des niedergelassenen Arztes haftet ggü dem Patienten prinzipiell nur aus Delikt, hingegen nicht vertraglich, sofern es um eine wirkliche Stellvertretung geht, bei welcher der Vertreter als Erfüllungsgehilfe des Arztes nach § 278 handelt und nicht, wie regelmäßig, um Weiterverweisung des Patienten an eine andere Praxis. Der Vertretene selbst hingegen haftet vertraglich über § 278 für seinen Stellvertreter[286]. Somit trifft den vertretenen Arzt vertraglich eine Gehilfenhaftung nach § 278, Geschäftsherr des Urlaubsvertreters ist er aber nicht[287]. Das Gebrauchmachen von einer Überweisung führt zudem zu einer neuen Vertragsbeziehung, nämlich der zu dem jeweiligen Facharzt[288]. Wird hingegen ein Facharzt von einem anderen Arzt konsiliarisch hinzugezogen, bleibt der ursprüngliche Behandler für die Gesamtbehandlung verantwortlich[289]. Der Konsiliararzt haftet nicht dafür, dass der behandelnde Arzt seine Empfehlungen nicht oder verspätet umsetzt[290]. Ein Konsiliararzt ist grundsätzlich nicht verpflichtet, bei ausbleibender weiterer Anforderung eigenständig zum Patienten Kontakt aufzunehmen, um den Behandlungsverlauf zu überprüfen. Er darf sich darauf verlassen, dass der überweisende Arzt seinen Empfehlungen folgt. Einer Rückfrage seinerseits bedarf es regelmäßig nicht.

Auch bei einer ambulanten Behandlung in einer Gemeinschaftspraxis (Berufsausübungsgemeinschaft, BAG) oder in einem Medizinischen Versorgungszentrum (MVZ) kann es eine juristische Person sein, welche, die Behandlungen zusagt und ihrerseits Behandelnde dafür bereit stellt, welche die Behandlungsleistung als Erfüllungsgehilfen für sie erbringen[291]. In einer BAG ist diese Vertragspartner, die Verpflichtung zur Behandlung und zur Haftung aus dem Vertrag trifft alle Gesellschafter, nicht nur den, der die Behandlung tatsächlich durchführt[292]. Der Behandlungsvertrag kommt mit der Gesellschaft zustande, auch wenn diese als (Aussen-)Gesellschaft bürgerlichen Rechts auftritt, da diese als (teil-)rechtsfähig angesehen wird[293]. Die (Aussen-)Gesellschaft bürgerlichen Rechts (GbR) ist rechtsfähig, solange sie durch die Teilnahme am Rechtsverkehr nach aussen eigene Rechte und Pflichten begründet. Des Weiteren ist die GbR gleichermaßen aktiv und passiv parteifähig. Dies gilt nicht nur bei der sog Fachidentität, sondern ist auch für fachübergreifende BAG's anerkannt[294]. Grundsätzlich haften die Gesellschafter einer Berufsausübungsgemeinschaft (BAG) gemäß § 708 gegenseitig (nur) für die eigenübliche Sorgfalt[295]. Dieser Haftungsmaßstab ist im Hinblick auf die gemeinsame ärztliche Berufsausübung nicht sachgemäß und daher im Gesellschaftsvertrag für das Innenverhältnis abzubedingen[296]. Im Außenverhältnis ist seitens der Gesellschafter iRd Behandlungstätigkeit über § 708 der Facharztstandard zu gewährleisten[297]. Schließt der Patient den Behandlungsvertrag mit einer BAG in der Rechtsform einer Gesellschaft bürgerlichen Rechts (GbR) ab, so haftet die Gesellschaft – die zwar keine juristische Person, aber als Folge der Anerkennung der Rechtssubjektivität[298] im Verhältnis zu Dritten Träger von Rechten und Pflichten ist – und alle, auch später eintretende Gesellschafter der Berufsausübungsgemeinschaft akzessorisch gegenüber dem Patienten als Gesamtschuldner iSd § 421, gleich, ob sie selbst mit der Behandlung des Patienten befasst waren oder nicht[299]. Für Verbindlichkeiten der Gesellschaft haften die Gesellschafter mit ihrem Privatvermögen und uneingeschränkt[300]. Nach der Anerkennung der GbR als Rechtssubjekt[301] ergibt

---

286 Zum ärztlichen Untersuchungsfehler durch die ärztliche Urlaubsvertretung BGH, Urt v 13.1.1998 – VI ZR 242/96, BGHZ 138, 1, 3; zu Beweiserleichterungen bei grobem Behandlungsfehler eine Hebamme BGH, Urt v 16.5.2000 – VI ZR 321/98, BGHZ 144, 296, 303, 304; zur Darlegungs- und Beweislast des Arztes nach den Grundsätzen voll beherrschbarer Risiken BGH, Urt v 20.3.2007 – VI ZR 158/06, BGHZ 171, 358, 360 f; zur Schadensersatzpflicht wegen einer falschen Beurteilung der Arbeitsfähigkeit eines Patienten und Einstellung von Krankengeldzahlungen OLG Düsseldorf, Urt v 15.11.1984 – 8 U 26/84, VersR 1985, 370; OLG Oldenburg, Urt v 14.8.2001 – 5 U 36/01, VersR 2003, 375.
287 OLG Hamm, Urt v 29.5.1985 – 3 U 176/84, NA-Beschl v 28.1.1986 – VI ZR 203/85, VersR 1987, 106.
288 Grüneberg[81]/Weidenkaff, § 630a Rz 3.
289 Zur nicht gegebenen Haftung eines konsiliarischen Facharztes (hier Augenarzt), OLG Hamm, Urt v 30.10.2020 – 26 U 131/19,_juris.
290 OLG Hamm, Urt v 30.10.2020 – 26 U 131/19, -juris.
291 BT-Drucks 17/10488, 18.
292 Grüneberg[81]/Weidenkaff, § 630a Rz 3.146, 3.
293 Zur Rechtssubjektivität der BGB–Gesellschaft BGH, Urt v 29.1.2001 – II ZR 331/00, BGHZ 146, 341.
294 Zur fachübergreifenden Gemeinschaftspraxis als Beklagter LSG Bayern, Urt v 5.4.2017 – L 12 KA 34/15, RID 17-03-24.
295 Tigges, in: D Prütting (Hrsg), Formularbuch Fachanwalt Medizinrecht, Arzthaftung[2], Kapitel 4 Rz 228.
296 Tigges, in: D Prütting (Hrsg), Formularbuch Fachanwalt Medizinrecht, Arzthaftung[2], Kapitel 4 Rz 228.
297 Tigges, in: D Prütting (Hrsg), Formularbuch Fachanwalt Medizinrecht, Arzthaftung[2], Kapitel 4 Rz 228.
298 Zur persönlichen Haftung der GbR-Gesellschafter BGH, Urt v 29.6.1999 – VI ZR 24/98, BGHZ 142, 126 ff; zur Haftungsbegrenzung der GbR BGH, Urt v 27.9.1999 – II ZR 371/98, BGHZ 142, 315, 318 ff.
299 Zur Haftungsbegrenzung der GbR BGH, Urt v 29.1.2001 – II ZR 331/00, BGHZ 146, 341, 342 ff; Fortführung Rspr BGH, Urt v 27.9.1999 – II ZR 371/98, BGHZ 142, 315.
300 Tigges, in: D Prütting (Hrsg), Formularbuch Fachanwalt Medizinrecht, Arzthaftung[2], Kapitel 4 Rz 229.
301 Zur Haftungsbegrenzung der GbR BGH, Urt v 29.1.2001 – II ZR 331/00 (Fortführung von BGH, Urt v 27.9.1999 – II ZR 371/98, BGHZ 142, 315), BGHZ 146, 341, 342 ff.

sich diese Rechtsfolge allerdings nicht mehr aus einer gemeinsamen Verpflichtung aller Gesellschafter, § 164[302], sondern aus der Zurechnung ärztlichen Handelns zur Gesellschaft gemäß § 31 sowie einer analogen Anwendung des HGB § 128 zur Begründung der persönlichen Haftung der übrigen Gesellschafter[303]. Dies gilt nicht nur für Schadensersatzansprüche wegen Verletzung der Pflichten aus dem Behandlungsvertrag, sondern genauso für solche aus Deliktshaftung[304]. Für berufliche Fehler des einzelnen Arztes haften sie neben dem Vermögen der Partnerschaftsgesellschaft dann mit, wenn sie an der Behandlung des Patienten tatsächlich beteiligt waren[305], sonst nicht. Eine Haftungsbeschränkung lässt sich nicht durch eine entsprechende Regelung im Gesellschaftsvertrag erreichen, sondern nur durch Umwandlung in die Rechtsform der Partnerschaftsgesellschaft gemäß PartGG § 8 Abs 2[306], die als weitere Gesellschaftsform für natürliche Personen zur Ausübung bestimmter freier Berufe zur Verfügung steht[307].

62 Nach SGB V § 95 Abs 1 Satz 2 sind MVZ ärztlich geleitete Einrichtungen, in denen Ärzte, die in das Arztregister eingetragen sind, als Angestellte oder Vertragsärzte tätig sind. Die Zulassung zur vertragsärztlichen Versorgung erfolgt nicht für den einzelnen Arzt, sondern als institutionelle Zulassung für das gesamte MVZ. Darüber hinaus bleibt auch die individuelle Zulassung der im MVZ tätigen Ärzte bestehen; diese wird jedoch von der institutionellen Zulassung überlagert. Im MVZ angestellte Ärzte verfügen über keine individuelle Zulassung. Eine vertragsärztliche Tätigkeit scheidet daher bei der Ausübung dieser Tätigkeit in einem MVZ aus, wenn der Arzt tatsächlich im Rahmen eines Beschäftigungsverhältnisses Leistungen erbringen soll[308]. Bei der Behandlung in einem MVZ, das gemäß SGB V § 95 Abs 1 Satz 6 in jeder rechtlich zugelassenen Organisationsform, wie beispielsweise einer GbR, GmbH oder AG gegründet werden kann, kommt der Behandlungsvertrag mit dem Träger des MVZs zustande. Dieses haftet für die bei ihm angestellten Ärzte als seine Erfüllungsgehilfen vertraglich, während die Ärzte selbst für eigenes Verschulden deliktisch gemäß §§ 823 ff haften. Im Rahmen einer sog Organisationsgemeinschaft (Praxisgemeinschaft), die einen Zusammenschluss zur Nutzung gemeinsamer wirtschaftlicher Ressourcen mit einer Innen-GbR bei sonst selbständiger Praxis des einzelnen Behandelnden darstellt, ist nur dieser Vertragspartner[309]. Nur der jeweilige Arzt schliesst mit seinem Patienten einen Behandlungsvertrag ab, sodass nur er gegenüber dem Patienten für etwaige Fehler haftet[310]. Sind mehrere Ärzte gleicher oder verschiedener Fachrichtung in einer sog Organisationsgemeinschaft verbunden, handelt es sich lediglich um einen Zusammenschluss zwecks gemeinsamer Nutzung von Praxisräumen/-einrichtung und gemeinsamer Inanspruchnahme von Praxispersonal bei sonst selbständiger Praxisführung, bleiben sie nach Maßgabe ihrer fachlichen Ausrichtung unabhängig und haften auch nicht füreinander[311]. Bei solchen reinen Organisationsgemeinschaften wird der Behandlungsvertrag stets nur mit dem vom Patienten aufgesuchten Mitglied geschlossen. Gleiches gilt beim Praxisverbund gemäß MBO-Ä § 23d, bei dem mehrere selbständige Einzelpraxen zur Verbesserung der Versorgungsqualität miteinander kooperieren, möglich auch unter Einbeziehung von Krankenhäusern, Vorsorge- und Rehakliniken sowie Angehöriger anderer Gesundheitsberufe[312].

63 In der Krankenhausambulanz ist der Vertragspartner des Patienten für die Privatbehandlung immer der Chefarzt, für den gesetzlich Versicherten ist es der an der vertragsärztlichen Versorgung beteiligte oder zur Teilhabe ermächtigte Krankenhausarzt, zum Teil auch der Krankenhausträger[313].

VI. Stationäre Behandlung

64 **1. Totaler Krankenhausvertrag.** Bei der stationären Krankenhausbehandlung kommen vertragliche Beziehungen des Patienten grundsätzlich nur mit dem Krankenhausträger zustande[314].

---

302 So noch zur gesamtschuldnerischen Haftung von Belegärzten BGH, Urt v 8.11.2005 – VI ZR 319/04, BGHZ 165, 36, 40.
303 Zur Unzulässigkeit der allgemeinen Haftungsbegrenzung bei der GbR durch den Zusatz „mbH" BGH, Urt v 27.9.1999 – II ZR 371/98, BGHZ 142, 315, 318 ff; zur Rechts- und Parteifähigkeit der GbR grdlgd BGH, Urt v 29.1.2001 – II ZR 331/00, BGHZ 146, 341, 343 ff; BGH, Urt v 24.2.2003 – II ZR 385/99, BGHZ 154, 88, 94; Spickhoff NJW 2006, 1630, 1632; Braun MedR 2009, 272, 274, 275.
304 Zur Anwendbarkeit der Organhaftung auf die GbR BGH, Urt v 24.2.2003 – II ZR 385/99, BGHZ 154, 88, 94; BGH, Urt v 24.6.2003 – VI ZR 434/01, BGHZ 155, 205, 212 = NJW 2003, 2984.
305 Pauge/Offenloch, Arzthaftungsrecht[14], Rz 64.
306 Lindenau/Spiller IWW 07/2006, 169, https://www.iww.de/pfb/archiv/rechtsformwahl-die-partnerschaftsgesellschaft-im-vergleich-f33334, zuletzt abgerufen am 15.12.2021; Bösert DStR 93, 1332; vgl Grüneberg[81]/Sprau, § 705 Rz 7.
307 Grüneberg[81]/Sprau, § 705 Rz 7.
308 BeckOK–ÄrzteZV/Scholz, Stand 1.12.2021, § 32 Ärzte-ZV Rz 9a.
309 Grüneberg[81]/Weidenkaff, § 630a Rz 3.
310 Pauge/Offenloch, Arzthaftungsrecht[14], Rz 58; Spickhoff, in: Spickhoff: Medizinrecht[3], Rz 24.
311 Rehborn, in: Laufs/Kern/Rehborn, HdB ArztR, § 22 Rz 13 ff.
312 BeckOK–ÄrzteZV/Scholz, Stand 1.12.2021, § 32 Ärzte-ZV Rz 9a.
313 Geiß/Greiner, Arzthaftpflicht[8], A Rz 19, 61.
314 Zur deliktischen Garantenstellung eines Krankenhausarztes bei Untätigkeit BGH, Urt v 8.2.2000 – VI ZR 325/98, NJW 2000, 2741.

Dieser haftet auch für die bei ihm angestellten ärztlichen und nichtärztlichen Mitarbeiter ebenso wie für hinzugezogene externe Dritte[315] wie bspw den Konsiliararzt, soweit deren Leistungen solche des Krankenhauses gemäß KHEntgG § 2 Abs 2 Satz 2 Nr 2 sind. Vorgenannte sind seine Erfüllungsgehilfen gemäß § 278 ohne die Möglichkeit einer Entlastung, und zwar unabhängig davon, „ob der Fehler einem Arzt, einem Krankenpfleger oder einem Hausmeister unterlaufen ist"[316]. Letztere wiederum haften gegenüber dem Patienten für etwaiges eigenes Verschulden nur deliktsrechtlich. Man spricht insoweit von einem „totalen Krankenhausvertrag". Beim totalen Krankenhausvertrag besteht seitens des Patienten kein Rechtsanspruch darauf, nur von bestimmten Ärzten behandelt zu werden.

2. Totaler Krankenhausvertrag mit Arztzusatzvertrag. Im Rahmen des totalen Krankenhausvertrags mit Arztzusatzvertrag ist das Krankenhaus zur Erbringung sowohl der allgemeinen Krankenhausleistungen im Sinne von KHEntgG § 2 Abs 2 als auch der vereinbarten Wahlleistungen nach KHEntgG § 17 Abs 1 verpflichtet. Daneben wird ein weiterer Vertrag mit den liquidationsberechtigten Ärzten abgeschlossen, was auch konkludent geschehen kann. Vertragspartner des Patienten sind daher sowohl der Krankenhausträger als auch die Wahlärzte, weshalb beide für etwaige haftungsbegründende Fehler gegenüber dem Patienten in der Haftung stehen.

3. Gespaltener Arzt-Krankenhaus-Vertrag bei Wahlleistungen. Beim gespaltenen Krankenhausaufnahmevertrag wird die stationäre Leistung auf der Grundlage von (mindestens) zwei separaten Verträgen erbracht. Das Krankenhaus schuldet dabei alle „allgemeinen Krankenhausleistungen" ohne die ärztliche Behandlung, einschließlich der Grund- und Funktionspflege[317]. Die medizinische Behandlung wird dagegen nur aufgrund einer eigenständigen Vereinbarung mit einem liquidationsberechtigten Arzt erbracht[318], der Krankenhausträger haftet insoweit nicht. Hierbei kann es sich um angestellte[319] (aber liquidationsberechtigte) Ärzte des Krankenhauses oder um Belegärzte[320] handeln. Letztgenannte sind freiberuflich tätige Ärzte. Sie sind nach KHEntgG § 18 Abs 1 Satz 1 nicht am Krankenhaus angestellte Vertragsärzte, die berechtigt sind, ihre Patienten (Belegpatienten) im Krankenhaus unter Inanspruchnahme der hierfür bereitgestellten Dienste, Einrichtungen und Mittel stationär oder teilstationär zu behandeln, ohne hierfür vom Krankenhaus eine Vergütung zu erhalten. Ihre Leistungen gehören nach BPflV § 2 Abs 1 Satz 2 nicht zu den Krankenhausleistungen. Belegärztliche Leistungen dürfen auch vom MVZ erbracht werden, denn auch der im MVZ angestellte Arzt kann Belegarzt sein[321]. Behandelnder iSv § 630a Abs 1 ist auch hier derjenige, der die medizinische Behandlung zusagt[322]. Sowohl beim totalen Krankenhausvertrag mit Arztzusatzvertrag als auch beim gespaltenen Arzt-Krankenhaus-Vertrag ist es eine Frage der Vertragsgestaltung im Einzelfall, ob der gesonderte Behandlungsvertrag, der zwischen dem Patienten und dem Wahlarzt geschlossen werden soll, bereits Gegenstand der zwischen dem Krankenhaus und dem Patienten abgeschlossenen Wahlleistungsvereinbarung ist (Krankenhaus als Stellvertreter des Wahlarztes), oder ob es hierzu einer weiteren Abrede zwischen dem Arzt und dem Patienten bedarf[323]. Für Fehler der Wahlärzte haftet der Krankenhausträger im Falle eines gespaltenen Arzt-Krankenhausvertrags weder vertraglich noch deliktsrechtlich[324]. Diese Rechtsfolge bedarf jedoch einer ausdrücklichen vertraglichen Vereinbarung[325]. Denn nach zutreffender Ansicht kann ohne eine ausdrückliche Vereinbarung nicht davon ausgegangen werden, dass der Patient den Krankenhausträger aus seiner Verpflichtung (auch zur Haftung) entlassen will, nur weil er im Rahmen einer Wahlleistungsvereinbarung zusätzliche Leistungen hinzuzuerwerben wünscht[326]. Das OLG Karlsruhe vertritt mit der herrschenden Ansicht, dass wahlärztliche Leistungen als Leistungen des Krankenhauses gelten, wenn ein Krankenhausarzt sein vertraglich eingeräumtes Liquidationsrecht zur Behandlung von privat versicherten Patienten an das Krankenhaus abgetreten hat (sog Beteiligungsmodell). Gleiches gilt, wenn die Ausübung des Liquidationsrechts im Rahmen des Dienstvertrages als unmittelbare

---

315 BGH, Urt v 12.11.2009 – III ZR 110/09, BGHZ 183, 143.
316 MünchKomm⁸/Wagner, § 630a Rz 158.
317 BeckOK-BGB/Katzenmeier, Stand: 1.5.2022, § 630a Rz 78.
318 BeckOK-BGB/Katzenmeier, Stand: 1.5.2022, § 630a Rz 78; BGH, Urt v 14.2.1995 – VI ZR 272/93, BGHZ 129, 6, 13.
319 BeckOK-BGB/Katzenmeier, Stand: 1.5.2022, § 630a Rz 77.
320 Stollmann/Wollschläger, in: Laufs/Kern/Rehborn, HdB ArztR⁵, § 89 Rz 14.
321 BSG, Urt v 23.3.2011 – B 6 KA 15/10 R, NZS 2012, 74, 76 f.
322 MünchKomm⁸/Wagner, § 630a Rz 34.
323 Zum Erfordernis der schriftlichen Vereinbarung über Wahlleistungen im Krankenhaus BGH, Urt v 19.2.1998 – III ZR 169/97, BGHZ 138, 91, 92 f.
324 Pauge/Offenloch, Arzthaftungsrecht¹⁴, Rz 36; Kutlu, AGB–Kontrolle bei stationärer Krankenhausaufnahme, S 66; vgl Spickhoff VersR 98, 1189, 1190; Rieger DMW 2010, 38, 40.
325 Vgl zu haftungssplittenden Formularbedingungen BGH, Urt v 11.5.2010 – VI ZR 252/08, NJW 2010, 2580.
326 Zur Geltendmachung eines Anspruchs wegen überhöhter Rechnungsstellung gegenüber dem Krankenhausträger BGH, Urt v 14.1.2016 – III ZR 107/15, NJW 2016, 3027.

Dienstaufgabe erklärt wird. Dann wird das Liquidationsrecht auch vom Krankenhausträger ausgeübt, wie es mittlerweile in fast allen Krankenhäusern auch der Praxis entspricht[327].

67   **4. Gespaltener Arzt-Krankenhaus-Vertrag bei stationärer Behandlung durch den Belegarzt.** Bei der stationären Behandlung durch einen Belegarzt in einem Belegkrankenhaus oder einer Belegabteilung beschränkt sich die Leistungsverpflichtung des Krankenhausträgers neben der Unterbringung, den pflegerischen Leistungen und der Verköstigung auf den ärztlichen Hintergrunddienst außerhalb des Fachgebiets des Belegarztes, weshalb nur insoweit vertragliche Beziehungen zum Patienten zustande und eine vertragliche Haftung des Krankenhausträgers in Betracht kommen. Über alle ärztlichen Leistungen des Belegarztes, der nachgeordneten Ärzte seines Fachgebiets und der von ihm veranlassten Leistungen externer Ärzte kommt der Vertrag zwischen dem Patienten und dem Belegarzt zustande. Insoweit ist Letzterer gegenüber dem Patienten in der Haftung. Auch für den von ihm bestellten Urlaubsvertreter haftet der Belegarzt gemäß § 278[328]. Eine Haftung des Krankenhausträgers kann sich allerdings hier aufgrund von Organisationsmängeln ergeben, da die organisatorische Sicherstellung von apparativer und personeller Ausstattung grundsätzlich zu seinem Pflichtenkreis gehören[329]. Die Aufspaltung der Aufgabenbereiche kann zu Schwierigkeiten bei der Frage führen, ob sich das im Krankenhaus eingesetzte Personal im konkreten Fall im Pflichtenkreis des zur eigenen Liquidation befugten Arztes oder dem der Klinik betätigte und ob somit bei einer aus dieser Arbeit entstandenen schuldhaften Schädigung der Arzt oder der Träger einzustehen hat. Die nichtärztliche Grund-, Funktions- und Behandlungspflege gehört zur alleinigen Verantwortlichkeit des Krankenhausträgers. Komplizierter gestaltet sich Zurechnung von Fehlleistungen des nachgeordneten ärztlichen Dienstes. Die Rspr hat sich um Abgrenzungskriterien bemüht und dabei auf das Merkmal der Beherrschbarkeit abgehoben, das eher darauf abzielt, den Chef- oder Belegarzt bezüglich des im Krankenhaus beschäftigten ärztlichen Personal zu entlasten[330]. Die aktuelle Rspr des OLG Naumburg, verfestigt die Tendenz, die Haftung auf den eigenen Fachbereich des Belegarztes zu beschränken. Denn die Haftung des Belegarztes folgt ausschließlich direkt aus dem zwischen dem Patienten und ihm bestehenden Rechtsverhältnis. Unterstellt, dass die unterlassene Untersuchung im Innenverhältnis zwischen dem Belegarzt und der Belegklinik rein tatsächlich einem Arzt der Klinik zuzuordnen sei, treffe den Klinikträger weder eine vertragliche noch eine deliktische Einstandspflicht gegenüber dem Patienten, wenn der Belegarzt für eine eigene Fehlleistung innerhalb seines Fachbereichs hafte oder, alternativ, der Fehler durch einen nachgeordneten Arzt der Klinik desselben Fachgebiets gemacht wurde, dessen sich der Belegarzt bei der Durchführung der Behandlung bediente[331]. Ein weiteres darstellbares Kriterium wäre die pflegesatzrechtliche Abgrenzung der Leistungsbereiche von Belegarzt und Klinik nach KHEntgG § 18 Abs 2 auf die ärztlichen Behandlungen zu übertragen und diese für die haftungsrechtliche Grenzziehung analog heranzuziehen[332].

VII. Behandlung im Rahmen eines öffentlichen Amtes

68   Die ärztliche Heilbehandlung durch den Arzt ist regelmäßig kein öffentliches Amt, denn bei der Krankenversorgung handelt es sich grds nicht um eine hoheitliche Aufgabe[333]. Nach herrschender Rspr betätigt sich selbst der beamtete Chefarzt einer Klinik nicht hoheitlich, sondern fiskalisch[334]. Für den Amtshaftungsanspruch ist es nicht erforderlich, dass es sich bei dem Amtswalter um einen Beamten im statusrechtlichen Sinne handelt. Entscheidend ist, ob der Amtswalter mit einem öffentlichen Amt, also hoheitlichen Aufgaben betraut wurde und er die Amtspflichtverletzung in Ausübung dieses öffentlichen Amtes begangen hat. Man spricht insoweit auch von dem „Beamten im haftungsrechtlichen Sinne". Die §§ 630a ff sowie die weiteren privatrechtlichen Regeln der §§ 280, 823 finden keine Anwendung, wenn die Behandlung eines

---

327 OLG Karlsruhe, Beschl v 18.1.2021– 13 U 389/19, NJW-RR 2021, 307.
328 BGH, Urt v 16.5.2000 – VI ZR 321/98, BGHZ 144, 296 Ls „c) Die Haftung nach den Grundsätzen zur Gemeinschaftspraxis besteht auch dann fort, wenn die Ärzte als Belegärzte im gleichen Krankenhaus tätig sind und die in der Praxis begonnene Behandlung dort fortgesetzt wird."; zur persönlichen Haftung der GbR Gesellschafter BGH, Urt v 29.6.1999 – VI ZR 24/98, BGHZ 142, 126, 126 ff.
329 Geiß/Greiner, Arzthaftpflicht[8], A Rz 41.
330 OLG Karlsruhe, Urt 16.5.2001 – 7 U 46/99, VersR 2003, 116; OLG Hamm, Urt v 23.8.2000 – 3 U 229/99, VersR 2002, 315, 316; OLG Düsseldorf, Urt v 12.6.2008 – I-8 U 129/07, MedR 2009, 285, 286; MünchKomm[8]/Wagner, § 630a Rz 34.
331 OLG Naumburg, Urt v 8.10.2019 – 1 U 123/18, openJur 2020, 45986 Rz 70–72.
332 Geiß/Greiner, Arzthaftpflicht[8], A Rz 37 ff; BeckOK-BGB/Katzenmeier, Stand: 1.5.2022, § 630a Rz 77.
333 BGH, Urt v 29.11.2016 – VI ZR 208/15, BGHZ 213, 120 = NJW 2017, 1742, 1745.
334 Zum haftungsrechtlichen Beamtenbegriff vgl BGH Urt v 29.2.1996 – III ZR 238/94, NJW 1996, 2431; BGH, Urt v 21.1.2014 – VI ZR 78/13, BGHZ 199, 377; zur Verantwortlichkeit des Chefarztes einer organisatorisch unselbständigen Klinikeinheit für Behandlungsfehler BGH, Urt v 22.4.1980 – VI ZR 121/78, BGHZ 77, 74; Meysen JuS 1998, 404; zum Verweisungsprivileg des beamteten Arztes nach § 839 Abs 1 Satz 2 Kern VersR 1981, 316, 316 f.

Patienten auf öffentlich-rechtlicher Grundlage im Rahmen eines öffentlichen Amtes erfolgt und der Arzt als Beamter im haftungsrechtlichen Sinn gemäß GG Art 34 tätig wird. Für Pflichtverletzungen haftet die Anstellungskörperschaft in diesem Fall nach den Normen der § 839, GG Art 34. Gemäß § 839 Abs 1 Satz 2 kann ein Schadensersatz von der Behandlungsseite deshalb nur verlangt werden, soweit keine andere Ersatzmöglichkeit besteht. Die persönliche Außenhaftung der Ärzte scheidet im Hinblick auf die Überleitungsvorschrift des GG Art 34 aus[335]. Der selbstliquidierende beamtete Arzt kann sich auf das Verweisungsprivileg des § 839 Abs 1 Satz 2 sogar dann berufen, wenn sein Patient die Schädigung, für die er einzustehen hat, nach Verlegung aus der Abteilung des Arztes in einer anderen Abteilung des Krankenhauses erleidet[336]. Der Regress der Körperschaft selbst gegen den pflichtwidrig handelnden beamteten Arzt richtet sich nach den einschlägigen Vorschriften der Beamtengesetze, vgl BeamtStG § 48.

Eine Amtshaftung kommt in Betracht, wenn dem Arzt ein öffentliches Amt anvertraut worden ist und er seine ihm als Hoheitsträger obliegende Aufgabe verletzt hat[337]. Die Frage nach der Charakterisierung der ärztlichen Tätigkeit stellt sich somit in Kliniken öffentlich-rechtlicher Träger, wenn es sich um beamtete Ärzte handelt oder um Angestellte öffentlich–rechtlicher Körperschaften. Juristische Personen (Körperschaften) des öffentlichen Rechts, die sog „Beamten im haftungsrechtlichen Sinne", sind bspw die kassenärztlichen Vereinigungen[338], die Rettungszweckverbände[339], die Berufsgenossenschaften[340], alle gesetzlichen Krankenversicherungen, so bspw die AOK als Trägerin der gesetzlichen Krankenversicherung[341]. **69**

Beamte im haftungsrechtlichen Sinn bspw Ärzte iRd truppenärztlichen Versorgung haften nicht unmittelbar als natürliche oder juristische Personen des Privatrechts, sondern die dahinterstehende Körperschaft des öffentlichen Rechts[342]. Bei Amtspflichtverletzungen von bspw Zivildienstleistenden in privatrechtlich organisierten Beschäftigungsstellen war als haftende Körperschaft die Bundesrepublik Deutschland anzusehen, da diese einziger Dienstherr des Zivildienstleistenden war[343]. Sanitätspersonal im Rahmen der unentgeltlichen truppenärztlichen Versorgung haftet nach Amtshaftungsgrundsätzen, soweit es Bundeswehrangehörige behandelt; Polizeiärzte haften zB hoheitlich, soweit sie Polizeiangehörige behandeln, aber es liegt auch ein Fall der Amtshaftung vor, sollte der Polizeihund einen wehrlosen Passanten angreifen und zur ärztlichen Behandlung in eine Klinik eingeliefert werden müssen[344]. Das OLG Braunschweig entschied, dass die Bundesrepublik Deutschland für fehlerhafte Bescheinigungen, die ein Polizeiarzt einem Polizeibeamten für seine private Unfallversicherung ausgestellt hat, haftet[345]. Der **70**

---

335 Zur Amtshaftung für den Notarzt BGH, Urt v 16.9.2004 – III ZR 346/03, BGHZ 160, 216, = MedR 2005, 162, 163; zur Geltendmachung von Schadensersatz und Schmerzensgeld aufgrund einer Fehldiagnose und fehlerhafter Behandlung des Durchgangsarztes BGH, Urt v 4.3.2008 – VI ZR 101/07; VersR 2010, 768, vorhergehend OLG Schleswig, 2.3.2007 – 4 U 22/06, NJW-RR 2008, 41.
336 BGH, Urt v 10.1.1984 – VI ZR 158/82, BGHZ 89, 263, 269 ff; Ergänzung zu BGH, Urt v 30.11.1982 – VI ZR 77/81, BGHZ 85, 393.
337 BGH, Urt v 21.1.2014 – VI ZR 78/13, BGHZ 199, 377 = GesR 2014, 227.
338 Der BGH hat bereits frühzeitig eine haftungsrechtliche Verantwortlichkeit beteiligter Körperschaften angenommen, vgl BGH, Urt v 28.2.1963 – III ZR 157/61, VersR 1963, 748, 749, 752; zum Amtshaftungsanspruch im Zusammenhang mit einem Streit über die Zulassung eines Arztes zur kassenärztlichen Versorgung BGH, Urt v 10.2.2011 – III ZR 37/10, MDR 2011, 599 = NJW 2011, 2586; zur Haftung der KV, falls der Zulassungsausschuss Ärzten die Genehmigung einer Gemeinschaftspraxis versagt, LG Düsseldorf, Urt v 5.4.2012 – 5 O 724/06; zur KV-Haftung bei Fehlern des Notarztes im Rettungseinsatz BGH, Urt v 12.1.2017 – III ZR 312/16, VersR 2017, 422 m Anm Fehn MedR 2017, 543.
339 Zur Amtshaftung wegen Fehlers des Notarztes im Rettungsdiensteinsatz OLG Dresden, Urt v 14.2.2017 – 4 U 1256/16, nachfolgend BGH, Urt v 15.11.2018 – III ZR 69/17, NJ 2017, 246; MDR 2019, 162 m Anm Lippert MedR 2019, 562.
340 Zur Haftung eines vom Durchgangsarzt nach hinzugezogenem Radiologen für einen Diagnosefehler BGH, Urt v 10.3.2020 – VI ZR 281/19, GuP 2020,

150 m Anm Jorzig, VersR 2020, 914; zur hoheitlichen Betätigung des Durchgangsarztes BGH, Urt v 20.12.2016 – VI ZR 395/15, NJW 2017, 1745 m Anm Lissel MedR 2017, 877; zur Haftung des gesetzlichen Unfallversicherungsträgers bei Fehlern des Durchgangsarztes OLG Frankfurt/M, Beschl v 15.12.2016 – 8 U 129/16, openJur 2019, 35054 Rz 57-60.
341 Zur Amtshaftung der AOK des Saarlandes bei Ablehnung der Wiederzulassung eines Physiotherapeuten als Leistungserbringer OLG Saarbrücken, Urt v 8.12.1998 – 4 U 119/98 – 32, NJW-RR 2001, 813; OLG Saarbrücken, Urt v 2.7.2015 – 4 U 89/14, GuP 2015, 200.
342 Zur Haftung eines Sanitätsoffiziers für Arztfehler beim stationären Behandlungsvertrag OLG Koblenz, Beschl v 9.4.2010 – 5 U 154/10 m Anm Kern MedR 2011, 366; zur Haftung von Truppenärzten bei der truppenärztlichen Behandlung Schleswig-Holsteinisches OLG, Urt v 6.6.2014 – 4 U 103/12, -juris.
343 Zur Haftung für Amtspflichtverletzungen eines Zivildienstleistenden BGH, Urt v 11.5.2000 – III ZR 258/99, NVwZ 2000, 963; zur Haftung eines Zivildienstleistenden infolge schuldhaften Handelns auf einer Rettungsfahrt BGH, Urt v 26.3.1997 – III ZR 295/96, NJW 1997, 2109; zur Haftung der BRD für Zivildienstleistende BGH, Urt v 4.6.1992 – III ZR 93/91, NJW 1992, 2882.
344 Zur Amtshaftung für ärztliche Behandlung nach dem Einsatz eines Polizeihundes OLG Karlsruhe, Urt v 18.6.2015 – 9 U 23/14, MDR 2015, 1236, 1237.
345 OLG Braunschweig, Beschl v 18.12.2019 – 11 U 85/18, MDR 2020, 694.

Kläger des zugrunde liegenden Verfahrens, ein Beamter der Bundespolizei, erlitt nach einem Motorradunfall Knochenbrüche an beiden Unterarmen. Der Polizeiarzt habe beim Ausfüllen des Formulars für die private Unfallversicherung im Rahmen seines öffentlichen Amts gehandelt und gewusst, dass der rechte Arm des Klägers dauerhaft geschädigt gewesen sei; somit fahrlässig gehandelt, als er diese Angabe im Formular unterließ[346].

71 Personen, die in einem Dienstverhältnis zu einer sonstigen juristischen Person des öffentlichen Rechts stehen, sind beispielsweise die Mitglieder des Zulassungsausschusses einer kassenärztlichen Vereinigung[347]. Auch diese gelten als Beamten im haftungsrechtlichen Sinn, da es sich um Personen handelt, die in einem öffentlichrechtlichen oder privatrechtlichen (bspw Angestellte, Arbeiter) Dienstverhältnis zu einer juristischen Person des öffentlichen Rechts stehen[348]. Der BGH nimmt dabei eine sehr extensive Auslegung der Tatbestandsmerkmale vor, wie sich in der Konstruktion der Rechtsfiguren „Beliehener" und „Verwaltungshelfer" zeigt. Auch für sog Beliehene haftet die juristische Person des öffentlichen Rechts. Ein Beliehener ist eine natürliche oder juristische Person des Privatrechts, der bestimmte einzelne hoheitliche Kompetenzen übertragen bekommen hat, die er im eigenen Namen ausübt[349]. Die Kompetenzen können ihm dabei durch oder aufgrund eines Gesetzes, Verwaltungsakt oder verwaltungsrechtlichen Vertrag übertragen werden[350]. Als Verwaltungshelfer gelten Personen, die Behörden bei deren öffentlichrechtlichen Tätigkeiten unterstützen. Das Handeln der Verwaltungshelfer wird der Behörde zugerechnet, die Verwaltungshelfer agieren somit als weisungsgebundene Assistenten der Behörde ohne eigene Entscheidungsmöglichkeiten. Beispiele hierfür wären der private Abschleppunternehmer, den die Polizei beauftragt hat ebenso wie der Begleiter eines Schwertransports; Schülerlotsen, da sie im Auftrag der Schulverwaltung tätig werden oder ein Statikbüro, wenn es von einer Baugenehmigungsbehörde damit beauftragt wird, die Standfestigkeit eines geplanten Bauvorhabens zu überprüfen. Als Beispiele für beliehene Unternehmer werden häufig Amtsärzte und Vertrauensärzte der Sozialversicherungsträger genannt[351]. Das BVerfG hat auch die Verbände der Ersatzkassen als beliehene juristische Personen eingestuft[352]. Da der Beliehene mit der hoheitlichen Wahrnehmung von Verwaltungsaufgaben betraut ist, zählt er zur vollziehenden Gewalt iSd GG Art 1 Abs 3. Übt der Beliehene Hoheitsgewalt aus, handelt er als Amtswalter in Ausübung eines öffentlichen Amtes gem § 839 iVm GG Art 34 Satz 1. Nach der sog Amtsausübungstheorie, die vom BGH auch in den Beleihungsfällen vertreten wird, haftet die juristische Person des öffentlichen Rechts, die den Unternehmer beliehen hat[353].

72 Hoheitlich handeln auch „Vertrauensärzte", umschrieben sind damit die Ärzte des medizinischen Dienstes der Krankenversicherung (MD, vormals: MDK)[354] oder Amtsärzte, die einen Patienten auf Veranlassung einer Krankenkasse untersuchen. Der Begriff „Vertrauensarzt" ist nicht legal definiert und wird für Ärzte verwendet, die medizinische Gutachten für Behörden oder Sozialversicherungen erstellen. Weitere Beispiele für Ärzte, die hoheitlich handeln, sind die Notärzte im Rettungsdienst der Länder[355], soweit der Rettungsdienst hoheitlich organisiert ist[356],

---

346 OLG Braunschweig, Beschl v 18.12.2019 – 11 U 85/18, MDR 2020, 694.
347 Zur Haftung der KV auf Schadensersatz gem § 839 BGB bei Versagung einer Genehmigung für eine Gemeinschaftspraxis seitens des Zulassungsausschusses aus Gründen, die weder im Gesetz noch in der BSG Rspr begründet sind vgl LG Düsseldorf, Urt v 5.4.2012 – 5 O 724/06, -juris.
348 BeckOK GG/Grzeszick, Stand: 15.5.2022, Art 34 Rz 5.1.
349 MünchKomm⁷/Papier/Shirvani, § 839 Rz 185.
350 MünchKomm⁷/Papier/Shirvani, § 839 Rz 185.
351 Kiefer LKRZ 2009, 441, 441.
352 BVerfG, Urt v 17.12.2002 – 1 BvL 28/95, 1 BvL 29/95 und 1 BvL 30/95, NJW 2003, 1232, 1235 f: der Verband der Privaten Krankenversicherung ist beliehen, Art, Umfang und Höhe der Leistungen im Basistarif und im Notlagentarif nach VAG § 158 Abs 2 festzulegen.
353 Kiefer LKRZ 2009, 441, 445.
354 Zu Amtshaftungsansprüchen wegen nicht ordnungsgemäßer Durchführung von BSE-Tests BGH, Urt v 2.2.2006 – III ZR 131/05, NVwZ 2006, 966 = VersR 2006, 698.
355 Zur Amtshaftung wegen Fehlers des Notarztes im Rettungsdiensteinsatz OLG Dresden, Urt v 14.2.2017 – 4 U 1256/16, nachfolgend BGH, Urt v 15.11.2018 – III ZR 69/17, MedR 2019, 562 m Anm Lippert.
356 Derzeit ist nur in Baden-Württemberg von einer nicht hoheitlichen Organisationsstruktur auszugehen, da sich die Haftung nicht nach GG Art 34, BGB § 839 bestimme. Die rettungsdienstliche Tätigkeit in Baden-Württemberg ist nach den Bestimmungen des RDG-BW als privatrechtlich zu beurteilen, vgl OLG Karlsruhe, Urt v 13.5.2016 – 13 U 103/13, -juris; BGH, Urt v 25.9.2007 – KZR 48/05, NVwZ-RR 2008, 79, 80 f.

die Durchgangsärzte für die Berufsgenossenschaften[357], die Anstaltsärzte im Justizvollzugsdienst[358] aber auch Schulärzte[359].

Im Rahmen der truppenärztlichen Behandlung schuldet das Sanitätspersonal der Bundeswehr 73 seinen Patienten eine Behandlung lege artis, also nach Facharztstandard. Es gilt, den Soldaten im Falle einer Erkrankung, eines Unfalles oder einer Verwundung im Auslandseinsatz eine medizinische Versorgung zuteilwerden zu lassen, die im Ergebnis dem fachlichen Standard in Deutschland entspricht, und zwar für das gesamte Spektrum sanitätsdienstlicher Versorgungsleistungen[360]. Der Begriff „Sanitätspersonal der Bundeswehr" umfasst dabei Sanitätsoffiziere, beamtete und tarifbeschäftigte Ärzte (aller Approbationen) der Bundeswehr, Krankenpflegepersonal sowie Rettungsassistenten und Notfallsanitäter und andere Helfer im Sanitätsdienst der Bundeswehr[361]. Der Behandlungsbegriff umfasst bei der truppenärztlichen Versorgung die gesamte Aufgabenwahrnehmung des Sanitätspersonals im Rahmen der ihm übertragenen Aufgaben und die Behandlung von Patienten im Rahmen einer genehmigten Nebentätigkeit. Die Soldatenversorgung kann auch Geburtsschäden des Kindes einer Soldatin umfassen, die auf Behandlungsfehler ziviler Ärzte zurückzuführen sind[362]. Die geburtshilfliche Behandlung einer Soldatin in einem zivilen Krankenhaus ist wegen der vom Truppenarzt vorsorglich aufgrund vorzeitiger Wehentätigkeit ausgestellten Überweisungen der truppenärztlichen Versorgung zuzurechnen[363]. Sie ist Teil der freien Heilfürsorge durch die Bundeswehr, den diese mangels eigener personeller und sächlicher gynäkologischer Kapazitäten nur durch Zivilärzte sicherstellen kann. Gesundheitsstörungen, die durch Handlungen eines in diesem Rahmen hinzugezogenen Zivilarztes verursacht worden sind, sind grundsätzlich geeignet, Wehrdienstbeschädigungen im Sinne des Soldatenversorgungsgesetzes (SVG) § 81 Abs 1 zu begründen[364]. Grds werden innerhalb der Bundeswehr verschiedene Ärzte hoheitlich tätig, dabei gehört der Arzt der Bundeswehr der Verwaltung an und verrichtet eine diagnostisch-gutachterliche Tätigkeit[365]. Der Musterungsarzt hatte – soweit die Wehrpflicht noch bestand – bspw die Aufgabe, Wehrpflichtige zu untersuchen und deren Wehrdiensttauglichkeit und/oder Wehrfähigkeit zu beurteilen[366]. Der Sanitätsoffizier, der als Truppenarzt oder in Krankenhäusern und Instituten der Bundeswehr seinen Dienst verrichtet, gehört als Pflichtmitglied der Landesärztekammer an. Er ist Arzt und Soldat: es gelten somit das Soldatengesetz ebenso wie das ärztliche Berufsrecht[367].

Einen Grenzbereich der Amtshaftung im Rechtspflegebereich stellt die Maßnahme der 74 zwangsweisen Unterbringung eines Patienten in einer psychiatrischen Klinik dar, weil es sich hier nicht nur um eine juristische, sondern zugleich auch um eine therapeutische Maßnahme zum Wohl des Patienten handelt. Zwei Konstellationen erweisen sich als haftungsrelevant: Amtshaftungsansprüche können sich zum einen daraus ergeben, dass ein Patient rechtswidrig einer ärztlichen Behandlung als hoheitlich angeordnete Zwangsmaßnahme unterzogen wird, und zum anderen daraus, dass den Gefahren, die von den in einem Krankenhaus untergebrachten Patienten ausgehen, nicht wirksam begegnet wurde. Amtshaftungsansprüche des Patienten setzen voraus, dass er zwangsweise in einer Klinik untergebracht wurde. Für Amtspflichtverletzungen, die anlässlich einer Unterbringung durch Ärzte begangen werden, haften in aller Regel die Länder[368]. Für die Haftung als Dienstherr beziehungsweise Anstellungskörperschaft ist allein maßgeblich, dass die Körperschaft den Amtsträger angestellt und ihm damit die Möglichkeit der Amtsausübung eröffnet hat[369]. Ob die konkrete Aufgabe, bei deren Erfüllung die Amtspflicht-

---

357 Zur Haftung eines vom Durchgangsarzt nach Anordnung der besonderen Heilbehandlung hinzugezogenen Radiologen für einen Diagnosefehler BGH, Urt v 10.3.2020 – VI ZR 281/19, GuP 2020, 150 m Anm Jorzig VersR 2020, 914.
358 Zur Verletzung des Willkürverbots durch unhaltbare Verneinung einer Amtspflichtverletzung bei Schädigung eines Untersuchungshäftlings durch Mithäftling BVerfG, Urt v 5.10.2015 – 2 BvR 2503/14, NJW 2016, 1081 = StV 2016, 175; zur Amtshaftung bei Amtspflichtverletzung durch einen Anstaltsarzt BGH, Urt v 26.11.1981 – III ZR 59/80, NJW 1982, 1328; Itzel/Schwall GesR 2016, 741 f; Kern/Rehborn, in: Laufs/Kern/Rehborn, HdB ArztR[5], § 13 Rz 52.
359 Kern/Rehborn, in: Laufs/Kern/Rehborn, HdB ArztR[5], § 13 Rz 51.
360 Raap Wehrmedizinische Monatsschrift 2011/5, 6.
361 Vgl Raap, in: Raap (Hrsg) Wehrrecht, Kapitel 1. Amtshaftung, S 16, 17; Stauf, Wehrrecht III, SVG § 81 Rz 5.
362 BSG, Urt v 30.9.2021 – B 9 V 1/19 R, https://www.bsg.bund.de/SharedDocs/Downloads/DE/Entscheidungen/2021/2021_09_30_B_09_V_01_19_R.pdf?__blob=publicationFile&v=2, zuletzt abgerufen am 10.12.2021, Rz 19-31.
363 BSG, Urt v 30.9.2021 – B 9 V 1/19 R, https://www.bsg.bund.de/SharedDocs/Downloads/DE/Entscheidungen/2021/2021_09_30_B_09_V_01_19_R.pdf?__blob=publicationFile&v=2, zuletzt abgerufen am 10.12.2021, Rz 19-31.
364 BSG, Urt v 30.9.2021 – B 9 V 1/19 R, https://www.bsg.bund.de/SharedDocs/Downloads/DE/Entscheidungen/2021/2021_09_30_B_09_V_01_19_R.pdf?__blob=publicationFile&v=2, zuletzt abgerufen am 10.12.2021, Rz 19-31.
365 Kern/Rehborn, in: Laufs/Kern/Rehborn, HdB ArztR[5], § 13 Rz 54.
366 Kern/Rehborn, in: Laufs/Kern/Rehborn, HdB ArztR[5], § 13 Rz 54.
367 Kern/Rehborn, in: Laufs/Kern/Rehborn, HdB ArztR[5], § 13 Rz 54.
368 BGH, Urt v 23.9.1993 – III ZR 107/92, NJW 1994, 794.
369 BGH, Urt v 22.11.2012 – III ZR 150/12, MDR 2013, 217, 218, 219.

verletzung begangen wurde, in den Aufgabenkreis der Anstellungskörperschaft fällt, bleibt unbeachtlich[370]. Von der Zwangseinweisung zu unterscheiden sind Maßnahmen wie bspw einer Fixierung oder medikamentösen Behandlung. Diese lösen selbständige Amtshaftungsansprüche des Geschädigten aus[371], für welche der Krankenhausträger während des Aufenthaltes haftbar ist[372]. Dies geschieht bei Einweisung nach den Unterbringungsgesetzen der Länder ausschließlich nach Grundsätzen der Amtshaftung[373]. Ebenso haftet der Träger, wenn das Krankenhauspersonal seine Sorgfaltspflichten gegenüber dem Patienten verletzt, indem es ihn nicht durch eine nicht lückenlose Überwachung und Sicherung vor Selbstschädigungen schützt[374].

75 Ungeklärt ist bislang, ob sich Amtshaftungsansprüche zugunsten von dritten Personen ergeben können, die durch untergebrachte Patienten geschädigt werden[375]. Das wird in dem Fall relevant, wenn leitende Ärzte einer psychiatrischen Klinik einem dort Untergebrachten Ausgang gewähren, obwohl dieser bekanntermaßen weiterhin eine Gefahr darstellt, und er während des Ausgangs Schäden anrichtet[376]. Bei einer Verbeamtung der Klinikärzte ist der Untergebrachte zwangsweise eingewiesen und die Ärzte üben als Beamte im haftungsrechtlichen Sinn daher ihr Amt als öffentliches aus, sodass Amtshaftungsansprüche damit möglich sind[377]. Den Klinikärzten obliegt die Amtspflicht, nicht gegen Schutzgesetze im Sinne des § 823 Abs 2 zu verstoßen[378]. Es wird angenommen, dass bei einem tatgeneigten Untergebrachten für professionell erfahrenes und geschultes ärztliches Personal vorhersehbar sein muss, dass der Untergebrachte erneut Straftaten begehen wird[379], und diesem Umstand iRd der Sicherungsverwahrung als auch dessen erlaubten Ausganges Rechnung zu tragen ist.

VIII. Zustandekommen des Behandlungsvertrags; Kontrahierungszwang

76 Für das Zustandekommen von Behandlungsverträgen gelten die allgemeinen Regeln des Vertragsrechts nach §§ 145 ff. Für die Frage, „wer" als Behandelnder auftritt und die medizinische Behandlung des Patienten übernimmt, kommt es auf die Auslegung nach §§ 133, 157 an[380]. Eine Form ist für den Abschluss des Behandlungsvertrags nicht vorgesehen; der Vertrag ist formlos wirksam[381]. Vor der Aufnahme in ein Krankenhaus ist die schriftliche Fixierung der Vereinbarung praxisüblich. Der genaue Leistungsinhalt bleibt in der Regel zunächst offen und wird erst nach Abschluss der Anamnese und Diagnostik festgelegt[382]. Zum Zeitpunkt des Abschlusses eines Behandlungsvertrags kann der spezifische Vertragsinhalt auch nicht sofort vereinbart werden, weil der Leistungsumfang erst durch die näheren Untersuchungen bestimmt werden muss[383]. Da kein Formzwang für den Behandlungsvertrag vorgesehen ist, wird dieser bei einer ambulanten Behandlung zumeist durch konkludentes Verhalten abgeschlossen. Der Patient tritt in Kontakt mit dem Behandler, wobei eine Kontaktaufnahme per Telefon[384], E-Mail oder Videokonferenz genügen kann[385], und dieser übernimmt die Behandlung[386]. Auch die konkrete Zusage des Behandelnden, einen Hausbesuch durchzuführen, kann für den Abschluss des Behandlungsvertrages genügen. Sucht der Patient, wie im Regelfall, den Behandler mehrfach auf, werden dadurch jeweils neue Einzelverträge abgeschlossen, hingegen kein Dauerschuldverhältnis eingegangen. Auch der Behandlungsvertrag für eine stationäre Behandlung in einem Krankenhaus kann konkludent geschlossen werden; sogar dann, wenn der Patient seiner Zahlungspflicht

---

370 BGH, Urt v 15.1.1987 – III ZR 17/85, BGHZ 99, 326, 330.
371 Zur rechtswidrigen Fixierung OLG Frankfurt/M, Urt v 16.7.2019 – 8 U 59/18, openJur 2020, 44168 Rz 85 ff.
372 BGH, Urt v 22.11.2012 – III ZR 150/12, MDR 2013, 217, 218, 219.
373 KG, Urt v 26.1.2016 – 9 U 35/15, -juris.
374 BGH, Beschl v 31.1.2008 – III ZR 186/06, NJW 2008, 1444; OLG Frankfurt/M, Urt v 29.6.1992 – 12 U 180/91, VersR 1993, 751 f; BGH, Urt v 9.4.1987 – III ZR 171/86, VersR 1987, 985.
375 Zur strafrechtlichen Verantwortung für Straftaten nach Vollzugslockerungen BGH, Urt v 26.11.2019 – 2 StR 557/18, KriPoZ-RR, Beitrag 31/2020, https://kripoz.de/2020/05/25/kripoz-rr-beitrag-31-2020/, zuletzt abgerufen am 15.11.2021.
376 Zur fahrlässigen Tötung durch Gewährung von Ausgang eines nicht therapierbar psychisch Erkrankten BGHSt, Urt v 13.11.2003 – 5 StR 327/03, NJW 2004, 237.
377 BGH, Beschl v 31.1.2008 – III ZR 186/06, NJW 2008, 1444.
378 Grüneberg[81]/Sprau, § 839 Rz 37, 95; MünchKomm[7]/Papier/Shirvani, § 839 Rz 255.
379 BGHSt, Urt v 13.11.2003 – 5 StR 327/03., NJW 2004, 237, 239.
380 BAG, Urt v 21.12.2017 – 8 AZR 853/16, NJW 2018, 1835.
381 Kern, in: Laufs/Kern/Rehborn, HdB ArztR[5], § 41 Rz 1.
382 BGH, Urt v 13.9.2018 – III ZR 294/16, BGHZ 219, 298 m Anm Deckenbrock MedR 2019, 137.
383 BGH, Urt v 13.9.2018 – III ZR 294/16, BGHZ 219, 298 Rz 14.
384 BGH, Urt v 21.4.1961 – 2 StR 78/61, -juris.
385 Behandlungsverträge unterfallen gemäß § 312 Abs 2 Nr 7 nur dem Minimalanwendungsbereich der §§ 312 ff, sodass dem Patienten als Verbraucher kein Widerrufsrecht nach Fernabsatzrecht gemäß § 312g zusteht.
386 BGH, Urt v 13.9.2018 – III ZR 294/16, BGHZ 219, 298 Rz 14; Zum Zahnarztvertrag mit einem Minderjährigen LG Wiesbaden, Urt v 5.9.2013 – 9 S 14/13, MDR 2014, 204, 205; vgl zum konkludenten Abschluss bei stationärer Behandlung im Krankenhaus BGH, Urt v 28.4.2005 – III ZR 351/04, BGHZ 163, 42 Rz 27; zur vollstationären Abrechnung trotz nur teilstationärem Behandlungserfordernis vgl BSG, Urt v 26.4.2022 – B 1 KR 5/21 R, -juris.

widerspricht, das Krankenhaus aber nicht verlässt, trotzdem er über die diesbezügliche Terminierung einer angefragten Kostenübernahme seitens der GKV unterrichtet worden ist[387]. Es verbleibt bei der Entscheidung im Einzelfall. Jedenfalls ist für den konkludenten Vertragsschluss des Behandlungsvertrages die Aushändigung der Krankenversichertenkarte durch den Patienten nicht erforderlich[388].

Patienten können sich den Arzt ihres Vertrauens frei aussuchen und den Vertragsschluss mit bestimmten Dienstleistern ohne Rücksicht auf das Vorliegen und die Offenlegung rational nachvollziehbarer Gründe ablehnen. Allerdings können sich aus dem Versicherungsrecht Restriktionen des Rechts auf freie Arztwahl ergeben. Gemäß SGB V § 76 Abs 1 können die gesetzlich Versicherten zwischen den Kassenärzten frei wählen. Hinzukommt, dass die in SGB V § 76 Abs 3 enthaltenen marginalen Einschränkungen dieses Rechts, also kein grundloser Wechsel des Arztes binnen drei Monaten, nicht wirksam sanktioniert sind. 77

Die in § 311 Abs 1 vorausgesetzte und in GG Art 2 Abs 1 verfassungsrechtlich abgesicherte Abschlussfreiheit gilt grundsätzlich auch für Ärzte. Sie unterliegen, abgesehen von Notfällen oder besonderen rechtlichen Verpflichtungen, keinem generellen Kontrahierungszwang, sodass sie nicht jeden behandeln müssten, der um ihre Dienste nachsucht. Jedoch muss er für die Abweisung eines Kranken sachliche Gründe vorbringen. Die Auswahl darf nach dem Berufsrecht nicht willkürlich sein und nur mit Sachgrund erfolgen[389]. Für Angehörige der übrigen durch § 630a angesprochenen Berufsgruppen gilt dies entsprechend. Masseure[390], Physiotherapeuten und medizinische Bademeister beispielsweise können sich ihre Patienten aussuchen und den Vertragsschluss mit bestimmten Personen ggf ablehnen. Die Diskriminierungsverbote des AGG § 19 Abs 1 sind zu beachten, soweit nicht ihre Anwendung mit Rücksicht auf das zwischen den Parteien eines Behandlungsvertrags entstehende besondere Nähe- und Vertrauensverhältnis gemäß AGG § 19 Abs 5 ausgeschlossen ist. 78

IX. Beendigung des Behandlungsvertrags

Eine ärztliche Wahlfreiheit bezüglich der Behandlung des individuellen Patienten richtet sich maßgeblich nach der Art des konkreten Einsatzes, der in seiner Unterschiedlichkeit verschiedene Pflichtenkataloge beinhaltet. Besteht bereits ein Behandlungsvertrag, richten sich die Möglichkeiten seiner Beendigung nach den Normen für das Dienstvertragsrecht, gemäß §§ 630b iVm 620 ff. Der Behandlungsvertrag kann zum einen durch Erreichen des Behandlungszwecks in Form der Genesung des Patienten beendet werden[391]. Ebenso endet der Behandlungsvertrag, wenn einer der Vertragsparteien verstirbt[392]. Beim Ableben des Patienten geht der Vergütungsanspruch des Arztes auf dessen Erben über[393]. Keine Beendigung tritt ein, wenn der Behandlungsvertrag bspw mit einem Krankenhaus, MVZ oder einer BAG geschlossen wurde und ein anderer Arzt anstelle des Verstorbenen die Behandlung übernimmt. Ferner kann der Behandlungsvertrag nicht durch Zeitablauf enden, da aufgrund seines ungewissen Inhalts zum Zeitpunkt des Vertragsschlusses die Behandlungsdauer nicht abgeschätzt werden kann[394]. Ausnahmen hierfür bestehen für Kur- oder Sanatoriumsaufenthalte sowie bei bestimmten Anwendungen, die der Patient vom Arzt begehrt[395]. Auch ist es den Vertragsparteien möglich, den Behandlungsvertrag im beiderseitigen Einvernehmen aufzuheben[396]. Wechselt der Patient seinen Behandler, so führt dies auch zur Beendigung des Behandlungsvertrags, gleiches gilt, wenn der Arzt seinen Patienten an einen anderen Arzt überweist[397]. Trotz beendeter Behandlung bleibt der Arzt verpflichtet, den Patienten über Arztbriefe mit bedrohlichen Befunden zu informieren. Insbesondere dann, wenn der Arzt nicht sicher sein kann, dass der Patient oder dessen weiterbehandelnder Arzt ebenso den Arztbrief erhalten haben[398]. 79

---

387 BGH, Urt v 9.5.2000 – VI ZR 173/99, -juris; der Patient ist über die voraussichtlichen Kosten gemäß § 630c Abs 3 zu informieren, vgl Deutsch/Spickhoff, MedR-HdB[7], Rz 123.
388 JurisPK-BGB[9]/Lafontaine § 630a Rz 28.
389 BeckOK-BGB/Katzenmeier, Stand: 1.5.2022, § 630a Rz 41.
390 Zur unterschiedlichen Bewertung des Leistungsangebotes der Masseure und Physiotherapeuten vgl BSG, Urt v 16.3.2017 – B 3 KR 15/16 R, openJur 2020, 84130 Rz 13, 14, 15.
391 Kern, in: Laufs/Kern/Rehborn, HdB ArztR[5], § 48 Rz 3.
392 Kern, in: Laufs/Kern/Rehborn, HdB ArztR[5], § 48 Rz 12.

393 Kern, in: Laufs/Kern/Rehborn, HdB ArztR[5], § 48 Rz 12.
394 Kern, in: Laufs/Kern/Rehborn, HdB ArztR[5], § 48 Rz 2.
395 Kern, in: Laufs/Kern/Rehborn, HdB ArztR[5], § 48 Rz 2.
396 Kern, in: Laufs/Kern/Rehborn, HdB ArztR[5], § 48 Rz 14.
397 Zum Umgang mit der ärztlichen Kenntnisnahme von Arztbriefen bei Beendigung des Behandlungsverhältnisses BGH, Urt v 26.6.2018 – VI ZR 285/17, NJW 2018, 3382.
398 BGH, Urt v 26.6.2018 – VI ZR 285/17, NJW 2018, 3382.

80 Da es sich bei der ärztlichen Behandlung um einen „Dienst höherer Art kraft besonderen Vertrauens" handelt, besteht neben der Kündigung nach § 626 grundsätzlich die Möglichkeit der sofortigen, grundlosen Kündigung gemäß § 627. Der Patient kann aufgrund seines Selbstbestimmungsrechts uneingeschränkt nach § 627 Abs 1 kündigen. Ist er gesetzlich krankenversichert, soll er gemäß SGB V § 76 Abs 3 Satz 1 seinen Vertragsarzt innerhalb eines Kalendervierteljahres nur aufgrund eines wichtigen Grundes wechseln[399]. Sanktionen folgen auf eine Verletzung dieser Obliegenheit jedoch nicht[400]. Erteilt ein Patient seine Einwilligung in eine Behandlung nicht, so stellt dies nicht zwangsläufig eine Kündigung dar. Gleichwohl kann man regelmäßig davon ausgehen, dass damit der Behandlungsvertrag seitens des Patienten beendet wurde[401].

81 Für den Behandelnden hingegen gilt § 627 Abs 2, danach darf er nicht zur Unzeit kündigen. Das bedeutet, dass der Patient sich die ärztliche Behandlungsleistung anderweitig beschaffen können muss. Eine Kündigung zur Unzeit setzt für den Arzt das Vorliegen eines wichtigen Grundes voraus. Kündigt der Arzt zur Unzeit, obwohl kein wichtiger Grund vorliegt, ist er dem Patienten nach § 627 Abs 2 Satz 2 zum Schadenersatz verpflichtet[402]. Für den wichtigen Grund gelten auch hier die Regeln zur ärztlichen Hilfspflicht bezogen auf Notfälle, Vertragsärzte und privat abrechnende Ärzte. Ein wichtiger Grund kann darin liegen, dass ein Patient seinen Behandler wiederholt verleumdet[403]. Geringfügige Pflichtverletzungen des Patienten genügen hingegen nicht aus, um nach § 627 kündigen zu können[404]. Aufgrund der Tatsache, dass ein Vertragsarzt gemäß BMV-Ä § 13 Abs 7 Satz 3 nur in begründeten Fällen eine Behandlung ablehnen darf, ist ihm auch die Kündigung nur in einem solchen Fall möglich[405]. Die Vertragsparteien können ausdrücklich oder konkludent, bspw durch den Behandlungsabbruch, kündigen[406].

X. Vertragliche Pflichten des Patienten

82 **1. Entstehen und Fälligkeit der Vergütungspflicht.** Der Behandlungsvertrag ist regelmäßig ein entgeltlicher Austauschvertrag, der Patient hat im Regelfall eine Vergütungspflicht nach § 630a Abs 1[407]. Behandlungs- und Vergütungspflicht stehen sich als synallagmatische Hauptpflichten gegenüber[408]. Das Gesetz unterscheidet hinsichtlich der Vergütungspflicht nicht zwischen gesetzlich oder privat krankenversicherten Patienten. Die dispositive Vergütungsregelung des Absatzes 1 steht einer solchen Unterscheidung, wie sie der bislang gängigen Praxis entspricht, nicht entgegen[409]. Es ist der besonderen Konstruktion der gesetzlichen Krankenversicherung (GKV) geschuldet, dass der Patient und der Arzt einen privatrechtlichen Behandlungsvertrag abschließen und der Arzt aus diesem Vertrag die Leistung der fachgerechten Behandlung schuldet[410], gleichwohl das Recht der gesetzlichen Krankenversicherung an dieser Stelle das Privatrecht jedoch überlagert. Dies hat zur Folge, dass sich der ansonsten synallagmatische Behandlungsvertrag zwischen dem Arzt und dem Patienten in ein partiell einseitiges Vertragsverhältnis umwandelt[411]. Während der Arzt weiterhin die Leistung der versprochenen Behandlung schuldet, entsteht keine Vergütungspflicht des gesetzlich versicherten Patienten für solche Behandlungen, die von der gesetzlichen Krankenversicherung erstattet werden[412]. Dies machte der Gesetzgeber mit dem 2. Halbsatz von Absatz 1 deutlich. „Dritter" in diesem Sinne sind dabei in der Regel die gesetzlichen Krankenversicherungen. Der wesentliche Unterschied zwischen privater Krankenversicherung (PKV) und GKV bezüglich der Abrechnung liegt somit darin, dass der Arzt in der PKV den Patienten direkt in Anspruch nimmt und dieser dann selbst gemäß § 630a Abs 1 zur Vergütung verpflichtet ist[413]. Die Höhe der Vergütung bemisst sich hier nicht nach dem SGB V und dem EBM, sondern nach der Gebührenordnung für Ärzte (GOÄ)[414]. Der niedergelassene Vertragsarzt und der GKV-Patient sind in der ärztlichen Behandlung durch einen privatärztlichen Behandlungsvertrag gemäß SGB V § 76 Abs 4, § 630a Abs 1 verbunden[415]. Der Vertrag folgt in der Ausgestaltung der Haftung dem Modell des Behandlungsvertrags. Er besteht oft aus zwei Teilen: dem Behandlungsvertrag und einer Honorarvereinbarung über das, was der GKV-Patient über den von seiner Krankenversicherung übernommenen Anteil, der nach SGB V § 15 auf die

---

399 BeckOK-BGB/Katzenmeier, Stand: 1.5.2022, § 630b Rz 14.
400 MünchKomm[8]/Wagner, § 630a Rz 52.
401 Kern, in: Laufs/Kern/Rehborn, HdB ArztR[5], § 48 Rz 5.
402 BeckOK-BGB/Katzenmeier, Stand: 1.5.2022, § 630b Rz 14.
403 Kern, in: Laufs/Kern/Rehborn, HdB ArztR[5], § 48 Rz 8.
404 Kern, in: Laufs/Kern/Rehborn, HdB ArztR[5], § 48 Rz 8.
405 Kern, in: Laufs/Kern/Rehborn, HdB ArztR[5], § 48 Rz 7.
406 Kern, in: Laufs/Kern/Rehborn, HdB ArztR[5], § 48 Rz 9.
407 Jauernig[18]/Mansel, § 630a Rz 10.
408 Jauernig[18]/Mansel, § 630a Rz 10.
409 BT-Drucks 17/10488, 18.
410 BT-Drucks 17/10488, 18.
411 BT-Drucks 17/10488, 18.
412 BT-Drucks 17/10488, 18.
413 Olzen/Kaya Jura 2013, 661, 662.
414 Braun ZJS 2014, 35, 36.
415 Vgl Geiß/Greiner, Arzthaftpflicht[8], A Rz 9; BGH, Urt v 21.1.2014 – VI ZR 78/13, NJW-RR 2014, 1051.

medizinisch notwendige Versorgung beschränkt ist[416], hinaus selbst zu tragen verspricht (sog Eigenanteil)[417]. Bei der Beurteilung der Frage, ob eine Heilbehandlung medizinisch notwendig ist, ist ein objektiver Maßstab anzulegen[418]. Die beiden Vertragsteile können in rechtlicher Sicht getrennt zu bewerten sein[419]. Der klassische Anwendungsfall des § 630a Abs 1 betrifft daher zunächst privat krankenversicherte Patienten, die dem Arzt im Regelfall unmittelbar die vertraglich vereinbarte Vergütung schulden. An einer solchen Vergütungspflicht des Patienten wird es bei Kassenpatienten fehlen, soweit die Behandlung in den Leistungskatalog der GKV fällt und der Patient keine Kostenerstattung nach SGB V § 13 Abs 2 gewählt hat[420]. Der Vergütungsanspruch des Vertragsarztes entsteht dem Grunde nach, sobald der Arzt seine vergütungsfähige Leistung, also gemäß § 614 seine Behandlungsleistung, erbracht hat. Fällig wird der Anspruch mit dem endgültigen Honorarbescheid der KV, der aufgrund der in den Gesamtverträgen nach SGB V § 83 ausgehandelten Gesamtvergütung gemäß SGB V § 85 Abs 1, 2 und des von der kassenärztlichen Vereinigung festgesetzten Honorarverteilungsmaßstabs nach SGB V § 85 Abs 4 Satz 1, Satz 2, § 87b ergeht[421]. Die Vergütung wird bei (zahn-)ärztlichen Leistungen für Privatversicherte oder für gesetzlich Krankenversicherte nach Leistungen, welche nicht im GKV-Leistungskatalog enthalten sind, in der Regel jedoch erst dann fällig, wenn eine der einschlägigen Gebührenordnung entsprechende Rechnung erteilt worden ist, vgl GOÄ § 12 Abs 1 oder GOZ § 10 Abs 1[422]. Denn für (Zahn-)Ärzte ist die Höhe der Vergütung bindend nach der amtlichen Gebührenordnung für Ärzte, der GOÄ oder der amtlichen Gebührenordnung für Zahnärzte, der GOZ, anzusetzen. An der Anwendbarkeit der GOÄ/GOZ ändert auch der Umstand, dass die Honorarforderung evtl nicht unmittelbar von einem Arzt stammt, sondern von einer juristischen Person (MVZ, Krankenhausträger, GmbH), nichts. Für die Anwendbarkeit der GOÄ kommt es nicht auf den Vertragspartner an, sondern ausschließlich auf den Inhalt des Behandlungsvertrages, unabhängig davon, dass der Behandlungsvertrag evtl mit dem Arbeitgeber des Arztes, wie bspw einer juristischen Person, geschlossen wurde. Nach GOÄ § 12 Abs 2 muss die Rechnung des Arztes insbesondere das Datum der Erbringung der Leistung, bei Gebühren die Nummer und die Bezeichnung der einzelnen berechneten Leistungen sowie den jeweiligen Betrag und Steigerungssatz[423], bei vollstationären, teilstationären, vor- und nachstationären Leistungen den Minderungsbetrag nach GOÄ § 6a, bei Entschädigungen nach den GOÄ §§ 7–9 den Betrag, die Art der Entschädigung und die Berechnung sowie bei Ersatz von Auslagen nach GOÄ § 10 den Betrag und die Art der Auslage enthalten[424]. Im Rahmen einer Notfallbehandlung, kommt es idR zu keinem (schriftlichen) Vertragsabschluss[425]. Gleichwohl kann der Arzt, sollte der Vertragsschluss iRd unberechtigten GOA nicht nachträglich durch den Patienten nach § 684 Satz 2 genehmigt werden, seine übliche (taxmäßige) Vergütung nach § 1835 Abs 3 analog von dem Patienten verlangen, da insbesondere auch die Erbringung von notfallmäßigen Dienstleistungen der typischen ärztlichen Berufsausübung entsprechen [426]. Die teilweise gehandhabte Übung, für erstattungsfähige Auslagen eine Pauschale zu verlangen, ist unzulässig[427]. Die Kosten müssen im Einzelnen spezifiziert werden. Übersteigt der Betrag der einzelnen Auslage iHv € 25,56 gemäß GOÄ § 12 Abs 2 Ziffer 5, ist der Beleg oder ein sonstiger Nachweis beizufügen[428]. Außerdem ist bei Überschreitung des Schwellenwertes die Überschreitung schriftlich zu begründen. Erst eine Rechnung, die diese Mindestvoraussetzungen erfüllt, führt zur Fälligkeit des ärztlichen Honoraranspruches[429].

416 Vgl zur Begrifflichkeit des „medizinisch Notwendigen" BGH, Urt v 29.3.2017 – IV ZR 533/15, -juris, Rz 28 mwN.
417 Geiß/Greiner, Arzthaftpflicht[8], A Rz 9.
418 BGH, Urt v 10.7.1996 – IV ZR 133/95, BGHZ 133, 208–219, Rz 11, 15.
419 BGH, Urt v 3.11.2016 – III ZR 286/15, NJW-RR 2017, 596 = VersR2017, 232 Rz 10.
420 BT-Drucks 17/10488, 18.
421 Geiß/Greiner, Arzthaftpflicht[8], A Rz 11; BGH, Urt v 11. 5. 2006 – IX ZR 247/03, BGHZ 167, 363, 366, 374; BGH, Urt v 21. 12. 2005 – III ZR 333/04, VersR 2006, 928.
422 Kern/Rehborn, in: Laufs/Kern/Rehborn, HdB ArztR[5], § 43 Rz 42.
423 Innerhalb der Regelspanne darf der Arzt nach eigenem Ermessen wählen, es geht dabei um die Spanne zwischen dem einfachen, über den 1,15- sowie 1,8- bis zum 2,3 -fachen des Regelsatzes. Die Regelhöchstsätze darf der Arzt bei persönlichen Leistungen in bestimmten Fällen bis zum 3,5-fachen überschreiten, bei schwieriger u zeitaufwendiger Leistung, also deutlicher Abweichung vom Regelfall, bei Überschreitung der Höchstsätze muss mit den Patienten eine abweichende Vereinbarung getroffen werden, GOÄ/GOZ § 2; Zur Verfassungsmäßigkeit der Regelung über die Vergütung iRd GOÄ BVerfG, Urt v 19.4.1991 – 1 BvR 1301/89, NJW 1992, 737.
424 MBO[7]/Ratzel, § 12 Rz 12.
425 Makowsky JuS 2019, 332, 333.
426 Makowsky JuS 2019, 332, 333; BeckOK-BGB/Katzenmeier, Stand: 1.5.2022, § 630a Rz 51; Kern/Rehborn, in: Laufs/Kern/Rehborn, HdB ArztR[5], § 74 Rz 49.
427 Makowsky JuS 2019, 332, 333.
428 MBO[7]/Ratzel, § 12 Rz 20.
429 Zur Fälligkeit, welche die Erfüllung formeller Voraussetzungen gemäß GOÄ § 12 Abs 2 – 4 voraussetzt, auf die inhaltliche Richtigkeit der Rechnung kommt es hingegen nicht an BGH, Urt v 21.12.2006 – III ZR 117/06, GesR 2007, 117; LG Memmingen, Beschl v 28.2.2007 – 1 S 1592/06, ZMGR 2007, 141; zum Umfang formularmäßiger Schweigepflichtsentbindungsklauseln in Versicherungsbedingungen, BVerfG, Beschl v 23.10.2006 – 1 BvR 2037/02, MedR 2007, 351.

83 Diese Regeln gelten auch für sog IGeL-Leistungen, soweit sie von einem Arzt als ärztliche Leistungen abgerechnet werden. Diese sind darüber hinaus von Fall zu Fall als Wunschleistung, GOÄ § 1 Abs 2, zu kennzeichnen gemäß GOÄ § 12 Abs 3 iVm § 1 Abs 2 Satz 2. Die Rechnung braucht, um wirksam zu sein, weder gestempelt noch unterschrieben sein. Die Nennung der Diagnose gehört nicht zu den gesetzlich aufgeführten Mindestvoraussetzungen, sodass eine Honorarrechnung grundsätzlich auch ohne deren Angabe fällig wird[430]. Die Verpflichtung des Arztes, bei den in der GOÄ gesondert aufgeführten Fällen, die Art der Untersuchung, die Organsysteme uä anzugeben, bleibt hiervon unberührt[431]. Allerdings wird die Privatversicherung grundsätzlich eine Erstattung der Rechnung ohne genaue Diagnoseangabe ablehnen, sodass man das Einverständnis des Patienten in die Nennung dieser Diagnose unterstellen kann[432]. Will er dies nicht, muss es der Patient ausdrücklich verlangen[433].

84 Die sog Analogleistungen gemäß GOÄ/GOZ § 6 Abs 2 sind selbständige, nicht im Gebührenverzeichnis aufgeführte ärztliche Leistungen, welche entsprechend einer nach Art, Kosten und Zeitaufwand gleichwertigen Leistung des Gebührenverzeichnisses berechnet werden. Zur einheitlichen Anwendung hat die Bundesärztekammer (BÄK) sog Anwendungsregeln aufgestellt[434]. Sie sind zwar rechtlich unverbindlich, bieten allerdings eine Grundlage für die Festlegung der analogen Leistungen und für die Überprüfung ihrer Rechtmäßigkeit im Einzelfall. So sind auch nichtindizierte Maßnahmen, wie Schönheitsoperationen, zwingend in analoger Anwendung der GOÄ abzurechnen[435]. Da die Behandler bei privaten Abrechnungen nach GOÄ § 1 zwingend an die GOÄ gebunden sind, kann bei medizinisch nicht notwendigen Behandlungen keine abweichende Vereinbarung entsprechend GOÄ § 2 möglich sein[436]. Die durch die Anwendung der Gebührenordnung für Ärzte bewirkte Einschränkung der freien Honorarvereinbarung ist nur dann mit GG Art 12 Abs 1 vereinbar, wenn sie durch ausreichende Gründe des Gemeinwohls gerechtfertigt wird und dem Grundsatz der Verhältnismäßigkeit genügt[437]. Diese Voraussetzungen sind auch bei kosmetischen Operationen gegeben[438]. Die Abrechnung nach der Gebührenordnung für Ärzte erhöht im Interesse der zahlungspflichtigen Patienten die Transparenz privatärztlicher Liquidationen und zielt auf eine angemessene, leistungsgerechte Vergütung[439]. Sie leistet auf diese Weise einen Beitrag zum Verbraucherschutz und dient damit einem vernünftigen Gemeinwohlgrund in geeigneter Weise[440]. Eine Anwendung der Gebührenordnung belastet den Arzt auch nicht unverhältnismäßig[441]. Ihm steht es frei, im Rahmen des GOÄ § 2 eine abweichende Vereinbarung mit den an seinen Leistungen Interessierten über die Gebührenhöhe zu treffen[442]. Das erlaubt zwar keinen Pauschalpreis, lässt aber Raum insbesondere für eine von GOÄ § 5 abweichende Vervielfachung[443] des Gebührensatzes[444]. Zu beachten ist, dass bei medizinisch nicht indizierten Leistungen die Umsatzsteuer auszuweisen ist[445]. Mit der zum 1.1.1996 in Kraft getretenen Vierten Änderungsverordnung zur GOÄ[446] wurden die von der Bundesärztekammer empfohlenen analogen Bewertungen weitgehend in das Gebührenverzeichnis aufge-

---

430 MBO⁷/Ratzel, § 12 Rz 20.
431 MBO⁷/Ratzel, § 12 Rz 21.
432 MBO⁷/Ratzel, § 12 Rz 21.
433 MBO⁷/Ratzel, § 12 Rz 21.
434 Deutsches Ärzteblatt 1997, A-1962; Deutsches Ärzteblatt 1998, B-2339; https://www.bundesaerztekammer.de/aerzte/honorar/abrechnungsempfehlungen-und-analogbewertungen/abrechnungsempfehlung-aerztlicher-leistungen-nach-goae/, zuletzt abgerufen am 16.12.2021.
435 Zur Abrechnung des Privatarztes bei medizinisch nicht indizierter kosmetischer OP, die nach GOÄ zu einem niedrigeren Rechnungsbetrag geführt hätte; Behandler sind bei privater Behandlung zwingend an die GOÄ gebunden BGH, Urt v 23.3.2006 – III ZR 223/05, BGH NJW 2006, 1879.
436 Zur zwingenden Bindung des privaten Behandlers an die GOÄ BGH, Urt v 23.3.2006 – III ZR 223/05, NJW 2006, 1879.
437 Zur Rechtmäßigkeit von vorformulierten Honorarvereinbarungen BVerfG, Urt v 25.10.2004 – 1 BvR 1437/02, NJW 2005, 1036.
438 BGH, Urt v 23.3.2006 – III ZR 223/05, NJW 2006, 1879.
439 BR-Drucks 295/82, 9, 11.
440 Zur Verfassungsmäßigkeit der Regelung über die ärztliche Vergütung in der GOÄ BVerfG, Urt v 19.4.1991 – 1 BvR 1301/89, NJW 1992, 737; zur Unwirksamkeit von formularmäßigen Honorarvereinbarungen zwischen Ärzten und Privatpatienten, BGH, Urt v 30.10.1991 – VIII ZR 51/91, BGHZ 115, 391; m Anm Schlund JR 1992, 379; m Anm Laufs/Reiling JZ 1992, 375.
441 BGH, Urt v 23.3.2006 – III ZR 223/05, NJW 2006, 1879, 1880; keine Anwendung der Gebührenordnung für Ärzte (GOÄ) auf konsiliarärztliche Rahmenverträge vgl BGH, Urt 12.11.2009 – III ZR 110/09, BGHZ 183, 143.
442 Kern/Rehborn, in: Laufs/Kern/Rehborn, HdB ArztR⁵, § 74 Rz 21.
443 Vgl hierzu § 630a Rz 100.
444 Zur zwingenden Bindung des privaten Behandlers an die GOÄ BGH, Urt v 23.3.2006 – III ZR 223/05, NJW 2006, 1879.
445 MBO⁷/Ratzel, § 12 Rz 21; zur Steuerpflicht von Schönheitsoperationen BFH Urt v 15.7.2004 – V R 27/03, BStBl 2004 II S 862; Zur Umsatzsteuerbefreiung für Beseitigung von Alterserscheinungen, hier Hautstraffung FG Rheinland-Pfalz, Urt v 14.12.2004 – 2 K 2588/04, -juris.
446 BGBl 1995 I Nr 67,1861.

nommen[447]. Die analoge Bewertung nimmt der behandelnde Arzt dabei selbst für seine Leistung vor.

2. Entfallen der Honorarpflicht. Ein Behandlungsfehler lässt den Honoraranspruch des 85 Arztes grundsätzlich nicht entfallen. Ein Verlust des Honoraranspruchs kommt allerdings bei besonders groben Arztfehlern oder vorsätzlicher ärztlicher Pflichtverletzung in Betracht[448]. Ein vergütungsrelevanter Pflichtverstoß kann daher bei unbegründeten Standardabweichungen iSd § 630a Abs 2 vorliegen. Verletzt der Arzt seine Aufklärungspflichten gemäß §§ 630d, e gegenüber dem Patienten und hätte dieser bei ordnungsgemäßer Aufklärung in die Behandlung nicht eingewilligt, so entfällt der Honoraranspruch, wenn die ärztliche Leistung für den Patienten völlig unbrauchbar ist. Ist der Behandlungsvertrag infolge von §§ 134, 138 als von Anfang an nichtig zu betrachten, so kann der Behandler kein Honorar verlangen. Dies kann bspw der Fall sein, wenn der Arzt Honorarvereinbarungen schließt, die gegen die GOÄ/GOZ verstoßen[449]. Darüber hinaus kommt § 134 zur Anwendung, wenn ein Behandlungsvertrag mit einer Person geschlossen wurde, die nicht in dem entsprechenden Heilberuf ausgebildet wurde[450]. Weitere gesetzliche Verbote iSd § 134 ergeben sich aus StGB §§ 278, 218 ff, TPG § 8, BtMG § 29[451]. Von einem nichtigen Vertrag ist ferner auszugehen, wenn der Tatbestand des § 138 erfüllt ist, also der Abschluss dieses konkreten Behandlungsvertrages dem Anstandsgefühl aller billig und gerecht Denkenden zuwiderläuft. Hiervon ist grundsätzlich auszugehen, wenn es an einer medizinischen Indikation mangelt[452] oder bspw eine Vergütung in Höhe des 9-fachen des üblichen Gebührensatzes verlangt wird[453]. Im letztgenannten Fall ist der Wuchertatbestand iSd § 138 Abs 2 anzunehmen[454]. In Fällen der §§ 134, 138 ist der Behandlungsvertrag als nicht heilbar anzusehen[455]. Bei anderen Nichtigkeitsgründen wie bspw §§ 117, 125 ist eine nachträgliche Heilung iSd § 141 zwar grds möglich, jedoch bedarf es hierfür der Bestätigung desjenigen, der das nichtige Rechtsgeschäft vorgenommen hat. Ein Honoraranspruch kann zudem seitens des Patienten verweigert werden, wenn ein Verstoß gegen § 630c Abs 3 vorliegt, mithin der Arzt seiner Pflicht zur wirtschaftlichen Aufklärung nicht nachkam[456]. Denkbar wären zudem ua vergütungsrelevante Verstösse bei einem Bruch der ärztlichen Schweigepflicht gem StGB § 203, der mangelnden Beachtung der ärztlichen Unterschriftspflicht von Rezepten nach AMG § 48, AMVV § 2 Abs 1 Nr 10 oder einer Nichtbeachtung des Zuweisungsverbots nach StGB § 299a, MBO-Ä § 31 sowie von sonstigem ärztlichen Berufsrecht. Zu einer möglichen Verwirkung des Honoraranspruches aufgrund einer schweren vertragswidrigen Pflichtverletzung des Behandlers gem § 654 analog vgl § 630b.

3. Honorarvereinbarungen. GOÄ § 2 eröffnet die Möglichkeit der Honorarvereinbarung. 86 Eine von der GOÄ abweichende Vereinbarung zwischen Arzt und Patient ist hinsichtlich der Vergütungshöhe zulässig. Abweichende Vereinbarungen hinsichtlich der Entschädigungen (Wegegeld, Reiseentschädigung etc) können nicht getroffen werden. Unzulässig ist gemäß GOÄ § 2 Abs 1 Satz 2 der Abschluss einer Honorarvereinbarung für Leistungen der Abschnitte A, E, M und O und für voll-/teilstationäre sowie vor-/nachstationäre wahlärztliche Leistungen, die der Chefarzt nicht höchstpersönlich erbracht hat, GOÄ § 2 Abs 3[457]. Das Gleiche gilt für Leistungen im Zusammenhang mit einem nicht rechtswidrigen Schwangerschaftsabbruch und bei akuter Notfall- oder Schmerzbehandlung, GOÄ § 2 Abs 1 Satz 2 und 4.

---

447 Hess/Klakow-Franck (Bearb) Gebührenordnung für Ärzte Gebührenverzeichnis für ärztliche Leistungen, Analoge Bewertungen und Abrechnungsempfehlungen Auslegungshinweise IGeL-Ratgeber, Stand Juli 2015, https://www.bundesaerztekammer.de/fileadmin/user_upload/downloads/pdf-Ordner/GOAE/AnalogverzeichniSpdf, zuletzt abgerufen am 24.7.2022.
448 Vgl OLG Nürnberg, Urt v 8.2.2008 – 5 U 1795/05, GesR 2008, 363 = MDR 2008, 554.
449 Kern/Rehborn, in: Laufs/Kern/Rehborn, HdB ArztR[5], § 74 Rz 20.
450 Grüneberg[81]/Weidenkaff, Vorb v § 630a Rz 5.
451 Grüneberg[81]/Weidenkaff, Vorb v § 630a Rz 5; Kern, in: Laufs/Kern/Rehborn, HdB ArztR[5], § 47 Rz 8.
452 Grüneberg[81]/Weidenkaff, Vorb v § 630a Rz 5; Kern, in: Laufs/Kern/Rehborn, HdB ArztR[5], § 47 Rz 8; von dieser Annahme gibt es jedoch zahlreiche Ausnahmen, wie bspw kosmetisch bedingte operative Eingriffe.
453 Zu Erhöhungen von Gebührenpositionen auf den 3,5 bis 9-fachen Satz, die weder GOÄ § 12 Abs 3 entsprechen, noch analogfähig nach GOÄ § 12 Abs 4 sind, LSG Nordrhein-Westfalen, Beschl v 3.4.2018 – L 11 KR 480/17, openJur 2019, 23954 Rz 30, 31; zum Kostenerstattungsanspruch für eine brustvergrößernde Operation bei Transsexualität BSG, Urt v 11.9.2012 – B 1 KR 3/12 R, BSGE 111, 289, 290 ff.
454 LSG Nordrhein-Westfalen, Beschl v 3.4.2018 – L 11 KR 480/17, openJur 2019, 23954 Rz 30, 31; zum Kostenerstattungsanspruch für eine brustvergrößernde Operation bei Transsexualität BSG, Urt v 11.9.2012 – B 1 KR 3/12 R, BSGE 111, 289, 290 ff.
455 Kern, in: Laufs/Kern/Rehborn, HdB ArztR[5], § 47 Rz 13.
456 BGH, Urt v 9.5.2000 – VI ZR 173/99, NJW 2000, 3429; BGH, Urt v 28.1.2020 – VI ZR 92/19, BGHZ 224, 256.
457 Kern/Rehborn, in: Laufs/Kern/Rehborn, (Hrsg) HdB ArztR[5], § 74 Rz 22.

87 An die Individualvereinbarungen zwischen Ärzten und Zahlungspflichtigem sind strenge formelle und inhaltliche Anforderungen zu stellen[458]. Die Vereinbarung ist gemäß GOÄ § 2 Abs 2 in einem Schriftstück zu treffen, das nur den im Gesetz genau festgelegten Inhalt haben darf[459]. In der schriftlichen abweichenden Vereinbarung sind die Nummer und die Bezeichnung der Leistung, der Steigerungssatz und der vereinbarte Betrag aufzuführen. Außerdem ist der Patient darauf hinzuweisen, dass die Erstattung der Vergütung möglicherweise nicht in vollem Umfang gewährleistet ist[460]. Eine Delegation des Abschlusses einer Honorarvereinbarung an Mitarbeiter ist dabei verboten.

88 Gemäß GOÄ § 5 ist eine Einigung nur bezüglich des Steigerungssatzes zulässig[461]. Die Vereinbarung eines „freien Honorars" oder eines „Erfolgshonorars" ist nicht möglich[462]. Die Vereinbarung freier Honorare ist unzulässig, weil es sich um „berufliche Leistungen der Ärzte" gemäß GOÄ § 1 handelt[463].

89 Die Vereinbarung darf nicht als AGB ausgestaltet sein[464]. Sie darf insoweit vorformuliert sein, dass nur Platz für die einzutragenden ausgehandelten Steigerungssätze bleibt, weil das Gesetz keinen weiteren Spielraum insoweit zulässt[465]. Ein Aushandeln oder eine persönliche Absprache liegt vor, wenn der Arzt die den wesentlichen Inhalt der gesetzlichen Regelung ändernden oder ergänzenden Bestimmungen ernsthaft zur Disposition stellt und dem Verhandlungspartner Gestaltungsfreiheit zur Wahrung seiner eigenen Interessen einräumt[466]. Unwirksam ist eine Klausel, durch welche eine andere Art der Honorarberechnung als sie in GOÄ/GOZ § 5 vorgesehen ist, manifestiert werden soll[467]. Hingegen ist es zulässig, wenn in der vorformulierten Honorarvereinbarung der Behandler den gesondert je nach Einzelfall vereinbarten Steigerungssatz in eine dafür vorgesehene Lücke in den Text der Honorarvereinbarung einträgt[468]. Ein überdurchschnittlicher Steigerungssatz (über das 2,3-fache hinaus) ist gemäß GOÄ § 12 Abs 3, GOZ § 10 Abs 3 in einer für den Zahlungspflichtigen verständlichen und nachvollziehbaren und für die PKV kontrollierbaren Weise zu begründen.

90 Zur Höhe der vereinbarten Steigerungssätze kann keine allgemeine Aussage getroffen werden. Der Arzt muss ein berechtigtes Interesse an der Überschreitung des Gebührenrahmens darlegen können. Die Rspr nimmt ein solches an, wenn der Patient Leistungen von außergewöhnlicher Qualität oder mit einem besonderen Aufwand in Anspruch nimmt[469]. Dann besteht kein schützenswertes Interesse daran, die Leistung nur in dem vom Normgeber vorgegebenen „üblichen" Rahmen, also dem einfachen bis zum 3,5-fachen Steigerungssatz vergütet zu bekommen. Eine herausragende akademische Qualifikation des Arztes allein stellt dabei keinen Rechtfertigungsgrund für die Überschreitung des Gebührenrahmens dar. Eine Honorarvereinbarung ist wegen unangemessener Benachteiligung des Patienten nichtig, wenn für durchschnittliche Leistungen der gleiche Steigerungssatz in Ansatz gebracht wird wie für besonders schwierige und besonders zeitaufwendige Leistungen[470]. Letztlich gilt auch für die ärztliche Vergütung, dass die Honorar-

---

458 Kern/Rehborn, in: Laufs/Kern/Rehborn, HdB ArztR[5], § 74 Rz 17.
459 Kern/Rehborn, in: Laufs/Kern/Rehborn, HdB ArztR[5], § 74 Rz 17.
460 Kern/Rehborn, in: Laufs/Kern/Rehborn, HdB ArztR[5], § 74 Rz 17.
461 Zur Verfassungsmäßigkeit der Regelung über die ärztliche Vergütung in der GOÄ BVerfG, Urt v 19.4.1991 – 1 BvR 1301/89, NJW 1992, 737; zur Rechtmäßigkeit von vorformulierten Honorarvereinbarungen BVerfG, Urt v 25.10.2004 – 1 BvR 1437/02, NJW 2005, 1036; zur zwingenden Bindung des privaten Behandlers an die GOÄ BGH, Urt v 23.3.2006 – III ZR 223/05, BGH NJW 2006, 1879, 1880; BR-Drucks 295/82, 9, 11.
462 Zum Honorar Deutsch/Spickhoff, MedR-HdB[7], Rz 151; Taupitz MedR 1996, 533, 535 f; Kraemer NJW 1996, 764, 765.
463 BGH, Urt v 23.3.2006 – III ZR 223/05, NJW 2006, 1879, 1880.
464 Zur unwirksamen zahnärztlichen Honorarvereinbarung in AGB vgl LG Köln, Urt v 12.5.1993 – 25 S 40/92, VersR 1994, 545; zur Unwirksamkeit von formularmäßigen Honorarvereinbarungen zwischen Ärzten und Privatpatienten, BGH, Urt v 30.10.1991 – VIII ZR 51/91, BGHZ 115, 391, m Anm Schlund JR 1992, 379, m Anm Laufs/Reiling JZ 1992, 375.
465 Zur Rechtmäßigkeit von vorformulierten Honorarvereinbarungen BVerfG, Urt v 25.10.2004 – 1 BvR 1437/02, NJW 2005, 1036, 1038 bezüglich der GOZ, die Begründung gilt auch für die GOÄ.
466 Grdl zum Aushandeln von Vertragsvereinbarungen BGH, Urt v 27.3.1991 – IV ZR 90/90, NJW 1991, 1678; zu AGB in Arztverträgen BGH, Urt v 9.11.1989 – IX ZR 269/87, NJW 1990, 761; zur unwirksamen Kostentragung seitens des Patienten OLG Köln, Beschl v 21.03.2003 – 11 O 202/01, -juris; zum pauschalen Schadensersatz für den Patienten bei Behandlungsabbruch BGH, Urt v 8.10.2020 – III ZR 80/20, NJW 2021, 1392; Miebach, in: Uleer/Miebach/Patt (Hrsg), GOÄ[3], § 2 Rz 25; zum Erfordernis der schriftlichen Vereinbarung über Wahlleistungen im Krankenhaus BGH, Urt v 19.2.1998 – III ZR 169/97, BGHZ 138, 91.
467 BGH, Urt v 30.10.1991 – 3 VIII ZR 51/91, BGHZ 115, 391.
468 Kern/Rehborn, in: Laufs/Kern/Rehborn, HdB ArztR[5], § 74 Rz 18.
469 Zur Rechtmäßigkeit von vorformulierten Honorarvereinbarungen BVerfG, Urt v 25.10.2004 – 1 BvR 1437/02, NJW 2005, 1036; zur Rechtmäßigkeit ärztlicher Honorarvereinbarungen vgl Taupitz ArztR 1993, 333; Taupitz MedR 1996, 533.
470 OLG Nürnberg, Urt v 28.4.1994 – 8 U 3123/93, Recht und Schaden (r + s) 1995, 30.

forderung angemessen sein muss, MBO-Ä § 12 Abs 1 Satz 1. Somit darf der Arzt die Sätze nach der GOÄ auch nicht in unlauterer Weise unterschreiten, MBO-Ä § 12 Abs 1 Satz 3.

Eine Besonderheit ergibt sich nur aus MBO-Ä § 12 Abs 3, dass bei der Behandlung von Arztkollegen und ihren Angehörigen, also im Verwandten- und Kollegenkreis sowie bei mittellosen Patienten der Arzt auf ein Honorar verzichten kann[471]. Eine entsprechende Regelung fehlt dabei in der MBO-Zahnärzte, sodass von einer analogen Anwendung der sog „Verwandtenklausel" für zahnärztliche Leistungen auszugehen ist, da die GOÄ immer Anwendung findet, wenn nicht durch Bundesgesetz etwas anderes bestimmt ist[472]. Die Rechtmäßigkeit der sogenannten Verwandtenklausel wurde durch höchstrichterliche Entscheidungen bestätigt, und zwar für den Bereich der Beihilfe durch ein Urteil des BVerfG[473] und für den Bereich der privaten Krankenversicherung durch den BGH[474]. Mit einem Vergütungsverzicht seitens des Behandlers geht allerdings nicht unweigerlich eine Gefälligkeit einher[475]. Ginge man im Falle des Vergütungsverzichts stets von einer reinen Gefälligkeit aus, so wäre der Behandler nicht zur Beachtung des medizinischen Standards verpflichtet, obgleich der Patient regelmäßig Interesse daran hat, dass bei seiner Behandlung der medizinische Fachstandard eingehalten wird. Daher ist der Personenkreis, in dem eine Gratisbehandlung zulässig ist, auch eingeschränkt. Eine Gratis-Behandlung von Freunden oder Bekannten ist ebenso nicht zulässig wie die von ferneren Verwandten. Insbesondere ist keine Gratis-Behandlung zulässig, um neue Diagnoseverfahren zu erproben, auch eine Vorsorgeuntersuchung ist nicht kostenlos möglich, selbst dann nicht, wenn diese im Rahmen einer europaweiten Aufklärungskampagne erfolgen soll[476]. Dies gilt ebenso für das Angebot eines kostenlosen Venenchecks, auch wenn es sich hierbei nur um eine Imagewerbung handelt[477], die Werbemaßnahme einer Augenklinik, die mit einem kostenlosen Fahrdienst für ihre Patienten warb[478].

Honorarvereinbarungen, die gegen die GOÄ oder sonstige gesetzliche Verbote verstoßen, sind gemäß § 134 nichtig. Mündlich getroffene Honorarvereinbarungen sind gemäß § 630c Abs 3 iVm § 125 Satz 1 unwirksam. Auch ein Vergütungsanspruch des Krankenhausarztes besteht bei einem nur mündlich abgeschlossenen Arztzusatzvertrag nicht[479].

Das gemäß GOÄ § 2 Abs 2 Satz 1 enthaltene Verbot, rückwirkend nach Abschluss einer Behandlung eine Honorarvereinbarung zu treffen, galt früher als verfassungsrechtlich bedenklich[480], ist aber in Anbetracht der zeitlich vorgelagerten wirtschaftlichen Aufklärungspflicht, § 630c Abs 3 regelmäßig nicht mehr als verfassungswidrige Einschränkung des Arztes zu betrachten[481].

Ist im Ausnahmefall die Vergütungshöhe gar nicht vereinbart, so bestimmt sie sich nach der jeweils einschlägigen der beiden Gebührenordnungen, anderenfalls wäre gemäß §§ 630b, 612 Abs 2 und dem Rückgriff auf die Bestimmungen des allgemeinen Dienstvertragsrechtes die „sonst übliche" Vergütung oder auch die taxmäßige Vergütung nach § 612 Abs 2 zu zahlen[482].

4. Vergütung bei Beauftragung eines Laborarztes. In bestimmten Konstellationen kann der Behandelnde außerdem als Stellvertreter des Patienten ein weiteres Rechtsgeschäft für letzteren abschließen. In diesem Sinne wird etwa bei der Inanspruchnahme eines externen Laborarztes durch den behandelnden Arzt, dieser im Regelfall als Stellvertreter des Patienten auftreten[483]. Übersendet beispielsweise der behandelnde Gynäkologe Gewebeproben an ein pathologisches Institut zur histologischen Untersuchung, handelt der Gynäkologe als Vertreter der Patientin und schließt für diese mit dem Arzt für Pathologie einen Vertrag, wozu ihn die Patientin mit ihrem Einverständnis stillschweigend bevollmächtigt und ihm die Auswahl des Spezialisten überlassen

---

471 Kern/Rehborn, in: Laufs/Kern/Rehborn, HdB ArztR[5], § 74 Rz 52.
472 MBO[7]/Ratzel, § 12 Rz 2.
473 Zur Verfassungsmäßigkeit der Versagung von Beihilfe für Aufwendungen für die persönliche Tätigkeit naher Angehöriger BVerfG, Urt v 16.9.1992 – 2 BVR 1161/89, NJW 1993, 2168 (Ls).
474 „Verwandtenklausel" BGH, Urt v 21.2.2001 – IV ZR 11/00, NJW 2001, 3406.
475 BGH, Urt v 7.6.1977 – VI ZR 77/76, NJW 1977, 2120; jurisPK-BGB[9]/Lafontaine, § 630b Rz 14.
476 LG Berlin, Urt v 7.9.2010 – 103 O 80/10, https://www.iww.de/quellenmaterial/id/74311 (zuletzt abgerufen am 12.6.2022).
477 OLG Celle, Urt v 3.11.2011 – 13 U 167/11, GRUR-RR 2012, 262.
478 BGH, Urt 12.2.2015 – I ZR 213/13, MDR 2015, 1024 = GRUR 2015, 813.
479 BGH, Urt v 19.2.1998 – III ZR 169/97, BGHZ 138, 91.
480 Taupitz MedR 1996, 535 hält die Regelung für unwirksam; vgl auch Taupitz ArztR 1993, 333, 334.
481 Kern/Rehborn, in: Laufs/Kern/Rehborn, HdB ArztR[5], § 74 Rz 22.
482 Kern/Rehborn, in: Laufs/Kern/Rehborn, HdB ArztR[5], § 74 Rz 1.
483 BGH, Urt v 14.1.2010 – III ZR 188/09, BGHZ 184, 61; ggtlg jedoch, wenn der Zahnarzt sich zB eines zahntechnischen Eigenlabors bedient, hier besteht das werkvertragliche Verhältnis nur zwischen dem beauftragenden Zahnarzt und dem zahntechnischen Eigenlabor, vgl dazu Ziegner, von MDR 2001, 1088, 1089.

hat[484]. Generell wird man davon ausgehen können, dass der Patient, der mit einer Laboruntersuchung einverstanden ist, dem behandelnden Arzt stillschweigend eine Vollmacht zur Vergabe des Auftrages an Dritte erteilt[485]. Der Umfang einer solchen schlüssig erteilten Innenvollmacht ist nicht unbegrenzt, sondern richtet sich grundsätzlich danach, was für eine medizinisch notwendige ärztliche Versorgung erforderlich ist[486]. Der Umfang einer Innenvollmacht, die der Patient dem ihn behandelnden Arzt zum Zwecke der Beauftragung eines externen Laborarztes mit einer Blutuntersuchung stillschweigend erteilt, richtet sich grundsätzlich danach, was gemäß GOÄ § 1 Abs 2 Satz 1 für eine medizinisch notwendige ärztliche Versorgung erforderlich ist[487]. Anders liegt der Fall, wenn der Patient nicht mit der Beauftragung weiterer Ärzte rechnen musste oder der Arzt Laborärzte mit nicht erforderlichen Leistungen beauftragt[488]. Dann darf er nicht davon ausgehen, dass ihm der Patient dazu stillschweigend Vertretungsmacht erteilt hat.

96 Was konkret medizinisch erforderlich ist, richtet sich nach dem medizinischen Standard. So kann jedenfalls bei der Diagnostik eines üblichen Diabetes mellitus Typus II nicht davon ausgegangen werden, dass diese Diagnose hinreichend ist, wenn gendiagnostisch festgestellt wird, dass es sich tatsächlich um einen MODY Diabetes Typ 2 handelt, letztgenannte Krankheit nicht behandelbar ist, sodass im weiteren Verlauf keine Insulinbehandlung erforderlich wird, ebenso die bislang angesetzte Tablettengabe entfällt und schließlich die weiteren sonst aus der Diabetes mellitus resultierenden üblichen Folgeerkrankungen dabei nicht auftreten. Dies gilt auch, wenn der Gentest zunächst im Hinblick auf eine andere genetische Mutation hin durchgeführt wurde, so zB wegen eines Verdachtes auf die Erkrankung MODY Diabetes Typ 5 und dann das obig beschriebene Resultat erbringt. In diesem Fall besteht der Anspruch des Laborarztes auf Vergütung. Ist die Untersuchung hingegen medizinisch nicht erforderlich, steht dem Laborarzt gegen den Patienten kein Vergütungsanspruch zu, selbst dann nicht, wenn der Laborarzt den ihm erteilten Auftrag fehlerfrei erfüllt und auf der Grundlage seines Kenntnisstandes keine Veranlassung hatte, die Erforderlichkeit der Untersuchung in Zweifel zu ziehen. Der Hausarzt gibt die Laboruntersuchung nicht im eigenen Namen in Auftrag, zudem ist der Laborarzt kein Erfüllungsgehilfe des Hausarztes[489]. Es gilt der Grundsatz der persönlichen Leistungserbringung, § 613. Jeder Facharzt darf gemäß der landesrechtlichen Heilberufe- und Kammergesetze nur auf seinem Fachgebiet tätig werden[490]. Für die Frage der medizinischen Notwendigkeit gilt der objektive Maßstab, sodass für den Laborarzt auch kein Vertrauensschutz bestehen kann. Anderes gilt nur, wenn der Laborarzt eine Privatzuweisung an den Hausarzt schickt, die der Patient selbst unterzeichnet hat[491]. Der Hausarzt würde als Stellvertreter des Patienten mit dem Labor direkt kontrahieren, sodass der Honoraranspruch des Laborarztes wirksam entsteht.

97 **5. Vorschuss.** Ob das Verlangen eines Vorschusses im Rahmen des Arztvertrages bei Privatpatienten zulässig ist, ist strittig[492]. § 614 lässt den Vorschuss zwar grundsätzlich nicht zu, allerdings ist die Vorschrift abdingbar[493]. § 628 Abs 1 Satz 3 setzt das Bestehen einer Vorschusszahlung voraus – so ist der Wortlaut: „... Vergütung für eine spätere Zeit im Voraus entrichtet ...". Allenfalls könnte argumentiert werden, dass GOÄ § 12 Abs 1 eine Spezifizierung von § 614 darstelle und somit durch das Verlangen eines Vorschusses gegen ärztliches Berufsrecht verstoßen würde. Diese Auslegung ist vor dem ausdrücklich anwendbaren Hintergrund des § 628 Abs 1 Satz 3 als unzutreffend zu verwerfen[494]. Da auch die §§ 630a ff oder das weitere ärztliche Standesrecht, insbesondere MBO-Ä § 12, kein diesbezügliches gesetzliches Verbot beinhalten, ist der Vorschuss korrekterweise als zulässig zu bewerten[495]. Eine Notfallbehandlung darf jedoch nicht wegen eines fehlenden Vorschusses verweigert werden[496]. Von GKV–Versicherten, die selbst idR nicht zahlungspflichtig sind, ist die Forderung eines Vorschusses unzulässig, sofern dieser nicht, insbesondere angesichts der Nichtvorlage einer Versichertenkarte, auf eigene Rechnung behandelt wird, vgl BMV-Ä § 13 Abs 1, Abs 2, § 18 Abs 8, Abs 9[497]. Entsprechendes gilt für den Zahnarzt nach GOZ § 1 Abs 1, § 2 Abs 1, diesem wird allerdings ein Anspruch auf Vorschuss

---

484 Zum unmittelbaren Vertragsverhältnis zwischen Patient und Pathologe BGH, Urt v 29.6.1999 – VI ZR 24/98, BGHZ 142, 126.
485 LG Dortmund 19.10.2006 – 4 S 62/06, NJW-RR 2007, 269.
486 BGH, Urt v 14.1.2010 – III ZR 173/09, NJW 2010, 10.
487 BGH, Urt v 14.1.2010 – III ZR 173/09 (Ls), NJW 2010, 10.
488 Https://www.aerztezeitung.de/Wirtschaft/Auch-Privatpatienten-muessen-unnoetiges-Labor-nicht-zahlen-211879.html, zuletzt abgerufen am 17.11.2021.
489 BGH, Urt v 14.1.2010 – III ZR 883/09, BGHZ 184, 61.
490 Vgl BVerfG, Beschl v 1.2.2011 – 1 BvR 2383/10, NZS 2012, 62.
491 OLG Brandenburg, Urt v 3.6.2009 – 4 U 111/08, openJur 2012, 11019, Rz 35 f, 75, 76.
492 Kern/Rehborn, in: Laufs/Kern/Rehborn, HdB ArztR[5], § 74 Rz 53.
493 Grüneberg[81]/Weidenkaff, § 614 Rz 1.
494 Kern GesR 2007, 241, 243 f.
495 Erman[16]/Rehborn/Gescher, § 630a Rz 29.
496 Kern/Rehborn, in: Laufs/Kern/Rehborn, HdB ArztR[5], § 74 Rz 53.
497 Erman[16]/Rehborn/Gescher, § 630a Rz 29.

hinsichtlich der Fremdlaborkosten zugebilligt[498]. Ob es dem Arzt-Patienten-Verhältnis zuträglich ist, in jedem Fall einen Vorschuss zu verlangen, steht dahin[499]. Anderes kann gelten, wenn der Arzt hohe Materialkosten vorfinanzieren muss. Wird der Vorschuss für unzulässig gehalten, bleibt dem Arzt, der begründete Zweifel daran hat, dass der Patient eine Gegenleistung für die ärztliche Behandlung erbringen wird, nur die Möglichkeit, von einer Behandlung abzusehen[500]. Ein auf einer unwirksamen Honorarvereinbarung beruhender Vorschuss ist immer unzulässig[501].

6. **Begleichung der Rechnung.** Die ärztliche Rechnung erhält grds nur der privat Versicherte oder sie wird für Leistungen, die von der GKV oder der privaten Zusatzversicherung nicht übernommen werden, gestellt, sodass ein gesetzlich Krankenversicherter in der Regel keine Rechnung für eine vertragsärztliche Leistung erhält[502]. Geschäftsfähige Personen schließen zumeist selbst den Behandlungsvertrag, werden damit zum Patienten gemäß § 630a Abs 1 und erhalten anschließend die ärztliche Rechnung. Bestellt hingegen eine andere Person, zB ein Freund, ein Passant etc und somit ein Dritter den Arzt zu dem zu Behandelnden, gelten im Verhältnis zum Arzt die allgemeinen Grundsätze des Stellvertretungsrechts gemäß den §§ 164 ff; zu Ehegatten gelten die vorigen Ausführungen. Bringt der Dritte dabei nicht zum Ausdruck, dass er den Arzt in fremdem Namen bestellt, wird er nach § 164 Abs 2 tatsächlich selbst Vertragspartei, sodass er die ärztliche Rechnung erhalten würde, ohne „Patient" zu sein. Handelt er als Vertreter, kommt es darauf an, ob der künftige Patient ihm hierzu Vollmacht erteilt hat oder sein vollmachtloses Handeln gemäß § 177 nachträglich genehmigt[503]. Im Innenverhältnis zu dem zu Behandelnden wird er in dessen Auftrag tätig, sollte dieser ihn darum gebeten haben; ansonsten liegt eine Geschäftsführung ohne Auftrag nach § 677 vor[504]. Ist der Patient weder privat noch gesetzlich versichert und hat er auch keinen Anspruch auf Sozialhilfe, was im Hinblick auf die gemäß SGB V § 5, VVG § 193 Abs 3 bestehende Versicherungspflicht nur selten vorkommen wird, ist der Dritte Schuldner des für die Behandlung fälligen Entgelts und hat damit auch die ärztliche Rechnung persönlich zu begleichen.

a) **Ärztliche Rechnung für die Behandlung Minderjähriger bei verheirateten Eltern.** Bei Bestehen der Ehe der Eltern kommt ein Vertrag mit beiden Elternteilen zu Stande, auch wenn im Zweifel nur ein Elternteil mit dem gemeinsamen Kind die Praxis des Arztes aufsucht[505]. Die Rechnung wäre auf beide Elternteile auszustellen, denn durch solche Verträge werden beide Ehegatten berechtigt und verpflichtet, § 1357 Abs 1 Satz 2[506]. Die Gesundheit der Kinder gehört zum primären und ursprünglichen Lebensbedarf der Familienmitglieder[507]. Eine tatsächliche Rechnung wird jedoch unter Anwendung des § 630a Abs 1, 2. Hs nur an die Eltern persönlich ausgestellt, wenn das Kind nicht familienversichert ist.

b) **Ärztliche Rechnung für die Behandlung Minderjähriger bei getrenntlebenden, geschiedenen oder unverheirateten Eltern.** Die Durchsetzung eines ärztlichen Honoraranspruchs kann sich dann als schwierig erweisen, wenn die Eltern eines minderjährigen Patienten stetig getrennt leben oder geschieden sind, da in diesen Konstellationen eine Mitverpflichtung im Rahmen der Schlüsselgewalt nicht zur Anwendung kommt[508]. Insoweit lässt sich allerdings eine Lösung über § 1626 iVm 1629 konstruieren, wonach das gemeinsame Sorgerecht, welches grundsätzlich beiden Elternteilen zusteht, auch die gemeinsame Vertretung des Kindes gegenüber Dritten umfasst (Gesamtvertretung). Die Elternteile sind hierbei dazu berechtigt, sich gegenseitig zu bevollmächtigen, wobei sich ein Arzt in Routinefällen ärztlicher Maßnahmen im Allgemeinen ungefragt auf eine Bevollmächtigung des erschienenen Elternteils zum Handeln für den Anderen verlassen darf[509].

Die Inanspruchnahme ärztlicher Maßnahmen im kleineren Umfang fällt dabei regelmäßig in den Bereich desjenigen, bei dem der minderjährige Patient seinen gewöhnlichen Aufenthaltsort hat. Im Rahmen einer solchen Aufgabenteilung kann nach § 1687 Abs 1 Satz 2, Satz 3 der jeweils betroffene Elternteil die sog Alleinentscheidungsbefugnis in Angelegenheiten des täglichen Lebens ausüben. Sofern eine Behandlung allerdings über die gewöhnliche medizinische Versor-

---

498 OLG München, Urt v 11.5.1995 – 1 U 5547/94, OLGRp 1995, 198.
499 Zu dem Problem, dass Arztrechnungen in steigender Zahl nicht bezahlt werden vgl Ellbogen ArztR 2007, 46, 47f.
500 MBO[7]/Ratzel, § 12 Rz 23.
501 Landesberufsg f Heilberufe beim OVG Nordrh-Westf MedR 2009, 192, 196.
502 Vgl zu den Einzelheiten § 630a Rz 82.
503 BeckOK-BGB/Katzenmeier, Stand: 1.5.2022, § 630a Rz 85.
504 BeckOK-BGB/Katzenmeier, Stand: 1.5.2022, § 630a Rz 85.
505 Vgl Kern/Rehborn, in: Laufs/Kern/Rehborn, HdB ArztR[5], § 43 Rz 42.
506 Kern/Rehborn, in: Laufs/Kern/Rehborn, HdB ArztR[5], § 43 Rz 42.
507 Vgl Kern/Rehborn, in: Laufs/Kern/Rehborn, HdB ArztR[5], § 43 Rz 42; MünchKomm[8]/Roth, § 1357 Rz 35.
508 Vgl Kern/Rehborn, in: Laufs/Kern/Rehborn, HdB ArztR[5], § 43 Rz 45.
509 Zur gemeinsamen Zustimmung der Eltern bei ärztlicher Behandlung von Minderjährigen BGH, Urt v 28.6.1988 – VI ZR 288/87, BGHZ 105, 45, 45 f m Anm Giesen JZ 1989, 95.

gung hinausgeht und der allein auftretende Elternteil zu Unrecht behauptet, er habe auch das Einverständnis des anderen, ist die rechtliche Wirksamkeit des Behandlungsvertrages davon abhängig, ob der vertretene Elternteil den Vertrag nachträglich genehmigt. Lehnt dieser eine Genehmigung ab, haftet grundsätzlich der erschienene Elternteil, wobei dies nichts daran ändert, dass der Behandlungsvertrag nicht wirksam zustande gekommen ist[510].

102 Vorstehendes gilt auch für unverheiratete Paare, die mit minderjährigen Kindern zusammenleben[511]. Bei der Adressierung der Rechnung für die Behandlung eines minderjährigen Patienten ist somit zu prüfen, ob die Rechnung auf beide sorgeberechtigten Elternteile oder nur auf einen davon ausgestellt werden kann. Hingegen darf die Rechnung nicht auf den minderjährigen Patienten ausgestellt werden. Er ist nicht Vertragspartner des Behandlungsvertrags und deshalb zum Ausgleich der ärztlichen Gebühren grundsätzlich nicht verpflichtet.

103 c) **Ärztliche Rechnung an den volljährigen aber bei den Eltern mitversicherten Patienten.** Bei bereits volljährigen Patienten, die noch über einen Elternteil privat versichert sind, muss die Rechnung aber auf den Patienten und nicht den versicherten Elternteil ausgestellt werden, weil Vertragspartner des Behandlungsvertrags der volljährige Patient ist. Etwaige Erstattungsansprüche des Patienten oder eines Dritten gegenüber einer privaten Krankenversicherung sind hier nicht relevant. Bei volljährigen Patienten, die noch über die Familienversicherung gesetzlich mitversichert sind, wird über die Krankenversicherungskarte abgerechnet.

104 d) **Ärztliche Rechnung an den betreuten Patienten.** Solange der Betroffene nicht für geschäftsunfähig erklärt worden ist, ordnet das Gericht nur den sogenannten Einwilligungsvorbehalt gemäß § 1825 an. Wurde gemäß §§ 1814, 1815 einem Betreuer vom Betreuungsgericht die Gesundheitssorge zugewiesen, so ist er zum Abschluss der entsprechenden Verträge befugt[512]. Durch den Einwilligungsvorbehalt hat die betreute Person im Geltungsbereich dieses Vorbehalts eine vergleichbare Rechtsstellung wie ein beschränkt geschäftsfähiger Minderjähriger[513]. Rechnungen und Mahnungen oder sonstige Erklärungen entfalten in diesem Fall nur Wirksamkeit, wenn sie dem Betreuer zugehen gemäß § 131 Abs 1 und sind daher an diesen zu richten. Prozesspartei bei Zahlungsklagen ist ebenfalls der Betreute. Er wird gemäß § 1823 iVm ZPO § 53 durch seinen Betreuer vertreten. § 1821 Abs 2 bestimmt, dass der Betreuer den Wünschen des Betreuten zu entsprechen hat[514].

105 Wird die Zustimmung des Betreuers zu der ärztlichen Behandlungsmaßnahme (zunächst) nicht erteilt, steht dem Arzt neben einem möglichen vertraglichen Honoraranspruch auch ein Anspruch aus Geschäftsführung ohne Auftrag zu, §§ 677 ff[515]. Nach § 683 kann der Arzt als Geschäftsführer ohne Auftrag Ersatz seiner Aufwendungen erlangen[516]. Anspruchsgegner ist derjenige, in dessen Interesse das ärztliche Handeln lag[517]. Das kann neben dem Patienten auch derjenige sein, der dem Patienten Unterhalt schuldet oder dem die Personensorge zusteht, sodass dies auch für den Bereich der Minderjährigen gilt[518]. Damit hat der Arzt in den Fällen der Notbehandlung[519] auch ohne vertragliche Bindung einen Anspruch auf Zahlung des sonst üblichen Honorars[520].

106 Kassenpatienten gleichgestellt sind gemäß SGB V § 264 Patienten, die arbeits- oder erwerbslos sind, Anspruch auf Sozialhilfe haben oder nach dem Asylbewerberleistungsgesetz anspruchsberechtigt sind. Angehörige dieser Personenkreise sind somit nicht zur Zahlung der dem Behandelnden geschuldeten Vergütung verpflichtet, auch dann nicht, wenn sie nicht in einer gesetzlichen Krankenkasse versichert sind. Übernimmt der Arzt die Behandlung eines Patienten aufgrund des AsylbLG[521], darf die Behandlung nicht auf den nach diesem Gesetz geschuldeten Leistungsumfang beschränkt werden[522].

---

510 Kern, in: Laufs/Kern/Rehborn, HdB ArztR⁵, § 47 Rz 3.
511 Kern, in: Laufs/Kern/Rehborn, HdB ArztR⁵, § 47 Rz 3.
512 BeckOK-BGB/Katzenmeier, Stand: 1.5.2022, § 630a Rz 86.
513 Zur Erfüllungswirkung bei Zahlung an eine beschränkt geschäftsfähige Person ohne Einwilligung des gesetzlichen Vertreters BGH, Urt v 21.4.2015 – XII ZR 234/14, BGHZ 205, 90.
514 Institut für Betreuungsrecht, Kester-Haeusler-Institut, abrufbar unter: http://www.betreuungs-recht.de/category/schweigepflicht/, zuletzt abgerufen am 20.9.2021.
515 Kern/Rehborn, in: Laufs/Kern/Rehborn, HdB ArztR⁵, § 74 Rz 49.
516 Kern/Rehborn, in: Laufs/Kern/Rehborn, HdB ArztR⁵, § 74 Rz 49.
517 Kern/Rehborn, in: Laufs/Kern/Rehborn, HdB ArztR⁵, § 74 Rz 49.
518 Kern/Rehborn, in: Laufs/Kern/Rehborn, HdB ArztR⁵, § 74 Rz 49.
519 Bspw im Fall der Beauftragung des Schmerzarztes durch Pflegedienstltg im Akutfall etc.
520 Kern/Rehborn, in: Laufs/Kern/Rehborn, HdB ArztR⁵, § 74 Rz 49.
521 Asylbewerberleistungsgesetz BGBl I S 1074; letzte Änderung des Art 8 G v 25.6.2021, BGBl I S 2020, 2021.
522 Zum Schadensersatz aufgrund unerkannt gebliebenen Minderwuchses OLG Oldenburg, Urt v 21.5.2014 – 5 U 216/11, VersR 2014, 1336, 1339.

e) **Ärztliche Rechnung im Krankenhausbehandlungsvertrag.** Im Rahmen des Kranken- 107
hausbehandlungsvertrages ist im Abrechnungsverhältnis zu dem privat krankenversicherten Patienten dieser grundsätzlich alleiniger Schuldner des Krankenhauses. Im Innenverhältnis zu seiner privaten Versicherung hat der Patient einen Erstattungsanspruch gegenüber seiner Versicherung. Ausnahmen hiervon sind die sog „Klinik-Card" oder auch „Plus-Card-Verfahren", bei der es nach der Behandlung zu einer Direktabrechnung zwischen Krankenhaus und privater Krankenversicherung kommt und eine Erstattungsgarantie zugunsten des Krankenhauses vorliegt, die wiederum konform mit der Freistellung von der Zahlungspflicht des Patienten geht[523]. Ein unmittelbarer Rückgriff auf den Patienten ist für diese Fälle ausgeschlossen. Anders hingegen verhält es sich bei den sog Selbstzahlern. Der Selbstzahler ist alleiniger Schuldner auf Grundlage des Behandlungsvertrages.

Die sogenannte Selbstzahlerklausel ist fester Bestandteil der Allgemeinen Vertragsbedingun- 108
gen von Krankenhausbehandlungsverträgen (stationärer Behandlungsvertrag). Sie gilt als Teil der Allgemeinen Vertragsbedingungen des Krankenhausaufnahmevertrages im zivilrechtlichen Verhältnis zwischen Krankenhaus und Patient, nicht jedoch für öffentlich-rechtliche Abwicklungsverhältnisse zwischen Krankenhaus und Krankenkasse[524]. Nach dem Wortlaut der Klausel ist jeder Patient dann Selbstzahler, wenn er nicht gesetzlich krankenversichert ist. Das betrifft zunächst alle GKV-Selbstzahler und privat versicherten Patienten. Der zweite Fall regelt die Kostenübernahme für den Fall der Inanspruchnahme von Wahlleistungen, welche nicht von einem öffentlich-rechtlichen Kostenträger übernommen werden, wie zB auch für die IGeL. Nach § 630a Abs 1 kommt ein zivilrechtlicher Vertrag mit daraus resultierendem Vergütungsanspruch des Krankenhausträgers direkt gegen den Patienten immer dann zustande, wenn keine Leistungspflicht eines Dritten besteht. Als reiner Selbstzahler ist der Patient einzustufen, dessen Behandlungskosten von keinem Versicherer oder Sozialleistungsträger übernommen werden. Es fallen aber auch die Patienten darunter, welche die Kosten trotz Versicherungsschutz selbst übernehmen wollen, wie es zB bei Bonussystemen üblich ist. In diesen Fällen ist der Patient allein direkter Vertragspartner des Krankenhausaufnahmevertrages mit dem Krankenhaus, Gläubiger der geschuldeten Behandlungsleistung und Schuldner der Behandlungskosten[525]. Es handelt sich um ein zivilrechtliches Vertragsverhältnis nach §§ 630a iVm 611, auch im Hinblick auf die Abrechnung und Vergütung, sodass die Selbstzahlerklausel hier nicht einschlägig ist, denn es wird davon ausgegangen, dass der Vertragsarzt aus seiner Abrechnungspraxis wissen sollte, ob die Leistung in den Leistungsbereich der GKV fällt oder nicht[526]. Wahlleistungen, die für jeden erkennbar als solche nicht von der GKV getragen werden, liegen immer dann vor, wenn es sich um die Vornahme von Behandlungen handelt, die keine medizinische Indikation aufweisen wie etwa bei kosmetischen Operationen. Hierfür werden gesonderte Wahlleistungsvereinbarungen geschlossen. Dies betrifft insbesondere die sog „Lifestyle"-OPs oder auch Verfahren, die durch die GKV noch nicht anerkannt ist oder für die keine medizinische Indikation vorliegt. Eingängige Beispiele hierfür wären Fälle von Brustverkleinerungen, Liposuktionen oder Nasenkorrekturen; liegen erhebliche medizinische Beschwerden vor, wie etwa im erstgenannten Fall hieraus resultierende Rückenschmerzen oder im letztgenannten Atemnot, übernimmt die GKV in Einzelfällen die Kosten.

Weiterhin werden in der Praxis Rechnungen zB geteilt, wie etwa bei einer Sectio mit nachfol- 109
gender gewünschter (nicht indizierter) Sterilisation oder bei einer Nasenscheidewandkorrektur aufgrund Atemnot, die auf Patientenwunsch mit einer optischen Korrektur des Nasenprofils kombiniert wird. Dabei handelt es sich um Zusatzleistungen aus dem Bereich der medizinischen Wahlleistungen. Dies gilt ebenso für Alternativleistungen, die von der Standardbehandlung abweichen (zB andere Implantate oder anderes Füllmaterial) oder um Leistungen für alternative Behandlungsmethoden, die von den Krankenkassen (noch) nicht in den Katalog der Neuen Untersuchungs- und Behandlungsmethoden (NUB) aufgenommen worden sind. Schließlich handelt es sich um Wahlleistungen seitens des Patienten bei gewünschten Übernachtungen nach

---

523 Zur örtlichen Zuständigkeit für eine Zahlungsklage gegen die private Krankenversicherung des Patienten bei Direktabrechnung aus einem sog Klinik-Card-Vertrag AG Erlangen, Urt v 1.4.2015 11 C 2018/13, openJur 2020, 69508 Rz 24; zur rechtlichen Qualifizierung einer Krankenhaus-Card zur Direktabrechnung zwischen Krankenhaus und Krankenversicherung und zur Zulässigkeit der Einordnung als selbständiges Garantieversprechen OLG München, Urt v 20.8.2013 – 25 U 1842/13, openJur 2013, 42885 Rz 8; Fortführung Rspr OLG München, Urt v 18.10.2005 – 25 U 4903/04, NJW-RR 2005, 1697; zur Rechtsnatur des Krankenhausausweisvertrages, LG Dortmund, Urt v 8.3.2007 – 2 S 26/06, openJur 2011, 49186 Rz 31 f, 32 = NJW 2007, 3134.
524 Stoffels, in: Wolf/Lindacher/Pfeiffer (Hrsg), Krankenhausaufnahme- und Arztvertrag, Rz K 51, S 1497.
525 Meister/Ganse, in: Robbers/Wagner (Hrsg), Die Krankenhausbehandlung – Praxiskommentar zur Vertragsgestaltung, S 19.
526 BGH, Urt v 28.1.2020 – VI ZR 92/19, BGHZ 224, 256 = NJW 2020, 1211.

ambulanten Operationen, sollten diese neben der Übernachtung ärztliche und pflegerische Betreuungsinhalte haben. Auch bei privaten Krankenversicherungen gilt der Vorrang der ambulanten vor der stationären Heilbehandlung, ohne dass es hierfür einer gesetzlichen Normierung wie in SGB V § 39 Abs 1 Satz 2 bedarf[527]. Die Differenzierung und die Nachrangigkeit der stationären Behandlung ist für den durchschnittlichen Versicherungsnehmer auch erkennbar[528]. Im Ergebnis ist die Selbstzahlerklausel für die Krankenhausverträge mit GKV-Patienten konzipiert. Für reine Selbstzahler und Privatpatienten hat die Selbstzahlerklausel bloß deklaratorische Bedeutung, da sich die Behandlungsverträge nach den §§ 630a ff richten. Somit wird die Selbstzahlerklausel tatsächlich nur für GKV-Patienten in den Fällen angewandt werden, in denen Patient und Krankenhaus irrtümlich von einem bestehenden Versicherungsschutz ausgehen oder der Versicherungsschutz dem Träger suggeriert wird, weiterhin bei einer fehlenden Mitwirkung („non-compliance") mittelloser unversicherter Patienten und schließlich in dem Fall, dass die stationäre Behandlungsbedürftigkeit während des Aufenthaltes entfällt und der Patient trotz Kenntnis von hierfür anfallenden Kosten seinen stationären Aufenthalt auf eigenen Wunsch fortsetzen möchte.

110 Im Rahmen der gesetzlichen Krankenversicherung gilt das Sachleistungsprinzip, das heißt, die Behandlung wird als Sach- und Dienstleistung gemäß SGB V § 2 Abs 2 betrachtet. Im Recht der GKV folgt der Vergütungsanspruch eines Krankenhauses aus SGB V §§ 107 Abs 1, 108. Voraussetzung hierfür ist, dass ein gemäß SGB V § 108 zugelassenes Krankenhaus als Leistungserbringer der Krankenhausbehandlung gemäß SGB V § 39 tätig geworden ist. Gehen die Parteien des Krankenhausbehandlungsvertrages irrig davon aus, es bestehe eine Krankenversicherung zugunsten des Patienten, so führt die gebotene Anpassung des Vertrages nach Treu und Glauben dazu, dass der Patient zur Entrichtung des Krankenhausentgelts selber verpflichtet ist[529]. Zumeist besteht eine gemeinsame und übereinstimmende Vorstellung von Leistungserbringer und Patient, dass eine die Kosten übernehmende Krankenversicherung besteht, welche in zivilrechtlicher Hinsicht die Geschäftsgrundlage des Behandlungsvertrages darstellt. Unabhängig davon ist es dem Behandler auch kaum möglich, die Angaben der Patienten bzgl der Krankenversicherung jeweils vor Beginn der Behandlung zu überprüfen[530]. Er muss darauf vertrauen dürfen, dass der Patient zutreffende Angaben macht. Krankenhäuser dürfen nicht versicherte Patienten deshalb persönlich in Anspruch nehmen[531].

111 **f) Abtretung der Honorarforderung an ein Inkassobüro.** Die Abtretung einer ärztlichen Forderung an eine Verrechnungsstelle ohne Kenntnis und Zustimmung des Patienten verletzt die ärztliche Schweigepflicht und ist deshalb nichtig[532]. Ferner sind die Vorgaben des Datenschutzes auch hier zu beachten. Es gilt, dass der Patient sowohl der Weitergabe seiner Daten als auch der Abtretung der gegen ihn gerichteten Honorarforderung zustimmen muss[533]. Die Vorschrift des Versicherungsvertragsgesetzes (VVG) § 213 „Erhebung personenbezogener Gesundheitsdaten bei Dritten" (hier: Private Krankenkasse, Berufsunfähigkeitsversicherung etc) findet Anwendung. Nach MBO-Ä 12 Abs 2 ist die Übermittlung von Daten zum Zwecke der privatärztlichen Abrechnung nur zulässig, wenn der Patient in die Datenübermittlung schriftlich eingewilligt hat. Vorstehendes gilt auch für die Übermittlung von Daten an die private Krankenversicherung; diese kann allenfalls unter den Voraussetzungen des VVG § 31 iVm § 242 nach dem Eintritt des Versicherungsfalles von dem Versicherungsnehmer – nicht hingegen von dem Arzt persönlich – die Auskunft verlangen, die zur Feststellung des Versicherungsfalles oder des Umfangs der Leistungspflicht des privaten Krankenversicherers erforderlich ist. Unter engen Voraussetzungen besteht seitens der privaten Krankenversicherung ein Einsichtsrecht in die Behandlungsunterlagen[534]. Der Versicherer kann gemäß VVG § 31 Abs 1 Satz 2 Belege verlangen[535]. Nach VVG § 213 ist die Erhebung personenbezogener Daten durch den Versicherer bei Ärzten und anderen aufgezählten Stellen zulässig, soweit die Kenntnis der Daten für die Beurteilung des zu versichernden Risikos oder der Leistungspflicht erforderlich ist und die betroffene Person eine Einwilligung erteilt hat[536]. Im Versicherungsvertragsverhältnis kann § 242 zur Anwendung kommen und sich im Einzelfall nach Treu und Glauben der streitige Anspruch auf Aushändigung einer Kopie des

---

527 LG Mannheim, Urt v 10.9.2020 – 9 O 383/19, -juris.
528 LG Mannheim, Urt v 10.9.2020 – 9 O 383/19, -juris.
529 BGH, Urt v 28.4.2005 – III ZR 351/04, BGHZ 163, 42 = NJW 2005, 2069.
530 BGH, Urt v 28.4.2005 – III ZR 351/04, BGHZ 163, 42 = NJW 2005, 2069.
531 BGH, Urt v 28.4.2005 – III ZR 351/04, BGHZ 163, 42 = NJW 2005, 2069.
532 Zur Forderungsabtretung BGH, Urt v 10.7.1991 – VIII ZR 296/90, BGHZ 115, 128; BGH, Urt v 10.10.2013 – III ZR 325/12, NJW 2014, 141.
533 BGH, Urt v 10.10.2013 – III ZR 325/12, NJW 2014, 141.
534 OLG München Urt v 6.9.2012 – 14 U 4805/11, GesR 2012, 685, 686 f.
535 OLG München Urt v 6.9.2012 – 14 U 4805/11, GesR 2012, 685, 686 f.
536 OLG München Urt v 6.9.2012 – 14 U 4805/11, GesR 2012, 685, 686 f.

Patientenblattes zur Ergänzung des Auskunftsanspruchs ergeben[537]. Einer Einsicht des Versicherers in das Patientenblatt des Versicherungsnehmers steht das Recht des Versicherungsnehmers auf informationelle Selbstbestimmung allenfalls ausnahmsweise entgegen[538].

7. Kooperationsobliegenheiten. Ein Patient hat, neben der Vergütungspflicht als seiner Hauptleistungspflicht für die ärztliche Leistung, weitere Pflichten. Dabei werden „echte" Nebenpflichten von sog Obliegenheiten des Patienten unterschieden. Zunächst ergeben sich aus dem Verhältnis des Patienten zu seinem Behandler leistungsbezogene und leistungsunabhängige Nebenpflichten. Die leistungsbezogenen Nebenpflichten ergeben sich aus Gesetz, Vertragsauslegung oder allgemein aus § 242[539]. Leistungsbezogen ist eine Nebenpflicht dann, wenn sie der Erfüllung der Hauptpflicht dient. Hingegen bezieht sich eine leistungsunabhängige Nebenpflicht nicht auf die Erbringung der Hauptleistung, sondern fließt als Rücksichtspflicht aus dem Behandlungsverhältnis nach § 241 Abs 2[540]. Die sog Obliegenheiten sind Verpflichtungen des Patienten „gegen sich selbst"[541]. 112

a) **Mitwirkungsobliegenheit.** Die angestrebte Mitwirkung ist stets vom Einzelfall abhängig. Die Obliegenheit zur Mitwirkung stellt dabei einen Überbegriff für alle Unterarten der Obliegenheiten – wie Informations–, Befolgungs–, Duldungs– oder Termineinhaltungspflichten – dar. 113

Eine gesetzliche Normierung für eine Mitwirkungspflicht gibt es nicht, da der Patient außerhalb seltener Fälle[542] nicht verbindlich zur Durchführung einer Behandlung gezwungen werden kann[543]. Grundsätzlich stellt die Mitwirkung eine bloße Obliegenheit des Patienten dar[544]. Gleichwohl konstruierte der Gesetzgeber mit § 630c Abs 1 eine sog Soll–Vorschrift, die zum Zusammenwirken der Vertragsparteien aufruft[545]. Handelt es sich bei dem Patienten um einen Minderjährigen, so kommt der Behandlungsvertrag idR zwischen dem Arzt und den Eltern des Kindes als dessen gesetzliche Vertreter zustande[546]. Das dem Behandlungsvertrag zugrundeliegende Vertrauensverhältnis muss aber auch zwischen dem Behandler und dem tatsächlichen Leistungsberechtigten bestehen. Die Rechtsgrundlage ergibt sich nicht aus § 630c Abs 1, sondern hier aus den allgemeinen Normen der §§ 242, 254[547]. 114

Inhaltlich gestaltet sich die Mitwirkungsobliegenheit vielfältig. Einem Patienten ist beispielsweise zumutbar, dass er aufgrund einer Verschlechterung seines Gesundheitszustands bei seinem Arzt vorstellig wird, wobei dies aufgrund der regelmäßigen medizinischen Unkenntnis des Patienten nicht überspannt werden darf[548]. Der Patient verletzt seine Mitwirkungsobliegenheit daher nicht, wenn er zwar darauf hingewiesen wurde, dass bei Verschlechterung des Gesundheitszustands eine erneute Abklärung nötig sei, er dieser aber nicht umgehend nachgekommen ist, da ihm ebenfalls seitens des Behandlers erläutert wurde, dass aufgrund der erlittenen Verletzungen wochenlange Schmerzen zu erdulden seien[549]. Zumindest ist der Patient dazu angehalten, die ärztliche Nachkontrolle zu verfolgen und einzuhalten. So entschied der BGH, dass den Patienten ein Mitverschulden treffen kann, wenn dieser trotz ärztlichem Hinweis nach einer Sterilisation kein Spermiogramm anfertigen lässt und es später zur Zeugung eines Kindes kommt[550]. Eine Schwangere trifft gleichfalls ein Mitverschulden, wenn sie nach dem Arztbesuch und nicht eindeutigem Schwangerschaftstest sowie ausbleibender Regelblutung trotz eindeutig vorliegender Schwangerschaft zur erneuten Konsultation erst drei Monate nach der Behandlung zu einer Kontrolle vorstellig wird[551]. 115

---

537 OLG München Urt v 6.9.2012 – 14 U 4805/11, GesR 2012, 685, 686 f.
538 OLG München Urt v 6.9.2012 – 14 U 4805/11, GesR 2012, 685, 686 f.
539 Erman[16]/Martens, § 241 Rz 12.
540 Staud[2019]/Olzen, § 241 Rz 514.
541 Kern/Rehborn, in: Laufs/Kern/Rehborn, HdB ArztR[5], § 73 Rz 2.
542 Bspw ist eine Einweisung gegen den Willen des Patienten möglich (und dann zwingend), wenn eine akute und erhebliche Selbst- oder Fremdgefährdung vorliegt sowie keine andere Möglichkeit mehr besteht, den Erkrankten oder seine Umgebung durch weniger einschneidende Maßnahmen zu schützen. Die gesetzlichen Grundlagen hierfür legt das Unterbringungsgesetz (Bayern, Baden-Württemberg, Saarland) bzw das Gesetz für psychisch Kranke (PsychKG, restliche Bundesländer) fest. Ansonsten sind Anordnungen zur Quarantäne aufgrund einer infektiösen Krankheit denkbar, bei der Inaugenscheinnahme durch das Gericht und/ oder einen medizinischen Sachverständigen nach ZPO § 371 sowie im Rahmen der Feststellung der Abstammung gemäß ZPO § 372a, vgl hierzu die weiteren Randziffern.
543 Kern, in: Laufs/Kern/Rehborn, HdB ArztR[5], § 75 Rz 2.
544 MünchKomm[8]/Wagner, § 630a Rz 68; jurisPK-BGB[9]/Lafontaine, § 630a Rz 566.
545 Kern/Rehborn, in: Laufs/Kern/Rehborn, HdB ArztR[5], § 94 Rz 20.
546 MünchKomm[8]/Wagner, § 630a Rz 22.
547 BeckOK-BGB/Katzenmeier, Stand: 1.5.2022, § 630c Rz 6.
548 OLG Braunschweig, Urt v 28.2.2019 – 9 U 129/15, NJOZ 2020, 498.
549 OLG München, Urt v 23.9.2004 – 1 U 5198/03, MedR 2006, 174.
550 BGH, Urt v 30.6.1992 – VI ZR 337/91, NJW 1992, 2961.
551 OLG Zweibrücken, Urt v 15.12.1998 – 5 U 10/96, MedR 2000, 233.

116 Da es sich bei dem Kooperationsgebot gemäß § 630c Abs 1 um eine bloße Obliegenheit handelt, kann der Behandler diese zum einen nicht einfordern[552], zum anderen führt ein Verstoß hiergegen auch zu keinem unmittelbaren Schadensersatzanspruch des Behandlers[553]. Bei der Annahme von Obliegenheitsverletzungen verhält sich die Rspr allgemein sehr zurückhaltend[554]. Gleichwohl kommt zB eine Kürzung bzw ein Ausschließen des Schadensersatzanspruchs des klägerischen Patienten in Betracht, soweit er sich durch die Obliegenheitsverletzung ein Mitverschulden nach § 254 vorwerfen lassen muss[555]. Darüber hinaus kann ein Schadensersatzanspruch bei einem groben Eigenverschulden des Patienten ganz ausgeschlossen sein. So entschied bspw das OLG Koblenz im Fall eines Berufsfußballspielers, der nach einer Bissverletzung eine Wunde am Bein erlitt[556], und diese trotz ärztlichem Hinweis auf ein erhöhtes Infektionsrisiko nicht antibiotisch behandeln ließ. Die Nichtbehandlung war motiviert dadurch, dass die Antibiose eine berufliche Zwangspause zur Folge gehabt hätte. Das Gericht entschied, dass das fahrlässige Vertrauen auf das Nichteintreten einer Infektion ein überwiegendes Eigenverschulden des Patienten darstelle, der „die aus dem Fehler des Beklagten herrührende (weitere) Gefährdung ‚sehenden Auges' in Kauf nahm", was zu einem vollständigen Ausschluss seines Schadensersatzanspruches führte[557].

117 Unabhängig davon besteht eine eigene Schadensminderungspflicht des Patienten gemäß § 254 Abs 2 Satz 1[558]. Der Patient hat bei bereits eingetretenem Schaden das von einem vernünftigen Menschen Erwartbare zu tun, damit der Schaden sich nicht unnötigerweise weiter vergrößert[559]. Beispielsweise muss er ärztlichen Anordnungen Folge leisten, selbst wenn dies für ihn mit Unannehmlichkeiten verbunden ist[560]. Eine Operation soll dann zumutbar sein, wenn diese zur Heilung oder Besserung beiträgt, einfach und gefahrlos ist und keine besonderen Schmerzen auslöst[561]. Eine bloße medizinische Indikation genüge hierfür nicht[562].

118 Die Beweislastumkehr nach § 630h Abs 5 ist auszuschließen, wenn ein Patient ärztliche Anordnungen in schuldhafter Weise missachtet und dadurch eine mögliche Mitursache für den erlittenen Schaden schafft und somit dazu beiträgt, dass der Behandlungsverlauf nicht mehr hinreichend aufgedeckt werden kann[563]. Der Behandler kann seinerseits gem §§ 630b iVm 627 Abs 1, 2 den Behandlungsvertrag kündigen[564], aber weiterhin sein volles Behandlungshonorar dafür verlangen; vorausgesetzt, die Obliegenheitsverletzung führte für ihn im Einzelfall dazu, dass die Behandlung nicht wie geplant vollendet werden konnte[565].

119 **b) Informationsobliegenheit/-pflicht.** Aufgrund der patientenseitig gelieferten Information kann der Behandler sich ein Bild von seinem Patienten und dessen genauem gesundheitlichen Zustand machen[566]. Der Informationsaustausch dient dabei auch dem Schutz des Behandlers und Dritten, denn der Patient ist zudem hinsichtlich seiner Krankheiten auskunftsverpflichtet, die eine Gefahr für den Behandler und die Mitarbeiter seiner Praxis darstellen können[567]. Einigkeit herrscht darüber, dass diese Informationspflicht des Patienten eine Obliegenheit darstellt[568] und somit seitens des Behandlers nicht eingefordert werden kann.

120 Die Pflicht, über infektiöse, gefährliche Krankheiten Auskunft zu geben, resultiert aus dem Behandlungsvertrag gem § 630a iVm § 241 Abs 2[569]. Dem Patienten kommt damit eine echte, leistungsunabhängige Nebenpflicht gegenüber seinem Vertragspartner zu. Die Pflicht zur Aus-

---

552 Erman[16]/Rehborn/Gescher, § 630c Rz 2.
553 BeckOK-BGB/Katzenmeier, Stand: 1.5.2022, § 630a Rz 144; MünchKomm[8]/Wagner, § 630a Rz 68.
554 MünchKomm[8]/Wagner, § 630c Rz 9; OLG Braunschweig, Urt v 28.2.2019 – 9 U 129/15, NJOZ 2020, 498; grdlgd BGH, Urt v 17.12.1996 – VI ZR 133/95, NJW 1997, 1635.
555 BT-Drucks 17/10488, 21; Kern/Rehborn, in: Laufs/Kern/Rehborn, HdB ArztR[5], § 73 Rz 8; Reuter/Hahn VuR 2012, 247, 250; OLG München, Urt v 23.9.2004 – 1 U 5198/03, MedR 2006, 174.
556 OLG Koblenz, Beschl v 27.06.2012 – 5 U 1510/11, openJur 2020, 17295 Rz 22, 23.
557 OLG Koblenz, Beschl v 27.06.2012 – 5 U 1510/11, openJur 2020, 17295 Rz 21; auch das OLG Nürnberg ging vom haftungsausschließenden Mitverschulden aus, als der Patient bei einer MRT-Untersuchung trotz Warnhinweise nicht auf eine metallisch Orthese hinwies, OLG Nürnberg, Urt v 15.2.2023 - 4 U 20/22, BeckRS 2023, 5971 m Anm Kretschmer.
558 Kern/Rehborn, in: Laufs/Kern/Rehborn, HdB ArztR[5], § 94 Rz 21.
559 MünchKomm[8]/Oetker, § 254 Rz 76.
560 MünchKomm[8]/Oetker, § 254 Rz 79.
561 Kern/Rehborn, in: Laufs/Kern/Rehborn, HdB ArztR[5], § 94 Rz 21; MünchKomm[8]/Oetker, § 254 Rz 81.
562 BGH, Urt v 15.3.1994 – VI ZR 44/93, NJW 1994, 1592.
563 OLG Hamm, Urt v 2.2.2018 – 26 U 72/17, MedR 2019, 668; BGH, Urt v 16.11.2004 – VI ZR 328/03, MedR 2005, 226; BGH, Urt v 27.4.2004 – VI ZR 34/03, BGHZ 159, 48, 49 f; OLG München, Urt v 23.9.2004 – 1 U 5198/03, MedR 2006, 174.
564 MünchKomm[8]/Wagner, § 630a Rz 68.
565 Kern/Rehborn, in: Laufs/Kern/Rehborn, HdB ArztR[5], § 73 Rz 8.
566 BT-Drucks 17/10488, 21.
567 Kern, in: Laufs/Kern/Rehborn, HdB ArztR[5], § 76 Rz 6; Erman[16]/Rehborn/Gescher, § 630a Rz 12; Spickhoff VersR 2013, 271, 272.
568 Kern, in: Laufs/Kern/Rehborn, HdB ArztR[5], § 76 Rz 1; MünchKomm[8]/Wagner, § 630c Rz 5; Erman[16]/Rehborn/Gescher, § 630c Rz 2; Schneider, JuS 2013, 104, 107; BT-Drucks 17/10488, 21.
569 Kern, in: Laufs/Kern/Rehborn, HdB ArztR[5], § 76 Rz 6.

kunft über infektiöse, gefährliche Krankheiten ist erfüllt, soweit der Patient möglichst zu Beginn der Behandlungsaufnahme über ihm bekannte Infektionskrankheiten, an welchen er leidet, informiert. Besitzt der Patient keine Kenntnis über seine Infektion, kann ihm bei der Nichtoffenbarung kein Nachteil entstehen, es fehlt an einer diesbezüglich schuldhaften Verletzung seiner Nebenpflicht.

Auch der minderjährige Patient, der an einer infektiösen, gefährlichen Krankheit leidet, hat **121** dem Arzt darüber Auskunft zu erteilen[570]. Als Rechtsgrundlage kann nicht der Behandlungsvertrag iVm § 241 Abs 2 dienen. Vielmehr resultiert für den Minderjährigen und seine Eltern die Obliegenheitsverpflichtung aus §§ 242, 254 Abs 1 direkt[571].

Der Obliegenheit zur Offenbarung kommt der Patient dann nach, wenn er dem Arzt über **122** behandlungsrelevante Umstände Auskunft erteilt[572]. Dies sollte zeitnah nach Abschluss des Behandlungsvertrags erfolgen[573], gilt aber auch für weitere Behandlungsabschnitte wie Diagnose und Therapie[574].

Selbstverständlich kann der Patient nur die Tatsachen offenbaren, die ihm selbst bekannt **123** sind[575]. In der Regel erfragt der Arzt im Rahmen des Anamnesegesprächs frühere Erkrankungen, Verletzungen oder Unfälle[576] des Patienten sowie Erkrankungen von Familienangehörigen. Es ist davon auszugehen, dass sich der Arzt über Unverträglichkeiten sowie die Einnahme von Medikamenten beim Patienten erkundigen muss, da nur dieser einschätzen kann, ob das zu verwendende Medikament sich mit bereits eingenommenen Medikamenten verträgt[577]. Von sich aus hat der Patient gegenüber seinem Behandler allerdings Lebensgewohnheiten wie Nikotin-, Alkohol- oder Drogenkonsum zu offenbaren[578].

Dem Patienten könnte bei einem Verstoß ein Mitverschulden bei der Schadensentstehung **124** und/oder Schadensminderung[579] treffen. Fordert der Patient infolge eines Behandlungsfehlers Schadensersatz, so kann dessen Anspruch aufgrund von Nichtbeachtung der Offenbarungsobliegenheit eingeschränkt oder gänzlich ausgeschlossen werden[580]. Der Behandler muss, da er sich auf § 254 beruft, nicht nur die Kausalität zwischen fehlender Information seitens des Patienten und Schadensentstehung/-fortwirkung darstellen und beweisen, sondern auch das Verschulden des Patienten bei der Verletzungshandlung. Das OLG Koblenz entschied, dass ein Patient, der eine Vorerkrankung bei einer geplanten Herzoperation verschwieg, diese jedoch anhand des EKG offensichtlich wurde und der Operation entgegenstand, zumindest ein Mitverschulden iHv 50 % trifft[581]. Gänzlich lehnte das LG Dresden[582] den Schadensersatzanspruch eines Patienten ab, nachdem dieser – selbst Zahnarzt – seinem Chirurgen eine Diabeteserkrankung sowie Alkoholabhängigkeit verschwieg. Bei einer Verletzung der Nebenpflicht aus § 241 Abs 2 ist eine unmittelbare Rechtsfolge in Form eines Schadensersatzanspruchs des Arztes möglich. Schwer, aber nicht unüberwindbar zu führen, ist der Kausalitätsnachweis, dass tatsächlich der Patient und nicht ein anderer Überträger Auslöser der Infektion beim Behandler oder dessen Mitarbeiter war.

Sowohl bei der Verletzung der Offenbarungsobliegenheit als auch beim Verstoß gegen § 241 **125** Abs 2 kommt zudem ein Kündigungsrecht des Behandlers gem §§ 630b, 627 Abs 2 Satz 1 in Betracht[583]. Indem der Patient die Rechtsgüter seines Vertragspartners gefährdet oder verletzt, kann davon ausgegangen werden, dass das bestehende Vertrauensverhältnis nachhaltig gestört wurde. Der Arzt ist aber nur zur eingeschränkten Kündigung berechtigt[584]. Nur bei Bestehen eines wichtigen Grundes ist eine Kündigung zur sog Unzeit möglich, anderenfalls macht sich der Arzt schadensersatzpflichtig nach § 627 Abs 2 Satz 2. Leichte Pflichtverletzungen des Patienten sind für einen Kündigungsgrund unzureichend[585]. Vielmehr sind aufgrund von StGB § 323c sowie den Gepflogenheiten des Arztvertrags und den Vorschriften der MBO-Ä hohe Anforderungen an das Vorliegen eines wichtigen Grundes zu stellen. Hinzukommt, dass ein Vertragsarzt aufgrund von BMV-Ä § 13 Abs 7 Satz 3 eine Behandlung nur bei einem begründeten Fall ableh-

---

570 MünchKomm[8]/Wagner, § 630c Rz 6.
571 Katzenmeier, in: BeckOK-BGB, Stand: 1.11.2021, § 630c Rz 6.
572 Kern, in: Laufs/Kern/Rehborn, HdB ArztR[5], § 76 Rz 1.
573 BT-Drucks 17/10488, 21.
574 Kern, in: Laufs/Kern/Rehborn, HdB ArztR[5], § 76 Rz 1.
575 MünchKomm[8]/Wagner, § 630c Rz 6.
576 Kern, in: Laufs/Kern/Rehborn, HdB ArztR[5], § 76 Rz 2; Reuter/Hahn VuR 2012, 247, 249.
577 Kern, in: Laufs/Kern/Rehborn, HdB ArztR[5], § 76 Rz 3.
578 Schmidt, in: jurisPK BGB[9], § 630c Rz 2.
579 Erman[16]/Rehborn/Gescher, § 630c Rz 2.
580 Kern, in: Laufs/Kern/Rehborn, HdB ArztR[5], § 76 Rz 5; Reuter/Hahn VuR 2012, 247, 250.
581 OLG Koblenz, Urt v 20.7.2006 – 5 U 47/06, MedR 2007, 363.
582 LG Dresden, Urt v 30.11.2007 – 6 O 266/06, MedR 2008, 223.
583 Kern, in: Laufs/Kern/Rehborn, HdB ArztR[5], § 76 Rz 5, 6.
584 Kern, in: Laufs/Kern/Rehborn, HdB ArztR[5], § 48 Rz 7.
585 Kern, in: Laufs/Kern/Rehborn, HdB ArztR[5], § 48 Rz 8.

nen kann, dh auch, dass eine Kündigung nur möglich ist, wenn einer der dort aufgeführten Gründe vorliegt[586].

126 c) **Befolgungsobliegenheit.** Der Patient ist dazu angehalten, ärztliche Hinweise und Anordnungen zu befolgen. Ohne die Befolgung ärztlicher Anweisungen wird die Therapie nicht zu einer Heilung führen[587]. Die Befolgungsobliegenheit verlangt idR ein aktives Handeln bzw Unterlassen des Patienten. Die Obliegenheit zur Befolgung ärztlicher Anordnungen ergibt sich aus dem Rechtsgedanken des § 630c Abs 1. Als bloße Obliegenheit ist ein Einfordern des Behandlers nicht möglich[588]. Ist der Patient minderjährig, wäre damit die Obliegenheit, die sich aus § 630c Abs 1 ergibt, dogmatisch den Eltern zuzuschreiben, tatsächlich kann aber nur der minderjährige Patient diese erfüllen. Die Rechtsgrundlage hierfür ist allgemein aus §§ 242, 254 zu entnehmen[589]. Die Intensität der Befolgung kann unterschiedlich ausgestaltet ein. Bei einem Patienten genügt ein Anraten, wie er sich in Zukunft bezogen auf die Krankheit verhalten soll. Bei einem anderen ist eine ärztliche Anordnung mit Kontrollelementen durch den Arzt das Mittel der Wahl.

127 Entscheidend ist, dass der Patient die ärztlichen Anweisungen nicht nur erhält, sondern auch inhaltlich tatsächlich verstanden hat[590]. Der Arzt kann sich dann nicht auf ein Mitverschulden des Patienten berufen, wenn dieser Arztbriefe nur unvollständig erhalten und somit nicht verstanden hat[591]. Ebenso ist ein Behandlungsfehler nicht auszuschließen, wenn der Patient zwar an der Behandlung nicht mitwirkte, er aber über die Reichweite der Nichtbehandlung nicht hinreichend aufgeklärt wurde[592].

128 Der Patient kann zur Einnahme von Medikamenten angehalten sein[593]. Dies allein kann bereits zu Problemen führen, wenn der Patient mehrere Medikamente in unterschiedlichen Zeitabständen einnehmen soll und dabei die Reihenfolge oder Mengenangabe fahrlässig oder vorsätzlich missachtet[594]. Noch schwerwiegender ist es, wenn der Patient angewöhnte Lebensweisen ändern soll[595]. Der Patient hat auf Anraten des Arztes zB von dem Konsum von Genussmitteln wie Alkohol, Nikotin oder Zucker Abstand zu nehmen oder sich mehr körperlich zu betätigen, wenn dies für seine Genesung unabdingbar ist[596]. Das OLG Köln nahm ein Mitverschulden an, wenn ein Patient trotz ärztlichem Hinweis im Rahmen einer arteriellen Verschlusskrankheit nicht mit dem Rauchen aufhört und es infolgedessen zu einer Amputation an einer Extremität kommt[597].

129 Grundsätzlich besteht für Patienten die allgemeine Pflicht, sich gegenüber der Klinik- oder Praxiseinrichtung, anderen Patienten oder dem Personal in der gebotenen Weise sorgfältig zu verhalten. Eine schadensursächliche Verletzung vertraglicher Nebenpflichten aus dem ärztlichen Behandlungsvertrag kann zB darin bestehen, dass ein Patient bei einer MRT-Untersuchung trotz entsprechender Warnhinweise und Fragen nicht auf eine Orthese aus Metall hinweist und diese bei der Untersuchung vom Magneten des MRT angezogen wird. Ebenso ist dem Patienten zuzutrauen, dass er während seines Krankenhausaufenthaltes den Anweisungen des Klinikpersonals Folge leistet[598]. Dem Patienten wird die Obliegenheit zuteil, die ärztliche Anordnung, sein Bett nicht zu verlassen, zu beachten[599]. Das Krankenhaus kann, soweit keine akute Lebensgefahr besteht, die Aufnahme des Patienten verweigern, wenn dieser seine Mitwirkung an einem Corona-Test verweigert[600]. Schließlich treffen ihn Obliegenheiten, die der Sicherung der Behandlung dienen wie bspw die Wahrnehmung von Kontrollterminen. Das Saarländische OLG entschied, dass ein Patient dazu angehalten ist, postoperativ eine Nachkontrolle bei einem gesetzten Stent durchführen zu lassen, wenn er hierzu vom Arzt angewiesen wurde[601]. Ebenso obliegt es dem Patienten nach der Eingliederung eines Zahnersatzes, sich Nachbesserungsmaßnahmen zu

---

586 Kern, in: Laufs/Kern/Rehborn, HdB ArztR[5], § 48 Rz 7.
587 Kern, in: Laufs/Kern/Rehborn, HdB ArztR[5], § 77 Rz 8.
588 Erman[16]/Rehborn/Gescher, § 630c Rz 2; Kern, in: Laufs/Kern/Rehborn, HdB ArztR[5], § 77 Rz 9; MünchKomm[8]/Wagner, § 630c Rz 7.
589 BeckOK-BGB/Katzenmeier, Stand: 1.5.2022, § 630c Rz 6.
590 Erman[16]/Rehborn/Gescher, § 630c Rz 3; BGH, Urt v 17.12.1996 – VI ZR 133/95, NJW 1997, 1635.
591 BGH, Urt v 17.12.1996 – VI ZR 133/95, NJW 1997, 1635.
592 BGH, Urt v 16.6.2009 – VI ZR 157/08, MedR 2010, 101, 103 m Anm Schmidt-Recla MedR 2010, 104, 105, 106.
593 Kern, in: Laufs/Kern/Rehborn, HdB ArztR[5], § 77 Rz 9; MünchKomm[8]/Wagner, § 630c Rz 6.
594 Kern, in: Laufs/Kern/Rehborn, HdB ArztR[5], § 77 Rz 12.
595 Kern, in: Laufs/Kern/Rehborn, HdB ArztR[5], § 77 Rz 9.
596 MünchKomm[8]/Wagner, § 630c Rz 6.
597 OLG Köln, Urt v 16.12.1996 – 5 U 256/94, NJW 1997, 3099.
598 OLG Naumburg, Urt v 12.7.2012 – 1 U 43/12, MedR 2013, 519.
599 OLG Naumburg, Urt v 12.7.2012 – 1 U 43/12, MedR 2013, 519.
600 Zur Behandlungsverweigerung bei mangelndem Coronatest LG Dortmund, Beschl v 4.11.2020 – 4 T 1/20, NJW 2021, 1251, openJur 2020, 76301 Rz 23, 24, 25.
601 Saarländisches OLG, Urt v 4.2.2015 – 1 U 27/13, GesR 2015, 364.

unterziehen[602], vorausgesetzt, die nachträglichen Anpassungsarbeiten am Zahnersatz sind ihm zumutbar. Hiervon ist bei dem ersten Anpassen einer Prothese auszugehen, da auch bei größter Präzision ein Zahnersatz oft nicht von Beginn an richtig sitzt[603]. Auch im Bereich der Kieferorthopädie ist die Befolgung ärztlicher Anweisungen seitens des Patienten unerlässlich[604].

Bei der Verletzung der Befolgungsobliegenheit kann es zur Minderung bzw Ausschluss eines Schadensersatzanspruchs des Patienten infolge eines ihm anzulastenden Mitverschuldens kommen[605]. Das OLG Naumburg entschied, dass dem Patienten eine Mitverschuldensquote von 50 % zuteil wird, wenn dieser entgegen der ärztlichen Anordnung sein Bett verlässt und dabei zu Fall kommt[606]. Das OLG Koblenz verweigerte gänzlich einen Schadensersatzanspruch für den Fall, dass eine erwachsene, orientierte Person nach einer prothetischen Knieoperation trotz des Hinweises nicht selbstständig aufzustehen, dies gleichwohl tat, dabei stürzte und die Operationswunde erneut aufriss[607]. Zwar kann ein Patient – wie auch der Behandler – stets fristlos nach § 627 Abs 2 kündigen; entzieht sich ein Patient damit aber seiner Schadensminderungspflicht, so ist ihm auch kein Schadensersatzanspruch zu gewähren[608]. **130**

Wenn die Behandlung infolge der Obliegenheitsverletzung fehlschlägt, so scheidet ein Haftungsanspruch des Patienten aus. Dies setzt voraus, dass die Verweigerung der ärztlichen Anordnung alleinige Ursache für die missglückte Behandlung war[609]. Eine weitere Rechtsfolge stellt der Ausschluss der Beweislastumkehr dar. Auf die Beweiserleichterung kann sich der Patient nicht berufen, soweit er „durch sein Verhalten eine selbständige Komponente für den Heilungserfolg vereitelt und dadurch in gleicher Weise wie der grobe Fehler dazu beigetragen hat, dass der Verlauf des Behandlungsgeschehens nicht mehr aufgeklärt werden kann[610]." Kommt ein Patient dem ärztlichen Anraten, zu einem Kontrolltermin zu erscheinen nicht nach und ist davon auszugehen, dass er auch die Tragweite seiner Verweigerung verstanden hat, so kann dies genauso wie das ärztliche Fehlverhalten dazu führen, dass der Kausalverlauf nicht mehr aufzuklären ist[611]. Abschließend kann der Behandler fristlos gem §§ 630b, 627 Abs 2 kündigen. Der Honoraranspruch des Behandlers geht dabei nicht unter, denn der Misserfolg seiner Behandlung beruht nicht auf dem Verschulden des Behandlers[612]. **131**

d) **Duldungsobliegenheit/-pflicht.** Neben dem Erfolg der ärztlichen Behandlung kann die Duldung einer medizinischen Maßnahme auch generellen gesellschaftlichen Zielen dienen. Hierzu gehört ua die Strafverfolgung, die Unterbringung von psychisch Kranken, die Zwangsbehandlung von Betreuten oder diversen Anordnungen nach dem IfSG, um eine Infektionskrankheit einzudämmen. Auch die Duldungspflicht bei einer Untersuchung, die der Feststellung der Abstammung im Rahmen eines Zivilprozesses dient, kann bezweckt werden. Rechtsgrundlage für die Duldungsobliegenheit iRe Behandlungsvertrages ist § 630c Abs 1. Die Duldungsobliegenheit wird dadurch ausgefüllt, dass der Patient die notwendige Behandlung durchführen lässt, wobei diese bereits in der Anamnese bestehen kann und bis über den Abschluss der Therapie hinausreicht, wenn der Patient bspw postoperativ Bettruhe verordnet bekommt. **132**

Anders gestaltet es sich bei gesetzlichen Duldungspflichten. Unter engen Voraussetzungen ist es der öffentlichen Gewalt erlaubt, in die körperliche Integrität eines Menschen einzugreifen. Maßstab ist dabei stets eine Verhältnismäßigkeitsprüfung anhand von GG Art 2 Abs 2. Ein Eingriff ist nur aufgrund eines Gesetzes möglich[613]. Die Duldungspflicht wird seitens des Betroffenen nicht gegenüber dem Behandler erfüllt, sondern gegenüber der öffentlichen Gewalt, man betrachtet den Behandler als lediglich mit der Ausführung der Maßnahme beauftragt. **133**

aa) **Strafrechtliche Verfolgungsmaßnahmen.** Rechtsgrundlagen für strafrechtliche Verfolgungsmaßnahmen, bei denen in die körperliche Integrität eines Menschen eingegriffen wird, sind bspw StPO §§ 81, 81a, 81c, 81 g. Diese erlauben es, einen Beschuldigten für ein Gutachten **134**

---

602 OLG Dresden, Beschl v 21.1.2008 – 4 W 28/08, NJW-RR 2009, 30.
603 OLG Dresden, Beschl v 21.1.2008 – 4 W 28/08, NJW-RR 2009, 30.
604 Kern, in: Laufs/Kern/Rehborn, HdB ArztR[5], § 77 Rz 16.
605 Kern, in: Laufs/Kern/Rehborn, HdB ArztR[5], § 77 Rz 10.
606 OLG Naumburg, Urt v 12.7.2012 – 1 U 43/12, MedR 2013, 519.
607 OLG Koblenz, Hinweisbeschl v 21.7.2010 – 5 U 761/10, NJOZ 2011, 906.
608 OLG Dresden, Beschl v 21.1.2008 – 4 W 28/08, NJW-RR 2009, 30.
609 Kern, in: Laufs/Kern/Rehborn, HdB ArztR[5], § 77 Rz 10.
610 Saarländisches OLG, Urt v 4.2.2015 – 1 U 27/13, GesR 2015, 364.
611 Saarländisches OLG, Urt v 4.2.2015 – 1 U 27/13, GesR 2015, 364.
612 Kern, in: Laufs/Kern/Rehborn, HdB ArztR[5], § 77 Rz 10.
613 Kern, in: Laufs/Kern/Rehborn, HdB ArztR[5], § 75 Rz 6.

in ein öffentlich psychiatrisches Krankenhaus zu verbringen, sowie Blut-[614] oder Körperzellen für die DNA–Identitätsfeststellung zu entnehmen.

135 bb) **Behandlung Strafgefangener.** Ein Strafgefangener kann gemäß StVollzG § 101 gegen seinen Willen untersucht, behandelt und ernährt werden, soweit Lebensgefahr oder eine schwerwiegende Gefahr für die Gesundheit des Gefangenen besteht oder aber Gefahr für die Gesundheit anderer Personen. StVollzG § 101 wird insoweit durch IfSG § 36 Abs 4 Satz 7, Abs 5 Satz 3 ergänzt[615]. Dieser ermöglicht bei der Aufnahme eines Strafgefangenen in eine Justizvollzugsanstalt die zwangsweise Untersuchung auf übertragbare Krankheiten, so zB die Pflicht zur Duldung ärztlicher Untersuchungen auf übertragbare Krankheiten – HIV, Hepatitis B und C[616]. Einer Einwilligung der betroffenen Person zu Maßnahmen, die sie nach dieser Vorschrift zu dulden hat, bedarf es dabei nicht[617]. Allerdings sehen die einzelnen Landesgesetze ggf weitergehende Voraussetzungen vor[618].

136 cc) **Unterbringung Straffälliger in einem psychiatrischen Krankenhaus oder in einer Entziehungsanstalt.** Falls ein Straftäter bei Begehung der Tat schuldunfähig war oder mit verminderter Schuldfähigkeit agierte, kann das Gericht gem StGB § 63 Satz 1 die Unterbringung in einem psychiatrischen Krankenhaus anordnen. Die Unterbringung setzt die festgestellte Schuldunfähigkeit oder die erheblich verminderte Schuldfähigkeit voraus. Hinzutreten muss, dass zu erwarten ist, dass der Täter aufgrund des psychischen Defekts, der schon zur Anlasstat führte, weitere erhebliche rechtswidrige Taten solcher Art begeht und deshalb als gemeingefährlich eingestuft werden kann[619]. Für die Umsetzung des sog Maßregelvollzugs ist die forensische Psychiatrie zuständig.

137 Hiervon zu differenzieren ist die Unterbringungsanordnung nach StGB § 64 (Entziehungsanstalt), die jedoch auch unter dem Begriff des Maßregelvollzugs zählt. Das Gericht bringt in solchen Fällen einen straffällig gewordenen Menschen, der einen Hang dazu hat, Alkohol oder andere Rauschmittel im Übermaß zu sich zu nehmen und entweder konkret rauschbedingt eine rechtswidrige Tat begangen hat oder die Tatbegehung auf diesen Hang zurückgeht, in einer Entziehungsanstalt unter. Eine Heilung bzw längere Zeit der Abstinenz muss in Aussicht stehen. Der Behandlungserfolg muss dabei innerhalb von einer 2-Jahresfrist gem StGB § 67d Satz 1 und 3 eintreten.

138 dd) **Unterbringung psychisch Kranker.** Von der Unterbringung im strafrechtlichen Rahmen ist die Unterbringung psychisch Kranker zu unterscheiden. Diese ist idR in sog Psychisch-Kranken-Gesetzen (PsychKG) der Länder geregelt. Die freiheitsentziehende Unterbringung psychisch kranker Menschen – wozu uU auch Suchtkranke zu zählen sind – bezweckt die Verhinderung von akuter Selbst- oder Fremdgefährdung durch die Unterbringung in einem psychiatrischen Fachkrankenhaus. Erfolgt eine Unterbringung nach dem jeweils einschlägigen PsychKG, so richtet sich der Vollzug der Unterbringung ausschließlich nach deren Vorgaben. Im Rahmen der zivilrechtlichen Unterbringung regeln die §§ 1832, 1831 Abs 1, Abs 4 iVm §§ 1831 Abs 5, 1820 Abs 2 Nr 2, dass ein Patient, der auf Grund einer psychischen Krankheit oder einer geistigen oder seelischen Behinderung die Notwendigkeit der ärztlichen Maßnahme nicht erkennen oder nicht nach dieser Einsicht handeln kann, unter bestimmten Voraussetzungen auch gegen seinen natürlichen Willen behandelt werden darf. Die mit der Unterbringung verbundene Behandlungspflicht der Fachklinik geht mit der Duldungspflicht des Betroffenen einher[620]. Nicht nur die etwaige Zwangseinweisung an sich bedarf einer grundrechtlichen Verhältnismäßigkeitsprüfung, sondern auch jede zu ergreifende Maßnahme – wie eine körperliche Fixierung[621] oder Zwangsmedikation – während der Unterbringung unterliegt der Abwägung von medizinischer Indikation und dem damit oft verbundenen schwerwiegenden Grundrechtseingriff. Problematisch erweisen sich medizinische Maßnahmen im Rahmen einer Unterbringung nach PsychKG, wenn eine Patientenverfügung des Betroffenen zB die Gabe von Medikamenten untersagt. Das LG Osnabrück musste in einer derartigen Konstellation entscheiden und lehnte die Beachtung der

---

614 Gemäß StPO § 81c auch an sog Dritten, die nicht Beschuldigte im Strafverfahren sind.
615 Wachs, in: BeckOK StVollzG Bund, Stand: 1.8.2021, § 101 Rz 10.
616 BayObLG München, Beschl v 4.12.2019 – 203 StObWs 1159/19, StV 2020, 537.
617 BayObLG München, Beschl v 4.12.2019 – 203 StObWs 1159/19, StV 2020, 537.
618 Vgl BW JVollzGB III § 80 und BayStVollzG Art 108, entsprechen StVollzG § 101; StVollzG Bln § 75, BbgJVollzG § 79, BremStVollzG § 68, HmbStVollzG § 84, HStVollzG § 25, StVollzG M-V § 67, NJVollzG § 93, StVollzG NRW § 78, RhPflJVollzG § 77, SLStVollzG § 67, SächsStVollzG § 68, JVollzGB LSA § 78, LStVollzG SH § 86 und ThürJVollzGB § 78 mit deren weitergehenden Bestimmungen.
619 BeckOK StGB/Ziegler, Stand: 1.2.2022, § 63 Rz 10.
620 Kern, in: Laufs/Kern/Rehborn, HdB ArztR[5], § 75 Rz 8.
621 Grundlegend hierzu BVerfG, Urt v 24.7.2018 – 2 BvR 309/15, 2 BvR 502/16, BVerfGE 149, 293 Rz 68 = MedR 2019, 45 m Anm Nenadic/Schmidt-Recla.

Patientenverfügung, die jegliche „Zwangsbehandlung egal mit welchem als Medikament bezeichneten Stoff" verbot, in zweierlei Hinsicht ab. Zum einen erstrecke sich die konkrete Verfügung nicht auf die Gabe von Medikamenten zur rein somatischen Behandlung, zum anderen wiege der Schutz von Dritten, der mit der medikamentösen Maßnahme erreicht werden könne, schwerer[622]. Vernachlässigt wurde bei dieser Entscheidung jedoch die grundsätzlich zu beachtende Einschränkung von Zwangsbehandlungen zur Gefahrenabwehr und damit der Wille des Gesetzgebers, der die Zwangsbehandlung zur Gefahrenabwehr auf sog „Notfälle" beschränken will[623]. Eine Zwangsbehandlung kann auch durch eine Patientenverfügung ausgeschlossen sein. Durch das seitens des BVerfG eingeräumte „Recht auf Krankheit" steht dem Staat keine Vernunfthoheit zu. Er ist nicht dafür verantwortlich, den Grundrechtsträger vor sich selbst zu schützen. Das Recht des Einzelnen hört allerdings dort auf, wo Rechte Dritter berührt werden und umfasst das Recht, erforderlichenfalls einen der ärztlichen Maßnahme entgegenstehenden Willen des Patienten zu überwinden.

ee) **Anordnungen nach dem IfSG.** IfSG §§ 15a bis 23a enthalten Rechtsgrundlagen zur Verhütung von übertragbaren Krankheiten, IfSG §§ 24 bis 32 sehen Maßnahmen zur Bekämpfung solcher Krankheiten vor. Eine speziellere Ermächtigung wurde durch IfSG § 20 Abs 8 – 16 geschaffen[624], der einen Impfschutz gegen Masern für alle nach dem 31.12.1970 geborenen, sich in Gemeinschaftsunterkünften wie Kindertagesstätten, Justizvollzugsanstalten oder Flüchtlingsunterkünften befindlichen Menschen vorsieht, soweit sie keine Immunisierung gegen die Krankheit aufgrund eines Ausweises vorlegen können. Zwar wurde dadurch keine Regelung geschaffen, die einen unmittelbaren Impfzwang vorsieht, jedoch enthalten die Folgeabsätze weitreichende Konsequenzen für Personen, die keinen Impfschutz vorweisen[625]. Aufgrund der seit Ende 2019 kursierenden weltweiten Coronapandemie schaffte der Gesetzgeber mit IfSG §§ 28a, b eine eigene Rechtsgrundlage[626], um eine Vielzahl an Maßnahmen ergreifen zu können. Damit sind beispielsweise Kontaktbeschränkungsmöglichkeiten möglich, um Ansteckungen zu verhindern. Mit Ablauf des 25.11.2021 endete die "epidemische Notlage von nationaler Tragweite" gemäß IfSG § 5 Abs 1 Satz 2. Unabhängig von einer epidemischen Lage von nationaler Tragweite regelt IfSG § 28b Abs 1, der zuletzt mit dem Gesetz zur Stärkung des Schutzes der Bevölkerung und insbesondere vulnerabler Personengruppen vor COVID-19 vom 16.9.2022 neu gefasst wurde, bundesweite Schutzmaßnahmen bei saisonal hoher Dynamik. In IfSG § 28b Abs 8 Nr 1 wird die Bundesregierung ermächtigt, durch Rechtsverordnung ohne Zustimmung des Bundesrates die Verpflichtungen nach Absatz 1 ganz oder teilweise auszusetzen. Ferner ist die Feststellung und Behandlung von Krankheiten iSd IfSG § 6 Abs 1 Satz 1 Nr 1, 2 oder 5, § 34 Abs 1 Satz 1 oder einer Infektion mit einem in IfSG § 7 genannten Krankheitserreger etc denkbar. Eine ebenso weitreichende Maßnahme kann mithilfe von IfSG § 29 ergriffen werden. Demnach kann ein Kranker, ein Krankheitsverdächtiger, Ansteckungsverdächtiger oder Ausscheider der Beobachtung unterstehen, nach Abs 2 hat er dafür erforderliche Untersuchungen durch die Beauftragten des Gesundheitsamtes zu dulden und den Anordnungen des Gesundheitsamtes Folge zu leisten.

ff) **Zwangsbehandlung von Betreuten.** Gemäß § 1832 kann ein Betreuer entgegen des Willens des Betreuten iSd § 1814, 1815 in eine notwendige ärztliche Maßnahme einwilligen. Diese Einwilligung muss vom Betreuungsgericht genehmigt werden. Der Betroffene selbst muss einwilligungsunfähig sein[627], sodass auf den mutmaßlichen Willen des Betreuten an vorderster Stelle zurückzugreifen ist. Vorausgesetzt wird, dass die Zwangsbehandlung zur Abwendung einer erheblichen gesundheitlichen Gefahr erforderlich ist, es keine alternative Möglichkeit für sie gibt und im Rahmen einer ex ante Bewertung ihr Nutzen die Beeinträchtigungen für den Betreuten überwiegt. Zudem kann ein Betreuter einer ärztlichen Zwangsmaßnahme zugeführt werden, ohne dass er dabei freiheitsentziehend untergebracht wird[628]. Allerdings gilt dies einschränkend nur während eines stationären Krankenhausaufenthalts.

§ 1831 erlaubt, freiheitsentziehende Maßnahmen gegenüber dem Betreuten auch in allen anderen Situationen anzuordnen. Unterbringung iSd § 1831 Abs 1 bedeutet, dass ein Betreuer in eine geschlossene Anstalt, in ein geschlossenes Krankenhaus etc verbracht wird[629]. Für andere

---

622 LG Osnabrück, Beschl v 10.1.2020 – 4 T 8/20, 4 T 9/20, 4 T 10/20, MedR 2021, 656 m krit Anm Hahn MedR 2021, 657.
623 LT-Drucks Niedersachsen, 17/8727, 25; BGH, Urt v 11.10.2000 – XII ZB 69/00 = BGHZ 145, 297; Vgl BVerfG, Beschl v 26.7.2016 – 1 BvL 8/15 = BVerfGE 142, 313; BGH, Urt v 1.2.2006 – XII ZB 236/05 = openJur 2011, 12286 Rz 25, 26, 27, 28; BVerfG, Beschl v 8.6.2021 – 2 BvR 1866/17, 2 BvR 1314/18 = BeckRS 2021, 20465.
624 BGBl I 2020, 148.
625 Näheres dazu Rixen NJW 2020, 647, 649.
626 BGBl I 2020, 2397.
627 BeckOK-BGB/Müller-Engels, Stand: 1.8.2021, § 1906a Rz 12.
628 BeckOK-BGB/Müller-Engels, Stand: 1.8.2021, § 1906a Rz 1.
629 BeckOK-BGB/Müller-Engels, Stand: 1.8.2021, § 1906a Rz 5.

freiheitsentziehende Maßnahmen (Befestigung von Bettgittern, Gabe von Medikamenten, Verwendung eines Leibgurtes an ein Bett oder Stuhl[630]) dient § 1831 Abs 4 als Rechtsgrundlage. Der Richtervorbehalt gilt für alle freiheitsentziehenden Maßnahmen. Nach der Entscheidung des BVerfG[631] werden strenge Voraussetzung an die Zulässigkeit einer 5-Punkt bzw 7-Punkt-Fixierung gestellt[632]. Das BVerfG verlangt, dass die Anordnung und Überwachung der Fixierung durch einen Arzt erfolgen muss, während der Fixierung grundsätzlich eine Eins–zu–eins–Betreuung durch therapeutisches oder pflegerisches Personal besteht sowie die Anordnung, maßgebliche Gründe und Dauer der Fixierung und die Art der Überwachung dokumentiert werden[633].

142 gg) **Zivilprozessuale Untersuchung.** Nach ZPO §§ 371, 372a ist es möglich, dass eine Untersuchung und insbesondere eine Blutentnahme durchgeführt werden kann, wenn dies als Augenscheinbeweis dient oder zur Feststellung einer Abstammung nötig ist. Der Augenscheinbeweis darf seitens desjenigen, der in Augenschein genommen wird, nur bei einem triftigen Grund verweigert werden. Ein solcher liegt vor, wenn die Schwere des mit dem Augenschein verbundenen Eingriffs nicht im Verhältnis zur Bedeutung des Streitgegenstandes steht[634]. Die Verweigerung bei kleinen, schmerzlosen, ambulanten ärztlichen Untersuchungen ist nicht zulässig, diese sind fast immer zu dulden[635]. Untersuchungen, die mit weitreichenderen Gesundheitsfolgen verbunden sein können, wie bspw der Entnahme von Liquor (Rückenmarksflüssigkeit), besteht die Duldungspflicht nur in wichtigen Streitsachen[636]. Besteht eine erwähnenswerte Wahrscheinlichkeit für einen Gesundheitsschaden, resultiert daraus ein triftiger Grund für die Verweigerung der Inaugenscheinnahme. Diese gilt dann als unzumutbar[637]. Bei einer Untersuchung des Geisteszustands wurde früher von der Rspr eine Verweigerung stets als berechtigt angesehen; wobei mit dem Eintritt von Prozessnachteilen zu rechnen ist[638]. Die Maßnahme nach ZPO § 372a ist unzumutbar, wenn bspw mit der Feststellung der Abstammung das Wohl eines Kindes, der Familienfrieden oder die finanzielle Lage des Betreuten bedroht wird[639] oder sogar strafrechtliche Folgen, wie bspw Aussagedelikte oder Inzest zu erwarten sind[640]. Nur dann bleibt eine Verweigerung der Untersuchung für denjenigen, der sie verweigert folgenlos.

143 hh) **Rechtsfolgen bei Verstoß gegen die Duldungsobliegenheit/-pflicht.** Die Weigerung des Patienten, sich einer Behandlung zu unterziehen, kann als konkludente Kündigung bewertet werden[641], führt jedoch sonst zu keinen (nachteiligen) Folgen für diesen. Allerdings ist der Behandler hiervon in Kenntnis zu setzen, sodass der Behandlungsvertrag durch Kündigung endet[642]. Auch die Verweigerung einer Operation, sogar unmittelbar vor Ausführung soll für den Patienten sanktionslos bleiben, da der Behandler idR die Vergütungsgefahr trägt[643].

144 Bei Verstößen gegen das IfSG sind die Bußgeld- und Strafvorschriften der IfSG §§ 73, 74 zu nennen. IfSG § 73 Abs 1a enthält Bestimmungen, nach welchen Verstöße gegen getroffene Anordnungen als Ordnungswidrigkeit gelten. Als solche können sie mit einem Bußgeld bis zu 2.500 € bzw 25.000 € geahndet werden. IfSG § 74 sieht eine Freiheitsstrafe bis zu 5 Jahren oder Geldstrafe vor, soweit gegen Vorschriften des IfSG § 73 Abs 1 oder Abs 1a Nr 7, 11 bis 20, 22, 22a, 23 oder 24 in vorsätzlicher Weise verstoßen wurde. Davon unabhängig können demjenigen, der nachweislich einen anderen Menschen mit einer übertragbaren Krankheit ansteckt, strafrechtliche sowie zivilrechtliche Folgen nach den StGB §§ 224, 223 bzw § 823 Abs 1, 2 treffen. Weitergehende Strafvorschriften enthält IfSG § 75. Besondere Rechtsfolgen für den fehlenden Nachweis eines Impfschutzes sieht IfSG § 20 Abs 9 Satz 6, 7 bzw Abs 12 Satz 3 vor. Demnach wird ein Betretungs- bzw Beschäftigungsverbot ausgesprochen, soweit kein Impfschutz besteht. Ausnahmen sind nur zulässig, wenn es bspw zu Lieferengpässen bei der Impfstoffbeschaffung gekommen ist und den Nichtgeimpften somit kein Verschulden an seiner Lage trifft. Für einen fehlenden Nachweis im Rahmen der einrichtungsbezogenen Impfpflicht gegen das Coronavirus ist idR das zuständige Gesundheitsamt zur Prüfung und Ausspruch eines Betretungs- und Beschäftigungsverbotes zB iRe Arbeitsverhältnisses befugt.

145 Die unzulässige Verweigerung der Inaugenscheinnahme nach ZPO § 371 führt zur Beweisvereitelung, infolgedessen nach ZPO § 371 Abs 3 die Behauptungen des Gegners als bewiesen

---

630 MünchKomm⁸/Schneider, § 1906 Rz 45.
631 BVerfG, Urt v 24.7.2018 – 2 BvR 309/15, 2 BvR 502/16, NJW 2018, 2619, 2670 = MedR 2019, 45, 48 ff m Anm Nenadic/Schmidt–Recla MedR 2019, 11,12,13.
632 MünchKomm⁸/Schneider, § 1906 Rz 5.
633 MünchKomm⁸/Schneider, § 1906 Rz 5.
634 MünchKomm-ZPO⁶/Zimmermann, § 371 Rz 28.
635 MünchKomm-ZPO⁶/Zimmermann, § 371 Rz 28.
636 MünchKomm-ZPO⁶/Zimmermann, § 371 Rz 28.
637 MünchKomm-ZPO⁶/Zimmermann, § 371 Rz 28.
638 MünchKomm-ZPO⁶/Zimmermann, § 371 Rz 28.
639 BeckOK-ZPO/Bach, Stand: 1.9.2021, § 372a Rz 15.
640 BeckOK-ZPO/Bach, Stand: 1.9.2021, § 372a Rz 15.
641 Kern, in: Laufs/Kern/Rehborn, HdB ArztR⁵, § 48 Rz 9.
642 Kern, in: Laufs/Kern/Rehborn, HdB ArztR⁵, § 48 Rz 9.
643 Kern, in: Laufs/Kern/Rehborn, HdB ArztR⁵, § 75 Rz 4.

angesehen werden können. ZPO § 371 Abs 3 stellt eine Spezialregelung dar[644] und eröffnet dem Gericht durch die Formulierung „können" Ermessensspielraum[645]. Verweigert die beweisbelastete Partei selbst die beantragte Inaugenscheinnahme, so bleibt sie beweisfällig[646]. Es erfolgt eine Entscheidung nach non-liquet. Verweigert nicht die Prozesspartei selbst die Inaugenscheinnahme, sondern ein Dritter, so wird ZPO § 371 Abs 3 nur angewandt, wenn das Verhalten des Dritten der Prozesspartei zugerechnet werden kann[647]. In allen übrigen Fällen kann der Dritte die Inaugenscheinnahme verweigern, eine Verpflichtung gegenüber dem Gericht besteht nicht[648]. Ausnahmen hiervon bilden wiederum ZPO §§ 144 Abs 2, 372a[649]. Die Rechtsfolgen der Untersuchungsverweigerung nach ZPO § 372a entscheiden sich danach, wer diese im Einzelfall verweigert. ZPO § 372a Abs 2 Satz 1 verweist auf die ZPO §§ 386-390, somit auf die Regelungen, wie bei einer Zeugnisverweigerung zu verfahren ist. Die Normen gelten nur für Dritte, so kann ein Zeuge die Untersuchung verweigern, wenn er dem Gericht glaubhaft vorträgt, dass diese entweder unzumutbar und/oder nicht nötig sei. Erfolgt dies unschlüssig und erzielt keine Überzeugung des Gerichts, werden dem Zeugen die durch die Verweigerung entstandenen Kosten sowie ggf Ordnungsgeld oder Ordnungshaft auferlegt. Auch das Mittel der Erzwingungshaft ist auf Antrag des Beweisführers möglich. Ergänzt werden die Bestimmungen durch ZPO § 372a Abs 2 Satz 2, nach welchem bei wiederholter Verweigerung der Untersuchung unmittelbarer Zwang angewandt werden kann. Obliegt einer Prozesspartei die Duldung der Untersuchung und wird diese gleichwohl abgelehnt, so werden die Grundsätze der Beweisfälligkeit bzw -vereitelung angewandt[650]. Verweigert der Patient die Beweisaufnahme durch den Sachverständigen, so wird die Beweisführung für den Beklagten unmöglich mit der Folge der Beweislastumkehr zugunsten des Arztes[651].

e) **Termineinhaltungspflicht.** Eine in der Praxis bedeutsame Pflicht des Patienten stellt die **146** Pflicht zur Einhaltung von Behandlungsterminen dar, die es dem Behandler ermöglicht, seinen Praxisalltag zu gestalten. Noch bedeutsamer ist diese Pflicht im Klinikalltag, bspw hinsichtlich der MRT- oder Operationsplanung. Uneinigkeit herrscht in der Rspr hinsichtlich der Folgen einer Nichteinhaltung[652]. Vertreten wird, dass eine Verletzung der Termineinhaltungspflicht beim Patienten folgenlos bleibt, da die GOÄ/GOZ keine Strafen bzw „Verweilgebühren" für den Patienten bereithalte[653]. Ebenso wird vertreten, dass sich kein Anspruch aus §§ 630b iVm 615 ergäbe, da so die Möglichkeit der unverschuldeten Nichtwahrnehmung des Termins sowie die sofortige Kündigung außer Betracht bleibt[654]. Eine andere Ansicht nimmt an, dass der Patient bei Nichtwahrnehmung eines Bestelltermins in Annahmeverzug kommt, was zur Folge hat, dass der Arzt seine Vergütung auch ohne vorgenommene Behandlung verlangen kann[655]. Zwar kann der Patient jederzeit mit sofortiger Wirkung kündigen, jedoch muss nicht in jedem versäumten Arzttermin sogleich eine Kündigungserklärung des Patienten liegen[656]. Hinzukommt, dass es sich bei § 615 Satz 1 um keinen Schadensersatzanspruch handelt, sodass auch die Frage des Verschuldens unbeantwortet bleiben kann[657]. Voraussetzung für das Weiterbestehen des Vergütungsanspruchs ist, dass es sich bei der Praxis des Behandlers um eine sog Bestellpraxis handelt, in der sich der Arzt aufgrund des vereinbarten Termins exklusiv Zeit für genau diesen Patienten nimmt[658]. Folgt man dieser Ansicht, darf der Arzt fiktiv geplante Behandlungsleistungen abrechnen, wobei er sich ersparte Aufwendungen nach § 615 Satz 2 anrechnen lassen muss[659]. Solche können schon darin begründet sein, dass der Arzt in der nunmehr freigewordenen Zeit Verwaltungsaufgaben erfüllt[660]. Dies gilt auch bei den gesetzlich Versicherten, da auch die kassenärztliche Vergütung für den Fall des Nichterscheinens des Patienten nicht geleistet wird[661]. Kein Vergütungsanspruch steht dem Arzt zu, wenn er – wie üblich – einfach den nächsten Patienten zur

---

644 BeckOK ZPO/Bach, Stand: 1.9.2021, § 371 Rz 12.
645 BeckOK ZPO/Bach, Stand: 1.9.2021, § 371 Rz 14.
646 MünchKomm-ZPO⁶/Zimmermann, § 371 Rz 26.
647 BeckOK ZPO/Bach, Stand: 1.9.2021, § 371 Rz 12.1.
648 MünchKomm-ZPO⁶/Zimmermann, § 371 Rz 29.
649 MünchKomm-ZPO⁶/Zimmermann, § 371 Rz 29.
650 BeckOK ZPO/Bach, Stand: 1.9.2021, § 372a Rz 25.
651 Kern/Rehborn, in: Laufs/Kern/Rehborn, HdB ArztR⁵, § 73 Rz 10.
652 Aufgearbeitet von OLG Stuttgart, Urt v 17.4.2007 – 1 U 154/06, NJW-RR 2007, 1214; BeckOK/BGB/Katzenmeier, Stand: 1.5.2022, § 630a Rz 143.
653 MünchKomm⁸/Wagner, § 630a Rz 62.
654 AG Diepholz, Urt v 26.6.2011 – 2 C 92/11, NJW-RR 2011, 1501.
655 Kern/Rehborn, in: Laufs/Kern/Rehborn, HdB ArztR⁵, § 74 Rz 73; MünchKomm⁸/Wagner, § 630a Rz 63.
656 MünchKomm⁸/Wagner, § 630a Rz 52 verneinend da bloße Terminabsage BGH, Urt v 12.5.2022 - III ZR 78/21, BeckRS 2022, 13547 m Anm Kretschmer.
657 Kern/Rehborn, in: Laufs/Kern/Rehborn, HdB ArztR⁵, § 74 Rz 73.
658 Zu Ansprüchen des Zahnarztes bei schuldhafter Versäumung eines fest vereinbarten Termins durch den Patienten, LG Hannover Urt v 11.6.1998 – 19 S 34/97, NJW 2000, 1799; Kern/Rehborn, in: Laufs/Kern/Rehborn, HdB ArztR⁵, § 74 Rz 69; MünchKomm⁸/Wagner, § 630a Rz 63.
659 Kern/Rehborn, in: Laufs/Kern/Rehborn, HdB ArztR⁵, § 74 Rz 73; MünchKomm⁸/Wagner, § 630a Rz 64.
660 Kern/Rehborn, in: Laufs/Kern/Rehborn, HdB ArztR⁵, § 74 Rz 73.
661 MünchKomm⁸/Wagner, § 630a Rz 65.

Behandlung aufruft⁶⁶². In einer sog Durchlaufpraxis entstehen idR keine „Leerzeiten" der ärztlichen Tätigkeit.

147 Zudem ist eine terminliche Vereinbarung zwischen dem Patienten und dem Behandler üblich, für diese legt der Behandler oftmals AGB vor, an deren Wirksamkeit jedoch hohe Anforderungen gestellt werden⁶⁶³. Der Behandler hat die Tatbestandsvoraussetzungen des versäumten Termins und seines Honorarausfalls darzulegen und zu beweisen, da sich der Patient bei Verletzung der Termineinhaltungspflicht gegenüber seinem Behandler ggf schadensersatzpflichtig macht⁶⁶⁴. Problematisch hierfür ist, dass den Patienten ein Verschulden treffen müsste, was zwar nach § 280 Abs 1 Satz 2 vermutet wird, im Zweifel aber vom Behandler zu beweisen wäre. Ebenso gestaltet sich die Schadensermittlung unter Umständen kompliziert⁶⁶⁵, da er keine fiktive Abrechnung wie iRd Annahmeverzuges vornehmen kann.

148 f) **Wartepflicht.** Der Patient ist dazu angehalten, bei einer Verspätung seitens des Behandlers, eine gewisse Verweildauer auf sich zu nehmen. Diese ist dem Umstand geschuldet, dass der Behandlungsvertrag ein Dienstvertrag höherer Art ist, auf Vertrauen basiert und naturgemäß das Arzt–Patienten–Verhältnis unvorhersehbar mehr Zeit in Anspruch nehmen kann. Seitens des Patienten wird erwartet, dass er ca 30 Minuten im Wartezimmer verbringt, bevor vom Schuldnerverzug des Behandlers ausgegangen werden kann⁶⁶⁶. Der Behandler ist verpflichtet, seine Patienten bezüglich etwaig längerer Wartezeiten zu informieren. Wird die Information nicht erteilt, stellt dies eine Sorgfaltspflichtverletzung des Behandlungsvertrages dar⁶⁶⁷. Der Patient kann nach og Wartezeit gem §§ 280 Abs 2, 286 Abs 1 bspw entstandenen Verdienstausfall geltend machen⁶⁶⁸. Darüber hinaus obliegt es dem Patienten nach §§ 630b, 627, fristlos zu kündigen; der Vergütungsanspruch seitens des Arztes entsteht zudem nicht, da infolge eines fehlenden Angebots kein Annahmeverzug iSd § 615 Satz 1 eintritt⁶⁶⁹.

149 g) **Loyalitätspflichten des Patienten bei Internetbewertungen.** Mit Abschluss des Behandlungsvertrags verpflichten sich die Parteien gegenseitig, auf die Rechtsgüter sowie Interessen der jeweils anderen Rücksicht zu nehmen. Dies ergibt sich aus § 241 Abs 2. Hierzu gehört, dass der Patient auf das Persönlichkeitsrecht des Behandlers Acht geben muss, er darf keine falschen Tatsachenbehauptungen von sich geben und keine Schmähkritik üben⁶⁷⁰. Dies gilt nicht nur für den analogen Bereich, sondern insbesondere für den digitalen. Dh, wenn ein Patient bspw auf einem sog Ärzteportal⁶⁷¹ eine Bewertung abgibt, muss diese auch einen Tatsachenkern enthalten und darf die Grenze zur Beleidigung iSd StGB § 185 keinesfalls überschreiten. Falsch und damit rechtswidrig wäre eine Tatsachenbehauptung, wenn beispielsweise gar kein Behandlungsvertrag zwischen den Parteien geschlossen wurde⁶⁷² und somit keine Behandlung patientenseitig bewertbar war. Der Patient macht sich damit im Zweifel schadensersatzpflichtig nach §§ 280 Abs 1 iVm § 241 Abs 2 sowie kumulativ nach § 823 Abs 1.

150 h) **Mitwirkung im Prozess.** Der Patient hat im Arzthaftungsprozess mitzuwirken. Er darf die Beweisführung des beklagten Arztes weder erschweren noch durch eine ebenfalls sanktionierte Beweisvereitelung nach ZPO § 444 unmöglich machen⁶⁷³. Der Patient hat die behandelnden Ärzte von ihrer Schweigepflicht zu entbinden, sowie seiner Untersuchungspflicht durch einen gerichtlich ordnungsgemäß bestellten medizinischen Sachverständigen in dessen Praxis nachzukommen⁶⁷⁴. Zu beachten ist, dass der Arzthaftpflichtprozess mit dem medizinischen Gutachten steht und fällt. Nach ständiger Rspr des BGH darf kein Gericht einen Behandlungsfehlerprozess ohne ärztliches Gutachten entscheiden⁶⁷⁵. Kein Richter, und sei er noch so lange mit Arzthaftpflichtsachen beschäftigt, hat hinreichende medizinische Sachkenntnis, um derartige Fragen

---

662 MünchKomm⁸/Wagner, § 630a Rz 64.
663 Dazu gehört bspw, dass dem Patienten eine Entlastungsmöglichkeit bei unverschuldetem Fehlen eingeräumt werden soll LG Berlin, Urt v 15.4.2005 – 55 S 310/04,– juris; krit Kern/Rehborn, in: Laufs/Kern/Rehborn, HdB ArztR⁵, § 74 Rz 70; anders bspw AG Hamburg-Wandsbek, Urt v 20.12.2018 – 713 C 238/18, – juris.
664 Kern/Rehborn, in: Laufs/Kern/Rehborn, HdB ArztR⁵, § 73 Rz 5.
665 Kern/Rehborn, in: Laufs/Kern/Rehborn, HdB ArztR⁵, § 74 Rz 75.
666 MünchKomm⁸/Wagner, § 630a Rz 66; zur Verpflichtung des Behandlers, seine Patienten über voraussichtliche längere Wartezeiten deutlich und hinreichend konkret zu informieren AG Burgdorf, Urt v 15.10.1984 – 3 C 204/84, NJW 1985, 681 = MedR 1985, 129.
667 Zur Verpflichtung des Behandlers über den Ausfall eines OP–Termins zu informieren LG Oldenburg, Urt v 12.1.2007 – 8 S 515/06,– juris; AG Burgdorf, Urt v 15.10.1984 – 3 C 204/84, NJW 1985, 681.
668 MünchKomm⁸/Wagner, § 630a Rz 66.
669 MünchKomm⁸/Wagner, § 630a Rz 66.
670 MünchKomm⁸/Wagner, § 630a Rz 69.
671 Näher dazu MünchKomm⁸/Wagner, § 630a Rz 69 ff.
672 BGH, Urt v 1.3.2016 – VI ZR 34/15, NJW 2016, 2106; MünchKomm⁸/Wagner, § 630a Rz 73.
673 Kern/Rehborn, in: Laufs/Kern/Rehborn, HdB ArztR⁵, § 73 Rz 10.
674 Kern/Rehborn, in: Laufs/Kern/Rehborn, HdB ArztR⁵, § 73 Rz 10.
675 OLG Dresden, Urt v 23.4.2010 – 4 U 1704/09,– juris; zur notwendigen Beweiserhebung durch Sachverständigenbeweis anstatt durch sachverständige Zeugen vgl zudem OLG Koblenz, Urt v 19.5.2005 – 5 U 1470/04, ArztR 2006, 137.

ohne sachverständige Hilfe entscheiden zu können[676]. Es ist dem Tatrichter nicht gestattet, ohne entsprechende medizinische Darlegungen des Sachverständigen einen groben Behandlungsfehler aus eigener Wertung zu bejahen[677]. Als verfahrensfehlerhaft ist es deswegen beispielsweise anzusehen, wenn sich das Gericht mit Hilfe von medizinischer Fachliteratur und durch Bezugnahme auf das Parteigutachten des Klägers, das lediglich einen qualifizierten Parteivortrag darstellt, Fachwissen anmaßt und das Vorbringen des beklagten Arztes als unsubstantiiert zurückweist[678]. Das Gutachten kann auf Grund der Aktenlage erstellt werden, aber auch die zumutbare körperliche Untersuchung des Betroffenen erfordern. Weigert sich der betroffene Patient, sich untersuchen zu lassen, kann er im zivil-, aber auch im sozialgerichtlichen Verfahren nicht dazu gezwungen werden. Seine Weigerung ist allerdings bei der Beweislage zu berücksichtigen. Zu denken ist sowohl an eine Änderung bezüglich der Beweislastverteilung als auch an eine Beweisvereitelung[679]. Falls der Patient seiner Untersuchungspflicht nicht nachkommt, so erfolgt idR eine Beweislastumkehr zugunsten des Behandlers[680]. Die körperliche Untersuchung unterliegt nicht der Parteiöffentlichkeit der Beweisaufnahme gemäß ZPO § 357 Abs 1. Unterzieht sich der Patient der körperlichen Untersuchung, die häufig als starker Eingriff in die Intimsphäre anzusehen ist[681], so dürfen grundsätzlich nur der Gutachter und seine Hilfspersonen anwesend sein. Der beklagte Arzt etwa darf idR nicht an der Untersuchung teilnehmen[682], schon gar nicht gegen den Willen seines ehemaligen Patienten. Da der Ausschluss der Parteien von der ärztlichen Untersuchung dem Schutz der Intimsphäre des zu Untersuchenden dient, kann dieser selbst auf diese verzichten und bspw seinem Rechtsanwalt oder dem Ehepartner die Anwesenheit während der Untersuchung gestatten[683]. Dem Sachverständigen soll dabei grundsätzlich ein Ermessen dahingehend zustehen, ob er patientenseitig hinzugezogenen Personen die Anwesenheit bei der gerichtlich angeordneten Untersuchung gewährt[684].

XI. Vertragliche Pflichten des Behandelnden

1. **Höchstpersönliche Erfüllung.** Gemäß §§ 630b iVm 613 Satz 1 sind Dienstverträge und somit auch der Behandlungsvertrag im Zweifel von dem Verpflichteten persönlich zu erfüllen. Nach dem Wortlaut des § 613 Satz 1 hinsichtlich der Unübertragbarkeit der Dienstleistung gilt der Grundsatz persönlicher Leistungserbringung nicht strikt, sondern lässt Ausnahmen zu[685]. Bei Verträgen mit Ärzten ist die persönliche Leistungserbringung die Regel, soweit der Kern der ärztlichen Tätigkeit, die medizinische Behandlung des Patienten, betroffen ist[686]. Diese Pflicht ist auch im ärztlichen Berufsrecht gemäß MBO-Ä § 19 Abs 1, im Vertragsarztrecht gemäß Zulassungsverordnung für Vertragsärzte Ärzte-ZV § 32 Abs 1 und unter anderem hinsichtlich der Abrechnung der „Wahlleistungen", die der Krankenhausarzt gesondert abrechnet, gemäß KHEntG § 17 Abs 1 normiert[687]. Die persönliche ärztliche Leistungspflicht enthält zugleich das grundsätzliche Verbot der Übertragung von ärztlichen Maßnahmen auf Dritte[688]. Die Übertragung einer nicht delegierbaren Aufgabe auf nichtärztliches Personal stellt immer einen Behandlungsfehler dar[689].

Eine unumgängliche Ausnahme vom Grundsatz persönlicher Leistungserbringung betrifft Behandlungsverträge mit juristischen Personen, insbesondere mit Krankenhäusern. Eine Kapital-

---

676 Vgl BGH, Urt v 3.7.2001 – VI ZR 418/99, NJW 2001, 2795, 2795 = VersR 2001, 1116 f.
677 Vgl BGH, Urt v 19.6.2001 – VI ZR 286/00, MedR 2001, 638; BGH, Urt v 16.5.2000 – VI ZR 321/98, BGHZ 144, 296, 303, 304; BGH, Urt v 13.1.1998 – VI ZR 242/96, BGHZ 138, 1, 1.
678 OLG Frankfurt/M, Urt v 4.11.2008 – 8 U 158/08, GesR 2009, 196.
679 LSG Rheinland-Pfalz, Beschl v 23.2.2006 – L 4 B 33/06 SB, NJW 2006, 1547, 1548.
680 Kern/Rehborn, in: Laufs/Kern/Rehborn, HdB ArztR[5], § 73 Rz 10.
681 LSG Rheinland-Pfalz, Beschl v 23.2.2006 – L 4 B 33/06 SB, NJW 2006, 1547, 1548.
682 Zur Befangenheit eines ärztl Sachverständigen, die sich daraus ergeben kann, dass er bei Untersuchung des Patienten ohne dessen Einwilligung die Anwesenheit des in die Behandlung eingebundenen Praxismitinhabers des Antragsgegners gestattet und sich iRd Untersuchungstermins mit dem Arzt über den Fall austauscht OLG Frankfurt/M, Beschl v 15.2.2010 – 8 W 7/10, MDR 2010, 652 f; OLG Köln, Beschl v 25.3.1992 – 27 W 16/92, NJW 1992, 1568, 1569 f.

683 LSG Rheinland-Pfalz, Beschl v 23.2.2006 – L 4 B 33/06 SB, NJW 2006, 1547, 1548.
684 OLG Köln, Beschl v 30.10.2009 – 5 U 112/08, MedR 2010, 879: Das soll jedenfalls dann gelten, wenn es sich um eine implantologische und prothetische – mithin also eine einfache, die Persönlichkeits- und Intimsphäre nicht erheblich belastende – Behandlung handelt. Offengelassen wird, ob etwas anderes gilt in Fällen, bei denen entweder Persönlichkeit oder Intimbereich des Patienten stärker betroffen sind.
685 BT-Drucks 17/10488, 20.
686 Grüneberg[81]/Weidenkaff, § 611a Rz 4; § 613 Rz 1.
687 Vgl Krull Deutsches Ärzteblatt 2015; 112 (3): [2].
688 Kern, in: Laufs/Kern/Rehborn, HdB ArztR[5], § 49 Rz 1; NK-GesMedR[3]/Keysers § 611 Rz 18; Martis/Winkhart, Arzthaftungsrecht[5], A Rz 395.
689 Kern/Rehborn, in: Laufs/Kern/Rehborn, HdB ArztR[5], § 99 Rz 18; Katzenmeier, in: Laufs/Katzenmeier/Lipp, Arztrecht[8], X Rz 57; Peikert MedR 2000, 355 f; zu den haftungsrechtlichen Folgen: Spickhoff/Seibl MedR 2008, 463, 469, 472; Andreas ArztR 2008, 144, 145.

gesellschaft oder öffentlich-rechtliche Anstalt kann nicht selbst handeln. Und die Behandlung sämtlicher Patienten allein durch die Organwalter der juristischen Person, BGB § 31 wie die Chefärzte, ist nicht möglich. Bei Krankenhäusern versteht sich daher von selbst, dass die Behandlung durch qualifizierte Mitarbeiter zu erfolgen hat, denn der Patient, der sich in die Klinik begibt, hat Anspruch auf eine ärztliche Behandlung nach dem Facharztstandard.

153 Der ärztliche Berufsanfänger allein kann niemals den Facharztstandard gewährleisten. Durch organisatorische Maßnahmen muss er langsam und schrittweise an die Behandlungsabläufe mit sich steigernden Schwierigkeitsstufen herangeführt werden. Der Berufsanfänger muss von einem Arzt mit nachgewiesener formeller Facharztqualifikation überwacht werden, um den Facharztstandard zu gewährleisten.

154 Vorstehendes gilt auch für den sog Weiterbildungsassistenten. Im vertragsärztlichen ambulanten Bereich ist ausdrücklich geregelt, dass Weiterbildungsassistenten nicht am Notdienst teilnehmen dürfen[690]. Für die stationäre Versorgung gibt es keine entsprechende Regelung. Als Konsequenz dessen werden Weiterbildungsassistenten häufig zum Bereitschaftsdienst und zur Nachtschicht eingeteilt[691]. Haftungsrechtlich ist dies nicht zu beanstanden, soweit der Weiterbildungsassistent die Kenntnisse und Fähigkeiten besitzt, um auch ohne förmliche Facharztanerkennung den Facharztstandard gewährleisten zu können und im Zweifel einen erfahrenen Facharzt hinzuzieht. Allerdings droht die eigene Haftung des Chefarztes, wenn dieser Weiterbildungsassistenten zum Dienst einteilt, obwohl sie noch nicht die nötige Erfahrung aufweisen[692]. Auch in Bezug auf eine ordnungsgemäße Abrechnung spielt das Maß der persönlichen Anleitung eine Rolle[693].

155 a) **Arztvorbehalt**. Das Ausüben der Heilkunde ist nach bislang geltendem Recht gemäß BÄO § 2 Abs 1[694] und HeilprG § 1 Abs 1 Satz 1[695] dem Arzt vorbehalten. Hierzu bedarf es der Approbation als Arzt oder einer ärztlichen Berufserlaubnis[696]. Die Entscheidung darüber, welche konkreten Leistungen dem Arztvorbehalt unterliegen, hat der Gesetzgeber nur in Einzelfällen ausdrücklich selbst getroffen. So darf bspw nach AMG § 48 nur der Arzt oder Zahnarzt verschreibungspflichtige Arzneimittel verordnen, nach TFG § 7 Abs 2 die Entnahme einer Blutspende durchführen, dies gilt auch iR einer Eigenblutbehandlung[697] oder nach ESchG § 9 nur der Arzt eine künstliche Befruchtung vornehmen. Demgegenüber sind zu Leistungen der Geburtshilfe außer Ärzten nach dem HebG auch Hebammen berechtigt, HebG § 4. Hat der Gesetzgeber keine ausdrückliche Entscheidung über den Arztvorbehalt getroffen, hängt die legale Erbringung einer bestimmten Leistung oder die notwendige Beherrschung gesundheitlicher Gefährdungen davon ab, ob das Tätigwerden eines Arztes erfordert wird. Steht eine bestimmte Leistung unter Arztvorbehalt, bedeutet dies, abgesehen von Not- oder sonstigen Ausnahmefällen, dass die Erbringung ärztlicher Leistungen auf dem Niveau eines zum Facharzt weitergebildeten Arztes zu erfolgen hat; sowohl im Krankenhaus aber auch bei der ambulanten Behandlung bildet dieser den Maßstab für die anzuwendende Sorgfalt. Zur vertragsärztlichen Versorgung wird nur zugelassen, wer eine Weiterbildung zum Facharzt abgeschlossen hat. Die Arztvorbehalte stellen daher sicher, dass in medizinischen Bereichen mit wissenschaftlich gesicherten medizinischen Kenntnissen vorgegangen wird[698].

156 Ausdrückliche Arztvorbehalte finden sich zudem in den Zahnheilkundegesetz (ZHG); StGB § 218a; IfSG § 24; Transfusionsgesetz (TFG) § 7 Abs 2[699]; Kastrationsgesetz (KastrG) § 2 Abs 1;

---

690 Sailer/Wienke, https://www.dgou.de/fileadmin/user_upload/Dokumente/News/News/2014_10_10_WBK_Beitrag_Weiterbildungsassistent.pdf, zuletzt abgerufen am 29.11.2021.
691 Sailer/Wienke, https://www.dgou.de/fileadmin/user_upload/Dokumente/News/News/2014_10_10_WBK_Beitrag_Weiterbildungsassistent.pdf, zuletzt abgerufen am 29.11.2021.
692 Sailer/Wienke, https://www.dgou.de/fileadmin/user_upload/Dokumente/News/News/2014_10_10_WBK_Beitrag_Weiterbildungsassistent.pdf, zuletzt abgerufen am 29.11.2021.
693 Sailer/Wienke, https://www.dgou.de/fileadmin/user_upload/Dokumente/News/News/2014_10_10_WBK_Beitrag_Weiterbildungsassistent.pdf, zuletzt abgerufen am 29.11.2021.
694 Vgl zur gesetzl Grdl Rehborn, in: Laufs/Kern/Rehborn, HdB ArztR[5], § 8 Rz 4.
695 Auf die gesetzl Grdl des HeilprG § 1 Abs 1 Satz 1 bezieht sich Katzenmeier in: Laufs/Katzenmeier/Lipp, Arztrecht[8], X Rz 57.
696 Rehborn, in: Laufs/Kern/Rehborn, HdB ArztR[5], § 8 Rz 4.
697 Die Entnahme einer Blutspende darf nach dem TFG nur durch einen Arzt oder unter Verantwortung eines Arztes erfolgen. Der gesetzliche Begriff der Blutspende erfasst neben der Entnahme von Fremdblut auch die von Eigenblut. Das OVG bestätigte insoweit drei erstinstanzliche Urteile. Geklagt hatten Homöopathen, die im Rahmen einer Eigenbluttherapie Patienten eine geringe Menge Blut entnehmen und es nach Zusatz eines Sauerstoff-Ozon-Gemisches oder nach der Mischung mit homöopathischen Fertigarzneimitteln zurückinjizieren OVG Münster, Urt v 23.4.2021 – 9 A 4073/18, 9 A 4108/18 und 9 A 4109/18, openJur 2021, 18018 Rz 54 ff.
698 Deutsch NJW 1991, 721, 722.
699 Vgl OVG Münster, Urt v 23.4.2021 – 9 A 4073/18, 9 A 4108/18 und 9 A 4109/18, openJur 2021, 18018 Rz 54 ff.

Embryonenschutzgesetz (ESchG) §§ 9, 11; Strahlenschutzverordnung (StrlSchV) §§ 145, 2; Arzneimittelgesetz (AMG) § 13 Abs 1; Verordnung über die Verschreibung von Medizinprodukten (MPVerschrV) § 1 Abs 1 Nr 1, Nr 2[700]; Transplantationsgesetz (TPG) § 3 Abs 1 Nr 3.

157 Arztvorbehalte, welche die Aufklärung vor einer Klinischen Prüfung betreffen, sind in den AMG §§ 40 Abs 2 S 1, Abs 4 Nr 3, 41 Abs 1, 2 und 3, MPDG § 28 Abs 2[701] geregelt[702]. Gendiagnostikgesetz (GenDG) § 7 enthält darüber hinaus einen qualifizierten Arztvorbehalt[703].

158 Gesondert stehen neue Behandlungsmethoden unter Arztvorbehalt[704]. Der Arztvorbehalt gilt insbesondere auch für die Tätigkeit des Laborarztes, bei dem der das Berufsbild des Arztes prägende „persönliche, individuelle Dienst am Patienten" in den Hintergrund tritt[705]. Für die eigenverantwortliche Tätigkeit muss der Laborarzt die Bearbeitung sowie die Untersuchungsmethode kontrollieren und die Plausibilität des Ergebnisses nachprüfen[706]. Auf die persönliche Mitarbeit am einzelnen Untersuchungsauftrag kann nicht verzichtet werden[707]. Zumindest muss eine Mitarbeit an jedem einzelnen Auftrag durch Kenntnisnahme und abschließende Auswertung des Befundes erfolgen[708].

159 b) **Persönlich zu erbringende Leistungen.** Vom Arztvorbehalt zu unterscheiden sind die persönlich von dem Vertragspartner zu erbringenden Leistungen. Das gilt insbesondere für Arztzusatzverträge, für die sog Chefarztbehandlung. Diese Verträge betreffen weder eine Frage des Arztvorbehalts noch eine solche des Einsatzes von nichtärztlichem oder auch ärztlichem (Hilfs-)personal, bspw Anästhesisten für die Operation. Im stationären Leistungsbereich ergibt sich für Wahlleistungen die Verpflichtung zur persönlichen Leistungserbringung aus KHEntgG § 17 Abs 1 Satz 2. Der sog Arztzusatzvertrag stellt ebenfalls einen Behandlungsvertrag dar und ist nach den §§ 630a ff zu beurteilen[709]. Gemäß § 613 Satz 1 ist der leitende Krankenhausarzt (Chefarzt) gegenüber Wahlleistungspatienten verpflichtet, die ärztliche Behandlung persönlich zu erbringen[710]. Gefordert wird, dass der liquidierende Arzt die Leistung leitend und eigenverantwortlich erbringt und dieser damit ein „persönliches Gepräge" verleiht[711]. Hierfür reicht es nach der neueren Rspr nicht mehr aus, wenn der Chefarzt einer Klinik das Therapieprogramm entwickelt oder vor Behandlungsbeginn persönlich überprüft, den Verlauf der Behandlung engmaschig überwacht und die Behandlung nötigenfalls jederzeit beeinflussen kann[712]. Es kommt, anders als zuvor seitens der Rspr vertreten, nicht mehr nur darauf an, dass der Chefarzt die grundlegenden Entscheidungen hinsichtlich der Therapie und/oder der vorzunehmenden Eingriffe trifft[713], vielmehr hat der Chefarzt selbst konkret tätig zu werden[714]. Zudem muss durch die örtliche Anwesenheit des Wahlarztes die Möglichkeit der Tätigkeit iRd Behandlung für ihn in tatsächlicher Hinsicht bestanden haben oder bestehen[715].

160 Eine zulässige Vertretungsvereinbarung unterliegt der Schriftform nach KHEntG § 17 Abs 2, und ist als formularmäßige Vereinbarung nur dann wirksam, wenn zur Vertragsunterzeichnung

---

700 Auflistung nach Pitz, in: Taupitz/Pitz/Niedziolka, Der Einsatz nicht-ärztlichen Heilpersonals bei der ambulanten Versorgung chronisch kranker Patienten, 55, 56; Spickhoff/Seibl MedR 2008, 463, 469, 472.
701 Das MPG wurde zum 27.5.2020 von der Verordnung (EU) Nr 2017/745 (MDR) iVm Medizinprodukterecht-Durchführungsgesetz – MPDG (mit Ausnahmen von Regelungen zur In-vitro Diagnostika) abgelöst.
702 Pitz, in: Taupitz/Pitz/Niedziolka, Der Einsatz nichtärztlichen Heilpersonals bei der ambulanten Versorgung chronisch kranker Patienten, 55, 56 f.
703 Vgl dazu Kern/Kern, GenDG, § 7 Rz 1.
704 „Litt–Urteil" Zur verfassungskonformen Auslegung leistungsrechtlicher Vorschriften nach Maßgabe des BVerfG-Beschlusses v 6.12.2005 BSG, Urt v 7.11.2006 – B 1 KR 24/06 R, BSGE 97, 190.
705 BFH, Beschl v 12.6.2018 – VIII B 154/17, Rz 11.
706 BFH, Beschl v 12.6.2018 – VIII B 154/17, Rz 11.
707 BFH, Beschl v 12.6.2018 – VIII B 154/17, Rz 11.
708 BFH, Beschl v 12.6.2018 – VIII B 154/17, Rz 11.
709 Zum Schriftformerfordernis des Arztzusatzvertrages; ausreichend ist der Abschluss einer Wahlleistungsvereinbarung zwischen Krankenhausträger und Patient vgl BGH, Urt v 14.1.2016 – III ZR 107/15, GesR 2016, 170, 172, 174.
710 Vgl BGH, Urt v 18.6.1985 – VI ZR 234/83, BGHZ 95, 63, 69 f; BGH, Urt v 19.2.1998 – III ZR 169/97, NJW 1998, 1778; 1779; OLG Celle, Urt v 22.3.1982 – 1 U 42/81, NJW 1982, 2129 = VersR 1983, 61; Bender, zur Vertretung des Chefarztes bei wahlärztlicher Behandlung, MedR 2008, 336, 337, 440 f.
711 OLG Köln, Urt v 25.8.2008 – 5 U 243/07, MedR 2009, 290; OLG Oldenburg, Urt v 14.12.2011 – 5 U 183/11, NJW 2012, 1597; zur persönlichen Leistungserbringung im Wahlarztbereich/Psychotherapie OLG Celle, Urt v 15.6.2015 – 1 U 98/14, MedR 2015, 821, 822 f; Wienke/Sauerborn MedR 1997, 81, 82; Spickhoff/Spickhoff, MedR-Komm³, § 4 GOÄ, Rz 7–11.
712 Überholt damit zur Wahlarztbehandlung und Delegationsfähigkeit bei psychiatrischen Behandlungsmaßnahmen OLG Hamm, Urt v 26.4.1995 – 3 U 97/94, NJW 1995, 2420; LG Bonn, Urt v 15.2.1995 – 5 S 210/94, NJW 1995, 2419.
713 Spickhoff/Spickhoff, MedR-Komm³, § 4 GOÄ Rz 7–11; Wienke/Sauerborn MedR 1997, 81, 82; Bender MedR 2008, 336, 337 f.
714 OLG Celle, Urt v 15.6.2015 – 1 U 98/14, KH 2015, 948 ff; LG Stuttgart, Urt v 1.3.2018 – 7 U 62/16, KH 2019, 316 ff.
715 OLG Hamm, Urt v 15.12.2017 – 26 U 74/17, KH 2018, 421 ff; OLG Frankfurt/M, Beschl v 4.8.2011 u 1.9.2011 – 8 U 226/10, MedR 2012, 396.

der Zeitpunkt der Stellvertretung nicht bereits feststeht[716]. Fehlt es hinsichtlich der (möglichen) Stellvertretung an einer zuvor erteilten Zustimmung des Patienten, ist der vorgenommene Eingriff durch einen Stellvertreter immer als rechtswidrig anzusehen, unabhängig von jeglicher lege artis Ausführung des ärztlichen Heileingriffs zu dessen Durchführung die Stellvertretung erfolgte[717].

161 Unzulässig ist bspw eine formularmäßige Wahlleistungsvereinbarung des Inhalts, dass die wahlärztlichen Leistungen grds von einem Stellvertreter erbracht werden kann[718]. In einem solchen Fall ist schon bei Vertragsschluss erkennbar, dass der Behandelnde seiner Leistungspflicht nicht durchweg nachkommen kann oder will[719], obgleich der liquidationsberechtigte Chefarzt gemäß § 611 immer verpflichtet ist, den Patienten, der die Wahlleistung „Chefarzt" gewählt hat, mit Ausnahme des Falles der unvorhersehbaren Verhinderung, persönlich zu behandeln[720]. Im Falle der unvorhersehbaren Verhinderung muss der ständige ärztliche Vertreter für den Chefarzt tätig werden, wobei GOÄ §§ 4 Abs 2 Satz 3 und 4, 5 Abs 5 klarstellen, dass der Wahlarzt nur einen einzigen ständigen ärztlichen Vertreter haben kann[721].

162 Eine Wahlleistungsvereinbarung mit vielen benannten Wahlärzten ist aufgrund eines Gesetzesverstoßes unwirksam. Dieses kann zu einem Verlust des Wahlleistungsentgeltes führen. Bei hochspezialisierten Kliniken mit mehreren Standorten kann eine Benennung einer Vielzahl von Wahlärzten allerdings rechtens sein[722]. Relevant ist, dass der Einsatz von Vertretern der Chefärzte ausschließlich für Fälle der unvorhergesehenen Verhinderung des Chefarztes vereinbart wird. Die Anforderungen an die Gestaltung einer solchen Wahlleistungsvereinbarung sind also hoch[723].

163 Der Grundsatz persönlicher Leistungserbringung ist nicht nur für die Arzt-Patienten-Beziehung von Relevanz, sondern entfaltet insbesondere im vertragsärztlichen Abrechnungssystem seine Wirkung. Eine Delegation von Leistungen an ärztliches Personal kommt im vertragsärztlichen Bereich nur in Betracht, wenn es sich um angestellte Ärzte oder Assistenten handelt, deren Beschäftigung von den Zulassungsgremien genehmigt worden ist[724]. Der Verstoß gegen den Grundsatz persönlicher Leistungserbringung wird bei entsprechendem Abrechnungsverhalten strafrechtlich relevant, StGB § 263[725], zudem berufs- und wettbewerbsrechtlich[726].

164 IRd stationären Behandlung ist es erforderlich, dass der Chefarzt sich der Mitarbeit von nachgeordneten Ärzten, bspw entsprechend qualifizierten Oberärzten, bedient. Jedoch verbleiben die Behandlungspflicht, die Aufsicht und somit die ärztliche Verantwortung gegenüber dem Patienten rechtlich bei dem leitenden Chefarzt[727]. Nur bei unvorhersehbaren Ereignissen, also in Krankheitsfällen und bei plötzlich auftretenden dienstlichen Aufgaben, darf er sich von einem sog Chefarzt–Stellvertreter, bspw dem Oberarzt, iRe individuellen Vertretungsvereinbarung vertreten lassen[728]. Im Bereich der nichtoperativen Fächer wird die Regie über die Gesamtdiagnostik und die Therapie als nicht delegationsfähige Hauptleistung anzusehen sein, während die jeweiligen Einzelschritte durchaus delegationsfähig sind[729].

165 Bei den nach fachlicher Weisung unter Aufsicht erbrachten Leistungen handelt es sich um Leistungen, die in organisatorisch eigenständigen Einrichtungen der Klinik oder von Angehörigen von Heilhilfsberufen erbracht werden, sowie um Leistungen, die der zur Liquidation berechtigte Arzt aufgrund einer fehlenden diesbezüglichen Ausbildung gar nicht selbst erbringen könnte[730]. Die Rspr fordert während der Beaufsichtigung der Delegation die Anwesenheit des delegierenden Arztes in den Praxisräumen[731]. Leistungen, die in einer von der Arztpraxis 200 Meter entfernten Röntgenabteilung eines Krankenhauses ohne entsprechende Aufsicht erbracht

---

716 BGH, Urt v 20.12.2007 – III ZR 144/07, BGHZ 175, 76, 76 ff; OLG Braunschweig, Urt v 25.9.2013 – 1 U 24/12, MedR 2014, 891.
717 OLG Braunschweig, Urt v 25.9.2013 – 1 U 24/12, MedR 2014, 891.
718 Zu einer Vereinbarung, welche 23 Stellvertreter vorsah, OLG Hamburg, Hinweisbeschl v 15.1.2018, openJur 2020, 1721 Rz 45 f, 51; OLG Hamburg, Beschl v 27.3.2018 – 3 U 220/16, MDR 2018, 918.
719 OLG Hamburg, Hinweisbeschl v 15.1.2018, openJur 2020, 1721 Rz 45 f, 51; OLG Hamburg, Beschl v 27.3.2018 – 3 U 220/16, MDR 2018, 918.
720 OLG Celle, Urt v 15.6.2015 – 1 U 98/14, KH 2015, 948 ff; LG Stuttgart, Urt v 1.3.2018 – 7 U 62/16, KH 2019, 316 ff.
721 BGH, Urt v 20.12.2007 – III ZR 144/07, BGHZ 175, 76.
722 OLG Karlsruhe, Beschl v 18.1.2021 – 13 U 389/19, NJW-RR 2021, 307.
723 OLG Karlsruhe, Beschl v 18.1.2021 – 13 U 389/19, NJW-RR 2021, 307.
724 Bayerisches LSG, Urt v 17.3.2021 – L 12 KA 126/16, -juris.
725 Lang, in: Becker/Kingreen, SGB V Kommentar GKV[7], § 15 Rz 15; Volk NJW 2000, 3385, 3385 f, 3389.
726 JurisPK-BGB[9]/Lafontaine, § 630b Rz 66.
727 BGH, Beschl v 25.1.2012 – 1 StR 45/11, NJW 2012, 1377.
728 BGH, Urt v 20.12.2007 – III ZR 144/07, BGHZ 175, 76 ff.
729 Spickhoff/Spickhoff, MedR-Komm[3], § 4 GOÄ, Rz 7–11.
730 Spickhoff/Spickhoff, MedR-Komm[3], § 4 GOÄ, Rz 7–11.
731 LSG Nordrhein-Westfalen, Urt v 25.9.1996 – 11 Ka 41/96, MedR 1997, 94.

wurden, mangelt es an der Abrechnungsmöglichkeit[732]. Allerdings dürfen ungefährliche Aufgaben auch bei vorübergehender Abwesenheit des Arztes und vorheriger einzelfallbezogener Anordnung durchgeführt werden[733]. Bei der Einschaltung von Hilfspersonen für diese Art von Tätigkeiten sind demnach zwei Konstellationen einschlägig[734]. Zunächst die Einschaltung von Hilfspersonen, bei der nichtärztliche Personen ärztliche Leistungen erbringen (die dann auch als solche zu Lasten der GKV abgerechnet werden) und sodann die Einschaltung sonstiger Personen, die die ärztliche Tätigkeit unterstützen und dabei ihre eigene Professionalität einbringen (bspw Optiker)[735]. Der Grundsatz persönlicher Leistungserbringung gilt also nicht ausnahmslos[736]. Er differenziert sich vielmehr zum einen in die persönliche Leistungserbringung an sich; zum anderen in die Aufsicht sowie die fachliche Leitung und Weisung bei der Einschaltung nichtärztlicher Hilfspersonen[737]. Die Gewährleistung der Aufsicht kann dabei durch eine stichprobenartige Überprüfung seitens des delegierenden Arztes erfolgen.

c) **Originär nichtärztliche Aufgaben.** Nach SGB V § 15 Abs 1 Satz 2 iVm BMV-Ä § 1 umfasst die ärztliche Behandlung auch die Tätigkeit anderer Personen, die vom Arzt angeordnet ist und von ihm verantwortet wird. Damit ist klargestellt, dass der Grundsatz der persönlichen Leistungserbringung nicht bedeutet, dass der Arzt in jedem Fall jede Behandlungsmaßnahme auch eigenhändig ausführen muss[738]. Insoweit handelt es sich dabei auch nicht um die Delegation ärztlicher Aufgaben. **166**

Der Einsatz nichtärztlicher Hilfspersonen ist in begrenztem Umfang auch im ärztlichen Aufgabenbereich zulässig[739], jedoch muss in allen Fällen der Kernbereich des ärztlichen Handelns dem Arzt vorbehalten bleiben[740]. Hilfspersonen dürfen vom Arzt eingeschaltet werden, soweit es sich um vorbereitende, unterstützende, ergänzende oder allenfalls mitwirkende Tätigkeiten zur eigentlichen ärztlichen Leistung handelt[741]. **167**

d) **Delegation ärztlicher Aufgaben.** Der Arzt darf gemäß BMV-Ä Anlage 8 und 24 an qualifiziertes, nichtärztliches Personal delegieren, wenn die Tätigkeit nicht „ärztliche Kenntnisse und Kunstfertigkeiten" voraussetzt[742]. Als Anhang zur Anlage 8 und 24 des BMV-Ä wurde ein nicht abschließender Beispielkatalog bezüglich delegierbarer ärztlicher Leistungen entwickelt, der vom Arzt als Richtlinie herangezogen werden kann[743]. Das Tätigkeitsfeld des Arztes lässt sich nicht eindeutig von dem des nichtärztlichen Personals abgrenzen[744]. Die Anordnung setzt eine konkrete Weisung des Arztes an die Hilfsperson zum Tätigwerden voraus[745]. Die nötige Verantwortung obliegt dem Arzt[746]. Er hat das Personal einzuweisen, fachlich zu beaufsichtigen sowie Ausführung und Ergebnis zu kontrollieren[747]. In Bezug auf spezifische diagnostische und therapeutische Anforderungen an die Pflege hat der Arzt eine Anordnungspflicht und ein Weisungsrecht[748]. Umgekehrt haben die für die Pflege Verantwortlichen den Arzt auf Grenzen und Unvereinbarkeiten der angestrebten ärztlichen Behandlung aus der pflegerischen Situation hinzuweisen. Diagnose und Therapie sind Sache des Arztes. Krankenschwester und Krankenpfleger, in geringerem Umfang auch die Krankenpflegehilfe, sind zur Assistenz bei ärztlichen Leistungen nur unter ärztlicher Anweisung berufen[749]. Der Arzt haftet für Fehler bei der Delegation von Leistungen an nichtärztliches Personal[750], da die hinzugezogenen Personen seine Erfüllungsgehilfen sind[751]. Zudem haftet der nichtärztliche Mitarbeiter deliktisch, wenn er die übertragene **168**

---

732 LSG Nordrhein-Westfalen, Urt v 25.9.1996 – 11 Ka 41/96, MedR 1997, 94.
733 Gemeinsame Stellungnahme der BÄK und KBV v 29.8.2008; Gerst Deutsches Ärzteblatt 2008; 105(41): A-2138/B-1836/C-1791.
734 Lang, in: Becker/Kingreen, SGB V–Kommentar GKV[7], § 15 Rz 11.
735 Lang, in: Becker/Kingreen, SGB V–Kommentar GKV[7], § 15 Rz 11.
736 Lang, in: Becker/Kingreen, SGB V–Kommentar GKV[7], § 15 Rz 11.
737 Lang, in: Becker/Kingreen, SGB V–Kommentar GKV[7], § 15 Rz 11.
738 Bauer GewArch 2012, 13, 14 f, umfassend auch zum Arztvorbehalt.
739 Vgl Kern Ärzteblatt Sachsen 2008, 48, 51.
740 Gitter/Köhler, Der Grundsatz der persönlichen ärztlichen Leistungspflicht, Ausformung und Auswirkungen auf die Leistungserbringung in ärztlichen Kooperationsformen, S 55; vgl Wienke, Einschränkungen des Arztvorbehalts, in: Wienke/Dierks, Zwischen Hippokrates und Staatsmedizin, 113.
741 Gitter/Köhler, Der Grundsatz der persönlichen ärztlichen Leistungspflicht, Ausformung und Auswirkungen auf die Leistungserbringung in ärztlichen Kooperationsformen, S 55.
742 BGH, Urt v 24.6.1975 – VI ZR 72/74, NJW 1975, 2245, 2246; vgl Debong ArztR 2007, 204, 204, 205, 207.
743 Krull Deutsches Ärzteblatt 2015, 112 (3): [2].
744 Offermanns/Bergmann, Neuordnung von Aufgaben des Ärztlichen Dienstes, S 6.
745 Spickhoff/Nebendahl, MedR-Komm[3], § 28 Rz 9.
746 Spickhoff/Nebendahl, MedR-Komm[3], § 28 Rz 9.
747 Steinhilper, in: Laufs/Kern/Rehborn, HdB ArztR[5], § 30 Rz 69; BMV-Ä § 5 Anlage 8 und § 4 Anlage 24.
748 Pauge/Offenloch, Arzthaftungsrecht[10], Rz 274.
749 Pauge/Offenloch, Arzthaftungsrecht[10], Rz 274.
750 Steinhilper, in: Laufs/Kern/Rehborn, HdB ArztR[5], § 30 Rz 72.
751 Steinhilper, in: Laufs/Kern/Rehborn, HdB ArztR[5], § 30 Rz 72.

Aufgabe ausführt, obgleich er an deren Ordnungsmäßigkeit zweifelt und seine Bedenken nicht weiterträgt[752].

169 aa) **Nicht delegationsfähige Leistungen.** Es gibt einen Kernbereich medizinischer Behandlung, der nicht delegierbar ist[753]. Dabei handelt es sich um Behandlungsmaßnahmen, die wegen ihrer Schwierigkeit, ihrer Gefährlichkeit oder wegen der Unvorhersehbarkeit etwaiger Reaktionen professionelles ärztliches Fachwissen voraussetzen. Deshalb sind sie vom Arzt ausschließlich persönlich zu erbringen[754]. Hierzu zählen operative Eingriffe, schwierige Injektionen, Infusionen sowie ärztliche Untersuchungen, Diagnostik und die ärztliche Beratung des Patienten. Weiterhin fällt die Aufklärung[755] ebenso wie die Erarbeitung eines Therapie- oder Operationsplans[756] und sämtliche Gesprächsleistungen[757] darunter. Bei der Aufklärung muss diese nicht zwingend persönlich von dem späteren behandelnden Arzt erbracht werden[758]. Die aufklärende Person muss allerdings zumindest die theoretischen Kenntnisse aufweisen, die zur Durchführung der zu erbringenden Maßnahme erforderlich sind[759]. Die Aufklärung ist daher auf einen Arzt im Praktikum (AiP) delegierbar, vgl SGB V § 63 Abs 3c Satz 3 iVm der Richtlinie über die Festlegung ärztlicher Tätigkeiten zur Übertragung auf Berufsangehörige der Alten- und Krankenpflege zur selbständigen Ausübung von Heilkunde[760].

170 Entscheidend für die Frage der Delegierbarkeit ist unter anderem, ob der Patient bei der ärztlichen Heilbehandlung gefährdet wird[761]. Generelle Kriterien für die Delegationsfähigkeit existieren nicht, die Gerichte entscheiden einzelfallabhängig[762]. Der Kreis delegationsfähiger Aufgaben ist nicht durch Gesetz, sondern grundsätzlich von der Medizin selbst festzulegen[763].

171 bb) **Generell delegationsfähige Leistungen.** Zu den generell delegationsfähigen Leistungen[764] gehören ua: Laborleistungen, Dauerkatheterwechsel und der Wechsel einfacher Verbände, ebenso (zum Teil) radiologische (Unterstützungs-)Leistungen[765]. Zu der sachlichen Delegationsfähigkeit muss die persönliche Eignung hinzutreten. Der delegierende Arzt hat jeweils abzuklären, ob die nichtärztliche Kraft über die erforderlichen Kenntnisse und Erfahrungen hinsichtlich der Erledigung der zur Übertragung anstehenden Aufgabe verfügt[766] und ob die entsprechende Ausbildung und Organisation die Delegation zulässt[767].

---

752 Kern/Rehborn, in: Laufs/Kern/Rehborn, HdB ArztR[5], § 99 Rz 18; vgl zu allem Achterfeld, Aufgabenverteilung im Gesundheitswesen, Kapitel 9: Beweisrechtliche Konsequenzen der Delegation ärztlicher Leistungen, 209, 210 ff.
753 Zur intramuskulären fehlerhaften Injektion durch Krankenpflegehelferin BGH, Urt v 8.5.1979 – VI ZR 58/78, NJW 1979, 1935; Anfängeroperation BGH, Urt v 27.9.1983 – VI ZR 230/81, BGHZ 88, 248; zur Zulässigkeit der Fixierung eines Patienten durch das Pflegepersonal bei akuter Gefahr und sofortiger Arzthinzuziehung OLG Köln, Urt v 2.12.1992 – 27 U 103/91, MedR 1993, 235; zur unzulässigen Überwachung des CTG durch eine Nachtschwester BGH, Urt v 16.4.1996 – VI ZR 190/95, VersR 1996, 976; zur Kontrastmittelgabe durch MTRA OLG Dresden, Urt v 24.7.2008 – 4 U 1857/07 m Anm Bergmann zur Zulässigkeit der Übertragung von Injektionen auf nicht ärztliches Fachpersonal GesR 2008, 635; Offermanns/Bergmann, Neuordnung von Aufgaben des Ärztlichen Dienstes, S 6; Steinhilper, in: Laufs/Kern/Rehborn, HdB ArztR[5], § 30 Rz 66.
754 RGRK[12]/Nüssgens, § 823 Anh II Rz 222; Narr, MedR 1989, 215, 216; Peikert MedR 2000, 352, 352 ff.
755 BGH, Urt v 27.11.1973 – VI ZR 167/72, NJW 1974, 604; OLG Karlsruhe, Urt v 19.3.1997, 13 U 42/96, NJW-RR 1998, 459; OLG Dresden, Urt v 11.7.2002 – 4 U 574/02, -juris; OLG Karlsruhe, Urt v 24.5.2006 – 7 U 242/05, NJOZ 2006, 3042; BGH, Urt v 7.11.2006 – VI ZR 206/05, BGHZ 169, 364; zur „ärztlichen" Aufklärung durch einen Medizinstudenten OLG Karlsruhe, Urt v 29.1.2014 – 7 U 163/12, RDG 2014, 85 ff.
756 Kern, in: Laufs/Kern/Rehborn, HdB ArztR[5], § 49 Rz 6.
757 Aus dem EBM ergibt sich, dass sämtliche Gesprächsleistungen des EBM ausschließlich ärztliche Leistungen sind und nicht, auch nicht teilweise, an nichtärztliches Personal delegiert werden können vgl SG Marburg, Beschl v 2.7.2009 – S 12 KA 235/09 ER, openJur 2012, 31838 Rz 51.
758 BeckOK-BGB/Katzenmeier, Stand: 1.5.2022, § 630e Rz 37.
759 BeckOK-BGB/Katzenmeier, Stand: 1.5.2022, § 630e Rz 38.
760 Geiß/Greiner, Arzthaftpflicht[8], C Rz 106; https://www.bundesaerztekammer.de/politik/stellungnahmen-zu-g-ba/chronologie/2011/festlegung-aerztlicher-taetigkeiten-zur-uebertragung-auf-berufsangehoerige-der-alten-und-krankenpflege-zur-selbststaendigen-ausuebung/, zuletzt abgerufen am 28.6.2021.
761 Steinhilper, in Laufs/Kern/Rehborn, HdB ArztR[5], § 30 Rz 66.
762 Katzenmeier, in: Laufs/Katzenmeier/Lipp, Arztrecht[8], X Rz 58.
763 Katzenmeier, in: Laufs/Katzenmeier/Lipp, Arztrecht[8], X Rz 58.
764 Narr MedR 1989, 215, 216; Peikert MedR 2000, 352, 355 ff.
765 Vereinbarung über die Delegation ärztlicher Leistungen an nichtärztliches Personal in der ambulanten vertragsärztlichen Versorgung gemäß SGB V § 28 Abs 1 Satz 3 vom 1.10.2013, Stand: 1.1.2015, https://www.gkv-spitzenverband.de/media/dokumente/krankenversicherung_1/aerztliche_versorgung/bundesmantelvertrag/bmv_anlagen/BMV_Anlage_Nr_24_Delegation.pdf, zuletzt abgerufen am 13.11.2021.
766 Katzenmeier, in: Laufs/Katzenmeier/Lipp, Arztrecht[8], X Rz 59, Steffen MedR 1996, 265, 265; Spickhoff/Seibl MedR 2008, 463, 470; Frahm VersR 2009, 1576, 1579.
767 BGH, Urt v 8.5.1979 – VI ZR 58/78, NJW 1979, 1935; OLG Köln, Urt v 21.8.1996 – 5 U 286/94 openJur 2012, 75579.

cc) **Im Einzelfall delegationsfähige Leistungen.** Es gibt Leistungen, die nur im Einzelfall 172 zur Ausführung an nichtärztliche Mitarbeiter übertragen werden dürfen. Hierzu gehören Injektionen, Infusionen, Blutentnahmen, die auch von nichtärztlichem Personal durchgeführt werden dürfen[768] sowie die Entnahme von Gewebe gemäß TPG § 3 Abs 1. Verabreicht ein Klinikmitarbeiter ohne die erforderliche Qualifikation einem Patienten Injektionen und infiziert sich dieser Patient mit Hepatitis des Typs Non-A-Non-B, so führt allein dieser Umstand nicht zur Umkehr der Beweislast, sondern es müssen hierfür weitere hinzutreten[769].

Die Narkoseführung ist eine ärztliche Aufgabe[770]. Parallelnarkosen, bei denen ein Anästhesist 173 für mehrere Operationssäle zuständig ist, sind nur zulässig, wenn diese von Fachärzten, allenfalls von Assistenzärzten unter Aufsicht eines Facharztes vorgenommen werden, wobei während des gesamten Narkosevorganges zwischen Assistent und Facharzt Blick- oder Rufkontakt bestehen muss[771]. Eine Delegation von Anästhesieleistungen ist aufgrund der unzureichenden Qualifikation nicht ärztlichen Personals unzulässig[772].

Entsprechendes gilt für den chirurgisch-technischen Assistenten (CTA)[773]. Nur Hilfsleistungen, 174 wie das Hakenhalten während der Operation, kann auf nichtärztliches Personal delegiert werden, wenn sich der verantwortliche operierende Arzt zuvor persönlich von der Qualifikation und Zuverlässigkeit des Mitarbeiters überzeugt hat[774].

Die Delegation einer intravenösen Injektion zur Vorbereitung von Diagnosemaßnahmen auf 175 einen medizinisch-technischen Radiologieassistenten (MTRA) stellt keinen Behandlungsfehler dar, sofern für eine regelmäßige Kontrolle und Überwachung durch den Arzt Sorge getragen wird[775]. Ebenso ist die Übertragung der Durchführung einer Kontrastmittelinfusion auf einen MTRA, der aufgrund seiner Ausbildung und der Erlaubnis nach MTA-Gesetz § 1 Nr 2 über entsprechende Kenntnisse und Fertigkeiten verfügt und vom Arzt überwacht wird, zulässig[776]. Der Arzt trägt die Anordnungsverantwortung; ausschließlich er darf Injektionen oder Infusionen anordnen. Mit der Durchführung im Rahmen seiner Anordnung darf er ausschließlich entsprechend qualifiziertes nichtärztliches Personal, das heißt einen MTRA gemäß RÖV § 24 Abs 2 Nr 1 oder 2 betrauen.

Bei einer Strahlentherapie muss der radiologische Arzt jederzeit verfügbar sein[777]. Die Röntgenkontrastuntersuchung 176 des Darmes unter Verwendung eines Ballonkatheters muss unter Beaufsichtigung des Radiologen durchgeführt werden[778].

Die Überwachung eines CTG übersteigt die pflegerische Kompetenz einer Nachtschwester[779]. 177 Das Belegkrankenhaus muss aufgrund seiner Organisationspflicht gegen eine Anordnung einschreiten, durch welche der Belegarzt dem Pflegepersonal des Belegkrankenhauses Aufgaben überlässt, die die pflegerische Kompetenz übersteigen[780].

e) **Substitution**[781]. Die Substitution geht über die Delegation von ärztlichen Leistungen auf 178 nichtärztliches Personal weit hinaus. Es handelt sich um die selbstverantwortliche Ausübung ärztlicher Tätigkeiten durch nichtärztliches Personal. Die zunehmende Lockerung des Arztmonopols setzt erweiterte Kenntnisse und Qualifikationen des nichtärztlichen Personals voraus[782]. Hierzu wurde die „Richtlinie über die Festlegung ärztlicher Tätigkeiten zur Übertragung auf Berufsangehörige der Alten- und Krankenpflege zur selbständigen Ausübung von Heilkunde im

---

768 Vgl Kern Ärzteblatt Sachsen 2008, 48, 51.
769 Zur Beimessung von Schmerzensgeld bei einer Hepatitisinfektion OLG München, Urt v 22.2.1990 – 1 U 2287/88, VersR 1991, 425, 426; anders hingegen bei Nadelstichverletzung OLG Hamm, Urt v 2.12.2002 – 6 U 179/01, – juris: Der Träger eines Krankenhauses haftet vollumfänglich für den Schaden, den die Mitarbeiterin eines Reinigungsunternehmens durch eine nicht ordnungsgemäß entsorgte Injektionsnadel erleidet, hier Hepatitis-C-Infektion.
770 Zu Parallelnarkosen und zum Einsatz eines Anfängerarztes BGH, Urt v 30.11.1982 – VI ZR 77/81, BGHZ 85, 393 = NJW 1983, 1374, 1376.
771 BGH, Urt v 30.11.1982 – VI ZR 77/81, BGHZ 85, 393 = NJW 1983, 1374, 1376; Flintrop Deutsches Ärzteblatt 2007, B-613, C-589; Kern Ärzteblatt Sachsen 2008, 48, 51.
772 Spickhoff/Seibl MedR 2008, 463, 464 f.
773 Polonius ArztR 2007, 202, 203.
774 Polonius ArztR 2007, 202, 203.
775 Zur Kontrastmittelgabe durch die MTRA OLG Dresden, Urt v 24.7.2008 – 4 U 1857/07, GesR 2008, 635 m Anm Bergmann.
776 AG Karlsruhe, Urt v 4.4.1997 – 13 C 448/95, MedR 1997, 512.
777 Zur Erreichbarkeit des Radiologen binnen 15 Minuten als unzureichend OLG Stuttgart, Urt v 24.11.1982 – 1 U 66/82, NJW 1983, 2644.
778 Zum Behandlungsfehler des Radiologen bei Röntgenkontrastuntersuchung des Dickdarms durch teilweise unbeaufsichtigte Arzthelferin OLG Köln, Urt v 29.11.1989 – 27 U 111/89, VersR 1991, 331.
779 Zur Organisationspflicht des Belegkrankenhauses BGH, Urt v 16.4.1996 – VI ZR 190/95, NJW 1996, 2429, 2430, 2431.
780 BGH, Urt v 16.4.1996 – VI ZR 190/95, NJW 1996, 2429, 2430, 2431.
781 Vgl dazu allgemein Bohne, Delegation ärztlicher Tätigkeiten, 262.
782 Kern Ärzteblatt Sachsen, 11/2012, 458.

Rahmen vor. Modellvorhaben nach SGB V § 63 Abs 3c"[783] erlassen. Nach § 2 Abs 2 S 1 dieser Richtlinie dürfen entsprechend qualifizierte Angehörige der Heilhilfsberufe „selbständig und eigenverantwortlich" Heilkunde ausüben. Nach Abs 2 Satz 2 übernehmen sie die fachliche, wirtschaftliche und rechtliche Verantwortung. Demzufolge besteht nach § 2 Abs 3 keine ärztliche Verantwortlichkeit für die Ausübung der Tätigkeit. Dennoch bleibt es im höchsten Maße fraglich, ob es sich überhaupt um einen Fall echter Substitution handelt[784]. § 3 Abs 1 sieht nämlich vor, dass die selbstständige Ausübung der Heilkunde durch nichtärztliches Personal eine ärztliche Diagnose und Indikationsstellung voraussetzt. Nach § 2 Abs 2 Satz 3 der Richtlinie muss die ärztliche Tätigkeit durch einen Arzt übertragen werden. Nach diesen gesetzlichen Vorgaben handelt es sich also gar nicht um eine selbstständige Ausübung der Heilkunde, die auch die Diagnose und Indikationsstellung umfasst. Es entfällt also letztlich nur die ärztliche Aufsicht und Verantwortung für die Therapiedurchführung[785].

179 Bei einer Substitution hat der Paient ebenso Anspruch auf die fachgerechte Ausführung der notwendigen Maßnahme. Bisweilen wurde die Substitution von Ärzten eher ablehnend betrachtet[786]. Gleichwohl sind Tendenzen innerhalb des ärztlichen Nachwuches erkennbar, die einer Substitution positiv gegenüberstehen[787]. Die Substitution trägt schließlich zur Entlastung des Arztes bei, unter der Voraussetzung, dass die formellen Voraussetzungen sowie der nötige Qualitätsstandard eingehalten werden.

180 **f) Ermächtigte Krankenhausärzte.** Ärzte, die gesetzlich Krankenversicherte ambulant behandeln und Leistungen mit der KV abrechnen möchten, ohne selber Vertragsarzt zu sein, brauchen dafür eine sogenannte Ermächtigung zur Teilnahme an der vertragsärztlichen Versorgung. Die gängigste Variante ist die persönliche Ermächtigung von Krankenhausärzten, SGB V §§ 95 Abs 1, 116 iVm Ärzte-ZV § 31, 31a. Ärzte, die in einem Krankenhaus, einer Vorsorge-, Rehabilitations- oder stationären Pflegeeinrichtung arbeiten, können mit der Zustimmung des jeweiligen Trägers der Einrichtung zur Teilnahme an der vertragsärztlichen Versorgung durch die KV ermächtigt werden, SGB V § 116[788]. Mit einer Ermächtigung ist der betreffende persönliche Krankenhausarzt berechtigt, an der vertragsärztlichen Versorgung teilzunehmen[789]. Die Ermächtigung wird nur erteilt, soweit eine ausreichende ärztliche Versorgung der Versicherten ansonsten nicht sichergestellt ist, somit nur bei einer Versorgungslücke im jeweiligen Planungsbereich[790]. Die niedergelassenen Vertragsärzte besitzen Vorrang[791].

181 **g) Rechtsfolgen des Verstoßes gegen die persönliche Leistungserbringung.** Mit Unterschrift unter der Sammelerklärung für die Abrechnung mit der KV wird versichert, sämtliche Leistungen selbst erbracht zu haben[792]. Sollte der Arzt gegen das Gebot der persönlichen Leistungserbringung verstoßen, droht neben strafrechtlichen[793] und berufsrechtlichen[794] Konsequenzen, wie beispielsweise dem Entzug der Approbation gemäß BÄO § 3 Abs 1 Nr 2 iVm § 5 Abs 2[795] mit sofortiger Vollziehung[796] schon seit jeher eine Rückzahlungsverpflichtung des Honorars[797].

---

783 Richtlinie über die Festlegung ärztlicher Tätigkeiten zur Übertragung auf Berufsangehörige der Alten- und Krankenpflege zur selbständigen Ausübung von Heilkunde im Rahmen von Modellvorhaben nach § 63 Abs 3c v 20.11.2011, am 22.3.2012 in Kraft getreten.
784 Kern Ärzteblatt Sachsen, 11/2012, 458.
785 Kern Ärzteblatt Sachsen, 11/2012, 458.
786 Gerst Deutsches Ärzteblatt 2015, 112 (10): A-402/B-348/C-340.
787 Gerst Deutsches Ärzteblatt 2015, 112 (10): A-402/B-348/C-340.
788 Pramann Deutsches Ärzteblatt 2017, 114 (43): (2).
789 „Pathologen-Urteil" BSG, Urt v 21.3.2018 – B 6 KA 47/16 R, MedR 2019, 166.
790 Pramann Deutsches Ärzteblatt 2017, 114 (43): (2).
791 Pramann Deutsches Ärzteblatt 2017, 114 (43): (2).
792 LSG Niedersachsen–Bremen, Urt v 8.6.2016 – L 3 KA 28/13, openJur 2016, 9179 Rz 34 ff.
793 Zum Abrechnungsbetrug bei Verstoß gg persönliche Leistungserbringung bzgl Kassenarzt BGH, Urt v 10.3.1993 – III StR 461/92, ArztR 1993, 313; bzgl Privatarzt BGH, Beschl v 25.1.2012 – 1 StR 45/11, ArztR 2012, 116, Ls 3 „ Ein Vermögensschaden liegt auch dann vor, wenn die Laborleistungen vom Patienten tatsächlich benötigt und fachlich korrekt erbracht wurden, sofern sie nach der GOÄ nur dann abgerechnet werden dürfen, wenn sie eigenhändig erbracht worden sind. Wenn es an einer solchen Abrechenbarkeit fehlt, kann der Leistung kein für den tatbestandlichen Schaden iSv StGB § 263 maßgeblicher wirtschaftlicher Wert zugesprochen werden.".
794 Vgl Osmialowski, Strafrechtliches Verfahren und Approbation, Orthopädische und Unfallchirurgische Praxis (OUP), 09/2013, 428, 429; Entzug der Approbation BVerwG, Beschl v 20.9.2012 – 3 B 7/12, openJur 2013, 47813 Rz 9; vgl BVerwG, Urt v 16.9.1997 – 3 C 12/95, ArztR 1998, 200; anders: Klage gegen Approbationsentzug erfolgreich VG Hamburg, Urt v 23.2.2019 – 17 K 4618/18, -juris.
795 Der Schutz des Gesundheitssystems und letztlich der Patienten und die diesen Schutz bezweckende Anordnung des Ruhens der Approbation rechtfertigten es, die Ruhensanordnung kurzfristig wirksam werden zu lassen, um so ihrem Charakter als Präventivmaßnahme gerecht zu werden, vgl OVG NRW, Beschl v 21.3.2012 – 13 B 228/12, ArztR 2012, 144.
796 Vgl Osmialowski, Orthopädische und Unfallchirurgische Praxis 09/2013, 428, 429; BVerfG, Beschl v 8.4.2010 – 1 BvR 2709/09, BVerfGK 17, 228; BVerfG, Beschl v 19.12.2007 – 1 BvR 2157/07, ArztR 2009, 41.
797 Pramann Deutsches Ärzteblatt 2017, 114 (43): (2).

Die nicht persönlich erbrachten Leistungen sind nie abrechnungsfähig[798]. Nach einer strafrechtlichen Verurteilung stellt die Zulassungsentziehung keine (verbotene) Doppelbestrafung dar[799]. Bei der Entziehung der Zulassung geht es nicht um die Verhängung einer Strafe, sondern um eine Verwaltungsmaßnahme, welche der Sicherung der vertragsärztlichen Versorgung dient[800].

2. Leistungsinhalte. – a) **Hauptpflichten: Behandlung nach Aufklärung und Einwilligung.** – aa) **Einleitung.** Die Wirksamkeit der Einwilligung setzt voraus, dass der Patient oder im Falle des Absatzes 1 Satz 2 der zur Einwilligung Berechtigte vor der Einwilligung nach Maßgabe von § 630e aufgeklärt worden ist. Unabhängig von der Einwilligung erfüllt der medizinische Eingriff tatbestandsmäßig den Straftatbestand der Körperverletzung nach StGB § 223. Die sog „Körperverletzungsdoktrin" geht auf die deutsche Rspr aus dem Jahr 1894 zurück. Gemäß Urteil des damaligen Reichsgerichtshofs[801] erfüllt jeder ärztliche Heileingriff den Tatbestand der Körperverletzung, blieb jedoch dann straflos, wenn der Heileingriff medizinisch indiziert war und eine Rechtfertigung aufgrund einer wirksamen Einwilligung des Patienten erfuhr. Das Reichsgericht entschied, dass ein Oberarzt – er hatte eine medizinisch indizierte Fußamputation bei einem Kind ohne die Einwilligung des Vaters vorgenommen – eine Körperverletzung begangen hatte. Dieser Rspr, welche eine strenge Anbindung der Heilgewalt an die Einwilligung des Patienten vornahm, sind sowohl der Zivilsenat[802] als auch der Strafsenat[803] des BGH gefolgt. Es fand damit eine Abkehr von der Haltung der Ärzte und Juristen statt, dass die Rechtmäßigkeit des Heileingriffs sich grundsätzlich aus dessen Indiziertheit ergebe. Jeder ärztliche Heileingriff stelle tatbestandlich eine Körperverletzung im Sinne der StGB §§ 223 ff, § 823 Abs 1 dar. 1954 entschied der BGH im ersten Elektroschockurteil, dass das Selbstbestimmungsrecht des Patienten sich auf das allgemeine Persönlichkeitsrecht stütze und daraus eine Pflicht zur ärztlichen Aufklärung ableiten würde. Die Bestimmung des Aufklärungsumfanges wurde zur Rechtsfrage. Mit dem zweiten Elektroschockurteil aus dem Jahre 1958 wurden weitere Konkretisierungen dazu seitens des BGH festgelegt[804]. Die in den 1950er und 60er Jahren entwickelten Grundsätze wurden dabei zur ständigen Rspr des sich fortentwickelnden Arzthaftungsrechtes[805]. Die Rspr[806] folgt der Körperverletzungsdoktrin, kritisch beobachtet von einem Teil der Fachautoren[807]. Die Gegenansicht und herrschende Lehre will die ärztliche Heilbehandlung, auch die Operation, nicht als Eingriff in die körperliche Integrität verstanden wissen, weil der Arzt mit ihr den körperlichen Zustand heilen und verbessern, keineswegs aber verschlechtern wolle[808]. Der Körperverletzungsdoktrin kommt allerdings im Deliktsrecht keine so große Bedeutung zu wie im Strafrecht, in dem ihre Konsequenzen beträchtlich sein können[809]. Für beide Positionen finden

---

798 BSG, Beschl v 8.9.2004 – B 6 KA 25/04 B, -juris, betrifft einen Vertragsarzt, grds ebenso auf einen ermächtigten Krankenhausarzt anwendbar vgl BeckOK Sozialrecht/Bogan, Stand: 1.3.2022, § 32a Ärzte-ZV Rz 9.
799 Zur Zulassungsentziehung nach strafrechtlichem Verfahren LSG München, Urt v 28.6.2017 – L 12 KA 130/16, openJur 2020, 59992 Rz 49.
800 LSG München, Urt v 28.6.2017 – L 12 KA 130/16, openJur 2020, 59992 Rz 49; BSG, Urt v 9.2.2011 – B 6 KA 49/11 B, Rz 20.
801 RG, Urt v 31.5.1894 – 1406/94, RGSt 25, 375.
802 „Erstes Elektroschockurteil" BGH, Urt v 10.7.1954 – VI ZR 45/54 = NJW 1956, 1106, 1107: „Die Behandlung ohne die hiernach erforderliche Einwilligung, die eine angemessene Aufklärung voraussetzte, ist widerrechtlich.".
803 Jeder ärztliche Heileingriff stellt tatbestandlich eine Körperverletzung iSd StGB §§ 223 ff, 823 Abs 1 dar, gefestigte Rspr vgl BGH, Urt v 25.3.1988 – 2 StR 93/88, BGHSt 35, 246, 248.
804 „Zweites Elektroschockurteil" BGH, Urt v 9.12.1958 – VI ZR 203/57, BGHZ 29, 46; BGH, Urt v 16.1.1959 – VI ZR 179/57, BGHZ 29, 176.
805 BGH, Urt v 10.7.1954 – VI ZR 45/54, NJW 1956, 1106; BGH, Urt v 11.4.1956 – VI ZR 20/55, VersR 1956, 479; BGH, Urt v 5.12.1958 – VI ZR 266/57, VersR 1959, 308; BGH, Urt v 9.12.1958 – VI ZR 203/57, BGHZ 29, 46; BGH, Urt v 16.1.1959 – VI ZR 179/57, BGHZ 29, 176; BGH, Urt v 22.12.1959 – VI ZR 151/58, VersR 1960, 475; BGH, Urt v 7.2.1961 – VI ZR 69/60, VersR 1961, 421; BGH, Urt v 11.4.1961 – VI ZR 135/60, VersR 1961, 725; BGH, Urt v 26.9.1961 – VI ZR 124/60, VersR 1961, 1036; BGH, Urt v 26.9.1961 – VI ZR 225/60, NJW 1961, 2203; BGH, Urt v 16.10.1962 – VI ZR 198/61, NJW 1963, 393; BGH, Urt v 18.5.1965 – VI ZR 4/64, NJW 1965, 2005; BGH, Urt v 4.1.1966 – VI ZR 172/64, DMW 1966, 1424; BGH, Urt v 2.2.1968 – VI ZR 115/67, VersR 1968, 558.
806 Jeder ärztliche Heileingriff stellt tatbestandlich eine Körperverletzung im Sinne der StGB §§ 223 ff, BGB 823 Abs 1 dar, gefestigte Rspr, BGH, Urt v 25.3.1988 – 2 StR 93/88, BGHSt 35, 246; zum ärztlichen Handeln gegen den erklärten oder mutmaßlichen Willen der Eltern BGH, Urt v 10.2.1959 – 5 StR 533/58, BGHSt 12, 379; zur Wirksamkeit der Einwilligung in einen Heileingriff bei Irrtum über die Arzteigenschaft der behandelnden Person BGH, Urt v 1.2.1961 – 2 StR 457/60, BGHSt 16, 309.
807 Vgl zum umfassenden Meinungsbzg „bedenkenswerte ständige Rspr" Schönke/Schröder[30]/Sternberg-Lieben, § 223 Rz 29 f; vgl zur Selbstbestimmungsaufklärung StGB § 223 Rz 4c; zur Körperverletzung StGB § 223 Rz 28, 29 f; zu Lege artis StGB § 223 Rz 35; zur Einwilligung des Patienten StGB § 223 Rz 37 f, 40; zur Diagnoseaufklärung StGB § 223 Rz 41; zur Aufklärung StGB Experimentelle Rz 50a; Gestaltende Rz 50b; Fremdnützige Rz 50 c.
808 Kern/Rehborn, in: Laufs/Kern/Rehborn, HdB ArztR[5], § 102 Rz 4; Schönke/Schröder[30]/Sternberg-Lieben, § 223 Rz 30.
809 Kern/Rehborn, in: Laufs/Kern/Rehborn, HdB ArztR[5], § 102 Rz 5.

sich in der juristischen Literatur gute Gründe[810]. Rein dogmatisch betrachtet ist die Ansicht der Rechtsprechung vorzugswürdig.

183   Unerheblich bei der Einschätzung des ärztlichen Heileingriffs als Körperverletzung ist zudem, ob der Eingriff ärztlich indiziert und lege artis mit ärztlichem Heilwillen durchgeführt wurde[811]. Ärztliche Heileingriffe können strafrechtlich betrachtet nur durch eine von Willensmängeln unbeeinflusste Einwilligung des Patienten gemäß StGB § 228 gerechtfertigt werden[812].

184   Als Rechtfertigungsgründe für den ärztlichen Heileingriff können die Einwilligung gemäß § 630e (mit der Pflicht zur Folgen- und Risikoaufklärung) in Form der „Eingriffs- und Risikoeinwilligung", die mutmaßliche Einwilligung, § 630d Abs 1 Satz 4 oder der rechtfertigende Notstand, StGB § 34, herangezogen werden. Eine Einwilligung kann ausdrücklich oder konkludent durch schlüssiges Verhalten abgegeben werden. Eine mutmaßliche Einwilligung kommt immer in Betracht, wenn diese nicht mehr rechtzeitig eingeholt werden kann, insbesondere in Fällen der Bewusstlosigkeit. In erster Linie wird der mutmaßliche Willen aus den persönlichen Umständen des Betroffenen, aus seinen individuellen Interessen, Wünschen, Bedürfnissen und Wertvorstellungen ermittelt. Dem Patienten ist eine Einwilligung iSe „informed consent" erst möglich, wenn er die maßgeblichen Umstände, Modalitäten und Risiken des vorgesehenen ärztlichen Eingriffs kennt. Es liegt im Verantwortungsbereich des Arztes, den Patienten vorab so aufzuklären, dass eine selbstbestimmte Entscheidung möglich wird. Nur durch eine selbstbestimmte Entscheidung kann der Arzt dem Selbstbestimmungsrecht des Patienten gerecht werden.

185   Grund- und verfassungsrechtliche Grundsätze weisen der Wahrung des Selbstbestimmungsrechtes und der Entscheidungsfreiheit des Patienten einen Vorrang vor der medizinischen Auffassung des Arztes zu. Das Selbstbestimmungsrecht basiert auf der Menschenwürde und dem Recht auf körperliche Unversehrtheit, GG Art 1, Art 2 Abs 2. Daraus folgt, dass sich der Patient gegen die medizinische Vernunft entscheiden und ärztliche Eingriffe ablehnen kann[813]. Maßstab ist der bloße Wille des Patienten und sein Selbstbestimmungsrecht[814]. Deshalb ist nicht nur eine sorgfältige Behandlung, sondern auch die Wahrung des Selbstbestimmungsrechts des Patienten maßgeblich für die Verhaltenspflicht des Arztes.

186   bb) **Aufklärungsgespräch**. Den Arzt trifft die Beweislast nur für das Einholen einer Einwilligung. Dass die Schädigung des Patienten auf der fehlerhaften Aufklärung beruht, hat der Patient zu beweisen. Die Rspr verlangt beim Aufklärungsgespräch und der darauf fußenden Einwilligungserklärung des Patienten ein mündliches Gespräch in körperlicher Anwesenheit von Arzt und Patient. Dies steht allerdings unter dem Vorbehalt, dass es sich bei dem Eingriff nicht nur um eine bloße ärztliche Routinemaßnahme handelt; dann kann auch eine schriftliche Risikoaufklärung[815] oder ein Telefongespräch[816] ausreichen, sofern dem Patienten die Möglichkeit eingeräumt wird, zu der Behandlung auftretende Fragen im Vorfeld an den Arzt richten zu können[817]. Bei einem Aufklärungsfehler obliegt es dem Arzt zu beweisen, dass er persönlich seiner Pflicht zur Aufklärung nachgekommen ist und der Patient auf Grund dieser vollständigen und richtigen Aufklärung in rechtlich wirksamer Weise in die Behandlung eingewilligt hat. Somit kann der Zweitbehandler sich auch nicht die Aufklärung des Erstbehandlers entlastend zurechnen lassen[818]. Ebenso ist das ärztliche Vorbringen, der Patient habe bei einem persönlichen Gespräch aufgrund seines Laienstatus' ohnedies keine Fragen gehabt, kein Anlass, dem Patienten im Rahmen des persönlichen Gespräches die Fragemöglichkeit nicht zu gewähren[819]. Zur Erleichterung der Aufklärung (zB „als umfassende Gedächtnisstütze") und aus Beweislastgründen werden in der ärztlichen Praxis oftmals standardisierte Aufklärungsbögen (vorformulierte Einwilligungserklärungen) verwendet[820], die hinsichtlich der Durchführung des Aufklärungsgesprächs und seines wesentlichen Inhalts nützlich und zu empfehlen sind. Ihr Fehlen darf aber nicht dazu führen, dass der Arzt regelmäßig beweisfällig für die behauptete Aufklärung bleiben muss[821], denn ein

---

810 Kern/Rehborn, in: Laufs/Kern/Rehborn, HdB ArztR[5], § 102 Rz 5.
811 Zur Einwilligung in ärztliche Heileingriffe und zur Kausalität des Aufklärungsmangel BGH, Beschl v 15.10.2003 – 1 StR 300/03, NStZ-RR 2004, 16.
812 Zur Wirksamkeit der Einwilligung in einen Heileingriff bei Irrtum über die Arzteigenschaft der behandelnden Person BGH, Urt v 1.2.1961 – 2 StR 457/60, BGHSt 16, 309 = NJW 1962, 682.
813 BGH, Urt v 7.2.1984 – VI ZR 174/82 Rz 17, NJW 1984, 1397.
814 Kern/Rehborn, in: Laufs/Kern/Rehborn, HdB ArztR[5], § 15 Rz 16, § 63 Rz 7 f.
815 BGH, Urt v 15.2.2000 – VI ZR 48/99, BGHZ 144, 1; OLG Zweibrücken, Beschl v 31.1.2013 – 5 U 43/11, MedR 2014, 29, 30, 31; Gödicke MedR 2014, 18, 19, 21.
816 Vgl BGH, Urt v 15.6.2010 – VI ZR 204/09, NJW 2010, 2430, 2431.hen.
817 BGH, Urt v 15.2.2000 – VI ZR 48/99, BGHZ 144, 1; OLG Zweibrücken, Beschl v 31.1.2013 – 5 U 43/11, MedR 2014, 29, 30, 31; Gödicke MedR 2014, 18, 19, 21.
818 OLG Naumburg, Urt v 8.11.2012 – 1 U 62/12, MedR 2013, 786.
819 Gödicke MedR 2014, 18, 19, 21.
820 Parzeller/Wenk/Zedler/Rothschild Deutsches Ärzteblatt, 2007, A 576–586 (A 583).
821 BGH, Urt v 8.1.1985 – VI ZR 15/83, NJW 1985, 1399 ff.

Nachweis der Aufklärung ist selbst dann möglich, wenn Gesprächsinhalte nicht schriftlich dokumentiert werden und sich der Behandler an das Gespräch nicht mehr im Einzelnen erinnern kann[822]. Fehlt es an diesbezüglichen Aufzeichnungen in den Krankenunterlagen, stehen dem Behandler auch andere Beweismöglichkeiten zur Verfügung[823], zB seine eigene Parteivernehmung[824], denn es besteht die Rechtsauffassung, dass das Arzt-Patienten-Gespräch für die Aufklärung maßgebend ist. Zwar stellt ein von dem Patienten und dem Arzt unterzeichneter Aufklärungsbogen einen wesentlichen Anhaltspunkt für die Tatsache dar, dass ein Aufklärungsgespräch tatsächlich stattgefunden hat[825], sodass hinsichtlich der Aufklärung im Behandlungsalltag somit auch auf vorformulierte Formulare zurückzugreifen war. Umso überraschender war, dass das LG Düsseldorf ein Aufklärungsblatt im Zusammenhang mit einer Glaukom-Vorerkennungsuntersuchung als Allgemeine Geschäftsbedingung im Sinne von § 305 Abs 1 beurteilt und die streitgegenständliche Klausel als gegen § 309 Nr 12 lit b verstoßende nachteilige Beweislaständerung bewertet hatte[826]. Dem ist der BGH nicht gefolgt und vertritt, dass Formulare, die eine ärztliche Aufklärung und die Entscheidung des Patienten, ob er eine angeratene Untersuchung vornehmen lassen will, dokumentieren sollen, grundsätzlich keiner AGB-rechtlichen Kontrolle nach § 307 Abs 1, 2, Abs 3 Satz 1 sowie §§ 308, 309 unterliegen[827]. Dem Umstand, dass es sich um formularmäßige Mitteilungen, Merkblätter oder ähnliche allgemein gefasste Erklärungen handele, die ansonsten idR AGBen iSd § 305 Abs 1 Satz 1 darstellen, hat der BGH dabei keine Bedeutung beigemessen[828]. Vielmehr wies er auf die Vorteile vorformulierter Informationen für den Patienten hin[829]. Liegt ein solches Blatt jedoch nicht vor und ist aber die ärztliche Darstellung in sich schlüssig, solle dem Arzt unter Anwendung des „Immer-So-Verfahrens"[830] nach überwiegender Ansicht in aller Regel geglaubt werden, dass die Aufklärung auch im konkreten Fall in der gebotenen Weise geschehen ist[831].

187 Das Aufklärungsgespräch hat rechtzeitig vor der Behandlung zu erfolgen[832]. Bzgl der Geburt bedeutet dies, dass eine Aufklärung immer dann erforderlich ist und zu einem Zeitpunkt vorgenommen werden muss, zu dem sich die Patientin in einem Zustand befindet, in dem diese Problematik mit ihr (noch) besprochen werden kann. Dies ist insbesondere zu beachten, wenn sich eine Risikogeburt konkret abzeichnet bzw dem Kind bei Durchführung bzw Fortsetzung der vaginalen Entbindung ernst zu nehmende Gefahren drohen und eine Sectio auch unter Berücksichtigung der Konstitution und der Befindlichkeit der Mutter eine medizinisch verantwortbare Alternative darstellt[833]. Grds muss dem Patienten zur angemessenen Wahrung seiner Entscheidungs- und Entschließungsfreiheit ausreichend Zeit für die Abwägung des „Für und Wider" des geplanten Eingriffs gegeben werden. Verkürzt ein Chirurg bei dem vor der Operation geführten Aufklärungsgespräch das Selbstbestimmungsrecht des Patienten durch die ungesicherte Angabe, es bestehe höchste Lebensgefahr, so ist er aufgrund der Rechtsfolge einer unwirksamen Einwilligung zum Ersatz des durch die Operation eingetretenen Schadens verpflichtet[834]. Ist die Unsicherheit über die Entscheidung erkennbar gewesen, obliegt es den Ärzten, die Einwilligung in Ruhe erneut einzuholen[835]. Bei einem Eingriff, bei dem zeitlich zugewartet werden kann, ist eine ausführlichere Aufklärung erforderlich, als bei einem Notfalleingriff unter Zeitdruck. Eine Aufklärung erst in der OP-Schleuse unter Prämedikation und erst wenige Minuten vor dem Eingriff erfolgt – außer bei Notfällen – hingegen immer zur Unzeit[836]. Bisher galt, dass vor größeren operativen Eingriffen die Aufklärung zumindest am Vortag erfolgen sollte. Eine Aufklärung am Vorabend der Operation ist nach der Rspr zu kurz bemessen, hingegen für die Aufklärung des Anästhesisten noch ausreichend[837]. Unterdessen wird seitens der Rspr die Ansicht

---

822 BGH, Urt v 21.1.2014 – VI ZR 78/13, BGHZ 199, 377 = GesR 2014, 227.
823 Kern, in: Laufs/Kern/Rehborn, HdB ArztR⁵, § 112 Rz 14.
824 OLG Dresden, Urt v 30.6.2020 – 4 U 2883/19, -juris Rz 19; OLG Karlsruhe, Urt v 12.12.2012 – 7 U 176/11, BeckRS 2013, 2329.
825 BGH, Urt v 28.1.2014 – VI ZR 143/13, NJW 2014, 1527; aA KG, Urt v 12.3.2018 – 20 U 127/16, openJur 2020, 40061 Rz 131 „Damit ist allerdings der Inhalt des erforderlichen Aufklärungsgesprächs zwischen Arzt und Patienten entgegen der Auffassung des Landgerichts noch nicht erwiesen".
826 LG Düsseldorf, Urt v 7.12.2016 – 12 O 75/16, VuR 2017, 272 ff.
827 Zum Nachweis der Aufklärung durch die Überreichung eines Infoblattes beim sog „grünen Star" BGH, Urt v 2.9.2021 – III ZR 63/20, BGHZ, 321, 31 ff = NJW 2021, 3528 ff.
828 BGH, Urt v 2.9.2021 – III ZR 63/20, BGHZ, 321, 31 ff = NJW 2021, 3528 ff.
829 BGH, Urt v 2.9.2021 – III ZR 63/20, BGHZ, 321, 31 ff = NJW 2021, 3528 ff.
830 Kern, in: Laufs/Kern/Rehborn, HdB ArztR⁵, § 112 Rz 18.
831 OLG Dresden, Urt v 30.6.2020 – 4 U 2883/19, -juris Rz 19; OLG Karlsruhe, Urt v 12.12.2012 – 7 U 176/11, BeckRS 2013, 2329.
832 Zum Zeitpunkt und Umfang der ärztlichen Risikoaufklärung BGH, Urt v 7.4.1992 – VI ZR 192/91, NJW 1992, 2351.
833 BGH, Urt v 17.5.2011 – VI ZR 69/10, VersR 2011, 1146, Nr 10, 11.
834 BGH, Urt v 17.5.2011 – VI ZR 69/10, VersR 2011, 1146, Nr 10, 11.
835 BGH, Urt v 17.5.2011 – VI ZR 69/10, VersR 2011, 1146, Nr 10, 11.
836 Zur Unzeit der Aufklärung in der OP-Schleuse unter Prämedikation BGH, Urt v 14.6.1994 – VI ZR 178/93, NJW 1994, 3009, 3011.
837 Kern, in: Laufs/Kern/Rehborn, HdB ArztR⁵, § 67 Rz 24.

vertreten, dass nach § 630e Abs 2 Satz 1 Nr 2 die Patienten vor einem beabsichtigten Eingriff so rechtzeitig aufgeklärt werden müssen, dass sie durch hinreichende Abwägung der für und gegen den Eingriff sprechenden Gründe ihre wohlüberlegte Entscheidung treffen können[838]. Die Bestimmung würde keine vor der Einwilligung einzuhaltende „Sperrfrist" vorhalten, deren Nichteinhaltung zur Unwirksamkeit der Einwilligung führe[839]; sie würde zudem kein Erfordernis enthalten, nach welchem zwischen Aufklärung und Einwilligung ein ganz bestimmter Zeitraum liegen müsse[840]. Fühlt sich der Patient gleich nach dem Gespräch „zu einer wohlüberlegten Entscheidung in der Lage, ist es sein gutes Recht, die Einwilligung sofort zu erteilen". Von jemandem, der noch Bedenkzeit braucht, wird umgekehrt erwartet, dass er diesen Umstand dem Behandler gegenüber auch zum Ausdruck bringt. Bei kleineren ambulanten Eingriffen kann die Aufklärung am Tag des Eingriffs erfolgen, sofern nicht erst unmittelbar im OP-Bereich aufgeklärt wird[841]. Bei schwerwiegenden Eingriffen mit erheblichen Risiken können dagegen auch mehrere Gespräche in Teilabschnitten erforderlich sein[842]. Bei einem zeitlichen langen Abstand zwischen dem Aufklärungsgespräch und der Operation kann sogar eine erneute Aufklärung erforderlich werden, eine sog Doppelaufklärung[843]. Eine nachträglich erteilte Genehmigung des Eingriffs durch den Patienten ist keine wirksame Einwilligung[844]. Ein – auch formloser – Widerruf vor dem Eingriff entzieht der bereits erteilten Einwilligung deren rechtliche Wirkung.

188 Stets sind bei der Aufklärung personen-, zeit- und inhaltsbezogene Aspekte zu beachten. Personenbezogen ist zu klären, wer aufklärt; zu beachten ist, dass seitens des Arztes bei der Aufklärung keine Delegation an nichtärztliches Personal möglich ist. Zwar obliegt die Aufklärungs- ebenso wie die Beratungspflicht nach § 630c Abs 2 dem behandelnden Arzt[845] und ist nur innerhalb des jeweiligen Fachs möglich[846], jedoch ist bspw die ärztliche Aufklärung nach § 630e Abs 2 Satz 1 Nr 1 auf eine Person mit entsprechender Ausbildung für die geplante Maßnahme delegationsfähig[847].

189 Sprachliche Barrieren bei nicht deutschsprachigen Patienten[848] müssen gegebenenfalls durch die Inanspruchnahme sprachkundigen Krankenhauspersonals[849], Angehöriger[850] oder Übersetzer sowie Dolmetscher[851], überwunden werden, wobei den Patienten eine Verpflichtung trifft, auf seine Verständnisschwierigkeiten auch hinzuweisen[852]. Auch die Hinzuziehung eines Gebärdendolmetschers kann bei schwerhörigen bzw tauben Patienten erforderlich sein. In jedem Fall ist der Arzt dazu angehalten, nachzufragen, ob der Patient den Inhalt der Aufklärung sprachlich und inhaltlich verstanden hat und ob noch Fragen offen sind.

190 cc) **Aufklärungsgespräch im Rahmen der Fernbehandlung.** Bisher war die Frage eines Aufklärungsverschuldens bei ausschließlichem Einsatz eines Fernkommunikationsmittels nicht geklärt. § 630e Abs 2 Satz 1 Nr 1 fordert eine mündliche Aufklärung des Patienten. Da bei Einsatz der meisten telemedizinischen Angebote, wie Videotelefonie, Nachfragen möglich sind, wurde das Vorliegen der Mündlichkeit zwar anerkannt, beschränkte sich jedoch auf einfache Behandlungsfälle[853]. Der BGH bestätigte, dass unter gewissen Voraussetzungen auch ein telefoni-

---

838 BGH, Urt v 20.12.2022 – VI ZR 375/21, -juris.
839 BGH, Urt v 20.12.2022 – VI ZR 375/21, -juris.
840 BGH, Urt v 20.12.2022 – VI ZR 375/21, -juris.
841 Zur Unwirksamkeit einer unter Drängen des Arztes erteilten Einwilligung des Patienten BGH, Urt v 17.2.1998 – VI ZR 42/97, NJW 1998, 1784, 1785; Kern, in: Laufs/Kern/Rehborn, HdB ArztR[5], § 67 Rz 25.
842 „Veto-Entscheidung" BGH, Urt v 10.10.2006 – VI ZR 74/05, NJW 2007, 217, 218 m Anm Lipp MedR 2008, 292, 293; Kern, in: Laufs/Kern/Rehborn, HdB ArztR[5], § 67 Rz 31.
843 Zum Zeitpunkt und Umfang der ärztlichen Risikoaufklärung BGH, Urt v 7.4.1992 – VI ZR 192/91, NJW 1992, 2351.
844 „Zitronensaftfall" BGH, Urt v 22.12.2010 – 3 StR 239/10, NJW 2011, 1088, 1089; Kern, in: Laufs/Kern/Rehborn, HdB ArztR[5], § 67 Rz 25.
845 BGH, Urt v 27.11.1973 – VI ZR 167/72, NJW 1974, 604, 605 f; zum Aufklärungsfehler bei Aufklärung durch eine Arzthelferin OLG Celle, Urt v 15.6.1981 – 1 U 34/80, VersR 1981, 1184; Kern, in: Laufs/Kern/Rehborn, HdB ArztR[5], § 64 Rz 12.
846 Kern, in: Laufs/Kern/Rehborn, HdB ArztR[5], § 67 Rz 4.
847 Vgl hierzu § 630b Rz 54; Grüneberg[81]/Weidenkaff, § 630a Rz 15.
848 Vgl hierzu § 630e Rz 73 bis 75.
849 Zur Krankenschwester als Übersetzerin OLG München, Urt v 26.11.1992 – 1 U 6976/91,VersR 1993, 1488; zur Aufklärung unter Assistenz der eigenen Tochter und einer Putzhilfe als Übersetzerin OLG Karlsruhe, Urt v 2.8.1995 – 13 U 44/94, VersR 1997, 241; zur unvollständigen Risikoaufklärung eines fremdsprachigen Patienten durch den Stationsarzt OLG Karlsruhe, Urt v 19.3.1997 – 13 U 42/96, NJW-RR 1998, 459; vgl weiterführend Wienke Orth Unfallchir 2017, 32.
850 Zur Übersetzung durch die Ehefrau und Söhne des fremdsprachigen Patienten OLG Köln, Urt v 9.12.2015 – I-5 U 184/14, VersR 2016, 994; zur Aufklärung unter Assistenz der eigenen Tochter und einer Putzhilfe als Übersetzerin OLG Karlsruhe, Urt v 2.8.1995 – 13 U 44/94, VersR 1997, 241.
851 Zur Aufklärung einer sprachunkundigen ausländischen Patientin, hier: Sterilisationseingriff OLG Düsseldorf, Urt v 12.10.1998 – 8 U 60/88, NJW 1990, 771, 771; vgl ausführlich Kern, Schwachstellenanalyse der Rechtsprechung, in: Laufs/Dierks/Albrecht/Wienke/Graf-Baumann/Hirsch (Hrsg), Die Entwicklung der Arzthaftung, 313, 314, 316.
852 Vgl Kern, in: Laufs/Kern/Rehborn, HdB ArztR[5], § 67 Rz 18.
853 BGH, Urt v 15.6.2010 – VI ZR 204/09, NJW 2010, 2430, 2431.

sches Aufklärungsgespräch ausreichend sein kann. Dies wurde jedoch ausdrücklich auf einfach gelagerte Fälle beschränkt und bekräftigt, dass der Patient mit der Aufklärung per Telefon einverstanden sein muss[854]. Eine nicht persönliche Aufklärung, bspw über Algorithmen, Papier oder E-Mails war somit unzulässig. Dies hat sich durch das Digitale-Versorgung-Gesetz (DVG)[855] geändert. In der Gesetzesbegründung[856] wird zu Nummer 37 Buchst a ausgeführt, dass die berufs- und sozialrechtliche Ausweitung telemedizinischer Behandlungsmöglichkeiten zu einer Ausweitung der Nutzung der Videosprechstunde führen wird. „Soweit im Rahmen einer Videosprechstunde eine medizinische Maßnahme vorgenommen wird, ist der Behandelnde verpflichtet, die Einwilligung des Patienten einzuholen und die Patienten zuvor umfassend aufzuklären. Das traditionell übliche persönliche Gespräch in der Praxis des Behandelnden kann heute durch die Verwendung von Telekommunikationsmitteln ersetzt werden, ohne dass Patient und Behandelnder sich in den gleichen Räumlichkeiten aufhalten müssen. Gleiches gilt für die Aufklärungspflicht des Behandelnden gegenüber dem Patienten hinsichtlich Art, Umfang, Durchführung, zu erwartende Folgen und Risiken einer einwilligungsbedürftigen medizinischen Maßnahme." Es gilt dadurch als gesichert, dass der Patient alle erforderlichen Rückfragen mit dem Behandelnden unmittelbar erörtern kann[857]. Die Patienten müssen, neben der medizinisch-fachlichen Aufklärung, über die technischen Anforderungen einer ausschließlichen Beratung und Behandlung über Kommunikationsmedien aufgeklärt werden. Dabei sind die allgemeinen Bestimmungen zur Aufklärung zu beachten, vgl §§ 630e, 630h Abs 2 und MBO-Ä § 8, insbesondere, dass bei der telemedizinischen Behandlung der Aufklärungsumfang um die Besonderheiten der ausschließlichen Beratung und Behandlung über Kommunikationsmedien gemäß MBO-Ä § 7 Abs 4 Satz 3 erweitert wird[858]. Dies betrifft sowohl den Hinweis, dass die Qualität der Daten von dem Kommunikationsmedium abhängig ist, dass ein Risiko des Datenverlustes besteht sowie den Hinweis auf die sicherere Alternative eines persönlichen Kontaktes. Zudem müssen die Patienten ua über eine eingeschränkte Befunderhebung aufgeklärt werden, auch darüber, dass die Patienten ggfs in die Arztpraxis oder Klinik kommen müssen. Eine mündliche Aufklärung mittels Telekommunikationsmittel kann ausreichend sein, sollte dann aber auch als solche in der Patientenakte dokumentiert werden. Ist die Aufklärung unzulänglich, fehlt dem Arzt die rechtfertigende Einwilligung des Patienten in die Behandlung. Dies gilt unabhängig davon, ob die Aufklärung fernmündlich, per Videosprechstunde oder in einem persönlichen Gespräch stattfindet. Die Einwilligung des Patienten hat sich darüber hinaus bei der Videosprechstunde gemäß der Vereinbarung über die Anforderungen an die technischen Verfahren zur Videosprechstunde gemäß SGB V § 365 Abs 1 insbesondere auch auf die Datenverarbeitung des genutzten Videodienstanbieters zu beziehen. Sie muss daher die Anforderungen der DSGVO Art 9 Abs 2 lit a) iVm Art 7 erfüllen, sodass der Verantwortliche gemäß DSGVO Art 7 Abs 1 die Einwilligung nachweisen können muss.

dd) **Umfang der Selbstbestimmungsaufklärung.** Grds stellt die Selbstbestimmungsaufklärung die Entscheidungsgrundlage des Patienten dar, um frei und selbstverantwortlich über die Durchführung einer ärztlichen Behandlung urteilen zu können. Der Patient soll über das Wesen der Behandlung oder des Eingriffs „im Großen und Ganzen"[859] aufgeklärt werden[860]. Ärzte klären dabei Patienten selten zu viel auf, sondern in der Regel zu wenig, insbesondere über die Risiken und potentiell negativen Folgen einer Behandlung. Der BGH hat aktuell die Untergrenze für die Aufklärung erneut definiert[861].

Nach der Aufklärung soll der Patient sich ein Bild von Art und Verlauf seiner Krankheit, möglichen Behandlungsmethoden und deren Alternativen sowie des jeweiligen Spektrums und der Schwere der Risiken machen können[862]. Der Patient soll anhand aller durch den Arzt vermit-

---

854 BGH, Urt v 15.6.2010 – VI ZR 204/09, NJW 2010, 2430, 2431.
855 BGBl 2019 I, S 2562; Gesetz für eine bessere Versorgung durch Digitalisierung und Innovation (Digitale-Versorgung-Gesetz – DVG).
856 BT-Drucks 19/13438, 70.
857 Vgl Anlage 31b zum BMV-Ä Vereinbarung über die Anforderungen an die technischen Verfahren zur Videosprechstunde gemäß SGB V (v 21.10.2016 id Fassung v 25.2.2021 mit Wirkung z 20.3.2021) § 365 Abs 1 über die Anforderungen an die technischen Verfahren zur Videosprechstunde gemäß SGB V § 365 Abs 1 iVm Anlage 31b zum BMV-Ä § 4 Abs 3 iVm § 5 Abs 1 Nr 2; nach diesen Normen darf die Videosprechstunde nur von einem Vertragsarzt durchgeführt werden.
858 Vgl Anlage 31b zum BMV-Ä Vereinbarung über die Anforderungen an die technischen Verfahren zur Videosprechstunde gemäß SGB V (v 21.10.2016 id Fassung v 25.2.2021 mit Wirkung z 20.3.2021) § 365 Abs 1.
859 BGH, Urt v 2.11.1976 – VI ZR 134/75, NJW 1977, 337; BGH Urt v 23.10.1979 – VI ZR 197/78, NJW 1980, 633; BGH, Urt v 11.10.2016 – VI ZR 462/15, NJW-RR 2017, 533; BGH, Urt v 29.1.2019 – VI ZR 117/18, NJW 2019, 1283; OLG Dresden, Beschl v 3.9.2020 – 4 U 905/20, NJW-RR 2021, 25.
860 Kern/Rehborn, in: Laufs/Kern/Rehborn, HdB ArztR[5], § 63 Rz 7 f.
861 BGH, Urt v 28.5.2019 – VI ZR 27/17, NJW 2019, 2320, 2320.
862 Kern/Rehborn, in: Laufs/Kern/Rehborn, HdB ArztR[5], § 15 Rz 17.

telten Informationen entscheiden können, wie wahrscheinlich ein Heilerfolg ist und welche Risiken mit der Diagnostik, dem Eingriff oder der Behandlung verbunden sind, um sich eigenverantwortlich für oder gegen den medizinischen Eingriff zu entscheiden[863]. Ist der Erfolg einer Operation nicht nur zweifelhaft, sondern führt sie günstigstenfalls zu einem vorübergehenden Heilerfolg, so sind an die Aufklärungspflicht strenge Anforderungen zu stellen; dem Patienten ist zu verdeutlichen, dass durch die vorgesehene Operation nicht nur das Ziel verfehlt werden kann (bspw mindestens vorübergehende Schmerzfreiheit), sondern es sogar zu einer Verschlimmerung seiner Beschwerden kommen kann[864].

193 Der Umfang der Aufklärung hängt von der Dringlichkeit des Eingriffs ab[865]. Die Dringlichkeit darf aber nicht dramatisiert werden[866], dies stellt wiederum einen Behandlungsfehler dar[867].

194 Zudem erweist sich der Anerkennungsgrad des geplanten Verfahrens iRd Aufklärung über den geplanten Eingriff als wesentlich. Heilversuche bedürfen einer wesentlich ausführlicheren Aufklärung als die Darstellung schulmedizinischer Standardmethoden[868]. Schließlich muss das Aufklärungsbegehren des Patienten berücksichtigt werden. Bei eigenem vollumfänglichen Verzicht des Patienten auf ärztliche Aufklärung gemäß §§ 630c Abs 4, 630e Abs 3, muss der Patient zumindest ein Mindestmaß an Information erhalten, es sei denn, der Patient ist selber Arzt und kennt die Gefahren, über die er aufgeklärt werden würde, aus seinem eigenen Berufsleben nachweislich sehr gut[869]. Behauptet der Patient, infolge verminderter Auffassungsgabe habe er die ärztlichen Informationen beim Aufklärungsgespräch nicht verstanden, ist das haftungsrechtlich unerheblich, wenn nicht vorgetragen wird, aufgrund welcher tatsächlichen Umstände, insbesondere Patientenerklärungen, der Arzt dies habe feststellen und berücksichtigen müssen[870]. Für Aufklärungsdefizite, die auf für den Arzt nicht erkennbaren Verständnisproblemen des Patienten beruhen, besteht keine Arzthaftung.

195 Allgemein bekannte Risiken, wie das Verbleiben einer Narbe nach einer Operationswunde oder blaue Flecken nach der Blutabnahme bedürfen weder im Rahmen der Grund- noch der Risikoaufklärung bis auf Einzelfälle[871] nicht unbedingt der ausdrücklichen Erwähnung[872]. Seltene Gefahren, die dem Eingriff immanent sind und eintreten können[873], sind hingegen zu nennen, sollten diese für den Patienten eine besondere Bedeutung im Rahmen seiner Lebensführung entwickeln[874]. Dies ist bspw anzunehmen, wenn eine Patientin über das Risiko einer schweren Behinderung ihres ungeborenen Kindes nicht aufgeklärt wurde, wobei es keine Rolle spielt, dass die festgestellte Erkrankung nur in 12 % der diagnostizierten Fälle zu einer schweren Behinderung führt[875]. Die Patientin trifft im Gegenzug für die Begründung ihres Schadensersatzes die Darlegungslast, dass sie bei ordnungsgemäßer Aufklärung das Kind abgetrieben und dies in StGB

---

863 Zu den Risiken bei Fettabsaugung OLG Düsseldorf, Beschl v 20.3.2003 – 8 U 18/02, NJW-RR 2003, 1331; zur Aufklärung iRd LASIK-Operation: der Patient muss schonungslos darüber informiert werden, dass es zu einem Sehkraftverlust bis hin zur Erblindung kommen kann OLG Koblenz, Urt v 29.10.2014 – 5 U 732/14, MDR 2015, 213.

864 OLG Hamm, Urt v 5.6.1989 – 3 U 351/88, VersR 1990, 855, 856.

865 Zur Aufklärungspflicht des Arztes vor einer kosmetischen Operation BGH, Urt v 6.11.1990 – VI ZR 8/90, NJW 1991, 2349.

866 Zur Unwirksamkeit einer unter Drängen des Arztes erteilten Einwilligung zur Operation BGH, Urt v 17.2.1998 – VI ZR 42/97, NJW 1998, 1784, 1785; zur Verkürzung des Selbstbestimmungsrechtes des Patienten durch die ungesicherte Angabe, es bestehe höchste Lebensgefahr BGH, Urt v 26.6.1990 – VI ZR 289/89, NJW 1990, 2928; OLG Stuttgart, Urt v 14.4.1988 – 14 U 16/87, VersR 1988, 695, 696, 697; BGH, Beschl v 29.11.1988 – VI ZR 140/88, VersR 1989, 478.

867 OLG Stuttgart, Urt v 14.4.1988 – 14 U 16/87, VersR 1988, 695; BGH, Urt v 17.2.1998 – VI ZR 42/97, NJW 1998, 1784; zur Rechtsfolge der Unwirksamkeit einer Einwilligung unter Druck OLG Köln, Urt v 16.1.2019 – 5 U 29/17, MDR 2019, 671.

868 Zum ärztlichen Heilversuch und den Anforderungen an die ärztliche Aufklärung BGH, Urt v 18.5.2021 – VI ZR 401/19, ZMGR 2021, 284, 284 ff.

869 OLG Koblenz, Hinweisbeschl v 1.8.2011 – 5 U 713/11, MedR 2012, 193, 194; Kern, in: Laufs/Kern/Rehborn (Hrsg), HdB ArztR⁵, § 67 Rz 19.

870 OLG Koblenz, Hinweisbeschl v 1.8.2011 – 5 U 713/11, MedR 2012, 193, 194.

871 Ausnahmen hiervon stellt zB die Aufklärung vor der Brustreduktionsplastik nach McKissok dar, hier ist die Aufklärung nur wirksam, wenn der Patientin vorher in schonungsloser Offenheit und Härte durch Verwendung von Farbbildern über die in bis zu 50 % der Fälle auftretenden derben, manchmal juckenden Wulstnarben aufgeklärt wurde OLG München, Urt v 19.9.1985 – 24 U 117/85, MedR 1988, 187 f.

872 BGH, Urt v 14.6.1994 – VI ZR 260/93, NJW 1994, 2414.

873 BGH, Urt v 7.2.1984 – VI ZR 174/82, NJW 1984, 1397; zur Beweisanforderung bei Aufklärungsversäumnis bei zuvor verweigerter Zustimmung des Patienten BGH, Urt v 14.6.1994 – VI ZR 260/93, NJW 1994, 2414, 2415.

874 BGH, Urt v 23.10.1979 – VI ZR 197/78, NJW 1980, 633; BGH, Urt v 7.2.1984 – VI ZR 174/82, NJW 1984, 1397; zu spezifisch mit dem Eingriff verbundenen Risiken, die bei Verwirklichung die Lebensführung des Patienten belasten BGH, Beschl v 30.11.2004 – VI ZR 209/04; zu Risiken bei der Dialyse von Patienten mit Einschränkungen, hier Erblindung, und zur daraus resultierenden Aufklärung OLG Hamm, Urt v 16.2.2016 – 26 U 18/15, openJur 2016, 770 Rz 66, 67.

875 OLG Karlsruhe, Urt v 19.2.2020 – 7 U 139/16, MedR 2021, 52, 53, 54 f m Anm Ziegler MedR 2021, 57, 58.

§ 218a eine Rechtfertigung gefunden hätte[876]. Eine Aufklärungspflicht kann auch bei Risiken mit einer äußerst geringen Komplikationsdichte bestehen[877]. Entscheidend ist, dass es sich um ein spezifisch mit dem Eingriff verbundenes Risiko handelt, das bei seiner Verwirklichung geeignet ist, die Lebensführung des Patienten besonders zu belasten[878]. So ist bei einer Leistenbruchoperation nötig darüber aufzuklären, dass durch den Eingriff im Bruchbereich verlaufende Nerven verletzt und dadurch Schmerzen ausgelöst werden können, die in seltenen Fällen auch dauerhaft sein können[879]. Ein Pflichtwidrigkeitszusammenhang besteht bei einem Aufklärungsmangel iRd der Risiko- oder Selbstbestimmungsaufklärung nur dann, wenn die Aufklärung über dasjenige Risiko unterblieben ist, das schließlich zu dem vorgeworfenen Gesundheitsschaden geführt hat[880].

Der Patient muss bei der Aufklärung im vollen Besitz seiner Erkenntnis- und Entscheidungsfreiheit sein, was bei starken Schmerzen zwar im Einzelfall eingeschränkt[881], aber dennoch grds möglich sein wird[882]. Für die Wirksamkeit der Einwilligung ist erforderlich, dass der Patient nach seiner geistigen und sittlichen Reife imstande war, Bedeutung und Tragweite des Rechtsgutsverzichts zu erkennen und sachgerecht zu beurteilen. Willensmängel, die auf Täuschung oder Zwang durch den Arzt zurückzuführen sind, lassen die rechtfertigende Wirkung der „Einwilligungserklärung" entfallen, zum Beispiel die Täuschung über eigene ärztliche Erfahrung, aber auch die Bagatellisierung eines Eingriffs mit erheblichen (post-)operativen Risiken und Komplikationen. Die Einwilligungsfähigkeit beim erwachsenen Menschen ist die Regel. Wenn der Patient dies in Abrede stellen wolle, trägt er dafür die Beweislast, zumindest dann, wenn die Gesamtschau die fehlende Einwilligungsfähigkeit nicht eindeutig indiziert. Ein Erfahrungssatz dahingehend, dass starke Schmerzen die Einwilligungsfähigkeit in jedem Fall einschränken oder aufheben würden, existiert nicht[883]. Hier hängt die Wirksamkeit von der Einzelfall- und/oder einer ggf vorliegenden Notfallsituation ab[884]. Der Arzt ist auch dann zur Selbstbestimmungsaufklärung verpflichtet, wenn ein Arbeitgeber in seinem Betrieb selbstständig eine Grippeschutzimpfung der Arbeitnehmer organisiert. Der Arbeitgeber als idR medizinischer Laie kann iSd § 241 Abs 2 nicht zur medizinischen Aufklärung gegenüber seinen Arbeitnehmern verpflichtet sein. Infolgedessen ist ihm auch kein ärztliches Fehlverhalten über § 278 zurechenbar[885].

ee) **Therapeutische Aufklärung/Sicherungsaufklärung.** Der Gesetzgeber hat die therapeutische Aufklärung bzw Sicherungsaufklärung im Sinne der Rspr in § 630c Abs 2 aufgegriffen. Die Unterlassung einer therapeutischen Aufklärung bzw der Sicherungsaufklärung ist als Behandlungsfehler verbunden mit der Beweislast des Patienten zu qualifizieren. Bezüglich des Unterlassens der Aufklärung macht es keinen Unterschied, ob gesundheitliche Gefahren abgewendet werden. Dem Arzt wird eine Aufklärungspflicht auferlegt, welche ausschließlich im Interesse des Patienten liegt. In § 630c Abs 3 greift der Gesetzgeber die wirtschaftliche Aufklärung auf.

Bei der Sicherungsaufklärung (oder therapeutischen Aufklärung) handelt es sich nicht um eine klassische Aufklärungsform, sondern einen essenziellen Teil ärztlicher Nachbehandlung, wobei diesbezügliche Fehler tatsächlich als Behandlungs- und nicht als Aufklärungsfehler zu werten sind[886]. Diese spezielle Form dient nach Vornahme des Eingriffs der Beratung und Information des Patienten über eventuelle Unverträglichkeiten, Neben- sowie Wechselwirkungen von Medikamenten, Einschränkungen der Fahrtüchtigkeit, Kontrolle vor Überdosierung sowie weiteren Informationen über erforderliche Maßnahmen der Nachbehandlung. Auch soll der Patient informiert werden, wie er einen Beitrag zur Genesung leisten kann, so etwa der Hinweis auf die

---

876 OLG Karlsruhe, Urt v 19.2.2020 – 7 U 139/16, MedR 2021, 52, 53, 54 f.
877 Zur Aufklärungspflicht bei statistisch geringen Risiken BGH, Urt v 15.2.2000 – VI ZR 48/99, BGHZ 144, 1, 5 = NJW 2000, 1784.
878 Über die Aufklärungsbedürftigkeit entscheidet nicht die Komplikationsdichte eines trotz seiner Seltenheit spezifisch mit der Therapie verbundenen Risikos (hier etwa 1:400000), sondern die Bedeutung, die es für den Patienten haben kann, vgl OLG Bremen, Urt v 27.9.1989 – 1 U 2/89 [b], VersR 1991, 425.
879 OLG Dresden, Urt v 20.7.2021 – 4 U 2901/19, openJur 2021, 25783.
880 OLG Dresden, Urt v 20.7.2021 – 4 U 2901/19, openJur 2021, 25783.
881 Zur Einwilligung unter der Geburt OLG Naumburg, Urt v 6.2.2014 – 1 U 54/13; zur Einwilligung bei Schmerzen, die den Patienten im Einzelfall „einwilligungsunfähig" erscheinen ließen OLG Frankfurt, Urt v 19.5.1983 – 1 U 65/80, MedR 1984, 194, 196.
882 Zur Einwilligungsfähigkeit des schmerzbeeinträchtigten Patienten OLG Koblenz, Urt v 1.10.2014 – 5 U 463/14, MedR 2015, 422 m Bespr Genske, MedR 2016, 173 f.
883 OLG Koblenz, Urt v 1.10.2014 – 5 U 463/14, MedR 2015, 422.
884 Zur Frage, in welchem Umfang ein Unfallpatient über zur Wahl stehende Behandlungsmöglichkeiten aufzuklären ist vgl BGH, Urt v 11.5.1982 – VI ZR 171/80, MedR 1983, 23 f.
885 IRd betrieblich organisierten Grippeschutzimpfung vgl BAG, Urt v 21.12.2017 – 8 AZR 853/16, NJW 2018, 1835.
886 Zur Nichtaufklärung über einen lebensbedrohlichen Befund BGH, Urt v 25.4.1989 – VI ZR 175/88, BGHZ 107, 222, 226.; zum allgemeinen Grds der Aufklärungspflicht BGH, Urt v 7.2.1984 – VI ZR 188/82, BGHZ 90, 96. 99.

Vermeidung sportlicher Aktivitäten bei Gefährdung unter Belastungsbedingung[887] oder Vorsichtsmaßnahmen zur Thromboseprophylaxe[888]. Eine therapeutische Aufklärung ist zudem geboten, wenn von der Erkrankung auch Gefahren für Dritte im Wege der Ansteckung resultieren können[889].

199 ff) **Mutmaßliche Einwilligung.** Der Arzt muss den Eingriff in Kenntnis und aufgrund der Patienteneinwilligung vornehmen. In manchen Situationen (Bewusstlosigkeit) kann der Patient die Einwilligung nicht selbst erteilen. Unter bestimmten Einschränkungen darf ein erforderlicher Eingriff vorgenommen werden, sofern dies dem mutmaßlichen Willen des Patienten entspricht, § 630h Abs 1 Satz 4. Sofern der Einwilligungsmangel darin begründet liegt, dass die Einwilligung von dem Behandelnden aus von ihm nicht zu vertretenden Gründen nicht eingeholt werden konnte, kann sich der Behandelnde ggfs mit dem Instrument der mutmaßlichen Einwilligung nach § 630d Abs 1 Satz 4 behelfen. Bei einem zuvor geäußerten entgegenstehenden Willen der Patientin (der auf eine bekannte Ablehnung der Operationserweiterung gerichtet ist, so beispielsweise bei einer Uterusentfernung bei bestehendem Kinderwunsch) ohne vitale Indikation, ist dieser Wille beachtlich und kann auch nicht „aus Gründen der ärztlichen Vernunft" überschritten werden[890].

200 gg) **Hypothetische Einwilligung.** Die mutmaßliche Einwilligung ist nicht zu verwechseln mit der sog hypothetischen Einwilligung nach § 630h Abs 2 Satz 2[891]. Diese wird angenommen, wenn bei fehlender oder auch nur unvollständiger Einwilligung der Arzt sich damit entlasten könnte, dass der Patient bei Kenntnis aller Umstände trotzdem in den Eingriff eingewilligt hätte[892]. Der Behandler hat darzulegen, dass der Patient der Behandlung ohnehin zugestimmt hätte. Besonders effektiv ist dieser Einwand vorzubringen, wenn durch die Behandlung eine Lebensgefahr für den Patienten beseitigt wird und somit das Rechtsgut Leben (des zu Behandelnden) geschützt wird. Beruft sich der Behandler hinsichtlich des Vorwurfes des Patienten, er habe ihn nicht ordnungsgemäß aufgeklärt, auf den Einwand der hypothetischen Einwilligung, so muss zunächst einmal festgestellt werden, inwieweit der Patient vor dem Eingriff hätte aufgeklärt werden müssen[893]. Es bedarf für die Entscheidung über die hypothetische Einwilligung dann aber keiner Feststellung, ob der Patient tatsächlich vollständig aufgeklärt worden ist[894]. Diskussionen um die rechtspolitische Rechtfertigung der hypothetischen Einwilligung hat der Gesetzgeber mit deren Normierung in § 630h Abs 2 Satz 2 beendet und umfangreiche Kritik an dieser Rechtsfigur damit zurückgewiesen[895]. Das Gericht hat als primärer Adressat aller Regelungen zur Beweislast den seitens eines Behandelnden erhobenen Einwand hypothetischer Einwilligung bei der Rechtsfindung zu beachten[896]. Diese Grundsätze gelten nach allgemein vorherrschender Meinung nicht nur für vertragliche, sondern auch für deliktische Ansprüche gegen Behandelnde[897]. Auf den Schutzzweck der Norm muss es nicht mehr ankommen, denn auf diesen hat auch der Gesetzgeber nicht abgestellt[898]. Voraussetzung der hypothetischen Einwilligung ist stets die gedanklich dem Behandler unterstellte ordnungsgemäß und vollständig durchgeführte Aufklärung[899]. Das Gericht darf diesen Einwand nicht von Amts wegen prüfen[900], sondern ist diesbezüglich auf das selbständige ausdrückliche Vorbringen der Beklagtenseite im ersten Rechtszug angewiesen[901]. Der Einwand der hypothetischen Einwilligung muss von dem Behandler zwingend erstinstanz-

---

887 Zur fehlerhaften Auswertung eines EKG mit Todesfolge OLG Köln, Urt v 10.4.1991 – 27 U 35/90, VersR 1992, 1231.
888 Zur Arzthaftung wegen zu späten Erkennens einer Beinthrombose OLG Bremen, Urt v 6.4.1999 – 3 U 101/98, VersR 1999, 1151.
889 Zu Amtspflichten zu staatlicher Schutzimpfung BGH, Urt v 7.7.1994 – III ZR 52/93, BGHZ 126, 386 = NJW 1994, 3012, 3013.
890 Zu „Gründen der ärztlichen Vernunft" bewusst und gewollt gegen den ausdrücklich erklärten Willen des Patienten vgl BGH, Urt v 20.5.2003 – 5 StR 592/02, NJW 2003, 1932, 1933 = openJur 2010, 9869 Rz 8, zitiert auch im „Berliner Zwillingsfall" BGH, Urt v 11.11.2020 – 5 StR 256/20, openJur 2021, 35279 Rz 39.
891 Vgl vor § 630h Rz 110, 111, 112; umfassend § 630h Rz 66–77.
892 Vgl BGH, Urt v 7.12.2021 – VI ZR 277/19, VersR 2022, 245.
893 OLG Schleswig, Beschl v 18.10.2018 – 4 U 55/18, openJur 2020, 68883 Rz 29, 30.
894 OLG Schleswig, Beschl v 18.10.2018 – 4 U 55/18, openJur 2020, 68883 Rz 29, 30.
895 Rehborn, Die hypothetische Einwilligung, in: Katzenmeier (Hrsg), Festschr für Dieter Hart, 456, 477; dies gilt nach umstrittener Ansicht jedoch nicht zwingend im Strafrecht vgl Sowada NStZ 2012, 1 ff; Rönnau JuS 2014, 882 ff, jeweils mwN; für die Anwendung der Rechtsfigur im Strafrecht vgl BGH, NStZ 2008, 150.
896 Rehborn, Die hypothetische Einwilligung, in: Katzenmeier (Hrsg), Festschr für Dieter Hart, 456, 477.
897 Rehborn, Die hypothetische Einwilligung, in: Katzenmeier (Hrsg), Festschr für Dieter Hart, 456, 477; zur Aufklärungspflicht des Arztes bei einer intraartikulären Injektion und zur Verwirklichung eines nicht aufklärungspflichtigen Risikos BGH, Urt v 14.2.1989 – VI ZR 65/88, BGHZ 106, 391.
898 Rehborn, Die hypothetische Einwilligung, in: Katzenmeier (Hrsg), Festschr für Dieter Hart, 456, 477.
899 BGH, Urt v 18.5.2021 – VI ZR 401/19, MedR 2021, 897; BGH, Urt v 21.5.2019 – VI ZR 119/18, MedR 2020, 125; BGH, Urt v 5.2.1991 – VI ZR 108/90, MedR 1991, 200.
900 Grüneberg[81]/Weidenkaff, § 630h Rz 5.
901 OLG Oldenburg, Urt v 19.3.2014 – 5 U 1/12, openJur 2014, 9798 Rz 30, 31; OLG Schleswig, Beschl v 18.10.2018 – 4 U 55/18, openJur 2020, 68883 Rz 29, 30.

lich und nicht lediglich konkludent erhoben werden, wenn ein Aufklärungsmangel vorliegt[902]. Unterlässt der Arzt dies, erfolgt keine Prüfung von Amts wegen, sodass die Aufklärungsrüge durchgreift und eine Haftung des Arztes oder des Krankenhauses gegeben ist. Zudem darf kein richterlicher Hinweis erteilt werden, sollte es entgegen der richterlichen Erwartung an einem entsprechenden Vorbringen fehlen[903]. Der Hypothese ist der Beurteilung der Frage zugrunde zu legen, ob der Patient einen Entscheidungskonflikt[904] plausibel gemacht hat[905]. An die Substantiierungspflicht bzgl des erforderlichen „echten Entscheidungskonfliktes" des Patienten[906] werden keine hohen Anforderungen gestellt[907], wenn der Patient zur Überzeugung des Tatrichters plausibel macht, dass er – wäre er ordnungsgemäß aufgeklärt worden – vor einem solchen gestanden hätte. Von dem Patienten ist nicht zu verlangen, dass er weitergehend plausibel macht, dass er sich in einem Fall der ordnungsgemäßen Aufklärung auch tatsächlich gegen die durchgeführte ärztliche Behandlungsmaßnahme entschieden hätte[908]. Dabei darf der Richter nicht seine eigene Beurteilung eines möglichen Entscheidungskonflikts anstelle der des Patienten setzen[909]. Gleichwohl ist für dessen Plausibilität die (Not-)lage des Patienten sowie die Dringlichkeit des Eingriffs maßgeblich[910]. Ein Entscheidungskonflikt ist nicht erforderlich, wenn es sich bei dem Eingriff nicht um einen Heileingriff gehandelt hat, wie bspw bei der Blutspende[911], hier genügt die plausible Erklärung des Patienten, dass er bei ordnungsgemäßer Aufklärung in den Eingriff nicht eingewilligt hätte. Ist ein ernsthafter Entscheidungskonflikt nicht plausibel, hat der Einwand des rechtmäßigen Alternativverhaltens Erfolg[912]. Hat der Patient seinen Entscheidungskonflikt plausibel und zur Überzeugung des Gerichtes dargelegt[913], ist der Arzt beweisbelastet[914], denn die Behauptungs- und Beweislast dafür, dass sich der Patient auch bei ordnungsgemäßer Aufklärung zu der tatsächlich durchgeführten Behandlung entschlossen hätte, trifft nicht den Patienten, sondern ihn[915]. An einen dahingehenden Nachweis sind schon bei einer allgemein anerkannten Behandlung oder bei einem nicht vital indizierten diagnostischen Eingriff[916] strenge Anforderungen zu stellen[917], damit nicht auf diesem Weg der Aufklärungsanspruch des Patienten untergraben wird. Bei der Anwendung einer medizinischen Neulandmethode, das heißt eines nicht allgemein anerkannten, den Korridor des medizinischen Standards verlassenden Behandlungskonzepts gelten damit umso strengere Maßstäbe[918]. Das liegt daran, dass für die Zuweisung der Beweislast hinsichtlich einer hypothetischen Entwicklung bei rechtmäßigem Alternativverhalten maßgeblich ist, ob der Arzt die konkrete Risikoverwirklichung quasi heraufbeschworen hat[919]. Dem Arzt ist dann wegen der von ihm verschuldeten Gefahrerhöhung zuzumuten, die Unvermeidlichkeit des dem Patienten zugefügten Gesundheitsschadens zu beweisen und bei einem non liquet den Nachteil der Unaufklärbarkeit zu tragen. Bei der Entlastung kommt ihm die abgesenkte Beweisanforderung des ZPO § 287 Abs 1 zugute. Eine mit Erfolg eingewandte hypothetische Einwilligung seitens des Arztes vereitelt trotz des bereits erfolgten Eingriffs in die körperliche Unversehrtheit des Patienten dessen Schadenersatzanspruch[920].

b) **Nebenpflichten.** – aa) **Ärztliche Schweigepflicht gemäß StGB § 203 Abs 1.** – aaa) **Einleitung.** Die ärztliche Schweigepflicht findet ihre Anfänge in der Antike und wurde über die Jahrhunderte in verschiedener Form gesetzlich normiert. 1972 wies das BVerfG in der Weiterentwicklung des „Mikrozensus-Beschlusses" aus dem Jahre 1969[921] ausdrücklich auf das

---

902 Vgl vor § 630h Rz 110; MünchKomm⁸/Wagner, § 630h Rz 46; vgl zur Anerkennung des Einwands rechtmäßigen Alternativverhaltens, Soukup, Der Einwand des rechtmäßigen Alternativverhaltens bei ärztlichen Behandlungsfehlern, S 53, 54, 55.
903 Soukup, Der Einwand des rechtmäßigen Alternativverhaltens bei ärztlichen Behandlungsfehlern, S 105, 106.
904 Vgl ausführlich hierzu § 630h Rz 71 f.
905 OLG Frankfurt, Urt v 12.03.2009 – 15 U 18/09, GesR 2009, 529, 530; OLG Köln, Urt v 26.10.2011 – 5 U 46/11, MedR 2012, 813, 815.
906 BGH, Urt v 7.2.1984 – ZR 174/82, BGHZ 90, 103; BGH, Urt v 17.4.2007 – VI ZR 108/06, NJW 2007, 2771.
907 BGH, Urt v 7.12.2021 – VI ZR 277/19, VersR 2022, 245.
908 BGH, Urt v 7.12.2021 – VI ZR 277/19, VersR 2022, 245.
909 BGH, Urt v 1.2.2005 – VI ZR 174/03, MedR 2005, 527.
910 OLG Dresden, Urt v 20.7.2021 – 4 U 2901/19, openJur 2021, 25783; OLG Dresden, Beschl v 2.10.2019 – 4 U 1141/19, -juris-.
911 BGH, Urt v 14.3.2006 – VI ZR 279/04, BGHZ 166, 336; Grüneberg⁸¹/Weidenkaff, § 630h Rz 5.
912 Grüneberg⁸¹/Weidenkaff, § 630h Rz 5.
913 Zum Vortrag des Entscheidungskonfliktes vgl BGH, Urt v 30.9.2014 – VI ZR 443/13 mwN.
914 Zur wirksamen Einwilligung bei Arthrosebehandlung OLG Köln, Urt v 28.4.2021 – 5 U 151/18, openJur 2021, 18717 Ls 1.
915 OLG Köln, Urt v 28.4.2021 – 5 U 151/18, openJur 2021, 18717 Ls 1.
916 Zum Umfang der Aufklärungspflicht vor einem dreistufigen diagnostischen Eingriff OLG Koblenz, Urt v 29.11.2001 – 5 U 1382/00, NJW-RR 2002, 816, 818.
917 BGH, Urt v 18.5.2021 – VI ZR 401/19, ArztR 2021, 229 ff.
918 BGH, Urt v 20.2.2013 – 1 StR 320/12, NJW 2013, 1688, 1689, 1690 m Anm Dann, GuP 2014, 115; m Anm Beckemper NZWiSt 2013, 232, 233 ff; m Anm Valerius HRRS 2014, 22; BGH, Urt v 18.5.2021 – VI ZR 401/19, ArztR 2021, 229 ff.
919 OLG Oldenburg, Urt v 19.3.2014 – 5 U 1/12, openJur 2014, 9798 Rz 30, 31.
920 Rehborn, Die hypothetische Einwilligung, in: Katzenmeier (Hrsg), Festschr für Dieter Hart, 456, 477.
921 „Mikrozensusbeschluss" BVerfG, Urt v 16.7.1969 – 1 BvL 19/63, BVerfGE 27, 1.

Vertrauensverhältnis zwischen Arzt und Patient im Rahmen der ärztlichen Behandlung hin, das durch die ärztliche Schweigepflicht nach StGB § 203 wesentlich mitgeprägt wird[922]. Der BGH schloss sich spätestens im Jahre 1991 der BVerfG-Rspr ausdrücklich an, indem er die Rspr zum Praxisverkauf sowie der damit verbundenen Patientendaten und der Honorarzession modifizierte[923]. Vor diesem Urteil ging die Rspr davon aus, dass der Patient automatisch mit der Weitergabe seiner Patientenunterlagen zwecks ärztlicher Liquidation und in die Abtretung der Honorarforderung einverstanden sei und der Patient daher in die Weitergabe der Patientendaten an einen Praxisübernehmer konkludent einwillige. In beiden Fällen hat der BGH entschieden, dass von einer konkludenten Einwilligung nicht ausgegangen werden könne[924] und seine bisherige Auffassung zum Praxisverkauf somit revidiert, was auch den heutigen Umgang mit Patientendaten widerspiegelt. Sofern die Patienten, deren Daten verkauft wurden, nicht ausdrücklich in deren Weiterbenutzung durch den Praxisnachfolger eingewilligt haben, liegt bei der Benutzung ihrer Daten durch diesen ein Verstoß gegen StGB § 203 Abs 1 Nr 1 vor. Insoweit wäre ohne Einwilligung von einer Unwirksamkeit des gesamten Praxiskaufvertrages nach § 134 auszugehen. § 134 „ist Ausdruck des allgemeinen Grundsatzes, dass der Privatautonomie von Gesetz und Recht Schranken gezogen sind und Rechtsgeschäfte, die diese Grenzen überschreiten, keine Geltung haben können. Die Vorschrift dient dem öffentlichen Interesse und dem Schutz des allgemeinen Rechtsverkehrs[925] (…), sie bezweckt nicht den Schutz des Einzelnen"[926]. Sollte ein Verstoß gegen ein gesetzliches Verbot gemäß § 134 vorliegen, tritt auch § 138 dahinter zurück[927].

202 bbb) **Grundlagen des StGB § 203 Abs 1.** Allgemein wird davon ausgegangen, dass der ärztlichen Schweigepflicht für das Verhältnis Arzt – Patient substantielle Bedeutung zukommt[928]. Die ärztliche Schweigepflicht ergibt sich als Nebenpflicht aus dem zwischen Arzt und Patient geschlossenen Behandlungsvertrag. Sie gehört zu den essentiellen Berufspflichten des Arztes[929] und „dient nicht nur", aber „in erster Linie" „dem Interesse des Einzelnen an seiner Geheimnissphäre"[930]. Nicht nur die Geheimnisse natürlicher Personen, sondern auch die von juristischen Personen und Personenverbänden sind von der Schweigepflicht geschützt[931]. Somit fallen auch Betriebs- und Geschäftsgeheimnisse unter den Anwendungsbereich des StGB § 203[932]. Nach herrschender Meinung müssen die grds von der Schweigepflicht erfassten Berufe nicht erlernt worden sein, eine sich als Arzt bezeichnende Person muss also nicht wirklich Arzt sein[933]. Auch der Hochstapler oder der Arzt, dem die Approbation entzogen wurde, muss über das, was ihm der getäuschte Patient iRd Krankenbehandlung berichtet, Stillschweigen bewahren. Grund hierfür ist, dass durch StGB § 203 primär das in Anspruch genommene Vertrauen des Patienten auf Vertraulichkeit geschützt wird[934]. Genauso dient die Vorschrift der Sicherheit der Allgemeinheit, da die Öffentlichkeit gleichfalls ein Interesse daran hat, dass die Sicherheit zwischen Arzt und Patient als Grundvoraussetzung ärztlichen Wirkens nicht beeinträchtigt wird und „sich Kranke

---

922 BVerfG, Beschl v 8.3.1972 – 2 BvR 28/71, BVerfGE 32, 373.
923 Zur Übergabe der Patienten- und Beratungskartei beim Praxisverkauf BGH, Urt v 11.12.1991 – VIII ZR 4/91, BGHZ 116, 268.
924 Zur Forderungsabtretung BGH, Urt v 10.7.1991 – VIII ZR 296/90, BGHZ 115, 128; zur Übergabe der Patienten- und Beratungskartei beim Praxisverkauf BGH, Urt v 11.12.1991 – VIII ZR 4/91, BGHZ 116, 268; zur ärztlichen Verrechnungsstelle BGH, Urt v 20.05.1992 – VIII ZR 240/91, MedR 1992, 330; zur Abtretung einer ärztlichen Honorarforderung ohne Einwilligung des Patienten OLG Oldenburg, Urt v 9.10.1991 – 3 U 43/91, NJW 1992, 758, 2376 (Ls).
925 BGH, Urt v 28.4.1954 – II ZR 8/53, BGHZ 13, 179, 182.
926 Kern, Die zivilrechtliche Beurteilung von Schwarzarbeiterverträgen, in: Lange/Nörr/Westermann, Festschr für Joachim Gernhuber zum 70. Geburtstag, 191, 192, 193.
927 Kern, Die zivilrechtliche Beurteilung von Schwarzarbeiterverträgen, in: Lange/Nörr/Westermann, Festschr für Joachim Gernhuber zum 70. Geburtstag, 191, 192, 193.
928 Zum Zeugnisverweigerungsrecht iRd Erbscheinverfahrens BGH, Urt v 4.7.1984 – IV a ZB 18/83, NJW 1984, 2894; zur Herausgabe des Namens eines Mitpatienten im Krankenhaus OLG Karlsruhe Urt v 11.8.2006 – 14 U 45/04, MedR 2007, 253, 254; Ulsenheimer/Gaede, in: Ulsenheimer/Gaede, Arztstrafrecht in der Praxis[6], Rz 1036.
929 Giring, in: Ratzel/Luxenburger, HdBMedRecht[4], 10. Verletzung der ärztlichen Schweigepflicht, Rz 122; Lenckner, Ärztliches Berufsgeheimnis, in: Göppinger (Hrsg), Ärztliches Berufsgeheimnis, Arzt und Recht – Medizinische Grenzprobleme unserer Zeit, 159, 160.
930 Zur ärztlichen Berechtigung, die Verkehrsbehörde zu informieren, BGH, Urt v 8.10.1968 – VI ZR 168/67, NJW 1968, 2290 = NJW 1969, 555 (Ls); zum ärztlichen Zeugnisverweigerungsrecht nach Tod des Patienten BayObLG, Beschl v 21.8.1986 – BReg 1 Z 34/86, NJW 1987, 1492; Ulsenheimer, in: Laufs/Kern/Rehborn, HdB ArztR[5], § 139 Rz 16; 17; Giring, in: Ratzel/Luxenburger, HdBMedRecht[4], 10. Verletzung der ärztlichen Schweigepflicht, Rz 122; Schönke/Schröder[30]/Eisele, § 203 Rz 3.
931 BeckOK StGB/Weidemann, Stand 1.2.2022, § 203 Rz 7.
932 BT-Drucks 18/11936, 17.
933 Ulsenheimer/Gaede, in: Ulsenheimer/Gaede, Arztstrafrecht in der Praxis[6], Rz 1041.
934 Ulsenheimer/Gaede, in: Ulsenheimer/Gaede, Arztstrafrecht in der Praxis[6], Rz 104.1.

nicht aus Zweifeln an der Verschwiegenheit des Arztes hiervon abhalten lassen, ärztliche Hilfe in Anspruch zu nehmen"[935].

Die ärztliche Schweigepflicht gilt gegenüber anderen Ärzten, die nicht vom Patienten konsultiert worden sind und gegenüber Familienangehörigen des Patienten[936], soweit nicht ein Fall des gesetzlichen Notvertretungsrechts unter Ehegatten gemäß § 1358 Abs 2 vorliegt, in welchem die behandelnden Ärzte gegenüber dem vertretenden Ehegatten von ihrer Schweigepflicht befreit worden sind. Die ärztliche Schweigepflicht gilt nach dem Tod des Patienten grundsätzlich fort. Das wesentliche Tatbestandsmerkmal des StGB § 203 ist die Offenbarung eines fremden Geheimnisses des Patienten an Dritte. Unter einer Offenbarung iSd StGB § 203 wird dabei jede Hinausgabe von Tatsachen aus dem Kreis der Wissenden[937] verstanden. „Der Begriff des Geheimnisses iSe ‚anvertrauten Tatsachen' [muss] vielmehr weit gefasst werden; darunter sind auch solche Umstände zu verstehen, die ein Arzt aufgrund seiner Vertrauensstellung oder im Zusammenhang damit in dieser seiner Eigenschaft und Tätigkeit erfahren hat, gleichgültig, ob diese Kenntnis auf einem besonderen Vertrauensakt beruht oder nicht[938]." Die Information darüber, ob sich ein Patient überhaupt einer ärztlichen Behandlung unterzogen hat, ist dabei eine geschützte Information[939]. Gesetzliche Offenbarungsrechte und -pflichten gewähren dem Berufsgeheimnisträger dabei sanktionslose Brüche der ärztlichen Schweigepflicht. Handelt es sich bspw um eine Behandlung des Patienten durch mehrere Ärzte, zu welcher der Patient zumindest konkludent sein Einverständnis gegeben hat, liegt bei einer Offenbarung der für die Mit- oder Weiterbehandlung notwendigen Patientendaten keine Schweigepflichtsverletzung, sondern ein Fall notwendiger Kommunikation vor[940]. Grds gilt unter Ärzten aber ebenfalls die Verpflichtung zur Einhaltung der Schweigepflicht. Die Schweigepflicht innerhalb der Weiter- und Nachbehandlung von Patienten ist unter Kollegen trotzdem gelockert. Nach MBO-Ä § 9 Abs 4 sind Ärzte, die in Echtzeit, hintereinander oder im Nachhinein denselben Patienten untersuchen oder behandeln, gegenseitig von der Schweigepflicht insoweit befreit, als das Einverständnis des Patienten vorliegt oder anzunehmen ist[941]. Eine konkludente Einwilligung liegt dann vor, wenn der Patient aufgrund der Umstände üblicherweise von einer Informationsweitergabe durch den Arzt an Dritte ausgehen muss. Hier gilt auch schlüssiges Verhalten, das Zustimmung signalisiert, bspw durch Kopfnicken, als ausreichend.

Grds spielt StGB § 203 in der Strafrechtspraxis eine eher untergeordnete Rolle[942], dafür gibt es zwei Hauptgründe: Zum einen handelt es sich bei der Straftat um ein sog absolutes Antragsdelikt nach StGB § 205, dh der Patient muss selbst aktiv werden und unter Berücksichtigung der relativ kurzen Frist (3 Monate gemäß StGB § 77b Abs 1) einen Strafantrag stellen. Andererseits ist StGB § 203 eine reine vorsätzliche Straftat, setzt also einen bewussten und gewollten Bruch voraus, der regelmäßig schwer nachweisbar ist[943]. StGB § 203 ist neben seiner Eigenschaft als Antrags- und Vorsatzdelikt weiterhin als absolutes Sonderdelikt zu klassifizieren, das bedeutet, dass die Tat nur von einer im Gesetz bezeichneten Tätergruppe, StGB § 203 Abs 1 bis 4[944] begangen werden kann. Auch wenn die Bedeutung der Norm in der Kriminalstatistik gering sein mag, erschöpft sich ihre Bedeutung keineswegs in einer bloß „deklaratorischen Apell- und Warnfunktion"[945].

ccc) **Ärztliche Zeugnisverweigerungsrechte.** Prozessual hingegen kann sich der Arzt gegenüber staatlichen Stellen auf Auskunfts- und Zeugnisverweigerungsrechte berufen, bspw das zivilprozessuale Zeugnisverweigerungsrecht gemäß ZPO § 383 Abs 1 Nr 6, um die Geheimnisse des

---

935 Zur ärztlichen Berechtigung, die Verkehrsbehörde zu benachrichtigen, dass der Patient zur Teilnahme am Straßenverkehr ungeeignet ist, BGH, Urt v 8.10.1968 – VI ZR 168/67, NJW 1968, 2290; zur Anwendung des KKG § 4 Sommer, Die Verletzung der ärztlichen Schweigepflicht im Zusammenhang mit Kindesmisshandlungen, Beratung und Übermittlung von Informationen durch Geheimnisträger bei Kindeswohlgefährdung, S 106 ff, 123 f; Ulsenheimer/Gaede, in: Ulsenheimer/Gaede, Arztstrafrecht in der Praxis[6], Rz 1036; StGB[69]/Fischer, § 203 Rz 3; LK-StGB[12]/Schünemann, § 203 Rz 14; Lackner/Kühl[29]/Heger, § 203 Rz 1.
936 Vgl § 630a Rz 60.
937 Ulsenheimer/Gaede, in: Ulsenheimer/Gaede, Arztstrafrecht in der Praxis[6], Rz 1054.
938 BGH, Beschl v 4.7.1984 – IV a ZB 18/83, NJW 1984, 2893, 2894.
939 „Tanztherapie–Urteil" OLG Karlsruhe, Urt v 11.8.2006 – 14 U 45/04, VersR 2007, 245: „Die Verpflichtung des Arztes zur Wahrung des Geheimbereichs des einen Patienten hat Vorrang gegenüber seiner vertraglichen Nebenpflicht zur Hilfe bei der Geltendmachung von gegen diesen Patienten gerichteten etwaigen Schadensersatzansprüchen eines anderen Patienten."
940 Zum Risikoausschluss durch Kommunikation der ärztlichen Leistungserbringer BGH, Urt v 26.1.1999 – VI ZR 376/97, BGHZ 140, 309, 317; Geiß/Greiner, Arzthaftpflicht[8], B Rz 116.
941 Holzner, Datenschutz, Dokumentations- und Organisationspflichten in der ärztlichen Praxis, S 29 Rz 62.
942 Ulsenheimer/Gaede, in: Ulsenheimer/Gaede, Arztstrafrecht in der Praxis[6], Rz 1038.
943 Ulsenheimer/Gaede, in: Ulsenheimer/Gaede, Arztstrafrecht in der Praxis[6], Rz 1038.
944 Schönke/Schröder[30]/Eisele, § 203 Rz 72, 73; LK-StGB[12]/Schünemann, § 203 Rz 1.
945 NK-GesMedR[3]/Gaidzik StGB §§ 203–205 Rz 2.

Patienten vor staatlichem Zugriff zu behüten[946]. Nicht kongruent, sondern nur korrespondierend, da der materielle Strafrechtsschutz weitergeht[947], wird die ärztliche Schweigepflicht durch das Zeugnisverweigerungsrecht des Arztes nach den Bestimmungen der StPO §§ 53 Abs 1, ZPO § 383 und das Einziehungsverbot nach StPO § 97 Abs 1 Nr 2 gestützt[948].

206   ddd) **Rechtsfolgen eines Verstoßes gegen StGB § 203 Abs 1**. Verstöße gegen die ärztliche Schweigepflicht können zivil-, standes- und arbeitsrechtlich in kumulativer Weise geahndet werden. Ein Bruch der Verschwiegenheitspflicht begründet ua eine Haftung des Arztes aus § 280 Abs 1. StGB § 203 stellt ein Schutzgesetz iSd BGB § 823 Abs 2 dar[949]. Entsteht dem Patienten ein materieller Schaden, so kann er aus Verletzung des Behandlungsvertrages, aber auch aus unerlaubter Handlung gemäß § 823 Abs 2 iVm StGB § 203 Ersatz des daraus resultierenden Schadens verlangen[950]. Neben materiellen Schäden kann der Ersatz eines immateriellen Schadens durch die Verletzung des allgemeinen Persönlichkeitsrechts aus § 823 Abs 1 iVm GG Art 1 Abs 2, Art 2 Abs 1 abgeleitet werden[951]. Die Gerichte gehen allerdings dazu über, in Bagatellfällen kein Schmerzensgeld zuzusprechen[952]. Somit trifft den Patienten die vollumfängliche Darlegungs- und Bezifferungspflicht, welcher Schaden ihm durch die Offenbarung des Patientengeheimnisses entstanden ist und den Ersatz finanzieller Schäden erwarten lässt.

207   eee) **Ärztliche Schweigepflicht gemäß MBO-Ä § 9**. Zudem ergibt sich seit 1975 die Verpflichtung zum Arztgeheimnis aus den Berufsordnungen der Landesärztekammern, vgl MBO-Ä § 9. Allerdings verfolgt die MBO-Ä einen etwas anderen Zweck, da es sich um die Ahndung eines unprofessionellen ärztlichen Verhaltens handelt[953]. Nach MBO-Ä § 9 Abs 2 Satz 3 ist die Pflicht des Arztes aufgenommen worden, den Patienten auf mögliche Einschränkungen der ärztlichen Schweigepflicht hinzuweisen. Auch gemäß EU-Datenschutzgrundverordnung (DSGVO) Art 13 „Informationspflicht bei Erhebung von personenbezogenen Daten bei der betroffenen Person" bestehen mittlerweile erweiterte Informationspflichten gegenüber dem Patienten[954]. Erwartet wird, dass der Arzt die entsprechenden Vorschriften zur rechtlich zulässigen Datenweitergabe kennt, anderenfalls kann er seiner Hinweispflicht gegenüber dem Patienten nicht nachkommen[955]. Dies bedeutet aber zugleich, dass den Arzt berufsrechtlich eine Pflicht trifft, sich über die in diesem Bereich einschlägigen Vorschriften zu informieren[956].

208   fff) **Verhältnis DSGVO zur ärztlichen Schweigepflicht**. Gleichzeitig mit der DSGVO in Kraft getreten ist das BDSG-neu sowie hinsichtlich des Sozialdatenschutzes geänderte Vorschriften in den Sozialgesetzbüchern, die mit den Bestimmungen der DSGVO korrelieren oder diese ergänzen[957]. Das Verhältnis von ärztlichem Datenschutz und der ärztlichen Schweigepflicht bleibt nach dem Inkrafttreten der DSGVO weitestgehend unverändert. Der Umgang mit Gesundheitsdaten ist in die allgemeinen Vorschriften integriert. Als Fortschritt ist das Recht des Betroffenen zu werten, die Auskunft über seine Daten gemäß DSGVO Art 15 ebenso wie die Datenübertragbarkeit gemäß DSGVO Art 20 seiner gespeicherten Daten unentgeltlich von ärztlicher Seite einfordern zu können. Von diesem Grundsatz gibt es allerdings auch wieder Ausnahmen, so beispielsweise aus Gründen des Gesundheitsschutzes, DSGVO Art 9 Abs 2. Die stark

---

946 Zeugnisverweigerungsrecht des Arztes gemäß StPO §§ 53 Abs 1, 53a, ZPO § 383.
947 Ulsenheimer, in: Laufs/Kern/Rehborn, HdB ArztR[5], § 139 Rz 13.
948 Ulsenheimer, in: Laufs/Kern/Rehborn, HdB ArztR[5], § 139 Rz 13; vgl Ulsenheimer/Gaede, in: Ulsenheimer/Gaede, Arztstrafrecht in der Praxis[6], Rz 1077.
949 Schmidt/Giring, in: Ratzel/Luxenburger, HdBMedRecht[4], § 15 Rz 106.
950 MBO[7]/Lippert, § 9 Rz 92.
951 MBO[7]/Lippert, § 9 Rz 92.
952 Schmidt/Giring, in: Ratzel/Luxenburger, HdBMedRecht[4], § 15 Rz 106.
953 Ulsenheimer, in: Laufs/Kern/Rehborn, HdB ArztR[5], § 139 Rz 14.
954 Bspw wären dies: Datenverarbeitungen zum Zwecke der Durchführung sowie Dokumentation des Behandlungsgeschehens einschließlich des innerärztlichen und interprofessionellen Austauschs im Krankenhaus über den Patienten für die Behandlung (DSGVO Art 9 Abs 2h, Abs 3, Abs 4 iVm BGB §§ 630a ff, 630f), Datenübermittlung an „Externe" im Sinne einer gemeinsamen Behandlung (im Team), Zuziehung externer Konsiliarärzte, zB Labor, Telemedizin, sowie Zuziehung externer Therapeuten (DSGVO Art 9 Abs 2h, Abs 3, Abs 4); Datenübermittlung an die gesetzlichen Krankenkassen zum Zwecke der Abrechnung (DSGVO Art 9 Abs 2h, Abs 3, Abs 4 iVm SGB V § 301); Datenübermittlung zu Zwecken der Qualitätssicherung (DSGVO Art 9 Abs 2i „die Verarbeitung ist aus Gründen des öffentlichen Interesses im Bereich der öffentlichen Gesundheit, wie dem Schutz vor schwerwiegenden grenzüberschreitenden Gesundheitsgefahren oder zur Gewährleistung hoher Qualitäts- und Sicherheitsstandards bei der Gesundheitsversorgung und bei Arzneimitteln und Medizinprodukten,.... erforderlich" iVm SGB V § 299 iVm SGB V § 136 bzw den Richtlinien des G-BA).
955 MBO[7]/Lippert, § 9 Rz 70.
956 MBO[7]/Lippert, § 9 Rz 70.
957 Kernstück des EU-Datenschutz-Anpassungs- und Umsetzungsgesetzes ist die Neukonzeption des Bundesdatenschutzgesetzes (BDSG-neu). Dieses gilt wie bisher für öffentliche Stellen des Bundes und der Länder (soweit nicht landesrechtliche Regelungen greifen) sowie für nichtöffentliche Stellen. Das BDSG-neu ergänzt ab dem 25.5.2018 die unmittelbar geltende Verordnung (EU) 2016/679 (DSGVO) um die Bereiche, in denen die EU-Verordnung den Mitgliedstaaten Gestaltungsspielräume belassen hat.

erhöhten Bußgeldvorschriften bei Datenschutzverstößen gemäß DSGVO Art 82 räumen dem Datenschutzrecht in wirtschaftlicher Hinsicht eine neue Dimension ein.

ggg) **Novellierung des StGB § 203.** Mit der Reformierung des StGB § 203 wurde versucht, 209 die Norm an die Rechtswirklichkeit im Zeitalter der Digitalisierung anzupassen[958] und durch die StGB § 203 Abs 3, Abs 4 Erlaubnistatbestände zu schaffen, welche die (potentielle) Weitergabe von Berufsgeheimnissen an Dritte unter engen Voraussetzungen legitimiert. Insbesondere die in den letzten Jahrzehnten eingetretene Digitalisierung brachte Berufsgeheimnisträger dann in Konfliktsituationen, wenn bestimmte Dienstleistungen durch Einbeziehung außenstehender Dienstleister erledigt werden sollten und dies ohne die Weitergabe anvertrauter Geheimnisse praktisch nicht möglich war[959]. Berufsgeheimnisträger, welche die digitalen Medien nutzen mussten[960], setzten sich einem strafrechtlichen und ggf auch berufsrechtlichen Risiko aus, dem sie in der Praxis bisher kaum entgehen konnten, selbst wenn sie sich von den Betroffenen umfangreiche Einwilligungserklärungen unterzeichnen ließen[961]. Strittig blieb die strafrechtliche Zulässigkeit, ungeachtet dessen, dass die datenschutzrechtliche Zulässigkeit sogar vorliegen konnte[962], da ein tatbestandliches Offenbaren nach StGB § 203 dabei fast unumgänglich blieb.

hhh) **Auftragsverarbeitung nach DSGVO Art 28.** Die Intention der Gesetzesnovellierung 210 war es, bei der Beauftragung von Dienstleistern durch Berufsgruppen, welcher einer berufsbedingten und nach StGB § 203 strafbewährten Verschwiegenheitspflicht unterliegen, im Rahmen einer nun als Auftragsverarbeitung („AV") nach DSGVO Art 28 betitelten Vereinbarung, höhere Rechtssicherheit zu schaffen. Hierfür wurden die von Berufsträgern beauftragten Dritten, wie bspw externe EDV–Dienstleister, in den Kreis der tauglichen Täter nach StGB § 203 aufgenommen[963]. Zusätzlich zu dem bisher in StGB § 203 verwendeten Begriffs des „berufsmäßig tätigen Gehilfen" wird deshalb nun auch der Begriff der „mitwirkenden Person" verwendet[964].

Voraussetzung für die Anwendbarkeit des jeweiligen Erlaubnistatbestandes ist, dass der 211 Geheimnisträger den bei ihm berufsmäßig tätigen Gehilfen, also Sprechstundenhilfen und Praxispersonal, nach StGB § 203 Abs 3 Satz 1, 1. Alt Geheimnisse zugänglich macht oder Geheimnisse gegenüber Dritten offenbart werden, die an der beruflichen oder dienstlichen Tätigkeit des Geheimnisträgers nach StGB § 203 Abs 4 Nr 1 mitwirken, soweit dies für die Inanspruchnahme der Tätigkeit der sonstigen mitwirkenden Person erforderlich ist. Das Gleiche gilt, wenn sich die sonstige mitwirkende Person noch weiterer Personen für ihre Tätigkeit bedient, StGB § 203 Abs 4 Satz 2, deren Mitwirkung zur Erfüllung der Aufgabe ebenfalls erforderlich ist. Während Absatz 3 eine grundsätzliche Erlaubnis zur Weitergabe strafrechtlich geschützter Geheimnisse aufstellt, sieht Absatz 4 eine nicht unerhebliche Erweiterung der Strafbarkeit der bisherigen Berufsgeheimnisträger gem StGB § 203 Abs 4 Satz 2 Nr 1 und eine Strafvorschrift für die „in Absatz 2 genannten mitwirkenden Personen" vor.

Die mitwirkende Person unterscheidet sich vom Gehilfenterminus insofern, als dass es bei ihr 212 nur noch darauf ankommen soll, ob sie in die berufliche bzw dienstliche Tätigkeit in irgendeiner Art und Weise eingebunden wird und dazu Beiträge leistet[965]. Für die sanktionslose Offenbarung des Berufsgeheimnisträgers ist keine Eingliederung der mitwirkenden Person in die Sphäre des Berufsgeheimnisträgers mehr erforderlich. Dass mit der Beauftragung der dritten Dienstleister keine Verletzung der ärztlichen Schweigepflicht als Berufspflichtverletzung verbunden ist, stellt die MBO-Ä in § 9 Abs 4 seit dem 5.1.2019 mit der Änderung der Musterberufsordnung klar[966]. Schweigepflichtige Tatsachen dürfen berufsrechtlich ärztlich beauftragten Dienstleistern und anderen mitwirkenden Personen ohne gesonderte Einwilligung der betroffenen Patienten offen-

---

958 BT-Drucks 18/11936; zur ersten Beratung des Entwurfes bereits medstra 4/2017, IV f), vgl http://dip21.bundestag.de/dip21/btd/18/119/1811936.pdf, zuletzt abgerufen am 20.8.2021.
959 Ulsenheimer, in: Laufs/Kern/Rehborn, HdB ArztR[5], § 139 Rz 5a; eingehend Ulsenheimer/Gaede, in: Ulsenheimer/Gaede, Arztstrafrecht in der Praxis[6], Rz 1080, 1081, 1104; Holzner ZMGR 4/2016, 222, 228.
960 Ulsenheimer, in: Laufs/Kern/Rehborn, HdB ArztR[5], § 139 Rz 5a.
961 Ulsenheimer, in: Laufs/Kern/Rehborn, HdB ArztR[5], § 139 Rz 5a; Ulsenheimer/Gaede, in: Ulsenheimer/Gaede, Arztstrafrecht in der Praxis[6], Rz 1080–1081, 1104; Holzner ZMGR 4/2016, 222, 228.
962 Holzner ZMGR 4/2016, 222, 228.
963 Stellungnahme der Bundesärztekammer zum Referentenentwurf eines Gesetzes zur Neuregelung des Schutzes von Geheimnissen bei der Mitwirkung Dritter an der Berufsausübung schweigepflichtiger Personen v 13.1.2017, S 6 https://www.bmjv.de/SharedDocs/Gesetzgebungsverfahren/Stellungnahmen/2017/Downloads/01132017_Stellungnahme_BAEK_RefE_Schutz_von_Geheimnissen.pdf?__blob=publicationFile&v=2, zuletzt abgerufen 2.11.2021.
964 Göcken NJW aktuell, 2017, 2354, 2355.
965 Göcken NJW aktuell, 2017, 2354, 2355.
966 Https://www.aerztekammer-berlin.de/10arzt/30_Berufsrecht/10_Gesetzesaenderungen/Aenderung-der-BO–ABl_04_01_2019.pdf, zuletzt abgerufen am 15.6.2021.

§ 630a 213–215　　　　　　　　　　　　　　Abschnitt 8 Einzelne Schuldverhältnisse

bart werden, soweit dies für die Inanspruchnahme der Dienstleistung obligatorisch ist. Hiermit wird der strafrechtlichen Veränderung berufsrechtlich entsprochen.

213　Bislang nicht eindeutig beantwortet wurde die Frage, ob auch nur gelegentlich aushelfende Familienangehörige oder ehrenamtliche Helfer des Arztes als Gehilfen gem StGB § 203 Abs 3 Satz 1, 1. Alt zu betrachten sind. Dies ist wohl aufgrund des Gleichlaufs der Sachverhalte zu bejahen, sodass auch hier von einer straffreien Offenbarung des Arztes aufgrund des geschaffenen Erlaubnistatbestandes auszugehen ist[967]. Diesbezüglich dürfte eine gesetzliche Klarstellung des Gehilfenbegriffes erforderlich werden[968], da in diesem Zusammenhang auch die Meinung vertreten wird, dass eine gelegentliche Aushilfe für die Gehilfenstellung des StGB § 203 unzureichend[969] sei und vielmehr eine berufsmäßige Gehilfenschaft erforderlich ist. Diese Auslegung würde jedoch weder der Realität des Praxisalltags entsprechen, noch kommt es bei den Gehilfen darauf an, ob diese ihre Tätigkeit beruflich ausüben. Entscheidend ist, ob sie für die berufliche Tätigkeit des Arztes einen Hilfsbeitrag leisten, was bei den ärztlicherseits temporär als Praxishilfe eingesetzten Familienangehörigen, soweit sie regelmäßig in der Praxis, zB als Sprechstundenhilfe, fungieren[970] oder ehrenamtlichen Helfern ebenfalls zutrifft[971]. Von entscheidender Bedeutung ist die berufliche Mitwirkung, nicht jedoch, ob diese Mitwirkung als berufliche Haupterwerbsquelle, als Nebentätigkeit oder ehrenamtliche Tätigkeit erfolgt[972].

214　Im Krankenhaus beschränkt sich der Kreis der berufsmäßig tätigen (ärztlichen) Gehilfen auf die für das Behandlungsgeschehen sowie der Abrechnung und Kontrolle des Behandlungsprozesses zuständigen Personen[973]. Verwaltungsbedienstete und Verwaltungsleiter gehören, da sie nicht in die Behandlung des Patienten direkt einbezogen sind, nicht dazu[974]. Berufsmäßig tätige Gehilfen gemäß StGB § 203 Abs 3 sind zudem Sprechstundenhilfen und ausschließlich mit Büroarbeiten beschäftigte Sekretäre/innen[975] und technisches Bedienungspersonal von ärztlichen Apparaturen, Labor- und Röntgenabteilungspersonal. Zu bejahen ist die Gehilfenstellung auch für das Pflege-, nicht hingegen für das gesamte Verwaltungspersonal[976]. Noch als Gehilfen sind die mit der Erfassung von Patientendaten zur Kostenabrechnung betrauten Angestellten anzusehen, da sonst Widersprüche zwischen den von Abs 1 Nr 7 erfassten externen und internen Verrechnungsstellen bestünden[977]. Weiterhin sind als Gehilfen des Arztes die in die Behandlung des Patienten einbezogenen Psychologen, zB im Rahmen einer psychiatrischen Behandlung oder anlässlich einer Organtransplantation[978], Krankenschwestern, medizinisch-technische Assistentinnen und weitere in die Praxis eingebundene technische Hilfskräfte wie etwa Herzschrittmacherspezialisten anzusehen[979]. Nicht als Gehilfen im Sinne des StGB § 203 kommen das Küchen- oder Reinigungspersonal, die Boten und Handwerker eines Krankenhauses in Frage[980]. Selbiges gilt auch bei der Beauftragung eines externen Zahnarztlabors[981]. Geht es um die Variante 2 von StGB § 203 Abs 4 Satz 1[982] „den bei den Behandlern zur Vorbereitung auf ihren Beruf tätigen Personen" sind insbesondere Praktikanten, Lehrlinge oder PJler gemeint[983]. Zu Personen, die bei einem Heilberufler zur Vorbereitung des Berufes tätig sind, zählen aber ua auch familierende Medizinstudierende, Lehrschwestern/-pfleger und auch in der Ausbildung befindliche Schüler (Praktikanten)[984].

215　iii) **Verpflichtung zur Geheimhaltung iRd Auftragsvereinbarung nach DSGVO Art 28.** Die beauftragten dritten Dienstleister sind zur Geheimhaltung zu verpflichten[985]. Dabei kann der Berufsgeheimnisträger entweder die mitwirkende Person selbst zur Geheimhaltung ver-

---

967　Braun/Willkomm, medstra 2108, 195, 196.
968　Braun/Willkomm, medstra 2108, 195, 196.
969　MünchKomm-StGB³/Cierniak/Niehaus, § 203 Rz 123; Lackner/Kühl²⁸/Heger, § 203 Rz 11 b.
970　SK-StGB⁹/Wolter, StGB § 203 Rz 15.
971　Braun/Willkomm medstra 2018, 195, 196.
972　BeckOK StGB/Weidemann, Stand: 1.2.2022, § 203 Rz 28.1.
973　MünchKomm-StGB³/Cierniak/Niehaus, § 203 Rz 124.
974　MünchKomm-StGB³/Cierniak/Niehaus, § 203 Rz 132 ff; aA Ulsenheimer/Gaede, in: Ulsenheimer/Gaede, Arztstrafrecht in der Praxis, Rz 1055.
975　MünchKomm-StGB³/Cierniak/Niehaus, § 203 Rz 135.
976　So aber Ulsenheimer/Gaede, in: Ulsenheimer/Gaede, Arztstrafrecht in der Praxis, Rz 1055.
977　Schönke/Schröder³⁰/Eisele, § 203 Rz 25.
978　MünchKomm-StGB³/Cierniak/Niehaus, § 203 Rz 135; aA LK-StGB/Schünemann § 203 Rz 81.
979　MünchKomm-StGB³/Cierniak/Niehaus, § 203 Rz 135.
980　StGB⁶⁹/Fischer, § 203 Rz 40; Ulsenheimer/Gaede, in: Ulsenheimer/Gaede, Arztstrafrecht in der Praxis, Rz 1056.
981　Ulsenheimer/Gaede, in: Ulsenheimer/Gaede, Arztstrafrecht in der Praxis, Rz 1056, dies gilt jedoch nicht für das zahnärztliche Eigenlabor.
982　Vor der Novellierung StGB § 203 Abs 3 Satz 2 (aF).
983　Ulsenheimer/Gaede, in: Ulsenheimer/Gaede, Arztstrafrecht in der Praxis, Rz 1042.
984　Schönke/Schröder³⁰/Eisele, § 203 Rz 25, hier fehlt es an einem Offenbaren nach StGB § 203 Abs 3 Satz 1; „Praktikanten" sind bereits nach dem Wortlaut der Materialien erfasst BT-Drucks 18/11936, 22; BeckOK StGB/Weidemann, Stand: 1.2.2022, Rz 28.1.
985　Giring, in: Ratzel/Luxenburger, HdBMedRecht⁴, 10. Verletzung der ärztlichen Schweigepflicht, Rz 163, 164 „Hinweise für die Praxis".

pflichten⁹⁸⁶ oder diese Verpflichtung auf andere übertragen. In mehrstufigen Auftragsverhältnissen hat dies regelmäßig zur Folge, dass der Berufsgeheimnisträger die von ihm beauftragte mitwirkende Person selbst zur Geheimhaltung verpflichtet und sie gleichzeitig – durch eine entsprechende vertragliche Vereinbarung – beauftragt, ihre ausführenden Mitarbeiter oder auch weitere Unterauftragnehmer, soweit der Berufsgeheimnisträger eine Unterbeauftragung gestattet, auf gleiche Weise zur Geheimhaltung zu verpflichten⁹⁸⁷.

Davon abgesehen ist der Berufsgeheimnisträger bzgl des Einsatzes dieser „sonstigen Personen" weitestgehend weisungsfrei. Nach der Intention des Bundesgesetzgebers soll kein möglicher Rechtsgrund, auf dem eine sonstige Mitwirkung beruhen kann, ausgeschlossen werden⁹⁸⁸. Die einzige Einschränkung ist, dass dem jeweiligen Dienstleister nur das für Dienstleistung erforderliche Wissen offenbart werden darf⁹⁸⁹. **216**

Befindet sich der Berufsgeheimnisträger in einem Angestelltenverhältnis, bspw im Krankenhaus, kann er die Vornahme der Verpflichtung zur Geheimhaltung auch auf den Krankenhausträger delegieren. In der Regel wird die vertragliche Abrede mit einem Dienstleister durch den Arbeitgeber getroffen werden. Einer Verpflichtung zur Geheimhaltung bedarf es nicht, wenn es sich bei der mitwirkenden Person selbst um einen Berufsgeheimnisträger nach StGB § 203 Abs 1 oder 2 handelt, so bspw bei der Beauftragung eines Laborarztes im Rahmen weiterer Diagnostik. Daher müssen in einem Krankenhaus die in StGB § 203 Abs 1 aufgeführten Berufsgruppen nicht mehr verpflichtet werden, ebensowenig die für den Arzt tätig werdenden Rechtsanwälte oder Steuerberater. Das Gesetz geht davon aus, dass die Tätigkeiten des Beauftragten unter den gleichen Sorgfaltsmaßstäben durchgeführt werden und daher ein angemessener Schutz bereits besteht. **217**

jjj) **Abrechnung des Arzthonorars durch eine externe Verrechnungsstelle.** Soweit im Rahmen der Abrechnung externe Dienstleister mit der Rechnungslegung beauftragt werden, dürfen die hierfür erforderlichen Patientendaten wie nach bisheriger Rechtslage nur bei Vorliegen einer ausdrücklichen Einwilligung der betroffenen Patientinnen und Patienten an die Dienstleister übermittelt werden⁹⁹⁰. Dies wird ergänzend zu der bestehenden Rspr⁹⁹¹ seit dem 5.1.2019 in MBO-Ä § 12 Abs 2 geregelt. Gemäß MBO-Ä § 12 Abs 2 ist die Übermittlung von Daten an Dritte zum Zweck der privatärztlichen Abrechnung nur zulässig, wenn die Patientin oder der Patient in die Übermittlung der für die Abrechnung erforderlichen Daten nachweisbar eingewilligt hat. Durch den Abschluss des Behandlungsvertrages wird keine konkludente Einwilligung in die Weitergabe der Patientendaten an eine externe Verrechnungsstelle erteilt⁹⁹². **218**

kkk) **Abrechnung des Arzthonorars durch die PKV.** Probleme ergeben sich, wenn der Patient eine Schweigepflichtentbindung durch ein Formular, bspw bei Abschluss einer privaten Krankenversicherung, für alle künftigen Erkrankungen oder gegenüber aller ihn behandelnden Ärzten erteilt hat. Eine derartig gestaltete Globaleinwilligung gegenüber der PKV ist nur hinsichtlich Angaben wirksam, die von der Versicherung zu Abrechnungszwecken benötigt werden. Eine in den Krankenversicherungsvertrag formularmäßig aufgenommene Klausel, mit welcher der Versicherte eine globale Schweigepflichtentbindung für jeden Erkrankungsfall gegenüber allen ihn behandelnden Ärzten erklärt, ist unwirksam. In Zweifelsfällen sollte bei Anfragen von privaten Krankenversicherungen, denen keine auf diesen Einzelfall bezogene Schweigepflichtentbindungserklärung beigefügt ist, das Einverständnis des betroffenen Patienten für den Einzelfall nachgeholt werden, da anderenfalls ein Verstoß gegen StGB § 203 Abs 1 vorläge. **219**

Diese Rechtsauffassung geht konform mit der Rspr des BSG⁹⁹³, welches die Verarbeitung von Patienten- und Leistungsdaten für ambulante Notfallbehandlungen als unzulässig bewertet, wenn diese anstelle sie über die KV abzurechnen stattdessen an eine privatärztliche Abrechnungsstelle weitergeleitet worden sind. Zwar war den Patienten vor der Behandlung eine Erklärung zur Unterzeichnung vorgelegt worden, dass sie jederzeit widerruflich mit der Verarbeitung ihrer Daten durch die privatärztliche Abrechnungsstelle einverstanden sind⁹⁹⁴. Nichtsdestotrotz ist **220**

---

986 Giring, in: Ratzel/Luxenburger, HdBMedRecht⁴, 10. Verletzung der ärztlichen Schweigepflicht, Rz 135.
987 BT-Drucks 18/11936, 29.
988 BeckOK StGB/Weidemann, Stand: 1.2.2022, § 203 Rz 30.1.
989 Vgl ausführlich hierzu Holzner, Datenschutz, S 231–236; Giring, in: Ratzel/Luxenburger, HdBMedRecht⁴, 10. Verletzung der ärztlichen Schweigepflicht, Rz 134.
990 Vgl Ulsenheimer/Gaede, in: Ulsenheimer/Gaede, Arztstrafrecht in der Praxis⁶, Rz 1068.
991 Zur Forderungsabtretung BGH, Urt v 10.7.1991 – VIII ZR 296/90, BGHZ 115, 128; zur ärztlichen Verrechnungsstelle BGH, Urt v 20.5.1992 – VIII ZR 240/91, MedR 1992, 330.
992 StGB⁶⁹/Fischer, § 203 Rz 67.
993 BSG, Urt v 10.12.2008 – B 6 KA 37/07 R, BSGE 102, 134, 135 f = NJW 2009, 3743.
994 BSG, Urt v 10.12.2008 – B 6 KA 37/07 R, BSGE 102, 134, 135 f = NJW 2009, 3743.

nach der derzeitigen Rechtslage die Weitergabe der Daten von im Krankenhaus behandelten GKV-Patienten an private Dienstleistungsunternehmen unzulässig. Auf eine formale Einwilligung der Patienten kommt es dabei gar nicht mehr an[995].

221 lll) **Erhebung von Sozialdaten bei dem Arzt durch die GKV.** Die datenerhebende gesetzliche Krankenkasse bedarf einer Rechtsgrundlage für die Erhebung von Patientendateien bei dem behandelnden Arzt. Die Verarbeitung von Patientendaten durch eine Krankenkasse unterfällt dem Sozialdatenschutz gemäß SGB I § 35. Gemäß SGB X § 67a Abs 2 Satz 2 Nr 2a dürfen Sozialdaten ohne Mitwirkung der betroffenen Person bei anderen Personen nur erhoben werden, wenn eine Rechtsvorschrift die Erhebung bei ihnen zulässt. Die Erhebung allein auf der Grundlage einer Einwilligung des Patienten ist unzulässig.

222 Die Verarbeitung von Sozialdaten durch die gesetzlichen Krankenkassen regelt SGB V § 284. Dort findet sich keine Befugnis, Daten bei behandelnden Ärzten nach SGB X § 116 zu erheben[996]. Entsprechend der Gesetzmäßigkeit der Verwaltung, GG Art 20 Abs 3 iVm SGB IV § 30 Abs 4 kann sich die GKV daher nicht auf die Auskunftsrechte des Patienten aus dem Behandlungsvertrag oder dem Datenschutzrecht berufen. Die Krankenkasse kann nur auf dem Weg des SGB V § 275 Abs 3 Nr 4 über den Medizinischen Dienst (MD) Einsicht nehmen lassen. Der MD hat der Krankenkasse das Ergebnis in einer gutachtlichen Stellungnahme mitzuteilen. Nach SGB V § 276 Abs 2 Satz 1 darf der MD Sozialdaten zur Begutachtung erheben und verarbeiten. Ein Leistungserbringer, also ein behandelnder Arzt, ist gemäß SGB V § 276 Abs 2 Satz 2 verpflichtet, die Daten unmittelbar an den MD zu übermitteln. Der Behandler hat zwecks Vermeidung eigener Bußgeld- und Strafbarkeitsrisiken zu beachten, dass Herausgabeverlangen von Patientenakten durch die Krankenkasse an sich selbst zu verweigern sind, diese dem MD jedoch zur Verfügung zu stellen sind.

223 mmm) **Durchbrechung der ärztlichen Schweigepflicht aufgrund der Mitteilungspflicht für selbstverschuldete Gesundheitsschäden nach SGB V § 294a Abs 2.** Vor dem Hintergrund der Mitteilungspflicht für selbstverschuldete Gesundheitsschäden ist auf eine mögliche Weitergabe von Daten durch den Arzt selber hinzuweisen[997]. Diesbezüglich gilt die ärztliche Schweigepflicht gemäß SGB V § 294a Abs 2 seit dem 1.7.2008 nur noch eingeschränkt[998]. Bei Anhaltspunkten für selbstverschuldete Schäden haben Leistungserbringer Daten von sich aus an die Krankenkassen weiterzugeben, wenn unter Verweis auf SGB V § 52 Abs 2 diese Schäden aus Schönheitsoperationen, Tätowierungen und Piercings entstanden sein können. Rechtsfolge der Norm soll die angemessene Beteiligung der Versicherten an den Behandlungskosten sowie die Streichung des Krankengeldes sein[999]. Strittig ist, wann der Arzt die Mitteilung zu machen hat[1000]. Soweit der Wortlaut des in Bezug genommenen SGB V § 52 Abs 2 auf eine Kostenbeteiligung abstellt, könnte dies auf die Mitteilung nach einer erfolgten Behandlung hindeuten. Jedoch findet sich keine Aussage dazu in SGB V § 294a Abs 2. Sofern die Norm allein auf das Vorliegen der Voraussetzungen des SGB V § 52 Abs 2 verweist, kann angenommen werden, der Arzt solle die Mitteilung schon vor Aufnahme der Behandlung machen[1001].

224 bb) **Information über eigene Behandlungsfehler des Arztes gemäß § 630c Abs 2 Satz 2.** Sind für den Behandelnden Umstände erkennbar, die die Annahme eines Behandlungsfehlers begründen, hat er den Patienten darüber auf Nachfrage oder zur Abwendung gesundheitlicher Gefahren zu informieren. Hier ist der Behandlungsfehler explizit angesprochen[1002]. Ein Behandlungsfehler liegt idR vor, wenn der anzuwendende Standard unterschritten wurde[1003]. Allerdings hat nicht jedes unerwünschte Ergebnis seine Ursache in einem Behandlungsfehler. Ein unerwünschtes Ereignis ist nur dann ein Behandlungsfehler, wenn es auf einer Abweichung vom geforderten Standard beruht und diese Abweichung vom Arzt nicht begründet werden kann.

225 Erweist sich die Mitteilung als medizinisch notwendig, so muss der Ausdruck „Fehler" nicht fallen. Der Patient muss nur wissen, dass und wie der Eingriff misslungen ist oder, ob er zu einem unerwünschten Ergebnis geführt hat[1004]. Unter Umständen kann auch die Mitteilung erforderlich sein, dass eine Diagnose falsch und eine sich anschließende Therapie überflüssig war. Stellt sich bspw nach einer Krebsoperation die Diagnose als falsch heraus und damit der Eingriff als nicht indiziert, wäre dies unverzüglich dem Patienten mitzuteilen, damit dieser seine Teil-

---

995 BSG, Urt v 10.12.2008 – B 6 KA 37/07 R, BSGE 102, 134, 135 f = NJW 2009, 3743.
996 LSG Niedersachsen–Bremen, Urt v 11.11.2009 – L 1 KR 152/08, openJur 2012, 49737.
997 LSG Niedersachsen–Bremen, Urt v 11.11.2009 – L 1 KR 152/08, openJur 2012, 49737.
998 Bernzen MedR 2008, 549, 550.
999 Bernzen MedR 2008, 549, 552.
1000 Bernzen MedR 2008, 549, 552.
1001 Bernzen MedR 2008, 549, 552.
1002 Kern GesR 2009, 1, 8.
1003 BeckOK-BGB/Katzenmeier, Stand: 1.5.2022, § 630a Rz 193.
1004 Zur Einwilligung in ärztliche Heileingriffe und zur Kausalität des Aufklärungsmangels BGH, Beschl v 15.10.2003 – 1 StR 300/03, NStZ-RR 2004, 16.

nahme an der Nachbehandlung absetzen und ohne Krebsangst leben kann[1005]. Der Informationstransport ist insbesondere erforderlich, wenn der Patient selbst danach fragt. Diese Anforderung hat die Rspr vor der Kodifikation des PatRG nicht gestellt, es handelt sich um eine neue Kodifizierung des Patientenrechtegesetzes. Der Umstand, dass sie den Arzt gegebenenfalls dazu zwingt, sich selbst zu belasten[1006], ist nicht unproblematisch, da diese Art der Selbstanzeige (nicht nur) dem deutschen Recht fremd und zudem verfassungsrechtlich bedenklich ist[1007]. Der „nemo tenetur"-Grundsatz, dass niemand gezwungen werden darf, sich selbst zu belasten („nemo tenetur se ipsum accusare"), gehört darüber hinaus zu den anerkannten Prinzipien eines rechtsstaatlichen Strafverfahrens[1008].

Verstößt der Behandler gegen § 630c Abs 2 Satz 2, führt dies nicht zu einem eigenständigen Schadensersatzanspruch des Patienten[1009]. Nur der Behandlungsfehler an sich und der daraus resultierende Schaden führt zum Schadensersatzanspruch des Patienten. Gestützt wird die Nachfrage zum evtl Behandlungsfehler durch den Passus im Gesetzestext, SGB V § 66, dass die Krankenkassen den Patienten bei der Frage nach einem Behandlungsfehler unterstützen sollen. Die Kranken- und Pflegekasse unterstützt den Versicherten bei der Verfolgung von Schadensersatzansprüchen, die bei der Inanspruchnahme von Versicherungsleistungen aus Behandlungsfehlern entstanden sind, SGB V § 66, SGB XI § 115 Abs 3 Satz 7. **226**

Eine Aufklärungspflicht trifft den Arzt auch bezüglich eigener Unzulänglichkeiten. So hat er darüber aufzuklären, dass er infolge eines Schlaganfalls unter Ausfällen in seiner Grob- und Feinmotorik leidet, wenn er einen Patienten operieren möchte[1010]. **227**

cc) **Ärztliche Dokumentation gemäß § 630 f Abs 1**[1011]. Unter der ärztlichen Dokumentationspflicht, die als Nebenpflicht aus dem jeweiligen Behandlungsvertrag fließt, wird die dem Behandler obliegende Pflicht verstanden, nach § 630f Abs 1 alle für die Behandlung notwendigen, das heißt therapeutisch bedeutsamen Umstände aufzuzeichnen[1012]. Die ärztliche Dokumentation sowie sonstige anlässlich der Behandlung anfallenden Krankenunterlagen und ärztlichen Aufzeichnungen sind fristgerecht aufzubewahren. Seit dem „Dokumentationsurteil" gilt die therapeutische Pflicht zur Dokumentation gegenüber dem Patienten als ständige Rspr. Galt es zunächst als gesicherte Erkenntnis, dass die ärztliche Dokumentation dem Arzt lediglich als Gedächtnisstütze diene mit der daraus resultierenden Konsequenz, dass der Patient aus fehlenden oder mangelhaften Aufzeichnungen keine Rechte ableiten konnte, erfolgte mit dem Grundsatzurteil des Jahres 1978 der diesbezügliche Umschwung, nach welchem die Dokumentation „dem Patienten als Bestandteil einer sorgfältigen Behandlung vom Arzt geschuldet" wird[1013]. **228**

Die Pflicht zur ordnungsgemäßen ärztlichen Dokumentation ergibt sich bereits aus der selbstverständlichen therapeutischen Verantwortung des Behandlers, da eine weitere Behandlung durch denselben Arzt wie auch eine Mitbehandlung durch dessen Nachfolger aufgrund einer unzulänglichen Dokumentation nachhaltig erschwert würde[1014]. Die ärztliche Dokumentation soll demnach die für den Behandlungsverlauf wesentlichen medizinischen Daten und Fakten sicherstellen und somit die medizinisch gebotene und sachgerechte Weiterbehandlung des Patienten durch denselben bzw einen nachbehandelnden Arzt ermöglichen[1015]. Auch kann für den Nachbehandler die Information wichtig sein, dass eine bestimmte Untersuchung ergebnislos blieb. „Ein Nachbehandler kann der Aufzeichnung entnehmen, dass der vorbehandelnde Arzt keine Hinweise bei seinen Untersuchungen für einen Kahnbeinbruch bzw andere Verletzungen **229**

1005 Zur Berücksichtigung des Arztverhaltens iRd Schmerzensgeldbemessung OLG Karlsruhe, Urt v 9.12.1987 – 7 U 62/85, VersR 1988, 1134.
1006 Vgl Hegerfeld, Ärztliche Aufklärungs- und Informationspflichten, Eine Auseinandersetzung mit der Qualität der Kodifizierung der § 630e und § 630c BGB, S 318 ff.
1007 Vgl zum Recht auf ein faires Verfahren BVerfG, Urt v 8.10.1974 – 2 BvR 747/73, BVerfGE 38, 105, 113; BVerfG, Urt v 22.10.1980 – 2 BvR 1172/79 und – 2 BvR 1238/79, BVerfGE 55, 144, 150; zur verfassungsrechtlichen Unbedenklichkeit der uneingeschränkten Aussagepflicht BVerfG, Urt v 13.1.1981 – 1 BvR 116/77, BVerfGE 56, 37, 43; „Tonbandurteil" BGH, Urt v 14.6.1960 – 1 StR 683/59, BGHSt 14, 358, 364 f; „Nemo tenetur se ipsum accusare–Beschl" BGH, Beschl v 27.2.1992 – 5 StR 190/91, BGHSt 38, 214, 220.
1008 „Nemo tenetur se ipsum accusare–Beschl" BGH, Beschl v 27.2.1992 – 5 StR 190/91, BGHSt 38, 214, 220.

1009 BeckOK-BGB/Katzenmeier, Stand: 1.5.2022, § 630c Rz 15.
1010 LG Kempten, Urt v 8.10.2020 – 3 Ns 111 Js 10508/14, GesR 2021, 293.
1011 Vgl ausführlich zu allem § 630f Rz 1 ff.
1012 Vgl § 630f Rz 1 ff; BGH, Urt v 27.6.1978 – VI ZR 183/76, BGHZ 72, 132, 137 ff = JZ 1978, 721 m Anm Walter JZ 1978, 806; Baumgärtel, Das Wechselspiel der Beweislastverteilung im Arzthaftungsprozeß, in: Baltzer (Hrsg), Gedächtnisschrift Rudolf Bruns, S 93, 99.
1013 Vgl § 630g Rz 1 ff; zum Anspruch auf Einsicht in die Krankenunterlagen BGH, Urt v 23.11.1982 – VI ZR 222/79, BGHZ 85, 327.
1014 Vgl § 630f Rz 1 ff.
1015 ZB zum Umfang eines OP-Berichts OLG Koblenz, Urt v 27.9.2011 – 5 U 273/11, GesR 2012, 49, 50; vgl Spickhoff/Scholz, MedR-Komm³, MBO-Ä § 10 Rz 3; Spickhoff/Greiner, MedR-Komm³, BGB § 823 Rz 124.

an der Hand gefunden hat. Mehr Informationen sind medizinisch nicht erforderlich, sodass die durchgeführten klinischen Untersuchungen nicht dokumentiert werden mussten"[1016]. Eine Dokumentation, die aus medizinischen Gründen nicht erforderlich ist, ist auch aus Rechtsgründen nicht geboten[1017].

230 Mit der Anerkennung einer aus dem Behandlungsvertrag entspringenden Dokumentationspflicht wurde in Rechtsform gegossen, was zuvor nur eine ärztliche Klugheitsregel und ein standesrechtliches Gebot war[1018]. Ihr Ursprung kommt in der Zweckbestimmung des MBO-Ä § 10 Abs 1 Satz 2 noch insofern zum Ausdruck, als die Dokumentation „nicht nur", aber offenbar doch primär, „eine Gedächtnisstütze" des Arztes sein soll[1019]. Der Behandelnde fertigt die Patientenakte also zunächst in seinem eigenen Interesse an einer pflichtgemäßen und erfolgversprechenden Berufsausübung an[1020], ist sie doch immer Bestandteil der geschuldeten sorgfältigen Behandlung[1021]. Selbst wenn es an einem Behandlungsvertrag fehlen würde, konnte die Dokumentationspflicht letztlich als Bestandteil einer sorgfältigen Behandlung gerechtfertigt werden[1022].

231 IRd ärztlichen Dokumentation kommt es maßgeblich auf den therapeutischen Nutzen der Aufzeichnung an, nicht hingegen auf die Nachvollziehbarkeit der von dem Arzt vorgenommenen Handlungen: Deshalb ist der Behandler nicht dazu angehalten, detailgetreu an jeder Stelle festzuhalten, dass er sämtliche in Betracht kommenden Fehler und Versäumnisse vermieden hat[1023].

232 Die Bedeutung der Dokumentation wurde oftmals dadurch geschmälert, dass unklar war, welche Umstände dokumentationsbedürftig waren oder auch nicht[1024]. Hier kommt es ausschließlich auf die fachliche Sicht an, nicht auf die Beweissicherung im Hinblick auf ein mögliches gerichtliches Verfahren. Gemäß § 630f Abs 2 werden die grds dokumentationsbedürftigen Befunde und Maßnahmen aufgezählt. Dies versetzt den Patienten in den Stand, sich eine ärztliche Zweitmeinung einzuholen oder erleichtert ihm den Nachweis eines Dokumentations- und/oder Behandlungsfehlers. Nur in diesem Ausmaß kommt der Dokumentation eine Rechenschaftsfunktion zu, da zumeist nur aus ihr ein Behandlungsfehler nachweisbar abzuleiten ist[1025].

233 Die Dokumentation muss eindeutig, umfassend, sowie einsichts-, beweis- und archivierungstauglich erfolgen. Zur Organisationspflicht des Behandlers/Krankenhausträgers gehört es, die Aufbewahrung der Patientenakten zu organisieren. Dabei hat die Lagerung so zu erfolgen, dass die Unterlagen immer zur Verfügung standen, Dateien lesbar sind und nicht durch Diebstahl oder Brand gefährdet werden[1026].

234 § 630f Abs 1 stellt klar, dass der Arzt die Patientenakte elektronisch führen kann, in der heutigen Zeit ist von einer weitestgehend digitalen Führung der Patientenakte auszugehen[1027]. Die Erfüllung der ordnungsgemäßen Buchführungspflicht ist für elektronisch geführte Patientenakten durch den Einsatz geeigneter Software sicherzustellen. Aus der Tatsache, dass der Gesetzgeber geregelt hat, wie Berichtigungen und Änderungen der Dokumentation vorzunehmen sind, ist zu schließen, dass solche zulässig sind[1028]. Berichtigungen und Änderungen von Eintragungen sind gemäß § 630f Abs 1 Satz 2 unter der Voraussetzung zulässig, dass der ursprüngliche Inhalt der Eintragung erkennbar bleibt und zudem der Änderungszeitpunkt vermerkt wird[1029]. Damit soll die „Revisionssicherheit"[1030] der Dokumentation sichergestellt werden[1031]. Die Zielsetzung ist, „eine fälschungssichere Organisation der Dokumentation" zu erhalten[1032]. Die Begründung dazu verweist ausdrücklich auf die Grundsätze der ordnungsgemäßen Buchführung im Handelsgesetzbuch (HGB) und in der Abgabenordnung (AO), also im Handels- und Steuerrecht[1033]. Diese Anknüpfung war in der Literatur zuvor weitestgehend abgelehnt worden[1034] und stellte insofern eine wesentliche gesetzliche Neuerung dar, die zu weitergehender Verpflichtung des verantwortlichen Arztes führt.

1016 OLG München, Urt v 5.5.2011 – 1 U 4306/10, openJur 2012, 115929 Rz 57.
1017 Zur Aufklärungspflicht über Risiken, auch wenn medizinisch „keine Alternative" gegeben ist BGH, Urt v 9.11.1993 – VI ZR 248/92, NJW 1994, 799.
1018 MünchKomm⁸/Wagner, § 630f Rz 2.
1019 MünchKomm⁸/Wagner, § 630f Rz 2.
1020 MünchKomm⁸/Wagner, § 630f Rz 2.
1021 Kern, Dokumentation und Schweigepflicht, in: Gramberg-Danielsen (Hrsg), Rechtsophthalmologie, S 52, 60.
1022 Katzenmeier, in: Laufs/Katzenmeier/Lipp, Arztrecht⁸ IX Rz 46.
1023 OLG Oldenburg, Beschl v 29.11.2011 – 5 U 80/11, MedR 2012, 179.
1024 Uphoff/Hindemith GGW 4/2016, 15, 20.
1025 Vgl § 630f Rz 23; BGH, Urt v 27.6.1978 – VI ZR 183/76, BGHZ 72, 132, 137 ff = JZ 1978, 721 m Anm Walter JZ 1978, 806.
1026 Auch nach einem Brand muss versucht werden, die noch vorhandenen Unterlagen wieder zu ordnen vgl OLG Hamm, Urt v 12.12.2001 – 3 U 119/00, NJW-RR 2003, 807.
1027 Vgl § 630f Rz 91 ff.
1028 Rehborn GesR 5/2013, 257, 263.
1029 Vgl § 630f Rz 89.
1030 Thole MedR 2013, 145, 148.
1031 Vgl § 630f Rz 93, 96, 97.
1032 BT-Drucks 17/10488, 26.
1033 BT-Drucks 17/10488, 26.
1034 Vgl § 630f Rz 92; Muschner VersR 2006, 621; Schmidt-Beck NJW 1991, 2335, 2337.

Bei der Papierdokumentation sind Radierungen oder das Überdecken von Eintragungen mit Korrekturflüssigkeiten problematisch, da das Reproduzieren der Ursprungseintragung beinhalten würde, die neue Eintragung zu zerstören[1035]. Insofern wird man diese Form der Berichtigung der Dokumentation eher als unzulässig ansehen müssen[1036]. **235**

Zu der Frage der Beweiserleichterung nach § 630g iVm § 630h aufgrund einer unzureichenden Dokumentation kommt es maßgeblich darauf an, was anhand der medizinischen Notwendigkeit zur Sicherstellung wesentlicher medizinischer Daten und Fakten für den Behandlungsverlauf als notwendig zu bemessen ist[1037]. **236**

dd) **Pflicht zur Fortbildung/Wissenschaftliche Literatur.** Die Fortbildungspflicht der Ärzte dient der Qualitätssicherung- und verbesserung. Von dem Arzt kann erwartet werden, dass er sich über den Stand der Medizin auch mithilfe des Studiums von Fachliteratur fortlaufend informiert und die dabei gewonnenen Erkenntnisse zum Wohl des Patienten einsetzt. Nur durch eine ständige Fortbildung ist es möglich, den Facharztstandard zu gewährleisten und Behandlungsfehler zu vermeiden. Die Pflicht zur Fortbildung resultiert zum einen aus MBO-Ä § 4 Abs 1 und zum anderen aus SGB V § 95d für Vertragsärzte, ermächtigte Ärzte eines Krankenhauses sowie angestellte Ärzte in einem MVZ oder Krankenhaus. Ferner kann sich im Rahmen eines Angestelltenverhältnisses eine Fortbildungspflicht aus dem jeweiligen Arbeitsvertrag ergeben. Daneben besteht eine Fortbildungspflicht für den nach MBO-Ä § 26, SGB V §§ 75 Abs 1b, 95 normierten Notdienst, an welchem grds alle (Vertrags-)Ärzte teilnehmen müssen[1038]. **237**

Die gewünschte Fortbildung kann durch Fortbildungsveranstaltungen der jeweiligen Ärztekammern oder externe Veranstalter – unter Beachtung der Freiheit von wirtschaftlichen Interessen[1039] – absolviert werden. Welche Veranstaltung der Arzt wählt, obliegt ihm. Jährlich werden dem Arzt zudem 10 Fortbildungspunkte für das Selbststudium durch Fachliteratur (Bücher, Zeitschriften) gutgeschrieben[1040]. Der Arzt hat gegenüber der KV die notwendige Fortbildung in Form von sog Fortbildungspunkten nachzuweisen, in einem Angestelltenverhältnis im Krankenhaus erfolgt der Nachweis gegenüber dem Ärztlichen Direktor[1041]. Innerhalb von fünf Jahren ist er verpflichtet, 250 Fortbildungspunkte zu sammeln. Gelingt es dem Arzt nicht, die nötige Fortbildung nachzuweisen, ist die KV verpflichtet, schrittweise Honorarkürzungen vorzunehmen, vgl SGB V § 95d Abs 3. Die Nachholung der Fortbildung ist innerhalb eines Zeitraums von zwei Jahren möglich, ist danach noch kein Nachweis erfolgt, soll die KV gegenüber dem Zulassungsausschuss unverzüglich einen Antrag auf Entziehung der Zulassung stellen. In der Praxis kommt Letzteres aber nur äußerst selten vor. **238**

ee) **Pflicht zur Teilnahme am Notdienst.** Gem MBO-Ä § 26 und SGB V § 95 Abs 3 iVm § 75 Abs 1b sind Ärzte zur Teilnahme am Notdienst verpflichtet. Dies hat zum Zweck, dass die ambulante Versorgung außerhalb normaler Sprechzeiten gewährleistet wird. Der Arzt ist somit turnusmäßig damit beauftragt; nachts, an Feiertagen und Wochenenden, die ambulante Versorgung sicherzustellen. Der damit verbundene Eingriff in GG Art 12 ist durch die jeweiligen Kammer- und Heilberufsgesetze der Länder gerechtfertigt[1042] und gegen GG Art 2 Abs 2 Satz 1 – das Recht auf körperliche Unversehrtheit – abzuwägen, wobei die Berufsfreiheit des Arztes in den Hintergrund tritt. An dem kassenärztlichen Notdienst sind ermächtigte Ärzte[1043], Ärzte des öffentlichen Gesundheitsdienstes und Ärzte, die ihrer Berufstätigkeit nicht nachgehen, nicht zu beteiligen[1044]. **239**

Den Notdienst hat der Arzt idR persönlich zu erfüllen, wobei von ihm nicht die Sicherstellung einer notärztlichen Behandlung verlangt werden kann, vgl SGB V § 75 Abs 1b Satz 1. Vielmehr soll er Notfälle im Rahmen der Möglichkeiten eines niedergelassenen Arztes versorgen und lebenserhaltende Maßnahmen veranlassen[1045]. Zum Notdienst gehört die ständige Erreichbarkeit sowie idR die Einsatzbereitschaft am Praxisort[1046]. Ebenso ist gem SGB V § 75 Abs 1b Satz 2 die Sicherstellung des Notdienstes durch die Kooperation mit Krankenhäusern möglich; hierfür ist die Installation von Notdienstpraxen oder auch Notfallambulanzen möglich. Auch **240**

1035 Schmidt-Beck NJW 1991, 2335, 2337.
1036 Schmidt-Beck NJW 1991, 2335, 2337.
1037 Vgl § 630h Abs 3 Rz 1 ff; OLG Oldenburg, Beschl v 29.11.2011 – 5 U 80/11, MedR 2012, 179.
1038 Vgl § 630a Rz 244 ff, insbesondere Rz 245, 246; MBO[7]/Lippert, § 4 Rz 2, § 26 Rz 15; Kern/Rehborn, in: Laufs/Kern/Rehborn, HdB ArztR[5], § 15 Rz 23.
1039 MBO[7]/Lippert, § 4 Rz 5.
1040 MBO[7]/Lippert, § 4 Rz 7.
1041 MBO[7]/Lippert, § 4 Rz 16.
1042 MBO[7]/Lippert, § 26 Rz 2.
1043 BSG, Urt v 12.12.2018 – B 6 KA 50/17 R, BSGE 127, 109.
1044 Kern/Rehborn, in: Laufs/Kern/Rehborn, HdB ArztR[5], § 19 Rz 3.
1045 MBO[7]/Lippert, § 26 Rz 4; Kern/Rehborn, in: Laufs/Kern/Rehborn, HdB ArztR[5], § 19 Rz 27.
1046 MBO/Lippert[7], § 26 Rz 11; Kern/Rehborn, in: Laufs/Kern/Rehborn, HdB ArztR[5], § 19 Rz 28.

eine Stellvertretung ist möglich, jedoch bleibt der Vertragsarzt berufsrechtlich und vertragsarztrechtlich für die Behandlungen seines Vertreters haftbar[1047].

241 Für die Organisation des Notdienstes sind die jeweiligen Ärztekammern und KVen zuständig[1048], Einzelheiten regeln die jeweiligen Notdienstordnungen. Eine Befreiung der Verpflichtung zur Teilnahme am Notdienst ist in Fällen der Unzumutbarkeit möglich. Eine solche kann allenfalls in einer körperlichen Beeinträchtigung des Arztes liegen; sei es aufgrund des hohen Alters oder infolge einer Krankheit[1049], wobei die diesbezüglichen Hürden sehr hoch liegen[1050]. Auch ist eine Befreiung einer Ärztin im letzten Trimester ihrer Schwangerschaft sowie 12 Monate nach Entbindung möglich[1051]. Allein familiäre Verpflichtungen führen idR zu keinem Befreiungstatbestand; ist der Arzt jedoch mit der Pflege naher Angehöriger über Gebühr beschäftigt, ist eine Befreiung möglich[1052]. Ebenso stellt eine fehlende Fachkenntnis nicht zwingend einen Befreiungsgrund dar[1053]. Auch Fachärzte wie Augenärzte oder Psychiater müssen den Notdienst leisten. Nach der Rspr ist bspw ein Pathologe selbst dann zum Notdienst am Patienten verpflichtet, wenn er mehr als 30 Jahre keinen mehr absolviert hat[1054]. Wird dem Antrag auf Befreiung ausnahmsweise doch entsprochen, muss sich der Arzt trotzdem in Form einer Umlage an den Kosten beteiligen. So hat sich bspw auch ein 72-jähriger Mediziner, der aus Altersgründen vom Bereitschaftsdienst befreit wurde, an den Kosten dafür zu beteiligen[1055]. Wird ein Antrag auf Befreiung abgelehnt, so kann der Arzt Widerspruch bzw Klage am Verwaltungsgericht, bei Vertragsärzten am Sozialgericht erheben[1056]. Der Arzt im Notdienst hat Behandlungsfehler zivil- und strafrechtlich zu verantworten. Aufgrund des Behandlungsvertrags folgt dies aus § 630a ff sowie deliktisch aus §§ 823 Abs 1, Abs 2 iVm Schutzgesetz, 831[1057]. Strafrechtlich kommen ua Tatbestände nach StGB §§ 223, 222 in Betracht. Der Arzt darf sich zwar im Notdienst vertreten lassen oder diesen ggf auch tauschen, jedoch bleibt er berufs- und vertragsarztrechtlich für den Bereitschaftsdienst verantwortlich. Dazu muss er sich vergewissern, dass der Kollege die erforderlichen Kenntnisse und Fähigkeiten hat. Die Kosten der Vertretung trägt dabei der eingeteilte Arzt.

242 Eine Pflicht zum Notfalldienst gibt es für den Tierarzt laut MBO-TÄ nicht, jedoch ist die jeweilige Landestierärztekammer gem MBO-TÄ § 12 Abs 12 zur Einrichtung eines solchen verpflichtet, soweit durch kollegiale Übereinkunft sich keine befriedigende Lösung finden lässt. Der tierärztliche Notfalldienst gilt grundsätzlich für alle praktisch tätigen Tierärzte, unabhängig von deren Tätigkeitsschwerpunkt oder dem zeitlichen Umfang ihrer tierärztlichen Tätigkeit[1058]. Die Befreiung vom tierärztlichen Notfalldienst ist ähnlich wie bei den Humanmedizinern nur bei schwerwiegenden Gründen, wie Alter, körperliche Behinderung oder familiäre, belastende Pflichten möglich[1059]. Kommt es im Notfalldienst zu einem Behandlungsfehler, so hat der diensthabende Tierarzt zivil- sowie strafrechtlich dafür einzustehen. Verletzt der Tierarzt seine Pflicht zur Teilnahme am Notfalldienst, so kann dies berufsrechtliche Folgen haben[1060].

243 ff) **Gewährung des Einsichtsrechts in die Patientenakte**[1061]. Das Einsichtsrecht des Patienten in seine Patientenunterlagen aufgrund eines Behandlungsverhältnisses, besteht gemäß § 630g und nach dem Inkrafttreten der DSGVO auch gemäß DSGVO Art 12 Abs 5 Satz 1, Art 15 Abs 3 Satz 1. Das Verhältnis der zivil- und datenschutzrechtlichen Normen zueinander ist bislang ungeklärt. § 630g Abs 1 Satz 1 bestimmt, dass dem Patienten „auf Verlangen unverzüglich Einsicht in die vollständige, ihn betreffende Patientenakte zu gewähren ist, soweit der Einsichtnahme nicht erhebliche therapeutische Gründe oder sonstige erhebliche Rechte Dritter entgegenstehen." Die zivilrechtliche Rspr räumte dem Patienten sein Einsichtsrecht in die Krankenakte nach lan-

---

1047 Bahner Deutsches Ärzteblatt 2009, 106(22): A-1163/B-999/C-971.
1048 MBO⁷/Lippert, § 26 Rz 10; Kern/Rehborn, in: Laufs/Kern/Rehborn, HdB ArztR⁵, § 15 Rz 24.
1049 MBO⁷/Lippert, § 26 Rz 7; Kern/Rehborn, in: Laufs/Kern/Rehborn, HdB ArztR⁵, § 19 Rz 9.
1050 Zur Verpflichtung der Ärztin trotz Erkrankung am Notdienst teilzunehmen OVG NRW, Beschl v 4.6.2013 – 13 B 258/13, openJur 2013, 29336 Rz 32; zur Verpflichtung des Arztes am Notdienst trotz Nachtfahrverbot und beidseitiger Glaskörpertrübung teilzunehmen LSG NRW, Beschl v 12.7.2012 – L 11 KA 39/12 B ER, openJur 2012, 87568 Rz 44.
1051 MBO⁷/Lippert, § 26 Rz 8; Kern/Rehborn, in: Laufs/Kern/Rehborn, HdB ArztR⁵, § 19 Rz 9.
1052 MBO⁷/Lippert, § 26 Rz 8.
1053 MBO⁷/Lippert, § 26 Rz 9.
1054 BSG, Urt v 6.2.2008 – B 6 KA 13/06 R, NZS 2009, 413, 414.
1055 SG Marburg, Urt v 21.11.2018 – S 12 KA 245/16, openJur 2019, 31713 Rz 39, 40.
1056 MBO⁷/Lippert, § 26 Rz 8.
1057 Kern/Rehborn, in: Laufs/Kern/Rehborn, HdB ArztR⁵, § 19 Rz 33.
1058 VG Chemnitz, Urt v 10.11.2010 – 2 K 637/08, https://ltk-rlp.de/tieraerzte/rechtsfragen/aktuelle-rechtsprechung/, zuletzt abgerufen am 16.12.2021.
1059 Ackenheil hundkatzepferd 2014, 24.
1060 Zur Folge der Nichterreichbarkeit im tierärztlichen Notdienst: Geldbuße in Höhe von 5.000 € vgl VG Mainz, Urt v 13.2.2007 – Kf 3/06.MZ, https://www.kostenlose-urteile.de/VG-Mainz_Kf-306MZ_Tierarzt-im-Notfalldienst-nicht-erreichbar.news3788.htm, zuletzt abgerufen am 6.10.2021.
1061 Vgl ausführlich zu allem § 630g Rz 1 ff.

gen Kontroversen bereits in gewissem Umfang auch außerhalb eines Rechtsstreits ein[1062]. „Der Patient hat gegenüber Arzt und Krankenhaus grundsätzlich auch außerhalb eines Rechtsstreits Anspruch auf Einsicht in die ihn betreffenden Krankenunterlagen, soweit sie Aufzeichnungen über objektive physische Befunde und Berichte über Behandlungsmaßnahmen (Medikation, Operation etc) betreffen"[1063]. Das erforderliche Behandlungsverhältnis muss nicht zwingend ein Behandlungsvertrag nach § 630a sein, obgleich nur dieser ausdrücklich vom Gesetz umfasst ist[1064]. Überholt sind Ansichten, wonach die Patientenunterlagen im uneingeschränkten Eigentum des Arztes stehen und deshalb ausschließlich ihm vorbehalten sind[1065]. Zunächst war dem Patienten als Durchbrechung des Arzteigentums das Recht zugestanden worden, die Herausgabe der Krankenunterlagen an den nachbehandelnden Arzt zu verlangen[1066]. Zwar stehen die Krankenunterlagen im Eigentum des niedergelassenen Arztes oder des Krankenhausträgers, jedoch können diese als Eigentümer nur insoweit frei über ihre Dokumentation verfügen, soweit ihr Eigentumsrecht nicht durch einschränkende rechtliche Regelungen begrenzt wird[1067]. Die bedeutendste Einschränkung stellt dabei die ärztliche Schweigepflicht, StGB § 203, MBO-Ä § 9 sowie SGB I § 35 dar, die das therapeutische Vertrauensverhältnis zwischen Arzt und Patienten schützt[1068].

Die Rechtslage hinsichtlich der Einsichtnahme in die Patientenakte bis zum Inkrafttreten des **244** Patientenrechtegesetzes wurde vornehmlich durch die Rspr geprägt[1069]. Der BGH hat wiederholt einen Anspruch des Patienten auf Einsicht in die ihn betreffenden Krankenunterlagen als vertragliche Nebenpflicht des Behandlungsvertrags bejaht, und zwar ohne, dass der Patient ein berechtigtes Interesse geltend machen müsste[1070]. Das BVerfG hat die ständige Rspr des BGH verfassungsrechtlich gebilligt[1071]. Nach verfassungsrechtlich bestätigter Spruchpraxis[1072] hatte der Patient gegenüber dem Arzt und Krankenhausträger einen Anspruch auf Einsicht in die betreffenden Krankenunterlagen, soweit sie objektivierbare Befunde und medizinische Maßnahmen enthielten[1073]. Dass der Patient somit ein grundsätzliches Einsichtsrecht in die ihn betreffenden Behandlungsunterlagen hatte, war unbestritten und durch die Rspr vielfach bestätigt worden.

MBO-Ä § 10 Abs 2 enthält die entsprechende berufsrechtliche Verpflichtung der Ärzte, dem **245** Patienten Einsicht in die ihn betreffenden Krankenunterlagen zu gewähren[1074]. Schließlich besteht ein Auskunftsrecht regelmäßig aufgrund der BDSG §§ 19, 34, dem allgemeinen Auskunftsanspruch, wonach der Betroffene Auskunft über seine personenbezogenen Daten erhalten kann.

Mit dem Tod des Patienten endet zwar die ärztliche Schweigepflicht, jedoch greift unverzüg- **246** lich das sog „postmortales Persönlichkeitsrecht" aus GG Art 2 Abs 1 iVm Art 1 Abs 1 des Patienten ein. Weder die Erben noch andere nahe Angehörige des Patienten können den schweigepflichtigen Arzt als Berufsgeheimnisträger davon entbinden, denn die Entbindungsberechtigung ist als höchstpersönliches Recht nicht vererblich. Das Strafgesetzbuch stellt gemäß StGB § 203 Abs 4 dementsprechend den unbefugten ärztlichen Geheimnisverrat unter Strafe, wenn er nach dem Tod des Patienten begangen wird.

1062 BGH, Urt v 23.11.1982 – VI ZR 222/79, BGHZ 85, 327 = JR 1983, 236 m Anm Schlund; Gehrlein NJW 2001, 2773, 2774; Hinne NJW 2005, 2270, 2271; Bartlakowski, Die ärztliche Behandlungsdokumentation, 145 f.
1063 BGH, Urt v 23.11.1982 – VI ZR 222/79, BGHZ 85, 327 (Ls) = JR 1983, 236 m Anm Schlund.
1064 BVerfG, Beschl v 17.11.1992 – 1 BvR 162/89, MedR 1993, 232, 232; VG Freiburg, Urt v 29.10.2015 – 6 K 2245/14, MedR 2017, 252, 254; Habermalz, NJW 2013, 3403, 3404; gilt auch bei einem „vertragslosen Behandlungsverhältnis", so Erman16/Rehborn/Gescher, § 630g Rz 3; aA „BGB 630 g setzt einen wirksamen Behandlungsvertrag voraus" vertreten von jurisPK-BGB9/Lafontaine, § 630g Rz 14.
1065 Deutsch/Spickhoff, MedR-HdB, Rz 917.
1066 Vgl Daniels NJW 1976, 345, 348; Zur Überlassung von Unterlagen (Röntgenbilder) an den Anwalt des Patienten zwecks Gewährung von Einsichtnahme in Originalaufnahmen LG Kiel, Urt v 30.3.2007 – 8 O 59/06, NJW-RR 2007, 1623, 1623; Deutsch/Spickhoff, MedR-HdB, Rz 917.
1067 Hausner/Hajak/Spiessl Deutsches Ärzteblatt 2008, 105 (1–2): A 27–9 (A 27).
1068 Hausner/Hajak/Spiessl Deutsches Ärzteblatt 2008, 105 (1–2): A 27–9 (A 27).

1069 Vgl BGB § 630g Rz 2.
1070 BGH, Urt v 23.11.1982 – VI ZR 222/79, BGHZ 85, 327 = JR 1983, 236 m Anm Schlund; BGH, Urt v 23.11.1982 – VI ZR 177/81, BGHZ 85, 339; BGH, Urt v 6.12.1988 – VI ZR 76/88, BGHZ 106, 146, 152.
1071 BVerfG, Urt v 16.9.1998 – 1 BvR 1130/98, NJW 1999, 1777; BVerfG, Urt v 9.1.2006 – 2 BvR 443/02, NJW 2006, 1116.
1072 Vgl BVerfG, Urt v 16.9.1998 – 1 BvR 1130/98, NJW 1999, 1777; BVerfG, Urt v 9.1.2006 – 2 BvR 443/02, NJW 2006, 1116.
1073 BGH, Urt v 23.11.1982 – VI ZR 222/79, BGHZ 85, 327 m Anm Schlund JR 1983, 239; BGH, Urt v 6.12.1988 – VI ZR 76/88, BGHZ 106, 146, 152 = NJW 1989, 764, 766; LG Düsseldorf, Urt v 12.11.1998 – 3 O 240-98, NJW 1999, 873 = NJW 2001, 920 (Ls); Übersicht von Rieger, Deutsche Medizinische Wochenschrift 1999; 24 (3): 130, 130.
1074 Vgl dazu MBO7/Ratzel, § 10 Rz 19–26; Spickhoff/Scholz, MedR-Komm3, Nr 350 (MBO) § 10 Rz 5; Rehborn/Kern, in: Laufs/Kern/Rehborn, HdB ArztR5, § 62 Rz 2.

247 Abgestellt wurde auf den mutmaßlichen Willen des Verstorbenen nach dessen Tod zur Beantwortung von Auskunftsverlangen an den ihn behandelnden Arzt[1075]. Die frühere zur sog „postmortalen Schweigepflicht", somit zum Einsichtsrecht Dritter nach dem Tod des Patienten bestehende Rspr ist in § 630g Abs 3 normiert. § 630g Abs 3 regelt das Einsichtsrecht von Erben und nächsten Angehörigen des Patienten und erklärt diesbezüglich die Absätze 1 und 2 des § 630g für entsprechend anwendbar.

248 gg) **Individuelle Gesundheitsleistungen (IGeL)**. Gemäß MBO-Ä § 11 Abs 1 verpflichtet sich der Arzt mit Übernahme der Behandlung dem Patienten gegenüber zur gewissenhaften Versorgung mit geeigneten Untersuchungs- und Behandlungsmethoden. Diese Norm ist die berufsrechtliche Ausformung des zivilrechtlichen Grundsatzes in § 276 Abs 2, wonach der Arzt bei der Behandlung die im Verkehr erforderliche Sorgfalt zu beachten hat. Unter dieser beruflich gebotenen Sorgfalt sind nicht nur die üblichen Sorgfaltspflichten zu verstehen, sondern die berufsspezifischen[1076]. Als Ausprägung der letztgenannten Alternative bestimmt MBO-Ä § 11 Abs 2, dass es der ärztliche Berufsauftrag verbietet, diagnostische oder therapeutische Methoden unter missbräuchlicher Ausnutzung des Vertrauens, der Unwissenheit, der Leichtgläubigkeit oder der Hilflosigkeit von Patienten anzuwenden. Die Vorschrift schützt davor, die Not zum Teil schwer kranker Menschen zur Mehrung des eigenen Vorteils, sei er finanzieller oder persönlicher Natur, auszunutzen[1077]. Vor dem zunehmenden Kostendruck in Arztpraxen, der Budgetierung im GKV-System aber auch aufgrund eines veränderten Nachfrageverhaltens der Patienten bieten zahlreiche Ärzte sog Individuelle Gesundheitsleistungen an, kurz: IGeL-Leistungen. Ob für den gesetzlich versicherten Patienten ein Formerfordernis bei sog individuellen Gesundheitsleistungen (IGeL) greift, das bei Nichtbeachtung zur Nichtigkeit des Vertrages gem § 125 führt, ist umstritten. Gem BMV-Ä § 3 Abs 1 Satz 3 können Leistungen, für die eine Leistungspflicht der Krankenkassen nicht besteht, nur im Rahmen einer Privatbehandlung erbracht werden, über die mit dem Versicherten vor Beginn der Behandlung ein schriftlicher Behandlungsvertrag abgeschlossen werden muss. Hieraus wird von weiten Teilen ein Schriftformerfordernis für die Vereinbarung von IGeL-Leistungen abgeleitet[1078]. Nach anderer Auffassung kann aus der Regelung des BMV-Ä kein Formzwang für den Behandlungsvertrag gefolgert werden, da aus SGB V § 69 Abs 1 Satz 1 keine Ermächtigung der Parteien der Bundesmantelverträge (Kassenärztlichen Bundesvereinigung und Spitzenverbände der Krankenkassen) zur Regelung des privatrechtlichen Arzt-Patienten-Verhältnisses folge[1079]. Das Angebot solcher Leistungen ist weiterhin nicht nur an MBO-Ä § 3 Abs 2, sondern auch an MBO-Ä § 11 Abs 2 zu messen.

249 Unter IGeL sind alle Leistungen zu verstehen, die nicht zum festgeschriebenen Leistungskatalog der gesetzlichen Krankenkassen gehören, da sie nicht per Gesetz zu den Aufgaben der GKV gehören, wie bspw Atteste, Reiseimpfungen und spezielle Vorsorgemaßnahmen mit bislang ungeklärtem oder abschlägig beschiedenem Nutzen für den Patienten. Der beschränkte Nutzen ergibt sich insofern, als dass sie nicht zeigen konnten, dass sie „ausreichend, zweckmäßig und wirtschaftlich sind und das Maß des Notwendigen nicht überschreiten", wie es das Gesetz fordert, § 12 SGB V, oder die noch nicht hinreichend geprüft wurden, bzw sich in der Evaluation bezüglich der Kosten–/Nutzenrelation als neutral herausgestellt haben[1080].

250 Der Gemeinsame Bundesausschuss, G-BA, legt im Rahmen der gesetzlichen Bestimmungen fest, welche medizinischen Untersuchungs- und Behandlungsmethoden die gesetzlichen Krankenkassen bezahlen müssen. Leistungen, die der G-BA als Kassenleistung ablehnt oder über die er noch keine Entscheidung getroffen hat, werden oft als IGeL angeboten. Sind Leistungen einmal vom G-BA abgelehnt worden, dürfen gesetzliche Krankenkassen diese nicht mehr freiwillig bezahlen. Darunter fallen beispielsweise auch von Patienten gewünschte Leistungen, die keine medizinische Zielsetzung haben, wie Schönheitsoperationen, wenn sie aus ärztlicher Sicht zumindest vertretbar sind. Auch hier ist zu unterscheiden zwischen „reinen" Schönheitseingriffen, wie Brustvergrößerung oder Liposuktionen und anderen davon zu differenzierenden Fallgruppen, wie Operationen, die nach einer Chemotherapie, als medizinisch erforderlich und damit erstattungsfähig bewertet werden können.

1075 Zur Frage, inwieweit den Angehörigen bzw Erben eines verstorbenen Patienten ein Recht auf Einsichtnahme in die Krankenpapiere zusteht BGH, Urt v 31.5.1983 – VI ZR 259/81 (Ls), NJW 1983, 2627; Ergänzung zu BGHZ 85, 327, 329 f = VersR 83, 264.
1076 MBO[7]/Ratzel, § 11 Rz 2.
1077 BG Heib VG Münster, Urt v 9.1.2008 – 14 K 1779/05.T, openJur 2011, 52961 Rz 60–65.
1078 BeckOK-BGB/Katzenmeier, Stand: 1.5.2022, § 630a Rz 45; HdB ArztR[5]/Kern/Rehborn, § 45 Rz 6.
1079 BeckOK-BGB/Katzenmeier, Stand: 1.5.2022, § 630a Rz 45; jurisPK-BGB[9]/Lafontaine, § 630a Rz 40.
1080 IGeL-Report 2020 Versichertenbefragung des MDS/IGeL-Monitor, Kurzbericht, https://www.igel-monitor.de/fileadmin/Downloads/Presse/2020_05_25_PK_IGEL_Report_2020_COVID/20_08_25_Kurzbericht_IGeL-Report_2020.pdf, zuletzt abgerufen am 25.8.2020.

251 Manche gesetzlichen Krankenkassen bezahlen bestimmte IGeL, obwohl sie nicht zum Leistungskatalog der gesetzlichen Krankenversicherung gehören; alternativ bieten sie diese Leistungen im Rahmen privater Zusatzversicherungen an[1081]. Die Kassen haben bei der Erstattung einen eigenen Ermessensspielraum, der letztlich aus Wettbewerbsgründen auf dem Markt der Krankenkassen resultiert, so beispielsweise bei der Akupunktur, teilweise auch bei der Osteopathie, die früher ausschließlich als IGeL angeboten wurden, mittlerweile aber in den Katalog der zu ersetzenden Kassenleistungen aufgenommen wurden[1082]. Ebenso gibt es die gegenläufige Entwicklung, somit IGeL, die mittlerweile nicht mehr angeboten werden dürfen, da sie aufgrund neuer medizinischer Erkenntnisse nunmehr unter das Ordnungswidrigkeitenrecht fallen[1083].

252 Die Vergütung für Leistungen, die nicht zum Leistungskatalog der GKV zählen oder deren Kosten nicht vollständig übernommen werden, kann der Behandelnde von dem gesetzlich krankenversicherten Patienten direkt verlangen. Dies gilt auch bei zahnärztlichen Behandlungen, bspw Zahnersatz, bei Zahnimplantaten oder etwa dem Angebot eines höherwertigen Füllmaterials als dem, welches die GKV vorgibt[1084]. Die Abrechnungshöhe orientiert sich dabei an der GOÄ bzw GOZ[1085]. Nach BMV-Ä § 3 Abs 1 und § 18 Abs 8 Nr 2 gelten hier abweichende Formanforderungen, die zur Folge haben, dass der Patient die Abrechnungsvereinbarung schriftlich bestätigen muss. Gemäß § 630c Abs 3 Satz 2 ist zu beachten, dass strengere formale Erfordernisse immer dann eingehalten werden müssen, wenn sie sich aus anderen Vorschriften ergeben, so wie hier bspw nach der BMV-Ä. Bei IGeL-Leistungen muss der Patient vor der Behandlung schriftlich bestätigen, dass ihm bekannt ist, dass diese nicht zu den Leistungen der GKV gehören und die Kosten deshalb auch weder von dieser übernommen noch erstattet werden, sondern von ihm selbst zu tragen sind.

253 Auch wenn ein gesetzlich Krankenversicherter eine gesamte Behandlung auf eigene Kosten im Rahmen der Kostenerstattung gemäß SGB V § 13 Abs 2 Satz 1 wählt oder er bei einem lediglich privat abrechnenden Arzt behandelt zu werden wünscht, müssen ihm die voraussichtlichen Gesamtkosten vor der Behandlung schriftlich mitgeteilt werden. Hier kommt die GOÄ zur Anwendung, nicht der EBM[1086]. Der Arzt ist auch nicht verpflichtet, durch die Auswahl eines besonders geringen Gebührensatzes im Ergebnis nur den nach EBM anrechenbaren Betrag zu fordern[1087]. Allerdings liegt ein nach MBO-Ä § 12 Abs 1 Satz 3 unzulässiges unlauteres Unterschreiten der Sätze nach der GOÄ auch nicht vor, wenn das Unterschreiten dazu dient, im Interesse des Patienten die Differenz zwischen Rechnungsbetrag und Kostenerstattung gering zu halten[1088]. Vorstehendes gilt ebenso für Eigenanteile im Rahmen der zahnärztlichen Behandlung. Wird bei derartigen Vereinbarungen die Schriftform nicht eingehalten, kann dies aufgrund der mangelnden Beweisbarkeit dazu führen, dass der Patient die entsprechenden Leistungen nicht bezahlen muss[1089].

254 Schließlich ist bei der Abrechnung mit Privatpatienten oder bei den Selbstzahlern im Rahmen von IGeL und der Übermittlung von Daten an die privatärztlichen Verrechnungsstellen nach der BGH Rspr zu beachten, dass die Abtretung einer ärztlichen Forderung an eine Verrechnungsstelle ohne Kenntnis und Zustimmung des Patienten die ärztliche Schweigepflicht verletzt und deshalb nichtig ist[1090]. Der Patient muss sowohl der Weitergabe seiner Daten als auch der Abtretung der gegen ihn gerichteten Honorarforderung zustimmen. Die Vorschriften der DSGVO Art 7 Abs 1

1081 KBV, IGel-Checkliste, S7, abrufbar unter: https://www.kbv.de/media/sp/igel_checkliste.pdf, zuletzt abgerufen am 30.11.2021.
1082 BSG, Urt v 13.2.2019 – B 6 KA 56/17 R, MedR 2019, 743 m Anm Christophers MedR 2019, 745.
1083 Alle Arten von „Babyultraschalluntersuchungen",welche über die medizinische Notwendigkeit hinausgehen, sind seit dem 1.1.2021 verboten, ganz gleich wie niedrig die dabei angewandte Energie ist. Über die in der Mutterschaftsrichtlinie vorgesehenen drei Untersuchungen hinausgehende Ultraschallexpositionen sind nur bei Vorliegen einer medizinischen Indikation erlaubt; ein darüber hinausgehendes Angebot der Leistung als Igel gilt als Ordnungswidrigkeit, vgl Verordnung zum Schutz vor schädlichen Wirkungen nichtionisierender Strahlung bei der Anwendung am Menschen (NiSV) Art 4 BfBl 2018 I Nr 14, 5.12.2018.
1084 Vgl Ziegner, von, Der Zahnarzt in der zivilrechtlichen Haftung unter besonderer Abwägung des anzusetzenden Haftungsstandards, S 75 ff, 77, 78, 79, 80 ff mwN zu der Frage, ob dem Zahnarzt durch das vertragszahnärztliche Wirtschaftlichkeitsgebot Beschränkungen des medizinischen Behandlungsstandards auferlegt werden; zu Amalgamfüllungen ausführlich OLG Köln, Urt v 21.10.2013 – 5 U 155/12, MedR 2015, 110; OLG Hamm, Urt v 4.3.2016 – 26 U 16/15, https://www.olg-hamm.nrw.de/behoerde/presse/pressemitteilung_archiv/archiv/2016_pressearchiv/48-16-Amalgam-in-der-Zahnbehandlung.pdf, zuletzt abgerufen am 19.3.2022.
1085 Vgl zur analogen Abrechnung der GOÄ Ziffer 5855 für Kataraktoperationen unter Einsatz des sog Femtoselasers BGH, Urt v 14.10.2021 – III ZR 350/20, openJur 2021, 44211; BGH, Urt v 14.10.2021 – III ZR 353/20, MDR 2022, 145.
1086 Kern/Rehborn, in: Laufs/Kern/Rehborn, HdB ArztR[5], § 74 Rz 48.
1087 Kern/Rehborn, in: Laufs/Kern/Rehborn, HdB ArztR[5], § 74 Rz 48.
1088 Kern/Rehborn, in: Laufs/Kern/Rehborn, HdB ArztR[5], § 74 Rz 48.
1089 Vgl hierzu vor 630a Rz 19.
1090 BGH, Urt v 10.7.1991 – VIII ZR 296/90, BGHZ 115, 123 = NJW 1991, 2955.

(Nachweis der Einwilligung) finden ebenso Anwendung wie Versicherungsvertragsgesetz (VVG) § 213 „Erhebung personenbezogener Gesundheitsdaten bei Dritten" (hier: Private Krankenkasse, Berufsunfähigkeitsversicherung). Weiterhin ist MBO-Ä § 12 Abs 2 zu beachten. Nach dieser Vorschrift wird klargestellt, dass die Übermittlung von Daten an Dritte zum Zweck der privatärztlichen Abrechnung nur dann zulässig ist, wenn die Patientin oder der Patient in die Übermittlung der für die Abrechnung erforderlichen Daten nachweisbar (somit schriftlich) einwilligt.

XII. Behandlungsabschnitte

255 1. **Diagnose.** Die Diagnosestellung ist eine vertraglich geschuldete Leistung aus dem Behandlungsvertrag[1091]. Da die Diagnosestellung die wichtigste Voraussetzung für eine sachgemäße Behandlung ist, darf sie nur auf Grund einer sorgfältigen persönlichen Untersuchung und auf Basis einer eingehenden Anamnese erfolgen[1092].

256 Der Behandelnde gelangt regelmäßig über eine Anamnese und Untersuchung des Patienten zur Diagnose. Die Anamnese ist die professionelle Erfragung von medizinisch potenziell relevanten Informationen durch den Heilberufler. Der Behandelnde versucht dafür, die Vorgeschichte des aktuellen Leidens in einem Gespräch mit dem Patienten (oder ggf einem Dritten) durch Fragen bspw nach Vorerkrankungen, Allergien, eingenommenen Medikamenten, familiären Erkrankungen, Risikofaktoren etc in Erfahrung zu bringen. Ziel ist dabei die Erfassung der Vorgeschichte einer Erkrankung oder eines Patienten im Rahmen einer aktuellen Erkrankung. Die Anamnese ist die wesentliche Grundlage für das Stellen der Diagnose. Der Arzt ist gehalten, den Patienten mit der gebotenen Sorgfalt zu untersuchen, vorhandenen Krankheitssymptomen durch Erhebung der üblichen Befunde nachzugehen[1093] und die erhobenen Befunde mit der nötigen Sorgfalt zu interpretieren[1094].

257 Aufgrund der Anamnese und resultierend aus den Ergebnissen zu den körperlichen, chemischen oder apparativen Untersuchungen werden die Befunde erhoben. Die Befunderhebung erfolgt grds durch Funktionsprüfungen wie bspw durch Blutdruckmessungen, (Langzeit-)EKG, Besichtigungen bspw durch das Abtasten, Abklopfen und Abhorchen des Körpers sowie mittelbar durch naturwissenschaftliche Untersuchungen (wie bspw Laborbefunde). Ausgehend von den genannten Beschwerden und den offensichtlichen Symptomen sind die Befunde für die Diagnose und ggf ihre Überprüfung zu erheben und, falls medizinisch erforderlich, zu sichern. Dabei hat der Arzt diejenigen Symptome und Auffälligkeiten zur Kenntnis und zum Anlass für weitere gebotene Maßnahmen zu nehmen, die er aus berufsfachlicher Sicht seines Fachbereichs feststellen muss. Soweit eine Diagnose auf Grund des klinischen Befundes gesichert ist und die Symptome auf eine bestimmte Erkrankung konkret hinweisen, hat der Arzt keine weiteren diagnostischen Maßnahmen zu veranlassen[1095]. Erfordert die Interpretation eines Befundes Kenntnisse, die das Fachwissen des Behandelnden übersteigen, muss der Patient an den zuständigen Spezialisten verwiesen werden.

258 Viele Fehldiagnosen beruhen auf der Nichterhebung elementarer Kontrollbefunde oder auf einer unterlassenen Überprüfung und Korrektur der ersten Diagnose[1096]. Ein Verschulden des Arztes ist jedoch nur dann zu bejahen, wenn er Anlass zu Zweifeln an der Richtigkeit hätte haben müssen oder solche hatte und diesen nicht nachgegangen ist[1097]. Eine Fehldiagnose lag bspw in einem vom OLG Hamm zu entscheidenden Fall vor, in dem der behandelnde Arzt einen akuten Blinddarm diagnostizierte und dementsprechend eine OP-Indikation angenommen hatte. Im Rahmen der OP stellte sich heraus, dass entgegen der Diagnose des Arztes aber ohne dessen Verschulden keine akute Blinddarmentzündung vorlag. Kurze Zeit später wurde festgestellt, dass die Schmerzen im Bauchbereich von einem infizierten Hämatom verursacht worden waren[1098]. Nach der Rspr war die Indikationsstellung zur Operation unter der Annahme einer akuten Appendizitis nicht fehlerhaft, auch wenn diese Erkrankung tatsächlich nicht vorlag, da der klinische Gesamteindruck zur Stellung einer ärztlichen Diagnose ausschlaggebend sei und allein

---

1091 Erman16/Rehborn/Gescher, § 630a Rz 2; Kern/Rehborn, in: Laufs/Kern/Rehborn, HdB ArztR5, § 52 Rz 1.
1092 Kern/Rehborn, in: Laufs/Kern/Rehborn, HdB ArztR5, § 52 Rz 4.
1093 BGH, Urt v 3.2.1987 – VI ZR 56/86, BGHZ 99, 392, 396 ff; BGH, Urt v 22.12.1987 – VI ZR 32/87, NJW 1988, 1514; vgl OLG Brandenburg, Urt v 14.11.2001 – 1 U 12/01, MDR 2002, 171 = VersR 2002, 313, 314; zur Untersuchungspflicht des Facharztes bei einem Schädel CT OLG Stuttgart, Urt v 20.6.2000 – 14 U 73/98, NJW-RR 2001, 960.
1094 BGH, Urt v 23.3.1993 – VI ZR 26/92, NJW 1993, 2375, 2377 = MedR 1993, 430; OLG Hamm, Urt v 23.8.2000 – 3 U 229/99, VersR 2002, 315, 316.
1095 Kern/Rehborn, in: Laufs/Kern/Rehborn, HdB ArztR5, § 52 Rz 4.
1096 Kern/Rehborn, in: Laufs/Kern/Rehborn, HdB ArztR5, § 52 Rz 5.
1097 Kern/Rehborn, in: Laufs/Kern/Rehborn, HdB ArztR5, § 52 Rz 5.
1098 OLG Hamm, Urt v 17.2.1999 – 3 U 41/98, VersR 2000, 101.

schon die Feststellung eines auf eine akute Appendizitis hinweisenden Druckschmerzes bei der Untersuchung durch einen erfahrenen Arzt entscheidend sein könne, sodass dahinter alle anderen Kriterien zurücktreten müssten[1099].

a) **Diagnoseirrtümer**. Diagnoseirrtümer sind nur mit Zurückhaltung als Behandlungsfehler zu bewerten[1100]. Sie sind nicht zwingend die Folge eines vorwerfbaren Versehens des behandelnden Arztes[1101] und rechtfertigen aus sich heraus nicht den Schluss auf ein schuldhaftes ärztliches Verhalten[1102]. Auch ein Arzt, der aus vollständig erhobenen Befunden einen falschen Schluss zieht, unterliegt einem – für sich allein genommen – nicht haftungsbegründenden Diagnoseirrtum[1103]. Fehldiagnosen sind in erster Linie dann Gegenstand der Arzthaftung, wenn Krankheitserscheinungen in völlig unvertretbarer, der Schulmedizin entgegenstehender Weise gedeutet, elementare Kontrollbefunde nicht erhoben werden, der Arzt gebotene differential-diagnostische Maßnahmen unterlässt[1104] oder eine Überprüfung der ersten Diagnose im weiteren Behandlungsverlauf unterbleibt, auch wenn dieser keine Wirkung(en) zeigt[1105]. **259**

Allerdings kann wegen der Vielfalt der möglichen Geschehensabläufe die Verantwortlichkeit des Arztes für Versäumnisse oder Fehler bei der Diagnose nicht nach einem festen Schema beurteilt werden[1106]. Eine Würdigung kann nur anhand des Einzelfalls und des konkreten Beschwerdebilds, so wie es sich dem Arzt dargestellt hat, vorgenommen werden[1107]. Von medizinisch völlig unvertretbaren Fehleinschätzungen abgesehen, sind Diagnoseirrtümer nur vorwerfbar, wenn die elementaren Kontrollbefunde nicht erhoben wurden[1108] oder die Überprüfung einer ersten Arbeitsdiagnose im weiteren Behandlungsverlauf unterblieben ist[1109]. Letztere Überprüfungspflicht obliegt dem Arzt besonders dann, wenn auf die begonnene Therapie keinerlei reaktive Wirkung erfolgt[1110]. Bei unzweifelhaften Befunden, die bei Anwendung der gebotenen Sorgfalt nur den Schluss auf eine bestimmte Diagnose zulassen, begeht der Arzt keinen vorwerfbaren Diagnosefehler, es sei denn, er unterliegt diesbezüglich einem fundamentalen Irrtum[1111]. Sollte der Arzt eine falsche Diagnose möglicherweise nur in der Absicht stellen, dem Patienten eine Erstattung beim Kostenträger zu ermöglichen, der bei einer reinen Schönheitsoperation nicht gezahlt hätte, haftet er[1112]. **260**

Ein einfacher Diagnosefehler liegt vor, wenn über einen bloßen Diagnoseirrtum hinaus, der rechtlich keine Haftung begründen kann, die Diagnose für einen gewissenhaften Arzt bei ex ante-Sicht medizinisch nicht vertretbar gewesen ist[1113]. Er wird allerdings nicht dadurch zu einem haftungsträchtigen Befunderhebungsfehler, weil bei objektiv zutreffender Diagnosestellung noch weitere Befunde zu erheben gewesen wären[1114]. Die Nichterhebung von Befunden stellt keinen groben Diagnosefehler dar, wenn der Gesundheitszustand bei einer Nachuntersuchung keine Zweifel an der Richtigkeit der ursprünglichen Diagnose aufwirft[1115]. Ein Diagnoseirrtum ist einem Arzt als einfacher Behandlungsfehler vorzuwerfen, wenn sich seine Einschätzung der medizinischen Gegebenheiten als nicht mehr vertretbare Fehlleistung darstellt und als grober Behandlungsfehler, wenn es sich um eine völlig unvertretbare Fehlleistung handelt[1116]. **261**

1099 OLG Hamm, Urt v 17.2.1999 – 3 U 41/98, VersR 2000, 101.
1100 Vgl BGH, Urt v 14.7.1981 – VI ZR 35/79, NJW 1981, 2360.
1101 OLG Frankfurt/M, Urt v 23.12.2008 – 8 U 146/06, chefarzt aktuell 2009, 70.
1102 OLG Koblenz, Beschl v 27.1.2014 – 5 U 1383/13, VersR 2015, 988, 989.
1103 Zur Berücksichtigung einer seltenen körperlichen Anomalie, die nur unter besonderen Untersuchungsbedingungen zu diagnostizieren ist OLG Hamm, Urt v 29.5.2015 – 26 U 2/13, openJur 2015, 15773 Rz 15.
1104 OLG Oldenburg, Urt v 18.12.1990 – 5 U 82/90, VersR 1991, 1141.
1105 OLG Köln, Urt v 28.1.1988 – 7 U 83/85, VersR 1989, 631 = ZFSch 1989, 260.
1106 Zum Diagnose- und Behandlungsfehler eines Neurologen bei einem MS-Patienten, OLG Köln, Urt v 19.5.2014 – 5 U 1/14, VersR 2015, 455, 456 = MedR 2015, 182.
1107 OLG Düsseldorf, Urt v 31.7.1986 – 8 U 52/85, VersR 1987, 994 (Ls).
1108 Bes verdeutlichend OLG Hamm, Urt v 1.9.2008 – 3 U 245/07.
1109 OLG Köln, Urt v 6.6.1990 – 27 U 12/90, VersR 1991, 1288; BGH, Urt v 8.7.2003 – VI ZR 304/02, NJW 2003, 2827, 2828 = VersR 2003, 1256, 1257.
1110 OLG Düsseldorf, Urt v 10.4.2003 – I-8 U 38/02, VersR 2005, 117, 118.
1111 OLG Köln, Urt v 5.6.2002 – 5 U 226/01, VersR 2004, 794, 795.
1112 OLG Koblenz, Urt v 14.6.2007 – 5 U 1370/06, MedR 2008, 161, 162, 163.
1113 OLG Hamm, Urt v 17.11.2015 – 26 U 13/15, GesR 2016, 92.
1114 Zum Befunderhebungsfehler des Allgemeinmediziners als Notarzt bei einer Psychose BGH, Urt v 2.12.1997 – VI ZR 386/96, NJW 1998, 814; zum Befunderhebungsfehler in Abgrenzung zum Diagnoseirrtum BGH, Urt v 21.12.2010 – VI ZR 284/09, BGHZ 188, 29, 30, 34 ff = NJW 2011, 1672, 1673 m Anm Spickhoff, NJW 2011, 1651; m Anm Katzenmeier, JZ 2011, 797; m Anm Schmidt-Recla, MedR 2011, 648; m Anm Voigt, MedR 2011, 650; OLG Hamm, Beschl v 2.3.2011 – 3 U 92/10, VersR 2012, 493.
1115 OLG Saarbrücken, Urt v 26.8.1998 – 1 U 776/97-153, MedR 1999, 181, 182, 183.
1116 OLG Koblenz, Beschl v 20.10.2009 – 5 U 733/09, MedR 2012, 653.

262 b) **Befunderhebungsfehler.** Die von der Rspr entwickelten und jetzt in § 630h Abs 5 Satz 2 kodifizierten Grundsätze sind für die beweisrechtliche Bewertung eines Befunderhebungsfehlers bei Vorliegen eines vertretbaren Diagnoseirrtums nicht anwendbar; vielmehr ist die sog „Schwerpunkttheorie" bei der Abgrenzung von Diagnose- und Befunderhebungsfehler einschlägig[1117]. „Dem Arzt ist kein Diagnoseirrtum, sondern ein Befunderhebungsfehler vorzuwerfen, wenn die unrichtige diagnostische Einstufung einer Erkrankung ihren Grund bereits darin hat, dass der Arzt die nach dem medizinischen Standard gebotenen Untersuchungen erst gar nicht veranlasst hat[1118]." Beim Befunderhebungsfehler kommt der Arzt deshalb zu falschen medizinischen Schlüssen, weil er die für eine richtige Diagnose erforderlichen Befunde gar nicht erhoben, insbesondere die im Einzelfall notwendigen Untersuchungen nicht durchgeführt hat[1119]. Das Absehen von einer ärztlichen Maßnahme ist dabei nicht erst dann behandlungsfehlerhaft, wenn die Maßnahme zwingend geboten ist, sondern bereits dann, wenn ihr Unterbleiben dem im Zeitpunkt der Behandlung bestehenden medizinischen Standard zuwiderläuft[1120]. „Im Unterschied dazu liegt ein Diagnoseirrtum vor, wenn der Arzt erhobene oder sonst vorliegende Befunde falsch interpretiert und deshalb nicht die aus der berufsfachlichen Sicht seines Fachbereichs gebotenen – therapeutischen oder diagnostischen – Maßnahmen ergreift[1121]."

263 Bereits ein einfacher Befunderhebungsfehler führt – im Gegensatz zu einem einfachen Diagnosefehler – zu einer Beweislastumkehr hinsichtlich der Kausalität des Behandlungsfehlers für den eingetretenen Gesundheitsschaden. Dies gilt allerdings nur, wenn sich bei der gebotenen Abklärung der Symptome mit hinreichender Wahrscheinlichkeit ein so deutlicher und gravierender Befund ergeben hätte, dass sich dessen Verkennung als fundamental oder die Nichtreaktion hierauf als grob fehlerhaft darstellen würde und dieser Fehler generell geeignet ist, den tatsächlich eingetretenen Gesundheitsschaden herbeizuführen[1122]. Die Schwelle, von der ab ein Diagnoseirrtum als schwerer Verstoß gegen die Regeln der ärztlichen Kunst zu beurteilen ist, der zu einer Belastung mit dem Risiko der Unaufklärbarkeit des weiteren Ursachenverlaufs führen kann, ist dabei nach der Rspr hoch anzusetzen[1123]. Die Beweislastregel des § 630h Abs 5 ist als Ausnahme konzipiert.

264 Eine unrichtige diagnostische Einstufung einer Erkrankung kann einen Befunderhebungsfehler darstellen, wenn der Arzt die nach dem medizinischen Standard gebotenen Untersuchungen erst gar nicht veranlasst hat[1124] und er aufgrund unzureichender Untersuchungen vorschnell zu einer Diagnose gelangt ist, ohne diese durch die medizinisch gebotenen Befunderhebungen abzuklären. „Erkennt ein Arzt, dass das unklare klinische Beschwerdebild des Patienten umgehend weitere diagnostische Maßnahmen (…) erfordert, verschiebt er aber die wegen unzureichender Ausstattung der Klinik erforderliche Verlegung in ein ausreichend ausgestattetes Krankenhaus aber auf den nächsten Tag, liegt ein Befunderhebungsfehler, nicht aber ein Diagnosefehler vor[1125]". Begründet wird dies damit, dass es bei einer solchen Sachlage nicht primär um die Fehlinterpretation von Befunden – also dem klassischen Diagnosefehler – sondern um deren Nichterhebung geht[1126]. Auch wenn eine Patientin zB bei einer septischen Arthritis nicht zur weiteren Diagnostik wieder einbestellt wird, liegt ein Befunderhebungsfehler vor[1127]. Das OLG Karlsruhe stellte klar, dass dieses Versäumnis einen Befunderhebungsfehler darstellt, der nicht von der Sperrwirkung des Diagnoseirrtums erfasst ist, und dass es sich dabei auch nicht lediglich um einen Fehler hinsichtlich der therapeutischen Aufklärung handelt[1128].

265 Allerdings ist eine lückenlose Abklärung sämtlicher theoretisch denkbarer Krankheitsursachen iRd Diagnose weder wirtschaftlich vertretbar noch wäre diese dem Patienten zumutbar. So ist

---

1117 Zur Verkennung des HELLP Syndroms iRd Schwangerschaft BGH, Urt v 26.1.2016 – VI ZR 146/14, NJW 2016, 1447, 1448; zur Abgrenzung eines Diagnosefehlers zum Befunderhebungsversäumnis OLG Koblenz, Urt v 23.4.2014 – 5 U 1427/13, MedR 2015, 195, 196, 197.
1118 BGH, Urt v 26.1.2016 – VI ZR 146/14, NJW 2016, 1447, 1448; zur Nichterhebung medizinisch gebotener Befunde bei einem Tumor OLG Frankfurt/M, Urt v 22.12.2020 – 8 U 142/18, openJur 2021, 13445 Ls 1.
1119 Zum Nichtvorliegen eines Befunderhebungsfehlers aufgrund unterlassener Aufklärung vgl OLG Hamm, Urt v 29.10.2014 – 3 U 55/14, openJur 2014, 25741 Ls 1; zum Vorliegen eines Befunderhebungsfehlers aufgrund unterlassener Sicherungsaufklärung OLG Oldenburg, Urt v 18.5.2016 – 5 U 1/14, VersR 2017, 1084.
1120 BGH, Beschl v 22.12.2015 – VI ZR 67/15; OLG Frankfurt/M, Urt v 22.12.2020 – 8 U 142/18, openJur 2021, 13445 Ls 1.
1121 Zum Befunderhebungsfehler in Abgrenzung zum Diagnosefehler OLG Frankfurt/M, Urt v 22.12.2020 – 8 U 142/18, openJur 2021, 13445 Ls 1.
1122 BGH, Urt v 2.7.2013 – VI ZR 554/12, openJur 2013, 32966 Rz 16 ff.
1123 BGH, Urt v 14.7.1981 – VI ZR 35/79, NJW 1981, 2360, 2361 = MedR 1983, 107, 108.
1124 Zur ärztlichen Pflicht bei Indizien für eine Hirnhautentzündung, sofort eine Klinikeinweisung vorzunehmen, OLG Zweibrücken, Urt v 20.8.2002 – 5 U 25/01, -juris.
1125 BGH, Urt v 21.1.2014 – VI ZR 78/13, BGHZ 199, 377 = GesR 2014, 227.
1126 BGH, Urt v 26.1.2016 – VI ZR 146/14, NJW 2016, 1447, 1448.
1127 OLG Karlsruhe, Urt v 17.5.2018 – 7 U 32/17, -juris.
1128 OLG Karlsruhe, Urt v 17.5.2018 – 7 U 32/17, -juris.

bei einer Kniearthroskopie nicht von einem Befunderhebungsfehler auszugehen, wenn die im Vorfeld des Eingriffs unstreitig erfolgten Röntgenuntersuchungen, die sonographische Untersuchung und die klinischen Untersuchungen zur Beurteilung der Frage, ob eine Operation indiziert war, ausreichend waren[1129]. Nach einer Glassplitterverletzung ist bspw eine sensorische und motorische Prüfung der Hand notwendig. Sind bei dieser keine Auffälligkeiten feststellbar, kann kein vorwerfbarer Diagnoseirrtum darin gesehen werden, dass eine in dieser Form ungewöhnliche Durchtrennung des nervus ulnaris nicht erkannt wurde[1130]. Dem Arzt obliegen nur Sorgfalts- und keine Garantiepflichten. Der bloße Umstand, dass sich die Diagnose ex post als falsch erweist, belegt für sich allein genommen nicht schon eine Pflichtverletzung[1131]. Verdachtsmomente und Zweifel dürfen allerdings nicht verdrängt, sondern sie müssen zum Anlass für weitere diagnostische Maßnahmen genommen werden[1132]. Auch vor im Zusammenhang mit der Untersuchung sich ergebenden und dem Arzt erkennbaren Zufallsbefunden darf dieser nicht die Augen verschließen[1133].

266 Der Umfang des gebotenen diagnostischen Aufwands hängt vom Ausmaß der drohenden Gesundheitsschäden, ihrer potentiellen Revisibilität sowie von der Wahrscheinlichkeit ihres Eintritts ab[1134]. Auch ein unterlassener Hinweis auf die Dringlichkeit eines weiteren Arztbesuches ist grds ein Verstoß gegen die Pflicht zur therapeutischen Beratung, allerdings liegt dann der Schwerpunkt des Fehlverhaltens „regelmäßig nicht in der unterlassenen Befunderhebung als solcher, sondern in dem Unterlassen von Warnhinweisen"[1135]. In Fällen hingegen, in denen es schon an dem Hinweis fehlt, dass ein kontrollbedürftiger Befund vorliegt und dass Maßnahmen zur weiteren Abklärung notwendig sind, liegt der Schwerpunkt eindeutig in der unterlassenen Befunderhebung[1136]. Letztlich verbleibt es immer bei der Einzelfallbetrachtung, gestützt auf die Aussagen des Sachverständigen[1137]. Wird bspw eine Wunschsectio ohne medizinische Indikation durchgeführt, muss nach Ansicht des BGH das Klinikum immer gewährleisten, dass der obere Rand der ärztlichen Qualität eingehalten wird[1138].

267 Wird einem Patienten eine falsche Diagnose mitgeteilt, trifft den Arzt die Pflicht zur Diagnoserevision[1139]. Ist dem Behandelnden der Diagnosefehler gemäß §§ 630a Abs 2, 276 Abs 2 anzulasten, ist er hierfür haftbar, insbesondere für Vermögensschäden seines betroffenen Patienten, soweit dieser infolge der falschen Diagnose diesbezügliche Dispositionen, wie etwa eine Vorruhestandsregelung, getroffen hat[1140]. Problematisch für den Patienten ist der Umstand, dass bei dem Vorwurf des ärztlichen Diagnoseirrtums, er bei einem nicht offenkundigen Krankheitsbild beweispflichtig ist, dafür, dass er dem Arzt die für eine richtige Diagnose maßgeblichen Symptome geschildert hat[1141].

268 2. **Indikation.** Der Begriff Indikation oder Anzeige (auch Heilanzeige) gibt an, wann eine medizinische Behandlung angemessen (angezeigt) ist. Zwischen Diagnose und Indikation besteht keine klare Hierarchie: Je nach Situation bedingt die Diagnose eine Indikation oder umgekehrt. Nur wenn die richtige Diagnose gestellt wird und die Behandlung tatsächlich angezeigt ist, können Struktur, Prozess und Ergebnisqualität zuverlässig beurteilt werden. Im klinischen Sprachgebrauch haben sich dabei insbesondere die folgenden Abstufungen von Indikationen eingebürgert wie zB die Notfallindikation, also ein lebensbedrohliches, akutes Krankheitsbild, das akut lebensrettender Maßnahmen bedarf, die vitale Indikation, die ein lebensbedrohliches Krankheitsbild darstellt, das lebensrettender Maßnahmen bedarf, die absolute oder die relative Indikation, bei letzterer wäre eine Maßnahme bei einem entsprechenden Krankheitsbild für einen Patienten vorteilhaft, aber nicht zwingend notwendig. Bei einer Kontraindikation ist eine

---

1129 Zur fehlenden Anfertigung einer MRT-Bildaufnahme vor einer Meniskus–OP OLG Hamm, Urt v 8.6.2021 – 26 U 74/20, openJur 2021, 21141.
1130 Zur Arzthaftung bei versäumter Röntgenaufnahme OLG Koblenz, Urt v 20.10.2005 – 5 U 1330/04, ArztR 2006, 330, 331.
1131 BGH, Urt v 11.10.1977 – VI ZR 110/75, NJW 1978, 584 f.
1132 Zur Wiederholung der Beweisaufnahme nach Urteilsaufhebung OLG Brandenburg, Urt v 14.11.2001 – 1 U 12/01, VersR 2002, 313, 314; zur Fehlinterpretation eines Phlebographiebefundes durch einen Radiologen OLG Hamm, Urt v 23.8.2000 – 3 U 229/99, VersR 2002, 315, 316.
1133 BGH, Urt v 21.12.2010 – VI ZR 284/09, NJW 2011, 1672 Rz 12.
1134 Pauge/Offenloch, Arzthaftungsrecht[14], Rz 175 ff.
1135 BGH, Urt v 25.6.2020 – VI ZR 213/19; zur Aufklärung über die Nachsorge BGH, Urt v 17.11.2015 – VI ZR 476/14, GesR 2016, 155.
1136 BGH, Beschl v 13.4.2021 – VI ZR 498/19, ZMGR 4/2021, 228, 229.
1137 BGH, Urt v 11.4.2017 – VI ZR 576/15, NJW 2018, 621.
1138 Zu Fragen der Arzthaftung bei einer elektiven sekundären Sectio (dem Wunschkaiserschnitt, ohne medizinische Indikation) mit konsekutivem Todeseintritt der Gebärenden vgl BGH, Urt v 4.2.2021 – VI ZR 60/20, MedR 2021, 820, 820 ff.
1139 Kern/Rehborn, in: Laufs/Kern/Rehborn, HdB ArztR[5], § 52 Rz 17.
1140 Nach der alten Rechtslage, vgl zum Anspruch auf Ersatz von Schmerzensgeld und Schadensersatz wegen einer fehlerhaften ärztlichen Behandlung und fehlerhaften Diagnose „Krebs" durch Heilpraktiker OLG Braunschweig, Urt v 7.10.1988 – 4 U 2/88, VersR 1990, 57.
1141 OLG Koblenz, Urt v 4.10.2001 – 5 U 220/01, MedR 2002, 408.

ärztliche Maßnahme bei einem entsprechenden Krankheitsbild unzulässig, da gegenangezeigt aufgrund des Überwiegens von Nachteilen zu deren Nutzen, bei einer diagnosebezogenen Indikation hingegen ist eine Maßnahme aufgrund einer einzelnen Diagnose im Rahmen eines Krankheitsbildes gerade angezeigt. Eine Indikation muss aktiv „gestellt" werden; und ergibt sich nicht von selbst aus einer Diagnosestellung. Eine medizinische Indikation sollte bestenfalls auf objektiven Befunden und Parametern zusammen mit mehr oder weniger evidenzbasierten Daten basieren. Allerdings können Begründungen für Diagnostik und Therapien immer mehrdimensional sein, da neben medizinischen Algorithmen die Persönlichkeit des Patienten, seine Lebenseinstellung und das soziokulturelle Umfeld für seine Entscheidung zur Behandlung maßgeblich sind. Die Indikation stellt die rationale Grundlage aller ärztlichen Maßnahmen dar. Sie ist als medizinische Überzeugung definiert, dass eine Maßnahme geeignet ist, mit einer bestimmten Wahrscheinlichkeit ein bestimmtes Therapieziel zu erreichen[1142]. Die Indikationsstellung umfasst eine empirische, finale und kausale Begründung der Indikation und erfordert die Bewertung des Einzelfalls[1143]. Auf diese Weise gehen die individuelle gesundheitliche Situation des Patienten, das Therapieziel und die bezüglich der Maßnahme bestehende Evidenz in die Entscheidung mit ein. Eine Indikation rechtfertigt damit zunächst nur das ärztliche Behandlungsangebot an den Patienten[1144]. Die Behandlung und somit der Beginn der Therapie kann erst nach Zustimmung durch den Patienten oder seines gesetzlichen Vertreters erfolgen[1145].

269 3. **Therapiewahl.** Der Arzt verpflichtet sich mit der Übernahme der Behandlung dem Patienten gegenüber zur gewissenhaften Versorgung mit geeigneten Untersuchungs- und Behandlungsmethoden gemäß MBO-Ä § 10 Abs 2. Diese Norm ist die berufsrechtliche Ausformung des zivilrechtlichen Grundsatzes in § 276, wonach der Arzt bei der Behandlung seiner Patienten die im Verkehr erforderliche Sorgfalt zu beachten hat. Dadurch, dass bloß von geeigneten Verfahren die Rede ist, wird deutlich, dass die Berufsordnung keine Verpflichtung auf die sogenannte „Schulmedizin" verlangt. Höchstrichterliche Spruchpraxis und die Rechtslehre erkennen den Grundsatz der ärztlichen Therapiefreiheit an[1146]. Er gilt als das Kernstück ärztlichen Handelns[1147]. Der Arzt ist von Rechts wegen nicht durchweg auf die wie auch immer bestimmte schulmedizinische oder anerkannte oder die den gegenwärtigen Stand der medizinischen Wissenschaft repräsentierende Methode verpflichtet. Der Heilerfolg hängt im Einzelfall von vielen, teils auch rational kaum fassbaren Faktoren ab, keineswegs nur von der gewählten Therapieform. Der Arzt hat auf die Eigenheiten des Patienten Bedacht zu nehmen und dessen Willen nicht nur zu berücksichtigen, sondern in den Dienst des Heilerfolgs zu stellen. Im Einverständnis mit dem Kranken darf der Arzt den Erfolg jenseits des Standards suchen und einen Heilversuch unternehmen, wenn die Methode nach seiner Einschätzung den Krankheitsverlauf positiv zu Gunsten des Patienten beeinflusst[1148]. In diesem Rahmen ist die Anwendung nicht allgemein anerkannter Therapieformen und sogar ausgesprochen paraärztlicher Behandlungsformen rechtlich grundsätzlich erlaubt. Es kann dahin gestellt bleiben, ob dies schon deswegen der Fall sein muss, weil sich die Beschränkung der Methodenfreiheit aus Rechtsgründen als Hemmnis des medizinischen Fortschritts bzw als Stillstand der Medizin darstellen würde. Entscheidend ist, dass jeder Patient, bei dem eine von der Schulmedizin nicht anerkannte Methode angewendet wird, innerhalb der durch die § 138, StGB § 226a gezogenen Grenzen eigenverantwortlich entscheiden kann, welchen Behandlungen er sich unterziehen will.

270 Grundsätzlich hat der Arzt einem Patienten nicht ungefragt zu erklären, welche Behandlungsmethoden in Betracht kommen und was für und gegen die eine oder andere dieser Methoden spricht, solange er eine Therapie anwendet, die medizinischen Standard genügt[1149]. Die Wahl der Behandlungsmethode ist somit zunächst Sache des Arztes. Stehen jedoch für eine medizinisch sinnvolle und indizierte Therapie mehrere Behandlungsmethoden zur Verfügung, die zu jeweils unterschiedlichen Belastungen des Patienten führen oder unterschiedliche Risiken und Erfolgschancen bieten, muss der Patient nach Beratung durch den Arzt selbst prüfen können, was davon er im Hinblick auf die potentiell unterschiedlichen Erfolgschancen der verschie-

---

1142 Neitzke, Medizinische Klinik – Intensivmedizin und Notfallmedizin 2014, 8, 9 ff.
1143 Neitzke, Medizinische Klinik – Intensivmedizin und Notfallmedizin 2014, 8, 9 ff.
1144 Neitzke, Medizinische Klinik – Intensivmedizin und Notfallmedizin 2014, 8, 9 ff.
1145 Neitzke, Medizinische Klinik – Intensivmedizin und Notfallmedizin 2014, 8, 9 ff.
1146 BGH, Urt v 22.9.1987 – VI ZR 238/86, BGHZ 102, 17, 22; zu den Aufklärungspflichten bei einer Risikogeburt mit der Folge der Erb'schen Lähmung BGH, Urt v 6.12.1988 – VI ZR 132/88, BGHZ 106, 153, 157 = NJW 1989, 1538, 1539; Soergel[13]/Spickhoff, Anh I BGB z § 823 Rz 85.
1147 Laufs, in: Laufs/Uhlenbruck, HdB ArztR[3], § 3 Rz 13; Kern, in: Laufs/Kern/Rehborn, HdB ArztR[5], § 3 Rz 22.
1148 Vgl umfassend Laufs, in: Laufs/Kern, HdB ArztR[4], § 130 Rz 1 ff; § 130 Rz 25; vgl „Nikolausbeschluss" BVerfG, Beschl v 6.12.2005 – 1 BvR 347/98, BVerfGE 115, 25 ff, 48.
1149 BGH, Urt v 29.6.1995 – 4 StR 760/94, NStZ 1996, 34; Martis/Winkhart, Arzthaftungsrecht[6], Rz A 1221.

denen Behandlungsmethoden auf sich nehmen will[1150]. So ist zur Wahrung des Selbstbestimmungsrechtes des Patienten erforderlich, dass eine Aufklärung über eine alternative Behandlungsmethode erfolgt, wenn für eine medizinisch sinnvolle und indizierte Therapie mehrere gleichwertige Behandlungsmöglichkeiten zur Verfügung stehen, die zu jeweils unterschiedlichen Belastungen des Patienten führen oder unterschiedliche Risiken und Erfolgschancen bieten[1151]. Der Arzt muss allerdings nicht über Behandlungsalternativen aufklären, wenn eine der Alternativen im konkreten Fall wegen anderer behandlungsbedürftiger Verletzungen des Patienten ausscheidet[1152] oder wenn ein Akutfall vorliegt[1153]. Ein Arzt, der im Rahmen seines Bereitschaftsdienstes eine Behandlung vornimmt, ohne den Patienten vorher über die zur Wahl stehenden Behandlungsalternativen aufgeklärt zu haben, haftet zudem nicht, wenn feststeht, dass der Patient bei entsprechender Aufklärung den Rat seines Arztes nach dessen Rückkehr eingeholt hätte, dieser ebenfalls zu dieser Behandlung geraten und der Patient diesen Rat befolgt hätte. Der alternative Kausalverlauf ist in einem solchen Fall sogar dann zu berücksichtigen, wenn sich der beklagte Arzt gar nicht auf diesen beruft[1154].

Gibt es verschiedene Therapieformen und legt der Patient daraufhin die diesbezügliche Entscheidung in die Hände des Behandelnden, ist diejenige Therapie zu wählen, die entweder den Heilungserfolg mit der größten Wahrscheinlichkeit erreicht[1155] oder diagnostisch das sicherste Ergebnis verspricht[1156]. Bei der Frage nach der Gleichwertigkeit verschiedener Behandlungsmethoden ist grundsätzlich auf den möglichen Heilungserfolg als Bezugspunkt abzustellen[1157]. Kann eine Operation ganz vermieden werden, ist auch darauf hinzuweisen[1158], ist aber die konservative Behandlung weitaus üblicher und hat nahezu die gleichen Erfolgschancen, so stellt die Möglichkeit einer operativen Therapie für den Patienten keine aufklärungsbedürftige Alternative dar[1159]. Sind die Unterschiede in den Therapieformen so gering, dass sie sich für den Patienten nicht auswirken, braucht über die Alternativen keinerlei Aufklärung zu erfolgen[1160]. **271**

Soweit dem Arzt die Wahl der Therapie überlassen bleibt, schuldet er dem Patienten eine Entscheidung, die einerseits seiner Diagnose, andererseits dem jeweiligen Facharztstandard entspricht[1161]. Er darf dabei weder fehlerhafte diagnostische[1162] noch fehlerhafte therapeutische Methoden anwenden. In einem Fall hatte ein Jugendlicher aufgrund eines Unfalles einen Beinbruch erlitten[1163]. Der behandelnde Arzt nahm zunächst eine Gefäßrekonstruktion vor und fügte die abgerissene Kniekehlenschlagader wieder zusammen. Sodann wurde die Fraktur mithilfe zweier Kirschnerdrähte stabilisiert. Wegen nachfolgender Durchblutungsstörungen musste der linke Oberschenkel des Klägers amputiert werden. Das Gericht sah hier ein therapeutisches Fehlverhalten darin, dass der Behandler die Fixierung der Knochen mittels Kirschnerdrähten und nicht durch eine sog Plattenosteosynthese (Verschraubung) vorgenommen hatte[1164]. Bei einer Arthrose des Fingergrundgelenks kann bspw eine Arthrodese gegenüber der Implantation einer Fingergrundgelenksprothese eine echte Behandlungsalternative darstellen, über die der Patient aufzuklären ist[1165]. Im Arzt-Patienten-Gespräch muss erörtert werden, welche mit den verschiedenen Operationsverfahren verbundenen Vor- und Nachteile für den Patienten in seiner konkreten Situation von Bedeutung sind[1166]. Ein Therapiefehler lag dagegen bspw in dem Fall vor, in dem eine Frau wegen einer Bauchhöhlenschwangerschaft in ein Klinikum eingeliefert wurde. Im Zuge der OP-Vorbereitung hatte der Anästhesist ein Blutplasmaersatzmittel sowie ein Narkosemedikament über eine Kanüle injiziert, die irrtümlich in einer Arterie statt in einer Vene lag. Da das **272**

1150 „Elektrokoagulation–Urteil" Zur Aufklärungspflicht über Behandlungsalternativen BGH, Urt v 22.9.1987 – VI ZR 238/86, BGHZ 102, 17, 22; BGHZ 106, 153, 157 = NJW 1989, 1538, 1539; BGH, Urt v 21.11.1995 – VI ZR 329/94, VersR 1996, 233; BGH, Urt v 15.2.2000 – VI ZR 48/99, BGHZ 144, 1, 10; BGH, Urt v 17.5.2011 – VI ZR 69/10, VersR 2011, 1146; Soergel[13]/Spickhoff, Anh I BGB § 823 Rz 85.
1151 BGH, Urt v 13.6.2006 – VI ZR 323/04, NJW 2006, 2477; BGHZ 102, 17, 22, NJW 1988, 763, 764; BGHZ 106, 153, 157, NJW 1989, 1538, 1539.
1152 BGH, Urt v 7.4.1992 – VI ZR 224/91, MedR 1992, 275, 276.
1153 Zur Aufklärungspflicht über Behandlungsalternativen des Chirurgen bei seinem Unfallpatienten (hier Aufklärungspflicht verneint) BGH, Urt v 11.5.1982 – VI ZR 171/80, MDR 1982, 1009.
1154 OLG Koblenz, Urt v 21.6.2001 – 5 U 1788/00, MedR 2002, 408.
1155 MünchKomm[8]/Wagner, § 630a Rz 150.
1156 OLG Hamm, Urt v 9.1.2018 – 26 U 21/17, NJOZ 2019, 567.
1157 OLG Naumburg, Urt v 15.3.2012 – 1 U 83/11, MedR 2013, 245, 246.
1158 OLG Naumburg, Urt v 8.11.2012 – 1 U 62/12, MedR 2013, 786.
1159 OLG Naumburg, Urt v 6.6.2005 – 1 U 7/05, VersR 2006, 979.
1160 BGH, Beschl v 18.12.2014 – VI ZR 207/14, openJur 2015, 1822; OLG Köln, Urt v 10.4.1991 – 27 U 152/90, NJW 1992, 1564, 1565.
1161 BGH, Urt v 27.6.1978 – VI ZR 183/76, BGHZ 72, 132, 135; BGHZ 106, 153, 157 = NJW 1989, 1538, 1539.
1162 BGH, Urt v 29.6.1999 – VI ZR 24/98, BGHZ 142, 126 ff = NJW 1999, 2731.
1163 Vgl BGH, Urt v 31.5.1988 – VI ZR 261/87, NJW 1988, 2302.
1164 BGH, Urt v 31.5.1988 – VI ZR 261/87, NJW 1988, 2302.
1165 OLG Köln, Urt v 28.4.2021 – 5 U 151/18, openJur 2021, 18717 Ls 1.
1166 OLG Köln, Urt v 28.4.2021 – 5 U 151/18, openJur 2021, 18717 Ls 1.

Missgeschick erst nach der OP bemerkt wurde, erlitt die Patientin infolge der fehlerhaften Punktion eine Hirnschädigung, welche zur teilweisen Erblindung ihrerseits und ihrer rechtsseitigen Bewegungsfähigkeit führte[1167].

273 Zwar ist der Arzt bei der Wahl der Therapie nicht grundsätzlich auf den sichersten therapeutischen Weg festgelegt, ist eine Therapie jedoch mit gefährlichen Nebenwirkungen verbunden, wird es im Einzelfall erforderlich, diese zu unterlassen, falls ihr Einsatz zum Erreichen des Behandlungserfolges nicht zwingend geboten erscheint[1168]. Zumindest muss ein höheres Risiko während der Behandlung in den besonderen Sachzwängen des konkreten Falles oder in einer günstigeren Heilungsprognose eine sachliche Rechtfertigung finden[1169]. Für die medikamentöse Therapie ist zu beachten, dass die Nichtzulassung eines Medikaments für eine bestimmte Behandlungsmethode die Verordnung des Medikaments durch den Arzt nicht von vornherein fehlerhaft macht[1170]. Der Arzt hat dabei alle bekannten und medizinisch vertretbaren Sicherungsmaßnahmen anzuwenden, die eine erfolgreiche und komplikationsfreie Behandlung gewährleisten, und muss umso vorsichtiger vorgehen, je einschneidender ein Fehler sich für den Patienten auswirken kann[1171]. Es sind gesteigerte Anforderungen an die ärztliche Sorgfaltspflicht zu stellen[1172]. Gibt es eine echte Behandlungsalternative und stirbt der Arzt, bevor er im gerichtlichen Verfahren dazu angehört werden kann, gewinnt seine unvollständige Dokumentation nicht schon aus Gründen der Waffengleichheit an Beweiswert[1173]. Vielmehr hindert der Tod des Behandlers nicht die Zeugen- oder Parteivernehmung seitens des Gerichtes über die (nicht) erfolgte Aufklärung hinsichtlich Therapiealternativen[1174].

274 Ein Eingriff, dessen Erfolgschance im unteren einstelligen Prozentbereich liegt, ist nicht indiziert, wenn die diagnostischen Möglichkeiten und die konservativen Behandlungsmöglichkeiten nicht ausgeschöpft sind[1175]. Ist ein Eingriff überhaupt oder seinem Umfang nach nur relativ indiziert, weil seine Erforderlichkeit (auch) vom Sicherungsbedürfnis des Patienten abhängt, muss der Arzt über die verschiedenen Möglichkeiten aufklären und dem Patienten die Entscheidung überlassen, wieviel Risiko er in Kauf nehmen will[1176]. Falls eine Therapie mit gefährlichen Nebenwirkungen verbunden ist, könne es im Einzelfall auch erforderlich sein, diese insgesamt zu unterlassen[1177]. Die ärztliche Therapiewahl darf dabei nicht von haushaltsrechtlichen Erwägungen abhängig gemacht werden[1178].

275 Schlägt der Arzt dem Patienten die Einleitung der aus medizinischer Sicht gebotenen Therapie vor, wird diese jedoch vom Patienten zugunsten einer anderen, nicht dem medizinischen Standard entsprechenden Behandlung abgelehnt, handelt Letzterer auf eigenes Risiko[1179]. Eine medizinisch nicht gebotene Therapie darf dabei durch den Arzt weder angeboten noch durchgeführt werden[1180], es handelt sich anderenfalls um einen Fall des Therapiefehlers.

276 Wendet ein Arzt nicht die bestmögliche, somit die Therapie der ersten Wahl an (früher der sog „golden standard"), sondern nur die Therapie der zweiten Wahl, so liegt darin ein Behandlungsfehler. Verlässt der Arzt den sog „golden standard", ohne den Patienten hierauf hinzuweisen, so handelt er grob fehlerhaft, wenn der Patient bereits zur Durchführung der Therapie der ersten Wahl entschlossen war. Ein solches ärztliches Verhalten ist nicht nachvollziehbar[1181]. Der Behandler darf von der mit dem Patienten vereinbarten Wunschdurchführung nicht eigenmächtig abweichen, ohne den Patienten über die erneuten und damit verbundenen zusätzlichen Risiken aufzuklären[1182].

1167 BGH, Urt v 18.12.1984 – VI ZR 23/83, NJW 1985, 1392.
1168 OLG Hamm, Urt v 28.10.2002 – 3 U 200/01, VersR 2004, 200, 201, 202.
1169 BGH, Urt v 22.5.2007 – VI ZR 35/06, BGHZ 172, 254; BGH, Urt v 7.7.1987 – VI ZR 146/86, BGHZ 168, 103, 105 f; Katzenmeier, Arzthaftung, S 31.
1170 Geiß/Greiner, Arzthaftpflichtrecht[8], B Rz 9.
1171 BGH, Urt v 9.7.1985 – VI ZR 8/84, VersR 1985, 969, 970.
1172 Geiß/Greiner, Arzthaftpflichtrecht[8], Rz B 37.
1173 OLG Nürnberg, Urt v 15.2.2008 – 5 U 103/06, MedR 2008, 674, 675, 676 (Ls).
1174 OLG Nürnberg, Urt v 15.2.2008 – 5 U 103/06, MedR 2008, 674, 675, 676 (Ls).
1175 OLG Hamm, Urt v 7.7.2004 – 3 U 264/03, VersR 2005, 942.
1176 OLG Köln, Urt v 29.1.2007 – 5 U 85/06, MedR 2007, 599, 600.
1177 OLG Hamm, Urt v 28.10.2002 – 3 U 200/01, ArztR 2003, 307, 308.
1178 ArbG Gelsenkirchen, Beschl v 20.12.1996 – 1 GA 45/96, -juris.
1179 Zur Darlegungslast bei Standardabweichung OLG Hamm, Urt v 19.3.2001 – 3 U 193/00, NJW-RR 2002, 814, 815.
1180 Zu unbrauchbarer ärztlicher Leistung und zum Wegfall des Honoraranspruches BGH, Urt v 13.9.2018 – III ZR 294/16; OLG Karlsruhe, Urt v 21.7.1982 – 7 U 51/81, MedR 1983, 147, 148 f; zur Angst vor Beinamputation/Osteomyelitis vgl OLG Düsseldorf, Urt v 28.6.1984 – 8 U 112/83, VersR 1985, 169, 170; OLG Koblenz, Urt v 13.10.1988 – 5 U 818/87, MedR 1990, 43, 44, 45.
1181 OLG Hamm, Urt v 25.2.2014 – 26 U 157/12, BeckRS 2014, 06218.
1182 OLG Hamm, Urt v 25.2.2014 – 26 U 157/12, BeckRS 2014, 06218.

Erhebliche Schwierigkeiten werfen die Fälle auf, in denen der Patient eine Operation wünscht, **277** deren medizinischer Nutzen zweifelhaft oder gar nicht erkennbar ist[1183]. Ein Patient darf keinen schwerwiegenden Gesundheitsrisiken ausgesetzt werden, denen kein greifbarer Nutzen gegenübersteht[1184]. Auch auf nachhaltigen Wunsch des Patienten darf eine kontraindizierte Behandlung nicht durchgeführt werden[1185]. So darf bspw das insistierende Verlangen eines Marcumar–Patienten nach einer kontraindizierten Injektionsbehandlung den behandelnden Arzt nicht dazu veranlassen, die gewünschte Therapie vorzunehmen. Den Patienten trifft bei einer solchen Vorgehensweise seitens des Behandlers für den eingetretenen Gesundheitsschaden zudem kein Mitverschulden[1186].

Therapieformen außerhalb der Schulmedizin werden durch die Verpflichtung des Behandeln- **278** den auf die allgemein anerkannten fachlichen Standards gemäß § 630a Abs 2 nicht grds ausgeschlossen[1187]. Insbesondere die homöopathische Therapie bleibt zulässig, sofern der Patient nach entsprechender Aufklärung in diese eingewilligt hat. Allerdings darf der Homöopath keine Therapie wählen, die offensichtlich und nachgewiesenermaßen aussichtslos ist[1188]. Ob auf diesem Gebiet Ausnahmen zulässig sind, wenn der Patient nach entsprechender Aufklärung genau diese Therapie verlangt, ist strittig[1189]. Berücksichtigung finden muss dabei auch der Gesichtspunkt, wie schwer die Erkrankung ist und ob die alternativ-medizinische Behandlung hier überhaupt eine sinnvolle Alternative darstellt[1190].

Einigkeit besteht insofern, als dass bei der Wahl einer homöopathischen Behandlung der Arzt **279** oder Heilpraktiker die für diese Therapie maßgeblichen fachlichen Standards einhalten muss. Diese sind aber nur in dem Ausmaß maßgeblich, wie sie für das spezielle Fachgebiet auch existieren[1191]. § 630a Abs 2 ist nicht auf die Schulmedizin begrenzt, die §§ 630a ff gelten auch für Heilpraktiker[1192]. In einem Fall, der seitens des BGH im Jahre 1991 entschieden wurde, hatte ein Heilpraktiker einer Patientin wegen verschiedener Beschwerden ein Ozon-Sauerstoffgemisch in eine Vene im Bereich der Kniekehle injiziert. Nachdem er die hierfür vorgenommene Blutstauung wieder aufgelöst hatte, brach die Patientin tot zusammen. Der behandelnde Heilpraktiker hatte sich damit zu entlasten versucht, dass er die mit seiner Therapiemaßnahme verbundenen Gefahren auf Grund seines Ausbildungsstands nicht habe erkennen können. Der BGH erkannte dies nicht an, sondern stellte fest, dass nicht nur ein Arzt, sondern auch ein Heilpraktiker, für den keine besondere medizinische Ausbildung vorgeschrieben ist, die Voraussetzungen einer fachgemäßen Behandlung kennen und beachten müsse[1193]. Die Rspr[1194] steht weiterhin auf dem Standpunkt, dass ein Heilpraktiker, der sinn- und konzeptionslos behandele, seine Vertragspflicht nicht erfüllt. Dies träfe gesondert zu, wenn ein Heilpraktiker wahllos zu viele Therapiemaßnahmen auf einer ungesicherten Diagnosegrundlage durchführt. Ein derartiges Vorgehen könne vom Patientenwunsch und einer Einwilligung auch nicht abgedeckt sein[1195].

4. **Rezeptur und Verschreibung.** Eine ärztliche Verordnung (umgangssprachlich auch **280** Rezept) ist die persönlich von einem Arzt ausgestellte schriftliche Anweisung an einen Apotheker zur Abgabe eines Arzneimittels[1196]. Rechtsgrundlage für die Verordnung durch den Arzt als vertragliche Pflicht gegenüber dem Patienten ist der Behandlungsvertrag[1197]. Im Falle der Verordnung eines verschreibungspflichtigen Arzneimittels nach AMG § 48 spricht man von einer Verschreibung; die Vorgaben der Arzneimittelverschreibungsverordnung bzw Betäubungsmittelverschreibungsverordnung sind zu beachten. Der Behandlungsvertrag verpflichtet den Arzt daher grundsätzlich, dem Patienten die Möglichkeit zu eröffnen, notwendige Arzneimittel in der Apo-

---

1183 MünchKomm[8]/Wagner, § 630a Rz 152; OLG Köln VersR 1999, 1371, vgl Manok, Body Integrity Identity Disorder, Die Zulässigkeit von Amputationen gesunder Gliedmaßen aus rechtlicher Sicht. Hierbei handelt es sich um das Phänomen, dass Menschen die Amputation von Körperteilen wünschen, obwohl diese völlig gesund und funktionsfähig sind.
1184 MünchKomm[8]/Wagner, § 630a Rz 152 OLG Köln VersR 1999, 1371, 1372; OLG Düsseldorf VersR 2002, 611, 612.
1185 OLG Karlsruhe, Urt v 11.9.2002 – 7 U 102/01, MedR 2003, 104.
1186 OLG Düsseldorf, Urt v 16.11.2000 – 8 U 101/99, VersR 2002, 611, 612.
1187 Müller/Raschke NJW 2013, 428, 429.
1188 Müller/Raschke NJW 2013, 428, 430.
1189 Dies bejahend MünchKomm[8]/Wagner, 630a Rz 152; jurisPK-BGB[9]/Lafontaine, § 630a Rz 19; Becker MedR 2014, 475, 477, 479 f; Müller/Raschke NJW 2013, 428, 430.
1190 Katzenmeier, in: Laufs/Katzenmeier/Lipp, Arztrecht[8], X Rz 100; Pauge/Offenloch, Arzthaftungsrecht[14] Rz 221; Giesen, Arzthaftungsrecht, Rz 284f; Brüggemeier, Haftungsrecht, S 478; Rumler–Detzel VersR 1989, 1008, 1009; Grupp MedR 1992, 256, 259f; Bodenburg NJOZ 2009, 2823, 2829; Müller/Raschke NJW 2013, 428, 430 f.
1191 Vgl jurisPK-BGB[9]/Lafontaine, § 630a Rz 19.
1192 OLG München, Urt v 25.3.2021 – 1 U 1831/18, MedR 2021, 1079.
1193 Zur Sorgfaltspflicht eines Heilpraktikers BGH, Urt v 29.1.1991 – VI ZR 206/00, BGHZ 113, 297.
1194 OLG Koblenz, Urt v 26.2.2007 – 12 U 1433/04, NJW-RR 2007, 997.
1195 OLG Koblenz, Urt v 26.2.2007 – 12 U 1433/04, NJW-RR 2007, 997.
1196 Effertz GesR 2019, 15, 18.
1197 Kern, in: Laufs/Kern/Rehborn, HdB ArztR[5], § 56 Rz 3.

theke zu beschaffen, die aller Voraussicht nach den möglichst optimalen Behandlungserfolg erzielen[1198]. Im Rahmen der GKV-Versorgung gilt dies in den Grenzen des Wirtschaftlichkeitsgebotes. So sieht SGB V § 84 etwa eine Budgetierung bei Arznei, Verband- und Heilmitteln vor. Zudem wird der Arzt über SGB V § 106b in die wirtschaftliche Verantwortung für sein Verordnungsverhalten genommen (Wirtschaftlichkeitsprüfung). Beide Instrumente unterliegen der landesrechtlichen Ausgestaltung. Neben der Kostendämpfung wird der Leistungsumfang der GKV beschränkt. So wurden bestimmte Arzneimittel in SGB V § 34 von der Erstattungspflicht ausgeschlossen. Die Krankenkassen sind nur dann leistungspflichtig, wenn eine begehrte Therapie rechtlich von der Leistungspflicht der gesetzlichen Krankenversicherung umfasst ist. Der Umfang der den Versicherten von den Krankenkassen geschuldeten ambulanten Leistungen wird insbesondere durch Richtlinien nach SGB V § 92 Abs 1 verbindlich festgelegt. Bei neuen Untersuchungs- und Behandlungsmethoden in der vertragsärztlichen Versorgung ist dies nach SGB V § 135 Abs 1 Satz 1 nur dann der Fall, wenn zunächst der G-BA in seinen Richtlinien nach SGB V § 92 Abs 1 Satz 2 eine positive Empfehlung über den diagnostischen und therapeutischen Nutzen einer Methode abgegeben hat.

281 Das Rezept muss von dem Arzt gem AMVV § 2 Abs 1 Nr 10 eigenhändig unterschrieben oder bei elektronischer Verschreibung mit der erforderlichen elektronischen Signatur versehen sein, eine bloße Stempelung reicht nicht aus, um das Rezept einzulösen[1199], die Initialen oder eine Paraphe reichen ebenfalls nicht aus. Das Gebot der persönlichen Leistungserbringung gilt auch für die Ausstellung von Rezepten[1200]. Da die Arzneimitteltherapie, welche auf der ärztlichen Verordnung von Medikamenten beruht, sich als Eingriff in die körperliche Integrität des Patienten darstellt, obliegen dem Arzt bei der Verschreibung besondere Sorgfaltspflichten. Insbesondere hat der Arzt sein Augenmerk darauf zu richten, dass dem Patienten verschriebene Medikamente miteinander harmonisieren[1201]. Aus diesem Grund besteht auch die ärztliche Pflicht, in jedem Einzelfall bei der Verschreibung von Medikamenten zu überprüfen, ob die Anwendung des Medikamentes angezeigt ist, oder ob der beabsichtigte Erfolg nicht ggf auch auf andere Weise erreicht werden kann[1202]. Gerade dort, wo der Einsatz von Schmerzmedikamenten und psychotropen Medikamenten geboten ist, sollten besondere Vorsichtsmaßnahmen eingehalten werden[1203]. Wird zB in einem vorläufigen Entlassungsbericht als Therapievorschlag die Verordnung von „Leponex" angegeben und aufgrund eines ärztlichen Lesefehlers das nicht indizierte Medikament „Hypnorex" verordnet und letzteres zudem weit überdosiert verabreicht, handelt es sich um einen groben Behandlungsfehler[1204]. Eine Indikationsstellung für die Medikation sollte mit großer Sorgfalt erfolgen und dokumentiert werden; eine Verordnung muss an einem klar definierten inhaltlichen Ziel auszurichten und der zeitliche Rahmen sollte klar ersichtlich abgesteckt sein. Der Arzt ist dabei verpflichtet, jedem seiner Patienten bei der Arzneimittelversorgung Wirkungen und mögliche Nebenwirkungen eingehend zu erklären und zu dokumentieren, insbesondere regelmäßig, rechtzeitig und vollständig Risiken, Nebenwirkungen, Unverträglichkeiten, Alternativen und Dosierung der Medikation festzuhalten. Gerade die Gefahr einer unkontrollierten Selbstmedikation oder die Weitergabe an dritte Personen sind zu berücksichtigen[1205]. Die ärztliche Instruktionspflicht reicht um so weiter, je gefährlicher das jeweilige Arzneimittel ist. So ist bei der Verschreibung von Medikamenten mit Suchtpotential – vorrangig sind Benzodiazepine und ihre Analoga zu nennen – die Verschreibung genau zu kontrollieren, insbesondere die Verschreibungsdauer und die verordneten Mengen aber auch der Umgang mit Wiederholungsrezepten und Doppelverordnungen[1206].

282 **5. Überwachungspflicht.** Überwachungspflichten des behandelnden Arztes oder des Krankenhausträgers bestehen in der Regel dann, wenn ein Patient sich in einer Situation besonderer Schutzbedürftigkeit befindet. Ein Arzt hat dafür Sorge zu tragen, dass seine Patienten vor vermeidbaren Gefahren und Schäden geschützt werden, die sich im Zusammenhang mit der Behandlung ergeben. Daher muss der Praxisbetrieb so organisiert sein, dass unmittelbar vor, nach und während der Behandlung eine Gefährdung des Patienten ausgeschlossen ist[1207].

1198 Kern, in: Laufs/Kern/Rehborn, HdB ArztR[5], § 56 Rz 4.
1199 Kern, in: Laufs/Kern/Rehborn, HdB ArztR[5], § 56 Rz 9.
1200 SG München, Urt v 16.3.2022 – S 38 KA 300/19, -juris.
1201 VG Oldenburg, Urt v 23.6.2020 – 7 A 461/19, openJur 2020, 31563.
1202 Kern, in: Laufs/Kern/Rehborn, HdB ArztR[5], § 56 Rz 11.
1203 LG Hamburg, Urt v 7.3.2013 – 323 O 323/10, -juris.
1204 LG Hamburg, Urt v 7.3.2013 – 323 O 323/10, -juris.
1205 VG Oldenburg, Urt v 23.6.2020 – 7 A 461/19, openJur 2020, 31563.
1206 VG Oldenburg, Urt v 23.6.2020 – 7 A 461/19, openJur 2020, 31563; VG Koblenz, Beschl v 1.9.2022 – 3 L 784/22.KO, -juris.
1207 LG Koblenz, Urt v 10.9.1987 – 3 S 476/86, NJW 1988, 1521, 1522.

Es stellt regelmäßig einen Verstoß gegen die Pflicht zur postoperativen Überwachung eines **283** Patienten dar, wenn klare Anweisungen an das Pflegepersonal fehlen, wann und unter welchen Voraussetzungen der Arzt bei einer Verschlechterung des postoperativen Zustandes des Patienten zu verständigen ist[1208].

Bedürfen Patienten insbesondere nach Augenoperationen der Begleitung beim Gang zur Toi- **284** lette, muss der Chefarzt diese Begleitung durch eine entsprechende Begleitanordnung sicherstellen. Muss aufgrund der besonderen Umstände wie Alter, mangelnder Orientierung und Zerebralsklerose damit gerechnet werden, dass der Patient die entsprechende Anweisung des Pflegepersonals vergisst und nicht befolgen wird, muss dem durch die entsprechende Anordnung des Chefarztes Rechnung getragen werden. Er muss entweder das Pflegepersonal anweisen, ausnahmsweise dort zu bleiben[1209] oder sogar eine Sitzwache anordnen[1210], ggf sogar den Patienten während der Behandlung entsprechend zu fixieren[1211]. Dies gilt allerdings nicht für den Fall, dass eine Schwangere unter der Geburt ein Entspannungsbad im Krankenhaus erhält. Das nichtärztliche Personal muss zwar absichern, dass die Patientin keinem Ertrinkungsrisiko ausgesetzt ist, die Rufnähe der Hebamme ist dafür aber ausreichend[1212].

Bei einem stationär aufgenommen minderjährigen Patienten haftet der Krankenhausträger **285** gemäß § 832 für Schäden, den der minderjährige Patient Dritten zufügt. Der BGH hat einen Krankenhausträger zu Schadensersatz in einem Fall verurteilt, in welchem ein siebenjähriges stationär aufgenommenes Kind unbeaufsichtigt auf die Säuglingsstation des selben Krankenhauses gelangt ist und dort ein Neugeborenes verletzt hat[1213].

Ein (teil–)fixierter psychiatrischer Patient ist in einer geschlossenen oder offenen psychiatri- **286** schen Station so vielen Risiken ausgesetzt, die sich aus seinem Krankheitsbild, aus der erforderlichen Fixierung selbst oder aus der Zusammensetzung der zu behandelnden Mitpatienten ergeben, dass grundsätzlich eine lückenlose optische Überwachung angezeigt ist[1214].

Nicht ausreichend ist es, den sedierten Patienten auf dem Krankenhausflur unter ständiger **287** Ansprache des Arztes warten zu lassen. Der Patient muss nach dem ambulanten Eingriff oder der Behandlung in einem separaten Raum untergebracht werden. Will ein noch unter dem Einfluss sedierender Medikamente stehender Patient das Krankenhaus gegen ärztlichen Rat verlassen, muss zunächst alles versucht werden, den Patienten davon zu überzeugen, bis zum Entlassungszeitpunkt im Krankenhaus zu verbleiben. Derjenige, der Gefahrenquellen schafft oder verstärkt, muss auch die notwendigen Vorkehrungen zum Schutz des Gefährdeten, hier des Patienten, treffen[1215].

Ein Patient, der sich über einen ärztlichen Ratschlag hinwegsetzt, trägt grundsätzlich auch **288** die Verantwortung für sein eigenmächtiges Handeln. Dies gilt insbesondere auch beim eigenmächtigen Entfernen aus den Praxisräumen oder dem Krankenhaus[1216].

6. Ärztliche Einbestellungspflichten. In den meisten Fällen verlaufen medizinische **289** Behandlungen zeitlich gestreckt, finden also an mehreren Terminen statt. Gemeint ist mit zeitlicher Streckung nicht zwingend jede Behandlung, die in mehreren Schritten erfolgt und daher einen längeren Zeitraum in Anspruch nimmt, so ist zB eine mehrstündige Operation von diesem Begriff zB nicht erfasst. Vielmehr ist jede Behandlung gemeint, die in Teilakten durchgeführt wird. Der Arzt ist grundsätzlich verpflichtet, die Praxis, das MVZ oder die Krankenhausambulanz so zu organisieren, dass es bei vereinbarten Terminen nicht zu längeren Wartezeiten als 30 Minuten kommt. Auch bei festen Terminen in einer ärztlichen Bestellpraxis haben die Patienten sich

---

1208 OLG München, Urt v 29.9.1988 – 24 U 806/87, AHRS 3020/20.
1209 OLG Düsseldorf, Urt v 12.8.1981 – 8 U 40/80, AHRS 3020/6.
1210 Strittig, aA LG Kiel, Urt v 4.4.2008 – 8 O 27/05, -juris; zur nötigen Fürsorge beim Baden einer älteren Patientin vgl OLG Koblenz, Beschl v 19.5.2014 – 5 U 1584/13, MDR 2014, 1083,1084.
1211 Zu Risiken bei der Dialyse von Patienten mit Einschränkungen, hier Erblindung, ist der Patient darüber aufzuklären, dass es selten zu einer Dislokation der Dialysenadel mit tödlichem Blutverlust kommen kann und das Risiko durch eine Fixierung nahezu ausgeschlossen wird, damit der Patient über eine Einwilligung in die Fixierung entscheiden kann OLG Hamm, Urt v 16.2.2016 – 26 U 18/15, openJur 2016, 770 Rz 66, 67.
1212 LG Heilbronn, Urt v 22.5.1996 – 1b O 3078/94, MedR 1997, 84, 85, 86.
1213 BGH, Urt v 2.12.1975 – VI ZR 79/74, AHRS 3020/3.
1214 Zum Falle eines manisch erregten Patienten OLG Köln, Urt v 2.12.1992 – 27 U 103/91, AHRS 3060/32; vgl insbesondere zu den verfassungsrechtlichen Anforderungen an eine Fixierung v Patienten in öffentlich–rechtlicher Unterbringung: Pressemitteilung Nr 62/2018 des BVerfG v 24.7.2018, Urt v 24.7.2018 – 2 BvR 309/15, 2 BvR 502/16; Barth Ärzteblatt Sachsen 3/2020, 22, 23 f.
1215 BGH Urt v 8.4.2003 – VI ZR 265/02, ArztR 2003, 237.
1216 BGH, Urt v 20.6.2000 – VI ZR 377/99, MedR 2001, 201, 202; Zur Überwachung sedierter Patienten bei ambulanter Behandlung BGH Urt v 8.4.2003 – VI ZR 265/02, ArztR 2003, 237.

demgemäß auf eine bestimmte Wartezeit einzurichten. Bei einer Bestellung in Teilakten ist das Risiko gegeben, dass der Arzt den Patienten unzureichend einbestellt und entweder der Behandlungserfolg dadurch gefährdet wird oder weitere Gesundheitsgefahren für den Patienten aus der gestreckten Behandlung und dem zeitlichen Rahmen resultieren. Die ärztliche Einbestellungspflicht soll dem als Regulativ entgegenwirken. Sie ist deshalb zum einen innerhalb der ärztlichen Leistungspflicht aus § 630a Abs 1, zum anderen innerhalb der therapeutischen Aufklärungspflicht des Arztes aus § 630c Abs 2 Satz 1 als schlussendlich auch innerhalb des medizinischen Standards rechtlich anzusiedeln. Hat der Arzt den Patienten während des Behandlungstermins unvollständig einbestellt, kann sich die Einbestellungspflicht im Einzelfall auch aus der ärztlichen Fehleroffenbarung gemäß § 630c Abs 2 Satz 2 ergeben[1217].

290 Die Einbestellung des Patienten erfolgt zumeist entweder bereits während des Behandlungstermins oder unmittelbar nach dessen Absolvierung bei dem Praxispersonal. Eine erneute ärztliche Einbestellungspflicht ist zu verneinen, wenn der Arzt den Patienten einbestellt hat, und der Patient daraufhin nicht erscheint[1218]. Es besteht dann unter dem Gesichtspunkt des Gläubigerverzugs keine ärztliche Einbestellungspflicht, da mit der ersten und ungenutzt verstrichenen Einbestellung während des Behandlungstermins ggf bereits eine kalendarische Bestimmung des Behandlungstermins nach § 296 Satz 1 vorliegt, sodass der Patient ohnehin in Verzug gerät, wenn er dieser Behandlung fernbleibt[1219]. Bei der Beurteilung der Frage, ob die Vereinbarung eines Behandlungstermins eine kalendermäßige Bestimmung gemäß § 296 Satz 1 darstellt, verbietet sich eine schematische Betrachtungsweise. Es sind jeweils sämtliche Umstände des jeweiligen Einzelfalles wie etwa Interessenlagen der Parteien, Organisation der Terminvergabe durch den Behandelnden und deren Erkennbarkeit für den Patienten zu berücksichtigen[1220]. Bestellt aber der Arzt den Patienten fehlerhaft innerhalb von sechs Monaten ein und behauptet dieser im Prozess, dass eine Einbestellung innerhalb von drei Monaten angezeigt gewesen wäre, ist aber tatsächlich selbst nach sechs Monaten nicht zur weiteren Behandlung erschienen, so wird die Kausalität der fehlerhaften Bestellung von der Rechtsprechung verneint[1221]. Gegenteiliges gilt, wenn nach Beendigung eines Behandlungstermins Befunde Ergebnisse erbringen, die auf einen Erkrankungsverdacht rückschließen lassen und diese unverzüglich der weiteren Abklärung bedürfen. Dann besteht eine gesonderte Einbestellungspflicht des Arztes; dieser hat er umgehend und ggf auch fernkommunikativ Folge zu leisten[1222]. Erhält der Arzt nachträglich Kenntnisse von einem krankhaften Untersuchungsbefund, wie dem Vorliegen einer Krebserkrankung, muss er den Patienten umgehend wieder einbestellen, selbst wenn er ihm zuvor aus anderen Gründen keine Wiedervorstellung empfohlen hatte[1223]. Dies gilt hingegen nicht bei bloß unklaren und nur kontrollbedürftigen Befunden[1224]. Hier wäre die Forderung nach einer ärztlichen Kontrolle zu weitgehend[1225]. Der Arzt muss den Patienten bei der Einbestellung auf eine etwaige Dringlichkeit der Behandlung sowie mögliche Gefahren der verzögerten Weiterbehandlung so konkret hinweisen, dass der Patient den Ernst der Lage nachvollziehen und sein Verhalten an den Erfordernissen der Behandlung ausrichten kann[1226]. Wenn der Arzt den Patienten auf die Notwendigkeit einer erneuten Vorsorgeuntersuchung hinweist und ihm dafür einen Zeitkorridor nennt, gibt es allerdings keine rechtliche Pflicht, den Patienten erneut an die Terminwahrnehmung zu erinnern[1227]. Die Einbestellung des Patienten ist grundsätzlich nicht delegationsfähig, da sie unter die therapeutische Aufklärungspflicht des Arztes und somit in den Kernbereich ärztlicher Leistungen fällt[1228]. Der Hinweis auf die Einbestellung des Patienten stellt dabei einen dokumentationspflichtigen Umstand nach § 630f Abs 2 dar[1229]. Die fehlerhafte oder gänzlich unterlassene Einbestellung des Patienten kann nach der Rechtsprechung auch einen Befunderhebungsfehler nach § 630h Abs 5 Satz 2 darstellen. Dies ist der Fall, wenn der Arzt den Patienten weder auf das Erfordernis noch auf die Dringlichkeit einer Befunderhebung hinweist[1230]. Auch wenn der Arzt den Patienten zwar auf das Erfordernis einer indizierten Befunderhebung hinweist, aber

---

1217 Ahmadi, Ärztliche Einbestellungspflichten, S 298.
1218 Ahmadi, Ärztliche Einbestellungspflichten, S 298.
1219 Ahmadi, Ärztliche Einbestellungspflichten, S 298.
1220 BGH, Urt v 12.5.2022 – III ZR 78/21 = GesR 2022, 445 ff = NJW 2022, 2269 ff.
1221 OLG Koblenz, Urt v 11.12.2008 – 5 U 685/08 = MedR 2011, 46 (48) m Anm Gerecke, MedR 2011, 48 (49).
1222 Ahmadi, Ärztliche Einbestellungspflichten, S 298.
1223 BGH, Urt v 25.6.1985 – VI ZR 270/83 = NJW 1985, 2749.
1224 OLG Hamm, BeckRS 2016, 12753.
1225 OLG Hamm, BeckRS 2016, 12753.
1226 Ahmadi, Ärztliche Einbestellungspflichten, S 298.
1227 OLG Koblenz, Urt v 24.6.2010 – 5 U 186/10, NJOZ 2011, 907, 908.
1228 Ahmadi, Ärztliche Einbestellungspflichten, S 299.
1229 BGH, Urt v 11.4.2017 – VI ZR 576/15, NJW 2018, 621.
1230 Zum Befunderhebungsfehler bei fehlendem Hinweis auf Abklärungsbedarf BGH, Urt v 26.5.2020 – VI ZR 213/19, NJW 2020, 2467, 2469 m Anm Frahm; Zur Hinweispflicht des Arztes auf Notwendigkeit und Dringlichkeit der Untersuchung aufgrund seiner Garantenstellung BGH, Urt v 24.6.1997 – VI ZR 94/96, NJW 1997, 3090.

nicht über deren Dringlichkeit aufklärt, liegt eine Verletzung der therapeutischen Aufklärungspflicht und somit ebenfalls ein Befunderhebungsfehler nach § 630h Abs 5 Satz 2 vor[1231].

7. **Nachsorge.** Der Begriff der ärztlichen Nachsorge umfasst die Kontrolle und Überwachung 291 des Patienten, die Nachbehandlung sowie die Rehabilitation[1232], insbesondere bei der zeitlich gestreckten ärztlichen Behandlung[1233]. Auch die Aufklärung über die richtige Nachsorge zählt dazu[1234]. Der Arzt muss auch darauf hinwirken, dass sich der Patient, soweit erforderlich, wieder vorstellt. Die Nachsorgepflicht kann so weit gehen, dass der Arzt, wenn er neue und bedeutsame Untersuchungsergebnisse erhalten hat, den Patienten einbestellen muss. Selbst wenn eine Wiedervorstellung schon angeraten war, entbindet dies den Arzt nicht von der Pflicht zur besonderen Benachrichtigung. Ergeben sich durch die Laboruntersuchung auffällige Werte, ist ein Arzt verpflichtet, mit dem Patienten von sich aus telefonischen Kontakt aufzunehmen und nicht auf dessen nächsten Arztbesuch zu warten. Hat ein Patient eine vorgesehene Nachuntersuchung in der Ambulanz nicht abgewartet und das Krankenhaus verlassen, ohne über die Folgen seiner Handlungsweise belehrt worden zu sein, kann der Arzt verpflichtet sein, ihn erneut einzubestellen und über Erfordernis und Dringlichkeit gebotener Therapiemaßnahmen aufzuklären[1235]. Wird ein Patient zutreffend über das Vorliegen eines kontrollbedürftigen Befundes und die medizinisch gebotenen Maßnahmen einer weiteren Kontrolle informiert und unterbleibt (lediglich) der Hinweis auf die Dringlichkeit der gebotenen Maßnahmen, so liegt der Schwerpunkt der Vorwerfbarkeit regelmäßig in dem Unterlassen von Warnhinweisen[1236]. In Fällen hingegen, in denen es schon an dem Hinweis fehlt, dass ein kontrollbedürftiger Befund vorliegt und dass Maßnahmen zur weiteren Abklärung notwendig sind, liegt der Schwerpunkt eindeutig in der unterlassenen Befunderhebung[1237]. Es verbleibt bei der Einzelfallbeurteilung[1238].

Darüber hinaus treffen den Arzt und sein Personal nach Operationen und ambulanten Eingriffen unter Kurznarkose bestimmte Überwachungspflichten[1239]. So ist vor dem Eingriff durch konkretes Abfragen zu prüfen, ob Heimtransport und Betreuung durch einen Erwachsenen für 24 Stunden sichergestellt sind[1240]. 292

Ein Patient, der einem schwerwiegenden diagnostischen Eingriff – zum Beispiel einer Herzkatheter-Untersuchung – unterzogen worden ist, darf nicht schon am nächsten Tag nach Hause entlassen werden[1241]. Verlässt ein Patient das Krankenhaus auf eigenen Wunsch und gegen ärztlichen Rat, ist er eindringlich auf die ihm drohenden Risiken hinzuweisen und ggf darüber zu belehren, binnen welcher Frist weitere therapeutische Maßnahmen (bspw Operationen) durchgeführt werden müssen, damit sie Erfolg versprechen[1242]. Wird ein Patient drei Tage nach einer Bandscheibenoperation entlassen, ist er vor dem Antritt einer mehrstündigen Heimfahrt im Taxi über die Art der Körperlagerung und hinsichtlich weiterer erforderlicher Vorsichtsmaßnahmen eingehend zu instruieren[1243]. 293

Nach der Rspr des BGH reicht es nicht aus, wenn ein Patient vor der Durchführung einer Magenspiegelung unter Einsatz sedierender Mittel sowohl von seinem Hausarzt als auch von dem Facharzt darauf hingewiesen wird, er dürfe nach dem Eingriff nicht am Straßenverkehr teilnehmen[1244]. Vielmehr müssen physische Hindernisse errichtet werden, die das unbemerkte Entweichen des Patienten aus der Praxis zuverlässig verhindern. Ebenso muss eine Liege im Aufwachraum mit Absperrungen versehen sein, die gewährleisten, dass der sedierte Patient dort so lange liegenbleibt, bis er sein Bewusstsein und seine Einsichtsfähigkeit in ausreichendem Maß wiedererlangt hat[1245]. 294

1231 Ahmadi, Ärztliche Einbestellungspflichten, S 299.
1232 Kern, in: Laufs/Kern/Rehborn, HdB ArztR⁵, § 58 Rz 1.
1233 Ausführlich hierzu Ahmadi, Ärztliche Einbestellungspflichten, S 23 f.
1234 BGH, Urt v 17.11.2015 – VI ZR 476/14, GesR 2016, 155.
1235 BGH, Urt v 27.11.1990 – VI ZR 30/90, JZ 1991, 782, 783.
1236 Zum Befunderhebungsfehler bei fehlendem Hinweis auf Abklärungsbedarf BGH, Urt v 26.5.2020 – VI ZR 213/19, NJW 2020, 2467 m Anm Frahm.
1237 BGH, Beschl v 13.4.2021 – VI ZR 498/19, ZMGR 4/2021, 228, 229.
1238 BGH, Urt v 11.4.2017 – VI ZR 576/15, NJW 2018, 621.
1239 BGH, Urt v 8.4.2003 – VI ZR 265/02, ArztR 2003, 237; Biermann BDAktuell Jus-Letter 4: 4 in Anaesth Intensivmed 45: März 2004 (2); Laufs NJW 2003, 2288, 2289.
1240 LG Augsburg, Urt v 17.3.2005 – 8 KLs 200 Js 124189/04, – juris Rz 34, 36; AG Limburg a d Lahn, Urt v 25.3.2011 – 3 Js 7075/08 – 52, ArztR 2011, 232, 236; AG Langenfeld, Strafbefehl v 17.8.2001 – 40 Cs – 810 Js 29/96, wörtl zitiert in VG Köln, Beschl v 12.1.2004 – 37 K 5252/02, – juris Rz 3–5; Vgl zu allem Neelmeier SchlHA 11/2015, 420, 422.
1241 MünchKomm⁸/Wagner, § 630a Rz 157.
1242 MünchKomm⁸/Wagner, § 630a Rz 157; BGH, Urt v 24.6.1986 – VI ZR 21/85, MedR 1987, 42,42.
1243 OLG Frankfurt/M, VersR 1999, 1544, 1545; vgl zu allem ausführlich Ahmadi, Ärztliche Einbestellungspflichten, S 23.
1244 Zu erhöhten Überwachungspflichten bei Sedierung iR ambulanter Behandlung BGH, Urt v 8.4.2003 – VI ZR 265/02, VersR 2003, 1126, 1127 f.
1245 MünchKomm⁸/Wagner, § 630a Rz 157; Zum Sturz einer sedierten Patientin von einer Liege im Aufwachraum OLG Oldenburg, Urt v 23.9.2010 – 5 U 111/10, MDR 2011, 294.

295 **8. Kommunikation und Information der einzelnen Leistungserbringer gemäß MBO-Ä § 7 Abs 7 iVm § 7 Abs 3.** MBO-Ä § 7 Abs 3 verpflichtet den Arzt, rechtzeitig andere Ärzte hinzuzuziehen, sofern seine Fachkunde nicht ausreicht. Damit ist einmal das Konsil angesprochen, aber auch die Mitbehandlung. Ein ärztliches Konsil ist die Besprechung zweier oder mehrerer Ärzte nach vorausgehender Untersuchung des Kranken zwecks Diagnose und Therapie[1246]. Unter Mitbehandlung versteht man die selbständige und eigenverantwortliche diagnostische und therapeutische Tätigkeit eines vom erstbehandelnden Arzt zugezogenen anderen Arztes aufgrund eines eigenen Behandlungsvertrages zwischen Patient und mitbehandelndem Arzt[1247]. MBO-Ä § 7 Abs 3 stellt dabei keinen Rechtfertigungsgrund zum Bruch der Schweigepflicht dar[1248]. Die Einberufung eines Konsils oder die Hinzuziehung eines weiteren Arztes muss also entweder auf Betreiben des Patienten oder auf Nachfrage mit dessen Einwilligung geschehen, da die Schweigepflicht gegenüber anderen Ärzten wie zu allen sonstigen Dritten gleichermaßen besteht. Hinter der Pflicht, rechtzeitig einen Konsiliar oder einen mitbehandelnden Arzt hinzuzuziehen, steht die Erkenntnis, dass jeder Arzt bei der Behandlung von Patienten an fachliche Grenzen stößt. Beachtet er diesen Grundsatz nicht, setzt er sich dem Vorwurf des Übernahmeverschuldens aus. Es läge dann ein Fall der freiwilligen Übernahme einer ärztlichen Tätigkeit vor, welcher der Arzt entweder persönlich oder fachlich nicht gewachsen ist und für deren Folgen er einzustehen hat[1249]. Jedoch ist eine Kooperation ohne Information nicht denkbar[1250]. Dem trägt MBO-Ä § 7 Abs 7 mit der daraus resultierenden Verpflichtung zur Kommunikation und Information der einzelnen Leistungserbringer untereinander Rechnung. Die Verpflichtung zur internen und sektorübergreifenden Kommunikation zur Sicherung von Behandlungsprozessen[1251] betrifft insbesondere die Organisation der Übergabekommunikation, der Kommunikation bei Teamarbeit, der sektorübergreifenden Kommunikation, der internen Risikokommunikation sowie das Beschwerdemanagement und das Verhalten nach Zwischenfällen[1252]. Um diesbezüglich Missverständnissen vorzubeugen, sind klinische Kontrollmechanismen einzurichten[1253].

296 Im Rahmen des wechselseitigen Informationsaustausches sind alle an der Behandlung Beteiligten verpflichtet, die umfassende Kenntnisnahme und Weitergabe dokumentierter Patientendaten gemäß MBO-Ä § 7 Abs 7 zu gewährleisten[1254], soweit die Ärzte nach MBO-Ä § 9 Abs 4 untereinander von der Schweigepflicht befreit sind[1255]. Voraussetzung hierfür ist, dass nach MBO-Ä § 7 Abs 7 Satz 1, 2. Hs das Einverständnis des Patienten vorliegt oder anzunehmen ist[1256]. Oberstes Gebot ist das Wohl des Patienten[1257]. Dies führt zu dem Grundsatz, dass die beteiligten Ärzte den spezifischen Gefahren der Arbeitsteilung entgegenzuwirken und durch hinreichende gegenseitige Informationen und Abstimmung vermeidbare Risiken für den Patienten auszuschließen haben[1258]. Erfolgt die Behandlung eines Patienten bei mehreren verschiedenen Ärzten, besteht die Gefahr, dass wichtige Informationen nicht richtig oder missverständlich weitergegeben werden.

297 Der mangelhafte Informationsfluss der ärztlichen Kollegen untereinander kann Behandlungsfehler auslösen, bspw bei mangelhafter Verständigung über Veränderungen im Medikamentenplan. Ein Facharzt für Anästhesiologie und Schmerztherapeut hat eine Patientin wegen mehrerer Erkrankungen betreut ua eines Fibromyalgiesyndroms[1259]. Daneben litt die Patientin an einer Osteoporose sowie einer Schilddrüsenüberfunktion[1260]. Der beklagte Schmerztherapeut legte zu Beginn der Behandlung einen Medikamentenplan in einem an den Hausarzt gerichteten Arzt-

---

1246 MBO⁷/Prütting, § 7 Rz 24.
1247 MBO⁷/Prütting, § 7 Rz 25.
1248 MBO⁷/Prütting, § 7 Rz 26.
1249 MBO⁷/Prütting, § 7 Rz 27; Katzenmeier, in: Laufs/Katzenmeier/Lipp, Arztrecht⁸, X Rz 46 ff mwN.
1250 MBO⁷/Prütting, § 7 Rz 28.
1251 Hart MedR 2012, 7.
1252 Hart MedR 2012, 7.
1253 Zur Sicherstellung des Ausrichtens der vom nichtärztlichen Personal erhobenen Befunde an den Behandler OLG München, Urt v 6.8.2020 – 24 U 1360/19, NJOZ 2021, 243.
1254 Vgl Olah, Die ärztliche Arbeitsteilung und Aufgabendelegation im Rahmen der medizinischen Staatshaftung – Unter besonderer Berücksichtigung der Organisationspflichten im Behandlungsumfeld, S 132; Geiß/Greiner, Arzthaftpflicht⁸, B Rz 116; Wenzel, in: Wenzel, HdB Fachanwalt Medizinrecht⁴, Kap 4 Rz 818.
1255 Vgl Holzner, Datenschutz, Dokumentations- und Organisationspflichten in der ärztlichen Praxis, S 29 Rz 62.
1256 Holzner, Datenschutz, Dokumentations- und Organisationspflichten in der ärztlichen Praxis, S 29 Rz 62.
1257 Geiß/Greiner, Arzthaftpflicht⁸, B Rz 116; zur Weitergabe eines geschriebenen EKGs durch nichtärztliches Personal an den Behandler OLG München, Urt v 6.8.2020 – 24 U 1360/19, NJOZ 2021, 243.
1258 Zu physikalischen Grundkenntnissen eines Behandlers BGH, Urt v 26.1.1999 – VI ZR 376/97, BGHZ 140, 309, 317; Geiß/Greiner, Arzthaftpflicht⁸, B Rz 116.
1259 Mannschatz, Missverständnis zwischen Ärzten führte zu Dauerschaden beim Patienten, Rechtsdepesche, 25.2.2019, https://www.rechtsdepesche.de/missverstaendnis-zwischen-aerzten-fuehrte-zu-dauerschaden-beim-patienten/, zuletzt abgerufen am 11.11.2021.
1260 Mannschatz Rechtsdepesche, 25.2.2019, https://www.rechtsdepesche.de/missverstaendnis-zwischen-aerzten-fuehrte-zu-dauerschaden-beim-patienten/, zuletzt abgerufen am 11.11.2021.

brief fest[1261]. Der Hausarzt übernahm im Anschluss die Rezeptierung des Medikamentenplanes und deren Verordnung. Die Medikation wurde über mehrere Jahre gleichbleibend fortgeführt. Im Jahr 2009 stellte der Schmerztherapeut die Medikation aufgrund eines Wirkverlustes um: In dem dazu verfassten Arztbrief an den Hausarzt gab er namentlich das neue Präparat und dessen Dosierung an sowie den Zusatz „übrige Therapie weiter wie bisher"[1262]. Dem Hausarzt wurde hier nicht klar, dass das alte Medikament durch das neue ersetzt werden sollte, sodass er beide Medikamente nebeneinander verordnete[1263]. Erst nach mehreren Jahren erhielt der Schmerztherapeut im Zuge einer augenärztlichen Behandlung einen an ihn gerichteten Arztbrief. Aus den anamnestischen Angaben dieses Arztbriefs ergab sich die Doppelmedikation[1264]. Der Schmerztherapeut nahm aber lediglich die Diagnose zur Kenntnis, welche nicht in Zusammenhang mit den von ihm behandelten Erkrankungen stand[1265]. Deshalb wurde der Arztbrief zu den Akten gelegt, ohne ihn vollständig gelesen zu haben. Im weiteren Verlauf stellte sich bei der Patientin eine dauerhafte Schädigung der Nieren ein, welche kausal auf die gleichzeitige Einnahme der beiden Medikamente zurückzuführen war. Die Schädigung der Nieren hätte noch verhindert bzw deutlich geringer gehalten werden können, wenn der Arzt die an ihn gerichteten Informationen berücksichtigt hätte[1266], sodass von einer ärztlichen Haftung auszugehen war. Die Rspr des BGH[1267] zum Arztbrief und den darin enthaltenen Informationen stellt an den Arzt die Anforderung[1268], die an ihn gerichteten Arztbriefe vollständig zur Kenntnis zu nehmen. Dies gilt auch dann, wenn die dort behandelte Erkrankung nicht in sein Fachgebiet fällt[1269]. Die unzureichende Lektüre von Arztbriefen und Befundberichten ist als grob fehlerhaft zu werten mit der Folge, dass die Beweislast für die Kausalität zwischen Behandlungsfehler und erlittener Verletzung von dem Patienten auf den Arzt übergeht.

Maßgeblich für eine Haftung kann auch bereits eine verspätete Informationsweitergabe sein. **298** Das LG Bochum urteilte, dass ein Organisationsfehler vorliege, weil eine Hebamme den diensthabenden Kreißsaalarzt nicht bereits kurz nach den Dezelerationen (Absinken der fetalen Herzfrequenz) in den Kreißsaal gerufen, sondern ihn erst mit der terminalen Bradykardie konfrontiert hat[1270]. Die Hebamme hätte nach Entscheidung des Gerichts bereits bei Absinken der fetalen Herzfrequenz dafür Sorge tragen müssen, dass der Kreißsaalarzt die gesteigerte Risikokonstellation realisiert und eine mögliche Gefährdung für die Gesundheit der Klägerin ab diesem Zeitpunkt ärztlich kontrolliert und den weiteren Geburtsvorgang begleitet[1271].

Die Kommunikation der Leistungserbringer stellt ein besonderes Element beim Übergang **299** von der stationären Krankenversorgung in eine weitergehende medizinische, rehabilitative oder pflegerische Versorgung der Behandlungs- und Versorgungskette für die betroffenen Patienten dar. Gemäß MBO-Ä § 7 Abs 7 Satz 2 gilt die Pflicht zur Kommunikation und Information daher insbesondere bei der Krankenhauseinweisung und –entlassung. Auch nach SGB V § 39 Abs 1a sind Krankenhäuser verpflichtet, ein effektives Entlassmanagement zur Unterstützung des Übergangs in die Anschlussversorgung zu gewährleisten, damit insbesondere Versorgungslücken durch mangelnde oder unkoordinierte Anschlussbehandlungen vermieden werden[1272].

Durch das Inkrafttreten des GKV-Versorgungsstärkungsgesetzes[1273] in 2015 wurde das Entlass- **300** management im Krankenhaus reformiert. Insbesondere wurden die zuvor begrenzten Möglichkeiten der Krankenhäuser ausgedehnt, Nachbehandlungen zu veranlassen und Leistungen zu verordnen. Darüber hinaus wurden die Deutsche Krankenhausgesellschaft (DKG), die Kassenärzt-

---

1261 Mannschatz Rechtsdepesche, 25.2.2019, https://www.rechtsdepesche.de/missverstaendnis-zwischen-aerzten-fuehrte-zu-dauerschaden-beim-patienten/, zuletzt abgerufen am 11.11.2021.
1262 Mannschatz Rechtsdepesche, 25.2.2019, https://www.rechtsdepesche.de/missverstaendnis-zwischen-aerzten-fuehrte-zu-dauerschaden-beim-patienten/, zuletzt abgerufen am 11.11.2021.
1263 Mannschatz Rechtsdepesche, 25.2.2019, https://www.rechtsdepesche.de/missverstaendnis-zwischen-aerzten-fuehrte-zu-dauerschaden-beim-patienten/, zuletzt abgerufen am 11.11.2021.
1264 Mannschatz Rechtsdepesche, 25.2.2019, https://www.rechtsdepesche.de/missverstaendnis-zwischen-aerzten-fuehrte-zu-dauerschaden-beim-patienten/, zuletzt abgerufen am 11.11.2021.
1265 Mannschatz Rechtsdepesche, 25.2.2019, https://www.rechtsdepesche.de/missverstaendnis-zwischen-aerzten-fuehrte-zu-dauerschaden-beim-patienten/, zuletzt abgerufen am 11.11.2021.
1266 Mannschatz Rechtsdepesche, 25.2.2019, https://www.rechtsdepesche.de/missverstaendnis-zwischen-aerzten-fuehrte-zu-dauerschaden-beim-patienten/, zuletzt abgerufen am 11.11.2021.
1267 Zum Umgang mit der ärztlichen Kenntnisnahme von Arztbriefen bei Beendigung des Behandlungsverhältnisses BGH, Urt v 26.6.2018 – VI ZR 285/17, NJW 2018, 3382.
1268 Vgl § 630f Rz 52, 53, 54.
1269 Vgl § 630f Rz 52, 53, 54.
1270 LG Bochum, Urt v 12.2.2020 – 6 O 336/17, BeckRS 2020, 32966.
1271 LG Bochum, Urt v 12.2.2020 – 6 O 336/17, BeckRS 2020, 32966.
1272 Stollmann/Wollschläger, in: Laufs/Kern/Rehborn, HdB ArztR[5], § 81 Rz 114.
1273 Die bisherige Regelung zum Entlassmanagement wurde durch SGB V § 39 Abs 1a Gesetz zur Stärkung der Versorgung in der gesetzlichen Krankenversicherung abgelöst, GKV- Versorgungsstärkungsgesetz vom 16.7.2015, BGBl 2015, 1211, zum 1.10.2017 für Krankenhäuser verbindlich geworden; Hartmann, Entlassmanagement, Praxistipps zur Umsetzung im Krankenhaus, S 7.

liche Bundesvereinigung (KBV) und der GKV-Spitzenverband mit dem Inkrafttreten des GKV-Versorgungsstärkungsgesetzes beauftragt, einen Rahmenvertrag über das Entlassmanagement zu schließen[1274]. Bei Patienten mit Einschränkungen von Mobilität und Selbstversorgung sind differenzierte Assessments und spezifische Standards vorzusehen, damit deren ein komplexer Versorgungsbedarf erfüllt werden kann, vgl den Rahmenvertrag über ein Entlassmanagement (beim Übergang in die Versorgung nach Krankenhausbehandlung nach SGB V § 39 Abs 1a Satz 10). Danach sind die Krankenhäuser verpflichtet, ein effektives Entlassmanagement zur Unterstützung des Übergangs in die Anschlussversorgung zu gewährleisten.

301 Der Krankenhausarzt kann mit Hilfe eines Entlassplanes Arznei-, Verband-, Heil- und Hilfsmittel, häusliche Krankenpflege und Soziotherapie für einen Übergangszeitraum von bis zu sieben Tagen verordnen sowie die Arbeitsunfähigkeit bescheinigen. Für Personengruppen mit komplexem Versorgungsbedarf sind spezifische Standards vorzusehen. Das Krankenhaus ist hier verpflichtet, gemeinsam mit den Kranken- und Pflegekassen die für die Umsetzung des Entlassplans erforderliche Versorgung zu organisieren[1275]. Bei der Aufstellung des Entlassplans erfolgt zugleich die Prüfung der Erforderlichkeit von Anschlussmedikation, fortdauernder Arbeitsunfähigkeit sowie bzgl anderer verordnungs- bzw veranlassungsfähiger Leistungen. Besteht Bedarf für eine Unterstützung durch die Kranken- bzw Pflegekasse, wird das Krankenhaus zu den sozialen Leistungserbringern Kontakt aufnehmen. Dies gilt bei Versorgungsbedarf in den Bereichen Pflege, bspw nach SGB XI § 7a, der Bescheinigung der häuslichen Krankenpflege, der außerklinischen Intensivpflege oder einer Haushaltshilfe, der Rehabilitation oder Hilfsmittelversorgung, sowie bei häuslicher Versorgung oder bei genehmigungspflichtigen Leistungen und im Rahmen der Kurzzeitpflege[1276]. Das Krankenhaus hat gemeinsam mit der Kranken- und Pflegekasse rechtzeitig vor der Entlassung die notwendigen Leistungserbringer wie Vertragsärzte, Reha-Einrichtungen, ambulante Pflegedienste, stationäre Pflegeeinrichtungen zu kontaktieren und für deren zeitgerechten Einsatz zu sorgen[1277]. Zudem setzt das Entlassmanagement die vorherige Information des Patienten und sein schriftliches Einverständnis, insbesondere in die erforderliche Datenverarbeitung und –übermittlung voraus. Zur Abstimmung mit dem Patienten gehört, dass dieser somit über das Erfordernis einer rechtzeitigen Inanspruchnahme der verordneten Leistungen zu informieren ist[1278].

302 9. **Organisation und Koordination**. Grundlage des Patientenanspruchs auf die behandlungsseitig zu erfüllende Pflicht von Organisation und Koordination des Behandlungsablaufs ist die Gewährleistung eines generellen Sicherheitsstandards vor bekannten Risiken[1279]. Der BGH geht davon aus, dass ein Organisationsverschulden sogar schwerer wiegen kann als das Übernahmeverschulden derjenigen, welche in einer konkreten organisationsbedingten Forderungsstruktur irgendwann nicht mehr funktionieren[1280]. Der Klinikbetrieb muss „so organisiert sein, dass unmittelbar vor, nach und während der Behandlung eine Gefährdung des Patienten ausgeschlossen ist"[1281] und „die Durchführung von Diagnostik und Therapie sind (so) zu organisieren, daß jede vermeidbare Gefährdung der Patienten ausgeschlossen ist"[1282]. Damit kann das gesamte ärztliche Handeln unter dem Gesichtspunkt des Organisationsverschuldens erfasst werden.

1274 Hartmann, Entlassmanagement, Praxistipps zur Umsetzung im Krankenhaus, S 9.
1275 Stollmann/Wollschläger, in: Laufs/Kern/Rehborn, HdB ArztR[5], § 78 Rz 32.
1276 § 3 Abs 2 des Rahmenvertrags Entlassmanagement SGB V § 39 Abs 1a Satz 10, https://www.kbv.de/media/sp/Rahmenvertrag_Entlassmanagement.pdf, zuletzt abgerufen am 20.10.21; Rimbach-Schurig, Krankenhausentlassung 2019/2020: Anschlussversorgung sicherstellen, S 65 ff.
1277 Die Neuregelung des SGB V § 39 Abs 1a diente dazu, die Verzahnung zwischen ambulantem und stationärem Sektor und die lückenlose Versorgung der Versicherten beim Übergang von der stationären in die ambulante Versorgung zu verbessern, die Geltung des ApoG § 11 war nach der sog „Patientenring-Entscheidung" BGH, Urt v 13.3.2014 – I ZR 120/13 iRd Entlassungsmanagements als nachrangig beurteilt worden.
1278 § 3 Abs 8 des Rahmenvertrags Entlassmanagement SGB V § 39 Abs 1a Satz 10, https://www.kbv.de/media/sp/Rahmenvertrag_Entlassmanagement.pdf, zuletzt abgerufen am 20.10.21.

1279 Zur Haftung bei unbemerktem Eindringen eines Kirschnerdrahtes in den Rücken des Patienten OLG Zweibrücken, Urt v 16.9.2008 – 5 U 3/07, NJW-RR 2009, 1110; Spickhoff/Greiner, MedRKomm[3], § 839 Rz 161; Geiß/Greiner, Arzthaftpflicht[8], B Rz 238; Kern MedR 2000, 347, 348, 350.
1280 Zum Übernahmeverschulden bei einem Brechmitteleinsatz BGH, Urt v 29.4.2010 – 5 StR 18/10, BGHSt 55, 121; vgl zu allem Neelmeier SchlHA 11/2015, 420, 422.
1281 LG Koblenz, Urt v 10.9.1987 – 3 S 476/86, NJW 1988, 1521; Kern, Organisationsverschulden in der Judikatur, in: Berg/Ulsenheimer, Patientensicherheit, Arzthaftung, Praxis- und Krankenhausorganisation, Organisationsverschulden in der Judikatur, 59, 70; Heyers, Einführung in das Arzthaftungsrecht – unter Berücksichtigung des PatientenRG 2012 -, Bonner Rechtsjournal (BRJ) 02/2012, 135, 138.
1282 OLG Köln, Urt v 21.6.1989 27 U 156/88, VersR 1990, 1240.

303 Die Gefahr einer solchen Betrachtungsweise liegt darin, dass für Versäumnisse gehaftet werden kann, obwohl im klassischen Sinne kein Behandlungsfehler vorliegt[1283]. Insgesamt stellt dies eine Ausdehnung der Anforderung an die Behandlungsseite und damit eine Verstärkung der Haftung des Krankenhausträgers dar. Für die zivilrechtliche Haftung wegen eines Organisationsverschuldens kommt es nicht mehr auf das persönliche Verschulden der Ärzte, sondern auf das Vorliegen von Qualitätsmängeln an. Auf die handlungssteuernde präventive Funktion des Verschuldens wird verzichtet. Die weitgehende Konzentration der Schadenregulierung beim Krankenhausträger kommt dem Arzt-Patienten-Verhältnis insofern zugute[1284], als die Auseinandersetzung nicht mehr zwischen dem Arzt und seinem Patienten ausgetragen wird, sondern stattdessen zwischen dem Patienten und dem Träger. Schließlich wird der Patient damit auch von der Notwendigkeit entbunden, den oder die richtigen Anspruchsgegner im Vorfeld einer Arzthaftungsklage ausfindig zu machen[1285]. Ein Beispiel aus der aktuellen Rspr ist die gesamtschuldnerische Haftung von Krankenhausträger und Belegarzt wegen Organisationsverschuldens, da die Verantwortlichen des Krankenhauses den Belegarzt trotz dessen bekannten Alkoholsucht weiter in dessen Räumen operieren ließen und es bei einer Bandscheibenoperation zu einer Verletzung des Rückenmarks der Patientin mit der Folge einer weitreichenden Lähmung gekommen war[1286].

304 Die zunächst von der Rspr entworfene Haftung für ein „voll beherrschbares Risiko" basierte auf dem Rechtsgedanken, dass bei Personen, die besondere Berufs- oder Organisationspflichten übernommen haben, diese besonders Gewicht darauf zu legen haben, andere vor Gefahren für Leben und Gesundheit zu bewahren[1287]. Diese Rspr wurde nicht nur fortgeführt und auf den Bereich der Arzthaftung angewendet und ausgedehnt, sondern gemäß § 630h gesetzlich verankert. Organisationsfehler im Bereich des vollbeherrschbaren Risikos nach des Arztes und/oder der Klinik sowie ihres klinischen Personals gemäß § 630h führen zu einer Beweislastumkehr zugunsten des Patienten. Der Patient muss (lediglich) darlegen und ggf beweisen, dass er einerseits eine Verletzung an Leben, Körper oder Gesundheit erlitten hat und andererseits diese Verletzung aus dem Bereich des vollbeherrschbaren Risikos stammt[1288]. Organisationsfehler allerdings können nicht nur zivilrechtliche Arzthaftungsansprüche nach §§ 280, 630h Abs 1, 823 Abs 1, 831 Abs 1, 31, 89 begründen, sondern auch in strafrechtlicher Hinsicht einen Fahrlässigkeitsvorwurf nach StGB § 229 „Fahrlässige Körperverletzung" oder StGB § 222 „Fahrlässige Tötung" bzw einen Unterlassungsvorwurf ausfüllen. Eventuell kommt weiterhin eine Unternehmensstrafbarkeit in Betracht, die Kliniken, Medizinische Versorgungszentren (MVZ's) und Berufsausübungsgemeinschaften (BAG's) betreffen kann, um Strafrechtslücken zu füllen[1289].

305 a) **Voll beherrschbares Risiko.** Bei § 630h handelt es sich um eine widerlegbare Vermutung, sodass der Behandler für ein Organisationsverschulden nicht in jedem Fall haftbar gemacht werden kann. Ein voll beherrschbares Risiko gemäß § 630h liegt vor, wenn die Schadensursache dem Organisationsbereich des Behandelnden bzw des Krankenhauses zuzuordnen ist und weder aus der Sphäre des Patienten stammt noch dem Kernbereich ärztlichen Handelns zuzurechnen ist[1290]. Eine Tätigkeit liegt außerhalb des Kernbereichs ärztlichen Handelns, wenn für sie ärztliche Fähigkeiten nicht oder nur untergeordnet erforderlich sind[1291]. Die Beweisfigur des voll beherrschbaren Risikos führt der VI. Zivilsenat des BGH auf eine entsprechende Anwendung des § 280 Abs 1 Satz 2 (§ 282 aF) sowie einen Sphärengedanken zurück. Grundsätzlich wenden Rspr und herrschende Literaturmeinung die in § 280 Abs 1 Satz 2 (§ 282 aF) angeordnete Verschuldensvermutung im Arzthaftungsrecht nicht an[1292]. Die ablehnende Haltung gegenüber der Vorgängerregelung (§ 282 aF) wurde unter anderem damit begründet, dass das Eingriffsrisiko mit seinen dem lebenden Organismus eigenen Unberechenbarkeiten krankheitsbedingt sei und

---

1283 Kern, Organisationsverschulden in der Judikatur, in: Berg/Ulsenheimer (Hrsg), Patientensicherheit, Arzthaftung, Praxis- und Krankenhausorganisation, 59, 70.
1284 Giesen, Arzthaftungsrecht, S 19 mwN.
1285 Kern, Organisationsverschulden in der Judikatur, in: Berg/Ulsenheimer, Patientensicherheit, Arzthaftung, Praxis- und Krankenhausorganisation Organisationsverschulden in der Judikatur, 59, 70.
1286 LG Münster, Urt v 1.3.2018 – 111 O 25/14, openJur 2018, 6817 Rz 19, 20, 21.
1287 Zum Betrieb eines Schwimmbades und der daraus resultierenden Aufsichtspflicht BGH, Urt v 13.3.1962 – VI ZR 142/61, NJW 1962, 959.
1288 Erman[16]/Rehborn/Gescher, § 630h Rz 10; Geiß/Greiner, Arzthaftpflicht[8], B Rz 239.
1289 Vgl hierzu zur „Klinik-Kooperation bei Zwillingsgeburt" BGH, Urt v 15.4.2014 – VI ZR 382/12, NJW-RR 2014, 1053.

1290 BeckOK-BGB/Katzenmeier, Stand: 1.5.2022, § 630h Rz 17f.
1291 BeckOK-BGB/Katzenmeier, Stand: 1.5.2022, § 630h Rz 17f.
1292 Zu § 282 aF BGH, Urt v 17.12.1968 – VI ZR 212/67, NJW 1969, 553, 554; BGH, Urt v 22.1.1980 – VI ZR 263/78, NJW 1980, 1333; BGH, Urt v 18.12.1990 – VI ZR 169/90, NJW 1991, 1540, 1541 zu § 280 Abs 1 Satz 2 und zur Darlegungs- und Beweislast des Arztes nach den Grundsätzen voll beherrschbarer Risiken BGH, Urt v 20.3.2007 – VI ZR 158/06, BGHZ 171, 358, 361; Spickhoff NJW 2002, 1758, 1762; aA Giesen, Arzthaftungsrecht, Rz 375, 461 f; Katzenmeier VersR 2002, 1066, 1068 ff; Katzenmeier, Arzthaftung, S 491 ff; Katzenmeier, in: Laufs/Katzenmeier/Lipp, Arztrecht[8], XI Rz 123 ff.

aus der Sphäre des Patienten stamme[1293]. Weiterhin wies die Rspr darauf hin, dass der Arzt dem Patienten nicht die erfolgreiche Herstellung seiner Gesundheit, sondern lediglich das sorgfältige Bemühen um Hilfe und Heilung schulde. Die Vorgänge im lebenden Organismus könnten auch vom besten Arzt nicht jederzeit so beherrscht werden, dass schon der ausbleibende Erfolg oder auch ein Fehlschlag auf ein Verschulden bei der Behandlung hindeute[1294]. Medizinische Zwischenfälle, die in der Regel auf ärztliches Fehlverhalten hinweisen, könnten wegen der Unberechenbarkeit des lebenden Organismus ausnahmsweise auch schicksalhaft eintreten[1295]. Anderes gelte dann, wenn es nicht um diesen nur begrenzt steuerbaren Kernbereich ärztlichen Handelns gehe[1296].

306 Bei der Verwirklichung von Risiken, die nicht vorrangig aus den Eigenheiten des menschlichen Organismus erwachsen, sondern durch den Klinikbetrieb oder die Arztpraxis gesetzt und durch sachgerechte Organisation und Koordinierung des Behandlungsgeschehens objektiv voll beherrscht werden könnten, komme der Rechtsgedanke des § 280 Abs 1 Satz 2 zum Tragen, mit der Folge, dass der Behandlungsseite die Darlegungs- und Beweislast für pflichtgemäßes Verhalten und Verschuldensfreiheit obliege[1297]. Eine Definition der voll beherrschbaren Risiken ist bislang nicht gelungen. Die „volle Beherrschbarkeit" knüpft jedenfalls an eine Bezugsgröße an[1298], die in der älteren Rspr in voll beherrschbaren „Nebenpflichten" gefunden wurde[1299]. Der BGH bezieht sich auf „Risiken", die objektiv voll beherrscht werden können[1300], die sonstige Rspr auch auf einen „Gefahrenbereich", der von der Behandlungsseite voll beherrscht wird[1301].

307 Voll beherrschbare Risiken wurden vor allem in Bezug auf die Organisation und Koordination des diagnostischen und therapeutischen Betriebes sowie den Einsatz der benötigten Geräte und Materialien angenommen. In der Entwicklung der Beweisfigur beschränkte sich die Rspr des BGH zunächst auf das technische Funktionsrisiko in der Medizintechnik, das mit der zunehmenden Technisierung in der Medizin in den Vordergrund der rechtlichen Auseinandersetzung gerückt war. Der BGH erhob die Gewährleistung technischer Voraussetzungen für eine sachgemäße und gefahrlose Behandlung zu einer voll beherrschbaren „Nebenpflicht", die zugleich zum Anknüpfungspunkt einer Beweislastumkehr wurde[1302]. In den folgenden Jahren bezog die Rspr weitere „Risiken" in ihre neue Beweislastregel mit ein. Zu dem „beherrschbaren Bereich der technischen Vorbereitung für eine sachgemäße und gefahrlose Behandlung" gehörte bspw die Benutzbarkeit einwandfreier Desinfektionsmittel[1303] oder gehörten Injektionen und Punktionen bezüglich der Einhaltung von Hygienestandards bspw bei postoperativen Wundinfektionen im Operationsgebiet.

308 In der heutigen Entscheidungspraxis erläutert die Rspr die ursprüngliche Beweislastsonderregel, die heute als gebräuchlicher Standard gilt, zumeist durch Aufzählung der bereits ergangenen Fallgestaltungen, um dann zu entscheiden, ob die Sache im konkreten Fall auch so liegt oder eben auch nicht[1304]. Allen Fällen eines voll beherrschbaren Risikos ist gemeinsam, dass objektiv eine Gefahr bestand, deren Quelle jeweils festgestellt werden konnte und die deshalb objektiv beherrschbar war[1305]. Als voll beherrschbar gelten somit Risiken, die nach ihrem Erkennen mit Sicherheit hätten ausgeschlossen werden können. Die Beweislastumkehr setzt nach Ansicht des

---

1293 BGH, Urt v 22.1.1980 – VI ZR 263/78, NJW 1980, 1333.
1294 BGH, Urt v 18.12.1990 – VI ZR 169/90, NJW 1991, 1540, 1541.
1295 BGH, Urt v 22.1.1980 – VI ZR 263/78, NJW 1980, 1333.
1296 BGH, Urt v 18.12.1990 – VI ZR 169/90, NJW 1991, 1540, 1541.
1297 BGH, Urt v 18.12.1990 – VI ZR 169/90, NJW 1991, 1540, 1541; BGH, Urt v 20.3.2007 – VI ZR 158/06, BGHZ 171, 358, 361.
1298 Vgl Wenzel, in: 25 Jahre Arbeitsgemeinschaft, S 325, 327.
1299 BGH, Urt v 11.10.1977 – VI ZR 110/75, NJW 1978, 584, 585; Taupitz, ZZP 100 (1987), 287, 292.
1300 BGH, Urt v 18.12.1990 – VI ZR 169/90, NJW 1991, 1540, 1541; BGH, Urt v 20.3.2007 – VI ZR 158/06, BGHZ 171, 358, 360f.
1301 Zur Infrarot-Bestrahlung: „[...] hat sich ein Risiko aus einem Gefahrenbereich verwirklicht, den der Bekl [...] voll beherrschen konnte und musste." OLG Karlsruhe, Urt v 26.2.2003 – 7 U 173/01, GesR 2003, 238; Vgl Wenzel, in: 25 Jahre Arbeitsgemeinschaft, S 325, 327.
1302 Zur Beweislast bei mangelhaftem Narkosegerät BGH, Urt v 11.10.1977 – VI ZR 110/75, NJW 1978, 584, 585.
1303 BGH, Urt v 9.5.1978 – VI ZR 81/77, NJW 1978, 1683.
1304 Zur Frage, unter welchen Voraussetzungen ein Arzt für Hautschäden anlässlich einer Röntgenuntersuchung haftet, OLG Jena, Urt v 12.7.2006 – 4 U 705/05, VersR 2007, 69, 70; zur Haftung eines Arztes im Rahmen Erster Hilfe Leistungen bei zufälliger Anwesenheit am Unfallort OLG München, Beschl v 6.2.2006 – 1 U 5704/05, NJW 2006, 1883; zur Darlegungs- und Beweislast des Arztes nach den Grundsätzen voll beherrschbarer Risiken BGH, Urt v 20.3.2007 – VI ZR 158/06, BGHZ 171, 358, 362; vgl Wenzel, in: 25 Jahre Arbeitsgemeinschaft, S 325, 337.
1305 BGH, Urt v 20.3.2007 – VI ZR 158/06, BGHZ 171, 358, 362; vgl Wenzel, in: 25 Jahre Arbeitsgemeinschaft, S 325, 337.

BGH allerdings nicht voraus, dass die aus dem Klinikbetrieb oder der Arztpraxis stammende objektiv gegebene Gefahr für die Behandlungsseite im konkreten Fall auch erkennbar war[1306].

Steht fest, dass sich ein aus diesem Bereich stammendes objektiv voll beherrschbares Risiko **309** verwirklicht hat, ist es Sache des Arztes oder des Klinikträgers, darzulegen und zu beweisen, dass es hinsichtlich des objektiv gegebenen Pflichtverstoßes an einem Verschulden der Behandlungsseite fehlt. Bei einem Fehlverhalten des Arztes bzw des Krankenhausträgers handelt es sich in diesen Fällen zumeist um ein Organisationsverschulden. Primär ist § 630h Abs 1 auf Gesundheitsschäden bezogen, die der Patient im Krankenhaus, wegen fehlerhafter Gerätschaften oder Gebäudeausstattung, mangelhafter Hygiene oder Organisation des Krankenhausbetriebs erlitten hat[1307]. Entsprechende Risiken sind dadurch gekennzeichnet, dass sie bei regelrechter Ausgestaltung durch die Organisation ausgeschlossen werden müssen und dies organisatorisch auch möglich gewesen wäre[1308]. Eingängige Beispiele zu Urteilen bezüglich eines vollbeherrschbaren Risikos sind die Haftung des Krankenhausträgers, wenn es um Fragen ging wie bspw den ordnungsgemäßen Zustand eines verwendeten Tubus[1309], die Funktionstüchtigkeit des eingesetzten Narkosegerätes[1310], die Reinheit des benutzten Desinfektionsmittels[1311] oder die Sterilität der verabreichten Infusionsflüssigkeit[1312]. Dasselbe gilt für die Haftung für die unbemerkt gebliebene Entkoppelung eines Infusionssystems[1313], das Zurückbleiben eines Tupfers im Operationsgebiet[1314] oder die richtige Lagerung des Patienten auf dem Operationstisch[1315].

aa) **Sturzfälle.** Für die haftungsrechtliche Verantwortlichkeit ist entscheidend, wer konkret **310** bspw im Krankenhaus im Rahmen eines Sturzgeschehens welche sturzrelevanten Sorgfaltspflichten hat, ob diese verletzt wurden und ob der Sturzschaden hierdurch verursacht wurde. Für das Unterlassen von prophylaktischen Maßnahmen muss die Behandlerseite eine Garantenstellung innehaben. Diese ist regelmäßig in Form eines Beschützergaranten durch die Behandlungsübernahme gegeben[1316]. Eine Situation gilt im Umkehrschluss dann als nicht voll beherrschbar, wenn der Patient sich in seinem Zimmer in der Klink selbst frei bewegt und dabei zu Fall kommt[1317]. Kommt hingegen ein Patient im Krankenhaus bei einer Bewegungs- und Transportmaßnahme der ihn betreuenden Krankenschwester aus ungeklärten Gründen ins Ungleichgewicht und stürzt, so ist es Sache des Krankenhausträgers, aufzuzeigen und nachzuweisen, dass der Vorfall nicht auf einem pflichtwidrigen Verhalten der Pflegekraft beruht[1318]. Dies gilt ebenso bei dem Sturz aus einem Duschstuhl[1319], dem Sturz vom Behandlungsbett[1320] oder dem Einschieben eines Patienten auf einer Liege in ein Krankentransportfahrzeug[1321]. Es gilt jedoch nicht für die Ergotherapeutin, die in ihre Therapie Übungen von einem aus Sandsäcken hochgeschichteten „Kletterberg" aus einer Höhe von zwei Metern einbaut[1322]. In einem vom OLG Köln zu entscheidenden Fall war eine ältere Patientin in einer Klinik von der Untersuchungsliege in der dortigen Ambulanz gestürzt und hatte sich einen Bruch des Oberschenkelhalskopfes zugezogen. Das OLG verdeutlichte hierzu bereits, dass in Krankenhäusern eine erhöhte Verkehrssicherungspflicht der Behandelnden gelte und ging von einer eindeutigen Haftung aus, da bei der hohen Ambulanzliege keine ausreichenden Schutzvorkehrungen gegen Stürze von Seiten der Klinik getroffen worden waren[1323]. Die bauliche Gestaltung eines Krankenhauses oder Seniorenheims muss dementsprechend auch den diesbezüglichen (erhöhten) Sicherheitsanforderungen entsprechen[1324]. Nach außen aufschwingende Türen der Krankenzimmer dürfen bspw nicht mit schmal dimensionierten Fluren kombiniert werden, um einen auf dem Flur gehenden Patienten dadurch nicht umzustürzen[1325]. Im Speisesaal einer Klinik, in der bspw Menschen mit akuten Gehbehinderungen untergebracht sein können, darf der Fußboden nicht nass sein, allerdings sind zumindest

---

1306 BGH, Urt v 20.3.2007 – VI ZR 158/06, BGHZ 171, 358, 362; vgl Wenzel, in: 25 Jahre Arbeitsgemeinschaft, S 325, 337.
1307 MünchKomm[8]/Wagner, § 630h Rz 25.
1308 BGH, Urt v 16.8.2016 – VI ZR 634/15, NJW-RR 2016, 1360.
1309 BGH, Urt v 24.6.1975 – VI ZR 72/74, VersR 1975, 952, 954.
1310 BGH, Urt v 11.10.1977 – VI ZR 110/75, VersR 1978, 82, 83.
1311 BGH, Urt v 9.5.1978 – VI ZR 81/77, VersR 1978, 764.
1312 BGH, Urt v 3.11.1981 – VI ZR 119/80, VersR 1982, 161, 162 f.
1313 BGH, Urt v 10.1.1984 – VI ZR 158/82, BGHZ 89, 263, 269 ff.
1314 BGH, Urt v 27.1.1981 – VI ZR 138/79, VersR 1981, 462.
1315 BGH, Urt v 24.1.1984 – VI ZR 203/82, VersR 1984, 386, 387.
1316 Schönke/Schröder[30]/Bosch, § 13 Rz 28a.
1317 OLG Bremen, Urt v 22.10.2009 – 5 U 25/09, GesR 2010, 25, 26.
1318 BGH, Urt v 18.12.1990 – VI ZR 169/90, NJW 1991, 1540; OLG Koblenz, Urt v 28.9.2015 – 5 U 810/15, NJOZ 2016, 633; Vgl Geiß/Greiner, Arzthaftpflicht[8], B Rz 242 mwN.
1319 Zum Mitverschulden des Patienten BGH, Urt v 25.6.1991 – VI ZR 329/90, NJW 1991, 2960.
1320 OLG Köln, Urt v 21.6.1989 – 27 U 156/88, VersR 1990, 1240.
1321 OLG Hamm, Urt v 1.2.2006 – 3 U 182/05, -juris.
1322 OLG Köln, Urt v 8.2.2017 – 5 U 17/16, MedR 2017, 884 = MDR 2017, 820.
1323 OLG Köln, Urt v 21.6.1989 – 27 U 156/88, VersR 1990, 1240.
1324 MünchKomm[8]/Wagner, § 823 Rz 715.
1325 OLG Schleswig, Urt v 8.2.1996 – 11 U 22/95, VersR 1997, 69, 70.

während der Essenszeiten Nassstellen nicht umgehend trockenzureiben[1326]. Nach dem Wischen der Flure muss zumindest in Klinik und Pflegeheim vor Nässe konkret und eindringlich gewarnt werden[1327]. In einem Kneipp-Sanatorium darf bspw auch die Dampfheizungsanlage nicht dergestalt ungeschützt und in Reichweite der Patienten in den WC-Bereich im Bad geführt werden, dass eine Patientin stürzt, nachdem sie versucht hatte, sich an dem kochend heißen Rohr festzuhalten[1328]. In einem Wohnheim für geistig Behinderte darf das Badewasser nicht so heiß sein, dass Verbrühungen der Heimbewohner drohen[1329]. Denn auch der Heimträger hat, soweit dies mit einem vernünftigen finanziellen und personellen Aufwand möglich und für die Heimbewohner sowie das Pflege- und Betreuungspersonal zumutbar ist, nach seinem Ermessen entweder die Empfehlungen der jeweiligen DIN Norm umzusetzen oder aber die erforderliche Sicherheit gegenüber der dieser Norm zugrunde liegenden Gefahr auf andere Weise zu gewährleisten, um daraus resultierende Schäden der Heimbewohner zu vermeiden[1330]. Der Betreiber eines Krankenhauses ist zudem verpflichtet, die Wege auf dem Krankenhausgrundstück in zumutbaren Intervallen von Laub und Schmutz zu reinigen, um die Rutschgefahr zu vermindern[1331]. Stürzt ein Klinikbesucher auf dem Weg zum Haupteingang, nachdem der Weg erst anderthalb bis zwei Stunden zuvor geräumt worden ist, so haftet die Klinik allerdings nicht, selbst wenn nach der Reinigung aufgrund stürmischen Wetters wieder eine erhebliche Menge Laub auf den Weg geweht worden ist[1332]. Fraglich ist, ob die für das Arzthaftungsrecht anerkannte Beweiserleichterung bei der Verwirklichung voll beherrschbarer Risiken nach § 630a Abs 1 auch für (Notfall-) Behandlungen gilt, die der Amtshaftung unterliegen[1333]. Im vorliegenden Fall ging es um die Schädigung eines Notfallpatienten, der beim Transport infolge des Radbruches der Rolltrage, auf welcher sein Transport stattfand, verletzt worden war[1334]. Letztlich bleibt die Frage, ob auch in Amtshaftungsfällen die Grundsätze des voll beherrschbaren Risikos gelten, derzeit noch unbeantwortet.

311   bb) **Lagerungsfälle.** In der folgenden Fallgruppe der Lagerungsschäden werden zwei Fallgestaltungen zusammengefasst: zum einen die durch fehlerhafte Lagerung verursachten Schäden während oder nach einer Operation[1335] und zum anderen die Dekubitus-Schäden von sog bettlägerigen Patienten[1336]. Hinsichtlich der Dekubitus-Schäden ist festzuhalten, dass diese durch langes Liegen hervorgerufene Druckgeschwüre zwar durchaus auf Pflege- und Lagerungsmängel zurückgehen können. Allerdings lehnen die Gerichte hier regelmäßig eine Beweislastumkehr nach den Grundsätzen des voll beherrschbaren Risikos oder eine Beweiserleichterung mithilfe des Anscheinsbeweises ab[1337]. Dekubitusgeschwüre sind nicht in allen Fällen vermeidbar oder heilbar, insbesondere, wenn Patienten aufgrund Durchblutungsstörungen besonders anfällig dafür sind oder Einschränkungen wie bspw Demenz die Prophylaxe als kaum durchführbar gestalten, und somit die erlittenen Gesundheitsschäden auf einer besonderen Disposition des Patienten beruhen. Denn in solchen Fällen darf die fehlerhafte Behandlung nicht mit Hilfe von § 630h Abs 1 vermutet werden. Ein grober Diagnose-, Behandlungs- oder Therapiefehler nach § 630h Abs 5 Satz 1 kann bspw im Dekubitusfall dann vorliegen, wenn der Patient mit eingetrübtem Bewusstsein und bewegungsunfähig im Bett liegt, allerdings nicht, wenn nach der Pflegedokumentation noch das selbständige Aufsuchen der Toilette in Begleitung möglich und der Pati-

---

1326 Zu Ansprüchen wegen Verletzung der Verkehrssicherungspflicht, feuchte Stelle im Speisesaal einer Reha-Klinik OLG Saarbrücken, Urt v 11.9.2012 – 4 U 193/11 – 60, 4 U 193/11, NJW-RR 2013, 28, 29.
1327 Vgl zum Mitverschulden eines Kfz-Halters BGH, Urt v 20.1.1954 – VI ZR 118/52, BGHZ 12, 124, 125 ff; zur Absicherung eines Gerüsts auf dem Gehweg OLG Schleswig, Urt v 6.2.1991 – 4 U 3310/90, NZV 1992, 31; zu den Voraussetzungen für die Übertragung von Verkehrssicherungspflichten auf ein Reinigungsunternehmen OLG Düsseldorf, Urt v 6.12.1991 – 22 U 117/91, NJW 1992, 2972; zum Trockenwischen im Kassenbereich eines Baumarktes OLG Hamm, Urt v 15.3.2013 –I-9 U 187/12; zur mangelnden Pflicht zum Aufstellen von Schildern, falls jeden Tag zur gleichen Zeit gewischt wird OLG Bamberg, Beschl v 20.2.2013 – 6 U 5/13, https://files.vogel.de/iww/iww/quellenmaterial/dokumente/132861.pdf#page=4, S 2.
1328 BGH, Urt v 16.9.1966 VI ZR 264/64, VersR 1963, 1028.
1329 BGH, Urt v 22.8.2019 – III ZR 113/18, VersR 2019, 1381 Rz 17; Fortführung der Rspr BGH, Urt v 28.4.2005 III ZR 399/04, BGHZ 163, 53.
1330 BGH, Urt v 22.8.2019 – III ZR 113/18, VersR 2019, 1381 Rz 17.
1331 OLG Schleswig, Urt v 8.10.2013 – 11 U 16/13, NJW-RR 2014, 343, 343.
1332 OLG Schleswig, Urt v 8.10.2013 – 11 U 16/13, NJW-RR 2014, 343, 343.
1333 BGH, Beschl v 27.5.2021 – III ZR 329/20, -juris.
1334 OLG Braunschweig, Urt v 24.8.2020 – 9 O 27/20, GesR 2021, 666 ff.
1335 Geiß/Greiner, Arzthaftpflicht[8], B Rz 244.
1336 Zu den Anforderungen an den Beweis für die Durchführung der notwendigen Prophylaxe, wenn entsprechende Krankenblatteintragungen bei einem Durchliegegeschwür fehlen BGH, Urt v 18.3.1986 – VI ZR 215/84, NJW 1986, 2365; vgl Geiß/Greiner, Arzthaftpflicht[8], B Rz 80, 244.
1337 OLG Braunschweig, Urt v 7.10.2008 – 1 U 93/07, -juris; Rz 6, 8 = MedR 2009, 733, 734; OLG Düsseldorf, Urt v 16.6.2004 – 15 U 160/03, -juris Rz 48; OLG Hamm, Urt v 9.9.2015 – I – 3 U 60/14, GesR 2015, 688, 690; Geiß/Greiner, Arzthaftpflicht[8], B Rz 244; OLG Dresden, Urt v 30.11.2021 - 4 U 1764/21, BeckRS 2021, 45239 m Anm Kretschmer.

ent noch als mobil zu bezeichnen ist[1338]. In einer Entscheidung zur Haftung eines Krankenhausträgers wegen Behandlungsfehler im Rahmen der Dekubitus-Prophylaxe widersprach der BGH nicht der Vorinstanz, die einen Anscheinsbeweis ausgeschlossen hatte, „weil es keinen medizinischen Erfahrungssatz gebe, nach dem das Entstehen von Durchliegegeschwüren ausnahmslos auf falsche oder unzureichende Vorbeugemaßnahmen zurückzuführen sei"[1339]. Die beweisrechtliche Problematik des Pflegefehlers wurde letztlich auf der Ebene der Dokumentationsmängel gelöst. Das OLG Düsseldorf zog in einem solchen Fall die Möglichkeit einer Beweislastumkehr wegen eines voll beherrschbaren Risikos in Erwägung, sah sich aber nicht zu einer abschließenden Entscheidung gehalten, da sich die Lösung wiederum im Zusammenhang mit einer unzureichenden Dokumentation finden ließ[1340]. Das Gericht neigte unter Bezugnahme auf die höchstrichterliche Rspr dazu, keinen voll beherrschbaren Bereich anzunehmen. So „ist ein bettlägeriger Patient, der ein Dekubitusgeschwür erleidet, nicht durch einen per se gefährlichen Zustand im Organisationsbereich des Krankenhauses zu Schaden gekommen, wie etwa bei dem Einsatz eines nicht funktionstüchtigen Narkosegeräts oder der Verabreichung nicht steriler Infusionsflüssigkeit oder im Rahmen einer ganz konkreten Einzelmaßnahme, wie es etwa der Sturz bei einem Transport darstellt"[1341]. Das OLG Düsseldorf erkannte allerdings, dass es mit dieser Wertung strengere Maßstäbe an die Beurteilung der Vermeidbarkeit von Dekubitus-Geschwüren anlegte als die medizinische Praxis, der zufolge das Auftreten eines Dekubitus stets die Folge von pflegerischen Versäumnissen sei. Auf der Grundlage des Gutachtens eines medizinischen Sachverständigen, der „mit nicht zu überbietender Deutlichkeit" festgestellt hatte, dass – auch bei schwerstkranken Patienten – das Auftreten von Dekubiti immer vermeidbar sei, hatte das OLG Köln im Jahre 1999 die schweren Defizite hinsichtlich der pflegerischen Aktivitäten dementsprechend als schwere Behandlungsfehler bewertet[1342]. Das OLG Braunschweig bestätigte in einem Beschluss aus dem Jahre 2008 die vorstehenden Erwägungen, die gegen die Annahme eines voll beherrschbaren Risikos sprachen[1343]. Im konkreten Fall wurde die abschließende Entscheidung aber offenbar durch die von dem Sachverständigen dargelegten Studien und Publikationen erleichtert, weil diese nach Ansicht des Gerichts gerade belegten, dass das Auftreten eines Dekubitus nicht in ausnahmslos allen Fällen so beherrscht werden könne, dass bereits der ausbleibende Erfolg auf ein Verschulden bei der Behandlung bzw Pflege des Betroffenen hindeute. Zudem sind ohne Anhaltspunkte für eine Eigen- oder Fremdgefährdung präventive Schutzmaßnahmen gegen ein Herausfallen aus dem Bett eines hochbetagten Pflegeheimbewohners unzulässig[1344]. Bei dem Sturz eines 82-jährigen Krankenhauspatienten aus dem Bett, bei dem dieser Rippenbrüche, eine Gehirnerschütterung und Zahnschäden erlitt, verneint das OLG Schleswig das Vorliegen eines objektiven Pflichtenverstoßes[1345]. Zwar hatte der Patient einen Schwerbehindertenausweis und war zu 70 % erwerbsgemindert, es lagen hingegen keinerlei Anhaltspunkte für eine Eigen- oder Fremdgefährdung seinerseits vor. Das Pflegepersonal habe die medizinischen Standards eingehalten, denn den spezifischen Risiken des Patienten sei durch die regelmäßigen Kontrollen der Krankenschwester bei ihren Rundgängen hinreichend begegnet worden[1346].

Die Lagerung des Patienten während einer Operation soll dem Operateur den bestmöglichen Zugang zum OP-Gebiet ermöglichen[1347]. Zum Schutz des Patienten, dessen körpereigene Schutzmechanismen während der Narkose ausgeschaltet sind, müssen dabei Maßnahmen getroffen werden, um Schäden an anderen Körperregionen durch Druck, Zerrung oder Kontakt zu elektrischen Leitern zu vermeiden[1348]. Während die grundsätzliche Feststellung eines Lagerungsschadens nach einer Operation aus medizinischer Sicht meist unproblematisch ist, ist der Nachweis der intraoperativ fehlerhaften Lagerung naturgemäß seltener möglich[1349]. Lagerungs-

---

1338 OLG Hamm, Urt v 9.9.2015 – I – 3 U 60/14, GesR 2015, 688, 691, 692.
1339 BGH, Urt v 2.6.1987 – VI ZR 174/86, NJW 1988, 762.
1340 OLG Düsseldorf, Urt v 16.6.2004 – I-15 U 160/03, 15 U 160/03, PflegeRecht [PflR] 2005, 62; gekürzt in: RDG 2005, 61.
1341 OLG Düsseldorf, Urt v 16.6.2004 – I-15 U 160/03, 15 U 160/03, NRWE Rz 49.
1342 OLG Köln, Urt v 4.8.1999 – 5 U 19/99, NJW-RR 2000, 1267, 1268.
1343 OLG Braunschweig, Beschl v 7.10.2008 – 1 U 93/07, MedR 2009, 733, 734.
1344 OLG Schleswig, Urt v 6.6.2003 – 4 U 70/02, NJW-RR 2004, 237.
1345 OLG Schleswig, Urt v 6.6.2003 – 4 U 70/02, NJW-RR 2004, 237.
1346 OLG Schleswig, Urt v 6.6.2003 – 4 U 70/02, NJW-RR 2004, 237.
1347 Zur Beweislast bzgl eines intraoperativ entstandenen Lagerungsschadens OLG Koblenz, Urt v 22.10.2009 – 5 U 662/08, NJW 2010, 1759.
1348 Vgl umfassend zu allen denkbaren Positionen bei Lagerungschäden Sommer, OP–Lagerungen in der Unfallchirurgie und Orthopädie.
1349 Zur intraoperativen Lagerung des Patienten BGH, Urt v 24.1.1984 – VI ZR 203/82; OLG Köln, Urt v 2.4.1990 – 27 U 140/88, VersR 1991, 695; zum intraoperativ entstandenen Lagerungsschaden OLG Koblenz, Urt v 22.10.2009 – 5 U 662/08, NJW 2010, 1759.

schäden gehören grundsätzlich zu den Operationsrisiken, über die aufgeklärt werden sollte[1350]. Den Krankenhausträger und die behandelnden verantwortlichen Ärzte trifft die Beweislast für die sorgfältige und richtige Lagerung des Patienten auf dem Operationstisch[1351] und dafür, dass diese von den Operateuren kontrolliert worden ist[1352]. Allerdings werden Hinweise auf behandlungsfehlerartige Versäumnisse bei der Lagerung oft lediglich durch medizinisch-gutachtlichen Sachverstand aufgedeckt. Nicht alle Lagerungsschäden führen zu einer Beweiserleichterung. So entschied das OLG Oldenburg im Fall einer Fersen-Drucknekrose im Zusammenhang mit einer Leistenbruch-Operation, dass das Entstehen eines Lagerungsschadens dieser Art nicht zwingend für eine fehlerhafte Lagerung spreche, da Einzelfallberichte existierten, nach denen Lagerungsschäden ohne besondere bekannte Risikofaktoren und ohne Hinweis auf eine fehlerhafte Lagerung entstanden seien[1353]. In einer Entscheidung des LG Hildesheim[1354] stellte das Gericht klar, dass den Beklagten die Pflicht treffe, die in einer Aufwachphase befindliche – und unter Einfluss eines sedativen Medikaments stehende – Person so zu überwachen, dass diese nicht aufgrund der mangelnden Einsichts- und Steuerungsfähigkeit zu Schaden kommt. Die Patientin musste sich einer Magenspiegelung unterziehen, aus diesem Grund wurde ihr „Dormicum" verabreicht. Auf die Untersuchung folgend wurde sie auf eine im Aufwachraum befindliche Liege gelegt, wo sie von dieser herunterstürzte und einen Bruch des Oberschenkelknochens erlitt[1355]. Das OLG Naumburg vertritt die Rechtsauffassung, dass immer von einem vollbeherrschbaren Risiko auszugehen sei, wenn sich nach der Operation in Anwesenheit einer Pflegekraft aufgrund mangelnder Arretierung bspw wie hier einer Liege ein Sturz ereignet[1356]. Steht der Patient entgegen einer Anweisung der Pflegekraft hingegen von allein auf, begründe dies ein Mitverschulden seinerseits von 50 %[1357]. Da das Aufstehen von Patienten, auch gegen einen entsprechenden Hinweis des Pflegepersonals, eine nicht fernliegende Möglichkeit darstellt, muss in dem Fall, dass die Bremseinrichtungen aufgrund des Körpergewichtes des Patienten, ein Wegrutschen nicht in jedem Fall verhindern können, für zusätzliche Sicherungsmaßnahmen gesorgt werden[1358]. Fortgeführt und konkretisiert wird diese Rspr durch ein Urteil des OLG Koblenz[1359], das annimmt, auch wenn die richtige Lagerung als voll beherrschbares Risiko zur Beweislast der Behandlungsseite gehört, (immer dann) eine Haftung ausscheiden muss, wenn diese nachweist, dass sämtliche gebotenen Sicherungsmaßnahmen veranlasst worden sind. Es handele sich bei der Lagerung eines Patienten in Rückenlage um einen standardisierten Ablauf im Operationsalltag, weshalb eine dauerhaft im Gedächtnis bleibende Erinnerung an den Lagerungsvorgang äußerst ungewöhnlich wäre und der Nachweis einer korrekten Lagerung – wie auch bei anderen Routinemaßnahmen im Klinikalltag – durchaus mittels der Schilderung der zum Behandlungszeitpunkt bestehenden Übung erfolgen dürfe[1360]. Handelt es sich bei den streitgegenständlichen Fällen jedoch um Lagerungen während der Operation, bei denen mögliche kleinere, nicht vermeidbare Verlagerungen des Patienten erforderlich werden, wird der Anspruch auf einen möglicherweise daraus resultierenden Schadensersatz von der Rspr gänzlich abgelehnt[1361]. Diese Verlagerungen können zwar im Einzelfall ebenfalls ursächlich für einen Lagerungsschaden sein, lassen jedoch eine daraus resultierende Beweislastumkehr nicht zu. Schließlich kommt es auch bei der Lagerung seitens des Patienten darauf an, den Beweis für ein standardwidriges Vorgehen anzutreten. Denkbar wäre auch eine behandlungsfehlerartige Lagerungsschädigung durch die vermeidbare deutlich zu lange Lagerung eines Patienten in potenziell schädigender Position, bspw wenn der Patient bereits durch einen Assistenten vollständig gelagert wird, sich der tatsächliche Operationsbeginn aufgrund vermeidbarer Verzögerung dann aber erheblich verschiebt oder die Operation in schuldhafter Weise länger als üblich dauert[1362]. Selbst das Material des Operationstisches kann für einen Haftungstatbestand in Betracht kommen[1363]. Weitere Beispiele für nachweisbare Lagerungsschäden können die erheblich zu lange Anwendung einer Blutsperre oder einer (erkennbar) falschen

---

1350 Zur unzureichenden Lagerungskontrolle bei einer laparoskopischen roboterassistierten Myomemulation OLG Köln, Beschl v 15.6.2015 – 5 U 166/14, MedR 2016, 37.
1351 OLG Köln, Urt v 2.4.1990 – 27 U 140/88, VersR 1991, 695; OLG Koblenz, Urt v 23.12.2010 – 5 U 1199/09, VersR 2010, 480.
1352 Vgl das sog „Häschenurteil" BGH, Urt v 24.1.1984 – VI ZR 203/82, NJW 1984, 1403.
1353 OLG Oldenburg, Urt v 2.8.1994 – 5 U 64/94, VersR 1995, 1194.
1354 LG Hildesheim, Urt v 9.1.2015 – 4 O 170/13, RDG 2016, 86.
1355 LG Hildesheim, Urt v 9.1.2015 – 4 O 170/13, RDG 2016, 86.
1356 OLG Naumburg, Urt v 12.7.2012 – 1 U 43/12, RDG 2012, 294, 295.
1357 OLG Naumburg, Urt v 12.7.2012 – 1 U 43/12, RDG 2012, 294, 295.
1358 Zur unzureichenden Lagerungskontrolle bei einer laparoskopischen roboterassistierten Myomemulation OLG Köln, Beschl v 15.6.2015 – 5 U 166/14, MedR 2016, 37.
1359 OLG Koblenz, Beschl v 2.12.2016 – 5 U 1144/16, GuP 2018, 72.
1360 OLG Koblenz, Beschl v 2.12.2016 – 5 U 1144/16, GuP 2018, 72.
1361 OLG Hamm, Urt v 20.5.2011 – 26 U 23/10, openJur 2012, 80008 Rz 73–76; OLG Köln, Beschl v 25.2.2013 – 5 U 152/12, MedR 2014, 399.
1362 LG Magdeburg, Urt v 8.9.2010 – 9 O 1953/08, -juris.
1363 OLG Saarbrücken, Urt v 1.12.2010 – 1 U 166/09, VersR 2010, 664.

Anlage derselben darstellen oder auch in einem falschen (da zu hohem) Druck der Manschette zu erkennen sein[1364]. Eine detaillierte Dokumentationspflicht bezüglich Einzelheiten der Patientenlagerung und ihrer Kontrolle besteht in der Regel jedoch nicht, wenn die von den Zeugen bekundete Lagerung, wie sie im Klinikum üblicherweise bei entsprechenden Eingriffen erfolgt sei, nicht zu beanstanden gewesen ist[1365].

cc) **Mangelhafte apparative Ausstattung und mangelnde Beherrschung medizinischer Geräte in technischer Hinsicht.** In einer frühen Entscheidung aus dem Jahre 1955 setzte sich der BGH mit der Haftung wegen Verbrennungen während des Einsatzes eines Thermokauters auseinander[1366]. Der BGH stellte klar, dass grundsätzlich der Kläger die schuldhafte Verursachung der Verbrennung durch den behandelnden Arzt beweisen müsse[1367]. In der heutigen Rspr werden beweisrechtliche Fragen um den Einsatz technischer Geräte fast ausschließlich nur noch unter dem Gesichtspunkt eines voll beherrschbaren Risikos betrachtet[1368]. Der BGH wies darauf hin, dass die Behandlungsseite verpflichtet sei, funktionsfähige Geräte bereitzustellen und diese fachgerecht einzusetzen[1369]. Bei einer Krebstherapie war der Patient im Jahre 1982 mit der sog Mehrfeldtechnik bestrahlt worden. Etwa drei Jahre später trat ein Rezidiv auf. Der BGH vertrat hier die Auffassung, dass die Verwendung der sog Mehrfeldtechnik behandlungsfehlerhaft war, weil die verwendete Methode im Jahre 1982 nicht mehr das Mittel der Wahl darstellte[1370]. Vielmehr hätte zu diesem Zeitpunkt schon die sog Großfeldtechnik zur Anwendung gelangen müssen, mit der insbesondere die bei der Mehrfeldtechnik bisweilen auftretenden Bestrahlungslücken vermieden werden können. 313

In den Entscheidungen des BGH zum voll beherrschbaren Risiko bei Einsatz von Medizintechnik ging es bspw um Fragen wie die des Verschuldens bei Einsatz eines funktionsuntüchtigen Narkosegeräts[1371] oder die schuldhafte Pflichtverletzung bei einer unbemerkt gebliebenen Entkopplung eines Infusionssystems[1372]. Die Rspr geht davon aus, dass technische Gefahren durch Einhaltung der Gebrauchsanweisungen und Überwachungsmechanismen völlig ausgeschlossen werden können. Der Patient dürfe sowohl erwarten, dass Geräte technisch in Ordnung sind, als auch, dass sie technisch richtig bedient werden[1373]. Der Entblutungsschock, den eine Patientin infolge der Entkopplung des Infusionssystems erlitten hatte, war nach Ansicht des BGH „kein Risiko, das ggf als einer ärztlichen Behandlung und Verantwortung entzogenen schicksalhaften Entwicklung in Betracht zu ziehen wäre"[1374]. In einem ähnlich gelagerten Fall verursachte die Trennung der arteriellen Schlauchverbindung einen massiven Blutverlust des Patienten[1375], einen sog Entblutungsschock mit nachfolgendem mehrtägigem Koma und konsekutivem Todeseintritt ohne dass die Beklagte Sicherungsmaßnahmen vorgenommen hätte, die geeignet gewesen wären, ihr fehlendes Verschulden an dem technisch apparativen Versagen darzulegen[1376]. 314

In einem Beschluss aus dem Jahre 2007 bekräftigte der BGH seine Rspr[1377]. In dem zugrunde liegenden Fall hatte der klagende Patient infolge eines technischen Fehlers eines Röntgentherapiegerätes eine überhöhte Strahlendosis und Verbrennungen erlitten. Der BGH nahm an, dass die Hautschäden des klagenden Patienten durch eine überhöhte Strahlendosis verursacht worden seien[1378]. Das OLG Saarbrücken entschied, dass die durch ein Elektrochirurgiegerät verursachten endogenen Verbrennungen auf einen schuldhaften Behandlungsfehler zurückgingen[1379]. Auch das OLG Zweibrücken bezog sich auf einen solchen Erfahrungssatz[1380]. In den vergangenen 315

1364 Zur Frage der Nervschädigung nach Gebrauch einer Blutdruckmanschette OLG Brandenburg, Urt v 25.10.2007 – 12 U 79/06, openJur 2012, 7104 Rz 30, 31.
1365 Zur unzureichenden Lagerungskontrolle bei einer laparoskopischen roboterassistierten Myomemulation OLG Köln, Beschl v 15.6.2015 – 5 U 166/14, MedR 2016, 37.
1366 BGH, Urt v 22.6.1955 – VI ZR 267/54, VersR 1955, 573, 574.
1367 BGH, Urt v 22.6.1955 – VI ZR 267/54, VersR 1955, 573, 574.
1368 Vgl Pauge/Offenloch, Arzthaftungsrecht[14], S 240–244 Rz 572; Geiß/Greiner, Arzthaftpflicht[8], B Rz 243.
1369 Vgl BGH, Urt v 24.6.1975 – VI ZR 72/74, NJW 1975, 2245; BGH, Urt v 11.10.1977 – VI ZR 110/75, NJW 1978, 584, 585.
1370 BGH NJW 1992, 754.
1371 Zur Beweislast bei Misserfolg einer ärztlichen Behandlung infolge defekten technischen Narkosegeräts BGH, Urt v 11.10.1977 – VI ZR 110/75, NJW 1978, 584.
1372 Zur Haftung des Arztes durch Entkopplung eines zentralvenös gelegten Infusionssystems BGH, Urt v 10.1.1984 – VI ZR 158/82, BGHZ 89, 263.
1373 Vgl Kunz–Schmidt MedR 2009, 517, 519, 523.
1374 Kunz–Schmidt MedR 2009, 517, 519, 523.
1375 OLG Köln, Urt v 28.4.1999 – 5 U 15/99, VersR 2000, 974.
1376 OLG Köln, Urt v 28.4.1999 – 5 U 15/99, VersR 2000, 974.
1377 BGH, Beschl v 13.2.2007 – VI ZR 174/06, VersR 2007, 1416.
1378 BGH, Beschl v 13.2.2007 – VI ZR 174/06, VersR 2007, 1416.
1379 OLG Saarbrücken, Urt v 30.5.1990 – 1 U 69/89, VersR 1991, 1289.
1380 OLG Zweibrücken, Urt v 13.5.1997 – 5 U 7/95, VersR 1997, 1281.

Jahren lehnten mehrere Gerichte dies jedoch ab. Das LG Hof[1381] und das LG Ansbach[1382] stellten auf der Grundlage der jeweiligen medizinischen Gutachten fest, dass es auch bei Beachtung aller gebotener Sorgfalt zu Verbrennungen kommen könne. Differenzierter ging das LG Bonn in einem ähnlich gelagerten Fall vor, indem es die Grundsätze des voll beherrschbaren Risikos als auch des Anscheinsbeweises prüfte[1383]. Ein voll beherrschbares Risiko lehnte das Gericht ab, da die Verbrennungen auch bei Wahrung der erforderlichen Sorgfalt unter Beachtung der anerkannten Regeln und Erfahrungen der medizinischen Wissenschaft nicht gänzlich vermeidbar seien. Eine Eingrenzung der in Betracht kommenden Ursachen auf den Herrschaftsbereich des Krankenhauses sei nicht möglich[1384].

316 Ein Fehler aufgrund der mangelnden technischen Beherrschung medizinischer Geräte auf dem Gebiet des voll beherrschbaren Risikos[1385] liegt zum Beispiel vor, wenn Luftblasen aus der Spülleitung bei einer Herzkatheteruntersuchung in den menschlichen Körper eindringen und zu einem Verschluss der Herzkranzgefäße und infolgedessen bei dem so Behandelten zu einem Infarkt im rechten Hirn führen[1386]. Die Haftungsklage der Klägerin hatte in zweiter Instanz Erfolg. Auch wenn ein minimales Restrisiko verbleibe, dass das Gerät selbst bei richtiger Bedienung und Intaktheit nicht hundertprozentig funktioniere, sei die Rechtsfigur des „voll beherrschbaren Risikos" anwendbar, die zu einer Beweislastumkehr zugunsten des Patienten führe. Zudem habe der Arzt nicht dargelegt, alle technischen Risiken ausgeschlossen zu haben[1387]. Auch bei dem fehlerhaften Einsatz von Coolpacks in Kliniken mit der Folge von schweren Erfrierungen wurde ein voll beherrschbares Risiko angenommen[1388]. Heutzutage kommen Verbrennungen insbesondere auf dem Fachgebiet der sog Hochfrequenzchirurgie vor[1389].

317 Ist ein funktionsuntüchtiges Gerät am Patienten angewendet worden und dieses hat erwartungsgemäß versagt (bspw die fehlerhafte Funktion eines Elektrokauters), muss der Arzt (die Klinik) beweisen, dass ihn hieran kein Verschulden trifft, wobei an die Sicherheit und Kontrollvorkehrungen hohe Anforderungen zu stellen sind[1390]. Realisiert sich in solchen Fällen ein Risiko, welches von der Behandlungsseite hätte vollbeherrscht werden können, wie es bei dem Einsatz eines Elektrokauters und der hierfür richtigen Lagerung des Patienten angenommen wird, so müssen Arzt bzw Klinik darlegen und beweisen, dass sie alle erforderlichen organisatorischen und technischen Vorkehrungen ergriffen hatten, um das Risiko zu vermeiden[1391].

318 Die medizinische Beurteilung, ob durch einen Gerätefehler ein abgrenzbarer Gesundheitsschaden entstanden ist oder nicht, vermag durchaus in bestimmten Fällen schwierig zu beantworten sein. Während der Eintritt einer Verbrennung beispielsweise durch einen fehlerhaften Elektrokauter oder ein fehlerhaftes Reizstromgerät im Hinblick auf den Körperschaden sowie die daraus resultierenden Folgen einfach zu beurteilen sein dürfte, sind andere Fragestellungen deutlich schwerer zu beantworten und teilweise sicherlich abschließend auch nicht zu beweisen (sog non liquet).

319 Typische Fehler in der Organisation sind in allen vorgenannten Bereichen das Fehlen klarer Dienstanweisungen sowie fehlende Vorsorge für etwaige Eventual- bzw Notfälle. Im Fall einer ausgelaufenen Wärmflasche in einer Kinderklinik, die zu schwerwiegenden Verbrennungen des Kindes und einer späteren teilweisen Amputation eines Fußes geführt hat, hat der BGH gefordert, dass das Anschaffungsdatum der Wärmflasche erfasst wird und sie vor jedem Einsatz äußerlich geprüft und nach vergleichsweise kurzer Gebrauchsdauer ausgesondert werden muss[1392]. Für die fehlende Dienstanweisung gegenüber der Nachtschwester wurde auch hier der Chefarzt verant-

---

1381 Unveröffentlicht, zitiert nach Riedel MedR 2009, 83, 84.
1382 Unveröffentlicht, zitiert nach Riedel MedR 2009, 83, 84.
1383 LG Bonn, Urt v 30.10.2007 – 8 S 130/07, GesR 2008, 248 (Kurzwiedergabe) m Bespr v Jorzig GesR 2008, 249.
1384 LG Bonn, Urt v 30.10.2007 – 8 S 130/07, GesR 2008, 248 (Kurzwiedergabe) m Bespr v Jorzig GesR 2008, 249.
1385 OLG Schleswig-Holstein, Urt v 29.8.2014 – 4 U 21/13, GesR 2014, 671.
1386 OLG Schleswig-Holstein, Urt v 29.8.2014 – 4 U 21/13, GesR 2014, 671.
1387 OLG Schleswig-Holstein, Urt v 29.8.2014 – 4 U 21/13, GesR 2014, 671.
1388 OLG Celle, Urt v 26.9.2013 – 11 U 82/13, unveröffentlicht, zitiert nach Teichner, https://www.ra-teichner.de/urteil.htm, zuletzt abgerufen am 27.12.2021.
1389 Haftung bejaht LG Lüneburg, Vergl v 6.12.2012 – 2 O 82/12, unveröffentlicht, zitiert nach Koch, https://www.anwalt.de/rechtstipps/die-verbrennung-bei-der-operation-ein-vermeidbares-risiko_062706.html, zuletzt abgerufen am 27.12.2021; Haftung unklar, OLG Hamm, Urt v 4.11.2016 – I-26 U 67/13, openJur 2018, 7240 Rz 68 ff.
1390 BGH, Beschl v 26.9.2017 – VI ZR 529/16, MedR 2018, 234; OLG Köln, Urt v 28.4.1999 – 5 U 15/99, VersR 2000, 974; OLG Köln, Urt v 2.4.1990 – 27 U 140/88, VersR 1991, 695; BGH, Urt v 11.10.1977 – VI ZR 110/75, NJW 1978, 584.
1391 BGH, Beschl v 26.9.2017 – VI ZR 529/16, MedR 2018, 234; BGH, Urt v 16.8.2016 – VI ZR 634/15, NJW-RR 2016, 1360.
1392 Zur Haftung einer Krankenschwester, welche mit zu heißer Wärmflasche einen Säugling verbrennt SZ 41/87 (1968), BGH, Urt v 1.2.1994 – VI ZR 65/93, NJW 1994, 1596.

wortlich gemacht. Auch das Belegkrankenhaus müsse im Rahmen seiner Organisationspflicht gegen eine Handhabung einschreiten, durch die der Belegarzt dem Pflegepersonal des Belegkrankenhauses Aufgaben überlässt, die die pflegerische Kompetenz übersteigen, nämlich bpsw die Überwachung eines CTG durch die Nachtschwester, welches von dieser gar nicht gelesen werden konnte[1393]. Ein grober Organisationsmangel liegt vor, wenn im Babyzimmer nur eine Schwester anwesend ist, die zudem seitens des Krankenhausträgers weder im speziellen Umgang mit Neugeborenen geschult war, noch mangels entsprechender Unterweisung mit den vorhandenen Geräten (hier insbesondere: Wärmebett mit zusätzlicher Sauerstoffanreicherung) umgehen konnte[1394]. Die Verwechselung eines Wund- und eines Flächendesinfektionsmittels bei dem Auswaschen einer OP-Wunde ist nicht verständlich und gilt als grober Behandlungsfehler[1395]. Eine Kontrolle war im Streitfall umso mehr geboten, als Octenisept und Terralin Liquid vom Hersteller in gleichartige Flaschen abgefüllt werden[1396]. Bei dieser Sachlage ist es auch unverständlich, dass ein Flächendesinfektionsmittel auf einem einzigen Wagen mit Verbandsmaterial oder mit zur Behandlung von Patienten bestimmten Desinfektionsmitteln abgestellt worden ist[1397].

dd) **Verstöße gegen Hygienevorschriften mit daraus resultierenden Infektionen.** Zur 320 Wahrung der Verkehrssicherungspflicht bezüglich der Krankenhaushygiene sind konkrete Regelungen in Dienstanweisungen festzuhalten, um sicherzustellen, dass diese eingehalten werden[1398]. Gemäß § 630a Abs 2 muss für eine Haftung der zum Zeitpunkt der Behandlung bestehende, allgemein bekannte fachärztliche Standard verletzt worden sein. Dieser leitet sich wie dargestellt zunächst aus den allgemein anerkannten Sorgfaltspflichten und den speziell für den Bereich der Hygiene geschaffenen Vorschriften, vor allem dem IfSG ab. Es gelten die von der beim RKI eingerichteten Kommissionen für Krankenhaushygiene und Infektionsprävention (KRINKO) herausgegebenen Empfehlungen und die der Antiinfektiva, Resistenz und Therapie (ART). Werden diese Empfehlungen eingehalten, wird gemäß IfSG § 23 Abs 3 Satz 2 die Einhaltung des Standards der medizinischen Wissenschaft vermutet. Dem Patienten obliegt auch bei Hygienemängeln die Beweispflicht, eine Verletzung des allgemeinen bekannten fachärztlichen Standards darzulegen und zu beweisen. Liegt allerdings ein grober Behandlungsfehler vor, wird gemäß § 630h Abs 5 Satz 1 mit entsprechender Beweislastumkehr vermutet, dass der Behandlungsfehler für die Verletzung ursächlich war. Ein grober Behandlungsfehler im Bereich der Hygiene wird beispielsweise angenommen bei der Unterlassung von Desinfektionsmaßnahmen oder aufgrund fehlender Vorsichtsmaßnahmen beim Infusionswechsel. Weitere Beweiserleichterungen zugunsten des Patienten sieht § 630h Abs 1 vor. Danach wird ein Behandlungsfehler „vermutet, wenn sich ein allgemeines Behandlungsrisiko verwirklicht hat, das für den Behandelnden voll beherrschbar war und das zur Verletzung des Lebens, des Körpers oder der Gesundheit des Patienten geführt hat." Hygienemängel führen somit nur dann zu einer Beweislastumkehr, wenn die bei dem Patienten eingetretene Infektion „aus einem hygienisch voll beherrschbaren Bereich hervorgegangen ist"[1399]. Im Bereich der Hygiene zählen dazu etwa die Reinheit des benutzten Desinfektionsmittels[1400], die Sterilität von Behandlungsbesteck[1401] oder Infusionsflüssigkeit[1402] oder vermeidbare Keimübertragungen durch Behandler[1403], Mitpatienten[1404] oder durch das Krankenhauspersonal[1405]. Bei einer unklaren Infektionsquelle besteht die Rechtsauffassung, dass die Grundsätze über das voll beherrschbare Risiko nicht zur Anwendung kommen können[1406]. Stehen Träger des Keims und Übertragungsweg hingegen fest, ist es an der

---

1393 Zur Organisationspflicht des Belegkrankenhauses und zur Aufgabenzuteilung BGH, Urt v 16.4.1996 – VI ZR 190/95, NJW 1996, 2429, 2430 = LM § 823 BGB (Aa) Nr 165m zust Anm Giesen.
1394 Zur Hirnschädigung eines Neugeborenen infolge mangelnder Überwachung der Sauerstoffversorgung OLG Nürnberg, Urt v 25.3.2011 – 5 U 1786/10 openJur 2012, 114745 Rz 79, 80, 81; Fritz ZMGR 2017, 232, 237.
1395 OLG Köln, Urt v 27.6.2012 – 5 U 38/10, MDR 2012, 1463.
1396 OLG Köln, Urt v 27.6.2012 – 5 U 38/10, MDR 2012, 1463.
1397 OLG Köln, Urt v 27.6.2012 – 5 U 38/10, MDR 2012, 1463.
1398 Vgl Kern/Rehborn, in: Laufs/Kern/Rehborn, HdB ArztR[5], § 100 Rz 20; Wenzel, in: Patientenrechtegesetz, S 58 Rz 257; vgl zu Organisationsfehlern auf dem Gebiet der Hygiene Grüneberg[81]/Weidenkaff, § 630a Rz 20, 34; Pauli, Risikomanagement und CIRS als Gegenstand der Krankenhaushaftung, S 185.

1399 Kern/Reuter MedR 2014, 785, 788 mwN.
1400 BGH, Urt v 9.5.1978 – VI ZR 81/77, VersR 1978, 764.
1401 Zu Hygienefehler bei einer intraartikulären Injektion BGH, Urt v 20.3.2007 – IV ZR 158/06, BGHZ 171, 358.
1402 BGH, Urt v 3.11.1981 – VI ZR 119/80, VersR 1982, 161, 162 f.
1403 Zum Spritzenabszess aufgrund einer Staphylokokkeninfektion BGH, Urt v 20.3.2007 – IV ZR 158/06, BGHZ 171, 358.
1404 OLG München, Urt v 6.6.2013 – 1 U 319/13, GesR 2013, 618, 620.
1405 Zur vollumfänglichen Haftung des Krankenhausträgers für eine Nadelstichverletzung OLG Hamm, Urt v 2.12.2002 – 6 U 179/01, -juris; zur Anerkennung einer Nadelstichverletzung als Berufskrankheit BSG, Urt v 2.4.2009 – B2U 30/07, -juris.
1406 BGH, Beschl v 16.8.2016 – VI ZR 634/15, NJW-RR 2016, 1360.

Behandlungsseite, den Beweis für eine fehlende Sorgfaltspflichtverletzung und fehlendes Verschulden zu erbringen[1407]. Kommt es für den Kläger im Falle eines Hygienemangels somit nicht zu einer Umkehr der Darlegungs- und Beweislast gemäß § 630h Abs 1, soll es nach geänderter Rechtsauffassung des BGH in Form einer Hilfestellung für den Patienten genügen, dass dieser im Prozess Anhaltspunkte für einen Hygieneverstoß vorträgt[1408]. Der BGH steht nunmehr auf dem Standpunkt, dass die erweiterte sekundäre Darlegungslast seitens des Betreibers bei der Behauptung eines Hygieneverstoßes regelmäßig in Betracht kommen wird[1409].

321 Der BGH hatte sich zunächst in drei Grundsatzentscheidungen aus den Jahren 1991[1410], 2007[1411] und 2008[1412] mit der Haftung von Kliniken und Ärzten aufgrund mangelnder Hygiene im Rahmen von Operationen zu beschäftigen. In dem im Jahr 1991 entschiedenen Fall kam es nach einer urologischen Operation zu einer schweren Infektion der Operationswunde. Allerdings konnte der MRSA-Träger im Rahmen des Operationsteams nicht identifiziert werden. Fest stand nur, dass ein Mitglied des Operationsteams infiziert war. Da die Keimübertragung auch bei Beachtung der gebotenen hygienischen Vorsorge nicht vermeidbar war, lehnte der BGH hier eine Haftung ab. Der BGH stellte fest, dass die Infizierung einer OP-Wunde durch ein Mitglied des Operationsteams nicht per se von haftungsrechtlicher Bedeutung sei. So sei die absolute Keimfreiheit der Ärzte und weiteren Mitglieder des OP-Teams nicht erreichbar. Nur wenn die gebotenen hygienischen Standards nicht beachtet werden, könne eine Infizierung des Patienten durch Keime des OP-Teams eine haftungsrechtliche Inanspruchnahme nach sich ziehen, denn die Ausbreitungswege der Keime in Klinik und Arztpraxis seien nicht voll kontrollierbar. Keimübertragungen, die sich aus nicht beherrschbaren Gründen und trotz Einhaltung der gebotenen hygienischen Vorkehrungen ereignen, gehörten zum entschädigungslos bleibenden Krankheitsrisiko des Patienten[1413], so die frühere Rspr. Mittlerweile ist der BGH von diesem Standpunkt abgerückt und betont unter Darstellung seiner bisherigen Rspr, dass auch bzgl behaupteter Hygienemängel an die Substantiierungspflichten des Patienten im Arzthaftungsprozess nur maßvolle Anforderungen zu stellen seien. Von den Patienten könne keine genaue Kenntnis der medizinischen Vorgänge erwartet und gefordert werden. Der Grund hierfür läge darin, dass diesen die genaue Einsicht in das Behandlungsgeschehen und das nötige Fachwissen zur Erfassung und Darstellung des Konfliktstoffs fehle. Zudem seien die Patienten nicht verpflichtet, sich zur ordnungsgemäßen Prozessführung medizinisches Fachwissen anzueignen oder verpflichtet, mögliche Entstehungsursachen einer Infektion zu ermitteln und vorzutragen[1414]. Diese Argumentationslinie zu Hygienemängeln hat der BGH aktuell fortgesetzt[1415]. Bereits in dem Fall eines Spritzenabszesses sah das Gericht den Arzt als beweispflichtig an, darzulegen, dass der Schaden auch bei Beachtung aller Hygieneregeln eingetreten wäre[1416]. In dem konkreten Fall kam es bei nachgewiesenen Hygienemängeln innerhalb kurzer Zeit zu einer außergewöhnlichen Häufung von Infektionen. Die behandelnden Ärzte hatten es zudem versäumt, nach dem ersten Fall unverzüglich gezielte Ursachenforschung zu betreiben und für Abhilfe zu sorgen sowie durch eine systematische Organisation die Gefahrenquelle aus dem vollbeherrschbaren Risikobereich unter Kontrolle zu bekommen. Zudem ist aufgrund des allgemein geschwächten Zustandes und damit eingehergehender verminderter Immunabwehr das Risiko bspw einer Infektion im Krankenhaus gesteigert, sodass daraus besondere Organisationspflichten im Zusammenhang mit der Krankenhaushygiene resultieren[1417], die ebenfalls nicht nachgewiesen werden konnten.

1407 Zum Spritzenabszess aufgrund einer Staphylokokkeninfektion BGH, Urt v 20.3.2007 – IV ZR 158/06, BGHZ 171, 358.
1408 BGH, Urt v 24.11.2020 – VI ZR 415/19, NJW-RR 2021, 93 = MDR 2021, 168; vgl BGH, Beschl v 18.2.2020 – VI ZR 280/19, NJW-RR 2020, 720; Fortführung von BGH, Beschl v 25.6.2019 – VI ZR 12/17, NJW-RR 2019, 1360; Abgrenzung zu BGH Urt v 28.8.2018 – VI ZR 509/17, NJW-RR 2019, 17; aA LG Flensburg, Urt v 8.9.2020 – 3 O 375/14, MedR 2021, 652, 653 m Anm Achterfeld, MedR 2021, 655.
1409 BGH, Urt v 24.11.2020 – VI ZR 415/19, NJW-RR 2021, 93 = MDR 2021, 168.
1410 Zu Beweiserleichterungen bei voll beherrschbarem Risikobereich eines Krankenhauses BGH, Urt v 8.1.1991 – VI ZR 102/90, NJW 1991, 1540, 1541.
1411 BGH, Urt v 20.3.2007 – VI ZR 158/06, BGHZ 171, 358, 360 = VersR 2007, 847, 848, m Anm Jungbecker, VersR 2007, 848, 849; OLG Koblenz, Urt v 22.6.2006 – 5 U 1711/05, MedR 2006, 657, 658, 660.
1412 Zum Spritzenabszess aufgrund einer Staphylokokkeninfektion BGH, Urt v 8.1.2008 – VI ZR 118/06, NJW 2008, 1304.
1413 Zu Beweiserleichterungen bei voll beherrschbarem Risikobereich eines Krankenhauses BGH, Urt v 8.1.1991 – VI ZR 102/90, NJW 1991, 1540, 1541.
1414 BGH, Beschl v 1.3.2016 – VI ZR 49/15, NJW 2016, 1328, 1328 = MedR 2016, 796.
1415 BGH, Urt v 19.2.2019 – VI ZR 505/17, BGHZ 221, 139, 140 f.
1416 Zu Hygienefehler bei einer intraartikulären Injektion und zur Beweislastumkehr bei groben Behandlungsfehlern BGH, Urt v 8.1.2008 – VI ZR 118/06, NJW 2008, 1304.
1417 Olah, Die ärztliche Arbeitsteilung und Aufgabendelegation im Rahmen der medizinischen Staatshaftung – Unter besonderer Berücksichtigung der Organisationspflichten im Behandlungsumfeld, S 125.

Die Behandlungsseite trifft die sekundäre und damit oft weitergehende Darlegungslast für den 322 Fall, dass der Patient seiner primären Darlegungspflicht umfänglich nachkam und ein ärztliches Fehlverhalten vermutet werden kann[1418]. Die nähere Aufklärung des Sachverhalts muss dabei für die Behandlungsseite aber möglich und zumutbar sein[1419]. Im Arzthaftungsprozess wird die erweiterte sekundäre Darlegungslast der Behandlungsseite ausgelöst, wenn die primäre Darlegung des Konfliktstoffs durch den Patienten den insoweit geltenden maßvollen Anforderungen genügt und die Vermutung eines fehlerhaften Verhaltens der Behandlungsseite aufgrund der Folgen für ihn gestattet, während es dieser möglich und zumutbar ist, den Sachverhalt näher aufzuklären[1420]. Letzteres wird bei der Behauptung eines Hygieneverstoßes regelmäßig der Fall sein[1421]. Für das Auslösen der sekundären Darlegungslast ist nicht Voraussetzung, dass der Patient konkrete Anhaltspunkte für einen Hygieneverstoß vorträgt[1422]. Stellt sich bspw iRd Beweisaufnahme heraus, dass der von der Behandlungsseite benannte Arzt die streitgegenständliche Infusion, bei der es nach der Behauptung des klagenden Patienten zu Hygieneverstößen gekommen sein soll, gar nicht gelegt hat, muss das Gericht den Sachverhalt durch Hinweis auf die Notwendigkeit weiteren Vortrags aufklären[1423]. Grund hierfür ist, dass die Existenz möglicher Infektionsquellen sich mangels möglichem Einblick in die Behandlungsunterlagen der Kenntnis des Patienten entzieht, während die Behandlerseite ohne Weiteres über die entsprechenden Informationen verfügt. Dies liegt daran, dass aus dem IfSG selbst kein Anspruch des Patienten auf Einsichtnahme ersichtlich ist. Ein solcher ist auch nicht aus §§ 810, 611, 242 oder aus einer analogen Anwendung des IfSG § 23 zu entnehmen, weil es sich bei den Niederschriften nach IfSG gerade nicht um Krankenunterlagen handle und auch nicht um solche, die im Interesse des Patienten errichtet worden seien[1424]. Bislang wird, soweit ersichtlich, nur äußerst vereinzelt in der Lehre vertreten, dass dem Patienten ein umfassendes Einsichtsrecht auch in die außerhalb der Patientenakte geführte Dokumentation der Hygienemaßnahmen nach dem Infektionsschutzgesetz zuerkannt werden müsse[1425]. So verfügt die Beklagte als Betreiberin nicht nur über die einschlägigen Behandlungsunterlagen, sondern in aller Regel auch über die notwendigen Informationen zu den Sicherstellungsmaßnahmen der Hygiene und Infektionsprävention[1426], die dem Patienten anderenfalls verschlossen bliebe.

ee) **Mangelnde Befähigung.** Der BGH hat wegweisend die Rechtsproblematik der Anfänger- 323 operation analysiert und entschieden[1427]. Danach liegt in der Übertragung einer selbstständig durchzuführenden Operation auf einen dafür noch nicht ausreichend qualifizierten Assistenzarzt ein Behandlungsfehler, der dem ausbildenden Ober- oder Chefarzt zur Last fällt[1428]. Die Ausbilder sollen den Anfänger schrittweise und unter Aufsicht an die Operationen der verschiedenen Schwierigkeitsstufen heranführen. Der Einsatz von nicht hinreichend qualifizierten Assistenzärzten muss so organisiert werden, dass der Standard eines erfahrenen Facharztes gewährleistet ist[1429]. Anfänger dürfen ohne Aufsicht nicht behandeln und insbesondere nicht operieren[1430]. Den chirurgischen Chefarzt trifft die diesbezügliche Überprüfungspflicht[1431]. Der aufsichtführende Arzt muss dabei über die formale Facharztqualifikation verfügen, denn diese garantiert dem Patienten, die von ihm zu beanspruchende Qualität verbunden mit der erforderlichen Autorität gegenüber dem Berufsanfänger[1432]. Die mit der Ausbildung junger Ärzte verbundenen höheren Verletzungsgefahren sind dabei von dem für den Einsatz Verantwortlichen voll

---

1418 BGH, Beschl v 18.2.2020 – VI ZR 280/19, NJW-RR 2020, 720; aA LG Flensburg, Urt v 8.9.2020 – 3 O 375/14, MedR 2021, 652, 653 m Anm Achterfeld, MedR 2021, 655.
1419 BGH, Urt v 19.2.2019 – VI ZR 505/17, BGHZ 221, 139, 140 f.
1420 BGH, Beschl v 18.2.2020 – VI ZR 280/19, NJW-RR 2020, 720.
1421 BGH, Beschl v 18.2.2020 – VI ZR 280/19, NJW-RR 2020, 720.
1422 BGH, Beschl v 18.2.2020 – VI ZR 280/19, NJW-RR 2020, 720.
1423 BGH Urt v 24.11.2020 – VI ZR 415/19, NJW-RR 2021, 93.
1424 OLG Hamm Urt v 5.4.2011 – I-26 U 192/10, GesR 2011, 671; Martis/Winkhart, Arzthaftungsrecht⁶, E Rz 17.
1425 Jaeger, Patientenrechtegesetz, Rz 253 ff.
1426 BGH Urt v 24.11.2020 – VI ZR 415/19, NJW-RR 2021, 93.
1427 BGH, Urt v 27.9.1983 – VI ZR 230/81, BGHZ 88, 248 = JZ 1984, 327 mit zust Anm Giesen JZ 1984, 327, 331 f; dazu Deutsch NJW 1984, 650 f; Franzki MedR 1984, 186; Müller-Graff JuS 1985, 352 ff; Kern DMW 1990, 1368 = Schleswig-Holsteinisches Ärzteblatt 1991, 31; ausführlich: Mehringer, Die Anfängeroperation, Besondere Organisationspflichten S 102 ff, Haftung nach fehlgeschlagener Anfängeroperation S 121 ff.
1428 Martis/Winkhart, Arzthaftungsrecht⁶, A Rz 371.
1429 OLG Düsseldorf, Urt v 28.6.1984 – 8 U 112/83, VersR 1985, 169; OLG Stuttgart, Urt v 23.3.1989 – 14 U 41/87, MedR 1989, 251.
1430 BGH, Urt v 7.5.1985 – VI ZR 224/8, NJW 1985, 2193; vgl ferner BGH, Urt v 27.9.1983 – VI ZR 230/ 81, BGHZ 88, 248; zu den Anforderungen an die Überwachung eines Assistenzarztes BGH, Urt v 15.6.1993 – VI ZR 175/92, NJW 1993, 2989; für den Arzt in Weiterbildung BGH, Urt v 12.7.1994 – VI ZR 299/93, NJW 1994, 3008; BGH, Urt v 3.2.1998 – VI ZR 356-96, NJW 1998, 2736.
1431 BGH, Urt v 10.2.1987 – VI ZR 68/86, NJW 1987, 1479 m Anm Deutsch = JZ 1987, 877 m Anm Giesen.
1432 Zur Darlegungs- und Beweislast bei chirurgischem Eingriff durch einen Berufsanfänger BGH, Urt v 10.3.1992 – VI ZR 64/91, NJW 1992, 1560, 1561; Pauge/Offenloch, Arzthaftungsrecht¹⁴, Rz 301; vgl Opderbecke/Weissauer MedR 1993, 2, 3; Ulsenheimer Der Gynäkologe 1993, 349, 349.

beherrschbar, wenn sie durch besondere Maßnahmen ausgeglichen werden[1433]. Die Wahrung fachärztlicher Standards setzt nicht zwingend voraus, dass der Eingriff selbst von einem Arzt durchgeführt wird, der die Facharztausbildung vollständig und erfolgreich absolviert hat, da auch der Assistenzarzt mit fortschreitender praktischer Erfahrung selbstständig Behandlungsmaßnahmen vornehmen muss. Allerdings darf dem Patienten hierdurch kein zusätzliches Risiko entstehen. Die fachärztliche Aufsicht ist je nach Ausbildungsstand des Assistenten modifizierbar[1434]. Eine ständige persönliche Anwesenheit des Facharztes während der Operation sei nicht erforderlich[1435], dies gilt umso mehr, wenn der operierende Assistenzarzt zum Zeitpunkt des Eingriffs sich bereits im letzten Teil seiner Facharztweiterbildung befindet und die für einen Facharzt geforderten 270 Operationen bereits absolviert hat[1436]. Der erfahrene Ausbilder muss somit solchen Untersuchungen nicht unbedingt unmittelbar neben dem in Weiterbildung befindlichen Arzt stehen. Die Überwachung ist ausreichend gewährleistet, wenn sie entweder vom angrenzenden Monitorraum aus erfolgt (Herzkatheter)[1437] oder wenn der Ober- und Facharzt schlüssig darlegen kann, dass er während des Eingriffs ständig anwesend war und er und die operierende Ärztin jeweils abwechselnd durch das Okular des HNO-Endoskops hindurchgesehen haben. Zudem muss bei Komplikationen die sofortige Übernahme der Operation möglich oder erfolgt sein[1438]. Anderenfalls kann der Assistenzarzt aus haftungsrechtlicher Sicht und zur Vermeidung von strafbaren Konsequenzen verpflichtet sein, die Durchführung einer vom Chef- bzw Oberarzt angeordneten Maßnahme am Patienten abzulehnen[1439]. Die Überwachungsintensität hängt von Qualifikation und Zuverlässigkeit des Assistenten ab[1440]. Zudem kann der Chefarzt die Aufsicht in Grenzen an Oberärzte delegieren. Die rechtliche Verantwortung allerdings verbleibt bei ihm[1441]. Der Berufsanfänger selbst kann jedenfalls haftungsrechtlich zur Verantwortung gezogen werden, denn er hat seine eigene Kompetenz selbstkritisch zu prüfen und dies auch so seinem Vorgesetzten gegenüber darzustellen[1442]. Erkennt der Anfänger, dass er zu einem angewiesenen Eingriff nicht befähigt ist, trifft ihn gegenüber dem Patienten eine Remonstrationspflicht. Dabei rechtfertigt eine trotz dieser Information gegebene Einwilligung des Patienten den Eingriff des Anfängers nicht. Ganz im Gegenteil sieht § 630h Abs 4 für diese Fälle die Beweislastumkehr zugunsten des Patienten vor. Den Arzt mit der mangelnden Befähigung träfe somit die Haftung aus seiner Behandlungsübernahme und für den darin liegenden Sorgfaltsverstoß.

324 Allerdings wird seitens der Rechtsprechung auch vertreten, dass es bei der Beurteilung, ob ein den Anfänger beaufsichtigender Arzt hinreichend erfahren ist, nicht auf die formale Facharztanerkennung ankomme, sondern auf das Ausmaß der tatsächlich erworbenen theoretischen Kenntnisse und praktischen Erfahrungen[1443]. Zunächst ist der auszubildende Arzt schrittweise an Operationen höherer Schwierigkeitsstufen heranzuführen. Operationen höherer Schwierigkeitsstufen dürfen ihm auch unter Kontrolle erst übertragen werden, wenn er einfachere und harmlosere Operationen erfolgreich durchgeführt hat[1444]. Der Oberarzt, der einem Anfänger bei dessen erster Lymphknotenexstirpation assistiert, hat sich vor dem Eingriff davon zu überzeugen, dass der auszubildende Arzt über die notwendigen Kenntnisse der Operationstechnik, der Risiken des Eingriffs und der zur Vermeidung von Komplikationen zu beachtenden Regeln verfügt[1445]. Der Chefarzt der chirurgischen Abteilung hingegen ist verpflichtet, entweder selbst oder durch einen damit beauftragten ausgebildeten Facharzt Diagnose und eingeleitete Therapie des

---

1433 Vgl zu den Anforderungen an die Überwachung eines Assistenzarztes BGH, Urt v 15.6.1993 – VI ZR 175/92, NJW 1993, 2989; zur Organisationspflicht des Belegkrankenhauses BGH, Urt v 16.4.1996 – VI ZR 190/95, NJW 1996, 2429, 2430.
1434 OLG Oldenburg, Urt v 8.6.1993 – 5 U 14/93, MDR 1993, 955, 956.
1435 OLG Oldenburg, Urt v 8.6.1993 – 5 U 14/93, MDR 1993, 955, 956.
1436 Hellweg Chefärztebrief, 02/2015, 1, 1f.
1437 Zur Herzkatheteruntersuchung durch Berufsanfänger OLG Köln, Urt v 9.1.2019 – 5 U 25/18, openJur 2019, 17525 Rz 38, 39, 46, 54.
1438 Zur HNO–OP durch Berufsanfängerin OLG München, Urt v 31.1.2002 – 1 U 3145/01, -juris.
1439 Zur Medikamentenverwechslung durch Medizinstudent mit Todesfolge LG Bielefeld, Urt v 14.8.2013 – 11 Ns 15 Js 279/11, openJur 2013, 36877 Rz 44.
1440 Vgl Hellweg Chefärztebrief (CB), 02/2015, 1, 1 f.
1441 Vgl BGH, Urt v 10.3.1992 – VI ZR 64/91, NJW 1992, 1560, 1561; Hellweg Chefärztebrief 02/2015, 1, 1f.
1442 BGH, Urt v 27.9.1983 – VI ZR 230/81, BGHZ 88, 248 = NJW 1984, 655; Zu den Pflichten einer ärztlichen Berufsanfängerin BGH, Urt v 26.4.1988 – VI ZR 246/86, NJW 1988, 2298, 2300; Holzner, in: Datenschutz, Dokumentations- und Organisationspflichten in der ärztlichen Praxis, S 321 Rz 76.
1443 OLG Düsseldorf, Urt v 9.3.1995 – 8 U 100/93, NJW 1995, 1620; weiterführend hierzu bzgl der zulässigen Führung von in den Weiterbildungsordnungen geregelten Bezeichnungen nur bei entsprechender ärztlicher Qualifikation, BVerfG, Beschl v 26.8.2003 – 1 BvR 1003/02, NJW 2003, 165; BVerfG, Beschl v 8.1.2001 – 1 BvR 1147/01, NJW 2002, 1331.
1444 OLG Koblenz, Urt v 13.6.1990 – 5 U 860/88, MedR 1991, 35, 36 = NJW 1991, 2967.
1445 OLG Düsseldorf, Urt v 16.9.1993 – 8 U 16/92, VersR 1994, 352, 353.

in der Facharztausbildung stehenden Arztes, der den Patienten bei der Aufnahme ärztlich versorgt hat, zeitnah zu überprüfen[1446].

Kann die ständige Eingriffsbereitschaft und -fähigkeit des aufsichtführenden Arztes nicht sichergestellt und dieser Mangel auch nicht auf andere Weise ausgeglichen werden, so darf die Operation einem Anfänger nicht übertragen werden[1447]. Der Krankenhausträger, der eine Überwachung von Behandlungsmaßnahmen eines Arztes ohne abgeschlossene Facharztausbildung nicht gewährleistet, begeht einen Organisationsfehler[1448]. Dessen alleinige Behandlung gilt als Organisationsmangel[1449]. Eine Anfängerin im zweiten Weiterbildungsjahr darf im Nachtdienst einer geburtshilflichen Abteilung eingesetzt werden, wenn keine Problemgeburt zu erwarten ist. Kommt es dennoch zu einer Problemgeburt, so liegt – zumindest in dem hier entschiedenen Einzelfall – kein organisatorischer Fehler vor[1450]. Wirkt sich der Anfängerstatus nicht auf die Behandlung aus, kann er auch haftungsrechtlich nicht relevant werden[1451]. Tritt bei der Geburt eine Schulterdystokie auf, hat die unerfahrene Assistenzärztin, die noch nie eine Geburt eigenverantwortlich leitete, der Hebamme bis zum Eintreffen des Facharztes den Vortritt bei den weiteren Geburtsmaßnahmen zu lassen. Eine unerfahrene Assistenzärztin haftet nur, wenn ihre Fehler der Hebamme erkennbar werden oder sie bei Unterstützungsmaßnahmen selbst Fehler begeht[1452]. Auch der in Weiterbildung zum Gynäkologen stehende Arzt ist, sollte er eigenverantwortlich eine Geburtsleitung übernehmen, dafür verantwortlich, dass für diese Geburt der erforderliche Behandlungsstandard gewährleistet ist. Er kann aber grundsätzlich darauf vertrauen, dass die für seinen Einsatz Verantwortlichen auch für den Fall von Komplikationen, für deren Beherrschung seine Fähigkeiten nicht ausreichen, organisatorisch vorgesorgt haben. Das gilt nur dann nicht, wenn – für ihn erkennbar – Umstände vorhanden sind, die ein solches Vertrauen nicht rechtfertigen[1453].

Für die Anfängernarkose stellte der BGH klar, dass „auf dem Gebiet der Anästhesie, bei dem am jeweiligen Operationstisch in aller Regel nur der Einsatz eines einzelnen Arztes erforderlich ist, ... die Verhältnisse .... grundlegend anders" sind[1454]. Somit gilt für die Anästhesie, dass je nach Ausbildungsstand und Schwierigkeitsgrad der Arzt in Weiterbildung zum Facharzt selbstverantwortlich und ohne unmittelbare Aufsicht eines Facharztes die Narkose führen kann, soweit er über eine ausreichende Erfahrung und Zuverlässigkeit verfügt. Allerdings präzisiert der BGH die Anforderungen an die unmittelbare Aufsicht bei einer Narkoseführung, bei der der Assistenzarzt nach seinem Ausbildungsstand nicht allen Phasen gewachsen ist. Soweit die Narkoseführung dem Ausbildungsstand und der Routine des Assistenzarztes entspricht, genügt für die sog „Parallelnarkose" der Blick- oder Rufkontakt zum im benachbarten Operationssaal tätigen Facharzt[1455], während bei risikoreicheren Phasen der Narkoseführung, die dem Anfänger aufgrund seines Ausbildungsstandes noch nicht eigenverantwortlich übertragen werden können – zB Einleitung einer Intubationsnarkose oder Umlagerung –, die Anwesenheit des Facharztes im Operationssaal erforderlich ist. Ein verantwortlicher Anästhesist, der Anfänger an seiner Narkose beteiligt, muss sich vor dem Eingriff Klarheit darüber verschaffen, wie viel er diesen zumuten kann. Ein Anfänger mit bspw einer Mitwirkung an 55 Narkosen darf nicht im Operationssaal allein gelassen werden. Ebenso darf eine Intubationsnarkose grundsätzlich nur von einem als Facharzt ausgebildeten Anästhesisten oder – bei entsprechendem Ausbildungsstand – von einem Assistenzarzt unter unmittelbarer Aufsicht vorgenommen werden[1456]. Insbesondere auf dem Gebiet der Anästhesie mit ihren potentiell besonders gravierenden Folgen ist dies mit der gebotenen Intensität einzuhalten. Ebenso haftet auch ein Assistenzarzt, wenn er hätte erkennen müssen, dass er die Narkose nicht selbstverantwortlich durchführen konnte. Die dargelegten Grundsätze gelten für alle anderen Fachbereiche und innerhalb dieser Fachbereiche für alle sonstigen Tätigkeiten des Anfängers, etwa für die Diagnostik und auch für nichtoperative Maßnahmen. Eine

---

1446 Zur fehlerhaften ärztlichen Behandlung als Ursache einer Unterschenkelamputation BGH, Urt v 10.2.1987 – VI ZR 68/86, NJW 1987, 1479 m Anm Deutsch = JZ 1987, 877 m Anm Giesen.
1447 OLG Oldenburg, Urt v 29.7.1997 – 5 U 46/97, VersR 1998, 1380, 1381.
1448 OLG Stuttgart, Urt v 23.3.1989 – 14 U 41/87, MedR 1989, 251, 252, 253.
1449 OLG Stuttgart, Urt v 23.3.1989 – 14 U 41/87, MedR 1989, 251, 252, 253.
1450 BGH, Urt v 3.2.1998 – VI ZR 356/96, VersR 1998, 634, 635.
1451 BGH, Urt v 26.2.1991 – VI ZR 344/89, MedR 1991, 198, 199.
1452 OLG Stuttgart, Urt v 8.7.2003 – 1 U 104/02, NJOZ 2002, 2772, 2773 = MedR 2004, 558.
1453 BGH, Urt v 12.7.1994 – VI ZR 299/93, MDR 1994, 1088, 1089 = NJW 1994, 3008, 3009.
1454 Vgl zur Narkoseführung unter Fachaufsicht BGH, Urt v 15.6.1993 – VI ZR 175/92, NJW 1993, 2989 = VersR 1993, 1231.
1455 Martis/Winkhart, Arzthaftungsrecht[6], B Rz 137; BGH, Urt v 15.6.1993 – VI ZR 175/92, NJW 1993, 2989, 2990 = VersR 1993, 1231.
1456 Zur Verurteilung des Assistenzarztes und Trägers, da Assistenzarzt sieben Wochen nach der Ausbildung auf dem Gebiet der Anästhesie selbständig eine Narkose unter alleiniger Assistenz einer Narkoseschwester vornahm, Folge: schwerer Hirndefekte und Lähmung des Pat vgl OLG Zweibrücken, Urt v 7.10.1987 – 2 U 16/86, VersR 1988, 165, 166 = MedR 1989, 96, 97.

dauernde Überwachung – wie sie bei der Operation zum Teil erforderlich ist – ist hier jedoch nicht notwendig[1457]. Dabei ist auch für diese Bereiche und Tätigkeiten die Rechtsprechung des BGH zu berücksichtigen: „Folgerichtig müßten die gleichen (eingeschränkten) Anforderungen an die Überwachung in Weiterbildung befindlicher Ärzte nicht nur für Narkosen, sondern auch für solche operativen Eingriffe gelten, die in aller Regel ohne ärztliche Assistenz durchgeführt werden. Solche Eingriffe gibt es nicht nur in der Chirurgie [...], sondern häufiger noch zB in der Augen- und HNO-Heilkunde"[1458], aber auch in der Gynäkologie[1459].

327 Ein Organisations- und Koordinationsfehler wird auch bejaht, wenn einer nicht qualifizierten Pflegekraft – bspw einer Medizinstudentin im 10. Semester und damit noch vor deren praktischem Jahr im Ausbildungsstand befindlich – nach einer durchgeführten Operation die alleinige Überwachung einer Patientin übertragen wird und die Studentin mangels Erfahrung fehlerhafte Entscheidungen zum Nachteil der Patientin trifft[1460]. Die Übertragung einer Behandlungsmaßnahme auf einen nicht hinreichend qualifizierten Krankenhauspfleger ist ebenfalls als Organisationsverschulden des Trägers zu bewerten[1461].

328 ff) **Verbleib von OP-Material im Körper des Patienten.** Soweit der Arzt Material oder Hilfsmittel einsetzt, die sich nach einer Operation im Körper des Patienten befinden, hat sich die Rspr seit jeher auf den Standpunkt gestellt, dass diese Behandlungsfehler zum vollbeherrschbaren Risiko gehören. Tatsächlich lassen sich hier am ehesten typische Geschehensabläufe feststellen, die auf einen zudem schuldhaften Behandlungsfehler hindeuten[1462]. Tupfer, OP-Nadeln, Kirschnerdraht oder Klemmen in der Operationswunde, die post OP vorgefunden werden können, zählen als ärztliche Fehlleistung immer zur Obergruppe der voll beherrschbaren Risiken[1463]. Denn allgemein ist davon auszugehen, dass das unbemerkte Zurücklassen eines Fremdkörpers im Operationsgebiet einhellig dem voll beherrschbaren Bereich zugeordnet wird. Nur im Ausnahmefall gilt etwas anderes, so ist es bspw im Einzelfall nicht fehlerhaft, bei der Operation einer Fraktur ein abgebrochenes Metallteil einer Bohrerspitze im Knochen zu belassen[1464]. Der Patient ist hierüber jedoch aufzuklären[1465]. Zur Gewinnung entsprechender Erkenntnisse hat der Arzt postoperative Röntgenaufnahmen sorgsam auszuwerten[1466]. Dies zeigt, dass der Krankenhausträger und/oder die Ärzte die Darlegungs- und Beweislast für die Gewähr einwandfreier Voraussetzungen hinsichtlich der sachgemäßen und gefahrlosen Behandlung tragen. Allerdings indiziert die Verwirklichung eines Risikos aus dem voll beherrschbaren Bereich nicht von vorneherein einen groben Behandlungsfehler. Maßgeblich hierfür sind vielmehr die Gesamtumstände des Einzelfalles.

329 gg) **Mangelnde Berücksichtigung von grundsätzlichen Schutz- und Organisationspflichten.** Je größer die Zahl der an Diagnose und Therapie beteiligten Ärzte, Techniker und Hilfskräfte, je komplizierter das arbeitsteilige medizinische Geschehen in einem großen Betrieb ist, desto mehr Umsicht und Einsatz erfordern Planung, Koordination und Kontrolle der klinischen Abläufe. Die primäre Sorgfaltspflicht des Trägers eines Krankenhauses besteht darin, für eine zweckmäßige Organisation des Klinikums zu sorgen. Da die Qualitätssicherung nur durch ein hohes Maß an organisatorischem Aufwand zu erreichen ist, stellen die Gerichte zu Recht hohe Anforderungen an die Sorgfalt im organisatorischen Bereich[1467]. Sowohl Klinik als auch größere Arztpraxis verlangen eine die Arbeitsgänge begleitende, angemessene Organisation[1468]. Das schließt die Auswahl einer geeigneten Rechtsform unter Berücksichtigung des Wirtschaftlichkeitsgebotes ein. Verstöße hiergegen stellen ein körperschaftliches Organisationsverschulden dar. Zur Erfüllung der Organisationspflichten des Krankenhausträgers gehören Aufgaben, die der einzelne Arzt gar nicht oder nur schwer erfüllen könnte, wie bspw das Vorhalten einer

---

1457 OLG Zweibrücken, Urt v 7.10.1987 – 2 U 16/86, VersR 1988, 165, 166 = MedR 1989, 96, 97.
1458 Weissauer/Opderbecke MedR 1993, 447, 450.
1459 BGH, Urt v 12.7.1994 – VI ZR 299/93, MedR 1994, 490 = NJW 1994, 3008; BGH, Urt v 3.2.1998 – VI ZR 356/96, NJW 1998, 2736, 2727, 2738 = VersR 1998, 634, 635, 636.
1460 LG Mainz, Urt v 15.4.2014 – 2 O 266/11, -juris.
1461 Büsken/Klüglich VersR 1994, 1141, 1146.
1462 Lepa, Der Anscheinsbeweis im Arzthaftungsrecht, in: Ahrens/Bar/Fischer/Spickhoff/Taupitz (Hrsg), Festschr für Erwin Deutsch zum 70. Geburtstag, 635, 638.
1463 Tupfer vergessen BGH, Urt v 27.1.1981 – VI ZR 138/78, VersR 1981, 462; Venenkatheterstück vergessen OLG Celle, Urt v 6.2.1989 – 1 U 36/88, VersR 1990, 50 -NA-BGH; Tupfer in der OP-Öffnung OLG Köln, Urt v 18.12.1986 – 7 U 160/86, VersR 1988, 140; OLG München, Urt v 4.3.1993 – 1 U 4404/92, VersR 1994, 54; Martis/Winkhart, Arzthaftungsrecht[6], Rz V 339, V 340, V 341; Geiß/Greiner, Arzthaftpflicht[8], B Rz 243 mwN; Terbille, in: Terbille/Clausen-Schroeder-Prinzen (Hrsg), Medizinrecht[2], § 1 Rz 674; Frahm/Walter, Arzthaftungsrecht[7], Rz 341.
1464 Zur abgebrochenen Bohrerspitze, die im Knochen verbleibt OLG München, Urt v 10.1.2002 – 1 U 2373/01, VersR 2002, 985.
1465 OLG München, Urt v 10.1.2002 – 1 U 2373/01, VersR 2002, 985.
1466 OLG München, Urt v 10.1.2002 – 1 U 2373/01, VersR 2002, 985.
1467 Vgl hierzu Kern/Rehborn, in: Laufs/Kern/Rehborn, HdB ArztR[5], § 100 Rz 1 f.
1468 Vgl Rehborn, Arzt. Patient. Krankenhaus, S 192 f.

ausreichenden Zahl von Ärzten und nichtärztlichen Mitarbeitern, die Gewährleistung des Einsatzes von Ärzten und nichtärztlichem Hilfspersonal nach ihrem Ausbildungsstand und ihren Kenntnissen sowie die Kontrolle der (Chef-)Ärzte. Bspw hatte der BGH darüber zu befinden, ob ein Organisationsverschulden des Krankenhauses gegeben ist, wenn ein Arzt zu einer Operation eingeteilt wurde, obwohl er in der Nacht zuvor einen anstrengenden Nachtdienst zu absolvieren hatte[1469]. Der Träger hat zum Schutze der Patienten Sorge zu tragen, dass keine durch vorangegangenen Nachtdienst übermüdeten Ärzte zum Operationsdienst eingeteilt werden. Durch den Träger ist zu gewährleisten, dass eine Klinik hinreichend mit ärztlichem[1470] und nichtärztlichem Personal ausgestattet ist, anderenfalls haftet er[1471]. Die behandelnden Ärzte haften als Beamte wegen des Verweisungsprivilegs nach § 839 Abs 1 Satz 2 dann nicht; eine personelle Unterversorgung führt zu einer Haftung wegen Organisationsverschuldens[1472]. Durch die Erstellung geeigneter Dienstpläne und die Einrichtung einer Rufbereitschaft hat der leitende Arzt sicherzustellen, dass ein Facharzt im Notfall innerhalb anerkannter Mindesteinsatzzeiten zur Verfügung steht[1473]. Generell darf im organisatorischen Bereich eine personelle Unterbesetzung oder Engpass eines Krankenhauses oder einzelner Abteilungen nicht zu einer Minderung des erforderlichen Behandlungsstandards führen[1474]. Ist das Defizit einer etwaigen Unterversorgung nicht durch klare Dienstanweisungen oder andere organisatorische Maßnahmen, die auf eine Überweisung oder Nichtannahme der Patienten[1475] abzielen, ausgleichbar, müssen Teile des Krankenhauses vorübergehend geschlossen werden[1476].

330 Stellt der Betreiber eines Geburtshauses ärztliche Leistungen in Aussicht, so trifft ihn die Organisationspflicht, die ärztliche Betreuung auch vorzuhalten[1477]. Stellt er fest, dass es im Einzelfall an der Betreuung durch Ärzte fehlt, muss er unverzüglich reagieren, „die Fortsetzung der Geburt beenden und für eine Verlegung der Mutter Sorge tragen"[1478]. Stellt der Betreiber eines Geburtshauses in seinem Prospekt die Betreuung durch ein Team von erfahrenen Hebammen, welches durch ortsansässige und schnell verfügbare Gynäkologen, Anästhesisten und Kinderärzte ergänzt wird, in Aussicht, so wird dieser Umstand Inhalt des Behandlungsvertrages, sodass das Geburtshaus für Fehler der zugezogenen Geburtshelfer haftet. Auch das Geburtshaus hat eine umfassende Organisations- und Leistungspflicht[1479].

331 In geburtshilflich tätigen Krankenhäusern müssen binnen zehn Minuten Fachärzte für Gynäkologie und Geburtshilfe sowie für Anästhesie zur Verfügung stehen können. Dasselbe gilt für den Anästhesisten in Bezug auf Einrichtungen, die Patienten behandeln, welche anästhesiologischer Überwachung bedürfen[1480]. Spätestens 15 Minuten nach Aufnahme einer Patientin in der 39. Schwangerschaftswoche mit Unterbauchschmerzen und Blutungen muss eine frauenärztliche Untersuchung in einem Krankenhaus erfolgen, das sich an der Notversorgung beteiligt und dies unabhängig von der Tages- oder Nachtzeit[1481]. In Krankenhäusern, die an der Notfallversorgung beteiligt sind, muss eine Not-Sectio innerhalb von 20–25 Minuten erfolgen können[1482]. Wird eine Wunschsectio ohne medizinische Indikation durchgeführt, muss nach Ansicht des BGH das Klinikum gewährleisten[1483], dass eine maximal sorgfältige Planung sowohl unter organisatorischen als auch unter personellen Gesichtspunkten zu erfolgen habe und immer der obere Rand der ärztlichen Qualität eingehalten wird. Da bei einer sekundären Sectio ein beachtenswert höheres Risiko bestehe, die Uterusgefäße zu verletzen, bestehe ein höheres Risiko für Kind und Mut-

---

1469 Zurückverweisung zur Klärung dieser Frage und zu den Organisationspflichten des Krankenhausträgers u zum Einsatz durch Nachtdienst übermüdeter Ärzte BGH Urt v 29.10.1985 – VI ZR 85/84, NJW 1986, 776; vgl hierzu § 630a Rz 289.
1470 Vgl zur Trägerhaftung aufgrund der mangelhaften Organisation der Anästhesieabteilung (Unterbesetzung) BGH, Urt v 18.6.1985 – VI ZR 234/83, BGHZ 95, 63, 73 f.
1471 BGH, Urt v 18.6.1985 – VI ZR 234/83, BGHZ 95, 63, 73 f.
1472 BGH, Urt v 18.6.1985 – VI ZR 234/83, BGHZ 95, 63, 73 f.
1473 Vgl zu den strafrechtlichen Aspekten einer mangelhaften Organisation Neelmeier SchlHA 11/2015, 420, 422.
1474 Olah, Die ärztliche Arbeitsteilung und Aufgabendelegation im Rahmen der medizinischen Staatshaftung – Unter besonderer Berücksichtigung der Organisationspflichten im Behandlungsumfeld, S 114, 115.
1475 Olah, Die ärztliche Arbeitsteilung und Aufgabendelegation im Rahmen der medizinischen Staatshaftung – Unter besonderer Berücksichtigung der Organisationspflichten im Behandlungsumfeld, S 115; Kern/Rehborn, in: Laufs/Kern/Rehborn, HdB ArztR, § 100 Rz 15.
1476 BGH, Urt v 29.10.1985 – VI ZR 85/84, NJW 1986, 776.
1477 OLG Hamm, Urt v 16.1.2006 – 3 U 207/02, MedR 2006, 353.
1478 OLG Hamm, Urt v 16.1.2006 – 3 U 207/02, MedR 2006, 353, 356.
1479 BGH, Urt v 7.12.2004 – VI ZR 212/03, BGH, Urt v 7.12.2004 – VI ZR 212/03, BGHZ 161, 255 = NJW 2005, 888; m abl Anm Baxhenrich VersR 2004, 1565; OLG Hamm, Urt v 16.1.2006 – 3 U 207/02, MedR 2006, 353, 354f., 357.
1480 Bock, in: Ulsenheimer/Gaede, Arztstrafrecht in der Praxis[6], Rz 254 unter Bezugnahme auf die Leitlinien der Fachgesellschaften für Geburtshilfe und Anästhesie.
1481 OLG Braunschweig, Urt v 18.12.1997 – 1 U 30/97, MDR 1998, 907 ff.
1482 OLG Braunschweig, Urt v 18.12.1997 – 1 U 30/97, MDR 1998, 907 ff.
1483 BGH, Urt v 12.1.2021 – VI ZR 60/20, MedR 2021, 822, 823.

ter. Es müsse daher sichergestellt sein, dass die Sectio in jedem Fall unter Berücksichtigung aller personellen und organisatorischen Ressourcen wie bei einer geplanten Sectio durchgeführt werde[1484]. Dies sei außerhalb der Kernarbeitszeiten nicht der Fall[1485]. In Belegkliniken hingegen soll nach Auffassung des OLG Koblenz die in den Leitlinien der geburtshilflichen Fachgesellschaften vorgesehene Zeit von maximal 20 Minuten für die Spanne von der notwendigen Entschließung zur notfallmäßigen Entbindung durch Kaiserschnitt bis zur Entwicklung des Kindes im Jahr 2004 noch kein „unumstößlicher, allseits anwendbarer Standard" gewesen sein, weil dieses Intervall „bei einer sehr erheblichen Zahl von Kaiserschnitten besonders in Belegkliniken oder kleineren Chefarztkliniken nicht erreicht" worden sei[1486]. Das Eintreffen des Anästhesisten in einer Zeit von deutlich unter 20 Minuten wird man allerdings in geburtshilflich tätigen Belegkliniken verlangen können[1487]. Ist im Kreißsaal keine Klingel angebracht, obgleich die Mutter nach der Geburt nicht aufzustehen vermag, sodass die Mutter bei einem Atemstillstand des Kindes nach der Geburt weder die Hebamme noch einen Arzt herbeirufen kann, haften die Hebamme und das Krankenhaus wegen eines groben Behandlungsfehlers gemeinschaftlich[1488].

332 Auch bei unzureichender Regelung des Notdienstes im Bereich der Anästhesie haftet der Träger des Belegarztkrankenhauses nicht für die im Zusammenhang mit der im Wege der Notsectio bei der Geburt eines Kindes erlittenen Schäden, wenn es zwischen dem Organisationsmangel und den eingetretenen Gesundheitsbeeinträchtigungen an dem notwendigen Rechtswidrigkeitszusammenhang fehlt[1489].

333 hh) **Vorhaltung hinreichender Sachausstattung**. Der Träger hat für die finanzielle, räumliche und personelle Ausstattung der Kliniken unter Berücksichtigung ihrer spezifischen Aufgaben zu sorgen. In diesem Bereich haben die Krankenhausträger bei der Erstellung des Haushalts- bzw Wirtschaftsplanes die Pflicht, darauf hinzuwirken, dass die Ausstattung der Aufgabenstellung entsprechend ausfällt. Neben der Erstorganisation besteht auch die Verpflichtung, zu kontrollieren, ob die Organisationsstruktur angemessen ist und eine effektive Arbeit gewährleistet. Ferner hat der Krankenhausträger Geräte und Sachmittel anzuschaffen, Software- und Wartungsverträge abzuschließen, Haushalts- oder Wirtschaftspläne zu erstellen und auf die Angemessenheit der Organisationsstruktur zu achten. Er hat zudem die Aufbewahrung der Krankenakten zu organisieren sowie auf die Dokumentationspflicht – durch Dienstanweisungen – hinzuweisen und die Ärzte zur Erfüllung ihrer Pflichten anzuhalten.

334 Zur Anschaffung von Sachmitteln gehört auch die entsprechende Bevorratung mit der erforderlichen Medikation. Es besteht die Pflicht des Krankenhauses, zur Gewährleistung einer ordnungsgemäßen pharmazeutischen Versorgung, somit die erforderliche Medikation vorzuhalten. Dabei umfasst der Oberbegriff „Heilmittel" gemäß AHMG Art 2 Abs 1 sowohl Arzneimittel als auch Medizinprodukte. Die Einhaltung der ordnungsgemäßen Arzneimittelversorgung setzt voraus, dass Medikamente in ausreichendem Umfang bevorratet werden[1490]. Selten eingesetzte Notfallarzneimittel wie bspw Gerinnungsfaktoren, Antidota und Reserveantibiotika müssen in einem Krankenhaus in kritischen Situationen sofort und immer zur Verfügung stehen[1491]. Dies beinhaltet eine ggf bestehende Pflicht zur rechtzeitigen Überweisung und Verlegung des Patienten, sollte bspw ein erforderliches Medikament nicht rechtzeitig zur Verfügung gestellt werden können[1492].

335 Auch bei einem sehr teuren Medikament kann sich der Träger des Krankenhauses nicht auf die Unwirtschaftlichkeit der Vorratshaltung zurückziehen, falls das Medikament noch rechtzeitig vor der Operation hätte beschafft werden können[1493]. Im letztgenannten Fall bedurfte der Patient, der wegen eines Handgelenksbruchs behandelt wurde, eines Medikaments zur Normalisie-

---

1484 BGH, Urt v 12.1.2021 – VI ZR 60/20, MedR 2021, 822, 823.
1485 BGH, Urt v 12.1.2021 – VI ZR 60/20, MedR 2021, 822, 823.
1486 Zur Einstandspflicht des in Rufbereitschaft wartenden Belegarztes für groben Behandlungsfehler einer Hebamme durch Gabe eines wehenfördernden Nasensprays und zur Verschuldenszurechnung OLG Koblenz, Urt v 5.2.2009 – 5 U 854/08, GesR 2009, 198.
1487 OLG Stuttgart, Urt v 20.8.1992 – 14 U 3/92, NJW 1993, 2384, 2386.
1488 OLG Celle, Urt v 20.9.2021 – 1 U 32/20, -juris.
1489 OLG Zweibrücken, Urt v 17.4.2012 – 5 U 20/08, MedR 2013, 437.
1490 Krankenhäuser können gemäß des Gesetzes über das Apothekenwesen (ApoG) § 14 eine eigene Apotheke betreiben, die auch andere Krankenhäuser, Kur- und Spezialeinrichtungen, die der Gesundheitsvorsorge oder der medizinischen oder beruflichen Rehabilitation dienen, sowie die Rettungsdienste mit Arzneimitteln versorgen.
1491 Vgl ausführlich zu allem Schildwächter GesR 2014, 641, 642 f.
1492 Vgl Pauli, Risikomanagement und CIRS als Gegenstand der Krankenhaushaftung, S 181 ff; Wenzel, in Wenzel, HdB Fachanwalt Medizinrecht[4], Kap 4 Rz 895; Olah, Die ärztliche Arbeitsteilung und Aufgabendelegation im Rahmen der medizinischen Staatshaftung – Unter besonderer Berücksichtigung der Organisationspflichten im Behandlungsumfeld, S 122.
1493 Zum Organisationsverschulden, wenn ein neues Medikament beim Krankenhausträger noch nicht vorrätig ist BGH, Urt v 11.12.1990 – VI ZR 151/90, NJW 1991, 1543.

rung der Blutgerinnung, da er infolge eines Herzinfarkts das Blutverdünnungspräparat Marcumar einnahm. Bei dem Patienten wurde sodann das normale PPSB (Prothrombinkonzentrat) injiziert, obwohl es auf dem Markt bereits eine hepatitissichere Version des PPSB gab. In der Folge verwirklichte sich das Risiko einer Hepatitisinfektion. Der BGH kam hier zu dem Ergebnis, dass ein Organisationsverschulden des Krankenhauses nicht unbedingt darin lag, das Medikament nicht vorrätig zu haben, jedenfalls aber darin, dass das risikoärmere Medikament nicht rechtzeitig vor der Operation zur Verfügung und es nicht kurz vor Operationsbeginn noch besorgt wurde[1494]. Diesen Umstand wertete das Gericht als Organisationsverschulden[1495]. Das bedeutet, dass für Verhaltensweisen, die nicht als Behandlungsfehler angesehen werden können, unter dem Gesichtspunkt des Organisationsverschuldens gehaftet werden kann.

In diesem Zusammenhang muss ein sorgfältiges Medikationsmanagement insbesondere an den Schnittstellen von ambulanter und stationärer Behandlung bestehen. Während eines Krankenhausaufenthaltes werden Arzneimittelbehandlungen bei den Patienten angepasst oder auch ganz umgestellt. Insoweit kann es besonders nach internen Verlegungen von unterschiedlichen Stationen oder bei der Krankenhausentlassung zu Kommunikationsdefiziten mit erheblichem Gefährdungspotenzial kommen. Generell sind Behandlungsübergänge fehleranfällig[1496]. Die Kontinuität der Arzneimitteltherapie bei einer Entlassung des Patienten ist organisatorisch sicherzustellen, somit ist der nachbehandelnde Arzt über die verordnete Austrittsmedikation zu informieren[1497]. **336**

Aus der Pflicht zur Vorhaltung eines ausreichenden Medikamentenhaushaltes resultiert[1498], dass genügend Blut und Blutprodukte zur Verfügung stehen müssen[1499]. Dies betrifft auch die ordnungsgemäße Versorgung mit Medizinprodukten, deren Wiederaufbereitung und Instandhaltung darüber hinaus zu gewährleisten ist. **337**

ii) **Einhaltung von Qualitätssicherungs- und Obhutspflichten, Schutz vor Selbstgefährdung und Überwachungspflichten gegenüber dem Patienten.** Schließlich treffen den Krankenhausträger allgemeine Qualitätssicherungspflichten[1500]. SGB V § 135a regelt die Verpflichtung der Leistungserbringer zur Qualitätssicherung. Die Leistungen müssen dem jeweiligen Stand der wissenschaftlichen Erkenntnisse entsprechen und in der fachlich gebotenen Qualität erbracht werden. Der GBA bestimmt in seinen Richtlinien über die grundsätzlichen Anforderungen an ein einrichtungsinternes Qualitätsmanagement gemäß SGB V § 136 Abs 1 Satz 1 Nr 1. **338**

Dabei soll die Qualitätssicherung der medizinischen Versorgung dazu beitragen, dass eine gut erreichbare und qualitativ hochwertige Krankenhausversorgung sichergestellt wird. Gemäß SGB V 136b Abs 1 Nr 5 iVm § 9 beschließt der GBA in einem Katalog von Leistungen und Leistungsbereichen Maßnahmen, die sich für eine qualitätsabhängige Vergütung mit Zu- und Abschlägen eignen. Hierzu zählen auch Qualitätsziele und Qualitätsindikatoren. Der GBA regelt darüber hinaus ein Verfahren, das es den Krankenkassen und den Krankenhäusern ermöglicht, auf der Grundlage der beschlossenen Festlegungen Qualitätszuschläge für außerordentlich gute und Qualitätsabschläge für unzureichende Leistungen zu vereinbaren. Hierfür werden sogenannte Qualitätsverträge zwischen Krankenkassen und Krankenhausträger geschlossen. Dabei handelt es sich um qualitätsabhängige Vergütungsinstrumente, da die Qualitätssicherung grundsätzlich ein Instrument darstellt, um eine qualitativ hochwertige und leistungsfähige Medizin zu gewährleisten. **339**

Somit ist die Verpflichtung der Leistungserbringer zur Qualitätssicherung nicht als eigenständige Organisationspflicht eines Krankenhausträgers zu bezeichnen[1501]. Die Verpflichtung, dass die Leistungen nach dem jeweiligen Stand der wissenschaftlichen Erkenntnisse und in der fach- **340**

1494 Kern/Rehborn, in: Laufs/Kern/Rehborn, HdB ArztR[5], § 100 Rz 18.
1495 BGH, Urt v 11.12.1990 – VI ZR 151/90, NJW 1991, 1543.
1496 Vgl Olah, Die ärztliche Arbeitsteilung und Aufgabendelegation im Rahmen der medizinischen Staatshaftung – Unter besonderer Berücksichtigung der Organisationspflichten im Behandlungsumfeld S 123; Pauli, Risikomanagement und CIRS als Gegenstand der Krankenhaushaftung, S 181 ff.
1497 Vgl Olah, Die ärztliche Arbeitsteilung und Aufgabendelegation im Rahmen der medizinischen Staatshaftung – Unter besonderer Berücksichtigung der Organisationspflichten im Behandlungsumfeld, S 123.
1498 Vgl Olah, Die ärztliche Arbeitsteilung und Aufgabendelegation im Rahmen der medizinischen Staatshaftung – Unter besonderer Berücksichtigung der Organisationspflichten im Behandlungsumfeld, S 123.
1499 Walther–Wenke/Kloss, Plasmaderivate im Krankenhaus, Hämotherapie, Fachmagazin für die Transfusionsmedizin, S 36 ff.
1500 Vgl Kern MedR 2000, 347, 348 f.
1501 Kern/Rehborn, in: Laufs/Kern/Rehborn, HdB ArztR[5], § 100 Rz 29.

lich gebotenen Qualität erbracht werden müsse, wird bereits durch die Rechtspflicht zur Gewährleistung des organisatorischen Facharztstandards abgedeckt[1502].

341 Zu einer Qualitätssicherungspflicht des Krankenhausträgers gehört die Einhaltung der allgemeinen Obhuts- und Schutzpflicht gegenüber den Patienten. Das Krankenhaus hat mit der Aufnahme der Patienten die Pflicht, diese vor Schäden und Gefahren zu schützen, soweit der körperliche und geistige Zustand der Patientin dies erforderlich macht[1503]. Dies umfasst auch Pflichten, den Patienten vor Selbstschädigung zu schützen[1504] sowie betriebliche Haftungsfälle zu organisieren. Maßgebend ist, ob im Einzelfall wegen der Verfassung eines Patienten aus der Sicht ex ante ernsthaft damit gerechnet werden musste, dass er sich ohne Sicherungsmaßnahmen selbst schädigen könnte. Darüber hinaus hat derjenige, der eine Gefahrenlage für Dritte schafft, die Verkehrssicherungspflicht, alle Vorkehrungen zu treffen, die erforderlich und zumutbar sind, um die Schädigung Dritter möglichst zu verhindern[1505].

342 Hinsichtlich des Schutzes vor einer potentiellen Selbstschädigung sind zwei Fallgruppen zu differenzieren. Zum einen die Fürsorge für einen psychiatrischen Patienten, der im Akutstadium aufgrund einer Selbstgefährdung behandelt wird[1506], zum anderen für Patienten, die, ohne akute Eigengefährdung an Depressionen oder Demenz[1507] erkrankt sind oder alternativ abhängig von Suchtmitteln/Medikamenten sind[1508]. Bei Letzteren ist bspw mit dem ambulanten Bereich Rücksprache zu halten bzw zu kontrollieren, ob der Patient etwaige eigenmächtig mitgebrachte Medikamente in psychischen Extremsituationen (bspw nach einer Krebsdiagnose) zu sich nimmt. Die Krankenhausärzte und das Pflegepersonal haben die gemeinsame Aufgabe, den Patienten während der Behandlungszeit gegen von ihm veranlasste selbstschädigende Handlungen zu bewahren[1509]. Besteht bei einem Patienten eine Hin- und Weglauftendenz, kann bspw eine Sicherung der Fenster geboten sein. Ein Allgemeinkrankenhaus haftet bei einer Überbelegung der psychiatrischen Klinik nicht für einen Sprung aus dem Fenster bei der notfallmäßigen Unterbringung eines psychotischen Patienten, nur bei einer akuten Suizidgefährdung ist an eine Fixierung des Patienten zu denken[1510]. In einem ähnlichen Fall hingegen haftet das psychiatrische Klinikum für den Sprung aus dem Fenster, da die Patientin nicht unbeaufsichtigt hätte bleiben dürfen. Angesichts des bekannten Krankheitsbildes habe die Klinik bei der Frau „mit einem Rest an Unberechenbarkeit insbesondere in Gestalt von Suizidversuchen" rechnen müssen. Das Krankenhaus muss daher der Krankenkasse die Kosten erstatten, die dieser durch die Behandlung der Verletzungen entstanden sind[1511]. Dies gilt ebenso bei Dementen mit Weglauftendenzen, hier trifft den Träger die Pflicht, eine Öffnung der Fenster durch die Patienten zu verhindern oder diese in ein ebenerdig gelegenes Krankenzimmer zu verlegen[1512]. Die notwendigen Vorkehrungen gegen ein Hinaussteigen von Patienten aus Krankenzimmern müssen seitens des Krankenhauses möglich und zumutbar sein. Die Rspr[1513] zeigt allerdings auch, dass bei ihrer Verpflichtung, den Patienten vor Selbstschädigungen zu bewahren, die Ärzte und Pflegepersonen nicht überfordert werden dürfen[1514]. So hat zB ein Psychiater die Risiken einer schrittweise zu gewährenden Freiheit eines stationär psychiatrisch behandelten Patienten bei dessen Entlassung abzuwägen. Dass der Patient vorher Suizidgedanken äußert, bedeutet für sich genommen noch nicht einen Behandlungsfehler, wenn er den Patienten entlässt, selbst wenn dieser in der ambulanten Weiterbehandlung nach der Entlassung einen Suizidversuch unternimmt[1515]. Maßgebend ist, ob

---

1502 Kern/Rehborn, in: Laufs/Kern/Rehborn, HdB ArztR[5], § 100 Rz 29.
1503 OLG Schleswig, Urt v 8.2.1996 – 11 U 22/95, VersR 1997, 69; OLG Hamm, Urt v 17.1.2017 – 26 U 30/16, NJOZ 2017, 983.
1504 Zu den Anforderungen bei Unterbringung von akut psychotischen Patienten zwecks Suizidverhinderung OLG Frankfurt/M, Urt v 27.10.2009 – 8 U 170/07, GesR 2010, 68, 68 f; OLG Hamm, Urt v 17.1.2017 – 26 U 30/16, NJOZ 2017, 983; Gropp MedR 1994, 127 ff mwN aus der Rspr.
1505 Pauli, Risikomanagement und CIRS als Gegenstand der Krankenhaushaftung, S 188; Spickhoff/Greiner, MedR-Komm[3], § 823 Rz 34.
1506 Zum Anspruch gegen das Krankenhaus wegen eines Sprungs eines unbeaufsichtigten Patienten aus dem Fenster OLG Köln, Urt v 26.11.1997 – 5 U 90/97, VersR 1999, 624, 626; zur Haftung des Krankenhauses für psychiatrisch Zwangsbehandelten bei Sprung aus dem Fenster OLG Naumburg, Urt v 12.1.2010 – 1 U 77/09, GesR 2010, 318, 319; Deutsch/Spickhoff, MedR-HdB[7], Rz 352; Bergmann/Kienzle, Krankenhaushaftung: Organisation, Schadensverhütung und Versicherung – Leitfaden für die tägliche Praxis[4], S 173.
1507 „Fenstersturzfall" OLG Hamm, Urt v 17.1.2017 – I-26 U 30/16, GesR 2017, 447 (449).
1508 Deutsch/Spickhoff, MedR-HdB[7], Rz 352.
1509 Deutsch/Spickhoff, MedR-HdB[7], Rz 352.
1510 OLG Frankfurt/M, Urt v 27.10.2009 – 8 U 170/07, GesR 2010, 68, 68 f.
1511 LG München, Urt v 2.9.2009 – 9 O 23635/06, https://www.aerztezeitung.de/Wirtschaft/Patientin-springt-aus-dem-Fenster-Klinik-haftet-374962.html, zuletzt abgerufen am 18.11.2021.
1512 „Fenstersturzfall" OLG Hamm, Urt v 17.12017 – I-26 U 30/16, GesR 2017, 447.
1513 BGH, Urt v 20.6.2000 – VI ZR 377/99, MedR 2001, 201, 202; Gropp MedR 1994, 127 ff mwN aus der Rspr.
1514 Pauli, Risikomanagement und CIRS als Gegenstand der Krankenhaushaftung, S 188; Kern/Rehborn, in: Laufs/Kern/Rehborn, HdB ArztR[5], § 100 Rz 21 ff.
1515 OLG Dresden, Beschl v 2.11.2021 – 4 U 1646/21, -juris.

im Einzelfall wegen der Verfassung eines Patienten aus der Sicht ex ante ernsthaft damit gerechnet werden musste, dass er sich ohne Sicherungsmaßnahmen selbst schädigen könnte.

Im Hinblick auf seine generelle Obhutspflicht muss der Krankenhausträger grds Vorkehrungen treffen, um die Sicherheit des Besitzes von Patienten zu wahren[1516], da aus dem Behandlungsvertrag die Pflicht für ihn erwächst, persönliche Gegenstände der Patienten (wie etwa eine Zahnprothese) ordnungsgemäß aufzubewahren[1517]. Der Träger kommt seiner Obhutspflicht gegenüber den Patienten bspw nach, wenn er geeignete Möglichkeiten schafft, um Gegenstände aufbewahren zu können[1518], etwa, wenn er ein Wertfach zur Verfügung stellt[1519], unabhängig davon, wo sich dieses im Krankenhaus befindet. Der Träger hat dafür Sorge zu tragen, dass Wert- oder sonstige Gegenstände von Patienten oder Besuchern vor Diebstählen gesichert werden können[1520]. **343**

Ist der Patient imstande, auf den eigenen Besitz selbst achtzugeben, liegt die Verantwortung für sein Eigentum grds bei ihm[1521]. Die Eigenverantwortung des Patienten geht mit dessen Gesundheitszustand einher. Ist der Patient zur Bewachung seines Besitzes nicht mehr befähigt, können sich daraus erhöhte Sorgfaltspflichten für das Krankenhauspersonal ergeben[1522]. Soweit im Einzelfall möglich, sind die Patienten über diese Sachlage zu informieren, da das Personal keine ständige Aufsicht und Überwachung über den Patientenbesitz leisten kann, wenn des Patienten Genesung, Medikation und Versorgung im Vordergrund stehen. **344**

Auf der anderen Seite sind Würde, Selbstständigkeit, Selbstbestimmung und Selbstverantwortung der aufgenommenen Patienten nicht nur zu wahren, sondern durch das Krankenhauspersonal zu fördern[1523]. Somit besteht nicht in jedem Fall eine nebenvertragliche Verwahrungspflicht des Trägers oder der Stationsschwester aus dem Krankenhaus- oder Behandlungsvertrag. So wurde entschieden, dass diese nicht für Hörgeräte oder andere Wertgegenstände besteht, selbst dann nicht, wenn der Patient, dem diese gehören, unter Betreuung steht[1524]. Auch eine Demenzerkrankung des betroffenen Patienten führt nach der Rspr nicht grds zu einer erhöhten Verwahr- oder Obhutspflicht seitens des Krankenhauses[1525]. Im Ergebnis wird die Einzelfallbetrachtung maßgeblich für die Beurteilung sein. Die Pflichten des Krankenhausbetreibers sind auf die üblichen Maßnahmen beschränkt, die mit einem vernünftigen finanziellen und personellen Aufwand realisierbar sind[1526]. Der Maßstab ist das Erforderliche und Zumutbare[1527]. **345**

Im Einzelfall kann, falls die Zahnprothese eines Patienten während eines Krankenhausaufenthalts abhandenkommt, das Krankenhaus zur Zahlung von Schadenersatz und Schmerzensgeld verpflichtet sein, bspw wenn bei der Erblasserin anlässlich einer stationären Behandlung ein CT angefertigt wurde, vor dessen Beginn sie ihren Zahnersatz aus dem Mund nahm und ihn dem Pflegepersonal der Beklagten aushändigte und die Patientin deshalb längere Zeit ohne Prothese zurechtkommen muss[1528]. Bleibt nach dem Abschluss der CT-Untersuchung der Zahnersatz trotz intensiver Suche verschwunden, ist der Schadensersatzanspruch der Patientin auch vererbbar. Der Erbe kann zumindest den Materialwert ersetzt verlangen[1529]. **346**

jj) **Testamentserrichtung im Krankenhaus.** Schließlich ist der Träger eines Krankenhauses verpflichtet, einem Patienten bei der Testamentserrichtung die zumutbare Unterstützung zu **347**

1516 Kern/Rehborn, in: Laufs/Kern/Rehborn, HdB ArztR[5], § 100 Rz 26; Kern, in: Laufs/Kern/Rehborn, HdB ArztR[5], § 91 Rz 7.
1517 Kern/Rehborn, in: Laufs/Kern/Rehborn, HdB ArztR[5], § 100 Rz 26.
1518 OLG Karlsruhe, Urt v 6.11.1974 – 1 U 97/74, NJW 1975, 597; LG Nürnberg, Urt v 25.2.1993 – 4 O 8427/92, https://www.ecclesia.blog/patienteneigentum-wer-zahlt-bei-verlust, zuletzt abgerufen 30.10.2021.
1519 OLG Karlsruhe, Urt v 6.11.1974 – 1 U 97/74, NJW 1975, 597; ArbG Frankfurt/M, Urt v 18.4.1988 – 32 C 50/88-19, https://www.ecclesia.blog/patienteneigentum-wer-zahlt-bei-verlust, zuletzt abgerufen 30.10.2021.
1520 Kern, in: Laufs/Kern/Rehborn, HdB ArztR[5], § 91 Rz 8.
1521 AG Leverkusen, Urt v 12.9.1991 – 24 C 321/19, -juris.
1522 BGH, Urt v 14.4.1954 – VI ZR 41/53, VersR 1954, 290.
1523 BGH, Urt v 28.4.2005 – III ZR 399/04, BGHZ 163, 53.
1524 AG Garmisch-Partenkirchen, Urt v 7.2.2012 – 7 C 771/11, https://www.tacke-krafft.de/rechtsforum/beiträge-und-entscheidungen/medizinrecht/krankenhausrecht/keine-nebenvertragliche-verwahrungspflicht-für-hörgeräte-(ag-garmisch-partenkirchen-vom-07.02.2012).html, zuletzt abgerufen 30.10.2021.
1525 AG Dresden, Urt v 8.11.2019 – 101 C 3364/19, https://www.hoerakustik.net/die-entscheidung-des-monats/3298-die-entscheidung-des-monats-oktober-trau-schau-wem-warum-krankenhaeuser-nicht-fuer-verlorene-hoersysteme-haften, zuletzt abgerufen 30.10.2021.
1526 OLG München, Urt v 25.7.2003 – 27 U 237/03, VersR 2004, 618; LG Essen, Urt v 21.8.1998 – 3 O 266/98, VersR 2000, 893.
1527 OLG Hamm vom 18.3.2015, 3 U 20/14, -juris, Rz 11, OLG Koblenz, Urt v 21.3.2002 – 5 U 1648/01, https://www.hoerakustik.net/images/pdf/EdM/EdM-10-2020.pdf, S 3, zuletzt abgerufen 30.10.2021.
1528 AG Nürnberg, Urt v 23.6.2021 – 19 C 867/21, openJur 2021, 26677 Rz 39, 40, 41.
1529 OLG Dresden, Vergleich v 7.9.2021 – 4 U 760/21 (unveröffentlicht).

gewähren[1530]. Übernimmt der Krankenhausträger die Errichtung eines Testaments oder wirkt er an einem solchen mit, hat er sich entsprechend sachkundig zu machen, um eine formunwirksame Erbeinsetzung zu vermeiden. Im Zweifel muss der Krankenhausträger auf die fehlende Sachkunde zur Errichtung des Nottestamentes hinweisen und falls noch möglich zur Hinzuziehung eines Rechtsanwalts oder Notars raten[1531]. Bei dem Nottestament, handelt es sich um eine besondere Form der Testamentserrichtung im Krankenhaus[1532]. Das Gesetz statuiert den Regelfall einer Testamentserrichtung in den §§ 2231 bis 2248. Es kann jedoch vorkommen, dass ein künftiger Erblasser von Möglichkeiten der Manifestation seines letzten Willens keinen Gebrauch mehr machen kann[1533]. In einem solchen Fall treten an die Stelle der regulären Testamentserrichtung die Ausnahmen nach den §§ 2249 ff. Das BGB sieht zwei Formen des Nottestaments vor, das sogenannte Bürgermeistertestament nach § 2249 und das Drei-Zeugen-Testament nach § 2250[1534]. Gerade im Krankenhausalltag hat das sogenannte Drei-Zeugen-Testament wegen naher Todesgefahr einen höheren Stellenwert, § 2250 Abs 2[1535]. Das Nottestament birgt allerdings für Krankenhausträger und Beteiligte nicht unbedeutende Haftungsrisiken. Dies bestätigte sich unter anderem mit einem Urteil des OLG Hamm[1536], in welchem der Krankenhausträger gegenüber der vormaligen und langjährigen Lebensgefährtin des im Krankenhaus Verstorbenen zu Schadenersatz verurteilt wurde. Dazu kam es, weil das Krankenhauspersonal unter der Vorspiegelung entsprechender rechtlicher Fachkenntnisse das Testament des Patienten entgegen den gesetzlichen Vorgaben aufnahm, was letztendlich zur Unwirksamkeit dessen führte und gegen den letzten Willen des verstorbenen Patienten die gesetzliche Erbfolge in Gang setzte[1537].

348 Ein Nottestament ist nur formwirksam errichtet, wenn drei Zeugen bewusst und willentlich Verantwortung für die zutreffende schriftliche Niederlegung des Erblasserwillens gehabt haben[1538]. Weiterhin ist erforderlich, dass allen drei Zeugen zumindest korrespondierend bewusst sein muss bzw sie sich darüber sogar mündlich ausgetauscht haben müssen, dass der Erblasser sich angesichts der aktuellen objektiven Sachlage in einer nahen Todesgefahr befindet und die Hinzuziehung eines Notars nicht (mehr) möglich ist[1539]. Die Zeugen müssen davon ausgehen, dass die Errichtung eines Nottestaments notwendig ist, da ansonsten zu befürchten ist, dass der Erblasser vor Eintreffen des Notars sterben könnte[1540]. Die drei oder mehr Zeugen müssen somit ausdrücklich zur Errichtung des Nottestaments zusammengekommen sein[1541]. Eine zufällige Anwesenheit im Krankenzimmer reicht nicht aus[1542]. Die Zeugen müssen zudem während des gesamten Vorgangs der Testamentserrichtung anwesend sein, nicht nur bei der Erklärung des letzten Willens durch den Erblasser[1543]. Nicht als Zeugen in Betracht kommen Angehörige, die von dem Testament begünstigt sind[1544], was für ggf begünstigtes Klinikpersonal, § 2250 Abs 3 Satz 2 iVm BeurkG § 6 Abs 2, § 7 und § 27 gleichfalls gilt. Der Krankenhausträger ist verpflichtet, das Personal, das nicht über die notwendigen Rechtskenntnisse verfügt, darüber zu belehren, wie es sich zu verhalten hat, wenn Patienten um Hilfeleistung bei Rechtsangelegenheiten von so außerordentlicher Bedeutung wie einer Testamentserrichtung nachsuchen, indem es ihm rechtskundige Personen oder Dienststellen für den Bedarfsfall aufzeigt[1545]: "Das Personal sollte wissen, bei welcher rechtskundigen Person oder Dienststelle es sich erkundigen kann, was im konkreten Fall zu veranlassen ist."[1546]. Hat der Krankenhausträger den Organisationsmangel zu vertreten, so haftet dieser auf Schadenersatz, wenn ein wirksames Testament nicht zustande kommt[1547]. Die danach bestehenden Schutzpflichten bestehen dabei nicht nur zu Gunsten des Erblassers, sondern ausdrücklich auch zu Gunsten der von diesem vorgesehenen Erben[1548].

349 kk) **Kontrolle des Chefarztes.** Der Chefarzt, der seine Klinik oder Abteilung organisiert, muss ebenso kontrolliert bzw angeleitet werden. Das kann und sollte nicht klinikintern erfolgen, vielmehr hat diese Kontrolle seitens des Trägers zu erfolgen[1549]. Der Krankenhausträger ist dabei

---

1530 Kern, in: Laufs/Kern/Rehborn, HdB ArztR⁵, § 90 Rz 2.
1531 OLG Hamm, Urt v 13.4.2010 – I-21 U 94/09, MedR 2011, 812, 813, 814.
1532 Holzner Deutsches Ärzteblatt 2015, 112(25): A-1126/B-941/C-913; vgl zu den Voraussetzungen der Errichtung Grüneberg⁸¹/Weidlich, § 2250 Rz 2, 3, 4.
1533 Holzner Deutsches Ärzteblatt 2015, 112(25): A-1126/B-941/C-913.
1534 Holzner Deutsches Ärzteblatt 2015, 112(25): A-1126/B-941/C-913.
1535 Holzner Deutsches Ärzteblatt 2015, 112(25): A-1126/B-941/C-913.
1536 OLG Hamm, Urt v 13.4.2010 – I-21 U 94/09, MedR 2011, 812, 813, 814.
1537 Vgl ausführlich Gillmeister ZMGR 2015, 91, 92, 93.
1538 KG Berlin, Beschl v 29.12.2015 – 6 Wx 93/15, -juris.

1539 KG Berlin, Beschl v 29.12.2015 – 6 Wx 93/15, -juris.
1540 KG Berlin, Beschl v 29.12.2015 – 6 Wx 93/15, -juris.
1541 KG Berlin, Beschl v 29.12.2015 – 6 Wx 93/15, -juris.
1542 BGH, NJW 1972, 202; BGH, MDR 1971, 281; OLG Düsseldorf, Beschl v 25.6.2015 – 3 Wx 224/14, -juris.
1543 KG Berlin, Beschl v 29.12.2015 – 6 Wx 93/15, -juris.
1544 OLG Köln, Beschl v 5.07.2017 – 2 Wx 86/17, NJW Spezial 2017, 744 = BeckRS 2017, 122400.
1545 OLG München, Urt v 12.7.2000 – 1 U 2883/00, -juris.
1546 Bergmann/Kienzle, Krankenhaushaftung, Rz 480.
1547 BGH, Urt v 8.6.1989 – III ZR 63/88, NJW 1989, 2945 = MedR 1990, 30.
1548 OLG Hamm, Urt v 13.4.2010 – 21 U 94/09, NWB PAAAD-79611.
1549 Kern/Rehborn, in: Laufs/Kern/Rehborn, HdB ArztR⁵, § 100 Rz 30.

verpflichtet, den Chefarzt in Hinblick auf seine Organisationsaufgaben in den Grundzügen zu kontrollieren[1550]. Ebenso muss er seine Dienstaufgaben eindeutig festlegen sowie die sich daraus ergebenen Kompetenten abgrenzen[1551]. Weitergehende Überwachungspflichten gestalten sich aufgrund der eingeschränkten fachlichen Kompetenz als schwierig[1552]. Zu den Aufgaben des Chefarztes gehört es wiederum, im Gegenzug den Krankenhausträger über Unzulänglichkeiten in seiner Klinik oder Abteilung zu informieren. So hat der Chefarzt etwa Apparate- und Personalmängel an den Krankenhausträger heranzutragen und auf Abhilfe zu drängen[1553]. Das muss nicht „mit besonderem Nachdruck" geschehen. Es reicht aus, dass dem Krankenhausträger die Situation in der Klinik bekannt ist[1554]. Der absolute Schwerpunkt der Pflichten des leitenden Krankenhausarztes besteht jedoch im Zusammenhang mit dem Personaleinsatz und der hieraus sich ergebenden Informationspflicht ggü dem Träger[1555].

b) **Personaleinsatz.** – aa) **Krankenhausträger.** Der Krankenhausträger hat dafür zu sorgen, 350 dass alle Funktionsstellen, insbesondere die Chefarzt-, aber auch die Oberarztstellen[1556] besetzt sind. Die Nichtbestellung eines verfassungsmäßig berufenen Vertreters (Organs iSd § 31, wozu auch der Chefarzt zählt) für sich allein wird als Organisationspflichtverletzung und demzufolge bereits als Haftungsgrund gewertet. Nach der Spruchpraxis des BGH kann eine personelle ärztliche Unterversorgung, die den erreichbaren medizinischen Standard einer sorgfältigen und optimalen Diagnose oder Therapie gefährdet, bei Verwirklichung dieser Gefahr zu einer Haftung des Krankenhausträgers führen. Bei einer (stationären) Krankenhausbehandlung muss der Facharztstandard[1557] für jedes an der Behandlung des Patienten beteiligte Fachgebiet durchgängig vom Zeitpunkt der Aufnahme bis zur Entlassung des Patienten auch nachts sowie am Wochenende und an Feiertagen gewährleistet sein. Anerkannt ist, dass aufgrund der Begrenzung der wirtschaftlichen Mittel und im Hinblick auf personelle Gegebenheiten nicht zu jeder Tageszeit, am Wochenende sowie an Sonn- und Feiertagen die gleiche Besetzung zu erfolgen hat wie während der regulären Dienstzeiten. Das in den Krankenhäusern seit Jahrzehnten praktizierte System von Bereitschaftsdienst und Rufbereitschaft nachts, am Wochenende sowie an Sonn- und Feiertagen ist auch haftungsrechtlich unter dem Aspekt des durchgängig zu gewährleistenden Facharztstandards grundsätzlich anerkannt[1558].

Ein Krankenhausträger hat grundsätzlich für die bei ihm tätigen Ärzte als Verrichtungsgehilfen einzustehen[1559] und muss deshalb gewährleisten, dass er mit dem vorhandenen ärztlichen Personal seine Aufgaben organisatorisch erfüllen kann. Dazu gehört die Sicherstellung eines operativen Eingriffs durch ausreichend erfahrene und geübte Operateure. Die behandelnden Ärzte müssen zudem körperlich und geistig in der Lage sein, mit der im Einzelfall erforderlichen Konzentration und Sorgfalt zu operieren. Deswegen darf der Krankenhausträger keine Organisation des ärztlichen Dienstes dulden, die die Gefahr mit sich bringt, dass durch vorhergehenden anstrengenden Nachtdienst übermüdete und deswegen nicht mehr voll einsatzfähige Ärzte zu einer Operation herangezogen werden[1560]. Es stellt ein Organisationsverschulden des Krankenhausträgers dar, wenn der zu fordernde Standard der anästhesiologischen Leistungen auch bei

---

1550 Kern/Rehborn, in: Laufs/Kern/Rehborn, HdB ArztR[5], § 100 Rz 30.
1551 Vgl dazu Bergmann VersR 1996, 810, 811 f; Deutsch NJW 2000, 1745, 1746 f.
1552 Kern/Rehborn, in: Laufs/Kern/Rehborn, HdB ArztR[5], § 100 Rz 30.
1553 Kern/Rehborn, in: Laufs/Kern/Rehborn, HdB ArztR[5], § 100 Rz 32.
1554 Vgl zur Trägerhaftung aufgrund mangelhafter Organisation der Anästhesieabteilung (Unterbesetzung) BGH, Urt v 18.6.1985 – VI ZR 234/83, BGHZ 95, 63, 64 = NJW 1985, 2189, 2191; Vgl Kern, in Ratzel/Lissel, Hdb d Medizinschadensrechts, § 3 Rz 17.
1555 Kern/Rehborn, in: Laufs/Kern/Rehborn, HdB ArztR[5], § 100 Rz 33.
1556 Vgl so die Ansicht v Kern ÄBl Sachsen 2008, 48, 50: im Hinblick auf die Rspr des BGH zu Chefärzten, BGH Urt v 12.7.1994 – VI ZR 299/93, NJW 1994, 3008 wurde unter Verweis auf die eigentlich einschlägige Trägerhaftung über den Behandlungsfehler eines in der Ausbildung zum Gynäkologen stehenden Assistenzarztes bei eigenverantwortlicher Übernahme einer Geburt entschieden.
1557 Zum chirurgischen Eingriff durch Berufsanfänger BGH, Urt v 10.3.1992 – VI ZR 64/91, NJW 1992, 1560, 1561.
1558 Vgl zB OLG Frankfurt/M, Urt v 23.9.1993 – 1 U 226/89, MedR 1995, 75 ff.
1559 BGH, Urt v 17.12.1985 – VI ZR 178/84, BGHZ 96, 360, 369; BGH, Urt v 18.6.1985 – VI ZR 234/83, BGHZ 95, 63, 64 = NJW 1985, 2189, 2191; BGH, Urt v 7.5.1985 – VI ZR 224/8, NJW 1985, 2193, 2913 f; zum Einsatz durch Nachtdienst übermüdeter Ärzte BGH Urt v 29.10.1985 – VI ZR 85/84, NJW 1986, 776, 777; zur ärztlichen Berufsanfängerin BGH, Urt v 26.4.1988 – VI ZR 246/86, NJW 1988, 2298, 2300; zur Haftung wegen unterbliebener Grundaufklärung OLG Brandenburg NJW-RR 2000, 24, 25; Reiling MedR 1995, 443, 447 ff; Büsken/Klüglich VersR 1994, 1141, 1145 f.
1560 BGH, Urt v 29.10.1985 – VI ZR 85/84, NJW 1986, 776, 777; vgl zum nicht vorliegenden Organisationsverschulden beim Betreiben einer geburtshilflichen Belegabteilung OLG Hamm, Beschl v 17.1.2011 – I-3 U 112/10, 3 U 112/10, MedR 2011, 240, 241; zur verspäteten Entfernung eines verlegten Beatmungstubus OLG München, Urt v 15.12.2011 – 1 U 1913/10, BeckRS 2011, 28841; zur zahlen- und ausbildungsmäßig mangelhafter Personalausstattung des Säuglingszimmers OLG Nürnberg Urt v 25.3.2011 – 5 U 1786/10, PflR 2011, 358 f.

ärztlicher Unterversorgung der Anästhesie nicht durch klare Anweisungen an die Ärzte gewährleistet ist[1561]. Dabei reicht es nicht aus, dass das Personal nur angestellt ist, es muss auch schnell einsatzfähig sein. Die Gewährleistung der Einsatzfähigkeit des Personals fällt gleichfalls in die Organisationspflicht des Trägers. Wenn es erforderlich ist, ist eine Einsatzzeit von 20 Minuten oder darunter sicherzustellen; falls ein Rufbereitschaftsdienst dazu grundsätzlich nicht ausreicht, ist Schicht- oder Bereitschaftsdienst im Haus anzuordnen[1562].

352 In einem Belegkrankenhaus ist der Träger dafür verantwortlich, dass alle organisatorischen Maßnahmen im pflegerischen Bereich getroffen werden, um die ärztliche Versorgung auch in den Belegabteilungen sicherzustellen[1563]. So reichen bspw zwei Schwestern zur Versorgung für 88 Betten nicht aus[1564]. Die Unterversorgung einer Universitätsklinik mit Fachanästhesisten ist nicht tragbar[1565]. Oberärzte dürfen nicht immer wieder selbst einspringen und dabei ihre eigentlichen Aufgaben der Überwachung und Anleitung, von der Wahrnehmung von Forschungsaufgaben ganz zu schweigen, hinten anstellen[1566]. Dabei handelt es um eine Verletzung vertraglicher Pflichten und Organisationspflichten des Trägers[1567]. Der Krankenhausträger hat „zum Schutze der Patienten und nicht zuletzt auch zum Schutze des überanstrengten Arztes selbst vor der Fehleinschätzung der eigenen Kräfte" die geeigneten organisatorischen Maßnahmen zu ergreifen[1568]. Das OLG Nürnberg[1569] hatte sich mit der Personalausstattung eines Säuglingszimmers und der Überwachung der Sauerstoffversorgung von Neugeborenen zu befassen und dabei festgestellt, dass ein Krankenhaus mit Wöchnerinnen die Grundvoraussetzungen bieten muss, um Neugeborene zu überwachen. Zu diesen Grundvoraussetzungen gehören bereits 2004 auch in einem Krankenhaus niedrigster Versorgungsstufe die Anwesenheit einer Kinderkrankenschwester oder jedenfalls einer Schwester, die sich mit Neugeborenen auskennt und jedenfalls vorhandene Geräte (hier insbesondere: Wärmebett mit zusätzlicher Sauerstoffanreicherung) bedienen kann. Eine mangelnde Personalausstattung (sowohl zahlenmäßig als auch ausbildungsmäßig) stellt sich als ein zur Umkehr der Beweislast führenden groben Organisationsfehler dar, der auch dann schlechterdings nicht unterlaufen darf, wenn grundsätzlich nur die Betreuung von (vermeintlich) gesunden Kindern vorgesehen ist.

353 Der Träger muss jedoch die Möglichkeit erhalten, Beweis dafür zu führen, dass der Schaden auch bei ordnungsgemäßer Erfüllung der Überwachungs- und Organisationspflicht eingetreten wäre. Der Entlastungsbeweis kann bsw dadurch geführt werden, dass der Arzt im konkreten Einzelfall vor der Operation keinen anstrengenden Dienst ausgeführt hat und es hierdurch an einem haftungsbegründenden Ursachenzusammenhang fehlen würde[1570]. Weder vorübergehende noch dauernde Personalausfälle dürfen durch den Einsatz von Studenten im praktischen Jahr (PJler) oder übermüdetem Personal überbrückt werden[1571].

354 Wird ein Arzt zum Bereitschaftsdienst oder zu sonstigen Diensten eingeteilt, die aufgrund der personellen Unterversorgung oder der Übermüdung als Standardunterschreitung anzusehen sind, so hat er dieser Einteilung zu widersprechen. Mögliche Schwierigkeiten für sein berufliches Fortkommen muss er dabei in Kauf nehmen[1572]. Unterläuft bspw einem Assistenzarzt im Bereitschaftsdienst ein Fehler, kann er dafür unter Umständen unter dem Gesichtspunkt eines Übernahmeverschuldens zur Verantwortung gezogen werden[1573]. Die Bejahung eines Übernahmeverschuldens hängt davon ab, ob der Arzt nach den bei ihm vorauszusetzenden Kenntnissen und Erfahrungen Bedenken gegen die Übernahme der Verantwortung für die Behandlung hätte haben und eine Gefährdung des Patienten hätte voraussehen müssen. Es kommt darauf an, ob

---

1561 BGH, Urt v 18.6.1985 – VI ZR 234/83, BGHZ 95, 63 = NJW 1985, 2189, 2191; vgl hierzu den „MAfA–Fall" AG Erfurt, Strafbefehl v 2.2.2010 – 46 Cs 102 Js 27948/06; StA Erfurt, Einstellungsverfg v 20.1.2010.

1562 Zum Inhalt der Pflichten bei bestehender Rufbereitschaft gem Richtlinien für Arbeitsverträge in den Einrichtungen des deutschen Caritasverbandes (AVR) § 7 Abs 3 Anlage 5 BAG, Urt v 31.1.2002 – 6 AZR 214/00, MedR 2003, 648, 649.

1563 OLG Stuttgart, Urt v 20.8.1992 – 14 U 3/92, NJW 1993, 2384.

1564 OLG Stuttgart, Urt v 20.8.1992 – 14 U 3/92, NJW 1993, 2384; vgl dazu auch OLG Hamm, Urt v 16.9.1992 – 3 U 283/91, NJW 1993, 2387.

1565 BGH, Urt v 18.6.1985 – VI ZR 234/83, BGHZ 95, 63 = NJW 1985, 2189, 2191.

1566 BGH, Urt v 18.6.1985 – VI ZR 234/83, BGHZ 95, 63 = NJW 1985, 2189, 2191.

1567 BGH, Urt v 18.6.1985 – VI ZR 234/83, BGHZ 95, 63, 64 = NJW 1985, 2189, 2192.

1568 BGH, Urt v 29.10.1985 – VI ZR 85/84, NJW 1986, 776, 777.

1569 OLG Nürnberg Urt v 25.3.2011– 5 U 1786/10, PflR 2011, 358 f; Fritz ZMGR 2017, 232, 237.

1570 BGH, Urt v 7.2.2012 – VI ZR 63/11, NJW 2012, 850.

1571 BGH, Urt v 29.10.1985 – VI ZR 85/84, NJW 1986, 776, 777.

1572 OLG Frankfurt/M, Urt v 18.4.2006 – 8 U 107/05, -juris; OLG Zweibrücken, Urt v 7.10.1987 – 2 U 16/86, MedR 1989, 96.

1573 BGH, Urt v 30.9.2004 – 3 KLs 400 Js 109903/01, ArztR 2005, 205, 205 ff; Schulte–Sasse/Bruns ArztR 2006, 116, 116 f.

er sich unter den besonderen Umständen des Falles darauf verlassen durfte, dass die vorgesehene Behandlung ihn nicht überfordert[1574].

bb) Chefarzt. Der Erlass von Dienstanweisungen und die Überwachung des nachgeordneten Personals obliegen dem Chefarzt. Im Krankenhaus ist der Chefarzt verantwortlich für die medizinischen und strukturellen Abläufe in seiner Abteilung. Neben dem Träger des Krankenhauses haftet der Chefarzt persönlich gemäß § 823 Abs 1 für Schäden, die aufgrund von fehlerhafter Organisation des Krankenhausbetriebes, schlechter Unterbringung und/oder Pflege entstehen[1575]. 355

In erster Linie hat der Chefarzt die Pflicht, für die Überwachung des nachgeordneten Personals zu sorgen, geeignete Kontrollverfahren vorzusehen und bei Auswahl und Einsatz der Mitarbeiter auf deren Qualifikation zu achten[1576]. Dem leitenden Arzt obliegt die Fachaufsicht über den nachgeordneten ärztlichen Dienst. Er hat bei der Auswahl und dem Einsatz von nachgeordnetem Personal auf dessen Qualifikation zu achten und es laufend, durch regelmäßige Visiten, zu überwachen. Das gilt – bezüglich der Auswahl – für den Einsatz von Oberärzten ebenso wie für den noch nicht hinreichend qualifizierten Assistenzarzt. Die Kontrolle der Oberärzte wird nur bei begründeten Anlässen erforderlich sein. Andererseits können sie wiederum an der Kontrolle und Anleitung der Assistenzärzte beteiligt werden. Der Chefarzt hat sicherzustellen, dass alle ihm untergeordneten Ärzte über ihre Aufklärungspflichten unterrichtet sind. Jeder leitende Oberarzt hat die Patientenaufklärung und Information in seiner Abteilung zu organisieren, insbesondere festzulegen, welcher Arzt diese durchführen muss[1577]. 356

Die außerärztlichen Organisationsaufgaben umfassen vor allem die Diensteinteilung inklusive der personellen Besetzung von Bereitschaftsdienst und Rufbereitschaft sowie die Vertretungsregelung. Die Diensteinteilung umfasst die Gewährleistung des reibungslosen ärztlichen Betriebs durch Einteilung der dem Chefarzt vom Krankenhausträger zur Verfügung gestellten personellen Mittel. 357

Fehlt es an Personal, muss der Chefarzt den Krankenhausträger auf diesen Missstand schriftlich hinweisen und Abhilfe fordern. Es ist die Aufgabe des Krankenhausträgers, „… organisatorisch zu gewährleisten, dass er mit dem vorhandenen ärztlichen Personal seine Aufgaben auch erfüllen kann[1578]." Der Chefarzt muss dabei auch seine eigene vorübergehende Verhinderung einplanen und für klare Regeln zu seiner Vertretung sorgen. 358

Insbesondere der Chefarzt hat gem § 823 Abs 1 persönlich für Schäden aufzukommen, die infolge mangelhafter personeller Organisation des Krankenhausbetriebs eingetreten sind oder auf mangelhafter Unterbringung oder Pflege beruhen[1579]. Die Übertragung einer Behandlungsmaßnahme auf eine(n) nicht hinreichend qualifizierten Krankenpfleger/-in[1580] oder eine Krankenschwester[1581] stellt dabei ebenso ein Organisationsverschulden dar. 359

cc) Der ärztliche Leiter/Direktor. Der Chefarzt ist nur dem ärztlichen Leiter/Direktor des Krankenhauses untergeordnet. Letzterer führt keine direkten medizinischen Aufgaben mehr aus, sondern übernimmt vielmehr eine Managerstellung. Der ärztliche Leiter hat die Mitarbeiter über typische Fehler und Gefahren zu belehren, sie anzuleiten und für ihre Fortbildung Sorge zu tragen. Eine Kontrollpflicht des Krankenhausträgers oder leitender Ärzte hinsichtlich niedergelassener Spezialisten, mit denen die Krankenhausärzte zusammenarbeiten, besteht jedoch nicht[1582]. In diesem Zusammenhang sind Zuständigkeits- und Vertretungsregeln erforderlich. Einsatzpläne, Vertretungsregelungen, Ruf- und Bereitschaftsdienst, Urlaubspläne, Zusammenarbeit mit anderen Abteilungen, mit einweisenden Ärzten sowie mit dem Pflegepersonal, müssen lückenlos gegliedert sein[1583]. 360

10. Telemedizin. In Deutschland galt bis Mai 2018 gemäß MBO-Ä § 7 Abs 4 das berufsrechtliche Verbot der ausschließlichen Fernbehandlung ohne unmittelbaren persönlichen 361

1574 Zur Sorgfaltspflicht eines Anfängers bei eigenverantwortlicher Übernahme der Geburt BGH, Urt v 12.7.1994 – VI ZR 299/93, NJW 1994, 3008 f.
1575 MünchKomm[8]/Wagner, § 630h Rz 29.
1576 Vgl Kern/Rehborn, in: Laufs/Kern/Rehborn, HdB ArztR[5], § 100 Rz 33; BGH, Urt v 3.2.1998 – VI ZR 356/96, ArztR 1998, 260.
1577 Hierzu Kern MedR 2000, 347, 350.
1578 BGH, Urt v 29.10.1985 – VI ZR 85/84, NJW 1986, 776, 777.
1579 BGH, Urt v 1.2.1994 – VI ZR 65/93, NJW 1994, 1594,1595.

1580 BGH, Urt 8.5.1979 – VI ZR 58/78, NJW 1979, 1935, MDR 1979, 833; OLG Köln, Urt v 22.1.1987 – 7 U 193/86, VersR 1988, 44; Büsken/Klüglich VersR 1994, 1141, 1146.
1581 Zu Injektionen durch Krankenschwestern BGH, Urt v 30.6.1959 – VI ZR 125/58, NJW 1959, 2302.
1582 OLG Hamm, Urt v 6.5.1998 – 3 U 222/97, MedR 1999, 35.
1583 Stindt, Krankenhaus im Brennpunkt, S 27, 34.

§ 630a 362, 363   Abschnitt 8 Einzelne Schuldverhältnisse

Arzt–Patienten–Kontakt[1584]. Dabei ist die Telemedizin in der Versorgungsrealität inzwischen fest etabliert und in einigen Bereichen, bspw der Akutversorgung von Schlaganfallpatienten, weit verbreitet. Im April 2016 hat der Erweiterte Bewertungsausschuss das Monitoring von Patienten mit einem implantierten Defibrillator oder CRT-System (kardiale Resynchronisationstherapie) als telemedizinische Leistung in den Einheitlichen Bewertungsmaßstab (EBM) aufgenommen. Am 25.4.2017 haben die Delegierten des 120. Deutschen Ärztetags deshalb zumindest für das Bundesland Baden-Württemberg in Freiburg das bisher geltende Verbot ausschließlicher Fernbehandlung beendet und dieses für sog Modellverfahren geöffnet. Bundesweit wurde das Verbot der Fernbehandlung auf dem 121. Ärztetag im Mai 2018 in Erfurt gekippt. Die MBO-Ä sieht gemäß § 7 Abs 4 nun vor, dass Ärzte „im Einzelfall" auch bei ihnen noch unbekannten Patienten eine ausschließliche Beratung oder Behandlung über Kommunikationsmedien vornehmen dürfen. Allerdings soll dies unter dem Vorbehalt stehen, dass diese Maßnahme „ärztlich vertretbar ist und die erforderliche ärztliche Sorgfalt" gewahrt ist[1585].

362   In Anbetracht der Novellierung von MBO-Ä § 7 Abs 4 ist bei dem Einsatz von gesundheitsbezogenen Apps keine berufsrechtswidrige Handlung ersichtlich[1586] und dieser somit standesrechtlich zulässig. Die Nutzung neuer technischer Möglichkeiten scheitert auch nicht am Grundsatz der persönlichen ärztlichen Leistungserbringung. Ein unmittelbarer physischer Kontakt zwischen Patienten und Behandelndem ist zwar nach wie vor erwünscht, aber zumindest rechtlich nicht zwingend erforderlich[1587]. Grds ist die ausschließliche Fernbehandlung des Patienten ohne vorhergehenden physischen Kontakt und ohne Präsenz eines Arztes zulässig, gemäß des Digitale-Versorgung-Gesetzes (DVG)[1588] wird in der Gesetzesbegründung[1589] zu Nummer 37 Buchst a ausgeführt, dass das traditionell übliche persönliche Gespräch in der Praxis des Behandelnden durch die Verwendung von Telekommunikationsmitteln ersetzt werden kann, ohne dass Patient und Behandelnder sich in den gleichen Räumlichkeiten aufhalten müssen[1590]. Zudem ist es nach dem DVG erlaubt, für Fernbehandlungen zu werben, wenn nach allgemein anerkannten fachlichen Standards ein persönlicher ärztlicher Kontakt mit dem zu behandelnden Menschen nicht erforderlich ist. Ob die ausschließliche Fernbehandlung im konkreten Einzelfall überhaupt angewendet werden darf, ist eine nach § 630a Abs 2 zu beantwortende Frage des allgemeinen Sorgfaltsstandards[1591]. Aufgrund der Neuregelung des SGB V § 87 Abs 2a durch das Pflegepersonal-Stärkungsgesetz (PpSG)[1592] wurde der EBM angepasst und ermöglicht Vertragsärzten die umfassende Abrechnung von Videosprechstunden. Weiterhin sind Video–Fallkonferenzen bei Pflegebedürftigen mit dem Pflegepersonal abrechenbar. Der Bewertungsausschuss hat zudem drei EBM-Positionen für Telekonsile erlassen. Der interdisziplinäre Austausch kann daher (zu allen denkbaren medizinischen Fragen) auch von Klinikärzten vertragsärztlich abgerechnet werden. Mit dem Gesetz für mehr Sicherheit in der Arzneimittelversorgung (GSAV)[1593] wurde das bislang geltende Verbot der Abgabe von verschreibungspflichtigen Arzneimitteln an Patienten bei offenkundig fehlendem persönlichen Arzt-Patienten-Kontakt ebenfalls aufgehoben (AMG aF § 48 Abs 1 Satz 2). AMG aF § 48 Abs 1 Nr 3 Satz 3[1594] war zuvor einschlägig und erlaubte eine Abgabe oder Rezeptierung von Arzneimitteln ohne direkten Kontakt zwischen Arzt und Patient nur in begründeten Ausnahmefällen, so etwa, wenn es sich um eine Wiederholung oder die Fortsetzung einer Therapie eines dem Arzt bereits persönlich bekannten Patienten handelt. Apotheker dürfen nach GSAV nun verschreibungspflichtige Arzneimittel abgeben, die der Arzt im Rahmen einer ausschließlichen Fernbehandlung verschrieben hat.

363   **11. Behandlung nach Standard gemäß § 630a Abs 2.** Der Arzt ist verpflichtet, den medizinischen Standard des jeweiligen Fachgebietes zum Zeitpunkt der Behandlung einzuhalten[1595].

1584 Bundesärztekammer, Hinweise und Erläuterungen zu MBO-Ä § 7 Abs 4 (Fernbehandlung) vom 11.12.2015, abrufbar unter: http://www.bundesaerztekammer.de/fileadmin/user_upload/downloads/pdf-Ordner/Recht/2015-12-11_Hinweise_und_Erlaeuterungen_zur_Fernbehandlung.pdf, zuletzt abgerufen am 30.11.2021.
1585 MünchKomm[8]/Wagner, § 630a Rz 114, 136.
1586 Webseiten wie bspw DrEd.com konnten Ihre Sprechstunden in Deutschland vor dieser berufsrechtlichen Änderung aufgrund des europäischen Binnenmarktes anbieten. Innerhalb diesem besteht ein freier Verkehr von Waren und Dienstleistungen, einschließlich medizinischer Leistungen. RL 2011/24/EU Art 3 bestimmt, dass bei telemedizinischen Leistungen die Gesundheitsversorgung als in dem Land erbracht gilt, in dem der Gesundheitsdienstleister seinen Sitz hat.
1587 Vgl Rz 190, 409. f.
1588 BGBl 2019 I, 2562; Gesetz für eine bessere Versorgung durch Digitalisierung und Innovation (Digitale-Versorgung-Gesetz – DVG).
1589 BT-Drucks 19/13438, 70.
1590 Vgl Rz 190 und Rz 409–412.
1591 MünchKomm[8]/Wagner, § 630a Rz 114, 136.
1592 BGBl 2018 I, Nr 45.
1593 BGBl 2019 I, Nr 30.
1594 Zur Einführung des „E-Rezeptes", das Anpassungen in SGB V § 129 Abs 2, in den Bundesmantelverträgen gemäß SGB V § 86 und in der Arzneimittelabrechnungsverordnung nach SGB V § 300 erforderlich macht.
1595 BGH, Urt v 18.3.2003 – VI ZR 266/02, NJW 2003, 1862; BGH, Urt v 10.5.1983 – VI ZR 270/81, NJW 1983, 2080; Kern, in: Ratzel/Lissel, Hdb d Medizinschadensrechts, § 1 Rz 5.

Während früher regelmäßig der „Stand der Wissenschaft und Technik" als sorgfaltsbegründendes Merkmal im Vordergrund stand, hat sich der Terminus „Standard" im heutigen Sprachgebrauch durchgesetzt[1596]. Andere Gesetze – beispielsweise GenDG § 5 Abs 1[1597] – verwenden allerdings noch (oder erneut) den Begriff „Stand der Wissenschaft und Technik". Laut Lehre und Rspr repräsentiert der „Standard in der Medizin den jeweiligen Stand der naturwissenschaftlichen Erkenntnisse und der ärztlichen Erfahrung, der zur Erreichung des ärztlichen Behandlungsziels erforderlich ist und sich in der Erprobung bewährt hat"[1598].

Der Standard ist anhand eines „auf die allgemeinen Verkehrsbedürfnisse ausgerichteten objektiven Sorgfaltsmaßstabs" zu bestimmen, also anhand des „Verhaltens eines gewissenhaften Arztes in dem jeweiligen Fachgebiet"[1599]. Grundlage der Erarbeitung von Standards und Leitlinien sind in der Regel wissenschaftliche Studien[1600]. Erst das Zusammenspiel von wissenschaftlichen Erkenntnissen, ärztlicher Erfahrung und der Akzeptanz des Berufsstandes führt zum Standard[1601], der dem einzelnen Berufsangehörigen eine Orientierungshilfe geben soll. Bisher ist das Rangverhältnis der drei verschiedenen Elemente des Standardbegriffs zueinander offen. Heutzutage richtet sich die medizinische Standardbildung in erster Linie nach den methodischen Grundsätzen der Evidenzbasierten Medizin (Evidence-Based-Medicine, EbM)[1602], denn die Beziehung von wissenschaftlicher Erkenntnis, ärztlicher Erfahrung und der professionellen Akzeptanz wurde in der Medizin durch die „Bewegung"[1603] der EbM neu thematisiert und wesentlich beeinflusst[1604]. Auch nach der Rspr des BVerwG[1605] ist zur wissenschaftlichen Anerkennung des Standards bei jeder Therapie ein nachprüfbarer Beleg bezüglich deren Wirksamkeit zu verlangen. Das Sozialrecht macht insoweit klare Vorgaben, bspw durch das Prinzip der Leistungserbringung unter dem Vorbehalt eines Nutzennachweises[1606]. So formuliert SGB V § 135 Abs 1 Satz 1 explizit, dass neue Untersuchungs- oder Behandlungsmethoden in der vertragsärztlichen Versorgung erst erbracht werden dürfen, wenn die Anerkennung ihres Nutzens nach dem Stand der wissenschaftlichen Erkenntnisse feststeht[1607].

Standard bedeutet dabei nicht, dass eine erfolgversprechende Behandlungsmethode stets zur Verfügung steht, ebenso kann eine fehlende Behandlungsoption standardgemäß sein[1608]. In solchen Fällen hat der Patient nach der Rspr einen Anspruch auf eine Behandlung nach dem Maßstab eines vorsichtigen Arztes[1609]. Dem Arzt wird hinsichtlich des zu beachtenden Standards ein besonders sorgfältiger Vergleich zwischen den zu erwartenden Vor- und Nachteilen im jewei-

---

1596 Deutsch NJW 1987, 1479, 1480 f.
1597 Zur Problematik dieses Begriffs vgl Kern/Reuter, GenDG, § 5 Rz 20.
1598 BGH, Beschl v 22.12.2015 – VI ZR 67/15, MedR 2016, 794 m Anm Prütting MedR 2016, 795; Carstensen Deutsches Ärzteblatt 1989, A 2431, 2432; Buchborn MedR 1993, 328 ff; Deutsch JZ 1997, 1030, 1033; Kern, in: Jorzig, HdB-ArztHaftR[2], Teil I Kapitel 1, Rz 23; zur Zeitbezogenheit des Standards Deutsch/Spickhoff, MedR-HdB[7], Rz 213–214; vgl weitergehend Buchner, in: Lilie/Bernat/Rosenau (Hrsg), Standardisierung in der Medizin als Rechtsproblem, 63, 73.
1599 Zitiert nach Gaidzik, Rechtsgrundlagen der Begutachtung in: Widder/Gaidzik, Begutachtung in der Neurologie, 2011, 13, 30.
1600 Zum Aspekt der Zeitbezogenheit Deutsch/Spickhoff, MedR-HdB[7], Rz 213–214.
1601 Hart MedR 1998, 8, 9 f; Kunz-Schmidt NJ 2010, 177, 178.
1602 Frahm/Jansen/Katzenmeier/Kienzle/Kingreen/Lungstras/Saeger/Schmitz-Luhn/Woopen MedR 2018, 447, 447; vgl Raspe, in: Kunz/Ollenschläger/Raspe/Jonitz/Danner-Banzhoff (Hrsg), Lehrbuch Evidenzbasierte Medizin in Klinik und Praxis[2], Theorie, Geschichte und Ethik der Evidenzbasierten Medizin (EbM), 15, 15f.
1603 Weltweit: The Cochrane Collaboration mit ihren nationalen Cochrane Centers. In Deutschland existiert das Cochrane Zentrum in Freiburg seit 1997; vgl insg www.cochrane.de/de/ebm (zuletzt abgerufen am 1.12.2021); grundlegend Sackett et al, Evidence based medicine: what it is and what it isn't, S 71; vgl Raspe, in: Kunz/Ollenschläger/Raspe/Jonitz/Danner-Banzhoff (Hrsg), Lehrbuch Evidenzba-sierte Medizin in Klinik und Praxis[2], Theorie, Geschichte und Ethik der Evidenzbasierten Medizin (EbM), 15, 15f.
1604 Antes Internist 1998, 39: 899–908 mwN; grundlegend Sackett/Richardson/Rosenberg/Haynes, Evidenzbasierte Medizin, 1999; Perleth/Antes, Evidenz-basierte Medizin, 1998.
1605 BVerwG, Urt v 30.4.2009 – 3 C 4/08, NJW 2009, 3593, 3594 f.
1606 Ausführlich dazu Buchner, Die Abhängigkeit des haftungsrechtlichen vom sozialrechtlichen Standard, in: Lilie/Bernat/Rosenau (Hrsg), Standardisierung in der Medizin als Rechtsproblem, S 63 ff; Hart, in: Hart, Klinische Leitlinien und Recht, S 93 f.
1607 SGB V § 135 Abs 1 Satz 1 „Neue Untersuchungs- und Behandlungsmethoden dürfen in der vertragsärztlichen und vertragszahnärztlichen Versorgung zu Lasten der Krankenkassen nur erbracht werden, wenn der Gemeinsame Bundesausschuss auf Antrag [...] in Richtlinien nach § 92 Abs 1 Satz 2 Nr 5 Empfehlungen abgegeben hat über 1. die Anerkennung des diagnostischen und therapeutischen Nutzens der neuen Methode sowie deren medizinische Notwendigkeit und Wirtschaftlichkeit – auch im Vergleich zu bereits zu Lasten der Krankenkassen erbrachten Methoden – nach dem jeweiligen Stand der wissenschaftlichen Erkenntnisse in der jeweiligen Therapierichtung [...]".
1608 Kern, in: Ratzel/Lissel, Hdb d Medizinschadensrechts, § 1 Rz 5.
1609 KG Berlin, Urt v 24.10.2011 – 20 U 67/09, GuP 2012, 32; „Racz-Katheter" BGH, Urt v 22.5.2007 – VI ZR 35/06, BGHZ 172, 254, 255 f m Anm Spickhoff MedR 2008, 87, 89.

ligen Einzelfall und unter Berücksichtigung des Wohles seines Patienten abverlangt[1610]. Dabei darf bei einem Misserfolg der Behandlung nicht direkt auf einen Fehler rückgeschlossen werden. Es kommen schicksalshafte Verläufe vor, die zu Misserfolgen in der Behandlung führen, ohne dass das ärztliche Vorgehen aus ex ante Sicht dem geschuldeten Standard nicht entsprochen hätte.

366 Ein Behandlungsfehler liegt nur dann vor, wenn der Behandler etwas objektiv Falsches getan oder Richtiges unterlassen hat. Maßgeblich ist, was von einem gewissenhaften, aufmerksamen Angehörigen dieses Berufsstandes, insbesondere der jeweiligen Facharztgruppe erwartet werden darf. Soweit der Behandler nicht zur engen Befolgung der Schulmedizin verpflichtet war, bedeutet dies dennoch nicht, dass er sich über die Regeln der medizinischen Wissenschaft hinwegsetzen darf. Sein Maßstab für die erforderliche Sorgfalt nach BGB § 276 Abs 1 richtet sich nach objektiv-typisierenden, nicht nach subjektiv-individuellen Merkmalen. Der Arzt kann sich daher auch in solchen Fällen nicht durch eine persönliche Überforderung entschuldigen.

367 a) **Facharztstandard**. Bereits vor dem Patientenrechtegesetz musste jede ärztliche Behandlungsmaßnahme dem Facharztstandard entsprechen[1611]. Nach der Rspr[1612] ist das Absehen von einer ärztlichen Maßnahme nicht erst dann behandlungsfehlerhaft, wenn die Maßnahme „zwingend" geboten gewesen ist, sondern bereits dann, wenn ihr Unterbleiben dem im Zeitpunkt der Behandlung bestehenden medizinischen Standard zuwiderläuft[1613]. Der objektive Facharztstandard gilt als Mindeststandard und ist auch bei Berufsanfängern, etwa dem Einsatz von Assistenzärzten, geschuldet. Für das Vorliegen des Facharztstandards ist nicht der formelle Facharzttitel entscheidend, es müssen vielmehr in tatsächlicher Hinsicht die dafür nötigen Kenntnisse vorliegen[1614]. Die noch fehlende Anerkennung als Facharzt rechtfertigt dabei nicht die Vermutung, dass der Behandler zu einer Behandlung nicht befähigt und dies für einen Gesundheitsschaden ursächlich war[1615].

368 § 630a konkretisiert die Verantwortlichkeit des Arztes nach § 276 Abs 2. Die haftungsrelevanten Standards stellen die erforderliche Sorgfalt im Rahmen des § 276 Abs 1 dar[1616]. Fahrlässig handelt danach, wer die im Verkehr erforderliche Sorgfalt außer Acht lässt. Beurteilungsmaßstab für die im Verkehr erforderliche Sorgfalt eines Arztes ist der anerkannte fachliche Standard[1617]. Der Arzt, der den geforderten Standard objektiv unterschreitet, indiziert zumindest die Verletzung der geforderten Sorgfalt[1618]. Der Maßstab gilt unabhängig von den Werktagen ebenso für den Dienst zu Sonn-, Feiertags- und Notfalldiensten[1619].

369 Im Streitfall wird nicht der berufsrechtliche Status „Facharzt" überprüft, sondern begutachtet, ob vorliegend der medizinische oder der für die anderen Berufsgruppen daraus resultierende Sorgfaltsmaßstab eingehalten wurde. Maßgebend ist das zum Behandlungszeitpunkt in der ärztlichen Praxis und Erfahrung bewährte, nach naturwissenschaftlichen Erkenntnissen gesicherte und das von einem durchschnittlichen Facharzt verlangte Maß an Kenntnis und Können je nach Fachrichtung und Versorgungsstufe.

370 „Da aus medizinischen Maßnahmen besonders ernste Folgen entstehen können und der Patient regelmäßig die Zweckmäßigkeit oder Fehlerhaftigkeit der Handlung nicht beurteilen kann, sind an das Maß der ärztlichen Sorgfalt hohe Anforderungen zu stellen"[1620]. Beim Sorgfaltsmaßstab des Arztes sind nicht nur die im jeweiligen Fachgebiet geltenden Maßstäbe zu berücksichtigen, sondern auch allgemeine medizinische Grundkenntnisse[1621]. Zu differenzieren ist je nach

---

1610 Frahm/Jansen/Katzenmeier/Kienzle/Kingreen/Lungstras/Saeger/Schmitz–Luhn/Woopen MedR 2018, 447.
1611 BGH, Urt v 10.3.1992 – VI ZR 64/91, NJW 1992, 1560, 1561.
1612 BGH, Urt v 10.3.1992 – VI ZR 64/91, NJW 1992, 1560, 1561.
1613 BGH, Urt v 10.3.1992 – VI ZR 64/91, NJW 1992, 1560, 1561.
1614 BeckOK-BGB/Katzenmeier, Stand: 1.5.2022, § 630a Rz 161.
1615 OLG Dresden, Beschl v 29.11.2021 – 4 U 1588/21, GesR 2022, 251, 252 ff.
1616 Gross VersR 1996, 657, 663; Hart, MedR 1998, 8, 9; Deutsch VersR 1997, 1030, 1033.
1617 BGH, Urt v 16.3.1999 – VI ZR 34/98, MedR 1999, 418.
1618 Deutsch/Spickhoff, MedR-HdB[7], Rz 339; zur Sauerstoffüberdosierung eines Frühgeborenen/Kontrollmessungen im Brutkasten BGH, Urt v 10.5.1983 – VI ZR 270/81, BGHZ 71, 132 = NJW 1983, 2080; zu heiße Wärmflasche verbrennt Säugling BGH, Urt v 1.2.1994 – VI ZR 65/93, NJW 1994, 1596; zur fehlenden Antibiotika–Prophylaxe nach Blasensprung BGH, Urt v 29.11.1994 – VI ZR 189/93, VersR 1995, 659, 660; zum Einsatz eines Allgemeinmediziners als Notarzt bei einer Psychose BGH, Urt v 2.12.1997 – VI ZR 386/96, NJW 1998, 814 = VersR 1998, 242; zu physikalischen Grundkenntnissen eines Behandlers BGH Urt v 26.1.1999 – VI ZR 376/97, BGHZ 140, 309, 317; zur Schulterdystokie BGH NJW 2001, 1786.
1619 Vgl Geiß/Greiner, Arzthaftpflicht[8], B Rz 4; OLG Düsseldorf VersR 1986, 659, 660.
1620 BGH, Urt v 19.4.2000 – 3 StR 442/99, NJW 2000, 2754, 2758.
1621 BGH, Urt v 26.1.1999 – VI ZR 376/97, BGHZ 140, 309, 317; Geiß/Greiner, Arzthaftpflicht[8], B Rz 116.

Fachrichtung und Versorgungsstufe[1622]. Der Arzt muss beweisen, dass er die für die konkrete Behandlung erforderlichen Fachkenntnisse und Facherfahrungen besitzt[1623].

Haftungsrechtlich ist der Arzt nicht auf sein Fachgebiet festgelegt. Er muss aber, sollte er **371** sich auf ein anderes als sein eigenes Fachgebiet begeben, dessen Standard ebenfalls garantieren können[1624]. Zugrunde gelegt wird zur Beurteilung der ärztlichen Sorgfalt eine objektive Betrachtung des Einzelfalls und diese ex ante[1625]: Es kommt darauf an, was von einem gewissenhaften und sorgfältigen Arzt der betroffenen Fachrichtung nach den von ihm objektiv zu erwartenden medizinischen Kenntnissen und Fähigkeiten zu verlangen war. Individuelle Minderkenntnisse bleiben unberücksichtigt, Spezialkenntnisse des Arztes wirken standarderhöhend. Der Arzt hat ungewöhnliche, den Standard überschreitende Fähigkeiten, über die er nachweislich verfügt, zugunsten seines Patienten in dessen Behandlung einzusetzen[1626]. Für ein dem Standard zuwiderlaufendes Vorgehen ist der Arzt insofern haftungsrechtlich auch verantwortlich, wenn dieses aus seiner persönlichen Lage heraus subjektiv als entschuldbar erscheinen mag[1627].

Es entspricht seit jeher allgemeiner Ansicht, dass es dann nicht genügt, (nur) den allgemein **372** anerkannten fachlichen Standard einzuhalten, sondern dass ggf vorhandene Sonderfähigkeiten einzusetzen sind. Sucht ein Patient unter diesem Aspekt einen besonders spezialisierten Arzt mit besonderer Expertise auf, kann man allein hierin bereits die Vereinbarung eines über das allgemein Anerkannte hinausgehenden Standards erblicken. Aber auch ohne Feststellung einer entsprechenden Vereinbarung – den Notfall mit nachträglich geschlossenem Behandlungsvertrag – hat der Arzt, der über besondere Fähigkeiten verfügt, nach Ansicht des BGH diese auch einzusetzen[1628].

Für ein dem Standard zuwiderlaufendes Vorgehen ist der Arzt haftungsrechtlich auch verantwortlich, wenn dieses aus seiner persönlichen Lage heraus subjektiv als entschuldbar erscheinen **373** mag[1629]. Auf sein subjektives Empfinden kommt es bei der objektiven Beurteilung nicht an[1630].

b) **Patientenwunsch.** Eine kontraindizierte Behandlung gegen den Standard darf nicht auf **374** Wunsch des Patienten durchgeführt werden[1631]. Deshalb trifft den Patienten bei einer solchen Vorgehensweise für den eingetretenen Gesundheitsschaden auch kein Mitverschulden[1632]. Diese Rechtsauffassung wurde wiederholt bestätigt[1633]. Der Patientenwunsch rechtfertige keine Behandlung, die gegen den medizinischen Standard verstößt[1634]. Auch auf ausdrücklich geäußerten Patientenwunsch hin dürfe der medizinische Standard unter keinen Umständen unterschritten werden[1635]. § 630a Abs 2 stehe dazu nicht im Widerspruch. Vereinzelt wird in der Literatur die Meinung vertreten, dass bei weniger schweren Risiken und wenn der Patient bei der Abwägung den Eindruck erwecke, die aufgezeigten Risiken tatsächlich tragen zu wollen, dem Selbstbestimmungsrecht des Patienten der Vorrang einzuräumen sei[1636]. Dieser Ansicht ist zu folgen, da anders bei zu befürchtenden gravierenden Gesundheitsschäden der Gesundheitsschutz nicht immer im Vordergrund steht, sondern es tatsächlich auf die Umstände des Einzelfalls ankommt, auf welches Rechtsgut der Behandler den Schwerpunkt setzt[1637]. IRd Abwägung ist ein Eingriff, dessen Erfolgschance im unteren einstelligen Prozentbereich liegt, sicher nicht indiziert, wenn die anderen diagnostischen Möglichkeiten und konservativen Behandlungsmöglichkeiten noch

---

1622 Zur Weisheitszahnextraktion durch Osteotomie OLG Dresden, Beschl v 28.1.2021 – 4 U 1775/20, -juris: Die Weisheitszahnentfernung im Wege der Osteotomie gehört zum Behandlungsstandard einer Zahnarztpraxis. Ob dieser Eingriff durch andere Zahnärzte abgelehnt würde, ist zur Beurteilung des Standards unerheblich.
1623 Zur Übertragung eines komplizierten chirurgischen Eingriffes auf einen Assistenzarzt BGH, Urt v 24.6.1980 – VI ZR 7/79, VersR 1980, 940.
1624 Frahm/Jansen/Katzenmeier/Kienzle/Kingreen/Lungstras/Saeger/Schmitz–Luhn/Woopen MedR 2018, 447, 447.
1625 BGH, Urt v 19.4.2000 – 3 StR 442/99, NJW 2000, 2754.
1626 Zur Unterschenkelamputation nach Verletzung am Schienbein BGH, Urt v 10.2.1987 – VI ZR 68/86, NJW 1987, 1479.
1627 Frahm/Jansen/Katzenmeier/Kienzle/Kingreen/Lungstras/Saeger/Schmitz–Luhn/Woopen MedR 2018, 447, 450.
1628 Zum Einsatz von ärztlichen für die Therapie bedeutsamen Spezialkenntnissen vgl BGH, Urt v 10.2.1987 – VI ZR 68/86, NJW 1987, 1479; Deutsch/Spickhoff, MedR-HdB[7], Rz 332.
1629 Frahm/Jansen/Katzenmeier/Kienzle/Kingreen/Lungstras/Saeger/Schmitz–Luhn/Woopen MedR 2018, 447, 450.
1630 Vgl § 630a Rz 368, 371.
1631 OLG Karlsruhe, Urt v 11.9.2002 – 7 U 102/01, MedR 2003, 104, 105 f.
1632 OLG Düsseldorf, Urt v 16.11.2000 – 8 U 101/99, VersR 2002, 611, 612.
1633 OLG Hamm, Urt v 26.4.2016 – 26 U 116/14, MedR 2017, 310, 312; m abl Anm Geier MedR 2017, 293; m zust Anm Prütting MedR 2017, 531.
1634 OLG Hamm, Urt v 26.4.2016 – 26 U 116/14, MedR 2017, 310, 312; m abl Anm Geier MedR 2017, 293; m zust Anm Prütting MedR 2017, 531.
1635 OLG Hamm, Urt v 26.4.2016 – 26 U 116/14, MedR 2017, 310, 312; m abl Anm Geier MedR 2017, 293; m zust Anm Prütting MedR 2017, 531.
1636 MünchKomm[8]/Wagner, § 630a Rz 132.
1637 MünchKomm[8]/Wagner, § 630a Rz 132.

nicht ausgeschöpft sind[1638]. Ist eine Therapie mit gefährlichen Nebenwirkungen[1639] verbunden, kann es im Einzelfall erforderlich sein, diese zu unterlassen[1640]. Ist ein Eingriff überhaupt oder seinem Umfang nach nur relativ indiziert, weil seine Erforderlichkeit (auch) vom Sicherungsbedürfnis des Patienten abhängt, muss der Arzt über die verschiedenen Möglichkeiten aufklären und dem Patienten die Entscheidung überlassen, wieviel Risiko er individuell bereit ist zu tragen[1641]. Schlägt der Arzt dem Patienten bspw die Einleitung einer aus medizinischer Sicht gebotenen Therapie vor und wird diese vom Patienten zugunsten einer anderen abgelehnt, handelt Letzterer auf eigenes Risiko[1642].

375 c) **Dynamischer Standard**. Grds schuldet der Arzt keine neuen diagnostischen oder therapeutischen Methoden, die den noch geltenden Standard übertreffen[1643]. Es gilt der Grundsatz: die Neulandmethode von heute ist der Standard von morgen und der Behandlungsfehler von übermorgen. Die ständig fortschreitende Entwicklung von Standards führt dazu, dass die ärztliche Therapiefreiheit immer weiter in den Hintergrund gedrängt wird, obgleich der Arzt selber diesbezüglich nicht von seiner Sorgfaltspflicht in der sachgerechten Therapiewahl entbunden wird[1644]. Eine Medizin ohne Fortschritt ist als Rückschritt zu betrachten[1645]. Der BGH hat bei der Wahl neuer Behandlungen einen neuen Sorgfaltsmaßstab eingeführt, den des „vorsichtigen Arztes". Für neue Methoden gilt: Besonders umfassend aufklären, besonders vorsichtig behandeln, besonders detailliert dokumentieren. Neue Methoden hat der Arzt durchaus in die Behandlung einzuführen oder dem Patienten zugänglich zu machen, sollte dies nach der Art der Erkrankung möglich und notwendig erscheinen, um dem Sorgfaltsmaßstab zu entsprechen[1646].

376 d) **Gruppenstandard**. Eine Haftung für sog Gruppenfahrlässigkeit tritt ein, wenn die objektiv-typisierte Sorgfalt außer Acht gelassen worden ist[1647], da dies der im Bereich der Arzthaftung geltende Maßstab ist[1648]. Geschuldet wird jedoch nicht stets das jeweils neueste Therapiekonzept mittels einer auf den jeweils neuesten Stand gebrachten apparativen Ausstattung[1649]. Nicht in jeder Klinik kann das neueste Therapiekonzept verfolgt und auch nicht stets eine auf den neuesten Stand gebrachte apparative Ausstattung vorgehalten werden[1650]. Dies gilt auch für Universitätsklinika[1651]. Für eine Übergangszeit darf nach älteren, bewährten Methoden behandelt werden[1652], da ein Fortschritt sich zumeist nicht schlagartig vollzieht. Bei der Übergangsphase handelt es sich evtl um eine Investitionsphase, in der neue medizinische Geräte für eine bereits allseits anerkannte neue Standardmethode angeschafft werden können[1653]. Eine entsprechende Übergangszeit ist für die allgemeine Einführung einer neuen Methode, in der ein Arzt die neuen Therapien kennenlernen kann, stets zu gewähren. Bis dies der Fall ist, dürfen Ärzte weiter nach der bewährten Methode vorgehen, auch wenn diese anerkannt als veraltet und unsicherer gilt, ohne dass ihnen eine Pflichtverletzung vorzuwerfen wäre[1654]. Die Spanne der Übergangsphase ist nicht allgemeingültig zu bestimmen. „In Grenzen ist deshalb der zu fordernde medizinische Standard je nach den personellen und sachlichen Möglichkeiten verschieden[1655]." Jedoch darf eine Übergangsphase nur gewährt werden, sofern eine Überweisung an einen besser ausgestatteten Arzt oder ein Krankenhaus der Maximalversorgung nicht unverantwortlich ist. Solange dem Patienten im Krankenhaus eine Behandlung geboten wird, die dem jeweils zu fordernden medizinischen Standard genügt, ist der Patient auch nicht darüber aufzuklären, dass dieselbe Behandlung andernorts mit besseren personellen und apparativen Mitteln und deshalb mit einem etwas

---

1638 OLG Hamm, Urt v 7.7.2004 – 3 U 264/03, VersR 2005, 942.
1639 Bspw die Wundversorgung mit Wasserstoffsuperoxyd, vgl Fn 1642.
1640 OLG Hamm, Urt v 28.10.2002 – 3 U 200/01, VersR 2004, 200, 201, 202; zur Säuberung von Wunden mit Wasserstoffsuperoxyd, berichtet in ArztR 2003, 307–308.
1641 OLG Köln, Urt v 29.1.2007 – 5 U 85/06, MedR 2007, 599, 600 f.
1642 Zur konservativen statt der operativen Frakturversorgung OLG Hamm, Urt v 19.3.2001 – 3 U 193/00, NJW-RR 2002, 814, 815.
1643 Kern, in: Ratzel/Lissel, Hdb d Medizinschadensrechts, § 1 Rz 5.
1644 Kern/Rehborn, in: Laufs/Kern/Rehborn, HdB ArztR[5], § 96 Rz 47.
1645 Kern/Rehborn, in: Laufs/Kern/Rehborn, HdB ArztR[5], § 96 Rz 51.
1646 OLG Hamm, Urt v 11.11.2016 – I-26 U 16/16, MedR 2017, 814; vgl zum medizinischen Stand bei Verabreichung eines Impfserums gegen Wundstarrkrampf BGH, Urt v 8.1.1965 – VI ZR 232/63, VersR 1965, 439.

1647 Deutsch/Spickhoff, MedR-HdB[7], Rz 356.
1648 Zum Ziehen am Kopf während des Geburtsvorganges BGH, Urt v 13.2.2001 – VI ZR 34/00, NJW 2001, 1786; zur Haftung für nachfolgende Eingriffe BGH, Urt v 6.5.2003 – VI ZR 259/02, NJW 2003, 2311.
1649 Kern, in: Ratzel/Lissel, Hdb d Medizinschadensrechts, § 1 Rz 5.
1650 „Elektrokoagulation–Urteil" BGH, Urt v 22.9.1987 – VI ZR 238/86, BGHZ 102, 17, 18 f = MedR 1988, 91, 92 f „Robodoc–Urteil" BGH, Urt v 13.6.2006 – VI ZR 323/04, BGHZ 168, 103.
1651 OLG Köln, Urt v 19.8.1998 – 5 U 103/97, VersR 1999, 847, 848.
1652 Elektrokoagulation–Urteil BGH, Urt v 22.9.1987 – VI ZR 238/86, BGHZ 102, 17, 18 f = MedR 1988, 91, 92 f „Robodoc–Urteil" BGH, Urt v 13.6.2006 – VI ZR 323/04, BGHZ 168, 103.
1653 Damm NJW 1989, 737, 738 f.
1654 „Elektrokoagulation–Urteil" BGH, Urt v 22.9.1987 – VI ZR 238/86, BGHZ 102, 17, 18 f.
1655 „Elektrokoagulation–Urteil" BGH, Urt v 22.9.1987 – VI ZR 238/86, BGHZ 102, 17, 18 f.

geringeren Komplikationsrisiko möglich ist[1656]. Der Standard der Allgemeinversorgung kann gewahrt sein, wenn jedenfalls die Grundausstattung modernen medizinischen Anforderungen entspricht, auch wenn in einer Universitätsklinik oder einer personell und apparativ besonders gut ausgestatteten Spezialklinik überlegenere Möglichkeiten bestehen[1657]. Das bedeutet im Umkehrschluss nicht, dass die Anforderungen nicht an den Möglichkeiten von Universitätskliniken oder Spezialkrankenhäusern ausgerichtet sein dürfen oder nur an den für einen Patienten faktisch erreichbaren Gegebenheiten. Diagnose- und Behandlungsmöglichkeiten, die erst in wenigen Spezialkliniken erprobt und durchgeführt werden, sind für den allgemeinen Qualitätsstandard nur insoweit zu berücksichtigen, als es um die Frage geht, ob der Patient wegen eines speziellen Leidens in die Spezialklinik hätte überwiesen werden müssen. Das erscheint zumindest für Notfälle zutreffend[1658]. Ist also der medizinische Standard (idR kein subjektiv erhöhter Standard wegen Sonderfähigkeiten) erkennbar nicht einzuhalten, ist der Patient zu überweisen[1659]. Generell ist daher nicht auf den optimalen, sondern auf den unter den konkreten Gegebenheiten zu erwartenden Standard abzustellen. In Grenzen ist der zu fordernde medizinische Standard je nach den personellen und sachlichen Möglichkeiten daher verschieden. Er kann bspw in einem mittleren oder kleineren Krankenhaus der Allgemeinversorgung gewahrt sein, wenn jedenfalls die Grundausstattung modernen medizinischen Anforderungen entspricht, auch wenn in einer Universitätsklinik oder einer personell und apparativ besonders gut ausgestatteten Spezialklinik überlegenere Möglichkeiten bestehen[1660].

e) **Beurteilungszeitpunkt.** Ob ein Arzt einen Behandlungsfehler begangen hat, beantwortet **377** sich danach, ob der Arzt nach den von ihm zu fordernden medizinischen Kenntnissen und Erfahrungen im konkreten Fall diagnostisch und therapeutisch vertretbar und sorgfältig zu Werke gegangen ist. Abzustellen ist dabei auf den Zeitpunkt der Behandlung[1661]. Insbesondere, wenn es sich um ein Übergangsstadium handelt, wird man das Festhalten an einer früheren Methode noch nicht ohne Weiteres als standardwidrig und fahrlässig ansehen können[1662]. Der Zeitbezogenheit des Standards entspricht es, dass auch haftungsrechtlich die ärztliche Pflicht besteht, sich auf dem medizinischen Fachgebiet regelmäßig weiterzubilden[1663]. Zugrunde gelegt wird zur Beurteilung der ärztlichen Sorgfalt eine objektive Betrachtung des Einzelfalls ex ante[1664]. Obwohl die Gerichte im Streitfall das Geschehen ex post betrachten, kommt es für die Beurteilung der Fehlerhaftigkeit allein auf die Sicht ex ante an. Die Frage an den Gutachter lautet daher, ob ein bestimmtes Geschehen zum Zeitpunkt des schädigenden Ereignisses ein Behandlungsfehler war. Nachträgliche Erkenntnisse können sich allein zum Vorteil des Arztes auswirken, wenn sie den von ihm eingeschlagenen Weg rechtfertigen[1665].

12. Entscheidungshilfen für Arzt und Patient. Sozialrechtliche Richtlinien müssen weitest- **378** gehend, medizinische Leitlinien sollen, Empfehlungen und begründete Stellungnahmen können befolgt werden[1666].

a) **Richtlinien.** Richtlinien der Bundesausschüsse für Ärzte bzw Zahnärzte und Krankenkas- **379** sen, vgl SGB V §§ 91 ff, insbesondere solche des GKV-Rechts, sind Regelungen des Handelns oder Unterlassens, die von einer gesetzlich, berufsrechtlich, standesrechtlich oder satzungsrechtlich legitimierten Institution konsentiert, schriftlich fixiert und veröffentlicht werden und für den Rechtsraum dieser Institution verbindlich sind[1667]. Ihre Nichtbeachtung kann definierte Sanktionen nach sich ziehen[1668]. Sie werden öffentlich-rechtlich begründet und angeordnet[1669],

---

1656 Zur unterbliebenen Verlegung auf die kardiologische Abteilung BGH, Beschl v 13.10.2020 – VI ZR 348/20, MedR 2021, 647–649 m Anm Frahm.
1657 Zur unterbliebenen Verlegung in ein Perinatalzentrum BGH, Urt v 14.12.1993 – VI ZR 67/93, NJW 1994, 1596.
1658 Deutsch/Spickhoff, MedR-HdB[7], Rz 359.
1659 Deutsch/Spickhoff, MedR-HdB[7], Rz 359.
1660 Zur unterbliebenen Verlegung in ein Perinatalzentrum BGH, Urt v 14.12.1993 – VI ZR 67/93, NJW 1994, 1596.
1661 Zur Zeitbezogenheit des Standards OLG Köln, Urt v 20.7.2011 – I-5 U 83/09, – 5 U 83/09, MedR 2012, 405; OLG Naumburg, Urt v 24.2.2011 – 1 U 58/10, GesR 2011, 478, 479 f.
1662 Deutsch/Spickhoff, MedR-HdB[7], Rz 360; vgl hierzu: Arzthaftung bei Schädigung durch Telekobaltbestrahlung OLG Düsseldorf, Urt v 28.12.1984 – 8 U 48/83, VersR 1985, 478; zum Verschulden bei Frühgeburt OLG Düsseldorf 27.4.1995 – 8 U 68/93, VersR 1996, 755.

1663 Deutsch/Spickhoff, MedR-HdB[7], Rz 360.
1664 Deutsch/Spickhoff, MedR-HdB[7], Rz 360.
1665 Geiß/Greiner, Arzthaftpflicht[8], B Rz 9; MünchKomm[8]/Wagner, § 630a Rz 143.
1666 Ollenschläger/Thomeczek, in: BÄK, KBV, AWMF (Hrsg), Curriculum Qualitätssicherung, Teil 1: Ärztliches Qualitätsmanagement, Texte und Materialien der BÄK zur Fortbildung und Weiterbildung, Bd 10, S 177 ff.
1667 Bloch/Lauterbach/Oesingmann/Rienhoff/Schirmer/Schwartz Deutsches Ärzteblatt 1997, 94: A-2154-5, https://www.aerzteblatt.de/archiv/7397/Bekanntmachungen-Beurteilungskriterien-fuer-Leitlinien-in-der-medizinischen-Versorgung-Beschluesse-der-Vorstaende-von-Bundesaerztekammer-und-Kassenaerztlicher-Bundesvereinigung-Juni-1997, zuletzt abgerufen am 31.12.2021; Bergmann GesR 2006, 337.
1668 Bergmann GesR 2006, 337.
1669 Deutsch/Spickhoff, MedR-HdB[7], Rz 362.

vermögen den Arzt aber nicht von sonstigen zwingenden Rechtsvorschriften zu entbinden[1670]. Es handelt sich daher nicht genuin um den Versuch der Standardumschreibung durch Mediziner, sondern um „externe Fremdregulierung durch rechtliche Anordnung, wobei der ärztlichen Profession kraft gesetzlichen Auftrags eine wichtige, jeweils unterschiedlich gestaltete Mitwirkungsrolle bei der Normsetzung zukommt"[1671]. Richtlinien finden sich ganz wesentlich im Sozialrecht, insbesondere im Vertragsarzt- und Vertragszahnarztrecht. Dort erlangen sie sozialrechtliche Verbindlichkeit[1672]. Ebenso finden sie sich aber auch im Berufsrecht[1673]. Die sozialrechtlichen Richtlinien beinhalten regelmäßig auch Wirtschaftlichkeitsüberlegungen. Im Sozialrecht legen die Richtlinien des GBA einen medizinisch einzuhaltenden Mindeststandard fest, die haftungsrechtliche Geltung dieser Richtlinien ist umstritten[1674]. Richtlinien legen den Standard insoweit fest, als eine Unterschreitung jedenfalls im sozialrechtlichen Sinn unzulässig ist. Der Standard kann aber mehr verlangen als die Richtlinien festlegen[1675].

380   b) **Leitlinien.** Medizinische Leitlinien haben durch die GKV-Gesundheitsreform, die zum 1.1.2000 in Kraft trat gemäß SGB V §§ 135 ff, insbesondere nach SGB V § 137e eine Legalfunktion und eine Verankerung im Sozialgesetzbuch erhalten.

381   Ärztliche Leitlinien sind eine Form der Festsetzung von Regeln guter ärztlicher Behandlung durch professionelle Institutionen[1676]. Sie gelten als Entscheidungshilfen über die angemessene ärztliche Vorgehensweise bei speziellen gesundheitlichen Problemen[1677]. Man spricht insoweit von wissenschaftlich begründeten und praxisorientierten Handlungsempfehlungen[1678]. Immer Bestandteil ist die Beurteilung der konkret erforderlichen Sorgfalt anhand des Einzelfalles[1679]. Rechtlich verbindlich sind Leitlinien erst dann, wenn sie rechtlich umgesetzt werden, was in unterschiedlicher Weise bspw im zivilrechtlichen Haftungsrecht über § 276 und § 630a Abs 2[1680] erfolgen kann. Grundsätzlich existieren Leitlinien in der Form internationaler, nationaler, regionaler und lokaler Leitlinien oder als krankenhausinterne, abteilungsgebundene und praxisnetzinterne Handlungsanweisungen. Leitlinien müssen in einen schlüssigen Zusammenhang mit der EbM (Evidence–based–Medicine) gestellt werden[1681].

382   Leitlinien dienen als Erkenntnisquellen für wissenschaftliche Evidenz, die in der Hierarchie weit oben stehen und deren standardsetzender Charakter seit langem diskutiert wird[1682]. Sie werden als Handlungsempfehlungen nach einer bestimmten Methodik entwickelt. Nach dem System der AWMF werden Leitlinien in vier Entwicklungsstufen von S1 bis S3 entwickelt und klassifiziert, wobei S3 die höchste Qualitätsstufe der Entwicklungsmethodik ist. Die methodische Qualität einer S3-Leitlinie ist dementsprechend höher als die einer S2e, k- oder S1-Leitlinie[1683]. Die überwiegende Mehrheit (knapp 70 %) aller Leitlinien der wissenschaftlichen medizinischen Fachgesellschaften sind allerdings S1–Leitlinien.

383   Grundsätzlich beinhalten ärztliche Leitlinien keine Wirtschaftlichkeitsüberlegungen. Hierbei handelt es sich um die gültige Einhaltung des Trennungs- und Transparenzgebotes. Leitlinien kommt dabei eine Rationalisierungsfunktion für (haftungs–)rechtliche Entscheidungen zu. Sie

---

1670 Vgl Kern/Rehborn, in: Laufs/Kern/Rehborn, HdB ArztR[5], § 5 Rz 24.
1671 Hart, Ärztliche Leitlinien im Medizin- und Gesundheitsrecht, S 34 f.
1672 Bergmann GesR 2006, 337, 338; Frahm GesR 2005, 529, 531; Müller GesR 2004, 257, 260; Jorzig/Feifel GesR 2004, 310, 311; Geiß/Greiner, Arzthaftpflicht[8], B Rz 9a.
1673 Bloch/Lauterbach/Oesingmann/Rienhoff/Schirmer/Schwartz Deutsches Ärzteblatt 1997, 94: A-2154-5, https://www.aerzteblatt.de/archiv/7397/Bekanntmachungen-Beurteilungskriterien-fuer-Leitlinien-in-der-medizinischen-Versorgung-Beschluesse-der-Vorstaende-von-Bundesaerztekammer-und-Kassenaerztlicher-Bundesvereinigung-Juni-1997, zuletzt abgerufen am 31.12.2021.
1674 Vgl Kern/Rehborn, in: Laufs/Kern/Rehborn, HdB ArztR[5], § 5 Rz 25; Martis MDR 2009, 1082 f.
1675 Müller GesR 2004, 257, 260; Geiß/Greiner, Arzthaftpflicht[8], B Rz 9a.
1676 Hart MedR 1998, 8 f; Hart, Ärztliche Leitlinien – rechtliche Aspekte, Ärztl Fortbildung Qualitätssicherung 2000; 94: 65, 69; vgl Kern/Rehborn, in: Laufs/Kern/Rehborn, HdB ArztR[5], § 5 Rz 23.
1677 Definition der AWMF bei Bergmann, BADK-Information 2003, S 125, Bergmann GesR 2006, 337.
1678 Bergmann GesR 2006, 337.
1679 Deutsch/Spickhoff, MedR-HdB[7], Rz 216, vgl hierzu Laufs, Zur haftungsrechtlichen Relevanz medizinischer Leitlinien (Thesen), in: Berg/Ulsenheimer (Hrsg), Patientensicherheit, Arzthaftung, Praxis- und Krankenhausorganisation, 253, 257, 258.
1680 Vgl Kern/Rehborn, in: Laufs/Kern/Rehborn, HdB ArztR[5], § 5 Rz 23.
1681 Antes/Bassler Dtsch Med Wochenschr 2000; 125 (38): 1119–1121; Antes Internist 1998, 39 (9), 899, 900 f; umfassend dazu Sackett/Richardson/Rosenberg/Haynes, Evidenzbasierte Medizin.
1682 BGH, Beschl v 28.3.2008 – VI ZR 57/07, GesR 2008, 361; BGH, Beschl v 7.2.2011 – VI ZR 269/09, VersR 2011, 1202; vgl Ihle GesR 2011, 394; Kopp GesR 2011, 385, 386; für einen standardsetzenden Charakter: Hart, in: Hart (Hrsg), Ärztliche Leitlinien im Medizin- und Gesundheitsrecht, Recht und Empirie professioneller Normbildung, S 115 ff; Hart MedR 1998, 8, 10 ff; dagegen Stöhr, Leitlinien, Richtlinien und ärztliche Haftung, in: Müller/Osterloh/Stein (Hrsg), Festschr für Günter Hirsch zum 65. Geburtstag, 431, 437; Stöhr MedR 2010, 214, 215.
1683 Kritisch hierzu Deutsch/Spickhoff, MedR-HdB[7], Rz 366.

machen die Basis medizinischer Bewertungen transparent und tragen damit auch zur Qualitätsverbesserung rechtlicher Entscheidungen über Behandlungsfehler bei[1684]. Die Rede ist insoweit von Leitlinien als „sichtbar gemachtem Standard"[1685] oder auch von der Leitlinie als „antizipiertem Sachverständigengutachten"[1686], wobei ausschlaggebend für die konkrete Geltungskraft einer Leitlinie deren jeweiliges Ranking innerhalb der anerkannten Leitlinien–Ordnung ist[1687].

Verbindlichkeit für die Versorgung erlangt die Leitlinie, wenn sie durch eine sozialrechtliche Entscheidung der gemeinsamen Selbstverwaltung nach dem SGB V Anerkennung gefunden hat. Damit kann die Leitlinie zur Grundlage von sozialrechtlichen Richtlinien oder Kriterien[1688] und dadurch im vertragsärztlichen wie im stationären Bereich verbindlich gemacht werden. Die sozialrechtliche Richtlinie beinhaltet im Gegensatz zur Leitlinie immer auch eine Wirtschaftlichkeitsbewertung. Solche Richtlinien können Behandlungen ausschließen oder zulassen und stehen sich je nach medizinischer Fragestellung oftmals mehr oder weniger unversöhnlich gegenüber in der Frage, ob wissenschaftliche Erkenntnis oder praktische ärztliche Erfahrung vorgehen sollte[1689]. Die sozialrechtlichen Vorgaben haben mittlerweile zu einer klaren Akzentverschiebung geführt, und zwar hin zum Vorrang der wissenschaftlichen Evidenz gegenüber der praktischen ärztlichen Erfahrung. **384**

Widersprüchliche Leitlinien[1690] – seien es Leitlinien verschiedener Fachgebiete zu denselben Behandlungen, seien es lokale, regionale oder institutionsinterne Leitlinien unterschiedlichen Inhalts – sind entweder ein Hinweis auf das Fehlen eines Standards oder auch unterschiedliche und möglicherweise fehlerhafte Interpretationen der vorhandenen Evidenz[1691]. Im ersten Falle ist die ärztliche Behandlung zu den Heilversuchsbehandlungen zu rechnen, im zweiten stehen sowohl der Behandlungsvertrag als auch das Haftungsrecht vor einer Bewertungsfrage, die auf zweierlei Weise beantwortet werden kann: Entweder hat der Arzt die Behandlung mit der besseren Nutzen/Risiko Bilanz, insbesondere den geringeren Risiken auszuwählen und somit dem Risikominimierungsgebot entsprochen, oder er hat den Patienten, soweit Alternativen denn vorhanden sind, über die unterschiedlichen Möglichkeiten der Behandlung, also die Behandlungsalternativen aufzuklären[1692]. Die Rspr verlangt grundsätzlich die Aufklärung[1693]. Zwar wird das Vertrauen auf eine fehlerhafte Leitlinie den Arzt haftungsrechtlich niemals entlasten können[1694], aber es käme zusätzlich auch eine Haftung der Leitlinienersteller in Betracht – über eine Sachverständigenhaftung. Insbesondere, wenn der in den Leitlinien niedergelegte Standard überholt ist, ist er (unstreitig) nicht maßgebend[1695]. Die Rspr stellt bei der Konkretisierung des Standards im Einzelfall regelhaft auf den konkret einberufenen Sachverständigen ab[1696]. **385**

Die „Aciclovir–Entscheidung" des OLG Köln[1697] betrifft nicht die Verletzung einer Leitlinie, sondern deren Einhaltung, auf die sich im fraglichen Fall die Behandler beriefen. Gleiches gilt für eine Entscheidung des OLG Hamm[1698], hier wurde zwar ein Verstoß gegen Leitlinien im Verhältnis zum Standard festgestellt, jedoch keinerlei Konsequenz daraus gezogen. In einer Entscheidung des OLG Düsseldorf führte ein Verstoß gegen Leitlinien[1699] zur Annahme eines groben Behandlungsfehlers und zur Haftung des Arztes. In einer Entscheidung des OLG Naumburg **386**

1684 Vgl Kern/Rehborn, in: Laufs/Kern/Rehborn, HdB ArztR[5], § 5 Rz 23.
1685 Taupitz AcP 2011, 352, 367 f.
1686 Taupitz AcP 2011, 352, 378; Taupitz, Die Standesordnungen der freien Berufe, S 1172 ff.
1687 Stöhr, Leitlinien, Richtlinien und ärztliche Haftung, in: Müller/Osterloh/Stein (Hrsg), Festschr für Günther Hirsch zum 65. Geburtstag, S 431, 432.
1688 SGB V §§ 92, 135, 136a für den niedergelassenen Arzt, SGB V § 137, 137c für den stationären Bereich im Ausschuss Krankenhaus und für den Koordinierungsausschuss SGB V § 137e.
1689 Siehe zum Streit um die Hormontherapie Buchner/Schmacke GesR 2010, 169, 171.
1690 Vgl Deutsch/Spickhoff, MedR-HdB[7], Rz 372: Gibt es widersprüchliche Leitlinien, kann man von einer die Pflichtverletzung indizierenden Wirkung im Falle der Abweichung von einer der Leitlinien nicht sprechen, es sei denn, die ältere ist bereits veraltet.
1691 Dressler, Die Bedeutung von ärztlichen Leitlinien im Rechtsstreit, in: Hart (Hrsg), Ärztliche Leitlinien, S 161 ff; Zur laparoskopischen Sterilisation OLG Hamm, Urt v 27.1.1999 –3 U 26/98, NJW 2000, 1801, 1801 f.
1692 Francke, Die Sozialgerichtsbarkeit 2000, 159, 160 f.

1693 Grdl zur Hinweispflicht des Arztes BGH Urt v 27.9.1977 – VI ZR 162/76, NJW 1978, 587; zur Aufklärungspflicht über Behandlungsalternativen bei einem Unfallpatienten BGH, Urt v 11.5.1982 – VI ZR 171/80, MDR 1982, 1009, 1009 f; zur Unterlassung einer Krebsbehandlung nach Regeln d Schulmedizin BGH, Urt v 21.6.1960 – 1 StR 186/60, NJW 1960, 2253; zu verbotenen Außenseitermethoden bei Krebsbehandlung „Issels-Fall" BGH, Urt v 3.5.1962 – 1 StR 18/62, NJW 1962, 1780; „Racz-Katheter-Urteil" BGH, Urt v 22.5.2007 – VI ZR 35/06, BGHZ 172, 254 Rz 12; „Störfeldbeseitigung-Urteil" BGH, Urt v 30.5.2017 – VI ZR 203/16, VersR 2017, 1142 Rz 6.
1694 Vgl Deutsch/Spickhoff, MedR-HdB[7], Rz 373.
1695 Deutsch/Spickhoff, MedR-HdB[7], Rz 373; OLG Düsseldorf GesR 2007, 110.
1696 Hart MedR 1998, 8, 9, 13.
1697 „Aciclovir–Entscheidung" OLG Köln, Urt v 30.5.1990 – 27 U 169/89, VersR 1991, 186 f.
1698 Zur laparoskopischen Sterilisation OLG Hamm, Urt v 27.1.1999 –3 U 26/98, NJW 2000, 1801.
1699 Zur Hygiene bei Durchführung einer Kniepunktion OLG Düsseldorf, Urt v 15.6.2000 – 8 U 99/99, VersR 2000, 1019 f.

wird die haftungsrechtliche Relevanz von Leitlinien gänzlich verneint[1700]. Die Leitlinien stellen solange keine verbindlichen Handlungsanleitungen für die ärztliche Praxis dar, solange die Diskussion um ihre Legitimität sowie ihre Qualität und Aktualität anhält[1701]. Entsprechend urteilte auch das OLG Hamm[1702], dass Leitlinien den medizinischen Standard nur wiedergeben, ihn aber nicht begründen können. Darüber hinaus böten Leitlinien nur eine schematische Lösung, ohne sämtliche Behandlungsvariablen für den konkreten Einzelfall zu beinhalten.

387 Deshalb können nach Ansicht des OLG Koblenz[1703] die von der Gesellschaft für Gynäkologie und Geburtshilfe entwickelten Leitlinien für den zeitlichen Ablauf einer Schnittentbindung (Entschluss bis Entwicklungszeit) nicht ohne weiteres auf eine Sectio übertragen werden, die nach einer häuslichen Uterusruptur notfallmäßig durchgeführt werden muss. Das OLG Stuttgart hingegen bewertet das Abweichen von einer Leitlinie, die von 95 % der betroffenen Ärzte abgelehnt wird, als – wenn auch einfachen – Behandlungsfehler[1704]. Es kam allerdings zumindest zu dem Ergebnis, dass der Verstoß gegen die Behandlungsregeln der Leitlinien nicht zwingend einen groben/schweren Behandlungsfehler darstellt[1705]. Das OLG Köln hingegen bestätigte[1706], dass Leitlinien den medizinisch-wissenschaftlichen Erkenntnisstand im Zeitpunkt ihrer Erstellung zwar bündeln und abbilden sollen, ihnen jedoch keine Rechtsverbindlichkeit zukäme. Sei eine ärztliche Handlung nicht leitlinienkonform, könne hieraus nicht eine Standardunterschreitung gefolgert werden. Dies gelte ebenso umgekehrt: „das Befolgen einer Leitlinienempfehlung befreie im Einzelfall nicht automatisch von dem Vorwurf eines Behandlungsfehlers"[1707]. Dies entspricht so der Rspr des BGH, dass Handlungsanweisungen in Leitlinien ärztlicher Fachgremien oder Verbände nicht unbesehen mit dem medizinischen Standard gleichgesetzt werden dürfen[1708]. Dies gilt in besonderem Maße für Leitlinien, die erst nach der zu beurteilenden medizinischen Behandlung veröffentlicht worden sind[1709]. „Leitlinien ersetzen ferner kein Sachverständigengutachten. Zwar können sie im Einzelfall den medizinischen Standard für den Zeitpunkt ihres Erlasses zutreffend beschreiben; sie können aber auch Standards ärztlicher Behandlung fortentwickeln oder ihrerseits veralten"[1710].

388 Empfehlungen lenken die Aufmerksamkeit der Ärzteschaft und der Öffentlichkeit auf bestimmte Themen oder Sachverhalte, indem umfassende Informationen und Anregungen, Ratschläge oder Hinweise sowie konsentierte Lösungsstrategien zu ausgewählten Fragestellungen vermittelt werden. Hierzu zählen trotz der anderslautenden Betitelung auch die Richtlinien der Bundesärztekammer und der Deutschen Krankenhausgesellschaft, diese sind ebenfalls als Empfehlung zu bewerten. Empfehlungen allein weisen keinen standardbildenden Charakter auf.

389 c) **Stellungnahmen.** Stellungnahmen sind bloße Ausführungen, in denen ein Standpunkt zu einem ausgewählten Thema oder zu einer Frage vermittelt wird. Stellungnahmen wie beispielsweise eine Handlungsanweisung in einer Operationsanleitung einer Prothese begründen keinen ärztlichen Facharztstandard[1711]. Vielmehr kann sogar die ärztliche Pflicht bestehen, von der Anleitung abzuweichen, wenn dies die medizinischen Erkenntnisse im Zeitpunkt der Behandlung gebieten[1712]. Über eine Abweichung von der Handlungsanweisung des Prothesenherstellers müssen die Behandler den Patienten auch nicht aufklären, weil es sich lediglich um ein bloßes technisches Operationsdetail handelt und damit nach den medizinischen Erkenntnissen im Zeitpunkt der Operation keine Risikoerhöhung einhergeht[1713].

390 13. **Behandlung außerhalb des Standards.** – a) **Einleitung.** Der letzte Satzteil des § 630a Abs 2 spricht dafür, dass sämtliche ärztliche Tätigkeiten zum Gegenstand eines Behandlungsvertrages gemacht werden können. Er ist insofern problematisch, als er Vereinbarungen zulässt, die vom Standard abweichen. Ein Unterschreiten des Standards wird gemeinhin als Behandlungsfeh-

---

1700 OLG Naumburg, Urt v 19.12.2001 – 1 U 46/01, MedR 2002, 471 f m krit Anm Hart.
1701 OLG Naumburg, Urt v 19.12.2001 – 1 U 46/01, MedR 2002, 471 f m krit Anm Hart.
1702 Zur Thromboseprophylaxe und Rechtsherzkatheteruntersuchung OLG Hamm, Urt v 9.5.2001 – 3 U 250/99, VersR 2002, 857.
1703 OLG Koblenz, Urt v 24.5.2007 – 5 U 1735/05, MedR 2008, 511.
1704 Vgl OLG Stuttgart, Urt v 22.2.2001 – 14 U 62/2000, MedR 2002, 650; Kern MedR 2002, 650, 652, 653; Geser, Grenzen der Hilfeleistungspflicht des Notarztes im öffentlichen Rettungsdienst, S 7; Heyers Bonner Rechtsjournal (BRJ) 2/2012, 135, 138.
1705 Vgl OLG Stuttgart, Urt v 22.2.2001 – 14 U 62/2000, MedR 2002, 650.
1706 OLG Köln, Urt v 15.10.2018 – 5 U 76/16, MedR 2019, 725.
1707 OLG Köln, Urt v 15.10.2018 – 5 U 76/16, MedR 2019, 725.
1708 Zur „Klinik-Kooperation bei Zwillingsgeburt" BGH, Urt v 15.4.2014 – VI ZR 382/12, NJW-RR 2014, 1053 mit allen Varianten an ärztlichen Leitlinienentscheidungen im Verhältnis zum medizinischen Facharztstandard.
1709 BGH, Urt v 15.4.2014 – VI ZR 382/12, NJW-RR 2014, 1053.
1710 BGH, Urt v 15.4.2014 – VI ZR 382/12, NJW-RR 2014, 1053.
1711 OLG Zweibrücken, Beschl v 17.8.2020 – 5 U 138/19, -juris.
1712 OLG Zweibrücken, Beschl v 17.8.2020 – 5 U 138/19, -juris.
1713 OLG Zweibrücken, Beschl v 17.8.2020 – 5 U 138/19, -juris.

ler gewertet und kann daher streng genommen nicht Gegenstand des Behandlungsvertrages sein[1714]. Da die Materialien zu Unrecht den Standard mit den Leitlinien gleichsetzen[1715], ist der zweite Absatz so auszulegen, dass die Behandler entweder eine leitlinienkonforme Behandlung schulden[1716] oder alternativ, dass es sich bei dem genannten Abweichen nicht um ein Unterschreiten des Standards handeln darf. Nach den Materialien entspricht es der Dispositionsmöglichkeit der Parteien, einen von den anerkannten fachlichen Standards abweichenden Standard der Behandlung zu verabreden[1717]. Dies umfasst auch den Bereich des „Off-Label-Use". Ein „Off-Label-Use" bedeutet, dass Ärzte ein Arzneimittel für eine andere Krankheit als im Rahmen der pharmazeutischen Zulassung vorgesehen, anwenden. Das Mittel wird also abweichend von der ursprünglichen Indikation, der altersbezogenen Anwendung oder auch der vorgeschriebenen Menge eingesetzt. Weiterhin liegt eine Abweichung bei der Vornahme von ärztlichen Außenseiter- und Neulandmethoden vor, ärztliche Methoden sind dann noch nicht oft genug erprobt worden, um bereits als „Standard" gelten zu können.

b) Neue Behandlungsmethoden und die Grundsätze der Rechtsprechung. Die medizinische Behandlung muss grundsätzlich offen sein für neue Untersuchungs- und Behandlungsmethoden[1718]. Entsprechendes dürfte auch dann gelten, soweit der Behandelnde plausibel begründen kann, dass die Befindlichkeit seines Patienten so stark von der Regel abweicht, dass eine modifizierte Strategie ergriffen werden musste[1719]. Insofern soll dem Behandelnden sowohl beim diagnostischen Verfahren als auch im Therapiebereich ein ausreichender Beurteilungs- und Entscheidungsspielraum verbleiben, in dessen Rahmen er zur pflichtgemäßen Ausübung seines Ermessens verpflichtet ist[1720]. Die Rspr steht auf dem Standpunkt, dass eine Abweichung vom Standard im Einzelfall erlaubt, deren Notwendigkeit aber zu beweisen sei[1721]. 391

Die Wahl einer Außenseitermethode ist zulässig, unter der Voraussetzung, dass der Operateur über besondere Erfahrungen mit dieser Methode verfügt und zudem die technische Ausstattung, eine solche Vorgehensweise erlaubt[1722]. Die Anwendung eines neuen Therapiekonzepts ist erst dann geschuldet, wenn die neue Methode risikoärmer sei oder bessere Heilungschancen verspräche, in der medizinischen Wissenschaft im Wesentlichen unumstritten sei und von einem sorgfältigen Arzt ihre vorrangige Anwendung deshalb verantwortet werden könne[1723]. Zumindest sei die Wahl einer neuen gefährlicheren Methode zulässig, wenn sie eindeutig indiziert sei und die besten Erfolgsaussichten böte[1724]. Im Rahmen der Anwendung einer Außenseitermethode ist die Anforderung der umfassenden Patientenaufklärung im Vorfeld gestellt[1725], auch hinsichtlich der Standardtherapie[1726]. Wegweisend war die „Robodoc-Entscheidung"[1727]. Danach ist die Anwendung einer alternativen Behandlungsmethode nicht ohne weiteres fehlerhaft[1728]. Der Arzt sei bei der Wahl der Therapie nicht stets auf den jeweils sichersten therapeutischen Weg festgelegt[1729]. In weiterer Ausführung zu dem „Robodoc-Urteil" wurde im „Racz-Urteil" erstmals festgelegt, dass eine Außenseitermethode aber anhand des Sorgfaltsmaßstabs eines „vorsichtigen Arztes" anzuwenden sei[1730]. Es folgte ein weiteres Urteil zur ärztlichen Haftung bei Heilversuchen mit neuen Medikamenten und bezüglich der Medikamenteneinnahme im Rahmen des „Off-Label-Use"[1731]. Die einmalige Information zu Beginn der Behandlung reiche dafür nicht aus[1732]. Die Zulassung eines Medikaments gäbe lediglich ein Verkehrsfähigkeitsattest, welche 392

1714 Kern, in: Ratzel/Lissel, Hdb d Medizinschadensrechts, § 1 Rz 5.
1715 BT-Drucks 17/10488, 19.
1716 Kern, in: Ratzel/Lissel, Hdb d Medizinschadensrechts, § 1 Rz 5.
1717 BT-Drucks 17/10488, 20.
1718 BT-Drucks 17/10488, 20.
1719 BT-Drucks 17/10488, 20.
1720 BT-Drucks 17/10488, 20.
1721 OLG Naumburg, Urt v 24.9.2015 – 1 U 132/14, GuP 2016, 37.
1722 Zur Frage, ob eine Küntscher-Marknagelung zulässig ist OLG Düsseldorf, Urt v 20.12.1990 – 8 U 110/89, NJW-RR 1991, 987, 988, 989.
1723 OLG Köln, Urt v 10.4.1991 – 27 U 152/90, NJW 1992, 1564, 1565, 1566.
1724 „Nashold-Operation" OLG Celle, Urt v 11.2.1991 – 1 U 71/89, VersR 1992, 749.
1725 „Racz-Katheter" BGH, Urt v 22.5.2007 – VI ZR 35/06, BGHZ 172, 254, 255 f m Anm Spickhoff MedR 2008, 87, 89.
1726 Hans OLG Bremen, Urt v 12.3.2004 – 4 U 3/04, -juris.

1727 „Robodoc-Urteil" BGH, Urt v 13.6.2006 – VI ZR 323/04, BGHZ 168, 103 Rz 6.
1728 „Robodoc-Urteil" BGH, Urt v 13.6.2006 – VI ZR 323/04, BGHZ 168, 103 Rz 6; „Medikament gegen Epilepsie" BGH Urt v 27.3.2007 – VI ZR 55/0, BGHZ 172, 1, Rz 11; „Racz-Katheter" BGH Urt v 22.5.2007 – VI ZR 35/06, BGHZ 172, 254 Rz 6; „Störfeldbeseitigung" Urt v 30.5.2017 – VI ZR 203/16, VersR 2017, 1142 Rz 6.
1729 „Racz-Katheter" BGH Urt v 22.5.2007 – VI ZR 35/06, BGHZ 172, 254 Rz 6; BGH, Urt v 7.7.1987 – VI ZR 146/86, VersR 1988, 82 Rz 6; Geiß/Greiner, Arzthaftpflicht[8], B Rz 35; Kern/Rehborn, in: Laufs/Kern/Rehborn, HdB ArztR[5], § 5 Rz 23; Katzenmeier, in: Laufs/Katzenmeier/Lipp, Arztrecht[8], X Rz 83 ff; Katzenmeier, NJW 2006, 2738, 2739.
1730 „Racz-Katheter" BGH, Urt v 22.5.2007 – VI ZR 35/06, BGHZ 172, 254, 255 f m Anm Spickhoff MedR 2008, 87, 89.
1731 „Medikament gegen Epilepsie" BGH, Urt v 27.3.2007 – VI ZR 55/05, BGHZ 172, 1, Rz 11.
1732 BGH, Urt v 13.6.2006 – VI ZR 323/04, VersR 2006, 1073.

eine Vermutung für die Verordnungsfähigkeit in der konkreten Therapie auslösen würde[1733]. Ein individueller Heilversuch mit einem noch nicht zugelassenen Medikament sei durch das Arzneimittelgesetz gerade nicht verboten worden[1734].

393 Zur Patientenaufklärung gehört die Information bei einer Folgebehandlung, eine Außenseitermethode anzuwenden[1735], wie es die Rspr verlangt[1736]. Die Literatur nahm zum Teil an, dass es sich bei einem erlaubten „Off-Label-Use" iRe Außenseitermethode nicht um einen Versuch, sondern um einen „besonderen Heilschritt" handeln würde, da dieser eventuell keine Einzelmaßnahme sei und zudem keine Neuheit verlangt, sondern lediglich eine ausführliche Besprechung mit dem Patienten und dessen Billigung[1737]. Im Bereich des echten Heilversuchs zugunsten eines „austherapierten", sonst nicht mehr behandelbaren und schwerst erkrankten, evtl vom Tode bedrohten Patienten dürfe man auch zu riskanteren Behandlungsmethoden greifen[1738]. Allerdings müssten auch Heilversuche nach dem Stand der medizinischen Wissenschaft je nach Grad der Belastung ein mehr oder weniger deutliches, zumindest aber signifikantes Potential und somit eine realistische, begründbare Chance auf Besserung, zumindest auf Linderung, aufweisen[1739]. Dem Heilversuch ist der Maßstab eines vorsichtigen Arztes zugrundezulegen[1740]. Die Aufklärung habe dem Zustand des Patienten entsprechend rücksichtsvoll zu erfolgen; womöglich verzichtet der schwersterkrankte, einwilligungsfähige Patient auf die Aufklärung nach § 630c Abs 3[1741]. Ungeachtet dessen ist aber eine hypothetische Einwilligung nur mit großer Zurückhaltung zu unterstellen[1742]. Der BGH hatte im Jahr 2013 über einen Fall mit sog medizinischen „Neulandmethoden"[1743] zu entscheiden, bei deren Anwendung der Patient nicht hinreichend über den potenziellen Nutzen einer „Neulandmethode"[1744] aufgeklärt worden sei, dies machte seine Einwilligungserklärung objektiv unwirksam[1745]. Allerdings wurde im entschiedenen Fall wegen des Vorliegens einer hypothetischen Einwilligung die Strafbarkeit des behandelnden Arztes verneint, da der geschädigte Patient seine unbedingte Bereitschaft, sich der neuartigen Behandlungsmethode zu unterziehen, gegenüber dem Arzt verdeutlicht hatte. Es war somit davon auszugehen, dass der Patient auch bei vollständiger Aufklärung über die Neulandmethode in den Eingriff eingewilligt hätte. In 2017 analysierte der BGH erneut die Auswahl einer nicht vollständig anerkannten Behandlungsmethode und bestätigte seine Auffassung[1746]. Die Klägerin litt hier unter einer Belastungsharninkontinenz. Die Beklagte operierte die Klägerin und versorgte diese mit einem Kunstnetz. Hierbei handelte es sich um eine neuartige Operationstechnik, in deren Folge es zu starken Schmerzen mit mehreren Revisionsoperationen kam[1747]. Die Klägerin hätte über die Neulandmethode aufgeklärt werden müssen. Je schwerer und radikaler der Eingriff in die körperliche Unversehrtheit des Patienten ausfällt, desto höher sind die Anforderungen an die medizinische Vertretbarkeit der gewählten Behandlungsmethode[1748]. Bei einem neuen Operationsverfahren[1749] ist ausdrücklich darauf hinzuweisen, dass völlig unbekannte Komplikationen auftreten können[1750]. In einem Revisionsverfahren vor dem BGH aus 2019[1751] beanstandete eine Klägerin ebenfalls, dass bei ihr ein nicht allgemein anerkanntes Behandlungskon-

---

1733 Vgl Hart MedR 1991, 300, 304 f.
1734 „Medikament gegen Epilepsie" BGH, Urt v 27.3.2007 – VI ZR 55/05, BGHZ 172, 1, Rz 11.
1735 Zur wirksamen Aufklärung bei der Therapie mit einer Neulandmethode BGH, Urt v 18.5.2021 – VI ZR 401/19, NJW-RR 2021, 886; BGH, Urt v 22.12.2010 – 3 StR 239/10, GesR 2011, 237, 238 f.
1736 OLG Köln, Urt v 30.5.2012 – 5 U 44/06, MedR 2013, 298, Bergmann/Wever, Anm z OLG Köln v 30.5.2012 – 5 U 44/06, MedR 2013, 298, 299; OLG Hamm, Urt v 25.2.2014 – 26 U 157/12, GesR 2014, 413 zur Thematik des Einbringens einer axialen Schraube zwischen den Wirbelkörpern; das Gutachten ergab, dass die angewandte Methode eine Neulandmethode mit einer extrem hohen Komplikationsrate ist.
1737 Deutsch, Medizin und Forschung vor Gericht, S 42.
1738 Deutsch/Spickhoff, MedR-HdB[7], Rz 339.
1739 Deutsch/Spickhoff, MedR-HdB[7], Rz 339.
1740 OLG Hamm, Urt v 11.11.2016 – I-26 U 16/16, MedR 2017, 814; vgl § 630a Rz 307.
1741 Deutsch/Spickhoff, MedR-HdB[7], Rz 339.
1742 Zur Bejahung der hypothetischen Einwilligung BGH, Urt v 20.2.2013 – 1 StR 320/12, NJW 2013, 1688, 1689, 1690 m Anm Dann, GuP 2014, 115; m Anm Beckemper NZWiSt 2013, 232, 233 ff; m Anm Valerius HRRS 2014, 22, 22 ff; zur Ablehnung BGH, Urt v 18.5.2021 – VI ZR 401/19, ArztR 2021, 229 ff; zur Aufklärungspflicht eines neu eingesetzten Medikaments BGH, Urt v 17.4.2007 – VI ZR 108/06, NJW 2007, 2771, 2772, 2773.
1743 Kern, in: Laufs/Kern/Rehborn, HdB ArztR[5], § 131 Rz 18, „Das Gegensatzpaar heißt nicht Versuch und Erfolg, sondern Versuchsbehandlung und Standardbehandlung.".
1744 Vorliegend ging es um eine Leberzellentransplantation.
1745 Zur Bejahung der hypothetischen Einwilligung BGH, Urt v 20.2.2013 – 1 StR 320/12, NJW 2013, 1688, 1689, 1690 m Anm Dann, GuP 2014, 115; m Anm Beckemper NZWiSt 2013, 232, 233 ff; m Anm Valerius HRRS 2014, 22, 22 ff; zur Ablehnung BGH, Urt v 18.5.2021 – VI ZR 401/19, ArztR 2021, 229 ff; zur Aufklärungspflicht eines neu eingesetzten Medikaments BGH, Urt v 17.4.2007 – VI ZR 108/06, NJW 2007, 2771, 2772, 2773.
1746 BGH, Urt v 30.5.2017 – VI ZR 203/16, VersR 2017, 1142.
1747 OLG Hamm, Urt v 23.1.2018 – 26 U 76/17, MedR 2018, 409.
1748 OLG Hamm, Urt v 23.1.2018 – 26 U 76/17, MedR 2018, 409.
1749 Vorliegend ging es um ein Netzimplantat bei Senkungsoperation.
1750 Vgl LG Siegen, Urt v 5.5.2017 – 2 O 1/15, BeckRS 2018, 1400.
1751 BGH, Urt v 15.10.2019 – VI ZR 105/18, ArztR 2020, 47 ff.

zept angewandt worden sei[1752]. Erneut wurden die Anforderungen der spezifischen Aufklärung ausgeführt[1753] aber auch erläutert, dass die allgemein gezogenen Grenzen der § 138, StGB § 228 zu beachten seien[1754]. Diese würden durch die medizinische/ärztliche Vertretbarkeit des Behandlungskonzeptes gezogen[1755].

Das BSG[1756] entschied zu einem Vergütungsstreit zwischen Krankenhaus und -kasse, dass die ordnungsgemäße Aufklärung eines GKV-Versicherten dem Wirtschaftlichkeitsgebot diene. Dem BSG zufolge könne zwar bei Routinebehandlungen im Sinne einer widerlegbaren Vermutung davon ausgegangen werden, dass die Aufklärung ordnungsgemäß stattgefunden habe. Dies gelte jedoch nicht, wenn mit der Behandlung ein hohes Risiko schwerwiegender Schäden, insbesondere ein hohes Mortalitätsrisiko verbunden sei[1757] oder die verbleibende Lebenszeit dadurch stark verkürzt und beschwert würde[1758]. In besonderem Maße gelte dies, wenn es sich bei der beabsichtigten Behandlung um einen noch nicht dem allgemein anerkannten medizinischen Standard entsprechenden Therapieansatz handele[1759]. Eine nicht allgemein anerkannte Behandlungsmethode dürfe angewendet werden, wenn die medizinische Abwägung unter Vergleich der zu erwartenden Vorteile und ihrer zu vermutenden Nachteile[1760] mit der standardgemäßen Behandlung zum Wohle des Patienten die neue Methode rechtfertigt[1761]. Höhere Belastungen oder Risiken für den Patienten müssen in den Besonderheiten des konkreten Falles oder in einer günstigeren Heilungsprognose oder zumindest einer längeren beschwerdefreieren Lebenszeit eine sachliche Rechtfertigung finden[1762]. Hierüber muss als Vergütungsvoraussetzung für die Leistungsabrechnung wirksam aufgeklärt worden sein[1763]. Dem Patienten müssen nicht nur das Für und Wider dieser Methode erläutert werden, sondern er ist auch darüber aufzuklären, dass der geplante Eingriff nicht oder noch nicht medizinischer Standard ist[1764]. Eine Neulandmethode darf nur dann am Patienten angewandt werden, wenn diesem zuvor unmissverständlich verdeutlicht wurde, dass die neue Methode die Möglichkeit unbekannter Risiken in sich birgt[1765].

Wird eine Behandlung nach einer neuen Methode durchgeführt, treffen den Arzt, der diese Behandlung durchführt, besondere Pflichten, den Patienten zu begleiten und zu beobachten, insbesondere sofort auf Komplikationen zu reagieren[1766]. Ergeben sich im Rahmen der Testung des Medikamentes oder am Patienten selbst während der Verabreichung neue Erkenntnisse über negative Nebenwirkungen, ist die Behandlung sofort abzubrechen[1767].

Lange Zeit unterschätzt und somit auch in der wissenschaftlichen Literatur vernachlässigt wurde die psychische Wirkung von sog Placebos auf das Therapiegelingen[1768]. Ein Placebo ist

---

1752 BGH, Urt v 15.10.2019 – VI ZR 105/18, ArztR 2020, 47 ff.
1753 BGH, Urt v 15.10.2019 – VI ZR 105/18, ArztR 2020, 47 ff.
1754 Vogeler GuP 2020, 75, 77.
1755 Vogeler GuP 2020, 75, 77.
1756 Zur Patienteneinwilligung bei Neulandmethode BSG, Urt v 8.10.2019 – B 1 KR 3/19, BSGE 129, 171 = NZS 2020, 342; kein Vergütungsanspruch bei Neulandmethode BSG, Urt v 8.10.2019 – B 1 KR 4/19, openJur 2020, 82137; zur Einwilligung als Abrechnungserfordernis BSG, Urt v 19.3.2020 – B 1 KR 20/19 R, NJW 2020, 2659 = MedR 2020, 941; Vgl Webel ZMGR 2/2020, 108, 117.
1757 BSG, Urt v 19.3.2020 – B 1 KR 20/19 R, NJW 2020, 2659 = MedR 2020, 941.
1758 BSG, Urt v 8.10.2019 – B 1 KR 3/19, BSGE 129, 171 = NZS 2020, 342; BSG, Urt v 8.10.2019 – B 1 KR 4/19, openJur 2020, 82137; Webel ZMGR 2/2020, 108, 117.
1759 Webel ZMGR 2/2020, 108, 117.
1760 „Racz–Katheter" BGH, Urt v 22.5.2007 – VI ZR 35/06, BGHZ 172, 254, 255 f m Anm Spickhoff MedR 2008, 87, 89; „Medikament gegen Epilepsie" BGH, Urt v 27.3.2007 – VI ZR 55/05, BGHZ 172, 1 Rz 11 = NJW 2007, 2787.
1761 Schroeder-Printzen, Veränderung des medizinischen Standards durch das SGB V?, in: Jorzig/Uphoff (Schriftltg) Standard-Chaos? Der Sachverständige im Dickicht zwischen Jurisprudenz und Medizin, Schriftenreihe Medizinrecht, S 25, 29; vgl „Robodoc-Urteil" BGH, Urt v 13.6.2006 – VI ZR 323/04, BGHZ 168, 103 Rz 6; „Medikament gegen Epilepsie" BGH, Urt v 27.3.2007 – VI ZR 55/05,

BGHZ 172, 1 Rz 11; „Störfeldbeseitigung–Urteil" BGH, Urt v 30.5.2017 – VI ZR 203/16, VersR 2017, 1142 Rz 7; Kern/Rehborn, in: Laufs/Kern/Rehborn, HdB ArztR[5], § 5 Rz 23; Katzenmeier, in: Laufs/Katzenmeier/Lipp, Arztrecht[7], X Rz 94 ff.
1762 Vgl BGH, Urt v 15.10.2019 – VI ZR 105/18, VersR 2020, 168; „Racz–Katheter" BGH, Urt v 22.5.2007 – VI ZR 35/06, BGHZ 172, 254, 255 f m Anm Spickhoff MedR 2008, 87, 89; BGH, Urt v 7.7.1987 – VI ZR 146/86, BGHZ 168, 103, 105 = VersR 1988, 82; Katzenmeier, Arzthaftung, S 311; Katzenmeier, in: Laufs/Katzenmeier/Lipp, Arztrecht[7], Rz X 94 ff; Spickhoff MedR 2008, 89, 90; Geiß/Greiner, Arzthaftpflicht[8], B Rz 35; Frahm/Walter, Arzthaftungsrecht[7], Rz 238.
1763 Webel ZMGR 2/2020, 108, 117.
1764 BGH, Urt v 18.5.2021– VI ZR 401/19, NJW-RR 2021, 886.
1765 BGH, Urt v 18.5.2021– VI ZR 401/19, NJW-RR 2021, 886.
1766 „Racz–Katheter" BGH, Urt v 22.5.2007 – VI ZR 35/06, BGHZ 172, 254, 255 f m Anm Spickhoff MedR 2008, 87, 89; BGH, Urt v 7.7.1987 – VI ZR 146/86, BGHZ 168, 103, 105 = VersR 1988, 82.
1767 Medikament gegen Epilepsie" BGH, Urt v 27.3.2007 – VI ZR 55/05 = BGHZ 172, 1 Rz 11, 17 f = NJW 2007, 2787 = VersR 2007, 995; BGH, Urt v 7.7.1987 – VI ZR 146/86, BGHZ 168, 103, 105 = VersR 1988, 82.
1768 Eingehend dazu Geisler, Der Placeboeffekt – ein merkwürdig unterrepräsentiertes Thema in der Pflegeausbildung; Jütte/Thürmann Deutsches Ärzteblatt 2014, 111 (21): A-936/B-802/C-760.

„[…] ein Medikament oder eine sonstige Behandlung, von der zum Zeitpunkt ihrer Verabreichung nicht erwartet wird, dass sie eine Erkrankung in spezifischer Weise (pharmakologisch) heilen oder lindern kann"[1769]. Der Placeboeffekt ist nicht zuletzt aus dem Grund, dass er bis heute nicht abschließend wissenschaftlich erforscht und erklärt worden ist, rational kaum erfassbar. Kurz gefasst werden unter dem Placeboeffekt alle unspezifischen Effekte und positiven Einflüsse einer Substanz oder Therapie auf ein Leiden verstanden. Das bedeutet, dass auch spezifische, wirksame Therapien zusätzlich zu ihrer eigentlichen Wirkung Placeboeffekte aufweisen können[1770].

397 Der Einsatz von Placebos kann zwar grds niemals indiziert sein, doch können sie, vermittelt durch die Psyche des Patienten dennoch zu einem Behandlungserfolg führen[1771]. Somit ist in bestimmten Fällen ihre Anwendung legitim und stellt ausnahmsweise keine Pflichtverletzung dar[1772]. Fälle, die eine Behandlung mit Placebos rechtfertigen können, sind bspw solche, wenn sich der Zustand des Patienten während der Behandlung mit objektiv wirkungslosen Mitteln nicht zu verschlimmern droht, alternativ, wenn der Patient bereits „austherapiert" ist, und alle zur Verfügung stehenden Wirkstoffe nichts haben ausrichten können. Eine Aufklärung des Patienten über die Placebobehandlung kommt nicht in Frage, denn das Wissen um die Wirkungslosigkeit des Medikaments schließt regelmäßig auch den Eintritt des erwünschten Placeboeffekts aus[1773]. Schließlich darf dem Patienten kein Medikament ohne sein Wissen verabreicht werden, denn dies entspräche einer Körperverletzung nach StGB §§ 223 ff und 229[1774]. Da sich die Placebogabe im Allgemeinen nicht mit der Aufklärungspflicht des Arztes verträgt, besteht hier eine rechtliche und ethische Dilemmasituation, die derzeit nicht abschließend gelöst werden kann[1775].

398 c) **Freie Therapiewahl.** Ausgangspunkt ist die medizinische Standardbehandlung bzw die Schulmedizin[1776]. Dabei ist der Standardbegriff zunächst nur technisch als das Normale, die Regel oder Grundform der Behandlung anzusehen[1777]. Unter den Begriffen der Alternativmedizin oder der Außenseitermethoden versteht man Heilbehandlungen, deren Funktionsweise durch (zunächst oder weitestgehend) unüberprüfbare Grundannahmen erklärt ist[1778]. Das alternativmedizinische Spektrum reicht dabei von traditionellen Verfahren aus dem Bereich der Volksmedizin bis zu esoterischen Therapieansätzen[1779]. Die Alternativmedizin bietet dem Patienten dabei einen „Ausweg" aus der konventionellen Medizin. Die Wirksamkeit wird dabei nicht als gesichert angesehen, allerdings teilweise für möglich gehalten, beispielsweise in der Homöopathie und der Akupunktur. Im Vordergrund hat also die therapeutische Absicht in einem konkreten Krankheitsfall zu stehen[1780]. Der Vorteil muss sich sachlich, dabei im Wesentlichen in einer (besseren) Heilungsprognose, rechtfertigen lassen[1781]. Der Arzt ist verpflichtet, anhand der jeweiligen Erfolgsaussichten und Gefahren die für den Patienten optimale Therapie zu ermitteln[1782]. Dabei wächst der Vertrauensvorschuss mit der Akzeptanz der Methode, sodass bei etablierten Methoden auch das Abweichen eingehender begründet und dokumentiert werden muss[1783]. Der Standard gebietet hier somit nicht die Anwendung einer bestimmten Methode, sondern das Wissen um die abstrakte Wirksamkeit einer Methode schlägt sich in Form eines Vertrauensvorschusses nieder, wenn diese und eine weitere Methode für eine Behandlung in Frage kommen[1784]. Die Anwendung einer nicht vom Standard umfassten Methode stellt somit keinen Verstoß gegen die im Verkehr erforderliche Sorgfalt, sondern lediglich ein sachgerechtes Abweichen vom Standard dar, sofern die Wahl im Einzelfall medizinisch geboten war[1785].

399 d) **Standard der Naturheilkunde.** Für die Frage, ob die Behandlung fehlerhaft ist, gelte bei der Anwendung alternativer Behandlungsmethoden gleichfalls der Standard, wie er von einem

---

1769 Borchers Im Fokus Onkologie (21) 2018, 38, 38.
1770 Borchers Im Fokus Onkologie (21) 2018, 38, 38.
1771 Wagner, in: MünchKomm-BGB, Bd 5⁸ Rz 135.
1772 Katzenmeier MedR 2018, 367, 369.
1773 Strittig, ggtlg Ansicht hierzu vertreten durch Katzenmeier MedR 2018, 367, 370 f.
1774 Katzenmeier MedR 2018, 367.
1775 Katzenmeier MedR 2018, 367, 372.
1776 Brunkhorst/Dittmayer, S 2, https://www.helge-brunkhorst.de/texte/Standard.pdf, zuletzt abgerufen am 16.12.2021.
1777 Brunkhorst/Dittmayer, S 2, https://www.helge-brunkhorst.de/texte/Standard.pdf, zuletzt abgerufen am 16.12.2021.
1778 Brunkhorst/Dittmayer, S 2, https://www.helge-brunkhorst.de/texte/Standard.pdf, zuletzt abgerufen am 16.12.2021.
1779 Brunkhorst/Dittmayer, S 2, https://www.helge-brunkhorst.de/texte/Standard.pdf, zuletzt abgerufen am 16.12.2021.
1780 Katzenmeier NJW 2006, 2738, 2739; Laufs, Arztrecht⁵, Rz 677.
1781 Katzenmeier, Arzthaftung, S 311.
1782 Katzenmeier, Arzthaftung, S 304.
1783 Katzenmeier, Arzthaftung, S 311.
1784 Brunkhorst/Dittmayer, S 2, https://www.helge-brunkhorst.de/texte/Standard.pdf, zuletzt abgerufen am 16.12.2021.
1785 Brunkhorst/Dittmayer, S 2, https://www.helge-brunkhorst.de/texte/Standard.pdf, zuletzt abgerufen am 16.12.2021.

ausgebildeten und praktizierenden Heilpraktiker einzuhalten sei[1786]. Wird bei einer Krebserkrankung die Patientin mit Schlangengift behandelt[1787], hätte die rechtliche Verantwortung der Heilpraktikerin bestanden, der sich abzeichnenden Entscheidung eines Patienten, sich von der lebensrettenden schulmedizinischen Behandlung abzuwenden, entgegenzutreten[1788]. Das argumentative Entgegentreten und Überzeugen, wieder den lebensrettenden schulmedizinischen Weg einzuschlagen, sei gerade die Aufgabe eines Heilpraktikers[1789]. Es handelt sich bei einem solchen fortgesetzten Unterlassen nicht um einen Mangel der Selbstbestimmungsaufklärung, sondern um einen Behandlungsfehler iSd therapeutischen Aufklärung[1790]. Grds ist die Statuierung fachlicher Standards auf dem Gebiet der Naturheilkunde fast nicht zu führen, da die heilkundliche Tätigkeit nicht auf naturwissenschaftlichen Erkenntnissen basiert und die Erlaubnis zur Ausübung der Heilkunde keine bestimmte Fachprüfung oder Ausbildung voraussetzt[1791]. Schwierigkeiten bereitet insofern auch der Maßstab der Haftung[1792]. Das Gesundheitsamt hat bei der Ausbildung zum Heilpraktiker und dessen Zulassung lediglich festzustellen, dass daraus resultierend keine Gefahr für die Gesundheit der Bevölkerung und für die Patienten besteht[1793] und der künftige Heilpraktiker somit die Grenzen seiner dann bestehenden Heilbefugnis kennt[1794]. Die heilpraktische Methodik, die regelmäßig aus dem Bereich der Natur- und Volksheilkunde stammen sollen, obgleich sie im Grunde als medizinische Außenseitermethoden anzusehen sind[1795], hat der Vorstellung des Patienten zu entsprechen, muss risikolos und wenig belastend sein[1796]. Den Heilpraktiker trifft somit die Pflicht, sich vorher umfassend über die von ihm angewendete Behandlungsmethode zu informieren, die hierfür erforderliche Sachkunde zu erwerben und schließlich die jeweilige Methode nach kritischer Überprüfung eigener Kompetenzen anzuwenden[1797]. Der Heilpraktiker hat den Patienten nicht dazu zu veranlassen oder darin zu bestärken, ärztliche Hilfe nicht in Anspruch zu nehmen, sondern muss ihn bei einem kritischen Krankheitsverdacht, verstärkt darauf hinweisen, solche in Anspruch zu nehmen, so bspw bei einem Verdacht auf eine Borreliose, deren Behandlung in nicht wenigen Bundesländern auf grund Landesverordnung zudem einem Arztvorbehalt unterfällt[1798]. Wendet ein Heilpraktiker oder ein Angehöriger eines anderen Gesundheitsfachberufs jedenfalls eine invasive Behandlungsmethode bei einem Patienten an, so hat er diesbezüglich den gleichen ärztlichen Standard zu erfüllen wie ein Arzt für Allgemeinmedizin, der sich dieser Methodik ebenfalls bedient[1799].

e) Vorgreiflichkeit der Arzneimittelzulassung im Verhältnis zum „Off-Label-Use". Die Zulassungsbehörden in den USA und Europa haben in den letzten 25 Jahren verschiedene Verfahren eingeführt, welche die Beschleunigung der Zulassung neuer Arzneimittel bewirken und somit Patienten mit schweren Erkrankungen einen rechtzeitigen Zugang zu neuen Arzneimitteln ermöglichen sollen[1800]. Im Jahr 1992 wurde mit dem „Prescription Drug User Act" (PDUFA) in den USA ein zweistufiges Verfahren für die Begutachtung neuer Arzneimittel durch die „Food and Drug Administration" (FDA) eingeführt: eine reguläre („Standard Review") oder prioritäre Begutachtung („Priority Review"). Die Vorreiterrolle der FDA bei der Etablierung beschleunigter Zulassungsverfahren resultierte im Wesentlichen aus dem Druck von Interessengruppen, den Patienten Zugang zu neuen Wirkstoffen zur Behandlung von AIDS einzuräumen[1801].

Dabei sollten jedoch ausreichend klinische Evidenz für die Wirksamkeit eines neuen Arzneimittels aus mehr als einer kontrollierten klinischen Prüfung vor der Zulassung vorliegen und

---

1786 OLG Koblenz, Urt v 26.2.2007 – 12 U 1433/04, NJW-RR 2007, 997; vgl auch die berufsrechtlichen Verurteilungen von Heilpraktikern aufgrund Missbrauchs der Patientin unter Hypnose, VG Gelsenkirchen, Beschl v 9.5.2018 – 7 L 261/18, -juris; Bayrischer VGH, Urt 18.3.2020 – 21 CS 19.2278, BeckRS 2020, 4621.
1787 OLG München, Urt v 25.3.2021 – 1 U 1831/18, MedR 2021, 1079.
1788 OLG München, Urt v 25.3.2021 – 1 U 1831/18, MedR 2021, 1079.
1789 OLG München, Urt v 25.3.2021 – 1 U 1831/18, MedR 2021, 1079.
1790 OLG München, Urt v 25.3.2021 – 1 U 1831/18, MedR 2021, 1079.
1791 Kern/Rehborn, in: Laufs/Kern/Rehborn, HdB ArztR[5], § 11 Rz 11.
1792 Laufs, in: Laufs/Kern, HdB ArztR[4], § 10 Rz 16.
1793 BeckOK-BGB/Katzenmeier, Stand: 1.5.2022, § 630a Rz 180.
1794 Kern/Rehborn, in: Laufs/Kern/Rehborn, HdB ArztR[5], § 11 Rz 11.
1795 Laufs, in: Laufs/Kern, HdB ArztR[4], § 10 Rz 16.
1796 BT-Drucks 17/10488, 19 folgend auf BGH Rspr zur Fortbildungspflicht des Heilpraktikers bei invasiven Behandlungsmethoden BGH, Urt v 29.1.1991 – VI ZR 206/90, BGHZ 113, 297, 302.
1797 BT-Drucks 17/10488, 19.
1798 Https://www.heilpraktikerverband.de/aktuelles/aktuelle-meldungen/156-recht-borreliose-wer-darf-sie-behandeln, zuletzt abgerufen am 14.12.2021.
1799 BGH, Urt v 29.1.1991 – VI ZR 206/90, BGHZ 113, 297, 302.
1800 Sherman/LI/Shapley/Robb/Woodcock New Engl J Med 2013, 369, 1877, 1878; zitiert nach Ludwig, Beschleunigte Zulassungen und Orphan-Arzneimittel in der Onkologie: Status quo, Probleme und Reformbedarf, in: Katzenmeier (Hrsg), Festschr für Dieter Hart, 361, 36.
1801 Ludwig, Beschleunigte Zulassungen und Orphan-Arzneimittel in der Onkologie: Status quo, Probleme und Reformbedarf, in: Katzenmeier (Hrsg), Festschr für Dieter Hart, 361.

angesichts des schnelleren Markteintritts vielversprechender Wirkstoffe zur Behandlung schwerer Erkrankungen eine kontinuierliche Überwachung nach Zulassung erfolgen[1802].

402 Unter dem „Unlicensed Use" hingegen ist die Anwendung eines Arzneimittels zu verstehen, das bislang über gar keine Zulassung verfügt[1803]. Ein solches Präparat ist nach dem Wortlaut des AMG § 21 Abs 1 nicht verkehrsfähig, darf somit vom pharmazeutischen Unternehmer nicht in Verkehr gebracht werden. Allerdings kommt die Versorgung von Patienten mit derartigen Arzneimitteln im Wege eines Individualimports nach AMG § 73 Abs 3 in Betracht[1804]. Dafür ist Voraussetzung, dass solche Arzneimittel im jeweiligen Ausfuhrstaat verkehrsfähig sind, von einer deutschen Apotheke bestellt werden und nur in geringen Mengen auf besondere Bestellung einzelner Personen bezogen und abgegeben werden. Eine Kostenerstattung zu Lasten der GKV scheidet in aller Regel aus[1805].

403 Als gesetzliche Ausnahmeregelung, nach der es einer Zulassung für das Inverkehrbringen eines Arzneimittels nicht bedarf, nennt AMG § 21 Abs 2 Ziffer 6 den sog „Compassionate Use". Dabei handelt es sich um die Bereitstellung eines nicht marktreifen Arzneimittels aus humanitären Gründen. Grundsätzlich durfte schon bisher ein (noch) nicht zugelassenes Arzneimittel auch jenseits klinischer Prüfungen unter dem Gesichtspunkt des rechtfertigenden Notstands bei Schwerstkranken angewendet werden, um einer wesentlichen Verschlechterung der Gesundheit oder der Gefahr des Todes entgegenzuwirken[1806]. Die Regelung ist durch das 14. AMG (Änderungsgesetz)[1807] in nationales Recht aufgenommen worden und erlaubt einen „Compassionate Use" als ultima ratio[1808].

404 Von der Rspr war anerkannt, dass der Arzt aufgrund seiner Therapiefreiheit berechtigt ist, ein Medikament zulassungsüberschreitend einzusetzen. Es konnte sogar eine Rechtspflicht zur Off–Label–Therapie bestehen, wie das sog „Aciclovir–Urteil" zeigt[1809]. Die Rspr akzeptierte den Verweis auf die fehlende Zulassung nicht, weil auch das Arzneimittelrecht nicht verbiete, ein Medikament, das gegen bestimmte Erkrankungen „auf dem Markt" sei, gegen eine andere Erkrankung einzusetzen, wenn dies medizinisch geboten sei[1810]. Das sei jedenfalls dann der Fall, wenn das Medikament medizinisch-wissenschaftlich erprobt ist und die Nebenwirkungen bekannt sind, was gerade auf Aciclovir zugetroffen habe[1811]. Im Jahr 2002 wurde im „Sandoglobulin–Urteil"[1812] entschieden: „Der Ausschluss eines Off–Label–Gebrauchs von Arzneimitteln in der gesetzlichen Krankenversicherung gilt nicht ausnahmslos"[1813]. Allerdings ließ das BSG in 2004 unter bestimmten Voraussetzungen wieder eine Ausnahme von den selbst aufgestellten Grundsätzen zu und änderte mit der sog „Visudyne-Entscheidung" seine Rspr[1814]. Danach sollen Maßnahmen zur Behandlung einer Krankheit, die so selten auftritt, dass ihre systematische Erforschung praktisch ausscheidet, vom Leistungsumfang der gesetzlichen Krankenversicherung nicht allein deshalb ausgeschlossen sein, weil der G-BA dafür keine Empfehlung abgegeben hat oder weil das dabei verwendete, in Deutschland nicht zugelassene Arzneimittel im Einzelfall aus dem Ausland beschafft werden müsse.

405 Im Jahr 2005 traf das BVerfG eine Entscheidung, die sich auf die Rspr des BSG zum „Off–Label–Use" auswirkte. Im „Nikolausbeschluss"[1815] ging es um die Frage, ob bzw unter welchen Voraussetzungen ein Versicherter gegen seine Krankenkasse einen Anspruch auf Übernahme der Kosten für eine neue, nicht allgemein anerkannte ärztliche Behandlungsmethode, der sog

---

1802 Ludwig, Beschleunigte Zulassungen und Orphan-Arzneimittel in der Onkologie: Status quo, Probleme und Reformbedarf, in: Katzenmeier (Hrsg), Festschr für Dieter Hart, 361.
1803 Göben, Der „Off–Label–Use" von Fertigarzneimitteln: Offene Fragen an der Schnittstelle von Standard, Humanität und Wirtschaftlichkeitsgebot, in: Ahrens/von Bar/Fischer/Spickhoff/Taupitz (Hrsg), Medizin und Haftung Festschr für Deutsch zum 80. Geburtstag, 179, 181; Vereinzelt wird der Begriff auch iSe weiten „Off-Label-Use" Definition verwendet, dh bei Anwendungsmodifikationen, die nicht zustimmungspflichtige Änderungsanzeigen nach AMG § 29 Abs 1 darstellen, vgl Schroeder-Printzen SGb 12/2002, 664 f.
1804 Hauck Arzneimittel und Recht, (A & R) 2006, 147, 152.
1805 „Immucothel-Urteil" zur nicht bestehenden Kostenübernahmepflicht für ein Präparat, dessen Zulassung lediglich in den Niederlanden bestand BSG, Urt v 18.5.2004 – B 1 KR 21/02 R, PharmaR 2005, 211.
1806 Deutsch MedR 2001, 435, 437.
1807 BGBl 2005 I, 2570 (inhaltlich vergleichbar mit Art 83 der VO (EU) Nr 72612004).
1808 Göben, Der „Off-Label-Use" von Fertigarzneimitteln: Offene Fragen an der Schnittstelle von Standard, Humanität und Wirtschaftlichkeitsgebot, in: Ahrens/von Bar/Fischer/Spickhoff/Taupitz (Hrsg), Medizin und Haftung Festschr für Deutsch zum 80. Geburtstag, 179, f 181.
1809 „Aciclovir-Entscheidung" OLG Köln, Urt v 30.5.1990 – 27 U 169/89, VersR 1991, 186 ff; vgl Deutsch/Spickhoff, MedR-HdB[7], Rz 1677, 1678.
1810 „Aciclovir-Entscheidung" OLG Köln, Urt v 30.5.1990 – 27 U 169/89, VersR 1991, 186.
1811 „Aciclovir-Entscheidung" OLG Köln, Urt v 30.5.1990 – 27 U 169/89, VersR 1991, 186.
1812 „Sandoglobulin-Urteil" BSG, Urt v 19.3.2002 – B 1 KR 37/00 R, BSGE 89, 184, 185 f.
1813 „Sandoglobulin-Urteil" BSG, Urt v 19.3.2002 – B 1 KR 37/00 R, BSGE 89, 184, 185 f.
1814 „Visudyne-Urteil" BSG, Urt v 19.10.2004 – B 1 KR 27/02 R, BSGE 93, 236, 237.
1815 „Nikolausbeschluss" BVerfG, Urt v 6.12.2005 – BvR 347/98, BVerfGE 115, 25 ff.

Bioresonanz-Therapie, hat. Das BVerfG bejahte eine Leistungspflicht der Krankenkassen, wenn es sich um eine lebensbedrohliche oder regelmäßig tödlich verlaufende Erkrankung handele und bezüglich der Behandlungsmethode eine „auf Indizien gestützte, nicht ganz fernliegende Aussicht auf Heilung oder wenigstens auf eine spürbare positive Einwirkung auf den Krankheitsverlauf" bestünde. Verglichen mit dem BSG stellte das BVerfG deutlich geringere Anforderungen bezüglich des rechtmäßigen „Off-Label-Use" auf. Das BSG interpretierte die Vorgaben des BVerfG einschränkend: „lebensbedrohlich" oder „regelmäßig tödlich verlaufend" sei eine Erkrankung nach der Rspr des BSG dann, wenn eine Krankheit in einem näheren, überschaubaren Zeitraum zum Tode führt. Nicht ausreichend ist es, wenn dies erst in ferner, nicht genau absehbarer Zeit eintreten kann und es sich somit mehr um eine „schwerwiegende" Erkrankung handele. Obgleich diverse dem BSG untergeordnete Gerichte die Rspr des BVerfG auf andere Sachverhalte ausgedehnt haben[1816], bei denen eine zumindest vergleichbare, „notstandsähnliche" Lage des Versicherten vorgelegen habe, sind diese Urteile seitens des BSG wieder aufgehoben worden[1817] mit der Begründung, dass kein Naturalleistungsanspruch auf Versorgung mit den Präparaten bestand, weil diese nicht zum Leistungskatalog der GKV gehören[1818]. Das SG Düsseldorf[1819] entschied, dass die Rspr des BVerfG auch auf Fälle anzuwenden sei, in denen eine Erkrankung vorliegt, welche die Lebensqualität nachhaltig beeinträchtigt und stellte sich damit ausdrücklich gegen das BSG. In gleicher Weise äußerte sich zuvor bereits das SG Hamburg[1820]. In der Lehre wird die Meinung vertreten, dass der Weg, den das BVerfG im Nikolausbeschluss beschritten hat, in die falsche Richtung führe[1821]. Der Entscheidung zufolge käme die Anwendung einer in den Richtlinien der GKV wegen fehlenden Wirksamkeitsnachweises explizit ausgeschlossenen Behandlungsmethode, „ausnahmsweise" bereits dann in Betracht, wenn es aus der Sicht des behandelnden Arztes auch nur „entfernte" Hinweise auf eine mögliche Wirksamkeit der Therapie gäbe[1822]. Von einer geordneten Herleitung von Ausnahmen zu den in der GKV erarbeiteten Regeln könne somit in der BVerfG Entscheidung keine Rede sein[1823]. Nichtsdestotrotz wurde infolge des „Nikolausbeschlusses" mit Wirkung vom 1.1.2012 SGB V § 2 um den Absatz 1a erweitert[1824]. Gemäß SGB V § 2 Abs 1a können Versicherte mit einer lebensbedrohlichen oder regelmäßig tödlichen Erkrankung oder mit einer zumindest wertungsmäßig vergleichbaren Erkrankung, für die eine allgemein anerkannte, dem medizinischen Standard entsprechende Leistung nicht zur Verfügung steht, auch eine von SGB V § 2 Abs 1 Satz 3 abweichende Leistung beanspruchen[1825]. Damit erhielten lebensbedrohliche Erkrankungen sozialrechtlich einen besonderen Status; dieser beinhaltet und rechtfertigt eine Absenkung des sonst geltenden Evidenzanspruchs[1826].

GG Art 2 Abs 2 Satz 1 strahlt in der Weise aus, dass Ausnahmefälle unerforschter Krankheiten **406** oder (akut) lebensbedrohlicher Erkrankungen die GKV zur Kostenübernahme auch dann verpflichten können, wenn ein Medikament „off-label" oder sogar ohne jede Zulassung eingesetzt wird[1827], auch wenn derartige Fälle höchst selten vorkommen[1828]. Um therapeutische Erkennt-

---

1816 LSG Sachsen-Anhalt, Urt v 20.6.2007 – L 4 KR 39/06, NZS 2008, 150.
1817 „Lorenzos-Öl-Entscheidung" BSG, Urt v 16.12.2008 – B 1 KN 3/07 KR R, openJur 2011, 96301 Rz 38, 39; BSG, Urt v 28.2.2008 – B 1 KR 16/07, BSGE 100, 103, 104 f; zuvor wurde der Anspruch bejaht durch das LSG Sachsen-Anhalt, Urt v 20.6.2007 – L 4 KR 39/06, NZS 2008, 150.
1818 „Lorenzos-Öl-Entscheidung" BSG, Urt v 16.12.2008 – B 1 KN 3/07 KR R, openJur 2011, 96301 Rz 38, 39; BSG, Urt v 28.2.2008 – B 1 KR 16/07, BSGE 100, 103, 104 f.
1819 „Avastin-Entscheidung" BSG, Urt v 13.12.2016 – B 1 KR 1/16, BSGE 122, 170, 171 f, 175 f; vorgehend SG Düsseldorf, Urt v 2.7.2008 – S 2 KA 181/07 „Der ,Off-Label-Use' von Avastin zur Therapie der feuchten Makuladegeneration ist zulässig".
1820 SG Hamburg, Urt v 7.2.2006 – S 48 KR 1620/03, NZS 2007, 495 (Ls).
1821 Hase, Gesundheits- und Sozialrecht zwischen normativer Abstraktion und Individualisierung, in: Katzenmeier (Hrsg), Festschr für Dieter Hart, Gesundheits- und Sozialrecht zwischen normativer Abstraktion und Individualisierung, 201, 211.
1822 Hase, Gesundheits- und Sozialrecht zwischen normativer Abstraktion und Individualisierung, in: Katzenmeier (Hrsg), Festschr für Dieter Hart, 201, 211.
1823 Hase, Gesundheits- und Sozialrecht zwischen nor-

mativer Abstraktion und Individualisierung, in: Katzenmeier (Hrsg), Festschr für Dieter Hart, 201, 211.
1824 Raspe, Evidence-based Medicine (EbM) und klinische Praxisleitlinien in Deutschland, in: Katzenmeier (Hrsg), Festschr für Dieter Hart, 443, 453.
1825 Basierend auf dem „Nikolausbeschluss" BVerfG, Urt v 6.12.2005 – BvR 347/98, BVerfGE 115, 25 ff; Zur Befürwortung bei metastasiertem Karzinom BSG, Urt v 4.4.2006 – B 1 KR 7/05 R, BSGE 96, 170, 171 f; zu Ablehnung bei multipler Sklerose BSG, Urt v 27.3.2007 – B 1 KR 17/06 R, openJur 2011, 95254 Rz 28, 29, 30; BSG, Beschl v 14.5.2007 – B 1 KR 16/07 B, -juris.
1826 Raspe, Evidence-based Medicine (EbM) und klinische Praxisleitlinien in Deutschland, in: Katzenmeier (Hrsg), Festschr für Dieter Hart, 443, 454.
1827 Koenig/Müller MedR 2008, 190, 200, 202; vgl Deutsch/Spickhoff, MedR-HdB[7], Rz 1680.
1828 Zur Befürwortung bei metastasiertem Karzinom BSG, Urt v 4.4.2006 – B 1 KR 7/05 R, BSGE 96, 170, 171 f; zu multipler Sklerose, LSG Schleswig-Holstein, Urt v 31.1.2007 – L 5 KR 28/06, NJOZ 2007, 1671; zur Kardiomyopathie bei Friedreich'scher Ataxie BSG, Urt v 14.12.2006 – B I KR 12/06 R, NZS 2007, 132; zu einer in 20 bis 30 Jahren drohenden Erblindung BSG, Beschl v 26.9.2006 – B I KR 16/06 B, NZS 2007, 495.

nisse außerhalb des formalisierten arzneimittelrechtlichen Zulassungsverfahrens im Sinne einer höchstmöglichen Evidenz verwerten zu können, sind gemäß SGB V § 35c Abs 1 beim BfArM multidisziplinäre Expertengruppen zur Anwendung von Arzneimitteln außerhalb des zugelassenen Indikationsbereichs eingerichtet worden[1829]. Die Expertengruppen leiten dem G-BA ihre Empfehlungen zum Stand der wissenschaftlichen Erkenntnisse über den „Off-Label-Use" der von ihnen bewerteten Arzneimittel zu[1830]. Treffen erstens positive Empfehlung der Gruppe und zweitens die Anerkennung des „Off-Label-Use" als „bestimmungsgemäßer Gebrauch" durch den pharmazeutischen Unternehmer sowie drittens die Aufnahme des Arzneimittels und der Off-Label-Indikation in Teil A der entsprechenden Anlage 962 zur Arzneimittel-Richtlinie, SGB V § 92 Abs 1 Satz 2 Nr 6[1831] durch den G-BA zusammen, ist eine Verordnungsfähigkeit zu Lasten der GKV gegeben. Die Rspr des BSG löst die Problematik der Verordnungsfähigkeit eines „Off-Label"-Einsatzes zu Lasten der GKV ansatzweise[1832]. Dies betrifft zum einen die Schwierigkeiten bei der praktischen Umsetzung der vom Gericht vorgegebenen Kriterien, zum anderen aber auch die Frage, ob ein „Off-Label-Use" ohne Aufnahme in die Arzneimittel-Richtlinien ausgeschlossen ist[1833]. Im Einzelfall wird der betroffene Patient nicht davor bewahrt werden können, eine Kostenübernahme für eine erstrebte „Off-Label"-Anwendung im Wege des einstweiligen Rechtsschutzes bei den Sozialgerichten zu erwirken[1834].

407 Im Fall der nicht gestatteten Off–Label–Verwendung kann der Hersteller den Off-Label-Gebrauch für diese Indikation in der Fachinformation und dem Beipackzettel ausdrücklich ausschließen[1835]. Das Arzneimittel darf dann nicht entgegen der Angabe verwendet werden, es sei denn, es handelt sich um einen Notstand[1836]. Im Übrigen ist der „Off-Label-Use" nicht gestattet, wenn die besonderen Voraussetzungen des „Compassionate Use" oder die anderen vom BSG genannten Voraussetzungen nicht vorliegen[1837]. Insbesondere darf das Arzneimittel nicht Off-Label rein versuchsweise ohne bisherige Erfahrung oder genügende Erwartungen auf diesem Gebiet eingesetzt werden[1838]. Die Anforderungen für den „Off–Label–Use" führen dazu, dass die Verwendung eines noch nicht, nicht mehr oder nur für eine andere Behandlung zugelassenen Medikamentes dann fehlerhaft ist, wenn die verantwortliche medizinische Abwägung und ein Vergleich der zu erwartenden Vorteile dieser Methode unter Berücksichtigung des Wohles des Patienten die Anwendung der Medikation nicht rechtfertigt[1839]. Die Wahl der risikoreicheren „Off-Label"-Therapie muss nach Abwägung der Risiken stets medizinisch-sachlich begründet sein[1840]. Bekannte Risiken sind durch die Wahl einer risikoärmeren Alternative möglichst immer zu verringern, bestenfalls zu vermeiden[1841]. Der Patient muss über diese möglichen Risiken informiert werden[1842], den Arzt trifft die Pflicht, den Patienten über den zulassungsüberschreitenden Einsatz sowie damit verbundener, auch entfernterer Risiken und Nebenwirkungen, bei fehlenden bzw lückenhaften Studien auch über die Eintrittsmöglichkeit bislang unbekannter Nebenwirkungen aufklären[1843]. So ist etwa der Einsatz eines in Deutschland noch nicht zugelas-

---

1829 Näheres zur Zulassung, Mitglieder Organisation und Arbeitsweise etc bestimmt eigenständig das BfArM: https://www.bfarm.de/DE/Arzneimittel/Zulassung/Zulassungsrelevante-Themen/Expertengruppen-Off-Label/Erlass_26-05-2020.html?nn=596098, zuletzt abgerufen am 29.11.2021.
1830 Dewitz, von, in: BeckOK Sozialrecht, Stand 1.3.2022, SGB V § 35c Rz 9.
1831 In Kraft getreten am: 12.11.2021, geändert am: 19.8.2021 BAnz AT 11.11.2021 B1, Fassung vom 18.12.2008/22.1.2009 BAnz Nr 49 (Beilage) v 31.3.2009.
1832 Göben, Der „Off-Label-Use" von Fertigarzneimitteln: Offene Fragen an der Schnittstelle von Standard, Humanität und Wirtschaftlichkeitsgebot, in: Ahrens/von Bar/Fischer/Spickhoff/Taupitz (Hrsg), Medizin und Haftung Festschr für Deutsch zum 80. Geburtstag, 179.
1833 Göben, Der „Off-Label-Use" von Fertigarzneimitteln: Offene Fragen an der Schnittstelle von Standard, Humanität und Wirtschaftlichkeitsgebot, in: Ahrens/von Bar/Fischer/Spickhoff/Taupitz (Hrsg), Medizin und Haftung Festschr für Erwin Deutsch zum 80. Geburtstag, 179.
1834 Göben, Der „Off-Label-Use" von Fertigarzneimitteln: Offene Fragen an der Schnittstelle von Standard, Humanität und Wirtschaftlichkeitsgebot, in: Ahrens/von Bar/Fischer/Spickhoff/Taupitz (Hrsg), Medizin und Haftung Festschr für Erwin Deutsch zum 80. Geburtstag, 179.
1835 Deutsch/Spickhoff, MedR-HdB[7], Rz 1679.
1836 Deutsch/Spickhoff, MedR-HdB[7], Rz 1679.
1837 Zu beachten ist die Ausnahme des gesetzl geregelten „Off-Label–Use" gemäß SGB V § 31 Abs 6, der seit 2017 eine gesetzl Grundlage für die Versorgung gesetzl Krankenversicherter mit Cannabis in Form von getrockneten Blüten oder Extrakten in standardisierter Form und Arzneimitteln mit den Wirkstoffen Dronabinol oder Nabilon geschaffen hat.
1838 Zur Aufklärungspflicht und Haftung beim Einsatz eines in Deutschland nicht mehr zugelassenen Medikaments für eine Spinalanästhesie, vgl OLG Stuttgart, Urt v 26.7.2011 – 1 U 163/10, GesR 2011, 562, zitiert nach Deutsch/Spickhoff, MedR-HdB[7], Rz 1679; vgl auch Maus GUP 3/2017, 102.
1839 Geiß/Greiner, Arzthaftpflicht[8], B Rz 35.
1840 Geiß/Greiner, Arzthaftpflicht[8], B Rz 35.
1841 Geiß/Greiner, Arzthaftpflicht[8], B Rz 35.
1842 Geiß/Greiner, Arzthaftpflicht[8], B Rz 35.
1843 Zum Anforderungen an die ärztliche Aufklärung iRe ärztlichen Heilversuchs BGH, Urt v 18.5.2021 – VI ZR 401/19, ArztR 2021, 229, 229 ff; Koenig/Müller MedR 2008, 190, 200, 202; Vgl Deutsch/Spickhoff, MedR-HdB[7], Rz 1680.

senen Medikaments über einen Zeitraum von sechs Monaten ohne die Beachtung von Hinweisen auf erforderliche Kontrolluntersuchungen grob behandlungsfehlerhaft[1844].

Im Rahmen der Bekämpfung des Coronavirus ist der „Off-Label–Use" gestattet worden, in der Weise, dass vor Beginn einer COVID-19-Therapie als individueller Heilversuch mittels nicht zugelassener Arzneimittel eine besonders sorgfältige Abwägung des Nutzen–Risiko–Verhältnisses im Rahmen einer Einzelfallentscheidung durch den Behandler erfolgen muss[1845]. **408**

14. Sorgfaltsstandards bei der Telemedizin. Nach der Neufassung des MBO-Ä § 7 Abs 4 ist die telemedizinische Behandlung ohne vorherigen physischen Kontakt zwischen Patient und Telemediziner und ohne gleichzeitige Anwesenheit eines Präsenzarztes standesrechtlich erlaubt. Die Fernbehandlung des Patienten mit Hilfe der Telemedizin ist somit kein Verstoß gegen den medizinischen Standard. Im Unterschied zum alten Recht lässt die jetzige Fassung im Einzelfall eine ausschließliche Fernbehandlung zu, wenn dies ärztlich vertretbar ist, die erforderliche medizinische Sorgfalt gewahrt und der Patient über die Besonderheiten der ausschließlichen Beratung und Behandlung über Kommunikationsmedien aufgeklärt wird[1846]. Im Übrigen bleiben alle rechtlichen Rahmenbedingungen unberührt, sämtliche berufsrechtlichen Bestimmungen sind unverändert zu beachten[1847]. Standesrechtlich kommt es darauf an, was vertragsrechtlich gemäß § 630a Abs 2 geboten und zulässig ist[1848]. Unter den realen Gegebenheiten der ärztlichen Versorgung in einem Flächenstaat kann die telemedizinische Behandlung, insbesondere durch die Videosprechstunde, im Vergleich zur konventionellen Behandlung Vorteile bieten, die dem Patienten nicht vorenthalten werden dürfen, unter der Voraussetzung, dass die standardgemäße Sorgfalt gewahrt wird[1849]. Da sich für die Telemedizin noch kein allgemein gültiger fachlicher medizinischer Standard herausgebildet hat, gelten die von der Rspr für neue Behandlungsmethoden entwickelten Sorgfaltsanforderungen[1850]. Danach soll vom Behandler die Sorgfalt eines vorsichtigen Behandlers spezifiziert auf die Umstände der telemedizinischen Behandlungsmethode eingehalten werden[1851]. Der noch nicht normierte Standard der Telemedizin umfasst neben dem Facharztstandard zusätzlich besondere Sorgfaltspflichten, die sich auf die Handhabung und Durchführung der Fernbehandlung sowie auf die Anwender-Compliance beziehen. Die nicht abschließende Aufzählung der besonderen Sorgfaltspflichten in MBO-Ä § 7 Abs 4 bezieht sich auf „Art und Weise der Befunderhebung, Beratung, Behandlung sowie Dokumentation". **409**

Da bei dem Einsatz der meisten telemedizinischen Angebote, wie Videotelefonie, Nachfragen iRd ärztlichen Aufklärung möglich sind, wurde das Vorliegen der Mündlichkeit zwar grds anerkannt, beschränkte sich jedoch auf einfache Behandlungsfälle[1852]. Aufgrund des Digitale-Versorgung-Gesetzes (DVG)[1853] wird in der Gesetzesbegründung zu Nummer 37 Buchst a ausgeführt, dass die berufs- und sozialrechtliche Ausweitung telemedizinischer Behandlungsmöglichkeiten zu einer Ausweitung der Nutzung der Videosprechstunde führen wird und das traditionell übliche persönliche Gespräch in der Praxis des Behandelnden durch die Verwendung von Telekommunikationsmitteln ersetzt werden kann, ohne dass Patient und Behandelnder sich in den gleichen Räumlichkeiten aufhalten müssen. Gleiches gilt für die Aufklärungspflicht des Behandelnden gegenüber dem Patienten hinsichtlich Art, Umfang, Durchführung, zu erwartende Folgen und Risiken einer einwilligungsbedürftigen medizinischen Maßnahme. Es gilt dadurch als gegeben, dass der Patient alle erforderlichen Rückfragen mit dem Behandelnden unmittelbar erörtern kann. Zu beachten ist, dass bei der telemedizinischen Behandlung der Aufklärungsumfang um die Besonderheiten der ausschließlichen Beratung und Behandlung über Kommunikationsmedien gemäß MBO-Ä § 7 Abs 4 Satz 3 erweitert wird. Dies betrifft sowohl den Hinweis, dass die Qualität der Daten von dem Kommunikationsmedium abhängig ist, das Risiko eines Datenverlustes sowie den Hinweis auf die sicherere Alternative eines persönlichen Kontaktes. Ist die Aufklärung diesbezüglich unzulänglich, fehlt dem Arzt die rechtfertigende Einwilligung des Patienten in die Behandlung insgesamt mit der daraus resultierenden Schadens- **410**

1844 „Medikament gegen Epilepsie" BGH, Urt v 27.3.2007 – VI ZR 55/05, BGHZ 172, 1 Rz 11.
1845 Https://www.rki.de/DE/Content/InfAZ/N/ Neuartiges_Coronavirus/Therapie/Off-Label.pdf?__blob=publicationFile, zuletzt abgerufen am 17.10.2021.
1846 Vgl Anlage 31b zum BMV-Ä Vereinbarung über die Anforderungen an die technischen Verfahren zur Videosprechstunde gemäß § 365 Absatz 1 SGB V v 21.10.2016 id Fassung v 25.2.2021.
1847 Hinweise und Erläuterungen zu MBO-Ä § 7 Abs 4 Behandlung im persönlichen Kontakt und Fernbehandlung, Stand 22.3.2019, https://www.bundesaerztekammer.de/fileadmin/user_upload/downloads/pdf-Ordner/Recht/HinweiseErlaeuterungenFernbehandlung.pdf, zuletzt abgerufen am 24.6.2021.
1848 Braun MedR 2018, 563, 564 f; Katzenmeier, NJW 2019, 1769,1770 f.
1849 MünchKomm[8]/Wagner, § 630a Rz 136.
1850 Vgl Stellpflug GesR 2019, 76.
1851 Vgl Stellpflug GesR 2019, 76.
1852 BGH, Urt v 15.6.2010 – VI ZR 204/09, NJW 2010, 2430, 2431.
1853 BGBl 2019 I, S 2562; Gesetz für eine bessere Versorgung durch Digitalisierung und Innovation (Digitale-Versorgung-Gesetz – DVG).

ersatzpflichtigkeit seinerseits. Die Einwilligung des Patienten hat sich darüber hinaus bspw bei der Videosprechstunde gemäß der Vereinbarung über die Anforderungen an die technischen Verfahren zur Videosprechstunde gemäß SGB V § 365 Abs 1 § 4 Abs 2 auch auf die Datenverarbeitung des genutzten Videodienstanbieters zu beziehen. Die Anforderungen der DSGVO Art 9 Abs 2 lit a) iVm Art 7 sind diesbezüglich zu erfüllen.

411 Gemäß der Vereinbarung über die Anforderungen an die technischen Verfahren zur Videosprechstunde gemäß SGB V § 365 Abs 1 § 4 Abs 3 iVm § 5 Abs 1 Nr 2 darf die Videosprechstunde nur von einem Vertragsarzt durchgeführt werden. Der zugelassene Videodienst darf zwar einen Zweitzugang für das Praxispersonal vorhalten nach § 5 Abs 1 Nr 2. Dieser darf jedoch ausschließlich zu organisatorischen Zwecken im Zusammenhang mit der Videosprechstunde genutzt werden. Mit dem Zweitzugang darf keine Videosprechstunde durchgeführt werden. Die Frage, in welchem Umfang eine Überprüfung der Tätigkeit des Hilfspersonals im Rahmen der sonstigen Telemedizin zu erfolgen hat, ist nicht pauschal beantwortbar. Ausschlaggebend sind insofern wie auch sonst iRd Delegation Schwierigkeitsgrad und Gefährdungsgrad der konkret delegierten Maßnahme, die Qualifikation und Übung des Hilfspersonals, sowie auch die Dauer der zuverlässigen Beschäftigung[1854]. Dabei muss gewährleistet sein, dass ärztliche Hilfe in verantwortbarer Zeit verfügbar ist[1855].

412 Im Falle eines „Digitalen Gesundheitstreffpunkts" sind die konkreten telemedizinischen Möglichkeiten zu berücksichtigen. Räumliche Entfernungen können durch elektronische Informations- und Kommunikationstechnologien überwunden werden, bei Fragestellungen ist durch Videokonferenzen auch eine kurzfristige ärztliche Intervention durchaus möglich. Hinsichtlich der Übernahme einfacher delegationsfähiger Tätigkeiten wie etwa der Blutentnahme oder dem Verbandswechsel bestehen bei Vorliegen der übrigen Delegationsvoraussetzungen haftungsrechtlich daher grundsätzlich keine Bedenken. Das gilt umso mehr, wenn das nicht-ärztliche Personal über eine Zusatzqualifikation zur Nicht-ärztlichen Praxisassistenz (NäPa) gemäß dem Rahmencurriculum der Bundesärztekammer verfügt, die gerade zur Leistungserbringung in ärztlicher Abwesenheit befähigen soll[1856]. Haftungsrechtlich kann es insoweit keinen Unterschied machen, ob das qualifizierte Personal delegationsfähige Leistungen in der Praxis, im Haus des Patienten oder in anderen Räumlichkeiten bspw eines „Digitalen Gesundheitstreffpunkts" in ärztlicher Abwesenheit übernimmt[1857]. Für die Abrechenbarkeit ärztlicher Leistungen verlangen die Kassenärztlichen Vereinigungen ebenso wie die sozialrechtliche Judikatur bislang nahezu ausnahmslos die Anwesenheit des Arztes am Ort des Leistungsgeschehens[1858]. Die Möglichkeit telemedizinischer Intervention zur Herstellung ärztlicher Präsenz wurde bislang abschlägig beschieden[1859]. Abweichend davon sollten aber auch abrechnungsrechtlich die medizinischen Erfordernisse maßgebend sein[1860]. Ausschlaggebend ist, dass bei der Erbringung ärztlicher Leistungen unter Inanspruchnahme von Dritten die leitende und eigenverantwortliche Mitwirkung des Arztes erhalten bleibt und damit das erforderliche „persönliche Gepräge"[1861] der so erbrachten „ärztlichen Leistung" nicht verloren geht. Dies setzt aber nicht die physische Anwesenheit voraus, sondern die ärztliche Indikationsstellung durch den Arzt, die Festlegung der medizinischen Therapie und die Anordnung und Überwachung im Einzelfall, insbesondere durch die weitere Befundung und Kontrolle. Abhängig von der Qualifikation des Delegationsempfängers und der konkreten Behandlungssituation im Einzelfall kann eine kurzfristige Erreichbarkeit des Patienten so herge-

---

1854 Achterfeld, Aufgabenverteilung im Gesundheitswesen, S 54.
1855 Peikert MedR 2000, 352, 358 f; Katzenmeier/Achterfeld, Digitaler Gesundheitstreffpunkt, E-Health-Kiosk, Videosprechstunde, Telemedizin, Rechtsfragen neuer Formen assistenzgestützter Gesundheitsversorgung, in: Katzenmeier (Hrsg), Festschr für Dieter Hart, 283, 300.
1856 Bundesärztekammer, Fortbildungscurriculum für Medizinische Fachangestellte und Arzthelfer/innen „Nicht-ärztliche Praxisassistentin" nach „§ 87 Abs 2b Satz 5 SGB V"², https://www.bundesaerztekammer.de/fileadmin/user_upload/downloads/CurrPraxisassistentin100826.pdf., zuletzt abgerufen am 27.9.2021.
1857 Katzenmeier/Achterfeld, Digitaler Gesundheitstreffpunkt, E-Health-Kiosk, Videosprechstunde, Telemedizin, Rechtsfragen neuer Formen assistenzgestützter Gesundheitsversorgung, in: Katzenmeier (Hrsg), Festschr für Dieter Hart, 283, 300, 301.
1858 BSG, Urt v 6.5.1975 – 6 RKa 22/74, BSGE 39, 288, 289 f, NJW 1975, 2271, 2271 f; BSG, Urt v 16.12.2015 – B 6 KA 19/15 R, BSGE 120, 197, 197 f, NZS 2016, 554, 557 Rz 30; LSG Bayern, Urt v 15.1.1997 – L 12 Ka 111/95, -juris Rz 41; LSG Niedersachsen, Urt v 18.2.2004 – L 3 KA 99/02, -juris Rz 22; vgl zu Einzelheiten Achterfeld, Aufgabenverteilung im Gesundheitswesen, S 124 ff.
1859 Zur Berechtigung von Erbringung und Abrechnung nuklearmedizinischer Laborleistungen LSG Niedersachsen-Bremen, Urt v 11.7.2018 – L 3 KA 20/16, NWB EAAAH-05520, die wg grds Bedeutung der Sache gem SGG § 160 Abs 2 Nr 1 eingelegte Revision wurde zurückgenommen, BSG, 22.1.2019 – B 6 KA 18/18 R.
1860 Peikert MedR 2000, 352, 357 f; Achterfeld, Aufgabenverteilung im Gesundheitswesen, S 124; Katzenmeier/Achterfeld, Digitaler Gesundheitstreffpunkt, E-Health-Kiosk, Videosprechstunde, Telemedizin, Rechtsfragen neuer Formen assistenzgestützter Gesundheitsversorgung, in: Katzenmeier (Hrsg), Festschr für Dieter Hart, 283, 301.
1861 BT-Drucks 118/88, 46.

stellt werden[1862]. Diesbezüglich sind die Möglichkeiten der telemedizinischen Intervention zu berücksichtigen[1863].

Im Zusammenhang mit gesundheitsbezogenen Apps stellen sich ebenfalls Fragen der Herausbildung neuer spezifischer Qualitätsstandards und der Haftung[1864]. So sollen medizinische Apps dem Produkthaftungsrecht unterliegen[1865]. Seit der Novellierung der Richtlinie Medical Device Directive 93/42/EWG in Form der MDD 2007/47/EG wird Software selber, also auch eine App, als ein Medizinprodukt definiert, wenn der Hersteller seiner Software eine medizinische Zweckbestimmung zuweist und das Produkt die Definition der Verordnung (EU) Nr 2017/745 (MDR) Art 51 iVm Medizinprodukterecht-Durchführungsgesetz (MPDG) § 6 erfüllt. Bei der Frage, ob Apps Medizinprodukte sind, war zunächst die MEDDEV-Leitlinie 2.1/6 vom 12.1.2012 einschlägig[1866]. Weiter galt die Richtlinie 93/42/EWG Medical Device Directive (MDD). In 2017 wurden die Regelungen zum Medizinprodukterecht durch die „Medical Device Regulation", kurz „MDR" angepasst. Die Verordnung (EU) Nr 2017/745 (MDR) gilt in den Mitgliedsstaaten seit dem 27.5.2020, mit Ausnahme von Regelungen bezüglich der In-vitro-Diagnostika. Die MDR iVm MPDG löste das MPG ab, wodurch für viele Apps seither eine höhere Risikoklasse gilt[1867]. **413**

Der BGH[1868] hat nach dem „Brain-Products"-Urteil des EuGH[1869] entschieden, dass „ein Gegenstand, der von seinem Hersteller zur Anwendung für Menschen zum Zwecke der Untersuchung eines physiologischen Vorgangs konzipiert wurde, (…) dann nicht unter den Begriff ‚Medizinprodukt' [fällt], wenn der Hersteller eine Verwendung des Gegenstands für medizinische Zwecke mit hinreichender Deutlichkeit ausschließt, ohne dabei willkürlich zu handeln." Ob eine App ein Medizinprodukt ist, hängt somit davon ab, ob der Hersteller ihr eine medizinische Zweckbestimmung zuweist und das Produkt die Definition der Verordnung (EU) Nr 2017/745 (MDR) Art 51 iVm Medizinprodukterecht-Durchführungsgesetz (MPDG) § 6 erfüllt. Dies ist grundsätzlich nur dann der Fall, wenn die App eine primäre, medizinische Zweckbestimmung aufweist, somit der Diagnose und/oder Therapie dient[1870]. **414**

Mit dem Inkrafttreten des Digitale-Versorgung-Gesetzes (DVG)[1871] wurde gemäß SGB V §§ 33a und 139e die „App auf Rezept" für Patienten in die Gesundheitsversorgung eingeführt. Die GKV Patienten erhalten mit dem neuen SGB V § 33a einen Anspruch auf Versorgung mit digitalen Gesundheitsanwendungen, worunter Medizinprodukte mit Risikoklasse I oder IIa zu verstehen sind, deren Hauptfunktion wesentlich auf digitalen Technologien beruht, also vor allem Medical Apps mit Medizinproduktfunktionen. Bestimmte Gesundheits- oder Medizin-Apps werden damit zu einer Kassenleistung. Man spricht von „digitalen Gesundheitsanwendungen", kurz „DiGA", die in einem eigenen Verzeichnis gelistet sind[1872]. Die Apps auf Rezept müssen frei von Werbung sein, personenbezogene Daten dürfen nicht zu Werbezwecken verwendet werden und medizinische Inhalte und Gesundheitsinformationen müssen dem allgemein anerkannten fachlichen Standard iSd § 630a Abs 2 entsprechen. **415**

Ärzte und Psychotherapeuten können Apps aus dem „DiGA-Verzeichnis" verordnen. Das Rezept müssen gesetzlich Versicherte bei ihrer Krankenkasse einreichen. Sie erhalten einen Code, mit dem man die App herunterladen und freischalten kann. **416**

Bezüglich einer Haftung folgt der Einsatz von „DiGA" denselben Regeln wie bei der Verordnung nicht–digitaler Medizinprodukte gemäß § 630a Abs 2. Die DiGA Nicht–Verordnung kann ebenso wie ihre Fehl–Verordnung, zum Beispiel in einem medizinisch nicht indizierten Fall, zu einem Haftungsfall führen, sollte daraus ein Schaden entstehen. Das Risiko von Schäden ist **417**

1862 Katzenmeier/Achterfeld, Digitaler Gesundheitstreffpunkt, E-Health-Kiosk, Videosprechstunde, Telemedizin, Rechtsfragen neuer Formen assistenzgestützter Gesundheitsversorgung, in: Katzenmeier (Hrsg) Festschr für Dieter Hart, 283, 301.
1863 Katzenmeier/Achterfeld, Digitaler Gesundheitstreffpunkt, E-Health-Kiosk, Videosprechstunde, Telemedizin, Rechtsfragen neuer Formen assistenzgestützter Gesundheitsversorgung, in: Katzenmeier (Hrsg), Festschr für Dieter Hart, 283, 301.
1864 Gassner/Strömer VersR 2015, 1219, 1219 ff; Kipker/Brönneke https://www.researchgate.net/publication/284430947_Haftungsrisiken_und_Versicherungsfragen_beim_Einsatz_medizinischer_IT-Innovationen, zuletzt abgerufen am 31.10.2021.
1865 Gassner/Strömer VersR 2015, 1219, 1224.
1866 „Guidelines on the qualification and classification of stand alone software used in healthcare within the regulatory framework of medical devices", http://ec.europa.eu/health/medical-devices/files/meddev/2_1_6_ol_en.pdf., zuletzt abgerufen am 31.10.2021.
1867 Giesselmann Deutsches Ärzteblatt 2018, 115(12): A-538.
1868 BGH, Urt v 18.4.2013 – I ZR 53/09, MDR 2014, 237 Rz 10.
1869 EuGH, Urt v 22.11.2012 – C-219/11, GRUR 2013, 82 Rz 11.
1870 Vgl ausführlich Albrecht, in: Albrecht (Hrsg), Chancen und Risiken von Gesundheits-Apps (CHARISMHA), Kap 11 S 228–242, https://www.bundesgesundheitsministerium.de/fileadmin/Dateien/3_Downloads/A/App-Studie/CHARISMHA_gesamt_V.01.3-20160424.pdf, zuletzt abgerufen am 1.10.2021.
1871 BGBl 2019 I, 2562.
1872 Https://diga.bfarm.de/de/verzeichnis, zuletzt abgerufen am 22.6.2021.

dabei wesentlich geringer einzuschätzen als dies bei der Verordnung von Arzneimitteln oder Hilfsmitteln in Form von Medizinprodukten hoher Risikoklassen der Fall sein dürfte.

418 15. **Sozialrechtliche Einschränkungen.** Neben der bereits durch den medizinischen Standard konkretisierten Pflichtwidrigkeit kommt dem Erfordernis des Verschuldens oder des „Vertretenmüssens" jeweils keine Bedeutung mehr als eigenständige Haftungsvoraussetzung zu[1873]. Gem BMV-Ä § 13 Abs 8 Satz 1 muss die ärztliche Leistung unter Beachtung der ärztlichen Sorgfalt gemäß BGB und nach BMV-Ä § 16 Satz 1 unter Berücksichtigung des allgemein anerkannten Standes der medizinischen Erkenntnisse erbracht werden. Nach den Prinzipien des BGB bildet die wirtschaftliche Zumutbarkeit ärztlicher Tätigkeit keine Haftungsbegrenzung[1874]. Vielmehr ist anerkannt, dass jeder Arzt, der die Behandlung eines Patienten übernommen hat, diesen nach dem medizinischen Standard behandeln und versorgen muss, auch wenn dies Leistungen erfordert, die nicht oder nicht kostendeckend vergütet werden oder Regressforderungen der Krankenkassen erwarten lassen[1875].

419 Der medizinische Standard begründet für die ärztliche Heilbehandlung grds ein Untermaß- und ein Übermaßverbot[1876]. Das Untermaßverbot gilt auch für Leistungsrecht nach dem SGB V, soweit nicht andere Regelungen bestehen[1877]. Zulässige abweichende Vereinbarungen gehen stets vor. Mit Rücksicht auf die unterschiedlichen Evidenzqualitäten, denen das in der Praxis vorliegende Wissen genügt, wird der EbM-Grundsatz, die bestmögliche Evidenz zu wählen, zur Aufgabe des Arztes, die Evidenzqualität zu bewerten und seiner praktischen Entscheidung zu Grunde zu legen[1878]. Die Verfahrensordnung des G-BA bestimmt mit ihren Evidenzstufen eine für die GKV unmittelbar geltende und für andere Rechtsgebiete grds Orientierung gebende Ordnung[1879]. Dem Recht der GKV lässt sich gem SGB V § 2 Abs 1a der Grundsatz entnehmen, besonders schwere Erkrankungen zulässigerweise auf der Basis geringerer Evidenz zu behandeln. Das BVerfG hat diesen Grundsatz in das Leistungsrecht des SGB V implementiert[1880], der Gesetzgeber hat ihn in das Gesetz aufgenommen[1881], das BSG hat ihn durch seine Rspr konkretisiert[1882]. Das allgemeine ärztliche Berufsrecht kann daraus eine Regel entnehmen, die dem Patienten im Gespräch mit dem Arzt eine Orientierung iRd der gemeinsamen Entscheidungsfindung über verschiedene Behandlungsoptionen geben kann.

420 Unter Betonung des Selbstbestimmungsrechts des Patienten werden sich die ärztlichen Pflichten im Hinblick auf Fragen der Finanzierung von Behandlungen mehr und mehr auf die Aufklärungsebene verschieben müssen[1883]. Dem Patienten Informationen über medizinisch nützliche, aber nicht GKV-finanzierte Behandlungsmöglichkeiten vorzuenthalten, würde dessen Recht auf Selbstbestimmung verletzen[1884]. Nach geltendem Recht wird dem behandelnden Arzt somit nichts anderes übrigbleiben, als ökonomisch bedingte Divergenzen zwischen Zivil- und Sozialrecht im Wege der Information und Aufklärung des Patienten zu kompensieren[1885].

421 Defizite des Gesundheitssystems dürfen grds haftungsrechtlich nicht auf den Arzt verlagert werden, denn das Haftungsrecht kann an den Arzt keine schärferen Anforderungen stellen als das Sozialrecht[1886]. Da BMV-Ä § 16 Satz 1 und Satz 2 bestimmen, dass der Vertragsarzt seine Leistungen unter Berücksichtigung des allgemein anerkannten Standes erbringen muss, und die vom G-BA beschlossenen Richtlinien nach SGB V § 92 zur Sicherung einer ausreichenden, zweckmäßigen und wirtschaftlichen Versorgung für den Vertragsarzt, die Krankenkasse und für den Leistungsanspruch des Versicherten verbindlich sein sollen, wird vorausgesetzt, dass der Stan-

---

1873 Jansen, Der Medizinische Standard, Begriff und Bestimmung ärztlicher Behandlungsstandards an der Schnittstelle von Medizin, Haftungsrecht und Sozialrecht, C. Ergebnis und Ausblick, S 111.
1874 Laum Deutsches Ärzteblatt 2001, 98: A 3176, 3177, 3178.
1875 Laum Deutsches Ärzteblatt 2001, 98: A 3176, 3177, 3178.
1876 Francke, Evidenzbasierung der Medizin – Zur Entwicklung der Wissensgrundlagen des Gesundheits- und Medizinrechts, in: Katzenmeier (Hrsg), Festschr für Dieter Hart, 161, 170.
1877 Francke, Evidenzbasierung der Medizin – Zur Entwicklung der Wissensgrundlagen des Gesundheits- und Medizinrechts, in: Katzenmeier (Hrsg), Festschr für Dieter Hart, 161, 170.
1878 Francke, Evidenzbasierung der Medizin – Zur Entwicklung der Wissensgrundlagen des Gesundheits- und Medizinrechts, in: Katzenmeier (Hrsg), Festschr für Dieter Hart, 161, 170.
1879 Francke, Evidenzbasierung der Medizin – Zur Entwicklung der Wissensgrundlagen des Gesundheits- und Medizinrechts, in: Katzenmeier (Hrsg), Festschr für Dieter Hart, 161, 170.
1880 SGB V § 2 Abs 1a, eingefügt durch GKV-VStG v 22.12.2011.
1881 „Nikolausbeschluss" BVerfG, Urt v 6.12.2005 – BvR 347/98, BVerfGE 115, 25, 25 ff.
1882 „Avastin-Entscheidung" BSG, Urt v 13.12.2016 – B 1 KR 1/16, BSGE 122, 170, 171 f, 175 f.
1883 Frahm/Jansen/Katzenmeier/Kienzle/Kingreen/Lungstras/Saeger/Schmitz–Luhn/Woopen MedR 2018, 447, 457.
1884 Frahm/Jansen/Katzenmeier/Kienzle/Kingreen/Lungstras/Saeger/Schmitz–Luhn/Woopen MedR 2018, 447, 457.
1885 Frahm/Jansen/Katzenmeier/Kienzle/Kingreen/Lungstras/Saeger/Schmitz–Luhn/Woopen MedR 2018, 447, 457.
1886 Laum Deutsches Ärzteblatt 2001; 98: A 3176, 3176 f.

dard seitens des G-BA pflichtgemäß beachtet worden ist[1887]. Unstreitig ist der Thematik der drohende Einbruch wirtschaftlicher Gesichtspunkte in der Krankenversorgung gemein. Dies betrifft auch das Gebiet der Delegation auf nichtärztliches Personal[1888]. Die Umsteuerung auf wirtschaftliche oder auch sozialrechtliche Gesichtspunkte sollte jedoch nur zum optimalen Einsatz von Ressourcen führen, nicht zur Abwendung oder zur Absenkung des medizinischen Standards[1889].

XIII. Das Gewährleistungsrecht des Behandlungsvertrags: Unmöglichkeit, Minderung, Kündigung, Rücktritt, Schadensersatz

Wesentliche Konsequenz der dienstvertraglichen Einordnung des Behandlungsvertrages ist, dass insbesondere die Gewährleistungsregeln des Werkvertragsrechts, §§ 634 ff, nicht anwendbar sind. Der Behandelnde haftet also nicht für den nicht eingetretenen Erfolg, darüber hinaus schuldet er grds weder eine Nachbesserung nach § 634 Nr 1 noch ist er verpflichtet, eine Ersatzvornahme zu tragen, § 634 Nr 2. Gegenstand des Behandlungsvertrages ist die medizinische Behandlung. Nach der Vorstellung des Gesetzgebers ist die Behandlung iSd des Gesetzes die Heilbehandlung. Die §§ 630a ff enthalten keine Regelungen zur Leistungsstörung. Auf Grund des Fehlens spezifischer Regelungen für die Schlechterfüllung ist auf das allgemeine Schuldrecht nach § 280 Abs 1 zurückzugreifen. Dabei stellt sich das Haftungsrecht seit jeher und insbesondere auch nach dem PatRG weithin als systematisierte Rspr dar[1890]. Die Haftung wegen einer Pflichtverletzung aus dem Behandlungsvertrag setzt aus diesem Grund, neben dem Bestehen eines Behandlungsvertrags gemäß § 630a als Schuldverhältnis iSd § 280 Abs 1, eine schuldhafte Pflichtverletzung des Arztes oder seiner Erfüllungsgehilfen nach § 278 und den Eintritt eines dadurch verursachten bleibenden (Gesundheits-)Schadens voraus. **422**

Soweit die Behandlung des Patienten im Rahmen des sozialversicherungsrechtlichen Sachleistungsprinzips erfolgt, kommen bei einer Schlechtleistung des Behandelnden auch quasi-Gewährleistungsansprüche auf der Grundlage des Sozialversicherungsrechts in Betracht. Beispielsweise stehen den gesetzlichen Krankenkassen Schadensersatzansprüche gegen die Kassenärztliche Vereinigung (KV) bei der Versorgung von Patienten mit mangelhaftem Zahnersatz zu, die zwar nicht gesetzlich geregelt sind, aber in „den gesamtvertraglichen Bestimmungen vorausgesetzt" werden[1891]. Dabei soll auch nach der Rspr des BSG die Nacherfüllung vorrangig zu berücksichtigen sein[1892]. **423**

Ob die dem Vertragsrecht eigene Verschuldensvermutung des § 280 Abs 1 Satz 2 im Arztrecht anwendbar ist[1893], war für die Vorläufervorschrift, § 282, noch strittig[1894]. Anerkannt wurde es vom BGH zunächst nur für den Fall des voll beherrschbaren Risikos[1895], es sei denn, der Patient wies eine nicht erkennbare, extrem seltene Anomalie auf, die ihn besonders schadensanfällig machte[1896]. Der Grundsatz, dass sich der Krankenhausträger bei einem Lagerungsschaden von einer Fehlvermutung entlasten muss, gilt nicht, wenn bei dem Patienten eine ärztlicherseits nicht im Voraus erkennbare, extrem seltene körperliche Anomalie vorliegt, die ihn für den eingetretenen Schaden anfällig gemacht hat[1897]. Unbestritten gilt § 280 Abs 1 im Arzthaftungsrecht[1898]. Der Arzt haftet daher grds für alle Schäden, die aus der Behandlung folgen. Die Beweislastverteilung ist in § 630h gesondert für die Arzthaftung geregelt und weicht teilweise von der des § 280 Abs 1 ab. Ob die Verschuldensvermutung im Arzthaftungsrecht uneingeschränkt angewendet **424**

1887 Laum Deutsches Ärzteblatt 2001; 98: A 3176, 3176; vgl zu allem ausführlich Prütting, Rechtsgebietsübergreifende Normenkollisionen: Ein Lösungsansatz am Beispiel der Schnittstelle von Zivil- und Sozialversicherungsrecht im Gesundheitswesen, S 13.
1888 Kern Ärzteblatt Sachsen 2008, 48, 51.
1889 Kern Ärzteblatt Sachsen 2008, 48, 52.
1890 Vgl Vorbemerkung 630a Rz 21.
1891 BSG, Urt v 10.5.2017 – B 6 KA 15/16 R, MedR 2018, 49 Rz 24 m Anm Sandfort MedR 2018, 54; MünchKomm[8]/Wagner, § 630a Rz 89.
1892 BSG, Urt v 10.5.2017 – B 6 KA 15/16 R, MedR 2018, 49 Rz 29 ff m Anm Sandfort MedR 2018, 54.
1893 Für die Anwendung DeutschJZ 2002, 588, 591; Katzenmeier VersR 2002, 1066, 1069; Katzenmeier, Arzthaftung, S 493 Fn 575; Spindler/Rieckers JuS 2004, 272, 274.
1894 Gegen die Anwendung und zur Frage eines ärztl Behandlungsfehlers bei der Operation eines Augenarztes BGH, Urt v 4.4.1967 – VI ZR 175/65,

VersR 1967, 663, 664; zum Schadenersatzanspruch gg einen Tierarzt wg eines getöteten Pferdes aufgrund eines Behandlungsfehlers BGH, Urt v 15.3.1977 – VI ZR 201/75, NJW 1977, 1102, 1103; BGH, Urt v 20.3.2007 – VI ZR 158/06, BGHZ 171, 358, 358 f; vgl die Darstellung bei Franzki, Der Behandlungsvertrag, S 52.
1895 Deutsch/Spickhoff, MedR-HdB[7], Rz 179.
1896 Zur evtl falschen Lagerung BGH, Urt v 24.1.1995 – VI ZR 60/94, NJW 1995, 1618.
1897 BGH, Urt v 24.1.1995 – VI ZR 60/94, NJW 1995, 1618.
1898 Roth NJW 2006, 2814, 2815 f mwN; Rehborn MDR 2002, 1281, 1282; Hensen, in: Wenzel, Der Arzthaftungsprozess Medizinschaden Fehler – Folgen – Verfahren, Rz 2364 ff; Kern/Rehborn, in: Laufs/Kern/Rehborn, HdB ArztR[5], § 92 Rz 25; Deutsch/Spickhoff, MedR-HdB[6], Rz 176, 177, 178, 179, 180.

wird, ist wegen des unproblematischen Beweises des ärztlichen Verschuldens[1899], eher nachrangig[1900]. Im Zivilrecht gilt der objektivierte zivilrechtliche Fahrlässigkeitsbegriff iSd § 276 Abs 1 Satz 2. Deshalb hat der Arzt die für sein Fachgebiet erforderliche Sorgfalt und damit den Standard zu beachten, wenn er der Haftung entgehen will. Anders als im Strafrecht ist mit Fahrlässigkeit nicht das persönliche Verschulden gemeint, sodass der Arzt für sein dem medizinischen Standard zuwiderlaufendes Vorgehen auch dann haftungsrechtlich einzustehen hat, wenn dieses aus seiner persönlichen Lage heraus subjektiv als entschuldbar erscheinen mag[1901], etwa weil er sich im konkreten Behandlungsgeschehen als überfordert erwies und daher mit medizinisch falschen Mitteln helfen wollte[1902].

425   **1. Unmöglichkeit.** Das Unmöglichkeitsrecht der §§ 275, 326 schützt das vertragliche Synallagma, indem es die Pflicht zur Vergütung von der Erbringung der vereinbarten Leistung abhängig macht. Auch für Dienstverträge gilt daher, dass ohne die Dienstleistung kein Lohn erfolgt. Die Vorschriften des Dienstvertragsrechts finden aufgrund von § 630b auch für Behandlungsverträge Anwendung. Wird die Leistung des Behandelnden in der Form unmöglich, dass bei einer Erkrankung oder einem Unfall des Behandlers die persönliche Behandlungsleistung unmöglich wird, entfällt daraus resultierend der Anspruch des Patienten auf die Behandlungsleistung, § 275 Abs 1 sowie der Anspruch des Behandelnden auf die vereinbarte Vergütung, § 326 Abs 1. Dies gilt allerdings auch für den Fall, dass die Leistung wegen Zweckerreichung unmöglich geworden ist, so beispielsweise, wenn ein persönlich verpflichteter Chefarzt die Operation vertragswidrig von einem angestellten Arzt durchführen lässt. Dabei schuldet der Patient selbst dann keine Vergütung, wenn der Eingriff sachgemäß erfolgte[1903]. Es besteht kein Zahlungsanspruch für eine durchgeführte Operation bei einer nach § 613 Satz 1 unzulässigen Substitution. Insbesondere besteht auch ein Rückzahlungsanspruch des Patienten auf das von ihm geleistete Honorar gem § 326 Abs 4 iVm 346 Abs 1 und kein Wertersatzanspruch für die erfolgreich durchgeführte Operation aus § 812 Abs 1 Satz 1 Alt 1 aufgrund von § 814. Selbiges gilt auch dann, wenn bei einer schuldhaften Fehlleistung des Arztes der Patient einen Anspruch auf Schadensersatz aus § 280 Abs 1 hat. Ist die fehlerhafte Leistung des Arztes für den Patienten ohne Interesse und völlig unbrauchbar, besteht der (Mindest-)Schaden des Patienten darin, dass er für eine im Ergebnis unbrauchbare ärztliche Behandlung nach § 630a die Vergütung schuldet[1904]. So sind bspw fehlerhaft eingesetzte (Zahn-)Implantate objektiv und subjektiv dann völlig wertlos gemäß § 628 Abs 1 Satz 2 Fall 2 iVm § 630b, wenn es keine Behandlungsvariante gibt, die hinreichend sicher zu einem den Regeln der zahnärztlichen Kunst entsprechenden Gesundheitszustand führen kann. Der Umstand, dass der Patient einzelne Implantate als Notmaßnahme zur Vermeidung eines eventuell noch größeren Übels weiterverwendet, ändert nichts an der Unbrauchbarkeit der zahnärztlichen Leistung und dem Entfallen der Vergütungspflicht insgesamt[1905].

426   Ein Entfallen der Vergütungspflicht insgesamt liegt auch in den Fällen vor, in denen der Behandler nicht zur Abrechnung befugt ist, da er sich seine Approbation erschlichen hat. Die Approbation ist notwendige Voraussetzung für die Ausübung des ärztlichen Berufs. Sie spricht iSe widerlegbaren Vermutung dafür, dass der Inhaber über die medizinische Mindestqualifikation verfügt[1906]. Hat eine Person als vermeintlicher Arzt an der Behandlung mitgewirkt, liegt ein Fall des Vergütungsausschlusses vor[1907]. Insbesondere die Verpflichtung zur peinlich genauen

---

1899 Fuchs Arztrecht 1996, 325, 325 f https://www.arzt-recht.org/media/files/verlag/haftpflichtrecht/Arzthaftung_1996.pdf, zuletzt abgerufen am 16.2.2021; Sundmacher, Die unterlassene Befunderhebung des Arztes, 2008, S 10; aA Kein voll beherrschbares Risko bei thermischen Verbrennungen, LG Bonn, Urt v 30.10.2007 – 8 S 130/07, GesR 2008, 248, 248.
1900 Vgl die Einordnung bei Franzki, Der Behandlungsvertrag, S 52, 53.
1901 Vgl Müller, Aktuelle Entwicklungen in der Rechtsprechung zum Arzthaftungsrecht (10. Deutscher Medizinrechtstag 5. September 2009 in Frankfurt), https://medizinrechtsanwaelte.de/medizinrechtstag/2009-frankfurt/Vortrag_Mueller.pdf, zuletzt abgerufen am 13.9.2021.
1902 Bspw zum Ziehen am Kopf während des Geburtsvorganges BGH, Urt v 13.2.2001 – VI ZR 34/00, NJW 2001, 1786.
1903 OLG Koblenz, Urt v 21.2.2008 – 5 U 1309/07, NJW 2008, 1679, 179 = MedR 2009, 158 m Anm Sachsen Gessaphe, von.
1904 Zur Rückforderung der Vergütung nach Behandlungsfehler BGH, Urt v 29.3.2011 – VI ZR 133/10, NJW 2011, 1674 Rz 15 m Anm Preis/Sagan MedR 2012, 38.
1905 BGH, Urt v 13.9.2018 – III ZR 294/16, BGHZ 219, 298 m Anm Deckenbrock MedR 2019, 137.
1906 BSG, Urt v 26.4.2022 – B 1 KR 26/21 R, https://rsw.beck.de/aktuell/daily/meldung/detail/bsg-krankenkasse-muss-nicht-fuer-op-durch-vermeintlichen-arzt-zahlen, zuletzt abgerufen am 27.4.2022; SG Aachen, Rückforderung von Krankenhausvergütung bei Behandlung durch falschen Arzt (erschlichene Approbation), MedR 2018, 723, 723 f; LSG Mecklenburg-Vorpommern, Beitragsrecht: Beitragserstattung nach mit gefälschten Papieren erschlichener Anstellung als Chefarzt einer Klinik, BeckRS 2018, 42310; Bäune MedR 2014, 76, 76 f.
1907 BSG, Urt v 26.4.2022 – B 1 KR 26/21 R, https://rsw.beck.de/aktuell/daily/meldung/detail/bsg-krankenkasse-muss-nicht-fuer-op-durch-vermeintlichen-arzt-zahlen, zuletzt abgerufen am 27.4.2022.

Abrechnung gehört zu den Grundpflichten des Arztes[1908]. Wird ein Arzt demnach ohne Approbation tätig oder lässt er Personen ohne Aprobation für sich tätig werden, entfällt sein Vergütungsanspruch[1909]. Hier kommt es auf das in gesundheitlicher Hinsicht folgenlose Verhalten für den Patienten für den Ausschluss des Vergütungsanspruches nicht an[1910].

Ob die Behandlungsleistung zu dem vereinbarten Termin erfolgen kann, ist für die Möglichkeit der Erbringung sekundär, ihre Nichterbringung führt allenfalls zum Verzug, jedoch nicht zu einer Minderung der Vergütung nach § 634 Nr 3. Umgekehrt kann der Patient ein Nachbesserungsangebot des Behandelnden mangels Vertrauen in den Behandelnden ablehnen, ohne rechtliche Nachteile befürchten zu müssen. Die Ablehnung eines solchen Angebots stellt idR auch keine konkludente Kündigungserklärung des Behandlungsvertrages dar. **427**

Wird die Behandlungsleistung wie vereinbart erbracht, tritt jedoch der von den Parteien erhoffte Heilungserfolg wegen eines Behandlungsfehlers nicht ein, handelt es sich um einen Fall der Schlechtleistung, nicht hingegen um einen Fall der Unmöglichkeit. Solange die Behandlungsleistung physisch möglich ist, sind die §§ 275, 326 nicht anwendbar, insbesondere entfällt der Vergütungsanspruch des Behandelnden nicht[1911]. Wird dagegen eine Behandlungsleistung versprochen, die nach dem medizinischen Standard und der „Evidence based Medicine" (EbM) gar nicht zum Heilungserfolg führen kann, wie es bspw bei sog „Heilern" oder „Schamanen" der Fall sein wird, die esoterische Therapieleistungen oder naturheilkundliche Verfahren auf experimenteller Basis anbieten, ist zwar die Therapie möglich, hingegen der medizinische Nutzen hinfällig[1912]. Dies gilt insbesondere bei alternativen Krebstherapien, die Schadensersatzansprüche der Patienten auslösen, wenn sie über den Nutzen der Therapie nicht erwartungsgemäß aufgeklärt wurden. Zwar liegt dann kein Fall der Unmöglichkeit vor, denn grundsätzlich sind die offerierten („Heil"-)Leistungen noch möglich und durchführbar, allerdings kann die Nutzung alternativmedizinischer Verfahren dazu führen, dass die Einleitung einer wirksamen Therapie verzögert oder verhindert werde, was die Chancen der Patienten auf Besserung/Heilung massiv mindert oder deren Leben kosten kann[1913]. **428**

Die Grenze zur Unmöglichkeit ist überschritten, wenn es sich um Verträge über die Wirkung magischer Kräfte handelt, also der Behandelnde verspricht, übernatürliche Kräfte der Magie oder Parapsychologie einzusetzen, um den Patienten damit zu heilen[1914]. Objektiv unmöglich ist eine Leistung, wenn sie nach den Naturgesetzen oder dem Stand von Wissenschaft und Technik nicht erbracht werden kann[1915] wie in der Anwendung bereits berufsrechtlich unzulässiger, MBO-Ä § 11, Vodoo-Medizin[1916]. Bislang nahm die Rspr richtig unter diese Definition subsumierend an, dass nach § 275 übersinnliche Leistungspflichten objektiv unmöglich und daher gemäß § 326 Abs 1 Satz 1 nicht zu entgelten sind[1917]. Mit der Rechtsfigur der „bewusst objektiv unmöglichen, **429**

1908 BSG, Urt v 24.11.1993 – 6 RKa 70/91, BSGE 73, 234 = -juris Rz 22; BSG, Urt v 25.10.1989 – 6 RKa 28/88, BSGE 66, 6 = SozR 2200 § 368a Nr 24; BSG, Urt v 8.7.1981 – 6 RKa 17/80, -juris Rz 31; BVerfG, Urt v 28.3.1985 – 1 BvR 1245/84, 1 BvR 1254/84, BVerfGE 69, 233 = SozR 2200 § 368a Nr 12.
1909 Bayerisches LSG, Urt v 17.3.2021 – L 12 KA 126/16, -juris; BSG, Urt v 26.4.2022 – B 1 KR 26/21 R, https://rsw.beck.de/aktuell/daily/meldung/detail/bsg-krankenkasse-muss-nicht-fuer-op-durch-vermeintlichen-arzt-zahlen, zuletzt abgerufen am 27.4.2022.
1910 BSG, Urt v 26.4.2022 – B 1 KR 26/21 R, https://rsw.beck.de/aktuell/daily/meldung/detail/bsg-krankenkasse-muss-nicht-fuer-op-durch-vermeintlichen-arzt-zahlen, zuletzt abgerufen am 27.4.2022; Bäune MedR 2014, 76.
1911 „Kartenlegerfall" BGH, Urt v 13.1.2011 – III ZR 87/10, BGHZ 188, 71 Rz 10; LG Ingolstadt, Urt v 23.5.2005 – 2 Qs 69/05, NStZ 2005, 313, 314.
1912 BVerfG, Beschl v 2.3.2004 – 1 BvR 784/03, NJW-RR 2004, 705.
1913 LG Kiel, Urt v 29.3.2019 – 8 O 190/16, volle Haftung der Behandlerin, welche, obgleich Fachärztin für Gynäkologie, alternative Heilmethoden in der Krebstherapie und „Traumatherapien" angewandt hat, die ob ihrer Aussichtslosigkeit zum Tode der Patientin führten.
1914 BGH, Urt v 13.1.2011 – III ZR 87/10, BGHZ 188, 71 Rz 10.
1915 BGH, Urt v 13.1.2011 – III ZR 87/10, BGHZ 188, 71 Rz 10; zur Vergütung bei Kartenlegen OLG Düsseldorf, Urt v 27.2.1953 – 5 U 319/52, NJW 1953, 1553, 1553; Emmerich, Das Recht der Leistungsstörungen, § 3 Rz 22 f; Ernst, in: MünchKomm[8], § 275 Rz 36; Faust, JuS 2011, 359, 361; Larenz, Lehrbuch des Schuldrechts, Bd 1, Allgemeiner Teil[14], § 8 I; Staud[2019]/Caspers, § 275 Rz 12; Schuldrecht[18]/Medicus/Lorenz, Rz 413 f; Erman[16]/Ulber, § 275 Rz 21; Schreiber JURA 1998, 270.
1916 MBO[7]/Ratzel, § 11 Rz 2, 3.
1917 Vorhersage durch Kartenlegen OLG Düsseldorf, Urt v 27.2.1953 – 5 U 319/52, NJW 1953, 1953; Beeinflussung eines Richters durch Telepathie LG Aachen, Urt v 12.2.1988 – 5 S 414/87, MDR 1989, 63; Beschwörung eines ehemaligen Partners LG Augsburg, Urt v 13.5.2003 – 4 S 5354/02, NJW-RR 2004, 272; Abschirmung eines Hauses und Büros von Erdstrahlen LG Braunschweig, Urt v 28.11.1985 – 7 S 327/84, NJW-RR 1986, 478; Parapsychologische Partnerzusammenführung LG Kassel, Urt v 14.3.1985 – 1 S 491/84, NJW 1985, 1642; Nichtigkeit eines Vertrages über magische Partnerzusammenführung LG Kassel, Urt v 26.5.1988 – S 483/87, NJW-RR, 1988, 517; Versprechen der Teufelsaustreibung LG Mannheim, Urt v 30.4.1992 – (12) 4 Ns 80/91, NJW 1993, 1488; Hexe hat keinen Anspruch auf Bezahlung von Liebeszauber LG München, Beschl v 18.9.2006 – 30 S 104995/06, https://rabüro.de/verguetung-fuer-liebeszauber-muss-zuruckerstattet-werden/, zuletzt abgerufen am 15.1.2022; Salzwassertherapie zur Teufelsaustreibung LG Berlin, Urt v 30.8.2021 – 521 Ks 3/20, -juris.

aber zu entgeltenden Leistung" ist von dieser Linie abgewichen worden. Wenn es die Parteien wollen, sei entgegen §§ 275 Abs 1, 326 Abs 1 Satz 1 auch eine sinnlose Leistung zu entgelten[1918]. So sei bspw die Erbringung der Leistung des Kartenlegens sehr wohl möglich, damit liegt auch keine objektiv unmögliche Leistung vor, denn es geht, anders als in den Fällen, bei denen es um Phänomene wie Partnerzusammenführung auf Grund Hexerei oder Geisterbeschwörung geht, lediglich darum, auf Grund der Deutung einer bestimmten Reihenfolge uä von Karten dem Leistungsempfänger Deutungen zumeist hinsichtlich dessen Zukunft mitzuteilen[1919]. Im Rahmen der Privatautonomie können die Parteien wirksam die Entgeltpflicht einer Leistung bestimmen, deren objektive Unmöglichkeit ihnen bei Vertragsschluss bekannt war. Ein Vertrag über magische Leistungen sei aber dann sittenwidrig, wenn das Medium als Schuldner einen Dritten parapsychologisch beeinflussen solle oder in verwerflicher Gesinnung eine aus der Leichtgläubigkeit und Not seines Kunden entstandene Vertrauensposition ausnutze. Ist der Vertrag wegen seiner Sittenwidrigkeit gem § 138 Abs 1 nichtig, braucht der Kunde die Leistung des Mediums nicht zu entgelten und kann seine bereits erbrachte Zahlung aus § 812 Abs 1 Satz 1, 1. Alt von dem Medium (zurück) kondizieren[1920]. § 817 Satz 2 ist bei einem beidseitigen Sittenverstoß teleologisch zu reduzieren und hindert die Kondiktion nicht[1921].

430 **2. Minderung.** Das Dienstvertragsrecht kennt den Rechtsbehelf der Minderung bei mangelhafter Leistung nicht[1922]. Ist der zwischen den Parteien geschlossene beispielsweise zahnärztliche Behandlungsvertrag als Dienstvertrag gemäß § 611 zu qualifizieren, aus dem der Zahnarzt nicht einen bestimmten (Behandlungs-) Erfolg, sondern lediglich die versprochenen (zahn-) ärztlichen Leistungen schuldet, ergibt sich daraus, dass die Vergütung für die Dienste grds auch dann geschuldet ist, wenn die (zahn-) ärztlichen Leistungen fehlerhaft gewesen sein sollten. Ein Fall der Schlechtleistung liegt vor, wenn der Arzt den Patienten nicht fachgerecht behandelt hat. Die Schlechterfüllung der Dienstleistungspflichten führt ggfs zu Schadensersatzansprüchen des Dienstberechtigten, nicht aber zu einem Recht auf Minderung seiner eigenen Leistung. Die Norm des § 326 Abs 1 Satz 1 ist vom Gesetzgeber so konzipiert worden, dass die Gegenleistung beim Dienstvertrag bestehen bleibt[1923]. Da § 630b auf das Dienstvertragsrecht verweist und somit dieser Grundsatz auch für Behandlungsverträge maßgeblich gilt[1924], hat der Patient keine Möglichkeit der Honorarkürzung.

431 **3. Vergütung erbrachter Teilleistungen.** Zumindest hat der Patient die Rechte, gemäß §§ 627, 628 im Wege der Teilvergütung und Schadensersatz bei fristloser Kündigung vorzugehen, die ihn im Ergebnis ähnlich stellen, als hätte er kauf- oder werkvertraglich gemindert. Es steht dem Patienten frei, falls der Fehler sich vor dem Abschluss der medizinischen Behandlung zeigt, ohne Angabe von Gründen fristlos zu kündigen[1925]. In so einem Fall steht dem Behandelnden gemäß § 628 Abs 1 Satz 1 ein gekürzter Anspruch auf den seinen bisherigen Leistungen entsprechenden Teil der Vergütung zu. Für den Fall, dass der Behandler den Grund der Kündigung sogar selber zu vertreten hat, kann er für seine Leistung, falls nach der Kündigung an dieser überhaupt kein Interesse mehr für den Patienten besteht, keinerlei Vergütung mehr verlangen, § 628 Abs 1 Satz 2[1926]. Dies gilt auch für bereits abgerechnete Teilleistungen, Satz 3[1927]. Ist das Honorar bereits gezahlt worden, kann es auf der Grundlage von § 812 Abs 1 Satz 1, Alt 1 zurückverlangt werden. Im Ergebnis gilt daher, dass bei fehlerhafter Behandlung des Patienten

---

1918 LG Ingolstadt, Urt v 23.5.2005 – 2 Qs 69/05, NStZ 2005, 313, 314.
1919 LG Ingolstadt, Urt v 23.5.2005 – 2 Qs 69/05, NStZ 2005, 313, 314.
1920 Bartels ZJS 2011, 106–111.
1921 Bartels ZJS 2011, 106–111.
1922 BGH, Urt v 13.9.2018 – III ZR 294/16, BGHZ 219, 298 = NJW 2018, 3513 Rz 16; BGH, Urt v 15.7.2004 – IX ZR 256/03, NJW 2004, 2817; Grüneberg[81]/Weidenkaff, § 611 Rz 16; Staud[2019]/Latzel, § 611 Rz 256, der trotz Fehlen einer besonderen Regelung zur Minderung im Dienstvertragsrecht eine solche nicht generell ausschließt; Peukert AcP 2005 430, 454 ff.
1923 BT-Drucks 14/6040, 189, 223; Canaris, Die Problematik der Minderung beim Dienstvertrag, in: Bitter/Lutter/Priester/Schön/Ulmer (Hrsg), Festschr für Karsten Schmidt, 177, 178 ff.
1924 BGH, Urt v 13.9.2018 – III ZR 294/16, BGHZ 219, 298 = NJW 2018, 3513 Rz 19; m Anm Deckenbrock MedR 2019, 137; OLG Koblenz, Urt v 25.9.2013 – 5 U 542/13, VersR 2014, 1091, 1092; OLG Koblenz, Urt v 8.10.2014 – 5 U 624/14, VersR 2015, 1513; LG Regensburg, Urt v 27.5.2014 – 4 O 910/11 (1),

MedR 2014, 772, 774; Grüneberg[81]/Weidenkaff, § 630b Rz 1, 2; aA OLG Koblenz, Beschl v 21.11.2012 – 5 U 623/12, VersR 2012, 446; Spickhoff/Spickhoff, MedR-Komm³, § 630b Rz 2.
1925 BGH, Urt v 29.3.2011 – VI ZR 133/10, NJW 2011, 1674 Rz 7 ff; OLG Koblenz, Urt v 25.9.2013 – 5 U 542/13, VersR 2014, 1091, 1092; OLG Koblenz, Urt v 8.10.2014 – 5 U 624/14, VersR 2015, 1513.
1926 BGH, Urt v 13.9.2018 – III ZR 294/16, BGHZ 219, 298 m Anm Deckenbrock MedR 2019, 137; OLG Koblenz, Urt v 25.9.2013 – 5 U 542/13, VersR 2014, 1091, 1092; OLG Koblenz, Urt v 8.10.2014 – 5 U 624/14, VersR 2015, 1513; zur minderungsähnlichen Funktion des § 628 Abs 1 Satz 2 Canaris, Die Problematik der Minderung beim Dienstvertrag, in: Bitter/Lutter/Priester/Schön/Ulmer (Hrsg), Festschr für Karsten Schmidt, 177, 182 ff.
1927 Zur Rückforderung der Vergütung nach Behandlungsfehler BGH, Urt v 29.3.2011 – VI ZR 133/10, NJW 2011, 1674 Rz 11 m Anm Preis/Sagan MedR 2012, 38; OLG Koblenz, Urt v 25.9.2013 – 5 U 542/13, VersR 2014, 1091, 1092; BGH, Urt v 13.9.2018 – III ZR 294/16, BGHZ 219, 298 = NJW 2018, 3513 Rz 19; m Anm Deckenbrock MedR 2019, 137.

Letzterer den Behandlungsvertrag mit der Folge kündigen kann, dass die Vergütungspflicht für die mangelhaften (Teil-) Leistungen entfällt[1928].

4. Nacherfüllung. Der Mängelbeseitigungsanspruch ist gerade wegen des meist weggefallenen Vertrauens bei einer misslungenen Operation, aber auch bei Fehlbehandlung außerhalb invasiver Eingriffe, nicht gegeben[1929]. Nach einer fehlerhaften Behandlung muss der Patient den Arzt nicht zur Nacherfüllung auffordern, sollte er anschließend Schadensersatz und Schmerzensgeld von dem behandelnden Arzt wegen dessen Behandlungsfehler verlangen[1930]. Der Eigenart des Arzt-Patienten-Verhältnisses und dem Inhalt der nach dem Behandlungsvertrag geschuldeten Leistung widerspräche es, wenn der Patient nach fehlerhafter Behandlung Nacherfüllung verlangen müsste[1931]. Da das Gesetz weder für einen Schadenersatzanspruch nach § 280 Abs 1, noch für einen Schmerzensgeldanspruch nach § 253 Abs 2 die Notwendigkeit eines Nacherfüllungsverlangens verlangt, hindert dessen Fehlen die Entstehung des Anspruchs nicht[1932]. Das gesetzliche Erfordernis eines Nacherfüllungsverlangens aus § 281 kann nur für solche Schadensersatzpositionen relevant werden, die dem „Schadensersatz statt Erfüllung" zuzurechnen sind[1933]. Dies sind bspw Nachbehandlungskosten für eine wegen des Behandlungsfehlers notwendig gewordene anschließende ärztliche Behandlung[1934]. Die dogmatische Grundlage hierfür ist nicht § 281 Abs 2. Vielmehr ergibt diese sich daraus, dass der Patient den Arztvertrag gemäß § 627 jederzeit fristlos kündigen kann. Ein Behandlungsabbruch seitens des Patienten (wegen verlorenen Vertrauens) ist dabei im Regelfall als Kündigung des ärztlichen Behandlungsvertrags anzusehen[1935]. **432**

Anderes gilt bei der prothetischen Behandlung[1936]. Fraglich war, ob Zahnärzten ein Nachbesserungsrecht zusteht[1937]. Nach der Rspr muss der Patient dem erstbehandelnden Zahnarzt die Möglichkeit einräumen, den Mangel zu beheben[1938]. Grundsätzlich müsse der Patient dem Zahnarzt dazu eine Frist setzen[1939]. Erst, wenn diese erfolglos abgelaufen sei, könne der Patient zu einem anderen Arzt gehen und die Kosten dafür von dem erstbehandelnden Zahnarzt ersetzt verlangen. Der Umfang des Nachbesserungsrechts des Zahnarztes wird in der Rspr uneinheitlich bewertet. Einhellig befürwortet wird, dass der Patient ausnahmsweise dann keine Frist setzen muss und sich direkt an einen anderen Arzt wenden kann, wenn der erstbehandelnde Arzt die Nachbesserung ernsthaft und endgültig verweigert oder die Nachbesserung für den Patienten durch den Arzt unzumutbar ist. Eine Unzumutbarkeit liegt dann vor, wenn für den Patienten aufgrund objektiver Umstände das Vertrauen auf eine ordnungsgemäße Durchführung der Nachbesserung durch den Arzt nachhaltig erschüttert ist oder dem Patienten durch die Nachbesserung unzumutbare Unannehmlichkeiten bereitet werden. Dies ist bspw nicht der Fall, wenn der Mangel nur einen technischen Teil der Prothese und damit nicht die vom Zahnarzt durchgeführte Leistung betraf. Grds ist der Patient verpflichtet, bei den weiteren Eingliederungsmaßnahmen der Zahnprothetik mitzuwirken[1940]. Auch bedeute die bloße erste Anpassung eines Zahnersatzes, bei der sich Mängel in deren Sitz herausstellen, noch keinen Eingriff in die körperliche Unversehrtheit, sondern belege, dass das geschuldete prothetische Werkstück in seiner Eingliederung noch nicht frei von Mängeln sei[1941]. **433**

5. Rücktritt. Ein Patient kann von dem Behandlungsvertrag nicht §§ 323, 326 Abs 5 zurücktreten[1942]. Stattdessen kann er im Falle der fehlerhaften Behandlung den Vertrag gemäß BGB § 627 mit sofortiger Wirkung kündigen, sodass er bereits erbrachte Dienstleistungen gemäß § 628 Abs 1 Satz 2 in aller Regel nicht vergüten muss. **434**

1928 Zum zahnärztlichen Honoraranspruch, der nur insoweit besteht als die Leistungen brauchbar sind LG Berlin, Urt v 10.6.2014 – 8 O 398/12, MedR 2015, 139, 140; vgl zu vollständig unbrauchbaren Zahnarztleistungen KG, Urt v 12.2.2015 – 20 U 114/14, MDR 2015, 816, 817, 818.
1929 Kern/Rehborn, in: Kern/Laufs/Rehborn, HdB ArztR⁵, § 42 Rz 9.
1930 OLG Jena, Urt v 29.5.2012 – 4 U 549/11, NJW 2012, 2367.
1931 OLG Jena, Urt v 29.5.2012 – 4 U 549/11, NJW 2012, 2367.
1932 So aber OLG Koblenz, Beschl v 18.6.2009 – 5 U 319/09, MedR 2010, 263, 264.
1933 Ballhausen NJW 2011, 2694 ff; Spickhoff NJW 2011, 1651, 1653; Spickhoff/Spickhoff, MedR-Komm³, § 630b Rz 3.
1934 OLG Jena, Urt v 29.5.2012 – 4 U 549/11, NJW 2012, 2367.
1935 OLG Jena, Urt v 29.5.2012 – 4 U 549/11, NJW 2012, 2367.
1936 OLG Dresden, Beschl v 21.1.2008 – 4 W 28/08, GesR 2008, 362, aA OLG Koblenz, GesR 2013, 446.
1937 BGH, Urt v 29.3.2011 – VI ZR 133/10, NJW 2011, 1674; OLG Dresden, Beschl v 6.12.2016 – 4 U 1119/16, BauR 2017, 923.
1938 OLG Dresden, Beschl v 6.12.2016 – 4 U 1119/16, BauR 2017, 923.
1939 OLG Jena, Urt v 29.5.2012 – 4 U 549/11, NJW 2012, 2367.
1940 OLG Oldenburg, Urt v 11.2.1997 – 5 U 164/97, MedR 1997, 359, Ls.
1941 OLG Dresden, Beschl v 21.1.2008 – 4 W 28/08, NJW-RR 2009, 30, 31, 32.
1942 BGH, Urt v 29.3.2011 – VI ZR 133/10, NJW 2011, 1674 Rz 15 m Anm Preis/Sagan MedR 2012, 38; Staud¹⁹/Preis, § 627 Rz 12; Canaris, Die Problematik der Minderung beim Dienstvertrag, in: Bitter/Lutter/Priester/Schön/Ulmer (Hrsg), Festschr für Karsten Schmidt, 177, 181.

435 **6. Schadensersatz wegen Nachbehandlung durch einen anderen Arzt und Rechtsanwaltskosten.** Ist der Patient wegen der fehlerhaften Behandlung zu einer Nachbehandlung durch einen anderen Arzt gezwungen, können diese Kosten bzw der darauf gerichtete Schadensersatzanspruch aus § 280 Abs 1, einschließlich des Honorars des zweitbehandelnden Arztes, gegen den Vergütungsanspruch des fehlerhaft behandelnden Arztes aufgerechnet werden[1943]. Es können nur Schadenersatzansprüche für materielle Schäden geltend gemacht werden. Im Rahmen der ärztlichen Behandlung fallen hierunter Heilbehandlungskosten, anfallende Nachbehandlungskosten, für die Fehlbehandlung entstandene Kosten, soweit sie dem Anspruchssteller entstanden und nicht auf den Versicherungsträger übergegangen sind, Gehaltsausfälle, Kosten für Aufwendungen, die durch die Fehlhandlung notwendig geworden sind, so beispielsweise Pflegekosten oder Kosten für einen Rechtsstreit, somit Kosten, die direkt auf den Behandlungsfehler zurückzuführen sind und ohne diesen nicht entstanden wären. Schadenersatzansprüche können im Personenschadensrecht, anders als im Sachschadensrecht, nicht als Fiktivkosten geltend gemacht werden können. Das bedeutet, dass der Schadenersatz für Behandlungskosten, die durch eine „Korrekturbehandlung" entstehen, nur dann geltend gemacht werden kann, wenn diese Behandlung auch tatsächlich durchgeführt wird. Nötigenfalls ist durch den Anspruchsteller ein entsprechender Nachweis vorzubringen[1944]. Die Heilbehandlungskosten können nur bei tatsächlicher Entstehung ersetzt verlangt werden. Sind die Kosten der Heilbehandlung durch eine private oder gesetzliche Krankenversicherung übernommen worden, gehen die Ansprüche auf den Versicherer über. Dem Patienten steht gegen den Erstbehandelnden, der den Fehler begangen hat, kein Recht auf Vorschuss für die Kosten der Behandlung durch den Zweitbehandelnden zu[1945].

436 Beauftragt der Patient zur Verteidigung gegen eine unbegründete Honorarforderung des Behandelnden einen Rechtsanwalt, kann er dessen Kosten gemäß § 280 Abs 1 ersetzt verlangen, vorausgesetzt, der Behandelnde hätte erkennen können, dass sein Anspruch nicht besteht[1946].

XIV. Haftung für Behandlungsfehler

437 **1. Dualistisches Anspruchssystem.** Die Haftung des Arztes oder Krankenhausträgers ergibt sich als vertragliche Haftung gemäß §§ 280 Abs 1, 249 f aus dem Behandlungsvertrag für einen Behandlungsfehler oder als deliktische Haftung aus unerlaubter Handlung gemäß §§ 823. Vertragliche und deliktische Ansprüche stehen nebeneinander. Sie können demnach kumulativ geltend gemacht werden, auch vor Gericht. Die vertragliche Haftung gemäß § 280 Abs 1 Satz 1 knüpft an die Verletzung einer „Pflicht aus dem Schuldverhältnis" an. Die deliktische Haftung setzt nach § 823 Abs 1 die schuldhafte und widerrechtliche Verletzung eines der durch Abs 1 geschützten Rechtsgüter voraus; gemäß § 823 Abs 2 wird ein schuldhafter Verstoß gegen ein den Schutz eines anderen bezweckenden Gesetzes vorausgesetzt. Die deliktische Haftung hat Bedeutung für Ansprüche gegen Ärzte/Krankenhausträger/Pflegepersonal, zu denen der Patient nicht in einem vertraglichen Verhältnis steht[1947]. Dies betrifft auch Behandlungsfehler durch angestellte Ärzte eines Krankenhauses oder eines MVZ, die neben dem Träger der Einrichtung mitverklagt werden, und sei es nur aus prozesstaktischen Gründen, um ihnen die Stellung eines Zeugen zu versperren. Es ist davon auszugehen, dass „für die Krankenbehandlung einschließlich der Vor- und Nachsorge vertraglicher und deliktischer Schutz identisch" sind[1948].

438 Im Gegensatz zur deliktischen Haftung setzt die vertragliche Haftung keine Rechtsgutverletzung voraus und kennt grundsätzlich auch keine Rechtfertigung, wie sie im Deliktsrecht durch die Einwilligung des Patienten erfolgt. Vielmehr ist die Zuwiderhandlung gegen eine vertragliche Leistungspflicht allein „deshalb rechtswidrig, weil der Schuldner sein Leistungsversprechen gebrochen hat"[1949].

439 Auch das an der Behandlung des Patienten beteiligte Pflegepersonal sowie Mitglieder des nachgeordneten ärztlichen Dienstes, bspw Assistenzärzte haften gemäß § 823 Abs 1 für Gesundheitsschäden des Patienten und prinzipiell persönlich für ihr eigenes Verschulden[1950]. Dies gilt ebenso für die nachgeordnete Pflegekraft[1951] wie bspw Krankenschwestern[1952]. Zwar sind diese

---

[1943] Grüneberg[81]/Weidenkaff, § 630a Rz 41.
[1944] BGH, Urt v 14.1.1986 – VI ZR 48/85, VersR 1986, 550; OLG Köln, Urt v 19.5.1999 – 5 U 247/98, VersR 2000, 1021.
[1945] OLG Koblenz, Beschl v 18.6.2009 – 5 U 319/09, MedR 2010, 263, 264; OLG Koblenz, Urt v 30.1.2013 – 5 U 406/12, GesR 2013, 655.
[1946] Vgl zu unbrauchbaren Zahnarztleistungen KG, Urt v 12.2.2015 – 20 U 114/14, MDR 2015, 816, 817, 818.
[1947] Kern/Rehborn, in: Laufs/Kern/Rehborn, HdB ArztR[5], § 92 Rz 23.
[1948] Pauge/Offenloch, Arzthaftungsrecht[14], Rz 3.
[1949] MünchKomm[8]/Wagner, vor BGB § 630a Rz 16.
[1950] BeckOK-BGB/Förster, Stand 1.5.2022, § 823 Rz 907.
[1951] Deutsch/Spickhoff, MedR-HdB[7], Rz 339.
[1952] Zur gesamtschuldnerischen Haftung von Krankenschwester, Belegärztin und Krankenhaus LG Limburg, Urt v 28.6.2021 – 1 O 45/15, openJur 2021, 21381 Rz 57–61.

Berufsgruppen zu ihrem eigenen haftungsrechtlichen Schutz in eine hierarchische Struktur eingebunden, dennoch ist eine Haftung für allein zu verantwortendes Verhalten gegeben, wenn bei einer zur selbstständigen Ausführung überlassenen Maßnahme Fehler gemacht wurden, die nicht deren Berufsstandard entsprechen, einer Anweisung der ärztlichen Leitung nicht gefolgt wurde oder ein Übernahmeverschulden vorgehalten werden kann[1953]. Vereinzelt wird eine Übertragung der Arzthaftungsgrundsätze auf „sämtliches mit der Heilbehandlung des Patienten befasste Personal" für angemessen gehalten. Die in der aktuelleren BGH Rspr für bestimmte Berufsgruppen erkennbare Tendenz, § 630h mit entsprechender Beweislastumkehr auch außerhalb der medizinischen Behandlung direkt oder entsprechend auf diese anzuwenden[1954], wird zumindest in der Lehre kritisch bewertet. Zur Begründung wird hier vorgebracht, dass weder eine Regelungslücke vorläge noch davon auszugehen sei, dass der Gesetzgeber nur vergessen habe, bestimmte Berufsgruppen zu erwähnen, sodass für eine Analogie kein diesbezüglicher Raum vorläge[1955]. Zumindest für Lehrkräfte im Sportunterricht wurde eine solche Beweislastumkehr seitens des BGH folgerichtig verneint[1956]. Der BGH hat im sog „Lehrerurteil" darauf hingewiesen, dass der klagende Schüler sich nicht entsprechend den im Arzthaftungsrecht entwickelten Beweisgrundsätzen bei groben Behandlungsfehlern auf eine Umkehr der Beweislast berufen kann. Dies hat zur Folge, dass das beklagte Land die Nichtursächlichkeit etwaiger Pflichtverletzungen bei Sportlehrern nicht beweisen muss[1957]. Zwar würden die Grundsätze der Rspr wegen der Vergleichbarkeit der Interessenlage entsprechend bei grober Verletzung von Berufs- oder Organisationspflichten Anwendung finden, sofern diese als Kernpflichten, ähnlich wie beim Arztberuf, spezifisch dem Schutz von Leben und Gesundheit anderer dienen[1958]. Ausdrücklich wurde hierbei auf die Haftung für Hausnotrufverträge und die Badeaufsicht in Schwimmbädern aufgrund deren Stellung als Überwachungsgaranten hingewiesen. Anders als dort sei die Amtspflicht von Sportlehrern zur Leistung von Erster Hilfe bei Notfällen nur als eine den Unterricht begleitende Nebenpflicht zu werten. Grund hierfür ist, dass Sportlehrer an Schulen nicht vorrangig dafür eingesetzt seien, um in Notsituationen Erste-Hilfe-Maßnahmen durchführen zu können[1959]. Auch bei der Situation eines ehrenamtlichen Trainers, der iRe Landessportverbandes für das Kreiskadertraining von Jugendlichen eingesetzt wird, gilt die Beweislastumkehr nicht[1960].

Für eine vertragliche Haftung nach § 280 Abs 1 Satz 1 müssen die Verletzung einer Pflicht **440** aus einem vertraglichen Schuldverhältnis, ein Schaden und die Kausalität zwischen Pflichtverletzung und Schaden vorliegen[1961]. In dem Bestreben, im Arzthaftungsrecht eine Synchronität von deliktischer und vertraglicher Haftung herzustellen, hat der Gesetzgeber iRd PatRG die deliktsrechtlichen Haftungsvoraussetzungen in die Regelungen zum Behandlungsvertrag übernommen. Dies ist dergestalt erfolgt, als er „dem Behandelnden die Einholung der Einwilligung in § 630d zur Pflicht gemacht und dieser Pflicht in § 630e eine weitere Pflicht zur Aufklärung des Patienten vorgeschaltet hat"[1962]. Damit wurde klargestellt, „dass es sich bei der Einholung der Einwilligung um eine vertragliche Pflicht handelt, deren Verletzung zu einer Haftung nach § 280 Abs 1" führen kann[1963]. Das Prinzip der Haftung nur bei schuldhafter Pflichtverletzung ist vom Gesetzgeber gewählt worden, um die Verhaltensfreiheit aufrecht zu erhalten[1964]. Der Handelnde soll nicht in ständiger Sorge vor der Möglichkeit der Zufügung einer Verletzung sein[1965].

1953 LG Limburg, Urt v 28.6.2021 – 1 O 45/15, openJur 2021, 21381 Rz 57–61; BeckOK-BGB/Förster, Stand 1.5.2022, § 823 Rz 907.
1954 Zur Haftung eines Bademeisters BGH, Urt v 23.11.2017 – III ZR 60/16, BGHZ 217, 50, 51 f; zur Haftung des Hausnotrufes BGH Urt v 11.5.2017 – III ZR 92/16, BGHZ 215, 44, 45 f; zur Haftung einer Hebamme BGH, Urt v 16.5.2000 – VI ZR 321/98, BGHZ 144, 296, 297 f; zur Haftung des Krankenhauses für eine Pflegekraft nach § 611 ff „Fenstersturzfall" OLG Hamm, Urt v 17.1.2017 – I-26 U 30/16, openJur 2017, 481; zur Haftung einer Pflegekraft BGH, Urt v 25.6.1991 – VI ZR 320/90, NJW 1991, 2960; BGH, Urt v 2.6.1987 – VI ZR 174/86, NJW 1988, 762; BGH, Urt v 18.3.1986 – VI ZR 215/84, NJW 1986, 2365.
1955 Grüneberg[81]/Grüneberg, § 280 Rz 38a; abl Prütting NJW 2019, 2661; BGH Urt v 11.5.2017 – III ZR 92/16, NJW 2017, 2108 m krit Anm Mäsch NJW 2017, 2080 und Anm Katzenmeier MedR 2018, 93.
1956 Zur mangelnden Beweislastumkehr gegen Sportlehrer analog des Arzthaftungsrechtes nach Zusammenbruch eines Schülers im Sportunterricht BGH, Urt v 4.4.2019 – III ZR 35/18, NJW 2019, 1809.
1957 BGH, Urt v 4.4.2019 – III ZR 35/18, NJW 2019, 1809.
1958 BGH, Urt v 4.4.2019 – III ZR 35/18, NJW 2019, 1809.
1959 BGH, Urt v 4.4.2019 – III ZR 35/18, NJW 2019, 1809.
1960 BGH, Urt v 19.1.2021 – VI ZR 188/17, NJW 2021, 1818.
1961 Zur Missachtung elementarer medizinischer Grundregeln BGH, Urt v 20.9.2011 – VI ZR 55/09, NJW-RR 2011, 1558; zur Beweislastumkehr BGH, Urt v 19.6.2012 – VI ZR 77/11, NJW 2011, 3442; zur Einstandspflicht für die Folgen eines notwendigen Zweiteingriffs BGH, Urt v 22.5.2012 – VI ZR 157/11, NJW 2012, 2024; zur Prüfung des hypothetischen Kausalverlaufs bei rechtmäßigem Alternativverhalten BGH, Urt v 7.2.2012 – VI ZR 63/11, BGHZ 192, 298, 299, 304.
1962 MünchKomm[8]/Wagner, vor BGB § 630a Rz 17.
1963 Franzki, Der Behandlungsvertrag, S 112.
1964 Deutsch/Spickhoff, MedR-HdB[7], Rz 322.
1965 Deutsch/Spickhoff, MedR-HdB[7], Rz 322.

441 Während vor der Schuldrechtsmodernisierung ein Schmerzensgeldanspruch des Patienten nur bei deliktischer Haftung gemäß § 847 aF bestand, ergibt er sich seither aus § 253 Abs 2. § 253 Abs 2 gilt einheitlich für deliktische und für vertragliche Schadensersatzansprüche. Ebenso wurden durch das Schuldrechtsmodernisierungsgesetz die Regelungen zur Verjährung vereinheitlicht. Die deliktische Haftung umfasst über die vertragliche Haftung hinaus auch Ersatzansprüche für den Unterhaltsverlust von Hinterbliebenen beim Tod des Patienten gemäß §§ 844, 845. § 844 Abs 3 sieht seit 2017 zudem einen eigenen Schadensersatzanspruch der Hinterbliebenen für erlittenes, seelisches Leid aufgrund der Verletzungshandlung vor[1966].

442 Ein Behandlungsfehler wird als eine nicht angemessene, bspw nicht sorgfältige, fachgerechte oder zeitgerechte Behandlung des Patienten durch einen Behandler definiert. Der Begriff umfasst Fehlverhalten in jedem Abschnitt des Behandlungsverlaufs, wie der Anamnese, Diagnose, Prophylaxe, Therapie, Nachsorge, Rehabilitation usw und gilt sowohl für aktives Tun als auch für unterlassenes oder verspätetes Tätigwerden. Typische Behandlungsfehlertypen sind Diagnosefehler, Therapiefehler, Fälle des Übernahmeverschuldens, Organisationsmängel, die Missachtung von Hygiene- oder apparativen Soll-Standards oder in der Medikamentenvorhaltung, ebenso Fehler in der vertikalen und horizontalen Arbeitsteilung oder eine mangelhafte Durchführung der therapeutischen Sicherungsaufklärung. Die Rspr, welche die Bezeichnung „Kunstfehler" seit langem vermeidet, knüpft nicht an allgemein anerkannte Regeln der (Schul-)Medizin an. Die Rspr folgt einem weiten Behandlungsfehlerbegriff und trifft dazu die Aussage, „ob der Arzt einen Behandlungsfehler begangen hat, der zu einer Gesundheitsschädigung des Patienten geführt hat, beantwortet sich ausschließlich danach, ob der Arzt unter Einsatz der von ihm zu fordernden medizinischen Kenntnisse und Erfahrungen im konkreten Fall vertretbare Entscheidungen über die diagnostischen und therapeutischen Maßnahmen getroffen und diese Maßnahmen sorgfältig durchgeführt hat[1967]." Im Hinblick auf den Grundsatz der Methodenfreiheit ist dabei stets zu prüfen, ob auch ein anderes medizinisches Vorgehen vertretbar gewesen wäre. Diesem müsste eine verantwortungsbewusste Abwägung von Chancen und Risiken zugrunde liegen, weil der Patient unnötigen Risiken nicht ausgesetzt werden darf[1968].

443 Schlussendlich kann der Behandlungsfehler als negative Standardabweichung definiert werden[1969]. Dabei ist nicht von dem Standard im Zeitpunkt der Begutachtung, sondern von dem Standard zum Zeitpunkt der zu beurteilenden Behandlung auszugehen. Hierzu ist häufig auf ältere Literatur zurückzugreifen. Der Fehler kann einen rein medizinischen Charakter aufweisen, sich auf organisatorische Fragen beziehen oder sich aus Fehlern nachgeordneter oder zuarbeitender Personen ergeben. Auch die fehlende oder unrichtige sowie unverständliche oder unvollständige Sicherungsaufklärung (therapeutische Aufklärung) des Patienten über das eigene Verhalten in der Therapie, kann einen ärztlichen Behandlungsfehler darstellen. Die Verantwortlichkeit für die fehlerhafte Selbstbestimmungsaufklärung des Patienten wird bei § 630e dargestellt, der die zugrunde liegenden Aufklärungspflichten normiert. Ein grober Behandlungsfehler liegt vor, wenn ein Verstoß gegen bewährte ärztliche Behandlungsmethoden vorliegt und somit ein Fehler, der einem Arzt „schlechterdings nicht unterlaufen darf"[1970]. Dies kann etwa der Fall sein, wenn auf eindeutige Befunde nach gefestigten Regeln der ärztlichen Kunst nicht oder unzureichend reagiert wird oder grundlos Standardmethoden zur Bekämpfung möglicher, bekannter Risiken nicht angewandt werden[1971].

444 **2. Deliktische Haftung.** Das Vorliegen eines Behandlungsvertrags ist iRd deliktischen Haftung unerheblich. Der Haftungsgrund liegt in der Verletzung eines individuellen Rechtsguts[1972] aufgrund der faktischen Übernahme der Behandlung. Aus der Behandlungsübernahme folgt für den Arzt die Pflicht, die notwendigen diagnostischen und therapeutischen Maßnahmen vorzu-

---

1966 Vgl zu den sog Schockschadensurteilen BGH, Urt v 11.5.1971, BGHZ 56, 163, 164 ff; BGH, Urt v 5.2.1985 – VI ZR 198/83, BGHZ 93, 351; BGH, Urt v 27.1.2015 – VI ZR 548/12, NJW 2015, 1451.
1967 Zur Amputation eines Beines aufgrund ärztlichen Behandlungsfehlers BGH, Urt v 10.3.1987 – VI ZR 88/86, NJW 1987, 2289, 2291.
1968 Vgl zur Frage, ob ein niedergelassener Gynäkologe ohne Vorliegen von Risikofaktoren in zweijährigem Intervall eine Mammographie veranlassen muss OLG Hamm, Urt v 31.8.2005 – 3 U 277/04, GesR 2006, 31 = MedR 2006, 111.
1969 Vgl BGH, Beschl v 22.12.2015 – VI ZR 67/15, NJW 2016, 713 = MedR 2016, 794 m Anm Prütting.

1970 Zur Qualifizierung eines Behandlungsfehlers als „grob fehlerhaft" BGH, Urt v 25.10.2011 – VI ZR 139/10, NJW 2012, 227, 227 f; zu nachträglichen Befunden BGH, 18.3.2003 – VI ZR 266/02, NJW 2003, 1862; BGH, Urt v 3.7.2001 – VI ZR 418/99, NJW 2001, 2795.
1971 Zum groben Behandlungsfehler bei einem Neugeborenen OLG Hamm, Urt v 19.3.2018 – 3 U 63/15, VersR 2019, 34; zur Erblindung aufgrund Sauerstoffüberdosierung bei Frühgeborenem BGH, Urt 10.5.1983 – VI ZR 270/81, BGHZ 71, 132.
1972 BGH, Urt v 24.6.1986 – VI ZR 21/85, MedR 1987, 42, 43, 44; Kern/Rehborn, in: Laufs/Kern/Rehborn, HdB ArztR[5], § 103 Rz 10.

nehmen, für deren Unterlassen[1973] er ebenso wie für sein Tun einzustehen hat[1974]. „Das Deliktsrecht bezweckt den Schutz von Rechtsgütern und sieht die Sanktion des Schadensersatzes nur für den Fall vor, dass ein individuelles Rechtsgut verletzt ist"[1975]. Die deliktsrechtliche Grundnorm des § 823 Abs 1 schützt ua Leben, Körper[1976] und Gesundheit[1977], aber gegebenenfalls auch die Freiheit, das Eigentum oder das allgemeine Persönlichkeitsrecht.

Bei § 831, der Haftung des Geschäftsherrn für vermutetes Verschulden, handelt es sich um einen **445** selbständigen Anspruch gegen den Geschäftsherrn wegen dessen eigenen Verschuldens, wobei die zum Schadensersatz verpflichtende Handlung in einem Unterlassen liegt. Voraussetzung der Haftung (etwa eines Krankenhausträgers, leitenden Arztes, aber auch ein zum Notfalldienst verpflichteter Arzt, der sich vertreten lässt[1978]) ist, dass der im Interessenkreis des Geschäftsherrn[1979] eingesetzte, weisungsgebundene Verrichtungsgehilfe[1980] den objektiven Tatbestand eines der §§ 823 ff erfüllt[1981] und den Schaden auch gerade in Ausführung der Verrichtung herbeigeführt hat. Nach § 831 Abs 1 Satz 2 besteht für den Geschäftsherrn die Möglichkeit, sich von seiner Haftung durch den Nachweis zu befreien, dass ihn bei Auswahl, Anleitung und Beaufsichtigung des Verrichtungsgehilfen kein Verschulden traf[1982]. Hierbei handelt es sich um einen gesetzlich geregelten Fall des rechtmäßigen Alternativverhaltens. Dabei stellt die Rspr an diesen Entlastungsbeweis höchste Anforderungen[1983].

Nicht als Verrichtungsgehilfe angesehen wird der Chefarzt[1984]. Für ihn haftet der Kranken- **446** hausträger als Organ nach den § 31 ohne Exkulpationsmöglichkeit[1985]. § 31 gewährt keinen Schadensersatzanspruch, sondern setzt die zum Schadensersatz verpflichtende Handlung eines verfassungsmäßigen Vertreters voraus. Die Vorschrift rechnet der juristischen Person diese Handlung als eigene zu. Nach § 89 findet die Vorschrift des § 31 für den Fiskus sowie auf die Körperschaften, Stiftungen und Anstalten des öffentlichen Rechts entsprechende Anwendung[1986]. Neben § 831 kann sich gegen den Geschäftsherrn ein Anspruch aus § 823 Abs 1 wegen eines Organisationsmangels[1987] ergeben. Den selbstliquidierenden Arzt, insofern auch den Belegarzt, trifft grundsätzlich nach § 831 eine Einstandspflicht für die ärztliche Assistenz[1988]. Dem Geschädigten kann auch ein Anspruch nach § 823 Abs 1 gegen den Verrichtungsgehilfen selbst zustehen. Es kommt dann eine gesamtschuldnerische Haftung[1989] nach § 840 Abs 1 in Betracht[1990].

3. **Arbeitsteilung/Übernahmeverschulden.** Die Arbeitsteilung untergliedert sich in hori- **447** zontale und vertikale Arbeitsteilung. Gleichordnung und Weisungsfreiheit der Beteiligten kennzeichnen die horizontale, fachliche Über- und Unterordnung die vertikale Arbeitsteilung. Die Delegation ärztlicher Aufgaben auf Assistenzärzte[1991] und auf nichtärztliche Mitarbeiter der sich ausweitenden pflegerischen und technischen Medizinalfachberufe[1992] fordern dem Krankenhausträger und dem Arzt besondere Sorgfalt bei Auswahl und Überwachung ab. „Die Verwendung nichtärztlicher Hilfspersonen ist aus der modernen Medizin und insbesondere aus dem heutigen

---

1973 Vgl zum Vorwurf des pflichtwidrigen Unterlassens Kern/Rehborn, in: Laufs/Kern/Rehborn, HdB ArztR⁵, § 103 Rz 9.
1974 Kern/Rehborn, in: Laufs/Kern/Rehborn, HdB ArztR⁵, § 103 Rz 8.
1975 BGH, Urt v 24.6.1986 – VI ZR 21/85, MedR 1987, 42, 43, 44.
1976 Eine Körperverletzung iSd § 823 Abs 1 kann bspw auch durch die Verletzung einer (familienrechtlich begründeten) Obhutspflicht begangen werden vgl BGH, Urt v 19.1.2021 – VI ZR 210/18, MDR 2021, 361.
1977 Kern/Rehborn, in: Laufs/Kern/Rehborn, HdB ArztR⁵, § 102 Rz 3; insgesamt zur deliktischen Haftpflicht des Arztes und des Krankenhausträgers 18. Kapitel, S 1387–1398.
1978 BGH, Urt v 10.3.2009 – VI ZR 39/08, MedR 2009, 731.
1979 Zum Begriff des Geschäftsherrn Kern/Rehborn, in: Laufs/Kern/Rehborn, HdB ArztR⁵, § 103 Rz 7.
1980 Zum Begriff des Verrichtungsgehilfen Kern/Rehborn, in: Laufs/Kern/Rehborn, HdB ArztR⁵, § 103 Rz 7.
1981 Ein Verschulden iSd § 823 ist dann nicht erforderlich.
1982 Kern/Rehborn, in: Laufs/Kern/Rehborn, HdB ArztR⁵, § 103 Rz 2.
1983 Kern/Rehborn, in: Laufs/Kern/Rehborn, HdB ArztR⁵, § 103 Rz 2: insbesondere für den Fall einer Spezialisierung des Verrichtungsgehilfen; vgl OLG Bamberg, Urt v 14.12.1992 – 4 U 60/92, VersR 1994, 813; zum Gefahrgutbeauftragten BGH, Urt v 30.1.1996 – VI ZR 408/94, NJW-RR 1996, 867.
1984 Kern/Rehborn, in: Laufs/Kern/Rehborn, HdB ArztR⁵, § 103 Rz 2.
1985 BGH, Urt v 22.4.1980 – VI ZR 121/78, BGHZ 77, 74; Kern/Rehborn, in: Laufs/Kern/Rehborn, HdB ArztR⁵, § 103 Rz 2.
1986 Kern/Rehborn, in: Laufs/Kern/Rehborn, HdB ArztR⁵, § 103 Rz 13, 15.
1987 Kern MedR 2000, 350; Kern, Organisationsverschulden in der Judikatur, in Berg/Ulsenheimer (Hrsg), Patientensicherheit, Arzthaftung, Praxis- und Krankenhausorganisation, 59, 70; Kern, in: Ratzel/Lissel, Hdb d Medizinschadensrechts, § 3 Nr 1.
1988 Kern/Rehborn, in: Laufs/Kern/Rehborn, HdB ArztR⁵, § 103 Rz 12.
1989 Kern/Rehborn, in: Laufs/Kern/Rehborn, HdB ArztR⁵, § 103 Rz 1; Kern, in: Jorzig/Uphoff (Hrsg), Medizinprodukte in der Anwendung: Alle machen mit, keiner haftet?, Gesamtschuldnerausgleich? Medizinprodukteersteller – Arzt/Krankenhaus, 73, 74 f.
1990 Kern/Rehborn, in: Laufs/Kern/Rehborn, HdB ArztR⁵, § 103 Rz 1.
1991 Deutsch/Spickhoff, MedR-HdB⁷, Rz 616–618, 619.
1992 Zur Frage, ob der Arzt den einwandfreien Zustand eines Tubus eigenhändig zu prüfen hat vgl BGH, Urt v 24.6.1975 – VI ZR 72/74, NJW 1975, 2245, 2246 = VersR 1975, 952; Hahn NJW 1981, 1977 ff; vgl auch Seewald NJW 1981, 2493 ff.

Klinikwesen nicht wegzudenken. Es ist auch unvermeidlich, dass diesen Hilfspersonen im Einzelfall ein hohes Maß von Verantwortung zufällt – so im gesamten Bereich der Aseptik, bei hochentwickelten technischen Geräten, deren Funktion verläßlich oft nur von einem Techniker zu kontrollieren ist, oder bei der Bereitstellung von Medikamenten und anderen Chemikalien. In diesen Bereichen ist dem Arzt ein persönliches Tätigwerden im Einzelfall teils aus Gründen der wirtschaftlichen Arbeitsteilung nicht zumutbar, teils auch wegen der Grenzen seiner fachlichen Kenntnisse gar nicht möglich."[1993]

448 a) **Horizontale Arbeitsteilung.** Die horizontale Arbeitsteilung ist durch den Grundsatz der strikten Arbeitsteilung und den Vertrauensgrundsatz geprägt. Bei komplexen Krankheitsbildern sollen Ärzte anderer Fachrichtungen hinzugezogen werden. Eine intensive konsiliarische Beurteilung ist dann unerlässlich[1994].

449 Jeder Facharzt führt alle Untersuchungs- und Behandlungsmaßnahmen durch, die er für seine Tätigkeit braucht und vertraut darauf, dass auch der andere seine Tätigkeit richtig und vollständig ausübt[1995]. Allerdings kann der Zweitbehandler sich nicht die Aufklärung des Erstbehandlers entlastend zurechnen lassen[1996]. Ein Arzt ist grds nur für sein Fachgebiet verantwortlich[1997]. Der Vertrauensgrundsatz erlaubt es jedem Beteiligten, darauf zu bauen, der andere werde im Rahmen seiner Zuständigkeit die erforderliche Sorgfalt walten lassen[1998]; dies gilt für alle selbstständig nebeneinanderstehenden medizinischen Fachbereiche. Der BGH hat den Vertrauensgrundsatz bei koordinierter ärztlicher Tätigkeit zunächst in Strafurteilen ausdrücklich anerkannt[1999], für die zivilrechtliche Haftpflicht wurde dem gefolgt[2000].

450 Vertreten wird die Ansicht, dass dem Normzweck der Berufshaftpflicht „eher die Ausgrenzung der Haftungsbereiche nach dem medizinischen Einflussbereich und den medizinischen Kontrollmöglichkeiten der beanspruchten medizinischen Expertenstellung" entsprechen würde[2001]. „Über diese primär von der Medizin festzulegenden Zuständigkeitsgrenzen hinaus kann die Einstandspflicht für Qualitätsmängel in der medizinischen Behandlung grundsätzlich nicht gelten[2002]." Auf die fachliche Richtigkeit des Handelns eines Arztes einer anderen Fachrichtung aufgrund von dessen Spezialisierung sollte jedoch grds vertraut werden dürfen[2003].

451 Der Vertrauensgrundsatz kann jedoch bei Ärzten derselben Fachrichtung im Einzelfall auch eingeschränkt gelten, da die Überprüfung der Leistung des Kollegen hier möglicher ist als bei der Zusammenarbeit von Ärzten mehrerer Fachrichtungen[2004]. Der Grundsatz, dass der Arzt sich im Rahmen der horizontalen Arbeitsteilung auf die Indikationsstellung und ordnungsgemäße Aufklärung des zuweisenden Arztes verlassen darf, findet dort seine Grenze, wo gewichtige Bedenken gegen Vorgehen des überweisenden Arztes bestehen. Grundsätzlich gilt, dass Hausärzte Patienten mit spezifischen Erkrankungen an den zuständigen Facharzt überweisen sollten und bspw jahrzehntealte fachärztliche Befunde keine Grundlage für die Neuausstellung von Rezepten

---

1993 BGH, Urt v 24.6.1975 – VI ZR 72/74, NJW 1975, 2245, 2246 = VersR 1975, 952, zitiert nach Achterfeld, Aufgabenverteilung im Gesundheitswesen, S 40 Fn 8.
1994 OLG Koblenz, Beschl v 19.3.2012 – 5 U 1300/11, MedR 2012, 590.
1995 Martis/Winkhart, Arzthaftungsrecht[6], A Rz 253 ff.
1996 OLG Naumburg, Urt v 8.11.2012 – 1 U 62/12, MedR 2013, 786.
1997 Vgl zum Vertrauensgrundsatz im Verhältnis Operateur und Radiologe OLG München, 22.08.2013 – 1 U 204/12, -juris.
1998 Vgl zur Abgrenzung der Verantwortlichkeit zwischen Chirurg und Anästhesist in der postoperativen Phase BGH, Urt v 16.10.1979 – 1 StR 360/79, NJW 1980, 649, 650; zur Abgrenzung der Verantwortung von Operateur und Anästhesist BGH, Urt v 26.2.1991 – VI ZR 344/89, NJW 1991, 1539; zur Prüfungspflicht eines ärztlichen Urlaubsvertreters BGH, Urt v 19.11.1997 – 3 StR 271/97, BGHSt 43, 306, 310; OLG Hamm, Urt v 6.5.1998 – 3 U 222/97, MedR 1999, 35; OLG Oldenburg, Urt v 23.12.1997 – 5 U 75/97, MedR 1999, 36; OLG Naumburg, Urt v 14.9.2004 – 1 U 97/03, MedR 2005, 232, 233; s aber auch BGH, Urt v 26.1.1999 – VI ZR 376–97, NJW 1999, 1779; „Wuppertaler Schwebebahn" BGH, Urt v 31.1.2002 – 4 StR 289/01, BGHSt 47, 224, 231; Rumler-Detzel VersR 1994, 254 ff; Hart, Vertrauen, Kooperation und Organisation. Probleme der Zusammenarbeit, der Übergabe und an Schnittstellen im Arzthaftungsrecht, in: Kern/Wadle/Schroeder/Katzenmeier (Hrsg), Humaniora: Medizin–Recht–Geschichte, Festschr für Adolf Laufs zum 70. Geburtstag, 843, 844 f; Kern/Rehborn, in: Laufs/Kern/Rehborn, HdB ArztR[5], § 99 Rz 4a; Wenzel in: Wenzel, HdB Fachanwalt Medizinrecht[4], Kap 4 Rz 475.
1999 Vgl zur Abgrenzung der Verantwortlichkeit zwischen Chirurg und Anästhesist in der postoperativen Phase BGH, Urt v 16.10.1979 – 1 StR 360/79, NJW 1980, 649, 650; zur Prüfungspflicht eines ärztlichen Urlaubsvertreters BGH, Urt v 19.11.1997 – 3 StR 271/97, BGHSt 43, 306, 310.
2000 OLG München, Urt v 22.8.2013 – 1 U 204/12, -juris; zur Haftung eines gynäkologischen Belegarztes für Fehler der zu einer Operation hinzugezogenen Anästhesistin OLG Düsseldorf, Urt v 12.6.2008 – I-8 U 129/07, MedR 2009, 285, 286, 287 m Anm Dahm zum gesamtschuldnerischen Ausgleich zwischen „Belegarzt" und „Krankenhausarzt"; RGRK[12]/Nüssgens, § 823 Anh II Rz 217.
2001 So ausdrücklich Pauge/Offenloch, Arzthaftungsrecht[14], Rz 270.
2002 Pauge/Offenloch, Arzthaftungsrecht[14], Rz 270.
2003 OLG Koblenz, Beschl v 21.11.2011 – 5 U 688/11, GesR 2012, 346, 347 ff.
2004 Wenzel, in: Wenzel, HdB Fachanwalt Medizinrecht[4], Kap 4 Rz 815.

sein dürfen[2005]. Spätestens alle drei Jahre sollte der Hausarzt den fachärztlichen Befund überprüfen und zwar entweder durch eigene Untersuchung des Patienten oder aber durch eine erneute fachärztliche Vorstellung[2006]. Jedoch kann dem Operateur der Einwand der Rechtswidrigkeit nicht entgegengehalten werden, wenn er auf eine ordnungsgemäße Aufklärung des zuweisenden Arztes vertrauen durfte. Ist dieses Vertrauen jedoch bereits durch den intraoperativen Befund erschüttert worden, trägt der Operateur die Verantwortung für die Rechtmäßigkeit seines Eingriffes. Selbiges gilt auch für alle anderen ärztlichen Kollegenverhältnisse entsprechend. Hat bspw ein Orthopäde sich auf die radiologische Befundung verlassen, da es keine Hinweise dafür gab, dass die Befundung falsch oder unplausibel gewesen ist, gilt der Vertrauensgrundsatz uneingeschränkt[2007]. Gefordert ist bei der fachlichen Beurteilung der Kollegenbefunde der Facharztstandard, nicht der Standard einer erfahrenen, hochkompetenten ärztlichen Direktorin an einem Universitätsklinikum[2008].

452 Ein haftungsrechtlich relevanter Vorwurf ist zu erheben, wenn der behandelnde Arzt die Grenzen seiner eigenen Fähigkeiten und seiner apparativen Ausstattung nicht erkennt und es versäumt, die Behandlung abzulehnen und den Patienten an den zuständigen Spezialisten zu verweisen[2009]. Entgegen dem überholten Begriff des „Übernahmeverschuldens" liegt in der Übernahme der Behandlung selbst, welcher der Arzt nach seinen eigenen Fähigkeiten nicht gewachsen ist, bereits die Pflichtverletzung nach § 280 Abs 1 Satz 1, die der Arzt idR zu vertreten hat. Ein Orthopäde, der in einem Krankenhaus einen Patienten untersucht, muss bei starken Schmerzen in dessen linker Körperhälfte zwar nicht selbst erkennen, dass es sich um Symptome eines Herzinfarkts handelt, aber zumindest für die internistische Abklärung des Befunds sorgen[2010]. Auch ergibt sich eine Pflicht, umgehend die Behandlung abzubrechen, wenn der Operateur eine „Testovarektomie" durchführen, also ein Testovar (männliche Geschlechtsorgane) entfernen soll und sich statt des erwarteten Testovars tatsächlich komplett weibliche Geschlechtsorgane zeigen[2011]. Umgekehrt besteht keine grundsätzliche Pflicht, Risikopatienten in spezialisierte Zentralkliniken zu verlegen, außer es ist im Einzelfall erforderlich[2012]. Treten zB bei einem in multipler Weise vorgeschädigten Patienten zusätzliche erhebliche Ausfallerscheinungen mit stärksten Schmerzen auf, was das Erfordernis einer operativen Intervention nahe legt, handelt es sich bei der um Stunden verzögerten Verlegung in eine hierfür geeignete Klinik um einen groben Behandlungsfehler[2013]. Entsprechendes gilt bei Risikoschwangerschaften[2014]. Maßgeblich bleibt, wie sich die Situation, die eine schematische Lösung nicht zulässt, im Einzelfall darstellt.

453 Im Regelfall gilt im Verhältnis zwischen niedergelassenen Ärzten und Krankenhausärzten die Systematik über die horizontale Arbeitsteilung und der Vertrauensgrundsatz. Fraglich ist, ob und in welchem Ausmaß Letztere die operativ und/oder im Labor erhobenen Befunde der Ersteren übernehmen dürfen. Beauftragt der behandelnde Arzt ein pathologisches Institut mit der histologischen Untersuchung von Gewebeproben, ist der Pathologe nicht sein Erfüllungsgehilfe. Somit haftet der behandelnde Arzt nicht für ihn[2015]. Der niedergelassene Pathologe haftet seinerseits nicht für eine Präparatverwechslung und eine hieraus resultierende Fehldiagnose des behandelnden Arztes, wenn Organisationsmängel in seiner Praxis nicht festgestellt werden können und insbesondere eine Verwechslung der Probeentnahmen im Krankenhaus nicht gänzlich auszuschließen ist[2016]. Bei einem horizontal arbeitsteiligen Zusammenwirken mehrerer Ärzte kommt der Vertrauensgrundsatz dann nicht zur Anwendung, wenn Zweifel an der Richtigkeit der Entscheidung auftreten und „die von den beteiligten Ärzten angewendeten Maßnahmen für sich genommen jeweils beanstandungsfrei waren bzw das besondere Risiko sich erst aus der Kombination der beiderseitigen Maßnahmen ergeben hat"[2017].

454 Bei Verdachtsmomenten bezüglich der Qualität des eingereichten Untersuchungsergebnisses, die nach der Erfahrung des Krankenhausarztes in der Person des niedergelassenen Kollegen lie-

---

[2005] Zur Ausstellung von Rezepten ohne Untersuchung des Patienten OLG Köln, Urt v 16.12.2020 – 5 U 39/20, MDR 2021, 363.
[2006] OLG Köln, Urt v 16.12.2020 – 5 U 39/20, MDR 2021, 363.
[2007] OLG München, Urt v 22.8.2013 – 1 U 204/12, -juris.
[2008] OLG München, Urt v 22.8.2013 – 1 U 204/12, -juris.
[2009] OLG Köln, Urt v 13.08.2014 – 5 U 104/13, VersR 2015, 330; Spickhoff/Greiner, MedR-Komm³, BGB §§ 823 ff Rz 25.
[2010] OLG Koblenz, Beschl v 30.1.2012 – 5 U 857/11, VersR 2012, 1041, 1042 f.
[2011] „Zwitterurteil I" OLG Köln, Urt v 5.9.2008 – 5 W 44/08, MedR 2009, 343, 344 f.
[2012] Zur Querschnittslähmung BWK 8 durch Staphylococcus-aureus-Sepsis OLG Koblenz, Urt v 1.12.2011 – 5 U 95/10, MedR 2013, 439.
[2013] OLG Koblenz, Urt v 1.12.2011 – 5 U 95/10, MedR 2013, 439.
[2014] BGH Urt v 15.4.2014 – VI ZR 382/12, VersR 2014, 879 Rz 11 ff.
[2015] BGH, Urt v 29.6.1999 – VI ZR 24/98, MedR 1999, 561, 562 ff.
[2016] LG Essen, Urt v 12.9.2012 – 1 O 247/11, MedR 2013, 183, 183 m Anm Cramer, MedR 2013, 184, 185.
[2017] BGH, Urt v 26.1.1999 – VI ZR 376–97, NJW 1999, 1779, 1780 m Anm Katzenmeier MedR 2004, 34, 35.

gen könnten, oder, wenn die Befunde des Einweisenden nicht zum Krankheitsbild passen, aber auch, wenn der Klinik überlegene technisch-apparative Möglichkeiten mit der Aussicht auf zuverlässigere und genauere Ergebnisse zur Verfügung stehen, hat der Krankenhausarzt zusätzliche eigene Befunde zu erheben[2018]. Eigenen Verdachtsdiagnosen muss der Arzt immer nachgehen, unabhängig davon, dass ein voruntersuchender Facharzt diese Diagnosen nicht gestellt hat[2019]. Der erstversorgende Arzt muss für seinen Behandlungsfehler nicht haften, wenn der Patient die fachgerechte Behandlung einer Verletzung durch den zweitbehandelnden Arzt verweigert. Dies gilt besonders dann, wenn die angeordnete Therapie des zweiten Arztes den gesundheitlichen Schaden des Patienten verhindert hätte[2020]. Allerdings haftet ein Krankenhaus, das eine Patientin erstmalig fehlerhaft operiert hat, auch für die Folgen, die (daraus resultierend) durch eine anschließende grob fehlerhafte Behandlung in einer weiteren Klinik hervorgerufen wurden[2021]. Wird nämlich auf Grund eines ärztlichen Behandlungsfehlers ein weiterer Eingriff erforderlich und fehlerhaft durchgeführt, hat der erstbehandelnde Arzt auch für diesen Behandlungsfehler grundsätzlich zu haften. Der Zurechnungszusammenhang kann allenfalls dann unterbrochen werden, wenn der zweitbehandelnde Arzt die ärztliche Sorgfaltspflicht in außergewöhnlich hohem Maße verletzt (besonders grober Behandlungsfehler)[2022]. Die bloße Annahme eines groben Behandlungsfehlers unterbricht den Zusammenhang hingegen nicht[2023].

455 Umgekehrt darf sich der niedergelassene Hausarzt im Allgemeinen darauf verlassen, dass die Klinikärzte seine Patienten richtig behandelt und beraten haben. Er darf insoweit auf deren bessere Sachkunde und größere Erfahrung vertrauen und ihren im Arztbrief niedergelegten Vorschlägen folgen[2024]. Kann der Hausarzt allerdings erkennen oder hätte er erkennen müssen, dass ernste Zweifel an der Krankenhausbehandlung oder der dort seinen Patienten gegebenen ärztlichen Ratschlägen bestehen, so darf er dem Patienten gegenüber offenbare Versehen oder ins Auge springende Unrichtigkeiten nicht ignorieren[2025]. Kein Arzt, der es besser weiß, darf eine Gefährdung seines Patienten hinnehmen, wenn ein anderer Arzt seiner Meinung nach etwas falsch gemacht hat, oder jedenfalls ein solcher Verdacht besteht[2026]. Hat der hinzugezogene Arzt aufgrund bestimmter Anhaltspunkte Zweifel an der Richtigkeit der ihm übermittelten Diagnose, dann muss er diesen Zweifeln nachgehen und darf sie nicht auf sich beruhen lassen[2027]. In jeder Phase des medizinischen Prozesses hat ein behandlungsführender Arzt für die Koordination, den Kommunikationsfluss und die Entscheidung positiver Zuständigkeitskonflikte zu sorgen. Der Spezialist, an den der Patient vom behandelnden Arzt wegen einer zur Diagnose erforderlichen Untersuchung überwiesen wird, ist grds nicht zur umfassenden Beratung und Behandlung verpflichtet, wenn der überweisende Arzt weiterhin die Behandlung führt. Er hat lediglich zu prüfen, ob die von ihm erbetene Leistung kontraindiziert ist[2028]. Der Überweisungsempfänger muss den überweisenden Arzt nur kontrollieren, wenn Anhaltspunkte für ein fehlerhaftes Vorgehen bestehen[2029]. So ist bspw ein Gynäkologe nicht zur Beurteilung des Handelns eines Radiologen qualifiziert[2030].

456 Einen exemplarischen Fall horizontaler Arbeitsteilung stellt das Zusammenwirken von Anästhesisten und Chirurgen dar. Wirken bei einer ambulanten Operation ein Chirurg und ein Anästhesist zusammen, so haftet der Chirurg für die Behandlungsfehler des Anästhesisten grds nicht, zB bei der Überdosierung eines Hypnotikums oder einer unzureichenden postoperativen Überwachung der Vitalfunktionen seitens des Anästhesisten. Eine gegenseitige Überwachungspflicht der kooperierenden Ärzte besteht nicht[2031]. Die Grenzlinie zwischen der Verantwortlichkeit des Operateurs und der des Anästhesisten beschäftigte den BGH wiederholt. Die Zulässigkeit der sog Parallelnarkose wurde seitens des BGH dabei bejaht[2032]. Streng ist bei der Abgrenzung darauf

---

2018 So bereits RGRK[12]/Nüssgens § 823 Anh II, zitiert nach Kern/Rehborn, in: Laufs/Kern/Rehborn, HdB ArztR[5], § 99 Rz 10.
2019 BGH, Urt v 24.6.1997 – VI ZR 94/96, MedR 1998, 26; Kern/Rehborn, in: Laufs/Kern/Rehborn, HdB ArztR[5], § 99 Rz 10.
2020 OLG Koblenz, Beschl v 27.06.2012 – 5 U 1510/11, openJur 2020, 17295 Rz 21, 22.
2021 OLG Hamm, Urt v 15.11.2016 – 26 U 37/14, openJur 2016, 10804, Ls.
2022 OLG Hamm, Urt v 15.11.2016 – 26 U 37/14, openJur 2016, 10804, Ls.
2023 OLG Hamm, Urt v 15.11.2016 – 26 U 37/14, openJur 2016, 10804, Ls.
2024 BGH, Urt v 8.11.1988 – VI ZR 320/87, VersR 1989, 186, 187, 188; BGH, Urt v 28.5.2002 – VI ZR 42/01, NJW 2002, 2944.
2025 BGH, Urt v 28.5.2002 – VI ZR 42/01, NJW 2002, 2944.
2026 BGH, Urt v 24.6.1997 – VI ZR 94/96, NJW 1997, 3090, 3091.
2027 Vgl BGH, Urt v 5.10.1993 – VI ZR 237/92, MedR 1994, 111, 112, 113; OLG Naumburg, Urt v 29.4.1997 – 9 U 266/96, VersR 1998, 983; OLG Celle, Urt v 11.8.1997 – 1 U 92/95, VersR 1998, 1419.
2028 OLG Karlsruhe, Urt v 13.6.2001 – 7 U 123/97, VersR 2002, 717.
2029 Vgl § 630a Rz 453, 454.
2030 OLG Hamm, Urt v 26.5.2004 – 3 U 127/02, MedR 2005, 471, 472.
2031 OLG Naumburg, Urt v 14.9.2004 – 1 U 97/03, MedR 2005, 232, 233.
2032 BGH, Urt v 30.11.1982 – VI ZR 77/81, BGHZ 85, 393.

zu achten, in welcher Phase, also – prä-, intra- oder postoperativ – das schädigende Ereignis eingetreten ist[2033]. In einem Fall ging es um eine schwere Blutung aus einer Verweilkanüle zwei Tage post OP[2034]. Die Kanüle hatte der Anästhesist in der Operation gelegt, um die Narkose zu ermöglichen. Der Zwischenfall ereignete sich allerdings in einer Phase, in der es „nur noch um die therapeutische Nachbehandlung des operativen Eingriffs ging" und die deswegen in die fachliche Zuständigkeit und damit Verantwortlichkeit des nachbehandelnden Operateurs fiel.

Grds umfasst die Einstandspflicht des erstbehandelnden Arztes die Folgen eines Fehlers des nachbehandelnden Arztes. Voraussetzung dafür ist, dass die Nachbehandlung durch den Fehler des ersten Arztes kausal mitverursacht worden ist[2035]. Mit der Frage der Reichweite seiner Einstandspflicht befasste sich das OLG Dresden bzgl eines Klinikarztes[2036]. Die Einstandspflicht des Arztes, der postoperativ behandlungsfehlerhaft eine Röntgenkontrolle unterlasse, umfasse nach Ansicht des OLG Dresden nicht weitere Befunderhebungsfehler der nachbehandelnden Ärzte. Regelmäßig schuldet der erstbehandelnde Arzt über die Mitteilung des Entlassungsbefundes hinaus keine weitere Überwachung, zudem sind Details der Primäroperation nicht mitzuteilen[2037]. **457**

b) **Vertikale Arbeitsteilung**. Das hierarchische Prinzip trägt die vertikale Arbeitsteilung in der Rangfolge vom ärztlichen Direktor und Chefarzt über den Oberarzt zu den Assistenten bis zum nichtärztlichen Personal. Ein Assistenzarzt darf sich auf die Richtigkeit der vom ausbildenden Facharzt getroffenen Entscheidung verlassen. Das gilt nur dann nicht, wenn sich dem Assistenzarzt nach den bei ihm vorauszusetzenden Fähigkeiten und Kenntnissen Bedenken gegen die Sachgemäßheit des von dem Facharzt angeordneten Vorgehens hätten aufdrängen müssen[2038]. **458**

Selbständig operierende Fachärzte (Oberärzte) tragen die Verantwortung für die Behandlung und haften insoweit allein, besonders dann, wenn sie sich auf bestimmte Operationstechniken spezialisiert haben, die generell in der Klinik nur von ihnen durchgeführt werden. Das Eingreifen des weisungsberechtigten Chefarztes in eine laufende Operation schließt die Verantwortlichkeit der für die Operation zunächst zuständigen Ärzte jedoch nicht ohne weiteres aus[2039], sondern ist einzelfallabhängig zu bewerten. Ist ein Assistenzarzt einer Aufgabe nicht gewachsen, hat er einen qualifizierten Arzt zu benachrichtigen und bis zu dessen Eintreffen weitere eigene Maßnahmen zu unterlassen. So haftet eine Anästhesistin, die unmittelbar vor Ablegung der Facharztprüfung steht, wenn sie nach zwei fehlgeschlagenen Intubationsversuchen statt der diensthabenden Oberärztin „nur" einen weiteren Assistenzarzt herbeiruft in der Hoffnung, diesem werde die Intubation gelingen[2040]. **459**

Das Pflegepersonal haftet selbst, wenn es sich nicht an die Grundregeln der Zusammenarbeit zwischen Arzt und Pflegepersonal hält. Diesen Regeln zufolge hat das Pflegepersonal etwa „beim Eintreten von Komplikationen den zuständigen Arzt zu verständigen und bis zu seinem Eintreffen eigene weitere Bemühungen einzustellen, wenn der Patient nicht akut gefährdet ist"[2041]. Befolgt das Pflegepersonal telefonische Anweisungen des Arztes, obwohl es erkennen kann, dass sie therapeutisch nicht geboten sind, so haftet es neben dem anweisenden Arzt selbst[2042]. Auch Belegärzte dürfen bei dem Setzen einer Spritze ohne weitere Kontrolle darauf vertrauen, dass eine in der Belegklinik tätige Anästhesieschwester beim Setzen einer Injektion das richtige Medikament aufzieht[2043]. **460**

Hebammen hingegen sind, da sie eine eigene Berufsgruppe darstellen, nicht als nichtärztliches Hilfspersonal einzuordnen. Eine erfahrene Hebamme wird bei einer Geburt, für die keine Risikokonstellation erkennbar ist, die Geburtsleitung übernehmen und eine unerfahrene Assistenzärztin anleiten und ihr Weisungen erteilen können. Bei einer derartigen Rollenverteilung bestehen Anhaltspunkte für Behandlungsfehler der Assistenzärztin nur dann, wenn für sie Fehler der Hebamme erkennbar waren und sich daraus eine Handlungspflicht ihrerseits, beispielsweise **461**

2033 Zur Abgrenzung der Verantwortung von Operateur und Anästhesist, hier: HNO-Operation BGH, Urt v 26.2.1991 – VI ZR 344/89, MedR 1991, 198, 199.
2034 BGH, Urt v 10.1.1984 – VI ZR 158/82, BGHZ 89, 263; BGH, Urt v 3.10.1989 – VI ZR 319/88, VersR 1989, 1296, 1297; BGH, Urt v 26.2.1991 –VI ZR 344/89, NJW 1991, 1539; OLG Naumburg, Urt v 14.9.2004 – 1 U 97/03, MedR 2005, 232.
2035 OLG Hamm, Urt v 15.11.2016 – 26 U 37/14, openJur 2016, 10804, Ls.
2036 OLG Dresden, Urt v 29.8.2017 – 4 U 401/27, BeckRS 2017, 123097.
2037 Vgl zu den Anforderungen an den Arztbriefinhalt SGB V § 39 Abs 1a Satz 9 gemäß Rahmenvertrag Entlassmanagement.
2038 OLG Düsseldorf, Urt v 13.2.2003 – 8 U 41/02, VersR 2005, 230.
2039 BGH, Urt v 10.3.1987 – VI ZR 88/86, MedR 1987, 234, 235 ff.
2040 OLG Köln, Urt v 9.11.1988 – 27 U 77/88, NJW 1990, 776, 777.
2041 LG Dortmund, Urt v 25.2.1985 – 17 S 368/84, MedR 1985, 291, 292.
2042 OLG Frankfurt/M, Urt v 6.4.1990 – 24 U 18/89, VersR 1991, 929.
2043 LG München, Urt v 4.5.2021 – 1 O 2667/19 Hei, GesR 2022, 23.

durch frühzeitigeres Heranziehen eines Facharztes, ergeben hat. Tritt bei einer derartigen Rollenverteilung während der Geburt eine Schulterdystokie auf und ist der gynäkologische Facharzt informiert und herbeigerufen, hat die unerfahrene Assistenzärztin der erfahrenen Hebamme den Vortritt bei weiteren erforderlichen geburtshilflichen Maßnahmen zu lassen[2044]. Zu den elementaren Aufgaben einer Hebamme gehört es, Regelwidrigkeiten bei der Geburt zu erkennen und bei pathologischen Auffälligkeiten einen Arzt hinzuzuziehen[2045]. Erfährt eine Hebamme, dass es bei einer Schwangeren zu Blutungen gekommen ist, stellt es einen groben Befunderhebungsfehler dar, wenn sie zu spät die Vorlage kontrolliert. Bei der Feststellung von weitergehenden Blutungen muss die Hebamme ohne jeden zeitlichen Verzug einen Facharzt benachrichtigen, lässt sie jedoch weitere zehn Minuten verstreichen, liegt ggf ein grober Behandlungsfehler vor[2046]. Auch für organisatorische Defekte der Klinik haftet die Hebamme mit, ist bspw im Kreißsaal keine Klingel angebracht, obgleich die Mutter nach der Geburt nicht aufzustehen vermag, sodass die Mutter bei einem Atemstillstand des Kindes nach der Geburt weder die Hebamme noch einen Arzt herbeirufen kann, haften die Hebamme und das Krankenhaus wegen eines groben Behandlungsfehlers gemeinschaftlich[2047].

462 **4. Haftung aufgrund eines Rechtsscheintatbestandes**. Bedeutung kommt vermehrt der Rechtsscheinhaftung nach HGB § 25 analog zu. Hier gilt der Grundsatz, dass, wer einen Rechtsschein setzt, für diesen auch einzustehen hat. Dies bezieht sich insbesondere auf den Vertragsschluss. Tritt eine BAG[2048] oder ÜBAG (früher: (überörtliche) Gemeinschaftspraxis)[2049] nach außen hin wie eine Belegärztegemeinschaft oder wie ein Krankenhaus mit Hauptabteilung auf, muss die Praxis sich auch rechtlich entsprechend einordnen lassen. Das gilt ebenso für den Fall, dass ein tatsächlich angestellter Arzt auf dem Briefbogen einer Arztpraxis wie ein mithaftender Gesellschafter aufgeführt wird[2050]. Ob der Patient sich gerade im Vertrauen darauf, dass dieser Umstand zutrifft, in die Behandlung begeben hat, ist für die Maßgabe der Rechtsscheinhaftung unerheblich[2051], denn dies ist iRd Haftung aufgrund eines gesetzten Rechtsscheins nicht maßgeblich.

463 **5. Haftung des Krankenhausträgers**. Den Krankenhausträger[2052] kann eine Haftpflicht aufgrund eines totalen Krankenhausvertrages oder eines Krankenhausvertrages mit Arztzusatzvertrag auch für den Chefarzt als seinen Erfüllungsgehilfen treffen[2053]. Im Rahmen gespaltener Vertragsverhältnisse haftet der Krankenhausträger nicht für Fehler des selbstliquidierenden (Beleg-)Arztes, die diesem bei seinem Dienst unterlaufen[2054]. Der Hauptanwendungsfall des gespaltenen Krankenhausvertrages ist die Behandlung durch Belegärzte[2055], die hinsichtlich der ärztlichen Leistungserbringung allein verpflichtet sind und haften[2056]. Das gilt sowohl für die stationäre, als auch für die teilstationäre Behandlung[2057]. Bei Leistungen iRd teilstationären Behandlung handelt es sich um ärztliche Leistungen, die aufgrund des Krankheitsbildes in bestimmten Intervallen über einen längeren Zeitraum in einem Krankenhaus erbracht werden müssen, aber im Rahmen des gespaltenen Krankenhausvertrages ausschließlich durch den Belegarzt durchgeführt werden.

464 Zum Pflichtenkreis des Krankenhausträgers gehört es, die ärztliche und nichtärztliche Assistenz zu stellen, auf die der selbstliquidierende Arzt angewiesen bleibt; diesbezüglich droht dem Träger bei einem schuldhaften Versagen die Haftung nach §§ 630a, 280, 276, 278 sowie ggf für eigenes Verschulden deliktisch nach § 831.

[2044] OLG Stuttgart, Urt v 8.7.2003 – 1 U 104/02, NJOZ 2004, 2772 = GesR 2004, 234, zum umgekehrten Fall vgl OLG Hamm, Urt v 16.1.2006 m Besprechung Steffen MedR 2006, 353.
[2045] OLG Rostock, Urt v 5.11.2021 – 5 U 119/13, https://www.mdr-recht.de/72514.htm, zuletzt abgerufen am 28.12.2021.
[2046] OLG Rostock, Urt v 5.11.2021 – 5 U 119/13, https://www.mdr-recht.de/72514.htm, zuletzt abgerufen am 28.12.2021.
[2047] OLG Celle, Urt v 20.9.2021 – 1 U 32/20, -juris.
[2048] OLG Brandenburg, Urt v 26.11.2015 – 12 U 182/14, openJur 2016, 1999 Rz 68, 69 = GesR 2016, 89, 90.
[2049] Zur Rechtsscheinshaftung bei Verwendung identischer Logos LG Aurich, Urt v 6.10.2006 – 3 O 27/04, GesR 2007, 256.
[2050] BGH, Urt v 24.1.1978 – VI ZR 264/76, BGHZ 70, 247 = NJW 1978, 996.
[2051] AA OLG Brandenburg, Urt v 26.11.2015 – 12 U 182/14, openJur 2016, 1999 Rz 68, 69 = GesR 2016, 89, 90.

[2052] Träger einer Universitätsklinik ist grds die Klinik selbst oder die Universität, nicht hingegen das Land vgl BGH, Urt v 17.12.1985 – VI ZR 178/84, BGHZ 96, 360; aber Ausnahmen sind möglich vgl Schleswig-Holsteinisches OLG, Urt v 13.1.1995 – 4 U 243/86, MedR 1996, 272.
[2053] BGH, Urt v 18.6.1985 – VI ZR 234/83, BGHZ 95, 63; HdB ArztR[5]/Stollmann/Wollschläger, § 88 Rz 10.
[2054] BGH, Urt v 14.2.1995 – VI ZR 272/93, BGHZ 129, 6; BGH, Urt v 16.5.2000 – VI ZR 321/98, NJW 2000, 2737; OLG Düsseldorf, Urt v 12.6.2008 – I-8 U 129/07, 8 U 129/07, MedR 2009, 285, 285 f; Kern/Rehborn, in: Laufs/Kern/Rehborn, HdB ArztR[5], § 103 Rz 11.
[2055] Halbe, in: Clausen/Schroeder-Printzen (Hrsg), MHbB MedR[2], § 11 Rz 208.
[2056] Reiling MedR 1995, 433, 453; Halbe, in: Clausen/Schroeder-Printzen (Hrsg), MHbB MedR[2], § 11 Rz 208.
[2057] OLG Düsseldorf, Urt v 12.6.2008 – I-8 U 129/07, MedR 2009, 285, 286.

Ebenso haftet der Krankenhausträger für Tätigkeiten des Pflegepersonals. Beispielsweise, wenn **465** eine Krankenschwester es versäumt, ein noch nicht befundetes EKG vorn in die Patientenakte zu legen, obwohl sie dazu angewiesen wurde[2058] und daraus eine Therapiefehlentscheidung des Arztes resultiert. Auch bei einer Belegklinik fallen die Handlungen des Pflegepersonals, anders als die Tätigkeiten ärztlichen Personals aus dem Fachbereich des Belegarztes, in den Verantwortungsbereich der Belegklinik[2059].

6. Haftung selbstliquidierender Ärzte und Belegärzte. Der selbstliquidierende Chefarzt **466** oder Klinikdirektor haftet aufgrund seiner Pflicht zur persönlichen Behandlung des Patienten aus dem gespaltenen Arzt–Krankenhaus–Vertrag oder aus einem Zusatzvertrag zum Krankenhausvertrag grundsätzlich selbst[2060]. Dies gilt auch für den Belegarzt[2061]. In diesen Fällen hat der Arzt vertraglich nicht nur für eigenes Fehlverhalten einzustehen, sondern auch für ein Fehlverhalten der von ihm eingesetzten nachgeordneten Ärzte und des weiteren Behandlungspersonals. Zudem haftet der selbstliquidierende Arzt für eigenes Fehlverhalten, wie Behandlungsfehler oder Aufklärungsmängel[2062].

Aus eigener fehlerhafter ärztlicher Behandlung im belegärztlichen Leistungsbereich haftet **467** dem Patienten (Privatpatient oder Kassenpatient) allein der als Belegarzt tätige Arzt, der ohne Anerkennung als Belegarzt nicht allein aus diesem Grund haftet[2063]. Ein Belegarzt ist in der ärztlichen Behandlung seines Patienten, selbst wenn er sich als leitender Arzt oder Chefarzt bezeichnen sollte, nie Erfüllungsgehilfe des Belegkrankenhauses gem KHEntgG § 2 Abs 1 Satz 2; gleiches gilt für die Leistungen einer Beleghebamme oder eines (Beleg-) Entbindungspflegers[2064]. Sie handeln in diesem Bereich ausschließlich in Erfüllung eigener Verpflichtung; eine Haftung des Trägers nach § 278 steht im eigenen belegärztlichen Leistungsbereich grds nicht in Betracht[2065]. Der Belegarzt entscheidet aber aufgrund seiner spezifischen Kompetenz innerhalb seines Fachgebiets darüber, welche Geräte und Apparaturen er benötigt; für deren benutzungssichere Vorhaltung hat er eigenverantwortlich Sorge zu tragen[2066]. Leistungen der Beleghebamme schuldet der Belegarzt nicht. Sobald er die Behandlung einer Gebärenden übernommen hat, gilt die Hebamme aber kraft Berufsrecht als seine Gehilfin, sodass er für ihre Fehler einzustehen hat[2067]. Nimmt der selbstliquidierende Arzt Dienste und Hilfen anderer medizinischer Fächer in Anspruch, so eröffnen sich neue Einstandspflichten des Krankenhausträgers und der selbstliquidierenden Ärzte bezüglich der zusätzlich befassten Disziplinen. Die nichtärztliche Grund- und Funktionspflege gehört zur Verantwortlichkeit des Krankenhausträgers, nicht des liquidationsberechtigten Arztes.

Dies gilt grundsätzlich auch für die Behandlungspflege, es sei denn, dieser Dienst hinge so **468** eng mit der ärztlichen Tätigkeit zusammen, dass den die Behandlung leitenden Mediziner die Direktions- und Kontrollzuständigkeit trifft[2068]. Die erforderlichen Anweisungen für die Behandlungspflege zu geben, ist die Sache des die Behandlung führenden Arztes[2069].

7. Haftung von Instituts- und Chefarztambulanzen. Die ambulante ärztliche Krankenbe- **469** handlung gesetzlich krankenversicherter Patienten in Universitätskliniken beschränkte sich zunächst traditionell auf Hochschulambulanzen nach SGB V § 117. Die Voraussetzungen und Inhalte der Ermächtigung von Hochschulen oder Hochschulkliniken zur Einrichtung von Hochschulambulanzen sind in SGB V § 117 und in den jeweiligen Verträgen auf Landesebene festgelegt. Die Ermächtigungsnorm des SGB V § 117 ist im Zusammenhang mit der verfassungsrechtlich garantierten Wissenschaftsfreiheit einer Hochschulambulanz nach GG Art 5 Abs 3 zu sehen und auszulegen und kann einen konkretisierbaren Rechtsanspruch auf Ermächtigung einer

---

2058 OLG München, Urt v 6.8.2020 – 24 U 1360/19, NJOZ 2021, 243.
2059 LG München, Urt v 4.5.2021 – 1 O 2667/19 Hei, GesR 2022, 23.
2060 BGH, 30.11.1982 – VI ZR 77/81, BGHZ 85, 393, 395 = NJW 1983, 1374, 1376; LG Nürnberg-Fürth, Urt v 7.4.2011 – 4 O 11065/06, MedR 2011, 733.
2061 BGH, Urt v 14.2.1995 – VI ZR 272/93, BGHZ 129, 6.
2062 Kütemeyer/Pramann Deutsches Ärzteblatt 2018, 115 (38): [2].
2063 Zur Geburtsleitung in Belegklinik durch nicht als Belegarzt anerkannten Arzt OLG Karlsruhe, Urt v 6.12.2017 – 7 U 221/16, GesR 2018, 173, 174.
2064 Geiß/Greiner, Arzthaftpflicht[8], A Rz 34.
2065 Geiß/Greiner, Arzthaftpflicht[8], A Rz 34.
2066 Geiß/Greiner, Arzthaftpflicht[8], A Rz 34.
2067 BGH, Urt v 16.5.2000 – VI ZR 321/98, BGHZ 144, 296, 303, 304; BGH, Urt v 14.2.1995 – VI ZR 272/93, BGHZ 129, 6; krit Müller MedR 1996, 208 f, der Liquidation und Haftung der Hebamme zuordnet.
2068 BGH, Urt v 10.1.1984 – VI ZR 158/82, BGHZ 89, 263; BGH, Urt v 1.2.1994 – VI ZR 65/93, NJW 1994, 1594; vgl auch Steffen MedR 1996, 265, 266 sowie Opderbecke MedR 1996, 542, 543 f.
2069 BGH, Urt v 10.1.1984 – VI ZR 158/82, BGHZ 89, 263 = MedR 1984, 143; zur Organisationspflicht des Belegkrankenhauses BGH, Urt v 16.4.1996 – VI ZR 190/95, NJW 1996, 2429, 2430, 2431.

Hochschulambulanz in dem für Forschung und Lehre erforderlichen Umfang im Einzelfall ergeben[2070].

470 Mit dem in 2007 in Kraft getretenen Vertragsarztrechtsänderungsgesetz und dem GKV-Wettbewerbsstärkungsgesetz[2071] hat der Gesetzgeber den beschriebenen Grundsatz der Vorrangigkeit der ambulanten vertrags(zahn)ärztlichen Versorgung durch zugelassene Ärzte/Zahnärzte und MVZ zu Gunsten der Krankenhäuser zunehmend verlassen.

471 Für Universitätsklinika und andere Einrichtungen der Hochschulmedizin sind neben die klassischen Hochschulambulanzen gemäß SGB V § 117 nachfolgende Teilnahmemöglichkeiten an der ambulanten Krankenbehandlung durch sog institutionelle Behandlungen von gesetzlich krankenversicherten Patienten getreten: die ambulante Behandlung durch Chefärzte (persönliche Ermächtigung) nach SGB V § 116, die Ermächtigung ärztlich geleiteter Einrichtungen (Institutsambulanzen) gemäß Ärzte-ZV § 31 Abs 1, sozialpädiatrische Zentren gemäß SGB V § 119, die vor- und nachstationäre Behandlung im Krankenhaus gemäß SGB V § 115a, die Haftung des Trägers für Ambulantes Operieren im Krankenhaus gemäß SGB V § 115, die ambulante Behandlung im Krankenhaus nach SGB V § 116b (Versorgung der hochspezialisierten Erkrankungen)[2072], die spezialisierte ambulante Palliativversorgung gemäß SGB V § 132, Medizinische Versorgungszentren gemäß SGB V § 95 Abs 1 und schließlich die Teilnahme von Krankenhäusern am Notdienst.

472 Als Folge des Systemwechsels in der Krankenversorgung sind Krankenhausambulanzen (als sog Institutsambulanzen) eingerichtet worden, die sich in der Hand des Trägers befinden. Der Träger wird alleiniger Vertragspartner des Patienten und ist einstandspflichtig[2073]. Entsprechend der Rechtslage bei der stationären Versorgung sind bei den Institutsambulanzen Leistungserbringung, Liquidation und Haftung konzentriert.

473 Bei der ambulanten Behandlung im Krankenhaus ist zwischen der Chefarztambulanz, SGB V § 116, der Notfallambulanz, ambulanten Operationen sowie einer spezialfachärztlichen Versorgung nach SGB V § 116b Abs 2 iVm Abs 1 zu unterscheiden[2074].

474 In der Chefarztambulanz haftet der selbst liquidierende Arzt, soweit er eine private Nebentätigkeit ausübt, für diese deliktisch nach § 823. Eine Verweisungsmöglichkeit iSv § 839 Abs 1 Satz 2 kommt nicht in Betracht[2075]. Anders verhält es sich dagegen bei der Krankenhausambulanz, da in der Institutsambulanz die Behandlung von Patienten zu den Amtsaufgaben des Chefarztes gehört, sodass er die Möglichkeit der Verweisung gemäß § 839 Abs 1 Satz 2 besitzt[2076].

475 Grds bestehen bei einer Behandlung in der Chefarztambulanz nur vertragliche Beziehungen zu dem die Ambulanz betreibenden Chefarzt, selbst wenn die Behandlung dort tatsächlich durch einen nachgeordneten Arzt ausgeführt wird[2077]. Die Haftungsverteilung zwischen Arzt und Krankenhausträger entspricht dann der beim gespaltenen Arzt–Krankenhaus–Vertrag[2078]. Unbeachtlich ist dabei, ob sich der Privatpatient tatsächlich Vorstellungen macht, wer sein Vertragspartner im Krankenhaus ist[2079].

476 Eine Ausnahme von dem Grundsatz der alleinigen Vertragsbeziehung zum Chefarzt der Ambulanz ist nur für den Fall zuzulassen, dass die ambulante Behandlung lediglich der Vorbereitung einer stationären Aufnahme dient und dabei eine Entscheidung zugunsten einer stationären Aufnahme fällt[2080]. Ist die Behandlung in selbstständige Abschnitte aufzuspalten, richtet sich die haftungsrechtliche Zuordnung danach, in Wahrnehmung welcher Tätigkeit der Behandler zu welchem Zeitpunkt fehlerhaft gehandelt hat[2081].

477 Auch bei der ambulanten spezialfachärztlichen Leistung nach SGB V § 116b Abs 2 iVm Abs 1 handelt es sich um eine Leistung aus dem Bereich der vertragsärztlichen Versorgung[2082].

2070 BVerfG, Urt v 16.5.1995 – 1 BvR 1087/91, BVerfGE 93, 25 = NJW 1995, 2477; SG Aachen, Urt v 5.11.2010 – S 7 KA 2/08, openJur 2011, 76692 Rz 19, 20.
2071 BGBl 2007 I Nr 11.
2072 Vgl Holzner, Das Krankenhaus als Ersatz für die Arztpraxis, Die aktuellen Auswirkungen des SGB V § 116b Abs 2, S 23.
2073 Pauge/Offenloch, Arzthaftungsrecht[14], Rz 81.
2074 Bergmann/Wever, Die Arzthaftung[4], § 11 dd) Krankenhausambulanz Rz 36.
2075 Vgl Kern/Rehborn, in: Laufs/Kern/Rehborn, HdB ArztR[5], § 104 Rz 8.
2076 BGH, Urt v 8.12.1992 – VI ZR 349/91, BGHZ 120, 376 = NJW 1993, 784; Kern/Rehborn, in: Laufs/Kern/Rehborn, HdB ArztR[5], § 104 Rz 8.
2077 Kern/Rehborn, in: Laufs/Kern/Rehborn, HdB ArztR[5], § 104 Rz 8.
2078 Kern/Rehborn, in: Laufs/Kern/Rehborn, HdB ArztR[5], § 104 Rz 8.
2079 Kern/Rehborn, in: Laufs/Kern/Rehborn, HdB ArztR[5], § 104 Rz 8.
2080 Kern/Rehborn, in: Laufs/Kern/Rehborn, HdB ArztR[5], § 104 Rz 8.
2081 Kern/Rehborn, in: Laufs/Kern/Rehborn, HdB ArztR[5], § 104 Rz 8.
2082 Holzner, Das Krankenhaus als Ersatz für die Arztpraxis, Die aktuellen Auswirkungen des SGB V § 116b Abs 2, S 23 mwNachw.

Bei ambulanten Operationen nach SGB V § 115b ist Vertragspartner des Patienten allein der Krankenhausträger[2083]. Auch bei Behandlungen im Rahmen der sog Institutsambulanzen nach SGB V §§ 117–119 kommt ein Krankenhausvertrag zustande. Ansonsten kann der Krankenhausträger die ambulante Behandlung eines Kassenpatienten vertraglich nur dann übernehmen, wenn es sich um einen Notfall handelt und dafür weder ein Kassenarzt noch ein an der kassenärztlichen Versorgung beteiligter Chefarzt zur Verfügung stehen[2084]. **478**

Im Fall des Notdienstes in der Notfallambulanz kommt der Behandlungsvertrag zwischen Patient und Krankenhaus zustande, unabhängig davon, wie der Patient versichert ist. „Deshalb muss dem gesetzlich Versicherten in dem Fall, dass keine anderen sozialrechtlich als befugt anzusehenden Ärzte zu ermitteln sind, jedenfalls der Krankenhausträger auf Grund eines Organisationsverschuldens nach § 823 Abs 1 zwecks Haftungsgründen deliktsrechtlich zur Verfügung stehen."[2085] **479**

Für die Frage der Passivlegitimation bedarf es zunächst der Klärung, ob die Behandlung in einer „Chefarztambulanz", im Rahmen des ambulanten Operierens im Krankenhaus oder als Krankenhausbehandlung (mit oder ohne Wahlleistungen) durchgeführt wurde[2086]. Der die Ambulanz leitende Chefarzt ist hinsichtlich der privat versicherten Patienten vom Krankenhausträger zur Selbstliquidation berechtigt, sodass auch hier die Patienten in vertragliche Beziehungen zum Chefarzt und nicht zum Krankenhausträger treten[2087]. Auch bei der Überweisung des Kassenpatienten in die Chefarztambulanz und der bloßen Aufnahme zur Behandlung, kommt ein Behandlungsvertrag zwischen diesem und dem beteiligten Chefarzt in Erfüllung seiner gesetzlichen Aufgabe zustande[2088]. Nach der Rspr tritt der Kassenpatient, der zur ambulanten Behandlung in ein Krankenhaus überwiesen wird, in vertragliche Beziehungen nur zu dem die Ambulanz kraft kassenärztlicher Zulassung gemäß den SGB V §§ 95, 116 betreibenden Chefarzt, nicht aber zu dem Krankenhausträger. Dies gilt sogar dann, wenn die Überweisung des Hausarztes für den Patienten auf das Krankenhaus lautet und die Behandlung in der Krankenhausambulanz von einem nachgeordneten Krankenhausarzt durchgeführt werden sollte[2089]. Aufgrund der ausschließlichen Vertragsbeziehung zwischen Patient und Chefarzt in der Chefarztambulanz haftet letzterer für alle ärztlichen Behandlungsfehler allein[2090]. **480**

Nach GOÄ ist eine Stellvertretung in der Privatambulanz zulässig. Zudem können Teile der Leistung unter fachlicher Weisung und Aufsicht auf nachgeordnete Ärzte delegiert werden gemäß GOÄ 4 Abs 2 Satz 1. Auch der Privatpatient, der sich im Krankenhaus ambulant behandeln lässt, tritt grundsätzlich in vertragliche Beziehungen zu dem Chefarzt, dies auch dann, wenn in Abwesenheit des Chefarztes nur der diensthabende nachgeordnete Krankenhausarzt Dienste leistet[2091]. **481**

In einer klassischen Chefarztambulanz, in der der Chefarzt Vertragspartner wird und auch die Rechnung in eigenem Namen stellt, bleibt es beim Grundsatz der persönlichen Leistungserbringung. Dies gilt auch in vertragsärztlichen Ermächtigungsambulanzen. Aufgrund der persönlichen Ermächtigung eines einzelnen Arztes durch den Zulassungsausschuss, darf auch nur dieser höchstpersönlich die Leistungen erbringen. Grundsätzlich ist weder eine Delegation noch eine Vertretung hierbei möglich. Ausgenommen sind nur die explizit vorgesehenen Vertretungsmöglichkeiten der Zulassungsverordnung für Vertragsärzte und zwar bei Urlaub, Krankheit, Fortbildung und einer Wehrübung gemäß Ärzte-ZV § 32a. Hinsichtlich der vollständig höchstpersönlich erbrachten Leistung durch den ermächtigten Arzt ist die Rspr strikt[2092]. Nach der Rspr des BSG war bspw das von einem ermächtigten Pathologen etablierte System unzulässig, aufgrund welchem nachgeordnete Ärzte die Befundung der Gewebeproben vornahmen sowie die Befund- **482**

2083 Pauge/Offenloch, Arzthaftungsrecht[14], Rz 80–82.
2084 Zum Notfallcharakter einer Behandlung vgl BSG, Urt v 26.6.2019 – B 6 KA 68/17 R, NZS 2020, 271.
2085 BGH, Urt v 20.12.2005 – VI ZR 180/04, NJW 2006, 767, 768 = MedR 2006, 346.
2086 BGH, Urt v 31.1.2006 – VI ZR 66/05, NJW-RR 2006, 811 = MedR 2006, 591; Pauge/Offenloch, Arzthaftungsrecht[14], Rz 82.
2087 BGH, Urt v 31.1.2006 – VI ZR 66/05, NJW-RR 2006, 811 = MedR 2006, 591; OLG Köln, Hinweisbeschl v 29.7.2016 – 5 U 27/16, openJur 2019, 17529 Rz 11; Scholl-Eickmann/Büchling Chefärztebrief (CB) 08/2017, 14–15.
2088 OLG Köln, Hinweisbeschl v 29.7.2016 – 5 U 27/16, openJur 2019, 17529 Rz 11; Scholl-Eickmann/Büchling Chefärztebrief (CB) 08/2017, 14–15.
2089 BGH, Urt v 20.12.2005 – VI ZR 180/04, BGHZ 165, 290 = NJW 2006, 767; BGH, Urt v 28.4.1987 – VI ZR 171/86, BGHZ 100, 363, 367 ff; ebenso für Privatpatienten BGH, Urt v 20.9.1988 – VI ZR 296/87, BGHZ 105, 189, 192 ff = NJW 1989, 769.
2090 OLG Köln, Urt v 23.10.2002 – 5 U 4/02, VersR 2004, 1181.
2091 BGH, Urt v 20.9.1988 – VI ZR 296/87, BGHZ 105, 189 = NJW 1989, 769.
BGH, Urt v 20.12.2005 – VI ZR 180/04, NJW 2006, 767, 768.
2092 LSG Berlin-Brandenburg, Urt v 16.10.2015 – L 24 KA 24/11, openJur 2016, 1751 Rz 55; zur Vertretung des Arztes durch Lebensgefährtin LSG Bayern, Urt v 4.6.2003 – L 12 KA 150/01, -juris.

berichte diktierten, während der ermächtigte Arzt nur deren Richtigkeit kontrollierte[2093]. Diese Kontrolle war iRd Leistungserbringung als zu geringer Beitrag seinerseits bewertet worden, um noch als höchstpersönlich zu gelten[2094].

483   **8. Haftung beamteter Ärzte.** Das deutsche Recht zieht unterschiedliche Beamtenbegriffe heran. Den Grundsätzen der Staatshaftung zufolge haftet gemäß GG Art 34 GG iVm § 839 ausschließlich der öffentlich-rechtliche Anstellungsträger. Im Rahmen der Eigenhaftung des Beamten fallen unter § 839 nur Beamte im statusrechtlichen Sinne[2095], also Personen, denen eine Ernennungsurkunde mit den Worten „unter Berufung in das Beamtenverhältnis" ausgehändigt worden ist, unabhängig davon, ob die Beamten auf Dauer, auf Probe, auf Widerruf oder auf Zeit berufen sind. Nichtbeamte im öffentlichen Dienst haften hingegen nach § 823 Abs 1 oder § 823 Abs 2 iVm dem einschlägigen Schutzgesetz.

484   Beamtete Ärzte haften nach § 839, der insoweit als lex specialis § 823 verdrängt[2096]. Die Haftung des Beamten wird auf den Staat übergeleitet, wenn der Beamte hoheitlich handelt, gemäß § 839 iVm GG Art 34. Handelt der Beamte hingegen im fiskalischen Tätigkeitsbereich des Staates oder hoheitlich in einer privaten Rechtsform[2097], greift die Staatshaftung nicht ein. Nach ständiger Spruchpraxis betätigt sich der beamtete Arzt regelmäßig nicht hoheitlich, sondern fiskalisch[2098]. Es bleibt dann bei der Eigenhaftung des Beamten nach § 839 Abs 1[2099]. Sie gilt für beamtete Ärzte sowohl gegenüber Privatpatienten als auch gegenüber gesetzlich Versicherten. Das gilt für alle Ärzte, für die statusrechtlich ein Beamtenverhältnis begründet wurde, wenn sie Tätigkeiten in Erfüllung ihrer Dienstpflichten wahrnehmen. Daher können nicht nur Chefärzte, die gleichzeitig Universitätsprofessoren sind, hiervon erfasst sein, sondern auch Ober- und Assistenzärzte. Diese Verweisung gilt allerdings nur für deliktische, nicht für vertragliche Schadensersatzansprüche. Beim einheitlichen Krankenhausaufnahmevertrag kann der leitende Krankenhausarzt den Patienten bezüglich einer deliktischen Haftung auf den Klinikträger verweisen. Im Bereich des einheitlichen Krankenhausaufnahmevertrages mit Arztzusatzvertrag kann der selbst liquidierende Arzt auch im Wahlleistungsbereich auf den Krankenhausträger verweisen. Dies ist deshalb möglich, da er selbst sowohl vertraglich, wie auch deliktisch für diesen tätig ist. Den nachgeordneten, ebenfalls beamteten Ärzten stehen dieselben Verweisungsmöglichkeiten zu, wie sie beim totalen Krankenhausaufnahmevertrag gegeben sind.

485   Im Rahmen des gespaltenen Krankenhausaufnahmevertrags wird der selbst liquidierende Belegarzt nicht als Beamter tätig, das Verweisungsprivileg des § 839 Abs 1 Satz 2 kommt somit für ihn nicht in Betracht.

486   Der als Hoheitsträger fahrlässig handelnde Arzt haftet weder aus Vertrag noch deliktisch[2100]. Somit kann der beamtete Arzt bei Fahrlässigkeit nach § 839 Abs 1 Satz 2 nur subsidiär in Anspruch genommen werden, soweit der Geschädigte sich auf andere Weise schadlos halten kann. Dies trifft etwa zu, wenn neben dem in Anspruch genommenen Arzt ein Dritter haftet, bspw ein weiterer Schädiger. Mit § 839 Abs 1 Satz 2 bezweckte der Gesetzgeber, das Haftungsrisiko des Beamten zu verringern, damit dieser nicht aus Angst vor persönlicher Haftung in seiner Entscheidungsfreude eingeschränkt wird. Da die Amtshaftung aufgrund von GG Art 34 jedoch nicht den Beamten persönlich, sondern dessen Körperschaft trifft, ist dieser Schutzzweck nunmehr überholt. Dennoch hat der Gesetzgeber die Subsidiaritätsklausel bislang nicht überarbeitet.

487   Betätigen sich Arzt oder auch Pflegepersonal hoheitlich bspw iRd Ärzteschaft Polizei-[2101] und Truppenärzte[2102], haftet statt ihrer gemäß § 839 iVm GG Art 34 Satz 1 die Körperschaft, in deren Dienst sie stehen. So haftet bspw die Bundesrepublik für eine vom Polizeiarzt fehlerhaft ausgestellte Bescheinigung für eine private Unfallversicherung[2103]. Für den Kläger resultiert daraus ein Anspruch auf Schadensersatz gegen die Bundesrepublik, in deren Dienst der Polizeiarzt gestanden hat[2104]. Der Arzt habe beim Ausfüllen des Formulars für die private Unfallversicherung im Rahmen seines öffentlichen Amts gehandelt, wobei es unerheblich ist, ob der Arzt

---

2093 BSG Urt v 21.3.2018 – B 6 KA 47/16 R, NZS 2018, 998.
2094 BSG Urt v 21.3.2018 – B 6 KA 47/16 R, NZS 2018, 998.
2095 BGH, Urt v 16.4.1964 – III ZR 182/63, NJW 1964, 1895, 1897.
2096 Kern/Rehborn, in: Laufs/Kern/Rehborn, HdB ArztR[5], § 104 Rz 1.
2097 Kern/Rehborn, in: Laufs/Kern/Rehborn, HdB ArztR[5], § 104 Rz 2.
2098 BGH, Urt v 22.4.1980 – VI ZR 121/78, BGHZ 77, 74 = NJW 1980, 1901; zum haftungsrechtlichen Beamtenbegriff vgl BGH, Urt v 29.2.1996 – III ZR 238/94, NJW 1996, 2431; Meysen JuS 1998, 404, 405, 406.
2099 Vgl dazu Kern/Rehborn, in: Laufs/Kern/Rehborn, HdB ArztR[5], § 104 Rz 2; Katzenmeier, Arzthaftung, S 142–145; Kern VersR 1981, 316, 316 f.
2100 Geiß/Greiner, Arzthaftpflicht[8], A Rz 87.
2101 OLG Braunschweig, Beschl v 18.12.2019 – 11 U 85/18, MDR 2020, 694.
2102 OLG Schleswig, Urt v 6.6.2014 – 4 U 103/12, -juris.
2103 OLG Braunschweig, Beschl v 18.12.2019 – 11 U 85/18, MDR 2020, 694.
2104 OLG Braunschweig, Beschl v 18.12.2019 – 11 U 85/18, MDR 2020, 694.

überhaupt dazu verpflichtet gewesen sei, das Formular auszufüllen. Weil er diese Aufgabe übernommen habe, hätten seine Eintragungen vollständig, sorgfältig und wahrheitsgemäß erfolgen müssen[2105]. Eine statusrechtliche Beamteneigenschaft ist somit iRd Staatshaftung nicht erforderlich, vielmehr gilt hier der haftungsrechtliche Beamtenbegriff[2106]. Demnach haftet der Staat für jeden, der in Ausübung hoheitlicher Tätigkeit handelt. Darunter werden sowohl sonstige Personen in öffentlich-rechtlichen Dienstverhältnissen verstanden, „wie Soldaten oder Richter"[2107], aber auch Personen, die in privatrechtlichen Dienstverhältnissen zum Hoheitsträger stehen. Ebenso fallen Beliehene unter den Begriff. Beispiele für ein hoheitliches Handeln von Ärzten, bilden die medizinische Behandlung durch Gesundheitsämter, sowie die Behandlung von zwangsweise in ein psychiatrisches Krankenhaus eingewiesenen Patienten[2108]. Des Weiteren stellen die Behandlung von Strafgefangenen oder unter Umständen auch die Tätigkeit von Ärzten im Rettungsdienst hoheitliches Handeln dar[2109].

Eine Haftung des Arztes nach § 839a kommt in Betracht, wenn dieser als gerichtlicher Sachverständiger[2110] vorsätzlich oder grob fahrlässig ein unrichtiges Gutachten erstattet hat und eine subsidiäre Haftung ausscheidet. Der Arzt ist gerichtlicher Sachverständiger, wenn er durch ein staatliches Gericht in einem gerichtlichen Verfahren gleich welcher Art wirksam bestellt wurde[2111]. **488**

Wenn der Sachverständige als Amtsträger iSv § 839 gehandelt hat, ist diese Regelung gegenüber anderen deliktischen Schadenersatzansprüchen vorrangig. Das hat zur Folge, dass der Amtsträger nicht persönlich haftet, sondern seine Haftung nach GG Art 34 auf den Staat übergeleitet wird. Hierbei handelt es sich um den Fall einer gesetzlich angeordneten befreienden Schuldübernahme[2112]. Die Sonderregelung der Haftung für gerichtlich bestellte Sachverständige nach § 839a gilt ebenso auch für von der Staatsanwaltschaft herangezogene Gutachter. Insoweit ist § 839 allerdings eine vorrangige lex specialis. Entscheidend ist, ob der Beklagte „in Ausübung eines öffentlichen Amtes" gehandelt hat. Dies bestimmt sich danach, „ob die eigentliche Zielsetzung in deren Sinn der Betreffende tätig wird, hoheitlicher Tätigkeit zuzurechnen ist und ob zwischen dieser Zielsetzung der schädigenden Handlung ein so enger äußerer und innerer Zusammenhang besteht, dass die Handlung ebenfalls als noch dem Bereich hoheitlicher Betätigung angehörend angesehen werden muss"[2113]. Dabei kommt es erneut ausschließlich auf die Funktion des Handelnden an, nicht auf seine Person[2114]. **489**

Ein unrichtiges Gutachten liegt vor, wenn der Sachverständige von einem unzutreffenden Sachverhalt (insbesondere fehlerhafte oder unvollständige Befunderhebung) ausgeht, sofern der Sachverhalt nicht durch das Gericht vorgegeben ist, oder wenn er aus dem Sachverhalt (vorsätzlich oder fahrlässig) falsche Schlüsse zieht[2115]. Ob das der Fall ist, ergibt sich aus den Entscheidungsgründen, in aller Regel aus der Beweiswürdigung[2116]. Ersatzfähig ist jeder durch das unrichtige Gutachten und die darauf beruhende Entscheidung adäquat verursachte Schaden, soweit er in den Schutzbereich der verletzten Pflicht fällt[2117]. Die Beweislast für die Voraussetzungen nach Abs 1 trägt der Geschädigte. Die Beweislast für den Ausschlussgrund nach Abs 2 trägt der passivlegitimierte Sachverständige[2118]. Demzufolge ist der Regresskläger gehalten, schlüssig darzulegen, dass der Beklagte mindestens grob fahrlässig ein unrichtiges gerichtliches Gutachten erstattet hat. **490**

2105 OLG Braunschweig, Beschl v 18.12.2019 – 11 U 85/18, MDR 2020, 694.
2106 BGH, Urt v 21.1.1993 – ZR 189/91, NJW 1993, 1259; BGH, Urt v 14.10.2004 – III ZR 169/04, NJW 2005, 287; vgl dazu auch Meysen JuS 1998, 404, 405, 406.
2107 So Wüstenbecker, Beamter im haftungsrechtlichen Sinne, in: Alpmann/Brockhaus, Fachlexikon Recht, S 184.
2108 Vgl Kern/Rehborn, in: Laufs/Kern/Rehborn, HdB ArztR[5], § 104 Rz 9.
2109 Ständige Rspr BGH, Urt v 9.1.2003 – III ZR 217/01, BGHZ 153, 268 = NJW 2003, 1184, 1185; BGH, Urt v 25.9.2007 – KZR 48/05, MedR 2008, 211; BGH, Urt v 12.1.2017 – III ZR 312/16, MedR 2017, 543; zur Amtshaftung wegen Fehlers des Notarztes OLG Dresden, Urt v 14.2.2017 – 4 U 1256/16, -juris, nachfolgend BGH, Urt v 15.11.2018 – III ZR 69/17, MedR 2019, 562 m Anm Lippert; Kern/Rehborn, in: Kern/Laufs/Rehborn, HdB ArztR[5], § 13 Rz 48.

2110 Vgl zur Amtshaftung Staud[2020]/Wöstmann, § 839a Rz 2, 7, 39, 40.
2111 Staud[2020]/Wöstmann, § 839a Rz 1, 8.
2112 Zur Haftung des Leiters eines rechtsmedizinischen Instituts BGH, Urt vom 6.3.2014 – III ZR 320/12, BGHZ 200, 253; zur Haftung des Abschleppunternehmers BGH, Urt v 18.2.2014 – VI ZR 383/12, BGHZ 200, 188; zur Amtshaftung der Gemeinde für Kindergartenkinder BGH, Urt v 13.12.2012 – III ZR 2226/12, BGHZ 196, 35.
2113 Zur Haftung des Leiters eines rechtsmedizinischen Instituts BGH, Urt v 6.3.2014 – III ZR 320/12, BGHZ 200, 253; zur Haftung des Abschleppunternehmers BGH, Urt v 18.2.2014 – VI ZR 383/12, BGHZ 200, 188.
2114 BGH, Urt v 9.10.2014 – III ZR 68/14, NJW 2014, 3580.
2115 Grüneberg[81]/Sprau, § 839a Rz 3.
2116 Staud[2020]/Wöstmann, § 839a Rz 15 ff.
2117 Staud[2020]/Wöstmann, § 839a Rz 25.
2118 Staud[2020]/Wöstmann, § 839a Rz 28 f.

491 **9. Haftung des Notarztes im Krankenhaus.** Die Kassenärztlichen Vereinigungen haben gemäß SGB V § 75 Abs 1 die Verpflichtung zur Sicherstellung der vertragsärztlichen Versorgung, die nach SGB V § 75 Abs 1b auch die Zurverfügungstellung der vertragsärztlichen Versorgung zu den sprechstundenfreien Zeiten (Notdienst) umfasst. Aufgrund dieses Sicherstellungsauftrages sind die Kassenärztlichen Vereinigungen berechtigt, im Rahmen ihrer Satzungsautonomie den Notdienst selbstständig zu regeln[2119]. Begibt sich ein Patient in die ambulante Behandlung einer Notfallbehandlung im Krankenhaus, geht die Rspr davon aus, dass ein Behandlungsvertrag mit dem Krankenhausträger zustande kommt oder anderenfalls auch ein Vertrag mit dem die Ambulanz leitenden Chefarzt[2120]. Eine Haftung nach amtshaftungsrechtlichen Grundsätzen scheidet aus, da für deren Anwendung als subsidiärem Auffangtatbestand kein Anwendungsraum besteht; die §§ 630a ff haben Vorrang. Zwar sind die Vertragsärzte aufgrund ihres Zulassungsstatusses zur Teilnahme am Notdienst verpflichtet. Trotz dieser Organisationsformen bleibt es bei der direkten zivilrechtlichen Haftung des am Notdienst teilnehmenden Arztes nach den allgemeinen Grundsätzen der Arzthaftung[2121]. Eine Inanspruchnahme der an der Behandlung beteiligten Ärzte aus Deliktsrecht bleibt weiterhin möglich.

492 **10. Haftung des Notarztes im Rettungsdienst der Länder.** Eigentliche Zielsetzung der Notarztbehandlung ist die Durchführung der Heilbehandlung. Die Heilbehandlung erfolgt regelmäßig nicht in Ausübung eines öffentlichen Amtes. Ob ein bestimmtes Verhalten einer Person als Ausübung eines öffentlichen Amtes anzusehen ist, bestimmt sich nach der ständigen Rspr des BGH danach, ob die eigentliche Zielsetzung, in deren Sinn die Person tätig wurde, hoheitlicher Tätigkeit zuzurechnen ist, und, falls dies mit ja zu beantworten ist, zwischen dieser Zielsetzung und der schädigenden Handlung ein so enger äußerer und innerer Zusammenhang besteht, dass die Handlung ebenfalls noch als dem Bereich hoheitlicher Betätigung angehörend angesehen werden muss[2122].

493 Der BGH hat seine frühere Rspr, „nach der die Tätigkeit des Notarztes im Verhältnis zum Notfallpatienten auf einem privatrechtlichen Rechtsverhältnis gründet" ausdrücklich aufgegeben. Die Rettungsdienste der Bundesländer sind mit steigender Tendenz in öffentlich-rechtlicher Form organisiert[2123]. Grds ist der Rettungsdienst somit als öffentlich-rechtlich zu qualifizieren[2124]. Damit übt auch der Notarzt im Rettungsdienst eine hoheitliche Tätigkeit aus[2125]. Dies ergibt sich aus den Rettungsdienstgesetzen der Länder[2126]. Bundesweit finden unbestritten die Amtshaftungsgrundsätze auf den leitenden Notarzt Anwendung[2127]. Demzufolge haftet der Notarzt nicht persönlich, sondern der Träger des Rettungsdienstes[2128]. Da § 839 Abs 1 Satz 1 iVm GG Art 34 Anwendung[2129] finden, können die Rettungsdienstträger, an welche sich die Patienten zu halten haben, ihrerseits den Notarzt nur im Fall von Vorsatz und grober Fahrlässigkeit in Rückgriff nehmen, GG Art 34 Satz 2. Entsprechendes gilt für die Haftung von dessen Mitarbeitern[2130]. Bei der Amtshaftung für Hilfspersonen ist darauf abzustellen, ob deren Tätigkeit in den hoheitlichen Aufgabenbereich der haftenden Körperschaft fällt[2131].

494 Der BGH eröffnete mit einer Entscheidung aus 2017 das Problemfeld der Passivlegitimation[2132]. In Thüringen sind gemäß Rettungsdienstgesetz-Thüringen § 5 Abs 1 Aufgabenträger des Rettungsdienstes die Landkreise und kreisfreien Städte mit Ausnahme der notärztlichen Versorgung[2133]. Nach Rettungsdienstgesetz-Thüringen § 7 stellt die Kassenärztliche Vereinigung die notärztliche Versorgung sicher. Daraus soll nach dem BGH eine getrennte haftungsrechtliche Verantwortlichkeit folgen, sodass für Fehler des Notarztes allein die KV Thüringen nach Maßgabe

---

2119 Zur Heranziehung von Radiologen zum kassenärztlichen Notdienst BSG, 15.9.1977 – 6 RKa 8/77, BSGE 44, 252 = NJW 1978, 1213.
2120 BGH, Urt v 21.1.2014 – VI ZR 78/13, BGHZ 199, 377 = GesR 2014, 227.
2121 Zur Haftung des Trägers des Rettungsdienstes BGH, Urt v 9.1.2003 – III ZR 217/01, BGHZ 153, 268, NJW 2003, 1184, 1185,1186; BGH, Urt v 10.3.2009 – VI ZR 39/08, NJW 2009, 1740 = MedR 2009, 731.
2122 Zur Amtshaftung für den Notarzt (im Bayrischen Rettungsdienst) BGH, Urt v 16.9.2004 – III ZR 346/03, BGHZ 160, 216 = MedR 2005, 162, 163.
2123 Fehn/Lechleuthner MedR 2000, 114, 117 ff.
2124 Zur Haftung des Trägers des Rettungsdienstes für ärztliche Fehler BGH, Urt v 9.1.2003 – III ZR 217/01, BGHZ 153, 268.
2125 BGH, Urt v 25.9.2007 – KZR 48/05, MedR 2008, 211; BGH, Urt v 15.11.2018 – III ZR 69/17, GesR 2019, 652; Kern/Rehborn, in: Laufs/Kern/Rehborn, HdB ArztR[5], § 13 Rz 48.
2126 BGH, Urt v 25.9.2007 – KZR 48/05, MedR 2008, 211; Kern/Rehborn, in: Kern/Laufs/Rehborn, HdB ArztR[5], § 13 Rz 48.
2127 Lippert VersR 2004, 839, 840 f; NK-GesMedR[3]/Bergmann/Middendorf § 630a Rz 47, 48.
2128 Deutsch/Spickhoff, MedR-HdB[7], Rz 164.
2129 BGH, Urt v 15.11.2018 – III ZR 69/17, GesR 2019, 652; BGH, Urt v 12.1.2017 – III ZR 312/16, MedR 2017, 543, 544.
2130 KG, Urt v 19.5.2016 – 20 U 122/15, MDR 2016, 1142.
2131 BGH, Urt v 21.3.1991 – III ZR 77/90, NJW 1991, 2954 = VersR 1991, 1053.
2132 BGH, Urt v 12.1.2017 – III ZR 312/16, MedR 2017, 543, 544 f.
2133 OLG Dresden, Urt v 14.2.2017 – 4 U 1256/16, NVwZ 2017, 656 (Ls); nachfolgend BGH, Urt v 15.11.2018 – III ZR 69/17, NVwZ-RR 2019, 245 = MedR 2019, 562 m Anm Lippert.

des § 839 Abs 1 iVm GG Art 34 Satz 1 haftet. Das Gegenteil sollte nach einer Entscheidung des OLG Dresden in Sachsen gelten[2134], dieses Urteil wurde seitens des BGH bestätigt und bekräftigt, „dass die Wahrnehmung rettungsdienstlicher Aufgaben im Freistaat Sachsen (gemäß dem Sächsischen Gesetz über den Brandschutz, Rettungsdienst und Katastrophenschutz – SächsBRKG) nur der hoheitlichen Betätigung zuzurechnen sei"[2135].

Soweit ersichtlich, steht allein das OLG Karlsruhe aufgrund der Besonderheiten des Landesrechts in Baden-Württemberg auf dem Standpunkt, dass für den Rettungsdienst eine privatrechtliche Organisationsstruktur vorliegt[2136]. Nach Rettungsdienstgesetz-Baden-Württemberg § 2 Abs 1 schließt das Innenministerium mit privaten Trägerorganisationen Verträge zur Sicherstellung des Rettungsdienstes. Nach Rettungsdienstgesetz-BW § 2 Abs 4 gilt nur eine „Auffangzuständigkeit" der Landkreise und Stadtkreise als Pflichtaufgabe. **495**

11. Haftung des Durchgangsarztes, SGB VII § 34 Abs 1 Satz 1. Gemäß SGB VII § 34 Abs 1 Satz 1 haben die Unfallversicherungsträger, SGB VII § 114, somit die Berufsgenossenschaften, alle Maßnahmen zu treffen, durch die möglichst eine frühzeitig nach dem Unfall oder Versicherungsfall einsetzende und sachgemäße Heilbehandlung gewährleistet wird[2137]. Zur Erfüllung dieser Aufgabe bedienen sich die Berufsgenossenschaften sogenannter Durchgangsärzte[2138]. Ein Durchgangsarzt verfügt deshalb über eine besondere Zulassung, die ihm von den Landesverbänden der Deutschen gesetzlichen Unfallversicherung (DGUV) erteilt worden ist[2139]. Darüber hinaus muss er Facharzt für Orthopädie und Unfallchirurgie sein (mit der Zusatzbezeichnung „Spezielle Unfallchirurgie")[2140] oder, alternativ, Facharzt für Chirurgie mit dem Schwerpunkt Unfallchirurgie[2141]. **496**

Traf der Durchgangsarzt die Entscheidung, welche konkrete Art der Heilbehandlung erforderlich ist, handelte er hoheitlich. Behandelte er selbst weiter, tat er dies zumindest in der Vergangenheit nach einigen Ansichten[2142] privatrechtlich[2143]. Daraus entwickelte sich die Frage nach der Reichweite der Tätigkeit des Durchgangsarztes im Rahmen eines öffentlichen Amtes[2144]. Weiterhin resultierte daraus das Problem der „doppelten Zielrichtung" einer ärztlichen Behandlung, die einerseits einen öffentlich-rechtlichen und andererseits einen privatrechtlichen Anteil zu beinhalten schien[2145]. Diese Rspr zur „doppelten Zielrichtung" wurde durch den BGH in 2016 aufgegeben [2146]. Wegen des regelmäßig gegebenen inneren Zusammenhangs der Diagnosestellung und der sie vorbereitenden Maßnahmen mit der Entscheidung hinsichtlich der richtigen Heilbehandlung seien insgesamt alle Maßnahmen einheitlich der öffentlich-rechtlichen Aufgabe des Durchgangsarztes zuzuordnen mit der Folge, dass die Unfallversicherungsträger für etwaige Fehler in diesem Bereich haften[2147]. Eine Erstversorgung durch den Durchgangsarzt ist ebenfalls der Ausübung eines öffentlichen Amtes zuzurechnen mit der Folge, dass die Unfallversicherungsträger für etwaige Fehler in diesem Bereich haften[2148]. Auf die Haftung während der gesamten Behandlung im Durchgangsarztverfahren sei daher § 839 Abs 1 iVm GG Art 34 Satz 1 anwendbar, denn ein einheitlicher Lebensvorgang könne nicht in haftungsrechtlich unterschiedliche Tätigkeitsbereiche aufgespalten werden[2149]. Übernimmt der Arzt die allgemeine Heilbehandlung, haftet er bei Fehlern nicht per- **497**

2134 BGH, Urt v 15.11.2018 – III ZR 69/17, NVwZ-RR 2019, 245 = MedR 2019, 562 m Anm Lippert.
2135 BGH, Urt v 15.11.2018 – III ZR 69/17, NVwZ-RR 2019, 245 = MedR 2019, 562 m Anm Lippert.
2136 OLG Karlsruhe, Urt v 13.5.2016 – 13 U 103/13, -juris.
2137 Kern/Rehborn, in: Laufs/Kern/Rehborn, HdB ArztR[5], § 13 Rz 73.
2138 Vgl ausführlich hierzu Ruhkamp ArztR 7/2017, 173, 174 ff.
2139 Anforderungen der gesetzlichen Unfallversicherungsträger nach SGB VII § 34 zur Beteiligung am Durchgangsarztverfahren, Fassung v 1.1.2011, Punkt 2. Fachliche Befähigung, 2.1 und 2.3; https://www.dguv.de/medien/landesverbaende/de/med_reha/documents/d_arzt3.pdf, zuletzt abgerufen am 13.6.2022.
2140 Https://www.dguv.de/medien/landesverbaende/de/med_reha/documents/d_arzt3.pdf, zuletzt abgerufen am 13.6.2022.
2141 Https://www.dguv.de/medien/landesverbaende/de/med_reha/documents/d_arzt3.pdf, zuletzt abgerufen am 13.6.2022.
2142 Kern/Rehborn, in: Laufs/Kern/Rehborn, HdB ArztR[5], § 13 Rz 76.
2143 NK-GesMedR[3]/Bergmann/Middendorf BGB 630a Rz 51.
2144 NK-GesMedR[3]/Bergmann/Middendorf BGB 630a Rz 51.
2145 BGH, Urt v 9.12.1974 – III ZR 131/72, BGHZ 63, 265, 273 f; BGH Urt v 9.12.2008 – VI ZR 277/07, BGHZ 179, 115 Rz 23; NK-GesMedR[3]/Bergmann/Middendorf BGB 630a Rz 51a.
2146 BGH, Urt v 20.12.2016 – VI ZR 395/15, NJW 2017, 1745 sowie BGH, Urt v 29.11.2016 – VI ZR 208/15, BGHZ 213, 120 = NJW 2017, 1742 (Ls); Aufgabe der Rechtsprechung zur „doppelten Zielrichtung", vgl BGH, Urt v 9.12.2008 – VI ZR 277/07, BGHZ 179, 115 Rz 23; BGH, Urt v 9.12.1974 – III ZR 131/72, BGHZ 63, 265, 273 f.
2147 Vgl NK-GesMedR[3]/Bergmann/Middendorf BGB 630a Rz 51 b-e. 2.
2148 Aufgabe d Rspr v BGH, Urt v 9.12.1974 – III ZR 131/72, BGHZ 63, 265; vgl Ruhkamp ArztR 7/2017, 173, 176 ff.
2149 Fortführung BGH Rspr m Urt v 29.11.2016 – VI ZR 208/15, BGHZ 213, 120 = NJW 2017, 1742.

sönlich[2150]. Bei der gemäß SGB VII § 34 Abs 1 zu treffenden Entscheidung, ob es erforderlich ist, eine besondere unfallmedizinische oder Berufskrankheitenversorgung einzuleiten, erfüllt der Durchgangsarzt eine der Berufsgenossenschaft obliegende Pflicht[2151]. Deshalb ist diese Entscheidung als Ausübung eines öffentlichen Amtes zu betrachten, sodass bei Fehlern eine Amtshaftung des Unfallversicherungsträgers in Betracht kommt[2152]. Die ambulante Behandlung folgt dann in der rechtlichen Beurteilung wiederum den Regeln des Behandlungsvertrages[2153]. Die Berufsgenossenschaften haften daher auch nicht für die von den Durchgangsärzten beauftragten anderen Fachärzte[2154].

498 12. **Haftung des Anstaltsarztes im öffentlichen Justizvollzugsdienst.** Die Anstaltsärzte[2155] sind im Wesentlichen Beamte, zu einem eher geringen Teil aber auch nebenamtliche, niedergelassene Vertragsärzte; sie alle stehen im Dienste der staatlichen Fürsorgepflicht für die Strafgefangenen und Untersuchungshäftlinge[2156]. Der Staat (und damit hier die Vollzugsbehörde) hat die Aufgabe, für die Gesundheit der Gefangenen zu sorgen, da diese nicht krankenversichert sind[2157]. Die Strafvollzugsbehörde unterhält die ärztliche Versorgung, die nach dem Ausgleichungsgrundsatz gleichwertig zur Krankenversorgung der in Freiheit lebenden Bürger sein soll[2158]. Die Versorgung der Insassen darf nicht durch defizitäre Versorgungsmöglichkeiten beschränkt werden[2159]. Aufgrund des akuten Personalmangels wird verstärkt zu den Möglichkeiten der Telemedizin übergegangen[2160], um eine ausreichende Versorgung der Häftlinge zu gewährleisten. Aufgrund der zahlreichen Einbindungen des Anstaltsarztes in den Justizvollzug, StVollzG §§ 15, 35, ist die Tätigkeit des Anstaltsarztes mit der des Amtsarztes vergleichbar. Da die Durchführung der Gesundheitsfürsorge Ländersache ist, haben die Länder für mögliche Fehler des Anstaltsarztes nach Amtshaftungsgrundsätzen einzustehen[2161]. Dies gilt auch dann, wenn es sich bei dem Anstaltsarzt um den Fall eines nebenberuflich tätigen, niedergelassenen Vertragsarztes handelt[2162].

499 Falls ein Straftäter bei Begehung der Tat schuldunfähig war oder mit verminderter Schuldfähigkeit handelte, ordnet das Gericht gemäß StGB § 63 Satz 1 die Unterbringung in einem psychiatrischen Krankenhaus bzw nach StGB § 64 in einer Entziehungsanstalt an. Die Ausgestaltung dieses sog Maßregelvollzugs fällt in die Gesetzgebungskompetenz der Länder. Die Bediensteten in einem solchen psychiatrischen Krankenhaus werden, soweit sie die verurteilten Straftäter behandeln, hoheitlich tätig. Die Beschäftigten in einem privatrechtlichen Krankenhaus werden im Rahmen eines Beleihungsvertrags mit den Vollzugsbehörden als sog Beliehene tätig[2163]. Die Beleihung untersteht jedoch einem Gesetzesvorbehalt, sodass die Möglichkeit privatrechtliche Krankenhäuser mit dem Maßregelvollzug zu beleihen, von jedem Bundesland unterschiedlich geregelt sein kann. Beliehene gelten haftungsrechtlich als Beamte iSd GG Art 34 Satz 1[2164], sodass im Außenverhältnis der dahinterstehende öffentliche Träger – zumeist das Bundesland – haftet. Im Innenverhältnis ist nach der Rspr GG Art 34 Satz 2 nicht anzuwenden, sodass ein Rückgriff auf das beliehene Krankenhaus auch bei leichter Fahrlässigkeit möglich sein kann[2165], soweit sich dies aus dem Beleihungsvertrag ergibt[2166].

500 Vom Maßregelvollzug zu unterscheiden ist die sog Sicherungsverwahrung nach StGB § 66. Eine solche ist nur unter strengen Voraussetzungen zulässig; auch deren Ausgestaltung wurde

---

2150 BGH, Urt v 9.3.2010 – VI ZR 131/09, GesR 2010, 251 = VersR 2010, 768 m Anm Jorzig, jurisPR-MedizinR 6/2010 Anm 2; m Anm Jung BG 2010, 462, 463.
2151 BGH, Urt v 10.3.2020 – VI ZR 281/19, GuP 2020, 150 m Anm Jorzig = VersR 2020, 914; BGH, Urt v 20.12.2016 – VI ZR 395/15, NJW 2017, 1745 = MedR 2017, 877 m Anm Lissel; BGH, Urt v 29.11.2016 – VI ZR 208/15, BGHZ 213, 120 = NJW 2017, 1742, 1745.
2152 Kern/Rehborn, in: Laufs/Kern/Rehborn, HdB ArztR[5], § 13 Rz 76; BGHZ 179, 115, 120 mwN.
2153 OLG Karlsruhe, Urt v 4.7.2019 – 7 U 159/16, GesR 2020, 51; OLG Naumburg, Urt v 28.11.2019 – 1 U 75/18, openJur 2020, 46055.
2154 BGH, Urt v 20.12.2016 – VI ZR 395/15, NJW 2017, 1745 = MedR 2017, 877 m Anm Lissel; OLG Frankfurt/M, Beschl v 15.12.2016 – 8 U 129/16 openJur 2019, 35054 Rz 65, 66.
2155 Zu deren Patientenrechten Brettel GesR 2017, 477, 478 ff.
2156 Kern/Rehborn, in: Laufs/Kern/Rehborn, HdB ArztR[5], § 13 Rz 51.
2157 Kern/Rehborn, in: Laufs/Kern/Rehborn, HdB ArztR[5], § 13 Rz 51.
2158 Kern/Rehborn, in: Laufs/Kern/Rehborn, HdB ArztR[5], § 13 Rz 51; Brettel GesR 2017, 477, 478 ff.
2159 BVerfG, Urt v 15.11.2012 – 2 BvR 683/11, GesR 2013, 510 f.
2160 Beneker Ärztezeitung v 17.6.2020, https://www.aerztezeitung.de/Wirtschaft/Niedersachsen-testet-Telemedizin-fuer-Inhaftierte-410393.html, zuletzt abgerufen am 16.11.2021.
2161 Itzel/Schwall GesR 2016, 741 f.
2162 BGH, Urt v 26.11.1981 – III ZR 59/80, NJW 1982, 1328; BVerfG, Beschl v 5.10.2015 – 2 BvR 2503/14, NJW 2016, 1081; Kern/Rehborn, in: Laufs/Kern/Rehborn, HdB ArztR[5], § 13 Rz 52.
2163 BVerfG, Urt v 12.1.2012 – 2 BvR 133/10, BVerfGE 130, 76, 80 ff.
2164 Hartmann/Tieben JA 2014, 401, 402.
2165 Vgl BGB § 630a Rz 405.
2166 BVerwG, Urt v 26.8.2010 – 3 C 35/09, BVerwGE 137, 377 m Anm Waldhoff JuS 2011, 191.

13. Haftung bei Delegationsfehlern. Die Übertragung einer generell oder im Einzelfall 501
nicht delegierbaren Aufgabe auf nichtärztliches Personal stellt einen Behandlungsfehler in Form
eines Auswahlverschuldens dar[2168]. Für Fehler bei der Delegation im Rahmen einer (teil-) stationären Behandlung haften – abhängig von der Vertragsgestaltung – gemäß § 630h Abs 4 im
Regelfall der Krankenhausträger oder der selbst liquidierende Chefarzt, §§ 280 Abs 1, 31. Deliktsrechtlich können der Krankenhausträger, der delegierende sowie der behandelnde Arzt als
Gesamtschuldner verpflichtet sein, §§ 823 Abs 1, 831 Abs 1, 31[2169]. Der Chefarzt begeht einen
Abrechnungsbetrug gemäß StBG § 263, wenn er gezielt die Krankenkasse, die KV oder den privat
versicherten Patienten täuscht und eine Leistung abrechnet, die er nicht (in dem gebotenen
Umfang) selbst vorgenommen hat[2170]. Das Gebot der persönlichen Leistungserbringung gilt im
Fall der Ermächtigung des Chefarztes zur Teilnahme an der vertragsärztlichen Anlieferung nach
SGB V § 116 gesondert streng. Eine Delegation auf oder eine Vertretung von Seiten nachgeordneter Ärzte ist nur ausnahmsweise darstellbar. Dem Chefarzt braucht die Strafbarkeit seiner Handlung nicht bewusst zu sein. Eine zielgerichtete Handlung in Bereicherungsabsicht ist gemäß
StGB § 263 ausreichend für die subjektive Tatbestandsverwirklichung. Als potentielle Folge können die KV, die Krankenkassen sowie die Approbationsbehörde kumulativ Ermittlungsverfahren
aufnehmen[2171]. Allerdings schließen sich das gleichzeitige Disziplinarverfahren und das Zulassungsentziehungsverfahren gegenseitig aus[2172]. Möglich bleiben ein strafrechtliches Ermittlungsverfahren, ein berufsrechtliches Verfahren, ein Disziplinar- oder Zulassungsentziehungsverfahren,
ungeachtet der Verfolgung von möglichen Schadensersatzforderungen seitens der Krankenkasse
oder Patienten[2173].

14. Haftung mehrerer Ärzte. Für den Behandlungsfehler haftet der Arzt, der ihn begeht. 502
Wirken mehrere Ärzte zusammen, so haften diese für den dadurch eingetretenen Schaden als
Gesamtschuldner nach §§ 840 Abs 1, 421. Haben mehrere Ärzte je einen Fehler begangen, der die
Verletzung ausgelöst haben kann und steht nur nicht fest, welcher Fehler sich in der Verletzung
manifestiert, so haften diese ebenfalls als Gesamtschuldner nach § 830 Abs 1 Satz 2[2174]. § 830
Abs 2 stellt den Anstifter und Beihelfer den Mittätern gleich, was bedeutet, dass auch ärztliches
Hilfspersonal für die Begehung eines Behandlungsfehlers grds haftbar gemacht werden kann. So
tragen bspw Praxismitarbeiter eines Kinderarztes die haftungsrechtliche Verantwortung dafür,
dass ein Säugling mit fortdauerndem wässrigem Durchfall und Erbrechen nicht abgewiesen,
sondern dem Kinderarzt vorgestellt wird. Ebenso muss ein anderer Kinderarzt den Säugling zur
weiteren Abklärung in ein Krankenhaus einweisen und dessen insoweit uneinsichtige Eltern in
verständlicher und eindringlicher Weise darauf hinweisen, dass der Säugling bei Nichteinweisung
sterben kann[2175]. Da beide Kinderärzte im vorliegenden Fall gegen ihre Pflichten verstießen,
haften sie als Gesamtschuldner wegen des nachfolgend eingetretenen Gehirnschadens des Säuglings[2176]. Zur vertraglichen Haftung wird auch die Gesamtschuld bei einer Gemeinschaftspraxis
führen, § 427, allerdings sind dafür besondere Voraussetzungen nötig[2177]. Ist jedoch ein Fehler
vorgekommen und steht nicht fest, wer von zwei unverbunden handelnden Ärzten „der Täter"
ist, fehlt es an einem eindeutigen Passivlegitimierten. So war bspw bei einer schwangeren Frau
der Rhesusfaktor falsch bestimmt worden; unklar blieb, ob der Fehler in der Praxis des Facharztes
Gynäkologie oder für Laboratoriumsmedizin geschehen ist[2178]. Zudem lagen zwei getrennte
Behandlungsverhältnisse vor. § 830 Abs 1 Satz 2 überbrückt jedoch nicht den Zweifel darüber,
ob einem auf Schadensersatz in Anspruch Genommenen überhaupt eine rechtswidrige Tat vorgeworfen werden kann. Der Tatbeitrag jedes einzelnen Behandlers muss bei einer Haftung nach
§ 830 Abs 1 Satz 2 zu einer rechtswidrigen Gefährdung der Schutzsphäre des Betroffenen geführt

---

2167 BVerfG, Urt v 4.5.2011 – 2 BvR 2365/09, 2 BvR 740/
10, 2 BvR 2333/08, 2 BvR 1152/10, 2 BvR 571/10,
BVerfGE 128, 326, 380 ff, 400.
2168 Vgl dazu Spickhoff/Seibl MedR 2008, 463, 464 f;
zur Haftung am Beispiel des MAfA-Konzepts Andreas ArztR 2008, 144, 150f.
2169 Zur Haftung des Geschäftsführers des Klinikträgers, wenn er das Konzept zum Einsatz nichtärzli-
chen Personals zur „Chefsache" erklärt hat Andreas
ArztR 2008, 144, 150 f.
2170 Zum Abrechnungsbetrug eines privatliquidieren-
den Arztes bei delegierten Leistungen BGH, Beschl
v 25.1.2012 – 1 StR 45/11, BGHSt 57, 95 = NJW
2012, 1377.
2171 Althaus/Schnieder Abrechnung aktuell 6/2003, 4.
2172 Althaus/Schnieder Abrechnung aktuell 6/2003, 4.
2173 Althaus/Schnieder Abrechnung aktuell 6/2003, 4.
2174 Deutsch/Spickhoff, MedR-HdB[7], Rz 377.
2175 OLG Köln, Urt v 17.2.2021 – 5 U 110/20, openJur
2021, 5866 Rz 58, 59, 60; MBO[7]/Ratzel, § 21 Rz 3.
2176 OLG Köln, Urt v 17.2.2021 – 5 U 110/20, openJur
2021, 5866 Rz 58, 59, 60.
2177 Deutsch/Spickhoff, MedR-HdB[7], Rz 377.
2178 BGH Urt v 20.6.1989 – VI ZR 320/88, MedR 1989,
324, 325, 326 = NJW 1989, 2943, 2944.

haben und geeignet zur Herbeiführung der konkreten Rechtsgutverletzung sein. Es verblieb somit hier allein bei der Haftung des Gynäkologen[2179].

503 **15. Haftungsbeschränkungen.** Ein vollständiger Haftungsausschluss ist angesichts der Monopolstellung des Arztes auch außerhalb der Notfallbehandlung, wegen der besonderen Vertrauensgewährung und der daraus resultierenden Haftungserwartung bei gleichzeitiger zumutbarer Versicherbarkeit des Risikos durch die Berufshaftpflichtversicherung gemäß § 242 oder § 241 Abs 2 (Verstoß gegen Treu und Glauben) unwirksam[2180]. Eine andere Beurteilung dürfte nur bei der unentgeltlichen Behandlung, soweit sie die ärztliche Berufsordnung zulässt, angebracht sein. Zwar erwartet der Patient auch hier vom Arzt die normale Sorgfalt. Seine Haftungserwartung wird jedoch regelmäßig geringer sein[2181]. Dennoch kann er darauf vertrauen, dass der Arzt eine Berufshaftpflichtversicherung in angemessenem Umfang unterhält, die für etwaige Behandlungsfehler eintritt. MBO-Ä § 21 begründet die berufsrechtliche Verpflichtung, für einen hinreichenden Versicherungsschutz zu sorgen. Viele Fachgruppen, insbesondere die operativen Fächer, empfehlen heute Mindestdeckungssummen für Personenschäden (meistens einschl Sachschäden) in Höhe von € 3 bis 5 Mio. Für Vermögensschäden werden Deckungssummen iHv mindestens € 100.000 empfohlen. Vermögensschäden sind ua Unterhaltsansprüche für familien-planungswidrig geborene Kinder[2182]. Die früher wegen der Höhe dieser Ansprüche geführte Diskussion ist versicherungsrechtlich heute dadurch gelöst, dass alle einschlägigen Arzthaftpflichtversicherer für diese Ansprüche trotz ihrer Qualifikation als Vermögensschaden die Deckungssummen für Personenschäden zur Verfügung stellen[2183]. Bei Facharztgruppen mit besonders hohen Haftungsrisiken (zB der Gynäkologie) können sich noch höhere Haftpflichtsummen empfehlen. Gleiches gilt auch für Hebammen.

504 Die Zulässigkeit eines Haftungsausschlusses oder der Haftungsbeschränkung durch Formularklauseln/Allgemeine Geschäftsbedingungen richtet sich nach den §§ 305 ff[2184]. Nach § 309 Nr 7a ist ein Ausschluss oder eine Begrenzung der Vertragshaftung sowohl bei grober als auch bei leichter Fahrlässigkeit unwirksam, soweit es sich um die Verletzung von Leben, Körper und Gesundheit handelt[2185]. Das gilt analog auch für die deliktische Haftung[2186]. Ein Haftungsausschluss für leichte Fahrlässigkeit bei nicht personenbezogenen Pflichten ist gemäß § 309 Nr 7b hingegen zulässig und verstößt nicht gegen § 307 Abs 2 Nr 2[2187].

505 Eine Haftungsbeschränkung eigener Art enthält SGB V § 134a Abs 5 Satz 1 mit dem Haftungsprivileg für freiberufliche Hebammen und Entbindungspfleger. Demzufolge kann ein Ersatzanspruch nach SGB X § 116 Abs 1 wegen Schäden aufgrund von Behandlungsfehlern in der Geburtshilfe von Kranken- und Pflegekassen gegenüber freiberuflich tätigen Hebammen nur geltend gemacht werden, wenn der Schaden vorsätzlich oder grob fahrlässig verursacht wurde. Das Problem des gestörten Gesamtschuldverhältnisses hat der Gesetzgeber in Satz 6 gelöst: „Im Fall einer gesamtschuldnerischen Haftung können Kranken- und Pflegekassen einen nach § 116 Absatz 1 übergegangenen Ersatzanspruch im Umfang des Verursachungs- und Verschuldensanteils der nach Satz 1 begünstigten Hebamme gegenüber den übrigen Gesamtschuldnern nicht geltend machen."

XV. Art und Umfang des Schadens, Mitverschulden des Patienten

506 **1. Überblick.** Nach Bejahung eines zum Schadensersatz verpflichtenden Tatbestandes stellt sich auf der Rechtsfolgenseite die Frage nach Inhalt, Art und Umfang des zu ersetzenden Schadens. Die einschlägigen Regelungen hierzu sind die §§ 249 ff, 842 ff und die entsprechenden spezialgesetzlichen Normen des AMG §§ 86 ff, Gentechnikgesetz (GenTG) § 32 Abs 4, 5 und 6, ProdHaftG §§ 7 ff für Medizinprodukte sowie des Opferentschädigungsgesetzes (OEG) für entsprechende Fälle[2188].

2179 BGH Urt v 20.6.1989 – VI ZR 320/88, MedR 1989, 324, 325, 326 = NJW 1989, 2943, 2944.
2180 OLG Stuttgart, Urt v 7.12.1977 – 1 U 46/77, NJW 1979, 2355, 2356; Bunte NJW 1981, 2657, 2658, 2659; Wolf NJW 1980, 2433, 2436; Kern/Rehborn, in: Laufs/Kern/Rehborn, HdB ArztR[5], § 92 Rz 33.
2181 Vgl Deutsch VersR 1974, 301, 306 f; Kern/Rehborn, in: Laufs/Kern/Rehborn, HdB ArztR[5], § 92 Rz 33.
2182 LG Bielefeld, Urt v 18.6.2005 – 22 O 176/85, VersR 1987, 193.
2183 MBO[7]/Ratzel, § 21 Rz 3.
2184 Krit hierzu Gaidzik/Weimer, in: Huster/Kaltenborn (Hrsg), Krankenhausrecht, § 15 Rz 9.

2185 UBH[12]/Christensen, Anh § 310 Rz 87; Kern/Rehborn, in: Laufs/Kern/Rehborn, HdB ArztR[5], § 92 Rz 35; Pauge/Offenloch, Arzthaftungsrecht[14], Rz 28–29; Deutsch/Spickhoff, MedR-HdB[7], Rz 159.
2186 UBH[12]/Christensen, § 309 Nr 7 Rz 23; Kern/Rehborn, in: Laufs/Kern/Rehborn, HdB ArztR[5], § 92 Rz 35.
2187 Staud[2019]/Coester-Waltjen, § 309 Rz 10; Staud[2019]/Wendland, § 307 Rz 275; Kern/Rehborn, in: Laufs/Kern/Rehborn, HdB ArztR[5], § 92 Rz 35.
2188 Müller, in: Clausen/Schroeder-Printzen (Hrsg), MHbB MedR[2], § 2 Rz 2.

507 Die Leistung von Schadensersatz bezweckt den Ausgleich des Nachteils, den der Geschädigte aufgrund des schädigenden Ereignisses erlitten hat (Ausgleichsfunktion)[2189]. Zu ersetzen ist dabei der volle Schaden, der durch das zum Schadensersatz verpflichtende Ereignis eingetreten ist (Totalreparation)[2190], wobei der Schaden am Integritätsinteresse[2191] gemessen wird. Grundsätzlich ist der Schadensersatzanspruch nach § 249 Abs 1 und § 253 Abs 1 auf Naturalrestitution gerichtet. Das bedeutet die Wiederherstellung des Zustandes, der ohne das schädigende Ereignis bestanden hätte, und zwar durch die Person des Schädigers[2192].

508 Nicht nur beim Tod des Patienten, sondern auch in zahlreichen Fällen der Körper- und Gesundheitsverletzung ist diese Wiederherstellung nicht durchführbar. Selbst wenn sie möglich ist, wird der haftende Arzt sie zumeist nicht selbst vornehmen. Begründet wird dies damit, dass das Verhältnis zwischen Arzt und Patient wegen des Fehlers nachhaltig gestört sein kann und zudem die Art der Falschbehandlung oftmals gegen eine Nachbesserung spricht[2193]. Bei gestörtem Vertrauensverhältnis darf der Patient nach § 249 Abs 2 Abhilfe bei einem anderen Arzt suchen. Ein Regressanspruch für die Nachbehandlung gegen den Erstbehandler besteht allerdings nur, wenn dem Versicherten die Nachbesserung durch den bisher behandelnden Arzt nicht zugemutet werden kann, weil das erforderliche Vertrauensverhältnis bspw nach erfolglosen Nachbesserungsversuchen nicht mehr besteht[2194]. Dies gilt auch für Fallkonstellationen, in denen eine Nachbesserung gar nicht möglich ist, sondern bspw im Rahmen des prothetischen Zahnersatzes eine Neuanfertigung durch den Zahnersatz erforderlich ist[2195].

509 2. **Schadensarten.** Im Arzthaftpflichtprozess ist der Behandlungsfehler nur relevant, wenn er zu einem Schaden geführt hat[2196]. Generell ist die Frage der Kausalität die wichtigste im Prozess. Sofern hier keine Beweiserleichterungen wie bspw der Anscheinsbeweis oder die Umkehr der Beweislast in Frage kommen, muss die haftungsbegründende Kausalität des Behandlungsfehlers für den Primärschaden bejaht werden können, mit einem „für das praktische Leben brauchbaren Grad von Gewissheit, der Zweifeln Schweigen gebietet, ohne sie völlig auszuschließen"[2197]. Für die haftungsausfüllende Kausalität für Folge- oder Sekundärschäden genügt dagegen ein hoher Grad von Wahrscheinlichkeit. Damit das Gericht diese nicht leicht zu handhabenden Beweisregeln zutreffend anwenden kann, muss ein medizinischer Sachverständiger bspw den Grad seiner angenommenen Gewissheit oder Wahrscheinlichkeit mit Fakten so eingehend wie möglich belegen; dies sollte in Prozentzahlen erfolgen. Von Bedeutung ist die Frage des groben Behandlungsfehlers, weil von ihrer Bejahung bei zweifelhafter Kausalität eine Umkehr der Beweislast zum Nachteil des Arztes abhängen kann[2198]. Auch vor dem PatRG konnte nach gefestigter Rspr dem Patienten, der grundsätzlich den Beweis für den Ursachenzusammenhang zwischen einem Behandlungsfehler und dem von ihm geltend gemachten Gesundheitsschaden zu erbringen hat, eine Umkehr der Beweislast zugutekommen, wenn der Behandlungsseite ein grober Behandlungsfehler unterlaufen war[2199]. Das Gericht darf die Wertung, ob ein grober Behandlungsfehler vorgelegen hat, nicht ohne die Anhörung eines medizinischen Sachverständigen treffen[2200]. Jedoch obliegt die Entscheidung, ob ein grober Behandlungsfehler zu bejahen ist, allein dem Gericht und nicht dem angehörten Sachverständigen. Der Tatrichter darf den medizinischen Standard nicht ohne entsprechende Grundlage oder entgegen den Ausführungen des Sachverständigen festlegen[2201]. Etwas anderes gilt nur dann, wenn der Tatrichter ausnahmsweise über gesondertes medizinisches Fachwissen verfügt und dies in seiner Entscheidung darlegt[2202]. Wenn

---

2189 Müller, in: Clausen/Schroeder–Printzen (Hrsg), MHbB MedR[2], § 2 Rz 3.
2190 Müller, in: Clausen/Schroeder–Printzen (Hrsg), MHbB MedR[2], § 2 Rz 3.
2191 BGH, Urt v 7.6.2005 – VI ZR 192/04, NJW 2005, 2541; Müller, in: Clausen/Schroeder–Printzen (Hrsg), MHbB MedR[2], § 2 Rz 3.
2192 BGH, Urt v 4.12.1984 – VI ZR 225/82, NJW 1985, 793.
2193 OLG Jena, Urt v 29.5.2012 – 4 U 549/11, NJW 2012, 2357; Schwab JuS 2013, 256.
2194 BSG, Urt v 10.5.2017 – B 6 KA 15/16 R, MedR 2018, 49 Rz 24 m Anm Sandfort MedR 2018, 54.
2195 BSG, Urt v 10.5.2017 – B 6 KA 15/16 R, MedR 2018, 49 Rz 24 m Anm Sandfort MedR 2018, 54. BSG, Urt v 10.5.2017 – B 6 KA 15/16 R, MedR 2018, 49 Rz 24 m Anm Sandfort MedR 2018, 54.
2196 Zur Arzthaftung für ein nicht aufklärungspflichtiges Risiko bei unterlassener Grundaufklärung BGH, Urt v 12.3.1991 – VI ZR 232/90, NJW 1991, 2346.
2197 BGH, Urt v 9.5.1989 – VI ZR 268/88, NJW 1989,

2948; BGH, Urt v 26.10.1993 – VI ZR 155/92, NJW 1994, 801.
2198 Zu den Anforderungen an die Eingriffsaufklärung BGH, Urt v 21.9.1982 – VI ZR 302/80, BGHZ 85, 212, 216; zu grobem Behandlungsfehler durch eine Hebamme BGH, Urt v 16.5.2000 – VI ZR 321/98, BGHZ 144, 296, 303, 304; BGH, Urt v 16.11.2004 – VI ZR 328/03, ArztR 2006, 63, 64, 65; vgl BGH, Urt v 27.4.2004 – VI ZR 34/03, VersR 2004, 909.
2199 Vgl BGH, Urt v 27.4.2004 – VI ZR 34/03, VersR 2004, 909.
2200 Zur Aufklärung über die Nachsorge BGH, Urt v 17.11.2015 – VI ZR 476/14, GesR 2016, 155; zur Qualifizierung eines Behandlungsfehlers als „grob fehlerhaft" BGH, Urt v 25.10.2011 – VI ZR 139/10, NJW 2012, 227, 227 f; BGH, Urt v 18.3.2003 – VI ZR 266/02, NJW 2003, 1862, MDR 2003, 806.
2201 BGH, Beschl v 23.2.2021 – VI ZR 44/20, NJW 2021, 1536.
2202 BGH, Beschl v 23.2.2021 – VI ZR 44/20, NJW 2021, 1536.

der Tatrichter eigene Sachkunde in Anspruch nimmt, hat er den Parteien diesbezüglich vor der Urteilsverkündung einen entsprechenden Hinweis zu erteilen[2203].

510 Im Rahmen der Systematisierung ist sowohl zwischen dem unmittelbaren, mittelbaren und den Folgeschäden dritter Personen, als auch zwischen dem materiellen und immateriellen Schaden zu differenzieren. Der unmittelbare Schaden ist derjenige Schaden, der am verletzten Recht oder Rechtsgut selbst entstanden ist. Im Arzthaftungsrecht führt er in der Regel zum Ersatz materieller Schäden, wie der Heilbehandlungs- und Pflegekosten nach § 249 Abs 2 und zu einem Schmerzensgeldanspruch gemäß § 253 Abs 2[2204]. Als (erstattungsfähige) Heilbehandlung ist jegliche ärztliche Tätigkeit anzusehen, die durch die betreffende Krankheit verursacht worden ist, sofern die Leistung des Arztes von ihrer Art her in den Rahmen der medizinisch notwendigen Krankenpflege fällt und auf Heilung oder auch auf Linderung der Krankheit abzielt[2205]. Zur Heilbehandlung können nicht nur solche Behandlungen, die nach Auffassung der Schulmedizin wissenschaftlich allgemein als erfolgversprechend anerkannt sind, gehören, sondern auch solche, bei denen nach objektiver Betrachtung eine realistische Chance besteht, dass ein Behandlungserfolg (Heilung oder Linderung) eintritt[2206].

511 Die zum Schockschaden entwickelten Grundsätze[2207] sind ebenfalls nach § 823 zu berücksichtigen, auch dann, wenn das haftungsbegründende Ereignis eine fehlerhafte ärztliche Behandlung ist[2208]. Eine Rechtfertigung dafür, die Ersatzfähigkeit von Schockschäden im Falle ärztlicher Behandlungsfehler weiter einzuschränken als im Falle von Unfallereignissen, besteht nicht[2209].

512 Zu den mittelbaren Schäden zählen hingegen solche Einbußen und Nachteile, die durch das schädigende Ereignis verursacht worden sind, die also als Folge der Gesundheitsbeeinträchtigung entstehen. Dies sind etwa der entgangene Gewinn, die Kosten für Krankenbesuche und der Verdienstausfall[2210]. Die Beeinträchtigung von Arbeitskraft oder Erwerbsfähigkeit ist für sich genommen kein Vermögensschaden. Erforderlich ist ein konkreter Verdienst- oder Gewinnentgang nach §§ 249, 252[2211].

513 Eine dritte Gruppe bilden die Folgeschäden, die sich bei Dritten verwirklichen, wie der Verlust von Unterhaltsansprüchen nach § 844 Abs 2[2212], GenTG § 32 Abs 4, Ersatzansprüche wegen entgangener Dienste nach § 845 oder auch Ersatzansprüche wegen Beerdigungskosten nach § 844 Abs 1[2213].

514 Ein materieller Schaden liegt vor, wenn der Schaden in Geld bemessen werden kann und nicht der Persönlichkeitssphäre zuzuordnen ist. Als quantifizierbar wird ein Schaden dann angesehen, wenn sich seine Höhe nach objektiven Gesichtspunkten und frei von subjektiven Eindrücken und Empfindungen der betroffenen Person ermitteln lässt[2214], indem die aufgrund des haftungsbegründenden Schadensereignisses bestehende Güterlage mit der ohne dieses Ereignis bestehenden Güterlage verglichen wird (Differenzhypothese)[2215].

515 Ersatzfähige materielle Schäden im Arzthaftungsrecht sind die Heilbehandlungs-[2216], Pflege- und Rehabilitationskosten aufgrund vermehrter Bedürfnisse[2217]. Tritt eine dauerhafte Vermehrung der Bedürfnisse ein, gilt grundsätzlich § 843, wird eine Einmalleistung notwendig, gilt § 843 Abs 2[2218]. Zu ersetzen sind iRv vermehrten Bedürfnissen Kosten, die den Heilungserfolg sichern oder unbehebbare Dauerfolgen in ihren Auswirkungen mindern sollen[2219], wie der behindertengerechte Umbau der Wohnung, die Anschaffung eines geeigneten Autos sowie Kur-

---

2203 BGH, Beschl v 23.2.2021 – VI ZR 44/20, NJW 2021, 1536.
2204 Müller, in: Clausen/Schroeder–Printzen (Hrsg), MHbB MedR², § 2 Rz 4.
2205 Zu den Kosten einer täglichen Akupunktur als erstattungsfähige Heilbehandlung vgl OLG Karlsruhe, Urt v 11.7.1997 – 10 U 15/97, VersR 98, 1256.
2206 OLG Karlsruhe, Urt v 11.7.1997 – 10 U 15/97, VersR 98, 1256.
2207 Vgl nur BGH, Urt v 10.2.2015 – VI ZR 8/14, NJW 2015, 2246 Rz 9; BGH, Urt v 27.1.2015 – VI ZR 548/12, NJW 2015, 1451 Rz 6.
2208 BGH, Urt v 21.5.2019 – VI ZR 299/17, BGHZ 222, 125 m Anm Jansen/Katzenmeier MedR 2020, 35.
2209 BGH, Urt v 21.5.2019 – VI ZR 299/17, BGHZ 222, 125 m Anm Jansen, Katzenmeier MedR 2020, 35.
2210 Müller, in: Clausen/Schroeder–Printzen (Hrsg), MHbB MedR², § 2 Rz 3.
2211 Grüneberg[81]/Grüneberg, § 249 Rz 65.
2212 Brocks, in: Jorzig, HdB-ArztHaftR², Teil I Kapitel 6, Rz 172–182.
2213 Müller, in: Clausen/Schroeder–Printzen (Hrsg), MHbB MedR², § 2 Rz 8.
2214 Jungbecker, in: Dautert/Jorzig, Arzthaftung – Mängel im Schadensausgleich?, S 45.
2215 BGH, Urt v 31.5.1995 – VI ZR 12/94, NJW 1994, 2357.
2216 Brocks, in: Jorzig, HdB-ArztHaftR², Teil I Kapitel 6 Rz 114–132.
2217 Zu Kosten für ein Fitnessstudio zwecks Muskelaufbau LG Wiesbaden, Urt v 30.9.2020 – 9 O 218/18, -juris; zu Pflegeleistungen für einen Schwerstverletzten OLG Dresden, Urt v 18.8.2020 – 4 U 1242/18, NJW 2020, 1410; zum behindertenbedingten Umbau und zur Vereitelung von Eigenleistungen OLG Karlsruhe, Urt v 16.3.2020 – 1 U 16/19, NJOZ 2020, 579; zur 24h Betreuung LAG Berlin, Urt v 17.8.2020 – 21 Sa 1900/19, NZA-RR 2021, 351.
2218 Grüneberg[81]/Grüneberg, § 249 Rz 10.
2219 Grüneberg[81]/Grüneberg, § 249 Rz 10.

und Pflegekosten nach § 843, Kosten einer in-vitro-Fertilisation[2220] oder Aufwendungen für eine berufliche Rehabilitation, insbesondere eine Umschulung[2221]. Ist bspw ein Kind aufgrund einer fehlerhaften Geburt schwer behindert und entstehen dadurch für eine Urlaubsreise Mehrkosten, so muss hierfür eine Krankenhausbetreiberin aufkommen, wenn sie sich zur Übernahme von Pflege- und Betreuungskosten verpflichtet hat[2222]. Die vermehrten Bedürfnisse, die aufgrund einer Reise entstehen können, sind nicht bereits durch das Schmerzensgeld abgegolten.

516 Zu ersetzen sind gemäß § 254 Abs 2 auch die Aufwendungen für Krankenhausbesuche naher Angehöriger[2223], auch dann, wenn der Patient im Koma liegt[2224]. Ihre Erstattungsfähigkeit hängt ab von der Art und Schwere der Erkrankung und dem Alter des Patienten. Für den Umfang kommt es auf die am Verletzungsgrad zu orientierende Angemessenheit an, etwa soweit es um Besucher aus dem Ausland geht[2225]. Der Ersatz wird gewährt für Fahrtkosten, Lohnausfall und Gewinnentgang im Allgemeinen[2226]. Ebenso wie bei Heilbehandlungsmaßnahmen komme es für die Ersatzfähigkeit im Wege des Schadensersatzes nicht auf einen eingetretenen Erfolg an, sondern auf die Eignung der Besuche zur Herbeiführung einer Verbesserung des Gesundheitszustands[2227]. Der Kreis naher Angehöriger umfasst die Lebensgefährtin[2228], idR aber nicht Geschwister[2229]. Die Kosten der Krankenhausbesuche „nächster" - und nicht lediglich naher – Angehöriger des Verletzten sind nur ausnahmsweise als eigener Schaden des Verletzten erstattungsfähig, wenn und soweit die Besuche für die Gesundung des Verletzten nach seiner Befindlichkeit notwendig und damit medizinisch nützlich sind[2230]. Entstehen dem Ehegatten bzw den Eltern hierdurch weitere Kosten, etwa für einen Babysitter während der Krankenhausbesuche, sind auch diese Kosten zu ersetzen[2231]. Erbringen Angehörige dem Verletzten pflegerische Dienste, ohne dass ihnen hierdurch ein Ausfall entsteht (bspw durch die Pflege eines verletzten Kindes im Krankenhaus durch seine nicht berufstätige Mutter), kann der Verletzte bei entsprechender Pflegebedürftigkeit durchaus den Wertersatz seiner Dienstleistung verlangen[2232].

517 Da der Schädiger für alle Schäden einzustehen hat, die als haftungsausfüllende Folge der ihm zuzurechnenden Schädigungshandlung eintreten, haftet er nicht nur für die organischen, sondern auch für die seelischen oder psychischen Folgen seines Verhaltens beim Opfer[2233]. Dabei ist nicht erforderlich, dass die psychischen Folgen eine organische Ursache haben[2234]. Es genügt die hinreichende Gewissheit, dass sie ohne die Schädigungshandlung nicht eingetreten wären[2235]. Allerdings sind bei Körper- und Gesundheitsverletzungen nur die wirklich angefallenen, keine fiktiven Kosten zu ersetzen[2236]. So hat der BGH[2237] die Erstattung von Kosten für eine noch nicht durchgeführte Operation zur Narbenkorrektur „auf Voranschlagsbasis" zu Recht abgelehnt. Im Allgemeinen wird um die medizinischen Leistungen nach einem Unfall gerichtlich nicht gestritten, da sie zunächst von Krankenversicherungen erbracht werden und im Regressprozess dann die Erforderlichkeit kaum noch eine Rolle spielt. Grundsätzlich werden diese Kosten gene-

---

2220 Zum Anspruch auf Erstattung der Kosten für eine reproduktionsmedizinische Behandlung und zu Voraussetzungen für die Erstattungsfähigkeit der Kosten eines Rollstuhlzuggerätes OLG Stuttgart, Urt v 31.10.2011 – 19 U 128/11, Stgt ZfS 12, 198.
2221 BGH, Urt v 4.5.1982 – VI ZR 175/80, NJW 1982, 1638; BGH, Urt v 26.2.1991 – VI ZR 149/90, NJW-RR 91, 854; vgl Grüneberg[81]/Grüneberg, § 249 Rz 10.
2222 Zur Ersatzfähigkeit von behindertenbedingten Mehrkosten bzgl einer Reise BGH, Urt v 10.3.2020 – VI ZR 316/19, NJW 2020, 2113.
2223 BGH, Urt v 22.11.1988 – VI ZR 126/88, BGHZ 106, 28, 31.
2224 Zum Umfang des Schadensersatzes Grüneberg[81]/Grüneberg, § 249 Rz 9; ua wurde eine heilungsfördernde Wirkung der Besuche selbst bei einem Patienten bejaht, der 19 Tage lang bewusstlos war vgl OLG Saarbrücken, Urt v 23.10.1987 – 3 U 176/85, Saarbrücken NZV 89, 25, 26.
2225 OLG Düsseldorf, Urt v 18.6.1973 – 1 U 205/73, NJW 1973, 2112; Erman[16]/Ebert, § 249 Rz 40.
2226 Staud[15]/Schiemann, § 249 Rz 239.
2227 MünchKomm[8]/Oetker, § 249 Rz 411; Staud[15]/Schiemann, § 249 Rz 239; Larenz, Schuldrecht I[14], S 506; Grunsky JUS 1991, 907, 908; für ambulante Behandlungen OLG Naumburg, Urt v 10.6.2010 – 2 U 7/10, NJW-RR 2011, 245; zur Erstattungsfähigkeit von Besuchskosten „nächster" Angehöriger OLG Karlsruhe, Urt v 11.7.1997 – 10 U 15/97, NZV 1999, 210.

2228 Zur Erstattungsfähigkeit der Besuchskosten der Lebensgefährtin bei verfestigter Lebensgemeinschaft vgl LG Münster, Urt v 12.6.1997 – 8 S 410-96, NJW 1998, 1801; KG Berlin, Urt v 12.3.2009 – 22 U 39/06, -juris; Kaubisch/Legradi StudZR 3/2009, 565, 568 ff; Erman[16]/Ebert, § 249 Rz 40; MünchKomm[8]/Oetker, § 249 Rz 414; Pardey, in: Geigel, Der Haftpflichtprozess[28] Kapitel 4 Rz 32, 33, 34, 35; Grunsky JuS 1991, 907, 908; dagegen explizit LG Oldenburg, ZfS 1989, 78; Staud[15]/Schiemann, § 249 Rz 239; Schiemann NZV 1996, 1, 4; ebenfalls ablehnend BGH, Urt v 19.2.1991 – VI ZR 171/90, NJW 1991, 2340, 2341.
2229 Grüneberg[81]/Grüneberg, § 249 Rz 9.
2230 Grüneberg[81]/Grüneberg, § 249 Rz 9.
2231 Zu Babysitterkosten während Krankenhausbesuchs des Ehegatten BGH, Urt v 24.10.1989 – VI ZR 263/88, NJW 1990, 1037; zu Folgekosten von Krankenhausbesuchen als Heilungskosten LG Münster, Urt v 10.12.1968 – 11 O 72/68, MDR 1969, 481.
2232 BGH, Urt v 22.11.1988 – VI ZR 126/88, BGHZ 106, 28; Erman[16]/Ebert, § 249 Rz 41.
2233 Erman[16]/Ebert, § 249 Rz 41.
2234 Erman[16]/Ebert, § 249 Rz 41.
2235 Zur Haftung für psychische Schadensfolgen BGH, Urt v 16.3.1993 – VI ZR 101/92, NJW 1993, 1523; zum Zurechnungszusammenhang zwischen unfallbedingten Verletzungen und Folgeschäden BGH, Urt v 10.7.2012 – VI ZR 127/11, NJW 2012, 2964.
2236 Staud[15]/Schiemann, § 249 Rz 237.
2237 BGH, Urt v 14.1.1986 – VI ZR 48/85, BGHZ 97, 14.

rell von der GKV übernommen, gemäß SGB X § 116[2238], VVG § 86 findet ein Forderungsübergang statt[2239].

518 Umfasst sind ferner die unvermeidbaren Kosten[2240]. Die Erstattungsfähigkeit von privatärztlichen Behandlungskosten bei einem gesetzlich krankenversicherten Verletzten hängt von den Umständen des Einzelfalls ab[2241]. Entscheidend ist, ob die privatärztliche Behandlung aus der Sicht eines verständigen Menschen in der Lage des Geschädigten erforderlich erschien. Maßstab für die Beurteilung ist dabei insbesondere die Art der Verletzung und der Lebensstandard des Verletzten[2242].

519 Weiterhin ist der entgangene Gewinn umfasst, einschließlich des Verdienstausfalls gemäß § 252[2243]. Erstattungsfähig ist auch das ärztliche Attest[2244].

520 Wenn eine gesetzliche Haftungserstreckung vorliegt, bezieht sich der Anspruch auch auf die Beerdigungskosten nach § 844 Abs 1, auf entgangenen Unterhalt bei Tötung nach § 844 Abs 2[2245] oder auf entgangene Dienste bei Tötung nach § 845[2246].

521 Eine praxisrelevante Erweiterung des Haftungsumfangs findet sich darüber hinaus im Deliktsrecht. So besteht aufgrund der deliktsspezifischen Normen ua ein Anspruch auf Ersatz des Haushaltsführungsschadens gemäß §§ 843, 844[2247].

522 Ist die fehlerhafte Leistung des Arztes für den Patienten völlig unbrauchbar und demzufolge ohne Interesse, besteht der (Mindest-)Schaden des Patienten darin, dass er für eine im Ergebnis unbrauchbare ärztliche Behandlung eine Vergütung zahlen soll. In diesem Fall ist der Schadensersatzanspruch unmittelbar auf Befreiung von der Vergütungspflicht gerichtet, wenn weder der Patient noch seine Versicherung bereits bezahlt haben sollten[2248].

523 Unter dem Begriff des immateriellen Schadens sind alle körperlichen und seelischen Belastungen oder Nachteile zu fassen, welche monetär nicht messbar sind[2249]. Dem Anspruch auf Ersatz immateriellen Schadens kommt nach ständiger Judikatur eine Doppelfunktion insofern zu, als dass der Geschädigte für außerhalb der Vermögenssphäre liegende körperliche Schmerzen oder seelische Leiden, für die Einbuße an physischen oder psychischen Funktionen mit Geld einen Ersatz erhält[2250]. Neben dieser überwiegenden Ausgleichsfunktion steht bei Vorsatz oder grober Fahrlässigkeit die ergänzende Genugtuungsfunktion, nach welcher der Schädiger den Verletzten durch Sühnung der Tat zu besänftigen hat[2251].

524 Der Schmerzensgeldanspruch geht nicht auf den Sozialversicherungsträger über, ist jedoch übertrag- und vererbbar[2252]. Der Schmerzensgeldanspruch nach § 847 ist seit der zum 1.7.1990 in Kraft getretenen Gesetzesänderung auch bei Fehlen einer vorherigen Willenskundgabe des Verletzten vererblich[2253]. Insbesondere ist an der bisherigen Spruchpraxis[2254] zur notwendigen Überschreitung der Bagatellgrenze festzuhalten, unterhalb derer ein Anspruch auf Schmerzensgeld zu verneinen ist und deren Umfang die Gerichte auch zukünftig anhand der Formulierung „billige Entschädigung" festzusetzen haben[2255]. Der Anspruch umfasst auch insbesondere die Schmerzen, die im weiteren Verlauf der durch den schuldhaften Arztfehler ausgelösten Verletzungen auftreten und erst später festgestellt werden und sind damit originär mit einzuklagen. Die

---

2238 Grüneberg[81]/Grüneberg, Vorb v § 249 Rz 112 ff.
2239 Grüneberg[81]/Grüneberg, § 249 Rz 8.
2240 BGH, Urt v 19.2.1991 – VI ZR 171/90, NJW 1991, 2340, 2341.
2241 Vgl BGH, Urt v 11.11.1969 – VI ZR 91/68, VersR 1970, 129, 130; BGH Urt v 18.10.1988 – VI ZR 223/87, VersR 1989, 54, 56.
2242 BGH, Urt v 19.2.1991 – VI ZR 171/90, NJW 1991, 2340, 2341.
2243 Daran fehlte es bspw in der Entscheidung des OLG Hamm VersR 1985, 1072.
2244 Grüneberg[81]/Grüneberg, § 249 Rz 8.
2245 BGH, Urt v 21.12.2010 – VI ZR 284/09, BGHZ 188, 29, 30 ff = NJW 2011, 1672, 1673 m Anm Spickhoff, NJW 2011, 1651; m Anm Katzenmeier, JZ 2011, 797; m Anm Schmidt-Recla, MedR 2011, 648; m Anm Voigt, MedR 2011, 650.
2246 BGH, Urt v 21.11.2000 – VI ZR 231/99, NJW 2001, 971.
2247 Brocks, in: Jorzig, HdB-ArztHaftR[2], Teil I Kapitel 6, Rz 92–113.
2248 BGH, Urt v 13.9.2018 – III ZR 294/16, NJW 2018, 3513.

2249 Grüneberg[81]/Grüneberg, § 253 Rz 4; vgl Tübben, in: Jorzig, HdB-ArztHaftR[2], Teil 1 Kapitel 7 Rz 5.
2250 BGH, Urt v 19.10.2016 – VGS 1/16, BGHZ 212, 48; Grüneberg[81]/Grüneberg, § 253 Rz 4.
2251 Steffen, Die Aushilfeaufgaben des Schmerzensgeldes, in: Boettcher/Hueck/Jähnke (Hrsg), Festschrift für Walter Odersky zum 65. Geburtstag, 1996, 723; allg BGH, Urt v 29.11.1994 – VI ZR 93/94, BGHZ 128, 117; BGH, Urt v 16.1.1996 – VI ZR 109/95, NJW 1996, 1591; MünchKomm[8]/Oetker, § 249 Rz 11.
2252 BT-Drucks 14/8780, 20.
2253 OLG Karlsruhe, Urt v 11.7.1997 – 10 U 15/97, VersR 98, 1256.
2254 BGH, Urt v 14.1.1992 – VI ZR 120/91, NJW 1992, 1043.
2255 Müller, Der HWS-Schaden — Bestandsaufnahme und Perspektiven, in: Homburger Tage 2002, S 7 ff, 27 f, 38 ff; zur Frage der haftungsausfüllenden Kausalität nach ZPO § 287 für weitere körperliche oder psychische (Folge-)Beschwerden Müller VersR 2003, 137 ff, 144, 147 f; vgl auch Diederichsen VersR 2005, 433 ff.

Schmerzensgeldbeträge unterscheiden sich je nach Umfang der Verletzung[2256]. Wesentlich für die Bemessung des Schmerzensgeldes seien der Leidensweg des Patienten bis zum Tod, das Alter und die familiäre Situation[2257]. Die Genugtuungsfunktion des Schmerzensgeldes, der Grad des Verschuldens des Schädigers und die wirtschaftlichen Verhältnisse der Parteien seien dagegen von untergeordneter Bedeutung[2258]. Grundsätzlich ist davon auszugehen, dass bei einer etwa 70 Jahre alten Person die erlittene Lebensbeeinträchtigung typischerweise eher als unterdurchschnittlich zu bewerten sei, da man in diesem Alter die zentralen erfüllenden Momente des Lebens wie etwa Jugend, Liebe, Hochzeit, Mutterschaft und beruflichen Erfolg noch erleben konnte[2259]. Bei schweren Dauerschäden kommt zusätzlich zu dem Kapitalbetrag eine Rente in Betracht[2260].

Ebenso von Bedeutung für das Arzthaftungsrecht ist das sog Hinterbliebenengeld nach § 844 Abs 3. Es steht selbständig neben dem Anspruch auf Ersatz eines Schockschadens[2261]. Ein Hinterbliebener, „der zur Zeit der Verletzung zu dem Getöteten in einem besonderen persönlichen Näheverhältnis stand", kann für das ihm „zugefügte seelische Leid eine angemessene Entschädigung in Geld" verlangen. „Ein besonderes persönliches Näheverhältnis wird vermutet, wenn der Hinterbliebene der Ehegatte, der Lebenspartner, ein Elternteil oder ein Kind des Getöteten war." Für weitere nahestehende Personen ist das Näheverhältnis zu beweisen[2262]. Die Fähigkeit, Leid zu empfinden, ist Anspruchsvoraussetzung[2263], erforderlich ist eine tatsächlich gelebte soziale Beziehung, die besonders eng ist[2264]. Nach § 844 Abs 3 Satz 2 wird das Näheverhältnis bei bestimmten verwandtschaftlichen Konstellationen (bspw für den Ehepartner, das Kind oder gemäß LebensPartG § 1 für den Lebenspartner) widerlegbar vermutet. Dabei ist ein gesundheitlicher Schaden bei dem Anspruchsberechtigten keine Voraussetzung für die Geltendmachung des Anspruchs[2265]. Ein besonderes Näheverhältnis kann nicht angenommen werden, wenn ein Vater vor Geburt seiner Tochter infolge eines Unfalls verstirbt und das zwischenzeitlich geborene Mädchen gegen die Unfallversicherung des Vaters aus § 844 Abs 3 vorgeht[2266]. Zwar kann das noch nicht geborene Kind bereits Träger von Rechten sein und hat gemäß § 844 Abs 2 Satz 2 Unterhaltsansprüche oder Ansprüche auf Schadensersatz für einen Gesundheitsschaden im Mutterleib[2267]. Die Rechtsfähigkeit des Kindes ist jedoch aufschiebend bedingt durch die Vollendung der Geburt gemäß § 1. An der Auslegung des § 844 Abs 3 ändert dies nichts[2268]. Es fehlt das erforderliche persönliche Näheverhältnis, welches gemäß § 844 Abs 3 Satz 1 zur Zeit der Verletzung des Getöteten bestanden hat. Zu der insoweit weiter gefassten Vorschrift des § 844 Abs 2 kann keine Analogie hergestellt werden. Die Argumentation, dass auch der Nasciturus ein Kind iSd § 844 Abs 3 ist, für welche insbesondere die Rechtssystematik, die seelisches Leid wegen der Tötung eines besonders nahestehenden Menschen entschädigen soll, spricht[2269], wird von der Rspr abgelehnt. Allerdings wären nach der Gesetzesbegründung die zu § 844 Abs 2 entwickelten Grundsätze als Auslegungshilfe für die Vorschriften zum Hinterbliebenengeld heranzuziehen[2270]. Damit hätte auch dem Nasciturus ein Anspruch auf Hinterbliebenengeld zugestanden[2271].

Der Umfang des Hinterbliebenengeldes soll sich als angemessene Entschädigung darstellen[2272] und ähnelt der Geldentschädigung bei Verletzung des Allgemeinen Persönlichkeitsrechtes[2273] aufgrund eines Schockschadens[2274]. Die Höhe des Hinterbliebenengelds ist nach ZPO § 287 im konkreten Fall zu bestimmen. Als Orientierungsanker kann eine Summe von € 10.000 angesehen werden, dies stellt jedoch keine Obergrenze für einen Anspruch aus § 844 Abs 3 dar[2275]. Zu beachten ist, dass das Hinterbliebenengeld nach StVG § 10 Abs 3 und § 844 Abs 3 nur für Sachverhalte gilt, in denen die zum Tod führende Verletzung nach dem 22.7.2017

2256 Jaeger VersR 2009, 159, 160 f.
2257 OLG Frankfurt/M, Urt v 22.12.2020 – 8 U 142/18, openJur 2021, 13445 Ls 1.
2258 OLG Frankfurt/M, Urt v 22.12.2020 – 8 U 142/18, openJur 2021, 13445 Ls 1.
2259 OLG Frankfurt/M, Urt v 22.12.2020 – 8 U 142/18, openJur 2021, 13445 Ls 1.
2260 Hacks/Wellner/Häcker/Offenloch, Schmerzensgeldbeträge[39]; Jaeger/Luckey, Schmerzensgeld[10].
2261 Grüneberg[81]/Grüneberg, Vorb v § 249 Rz 40; Grüneberg[81]/Sprau, § 844 Rz 21.
2262 Grüneberg[81]/Sprau, § 844 Rz 21.
2263 Grüneberg[81]/Sprau, § 844 Rz 22.
2264 Grüneberg[81]/Sprau, § 844 Rz 22.
2265 Vgl dazu Katzenmeier JZ 2017, 869, 870 ff; Wagner NJW 2017, 2641, 2642; Walter MedR 2018, 213, 214; Huber JUS 2018, 744, 745.
2266 OLG München, Urt v 5.8.2021 – 24 U 5354/2, BeckRS 2021, 21112.
2267 OLG München, Urt v 5.8.2021 – 24 U 5354/2, BeckRS 2021, 21112.
2268 OLG München, Urt v 5.8.2021 – 24 U 5354/2, BeckRS 2021, 21112; vgl Kääb FD-StrVR 2021, 441338.
2269 So vertreten v Zwickel, in: Greger/Zwickel, Haftungsrecht des Straßenverkehrs[6], § 31, V. Hinterbliebenengeld, Rz 31.189 f (31.195); Huber JuS 2018, 744; Wagner NJW 2017, 2641 f.
2270 BT-Drucks 18/11397, 13.
2271 Zwickel, in: Greger/Zwickel, Haftungsrecht des Straßenverkehrs[6], § 31, V Hinterbliebenengeld, Rz 31.189 f (31.195), Rz 31.40.
2272 Grüneberg[81]/Sprau, § 844 Rz 25.
2273 Grüneberg[81]/Sprau, § 823 Rz 111.
2274 BGH, Urt v 16.11.1999 – VI ZR 257/98, NJW 2000, 862.
2275 OLG Schleswig, Urt v 23.2.2021 – 7 U 149/20, DAR 2021, 332.

erfolgte, EGBGB Art 229 § 43[2276]. Die infolge einer fremdverursachten Tötung erlittene Trauer und das seelische Leid eines Hinterbliebenen wurden zuvor als entschädigungsloses hinzunehmendes Schicksal angesehen[2277], allenfalls ergab sich für nahe Angehörige nach der Schockschadenrechtsprechung ein Anspruch auf immaterielle Entschädigung. Diese setzte Beeinträchtigungen voraus, die das Maß der normalen und gewöhnlichen Trauer weit übertrafen. Psychische Beeinträchtigungen infolge des Todes naher Angehöriger waren dabei nur als Gesundheitsverletzung anzusehen, wenn sie pathologisch fassbar sind und über die gesundheitlichen Beeinträchtigungen hinausgehen, denen Hinterbliebene bei der Benachrichtigung vom tödlichen Unfall eines Angehörigen erfahrungsgemäß ausgesetzt sind[2278].

527 3. **Mitverschulden.** Die Regelungen zum Mitverschulden aus § 254 sind im Arzthaftungsrecht anwendbar. Weil es sich um eine Einwendung gegen einen Anspruch handelt, ist der Behandelnde für die das Mitverschulden des Patienten begründenden Tatsachen beweispflichtig. Das oben genannte Prinzip der Totalreparation kann durch die Norm des § 254 durchbrochen werden und erlaubt eine Schadensabwägung. Die Haftung des Arztes kann sich im Einzelfall mindern oder ganz entfallen, wenn den Patienten an der Entstehung oder am Umfang des Schadens ein Mitverschulden trifft[2279]. Ein Mitverschulden ist anzunehmen, wenn der Patient seiner gebotenen Mitwirkung an den Heilbehandlungsbemühungen nicht nachkommt und dadurch die zu erwartende Sorgfalt vermissen lässt, die von einem ordentlichen und verständigen Menschen zur Vermeidung eigenen Schadens erwartet werden kann[2280]. „Ein solches Mitverschulden liegt vor, wenn der Patient diejenige Sorgfalt außer Acht gelassen hat, die ein ordentlicher und verständiger Mensch zur Vermeidung eigenen Schadens anzuwenden pflegt"[2281].

528 Wegen des Wissens- und Informationsvorsprungs des Arztes ist gegenüber dem medizinischen Laien eine zurückhaltende Anwendung des Mitverschuldens des Patienten geboten[2282]. Ist ein Arzt wegen eines Behandlungsfehlers zum Schadensersatz verpflichtet, ist es ihm zwar nicht grundsätzlich verwehrt, sich auf ein Mitverschulden des Patienten zu berufen. Die Voraussetzungen hierfür sind nach der Arzthaftungsrechtsprechung hoch.

529 Oftmals wird ein Verschulden des Patienten verneint, da die Entstehung des Schadens nicht vorherseh- und damit unvermeidbar war[2283]. Die Voraussetzungen des Mitverschuldenseinwandes gemäß § 254 Abs 2 Satz 1, 1. Halbsatz liegen trotz Voraussehbarkeit der Schadensentstehung auf Seiten des Geschädigten dann nicht vor, wenn der Schädiger einen entsprechenden Hinweis des Geschädigten hinsichtlich der Gefahr des Schadenseintrittes nicht beachtet hat[2284]. Ein Mitverschulden kann angenommen werden, wenn zumindest hätte erkannt werden können, dass ein Verhalten schadensursächlich ist und ein Verschulden gegen sich selbst begangen wird[2285], so bspw wenn eine zumutbare Nachoperation zur Schadensreduzierung verweigert wird[2286]. Ebenso verhält es sich, wenn eine Patientin eine Krebstherapie abbricht und sich einer Heilpraktikerin anvertraut, die ihr Schlangengift-Präparate verabreicht. Trotz ggf überlegenem Wissen der Heilpraktikerin, entscheidet sich dann die Patientin wissentlich für einen womöglich tödlichen Ausgang ihrer Erkrankung[2287]. Nach § 254 Abs 2 trifft den Patienten eine Obliegenheit, zur Schadensminderung in eine Nachoperation einzuwilligen, wenn die Operation einfach, gefahrlos, nicht mit besonderen Schmerzen verbunden ist und sichere Aussicht auf Heilung oder wesentliche Besserung besteht[2288]. Dies hat der Arzt nachzuweisen. Ein durch zahnärztlichen Behandlungsfehler geschädigten GKV-Patienten verletzt hingegen nicht seine Schadensminderungspflicht, wenn er den Schaden wegen erheblicher Schmerzen, der Kompliziertheit der Erkrankung und des enttäuschten Vertrauens als Privatpatient beheben lässt[2289]. Dagegen liegt ein Mitverschulden einer Patientin vor, sollte diese nach einer Sterilisation die erforderliche Kontrollunter-

---

[2276] OLG Düsseldorf, Urt v 15.12.2020 – 1 U 35/20, VersR 2021, 322.
[2277] BT-Drucks 18/11397, 8.
[2278] BGH, Urt v 10.2.2015 – VI ZR 8/14, NJW 2015, 2246 Rz 9; BGH, Urt v 27.1.2015 – VI ZR 548/12, NJW 2015, 1451 Rz 6.
[2279] Vgl dazu BGH, Urt v 28.5.2002 – VI ZR 42/01, NJW 2002, 2944, 2945.
[2280] BGH, Urt v 17.12.1996 – VI ZR 133/95, MDR 1997, 353.
[2281] BGH, Urt v 17.12.1996 – VI ZR 133/95, MDR 1997, 353.
[2282] BGH, Urt v 17.12.1996 – VI ZR 133/95, MDR 1997, 353; OLG Braunschweig, Urt v 28.2.2019 – 9 U 129/15, welches die Entscheidung des BGH aufgreift und diese verschärft; BGH, Urt v 10.11.2009 – VI ZR 247/08, NJW-RR 2010, 681.
[2283] Vgl OLG Köln, Urt v 4.12.91, AHRS 1400/27.
[2284] BGH, Urt v 5.10.1988 – VIII ZR 325/87, NJW 1989, 292.
[2285] OLG Köln, Urt v 4.12.1991, AHRS 1400/27.
[2286] BGH, Urt v 24.6.1997 – VI ZR 94/96, NJW 1997, 3090, 3091; BGH Urt v 17.12.1996 – VI ZR 133/95, MDR 1997, 353; OLG Köln, Urt v 16.12.1996 – 5 U 256/94, VersR 1997, 1102; BGH, Urt v 30.6.1992 – VI ZR 337/91, NJW 1992, 2961.
[2287] OLG München, Urt v 25.3.2021 – 1 U 1831/18, MedR 2021, 1079.
[2288] BGH, Urt v 4.11.1986 – VI ZR 12/86, VersR 1987, 408; BGH, Urt v 24.1.1989 – VI ZR 170/88, NJW 1989, 2330; BGH, Urt v 18.4.1989 – VI ZR 221/88, NJW 1989, 2332.
[2289] BGH, Urt v 6.7.2004 – VI ZR 266/03, BGHZ 160, 26.

suchung nicht durchführen lassen[2290]. Angenommen wird ferner ein Mitverschulden, wenn der Patient anamnestisch bedeutsame Umstände verschweigt[2291], bei dem bewussten Verstoß gegen ärztliche Anweisungen[2292], dies bezieht sich auch auf den Fall des fortgesetzten Nikotinmissbrauches trotz Infarktrisiko[2293] oder den der absprachewidrigen Entfernung aus dem Krankenhaus[2294].

Es liegt ein grober hausärztlicher Organisationsfehler vor, wenn nicht sichergestellt wird, dass ein Laborbefund sowie die in der Praxis erhobene Blutsenkungsgeschwindigkeit zur Kenntnis genommen, ausgewertet und mit der (damaligen) Patientin besprochen wurde[2295]. Die Abholung der Befundung in der Praxis durch die Patientin selbst begründet kein Mitverschulden ihrerseits nach § 254[2296]. Kein Mitverschulden des Patienten liegt zudem vor, wenn dieser nicht wieder in der Praxis vorstellig wird, soweit der Schaden schon bei seiner Entlassung vorlag und tatsächlich sofort hätte behandelt werden müssten[2297]. Dies gilt auch, wenn es an einer Mitwirkung des Patienten bezüglich einer dringend indizierten Operation fehlt, aber die ärztliche Therapieaufklärung hierfür bereits mangelhaft war[2298]. Ebenfalls ist nicht von einem Mitverschulden auszugehen, wenn der Patient auf Grund der Aufklärung von einer nicht behandlungsbedürftigen Komplikation ausgehen durfte, eine solche sich jedoch als behandlungsbedürftig herausstellt[2299]. **530**

Die Verletzung einer patientenseitigen Obliegenheit führt dazu, dass die Beweislastumkehr nach § 630h Abs 5 aufgrund eines groben Behandlungsfehlers zu Gunsten des Patienten nicht gilt[2300]. Sie ist auszuschließen, wenn ein Patient ärztliche Anordnungen oder Empfehlungen (Obliegenheiten) in schuldhafter Weise missachtet und durch diese Missachtung eine mögliche Mitursache für den erlittenen Schaden geschaffen hat. Der Patient muss dazu beigetragen haben, dass der Behandlungsverlauf nicht mehr hinreichend aufgedeckt werden kann[2301]. Diese Grundsätze gelten nach der Rspr ebenso im Fall einer Beweislastumkehr infolge eines Befunderhebungsfehlers[2302] sowie im Fall des groben Behandlungsfehlers[2303]. Sowohl das OLG Saarbrücken[2304] und das OLG Hamm[2305] votieren bei einem groben Behandlungs- und Befunderhebungsfehler für eine Rückausnahme von der Beweislastumkehr und verneinen die daraus resultierende Beweislastumkehr aufgrund eines Mitverschuldens des Patienten gänzlich[2306]. Grundsätzlich hätten die Voraussetzungen für eine Beweislastumkehr bereits nach dem einfachen Befunderhebungsfehler vorgelegen. Allerdings hat der Patient, der bewusst die Nachsorge verhindert hat, aufgrund seines Verhaltens den gleichen Verursachungsbeitrag zur Unaufklärbarkeit des Kausalzusammenhangs wie der ärztliche Behandlungsfehler geleistet. Insoweit bestünde kein Grund, dem Patienten die Beweislastumkehr zuzugestehen. Die konkrete „Rückausnahme" verlagert das Mitverschulden des Patienten dabei in den Bereich der haftungsbegründenden Kausalität. **531**

XVI. Kasuistik

1. **Allgemeinmedizin**.

– Der Hausarzt ist nicht verpflichtet, den Patienten über Risiken aufzuklären, die nur durch eine fehlerhafte Behandlung entstehen können[2307]. **532**

2290 Grüneberg[81]/Grüneberg, § 254 Rz 31.
2291 OLG München, Urt v 4.6.1992 – 1 U 6455/91, VersR 1992, 1266.
2292 OLG Naumburg, Urt v 12.7.2012 – 1 U 43/12, NJW-RR 2013, 537.
2293 OLG Köln, Urt v 16.12.1996 – 5 U 256/94, openJur 2012, 75958.
2294 OLG Frankfurt/M, Urt v 24.1.2017 – 8 U 119/15, GuP 2017, 114; Ablehnung des Mitverschuldens OLG Frankfurt/M, Urt v 21.3.2017 – 8 U 228/11, openJur 2019, 40033 Rz 86, 87.
2295 OLG Koblenz, Hinweisbeschl v 25.9.2017 – 5 U 427/17, -juris; Berner Deutsches Ärzteblatt 2018; 115(7): A-307/B-263/C-263.
2296 Berner Deutsches Ärzteblatt 2018, 115(7): A-307/B-263/C-263.
2297 OLG Koblenz, Urt v 11.2.2015 – 5 U 747/14, -juris; OLG Koblenz, Hinweisbeschl v 25.9.2017 – 5 U 427/17, -juris; Berner Deutsches Ärzteblatt 2018; 115(7): A-307/B-263/C-263.
2298 OLG Naumburg, Urt v 23.10.2014 – 1 U 136/12, openJur 2016, 11903 2. Ls.
2299 OLG Karlsruhe, Urt v 14.8.2014 – 7 U 102/12, -juris.

2300 OLG Hamm, Urt v 2.2.2018 – 26 U 72/17, MedR 2019, 668.
2301 BGH, Urt v 27.04.2004 – VI ZR 34/03, BGHZ 159, 48, 49 ff; OLG München, Urt v 23.9.2004 – 1 U 5198/03, MedR 2006, 174; BGH, Urt v 16.11.2004 – VI ZR 328/03, ArztR 2006, 63, 64; OLG Hamm, Urt v 2.2.2018 – 26 U 72/17, MedR 2019, 668.
2302 Saarländisches OLG, Urt v 4.2.2015 – 1 U 27/13, GesR 2015, 364.
2303 BGH, Urt v 15.5.1979 – VI ZR 70/77, NJW 1979, 1933, 1934; OLG Koblenz, Beschl v 27.06.2012 – 5 U 1510/11, openJur 2020, 17295 Rz 21, 22; OLG Saarbrücken, Urt v 4.2.2015 – 1 U 27/13, openJur 2019, 41672 Ls.
2304 OLG Saarbrücken, Urt v 4.2.2015 – 1 U 27/13, openJur 2019, 41672 Ls.
2305 OLG Hamm, Urt v 2.2.2018 – 26 U 72/17, MedR 2019, 668; aA LG Arnsberg, Urt v 11.4.2017 – 5 O 34/15.
2306 Vgl BGH, Urt v 16.11.2004 – VI ZR 328/03, das eine entsprechende Verantwortlichkeit des Patienten als mögliche Ausnahme aufführt.
2307 BGH, Urt v 19.3.1985 – VI ZR 227/83, NJW 1985, 2193.

- Einer Ärztin für Allgemeinmedizin kann nicht unzureichende Diagnostik und Befunderhebung vorgeworfen werden, wenn sie die dafür gebotene Einschaltung von Fachärzten durch Überweisungen veranlasst hat[2308].
- Die Nichteinhaltung aseptischer Vorkehrungen stellt ein leichtfertiges Verhalten des Arztes dar, das als grober ärztlicher Behandlungsfehler zu werten ist. Das Nichterkennen einer bakteriellen Infektion trotz eindeutiger Anzeichen ist als schwerwiegendes ärztliches Versäumnis und damit als grober Behandlungsfehler anzusehen[2309].
- Ein Arzt hat dafür Sorge zu tragen, dass seine Patienten vor vermeidbaren Gefahren und Schäden geschützt werden, die sich im Zusammenhang mit der Behandlung ergeben. Daher muss der Praxisbetrieb so organisiert sein, dass unmittelbar vor, nach und während der Behandlung eine Gefährdung des Patienten ausgeschlossen ist[2310].
- Der weiterbehandelnde Hausarzt hat erkannte oder ihm ohne weiteres erkennbare gewichtige Bedenken gegen Diagnose und Therapie anderer Ärzte mit seinem Patienten zu erörtern[2311].
- Der behandelnde Arzt, der langfristig nahezu „blind" den jeweiligen Medikationsempfehlungen einer Fachklinik folgt, haftet dafür[2312].
- Für den in der Primärversorgung tätigen Hausarzt gehört die Anamneseerhebung zu den elementaren und unverzichtbaren Grundregeln der Medizin[2313].
- Es ist grob fehlerhaft, einen Patienten, dessen veränderte EKG-Werte und Beschwerden auf einen unmittelbar bevorstehenden Herzinfarkt hindeuten, nicht sofort zu einer Herzkatheteruntersuchung ins Krankenhaus einzuweisen[2314].
- Der praktische Arzt ist nicht verpflichtet, ungeachtet der vom Patienten genannten Beschwerden und dessen Konstitution stets vorsorglich den Blutdruck zu messen[2315].
- Bei bestehendem Verdacht auf eine gastrointestinale Blutung muss ein Hausarzt mit besonderer Dringlichkeit auf die gebotene Krankenhauseinweisung aufmerksam machen. So hat er klar und unmissverständlich auf die drohenden Folgen hinzuweisen, nämlich, dass die Patientin verbluten und sterben könne, würde sie die stationäre Krankenhausbehandlung ablehnen[2316].
- Stellt der Hausarzt einen erhöhten PSA-Wert fest, was der Abklärung durch einen Urologen bedarf, ist die versäumte Überweisung dorthin als Befunderhebungsmangel und nicht als therapeutischer Beratungsfehler zu qualifizieren. Eine getrennte Dokumentation von Ultraschall-, EKG- und sonstigen Befunden ist nicht zu beanstanden, sofern die Dokumentation insgesamt einen mit-, weiter- oder nachbehandelnden Arzt in hinreichend verständlicher Weise über die medizinischen Fakten und die daran anknüpfenden Behandlungsschritte informiert [...][2317].
- Wird bei einer jugendlichen Patientin die Ursache erhöhten Blutdrucks (160/100) nicht abgeklärt, ist der Hausärztin ein Befunderhebungsfehler zur Last zu legen. Kommen weitere Alarmzeichen bspw mehrfache Bewusstlosigkeit hinzu, ist die mangelnde Befunderhebung als grober Behandlungsfehler zu werten. Für den Verlust beider Nieren, Dialysepflicht und 53 Folgeoperationen – darunter eine erfolglose Nierentransplantation – bei einer 15-jährigen Patientin ist ein hohes Schmerzensgeld angemessen[2318].
- Nach einer Gipsschienenbehandlung muss der Hausarzt bei der Nachsorge die Möglichkeit eines Kompartmentsyndroms in Betracht ziehen, falls der Patient die hierfür typischen Beschwerden schildert. Werden die Symptome nicht abgeklärt, kann dies als grober Behandlungsfehler gewertet werden, insbesondere dann, wenn daraus die Amputation des rechten Unterarmes resultiert[2319].
- Es liegt ein grober hausärztlicher Organisationsfehler vor, wenn nicht sichergestellt wird, dass ein Laborbefund sowie die in der Praxis erhobene Blutsenkungsgeschwindigkeit zur Kenntnis genommen, ausgewertet und mit der (damaligen) Patientin besprochen werden[2320]. Die Abholung der Befundung in der Praxis durch die Patientin selbst begründet kein Mitverschulden ihrerseits nach § 254.

2308 OLG Oldenburg, Urt v 3.2.1998 – 5 U 77/98, -juris.
2309 OLG Karlsruhe, Urt v 17.8.1988 – 7 U 36/86, VersR 1989, 195.
2310 LG Koblenz, Urt v 10.9.1987 – 3 S 476/86, NJW 1988, 1521, 1522.
2311 BGH, Urt v 8.11.1988 – VI ZR 320/87 = VersR 1989, 186.
2312 OLG Koblenz, Urt v 13.11.1990 – 3 U 1197/85, NJW-RR 1992, 417.
2313 OLG Düsseldorf, Urt v 15.5.1997 – 8 U 115/96, VersR 1998, 1155, 1156.
2314 OLG Bamberg, Urt v 4.7.2005 – 4 U 126/03, VersR 2005, 1292, 1293.
2315 OLG München, Urt v 1.3.2007 – 1 U 4028/06, VersR 2007, 652, 653.
2316 OLG Köln, Urt v 18.2.2015 – 5 U 128/13, openJur 2015, 5145 Rz 28, 29.-.
2317 OLG Koblenz, Beschl v 18.6.2015 – 5 U 66/15; Dahm Urologe (2016) 55: 949.
2318 OLG Hamm, Urt v 3.7.2015 – 26 U 104/14, openJur 2015, 15769 Rz 44.
2319 OLG Hamm, Urt v 13.6.2017 – 26 U 59/16, openJur 2019, 11875 Rz 61.
2320 OLG Koblenz, Hinweisbeschl v 25.9.2017 – 5 U 427/17, -juris; Berner Deutsches Ärzteblatt 2018; 115 (7): A-307/B-263/C-263.

- Ein Allgemeinarzt ist verpflichtet, einen Patienten einer fachärztlichen Behandlung zuzuführen, soweit dies erforderlich ist. In dem Fall, dass sich ein Patient mit einem geröteten Auge vorstellt, bestehe die Pflicht zur Überweisung des Patienten an einen augenärztlichen Facharzt erst, soweit der Verdacht auf eine Erkrankung des Auges besteht[2321].
- Ein Hausarzt darf wiederholt ein Schmerzmittel wegen Menstruationsbeschwerden verordnen, wenn er davon ausgehen kann, dass der Befund gynäkologisch abgeklärt ist[2322].
- Unterlässt der Hautarzt trotz der sich aufdrängenden Verdachtsdiagnose Rötelninfektion die üblichen Befunderhebungen, haftet er der Mutter des später mit Behinderungen geborenen Kindes dennoch nicht, wenn der später die Schwangerschaft betreuende Frauenarzt grob fehlerhaft keine Rötelndiagnostik betrieben hat[2323].
- Die mit der Geburt eines durch eine Erkrankung der Mutter an Röteln schwer geschädigten Kindes verbundenen wirtschaftlichen Belastungen sind nicht allein deshalb Gegenstand des konkreten Behandlungsvertrages mit dem Hausarzt, weil die Mutter diesen Arzt zur Abklärung und Behandlung eines Hautausschlages aufgesucht und im Laufe der Behandlung ihre Schwangerschaft erwähnt hat[2324].
- Es stellt einen Behandlungsfehler dar, wenn der Ehemann der Patientin der Hausärztin nachts am Telefon Umstände schildert, aus denen sich eine Suizidgefährdung der Patientin ergibt, und die Hausärztin ihn lediglich anweist, auf die Patientin aufzupassen und am nächsten Morgen in die Sprechstunde vorbeizukommen, anstatt sich persönlich vom Gesundheitszustand der Patientin zu überzeugen[2325].

2. **Anästhesie**.

- Beim Zusammenwirken von Anästhesisten und Ophthalmologen bei einer Schieloperation bedarf es zum Schutz des Patienten einer Koordination der beabsichtigten Maßnahmen, um Risiken auszuschließen, die sich aus der Kombination zweier oder mehrerer je für sich ungefährlicher Behandlungsmaßnahmen ergeben[2326].
- Es stellt ein haftungsbegründendes Organisationsverschulden des Krankenhausträgers dar, wenn der zu fordernde Standard der anästhesiologischen Leistungen auch bei ärztlicher Unterversorgung der Anästhesie nicht durch klare Anweisungen an die Ärzte gewährleistet ist[2327].
- Eine Anästhesistin, die unmittelbar vor Ablegung der Facharztprüfung steht, handelt grob fahrlässig, wenn sie nach zwei fehlgeschlagenen Intubationsversuchen statt der diensthabenden Oberärztin einen weiteren Assistenzarzt herbeiruft in der Hoffnung, diesem werde die Intubation gelingen. Gelingt in einem solchen Fall dem später hinzugerufenen erfahrenen Facharzt sofort die (vierte) nun regelrechte Intubation, so ist der Beweis als geführt anzusehen, dass der Fehler der Assistenzärztin für den Tod des Patienten kausal geworden ist[2328].
- Zur Frage, wann die ärztliche Zuständigkeit des Anästhesisten in der postoperativen Phase endet[2329].
- Treten bei einer Intubationsnarkose unerwartete Schwierigkeiten (Herz-Kreislauf-Stillstand) auf, so gehört die unverzügliche Überprüfung der Lage des Tubus zu den elementaren Kontrollbefunden. Eine überdosierte Medikamentengabe bei Reanimationsmaßnahmen verstößt gegen die Regeln der Anästhesiologie, die zum Standardwissen eines jeden Narkosefacharztes gehören[2330].
- Zur Frage Abgrenzung der Verantwortung von Operateur und Anästhesist in der prä-, intra- und postoperativen Phase (hier: HNO-Operation)[2331].
- Soll ein Patient vor einer Operation bei seinem Hausarzt ein EKG anfertigen lassen, muss dieses EKG vom Anästhesisten oder vom Operateur ausgewertet werden, wenn eine sachkundige Befundung noch nicht erfolgt ist. Keiner der beiden Ärzte kann sich damit entlasten, auf die Auswertung des EKG durch den jeweils anderen vertraut zu haben[2332].
- Bei einem dringend indizierten Eingriff muss vor einer Narkose nicht über einen möglichen Wachzustand während der Operation aufgeklärt werden[2333].

2321 LG Dresden, Beschl v 8.8.2019 – 4 U 506/19, -juris.
2322 OLG Koblenz, Urt v 18.10.2007 – 5 U 1523/06, MedR 2008, 86.
2323 OLG Hamm, Urt v 21.11.1988 – 3 U 74/88, VersR 1989, 1263.
2324 BGH, Urt v 21.12.2004 – VI ZR 196/03, NJW 2005, 891.
2325 BGH, Urt v 19.6.2001 – VI ZR 286/00, NJW 2001, 2794.
2326 BGH, Urt v 26.1.1999 – VI ZR 376/97, MedR 1999, 321.
2327 BGH, Urt v 18.6.1985 – VI ZR 234/83, BGHZ 95, 63 = NJW 1985, 2189 m Anm Uhlenbruck MedR 1986, 141, 142; vgl hierzu den „MAfA–Fall" AG Erfurt, Strafbefehl v 2.2.2010 – 46 Cs 102 Js 27948/06; StA Erfurt, Einstellungsverfg v 20.1.2010.
2328 OLG Köln, Urt v 9.11.1988 – 27 U 77/88, NJW 1990, 776.
2329 BGH, Urt v 3.10.1989 – VI ZR 319/88, VersR 1989, 1296.
2330 OLG Oldenburg, Urt v 15.5.1990 – 5 U 43/89, NJW-RR 1990, 1362.
2331 BGH, Urt v 26.2.1991 – VI ZR 344/89, MedR 1991, 198.
2332 OLG Koblenz, Urt v 20.7.2006 – 5 U 47/06, MedR 2007, 363.
2333 LG Cottbus, Urt v 1.10.2003 – 3 O 115/03, MedR 2004, 231.

- Es stellt grundsätzlich keinen Behandlungsfehler dar, eine Narkose auch bei einer Risikopatientin mit einer Nachblutung nach einer Mandeloperation durchzuführen (hier: notwendig zur Nachoperation zur Blutungsstillung)[2334].
- Es liegt ein Diagnosefehler vor, wenn der Anästhesist bei der Auswertung des Röntgenbildes der Lunge, zur Feststellung der Operationsfähigkeit am Meniskus, eine ca zwei Zentimeter durchmessende Verdichtungszone nicht bemerkt. Der Anästhesist darf sich Zufallsbefunden nicht verschließen, dabei handelt es sich um einen Befunderhebungsfehler[2335].
- Maßgeblich für den ärztlichen Sorgfaltsmaßstab in Vorbereitung einer Anästhesie ist der Facharztstandard zum Zeitpunkt der Behandlung. Ist dieser nach sachverständiger Einschätzung gewahrt, lässt sich das nicht durch eine Jahre später vom Patienten eingeholte aktuelle Herstellerempfehlung entkräften, die keinen Bezug zu den wesentlichen Umständen des damaligen Behandlungsfalls hat[2336].

3. Chiropraktik.

534
- Bei einer chiropraktischen Behandlung an der Halswirbelsäule besteht das typische (spezifische) Risiko für eine Intimaverletzung mit Basilaristhrombose und Ponssyndrom. Über die Aufklärungsbedürftigkeit entscheidet nicht die Komplikationsdichte eines trotz seiner Seltenheit spezifisch mit der Therapie verbundenen Risikos (hier etwa 1:400000), sondern seine Bedeutung, die es für die Entschließung des Patienten haben kann[2337].
- Vor einer chirotherapeutischen Manipulation muss ein in Betracht zu ziehender Bandscheibenvorfall diagnostisch ausgeschlossen werden[2338].
- Vor einer chirotherapeutischen Manipulation ist über das Risiko der Verletzung der Arteria vertebralis und die damit einhergehende Möglichkeit dauerhafter Folgeschäden aufzuklären[2339].
- Die fehlende Aufklärung über die Risiken einer chiropraktischen Behandlung an der Halswirbelsäule begründet einen Schmerzensgeldanspruch des Patienten in Höhe von € 2.000, wenn der Patient infolge der Behandlung einen Bandscheibenvorfall erleidet[2340].

4. Chirurgie.

535
- Zur Frage, in welchem Umfang der Chirurg einen Unfallpatienten über zur Wahl stehende Behandlungsmöglichkeiten aufklären muss[2341].
- Der Arzt muss nicht über Behandlungsalternativen aufklären, wenn eine der Alternativen im konkreten Fall wegen anderer behandlungsbedürftiger Verletzungen des Patienten ausscheidet[2342].
- Schmerzensgeld nach Hauptgallengangdurchtrennung mit entzündlichen Reaktionen, Leberaufstauungen, erhöhter Gamma-GT-Wert[2343].
- Schmerzensgeld nach Gallenverletzung, bei einer fehlerhaft vorbereiteten Exstirpation der Gallenblase kam es zu einer Durchtrennung des Hauptgallenganges, Folge: Depressionen, Schlafstörungen, Ängste[2344].
- Schmerzensgeld nach Gallenblasenentfernung, Folge: hochgradige Stenose im proximalen Drittel des Gallenganges, ordnungsgemäßer Gallenabfluss verhindert[2345].
- Schmerzensgeld nach schwerer Darmverletzung mit Kurzdarmsyndrom (verbliebene Dünndarmlänge nur 140 cm, gravierenden Dauerfolgen) mit Verschlechterungstendenz, linke Niere ist funktionslose Schrumpfniere, rechte Niere leicht vergrößert mit Funktionseinschränkung mit Verschlechterungstendenz, Milzriss[2346].
- Schmerzensgeld nach mehrfacher Darmperforation mit folgender Bronchopneumonie mit septischem Schock, akute respiratorische Insuffizienz[2347].

2334 OLG München, Urt v 22.1.2009 – 1 U 2357/06, BeckRS 2009, 04382.
2335 BGH, Urt v 21.12.2010 – VI ZR 284/09, BGHZ 188, 29 = NJW 2011, 1672, 1673 m Anm Spickhoff NJW 2011, 1651; m Anm Katzenmeier JZ 2011, 797; m Anm Schmidt-Recla, MedR 2011, 648; m Anm Voigt MedR 2011, 650.
2336 OLG Koblenz, Beschl v 27.1.2015 – 5 U 1147/14, MedR 2016, 60.
2337 OLG Bremen, Urt v 27.9.1989 – 1 U 2/89 [b], VersR 1991, 425.
2338 OLG Hamm, Urt v 24.10.2001 – 3 U 123/00, ArztR 2002, 280.
2339 OLG Oldenburg, Urt v 25.6.2008 – 5 U 10/08, ArztR 2009, 106.
2340 OLG Frankfurt/M, Urt v 13.1.2015 – 8 U 141/13, openJur 2015, 2043 Rz 16, 17, 18, 26.
2341 BGH, Urt v 11.5.1982 – VI ZR 171/80, MedR 1983, 23–25.
2342 BGH, Urt v 7.4.1992 – VI ZR 224/91, MedR 1992, 275.
2343 OLG Hamm, Urt v 15.3.2000 – 3 U 1/99, VersR 2001, 65.
2344 OLG Brandenburg an der Havel, Urt v 10.3.1999 – 1 U 54/98, NJW-RR 2000, 24.
2345 OLG Düsseldorf, Urt v 25.4.2003 – 8 U 65/02, BB 2003, 305.
2346 OLG Frankfurt/M, Urt v 9.4.2010 – 13 U 128/09, NZV 2011, 39.
2347 OLG Hamm, Urt v 3.9.2013 – 26 U 85/12, openJur 2013, 35647 Rz 28.

- Schmerzensgeld nach Dickdarmverletzung durch Darmperforation[2348].
- Schmerzensgeld nach Verletzung des nervus vagus, Magen- und Darmfunktion erheblich und auf Dauer beeinträchtigt[2349].
- Schmerzensgeld nach stumpfen Bauchtrauma mit Dünndarmperforation, zweiseitiger ausgedehnter Milzriss, Prellungen, Zerrungen[2350].
- Schmerzensgeld nach Zwölffingerdarmverletzung, Hohlvenenverletzung, Nervverletzung (nervus vagus) mit Kältegefühl im rechten Fuß, vergrößerter Bauchschnitt mit Narbenbildung nach Nähten an der Bauchwand, seelische Belastungen[2351].
- Schmerzensgeld nach Blinddarmdurchbruch nach verkannter Blinddarmentzündung infolge unvollständiger Diagnostik, Bauchdeckenphlegmone, Dünndarmmileus[2352].
- Schmerzensgeld nach Magenoperation unter Verletzung der ärztlichen Aufklärungspflicht[2353].
- Schmerzensgeld nach schwerer Nierenverletzung: links funktionslose Schrumpfniere; rechts leicht vergrößert und in ihrer Funktion eingeschränkt mit Verschlechterungstendenz, Schwere Darmverletzung mit Kurzdarmsyndrom, ebenfalls mit Verschlechterungstendenz, Milzriss[2354].
- Schmerzensgeld nach Verletzung der Arteria epigastrica superficialsi dextra infolge einer Bauchspiegelung[2355].
- Schmerzensgeld nach stumpfem Bauchtrauma mit Darmverletzung: Dünndarmperforation, zweiseitige ausgedehnter Milzriss, Prellungen, Zerrungen[2356].
- Schmerzensgeld nach Nierenruptur mit Nierenentfernung, Milzriss, Magenquetschung, Bauchspeicheldrüsenquetschung, handflächengroßes Oberschenkelserom rechts, LKW-1-Vorderkantenabriß[2357].
- Schmerzensgeld nach Blasendachzerstörung, Verletzung der Harnorgane, Schrumpfniere, Urosepsis mit starker Eiterbildung und Verlust der linken Niere[2358].
- Schmerzensgeld nach kompletter Blasenlähmung mit nachfolgender Harninkontinenz, Störung der Mastdarmfunktion, häufige Harnwegsinfektionen mit hohem Fieber und erheblichen Schmerzen[2359].
- Schmerzensgeld nach nicht medizinisch indizierter Harnleiterentfernung und künstlicher Harnausgang, Harninkontinenz[2360].
- Schmerzensgeld nach Blasenschließmuskelverletzung mit nachfolgender Harninkontinenz[2361].
- Der behandelnde Arzt hat bei mehreren in Betracht kommenden Operationsmethoden grundsätzlich den sichersten Weg zu wählen. Es steht ihm jedoch regelmäßig frei, ob er bei einer großen Leberzyste eine Zystektomie oder eine Leberresektion vornimmt. Vor einer Leberresektion braucht der Patient grundsätzlich weder über die Gefahr einer Schädigung der Gallenwege aufgeklärt, noch in die Entscheidung über die Wahl der Operationsmethode einbezogen zu werden[2362].
- Die Wahl einer neuen gefährlicheren Methode (Nashold-Operation) ist jedenfalls zulässig, wenn sie indiziert ist und die besten Erfolgsaussichten bietet. Über die unterschiedlichen Risiken beider Operationsmethoden ist aufzuklären[2363].
- Zwar muss der Arzt nicht stets den sichersten therapeutischen Weg wählen; ein höheres Risiko muss aber in den besonderen Sachzwängen des konkreten Falles oder in einer günstigeren Heilungsprognose eine sachliche Rechtfertigung finden (hier: Bündelnagelung eines Torsionsbruchs statt Plattenosteosynthese)[2364].
- Der Einsatz eines älteren Chirurgiegeräts bei der Entfernung eines Polypen an der Darmwand ist zulässig, wenn es technisch einem moderneren Gerät gleichwertig ist. Zur Frage, ob bei der Entfernung eines Polypen an der Darmwand über das Risiko einer Darmperforation aufzuklären ist[2365].

2348 OLG Oldenburg, Urt v 27.5.2009 – 5 U 43/08, VersR 2010, 1221.
2349 LG Osnabrück, Urt v 17.9.2008 – 2 O 2889/06, -juris.
2350 OLG Hamm, Urt v 17.1.2001 – 13 U 101/00, openJur 2011, 78517.
2351 LG Freiburg im Breisgau, Urt v 13.8.2004 – 2 O 78/04, -juris.
2352 OLG Düsseldorf, Urt v 22.11.2001 – 8 U 192/00, openJur 2011, 16987.
2353 OLG München, Urt v 28.11.1985 – 24 U 98/85, NJW-RR 1986, 764.
2354 LG Frankfurt/M, Urt v 9.4.2010 – 13 U 128/09, NZV 2011, 39.
2355 OLG Düsseldorf, Urt v 19.10.2000 – 8 U 183/99, VersR 2002, 1151.
2356 OLG Hamm, Urt v 17.1.2001 – 13 U 101/00, -juris.
2357 OLG Nürnberg, Urt v 5.2.2002 – 3 U 3149/01, NJW-RR 2002, 1247.
2358 LG Hagen, Urt v 12.07.1990 – 19 O 111/87, -juris.
2359 OLG Brandenburg an der Havel, Urt v 1.9.1999 – 1 U 3/99, NJW-RR 2000, 397.
2360 LG Kleve, Urt v 25.7.2012 – 2 O 477/11, openJur 2012, 132586.
2361 OLG Düsseldorf, Urt v 12.7.1990 – 8 U 235/88, VersR 1991, 1138.
2362 OLG Köln, Urt v 20.4.1989 – 7 U 20/88, VersR 1990, 856.
2363 OLG Celle, Urt v 11.2.1991 – 1 U 71/89, VersR 1992, 749.
2364 BGH, Urt v 7.7.1987 – VI ZR 146/86, BGHZ 168, 103, 105 = VersR 1988, 82.
2365 OLG Frankfurt/M, Urt v 21.9.1989 – 1 U 12/88, VersR 1991, 185.

- Ist die Behandlung einer Handgelenksverletzung mit mehreren medizinisch gleichermaßen indizierten Methoden konservativ und operativ möglich, ist aber die konservative Behandlung weitaus üblicher und hat nahezu die gleichen Erfolgschancen, so stellt die Möglichkeit einer operativen Therapie für den Patienten keine Alternative dar, über die er vernünftigerweise mitentscheiden muss[2366].
- Die Wahl einer Außenseitermethode (Küntscher-Marknagelung bei Oberarmschaftbruch) ist nur zulässig, wenn der Operateur über besondere Erfahrungen mit dieser Methode verfügt und die technische Ausstattung eine solche Vorgehensweise erlaubt[2367].
- Die Gerichte sollen einen medizinischen Schulenstreit nicht entscheiden. Der Patient hat nur einen Anspruch darauf, über die Natur des Eingriffs im Großen und Ganzen aufgeklärt zu werden. Zur Pflicht des Arztes, über ein Risiko aufzuklären, das auch bei anderen Behandlungsmethoden auftreten kann, für dessen Auftreten bei dem vorgenommenen Eingriff aber eine höhere Wahrscheinlichkeit besteht als bei anderen Eingriffen[2368].
- Das Eingreifen des weisungsberechtigten Chefarztes in eine laufende Operation schließt die Verantwortlichkeit der für die Operation zunächst zuständigen Ärzte nicht ohne weiteres aus. Eine intraoperative Verlaufs- und Risikoaufklärung des Patienten setzt voraus, dass der Patient physisch und psychisch in der Lage ist, einem solchen Gespräch zu folgen und eine eigenständige Entscheidung zu treffen[2369].
- Nimmt ein Berufsanfänger chirurgische Eingriffe vor, muss immer ein Facharzt assistieren[2370].
- Es stellt keinen vorwerfbaren Behandlungsfehler dar, eine Polypenoperation in den Nasenhaupthöhlen durchzuführen, obwohl der Patient einen Tag zuvor Aspirin C eingenommen hatte, wenn sämtliche Laborparameter zur Blutgerinnung sich im Normbereich befinden[2371].
- Die Fehlinterpretation eines Röntgenbildes, dessen Auswertung den Einsatz einer Lupe nahelegt, ist nicht als fundamentaler Diagnosefehler zu bewerten. Die Nichterhebung von Befunden stellt keinen groben Diagnosefehler dar, wenn der Gesundheitszustand bei einer Nachuntersuchung keine Zweifel an der Richtigkeit der ursprünglichen Diagnose aufwirft[2372].
- Ein Arzt verstößt gegen elementare Behandlungsregeln, wenn er vor einer Injektion seine Hände nicht ausreichend desinfiziert[2373].
- Ein Chirurg begeht einen einfachen Behandlungsfehler, wenn er während eines ambulanten operativen Eingriffs (Entfernung eines Lipoms) keinen sterilen Kittel und die im OP-Raum anwesende Helferin weder Kopfbedeckung noch Mundschutz trägt[2374].
- Bleibt eine Bauchfellentzündung (Letalitätsrisiko 40 %) vier bis fünf Stunden unbehandelt, liegt darin kein grober Behandlungsfehler[2375].
- Es ist ein grober Behandlungsfehler, wenn eine operativ versorgte Fraktur mit Durchspießungswunde nicht rundum inspiziert und wenn keine Wundrevision durchgeführt wird. Wegen der Gefahr der Entstehung eines Gasbrandes ist die stündliche Kontrolle des Patienten geboten[2376].
- Es besteht ein allgemeiner chirurgischer Grundsatz, dass penetrierende Verletzungen zu revidieren sind. Deshalb ist die explorative Revision einer Wunde erforderlich, durch die ein – vom Patienten selbst herausgezogener – Holzsplitter knapp unterhalb des Kniegelenks in den linken Unterschenkel eingedrungen ist. Außerdem muss gerade bei einem möglicherweise tieferen Eindringen des Holzsplitters mit der Ablösung und dem Verbleib kleinerer Reste gerechnet werden, die sich als nicht schattengebende Körper im Röntgenbild nicht darstellen lassen. Beschränkt sich der Arzt lediglich auf die Sondierung der Wunde, liegt ein haftungsrelevanter Behandlungsfehler vor[2377].
- Wird durch die konkret gewählte Art der Lagerung des Patienten, die grundlos vom ärztlichen Standard abweicht, das Risiko der Verletzung eines großen Bauchgefäßes erhöht, so haftet der operierende Arzt wegen eines schuldhaft begangenen Behandlungsfehlers, wenn es in der Operation zu einer Verletzung der Arteria iliaca communis kommt[2378].

2366 OLG Naumburg, Urt v 6.6.2005 – 1 U 7/05, VersR 2006, 979.
2367 OLG Düsseldorf, Urt v 20.12.1990 – 8 U 110/89, NJW-RR 1991, 987.
2368 BGH, Urt v 22.12.1987 – VI ZR 32/87, MedR 1988, 147.
2369 BGH, Urt v 10.3.1987 – VI ZR 88/86, MedR 1987, 234.
2370 BGH, Urt v 10.3.1992 – VI ZR 64/91, ArztR 1992, 368.
2371 OLG Zweibrücken, Urt v 10.3.2009 – 5 U 19/07, GesR 2009, 405, 406.
2372 OLG Saarbrücken, Urt v 26.8.1998 – 1 U 776/97-153, MedR 1999, 181, 182.
2373 OLG Düsseldorf, Urt v 4.6.1987 – 8 U 113/85, NJW 1988, 2307.
2374 OLG Hamm, Urt v 11.10.2005 – 3 U 93/04, MedR 2006, 215, 216.
2375 LG Wiesbaden, Urt v 26.4.2007 – 2 O 1195/01, openJur 2012, 28598 Rz 24, 25 ff.
2376 OLG Stuttgart, Urt v 14.1.1988 – 14 U 8/87, VersR 1989, 199, 200.
2377 OLG Köln, Urt v 13.6.2012 – 5 U 18/11, MedR 2013, 30.
2378 OLG Stuttgart, Urt v 14.12.1989 – 14 U 16/89, VersR 1990, 1279.

- Ein Verstoß gegen die von der Deutschen Chirurgischen Gesellschaft veröffentlichte Leitlinie, die den „goldenen Standard" in Bezug auf die Heparin-Gabe enthält, begründet einen groben Behandlungsfehler[2379].
- Bei einer akuten Gallenblasenentzündung mit Gefahr der Gallenblasenperforation ist eine 3–4 Stunden vor dem Eingriff erteilte Einwilligung wirksam[2380].
- Verkürzt ein Chirurg bei dem vor der Operation geführten Aufklärungsgespräch das Selbstbestimmungsrecht des Patienten durch die ungesicherte Angabe, es bestehe höchste Lebensgefahr, so ist er aufgrund der Rechtsfolge einer unwirksamen Einwilligung zum Ersatz des durch die Operation eingetretenen Schadens verpflichtet[2381].
- Ist der Erfolg einer Operation nicht nur zweifelhaft, sondern führt sie günstigstenfalls zu einem vorübergehenden Heilerfolg, so sind an die Aufklärungspflicht strenge Anforderungen zu stellen; dem Patienten ist zu verdeutlichen, dass durch die vorgesehene Operation nicht nur das Ziel verfehlt werden kann (hier: mindestens vorübergehende Schmerzfreiheit), sondern dass es sogar zu einer Verschlimmerung seiner Beschwerden kommen kann[2382].
- Zur Aufklärung vor einer Operation (hier: Gallengangsoperation) gehört die Unterrichtung des Patienten über deren Dringlichkeit. Auch insoweit obliegt die Beweislast für eine vollständige und richtige Aufklärung dem Arzt[2383].
- Es ist bei einer laparoskopischen Gallenblasenentfernung ausreichend, dass auf die Möglichkeit der Verletzung des Darms, die Gefahr von Nachblutungen und Infektionen hingewiesen wird. Das Risiko der Bauchfellentzündung muss nicht genannt werden. Es ist nicht darauf hinzuweisen, dass die Komplikationen ein lebensgefährliches Ausmaß annehmen können und weitere Operationen erforderlich machen[2384].
- Vor einer Entfernung von kalten Knoten im Bereich des rechten Schilddrüsenlappens muss über die Gefahr dauerhaft verbleibender Atembeschwerden aufgeklärt werden[2385].
- Bei einer Prostatektomie ist es nicht notwendig, die spannungsfreie Verknotung der Anastomosennähte im Operationsbericht festzuhalten, da es sich hierbei um medizinische Selbstverständlichkeiten handelt[2386].
- Hat ein Patient eine vorgesehene Nachuntersuchung in der Ambulanz nicht abgewartet und das Krankenhaus verlassen, ohne über die Folgen seiner Handlungsweise belehrt worden zu sein, kann der Arzt verpflichtet sein, ihn erneut einzubestellen und über Erfordernis und Dringlichkeit gebotener Therapiemaßnahmen aufzuklären[2387].
- Verschweigt ein Arzt dem Patienten, dass bei einer Operation eine Bohrerspitze abgebrochen und im Knochen verblieben ist, liegt darin ein grober Behandlungsfehler, weil der Patient auf diese Information für die Nachbehandlung angewiesen ist[2388].
- Eine Inkongruenz zwischen dem Prothesen- und dem Gefäßlumen von 0,6 cm bei einer Operation zur Beseitigung einer kurzstreckigen Einengung der Aorta ist grob behandlungsfehlerhaft[2389]. Die Kausalität zwischen Verwendung einer Prothese mit zu geringem Lumen und Aorteneinriss konnte nicht ausgeschlossen werden. Der Patient leidet an postoperativer Querschnittslähmung, neurogener Blasen- und Mastdarmstörung, partieller Opticusatrophie und Hämatothorax.
- Aus einem recht knappen Operationsbericht kann nicht gefolgert werden, dass es während der Operation zu dokumentationspflichtigen Zwischenfällen oder Ereignissen gekommen ist, die der Operationsbericht verschweigt. Denn der Operationsbericht dient weder dazu, ärztliches Handeln lückenlos in sämtlichen Details festzuhalten, noch dazu, die tatsächlichen Grundlagen eines Haftpflichtprozesses gegen den Arzt zu schaffen oder zu erschüttern[2390].
- Verzögert ein grober Befunderhebungsfehler die Behandlung eines Synovialsarkoms im Unterschenkel einer Patientin, kann eine nach der Behandlung zurückbleibende dauerhafte Fuß- und Großzehenschwäche dem Behandlungsfehler zuzurechnen sein (Beweislastumkehr bei

---

2379 OLG Hamm, Urt v 6.5.2002 – 3 U 31/01, ArztR 2006, 88, 89.
2380 OLG München, Urt v 21.9.2006 – 1 U 2175/06, MedR 2007, 601= ArztR 2007, 190.
2381 OLG Stuttgart, Urt v 14.4.1988 – 14 U 16/87, VersR 1988, 695; BGH, Beschl v 29.11.1988 – VI ZR 140/88, VersR 1989, 478.
2382 OLG Hamm, Urt v 5.6.1989 – 3 U 351/88, VersR 1990, 855.
2383 BGH, Urt v 26.6.1990 – VI ZR 289/89, MedR 1990, 329 = NJW 1990, 2928.
2384 OLG München, Urt v 21.9.2006 – 1 U 2175/06, MedR 2007, 601.

2385 OLG Koblenz, Urt v 1.4.2004 – 5 U 1086/03, NJW-RR 2004, 1166.
2386 OLG Oldenburg, Urt v 30.1.2008 – 5 U 92/06, NJW-RR 2009, 32.
2387 BGH, Urt v 27.11.1990 – VI ZR 30/90, JZ 1991, 782.
2388 OLG Stuttgart, Urt v 2.2.1989 – 14 U 20/88, VersR 1989, 632.
2389 OLG München, Urt v 16.4.2009 – 1 U 3350/08, openJur 2012, 100093.
2390 OLG Koblenz, Beschl v 27.9.2011 – 5 U 273/11, MDR 2012, 51 = MedR 2012, 330 m Anm Achterfeld MedR 2012, 331.

- groben Behandlungsfehlern in Bezug auf einen Sekundärschaden, der eine typische Folge des Primärschadens ist)[2391].
- Wird die Speiseröhre im Verlauf einer Operation trotz fachgerechten ärztlichen Vorgehens verletzt, ist dies als Behandlungsfehler zu werten, wenn die Verletzung durch eine ärztliche Überprüfung der Lage der Speiseröhre während der Operation zu vermeiden gewesen wäre[2392].
- Der Schmerzensgeldanspruch, den ein Patient auf verschiedene, den Ärzten im Rahmen derselben Operationen der damit im unmittelbaren Zusammenhang stehenden Nachbehandlung unterlaufende Behandlungsfehler stützt, begründet einen einzigen, alle Behandlungsfehler umfassenden Streitgegenstand. Mehrere Behandlungsfehler, die den Ärzten im Rahmen derselben Operation unterlaufen sind, begründen einen einheitlichen Schmerzensgeldanspruch, dessen Höhe aufgrund einer ganzheitlichen Betrachtung der dem Schadensfall prägenden Umstände zu bemessen ist. Der Schmerzensgeldanspruch kann nicht in Teilbeträge zum Ausgleich einzelner im Rahmen eines einheitlichen Behandlungsgeschehens unterlaufener Behandlungsfehler aufgespalten werden[2393].
- Wer einen orthopädischen Eingriff vornimmt, muss dafür in ausreichendem Maße ausgestattet sein. Zur Aufklärungspflicht über das Risiko, dass sich eine Schraube möglicherweise nicht lösen lässt und dadurch ein zweiter Eingriff erforderlich wird[2394].
- Wird während einer Operation zur Entfernung des mit einem Tumor befallenen linken Eierstocks aufgrund einer Sichtbehinderung versehentlich der rechte gesunde Eierstock einer fast 15-jährigen Patientin mit herausgerissen, liegt ein Behandlungsfehler vor[2395].
- Übernimmt ein noch in der Facharztausbildung befindlicher Arzt eine Operation, so muss bei der Behandlung des Patienten der Facharztstandard stets gewährleistet sein. Dies geschieht in der Regel dadurch, dass ein Facharzt ständig anwesend ist, den Operierenden überwacht und bei Komplikationen zum Eingreifen bereit ist. Einem noch in der Facharztausbildung befindlichen Arzt darf die Durchführung einer Operation übertragen werden. Voraussetzung dafür ist, dass keine Bedenken gegen die Qualifikation des Operierenden bestehen und die Überwachung durch einen vorgesetzten Facharzt stets gewährleistet ist. Das gilt auch für schwierige Operationen. Dies rechtfertigt sich aus dem Ausbildungszweck, da ein Facharzt schwierige Operationen nicht eigenverantwortlich durchführen kann, ohne diese zuvor in der Facharztausbildung unter Aufsicht geübt zu haben. Wird eine Operation von einem in Ausbildung befindlichen Arzt unter fachärztlicher Aufsicht durchgeführt, so muss der Patient darüber nicht aufgeklärt werden, da der Facharztstandard bei der Operation durch die fachärztliche Aufsicht über den Operierenden gewährleistet ist[2396].
- Bei der Operation des 17-jährigen Klägers, der im Klinikum der Beklagten wegen eines Nasenbeinbruchs operiert worden war, waren die Schläuche des Beatmungsgeräts nicht richtig angeschlossen. Der Patient war 25 Minuten nicht ausreichend mit Sauerstoff versorgt. Infolge dessen erlitt der Kläger einen schweren hypoxischen Hirnschaden mit apallischem Syndrom und spastischer Tetraparese[2397]. Es wurde ein Schmerzensgeld nahe der Millionengrenze zugesprochen.
- Die Anwendung eines nicht allgemein anerkannten, den Korridor des medizinischen Standards verlassenden Behandlungskonzepts stellt nicht ohne weiteres einen Behandlungsfehler dar (hier: HWS–Operation)[2398].

5. Durchgangsarzt.

- Die erste Aufgabe eines Durchgangsarztes besteht im Suchen und Erkennen einer Unfallverletzung. Er darf sich aber nicht darauf beschränken, nach einem Bruch, einer Zerrung oder einer anderen Folge eines Arbeitsunfalls zu suchen, sondern ist verpflichtet, dem Patienten auch sonstige für dessen Gesundheit relevante Erkenntnisse mitzuteilen, die sich ihm bei flüchtigem Betrachten oder Untersuchen erschließen oder auch erschließen müssen. Hierzu gehört auch ein Impingementsyndrom, weil eine solche Erkrankung durch einen Sturz aktiviert und behandlungsbedürftig werden kann[2399].
- Einem als Durchgangsarzt in Anspruch genommenen Arzt ist kein Behandlungsfehler vorzuwerfen, wenn auf den von ihm gefertigten Röntgenbildern eine – objektiv vorliegende –

[2391] OLG Hamm, Urt v 18.2.2015 – 3 U 166/13, openJur 2015, 16096.
[2392] OLG Hamm, Urt v 23.10.2015 – 26 U 182/13, openJur 2015, 20338.
[2393] BGH, Urt v 14.3.2017 – VI ZR 605/15, MDR 2017, 762.
[2394] OLG Karlsruhe, Urt v 13.12.2017 – 7 U 90/15, openJur 2021, 28795.
[2395] LG Mainz, Urt v 24.6.2010 – 2 O 312/06, -juris.
[2396] OLG München, Urt v 31.1.2002 – 1 U 3145/01, -juris.
[2397] LG Gießen, Urt v 6.11.2019 – 5 O 376/18, openJur 2020, 44870.
[2398] BGH, Urt v 15.10.2019 – VI ZR 105/18, NJW 2020, 1358.
[2399] OLG Hamm, Urt v 25.1.1989 – 3 U 136/88, VersR 1990, 975.

Kahnbeinfraktur nicht zu erkennen ist und er deshalb in seinem Arztbericht unter der Rubrik „Röntgenergebnis" die Worte „keine knöchernen Verletzungen" einträgt[2400].
- Bei der Entscheidung über das Ob und Wie der weiteren Behandlung übt der für eine Berufsgenossenschaft als Heilbehandlungsarzt (H-Arzt) tätige Arzt ein öffentliches Amt aus. Übernimmt der Arzt nach dieser Entscheidung die allgemeine Heilbehandlung, haftet nur er[2401].
- Beschränkt sich der Durchgangsarzt im Rahmen der Nachschau auf die Prüfung der Frage, ob die bei der Erstversorgung des Verletzten getroffene Entscheidung zugunsten einer allgemeinen Heilbehandlung aufrechtzuerhalten ist, wird er in Ausübung eines öffentlichen Amtes tätig[2402].
- Die Tätigkeit eines Durchgangsarztes ist nicht ausschließlich dem Privatrecht zuzuordnen[2403].
- Eine Erstversorgung durch den Durchgangsarzt ist ebenfalls der Ausübung eines öffentlichen Amtes zuzurechnen mit der Folge, dass die Unfallversicherungsträger für etwaige Fehler in diesem Bereich haften[2404]. Wegen des regelmäßig gegebenen inneren Zusammenhangs der Diagnosestellung und der sie vorbereitenden Maßnahmen mit der Entscheidung über die richtige Heilbehandlung sind jene Maßnahmen ebenfalls der öffentlich-rechtlichen Aufgabe des Durchgangsarztes zuzuordnen mit der Folge, dass die Unfallversicherungsträger für etwaige Fehler in diesem Bereich haften[2405].

6. Gerontologie.
- Klinik haftet gegenüber der Krankenkasse nach dem Fenstersturz einer dementen Patientin[2406].
- Keine Haftung des Arztes für die Fortsetzung künstlicher Ernährung bei dementem Patienten[2407].
- Bei der Beurteilung der Notwendigkeit von Vorkehrungen zur Verhinderung einer Selbstschädigung durch den Bewohner eines Pflegeheims ist maßgebend, ob im Einzelfall wegen der körperlichen oder geistigen Verfassung des Bewohners aus der ex-ante-Sicht ernsthaft damit gerechnet werden musste, dass er sich ohne Sicherungsmaßnahmen selbst schädigen könnte. Dabei muss auch dem Umstand Rechnung getragen werden, dass bereits eine Gefahr, deren Verwirklichung nicht sehr wahrscheinlich ist, aber zu besonders schweren Folgen führen kann, geeignet ist, Sicherungspflichten des Heimträgers zu begründen[2408].

7. Gynäkologie. – a) Geburtshilfe.
- Stirbt die Leibesfrucht im Mutterleib durch Unterlassen eines gebotenen ärztlichen Eingriffs ab, so stellt dies zugleich eine Gesundheitsverletzung der Mutter dar[2409].
- Die Untersuchung einer Schwangeren mit Blutung und Unterbauchschmerzen muss spätestens 15 Minuten nach Notfallaufnahme möglich sein. Ein Notfallkrankenhaus muss sicherstellen, dass eine erforderliche sofortige Schnittentbindung innerhalb von 20 bis 25 Minuten nach Indikationsstellung durchgeführt werden kann[2410].
- Erhebliche, dreifach positive Proteinurie, erhöhter Blutdruck und starke Gewichtszunahme einer Schwangeren erfordern zwingend weitere Untersuchungen – insbesondere die Abklärung einer Präklampsie, wenn eine solche bereits in vorangegangener Schwangerschaft aufgetreten ist[2411].
- Tritt bei der Geburt eine Schulterdystokie auf, so hat die unerfahrene Assistenzärztin, die noch nie eine Geburt eigenverantwortlich leitete, der Hebamme bis zum Eintreffen des Facharztes den Vortritt bei den weiteren Geburtsmaßnahmen zu lassen. Eine unerfahrene Assistenzärztin haftet nur, wenn ihr Fehler der Hebamme erkennbar werden oder sie bei Unterstützungsmaßnahmen selbst Fehler begeht[2412].

2400 OLG Stuttgart, Urt v 15.10.1987 – 14 U 39/86, VersR 1989, 198.
2401 LG Karlsruhe, Urt v 3.2.2006 – 4 O 587/05, MedR 2006, 728; OLG Schleswig, Urt v 2.3.2007 – 4 U 22/06, GesR 2007, 207.
2402 BGH, Urt v 9.3.2010 – VI ZR 131/09, GesR 2010, 251 = VersR 2010, 768 m Anm Jorzig jurisPR-MedizinR 6/2010 Anm 2; m Anm Jung BG 2010, 462, 463.
2403 OLG Jena, Urt v 30.4.2015 – 4 U 893/13, -juris.
2404 BGH, Urt v 29.11.2016 – VI ZR 208/15, BGHZ 213, 120 = NJW 2017, 1742, 1745.
2405 Aufgabe der Rechtsprechung zur „doppelten Zielrichtung", BGH, Urt v 9.12.2008 – VI ZR 277/07, BGHZ 179, 115; BGH, Urt v 9.12.1974 – III ZR 131/72, BGHZ 63, 265, 273 f.
2406 OLG Hamm, Urt v 17.1.2017 – 26 U 30/16, NJOZ 2017, 983.
2407 LG München, Urt v 18.1.2017 – 9 O 5246/14.
2408 BGH, Urt v 14.1.2021 – III ZR 168/19, NJW 2021, 1463.
2409 OLG Koblenz, Urt v 28.1.1988 – 5 U 1261/85, NJW 1988, 2959.
2410 OLG Braunschweig, Urt v 18.12.1997 – 1 U 30/97, MDR 1998, 907.
2411 OLG Celle, Urt v 22.10.2007 – 1 U 24/06, VersR 2009, 500.
2412 OLG Stuttgart, Urt v 8.7.2003 – 1 U 104/02, ArztR 2005, 25.

- Beim Eintritt einer Schulterdystokie unter der Geburt entsprach es ihm Jahre 1993 nicht dem ärztlichen Standard, zu kristellern; ein grober Behandlungsfehler ist aus damaliger Sicht jedoch nicht anzunehmen. Behandlungsfehler sind darin zu sehen, dass die Mutter auch nach Auftreten der Schulterdystokie zum weiteren Pressen veranlasst wurde, und sodann am Kopf des Kindes fehlerhafte Manipulationen durchgeführt wurden (Ergebnis Kompartmentsyndrom)[2413].
- Einer Hebamme können die groben Fehler einer geburtsleitenden Ärztin mit vierjähriger Berufserfahrung nicht zugerechnet werden, sofern sich das Vorgehen der Ärztin für die Hebamme nicht als schlechterdings unvertretbar mit dem Erfordernis sofortiger Intervention darstellte[2414].
- Die Hebamme muss nach Zutritt des Arztes zur Geburt dessen Anweisungen Folge leisten, soweit sie nicht aufgrund ihrer eigenen geburtshilflichen Ausbildung erkennen muss, dass das Vorgehen des Arztes vollkommen regelwidrig und unverständlich ist[2415].
- Der Arzt, der anstelle des geburtsleitenden Belegarztes absprachegemäß die Geburt weiter betreut, wird nicht selbst Vertragspartner der Gebärenden, sondern ist als Vertreter des Belegarztes dessen Erfüllungs- und Verrichtungsgehilfe, auch wenn er selbst Belegarzt des Krankenhauses ist. Die Hebamme ist nach der Übernahme der Geburtsleitung durch den Arzt Erfüllungs- und Verrichtungsgehilfin des Belegarztes, zu dem die Gebärende vertragliche Beziehungen hat, auch wenn ein anderer Belegarzt als dessen Vertreter tätig war[2416].
- Nach Übernahme der Geburtsleitung durch den Belegarzt wird das hierfür eingesetzte Krankenhauspersonal (Hebamme) für diesen als Erfüllungsgehilfen tätig. Das Belegkrankenhaus haftet – vertraglich – insoweit nicht für deren Fehlverhalten[2417].
- Der in Rufbereitschaft wartende gynäkologische Belegarzt ist erst ab dem Zeitpunkt, ab dem er die Verantwortung als Geburtshelfer übernimmt, für die Entwicklung des Geburtsverlaufs verantwortlich. Ein bloßer telefonischer Rat an die geburtsleitende Hebamme (hier: sie solle wegen der wiederkehrenden Dezelerationen in der kindlichen Herzfrequenz ein engmaschiges CTG erstellen), stellt noch keine Übernahme der Verantwortung dar. Die Überschreitung des in den Leitlinien der geburtshilflichen Fachgesellschaften als Grenzwert vorgegebenen Zeitraums von 20 Minuten zwischen der notwendigen Entschließung zur Sectio und der Entbindung (hier: um acht Minuten) erlaubt nicht den Schluss darauf, dass es zu einer nach den Umständen nicht mehr vertretbaren Verzögerung und damit zu einer Pflichtverletzung gekommen ist, da dieses Intervall bei einer sehr erheblichen Zahl von Kaiserschnitten nicht erreicht wird und deshalb nicht als unumstößlicher, allseits anwendbarer Standard gelten kann[2418].
- Der Krankenhausträger haftet wegen Organisationsverschulden, wenn bei einer schwierigen Geburt diese über Stunden einem Arzt im Praktikum und einer Hebamme überlassen wird, sofern nicht ein Facharzt im Krankenhaus anwesend war, der sich in kürzester Zeit vom Geburtsgeschehen hätte überzeugen können[2419].
- Ein im Endstadium der Schwangerschaft durchgeführtes Entspannungsbad ist durch das nichtärztliche Personal so abzusichern, dass ein Ertrinkensunfall der Schwangeren ausgeschlossen ist. Das bedeutet allerdings nicht, dass die Hebamme ununterbrochen am Wannenrand sitzen bleiben muss. Allerdings muss sie sich in Rufnähe aufhalten[2420].
- Allein ein vorangegangener Kaiserschnitt und eine abdominale Schmerzsymptomatik begründen für sich genommen aus medizinischer Sicht nicht eine hinreichende Indikation für eine Notsectio wegen des Vorliegens einer Gebärmutterruptur[2421].
- Jede Notsectio begründet die Indikation zum Ergreifen geeigneter Schutzmaßnahmen zugunsten des Kindes (und der Mutter). Falls die Geburtshelfer zu einer adäquaten Erstversorgung des Kindes post partum nicht in der Lage sind, ist die verzögerte Anforderung von Kinderärzten grob fehlerhaft[2422].
- Stellt der Betreiber eines Geburtshauses in seinem Prospekt die Betreuung durch ein Team von erfahrenen Hebammen, welches durch ortsansässige und schnell verfügbare Gynäkologen, Anästhetisten und Kinderärzte ergänzt wird, in Aussicht, so wird dieser Umstand Inhalt des

---

2413 LG Darmstadt, Urt v 23.7.2008 – 2 O 542/01, -juris.
2414 OLG Koblenz, Urt v 3.5.2007 – 5 U 567/05, VersR 2008, 222, 223 f = ArztR 2008, 81, 82.
2415 OLG Düsseldorf, Urt v 26.4.2007 – 8 U 37/05, VersR 2008, 534.
2416 OLG Stuttgart, Urt v 19.9.2000 – 14 U 65/99, MedR 2001, 311.
2417 OLG Koblenz, Urt v 26.7.2000 – 1 U 1606/98, MedR 2001, 574.
2418 OLG Koblenz, Urt v 5.2.2009 – 5 U 854/08, GesR 2009, 198.
2419 OLG Hamm, Urt v 16.1.2002 – 3 U 156/00, VersR 2002, 1163.
2420 LG Heilbronn, Urt v 22.5.1996 – 1b O 3078/94, MedR 1997, 84.
2421 Brandenburgisches OLG, Urt v 26.3.2009 – 12 U 185/08, openJur 2012, 10376.
2422 OLG Hamm, Urt v 21.5.2003 – 3 U 122/02, VersR 2004, 386.

Behandlungsvertrages, sodass das Geburtshaus für Fehler der zugezogenen Geburtshelfer haftet. Das Geburtshaus hat eine umfassende Organisations- und Leistungspflicht[2423].
- Allein der Stillstand der Geburt erfordert noch keinen sofortigen Kaiserschnitt, wenn die kindlichen Herzfrequenzen wehensynchron und ohne pathologische Zeichen sind[2424].
- Fehlen Anhaltspunkte für ein makrosomes Kind, erfordert die Geburtsleitung nicht die unmittelbare Anwesenheit eines Facharztes, wenn der Assistenzarzt einen genügenden Ausbildungsstand und hinreichende praktische Erfahrungen hat[2425].
- Vor dem Legen einer Cerclage (schwangerschaftsverlängernde Maßnahme) muss über die damit verbundenen Risiken aufgeklärt werden[2426].
- Das Überschreiten der von den Leitlinien der geburtshilflichen Fachgesellschaften als Grenzwert vorgegebenen E-E-Zeit von 20 Minuten um 8 Minuten, stellt keine unvertretbare Verzögerung und damit Pflichtverletzung dar. Bei regelmäßigen Wehen im Abstand von zwei Minuten ist die Gabe zusätzlicher Wehenmittel – insbesondere bei zuvor auffälligem fetalem Herzfrequenzmuster – behandlungsfehlerhaft[2427].
- Kommt es in der 31. Schwangerschaftswoche zu einem Blasensprung, ist über die Möglichkeit der Hinauszögerung der Geburtseinleitung mit Förderung der Lungenreife anstelle der bewusst eingeleiteten Frühgeburt aufzuklären[2428].
- Vorderhauptslage und Deflektionshaltung des Kindes lassen zwar eine protrahierte Geburt erwarten, sind aber keine Indikation für eine primäre Sectio, bei welcher alle Risiken eines abdominellen Eingriffs, wie Thrombose- oder Emboliegefahr sowie Infektionsgefahr gegeben sind[2429].
- Über das Legen einer Cerclage (schwangerschaftsverlängernde Maßnahme) müssen vorrangig die Eltern entscheiden, nachdem sie über die Behandlungsalternativen (Beckenhochlagerung, Tokolyse, prophylaktische Antibiose) umfassend aufgeklärt worden sind[2430].
- Bei einem vorzeitigen Blasensprung ist das Unterlassen einer Ultraschalluntersuchung nicht fehlerhaft, wenn alsbald die Wehen einsetzen[2431].
- Versäumnisse bei einer Geburt rechtfertigen weder einzeln noch in der Gesamtschau eine Beweislastumkehr in der Kausalitätsfrage, wenn es nach Lage der Dinge völlig unwahrscheinlich ist, dass sie schadensursächlich waren. Zwei Tage nach der Geburt festgestellter Hirninfarkt bei einem Neugeborenen mit normalen Apgar-, Blutgas- und Blutsäurewerten nach der Entbindung[2432].
- Gynäkologe haftet aufgrund Organisationsverschulden iH eines Schmerzensgeldkapitalbetrages von € 200.000,-, da er in der privat geleiteten Entbindungsklinik eine Geburt vorgenommen hat, die zwar über fest angestellte Ärzte und Hebammen verfügte, jedoch für die Geburt kein ausreichendes Notfallmanagement etabliert hatte[2433], die zu einer Vermeidbarkeit der geistigen Behinderung des Klägers geführt hätte.
- Es ist grob fehlerhaft, eine Geburt nicht unverzüglich durch Kaiserschnitt zu beenden, wenn bei einer Mikroblutanalyse beim Kind ein pH-Wert von 7,20 ermittelt wird[2434].
- Es kann grob fehlerhaft sein, wenn das vorgeburtliche CTG über zwei Stunden mehrmals kritische Abfälle der Herzfrequenz des Kindes zeigt und der Arzt keine Blutanalyse vornimmt, sowie die rasche Einleitung der Geburt unterlässt[2435].
- Besteht eine akute Gefährdung des Fetus und weigert sich die Mutter, ärztlichen Anordnungen nachzukommen, muss der Geburtshelfer laut und drastisch – bis hin zum Eklat – auf die Gefahr eines Hirnschadens für das Kind hinweisen[2436].
- Kind als Schaden durch Befunderhebungsfehler aufgrund fehlerhaft eingesetzter Verhütung[2437].

[2423] BGH, Urt v 7.12.2004 – VI ZR 212/03, BGHZ 161, 255 = NJW 2005, 888; m abl Anm Baxhenrich VersR 2004, 1565; OLG Hamm, Urt v 16.1.2006 – 3 U 207/02, MedR 2006, 353, 354 f.
[2424] OLG Koblenz, Urt v 5.8.2004 – 5 U 250/04, MedR 2005, 358.
[2425] OLG Koblenz, Urt v 18.5.2006 – 5 U 330/02, MedR 2007, 490.
[2426] OLG Celle, Urt v 2.7.2007 – 1 U 106/06, VersR 2008, 123.
[2427] OLG Koblenz, Urt v 5.2.2009 – 5 U 854/08, GesR 2009, 198.
[2428] OLG Naumburg, Urt v 20.12.2007 – 1 U 95/06, MedR 2008, 442.
[2429] OLG München, Urt v 29.1.2009 – 1 U 3836/05, openJur 2012, 97838 Rz 57 ff.
[2430] OLG Celle, Urt v 2.7.2007 – 1 U 106/06, VersR 2008, 123.
[2431] OLG Stuttgart, Urt v 29.5.2007 – 1 U 28/07, VersR 2007, 1417.
[2432] OLG Koblenz, Urt v 5.8.2004 – 5 U 250/04, MedR 2005, 358.
[2433] OLG Köln, Urt v 31.1.2005 – 5 U 130/01, openJur 2011, 35237.
[2434] OLG Celle, Urt v 27.2.2006 – 1 U 68/05, VersR 2007, 543.
[2435] OLG Koblenz, Urt v 3.5.2007 – 5 U 567/05, VersR 2008, 222.
[2436] OLG Düsseldorf, Urt v 26.4.2007 – 8 U 37/05, VersR 2008, 534.
[2437] BGH, Urt v 14.11.2006 – VI ZR 48/06, NJW 2007, 989.

- Das Angebot eines HIV-Tests in der Frühschwangerschaft gehört zum fachärztlichen Standard in der Geburtshilfe. Das Unterlassen des Angebots eines HIV-Tests in der Frühschwangerschaft stellt einen ärztlichen Behandlungsfehler dar[2438].
- Eine ärztliche Behandlung, deren Ordnungsgemäßheit sich erst im Nachhinein herausstellt, kann nicht als fehlerhaft angesehen werden, selbst wenn sie es nach dem Standard zur Zeit der Behandlung gewesen sein sollte[2439].
- Hat im Falle einer Risikoschwangerschaft der behandelnde Arzt eine Überweisung zur weiterführenden Diagnostik ausgestellt, ist es nicht zwingend erforderlich, zu dokumentieren, in welcher Form die Schwangere auf die Dringlichkeit der durchzuführenden Maßnahme hingewiesen wurde[2440].
- Es besteht eine Aufklärungspflicht der werdenden Mutter während der Geburt, wenn die Schnittentbindung medizinisch indiziert ist und eine echte Alternative zu einer vaginal-operativen Entbindung (hier: mittels Saugglocke) darstellt[2441].
- Kommt es infolge der verspäteten Verständigung des pädiatrischen Notdienstes durch den behandelnden gynäkologischen Belegarzt zu einem Geburtsschaden, so handelt es sich um einen originären ärztlichen Fehler des behandelnden Arztes[2442].
- Zur Bejahung eines abgrenzbaren Teils des Gesundheitsschadens bei Mitverursachung der Gesundheitsverletzung während der Geburtshilfe[2443].
- Bestehen deutliche Anzeichen dafür, dass sich der Zustand der Schwangeren bzw der Geburtsvorgang so entwickeln können, dass die Schnittentbindung zu einer echten Alternative zur vaginalen Entbindung wird, muss der Arzt die Schwangere über die unterschiedlichen Risiken und Vorteile der verschiedenen Entbindungsmethoden aufklären[2444].
- Das LG Berlin verurteilte die Charité dazu, einem Kind sämtliche materiellen und immateriellen Schäden zu ersetzen, die auf ihre fehlerhafte Behandlung in der Klinik zurückzuführen sind; zur Aufklärung bei veränderter Sachlage unter der Geburt[2445].
- Klinik muss Mutter auch über Möglichkeit lebenserhaltender Maßnahmen bei Frühgeburt aufklären[2446].
- Zum Erfordernis der nochmaligen Aufklärung der Schwangeren über die Möglichkeit der Schnittentbindung bei nachträglicher Veränderung des Nutzen–Risiko–Verhältnisses der verschiedenen Geburtswege[2447].
- Hohes Schmerzensgeld nach ärztlichen Behandlungsfehlern bei Geburt[2448].

b) Frauenheilkunde.

539
- Erfolgt die Überweisung einer Patientin ausschließlich zur Durchführung einer bestimmten Untersuchung (hier: Mammographie), ist der die Untersuchung durchführende Arzt nicht zur umfassenden Beratung und Behandlung der Patientin verpflichtet. Der Überweisungsempfänger muss den überweisenden Arzt nur kontrollieren, wenn Anhaltspunkte für ein fehlerhaftes Vorgehen bestehen. Ein Gynäkologe ist nicht zur Beurteilung des Handelns eines Radiologen qualifiziert[2449].
- Findet ein Radiologe bei Kontrolluntersuchungen (Mammographie) bei einer vom Gynäkologen überwiesenen Patientin keinen Verdacht auf ein malignes Geschehen, ist die Empfehlung, regelmäßig Kontrolluntersuchungen vornehmen zu lassen, gegenüber der Patientin ausreichend, wenn dies dem überweisenden Gynäkologen im Arztbericht mitgeteilt wird[2450].
- Ein Anfänger, der sachgerecht von der Therapieanordnung eines Chefarztes abweicht, begeht keinen Behandlungsfehler. Zulässige und erforderliche ärztliche Maßnahmen nach Bildung eines größeren Cervix-Risses Hypothetische Einwilligung der Patientin in eine Gebärmutterexstirpation nach Cervixriss[2451].

2438 LG München I, Urt v 9.6.2008 – 9 O 14628/04, NJW-RR 2009, 898.
2439 OLG Köln, Urt v 18.4.2012 – 5 U 172/11, ArztR 2013, 44.
2440 OLG Oldenburg, Beschl v 29.11.2011 – 5 U 80/11, MedR 2012, 179.
2441 BGH, Urt v 17.5.2011 – VI ZR 69/10, MedR 2012, 252, 253, 254 m Anm Schmidt-Recla MedR 2012, 255, 255.
2442 OLG Hamm, Beschl v 17.1.2011 – 3 U 112/10, MedR 2011, 240 m Anm Francke jurisPR-MedizinR 6/2011.
2443 BGH, Urt v 20.5.2014 – VI ZR 187/13, NJW-RR 2014, 1118.
2444 BGH, Urt v 28.10.2014 – VI ZR 125/13, NJW-RR 2015, 591.

2445 LG Berlin, Urt v 13.1.2016 – 35 O 47/12, GesR 2016, 261.
2446 LG Köln, Urt v 29.6.2016 – 25 O 424/10, MedR 2017,151.
2447 BGH, Beschl v 13.9.2016 – VI ZR 239/16, NJW-RR 2016, 1359.
2448 OLG Hamm, Urt v 4.4.2017 – 26 U 88/16, VersR 2017, 1019.
2449 OLG Hamm, Urt v 26.5.2004 – 3 U 127/02, MedR 2005, 471.
2450 OLG Hamm, Urt v 14.6.2000 – 3 U 202/99, VersR 2002, 98.
2451 OLG Celle, Urt v 16.8.1982 – 1 U 7/82, MedR 1984, 106.

- Eine unterlassene Befunderhebung eines Gynäkologen beim Verdacht einer Rötelninfektion während einer Schwangerschaft kann ein grober Behandlungsfehler sein[2452].
- Es ist grob fehlerhaft, bei einem innerhalb kurzer Zeit wachsenden Tumor eine histologische Abklärung zu unterlassen[2453]. Eine damals 25-jährige Frau bemerkte einen Knoten in ihrer linken Brust und begab sich deshalb zu ihrem Frauenarzt. In den nachfolgenden Monaten kam es mit Unterstützung eines weiteren Arztes zu wiederholten Untersuchungen, bei denen jedes Mal die Knoten als unproblematisch bewertet wurden. Während einer Operation im November 2000 stellte sich heraus, dass die Frau an einem bösartigen Brustkrebs erkrankt war, der bereits auf die Leber ausgestrahlt hatte. Trotz nachfolgender Chemotherapien verstarb die Patientin im Dezember 2004 im Alter von 31 Jahren.
- Im Fall des begründeten Verdachts einer Brustkrebserkrankung bedarf es in jedem Fall einer Biopsie mit einer sich anschließenden Gewebeuntersuchung. Die Durchführung einer Mammographie genügt nicht. Besteht bei einer Patientin ein auffälliger klinischer Befund (hier: gerötete, blutende Mamille der rechten Brust), bei dem der Verdacht einer tumorösen Erkrankung nicht ausgeschlossen werden kann, ist es fehlerhaft, wenn die behandelnde Frauenärztin eine Wiedervorstellung der Patientin zur Kontrolluntersuchung nur für den Fall vorsieht, dass es zu keiner Befundbesserung kommt. Damit wird die Beurteilung des medizinischen Befundes in unzulässiger Weise der Patientin überlassen[2454].
- Nach einer unauffälligen Röntgenrastermammographie (Aufhellung der Brust in weiten Teilen) begründet keine Pflicht zur weitergehenden Diagnostik[2455].
- Wenn die Patientin eine regelmäßige Periodenblutung angibt, muss der Frauenarzt nicht routinemäßig nach dem Datum der vorletzten Blutung fragen, nur um die Richtigkeit dieser Angabe zu überprüfen[2456].
- Mutterschaftsrichtlinien dürfen nicht unter– oder überschritten werden[2457].
- Auch der jeweilige nichteheliche Partner ist in den Schutzbereich des auf Schwangerschaftsverhütung gerichteten Vertrages zwischen Arzt und Patientin einzubeziehen. Zur Geltendmachung eines Unterhaltsschadens muss die Familienplanung nicht abgeschlossen sein. Ausreichend ist, dass die gegenwärtige berufliche und wirtschaftliche Planung der Mutter durchkreuzt wird und die zukünftige Planung inklusive der Möglichkeit eines späteren Kinderwunsches noch nicht absehbar ist[2458].
- Der Vater eines nichtehelichen Kindes ist nicht in einen von der Schwangeren geschlossenen Arztvertrag über Empfängnisverhütung einzubeziehen, wenn das Kind bereits bei Vertragsschluss gezeugt war[2459].
- Es ist als grobes Versäumnis anzusehen, wenn eine Frauenärztin ihre Patientin über den konkreten Verdacht einer Brustkrebserkrankung und die dringende Notwendigkeit einer entsprechenden diagnostischen Abklärung nicht aufklärt[2460].
- Die Perforation der Gebärmutter bei Einlegen einer Spirale ist ein typisches Risiko, über das der Arzt die Patientin aufklären muss[2461].
- Eine 28 Jahre alte Patientin muss über das Risiko eines Ashermann-Syndroms mit der Folge der Unfruchtbarkeit vor einer Ausschabung der Gebärmutterhöhle aufgeklärt werden[2462].
- Verordnet ein Arzt ein Antikonzeptionsmittel („Cyclosa") einer 30jährigen Raucherin, muss er persönlich über das Risiko schwerwiegender Nebenwirkungen (Herzinfarkt, Schlaganfall) aufklären und darf nicht nur auf die Gebrauchsinformation des Pharmaherstellers verweisen[2463].
- Misslingt bei einer Brustoperation die Drahtmarkierung des maßgeblichen Befundes, ist die Patientin vor Weiterführung des Eingriffs ergänzend über die Gefahr aufzuklären, dass das verdächtige Gewebe verfehlt und stattdessen überflüssig gesundes Gewebe entfernt wird[2464].
- Besteht der Verdacht eines großen Adnextumors (als Endometriozyste), muss die Patientin entscheiden, ob die Zyste vollständig entfernt werden soll, was zum Ausschluss einer zu einem

---

2452 OLG Karlsruhe, Urt v 20.6.2001 – 13 U 70/00, VersR 2002, 1426.
2453 OLG Thüringen, Urt v 15.8.2007 – 4 U 437/05, MedR 2008, 42.
2454 OLG Düsseldorf, Urt v 6.3.2003 – 8 U 22/02, VersR 2003, 1310.
2455 OLG Hamm, Urt v 14.6.2000 – 3 U 202/99, VersR 2002, 98.
2456 OLG München, Urt v 10.8.2006 – 1 U 2438/06, MedR 2007, 361.
2457 KG, Urt v 2.10.2003 – 20 U 402/01, ArztR 2004, 323.
2458 BGH, Urt v 14.11.2006 – VI ZR 48/06, NJW 2007, 989 = MedR 2007, 540.
2459 BGH, Urt v 19.2.2002 – VI ZR 190/01, NJW 2002, 1489 = MedR 2002, 463 m Anm Wolf MedR 2002, 464.
2460 OLG Düsseldorf, Urt v 6.3.2003 – 8 U 22/02, VersR 2003, 1310.
2461 OLG München, Urt v 5.4.1990 – 1 U 5542/89, VersR 1990, 1398.
2462 OLG Köln, Urt v 25.4.2007 – 5 U 180/05, VersR 2008, 1072.
2463 BGH, Urt v 15.3.2005 – VI ZR 289/03, ArztR 2006, 128.
2464 OLG Koblenz, Urt v 14.4.2005 – 5 U 667/03, MedR 2005, 530.

Prozent vorkommenden Neuerkrankung notwendig ist oder nur eine Ausschälung der Endometriozyste vorgenommen werden soll[2465].
- Wird eine Frau mit der Blutgruppe O Rhesusfaktor negativ von einem Kind mit der Blutgruppe 0 Rhesusfaktor positiv entbunden und wird ihr deshalb zur Vorbeugung gegen eine Antikörperbildung Immunglobulin injiziert, so ist sie darauf hinzuweisen, dass sich bei ihr dennoch Antikörper bilden und daraus schwerwiegende Risiken für eine erneute Schwangerschaft erwachsen können[2466].
- Es stellt keinen Diagnosefehler dar, wenn ein Facharzt für Frauenheilkunde nach Ertasten eines abklärungsbedürftigen unklaren Verdichtungskomplexes der rechten Brust ohne Umgebungsreaktion (Klassifizierung nach BI-RADS III) leitliniengerecht eine Kontrolle nach 6 Monaten fordert und ein gleichlautender Arztbericht eines Radiologen keine andere Klassifizierung erfordert[2467].
- Es stellt einen groben Behandlungsfehler dar, wenn ein Frauenarzt einer Patientin nach einer Krebsvorsorgeuntersuchung nicht zu einem Mammographiescreening geraten hat und wenige Jahre später Brustkrebs diagnostiziert sowie zuvor ein das Brustkrebsrisiko erhöhendes Medikament verordnet wurde[2468].
- Das versehentliche Auswaschen der Wunde mit Desinfektionsmittel nach einer Brust-OP ist grob behandlungsfehlerhaft, auch wenn beide Flüssigkeiten vom Hersteller in gleichartige Flaschen abgefüllt werden[2469]. Die Ärztin hatte die Flasche, in welcher das Desinfektionsmittel abgefüllt war, mit dem Wundspülungsmittel verwechselt. Die Frau erlitt hierdurch Verätzungen und litt mehrere Stunden unter heftigen, brennenden Schmerzen.
- Ein als Belegarzt operierender Gynäkologe, dem mitgeteilt wird, die Patientin befinde sich in der Umstellung von Marcumar auf Heparin (sog Bridging), ist nicht verpflichtet, sich von dessen tatsächlicher Durchführung zu überzeugen, wenn die OP kein besonderes Blutungsrisiko mit sich bringt (hier: Ausschabung der Gebärmutter)[2470].
- Zur Abklärung eines unklaren Herdbefundes in der Brust einer Patientin darf ein behandelnder Arzt zu einer Exzision mittels einer offenen Biopsie raten, wenn diese gegenüber einer ebenfalls in Betracht kommenden Stanzbiopsie die größere diagnostische Sicherheit bietet und zugleich als therapeutischer Eingriff in Betracht kommt[2471].

c) **Sterilisation.**

540 - Zur Haftung des Gynäkologen für den nach einer erfolglosen Tubensterilisation mittels Tubenligatur und streitiger Elektrokoagulation entstehenden Schaden[2472].
- Die ungewollt vorgenommene Sterilisation ist nicht durch eine mutmaßliche Einwilligung gerechtfertigt, wenn sich im Rahmen einer Sectio ergibt, dass jede weitere Schwangerschaft zu einer Lebensgefahr für die Patientin führen kann und eine spätere Sterilisation mit Risiken verbunden ist[2473].
- Äußert eine kurz vor der Entbindung stehende, aus einem fremden Kulturkreis stammende junge Frau mit nur rudimentären deutschen Sprachkenntnissen den Wunsch nach einer gleichzeitig durchzuführenden Sterilisation, hängt die Wirksamkeit ihrer Einwilligung in eine entsprechende Maßnahme davon ab, dass ihr in einer für sie verständlichen Weise eingehend die Folgen der Sterilisation einschließlich ihrer psychosozialen Folgen dargestellt werden. Daran fehlt es bei einem bloßen kurzen Gespräch über die Endgültigkeit der Maßnahme und einer anschließenden Illustration der Operationstechnik[2474].

d) **Schwangerschaftsabbruch.**

541 - Es gibt kein Recht auf Familienplanung, dessen Verletzung zu einem Schadensersatz nach § 823 Abs 1 führen kann[2475].

[2465] OLG Köln, Urt v 29.1.2007 – 5 U 85/06, MedR 2007, 599.
[2466] BGH, Urt v 28.3.1989 – VI ZR 157/88, MedR 1989, 243.
[2467] OLG Koblenz, Beschl v 21.11.2011 – 5 U 688/11, GesR 2012, 346.
[2468] OLG Hamm, Urt v 12.8.2013 – 3 U 57/13, GesR 2013, 660.
[2469] OLG Köln, Urt v 27.6.2012 – 5 U 38/10, MDR 2012, 1463.
[2470] OLG Frankfurt/M, Urt v 18.12.2014 – 22 U 57/12, openJur 2015, 3374.
[2471] OLG Hamm, Urt v 9.1.2018 – 26 U 21/17, NJOZ 2019, 567.
[2472] BGH, Urt v 8.7.2008 – VI ZR 259/06, NJW 2008, 2846 = MedR 2009, 44.
[2473] OLG Koblenz, Urt v 13.7.2006 – 5 U 290/06, NJW 2006, 2928, 2929.
[2474] OLG München, Urt v 14.2.2002 – 1U 3495/01, VersR 2002, 717 m Anm Jaeger VersR 2002, 719, 720.
[2475] OLG Düsseldorf, Urt v 12.7.1990 – 8 U 128/89, VersR 1992, 493.

- Nach einem Eingriff zum Abbruch einer Zwillingsschwangerschaft schulden Krankenhaus und nachbehandelnder Gynäkologe der Patientin die Beratung, dass wegen des Risikos des Fortbestandes der Schwangerschaft eine Nachkontrolle dringend erforderlich ist[2476].
- Im Falle des misslungenen Schwangerschaftsabbruchs aufgrund einer sog Notlagenindikation des StGB § 218a Abs 2 Nr 3 ist die Unterhaltsbelastung der Mutter durch das Kind dem Arzt nicht zuzurechnen, wenn und sobald sich die sozialen und wirtschaftlichen Verhältnisse der Mutter so günstig entwickelt haben, dass aus nachträglicher Sicht die Annahme einer schwerwiegenden Notlage nicht gerechtfertigt erscheint[2477].
- Zu den Voraussetzungen, bei denen das auf einem ärztlichen Behandlungsfehler beruhende Unterbleiben eines nach StGB § 218a Abs 2 rechtmäßigen Schwangerschaftsabbruchs die Pflicht des Arztes auslösen kann, den Eltern den Unterhaltsaufwand für ein mit schweren Behinderungen zur Welt gekommenes Kind zu ersetzen[2478].
- Zu den Anforderungen an die Prognoseentscheidung bei der Prüfung des Unterhaltsanspruchs für ein behindertes Kind[2479].
- Erkennt ein Arzt eine Behinderung des Ungeborenen im Rahmen der Fehlbildungsdiagnostik nicht und unterbleibt aus diesem Grunde ein Schwangerschaftsabbruch, so haftet der Arzt der Mutter weder auf Schmerzensgeld noch auf Schadensersatz, es sei denn, die Voraussetzungen der medizinischen Indikation des StGB § 218a Abs 2 haben vorgelegen[2480].
- Zum Mitverschulden der Schwangeren, die im Vertrauen auf den Erfolg des Schwangerschaftsabbruchs trotz ärztlichen Rates bei Ausbleiben ihrer Regel nicht alsbald den Arzt aufsucht. Bei Misslingen eines Schwangerschaftsabbruchs aufgrund sog medizinischer Indikation gemäß StGB § 218a Abs 1 fällt der Schaden, der den Eltern durch den Unterhaltsaufwand für das Kind entsteht, im Allgemeinen nicht in den Schutzbereich des Behandlungsvertrages und ist vom Arzt nicht zu ersetzen[2481].

Die mit der Geburt eines nicht gewollten Kindes für die Eltern verbundenen wirtschaftlichen Belastungen (Unterhalt) sind nur dann als ersatzpflichtiger Schaden auszugleichen, wenn der Schutz vor derartigen Belastungen Gegenstand des konkreten Behandlungsvertrages war[2482].
- Vom Schutzbereich des Behandlungsvertrags sind nur die Schäden umfasst, die bei sachgerechter Behandlung/Aufklärung und einem sodann rechtmäßig vorgenommenen Abbruch der Schwangerschaft nicht entstanden wären. Es obliegt dem Arzt nicht, die Schwangere auf die Möglichkeit des Schwangerschaftsabbruchs hinzuweisen. Die Pränataldiagnostik ist nicht darauf gerichtet, jeden denkbaren kindlichen Schaden auszuschließen, sondern beschränkt sich auf das Erkennen kindlicher Schwerstschäden[2483].
- Ist eine 16–Jährige fähig, in einen Schwangerschaftsabbruch einzuwilligen, so ist daneben die Einwilligung der Sorgerechtsberechtigten nicht erforderlich[2484].
- Eine Gesundheitsverletzung iSv § 823 Abs 1 kann auch durch pflichtwidriges Unterlassen begangen werden[2485].
- Beruft sich die Klägerin erstmals im zweiten Rechtszug darauf, dass bei ihr die Voraussetzungen einer medizinisch indizierten Abtreibung nach StGB § 218a Abs 2 vorgelegen hätten und sie von dieser Möglichkeit bei zutreffendem Befund durch den Frauenarzt Gebrauch gemacht hätte, ist das Vorbringen regelmäßig nach ZPO § 531 im Berufungsrechtszug nicht mehr zu berücksichtigen[2486].

8. Hautarzt.

- Unterlässt der Hautarzt trotz der sich aufdrängenden Verdachtsdiagnose Rötelninfektion die üblichen Befunderhebungen, haftet er der Mutter des später mit Behinderungen geborenen Kindes dennoch nicht, wenn der später die Schwangerschaft betreuende Frauenarzt grob fehlerhaft keine Rötelndiagnostik betrieben hat[2487].

2476 OLG Oldenburg, Urt v 21.5.1996 – 5 U 7/96, MDR 1996, 1132.
2477 BGH, Urt v 9.7.1985 – VI ZR 244/83, BGHZ 95, 212.
2478 BGH, Urt v 18.6.2002 – VI ZR 136/01, BGHZ 151, 133 = MedR 2002, 640 m Anm Schumann/Schmidt-Recla MedR 2002, 643, 644, 646.
2479 BGH, Urt v 31.1.2006 – VI ZR 135/04, ArztR 2007, 24 = NJW 2006, 1660.
2480 KG, Urt v 18.3.2002 – 20 U 10/01, MedR 2003, 520.
2481 OLG Zweibrücken, Urt v 22.11.1983 – 5 U 101/83, MedR 1985, 77; nachfolgend BGH, Urt v 25.6.1985 – VI ZR 270/83, NJW 1985, 2749 = VersR 1985, 1068.
2482 BGH, Urt v 15.2.2000 – VI ZR 135/99, MedR 2000, 323.

2483 Zu Missbildungen wie des Fehlens einer Hand und eines Unterarms OLG Hamm, Urt v 5.9.2001 – 3 U 229/00, VersR 2002, 1153 = NJW 2002, 2649; Nichtannahmebeschl BGH v 23.4.2002 – VI ZR363/01, NJW 2002, 2649.
2484 AG Schlüchtern, Beschl v 29.4.1997 – X 17/97, NJW 1998, 832.
2485 LG Berlin, Urt v 17.1.1985 – 20 O 142/84, NJW 1985, 2200.
2486 OLG Oldenburg, Beschl v 18.11.2014 – 5 U 108/14, NJW 2015, 1832.
2487 OLG Hamm, Urt v 21.11.1988 – 3 U 74/88, VersR 1989, 1263.

- Grundsätzlich besteht kein Anspruch auf Widerruf einer ärztlichen Diagnose[2488].
- Erkennt ein Hautarzt aufgrund als grob zu bewertender Behandlungsfehler die Hautkrebserkrankung einer Patientin nicht rechtzeitig, kann dem Arzt eine bis zum Tod führende Verschlechterung des Gesundheitszustandes der Patientin zuzurechnen sein und ein Schmerzensgeld von € 100.000 rechtfertigen[2489].

9. HNO-Bereich.

543 — Zur Abgrenzung der Verantwortung von Operateur und Anästhesist in der prä-, intra- und postoperativen Phase (hier: HNO-Operation): Wirkt sich der Anfängerstatus nicht auf die Behandlung aus, so ist er haftungsrechtlich irrelevant[2490].
- Gegenüber dem Vorwurf, der Arzt habe eine unzutreffende Diagnose gestellt, ist Zurückhaltung geboten. Etwas anderes gilt, wenn der Arzt gebotene differential-diagnostische Maßnahmen unterlässt[2491].
- Übernimmt ein Chefarzt, der im konkreten Fall nicht Operateur ist, Teile der Aufklärung, so haftet er auch für Aufklärungsmängel. Sollen vor einer Nasenscheidewandoperation Injektionen mit gefäßverengenden Stoffen in die Septumschleimhaut erfolgen, so ist der Patient über das Erblindungsrisiko aufzuklären. Das gilt insbesondere dann, wenn der Patient vor dem Eingriff nur auf einem Auge sehen konnte[2492].
- Ein medizinisch nicht vorgebildeter Patient ist vor einer Operation wegen chronisch-rezidivierender Sinusitiden mit begleitenden Pharyngitiden darüber aufzuklären, dass sich sein Zustand durch die Operation verschlechtern kann[2493].
- Ein Berufsanfänger hat den Gang der von ihm selbständig durchgeführten Operation auch bei sog Routineeingriffen in den wesentlichen Punkten zu dokumentieren[2494].
- Das Zunehmen von Gesichtsschmerzen als Folge einer Kieferhöhlenradikaloperation ist ein aufklärungspflichtiges Risiko[2495].

10. Internistische Fälle.

544 — Ein Arzt darf ein Medikament höher dosieren und riskanter applizieren als im Beipackzettel angegeben, wenn die besonderen Sachzwänge des konkreten Falles (Abwendung einer lebensbedrohlichen Komplikation) dieses Vorgehen medizinisch rechtfertigen. Setzt ein Arzt ein Medikament in höherer Dosierung und in riskanter Applikation an, um eine bedrohliche Komplikation von einem Patienten abzuwenden, so hat er ihn darüber zu beraten, wie mögliche Schädigungen möglichst gering gehalten werden können[2496].
- Der behandelnde Arzt trägt die Verantwortung für ein von ihm verschriebenes Medikament auch dann, wenn er auf Ratschlag eines Kollegen handelt[2497].
- Bei einer akuten Pankreatitis stellt es im Regelfall wegen der Gefahr der Exazerbation keinen Haftungsfehler dar, auf eine endoskopische retrograde Cholangio-Pankreatographie (ERCP) zur Abklärung des Verdachts auf einen Gallenstein zu verzichten[2498].
- Bei Verdacht auf eine akute Appendizitis muss der Internist zur weiteren Abklärung einen Chirurgen hinzuziehen[2499].
- Hat ein niedergelassener Internist die Blutgerinnungswerte ausreichend engmaschig bestimmen lassen und danach vertretbar von einer dauerhaften medikamentösen Therapie (Marcumar) abgesehen, haftet er trotz mehrerer Vorschädigungen des Patienten nicht für eine spätere Embolie, wenn dem Behandlungskonzept eine sachgemäße Einschätzung der konkreten Risiken einer dauerhaften Reduzierung der Blutgerinnung zugrunde lag[2500].
- Zur Wirksamkeit der Einwilligung in eine ärztliche Behandlungsmaßnahme, wenn der Patient zur Zeit des Aufklärungsgesprächs unter Schmerzen leidet[2501].

2488 BGH, Urt v 3.5.1988 – VI ZR 276/87, VersR 1988, 827.
2489 OLG Hamm, Urt v 27.10.2015 – 26 U 63/15, openJur 2015, 20339.
2490 BGH, Urt v 26.2.1991 – VI ZR 344/89, MedR 1991, 198 = NJW 1991, 1539.
2491 OLG Oldenburg, Urt v 18.12.1990 – 5 U 82/90, VersR 1991, 1141.
2492 OLG Nürnberg, Urt v 9.4.1991 – 3 U 2178/90, VersR 1992, 754.
2493 LG Berlin, Urt v 20.8.2003 – 6 O 343/02, MedR 2004, 449.
2494 BGH, Urt v 7.5.1985 – VI ZR 224/83, NJW 1985, 2193.
2495 BGH, Urt v 1.10.1985 – VI ZR 19/84, MedR 1986, 192 = NJW 1986, 1541.
2496 OLG Koblenz, Urt v 24.8.1999 – 3 U 1078/95, MedR 2000, 37 = NJW 2000, 3435.
2497 OLG Köln, Urt v 10.1.1983 – 7 U 163/81, MedR 1983, 112.
2498 OLG Koblenz, Urt v 6.12.2002 – 10 U 1790/01, NJW-RR 2003, 970 = VersR 2004, 1458.
2499 OLG Düsseldorf, Urt v 6.3.2003 – 8 U 105/02, VersR 2004, 1563.
2500 OLG Koblenz, Urt v 21.12.2006 – 5 U 1072/06, ArztR 2008, 105 (Ls).
2501 OLG Frankfurt/M, Urt v 24.3.1983 – 1 U 65/80, MedR 1984, 194.

- Ein Entscheidungskonflikt liegt auf der Hand, wenn beim Einsatz eines Medikaments, welches der Besserung der Beschwerden durch Herzrhythmusstörungen dienen soll, zu 35 % mit erheblichen Gesundheitsbeeinträchtigungen zu rechnen ist[2502].
- Ein Facharzt für Allgemeinmedizin haftet nicht, weil er eine Schweinegrippe mit einer Lungenentzündung nicht frühzeitig diagnostiziert und den Patienten deswegen nicht in ein Krankenhaus eingewiesen hat[2503].
- Die zum „Schockschaden" entwickelten Grundsätze[2504] sind auch in dem Fall anzuwenden, in dem das haftungsbegründende Ereignis kein Unfallereignis im eigentlichen Sinne, sondern eine fehlerhafte ärztliche Behandlung (hier: Koloskopie mit Darmperforation) ist. Eine Rechtfertigung dafür, die Ersatzfähigkeit von „Schockschäden" im Falle ärztlicher Behandlungsfehler weiter einzuschränken als im Falle von Unfallereignissen, besteht grundsätzlich nicht[2505].

11. Kinderheilkunde.

- Ein angestellter Pädiater, der zum Dienst im Kreißsaal eingeteilt ist und den Dienst angetreten hat, nimmt eine Garantenstellung gegenüber den Patienten ein. Unterlässt er schuldhaft erforderliche Behandlungsmaßnahmen, so liegt ein Behandlungsfehler vor[2506].
- Der Chefarzt einer Kinderklinik ist verpflichtet, durch organisatorische Maßnahmen sicherzustellen, dass bei Wärmflaschen aus Gummi, die zur Verwendung in Inkubatoren bestimmt sind, zumindest das Anschaffungsdatum erfasst wird, sodass sie vor jedem Einsatz äußerlich geprüft und nach vergleichsweise kurzer Gebrauchsdauer ausgesondert werden können[2507].
- Es ist grob fehlerhaft, ein Neugeborenes, welches nach der Geburt eine Blutunterzuckerung aufwies, nach 8 Stunden zu entlassen, ohne es einem Pädiater vorzustellen und ohne einen detaillierten Hinweis an die Mutter, die Hebamme bzw den Kinderarzt zu erteilen zur Notwendigkeit der Kontrolle des Blutzuckerspiegels[2508].
- Treten bei einem Neugeborenen signifikante Leitsymptome für eine schwere Infektion (hier: Sonnenuntergangsphänomen) auf, so kann ein grober ärztlicher Behandlungsfehler darin liegen, dass die notfallmäßige Verlegung in eine spezialisierte Kinderklinik um 45 Minuten verzögert wird[2509].
- Ein grober Behandlungsfehler liegt vor, wenn bei einem mangelgeborenen Kind mit einem erheblichen Minderwachstum dessen Risiko einer Unterzuckerung (Hypoglykämie) mit 50 % anzusetzen ist, in der geburtshilflichen Abteilung nicht gewährleistet ist, dass die erforderlichen Blutzuckerkontrollen erfolgen und Glukosegaben bereitstehen. Neugeborene dieser Gefährdungsstufe gehören umgehend nach der Geburt in fachgerechte neonatologische Betreuung[2510].
- Die extreme Überbeatmung (über 1 Stunde) eines asphyktischen Neugeborenen ist ein grober Behandlungsfehler, der zur Umkehr der Beweislast für eine hypoxische Hirnschädigung führt[2511].
- Ein Allgemeinmediziner handelt grob fehlerhaft, wenn er bei den Vorsorgeuntersuchungen U 6 und U 7 eines Kleinkindes einen auffallend großen und von der sogenannten 97er Perzentile nach oben hin abweichenden Kopfumfang feststellt und es unterlässt, weitere diagnostische Schritte einzuleiten[2512].
- Bei einem Kleinkind darf bei einer Hüftsonographie nicht auf die Darstellung aller drei Punkte (sog Landmarken) des Labrum acetabulare verzichtet werden. Eine Kontroll-Sonographie muss zeitnah erfolgen[2513].
- Bei einer zunächst mit Gipsverband behandelten Ellenbogenfraktur eines 2 Jahre und 3 Monate alten Kindes stellt die unterlassene Weiterverweisung an einen Kinderchirurgen bzw unterlassene Anordnung einer engmaschigen und zeitnahen Kontrolle einen groben Behandlungsfehler dar[2514].

2502 BGH, Urt v 17.4.2007 – VI ZR 108/06, NJW 2007, 2771 = MedR 2007, 718 m Anm Wenzel MedR 2007, 721.
2503 OLG Hamm, Urt v 29.7.2013 – 3 U 26/13.
2504 BGH, Urt v 10.2.2015 – VI ZR 8/14, NJW 2015, 2246 Rz 9; BGH, Urt v 27.1.2015 – VI ZR 548/12, NJW 2015, 1451 Rz 6.
2505 BGH, Urt v 21.5.2019 – VI ZR 299/17, BGHZ 222, 125 m Anm Jansen/Katzenmeier MedR 2020, 35.
2506 BGH, Urt v 8.2.2000 – VI ZR 325/98, MedR 2001, 310 = NJW 2000, 2741.
2507 BGH, Urt v 1.2.1994 – VI ZR 65/93, JZ 1994, 787 m Anm Uhlenbruck JZ 1994, 789.
2508 OLG Bremen, Urt v 13.1.2006 – 4 U 23/05, MedR 2007, 660.

2509 OLG Koblenz, Urt v 30.10.2008 – 5 U 576/07, GesR 2009, 34.
2510 OLG Koblenz, Urt v 5.7.2004 – 12 U 572/97, MedR 2005, 601 = NJW 2005, 1200.
2511 OLG Stuttgart, Urt v 11.6.2002 – 14 U 83/01, VersR 2003, 376.
2512 OLG Oldenburg, Urt v 20.4.1999 – 5 U 188/98, VersR 1999, 1423.
2513 OLG Hamm, Urt v 6.2.2002 – 3 U 238/00, ArztR 2003, 25 = VersR 2003, 116.
2514 LG Karlsruhe, Urt v 20.2.2009 – 6 O 115/07, RDG 2009, 270.

- Es stellt einen groben Organisationsfehler dar, wenn bei der Aufnahme in einer Kinderklinik nicht sichergestellt ist, dass die Beurteilung des Zustandes eines neugeborenen Kindes, welches ohne Einlieferungsschein in die Klinik gebracht wird, in angemessenem zeitlichen Rahmen durch einen erfahrenen Arzt vorgenommen wird[2515].
- Zur Frage, wann ein Arzt, dem ein Elternteil die Zustimmung für einen Heileingriff bei einem minderjährigen Kind erteilt, auf dessen Ermächtigung zum Handeln auch für den anderen, nicht anwesenden Elternteil vertrauen darf[2516].
- Gemäß der 3-Stufen-Theorie ist die Einwilligung der Kläger in die Behandlung nicht deshalb unwirksam, weil nur die Klägerin am Aufklärungsgespräch teilgenommen und den Aufklärungsbogen unterzeichnet habe. Erscheint nur ein Elternteil mit dem Kind beim Arzt, darf dieser in von der Rspr präzisierten Ausnahmefällen darauf vertrauen, dass der abwesende Elternteil den erschienenen Elternteil zur Einwilligung in den ärztlichen Eingriff ermächtigt habe[2517].
- Minderjährigen Patienten kann bei einem nur relativ indizierten Eingriff mit der Möglichkeit erheblicher Folgen für ihre künftige Lebensgestaltung ein Vetorecht gegen die Einwilligung durch die gesetzlichen Vertreter zustehen, wenn sie über eine ausreichende Urteilsfähigkeit verfügen.
- Auch über ein gegenüber dem Hauptrisiko des Eingriffs weniger schweres Risiko ist aufzuklären, wenn dieses dem Eingriff spezifisch anhaftet, es für den Laien überraschend ist und durch die Verwirklichung des Risikos die Lebensführung des Patienten schwer belastet würde[2518].
- Nierenentfernung bei einem Kind: Klinik haftet für intraoperative Aufklärungspflichtverletzung[2519].
- Bei der Aufklärung hat der Arzt den Stand des Wissens der jeweiligen Berufsgruppe zugrunde zu legen. Ergebnisse einer wissenschaftlichen Diskussion unter Spezialisten gehören nicht zum Stand des Wissens eines niedergelassenen Kinderarztes (hier: Risiken einer Diphtherieimpfung)[2520].
- Bei einer Routineimpfung gebietet das Erfordernis eines Aufklärungsgesprächs nicht in jedem Fall eine mündliche Erläuterung der Risiken. Es kann vielmehr genügen, wenn dem Patienten nach schriftlicher Aufklärung Gelegenheit zu weiteren Informationen durch ein Gespräch mit dem Arzt gegeben wird[2521].
- Kann die Kenntnis über eine mögliche Verletzung (hier der Wachstumsfuge) von einem Arzt zum Behandlungszeitpunkt vom Arzt nicht erwartet werden, so hat er über eine alternative Behandlung nicht aufzuklären[2522].
- Schwerste gesundheitliche Schädigungen bei einem Kleinkind verursacht durch einen Armbruch und daraus resultierender anschließender ärztlicher Fehlbehandlung. Das Kammergericht hat einem Kind für einen ärztlichen Behandlungsfehler Schmerzensgeld iHv € 650.000 zugesprochen[2523].
- Nachblutung als typische Konstellation einer Mandeloperation, Ärzte haften nicht für Komplikationen aufgrund eines schicksalshaften Verlaufes bei einem sechsjährigen Kind[2524].
- Halbseitige Lähmungen (eine linksseitige Hemiparese) eines Säuglings, die aus einem perinatalen Hirnschaden resultieren, müssen für den behandelnden Kinderarzt im ersten Lebensjahr nicht erkennbar sein[2525].
- Ein Kinderarzt, der bei der U3-Untersuchung eines Kleinkindes eine Reifeverzögerung seiner Hüfte aufgrund einer falschen Diagnose verkannt hat, und ein Orthopäde, der zur späteren Abklärung eines auffälligen Gangbildes des Kindes röntgenologische Befunde oder Kontrollen im engen zeitlichen Abstand versäumt hat, können dem Kind auf Schadensersatz haften, wenn sich beim Kind infolge der Behandlungsfehler eine Hüftgelenksluxation ausgebildet hat, die operativ versorgt werden muss[2526].

2515 OLG Bremen, Urt v 13.1.2006 – 4 U 23/05, MedR 2007, 660.
2516 Zur gemeinsamen Zustimmung der Eltern bei ärztlicher Behandlung von Minderjährigen BGH, Urt v 28.6.1988 – VI ZR 288/87, BGHZ 105, 45 m Anm Giesen, JZ 1989, 95, 96; vgl auch BGH, Beschl v 29.4.2020 – XII ZB 112/19, BGHZ 224, 184.
2517 OLG Hamm, Urt v 29.9.2015 – 26 U 1/15, GesR 2016, 90, 91.
2518 „Veto-Entscheidung" BGH, Urt v 10.10.2006 – VI ZR 74/05, NJW 2007, 217 = MedR 2008, 289 m Anm Lipp MedR 2008, 292.
2519 OLG Hamm, Urt v 7.12.2016 – 3 U 122/15, -juris.
2520 OLG Koblenz, Urt v 11.1.2002 – 10 U 599/98, ArztR 2003, 24.

2521 BGH, Urt v 15.2.2000 – VI ZR 48/99, MedR 2001, 42 = NJW 2000, 1784.
2522 OLG Koblenz, Urt v 2.12.1998 – 1 U 1826/97, MedR 2000, 322 = VersR 2000, 230.
2523 KG, Urt v 16.2.2012 – 20 U 157/10, NJW-RR 2012, 920.
2524 LG Osnabrück, Urt v 22.9.2010 – 2 O 3/09, -juris; LG Osnabrück, Urt v 1.12.2010 – 2 O 1471/09, -juris.
2525 OLG Hamm, Urt v 11.3.2013 – 3 U 162/12, openJur 2013, 29257.
2526 OLG Hamm, Urt v 31.10.2016 – 3 U 173/15, MMR 2017, 549.

- Ein grober Behandlungsfehler kann darin liegen, wenn nach Geburt aus Beckenlage, bei der die Feststellung „sehr straffer" Hüften der Verdacht einer Hüftfehlbildung im Raum steht, versäumt wird, für eine umgehende sonographische Hüftuntersuchung Sorge zu tragen oder die Kindeseltern auf das dringende Erfordernis einer alsbaldigen Vorstellung des Kindes beim Orthopäden sowie einer sonographischen Hüftkontrolle nachdrücklich hinzuweisen[2527].

12. Kosmetische Chirurgie.

- Ein Arzt haftet auch dann, wenn er eine falsche Diagnose möglicherweise nur in der Absicht stellt, dem Patienten eine Erstattung beim Kostenträger zu erstatten, welcher bei einer reinen Schönheitsoperation voraussehbar nicht gezahlt hätte[2528].
- Vor einer Schönheitsoperation (Vergrößerung und Straffung der Brüste) ist der Arzt verpflichtet, dem Patienten das Für und Wider der Operation mit allen Konsequenzen und Risiken gegebenenfalls drastisch vor Augen zu führen[2529].
- Die Aufklärung am Vorabend einer schönheitschirurgischen Operation (Bauchdeckenstraffung) ist verspätet, wenn die Patientin zu diesem Zeitpunkt erstmals auf Folgen wie eine deutliche Vergrößerung der bereits existierenden Unterbauchnarbe oder längerfristige gesundheitliche Beeinträchtigungen wie Spannungsgefühle oder Sensibilitätsstörungen hingewiesen wird[2530].
- Die Einwilligung in eine kosmetische Operation – hier Brustreduktionsplastik nach Mc Kissok – ist nur dann wirksam, wenn die Patientin vorher in schonungsloser Offenheit und Härte auch durch Verwendung von Farbbildern über die in bis zu 50 % der Fälle auftretenden derben, manchmal juckenden Wulstnarben aufgeklärt wurde[2531].
- Kann der von der Patientin gewünschte Erfolg einer kosmetischen Operation (hier: Liposuktion/Fettabsaugung) nur durch weitere operative Maßnahmen (hier: Haut- und Bauchdeckenstraffung) erreicht werden, so hat der behandelnde Arzt darüber in einem Patientengespräch nachdrücklich aufzuklären. Vor der Durchführung einer geplanten Liposuktion ist die Patientin in besonders eindringlicher Weise darüber zu belehren, dass bei großflächigen Fettabsaugungen mit der Entstehung unregelmäßiger Konturen zu rechnen ist, die nicht in jedem Fall vollständig beseitigt werden können[2532].
- Der Arzt muss eine Patientin vor einer Schönheitsoperation nicht darüber aufklären, dass sie selbst die Behandlung bezahlen muss und die gesetzliche Krankenkasse nicht eintritt, wenn ihr dies bereits bekannt ist[2533].
- Ein Schönheitschirurg macht sich der Körperverletzung mit Todesfolge strafbar, wenn er nach Komplikationen bei seiner Behandlung nicht rechtzeitig dafür sorgt, dass die Patientin in einem Krankenhaus versorgt wird[2534]. Im vorliegenden Fall unterließ es der Schönheitschirurg, die Patientin nach einem Herz-Kreislauf-Stillstand im Anschluss an eine Bauchdeckenstraffung, zur Weiterbehandlung in ein Krankenhaus einzuliefern.
- Vor einer Bauchfettabsaugung (Liposuktion aus kosmetischen Gründen) ist über das Risiko von Hautfaltenüberschüssen sowie Dellen-, Furchen- und Faltenbildung der Haut aufzuklären. Dieses Risiko ist bei einer 54-Jährigen, unter einer Fettschürze leidenden Patientin deutlich erhöht. Über die Risikoerhöhung ist ebenfalls aufzuklären[2535].
- Es stellt keinen Behandlungsfehler dar, wenn es nach einer kosmetischen Operation zur Lid- und Gesichtsstraffung aufgrund der Dauer von sieben Stunden zu Wundheilungsstörungen und Nekrosen kommt und dies zu typischen Komplikationen dieser Art gehört[2536].
- Verurteilung einer Anästhesistin wegen fahrlässiger Tötung zu einer freiheitsentziehenden Strafe von 1 Jahr und 2 Monaten auf Bewährung, da sie im Rahmen einer plastischen Operation nicht für eine ausreichende Beatmung der Patientin gesorgt hat[2537].
- Zur Aufklärungspflicht des Arztes bei kosmetischen Eingriffen – hier: Straffung einer Hängebrust und Größenangleichung der Brüste[2538].

2527 Brandenburgisches OLG, Urt v 8.4.2003 – 1 U 26/00, MedR 2004, 226.
2528 OLG Koblenz, Urt v 14.6.2007 – 5 U 1370/06, MedR 2008, 161.
2529 OLG Hamm, Urt v 29.3.2006 – 3 U 263/05, VersR 2006, 1511.
2530 OLG Frankfurt/M, Urt v 11.10.2005 – 8 U 47/04, MedR 2006, 294.
2531 OLG München, Urt v 19.9.1985 – 24 U 117/85, MedR 1988, 187.
2532 OLG Düsseldorf, Urt v 20.3.2003 – 8 U 18/02, VersR 2003, 1579.
2533 OLG Stuttgart, Urt v 9.4.2002 – 14 U 90/01, VersR 2003, 462.
2534 BGH, Urt v 7.7.2011 – 5 StR 561/10, BGHSt 56, 277.
2535 OLG Köln, Urt v 21.12.2009 – 5 U 52/09, MedR 2011, 49.
2536 OLG Köln, Beschl v 20.4.2012 – 5 U 139/11, MedR 2013, 518.
2537 LG Hamburg, Urt v 5.2.2013 – 632 KLs 6/12, openJur 2013, 5769.
2538 OLG Köln, Beschl v 27.3.2014 – 5 U 129/13, openJur 2015, 7342.

- Kein Schadensersatzanspruch im Jahr 2007 bei der „Poly Implant Prothèse" („PIP")-Silikonimplantateklage; es bestand keine besondere Aufklärungspflicht seitens des TÜV Rheinland[2539].
- Entscheidung des BGH zur Vorlage der Klage gegen den TÜV Rheinland wegen der Zulassung von Implantaten des französischen Herstellers „Poly Implant Prothèse" („PIP")-Silikonimplantateklage bei dem Europäischen Gerichtshof[2540].
- Aufklärungspflicht über Risiken bei Brustimplantaten konkretisiert[2541].
- Entscheidung des EuGH in der Klage gegen den TÜV Rheinland wegen der Zulassung von Implantaten des französischen Herstellers „Poly Implant Prothèse" („PIP")-Silikonimplantateklage aufgrund fehlerhafter und gleichwohl vom TÜV zertifizierter Brustimplantate[2542].
- Klage gegen den TÜV Rheinland wegen der Zulassung von Implantaten des französischen Herstellers „Poly Implant Prothèse" (PIP) in Frankreich erfolgreich[2543].
- Klage gegen den TÜV Rheinland wegen der Zulassung von Implantaten des französischen Herstellers „Poly Implant Prothèse" (PIP) in Deutschland seitens des BGH abgewiesen[2544].
- Klage gegen den TÜV Rheinland abgewiesen, da bei der Wahrnehmung der Zertifizierungsaufgaben keine Verletzung von Sorgfalts- und Kontrollpflichten festgestellt wurde[2545].
- Klage gegen den TÜV Rheinland wegen der Zulassung von Implantaten des französischen Herstellers „Poly Implant Prothèse" (PIP) in Deutschland seitens des französischen Berufungsgerichtes teilweise zugelassen[2546]. Diese Entscheidung steht im Widerspruch zu der Entscheidung des Gerichtshofs der Europäischen Union vom Februar 2017 und der Entscheidung des Berufungsgerichts Versailles vom Januar 2021.
- Die Sklerosierungsbehandlung von sog Besenreisern erfordert eine umfassende ärztliche Aufklärung des Patienten, wenn es sich um einen rein ästhetischen Eingriff handelt. Bei einem derartigen, allenfalls relativ indizierten Eingriff muss der Arzt sorgfältig das Bedürfnis des Patienten, den Eingriff durchführen zu lassen, den damit verbundenen Vorteil der Behandlung in Relation zu dem damit eingetauschten Risiko ermitteln und mit dem Patienten besprechen. Verschlechterungsmöglichkeiten und ein Missverhältnis bei dem Tauschrisiko müssen in aller Deutlichkeit angesprochen werden. Wird der Patient ausreichend aufgeklärt, kann der für ihn schmerzhafte Umstand, dass Injektionsmittel nicht in eine Vene, sondern in umliegendes Gewebe gelangt, nicht als Behandlungsfehler nach einer ästhetischen Behandlung von „Besenreisern" zu werten sein[2547].
- Schadensersatz aufgrund Verbrennung bei Bauchdeckenstraffung[2548].
- Schadensersatz aufgrund Kapselfibrose nach Mammaaugmentation[2549].

13. Labormedizin.

547
- Zur Frage, ob einem Facharzt für Laboratoriumsmedizin, der bei der Untersuchung einer ihm vom Gynäkologen zugeleiteten Blutprobe einer schwangeren Frau zu falschen Werten gelangt (hier: Rhesus-Faktor), eine Schadensersatzpflicht trifft, wenn nicht festzustellen ist, ob der Fehler in seiner Praxis oder in derjenigen des Gynäkologen unterlaufen ist[2550].
- Gibt ein Apotheker in grob fehlerhafter Weise ein falsches Medikament an einen Patienten aus und bleibt unaufklärbar, ob ein gesundheitlicher Schaden des Patienten auf diesen Fehler zurückzuführen ist, muss der Apotheker beweisen, dass der Schaden nicht auf der Fehlmedikation beruht[2551].

14. Naturheilkunde.

548
- Der Arzt muss bei Anwendung alternativer Medizin (hier: Ozon-Sauerstoff-Eigenbluttransfusion) den Patienten darüber aufklären, dass diese von der privaten Krankenversicherung in der Regel nicht ersetzt wird[2552].

2539 LG Karlsruhe, Urt v 25.11.2014 – 2 O 25/12.
2540 BGH, Beschl v 9.4.2015 – VII ZR 36/14, GesR 2015, 373 ff.
2541 OLG Karlsruhe, Urt v 20.4.2016 – 7 U 241/14, VersR 2017, 1342.
2542 EuGH, Urt v 16.2.2017 – C-219/15 Elisabeth Schmitt ./. TÜV Rheinland & LGA Products GmbH; ausführlich dazu Brüggemeier, Der EuGH und die Haftung für Medizinprodukte. Zum Verhältnis von Marktverkehrsfreiheit und Rechtsgüterschutz, in: Katzenmeier (Hrsg), Festschr für Dieter Hart, 23, 39 f.
2543 Court d' appel (Berufungsgericht), Aix-en-Provence, Urt v 12.5.2017.
2544 BGH, Urt v 22.6.2017 – VII ZR 36/14, NJW 2017, 2617.
2545 Berufungsgericht Versailles, Urt v 14.1.2021, https://www.aerztezeitung.de/Wirtschaft/Pariser-Gericht-sieht-Schuld-fuer-minderwertige-Brustimplantate-teils-bei-TUeV-Rheinland-419789.html.
2546 Berufungsgericht Paris, Urt v 20.5.2021, https://www.mdr.de/nachrichten/deutschland/gesellschaft/brustimplantate-tuev-rheinland-frankreich-urteil-100.html.
2547 OLG Hamm, Urt v 13.5.2016 – 26 U 187/15, GesR 2017, 82.
2548 LG Potsdam, Urt v 14.9.2016 – 11 O 74/12, -juris.
2549 BGH, Urt v 17.2.2016 – IV ZR 353/14, NJW 2017, 88.
2550 BGH, Urt v 20.6.1989 – VI ZR 320/88, MedR 1989, 324 = NJW 1989, 2943.
2551 OLG Köln, Urt v 7.8.2013 – 5 U 92/12, VersR 2014, 106.
2552 LG Düsseldorf, Urt v 5.2.1986 – 23 S 217/85, MedR 1986, 208.

– Werbung mit Bachblüten als Gesundheitsprodukt verstößt gegen Art 10 Abs 3 der Europäischen Health Claim VO (HCVO), VO (EG) Nr 1924/2006. „Bach- Blütenprodukte" sind Lebensmittel im Sinne der HCVO. Nach Art 10 Abs 3 HCVO seien unspezifische gesundheitsbezogene Angaben nur zulässig, wenn ihnen eine in der Liste nach Art 13 oder 14 der HCVO enthaltene spezielle gesundheitsbezogene Angabe beigefügt sei (sogenanntes Kopplungsgebot). Da den in Frage stehenden Werbeaussagen keine solchen Angaben beigefügt seien, seien sie als unzulässig zu untersagen. Die Vorschrift des Art 10 Abs 3 HCVO sei anzuwenden, auch wenn die in Frage stehenden Listen noch nicht vollständig vorlägen[2553].
– Ein Heilpraktiker muss einen Patienten nicht darauf hinweisen, dass eine schulmedizinische Behandlung nötig ist, nur weil sich sein Zustand unter der Therapie verschlechtert. Etwas anderes kann nur gelten, wenn sich der Patient in einem für den Heilpraktiker erkennbaren akuten Zustand einer erheblichen Gesundheitsgefährdung befindet, der eine umgehende „schulmedizinische Behandlung" erforderlich macht[2554].
– Auch der Heilpraktiker muss korrekt über mögliche Folgen der Behandlung aufklären[2555].
– Es ist Heilpraktikern untersagt, ihren Patienten Blut zur Herstellung von Eigenblutprodukten zu entnehmen. Die Entnahme einer Blutspende darf nach dem Transfusionsgesetz nur durch einen Arzt oder unter Verantwortung eines Arztes erfolgen. Der gesetzliche Begriff der Blutspende erfasst neben der Entnahme von Fremdblut auch die von Eigenblut. Der Sinn und Zweck des Gesetzes greift auch bei Eigenblutspenden, und zwar unabhängig davon, ob nur eine geringe Menge entnommen wird[2556]. Eine Berufung auf die Ausnahmeregelung für homöopathische Eigenblutprodukte blieb den Heilpraktikern verwehrt. Nicht entschieden wurde, ob Heilpraktiker für solche Eigenblutprodukte eine Herstellungserlaubnis nach dem Arzneimittelgesetz benötigen und, ob sie diese grds erhalten können[2557].
– §§ 630a ff gelten auch für Heilpraktiker[2558].

15. Neurochirurgie.

– Besteht nach einem massiven operativen Eingriff zur Beseitigung eines Bandscheibenschadens unter Berücksichtigung biomechanischer Grundsätze die Gefahr der postoperativen Instabilität der Wirbelsäule, stellt es einen Behandlungsfehler dar, wenn die Wirbelsäule nicht mittels eines Fixateurs intern stabilisiert wird[2559]. **549**
– Eine Vereinbarung zwischen Arzt und Patient, wonach eine nach Ansicht des operierenden Arztes erforderlich werdende Operationserweiterung nur durchgeführt werden darf, wenn die Ehefrau des Patienten hierin einwilligt, ist zulässig. Führt der Arzt die Operationserweiterung gleichwohl ohne die Einwilligung der bevollmächtigten Ehefrau durch, so handelt er selbst dann rechtswidrig, wenn die Operation vital indiziert war[2560].
– Ist präoperativ die Diagnose der Bösartigkeit eines Tumors nicht gesichert, muss der Patient über die Möglichkeit einer radikalen Tumorentfernung unter Inkaufnahme von zu Lähmungserscheinungen führenden Nervverletzungen und über die in Betracht kommende intraoperative Abklärung mit der damit verbundenen Gefahr einer Streuung von etwa vorhandenen Krebszellen und einer Zweitoperation aufgeklärt werden, sofern ein gutartiger Tumor nervenschonend entfernt werden kann[2561].
– Bei unterbliebener Grundaufklärung haftet der Arzt auch dann, wenn sich ein relativ seltenes und möglicherweise nicht aufklärungsbedürftiges Risiko verwirklicht[2562].
– Vor einer Bandscheibenoperation ist der Patient über das Risiko „Impotenz" aufzuklären[2563].
– Vor einer Bandscheibenoperation (bilaterale Laminektomie) ist über das Risiko einer Querschnittlähmung aufzuklären, nicht aber über die möglichen Operationstechniken und ihre Risiken. Über das beherrschbare Risiko einer Verletzung der Bauchaorta ist jedenfalls vor einer dringend indizierten Entfernung eines Bandscheibenvorfalls nicht aufzuklären[2564].
– Über das Risiko einer Spondylodiszitis ist bei einer Bandscheibenoperation aufzuklären. Ist eine Operation nur relativ indiziert, muss besonders über eine Möglichkeit der Verschlimmerung der Beschwerden durch diese aufgeklärt werden[2565].

2553 OLG Hamm, Urt v 7.10.2014 – 4 U 138/13, GRUR 2015, 408.
2554 AG Ansbach, Urt v 7.7.2015 – 2 C 1377/14, -juris.
2555 LG Bonn, Urt v 19.6.2015 – 9 O 234/14, NJW 2015, 3461.
2556 OVG NRW, Urt v 23.4.2021 – 9 A 4073/18, 9 A 4108/18 und 9 A 4109/18, -juris.
2557 OVG NRW, Urt v 23.4.2021 – 9 A 4073/18, 9 A 4108/18 und 9 A 4109/18, -juris.
2558 OLG München, Urt v 25.3.2021 – 1 U 1831/18, MedR 2021, 1079.
2559 LG Gera, Urt v 22.12.2006 – 3 O 2361/04, VersR 2007, 798.

2560 LG Göttingen, Urt v 11.10.1990 – 2 O 569/88, VersR 1990, 1401 m Anm Deutsch VersR 1990, 1402.
2561 OLG Köln, Urt v 1.6.2005 – 5 U 91/03, VersR 2006, 124.
2562 Brandenburgisches OLG, Urt v 1.9.1999 – 1 U 3/99, VersR 2000, 1283.
2563 OLG Oldenburg, Urt v 25.6.1996 – 5 U 170/95, VersR 1997, 978.
2564 LG Augsburg, Urt v 13.11.1991 – 2 O 53/91, MedR 1992, 286.
2565 OLG Dresden, Urt v 28.2.2002 – 4 U 2811/00, VersR 2003, 1257.

- Über die Alternative einer konservativen Behandlung (statt einer Teilresektion eines Wirbelbogens) ist der Patient aufzuklären[2566].

16. Neurologie.

550
- Wird ein Patient, der an Rückenbeschwerden leidet, von einem Orthopäden an einen Facharzt für Neurologie und Psychiatrie überwiesen, darf dieser bei eindeutigen Anzeichen einer spinalen Schädigung ohne ausreichende Diagnostik zum Ausschluss einer neurologischen Erkrankung nicht lediglich eine Psychotherapie beginnen und über einen längeren Zeitraum fortführen[2567].
- Erstellt ein Nervenarzt für ein Unterbringungsverfahren leichtfertig ein Attest mit einer unrichtigen Diagnose und der darauf gegründeten Angabe, dass die sofortige Unterbringung des Betroffenen erforderlich sei, so kann, auch wenn es nicht zur Unterbringung kommt, der Anspruch des Betroffenen auf Zahlung einer Geldentschädigung wegen Verletzung seines Persönlichkeitsrechts nicht mit der Erwägung verneint werden, dass die Auswirkungen auf sein Persönlichkeitsbild in der Öffentlichkeit nicht besonders schwerwiegend gewesen seien[2568].
- Das Unterlassen einer körperlichen neurologischen Untersuchung am Nachmittag, nachdem die Patientin am Morgen über Sehstörungen klagend neurologisch unauffällig und auch die augenärztliche Untersuchung ohne Befund geblieben war, stellt zwar einen Befunderhebungsfehler, nicht aber einen die Beweislastumkehr nach sich ziehenden, groben Befunderhebungsfehler dar[2569].
- Das (einfach) behandlungsfehlerhafte Versäumnis, einen Neurologen zur Beurteilung der Bildgebung einer Computertomographie hinzuzuziehen, begründet einen fiktiven groben Behandlungsfehler, wenn ein massiver Hirnstamminfarkt unentdeckt bleibt, den ein hinzugezogener Neurologe erkennen musste, sodass ein Versäumnis seinerseits als grober Behandlungsfehler zu beurteilen wäre[2570].

17. Notarzt.

551
- Ist die Wahrnehmung der rettungsdienstlichen Aufgaben der hoheitlichen Betätigung zuzurechnen (bspw auf Grund eines öffentlich-rechtlichen Vertrages), so sind Behandlungsfehler des „Notarztes im Rettungseinsatz" nach Amtshaftungsgrundsätzen nach § 839 iVm GG Art 34 zu beurteilen. Schuldner des Amtshaftungsanspruchs ist diejenige Körperschaft, für die der Notarzt seine Tätigkeit ausgeführt hat[2571].
- Das OLG Karlsruhe hat die Abweisung einer Schadenersatz- und Schmerzensgeldklage gegen einen leitenden Notarzt und einen Krankenhausträger bestätigt. Das LG hatte zuvor entschieden, dass keine persönliche Haftung des Arztes in Frage komme, weil er als Notarzt hoheitlich gehandelt habe und der Staat aufgrund von Amtshaftung verantwortlich sei[2572].
- Der Notarzt in Sachsen übt ein öffentliches Amt aus. Für Fehler des Notarztes bei einem Rettungsdiensteinsatz haften die Rettungszweckverbände und die Landkreise und kreisfreien Städte, die sich nicht zu einem Rettungszweckverband zusammengeschlossen haben[2573].
- Ein zufällig an einem Unglücksort eintreffender Arzt, der erste Hilfe leistet und seinen Beruf offenbart, wird nicht allein deshalb Vertragspartner des Unfallopfers oder der anwesenden Angehörigen. Dem Arzt kommt das Haftungsprivileg des § 680 zugute. Die im Arzthaftungsrecht entwickelten Grundsätze zur Beweislastumkehr bei groben Behandlungs- oder Diagnosefehlern finden keine Anwendung[2574].
- Einem Notarzt, der bei einem Hausbesuch eine unrichtige Diagnose stellt, weil die Symptome auf mehrere Ursachen hindeuten, ist dieser Diagnosefehler nicht vorzuwerfen. Ein Notarzt begeht einen groben Behandlungsfehler, wenn er eine nach den Umständen des Einzelfalles zwingend gebotene Einweisung des Patienten in ein Krankenhaus zur Erhebung der erforderlichen Befunde unterlässt[2575].
- Bei differentialdiagnostischen Anzeichen für eine koronare Herzerkrankung (hier: akuter Herzinfarkt) muss ein Arzt im vertragsärztlichen Bereitschaftsdienst die für den Ausschluss

---

2566 BGH, Urt v 22.1.2000 – VI ZR 100/99, MedR 2000, 425 = NJW 2000, 1788.
2567 OLG Düsseldorf, Urt v 21.7.2005 – I-8 U 33/05, NJOZ 2006, 344.
2568 BGH, Urt v 11.4.1989 – VI ZR 293/88, MedR 1989, 236 = NJW 1989, 2941.
2569 OLG München, Urt v 8.1.2009 – 1 U 3505/08.
2570 OLG Hamm, Urt v 12.8.2013 – 3 U 122/12, GesR 2013, 728 m krit Anm Schmidt-Recla GesR 2014, 91.
2571 BGH, Urt v 9.1.2003 – III ZR 217/01, BGHZ 153,

268; BGH, Urt v 16.9.2004 – III ZR 346/03, BGHZ 160, 216.
2572 OLG Karlsruhe, Urt v 13.5.2016 – 13 U 103/13, -juris.
2573 OLG Dresden, Urt v 14.2.2017 – 4 U 1256/16, NVwZ 2017, 656.
2574 OLG München, Urt v 6.4.2006 – 1 U 4142/05, NJW 2006, 1883.
2575 OLG Naumburg, Urt v 13.3.2001 – 1 U 76/00, MedR 2002, 515 = NJW-RR 2002, 312.

des Verdachts erforderlichen Befunde selbst erheben oder den Patient umgehend in ein Krankenhaus einweisen[2576].
– Für einen bei einem Wettkampf eingesetzten Sportarzt gilt nicht der Behandlungsstandard eines Notfallmediziners, sondern der eines Allgemeinmediziners mit Schwerpunkt Sportmedizin[2577].
– Wer eine besondere Berufs- oder Organisationspflicht, die dem Schutz von Leben und Gesundheit anderer dient, grob vernachlässigt hat, kann nach Treu und Glauben die Folgen der Ungewissheit, ob der Schaden abwendbar war, nicht dem Geschädigten aufbürden[2578].

18. **Ophthalmologie.**

– Beim Zusammenwirken von Anästhesisten und Ophthalmologen bei einer Schieloperation bedarf es zum Schutz des Patienten einer Koordination der beabsichtigten Maßnahmen, um Risiken auszuschließen, die sich aus der Kombination zweier oder mehrerer je für sich ungefährlicher Behandlungsmaßnahmen ergeben[2579]. **552**
– Ein hinzugezogener Arzt ist grundsätzlich an den Überweisungsauftrag gebunden. Im Allgemeinen kann sich der hinzugezogene Arzt darauf verlassen, dass der überweisende Arzt, jedenfalls wenn er der eigenen Fachrichtung angehört, den Patienten ordnungsgemäß untersucht und behandelt hat und dass die Indikation zu der erbetenen Leistung richtig gestellt ist. Hat der hinzugezogene Arzt jedoch aufgrund bestimmter Anhaltspunkte Zweifel an der Richtigkeit der Diagnose, dann muss er diesen Zweifeln nachgehen. Das gilt insbesondere, wenn der hinzugezogene Arzt eine Leistung erbringen soll, die der einweisende Arzt selbst nicht erbringen kann (zB Tränenwegspülung)[2580].
– Bei einer medizinisch unklaren Diagnose betreffend die von einer unter starker Kurzsichtigkeit leidenden Patientin angegebenen Sehstörung gehört die Augenhintergrundspiegelung mit Pupillenweitstellung zu den medizinisch zweifelsfrei zu erhebenden Befunden[2581].
– Die unkontrollierte Verordnung kortikoider Augentropfen stellt einen groben Behandlungsfehler dar[2582].
– Bei einer Hornhautschwäche in Form eines Keratokonus ist eine Lasik-Operation kontraindiziert. Die Ungewissheit des Kausalverlaufs ohne den Eingriff wirkt sich zu Lasten des Arztes aus, wenn es keine überwiegende Wahrscheinlichkeit dafür gibt, dass der Patient ohne Lasik-Operation heute nicht oder nur in herabgesetztem Maße sehtüchtig wäre. Zur Schmerzensgeldbemessung für die Folgen einer kontraindizierten Augenoperation (Astigmatismus)[2583].
– Ein Augenarzt darf nicht beide Augen gleichzeitig operieren[2584].
– Es liegt ein grober Behandlungsfehler vor, wenn ein Augenarzt eine beginnende Glaskörper-Abhebung als Vorstufe einer Netzhautablösung erkennt und den Patienten nicht darauf hinweist, dass dieser bei fortschreitenden Symptomen sofort einen Augenarzt einschalten und andernfalls zumindest den Befund alsbald überprüfen lassen muss[2585].
– Rückt eine Lasertherapie zur Korrektur einer Weitsichtigkeit in die Nähe einer kosmetischen Operation, ist eine intensive und schonungslose Aufklärung des Patienten zu fordern[2586].
– Ein Augenarzt, der die Überwachung eines frühgeborenen Kindes in Hinblick auf die Gefahr einer Frühgeborenen-Retinopathie übernommen hat, hat bei jeder Kontrolluntersuchung selbst dafür zu sorgen, dass er den Augenhintergrund immer ausreichend einsehen kann, anderenfalls begeht er einen groben Behandlungsfehler[2587].
– Anspruch auf Schmerzensgeld bei Verschlechterung des Sehvermögens nach einer Lasik-Operation durch fehlerhafte Einstellung des Lasergeräts[2588].
– Es stellt keinen groben Behandlungsfehler eines Augenarztes dar, wenn dieser Einblutungen nicht nach Quadranten unterteilt und den Patienten zu der als dringlich dargestellten Kont-

---

2576 BGH, Beschl v 16.10.2007 – VI ZR 229/06, VersR 2008, 221.
2577 OLG Dresden, Urt v 7.3.2017 – 4 U 929/16, GesR 2017, 333.
2578 BGH, Urt v 11.5.2017 – III ZR 92/16, BGHZ 215, 44.
2579 BGH, Urt v 26.1.1999 – VI ZR 376/97, BGHZ 140, 309.
2580 BGH, Urt v 5.10.1993 – VI ZR 237/92, NJW 1994, 797.
2581 OLG Oldenburg, Urt v 29.5.1990 – 5 U 163/89, NJW-RR 1990, 1363.
2582 OLG Hamm, Urt v 21.2.1990 – 3 U 429/88, VersR 1991, 585.
2583 OLG Koblenz, Urt v 2.3.2006 – 5 U 1052/04, NJW-RR 2007, 21.
2584 OLG Karlsruhe, Urt v 11.9.2002 – 7 U 102/01, MedR 2003, 104 = VersR 2004, 244.
2585 BGH, Urt v 16.11.2004 – VI ZR 328/03, MedR 2005, 226 = NJW 2005, 427.
2586 OLG Düsseldorf, Urt v 21.3.2002 – 8 U 117/01, VersR 2004, 386; OLG Bremen, Urt v 4.3.2003 – 3 U 65/02, VersR 2004, 911.
2587 OLG Nürnberg, Urt v 24.6.2005 – 5 U 1046/04, MedR 2006, 178 = ArztR 2006, 164.
2588 LG Osnabrück, Urt v 25.7.2012 – 2 O 1615/10, MedR 213, 245 gekürzt u kommentiert v Bergmann/Wever MedR 2013, 245.

§ 630a 553

rolluntersuchung statt nach drei Monaten erst nach sechs Monaten einbestellt, der Patient aber seinerseits die Kontrolle um weitere sechs Monate hinausschiebt[2589].
- Augenärzte haben eine Netzhautablösung zu spät erkannt und den Patienten, mit Laserkoagulationen behandelt, sodass dieser auf einem Auge 90 % seiner Sehkraft verlor[2590].
- Die unterbliebene Indikationsstellung des Glaukoms stellt einen groben Behandlungsfehler dar[2591].
- Die Versicherung eines Arztes muss nicht das Blindengeld für einen Patienten erstatten[2592].
- Blindengeld als ersatzfähiger Schaden[2593].
- Umfang der Aufklärung bei der Kombination zweier Eingriffe mit daraus resultierender Haftung[2594].

19. Orthopädie.

553
- Verlässt der Patient entgegen ärztlichen Rat das Krankenhaus, obschon ein fristgebundener medizinischer Eingriff (Osteosynthese) indiziert ist, so muss der behandelnde Arzt den Patienten darauf hinweisen, dass der Eingriff nur innerhalb eines bestimmten Zeitraums möglich ist[2595].
- Bei einem seit mehreren Jahren unter Rückenschmerzen leidenden Patienten, der in der Vergangenheit mit konservativen Behandlungsmaßnahmen therapiert wurde, kann eine operative perkutane Nukleotomie L4/L5 auch dann relativ indiziert sein, wenn die konservativen Behandlungsmethoden nicht über einen längeren Zeitraum angewandt wurden. Eine vier Wochen lang täglich ohne Erfolg durchgeführte Krankengymnastik kann ausreichend sein, um die relative Indikation zum operativen Vorgehen zu begründen[2596].
- Es fehlt an einer erforderlichen Grundaufklärung, wenn bei einer CT-gesteuerten periradikulären Lumbalinfiltration nicht über das Risiko einer Querschnittslähmung aufgeklärt wird[2597].
- Bei einem Patienten mit einem langen und schmerzhaften Bandscheibenvorfall, der eine Operation ablehnt, kann eine Außenseitermethode (Racz-Methode) angewandt werden. Bei Anwendung dieser Methode ist der Sorgfaltsmaßstab eines vorsichtigen Arztes anzuwenden – den Arzt trifft während der Behandlung die Pflicht zur ständigen Überprüfung der Rechtfertigung der angewandten Methode. Zum Umfang der Aufklärungspflicht bei einer Außenseitermethode[2598].
- Zur Anwendung und den Umfang der Aufklärungspflicht bei der 1995 neuen medizinischen Behandlungsmethode des computergestützten Fräsverfahrens („Robodoc") am coxalen Femur (Hüft-Oberschenkelknochen) bei Implantation einer Hüftgelenksendoprothese[2599].
- Bei der Insertion eines Kreuzbandes stellt nicht jede Abweichung des Bohrkanals von der Ideallage einen Behandlungsfehler dar[2600].
- Trägt der Orthopäde bei einer Injektionsbehandlung lediglich keinen Mundschutz, stellt dies keinen groben Fehler dar[2601].
- Ein grober Behandlungsfehler liegt nicht vor, wenn ein Orthopäde die Fehlplatzierung eines bei der Wirbelkörperverblockung eingebrachten Spans nicht sofort entdeckt, weil er zunächst übersieht, dass die postoperativ gefertigte Röntgenaufnahme interpretierbar ist und daher weitere Befunderhebungen mit Bild gebenden Verfahren erfordert[2602].
- Auch über ein gegenüber dem Hauptrisiko des Eingriffs weniger schweres Risiko ist aufzuklären, wenn dieses dem Eingriff spezifisch anhaftet, es für den Laien überraschend ist und durch die Verwirklichung des Risikos die Lebensführung des Patienten schwer belasten würde[2603].
- Zu den Anforderungen an die Sorgfaltspflichten eines Operateurs bei der Durchführung einer schwierigen Operation (hier: Adduktionsosteotomie). Vor der Implantation einer Hüftkopfendoprothese muss über das seltene Risiko einer Nervenlähmung aufgeklärt werden[2604].

2589 OLG Koblenz, Urt v 11.12.2008 – 5 U 685/08, MedR 2011, 46 m Anm Gerecke MedR 2011, 48.
2590 OLG Hamm, Urt v 21.2.2014 – 26 U 28/13, -juris.
2591 OLG Hamm, Urt v 15.1.2016 – 26 U 48/14, GesR 2016, 352.
2592 OLG Hamm, Urt v 9.9.2016 – I-26 U 14/16, 26 U 14/16, 2017, 41.
2593 BGH, Urt v 11.4.2017 – VI ZR 454/16, GesR 2017, 442.
2594 OLG Dresden, Urt v 16.5.2017 – 4 U 1229/15, GesR 2017, 447.
2595 OLG Stuttgart, Urt v 28.12.1984 – 1 U 136/82, MedR 1985, 175; BGH, Urt v 24.6.1986 – VI ZR 21/85, MedR 1987, 42 = NJW 1987, 705.
2596 OLG Köln, Urt v 16.3.2005 – 5 U 63/03, VersR 2005, 1147.
2597 OLG Köln, Urt v 12.1.2011 – 5 U 37/10, MedR 2012, 121 m Anm Steffen MedR 2012, 124.
2598 „Racz–Katheter" BGH, Urt v 22.5.2007 – VI ZR 35/06, BGHZ 172, 254, 255 f m Anm Spickhoff MedR 2008, 87, 89.
2599 BGH, Urt v 13.6.2006 – VI ZR 323/04, BGHZ 168, 103.
2600 OLG Stuttgart, Urt v 4.6.2002 – 14 U 86/01, VersR 2003, 253.
2601 OLG Hamm, Urt v 20.8.2007 – 3 U 274/06, MedR 2008, 217 m Anm Cramer MedR 2008, 219.
2602 OLG Koblenz, Urt v 13.7.2006 – 5 U 17/06, MedR 2007, 251.
2603 „Veto-Entscheidung" BGH, Urt v 10.10.2006 – VI ZR 74/05, NJW 2007, 217 = MedR 2008, 289 m Anm Lipp MedR 2008, 292.
2604 OLG Nürnberg, Urt v 16.7.2004 – 5 U 2383/03, NJW-RR 2004, 1543.

- Bei der Operation des Hallux valgus nach Heuter/Mayo ist über das Risiko der Versteifung des Großzehen aufzuklären[2605].
- Vor einer offenen Biopsie eines Brustwirbelkörpers muss über das Risiko einer vorübergehenden Lähmung aufgeklärt werden[2606].
- Diagnostiziert ein Arzt nach einem Reitunfall und Beschwerden im Nackenbereich eine Stauchung der Halswirbelsäule, handelt er fehlerhaft, wenn er die Röntgenaufnahmen nicht so gründlich nach den Anzeichen einer Fraktur prüft, dass er eine zarte Bruchlinie und Konturunterbrechung hätte erkennen können und zudem keine Röntgen-Schichtaufnahmen und Funktionsaufnahmen anfertigen lässt[2607].
- Bei der Implantation einer Knieendoprothese stellt eine Arthrodese gegenüber einer Endoprothese keine ernsthafte Behandlungsalternative dar, sodass trotz fehlenden Hinweises auf mögliche Bewegungseinschränkungen als Folge der Endoprothese von einer (hypothetischen) Einwilligung auszugehen ist[2608].
- Ein Orthopäde hat zunächst zu klären, ob es eine körpermedizinische Ursache der geklagten Schmerzen gibt. Erst wenn die insoweit gebotene Befunderhebung erschöpfend und die darauf fußende Therapie erfolglos waren, muss er eine Ursache außerhalb seines Fachgebiets erwägen. Grundsätzlich kann bei orthopädischen Leiden, Ausfällen und Beschwerden der äußere Befund das weitere ärztliche Handeln bestimmen. Daher ist eine mit geringem Risiko verbundene konservative Therapie so lange vertretbar, wie das klinische Bild die Erwartung rechtfertigt, dem Patienten ohne eine (risikoreichere) Operation Heilung, zumindest aber Linderung seiner Beschwerden zu verschaffen[2609].
- Versäumt ein Orthopäde, den Beginn der akuten Beschwerden zu erfragen, was ihn zu der Fehlvorstellung verleitet, die gebotene internistische Abklärung sei bereits erfolgt, kann auch die versäumte Befunderhebung auf diesem Fachgebiet die Beweislast zu Gunsten des Patienten umkehren[2610].
- Ob ein Arzt einen Behandlungsfehler begangen hat, beantwortet sich danach, ob der Arzt nach den von ihm zu fordernden medizinischen Kenntnissen und Erfahrungen im konkreten Fall diagnostisch und therapeutisch vertretbar und sorgfältig zu Werke gegangen ist. Abzustellen ist dabei auf den Standard im Zeitpunkt der Behandlung[2611].
- Dass für eine Operation die falsche Stelle ausgesucht und infolgedessen nicht im Segment HW7/BW1, sondern in TH1/2 (oder BW1/2) operiert wurde, stellt keinen groben Behandlungsfehler dar, wenn trotz aller Bemühungen immerhin drei Ärzte dem Irrtum unterlegen sind, die vorgesehene Etage gefunden zu haben, was darauf hindeutet, dass ein solcher Fehler unterlaufen kann. Eine Beweislastumkehr folgte daraus somit nicht[2612].
- Beschränken sich die Folgen einer Hüftluxation auf eine kurzzeitige Luxation von etwa einer Stunde ohne erhebliche Schmerzempfindungen und einer schmerzfreien Reposition unter einer ca zehn minütigen Kurznarkose, so ist nicht die Geringfügigkeitsgrenze überschritten, unterhalb derer die Zuerkennung eines Schmerzensgeldes nicht angemessen erscheint[2613].
- Der Hersteller eines Wirbelsäulen-Titan-Cage haftet dem Geschädigten auf Schadensersatz und Schmerzensgeld, wenn der zur Behebung eines Bandscheibenvorfalls gesetzte Cage aufgrund seiner mangelhaften Konstruktion bricht und sich der Geschädigte deshalb einer Revisionsoperation unterziehen muss[2614].
- Fußamputation wegen fehlerhafter und weiterhin verzögerter Wundversorgung[2615].
- Bei einer angeblich fehlerhaften Knieoperation stellte sich die Frage der Verjährung. So sei es bei Verhandlungen zwischen den Parteien nicht erforderlich, dass Vergleichsbereitschaft oder Bereitschaft zum Entgegenkommen signalisiert wird oder dass Erfolgsaussicht besteht. Verhandlungen schweben schon dann, wenn eine der Parteien Erklärungen abgibt, die der jeweils anderen die Annahme gestatten, der Erklärende lasse sich auf Erörterungen über die Berechtigung des Anspruchs oder dessen Umfang ein[2616].
- Aufklärungsgespräch bei Injektionstherapie in der Orthopädie mit der Möglichkeit einer injektionsbedingten Blockade[2617].

2605 OLG Karlsruhe, Urt v 26.6.2002 – 7 U 4/00, MedR 2003, 229.
2606 OLG Naumburg, Urt v 21.5.2007 – 1 U 33/06, MedR 2007, 593.
2607 KG, Urt v 13.11.2003 – 20 U 111/02, GesR 2004, 136.
2608 OLG Oldenburg, Urt v 30.3.2005 – 5 U 66/03, VersR 2006, 517.
2609 OLG Koblenz, Urt v 13.11.2008 – 5 U 429/08, ArztR 2009, 307.
2610 OLG Koblenz, Beschl v 30.1.2012 – 5 U 857/11, MedR 2012, 309 = ArztR 2012, 301.
2611 OLG Naumburg, Urt v 24.2.2011 – 1 U 58/10, GesR 2011, 478 = MedR 2011, 798.
2612 OLG Köln, Beschl v 13.1.2015 – 5 U 120/14, -juris.
2613 OLG Hamm, Urt v 13.1.2015 – I-26 U 122/14, 26 U 122/14, -juris.
2614 OLG Frankfurt/M, Urt v 13.01.2015 – 8 U 168/13, openJur 2015, 2041.
2615 LG Berlin, Urt v 10.3.2015 – 8 O 119/13, -juris.
2616 OLG Frankfurt/M, Urt v 12.3.2015 – 15 U 73/13, openJur 2015, 14242.
2617 OLG Naumburg, Beschl v 9.3.2015 – 1 U 10/14, openJur 2020, 28043 Rz 36 ff.

- Unterlässt es ein Arzt, bei einer Patientin, die über langanhaltende Schmerzen im Gesäß nach einem Sturz klagt, Röntgenbilder zu fertigen, was zu einem Übersehen einer Steißbeinfraktur führt und wird stattdessen eine längere Injektionsbehandlung mit Kortikoiden vorgenommen, sodass die Patientin in der Folge eine Infektion mit schwerwiegenden Beeinträchtigungen erleidet, so stellt dies einen groben Behandlungsfehler dar, der ein Schmerzensgeld von € 100.000 rechtfertigt[2618].
- Vor einer Versteifungsoperation des Sprunggelenks (Arthrodese) kann ein Arzt einen Patienten über das Risiko einer Pseudoarthrose aufzuklären haben[2619].
- Ist vor einer HWS-Operation eine neurologische Untersuchung geboten und unterbleibt diese, ist die Operation nicht indiziert. Die Vornahme eines schwerwiegenden operativen Eingriffs ohne zuvor gesicherte Diagnose kann als grober Behandlungsfehler zu werten sein[2620].
- Ohne Vorliegen besonderer Umstände gibt es grundsätzlich keinen Grund für die Annahme, der im Rahmen der Aufklärung verwendete Begriff „Lähmung" impliziere nicht die Gefahr einer dauerhaften Lähmung, sondern sei einschränkend dahin zu verstehen, dass er nur vorübergehende Lähmungszustände erfasse[2621].
- Keine Arzthaftung bei Einsatz von Hüftgelenksprothesen des Typs Durom-Metasul-LDH-Prothese der Firma Zimmer[2622]. Der Fehler sei sowohl zum Zeitpunkt der Markteinführung des Produktes, als auch zum Zeitpunkt der Implantation der fehlerhaften Prothese nach dem Stand der Wissenschaft und Technik dem Hersteller erkennbar gewesen, sodass eine Haftung der operierend einsetzenden Ärzte nicht in Betracht käme, sondern ausschließlich eine Herstellerhaftung nach dem MPG.
- Ärzte klären Patienten selten zu viel auf, sie klären in der Regel eher zu wenig auf über Risiken und Folgen einer Behandlung. Der Bundesgerichtshof hat die Untergrenze für die Aufklärung definiert und klar gemacht, was zur „Grundaufklärung" zu leisten ist (hier: orthopädische Operation)[2623].
- Zur Aufklärung im Rahmen einer Halswirbelsäulen-Operation, bei der nicht nur der auf MRT-Aufnahmen dokumentierte Bandscheibenvorfall im Wirbelsäulensegment C5/C6 fixiert wurde, sondern auch einer ärztlichen Mindermeinung folgend das Nachbarsegment C4/C5[2624].

20. Physiotherapie.

Der Physiotherapeut muss vor Behandlungsbeginn sicherstellen, dass der Patient dem Übungspensum gewachsen ist und darf ihn keinerlei Verletzungsgefahrpotential aufgrund seiner Übungen aussetzen[2625]. Es wurden die Sorgfaltsanforderungen in der Physiotherapie konkretisiert. Die genauen physiotherapeutischen Übungen müssen dem Alter und der Fertigkeit des Patienten angepasst worden sein. Der Physiotherapeut hat darüber hinaus zu hinterfragen, ob eine spezielle Medikamenteneinnahme des Patienten die Durchführung beeinträchtigt, anderenfalls haftet er für den Schaden, der dem Patienten durch die fehlerhafterweise durchgeführte Übung entsteht.

21. Psychiatrie.

- Zur notwendigen Überwachung einer in psychischem Erregungszustand in das Krankenhaus eingelieferten Patientin, die vorübergehend im Badezimmer der Station untergebracht worden ist, gegen eine mögliche Selbstgefährdung (hier: Selbsttötung durch Einnahme eines aggressiven Reinigungsmittels)[2626].
- Patienten, die unter einer paranoid-halluzinatorischen Psychose aus dem schizophrenen Formenkreis leiden und deshalb stark selbstmordgefährdet sind, müssen nicht ständig in geschlossenen Abteilungen des psychiatrischen Krankenhauses behandelt werden, auch wenn dort die Verwirklichung der Suizidabsichten deutlich erschwert ist. Die medikamentöse Ruhigstellung des Patienten ist sachgerecht, insbesondere ist die Gabe von Valium nicht kontraindiziert, wenn der Patient nicht an einer endogenen Depression leidet[2627].

2618 OLG Hamm, Urt v 4.12.2015 – 26 U 33/14, openJur 2016, 10803 Rz 86, 87, 127; Parallelverfahren der PKV der Patientin, OLG Hamm Urt v 4.12.2015 – 26 U 32/14, openJur 2016, 10802.
2619 OLG Hamm, Urt v 8.7.2016 – 26 U 203/15, openJur 2019, 11867 Rz 14, 15.
2620 OLG Hamm, Urt v 11.11.2016 – I-26 U 111/15, openJur 2017, 479.
2621 BGH, Urt v 11.10.2016 – VI ZR 462/15, NJW-RR 2017, 533.
2622 LG Freiburg, Urt v 24.2.2017 – 6 O 359/10, openJur 2017, 1693.
2623 BGH, Urt v 28.5.2019 – VI ZR 27/17, NJW 2019, 2320.
2624 BGH, Urt v 15.10.2019 – VI ZR 105/18, NJW 2020, 1358 = MedR 2020, 379 m Anm Jansen MedR 2020, 381.
2625 OLG Koblenz, Beschl v 2.1.2013 – 5 U 693/12, MDR 2013, 463.
2626 OLG Hamm, Urt v 30.5.1984 – 3 U 310/83, MedR 1986, 154.
2627 OLG Hamm, Urt v 16.10.1989 – 3 U 440/88, VersR 1990, 1240.

- Einen manisch erregten Patienten, der nicht medikamentös beruhigt werden kann, in einem Bett ohne ausreichende Überwachung zu fixieren, ist behandlungsfehlerhaft[2628].
- Eine 17jährige Patientin, bei der eine latente Suizidalität diagnostiziert wird, ist bei ihrer Aufnahme in die Klinik auf Gegenstände hin zu untersuchen, die für eine Selbsttötung geeignet sind[2629].
- Unfälle während einer Suchtbehandlung können mit ausreichender Sicherheit nur durch strengste Fixation im Bett verhindert werden. Derartige freiheitsentziehende Maßnahmen sind ohne eindeutige Anzeichen einer Selbstgefährdung bzw Suizidalität unzulässig und medizinisch unvertretbar[2630].
- Ist vom Vorliegen einer akuten Suizidalität auszugehen, ist medizinisch im Regelfall eine Unterbringung des akut selbstmordgefährdeten Patienten auf einer geschlossenen Abteilung geboten. Bei der Unterbringung eines suizidgefährdeten Patienten auf der offenen Station müssen sämtliche Fenster und Türen verschließbar sein, wenn in der Person des Patienten besondere Umstände vorliegen, die darauf schließen lassen, dass ein etwaiger Suizidversuch gerade auf diese Art und Weise erfolgen wird[2631].
- Bei einer depressiven Störung besteht immer eine latente Suizidgefahr. Zur Annahme einer konkreten Suizidgefahr müssen weitere Anhaltspunkte gegeben sein. Bei erkennbarer akuter oder konkreter Selbsttötungsgefahr sind in einer psychiatrischen Klinik konkrete Maßnahmen zum Schutz eines Patienten erforderlich. Ist eine akute Suizidgefahr nicht erkennbar, muss die Klinik nicht unverzüglich nach einem Patienten fahnden, der nicht – wie vereinbart – nach einem unbegleiteten Ausgang auf dem Klinikgelände zurückkehrt[2632].
- Dem Krankenhausträger obliegt eine Verkehrssicherungspflicht zum Schutz des Patienten vor einer Schädigung, die im Zusammenhang mit seiner Krankheit steht[2633].
- Im Zielkonflikt zwischen einer möglichst ungezwungenen, therapiefreundlichen Atmosphäre und dem notwendigen Sicherheitsbedürfnis auf einer offenen Station gibt es einen Entscheidungsspielraum von Klinikchef oder Krankenhausträger[2634].
- Eine psychiatrische Klinik ist verpflichtet, von einem suizidalen Patienten alle Gefahren abzuwenden, die dem Kranken durch sich selbst drohen (hier: Selbstanzündung durch Feuerzeug). Welche Kontrollen, Beschränkungen und sonstigen Maßnahmen geboten sind, erfordert eine wertende Gesamtschau aller medizinischen und sonstigen behandlungs- und sicherungsrelevanten Fakten[2635].
- Ohne Vorliegen besonderer Umstände gibt es keine Mindestanforderung an die Sicherung der Patienten (Grundsicherung) auf einer offenen Station einer psychiatrischen Klinik. Es müssen zumindest nicht ohne Hinzutreten besonderer Umstände grundsätzlich nicht sämtliche Fenster und Türen verschließbar sein[2636].
- Bei akut suizidgefährdeten Patienten muss dafür gesorgt werden, dass die Stationstüren verschließbar sind und die Fenster auch unter Einsatz von Körperkraft nicht so geöffnet werden können, dass der Patient hinausspringen kann[2637].
- Solange konkrete Angaben den weiteren Dokumenten zu entnehmen sind, ist die Nichterstellung eines Suizidbogens unschädlich. Sollte nicht dokumentiert sein, dass man sich mit dem Suizidrisiko auseinandergesetzt hat, würde nach allgemeinen Gesichtspunkten die Vermutung eingreifen, dass eine entsprechende Befassung nicht erfolgt ist[2638].
- Die Nichterstellung des Suizidbogens selbst stellt noch keinen Behandlungsfehler dar, wenn sich den weiteren Dokumenten hinreichende Feststellungen zur Suizidalität und deren Überprüfung entnehmen lassen[2639].
- Ein Allgemeinkrankenhaus haftet bei Überbelegung von psychiatrischer Klinik nicht für einen Sprung aus dem Fenster bei der notfallmäßigen Unterbringung eines akut psychotischen Patienten[2640].
- Psychiatrisches Klinikum haftet für Sprung aus dem Fenster. Patientin hätte nicht unbeaufsichtigt bleiben dürfen. Angesichts des bekannten Krankheitsbildes habe die Klinik bei der

---

[2628] OLG Köln, Urt v 2.12.1992 – 27 U 103/91, MedR 1993, 235.
[2629] OLG Stuttgart, Beschl v 3.2.1997 – 4 Ws 230/96, MedR 1999, 374.
[2630] OLG München, Beschl v 7.5.1998 – 1 W 1512/98, MedR 1998, 366.
[2631] OLG Sachsen-Anhalt, Urt v 8.2.2000 – 1 U 140/99, NJW-RR 2001, 1251.
[2632] OLG Stuttgart, Urt v 4.4.2000 – 14 U 63/99, MedR 2002, 198 = NJW-RR 2001, 1250.
[2633] BGH, Urt v 20.6.2000 – VI ZR 377/99, MedR 2001, 201 = NJW 2000, 3425.
[2634] Pfälz OLG Zweibrücken, Urt v 26.3.2002 – 5 U 13/00, MedR 2003, 181.
[2635] OLG Koblenz, Beschl v 3.3.2008 – 5 U 1343/07, GesR 2008, 255 = NJW-RR 2008, 1473.
[2636] OLG Naumburg, Urt v 17.12.2009 – 1 U 41/09, GesR 2010, 139.
[2637] OLG Hamburg, Urt v 14.2.2003 – 1 U 186/00, -juris.
[2638] BGH, Urt v 29.9.1998 – VI ZR 268/97, VersR 1999, 190.
[2639] OLG Braunschweig, Beschl v 11.2.2008 – 1 U 2/08, GesR 2008, 536 = NJW-RR 2008, 1060.
[2640] OLG Frankfurt/M, Urt v 27.10.2009 – 8 U 170/07, openJur 2012, 32232.

Frau „mit einem Rest an Unberechenbarkeit insbesondere in Gestalt von Suizidversuchen" rechnen müssen. Das Krankenhaus muss daher der Krankenkasse die Kosten erstatten, die dieser durch die Behandlung der Verletzungen entstanden sind[2641].
- Es handelt sich um einen Befunderhebungsfehler, dessen Schadensursächlichkeit nicht nachweisbar ist, wenn sich der Arzt nach mehreren Tagen nicht beim Pflegepersonal über den Gesundheitszustand eines Suizidpatienten erkundigt[2642].

22. Psychotherapie.

556 – Ein Psychotherapeut handelt unverantwortlich und grob fehlerhaft, wenn er aus eigenem Antrieb oder dem Verlangen einer Patientin folgend persönliche Beziehungen mit emotionaler Bindung begründet[2643].
- Wird ein Patient, der an Rückenbeschwerden leidet, von einem Orthopäden an einen Facharzt für Neurologie und Psychiatrie überwiesen, darf dieser bei eindeutigen Anzeichen einer spinalen Schädigung ohne ausreichende Diagnostik zum Ausschluss einer neurologischen Erkrankung nicht lediglich eine Psychotherapie beginnen und über einen längeren Zeitraum fortführen[2644].
- Die wissenschaftliche Anerkennung eines Psychotherapieverfahrens im Sinne des Psychotherapeutengesetzes verlangt einen nachprüfbaren Beleg der Wirksamkeit. Von der wissenschaftlichen Anerkennung eines psychotherapeutischen Verfahrens zur Behandlung Erwachsener lässt sich nicht ohne weiteres auf die Wirksamkeit dieses Verfahrens zur Behandlung von Kindern und Jugendlichen schließen[2645].
- Standard bei einer psychotherapeutischen Behandlung[2646].

23. Radiologie.

557 – Bleibt nach dem ergebnislosen Verlauf nichtinvasiver Untersuchungsmethoden die schwerwiegende klinische Verdachtsdiagnose einer Beeinträchtigung der Gehirngefäße bestehen, ist eine diagnostische Abklärung durch eine Katheterangiographie (Arteriographie) medizinisch indiziert. Nach einer komplikationslos verlaufenen Katheterangiographie besteht keine Pflicht, aus medizinischen Gründen prophylaktische Maßnahmen zur Verhinderung von Thrombosen aufzugreifen. Das gilt jedenfalls so lange, wie der Puls seitengleich tastbar ist. Das Nichterkennen einer Knochenauflockerung auf einer Computertomographie ist ein einfacher Diagnosefehler[2647].
- Wird die Verrenkung des Mittelgliedes des Ringfingers auf einer Röntgenaufnahme nicht erkannt, ist dies nicht grob fehlerhaft[2648].
- Der für die Intensivstation verantwortliche Anästhesist kann sich im Allgemeinen darauf verlassen, dass die Röntgenaufnahmen von den Ärzten der Röntgenabteilung hinsichtlich des Vorliegens von Knochenbrüchen zutreffend ausgewertet werden[2649].
- Eine Strahlentherapie „unter Aufsicht eines Arztes" ist nur dann anzunehmen, wenn ein Arzt mit entsprechender Ausbildung jederzeit verfügbar ist, um bei während der Behandlung auftretenden Problemen helfen bzw auf Fragen des Patienten eingehen zu können[2650].
- Die Übertragung der Durchführung einer Kontrastmittelinfusion auf eine Medizinisch-technische Radiologieassistentin (MRTA), die aufgrund ihrer Ausbildung und der Erlaubnis nach § 1 Nr 2 des MTA-Gesetzes über entsprechende Kenntnisse und Fertigkeiten verfügt und vom Arzt überwacht wird, ist zulässig[2651].
- Die Aufklärung des Patienten unterfällt bei radiologischen Untersuchungen dem Arztvorbehalt[2652].
- Ein Radiologe, dem ein Patient vom Hausarzt zur Anfertigung eines Computertomogramms des Kopfes mit der Angabe „intrakranieller Prozess" überwiesen wird, ist nicht verpflichtet, statt eines nativen CT ein Kontrastmittel-CT zu fertigen, wenn das CT keinen außergewöhnlichen Befund ergibt[2653].

2641 LG München, Urt v 2.9.2009 – 9 O 23635/06, openJur 2012, 103279.
2642 OLG München, Urt v 13.1.2011 – 1 U 4927/09, MedR 2011, 241.
2643 OLG Düsseldorf, Urt v 12.10.1989 – 8 U 10/88, NJW 1990, 1543.
2644 OLG Düsseldorf, Urt v 21.7.2005 – I-8 U 33/05, NJOZ 2006, 344.
2645 BVerwG, Urt v 30.4.2009 – 3 C 4/08, NJW 2009, 3593.
2646 OLG Hamm, Urt v 11.11.2016 – I-26 U 16/16, openJur 2017, 480.
2647 OLG Koblenz, Urt v 30.11.2006 – 5 U 209/06, MedR 2007, 439 = NJW-RR 2007, 532.

2648 OLG Koblenz, Urt v 31.8.2006 – 5 U 588/06, VersR 2006, 1547 m Anm Jaeger VersR 2006, 1548.
2649 OLG Hamm, Urt v 27.1.1982 – 3 U 199/81, MedR 1983, 187.
2650 OLG Stuttgart, Urt v 24.11.1982 – 1 U 66/82, MedR 1983, 152.
2651 AG Karlsruhe, Urt v 4.4.1997 – 13 C 448/95, MedR 1997, 512.
2652 Brandenburgisches OLG, Urt v 27.3.2008 – 12 U 239/06, openJur 2012, 8180; OLG Celle, Urt v 15.6.1981 – 1 U 34/80, VersR 1981, 1184.
2653 OLG Stuttgart, Urt v 20.6.2000 – 14 U 73/98, VersR 2002, 98.

- Es stellt keinen Behandlungsfehler dar, wenn bei einer MRT-Untersuchung des Nackens objektiv nicht erforderliche Schutzmaßnahmen (Schallschutz des Gehörs wegen technisch bedingter Klopfgeräusche) unterlassen werden, soweit aufgrund der konkreten Untersuchungssituation die Gefahr einer Gehörschädigung nicht bestand. Über ein solches Risiko ist auch nicht aufzuklären[2654].
- Das bei der Durchführung einer Röntgenuntersuchung hinzugezogene Personal ist verpflichtet, in zumutbarer Weise Vorkehrungen zur Abwendung von Gefahren und Schädigungen zu treffen. Maßgeblich ist der Zustand des Patienten[2655].
- Die Einstandspflicht des Arztes, der postoperativ behandlungsfehlerhaft eine Röntgenkontrolle unterlässt, umfasst nicht weitere Befunderhebungsfehler der ambulanten Nachbehandler. Ist dem mit einer postoperativen MRT-Befundung betrauten Radiologen das genaue Operationsverfahren (hier: Operation einer Rotatorenmanschettenruptur mit Swift-Lock Anker) nicht bekannt, hat er sich bei dem operierenden Krankenhaus zu erkundigen, wenn die Möglichkeit besteht, dass sich hieraus Rückschlüsse für die Befundung ziehen lassen[2656].

24. Urologie.

- Der Verdacht auf eine Hodentorsion ist im Zweifel durch eine umgehende operative Freilegung des Hodens zu klären[2657].
- Nur in Ausnahmefällen darf ein (Gebiets-)Arzt außerhalb seines Fachgebiets tätig werden. Die alleinige Behandlung eines Leukämie-Patienten über Monate hinweg durch einen Urologen ist unzulässige Überschreitung des Fachgebiets. Ein Arzt, dessen Behandlung – hier Thymus-Behandlung eines Leukämie-Patienten – nicht ausreicht und der das gebotene Heilverfahren (hier Chemotherapie) nicht selbst übernehmen kann, muss seine Behandlung aufgeben und damit sein Möglichstes tun, dass der Kranke dem gebotenen Heilverfahren zugeführt wird (wie zB Unterlassung einer Krebsbehandlung nach d Regeln d Schulmedizin BGH, Urt v 21.6.1960 – 1 StR 186/60 = NJW 1960, 2253). Ausnahmen sind in engen Grenzen aus Respekt vor dem Willen des vollständig informierten Patienten denkbar[2658].
- Wird eine Operation (Prostataresektion) von einem Assistenzarzt begonnen und wegen aufgetretener Komplikationen von einem Oberarzt beendet, so haften beide Ärzte neben dem Krankenhausträger, wenn die Dokumentation unvollständig war[2659].
- Bestehen bei einer Patientin urologische Probleme, ist es zwingend notwendig, vor der gynäkologischen Operation eine urologische Diagnostik vorzunehmen, um das Krankheitsbild, die Indikation für den Eingriff sowie dessen spezielle Art abzuklären[2660].
- Entfernt der Operateur im Verlauf einer vorgesehenen Prostatovesikulektomie einen Kolondivertikelstein an der Gefäßkreuzung links in der irrigen Meinung, es handele sich um einen Lymphknoten, trifft ihn nicht der Vorwurf eines Behandlungsfehlers. Er muss auch nicht vor dem Weiteroperieren das Ergebnis einer Schnellschnittuntersuchung von möglicherweise tumorbefallenen vorher operativ entfernten Lymphknoten rechts abwarten[2661].
- Der Arzt, der nach der Sterilisation (Vasektomie) eines Mannes diesen zu einer etwa ein Jahr danach durchzuführenden Samenuntersuchung (Spermiogramm) einbestellt, ist nicht verpflichtet, den Patienten später an diesen Termin zu erinnern[2662].
- Es gehört zum Gegenstand der Sicherungsaufklärung, dem Patienten nach einer Vasektomie mitzuteilen, dass im Zuge der Rekanalisation die Zeugungsfähigkeit auch ohne ärztlichen Eingriff wieder hergestellt werden kann[2663].
- Besteht bei einer ordnungsgemäß durchgeführten Operation (hier: Nierenbeckenplastik) stets das Risiko einer Nachoperation mit erhöhtem Risiko einschneidender Folgen (hier: Nierenverlust), ist der Patient schon vor dem ersten Eingriff auch über das Risiko der Nachoperation aufzuklären[2664].

2654 LG München I, Urt v 1.2.2006 – 9 O 14241/01, MedR 2006, 476.
2655 LG Essen, Urt v 21.11.2001 – 16 O 568/99, MedR 2002, 311.
2656 OLG Dresden, Urt v 29.8.2017 – 4 U 401/17, BeckRS 2017, 123097.
2657 Brandenburgisches OLG, Urt v 14.11.2001 – 1 U 12/01, MedR 2002, 149 = VersR 2002, 313; OLG Köln, Urt v 23.1.2002 – 5 U 85/01, VersR 2003, 860.
2658 Gerichtshof für die Heilberufe beim OVG Bremen, Urt v 21.2.1990 – HB-BA 1/88, MedR 1990, 279.
2659 OLG Düsseldorf, Urt v 12.7.1990 – 8 U 235/88, VersR 1991, 1138.
2660 OLG Düsseldorf, Urt v 28.9.2000 – 8 U 114/99, VersR 2002, 856.
2661 OLG Stuttgart, Urt v 8.12.1988 – 14 U 25/88, VersR 1989, 1094.
2662 OLG Celle, Beschl v 24.11.1983 – 1 W 29/83, MedR 1984, 233.
2663 LG Regensburg, Urt v 21.3.2013 – 4 O 1943/12, MedR 2014, 255.
2664 BGH, Urt v 9.7.1996 – VI ZR 101/95, MedR 1997, 28.

25. **Zahnmedizin.**

559
- Kommen zur zahnärztlichen Versorgung einer Zahnlücke mehrere Alternativen des Zahnersatzes (viergliedrige, bogenförmige Brücke; implantatgetragene Einzelbrücken oder herausnehmbare Prothese) in Betracht, die aus Ex-ante-Sicht des Zahnarztes eine gleichwertige Versorgungschance bieten, aber eine deutlich unterschiedliche Beanspruchung des Patienten durch die Behandlung zur Folge haben, so hat der Zahnarzt seinen Patienten über diese Behandlungsalternative aufzuklären und die Therapiewahl unter Berücksichtigung der subjektiven Gründe des Patienten vorzunehmen[2665].
- Ein Zahnarzt haftet nicht für Fehler eines Fremdlabors, das er im eigenen Namen und auf eigene Rechnung beauftragt hat, wenn er kein Weisungsrecht gegenüber dem Labor hat[2666].
- Nach einer „ästhetischen" Verbesserung der Zahnprothetik im Labor, muss der Zahnarzt, welcher den Zahnersatz ins Labor geschickt hat, den Sitz der Prothetik bei der Patientin überprüfen. Möglicherweise notwendige Einschleifmaßnahmen sollten zurückhaltend angegangen werden, da sich die Prothetik im Laufe der ersten Tage erst „setzen" muss[2667].
- Der Anästhesist, der bei einer zahnärztlichen Behandlung eine Vollnarkose durchführt, ist Erfüllungsgehilfe des Zahnarztes[2668].
- Ein Zahnarzt handelt grob fehlerhaft, wenn er vor einer restaurativen Therapie eine funktionelle Befunderhebung unterlässt[2669].
- Bei einer mangelhaften Prothetik muss der erstbehandelnde Zahnarzt Fehler und Versäumnisse des nachbehandelnden Kollegen substantiiert darlegen, wenn dessen Verantwortlichkeit nach der Art des Mangels im Grunde fernliegend ist[2670].
- Im Rahmen einer Notfallbehandlung ist der Zahnarzt grundsätzlich nur verpflichtet, durch geeignete Behandlungsmaßnahmen die Krankheitssymptome zu bekämpfen (Schmerzlinderung). Die Therapie bleibt der Nachbehandlung vorbehalten. Der Patient ist über die Notwendigkeit der Nachbehandlung zu informieren (Beratungspflicht)[2671].
- Nicht jede nicht auf Anhieb gelungene prothetische Zahnversorgung ist als Körperverletzung anzusehen. Der Patient ist grundsätzlich verpflichtet, bei den weiteren Eingliederungsmaßnahmen der Zahnprothetik mitzuwirken[2672].
- Die bloße erste Anpassung eines Zahnersatzes, bei der sich Mängel insbesondere im Sitz herausstellen, bedeutet noch keinen Eingriff in die körperliche Unversehrtheit, sondern belegen lediglich, dass das geschuldete prothetische Werkstück mit seiner Eingliederung noch nicht frei von Mängeln ist[2673].
- Amalgamfüllungen stellen keinen Behandlungsfehler dar[2674].
- Ohne konkrete Anhaltspunkte für Materialunverträglichkeiten ist der Zahnarzt nicht verpflichtet, vor dem Einbringen von Zahnersatz Allergietests durchzuführen. Galvanische Strömungen geringster Stärke im Mund sind bei einer implantatgetragenen Zahnersatzkonstruktion kein Behandlungsfehler[2675].
- Es ist ein grober Behandlungsfehler, wenn einem Zahnarzt bekannt ist, dass ein Patient unter einer Palladiumallergie leidet und er gleichwohl Brücken mit einer Edelmetalllegierung mit einem Palladiumanteil von 36,4 % einsetzt[2676].
- Das Eingliedern einer Prothese ist grob fehlerhaft, wenn die zu deren Verankerung eingebrachten Implantate wegen fortgeschrittenen Knochenabbaus des Kiefers keinen genügenden Halt bieten[2677].
- Zur Fehlerhaftigkeit einer nicht mehr rekonstruierbaren Überkronung[2678].
- Vor der operativen Entfernung von Weisheitszähnen ist der Patient über das (sich sehr selten verwirklichende) Risiko eines Kieferbruchs aufzuklären[2679].

2665 OLG Naumburg, Urt v 5.4.2004 – 1 U 105/03, VersR 2004, 1460.
2666 AG Frankfurt/M, Urt v 3.4.2003 – 30 C 2386/02–25, MedR 2005, 361.
2667 LG Dortmund, Urt v 11.2.2009 – 4 O 243/06, openJur 2011, 64695.
2668 OLG Koblenz, Urt v 15.1.2004 – 5 U 1145/03, VersR 2004, 1323.
2669 OLG Köln, Urt v 23.8.2006 – 5 U 22/04, MedR 2008, 46.
2670 OLG Koblenz, Beschl v 19.6.2007 – 5 U 467/07, MedR 2008, 298.
2671 OLG Köln, Urt v 16.6.1999 – 5 U 160/97, VersR 2000, 1150.
2672 OLG Oldenburg, Urt v 11.2.1997 – 5 U 164/97, MedR 1997, 359.
2673 OLG Dresden, Beschl v 21.1.2008 – 4 W 28/08, NJW-RR 2009, 30.
2674 OLG Köln, Urt v 21.10.2013 – 5 U 155/12, MedR 2015, 110; OLG Hamm, Urt v 4.3.2016 – 26 U 16/15, https://www.olg-hamm.nrw.de/behoerde/presse/pressemitteilung_archiv/archiv/2016_pressearchiv/48-16-Amalgam-in-der-Zahnbehandlung.pdf, zuletzt abgerufen am 19.11.2021.
2675 OLG Oldenburg, Urt v 28.2.2007 – 5 U 147/05, MedR 2007, 717.
2676 OLG Oldenburg, Urt v 4.7.2007 – 5 U 31/05, MedR 2008, 296.
2677 OLG Köln, Urt v 25.2.1998 – 5 U 157/97, VersR 1998, 1511.
2678 OLG Frankfurt/M, Urt v 6.1.2009 – 8 U 31/07, OLGR Frankfurt/M, 2009, 599.
2679 OLG München, Urt v 30.3.1995 – 1 U 3458/94, MedR 1996, 211.

- Vor einer Weisheitszahnentfernung ist über das Risiko einer Osteomyelitis (Kieferknochenmarksentzündung) aufzuklären[2680].
- Es liegt eine Aufklärungspflichtverletzung des Zahnarztes vor, wenn dieser bei einer Leitungsanästhesie im Zuge einer zahnerhaltenden Maßnahme nicht über das Risiko einer dauerhaften Schädigung des nervus lingualis aufklärt[2681].
- Vor einer Wurzelspitzenresektion ist nicht über das Risiko einer vorübergehenden Beeinträchtigung des Gefühlsnervs (nervus infraorbitalis) aufzuklären[2682].
- Der Zahnarzt, der eine ältere, inzwischen weniger gebräuchliche und risikobehaftetere Methode anwenden will, muss über die Behandlungsalternative und deren Risiken zutreffend aufklären[2683].
- Ein Zahnarzt, der im Rahmen seines Bereitschaftsdienstes einen Zahn extrahiert, ohne den Patienten vorher über die zur Wahl stehenden Behandlungsalternativen aufgeklärt zu haben, haftet nicht, wenn feststeht, dass der Patient bei entsprechender Aufklärung den Rat des abwesenden Zahnarztes nach dessen Rückkehr eingeholt hätte und dieser ebenfalls zur Extraktion des Zahnes geraten und der Patient diesen Rat befolgt hätte. Der alternative Kausalverlauf ist in einem solchen Fall auch zu berücksichtigen, wenn sich der beklagte Arzt nicht auf diesen beruft[2684].
- Wird bei einer Wurzelspitzenresektion intraoperativ eine Knochenzyste im Bereich der Zahnwurzel entdeckt, welche dringend entfernt werden muss, ist die Operation nicht zum Zweck der Risikoaufklärung zu unterbrechen[2685].
- Auf ein erhöhtes Kariesrisiko im Rahmen einer kieferorthopädischen Behandlung mit einer festen Zahnspange ist nicht im Rahmen der Risikoaufklärung, sondern nur bei der Beratungspflicht hinzuweisen[2686].
- Die fehlende Risikoaufklärung über das mögliche Auftreten einer Zahnmarkentzündung nach Einsatz eines Veneers kann eine Haftung auf Zahlung von Schmerzensgeld begründen[2687].
- Eine Endokarditis (Herzinnenwandentzündung) ist kein aufklärungspflichtiger Risikofaktor einer kieferchirurgischen Behandlung. Ohne eine konkrete Indikation des bestehenden Risikos einer Endokarditis ist eine prophylaktische antibiotische Abschirmung eines Patienten im Rahmen einer kieferchirurgischen medizinischen Behandlung nicht geboten[2688].
- Zum Setzen von Implantaten ist nicht zwingend eine chirurgische Führungsschablone erforderlich[2689].
- Der Patientenwunsch rechtfertigt keine zahnärztliche Behandlung, die gegen den medizinischen Standard verstößt[2690].
- Wird bei dem sogen „Slicen" von Milchzähnen zu viel Zahnschmelz abgetragen und entsteht eine ungleichmäßige Oberfläche, kann dies als grober Behandlungsfehler zu bewerten sein[2691].
- Bei einer Implantatbehandlung stellt eine Einheilzeit von drei bis sechs Monaten keine schuldhafte Verzögerung dar[2692].

§ 630b Anwendbare Vorschriften

Auf das Behandlungsverhältnis sind die Vorschriften über das Dienstverhältnis, das kein Arbeitsverhältnis im Sinne des § 622 ist, anzuwenden, soweit nicht in diesem Untertitel etwas anderes bestimmt ist.

ÜBERSICHT

I. Regelungsziel und Anwendbarkeit 1–4	II. Allgemeine Folgen der Verweisung 5–11

2680 OLG Köln, Urt v 12.3.2003 – 5 U 52/02, NJW-RR 2003, 1606.
2681 OLG Hamm, Urt v 29.9.2010 – 3 U 169/09, MedR 2011, 723.
2682 OLG Naumburg, Urt v 4.10.2007 – 1 U 11/07, MedR 2008, 372.
2683 OLG Stuttgart, Urt v 17.4.2001 – 14 U 74/00, VersR 2002, 1286.
2684 OLG Koblenz, Urt v 21.6.2001 – 5 U 1788/00, MedR 2002, 408.
2685 OLG Naumburg, Urt v 4.10.2007 – 1 U 11/07, MedR 2008, 372.
2686 OLG Stuttgart, Urt v 20.5.2008 – 1 U 122/07, VersR 2008, 927.
2687 OLG Hamm, Urt v 30.5.2011 – I-3 U 205/10, GesR 2011, 477.
2688 OLG Köln, Beschl v 24.1.2012 – 5 U 212/11, MedR 2013, 99.
2689 OLG Nürnberg Urt v 12.2.2016 – 5 U 1412/14, GesR 2016, 258.
2690 OLG Hamm, Urt v 26.4.2016 – 26 U 116/14, -juris m Anm Ahmadi ZjS 2017, 362, 364.
2691 OLG Hamm, Urt v 4.7.2017 – 26 U 3/17, openJur 2017, 482.
2692 LG Paderborn, Urt v 27.9.2017 – 4 O 329/16, https://www.bzaek.de/goz/urteiledatenbank-goz/urteil/bruch-eines-provisoriums-kein-behandlungsfehler.html, zuletzt abgerufen am 31.12.2021.

1. Vertragsparteien 5, 6
2. Haftungsrecht 7, 8
3. Nichterfasste Normen 9–11

III. Konkrete Folgen der Verweisung 12–57
1. Vergütung 12–41
   a) Vergütungsvereinbarung und Vergütungshöhe 12–24
   b) Anspruchsentstehung und Fälligkeit 25–31
   c) Verjährung 32, 33
   d) Annahmeverzug § 615 . . . . . 34, 35
   e) Vergütung nach erfolgter Vertragsbeendigung 36–40
   f) Entfallen des Vergütungsanspruchs 41
2. Persönliche Leistungserbringung – § 613 42–55
   a) Grundsatz 42, 43
   b) Ausnahmen 44–54
      aa) Im stationären Bereich . . 45
      bb) Stellvertretungsmöglichkeit . 46–48
      cc) Delegation medizinischer Tätigkeit 49–53

dd) Aufklärung 54
c) Rechtsfolgen bei Verstoß 55
3. Schutzpflichten des Patienten gemäß § 618 . . . . 56, 57

IV. Beendigung des Behandlungsvertrages – § 620 ff 58–80
1. Durch Zweckerreichung 58
2. Durch Zeitablauf 59
3. Durch Vertragsaufhebung 60
4. Durch Tod einer der Vertragsparteien 61, 62
5. Kündigung des Behandlungsvertrages 63–78
   a) Fristlose Kündigung aus wichtigem Grund § 626 65–68
   b) Fristlose Kündigung bei Vertrauensstellung § 627 69–74
   c) Kündigungserklärung 75, 76
   d) Kündigungsausschluss 77, 78
6. Beendigung eines tierärztlichen Behandlungsvertrages 79, 80

Schrifttum § 630b: Gitter/Köhler, Der Grundsatz der persönlichen ärztlichen Leistungspflicht, Ausformung und Auswirkungen auf die Leistungserbringung in ärztlichen Kooperationsformen, 1989; Wienke/Sauerborn, Honoraranspruch des vertretenen Chefarztes – Urteilsaufbereitung LG Bonn – 8 S 30/96 (Urt v 20.06.1996), MedR 1997, 81; Volk, Zum Schaden beim Abrechnungsbetrug – Das Verhältnis von Strafrecht und Sozialversicherungsrecht, NJW 2000, 3385; Flintrop, Auswirkungen der DRG-Einführung: Die ökonomische Logik wird zum Maß der Dinge, Deutsches Ärzteblatt 2006, 103 (46): A-3082/B-2683/C-2574; Uleer/Miebach/Patt, Abrechnung von Arzt- und Krankenhausleistungen Erläuterungen zur Gebührenordnung für Ärzte, Kommentar, 3. Aufl 2006; Flintrop, Parallelnarkosen: Helios entschärft umstrittenes Konzept, Deutsches Ärzteblatt 2007, B-613, C-589; Andreas, Delegation ärztlicher Tätigkeiten auf nichtärztliches Personal, ArztR 2008, 144; Bäune, in: Bäune/Meschke/Rothfuß (Hrsg), Kommentar zur Zulassungsverordnung für Vertragsärzte und Vertragszahnärzte (Ärzte-ZV, Zahnärzte-ZV), 2008; Osmialowski, Strafrechtliches Verfahren und Approbation, Orthopädische und Unfallchirurgische Praxis (OUP), 09/2013, 428; Bäune, Die Persönliche Leistungserbringung im Krankenhaus, MedR 2014, 76; Bleckwenn, Die Haftung des Tierarztes im Zivilrecht, 2014; Krull, Delegation ärztlicher Leistungen an nichtärztliches Personal: Möglichkeiten und Grenzen, Deutsches Ärzteblatt 2015, 112 (3): [2]; Rohner/Rausche, Der Vertragsarztsitz des ausscheidenden Gesellschafters: Grenzen und Möglichkeiten, Deutsches Ärzteblatt 2015, 112 (23): A-1058; Pramann, Arztrecht: Wann Krankenhausärzte eine Ermächtigung beantragen können, Deutsches Ärzteblatt 2017, 114 (43): (2); Lauf, Die Arztpraxis in der Insolvenz, in: Katzenmeier (Hrsg), Kölner Schriften zum Medizinrecht Band 24, 2019; Makowsky, Grundzüge des Behandlungsvertragsrechts, JuS 2019, 332; Braun/Walter, Plausibilitätsprüfung im MVZ – Zur vermeintlichen Anwendung von § 32 Ärzte-ZV, GuP 2020, 68; Hoffmann/Kleinken, Gebührenordnung für Ärzte (GOÄ): Kommentar, Stand: Juni 2020, inkl. 42. Lfg, Kommentierung zu GOÄ § 4, Anm 1.4.; Simmler, Anmerkung zu LG Berlin, Urt v 19.12.2018 – 84 O 300/17, MedR 2020, 848; Hibbeler, Krankenhaus: Was sind eigentlich DRGs?, Deutsches Ärzteblatt Studieren.de, 1/2011, 23; Hommel, Klinikärzte sehen Fallpauschalen-System am Ende, https://www.aerztezeitung.de/Politik/Klinikaerzte-sehen-Fallpauschalen-System-am-Ende-414042.html (zuletzt abgerufen am: 27.2.2023); Wehmeyer/Clausen, MRT–Leistungen nach der GOÄ kann jeder – nicht nur Fachärzte für Radiologie?, ZMGR 2021, 219.

I. Regelungsziel und Anwendbarkeit

1 Der Behandlungsvertrag ist hinsichtlich seines Vertragscharakters ein spezieller Dienstvertrag[1]. Begründend wird hierfür die Unberechenbarkeit des menschlichen Körpers und Organismus angeführt, der das Versprechen eines Behandlungserfolgs per se unmöglich macht[2]. Dass es sich beim Behandlungsvertrag idR um einen Dienstvertrag handelt, ergibt sich bereits aus der systematischen Auslegung, da die Normen des Behandlungsvertrages im Titel 8 des BGB „Dienstvertrag und ähnliche Verträge" nach den dienstvertraglichen Vorschriften verankert wurden[3]. Der in § 630b enthaltene Verweis hat damit nur eine klarstellende Funktion[4]. Hiervon geht auch der Gesetzgeber aus[5], der mit der in das PatRG explizit aufgenommenen Verweisungsnorm die bisherige Rechtsprechung fortsetzte, welche den Behandlungsvertrag bereits als speziellen Dienstvertrag klassifiziert hat[6]. Nur in wenigen Ausnahmen, wie bspw der Fremdherstellung von (Zahn–)

---

1 BT-Drucks 17/10488, 20; Jauernig[18]/Mansel, § 630b Rz 1.
2 BeckOK-BGB/Katzenmeier, Stand: 1.5.2022, § 630a Rz 20.
3 Grüneberg[81]/Weidenkaff, Vorb v § 630a Rz 1; Kern/Rehborn, in: Laufs/Kern/Rehborn, HdB ArztR[5], § 42 Rz 7.
4 BeckOK-BGB/Katzenmeier, Stand: 1.5.2022, § 630b Rz 1; Jauernig[18]/Mansel, § 630b Rz 1.
5 BT-Drucks 17/10488, 20; BR–Drucks 312/12, 28.
6 Ua BGH, Urt v 9.12.1974 – VII ZR 182/73, BGHZ 63, 306; BGH, Urt v 10.3.1981 – VI ZR 202/79, NJW 1981, 2002; OLG Zweibrücken, Urt v 10.3.1983 – 4 U 76/82, NJW 1983, 2094; Brandenburgisches OLG, Urt v 5.4.2005 – 1 U 34/04, -juris; OLG Frankfurt/M, Urt v 22.4.2010 – 22 U 153/08, -juris.

Prothesen, der Laboranalyse oder der Anfertigung von Röntgenbildern, wird bei Vertragsverhältnissen medizinischer Natur ein Werkvertrag iSd § 631 geschlossen[7].

Voraussetzung für die Anwendung von § 630b ist zunächst das Vorliegen eines Behandlungsvertrages. Erfolgt die medizinische Behandlung bspw im medizinischen Not- und Akutfall aufgrund einer Geschäftsführung ohne Auftrag oder einer öffentlich-rechtlichen Maßnahme, wäre anderenfalls folgerichtig § 630b zu vernachlässigen[8]. Gleiches gilt bspw für einen freundschaftlich erteilten medizinischen Rat, dessen Rechtsnatur als Gefälligkeit ohne Rechtsbindungswillen und Haftungswirkung eingeordnet werden kann.

Selbst, wenn zwischen einem Krankenhausträger und einem Patienten ein totaler Krankenhausaufnahmevertrag geschlossen wird, der üblicherweise über die ärztliche Behandlung hinaus auch Regelungen über die Aufnahme und Pflege beinhaltet und somit dogmatisch einen gemischten Vertrag mit Mietelementen (Raumüberlassung) und Werkvertragsbestandteilen (Verköstigung, Krankenpflege, Raumpflege) darstellt, gilt für diesen die Anwendbarkeit von § 630a[9]. Die vorgenannten anderen Vertragselemente treten hinter dem dienstvertraglichen Hauptcharakter des Vertrages (hier vorrangig die Erbringung der ärztlichen Behandlung und der Krankenpflege) damit zurück[10]. Hingegen kommen §§ 630a ff nicht bei der Bereitstellung von Medikamenten durch die Krankenhausapotheke zur Anwendung, selbst wenn für deren Bereitstellung im Übrigen ein totaler Krankenhausaufnahmevertrag geschlossen wurde[11]. Für die Bereitstellung von Medikamenten ist vorrangig Werklieferungsrecht einschlägig, sodass es auf §§ 630b, 612 Abs 2 nicht ankommt, sondern auf die kaufrechtlichen Normen, wobei insbesondere § 433 Abs 2 die maßgebliche Rolle spielt[12].

Die Rechtsgrundverweisung[13] des § 630b gilt nicht uneingeschränkt. Die Normen des Dienstvertragsrechts finden dann keine Anwendung, wenn speziellere Normen des Untertitels 2 „Behandlungsvertrag" einschlägig sind. Die – ihrerseits dispositiven[14] – §§ 611 ff gelten gegenüber den §§ 630a ff nur subsidiär. Ferner finden für den Behandlungsvertrag die Vorschriften hinsichtlich des Arbeitsvertrags iSd § 611a keine Anwendung, da sich Behandler und Patient beim Behandlungsvertrag nicht im Wege eines Arbeitsvertrages gegenüberstehen.

II. Allgemeine Folgen der Verweisung

1. Vertragsparteien. Grds resultiert aus der Verweisungsnorm des § 630b eine umfassende Anwendbarkeit aller dienstvertraglicher Normen. Zuvörderst werden die Vertragsparteien als synallagmatische Leistungserbringer und Leistungsempfänger eingeordnet. Der Behandler schuldet als Hauptleistung die lege artis zu erbringende medizinische Behandlung; der Patient schuldet die Leistung der ärztlichen Vergütung, soweit kein Dritter hierzu verpflichtet ist, vgl § 630a. Es stehen sich damit – so der Wille des Gesetzgebers[15] – zwei Vertragsparteien auf Augenhöhe gegenüber. Das Arzt-Patienten-Verhältnis zeichnete sich bereits vor Normierung des Patientenrechtegesetzes durch ein besonderes gegenseitiges Vertrauen aus, welches über das für den üblichen bürgerrechtlichen Vertrag erforderliche Vertrauensverhältnis zwischen beiden Vertragsparteien hinausragt[16]. Daher wurde diese Verbindung zT auch als „partnerschaftliche Zusammenarbeit" oder „therapeutisches Arbeitsbündnis" bezeichnet[17].

Die Vertragsparteien des Behandlungsvertrages sind in § 630a legal definiert (Behandelnder, Patient). Gleichwohl kommt es in der Praxis häufig zu Konstellationen, in welchen weder der Behandelnde die Leistung (allein) erbringt noch der Patient, der den Behandlungsvertrag geschlossen hat, die Leistung (direkt) empfängt. Zu denken ist an Vertragsschlüsse, bei denen bspw delegierbare Behandlungsmaßnahmen von medizinischem Hilfspersonal erbracht werden, oder bei denen Minderjährige als Patienten involviert sind. In beiden Fällen kommt § 630b nicht zur Anwendung. Der Behandlungsvertrag wird mithin idR weder vom medizinischen Hilfspersonal noch vom minderjährigen Patienten geschlossen. Die Norm des § 630a gilt vorrangig zwischen den tatsächlich Vertragsschließenden.

---

7 Kern/Rehborn, in: Laufs/Kern/Rehborn, HdB ArztR[5], § 42 Rz 8.
8 JurisPK-BGB[9]/Lafontaine, § 630b Rz 8.
9 MünchKomm[8]/Spinner, § 611 Rz 10.
10 MünchKomm[8]/Spinner, § 611 Rz 10.
11 BGH, Urt v 20.2.2019 – VIII ZR 66/18, GesR 2019, 269.
12 BGH, Urt v 20.2.2019 – VIII ZR 66/18, GesR 2019, 269.
13 Jauernig[18]/Mansel, § 630b Rz 1.
14 BT-Drucks 17/10488, 20.
15 BT-Drucks 17/10488, 1.
16 Kern/Rehborn, in: Laufs/Kern/Rehborn, HdB ArztR[5], § 42 Rz 13.
17 Kern/Rehborn, in: Laufs/Kern/Rehborn, HdB ArztR[5], § 42 Rz 6.

7 2. **Haftungsrecht.** Die Einordnung des Behandlungsvertrags als Dienstvertrag führt dazu, dass der Behandler keinen Behandlungserfolg schuldet. Es besteht seinerseits keine Haftung für das Ausbleiben eines Behandlungserfolgs oder die nicht eingetretene Heilung. Etwas anderes gilt nur, wenn eine missglückte Heilung auf seine fehlerhaft erbrachte Behandlung zurückzuführen ist[18]. Der Behandler muss daher lediglich fehlerhaftes Verhalten verantworten. Dies wird angenommen, soweit der Behandler den medizinischen Standard unterschreitet.

8 Mit § 630b erfährt der Untertitel 2 „Behandlungsvertrag" eine weitreichende Verschlankung. Diese wird dadurch ausgelöst, dass sich das Behandlungsvertragsrecht einem eigenen Gewährleistungsregime sowie einem besonderen Haftungstatbestand entzieht[19]. Die Anspruchsgrundlage für die vertragliche Haftung des Behandlers ist aus § 280 Abs 1 zu ziehen[20].

9 3. **Nichterfasste Normen.** Der Wortlaut des § 630b besagt, dass die spezielleren Normen des Untertitels 2 „Behandlungsvertrag" vorrangig gegenüber den dienstvertraglichen Vorschriften gelten. Die – ihrerseits dispositiven[21] – §§ 611 ff gelten somit subsidiär gegenüber den §§ 630a ff. Diese Ausklammerung verfolgt jedoch keinen konstitutiven Ansatz und ist auch in seiner praktischen Bedeutsamkeit zu vernachlässigen[22]. Der Vorrang von Vorschriften der §§ 630a ff führt lediglich zu einer Konkretisierung der dienstvertraglichen Pflichten des Behandlers als Leistungserbringer, eine Sonderstellung nimmt letztgenannter dadurch nicht ein[23].

10 Ferner gelten für den Behandlungsvertrag nicht die Vorschriften des Arbeitsvertrags iSd § 611a. Grund dafür ist, dass die Besonderheiten der Rechtsbeziehung zwischen Arzt und Patient als „besonderes Beziehungsgeflecht" im Vordergrund stehen sollen[24]. Auch wäre bspw die Anwendung der gesetzlichen Kündigungsfristen, die für Arbeitsverträge gelten, eine kaum praktikable Fristenregelung für einen Behandlungsvertrag. Demzufolge sind die §§ 611a, 612a, 615 Satz 3, 619a, 622, 623, 630 Satz 4 bei einem Behandlungsvertrag zu vernachlässigen[25]. Ebenso scheidet eine Anwendung von §§ 613a und 629 aus. Hinzukommen arbeitsrechtliche Gepflogenheiten, die beim Abschluss eines Behandlungsvertrages unbeachtlich bleiben sollen, hierzu zählt bspw das Direktions- oder auch Weisungsrecht des Dienstberechtigten (hier dem Patienten).

11 Die arbeitsrechtlichen Vorschriften der §§ 611a ff gelten nur für arbeitsvertragliche Beziehungen innerhalb des Gesundheitswesens, so bspw beim angestellten Arzt als Arbeitnehmer[26].

III. Konkrete Folgen der Verweisung

12 1. **Vergütung.** – a) **Vergütungsvereinbarung und Vergütungshöhe.** Die Vertragsparteien des Behandlungsvertrags können eine Vergütung für die zu erbringende medizinische Behandlung vereinbaren. In dem Arzt-Patienten-Verhältnis kommt es jedoch im Vorfeld der Behandlung nur selten zu einer gesonderten Vergütungsvereinbarung. Wenn keine individuelle Absprache getroffen wird, findet §§ 630b, 612 Abs 1 Anwendung mit der Folge, dass eine Vergütung als stillschweigend vereinbart gilt. Dabei wird vorausgesetzt, dass die medizinische Behandlung den Umständen nach nur gegen Vergütung erbracht wird. IdR kann im Rahmen einer medizinischen Maßnahme von einer Entgeltpflicht seitens des Leistungsempfängers ausgegangen werden, da die geforderte Leistung der Berufsausübung des Behandlers entspricht[27]. Dies gilt umso mehr als die berufsrechtlichen Vorschriften MBO-Ä § 12 und MBO-Zahnärzte § 15 für (zahn-) ärztliche Leistungen regelmäßig von einem zu erbringenden Honorar ausgehen. Bei einen im Bekanntenkreis erbrachten medizinischen Rat, der als Gefälligkeit angesehen werden kann, ist keine Vergütung zu erwarten[28]. Die Wertung, ob eine Gefälligkeit vorliegt, bleibt einzelfallabhängig.

13 Zudem ist der Arzt befugt, gem MBO-Ä § 12 Abs 3 auf ein Honorar im Verwandten- und Kollegenkreis sowie bei mittellosen Patienten zu verzichten[29]. Eine entsprechende Regelung fehlt dabei in der MBO-Zahnärzte, sodass von einer analogen Anwendung der sog „Verwandtenklausel" für zahnärztliche Leistungen auszugehen ist. Die GOÄ findet immer dann Anwendung, wenn nicht durch Bundesgesetz etwas anderes bestimmt ist[30]. Die Rechtmäßigkeit der sogenannten Verwandtenklausel wurde durch höchstrichterliche Entscheidungen bestätigt, und zwar für den Bereich der Beihilfe durch ein Urteil des BVerfG[31] und für den Bereich der PKV durch den

---

18 Kern/Rehborn, in: Laufs/Kern/Rehborn, HdB ArztR[5], § 42 Rz 6.
19 MünchKomm[8]/Wagner, § 630b Rz 2.
20 MünchKomm[8]/Wagner, § 630b Rz 2.
21 BT-Drucks 17/10488, 20.
22 MünchKomm[8]/Wagner, § 630b Rz 3.
23 MünchKomm[8]/Wagner, § 630b Rz 3.
24 BR-Drucks 312/12, 29.
25 MünchKomm[8]/Wagner, § 630b Rz 3.
26 MünchKomm[8]/Wagner, § 630b Rz 3.
27 JurisPK-BGB[9]/Lafontaine, § 630b Rz 12.
28 JurisPK-BGB[9]/Lafontaine, § 630b Rz 12.
29 Kern/Rehborn, in: Laufs/Kern/Rehborn, HdB ArztR[5], § 74 Rz 52.
30 MBO/Ratzel, § 12 Rz 2.
31 Zur Verfassungsmäßigkeit der Versagung von Beihilfe für Aufwendungen bzgl persönliche Tätigkeit naher Angehöriger BVerfG, Urt v 16.9.1992 – 2 BVR 1161/89, NJW 1993, 2168 (Ls).

BGH[32]. Mit einem Vergütungsverzicht seitens des Behandlers geht allerdings nicht unweigerlich eine Gefälligkeit einher[33]. Ginge man im Falle des Vergütungsverzichts stets von einer reinen Gefälligkeit aus, so wäre der Behandler nicht zur Beachtung des medizinischen Standards verpflichtet, obgleich der Patient regelmäßig ein Interesse daran haben wird, dass bei seiner Behandlung der medizinische Fachstandard eingehalten wird.

Im Rahmen einer Notfallbehandlung kommt es idR zu keinem (schriftlichen) Vertragsabschluss[34]. Gleichwohl kann der Arzt, sollte der Vertragsschluss iRd unberechtigten Geschäftsführung ohne Auftrag nicht nachträglich durch den Patienten nach § 684 Satz 2 genehmigt werden, seine übliche (taxmäßige) Vergütung nach § 1877 Abs 3 analog von dem Patienten verlangen. Grund dafür ist, dass auch die Erbringung von notfallmäßigen Dienstleistungen der typischen ärztlichen Berufsausübung entsprechen [35]. **14**

Ebenso kann hinsichtlich der Vergütungshöhe eine Individualvereinbarung getroffen werden. Hierbei ist zu beachten, dass eine vorformulierte Honorarvereinbarung als AGB der Inhaltskontrolle nach § 307 unterliegt[36] und die Honorarvereinbarung nicht als AGB ausgestaltet sein darf[37]. Sie darf nur insoweit vorformuliert sein, als Platz für die einzutragenden ausgehandelten Steigerungssätze bleibt. Weiteren Spielraum hinsichtlich individueller Abreden lässt das Gesetz nicht zu[38]. Unwirksam ist eine Klausel, durch welche eine andere Art der Honorarberechnung als sie in GOÄ/GOZ § 5 vorgesehen ist, manifestiert werden soll[39]. Zulässig ist es hingegen, wenn in der vorformulierten Honorarvereinbarung der Behandler den gesondert je nach Einzelfall vereinbarten Steigerungssatz in eine dafür vorgesehene Lücke in den Text der Honorarvereinbarung einträgt[40]. **15**

Der Anwendungsbereich der GOÄ wird durch deren § 1 Abs 1 bestimmt. Hieraus ergibt sich, dass die Vergütung für alle beruflichen Leistungen des Arztes nach der GOÄ zu treffen sind, es sei denn, ein Bundesgesetz besagt etwas anderes. Daher ist es irrelevant, ob die ärztliche Leistung mittelbar oder unmittelbar durch den späteren Rechnungssteller erbracht wird. So entschied das LG München, dass die GOÄ auf die GmbH unmittelbar anwendbar ist, weswegen diese sich an die Regelungen dergleichen halten muss[41]. Begründend führt das LG München I an, dass sich die GmbH zur Erbringung der ärztlichen Leistung Dritter bediene, nämlich den Ärzten. Dadurch erbringe sie mittelbar ärztliche Leistungen. Für die Anwendbarkeit der GOÄ komme es nicht auf den Vertragspartner an, sondern ausschließlich auf den Inhalt des Behandlungsvertrages. Ist Vertragsinhalt die Erbringung ärztlicher Leistungen, sind die Regeln der GOÄ anwendbar, unabhängig davon, ob der Behandlungsvertrag mit dem behandelnden Arzt selbst oder dem Arbeitgeber des Arztes, wie zB einer GmbH, geschlossen wurde. Die Argumentation, dass eine juristische Person selbst kein Arzt ist und daher die Anwendung der GOÄ ausscheidet, ist somit überholt. Dient die Anwendbarkeit der GOÄ für juristische Personen sowie angestellte Ärzte doch schließlich dem Schutz des Patienten[42]. Weiterhin eröffnet GOÄ § 2 Abs 1 Satz 1 die Möglichkeit einer individuellen Vergütungsvereinbarung, mit Ausnahme von Schwangerschaftsabbrüchen nach StGB § 218a, den in GOÄ § 2 Abs 3 genannten Ausnahmefällen oder einer medizinischen Notfall, Schmerz oder Akutbehandlung. Diese Behandlungen können nicht von dem Abschluss einer Vergütungsvereinbarung abhängig gemacht werden. Grundsätzlich werden die Vertragsparteien eher in selteneren Fällen die Vergütungshöhe aufgrund einer Individualvereinbarung festlegen. Formell darf die Vereinbarung keine abweichende Punktzahl bzw keinen abweichenden Punktwert nach GOÄ § 5 Abs 1 Satz 2 und Satz 3 beinhalten. Im Umkehrschluss bedeutet dies, dass die Vereinbarung eines Pauschalbetrags[43], Erfolgshonorars oder auch eines „freien Honorars" verboten ist[44]. Stets unterliegt die Individualvereinbarung nach GOÄ/GOZ strengen formellen Voraussetzungen[45]. **16**

---

32 „Verwandtenklausel" BGH, Urt v 21.2.2001 – IV ZR 11/00, NJW 2001, 3406.
33 BGH, Urt v 7.6.1977 – VI ZR 77/76, NJW 1977, 2120; jurisPK-BGB⁹/Lafontaine, § 630b Rz 14.
34 Makowsky JuS 2019, 332, 333.
35 BeckOK-BGB/Katzenmeier, Stand: 1.5.2022, § 630a Rz 51; Kern/Rehborn, in: Laufs/Kern/Rehborn, HdB ArztR⁵, § 74 Rz 49.
36 MünchKomm⁸/Wurmnest, § 307 Rz 133.
37 Zur unwirksamen zahnärztlichen Honorarvereinbarung in AGB LG Köln, Urt v 12.5.1993 – 25 S 40/92, VersR 1994, 545; zur Unwirksamkeit von formularmäßigen Honorarvereinbarungen zwischen Ärzten und Privatpatienten, BGH, Urt v 30.10.1991 – VIII ZR 57/91, BGHZ 115, 391, m Anm Schlund JR 1992, 379, m Anm Laufs/Reiling JZ 1992, 375.
38 Zur Rechtmäßigkeit von vorformulierten Honorarvereinbarungen BVerfG, Urt v 25.10.2004 – 1 BvR 1437/02, NJW 2005, 1036, 1038 bezüglich der GOZ, die Begründung gilt auch für die GOÄ.
39 MünchKomm⁸/Wurmnest, § 307 Rz 133; BGH, Urt v 30.10.1991 – 3 VIII ZR 51/91, BGHZ 115, 391.
40 Kern/Rehborn, in: Laufs/Kern/Rehborn, HdB ArztR⁵, § 74 Rz 18.
41 LG München I, Urt v 19.12.2019 – 17 HK O 11322/18.
42 BGH, Urt v 12.11.2009 – III ZR 110/09, BGHZ 183, 143 = NJW 2010, 1148.
43 LSG Nordrhein-Westfalen, Urt v 29.1.2020 – L 11 KR 465/18.
44 Kern/Rehborn, in: Laufs/Kern/Rehborn, HdB ArztR⁵, § 74 Rz 15.
45 Kern/Rehborn, in: Laufs/Kern/Rehborn, HdB ArztR⁵, § 74 Rz 17.

17 Das Dokument darf nur die Leistungsbezeichnung, den Steigerungssatz sowie den sich daraus ergebenden Betrag beinhalten, weiterhin muss der Hinweis, dass die Vergütungserstattung ggf nicht in vollem Umfang von einer Erstattungsstelle übernommen wird, aufgenommen sein, vgl GOÄ/GOZ § 2 Abs 2 Satz 2. Schließlich ist eine Honorarvereinbarung bei voll-, teil-, vor- oder nachstationären wahlärztlichen Leistungen nach GOÄ § 2 Abs 3 Satz 2 bzw GOZ § 2 Abs 4 nur im Fall der höchstpersönlichen Leistungserbringung durch den Wahlarzt möglich.

18 Fehlt es an einer vertraglichen Vergütungsvereinbarung, bleibt es bei dem Standardfall, sodass §§ 630b, 612 Abs 2 gelten und der Leistungserbringer bei Bestehen einer Taxe auch die taxmäßige Vergütung verlangen kann. Bei ärztlichen und zahnärztlichen Leistungen ist insoweit auf die Ziffern der Gebührentabelle von GOÄ und GOZ zurückzugreifen, die als Taxen iSd BGB § 612 Abs 2 anzusehen sind[46]. Gem GOÄ § 1 Abs 2 soll der Arzt nur für die Leistung eine Vergütung verlangen dürfen, die für seine lege artis erbrachte Leistung als erforderlich anzusehen ist. Überschreitet die ärztliche Leistung das medizinisch Erforderliche, so kommt hierfür dann eine Vergütung in Betracht, wenn der Leistungsempfänger nach GOÄ § 1 Abs 2 Satz 2 die Leistung gesondert verlangt. So ist die GOÄ/GOZ auch auf die Abrechnung medizinisch nicht indizierter kosmetischer Operationen anzuwenden[47].

19 Zur Überschreitung iSd GOÄ/GOZ § 1 Abs 2 gehört auch der Umstand, dass der Arzt eine – nicht nur geringfügig – fachgebietsfremde Leistung erbringt und abrechnet[48]. Strittig in Rspr und Lehre[49] ist die Abrechnung fachfremder Leistungen derzeit für die Durchführung von MRT-Untersuchungen für Privatpatienten durch Fachärzte, die nicht Fachärzte für Radiologie, sondern für Orthopädie und Unfallchirurgie sind. Für den Bereich der GKV hatten sowohl das BSG[50] als auch das BVerfG[51] nicht nur die Erbringung und Abrechenbarkeit von MRT-Leistungen durch Fachärzte für Orthopädie ausgeschlossen, sondern auch die Fachgebietsfremdheit dergleichen für Orthopäden nach der Weiterbildungsordnung festgestellt. Diese Abrechnung wird nach einem Wandel in der Rspr nunmehr als fachgebietskonform bewertet, begründet wird die variierte Rechtsauffassung mit der Änderung des Weiterbildungsrechts[52]. Damit wird die Auffassung vertreten, die MRT-Leistung gehöre seit Einführung der Zusatzweiterbildung (auch) zum Gebiet des Facharztes für Orthopädie und Unfallchirurgie. Das OLG Celle[53] stand hingegen auf dem Standpunkt, dass der Orthopäde keinen Honoraranspruch für seine Leistungen gegen den Patienten habe: „Erbringt der Arzt also fachfremde Leistungen, ohne dass dies ausnahmsweise – etwa in Notfällen – gerechtfertigt ist, hat er keinen Honoraranspruch gegen den Patienten[54]". Die Landgerichte Landshut und Regensburg und das dem folgende OLG Nürnberg argumentieren mit der Annahme, dass der Begriff des „Erkennens" von Krankheiten auch die Anerkennung erlaube, dass jegliche Methode, die zu einem Erkennen führe, erfasst sei[55]. Ob diese Argumentation stichhaltig bleibt, ist langfristig fraglich, da es Ärzten, die keine Fachärzte für Radiologie sind und auch nicht über die Zusatzbezeichnung „MRT" verfügen, an der erforderlichen Qualifikation fehlt, um nicht nur die erforderliche fachliche Aufsicht über die Maßnahme auszuüben, sondern auch fachliche Weisungen erteilen zu können[56]. Sofern allerdings zur Behandlung eines Patienten die Benutzung technischer Apparaturen notwendig ist, kann nach der Rspr des BSG die Benutzung dieser technischen Apparaturen nur dann der ärztlichen Behandlung unterfallen, wenn sie unter verantwortlicher Mitwirkung und Beaufsichtigung des Behandlers erfolgt[57]. Dabei muss die Benutzung der technischen Apparatur in ihrem Bedeutungsgrad so stark gegen die ärztliche Tätigkeit zurücktreten, dass die ganze Leistung einheitlich als ärztliche Behandlung

---

46 JurisPK-BGB⁹/Lafontaine, § 630b Rz 16; OLG Brandenburg, Urt v 3.6.2009 – 4 U 111/08, openJur 2012, 11019, Rz 35 f, 75, 76.
47 BGH, Urt v 23.3.2006 – III ZR 223/05, NJW 2006, 1879.
48 Zur Rückforderung des Arzthonorars wegen fachfremder Leistungen OLG Nürnberg, Urt v 9.3.2020 – 5 U 634/18, MedR 2021, 147; BGH, Beschl v 18.2.2021 – III ZR 79/20, NJW-RR 2021, 507; OLG Celle, Urt v 22.10.2007 – 1 U 77/07, MedR 2008, 378.
49 Vgl zu allem Wehmeyer/Clausen ZMGR 04/2021, 219, 220, 221 ff.
50 BSG, Urt v 31.1.2001 – B 6 KA 24/00 R, MedR 2001, 535.
51 BVerfG, Beschl v 16.7.2004 – 1 BvR 1127/01, MedR 2004, 608.
52 OLG Nürnberg, Urt v 9.3.2020 – 5 U 634/18, MedR 2021, 147; BGH, Beschl v 18.2.2021 – III ZR 79/20, NJW-RR 2021, 507; LG Darmstadt, Urt v 13.5.2020 – 19 O 550/16, -juris; zur Abrechnung von MRT-Leistungen durch niedergelassenen Orthopäden LG Berlin, Urt v 19.12.2018 – 84 O 300/17, MedR 2020, 845 m Anm Simmler MedR 2020, 848; LG Landshut, Urt v 28.3.2019 – 72 0 3384/16, -juris; LG Regensburg, Urt v 6.2.2018 – 4 0 2233/16, -juris.
53 OLG Celle, Urt v 22.10.2007 – 1 U 77/07, MedR 2008, 378.
54 Miebach, in: Uleer/Miebach/Patt (Hrsg), GOÄ³, § 1 GOÄ Rz 10, 13 mwN.
55 Wehmeyer/Clausen ZMGR 2021, 219, 221; OLG Nürnberg, Urt v 9.3.2020 – 5 U 634/18, MedR 2021, 147; BGH, Beschl v 18.2.2021 – III ZR 79/20, NJW-RR 2021, 507.
56 Wehmeyer/Clausen ZMGR 2021, 219, 221; BR-Drucks 111/88 v 10.3.1988, zitiert nach Hoffmann/Kleinken, GOÄ, Stand: Juni 2020, § 4, Anm 1.4.
57 „Ultraschallvernebler-Urteil" BSG, Urt v 22.2.1974 – 3 RK 79/72, BSGE 37, 130.

gewertet werden kann[58]. Diese Anforderung ist bei einer Erstellung eines MRTs nicht gegeben. Weder liegt die verantwortliche Mitwirkung noch die erforderliche Aufsicht über die Apparaturen vor, sodass der iRd Vergütungsberechtigung notwendige Facharztstandard für die Leistungserbringung nicht eingehalten werden kann.

Gemäß GOÄ/GOZ § 5 Abs 2 Satz 1 iVm BGB § 315 ist der Behandelnde berechtigt, die Höhe 20 der Vergütung anhand von Schwierigkeit und Zeitaufwand der Behandlung im vorgeschriebenen Gebührenrahmen selbst zu bestimmen. Das damit eingeräumte Ermessen stößt dann an seine Grenzen, wenn der Behandelnde Ermessensfehlern unterliegt. Diese können in einer Ermessensüberschreitung, einem -nicht oder -fehlgebrauch begründet sein. Berufsrechtswidrig ist eine ärztliche Abrechnung, mit welcher der Arzt aufgrund einer persönlichen Qualifikation über dem Schwellenwert des Gebührenrahmens abrechnet[59]. Die Aufzählung des GOÄ/GOZ § 5 Abs 2 Satz 1 bezüglich Schwierigkeit und Zeitaufwand gelten als abschließend[60]. Als Schwellenwert wird idR das 2,3-fache des Gebührensatzes angesehen[61]. Dies ist der Satz, den der Behandelnde für eine persönlich-ärztlich oder auch medizinisch-technisch erbrachte Behandlung von durchschnittlicher Schwierigkeit verlangen darf[62]. Eine Überschreitung dieses Schwellenwertes bedarf nach GOÄ § 12 Abs 3 bzw GOZ § 10 Abs 3 einer Einzelfallbegründung. Diese muss verständlich und nachvollziehbar die Umstände darlegen, die zu einer Überschreitung des Schwellenwertes bzgl der speziellen Leistung führen[63]. Nach GOÄ § 12 Abs 3 Satz 3 kann die Bezeichnung der Leistung nur dann entfallen, wenn der Rechnung eine Zusammenstellung beigefügt wird, der die Bezeichnung für die abgerechnete Leistungsnummer entnommen werden kann.

Bei einer Überschreitung des nach GOÄ/GOZ vorgeschriebenen Gebührensatzes liegt zudem 21 ein wettbewerbswidriges Handeln mit der Folge eines berufsrechtlichen Verstoßes nach MBO-Ä § 12 Abs 1 Satz 3 vor[64]. Verlangt der Behandler einen im Gebührenrahmen der GOÄ/GOZ geringeren Steigerungssatz, ist dies wettbewerbs- sowie berufsrechtlich hingegen als beanstandungsfrei zu bewerten[65].

Kommt der Behandlungsvertrag zwischen einem Vertragsarzt und einem Kassenpatienten 22 zustande und verlangt der Kassenpatient keine Kostenerstattung nach SGB V § 13, ergibt sich die Höhe der Vergütung für Kassenleistungen aus dem Einheitlichen Bewertungsmaßstab (EBM) bzw bei zahnärztlichen Leistungen aus dem Einheitlichen Bewertungsmaßstab für zahnärztliche Leistungen (BEMA)[66].

Im stationären Bereich richtet sich die Höhe der Vergütung nach dem Krankenhausfinanzie- 23 rungsgesetz (KHG) sowie dem Krankenhausentgeltgesetz (KHEntgG) iVm DRG (Diagnosis Related Groups). Mittels der nicht unumstrittenen[67] DRGs ergibt sich für jeden Fall ein pauschaler Geldbetrag, den die Klinik erhält, unabhängig davon, wie lange der stationäre Aufenthalt eines Patienten andauert[68]. Je nachdem, ob ein Patient früher als erwartet das Krankenhaus verlässt oder aber länger bleibt als üblich, wird dem Krankenhaus von der Pauschale etwas abgezogen oder hinzugerechnet[69]. Im letzteren Fall muss ein längerer Aufenthalt, der als Verweildauer bezeichnet wird, gesondert begründet werden. Das DRG-System führt somit dazu, dass eine längere Verweildauer idR vermieden und der Patient zT früher als vorgesehen entlassen wird (man spricht insoweit von der sog „blutigen Entlassung")[70]. Darüber hinaus ist ein beträchtlicher Anstieg der Fallzahlen seit der Einführung des DRG-Systems zu beobachten, die evtl den Verdacht von bspw unnötigen Operationen zulassen[71].

Die Höhe der Gebühren für eine tierärztliche Leistung ist der Gebührenordnung der Tierärzte 24 (GOT) iVm entsprechender Gebührentabelle zu entnehmen. Auch insoweit kommt dem Tierarzt

---

58 „Ultraschallvernebler-Urteil" BSG, Urt v 22.2.1974 – 3 RK 79/72, BSGE 37, 130.
59 OVG Nordrhein-Westfalen, Urt v 20.4.2016 – 6t A 2817/13.T, -juris.
60 OVG Nordrhein-Westfalen, Urt v 20.4.2016 – 6t A 2817/13.T, -juris.
61 Kern/Rehborn, in: Laufs/Kern/Rehborn, HdB ArztR[5], § 74 Rz 31.
62 JurisPK-BGB[9]/Lafontaine, § 630b Rz 17; BGH, Urt v 8.11.2007 – III ZR 54/07, BGHZ 174, 101.
63 JurisPK-BGB[9]/Lafontaine, § 630b Rz 17.
64 Kern/Rehborn, in: Laufs/Kern/Rehborn, HdB ArztR[5], § 74 Rz 52.
65 Https://www.bzaek.de/fileadmin/PDFs/b/mbo-kommentar.pdf, § 15 Rz 4, zuletzt abgerufen am: 5.3.2023.
66 Kern/Rehborn, in: Laufs/Kern/Rehborn, HdB ArztR[5], § 74 Rz 6.
67 Flintrop Deutsches Ärzteblatt 2006; 103(46): A-3082/B-2683/C-2574; Hommel, https://www.aerztezeitung.de/Politik/Klinikaerzte-sehen-Fallpauschalen-System-am-Ende-414042.html, zuletzt abgerufen am: 5.3.2023.
68 Hibbeler Deutsches Ärzteblatt Studieren.de, 1/ 2011: 23.
69 Hibbeler Deutsches Ärzteblatt Studieren.de, 1/ 2011: 23.
70 Hibbeler Deutsches Ärzteblatt Studieren.de, 1/ 2011: 23.
71 Https://gesundheit-soziales.verdi.de/mein-arbeitsplatz/krankenhaus/++co++2c1b2ca2-de55-11e6-b86f-52540066e5a9, zuletzt abgerufen am: 24.11.2021.

ein Ermessen hinsichtlich der Vervielfältigung des Gebührensatzes (1-fach bis 3-fach) zu. Im Gesetzsatz zum Humanarzt muss der Tierarzt dabei aber nicht nur den Schwierigkeitsgrad und Zeitaufwand der Behandlung berücksichtigen, sondern kann sich gemäß GOT § 2 auch auf den Leistungszeitpunkt, den Wert des Tieres sowie die örtlichen Verhältnisse berufen. Die GOT §§ 3, 3a und 4 enthalten weitere Fallkonstellationen, unter deren Voraussetzungen eine abweichende Vergütungshöhe möglich ist.

25 b) **Anspruchsentstehung und Fälligkeit.** Voraussetzung für den Vergütungsanspruch bzw der Abrechnung gegenüber der KV im Falle eines gesetzlich versicherten Patienten[72] stellt der Abschluss des Behandlungsvertrags dar. Ein solcher kann ausdrücklich, aber auch konkludent – zB durch das Aufsuchen der Arztpraxis und dem Verlangen einer ärztlichen Behandlung seitens des Patienten – geschlossen werden. Insbesondere ist der Vergütungsanspruch nicht an den Behandlungserfolg geknüpft[73].

26 Ein Vergütungsanspruch entsteht nicht, soweit der Behandlungsvertrag mit einer aufgrund von Alter bzw Krankheit geschäftsunfähigen Person nach § 105 Abs 1 oder einer bewusstlosen oder vorübergehend in ihrer Geistestätigkeit gestörten Person nach § 105 Abs 2 geschlossen wurde. Es fehlt idR bereits am wirksamen Vertragsschluss.

27 Ist der Behandlungsvertrag infolge von §§ 134, 138 als von Anfang an nichtig zu betrachten, so kann der Behandler gleichfalls kein Honorar verlangen. Dies kann bspw der Fall sein, wenn der Arzt Honorarvereinbarungen schließt, die gegen die GOÄ/GOZ verstoßen[74]. Darüber hinaus kommt § 134 zur Anwendung, wenn ein Behandlungsvertrag mit einer Person geschlossen wurde, die nicht in dem entsprechenden Heilberuf ausgebildet wurde[75]. Weitere gesetzliche Verbote iSd § 134 ergeben sich aus StGB §§ 278, 218 ff, TPG § 8, BtMG, TSG[76]. Von einem nichtigen Vertrag ist ferner auszugehen, wenn der Tatbestand des § 138 erfüllt ist, also der Abschluss dieses konkreten Behandlungsvertrages dem Anstandsgefühl aller billig und gerecht Denkenden zuwiderläuft. Hiervon ist grundsätzlich auszugehen, wenn es an einer medizinischen Indikation mangelt[77] oder bspw eine Vergütung in Höhe des 9-fachen des üblichen Gebührensatzes verlangt wird[78]. Im letzteren Fall ist wohl an einen Wuchertatbestand iSd § 138 Abs 2 zu denken[79].

28 In Fällen der §§ 134, 138 ist der Behandlungsvertrag als nicht heilbar anzusehen[80]. Bei anderen Nichtigkeitsgründen wie §§ 117, 125 etc ist eine nachträgliche Heilung iSd § 141 möglich, jedoch bedarf es hierfür der Bestätigung desjenigen, der das nichtige Rechtsgeschäft vorgenommen hat. Die Bestätigung führt indes nicht zur Wirksamkeit des Behandlungsvertrags ex tunc, aber der Arzt kann sein Honorar verlangen, haftet seinerseits dafür aber auch für sämtliche seiner bereits erbrachten Behandlungen[81].

29 Im Rahmen der tierärztlichen Behandlungen können Sonderkonstellationen entstehen, die der humanärztlichen Behandlung fremd sind. So kann es sein, dass die Beauftragung mit der tierärztlichen Leistung nicht durch den Halter bzw Eigentümer des Tieres ausgelöst wird, sondern durch einen Dritten wie bspw der Reitbeteiligung eines Pferdes[82]. Es stellt sich sodann die Frage, wer Kostenschuldner der vorgenommenen tierärztlichen Behandlung ist. In der Regel erfolgt die erbrachte Leistung zwar im Interesse des Tierhalters – dies gilt vor allem in Notfallsituationen – oftmals handelt der Dritte gleichwohl ohne eine erteilte Vertretungsmacht des Tierhalters. Der Dritte ist dabei zunächst als Kostenschuldner anzusehen, kann aber vom Tierhalter im Nachgang gemäß §§ 683, 670 aufgrund der bestehenden Geschäftsführung ohne Auftrag Ersatz seiner Aufwendungen (Tierarztkosten) verlangen.

30 Für ein fälliges Arzthonorar bedarf es neben der Leistungserbringung einer ordnungsgemäßen Abrechnung iSd GOÄ § 12 Abs 1 bzw GOZ § 10 Abs 1[83]. Die Voraussetzungen für die Fälligkeit gehen somit weiter als von BGB §§ 630b, 614 Satz 1 gefordert. Ordnungsgemäße Abrechnung

---

72 Kern/Rehborn, in: Laufs/Kern/Rehborn, HdB ArztR[5], § 74 Rz 6.
73 BeckOK-BGB/Katzenmeier, Stand: 1.5.2022, § 630a Rz 20.
74 Kern/Rehborn, in: Laufs/Kern/Rehborn, HdB ArztR[5], § 74 Rz 20.
75 Grüneberg[81]/Weidenkaff, Vorb v § 630a Rz 5.
76 Grüneberg[81]/Weidenkaff, Vorb v § 630a Rz 5; Kern, in: Laufs/Kern/Rehborn, HdB ArztR[5], § 47 Rz 8.
77 Grüneberg[81]/Weidenkaff, Vorb v § 630a Rz 5; Kern, in: Laufs/Kern/Rehborn, HdB ArztR[5], § 47 Rz 8; von dieser Annahme gibt es jedoch zahlreiche Ausnahmen, wie bspw kosmetische operative Eingriffe.
78 LSG Nordrhein-Westfalen, Beschl v 3.4.2018 – L 11 KR 480/17, openJur 2019, 23954.
79 LSG Nordrhein-Westfalen, Beschl v 3.4.2018 – L 11 KR 480/17, openJur 2019, 23954.
80 Kern, in: Laufs/Kern/Rehborn, HdB ArztR[5], § 47 Rz 13.
81 Kern, in: Laufs/Kern/Rehborn, HdB ArztR[5], § 47 Rz 11.
82 Https://www.anwalt.de/rechtstipps/rechte-und-pflichten-des-tierarztes_116145.html, zuletzt abgerufen am: 6.3.2023.
83 BT-Drucks 17/10488, 21; MünchKomm[8]/Wagner, § 630b Rz 6; Erman[16]/Rehborn/Gescher, § 630b Rz 2; Kern, in: Laufs/Kern/Rehborn, HdB ArztR[5], § 47 Rz 44.

bedeutet, dass die Rechnungsstellung den vorgegebenen Inhalt der GOÄ § 12 Abs 2 bzw GOZ § 10 Abs 2 erfüllen muss[84]. Die Rechnung unterliegt damit strengen formellen Anforderungen. Auch im Rahmen der Kostenerstattung nach SGB V § 13 kann die ordnungsgemäße Rechnungsstellung von Bedeutung sein. So ist eine Kostenerstattung durch die Krankenversicherung nicht möglich, wenn die Honorarrechnung den Anforderungen des GOÄ § 12 Abs 2 bis 4 widerspricht[85].

Für die Rechnungsstellung von Tierärzten enthält GOT § 7 Abs 4 inhaltliche Vorgaben. So muss die Rechnung mindestens das Datum der Erbringung der Leistung, die Tierart, für welche die Leistung erbracht worden ist, die Diagnose, die berechnete Leistung, den Rechnungsbetrag und die Umsatzsteuer enthalten. Seit der Novellierung der GOT im November 2022 enthält diese mit GOT § 7 Abs 3 nunmehr eine Regelung zur Fälligkeit der Vergütung. Diese wird im Gleichklang zu GOÄ § 12 Abs 1 bzw GOZ § 10 Abs 1 mit Rechnungslegung fällig. **31**

c) **Verjährung.** Der Honoraranspruch des Arztes unterliegt der regelmäßigen Verjährung von drei Jahren, vgl § 195[86]. Der Verjährungsbeginn ist auf die Anspruchsentstehung datiert. Das bedeutet, dass mit Fälligkeit des Honoraranspruchs, idR mit der Zustellung der Rechnung an den Patienten, diese Verjährung zu laufen beginnt[87]. **32**

Der Arzt/Zahnarzt verwirkt seinen Honoraranspruch, wenn er für die Rechnungsstellung nach der Leistungserbringung drei Jahre verstreichen lässt, sodass der eigentliche Vergütungsanspruch bereits verjährt ist[88]. Sollte der Patient innerhalb eines ordnungsgemäßen Zeitraumes keine Rechnung erhalten, kann er seinem Behandler eine Frist zur Stellung der Rechnung setzen. Lässt der Behandler die Frist erfolglos verstreichen, muss der Patient nach § 242, Treu und Glauben, so verfahren, als sei die Rechnung in angemessener Frist an ihn ergangen[89]. Die Verjährungsfrist von drei Jahren beginnt nicht mit dem Abschluss der Behandlung, sondern erst dann, wenn der Arzt die Rechnung stellt. Im Prinzip kann der Arzt diese somit schicken, wann er es wünscht[90]. Allein aus dem Umstand, dass der Arzt lange keine Rechnung stelle, kann man nicht ableiten, dass er auf sein Honorar verzichten wolle[91]. **33**

d) **Annahmeverzug § 615.** Strittig ist, ob der Patient bei einem Behandlungsvertrag in Annahmeverzug geraten kann mit der Folge, dass er trotz ausbleibender Leistungserbringung seitens des Behandelnden zur Vergütungszahlung verpflichtet bleibt[92]. Eine in der Rspr vertretene Auffassung verneint bereits die Anwendbarkeit von § 615 für den Fall, dass ein Patient trotz vereinbartem Behandlungstermin nicht erscheint. Hierfür wird das Argument herangezogen, dass es sich bei der Terminvergabe in einer Praxis nur um eine organisatorische Maßnahme handele, durch welche Leerzeiten im Praxisalltag vermieden werden[93]. Ein Schadensersatzanspruch, der sich aus § 615 ergeben könnte, wäre somit zu verneinen[94]. Auch ein Sekundäranspruch aus einer Nebenpflichtverletzung des Patienten wäre ausgeschlossen[95]. Problematisch an dieser Auffassung ist bereits, dass es sich bei § 615 um keine eigenständige Anspruchsgrundlage handelt. Die Norm bewirkt lediglich, dass der Vergütungsanspruch aus § 611 trotz ausgebliebener Leistung erhalten bleibt[96]. Auch die Begründung der jederzeit möglichen Kündigung gem § 627 seitens des Patienten[97] überzeugt nicht. Zwar steht dieses Gestaltungsrecht dem Patienten offen, jedoch ist idR in einer patientenseitigen Terminabsage oder -versäumung keine Kündigung des Behandlungsvertrags zu erblicken. Anders wäre dies bspw zu beurteilen, soweit der Patient einen Arztwechsel zuvor ankündigt[98], jedoch käme § 615 dann aufgrund des zuvor beendeten Vertrags ohnehin nicht zur Anwendung. Überzeugender ist dahingehend die Annahme, dass Terminabsprachen zwischen Arzt und Patient vereinbarte Leistungszeiten iSd § 296 darstellen[99]. **34**

84 JurisPK BGB⁹/Legleitner, § 612 Rz 22; BSG, Urt v 26.2.2019 – B 1 KR 33/17 R, -juris; BSG, Urt v 13.4.2021 – B 1 KR 30/20 B, -juris.
85 BSG, Urt v 13.4.2021 – B 1 KR 30/20 B, -juris.
86 Kern/Rehborn, in: Laufs/Kern/Rehborn, HdB ArztR⁵, § 74 Rz 46.
87 Kern/Rehborn, in: Laufs/Kern/Rehborn, HdB ArztR⁵, § 74 Rz 46.
88 OLG Nürnberg, Beschl v 9.1.2008 – 5 W 2508/07, MedR 2008, 616; Kern/Rehborn, in: Laufs/Kern/Rehborn, HdB ArztR⁵, § 74 Rz 47.
89 LG München I, Urt v 18.11.2002 – 9 S 12869/01, NJW-RR 2003, 311.
90 LG München I, Urt v 18.11.2002 – 9 S 12869/01, NJW-RR 2003, 311.
91 LG München I, Urt v 18.11.2002 – 9 S 12869/01, NJW-RR 2003, 311.
92 BeckOK-BGB/Katzenmeier, Stand: 1.5.2022, § 630b Rz 10.
93 LG München II, Urt v 8.11.1983 – 2 S 1327/83, NJW 1984, 671; LG Heilbronn, Urt v 10.10.1991 – 6 S 330/91, NZS 1993, 434; LG Hannover, Urt v 11.6.1998 – 19 S 34/97, NJW 2000, 1799; LG Osnabrück, Urt v 2.4.2008 – 2 S 446/07, -juris.
94 LG Hannover, Urt v 11.6.1998 – 19 S 34/97, NJW 2000, 1799.
95 LG Osnabrück, Urt v 2.4.2008 – 2 S 446/07, -juris.
96 Grüneberg⁸¹/Weidenkaff, § 615 Rz 3.
97 LG Hannover, Urt v 11.6.1998 – 19 S 34/97, NJW 2000, 1799.
98 BeckOK-BGB/Katzenmeier, Stand: 1.5.2022, § 630b Rz 11.
99 Kern/Rehborn, in: Laufs/Kern/Rehborn, HdB ArztR⁵, § 74 Rz 73; BeckOK-BGB/Katzenmeier, Stand: 1.5.2022, § 630b Rz 11.

In dessen Folge kommt es zu einem Annahmeverzug seitens des Patienten, wenn dieser einen Termin versäumt. Auf ein Verschulden des Patienten kommt es dabei nicht an[100].

35 Kommt § 615 zur Anwendung, so kann der Behandelnde die Vergütung der Dienste verlangen, die er infolge des Verzugs nicht erbringen konnte. Er muss sich dabei aber das anrechnen lassen, was er in der entstandenen Leerzeit erspart hat, vgl § 615 Satz 2. Hierzu zählt nicht nur die Behandlung eines anderen Patienten, sondern auch bloße Verwaltungstätigkeiten[101]. Zu beachten ist aber, dass die Behandlung eines weiteren Patienten, der ohnehin zu einem späteren Zeitpunkt vom Arzt behandelt worden wäre, nicht angerechnet wird. Grund dafür ist, dass dabei kein Mehrerwerb stattfindet, sondern lediglich eine zeitliche Verschiebung einer Behandlung, die ohnedies stattgefunden hätte[102]. Ferner fällt unter die Anrechnungspflicht Erspartes, was infolge des Ausbleibens des Behandlungstermins keine Benutzung erfährt, bspw ersparte Kosten für den Einsatz von Hilfspersonal, Verbrauch von Arzneien und sonstigem Material, Bereitstellung von Operationssälen etc[103].

36 e) **Vergütung nach erfolgter Vertragsbeendigung.** Wird ein Behandlungsvertrag vor Abschluss der Behandlung nach §§ 626, 627 gekündigt, kann sich der Behandelnde die bis dato seinerseits erbrachten Leistungen anteilig vergüten lassen, vgl § 628 Abs 1 Satz 1. Ein Vergütungsanspruch steht ihm jedoch nicht zu, wenn er derjenige war, der den Behandlungsvertrag ohne vorangegangenes vertragswidriges Verhalten des Patienten kündigte oder aber den Patienten durch vertragswidriges Verhalten seinerseits zur Kündigung veranlasste, vgl § 628 Abs 1 Satz 2. Letzteres setzt zusätzlich voraus, dass die bisher erbrachte Leistung für den anderen Teil nicht (mehr) von Interesse ist. Das vertragswidrige Verhalten muss schuldhaft begangen worden sein und nicht nur ein geringfügiges Fehlverhalten darstellen[104]. Das Vorliegen eines wichtigen Grundes iSd § 626 ist jedoch nicht erforderlich[105]. Ein vertragswidriges Fehlverhalten kann bspw bereits in einem (zahn-)ärztlichen Behandlungsfehler zu sehen sein[106]. Dies allein genügt jedoch nicht, um den Teilvergütungsanspruch zu verneinen; hinzutreten muss, dass das Interesse des Patienten an der erbrachten Leistung nicht (mehr) besteht[107]. Ein Interesse seitens des Patienten ist idR auszuschließen, soweit er die Leistung keiner wirtschaftlichen Verwertung zuführen kann. Dies ist wiederum anzunehmen, wenn die bisherige Behandlung für ihn wert- und nutzlos war[108].

37 Solche Konstellationen sind bspw im zahnärztlichen Bereich bei dem Einsetzen von Zahnimplantaten zu finden. So ist ein eingesetztes Implantat objektiv und subjektiv völlig wert- und damit nutzlos, wenn für den Patienten keine zumutbare Behandlungsalternative existiert, die „zu einem wenigstens im Wesentlichen den Regeln der zahnärztlichen Kunst entsprechenden Zustand hinreichend sicher führen könnte"[109]. Ist eine Zahnprothese neu anzufertigen, so ist gleichfalls von der Unbrauchbarkeit des bereits gefertigten Zahnersatzes auszugehen[110]. Sogar der Umstand, dass der Patient ein Implantat als Notmaßnahme trägt[111], führt nicht unweigerlich zu der Annahme einer weiteren Nutzungsabsicht. Erst wenn der Patient ein gewisses Interesse an der Weiterbenutzung des Implantats hegt, ist eine Nutzlosigkeit auszuschließen[112]. Grundsätzlich gehören Aufbau- und Schleifarbeiten an der Prothese zu Maßnahmen, die noch einen zukünftigen Nutzen aufweisen können[113]. Dem Zahnarzt kann uU ein Nachbesserungsrecht zustehen, soweit die Nachbehandlung für den Patienten nicht unzumutbar ist[114]. Aufgrund der Möglichkeit der sofortigen Kündigung nach § 627 sind jedoch keine zu hohen Anforderungen an eine Unzumutbarkeit der Fortsetzung für den Patienten zu stellen[115].

38 Eine medizinische Behandlung kann auch dann iSd § 628 Abs 1 Satz 2 als nutzlos betrachtet werden, wenn für diese von Anfang an eine Indikation fehlte. So kann eine Patientin eine Vergü-

---

100 Kern/Rehborn, in: Laufs/Kern/Rehborn, HdB ArztR[5], § 74 Rz 73.
101 Kern/Rehborn, in: Laufs/Kern/Rehborn, HdB ArztR[5], § 74 Rz 73.
102 JurisPK-BGB[9]/Lafontaine, § 630b Rz 134.
103 JurisPK-BGB[9]/Lafontaine, § 630b Rz 133.
104 JurisPK-BGB[9]/Lafontaine, § 630b Rz 184; BeckOK-BGB/Katzenmeier, Stand: 1.5.2022, § 630b Rz 16; zur Geringfügigkeit OLG Koblenz, Urt v 10.10.2012 – 5 U 1505/11, MedR 2014, 247.
105 BGH, Urt v 29.3.2011 – VI ZR 133/10, NJW 2011, 1674.
106 BGH, Urt v 29.3.2011 – VI ZR 133/10, NJW 2011, 1674; BGH, Urt v 13.9.2018 – III ZR 294/16, NJW 2018, 3513.
107 LSG Schleswig-Holstein, Urt v 20.6.2006 – L 4 KA 9/04; NZS 2007, 276.
108 BeckOK-BGB/Katzenmeier, Stand: 1.5.2022, § 630b Rz 16; BGH, Urt v 8.11.2020 – III ZR 80/20, MedR 2021, 250.
109 BGH, Urt v 13.9.2018 – III ZR 294/16, NJW 2018, 3513.
110 OLG Dresden, Beschl v 15.6.2018 – 4 W 116/18, -juris.
111 BGH, Urt v 13.9.2018 – III ZR 294/16, NJW 2018, 3513; OLG Köln, Urt v 10.6.2020 – 5 U 171/19, NJW-RR 2020, 1124.
112 OLG Köln, Urt v 10.6.2020 – 5 U 171/19, NJW-RR 2020, 1124.
113 OLG Köln, Urt v 28.11.2018 – 5 U 65/16, openJur 2019, 17578.
114 Kern/Rehborn, in: Laufs/Kern/Rehborn, HdB ArztR[5], § 74 Rz 58, § 94 Rz 3.
115 Kern/Rehborn, in: Laufs/Kern/Rehborn, HdB ArztR[5], § 74 Rz 58, § 94 Rz 3.

tung für eine vorgenommene Bauchstraffung zurückverlangen, soweit diese mit einer Methode durchgeführt wurde, die aufgrund ihrer Ungeeignetheit für die Patientin von vornherein nutzlos war[116]. Ein mangelndes Interesse an der bisherigen Leistung liegt ferner vor, wenn diese in einer Untersuchung bestand, deren Ergebnisse zwar medizinisch richtig sind, jedoch aufgrund der Vertragsbeendigung ohne Belang bleiben[117].

Im Rahmen der gesetzlichen Krankenversicherung ist der Vertragsarzt bei vorzeitiger Beendigung der Behandlung durch Kündigung dazu berechtigt, von der Kassenärztlichen Vereinigung (KV) eine entsprechende Teilvergütung zu verlangen[118]. **39**

Auch bei der tierärztlichen Behandlung kann der behandelnde Tierarzt eine Teilvergütung iSd § 628 Abs 1 Satz 1 bei vorzeitiger Beendigung des Tierarztvertrags verlangen[119]. Insoweit bestehen keine nennenswerten Unterschiede zur humanärztlichen Behandlung. **40**

f) **Entfallen des Vergütungsanspruchs.** Aufgrund der Tatsache, dass es im Rahmen des Behandlungsvertrages kein Gewährleistungsrecht gibt, besteht der Vergütungsanspruch zwar grds auch bei Schlechtleistung fort[120], dennoch gibt es ein Spektrum vergütungsrelevanter Pflichtverletzungen. Dabei handelt es sich zunächst um die unbegründete Standardabweichung gem § 630a Abs 2, weiterhin um den Verstoß gegen die Pflicht zur persönlichen Leistungserbringung gem §§ 630b, 613 iVm GOÄ § 4 Abs 2, um die fehlerhafte/fehlende wirtschaftliche Information nach § 630c Abs 3 oder eine Verletzung der Pflicht zur Selbstbestimmungsaufklärung nach § 630d, e. Aus letztgenanntem kann auch eine Verletzung des Einwilligungserfordernisses resultieren, welche sich ebenfalls als vergütungsrelevant erweisen kann. Besteht für den Patienten ein Schadensersatzanspruch infolge eines Behandlungsfehlers, kann dieser die Aufrechnung gegen den Vergütungsanspruch erklären[121] oder die bereits geleistete Vergütung gemäß §§ 628 Abs 2, 280 Abs 1 zurückfordern[122]. Ebenso ist es möglich, dass der Patient gemäß § 628 Abs 2 Schadensersatz für weitere Schäden verlangt, die infolge des vertragswidrigen Verhaltens des Arztes und der daraus veranlassten Kündigung entstanden sind. Fehlt es an einem Gesundheitsschaden infolge eines fehlerhaften ärztlichen Verhaltens, so bleibt dem Patienten lediglich die Möglichkeit der Kündigung und der Darstellung der Nutzlosigkeit der erbrachten Behandlungsleistung, sodass die Folgen des § 628 Abs 1 Satz 2 ausgelöst werden[123]. Derartige Konstellationen sind jedoch selten, da ein Großteil der Patienten gesetzlich versichert sind, der Behandelnde somit gegenüber der KV abrechnet. In Fällen der bloßen Schlechtleistung erfährt die gesetzliche Krankenversicherung daher oft nichts von dem fehlerhaften, aber dennoch in gesundheitlicher Hinsicht folgenlosen Verhalten des Arztes[124]. Etwas anderes gilt in den Fällen, in denen der Behandler nicht zur Abrechnung befugt ist, da er sich seine Approbation erschlichen hat. Die Approbation ist notwendige Voraussetzung für die Ausübung des ärztlichen Berufs. Sie spricht iSe widerlegbaren Vermutung auch dafür, dass der Inhaber über die medizinische Mindestqualifikation verfügt[125]. Hat eine Person als vermeintlicher Arzt an der Behandlung mitgewirkt, liegt ein Fall des Vergütungsausschlusses vor[126]. Dies ist nach der ständigen Rspr des BSG deshalb von so entscheidender Bedeutung, weil ordnungsgemäße Leistungserbringung und peinlich genaue Abrechnung lediglich in einem beschränkten Umfang der Überprüfung durch diejenigen zugänglich sind, die die Gewähr für die Sicherstellung der vertragsärztlichen Versorgung zu tragen haben, nämlich die KVen und die Krankenkassen. Insbesondere die Verpflichtung zur **41**

---

116 OLG Hamburg, Beschl v 29.12.2005 – 1 W 85/05, MDR 2006, 873.
117 LG Essen, Urt v 7.4.1965 – 1 S 47/65, NJW 1966, 402.
118 BSG, Urt v 21.10.1981 – 6 RKa 8/81, SozR 2200 § 182c Nr 5; LSG Berlin-Brandenburg, Urt v 12.11.2014 – L 9 KR 44/12, openJur 2015, 492; jurisPK-BGB[9]/Lafontaine, § 630b Rz 181.
119 Https://www.anwalt.de/rechtstipps/rechte-und-pflichten-des-tierarztes_116145.html, zuletzt abgerufen am 9.3.2023.
120 Grüneberg[81]/Weidenkaff, § 630a Rz 41; BGH, Urt v 13.9.2018 – III ZR 294/16, NJW 2018, 3513; OLG Koblenz, Urt v 10.10.2012 – 5 U 1505/11, MedR 2014, 247.
121 Grüneberg[81]/Weidenkaff, § 630a Rz 41; Kern/Rehborn, in: Laufs/Kern/Rehborn, HdB ArztR[5], § 74 Rz 55.
122 Grüneberg[81]/Weidenkaff, § 630a Rz 41.
123 BeckOK-BGB/Katzenmeier, Stand: 1.5.2022, § 630b Rz 19.
124 BeckOK-BGB/Katzenmeier, Stand: 1.5.2022, § 630b Rz 17.
125 BSG, Urt v 26.4.2022 – B 1 KR 26/21 R, https://rsw.beck.de/aktuell/daily/meldung/detail/bsg-krankenkasse-muss-nicht-fuer-op-durch-vermeintlichen-arzt-zahlen, zuletzt abgerufen am 27.4.2022; SG Aachen, Urt v 6.2.2018 – S 13 KR 262/17, Rückforderung von Krankenhausvergütung bei Behandlung durch falschen Arzt (erschlichene Approbation), MedR 2018, 723, 723 f; LSG Mecklenburg-Vorpommern, Urt v 20.9.2018 – L 6 KR 25/13, Beitragsrecht: Beitragserstattung nach mit gefälschten Papieren erschlichener Anstellung als Chefarzt einer Klinik, BeckRS 2018, 42310; Bäune MedR 2014, 76, 76 f.
126 BSG, Urt v 26.4.2022 – B 1 KR 26/21 R, https://rsw.beck.de/aktuell/daily/meldung/detail/bsg-krankenkasse-muss-nicht-fuer-op-durch-vermeintlichen-arzt-zahlen, zuletzt abgerufen am 9.3.2023.

peinlich genauen Abrechnung gehört daher zu den Grundpflichten des Arztes[127]. Wird ein Arzt demnach ohne Approbation tätig oder lässt er Personen ohne Aprobation für sich tätig werden, entfällt sein Vergütungsanspruch[128]. Insoweit wird dem normativen Schadensbegriff gefolgt. Diskutabel erscheint auch die analoge Anwendung von § 654. Die Norm ist im Maklervertragsrecht verortet und schließt den Anspruch auf Maklerlohn aus, soweit der Makler zuwider dem Vertragsinhalt handelt. Eine analoge Anwendung wurde bereits durch das Reichsgericht auch für andere Rechtsverhältnisse bejaht, denen „eine besondere Treuepflicht des Dienstverpflichteten innewohnt[129]." Laut BGH enthält § 654 den allgemeinen Rechtsgedanken, dass „ein Dienstverpflichteter einen an sich bestehenden Vergütungsanspruch verwirken kann, wenn das Dienstverhältnis besondere Treuepflichten begründet und er gegen diese in schwerwiegender, insbesondere strafrechtlich relevanter Weise verstößt[130]." Teilweise wird § 654 auch als Sonderfall des § 242 gesehen, der auch für sonstiges Verhalten relevant sein kann. Das führt zu einer erheblichen Ausdehnung des Anwendungsbereichs von § 654 auf Pflichtverletzungen, die sich aus einem Verstoß gegen Treu und Glauben ergeben können. Notwendig ist aber ein schwerer objektiver Pflichtverstoß gegen vertragliche Treuepflicht wie ein zielgerichtetes Vorenthalten einer besseren Therapievariante oder zielgerichteter Falschaufklärung. Subjektiv ist Vorsatz oder gröbste Fahrlässigkeit für eine Verwirkung eines Vergütungsanspruchs erforderlich. Inwieweit die Anwendung aber praktische Relevanz aufweist, erscheint bislang fraglich.

42 **2. Persönliche Leistungserbringung – § 613.** – a) **Grundsatz.** Der behandelnde Arzt hat seine medizinische Behandlung gemäß § 630b iVm § 613 Satz 1 im Zweifel[131] in persona zu erbringen[132]. Dies bezieht sich auf die Kernleistungen der ärztlichen Tätigkeit[133]. Grund dafür ist, dass zwischen dem Patienten und seinem Arzt idR ein besonderes Vertrauensverhältnis herrscht, welches die Austauschbarkeit des Dienstverpflichteten grundsätzlich unmöglich erscheinen lässt[134].

43 Dass der behandelnde Arzt seine Leistung persönlich erbringen muss, ergibt sich jedoch nicht nur aus den Statuten des Behandlungsvertrags nach §§ 630b, 613 Satz 1. Er ist auch aufgrund diverser berufsrechtlicher Regelungen dazu verpflichtet. So ergibt sich die persönliche Leistungserbringungspflicht aus MBO-Ä § 19 Abs 1 und MBO-Zahnärzte § 2 Abs 1, im Vertrags(zahn)arztrecht ferner aus der Zulassungsverordnung für Vertrags(zahn)ärzte (Zahn-)Ärzte-ZV § 32 Abs 1, ferner aus BMV-Ä §§ 14a, 15, BMV-Z § 9. Auch die Abrechnung ist nur bei einer persönlichen Leistungserbringung möglich[135]. Sind Leistungen nicht persönlich erbracht worden, besteht ein Vergütungsanspruch nur, wenn die engen Voraussetzungen einer Ausnahmeregelung vorliegen[136]. Der Grundsatz der persönlichen Leistungserbringung gilt insbesondere für ermächtigte Krankenhausärzte gemäß SGB V § 95 Abs 1 oder SGB V § 116[137]. Hier sind nicht persönlich erbrachte Leistungen sogar nie abrechnungsfähig[138]. Sollte der Arzt gegen das Gebot der persönlichen Leistungserbringung verstoßen, droht neben strafrechtlichen[139] und berufsrechtlichen[140] Konsequenzen, wie beispielsweise dem Entzug der Approbation gemäß BÄO § 3 Abs 1 Nr 2 iVm

---

127 BSG, Urt v 24.11.1993 – 6 RKa 70/91, BSGE 73, 234 = -juris Rz 22; BSG, Urt v 25.10.1989 – 6 RKa 28/88, BSGE 66, 6 = SozR SozR 2200 § 368a Nr 24; BSG, Urt v 8.7.1981 – 6 RKa 17/80, -juris Rz 31; BVerfG, Urt v 28.3.1985 – 1 BvR 1245/84, 1 BvR 1254/84, BVerfGE 69, 233 = SozR 2200 § 368a Nr 12.
128 BSG, Urt v 26.4.2022 – B 1 KR 26/21 R, https:// rsw.beck.de/aktuell/daily/meldung/detail/bsg-krankenkasse-muss-nicht-fuer-op-durch-vermeintlichen-arzt-zahlen, zuletzt abgerufen am 9.3.2023.
129 RG, Urt v 24.04.1926 – III 208/25, RGZ 113, 264.
130 BGH, Beschl v 18.12.2018 – 3 StR 270/18, NStZ 2019, 462.
131 Grüneberg[81]/Weidenkaff, § 630b Rz 2.
132 Siehe hierzu BGB § 630a Rz 149 ff.
133 Grüneberg[81]/Weidenkaff, § 630a Rz 15.
134 Staud[16]/Richardi/Fischinger, § 613 Rz 8.
135 EBM 2.2: Eine Gebührenordnungsposition ist nur berechnungsfähig, wenn der an der vertragsärztlichen Versorgung teilnehmende Arzt die für die Abrechnung relevanten Inhalte gemäß §§ 14a, 15 und 25 Bundesmantelvertrag-Ärzte (BMV-Ä) persönlich erbringt.

136 BSG, Urt v 21.3.2018 – B 6 KA 47/16 R, NZS 2018, 998.
137 Steinhilper, in: Laufs/Kern/Rehborn, HdB ArztR[5], § 30 Rz 40.
138 BSG, Beschl v 8.9.2004 – B 6 KA 25/04 B, -juris: BeckOK Sozialrecht/Bogan, Stand: 1.3.2022, § 32a Ärzte-ZV Rz 9; Bäune MedR 2014, 76, 76 f.
139 Zum Abrechnungsbetrug durch Kassenarzt BGH, Urt v 10.3.1993 – III StR 461/92, ArztR 1993, 313; durch Privatarzt BGH, Beschl v 25.1.2012 – 1 StR 45/ 11, ArztR 2012, 116, für liquidationsberechtigte und/oder ermächtigte Chefärzte, die bei der Abrechnung ihrer Leistungen gegen das Gebot der persönlichen Leistungserbringung verstoßen, ist das Risiko der Strafverfolgung deutlich gestiegen. Während diese Fälle vor einigen Jahren ein nahezu ausschließlich zivil- bzw sozialrechtliches Problem (insbes der Rückforderung) darstellten, droht nun die Gefahr der Strafverfolgung.
140 Vgl Osmialowski Orthopädische und Unfallchirurgische Praxis, 09/2013, 428, 429; vgl BVerwG, Urt v 16.9.1997 – 3 C 12/95, ArztR 1998, 200; anders: Klage gegen Approbationsentzug erfolgreich VG Hamburg, Urt v 23.2.2019 – 17 K 4618/18, -juris.

§ 5 Abs 2[141] mit sofortiger Vollziehung[142] schon seit jeher eine Rückzahlungsverpflichtung des Honorars[143]. Dieser Grundsatz der persönlichen Leistungserbringung soll bezwecken, dass der Arzt in seiner Ausübung eines freien Berufes eigenverantwortlich handeln und so die Qualität der (vertrags-)ärztlichen Versorgung sichergestellt werden kann[144].

b) **Ausnahmen.** Der Grundsatz der persönlichen Leistungserbringung kennt dennoch Ausnahmen. Der Gesetzgeber ließ diese zu, unter der Voraussetzung, dass im Behandlungsvertrag etwas anderes zwischen den Parteien wirksam vereinbart wurde und/oder die vorzunehmende Behandlung delegationsfähig ist[145]. § 613 ist insoweit als Auslegungsregel zu verstehen, sodass den Vertragsparteien auch abweichende Vereinbarungen offenstehen können[146]. Auch ohne abweichende Vereinbarung ist bspw die ärztliche Aufklärung nach § 630e Abs 2 Satz 1 Nr 1 delegationsfähig auf eine Person mit entsprechender Ausbildung für die geplante Maßnahme[147]. 44

aa) **Im stationären Bereich.** Eine Ausnahme vom Grundsatz der persönlichen Leistungserfüllung kommt insbesondere im klinischen Bereich vor. Dort schließt der Patient idR einen totalen Krankenhausaufnahmevertrag ab, mit der Folge, dass sich der Krankenhausträger als juristische Person zur Erbringung der medizinischen Behandlung verpflichtet. Die juristische Person oder öffentlich-rechtliche Anstalt handelt durch die bei ihr angestellten Ärzte, da die Behandlung sämtlicher Patienten allein durch die Organwalter der juristischen Person, § 31 hier die Chefärzte, nicht möglich ist. Bei Krankenhäusern/MVZs etc erfolgt die Behandlung durch qualifizierte Mitarbeiter[148], denn der Patient hat einen Anspruch auf ärztliche Behandlung nach dem Facharztstandard. Hinsichtlich der von den angestellten Ärzten als Erfüllungsgehilfen nach § 278 erbrachten Leistung wird davon ausgegangen, dass diese stillschweigend von § 613 Satz 1 abweichend vereinbart wird[149]. Die erforderliche Zustimmung des Patienten hierzu wird ebenfalls in aller Regel konkludent erteilt[150]. 45

bb) **Stellvertretungsmöglichkeit.** Weitere Modifizierungen des Gebots der persönlichen Leistungserbringung ergeben sich aus den mittlerweile üblichen beruflichen Zusammenschlüssen in Form von (überörtlichen) Berufsausübungsgemeinschaften (ÜBAG, BAG), MVZs etc[151]. Auch hier gilt grundsätzlich, dass der jeweilige Vertragsarzt seine ärztliche Leistung persönlich erbringt[152]. Jedoch ist zu beachten, dass bei einer BAG der Behandlungsvertrag nicht mit dem einzelnen Behandler, sondern mit der BAG zustande kommt[153]. In der Folge sind bspw interne Stellvertretungen im Falle von Urlaub oder Krankheit eines Arztes möglich, ohne dass dafür die Voraussetzungen des Ärzte-ZV § 32 Abs 1 Satz 2 beachtet werden müssten[154]. Gleiches gilt für Ärzte innerhalb eines MVZs[155]. Weitere Ausnahmen vom Grundsatz der persönlichen Leistungserbringung sind nach der Ärzte-ZV bspw bei der genehmigten, externen Stellvertretung unter Beachtung des Ärzte-ZV § 32 Abs 1 Satz 2, bei der Anstellung von Ärzten nach Ärzte-ZV § 32b oder auch bei der Beschäftigung von Weiterbildungs- oder Entlastungsassistenten nach Ärzte-ZV § 32 Abs 2 möglich[156]. 46

Eine Besonderheit der Stellvertretung ergibt sich bei sog Chefarztbehandlungen. Derartige können zwischen dem Patienten und dem jeweiligen Chefarzt für bestimmte Wahlleistungen nach KHEntG § 17 Abs 2 vereinbart werden. Da es dem Patienten in einer solchen Konstellation gerade auf die Behandlung durch den Chefarzt ankommt[157], sind Stellvertretungen nur im engen Rahmen möglich. Hier handelt es sich nämlich um die Abrechnung der „Wahlleistungen", die 47

---

141 Der Schutz des Gesundheitssystems und letztlich der Patienten und die diesen Schutz bezweckende Anordnung des Ruhens der Approbation rechtfertigten es, die Ruhensanordnung kurzfristig wirksam werden zu lassen, um so ihrem Charakter als Präventivmaßnahme schnellstmöglich gerecht zu werden, vgl OVG NRW, Beschl v 21.3.2012 – 13 B 228/12, ArztR 2012, 144.
142 Osmialowski Orthopädische und Unfallchirurgische Praxis 09/2013, 428, 429; BVerfG, Beschl v 8.4.2010 – 1 BvR 2709/09, BVerfGK 17, 228; BVerfG, Beschl v 19.12.2007 – 1 BvR 2157/07, ArztR 2009, 41.
143 Pramann Deutsches Ärzteblatt 2017; 114 (43): (2).
144 Braun/Walter GuP 2020, 68; Bäune, in: Bäune/Meschke/Rothfuss (Hrsg), Kommentar zur Zulassungsverordnung für Vertragsärzte und Vertragszahnärzte (Ärzte-ZV, Zahnärzte-ZV), § 32 Rz 1; vgl sinngemäß auch OVG NRW, Beschl v 21.3.2012 – 13 B 228/12, ArztR 2012, 144.
145 BT-Drucks 17/10488, 20f.
146 JurisPK-BGB[9]/Lafontaine, § 630b Rz 29; OLG Dresden, 31.07.2018 – 4 U 252/18, -juris.
147 Vgl hierzu BGB § 630b Rz 54; Grüneberg[81]/Weidenkaff, § 630a Rz 15.
148 Jauernig[18]/Mansel, § 630b Rz 3.
149 Grüneberg[81]/Weidenkaff, § 630a Rz 15.
150 Grüneberg[81]/Weidenkaff, § 630a Rz 15.
151 Steinhilper, in: Laufs/Kern/Rehborn, HdB ArztR[5], § 30 Rz 2; BSG, Urt v 21.3.2018 – B 6 KA 47/16 R, NZS 2018, 998.
152 Steinhilper, in: Laufs/Kern/Rehborn, HdB ArztR[5], § 30 Rz 2.
153 Braun/Walter GuP 2020, 68; jurisPK-BGB[9]/Lafontaine, § 630b Rz 61.
154 BSG, Urt v 14.12.2011 – B 6 KA 31/10 R, MedR 2012, 826.
155 Braun/Walter GuP 2020, 68; aA: BSG, Urt v 30.10.2019 – B 6 KA 9/18 R, BSGE 129, 220 = MedR 2021, 79.
156 Steinhilper, in: Laufs/Kern/Rehborn, HdB ArztR[5], § 30 Rz 9, 31.
157 OLG Karlsruhe, Hinweisbeschl v 18.1.2021 – 13 U 389/19, NJW-RR 2021, 307.

für den Krankenhausarzt gemäß KHEntG § 17 Abs 1 gesondert abrechnungsfähig sind[158]. Auch die Schwere einer Erkrankung kann es – unabhängig von einer Wahlleistungsvereinbarung – erfordern, dass der Chefarzt die Leistung persönlich erbringt. Gefordert wird, dass der liquidierende Arzt die Leistung leitend und eigenverantwortlich erbringt und dieser damit ein „persönliches Gepräge" verleiht[159]. Das bedeutet nicht, dass der Chefarzt verpflichtet ist, jeden einzelnen Behandlungsschritt persönlich auszuführen.

48 Eine Vertretungsvereinbarung unterliegt dabei der Schriftform, KHEntG § 17 Abs 2, und ist als formularmäßige Vereinbarung nur dann wirksam, wenn zum Zeitpunkt der Vertragsunterzeichnung der Zeitpunkt der Stellvertretung nicht bereits feststeht[160]. Fehlt es indes an einer zuvor erteilten Zustimmung des Patienten hinsichtlich einer (möglichen) Stellvertretung, ist der vorgenommene Eingriff durch einen Stellvertreter immer als rechtswidrig anzusehen, unabhängig von jeglicher lege artis Ausführung des ärztlichen Heileingriffs[161]. Unzulässig ist bspw auch eine formularmäßige Wahlleistungsvereinbarung des Inhalts, dass die wahlärztlichen Leistungen grds von einem Stellvertreter erbracht werden können[162]. Die Vertretung muss auf unvoraussehbare Fälle beschränkt sein[163]. Ist dies nicht der Fall, sondern ist schon bei Vertragsschluss erkennbar, dass der Behandelnde seiner Leistungspflicht nicht durchweg nachkommen kann oder will[164], obgleich der liquidationsberechtigte Chefarzt verpflichtet ist, den Patienten, der die Wahlleistung „Arzt" gewählt hat, immer persönlich zu behandeln[165], ist die Abrechnung als Wahlleistung ausgeschlossen. Etwas anderes gilt nur, soweit der Patient einem solchen Umstand zuvor ausdrücklich durch die schriftliche Wahlleistungsvereinbarung zugestimmt hat. Weiterhin darf im Fall der unvorhersehbaren Vertretung nur der ständige ärztliche Vertreter des Chefarztes tätig werden. Gemäß GOÄ §§ 4 Abs 2 Satz 3 und 4, 5 Abs 5 wird klargestellt, dass der Wahlarzt nur einen ständigen ärztlichen Vertreter haben darf[166]. Eine Wahlleistungsvereinbarung mit vielen benannten Wahlärzten dürfte wegen Gesetzesverstoßes somit unwirksam sein, was zu einem Verlust des Anspruchs auf das Wahlleistungsentgelt führen würde. Bei hochspezialisierten Kliniken mit mehreren Standorten kann die Benennung einer Vielzahl von Wahlärzten allerdings zulässig sein[167]. Die Anforderungen an die Gestaltung einer wirksamen Wahlleistungsvereinbarung sind grds hoch[168]. Allerdings verstoßen Wahlleistungsvereinbarungen bei der gebotenen Auslegung nicht gegen §§ 305 ff. Insbesondere sind sie hinreichend bestimmt, wenn die Benennung von 24 Wahlärzten nebst Stellvertretern der hochgradigen Spezialisierung der klagenden Klinik geschuldet sind, hierin kein unzumutbarer Vorbehalt einer Leistungsänderung nach § 308 Nr 4 zu erkennen ist und der Vertretungsfall ausdrücklich auf den Fall der unvorhergesehenen Verhinderung beschränkt ist[169].

49 cc) **Delegation medizinischer Tätigkeit.** Unabhängig von der Frage einer Stellvertretung ist der Grundsatz der persönlichen Leistungserbringung auch im Rahmen von Delegationen an nicht ärztliches Personal, Medizinstudierende oder PJler zu beachten. In einem solchen Fall kommt es zu einer vertikalen Arbeitsteilung. Die Übertragung einer Aufgabe durch Delegation der medizinischen Behandlung auf einen anderen als den eigentlichen Behandler bedarf ebenfalls der Zustimmung des Patienten[170]. Voraussetzung für eine zulässige Delegation ist zudem, dass es sich bei der medizinischen Maßnahme um eine delegationsfähige Leistung handelt. Eine solche liegt dann vor, wenn die Maßnahme nicht zum Kernbereich der ärztlichen Tätigkeit gehört und somit für sie kein sog Arztvorbehalt besteht[171]. Zum Kernbereich ärztlicher Tätigkeit sind Maßnahmen zu zählen, die aufgrund ihrer Schwierigkeit, Gefährlichkeit oder Unvorherseh-

---

158 Vgl Krull Deutsches Ärzteblatt 2015, 112(3): [2].
159 OLG Köln, Urt v 25.8.2008 – 5 U 243/07, MedR 2009, 290; OLG Oldenburg, Urt v 14.12.2011 – 5 U 183/11, NJW 2012, 1597; zur persönlichen Leistungserbringung im Wahlarztbereich/Psychotherapie OLG Celle, Urt v 15.6.2015 – 1 U 98/14, MedR 2015, 821, 822, 823; Wienke/Sauerborn MedR 1997, 81, 82; Spickhoff/Spickhoff, MedR-Komm[3], § 4 GOÄ, Rz 7–11; Grüneberg[81]/Grüneberg, § 308 Rz 25.
160 BGH, Urt v 20.12.2007 – III ZR 144/07, BGHZ 175, 76; OLG Braunschweig, Urt v 25.9.2013 – 1 U 24/12, MedR 2014, 891.
161 OLG Braunschweig, Urt v 25.9.2013 – 1 U 24/12, MedR 2014, 891.
162 Zu einer Vereinbarung, welche 23 Stellvertreter vorsah OLG Hamburg, Hinweisbeschl v 15.1.2018, openJur 2020, 1721 Rz 45 f, 51; OLG Hamburg, Beschl v 27.3.2018 – 3 U 220/16, MDR 2018, 918.
163 Grüneberg[81]/Grüneberg, § 308 Rz 25.
164 Zu einer Vereinbarung, welche 23 Stellvertreter vorsah OLG Hamburg, Hinweisbeschl v 15.1.2018, openJur 2020, 1721 Rz 45 f; OLG Hamburg, Beschl v 27.3.2018 – 3 U 220/16, MDR 2018, 918.
165 OLG Celle, Urt v 15.6.2015 – 1 U 98/14, KH 2015, 948 ff; LG Stuttgart, Urt v 1.3.2018 – 7 U 62/16, KH 2019, 316 ff.
166 BGH, Urt v 20.12.2007 – III ZR 144/07, BGHZ 175, 76, 76 ff.
167 Zur Wahlleistungsvereinbarung mit 24 Wahlärzten OLG Karlsruhe, Beschl v 18.1.2021 – 13 U 389/19, NJW-RR 2021, 307.
168 OLG Karlsruhe, Beschl v 18.1.2021 – 13 U 389/19, NJW-RR 2021, 307.
169 OLG Karlsruhe, Beschl v 18.1.2021 – 13 U 389/19, NJW-RR 2021, 307.
170 BT-Drucks 17/10488, 20f.
171 JurisPK-BGB[9]/Lafontaine, § 630b Rz 74; Kern, in: Laufs/Kern/Rehborn, HdB ArztR[5], § 49 Rz 8.

barkeit etwaiger gesundheitlicher Konsequenzen ärztliches Fachwissen voraussetzen[172]. Dies betrifft bspw die Anamnese, den Bereich der Diagnostik, das Legen von Infusionen, alle ärztlichen Untersuchungen, Diagnostika, ärztliche Beratungen, Indikationsstellungen und alle operativen Eingriffe [173]. Weiterhin fallen zum Teil die Aufklärung[174] ebenso wie die Erarbeitung eines Therapie- oder Operationsplans[175] und sämtliche Gesprächsleitungen[176] darunter. Auch das Ein- und Ausleiten einer Narkose gehört zum ärztlichen Kernbereich eines Arztes, hier dem Anästhesisten[177]. Parallelnarkosen, bei denen ein Anästhesist für mehrere Operationssäle zuständig ist, sind nur zulässig, wenn diese von Fachärzten, allenfalls von Assistenzärzten unter Aufsicht eines Facharztes vorgenommen werden, wobei während des gesamten Narkosevorganges zwischen Assistent und Facharzt Blick- oder Rufkontakt bestehen muss[178]. Insbesondere im Bereich der Psychiatrie und Psychotherapie ist aufgrund des gesteigerten Vertrauensverhältnisses zwischen dem Behandler und dem Patienten richtigerweise davon auszugehen, dass die Behandlungsdurchführung höchstpersönlich durch den Arzt erfolgen muss[179].

50 Einzelne Arztvorbehalte ergeben sich zudem spezialgesetzlich aus bspw Zahnheilkundegesetz (ZHG) § 1 Abs 1 Satz 1, Abs 3; StGB §§ 218 ff; IfSG § 24; TFG § 7 Abs 2; Kastrationsgesetz (KastrG) § 2 Abs 1; Embryonenschutzgesetz (ESchG) § 9 und 11; Strahlenschutzverordnung (StrlSchV) § 145; Betäubungsmittelgesetz (BtMG) § 23 Abs 1 und 24 Abs 1, 2; Arzneimittelgesetz (AMG) § 13 Abs 2b; Verordnung über die Verschreibung von Medizinprodukten (MPVerschrV) § 48, 1 Abs 1; Transplantationsgesetz (TPG) § 3 Abs 1 Nr 3; § 1828 Abs 1; Gendiagnostikgesetz (GenDG) § 7[180].

51 Generell delegationsfähige medizinische Maßnahmen an nicht ärztliches Personal sind einfache Injektionen, Infusionen, Verbands- oder Katheterwechsel, Labortätigkeiten, Gewebeentnahmen nach dem TPG[181], Desinfektionsarbeiten[182], Blutabnahmen[183] etc. Für zahnmedizinische Tätigkeiten wurde mit ZHG § 1 Abs 5 und 6 eine explizite gesetzliche Auswahl an delegationsfähigen Leistungen getroffen. Zusammenfassend dürfen Personen, die dem ärztlichen Berufsstand (noch) nicht angehören, nur tätig werden, soweit es sich um vorbereitende, unterstützende, ergänzende oder mitwirkende Tätigkeiten zur eigentlichen ärztlichen Leistung handelt[184].

52 Neben der Delegationsfähigkeit der medizinischen Maßnahme muss die Person, welche die Maßnahme ausführen soll, die hierfür notwendige Erfahrung und Fachkenntnis aufweisen[185]. Mit steigendem Fachwissen können daher einem PJler schwierigere Aufgaben übertragen werden als einem Studierenden früherer Semester. Die konkrete Übertragung ist jedoch vom individuellen Kenntnis- und Erfahrungsstand des Studierenden abhängig. Der Patient muss auch bei der Delegation ärztlicher Maßnahmen davon ausgehen können, dass diese lege artis ausgeführt wird. Schließlich obliegt dem behandelnden Arzt die Verpflichtung, das angewiesene nichtärztliche Personal auszuwählen und zu überwachen[186]. Nur wenn der anweisende Arzt während der Tätigkeit seines nichtärztlichen Hilfspersonals erreichbar und in der Lage ist, ggf unverzüglich einzugreifen, führt er seine Kontrolltätigkeit ordnungsgemäß aus und kann die ausgeführte Maßnahme als eigene Leistung gem GOÄ § 4 Abs 2 abrechnen[187].

---

172 Kern, in: Laufs/Kern/Rehborn, HdB ArztR[5], § 49 Rz 6.
173 Kern, in: Laufs/Kern/Rehborn, HdB ArztR[5], § 49 Rz 6.
174 BGH, Urt v 27.11.1973 – VI ZR 167/72, NJW 1974, 604; BGH, Urt v 7.11.2006 – VI ZR 206/05, BGHZ 169, 364; OLG Brandenburg, Urt v 27.3.2008 – 12 U 239/06, openJur 2012, 8180; OLG Karlsruhe, Urt v 24.5.2006 – 7 U 242/05, NJOZ 2006, 3042; OLG Dresden, Urt v 11.7.2002 – 4 U 574/02, -juris; OLG Karlsruhe, Urt v 19.3.1997, 13 U 42/96, NJW-RR 1998, 459; zur angeblich zulässigen Aufklärung durch Medizinstudenten OLG Karlsruhe, Urt v 29.1.2014 – 7 U 163/12, RDG 2014, 85 ff; Geiß/Greiner, Arzthaftpflichtrecht[8], C Rz 106; https://www.bundesaerztekammer.de/politik/stellungnahmen-zu-g-ba/chronologie/2011/festlegung-aerztlicher-taetigkeiten-zur-uebertragung-auf-berufsangehoerige-der-alten-und-krankenpflege-zur-selbstsaendigen-ausuebung/, zuletzt abgerufen am 19.12.2021.
175 Kern, in: Laufs/Kern/Rehborn, HdB ArztR[5], § 49 Rz 6.
176 SG Marburg, Beschl v 2.7.2009 – S 12 KA 235/09 ER, openJur 2012, 31838.
177 OLG Celle, Urt v 22.3.1982 – 1 U 42/81, NJW 198, 2129; jurisPK-BGB[9]/Lafontaine, § 630b Rz 100.
178 BGH, Urt v 30.11.1982 – VI ZR 77/81, BGHZ 85, 393; Flintrop Deutsches Ärzteblatt 2007, B-613, C-589.
179 OLG Köln, Urt v 25.8.2008 – 5 U 243/07, MedR 2009, 290; jurisPK-BGB[9]/Lafontaine, § 630b Rz 101.
180 Kern, in: Laufs/Kern/Rehborn, HdB ArztR[5], § 49 Rz 7.
181 Kern, in: Laufs/Kern/Rehborn, HdB ArztR[5], § 49 Rz 8, 9; vgl Vereinbarung von KBV und GKV-Spitzenverband, https://www.kbv.de/media/sp/24_Delegation.pdf, zuletzt abgerufen am: 12.3.2023.
182 JurisPK-BGB[9]/Lafontaine, § 630b Rz 80.
183 JurisPK-BGB[9]/Lafontaine, § 630b Rz 79.
184 Gitter/Köhler, Der Grundsatz der persönlichen ärztlichen Leistungspflicht, Ausformung und Auswirkungen auf die Leistungserbringung in ärztlichen Kooperationsformen, S 55.
185 JurisPK-BGB[9]/Lafontaine, § 630b Rz 74.
186 JurisPK-BGB[9]/Lafontaine, § 630b Rz 85; Kern, in: Laufs/Kern/Rehborn, HdB ArztR[5], § 49 Rz 9.
187 OLG Frankfurt/M, Urt v 1.9.2011 – 8 U 226/10, -juris; jurisPK-BGB[9]/Lafontaine, § 630b Rz 88.

53 Wird eine nicht delegierbare Leistung auf nichtärztliches Personal übertragen, liegt darin immer ein Behandlungsfehler[188]. Gleiches gilt auch für die Übertragung einer Operation auf einen dafür noch nicht ausreichend ausgebildeten und qualifizierten Assistenzarzt[189] oder anderes nicht ausreichend ausgebildetes Fachpersonal.

54 dd) **Aufklärung.** Die ärztliche Aufklärung ist nicht zwingend persönlich von dem späteren behandelnden Arzt zu erbringen[190]. Insoweit kommt sowohl eine horizontale wie vertikale Arbeitsteilung in Betracht. § 630e Abs 2 Satz 1 Nr 1 sieht lediglich vor, dass die Aufklärung von einer Person ausgehen muss, „die über die zur Durchführung der Maßnahme notwendige Ausbildung verfügt". Dh derjenige, der aufklärt, muss zumindest die theoretischen Kenntnisse aufweisen, die zur Durchführung der zu erbringenden Maßnahme erforderlich sind[191]. Nötig ist insoweit eine abgeschlossene fachliche Ausbildung, eine Facharztanerkennung ist nicht erforderlich.

55 c) **Rechtsfolgen bei Verstoß.** Kommt es zu einem Verstoß gegen den Grundsatz der persönlichen Leistungserbringung, so führt dieser dazu, dass der Leistungsschuldner infolge von Unmöglichkeit seine Leistung nicht mehr erbringen kann[192]. Die Unmöglichkeit wird dabei durch die Unterlassung der Behandlung durch den tatsächlich Verpflichteten ausgelöst. Ein Vergütungsanspruch des Leistungsschuldners geht aufgrund von § 275 unter. Der Verstoß gegen den Grundsatz persönlicher Leistungserbringung wird bei entsprechendem Abrechnungsverhalten auch gemäß StGB § 263 strafrechtlich relevant[193]. Ferner sind für denjenigen, der sich zur Leistung verpflichtete, wettbewerbs- und berufsrechtliche Konsequenzen zu fürchten[194].

56 3. **Schutzpflichten des Patienten gemäß § 618.** § 618 Abs 1 hält den Dienstberechtigten dazu an, Vorkehrungen zum Schutz des Dienstverpflichteten zu treffen. Im Arzt-Patienten-Verhältnis spielt diese Vorschrift nur dann eine Rolle, wenn der Patient nicht wie üblich für die Behandlung die Praxisräume bzw das Krankenhaus des behandelnden Arztes aufsucht, sondern die Behandlung bspw im Rahmen eines Hausbesuches stattfindet[195]. In einem solchen Fall treffen den Patienten die üblichen Verkehrssicherungspflichten gegenüber Besuchern[196], also für den Schutz von Leben und Gesundheit des Besuchers Sorge zu tragen. Der Anwendungsbereich des § 618 ist somit in der Praxis klein. Zu beachten ist allerdings, dass § 618 nicht nur vor einer Gefahr als solcher schützt, sondern auch vor der Möglichkeit einer Gefährdung[197]. Zudem ist § 618 unabdingbar[198]. Es besteht somit die Pflicht, für die Arbeit geeignete organisatorische Maßnahmen oder geeignete Arbeitsmittel, insbesondere medizinische Ausrüstung einzusetzen, um eine Gefährdung für Sicherheit und Gesundheit, so bspw der Wirbelsäule durch Übungen oder Therapie zu vermeiden. So haben bspw Physiotherapeuten bei der Benutzung von Arbeitsmitteln wie Gymnastikbällen, die sich im Besitz des Patienten befinden, diese vor dem Beginn der Behandlung auf ihre Funktionstüchtigkeit hin zu überprüfen[199]. Der Patient hingegen hat die Pflicht, für eine rauchfreie Umgebung[200] und für eine der Gesundheit zuträgliche Raumtemperatur zu sorgen sowie für eine sichere Zuwegung[201]. Verletzt der Patient seine Schutzpflicht aus § 618 Abs 1, kommt ein Schadensersatzanspruch nach §§ 282, 280 Abs 1 in Betracht[202]. Der Umfang richtet sich gemäß § 618 Abs 3, der eine Rechtsfolgenverweisung ist, nach §§ 842 ff. Diese Normen setzen Verschulden nach § 280, ggf auch das der Erfüllungsgehilfen nach § 278, voraus. Bei fehlendem Verschulden kann ein Anspruch aus § 670 gegeben sein. In der Praxis kann insbesondere ein Anspruch auf Hinterbliebenengeld gem § 844 eine Rolle spielen[203]. § 618 ist jedoch kein Schutzgesetz iSd § 823 Abs 2[204]. Ein Anspruch hieraus scheidet mithin aus.

57 Stimmen in der Literatur plädieren dafür, dass § 618 Abs 1 im Behandlungsvertrag nur eine Verpflichtung für den Arzt als Dienstverpflichteten und nicht für den Patienten als Dienstberechtigten mit sich bringt[205]. Begründet wird dies mit der üblichen Interessenlage der Vertragsparteien, die darauf gerichtet ist, dass der Behandelnde seine Räumlichkeiten, Vorrichtungen und Gerätschaften im Rahmen seiner ärztlichen Organisationspflicht derart einzurichten und -stellen

---

188 Kern/Rehborn, in: Laufs/Kern/Rehborn, HdB ArztR[5], § 99 Rz 18; Andreas ArztR 2008, 144.
189 Kern/Rehborn, in: Laufs/Kern/Rehborn, HdB ArztR[5], § 99 Rz 24; grdlg BGH, Urt v 27.9.1983 – VI ZR 230/81, BGHZ 88, 248 = NJW 1984, 655.
190 BeckOK-BGB/Katzenmeier, Stand: 1.5.2022, § 630e Rz 37; Grüneberg[81]/Weidenkaff, § 630a Rz 15.
191 BeckOK-BGB/Katzenmeier, Stand: 1.5.2022, § 630e Rz 38.
192 JurisPK-BGB[9]/Lafontaine, § 630b Rz 66.
193 Lang, in: Becker/Kingreen, SGB V-Kommentar GKV[7], § 15 Rz 15; Volk NJW 2000, 3385, 3386 f.
194 Lang, in: Becker/Kingreen, SGB V-Kommentar GKV[7], § 15 Rz 15; Volk NJW 2000, 3385, 3386 f.
195 JurisPK-BGB[9]/Lafontaine, § 630b Rz 142.
196 JurisPK-BGB[9]/Lafontaine, § 630b Rz 142.
197 Grüneberg[81]/Weidenkaff, § 618 Rz 1.
198 Grüneberg[81]/Weidenkaff, § 618 Rz 1.
199 JurisPK-BGB[9]/Lafontaine, § 630b Rz 146.
200 Vgl Nichtraucherschutzgesetz v 20.7.2007, BGBl I 1595.
201 Grüneberg[81]/Weidenkaff, § 618 Rz 1.
202 JurisPK-BGB[9]/Lafontaine, § 630b Rz 149.
203 MünchKomm[8]/Wagner, § 630b Rz 9.
204 Grüneberg[81]/Weidenkaff, § 618 Rz 1, § 618 Rz 3.
205 MünchKomm[8]/Wagner, § 630b Rz 9.

hat, dass für den Patienten keine gesundheitlichen Nachteile aus ihrer Benutzung resultieren können[206]. Problematisch an einer derartigen Interpretation ist jedoch, dass damit der Wortlaut der Norm ins Gegenteil umgekehrt wird, was offensichtlich nicht Wille des Gesetzesgebers ist.

IV. Beendigung des Behandlungsvertrages – § 620 ff

1. **Durch Zweckerreichung.** Ein Behandlungsvertrag kann durch verschiedene Parameter beendet werden. Oftmals führt die Zweckerreichung der medizinischen Behandlung dazu, dass der Vertrag beendet wird[207]. Das gilt idR für jeden einzelnen Behandlungsschritt, sodass der Behandlungsvertrag mit dem Hausarzt auch nicht als Dauerschuldverhältnis zu klassifizieren ist[208]. Bspw wird bei regelmäßigen zahnärztlichen oder gynäkologischen Kontrolluntersuchungen ebenfalls stets ein neuer Behandlungsvertrag abgeschlossen. Mit der Durchführung der Untersuchung und einer eventuell folgenden Medikation erreicht der einzelne Behandlungsvertrag seinen Zweck und wird jeweils beendet. 58

2. **Durch Zeitablauf.** Zudem ist die Beendigung, unabhängig vom Eintritt jeglichen Heilerfolges, aufgrund bloßen Zeitablaufs denkbar, bspw ist die Behandlung bei Reha-Maßnahmen, Physiotherapie oder auch Kuraufenthalten stets zeitlich befristet[209]. Nicht unter diese Art der Befristung fällt jedoch das jeweilige Ende eines Jahresquartals, da dieses nur für die vertragsarztrechtliche Abrechnung von Relevanz ist[210]. 59

3. **Durch Vertragsaufhebung.** Die einvernehmliche Vertragsaufhebung durch beide Parteien kommt im Arzt-Patienten-Verhältnis aufgrund von bspw Überweisungen an andere Fachärzte oder eine Krankenhausaufnahme in Betracht[211]. Durch einen Arzt in Auftrag gegebene Gewebe- oder Laboruntersuchungen führen hingegen nicht zu einer Beendigung des Behandlungsvertrages mit diesem[212]. 60

4. **Durch Tod einer der Vertragsparteien.** Stirbt der Patient, führt dies zur sofortigen Vertragsbeendigung[213]. Gleiches gilt für den Fall, dass der behandelnde Arzt verstirbt. Wird der Behandlungsvertrag mit einer BAG, üBAG, mit einem MVZ oder Krankenhausträger geschlossen, so führt das Versterben des behandelnden Arztes nicht zur Vertragsbeendigung, da der Vertrag mit der jeweiligen rechtsfähigen Institution und nicht mit dem einzelnen Arzt geschlossen wurde. Innerhalb einer BAG führt das Versterben eines Gesellschafters zur Auflösung dergleichen[214], soweit diese als BGB-Gesellschaft geführt wird. Mittlerweile ist aber davon auszugehen, dass ein Großteil von BAGen eine Nachfolgeregelung im Gesellschaftsvertrag vereinbart hat. Eine solche kann dergestalt sein, dass der freiwerdende Gesellschafteranteil unter den übrigbleibenden Gesellschaftern aufgeteilt wird oder aber ein neuer Gesellschafter an die Stelle des Verstorbenen tritt. Im Interesse der BAG ist es jedenfalls, wenn der freiwerdende Vertragsarztsitz bei der BAG verbleibt[215] und nicht mit dem Versterben eines einzelnen Gesellschafters untergeht. 61

Im Falle einer Insolvenz einer Arztpraxis, BAG, eines Krankenhausträgers oder MVZs gilt InsO § 108 Abs 1 Satz 1. Dieser schreibt vor, dass Dienstverhältnisse des Schuldners (Behandlers) auch in der Insolvenz fortbestehen. Dem Insolvenzverwalter kommt insoweit kein Wahlrecht iSd InsO § 103 zu, da InsO § 108 als lex specialis vorgeht[216]. Der Patient kann somit weiterhin Erfüllung des Behandlungsvertrages verlangen[217], was in der Praxis nicht selten zu Komplikationen führen wird. Eine andere Bewertung ist bei Verträgen möglich, die einen eher werkvertraglichen Charakter aufweisen (Anfertigung von Zahnprothesen etc)[218]. Hierbei ist von einem Wahlrecht des Insolvenzverwalters auszugehen, sodass eine Vertragsaufhebung in der Insolvenz in Betracht kommt. 62

5. **Kündigung des Behandlungsvertrages.** Gemäß § 630b finden die §§ 626 ff bei der Kündigung eines Behandlungsvertrages Anwendung[219]. Nicht anwendbar sind hingegen die §§ 620 63

---

206 MünchKomm[8]/Wagner, § 630b Rz 9.
207 Kern, in: Laufs/Kern/Rehborn, HdB ArztR[5], § 48 Rz 3; BeckOK-BGB/Katzenmeier, Stand: 1.5.2022, § 630b Rz 13.
208 Kern, in: Laufs/Kern/Rehborn, HdB ArztR[5], § 48 Rz 3.
209 JurisPK-BGB[9]/Lafontaine, § 630b Rz 156.
210 Kern, in: Laufs/Kern/Rehborn, HdB ArztR[5], § 48 Rz 2.
211 Kern, in: Laufs/Kern/Rehborn, HdB ArztR[5], § 48 Rz 14.
212 Kern, in: Laufs/Kern/Rehborn, HdB ArztR[5], § 48 Rz 14.
213 Kern, in: Laufs/Kern/Rehborn, HdB ArztR[5], § 48 Rz 12.
214 Steinhilper, in: Laufs/Kern/Rehborn, HdB ArztR[5], § 35 Rz 39.
215 Rohner/Rausche Deutsches Ärzteblatt 2015; 112 (23): A-1058.
216 Lauf, Die Arztpraxis in der Insolvenz, in: Katzenmeier (Hrsg) Kölner Schriften zum Medizinrecht Band 24, S 124.
217 Lauf, Die Arztpraxis in der Insolvenz, in: Katzenmeier (Hrsg) Kölner Schriften zum Medizinrecht Band 24, S 124.
218 Lauf, Die Arztpraxis in der Insolvenz, in: Katzenmeier (Hrsg) Kölner Schriften zum Medizinrecht Band 24, S 124.
219 BeckOK-BGB/Katzenmeier, Stand: 1.5.2022, § 630b Rz 14; Erman[16]/Rehborn/Gescher, § 630b Rz 4.

Abs 3, 622 und 623, da es sich beim Behandlungsvertrag um keinen Arbeitsvertrag iSd § 611a handelt[220]. Weitere Vorschriften, die Fristenregelungen oder Rechtsfolgen der Kündigung betreffen, sind zwar auf alle (dauernde) Dienstverhältnisse anwendbar – somit auch auf den Behandlungsvertrag – jedoch verlieren sie in der Praxis nahezu an Bedeutung. Bspw spielen die Vorschriften der Kündigungsfristen aus §§ 621, 624 nur im Falle eines Dauerschuldverhältnisses, wie zB einem Kur- oder Sanatoriumsaufenthalt, eine Rolle[221]. Hinzukommt, dass eine ordentliche Kündigung einen Behandlungsvertrag mit unbestimmtem Zeitlauf voraussetzt, vgl § 620 Abs 2. Dies ist in der Praxis jedoch selten der Fall[222]. Auch die Pflicht des Dienstberechtigten (Patient), dem Dienstverpflichteten (Behandelnden) auf Verlangen Zeit für die Stellensuche einzuräumen – § 629 – läuft im Rahmen eines Behandlungsvertrags leer.

64 Im Ergebnis sind lediglich die Kündigungsmöglichkeiten nach §§ 626, 627 von Relevanz. Auf diese können sich beide Vertragsparteien jeweils berufen, sind sie doch Ausdruck der Folgen des gegenseitigen Vertrauensverhältnisses.

65 a) **Fristlose Kündigung aus wichtigem Grund § 626.** § 626 Abs 1 fordert das Vorliegen eines wichtigen Grundes. Ist dessen Existenz zu bejahen, steht der jeweiligen Vertragspartei ein Kündigungsrecht zu. Hinzukommen muss, wie bei jedem Gestaltungsrecht, eine Erklärung, dass die Kündigung begehrt wird. Diese Erklärung muss gem § 626 Abs 2 innerhalb von zwei Wochen ab Kenntnis der maßgebenden Tatsachen, die zu dem wichtigen Grund führten, gegenüber dem anderen Vertragsteil erklärt werden. Ein wichtiger Grund liegt vor, soweit die Umstände, die diesen hervorrufen, derartiger Natur sind, dass trotz Berücksichtigung der Umstände des Einzelfalls und unter Beachtung einer umfassenden Interessenabwägung eine Fortsetzung des Behandlungsvertrages nicht mehr in Betracht kommt[223].

66 Beispiele für eine Kündigungsmöglichkeit nach § 626 Abs 1 ist die Unzumutbarkeit von Nachbesserungsarbeiten, wie sie in der Zahnprothetik häufig vorkommen[224] oder auch die Unmöglichkeit der Weiterbehandlung aufgrund von körperlichen Veränderungen des Patienten[225]. So ist der Kunde eines Instituts für Haargewerbe-Kreationen zur Kündigung berechtigt, wenn dieser an einem starken Haarausfall leidet, sodass die vereinbarte Befestigungs- und Strukturbehandlung nicht (mehr) durchgeführt werden kann[226].

67 Dem Behandelnden kann ein Kündigungsrecht zustehen, wenn der Patient den Behandelnden mehrfach verleumdet[227], ihn grundlos beleidigt[228] oder auch trotz Mahnung und Kündigungsandrohung einem höheren Vergütungsanspruch nicht nachkommt[229]. Geringe Pflichtverletzungen seitens des Patienten genügen jedoch für die Existenz eines wichtigen Grundes nicht[230]. Verweigert der Patient bei Krankenhausaufnahme einen SARS-CoV-2-Test, so dürfte hingegen ein wichtiger Grund zur Kündigung iSd § 626 Abs 1 vorliegen[231].

68 Ob ein Patient nach §§ 626 oder 627 kündigt, ist in der Praxis nicht immer ersichtlich, da für den Patienten die Einschränkung des § 627 Abs 2, der eine unzeitige Kündigung grundsätzlich verbietet oder alternativ mit Schadensersatz belegt, nicht zur Anwendung gelangt. Hinzukommt, dass die Kündigung nach § 627 oftmals vorrangig angewandt wird, da hierbei kein wichtiger Grund iSd § 626 vorliegen muss.

69 b) **Fristlose Kündigung bei Vertrauensstellung § 627.** Von weitreichender praktischer Bedeutung ist daher die Kündigungsmöglichkeit nach § 627, wurde dieser doch einst für besonders vertrauenswürdige Vertragsverhältnisse wie die Behandlung durch einen Arzt in das BGB von 1900 mit aufgenommen[232].

70 § 627 gilt für „Dienste höherer Art", wozu nicht nur (zahn-)ärztliche Behandlung zählen, sondern auch Tätigkeiten von Physiotherapeuten, Heilpraktikern, medizinischen Masseuren, Hebammen und Geburtshelfern, Logopäden, Ergotherapeuten sowie diversen Pflegediensten[233], Ernährungsberatern und Krankengymnasten[234]. Auch die Behandlung durch einen Tierarzt kann sich in die Aufzählung einreihen. In all diesen Konstellationen kommt es auf ein bestehendes

---

220 JurisPK-BGB⁹/Lafontaine, § 630b Rz 161.
221 JurisPK-BGB⁹/Lafontaine, § 630b Rz 161.
222 JurisPK-BGB⁹/Lafontaine, § 630b Rz 161.
223 JurisPK-BGB⁹/Lafontaine, § 630b Rz 163; BeckOK-BGB/Plum, Stand: 1.11.2021, § 627 Rz 7.
224 BSG, Urt v 29.11.2006 – B 6 KA 21/06 R, -juris.
225 OLG Köln, Urt v 15.3.1990 – 12 U 212/89, NJW-RR 1990, 693; jurisPK-BGB⁹/Lafontaine, § 630b Rz 164.
226 OLG Köln, Urt v 15.3.1990 – 12 U 212/89, NJW-RR 1990, 693.
227 Kern, in: Laufs/Kern/Rehborn, HdB ArztR⁵, § 48 Rz 8.
228 OLG München, Urt v 15.11.2007 – 1 U 3395/07, -juris; jurisPK-BGB⁹/Lafontaine, § 630b Rz 167.
229 JurisPK-BGB⁹/Lafontaine, § 630b Rz 167.
230 Kern, in: Laufs/Kern/Rehborn, HdB ArztR⁵, § 48 Rz 8.
231 Zur Behandlungsverweigerung bei mangelndem Coronatest LG Dortmund, Beschl v 4.11.2020 – 4 T 1/20, NJW 2021, 1251, openJur 2020, 76301 Rz 23, 24, 25.
232 MünchKomm⁸/Henssler, § 627 Rz 1.
233 JurisPK-BGB⁹/Lafontaine, § 630b Rz 172.
234 MünchKomm⁸/Wagner, § 630a Rz 51.

Vertrauensverhältnis zwischen Dienstberechtigten und Dienstverpflichteten an. Von einem Dienst höherer Art sollten damit originär Tätigkeiten erfasst werden, die nur von einer Person mit einer zuvor abgeschlossenen akademischen Ausbildung ausgeübt werden dürfen[235]. Diese Voraussetzung ist in Anbetracht des weiten Behandlerbegriffes des § 630a zwar wieder aufgeweicht worden, nachdem die medizinische Behandlung nicht legal definiert ist. Vielmehr ist nur die Erbringung eines Dienstes für die Gesundheit eines Menschen Voraussetzung und Behandelnder iSd §§ 630a ff ist derjenige, der die Behandlung zusagt[236]. Dennoch sind Dienste höherer Art solche, die ein überdurchschnittliches Maß an Fachkenntnis, Kunstfertigkeit oder wissenschaftlicher Bildung voraussetzen und aufgrund dessen eine herausgehobene Stellung einnehmen sowie qualifizierte Tätigkeiten umfassen, die den persönlichen Lebensbereich betreffen[237]. Maßgeblich für die Einschätzung, ob Dienste höherer Art geschuldet werden, ist der Geschäftsinhalt des Vertrags, der sich sowohl aus den Vereinbarungen der Beteiligten als auch aus der praktischen Durchführung des Vertrags ergibt. Im Zweifel genießt immer die tatsächlich ausgeübte Tätigkeit den Vorrang, da sonst die Regelung des § 626 umgangen werden könnte[238].

Inhalt des zu kündigenden Vertragsverhältnisses muss die Verpflichtung zur Erbringung der **71** Dienste höherer Art sein[239]. Somit genügt es nicht, wenn der Dienstverpflichtete lediglich einem freien Beruf angehört, sich aber im speziellen Vertragsverhältnis nicht zur Erbringung zB ärztlicher Tätigkeit oder eines Dienstes an der Gesundheit verpflichtet. Ob die versprochene Gesundheitsleistung dann tatsächlich erbracht wurde, ist für die Anwendung von § 627 unerheblich[240].

Ferner kommt § 627 nur zur Anwendung, wenn es sich bei dem Dienstvertrag weder um **72** einen Arbeitsvertrag noch um einen Vertrag handelt, der auf ein andauerndes Dienstverhältnis mit festen Bezügen gerichtet ist. Problematisch wird letzteres, wenn die Behandlungen Leib- oder auch Mannschaftsärzte durchführen. Insoweit kann § 627 ausgeschlossen sein, sollte der abgeschlossene Vertrag auf Dauer angelegt sein und keine Honorierung von Einzelleistungen vorsehen, sondern eine bestimmte Entlohnung bzw ein bestimmtes Gehalt für eine Summe von Gesamtleistungen[241].

Eine Besonderheit der Kündigung ergibt sich aus § 627 Abs 2 Satz 1, Satz 2, nach welchem **73** eine Kündigung zur sog Unzeit grundsätzlich ausgeschlossen ist. Eine Kündigung ist unzeitig, wenn der Patient im Falle einer Kündigung nicht in der Lage ist, die gebotenen Dienste anderweitig rechtzeitig zu beschaffen[242]. Dies ist zB der Fall, wenn der behandelnde Arzt aufgrund der örtlichen Begebenheiten oder fachlicher Sachkunde eine Monopolstellung einnimmt[243]. Nur soweit ein wichtiger Grund iSd § 626 Abs 2 Satz 1 vorliegt, ist der Behandelnde ausnahmsweise zu einer Kündigung zur Unzeit berechtigt, bspw wenn letzterer infolge eigener Erkrankung nicht mehr zur Behandlung fähig ist[244]. Liegt ein wichtiger Grund nicht vor, bleibt die Kündigung dennoch wirksam[245]. Allerdings macht der Behandler sich bei einer Kündigung zur Unzeit schadensersatzpflichtig, vgl § 627 Abs 2 Satz 2. Diese Rechtsfolge soll die Kündigung zur Unzeit kompensieren. Ein wichtiger Grund gemäß § 627 Abs 2 Satz 1 liegt auch bei einem rechtfertigenden Grund vor, die Unzumutbarkeit der Fortsetzung des Dauerschuldverhältnisses ist nicht erforderlich, da dann § 626 einschlägig wäre[246].

Allerdings ist der Arzt aufgrund seines Berufsrecht dazu verpflichtet, Menschen in Notlagen **74** zu helfen[247]. Somit kann in Anbetracht von StGB § 323c eine Kündigung zur Unzeit auch von strafrechtlicher Relevanz sein. Eine unzeitige Kündigung seitens des Patienten bleibt indessen folgenlos. Dh die Kündigung ist wirksam und löst an sich keinen Schadensersatzanspruch des Behandelnden aus[248]. Gleichwohl hat der Patient die Rechte, Rechtsgüter und Interessen seines behandelnden Arztes nach § 241 Abs 2 zu achten, auch wenn die Verwirklichung des Schadensersatzanspruchs idR hinter seiner Entscheidungsfreiheit zur Kündigung zurückbleibt[249]. Zudem steht SGB V § 76 Abs 3 Satz 1 einer jederzeit möglichen Patientenkündigung nicht entgegen. Diese, als Soll-Vorschrift ausgestaltete, Regelung schreibt dem gesetzlich Krankenversicherten vor, seinen behandelnden Arzt innerhalb eines Vierteljahres nur bei Vorliegen eines wichtigen Grundes zu wechseln. Die zivilrechtliche Kündigung ist in einem solchen Fall dennoch wirksam[250].

---

235 BeckOK-BGB/Plum, Stand: 1.11.2021, § 627 Rz 7.
236 Grüneberg[81]/Weidenkaff, Vorb v § 630a Rz 2, 3.
237 LG Landshut, Urt v 14.8.2020 – 55 O 403/20, BeckRS 2020, 43681; BeckOK-BGB/Plum, Stand: 1.11.2021, § 627 Rz 7.
238 LG Landshut, Urt v 14.8.2020 – 55 O 403/20, BeckRS 2020, 43681.
239 BeckOK-BGB/Plum, Stand: 1.11.2021, § 627 Rz 9.
240 BeckOK-BGB/Plum, Stand: 1.11.2021, § 627 Rz 9.
241 JurisPK-BGB[9]/Lafontaine, § 630b Rz 170.
242 MünchKomm[8]/Wagner, § 630a Rz 53.
243 KG, Urt v 4.6.2009 – 20 U 49/07, MedR 2010, 35.
244 JurisPK-BGB[9]/Lafontaine, § 630b Rz 178.
245 Kern, in: Laufs/Kern/Rehborn, HdB ArztR[5], § 48 Rz 8.
246 Grüneberg[81]/Weidenkaff, § 627 Rz 7.
247 MünchKomm[8]/Wagner, § 630a Rz 54.
248 JurisPK-BGB[9]/Lafontaine, § 630b Rz 180.
249 JurisPK-BGB[9]/Lafontaine, § 630b Rz 180.
250 Kern, in: Laufs/Kern/Rehborn, HdB ArztR[5], § 48 Rz 6; MünchKomm[8]/Wagner, § 630a Rz 52.

75 c) **Kündigungserklärung.** Unabhängig davon, aus welchem Grund der Behandlungsvertrag gekündigt wird, bedarf es einer Kündigungserklärung seitens des Kündigenden. Aufgrund dessen, dass § 623 im Rahmen des Behandlungsvertrages nicht zur Anwendung kommt, kann die Kündigung formlos, somit nur mündlich, aber auch konkludent erfolgen[251]. Es kann zwar bei allen Dienstverhältnissen wirksam die Schriftform für die Kündigung vereinbart werden[252], dies wird jedoch beim Arztvertrag grundsätzlich nur höchst selten der Fall sein. Jedoch muss der eindeutige Wille des Kündigenden ersichtlich sein, den Behandlungsvertrag beenden zu wollen. An einer solchen Kundgabe fehlt es idR, wenn der Patient lediglich einen Behandlungstermin versäumt[253], die Behandlung aber nichtsdestotrotz, zu einem späteren Zeitpunkt, erhalten möchte. Von einem Beendigungswillen kann hingegen ausgegangen werden, wenn der Patient die Einwilligung in die medizinische Maßnahme nach § 630d Abs 3 dem Behandler ggü widerruft. Auf den dogmatischen Unterschied zwischen einer Kündigung und dem Widerruf einer Einwilligung[254] kommt es iRd Behandlungsvertrages dann nicht mehr an.

76 Die Kündigungserklärung wird in dem Zeitpunkt wirksam, in dem sie dem Vertragspartner gemäß BGB § 130 zugeht[255], sodass der Empfänger vom Inhalt Kenntnis nehmen kann[256].

77 d) **Kündigungsausschluss.** Der formularmäßige Ausschluss des Kündigungsrechts verstößt als unangemessene Benachteiligung gegen § 307 Abs 1, 2 und ist unwirksam. Dies gilt auch, wenn nur das Kündigungsrecht aus § 627 ausgeschlossen wird, die fristlose Kündigungsmöglichkeit von § 626 indessen erhalten bleibt[257].

78 Hingegen obliegt es den Vertragsparteien § 627 mittels einer Individualabrede abzubedingen[258]. Zwingendes Recht stellt aber die fristlose Kündigung nach § 626 dar. Dieser kann nicht abgedungen werden.

79 **6. Beendigung eines tierärztlichen Behandlungsvertrages.** Der tierärztliche Behandlungsvertrag kann grundsätzlich durch die vorgenannten Parameter zur Beendigung geführt werden. Hierbei ergeben sich keine Besonderheiten zum humanärztlichen Behandlungsvertrag. Kommt ein Tier zu Tode, so endet der Vertrag durch Wegfall des Vertragsgegenstands.

80 Dem Tierarzt ist es ebenso möglich, gem § 627 zu kündigen, da seine berufliche Tätigkeit neben der des Arztes, des Zahnarztes, der Physiotherapeuten, Heilpraktikern, medizinischen Masseuren, Hebammen und Geburtshelfern, Logopäden, Ergotherapeuten sowie diversen Pflegediensten[259], Ernährungsberatern und Krankengymnasten[260] als ein „Dienst höherer Art" zu klassifizieren ist[261]. Jedoch muss der Tierarzt dann daraus resultierend auch das Gebot des § 627 Abs 2 Satz 1, Satz 2 beachten, mit der Folge, dass er sich im Fall einer unzeitigen Kündigung ohne Vorliegen eines wichtigen Grundes schadensersatzpflichtig machen würde[262] und das negative Interesse (Vertrauensschaden) zu ersetzen hätte. Das heißt, der Schadensersatzberechtigte wäre so zu stellen, wie er stehen würde, wenn er nicht auf die Gültigkeit des Vertrags vertraut hätte[263].

§ 630c Mitwirkung der Vertragsparteien; Informationspflichten

(1) **Behandelnder und Patient sollen zur Durchführung der Behandlung zusammenwirken.**
(2) **Der Behandelnde ist verpflichtet, dem Patienten in verständlicher Weise zu Beginn der Behandlung und, soweit erforderlich, in deren Verlauf sämtliche für die Behandlung wesentlichen Umstände zu erläutern, insbesondere die Diagnose, die voraussichtliche gesundheitliche Entwicklung, die Therapie und die zu und nach der Therapie zu ergreifenden Maßnahmen. Sind für den Behandelnden Umstände erkennbar, die die Annahme eines Behandlungsfehlers begründen, hat er den Patienten über diese auf Nachfrage oder zur Abwendung gesundheitlicher Gefahren zu informieren. Ist dem Behandelnden oder einem seiner in § 52 Absatz 1 der Strafprozessordnung bezeichneten Angehörigen ein Behandlungsfehler unterlaufen, darf die Information nach Satz 2 zu Beweiszwecken in einem gegen den Behandelnden oder gegen seinen Angehörigen geführten Straf- oder Bußgeldverfahren nur mit Zustimmung des Behandelnden verwendet werden.**

---

251 Grüneberg[81]/Weidenkaff, Vorb v 620 Rz 30.
252 Grüneberg[81]/Weidenkaff, Vorb v 620 Rz 30.
253 MünchKomm[8]/Wagner, § 630a Rz 52.
254 MünchKomm[8]/Wagner, § 630a Rz 52.
255 Kern, in: Laufs/Kern/Rehborn, HdB ArztR[5], § 48 Rz 9.
256 Grüneberg[81]/Ellenberger, § 130 Rz 5 ff.
257 BGH, Urt v 8.10.2020 – III ZR 80/20, NJW 2021, 1392 = MedR 2021, 250.
258 BeckOK-BGB/Plum, Stand: 1.11.2021, § 627 Rz 2.
259 JurisPK-BGB[9]/Lafontaine, § 630b Rz 172.
260 Vgl § 630b Rz 70.
261 Bleckwenn, Die Haftung des Tierarztes im Zivilrecht, S 44.
262 Bleckwenn, Die Haftung des Tierarztes im Zivilrecht, S 44.
263 Grüneberg[81]/Grüneberg, Vorb v § 249 Rz 17.

Untertitel 2 Behandlungsvertrag § 630c

(3) Weiß der Behandelnde, dass eine vollständige Übernahme der Behandlungskosten durch einen Dritten nicht gesichert ist oder ergeben sich nach den Umständen hierfür hinreichende Anhaltspunkte, muss er den Patienten vor Beginn der Behandlung über die voraussichtlichen Kosten der Behandlung in Textform informieren. Weitergehende Formanforderungen aus anderen Vorschriften bleiben unberührt.
(4) Der Information des Patienten bedarf es nicht, soweit diese ausnahmsweise aufgrund besonderer Umstände entbehrlich ist, insbesondere wenn die Behandlung unaufschiebbar ist oder der Patient auf die Information ausdrücklich verzichtet hat.

ÜBERSICHT

A. Zweck der Vorschrift	1–3
I. Kurzübersicht zu Gegenstand und Idee der Vorschrift	1, 2
1. Überblick	1
2. Zweck	2
II. Einordnung in den Kontext des Behandlungsvertragsrechts. Systematik	3
B. Historischer Hintergrund und Gesetzesgenese	4–11
I. Textgeschichte	4
II. Kritik	5
III. Binsenweisheit	6
IV. Weitergehende Wirkung	7
V. Fehleroffenbarungspflicht	8
VI. Kritik der Praxis zur Fehleroffenbarungspflicht	9
VII. Praktische Auswirkung	10
VIII. Novum durch wirtschaftliche Information	11
C. Systematische Erfassung im Behandlungsvertragsrecht	12–20
I. Abgrenzung §§ 630c/630e	12
II. Aspekte der Abgrenzung	13
III. Zeit und Bezugspunkt	14
IV. Überschneidungen bei Abs 2 Satz 1	15
V. Qualifikation Behandlungsfehler/Aufklärungsfehler	16
VI. Funktion	17
VII. Überschneidungen bei Abs 3	18
VIII. Zusammenspiel mit § 630a Abs 2	19
IX. Wirksamkeit standardunterschreitender Vereinbarungen	20
D. Abs 1: Kooperation und Compliance	21–36
I. Grundidee der Kooperation von Arzt und Patient (Prinzipien gesetzlich geregelter Obliegenheiten)	21–26
1. Soll-Gebot	21
2. Obliegenheitscharakter	22
3. Systematischer Ursprung	23
4. Wirkung auf die Behandlungsseite	24
5. Erweiterung der Pflichten?	25
6. Auseinanderfallen von Patient und Vertragspartner	26
II. Patientenseitige Compliance als relevanter Auswuchs	27–30
1. Compliance Phase 1	27
2. Compliance Phase 2	28
3. Rechtsfolge	29
4. Möglichkeiten der Behandlungsseite	30
III. Verhältnis zu BGB § 254 und Rechtsfolgen	31–33
1. Unterbrechung der haftungsbegründenden oder haftungsausfüllenden Kausalität	31
2. Kürzung oder Fortfall wegen Mitverschuldens	32
3. Beweisrechtliche Konsequenzen (insb Negierung des BGB § 630h Abs 5)	33
IV. Rechtsprechungs- und Praxisbeispiele	34, 35
1. Beispiele	34
2. Verbraucherleitbild	35
V. Exkurs: Echte Informationspflichten des Patienten	36
E. Abs 2 Satz 1: Die allgemeine behandlungsbezogene Informationspflicht	37–58
I. Tatbestand: Gegenstand und Inhalt der Informationspflichten	37–41
1. Überblick	37
2. Anforderungen an Heilpraktiker	38
3. Informationsadressat	39
4. Auseinanderfallen von Patient und Vertragspartner	40
5. Umfang	41
II. Abs 2 Satz 1 als Basisvorschrift der therapeutischen Aufklärung – Pflichtverletzung als Behandlungsfehler	42
III. Beispielskatalog von Pflichten und Pflichtverletzungen	43–50
1. Diagnose	43
2. Steigerungen Informationsumfang	44
3. Patientenverhalten	45
4. Betroffenheit Dritter	46
5. Ambulante Behandlungen	47
6. Seltene Risiken	48
7. Nachwirkende Schutzpflichten	49
8. Sicherstellung der Kenntnisnahme	50
IV. Mehrstufige oder geteilte Behandlungsverhältnisse mit mehreren Behandlern (Vertrauensgrundsatz vs Prüfreichweite)	51–56
1. Vertrauensgrundsatz	52
2. Sektorenübergreifende Behandlungen	53
3. Belegkrankenhäuser	54
4. Delegation	55
5. Überweisungen	56
V. Formalia	57

§ 630c

VI. Modifikation durch Parteivereinbarung 58

F. Abs 2 Satz 2, 3: Das Aufklärungsgebot bei Behandlungsfehlern .. 59–85

I. Inhalt und Zweck 59

II. Schutzgesetzcharakter 60

III. Tatbestand der besonderen Belehrungspflicht 61–69
1. Auslöser 61
2. Auseinanderfallen von Patient und Vertragspartner 62
3. Erkennbarkeit von Umständen 63
4. Umfang 64
5. Auslöser der Informationspflicht ... 65–69
   a) Auf Nachfrage des Patienten ... 66–68
      aa) Ausdrücklichkeit 66
      bb) Klagemöglichkeit 67
      cc) Versicherungsaspekte 68
   b) Zur Abwendung gesundheitlicher Gefahren 69

IV. Die rechtsgebietsübergreifende Problematik der Selbstbezichtigung 70

V. Fremde Behandlungsfehler 71–73
1. Umfang der Offenbarungspflicht .. 71
2. Berufsrecht 72
3. Whistleblowing 73

VI. Rechtsfolgenproblematik 74–81
1. Normwirkung 74
2. Konsequenzen bei weiteren Gesundheitsschäden 75
3. Schweigen bei eigenen Fehlern .. 76
4. Schweigen bei fremden Fehlern ... 77
5. Berufsrechtliche Folgen 78
6. Strafbarkeit 79
7. Verjährung 80
8. Prozessuales 81

VII. Exkurs: Stellung und Rechte von Haftpflichtversicherungen im System – Kein Rücksichtnahmegebot des Behandelnden 82

VIII. Beweisverwertungsverbot, Abs 2 Satz 3 83–85
1. Zweck 83
2. Systematische Einordnung 84
3. Grenzen des Verwertungsverbots ... 85

G. Abs 3 und 4: Die wirtschaftliche Informationspflicht und ihre Grenzen 86–119

I. Hintergrund wirtschaftlicher Information und Bereichsvergleich 86–90
1. Atypik der Normierung 86
2. Zweck 87
3. Texthintergrund 88
4. Umfang 89
5. Vergleich mit Kapitalanlageberatung 90

II. Tatbestand wirtschaftlicher Informationspflicht nach Satz 1 91–97
1. Pflichtauslöser 91
2. Umfang 92
3. Wissen 93

4. GKV/PKV Unterschiede 94
5. Privatpatienten 95
6. IGeL 96
7. Unrechtmäßige Kostenübernahmeverweigerung 97

III. Begrenzung des Tatbestands ... 98, 99
1. Nachforschungspflicht? 98
2. Sozialrecht 99

IV. Begrenzung durch Abs 4 100–104
1. Verzicht 101
2. Unaufschiebbarkeit 102
3. Weitere Ausnahmen 103
4. Kenntnis 104

V. Formerfordernisse 105–109
1. Textform 105
2. Sicherstellung der Kenntnisnahme . 106
3. Vorgaben 107
4. Rechtsfolgen der Nichteinhaltung .. 108
5. Beweisrechtliche Wirkung 109

VI. Rechtsfolge bei Verstößen 110–113
1. Schadensersatzanspruch und Aufrechnung 110
2. Minderung 111
3. Grenzen 112
4. Keine Vertragsaufhebung 113

VII. Modifikation durch Parteivereinbarung 114–117
1. Abdingbarkeit 114
2. Maßstab bei Abs 2 Satz 1 115
3. Maßstab bei Abs 2 Satz 2, 3 116
4. Maßstab bei Abs 3 117

VIII. Exkurs 1: Wirtschaftliche Einflüsse im Behandlungsverhältnis, welche die Nichtigkeit des Vertrages bedingen 118

IX. Exkurs 2: Fälle des § 630c Abs 3 Satz 2 und Rechtsfolgen 119

H. Darlegungs- und Beweislast, Beweiserleichterungen 120–130

I. Grundsätze für die Abs 1 – 3 ... 120–126
1. Grundsatzregeln 120
2. Abs 1 121
3. Abs 2 Satz 1 122
4. Grober Behandlungsfehler 123
5. Grenzen des § 630h Abs 5 124
6. Abs 2 Satz 2, Abs 3 125
7. Abs 4 126

II. Herabgesetzte Substantiierungslast des Patienten und sekundäre Darlegungslast der Behandlungsseite 127

III. Bedeutung der Dokumentation . 128

IV. Beherrschung durch Sachverständigenbeweis 129

V. Sinn und Unsinn von Anscheins- und Indizienbeweis 130

I. Praxishinweise zum prozessualen Vortrag 131

Schrifttum: Kleinewefers, Zur Aufklärung des Patienten, VersR 1981, 99; Taupitz, Aufklärung über Behandlungsfehler: Rechtspflicht gegenüber dem Patienten oder ärztliche Ehrenpflicht?, NJW 1992, 713; Rumler-Detzel, Arbeitsteilung und Zusammenarbeit in der Chirurgie – Rechtliche Verantwortlichkeit, VersR 1994, 254; Hart, Rechtliche Grenzen der „Ökonomisierung" – Arzneimittel-, sozial- und haftungsrechtliche Aspekte der Pharmaökonomie, MedR 1996, 60; Michalski, (Zahn-)Ärztliche Aufklärungspflicht über die Ersatzfähigkeit von Heilbehandlungskosten, VersR 1997, 137; Krieger, Die Behandlungsverweigerung bei Kassenpatienten, insbeson-

dere wegen unzureichender Honorierung, MedR 1999, 519; Looschelders, Die Mitverantwortlichkeit des Geschädigten im Privatrecht, 1999; Steffen, Die Arzthaftung im Spannungsfeld zu den Anspruchsbegrenzungen des Sozialrechts für Kassenpatienten, in: Festschr für Geiß, 2000, S 487; Terbille/Schmitz-Herscheidt, Zur Offenbarungspflicht bei ärztlichen Behandlungsfehlern, NJW 2000, 1749; Wussow, Umfang und Grenzen der ärztlichen Aufklärungspflicht, VersR 2002, 1337; Deutsch, Die Pflicht des Arztes, den Patienten auf eine Impfung hinzuweisen, VersR 2003, 801; Heberer/Mößbauer, Schweigepflicht bei infektiösen Patienten, MedR 2004, 138; Schelling, Die Pflicht des Arztes zur wirtschaftlichen Aufklärung im Lichte zunehmender ökonomischer Zwänge im Gesundheitswesen, MedR 2004, 422; Schellenberg, Non-Compliance und Arzthaftung, VersR 2005, 1620; H Prütting, Gibt es eine ärztliche Pflicht zur Fehleroffenbarung?, in: Festschr für Laufs, 2006, S 1009; Bender, Anmerkung zu BGH Urteil vom 7.11.2006 – VI ZR 206/05, MedR 2007, 169; Deutsch/Jungbecker, Patientenrechte und Patientenpflichten – Die medizinische Behandlung als kodifizierter Vertragstypus, VersR 2007, 209; Katzenmeier, Anmerkung zu BGH Urteil vom 7.11.2006 – VI ZR 206/05, JZ 2007, 642; Dieners, Handbuch Compliance im Gesundheitswesen, 2010[3]; Stöhr, Sozialrechtliche Vorgaben zur Wirtschaftlichkeit und Qualitätssicherung bei der Verordnung von Arzneimitteln und zivilrechtliche Haftung des Arztes bei der Arzneimittelbehandlung, MedR 2010, 214; Birnbacher, Vulnerabilität und Patientenautonomie – Anmerkungen aus medizinethischer Sicht, MedR 2012, 560; Deutsch, Deutsche Sonderwege zur Arzthaftung, NJW 2012, 2009; Gaßner/Strömer, Die Arzthaftung bei der Behandlung gesetzlich krankenversicherter Patienten, MedR 2012, 159; Hart, Ein Patientenrechtegesetz ohne Eigenschaften, GesR 2012, 385; Katzenmeier, Die Rahmenbedingungen der Patientenautonomie – Eine kritische Betrachtung des Patientenrechtegesetz-Regierungsentwurfs, MedR 2012, 576; Schelling/Warntjen, Die Pflicht des Arztes zur Offenbarung von Behandlungsfehlern, MedR 2012, 506; Spickhoff, Patientenrechte und Gesetzgebung, ZRP 2012, 65; Wagner, Kodifikation des Arzthaftungsrechts?, VersR 2012, 789; Hart, Patientensicherheit nach dem Patientenrechtegesetz, MedR 2013, 159; Jaeger, Patientenrechtegesetz: Kommentar zu §§ 630a bis 630h BGB, 2013; Katzenmeier, Der Behandlungsvertrag – Neuer Vertragstypus im BGB, NJW 2013, 817; Montgomery/Brauer/Hübner/Seebohm, Das Patientenrechtegesetz aus Sicht der Ärzteschaft, MedR 2013, 149; Müller/Raschke, Homöopathie durch Ärzte und die Einhaltung des medizinischen Standards, NJW 2013, 428; Preis/Schneider, Das Patientenrechtegesetz – eine gelungene Kodifikation?, NZS 2013, 281; Rehborn, Das Patientenrechtegesetz, GesR 2013, 257; ders, Patientenrechtegesetz 2013, MDR 2013, 497; Spickhoff, Patientenrechte und Patientenpflichten – Die medizinische Behandlung als kodifizierter Vertragstypus, VersR 2013, 267; Thole, Das Patientenrechtegesetz – Ziele der Politik, MedR 2013, 145; Thurn, Das Patientenrechtegesetz – Sicht der Rechtsprechung, MedR 2013, 153; Voigt, Individuelle Gesundheitsleistungen (IGeL) im Rechtsverhältnis von Arzt und Patient, Diss Köln 2013; Walter, Das neue Patientenrechtegesetz, 2013; Kett-Straub/Sipos-Lay, § 630c Abs. 2 S 2 BGB im Spannungsfeld von Patientenrechten und dem Nemo tenetur-Grundsatz, MedR 2014, 867; J Prütting, Rechtliche Aspekte der tiefen Hirnstimulation, Diss Köln 2014; Hart, Kongruenz und Kontinuität in der Entwicklung von Medizin und Medizinrecht, MedR 2015, 1; Marckmann, Kostensensible Leitlinien: evidenzbasierte Leistungssteuerung für eine effiziente und gerechte Gesundheitsversorgung, 2015; Saalfrank, Handbuch des Medizin- und Gesundheitsrechts, 2015; Spickhoff, Behandlungsfehler und Offenbarungspflicht: Gründe und Grenzen, JZ 2015, 15; J Prütting, Die Indikation im Bereich wunschmedizinischer Maßnahmen – Gegenstand und verfassungsrechtlicher Hintergrund, medstra 2016, 78; Grobys/Panzer-Heemeier, StichwortKommentar Arbeitsrecht, 2017[3]; Holland, Das Verhältnis von Selbstbestimmungsaufklärung und therapeutischer Aufklärung, Diss Göttingen 2017; Klose/Straub, Kontrahierungszwang im Arztvertragsrecht, MedR 2017, 935; Roxin/Schünemann, Strafverfahrensrecht, 2017[29]; Frahm/Walter, Arzthaftungsrecht, 2018[6]; Igl/Welti, Gesundheitsrecht, 2018[3]; Sommerfeld, Befunderhebungsfehler oder Fehler der therapeutischen Aufklärung – ein nicht gelöstes Abgrenzungsproblem?, VersR 2018, 1491; Hegerfeld, Die Informationsbefolgungsfähigkeit – das Pendant zur Einwilligungsfähigkeit, MedR 2019, 710; Laufs/Kern/Rehborn, Handbuch des Arztrechts, 2019[5]; Makowsky, Grundzüge des Behandlungsvertragsrechts, JuS 2019, 332; Stellpflug, Arzthaftung bei der Verwendung telemedizinischer Anwendungen, GesR 2019, 76; Uhlenbruck/Hirte/Vallender, Insolvenzordnung Kommentar, 2019[15]; v Pentz, Aktuelle Rechtsprechung des BGH zum Arzthaftungsrecht, MedR 2019, 351; Clausen/Schroeder-Printzen, Münchener Anwaltshandbuch Medizinrecht, 2020[3]; Nußstein, Mitverschulden des Patienten, Beweislast und Schadensteilung, VersR 2020, 1294; J Prütting, Darlegungs- und Beweislast bei Verletzung der wirtschaftlichen Informationspflicht im Behandlungsvertrag, LMK 2020, 429272; ders, Rechtsgebietsübergreifende Normenkollisionen, 2020; J Prütting/Friedrich/Winter/Wolk, Digitalisierung im Gesundheitswesen, GesR 2020, 756; Spickhoff, Anmerkung zum Urteil des BGH vom 28.01.2020 (VI ZR 92/19) – wirtschaftliche Aufklärungspflicht, MedR 2020, 579; Küttner/Röller, Personalbuch, 2021[18]; Prölss/Martin, Versicherungsvertragsgesetz Kommentar, 2021[31]; J Prütting/Friedrich, Reformbedarf des § 630g BGB, MedR 2021, 523.
Hinweis: Die gestrichenen Werke sind entweder im Abkürzungsverzeichnis des Bandes (so die Kommentare zum BGB) oder im Verzeichnis der Allgemeinen Literatur vor § 630a aufgeführt.
Folgendes ist noch aufgefallen:
Die 4. Auflage des Ratzel/Luxenburger ist laut beck-shop im Jahr 2020 erschienen.

A. Zweck der Vorschrift

I. Kurzübersicht zu Gegenstand und Idee der Vorschrift

1. Überblick. § 630c befasst sich mit den Pflichten und Obliegenheiten der Vertragsparteien des Behandlungsvertrags – dem Behandelnden und dem Patienten. Während in Abs 1 das Zusammenwirken der Parteien als Soll-Gebot normiert ist (Compliance)[1], werden in Abs 2 und 3 Informationspflichten für die Behandlungsseite vorgeschrieben. Abs 2 Satz 1 betrifft die therapeutischen Informationen bzgl der konkreten Behandlung (Informationspflicht im engeren Sinne)[2], Abs 2 Satz 2, 3 statuiert dagegen die Informationspflicht bzgl eigener und fremder Behandlungsfehler. In Abs 3 wird die Behandlungsseite dazu verpflichtet, auch in wirtschaftlicher

---

1 Spickhoff/Spickhoff MedR § 630c Rz 1.   2 BeckOGK/Walter § 630c Rz 1.

Hinsicht zu informieren. Und Abs 4 normiert parallel zu § 630e Abs 3 eng umgrenzte, rechtlich zulässige Ausnahmen von den Pflichten aus Abs 2 und 3.

2 2. **Zweck.** Das Kooperationsgebot des Abs 1 dient der „möglichst optimalen Behandlung"[3], während die therapeutische Informationspflicht nach Abs 2 Satz 1 die „Sicherung des Heilungserfolges"[4] gewährleisten soll. Diese Pflicht zielt auf den Abbau bestehender Informationsasymmetrie zwischen dem Behandelndem als Experten und dem Patienten als medizinischen Laien[5]. Ob dieselbe darüber hinaus die Behandlungsseite zur Einleitung eines Zwiegesprächs mit Nachfragen verpflichtet, um insbesondere am Beginn der ärztlichen Versorgung nicht nur die medizinisch richtige, sondern auch patientengerechte Indikation zu sichern, wird weder aus dem Gesetz noch aus der Gesetzesbegründung ersichtlich. Letztlich wird man diese Problematik jedoch mit der in § 630a Abs 2 zu verortenden Problematik situationsgerechter Standardbildung zu verbinden haben (vgl hierzu § 630a Rz 272) Die nachfolgende Fehleroffenbarungspflicht aus Abs 2 Satz 2 dient demgegenüber dem Gesundheitsschutz des Patienten, wodurch die inhaltliche Konnexität der Absätze[6] deutlich wird, da der Zweck des Behandlungsvertrags primär Schutz und Gesundung des Patienten ist. Abs 3 schützt hingegen das Vermögen des Patienten[7], was in der Struktur dieses Normengefüges durchaus als atypisch bezeichnet werden darf, ist es doch keineswegs die angedachte originäre Aufgabe der Behandlungsseite, fremde Vermögensinteressen zu schützen. Auch steht die Vorschrift in einem gewissen Spannungsverhältnis zu den §§ 630b, 612 Abs 1, 2, wonach im Grunde davon ausgegangen werden muss, dass professionelle Dienstleistungen im Zweifel kostenpflichtig sind und gerade bei Existenz von Taxen einen erwartbaren Umfang haben. Letztlich dienen allerdings alle Vorgaben des § 630c dem übergeordneten Ziel, das Vertrauensverhältnis zwischen Patient und Behandelndem normativ zu sichern[8].

II. Einordnung in den Kontext des Behandlungsvertragsrechts. Systematik

3 § 630c reiht sich mit Blick auf vorab genannte Zwecksetzungen in den Rahmen der Behandlungsvertragsvorschriften der §§ 630a – 630h ein und fungiert partiell als Sammelbecken für spezifische vom Gesetzgeber aufgegriffene Durchführungserfordernisse. Während in § 630a die Hauptpflichten des Behandlungsvertrags – Leistungspflicht des Behandelnden und Vergütungspflicht des Patienten in Abs 1 – normiert sind sowie der erforderliche Facharztstandard in Abs 2, erklärt § 630b die Vorschriften des Dienstvertrags für partiell anwendbar. § 630c befasst sich daran anschließend mit dem vertraglichen Zusammenwirken der Parteien und den Nebenleistungspflichten[9] der Informationserteilung des Behandelnden. § 630d statuiert danach mit dem Einwilligungserfordernis das Zentrum der Autonomiewahrung im Rahmen des Behandlungsvertrags. Die Einwilligung entfaltet Bedeutung sowohl im Zivilrecht als auch im Strafrecht. Es gilt das Konzept des „informed consent", nach welchem eine Einwilligung ohne umfassende Kenntnis der relevanten Informationen unwirksam ist. Damit wird der Zusammenhang der Vorschriften zueinander deutlich, denn ohne alle erforderlichen Informationen ist auch die Einwilligung unwirksam. § 630e konkretisiert die diesbezüglich geforderten Aufklärungspflichten, die sog Selbstbestimmungsaufklärung – im Gegensatz zur therapeutischen oder Sicherungsaufklärung nach § 630c Abs 2 Satz 1, wobei die umfassenden Informationspflichten des § 630c Abs 2 Satz 1 erhebliche Überschneidungen mit den Vorgaben des § 630e Abs 1 aufweisen. Daran anknüpfend werden in § 630f Dokumentationspflichten normiert, die durch das Einsichtnahmerecht des Patienten aus § 630g flankiert sind, wobei die DSGVO Art 12 ff als normenhierarchisch vorrangiges Recht (Anwendungsvorrang) im Wesentlichen bestimmend sind[10]. § 630h setzt daran anschließend Beweislastregeln fest, die in prozessualer Hinsicht das Informationsgefälle zwischen Behandelndem und Patient ausgleichen sollen.

B. Historischer Hintergrund und Gesetzesgenese

I. Textgeschichte

4 Die §§ 630a – h wurden durch das Gesetz zur Verbesserung der Rechte von Patientinnen und Patienten (Patientenrechtegesetz) vom 20.02.2013 eingeführt, welches am 26.02.2013 in Kraft

---

3 BT-Drucks 17/10488, S 21.
4 BT-Drucks 17/10488, S 21.
5 MünchKomm/Wagner § 630c Rz 1.
6 AA NK-BGB/Voigt § 630c Rz 1, der von keinerlei innerem Zusammenhang der Absätze ausgeht; Spickhoff/Spickhoff MedR § 630c Rz 1, der kaum einen einheitlichen Zweck sieht.
7 NK-BGB/Voigt § 630c Rz 1; BeckOK/Katzenmeier § 630c Rz 1.
8 NK-BGB/Voigt § 630c Rz 1; MünchKomm/Wagner § 630c Rz 1 spricht von vertrauensvoller Zusammenarbeit bzgl Abs 1.
9 NK-BGB/Voigt § 630c Rz 1; BeckOGK/Walter § 630c Rz 1.
10 Zu fortbestehenden Aberrationen und Anwendungsbereichen des § 630g vgl J Prütting/Friedrich MedR 2021, 523.

trat[11]. Es handelt sich bei den Vorschriften um „geronnene Rechtsprechung" der letzten hundert Jahre, die primär anhand des Deliktsrechts iRv § 823 entwickelt worden ist. Hintergrund der Kodifizierung war der Wille des Gesetzgebers, Rechtssicherheit und Transparenz zu schaffen, um „beiden Seiten die nötige Sicherheit" zu geben[12]. Die Vertragsparteien sollten aufgrund der bestehenden Informationsasymmetrie „auf Augenhöhe" gebracht werden[13]. Dem Gesetzgeber war bei Schaffung des § 630c wichtig, die Verfahrensrechte der Betroffenen bei Behandlungsfehlern sowohl gegenüber Kostenträgern als auch Leistungserbringern zu fundieren und die Fehlervermeidungskultur zu intensivieren[14].

II. Kritik

Nichtsdestotrotz handelt es sich bei den Neuregelungen nicht um eine umfassende Kodifizierung des Medizinschadenrechts. Vielmehr bedürfen auch diese Vorschriften materiell-rechtlich sowie prozessual der Auslegung und Weiterentwicklung[15]. Daher äußern sich einige Stimmen in der Literatur kritisch, dass der einzige Wert des Patientenrechtegesetzes in der Kodifikation selbst liege[16] und das Gesetz mithin keinen echten Mehrwert oder relevante Veränderungen bewirkt hätte[17]. Es wird auch vertreten, dass die Kodifikation zwar teilweise Rechtssicherheit schaffe, andererseits jedoch die Entwicklungsoffenheit des Arzthaftungsrechts beeinträchtige[18].

III. Binsenweisheit

Bezüglich des Abs 1 ist diese Kritik teilweise verständlich, da es sich bei dem dort normierten Kooperationsgebot letztlich um eine „Binsenweisheit" handelt[19]. Aufgrund dessen erachten viele den Abs 1 für wenig praxisrelevant[20], was sich auch in der höchst zurückhaltenden Rezeption durch die Judikatur spiegelt[21]. Nichtsdestotrotz ist nicht außer Acht zu lassen, dass auf die nötige Zusammenarbeit zwischen den Vertragsparteien durch die Normierung zusätzliches Augenmerk gelegt wurde, sodass die Kodifikation jedenfalls dieses Leitbild vermittelt und akzentuiert[22]. Soweit hierin letztlich auch ein besonderer Anknüpfungspunkt für das bereits in § 254 erfasste Mitverschulden gesehen wird, ergeben sich jedoch keine greifbaren Veränderungen zur Rechtslage quo ante. Jedoch taugt die in § 630c Abs 1 angesprochene gemeinsame Verantwortlichkeit von Behandelndem und Patienten für eine konstruktive Versorgung als beachtenswerter argumentativer Systemgedanke[23].

IV. Weitergehende Wirkung

Bezüglich Abs 2 Satz 1 hatte der Gesetzgeber geplant, die ergangene Rechtsprechung lediglich zu kodifizieren, sodass sich keine inhaltlichen Änderungen ergeben sollten[24]. Abs 2 Satz 1 geht aber tatsächlich über die ursprüngliche Rechtsprechung hinaus, da die ehemalige „therapeutische Aufklärung" früher allein auf das Patientenverhalten (Compliance) gerichtet war, heute jedoch auch dem Ausgleich des Informationsgefälles zwischen den Vertragsparteien dienen soll[25]. Dogmatisch und auch mit Blick auf die Reichweite rechtlicher Anforderungen muss dies jedoch von der Selbstbestimmungsaufklärung nach § 630e und der Folgefrage einer wirksamen Einwilligung nach § 630d getrennt werden, auch wenn selbstredend zahlreiche Informationen der Behandlungsseite beide Bereiche erfassen oder wenigstens tangieren werden. Historisch entwickelte sich die therapeutische Informationspflicht aus dem Willen, dem Patienten die Zweifel vor der medizinischen Maßnahme zu nehmen und ihm das Erfordernis seiner Mitwirkung für eine optimale Genesung vor Augen zu führen[26].

---

11 BGBl 2013 I S 277.
12 BT-Drucks 17/10488, S 9.
13 BT-Drucks 17/10488, S 9.
14 D Prütting/J Prütting Medizin- und Gesundheitsrecht § 2, Rz 9.
15 D Prütting/J Prütting/Friedrich MedR § 630c Rz 12.
16 Unter anderen Katzenmeier NJW 2013, 817, 823; Wagner VersR 2012, 789, 802.
17 D Prütting/J Prütting/Friedrich MedR vor §§ 630a ff Rz 2.
18 Wagner VersR 2012, 789, 802.
19 So MünchKomm/Wagner § 630c Rz 5.
20 Krit Jauernig/Mansel § 630c Rz 1: „lyrischer Charakter"; Hart GesR 2012, 385, 386: „blasse Formulierung"; Thurn MedR 2013, 153, 154: „für Kabarettisten", „regelungsarm", „banal".
21 D Prütting/J Prütting/Friedrich MedR § 630c Rz 1 spricht von „gerichtlicher Zurückhaltung sie anzuwenden".
22 BT-Drucks 17/10488, S 21; BeckOK/Katzenmeier § 630c Rz 2; Spickhoff/Spickhoff MedR § 630c Rz 3; NK-BGB/Voigt § 630c Rz 2.
23 Im Einzelnen J Prütting, Rechtsgebietsübergreifende Normenkollisionen S 136, 138 ff.
24 BT-Drucks 17/10488, S 21; Thole MedR 2013, 145, 146.
25 MünchKomm/Wagner § 630c Rz 13.
26 NK-BGB/Voigt § 630c Rz 5.

V. Fehleroffenbarungspflicht

8 In Bezug auf § 630c Abs 2 Satz 2 würdigt die eingangs geäußerte Kritik nur am Rande, dass eine neuartige Informationspflicht hinsichtlich der Behandlungsfehleroffenbarung geschaffen wurde, die in dieser Form noch nicht in der Rechtsprechung angedeutet worden war[27]. Die ursprünglich im Deliktsrecht verortete Arzthaftung sah laut Rechtsprechung eine derartige Pflicht nicht vor[28]. Es wurde zB nicht als treuwidrig betrachtet, »wenn [der Behandelnde], ohne die Tatsachen zu verschweigen oder zu verdrehen, ein schuldhaftes Fehlverhalten leugnet«[29]. Es wurde allenfalls eine speziell herausgebildete Verkehrssicherungspflicht bejaht[30]. Gleichwohl ging der Gesetzgeber des Patientenrechtegesetzes wenig nachvollziehbar davon aus, dass die Norm Ausfluss der geltenden Rechtsprechung sei[31].

VI. Kritik der Praxis zur Fehleroffenbarungspflicht

9 Besonders in der Praxis wurde die Fehleroffenbarungspflicht äußerst negativ aufgenommen, da die Sorge bestand, dass die Frage nach etwaigen Fehlern standardmäßig gestellt werden würde. Die Praxis sah das Vertrauensverhältnis zwischen Arzt und Patient bedroht und vermutete das Entstehen einer feindlichen Grundstimmung[32]. Auch wenn noch weitere Verschärfungen durch berufsrechtliche sowie strafrechtliche Konsequenzen[33] für den Behandelnden hinzugekommen sind, hat sich keine deutliche Verschlechterung des Arzt-/Patientenverhältnisses gezeigt. Nichtsdestotrotz bleiben nach wie vor offene Fragen und gewisse Unsicherheiten für die Behandlungsseite[34].

VII. Praktische Auswirkung

10 Auch das strafprozessuale Verwertungsverbot nach § 630c Abs 2 Satz 3, das als Versuch einer Abmilderung der Auswirkungen des Abs 2 Satz 2 konzipiert wurde, ist eine Neuheit. Diese beiden Sätze des Abs 2 wurden im Gesetzgebungsverfahren daher kontrovers diskutiert und führen auch heute noch zu offenen Fragestellungen[35]. Man wird nach nunmehr mehrjährigem Umgang mit der Fehleroffenbarungspflicht konstatieren können, dass diese sich letztlich als weithin „zahnloser Tiger" erwiesen hat, dessen es in dieser Form sicherlich nicht bedarf. Auf einen Verstoß kann eine eigenständige Haftung im primären Schadensbereich – der streitgegenständlichen Behandlung – zwar rein theoretisch gestützt werden, nur ist diese Haftung gegenüber dem tatsächlich stattgehabten Behandlungsfehler und dessen Folgen irrelevant[36]. Auch verjährungsrechtlich wird man hieraus nichts herleiten können[37]. Und ein belastbarer Incentive zur freimütigen Offenbarung wird für die Behandlungsseite nicht gesetzt, da zwar § 630c Abs 2 Satz 3 vor unmittelbarer strafrechtlicher Verwertung schützen mag, jedoch auf Basis dieser Information eine unabhängige Sachverständigenbegutachtung im Zweifel an der „richtigen" Stelle suchen wird.

---

27 Spickhoff/Spickhoff MedR § 630c Rz 15 spricht von „fremd im deutschen Privatrecht"; MünchKomm/Wagner § 630c Rz 33 betitelt es als „Novum" im deutschen Zivilrecht; anders Thole MedR 2013, 145, 146 f, der sie zwar als ungewöhnlich, iE aber nichts Neues betitelt; anders dagegen bei Rechtsanwälten (BGH VersR 1967, 979, 980; NJW 1994, 2822, 2824; NJW-RR 2011, 858, 859), Steuerberatern (BGH NJW 1982, 1285) und Architekten (BGH NJW 1985, 328, 330), wobei dies primär Verjährungsgründe hatte (dazu krit Kett-Straub/Sipos-Lay MedR 2014, 867).

28 AA Terbille/Schmitz-Herscheidt NJW 2000, 1749, 1752 ff: bereits damals unter bestimmten Voraussetzungen; BGH NJW 1989, 1536, 1538; Stuttgart VersR 1989, 632; nach H Prütting, in: Festschr für Laufs, 2006, S 1009 Ausnahme bei Schadensminderungspflicht, ausdrücklicher Vereinbarung und Nachfrage aufgrund Verpflichtung zur Wahrheit; zB verneint bei Beteiligung eines Arztanfängers (BGH NJW 1984, 655, 655) und bejaht bei Beschwerden, die eine weitere Behandlung nötig machten und direkten Fragen des Patienten (Grüneberg/Weidenkaff § 630c Rz 7).

29 BGH NJW 1984, 662; Koblenz NJW-RR 2004, 410, 411.

30 NK-BGB/Voigt § 630c Rz 7 spricht von „nur in engen Grenzen anerkannt"; Spickhoff/Spickhoff MedR § 630c Rz 29; beispielhaft zur Selbstbezichtigung Stuttgart VersR 1989, 632 und zur Fremdbezichtigung BGH NJW 1989, 1536, 1538 = MedR 1989, 84, 87 f.

31 BT-Drucks 17/10488, S 21.

32 Ausf J Prütting, Rechtliche Aspekte der tiefen Hirnstimulation, 2014, S 210 ff; ders medstra 2016, 78, 80 f.

33 Strafrechtlich kommt insb eine Betrugsstrafbarkeit nach StGB § 263 in Betracht, während berufsrechtliche Konsequenzen aus der Verletzung des Vertrauensverhältnisses folgen können.

34 Jaeger § 630c Rz 110; ebenso Katzenmeier NJW 2013, 817, 819; Thurn MedR 2013, 153, 155.

35 MünchKomm/Wagner § 630c Rz 4; Montgomery/Brauer/Hübner/Seebohm MedR 2013, 149 ff; Spickhoff JZ 2015, 15 ff.

36 Zutreffend MünchKomm/Wagner § 630c Rz 50, der allenfalls auf denkbare Verzögerungsschäden und marginale Zinsen verweist und diese mit Recht als trivial abtut; hierzu auch Spickhoff JZ 2015, 15, 25 f.

37 D Prütting/J Prütting/Friedrich MedR § 630c Rz 24.

VIII. Novum durch wirtschaftliche Information

Auch der Abs 3 stellt mit der wirtschaftlichen Informationspflicht ein gewisses Novum dar, das in dieser Form nicht in der Rechtsprechung zum Deliktsrecht zu finden war. Die ursprünglich betitelte wirtschaftliche Aufklärung wurde vielmehr anhand des § 241 Abs 2 entwickelt[38]. Der Gesetzgeber hat sich bewusst für die Konstruktion einer Vertragspflicht und sich im Gesetzgebungsprozess ausdrücklich gegen die Einführung eines Widerrufsrechts des Patienten entschieden[39]. 11

C. Systematische Erfassung im Behandlungsvertragsrecht

I. Abgrenzung §§ 630c/630e

§ 630c statuiert drei verschiedene Informationspflichten, die neben der Aufklärungspflicht aus § 630e stehen[40]. Während die Abgrenzung der Fehleroffenbarungs- und der wirtschaftlichen Informationspflicht zu den sonstigen Belehrungspflichten weithin eindeutig ausfällt, ist das Verhältnis von § 630c Abs 2 Satz 1 und § 630e Abs 1 Satz 1, 2 in mehrerer Hinsicht unklar. Denn sowohl die Informationspflicht aus Abs 2 Satz 1 als auch die Aufklärungspflichten aus § 630e Abs 1 Satz 1 und 2 betreffen Informationen zur Diagnose und Therapie[41]. Teilweise wird daher eine striktere Abgrenzung der beiden Pflichtenspektren voneinander gefordert[42]. Die Informationspflicht nach Abs 2 Satz 1 wurde früher als „therapeutische Aufklärung oder Sicherungsaufklärung" betitelt, wobei der Gesetzgeber des Patientenrechtegesetzes nunmehr „Informationspflicht" als primären Fachausdruck vorzuziehen scheint[43]. Dadurch wird auch der Gesetzgeberwille zur Differenzierung zwischen § 630c Abs 2 Satz 1 und § 630e Abs 1 Satz 1, 2 deutlich, indem die erste ausdrücklich als „Informationspflicht" betitelt wird und letztere als „Aufklärungspflicht"[44]. Diese Terminologie bietet sich daher zur Vermeidung der Verwechslung an[45]. 12

II. Aspekte der Abgrenzung

Neben besagter sprachlicher Differenzierung zwischen beiden Pflichten erleichtert auch eine inhaltliche Betrachtung das Auseinanderhalten, wenn auf den fälligen Zeitpunkt, den Inhalt sowie die Funktion der einzelnen Informationen abgestellt wird. 13

Während die Selbstbestimmungsaufklärung iSd § 630e jeweils stets vor der konkreten Behandlung zu erbringen ist, ist die Informationspflicht bei § 630c Abs 2 Satz 1 auch während der gesamten Behandlung zu beachten und weist dabei je nach den Umständen des Einzelfalls Wiederholungs- und Vertiefungscharakter auf. Dies folgt insbesondere aus der sich stetig veränderten Gesundheits- und Gemütslage des Patienten, die eine Anpassung seines Verhaltens oder einer Erinnerung an wesentliche Punkte erfordern kann[46].

III. Zeit und Bezugspunkt

Demgemäß ist die Selbstbestimmungsaufklärung *vor* einer konkreten zustimmungsbedürftigen medizinischen Maßnahme erforderlich, während die therapeutische Aufklärung über den gesamten Behandlungsverlauf – ggf mehrfach – zu erfolgen hat[47]. Die Pflicht nach § 630c Abs 2 14

---

[38] Zusammenfassend Michalski VersR 1997, 137, 142 f, der sich auf das wegweisende Urteil des AG Köln NJW 1980, 2756 bezieht; jedoch eher zurückhaltend: zu Privatpatienten BGH NJW 1983, 2630 = MedR 1983, 109, 110; NJW 2000, 3429, 3431 f = VersR 2000, 999; Köln VersR 2005, 1589; Stuttgart VersR 2003, 1099; Köln VersR 1997, 1362; LG Bremen NJW 1991, 2353; LG Karlsruhe NJW-RR 2005, 1690; unterlassener Hinweis auf einen Antrag nach dem BSHG Frankfurt aM NJW-RR 2004, 1608; Stuttgart NJW-RR 2013, 1183: Übernahme der Kosten in Privatklinik nur wie im Plankrankenhaus; AG Charlottenburg BeckRS 2016, 12124.
[39] Vorschlag des Bundesrats über Einführung eines § 630i Abs 7: BT-Drucks 17/10488, S 44, 56.
[40] Siehe zur Abgrenzung auch KG BeckRS 2014, 6104 = MedR 2014, 887, 889 f sowie ausf Holland, Diss Göttingen 2017.
[41] Von „unglücklicher Dopplung" sprechen D Prütting/J Prütting/Friedrich MedR § 630c Rz 9,

BeckOK/Katzenmeier § 630c Rz 9, Spickhoff/Spickhoff MedR § 630c Rz 11; NK-BGB/Voigt § 630c Rz 5; „irritierend" nach Spickhoff ZRP 2012, 65, 67; Spickhoff VersR 2013, 267, 273; Thurn MedR 2013, 153, 155; Hart MedR 2013, 159, 161; Makowsky JuS 2019, 332, 334.
[42] BeckOK/Katzenmeier § 630c Rz 9; Spickhoff ZRP 2012, 65, 67; ders VersR 2013, 267, 273; Katzenmeier NJW 2013, 817, 818; Spickhoff/Spickhoff MedR § 630c Rz 11.
[43] MünchKomm/Wagner § 630c Rz 2.
[44] BT-Drucks 17/10488, S 21; D Prütting/J Prütting/Friedrich MedR § 630c Rz 9; MünchKomm/Wagner § 630c Rz 14; BGH NJW 1981, 2002, 2003; NJW 2008, 2846 Rz 29; Wussow VersR 2002, 1337 f.
[45] Laufs/Kern/Rehborn/Kern, HdB ArztR § 64, Rz 2; ähnlich auch in GenDG §§ 8, 9, 10.
[46] BeckOGK/Walter § 630c Rz 18; D Prütting/J Prütting/Friedrich MedR § 630c Rz 8.
[47] D Prütting/J Prütting/Friedrich MedR § 630c Rz 9.

Satz 1 betrifft somit die Sicherung des Behandlungserfolgs und dient der Vermeidung von Folgeerkrankungen und Komplikationen, indem über alle für die Behandlung relevanten Tatsachen zu informieren ist[48]. Dem Patient soll deutlich vor Augen geführt werden, unter welcher Erkrankung er leidet, welche Therapie gewählt wurde und welche Verhaltensleitlinien für ihn daraus resultieren[49]. Die Selbstbestimmungsaufklärung nach § 630e Abs 1 Satz 2, die vor der konkreten Maßnahme stattzufinden hat, ist daher spezieller, denn sie hat den Zweck, den Patienten in die Lage einer selbstbestimmten Entscheidung zu versetzen[50], insbesondere bei Behandlungswunsch die erforderliche Einwilligung vorzubereiten. Sie bezieht sich stets auf eine bestimmte medizinische Maßnahme, wie zB eine Operation. Zwar kann diese Operation einen Hauptbestandteil der Therapie ausmachen; anders als die therapeutische Aufklärung bezieht sich die Selbstbestimmungsaufklärung jedoch nur auf diese eine Behandlung und umfasst daher nicht die gesamte Therapie, die auch noch in der Einnahme von Medikamenten und weiteren Schritten liegen kann, selbst wenn solche Umstände natürlich als denkbare Behandlungsfolge auch Teil der Selbstbestimmungsaufklärung sein können. Die Selbstbestimmungsaufklärung ist daher mit Blick auf die spezifische Maßnahme ausführlicher und spezifischer vorzunehmen, da eine autonome Entscheidung nur anhand einer vollumfänglichen Informationsbasis erfolgen kann[51]. Somit sind insbesondere die die medizinische Maßnahme betreffende Tragweite sowie Chancen und Risiken plastisch für die Selbstbestimmungsaufklärung darzustellen[52].

Damit zeigt sich, dass die eingriffsbezogene Aufklärungspflicht nach § 630e lex specialis[53] gegenüber der allgemeinen Informationspflicht nach Abs 2 Satz 1 ist, die den gesamten Behandlungsprozess betrifft[54]. Diese Unterscheidung wird auch von der Rechtsprechung so aufgefasst[55].

IV. Überschneidungen bei Abs 2 Satz 1

15 Die Differenzierung fällt jedoch insbesondere dadurch schwer, dass auch Überschneidungen der Pflichten möglich sind. Das ist jedenfalls dann der Fall, wenn im Verlauf des Behandlungsprozesses weitere medizinische Maßnahmen erforderlich sind, um den Behandlungserfolg zu erreichen, welche wiederum einer autonomen und informierten Einwilligung bedürfen, für welche die Selbstbestimmungsaufklärung zu erfolgen hat[56]. Eine andere Konstellation ist jene, in welcher der Patient aufgrund der therapeutischen Informationen bzgl der nach der medizinischen Behandlung erforderlichen Verhaltenspflichten derart abgeschreckt wird, dass er seine Entscheidung zur Vornahme des Eingriffs überdenken möchte[57].

V. Qualifikation Behandlungsfehler/Aufklärungsfehler

16 Grundsätzlich ergibt sich damit das folgende Bild: Während die Selbstbestimmungsaufklärung relevant ist für die Einwilligung nach § 630d, ist die Informationspflicht nach § 630c Abs 2 Satz 1 elementarer Bestandteil der fachgerechten ärztlichen Behandlung[58]. Da die nicht ordnungsgemäße Erfüllung der Informationserteilung zu einem Behandlungsfehler führt (siehe dazu noch Rz 42), sind die Vorschriften auch von ihren Konsequenzen her von unterschiedlicher Qualität, denn die Verletzung der Pflicht zur Selbstbestimmungsaufklärung führt zu einem Aufklärungsfehler und in der Folge zu einem rechtswidrigen Heileingriff. Daraus folgt auch die unterschiedliche Beweislastverteilung nach § 630h Abs 2 Satz 1[59].

VI. Funktion

17 Es ergeben sich zudem Unterschiede bezüglich ihrer Funktion. Während die Informationspflicht des Abs 2 Satz 1 primär der Sicherung des gesundheitlichen Wohls des Patienten dient, ist es wiederum Ziel der Selbstbestimmungsaufklärung nach § 630e Abs 1 Satz 2, die Verwirklichung des Willens des Patienten zu sichern[60]. Selbstverständlich wohnt auch der Informations-

---

48 MünchKomm/Wagner § 630c Rz 2; NK-BGB/Voigt § 630c Rz 5; D Prütting/J Prütting/Friedrich MedR § 630c Rz 9.
49 MünchKomm/Wagner § 630c Rz 14.
50 MünchKomm/Wagner § 630c Rz 2, 14.
51 D Prütting/J Prütting/Friedrich MedR § 630c Rz 9; BeckOGK/Walter § 630c 17.
52 NK-BGB/Voigt § 630c Rz 5; BeckOGK/Walter § 630c Rz 17.
53 Spickhoff/Spickhoff MedR § 630c Rz 11 f.
54 NK-BGB/Voigt § 630c Rz 5.
55 Köln VersR 2015, 455.
56 MünchKomm/Wagner § 630c Rz 14; Hamm MedR 2017, 48 Rz 45.
57 Spickhoff/Spickhoff MedR § 630c Rz 12; zur Aufklärungspflicht bzgl Nebenwirkungen eines Medikamentes bei aktivem Rauchen BGHZ 162, 320 = NJW 2005, 1716; Aufklärungspflicht bei Verschreibung nicht ungefährlicher Medikamente BGH NJW 1970, 511 = VersR 1970, 324.
58 BeckOK/Katzenmeier § 630c Rz 9; NK-BGB/Voigt § 630c Rz 5.
59 Darauf eindeutig hinweisend Spickhoff/Spickhoff MedR § 630c Rz 11 f.
60 D Prütting/J Prütting/Friedrich MedR § 630c Rz 7.

pflicht nach § 630c Abs 2 Satz 1 ein bedeutsames Schutzelement des Patientenwillens inne, da im Zusammenhang mit der Erfüllung dieser Informationspflicht der Patient die Behandlung in ihrer Gänze zu erfassen und sodann durch Willensäußerung zu steuern vermag. Dementsprechend ist diese Information auch Basis für die Stellung weitergehender Indikation, welche zwingend den Patientenwillen einbeziehen muss. Dies gipfelt letztlich in der Frage für oder gegen eine spezifische Maßnahme, deren Durchführung sich sodann an den §§ 630d, e entscheidet.

VII. Überschneidungen bei Abs 3

Aber auch die wirtschaftliche Aufklärung nach Abs 3 kann zu Überschneidungen mit der Selbstbestimmungsaufklärung nach § 630e führen, wenn es sich bei der nicht übernommenen medizinischen Behandlung um ein weniger invasives Vorgehen handelt, das den Patienten in seiner körperlichen Konstitution weniger beeinflussen würde[61]. Wenn der Behandelnde nur so von einem optimalen Behandlungsergebnis ausgeht, hat er den Patienten von der Möglichkeit der Eigenfinanzierung zu unterrichten[62]. **18**

VIII. Zusammenspiel mit § 630a Abs 2

Weitere Informationspflichten ergeben sich zudem aus dem Zusammenspiel mit § 630a Abs 2, wenn bewusst vom fachärztlichen Standard abgewichen werden soll. In diesem Fall ergibt sich ein erhöhter Informationsbedarf bzgl der Sonderrisiken. Grundsätzlich gilt, dass die Informationspflichten immer weitreichender sind, je weiter sich der Behandelnde vom Facharztstandard seines Gebiets entfernt[63]. Erst nachdem der Patient sorgfältig über die Sonderrisiken aufgeklärt wurde, welche die standardabweichende Behandlung mit sich bringt, kann die nach § 630a Abs 2 erforderliche Vereinbarung getroffen werden[64]. **19**

IX. Wirksamkeit standardunterschreitender Vereinbarungen

Erfolgt die standardunterschreitende Abweichung aus ökonomischen Erwägungen heraus, so ist es nach wie vor höchst streitig, ob eine Vereinbarung nach § 630a Abs 2 wirksam getroffen werden kann und welchen Voraussetzungen diese zu genügen hat sowie ob die Behandlungsseite trotz bereits übernommener Behandlung bei Weigerung der Kostentragung durch den insofern persönlich zahlungspflichtigen Patienten den Vertrag kündigen und von der Behandlung Abstand nehmen darf. Eine eingehende Analyse des Behandlungsvertragsrechts, denkbarer Kontrahierungs- und Versorgungszwänge sowie der sachgerechten gesetzgeberischen Implementation der Abweichungsmöglichkeit durch Parteivereinbarung in § 630a Abs 2 führt zu dem Ergebnis, dass auch solche Unterschreitungen, die frei von Täuschung und Zwang sowie aus nachvollziehbaren ökonomischen Gründen mit Blick auf ein weit verstandenes Patientenwohl getroffen werden, dem Behandlungsvertragsrecht zugänglich sind[65]. In der Parallelbetrachtung sei auch beachtet, dass trotz fortwährender Wiederholung des BGH, ökonomische Aspekte seien nicht geeignet, eine rechtlich zulässige Standardunterschreitung zu begründen[66], schon seit vielen Jahren insbesondere kostensensible Leitlinien[67] selbstverständlich den Umgang mit knappen Ressourcen auch zum Begrenzungsaspekt des Haftungsrechts haben werden lassen. Ggf sind die Ressourcenengpässe, die im Rahmen der Coronapandemie aufgefallen sind, geeignet, auch den Zivilgerichten anlässlich nachfolgender Haftungsprozesse krisenbedingt vernachlässigter Patienten die Augen dafür zu öffnen, dass eine Verbannung jeglichen ökonomischen Ansatzes aus dem ärztlichen Haftungsrecht nicht nur lebensfern, sondern letztlich auch im Sinne des Patientenwohls nicht stets als sinnvoll zu erachten ist. **20**

---

61 Hart, MedR 1996, 60, 69; Laufs/Katzenmeier/Lipp, Arztrecht V.B.I.4. Rz 21.
62 Laufs/Katzenmeier/Lipp, Arztrecht V.B.I.4, Rz 21; Igl/Welti/Nebendahl, GesundheitsR § 49, Rz 37; Hart MedR 2013, 159, 162; Gaßner/Strömer MedR 2012, 159, 164 f; Stöhr MedR 2010, 214, 217; ausf Schelling MedR 2004, 422, 423, 427; einschränkend Steffen, Die Arzthaftung im Spannungsfeld zu den Anspruchsbegrenzungen des Sozialrechts für Kassenpatienten, in: Festschr für Geiß, 2000, S 487, 502: nur wenn Erreichung Behandlungsziel ohne selbstbezahlt Behandlung stark beeinträchtigt.
63 MünchKomm/Wagner § 630a Rz 131; vgl BGHZ 172, 1 Rz 18, 31 = NJW 2007, 2767; BGHZ 172, 254 Rz 17 = NJW 2007, 2774.
64 MünchKomm/Wagner § 630a Rz 133.
65 Ausf J Prütting, Rechtsgebietsübergreifende Normenkollisionen S 224 ff.
66 St Rspr seit BGH NJW 1983, 2080.
67 Vgl die zahlreichen Erörterungen und Beispiele bei Marckmann, Kostensensible Leitlinien, 2015, passim.

D. Abs 1: Kooperation und Compliance

I. Grundidee der Kooperation von Arzt und Patient (Prinzipien gesetzlich geregelter Obliegenheiten)

21 **1. Soll-Gebot.** In Abs 1 wird anhand eines Soll-Gebots die Kooperation zwischen dem Behandelnden und dem Patient normiert. Damit soll die Begründung und Entwicklung des Vertrauensverhältnisses der Vertragsparteien gefördert werden[68]. Diese Art der Normierung beruht darauf, dass ein Vertrauensverhältnis nicht gesetzgeberseitig forciert werden kann, sondern sich nur auf eine solche sekundäre Weise begünstigen lässt[69].

22 **2. Obliegenheitscharakter.** Systematisch betrachtet handelt es sich – jedenfalls auf Patientenseite – daher bewusst um eine bloße Obliegenheit[70]. Obliegenheiten sind Verhaltensnormen, die eine Vertragspartei zwar mit Blick auf eigene tatsächliche Belange oder ihre rechtliche Stellung zu beachten hat, die jedoch nicht die Qualität einer klagbaren Rechtspflicht aufweisen[71]. Folglich handelt es sich um eine Apell-Vorschrift[72]. Dies gründet zudem konkret darauf, dass im Rahmen des Behandlungsvertrags das Recht auf körperliche Unversehrtheit (GG Art 2 Abs 2) und das allgemeine Persönlichkeitsrecht (GG Art 2 Abs 1 iVm Art 1) im Wege verfassungsrechtlicher Ausstrahlungswirkung fortgelten, sodass es dem Patienten freistehen muss, die medizinische Behandlung jederzeit abzubrechen. Der Patient ist niemals vertraglich zur Einwilligungserklärung oder Duldung eines medizinischen Eingriffs verpflichtet[73]. Ihm wird in der Judikatur demgemäß ausdrücklich auch ein „Recht auf Unvernunft" zugestanden[74].

23 **3. Systematischer Ursprung.** Hintergrund der Normierung des Kooperationsgebots ist, dass der Behandlungsvertrag als besonderer Dienst- und nicht als erfolgsbasierter Werkvertrag gewertet wird. Denn eine erfolgreiche Behandlung hängt von der einzelfallabhängigen Verfassung des Patienten und den Möglichkeiten des medizinischen Standards zum Behandlungszeitpunkt ab. Der Patient muss die Maßnahmen des Behandelnden, wie zB durch die Einnahme verschriebener Medikamente, unterstützen. Das auch unter dem Begriff der „Patienten-Compliance"[75] laufende Zusammenwirkungserfordernis stellt mithin eine relevante Komponente im Hinblick auf den Behandlungserfolg dar (genauer unter Rz 27 ff)[76]. Abs 1 legt damit besonderes Augenmerk auf die Zusammenarbeit zwischen Patient und Behandelndem, um eine möglichst gute medizinische Behandlung zu gewährleisten. Als Ausfluss dieser Gemeinschaftlichkeit steht auch die sog partizipative Entscheidungsfindung („shared decision making")[77] im Vordergrund, wonach Behandelnder und Patient zusammen den Behandlungsplan festlegen sollen. Allein dadurch sei eine individuelle Behandlung mit besten Heilungschancen realisierbar[78], was bereits im Hinblick auf das psychische Befinden des Patienten zutreffend sein dürfte. Der Abs 1 stellt daher die Abkehr vom ursprünglich paternalistischen Ansatz des kenntnisreichen Arztes gegenüber seinem Patienten hin zu einem partnerschaftlichen Verhältnis zwischen beiden Vertragsparteien dar[79].

24 **4. Wirkung auf der Behandlungsseite.** Entgegen dem Wortlaut[80] kann auf Seiten des Behandelnden das Kooperationsgebot jedoch auch als Rechtspflicht[81] verstanden werden, sodass es zu einer Asymmetrie zwischen den Vertragsparteien bzgl des Umfangs ihrer Pflichten kommt[82]. Der Behandelnde hat sich selbst dazu verpflichtet, sein Bestes zur Gesundung des Patienten beizutragen, sodass das Kooperationsgebot im Lichte des Zwecks des Behandlungsvertrags hier durchaus rechtmäßig als Pflicht auf Behandlungsseite aufzufassen ist. Das führt jedoch kaum zu erweiterten Pflichten, da jegliche Rechtspflichten bereits als leges speciales in den §§ 630a ff normiert wurden[83]. Denn für die Behandlungsseite ergibt sich aus der Systematik der

---

68 Grüneberg/Weidenkaff § 630c Rz 1.
69 BeckOK/Katzenmeier § 630c Rz 2.
70 BeckOGK/Wagner § 630c Rz 3; D Prütting/J Prütting/Friedrich MedR § 630c Rz 1; BT-Drucks 17/10488, S 21; Laufs/Kern/Rehborn/Kern, HdB ArztR § 76, Rz 1.
71 Eingehend Looschelders, Die Mitverantwortlichkeit des Geschädigten im Privatrecht S 194 ff, 216 ff.
72 BeckOGK/Wagner § 630c Rz 2.
73 Laufs/Kern/Rehborn/Kern, HdB ArztR § 75, Rz 2.
74 Deutlich bereits BGHSt 111, 11 = NJW 1958, 267. Entsprechendes ist jüngst in der Sterbehilfedebatte mit der Leitentscheidung BVerfGE 153, 182 = NJW 2020, 905 deutlich geworden, wenn es um den freiverantwortlichen Wunsch des Ablebens geht. Zur Darstellung rechtspraktischer Problemlagen bei unvernünftigen Patienten vgl D Prütting/J Prütting Medizin- und Gesundheitsrecht § 22 S 234 ff.
75 Ausf Dieners, Handbuch Compliance im Gesundheitswesen.
76 So auch BeckOGK/Wagner § 630c Rz 4.
77 BeckOK/Katzenmeier § 630c Rz 2; Birnbacher MedR 2012, 560, 565; Katzenmeier MedR 2012, 576, 582 f; Hart MedR 2015, 1, 7.
78 So BeckOK/Katzenmeier § 630c Rz 3.
79 BeckOGK/Wagner § 630c Rz 9; BT-Drucks 17/10488, S 21; krit zur Ausformung als Soll-Vorschrift im Zivilrecht Preis/Schneider NZS 2013, 281, 283; NK-BGB/Voigt § 630c Rz 2.
80 In der Gesetzesbegründung heißt es: „Absatz 1 statuiert die allgemeine Obliegenheit des Patienten und des Behandelnden ...", BT-Drucks 17/10488, S 21.
81 MünchKomm/Wagner § 630c Rz 10; Spickhoff/Spickhoff MedR § 630c Rz 6.
82 MünchKomm/Wagner § 630c Rz 5.
83 MünchKomm/Wagner § 630c Rz 11.

Vorschriften zum Behandlungsvertrag bereits, dass die Zusammenarbeit ein elementarer Bestandteil ist[84]. Mithin kommt dem Abs 1 für die Behandlungsseite allenfalls eine Auffangfunktion zu.

5. **Erweiterung der Pflichten?** Teilweise wird vertreten, dass dadurch „die richtigen Fragen zu stellen"[85] seien oder Abs 1 eigene Bedeutung erfahre, wenn eine Aufklärung in zeitlich großem Abstand zu einer medizinischen Behandlung erforderlich werde[86]. Aus Abs 1 könnte auch eine Rechtspflicht der Behandlungsseite zur Einhaltung von Behandlungsterminen gefolgert werden, da der Behandelnde seine Sphäre entsprechend zu organisieren habe[87]. Hier könnte man grundsätzlich auch einen eigenständigen Ansatz für ein Schadensersatzanspruch nach § 280 Abs 1 sehen[88]. Wird jedoch der extensive Pflichtenkatalog der Rechtsprechung bezüglich der §§ 630a ff beachtet, lässt sich an der tatsächlichen praktischen Bedeutung für die Behandlungsseite zunehmend zweifeln[89]. Zudem kann hier auch auf § 280 Abs 1 iVm der ausgelegten Vereinbarung im Behandlungsvertrag abgestellt werden, sodass Abs 1 im Zweifel keine Relevanz zukommt[90].

6. **Auseinanderfallen von Patient und Vertragspartner.** Für den Fall, dass der Patient nicht Vertragspartner ist, wie dies zB bei Minderjährigen der Fall ist, besteht das Kooperationsverhältnis nichtsdestotrotz zwischen dem tatsächlichen Patienten und dem Behandelnden[91], was schuldrechtlich letztlich auch aus der üblichen Konstruktion nach § 328 folgt[92]. Mit Blick auf Mitverschuldensfragen wird systematisch in derartigen Fällen jedoch auf §§ 242, 254 Abs 1 abgestellt, da Abs 1 keine direkte Anwendung auf das tatsächliche Behandlungsverhältnis findet[93]. Im Falle der Personenverschiedenheit zwischen Patient und vertraglich Behandeltem, muss sich der Patient die Obliegenheitsverletzungen des Vertragsschließenden daher über §§ 254 Abs 2, 278 Alt 1 zurechnen lassen, da der Vertrag zugunsten Dritter eine derartige schuldrechtliche Sonderbeziehung darstellt[94]. Eine Zurechnung analog § 831 Abs 1 wird demgegenüber regelmäßig ausscheiden, da es in den Fällen gesetzlicher Vertretung an der Verrichtungsgehilfenstellung des Vertreters fehlen wird.

II. Patientenseitige Compliance als relevanter Auswuchs

1. **Compliance Phase 1.** Die bereits zuvor erwähnte Patienten-Compliance stellt daher den wichtigsten Auswuchs des Abs 1 dar. Sie lässt sich in mehrere Phasen einteilen.

Der erste Teil der Patienten-Compliance besteht darin, dass der Patient den Behandelnden über jegliche für die medizinische Behandlung relevanten Gegebenheiten iRd Anamnese[95] informiert und diese offenlegt, um dem Behandelnden ein umfassendes Bild von dessen Gesundheitszustand zu verschaffen und eine Therapieauswahl zu ermöglichen[96]. Es ist insbesondere über Vorerkrankungen, aktuelle Leiden, Allergien und derzeitig eingenommene Medikamente zu informieren. Ob der Patient diese Informationen von sich aus oder nur auf Nachfrage preis zu geben hat, ist abhängig vom Einzelfall[97]. Die Therapieauswahl beeinträchtigende Zustände, wie zB Herzerkrankungen, die Einnahme von Blutverdünnern oder die Alkoholabhängigkeit[98] sind jedenfalls mitteilungspflichtig[99]. Dasselbe wird ohne Weiteres für konkrete Verletzungen gelten. Primär bleibt es jedoch die Verpflichtung des Arztes, nach derartigen Aspekten zu fragen, da bereits die sachgerechte Einordnung der Relevanz von Informationen medizinische Expertise voraussetzt. Die Rückfragen haben detailliert zu erfolgen, sodass ein generelles Auskunftsersuchen nach gesundheitlichen Besonderheiten nicht genügt[100]. Ein Anamnesebogen, der im Wartezimmer auszufüllen ist, bietet sich hier an. IRd Anamnese verletzt der Patient seine Obliegenheiten, wenn er wenigstens fahrlässig dem Behandelnden Tatsachen vorenthält[101]. Allerdings ist bei der Bewertung auch der Aspekt krankheitsbedingtem Unterlassens (zB bei Demenzpatienten) zu beachten, was freilich nicht zu einer schuldhaften Obliegenheitsverletzung führt[102].

---

84 Ähnlich D Prütting/J Prütting/Friedrich MedR § 630c Rz 2.
85 Spickhoff/Spickhoff MedR § 630c Rz 6, der jedoch sachgerecht darauf verweist, dass mit MünchKomm/Wagner § 630c Rz 10 f sich diese Pflicht wohl auch aus Abs 2 Satz 1 herleiten ließe.
86 So BeckOGK/Walter § 630c Rz 5.
87 Jaeger § 630c Rz 86 ff.
88 Spickhoff/Spickhoff MedR § 630c Rz 6.
89 MünchKomm/Wagner § 630c Rz 11.
90 Spickhoff/Spickhoff MedR § 630c Rz 7.
91 MünchKomm/Wagner § 630c Rz 6.
92 D Prütting/J Prütting Medizin- und Gesundheitsrecht § 22 S 229 mwN.
93 D Prütting/J Prütting/Friedrich MedR § 630c Rz 5; BeckOK/Katzenmeier § 630c Rz 6.
94 NK-BGB/Voigt § 630c Rz 3; D Prütting/J Prütting/Friedrich MedR § 630c Rz 5.
95 Näher zur Anamnese Laufs/Kern/Rehborn/Kern, HdB ArztR § 50.
96 BT-Drucks 17/10488 S 21; BGHZ 96, 98, 100 = NJW 1986, 775; MünchKomm/Wagner § 630c Rz 6.
97 Laufs/Kern/Rehborn/Kern, HdB ArztR § 76, Rz 1.
98 Koblenz MedR 1998, 421.
99 Laufs/Kern/Rehborn/Kern, HdB ArztR § 76, Rz 3.
100 Laufs/Kern/Rehborn/Kern, HdB ArztR § 76, Rz 2.
101 Es handelt sich nach heute hM um einen Fall echten Verschuldens gegen sich selbst, vgl die grundlegenden Ausführungen von Zitelmann, Das Recht des Bürgerlichen Gesetzbuchs, Allgemeiner Teil S 151 ff.
102 Laufs/Kern/Rehborn/Kern, HdB ArztR § 76, Rz 4.

28 **2. Compliance Phase 2.** Als zweiter Teil – Compliance im Therapiestadium[103] – hat der Patient die medizinische Behandlung zu dulden[104], in die er eingewilligt hat, und die von dem Behandelnden aufgetragenen tatsächlichen Verhaltensanforderungen zu erfüllen. Er muss etwa die verordnungsgemäße Einnahme von Medikamenten gewährleisten sowie die Einhaltung von Verhaltens- und Ernährungsanweisungen, insbesondere Abstinenz von Genussmitteln und sportlicher Anstrengung, Beachtung von Intervallen von Verbandswechseln, aber auch die Wahrnehmung etwaiger Folge- und Kontrolltermine sichern[105]. Teilweise wird unter Abs 1 auch die Pflicht gefasst, sorgfältig mit der Praxis-/Klinikeinrichtung umzugehen und sich respektvoll gegenüber dem nichtärztlichen Personal zu verhalten[106]. Derartige Verpflichtungen sind jedoch vielmehr aus dem Behandlungsvertrag iVm § 241 Abs 2 abzuleiten, da sich die Obliegenheiten aus Abs 1 auf die konkrete Behandlung beziehen und nicht auf derartige Umgebungsaspekte[107]. Zudem handelt es sich hierbei um echte Rechtspflichten zur Wahrung der Integrität der Rechtsgüter der Behandlungsseite, und nicht – wie bei Abs 1 – um bloße Obliegenheiten.

29 **3. Rechtsfolge.** Daher führt ein Verstoß gegen die zuvor genannten Aspekte seitens des Patienten weder zu Erfüllungs- noch zu Schadensersatzansprüchen[108]. Dieses Ergebnis gründet mit Blick auf die konkrete Behandlung unter anderem darauf, dass der Patient in autonomer Selbstbestimmung entscheidet, ob und inwieweit er sich an die Verhaltensvorschriften durch den Behandelnden halten will. Daraus kann jedoch keine „Pflicht des Patienten gegen sich selbst" entstehen, sodass auch etwaige Ansprüche des Behandelnden gegen den Patienten ausscheiden[109]. Der Patient ist zu keiner Therapie gezwungen. Vernunftaspekte werden rechtlich allenfalls in Sondermaterien wie dem Minderjährigenschutz ein Gebot, insbesondere wenn ein Nichtbehandeln eine Kindesmisshandlung darstellen würde und nach sachgerechter Situationserfassung ein Einschreiten gemäß § 1666 erforderlich erschiene[110].

30 **4. Möglichkeiten der Behandlungsseite.** Dem Behandelnden verbleibt jedoch ggf die Möglichkeit der Kündigung gem § 630b iVm § 627. Bei solchem Vorgehen sind allerdings strafrechtliche Hilfspflichten (strafrechtlich relevantes Unterlassen aufgrund von Garantenstellung durch den zuvor geschlossenen Behandlungsvertrag sowie nachrangig StGB § 323c) aufgrund einer Notfallsituation nicht außer Acht zu lassen. Gleiches gilt für Verstöße gegen die landesäquivalente Vorschrift des MBO-Ä § 7 Abs 2[111]. Schließlich wird auch darüber hinaus vielfach von Kontrahierungszwängen ausgegangen, die jedoch von der Literatur[112] deutlich zu weit verstanden worden sein dürften und im Übrigen ohnehin ihre Grenze dort finden, wo der Patient die ordnungsgemäße Behandlung verweigert[113].

III. Verhältnis zu BGB § 254 und Rechtsfolgen

31 **1. Unterbrechung der haftungsbegründenden oder haftungsausfüllenden Kausalität.** Der Arzt kann allerdings nicht für Gesundheitsschäden verantwortlich gemacht werden, die aufgrund der Obliegenheitsverletzung des Patienten eingetreten sind, denn damit ist der Patient eigenverantwortlich dazwischengetreten und hat sich selbst geschädigt, sodass der Zurechnungszusammenhang durchbrochen ist[114]. Auch ein Vertretenmüssen der Behandlungsseite kann nachfolgend ausscheiden[115]. Mithin kann ein derartiges Verhalten des Patienten dazu führen, dass die Haftung des Arztes mangels Behandlungsfehlers nicht gegeben ist[116]. Allerdings ist selbst bei mangelnder Mitwirkung des Patienten ein Behandlungsfehler nicht stets ausgeschlossen, wenn etwa der Behandelnde nicht hinreichend über das Risiko der Nichtbehandlung oder Nichtbefolgung der Regeln aufgeklärt hat[117]. Zudem ist es möglich, dass dem Arzt im Einzelfall fehlerhafte oder unzureichende Angaben hätten auffallen müssen, da die patientenseitig gegebenen Informationen nicht mit dem klinischen Bild der Situation korrelierten.

---

103 MünchKomm/Wagner § 630c Rz 6.
104 Spickhoff VersR 2013, 267, 270; D Prütting/J Prütting/Friedrich MedR § 630c Rz 3; Spickhoff/Spickhoff MedR § 630c Rz 4; Grüneberg/Weidenkaff § 630 Rz 2; Laufs/Kern/Rehborn/Kern, HdB ArztR § 75, Rz 1.
105 Katzenmeier MedR 2012, 576, 580; NK-BGB/Voigt § 630c Rz 2.
106 BeckOGK/Walter § 630c Rz 10.
107 So auch bereits Spickhoff VersR 2013, 267, 271; Spickhoff/Spickhoff MedR § 630c Rz 7.
108 D Prütting/J Prütting/Friedrich MedR § 630c Rz 3; MünchKomm/Wagner § 630c Rz 7; Spickhoff/Spickhoff MedR § 630c Rz 4.
109 BeckOGK/Wagner § 630c Rz 8.
110 Näher MünchKomm/Lugani § 1666 Rz 78 ff mwN.
111 D Prütting/J Prütting/Friedrich MedR § 630c Rz 3.
112 Hierzu Klose/Straub MedR 2017, 935; Krieger MedR 1999, 519 f; Spickhoff/Scholz, MBO § 7 Rz 9.
113 Ausf J Prütting, Rechtsgebietsübergreifende Normenkollisionen S 145 ff mit Erörterung und wN.
114 D Prütting/J Prütting/Friedrich MedR § 630c Rz 4; ähnlich BeckOGK/Walter § 630c Rz 2.
115 Spickhoff/Spickhoff MedR § 630c Rz 5; Jaeger § 630c Rz 90.
116 MünchKomm/Wagner § 630c Rz 7.
117 BGH NJW 2009, 2820 Rz 14 = MedR 2010, 101, 103 f (mAnm Schmidt-Recla); NJW 1997, 1635 = VersR 197, 449; NJW 1997, 3090 = VersR 1997, 1357.

2. **Kürzung oder Fortfall wegen Mitverschuldens**. Abhängig von der Schwere der Obliegenheitsverletzung kommt jedoch auch ein Mitverschuldenseinwand gem § 254 Abs 1 oder Abs 2 Satz 1 in Betracht, sodass die Haftung für den Behandlungsfehler teilweise begrenzt wird[118]. Dies gilt in den Fällen, in denen durch die Obliegenheitsverletzung ein schlimmerer Gesundheitszustand entstanden ist als durch den bloßen Behandlungsfehler sowie wenn der Gesundheitsschaden bei Einhaltung der Obliegenheiten des Patienten nicht eingetreten wäre[119]. Das zeigt, dass primär auf der zweiten Ebene der Obliegenheiten des Patienten (s o Rz 28) ein Mitverschuldenseinwand bejaht wurde und kaum auf erster Ebene. Dies lässt sich damit begründen, dass der Behandelnde durch gezielte Fragen etwaige Unklarheiten auszugleichen und dementsprechend die Möglichkeit des Ausschlusses expliziter Falschauskünfte hat, dies jedoch schon aus Eigeninteresse des Patienten eher seltener vorkommen dürfte. 32

Der BGH hat jedoch mehrfach darauf hingewiesen, dass Zurückhaltung bei der Annahme derartiger Obliegenheitsverletzungen geboten sei[120], sodass noch unklar ist, unter welchen Voraussetzungen das Prinzip der Totalreparation nach § 249 nicht gelten soll[121]. Hintergrund dieser Zurückhaltung sei die Informationsasymmetrie zwischen dem Arzt als Experten und dem laienhaften Patienten. Es ist daher erforderlich, dass der Behandelnde sicherstellt, dass eine umfassende Aufklärung stattgefunden hat und der Patient diese auch tatsächlich aufgenommen und verstanden hat, damit eine solche Kürzung in Betracht kommt[122].

3. **Beweisrechtliche Konsequenzen (insb Negierung des BGB § 630h Abs 5)**. Auch beweisrechtlich kann sich eine Obliegenheitsverletzung des Patienten für diesen negativ auswirken. Denn die Beweislastumkehr nach § 630h Abs 5, die zu seinen Gunsten bei Vorliegen eines groben Behandlungsfehlers greift, kann abzulehnen sein[123]. Diese Konstellation wurde zB bei einem Patienten bejaht, der sich trotz dringenden ärztlichen Rats zu einer stationären kardiologischen Untersuchung weigerte, sich aufnehmen zu lassen, obwohl er entsprechende Symptome aufwies, die ein Erwachsener als äußerst ernst hätte deuten müssen[124]. 33

IV. Rechtsprechungs- und Praxisbeispiele

1. **Beispiele**. Ein Schadensersatzanspruch wurde verneint bei einem nachbesserungsbedürftigen Zahnersatz, zu dessen Anpassungstermin der Patient nicht gekommen war[125]. Ebenso kann ein Anspruch wegen Mitverschuldens ausgeschlossen sein, wenn eine Schwangere nach einem Schwangerschaftsabbruch trotz Ausbleiben ihrer Monatsblutung entgegen ärztlichen Rats nicht zu einer Untersuchung geht[126]. Allerdings ist die Rechtsprechung sehr zurückhaltend bei der Bejahung der Obliegenheitsverletzung des Patienten. So wurden zB eine Obliegenheitsverletzung und die Folge des Mitverschuldens nach § 254 sogar abgelehnt, als ein Patient die Klinik entgegen ärztlichen Rats verlassen hat und sich dann Symptome zeigten, bei welchen er sich sofort in ärztliche Behandlung hätte begeben müssen, er dies aber unterließ[127]. In diesem Fall litt der Patient unter einer schweren Herzkrankheit und hatte gerade eine Medikamentenumstellung erfahren, die als Nebenwirkung schwere Herzrhythmusstörungen hervorrufen kann. Dort hätte der Patient neben den allgemeinen Risiken auch auf die aus der Medikamentenumstellung sich ergebenden Gefahren hingewiesen werden müssen[128]. Abgelehnt wurde der Verschuldenseinwand auch bei einem selbstmordgefährdeten Patienten, der für die Behandlung und Bewahrung einer Selbstgefährdung im Krankenhaus war und der dann einen Selbstmordversuch beging, da das Gericht argumentierte, dass es gerade die Pflicht des Krankenhauses gewesen sei, ihn davon abzuhalten[129]. Der Patient muss als Laie zudem etwaige Behandlungsfehler nicht eigenständig 34

---

118 BT-Drucks 17/10488, S 21; BGHZ 96, 98, 100 = NJW 1986, 775; NJW 1985, 2749, 2750; 1992, 2961; Köln VersR 1999, 624, 627; Zweibrücken MedR 2000, 233, 237; zu den Grenzen BGH NJW 1989, 2332 sub 2; NJW 1997, 1635 = VersR 1997, 449; s a zur Ersatzvornahme eines Kassenpatienten durch einen Privatarzt BGHZ 160, 26 = NJW 2004, 3324; Laufs/Kern/Rehborn/Kern/Rehborn, HdB ArztR § 73, Rz 8; Schellenberg VersR 2005, 1620 ff; Nußstein VersR 2020, 1294, 1295 ff; D Prütting/J Prütting/Friedrich MedR § 630c Rz 4; Grüneberg/Weidenkaff § 630 Rz 2.
119 MünchKomm/Wagner § 630c Rz 8.
120 § 254 BGB idR nur, wenn hinreichend therapeutisch aufgeklärt wurde, NJW 2009, 2820, 2822 Rz 14 = MedR 2010, 101, 103 f (mAnm Schmidt-Recla).
121 BeckOK/Katzenmeier § 630c Rz 5; BGHZ 96, 98, 100 = NJW 1986, 775; NJW 1997, 1635 = VersR 1997, 449; NJW 1979, 1933, 1935; Stuttgart VersR 1987, 515, 518; Düsseldorf VersR 2000, 1019, 1021; Frankfurt aM GuP 2017, 156 f.
122 Der BGH spricht von „der Patient muss es verstanden haben": BGH NJW 1997, 1635, 1636 = VersR 1997, 449; NJW 2009, 2820, 2822; 2014, 74, 77 Rz 15.
123 D Prütting/J Prütting/Friedrich MedR § 630c Rz 4; Hamm BeckRS 2018, 6924 Rz 33 = MedR 2019, 668 (m Anm Süß).
124 Hamm BeckRS 2018, 6924 Rz 34 = MedR 2019, 668 (m Anm Süß).
125 Dresden NJW-RR 2009, 30, 31.
126 BGH NJW 1985, 2749.
127 Köln VersR 2013, 237, 238 = MedR 2013, 98.
128 Köln VersR 2013, 237, 238 = MedR 2013, 98.
129 BGHZ 96, 98 = NJW 1986, 775; vgl BGH NJW 2001, 2794 = VersR 2001, 1115.

erkennen und sich entsprechend verhalten[130]. Es zeigt sich daher eine sehr restriktive Rechtsprechung, die einer strikten Behandlungsfehlerhaftung gegenübersteht.

35   2. **Verbraucherleitbild.** Der Patient darf sich – unternimmt man den Versuch eines Verbraucherleitbildes für Behandlungssituationen – mit Erstkontakt beim Behandelnden darauf verlassen, dass dieser sowohl mit Blick auf Organisation als auch fachliche Expertise und zeitlichen Ablauf derart professionell ist, dass bei Möglichkeit situationsadäquater Anamnese alle klinisch relevanten Aspekte auffallen werden, eine Behandlung zeitnah erfolgt und der Patient zu jedem Moment sogar vor erkenn- oder erwartbarem eigenen Fehlverhalten nachdrücklich gewarnt wird. Der Patient ist grundsätzlich haftungsrechtlich nicht gehalten, sich mit seiner Krankheit in einem Maße auseinanderzusetzen, das über die ärztlichen Hinweise und Informationen hinausginge. Kritisch könnte man wohl formulieren, dass der Patient in der Vorstellung der Judikatur einer der am wenigsten mündigen Verbraucher ist, die es in Vertragskonstellationen zu beobachten gibt.

V. Exkurs: Echte Informationspflichten des Patienten

36   Echte Informationspflichten des Patienten kommen vor, wenn es sich um gefährliche respektive schadensträchtige Tatsachen handelt, die von der Behandlungsseite zum Selbstschutz oder dem Schutz Dritter nötige Schritte erfordern, zB das Tragen von Schutzkleidung[131]. Dies ist zu bejahen bei hochinfektiösen gefährlichen Krankheiten. Eine derartige Informationspflicht folgt jedoch nicht aus der Obliegenheit des Abs 1, sondern wird vielmehr aus § 241 Abs 2 hergeleitet[132]. Der Patient ist als Vertragspartner der Behandlungsseite gegenüber zur Rücksicht auf deren Rechte, Rechtsgüter und Interessen sowie deren Mitarbeiter verpflichtet[133]. Das gleiche gilt, wenn der Patient etwaige Gefahrenlagen in der Praxis entdeckt, wie zB ein funkensprühendes MRT-Gerät. Aspekte rundum die konkrete Behandlung und Gesundung des Patienten sind daher auf Abs 1 zu stützen. Auf §§ 241 Abs 2, 242 ist dagegen bei Thematiken abzustellen, die außerhalb seiner Körpersphäre liegen und damit Dritte betreffen.

E. Abs 2 Satz 1: Die allgemeine behandlungsbezogene Informationspflicht

I. Tatbestand: Gegenstand und Inhalt der Informationspflichten

37   1. **Überblick.** Die allgemeine behandlungsbezogene Informationspflicht – früher therapeutische Aufklärung genannt – verpflichtet die Behandlungsseite dazu, den Patienten vollumfänglich über sämtliche für die Behandlung wesentlichen Umstände zu informieren. Teleologisch soll die Informationspflicht zu einem Abbau des Informationsgefälles zwischen Behandelndem und Patienten führen sowie auch den Behandlungserfolg fördern[134]. Adressat der Informationspflicht ist der behandelnde Arzt, nicht der Konsiliarius[135].

38   2. **Anforderungen an Heilpraktiker.** Die Pflichten des Abs 2 Satz 1 gelten analog für Heilpraktiker[136], wobei mit Blick auf den Ausbildungsstand des Heilpraktikers kritisch hinterfragt werden könnte, ob dieser hierzu befähigt ist. Da das Versprechen eines zumindest werthaltigen Heilverfahrens abgegeben wird, liegt die Erwägung nahe, dass der laienhafte Erklärungsempfänger (Patient) eine sehr viel versiertere Person im Umgang mit Therapiemöglichkeiten erwartet und auch erwarten darf, selbst wenn sich sein Gegenüber als Heilpraktiker vorstellt. Es ist keine Selbstverständlichkeit, dass die Person, die einer medizinischen Behandlung bedarf, sich mit den Fähigkeiten ihres Vertragspartners in grober Form auseinandersetzen müsste und an einem entsprechend informierten Leitbild festgehalten wird. Dies gilt umso mehr, als die Rechtsprechung einen solchen Ansatz im ärztlichen Bereich niemals zuließe und stets von jedem Arzt den Facharztstandard erwartet, der zur entsprechenden Situation gehört[137]. Diesen Bedenken ist der BGH nicht gefolgt und verlangt vom Heilpraktiker letztlich zum Schutz und Erhalt des Berufsstands nur eine seiner Ausbildung adäquate Versorgung und Information[138].

---

130 BGH VersR 1997, 449, 450; Düsseldorf VersR 2002, 611, 612; Spickhoff NJW 2003, 1701, 1706 f; vgl auch BGHZ 96, 98, 100 = NJW 1986, 775.
131 Spickhoff VersR 2013, 267, 271; Heberer/Mößbauer MedR 2004, 138.
132 Laufs/Kern/Rehborn/Kern, HdB ArztR § 76, Rz 6.
133 Laufs/Kern/Rehborn/Kern, HdB ArztR § 76, Rz 6.
134 D Prütting/J Prütting/Friedrich MedR § 630c Rz 7; bzgl Behandlungserfolg: Köln BeckRS 2014, 17667 = MedR 2015, 182 = LSK 2015, 160100 Ls = VersR 2015, 455; BeckRS 2014, 17668.
135 Laufs/Kern/Rehborn/Kern, HdB ArztR § 64, Rz 12; Karlsruhe VersR 2002, 717.
136 AG Saarbrücken, BeckRS 2017, 141359.
137 Vgl BGH NJW 1984, 655; 1987, 1479; 1992, 1560; 1993, 2989; 1999, 1778.
138 BGHZ 113, 297, 302 ff = NJW 1991, 1535, 1537.

3. **Informationsadressat.** Die Informationspflichten nach Abs 2 Satz 1 sind primär gegenüber dem Patienten zu erfüllen[139]. Der Behandelnde muss selbst bei schweren Diagnosen den Betroffenen selbst informieren und darf sich nicht auf die Information der Angehörigen beschränken. Die Aufklärung naher Angehöriger – soweit sie ohne Einwilligung des Patienten zulässig ist – ersetzt nicht das Gespräch zwischen Arzt und Patient[140]. Das Argument der psychischen Labilität ist laut BGH nicht statthaft[141], denn das Nichtwissen werde zumeist noch schwerere Folgen haben, da der Patient nicht aktiv etwas zu seiner Gesundung beitragen könne. Regelmäßig handelt es sich auch nur um einen Aufschub, sodass die spätere Kenntniserlangung teils noch traumatisierender wird[142]. Eine Ausnahme liegt nach Abs 4 vor, wenn im Einzelfall die ernsthafte und wohl begründete Gefahr einer schweren Gesundheitsschädigung oder eines tödlichen Verlaufs gerade durch die Preisgabe der Information besteht[143]. Bezüglich der Informationen nach Abs 2 hat der Behandelnde nicht für die Anwesenheit eines Dolmetschers zu sorgen[144]. 39

4. **Auseinanderfallen von Patient und Vertragspartner.** Der Behandelnde muss den Behandelten informieren, selbst wenn dieser nicht Patient iSd Behandlungsvertrags ist[145]. Dies entfaltet insbesondere in der Konstellation Minderjähriger Relevanz, sodass der gesetzliche Vertreter zu informieren ist[146]. Allerdings ist ggf hinsichtlich konkreter Maßnahmen oder auch der gesamten Behandlung das Veto des Minderjährigen zu beachten, wenn dieser nicht will, dass seine Eltern informiert werden[147]. Für betreute Volljährige ist § 1901b Abs 1 Satz 1, 2 zu berücksichtigen. Ist ein in Behandlung befindlicher Erwachsener nicht rechtsgeschäftlich erfasster Patient, wie dies vorliegen kann, wenn ein Dritter einen Arzt zur Hilfe eines Verunglückten ruft, ohne dessen Stellvertreter zu sein, so kann eine entsprechende Informationspflicht aus der Rechtsprechung zum § 328 hergeleitet werden[148]. Begründet wird dies damit, dass das Ziel der therapeutischen Aufklärung – die Sicherung des Heilungserfolges[149] – in Einklang steht mit dem Leistungsinteresse des Dritten[150]. 40

5. **Umfang.** Der Wortlaut des Abs 2 Satz 1 zeigt durch den Begriff „insbesondere", dass neben der Diagnose, der voraussichtlichen gesundheitlichen Entwicklung, der Therapie und der während und nach der Therapie zu ergreifenden Maßnahmen noch weitere Aspekte zu erläutern sind, soweit dies medizinisch oder für die Erfassung der Behandlung seitens des Patienten erforderlich ist. Die Aufzählung ist folglich nicht abschließend[151]. Vielmehr handelt es sich bei den konkret erwähnten Aspekten um die sog „Basis-Anforderung"[152]. Die Reichweite der Informationspflicht ist zwar abhängig vom konkreten Einzelfall[153]; nichtsdestotrotz ist eine Orientierung an den folgenden Kategorien möglich (su E. III.). 41

II. **Abs 2 Satz 1 als Basisvorschrift der therapeutischen Aufklärung – Pflichtverletzung als Behandlungsfehler**

Ein Verstoß gegen die Informationspflichten nach Abs 2 Satz 1 stellt regelmäßig einen Behandlungsfehler dar, sodass bei kausaler Schadensentstehung eine Haftung auf diese Pflichtverletzung gestützt werden kann. Es handelt sich grundsätzlich nicht um eine Haftung wegen fehlerhafter Aufklärung[154]. Letztlich gelingt eine sorgfältige Abgrenzung aber nur durch scharfe Einzelfallbetrachtung. Es muss stets die Frage gestellt werden, ob die unzureichend erfolgte Informationsvermittlung/Aufklärung für eine informierte Einwilligung in eine konkrete Behandlungsmaßnahme gewesen ist, die der Einwilligung nach § 630d bedurfte, oder ob es sich um einen Part der Behandlung selbst gehandelt hat, dessen Nichtvorliegen negativen Einfluss auf den Behandlungserfolg oder den sonstigen Patientenschutz haben konnte. Ist eine Information letztlich als doppelfunktional zu bewerten, ist eine Haftung auch nach beiden Haftungsansätzen denkbar. 42

---

139 Jauernig/Mansel § 630c Rz 3; NK-BGB/Voigt § 630c Rz 6.
140 BGHZ 107, 222 = NJW 1989, 2318.
141 BGHZ 107, 222, 226 = NJW 1989, 2318, 2319.
142 So auch MünchKomm/Wagner § 630c Rz 20.
143 Die restriktive Linie des RG fortsetzend BGHZ 29, 46, 56 f = NJW 1959, 811, 814.
144 AG Kleve, BeckRS 2018, 53989.
145 Jauernig/Mansel, § 630c Rz 3; D Prütting/J Prütting/Friedrich MedR § 630c Rz 10.
146 Prütting/J Prütting § 630c Rz 10; BGH NJW 1970, 511, 512 f sub 2.c).
147 NK-BGB/Voigt § 630c Rz 6.
148 NK-BGB/Voigt § 630c Rz 6.
149 BT-Drucks 17/10488, S 21.
150 NK-BGB/Voigt § 630c Rz 6.
151 MünchKomm/Wagner § 630c Rz 12.
152 BeckOGK/Walter § 630c Rz 16; aA Spickhoff/Spickhoff MedR § 630c Rz 9.
153 BT-Drucks 17/10488, S 21; Laufs/Katzenmeier/Lipp/Katzenmeier, Arztrecht V.B.I.2, Rz 17; Hegerfeld MedR 2019, 710.
154 BGH NJW 2018, 621; 2005, 427; BGHZ 162, 320 = NJW 2005, 1716; BGHZ 107, 222, 224 ff = NJW 1989, 2318, 2319; BGHZ 126, 386, 388 f = NJW 1994, 3012 Rz 10; NJW 1989, 2320; Köln VersR 2013, 237, 238; VersR 2015, 1173; krit bzgl der unhinterfragten Einordnung als Behandlungsfehler Spickhoff/Spickhoff MedR § 630c Rz 13 in Bezug auf BGH VersR 2003, 1126.

III. Beispielskatalog von Pflichten und Pflichtverletzungen

43 **1. Diagnose.** Als erstes muss über diagnostische Maßnahmen informiert werden[155]. An dieser Stelle ist auch über die Risiken einer Nichtvornahme etwaiger Behandlungen aufzuklären (Non-Compliance des Patienten) sowie deren Dringlichkeit[156] und Gefahren[157]. Währenddessen sind die voraussichtliche gesundheitliche Entwicklung und nicht unwahrscheinliche Alternativverläufe ebenfalls zu beleuchten. Dann muss über die erstellten Befunde informiert und weitere Diagnostik- und Behandlungsmöglichkeiten[158] erwähnt werden. Für den Fall bedrohlicher Befunde, die Anlass zu dringenden Maßnahmen bieten, ist der Patient umgehend in Kenntnis zu setzen[159]. Auf notwendige Kontrolluntersuchungen bei Befundverschlechterung ist ebenfalls hinzuweisen[160]. Im Rahmen dieser Informationen sind auch erforderliche Nachbehandlungen zu benennen[161], also die gesamte Nachsorge zu sichern[162]. Eine Haftung wegen unzureichender Information bezüglich der Diagnose des Patienten ist dann ausgeschlossen, wenn keinerlei Behandlungsmöglichkeiten zur Verfügung stehen, denn die Unkenntnis über die tatsächliche Diagnose begründe keinen Schadensersatz- und Schmerzensgeldanspruch[163].

44 **2. Steigerungen Informationsumfang.** Umfang und Nachdruck der Informationspflichten wachsen mit der Notwendigkeit patientenseitiger Mitwirkung an. Dies gilt zB bei Röntgenaufnahmen, bei welchen der Patient sich für optimale Bildaufnahmen ruhig verhalten muss[164].

45 **3. Patientenverhalten.** Wesentlich muss auch über das vom Patienten zu erfüllende Verhalten zur Förderung der Genesung nach der Behandlung informiert werden[165]. So muss etwa über die richtigen Einnahmeintervalle von Medikamenten und die Risiken bzgl etwaiger Wechselwirkungen und Nebenwirkungen[166], die diese Medikation mit sich bringt, fortlaufend informiert werden. Dies gilt auch für etwaige Risiken nach Umstellung der Medikation[167]. Des Weiteren muss die Gefahr sportlicher Aktivität[168], Ruhezeiten nach einer OP, Verwendung von Gehhilfen[169], Unterlassen der Teilnahme am Straßenverkehr, Wunderversorgung[170], Diätvorschriften, Abstinenz von Genussmitteln etc benannt werden[171]. Bei einem blinden Patient muss bei einer Dialysebehandlung über die Möglichkeit der lebensgefährlichen Dislokation der Dialysenadel aufgeklärt werden und insbesondere über den Ausschluss der Gefahr durch die Fixierung des Arms[172]. Nach einer Bandscheiben-OP ist auf die besondere Vorkehrung der Unterlage eines Wirbelsäulenkissens durch Hilfe einer Begleitperson bei der Heimreise im Pkw hinzuweisen[173]. Will ein Patient, der unter einer Herzkrankheit leidet und für den zuvor eine Medikamentenumstellung entschieden wurde, auf eigenen Wunsch das Krankenhaus verlassen, so muss er auf die Gefahren lebensgefährlicher Herzrhythmusstörungen durch die neuen Medikamente explizit hingewiesen werden[174]. Zu der Sicherheit einer empfängnisverhütenden Maßnahme ist auch gesondert Stellung zu nehmen[175], insbesondere auf die Versagensmöglichkeit bei einer Sterilisation[176], wobei hier nicht der Begriff Spermiogramm genutzt werden muss[177].

---

155 München VersR 1988, 523; Düsseldorf NJW-RR 2003, 1333, ähnlich Köln NJW-RR 2001, 92 = VersR 2001, 66; LG München NJW-RR 2009, 898, 900.
156 BGH NJW 1991, 748; BGHZ 107, 222 = NJW 1989, 2318; NJW 1997, 3090: nur wenn der Patient über die Dringlichkeit aufgeklärt ist, kann eine Weigerung des Patienten bzgl einer Verdachtsdiagnosebehandlung im Haftungsprozess relevant sein; BGH NJW 2009, 2820, 2822 = MedR 2010, 101 (mAnm Schmidt-Recla); zur Abgrenzung gegenüber Befunderhebungsfehler BGH NJW 2016, 563, 564 = MedR 2016, 431 (mAnm Jaeger); NJW 2020, 2467, 2469 f (mAnm Frahm) = MedR 2021, 41, 43 f (mAnm Deuring).
157 BGH NJW 2016, 563 Rz 18 = VersR 2016, 260; VersR 2018, 1192, 1193; NJW 2018, 621; BGHZ 107, 222 = NJW 1989, 2318; NJW 2009, 2820, 2822 = MedR 2010, 101 (mAnm Schmidt-Recla); MünchKomm/Wagner § 630c Rz 16; Laufs/Kern/Rehborn/Kern, HdB ArztR § 64, Rz 17.
158 BGHZ 107, 222, 226 ff = NJW 1989, 2318, 2319 f; NJW 2005, 427, 428 = VersR 2005, 228; VersR 2018, 1192 Rz 11.
159 BGHZ 107, 222 = NJW 1989, 2318; zB nach auffälligem Befund bei Mammographie noch auf weitere Diagnosemaßnahmen hinzuweisen nach Düsseldorf NJW-RR 2003, 1333, ähnlich Köln NJW-RR 2001, 92 = VersR 2001, 66.
160 BGH NJW 2005, 427.
161 Stuttgart, VersR 1995, 1353; Hamm VersR 2005, 837.
162 MünchKomm/Wagner § 630c Rz 16.
163 Spickhoff/Spickhoff MedR § 630c Rz 12, Köln VersR 2015, 455.
164 Laufs/Kern/Rehborn/Kern, HdB ArztR § 64, Rz 15; München, VersR 1979, 848.
165 Beispielhaft zum Ergreifen erforderlicher Sicherheitsmaßnahmen nach der Behandlung BGHZ 163, 209, 217 = NJW 2005, 2614, 2616 f.
166 BGHZ 162, 320, 323 ff = NJW 2005, 1716 f; BGH NJW 1987, 705.
167 Köln, VersR 2013, 237.
168 Köln VersR 1992, 1231; Stuttgart VersR 1996, 979 sowie auch medizinisch indizierte körperliche Aktivität nach Bremen VersR 1999, 1151.
169 Koblenz VersR 2005, 943.
170 BT-Drucks 17/10488, S 21.
171 Ua MünchKomm/Wagner § 630c Rz 21; Spickhoff/Spickhoff MedR § 630c Rz 12; bsph für Hinweis, den Fuß zeitweise zu belasten, um Thrombosen vorzubeugen: Bremen VersR 1999, 1151 = BeckRS 1999, 31153019; ausf mit Nachweisen zur Rechtsprechung zu den einzelnen medizinischen Fachbereichen Geiß/Greiner/Greiner, Arzthaftpflichtrecht B, Rz 95-107.
172 Hamm MedR 2017, 48 Rz 29 ff.
173 Frankfurt aM VersR 1999, 1544, 1545.
174 Köln VersR 2013, 237, 238.
175 BGH NJW 1998, 155.
176 BGH NJW 2008, 2846; 1995, 2407; 1992, 2961; 1981, 2002.
177 Hamm VersR 2002, 1562.

4. **Betroffenheit Dritter.** Für den Fall, dass die Behandlung zu Gefahren Dritter führen kann, 46 ist der Behandelte über etwaig gebotene Schutzmaßnahmen zu informieren[178]. Bei Schutzimpfungen ist bspw auf die Gefahr der Ansteckung für Kontaktpersonen hinzuweisen[179]. Der Behandelnde muss derartige Drittbetroffene jedoch nicht selbst informieren[180]. Das folgt regelmäßig bereits aus der Schweigepflicht nach StGB § 203 Abs 1 Satz 1[181]. Fraglich ist jedoch, ob etwaige Informationen, die nicht zu einem derartigen Verstoß führen, dennoch dem Dritten zu dessen Schutz mitzuteilen sind. Bei gewisser Leistungsnähe könnte eine unterlassene Information unter den Voraussetzungen des Vertrags mit Schutzwirkung zugunsten Dritter eine Haftung des Behandelnden auslösen[182]. Dafür müsste jedoch allein auf die verletzte Informationspflicht abgestellt werden, bei welcher Drittschutz anzuerkennen wäre[183]. Die Einbeziehung Dritter in den Schutzbereich wurde zB bei der Impfung ihr nahestehender Kontaktpersonen mit Lebendviren bejaht[184]. Gleiches entschied der BGH im Fall der Verabreichung eines mit HIV kontaminierten Blutprodukts, sodass auch hier der dem Behandelnden unbekannte Sexualpartner des Patienten mit in den Behandlungsvertrag einbezogen wurde[185].

5. **Ambulante Behandlungen.** Die Informationspflichten im Bereich von ambulanten Operationen sind hinsichtlich postoperativer Risiken noch gesteigert[186]. Dies hat den Hintergrund, 47 dass der Patient bei einem ambulanten Eingriff nicht postoperativ durch den Behandelnden überwacht wird. Folglich muss der Patient auf mögliche Komplikationen und das dann erforderliche Handeln umfassend aufgeklärt werden. Hier ist insbesondere darauf hinzuweisen, dass bei Auffälligkeiten sofort ärztliche Hilfe zu verständigen ist, die erforderlichen Ruhevorschriften eingehalten werden sowie ggf die diätischen Restriktionen zu beachten sind. Ausdrücklich ist auch darauf hinzuweisen, dass der Patient nach dem Eingriff für circa zwei Stunden aufgrund des Medikamenteneinflusses kein Kfz führen darf[187].

6. **Seltene Risiken.** Anders als im Rahmen der Selbstbestimmungsaufklärung, ist im Rahmen 48 des § 630c Abs 2 Satz 1 auch auf äußerst seltene Schadensrisiken einzugehen[188], soweit die dem Patienten geratenen Schutzvorkehrungen nicht außer Verhältnis zum möglichen Schaden stehen[189]. Als Hintergrund lässt sich eine partiell abweichende Schutzrichtung der Norm ins Feld führen. Während bei der Selbstbestimmungsaufklärung alle für die Vornahme der Einwilligung relevanten Fakten zu präsentieren sind, soll dies gleichwohl nicht ohne Not abschreckend wirken, indem extrem unwahrscheinliche Risiken vorgetragen werden müssen, die nicht mehr als eingriffsspezifisch anzusehen sind. Diese Umstände liegen ohnehin nicht im Steuerungsbereich des Patienten, sodass es nur zu kontraproduktiver Verunsicherung kommen würde. Dagegen kann im Rahmen der Informationspflicht nach Abs 2 Satz 1 dem Patienten die Möglichkeit gegeben werden, mit seinem Verhalten ggf derartige Aspekte auszuschließen oder deren Wahrscheinlichkeit wenigstens noch weitergehend zu mindern, sodass keine Verunsicherung droht und der Patient durch diese Information einerseits nichts verliert und andererseits auch noch eine psychologische Chance erhält, aktiv am positiven Behandlungsgeschehen mitzuwirken[190], was den sinnvollen Gedanken des § 630c Abs 1 aufgreift und fortführt.

7. **Nachwirkende Schutzpflichten.** Selbst wenn der konkrete Behandlungsvertrag bereits 49 beendet ist, muss der Behandelnde aufgrund der nachwirkenden Schutzpflichten nach §§ 630c, 241 Abs 2 (culpa post contractum finitum) ihm zugegangene Arztbriefe von Kollegen, die neue Erkenntnisse zu Tage gefördert haben, mit dem Patient besprechen[191]. Dies gilt insbesondere dann, wenn aus etwaigen Briefen nicht deutlich wird, dass der Patient und/oder der weiterbehandelnde Arzt ebenfalls Kenntnis erlangt haben[192].

---

178 BGH NJW 1994, 2614; 1994, 3012 f; 1995, 2407; MünchKomm/Wagner § 630c Rz 24; D Prütting/J Prütting/Friedrich MedR § 630c Rz 10.
179 BGHZ 126, 386 = NJW 1994, 3012.
180 D Prütting/J Prütting/Friedrich MedR § 630c Rz 10.
181 NK-BGB/Voigt § 630c Rz 6.
182 Zögerlich erwägt dies MünchKomm/Wagner § 630c Rz 25.
183 MünchKomm/Wagner § 630c Rz 25.
184 BGHZ 126, 386 = NJW 1994, 3012; aA Hamm NJW-RR 2000, 1266.
185 BGHZ 163, 209, 220 f = NJW 2005, 2614, 2617 f; zum Anscheinsbeweis bei HIV-Infektion durch Blutkonserven BGHZ 114, 284 = NJW 1991, 1948.
186 Saalfrank, Medizin- und Gesundheitsrecht § 2, Rz 94.
187 Wenn der Behandelnde darüber nicht hinreichend aufklärt, kann es zur Schadensersatzpflicht kommen, wenn der Patient in einen Autounfall verwickelt ist, Saalfrank, Medizin- und Gesundheitsrecht § 2, Rz 94; ähnlich BGH NJW 2003, 2309, wonach Arzt bei starker Sedierung des Patienten nach der Behandlung sicherstellen muss, dass sich dieser nicht unbemerkt entfernt.
188 BGHZ 126, 386, 390 = NJW 1994, 3012, 3013 Rz 14.
189 BGHZ 126, 386, 393 = NJW 1994, 3012, 3013 Rz 19: Impfärztin muss Warnhinweise des Herstellers des Impfstoffs dem Patienten mitteilen.
190 In diese Richtung MünchKomm/Wagner § 630c Rz 17.
191 BGH VersR 2018, 1192 Rz 12, 16; MünchKomm/Wagner § 630c Rz 19; BeckOK/Katzenmeier § 630c Rz 8; BGH NJW 2018, 3382, 3384 = MedR 2019, 66, 68; BeckOGK/Wagner § 630c Rz 21.1; dazu v Pentz, MedR 2019, 351 f.
192 BeckOK/Katzenmeier § 630c Rz 8; BGH NJW 2018, 3382, 3384 = MedR 2019, 66, 68; v Pentz MedR 2019, 351, 352.

50 **8. Sicherstellung der Kenntnisnahme.** Es ist schließlich mit Blick auf den Empfängerhorizont sicherzustellen, dass die Informationen der Aufklärung auch tatsächlich vom Patienten aufgenommen und verstanden werden[193]. Das bloße Verschaffen der Kenntnisnahme, zB über das Einrichten einer Info-Hotline oder einer derartigen Website, genügen hierfür nicht[194].

IV. Mehrstufige oder geteilte Behandlungsverhältnisse mit mehreren Behandlern (Vertrauensgrundsatz vs Prüfreichweite)

51 In größeren Organisationseinheiten wie zB einem Krankenhaus kann es – abhängig vom gewählten Vertrag – dazu kommen, dass der Vertragspartner auf Behandlungsseite nicht derjenige ist, der die Behandlung auch tatsächlich durchführt. So gibt es auch bei mehrstufigen Behandlungsverhältnissen mehrere Behandelnde, zB bei einer OP die Beteiligung von Anästhesisten und Chirurgen.

52 **1. Vertrauensgrundsatz.** Die organisatorische Obereinheit – in einem Krankenhaus der Krankenhausträger[195] - muss in diesen Fällen die ordnungsgemäße Informationserteilung nach Abs 2 Satz 1 sicherstellen. Dies geschieht regelmäßig durch die Gewährleistung entsprechender inhaltlicher Abstimmungen unter den einzelnen Fachbereichen[196]. Grundsätzlich gilt bei horizontaler Arbeitsteilung der Vertrauensgrundsatz[197], sodass jeder Facharzt die seine Behandlungsmaßnahme betreffenden Aufklärungen vorzunehmen hat[198] und davon ausgehen kann, dass ein für eine andere Behandlung zuständiger Arzt wiederum die für seine Tätigkeit relevanten Informationen vollständig und richtig vermittelt[199]. Damit wird ermöglicht, dass jeder Behandelnde davon ausgehen darf, dass der andere in seinem Zuständigkeitsbereich ordnungsgemäß vorgeht[200].

53 **2. Sektorenübergreifende Behandlungen.** Wenn es zu horizontaler Arbeitsteilung kommt, bei welcher sektorenübergreifend (ambulant-stationär-ambulant) eine Behandlung erforderlich wird, sind strenge Anforderungen an die Sorgfalt der Behandelnden bei der Sicherstellung des Informationsgefüges zu stellen, denn dem Vertrauensgrundsatz sind auch Grenzen gesetzt[201]. Zwar darf sich der niedergelassene Arzt darauf verlassen, dass die Klinikärzte seinen Patienten stationär richtig behandelt und beraten haben[202]. Jedoch beginnt im Rahmen horizontaler Arbeitsteilung die Prüfpflicht in dem Moment, indem er aufgrund erkennbarer Umstände Ungereimtheiten entdeckt, sodass der Patient ggf neuerlich oder gesondert informiert werden muss[203].

54 **3. Belegkrankenhäuser.** Besonders zu beurteilen sind zudem Belegkrankenhäuser und -ärzte. Zwar gilt der Vertrauensgrundsatz auch hier, allerdings schuldet der Arzt alleine die medizinische Behandlung, während das Krankenhaus für Pflege, Unterkunft, Essen etc verantwortlich ist, wobei es jedoch auch zu organisatorischen Überschneidungen kommen kann, die schuld- und haftungsrechtliche Verantwortung auslösen[204].

55 **4. Delegation.** Grundsätzlich hat der behandelnde Arzt die behandlungsbezogene Informationsvermittlung als wesentliche ärztliche Tätigkeit selbst zu erbringen[205]. Er muss diese jedoch nicht persönlich erbringen, sondern kann eine Delegation auf geeignetes Personal, insbesondere einen anderen Arzt mit entsprechenden fachärztlichen Kenntnissen vornehmen, der dann jedoch auch für Aufklärungsfehler haftet[206]. Wenn die Aufklärung von dem Behandelnden auf einen Kollegen übertragen wurde, so hat der Behandelnde darzulegen, welche Anweisungen er erteilt und inwieweit er diese auch kontrolliert hat[207]. Bei vertikaler Arbeitsteilung gilt der Vertrauens-

---

193 BGH NJW 2009, 2820, 2822 = MedR 2010, 101, 103 f (mAnm Schmidt-Recla); NJW, 1995, 2407.
194 So auch BeckOGK/Wagner § 630c Rz 24.
195 BeckOGK/Wagner § 630c Rz 20; Spickhoff/Spickhoff MedR § 630c Rz 10.
196 So auch BeckOGK/Wagner § 630c Rz 20.
197 Der Vertrauensgrundsatz dient auch zur Begrenzung strafrechtlicher Verantwortung, vgl BGH NJW 1980, 649; 1980, 650.
198 BGH NJW 1984, 1807, 1808 f; Frahm/Walter, Arzthaftungsrecht, Rz 215.
199 Laufs/Katzenmeier/Lipp/Katzenmeier, Arztrecht V.B.III.2.a., Rz 46; BGH NJW 1990, 2929; Köln NJW-RR 2009, 960 = MedR 2009, 343, 344.
200 Vgl BGHSt 3, 91, 96 = NJW 1952, 1102; grdl BGH NJW 1980, 650 = MRD 80, 155; NJW 1991, 1539 = MedR 1991, 198; BGHZ 140, 309 = NJW 1999, 1779 = MedR 1999, 321; Rumler-Detzel VersR 1994, 254.
201 BeckOGK/Wagner § 630c Rz 21.
202 BGH NJW 1989, 1536; 2002, 2944; vgl Koblenz, VersR 2014, 711.
203 BeckOGK/Wagner § 630c Rz 21.
204 Siehe zur Abstimmung zwischen mehreren an einer Heilmaßnahme beteiligten Ärzten BGHZ 140, 309= NJW 1999, 1779.
205 Laufs/Katzenmeier/Lipp/Katzenmeier, Arztrecht V.B.III.2.a., Rz 46; BGH NJW 1974, 604, 605; 1984, 1807, 1808 f.
206 BGHZ 169, 364, 366 = JZ 2007, 641 (mAnm Katzenmeier); NJW 1980, 1905, 1906 = JR 1981, 21; NJW 1990, 2929, 2930 = MedR 1990, 264; NJW 2015, 477, 478 = MDR 2015, 211.
207 Laufs/Kern/Rehborn/Kern, HdB ArztR § 106, Rz 23; Laufs/Katzenmeier/Lipp/Katzenmeier, Arztrecht V.B.III.2.a., Rz 47; BGHZ 169, 364, 367 f = JZ 2007, 641; krit Katzenmeier JZ 2007, 642, 644; krit auch Bender MedR 2007, 169, 170; Deutsch/Jungbecker VersR 2007, 209.

grundsatz somit nicht[208]. Der Weisungsberechtigte ist verantwortlich für das Verhalten der Angewiesenen, solange sie sich anweisungsgemäß verhalten[209]. Er muss insbesondere sicherstellen, dass der Aufklärende zur adäquaten Informationsvermittlung inhaltlich und persönlich befähigt ist.

5. Überweisungen. Wenn ein Patient nur aufgrund einer Überweisung zur Ausführung einer speziellen Untersuchung, zB eine MRT-Untersuchung für einen Orthopäden, dem Behandelnden gegenübertritt, so treffen diesen keine umfassenden Beratungspflichten[210]. Mithin kann bei solcher Arbeitsteilung auch der Fall eintreten, dass keinerlei Informationspflichten zu befolgen sind. Allerdings gilt bei Überweisungen an einen Spezialisten, der nicht nur eine einmalige Maßnahme schuldet, dass dieser selbst aufklären muss, denn die therapeutische Aufklärung setzt eine genaue Anamnese und Diagnose voraus, die in diesem Fall denklogisch erst durch den Spezialisten erbracht wird[211]. **56**

V. Formalia

Ein Schrift- oder Textformerfordernis ist in Abs 2 Satz 1 nicht normiert, sodass die therapeutische Aufklärung grundsätzlich mündlich erfolgen kann[212]. Anders als im Rahmen des § 630e Abs 2 ist grundsätzlich keine textlich niedergelegte Dokumentation zur Erfüllung etwaiger Aushändigungspflichten nach Abs 2 Satz 1 vorgesehen. In § 630f Abs 2 ist allerdings auch die „Aufklärung" gelistet, sodass in der Patientenakte jedenfalls ein Hinweis darauf notiert werden muss, wenn es um eine medizinisch wesentliche Fragestellung geht. Diesbezüglich gilt es zu beachten, dass primärer Anknüpfungspunkt sachgerechter Dokumentation die ordnungsgemäße Behandlung und Folgebehandlung und damit der Patientenschutz ist. Dies ist genau anders iRd Abs 3 zu beurteilen, der nur die wirtschaftlichen Interessen an der Kostenübernahme betrifft[213]. Da § 630f mit der Beweislastumkehrung des § 630h Abs 3 in Verbindung steht, werden Dokumentationspflichten für den Haftungsfall rückabgesichert. **57**

VI. Modifikation durch Parteivereinbarung

Etwaige Modifikationen durch Parteivereinbarung scheitern grundsätzlich iRv AGB an § 309 Nr 7a. Etwas anderes hat jedoch individualvertraglich zu gelten, wenn etwa iRv telemedizinischen Behandlungsverträgen gezwungenermaßen eine Absenkung des Facharztstandards nach § 630a Abs 2 vorgenommen werden muss (zur ausführlichen Diskussion dieses Themas einschließlich entsprechender Hinweise auf Stimmen, die eine Standardabsenkung für generell unzulässig halten siehe § 630a Rz 398 ff)[214]. Eine solche Vereinbarung muss bereits im Rahmen der Selbstbestimmungsaufklärung angesprochen werden[215], da dem Patienten nur so umfassend bewusst wird, worauf er sich einlässt und ihm damit die Chance gegeben wird, eine eigenverantwortliche Entscheidung zu treffen. Allerdings ergeben sich auch für die therapeutische Informationspflicht einige Besonderheiten, da zB gesondert darauf hinzuweisen ist, falls Nachsorgemaßnahmen allein von dem Patienten durchzuführen sind und auf gewisse Symptome verstärkt geachtet werden muss, die auf Komplikationen hindeuten könnten. Hier ist folglich auf erhöhte Anforderungen an das eigenständige Patientenverhalten hinzuweisen, welches durch deutliche und klare Informationen der Behandlungsseite vorbereitet wird. Diese Verschiebung des Pflichtenkatalogs auf den Patienten muss deshalb im Rahmen der therapeutischen Informationspflicht besonders beleuchtet werden. Kann ein telemedizinisches Vorgehen allerdings den Facharztstandard erkennbar nicht sichern, weil etwa der Patient die relevanten Informationen nicht aufzunehmen oder umzusetzen vermag und gibt es die Möglichkeit der Vor-Ort-Versorgung durch denselben oder einen anderen Arzt, so steht dies einer wirksamen Vereinbarung nach § 630a Abs 2 entgegen. **58**

---

208 Krit Laufs/Kern/Rehborn/Kern/Rehborn, HdB ArztR § 99, Rz 6, der dies bei stark ausdifferenzierten Fächern andenken will.
209 Laufs/Kern/Rehborn/Kern/Rehborn, HdB ArztR § 99, Rz 14.
210 Laufs/Kern/Rehborn/Kern/Rehborn, HdB ArztR § 99, Rz 11.
211 Laufs/Katzenmeier/Lipp/Katzenmeier, Arztrecht V.B.III.2.a., Rz 46; Koblenz NJW-RR 2005, 1111 = MedR 2006, 61, 62; krit Kleinewefers VersR 1981, 99, 103.
212 Grüneberg/Weidenkaff § 630c Rz 5.
213 MünchKomm/Wagner § 630f Rz 9.
214 Näher Prütting/Friedrich/Winter/Wolk GesR 2020, 756.
215 Stellpflug GesR 2019, 76, 78.

F. Abs 2 Satz 2, 3: Das Aufklärungsgebot bei Behandlungsfehlern

I. Inhalt und Zweck

59 Abs 2 Satz 2 statuiert ein Aufklärungsgebot der Behandlungsseite bei Behandlungsfehlern. Dieses Aufklärungsgebot wird zu seiner Durchsetzung von einem Beweisverwertungsverbot in Satz 3 flankiert. Die Behandlungsfehler müssen auf Nachfrage des Patienten und wenn es zur Abwendung einer gesundheitlichen Gefahr geboten ist, offenbart werden[216]. Auch ein Anspruch auf Negativerklärung wurde bei Nachfrage des Patienten teils anerkannt[217]. Bei einer solchen Erklärung bestätigt der Behandelnde, dass aus seiner Sicht keine Umstände darauf hindeuten, dass ein Behandlungsfehler gegeben ist.

Ziel der Norm ist primär der Gesundheitsschutz[218]. Daneben könnte auch die erleichterte Durchsetzung von Schadensersatzansprüchen angedacht werden[219]. Dafür spricht, dass nur in Alt 2 auf den Gesundheitsschutz des Patienten abgestellt wird[220]. Andererseits zeigt die systematische Betrachtung der Norm, dass bereits in Abs 3 wirtschaftliche Interessen einbezogen sind, sodass dies abschließend gemeint sein könnte. Dafür spricht auch die Gesetzesbegründung, die ausschließlich auf die gesundheitliche Sorge des Patienten abstellt[221]. Die Einbeziehung vermögensrechtlicher Interessen des Patienten in den Schutzbereich des Abs 2 Satz 2, 3 ist daher abzulehnen[222].

II. Schutzgesetzcharakter

60 Teilweise wird Abs 2 Satz 2 als Schutzgesetz iSd § 823 Abs 2 interpretiert[223]. Dagegen ist jedoch einzuwenden, dass schon aufgrund der gleich laufenden Verjährungsfristen daraus praktisch kein Vorteil entspringt[224]. Hinzukommt, dass der Schutzgesetzcharakter mit Blick auf Systemerwägungen nicht passt, da aus Vertrag entspringende Pflichten nicht als außervertragliche Schutzgesetze formuliert werden, sondern vielmehr das Vertragsgefüge die haftungsrechtlichen Konsequenzen regelt[225].

III. Tatbestand der besonderen Belehrungspflicht

61 1. **Auslöser.** Gemäß Abs 2 Satz 2 hat die Behandlungsseite den Patienten über Umstände zu informieren, die das Vorliegen eines Behandlungsfehlers begründen, wenn der Patient diesbezüglich nachfragt oder die Information zur Abwendung gesundheitlicher Gefahren erforderlich ist.

62 2. **Auseinanderfallen von Patient und Vertragspartner.** Die Offenbarungspflicht gilt gegenüber der tatsächlich behandelten Person, auch wenn diese nicht Vertragspartner iSd § 630a Abs 1 ist[226]. Dies gilt zB in Fällen, in denen die Eltern einen Vertrag zugunsten des Kindes abgeschlossen haben. Folglich ist der Vertragspartner nicht unbedingt auch aktiv legitimiert[227].

63 3. **Erkennbarkeit von Umständen.** Die Erkennbarkeit derartiger Umstände liegt vor, wenn eine überwiegende Wahrscheinlichkeit für die Bejahung des Behandlungsfehlers gegeben ist[228]. Hierbei ist ein objektiv-typisierender Maßstab[229] anzulegen, der jedoch durch die Formulierung in Abs 2 Satz 2 („Annahme") der Behandlungsseite einen Einschätzungsspielraum zubilligt[230]. Der Wortlaut des Abs 2 Satz 2 („für den Behandelnden") zeigt, dass auch Sonderwissen der Behandlungsseite berücksichtigt werden soll[231]. Hintergrund dessen ist, dass bei solchem indivi-

---

216 Näher dazu Wagner VersR 2012, 789, 795; Kett-Straub/Sipos-Lay MedR 2014, 867 ff; Spickhoff VersR 2013, 267, 273; krit Montgomery/Brauer/Hübner/Seebohm MedR 2013, 149, 151: befördert „Misstrauenskultur".
217 Oldenburg BeckRS 2015, 15257 = VersR 2015, 1383 (mAnm Jaeger).
218 Vgl BT-Drucks 17/10488, S 21.
219 So wohl MünchKomm/Wagner § 630c Rz 32; allerdings primär bzgl Alt 1; iE bzgl Rechtsfolge krit Wagner VersR 2012, 789, 795; NK-BGB/Voigt § 630c Rz 11 spricht von „reflexhafter" Begünstigung; aA Laufs/Katzenmeier/Lipp/Katzenmeier, Arztrecht V.B.I.3., Rz 18; Jauernig/Mansel § 630c Rz 7.
220 Spickhoff JZ 2015, 15, 21 f.
221 BT-Drucks 17/10488, S 21; so auch NK-BGB/Voigt Rz 8.
222 So auch Katzenmeier NJW 2013, 817, 819; Jauernig/Mansel, § 630c Rz 7; NK-BGB/Voigt Rz 7; abw Wagner VersR 2012, 789, 795; MünchKomm/Wagner Rz 32; BeckOK/Katzenmeier § 630c Rz 12.
223 So Deutsch NJW 2012, 2009, 2012.
224 Spickhoff/Spickhoff MedR § 630c Rz 19.
225 Spickhoff/Spickhoff MedR § 630c Rz 19.
226 D Prütting/J Prütting/Friedrich MedR § 630c Rz 17; NK-BGB/Voigt § 630c Rz 11; Spickhoff JZ 2015, 15, 19.
227 Spickhoff/Spickhoff MedR § 630c Rz 20.
228 D Prütting/J Prütting/Friedrich MedR § 630c Rz 17; Rehborn GesR 2013, 257, 261; Spickhoff JZ 2015, 15, 20; Wagner VersR 2012, 789, 796; krit zur Voraussetzung der Erkennbarkeit Kett-Straub/Sipos-Lay MedR 2014, 867.
229 D Prütting/J Prütting/Friedrich MedR § 630c Rz 17; Spickhoff VersR 2013, 267, 273; Spickhoff/Spickhoff MedR § 630c Rz 31.
230 D Prütting/J Prütting/Friedrich MedR § 630c Rz 17; Walter, Das neue Patientenrechtegesetz Rz 121.
231 Spickhoff JZ 2015, 15, 21 f; Wagner VersR 2012, 789, 796; MünchKomm/Wagner § 630c Rz 42.

duellen Sonderwissen kein Erfordernis mehr für eine freiheitssichernde Wirkung des objektiv-typisierenden Maßstabs der Fahrlässigkeit zu bejahen ist[232].

Durch die Formulierung „erkennbare" Umstände soll deutlich werden, dass die Behandlungsseite keine darüber hinausgehenden Recherchepflichten treffen[233].

Die Erkennbarkeit ist Voraussetzung der Entstehung der Informationspflicht und stellt damit einen Umstand für die Bejahung eines Behandlungsfehlers dar, sodass der Patient darlegungs- und beweisbelastet ist[234].

4. Umfang. Gegenstand der Pflicht ist die Mitteilung all jener Tatsachen, die für den aktuellen Zustand des Patienten ausschlaggebend sind[235]. Die relevanten Behandlungsfehler sind nicht nur solche aus dem primären medizinischen Bereich der konkreten Behandlung, sondern auch Verletzungen der Informationspflicht nach Abs 2 Satz 1 und Organisationspflichtverletzungen[236]. Die Einbeziehung von Aufklärungsfehlern kommt trotz anders lautendem Wortlaut ebenfalls in Betracht[237]. Eine rechtliche Einordnung als Behandlungsfehler ist jedoch nicht erforderlich[238] und kann auch nicht vom Behandelnden verlangt werden[239]. **64**

Zum optimalen Gesundheitsschutz ist es geboten, die Informationen über das Vorliegen eines Behandlungsfehlers dem Patienten als Laien verständlich mitzuteilen[240].

5. Auslöser der Informationspflicht. Es ist zwischen der Informationsoffenbarungspflicht auf Nachfrage des Patienten und derer aufgrund Abwendung einer gesundheitlichen Gefahr zu unterscheiden. **65**

a) **Auf Nachfrage des Patienten.** – aa) **Ausdrücklichkeit.** Um die Aufklärungspflicht auszulösen, muss der Patient Auskunft über eine Fehlbehandlung verlangen, indem er ausdrücklich fragt[241]. Ein bloßes erkundigen, ob alles „in Ordnung" sei, genügt hingegen nicht[242]. Eine derart weite Interpretation würde das bezweckte Regel-Ausnahme-Verhältnis torpedieren[243]. **66**

bb) **Klagemöglichkeit.** Antwortet der Behandelnde auf ein solches Informationsbegehren nicht, kann der Patient auf Auskunft klagen[244]. Gibt der Behandelnde erst im Prozess Auskunft, so hat er die Kosten zu tragen[245]. Eine Kombination des Auskunftsanspruch mit einem Leistungsantrag im Wege der Stufenklage gem ZPO § 254 ist im Rahmen des Abs 2 Satz 2 nach Aussage des BGH nicht zulässig[246]. Das erklärt sich damit, dass der Auskunftsantrag nicht der Bezifferung des Leistungsantrags dient, sondern dem Kläger erst die Kenntnis darüber verschafft, ob ein Behandlungsfehler begangen wurde[247]. **67**

cc) **Versicherungsaspekte.** Liegt ein Behandlungsfehler möglicherweise vor, so trifft den Behandelnden jedoch keine Pflicht zur Preisgabe seiner Berufshaftpflichtversicherung[248]. Selbst wenn der Patient ihn explizit danach fragt, muss er diese nicht nennen, da er ein Eigeninteresse daran haben kann, den ggf unbegründeten Anspruch selbst abzuwehren, um einer Erhöhung des Versicherungsbeitrags oder Ähnlichem zu entgehen[249]. Dem Behandelnden ist es jedoch auch möglich, den Anspruch gegen seine Versicherung aus VVG § 108 dem Patienten gegenüber abzutreten, womit sich der Patient im Prozess gegen den Versicherer richten könnte[250]. **68**

b) **Zur Abwendung gesundheitlicher Gefahren.** Regelmäßig ist der Behandelnde bei Bestehen gesundheitlicher Gefahren bereits aus medizinischer Sicht verpflichtet, erforderliche Schritte **69**

---

232 Ausf hierzu Spickhoff/Spickhoff MedR § 630c Rz 26; BGH VersR 1987, 686.
233 BT-Drucks 17/10488, S 21; D Prütting/J Prütting/Friedrich MedR § 630c Rz 19.
234 NK-BGB/Voigt § 630c Rz 10.
235 D Prütting/J Prütting/Friedrich MedR § 630c Rz 19; Spickhoff/Spickhoff MedR § 630c Rz 32; Kett-Straub/Sipos-Lay MedR 2014, 867, 871; Schelling/Warntjen MedR 2012, 505, 508; Spickhoff JZ 2015, 15, 23.
236 D Prütting/J Prütting/Friedrich MedR § 630c Rz 21; BT-Drucks 17/10488, S 20; Hart MedR 2013, 159, 160 f; Spickhoff JZ 2015, 15, 19 f; Spickhoff/Spickhoff MedR § 630c Rz 22; MünchKomm/Wagner § 630c Rz 39.
237 Bzgl einer analogen Anwendung siehe MünchKomm/Wagner § 630c Rz 40; Spickhoff/Spickhoff MedR § 630c Rz 22 f; ders JZ 2015, 15, 19 f; dagegen NK-BGB/Voigt § 630c Rz 9.
238 NK-BGB/Voigt § 630c Rz 11; Schelling/Warntjen MedR 2012, 506, 508; Spickhoff/Spickhoff MedR § 630c Rz 32; MünchKomm/Wagner § 630c Rz 47.
239 BeckOGK/Wagner § 630c Rz 29.
240 Koblenz VersR 2018, 937 = BeckRS 2018, 12969 Rz 17; Jauernig/Mansel § 630c Rz 7; D Prütting/J Prütting/Friedrich MedR § 630c Rz 20.
241 BT-Drucks 17/10488, S 21.
242 MünchKomm/Wagner § 630c Rz 45; weniger streng Erman/Rehborn/Gescher § 630c Rz 19, der eine Erkennbarkeit der Erkundigung aus den Gesamtumständen fordert; sowie Spickhoff/Spickhoff MedR § 630c Rz 27, der die psychische Ausnahmesituation des Patienten in den Vordergrund stellt; ders VersR 2013, 267, 273.
243 MünchKomm/Wagner § 630c Rz 45.
244 Oldenburg VersR 2015, 1383.
245 D Prütting/J Prütting/Friedrich MedR § 630c Rz 26.
246 BGHZ 189, 79 = NJW 2011, 1815, 1816.
247 D Prütting/J Prütting/Friedrich MedR § 630c Rz 26; BGHZ 189, 79 = NJW 2011, 1815, 1816.
248 BeckOGK/Walter § 630c Rz 37.1.
249 BeckOGK/Walter § 630c Rz 37.1.
250 BeckOGK/Walter § 630c Rz 37.1.

einzuleiten, sodass die Informationspflicht nur in begrenzten Fällen Relevanz entfaltet[251]. In Betracht kommt die Informationspflicht, wenn der Patient durch eigenes Verhalten – zB die Einnahme anderer Medikamente oder Einhaltung von Diäten, Ruhephasen oder Ähnlichem – die Gefahr selbst abwenden kann. Ebenso sind Fälle zu bedenken, in denen ein Behandlungsfehler eine erneute Behandlung erfordert, zB weil bei einer OP ein Instrument im Körper aus Versehen verblieben sein könnte, ein maligner Tumor nicht vollständig entfernt wurde oder es zu einer Verwechslung der Befunde im Labor kam und dadurch eine andere Therapie nötig wird[252].

IV. Die rechtsgebietsübergreifende Problematik der Selbstbezichtigung

70 Die Offenbarung eigener Fehler könnte die Debatte um den strafprozessualen Grundsatz des „nemo tenetur se ipsum accusare" hervorrufen. Allerdings ist strikt zu trennen zwischen strafrechtlicher Verfolgung, die über das Verwertungsverbot des Abs 2 Satz 3 verhindert wird[253], und der Geltendmachung zivilrechtlicher Schadensersatzansprüche. Bei letzteren entfaltet der strafprozessuale Grundsatz nur begrenzte Wirkung[254]. Das zentrale rechtspraktische Problem liegt darin, dass ein strafrechtlich relevantes Verhalten des Behandelnden vielfach entweder nicht auffallen wird oder dessen Kausalität für den Patientenschaden sich ohne Selbstbezichtigung nicht nachhalten lässt. Für den Behandelnden ist der Schutz aus Abs 2 Satz 3 in diesen Fällen aber unbefriedigend, da eine Fehleroffenbarung mit Detaillierung der Folgen auch bei Unverwertbarkeit seiner Darstellung dazu führen kann, dass ein staatsanwaltschaftlich in Auftrag gegebenes Sachverständigengutachten aus diesem Wissensvorteil heraus jene Fehler und Kausalverläufe findet (näher su F. VI. Rz 74 ff). Der status quo ist mit Blick auf den in Abs 2 Satz 2 bezweckten Patientenschutz unglücklich gestaltet.

V. Fremde Behandlungsfehler

71 1. **Umfang der Offenbarungspflicht.** Es müssen sowohl eigene als auch fremde Behandlungsfehler offenbart werden[255]. Hierbei ist – anders als in der Gesetzesbegründung[256] vorgesehen – keine Abwägung zwischen den Interessen des Behandelnden und denen des Patienten vorzunehmen, wenn es sich um fremde Behandlungsfehler dreht, da hier keine abwägungsfähigen Interessen des Behandelnden erkennbar sind[257].

72 2. **Berufsrecht.** Bei der Offenbarung fremder Behandlungsfehler hat der Behandelnde zunächst keinen persönlichen Nachteil. Allerdings könnte sich daraus eine Pflicht zur „Denunziation" ergeben[258]. Zwar normieren die dem MBO-Ä § 29 Abs 4 nachgebildeten Kammergesetze, dass „in Gegenwart von Patientinnen und Patienten oder anderen Personen Beanstandungen der ärztlichen Tätigkeit und zurechtweisende Belehrungen zu unterlassen sind". Allerdings gilt dies nach allgemeiner Ansicht nicht im Fall der Wahrnehmung berechtigter Interessen, was bei dem Motiv des Gesundheitsschutzes des Patienten gegeben ist[259]. Auch das Kollegialitätsgebot des MBO-Ä § 29 Abs 1 steht dem nicht entgegen. Die Grenze ist erst bei unsachlicher Kritik und herabsetzenden Äußerungen erreicht[260].

73 3. **Whistleblowing.** Allerdings ist arbeitsrechtlich problematisch, dass ein angestellter Arzt bei der Mitteilung von Behandlungsfehlern von Kollegen gegenüber dem Patienten letztlich ein „externes Whistleblowing" ins Werk setzt[261]. Durch diese Mitteilung wird möglicherweise der gute Ruf des Arbeitgebers – Praxis/Krankenhaus – geschädigt, sodass es sich hier um die Verlet-

---

251 Vgl Wagner VersR 2012, 789, 795, der von ergebnisneutraler und daher sinnloser Verdoppelung der Haftung spricht.
252 D Prütting/J Prütting/Friedrich MedR § 630c Rz 27; NK-BGB/Voigt § 630c Rz 12; Schelling/Warntjen MedR 2012, 506, 507.
253 Verfassungsrechtliche Problematik laut BVerfGE 56, 37, 50 ff = NJW 1981, 1431; Wagner VersR 2012, 789, 797; nach Spickhoff JZ 2015, 15, 16 f abzulehnen, wenn mit strafprozessualen Privilegien verbunden.
254 MünchKomm/Wagner § 630c Rz 33; zur verfassungsrechtlichen Problematik des Selbstbezichtigungszwangs im Behandlungsvertragsrecht Kett-Straub/Sipos-Lay MedR 2014, 867, 874 ff.
255 BT-Drucks 17/10488, S 21; Spickhoff/Spickhoff MedR § 630c Rz 24; krit Wagner VersR 2012, 789, 795 f.
256 BT-Drucks 17/10488, S 21.
257 MünchKomm/Wagner § 630c Rz 38.
258 Spickhoff spricht von der Nähe einer Pflicht zur Denunziation, Spickhoff/Spickhoff MedR § 630c Rz 15, 25, 31; Spickhoff VersR 2013, 267, 273 sowie ders JZ 2015, 15 ff; BeckOGK/Wagner § 630c Rz 33.
259 Spickhoff/Scholz MBO-Ä § 29 Rz 8; Spickhoff VersR 2013, 267, 273; Rehborn GesR 2013, 257, 260 f; BeckOGK/Wagner § 630c Rz 34; Spickhoff/Spickhoff MedR § 630c Rz 25; vgl zu Äußerungen zum Schutz des Patienten VG Minden MedR 2006, 305, 307; BVerfG NJW 2000, 3413, 3415.
260 Rehborn GesR 2013, 257, 260 f; wahrheitsgemäße Zeugenaussagen verletzten die Pflicht zu rücksichtsvollem Verhalten gegenüber Kollegen nicht laut Gerichtshof für Heilberufe Niedersachsen MedR 1983, 185.
261 Näher hierzu Küttner Personalbuch, Whistleblowing.

zung vertraglicher Treuepflichten nach § 241 Abs 2 handeln könnte[262]. Ein rechtwidriger Verstoß gegen die arbeitsvertragliche Treuepflicht kann einen wichtigen Kündigungsgrund iSd § 626 Abs 1 darstellen[263]. Allerdings ist iRd Abwägung miteinzubeziehen, dass der Behandelnde hier gesetzlich dazu verpflichtet ist, sodass eine Kündigung auf derartiges Verhalten wohl nicht gestützt werden könnte. Der Umgang mit dem Verhältnis zu GeschGehG § 23 ist letztlich aufgrund des GeschGehG § 3 Abs 2 nicht von Bedeutung. Dieser normiert erlaubte Handlungen iSd GeschGehG, wozu auch die Erfüllung von Rechtspflichten nach Gesetz wie die des Abs 2 Satz 2 zu zählen ist. Daher kommt es nicht darauf an, ob dem Grunde nach ein Geschäftsgeheimnis angenommen werden könnte.

VI. Rechtsfolgenproblematik

1. **Normwirkung.** Die praktische Bedeutung der Norm ist jedoch gering[264], denn den Behandelnden trifft auch bei Nichtaufklärung kein haftungsrechtliches Risiko, was über die sowieso bereits gegebene Haftung für den erfolgten Behandlungsfehler hinausgeht[265]. Grundsätzlich besteht zwar neben letzterem ein Schadensersatzanspruch nach § 280 Abs 1 aufgrund des Verstoßes gegen die Informationspflicht. Allerdings geht dieser im Rahmen der Haftungsausfüllung kaum einmal über den Anspruch für den Behandlungsfehler hinaus. Man könnte ggf einen Verzugsschaden durch die erst später erfolgte Geltendmachung annehmen[266]. Hierbei handelt es sich jedoch um zu vernachlässigende Summen[267]. **74**

2. **Konsequenzen bei weiteren Gesundheitsschäden.** Anders fällt die Beurteilung aus, wenn der Patient durch das Unterlassen[268] der Fehleroffenbarung einen weiteren Gesundheitsschaden erleidet. In diesem Fall kommt eine Haftung aus § 280 Abs 1 jedenfalls in Betracht[269]. **75**

3. **Schweigen bei eigenen Fehlern.** Insgesamt erhöht sich das Risiko der zivilrechtlichen Verfolgung nur bei der Information des betroffenen Patienten, sodass es wirtschaftlich intelligenter erscheint, zu schweigen[270]. Daran ändert auch das Verwertungsverbot des Abs 2 Satz 3 nichts, da die zivilrechtliche Verfolgung für den Patienten gegenüber der strafrechtlichen Sanktionierung ohnehin zumeist eher die Motivlage des Betroffenen abbildet. **76**

4. **Schweigen bei fremden Fehlern.** Gleiches gilt auch für die Offenbarung fremder Behandlungsfehler, denn das Verschweigen hat keine Nachteile für den Behandelnden, da er für eine fremde Handlung nicht mithaftet[271]. Ein etwaiger Anspruch würde am Kausalzusammenhang scheitern, denn der beim Patient entstandene Schaden beruht auf dem ursprünglichen Behandlungsfehler des Dritten und nicht auf der nicht erfolgten Information[272]. Etwas anderes kann jedoch im Einzelfall gelten, falls durch die nicht erfolgte Information Gesundheitsschäden durch Verzögerung einer Behandlung entstanden sind. Das kann gegeben sein, wenn durch den Behandlungsfehler ein schädlicher Zustand fortschreitet und sich dadurch die Krankheit des Patienten noch vertieft oder weitere Negativkonsequenzen hinzutreten. In diesem Fall kann sich der Patient an eine weitere Person als Haftungsschuldner wenden, wenn der Zweitbehandelnde nicht über den Fehler des Erstbehandelnden aufklärt[273]. Man kann in derartigen Konstellation jedoch auch eine Pflicht zur Sicherungsaufklärung erwägen, welche unabhängig von § 630c Abs 2 Satz 2 vorliegt[274]. **77**

5. **Berufsrechtliche Folgen.** Allerdings sind für verkammerte Heilberufe die berufsrechtlichen Konsequenzen zu beachten, die aus den Regelungen zum Gebot der gewissenhaften Ausübung des Berufes folgen können (zB MBOÄ § 2; MBOZÄ § 2; MBOPsych § 3–5)[275]. **78**

---

262 Küttner Personalbuch, Whistleblowing, Rz 2.
263 BAGE 94, 228 = NZA 2001, 277; NZA 2010, 698; BAGE 159, 192 = NZA 2017, 1332; BAGE 58, 37 = NZA 1989, 261; Grobys/Panzer-Heemeier, StichwortKommentar Arbeitsrecht, Whistleblowing, Rz 15.
264 MünchKomm/Wagner § 630c Rz 33; Grüneberg/Weidenkaff § 630c Rz 7; Katzenmeier NJW 2013, 817, 819; Preis/Scheider NZS 2013, 281, 283 „wenig geglückt"; Wagner VersR 2013, 789, 798; BeckOGK/Walter § 630c Rz 42.
265 MünchKomm/Wagner § 630c Rz 33 f, 50; D Prütting/J Prütting/Friedrich MedR § 630c Rz 24; Katzenmeier NJW 2013, 817, 819; Laufs/Katzenmeier/Lipp/Katzenmeier, Arztrecht V.B.I.3., Rz 20.
266 Jaeger § 630c Rz 140 ff; Spickhoff/Spickhoff MedR § 630c Rz 16.
267 So auch MünchKomm/Wagner § 630c Rz 50; Spickhoff/Spickhoff MedR § 630c Rz 16 weist jedoch auf insolvenzrechtliche Risiken bei einer späteren Geltendmachung hin.
268 Ausf zum „Unterlassen" Spickhoff/Spickhoff MedR § 630c Rz 16.
269 BeckOGK/Walter § 630c Rz 42.
270 Wagner VersR 2012, 789, 796 ff; MünchKomm/Wagner § 630c Rz 34.
271 Wagner VersR 2012, 789, 798.
272 MünchKomm/Wagner § 630c Rz 35; D Prütting/J Prütting/Friedrich MedR § 630c Rz 24; NK-BGB/Voigt § 630c Rz 13.
273 NK-BGB/Voigt § 630e Rz 13.
274 So dagegen Spickhoff/Spickhoff MedR § 630e Rz 18.
275 Erman/Rehborn/Gescher § 630c Rz 23; D Prütting/J Prütting/Friedrich MedR § 630c Rz 25.

79 6. **Strafbarkeit.** Zudem könnte auch der Straftatbestand des Betrugs nach StGB § 263 im Einzelfall erfüllt sein, indem der Patient irrtumsbedingt nach Falschinformation davon Abstand nimmt, eine Schadensersatzklage zu erheben[276]. Handelt es sich um fremde Behandlungsfehler eines anderen Arztes, die der Behandelnde offenbart, so kann er sich auch dem Vorwurf der üblen Nachrede nach StGB § 186 ausgesetzt sehen, wenn es sich um objektiv falsche Bezichtigungen handelt[277].

80 7. **Verjährung.** Eine etwaige verjährungsverlängernde Relevanz ist – anders als früher im Anwaltsvertragsrecht – nicht gegeben[278]. Die dreijährige Regelverjährung nach den §§ 195 ff gilt auch im Arzthaftungsrecht, sodass die Verjährung erst in dem Moment beginnt, in welchem der Patient Kenntnis von den anspruchsbegründenden Umständen erlangt oder ohne grobe Fahrlässigkeit[279] hätte erlangen müssen. Aufgrund der dreißigjährigen Verjährungsfrist des § 199 Abs 2 bei Gesundheitsschäden besteht nur eine geringe Gefahr, dass die Verjährungsfrist abläuft[280].

81 8. **Prozessuales.** Prozessual ergibt sich das Problem der Darlegungs- und Beweislast des Patienten für derartige erkennbare Umstände, die zu einer Aufklärungspflicht geführt haben sollen[281]. Allerdings kann der Anspruch auf Information nach Abs 2 Satz 2 auch als Druckmittel genutzt werden, Informationen für einen angestrebten Prozess zu erhalten[282].

VII. Exkurs: Stellung und Rechte von Haftpflichtversicherungen im System – Kein Rücksichtnahmegebot des Behandelnden

82 Für den Behandelnden hat die Fehleroffenbarung keine versicherungsrechtlichen Konsequenzen, da es sich rechtlich nicht um ein Schuldanerkenntnis handelt, sondern um eine bloße Wissenserklärung[283]. Versicherungsrechtlich darf der Arzt vollumfänglich Stellung nehmen. Allein die Frage, ob seine Berufshaftpflichtversicherung den Schaden deckt, muss er unbeantwortet lassen, da dies eigenständig von der Versicherung geprüft wird[284].

Falls der Behandelnde oder das Krankenhaus jedoch – im rechtlichen Sinne – ihre Schuld anerkennen, entfällt laut VVG § 105 der Versicherungsschutz der Berufs-/Betriebshaftpflichtversicherung nicht[285]. Allerdings geschieht dies auf eigenes Risiko, da im Deckungsprozess nachgewiesen werden muss, dass ein Schadensersatzanspruch tatsächlich bestanden hat[286].

VIII. Beweisverwertungsverbot, Abs 2 Satz 3

83 1. **Zweck.** Abs 2 Satz 3 statuiert ein Beweisverwertungsverbot, das in dieser Form im Privatrecht untypisch ist und daher von einigen Stimmen als „systematisch erstaunlich" bezeichnet wurde[287]. Primärer Zweck ist die Unterstützung der Verwirklichung des Abs 2 Satz 2. Würde der Behandelnde bei Offenbarung seiner Fehler direkt die Strafverfolgung fürchten müssen, würde die Norm praktisch leerlaufen und zu Friktionen mit dem nemo-tenetur-Grundsatz[288] führen. Abs 2 Satz 3 führt dazu, dass die gegenüber dem Patienten preisgegebenen Informationen in einem gegen den Behandelnden oder einen seiner Angehörigen iSd StPO § 52 Abs 1 geführten Straf- oder Bußgeldverfahren nur bei Zustimmung verwendet werden dürfen.

84 2. **Systematische Einordnung.** Fraglich ist die rechtliche Einordnung entweder als prozessuales Verwertungsverbot im engen Sinne[289] oder als vollumfängliches Verwertungsverbot[290],

---

276 Erman/Rehborn/Gescher § 630c Rz 23a; Jaeger § 630c Rz 115 ff; Kett-Straub/Sipos-Lay MedR 2014, 867, 871; Spickhoff JZ 2015, 15, 26; aA Wagner VersR 2012, 789, 797.
277 Auf die Norm weist auch NK-BGB/Voigt § 630c Rz 11 hin.
278 D Prütting/J Prütting/Friedrich MedR § 630c Rz 24; MünchKomm/Wagner § 630c Rz 30; Wagner VersR 2012, 789, 795; Katzenmeier NJW 2013, 817, 819; Taupitz NJW 1992, 713, 714; Rehborn MDR 2013, 497, 499; Spickhoff/Spickhoff MedR § 630c Rz 17; Rehborn GesR 2013, 257, 261; Thurn MedR 2013, 153, 155; Grüneberg/Weidenkaff § 630c Rz 7.
279 BGH bei Gesundheitsschäden zurückhaltend, BGH VersR 2010, 214 Rz 7 = NJW-RR 2010, 681 = MedR 2010, 258.
280 So auch MünchKomm/Wagner § 630c Rz 31.
281 NK-BGB/Voigt § 630c Rz 10; D Prütting/J Prütting/Friedrich MedR § 630c Rz 24.
282 D Prütting/J Prütting/Friedrich MedR § 630c Rz 29.
283 D Prütting/J Prütting/Friedrich MedR § 630c Rz 22; BeckOK/Katzenmeier § 630c Rz 12; MünchKomm/Wagner § 630c Rz 49.
284 BeckOGK/Walter § 630c Rz 39.
285 MünchKomm/Wagner § 630c Rz 48.
286 MünchKomm/Wagner § 630c Rz 48; vgl auch Prölss/Martin/Lücke VVG § 105 Rz 3.
287 Laufs/Katzenmeier/Lipp/Katzenmeier, Arztrecht V.B.I.3, Rz 19; Spickhoff ZRP 2012, 65, 67; Thurn MedR 2013, 153, 155.
288 Allgemein hierzu BverfGE 56, 37, 50 ff = NJW 1981, 1431.
289 Schelling/Warntjen MedR 2012, 506, 509; BeckOGK/Walter § 630c Rz 46 f; Wagner VersR 2012, 789, 796 f.
290 Spickhoff JZ 2015, 15, 17 f; Erman/Rehborn/Gescher § 630c Rz 29; MünchKomm/Wagner § 630c Rz 52; dafür Kett-Straub/Sipos-Lay MedR 2014, 867.

welches auch zu einer Fernwirkung[291] führen würde. Letzteres hätte zur Folge, dass auch darüber hinausgehende Beweismittel, zB die Patientenakte, umfasst wären. Andernfalls wäre allein die ausdrücklich erwähnte Information von dem Verwertungsverbot erfasst, nicht aber die Tatsache, dass ein Behandlungsfehler begangen worden ist[292]. Würde man dieser Ansicht folgen, würde der Behandelnde faktisch nur Nachteile aus seiner Offenbarung ziehen, denn im Prozess wäre ein Nachweis der Hintergründe des Behandlungsfehlers mithilfe eines Sachverständigen leicht erreicht[293]. Außerdem dürften auch das Praxis- oder Krankenhauspersonal als unmittelbare Zeugen vernommen werden[294]. Für ein umfassendes Verwertungsverbot spricht ein Vergleich mit InsO § 97 Abs 1 Satz 3, wonach die vom Schuldner iRd Insolvenzverfahrens gegebenen Informationen weder verwendet noch als Anreiz für weitere Ermittlungen genutzt werden dürfen[295]. Genau wie in der InsO wurde das Wort „verwenden" anstelle von „verwerten" genutzt, was laut Gesetzesbegründung der InsO die Fernwirkung des Verwertungsverbots statuieren sollte[296]. Eine Übertragung bietet sich hier an.

3. **Grenzen des Verwertungsverbots.** Die Grenze dieses umfassenden Verwertungsverbots findet sich jedoch bei vorsätzlichen Taten[297]. Gleiches gilt auch, wenn die Staatsanwaltschaft unabhängig von etwaigen offenbarten Informationen von einen Behandlungsfehler begründenden Umständen erfährt, sodass hier ebenfalls eine Strafverfolgung zulässig ist[298]. Dieser Ansatz sollte zu einer höheren Motivation des Behandelnden führen, frühzeitig etwaige Fehler zu offenbaren[299]. Allerdings ist an dieser Stelle anzumerken, dass dies nur die strafrechtliche Verfolgung betrifft. Das Verwertungsverbot des Abs 2 Satz 3 gilt weder im Zivilverfahren noch in arztberuflichen, approbationsrechtlichen oder disziplinarrechtlichen Verfahren[300]. 85

G. Abs 3 und 4: Die wirtschaftliche Informationspflicht und ihre Grenzen

I. Hintergrund wirtschaftlicher Information und Bereichsvergleich

1. **Atypik der Normierung.** Die Informationspflicht aus § 630c Abs 3 stellt vor dem Hintergrund der Gesetzessystematik ebenfalls ein atypisches Konstrukt dar, da der Arzt grundsätzlich nicht die Vermögensinteressen des Patienten zu schützen hat, sondern die ordnungsgemäße Behandlung bezogen auf dessen Körper schuldet[301]. Auch vor dem Hintergrund des § 630b, der die Anwendbarkeit der Vorschriften über das Dienstverhältnis vorschreibt, ist diese Informationspflicht ungewöhnlich. Bei § 612 wird schließlich keinerlei Kommunikation über die Vergütung erwartet[302]. Vielmehr kommt der Vertrag bereits ohne eine Vergütungsvereinbarung zustande und der konkrete Vergütungsumfang wird durch erwartbare und nachschlagensfähige Taxen gefüllt (allem voran die GOÄ/GOZ). Folglich kann ein letztlich aus Kostengründen doch ungewollter Vertrag auch hier nicht durch ein Rügen einer Verletzung der Vertragspflicht aus Abs 3 zur Vertragsaufhebung führen[303]. Dieses Ergebnis überzeugt, da auch eine Anfechtung aufgrund eines Preisirrtums ausscheidet, da ein solcher Irrtum als Motivirrtum unbeachtlich ist[304]. 86

2. **Zweck.** Telos des Abs 3 ist, das Informationsgefälle zwischen der Behandlungsseite und dem Patienten auszugleichen und die „Deckungslücken des Versicherungsschutzes"[305] zu offenbaren. Die wirtschaftliche Informationspflicht ermöglicht es dem Patienten, eine eigenverantwortliche Entscheidung auch in ökonomischer Hinsicht zu treffen[306]. Allerdings dient diese Aufklärungspflicht ggf mittelbar auch dem Selbstbestimmungsrecht des Patienten in der Hinsicht, 87

---

291 Eine Fernwirkung wird im Strafrecht grds verneint, vgl Dölling/Duttge/Rössner/Jäger, StPO Vorb zu StPO §§ 133 ff Rz 37; Roxin/Schünemann § 24 Rz 59 f; BGHSt 32, 71; 34, 364.
292 MünchKomm/Wagner § 630c Rz 52; Wagner VersR 2012, 789, 796 f.
293 D Prütting/J Prütting/Friedrich MedR § 630c Rz 31; Wagner VersR 2012, 789, 796 f; Schelling/Warntjen MedR 2012, 506, 509; MünchKomm/Wagner § 630c Rz 52; Spickhoff/Spickhoff MedR § 630c Rz 24.
294 BeckOGK/Walter § 630c Rz 46 f; Spickhoff/Spickhoff MedR § 630c Rz 24.
295 D Prütting/J Prütting/Friedrich MedR § 630c Rz 32; BT-Drucks 12/7302, S 166 Nr 62; Uhlenbruck/Uhlenbruck, InsO § 97 Rz 10 mwN; MünchKomm/Wagner § 630c Rz 53.
296 D Prütting/J Prütting/Friedrich MedR § 630c Rz 32; BT-Drucks 12/7302, S 166 Nr 62.
297 MünchKomm/Wagner § 630c Rz 53; D Prütting/J Prütting/Friedrich MedR § 630c Rz 33.
298 D Prütting/J Prütting/Friedrich MedR § 630c Rz 33; Uhlenbruck/Uhlenbruck, InsO § 97 Rz 10.
299 D Prütting/J Prütting/Friedrich MedR § 630c Rz 33.
300 Schutz des Abs 2 Satz 3 unzureichend nach Erman/Rehborn/Gescher § 630c Rz 26; für eine Ausdehnung Kett-Straub/Sipos-Lay MedR 2014, 867.
301 BeckOK/Katzenmeier § 630c Rz 18 spricht von „wesensfremder Rolle des Verwalters fremder Vermögensangelegenheiten"; vgl Wussow VersR 2002, 1337, 1340.
302 Dieser ist gemäß § 630b anwendbar, vgl Grüneberg/Weidenkaff § 630b Rz 2.
303 So auch NK-BGB/Voigt § 630c Rz 17.
304 NK-BGB/Voigt § 630c Rz 17.
305 MünchKomm/Wagner § 630c Rz 3.
306 BeckOK/Katzenmeier § 630c Rz 17; Steffen, Die Arzthaftung im Spannungsfeld zu den Anspruchsbegrenzungen des Sozialrechts für Kassenpatienten, in: Festschr für Geiß, 2000, S 487, 501.

dass sie andere Behandlungsmöglichkeiten aufzeigen kann, die zwar nicht vom Versicherungsschutz gedeckt sind, jedoch in anderer Form, etwa weniger invasiv auf den Körper einwirken[307]. Der Behandelnde hat den Patienten über die Möglichkeit der Eigenfinanzierung zu informieren, wenn er davon ausgeht, dass diese Behandlungsmethode am geeignetsten ist[308]. Die Pflicht zur Aufklärung über das alternative Vorgehen folgt jedoch aus § 630e Abs 1. Die wirtschaftliche Belehrungspflicht des 630c Abs 3 flankiert diese nur.

88   3. **Texthintergrund.** Ergänzend sei zum Hintergrund des § 630c Abs 3 gesagt, dass der Behandelnde oder jedenfalls seine Organisationseinheit stetig mit Abrechnungen befasst ist, sodass er auf diesem Gebiet dem Patienten regelmäßig weit voraus sein dürfte, der sich im Dickicht der Regelungen der GKV/PKV[309] kaum zurecht findet. Die Verbrauchereigenschaft (§ 13) des Patienten und die damit verbundene im Leitbild anerkannte Unterlegenheit unterstützen diese Gesetzgebung. Durch Abs 3 werden damit versicherungsrechtliche Belange in das materielle Zivilrecht einbezogen[310].

89   4. **Umfang.** Es handelt sich jedoch nicht um eine umfassende wirtschaftliche Aufklärungsverpflichtung[311], sondern lediglich um konkret zu leistende Informationen bzgl der einzelnen Behandlungen. Somit hat der Behandelnde nicht alle wirtschaftlichen Folgen der Behandlung aufzuzählen, sondern soll den Patienten lediglich vor plötzlichen Überraschungen schützen[312]. Das gründet auf dem Grundgedanken des „mündigen Patienten"[313], dem es auch zugemutet wird, sich selbst vorab bei seiner Versicherung über die Kostenübernahme zu informieren[314]. Wie allerdings bereits wiederholt angeklungen, geht die Judikatur im haftungsrechtlichen Bereich keineswegs von einem sonderlich mündigen oder eigenständigen Patienten aus, so dass mit Blick auf Haftungsrisiken dem Behandelnden dringend anzuraten ist, im Rahmen aller Informationspflichten eher über Gebühr zu belehren, statt nur das Nötigste abzuhandeln.

90   5. **Vergleich mit Kapitalanlageberatung.** Abschließend sei als bereichsvergleichendes Statement mit Blick auf die Idee „aufklärungsrichtigen Verhaltens" angemerkt, dass eine wirtschaftliche Aufklärungspflicht höchstrichterlich ebenfalls in Kapitalanlagefällen bejaht worden ist. Der Anleger muss über sämtliche Umstände, die für seine Anlageentscheidung relevant sind, umfassend aufgeklärt werden, insbesondere über die Nachteile und Risiken. Folglich muss dem Anleger für seine Beitrittsentscheidung ein richtiges Bild über das Beteiligungsobjekt vermittelt werden[315]. Diese Aufklärungspflicht rührt jedoch daraus, dass es sich bei Kapitalanlagefällen um Finanzgeschäfte handelt. Der Hauptzweck ist daher finanzieller Natur und lässt sich nicht beliebig auf Behandlungsverträge übertragen, da hier die Gesundung des Patienten primärer Vertragsgegenstand ist. Die Beachtung etwaiger finanzieller Interessen ist nachrangig. Dementsprechend wurde die Rechtsprechung zur Vermutung „aufklärungsrichtigen Verhaltens" bei der Kapitalanlageberatung auf die wirtschaftliche Informationspflicht nicht übertragen[316]. Es kann gerade keine Vermutung geben, dass eine für den Patienten sinnvolle Maßnahme zu Gunsten seiner Gesundheit im Zweifel stets aus ökonomischen Motiven abgelehnt worden wäre, hätte der Patient nur um die wirtschaftliche Eigenbelastung vor der Behandlung gewusst.

II.   Tatbestand wirtschaftlicher Informationspflicht nach Satz 1

91   1. **Pflichtauslöser.** Laut Abs 3 Satz 1 hat der Behandelnde den Patienten über die voraussichtlichen Kosten der Behandlung zu informieren, wenn er Kenntnis davon hat, dass die vollständige Übernahme durch die Versicherung nicht gesichert ist oder sich dafür hinreichende Anhalts-

---

307 BeckOK/Katzenmeier § 630c Rz 17; Hart MedR 1996, 60, 69.
308 BeckOK/Katzenmeier § 630c Rz 17; Gaßner/Strömer MedR 2012, 159, 164 f; Schelling MedR 2004, 422, 423, 427; Laufs/Katzenmeier/Lipp, ArztR V.B.I.4., Rz 21; Igl/Welti/Nebendahl, GesundheitsR § 49, Rz 37; Hart MedR 2013, 159, 162; Gaßner/Strömer MedR 2012, 159, 164 f; Stöhr MedR 2010, 214, 217; einschränkend Steffen, Die Arzthaftung im Spannungsfeld zu den Anspruchsbegrenzungen des Sozialrechts für Kassenpatienten, in: Festschr für Geiß, 2000, S 487, 502: nur wenn Erreichung des Behandlungsziels ohne Eigenfinanzierung die Behandlung stark beeinträchtigt.
309 Bei der PKV gilt dies nur eingeschränkt. Hierzu unter Rz 95.
310 Krit NK-BGB/Voigt § 630c Rz 28, der von „systemwidriger Rückkopplung" spricht.
311 BGHZ 224, 256 = NJW 2020, 1211.
312 BGHZ 224, 256, 261 = NJW 2020, 1211, 1212 = MedR 2020, 575, 577 (mAnm Spickhoff); Der Behandelnde ist nicht verpflichtet, Informationen über spezielle sozialrechtliche Fragen, zB bzgl Arbeitsunfähigkeitsbescheinigungen, zu erteilen vgl Köln MedR 2018, 700.
313 BeckOGK/Walter § 630c Rz 50; BT-Drucks 17/10488, S 9.
314 BT-Drucks 17/10488, S 22; Grüneberg/Weidenkaff § 630c Rz 8; Laufs/Katzenmeier/Lipp, Arztrecht V.B.I.4., Rz 22.
315 BGH BeckRS 2013, 7619.
316 BeckOK/Katzenmeier § 630c Rz 21; BGHZ 224, 256, 268 ff = NJW 2020, 1211, 1214 f.

punkte ergeben. Diese Pflicht besteht erst, wenn eine konkrete Behandlung erfolgen soll, nicht direkt bei Vertragsabschluss des Behandlungsvertrages[317].

2. Umfang. Die Informationspflicht umfasst nicht lediglich den Hinweis, dass die Kosten nicht oder nicht vollumfänglich übernommen werden[318], sondern es müssen die tatsächlichen voraussichtlichen Behandlungskosten mitgeteilt werden[319]. Das führt dazu, dass in gewisser Weise ein Kostenvoranschlag erforderlich wird[320]. An die Genauigkeit sind jedoch abgeschwächte Anforderungen zu stellen, da eine medizinische Behandlung immer einzelfallbezogen ist und die erforderlichen Maßnahmen daher nicht hundertprozentig kalkulierbar sind[321]. Falsche Angaben ins Blaue hinein sind jedoch unterlassenen Angaben gleichzustellen[322].

3. Wissen. Historisch folgte die Informationspflicht bei positiver Kenntnis oder sich aufdrängenden Zweifeln aus Treu und Glauben nach § 242[323]. Wissen erfordert letztlich die Rechtskenntnis[324]. Eine Informationspflicht besteht auch bei hinreichenden Anhaltspunkten. An das Vorliegen von Umständen, die solche Punkte begründen, sind die gleichen Anforderungen wie an die Fahrlässigkeit iRd § 276 Abs 2 zu stellen[325]. Der anzulegende Maßstab ist ein „objektiver durchschnittlich vernünftiger Behandelnde[r] in dieser Fachrichtung". Der Behandelnde darf – und muss – jedenfalls von fehlender Kostenübernahme durch die Versicherung ausgehen, wenn eine noch nicht allgemein anerkannte Behandlungsmethode praktiziert wird[326].

4. GKV/PKV Unterschiede. Abhängig von der Krankenversicherung des Patienten – ob gesetzlich oder privat – ist auch die Weite der Informationspflicht des Behandelnden zu bestimmen[327]. Während bei gesetzlich Versicherten erhöhte Anforderungen zu stellen sind, gilt dies bei Privatversicherten nicht in gleicher Weise. Hintergrund dessen ist, dass der Behandelnde durch seine regelmäßigen Abrechnungen mit der GKV einen Überblick darüber hat, welche Leistungen erstattungsfähig sind[328]. Der Leistungskatalog der gesetzlichen Krankenkassen über SGB V §§ 11 ff, 27 ff sowie die verbindlichen Richtlinien des GBA statuieren hier entsprechende Vorgaben. Wenn die geplante Behandlung keiner abrechnungsfähigen Position zugeordnet werden kann, muss der Arzt davon ausgehen, dass der Patient in diesem Fall für die Kosten selber aufkommen muss[329].

5. Privatpatienten. Bei Privatpatienten hängt die Erstattungsfähigkeit jedoch von dem konkret ausgehandelten Vertrag zwischen dem Patienten und seiner Versicherung ab. Da der Behandelnde in dieses Vertragsverhältnis keinen Einblick hat, kann er auch keine allgemein gültigen Aussagen diesbezüglich vornehmen. Folglich sind nicht zu hohe Anforderungen an die Informationspflicht zu stellen[330]. Nichtsdestotrotz gibt es Leistungen, bei denen der Behandelnde davon auszugehen hat, dass auch keine private Kasse sie übernimmt. Das gilt insbesondere, wenn der Behandelnde weiß, dass der Patient lediglich einen „Basis"-Tarif nach VAG § 152 Abs 1 hat[331]. Der Arzt muss den Patienten auch wirtschaftlich aufklären, wenn dieser ein Krankenhaus gewählt hat, in dem sowohl eine Privatklinik als auch ein Plankrankenhaus betrieben werden, wenn für den Arzt etwas darauf hindeutet, dass der private Krankenversicherer die Behandlungskosten in der Privatklinik nur in der Höhe übernimmt, wie sie im Plankrankenhaus angefallen wären[332]. Gleiches gilt für einen möglicherweise vorhandenen Informationsvorsprung des Behandelnden[333].

---

317 MünchKomm/Wagner § 630c Rz 57; D Prütting/J Prütting/Friedrich MedR § 630c Rz 34.
318 LG Osnabrück, Urt v 31.08.2016 – 2 O 1947/15, S 12.
319 BT-Drucks 17/10488, S 22; BGHZ 224, 256 = NJW 2020, 1211; LG Osnabrück, Urt v 31.08.2016 – 2 O 1947/15, S 13; Katzenmeier NJW 2013, 817, 819; Grüneberg/Weidenkaff § 630c Rz 8.
320 Krit hierzu NK-BGB/Voigt Rz 28, 18; Rehborn GesR 2013, 257, 262; zuvor nicht erforderlich gem Rspr BGHZ 157, 87, 90 sub 2 a) = NJW 2004, 684; gem BGH NJW-RR 2007, 710 = MRD 2007, 702 kein Kostenanschlag, aber Kriterien, die erfüllt werden müssen.
321 D Prütting/J Prütting/Friedrich MedR § 630c Rz 35; zu den Problemen, die sich aus der retrospektiven Vergütungsabrechnung (zB über GO-Ä § 5 Abs 2) ergeben NK-BGB/Voigt § 630c Rz 18.
322 BeckOGK/Walter § 630c Rz 58.
323 BGH NJW 1983, 2630, 2631 = MedR 1983, 109; NK-BGB/Wever § 630c Rz 11.
324 Spickhoff/Spickhoff MedR § 630c Rz 35.
325 MünchKomm/Wagner § 630c Rz 61; krit Spickhoff/Spickhoff MedR Rz 36, der leichte Fahrlässigkeit nicht für ausreichend hält; Kenntnis bereits bei hinreichenden Zweifeln angenommen nach BGH NJW 1983, 2630, LG Berlin BeckRS 2017, 152985.
326 BGHZ 224, 256, 263 = NJW 2020, 1211, 1213 = JZ 2020, 468, 470 (mAnm Katzenmeier/Voigt); ebenso wenn angewandte Methode von der Schulmedizin nicht anerkannt nach LG Berlin BeckRS 2019, 39159.
327 Vgl BT-Drucks 17/10488, S 22.
328 Die Gesetzesbegründung spricht von einem „Wissensvorsprung" des Behandelnden BT-Drucks 17/10488, S 22.
329 MünchKomm/Wagner § 630c Rz 59; D Prütting/J Prütting/Friedrich MedR § 630c Rz 38.
330 MünchKomm/Wagner § 630c Rz 60; Jaeger § 630c Rz 179.
331 D Prütting/J Prütting/Friedrich MedR § 630c Rz 39; zu den Details vgl MB/St 2009.
332 Stuttgart NJW-RR 2013, 1183; vgl BGH NVwZ-RR 2011, 566.
333 NK-BGB/Voigt § 630c Rz 21.

96 6. **IGeL.** Bei individuellen Gesundheitsleistungen (IGeL) gilt die Informationspflicht sowohl bei gesetzlich als auch privat versicherten Patienten, denn derartige Behandlungen (zB Früherkennungsbehandlungen, kosmetische Behandlungen[334] etc) werden regelmäßig weder von der GKV noch von der PKV erstattet[335]. Ebenso müssen auch Heilpraktiker und Homöopathen wissen, dass ihre Behandlungen nicht oder nicht vollständig von den Versicherungen übernommen werden[336]. Unter die zu informierenden Behandlungskosten fallen nicht nur die Kosten der konkreten Behandlung, sondern auch die damit verbundenen Kosten wie zB Zuzahlungsverpflichtungen[337], etwa die Beteiligungspflicht bei Rezepten für Medikamente in der Apotheke[338]. Allerdings werden der Informationspflicht durch Abs 4 Grenzen gesetzt, da bei Kassenpatienten eine Beteiligungspflicht bei der Rezepteinlösung regelmäßig bekannt sein dürfte[339].

97 7. **Unrechtmäßige Kostenübernahmeverweigerung.** Eine Informationspflicht wird teilweise auch bejaht, wenn der Behandelnde weiß, dass die Versicherungen die Kostenübernahme oftmals zu Unrecht verweigern[340]. Dieser Ansatz ist juristisch höchst kritisch, da hierdurch dem Behandelnden eine rechtliche Einschätzung auferlegt wird und er zudem mittelbar haftungsrechtlich dadurch bedroht ist, dass die Versicherung des Patienten sich unrechtmäßig verhält. Er wird mithin partiell zum „kleinen Wirtschaftsanwalt" des Patienten, was vor dem Hintergrund der heilberuflichen Profession kaum überzeugen kann.

III. Begrenzung des Tatbestands

98 1. **Nachforschungspflicht?** Den Behandelnden trifft keine Nachforschungspflicht. Hintergrund der Belehrungspflicht ist der erwünschte Ausgleich der Informationsasymmetrie, welche bei Unwissen der Behandlungsseite nicht besteht[341]. Bei Zweifeln muss der Behandelnde daher nicht die Versicherung kontaktieren. Vielmehr genügt es, dem Patienten seine Zweifel mitzuteilen und in diesem Fall vorsorglich die voraussichtlichen Kosten zu benennen[342].

99 2. **Sozialrecht.** Über sozialrechtliche Aspekte wie zB eine Arbeitsunfähigkeitsbescheinigung und Entgeltfortzahlungsansprüche hat der Behandelnde nicht zu informieren[343]. Derartige Informationspflichten könnten sich jedoch aus einer Nebenpflicht nach § 241 Abs 2 iVm § 630a ergeben, wobei der Umfang auch hier anhand des typischen Kenntnishorizonts begrenzt wird[344]. Über sozialrechtliche Rechtsprechung wird kein Detailwissen verlangt, insbesondere nicht bei ungewöhnlichen Entscheidungen[345]. Dem Versuch, derart weitreichende Informationspflichten stattdessen auf § 241 Abs 2 zu stützen, steht die zuvor erörterte kritische Konstruktion des Abs 3 entgegen, die erkennbar Ausnahmecharakter im Behandlungsvertragsrecht hat[346].

IV. Begrenzung durch Abs 4

100 Die Informationspflichten aus Abs 2 Satz 1 und Abs 3 Satz 1 werden durch Abs 4 begrenzt, der beispielhaft die Information bei Verzicht des Patienten ebenso wie im Fall einer unaufschiebbaren Behandlung für entbehrlich erklärt.

101 1. **Verzicht.** Ein wirksamer Verzicht iSd Abs 4 Alt 2 liegt vor, wenn der Patient deutlich und unmissverständlich erklärt, er wolle nicht informiert werden und habe die Erforderlichkeit sowie Chancen und Risiken der Behandlung verstanden[347]. Es muss nicht ausdrücklich „verzichtet" werden, sondern es genügt, wenn dies eindeutig aus der Wortwahl hervorgeht[348]. Nichtsdestotrotz sind hohe Anforderungen an den Verzicht zu stellen, um den Schutzzweck der Norm nicht

---

334 Krit zur Informationspflicht bei kosmetischen OPs D Prütting/J Prütting/Friedrich MedR § 630c Rz 41, der davon ausgeht, dass jedem klar sein muss, dass derartige Leistungen nicht von der Versicherung getragen werden. Dem Behandelnden stehe bei etwaigen Ansprüchen des Patienten der Einwand treuwidrigen Verhaltens nach § 242 zu.
335 Spickhoff/Spickhoff MedR § 630c Rz 36; BT-Drucks 17/10488, S 22.
336 Müller/Raschke NJW 2013, 428.
337 J Prütting MedR 2018, 291; hierzu ausf ders, Rechtsgebietsübergreifende Normenkollisionen Kapitel 5 III; krit Laufs/Kern/Rehborn/Kern, Hdb ArztR § 64, Rz 28; aA Igl/Welti/Nebendahl, GesundheitsR § 49, Rz 33.
338 D Prütting/J Prütting/Friedrich MedR § 630c Rz 42.
339 D Prütting/J Prütting/Friedrich MedR § 630c Rz 42.
340 Stuttgart NJW 2013, 1183 = VersR 2013, 583 mit Verweis auf Ratzel/Luxenburger/Kaiser, Hdb MedR § 12, Rz 225; aA NK-BGB/Voigt § 630c Rz 21; D Prütting/J Prütting/Friedrich MedR § 630c Rz 36.
341 BGHZ 224, 256 = NJW 2020, 1211 Rz 13; MünchKomm/Wagner § 630c Rz 61; D Prütting/J Prütting/Friedrich MedR § 630c Rz 35.
342 MünchKomm/Wagner § 630c Rz 61.
343 Köln BeckRS 2017, 145872 = MedR 2018, 700; BeckOK/Katzenmeier § 630c Rz 18, MünchKomm/Wagner § 630c Rz 58.
344 MünchKomm/Wagner § 630c Rz 58.
345 MünchKomm/Wagner § 630c Rz 58.
346 Siehe dazu Rz 86, ebenso Spickhoff/Spickhoff MedR § 630c Rz 38.
347 BT-Drucks 17/10488, S 22; wohl für geringere Anforderungen MünchKomm/Wagner § 630c Rz 71 aufgrund eines Vergleichs zu § 630e sowie Spickhoff/Spickhoff MedR § 630c Rz 45, der sich auf das Recht auf Nichtwissen beruft.
348 D Prütting/J Prütting/Friedrich MedR § 630c Rz 57.

auszuhöhlen[349]. Insbesondere durch AGB ist ein solcher Verzicht unwirksam, da die Informationspflichten einer eigenverantwortlichen Entscheidung dienen, diese aber dann nicht gewährleistet ist[350]. In praxi ist dem Behandelnden zu raten, bei jeglichem erkennbarem Zweifel stets von einer Unwirksamkeit des Verzichts auszugehen und vorsichtshalber den Informationspflichten nachzukommen.

2. Unaufschiebbarkeit. Eine Behandlung ist regelmäßig unaufschiebbar, wenn Gefahren für das Leben des Patienten bei weiterem Abwarten entstehen würden, also ein „Notfall" vorliegt[351]. Die Unaufschiebbarkeit kann aufgrund seiner systematischen Stellung im Rahmen des § 630c anders als im Rahmen des § 630e (Selbstbestimmungsaufklärung) weiter ausgelegt werden, da die Einwilligung nicht betroffen ist[352]. Somit ist eine Behandlung in § 630c Abs 4 schon als unaufschiebbar zu qualifizieren, wenn die Vorteile der sofortigen Durchführung die Nachteile der späteren Information überwiegen[353]. Allerdings muss es sich stets um eine medizinisch notwendige Behandlung handeln. Bei derartigen Behandlungen wird regelmäßig auch eine Erstattung durch die Versicherung gegeben sein, sodass die Alt 1 primär bei ausländischen Patienten oder Versicherungslosen eine Rolle spielt[354]. Diese Ausnahmen nach Abs 4 sind daher weniger für die wirtschaftliche Aufklärung von Relevanz, sondern eher im Rahmen der Informationspflichten aus Abs 2 Satz 1, 2. 102

Wird die Information aufgrund Unaufschiebbarkeit nicht erbracht, ist sie so bald wie möglich nachzuholen[355].

3. Weitere Ausnahmen. Durch den in der Norm verankerten Terminus „insbesondere" ist verdeutlicht, dass auch noch weitere Beispiele für Ausnahmefälle in Betracht kommen[356]. Allerdings steht dem Behandelnden hier kein „therapeutisches Privileg" zu; lediglich iRd Gebots schonender Aufklärung kann der Behandelnde die Art und Weise der Mitteilung bestimmen[357]. Aus therapeutischen Gründen nicht zu informieren, ist zwar grundsätzlich denkbar, wenn die Möglichkeit besteht, dass der Patient andernfalls sein Leben oder seinen Leib gefährdet[358]. So muss zB eine Krebsdiagnose nicht direkt übermittelt werden, wenn andernfalls ernste Gesundheitsschäden des Patienten drohen[359]. Eine solche Vorgehensweise ist jedoch im Hinblick auf das Leitbild des mündigen Patienten nur mit größter Zurückhaltung zu wählen. § 630c Abs 4 ist kein Einfallstor für ärztlichen Paternalismus. Daher muss eine sorgfältige Abwägung aller erkennbaren Umstände der Situation ergeben, dass erhebliche Gefahren für den Patienten dringend und konkret zu befürchten sind, würde ihm die Information sogleich ungefiltert übermittelt. Insbesondere konkret ersichtliche Suizidtendenzen könnten hier in die Erwägung einzubeziehen sein. 103

4. Kenntnis. Die Informationspflicht entfällt dagegen, wenn der Patient bereits Kenntnis von den informationspflichtigen Umständen hat[360]. Dies ist gegeben, wenn der Patient die Behandlung bereits zuvor hat durchführen lassen oder wenn er selber Arzt der spezifischen Fachrichtung ist[361]. Im Rahmen etwaiger Kenntnis durch Vorbehandlungen ist jedoch auf die vergangene Zeit zu achten, da gerade im Bereich schmerzhafter Behandlungen die Möglichkeit des „verdrängenden Vergessens" nicht außer Acht zu lassen ist[362]. Zudem darf bestehende Kenntnis nicht vorschnell angenommen werden, da fachspezifische Informationen für den Laien vielfach schwer zu verarbeiten und nach erster Kenntnisnahme schwer zu behalten sind. Selbst im Fall medizinisch vorgebildeter Patienten ist größte Zurückhaltung mit der Annahme bereits hinreichend vorhandenen Wissens zu üben. 104

V. Formerfordernisse

1. Textform. Der Patient muss grundsätzlich vor der medizinischen Behandlung in Textform nach § 126b informiert werden. Der Zweck der Textform ist die bestmögliche Dokumentation 105

---

349 Vgl BT-Drucks 17/10488, S 22.
350 MünchKomm/Wagner § 630c Rz 70 plädiert dafür, sich an den Kriterien zu orientieren, die für eine Individualvereinbarung iSd § 305b maßgeblich sind.
351 BT-Drucks 17/10488, S 22 f.
352 MünchKomm/Wagner § 630c Rz 72 f.
353 MünchKomm/Wagner § 630c Rz 73; D Prütting/J Prütting/Friedrich MedR § 630c Rz 55.
354 ErmanBGB/Rehborn/Gescher § 630c Rz 42; D Prütting/J Prütting/Friedrich MedR § 630c Rz 56.
355 MünchKomm/Wagner § 630c Rz 72.
356 BT-Drucks 17/10488, S 22.
357 Spickhoff/Spickhoff MedR § 630c Rz 47.
358 BT-Drucks 17/10488, S 23; MünchKomm/Wagner § 630c Rz 74; Spickhoff/Spickhoff MedR § 630c Rz 47.
359 BGHZ 29, 176 = NJW 1959, 814, 815.
360 D Prütting/J Prütting/Friedrich MedR § 630c Rz 58.
361 BT-Drucks 17/10488, S 23; Köln VersR 2012, 494; Hamm VersR 1998, 322; nicht dagegen bei Ärzten ohne abgeschlossene Ausbildung: Frankfurt aM MedR 2009, 532; BGH NJW 1996, 788: Krankenschwester muss nicht über allg Infektionsrisiko aufgeklärt werden.
362 Spickhoff/Spickhoff MedR § 630c Rz 47.

und Information³⁶³. Nur nachrangig dient sie auch Beweiszwecken³⁶⁴. Dementsprechend ist eine Unterschrift nicht erforderlich³⁶⁵.

106 2. **Sicherstellung der Kenntnisnahme.** Wenn der Patient die Information in Textform aufgrund von Analphabetismus oder einer Behinderung nicht aufnehmen kann, muss die Behandlungsseite die Kenntnisnahme anderweitig sicherstellen³⁶⁶. Jedoch muss dies für den Behandelnden erkennbar sein, da andernfalls das Vertretenmüssen iRd Schadensersatzanspruchs fehlt³⁶⁷.

107 3. **Vorgaben.** Die Informationen über die voraussichtlichen Kosten müssen in einer Urkunde festgehalten sein oder in einer anderen zur dauerhaften Wiedergabe in Schriftzeichen geeigneten Weise erbracht werden. Der Behandelnde ist namentlich zu nennen und seine Namensunterschrift ist jedenfalls nachgebildet, zB in Form einer Faksimileunterschrift am Ende des Dokuments anzubringen. Mithin können auch vorgedruckte Formulare verwendet werden³⁶⁸. Wenn bereits die Behandlung selbst inklusive ihrer Kosten schriftlich vereinbart werden muss, besteht kein Bedarf für eine weitere Information der Kosten in Textform³⁶⁹.

108 4. **Rechtsfolgen der Nichteinhaltung.** Werden die Formerfordernisse nicht eingehalten, führt dies nicht zur Nichtigkeit des Vertrags nach § 125 Satz 1³⁷⁰. Hintergrund ist der bloße Nebenpflichtcharakter der Informationspflicht. Die Informationspflicht soll dazu dienen, dass der Patient vor unerwarteten und teils erheblichen finanziellen Belastungen bewahrt wird, nicht jedoch den Vertrag bei Nichterfüllung entfallen zu lassen. Dieser Warnfunktion vor den anstehenden Kosten kann zudem grundsätzlich bereits mündlich Rechnung getragen werden, sodass es der Textform nicht unbedingt bedarf. Zudem kommt der Behandlungsvertrag bereits zustande, bevor etwaige Informationspflichten entstehen³⁷¹.

109 5. **Beweisrechtliche Wirkung.** Nach hier vertretener Auffassung kann ein reiner Formverstoß bei mündlich stattgehabter, ordnungsgemäßer wirtschaftlicher Information für sich genommen nur darlegungs- und beweisrechtliche Folgen für eine möglicherweise nachfolgende zivilrechtliche Auseinandersetzung haben. Eine Schadensersatzverpflichtung ausschließlich wegen des Formverstoßes widerspräche sowohl dem hergebrachten Rechtsprechungsansatz als auch der heutigen normativen Idee der Verteidigung wirtschaftlicher Selbstbestimmung des Patienten im Kontext etwaig kostenintensiver Maßnahmen in Abwägung zur Wahrung eigener körperlicher und gesundheitlicher Interessen. Allerdings kann ein Formverstoß berufsrechtliche Konsequenzen nach sich ziehen³⁷².

VI. Rechtsfolge bei Verstößen

110 1. **Schadensersatzanspruch und Aufrechnung.** Der Patient hat bei Verletzung der wirtschaftlichen Informationspflicht durch den Behandelnden einen Schadensersatzanspruch gegen diesen in Höhe der nicht übernommenen Behandlungskosten, welchen er gegen den Vergütungsanspruch des Behandelnden nach § 389 aufrechnen kann³⁷³. Wenn der Behandelnde auch über Kosten dritter Leistungserbringer, zB eines Labors, hätte aufklären müssen, da diese im Zusammenhang mit der Behandlung stehen, kann er einen Anspruch gegen den Behandelnden auf Freihaltung von den entsprechenden Zahlungsansprüchen der Dritten verlangen³⁷⁴. Entsprechend obiger Ausführungen (Rz 108) kann ein solcher Anspruch jedoch nicht allein auf die Verletzung des Textformerfordernisses nach § 630c Abs 3 Satz 1 gestützt werden.

111 2. **Minderung.** Der Schadensersatzanspruch des Patienten kann wegen Mitverschuldens gem § 254 Abs 2 Satz 1 zu mindern sein. Dies ist etwa dann der Fall, wenn er schuldhaft seinen Versicherungsschutz nicht abgeklärt hat³⁷⁵.

---

363 MünchKomm/Wagner § 630c Rz 65.
364 Dies aber eher weniger laut D Prütting/J Prütting/Friedrich MedR § 630c Rz 47.
365 MünchKomm/Wagner § 630c Rz 65.
366 BT-Drucks 17/10488, S 22; Grüneberg/Weidenkaff § 630c Rz 11; Spickhoff/Spickhoff MedR § 630c Rz 39.
367 Spickhoff/Spickhoff MedR § 630c Rz 39.
368 Spickhoff/Spickhoff MedR § 630c Rz 40.
369 D Prütting/J Prütting/Friedrich MedR § 630c Rz 53; MünchKomm/Wagner § 630c Rz 66.
370 NK-BGB/Voigt § 630c Rz 23; LG Dortmund BeckRS 2018, 8064 Rz 5; aA Erman/Rehborn/Gescher § 630c Rz 40; Rehborn GesR 2013, 257, 262; ders MDR 2013, 497, 500.
371 NK-BGB/Voigt § 630c Rz 23; D Prütting/J Prütting/Friedrich MedR § 630c Rz 48.

372 Vgl VerfGH Saarbrücken GesR 2014, 546, die auf eine Verletzung des Vertrauensverhältnisses abstellten und daher eine Geldbuße verhängten (vgl BOÄ-SL § 2 Abs 2 iVm SHKG § 33 Abs 3 Nr 3 iVm § 16 Abs 1).
373 Frankfurt aM NJW-RR 2004, 1608 = MDR 2004, 1401; BT-Drucks 17/10488, S 22; BGH NJW 2000, 3429, 3432 = VersR 2000, 999.
374 Igl/Welti/Nebendahl, GesundheitsR § 49, Rz 36; zur wirtschaftlichen Aufklärungspflicht bei Laborleistungen, die aufgrund mangelnder medizinischer Indikation nicht von der Krankenversicherung getragen werden Köln MedR 2014, 317, 319 f.
375 D Prütting/J Prütting/Friedrich MedR § 630c Rz 45; NK-BGB/Voigt § 630c Rz 25.

3. **Grenzen.** Eine Begrenzung des Schadensersatzanspruches kommt zudem nach § 242 in **112** Betracht, wenn die tatsächlichen Behandlungskosten hinter den mitgeteilten zurückbleiben[376]. Es sind folglich nur solche Kosten ersatzfähig, die über die vorher bezifferten Behandlungskosten hinausgehen[377]. Der Schadensersatzanspruch scheidet zudem mangels Pflichtwidrigkeitszusammenhang aus, wenn der Patient die Behandlung auch bei ordnungsgemäßer Information sicher vorgenommen hätte[378].

4. **Keine Vertragsaufhebung.** Bei einer Verletzung der wirtschaftlichen Informationspflicht **113** kommt daher keine Vertragsaufhebung in Betracht. Auch über eine möglicherweise nötige Aufklärung als vorvertragliche Pflicht iSd cic kann der Patient keine Naturalrestitution im Wege der Vertragsaufhebung verlangen[379]. Auch eine Kündigung ist nicht möglich, da es sich anders als bei § 649 nicht um eine Spezialnorm des Wegfalls der Geschäftsgrundlage handelt[380]. Diese Erwägung ist jedoch mit Blick auf die jederzeitige Kündigungsmöglichkeit nach den §§ 630b iVm 627 letztlich nur von Bedeutung, wenn der Patient bereits aufgrund erbrachter Leistungen nach § 628 Abs 1 wenigstens teilweise leistungspflichtig ist. Mit § 630c Abs 3 wollte der Gesetzgeber bei Normverstoß jedenfalls einzig die Geltendmachung eines Schadensersatzanspruches ermöglichen.

VII. Modifikation durch Parteivereinbarung

1. **Abdingbarkeit.** Fraglich ist, ob die Informationsplichten aus Abs 2 und Abs 3 abbedungen **114** werden können. Grundsätzlich spricht dafür die Privatautonomie[381]. Hinzukommt, dass der Gesetzgeber in Abs 4 sogar ausdrücklich den Verzicht anerkannt hat[382].

Es dürfte jedoch richtigerweise zwischen den einzelnen Informationspflichten und dem dadurch jeweils bezweckten Schutz zu differenzieren sein.

2. **Maßstab bei Abs 2 Satz 1.** Die Informationspflicht aus Abs 2 Satz 1 dient dem Gesund- **115** heitsschutz des Patienten und stellt einen wichtigen Teil der Behandlung dar. Ein Ausschluss iRv AGB ist jedenfalls nach § 309 Nr 7a unwirksam[383]. Individualvereinbarungen scheinen grundsätzlich möglich, wofür nicht zuletzt auch § 630a Abs 2 lz HS spricht. Jedoch wird man mit Blick auf die gesetzgeberseitige Begrenzungsvorschrift des § 630c Abs 4 und den grundsätzlichen Verweis auf die hergebrachte Rechtsprechung nachvollziehbare Gründe und tatsächliche Verläufe fordern müssen, die letztlich gleichermaßen für einen wirksamen Aufklärungsverzicht hinreichten. Jegliche Parteivereinbarung, die über diese Grenze bei aktueller Rechtslage hinausginge, würde § 630c Abs 4 in seiner letzten Variante ad absurdum führen und erkennbar dem gesetzgeberischen Willen zuwiderlaufen.

3. **Maßstab bei Abs 2 Satz 2, 3.** Bei den Informationspflichten aus Abs 2 Satz 2, 3 beurteilt **116** sich ein Ausschluss grundsätzlich nach § 307, sofern vermögensrechtliche Interessen betroffen sind[384]. Hierbei zeichnet der § 307 Abs 2 Nr 1 jedoch eine klare Grenze auf, dadurch, dass eine Vertragspflicht in Abs 2 Satz 2, 3 ausdrücklich normiert ist. Ein Ausschluss dieser Informationspflicht erscheint daher in praxi unrealistisch. Wenn jedoch gesundheitsrechtliche Interessen betroffen sind, gilt das gleiche wie oben (Rz 115). Allerdings darf ein Ausschluss der Informationspflichten nicht dazu führen, dass der Schuldner sich im Voraus von der Pflicht zur wahrheitsgemäßen Beantwortung etwaiger Patientenfragen befreien kann, da hierin ein unzulässiger Versuch des Vorsatzausschlusses gesehen werden kann[385].

4. **Maßstab bei Abs 3.** Ein Ausschluss der Informationspflichten aus Abs 3 ist am ehesten **117** möglich, da hier ausschließlich Vermögensinteressen geschützt werden sollen. AGB-Klauseln sind daher anhand von § 307 zu messen, wobei zu beachten ist, dass die Aufklärungsverpflichtung über den Umfang des Krankenversicherungsschutzes vom gesetzlichen Leitbild iSd § 307 Abs 2 Nr 1 umfasst ist[386].

---

376 D Prütting/J Prütting/Friedrich MedR § 630c Rz 45.
377 LG Osnabrück, Urt v 31.08.2016 – 2 O 1947/15, S 14; LG Bonn BeckRS 2018, 34761.
378 D Prütting/J Prütting/Friedrich MedR § 630c Rz 45; NK-BGB/Voigt § 630c Rz 25.
379 Str laut NK-BGB/Voigt Rz 17; zum Verhältnis cic/ Anfechtung bei fehlerhafter Aufklärung Staud/ Schiemann § 249 Rz 195 f.
380 NK-BGB/Voigt § 630c Rz 17.
381 D Prütting/J Prütting/Friedrich MedR § 630c Rz 61.
382 Vgl MünchKomm/Wagner § 630c Rz 75.
383 MünchKomm/Wagner § 630c Rz 77.
384 D Prütting/J Prütting/Friedrich MedR § 630c Rz 63.
385 MünchKomm/Wagner § 630c Rz 78; Spickhoff JZ 2015, 15, 23; D Prütting/J Prütting/Friedrich MedR § 630c Rz 63.
386 MünchKomm/Wagner § 630c Rz 76.

VIII. Exkurs 1: Wirtschaftliche Einflüsse im Behandlungsverhältnis, welche die Nichtigkeit des Vertrages bedingen

118 Ein Krankenhausaufnahmevertrag, bei dem nicht hinreichend wirtschaftlich aufgeklärt wurde, kann auch nach § 138 Abs 1 nichtig sein. Dies wurde vom BGH in einem Fall bejaht, indem ein totaler Krankenhausaufnahmevertrag mit einem pflegebedürftigen, jedoch nicht behandlungsbedürftigen Patienten in Kenntnis seiner bescheidenen Mittel und der Nichtübernahme eines Dritten abgeschlossen wurde[387].

Ebenso könnte ein Fall der Sittenwidrigkeit gegeben sein, wenn bei nicht indizierten Enhancement-OPs, wie zB Schönheits-OPs, eine Sucht zur Selbstoptimierung des Patienten besteht und dieser daher extreme finanzielle Verpflichtungen auf sich nimmt, ohne sich der Konsequenzen tatsächlich bewusst zu werden oder sich krankheitsbedingt hierzu getrieben fühlt.

IX. Exkurs 2: Fälle des § 630c Abs 3 Satz 2 und Rechtsfolgen

119 Abs 3 Satz 2 bestimmt, dass weitergehende Formanforderungen aus anderen Vorschriften unberührt bleiben[388]. Hier sind insbesondere die KHEntgG §§ 8 Abs 8, 17 Abs 2 Satz 1, SBG V § 28 Abs 2 Satz 4, GOZ § 9 Abs 2 zu nennen[389]. Anders als die Textform nach Abs 3 Satz 1 iVm § 126b, verlangt hier die Schriftform nach § 126 eine eigenhändige Unterschrift der Urkunde durch den Aussteller, sodass eine Übermittlung per Fax oder E-Mail ausscheidet. Bei Verstoß ist die Nichtigkeitsfolge nach § 125 Satz 1 einschlägig. Wenn zB die Schriftform des KHEntgG § 17 Abs 2 nicht eingehalten wird, ist die Wahlleistungsvereinbarung nach § 125 Satz 1 unwirksam. Regelmäßig wird bei ärztlichen Wahlleistungen ein totaler Krankenhausvertrag mit Arztzusatzvertrag geschlossen. Dieser Arztzusatzvertrag kann grundsätzlich auch mündlich geschlossen werden, jedoch teilt er bei unwirksamer Wahlleistungsvereinbarung gemäß § 139 deren Schicksal der Unwirksamkeit[390].

In der Gesetzesbegründung werden ebenso die BMV-Ä §§ 3 Abs 1, 18 Nr 8 gelistet, die jedoch keine Rechtsnormen iSd EGBGB Art 2 darstellen. Eine Nichtigkeitsfolge nach § 125 Satz 1 ist dort daher abzulehnen[391].

H. Darlegungs- und Beweislast, Beweiserleichterungen

I. Grundsätze für die Abs 1 – 3

120 **1. Grundsatzregeln.** Grundsätzlich gilt, dass der Patient die für ihn anspruchsbegründenden Voraussetzungen vorzutragen hat und die Beweislast trägt. Dies liegt daran, dass die Information nicht Teil der Einwilligung ist, sondern im Rahmen des Abs 2 Satz 1 zur Behandlung und im Rahmen des Abs 3 als Nebenpflicht zur wirtschaftlichen Patientensicherung zählt, sodass auch ihre Verletzung wie ein Behandlungsfehler zu werten ist und die dem entsprechenden Darlegungs- und Beweislastregeln gelten[392]. § 630h Abs 2 Satz 1 ist nur auf die Selbstbestimmungsaufklärung anzuwenden, nicht jedoch auf die therapeutische Aufklärung nach Abs 2 Satz 1. Mit Blick auf Abs 3 Satz 1 ist der Patient darlegungs- und beweisbelastet für das Vorliegen etwaiger Anhaltspunkte für den Bestand einer Gegenforderung, die zur Aufrechnung berechtigt. Die Beweislastregeln des § 630h sind hier auf einen Schadensersatzanspruch nicht anwendbar[393].

121 **2. Abs 1.** Die Verletzung der Mitwirkungsobliegenheit nach Abs 1 muss vom Behandelnden bewiesen werden, da es sich hierbei um einen für ihn entlastenden Aspekt handelt[394].

122 **3. Abs 2 Satz 1.** Der Patient muss beweisen, dass die Sicherungsaufklärung nicht oder nicht hinreichend erfolgt ist[395]. Im Rahmen der Aufklärungspflicht nach Abs 2 Satz 1 greift die

---

387 BGHZ 102, 106, 109 ff = NJW 1988, 759, 760 f = MedR 1988, 175, 177 ff; BeckOK/Katzenmeier § 630c Rz 21; Laufs/Katzenmeier/Lipp/Katzenmeier, Arztrecht V.B.I.4., Rz 25.
388 S aber BGH NJW-RR 2017, 596 = MedR 2017, 478: Berufung auf Formnichtigkeit einer nach § 2 Abs 3 Satz 1 GOZ getroffenen Honorarvereinbarung kann nach § 242 verwehrt sein.
389 Vgl BT-Drucks 17/10488, S 22.
390 BGH NJW 1998, 1778, 1780; NK-GesMedR/Ihle KHEntgG § 17 Rz 9.
391 D Prütting/J Prütting/Friedrich MedR § 630c Rz 52; NK-BGB/Voigt § 630c Rz 24; BeckOK/Katzenmeier § 630c Rz 20; näher Voigt, Diss Köln 2013, S 37.
392 Laufs/Kern/Rehborn/Kern, HdB ArztR § 64, Rz 5.
393 BT-Drucks 17/10488, S 22.
394 NK-BGB/Voigt § 630c Rz 33.
395 Köln NJW-RR 2001, 92 = VersR 2001, 66; Hamm VersR 2005, 837.

Annahme aufklärungsrichtigen Verhaltens[396]. Damit hat der Behandelnde keinen Erfolg mit der Behauptung, der Patient hätte sich sowieso nicht entsprechend verhalten, wenn er dies nicht beweisen kann. Etwas anderes gilt jedoch, wenn dem Patienten das Verhalten nicht möglich war[397] oder aufgrund einer Vielzahl von Handlungsmöglichkeiten kein aufklärungsrichtiges Verhalten bestimmt werden kann[398].

4. Grober Behandlungsfehler. Handelt es sich um eine grob fehlhaft unterbliebene Information, kommt bzgl der Bejahung des groben Behandlungsfehlers § 630h Abs 5 Satz 1 für den Patienten in Betracht, da die Rechtsprechung therapeutische Aufklärungsfehler unter Behandlungsfehler fasst[399]. Ein grober Behandlungsfehler kann bei diesem Unterlassen gegeben sein, wenn die Notwendigkeit dringend einzuleitender Schritte nicht deutlich gemacht wird oder über einen bedrohlichen Befund, der solche Maßnahmen für nötig erscheinen lässt, nicht hinreichend informiert wird[400]. Auch ein Zusammenwirken eines Aufklärungsfehlers mit einigen Diagnose- und Befunderhebungsfehlern kann zur Annahme eines groben Fehlers führen[401].

Damit ist jedoch nur Abhilfe im Rahmen der Kausalität zwischen Behandlungsfehler und Gesundheitsschaden geschaffen, wenn die Verletzung der Informationspflicht den eingetretenen Schaden verursachen konnte[402]. Mithin trifft den Patienten jedenfalls noch die Beweislast bzgl der Pflichtverletzung.

5. Grenzen des § 630h Abs 5. Allerdings kann die Beweislastumkehr nach § 630h Abs 5, die zu Gunsten des Patienten bei Vorliegen eines groben Behandlungsfehlers greift, abzulehnen sein[403]. Dies ist zB dann der Fall, wenn der Patient sich trotz ordnungsgemäßer Aufklärung gem Abs 2 Satz 1 nicht an die ärztlichen Anweisungen und Empfehlungen hält und dadurch den derzeitigen Gesundheitszustand maßgeblich mitbeeinflusst hat, sodass der Verlauf des Behandlungsgeschehens nicht mehr aufklärbar ist[404]. Wenn auch über die Risiken der Nichteinhaltung etwaiger Pflichten aufgeklärt worden ist, ist jedenfalls von einer solchen Beweislastumkehr auszugehen[405]. Da die Beweislastumkehr ausdrücklich in § 630h Abs 5 normiert ist, stellt das Nichteingreifen eine Ausnahme dar, die die Behandlungsseite darzulegen hat[406].

6. Abs 2 Satz 2, Abs 3. Den Patienten trifft die Beweislast iRv Abs 2 Satz 2 sowie bei Abs 3 bzgl der Pflichtverletzung, auch wenn hier kein Behandlungsfehler bejaht wird, sondern eine selbständige Pflichtverletzung[407]. Wenn der Patient beweisen kann, dass die wirtschaftliche Aufklärung nicht ordnungsgemäß erfolgt ist, muss er noch beweisen, dass er bei ordnungsgemäßer Aufklärung die medizinische Behandlung nicht hätte durchführen lassen. Handelt es sich bei der Pflichtverletzung um ein Unterlassen, so trägt der Patient die Beweislast für die Kausalität[408]. Die Annahme des aufklärungsrichtigen Verhaltens wird iRd Abs 3 nicht anerkannt[409]. Hintergrund ist, dass mit der wirtschaftlichen Information der Patient nicht von der Behandlung abgehalten, sondern lediglich über die finanziellen Konsequenzen belehrt werden soll[410]. Eine Vermutung, der Patient werde sodann Kosteninteressen über die gesundheitlichen stellen, ist aus dem Recht heraus gerade nicht formuliert und wäre auch verfehlt.

7. Abs 4. Dem Behandelnden obliegt wiederum die Darlegungs- und Beweislast für die Umstände der Entbehrlichkeit der Information nach Abs 4. Aus diesem Grund ist es dem Behandelnden zu raten, sämtliche diesbezüglichen Umstände peinlich genau zu dokumentieren, also

---

396 BGHZ 61, 118 = NJW 1973, 1688; BGHZ 89, 95 = NJW 1984, 658, 659; anders MünchKomm/Wagner § 630c Rz 27, der auf den Nachweis im Einzelfall abstellt unter Berufung auf BGH NJW 2009, 2820 Rz 15 = VersR 2009, 1267 = MedR 2010, 101, 103 f (mAnm Schmidt-Recla).
397 BGH NJW 1987, 2923, 2924 = FamRZ 1987, 1123.
398 BGH NJW 1989, 2320, 2321 = JR 1990, 25.
399 BT-Drucks 17/10488, S 31; NK-BGB/Voigt § 630c Rz 34; BGHZ 162, 320 = NJW 2005, 1716; NJW 2005, 427 = VersR 2005, 228; grobe Verletzung der therapeutischen Aufklärungspflicht bei drohender Netzhautablösung bejaht: BGH MedR 2005, 226; ebenso bei unterlassenem Hinweis auf Mammographie-Behandlung zur Krebsvorsorge nach Hamm MedR 2014, 103.
400 BGHZ 107, 222, 225 f und Ls = NJW 1989, 2318 = VersR 1989, 702; VersR 2018, 1192 Rz 11; MünchKomm/Wagner § 630c Rz 28.
401 Hamm VersR 2019, 34, 36 ff.
402 BGHZ 159, 48 = NJW 2004, 2011; fortgeführt durch BGH NJW 2005, 427 = MDR 2005, 572.
403 D Prütting/J Prütting/Friedrich MedR § 630c Rz 4; Hamm BeckRS 2018, 6924 Rz 33 = MedR 2019, 668 (m Anm Süß).
404 BGH VUR 2005, 116, 117; VersR 2002, 1026, 1028; 2004, 909; Braunschweig VersR 1998, 459, 461; Hamm BeckRS 2018, 6924 Rz 33; KG Berlin VersR 1991, 928.
405 Hamm BeckRS 2018, 6924 Rz 33.
406 BGH VUR 2005, 116, 117; VersR 2004, 909.
407 NK-BGB/Voigt § 630c Rz 34; D Prütting/J Prütting/Friedrich MedR § 630c Rz 49 erwägt eine Beweislastumkehr de lege ferenda auch für die wirtschaftliche Informationspflicht.
408 BGHZ 224, 256 = NJW 2020, 1211 Rz 25.
409 BGHZ 224, 256 = NJW 2020, 1211, 1214 f Rz 27 f = JZ 2020, 468, 471 f (mAnm Katzenmeier/Voigt) = MedR 2020, 575, 579 f (mAnm Spickhoff).
410 Urteilsbesprechung zu BGHZ 224, 256 = NJW 2020, 1211 durch J Prütting, LMK 2020, 429272; Spickhoff MedR 2020, 579, 580.

etwa einen entsprechenden Verzicht auch in Form einer Unterschrift seitens des Patienten bestätigen zu lassen.

II. Herabgesetzte Substantiierungslast des Patienten und sekundäre Darlegungslast der Behandlungsseite

127 Aufgrund der Informationsasymmetrie zwischen Behandelndem und Patienten kann es in einem nachfolgenden Zivilprozess zur Verschiebung der Darlegungslast kommen[411]. Wenn der Patient Umstände vorträgt, die zu einer denkbaren Schädigung seinerseits beigetragen haben können, jedoch ihren Ursprung in einer für den Patienten nicht einsehbaren oder mangelhaft nachvollziehbaren Sphäre des Behandelnden haben, obliegt es dem Behandelnden, detailliert die betreffenden Geschehnisse offenzulegen[412], während der Patient lediglich darauf verweisen muss, was sich aus seiner Warte abgespielt haben mag und worin er ggf Verletzungen seiner Rechtsgüter sieht[413]. Zentral berührt ist insofern der therapeutische Bereich, den der Patient regelmäßig mangels Vorbildung und vor dem Hintergrund der für ihn schon krankheitsbedingt vielfach überwältigenden Situation nicht überblickt. Die Informationspflichten der §§ 630c Abs 2 Satz 1 und 630e Abs 1 sollen diese Asymmetrie im Behandlungsgeschehen abmildern, versetzen den Patienten regelmäßig aber nicht in die Lage, Abläufe und Inhalte später in einem Rechtsstreit adäquat aufzuarbeiten. Dies gilt durchaus auch für therapeutische Belehrungen nach Inhalt, Art und Umfang sowie zeitgerechtem Ansatz für eine gelungene Therapie. Selbst wenn der Patient in diesem Bereich aufgrund seiner Wahrnehmung noch je nach Situation und Ablauf der Behandlung eine gewisse Chance sachgerechter Darstellung haben kann, wird er gleichwohl nicht alles überblicken, was insbesondere für die Organisation und damit auch für die verdeckten Vorgänge zur Sicherstellung hinreichender therapeutischer Information gilt (Weisungen, Ablaufpläne, personelle und sächliche Mittelbereitstellung etc).

III. Bedeutung der Dokumentation

128 Zentraler Baustein für die Nachvollziehbarkeit des Behandlungsgeschehens ist die Dokumentation der Behandlungsseite. Dabei ist einerseits der Zusammenhang der §§ 630f und 630h Abs 3 für den Patienten im Fall von Mängeln bedeutsam (vgl hierzu § 630h Rz 105). Hierzu sei allerdings betont, dass die Pflicht zur Dokumentation auch bei der therapeutischen Aufklärung nicht weitergehen kann, als dies nach fachmedizinischen Maßstäben über die rechtliche Implementierung des § 630f Abs 2 gefordert wird[414]. Und andererseits schützt eine sorgfältige, in sich schlüssige und möglichst fälschungssicher gestaltete Niederlegung des Behandlungsgeschehens auch die Behandlungsseite in positiver Hinsicht, da die Rechtsprechung davon ausgeht, dass dieser im Zweifel Glauben zu schenken ist. Fehlende Fälschungs- und Veränderungssicherung lässt diese Begünstigung jedoch entfallen, § 630f Abs 1 Satz 3[415].

IV. Beherrschung durch Sachverständigenbeweis

129 Der Sachverständige iSd ZPO §§ 402 ff stellt regelmäßig das zentrale Mittel im Medizinschadenprozess dar. Im Rahmen des § 630c wird es in einem Sachverständigengutachten primär um Fragen des Umfangs der therapeutischen Informationspflicht, der Erkennbarkeit (iRv Fahrlässigkeit) von Behandlungsfehlern sowie die Einschätzung realistischer Kosten der Behandlung gehen. Damit ist dem Patienten vor dem Hintergrund seiner niedrigen Substantiierungslast (so Rz 127) die Möglichkeit eröffnet, den gerichtsbestellten Gutachter auch allgemein auf eine überwiegend unbestimmte Fehlersuche anzusetzen – wobei kein unzulässiger Ausforschungsbeweis vorliegt – und zugleich steuert der Sachverständige mit seiner Sichtweise wesentlich die richterlich zu fassende Überzeugung zu Gegenstand und Reichweite genereller und einzelfallbezogener Pflichten, was insbesondere dann prozessentscheidend ist, wenn medizinische Standards sich nicht in allen Facetten präzise für den konkreten Einzelfall kontrollieren lassen, etwa weil Leitlinien nicht recht passen, veraltet sind oder erheblicher Streit in der Fachwelt herrscht.

V. Sinn und Unsinn von Anscheins- und Indizienbeweis

130 Grundsätzlich gilt, dass weder dem Anscheins- noch dem Indizienbeweis im Arzthaftungsrecht großes Gewicht beizumessen ist, da es aufgrund der individuellen körperlichen

---

411 BGHZ 159, 245 = NJW 2004, 2825, 2827.
412 BGH VersR 2019, 553 Rz 17; D Prütting/J Prütting/Friedrich MedR, Medizin- und Gesundheitsrecht § 24, Rz 20.
413 BGHZ 159, 245, 253 f = NJW 2004, 2825, 2827.
414 BGH NJW 2021, 2364.
415 Nunmehr BGH NJW 2021, 2364, 2366.

Beschaffenheit eines jeden Menschen an hinreichend belastbaren Lebenserfahrungen oder Indizien fehlt, von welchen auf eine bestimmte Tatsache mit einer Gewissheit geschlossen werden könnte, die dem Beweismaß des ZPO § 286 genügen würde. Nur in seltenen Konstellationen wird dieser Beweis daher von den Gerichten bejaht. Der Anscheinsbeweis für den Beweis der Kausalität der Pflichtverletzung für eine spätere Ansteckung wurde etwa angenommen, wenn der Patient nicht über eine empfohlene Impfung informiert worden ist[416]. Ebenso wurde der Anscheinsbeweis für die Kausalität einer Virusinfektion bejaht, als einem gesunden Patienten ohne erhöhtes Infektionsrisiko eine mit HIV-kontaminierte Blutkonserve verabreicht und bei ihm (sowie bei anderen Empfängern) später eine Infektion mit dem Virus festgestellt worden ist[417]. Der Anscheinsbeweis geht in diesem Fall auch soweit, dass bei Erkrankung des Ehegatten davon ausgegangen wird, er habe sich beim Blutempfänger angesteckt[418]. Für den Bereich der therapeutischen Aufklärung wird eine Übertragung nur selten zu Gunsten des Patienten gelingen. Der bedeutsamste Ansatz dürfte die Vermutung aufklärungsrichtigen Verhaltens sein[419].

I. Praxishinweise zum prozessualen Vortrag

Für den Patienten kann es einen enormen Vorteil bedeuten, wenn er den Arzt in die Position **131** der zu erbringenden sekundären Darlegungslast treibt. Kommt dieser der Darlegungslast nicht nach, gelten alle vom Patienten vorgetragenen Tatsachen als zugestanden iSd ZPO § 138 Abs 3, womit der Patient der Notwendigkeit einer Beweisaufnahme entgehen kann. Der Patientenseite ist daher zu raten, möglichst detailliert den Behandlungsablauf zu unterteilen und zu hinterfragen, um die sekundäre Darlegungslast der Behandlungsseite auszuweiten[420]. Sie kann im Rahmen des § 630c insbesondere dadurch ausgelöst werden, dass auf spezifische unwahrscheinliche Risiken gedrängt wird, auf die anders als iRd § 630e hinzuweisen gewesen wäre, dass die Vorlage von Dienstplänen gefordert und Angriffe auf die hinter der Behandlung liegende Organisation formuliert werden, dass die Kenntnisse des in der Situation aufklärenden Personals abgefragt werden etc. Dem patientenseitigen Anwalt sei daher geraten, die relevanten Leitlinien, Fachartikel und -bücher zu der konkreten medizinischen Behandlung jedenfalls kursorisch zur Kenntnis zu nehmen, soweit dies in der Mandatsbearbeitung in Betracht kommt. Zudem sollten Anwälte Kenntnisse zu Praxis- und Klinikorganisation erwerben.

§ 630d Einwilligung

(1) Vor Durchführung einer medizinischen Maßnahme, insbesondere eines Eingriffs in den Körper oder die Gesundheit, ist der Behandelnde verpflichtet, die Einwilligung des Patienten einzuholen. Ist der Patient einwilligungsunfähig, ist die Einwilligung eines hierzu Berechtigten einzuholen, soweit nicht eine Patientenverfügung nach § 1901a Absatz 1 Satz 1 die Maßnahme gestattet oder untersagt. Weitergehende Anforderungen an die Einwilligung aus anderen Vorschriften bleiben unberührt. Kann eine Einwilligung für eine unaufschiebbare Maßnahme nicht rechtzeitig eingeholt werden, darf sie ohne Einwilligung durchgeführt werden, wenn sie dem mutmaßlichen Willen des Patienten entspricht.
(2) Die Wirksamkeit der Einwilligung setzt voraus, dass der Patient oder im Fall des Absatzes 1 Satz 2 der zur Einwilligung Berechtigte vor der Einwilligung nach Maßgabe von § 630e Absatz 1 bis 4 aufgeklärt worden ist.
(3) Die Einwilligung kann jederzeit und ohne Angabe von Gründen formlos widerrufen werden.

ÜBERSICHT

A. Zweck der Vorschrift und Begriff der Einwilligung 1–10	**II. Sicherung der Patientenautonomie** 5–7
I. Übersicht zu Gegenstand und Idee 1–4	1. Zweck 5
	2. Verfassungsrechtlicher Hintergrund 6
1. Bedeutung 1	3. Erfasste Bereiche 7
2. Überblick 2	
3. Informed consent 3	**III. Schutz bis hin zum freiverantwortlich handelnden, unvernünftigen Patienten** 8
4. Widerruf 4	

---

416 Laufs/Kern/Rehborn/Kern, HdB ArztR § 64, Rz 6, § 107, Rz 15; Deutsch VersR 2003, 801, 805; aber auch BGH MedR 2009, 44, 46 (mAnm Deutsch).
417 BGHZ 114, 284 = NJW 1991, 1948.
418 BGHZ 114, 284 = NJW 1991, 1948.
419 So auch Terbille/Feifel, MünchAnwHdb MedR § 1, Rz 844.
420 D Prütting/J Prütting Medizin- und Gesundheitsrecht § 24, Rz 20.

§ 630d

Abschnitt 8 Einzelne Schuldverhältnisse

IV. Grundsätzliches zum dogmatischen Konstrukt der Einwilligung	9, 10
1. Ausgangspunkt	9
2. Rechtscharakter	10
B. Historischer Hintergrund und Gesetzesgenese	11, 12
I. Ausgangspunkt Deliktsrecht und Transfer in das Vertragsrecht	11
II. Erwägungen zum Patientenrechtegesetz 2013 und Gesetzesbegründung	12
C. Systematische Erfassung im Behandlungsvertragsrecht	13, 14
I. Körperverletzungsdoktrin	13
II. Vertragspflicht	14
D. Erfordernis der Einwilligung, Abs 1 Satz 1-3, Abs 2	15–67
I. Einwilligungsfähigkeit	15–19
1. Kriterien	16
2. Relevanter Zeitpunkt	17
3. Abstufungen	18
4. Sachverständigenhilfe	19
II. Gegenstand und Inhalt der Einwilligung, Abs 1 Satz 1	20–27
1. Bezugspunkt der Einwilligung	20
2. Vorzeitige Aufklärung	21
3. Facharztstandard	22
4. Arztkonkretisierende Einwilligung	23
5. Kritik	24
6. Prozessuales	25
7. Keine Genehmigung	26
8. Unteilbarkeit	27
III. Adressat der Einwilligung, Abs 1 Satz 1, Abs 2	28
IV. Erklärung und maßgeblicher Zeitpunkt, Abs 1 Satz 1, Abs 2	29–33
1. Bezugspunkt	29
2. Zusammenhang mit § 630e	30
3. Ausführung	31
4. Widersprüchliches Verhalten	32
5. Form	33
V. Zusätzliche Anforderungen aus anderen Vorschriften, Abs 1 Satz 3	34, 35
VI. Minderjährige Patienten	36–52
1. Überblick	36–44
a) Einzelfallbezogene Bewertung	36
b) Grenzfälle	37
c) Maßstab	38
d) Routineeingriff/Notfall	39
e) Praxishinweis	40
f) Mögliche Konsequenzen	41
g) Binäres Modell	42
h) Co-Konsens?	43
i) Nicht-indizierte Behandlungen	44
2. Vetomöglichkeit	45
3. Einwilligungsunfähigkeit	46–50
a) Überblick	46
b) Gemeinsames Sorgerecht	47
c) Missbrauch des Sorgerechts	48
d) Kindeswohl	49
e) Spezialfälle	50
4. Sonderfälle	51, 52
a) Schwangere Minderjährige	51
b) Transgender	52

VII. Volljährige, einwilligungsunfähige Patienten und Patientenverfügung, Abs 1 Satz 2	53–67
1. Grundsatz	53
2. Vorgehensweise	54
3. Detailfragen	55
4. Natürlicher Wille	56
5. Patientenverfügung	57
6. Patientenverfügung und Aufklärung	58
7. Bestimmtheit	59
8. Aktualität	60
9. Vorsorgevollmacht	61
10. Patientenwille	62
11. In dubio pro vita	63
12. Gerichtliches Vorgehen	64
13. Anwendungsbereich des § 1904	65
14. Zwangsmaßnahmen und Sterilisation	66, 67
E. Ordnungsgemäße Aufklärung, Abs 2	68–70
I. Informed consent	68
II. Aufklärungsadressat	69
III. Aufklärung bei Patientenverfügung	70
F. Widerruf der Einwilligung, Abs 3	71–75
I. Überblick	71
II. Adressat	72
III. Wirksamkeitsvoraussetzung	73, 74
IV. Kündigungsmöglichkeit	75
G. Mutmaßliche Einwilligung, Abs 1 Satz 4	76–81
I. Überblick	76
II. Behandlungssituation	77
III. Unaufschiebbarkeit	78
IV. Maßstab	79
V. Praxis	80
VI. Betreueranrufung	81
H. Rechtswidrigkeitszusammenhang	82–84
I. Hypothetische Einwilligung – rechtmäßiges Alternativverhalten	83
II. Hypothetische Kausalität	84
I. Gegenstand und Umfang der Haftung	85–91
I. Anspruchsgrundlagen und Pflichtverletzung	85, 86
1. Überblick	85
2. Rechtswidrigkeit und Vertretenmüssen	86
II. Schadenumfang	87–91
1. Haftungsanknüpfung	87
2. Grenze	88
3. Gesundheitsschaden	89–91
a) Materieller Schadensersatz	90
b) Immaterieller Schadensersatz	91
J. Darlegungs- und Beweisrecht	92–95
I. Überblick	92
II. Ausnahme	93

| III. Abs 3 94
| IV. Praxishinweis 95

Schrifttum: Kothe, Die rechtfertigende Einwilligung, AcP 185 (1985), S 105; Amelung, Über die Einwilligungsfähigkeit, ZStW 1992, S 525; Belling/Eberl/Michlik, Das Selbstbestimmungsrecht Minderjähriger bei medizinischen Eingriffen, 1994, S 129; Kern, Fremdbestimmung bei der Einwilligung in ärztliche Eingriffe, NJW 1994, S 753; Amelung, Zur Verantwortlichkeit Drogenabhängiger für Selbstschädigungen durch den Gebrauch von Suchtstoffen, NJW 1996, S 2393; Amelung, Einwilligungsfähigkeit und Rationalität, JR 1999, S 45; Bender, Zeugen Jehovas und Bluttransfusionen, MedR 1999, S 260; G Fischer, Die mutmaßliche Einwilligung bei ärztlichen Eingriffen, Festschr für Deutsch, 1999, S 545; Henssler/Glockentin, Kein genereller Mißbrauch des Sorgerechts bei verweigerter Einwilligung in eine Bluttransfusion – Stellungnahme zu Bender, MedR 2000, S 419; Wölk, Der minderjährige Patient in der ärztlichen Behandlung, MedR 2001, S 80; Ohly, „Volenti non fit iniuria" – Die Einwilligung im Privatrecht, 2002, S 25; Katzenmeier, Verpflichtung zur nachträglichen Sicherungsaufklärung bei nicht erfolgter Risikoaufklärung, NJW 2005, S 3391; Ohly, Einwilligung und „Einheit der Rechtsordnung", Festschr Jakobs, 2007, S 451; Wicker/Rabenau/Gottschalk, Kommentar, Ethik Med 2007, S 216; Diederichsen, Aspekte des Selbstbestimmungsrechts Minderjähriger bei medizinischer Behandlung, Festschr Hirsch, 2008, S 355; Nebendahl, Selbstbestimmungsrecht und rechtfertigende Einwilligung des Minderjährigen bei medizinischen Eingriffen, MedR 2009, S 197; Coester-Waltjen, Reichweite und Grenzen der Patientenautonomie von Jungen und Alten, Ein Vergleich, MedR 2012, S 553; Herzberg, Steht dem biblischen Gebot der Beschneidung ein rechtliches Verbot entgegen?, MedR 2012, S 169; Janda, Der ärztliche Aufklärungsfehler als arztrechtliches Problem, JZ 2012, S 932; Boemke, Unterlassen lebenserhaltender Maßnahmen bei einwilligungsunfähigen Patienten, NJW 2013, S 1412; Schwedler, Die Einwilligung des Berechtigten in eine ärztliche Behandlung, MedR 2013, S 652; Weber/Duttge/Höger, Das Selbstbestimmungsrecht einwilligungsfähiger Minderjähriger als Grenze der ärztlichen Offenbarungsbefugnis nach § 4 KKG, MedR 2014, 777; Boemke, Abbruch lebenserhaltender Maßnahmen, NJW 2015, S 378; Damm, Einwilligungs- und Entscheidungsfähigkeit in der Entwicklung von Medizin und Medizinrecht, MedR 2015, S 775; Kreße, Aufklärung und Einwilligung beim Vertrag über die ärztliche Behandlung einwilligungsunfähiger Patienten, MedR 2015, S 529; Genske, Zur Einwilligungsfähigkeit bei schmerzbeeinträchtigten Patienten, MedR 2016, S 173; Kaeding/Schwenke, Medizinische Behandlung Minderjähriger – Anforderungen an die Einwilligung, MedR 2016, 935; G Merkel, MedR, 2017, S 1; J Prütting, Anspruch des Patienten auf eine Behandlung contra legem?, MedR 2017, S 531; Kazemi, Die Datenschutzgrundverordnung in der medizinrechtlichen Praxis – was ändert sich 2018?, Festschr für Dahm, 2017, S 283; Spranger, Die datenschutzrechtliche Einwilligung im Gesundheitskontext zum Umgang mit genetischen, biometrischen und Gesundheitsdaten, MedR 2017, S 864; Joerden, Patientenautonomie am Lebensende, MedR 2018, S 764; Spickhoff, Einwilligungsfähigkeit und Geschäftsfähigkeit von Minderjährigen im Kontext medizinischer Behandlungen, FamRZ 2018, S 412; J Prütting, Aufklärung und Einwilligung im Recht der Lebendorganspende, MedR 2019, 559; Klose/Straub, Willensmängel bei der Einwilligung in eine ärztliche Behandlung, MedR 2019, S 714; Krauskopf, Soziale Krankenversicherung, Pflegeversicherung, 2019, SGB I § 36; Mäsch, Schuldrecht BT: Aufklärungsanforderungen bei freiwilligen Organspenden, JuS 2019, S 812; Vogeler, Der Nierenarzt, 2019,; Haußleiter/Schramm, Schwangerschaftsabbruch ohne Zustimmung der Eltern, NJW-Spezial 2020, S 101; J Prütting/Friedrich, Die Einwilligungsfähigkeit Minderjähriger beim Schwangerschaftsabbruch, JZ 2020, S 660; J Prütting, Rechtsgebietsübergreifende Normenkollisionen, 2020, S 239; Rademacher/Leber, Ärztliche Zwangsmaßnahmen im Betreuungsrecht: Vom Nutzen und Nachteil des § 1906a BGB, MedR 2020, S 830; Spickhoff, Die Entwicklung des Arztrechts 2019/2020, NJW 2020, S 1720.

A. Zweck der Vorschrift und Begriff der Einwilligung

I. Übersicht zu Gegenstand und Idee

1. **Bedeutung.** § 630d behandelt die Regelungen zur Einwilligung. Hierbei handelt es sich neben der medizinischen Indikation des Eingriffs und der Vornahme lege artis um das dritte Kernelement ärztlichen Handelns[1]. **1**

2. **Überblick.** Abs 1 Satz 1 statuiert die vertragliche Pflicht zur Einholung der Einwilligung des Patienten vor einer jeden konkreten medizinischen Behandlung, die einen Übergriff auf Körper oder Gesundheit des Patienten bedeutet. Abs 1 Satz 2 und 3 stellen Sonderregelungen für Konstellationen der Einwilligungsunfähigkeit des Patienten auf. Abs 1 Satz 2 legt fest, dass in diesem Fall primär die Patientenverfügung zu berücksichtigen ist und sekundär, falls diese inhaltlich nicht konkret genug, nicht passend oder nicht vorhanden ist, ein „hierzu Berechtigter" zu konsultieren ist. Bei Minderjährigen ist direkt auf den Berechtigten abzustellen, der sich aus den allgemeinen Regeln im Buch 4 des BGB „Familienrecht" ergibt. **2**

3. **Informed consent.** Abs 2 schafft die vertragsrechtliche Verknüpfung zwischen Einwilligung und Aufklärung, indem die ordnungsgemäße Aufklärung nach § 630e Abs 1-4 Wirksamkeitsvoraussetzung für die Einwilligung nach § 630d ist, sog informed consent[2]. Dabei muss beachtet werden, dass im Behandlungsvertragsrecht – anders als im Recht der unerlaubten Handlungen – die Aufklärung als vertragliche Pflicht konstruiert ist und damit ein Konnex zum Recht der Einwilligung sinnvoll erscheint. **3**

---

1 Pauge/Offenloch, Arzthaftungsrecht Rz 379 sprechen von „Junktim der ärztlichen Behandlung".
2 BGH NJW 2019, 1283, 1284 Rz 15 = JR 2020, 52; BGH NJW-RR 2017, 533 Rz 8; BGH NJW 2015, 74 = VersR 2015, 196 Rz 6; BGHZ 169, 364 = NJW-RR 2007, 310 Rz 7; BGH NJW 2006, 2108 Rz 6.

4 4. Widerruf. Abs 3 ermöglicht den jederzeitigen formlosen Widerruf der erteilten Einwilligung. Der Widerruf ist für den Behandelnden auch stets beachtlich, sodass eine nichtsdestotrotz durchgeführte Behandlung rechtswidrig ist. Mithin sichert Abs 3 die Patientenautonomie auch nach erfolgter Einwilligung. In Kombination mit der rechtsgeschäftlich ausgerichteten jederzeitigen Möglichkeit der Vertragskündigung, §§ 630b iVm 627, kann treffend von einem „Hands-off" – Prinzip gesprochen werden.

II. Sicherung der Patientenautonomie

5 1. Zweck. § 630d dient primär der Patientenautonomie, indem durch das Einwilligungserfordernis sichergestellt wird, dass der Patient als eigenverantwortliches Subjekt selbst über die medizinische Behandlung entscheidet[3]. Der Patient ist kein Objekt der Behandlung iSe paternalistischen Betrachtungsweise[4]. Das Einwilligungserfordernis ist damit Ausfluss des Grundsatzes, dass rechtliche Beziehungen zu Anderen grundsätzlich „nicht auf Macht oder Zwang gründen, sondern auf Konsens und auf Achtung der Entschließungsfreiheit"[5].

6 2. Verfassungsrechtlicher Hintergrund. Manche sprechen dem Einwilligungserfordernis daher im Wesentlichen den Schutz der Patientenautonomie nach GG Art 2 Abs 1 iVm Art 1 Abs 1 zu[6], allerdings dient es nach hergebrachter ganz hM der körperlichen Unversehrtheit iSd GG Art 2 Abs 2 Satz 1 und der hieraus abzuleitenden speziellen Verfügungsgewalt über die eigene Physis und Psyche[7]. Wird die Einwilligung nicht eingeholt, handelt es sich um eine Körperverletzung, was entsprechende juristische Konsequenzen nach sich zieht (Beseitigung, Unterlassung, Schadensersatz, ggf strafrechtliche und berufsrechtliche sowie vertragsärztliche Verfolgung). Die zentrale Abweichung der verfassungsrechtlichen Ansätze steht in ihrer Ausstrahlungswirkung Pate für den langjährig geführten Streit, ob das Ziel der Heilbehandlung und die sachgerechte medizinische Durchführung nicht doch für sich genommen legitimierenden Charakter haben sollten, mithin, ob es nicht vielleicht der Patient sein sollte, der positiv in diesen Fällen die Rechtswidrigkeit zu begründen habe, was letztlich einer Veränderung der Darlegungs- und Beweislast gleichkäme. Da der Gesetzgeber des Patientenrechtegesetzes (PatRG) sich jedoch mit den §§ 630d, e, h Abs 2 Satz 1 unbestreitbar in letzter Konsequenz den Rechtsprechungsansätzen angeschlossen hat, die aus dem Bereich der Arzthaftung im Deliktsrecht nach § 823 Abs 1 bekannt sind, dürfte der Streit an Bedeutung verloren haben. Ärztlicher Eigenmacht – und sei diese noch so patientenzentriert und positiv-vernünftig motiviert – ist im Gesetz eine Absage erteilt worden. Geschützt ist auch der unvernünftige Patient in seiner Art des Umgangs mit dem eigenen Körper[8].

7 3. Erfasste Bereiche. Das Einwilligungserfordernis bezieht sich nicht nur auf körperliche Eingriffe im engeren Sinne, sondern gilt für jegliche therapeutischen oder diagnostischen Maßnahmen iRd Behandlung[9]. Der Begriff „medizinische Maßnahme" des Abs 1 Satz 1 ist daher weit auszulegen[10]. Somit fallen auch alternativmedizinische Vorgehensweisen unter das Einwilligungserfordernis, wie zB das Handauflegen oder die Hypnose[11]. Nach der Gesetzesbegründung wird zudem nicht unterschieden zwischen medikamentösen innerlich wirkenden Therapien und lediglich äußerlich wirkenden physikalischen Therapien[12]. Allerdings werden nur tatsächlich auf den Behandlungszweck bezogene Maßnahmen erfasst, sodass zB die Erfassung von Patientendaten nicht betroffen ist[13]. Für die Erhebung letzterer Daten wird regelmäßig konkludent die Einwilligung erteilt, die jedoch systematisch nicht § 630d Abs 1 Satz 1 unterfällt[14].

---

3   BT-Drucks 17/10488, S 23; näher zur Entwicklung Laufs/Katzenmeier/Lipp/Katzenmeier, Arztrecht Kap V Rz 2 ff.
4   Ähnlich MünchKomm/Wagner § 630d Rz 4.
5   Laufs/Katzenmeier/Lipp/Katzenmeier, Arztrecht Kap V Rz 5; NK-GesMedR/Wever § 630d Rz 3.
6   Als primärer Normzweck ausgewiesen von BeckOK/Katzenmeier § 630d Rz 3 mwN.
7   BVerfGE 52, 131 = NJW 1979, 1925, 1930 f; BGHZ 176, 342 = NJW 2008, 2344 Rz 5; BGHZ 29, 46 = NJW 1959, 811, 812; BGHZ 29, 176 = NJW 1959, 814; MünchKomm/Wagner § 630d Rz 5; NK-BGB/Voigt § 630d Rz 1; Laufs/Katzenmeier/Lipp/Katzenmeier, Arztrecht Kap V Rz 5; D Prütting/J Prütting/Friedrich MedR, § 630d Rz 2; BeckOK/Katzenmeier § 630d Rz 4.
8   Vgl D Prütting/J Prütting, Medizin- und Gesundheitsrecht, § 22 Rz 11; Amelung JR 1999, 45 f; Spickhoff FamRZ 2018, 412, 419; in Kombination mit der Schutzreichweite aus Art 2 Abs 1 iVm 1 Abs 1 wird sogar ein Recht auf selbstbestimmtes Sterben hergeleitet, vgl BVerfGE 153, 182 = NJW 2020, 905.
9   BeckOK/Katzenmeier § 630d Rz 1; BT-Drucks 17/10488, S 23; Nk-BGB/Voigt § 630d Rz 3.
10 NK-BGB/Voigt § 630d Rz 3.
11 Zur Alternativmedizin siehe BeckOGK/Spindler § 823 Rz 1060 ff.
12 BeckOGK/Walter § 630d Rz 3.
13 NK-BGB/Voigt § 630d Rz 3; in diese Richtung auch Spickhoff/Spickhoff MedR § 630d Rz 2; aA Erman/Rehborn/Gescher § 630d Rz 17.
14 BeckOK/Katzenmeier § 630d Rz 9; MünchKomm/Wagner § 630d Rz 11; D Prütting/J Prütting/Friedrich MedR § 630d Rz 20; Kazemi Festschr Dahm, 2017, 283 ff; zum Datenschutzrecht im Medizin- und Gesundheitsrecht Spranger MedR 2017, 864 ff; Einwilligung zu bildgebenden diagnostischen Maßnahmen (zB Röntgen, MRT) deckt auch den mit der Anfertigung der Bilder verbundenen Eingriff in das allgemeine Persönlichkeitsrecht gem KG MedR 2018, 312, 314 (mAnm Pfeifer) = VersR 2018, 433.

III. Schutz bis hin zum freiverantwortlich handelnden, unvernünftigen Patienten

Die Patientenautonomie schützt auch objektiv „unvernünftige" Entscheidungen[15]. Somit muss die Einwilligung selbst dann eingeholt werden, wenn eine Ablehnung der medizinischen Behandlung aufgrund minimaler Gefahren und wiederum dringender medizinischer Indikation unlogisch wäre[16]. Hintergrund dessen ist, dass der Mensch auch ein „Recht auf Krankheit" hat[17], welches sogar im typischen Fall der Verweigerung von Bluttransfusionen bei Zeugen Jehovas bis in den Tod zu akzeptieren ist[18]. Allerdings soll die Behandlungsseite im Fall derartiger „unvernünftiger Entscheidungen" die Einwilligungsfähigkeit des Patienten erneut evaluieren[19]. Er ist außerdem dazu angehalten, Überzeugungsversuche zu leisten, was sich mit Blick auf nachvollziehbare ärztliche Unsicherheiten konstruktiv nunmehr auch auf § 630c Abs 1 stützen ließe.

IV. Grundsätzliches zum dogmatischen Konstrukt der Einwilligung

1. **Ausgangspunkt.** Die Einwilligung bewirkt, dass die Person, die freiwillig und in Kenntnis aller entscheidungsrelevanten Umstände in eine medizinische Behandlung einwilligt, keine Ansprüche aus den Konsequenzen, die sie durch die Behandlung erlitten hat, geltend machen kann (Rechtsgrundsatz „volenti non fit iniuria")[20].

2. **Rechtscharakter.** Die Einwilligung ist eine geschäftsähnliche „Gestattung oder Ermächtigung zur Vornahme tatsächlicher Handlungen, die in den Rechtskreis des Gestattenden eingreifen"[21]. Es handelt sich folglich nicht um eine Willenserklärung oder rechtsgeschäftliche Verfügung, sodass die §§ 104 ff, 119 ff, 182 ff keine Anwendung finden[22]. Zwar würde die Anwendung dieser Normen zu mehr Rechtssicherheit führen, allerdings ließe dies außer Acht, dass es sich um die Belange höchstpersönlicher Rechtsgüter handelt[23]. Die starren Altersgrenzen der §§ 107 ff passen daher nicht zum Konzept der individuell zu bestimmenden Einwilligungsfähigkeit[24]. Folglich ist vielmehr die Einwilligungsfähigkeit (Näheres unter Rz 15 ff) und nicht die Geschäftsfähigkeit des Patienten von Bedeutung[25]. Dafür spricht auch, dass die genannten Vorschriften systematisch nicht passen, denn anders als für Willenserklärungen kann man das bloß potentielle Erklärungsbewusstsein[26] hier aufgrund der Eingriffsintensität in die körperliche Sphäre nicht ausreichen lassen[27]. Außerdem statuiert Abs 2 die Voraussetzung der Aufklärung, welche in das System der Willenserklärungen ebenfalls nicht passt, da bei Letzterem Motivirrtümer grundsätzlich unbeachtlich sind[28]. Etwas anderes gilt jedoch im Fall des § 123, da es dort an der erforderlichen Freiheit zur Einwilligung mangelt[29]. Der Anfechtung bedarf es jedoch praktisch nicht, da vielfach bei täuschungsbedingter Einwilligung deren Unwirksamkeit anzunehmen ist und in den übrigen Fällen der Patient seine Einwilligung jederzeit gemäß 630d Abs 3 widerrufen darf. Diese Widerrufsmöglichkeit steht auch im Kontrast mit der Systematik der Willenserklärungen bei Rechtsgeschäften. Denn der Widerruf wirkt nur ex-nunc, während die Anfechtung eine rückwirkende Kraft hat, eine solche im Recht der Einwilligung aber rechtlich nicht möglich und auch nicht sinnvoll ist.

---

15 BGHZ 90, 103 = NJW 1984, 1397, 1398; BGH NJW 1980, 1333, 1334; 2751, 2752 f; D Prütting/J Prütting/Friedrich MedR § 630d Rz 16; MünchKomm/Wagner § 630d Rz 6; Spickhoff/Spickhoff MedR § 630d Rz 5; Amelung NJW 1996, 2393, 2396.
16 BGHZ 90, 103 = NJW 1984, 1397, 1398; BGH NJW 1980, 1333, 1334; 2751, 2752 f; MünchKomm/Wagner § 630d Rz 6.
17 BVerfG NJW 1998, 1774, 1775; BGHZ 166, 141 Rz 10 = NJW 2006, 1277; BGHZ 145, 297 = NJW 2001, 888, 890; BGHZ 166, 141 = NJW 2006, 1277, 1278 = JZ 2006, 685 Rz 9; MünchKomm/Wagner § 630d Rz 6.
18 BGHZ 154, 205 = NJW 2003, 1588; BGHZ 163, 195 = NJW 2005, 2385; München NJW-RR 2002, 811 f; zum Recht auf Sterben BVerfGE 153, 182 = NJW 2020, 905.
19 D Prütting/J Prütting/Friedrich MedR § 630d Rz 16; Spickhoff FamRZ 2018, 412, 419.
20 BGHZ 106, 391, 397 f = NJW 1989, 1533, 1535; BGHZ 166, 336 Rz 5 f = NJW 2006, 2108 = VersR 2006, 838.
21 BGHZ 29, 33, 36 = NJW 1959, 811; BGHZ 105, 45 = NJW 1988, 2946, 2947; Coester-Waltjen MedR 2012, 553, 554; aA Ohly, in: Festschr für Jakobs, 2007, S 451, 463 f; ders, Volenti non fit iniuria, 2002, 178 ff, 201 ff, 221 ff, 238 ff; Diederichsen, in: Festschr für Hirsch, 2008, S 355 f mwN; Damm, MedR 2015, 775, 776.
22 BGHZ 29, 33, 36 = NJW 1959, 811; BGHZ 105, 45, 47 f = NJW 1988, 2946 f; BGH NJW 1964, 1177 f; MünchKomm/Wagner § 630d Rz 7; NK-BGB/Voigt § 630d Rz 10; D Prütting/J Prütting/Friedrich MedR § 630d Rz 7; Coester-Waltjen MedR 2012, 553, 554; aA Ohly, Volenti non fit iniuria, 2002, 207 ff; ebenso Klose/Straub MedR 2019, 714, 717 ff mwN; einer analogen Anwendung nicht abgeneigt Kaeding/Schwenke MedR 2016, 935, 936.
23 So auch Spickhoff/Spickhoff MedR § 630d Rz 4. Vgl hierzu auch J Prütting, Rechtsgebietsübergreifende Normenkollisionen, 2020, S 239 Fn 504.
24 Für eine solche Grenze Kaeding/Schwenke MedR 2016, 935 unter Hinzuziehung der Entwicklungspsychologie ähnlich wie iRd § 828 Abs 2.
25 BT-Drucks 17/10488, S 23; BGH (St) NJW 1978, 1206 = JuS 1978, 710; D Prütting/J Prütting/Friedrich MedR § 630d Rz 8; MünchKomm/Wagner § 630d Rz 7; BeckOK/Katzenmeier § 630d Rz 8 mwN.
26 BGHZ 109, 171, 177 = NJW 1990, 454, 456.
27 Spickhoff/Spickhoff MedR § 630d Rz 4.
28 Spickhoff/Spickhoff MedR § 630d Rz 4.
29 MünchKomm/Wagner § 630d Rz 7.

B. Historischer Hintergrund und Gesetzesgenese

I. Ausgangspunkt Deliktsrecht und Transfer in das Vertragsrecht

11 Es gab zwar bereits vor Einführung des § 630d einzelne spezialgesetzliche Regelungen zur Einwilligung, zB in AMG § 40 Abs 1 Nr 2 bzgl der klinischen Prüfung von Medikamenten an Menschen oder GendDG § 14 für gendiagnostische Maßnahmen, TPG § 2 Abs 2 Satz 3 für Organ- und Gewebespenden sowie TPG § 8 Abs 1 Nr 1 lit a für Lebendorganspenden. Eine allgemeine Norm im BGB gab es jedoch vor dem Patientenrechtegesetz aus 2013 nicht. Das Institut der Einwilligung wurde im Privatrecht primär anhand der Rechtsprechung im Deliktsrecht zum § 823 Abs 1 entwickelt und dann grundlegend in § 630d kodifiziert[30].

II. Erwägungen zum Patientenrechtegesetz 2013 und Gesetzesbegründung

12 Die Gesetzesbegründung geht nachvollziehbarerweise davon aus, dass eine medizinische Behandlung, wie zB ein Eingriff in den Körper oder die Gesundheit, Auswirkungen auf das Leben, das Wohlbefinden und den Allgemeinzustand des Patienten haben kann, sodass jegliche medizinische Eingriffe nur in Kongruenz mit dem Willen des Patienten erfolgen dürfen[31]. Die Grundaussage des Gesetzgebers ist dabei, dass die bereits anerkannten Rechtsprechungsgrundsätze nunmehr im vertragsrechtlichen Bereich implementiert werden sollten[32]. Daraus folgt, dass – sofern nicht doch das Gesetz erkennbar von hergebrachter Judikatur abweicht und daher zur Diskussion auffordert – die bekannten Regeln des Arzt- und Arzthaftungsrechts entsprechend des status quo ante gelten. Oder für die Rechtspraxis umgekehrt und entsprechend nutzbar formuliert: Wer sich als Prozesspartei oder Gericht darauf beruft, der Gesetzgeber habe etwas gegenüber dem Zustand vor dem 20.02.2013 verändert, sieht sich einer erheblichen Begründungslast ausgesetzt. Mit Recht wurde daher konstatiert, das Vertragsrecht habe gewissermaßen diese Grundsätze und Vorgaben weithin perpetuiert, während das in Idealkonkurrenz stehende Deliktsrecht als möglicher Ansatz von Entwicklungsklauseln begriffen werden könne[33].

C. Systematische Erfassung im Behandlungsvertragsrecht

I. Körperverletzungsdoktrin

13 Grundsätzlich gilt, dass eine medizinische Behandlung, die in den Körper des Patienten eingreift, ohne zuvor erfolgte Einwilligung eine tatbestandsmäßige Körperverletzung darstellt (sog Körperverletzungsdoktrin)[34]. Wurde jedoch die Einwilligung erteilt, bildet diese einen Rechtfertigungsgrund (volenti non fit iniuria).

II. Vertragspflicht

14 Die Einholung der Einwilligung wurde vom Gesetzgeber iRd Abs 1 Satz 1 nun dogmatisch abweichend als echte Vertragspflicht konstruiert[35]. Gemeinsam mit dem Aufklärungserfordernis nach § 630e Abs 1 ist sie daher von der Behandlungsseite als solche zu beachten[36]. Wenn die Einwilligung nicht in Kenntnis aller für die Entscheidungsfindung relevanter Tatsachen, sog informed consent, erfolgt, ist die medizinische Behandlung rechtswidrig. Dies gilt selbst dann, wenn die Behandlung grundsätzlich indiziert war und auch gemäß des Facharztstandards ausgeführt wurde[37]. Einwilligung und Aufklärung beziehen sich somit aufeinander. Der Umstand, dass Aufklärung und Einwilligung dogmatisch als Vertragspflichten statuiert worden sind, hat letztlich aber keine relevanten Änderungen in der Sache zur Folge. Darlegungs- und Beweislast bleiben über § 630h Abs 2 ebenso im Gleichlauf mit der deliktischen Haftung wie auch Inhalt und Umfang etwaiger Ansprüche des Patienten bei Pflichtverletzung. Allenfalls könnte im Rahmen des § 630e rein theoretisch hinzutreten, dass der Patient eine klagbare Pflicht auf sachge-

---

30 Ausf Ohly, volenti non fit iniuria, 2002, S 25 ff.
31 BT-Drucks 1710488, S 23.
32 BT-Drucks 1710488, S 9.
33 MünchKomm/Wagner vor § 630a Rz 33.
34 Urspr entwickelt in 1894 durch RGSt 25, 375; weitergeführt durch BGHZ 29, 46, 49 ff = NJW 1959, 814; BGHZ 176, 342 Rz 19 = JR 2009, 337; BGH NJW 1972, 335, 336; 2019, 2320, 2321 = MedR 2020, 32, 33 (m krit Anm Hart); BeckOK/Katzenmeier § 630d Rz 2; zur Körperverletzungsdoktrin Laufs/Katzenmeier/Lipp/Katzenmeier, Arztrecht Kap V Rz 8 f, Kritik in Rz 10 f, 83 ff.

35 BeckOK/Katzenmeier § 630d Rz 2; Spickhoff/Spickhoff MedR § 630d Rz 1; NK-BGB/Voigt § 630d Rz 1 spricht von „Nebenpflicht"; Grüneberg/Weidenkaff § 630d Rz 2 nimmt dagegen eine „Hauptpflicht" an unter Berufung auf BGH NJW-RR 2007, 310, NJW 1984, 1807.
36 BT-Drucks 17/10488, S 23; D Prütting/J Prütting/Friedrich MedR § 630d Rz 5; MünchKomm/Wagner § 630d Rz 2.
37 BGH NJW 2003, 1862 = VersR 2003, 858; Koblenz VersR 2007, 796.

rechte Aufklärung erhalten hat. Es ist jedoch abwegig, dass über diese Pflicht isoliert ein Rechtsstreit geführt wird, da das Vertrauensverhältnis sofort zerstört wäre und es selbstredend zum Wechsel des Behandelnden käme.

D. Erfordernis der Einwilligung, Abs 1 Satz 1-3, Abs 2

I. Einwilligungsfähigkeit

Der die Einwilligung Erteilende muss aus einem Umkehrschluss aus Abs 1 Satz 2 einwilligungsfähig sein. Voraussetzungen und Kriterien zur Bestimmung der Einwilligungsfähigkeit wurden vom Gesetzgeber nicht normiert[38]. Daher hat die Rechtsprechung eigenständig Grundsätze entwickelt, die jedoch mangels konstanten Kurses und aufgrund „kleinteiliger Fallgruppenbildung" kritisch zu betrachten sind[39]. **15**

1. **Kriterien.** Aus der Rechtsprechung ist abzuleiten, dass ein Patient dann einwilligungsfähig ist, wenn er „nach seiner geistigen und sittlichen Reife die Bedeutung und Tragweite des Eingriffs und seiner Gestattung zu ermessen vermag"[40]. Er muss dazu imstande sein, die Aufklärung zu verstehen, Nutzen und Risiken der Behandlung gegeneinander abzuwägen und dadurch eine selbstbestimmte Entscheidung zu treffen[41]. Mithin besteht die Einwilligungsfähigkeit aus einem intellektuellen/kognitiven sowie einem voluntativen Element[42], bei der die „natürliche Willensfähigkeit" entscheidend ist[43]. **16**

2. **Relevanter Zeitpunkt.** Die Einwilligungsfähigkeit muss zum Zeitpunkt der Erteilung der Einwilligung vorliegen, nicht notwendigerweise auch zum Zeitpunkt der Durchführung der medizinischen Maßnahme. Es wird folglich das Konzept der relativen Einwilligungsfähigkeit verfolgt[44]. Nur so kann auch die Patientenverfügung anerkannt werden, bei der eine medizinische Behandlung antizipiert entweder bewilligt oder abgelehnt wird. **17**

3. **Abstufungen.** Die Behandlungsseite muss die Einwilligungsfähigkeit des Patienten evaluieren[45]. Hierbei kann es erforderlich sein, Abstufungen[46] an die Anforderungen der Einwilligungsfähigkeit vorzunehmen abhängig von der Schwere, Komplexität und den Gefahren der medizinischen Behandlung, falls sich diese auf die Einsichtsfähigkeit auswirken können[47]. Wenn der Patient allerdings unter starken Schmerzen leidet, kann nicht automatisch auf eine Beeinträchtigung seiner Einwilligungsfähigkeit geschlossen werden, vielmehr ist auch in diesen Konstellationen auf die Aufnahmefähigkeit sowie Entscheidungsklarheit des Patienten abzustellen[48]. Da eine Zustimmung gewöhnlich mit einem Eingriff in die körperliche Sphäre des Patienten verbunden ist, kann man zudem argumentieren, dass an die Einwilligung in Differenzierung zur Ablehnung strengere Anforderungen zu stellen sind[49]. **18**

4. **Sachverständigenhilfe.** Falls nötig muss ein Sachverständiger hinzugezogen werden[50], zB in Form eines (Kinder-) Psychologen. Es ist fraglich, ob und inwieweit dem Arzt bei der Beurteilung der Einwilligungsfähigkeit ein Ermessensspielraum einzuräumen ist[51]. Gerade bei Minderjährigen ist dies problematisch, da grundsätzlich dem Sorgeberechtigten die Obhut zusteht, sodass sich der Behandelnde dem Willen der Eltern bzgl Entwicklungsbelange unterzuordnen hat. Andererseits kann dies auch anders beurteilt werden, wenn primär auf das medizinische Fachwissen als Faktor abgestellt wird[52], (zu den schwierigen Fragestellungen des Umgangs mit **19**

---

38 Feststellung ist eine Herausforderung laut Coester-Waltjen MedR 2012, 553, 554; Damm MedR 2013, 201, 206; Katzenmeier MedR 2012, 576, 581; Spickhoff FamRZ 2018, 412; Spickhoff/Spickhoff MedR § 630d Rz 3.
39 D Prütting/J Prütting/Friedrich MedR § 630d Rz 13; Spickhoff NJW 2020, 1720, 1721 mwN zur Rechtsprechung.
40 BGHZ 29, 33 = NJW 1959, 811.
41 BT-Drucks 17/10488, S 23; BGH (St) NJW 1978, 1206 = JuS 1978, 710.
42 Amelung ZStW 104 (1992), 525, 532, 540 ff, 543, 553 f, 557; ders JR 1999, 45, 47 (Fn 19); Spickhoff/Spickhoff MedR § 630d Rz 4; ders FamRZ 2018, 412, 418; D Prütting/J Prütting/Friedrich MedR § 630d Rz 14.
43 BT-Drucks 17/10488, S 23; BeckOGK/Walter § 630d Rz 5; MünchKomm/Wagner § 630d Rz 21.
44 MünchKomm/Wagner § 630d Rz 21.
45 BT-Drucks 17/10488, S 23; D Prütting/J Prütting/Friedrich MedR § 630d Rz 14.
46 Abstufungen der Einwilligungsfähigkeit sind insbesondere am Lebensende zu erwarten nach Joerden MedR 2018, 764.
47 D Prütting/J Prütting/Friedrich MedR § 630d Rz 15; Spickhoff/Spickhoff MedR § 630d Rz 5; ders FamRZ 2018, 412, 419.
48 BeckOGK/Walter § 630d Rz 5; Koblenz BeckRS 2014, 18876 = NJW 2015, 79 = MedR 2015, 422; Genske MedR 2016, 173 ff.
49 D Prütting/J Prütting/Friedrich MedR § 630d Rz 15; MünchKomm/Huber § 1626 Rz 44; dagegen BeckOGK/Amend-Traut § 1626 Rz 122; Spickhoff FamRZ 2018, 412, 419.
50 Spickhoff/Spickhoff MedR § 630d Rz 4; Feststellung durch gerichtliches Verfahren nach Belling/Eberl/Michlik, Das Selbstbestimmungsrecht Minderjähriger bei medizinischen Eingriffen, 1994, 129.
51 Zur genauen Durchführung der Feststellung Nebendahl MedR 2009, 197, 202; Wölk MedR 2001, 80, 82; krit Spickhoff FamRZ 2018, 412, 419.
52 Zu diesem Problembereich auch D Prütting/J Prütting/Friedrich MedR § 630d Rz 36.

Minderjährigen näher s u Rz 36 ff). Schätzt der Behandelnde die Einwilligungsfähigkeit des Patienten unverschuldet falsch ein, begründet dies keine Haftung[53].

II. Gegenstand und Inhalt der Einwilligung, Abs 1 Satz 1

20 1. **Bezugspunkt der Einwilligung.** Die Einwilligung geht nur so weit, wie über das medizinische Vorgehen iRd geplanten Behandlung aufgeklärt wurde. Die Einwilligung bezieht sich somit immer auf eine konkrete medizinische Maßnahme[54]. Eine Generaleinwilligung ist nicht möglich[55]. Außerdem muss der Patient in die konkrete Behandlung in ihrer Gesamtheit einwilligen, die er auch im Ganzen erfasst haben muss. So reicht es zB nicht aus, dass der Patient in die Anästhesie eingewilligt hat, da dies noch nicht die Einwilligung in den operativen Eingriff selber umfasst[56]. Der Behandelnde darf ferner nicht ohne Einwilligung weitere Befunde erheben, da dies ein Übergriff auf die informationelle Selbstbestimmung des Patienten nach GG Art 2 Abs 1 iVm Art 1 Abs 1 darstellt, deren Ausstrahlungswirkung in das Privatrecht eine entsprechende Lesart des § 630d Abs 1 bedingt[57]. Willigt der Patient in eine Blutabnahme ein, darf der Behandelnde zB nicht automatisch einen Test auf HIV vornehmen[58]. Auch spontane Eingriffserweiterungen und Folgeeingriffe sind nicht von der Einwilligung umfasst[59].

21 2. **Vorzeitige Aufklärung.** Falls die Möglichkeit nötiger Alternativbehandlung oder intraoperativer Eingriffserweiterungen bei Eintreten von Komplikationen besteht, muss über diese vor der Behandlung iRd Aufklärung informiert werden und es muss bereits zu diesem Zeitpunkt die Einwilligung eingeholt werden[60]. Wenn die Einwilligung in solchen Fällen nicht erteilt wurde, muss die Behandlung abgebrochen werden[61], falls dies ohne erhebliche Gefahren möglich ist, die das Selbstbestimmungsrecht des Patienten nicht überwiegen.

22 3. **Facharztstandard.** Eine nach Abs 1 Satz 1 erteilte Einwilligung bezieht sich stets nur auf lege artis durchgeführte medizinische Maßnahmen[62]. Kontraindizierte Maßnahmen[63] oder standardunterschreitende Vorgehensweisen[64] entgegen § 630a Abs 2 sind nicht von der Einwilligung gedeckt[65], wobei die Möglichkeit der Vereinbarung einer zulässigen Standardunterschreitung im Blick behalten werden muss[66]. Eine medizinische Maßnahme, die den Anforderungen des § 630a Abs 2 nicht entspricht, löst daher die Haftung wegen eines Behandlungsfehlers nach § 823 Abs 1 sowie § 280 Abs 1 aus. Selbst wenn ein Patient eine solche Behandlung ausdrücklich wünscht und auch hinreichend über deren Konsequenzen aufgeklärt worden ist, sind noch die Grenzen der §§ 138 Abs 1 und StGB 228 zu beachten, welche die Einwilligung unwirksam machen können[67]. Solange diese Schranken nicht erreicht sind, kann der Patient eigenverantwortlich entscheiden, ob und wenn ja welcher noch nicht allgemein anerkannten Behandlung er sich unterziehen will (sog individueller Heilungsversuch)[68].

23 4. **Arztkonkretisierende Einwilligung.** Bei einem totalen Krankenhausaufnahmevertrag umfasst die Einwilligung die Behandlung durch alle Ärzte des Krankenhauses[69]. Jedoch kann der Patient seine Einwilligung auch nur bzgl der Behandlung durch bestimmte Ärzte erteilen[70], zB

---

53 Spickhoff/Spickhoff MedR § 630d Rz 4.
54 MünchKomm/Wagner § 630d Rz 11.
55 MünchKomm/Wagner § 630d Rz 11.
56 BeckOK/Katzenmeier § 630d Rz 11; BGH NJW 1998, 1784, 1785 = MedR 1998, 516.
57 BeckOK/Katzenmeier § 630d Rz 9.
58 LG Köln NJW 1995, 1621 = MedR 1995, 409; BeckOK/Katzenmeier § 630d Rz 9.
59 D Prütting/J Prütting/Friedrich MedR § 630d Rz 11; MünchKomm/Wagner § 630d Rz 11.
60 D Prütting/J Prütting/Friedrich MedR § 630d Rz 11; BGH NJW 1993, 2372, 2373 f = MedR 1993, 388; BGH NJW-RR 2015, 591 = MDR 2015, 460.
61 BGH VersR 1977, 255.
62 BGH (St) 43, 30, 309 = NJW 1998, 1802, 1803; BGH (St) NStZ-RR 2007, 340; NStZ 2008, 278; KG NJW-RR 2018, 232 Rz 22; MünchKomm/Wagner § 630d Rz 12; Grüneberg/Weidenkaff § 630d Rz 2; Spickhoff/Spickhoff MedR § 630d Rz 2.
63 Karlsruhe MedR 2003, 104; Düsseldorf VersR 2002, 611.
64 Hamm BeckRS 2016, 11770 = MedR 2017, 310 f; J Prütting MedR 2017, 531.
65 BGH NStZ 2008, 278; Hamm BeckRS 2016, 11770; Karlsruhe BeckRS 2002, 30281869 = MedR 2003, 104; D Prütting/J Prütting/Friedrich MedR § 630d Rz 11.
66 Näher J Prütting, Rechtsgebietsübergreifende Normenkollisionen, 2020, S 239 ff.
67 Urspr BGH NJW 1978, 1206 – umfassende Zahnextraktion; ähnlich BGH NJW 2017, 2685 Rz 6 = MedR 2018, 43 – Entfernung Backenzähne und Kieferknochenausfräsung; D Prütting/J Prütting/Friedrich MedR § 630d Rz 11; BeckOK/Katzenmeier § 630d Rz 10; anders NK-BGB/Voigt § 630d Rz 16, der nicht die Einwilligung, sondern die Behandlung als sittenwidrig klassifiziert und die Vereinbarung als nichtig erklärt.
68 BeckOK/Katzenmeier § 630d Rz 10; BGH NJW 2017, 2685 Rz 6 = MedR 2018, 43.
69 D Prütting/J Prütting/Friedrich MedR § 630d Rz 20; MünchKomm/Wagner § 630d Rz 13; BGH VersR 2010, 1038 Rz 6 = NJW 2010, 2580; München NJW-RR 2011, 749: Patient trägt Beweislast, dass er seine Einwilligung auf konkreten Operateur beschränkt hat.
70 BGH NJW 2010, 2580 Rz 6; NJW 2016, 3027 Rz 22.

mit Blick auf den Abschluss eines Chefarzt[71]-Vertrags, durch welchen der Patient erkennbar auch seine zumeist später erklärte Einwilligung begrenzt. Gerade beim Abschluss eines Chefarztvertrags will der Patient das zusätzliche Honorar in Vertrauen auf die besonderen Fähigkeiten des Arztes erbringen[72]. Wenn die Behandlung dann trotzdem von einem anderen Arzt durchgeführt werden soll, muss der Patient darüber frühzeitig informiert werden, damit er noch wirksam einwilligen kann[73]. Dies gilt auch, wenn der Arzt nicht die vereinbarte Funktion übernimmt, zB wenn er als Chirurg stattdessen die Aufgaben des Anästhesisten ausführt[74]. Falls die Einwilligung nicht eingeholt wurde, hat die Behandlung zu unterbleiben[75]. Auch der Einwand rechtmäßigen Alternativverhaltens – der Patient wäre auch mit der Durchführung durch jemand anderen einverstanden gewesen – kann nicht vorgebracht werden, da dies dem Schutzzweck der Norm zuwider läuft[76].

5. Kritik. Diese pauschale Sichtweise des BGH ist nicht frei von Zweifeln, da es ohne Weiteres **24** denkbar erscheint, dass der Patient nach späterer Kenntnisnahme der Abweichung von einer wahlärztlichen Vereinbarung eingesteht, dass jedenfalls bei gleichwertigen oder sogar besseren OP-Künsten eine persönliche Surrogation des Operateurs ihm kein Unbehagen bereitet hätte, wäre er a priori hierüber sachgerecht aufgeklärt worden. Die Rechtsprechung zieht sich dementsprechend auch auf den Hinweis zurück, dass solche Missachtungen andernfalls sanktionslos blieben[77] und begeht damit denselben Fehler, der ihr bereits in der Judikatur zum Ausschluss des Einwands hypothetischer Einwilligung bei Transplantationsfällen unterlaufen ist[78]. Es werden Strukturen von Haftungs- und Strafrecht miteinander vermischt, die streng zu trennen sind und deren Vermischung mit Blick auf straf- und berufsrechtliche Sanktionsandrohungen auch nicht geboten erscheinen. Zudem zeigt eine nähere juristische und ökonomische Analyse, dass das Ergebnis eine willkürliche Begünstigung von insofern nicht geschädigten Patienten ist, wobei entsprechende Sanktionen in Form von Zahlungsverpflichtungen richtigerweise an die Staatskasse fließen müssten[79].

6. Prozessuales. Schließlich sei angemerkt, dass die Darlegungs- und Beweislast für eine hypo- **25** thetische Einwilligung die Behandlungsseite träfe und diese sich regelmäßig sehr schwer mit einer Begründung tun würde, da gerade der reine Verweis auf die gelungene Durchführung und die Kompetenz des letztlich durchführenden Arztes nicht ausreichen könnte, sondern zusätzlich ersichtlich werden müsste, dass der personelle Austausch für den Patienten keinen erheblichen Angriff auf das in die Behandlungsseite gesetzte Vertrauen begründet hat.

7. Keine Genehmigung. Selbst wenn der Patient im Nachhinein bezahlt, obwohl er anders **26** als vereinbart nicht vom Chefarzt behandelt wurde, so liegt hierin keine nachträgliche Genehmigung[80].

8. Unteilbarkeit. Die Einwilligung ist entweder im Ganzen wirksam oder unwirksam, mithin **27** ist sie nicht teilbar[81]. Die Einwilligung ist unwirksam, wenn sie unter eine Bedingung gestellt wird[82]. Der Ausweg über die mutmaßliche Einwilligung ist dann ebenfalls versperrt[83].

III. Adressat der Einwilligung, Abs 1 Satz 1, Abs 2

Die Einwilligung muss der behandelnde Arzt einholen, der auch das Aufklärungsgespräch **28** führt und der die konkrete medizinische Maßnahme durchführen soll. Er kann die nötige Aufklärung nach § 630e Abs 2 Satz 1 Nr 1 iVm § 630d Abs 2 jedoch auch auf eine andere – grundsätzlich zum Eingriff in der Theorie bemächtigte – Person delegieren[84]. Jedoch muss er in diesem Fall sicherstellen, dass die Einwilligung tatsächlich erteilt wurde[85]. Wenn die medizinische Behandlung aus verschiedenen Maßnahmen besteht, die von unterschiedlichen Behandelnden durchge-

---

71 Persönliche Vornahme durch den Chefarzt nötig außer Möglichkeit der Stellvertretung ausdrücklich vereinbart: MünchKomm/Wagner § 630d Rz 13; BGH VersR 2010, 1038 Rz 7 = NJW 2010, 2580 Rz 7; VersR 2008, 493 Rz 7 ff = NJW 2008, 987 Rz 7 ff.
72 BGH NJW 2008, 987 Rz 7.
73 BGH NJW 2010, 2580, 2581= MedR 2010, 787, 788; NJW 2016, 3523, 3524; Grüneberg/Weidenkaff § 630d Rz 2.
74 Hamm BeckRS 2017, 138347 = MedR 2018, 583, 584; BeckOK/Katzenmeier § 630d Rz 11.
75 Celle NJW 1982, 706; D Prütting/J Prütting/Friedrich MedR § 630d Rz 20.
76 BeckOGK/Walter § 630d Rz 4; BGH NJW 2016, 3523 ff = MedR 2017, 132 ff.
77 BGH NJW 2016, 3523 Rz. 11.
78 BGH NJW 2020, 2334 = MDR 2020, 728; hierzu die eingehende kritische Würdigung von J Prütting MedR 2019, 559 ff. Siehe auch Kreße MedR 2019, 529 ff; Mäsch JuS 2019, 812 ff; Vogeler, Der Nierenarzt 2019, 22 ff.
79 J Prütting MedR 2019, 559, 562.
80 Braunschweig MedR 2014, 891 = GesR 2014, 155.
81 BGHZ 90, 96 = NJW 1984, 1395, 1396; BeckOK/Katzenmeier § 630d Rz 11; D Prütting/J Prütting/Friedrich MedR § 630d Rz 21.
82 Joerden MedR 2018, 764.
83 Joerden MedR 2018, 764.
84 D Prütting/J Prütting/Friedrich MedR § 630d Rz 18; BeckOK/Katzenmeier § 63d Rz 6.
85 D Prütting/J Prütting/Friedrich MedR § 630d Rz 18; BeckOK/Katzenmeier § 63d Rz 6.

führt werden, muss jeder Behandelnde sich bzgl seines Teils vergewissern, dass eine Einwilligung erteilt wurde (siehe zu den Aufklärungspflichten § 630e Rz 58)[86].

IV. Erklärung und maßgeblicher Zeitpunkt, Abs 1 Satz 1, Abs 2

29 1. **Bezugspunkt.** Die Einwilligung bezieht sich immer auf eine konkrete medizinische Maßnahme. Folglich kann die Einholung einer Einwilligung mehrmals im Laufe der Behandlung bzgl verschiedener medizinischer Maßnahmen erforderlich werden[87]. Eine Generaleinwilligung ist nicht möglich, da die Einwilligung immer einzelfallbezogen ist[88]. Ebenso kann die Einwilligung nicht nachgeholt werden (keine Genehmigung)[89]. Hintergrund ist, dass die medizinische Maßnahme „nur mit dem Willen des Patienten" erfolgen darf[90]. Allerdings ist eine antizipierte Einwilligung bzgl konkreter (einzelner) Maßnahmen möglich[91]. Dies bietet sich zB an, wenn bei einer OP mit gewissen Komplikationen gerechnet werden kann[92], die dann eine Operationserweiterung nötig machen, in welche der Patient während der Narkose nicht einwilligen kann. Um ihn nicht aufwecken zu müssen und die OP zu unterbrechen, bietet sich für derartige Fälle das Instrument der antizipierten Einwilligung an. Die vorherige Einwilligung in mögliche Blutabnahmen bei Nadelstichverletzungen zum Ausschluss eines Infektionsrisikos durch AVB (allgemeine Vertragsbedingungen) ist bei Behandlungsverträgen mit Krankenhäusern nach § 305c unwirksam, auch wenn dies dem Schutz der Gesundheit des Krankenhauspersonals dienen mag[93]. Man könnte die Einwilligung jedoch als sowieso nicht nötig qualifizieren, da die Blutabnahme in derartigen Fällen auch über StGB § 34 gerechtfertigt wäre[94].

30 2. **Zusammenhang mit § 630e.** Die Behandlungsseite muss vor Durchführung der Maßnahme den Patienten hinreichend aufklären und dann dessen Einwilligung einholen. Demnach ist der Zeitpunkt der Einholung der Einwilligung abhängig von der rechtzeitigen Aufklärung[95]. Die Aufklärung ist rechtzeitig erfolgt, wenn sie dem Patienten genügend Zeit belässt, eine Entscheidung in freier Selbstbestimmung zu treffen[96]. Siehe § 630e Rz 61 ff für Beispiele zum ordnungsgemäßen Aufklärungszeitpunkt.

31 3. **Ausführung.** Der Patient muss vom Behandelnden „ausdrücklich und unmissverständlich" gefragt werden, ob er in die Durchführung der medizinischen Maßnahme einwilligt[97]. Dieses Verständnis wird von der Gesetzesbegründung gestützt, sodass die andere Ansicht, die nur darauf abstellt, ob der Patient grundsätzlich eingewilligt hat[98], abzulehnen ist[99]. Der Patient muss seinen Willen daher präzise deutlich machen[100]. Nach Ansicht Einiger ist die Einwilligungserklärung des Patienten analog §§ 133, 157 auszulegen[101]. Dem ist jedoch nicht zu folgen, da eine Einwilligungserklärung eine einseitige Äußerung darstellt, die lediglich analog § 133 zu beurteilen sein kann. Ein Rückgriff auf § 157 würde im Rahmen der Wirksamkeit des Erklärungsinhalts und damit gerade hinsichtlich der Wirksamkeit Bedeutung erlangen. Eine falsch verstandene Einwilligung begründet jedoch keine Rechtfertigung des Eingriffs, sondern es fehlt bei Nichterkennen ggf am Verschulden. Dies ist auch deshalb von rechtlicher Bedeutung, da die Behandlungsseite eine gewisse Anstrengung zeigen soll, erkennbare Missverständnisse auszuräumen.

32 4. **Widersprüchliches Verhalten.** Selbst wenn der Patient sich unmittelbar vor der medizinischen Behandlung der Durchführung widersetzt, nur um sich kurz danach doch darauf einzulassen, kann dies noch nicht zu einer Unwirksamkeit der Einwilligung führen[102]. Bei etwaigen Zweifeln an der Einwilligung, muss der Behandelnde noch einmal nachfragen[103].

---

86 BeckOK/Katzenmeier § 630d Rz 6; Grüneberg/Weidenkaff § 630d Rz 2.
87 So auch BeckOK/Katzenmeier § 630d Rz 5.
88 BeckOGK/Walter § 630d Rz 6; MünchKomm/Wagner § 630d Rz 11; D Prütting/J Prütting/Friedrich MedR § 630d Rz 10.
89 BGHZ 163, 209, 217 sub II 3 a) = NJW 2005, 2614; Katzenmeier, NJW 2005, 3391, 3393: Verpflichtung zur nachträglichen Sicherungsaufklärung bei nicht erfolgter Risikoaufklärung; NK-BGB/Voigt § 630d Rz 8.
90 NK-BGB/Voigt § 630d Rz 5; BT-Drucks 17/10488, S 23.
91 BeckOK/Katzenmeier § 630d Rz 5; Grüneberg/Weidenkaff § 630d Rz 1, 3.
92 NK-BGB/Voigt § 630d Rz 8.
93 BeckOGK/Walter § 630d Rz 7.
94 So Wicker/Rabenau/Gottschalk Ethik-Med 2007, 215, 215, 217.
95 MünchKomm/Wagner § 630d Rz 20; BeckOGK/Walter § 630d Rz 32.
96 BGH NJW 1992, 2351 f; NJW 1998, 1784, 1785; NK-BGB/Voigt § 630d Rz 8.
97 BT-Drucks 17/10488, S 23; D Prütting/J Prütting/Friedrich MedR § 630d Rz 17; BeckOK/Katzenmeier § 630d Rz 5.
98 Dafür sprechen Wortlaut und Zweckmäßigkeit nach MünchKomm-BGB/Wagner § 630d Rz 15; Spickhoff/Spickhoff MedR § 630d Rz 2.
99 Ähnlich D Prütting/J Prütting/Friedrich MedR § 630d Rz 17, da sonst dem Gesetzgeber unterstellt werden würde, er habe sich „klugerweise" gegen die Gesetzesbegründung entschieden.
100 BeckOK/Katzenmeier § 630d Rz 11.
101 BGH NJW 1980, 1903 = MDR 1980, 1903; MünchKomm/Wagner § 630d Rz 17; Grüneberg/Weidenkaff § 630d Rz 2.
102 MünchKomm/Wagner § 630d Rz 17; BGH NJW 1980, 1903 f.
103 BeckOK/Katzenmeier § 630d Rz 5; D Prütting/J Prütting/Friedrich MedR § 630d Rz 17.

5. Form. Der Patient muss bei der Einwilligung keine bestimmte Form beachten, sodass er 33 auch konkludent einwilligen kann[104]. Auch § 630f Abs 2 Satz 1 statuiert kein etwaiges Formerfordernis, sondern nur eine Dokumentationspflicht mit beweisrechtlichen Konsequenzen[105]. Allerdings können Spezialvorschriften Formerfordernisse statuieren (siehe Rz 34).

V. Zusätzliche Anforderungen aus anderen Vorschriften, Abs 1 Satz 3

Weitergehende Anforderungen an die Einwilligung aus anderen Vorschriften bleiben gemäß 34 Abs 1 Satz 3 unberührt. Ein Schriftformerfordernis statuieren zB § 1901a Abs 1 Satz 1[106], AMG § 40 Abs 1 Satz 3 Nr 3 lit b, c; MPG § 20 Abs 2 Satz 1 Nr 2; GenDG § 8 Abs 1 Satz 1; TPG § 4a Abs 1 Satz 1; TFG §§ 6 Abs 1 Satz 2, 8 Abs 2 Satz 1 Nr 2, 19 Abs 1 Satz 7 sowie ESchG § 3a Abs 2. TPG §§ 8 Abs 2 Satz 4, 8b Abs 1 Satz 2, 8c Abs 4 fordern eine Niederschrift. TPG § 8 Abs 2 Satz 3 schreibt vor, dass bei der Einwilligung zur Organspende ein zusätzlicher Arzt anwesend sein muss. Falls diese Voraussetzung nicht eingehalten wurde, zieht dies jedoch noch nicht die Unwirksamkeit der Einwilligung nach sich[107]. Ebenso verhält es sich mit der Missachtung der Formerfordernisse des TPG § 8 Abs 2 Satz 4, 5[108]. Diese zusätzlichen Anforderungen dienen der Beweis- und Warnfunktion[109].

Bezüglich der Einwilligungsfähigkeit stellen AMG § 40 Abs 4, TPG § 2 Abs 2 Satz 3, GenDG 35 § 14 für die Einwilligungsfähigkeit/Aufklärung bei Minderjährigen/Nichteinwilligungsfähigen Sonderregeln auf[110]. Gemäß ESchG § 4 Abs 1 Nr 1 bedarf es der Einwilligung von Frau und Mann bei der künstlichen Befruchtung der Eizelle mit der Samenzelle[111]. Hinzu tritt noch die nötige Einwilligung des Mannes in den Eizellentransfer auf die Frau[112].

VI. Minderjährige Patienten

1. **Überblick.** – a) **Einzelfallbezogene Bewertung.** Bei volljährigen Patienten ist grundsätz- 36 lich von deren Einwilligungsfähigkeit auszugehen[113]. Dies gilt jedoch nicht bei Minderjährigen. Feste Altersgrenzen sind bei der Beurteilung der Einwilligungsfähigkeit nicht entscheidend, anders als zB für die Festlegung des religiösen Bekenntnisses gemäß RelKErzG § 5 Satz 1 oder bei der Strafmündigkeit StGB § 19/JGG § 1 Abs 2[114]. Es handelt sich vielmehr immer um eine einzelfallbezogene Bewertung[115]. Teils wird vertreten, dass Minderjährige bis zum Alter von 14 Jahren grundsätzlich nicht allein einwilligungsfähig sind, sondern der Einwilligung durch einen „hierzu Berechtigten" bedürfen, primär der Eltern nach § 1626[116].

b) **Grenzfälle.** Im Alter zwischen 14 Jahren bis einschließlich 23:59 Uhr und 59 Sekunden 37 vor dem 18. Geburtstag könne die Einwilligungsfähigkeit wiederum bereits zu bejahen sein[117]. Grundsätzlich sind Einzelfallbewertungen durch einen Arzt abseits von starren Zahlen jedoch vorzugswürdig, denn hierbei kann geprüft werden, ob der Minderjährige bereits das hinreichende Verständnis-, Einsichts- und Urteilsvermögen aufweist[118]. Der Minderjährige muss dazu fähig sein, Bedeutung, Dringlichkeit und Tragweite des geplanten Eingriffs zu verstehen und eine darauf bezogene Abwägung freiverantwortlich vorzunehmen. Mithin muss der Minderjährige „nach seiner geistigen und sittlichen Reife die Bedeutung und Tragweite des Eingriffs und seiner Gestattung zu ermessen vermögen"[119].

---

104 BGH NJW 1961, 261, 262 f.
105 D Prütting/J Prütting/Friedrich MedR § 630d Rz 19; BeckOK/Katzenmeier § 630d Rz 5; MünchKomm/Wagner § 630d Rz 16.
106 BT-Drucks 17/10488, S 23; MünchKomm/Wagner § 630d Rz 19.
107 MünchKomm/Wagner § 630d Rz 14; BGHZ 221, 55 = NJW 2019, 1076 Rz 21 ff = JZ 2019, 517 (mAnm Spickhoff).
108 MünchKomm/Wagner § 630d Rz 14; BGHZ 221, 55 = NJW 2019, 1076 Rz 28 ff; Hamm BeckRS 2016, 18828 = VersR 2016, 1572 f.
109 Erman/Rehborn/Gescher § 630d Rz 21.
110 MünchKomm/Wagner § 630d Rz 8; zu den spezialgesetzlichen Regelungen zur Einwilligungsfähigkeit Damm MedR 2015, 777, 779.
111 Zur homologen Insemination von Eizellen durch In-vitro-Fertilisation oder intrazytoplasmatische Spermieninjektion (ICSI) siehe LG München I MedR 2018, 978 = FamRZ 2018, 1629.
112 Dies ergibt sich laut MünchKomm/Wagner § 630d Rz 11 nicht aus § 4 Abs 1 Nr 1 ESchG, sondern aus dem Recht auf Fortpflanzungsfreiheit abgeleitet aus dem allgemeinen Persönlichkeitsrecht; allerdings Formfreiheit (sogar konkludent möglich) des Einverständnisses des Ehegatten zur Durchführung einer zur Schwangerschaft führenden Behandlung nach LG Hamburg, BeckRS 2016, 13897.
113 Koblenz NJW 2015, 79 Rz 38; MünchKomm/Wagner § 630d Rz 22.
114 NK-BGB/Voigt § 630d Rz 10; Spickhoff/Spickhoff MedR § 630d Rz 5; Laufs/Kern/Rehborn/Kern, HdB ArztR § 65, Rz 3.
115 D Prütting/J Prütting/Friedrich MedR § 630d Rz 27; Damm MedR 2015, 775, 781; Kern NJW 1994, 753, 755; Spickhoff/Spickhoff MedR § 630d Rz 5.
116 BeckOK/Katzenmeier § 630d Rz 13.
117 Spickhoff/Knauer/Brose § 223 Rz 49; NK-GesMedR/Wever § 630d Rz 5.
118 NK-GesMedR/Wever § 630d Rz 5.
119 BGHZ 29, 33 = NJW 1959, 811; NJW 1972, 335, 337 = FamRZ 1972, 89.

38 c) **Maßstab.** Welche Strenge an die Anforderungen bzgl der Einwilligungsfähigkeit des Minderjährigen zu stellen sind, hängt von der Schwere – insb des Risikos bei der OP selbst und von Dauererkrankungen – sowie der Dringlichkeit der medizinischen Behandlung ab[120]. Die Schwere des Eingriffs ist jedoch nur dann zu beachten, wenn diese aufgrund ihrer Komplexität mit der Möglichkeit der Einsicht einhergeht[121]. Es bieten sich daher Abstufungen nach dem Modell einer *relativen Einwilligungsfähigkeit an*[122].

39 d) **Routineeingriff/Notfall.** Teilweise wird vertreten, der Behandelnde dürfe bei Routineeingriffen darauf vertrauen, dass der Minderjährige – auch wenn er alleine erscheint -, von seinen Eltern ermächtigt wurde, die Einwilligung zu erteilen[123]. Zwar führt dies praktisch zu Erleichterungen im Arbeitsablauf des Behandelnden, allerdings wird der Behandelnde damit vollständig von der Verantwortung befreit, den tatsächlichen Willen der Eltern zu ermitteln, auch wenn die Einwilligungsunfähigkeit des Patienten eindeutig ist[124]. Dieser Ausschluss etwaigen Verschuldens ist auch deshalb nicht nötig, da bei Notfallbehandlungen regelmäßig die mutmaßliche Einwilligung nach Abs 1 Satz 4 greift und es bei allen anderen Behandlungen daher nicht unverhältnismäßig ist, den Behandelnden die Einwilligung des Berechtigten einholen zu lassen und dementsprechend vorher nicht durchzuführen[125].

40 e) **Praxishinweis.** Für die Praxis empfiehlt sich in Grenzsituationen vorsichtshalber zusätzlich die Einwilligung der Eltern einzuholen[126], auch wenn dies streng rechtlich betrachtet angreifbar anmutet, da eine Bevormundung des Einwilligungsfähigen stattfinden könnte.

41 f) **Mögliche Konsequenzen.** Eine Haftung wegen unverschuldeter Fehleinschätzung der Einwilligungsfähigkeit des Minderjährigen scheidet aus[127]. Der Behandelnde kann im Übrigen nicht dazu verpflichtet sein, den Minderjährigen ohne Rücksprache mit den Berechtigten zu behandeln, wenn er sich über dessen Einwilligungsfähigkeit unsicher ist[128]. Holt der Behandelnde aufgrund falscher Wertung der Einwilligungsfähigkeit des Minderjährigen die Einwilligung seiner Eltern ein, ist dies haftungsrechtlich nicht schädlich[129]. Auch erwarten den Behandelnden grundsätzlich weder straf- noch berufsrechtliche Konsequenzen, so dass die praktische Beratung hier stets zur Vorsicht und Zurückhaltung bei Behandlungserwägungen rein auf minderjährigen Patientenwunsch raten wird, es sei denn, der einwilligungsfähige Patient erlaubt schon diese Benachrichtigung nicht und entbindet den Arzt gegenüber den Erziehungsberechtigten nicht von der Schweigepflicht des StGB § 203 Abs 1 Nr 1[130]. Etwas anderes kann ausnahmsweise bei Situationen gelten, in denen ernsthafte Probleme gerade bei Rücksprache mit den Erziehungsberechtigten drohen, was im kinderpsychologischen Bereich vielfach der Fall ist. Hier muss der Behandelnde auch in Erwägung ziehen, ob eine Nachfrage bei den Erziehungsberechtigten dem Patienten schaden könnte. Äußerstenfalls kann erwogen werden, einen Ergänzungspfleger nach § 1909 bestellen zu lassen.

42 g) **Binäres Modell.** Wenn der Arzt jedoch die Einwilligungsfähigkeit des Minderjährigen positiv festgestellt hat, so kann der Minderjährige selbst entscheiden, ob er in die Durchführung der medizinischen Behandlung einwilligt[131]. Grundsätzlich bedarf es der zusätzlichen Zustimmung des Sorgeberechtigten und gesetzlichen Vertreters dann nicht[132]. Die Gesetzesbegründung deutet auf ein solch binäres Modell hin, wonach es entweder der Einwilligung des Minderjährigen oder der seiner Sorgeberechtigten bedarf, nicht jedoch beider[133]. Nicht ganz eindeutig ist dies allerdings in der zivilrechtlichen Rechtsprechung, die das Sorgerecht verstärkt miteinbezieht[134].

---

120 Kern NJW 1994, 753, 755; D Prütting/J Prütting/Friedrich MedR § 630d Rz 27; Nebendahl MedR 2009, 197, 202.
121 Spickhoff/Spickhoff MedR § 630d Rz 5.
122 MünchKomm/Wagner § 630d Rz 43.
123 So Nebendahl MedR 2009, 197, 203.
124 D Prütting/J Prütting/Friedrich MedR § 630d Rz 34.
125 D Prütting/J Prütting/Friedrich MedR § 630d Rz 34.
126 NK-GesMedR/Wever § 630d Rz 5; zu Anwendungsproblemen in der ärztlichen Praxis bei der Feststellung der Urteilsfähigkeit des Minderjährigen Nebendahl MedR 2009, 197, 202 f; MünchKomm/Wagner § 630d Rz 44.
127 Spickhoff/Spickhoff MedR § 630d Rz 4; ders FamRZ 2018, 412, 419; D Prütting/J Prütting/Friedrich MedR § 630d Rz 37.
128 D Prütting/J Prütting/Friedrich MedR § 630d Rz 36.
129 BeckOK/Katzenmeier § 630d Rz 16; BGH NJW 1971, 1887; Kreße MedR 2015, 91, 93.
130 MünchKomm/Wagner § 630d Rz 47.
131 BGHZ 29, 33 = NJW 1959, 811; BGH NJW 1972, 335, 337 = FamRZ 1972, 89; AG München NJW 2012, 2452.
132 BGH NJW 1972, 335, 337; Kern NJW 1994, 753, 755; Spickhoff FamRZ 2018, 412, 423; Wölk MedR 2001, 80, 84; D Prütting/J Prütting/Friedrich MedR § 630d Rz 26; Laufs/Kern/Rehborn/Kern ArztR, HdB ArztR § 65, Rz 4, der das in Frage stellen des Ergebnisses für „überflüssig" hält.
133 D Prütting/J Prütting/Friedrich MedR § 630d Rz 27.
134 Insbesondere BGH NJW 1972, 335 = FamRZ 1972, 89.

h) **Co-Konsens?.** Es wird auch teils vertreten, dass es zusätzlich noch der Einwilligung der 43 Eltern bedarf (sog Co-Konsens), um die „Diskussionsplattform" zu stärken[135]. Einerseits kann man dieses Erfordernis unter Berufung auf den hohen Stellenwert des Selbstbestimmungsrechts des Minderjährigen und die Höchstpersönlichkeit der Einwilligung zurückweisen[136]. Andererseits könnte man ein zusätzliches Einwilligungserfordernis der Sorgeberechtigten auch von der Schwere des Eingriffs abhängig machen[137]. Hierbei handelt es sich jedoch um ein rechtsunsicheres Modell, sodass es vorzugswürdig ist, stattdessen höhere Anforderungen an die Einwilligungsfähigkeit des Minderjährigen zu stellen, da andernfalls durch das Erfordernis einer „doppelten Einwilligung" das Selbstbestimmungsrecht des Minderjährigen wieder geschwächt werden würde[138].

i) **Nicht-indizierte Behandlungen.** Bei medizinisch nicht gebotenen Behandlungen ist dagegen die Möglichkeit einer freien Entscheidung des Minderjährigen nur sehr restriktiv zu handhaben[139]. Somit ist die autonome Einwilligung allerhöchstens bei unbedeutenden Eingriffen wie zB kleinflächigen Haarentfernungen zuzulassen, nicht dagegen bei Tätowierungen, Piercings, Branding oder Bleaching[140]. Für operative Eingriffe wie Brustvergrößerung, Lifting, Nasenkorrektur etc ist die eigenständige Einwilligungsfähigkeit unterhalb der Volljährigkeit regelmäßig abzulehnen[141]. Hintergrund dessen ist, dass der Minderjährige sich in solchen Fällen ernsten Gefahren für seine körperliche Unversehrtheit aussetzt.

2. **Vetomöglichkeit.** Ob dem Minderjährigen eine Vetomöglichkeit zuzusprechen ist, ist nicht 45 eindeutig geklärt[142]. Es spricht einiges dafür, dies bei relativ indizierten Maßnahmen, dh solchen, die nicht dringend notwendig sind, zuzulassen, wenn es sich um eine Maßnahme handelt, die immense Auswirkungen auf die zukünftige Lebensführung hat[143]. Fraglich sind jedoch die an die „Vetofähigkeit" des Minderjährigen zu stellenden Anforderungen. Gerade in Bezug auf kleine Kinder, die Eingriffe in ihrer Körpersphäre durch die damit verbundenen Schmerzen automatisch abwehren, kann die bloße Möglichkeit, einen natürlichen Willen zu bilden und jedenfalls konkludent zu artikulieren, nicht genügen[144]. Der Minderjährige muss vielmehr intellektuell fähig sein, seine Lage zu verstehen und eine von Abwägung getragene Entscheidung zu treffen[145]. Diese Voraussetzungen dürfen jedoch nicht so streng bewertet werden wie iRd Einwilligungsfähigkeit. Man könnte daher verlangen, dass der Minderjährige seinen Widerspruch wiederholt und von Ernsthaftigkeit geprägt vorbringt[146]. Ein etwaiges Veto wirkt iÜ nur im Innenverhältnis zwischen dem Minderjährigen und dem sorgeberechtigten gesetzlichen Vertreter[147].

3. **Einwilligungsunfähigkeit. – a) Überblick.** Ist der Minderjährige einwilligungsunfähig, 46 so sind regelmäßig seine Eltern zuständig. Wenn die Eltern die nötige Einwilligung erteilen müssen, so sind sie auch Adressat der Selbstbestimmungsaufklärung nach § 630e Abs 4. Mithin entfällt die ärztliche Schweigepflicht ihnen gegenüber[148]. Die ärztliche Schweigepflicht gilt somit, wenn der Minderjährige einwilligungsfähig ist[149]. Hierüber hilft bei gesetzlich versicher-

---

135 Dazu näher Nebendahl MedR 2009, 197 ff; Belling/Ebert/Michlik, Das Selbstbestimmungsrecht Minderjähriger bei medizinischen Eingriffen, 1994, S 125 ff; dafür Kaeding/Schwenke MedR 2016, 935.
136 Kern NJW 1994, 753, 755; Spickhoff FamRZ 2018, 412, 423 will Eltern wenigstens ein Recht auf Information und Aufklärung einräumen.
137 BGH NJW 1972, 335, 337= FamRZ 1972, 89; NJW 2007, 217 = FamRZ 2007, 130; Hamm NJW 1998, 3424, 3425; Frankfurt aM BeckRS 2019, 20043; Laufs/Katzenmeier/Lipp/Lipp, ArztR Kap VI Rz 177 ff; A Diederichsen, in: Festschr für Hirsch, 2008, S 355, 359 ff; Nebendahl MedR 2009, 203; MünchKomm/Wagner § 630d Rz 42.
138 So MünchKomm/Wagner § 630d Rz 43; Spickhoff/Spickhoff MedR § 630d Rz 8, der eine Überlagerung des Sorgerechts durch das Selbstbestimmungsrecht des Minderjährigen andenkt; bzgl der verfassungsrechtlichen Aspekte des Elternrechts BVerfGE 59, 360, 387.
139 Spickhoff FamRZ 2018, 412, 424; MünchKomm/Wagner § 630d Rz 44; BeckOK/Katzenmeier § 630d Rz 14.
140 D Prütting/J Prütting/Friedrich MedR § 630d Rz 30; MünchKomm/Wagner § 630d Rz 44; Spickhoff NJW 2012, 1773, 1774; Kaeding/Schwenke MedR 2016, 935, 939; aA AG München NJW 2012, 2452.
141 D Prütting/J Prütting/Friedrich MedR § 630d Rz 30; vertieft in J Prütting, Die rechtlichen Aspekte der Tiefen Hirnstimulation, 2013, S 205 ff, 243 ff; Grundlagen in D Prütting/J Prütting, Medizin- und Gesundheitsrecht, 2018, S 290 ff.
142 So jedenfalls die Literatur: MünchKomm/Wagner § 630d Rz 42 mwN; Rechtsprechung ist dazu wohl noch nicht ergangen, lediglich BGH NJW 2007, 217, aber nur in obiter dictum, dass Vetorecht bei schwerem Eingriff besteht; Laufs/Kern/Rehborn/Ulsenheimer, HdB ArztR § 149, Rz 69; dagegen Kaeding/Schwenke MedR 2016, 935.
143 BGH NJW 2007, 217 = VERSR 2007, 66; LG München II MedR 2021, 98 (mAnm Wever) = BeckRS 2020, 26423; Pauge/Offenloch, Arzthaftungsrecht Rz 475.
144 Spickhoff/Spickhoff MedR § 630d Rz 7; D Prütting/J Prütting/Friedrich MedR § 630d Rz 35; aA Wölk MedR 2001, 80, 88 bzgl nicht indizierter Eingriffe (zB Humanexperimente und kosmetische OPs).
145 Spickhoff/Spickhoff MedR § 630d Rz 7; D Prütting/J Prütting/Friedrich MedR § 630d Rz 35.
146 Spickhoff/Spickhoff MedR § 630d Rz 7.
147 D Prütting/J Prütting/Friedrich MedR § 630d Rz 35.
148 MünchKomm/Wagner § 630d Rz 47.
149 MünchKomm/Wagner § 630d Rz 47; krit bzgl mangelnder Beachtung dieser Differenzierung iRd KKG § 4 Abs 1 Nr 1 und für verfassungskonforme Einschränkung der Pflicht zur Offenbarung persönlicher Informationen MünchKomm/Wagner § 630d Rz 47; Weber/Duttge/Höger MedR 2014, 777 ff.

ten Patienten auch SGB I § 36 Abs 1 Satz 2 nicht hinweg. Es ist hier schon nicht der Leistungserbringer, sondern der Leistungsträger angesprochen, wobei eine Benachrichtigung in Vertretung des Trägers durch den Erbringer denkbar erscheint. Jedoch legitimiert diese Vorschrift keine Befreiung von der mit StGB § 203 Abs 1 Nr 1 normierten Barriere zum Schutz personenbezogener Daten im Arzt-Patient-Kontakt[150]. Das Problem wird allerdings in praxi mit der durchaus bequemen Sichtweise vielfach aufgelöst, dass ohne besondere Umstände von einem konkludent erteilten Einverständnis der Benachrichtigung naher Angehöriger ausgegangen wird[151].

47 b) **Gemeinsames Sorgerecht.** Nach ständiger Rechtsprechung bedarf es der Einwilligung beider Elternteile, wenn die elterliche Sorge beiden gemeinsam zusteht[152]. Bei Routinemaßnahmen kann der Arzt jedoch voraussetzen, dass das anwesende Elternteil vom abwesenden ermächtigt wurde, die Einwilligung zu erteilen[153]. Der Arzt darf bei mangelnden Zweifeln an der Plausibilität der Aussage der Mutter eines Elternteils auf diese vertrauen[154]. Anders ist dies jedoch bei schwerwiegenden Eingriffen zu beurteilen, wie zB einer Herzoperation[155]. Hier hat der Behandelnde sicherzustellen, dass der nicht anwesende Elternteil ebenfalls einwilligt[156]. Das Sorgerecht ist bei der Behandlung von Minderjährigen als primäre Leitlinie zu beachten[157]. Somit ist gemäß § 1626 Abs 2 Satz 1 auch auf die wachsenden Fähigkeiten des Kindes zu achten.

48 c) **Missbrauch des Sorgerechts.** Für den Fall, dass die Sorgeberechtigten für eine medizinisch dringend gebotene Behandlung ihre Einwilligung verweigern, zB aus religiösen Gründen, kann dies aufgrund eines regelmäßig vorliegenden Missbrauchs ihres Sorgerechts übergangen werden[158]. Der Arzt hat in diesem Fall das Betreuungsgericht anzurufen, welches eine Entscheidung gemäß § 1666 zu treffen hat[159] und ggf einen Ergänzungspfleger nach § 1909 bestellt. Wenn die Behandlungsseite eine solche Entscheidung des Familiengerichts anstrengt, verletzt sie damit nicht das allgemeine Persönlichkeitsrecht des sorgeberechtigten Elternteils[160]. Bei Dringlichkeit kann der Behandelnde sogar die Entscheidung der Eltern außer Acht lassen, da er sich auf Notstands-/Nothilfe gemäß StGB §§ 32, 34 berufen kann[161].

49 d) **Kindeswohl.** Alternativ kann dieses Ergebnis aus der kindeswohlwidrigen Ausübung des Sorgerechts abgeleitet werden[162]. Grundsätzlich haben sich die Entscheidungen der Eltern am Kindeswohl[163] zu orientieren. ZB kann den Eltern auch das Sorgerecht entzogen werden, wenn sie die Einwilligung zur Fortsetzung einer medizinisch dringend indizierten Chemotherapie nicht erteilen wollen[164]. Mithin führt das Sorgerecht dazu, dass das Recht zur „unvernünftigen Entscheidung" der Eltern erheblich eingeschränkt ist, anders als bei Einwilligungen bezogen auf ihre eigene Person[165]. Interessant ist hier gerade in Bezug auf die Corona-Schutzimpfung ein 2017 ergangenes Urteil des BGH, nach welchem bei Uneinigkeit der Eltern über die Durchführung einer Impfung die Entscheidungsbefugnis dem Elternteil übertragen werden kann, der die Impfung des Kindes entsprechend den Empfehlungen der Ständigen Impfkommission beim Robert-Koch-Institut befürwortet, zumindest wenn bei dem Kind keine besonderen Impfrisiken vorliegen[166].

---

150 Krauskopf/Waschull SGB I § 36 Rz 13.
151 So Lackner/Kühl StGB § 203 Rz 18.
152 BGHZ 144, 1 = NJW 2000, 1784, 1785; BGHZ 105, 45 = NJW 1988, 2946 f; Hamm BeckRS 2015, 19021 Rz 33.
153 BGHZ 105, 45 = NJW 1988, 2946, 2947; BGHZ 144, 1 = NJW 2000, 1784, 1785; BGH NJW 2010, 2430 Rz 15; abgelehnt zB bei Frankfurt aM BeckRS 2019, 20043 Rz 51= MedR 2020, 383 (mAnm Kreße): hier wurde verlangt, dass neben der Einwilligung des Kindes und seines Vaters zur Beschneidung auch die Einwilligung der Mutter vorliegt, da es sich um einen nicht lediglich geringfügigen Eingriff handle (krit dazu jedoch D Prütting/J Prütting/Friedrich MedR § 630d Rz 27); NK-GesMedR/Wever § 630d Rz 6.
154 BGHZ 105, 45 = NJW 1988, 2946, 2947; BGHZ 144, 1 = NJW 2000, 1784, 1785; BGH NJW 2007, 217, 218; NJW 2010, 2430 Rz 15; D Prütting/J Prütting/Friedrich MedR § 630d Rz 32.
155 BGHZ 105, 45 = NJW 1988, 2946, 2947 f.
156 BGHZ 105, 45 = NJW 1988, 2946, 2947 f, BGHZ 105, 45 = NJW 1988, 2946, 2947; BGH NJW 2010, 2430 Rz 15; NK-GesMedR/Wever § 630d Rz 6; D Prütting/J Prütting/Friedrich MedR § 630d Rz 32; ebenso angenommen bzl der Weitergabe von Patientendaten Minderjähriger bei Abtretung einer Honorarforderung von LG Mannheim, ZD 2015, 183 = BeckRS 2014, 22264.
157 Spickhoff/Spickhoff MedR § 630d Rz 7.
158 NK-GesMedR/Wever § 630d Rz 8.
159 Celle NJW 1995, 792 f; BVerfG BeckRS 2007, 26993; Hamm NJW 2007, 2704, 2705.
160 Naumburg NJOZ 2014, 928; MünchKomm/Wagner § 630d Rz 39.
161 Spickhoff/Spickhoff MedR § 630d Rz 7; ders FamRZ 2018, 412, 420; AG Nordenham VersR 2007, 1418, 1419 = MedR 2008, 225 – Rechtfertigender Notstand bei einer Tetanus-Impfung.
162 Spickhoff/Spickhoff MedR § 630d Rz 7.
163 Zu den grundrechtlich geschützten Kindesinteressen: BVerfGE 24, 119, 144.
164 Naumburg NJOZ 2014, 928 f; MünchKomm/Wagner § 630d Rz 39.
165 Näher A Diederichsen, in: Festschr für Hirsch, 2008, S 355, 359; BeckOK/Katzenmeier § 630d Rz 16.
166 BGH NJW 2017, 2826 = MedR 2018, 39 (mAnm Zuck).

e) **Spezialfälle.** Gerade die Religionsfreiheit hat oftmals der körperlichen Unversehrtheit des **50** Kindes zu weichen[167], so wurde zB bei einem Beschneidungsfall entschieden[168]. Die Konstellation der männlichen Beschneidung ist heute in § 1631d ausdrücklich normiert[169]. Andere den Minderjährigen schützende Vorschriften sind insbesondere § 1631c zum Ausschluss der Sterilisation sowie KastrG § 2 Abs 1 Nr 3 bzgl der Kastration. Knochenmarkspenden haben sich nach den restriktiven Voraussetzungen des TPG § 8a zu richten.

4. **Sonderfälle.** – a) **Schwangere Minderjährige.** Die vorgenannten Grundsätze gelten auch **51** im Hinblick auf die Frage, ob eine schwangere Minderjährige eigenständig in die Vornahme eines Schwangerschaftsabbruchs einwilligen kann[170]. Sie kann sich sogar gegen den Willen ihrer Personenberechtigten entscheiden[171], da ihrem Selbstbestimmungsrecht mehr Gewicht beizumessen ist als dem Erziehungsrecht ihrer Eltern[172]. Jedoch ist die Evaluation der Erkenntnisfähigkeit besonders schwierig, wenn es um die bedeutungsvolle Entscheidung des Behaltens oder Abtreibens eines Kindes geht. Da jedoch der höchstpersönliche Charakter der Entscheidung nicht unbeachtet bleiben darf, ist der Anschauung der Minderjährigen höchste Aufmerksamkeit zu schenken[173]. An die Feststellung der Einwilligungsfähigkeit der Minderjährigen durch den behandelnden Arzt sind daher besonders hohe Anforderungen zu stellen[174]. Wenn die schwangere Minderjährige nicht die nötige Einwilligungsfähigkeit aufweist, haben ihre personensorgeberechtigten Eltern zu entscheiden. Diese Entscheidung ist ggf durch das Familiengericht nach § 1666 Abs 3 Nr 1, 5 zu überprüfen, wobei das Selbstbestimmungsrecht der Minderjährigen besonders zu beachten ist[175]. Man könnte überlegen, ob sich ein in das SchKG zu integrierender prozeduraler Lösungsansatz anbietet, um die derzeit bestehenden Haftungsrisiken der Behandelnden in solchen Fälle zu beschränken, in denen sich im Nachhinein die Bejahung der Einsichtsfähigkeit als falsch herausstellt[176]. Darüber könnten Probleme zwischen dem Selbstbestimmungsrecht nach GG Art 2 Abs 1 iVm Art 1 Abs 1 des Minderjährigen und dem elterlichen Erziehungsrecht nach GG Art 6 Abs 2 sachgerecht gelöst werden.

b) **Transgender.** Auch bei transsexuellen Minderjährigen ist grundsätzlich auf ihre individu- **52** elle Einsichtsfähigkeit abzustellen[177]. Der Jugendliche muss zwar einen subjektiven Leidensdruck ertragen, seine Einsichtsfähigkeit befindet sich allerdings noch in der Entwicklungsphase. Aufgrund der sich daraus ergebenden Konfliktlage soll der Minderjährige vor einer übereilten unumkehrbaren Entscheidung bewahrt werden, was eine besonders strenge Einwilligungsfähigkeitsprüfung erfordert[178]. Da sich auch hier erhebliche Haftungsrisiken für den Behandelnden ergeben, bietet sich ein Konzept des Rechtsgutschutzes durch Verfahren an, zB durch ausführliche Informationspflichten und eine Einschätzung der Einwilligungsfähigkeit des Minderjährigen durch entsprechendes Fachpersonal[179].

VII. Volljährige, einwilligungsunfähige Patienten und Patientenverfügung, Abs 1 Satz 2

1. **Grundsatz.** Bei Volljährigen gilt, dass sie grundsätzlich selbst in die Behandlung einwilli- **53** gen. Es ist davon auszugehen, dass sie einwilligungsfähig sind[180]. Wenn sie zum maßgeblichen Zeitpunkt jedoch nicht einwilligungsfähig sein sollten (siehe dazu Rz 15 ff), hat der hierzu

---

167 Celle NJW 1995, 792 bzgl Zeugen-Jehovas; Laufs/Katzenmeier/Lipp/Lipp, Arztrecht Kap VI Rz 181; zur Thematik der Bluttransfusionen bei Zeugen-Jehovas Bender MedR 1999, 260-267 sowie krit Stellungnahme durch Hessler/Glockentin und wiederum Erwiderung durch Bender MedR 2000, 419 ff.
168 LG Köln NJW 2012, 2128.
169 Zur Knabenbeschneidung: Herzberg MedR 2012, 169.
170 Gespaltene Rechtsprechung Hamm NJW 1998, 3424: Zustimmung der Eltern nötig; AG Celle, NJW 1987, 2307, 2308 = FamRZ 1987, 73: Minderjährige kann regelmäßig nicht selbst entscheiden; Hamburg NZFam 2014, 948, 949: Minderjährige bedürfen in jedem Fall der Zustimmung ihres gesetzlichen Vertreters; aA LG München I NJW 1980, 646: Zustimmung der Eltern nicht nötig bei hinreichender Einsichtsfähigkeit; ebenso AG Schlüchtern NJW 1998, 832 (sowie BeckOK StGB/Eschelbach, StGB § 218a Rz 9).
171 Hamm, NJW 2020, 1373 (mBspr Haußleiter/Schramm NJW-Spezial 2020, 101 und J Prütting/Friedrich JZ 2020, 660); LG München I NJW 1980, 646; AG Schlüchtern NJW 1998, 832; MünchKomm/Wagner § 630d Rz 45; aA siehe Fn 170.
172 Hamm NJW 2020, 1373, 1374; LG München I NJW 1980, 646; AG Schlüchtern NJW 1998, 832; D Prütting/J Prütting/Friedrich MedR § 630d Rz 28; MünchKomm/Wagner § 630d Rz 45; Spickhoff FamRZ 2018, 412, 423; aA Hamm NJW 1998, 3424, 3425; Naumburg FamRZ 2004, 1806; Hamburg NZFam 2014, 948, 949.
173 MünchKomm/Wagner § 630d Rz 45.
174 Hamm NJW 2020, 1373, 1375 Rz 23; Spickhoff FamRZ 2018, 412, 423; BeckOK/Katzenmeier § 630d Rz 14.
175 MünchKomm/Wagner § 630d Rz 45; zur Bedeutung des Selbstbestimmungsrechts siehe beispielhaft Hamm, NJW 2020, 1373, 1375 Rz 21 ff.
176 Genauer bei J Prütting/Friedrich JZ 2020, 660, 667 f.
177 In Ad-hoc-Empfehlung des Deutschen Ethikrats, 2020, Trans-Identität bei Kindern und Jugendlichen. Therapeutische Kontroversen – ethische Orientierungen, 3 wird auf „Reife" des Kindes abgestellt.
178 D Prütting/J Prütting/Friedrich MedR § 630d Rz 29.
179 D Prütting/J Prütting/Friedrich MedR § 630d Rz 29.
180 BT-Drucks 17/10488, S 23.

Berechtigte die Einwilligung zu erteilen. Bei einem einwilligungsunfähigen Volljährigen ist nach folgendem Schema vorzugehen:

2. Vorgehensweise.

54 1. Der Behandelnde bestimmt die medizinische Situation des Patienten und die Indikation für ein weiteres Vorgehen, §§ 630a Abs 2, 1901b Abs 1 Satz 1.
2. Ist ein Betreuer oder Vorsorgebevollmächtigter vorhanden, wird das gefundene Ergebnis mit dieser Person erörtert, § 1901b Abs 1 Satz 2. Steht eine solche Person nicht bereit, sind Notfallmaßnahmen sofort zu ergreifen und einer Patientenverfügung direkt über § 630d Abs 1 Satz 2 Ausdruck zu verleihen, sofern kein Fall des § 1904 vorliegt. Im Übrigen ist das Betreuungsgericht anzurufen.
3. Hiernach wird unterschieden, ob eine wirksame und passgenaue Patientenverfügung gemäß §§ 630d Abs 1 Satz 2, 1901a Abs 1 vorliegt, nach der entsprechend zu handeln ist, weil der Betreuer/Vorsorgebevollmächtigte dieser schlicht Ausdruck zu verschaffen hat (§§ 1901a Abs 1 Satz 2, 1901 Abs 3). Der Behandelnde ist mit Blick auf § 630d Abs 1 Satz 2 an die Patientenverfügung vertraglich gebunden. Dieselbe Bindungswirkung entsteht im Deliktsrecht über das Institut der Einwilligung, die mit der Patientenverfügung wirksam antizipiert für ein bestimmtes Vorgehen abgegeben worden ist.
4. Liegt keine (situationsadäquate und hinreichend bestimmte) Patientenverfügung vor, ist gemäß § 1901a Abs 2 der wahre Wille zu erforschen (Aufgabe des Betreuers/Vorsorgebevollmächtigten), um sodann den Behandelnden über § 630d Abs 1 Satz 2 mittels Einwilligung zu legitimieren. Bis zu einer entsprechenden Einwilligung kommt das Ergreifen von Notfallmaßnahmen insbesondere über § 630d Abs 1 Satz 4 und über § 227, StGB §§ 32, 34 in Betracht.
5. Es ist in allen Fällen zu prüfen, ob eine Sondersituation der §§ 1904 Abs 1, 2, 1906, 1906a vorliegt. In diesen Fällen sind die dort angeführten Sondervorgaben zu beachten.

55 **3. Detailfragen.** Im Folgenden seien noch ein paar Detailausführungen ergänzt. Kann der Patient keine gegenwärtige Äußerung vornehmen, gelten also die in einer Patientenverfügung getroffenen Entscheidungen[181]. Diese binden nach § 1901a Abs 1 den Betreuer sowie nach § 1901a Abs 5 auch einen rechtsgeschäftlich Bevollmächtigten. Die Bindungswirkung der Patientenverfügung besteht jedoch nur, wenn sie für die aktuelle Lebens- und Behandlungssituation zutreffend ist, § 1901a Abs 1 Satz 1[182]. Falls dies der Fall ist, hat der Betreuer gemäß § 1901a Abs 1 Satz 2 dem Willen des Patienten nur noch Ausdruck zu verleihen; eine eigene Entscheidung steht ihm nicht zu. Allerdings gilt, dass außerhalb des Anwendungsbereichs des § 1904 nicht notwendig ein Betreuer bestellt werden muss, um der Patientenverfügung Geltung zu verschaffen. Erst wenn keine Patientenverfügung vorliegt – oder diese nicht konkret genug ist – ist der Entschluss eines hierzu „Berechtigten" entscheidend. Es ist zu unterscheiden, ob ein Vorsorgebevollmächtigter gemäß § 1896 Abs 2 Satz 2 festgelegt wurde oder nicht. Der Patient kann somit auch im Vorhinein eine Person bestimmen, die als Bevollmächtigter im Falle einer auftretenden Einwilligungsunfähigkeit die nötigen Entscheidungen treffen soll (§§ 1901a Abs 5, 1904 Abs 5 Satz 1). Es gelten in diesem Fall auch die Beschränkungen des § 1904 Abs 1, 2, 4. Wenn dies nicht geschehen ist, ist der vom Betreuungsgericht zu bestellende Betreuer in Gesundheitsangelegenheiten gemäß § 1896 Abs 1 zuständig. Erst auf letzter Ebene wird daher ein von Gesetzes wegen eingesetzter Betreuer zur Entscheidung berufen. Wenn der Patient einwilligungsunfähig ist und es sich um eine unaufschiebbare Maßnahme handelt, kann Abs 1 Satz 4 einschlägig sein.

56 **4. Natürlicher Wille.** Einwilligungsunfähigkeit bedeutet nicht zwingend, dass der Patient keinerlei Willen bilden kann und nicht ansprechbar ist. Wenn der Patient äußerungsfähig ist, so ist sein Wille angesichts des hohen Rangs des Persönlichkeitsrechts bei medizinischen Behandlungen auch mit einzubeziehen[183]. Es ist jedoch zwischen medizinisch indizierten und nicht indizierten Maßnahmen zu unterscheiden. Bei ersteren muss dem Willen des Patienten gefolgt werden, wenn dadurch keine immensen gesundheitlichen Gefahren drohen[184]. Demgegenüber ist bei letzteren der Wille des Patienten nicht beachtlich, wenn er sich durch die Behandlung erheblichen gesundheitlichen Risiken aussetzen würde[185]. Der Patientenvertreter kann unter den Voraussetzungen des § 1906a Abs 1 auch eine Behandlung gegen den natürlichen Willen des

---

181 Spickhoff AcP 208 (2008), 345, 399; MünchKomm/Wagner § 630d Rz 23.
182 BGHZ 202, 226 = NJW 2014, 3572, 3574 ff = FamRZ 2014, 1909 (mAnm Spickhoff); Boemke NJW 2013, 1412, 1413; ders NJW 2015, 378, 379.
183 Spickhoff/Spickhoff MedR § 630d Rz 6; ders FamRZ 2018, 412, 420; D Prütting/J Prütting/Friedrich MedR § 630d Rz 23.

184 Spickhoff/Spickhoff MedR § 630d Rz 6; ders FamRZ 2018, 412, 420; D Prütting/J Prütting/Friedrich MedR § 630d Rz 23.
185 Spickhoff/Spickhoff MedR § 630d Rz 6; ders FamRZ 2018, 412, 420; D Prütting/J Prütting/Friedrich MedR § 630d Rz 23.

Einwilligungsunfähigen vornehmen lassen. Hierfür muss der Patient jedoch insbesondere stationär im Krankenhaus untergebracht sein (Nr 6) und es muss sich um eine Behandlung handeln, die zum Wohl des Betreuten notwendig ist, um einen drohenden erheblichen gesundheitlichen Schaden abzuwenden (Nr 1). Des Weiteren muss es sich um eine dem „breiten medizinisch-wissenschaftlichen Konsens" entsprechende Behandlung handeln[186]. Ambulante Zwangsbehandlungen sind nicht möglich[187]. In Patientenverfügungen erteilte Einwilligungen werden auch dann nicht unwirksam, wenn der Patient im einwilligungsunfähigen Zustand der medizinischen Maßnahme widerspricht[188].

5. Patientenverfügung. Bei Einwilligungsunfähigkeit des Volljährigen ist daher zuerst zu prüfen, ob er eine Patientenverfügung verfasst hat. Eine Patientenverfügung ist laut § 1901a Abs 1 Satz eine im Vorfeld getroffene schriftliche Festlegung eines zu diesem Zeitpunkt noch Einwilligungsfähigen für den Fall einer in Zukunft liegenden Einwilligungsunfähigkeit, welche die Einwilligung oder die Ablehnung bestimmter medizinischer Behandlungen statuiert. Es handelt sich hierbei um den antizipiert geäußerten Willen des Patienten, der über die ggf später eintretende Einwilligungsunfähigkeit hinaus fortgelten soll[189], jedoch nicht um eine Willenserklärung[190]. **57**

6. Patientenverfügung und Aufklärung. Wenn in der Patientenverfügung in eine medizinische Maßnahme eingewilligt wird, so ist die Patientenverfügung nur mit vorher erfolgter ärztlicher Aufklärung wirksam oder wenn wirksam ein Aufklärungsverzicht erklärt worden ist[191]. Falls der Aufklärungsverzicht nicht ausdrücklich erklärt wurde, ist die Patientenverfügung bei der Bewertung des mutmaßlichen Willens bloß ein Indiz[192]. Allerdings lässt sich dies auch kritisieren, da der Patient durch das Verfassen der Patientenverfügung konkludent erklärt, dass er auf das Einwilligungserfordernis bzgl der später vorzunehmenden Behandlung verzichtet, womit es eines Aufklärungsverzichts nicht mehr bedarf[193]. In derartigen Fällen wird jedoch eine Entscheidung des Bevollmächtigten oder Betreuers verlangt[194]. Wenn in der Patientenverfügung dagegen eine medizinische Maßnahme abgelehnt wird, so ist dies auch wirksam ohne eine vorher erfolgte ärztliche Aufklärung[195]. **58**

7. Bestimmtheit. Laut BGH sind besonders strenge Voraussetzungen an die Bestimmtheit[196] der Patientenverfügung zu stellen, wenn es um den Abbruch lebenserhaltender Maßnahmen geht. Es muss die konkrete Behandlungssituation dargestellt und konkrete medizinische Maßnahmen benannt werden, auf die sich die Einwilligung oder vielmehr der Verzicht beziehen soll[197]. Hier bieten sich deutliche Angaben zur Schmerz- und Symptombehandlung, künstlichen Ernährung und Flüssigkeitszufuhr, Wiederbelebung, künstlichen Beatmung, Antibiotikagabe oder Dialyse an[198]. Pauschale Formulierungen wie der Wunsch nach einem würdevollen Sterben genügen nicht[199]. Allerdings sollen die Voraussetzungen auch nicht übertrieben werden[200], sodass eine ausführliche Beschreibung der Behandlungssituation auch die unzureichende Benennung konkreter ärztlicher Maßnahmen im Einzelfall ausgleichen kann[201]. **59**

8. Aktualität. Selbst wenn eine wirksame Patientenverfügung vorliegt, ist zu prüfen, ob die Festlegungen noch auf die aktuelle Situation zutreffen. Falls die beiden Zeitpunkte (Verfassen **60**

---

186 BeckOK/Katzenmeier § 630d Rz 20; BGHZ 224, 224 = BGH MedR 2020, 673, 674 (mAnm Schmidt-Recla/Gries) = FamRZ 2020, 534 (mAnm Spickhoff).
187 BT-Drucks 18/11240, S 15; BVerfG FamRZ 2018, 1599: dient dem Schutz des Betroffenen und der Gewährleistung der nötigen Pflege und Begleitung; BeckOK/Katzenmeier § 630d Rz 20; zweifelnd BeckOGK/Brilla § 1906a Rz 14 f; krit Rademacher/Leber MedR 2020, 830, 836 f.
188 Sog Odysseus-Problem, MünchKomm/Wagner § 630d Rz 21; Joerden MedR 2018, 764, 770 f.
189 BeckOGK/Walter § 630d Rz 20.
190 Spickhoff/Spickhoff MedR § 1901a Rz 4; Münch-Komm/Wagner § 630d Rz 24.
191 BT-Drucks 17/10488, S 23; BeckOK/Katzenmeier § 630d Rz 19.
192 BeckOK/Katzenmeier § 630d Rz 19.
193 Kreße MedR 2015, 91, 91; NK-BGB/Voigt § 630d Rz 15; D Prütting/J Prütting/Friedrich MedR § 630d Rz 41.
194 Näher zum Patientenvertreter Lipp in Laufs/Katzenmeier/Lipp, ArztR Kap VI Rz 118 ff mwN; BT-Drucks 16/8442, S 14.
195 BT-Drucks 17/10488, S 24; Spickhoff/Spickhoff MedR § 630d Rz 10.
196 BGHZ 202, 226 Rz 29 = NJW 2014, 3572, 3574 Rz 24 ff = FamRZ 2014, 1909 Rz 29; BGHZ 214, 62 Rz 18 = NJW 2017, 1737, 1739 Rz 17 ff; BGH NJW 2019, 600 Rz 20.
197 BGHZ 211, 67 = NJW 2016, 3297 = MedR 2017, 36 (mAnm Sternberg-Lieben und Bespr G. Merkel MedR 2017, 1); BGHZ 202, 226 Rz 29 = NJW 2014, 3572; BGHZ 214, 62 Rz 18 = NJW 2017, 1737.
198 BeckOK/Katzenmeier § 630d Rz 19.
199 Beispielhaft BGHZ 214, 62, 69 = NJW 2017, 1737, 1738 Rz 19 = MedR 2017, 802, 804 (mAnm Spickhoff).
200 Dazu näher BGHZ 214, 62 Rz 18 = NJW 2017, 1737, 1738 Rz 18; BGHZ 211, 67= NJW 2016, 3297 = FamRZ 2016, 1671 Rz 46; BGH NJW 2019, 600 Rz 20 = FamRZ 2019, 236.
201 BGH NJW 2019, 600 = MedR 2019, 565 (mAnm Schlicht) = FamRZ 2019, 236 (mAnm Dodegge FamRZ 2019, 307).

und Behandlungssituation) weit auseinander liegen, kann eine mutmaßliche Einwilligung möglich sein[202].

61 **9. Vorsorgevollmacht.** Eine Vorsorgevollmacht liegt dagegen vor, wenn eine Person für den Fall ihrer Einwilligungsunfähigkeit eine andere Person vertraglich bestimmt, Aufgaben im Rahmen der Gesundheitsvorsorge zu übernehmen. Grundsätzlich kann eine Vorsorgevollmacht auch zusammen mit einer Patientenverfügung verfasst werden, sodass der Bevollmächtigte die im Rahmen der Patientenverfügung entstehenden Entscheidungen zu treffen hat[203].

62 **10. Patientenwille.** Die Entscheidungen des Berechtigten haben sich grundsätzlich am tatsächlichen oder mutmaßlichen Willen des Patienten zu orientieren[204]. Kommt es zu einer gerichtlichen Feststellung des mutmaßlichen Willens des Patienten, sind strenge Beweismaßstäbe anzulegen, die in Anbetracht von § 1901a Abs 3 nicht darauf basieren, ob der Tod des Patienten unmittelbar bevorsteht oder nicht[205].

63 **11. In dubio pro vita.** Wenn der Patient einwilligungsunfähig ist und sich weder aus einer Patientenverfügung noch aus dem mutmaßlichen Willen oder Äußerungen des Bevollmächtigten/Betreuers etwas ergibt, so ist die Therapie stets fortzusetzen[206]. Wenn noch kein Betreuer bestellt ist, müssen lebenserhaltende Maßnahmen bei einwilligungsunfähigen Patienten eingeleitet und dürfen auch nicht abgebrochen werden[207]. Mithin kann der Behandelnde nicht frei nach seinem Dafürhalten entscheiden.

64 **12. Gerichtliches Vorgehen.** Wenn der Behandelnde und der Berechtigte sich uneinig sind, ob die Behandlung dem Willen des Patienten angemessen ist, so ist das Betreuungsgericht nach § 1904 Abs 4, 5 anzurufen, um über das Bestehen von erheblichen Gefahren für die Gesundheit oder das Leben des Patienten zu entscheiden[208]. Das Gericht stellt ein Einvernehmen iSd § 1904 Abs 4 ggf iSe sog Negativattests fest[209].

65 **13. Anwendungsbereich des § 1904.** § 1904 legt fest, wann die Entscheidung des Betreuungsgerichts einzuholen ist, wenn ein Betreuer in Gesundheitsangelegenheiten oder Vorsorgebevollmächtigter existiert. Allerdings gelten diese Vorschriften nur in dem Fall, dass die Patientenverfügung inhaltlich nicht greift und Behandelnder und Betreuer sich gemäß § 1904 Abs 4 uneinig sind. Ganz wesentlich betrifft der § 1904 den Abbruch lebensverlängernder Maßnahmen, zB die Entfernung der Magensonde, die Ablehnung intensivmedizinischer Maßnahmen und konkrete Akte der Sterbehilfe. Grundsätzlich gilt, dass bei Vorliegen einer Patientenverfügung nicht notwendigerweise ein Betreuer dieser Geltung verschaffen muss. Nur im Anwendungsbereich des § 1904 bedarf es eines Tätigwerdens durch den Betreuer.

66 **14. Zwangsmaßnahmen und Sterilisation.** Das Betreuungsgericht ist gemäß §§ 1905 Abs 2 Satz 1, 1906, 1906a Abs 2 auch in Fällen der Sterilisation oder Zwangsmaßnahmen bei der Unterbringung bei unter Betreuung stehenden Patienten anzurufen. In eine Sterilisation kann ein Berechtigter nie einwilligen, wenn er Bevollmächtigter ist. Für Zwangsmaßnahmen bei der Unterbringung gelten die Anforderungen des § 1906 Abs 5. Besonders relevant werden die Vorschriften, wenn einem untergebrachten Betreuten gegen seinen Willen iRe Behandlungsverhältnisses Medikamente zwangsweise verabreicht werden sollen, die aufgrund ihrer sedierenden Wirkung mittelbar freiheitsentziehend sind[210].

67 Für nähere Ausführungen diesbezüglich siehe §§ 1901a ff.

E. Ordnungsgemäße Aufklärung, Abs 2

I. Informed consent

68 Der Patient oder der zur Einwilligung Berechtigte muss gemäß Abs 2 vor der Abgabe der Einwilligung iSd § 630e Abs 1-4 ordnungsgemäß aufgeklärt worden sein. Erfolgte die Aufklärung nicht ordnungsgemäß, ist die Einwilligung unwirksam. Hintergrund dieser Aufklärungspflicht ist, dass das Selbstbestimmungsrecht des Patienten sowohl bei fehlender Einwilligung als auch

---

202 Joerden MedR 2018, 764.
203 MünchKomm/Wagner § 630d Rz 30.
204 D Prütting/J Prütting/Friedrich MedR § 630d Rz 23.
205 MünchKomm/Wagner § 630d Rz 26; BGH MedR 2015, 508 (m krit Anm Lindner MedR 2015, 483).
206 MünchKomm/Wagner § 630d Rz 35; Naumburg VersR 2014, 591, 592 = FamRZ 2014, 974.
207 MünchKomm/Wagner § 630d Rz 36; Boemke NJW 2013, 1412, 1414.
208 D Prütting/J Prütting/Friedrich MedR § 630d Rz 24; BeckOK/Katzenmeier § 630d Rz 18; BGHZ 202, 226 = NJW 2014, 3572 Rz 19 = JZ 2015, 39 (mAnm Duttge); MünchKomm/Schwab § 1904 Rz 53; BT-Drucks 16/8442, S 19.
209 BGHZ 202, 226 = NJW 2014, 3572 Rz 19 = JZ 2015, 39 (mAnm Duttge); MünchKomm/Wagner § 630d Rz 28.
210 BeckOGK/Walter § 630d Rz 21.6.

aufgrund des fehlenden eigenen Wissens durch unzureichende Aufklärung verletzt werden kann[211]. Denn eine selbstbestimmte Entscheidung kann nur anhand einer Abwägung aller relevanten Informationen vorgenommen werden (sog „informed consent")[212], die dem Patienten als medizinischen Laien nicht zur Verfügung stehen und auch nicht ohne Weiteres im Selbststudium erarbeitet werden können. Die Behandlungsseite muss dem Patienten daher alle relevanten Entscheidungsparameter aufzeigen (näher hierzu § 630e Rz 11 ff)[213].

II. Aufklärungsadressat

Die Aufklärung hat in der Regel gegenüber dem Patienten zu erfolgen, dh gegenüber der **69** tatsächlich behandelten Person, da diese auch die Einwilligung erteilen muss. Eindeutig ist dies, wenn die zu behandelnde Person volljährig und einwilligungsfähig ist. Die Aufklärungspflicht gilt grundsätzlich jedoch auch für den Fall, dass der Behandelte selbst einwilligungsunfähig nach § 630e Abs 5 ist, obwohl die Erteilung der Einwilligung einzig vom Willen des „hierzu Berechtigten" abhängt oder wenn diese bereits zuvor in einer Patientenverfügung erteilt wurde. Anders ist hier jedoch der Verstoß gegen die Aufklärungspflicht zu werten, sodass eine unterlassene Aufklärung des einwilligungsunfähigen Patienten unschädlich ist[214]. Allerdings kommt eine Schadensersatzpflicht nach § 280 Abs 1 in Betracht, da es sich nichtsdestotrotz um eine vertragliche Pflicht handelt und der Patient ein ggf relevantes Veto hätte aussprechen wollen[215].

III. Aufklärung bei Patientenverfügung

Wenn der Patient eine Patientenverfügung aufgesetzt hat, so ist eine dort bestimmte Einwilli- **70** gung in eine medizinische Maßnahme ebenfalls nur wirksam, wenn der Patient im Vorhinein ärztlich aufgeklärt wurde oder wenn er ausdrücklich und wirksam auf eine Aufklärung verzichtet hat (siehe dazu bereits Rz 58)[216].

F. Widerruf der Einwilligung, Abs 3

I. Überblick

Nach Abs 3 kann die Einwilligung jederzeit ohne Angabe von Gründen widerrufen werden. **71** Anders als ein Rechtsgeschäft, bindet die Einwilligung den Patienten iRd Behandlungsvertrages nicht[217]. Die Widerrufsmöglichkeit ist damit ebenfalls Ausdruck des effektiven Schutzes des patientenseitigen Selbstbestimmungsrechts[218]. Der Patient kann daher auch nicht wirksam auf die Widerrufsmöglichkeit verzichten[219]. Der Widerruf gilt ab Zugang. Eine Rückwirkung, zB hervorgerufen durch eine Anfechtung, ist ausgeschlossen[220]. Der Widerruf kann formlos und konkludent (zB Kopfschütteln, Schreien, Handbewegungen, sich Wehren) erfolgen oder durch die Kündigung des Behandlungsvertrags erkennbar werden[221]. Der Patient muss seinen Widerrufswillen jedoch deutlich machen, sodass das bloße Äußern von Bedenken nicht ausreicht[222]. Auf derartige Bedenken ist nichtsdestotrotz einzugehen. Allerdings darf der Arzt dem Patienten eine angemessene Frist zur Entscheidung setzen[223]. Den Behandelnden trifft bei mangelnden Anhaltspunkten jedoch keine Nachforschungspflicht, ob der Patient eventuell einen Widerruf ausüben wollte[224]. Statt eines gesamten Widerrufs, kann der Patient die Einwilligung auch teilweise abändern[225].

---

211 NK-BGB/Voigt § 630d Rz 14.
212 Laufs/Katzenmeier/Lipp/Katzenmeier, Arztrecht Kap V Rz 5 ff.
213 Laufs/Katzenmeier/Lipp/Katzenmeier, Arztrecht Kap V Rz 7.
214 BT-Drucks 17/11710, S 28.
215 Spickhoff/Spickhoff MedR § 630d Rz 13.
216 BT-Drucks 17/10488, S 23; Schwedler MedR 2013, 652, 653.
217 BGH NJW 1980, 1903 f = MDR 80, 746; BeckOGK/Walter § 630d Rz 10; Ohly, Volenti non fit iniuria, 2002, 346 ff; MünchKomm/Wagner § 630d Rz 48.
218 BeckOK/Katzenmeier § 630d Rz 29; MünchKomm/Wagner § 630d Rz 48.
219 MünchKomm/Wagner § 630d Rz 49; BeckOK/Katzenmeier § 630d Rz 29; D Prütting/J Prütting/Friedrich MedR § 630d Rz 50.
220 Grüneberg/Weidenkaff § 630d Rz 2; BT-Drucks 17/10488, S 41; BeckOK/Katzenmeier § 630d Rz 29; MünchKomm/Wagner § 630d Rz 48; allerdings Kothe AcP 185 (1985), 105, 140; Ohly, Volenti non fit iniuria, 2002, 356 ff.
221 Erman/Rehborn/Gescher § 630d Rz 32; D Prütting/J Prütting/Friedrich MedR § 630d Rz 49.
222 BGH NJW 1980, 1903, 1904 = MDR 80, 746; D Prütting/J Prütting/Friedrich MedR § 630d Rz 48.
223 MünchKomm/Wagner § 630d Rz 50.
224 BeckOGK/Walter § 630d Rz 10.
225 MünchKomm/Wagner § 630d Rz 49; D Prütting/J Prütting/Friedrich MedR § 630d Rz 45.

II. Adressat

72 Der Patient kann den Widerruf an den Behandelnden iSd Behandlungsvertrags richten, aber auch an andere ihn faktisch Behandelnde[226]. Der Widerruf kann daher auch Hilfspersonal gegenüber erklärt werden, da man davon ausgehen darf, dass der Widerruf von ihnen wie von einem Boten an den Behandelnden weitergeleitet wird[227].

III. Wirksamkeitsvoraussetzung

73 Der Patient muss einwilligungsfähig sein, wenn er den Widerruf ausübt[228]. Unklar ist, ob ein Berechtigter iSd Abs 1 Satz 2 eine von einem mittlerweile einwilligungsunfähigen Patienten erteilte Einwilligung widerrufen darf. Man könnte erwägen, § 1901a Abs 2 analog heranzuziehen und die bereits erklärte Einwilligung als Indiz gegen einen mutmaßlichen Willen zum Widerruf zu betrachten[229]. Hierbei muss jedoch mit Vorsicht vorgegangen werden, da dieses Indiz auch trügerisch sein kann. Es sollte insbesondere darauf geachtet werden, ob die Umstände der Einwilligungsunfähigkeit es dem Patienten in der aktuellen Situation unmöglich machen, seine frühere Entscheidung, an deren Hintergründen sich gerade nichts geändert hat, nachzuvollziehen, oder ob tatsächlich ein geänderter Wille vorliegt. Bei antizipierten Einwilligungen iRv Patientenverfügungen gilt § 1901a Abs 1 Satz 3, der auch eine jederzeitige Widerrufsmöglichkeit einräumt, welche anders als die Patientenverfügung selbst auch nicht der Schriftform unterliegt.

74 Der Widerruf muss nicht erklärt werden, wenn bereits die Einwilligung unwirksam war[230].

IV. Kündigungsmöglichkeit

75 Ein Widerruf führt praktisch zum Wegfall der Geschäftsgrundlage nach § 313 des Behandlungsvertrags, wenn dieser auf die medizinische Behandlung begrenzt war, sodass die Behandlungsseite den Behandlungsvertrag aufkündigen kann[231].

G. Mutmaßliche Einwilligung, Abs 1 Satz 4

I. Überblick

76 Wenn die Einwilligung nicht direkt vom Patienten eingeholt werden kann, weil dieser zB bewusstlos ist, ermöglicht Abs 1 Satz 4 über das Institut der mutmaßlichen Einwilligung nichtsdestotrotz die rechtmäßige Durchführung der medizinischen Behandlung, wenn es sich um eine unaufschiebbare Maßnahme handelt und diese dem mutmaßlichen Willen des Patienten entspricht[232]. Die mutmaßliche Einwilligung gibt es auch iRd deliktischen Arzthaftung[233]. Abs 1 Satz 4 gilt jedoch nur iRv einem bestehenden Behandlungsvertrag. Andernfalls – zB bei Unfällen – gelten die Vorschriften zur Geschäftsführung ohne Auftrag, die das Institut der mutmaßlichen Einwilligung freilich in sich aufgenommen haben und daher dieselben Maßstäbe der Rechtfertigung – situationsadäquat – voraussetzen, §§ 677, 683 Satz 1.

II. Behandlungssituation

77 Primär betrifft Abs 1 Satz 4 Fälle, in denen der Patient während der Behandlung bewusstlos wird oder während einer OP im narkotisierten Zustand Komplikationen auftreten, die weitere Eingriffe erfordern[234]. Der Arzt muss sich grundsätzlich am Grad der Indikation orientieren. Daher ist er sogar dazu verpflichtet, die weiteren erforderlichen Eingriffe während der OP durchzuführen, wenn ein Abbruch der Operation medizinisch unvertretbar und ein entgegenstehender Wille nicht objektiv ersichtlich ist[235]. Bei nicht absolut indizierten Operationserweiterungen kann die mutmaßliche Einwilligung angenommen werden, wenn es sich um eine bloß marginale

---

226 Jauernig/Mansel § 630d Rz 7; BeckOK/Katzenmeier § 630d Rz 29.
227 BeckOGK/Walter § 630d Rz 11.
228 BeckOK/Katzenmeier § 630d Rz 29; Spickhoff/Spickhoff MedR § 630d Rz 14; NK-BGB/Voigt § 630d Rz 17; Amelung ZStW 104 (1992), 525, 556.
229 So NK-BGB/Voigt § 630d Rz 17; D Prütting/J Prütting/Friedrich MedR § 630d Rz 47.
230 Köln BeckRS 2019, 2369 = MDR 2019, 671; BeckOK/Katzenmeier § 630d Rz 29.
231 BeckOGK/Walter § 630d Rz 1.
232 BT-Drucks 17/10488, S 24 mit Verweis auf BGHSt 45, 219 = NJW 1977, 337.
233 MünchKomm/Wagner § 630d Rz 51; Bamberg NJW-RR 2012, 467, 468 = MedR 2012, 663; zur dogmatischen Verankerung der mutmaßlichen Einwilligung in StGB § 34 oder in §§ 683, 670; G Fischer in: Festschr für Deutsch, 1999, S 545 f.
234 D Prütting/J Prütting/Friedrich MedR § 630d Rz 51; Spickhoff/Greiner §§ 823 ff Rz 285.
235 BeckOK/Katzenmeier § 630d Rz 24 f; Bamberg NJW-RR 2012, 467, 469 = MedR 2012, 663.

Erweiterung handelt[236]. Allerdings darf der Behandelnde sich nicht auf die mutmaßliche Einwilligung berufen, wenn Komplikationen oder nötige intraoperative Eingriffserweiterungen bereits zu erwarten waren und die nicht vorher eingeholte Einwilligung auf mangelnder Diagnostik oder unzureichender Operationsplanung beruht[237]. In diesem Fall wäre eine vorherige Aufklärung gefolgt von einer antizipierten Einwilligung der richtige Weg gewesen (siehe bereits Rz 29).

III. Unaufschiebbarkeit

Unaufschiebbar ist eine medizinische Behandlung, wenn dieselbe zu einem späteren Zeitpunkt eine Gefahr für das Leben oder die Gesundheit des Patienten auslösen würde und aus diesem Grund keine Einwilligung des Patienten oder eines Berechtigten rechtzeitig eingeholt werden kann[238]. Wenn keine derartige Gefahr besteht, muss abgewartet werden, bis der Patient oder ein hierzu Berechtigter die Einwilligung erteilen kann. Der Arzt muss dann die Operation unterbrechen[239]. Es kommt daher maßgeblich auf das Gewicht der Indikation an, die wiederum mit der Einschränkung des Selbstbestimmungsrechts abgewogen werden muss[240]. Für besonderen Schutz des Selbstbestimmungsrechts wird das Tatbestandsmerkmal „nicht rechtzeitig" eng ausgelegt[241]. 78

IV. Maßstab

Der mutmaßliche Wille des Patienten wird durch die Betrachtung seiner persönlichen Umstände, individuellen Interessen, Wünsche, Bedürfnisse und Wertvorstellungen subjektiv-individuell ermittelt[242]. Zur Ermittlung dieser individuellen Belange können auch nahe Angehörige befragt werden, die jedoch nicht die Einwilligung erteilen dürfen, sondern bloß Auskunft geben sollen[243]. Die Erklärungen und Informationen müssen aktuell sein und dezidiert vom Behandelnden begutachtet werden[244]. Wenn der Behandelnde den Willen des Patienten kennt, hat er diesen zu respektieren, selbst wenn er ihn für unvernünftig hält[245]. Dies gilt zB bei Zeugen-Jehovas, die teilweise eine entsprechende Kette tragen, wodurch deutlich wird, dass sie Bluttransfusionen ablehnen. 79

V. Praxis

Auf objektive Kriterien (regelmäßig die Lebenserhaltung)[246] darf nur subsidiär abgestellt werden[247]. Allerdings wird in der Praxis oft auf solche objektiven Kriterien abgestellt werden müssen, da der Behandelnde den Patienten in der Notaufnahme regelmäßig nicht kennt[248]. Der Arzt darf dann von einer mutmaßlichen Einwilligung des Patienten ausgehen, wenn ein verständiger durchschnittlicher Patient in dieser Situation bei entsprechender Aufklärung in den Eingriff einwilligen würde[249]. Solange der Arzt eine objektiv vertretbare Entscheidung trifft, ist diese zu respektieren[250]. 80

VI. Betreueranrufung

Deutet der medizinische Zustand des Patienten darauf hin, dass er nicht zeitnah seine Einwilligungsfähigkeit wiedererlangen wird, soll die Bestellung eines vorläufigen Betreuers nach FamFG § 300 angeregt werden[251]. 81

---

236 Koblenz BeckRS 2017, 107890; Hamm NJOZ 2002, 2618, 2619 = VersR 2003, 1544; BeckOK/Katzenmeier § 630d Rz 25.
237 D Prütting/J Prütting/Friedrich MedR § 630d Rz 55; G Fischer, in: Festschr für Deutsch, 1999, 545, 551; MünchKomm/Wagner § 630d Rz 52; BGH NJW 1989, 1541 f = BeckRS 9998, 97954; Pauge/Offenloch, Arzthaftungsrecht Rz 458; BGH VersR 1985, 1187.
238 BT-Drucks 17/10488, S 24; G Fischer, in: Festschr für Deutsch, 2009, 545 ff.
239 BGH NJW 1993, 2372, 2373 = MedR 1993, 388; BGHSt 45, 219 = NJW 2000, 885, 886; 2019, 3072, 3074 = MDR 2019, 1131; BeckOK/Katzenmeier § 630d Rz 25.
240 BeckOK/Katzenmeier § 630d Rz 24; NK-BGB/Voigt § 630d Rz 4; vgl Frankfurt aM NJW 1981, 1322.
241 NK-BGB/Voigt § 630d Rz 6.
242 BT-Drucks 17/10488, S 24.
243 BGH NJW 1987, 2291, 2293 = MedR 1987, 234; BeckOK/Katzenmeier § 630d Rz 23; Naumburg RDG 2014, 31 = FamRZ 2014, 974; NK-BGB/Voigt § 630d Rz 7.
244 D Prütting/J Prütting/Friedrich MedR § 630d Rz 54.
245 BeckOK/Katzenmeier § 630d Rz 23.
246 BeckOGK/Walter § 630d Rz 13.
247 BT-Drucks 17/10488, S 23 f; D Prütting/J Prütting/Friedrich MedR § 630d Rz 54; vgl BGH NJW 2000, 885, 886 = VersR 2000, 603, 605; Jauernig/Mansel § 630d Rz 6.
248 Spickhoff/Spickhoff MedR § 630d Rz 12.
249 BGHSt 40, 257 = NJW 1995, 204; BGH (St) 45, 219 = NJW 2000, 885; NK-GesMedR/Wever § 630d Rz 10.
250 MünchKomm/Wagner § 630d Rz 53; BeckOGK/Walter § 630d Rz 13.
251 D Prütting/J Prütting/Friedrich MedR § 630d Rz 53; MünchKomm/Wagner § 630d Rz 52.

H. Rechtswidrigkeitszusammenhang

82 Aspekte des Rechtswidrigkeitszusammenhangs sollen hier nur überblicksmäßig dargestellt sein, siehe auch unter § 630e Rz 90.

I. Hypothetische Einwilligung – rechtmäßiges Alternativverhalten

83 Die mutmaßliche Einwilligung muss von der hypothetischen Einwilligung unterschieden werden. Letztere wird relevant iRd haftungsausfüllenden Pflichtwidrigkeitszusammenhangs. Der Einwand der hypothetischen Einwilligung nach § 630h Abs 2 Satz 2 kann dem Behandelnden im Rechtsstreit helfen, wenn er die Einwilligung nicht oder unzureichend eingeholt hat. Voraussetzung ist, dass der Patient bei hypothetisch ordnungsgemäß erfolgter Aufklärung eingewilligt hätte, sodass sich die fehlerhafte Aufklärung nicht ausgewirkt hat[252]. Der Patient kann den Einwand wiederum entkräften, indem er einen Entscheidungskonflikt plausibel darlegt (er ist nicht beweispflichtig). Es ist auf die persönlichen Umstände des Patienten abzustellen, sodass auch objektiv unvernünftige Entscheidungen den Einwand erschüttern können[253]. Gelingt die Darlegung, so kann der Behandelnde theoretisch den Beweis erbringen, dass der Patient trotz des dargelegten Entscheidungskonflikts gleichwohl eingewilligt hätte. Hierfür trägt der Arzt die Beweislast[254]. Dies wird allerdings kaum einmal gelingen.

II. Hypothetische Kausalität

84 Alternativ kann sich der Behandelnde auch darauf berufen, dass sich die Gesundheit des Patienten ebenso schlecht entwickelt hätte, wenn er den eigenmächtigen Eingriff nicht vorgenommen hätte, sodass die Haftung zu entfallen habe (Einwand hypothetischer Kausalität)[255]. Hier ist er jedoch ebenfalls beweisbelastet[256].

I. Gegenstand und Umfang der Haftung

I. Anspruchsgrundlagen und Pflichtverletzung

85 1. **Überblick.** Grundsätzlich bestimmt sich die Haftung der Behandlungsseite im Vertragsrecht für eine Körper- und Gesundheitsverletzung, die durch eine medizinische Behandlung hervorgerufen wurde, nach §§ 280 Abs 1, 241 Abs 2. Nichts anderes gilt für § 630d, der selbst keine haftungsrechtliche Rechtsfolge enthält, sodass sich ein Schadensersatzanspruch durch eine eigenmächtig durchgeführte Behandlung ohne Einwilligung des Patienten nach § 280 Abs 1 richtet[257].

86 2. **Rechtswidrigkeit und Vertretenmüssen.** Anders als § 823 Abs 1 enthält der § 280 Abs 1 kein Rechtswidrigkeitserfordernis, worüber eine Einwilligung die Haftung ausschließen könnte. Jedoch umfasst das Vertretenmüssen iRd § 280 Abs 1 auch Rechtswidrigkeitsaspekte und ist damit weitreichender als das Verschulden iRd § 823 Abs 1[258]. Allerdings ist bei vertraglicher Schadensersatzpflicht eine Haftung dann ausgeschlossen, wenn es bereits an einer vertraglichen Pflichtverletzung fehlt. Eine solche Pflichtverletzung ist zu verneinen bei einem lege artis durchgeführten Eingriff, in den der Patient eingewilligt hat[259]. Das eigenmächtige Handeln des Behandelnden ist folglich eine selbständige Pflichtverletzung, die bestehen bleibt, auch wenn die Hauptpflicht des Behandelnden zur lege artis-Durchführung erfüllt wurde und auch, wenn keine Gesundheitsverletzung eingetreten ist[260]. Folglich ist nach der aktuellen Gesetzeskonstruktion bereits die unterlassene Einholung der Einwilligung haftungsbegründend[261]. Selbst wenn sich nachträglich herausstellt, dass die Behandlung indiziert war, rechtfertigt dies den Eingriff noch nicht, sodass weiterhin eine vertragliche Pflichtverletzung vorliegt[262]. Mit Blick auf die Rechtsprechung zur Strukturgleichheit von Vertrag und Delikt[263] in der Arzthaftung sowie den gesetzgebe-

---

252 BGH NJW 2019, 3072, 3074 = MDR 2019, 1131; NK-GesMedR/Wever § 630d Rz 12; BGH NJW 1991, 2342 = JZ 1991, 675.
253 NK-GesMedR/Wever § 630d Rz 13.
254 BGH NJW 2016, 3522 Rz 14; NJW 2005, 2072 = VersR 2005, 942; Senat, BGHZ 78, 209, 214 = NJW 1981, 628; MünchKomm/Wagner § 630d Rz 56.
255 NK-BGB/Voigt § 630d Rz 21; Laufs/Katzenmeier/Lipp/Katzenmeier, ArztR Kap V Rz 74.
256 BGHZ 106, 153, 157 ff = NJW 1989, 1538, 1539 f; BGH NJW 2005, 1718, 1719 f = MedR 2005, 599, 600; NJW 2016, 3522, 3523 = MedR 2016, 973, 974.
257 BT-Drucks 17/10488, S 23 f; Grüneberg/Weidenkaff § 630d Rz 5; MünchKomm/Wagner § 630d Rz 55.
258 NK-BGB/Voigt § 630d Rz 19; MünchKomm/Grundmann § 276 Rz 12 ff, 16.
259 NK-BGB/Voigt § 630d Rz 19.
260 NK-BGB/Voigt § 630d Rz 18.
261 Anders noch die alte Rechtslage NK-BGB/Voigt § 630d Rz 18.
262 BGH NJW 2003, 1862, 1863 = MDR 2003, 806; BeckOK/Katzenmeier § 630d Rz 27.
263 BGH NJW 1987, 705.

rischen Hinweis in den Gründen, wonach die hergebrachte Judikatur kodifiziert werden sollte[264], ließe sich dogmatisch nach wie vor ebenso begründen, neben der Pflichtverletzung eine gesonderte Rechtsgutsverletzung sowie haftungsbegründende objektive Zurechnung und das Merkmal der Rechtswidrigkeit im Rahmen des § 280 Abs 1 zu verlangen[265]. Damit wäre keine grundsätzliche Verengung der Haftungsbreite weg von vertraglich geschützten primären Vermögensinteressen auf bestimmte Schutzgüter verbunden, sondern die dogmatische Aufrechterhaltung der Rechtswidrigkeitsidee und des in den Vordergrund gestellten Schutzes von Körper und Gesundheit, wenn es um den Spezialbereich der Arzthaftung geht.

II. Schadensumfang

1. Haftungsanknüpfung. Hat der Behandelnde keine Einwilligung eingeholt und somit die medizinische Behandlung eigenmächtig durchgeführt, so haftet er theoretisch einerseits nach §§ 280 Abs 1, 241 Abs 2 für die Körper- und Gesundheitsverletzung und andererseits zusätzlich für die Verletzung der Vertragspflicht des § 630d Abs 1 Satz 1 zur Einholung der Einwilligung nach § 280 Abs 1[266]. Es ist jedoch nicht ersichtlich, dass sich hieraus Unterschiede in praxi ergeben könnten. 87

2. Grenze. Der Patient kann Ersatz für alle materiellen Schäden nach §§ 249 ff verlangen sowie ein Schmerzensgeld nach § 253 Abs 2 für immaterielle Schäden. Eine Naturalrestitution im immateriellen Bereich wird regelmäßig nicht in Frage kommen. Eine Grenze wird im Übrigen jeglicher Haftung dort gezogen, wo sich ein Risiko verwirklicht hat, über das explizit aufgeklärt wurde[267]. 88

3. Gesundheitsschaden. Außerdem ergibt sich ein Schadensersatz- oder Schmerzensgeldanspruch erst dann, wenn auch tatsächlich ein Schaden infolge der nicht bewilligten medizinischen Behandlung entstanden ist[268]. Ansonsten scheidet die Haftung aus[269]. Für den Fall, dass vor der Behandlung die Einwilligung nicht eingeholt wurde, ist ein Schadensersatzanspruch des Patienten also nicht gegeben, solange es zu keiner Gesundheitsbeeinträchtigung kam[270]. 89

a) **Materieller Schadensersatz.** Stellt man als haftungsbegründendes Ereignis allein auf die Nichteinholung der Einwilligung ab, so ist fraglich, ob tatsächlich ein Anspruch auf Schadensersatz oder Schmerzensgeld zu bejahen ist[271]. Beim materiellen Schadensersatz wird es regelmäßig am Pflichtwidrigkeitszusammenhang fehlen[272]. Einzig die dadurch aufgedrängte Vergütungspflicht stellt einen ersatzfähigen Schaden dar, der nur auf die Selbstbestimmungsverletzung rückführbar ist[273]. Fraglich ist, ob ein eigenmächtiges Verhalten des Behandelnden dessen Vergütungsanspruch entfallen lassen kann. Die Rechtsprechung ist bisher primär über § 628 gegangen, während neben der Eigenmacht noch eine ungeeignete Behandlung gefordert wurde[274]. Wenn es sich bei der Einholung der Einwilligung um eine Nebenpflicht handelt, sind §§ 281-283 zu beachten, womit die Klassifizierung der Vergütungspflicht als Schaden und iRd Pflichtwidrigkeitszusammenhangs problematisch ist[275]. Hat der Patient dagegen nur in eine Chefarztbehandlung eingewilligt, so ist die honorarrechtliche Vorschrift des KHEntgG § 17 Abs 3 auch iRd Haftung relevant. Die Chefarztvereinbarung bezieht sich auch auf die sog „Wahlarztkette", nach welcher jegliche Eingriffe durch Vertreter, die vom Chefarzt angewiesen wurden, noch von der Einwilligung gedeckt sind[276]. 90

b) **Immaterieller Schadensersatz.** IRd Schmerzensgelds könnte die Verletzung des Selbstbestimmungsrechts unter Bezugnahme auf § 253 Abs 2 grundsätzlich zu Schadensersatz führen, da zum einen die Körperverletzung als Aspekt genannt ist und zum anderen das allgemeine Persönlichkeitsrecht in direkter Herleitung aus der Verfassung laut BGH ebenfalls zu achten ist[277]. Allerdings ist der hier betroffene Fall in der Hinsicht kritisch zu würdigen, dass es rglm um einvernehmliche Behandlungen gehen wird, die ohne jeglichen Gesundheitsschaden vollzogen wurden und bei denen lediglich teilweise unzureichend aufgeklärt wurde. Da vom BGH aus- 91

---

264 BT-Drucks 17/10488, S 9.
265 Für diese dogmatische Strukturierung D Prütting/J Prütting Medizin- und Gesundheitsrecht, 2021 § 23 Rz 3 ff.
266 NK-BGB/Voigt § 630d Rz 20 spricht von „doppelter Einstandspflicht".
267 BT-Drucks 17/10488, S 29; NK-BGB/Voigt § 630d Rz 21.
268 BGHZ 90, 96, 102 f = NJW 1984, 1395, 1396; BGHZ 176, 342, 346 f = NJW 2008, 2344, 2345; Grüneberg/Weidenkaff § 630d Rz 5; näher NK-BGB/Voigt § 630d Rz 18 ff; BeckOK/Katzenmeier § 630d Rz 27.
269 BGHZ 176, 342 = NJW 2008, 2344, 2345.
270 MünchKomm/Wagner § 630d Rz 7; BGHZ 176, 342 Rz 19 = NJW 2008, 2344 Rz 19 f; Bamberg VersR 2012, 1440, 1441.
271 Bejahend, aber iE keine Erweiterung der Patientenrechte erblickend Janda JZ 2012, 932, 936 ff.
272 NK-BGB/Voigt § 630d Rz 23.
273 NK-BGB/Voigt § 630d Rz 23.
274 NK-BGB/Voigt § 630d Rz 22.
275 NK-BGB/Voigt § 630d Rz 22.
276 MünchKomm/Wagner § 630d Rz 13; aA Braunschweig MedR 2014, 891, 892 f (m abl Anm Bergmann).
277 NK-BGB/Voigt § 630d Rz 23.

drücklich entschieden wurde, dass eine ärztliche Heilbehandlung ohne Einwilligung aufgrund mangelhafter Aufklärung nur dann zu einer ärztlichen Haftung führt, wenn ein Gesundheitsschaden des Patienten ausgelöst wurde[278], bleibt die alleinige Verletzung des Selbstbestimmungsrechts wohl größtenteils unbedeutend[279].

J. Darlegungs- und Beweisrecht

I. Überblick

92 Den Behandelnden trifft nach § 630h Abs 2 Satz 1 die Beweislast für das Vorliegen der Einwilligung nach § 630d und die zuvor ordnungsgemäße Durchführung der Aufklärung nach § 630e. Folglich muss der Patient nur den Schaden und den Pflichtwidrigkeitszusammenhang beweisen.

II. Ausnahme

93 Die Einwilligungsunfähigkeit stellt dagegen eine rechtshindernde Einwendung dar, die der Patient zu beweisen hat, wenn er sich darauf berufen möchte[280]. Dies gilt solange, wie der gesundheitliche Zustand des Patienten die Einwilligungsunfähigkeit nicht eindeutig indiziert[281]. Ist ein Minderjähriger betroffen, so hat die Behandlungsseite wiederum zu beweisen, dass eine umfassende Auswertung vorgenommen worden ist, die zu einem positiven Ergebnis geführt hat[282].

III. Abs 3

94 Will sich der Patient auf den Widerruf nach Abs 3 berufen, so hat dieser ihn auch zu beweisen[283].

IV. Praxishinweis

95 Wenn der Patient der Beweislast unterliegt, kann ihm § 630e Abs 2 Satz 2 helfen, nach welchem Abschriften und Unterlagen, die er bezüglich der Aufklärung und Einwilligung unterschrieben hat, auszuhändigen sind.

§ 630e Aufklärungspflichten

(1) Der Behandelnde ist verpflichtet, den Patienten über sämtliche für die Einwilligung wesentlichen Umstände aufzuklären. Dazu gehören insbesondere Art, Umfang, Durchführung, zu erwartende Folgen und Risiken der Maßnahme sowie ihre Notwendigkeit, Dringlichkeit, Eignung und Erfolgsaussichten im Hinblick auf die Diagnose oder die Therapie. Bei der Aufklärung ist auch auf Alternativen zur Maßnahme hinzuweisen, wenn mehrere medizinisch gleichermaßen indizierte und übliche Methoden zu wesentlich unterschiedlichen Belastungen, Risiken oder Heilungschancen führen können.

(2) Die Aufklärung muss
1. mündlich durch den Behandelnden oder durch eine Person erfolgen, die über die zur Durchführung der Maßnahme notwendige Ausbildung verfügt; ergänzend kann auch auf Unterlagen Bezug genommen werden, die der Patient in Textform erhält,
2. so rechtzeitig erfolgen, dass der Patient seine Entscheidung über die Einwilligung wohlüberlegt treffen kann,
3. für den Patienten verständlich sein.

Dem Patienten sind Abschriften von Unterlagen, die er im Zusammenhang mit der Aufklärung oder Einwilligung unterzeichnet hat, auszuhändigen.

---

[278] BGHZ 176, 342, 346 f = NJW 2008, 2344 f = JR 2009, 339 (mAnm Streng) in Ablehnung von Jena VersR 1998, 586; offen gelassen bei lebenserhaltenden Maßnahmen entgegen dem Patientenwillen von BGHZ 221, 352 = NJW 2019, 1741, 1744 = FamRZ 2019, 999 (mAnm Schneider).

[279] Ebenso BeckOK/Katzenmeier § 630d Rz 27; NK-BGB/Voigt § 630d Rz 23.

[280] BT-Drucks 17/10488, S 23; beispielhaft Koblenz NJW 2015, 79 = MedR 2015, 422.

[281] BeckOK/Katzenmeier § 630d Rz 30; Koblenz NJW 2015, 79 = MDR 2014, 1446; aA Genske MedR 2016, 173.

[282] D Prütting/J Prütting/Friedrich MedR § 630d Rz 58.

[283] BGH NJW 1980, 1903, 1904 = MDR 80, 746; Grüneberg/Weidenkaff § 630d Rz 2.

(3) Der Aufklärung des Patienten bedarf es nicht, soweit diese ausnahmsweise aufgrund besonderer Umstände entbehrlich ist, insbesondere wenn die Maßnahme unaufschiebbar ist oder der Patient auf die Aufklärung ausdrücklich verzichtet hat.

(4) Ist nach § 630d Absatz 1 Satz 2 die Einwilligung eines hierzu Berechtigten einzuholen, ist dieser nach Maßgabe der Absätze 1 bis 3 aufzuklären.

(5) Im Fall des § 630d Absatz 1 Satz 2 sind die wesentlichen Umstände nach Absatz 1 auch dem Patienten entsprechend seinem Verständnis zu erläutern, soweit dieser aufgrund seines Entwicklungsstandes und seiner Verständnismöglichkeiten in der Lage ist, die Erläuterung aufzunehmen, und soweit dies seinem Wohl nicht zuwiderläuft. Absatz 3 gilt entsprechend.

ÜBERSICHT

A. Zweck der Vorschrift und Überblick 1–4	3. Lebensführung besonders beeinträchtigende Risiken 32
I. Überblick 1	4. Aufklärung bei Medikamenteneinsatz 33
II. Zweck 2	5. Operationsvorgehensweise 34
III. Zusammenhang mit § 630d 3	VI. Indikation, Nutzen und Notwendigkeit 35–38
IV. Neutralitätsgrundsatz 4	1. Bedeutung Indikation 35
B. Historischer Hintergrund und Gesetzesgenese 5, 6	2. Nicht indizierte Behandlungen . . . 36
	3. Kosmetische Behandlungen 37
I. Hintergrund 5	4. Behandlungsabbruch 38
II. Entwicklung 6	VII. Alternativen 39–44
C. Systematische Erfassung im Behandlungsvertragsrecht 7–10	1. Therapiefreiheit des Behandelnden . 39
	2. Entscheidungsfreiheit des Patienten . 40
	3. Verhältnis von Risiko/Chance 41
I. Systematik zum Deliktsrecht . . . 7	4. Alternativen-Aufklärung nach Facharztstandard 42
II. Hauptpflichtcharakter der Aufklärung 8	5. Aufklärung bei Patientenwunsch . . 43
	6. Besonderheiten 44
III. Abgrenzung zu § 630c Abs 2 Satz 1 9	VIII. Standard, individueller Heilversuch und Außenseitermethode . . 45, 46
IV. Aufklärungsfehler 10	1. Abweichung vom Facharztstandard . 45
D. Gegenstand der Pflicht zur Selbstbestimmungsaufklärung, Abs 1, 2 S 1 Nr 3 11–49	2. Neulandmethode 46
	IX. Belehrung zu technischen Mitteln, Telemedizin und Fernbehandlung 47, 48
I. Diagnoseaufklärung 12	1. Ausgangspunkt 47
II. Verlaufsaufklärung 13	2. Grundsatz 48
III. Risikoaufklärung 14–21	X. Keine Aufklärung über Behandlungsfehler – Hinweispflicht bei bekannten Strukturmängeln . . . 49
1. Ausgangspunkt 14	
2. Umfang 15	E. Beachtliche Formalia, Abs 2 Satz 1 Nr 1, Satz 2 50–52
3. Aufklärung über Risiken 16	
4. Bestimmung der Risikodichte 17	I. Mündlichkeit als zentrales Prinzip 50
5. Proportionalität von Risikoschwere/Aufklärung 18	
6. Aufklärung bei Impfung 19	II. Schriftliche Aufklärung bloß ergänzend 51
7. Aufklärung bei Medikamenteneinsatz 20, 21	III. Aushändigungspflicht 52
IV. Aufklärung im „Großen und Ganzen" 22–29	F. Adressat der Aufklärung, Abs 1 Satz 1, Abs 4, 5 53–57
1. Grundsätze 22–24	I. Minderjährige 54
a) Ausgangspunkt 22	II. Einwilligungsunfähige und Patientenvertreter 55–57
b) Zweck 23	1. Grundsatz 55
c) „Im Großen und Ganzen" . . . 24	2. Aufklärung des Einwilligungsunfähigen 56
2. Dringlichkeit 25	
3. Objektivität, Sachlichkeit, Wahrheit . 26	3. Verstoß gegen Abs 5 57
4. Stand der Ausbildung 27	
5. Gebot der Schonung 28	G. Aufklärungspflichtige Person, Abs 1 Satz 1, Abs 2 Satz 1 Nr 1 . . 58–60
6. Vorwissen beim Patienten 29	
V. Medizinisches Detailwissen und Statistiken 30–34	I. Ärztlicher Kernbereich 58
1. Ausgangspunkt 30	II. Mögliche Delegation 59
2. Schwerstes Risiko 31	

III. Haftung	60
H. Zeitpunkt der Aufklärung, Abs 2 Satz 1 Nr 2	**61–77**
I. Einzelfallwertung	61
II. Anhaltspunkt durch Aufklärungszweck	62
III. Schwere Eingriffe	63
IV. Problematik bei vorheriger Aufklärung	64
V. Absenkung der Anforderungen	65
VI. Beispiele	66
VII. Zu frühe Aufklärung	67
VIII. Aufklärung nach Situationsänderung	68
IX. Einwilligungsunterschrift	69
X. Verspätete Aufklärung	70
XI. **Vorausschauende Aufklärung**	**71–77**
1. Verständlichkeit der Aufklärung, Abs 2 Satz 1 Nr 3	72–76
a) Empfängerhorizont	72
b) Fremdsprachige Patienten	73
c) Kostentragung des Dolmetschers	74
d) Hörbehinderte Patienten	75
e) Beweislast	76
2. Entbehrlichkeit der Aufklärung, Abs 3	77
I. Unaufschiebbarkeit der Behandlung	**78–87**
I. Verzicht des Patienten	79–83
1. Rechtsqualifikation	79
2. Bloßer Teilverzicht	80
3. Wirksamkeitsvoraussetzung	81
4. Umgang mit Veränderungen	82
5. Fremdsprachige Patienten	83
II. Sonstige besondere Umstände	84–87
1. Therapeutische Kontraindikation	85, 86
a) Konstellationen	85
b) Unterschiede zwischen Aufklärungsteilen	86
2. Der wissende Patient	87
J. Haftung, Darlegungs- und Beweislast, Beweismittel	**88–104**
I. Erhebung der Aufklärungsrüge und Haftungsstruktur	88–94
1. Haftungsgrundlage	88
2. Gesundheitsschaden	89
3. Rechtswidrigkeitszusammenhang	90
4. Problemfälle	91
5. Sonderfall	92
6. Abgelehnter Dolmetscher	93
7. Irrtum des Behandelnden	94
II. Verlust des Vergütungsanspruchs	95, 96
1. GKV	95
2. PKV/Nicht versichert	96
III. Subjektive und objektive Beweislast	97–99
1. Grundsätze zur Aufklärungspflicht	97, 98
a) Grundsatz	97
b) Beweislast des Patienten	98
2. Pflichtverletzung, Kausalität und Schaden	99
IV. Einwände der Behandlungsseite	100–102
1. „Immer-so" Beweis	100
2. Hypothetische Einwilligung	101
3. Rechtmäßiges Alternativverhalten	102
V. Beweisführung	103, 104
K. Ausgesuchte Fallgruppen	**105–111**
I. Schwangerschaft und Entbindungsmethoden	106
II. Risiko von Lähmungen	107
III. Arzneimittel	108–110
1. Schwerwiegende Nebenwirkungen	108
2. Nicht zugelassene Medikamente	109
3. Placebo-Einsatz	110
IV. Transplantationen – insb die Lebendspende	111

Schrifttum: Deutsch, Das therapeutische Privileg des Arztes: Nichtaufklärung zugunsten des Patienten, NJW 1980, 1305; Deutsch, Theorie der Aufklärungspflicht des Arztes – Ethische und rechtliche Grundlage der Information des Patienten, VersR 1981, 293; Bochnik/Gärtner/Richtberg, Ärztliche Aufklärung zwischen Vertrauen und Alibi, VersR 1981, 793; Bodenburg, Entzerrung der ärztlichen Aufklärungspflicht: Grundaufklärung und Einschätzungsprärogative, NJW 1981, 601; Wachsmuth/Schreiber, Das Dilemma der ärztlichen Aufklärung – Neue Probleme für die Rechtsprechung, NJW 1981, 1985; Demling, Ärztliches Handeln im Lichte und im Schatten der Rechtsprechung, MedR 1983, 207; Deutsch, Schutzbereich und Beweislast der ärztlichen Aufklärungspflicht, NJW 1984, 1802; Eberhard, Die zivilrechtliche Haftung des Heilpraktikers, VersR 1986, 110; Taupitz, Rechtliche Bindung des Arztes: Erscheinungsweisen, Funktionen, Sanktionen, NJW 1986, 2851; Brüggemeier, Deliktsrecht, 1986; Larenz, Schuldrecht AT, 1987[14], § 27 III b, S 435 ff; Seehafer, Der Arzthaftungsprozess in der Praxis, MedR 1989, 123; Knoche, Nebenwirkungen überzogener Anforderungen an die ärztliche Aufklärungspflicht – eine Analyse der juristisch-medizinischen Wechselbeziehung, NJW 1989, 757; Deutsch, Aufklärungspflicht und Zurechnungszusammenhang, NJW 1989, 2313; Roßner, Verzicht des Patienten auf eine Aufklärung durch den Arzt, NJW 1990, 2291; Tauptiz, Der Heilpraktiker aus der Sicht des Haftungsrechts: „Arzt", „Mini-Arzt" oder „Laie"?, NJW 1991, 1505; Deutsch, Das Persönlichkeitsrecht des Patienten, AcP 192 (1992), 161; Esser/Schmidt, SchuldR AT II, 1993[7], § 33 III 2, S 242 ff; Franzki, Von der Verantwortung des Richters für die Medizin – Entwicklungen und Fehlentwicklungen der Rechtsprechung zur Arzthaftung, MedR 1994, 171; v Mühlendahl, Ärztliche Aufklärungspflicht bei extrem geringen Risiken, NJW 1995, 3043; Laufs, Reform der Arzthaftung, NJW 1996, 2413; 147. Sethe/Krumpaszky, Arzthaftung und Qualitätsmanagement in der Medizin – Pilotauswertung von Behandlungsfehlervorwürfen, VersR 1998, 420; Hoppe, Der Zeitpunkt der Aufklärung des Patienten – Konsequenzen der neuen Rechtsprechung, NJW 1998, 782; Damm, Persönlichkeitsschutz und medizintechnische Entwicklung, JZ 1998, 926; Steffen, Haftung des Arztes für Fehler bei der Risikoaufklärung – Zurechnungsbeschränkungen oder versari in re illicita?, in: Festschrift für Medicus, 1999, S 637; Rumler-Detzel, Die Aufklärungspflichtverletzung als Klagegrundlage – Häufigkeit, Inhalt, Prozesserfolg in der Prozessentwicklung eines Oberlandesgerichts in: Festschr für Deutsch, 1999, S 699; Kern, Organisationsverschulden – Ausdruck institutioneller Sorgfaltspflichtverletzungen, MedR 2000, 347; Laufs, Nicht der Arzt allein muss bereit sein, das Notwendige zu tun, NJW 2000, 1757; Büttner, Die deliktische Einordnung der ärztlichen Eingriffsaufklärung – ein juristischer Behandlungsfehler?, in: Festschr für Geiß, 2000, S 353; Greiner, Aufklärung über „Behandlungsschritte" und „Behandlungstechniken"?, in: Festschr für Geiß, 2000, S 411; Müller, Aufklärungsfehler als Grundlage ärztlicher Haftung in: Festschr für Geiß, 2000, S 461; Eibach/Schäfer, Patientenautonomie und Patientenwünsche Ergebnisse und ethische Reflexion von Patientenbefragungen zur selbstbestimmten Behandlung in Krisensituationen, MedR 2001, 21; Giebel/Wienke Sauerborn/Edelmann/Menningen/Dievenich, Das Aufklärungsgespräch zwischen Wollen, Können und Müssen – Wege vom richterrechtlichen Aufklärungspflichtverschulden zum ärztlichen Aufklärungsstandard, NJW 2001, 863; Rehborn, Aktuelle Entwicklungen im Arzthaftungsrecht, MDR 2001, 1148; Ziegler, Fragen Sie Ihren Arzt oder Apotheker, VersR 2002, 541; Wussow, Umfang und Grenzen der ärztlichen Aufklärungspflicht VersR 2002, 1337; Spickhoff, Die Entwicklung des Arztrechts 2001/2002, NJW 2002, 1758; Katzenmeier, Arzthaftung, 2002, S 10 ff; Rixen/Höfling/Kuhlmann/Westhofen, Zum rechtlichen Schutz der Patientenautonomie in der ressourcenintensiven Hochleistungsmedizin: Vorschläge zur Neustrukturierung des Aufklärungsgesprächs, MedR 2003, 191; Hart, Arzneimittelinformation zwischen Sicherheits- und Arzthaftungsrecht, MedR 2003, 603; Muschner, Haftungsrechtliche Besonderheiten bei der Aufklärung ausländischer Patienten, VersR 2003, 826; Katzenmeier, Arbeitsteilung, Teamarbeit und Haftung, MedR 2004, 34; Koyuncu, Das Haftungsdreieck Pharmaunternehmen – Arzt – Patient: Verschulden und Mitverschulden bei der Haftung für Arzneimittelschäden, S 110 ff; Stöhr, Patienteninformation über Arzneimittel – eine arzthaftungsrechtliche Betrachtung, GesR 2006, 145; Voit, Ärztliche Aufklärung über Arzneimittelrisiken – ein Plädoyer für die Aushändigung der Patienteninformation bei der ärztlichen Verordnung, PharmR 2006, 348; Spickhoff, Die ärztliche Aufklärung vor der altruistisch motivierten Einwilligung in medizinische Eingriffe, NJW 2006, 2075; Spickhoff, Haftungsrechtliche Fragen der Biomedizin, VersR 2006, 1569; Katzenmeier, Aufklärung über neue medizinische Behandlungsmethoden - „Robodoc", NJW 2006, 2738; Brüggemeier, Haftungsrecht: Struktur, Prinzipien, Schutzbereich, 2006, S 495 ff; Borsdorff, Die zahnärztliche Aufklärungspflicht bei Standardheileingriffen, in: Festschr für Laufs, 2006, S 711; Krones/Richter, Ärztliche Verantwortung: das Arzt-Patient-Verhältnis, Bundesgesundheitsblatt 2008 (51), 818; Stöhr, Arzthaftung bei Arzneimittelbehandlung, ZMGR 2008, 192; Kern, Die neuere Entwicklung in der Rechtsprechung zur Aufklärungspflicht, GesR 2009, 1; Fehn, Der medizinische Heileingriff als Körperverletzung und die strafrechtliche Bedeutung von Aufklärungsmängeln im Überblick, GesR 2009, 11; Grams, Arzthaftung für den „schadensfreien" Eingriff mangels Einwilligung wegen unterbliebener Aufklärung (eigenmächtige Heilbehandlung)? GesR 2009, 69; Hausch, Das Verschuldenserfordernis bei der Verletzung der ärztlichen Aufklärungspflicht, VersR 2009, 1178; Harmann, Das Recht des Patienten auf Aufklärungsverzicht, NJOZ 2010, 819; Borgmann, Der BGH klärt nicht auf! Inkongruenzen in der Rechtsprechung zur ärztlichen Risikoaufklärung, NJW 2010, 3190; Duttge, Das Recht auf Nichtwissen in der Medizin, DuD 2010, 34, Heinemann, Erweiterte Anforderungen an die ärztliche Patientenaufklärung am Beispiel der Krebsdiagnostik, GuP 2011, 124; v Pentz, Tendenzen der neueren höchstrichterlichen Rechtsprechung zur Arzthaftung, MedR 2011, 222; Spickhoff, Die Entwicklung des Arztrechts 2010/2011, NJW 2011, 1651; Hart, Ein Patientenrechtegesetz ohne Eigenschaften – Über den Mangel an legislativer Eigenständigkeit, GesR 2012, 385; Ramm, Sollte der Patient nicht eine Ausfertigung des Aufklärungsbogens erhalten?, GesR 2012, 463; Wagner, Kodifikation des Arzthaftungsrechts – Zum Entwurf eines Patientenrechtegesetzes, VersR 2012, 789; Hassner, Ärztliche Selbstbestimmungsaufklärung und zivilrechtliche Haftung, VersR 2013, 23; Spickhoff, Patientenrechte und Patientenpflichten – Die medizinische Behandlung als kodifizierter Vertragstypus, VersR 2013, 267 Bender, Facharztvorbehalt und „fachfremde" Aufklärung bei der Erfüllung der ärztlichen Aufklärungspflicht nach dem Patientenrechtegesetz, VersR 2013, 962; Spickhoff/Bleckwenn, Zum Beweiswert digitaler Aufklärungsbögen bei Verwendung elektronischer Signaturen, VersR 2013, 1350; Hart, Patientensicherheit nach dem Patientenrechtegesetz, MedR 2013, 159; Damm, Vulnerabilität als Rechtskonzept, MedR 2013, 201; Lechner, Die Auswirkungen des Patientenrechtegesetzes auf den Umfang der ärztlichen Aufklärungspflicht – eine strafrechtliche Analyse, MedR 2013, 429; Schwedler, Die Einwilligung des Berechtigten in die ärztliche Behandlung, MedR 2013, 652; Preis/Scheid, Das Patientenrechtegesetz – eine gelungene Kodifikation? NZS 2013, 281; Rehborn, Das Patientenrechtegesetz, GesR 2013, 257; Müller/Raschke, Homöopathie durch Ärzte und die Einhaltung des medizinischen Standards, NJW 2013, 428; Neelmeier, Die einrichtungsbezogene Patientenaufklärung, NJW 2013, 2230; Gödicke, Risikoaufklärung statt Risikoaufklärung?, MedR 2014, 18; Rosenau/Hakeri/Schmidt-Recla, Kodifikation der Patientenrechte, 2014, S 119 ff; J Prütting, Die rechtlichen Aspekte der Tiefen Hirnstimulation, 2014, S 55 ff; Spickhoff, Zur Erstattungsfähigkeit von Dolmetscherkosten bei medizinischer Behandlung. Überlegung de lege lata und de lege ferenda, in: Festschr für Jaeger, S 119; Wellner, in: Die Aufklärungspflicht des Arztes nach dem Patientenrechtegesetz im Lichte der BGH- Rechtsprechung, Festschr für Jaeger, S 161; Spickhoff, Aufklärungspflicht bei relativ indizierter Operation LMK 2015, 374730, Kreße, Aufklärung und Einwilligung beim Vertrag über die ärztliche Behandlung einwilligungsunfähiger Patienten, MedR 2015, 91; Spickhoff, Die Arzthaftung im neuen bürgerlich-rechtlichen Normenumfeld, MedR 2015, 845; Kleteccaronka-Pulker, Sprachbarrieren im Gesundheitsbereich – Reduktion des Haftungsrisikos durch Videodolmetschen, GesR 2016, 206; Bergmann, Telemedizin und das neue E-Health-Gesetz – Überlegungen aus arzthaftungsrechtlicher Perspektive, MedR 2016, 497; Duttge, Das Recht auf Nichtwissen in einer informationell vernetzten Gesundheitsversorgung, MedR 2016, 664; J Prütting, Prozessuale Besonderheiten der Arzthaftung Grober Behandlungsfehler, Organisationsverschulden und „Immer-so-Beweis", GesR 2017, 681; Gödicke, Medizinische Grundaufklärung bei Neulandmethoden, MedR 2017, 770; Bergmann, Vier Jahre Patientenrechtegesetz – Fragen, Kontroversen, Perspektiven, VersR 2017, 661; Wittke, Haftungsfall Nierenlebendspende, VersR 2017, 1181; Nußstein, Alternativaufklärung, Umfang, Kausalität, Verschulden, VersR 2017, 1379; Zurlinden, Zur ärztlichen Aufklärungspflicht vor relativ indizierten medizinischen Eingriffen, VersR 2017, 1438; Achterfeld, Rechtliche Rahmenbedingungen im Praktischen Jahr des Medizinstudiums in: Festschr für Dahm, 2017, S 1; J Prütting, Die „immer-so"-Rechtsprechung – Eine kritische Würdigung aus prozessrechtlicher Perspektive, in: Festschr für Dahm, 2017, S 359; J Prütting, Lebenserhaltung als Haftungsmoment – Eine kritische Analyse, ZfL 2018, 94; Katzenmeier, Rechtsfragen der Placebobehandlung, MedR 2018, 367; Beckmann, Indikation und „Therapiezieländerung", MedR 2018, 556; Kalb, Rechtliche Aspekte der Telemedizin, GesR 2018, 480; Kuhn/Heinz, Digitalisierung in der Medizin im Spannungsfeld zwischen technischen und legislativen Möglichkeiten und rechtlichen Grenzen, GesR 2018, 691; Pauge/Offenloch, Arzthaftungsrecht, 2018[14]; Spickhoff, Medizinrecht Kommentar, 2018[3]; Ratzel/Lippert/Prütting, Kommentar zur (Muster-)Berufsordnung für die in Deutschland tätigen Ärztinnen und Ärzte – MBO-Ä 1997, 2018[7]; Baumgärtl/Laumen/Prütting, Handbuch der Beweislast, 2018[4]; Frahm/Walter, Arzthaftungsrecht, 2018[6]; Eberbach, Wird die ärztliche Aufklärung zur Fiktion?, MedR 2019, 1, 111; Sternberg-Lieben, Beschränkung der strafrechtlichen Haftung auf eine schwerwiegende Verletzung der ärztlichen Aufklärungspflicht, MedR 2019, 185; Dorneck/Gassner/Kersen/Lindner/Linoh/Nebe/Rosenau/Schmidt am Busch, Contextual Consent, MedR 2019, 431; Kreße, Die Rechtsfolgen transplantationsrechtlicher Aufklärungspflichtverstöße bei der Lebendorganspende, MedR 2019, 529; Hegerfeld,

Die Aufklärung und Information sprachunkundiger Patienten, MedR 2019, 540; Schumacher, Arzthaftungsrecht aus alternativmedizinischer Sicht, MedR 2019, 786; J Prütting, Rechtswidrige Lebensverlängerung – Ein medizin- und betreuungsrechtliches Problemfeld eigener Art, BtPrax 2019, 185; Stellpflug, Arzthaftung bei der Verwendung telemedizinischer Anwendungen, GesR 2019, 76; J Prütting/Friedrich, AGB-Kontrolle bei ärztlichen Aufklärungsbögen, GesR 2019, 749; Ziegler/Ziegler, Risiken und Nebenwirkungen in Aufklärungsbögen, NJW 2019, 398; Katzenmeier, Haftungsrechtliche Grenzen ärztlicher Fernbehandlung, NJW 2019, 1769; Hahn, Eine „fast gelungene Klarstellung" zur Aufklärung des Patienten über Fernkommunikationsmittel (§ 630e Abs. 1 S 4 BGB-RefE), MedR 2020, 16; Drechsler, Zum Aufklärungsdilemma der Placebobehandlung, MedR 2020, 271; Hart, Medizinischer Standard und Patientenaufklärung zwischen Medizin- und Gesundheitsrecht. Kongruenz und Inkongruenz, MedR 2020, 895; Drechsler, Verständlichkeiten und Neutralität ärztlicher Risikoaufklärung, JR 2020, 47; J Prütting, Leben als Schaden — Ein Grundsatzstreit um zulässige Parameter schadensrechtlicher Haftungsausfüllung; GesR 2020, 681; J Prütting/Friedrich/Winter/Wolk, Digitalisierung im Gesundheitswesen — Aktuelle Themen; Clausen/Schroeder-Printzen, Münchener Anwaltshandbuch Medizinrecht, 2020³; John, Rechtswidrigkeitszusammenhang und Schutzzweck der Norm, 2020; Felix, Die Aufklärung des Patienten als Voraussetzung für den Vergütungsanspruch des Krankenhauses?, MedR 2021, 7; Rehmann/Tillmanns, E-Health/Digital Health, 2022; D Prütting, Medizinrecht, 2022⁶; Marcus Vogeler, Zur Frühzeitigkeit der Einwilligungserklärung, MedR 2022, 478 ff; Andrea Pfundstein, Bedenkzeit zwischen Risikoaufklärung und OP-Einwilligung, BDAktuell 2022, V93.

A. Zweck der Vorschrift und Überblick

I. Überblick

1 In § 630e sind die rechtlichen Elemente der Aufklärungspflichten vor einer medizinischen Behandlung festgelegt. Abs 1 Satz 1 statuiert die allgemeine Pflicht zur Aufklärung, die gemäß § 630d Abs 2 geboten ist, bevor der Patient seine Einwilligung erteilt. In Abs 1 Satz 2, 3 sind Inhalt und Umfang der Aufklärung beispielhaft aufgeführt. In Abs 2 sind sodann Vorgaben zur Ausführung, insbesondere den einzuhaltenden Form- und Dokumentationsanforderungen erfasst. Abs 3 befasst sich mit Ausnahmen von der Aufklärungspflicht und Abs 4 und Abs 5 regeln schließlich den Umgang mit einwilligungsunfähigen Patienten.

II. Zweck

2 Die Aufklärungspflichten dienen dem Selbstbestimmungsrecht des Patienten, sodass der Behandelnde durch eine nicht erfolgte oder unzureichende Aufklärung dieses verletzt und damit die Haftung wegen eines Aufklärungsfehlers auslöst, die neben der ärztlichen Haftung für Behandlungsfehler steht.

III. Zusammenhang mit § 630d

3 § 630d Abs 1 Satz 1 statuiert die Pflicht zur Einholung der Einwilligung des zu behandelnden Patienten. Diese Einwilligung kann laut § 630d Abs 2 jedoch nur dann wirksam sein, wenn der Patient zuvor gemäß der Voraussetzungen des § 630e Abs 1-4 aufgeklärt worden ist. Mithin bedingt die Aufklärung die Wirksamkeit der Einwilligung[1]. Die Einwilligung geht folglich auch nur so weit, wie der Patient aufgeklärt wurde. Nur wenn der Patient über ausreichende Informationen verfügt, kann er auch eine selbstbestimmte Entscheidung treffen (sog „informed consent")[2]. Damit der Patient eine solche Entscheidung anhand einer hinreichenden Informationsbasis treffen kann[3], soll der Arzt dem Patienten alle für die Abwägung relevanten Umstände vermitteln[4]. Es soll umfassend vermittelt werden, was ihm durch die Einwilligung zur Behandlung bevorsteht[5]. Dem Patienten müssen daher ua Art, Umfang und Risiken sowie Alternativen erläutert werden. Dadurch soll zum einen das zwischen Patient und Behandelndem bestehende Informationsgefälle abgebaut werden. Zum anderen soll das Gespräch zwischen Arzt und Patient iSe „shared decision making" gefördert werden[6].

---

[1] Entwicklung sichtbar über RGZ 163, 129, 137 f; BGHZ 29, 46, 50 ff = NJW 1959, 811, 812 = FamRZ 59, 156; BGHZ 29, 176, 180 = NJW 1959, 814 = FamRZ 59, 157; BGHZ 90, 10, 106 = NJW 1984, 1397, 1398 = JR 1985, 65 mAnm Giesen; BGHZ 106, 391, 394 = NJW 1989, 1533 = MedR 1989, 188; BGH NJW 1992, 2354, 2355 = MedR 1992, 272; BGH NJW 2011, 375 Rz 7 = MedR 2011, 244 (mAnm Jaeger).

[2] BT-Drucks 17/10488, S 24; BVerfGE 52, 131 = NJW 1979, 1925, 1929 ff.

[3] BT-Drucks 17/10488, S 24.

[4] BVerfGE 52, 131 = NJW 1979, 1925, 1931 = JZ 79, 596; BGH NJW 1986, 780 = JZ 1986, 201.

[5] Grüneberg/Weidenkaff § 630e Rz 1; BGH NJW 2019, 1283 = MDR 2019, 482; BGH NJW-RR 2017, 533 Rz 10 = VersR 2017, 100; NJW 2010, 3230 Rz 11 = MDR 2010, 1052; BGHZ 166, 336 = NJW 2006, 2108 Rz 13; BGHZ 90, 103, 106, 108 = NJW 1984, 1397.

[6] BeckOK/Katzenmeier § 630e Rz 7.

IV. Neutralitätsgrundsatz

Die Aufklärung hat neutral zu erfolgen. Der Arzt darf zwar bei verschiedenen Behandlungsalternativen eine Empfehlung aussprechen[7]. Er darf den Patienten aber nicht in seinem Sinne beeinflussen[8]. Bei verschiedenen, gleich risikobehafteten Behandlungen gebietet es das Selbstbestimmungsrecht des Patienten, dass dieser die Entscheidung trifft[9]. Falls der Patient eine Behandlung – unvernünftigerweise – ablehnt, hat der Behandelnde seine Entscheidung zu respektieren, selbst wenn sie im Tod des Behandelten resultiert[10]; siehe zu unvernünftigen Entscheidungen bereits § 630d Rz 8. Der Patient kann selbst frei darüber bestimmen, wie er mit seinem Körper umgehen will; die Grenzen finden sich allein in grundgesetzlichen und einzelnen spezialgesetzlichen Vorgaben[11], zB §§ 134, 138, StGB §§ 216, 228.

B. Historischer Hintergrund und Gesetzesgenese

I. Hintergrund

Die Aufklärungspflichten wurden zunächst nicht als Wirksamkeitsvoraussetzung für die Einwilligung betrachtet. Erst in den dreißiger Jahren fanden sie nähere Beachtung[12], die dann in der Nachkriegszeit auch in der Rechtsprechung des BGH vielfach aufgegriffen wurden[13]. Hintergrund dessen war der Anstieg klinischer Behandlungen, die aufgrund ihrer Vielzahl zunehmend anonymer wurden und daher das Bedürfnis nach Persönlichkeitsschutz hervorriefen[14]. Durch die Aufklärungspflichten sollte das Informationsgefälle zwischen Arzt und Patient abgebaut werden, wodurch der Umbruch vom paternalistischen zum partnerschaftlichen Verhältnis verdeutlicht wird[15].

II. Entwicklung

In § 630e wurden die von der Rechtsprechung iRd Deliktsrechts festgelegten Grundsätze zur Selbstbestimmungsaufklärung kodifiziert[16]. Vor dem Patientenrechtegesetz aus 2013 hatte es nur einzelne spezialgesetzliche Normierungen gegeben, wie zB in AMG §§ 40, 41, TFG § 6 Abs 1, TPG § 8 Abs 2, KastrG § 3 Abs 1, EschG § 3a Abs 3 Satz 1 Nr 1. Hintergrund dessen war, dass eine eigenständige Regelung der Aufklärungspflichten ursprünglich einerseits als nicht notwendig, andererseits als zu kompliziert für eine ordentliche Kodifizierung erachtet wurde[17]. Die Rechtsprechung des BGH legte den Ärzten immer strengere und facettenreichere Anforderungen auf[18]. Der Gesetzgeber wollte diese Rechtsprechung durch die Kodifizierung aber beibehalten, sodass die dort entwickelten Grundsätze fortgelten[19]. In den Berufsordnungen der Ärzte wurden Aufklärungspflichten erst 1988 erwähnt[20].

C. Systematische Erfassung im Behandlungsvertragsrecht

I. Systematik zum Deliktsrecht

§ 630e statuiert Pflichten iRv Behandlungsverträgen und kann folglich keine Grundsätze für das Deliktsrecht festlegen. Daraus folgt, dass auch die Ergebnisse der Rechtsprechung nicht notwendigerweise parallel verlaufen müssen, wenn in Idealkonkurrenz vertrags- und deliktsrechtliche Ansprüche erwogen werden. Dies wird freilich nur sehr selten der Fall sein, da nach dem gesetzgeberischen Willen gerade die am Deliktsrecht entwickelten Grundsätze in das Behand-

---

7   Koblenz NJW-RR 2012, 1302, 1303; MünchKomm/Wagner § 630e Rz 5.
8   Nürnberg VersR 2009, 71, 73; MünchKomm/Wagner § 630e Rz 5.
9   BeckOGK/Walter § 630e Rz 12; bzgl verschiedener Entbindungsmethoden: BGH NJW-RR 2015, 591 = GesR 2015, 160.
10 Oldenburg MDR 2017, 881 = BeckRS 2017, 109378.
11 BeckOK/Katzenmeier § 630e Rz 6; BGHZ 29, 176, 181 = NJW 1959, 814 = FamRZ 59, 157; AcP 185 (1985), 105, 115.
12 Siehe ausf Darstellung bei BeckOK/Katzenmeier § 630e Rz 5 mVa RGZ 151, 349, 352; 163, 129, 137; 168, 206, 210.
13 Franzki MedR 1994, 171, 175 ff.
14 BeckOK/Katzenmeier § 630e Rz 5.
15 Ausf zur geschichtlichen Entwicklung Miranovicz MedR 2018, 131 ff; BeckOK/Katzenmeier § 630e Rz 3; Katzenmeier, Arzthaftung S 10 ff, 57 ff; Brüggemeier, Deliktsrecht, 1986 Rz 689, 618 ff; Damm JZ 1998, 926, 928; Krones/Richter, Bundesgesundheitsblatt 2008 (51), 818, 818 f.
16 BT-Drucks 17/10488, S 24 mVa BGH VersR 1959, 153.
17 Vgl BeckOK/Katzenmeier § 630e Rz 5 mWn, ua Taupitz NJW 1986, 2851, 2860 f.
18 Franzki MedR 1994, 171, 176; Laufs NJW 2000, 1757, 1760 f; Heinemann GuP 2011, 124.
19 BT-Drucks 17/10488, S 24; Rechtsprechung und Gesetzgebung vergleichend bei Hassner VersR 2013, 23.
20 Vgl MBO-Ä, DÄBl 1988, A-3601; heute in MBO-Ä (1997) § 8; ausf J Prütting, Ratzel/Lippert/Prütting, MBOÄ § 8 Rz 1 ff.

lungsvertragsrecht übertragen werden sollten[21]. Gleichwohl bestehen Entwicklungsmöglichkeiten iRd Deliktsrechts für die weitere Konkretisierung und Ausformung der Aufklärungspflichten. Es sei zugleich beachtet, dass auch § 630e jedenfalls mit Blick auf gebotene Inhalte der Aufklärung für Entwicklungen offen formuliert ist.

II. Hauptpflichtcharakter der Aufklärung

8   Aufgrund des § 630d Abs 2 könnte erwogen werden, ob die Aufklärungspflichten nur notwendiger Annex zur Einholung der Einwilligung sind. Dagegen spricht jedoch nach der vom Gesetzgeber gewählten dogmatischen Konstruktion, dass Abs 1 Satz 1 ausdrücklich die Pflicht des Behandelnden zur Aufklärung statuiert. Sie stellt nach hM eine Hauptleistungspflicht des Behandelnden dar[22]. Gegen die Einordung als Hauptpflicht spricht zwar, dass systematisch eine Normierung iRd § 630a nahegelegen hätte, wäre eine Hauptpflicht tatsächlich beabsichtigt gewesen[23]. Für die Qualifizierung als solche spricht allerdings, dass die vom Gesetzgeber herangezogene Rechtsprechung diese Einordnung bereits anerkannt hatte[24]. Zudem hat der Gesetzgeber die besondere Bedeutung des Selbstbestimmungsrecht ausdrücklich betont[25].

III. Abgrenzung zu § 630c Abs 2 Satz 1

9   Die Aufklärungspflichten des § 630e sind von der therapeutischen Informations-/Sicherungsaufklärung nach § 630c Abs 2 Satz 1 abzugrenzen (siehe zur ausführlichen Darstellung bereits § 630c Rz 12). Die Selbstbestimmungsaufklärung soll den Patienten in die Lage versetzen, eine selbstbestimmte Entscheidung anhand einer umfassenden Informationsbasis über das „Ob" der konkret in Rede stehenden medizinischen Behandlung zu treffen. Hierzu gehört die Verlaufs-, Diagnose- und Risikoaufklärung, für welche die Selbstbestimmungsaufklärung oft als Oberbegriff dient[26].

IV. Aufklärungsfehler

10 Während Verstöße gegen die Selbstbestimmungsaufklärung die Wirksamkeit der Einwilligung betreffen und einen Aufklärungsfehler begründen, führen Verstöße gegen die Sicherungsaufklärung zur Haftung wegen eines Behandlungsfehlers[27].

D. Gegenstand der Pflicht zur Selbstbestimmungsaufklärung, Abs 1, 2 S 1 Nr 3

11 Die Selbstbestimmungsaufklärung lässt sich im Wesentlichen in Risiko-, Diagnose-, Verlaufs- und Alternativaufklärung unterteilen[28]. Teilweise gehen diese Bestandteile der Aufklärung jedoch auch ineinander über.

I. Diagnoseaufklärung

12 Bei der Diagnoseaufklärung[29] wird der Patient über die Ergebnisse etwaiger Untersuchungen unterrichtet. Er wird über seine Befunde und die sich daraus ggf ergebenden Krankheiten informiert[30]. Dem Arzt bleibt jedoch ein sehr eng umgrenztes Entscheidungsermessen im Rahmen seiner therapeutischen Einschätzung, ob er dem Patienten bei äußerst ungünstigen Vorhersagen über den weiteren Krankheitsverlauf die Befunde tatsächlich mitteilt (siehe hierzu näher Rz 85)[31].

---

21 BT-Drucks 17/10488, S 24; Rechtsprechung und Gesetzgebung vergleichend bei Hassner VersR 2013, 23.
22 BGH NJW 1984, 1807, 1808 f; Deutsch NJW 1984, 1802, 1803; Erman/Rehborn/Gescher § 630e Rz 2; NK-BGB/Voigt § 630e Rz 1; Spickhoff/Spickhoff MedR § 630e Rz 1; Spickhoff VersR 2013, 267, 271; aA Rosenau/Hakeri/Schmidt-Recla, Kodifikation der Patientenrechte, 2014, 119, 120 f.
23 Dies anmerkend NK-BGB/Voigt § 630e Rz 1, der auch auf die Rspr einiger OLG verweist, die in den Aufklärungspflichten eine Nebenpflicht erblicken: München MedR 1988, 187, 189 sub 3; Rehborn MDR 2001, 1148, 1154.
24 BGH NJW 1984, 1807, 1808 f = MedR 1985, 170 (mAnm Deutsch NJW 1984, 1802, 1803 und Giesen JZ 1985, 238, 239); Frahm/Walter, Arzthaftungsrecht Rz 186; Hart MedR 2013, 159, 160; Wellner, in: Festschr für Jaeger, 2014, S 161, 162.
25 BT-Drucks 17/10488, S 24.
26 NK-GesMedR/Wever § 630e Rz 1; BGH NJW 2005, 1718 = VersR 2005, 836; Kern GesR 2009, 1, 5 f; Fehn GesR 2009, 11, 12.
27 Vgl zur Schwerpunktbetrachtung der Vorwerfbarkeit BGH NJW 2016, 563 Rz 18 = VersR 2016, 260.
28 Vgl BeckOK/Katzenmeier § 630e Rz 8, Kern GesR 2009, 1, 5 ff; Deutsch VersR 1981, 293; Brüggemeier, HaftungsR Strukturen, Prinzipien, Schutzbereich, 2006, 495.
29 Frankfurt BeckRS 2015, 09146.
30 BVerfG NJW 2005, 1103 = MDR 2005, 559.
31 Vgl Deutsch NJW 1980, 1305; NK-GesMedR/Wever § 630e Rz 2.

Etwas anderes gilt, wenn der Arzt den Patienten nur durch Nennung der Diagnose von einer nötigen Behandlung überzeugen kann[32]. Die Diagnoseaufklärung muss auch nicht detailliert wissenschaftlich korrekt sein, sondern es genügt, wenn dem Patienten als medizinischem Laien deutlich gemacht wird, worunter er leidet[33].

II. Verlaufsaufklärung

Die Verlaufsaufklärung umfasst Informationen zu Art, Umfang und Durchführung der konkreten medizinischen Maßnahme. Der Arzt soll die weitere Gesundheitsentwicklung unter Einbeziehung der medizinischen Behandlung abschätzen und dem Patienten kommunizieren[34]. Hierbei sollen zB auch Eingriffsfolgen[35], insbesondere äußerliche Auswirkungen wie Operationsnarben oder ein verändertes Aussehen des betroffenen Körperteils nach dem Eingriff oder mögliche Funktionseinschränkungen erläutert werden[36]. Bei Aufklärungen iRe Geburt umfassen die Folgen einer Behandlung auch die Folgen für das Kind[37]. Ob auch auf die Gesundheitsentwicklung ohne den Eingriff einzugehen ist, hängt davon ab, ob man dem Patienten damit eine selbstbestimmte Entscheidung ermöglichen will (dann iRv § 630e) oder ob Hintergrund vielmehr die Motivation des Patienten zur Mitwirkung ist (dann iRv § 630c Abs 2 Satz 1[38]). Über die Folgen einer unterlassenen Behandlung ist insbesondere dann aufzuklären, wenn diese im Vergleich zum Risiko der Vornahme erheblich divergieren, dh wenn die Gefahren für die Gesundheitsentwicklung ohne die vorgenommene Behandlung erheblich sind[39]. **13**

III. Risikoaufklärung

1. Ausgangspunkt. Der wichtigste und größte Teil der Aufklärung ist sowohl medizinisch als auch juristisch die Risikoaufklärung. Denn nur durch die Kenntnis der Gefahren kann der Patient eine individuelle Kosten-Nutzen-Abwägung vornehmen und eine selbstbestimmte Entscheidung treffen. Die Risikoaufklärung soll dem Patienten die Gefahren der medizinischen Behandlung vor Augen führen. **14**

2. Umfang. Sowohl über kurzfristige als auch über anhaltende Nebenfolgen und Komplikationen, die selbst bei lege artis durchgeführten Eingriffen entstehen können, ist zu informieren[40]. Der Behandelnde muss die Risiken für den Einzelfall des Patienten umfassend darstellen[41], (zur einschränkenden Judikatur der Aufklärung „im Großen und Ganzen" sogleich unter Rz 22). Denn eine medizinische Behandlung kann bspw für eine gesunde junge Person andere Risiken aufweisen als für eine Person mit Vorerkrankungen. Die individuellen körperlichen und gesundheitlichen sowie seelischen Voraussetzungen der Patienten bedingen einzelfallbezogene Abwägungen und Erörterungsbedarf. **15**

3. Aufklärung über Risiken. Eine Aufklärungspflicht bzgl eines Risikos besteht, wenn Schadenshöhe und Eintrittswahrscheinlichkeit gemeinsam in solchem Grade gesteigert sind, dass sie die Abwägung des Patienten beeinflussen können[42]. Die Wahrscheinlichkeit eines Schadenseintritts wird statistisch anhand von Daten über die Erfolgsquote und die Schadenshäufigkeit der Behandlung ermittelt (sog Risikodichte)[43]. Ein Risiko besteht nicht erst, wenn die Wissenschaft darüber allgemein zu einem Konsens gelangt[44]. Es genügt bereits, wenn mehrere medizinische Wissenschaftler auf gewisse Risiken aufmerksam machen[45]. Der wissenschaftliche Diskurs muss daher nur in Form gewichtiger Warnungen angestoßen worden sein[46]. **16**

4. Bestimmung der Risikodichte. Selbstverständlich muss nur über Risiken aufgeklärt werden, die zum Zeitpunkt der Behandlung (ex ante) wissenschaftlich bekannt sind[47]. Das gilt sogar dann, wenn sie zwar bekannt waren, aber nicht im Fachbereich des Behandelnden diskutiert **17**

---

32 NK-GesMedR/Wever § 630e Rz 2; BGHZ 29, 176 ff; Geiß/Greiner, Arzthaftpflichtrecht Kap C Rz 82.
33 Koblenz BeckRS 2014, 17131; NK-GesMedR/Wever § 630e Rz 2.
34 BeckOK/Katzenmeier § 630e Rz 8.
35 BGHZ BGHZ 90, 96 = NJW 1984, 1395, 1396; BGHZ 166, 336 = NJW 2006, 2108, 2109.
36 NK-GesMedR/Wever § 630e Rz 3.
37 Naumburg GesR 2015, 99; D Prütting/J Prütting/Friedrich MedR § 630e Rz 13.
38 So NK-BGB/Voigt § 630e Rz 3.
39 BeckOK/Katzenmeier § 630e Rz 11; Mönchengladbach BeckRS 2015, 05617; BeckOGK/Walter § 630e Rz 8.
40 BeckOK/Katzenmeier § 630e Rz 8.
41 Köln VersR 2009, 261, 262 (mBspr Bergmann MedR 2009, 406).
42 MünchKomm/Wagner § 630e Rz 12; vgl BGH NJW 1996, 777, 779.
43 MünchKomm/Wagner § 630e Rz 14.
44 BeckOK/Katzenmeier § 630e Rz 27.
45 BGH NJW 1996, 776 = JZ 1996, 518 (mAnm Giesen) = MedR 1996, 271; BGHZ 144, 1, 10 = NJW 2000, 1784, 1786 f = JA 2000, 739 (mAnm Krauss); MünchKomm/Wagner § 630e Rz 29.
46 BeckOK/Katzenmeier § 630e Rz 27; andernfalls fehlt das Verschulden des Behandelnden, vgl BGH NJW 2011, 375 = MDR 2010, 1454; BGH NJW 2010, 3230, 3231 = MDR 2010, 1052.
47 BGH NJW 2018, 3652 Rz 12 = MDR 2018, 1182.

wurden, da es dann an dem Vertretenmüssen des Behandelnden mangelt[48]. Da das Vertretenmüssen auch iRd Haftungsrechts bei Behandlungsverträgen gilt, kommt es laut BGH darauf an, ob von einem verständigen dritten Arzt das Risiko anhand der anatomischen Verhältnisse erkannt worden wäre[49]. Dies kann bejaht werden, wenn zB bei ähnlichen Behandlungen bestimmte Risiken aufgetreten sind[50]. Über bloß theoretische Risiken muss nicht aufgeklärt werden, wenn diese in der Praxis noch nicht beobachtet wurden[51]. Das gilt selbst dann, wenn bestimmte Risiken vorsorglich in Beipackzetteln oder Bedienungsanleitungen genannt worden sind[52].

18 **5. Proportionalität von Risikoschwere/Aufklärung.** Es muss nicht jegliches Risiko im Detail aufgezählt werden, sondern es genügt, wenn der Patient die grobe Reichweite und das Spektrum erfasst[53]. Je schwerer der drohende Schaden ist, desto eher muss auch über unwahrscheinlichere Risiken aufgeklärt werden[54]. Folglich ist die Schwere das entscheidende Kriterium, während die Häufigkeit als nachrangig gewertet wird[55]. Der Behandelnde darf davon ausgehen, dass dem Patienten allgemeine Operationsrisiken (zB Wundinfektionen, Narbenbrüche, Thrombosen, Embolien) bekannt sind, sodass er über diese nicht separat aufklären muss[56]. Der Behandelnde muss jedoch ebenfalls den Intellekt des Patienten beachten und ggf auch über typischerweise bekannte, allgemeinkundige Risiken aufklären[57]. Gleiches gilt, wenn der Patient eindeutig von keinerlei Risiken bei der OP ausgeht[58]. Für die praktische Beratungstätigkeit ist der Ärzteschaft jedoch dringend zu empfehlen, im Zweifel von vollständiger Unkenntnis des Patienten auszugehen und entsprechend umfangreich zu belehren. Hierdurch werden unnötige Haftungsrisiken vermieden.

19 **6. Aufklärung bei Impfung.** Selbst wenn die Ständige Impfkommission beim Bundesgesundheitsamt (STIKO) eine Impfung empfiehlt und sie dadurch auch in der Öffentlichkeit bekannt ist, so bedarf es trotzdem eines Aufklärungsgesprächs[59]. Sogar bei Blutspenden muss über die – wenn auch sehr unwahrscheinliche – Möglichkeit irreversibler Nervenschädigung aufgeklärt werden[60].

20 **7. Aufklärung bei Medikamenteneinsatz.** Auch über die Risiken und Nebenwirkungen von verschriebenen Medikamenten ist aufzuklären, da der Behandelnde sich weder auf die Auskunftspflicht des Apothekers verlassen darf noch darauf, dass der Patient eigenständig den Beipackzettel liest[61]. Auch wenn der Arzt innerhalb der medikamentösen Therapie auf andere Mittel umstellt, so hat er über deren Risiken und Nebenwirkungen aufzuklären, selbst wenn diese gegenüber dem Vorprodukt geringer sind[62]. Selbst wenn der Behandelnde Placebos nutzen will, entbindet ihn das nicht von der Aufklärungspflicht, auch wenn ihn dies in die Bredouille bringt, dass durch die wahrheitsgemäße Information die mögliche positive Wirkung herabgesetzt oder behindert wird[63].

---

48 NK-GesMedR/Wever § 630e Rz 7; BeckOK/Katzenmeier § 630e Rz 18; BGH NJW 1990, 1528 = MedR 1990, 135; BGH NJW 2010, 3230, 3231 = MDR 2010, 1052; BGH NJW 2011, 375, 376 Rz 7 = MDR 2010, 1454; Geiß/Greiner, Arzthaftpflichtrecht Rz C 46; Pauge/Offenloch Arzthaftungsrecht Rz 421; ausf zum Verschulden bei Aufklärungspflichtverletzungen Hausch VersR 2009, 1178 ff.
49 BGH NJW 2010, 3230 = MedR 2011, 242; NK-GesMedR/Wever § 630e Rz 7.
50 Vgl BGH NJW 2010, 3230, 3232 = MedR 2011, 242, 243 f = MDR 2010, 1052; BeckOK/Katzenmeier § 630e Rz 18.
51 MünchKomm/Wagner § 630e Rz 13; BGH NJW 2010, 3230 Rz 12 = MedR 2011, 242, 243 f = MDR 2010, 1052.
52 MünchKomm/Wagner § 630e Rz 13; München VersR 2009, 503, 504 = MPR 2009, 165.
53 BGH NJW 1991, 2346 f = MedR 1991, 331; BGH NJW 1992, 754, 755 = MedR 1992, 214; BGHZ 144, 1, 7 = NJW 2000, 1784, 1785 ff = JA 2000, 739 mAnm Krauss; BeckOK/Katzenmeier § 630e Rz 11; München NJW-RR 2011, 749, 750 = BeckRS 2011, 787.
54 BGH NJW 2007, 2771, 2772 = MDR 2007, 1017; BGH NJW-RR 2010, 833, 834 = MDR 2010, 29; MünchKomm/Wagner § 630e Rz 8; D Prütting/Prütting/Friedrich MedR § 630e Rz 9.
55 BeckOK/Katzenmeier § 630e Rz 14; Geiß/Greiner, Arzthaftpflichtrecht Rz C 42.
56 BeckOK/Katzenmeier § 630e Rz 19; NK-GesMedR/Wever § 630e Rz 55; BGH NJW 1974, 1422, 1423 = VersR 1974, 602 = MDR 74, 655; BGH NJW 1996, 788 = MDR 1996, 92; BGH NJW 1986, 780 = JZ 1986, 201; Oldenburg VersR 1998, 769 = NJWE-VHR 1997, 234; Hamm MedR 2005, 659, 660 = BeckRS 2006, 298; Pauge/Offenloch, Arzthaftungsrecht Rz 442; Geiß/Greiner, Arzthaftpflichtrecht Rz C 47; BGH NJW 1980, 633, 635 = MDR 1980, 218; BGHZ 116, 379 = NJW 1992, 743; Köln MedR 2017, 147, 148 = BeckRS 2016, 6009; Köln VersR 2012, 494 = BeckRS 2011, 23323.
57 Karlsruhe MedR 1985, 79.
58 BGH NJW 1986, 780 = JZ 1986.
59 MünchKomm/Wagner § 630e Rz 36; BGHZ 144, 1, 5 = NJW 2000, 1784, 1785 = JA 2000, 739 (mAnm Krauss).
60 BGHZ 166, 336 Rz 15 f = NJW 2006, 2108 = JR 2007, 191; krit MünchKomm/Wagner § 630e Rz 13.
61 MünchKomm/Wagner § 630e Rz 36; BGHZ 162, 320, 324 = NJW 2005, 1716, 1717 = JR 2006, 67 (mAnm Schlund); BGH NJW 1982, 697, 698 = MDR 1982, 310.
62 Krit MünchKomm/Wagner § 630e Rz 36; BGH NJW 2007, 2771 Rz 11 ff = MDR 2007, 1017.
63 BeckOK/Katzenmeier § 630e Rz 29; ders MedR 2018, 367, 369 ff, 372 f; Drechsler MedR 2020, 271 ff; aA MünchKomm/Wagner § 630e Rz 69; ders § 630a Rz 135.

Der Arzt muss nicht über die Konsequenzen aufklären, die eintreten würden, wenn er einen Behandlungsfehler beginge[64]. **21**

IV. Aufklärung im „Großen und Ganzen"

1. Grundsätze. – a) Ausgangspunkt. Abs 1 Satz 1 legt fest, dass über „sämtliche für die Einwilligung wesentlichen Umstände" aufzuklären ist. Exemplarisch werden die relevanten Tatsachen in Abs 1 Satz 2 gelistet: Art, Umfang, Durchführung, zu erwartende Folgen und Risiken der Maßnahme sowie ihre Notwendigkeit, Dringlichkeit, Eignung und Erfolgsaussichten im Hinblick auf die Diagnose oder die Therapie. Die Liste in Abs 1 Satz 2 ist jedoch nicht abschließend, was sich an dem Wort „insbesondere" erkennen lässt[65]. **22**

b) Zweck. Grundsätzlich kann man sich am Telos der Aufklärungspflicht orientieren: der Patient soll eine selbstbestimmte Entscheidung anhand all jener Informationen treffen können, die er für eine rationale Abwägung benötigt[66]. Er muss folglich Wesen, Bedeutung, Tragweite und Schwere des Eingriff begreifen[67]. Die Aufklärung findet stets einzelfallbezogen statt, sodass die aufklärungspflichtigen Umstände nicht abschließend bestimmbar sind[68]. Es sind folglich immer die konkreten Behandlungsumstände für die Reichweite der Aufklärungspflichten entscheidend[69]. Der Behandelnde hat sich am Prinzip der patientenbezogenen Information zu orientieren[70]. Ausgangspunkt ist stets der medizinische Standard, der im konkreten Fall anzuwenden ist[71], sofern es einen solchen für den Einzelfall gibt (zu Fragen der Standardabweichung su Rz 45). **23**

c) „Im Großen und Ganzen". Allerdings soll der Patient nicht umfassend mit medizinischem Fachwissen überlastet werden[72], sondern er soll im „Großen und Ganzen" aufgeklärt werden[73]. Es ist sowohl über die medizinische Behandlung selbst aufzuklären sowie ggf auch über die Konsequenzen etwaigen Wartens oder Ablehnens der Behandlung und über mögliche Alternativbehandlungen[74]. Falls bereits mit einer gewissen Wahrscheinlichkeit Komplikationen eintreten werden, die eine Alternativbehandlung oder eine intraoperative Eingriffserweiterung erfordern, so ist bereits vor der Behandlung darüber aufzuklären[75]. Wenn während der Behandlung die Behandlungsstrategie geändert werden muss, so ist der Patient über die weitergehenden Schritte ebenso aufzuklären[76]. Das gilt insbesondere auch, wenn sich nachträglich das Verhältnis zwischen Nutzen und Risiko verschiebt, sodass hier Alternativbehandlungen explizit aufgezeigt werden müssen[77]. Gleiches gilt für Umstände, die sich nachträglich ergeben und zu einer anderen Risikobewertung der verschiedenen Methoden führen[78]. **24**

2. Dringlichkeit. Auch die Dringlichkeit der Behandlung ist ein aufklärungsrelevanter Aspekt[79]. Abhängig von dieser und den allgemeinen Heilungschancen sind die Anforderungen an den Umfang der Aufklärung zu stellen[80]. Je dringlicher und notwendiger der Eingriff und je **25**

---

64 MünchKomm/Wagner § 630e Rz 38; BGH NJW 1985, 2193 = MedR 1986, 146; Karlsruhe VersR 2002, 717 = BeckRS 2001, 30186409.
65 BT-Drucks 17/10488, S 24.
66 BGH NJW 1986, 780 = JZ 1986, 201; BGH NJW 1990, 2929 f = MedR 1990, 264; BGHZ 166, 336, 339 = NJW 2006, 2108; BGH NJW 2020, 1358, 1360 mwN = MedR 2020, 379 (mAnm Jansen).
67 BeckOK/Katzenmeier § 630e Rz 10; BGHZ 29, 176, 180 = NJW 1959, 814; BGH NJW 1990, 2928 = MedR 1990, 264; BGH NJW 2010, 3230 = MedR 2011, 242; BGH NJW-RR 2017, 533 = MDR 2017, 29.
68 D Prütting/J Prütting/Friedrich MedR § 630e Rz 14.
69 BeckOGK/Walter § 630e Rz 5; BT-Drucks 17/10488, S 24; BGH NJW 1976, 363, 364; 1980, 1905; Jauernig/Mansel § 630e Rz 2; Borsdorff Festschr Laufs, 2006, 711 ff.
70 BeckOK/Katzenmeier § 630e Rz 12; Geiß/Greiner, Arzthaftpflichtrecht Rz C 7; Pauge/Offenloch, Arzthaftungsrecht Rz 391; Dorneck/Gassner/Kersten/Lindner/Linoh/Nebe/Rosenau/Schmidt am Busch MedR 2019, 431.
71 D Prütting/J Prütting/Friedrich MedR § 630e Rz 14.
72 BT-Drucks 17/10488, S 24.
73 BGHZ 29, 46 = NJW 1959, 811, 813 = FamRZ 59, 156; BGHZ 29, 176 = NJW 1959, 814, 815 = FamRZ 59, 157; BGHZ 90, 103 105 f = NJW 1984, 1397, 1398; BGHZ 102, 17, 23 = NJW 1988, 763, 764; BGHZ 106, 391 = NJW 1989, 1533; BGHZ 144, 1, 7 = NJW 2000, 1784, 1786; BGHZ 166, 336 = NJW 2006, 2108; BGH NJW-RR 2017, 533, 534 = JR 2019, 636; BGH NJW 2019, 1283, 1284 Rz 15 mwN = JR 2020, 52; Staudinger/Hager § 823 Rz I 83; weitere Rechtsprechungsnachweise bei Pauge/Offenloch, Arzthaftungsrecht Rz 427; ausf auch Gödicke MedR 2017, 770 ff mwN.
74 Brandenburg BeckRS 2008, 41812; MünchKomm/Wagner § 630e Rz 7; D Prütting/J Prütting/Friedrich MedR § 630e Rz 6.
75 D Prütting/J Prütting/Friedrich MedR § 630e Rz 16, § 630d Rz 11; BGH NJW 1993, 2372, 2373 f = MedR 1993, 388; BGH NJW-RR 2015, 591 = MDR 2015, 460.
76 BGH NJW-RR 2015, 591, 592 Rz 8 = VersR 2015, 579, 581= MedR 2015, 721 (mAnm Spickhoff); D Prütting/J Prütting/Friedrich MedR § 630e Rz 17.
77 BGH NJW RR 2016, 1359 f = MedR 2017, 383 (mAnm Schmidt-Recla); BeckOGK/Walter § 630e Rz 5.
78 BGH NJW-RR 2015, 591 = VersR 2015, 579 = MedR 2015, 721 (mAnm Spickhoff); NJW-RR 2016, 1359 = MedR 2017, 383 (mAnm Schmidt-Recla); BeckOK/Katzenmeier § 630e Rz 26.
79 MünchKomm/Wagner § 630e Rz 16; Hamm VersR 2018, 1004 = BeckRS 2017, 139020.
80 Laufs/Katzenmeier/Lipp/Katzenmeier, Arztrecht Kap V Rz 28.

höher auch dessen Heilungschancen sind, desto geringere Anforderungen sind an die Ausführlichkeit zu stellen[81]. Allerdings kann der Arzt darüber nie vollständig von der Aufklärungspflicht entbunden werden[82]. Mithin ist auch bei einer vitalen oder absoluten Indikation noch eine Aufklärung nötig; alleine die Anforderungen an die Ausführlichkeit sind herabgesetzt[83]. Der Arzt ist dazu angehalten, auch in dringenden Konstellationen die Aufklärung so schnell und ausführlich wie möglich durchzuführen, um dem Patienten eine selbstbestimmte Entscheidung zu ermöglichen[84]. Andernfalls ist über den optimalen Zeitpunkt der medizinischen Behandlung ebenso aufzuklären[85].

26 3. **Objektivität, Sachlichkeit, Wahrheit.** Der Behandelnde muss auch wahrheitsgemäß aufklären[86]. Er ist der Objektivität verpflichtet und darf daher weder unter- noch übertreiben[87]. Es kann zB eine unerlaubte Untertreibung sein, wenn der Arzt bei einer seltenen, aber bei Auftreten besonders schweren Folge, dem Patienten beteuert, diese habe er in seiner Karriere noch nicht erlebt[88]. Die Pflicht zur Sachlichkeit und Wahrheit gilt auch, wenn die Fragen des Patienten über den Umfang der Aufklärungspflicht des Abs 1 Satz 1, 2 hinausgehen[89]. Das gilt zB für Fragen zu Alternativbehandlungen, über die der Arzt ursprünglich nicht hätte aufklären müssen[90].

27 4. **Stand der Ausbildung.** Über seinen Ausbildungsgrad muss der Arzt nicht aufklären, solange er die offizielle Befähigung innehat, die Behandlung durchzuführen; ein Anfänger muss seine Unerfahrenheit daher nicht mitteilen[91]. Ein aufklärungspflichtiges Risiko besteht allgemein nicht in der Einbindung eines Berufsanfängers[92]. Hintergrund dessen ist, dass der Behandelnde stets den Facharztstandard anzubieten hat, sodass er die Ausführungen des Anfängers entsprechend überwachen muss, da er andernfalls der Behandlungsfehlerhaftung ausgesetzt ist[93]. Etwas anderes gilt nur, wenn der Patient ausdrücklich den Behandlungsvertrag nur mit einem konkreten Arzt geschlossen hat, zB über einen Chefarztvertrag. Einen solchen Wunsch muss der Patient ausdrücklich kommunizieren[94]. Ebenfalls kann eine Aufklärungspflicht bei Einbindung eines Anfängers bestehen, wenn dieser die Behandlung selbständig vornehmen soll oder er selber bzgl seiner Befähigung unsicher ist[95]. Der Behandelnde muss außerdem wahrheitsgemäße Aussagen über seine Routine und Kompetenzen machen, wenn der Patient diesbezüglich Fragen stellt[96].

28 5. **Gebot der Schonung.** Die Art und Weise der Aufklärung liegt im Ermessen des Arztes[97]. Abgesehen von kosmetischen Eingriffen (siehe hierzu Rz 37), soll der Behandelnde möglichst schonend aufklären, ohne die Sachlichkeit zu verlieren oder zu untertreiben[98]. Regelmäßig vermischen sich das Gebot der Schonung und die die Aufklärung einschränkende medizinische Kontraindikation[99]. Denn eine besonders scharfe oder gar rücksichtslose Aufklärung kann selbst zu einem gesundheitlichen Schaden führen, der eine Körper-/Gesundheitsverletzung darstellt[100]. Das Gebot schonender Aufklärung dient auch dazu, dem Patienten zu verdeutlichen, dass auch

---

81 BGH NJW 1980, 1905, 1907 = JR 1981, 21; BGH NJW 1980, 2751, 2753 = JuS 1981, 223; BGH NJW 1991, 2349 = MedR 1991, 85; BGH NJW 2009, 1209, 1210 = MDR 2009, 281; BeckOK/Katzenmeier § 630e Rz 21; Erman/Rehborn/Gescher § 630e Rz 9; D Prütting/J Prütting/Friedrich MedR § 630e Rz 12; Pauge/Offenloch, Arzthaftungsrecht Rz 399; Laufs/Katzenmeier/Lipp/Katzenmeier, Arztrecht V Rz 28 f.
82 BGHZ 90, 103 = NJW 1984, 1397, 1398; D Prütting/J Prütting/Friedrich MedR § 630e Rz 12.
83 BeckOK/Katzenmeier § 630e Rz 24; BGHZ 90, 103, 106 ff = NJW 1984, 1397, 1398 f; Köln NJW-RR 1999, 674 = VersR 2000, 361; Oldenburg GesR 2017, 559 (mAnm Greiff); Geiß/Greiner, Arzthaftpflichtrecht Rz C 11; Pauge/Offenloch, Arzthaftungsrecht Rz 399.
84 D Prütting/J Prütting/Friedrich MedR § 630e Rz 12; BeckOK/Katzenmeier § 630e Rz 23.
85 Köln MedR 2015, 264 (mAnm Mäsch) = NJOZ 2015, 807; Spickhoff/Spickhoff MedR § 630e Rz 2.
86 MünchKomm/Wagner § 630e Rz 9.
87 BGH NJW 2011, 375 = MDR 2010, 1454; D Prütting/J Prütting/Friedrich MedR § 630e Rz 15; MünchKomm/Wagner § 630e Rz 11; Nürnberg VersR 2009, 71, 73 = BeckRS 2011, 18317.
88 Koblenz MDR 2010, 443 = BeckRS 2010, 3169; D Prütting/J Prütting/Friedrich MedR § 630e Rz 15.
89 BGH NJW 1982, 2121, 2122 = MedR 1983, 23; BGHZ 102, 17 = NJW 1988, 763, 765; D Prütting/J Prütting/Friedrich MedR § 630e Rz 20.
90 MünchKomm/Wagner § 630e Rz 35; Naumburg VersR 2014, 71, 72 = BeckRS 2013, 14026.
91 MünchKomm/Wagner § 630e Rz 38; BGHZ 88, 248, 251 f = NJW 1984, 655 f = VersR 1984, 60; BGH NJW 1984, 1810 = MedR 1984, 230; Köln VersR 2018, 878, 879 = BeckRS 2018, 7680.
92 NK-GesMedR/Wever § 630e Rz 9; BGHZ 88, 248 = NJW 1984, 655 = VersR 1984, 60.
93 NK-GesMedR/Wever § 630e Rz 9.
94 BGH NJW 2010, 2580 = MedR 2010, 787; Hamm NJW-RR 2014, 1368 = BeckRS 2014, 18312; NK-GesMedR/Wever § 630e Rz 9.
95 D Prütting/J Prütting/Friedrich MedR § 630e Rz 19.
96 Naumburg RDG 2020, 146 = BeckRS 2019, 40247 Rz 62 (mBspr Wever MedR 2020, 625); BeckOK/Katzenmeier § 630e Rz 31.
97 BeckOK/Katzenmeier § 630e Rz 35; BGHZ 90, 103 = NJW 1984, 1395; BGH NJW 1984, 2629, 2630 = MDR 1984, 1017; BGH NJW 1990, 2928, 2929 = MedR 1990, 329; Rixen/Höfling/Kuhlmann/Westhofen MedR 2003, 191; Laufs/Katzenmeier/Lipp/Katzenmeier, Arztrecht V Rz 45.
98 BT-Drucks 17/10488, S 25; Grüneberg/Weidenkaff § 630e Rz 11; Laufs/Katzenmeier/Lipp/Katzenmeier, ArztR V Rz 45.
99 BeckOK/Katzenmeier § 630e Rz 35.
100 Deutsch AcP 192 (1992), 161, 168; Katzenmeier/Voigt JZ 2014, 900, 901; Köln NJW 1988, 2306, 2307 = MedR 1988, 185; BeckOK/Katzenmeier § 630e Rz 35; Laufs/Katzenmeier/Lipp/Katzenmeier, Arztrecht Kap V Rz 45.

eine negative Diagnose wie zB Krebs nicht mit Sicherheit zum Tod führt, sondern es sich nur um eine – wenn auch hohe – Wahrscheinlichkeit handelt, sodass nach wie vor eine gewisse Heilungschance besteht, die ihn motivieren kann[101]. Besonders behutsam muss ein Behandelnder aufklären, wenn der Patient aus religiösen Gründen eine Behandlung ablehnt. Bluttransfusionen werden zB bei den Zeugen Jehovas oder dem Evangelischen Brüderverein abgelehnt, sodass hier vor einer OP die Risiken einer möglicherweise nötigen Transfusion genau zu erforschen und bestmöglich auszuschließen sind und der Patient darüber explizit aufgeklärt werden soll[102].

6. Vorwissen beim Patienten. Allgemein beurteilt sich der Umfang der Aufklärungspflichten nach dem Wissen des Patienten, das insbesondere bei gleichen Eingriffen in der Vergangenheit bereits ausgeprägt sein kann[103]. So muss der Patient nicht neu aufgeklärt werden, wenn die gleiche Behandlung innerhalb kurzer Zeit erneut vorgenommen wird und damit keine erhöhten Risiken verbunden sind[104]. Siehe zum Vorwissen des Patienten näher Rz 87. **29**

V. Medizinisches Detailwissen und Statistiken

1. Ausgangspunkt. Um den Patienten nicht mit Informationen zu überfordern[105], ist eine Begrenzung dahingehend geboten, dass über Risiken erst ab einer Eintrittswahrscheinlichkeit von mehr als 1:1 Millionen aufzuklären ist[106]. **30**

2. Schwerstes Risiko. Dem Patienten muss bei der Grundaufklärung allerdings bewusst werden, welches Risiko als schwerste (wenn auch seltene) Konsequenz eintreten könnte, wenn dadurch dauerhafte schwere Auswirkungen auf die Lebenssituation drohen[107]. Allerdings muss der Behandelnde sich nicht an allgemeinen statistischen Risikowahrscheinlichkeiten orientieren[108]. Vielmehr muss er auf die konkrete Behandlungssituation abstellen und die besonderen Auswirkungen auf die Lebenssituation des Patienten miteinbeziehen[109]. **31**

3. Lebensführung besonders beeinträchtigende Risiken. Derartige, die Lebensführung besonders beeinträchtigende Risiken, sind die Folgenden: Querschnittslähmung bei CT-gesteuerter PRT (periradikulärer Schmerztherapie)[110], Halbseitenlähmung bei der Angiographie[111], Armplexuslähmung oder Rückenmarksschädigung im Rahmen der Strahlentherapie[112], Lähmungen infolge von Querschnittslähmung oder Caudalähmung bei Bandscheibenoperation[113]. Der Behandelnde darf die allgemeine Formulierung von „Lähmungen" als Komplikation nicht verwenden, wenn die Möglichkeit einer Querschnittslähmung besteht[114]. Ohne weitere Anhaltspunkte muss jedoch nicht darauf hingewiesen werden, dass eine Lähmung dauerhaft bestehen bleiben kann[115]. Weitere schwere beeinträchtigende Folgen sind die Nervenverletzung bei Hüftoperation[116], Harnleiterverletzung bei der abdominalen Hysterektomie[117], Amputation des Fußes bei Resektion eines „Hammerzehs"[118], Sudeck'sche Dystrophie bei – nicht dringlicher – Gelenk- **32**

---

101 MünchKomm/Wagner § 630e Rz 57.
102 NK-GesMedR/Wever § 630e Rz 47.
103 MünchKomm/Wagner § 630e Rz 37; BGH NJW 1984, 1807, 1808 = JZ 1985, 236 (mAnm Giesen); BGH NJW 1994, 2414, 2415 = MedR 1994, 488; Bamberg VersR 2002, 323 = BeckRS 2000, 31162343.
104 MünchKomm/Wagner § 630e Rz 37; BGH NJW 1984, 1807 = VersR 1984, 538, 539; BGH NJW 2003, 2012, 2014 = VersR 2003, 1441; Düsseldorf VersR 2009, 546, 547 = BeckRS 2009, 10562.
105 Dazu: BeckOK/Katzenmeier § 630e Rz 17; Münch-Komm/Wagner § 630e Rz 2; Eberbach MedR 2019, 111; Dorneck/Gassner/Kersten/Lindner/Linoh/Nebe/Rosenau/Schmidt am Busch MedR 2019, 431 ff.
106 D Prütting/J Prütting/Friedrich MedR § 630e Rz 10; ausf zu verschiedenen Modellen, bsph Promillewahrscheinlichkeit angedacht von Borgmann NJW 2010, 3190; der BGH hat bisher keine konkrete Zahlengröße genannt (vgl BGH NJW 1980, 633, 634 = MDR 80, 218; BGHZ 126, 386, 389 = NJW 1994, 3012 f; BGH NJW 1996, 779, 781 = MedR 1996, 215, 216; BGHZ 144, 1, 5 = NJW 2000, 1784, 1785 ff; BGH NJW 2007, 217, 218 f).
107 NK-GesMedR/Wever § 630e Rz 6; BeckOK/Katzenmeier § 630e Rz 15; Geiß/Greiner, Arzthaftpflichtrecht Kap C Rz 44 f, 49; BGHZ 90, 96 = NJW 1984, 1395, 1396; BGH NJW 1990, 1528 = MedR 1990, 135; BGHZ 126, 386, 389 ff = NJW 1994, 3012 f = MedR 1995, 25, 26 ff; BGHZ 166, 336, 343 = NJW 2006, 2108, 2109 = MedR 2006, 588, 589; Köln MedR 2011, 161, 162 = BeckRS 2010, 23559; Hamm MedR 2014, 309, 311 = BeckRS 2013, 16226; Köln VersR 2016, 191 = BeckRS 2015, 14338; Köln VersR 2017, 621 = BeckRS 2016, 5948; Pauge/Offenloch, Arzthaftungsrecht Rz 394 ff mwN.
108 BGH NJW 2015, 1601 = GesR 2015, 20; BGH NJW 2011, 375 = VersR 2011, 223 f.
109 BGHZ 90, 96 = NJW 1984, 1395 ff; BGHZ 126, 386, 389 ff = 1994, 3012, 3012 f; BGHZ 144, 1 = NJW 2000, 1784, 1785; Karlsruhe GesR 2014, 494 f; Hamm MedR 2014, 309, 311= BeckRS 2013, 16226; D Prütting/J Prütting/Friedrich MedR § 630e Rz 8.
110 BGH NJW 2010, 3230 Rz 16 = MDR 2010, 1052.
111 Hamm VersR 1992, 833.
112 BGH NJW 1990, 1528 = MedR 1990, 135.
113 Bremen NJW-RR 2001, 671 = VersR 2001, 340.
114 BGH NJW 1995, 2410 = MDR 1995, 908; in diese Richtung auch Hamm VersR 1988, 1133 = MedR 1990, 264.
115 BGH NJW-RR 2017, 533 = VersR 2017, 100; Spickhoff/Spickhoff MedR § 630e Rz 2.
116 Nürnberg NJW-RR 2004, 1543 = BeckRS 9998, 19342.
117 BGH NJW 1984, 1807 = JZ 1985, 236 (mAnm Giesen); BGH NJW 1985, 1399 = JZ 1986, 241 (mAnm Giesen).
118 Brandenburg BeckRS 2008, 24164.

versteifungsoperation[119], Liquorverlustsyndrom mit anhaltenden postspinalen Kopfschmerzen bei Spinalanästhesie[120].

33 4. **Aufklärung bei Medikamenteneinsatz.** Es ist zB auch über die „wesentlichen" Arzneimittelrisiken aufzuklären[121]. Das gilt insbesondere bei besonders schweren Nebenwirkungen[122], was beispielsweise bei der Suchtgefahr eines Medikaments bejaht wurde[123]. Die genauen Prozentzahlen der Eintrittswahrscheinlichkeit eines Risikos müssen nicht benannt werden[124]. Sie sind nur auf Nachfrage zu offenbaren[125]. Etwas anderes gilt, wenn die Daten für den Patienten eindeutig von Interesse sind, insbesondere, wenn dieser konkret fragt. Ein Interessenfall liegt auch vor, wenn die Misserfolgsquote oder der Auftritt schwerwiegender Folgen außerordentlich hoch ist[126]. Allerdings soll der Behandelnde dann die Risiken in natürlichen Häufigkeiten (zB 30 aus 100) angeben, da dies für Menschen nachgewiesen leichter verständlich ist[127]. Macht der Behandelnde Wahrscheinlichkeitsangaben, so müssen sich diese nicht an den in den Beipackzetteln für Medikamente genutzten Häufigkeitsbeschreibungen des Medical Dictionary for Regulatory Activities anlehnen[128]. Stattdessen ist der natürliche Sprachgebrauch iSv Begriffen wie „gelegentlich" und „häufig" anzuwenden[129].

34 5. **Operationsvorgehensweise.** Über genaue Operationstechniken und die konkreten Arbeitsschritte während der Behandlung muss der Arzt den Patienten nicht ungefragt aufklären, solange seine Tätigkeiten dem fachlichen Standard genügen[130].

VI. Indikation, Nutzen und Notwendigkeit

35 1. **Bedeutung Indikation.** Der Arzt hat den Patienten darauf hinzuweisen, wenn eine Behandlung medizinisch nicht indiziert ist oder die Indikation entfallen ist, wodurch die Behandlung zu beenden wäre[131]. Der Behandelnde begeht somit auch einen Aufklärungsfehler, wenn er den Schweregrad der Indikation falsch darstellt, zB von einer absoluten Indikation spricht, obwohl die Behandlung nur relativ indiziert ist und damit nicht zwingend nötig ist[132]. Dies gilt insbesondere auch bzgl der Möglichkeit des Abwartens oder Nichtstuns, wenn ein Eingriff nur aus Vorsorgegründen durchgeführt werden soll, zB wenn ein Eierstock wegen Krebsbefalls entfernt wurde und sich die Entfernung des zweiten aus Vorsorgegründen ebenfalls empfiehlt, denn in diesem Fall ist die Entscheidung für oder gegen den Eingriff abhängig von dem „Sicherheitsbedürfnis" der Behandelten[133].

36 2. **Nicht indizierte Behandlungen.** Es sind erhöhte Anforderungen an die Aufklärung zu stellen, wenn die Behandlung keinen therapeutischen Nutzen aufweist[134]. Das gilt zB auch, wenn der Behandelnde durch die vorgeschlagene Behandlung primär an Bonuszahlungen interessiert ist. Der Behandelnde muss in diesem Fall die eingeschränkte oder gar fehlende Indikation eindeutig offenlegen und dem Patienten verdeutlichen, dass der medizinische Nutzen ggf auch geringer ist, als die ihm gegenüber stehenden Risiken[135]. Allerdings ist er nicht gesetzlich dazu verpflichtet, über das Auslösen der Bonuszahlungen durch die Vornahme der Behandlung aufzu-

---

119 BGH MDR 1988, 485.
120 Stuttgart MedR 1996, 81.
121 BGHZ 162, 320 = NJW 2005, 1716= JR 2005, 67 (mAnm Schlund); Köln MedR 2017, 248 (mAnm Gödicke) = VersR 2017, 354.
122 BeckOK/Katzenmeier § 630e Rz 56; BGHZ 162, 320, 323 ff = NJW 2005, 1716 f = JR 2005, 67 (mAnm Schlund); Dresden MedR 2018, 971 = BeckRS 2018, 10791 Rz 20; ausf Hart MedR 2003, 603; Koyuncu, Diss, 2004, S 110 ff; Stöhr GesR 2006, 145 ff; Voit PharmR 2006, 348; Stöhr ZMGR 2008, 182 ff; Koblenz VersR 2008, 404 = BeckRS 2007, 16719.
123 BeckOK/Katzenmeier § 630e Rz 56; aA Dresden MedR 2019, 150 (mAnm Achterfeld MedR 2019, 152, 153 f) = A&R 2018, 237.
124 BeckOGK/Walter § 630e Rz 10; BGH NJW 1992, 2351, 2352 = MedR 1992, 277; Frankfurt aM NJW-RR 2003, 745 = VersR 2004, 1053; aA MünchKomm/Wagner § 630e Rz 12; Borgmann NJW 2010, 3190; Frankfurt aM ZMGR 2018, 243 = BeckRS 2018, 3682; Nürnberg MedR 2016, 344; LG Bonn NJW 2015, 3461 = BeckRS 2015, 12301.
125 MünchKomm/Wagner § 630e Rz 15.
126 MünchKomm/Wagner § 630e Rz 15; vgl BGH NJW 1991, 2342, 2343 = JZ 1991, 677 (mAnm Giesen); München VersR 1988, 525 f.
127 MünchKomm/Wagner § 630e Rz 15.
128 BGH NJW 2019, 1283, Ls = MedR 2020, 128 (mAnm Walter).
129 BGH NJW 2019, 1283, 1284 f = VersR 2019, 688; BeckOGK/Walter § 630e Rz 9; BeckOK/Katzenmeier § 630e Rz 14; Ziegler/Ziegler NJW 2019, 398, 400 ff; aA Nürnberg MedR 2016, 344, 346; LG Bonn NJW 2015, 3461 = BeckRS 2015, 12301; gegen Gebrauch solcher unspezifischen Ausdrücke Drechsler JR 2020, 47, 50 f.
130 NK-GesMedR/Wever § 630e Rz 12; BGH VersR 1988, 179.
131 MünchKomm/Wagner § 630e Rz 8, 18; München MedR 2018, 317 = GuP 2018, 356; ausf dazu Beckmann MedR 2018, 556; konnte offenbleiben bei BGH NJW 2019, 1741 Rz 12; allg zur medizinischen Indikation BGHZ 154, 205, 224 = FamRZ 2003, 748.
132 MünchKomm/Wagner § 630e Rz 9; BGH NJW 1997, 1637, 1638 = MDR 1997, 352; Koblenz VersR 2016, 1502, 1503; ausf Zurlinden VersR 2017, 1438.
133 BGH NJW 1997, 1637, 1638 = VersR 1997, 451; bzgl Mastektomie BGH VersR 1998, 716, 717; MünchKomm/Wagner § 630e Rz 27.
134 Vgl Bremen VersR 2004, 911 = BeckRS 2003, 30309861.
135 MünchKomm/Wagner § 630e Rz 20.

klären[136]. Therapeutischer Nutzen ist ebenfalls nicht bei bloß diagnostischen Eingriffen gegeben[137]. Dies gilt insbesondere, wenn die durch den Eingriff zu beleuchtenden Befunde sehr unwahrscheinlich oder nur begrenzt für die weitere Therapiebestimmung hilfreich sind[138]. Gleiches gilt für fremdnützige Eingriffe wie zB Transplantationen[139] und Blutspenden[140] sowie Arzneimittel- und Medizinproduktetests[141]. Insbesondere bei letzteren hat die Aufklärung besonders umfassend zu erfolgen, da die praktische Erforschungsphase besondere Risiken bürgen kann[142]. Der BGH hat erhöhte Anforderungen auch für Impfungen bejaht[143]. Gleiches gilt auch für solche Eingriffe, die nur eine vorübergehende Besserung bringen, jedoch keinen endgültig verbesserten Zustand schaffen[144]. Gleiches gilt für prophylaktische Eingriffe[145] und solche, die nur einen belastenden, nicht aber lebensbedrohlichen Zustand beseitigen sollen und zudem eine hohe Misserfolgsrate haben[146].

3. **Kosmetische Behandlungen.** Insbesondere bei kosmetischen Eingriffen[147] sind die Gefahren der Behandlung dem Patienten noch deutlicher und schonungsloser darzulegen (sog Brutalaufklärung)[148]. Gerade bei Schönheitsoperationen ist neben den Risiken auch darauf hinzuweisen, dass das gewünschte ästhetische Ergebnis eventuell nicht eintreten wird und sich das derzeitige Erscheinungsbild sogar verschlechtern könnte[149]. **37**

4. **Behandlungsabbruch.** Ein besonderes Problem bringt die Situation mit sich, in der ärztlicherseits nach (Re-)Evaluation die medizinische Indikation einer (Fort-)Behandlung verneint werden muss, da nur noch ein Todeskampf verlängert wird oder – auch ohne konkret begonnene Sterbephase – jegliche Aussichten auf Heilung oder Zustandsbesserung ausgeschlossen werden können und der betroffene Patient lediglich durch künstliche Unterstützung am Leben erhalten wird. Für einen zulässigen Behandlungsabbruch wird verlangt, dass die Krankheit einen irreversibel tödlichen Zustand erreicht hat, bei welchem der Tod kurz bevorsteht, sog infauste Prognose[150]. Wenn der Tod noch nicht bevorsteht, aber die Gesundung des Patienten medizinisch ausgeschlossen ist, so darf eine PEG-Sonde zur künstlichen Ernährung entfernt werden, wenn die Gesamtsituation des Patienten sehr schlecht ist und einer Weiterbehandlung durch fehlende oder aktiv verweigerte Zustimmung der Boden entzogen ist[151]. Da die Behandlung ansonsten stets auf ein bestimmtes Therapieziel bezogen ist, hat die Aufklärung auch entsprechend der Eignung und Erfolgswahrscheinlichkeit der Behandlung diesbezüglich zu erfolgen[152]. **38**

VII. Alternativen

1. **Therapiefreiheit des Behandelnden.** Wenn verschiedene, gleich risikobehaftete Behandlungsmethoden zur Verfügung stehen, so hat der Behandelnde aufgrund seiner Therapiefreiheit **39**

---

136 MünchKomm/Wagner § 630e Rz 20.
137 BGH NJW 1979, 1933, 1934; 2009, 1209, 1210; D Prütting/J Prütting/Friedrich MedR § 630e Rz 18; MünchKomm/Wagner § 630e Rz 18; NK-BGB/Voigt § 630e Rz 5; Zurlinden VersR 2017, 1438.
138 MünchKomm/Wagner § 630e Rz 18.
139 Näher zu Transplantationen BGHZ 221, 55 = NJW 2019, 1076, 1081 = JZ 2019, 512 (mAnm Spickhoff) = MedR 2019, 554 (mAnm J Prütting und Bespr Kreße MedR 2019, 529); Düsseldorf BeckRS 2016, 19887 = VersR 2016, 1567, 1568 f; Hamm VersR 2016, 1572, 1573 = BeckRS 2016, 18828; Spickhoff NJW 2006, 2075; ders bzgl der Haftung iRv Transplantationen VersR 2006, 1569, 1575 f; Wittke VersR 2017, 1181 f; allg zu Aüklärungspflichten bei Transplantationen Clausen/Schroeder-Printzen, Münchener Anwaltshandbuch Medizinrecht § 18 Rz 40 ff.
140 MünchKomm/Wagner § 630e Rz 19; BGHZ 166, 336 = JR 2007, 191 = NJW 2006, 2108 (mAnm Spickhoff NJW 2006, 2075); Düsseldorf VersR 2016, 1567, 1568 = BeckRS 2016, 19887.
141 Erman/Rehborn/Gescher § 630e Rz 9; D Prütting/J Prütting/Friedrich MedR § 630e Rz 18; BGHZ 172, 1 = NJW 2007, 2767; NK-GesMedR/Wever § 630e Rz 25.
142 BGH NJW 2007, 2771 = MDR 2007, 1017; NK-GesMedR/Wever § 630e Rz 26.
143 BGHZ 144, 1 = NJW 2000, 1784, 1785 f = JA 2000, 73 (mAnm Krauss) = JR 2001, 102 (mAnm Schlund).
144 MünchKomm/Wagner § 630e Rz 18; Hamm VersR 1990, 855 = BeckRS 2007, 6860.
145 MünchKomm/Wagner § 630e Rz 18; BGH MDR 2015, 1419 = BeckRS 2015, 18671 Rz 4.
146 MünchKomm/Wagner § 630e Rz 18; BGH NJW 1981, 633 = MDR 1981, 131.
147 BGH NJW 1991, 2349 = MedR 1991, 85; Oldenburg VersR 2001, 1381 Rz 25 = BeckRS 2000, 30115343; Köln MedR 2015, 274 = BeckRS 2014, 18319; Naumburg VersR 2016, 404 = BeckRS 2015, 19836; Frankfurt aM MedR 2006, 294, 295 = NJOZ 2006, 166; MünchKomm/Wagner § 630e Rz 8; Zurlinden VersR 2017, 1438 f.
148 Zur Aufklärungsintensität bei relativ indizierten Behandlungen Hamm VersR 2018, 1004 = BeckRS 2017, 139020; BGH VersR 2016, 51 = BeckRS 2015, 18671; BGH NJW 2009, 1209, 1210 = VersR 2009, 257 Rz 13; Dresden MedR 2018, 817, 818 = BeckRS 2018, 5123; Spickhoff LMK 2015, 374730; BT-Drucks 17/10488, S 25.
149 BeckOGK/Walter § 630e Rz 10.1; LG München I VersR 2013, 1314 = BeckRS 2013, 14016; vgl Dresden NJW-RR 2020, 149.
150 MünchKomm/Wagner § 630e Rz 17; BGHSt 40, 257 = NJW 1995, 204.
151 Hierzu J Prütting ZfL 2018, 94 ff; ders BtPrax 2019, 185 ff; MünchKomm/Wagner § 630e Rz 23; zur höchst problematischen Frage schadensrechtlicher Haftungsausfüllung in den verschiedenen Kategorien des Lebens als Schaden eingehend J Prütting GesR 2020, 681 ff.
152 MünchKomm/Wagner § 630e Rz 8.

die Entscheidungsmacht inne[153]. So hat der Arzt zB die Wahl zwischen intramuskulärer und intravenöser Verabreichung eines Medikaments[154] oder welche Schnitttechnik er bei einer OP verwendet[155]. Dabei sei ausdrücklich betont, dass es sich bei der Therapiefreiheit um ein fremdnütziges Recht handelt und dem Behandelnden keine Willkürfreiheit zugebilligt wird. Vielmehr geht es darum, dem Behandelnden als fachlichem Experten die Entscheidung in der Situation zu überlassen, wie der Gesundheit des Patienten am besten geholfen werden kann.

40 2. **Entscheidungsfreiheit des Patienten.** Wenn die Chancen und Risiken zwischen den einzelnen Methoden jedoch variieren (echte Behandlungsalternative im selbstbestimmungsrechtlichen Sinn), so muss der Behandelnde über die verschiedenen Alternativen nach Abs 1 Satz 3 aufklären[156], damit der Patient eine selbstbestimmte Entscheidung treffen kann[157], so zB bei der Wahl zwischen konservativem oder operativem Vorgehen[158] oder ob ggf sogar ein Abwarten eine Alternative darstellt[159]. In diesem Fall hat der Patient die Wahl, auch wenn der Arzt selbst eine konservative Behandlung angedacht hatte[160]. Wenn ein noch nicht konservativ austherapierter Patient eine invasive Behandlung wünscht, so ist er gesteigert über die Risiken einer Operation zu informieren[161]. Allgemein gilt: je weniger dringend und bloß relativ indiziert die Behandlung ist, desto stärkere Anforderungen werden an den Umfang der Aufklärungspflichten bzgl der konservativen Behandlungsalternativen gestellt[162].

41 3. **Verhältnis von Risiko/Chance.** Grundsätzlich ist bei Aufklärungspflichten über Alternativbehandlungen besonders das Verhältnis von Risiken zu Heilungschancen einzubeziehen[163]. Nach dem Wortlaut muss nur bei „wesentlich" unterschiedlichen Chancen und Risiken aufgeklärt werden, sodass das Gesetz hier eher restriktiv ist[164]. Eine Ausweitung der Aufklärungspflichten über Alternativbehandlungen bleibt jedoch über die deliktsrechtliche Rechtsprechung möglich[165]. Die Behandelnden sollten sich jedoch mit Blick auf die untergerichtliche Praxis nicht in dem Irrtum versteigen, man werde im Fall der Fälle nicht unter das Wesentlichkeitskriterium fallen. Die Gerichtspraxis zeigt, dass Zweifel diesbezüglich vielfach zulasten der Behandlungsseite gehen.

42 4. **Alternativen-Aufklärung nach Facharztstandard.** Der Arzt muss nur über solche Alternativbehandlungen aufklären, die bezogen auf den Patienten auch möglich sind[166]. Es muss zudem nur über solche Alternativbehandlungen aufgeklärt werden, die bereits vom Fachstandard anerkannt worden und nicht mehr als Neulandmethode zu qualifizieren sind[167]. Ab wann eine Behandlung dem Fachstandard entspricht, ist jedoch teilweise schwer zu sagen, sodass sich ein

---

153 BGH NJW 1988, 765, 766 = MedR 1988, 145; BGHZ 106, 391 = NJW 1989, 1533, 1534; BGH NJW 2005, 1718 = VersR 2005, 836; BGH NJW 2006, 2477 = VersR 2006, 1073; Naumburg VersR 2014, 71 = BeckRS 2013, 14026, 72; Koblenz VersR 2014, 1133, 1134 = BeckRS 2013, 21416; Greiner, in: Festschr für Geiß, 2000, 411, 411; Koblenz BeckRS 2016, 00825 Rz 2; Hamm MedR 2017, 814, 816 f; Köln GesR 2012, 507 = MPR 2012, 99; Naumburg VersR 2006, 979 = NJOZ 2005, 4932; D Prütting/J Prütting/Friedrich MedR § 630e Rz 21; NK-GesMedR/Wever § 630e Rz 14.
154 Köln VersR 2014, 633, 634 = BeckRS 2014, 241; MünchKomm/Wagner § 630e Rz 21.
155 Köln VersR 2012, 494 = BeckRS 2011, 23323; MünchKomm/Wagner § 630e Rz 21.
156 BGHZ 102, 17, 20 = NJW 1988, 763, 764; BGHZ 116, 379, 385 = NJW 1992, 743, 744; BGH NJW 1988, 765, 766 = MedR 1988, 145; BGH NJW 2004, 3703 = VersR 2005, 227; BGH NJW 2005, 1718 = VersR 2005, 836; BGH NJW-RR 2011, 1173 Rz 10 = MDR 2011, 914; BGH NJW 2014, 1529 Rz 8 = VersR 2014, 586; BGH NJW-RR 2015, 591 = MedR 2015, 721; Naumburg VersR 2014, 71, 72 = BeckRS 2013, 14026; BeckOGK/Walter § 630e Rz 11; Spickhoff/Greiner §§ 823 ff Rz 211 ff; ausf zur Aufklärung über Alternativen Nußstein VersR 2017, 1379.
157 D Prütting/J Prütting/Friedrich MedR § 630e Rz 21; BT-Drucks 17/10488, S 24 verweisend auf BGH NJW 2005, 1718.
158 MünchKomm/Wagner § 630e Rz 23; BGH VersR 2005, 836 = NJW 2005, 1718; BGHZ 192, 298 = NJW 2012, 850 Rz 11 = VersR 2012, 491; enger Nürnberg VersR 2002, 580.
159 BGH NJW 1986, 780 = JZ 1986, 201; BGH NJW 1988, 765, 766 = MedR 1988, 145; BGH NJW 1992, 2351, 2352 = JZ 1993, 315 (mAnm Giesen); BGH NJW 1992, 2353, 2354 = MedR 1992, 275; BGH NJW 2000, 1788, 1789 = MDR 2000, 700; BGH NJW 2014, 1529 Rz 8 = VersR 2014, 586; Köln NJW-RR 1999, 674 = VersR 2000, 361; Zweibrücken MedR 2007, 549 = BeckRS 2007, 5674; NK-GesMedR/Wever § 630e Rz 14; MünchKomm/Wagner § 630e Rz 7.
160 MünchKomm/Wagner § 630e Rz 23.
161 Hamm VersR 2018, 1004 (mAnm Jaeger); MünchKomm/Wagner § 630e Rz 23.
162 Hamm VersR 2018, 1004 (mAnm Jaeger); MünchKomm/Wagner § 630e Rz 23.
163 Zu konservativem oder operativem Vorgehen BGH NJW 2000, 1788 = MDR 2000, 700; BGH NJW 2016, 641 = GuP 2016, 72, BGH NJW 2005, 1718 = MDR 2005, 988; sowie zu Entbindungsalternativen BGHZ 106, 153 = NJW 1989, 1538, 1539 ff; BGH NJW 1992, 741 = MedR 1992, 154; BGH NJW 1993, 1524, 1525 = MDR 1993, 742; BGH NJW 2004, 3703 = FamRZ 2005, 93; Köln VersR 2006, 124, 125 = BeckRS 2005, 10366.
164 Beispiele für restriktive Auslegung in der Rechtsprechung: BGH NJW 2005, 1718 sub II.1.; näher zur Wesentlichkeit Geiß/Greiner, Arzthaftpflichtrecht Kap C Rz 23 f; strenger dagegen BGH NJW-RR 2011, 1173 Rz 11 = VersR 2011, 1146, 1147; ähnlich BGH NJW-RR 2016, 1359 = MedR 2017, 383.
165 So NK-BGB/Voigt § 630e Rz 6.
166 BGH NJW 1992, 2353 = MedR 1992, 275; KG MedR 2017, 46 = BeckRS 2016, 4716; MünchKomm/Wagner § 630e Rz 22; D Prütting/J Prütting/Friedrich MedR § 630e Rz 26.
167 BeckOGK/Walter § 630e Rz 15; Spickhoff/Spickhoff MedR § 630e Rz 2; BT-Drucks 17/10488, S 24; BGH VersR 1988, 495.

extensives Verständnis der Aufklärungspflichten für die Praxis empfiehlt[168]. Etwas anderes gilt jedoch, wenn der Patient explizit nach neuen Behandlungsmethoden fragt. Falls eine neue Methode die einzige Heilungschance für den Patient bietet und diese möglicherweise sogar über Leben und Tod entscheidet, kann die Aufklärungspflicht sich auch auf diese neue Methode beziehen[169]. Das Vorliegen einer Behandlungsmöglichkeit beurteilt sich zu Gunsten der Behandlungsseite aus der ex-post-Betrachtung[170], so dass der Patient bei ex ante fehlerhafter Annahme einer Aufklärungspflicht sich nicht auf diese – tatsächlich nicht bestandene – Aufklärungspflicht berufen kann.

5. Aufklärung bei Patientenwunsch. Die Aufklärungspflicht gilt auch, wenn der Patient **43** eine konkrete Behandlungsmethode explizit wünscht[171]. Der Patient hat diese Entscheidung möglicherweise in Unkenntnis der Alternativen gefällt, sodass eine selbstbestimmte Einwilligung nur nach vollständig erfolgtem Aufklärungsgespräch möglich ist[172]. Wünscht der Patient auch nach der umfassenden Aufklärung die Behandlungsmethode, so hat der Arzt zur Wahrung des Selbstbestimmungsrechts dem Wunsch Genüge zu tun, selbst wenn es sich bei der Methode um eine Außenseiter-/Neulandmethode handelt[173]. Gleiches gilt, wenn der Patient eine medizinisch indizierte Maßnahme ablehnt[174]. Die Grenze bilden jedenfalls auch hier §§ 134, 138 sowie StGB §§ 216, 228. Ob man darüber hinaus eine letztlich nicht notwendige und damit medizinisch nicht begründbare Standardunterschreitung ablehnen müsste, ist nach wie vor umstritten (im Einzelnen § 630a Rz 364). Mit Blick auf § 630a Abs 2 HS 2 dürfte die Formulierung einer solchen zusätzlichen Begrenzung seit der Einführung des Patientenrechtegesetzes abzulehnen sein.

6. Besonderheiten. Besondere Maßgaben gelten iRv Geburten und den dort bestehenden **44** Alternativen[175]. Hier ist zu einem Zeitpunkt über die Alternativen wie zB einen Kaiserschnitt zu informieren, zu dem dieser noch möglich ist und sich die Gefahren der Vornahme nicht bereits erhöht haben[176]. Ein Zahnarzt muss über alternative Anästhesiemethoden aufklären[177].

VIII. Standard, individueller Heilversuch und Außenseitermethode

1. Abweichung vom Facharztstandard. Strengere Maßgaben für die Aufklärungspflicht **45** gelten, wenn der Behandelnde vom medizinischen Standard abweichen will. Dies ist einerseits möglich durch Nutzung sog Außenseitermethoden, die vom Facharztstandard abgelehnt wurden. In der Orthopädie ist dies im Zusammenhang mit dem Einsatz eines sog Racz-Katheters diskutiert worden, über welchen bei einem Bandscheibenvorfall ein spezifisch zusammengesetzter Medikamentencocktail über mehrere Tage hinweg appliziert wird[178]. Bei Außenseitermethoden muss der Arzt den Patienten ausdrücklich darauf hinweisen, dass die herrschende Meinung in der medizinischen Wissenschaft die geplante Behandlungsmethode als unwirksam oder gar schädlich ablehnt[179].

2. Neulandmethode. Andererseits kann der Arzt im Rahmen des Standards jedenfalls noch **46** nicht anerkannte Behandlungsmethoden in Erwägung ziehen, sog Neulandmethoden, auf deren Basis ein individueller Heilversuch erfolgt. In beiden Fällen handelt es sich um eine Abweichung vom Standard nach § 630a Abs 2. Eine klassische Konstellation der Nutzung einer Neulandmethode war die sog Robodoc-Operation im Jahre 1995, bei welcher es sich um eine computergestützte Hüftoperation gehandelt hat[180]. Bei Neulandmethoden gilt die Faustformel, dass je strittiger die Behandlung in Fachkreisen ist, desto strenger die Anforderungen an die Aufklärungspflichten des Arztes sind[181]. Der Umfang der Aufklärungspflichten steigt, je weiter der Arzt sich von den anerkannten Methoden entfernt[182]. Es ist insbesondere auf das gesteigerte

---

168 BeckOGK/Walter § 630e Rz 15; D Prütting/J Prütting/Friedrich MedR § 630e Rz 27.
169 BeckOGK/Katzenmeier § 630e Rz 28; vgl Schumacher MedR 2019, 786, 791.
170 BeckOK/Katzenmeier § 630e Rz 26; Oldenburg MDR 2019, 741 = BeckRS 2018, 40340 Rz 37.
171 D Prütting/J Prütting/Friedrich MedR § 630e Rz 26; LG Köln VersR 2012, 239, 240.
172 Köln NJOZ 2011, 1696 = VersR 2012, 239, 240; MünchKomm/Wagner § 630e Rz 23; D Prütting/J Prütting/Friedrich MedR § 630e Rz 24.
173 MünchKomm/Wagner § 630e Rz 34.
174 MünchKomm/Wagner § 630e Rz 34; BGH NJW 2018, 3316 = MedR 2019, 144 Rz 13 (mAnm H Prütting).
175 BeckOGK/Walter § 630e Rz 11.1.
176 BGH NJW-RR 2019, 17 = VersR 2018, 1510, 1512 = JA 2019, 304 (mAnm Hager). Näheres bzgl Alternativaufklärung iRv Schwangerschaften unter § 630e Rz 106.
177 Spickhoff/Spickhoff MedR § 630e Rz 2; Hamm VersR 2016, 1192 = BeckRS 2016, 9324.
178 BGH NJW 2007, 2774 = VersR 2007, 1273 = MedR 2008, 87 (mAnm Spickhoff).
179 MünchKomm/Wagner § 630e Rz 33; Köln NJW-RR 1999, 968 = VersR 2000, 492.
180 BGH NJW 2006, 2477 = MedR 2006, 650; Katzenmeier NJW 2006, 2738.
181 NK-GesMedR/Wever § 630e Rz 22; Pauge/Offenloch, Arzthaftungsrecht Rz 416 mit ausführlichen Rechtsprechungsnachweisen.
182 NK-GesMedR/Wever § 630e Rz 22.

Risiko unbekannter Komplikationen hinzuweisen[183]. Dazu muss der Patient auch über die Gefahr des Misserfolgs aufgeklärt werden sowie darüber, dass die Wirksamkeit der Behandlung statistisch noch nicht bewiesen ist[184]. Bezogen auf noch nicht zugelassene Medikamente sind die Aufklärungspflichten ebenfalls erhöht. Der Behandelnde muss dann sowohl darüber aufklären, dass die Zulassung noch fehlt, als auch darüber, dass unbekannte Risiken auftreten können[185]. Bei der Nutzung solcher neuen Behandlungsmethoden/Medikamente müssen dem Patienten bei der Aufklärung möglichst viele Informationen dargelegt werden, damit er eine selbstbestimmte Entscheidung zwischen einer etablierten Behandlungsmethode und der Neulandmethode treffen kann[186]. Im Aufklärungsgespräch müssen die Chancen und Risiken der zwei Wege verglichen werden[187]. Gleiches gilt für homöopathische Behandlungen, bei denen der Behandelnde auch Nutzen und Risiken mit schulmedizinischen Behandlungen während des Aufklärungsgesprächs vergleichen muss[188].

IX. Belehrung zu technischen Mitteln, Telemedizin und Fernbehandlung

47 **1. Ausgangspunkt.** Es gelten grundsätzlich die selben Anforderungen an die Aufklärung wie bei Präsenzbehandlungen. Der Behandelnde hat aber zusätzlich über die spezifischen Risiken, die eine Fernbehandlung birgt, zu informieren[189] (siehe zur Fernbehandlung und ihrer Aufklärung genauer § 630a Rz 190, 409). Der Behandelnde muss die Chancen und Risiken der Fernbehandlung mit jenen der Präsenzbehandlung vergleichen. Es empfiehlt sich, auch ausdrücklich kenntlich zu machen, dass gewisse diagnostische Möglichkeiten nicht möglich sind, wie zB Abtasten[190]. Folglich ist explizit darüber aufzuklären, dass eine Diagnose unter Zuhilfenahme von Fernkommunikationsmitteln qualitativ abfallen kann[191]. Allerdings muss der Behandelnde die Präsenzbehandlung nicht als „Goldstandard" darstellen, wodurch die Fernbehandlung erheblich kritisiert werden würde[192]. Bei Betrachtung der tatsächlichen Begebenheiten des Ärztemangels auf dem Land, kann die Fernbehandlung eine tatsächliche Alternative mit einigen Vorteilen darstellen[193].

48 **2. Grundsatz.** Als Faustformel gilt, dass die Aufklärungspflichten umfangreicher werden, je schwerwiegender die Erkrankung ist, je umfangreicher die geplante Fernbehandlung ausfällt und je schwerwiegender die damit verbundenen Risiken sind[194]. Auch wenn sich dies dem Patienten logisch erschließen sollte, so ist die explizite Aufklärung darüber dem Arzt schon aus Beweiszwecken im Arzthaftungsprozess zu empfehlen[195]. Eine Dokumentation der spezifischen Aufklärung in der Patientenakte bietet sich nicht nur an[196], sie ist dringend zu empfehlen.

X. Keine Aufklärung über Behandlungsfehler – Hinweispflicht bei bekannten Strukturmängeln

49 Über Behandlungsfehler muss der Arzt nicht nach § 630e aufklären (siehe zu den Voraussetzungen einer Fehleroffenbarungspflicht § 630c Rz 59 ff).

---

183 NK-BGB/Voigt § 630e Rz 4; Spickhoff/Spickhoff MedR 3 630e Rz 2; NK-GesMedR/Wever § 630e Rz 23; Hamm MedR 2017, 812 = BeckRS 2016, 14113; Köln VersR 2011, 226 = BeckRS 2010, 13580; Köln VersR 2013, 1177 = BeckRS 2013, 1558; Frankfurt GesR 2014, 230.
184 NK-GesMedR/Wever § 630e Rz 24; BGHZ 168, 103 = NJW 2006, 2477, 2478 f; BGHZ 172, 254 = NJW 2007, 2774, 2775; BGH NJW 2020, 1358 Rz 19 = MDR 2020, 32; Karlsruhe VersR 2004, 244, 245 = MDR 2003, 104; Düsseldorf VersR 2004, 386 = NJW-RR 2003, 89.
185 BGHZ 172, 1, 13 ff = NJW 2007, 2767, 2770 = MedR 2007, 653 (mAnm Hart MedR 2007, 631, 633); Hamm MedR 2017, 812, 813 (mAnm Gödicke MedR 2017, 770, 776 ff). Monographisch erfasst bei J Prütting, Die rechtlichen Aspekt der Tiefen Hirnstimulation, 2014, S 55 ff.
186 BGHZ 168, 103 = NJW 2006, 2477, 2478 f; BGHZ 172, 254 = NJW 2007, 2774, 2775; D Prütting/J Prütting/Friedrich MedR § 630e Rz 27.
187 MünchKomm/Wagner § 630e Rz 33; BGHZ 172, 254 Rz 28 = NJW 2007, 2774, 2775; BGHZ 168, 103 Rz 14 = NJW 2006, 2477.
188 MünchKomm/Wagner § 630e Rz 33; Müller/Raschke NJW 2013, 428, 431 f; die Anforderungen an die Aufklärungspflichten des Heilpraktikers entsprechen denen bei Ärzten, vgl BGHZ 113, 297, 302 ff = NJW 1991, 1535, 1537; LG Bonn NJW 2015, 3461 = BeckRS 2015, 12301; Grüneberg/Weidenkaff § 630e Rz 8; München VersR 1991, 471 einschränkend dahingehend, dass Heilpraktiker nicht darüber aufklären müssen, dass ihre Behandlung nicht medizinisch anerkannt ist; Eberhardt VersR 1986, 110, 115; Taupitz NJW 1991, 1505, 1510.
189 Eingehend zum berufsrechtlichen Background J Prütting in Rehmann/Tillmanns, eHealth/Digital Health, 2022, S 151 ff. Besonderes Gewicht hat insofern die Überlegung, ob standardherabsetzende Vereinbarungen zu Zwecken der funktionalen Fernbehandlung rechtlich zulässig sind.
190 Kuhn/Heinz GesR 2018, 691, 693.
191 Stellpflug GesR 2019, 76, 78; Bergmann MedR 2016, 497, 500.
192 MünchKomm/Wagner § 630e Rz 31.
193 So MünchKomm/Wagner § 630e Rz 31; zum Bedürfnis und den Vorteilen der Standardunterschreitung J Prütting/Friedrich/Winter/Wolk, GesR 2020, 755, 760.
194 Stellpflug GesR 2019, 76, 78.
195 Kuhn/Heinz GesR 2018, 691, 693.
196 Kuhn/Heinz GesR 2018, 691, 693; Kalb GsR 2018, 480, 488.

Der Arzt kann aber über Behandlungsalternativen aufzuklären haben, die seine Fähigkeiten übersteigen, sodass er den Patienten ggf auf einen Spezialisten[197] oder eine besser ausgestattete Praxis/Klinik[198] hinweisen muss. Die Rechtsprechung war diesbezüglich in der Vergangenheit allgemein jedoch eher zurückhaltend[199]. Der Behandelnde muss nicht über die Modernität der Praxisausstattung aufklären, solange die Risiken der Behandlung nicht durch das Aufsuchen einer anderen Praxis verringert werden würden[200]. Es ist folglich erst dann aufzuklären, wenn die Risiken der Behandlung für den Patienten durch das Aufsuchen einer anderen Einrichtung deutlich sinken würden[201]. Eine Aufklärungspflicht besteht daher erst, wenn eine Überweisung auch medizinisch indiziert ist und nicht bereits, wenn der Patient nur möglicherweise woanders eine etwas bessere Behandlung erfahren würde[202]. Es wird jedoch vertreten, dass in diesem Fall die bloße Aufklärung nicht genügt, sondern tatsächlich auch die Überweisung erfolgen muss, da dies vom Facharztstandard gefordert werde, wenn der Behandelnde seine Überforderung erkennt[203]. Andernfalls sei ein Behandlungsfehler zu bejahen[204].

Diese Maßstäbe gelten auch für ambulant operierende niedergelassene Ärzte[205].

E. Beachtliche Formalia, Abs 2 Satz 1 Nr 1, Satz 2

I. Mündlichkeit als zentrales Prinzip

Abs 2 Satz 1 Nr 1 legt fest, dass die Aufklärung mündlich erfolgen soll. Auch der BGH betont die Bedeutsamkeit eines mündlichen und persönlichen Gesprächs[206]. Wenn es sich um einen einfachen Fall handelt und der Patient zustimmt, kann das Aufklärungsgespräch auch übers Telefon stattfinden[207]. Diese Grundsätze sind daher insbesondere im Rahmen von Fernbehandlungen nach MBO-Ä § 7 Abs 4 Satz 3 zu berücksichtigen[208]. Wann ein einfacher Fall gegeben ist, unterliegt einer strengen Beurteilung[209]. Gegen eine zu restriktive Auslegung spricht allerdings das Telos des Aufklärungsgesprächs, das dem Patienten die Möglichkeit geben soll, individuelle Fragen zu stellen und dem Behandelnden die Einschätzung zu ermöglichen, ob der Patient die Informationen auch verstanden hat[210]. Denn Ziel der Aufklärung ist es, ein vertrauensvolles Gespräch zwischen Behandelndem und Patienten zu fördern[211]. Dies ist aber auch über Telefon nicht ausgeschlossen[212]. Selbstredend soll hiermit keine „Entmenschlichung" der Medizin gefördert oder einer Reihenabfertigung von Patienten Vorschub geleistet werden. Vielmehr ist es im Zweifel bei Fallgestaltungen von überschaubarer Tragweite des Krankheits- und Behandlungsspektrums im beiderseitigen Interesse, Wege telekommunikativ zu überbrücken und Zeit, etwa auch im Wartezimmer der Praxis mit anderen Personen, die an unterschiedlichen Erkrankungen leiden, zu vermeiden.

II. Schriftliche Aufklärung bloß ergänzend

In der Rechtsprechung wurde früher vertreten, dass eine bloß schriftliche Aufklärung rechtlich akzeptabel sei, wenn dem Patienten danach die Möglichkeit für Nachfragen eröffnet wer-

---

197 BGHZ 102, 17, 21 = NJW 1988, 763, 764 = MedR 1988, 91.
198 BGH NJW 1989, 2321, 2322 = MedR 1989, 322; Neelmeier NJW 2013, 2230, 2332.
199 BeckOK/Katzenmeier § 630e Rz 30; Geiß/Greiner, Arzthaftpflichtrecht Rz C 37.
200 BGHZ 102, 17 = NJW 1988, 763 = JZ 1988, 411; BGH NJW 1988, 2302; D Prütting/J Prütting/Friedrich MedR § 630e Rz 19.
201 BeckOK/Katzenmeier § 630e Rz 30; BGHZ 72, 132 = NJW 1978, 2337 = JZ 1978, 721; BGHZ 88, 248 = NJW 1984, 655; BGH VersR 1988, 179; Pauge/Offenloch, Arzthaftungsrecht Rz 409; MünchKomm/Wagner § 630e Rz 24.
202 MünchKomm/Wagner § 630e Rz 24; BGHZ 102, 17, 22 f = NJW 1988, 763, 764 f; BGH NJW 1984, 1810, 1811 = MedR 84, 230; BGH NJW 1984, 1807, 1809 = MedR 1985, 170; Neelmeier NJW 2013, 2230, 2232.
203 MünchKomm/Wagner § 630e Rz 24.
204 MünchKomm/Wagner § 630e Rz 24.
205 LG Heidelberg MedR 2016, 801, 803 f = RDG 2015, 239.
206 BGH NJW 2003, 2012, 2013 = VersR 2003, 1442; BGHZ 166, 336, 341 ff = NJW 2006, 2108, 2109 (mAnm Spickhoff NJW 2006, 2075).
207 BT-Drucks 17/10488, S 24; BGH NJW 2010, 2430 = VersR 2010, 1183; D Prütting/J Prütting/Friedrich MedR § 630e Rz 29.
208 Für eine Erweiterung des § 630e um den besonderen Fall der Fernbehandlung Stellpflug GesR 2019, 76, 81; Überblick bei Katzenmeier MedR 2019, 259 ff; Hahn MedR 2020, 16, 22 f; zu haftungsrechtlichen Aspekten Katzenmeier NJW 2019, 1769, 1773.
209 D Prütting/J Prütting/Friedrich MedR § 630e Rz 29; krit zu BGH MedR 2010, 857 (mAnm Finn MedR 2010, 860); Spickhoff NJW 2011, 1651, 1654; BeckOK/Katzenmeier § 630e Rz 32; v Pentz MedR 2011, 222, 226; Spickhoff/Spickhoff MedR § 630e Rz 3a, der nur Einzelfallrechtsprechung annimmt.
210 NK-GesMedR/Wever § 630e Rz 38; BT-Drucks 17/10488, S 24.
211 BGH NJW 1985, 1399 = JZ 1986, 241 (mAnm Giesen); BGHZ 144, 1, 13 = NJW 2000, 1784, 1787; Spickhoff/Greiner §§ 823 ff Rz 278 f.
212 So NK-GesMedR/Wever § 630e Rz 38.

de[213]. Durch Einführung des § 630e Abs 2 Satz 1 Nr 1 ist dies nicht mehr allgemeingültig[214]. Um das Ziel der Aufklärungspflicht nicht zu unterminieren, kann dies heute – wenn überhaupt – nur in Einzelfällen gelten (so zB bejaht bei der Polio-Impfung sowie der Schweinegrippe)[215]. Auf schriftliche Informationen, insbesondere in Form von Aufklärungsbögen[216], darf also nur ergänzend und unterstützend zurückgegriffen werden[217]. Andernfalls ist es dem Behandelnden nicht möglich, herauszufinden, ob der Patient auch alle Informationen richtig verstanden hat[218].

III. Aushändigungspflicht

52 Falls der Behandelnde solche Unterlagen nutzt und der Patient sie unterschreibt, sind diese dem Patienten nach Abs 2 Satz 2 in Textform (§ 126b) auszuhändigen. Es besteht jedoch keine Rechtspflicht, den Patienten etwaige Unterlagen unterzeichnen zu lassen, jedoch ist dies mit Blick auf die beweisrechtliche Überzeugungskraft in einem Haftungsprozess sehr zu empfehlen. Der § 630e Abs 2 Satz 2 normiert keine Nachfragepflicht des Patienten, sodass der Behandelnde die Unterlagen ungefragt aushändigen muss. Der Behandelnde kann diese Unterlagen neben Papierdokumenten auch in Form elektronischer Dokumente wie E-Mails übermitteln[219]. Eine bloße Abschrift des unausgefüllten Vordrucks genügt nicht[220]. Da nur unterschriebene Unterlagen auszuhändigen sind, bezieht sich die Pflicht nicht auf Schaubilder und Ähnliches[221]. Falls auf den Unterlagen weitere Anmerkungen handschriftlich notiert wurden und sie dadurch individualisiert sind, gehören sie zur Patientenakte[222]. Wenn während der Therapie die Behandlungsstrategie geändert und dadurch eine neue Aufklärung nötig wird, die auf den Unterlagen eingetragen wird, so ist dem Patienten eine weitere Abschrift auszuhändigen[223]. Die erneute Aushändigungspflicht dient der Rechtssicherheit, da derartige Unterlagen bei Aufklärungsrügen im Prozess primäres Beweismittel sind[224]. Freilich kann der Patient ohnehin gemäß § 630g Abs 1 sowie gemäß DSGVO Art 15 Abs 1, 3 Satz 1 die gesamte Patientenakte herausverlangen, so dass die Frage der Reichweite der Herausgabepflicht nach § 630e Abs 2 von geringem rechtspraktischen Interesse ist. Verstößt der Behandelnde gegen die Pflicht des Abs 2 Satz 2, dem Patienten Abschriften von ihm unterschriebenen Unterlagen auszuhändigen, folgt daraus auch keine Haftung[225]. Hintergrund ist, dass eine selbstbestimmte Entscheidung nicht von der Aushändigung der Unterlagen abhängt. Zwar liegt grundsätzlich eine Pflichtverletzung iSd § 280 Abs 1 vor, allerdings wird es regelmäßig am Pflichtwidrigkeitszusammenhang fehlen[226]. Der Verstoß kann allenfalls mittelbar bei der Beweisführung (vgl hierzu Rz 103 f) in einem Haftungsprozess bzgl eines Aufklärungsfehlers Wirkung entfalten[227].

F. Adressat der Aufklärung, Abs 1 Satz 1, Abs 4, 5

53 Grundsätzlich ist nach Abs 1 Satz 1 der Patient aufzuklären[228]. Aufgrund des Zusammenhangs mit § 630d ist darunter der einwilligungsfähige Patient zu verstehen. Wenn der Patient selbst nicht einwilligungsfähig ist, so hat die Aufklärung nach Abs 4 gegenüber dem Berechtigten zu erfolgen[229].

---

213 Urspr BGH NJW 1985, 1399 = JZ 1986, 241 (mAnm Giesen) sowie München NJW-RR 1994, 1307; ebenso BGHZ 144, 1, 13 = NJW 2000, 1784, 1785 ff bei Routineimpfung; dagegen Deutsch JZ 2000, 902 f; so auch Zweibrücken MedR 2014, 29, 30 f = NJOZ 2013, 1822; dagegen ebenso Gödicke MedR 2014, 18 ff; anders BGH NJW 1994, 793 = MedR 1994, 277; bei Blutspende offengelassen durch BGHZ 166, 336 = NJW 2006, 2108 (mAnm Spickhoff NJW 2006, 2075).
214 D Prütting/J Prütting/Friedrich MedR § 630e Rz 28; Spickhoff/Spickhoff MedR § 630e Rz 3a; partiell für eine teleologische Reduktion MünchKomm/Wagner § 630e Rz 53.
215 BGHZ 144, 1, 13 = NJW 2000, 1784, 1785 ff; Zweibrücken MedR 2014, 29, 30 f = NJOZ 2013, 1822.
216 Zur AGB-Kontrolle bei ärztlichen Aufklärungsbögen J Prütting/Friedrich, GesR 2019, 749.
217 D Prütting/J Prütting/Friedrich MedR § 630e Rz 30; BGHZ 90, 103 = NJW 1984, 1397, 1398; BGHZ 144, 1, 13 = NJW 2000, 1784, 1786 f.
218 BGH NJW 1985, 1399 = JZ 1986, 241 (mAnm Giesen).
219 Spickhoff/Spickhoff MedR § 630e Rz 3a; ders/Bleckwenn VersR 2013, 1350.
220 D Prütting/J Prütting/Friedrich MedR § 630e Rz 31.
221 Erman/Rehborn/Gescher § 630e Rz 36; Rehborn GesR 2013, 257, 265; D Prütting/J Prütting/Friedrich MedR § 630e Rz 31.
222 BeckOGK/Walter § 630e Rz 28.
223 D Prütting/J Prütting/Friedrich MedR § 630e Rz 31.
224 Ramm GesR 2012, 463, 466; D Prütting/J Prütting/Friedrich MedR § 630e Rz 31; Erman/Rehborn/Gescher § 630e Rz 37; BeckOK/Katzenmeier § 630e Rz 51.
225 NK-BGB/Voigt § 630e Rz 16; D Prütting/J Prütting/Friedrich MedR § 630e Rz 71.
226 NK-BGB/Voigt § 630e Rz 16; Preis/Schneider NZS 2013, 281, 284 f.
227 Jauernig/Mansel § 630e Rz 8; NK-BGB/Voigt § 630e Rz 16; Ramm GesR 2012, 463, 466; Rehborn GesR 2013, 257, 265; D Prütting/J Prütting/Friedrich MedR § 630e Rz 71.
228 BGHZ 29, 176, 179 f = NJW 1959, 814, 815 = FamRZ 59, 157.
229 Schwedler MedR 2013, 652 ff; Damm MedR 2013, 201, 206 ff.

I. Minderjährige

Bei einwilligungsunfähigen Minderjährigen müssen regelmäßig die sorgeberechtigten Eltern **54** gemeinsam einwilligen, sodass diese aufzuklären sind. Der Behandelnde darf davon ausgehen, dass das anwesende Elternteil den Abwesenden informiert, sodass er nur einen von beiden aufklären muss[230]. Etwas anderes gilt bei schwerwiegenden Eingriffen, wie zB einer Herzoperation (eingehend § 630d Rz 47).

II. Einwilligungsunfähige und Patientenvertreter

1. **Grundsatz.** Bei Einwilligungsunfähigen ist der Vorsorgebevollmächtigte nach § 1896 Abs 2 **55** Satz 1 oder der Betreuer nach § 1896 Abs 1 aufzuklären. Dieser Berechtigte hat dann auch die Einwilligung zu erklären. Anders als ein einwilligungsfähiger Patient, darf der zur Einwilligung Berechtigte nicht auf die Aufklärung verzichten[231].

2. **Aufklärung des Einwilligungsunfähigen.** Allerdings soll der Behandelnde dem einwilli- **56** gungsunfähigen Patienten nach Abs 5 trotzdem die wesentlichen Umstände der Behandlung erläutern, soweit dieser aufgrund seines Entwicklungsstandes und seiner Verständnismöglichkeiten in der Lage ist, die Erläuterung aufzunehmen, und soweit dies seinem Wohl nicht zuwiderläuft. Der einwilligungsunfähige Patient soll in die Behandlung einbezogen und daher auch rudimentär über die Art und Weise („das Ob und Wie") der Behandlung in Kenntnis gesetzt werden[232]. In diesem Fall dient die Erläuterung nicht der Wahrung des Selbstbestimmungsrechts, sondern der Mitwirkung des Patienten[233]. Es wird daher vertreten, dass eine Verortung innerhalb des § 630c Abs 2 Satz 1 passender gewesen wäre[234].

3. **Verstoß gegen Abs 5.** Wird die Pflicht des Abs 5 nicht befolgt, so hat dies konsequent **57** keine Auswirkungen auf die Wirksamkeit der Einwilligung durch den Berechtigten[235]. Es ist allerdings eine Pflichtverletzung iSd § 280 Abs 1 gegeben[236]. Problematisch sind iRv Schadensersatzansprüchen dann jedoch die weiteren Voraussetzungen wie zB die Kausalität[237]. Es wird daher vertreten, dass derartige Ansprüche wegen Verletzung des allgemeinen Persönlichkeitsrechts praktisch wohl ausgeschlossen sind[238], da die Arzthaftung an eine rechtswidrige Körperverletzung anknüpft, diese aber nicht gegeben ist, wenn der Berechtigte eingewilligt hat[239]. Teilweise wird jedoch vertreten, dass die Verletzung der Pflicht nach Abs 5 zu einer Haftung für Schmerzensgeld führen soll, indem die Rechtsprechung bei Persönlichkeitsverletzungen erweitert wird[240]. Dieser Ansatz erscheint jedoch gerade im Hinblick auf die vorgenannten Erwägungen zu Sinn und Zweck der Vorschrift kaum tragfähig, da man die Missachtung personaler Selbstbestimmung mit Haftung belegen würde, wobei doch erkannt worden ist, dass patientenseitige Selbstbestimmung jedenfalls mit Blick auf das Entscheidungsmoment nicht beim Betroffenen liegen kann. Möglich ist allerdings, dass der Berechtigte sich aufgrund der Reaktion des Einwilligungsunfähigen gegen die Behandlung oder jedenfalls für eine Alternative entschieden hätte[241]. Außerdem bleibt in diesem Fall die Möglichkeit eines ggf bestehenden Veto-Rechts des Einwilligungsunfähigen (vgl hierzu näher § 630d Rz 45)[242].

G. Aufklärungspflichtige Person, Abs 1 Satz 1, Abs 2 Satz 1 Nr 1

I. Ärztlicher Kernbereich

Bei der Aufklärungspflicht handelt es sich um eine der ursprünglichen Aufgaben (sog Kernbe- **58** reich) des Behandelnden, sodass er sie grundsätzlich persönlich zu erbringen hat[243]. Wenn meh-

---

230 D Prütting/J Prütting/Friedrich MedR § 630e Rz 37; BGH, NJW 2007, 217, 218 = FamRZ 2007, 130; krit zum „Stille-Post-Prinzip" Spickhoff/Spickhoff MedR § 630e Rz 13 unter Berufung auf die Gefahr des verdrängenden Vergessens.
231 BT-Drucks 17/10488, S 25.
232 BT-Drucks 17/11710, S 29 mVa Beschl BVerfGE 128, 282 Rz 59 = NJW 2011 2113, 2116.
233 NK-BGB/Voigt § 630e Rz 13; aA BeckOK/Katzenmeier § 630e Rz 63 pro Selbstbestimmung.
234 So zB NK-BGB/Voigt § 630e Rz 13.
235 BT- Drucks 17/11710, S 28; Grüneberg/Weidenkaff § 630e Rz 9; Kreße MedR 2015, 91, 94.
236 Spickhoff/Spickhoff MedR § 630e Rz 14; Kreße MedR 2015, 91, 95.
237 Spickhoff/Spickhoff MedR § 630e Rz 14.
238 Ausf zur theoretischen Möglichkeit Kreße MedR 2015, 91, 94 f; NK-BGB/Voigt § 630e Rz 17.
239 MünchKomm/Wagner § 630e Rz 61.
240 Erman/Rehborn/Gescher § 630e Rz 24; Kreße MedR 2015, 91, 95, krit im Hinblick auf § 253 Abs 2 NK-BGB/Voigt § 630e Rz 17.
241 Erman/Rehborn/Gescher BGB § 630e Rz 24; Kreße MedR 2015, 91, 95; Spickhoff/Spickhoff MedR § 630e Rz 14.
242 D Prütting/J Prütting/Friedrich MedR § 630e Rz 62; Spickhoff/Spickhoff MedR § 630e Rz 14.
243 BGH NJW 1974, 604 f = MDR 74, 478; BGH NJW 1984, 1807, 1808 f = JZ 1985, 236; BGHZ 169, 364 Rz 7 = NJW-RR 2007, 310; München NJW 1983, 2642 = VersR 1983, 930; München NJW-RR 2011, 749, 751 = BeckRS 2011, 787; BRHP/Katzenmeier Rz 36; Wussow VersR 2002, 1337, 1341; Laufs/Kern/Laufs/Kern, HdB ArztR § 67, Rz 3.

rere Ärzte an der Behandlung beteiligt sind, so hat jeder den Patienten bezüglich des von ihm auszuführenden Aspekts aufzuklären (Näheres zur Arbeitsteilung siehe § 630c Rz 52 f)[244].

II. Mögliche Delegation

59 Der Behandelnde kann die Aufklärung jedoch auch auf eine Person übertragen, die über die zur Durchführung der Maßnahme notwendige Ausbildung verfügt (Delegation). Bei der erforderlichen notwendigen Ausbildung kommt es darauf an, dass der Aufklärende das theoretische Wissen über die Behandlung hat; praktische Erfahrungen sind demgegenüber nicht nötig[245]. Abhängig vom Eingriff genügt entweder bereits die Approbation[246] oder aber in fachgebietsspezifischen Behandlungen die Facharztausbildung[247]. Der Aufklärende muss jedoch noch nicht die Prüfungen zum Facharzt abgelegt haben, es genügt die tatsächliche Eignung; formale Aspekte sind folglich nachrangig[248]. Hintergrund dieser Auslegung ist nicht zuletzt der Personalmangel in Kliniken[249]. Um die Praxis nicht zu überfordern, dürfen auch nicht zu hohe Anforderungen an die Befähigung des Delegationsempfängers gestellt werden[250]. Auf Pflegepersonal darf die Aufklärung jedenfalls bei ärztlichen Behandlungen aber nicht übertragen werden, da der Arztvorbehalt sich auch auf die Aufklärung bezieht[251]. Ein Medizinstudent im praktischen Jahr darf ohne Anwesenheit eines befähigten Arztes ebenfalls nicht aufklären[252]. Es kann andernfalls nicht gewährleistet werden, dass dem Patienten umfassend auf dessen Fragen und Bedenken geantwortet wird[253]. Falls der Arzt jemand anderen mit der Aufklärung betraut, so hat er die ordnungsgemäße Aufklärung durch Kontrollen zu gewährleisten[254]. Hierbei gelten hohe Anforderungen[255], denn der Behandelnde muss zB die ergriffenen organisatorischen Maßnahmen darlegen[256]. Eine Haftung nach §§ 278, 831 ist möglich[257]. Auch der Krankenhausträger ist nach §§ 276 Abs 2, 630a Abs 2 dazu verpflichtet, eine ordnungsgemäße Aufklärung durch einen Befähigten zu gewährleisten[258]. Gleiches gilt für den Chefarzt iRd § 823 Abs 1[259]. Ihn trifft die Darlegungslast, dass die Aufklärung ordnungsgemäß durchgeführt wurde[260], sodass er in einem Arzthaftungsprozess der Beweislast bezüglich der getroffenen organisatorischen (Überwachungs-)Maßnahmen unterliegt[261].

---

244 BGH NJW 1990, 2929, 2930 = JZ 1991, 985 mAnm Giesen; BGH NJW 1980, 1905, 1906 f = JR 1981, 21; BGH NJW 2010, 2430 Rz 13 = MDR 2010, 923; Hamm VersR 1994, 815; D Prütting/J Prütting/Friedrich MedR § 630e Rz 32; BeckOK/Katzenmeier § 630d Rz 36; Katzenmeier MedR 2004, 34, 37; MünchKomm/Wagner § 630e Rz 42.
245 BT-Drucks 17/10488, S 24; Koblenz VersR 2013, 462 = BeckRS 2012, 24762; BeckOK/Katzenmeier § 630e Rz 38.
246 Formulierung des Gesetzesentwurfs hier etwas unpräzise laut BeckOGK/Walter § 630e Rz 23.1; Erman/Rehborn/Gescher § 630e Rz 20; BeckOK/Katzenmeier § 630e Rz 38; Rehborn GesR 2013, 257, 264.
247 D Prütting/J Prütting/Friedrich MedR § 630e Rz 34; zum Unterschied zwischen Arzt- und nicht Facharztvorbehalt Bender VersR 2013, 962 ff.
248 Spickhoff/Spickhoff MedR § 630e Rz 4; D Prütting/J Prütting/Friedrich MedR § 630e Rz 34.
249 BT-Drucks 17/11710, S 28 f; MünchKomm/Wagner § 630e Rz 41; krit Hart MedR 2013, 159, 162 f; in ähnliche Richtung Jauernig/Mansel § 630e Rz 4.
250 MünchKomm/Wagner § 630e Rz 41; Deutsch VersR 2007, 210, 211.
251 BRHP/Katzenmeier § 630e Rz 39; BGH NJW 1974, 604, 605 = MDR 74, 478; Bender VersR 2013, 962, 964; NK-BGB/Voigt § 630e Rz 8; Karlsruhe NJW-RR 1998, 459, 461 = BeckRS 9998, 03013; aA Wagner VersR 2012, 789, 793 bei unbedeutenden Behandlungen; ähnlich MünchKomm/Wagner § 630e Rz 43 bzgl Routineeingriffen; aA Achterfeld MedR 2012, 140, 142 f.
252 BeckOK/Katzenmeier § 630e Rz 38; NK-BGB/Voigt § 630e Rz 8; vgl BeckOGK/Spindler § 823 Rz 889; dafür Karlsruhe VersR 2014, 710 f = MedR 2017, 244; Achterfeld, in: Festschr für Dahm, 2017, 1, 14 f; Bergmann VersR 2017, 661, 664; Erman/Rehborn/Gescher § 630e Rz 19; weiter auch NK-GesMedR/Wever § 630e Rz 31 bzgl des passenden Ausbildungsstandes; Stuttgart MedR 1996, 81, 82 = VersR 1995, 1353.
253 MünchKomm/Wagner § 630e Rz 40; ähnlich Spickhoff/Spickhoff MedR § 630e Rz 4.
254 D Prütting/J Prütting/Friedrich MedR § 630e Rz 33; BGHZ 169, 364 = VersR 2007, 209 (mAnm Deutsch/Jungbecker).
255 BGHZ 169, 364 = NJW-RR 2007, 310; BeckOK/Katzenmeier § 630e Rz 37; D Prütting/J Prütting/Friedrich MedR § 630e Rz 33.
256 BeckOK/Katzenmeier § 630e Rz 37 spricht von „unbedingter Einstandspflicht" und kaum mehr möglicher Arbeitsteilung bei den Patienteninformationen.
257 MünchKomm/Wagner § 630e Rz 40; BGHZ 169, 364 Rz 9 = JZ 2007, 641 (mAnm Katzenmeier); BGH NJW 1980, 1905, 1906 = JR 1981, 21; BGH NJW 2015, 477, 478 = MDR 2015, 211.
258 MünchKomm/Wagner § 630e Rz 40; Spickhoff/Spickhoff MedR § 630e Rz 4; Bender VersR 2013, 962, 965; Koblenz NJW-RR 2002, 816 = VersR 2003, 1313, 1314; Köln NJOZ 2006, 684 = VersR 2004, 1181; Kern MedR 2000, 347, 350.
259 MünchKomm/Wagner § 630e Rz 40; BGHZ 169, 364 Rz 10 = NJW-RR 2007, 310 = JZ 2007, 641 (mAnm Katzenmeier).
260 BGH NJW-RR 2007, 310 = VersR 2007, 209.
261 BeckOGK/Walter § 630e Rz 30.

III. Haftung

Begeht der aufklärende Arzt einen Aufklärungsfehler, so haftet er dem Patienten auch, wenn er selber nicht den Eingriff durchgeführt hat, da er durch die Aufklärung eine Garantenstellung einnimmt[262]. **60**

H. Zeitpunkt der Aufklärung, Abs 2 Satz 1 Nr 2

I. Einzelfallwertung

Abs 2 Satz 1 Nr 2 legt fest, dass die Aufklärung so rechtzeitig erfolgen muss, dass der Patient seine Entscheidung über die Einwilligung wohlüberlegt treffen kann[263]. Hierbei handelt es sich um eine Einzelfallwertung anhand der Schwere des Eingriffs, sodass es keine starren Fristen gibt[264]. Eine sog „24-Stunden-Sperrfrist" zwischen Aufklärung und Einwilligung hat der Gesetzgeber abgelehnt, sodass die durch die Rechtsprechung etablierten Maßstäbe zur Rechtzeitigkeit nach wie vor gelten[265]. Hingewiesen sei jedoch auf das OLG Bremen, das in 2021[266] den Zeitraum zwischen Aufklärung und Einwilligung strenger beurteilte und festgestellt hat, dass eine Einwilligung allgemein unwirksam sei, die unmittelbar nach dem Aufklärungsgespräch durch eine zustimmende Unterschrift des Aufklärungsformulars erfolgt. Dies widerspricht der derzeit gängigen Praxis in den meisten Kliniken. Das OLG Bremen fordert damit eine grundsätzlich weitreichendere Bedenkzeit konkret im Abschnitt zwischen Aufklärung und Einwilligung und nicht nur zwischen Aufklärung und konkretem Eingriff. Zwar dürfte dem OLG Bremen zuzustimmen sein, dass der Wortlaut des Abs 2 durchaus so streng gedeutet werden kann. Dafür mag auch die Begründung sprechen, dass dem Patienten ansonsten nicht hinreichend Zeit für eine wohlüberlegte Entscheidung gelassen werde. Allerdings spricht die Gesetzesbegründung zum PatRG gegen eine solche Auslegung[267], da dort starre Fristen deutlich abgelehnt werden und es vielmehr auf den Einzelfall ankommen soll. Denn handelt es sich um eine unkomplizierte Behandlung, so sind auch Aufklärung und Einwilligung ein Tag vorher oder ggf noch kürzer möglich[268]. Im Übrigen hat das OLG Bremen verkannt, dass die zeitlich nachfolgende Vorstellung des Patienten zur medizinischen Intervention doch als konkludente neuerliche Einwilligungserklärung zu deuten ist. Gerade weil ein Patient sich beliebig jederzeit umentscheiden kann, ist in seinem Verhalten der Wille zur Durchführung der Maßnahme zu sehen, solange er aktiv daran mitwirkt, wozu ohne Weiteres auch die persönliche Vorstellung zu zählen ist. Aspekte der allgemeinen Rechtsgeschäftslehre spielen hier keine Rolle, da die Einwilligung in eine körperliche Intervention von dritter Seite kein Rechtsgeschäft darstellt, wie der BGH nun kürzlich ebenfalls in seinem Urteil betonte[269]. Dem OLG Bremen sei zu widersprechen, dass es ein Erfordernis für einen bestimmten Zeitraum zwischen Aufklärung und Einwilligung gebe. Es sei letztlich die Sache des Patienten, wann er die Einwilligung erteile. Wenn er sich direkt nach der Aufklärung zu einer Einwilligung im Stande fühle, könne er diese vornehmen. Denn eine wohlüberlegte Abwägung könne bereits erfolgt sein. Falls der Patient mehr Zeit benötige, sei es seine Aufgabe, diese Bedenkzeit aktiv einzufordern. Der BGH verweist hierzu auf § 630c Abs 1. Im Ergebnis bestätigt der BGH somit die vorherige Rechtsprechungspraxis und lehnt die strengere Beurteilung des OLG Bremen ausdrücklich ab. **61**

II. Anhaltspunkt durch Aufklärungszweck

Dem Patienten soll angemessen Zeit gelassen werden, um Nutzen und Risiken gegeneinander abzuwägen und mit Vertrauenspersonen darüber zu sprechen[270], um dann eine wohlüberlegte Entscheidung treffen zu können. Der Patient muss den Behandelnden in Kenntnis setzen, wenn er sich bzgl der Einwilligungserteilung unter Druck gesetzt fühlt. Der Patient kann sich auf eine verspätete Aufklärung im Prozess nur berufen, wenn er diese Mitteilung getätigt hat oder wenn der Behandelnde den Entscheidungsdruck hätte erkennen müssen[271]. Der Behandelnde muss **62**

---

262 MünchKomm/Wagner § 630e Rz 40; BeckOGK/Walter § 630e Rz 25.1; BGH VersR 2015, 240 Rz 13 = NJW 2015, 477.
263 So bereits zuvor gefestigte Rechtsprechung, vgl bsph BGHZ 144, 1, 12 = NJW 2000, 1784, 1787.
264 BT-Drucks 17/10488, S 25; BGH NJW 1992, 2351 = JZ 1993, 315 (mAnm Giesen); MünchKomm/Wagner § 630e Rz 44.
265 Regelung durch einen § 630i Abs 2 wurde abgelehnt, vgl BT-Drucks 17/10488, S 44, 56.
266 Bremen, Urt v 25.11.21, ArztR 2022, 69 ff.
267 So auch Vogeler, MedR 2022, 478, 480; ebenfalls krit Pfundstein, BDAktuell 2022, V93.
268 BT-Drucks 17/10488, S 25.
269 BGH, Urt v 20.12.22, BeckRS 2022, 42289.
270 BGH NJW 1992, 2351 f = JZ 1993, 315 (mAnm Giesen); BGH NJW 2003, 2012, 2013 = MDR 2003, 931; BeckOK/Katzenmeier § 630e Rz 41.
271 Erman/Rehborn/Gescher § 630e Rz 28; D Prütting/J Prütting/Friedrich MedR § 630e Rz 43.

daher organisatorische Maßnahmen einführen, um für sich sicherzustellen, dass es sich um eine vom freiem Willen des Patienten getragene Einwilligungsentscheidung handelt[272].

III. Schwere Eingriffe

63 Bei operativen Behandlungen soll regelmäßig der Tag vor der OP genügen[273]. Etwas anderes gilt jedoch bei schwerwiegenden Eingriffen mit bedeutenden Gefahren[274]. Dort können auch mehrere Gespräche nötig sein[275]. Grundsätzlich gilt, dass je schwerer ein Eingriff ist, desto mehr Überlegungszeit ist dem Patienten zu gewähren.

IV. Problematik bei vorheriger Aufklärung

64 Der Patient soll grundsätzlich bereits bei der Festlegung des Operationstermins über die Gefahren aufgeklärt werden[276]. Folglich ist der Patient bei geplanten Operationen regelmäßig schon vorher aufgeklärt worden. Diese Rechtsprechung ist jedoch kritikbehaftet, da die für eine umfassende Aufklärung nötigen Befunde regelmäßig erst in der Klinik erhoben werden und dementsprechend erst kurz vor dem Eingriff vorliegen[277]. Die Aufklärung kann daher – vollständig – rein praktisch noch nicht viel früher erfolgen.

V. Absenkung der Anforderungen

65 Wenn die Behandlung dringend medizinisch indiziert ist, so kann die Aufklärung am Tag der Behandlung auch rechtzeitig sein[278], solange sichergestellt wird, dass der Patient eine wohlüberlegte Entscheidung trifft[279]. Gleiches kann auch bei einfachen (Routine-)Eingriffen erlaubt sein[280]. Wann ein einfacher Eingriff vorliegt, ist nicht festgelegt[281]. Die Entscheidung obliegt einem medizinischen Sachverständigen, da Differenzierungen nach ambulanten und stationären Eingriffen – wie Teils in der Rechtsprechung angenommen[282] – zu pauschal sind, da es auch weitreichende ambulante Eingriffe gibt (so zB einige kosmetische Eingriffe)[283].

VI. Beispiele

66 Nur eine halbe Stunde vor der Behandlung aufzuklären, genügt jedoch regelmäßig nicht[284]. Es reicht ebenso nicht, wenn der Patient erst auf dem Weg zum Operationssaal aufgeklärt wird[285]. Gleiches gilt, wenn der Eingriff in unmittelbarem Anschluss an die Aufklärung beginnen soll und der Patient denkt aufgrund der mangelnden Zeit keine freie Entscheidung mehr treffen zu können[286], da er Sorge hat, den Behandelnden zu verärgern und für Unruhe zu sorgen[287]. Aus dem gleichen Grund darf die Aufklärung nicht so aufgeteilt werden, dass zum Teil aufgeklärt wird, der Patient dann seine Einwilligung erteilt und der Behandelnde danach erst weitere Gefahren und Risiken aufzählt, da der Patient sich womöglich nicht mehr traut, einen Rückzieher zu machen[288]. Die Aufklärung ist ebenfalls zu spät, wenn der Patient bereits in den Operationssaal

---

272 Köln BeckRS 2019, 2369 Rz 17; D Prütting/J Prütting/Friedrich MedR § 630e Rz 43.
273 BT-Drucks 17/10488, S 25; Grüneberg/Weidenkaff § 630e Rz 10; vgl stRspr BGH NJW 1985, 1399, 1400; 1992, 2351, 2352; 1998, 2734; 2003, 2012, 2013; Köln MedR 2017, 147, 148.
274 BGH NJW 1998, 2734 = MDR 1998, 716; BGH NJW 2003, 2012, 2013 = MDR 2003, 931; BGH NJW 2007, 217, 218 = FamRZ 2007, 130; Köln VersR 2012, 863 = BeckRS 2011, 26660; Spickhoff/Spickhoff MedR § 630e Rz 5.
275 Vgl Laufs/Kern/Laufs, HdB ArztR § 67, Rz 31; BeckOK/Katzenmeier § 630e Rz 44.
276 BGH NJW 2003, 2012 = MDR 2003, 931; BGH NJW 1992, 2351, 2352 = JZ 1993, 315 (mAnm Giesen); BGH NJW 1994, 3010, 3011 = MedR 1995, 20; BGH NJW 2014, 1527 Rz 21 = VersR 2014, 588; Köln VersR 2012, 863 = BeckRS 2011, 26660; Spickhoff/Greiner §§ 823-839 Rz 280.
277 BeckOK/Katzenmeier § 630e Rz 45.
278 München MedR 2007, 601, 603 f = BeckRS 2006, 11133; BT-Drucks 17/10488, S 25.
279 D Prütting/J Prütting/Friedrich MedR § 630e Rz 40.
280 BGH NJW 1995, 2410, 2411 = MedR 1995, 370; BGHZ 144, 1, 12 = NJW 2000, 1784, 1787 f; BGH NJW 2003, 2012, 2013= MDR 2003, 931; Dresden NJW-RR 2020, 797 (mBspr Wever MedR 2020, 802); BeckOK/Katzenmeier § 630e Rz 42; Kern NJW 1996, 1561, 1564; Hausch VersR 2009, 1178, 1190.
281 Bergmann VersR 1996, 810, 814; Achterfeld MedR 2021, 52.
282 So auch MünchKomm/Wagner § 630e Rz 44; zu ambulanten Routineeingriffen: BGHZ 144, 1, 12 = NJW 2000, 1784, 1787; BGH NJW 1994, 3010, 3011; 1995, 2410, 2411; 1996, 777, 779; Bremen VersR 1999, 1370; Spickhoff/Greiner §§ 823-839 Rz 280; Pauge/Offenloch, Arzthaftungsrecht Rz 451 f.
283 D Prütting/J Prütting/Friedrich MedR § 630e Rz 41; BeckOK/Katzenmeier § 630e Rz 42.
284 D Prütting/J Prütting/Friedrich MedR § 630e Rz 40.
285 MünchKomm/Wagner § 630d Rz 20; Grüneberg/Weidenkaff § 630d Rz 2; BGH NJW 1998, 1784, 1785.
286 BGH NJW 1995, 2410, 2411 = MedR 1995, 370; BGHZ 144, 1, 12 = NJW 2000, 1784, 1787 f; BGH NJW 1994, 3010 = MedR 1995, 20; BGH NJW 1996, 777, 778 = MedR 1996, 213; BGH NJW 1998, 1784, 1785 = MDR 1998, 654.
287 BGH NJW 2003, 2012, 2013 = VersR 2003, 1441; Hassner VersR 2013, 23, 30; MünchKomm/Wagner § 630e Rz 44; BeckOK/Katzenmeier § 630e Rz 43.
288 Koblenz VersR 2013, 1446, 1447 = RDG 2013, 134; MünchKomm/Wagner § 630e Rz 45.

gebracht wurde oder die Narkose[289] schon eingeleitet wurde[290]. Neben derartigen Vorbereitungshandlungen gilt dies auch, wenn die Behandlung bereits begonnen hat[291]. Etwas anderes kann gelten, wenn der Patient bereits zum wiederholten Male den Eingriff durchführen lässt[292].

VII. Zu frühe Aufklärung

Andersherum kann die Aufklärung auch zu früh stattfinden und dann im Zeitpunkt des Eingriffs „entaktualisiert" sein[293]. Eine Zeitspanne von fünf Wochen genügt noch nicht für eine Entaktualisierung[294]. Falls die Aufklärung jedoch erheblich vor dem Eingriff vorgenommen wurde, zB bei einem Orientierungsgespräch, so ist es ratsam, sie noch einmal zu wiederholen[295].

VIII. Aufklärung nach Situationsänderung

Die Aufklärung muss ebenfalls wiederholt werden, falls inzwischen wesentliche Änderungen eingetreten sind, die eine neue oder ergänzende Aufklärung erfordern[296]. Die Maßgaben bzgl der Rechtzeitigkeit gelten auch für diese Änderungsaufklärung, sodass es zu spät ist, wenn erst am Abend vorher darüber informiert wird, dass ein Hirntumor nun statt durch die Nase durch die Schädeldecke entfernt werden soll, wobei das zusätzliche Risiko der Erblindung gegeben ist[297].

IX. Einwilligungsunterschrift

In Krankenhäusern ist es oftmals üblich, bei dringend indizierten Behandlungen den Patienten nach der Aufklärung eine Einwilligungserklärung unterschreiben zu lassen. Wird dies direkt nach der Aufklärung verlangt, so beeinträchtigt es unrechtmäßigerweise die Entscheidungsfreiheit des Patienten[298]. Davon zu trennen ist die Möglichkeit, dass die Aufklärung nach Abs 3 ausnahmsweise entbehrlich ist, wenn die Behandlung so dringend ist, dass sie unaufschiebbar ist (siehe § 630d Rz 78).

X. Verspätete Aufklärung

Falls die Aufklärung verspätet ist, folgt daraus nicht automatisch die Unwirksamkeit der Einwilligung. Dafür ist vielmehr erforderlich, dass der Patient zusätzlich in seiner Entscheidungsfreiheit unzumutbar beeinträchtigt wurde und damit nicht in der Lage war, eine selbstbestimmte Entscheidung zu treffen[299]. Der Behandelnde kann sich zudem auf den Einwand der hypothetischen Einwilligung berufen[300]. Eine nachträgliche Aufklärung ist nicht möglich. Erwägenswert ist jedoch eine Verpflichtung zur Sicherungsaufklärung nach § 630c Abs 2 Satz 1[301].

XI. Vorausschauende Aufklärung

Falls der Patient wahrscheinlich später nicht mehr zu einer selbstbestimmten Entscheidung fähig ist, so ist sicherheitshalber bereits vorab über möglicherweise nötig werdende weitere Behandlungen aufzuklären[302]. Dies gilt zB für wahrscheinlich erforderliche intraoperative Erweiterungen, sodass über deren Nutzen und Gefahren aufzuklären ist[303]. Andernfalls muss die OP abgebrochen werden, um den Patienten aufzuklären und dessen Einwilligung einzuholen[304]. Die

---

289 Düsseldorf VersR 2004, 912, 913 = NJOZ 2003, 2808.
290 Vgl bsph zur stRspr BGHZ 144, 1, 12 = NJW 2000, 1784, 1787 = JA 2000, 739 (mAnm Krauss).
291 BGH NJW 1992, 2351, 2352 = JZ 1993, 315 (mAnm Giesen).
292 Abhängig von Vorkenntnissen: Koblenz BeckRS 2012, 24762 = VersR 2013, 462, 463.
293 Hoppe NJW 1998, 782, 785; Spickhoff/Spickhoff MedR § 630e Rz 5; Martis/Winkhart, Arzthaftungsrecht Rz A 1644.
294 BGH NJW 2014, 1527, 1529 = MDR 2014, 466; MünchKomm/Wagner § 630e Rz 46; D Prütting/J Prütting/Friedrich MedR § 630e Rz 44.
295 D Prütting/J Prütting/Friedrich MedR § 630e Rz 44; Dresden MedR 2017, 716 = BeckRS 2016, 110681; Spickhoff/Spickhoff MedR § 630e Rz 5.
296 Erman/Rehborn/Gescher § 630e Rz 28a; BGH NJW-RR 2016, 1359 = MDR 2016, 1329; Saarbrücken GesR 2016, 691 (mAnm Cramer); D Prütting/J Prütting/Friedrich MedR § 630e Rz 45.
297 BGH NJW 1998, 2734 = MDR 1998, 716.
298 Köln MDR 2019, 671 = BeckRS 2019, 2369 Rz 17; D Prütting/J Prütting/Friedrich MedR § 630e Rz 40.
299 BGH NJW 1992, 2351, 2352 = JZ 1993, 315 (mAnm Giesen); BeckOK/Katzenmeier § 630e Rz 47; D Prütting/J Prütting/Friedrich MedR § 630e Rz 46; NK-BGB/Voigt § 630e Rz 9.
300 BGH NJW 2003, 2012, 2014 = VersR 2003, 1441; Stuttgart NJW-RR 2002, 1601 = VersR 2002, 1428.
301 MünchKomm/Wagner § 630e Rz 46; Koblenz MedR 2014, 887, 889 = BeckRS 2014, 6104.
302 MünchKomm/Wagner § 630e Rz 48.
303 MünchKomm/Wagner § 630e Rz 48; BGH VersR 1985, 1187, 1188; NJW 1993, 2372, 2373 f = MedR 1993, 388; Hamm VersR 1999, 365; Köln VersR 2017, 621, 622 = BeckRS 2016, 5948 (mBspr Bergmann MedR 2016, 968).
304 BGH NJW 1993, 2372, 2374 = MedR 1993, 388.

§ 630e 72–74   Abschnitt 8 Einzelne Schuldverhältnisse

OP soll nur weitergeführt werden, wenn der Abbruch derartige Risiken birgt, dass diese die Selbstbestimmung des Patienten überwiegen[305].

72   **1. Verständlichkeit der Aufklärung, Abs 2 Satz 1 Nr 3.** – a) **Empfängerhorizont.** Gem Abs 2 Satz 1 Nr 3 muss die Aufklärung für den Patienten verständlich sein. Hierbei ist auf seine Verfassung und seinen Intellekt abzustellen, sodass die Aufklärung in einfacher Sprache erfolgen muss und ggf zu wiederholen ist, wenn der Patient sie durch seinen Zustand nur schwer verstehen kann[306]. Es ist daher auf den Empfängerhorizont des Patienten abzustellen[307]. Übermäßige Nutzung medizinischer Fachsprache sollte vermieden werden[308]. Falls keine besonderen Umstände vorliegen, soll der Behandelnde nach dem allgemeinen Sprachgebrauch aufklären[309].

73   b) **Fremdsprachige Patienten.** Falls der Patient kein Deutsch versteht, muss der Behandelnde den Patienten nichtsdestotrotz vollständig aufklären[310], bestenfalls in einer Sprache, die der Patient beherrscht. Falls dies dem Behandelnden selber nicht möglich ist, muss eine sprachkundige Person wie zB ein Verwandter[311], eine Gesundheits- und Krankenpflegerin[312], eine Reinigungskraft[313] oder ein Mitpatient[314] oder ein Berufsdolmetscher zur Aufklärung hinzugezogen werden[315]. Berufsdolmetscher können auch über Video zur Hilfe gerufen werden[316]. Bei allen anderen hinzugezogenen Personen muss der Behandelnde sicherstellen, dass akkurat und lückenlos übersetzt wurde und keine Informationen zur Schonung des Patienten verschwiegen oder falsch dargestellt wurden[317]. Falls Zweifel an der Ordnungsgemäßheit der Übersetzung durch einen Laien bestehen, so muss der Behandelnde einen professionellen Dolmetscher beauftragen[318]. Alternativ muss er innerhalb des Krankenhauses eine fähige Person finden[319]. Da der Behandelnde auch hier die Beweislast trägt, empfiehlt es sich, im Zweifel einen Dolmetscher heranzuziehen[320]. Wenn kein Dolmetscher zu erreichen ist, kann eine Aufklärung auch anhand von Zeichensprache oder Zeichnungen erfolgen[321].

74   c) **Kostentragung des Dolmetschers.** Der Patient muss die Kosten einer professionellen Übersetzungshilfe tragen[322]. Es handelt sich nicht um allgemeine Krankenhausleistungen iSd KHEntG § 2 Abs 2 Satz 1, sodass diese nicht vom Krankenhausträger zu zahlen sind[323]. Die Beihilfe greift ebenso wenig[324]. Dementsprechend ist sowohl die Versicherungsform als auch die Art des abgeschlossenen Behandlungsvertrags unerheblich[325]. Dies ist in der Hinsicht problematisch, dass einkommensschwache Personen zu Lasten ihres Selbstbestimmungsrechts keinen Dolmetscher bestellen[326]. Falls der Patient die Kosten nicht selber tragen kann, kann ggf eine unterhaltspflichtige Person zur Kostentragung verpflichtet werden, was jedoch mit der Entbindung der Schweigepflicht des Behandelnden einhergeht, sodass dies nur mit Einverständnis des Patienten

---

305 MünchKomm/Wagner § 630e Rz 48; BeckOK/Katzenmeier § 630e Rz 48; vgl Celle VersR 1984, 444.
306 BT-Drucks 17/10488, S 25; BGH NJW-RR 2017, 533, 534.
307 Spickhoff/Spickhoff MedR § 630e Rz 6; BT-Drucks 17/10488, S 25; BGH VersR 2017, 100, 101 = NJW-RR 2017, 533; Hegerfeld MedR 2019, 540, 541; MünchKomm/Wagner § 630e Rz 54.
308 Spickhoff/Spickhoff MedR § 630e Rz 6; Ziegler VersR 2002, 541 ff; MünchKomm/Wagner § 630e Rz 54.
309 BeckOK/Katzenmeier § 630e Rz 49; BGH NJW 2019, 1283, 1285 = MDR 2019, 482.
310 München VersR 1993, 1488 = BeckRS 1992, 5291; Karlsruhe VersR 1988, 93; KG VersR 2008, 1649 = MedR 2009, 47; Nürnberg NJW-RR 2002, 1255 = MedR 2003, 172; Frankfurt aM VersR 1994, 986; München VersR 2002, 717 mAnm Jaeger = BeckRS 2002, 30239820; Düsseldorf NJW 1990, 771 = RDG 2016, 51; Nürnberg VersR 1996, 1372; Oldenburg MedR 2012, 332 = RDG 2011, 245; Muschner VersR 2003, 826; Spickhoff, Deutscher Ethikrat, Hrsg, Migration und Gesundheit, 2010, 59, 63 ff; ders in: Festschr für Jaeger, 2014, 119 ff.
311 Köln VersR 2016, 994 = BeckRS 2016, 6133.
312 München VersR 1993, 1488= BeckRS 1992, 5291.
313 MünchKomm/Wagner § 630e Rz 55; Karlsruhe VersR 1997, 241 = BeckRS 1995, 31162602.
314 MünchKomm/Wagner § 630e Rz 55.
315 BT-Drucks 17/10488, S 25; Stuttgart AHRS 1050/100; KG VersR 2008, 1649 = MedR 2009, 47.
316 Erman/Rehborn/Gescher § 630e Rz 31; Kletecka-Pulker GesR 2016, 206; D Prütting/J Prütting/Friedrich MedR § 630e Rz 48.
317 Köln BeckRS 2016, 06133 = VersR 2016, 994; Erman/Rehborn/Gescher § 630e Rz 31; D Prütting/J Prütting/Friedrich MedR § 630e Rz 49.
318 Köln BeckRS 2016, 06133 = VersR 2016, 994; BeckOK/Katzenmeier § 630e Rz 50; ausf zur Erstattungsfähigkeit von Dolmetscherkosten Spickhoff in: Festschr für Jaeger, 2014, 119 ff.
319 Köln MedR 2019, 803, 808 = BeckRS 2019, 2872; BeckOK/Katzenmeier § 630e Rz 50.
320 Düsseldorf VersR 1990, 852 = BeckRS 9998, 57057; NK-GesMedR/Wever § 630e Rz 46.
321 Nürnberg VersR 1996, 1372.
322 BT-Drucks 17/10488, S 25; Hegerfeld MedR 2019, 540, 542; anders Spickhoff VersR 2013, 267, 276 f; ders in: Festschr für Jaeger, 2014, 119 ff; ders MedR 2015, 845, 850.
323 BeckOK/Katzenmeier § 630e Rz 50, der auch eine analoge Anwendung aufgrund des eindeutigen Wortlauts ablehnt unter Berufung auf LSG NRW BeckRS 2006, 44478; aA Erman/Rehborn/Gescher § 630e Rz 32.
324 OVG NRW NVwZ-RR 2008, 271 = BeckRS 2007, 27919.
325 D Prütting/J Prütting/Friedrich MedR § 630e Rz 50; Spickhoff/Spickhoff MedR § 630e Rz 8.
326 D Prütting/J Prütting/Friedrich MedR § 630e Rz 50; Spickhoff/Spickhoff MedR § 630e Rz 8.

möglich ist³²⁷. Etwas anderes gilt nur bei der reinen Sozialhilfe³²⁸. Eine Kostenübernahme ist auch nach AsylBLG § 6 Abs 1 möglich, wenn ein Leistungsberechtigter behandelt wird³²⁹.

d) **Hörbehinderte Patienten.** Anders ist dies bei hörbehinderten Patienten, bei denen ein Gebärdendolmetscher zur Aufklärung gem SGB I § 17 Abs 2 Satz 1 hinzugezogen und nach Satz 2 vom zuständigen Leistungsträger bezahlt wird³³⁰. Der Behandelnde kann bei schwerhörigen Patienten zudem verpflichtet sein, Diagnoseunterlagen schriftlich zugänglich zu machen³³¹. 75

e) **Beweislast.** Der Behandelnde trägt die Beweislast dafür, dass er die Aufklärung für den Patienten in verständlicher Weise durchgeführt hat (§ 630h Abs 2 Satz 1), womit er das Risiko des Missverständnisses trägt. Wenn es für den Behandelnden nicht erkennbar war, dass der Patient die Aufklärung nicht verstanden hat, so kann sein Verschulden entfallen³³². 76

2. **Entbehrlichkeit der Aufklärung, Abs 3**. Nach Abs 3 kann die Aufklärung unter besonderen Umständen entbehrlich sein. Der Wortlaut entspricht zwar der Formulierung des § 630c Abs 4, allerdings sind iRd § 630e strengere Anforderungen zu stellen³³³. Hintergrund dessen ist, dass es sich bei der Aufklärungspflicht nach § 630e um eine vorgelagerte für die Selbstbestimmung des Patienten relevante Aufklärung handelt, während die Informationspflicht nach § 630c nachgelagerte Aspekte der Mitwirkung betrifft. 77

I. Unaufschiebbarkeit der Behandlung

Die Aufklärung ist zum einen entbehrlich, wenn die Behandlung unaufschiebbar ist. Das ist der Fall, wenn durch ihren Aufschub erhebliche Gefahren für die Gesundheit des Patienten drohen³³⁴. Da dies bei nicht indizierten Behandlungen nicht der Fall sein kann³³⁵, sind typischerweise Notfälle und unvorhersehbare Operationserweiterungen betroffen³³⁶. Wenn der Patient bewusstlos ist und dringend sofortiger Hilfe bedarf, so entfällt die Aufklärung und die Behandlung ist bereits aufgrund einer mutmaßlichen Einwilligung nach § 630d Abs 1 Satz 4 erlaubt (siehe hierzu § 630d Rz 76 ff). Primärer Anwendungsbereich des Abs 3 sind daher Fälle, in denen der Patient zwar bei Bewusstsein ist, aber auf die Aufklärung aufgrund äußerster Dringlichkeit verzichtet werden muss³³⁷. Abhängig vom Grad der Unaufschiebbarkeit, kann die Aufklärungspflicht herabgesetzt oder sogar vollständig aufgehoben sein³³⁸. 78

I. Verzicht des Patienten

1. **Rechtsqualifikation.** Erklärt der Patient wirksam seinen Aufklärungsverzicht, so handelt es sich hierbei nicht um einen rechtsgeschäftlichen Verzicht, sondern um eine Einwilligung ohne Aufklärung³³⁹. Die Aufklärung ist folglich dispositiv und damit Gegenstand der Privatautonomie des Patienten³⁴⁰. 79

2. **Bloßer Teilverzicht.** Allerdings verlangt die Gesetzesbegründung, dass der Patient „die Erforderlichkeit der Behandlung sowie deren Chancen und Risiken erkannt" haben muss, um wirksam den Verzicht erklären zu können³⁴¹. Dafür spricht der Gedanke des informed consents, der davon ausgeht, dass selbstbestimmte Entscheidungen nur anhand einer umfassenden Informationsbasis möglich sind. Der Patient könne daher auch nur auf die Aufklärung bzgl Details verzichten³⁴². Ein sog Blankoverzicht ist folglich nicht möglich, ein Teilverzicht jedoch schon. Dagegen spricht, dass der Patient sonst über alle Risiken aufgeklärt werden müsste, was gerade nicht sein Wunsch ist³⁴³. Dies ist auch vor dem Hintergrund der Patientenautonomie und dem bestehenden Recht auf Nichtwissen zu akzeptieren³⁴⁴. Rechtspraktisch ist diese Situation jedoch höchst unbefriedigend, da dem aufklärungswilligen Arzt die komplexe Aufgabe zugeschoben 80

---

327 BeckOGK/Walter § 630e Rz 36.
328 BVerwGE 100, 257 = NJW 1996, 3092; SG Hildesheim BeckRS 2012, 65060.
329 BeckOK/Katzenmeier § 630e Rz 50; BT-Drucks 18/2184, S 10; Wenzel, vgl BeckOK-Sozialrecht/Korff AsylBLG § 6 Rz 10.
330 BT-Drucks 17/10488, S 25.
331 BVerfGK 4, 203 = NJW 2005, 1103 f = MedR 2005, 91; BT-Drucks 17/10488, S 25; BeckOK/Katzenmeier § 630e Rz 49.
332 Spickhoff/Spickhoff MedR § 630e Rz 6.
333 NK-BGB/Voigt § 630e Rz 12; D Prütting/J Prütting/Friedrich MedR § 630e Rz 51.
334 BT-Drucks 17/10488, S 25.
335 BT-Drucks 17/10488, S 23.
336 BeckOK/Katzenmeier § 630e Rz 53; D Prütting/J Prütting/Friedrich MedR § 630e Rz 52.
337 MünchKomm/Wagner § 630e Rz 65.
338 BT-Drucks 17/10488, S 25.
339 D Prütting/J Prütting/Friedrich MedR § 630e Rz 53; MünchKomm/Wagner § 630e Rz 63; BGHZ 29, 46, 54 = NJW 1959, 811, 813 = VersR 1959, 153; BGH NJW 1973, 556, 558 = MDR 1973, 304; Roßner NJW 1990, 2291, 2292.
340 MünchKomm/Wagner § 630e Rz 63.
341 BT-Drucks 17/10488, S 22.
342 Laufs/Kern/Rehborn/Kern, HdB ArztR § 68 Rz 9; BeckOK/Katzenmeier § 630e Rz 54; NK-GesMedR/Wever § 630e Rz 57.
343 Spickhoff/Spickhoff MedR § 630e Rz 11.
344 Duttge DuD 2010, 34; ders MedR 2016, 664; Spickhoff/Spickhoff MedR § 630e Rz 11; BeckOK/Katzenmeier § 630e Rz 54.

wird, gerade im Sinne des Patientenverständnisses sinnvoll zwischen Grund- und Detailaufklärung zu differenzieren und dabei mit einem Patienten umgehen muss, der ggf fortlaufend insistiert, dass er die Aufklärung nicht hören wolle. Letzteres wiederum läuft in erheblichem Maße der Kooperations- und Vertrauensidee des § 630c Abs 1 zuwider und kann das Behandlungsverhältnis empfindlich beschädigen. Theorie und Praxis scheinen im Bereich des Aufklärungsverzichts schwer vereinbar. Zudem werden vielfach bedeutsame Placebo-Effekte abgeschwächt oder vernichtet, die bei wirksamem Aufklärungsverzicht zu Gunsten der Gesundheit des Patienten genutzt werden könnten. Hier besteht gesetzgeberseitiger Nachbesserungsbedarf gegenüber der hergebrachten Rechtsprechung.

81 3. **Wirksamkeitsvoraussetzung.** Der Verzicht ist nur wirksam, wenn der Patient ihn „deutlich, klar und unmissverständlich" erklärt hat, womit ein konkludenter Verzicht ausgeschlossen ist[345]. Allerdings muss der Patient das Wort „Verzicht" nicht benutzen[346]. Nichtsdestotrotz sollte der Behandelnde aufgrund der Beweislast einen Aufklärungsverzicht in der Patientenakte dokumentieren und sich dies bestenfalls auch unterschreiben lassen[347]. Denn diese Aspekte sind vor dem Hintergrund der Bewahrung der Selbstbestimmung des Patienten streng zu würdigen[348].

82 4. **Umgang mit Veränderungen.** Der wirksam erklärte Verzicht bezieht sich nur auf die Umstände und Risiken der Behandlung, die im Moment des Aufklärungsverzichts absehbar waren[349]. Der Behandelnde muss eine Aufklärung jedenfalls anbieten, wenn während der Behandlung behandlungsbezogene Veränderungen auftreten[350].

83 5. **Fremdsprachige Patienten.** Ausländische Patienten, die sich keinen Dolmetscher leisten können, dürfen auf die Möglichkeit des Aufklärungsverzichts hingewiesen werden[351]. Allerdings ist diese Vorgehensweise nur sehr zurückhaltend zu nutzen, um nicht fälschlicherweise eine Drucksituation auszulösen. Außerdem müsste auch dies in für den Patienten verständlicher Sprache erfolgen, was ggf ebenfalls Schwierigkeiten mit sich bringen kann.

II. Sonstige besondere Umstände

84 Das Wort „insbesondere" im Absatz 3 verdeutlicht, dass daneben auch noch andere besondere Umstände die Aufklärung entbehrlich machen können. Im Zentrum steht hier das humanitäre Prinzip[352].

85 1. **Therapeutische Kontraindikation. – a) Konstellationen.** Erfasst werden Konstellationen, in denen therapeutische Gründe gegen eine Aufklärung sprechen. Therapeutische Gründe können einmal vorliegen, wenn die Aufklärung eine den Patienten gefährdende physische/psychische Wirkung hat oder wenn der Patient dadurch sein Verhalten so ändert, dass es seine Gesundung gefährdet[353]. Das ist allerdings nur sehr restriktiv anzunehmen, sodass lediglich bei einer ernsten Gefahr für Leib oder Leben des Patienten eine Aufklärungspflicht auszuschließen ist[354]. Der Patient darf daher nur in absoluten Ausnahmesituationen über seinen Zustand oder die Behandlungsmöglichkeiten getäuscht werden[355]. Es genügt nicht, dass der Patient bei erfolgter Aufklärung eine medizinisch unvernünftige Entscheidung trifft, zB eine dringend nötige Behandlung ablehnt (siehe zu unvernünftigen Entscheidungen § 630d Rz 8)[356]. Ansonsten könnten Ärzte etwaige Eingriffe regelmäßig durch eine solche Schutzbehauptung eigenmächtig durchführen.

86 b) **Unterschiede zwischen Aufklärungsteilen.** Allerdings ist grundsätzlich zwischen einer Diagnoseaufklärung und einer Vorbereitungsaufklärung zu unterscheiden[357]. Dient die Aufklärung nur dazu, den Patienten über eine unheilbare Krankheit zu informieren, bei der keinerlei

---

345 BeckOK/Katzenmeier § 630e Rz 54; D Prütting/J Prütting/Friedrich MedR § 630e Rz 54; aA Roßner NJW 1990, 2291, 2294 mwN.
346 Roßner NJW 1990, 2291, 2294; Spickhoff/Spickhoff MedR § 630e Rz 11; aA Frankfurt NJW 1973, 1415, 1416 = VersR 1973, 969; MünchKomm/Wagner § 630e Rz 63.
347 Spickhoff/Spickhoff MedR § 630e Rz 11.
348 MünchKomm/Wagner § 630e Rz 63; BGH NJW 1973, 556, 558 = MDR 1973, 304; Roßner NJW 1990, 2291, 2294.
349 BeckOK/Katzenmeier § 630e Rz 54; D Prütting/J Prütting/Friedrich MedR § 630e Rz 55.
350 D Prütting/J Prütting/Friedrich MedR § 630e Rz 55.
351 Spickhoff/Spickhoff MedR § 630e Rz 11.
352 Spickhoff/Spickhoff MedR § 630e Rz 12; BeckOK/Katzenmeier § 630e Rz 58.
353 BeckOK/Katzenmeier § 630e Rz 58.
354 BT-Drucks 17/10488, S 25 mVa BGHZ 90, 103, 109 f = NJW 1984, 1397, 1398; BGHZ 29, 46, 56 f = NJW 1959, 811. 814 = VersR 1959, 153; BGHZ 85, 327, 333 = NJW 1983, 328, 329; BRHP/Katzenmeier Rz 57 ff.
355 NK-GesMedR/Wever § 630e Rz 49.
356 BT-Drucks 17/10488, S 25; MünchKomm/Wagner § 630e Rz 67; zum Recht des Patienten der Krankheit ihren Lauf zu lassen: BGHZ 90, 103, 107 ff = NJW 1984, 1397, 1399; Brüggemeier, Haftungsrecht, 2006, S 502; nach BeckOK/Katzenmeier § 630e Rz 58 handelt es sich hierbei um eine Fallgruppe des therapeutischen Grundes zur unterlassenen Aufklärung.
357 So auch MünchKomm/Wagner § 630e Rz 68.

Heilungsmöglichkeiten bestehen, so kann die Aufklärungspflicht ggf gemindert werden, wenn dies dem psychischen Wohlbefinden des Patienten guttäte, da die Aufklärung letztlich keinen weiteren Nutzen als die Informationsteilung hat[358]. Als weiterer Fall der Entbehrlichkeit der Aufklärung kann der Schutz des Patienten vor Selbstgefährdung gesehen werden, wenn eine Information ihn besonders beunruhigen würde und ihn in seinem gesundheitlichen Wohl enorm beeinträchtigte[359]. Dieses Risiko ist vom Arzt einzuschätzen[360]. Anders ist dies dagegen bei sog Vorbereitungsaufklärungen auf eine konkrete Behandlung, bei der das Selbstbestimmungsrecht des Patienten eine eigene Entscheidung besonders schützt. Allerdings kann unter die therapeutischen Gründe eine Behandlung mit Placebos fallen, bei denen eine Aufklärung die Wirkung entfallen lassen würde[361]. Therapeutische Gründe können die Aufklärung jedoch nicht vollständig entfallen lassen, sondern sie allenfalls iSe weniger genauen Aufklärung abmindern[362].

2. Der wissende Patient. Die Aufklärung kann ebenfalls entbehrlich sein, wenn der Patient 87 bereits Kenntnis von den für die Behandlung relevanten Informationen und Risiken hat. Dies ist zB der Fall, wenn der Patient die Behandlung innerhalb kurzer Zeit wiederholt durchführen lässt und er bereits zuvor ordnungsgemäß aufgeklärt wurde[363]. Allerdings muss der Patient über die aus der wiederholten Durchführung entstehenden Risiken ggf aufgeklärt werden, wie zB erhöhte Wundinfektionsgefahr, Verklebungen und Vernarbungen, die im Körperinneren zu neuen Operationsgefahren führen können[364]. Kenntnis kann auch vorliegen, wenn der Patient von einem anderen Arzt betreut/behandelt wurde und dieser ihn bereits aufgeklärt hatte. Gleiches gilt, wenn der Patient im engen Familienkreis jemanden hat, der die Behandlung hat durchführen lassen und er dadurch vieles miterlebt hat[365]. In Betracht kommt zudem, dass der Patient selber Arzt der spezifischen Fachrichtung ist[366], sodass er aufgrund eigener fachlicher Expertise über alle Informationen Kenntnis hat[367]. Allerdings muss bei einem solchen Patienten, der selber Arzt ist, überprüft werden, ob er auch über die aktuellsten Informationen verfügt, insbesondere bei einem pensionierten Kollegen[368]. Insgesamt muss der Behandelnde die Ausmaße des Vorwissens stets überprüfen[369]. Deutet er diese falsch, so geht ein Irrtum über das tatsächliche Aufklärungsbedürfnis zu seinen Lasten[370]. Bei Zweifeln über die hinreichende Kenntnis des Patienten, sollte der Behandelnde ihn zur Sicherheit ggf erneut aufklären[371]. Täuscht der Patient dagegen über derartige Vorkenntnisse, so trifft den Behandelnden keine Haftung, da eine Aufklärungspflicht in diesem Fall nicht verletzt wurde[372]. Es wird teilweise vertreten, dass dieser Fall der individuellen Kenntnis kein Fall des Abs 3 sei, sondern sich allgemein auf den Umfang der Aufklärungspflicht beziehe und diesen nicht ausschließe, sondern allenfalls mindere[373].

J. Haftung, Darlegungs- und Beweislast, Beweismittel

I. Erhebung der Aufklärungsrüge und Haftungsstruktur

1. Haftungsgrundlage. Verstößt der Behandelnde gegen seine Aufklärungspflicht nach 88 § 630e, kommt eine Haftung wegen Aufklärungsfehlers in Betracht[374]. Ein Behandlungsfehler wie bei § 630c liegt nicht vor[375]. Wurde der Patient nicht hinreichend aufgeklärt, ist automatisch auch seine Einwilligung unwirksam (§ 630d Abs 2), womit die Behandlung eine Vertragsverletzung nach § 280 Abs 1 darstellt sowie eine rechtswidrige Körperverletzung iRd § 823 Abs 1[376].

---

358 MünchKomm/Wagner § 630e Rz 68; ähnlich auch BGHZ 29, 176 ff = NJW 1959, 814: dort Beschränkung bejaht für Befund- und Verlaufsaufklärung, nicht jedoch bei Selbstbestimmungsaufklärung.
359 Harmann NJOZ 2010, 819, 824; BT-Drucks 17/10488, S 38; BeckOGK/Walter § 630e Rz 40, 45; Brüggemeier, Haftungsrecht, 2006, S 501.
360 BeckOGK/Walter § 630e Rz 45.
361 MünchKomm/Wagner § 630e Rz 69; aA Katzenmeier MedR 2018, 367, 370 ff.
362 BGHZ 90, 103 = NJW 1984, 1397; NK-GesMedR/Wever § 630e Rz 49.
363 BGH NJW 1973, 556, 558 = MDR 1973, 304; BGH NJW 1974, 1422, 1423 = MDR 1974, 655; BGH NJW 1976, 363, 364 = MDR 1976, 304; BGH VersR 1980, 847; BGH NJW 2003, 2012, 2014 = MDR 2003, 931; Köln MedR 2004, 567 = BeckRS 2008, 18934; Köln GesR 2012, 684 = BeckRS 2012, 12871.
364 NK-GesMedR/Wever § 630e Rz 51 f.
365 Celle VersR 2004, 384; BeckOK/Katzenmeier Rz 55.
366 Köln VersR 2012, 494 = BeckRS 2011, 23323; Hamm VersR 1998, 322; allgemein zu enormen medizinischen/wissenschaftlichen Kenntnissen BGH NJW 1976, 363, 364 = MDR 1976, 304.
367 BGH NJW 1976, 363, 364 = MDR 1976, 304; Erman/Rehborn/Gescher § 630e Rz 46.
368 Spickhoff/Spickhoff MedR § 630e Rz 12.
369 Laufs/Kern/Rehborn/Kern, HdB ArztR § 68 Rz 7; BeckOK/Katzenmeier § 630e Rz 55.
370 BeckOK/Katzenmeier § 630e Rz 55.
371 D Prütting/J Prütting/Friedrich MedR § 630e Rz 58.
372 MünchKomm/Wagner § 630e Rz 37; Hassner VersR 2013, 23, 27 f; nicht bloß § 254 nach BGH NJW 1976, 363, 364 = MDR 1976, 304.
373 MünchKomm/Wagner § 630e Rz 64.
374 BeckOK/Katzenmeier § 630e Rz 64; MünchKomm/Wagner § 630e Rz 72; D Prütting/J Prütting/Friedrich MedR § 630e Rz 63.
375 D Prütting/J Prütting/Friedrich MedR § 630e Rz 63; MünchKomm/Wagner § 630e Rz 72.
376 BGHZ 29, 46 = NJW 1959, 811, 812 = VersR 59, 153; BGHZ 29, 176 = NJW 1959, 814 = VersR 59, 312; BGH NJW 1972, 335, 336 = VersR 1972, 153; MünchKomm/Wagner § 630e Rz 6; D Prütting/J Prütting/Friedrich MedR § 630e Rz 64.

Das gilt auch dann, wenn sich (ggf nachträglich) herausstellt, dass die Behandlung indiziert war[377].

89 **2. Gesundheitsschaden.** Allerdings führt die reine Aufklärungspflichtverletzung und dadurch unwirksame Einwilligung noch zu keinem Schadensersatzanspruch (siehe zur Frage der Ersatzpflichtigkeit für den reinen Verstoß gegen das Selbstbestimmungsrecht § 630d Rz 91)[378], da der Patient durch die Behandlung erst einen Gesundheitsschaden erlitten haben muss[379]. Nicht entscheidend ist hierbei, ob der Gesundheitsschaden durch einen Behandlungsfehler entstanden ist oder ob er auf einem allgemeinen Risiko beruht[380].

90 **3. Rechtswidrigkeitszusammenhang.** Es wird zudem ein Rechtswidrigkeitszusammenhang[381] verlangt, das heißt, dass der eingetretene Schaden dem Behandelnden auf Basis der nicht ordnungsgemäßen Erklärung zugerechnet werden kann[382]. Hierfür ist der Schutzzweck der Aufklärungspflichten zu betrachten[383]. Grundsätzlich gilt, dass der Behandelnde bei mangelnder Aufklärung für alle kausalen Konsequenzen des Eingriffs haftet[384]. Das ist jedenfalls dann zu bejahen, wenn der Behandelnde nicht einmal eine Grundaufklärung vorgenommen hat[385]. Anders als bei der Aufklärung im Großen und Ganzen, muss bei der Grundaufklärung nicht auf einzelne Schadensrisiken eingegangen werden; es muss jedoch darüber aufgeklärt werden, wenn die Behandlung nicht dem Facharztstandard entspricht[386]. Die Grundaufklärung soll folglich die Intensität des Eingriffs darstellen, die Aufschluss über die Beeinträchtigung des körperlichen Wohlbefindens und der Lebensführung gibt, wobei dafür jedenfalls auf das schwerste Risiko aufmerksam gemacht wird[387]. Der Zurechnungszusammenhang ist somit nicht gegeben, wenn sich ein nicht aufklärungspflichtiges Risiko verwirklicht hat, der Patient aber eine Grundaufklärung über Art und Schweregrad der Behandlung bekommen hat, wonach ihm eine Abwägung zwischen Risiken und Nutzen möglich war[388]. Das soll sogar dann noch gelten, wenn das nicht aufklärungspflichtige Risiko gegenüber den aufklärungspflichtigen Risiken hinsichtlich der Schwere nicht vergleichbar ist[389]. In dieser Konstellation ist der Schutzbereich der ärztlichen Aufklärungspflichten und dem korrelierenden Einwilligungserfordernis nicht berührt, sodass der Rechtswidrigkeitszusammenhang zwischen dem Aufklärungsfehler und der realisierten Gefahr fehlt[390].

91 **4. Problemfälle.** Problematisch ist, wenn sich ein nicht aufklärungspflichtiges Risiko verwirklicht hat oder ein Risiko, über das aufgeklärt wurde, während andere Teile der Aufklärung nicht vollständig waren[391]. Der BGH bejaht eine Haftung bereits dann, wenn neben der Aufklärungs-

---

377 BGH NJW 2003, 1862, 1863 = MDR 2003, 806; MünchKomm/Wagner § 630e Rz 71.
378 Außerdem Laufs/Katzenmeier/Lipp/Katzenmeier, Arztrecht Kap V, Rz 8 ff; Grams GesR 2009, 69 ff.
379 BGH NJW 1986, 1541, 1542 = MedR 1986, 192; BGHZ 176, 342 = NJW 2008, 2344, 2345; Hassner VersR 2013, 23; MünchKomm/Wagner § 630e Rz 73; aA Jena VersR 1998, 586, 588 = OLG-NL 1998, 30; Grüneberg/Weidenkaff § 630d Rz 5; D Prütting/J Prütting/Friedrich MedR § 630e Rz 65; aA Hart MedR 2013, 159, 161.
380 D Prütting/J Prütting/Friedrich MedR § 630e Rz 65; MünchKomm/Wagner § 630e Rz 73.
381 Ausf Larenz, SchuldR AT, 1987, § 27 III b, 435 ff; Esser/Schmidt, SchuldR AT II, 1993, § 33 III 2, S 242 ff.
382 Zurecht krit John, Rechtswidrigkeitszusammenhang und Schutzzweck der Norm, 2020, S 58 ff, 225 ff.
383 BT-Drucks 17/10488, S 29; MünchKomm/Wagner § 630e Rz 77; Laufs/Katzenmeier/Lipp/Katzenmeier, Arztrecht V Rz 68; vgl zur Schutzzwecklehre Staudinger/Schiemann § 249 Rz 27 ff.
384 MünchKomm/Wagner § 630e Rz 75; BeckOK/Katzenmeier § 630e Rz 67; BGHZ 106, 391, 398 = NJW 1989, 1533, 1535; BGH NJW 1991, 2346, 2347 = MedR 1991, 331; BGH NJW 2019, 2320 Rz 11 = MDR 2019, 1059; Steffen, in: Festschr für Medicus, 1999, S 637 640 ff;' Borgmann NJW 2010, 3190, 3193 f.
385 BGH NJW 2019, 2320, 2321 Rz 12 = MDR 2019, 1059; BGHZ 106, 391, 396 ff = NJW 1989, 1533, 1534 f; BGH NJW 1991, 2346, Ls = MedR 1991, 331; BGH NJW 1996, 777, 778 f = MedR 1996, 213; BGH NJW 2001, 2798 = MDR 2001, 568; BGH NJW 2019, 2320, 2321 = MedR 2020, 32 (mAnm Hart); Köln MedR 2012, 121 (mAnm Steffen) = VersR 2012, 1565; Hamm VersR 1996, 197; Zweibrücken NJW-RR 1998, 383 = BeckRS 9998, 03017; Brandenburg VersR 2000, 1283, 1284 = NJW-RR 2000, 398; ausf zur Grundaufklärung Gödicke MedR 2017, 770 ff; Steffen, in: Festschr für Medicus, 1999, 637, 641 ff; John, Rechtswidrigkeitszusammenhang und Schutzzweck der Norm, 2020, S 208, 211 f hält die Rechtsprechung zur Grundaufklärung systematisch für einen Einwand rechtmäßigen Alternativverhaltens in Form einer hypothetischen Einwilligung, hält sie jedoch für inkonsequent; ebenso krit Laufs/Katzenmeier/Lipp/Katzenmeier, Arztrecht Kap V Rz 98.
386 MünchKomm/Wagner § 630e Rz 77; BGHZ 172, 254 Rz 24 ff = NJW 2007, 2774.
387 Grüneberg/Weidenkaff § 630e Rz 13.
388 BGHZ 90, 96 = NJW 1984, 1395; BGHZ 106, 391, 399 = NJW 1989, 1533, 1535; BGH NJW 1991, 2346, 2347= MedR 1991, 331; BGH NJW 1996, 777, 779 = MedR 1996, 213; dazu Deutsch NJW 1989, 2313; Hauß VersR 1989, 517; BGH NJW 2001, 2798 = MDR 2001, 568; BGH NJW 2019, 2320 Rz 13 ff = MedR 2020, 32; Brandenburg VersR 2000, 1283, 1284 = NJW-RR 2000, 398; Steffen, in: Festschrift für Medicus, 1999, 637, 641 ff; Spickhoff NJW 2002, 1758, 1763; Müller, in: Festschr für Geiß, 2000, 461, 469 ff; Gödicke MedR 2017, 770.
389 BGH NJW 2019, 2320 Rz 17 ff = MDR 2019, 1059; D Prütting/J Prütting/Friedrich MedR § 630e Rz 68; krit BeckOK/Katzenmeier § 630e Rz 70.
390 John, Diss, 2020, S 209.
391 BGHZ 90, 96= NJW 1984, 1395; BGHZ 106, 391 = NJW 1989, 1533; BGH NJW 1991, 2346 = MedR 1991, 331; BGH NJW 1996, 777= MedR 1996, 213; BeckOK/Katzenmeier § 630e Rz 66, D Prütting/J Prütting/Friedrich MedR § 630e Rz 66.

pflichtverletzung irgendein Gesundheitsschaden eingetreten ist[392]. Folglich kann dem Behandelnden jedes Risiko zugerechnet werden, das sich während der Behandlung zeigt[393]. Allerdings zieht der BGH dort die Grenze, wo sich ein Risiko verwirklicht hat, über das der Behandelnde auch aufgeklärt hat, da der Patient in diesem Fall nicht schutzwürdig sei[394]. In diesem Fall greift auch der Einwand des Patienten nicht, er hätte in Kenntnis der verschwiegenen Risiken seine Einwilligung nicht erteilt[395]. Hintergrund ist, dass ein solcher Einwand rein spekulativ sei[396].

5. **Sonderfall.** Allerdings ist nach dem BGH dann eine Haftung möglich, wenn statt wie vereinbart nicht der Chefarzt, sondern der Oberarzt den Eingriff durchführt und dann nicht festgestellt werden kann, ob der postoperative Zustand aufgrund von Grunderkrankungen eingetreten ist[397]. Ein Jahr später entschied der BGH zudem, dass sich die Behandlungsseite bei einer gewünschten Chefarztbehandlung nicht auf die hypothetische Einwilligung in die Behandlung durch einen anderen Arzt berufen darf sowie auch nicht darauf, dass der andere Arzt den Eingriff genauso ausgeführt hätte wie der Chefarzt. Der BGH will damit die Selbstbestimmung des Patienten besonders schützen und dessen Verletzungen nicht „sanktionslos" lassen[398].

6. **Abgelehnter Dolmetscher.** Das Pflichtwidrigkeitskriterium hilft dem Behandelnden auch im Zusammenhang mit dessen Haftung für eine eigenmächtige Behandlung aufgrund einer unverständlichen Aufklärung, nachdem der Patient einen Dolmetscher aufgrund der Kostentragungspflicht abgelehnt hat[399].

7. **Irrtum des Behandelnden.** Die Behandlung ist rechtswidrig, wenn der Behandelnde einem Irrtum unterliegt, eine wirksame Einwilligung liege vor[400]. Ggf entfällt jedoch das Verschulden des Behandelnden, wenn der Irrtum nicht vermeidbar war[401]. Ein vermeidbarer Verbotsirrtum liegt jedenfalls vor, wenn der Arzt denkt, er könne die Behandlung auch ohne Einwilligung durchführen und damit das Selbstbestimmungsrecht des Patienten letztlich missachtet[402]. Diese Rechtsprechung ist als problematisch einzustufen, da damit SGB-externe Vorgaben inkorporiert werden, womit das Leistungserbringerrecht zulasten der Leistungserbringer die gesamte Rechtsordnung miteinbezieht. Dadurch entsteht eine Doppelung der Drohung, indem der Entfall des Vergütungsanspruchs sowie auch denkbare haftungsrechtliche Konsequenzen (§§ 76 Abs 4 SGB V, 50 BMV-Ä, 116 Abs 1 SGB X) im Raum stehen. Spezialgesetzliche Vergütungskonsequenzen sind dogmatisch neben der BSG-Judikatur zudem nicht zu erklären.

II. Verlust des Vergütungsanspruchs

1. **GKV.** Das BSG hat im Jahr 2020 entschieden, dass die Aufklärungspflicht des Behandelnden gegenüber dem gesetzlich versicherten Patienten auch dem Wirtschaftlichkeitsgebot diene, sodass eine Verletzung der Aufklärungspflicht sich ebenfalls auf den Vergütungsanspruch des Leistungserbringers auswirken kann, (hier entschieden für den stationären Bereich, jedoch dürfte die Kernaussage gleichermaßen im ambulanten Sektor gelten)[403]. Diese Rechtsprechung ist als problematisch einzustufen, da damit SGB-externe Vorgaben inkorporiert werden, womit das Leistungserbringerrecht zulasten der Leistungserbringer die gesamte Rechtsordnung miteinbezieht. Dadurch entsteht eine Doppelung der Drohung, indem der Entfall des Vergütungsanspruchs sowie auch denkbare haftungsrechtliche Konsequenzen (§§ 76 Abs 4 SGB V, 50 BMV-Ä, 116 Abs 1 SGB X) im Raum stehen. Spezialgesetzliche Vergütungskonsequenzen sind dogmatisch neben der BSG-Judikatur zudem nicht zu erklären.

---

392 BGH NJW 1986, 1541, 1542 = MedR 1986, 192; BGH NJW 1991, 2346 = MedR 1991, 331; näher John, Diss, 2020, S 209; aA Deutsch NJW 1984, 1802.
393 BeckOK/Katzenmeier § 630e Rz 67; D Prütting/J Prütting/Friedrich MedR § 630e Rz 66.
394 BGHZ 90, 96 = NJW 1984, 1395 (mAnm Deutsch NJW 1984, 1802) = JZ 1984, 629 (mAnm Laufs/Kern); BGHZ 106, 391 = NJW 1989, 1533 (mAnm Deutsch NJW 1989, 2313) = VersR 1989, 514 (mAnm Hauß); BGHZ 144, 1 = NJW 2000, 1784 = JZ 2000, 898 (mAnm Deutsch); BGH NJW 2001, 2798 = MDR 2001, 568; BGHZ 168, 103 Rz 18 = NJW 2006, 2477 (mBspr Katzenmeier NJW 2006, 2738); BGH NJW 2019, 2320 Rz 12 ff = MDR 2019, 1059; Hamm VersR 2011, 625 = MedR 2011, 439; Dresden MedR 2018, 971, 974 = BeckRS 2018, 10791; Spickhoff NJW 2002, 1758, 1763; aA Borgmann NJW 2010, 3190, 3192; krit Hassner VersR 2013, 23, 32.
395 BGHZ 144, 1 = NJW 2000, 1784, 1786.
396 BeckOK/Katzenmeier § 630e Rz 68; BGHZ 144, 1, 7 f = NJW 2000, 1784, 1786; BGHZ 168, 103, 111 = NJW 2006, 2477, 2479.
397 BGH, Beschluss vom 16.06.2015 – VI ZR 332/14.
398 BGH NJW 2016, 3523 = MedR 2017, 132 unter Bezugnahme auf BGHZ 106, 391, 397 f = NJW 1989, 1533 (mBespr Schwab, Jus 2016, 1030).
399 NK-BGB/Voigt § 630e Rz 15; Hegerfeld MedR 2019, 540, 543 f.
400 MünchKomm/Wagner § 630e Rz 74; D Prütting/J Prütting/Friedrich MedR § 630e Rz 70.
401 MünchKomm/Wagner § 630e Rz 74; D Prütting/J Prütting/Friedrich MedR § 630e Rz 70; BGHZ 169, 364 Rz 7 f = NJW-RR 2007, 310.
402 MünchKomm/Wagner § 630e Rz 74; BGH NJW 2000, 885 = VersR 2000, 603, 605.
403 BSG NJW 2020, 2659 = MedR 2020, 941; krit Hart MedR 2020, 895 ff; Felix MedR 2021, 7 ff; BeckOK/Katzenmeier § 630e Rz 65.

96 2. **PKV/Nicht versichert.** Auf den Vergütungsanspruch gegenüber dem privat- oder nichtversicherten Patienten wird man die Judikatur des BSG demgegenüber nicht übertragen können, da der Rechtsprechung des BSG die streng-formale Betrachtungsweise unter Ausschluss des Einwands rechtmäßigen Alternativverhaltens zu Grunde liegt[404], die schon im Recht der gesetzlichen Krankenversicherung höchst fragwürdig erscheint[405], jedenfalls aber im Privatrecht ein nicht begründbarer Fremdkörper wäre[406]. Im privatrechtlichen System könnte ein Schadensersatzanspruch des Patienten wegen Verletzung der Aufklärungspflicht nach § 630e bestehen, bei welchem der Einwand nach § 630h Abs 2 Satz 2 jedoch zulässig wäre. Es ist hier zu bedenken, dass eine Vorteilsanrechnung allerdings vorzunehmen ist, falls die Leistungsdurchführung indiziert war und nicht als völlig unbrauchbar einzustufen ist.

III. Subjektive und objektive Beweislast

97 1. **Grundsätze zur Aufklärungspflicht.** – a) **Grundsatz.** Der Arzt ist bezüglich der ordnungsgemäß erfolgten Aufklärung inklusive Durchführung und Inhalt gem § 630h Abs 2 Satz 1 beweisbelastet[407]. Hintergrund ist der Hauptpflichtcharakter der Aufklärung und Einholung der Einwilligung aufgrund der engen Verknüpfung mit der Behandlungspflicht[408]. Durch diese Darlegungs- und Beweislastverteilung für den Patienten wurde die Aufklärungsrüge teilweise als Auffangrüge für all die Fälle bezeichnet, in denen ein Behandlungsfehler nicht nachweisbar war[409]. Um einem solchen Vorgehen entgegenzutreten, hat der Gesetzgeber den schon bislang in der Judikatur anerkannten Einwand der hypothetischen Einwilligung in § 630h Abs 2 Satz 2 normiert (s u § 630h Rz 66).

98 b) **Beweislast des Patienten.** Wenn der Behandelnde allerdings bestreitet, dass aufklärungspflichtige Umstände für die konkrete Behandlung bestanden hätten und dies im Rahmen bestehender sekundärer Darlegungslast adäquat substantiiert vorgetragen wird[410], so ist der Patient für die behauptete Existenz aufklärungspflichtiger Aspekte subjektiv und objektiv beweisbelastet[411]. Die zugehörige Beweisführung und der entsprechende Beweisantritt werden mangels eigener Expertise regelmäßig nur über die Vorlage der Patientenunterlagen in Kombination mit einem Sachverständigengutachten gelingen. Die Vorlage eines Privatgutachtens mag unterstützend und kontrollierend wirken, kann jedoch den erforderlichen Strengbeweis nicht erbringen[412].

99 2. **Pflichtverletzung, Kausalität und Schaden.** Den Patienten trifft die Beweislast für die Kausalität zwischen der Pflichtverletzung und dem eingetretenen Gesundheitsschaden. Der Patient muss beweisen, dass die Gesundheitsschädigung auf dem rechtswidrigen Eingriff mangels ordnungsgemäßer Aufklärung beruht und nicht ein zufälliges Ereignis darstellt[413]. Den Patienten trifft ebenfalls die Darlegungs- und Beweislast, wenn er sich auf die Verspätung der Aufklärung berufen will. Er muss darlegen, dass er durch die verspätete Aufklärung in seiner Fähigkeit, eine selbstbestimmte Entscheidung zu fällen, gestört wurde und dass er bei rechtzeitiger Aufklärung einem Entscheidungskonflikt unterlegen hätte[414]. Bzgl des Entscheidungskonflikts sind an die Substantiierungspflicht jedoch nicht zu hohe Anforderungen zu stellen[415]. Wenn der Patient im Prozess geltend macht, er habe die Aufklärung nicht verstanden, so ist dies allerdings unglaubwürdig, wenn er dem Arzt während des Aufklärungsgesprächs ausführlich über seinen Gesundheitszustand berichtet hat und dieser dies in der Krankenakte notiert hat[416].

---

404 BSG BeckRS 2021, 32899 Rz 20 mwN.
405 Monographisch Wolk, Normative Schadensbestimmung in der GKV, 2024 mit tiefgreifender Analyse.
406 Ausf John, Rechtswidrigkeitszusammenhang und Schutzzweck der Norm, S 160 ff.
407 BGHZ 221, 55 = JZ 2019, 517 mAnm Spickhoff.
408 Grüneberg/Weidenkaff § 630h Rz 4; BGH NJW 1984, 1807 = MedR 1985, 170; BGH NJW 2014, 1527 = MDR 2014, 466.
409 Zur Kritik MünchKomm/Wagner § 630e Rz 81; BeckOK/Katzenmeier, § 630h Rz 32; Spickhoff/Spickhoff MedR § 630e Rz 1.
410 BGHZ 211, 139 = NJW-RR 2019, 467 = VersR 2019, 533; BGH MedR 2020, 924.
411 BGHZ 102, 17, 22 = NJW 1988, 763; Repgen in Baumgärtl/Laumen/Prütting, Hdb der Beweislast, § 630h Rz 80; Hamm, BeckRS 2016, 5935. Es sei angemerkt, dass die patientenseitige Beweisbelastung in den vorgenannten Judikaten nicht unmittelbar thematisiert wird, jedoch geht dieselbe aus der Prüfstruktur der Gerichte hervor und ist zudem konsequente Folge der Anwendung der Rosenbergschen Normentheorie mit Blick auf § 630e Abs 1 Satz 3.
412 BGH NJW 2018, 1749 Rz 16, 17.
413 NK-GesMedR/Wever § 630e Rz 63.
414 BGH NJW 1994, 3010, 3011 = MedR 1995, 20; BGH NJW 2003, 2012, 2014 = VersR 2003, 1442; D Prütting/J Prütting/Friedrich MedR § 630e Rz 75.
415 BGH NJW 1994, 3010, 3011= MedR 1995, 20; BGH NJW 2003, 2012, 2014= VersR 2003, 1442; BGH NJW 2015, 74 = MDR 2014, 1445; D Prütting/J Prütting/Friedrich MedR § 630e Rz 75.
416 Hamm VersR 2002, 192, 193; MünchKomm/Wagner § 630e Rz 79.

IV. Einwände der Behandlungsseite

1. „Immer-so" Beweis. Vor dem Hintergrund der erheblichen, vielfach unverschuldeten 100 Beweisnot der Behandlungsseite nach erhobener Aufklärungsrüge billigt die Judikatur dem Behandelnden die Möglichkeit eines besonderen Indizienbeweises[417], den sog „immer-so"-Beweis[418]. Der Behandelnde muss – regelmäßig im Rahmen einer Zeugenbefragung oder durch Parteivernehmung, vielfach aber nur durch Parteianhörung – eine ständige und übliche Aufklärungspraxis nachweisen, nach welcher er „immer-so" aufkläre, was in eine Gesamtbetrachtung mit anderen Umständen, etwa sachgerechter Dokumentation, eingestellt wird[419]. Auch wenn der Behandelnde die Aufklärung nicht durch einen Aufklärungsbogen oder auf sonstige Weise dokumentiert hat, kann er trotzdem den Beweis der ordnungsgemäßen Aufklärung führen, zB durch Zeugenaussagen[420], wobei die richterliche Überzeugung iSd ZPO § 286 freilich schwerer zu erreichen ist. Hintergrund ist, dass die Aufklärung keine wesentliche medizinische Handlung iSd § 630f darstellt, sodass sie nicht an der Vermutung des § 630h Abs 3 teilnimmt. Folglich soll eine fehlende Dokumentation auch keine außerordentliche Beweisskepsis auslösen[421]. Auch für die Aushändigung der Unterlagen nach Abs 2 Satz 2 unterliegt der Behandelnde der Darlegungs- und Beweislast. Es besteht jedoch keine Vermutung der Vollständigkeit und Richtigkeit der ausgehändigten Unterlagen[422].

2. Hypothetische Einwilligung[423]. Mit der hypothetischen Einwilligung bringt die Behand- 101 lungsseite vor, dass der Patient, auch wenn er ordnungsgemäß aufgeklärt worden wäre, eingewilligt hätte, sodass sich die mangelnde Aufklärung nicht weiter auswirkt. Der Patient kann dem wiederum mit der Darlegung (kein Beweis erforderlich) entgegnen, dass er sich bei ordentlicher Aufklärung in einem ernsthaften Entscheidungskonflikt befunden hätte. Hierbei sind die individuellen Lebensumstände des konkreten Patienten zu beachten[424], sodass auch objektiv unvernünftige Erwägungen relevant sind. Der Patient muss seine Konfliktlage plausibel machen, wobei hieran keine strengen Voraussetzungen geknüpft werden[425]. Es wird dafür regelmäßig eine mündliche Anhörung stattfinden[426]. Gelingt die Darlegung des Entscheidungskonflikts, so steht dem Behandelnden der kaum einmal rechtspraktisch führungsfähige Vollbeweis offen, der Patient hätte gleichwohl hypothetisch eingewilligt. Siehe hierzu ausführlich § 630h Rz 66.

3. Rechtmäßiges Alternativverhalten. Der Behandelnde kann zudem in Form des Ein- 102 wands rechtmäßigen Alternativverhaltens vortragen, dass die Konsequenzen auch ohne den Eingriff eingetreten wären, wobei er in diesem Fall beweisbelastet ist[427]. Es kann etwa die Behauptung aufgestellt werden, der geltend gemachte Schaden sei aus anderen Gründen als der ärztlichen Intervention in jedem Fall eingetreten, etwa durch eine andere Grunderkrankung oder eine nachfolgende Schädigung durch ein Drittereignis.

V. Beweisführung

Inhalt und Umfang der Aufklärungspflicht können Gegenstand eines selbständigen Beweisver- 103 fahrens nach ZPO § 485 Abs 2 sein[428]. Der Sachverständigenbeweis kann bemüht werden, um Feststellungen zu treffen, inwieweit iSd Facharztstandards aufgeklärt werden musste[429]. Das selbständige Beweisverfahren ist daher nicht nur für Beweisfragen bzgl der Feststellung (grober)

---

417 Eingehend hierzu mit entsprechender Kritik J Prütting GesR 2017, 681, 686 ff; ders in: Festschr für Dahm, 2017, S 359 ff.
418 Hamm GesR 2005, 401; Celle VersR 2004, 384; BGH NJW 1985, 1399 = MedR 1985, 168.
419 Karlsruhe MedR 2003, 229; D Prütting/J Prütting/Friedrich MedR § 630e Rz 72; ders krit GesR 2017, 681, 686 ff; ders in: Festschr für Dahm, 2017, S 359 ff; Martis/Winkhart, Arzthaftungsrecht Rz A2299.
420 Insb Personal wie Krankenpfleger und Arzthelfer können hier relevant sein, vgl NK-GesMedR/Wever § 630e Rz 37; BGH NJW 2014, 1527, 1528 = MDR 2014, 466 = MedR 2015, 594 (mAnm Schrag-Slavu); Koblenz VersR 2014, 1004, 1005 = BeckRS 2013, 22063; MünchKomm/Wagner § 630e Rz 50.
421 BGH NJW 2014, 1527, 1528 = VersR 2014, 588; D Prütting/J Prütting/Friedrich MedR § 630e Rz 73.
422 BGH NJW 2014, 1527 Rz 13 = VersR 2014, 588; KG MedR 2018, 813, 815 = BeckRS 2018, 5835; MünchKomm/Wagner § 630e Rz 79.
423 Genau betrachtet, ist dies ein Unterfall des rechtmäßigen Alternativverhaltens, jedoch wird dieser Einwand in der Judikatur und nunmehr mit § 630h Abs 2 Satz 2 gesondert behandelt, so dass eine abgespaltene Darstellung erforderlich erscheint. Zur Sonderproblematik der Nichtanwendung auf das Transplantationsrecht BGHZ 221, 55 = NJW 2019, 1076 = JZ 2019, 517 (m krit Anm Spickhoff); BGH NJW 2020, 2334 = VersR 2020, 773. Ausführlich zu dieser höchst problematischen und in sich wenig schlüssigen Entscheidung J Prütting MedR 2019, 559 ff; Kreße MedR 2019, 529 ff.
424 Koblenz NJW-RR 2002, 816 = VersR 2003, 1313; NK-GesMedR/Wever § 630d Rz 13.
425 BGH NJW 2003, 2012, 2014 = MDR 2003, 931; BGH BeckRS 2016, 6588; NK-GesMedR/Wever § 630d Rz 13.
426 BGH NJW 1994, 2414 = MedR 1994, 488; NK-GesMedR/Wever § 630d Rz 13; Laufs/Katzenmeier/Lipp/Katzenmeier, Arztrecht Kap V Rz 72.
427 BGH NJW 2016, 3522 Rz 14 = JR 2017, 478; MünchKomm/Wagner § 630e Rz 75.
428 BGH Beschl v 8.7.2020 – VI ZB 27/19 Rz 10 ff; BeckOGK/Walter § 630e Rz 52.
429 BeckOGK/Walter § 630e Rz 52.

Behandlungsfehler zulässig, sondern auch für das Bestehen von Aufklärungsfehlern als Ursache von Personenschäden[430].

104 Aufklärungsformulare dienen in der Praxis primär der Beweissicherung der Behandlungsseite[431]. Nach Aussage des BGH ist ein unterzeichnetes Einwilligungsformular ein Indiz für den Inhalt des Aufklärungsgesprächs[432]. Die Unterschrift kann aber nicht beweisen, dass der Patient das Formular auch gelesen und verinnerlicht hat[433]. Da es als Indiz für ein stattgefundenes Gespräch dient, ist eine Parteivernehmung nach ZPO § 448 möglich[434]. Die unterzeichnete Einwilligungserklärung wird jedoch regelmäßig nicht als Privaturkunde iSd ZPO § 416 anerkannt[435].

K. Ausgesuchte Fallgruppen

105 Aufklärungspflichten bestehen für alle medizinischen Behandlungen, die im Rahmen eines Behandlungsvertrages durchgeführt werden sollen. Die unter D. gelisteten Punkte stellen ein verallgemeinerungsfähiges Grundgerüst für den Großteil der zu tätigenden Aufklärungen dar. Es ergeben sich allerdings einige Besonderheiten im Rahmen spezieller Behandlungen, sodass sich der aufklärende Arzt ggf an weitere Vorgaben zu halten hat. In einigen Fachbereichen gelten gewisse Informationen als Aufklärungsstandard, so zB bei der Geburtshilfe und der Transplantationsmedizin, aber auch im Rahmen von orthopädischen Eingriffen oder Herzoperationen[436].

I. Schwangerschaft und Entbindungsmethoden

106 Wenn am Ende der Schwangerschaft die Geburt bevorsteht, so stellt sich möglicherweise die Frage der Entbindungsmethode, entweder die vaginale Geburt oder aber eine Schnittentbindung, der sog Kaiserschnitt. Solange dem Kind bei einer vaginalen Geburt keine Risiken drohen, muss der Arzt nicht auf die Möglichkeit einer Schnittentbindung hinweisen[437]. Als Risiken bei einer vaginalen Geburt gelten zB eine Beckenlage des Kindes oder Mehrlingsschwangerschaften[438]. Wenn derartige Faktoren vorliegen, ist die Schwangere deutlich über die mit einer vaginalen Geburt in Zusammenhang stehenden Risiken aufzuklären[439], wobei ebenfalls auf die Gefahren, die mit einer Schnittentbindung einhergehen, einzugehen ist[440]. Wenn bereits vor Einleitung des Geburtsprozesses die Möglichkeit der Schnittentbindung als medizinisch sinnvoll erachtet wird, so kann der Behandelnde in einem Vorgespräch die Schwangere über die unterschiedlichen Entbindungsmethoden aufklären und muss diese Aufklärung nicht erneut vornehmen, wenn es schließlich zum Eintritt der Situation kommt, dass die Schnittentbindung die zu bevorzugende Methode im Sinne einer relativen Indikation ist[441]. Eine solche Aufklärung hat zu dem Zeitpunkt zu erfolgen, in dem der Behandelnde erkannt hat oder jedenfalls hätte erkennen müssen, dass eine vaginale Geburt risikoreicher ist[442]. Falls sich eine spontane Situation entwickelt, in der eine Schnittentbindung erforderlich wird, so gelten die allgemeinen Regeln der mutmaßlichen Einwilligung[443]. Falls sich trotz vorheriger Aufklärung über die Schnittentbindung neue Tatsachen ergeben, die zu einer anderen Risikobewertung der einzelnen Entbindungsmethoden führen, hat die Aufklärung erneut zu erfolgen[444].

---

430 BeckOGK/Walter § 630e Rz 52.
431 BeckOK/Katzenmeier § 630e Rz 34; zur Indizwirkung von Aufklärungsformularen BGH VersR 2017, 100 Rz 8 mwN; Koblenz MedR 2016, 274 (mAnm Gödicke); KG MedR 2018, 813 (mAnm Gödicke) = BeckRS 2015, 8401; zur AGB-Kontrolle bei Aufklärungsbögen J Prütting/Friedrich GesR 2019, 749, krit Laufs/Kern/Rehborn/Kern, HdB ArztR § 67, Rz 37.
432 BGH NJW 2014, 1527 = GesR 2014, 227 f.
433 BeckOK/Katzenmeier § 630e Rz 34.
434 BGH NJW 2014, 1527, 1528 = MedR 2015, 594 (mAnm Schrag-Slavu); Lepa, in: Festschr für Geiß, 2000, S 447, 455.
435 AA Frankfurt VersR 1994, 986; Hamm MedR 2011, 439 = VersR 2011, 625.
436 Siehe eine ausführliche Darstellung aller Fallgruppen inkl Rechtsprechungsnachweise bei Martis/Winkhart-Arzthaftungsrecht ab A. 834.
437 MünchKomm/Wagner § 630e Rz 26; BGH NJW-RR 2011, 1173 Rz 10 f = MedR 2012, 252; BGH NJW-RR 2015, 591 = MedR 2015, 721 (mAnm Spickhoff); Koblenz VersR 2015, 491 = BeckRS 2014, 21339; VersR 2009, 70 = NJOZ 2009, 1715; Nürnberg VersR 2009, 71, 72 = BeckRS 2011, 18317; urspr BGHZ 106, 153, 157 = NJW 1989, 1538, 1539.
438 BGH NJW 2004, 3703 = VersR 2005, 227; Koblenz VersR 2009, 70 = NJOZ 2009, 1715; Nürnberg VersR 2009, 71, 72 = BeckRS 2011, 18317.
439 Nürnberg VersR 2009, 71, 73 = BeckRS 2011, 18317.
440 BGH VersR 2015, 579 Rz 6 = NJW-RR 2015, 591 = MedR 2015, 721.
441 MünchKomm/Wagner § 630e Rz 26; BGH VersR 2015, 579 Rz 6 f = NJW-RR 2015, 591 = MedR 2015, 721.
442 Karlsruhe NJOZ 2005, 2853, 2854 f = VersR 2006, 515; NK-GesMedR/Wever § 630e Rz 18.
443 NK-GesMedR/Wever § 630e Rz 18.
444 NK-GesMedR/Wever § 630e Rz 18.

II. Risiko von Lähmungen

Auch im Zusammenhang mit der Gefahr von Lähmungen muss der Behandelnde bei der Aufklärung sehr genau vorgehen. So ist es zB nicht ausreichend, über „vorübergehende" Lähmungen zu informieren, wenn tatsächlich die Gefahr einer dauerhaften Lähmung besteht[445]. Wenn der Behandelnde dagegen von „Lähmungen" im Allgemeinen spricht, so umfasse dies nach Ansicht des BGH sowohl vorübergehende als auch dauerhafte Lähmungserscheinungen[446]. Der Patient muss im Fall weiteren Interesses eigenständig bzgl des genauen Risikos nachfragen[447]. **107**

III. Arzneimittel

1. **Schwerwiegende Nebenwirkungen.** Der Behandelnde muss bei möglichen schwerwiegenden Nebenwirkungen eines Medikaments über diese aufklären, sodass er sich nicht auf die Packungsbeilage des Herstellers oder die Aufklärung durch den Apotheker verlassen darf[448]. Der Umfang der erforderlichen Aufklärung über etwaige Arzneimittelrisiken kann jedoch auch eingeschränkt sein, wenn sich der Patient zB auf der Intensivstation in Lebensgefahr befindet und es sich um eine erforderliche Behandlung mit einem äußerst wirksamen Medikament handelt, das jedoch auch erhebliche Nebenwirkungen aufweist[449]. **108**

2. **Nicht zugelassene Medikamente.** Besonders strengen Aufklärungspflichten unterliegt der Behandelnde, wenn er ein noch nicht zugelassenes Medikament verabreichen möchte. In diesem Fall muss er den Patienten sowohl über die fehlende Zulassung unterrichten als auch darüber, dass unbekannte Risiken eintreten können[450]. Über etwaig unbekannte Risiken ist auch beim sog Off-Label-Use aufzuklären, bei welchem ein Medikament außerhalb seiner Zulassung angewendet wird[451]. Wenn der Behandelnde das Medikament Benzodiazepinen verschreiben will, so muss er über das Suchtpotential des Medikaments aufklären[452]. **109**

3. **Placebo-Einsatz.** Vor einem besonderen Problem steht der Aufklärende, wenn er Placebos verwenden will, da er bei ordnungsgemäßer Aufklärung die psychologische Wirkungsweise der Placebos gefährdet. Nichtsdestotrotz unterliegt er auch hier – einer allenfalls leicht abgemilderten – Aufklärungspflicht[453]. **110**

IV. Transplantationen – insb die Lebendspende

Das Transplantationsrecht bestimmt in TPG § 8 Abs 2 die Aufklärungspflichten für die Lebendspende. Diesbezüglich ist in Abs 2 Satz 1 Nr 5 festgelegt, dass über die zu erwartenden Erfolgsaussichten der Organ- oder Gewebeübertragung und die Folgen für den Empfänger aufzuklären ist. Somit muss auch über ein ggf erhöhtes Risiko eines Transplantatverlustes aufgeklärt werden[454]. Die Verfahrens- und Formregeln in Abs 2 Satz 3, 4, 5 gehen als leges speciales dem § 630e vor[455]. Dort ist ua festgelegt, dass zwei Ärzte bei dem Aufklärungsgespräch anwesend sein müssen. Daneben werden konkrete Pflichten zur Niederschrift der Einwilligungserklärung und dem Aufklärungsgespräch statuiert. Werden diese gesteigerten Formanforderungen nicht erfüllt, so führt dies nicht zur Unwirksamkeit der Einwilligung in die Lebendspende[456]. Allerdings wird laut BGH eine „Beweisskepsis" im Hinblick auf die Behauptung einer ordnungsgemäßen Aufklärung ausgelöst[457]. Im gleichen Urteil stellte der BGH fest, dass aufgrund des Schutzzweck des TPG § 8, auch der Einwand des rechtmäßigen Alternativverhaltens nicht beachtlich sei[458]. **111**

---

445 BGH NJW 1999, 863 = VersR 1999, 190.
446 BGH NJW-RR 2017, 533 = VersR 2017, 100 f; BeckOGK/Walter § 630e Rz 10.
447 BGH NJW-RR 2017, 533 = VersR 2017, 100 f; BeckOGK/Walter § 630e Rz 10.
448 BeckOK/Katzenmeier § 630e Rz 56; BGHZ 162, 320 = NJW 2005, 1716 = MDR 2005, 989; Dresden BeckRS 2018, 10791 Rz 20 = MedR 2018, 971.
449 NK-GesMedR/Wever § 630e Rz 27; LG Aachen MedR 2006, 361 = BeckRS 2006, 13220 (Hinweis: nicht rechtskräftig).
450 BeckOK/Katzenmeier § 630e Rz 29; NK-GesMedR/ Wever § 630e Rz 25 f; BGHZ 172, 1 = NJW 2007, 2767 = VersR 2007, 995.
451 BeckOK/Katzenmeier § 630e Rz 29; Hamm BeckRS 2020, 1805 Rz 40 (Hinweis: nicht rechtskräftig, anhängig beim BGH); LG Berlin BeckRS 2020, 49316 Rz 30 = VersR 2021, 973; Walter, NZS 2011, 361, 362 f.
452 BeckOK/Katzenmeier § 630e Rz 56; aA Dresden RDG 2019, 135 = MedR 2019, 150 (m krit Anm Achterfeld).
453 BeckOK/Katzenmeier § 630e Rz 29; Katzenmeier MedR 2018, 367; Drechsler MedR 2020, 271; aA MünchKomm/Wagner § 630e Rz 69, § 630a Rz 135.
454 BGHZ 221, 55 = NJW 2019, 1076, 1080.
455 BeckOGK/Walter § 630e Rz 19.
456 Spickhoff/Scholz/Middel, MedR Komm, TPG § 8 Rz 11; Düsseldorf VersR 2016, 1567 (mAnm Süß) = BeckRS 2016, 19887.
457 BGHZ 221, 55 = NJW 2019, 1076.
458 BGHZ 221, 55 = NJW 2019, 1076 = JZ 2019, 517 (m krit Anm Spickhoff); BGH NJW 2020, 2334 = VersR 2020, 773; J Prütting MedR 2019, 559 ff; Kreße MedR 2019, 529 ff.

§ 630f Dokumentation der Behandlung

(1) Der Behandelnde ist verpflichtet, zum Zweck der Dokumentation in unmittelbarem zeitlichen Zusammenhang mit der Behandlung eine Patientenakte in Papierform oder elektronisch zu führen. Berichtigungen und Änderungen von Eintragungen in der Patientenakte sind nur zulässig, wenn neben dem ursprünglichen Inhalt erkennbar bleibt, wann sie vorgenommen worden sind. Dies ist auch für elektronisch geführte Patientenakten sicherzustellen.

(2) Der Behandelnde ist verpflichtet, in der Patientenakte sämtliche aus fachlicher Sicht für die derzeitige und künftige Behandlung wesentlichen Maßnahmen und deren Ergebnisse aufzuzeichnen, insbesondere die Anamnese, Diagnosen, Untersuchungen, Untersuchungsergebnisse, Befunde, Therapien und ihre Wirkungen, Eingriffe und ihre Wirkungen, Einwilligungen und Aufklärungen. Arztbriefe sind in die Patientenakte aufzunehmen.

(3) Der Behandelnde hat die Patientenakte für die Dauer von zehn Jahren nach Abschluss der Behandlung aufzubewahren, soweit nicht nach anderen Vorschriften andere Aufbewahrungsfristen bestehen.

ÜBERSICHT

I. Begriff 1, 2	3. Beispiele, in denen eine Dokumentationspflicht abgelehnt wurde 74–84
II. Rechtslage 3–7	VI. Form der Dokumentation 85–107
1. Einleitung 3	1. Schriftformerfordernis 85–90
2. Historie der Judikatur 4–7	2. Elektronische Patientendokumentation 91–107
III. Rechtsgrundlagen 8–17	VII. Zeitpunkt der Dokumentation .. 108–118
1. Bürgerliches Gesetzbuch (BGB) ... 8	1. Zeitpunkt der Erstellung der ärztlichen Dokumentation 108–111
2. Sozialgesetzbuch V (SGB V) 9, 10	2. Unmittelbarer zeitlicher Zusammenhang 112–114
3. Musterberufsordnung-Ärzte (MBO-Ä) 11	3. Einzelfallbeurteilung 115–118
4. Bundesmantelvertrag-Ärzte (BMV-Ä)	VIII. Pflegeakte 119–129
12, 13	IX. Dokumentation im Rahmen der tierärztlichen Behandlung 130–132
5. Sondervorschriften 14–17	X. Aufbewahrung der Krankenunterlagen 133–174
IV. Zweck, Funktionen, Entstehung und Verständlichkeit der ärztlichen Dokumentation 18–35	1. Einführung 133–138
1. Zweck 18	2. Zehnjahresfrist gemäß § 630f Abs 3 . 139–143
2. Informationsfunktion zwecks fachgerechter (Weiter-) Behandlung 19–21	3. Aufbewahrung im Falle der Klinik- oder Praxisaufgabe (bzw der Praxisübergabe) 144–148
3. Wahrung von Persönlichkeitsrechten des Patienten 22	4. Andere Aufbewahrungsfristen 149–167
4. Funktion der ärztlichen Rechenschaftslegung 23–26	5. „Ersetzendes Scannen" von Originalen 168–174
5. Beweisfunktion 27, 28	
6. Entstehung der Dokumentation ... 29–31	
7. Verständlichkeit der Dokumentation 32–35	
V. Umfang der Dokumentation ... 36–84	
1. Allgemeine Grundlagen 36–58	
2. Beispiele, in denen eine Dokumentationspflicht bejaht wurde 59–73	

Schrifttum § 630f: Walter, Anmerkung zu BGH, Urt v 27.6.1978 – VI ZR 183/76, JZ 1978, 806; Wasserburg, Die ärztliche Dokumentationspflicht im Interesse des Patienten, NJW 1980, 617; Kern, Archivierung von Krankenunterlagen in der Klinik, Krankenhaustechnik 6/1981, 60; Hohloch, Ärztliche Dokumentation und Patientenvertrauen – Zum Streit um „Dokumentationspflicht" und „Einsichtsrecht", NJW 1982, 2577; Kern, Dokumentation und Schweigepflicht, in: Gramberg-Danielsen (Hrsg), Rechtsophthalmologie, 1985, S 52; Bockelmann, Die Dokumentationspflicht des Arztes und ihre Konsequenzen, in: Vogler (Hrsg), Festschrift für Hans-Heinrich Jescheck zum 70. Geburtstag, Band 2, 1985, S 693; Peter, Die Beweissicherungspflicht des Arztes, NJW 1988, 751; Schmidt-Beck, Rechtliche Aspekte der EDV-gestützten ärztlichen Dokumentation, NJW 1991, 2335; Taupitz, Die ärztliche Schweigepflicht in der aktuellen Rechtsprechung des BGH, MDR 1992, 421; Taupitz, Mitveräußerung der Patientenkartei erfordert Einwilligung der Patienten, Anmerkung zum Urteil des BGH vom 11.12.1991 – VIII ZR 4/91, VersR 1992, 448; Rigizahn, Dokumentationspflichtverletzung des vorbehandelnden Arztes verursacht Behandlungsfehler des nachbehandelnden Arztes – Schadensersatz statt Beweiserleichterungen, MedR 1995, 391; Rüssmann, Das Beweisrecht elektronischer Dokumente, JurPC 1995, 3212; Nüssgens, Zur ärztlichen Dokumentationspflicht und zum Recht auf Einsicht in Krankenunterlagen, in: Ebenroth (Hrsg), Verantwortung und Gestaltung, Festschrift für Karlheinz Boujong zum 65. Geburtstag, 1996, S 831; Hager, Fetale Hypoxie und rechtliche Konsequenzen, Der Gynäkologe 1989, 390; Bender, Der Umfang der ärztlichen Dokumentationspflicht – ein weiterer Schritt der Verrechtlichung, VersR 1997, 918; Gross, Ärztlicher Standard – Sorgfaltspflichten, Befundsicherung, Dokumentation und Beweislast, 1997; Ortner/Geis, Die elektronische Patientenakte, MedR 1997, 337; Streckel, Rubrik „Juristischer Rat", Die Schwester/Der Pfleger, Heft 1/2000, 60; Bittner, Die virtuelle Patientenakte: eine Untersuchung über den Beweiswert der elektronischen Dokumentation des Arztes im Zivilprozess unter Berücksichtigung der Besonderheiten des Arzthaftungsrechts, 2001; Jorzig, Arzthaftungsprozeß – Beweislast und Beweismittel, MDR 2001, 481; Rossnagel, Das neue Recht elektronischer Signaturen – Neufassung des Signaturgesetzes und Änderung des BGB und der ZPO, NJW 2001, 1817; Wendt, Die ärztliche Dokumentation, 2001; Bartlakowski, Die Ärztliche Behandlungsdokumentation, 2003; Ratzel, Behandlungsunterlagen verschwunden? Das kann teuer werden. Grober Behandlungsfehler führt zur Beweislastumkehr nach Aufklärung ausländischer Patienten: Wann ist ein Dolmetscher notwendig? Frauenarzt 2003, IUSPLUS, Heft 5, 475; Bemmann, Die tierärztliche Dokumentation und das Einsichtsrecht in tierärztliche Behandlungsunterlagen, Pferdeheilkunde 2004, 353; Berg, Dokumentation, in: Berg/Ulsenheimer, Patientensicherheit, Arzthaftung, Praxis- und Krankenhausorganisation, 2006, 223; Brüggemeier, Haftungsrecht, 2006; Hausch, Vom therapierenden zum dokumentierenden Arzt – über die zunehmende haftungsrechtliche Bedeutung der ärztlichen Dokumentation, VersR 2006, 612; Muschner, Der prozessuale Beweiswert ärztlicher (EDV) Dokumentation, VersR 2006, 621; Rossnagel/Fischer-Dieskau, Elektronische Dokumente als Beweismittel: Neufassung der Beweisregelungen durch das Justizkommunikationsgesetz, NJW 2006, 806; Semler/Ripkens-Reinhard, Archivierung von klinischen Forschungsunterlagen, in: Jäckel (Hrsg.) Telemedizinführer Deutschland, Ausgabe 2006; Sträter, Grober Behandlungsfehler und Kausalitätsvermutung, 2006; Ackenheil, Mit Sorgfalt ans Werk – Recht auf Einsicht in Tacke, Zur fehlenden generellen Pflicht des Hausarztes zur Blutdruckmessung bei jedem Patienten, Anmerkung zu OLG München, Urt v 1.3.2007 – 1 U 4028/06, VersR 2007, 253; Haack/Grothe, Fortführung von Arztpraxen, NWB Steuer- und Wirtschaftsrecht, 40/2009, 3113; Strässner, Sicher dokumentieren – Rechtliche Aspekte der Pflegedokumentation, Pflege im Unternehmen Krankenhaus, 01/2010 CNE Fortbildung, https://www.thieme.de/statics/dokumente/thieme/final/de/dokumente/tw_pflege/le4_110_1-schutz.pdf (zuletzt abgerufen am 30.12.2021); Wohllebe, Dokumentation in der Tiermedizin, http://geb.uni-giessen.de/geb/volltexte/2011/8154/pdf/Wohllebe_Dokumentation_2010.pdf (zuletzt abgerufen am 30.12.2021); Huber, Haftung für Pflegefehler, AJP/PJA 3/2011, 272; Lopacki, Das Selbstbestimmungsrecht im Kontext mit ärztlicher Dokumentationspflicht und Einsicht in die Patientenakte, GuP 2011, 98; Reuter/Hahn, Der Referentenentwurf zum Patientenrechtegesetz – Darstellung der wichtigsten Änderungsvorschläge für das BGB, VuR 2012, 247; Katzenmeier, Der Behandlungsvertrag – Neuer Vertragstypus im BGB, NJW 2013, 817; Rehborn, Das Patientenrechtegesetz, GesR 2013, 257; Thole, Das Patientenrechtegesetz – Ziele der Politik, MedR 2013, 145; Behandlungsunterlagen, hundkatzepferd 2014, 30; Jungbecker, Anmerkung zu LG Baden-Baden, Urt v 4.7.2014 – 2 O 161/11, VersR 2014, 1507; Gödicke, Risikoerklärung statt Risikoaufklärung, Besprechung von OLG Zweibrücken, Beschl v 31.1.2013 – 5 U 43/11, MedR 2014, 18; Mielęcki, Die Anwendbarkeit des Patientenrechtegesetzes auf die Pflege, Sozialrecht aktuell 2014, 143; Dautert, Anmerkung zu OLG Oldenburg, Urt v 21.5.2014 – 5 U 216/11, GesR Rechtsprechung kompakt 2015, 612; Möller/Makoski, Der Arztbrief – Rechtliche Rahmenbedingungen, KrV, 05/15, 186; Bergmann/Wever, Anmerkung zu OLG Bamberg, Beschl v 25.11.2015 – 4 U 82/15, MedR 2016, 792; Schmücker, E-Health-Gesetz und seine Chancen für das Gesundheitswesen, GuP 2016 Heft 3, 81; Wagner, Das elektronische Dokument im Zivilprozess, Jus 2016, 29; Fiekas, Grob missverständliche Formulierungen im Befundbericht als Behandlungsfehler, Anmerkung zu OLG Köln, Beschl v 14.3.2016 – 5 U 69/15, MedR 2017, 318; Süss, Die Rechtsprechung deutscher Oberlandesgerichte zum Arzthaftungsrecht, MedR 2017, 107; Bayer, Ärztliche Dokumentationspflicht und Einsichtsrecht in Patientenakten, Schriftenreihe Medizinrecht, 2018; Halbe, Praxisverwaltung: Rechtsfragen bei der Digitalisierung von Patientenakten, Deutsches Ärzteblatt 2018; 115 (42): A-1890/B-1580/C-1566; Narr, Ärztliches Berufsrecht, Ausbildung, Weiterbildung, Berufsausübung, Stand 28. Ergänzungslieferung 2018; Mannschatz, Missverständnis zwischen Ärzten führte zu Dauerschaden beim Patienten, Rechtsdepesche, 25.2.2019, https://www.rechtsdepesche.de/missverstaendnis-zwischen-aerzten-fuehrte-zu-dauerschaden-beim-patienten/(zuletzt abgerufen am 30.12.2021); Rieger, Lexikon des Arztrechts, 2019; Holzner, Datenschutz, Dokumentations- und Organisationspflichten in der ärztlichen Praxis, 2020; Wenzel, in: Wenzel (Hrsg), Handbuch des Fachanwalts Medizinrecht, 4. Aufl 2020; Deutsche Krankenhausgesellschaft – DKG (Hrsg), Die Dokumentation der Krankenhausbehandlung – Hinweise zur Durchführung, Archivierung und zum Datenschutz, 6. Aufl 2020; Heinemann, 10 Jahre Gendiagnostikgesetz – wie kann die Vernichtungspflicht für Ergebnisse genetischer Analysen und Untersuchungen praktisch umgesetzt werden?, medizinische genetik 2020; 32 (1): 75; Christopoulos, Rechtsverbindlich signieren mit dem elektronischen Heilberufsausweis, Rheinisches Ärzteblatt, Heft 5/2021, 25; Huber, in: Musielak/Voit (Hrsg), ZPO Kommentar, 18. Aufl 2021; Schahinian, https://www.arbeitssicherheit.de/themen/arbeitssicherheit/detail/besonderheiten-beim-wechsel-des-betriebsarztes.html (zuletzt abgerufen am 30.12.2021).

I. Begriff

Die Dokumentation der Behandlung dient dieser[1]. Unter der Dokumentationspflicht wird die dem Behandler obliegende Pflicht verstanden, alle für die Behandlung notwendigen, das heißt therapeutisch bedeutenden Umstände aufzuzeichnen und diese Aufzeichnungen sowie sonstige anlässlich der Behandlung anfallenden Krankenunterlagen aufzubewahren[2]. Durch das schriftliche Festhalten der einzelnen Behandlungsschritte soll eine sachgerechte therapeutische Behandlung und Weiterbehandlung gewährleistet werden[3]. Die Dokumentation soll die für den Behandlungsverlauf wesentlichen medizinischen Daten und Fakten sicherstellen und dadurch die medizinisch gebotene/sachgerechte Weiterbehandlung des Patienten durch denselben bzw einen nachbehandelnden anderen Arzt ermöglichen[4]. So sollen Maßnahmen erst dann in den Krankenunterlagen zu dokumentieren sein, wenn dies erforderlich ist, um Ärzte und Pflegepersonal über den Verlauf der Krankheit und die bisherige Behandlung im Hinblick auf künftige medizinische

---

1 JurisPK-BGB⁹/Schmidt, § 630f Rz 2.
2 OLG München, Urt v 29.1.2009 – 1 U 3836/05, openJur 2012, 97838 Rz 57 ff; Nüssgens, Zur ärztlichen Dokumentationspflicht, in: Ebenroth (Hrsg), Festschr für Karlheinz Boujong zum 65. Geburtstag, 831, 832 f, 846.
3 JurisPK-BGB⁹/Schmidt, § 630f Rz 2; BT-Drucks 17/10488, 25 m Hinw auf BGH, Urt v 2.6.1987 – VI ZR 174/86, NJW 1988, 762.
4 OLG Koblenz, Urt v 27.9.2011 – 5 U 273/1, GesR 2012, 49f; OLG München, Urt v 5.5.2011 – 1 U 4306/10, -juris Rz 52; Spickhoff/Scholz, MedR-Komm³, Nr 350 (MBO) § 10 Rz 3; Spickhoff/Greiner, MedR-Komm³, Nr 70 (BGB), §§ 823–839 Rz 124; Wenzel, in: Wenzel, HdB Fachanwalt Medizinrecht⁴, Kapitel 4 V 1 Rz 314 ff; Jung/Lichtschlag–Traut/Ratzel, in: Ratzel/Luxenburger, Handbuch Medizinrecht⁴, 1. Therapiesicherung Rz 327; DKG, Die Dokumentation der Krankenhausbehandlung⁶, S 3, 9.

Entscheidungen ausreichend zu informieren[5]. Die vollzogenen Behandlungsmaßnahmen sollen damit für einen anderen Fachmann transparent gemacht werden[6]. Die ärztliche Dokumentation dient als Grundlage für die patientenbezogene Kommunikation der Behandelnden[7]. Gesetzlich vorgeschrieben ist, dass der Arzt Anamnese und Diagnose in die Dokumentation aufnimmt, durchgeführte Untersuchungen inklusive Ergebnissen, sämtliche Befunde, Therapien und deren Wirkungen, Eingriffe und ihre Wirkungen sowie Einwilligungen und Aufklärungen des Patienten. Darüber hinaus muss der Arzt die Arztbriefe als sog „Transferdokumente" gemäß § 630f Abs 2 Satz 2 in die Patientenakte aufnehmen[8]. Dies spiegelt sich gesetzlich in § 630f Abs 2 Satz 1 wider, der im Wortlaut für die Wesentlichkeit der zu dokumentierenden Maßnahmen auf die fachliche Sicht abstellt. Nach dem Wortlaut des Gesetzes kommt es bei der Beurteilung des Dokumentationsumfangs ausdrücklich nur auf die fachlich-medizinische Sichtweise an[9]. Dies ist ein Indiz dafür, dass auch der Gesetzgeber von dem seitens der Rspr geprägten Grundsatz ausgeht, dass eine Dokumentation, die medizinisch nicht geboten ist, auch aus Rechtsgründen nicht vom Behandelnden gefordert werden kann[10]. Diesen Gedanken formulierte der BGH so erstmals in einer Entscheidung aus dem Jahr 1989[11]. Nur was medizinisch notwendig ist, um andere Ärzte und ggf das Pflegepersonal über den Verlauf der Krankheit und die bisherige Behandlung für ihre künftigen Entscheidungen zu informieren[12], ist dokumentationspflichtig und demnach aus Rechtsgründen geboten[13].

2 Grds muss die Dokumentation umso genauer und umfangreicher sein, je komplizierter die Krankheits- oder zu erwartenden Therapieverläufe sind. Dabei ist zu berücksichtigen, dass jeder an der Behandlung beteiligte Behandler eine eigene Dokumentation zu erstellen hat. Diese hat zeitnah, quasi ohne Verzug zur Behandlung zu erfolgen. Sollte sie während der Behandlung nicht möglich sein, bspw während einer Operation, ist die ärztliche Dokumentation anschließend unmittelbar nachzuholen. Spätere Nachträge und zeitverzögerte Ergänzungen sind zwar legitim, müssen aber sowohl das konkrete Datum des Nachtrags sowie dessen (Verspätungs-)grund enthalten. Somit ist – bei einer digitalisierten Patientenakte – mit einer Praxissoftware zu arbeiten, welche nachträgliche Änderungen von Eintragungen kenntlich macht[14]. Die ärztliche Dokumentation entsteht durch das kontinuierliche Befüllen der Patientenakte. Die Patientenakte soll dabei alle patientenbezogenen Informationen und Unterlagen (ärztliche Aufzeichnungen, prä-, intra-, postoperative Berichte, Ausdrucke wie EKG-, EEG-, CTG-Streifen, Röntgen-, MRT-Aufnahmen etc) zusammenführen[15].

II. Rechtslage

3 **1. Einleitung.** Die ärztliche Dokumentationspflicht entspringt als Nebenpflicht aus dem Behandlungsvertrag[16] und findet ihre rechtliche Fixierung im BGB seit dem PatRG gemäß § 630f Abs 1 und 2. Daneben sollen auch „deliktsrechtliche Grundlagen in Betracht" kommen, wobei diesem – teilweise kritisierten[17] – Ansatz heute keine allzu umfangreiche eigenständige Bedeutung mehr zukommen dürfte, wenn man zu Recht von einer auch auf das Deliktsrecht durchschlagenden Wirkung des Pflichtenkatalogs der §§ 630a ff (mit § 630f) ausgeht[18]. Darüber hinaus ist der Arzt standesrechtlich verpflichtet, die Behandlung in ihren maßgeblichen Punkten zu dokumentieren, MBO-Ä § 10, ebenso obliegt es ihm auch deliktisch nach TPG §§ 13, 13a, MPBetrV § 15, aber auch gerichtlich, bspw in einem gerichtlichen Genehmigungsbeschluss für eine Zwangsbehandlung gemäß FamFG § 323 Abs 2[19]. Bereits vor dem Inkrafttreten des PatRG

---

5 Deutsch/Spickhoff, MedR-HdB[7], Rz 899.
6 Spickhoff/Scholz, MedR-Komm[3], Nr 350 (MBO) § 10 Rz 3.
7 Rehborn/Kern, in: Laufs/Kern/Rehborn, HdB ArztR[5], § 61 Rz 2.
8 Zur Indizwirkung von sog „vertraulichen" Vermerken an Kollegen auf der Rückseite des Arztbriefes (bei unerkannt gebliebenem Minderwuchs und unterlassener Verlaufskontrolle) OLG Oldenburg, Urt v 21.5.2014 – 5 U 216/11, VersR 2014, 1336, 1339 = GesR Rechtsprechung kompakt 2015, 611 m Anm Dautert GesR 2015, 612.
9 Bayer, Ärztliche Dokumentationspflicht und Einsichtsrecht in Patientenakten, S 47.
10 Bayer, Ärztliche Dokumentationspflicht und Einsichtsrecht in Patientenakten, S 47.
11 BGH, Urt v 24.1.1989 – VI ZR 170/88, NJW 1989, 2330, 2331.
12 Wenzel, in: Wenzel, HdB Fachanwalt Medizinrecht[4], Kapitel 4 V 1 Rz 315.
13 OLG München, Urt v 29.1.2009 – 1 U 3836/05, open-Jur 2012, 97838 Rz 57 ff; BGH, Urt v 6.7.1999 – VI ZR 290/98, NJW 1999, 3408; BGH, Urt v 23.3.1993 – VI ZR 26/92, NJW 1993, 2375, 2377 = MedR 1993, 430; BGH, Urt v 24.1.1989 – VI ZR 170/88, NJW 1989, 2330.
14 Zur nicht revisionssicheren Praxisdokumentation BGH, Urt v 27.4.2021 – VI ZR 84/19, ZMGR 2021, 229, 230 ff.
15 Rehborn/Kern, in: Laufs/Kern/Rehborn, HdB ArztR[5], § 61 Rz 2.
16 Zum Meinungsstand, ob die Dokumentationspflicht als Haupt- oder als Nebenpflicht zu betrachten ist Rehborn/Kern, in: Laufs/Kern/Rehborn, HdB ArztR[5], § 61 Rz 5; MBO[7]/Ratzel, § 10 Rz 1; Geiß/Greiner, Arzthaftpflicht[8], A Rz 7.
17 Rigizahn MedR 1995, 391, 391 vgl Fn 6.
18 Bayer, Ärztliche Dokumentationspflicht und Einsichtsrecht in Patientenakten, S 35.
19 Spickhoff/Greiner, MedR-Komm[3], Nr 70 (BGB), §§ 823–839 Rz 124.

war anerkannt, dass die Dokumentationspflicht ein Hilfsmittel des Arztes ist, welches entscheidende Relevanz für die fachärztlich korrekte Erst- und Weiterbehandlung aufweist. Sie resultiert für den einzelnen Behandler, unabhängig davon, wo er tätig wird (Einzelpraxis/Krankenhaus/MVZ) vorrangig als Nebenpflicht aus dem Arztvertrag[20] oder dem Krankenhausaufnahmevertrag. Die Dokumentation wird „dem Patienten als Bestandteil einer sorgfältigen oder fachgerechten[21] Behandlung vom Arzt geschuldet"[22]. Im Gegensatz zu dem Einsichtnahmerecht des Patienten in seine Akte, ist die Dokumentationspflicht keine Leistungspflicht des Arztes, die der Patient selbständig einklagen kann[23]. Die Aufzeichnungspflicht des Arztes ist, da sie ihm gegenüber den Patienten aufgegeben ist, zwar nicht bloße Obliegenheit, deren Nichterfüllung einen Rechtsverlust des Arztes bewirkt, aber als Nebenpflicht des Behandlungsvertrages auch nicht selbständig einklagbar[24]. Sie löst keinen eigenständigen Haftungsanspruch[25] oder Behandlungsfehler[26] aus. Die frühere Rspr des BGH betrachtet die Dokumentationspflicht vorrangig als „Rechenschaftspflicht des Arztes gegenüber dem Patienten"[27]. Einen Eigenzweck verfolgt die Dokumentation nicht[28]. Die Dokumentationspflicht stellt auch bei etwaiger Ermangelung eines Behandlungsvertrags immer einen Bestandteil der sorgfältigen und fachgerechten ärztlichen Behandlung dar[29]. § 630f ist in Fällen, wo der Behandlungsvertrag infolge von fehlender oder beschränkter Geschäftsfähigkeit (bei der Behandlung von Minderjährigen ohne Zustimmung der gesetzlichen Vertreter, Bewusstlosen oder beschränkt Geschäftsfähigen wie zB schwer Demenzkranken etc) unwirksam oder nichtig ist, analog anzuwenden[30].

2. **Historie der Judikatur.** Die ärztliche Dokumentation findet ihre Ursprünge in der antiken, indischen, ägyptischen und griechischen Medizin; auch wenn zur damaligen Zeit nicht die Erreichung des Therapieerfolgs Grund für die Dokumentierung war[31]. Erst Ende des 19. Jahrhunderts manifestierte sich der Dokumentationszweck als Teil des medizinischen Informationssystems[32]. Zuvor dienten die Niederschriften als private Notizen des Arztes oder als Lehrmaterial[33]. Eine gegenüber dem Patienten bestehende Pflicht des Arztes zur Rechenschaft wurde früher von der überwiegenden Meinung in Rechtsprechung und Literatur mit der Begründung verneint, dass ärztliche Aufzeichnungen nur eine interne Gedächtnisstütze des Arztes seien und dass zur sorgfältigen und vollständigen Führung dem Patienten gegenüber keine Pflicht bestehe[34]. Ausdrücklich abgelehnt wurde eine eigenständige Pflicht des Arztes zur Anfertigung einer Dokumentation über die vorgenommene Behandlung gegenüber seinen Patienten von der frühen bundesdeutschen Rechtsprechung[35]. Die Nichtanfertigung von Aufzeichnungen hatte nach dieser Auffassung lediglich beweisrechtliche Konsequenzen.

Die endgültige und ausdrückliche Abkehr von dieser auf „einer überholten ärztlichen Berufsauffassung"[36] beruhenden Ansicht vollzog der BGH im Jahr 1978 mit gleich zwei wegweisenden Entscheidungen, wodurch die Frage der ärztlichen Dokumentationspflicht endgültig eine ‚genuin arzthaftungsrechtliche Dimension' gewann[37]. Zunächst setzte sich der BGH im sog „Dammschnitturteil" mit der Beweisnot einer Klägerin auseinander, die mangels vorliegender

---

20 Katzenmeier, in: Laufs/Katzenmeier/Lipp, Arztrecht[8], IX Rz 45; Spickhoff/Scholz, MedR-Komm[3], Nr 350 (MBO) § 10 Rz 2; zur Rechtslage vor dem PatRG Hohloch NJW 1982, 2577, 2580.
21 Spickhoff/Scholz, MedR-Komm[3], Nr 350 (MBO) § 10 Rz 2.
22 Vgl BGH, Urt v 23.11.1982 – VI ZR 222/79, BGHZ 85, 327.
23 Näher dazu Hohloch NJW 1982, 2577, 2580, 2581; aA Wasserburg NJW 1980, 619, 621, 624.
24 OLG München, Beschl v 26.8.2019 – 24 U 2814/19, BeckRS 2019, 45534; LG Koblenz, Urt v 26.10.2017 – 1 O 53/17, BeckRS 2017, 133327; Hohloch NJW 1982, 2577, 2580.
25 Rehborn/Kern, in: Laufs/Kern/Rehborn, HdB ArztR[5], § 61 Rz 36, BeckOK-BGB/Katzenmeier, Stand: 1.5.2022, § 630f Rz 18.
26 OLG Koblenz, Hinweisbeschl v 4.4.2016 – 5 U 151/1, GuP 2017, 73.
27 MBO[7]/Ratzel, § 10 Rz 1, 3; Kern, in: Dokumentation und Schweigepflicht, Gramberg-Danielsen, Rechtsophthalmologie, Dokumentation und Schweigepflicht, S 52, 55, 56.
28 Rehborn/Kern, in: Laufs/Kern/Rehborn, HdB ArztR[5], § 61 Rz 5.
29 Katzenmeier, in: Laufs/Katzenmeier/Lipp, Arztrecht[8], IX Rz 46.
30 Rehborn/Kern, in: Laufs/Kern/Rehborn, HdB ArztR[5], § 61 Rz 9.
31 Rehborn/Kern, in: Laufs/Kern/Rehborn, HdB ArztR[5], § 61 Rz 3.
32 Rehborn/Kern, in: Laufs/Kern/Rehborn, HdB ArztR[5], § 61 Rz 3.
33 Rehborn/Kern, in: Laufs/Kern/Rehborn, HdB ArztR[5], § 61 Rz 3.
34 Vgl BGH, Urt v 6.11.1962 – VI ZR 29/62, BGH NJW 1963, 1670; zur historischen Entwicklung vgl Kern, Dokumentation und Schweigepflicht, in, Gramberg-Danielsen, Rechtsophthalmologie, S 52, 55: „...ist dem Arzt erst jüngst als Aufgabe zugewachsen."; Bayer, Ärztliche Dokumentationspflicht und Einsichtsrecht in Patientenakten, S 7 f; Bockelmann, Die Dokumentationspflicht des Arztes und ihre Konsequenzen, in: Vogler (Hrsg), Festschr für Hans-Heinrich Jescheck zum 70. Geburtstag, 693, 694 ff.
35 LG Hannover, Urt v 24.6.1955 – 10 S 108/55, NJW 1956, 348; OLG Stuttgart, Urt v 4.2.1958 – 6 U 35/57, NJW 1958, 2118, 2119; BGH, Urt v 4.12.1962 – VI ZR 101/62, VersR 1963, 168; BVerfG, Urt v 8.3.1972 – 2 BvR 28/71, BVerfGE 32, 373; OLG Köln, Urt v 15.7.1974 – 10 W 9/74, OLGZ 1975, 16.
36 BGH, Urt v 27.6.1978 – VI ZR 183/76, BGHZ 72, 132, 137 = JZ 1978, 721 m Anm Walter JZ 1978, 806.
37 Bayer, Ärztliche Dokumentationspflicht und Einsichtsrecht in Patientenakten, S 7.

Operationsberichte in den Vorinstanzen einen „ärztlichen Kunstfehler" nicht beweisen konnte und deren Klage deswegen abgewiesen wurde[38]. Die eingelegte Revision hatte somit Erfolg, denn der BGH vertrat die Auffassung, dass den Arzt zumindest eine „prozessuale Aufklärungspflicht"[39] träfe: „Damit erfordert es der Grundsatz der ‚Waffengleichheit' im Arztfehlerprozeß [...] zunächst, daß der Arzt dem klagenden Patienten Aufschluß über sein Vorgehen in dem Umfang gibt, in dem ihm dies ohne weiteres möglich ist, und insoweit auch zumutbare Beweise erbringt. Dieser Beweispflicht genügt der Arzt weithin durch Vorlage einer ordnungsmäßigen Dokumentation im Operationsbericht, Krankenblatt oder Patientenkarte, wie sie auch gutem ärztlichen Brauch entspricht[40]." Angedeutet wurde diese Umsteuerung der Rechtsauffassung bereits im sog „Arsenvergiftungsfall"[41], in welchem der Arzt den Patienten mit Arsen behandelte, obgleich dies nur bei einem Paralysenverdacht gesichert war[42], der allerdings nicht vorlag.

6 Verstärkt wurde diese in der Rechtsprechung geprägten Linie, in einer weiteren – auch als „Dokumentationsurteil" bekannt gewordenen – Entscheidung des BGH[43]. Darin anerkannte der BGH eine aus dem Arztvertrag folgende „Pflicht des Arztes zu angemessener Dokumentation" als „selbstverständliche therapeutische Pflicht gegenüber dem Patienten"[44]. Seit dem „Dokumentationsurteil" gilt die therapeutische Pflicht zur Dokumentation gegenüber dem Patienten als ständige Rechtsprechung. Galt es zunächst als gesicherte Erkenntnis, die Dokumentation diene dem Arzt lediglich als Gedächtnisstütze – mit der Folge, dass der Patient aus fehlenden oder mangelhaften Aufzeichnungen keine Rechte ableiten konnte, so erfolgte mit dem Urteil des BGH aus dem Jahr 1978 der entscheidende Umschwung.

7 Dass die Pflicht zur ordentlichen Dokumentation sich schon aus der selbstverständlichen therapeutischen Verantwortung ergibt, da die weitere Behandlung durch denselben Arzt wie auch durch dessen Nachfolger aufgrund einer unzulänglichen Dokumentation nachhaltig erschwert würde, entspricht seither herrschender Meinung. Mit der Anerkennung einer aus dem Behandlungsvertrag entspringenden Dokumentationspflicht wurde in Rechtsform gegossen, was zuvor nur eine ärztliche Klugheitsregel und ein standesrechtliches Gebot war[45]. Ihr Ursprung kommt in der Zweckbestimmung des MBO-Ä § 10 Abs 1 Satz 2 noch insofern zum Ausdruck, als die Dokumentation „nicht nur", aber offenbar doch primär, „eine Gedächtnisstütze" des Arztes sein soll[46]. Der Behandelnde fertigt die Patientenakte also zunächst in seinem eigenen Interesse an einer pflichtgemäßen und erfolgversprechenden Berufsausübung an[47], ist sie doch immer Bestandteil der geschuldeten sorgfältigen Behandlung[48].

III. Rechtsgrundlagen

8 1. **Bürgerliches Gesetzbuch (BGB).** Die ärztliche Dokumentationspflicht wird durch unterschiedliche Rechtsvorschriften unabhängig voneinander geregelt. Zivilrechtlich ist diese seit dem Inkrafttreten des Patientenrechtegesetztes in § 630f „Dokumentation der Behandlung" gesetzlich geregelt.

9 2. **Sozialgesetzbuch V (SGB V).** Die Pflicht zur Dokumentation ergibt sich für Vertragsärzte ferner aus SGB V §§ 294, 295 Abs 1 Nr 2. Demzufolge ist der Leistungserbringer (sei es der Arzt, das Krankenhaus oder bspw ein MVZ) verpflichtet, Angaben zu dokumentieren, die aufgrund von ärztlicher Versorgung, Verordnung oder Abgabe von Versicherungsleistung entstehen. Der Arzt wird damit zur bereichsspezifischen Datenerhebung ermächtigt, zudem, ohne dass die Einwilligung des Betroffenen erforderlich ist. Dabei ist allerdings lediglich die Erhebung sog Sozialdaten nach Maßgabe der SGB V §§ 284 f als erforderlich zu betrachten; eine weitergehende Datenerhebung und -speicherung ist davon nicht erfasst[49]. Ebenso schreibt SGB V §§ 294, 295 Abs 1 Nr 2 eine Verpflichtung zur Weitergabe dieser Angaben an die Krankenkassen und Kassen-

---

38 Bayer, Ärztliche Dokumentationspflicht und Einsichtsrecht in Patientenakten, S 7.
39 Brüggemeier, Deliktsrecht, Rz 679; Bayer, Ärztliche Dokumentationspflicht und Einsichtsrecht in Patientenakten, S 7.
40 BGH, Urt v 14.3.1978 – VI ZR 213/76, NJW 1978, 1681, 1682.
41 BGH Urt v 16.5.1972 – VI ZR 7/71, VersR 1972, 887.
42 Bayer, Ärztliche Dokumentationspflicht und Einsichtsrecht in Patientenakten, S 7.
43 BGH, Urt v 27.6.1978 – VI ZR 183/76, BGHZ 72, 132, 137 f = JZ 1978, 721 m Anm Walter JZ 1978, 806; vgl Hager Der Gynäkologe 1989, 390, 391 f.
44 Zum Einsichtsrecht des Patienten in Krankenunterlagen, soweit sie Aufzeichnungen über objektive physische Befunde und Behandlungsmaßnahmen betreffen BGH, Urt v 23.11.1982 – VI ZR 222/79, BGHZ 85, 327; zum Einsichtsrecht des Patienten in psychiatrische Patientenunterlagen BGH, Urt v 2.10.1984 – VI ZR 311/82, NJW 1985, 674.
45 MünchKomm[8]/Wagner, § 630f Rz 2.
46 MünchKomm[8]/Wagner, § 630f Rz 2.
47 MünchKomm[8]/Wagner, § 630f Rz 2.
48 Kern, Dokumentation und Schweigepflicht, in: Gramberg-Danielsen, Rechtsophtalmologie, S 52, 60.
49 BeckOK Sozialrecht/Scholz, Stand: 1.3.2022, § 294 SGB V Rz 2.

ärztlichen Vereinigungen (KVen) vor. Für die Datenübermittlung ist die Verwendung von Vordrucken nach BMV-Ä § 36 iVm dessen Anlage 2 möglich, jedoch nur bei Standardanfragen[50].

Die sozialrechtliche Dokumentationspflicht verfolgt einen anderen Primärzweck als die Dokumentationspflicht, die sich aus § 630f ergibt; erstere dient vor allem der Abrechnungsmöglichkeit gegenüber der KV. Die ordnungsgemäße Dokumentation ist erheblich für den Vergütungsanspruch und im Wirtschaftlichkeitsprüfverfahren, da sie zum Leistungsinhalt der Gebührennummern gehört. Kann bspw eine Röntgenaufnahme iRd Abrechnung trotz Aufforderung bei der KV/KZV den Prüfungsausschüssen nicht vorgelegt werden und kann dies nicht nachvollziehbar, bspw durch die temporäre Überlassung an einen anderen Behandler, entschuldigt werden, dürfen die Leistungen als nicht erbracht angesehen werden[51]. Da eine ordnungsgemäße Planung nur aufgrund ausreichender Befundung möglich ist, ist der diesbezügliche Nachweis erforderlich, sodass allein aus diesem Grund der ordnungsgemäßen Dokumentation bereits vergütungsrechtliche Bedeutung zukommt. Steht dabei noch der dringende Verdacht im Raum, dass der Arzt abgerechnete Leistungen nicht erbracht hat und/oder Leistungen abgerechnet hat, die im Rahmen einer (Notfall-)Behandlung nicht hätten erbracht werden dürfen, obliegt es dem Arzt, die Ordnungsgemäßheit der Abrechnung nachzuweisen[52]. Als Nachweis für die Leistungserbringung reicht die bloße Abrechnung nicht mehr aus[53]. Der ärztlichen Pflicht unterfällt auch, im Rahmen einer Abrechnung nachzuweisen, dass die aufwändigere und höher honorierte Leistung gegenüber einer weniger aufwendigen und geringer honorierten Leistung erforderlich war; die den höheren Aufwand bedingenden Umstände sind so genau wie möglich anzugeben und zu belegen[54]. Darlegungs-, Nachweis- und Dokumentationspflichten stellen vertragsärztliche Obliegenheiten dar, deren mangelhafte Beachtung zur Verwirkung eines Honoraranspruchs führen kann, da nicht hinreichend dargelegte, dokumentierte und nachgewiesene Leistungen als nicht erbracht bzw als nicht erfüllt anzusehen sind und daher nicht abgerechnet werden können.

3. **Musterberufsordnung-Ärzte (MBO-Ä)**. Darüber hinaus sind die Ärzte auch berufsrechtlich gemäß MBO-Ä § 10 Abs 1 Satz 1 verpflichtet, „über die in Ausübung ihres Berufes gemachten Feststellungen und getroffenen Maßnahmen die erforderlichen Aufzeichnungen zu machen"[55]. In Anpassung an die geänderte Rechtsprechung des BGH wurde in die MBO-Ä im Jahre 1979 der folgende Satz aufgenommen, der nun nach MBO-Ä § 10 Abs 1 Satz 2 lautet: Ärztliche Aufzeichnungen „sind nicht nur Gedächtnisstützen für die Ärztin oder den Arzt, sie dienen auch dem Interesse der Patientin oder des Patienten an einer ordnungsgemäßen Dokumentation". Für Psychotherapeuten gilt Vergleichbares in § 9 Abs 1 ihrer Musterberufsordnung.

4. **Bundesmantelvertrag-Ärzte (BMV-Ä)**. Im Vertragsarztrecht ergibt sich die Dokumentationspflicht zudem aus Bundesmantelvertrag-Ärzte (BMV-Ä) §§ 73 Abs 1b, 57 Abs 1[56]. Danach hat der Vertragsarzt die Befunde, Behandlungsmaßnahmen und veranlassten Leistungen „in geeigneter Weise" aufzuzeichnen[57]. Für den Vertragsarzt stellt die nicht ordnungsgemäße Dokumentation gleichzeitig eine Verletzung seiner vertragsärztlichen Pflichten dar. Verstöße hiergegen seien zulassungsrechtlich zu verfolgen[58], auch die Einleitung eines Disziplinarverfahrens durch die Kassenärztliche Vereinigung (KV) ist möglich[59].

Das LSG NRW weist darauf hin[60], dass eine fehlende oder unzureichende Dokumentation das Streichen einer abgerechneten Leistung wegen nicht vollständiger Erbringung nur dann rechtfertigt, wenn deren Dokumentation zum ausdrücklichen Leistungsinhalt der Gebührenordnungsposition gehört. Das LSG Niedersachsen-Bremen[61] befand, dass die allgemeine vertragsärztliche bzw berufsrechtliche Pflicht zur Dokumentation nach BMV-Ä § 57 Abs 1 und MBO-Ä § 10 Abs 1 an den Voraussetzungen für die vertragsärztliche Abrechnung schon deshalb nichts ändert, weil der Gesetzgeber mit SGB V § 87 dem Bewertungsausschuss die abschließende Kompetenz zur Festlegung des Leistungsverzeichnisses zugewiesen hat. Demzufolge seien die Partner des

---

50 BeckOK Sozialrecht/Scholz, Stand: 1.3.2022, § 294 SGB V Rz 1.
51 SG Marburg, Urt v 7.7.2010 – S 12 KA 633/09, openJur 2012, 33263.
52 SG Marburg, Gerichtsbescheid v 6.4.2021 – S 12 KA 199/19, openJur 2021, 16175.
53 SG Marburg, Gerichtsbescheid v 6.4.2021 – S 12 KA 199/19, openJur 2021, 16175; LSG Nordrhein-Westfalen, Urt v 4.11.2019 – L 11 KA 27/19 B, openJur 2020, 122; LSG Niedersachsen-Bremen, Urt v 6.9.2017 – L 3 KA 108/14, openJur 2020, 8956; BSG, Urt v 3.8.2016 – B 6 KA 42/15 R, NZS 2017, 154.
54 SG Marburg, Gerichtsbescheid v 6.4.2021 – S 12 KA 199/19, openJur 2021, 16175.
55 MBO[7]/Ratzel, § 10 Rz 2.
56 Narr, Ärztliches Berufsrecht. Ausbildung, Weiterbildung, Berufsausübung, Stand: 28. Erg-lfg 2018, Rz B 183; zu den Einzelheiten MBO[7]/Ratzel, § 10 Rz 3.
57 Spickhoff/Scholz, MedR-Komm[3], Nr 350 (MBO), § 10 Rz 2.
58 LSG Nordrhein-Westfalen, Urt v 4.11.2019 – L 11 KA 27/19 B, openJur 2020, 122.
59 Rehborn/Kern, in: Laufs/Kern/Rehborn, HdB ArztR[5], § 61 Rz 37.
60 Rehborn/Kern, in: Laufs/Kern/Rehborn, HdB ArztR[5], § 61 Rz 37.
61 LSG Niedersachsen-Bremen, Urt v 6.9.2017 – L 3 KA 108/14, openJur 2020, 8956.

Bundesmantelvertrags nicht befugt, das Leistungsverzeichnis zu verändern oder zusätzliche Abrechnungsvoraussetzungen zu schaffen[62].

14 5. **Sondervorschriften.** Vor Inkrafttreten der Norm fanden sich Dokumentationspflichten nur vereinzelt in Rechtssätzen des Bundes angeordnet, etwa in IfSG §§ 6, 23 Abs 4; AMG § 40 Abs 1 Satz 6, TFG §§ 11, 14, 17; TPG § 13a; StrlSchG §§ 79 Abs 2, 85; StrlSchV §§ 42 Abs 2, 175 Abs 3; Richtlinie zur Verordnung über den Schutz vor Schäden durch ionisierende Strahlen (StrlSchV) Ziff. 5.5 Aufzeichnungspflichten[63]; BtMVV § 5 Abs 11; ArbMedV § 6 Abs 3; GenDG §§ 9 Abs 3, 10 Abs 4, 15 Abs 3; ApBetrO § 22 Abs 4 gilt hinsichtlich der Ausgabedokumentation von Blutprodukten[64]. Diese Vorschriften gelten auch weiterhin als spezialgesetzliche Sonderregelungen fort[65].

15 Nach § 1631e Abs 6 wird die in § 630f Abs 3 festgelegte Aufbewahrungspflicht bei der Behandlung von Kindern mit Varianten der Geschlechtsentwicklung auf einen Zeitraum von 30 Jahren nach Volljährigkeit der Betroffenen, also bis zu der Vollendung deren 48. Lebensjahres, verlängert, um diesen auch noch im Erwachsenenalter die Verschaffung von Informationen über etwaige bei ihnen durchgeführte Eingriffe zu ermöglichen. Die Übergangsvorschrift hierfür ist EGBGB Art 229, § 55[66]. Eine weitere Sondervorschrift zur Dokumentation stellt GefStoffV § 14 Abs 3 Nr 4 dar. Danach hat der Arbeitgeber das Verzeichnis nach Nummer 3 mit allen Aktualisierungen 40 Jahre nach Ende der Exposition aufzubewahren; bei Beendigung von Beschäftigungsverhältnissen hat der Arbeitgeber den Beschäftigten einen Auszug über die sie betreffenden Angaben des Verzeichnisses auszuhändigen und einen Nachweis hierüber wie Personalunterlagen aufzubewahren[67].

16 Ähnliches gilt sinngemäß auch nach der Biostoffverordnung (BioStoffV) § 14 Abs 2 Satz 5[68] iVm der Verordnung zur arbeitsmedizinischen Vorsorge (ArbMedVV) § 6 Abs 3 Nr 2, nach dem der Arzt das Ergebnis sowie die Befunde aus der arbeitsmedizinischen Vorsorgeuntersuchung dem Beschäftigten bei Arbeitstätigkeiten mit biologischen Arbeitsstoffen zu dokumentieren und zwecks Einsichtnahme und Auskunft aufzubewahren hat.

17 Die Verletzung gesetzlicher Dokumentationspflichten kann eine Ordnungswidrigkeit darstellen[69].

IV. Zweck, Funktionen, Entstehung und Verständlichkeit der ärztlichen Dokumentation

18 1. **Zweck.** Im Rahmen der Zweckbestimmung ist festzuhalten, dass der ärztlichen Dokumentation eine Hilfsfunktion zur Erfüllung anderer Pflichten aus dem Arztvertrag zukommt. Durch diese wird die Dokumentationspflicht inhaltlich konkretisiert[70]. Sie orientiert sich am Hauptzweck des Arztvertrages, an der medizinischen Behandlung und dient hauptsächlich therapeutischen Zwecken[71]. Deshalb erstreckt sich die Dokumentationspflicht auch nur auf Umstände, die für die Diagnose und Therapie medizinisch erforderlich sind. Die medizinische Dokumentation muss stets drei wesentliche Grundanforderungen erfüllen: sie muss jederzeit vollständig, verfügbar (lesbar) und ordnungsgemäß sein[72].

19 2. **Informationsfunktion zwecks fachgerechter (Weiter-) Behandlung.** Der primäre Zweck der Dokumentation ist der therapeutische. Die gefertigten Unterlagen (sollen) für die weitere Behandlung des Patienten, gegebenenfalls auch durch einen anderen Arzt [...] verfügbar

---

62 Vgl BSG, Urt v 3.8.2016 – B 6 KA 42/15 R, NZS 2017, 154.
63 Unter Bezugnahme der Verordnung zur Änderung strahlenschutzrechtlicher Verordnungen vom 4.10.2011 (BGBl I S 2000) gelten die Regelungen ab dem 1.11.2011. Die Richtlinie „Strahlenschutz in der Medizin" wurde am 30.11.2011 im Gemeinsamen Ministerialblatt S 867 veröffentlicht.
64 Gemäß ApBetrO § 22 Abs 4 sind abweichend von Absatz 1 die Aufzeichnungen nach ApBetrO § 17 Abs 6a mindestens dreißig Jahre aufzubewahren oder zu speichern und dann zu vernichten oder zu löschen, wenn die Aufbewahrung oder Speicherung nicht mehr erforderlich ist.
65 BeckOK-BGB/Katzenmeier, Stand: 1.5.2022, BGB § 630f Rz 1.
66 Grüneberg[81]/Götz, § 1631e Rz 14.
67 Die Gefahrstoffverordnung (GefStoffV) ist eine deutsche Verordnung zum Schutz vor gefährlichen Stoffen im deutschen Arbeitsschutz. Die Verordnungsermächtigung ist im Chemikaliengesetz enthalten. Seit 2005 ist auch das Arbeitsschutzgesetz gesetzliche Grundlage für die GefStoffV ausgegeben am 26.10.1993, BGBl I S 1782, S 2049, Inkrafttreten der letzten Änderung am 5.4.2017, letzte Änderung: Art 183 G vom 29.3.2017, BGBl I S 626, 648.
68 Verordnung über Sicherheit und Gesundheitsschutz bei Tätigkeiten mit Biologischen Arbeitsstoffen (Biostoffverordnung – BioStoffV), ausgegeben am 27.1.1999, BGBl I, S 50, Inkrafttreten am 1.4.1999, Inkrafttreten der Neufassung am 16.7.2013.
69 Vgl bspw IfSchG § 73 Abs 1 Nr 8 iVm § 22 Abs 1 und IfSchG § 73 Abs 1 Nr 9, 9a iVm § 23 Abs 4; StrlSchVO § 184.
70 Bender VersR 1997, 918, 921.
71 OLG München, Urt v 29.1.2009 – 1 U 3836/05, openJur 2012, 97838 Rz. 57 ff.
72 BGH, Urt v 21.11.1995 – VI ZR 341/94, NJW 1996, 779.

sein[73]. Die ärztliche Dokumentation zielt primär darauf ab, eine fachgerechte Behandlung des Patienten in einer Arbeitswelt, die Arbeitsteilung mit sich bringt und die, gerade im Krankenhaus, eine Vielzahl von Ärzten auch verschiedener Fachrichtungen in die Behandlung einbindet, zu gewährleisten. Ärztliche Dokumentation ist somit nicht nur die Gedächtnisstütze für den dokumentierenden Arzt, sondern vielmehr auch die entscheidende Informationsquelle für andere an der Behandlung Beteiligte und insofern auch zugleich Wiedergabe des Behandlungsprozesses. Ziel sollte dabei sein, eine vollständige und verlässliche Arbeitsgrundlage für alle an der Behandlung beteiligten Ärzte und Behandler zu schaffen[74]. Aufzuzeichnen ist daher jede Maßnahme, deren Vornahme oder Unterlassung medizinische Folgen haben kann[75].

Die ärztliche Dokumentation über das Mittel der Patientenakte gehört untrennbar zur **20** Behandlung, weil nur über die Dokumentation der Behandlung diese und auch die Weiterbehandlung nachhaltig erfolgversprechend sein kann. Somit hat die Dokumentationspflicht auch eine Disziplinierungsfunktion für den Behandler. Sie soll ihn dazu zwingen, sich über die durchgeführten und durchzuführenden Maßnahmen Klarheit zu verschaffen, um erforderliche Maßnahmen somit auch nicht zu vergessen oder zu vernachlässigen[76]. Die Patientenaktendokumentation ist das zentrale Informationselement der ärztlichen Behandlung, sie dient primär der Diagnose- und Therapiesicherung[77]. Dies gilt nicht nur für eine Weiterbehandlung durch denselben Arzt, sondern verstärkt für eine Weiterbehandlung durch einen anderen Arzt, sei es durch einen vom Patienten frei gewählten Nachfolger oder durch einen Facharzt oder ein Krankenhaus, an welchen/s der behandelnde Arzt den Patienten überweist[78]. Durch eine unzulängliche Dokumentation wird diese Weiterbehandlung entscheidend erschwert[79]. Auch kann die Dokumentation lebensrettend sein, bspw, wenn eine aufgetretene allergische Reaktion auf bereits applizierte Medikamente niedergeschrieben wurde[80]. Damit kann eine Dokumentation, die ohne jeden Nutzen für ein späteres Behandlungsgeschehen ist, ggf haftungsauslösend sein[81]. Der Behandlungsverlauf muss daher auch dokumentiert werden, um festzuhalten, welche Maßnahmen mit welchem Ergebnis bereits durchgeführt worden sind. Die Rekonstruierbarkeit der medizinischen Behandlung ist dabei maßgebend[82].

Insoweit schafft die Dokumentation der ergriffenen diagnostischen und therapeutischen Maß- **21** nahmen die Voraussetzung für eine Behandlung des Patienten durch einen mit- oder nachbehandelnden Arzt. Die Dokumentation ist in diesem Umfang aus dringenden medizinischen Gründen notwendig[83]. Soweit aus medizinischen Gründen eine Dokumentation erforderlich ist, besteht auch aus rechtlichen Gründen eine Dokumentationspflicht und der Patient hat einen rechtlichen Anspruch auf diese[84].

3. **Wahrung von Persönlichkeitsrechten des Patienten.** Als weiteren, sekundären Zweck **22** der Dokumentation ist die Wahrung der Persönlichkeitsrechte des Behandelten durch die Dokumentation und Rechenschaftspflicht des Behandelnden gesichert[85]. Die Persönlichkeitsrechte des Patienten werden dadurch gewahrt, dass der Behandler in Form der Dokumentation die Rechenschaft über den Gang der Behandlung abgeben muss[86]. Diese kann der Patient mangels genauer Kenntnisse idR nicht selber beurteilen. Zudem fehlt es oftmals auch an der bloßen Möglichkeit, den Gang der Behandlung zu verfolgen, etwa bei dem im Zuge einer Operation narkotisierten Patienten[87]. Dieser ist auf eine entsprechende Dokumentation daher in besonderem Maße angewiesen[88].

4. **Funktion der ärztlichen Rechenschaftslegung.** Als weiteren Zweck weist die Behand- **23** lungsdokumentation eine Rechtfertigungsfunktion auf. Nach der Rspr des BGH besteht diese Pflicht innerhalb der Dokumentation wenigstens in dem Umfang, in dem es sich auch schon

---

73 OLG München, Urt v 29.1.2009 – 1 U 3836/05, openJur 2012, 97838 Rz. 57 ff.
74 Rehborn/Kern, in: Laufs/Kern/Rehborn, HdB ArztR[5], § 61 Rz 10.
75 Rehborn/Kern, in: Laufs/Kern/Rehborn, HdB ArztR[5], § 61 Rz 10.
76 Geiß/Greiner, Arzthaftpflicht[8], B Rz 205.
77 Jung/Lichtschlag–Traut/Ratzel, in: Ratzel/Luxenburger, Handbuch Medizinrecht[4], 1. Therapiesicherung Rz 327.
78 Jung/Lichtschlag–Traut/Ratzel, in: Ratzel/Luxenburger, Handbuch Medizinrecht[4], 1. Therapiesicherung Rz 327.
79 Jung/Lichtschlag–Traut/Ratzel, in: Ratzel/Luxenburger, Handbuch Medizinrecht[4], 1. Therapiesicherung Rz 327.
80 Jung/Lichtschlag–Traut/Ratzel, in: Ratzel/Luxenburger, Handbuch Medizinrecht[4], 1. Therapiesicherung Rz 327.
81 Wenzel, in: Wenzel, HdB Fachanwalt Medizinrecht[4], Kapitel 4 V 1 Rz 315.
82 Rehborn/Kern, in: Laufs/Kern/Rehborn, HdB ArztR[5], § 61 Rz 10.
83 Jung/Lichtschlag–Traut/Ratzel, in: Ratzel/Luxenburger, Handbuch Medizinrecht[4], 1. Therapiesicherung Rz 328.
84 Jung/Lichtschlag–Traut/Ratzel, in: Ratzel/Luxenburger, Handbuch Medizinrecht[4], 1. Therapiesicherung Rz 328.
85 Jauernig[18]/Mansel, § 630f Rz 2b.
86 JurisPK BGB[9]/Schmidt, § 630f Rz 4.
87 JurisPK BGB[9]/Schmidt, § 630f Rz 4.
88 BT-Drucks 17/10488, 26; dies stellt auch MBO-Ä § 10 Abs 1 als Zielvorstellung dar.

aus allgemeinen therapeutischen Erwägungen anbietet, dem Arzt „auch außerprozessual als eine Art Rechenschaftspflicht aufzuerlegen, ähnlich der, die bei der Verwaltung fremden Vermögens seit langem selbstverständlich ist"[89].

24 Die Dokumentation ist darüber hinaus auch von Bedeutung, um den Dienstvorgesetzten, den Rechtsanwalt des Patienten, die Haftpflichtversicherung des Arztes, den Gutachter und das Gericht in die Lage zu versetzen, den Krankheits-, Behandlungs- und Heilungsverlauf nachvollziehen zu können[90]. Diese müssen überprüfen können, inwieweit und welche erstattungsfähigen Leistungen erbracht worden sind[91].

25 Durch die ärztliche Dokumentation in Verbindung mit dem Recht zur Einsichtnahme in die Patientenakte gemäß § 630g wird der Patient in den Stand versetzt, sich eine Zweitmeinung einzuholen, ohne dass die Gefahr besteht, dass allein durch Schilderungen gegenüber dem zweiten Arzt wesentliche Vorgänge der zu bewertenden Behandlungsmaßnahme verloren gehen und dieser die geschilderten Vorgänge nicht überprüfen kann[92].

26 Begleiterscheinung einer umfassenden Dokumentation ist die Transparenz ärztlicher Tätigkeit. Dies kann ua für Kranken- und Rentenversicherungen von Bedeutung sein, insbesondere bei der Rechnungslegung oder Qualitätssicherung[93]. Auch für die Forschung bezüglich der gesundheitlichen Versorgung wird die Dokumentation eine Rolle spielen[94].

27 **5. Beweisfunktion.** Die Gesetzesbegründung verweist darauf, dass eine weitere Funktion der Dokumentation „die faktische Beweissicherung"[95] sei. Ebenfalls vertreten wird, dass die Dokumentation ausnahmsweise bezwecken kann, dem Patienten eine Beweiserleichterung zu verschaffen[96]. Allerdings macht der Gesetzgeber deutlich, dass eine Beweissicherung lediglich in dem Umfang des therapeutischen Zweckes erfolgen soll, den die Dokumentation vorgibt[97]. Insoweit erfüllt die Dokumentation eine Beweisfunktion, bezogen auf die dokumentierten Maßnahmen, aber auch bezogen auf die ärztliche Vergütungsberechtigung[98]. Andere Zwecke dürfen keineswegs den Umfang der Dokumentation bestimmen oder beeinflussen, so wünschenswert das auch aus Sicht des Klägers sein mag[99].

28 Die Pflicht des Arztes zur Dokumentation dient in erster Linie nicht der Realisierung möglicher Schadensersatzansprüche des Patienten[100]. Eine grundsätzliche Beweissicherungsfunktion ist daher abzulehnen[101], denn sie dient nicht vorrangig dem vollständigen lückenlosen Festhalten ärztlichen Handelns oder der forensischen Beweissicherung[102]. Dem steht nicht entgegen, dass das Ausmaß der Dokumentation mitentscheidend für die Geltendmachung/Abwehr von Schadensersatzansprüchen im Arzthaftungsprozess ist. Es besteht allerdings keine Pflicht, Behandlungsfehler zu dokumentieren[103]. Soweit die Nichtdokumentation jedoch zu einer gesundheitlichen Gefährdung des Patienten führen würde, zB durch eine ausbleibende, aber notwendige, Nach- oder Weiterbehandlung, sollte sich der Arzt zur Niederschrift des eigenen Fehlers bewogen fühlen. Nicht umsonst wird die Gefahr der Entwicklung vom „therapierenden zum dokumentierenden Arzt"[104] beschworen, die nicht dazu führen soll, die Dokumentationspflicht aus beweisrechtlichen Gründen auszudehnen[105].

29 **6. Entstehung der Dokumentation.** Die Dokumentation entsteht sukzessive mit den einzelnen Behandlungsabschnitten[106]. Sie erstreckt sich insbesondere auf Anamnese, Diagnose und die getroffenen therapeutischen Maßnahmen und deren Wirkung. Dazu zählen auch alle im Rahmen

---

89 BGH, Urt v 27.6.1978 – VI ZR 183/76, BGHZ 72, 132, 137 ff = JZ 1978, 721 m Anm Walter JZ 1978, 806.
90 Berg, in: Berg/Ulsenheimer, Patientensicherheit, Arzthaftung, Praxis- und Krankenhausorganisation, S 223.
91 Jung/Lichtschlag–Traut/Ratzel, in: Ratzel/Luxenburger, Handbuch Medizinrecht[4], 1. Therapiesicherung Rz 332.
92 Rehborn/Kern, in: Laufs/Kern/Rehborn, HdB ArztR[5], § 61 Rz 10.
93 Rehborn/Kern, in: Laufs/Kern/Rehborn, HdB ArztR[5], § 61 Rz 13.
94 Rehborn/Kern, in: Laufs/Kern/Rehborn, HdB ArztR[5], § 61 Rz 13.
95 BT-Drucks 17/10488, 31.
96 Martis/Winkhart, Arzthaftungsrecht[6], D Rz 394.
97 BT-Drucks 17/10488, 31.
98 Vgl SG Marburg, Gerichtsbescheid v 6.4.2021 – S 12 KA 199/19 openJur 2021, 16175; LSG Nordrhein-Westfalen, Beschl v 4.11.2019 – L 11 KA 27/19 B, openJur 2020, 122; LSG Niedersachsen-Bremen, Urt v 6.9.2017 – L 3 KA 108/14, openJur 2020, 8956; BSG, Urt v 3.8.2016 – B 6 KA 42/15 R, NZS 2017, 154.
99 OLG München, Urt v 16.2.2012 – 1 U 3749/11, -juris Rz 68.
100 OLG München, Urt v 5.5.2011 – 1 U 4306/10, -juris Rz 52.
101 Martis/Winkhart, Arzthaftungsrecht[6], D Rz 201.
102 Wenzel, in: Wenzel, HdB Fachanwalt Medizinrecht[4], Kapitel 4 V 1 Rz 316; OLG Koblenz, Urt v 27.9.2011 – 5 U 273/1, GesR 2012, 49f; OLG München, Urt v 5.5.2011 – 1 U 4306/10, -juris Rz 52.
103 Ausdrücklich OLG Koblenz, Urt v 15.1.2004 – 5 U 1145/03, NJW-RR 2004, 410; NJW-RR 2004, 792; MünchKomm[8]/Wagner, § 630f Rz 8.
104 Hausch VersR 2006, 612.
105 NK-GesMedR[3]/Glanzmann ZPO § 287 Rz 50.
106 Wasserburg NJW 1980, 617, 618; Rehborn/Kern, in: Laufs/Kern/Rehborn, HdB ArztR[5], § 61 Rz 18.

der ärztlichen Behandlung des Patienten durch den Arzt oder das nichtärztliche Personal angefertigten Aufzeichnungen technischer Art bspw Röntgenbilder, Elektrokardiogramme, Enzephalogramme, Audiogramme und weitere diagnostische Hilfsmittel[107] sowie alle Gegenstände, die anlässlich der Behandlung Teil der Dokumentation werden. Es wird eine Dokumentation von Beginn bis Ende der Behandlung gefordert. Grds verbleibt es Aufgabe der Medizin selbst, auch Standards zur Dokumentation fortzuentwickeln, weshalb es zu deren Bestimmung der Hilfe eines medizinischen Sachverständigen bedarf[108].

Die Dokumentationsleistung ist grds durch den Behandler selbst vorzunehmen[109]. Die ärztliche Dokumentation ist allerdings nicht dem Kernbereich ärztlicher Tätigkeit zuzuordnen, weswegen eine Delegation an nichtärztliches Personal auch möglich ist[110]. Hierbei hat der behandelnde Arzt das entsprechende Hilfspersonal anzuleiten, denn er bleibt für die Sicherstellung der ordnungsgemäßen Dokumentation verantwortlich[111]. Adressat der Dokumentationspflicht nach § 630f ist der „Behandler", womit ebenso sämtliche Angehörige anderer Heilberufe angesprochen sind[112]. So ist bspw die geburtsbegleitende Hebamme zur Dokumentation des CTG-Befundes verpflichtet. Eine Delegation der Dokumentation ist gleichsam im Rahmen der vertragsärztlichen Leistungserbringung möglich; auch insoweit ist eine zuvor erfolgte ärztliche Anordnung von Nöten, vgl SGB V § 15 Abs 1 Satz 2[113]. Die sich aus MBO-Ä § 10 ergebende Dokumentationspflicht spricht hingegen den Arzt – egal ob selbstständig oder als Angestellter tätig – persönlich zur Erbringung der Dokumentationspflicht an[114]. 30

Die Vornahme der Dokumentation ist unverzichtbar, das heißt, der Patient kann nicht bspw zur Wahrung des Datenschutzes auf die Dokumentation verzichten[115]. Dies ist mit dem eingangs beschriebenen Dokumentationszweck zu begründen. Sie dient in erster Linie der Therapiesicherung, nicht der informationellen Selbstbestimmung des Patienten. Der Arzt darf dem Wunsch des Patienten auf einen Verzicht der Dokumentation deshalb nicht entsprechen[116]. Äußert ein Patient einen entsprechenden Wunsch, muss der Arzt den Patienten zunächst darauf hinweisen, dass ohne Dokumentation eine den Regeln der ärztlichen Kunst entsprechende Behandlung unmöglich ist[117]. Beharrt der Patient auf einem Dokumentationsverzicht, hat der Arzt die Behandlung abzulehnen[118]. 31

7. **Verständlichkeit der Dokumentation**. Der Inhalt der Dokumentation muss „für den Fachmann hinreichend klar sein"[119]. Fachlich gebräuchliche Abkürzungen, Symbole und Skizzen sind insoweit zulässig[120]. Die „Zielrichtung der Dokumentation" erlaubt dem Arzt insoweit „effiziente Darstellungsformen"[121]. Laienverständlichkeit ist nicht gefordert[122]. Bei standardisierten Routineeingriffen genügt die Angabe eines Kurzbegriffs, auch beim sterbenden Patienten[123]. Andererseits kann eine ordnungsgemäße Dokumentation auch die Anfertigung von Skizzen erfordern[124]. Im Anschluss an das VG Berlin[125] sind wohl solche Aufzeichnungen unzureichend, welche „für einen anderen Arzt bzw Gutachter aus sich heraus nicht verständlich"[126] sind[127]. 32

Es obliegt dem Behandler im Falle einer nicht entzifferbaren Schrift, die Unterlagen in eine für den Patienten verständliche Form zu bringen. Die Behandlungsunterlagen müssen lesbar 33

---

107 MBO⁷/Ratzel, § 10 Rz 6, 7.
108 Gross, Ärztlicher Standard – Sorgfaltspflichten, Befundsicherung, Dokumentation und Beweislast, S 12; zur Dokumentationspflicht bei Entbindung OLG Köln, Urt v 15.11.1993 – 27 U 231/92, VersR 1994, 1424.
109 Rehborn/Kern, in: Laufs/Kern/Rehborn, HdB ArztR⁵, § 61 Rz 23.
110 Rehborn/Kern, in: Laufs/Kern/Rehborn, HdB ArztR⁵, § 61 Rz 23.
111 BeckOK-BGB/Katzenmeier, Stand: 1.5.2022, BGB § 630f Rz 8.
112 Rehborn/Kern, in: Laufs/Kern/Rehborn, HdB ArztR⁵, § 61 Rz 23.
113 BeckOK Sozialrecht/Scholz, Stand: 1.3.2022, § 294 SGB V Rz 1.
114 Rehborn/Kern, in: Laufs/Kern/Rehborn, HdB ArztR⁵, § 61 Rz 23.
115 Jung/Lichtschlag–Traut/Ratzel, in: Ratzel/Luxenburger, Handbuch Medizinrecht⁴, 1. Therapiesicherung Rz 329.
116 Jung/Lichtschlag–Traut/Ratzel, in: Ratzel/Luxenburger, Handbuch Medizinrecht⁴, 1. Therapiesicherung Rz 329.
117 Jung/Lichtschlag–Traut/Ratzel, in: Ratzel/Luxenburger, Handbuch Medizinrecht⁴, 1. Therapiesicherung Rz 329.
118 Wendt, Die ärztliche Dokumentation, S 50.
119 BGH, Urt v 24.1.1989 – VI ZR 170/88, NJW 1989, 2330; „Häschenurteil" BGH, Urt v 24.1.1984 – VI ZR 203/82, NJW 1984, 1403.
120 „Häschenurteil" BGH, Urt v 24.1.1984 – VI ZR 203/82, NJW 1984, 1403.
121 Frahm/Walter, Arzthaftungsrecht⁷, Rz 300; Bayer, Ärztliche Dokumentationspflicht und Einsichtsrecht in Patientenakten, S 55.
122 LG Marburg, Urt v 18.6.2002 – 5 O 42/02, BeckRS 2003, 5517; MBO⁷/Ratzel, § 10 Rz 4, 22; Spickhoff/Greiner, MedR-Komm³, Nr 70 (BGB), §§ 823–839 Rz 125.
123 Spickhoff/Greiner, MedR-Komm³, Nr 70 (BGB), §§ 823–839 Rz 125.
124 Spickhoff/Greiner, MedR-Komm³, Nr 70 (BGB), §§ 823–839 Rz 125.
125 VG Berlin, Urt v 23.5.2012 – 90 K 1/10, BeckRS 2012, 56719.
126 Spickhoff/Scholz, MedR-Komm³, Nr 350 (MBO), § 10 Rz 3.
127 Bayer, Ärztliche Dokumentationspflicht und Einsichtsrecht in Patientenakten, S 55.

sein[128], wobei strittig ist, ob sich daraus ein Anspruch auf Leseabschriften ergibt[129]. Grundsätzlich ist davon auszugehen, dass die Akteneinsicht ihre Informationsfunktion verfehlt, wenn die Patientendaten auf eine Art festgehalten sind, die der Patient nicht verstehen kann. Wenn aber von einer Kopie eine klare Diagnose für den Patienten nicht möglich ist, kann ein Anspruch auf die zeitlich befristete Herausgabe von Originalunterlagen bestehen[130] oder eventuell doch um die Erteilung einer Leseabschrift gebeten werden[131], zumindest dann, wenn die Kopie auch für einen Mediziner nicht verständlich ist[132]. Dem Arzt obliegt es, im Rahmen von Treu und Glauben, nach § 242, für den Patienten Lesbarkeit und Nachvollziehbarkeit herzustellen. Daraus ergibt sich jedoch kein Anspruch auf Aufschlüsselung von Fachtermini,[133] da einem Patienten kein Informationsdefizit entsteht, wenn die Patientenunterlagen lesbar, aber mit Fachausdrücken versehen sind[134]. Ein sachunkundiger Patient ist in der Regel ohnehin auf eine Übersetzung von Fachtermini angewiesen, ohne dass darin ein Verstoß gegen sein Selbstbestimmungsrecht zu erblicken ist[135]. Ein Informationsdefizit, das schließlich einen Eingriff in das Selbstbestimmungsrecht darstellt, besteht nur, wenn dem Patienten die Überprüfung der Behandlungsunterlagen, ggf in Vorbereitung auf einen Arzthaftungsprozess, nicht möglich ist. Im Zweifel ist neben der Kopie des Originals eine maschinengeschriebene Klarschrift anzufertigen und zu überlassen[136].

34 In der täglichen Praxis kommt es regelmäßig vor, dass handschriftliche Eintragungen schwer oder nicht lesbar sind, weil entweder die Handschrift des Dokumentationspflichtigen derart „abgenutzt" ist oder Abkürzungen verwendet werden, die nicht allgemeingebräuchlich sind. Im Zuge der Strukturierung von Pflegeeintragungen kann – wie auch bei der ärztlichen Dokumentation – die Nutzung von Symbolen als ausreichend standardisiert vorgegeben werden[137].

35 Zum Prinzip der Klarheit der Dokumentation zählt auch die Bestimmtheit von Eintragungen. Eintragungen, wie „der Patient hat Schmerzen", „dem Patient geht es nicht gut", „dem Patient ist unwohl" finden sich immer wieder in der Dokumentation, sind aber für die Bewertung der dahinterstehenden gesundheitlichen Probleme unbeachtlich[138]. Demzufolge haben sie auch keine Beweisfunktion[139]. Insofern ist der zu dokumentierende Sachverhalt quantitativ und qualitativ aufzubereiten und darzustellen. Die inhaltliche Vermittlung kann allerdings auch in einem persönlichen Arztgespräch hergestellt werden.

V. Umfang der Dokumentation

36 **1. Allgemeine Grundlagen.** Im Einzelnen bestand vor dem Inkrafttreten des Patientenrechtegesetzes bezüglich des Umfangs der Dokumentation sowohl in ärztlicher als auch in forensischer Praxis Unsicherheit. Eindeutige Regelungen in dieser Hinsicht fanden sich nur in den gesetzlich normierten Fällen der Dokumentationspflicht[140]. Ansonsten galt nach der Rspr des BGH, dass nur die für die ärztliche Diagnose und Therapie wesentlichen medizinischen Fakten in einer für den Fachmann hinreichend klaren Form aufgezeichnet werden müssen[141]. Dies spiegelt sich nunmehr in § 630f Abs 2 Satz 1 wider, der für die Wesentlichkeit der zu dokumentierenden Maßnahmen auf die fachliche Perspektive abstellt. Denn nach dem Wortlaut kommt es bei der Beurteilung des Dokumentationsumfangs ausdrücklich auf eine fachlich-medizinische Sichtweise an[142]. Dies ist ein Indiz dafür, dass auch der Gesetzgeber von dem Grundsatz ausgeht, dass

---

128 Rehborn/Kern, in: Laufs/Kern/Rehborn, HdB ArztR[5], § 62 Rz 7; Lopacki GuP 2011, 98, 99.
129 Rehborn/Kern, in: Laufs/Kern/Rehborn, HdB ArztR[5], § 62 Rz 7.
130 Katzenmeier, in: Laufs/Katzenmeier/Lipp, Arztrecht[8], IX Rz 66.
131 Vgl Rehborn GesR 2013, 257, 268 Fn 168 ff; Rehborn/Kern, in: Laufs/Kern/Rehborn, HdB ArztR[5], § 62 Rz 7.
132 Martis/Winkhart, Arzthaftung[6], E Rz 19; LG Karlsruhe, Beschl v 7.12.1999 – 12 O 53/99, NJW-RR 2001, 236.
133 Rehborn/Kern, in: Laufs/Kern/Rehborn, HdB ArztR[5], § 62 Rz 7.
134 OLG Frankfurt/M, Hinweisbeschl v 30.9.2003 – 15 U 174/03, NJW-RR 2004, 428.
135 OLG Frankfurt/M, Hinweisbeschl v 30.9.2003 – 15 U 174/03, NJW-RR 2004, 428.
136 Berg, Dokumentation, in: Berg/Ulsenheimer (Hrsg), Patientensicherheit, Arzthaftung, Praxis- und Krankenhausorganisation, 223, 226.
137 Vgl Strässner, der vertritt, die Dokumentation muss lesbar, aber nicht unbedingt verständlich sein: Sicher dokumentieren Rechtliche Aspekte der Pflegedokumentation, Pflege im Unternehmen Krankenhaus, 01/2010 CNE Fortbildung, S 5 https://www.thieme.de/statics/dokumente/thieme/final/de/dokumente/tw_pflege/le4_110_1-schutz.pdf, zuletzt abgerufen am 30.11.2021.
138 Strässner https://www.thieme.de/statics/dokumente/thieme/final/de/dokumente/tw_pflege/le4_110_1-schutz.pdf, zuletzt abgerufen am 30.12.2021.
139 Strässner https://www.thieme.de/statics/dokumente/thieme/final/de/dokumente/tw_pflege/le4_110_1-schutz.pdf, zuletzt abgerufen am 30.12.2021.
140 GenDG §§ 9 Abs 3, 10 Abs 4, 12; StrlSchG § 85; ApBetrO § 22 Abs 4; StrlSchV § 42 Abs 2; Ziff 5.5 Aufzeichnungspflichten, Richtlinie zur Verordnung über den Schutz vor Schäden durch ionisierende Strahlen (StrlSchV). Unter Bezugnahme der Verordnung zur Änderung strahlenschutzrechtlicher Verordnungen v 4.10.2011 (BGBl I S 2000) gelten die Regelungen seit 1.11.2011.
141 OLG Koblenz, Urt v 27.7.2006 – 5 U 212/05, NJW-RR 2007, 405; Bartlakowski, Die ärztliche Behandlungsdokumentation, S 71 f.
142 Bayer, Ärztliche Dokumentationspflicht und Einsichtsrecht in Patientenakten, S 47.

eine Dokumentation, die medizinisch nicht geboten ist, auch aus Rechtsgründen nicht vom Behandelnden gefordert werden kann[143]. Diesen Gedanken formulierte der BGH so erstmals in einer Entscheidung aus dem Jahr 1989[144]. Nur was medizinisch notwendig ist, ist dokumentationspflichtig und auch aus Rechtsgründen geboten[145]. Die Dokumentation kann und soll sich nicht auf jedes Detail erstrecken[146].

Die Rechtsprechung lässt Anhaltspunkte über den Umfang der Dokumentationspflicht gelegentlich vermissen. Die Ansichten schwanken zwischen extensiver und restriktiver Ausgestaltung der Dokumentationspflicht, legen sich aber insgesamt nicht fest[147]. Der BGH[148] spricht von der „Notwendigkeit einer ordnungsgemäßen Dokumentation" und von einer „Pflicht des Arztes zu angemessener Dokumentation", wie sie „gutem ärztlichen Brauch" entspreche. „Der Umfang der ärztlichen Dokumentationspflicht bestimmt sich ausschließlich danach, welche Informationen für eine Nachbehandlung erforderlich sind"[149]. Umstände und Tatsachen, deren Aufzeichnung und Aufbewahrung für die weitere Behandlung des Patienten medizinisch nicht erforderlich sind[150], sind auch aus Rechtsgründen nicht geboten, sodass aus dem Unterbleiben derartiger Aufzeichnungen keine beweisrechtlichen Folgen gezogen werden dürfen[151]. 37

Bei standardisierten Routineeingriffen genügt die Angabe eines Kurzbegriffes ebenso wie die klinikarztüblichen Kürzel und Zeichen. Die Dokumentation hat für den Fachmann umfassend und inhaltlich verständlich zu sein[152]. Das OLG Koblenz verlangt einerseits eine „umfassende" Dokumentation[153], sagt aber an anderer Stelle, dass die Dokumentation nicht dazu dient, „ärztliches Handeln lückenlos in sämtlichen Details festzuhalten"[154]. 38

Die Dokumentation ist bspw ausreichend, wenn sich einem Mediziner der jeweiligen Fachrichtung hinreichend erschließt, wie der Operateur vorgegangen ist und welche Besonderheiten dabei aufgetreten sind. Es ist nicht zu beanstanden, wenn der operierende Arzt sich auf den Hinweis beschränkt, der Zugang sei „in typischer Weise" erfolgt und dabei übliche Zwischenschritte nicht dokumentiert[155]. 39

Die ärztlichen Berufsordnungen beziehen sich auf die „in Ausübung (des ärztlichen) Berufs getroffenen Feststellungen und getroffenen Maßnahmen", über die der Arzt nach MBO-Ä § 10 Abs 1 Satz 1 „die erforderlichen Aufzeichnungen zu machen" hat[156]. Demzufolge unterliegen der Dokumentationspflicht alle für die Behandlung der Krankheit nach den Regeln der medizinischen Wissenschaft wesentlichen medizinischen und tatsächlichen Feststellungen, die für die Mitoder Weiterbehandlung durch einen anderen Arzt oder für die vom Patienten selbst im Rahmen der Behandlung zu treffenden Entscheidungen von Bedeutung sind. 40

Insgesamt gehören dazu bspw die Anamnese, bspw auch der interventionspflichtige Ausgangsbefund[157], die Diagnose, (Funktions-) Befunde[158], die Medikation und ärztlichen Anordnungen (auch die Pflege betreffend), den Wechsel des Operateurs bei einem Eingriff, Anfängerkontrolle und Intensivmedizin, die wesentlichen Hinweise im Rahmen der therapeutischen Aufklärung, 41

---

143 Bayer, Ärztliche Dokumentationspflicht und Einsichtsrecht in Patientenakten, S 47.
144 BGH, Urt v 24.1.1989 – VI ZR 170/88, NJW 1989, 2330.
145 BGH, Urt v 24.1.1989 – VI ZR 170/88, NJW 1989, 2330; BGH, Urt v 23.3.1993 – VI ZR 26/92, MedR 1993, 430; BGH, Urt v 6.7.1999 – VI ZR 290/98, NJW 1999, 3408.
146 BGH, Urt v 14.3.1978 – VI ZR 213/76, NJW 1978, 1681,1682; keine beweisrechtlichen Folgen eines „recht knappen" Operationsberichts, OLG Koblenz, Beschl v 27.9.2011, MedR 2012, 330, 331, 332.
147 Wasserburg NJW 1980, 619, 621.
148 BGH, Urt v 27.6.1978 – VI ZR 183/76, NJW 1978, 2337, 2339; BGH, Urt v 14.3.1978 – VI ZR 213/76, NJW 1978, 1681, 1682.
149 OLG München, Urt v 16.2.2012 – 1 U 3749/11, -juris Rz 68; OLG Dresden, Beschl v 2.5.2018 – 4 U 510/18, -juris Rz 15.
150 OLG Brandenburg, Urt v 5.4.2005 – 1 U 34/04, OLGR 2005, 489, 490; OLG Hamm, Urt v 19.11.2007 – 3 U 83/07, -juris Rz 30, 33, 34; OLG München, Urt v 12.4.2007 – 1 U 2267/04, -juris Rz 158; OLG München, Urt v 18.9.2008 – 1 U 4837/07, -juris Rz 32; OLG Oldenburg, Urt v 30.1.2008 – 5 U 92/06, OLGR 2008, 491, 492 = NJW-RR 2009, 32,

33; OLG München, Urt v 5.5.2011 – 1 U 4306/10, -juris Rz 52.
151 Vgl BGH, Urt v 6.7.1999 – VI ZR 290/98, NJW 1999, 3408; BGH, Urt v 19.2.1995 – VI ZR 272/93, BGHZ 129, 6, 9; BGH, Urt v 23.3.1993 – VI ZR 26/92, MedR 1993, 430.
152 BGH, Urt v 6.7.1999 – VI ZR 290/98, NJW 1999, 3408; BGH, Urt v 3.8.1998 – VI ZR 356/96, NJW 1998, 2736; BGH, Urt v 19.2.1995 – VI ZR 272/93, VersR 1995, 706; BGH, Urt v 23.3.1993 – VI ZR 26/ 92, MedR 1993, 430; BGH, Urt v 24.1.1989 – VI ZR 170/88, NJW 1989, 2330; BGH, Urt v 7.5.1985 – VI ZR 224/83, NJW 1985, 2193.
153 OLG Koblenz, Urt v 27.7.2006 – 5 U 212/05, MedR 2007, 305, 307.
154 OLG Koblenz, Urt v 27.9.2011 – 5 U 273/11, MedR 2012, 330, 331.
155 OLG Koblenz, Urt v 27.7.2006 – 5 U 212/05, MedR 2007, 305, 307.
156 Vgl dazu MBO[7]/Ratzel, § 10 Rz 4.
157 Geiß/Greiner, Arzthaftpflicht[8], B Rz 205.
158 Zum Dokumentationserfordernis bei zahnärztlichen Maßnahmen (Überkronung) vgl OLG Koblenz, Urt v 15.11.2006 – 5 U 1591/05, MedR 2006, 585.

Therapieverweigerungen[159] und Beschwerden des Patienten, die therapeutischen Maßnahmen und deren Ergebnis, Sektionsergebnisse, Operations-[160] und Narkoseprotokolle, der Apparateeinsatz, Chargennummern verabreichter Blutprodukte[161], die Nachbehandlung, Aufschlüsse zur Lagerung auf dem Operationstisch, Hinweise auf Gefahrenlagen und Vorbeugungen, therapeutische Besonderheiten, Abweichungen vom üblichen Standard (insbesondere auch der „Off-Label-Use" von Medikamenten) sowie besondere Zwischenfälle[162]. Darüber hinaus zählen dazu die wichtigsten Fakten zum Therapieablauf (Vitalparameter), insbesondere, wenn diese vom Standard- oder Normalverlauf abweichen, die Behandlungsweigerung, Therapiehinweise, Intensivpflege, Anfängerbefassung und -kontrolle, spezielle Weisungen für Funktionspflege und das Verlassen des Krankenhauses entgegen ärztlicher Empfehlung[163]. Selbstverständlichkeiten sind hingegen nicht zu dokumentieren[164]. Anrufe unbekannter Patienten im Not(fall)dienst (Bereitschaftsdienst) müssen ebenso nicht jederzeit dokumentiert werden[165]. Generell sind alle Abweichungen von einem Routineablauf oder einer Standardmaßnahme zu dokumentieren, nicht aber die Tatsache, dass keine besonderen Vorkommnisse vorliegen[166].

42 § 630c Abs 2 Satz 1 verpflichtet den Behandelnden, dem Patienten unter anderem „die zu und nach der Therapie zu ergreifenden Maßnahmen" in verständlicher Weise zu erläutern. Diese spezielle Informationspflicht – als Hauptpflicht aus dem Behandlungsvertrag unter den Begriffen „therapeutische Aufklärung" oder „Sicherheitsaufklärung" in Rechtsprechung und Literatur anerkannt[167] – ist ebenfalls zu dokumentieren[168].

43 Der Umfang der dokumentationspflichtigen Umstände bestimmt sich nach § 630 f. Grundsätzlich richtet sich die medizinische Dokumentation nach dem medizinisch Erforderlichen. Dazu gehört die ärztliche Aufklärung nicht. Das Gesetz geht über die bisherige Rechtspraxis hinaus, wenn es vorgibt, dass auch „Einwilligungen und Aufklärungen" nach § 630f Abs 2 in die Patientenakte aufzunehmen seien[169]. Die Rspr hat vor dem Inkrafttreten des Patientenrechtegesetzes die Notwendigkeit der Dokumentation eines Aufklärungsgesprächs und seines wesentlichen Inhalts verneint, obwohl zunächst eine Zweckmäßigkeit hierfür gesehen wurde[170]. Dennoch war man bereits in der Vergangenheit gut beraten, nicht zuletzt zu dem genannten Beweiszweck diese beiden wesentlichen Elemente des Behandlungsverhältnisses zum Bestandteil der ärztlichen Dokumentation zu machen[171]. Den Arzt trifft die Beweislast allerdings nur für das Einholen einer Einwilligung. Dass die Schädigung des Patienten auf der fehlerhaften Aufklärung beruht, hat der Patient zu beweisen. „Auch bei einer unzureichenden Aufklärung über schwerwiegende Nebenwirkungen eines Medikaments trägt der Patient die Darlegungs- und Beweislast, dass der von ihm behauptete Körperschaden auf der Einnahme beruht"[172]. Der Arzt hat nach § 630h Abs 2 Satz 1 zu beweisen, dass er den Patienten aufgeklärt und dessen Einwilligung eingeholt hat. Dabei handelt es sich – anders als nach der älteren Rechtsprechung – um eine echte Beweislastumkehr. Da die Aufklärung gemäß § 630e Abs 2 „mündlich durch den Behandelnden ... erfolgen" muss, ergeben sich Probleme für den Arzt in der Beweisführung. Zwar kann „auf Unterlagen" Bezug genommen werden, sie sind aber nicht obligatorisch, jedenfalls nicht gesetzlich erwähnt und daher vom Gesetzgeber eventuell auch so nicht gewollt. Daher stellt sich die Frage, wie dem Arzt die Beweisführung gelingen soll. Eine Dokumentation der Aufklärung ist ratsam[173], aber nicht Pflicht. Zwar sieht § 630f Abs 2 eine Dokumentationspflicht für Aufklärung und Einwilligung vor, diese besteht allerdings nur, wenn sie medizinisch notwendig ist. Nach ständiger höchstrichterlicher Rechtsprechung ist das allerdings nicht der Fall: „Aus medizinischer

---

159 OLG Düsseldorf VersR 2003, 1310; zur Weigerung des Patienten nach therapeutischer Aufklärung, eine Untersuchung diesbzgl durchführen zu lassen, ob ein Herzinfarkt unmittelbar bevorstünde OLG Bamberg VersR 2005, 1292.
160 Vgl OLG Koblenz, Urt v 27.7.2006 – 5 U 212/05, MedR 2007, 305.
161 MBO[7]/Ratzel, § 10 Rz 4 Fn 6.
162 Vgl mw Bsp hierzu wie etwa das Verlassen des Krankenhauses gegen ärztlichen Rat oder bei OP-Komplikation Spickhoff/Scholz, MedR-Komm[3], Nr 350 (MBO), § 10 Rz 3.
163 Spickhoff/Greiner, MedR-Komm[3], Nr 70 (BGB), §§ 823–839 Rz 127.
164 Spickhoff/Greiner, MedR-Komm[3], Nr 70 (BGB), §§ 823–839 Rz 127.
165 Spickhoff/Greiner, MedR-Komm[3], Nr 70 (BGB), §§ 823–839 Rz 127.
166 Wenzel, in: Wenzel, HdB Fachanwalt Medizinrecht[4], Kapitel 4 V 1 Rz 318.
167 Möller/Makoski KrV 2015, 186.
168 Zu den Anforderungen an die therapeutische Sicherungsaufklärung bei Änderung der Diagnoselage OLG Saarbrücken, Urt v 6.7.2016 – 1 U 87/14, openJur 2018, 9626.
169 Geiß/Greiner, Arzthaftpflicht[8], B Rz 205.
170 BGH, Urt v 8.1.1985 – VI ZR 15/83, VersR 1985, 361, 362; OLG München, Urt v 16.3.1994 – 7 U 5447/93, OLGR 1994, 109; KG, Urt v 13.3.2000 – 20 U 1186/98, KGReport Berlin 2001, 142; OLG Oldenburg, Urt v 25.3.1997 – 5 U 186/96, OLGR 1997, 176.
171 Eine konkrete Dokumentationspflicht bzgl der Aufklärung normierte § 9 Abs 3 GenDG bereits vor dem PatRG.
172 Zum Off-Label-Use von Schmerzmedikament bei Kindern und der diesbezüglichen Aufklärung der Eltern OLG Dresden, Urt v 15.5.2018 – 4 U 248/16, -juris.
173 BGH, Urt v 8.1.1985 – VI ZR 15/83, NJW 1985, 1399.

Sicht ist – anders als bei Behandlungsmaßnahmen – eine Dokumentation der Aufklärung regelmäßig nicht erforderlich"[174].

Ob und wie ausführlich die Aufklärung dokumentiert werden muss, ist individuell abhängig von der jeweiligen Situation. Gesichert ist, dass nicht der gesamte Inhalt des Aufklärungsgespräches dokumentiert werden muss[175]. Bei kleineren therapeutischen Maßnahmen ist bspw lediglich der Umstand der Aufklärung zu notieren. In anderen, komplexen Fällen kann die Art und Weise der Aufklärung, ihr Zeitpunkt und durch wen sie erfolgt ist, genau festgehalten werden[176]. Dem Arzt steht bei der Gestaltung der Art und Weise der Führung des Aufklärungsgespräches ein Ermessensspielraum zu[177]. Zur Beweissicherung werden immer wieder Aufklärungsbögen empfohlen. Insoweit ist der Einsatz von Vordrucken denkbar, aber auch bedenklich. Ohne individuelle Zusätze werden sie nur in den seltensten Fällen genügen. Die bloße Aushändigung des Aufklärungsbogens[178] genügt ebenso wenig, wie ein Formular, das bei einem Eingriff mit erheblichen Risiken eine allgemein gehaltene Einverständniserklärung enthält[179]. Wird gerade das aufklärungspflichtige Risiko in dem Bogen nicht genannt, ist tatsächlich der Beweis gegen die Aufklärung erbracht[180]. Werden in einem Aufklärungsbogen eine Vielzahl medizinischer Risiken unkommentiert aneinandergereiht, stellt das für den Patienten keine ausreichende Aufklärung dar[181]. Ein nicht ausgefülltes und nicht unterschriebenes Aufklärungsformular (Blankoformular) bildet ebenfalls kein Indiz für, sondern gegen die Durchführung eines Aufklärungsgespräches[182]. In dem vom Oberlandesgericht entschiedenen Fall ging es um Schadensersatzansprüche einer Patientin, die sich einer extrakorporalen Stoßwellen-Lithotripsie (ESWL) unterzogen hatte. Bei diesem Therapieverfahren werden Nierensteine berührungsfrei durch ausgesandte, gebündelte Stoßwellen zertrümmert. In den Krankenunterlagen befand sich ein weder ausgefülltes noch unterschriebenes Formular einer „Einverständniserklärung" über eine „berührungsfreie Stoßwellensteinzertrümmerung", in dem auf typische Gefahren wie Harnwegsinfektion, Blutung, Verletzung benachbarter Organe etc hingewiesen wurde. Unstrittig war ein Hämatom als Folge der ESWL entstanden, sodass die Patientin wegen der erforderlich gewordenen Revisionsoperation Schadensersatzansprüche geltend machte. Ein hingegen vom Patienten unterzeichneter Aufklärungsbogen dient durchaus als Indiz, dass ein Aufklärungsgespräch stattgefunden hat, ersetzen kann der unterschriebene Bogen ein solches nicht[183]. Das Gebot der Dokumentation der Aufklärung steht wie sämtliche Dokumentation unter dem Vorbehalt der Notwendigkeit aus fachlicher Sicht; so wird es einer ausführlicheren Dokumentation bspw auch dann bedürfen, wenn Aufklärung und Eingriff zeitlich oder hinsichtlich der beteiligten Personen im Einzelfall auseinanderfallen[184].

Hinsichtlich nun zulässiger Aufklärung bei ausschließlichem Einsatz eines Fernkommunikationsmittels (vgl Digitale-Versorgung-Gesetz – DVG[185], Gesetzesbegründung[186] Nummer 37 Buchst a) gilt bezüglich der Dokumentation das Vorgenannte. Dabei sind die allgemeinen Bestimmungen zur Aufklärung zu beachten, vgl §§ 630e, 630h Abs 2 und MBO-Ä § 8, insbesondere, dass bei der telemedizinischen Behandlung der Aufklärungsumfang um die Besonderheiten der ausschließlichen Beratung und Behandlung über Kommunikationsmedien gemäß MBO-Ä § 7 Abs 4 Satz 3 erweitert wird[187]. Dies betrifft sowohl den Hinweis, dass die Qualität der Daten von dem Kommunikationsmedium abhängig ist, das Risiko eines Datenverlustes sowie den Hinweis auf die sicherere Alternative eines persönlichen Kontaktes. Zudem müssen die Patienten ua über eine eingeschränkte Befunderhebung aufgeklärt werden, und auch darüber, dass die Patienten ggfs in die Arztpraxis kommen müssen. Die Einwilligung des Patienten hat sich darüber hinaus etwa bei der Videosprechstunde gemäß der Vereinbarung über die Anforderungen an die technischen Verfahren zur Videosprechstunde gemäß SGB V § 365 Abs 1 iVm SGB V

---

174 BGH, Urt v 28.1.2014 – VI ZR 143/13, NJW 2014, 1527; BGH, Urt v 27.4.2021 – VI ZR 84/19, ZMGR 2021, 229.
175 Geiß/Greiner, Arzthaftpflicht[8], B Rz 205.
176 Strässner https://www.thieme.de/statics/dokumente/thieme/de/dokumente/tw_pflege/le4_110_1-schutz.pdf, zuletzt abgerufen am 30.12.2021.
177 Zum Zeitpunkt der Aufklärung vor Risiko OP OLG Dresden, Beschl v 12.8.2022 – 4 U 583/22, GesR 2022, 740.
178 OLG Köln, Urt v 27.11.2002 – 5 U 101/02, GesR 2003, 85.
179 OLG Koblenz, Urt v 22.10.2007 – 5 U 1288/07, FamRZ 2008, 1533.
180 BGH, Urt v 6.7.2010 – VI ZR 198/09, GesR 2010, 481.
181 OLG Nürnberg, Urt v 16.7.2004 – 5 U 2383/03, NJW-RR 2004, 1543.
182 OLG München, Urt v 30.9.2004 – 1 U 3940/03, MedR 2006, 431; so vom BGH bestätigt vgl BGH, Beschl v 20.12.2005 – VI ZR 285/04, -juris.
183 Houben, in: Jorzig, HdB-ArztHaftR[2], Teil I Kapitel 4 Rz 12.
184 Rehborn GesR 2013, 257, 257.
185 BGBl 2019 I, 2562; Gesetz für eine bessere Versorgung durch Digitalisierung und Innovation (Digitale-Versorgung-Gesetz – DVG).
186 BT-Drucks 19/13438, 70.
187 Vgl Anlage 31b zum BMV-Ä Vereinbarung über die Anforderungen an die technischen Verfahren zur Videosprechstunde gemäß § 365 Absatz 1 SGB V v 21.10.2016 id Fassung v 25.2.2021 mit Wirkung zum 20.3.2021.

§ 4 Abs 2 insbesondere auch auf die Datenverarbeitung des genutzten Videodienstanbieters zu beziehen. Die Anforderungen der DSGVO Art 9 Abs 2 lit a) iVm Art 7 sind zudem zu berücksichtigen. Die Einwilligung in die (Fern-)Behandlung muss gemäß DSGVO Art 7 Abs 1 demzufolge seitens des Verantwortlichen, hier des Behandlers, nachweisbar sein, obgleich eine medizinische Notwendigkeit hierfür ggf nicht besteht.

46 Ist keinerlei Dokumentation zum Aufklärungsgespräch vorhanden, kann ein Unterlassen der Aufklärung ggf widerlegbar vermutet werden[188]. Dies darf aber nicht dazu führen, dass der Arzt regelmäßig beweisfällig für die behauptete Aufklärung bleibt[189]. Der Nachweis der Aufklärung ist selbst dann möglich, wenn Gesprächsinhalte nicht schriftlich dokumentiert werden und sich der Behandler an das Gespräch nicht mehr im Einzelnen erinnern kann[190], mit der Folge, dass der schlüssigen Darstellung des Arztes eher geglaubt werden soll, als der Erinnerung des Patienten[191]. Grds besteht die Rechtsauffassung, dass für die Aufklärung nicht ein Formular, sondern das Arzt-Patienten-Gespräch maßgebend ist. Dies steht allerdings unter dem Vorbehalt, dass es sich bei dem Eingriff nicht nur um eine bloße ärztliche Routinemaßnahme handelte, dann reicht eine schriftliche Risikoaufklärung[192]. Gelingt der Beweis für ein Aufklärungsgespräch nicht mit Hilfe eines (unterschriebenen) Formulars und fehlt es an Aufzeichnungen in den Krankenunterlagen, stehen dem Arzt andere Beweismöglichkeiten zur Verfügung[193]. Für den Nachweis einer ordnungsgemäßen Aufklärung ist regelhaft die Vernehmung des aufklärenden Arztes erforderlich[194], der sich wiederum auch auf den sog „Immer-so-Beweis" berufen kann[195]. Der Beweis zur Durchführung des ärztlichen Aufklärungsgesprächs setzt damit nicht die Erinnerung des Arztes an das konkrete Gespräch voraus, es genügt der Nachweis einer ständigen Übung bei schlüssigen Angaben des Arztes und Bestätigung der Angaben durch die Dokumentation[196]. Der BGH schließt damit an seine ständige Rechtsprechung an, wonach Lücken in der Dokumentation über die Aufklärung einzelner Risiken notfalls geschlossen werden können. Dessen ungeachtet weist der BGH jedoch auch darauf hin, dass die Dokumentation über das Aufklärungsgespräch „nützlich und zu empfehlen" sei und zumindest für den stationären Bereich „erwartet werden kann"[197].

47 Bei Befunden ist zu unterscheiden. „Dass ein Befund erhoben werden muss, schließt nicht zwingend ein, dass er auch zu sichern (daraus resultierend: aufzubewahren) ist."[198] Entsprechend der für die medizinische Dokumentation geltenden Grundsätze müssen erhobene Befunde nur dann gesichert werden, wenn sie für das weitere Behandlungsgeschehen von Bedeutung sind[199]. So sind Befunde nicht zusätzlich durch dauerhafte Bilder zu dokumentieren, wenn die Befunderhebung und die Befundauswertung festgehalten werden. Allein das Interesse des Patienten über ein (weiteres) Beweismittel verfügen zu können, rechtfertigt die Annahme einer Befundsicherungspflicht nicht, denn diese dient nicht primär forensischen Zwecken[200].

48 Über den Verlauf einer Operation müssen die wesentlichen, für eine spätere ärztliche Beurteilung voraussichtlich unerlässlichen Fakten wiedergegeben werden[201]. Zu berichten ist regelmäßig über den Operationssitus, die angewandte Technik mit stichwortartiger Beschreibung der jeweiligen tatsächlichen Eingriffe und andere unerlässliche Maßnahmen, ebenso sind die Beteiligten der Operation aufzuführen. Nicht erforderlich ist dagegen die Wiedergabe von Routinemaßnahmen und medizinischen Selbstverständlichkeiten[202].

---

188 Spickhoff/Greiner, MedR-Komm³, Nr 70 (BGB), §§ 823–839 Rz 127.
189 BGH, Urt v 8.1.1985 – VI ZR 15/83, NJW 1985, 1399.
190 OLG Dresden, Urt v 29.6.2021 – 4 U 1388/20, openJur 2021, 22702.
191 BGH, Urt v 21.1.2014 – VI ZR 143/13, GesR 2014, 227.
192 BGH, Urt v 15.2.2000 – VI ZR 48/99, BGHZ 144, 1; OLG Zweibrücken, Beschl v 31.1.2013 – 5 U 43/11, MedR 2014, 29; Gödicke MedR 2014, 18.
193 Kern, in: Laufs/Kern/Rehborn, HdB ArztR⁵, § 112 Rz 14.
194 OLG Dresden, Urt v 30.6.2020 – 4 U 2883/19, -juris Rz 19; OLG Karlsruhe, Urt v 12.12.2012 – 7 U 176/11, BeckRS 2013, 2329.
195 OLG Dresden, Urt v 29.6.2021 – 4 U 1388/20, openJur 2021, 22702; BGH, Urt v 13.5.1986 – VI ZR 142/85, NJW 1986, 2885; so bspw bezogen auf die ärztliche Aufklärung, die „im Großen und Ganzen" zu erfolgen hat OLG Karlsruhe, Urt v 12.12.2012 – 7 U 176/11, BeckRS 2013, 2329; Jorzig MDR 2001, 481, 485.
196 OLG Dresden, Urt v 29.6.2021 – 4 U 1388/20, openJur 2021, 22702.
197 BGH, Urt v 28.1.2014 – VI ZR 143/13, NJW 2014, 1527.
198 OLG Nürnberg, Urt v 20.4.2017 – 5 U 458/16, MDR 2017, 998.
199 OLG Nürnberg, Urt v 20.4.2017 – 5 U 458/16, MDR 2017, 998.
200 OLG Nürnberg, Urt v 20.4.2017 – 5 U 458/16, MDR 2017, 998.
201 OLG Koblenz, Beschl v 27.9.2011 – 5 U 273/11, MDR 2012, 51 = MedR 2012, 330 m Anm Achterfeld MedR 2012, 331.
202 OLG Naumburg, Urt v 15.11.2011 – 1 U 31/11, MedR 2012, 529, 530 m Anm Gödicke MedR 2012, 531, 532; OLG Koblenz, Beschl v 27.9.2011 – 5 U 273/11, MDR 2012, 51 = MedR 2012, 330 m Anm Achterfeld MedR 2012, 331.

Den Krankenhausträger und die behandelnden verantwortlichen Ärzte trifft die Beweislast für **49** die sorgfältige und richtige Lagerung des Patienten auf dem Operationstisch[203] und dafür, dass diese von den Operateuren kontrolliert worden ist[204]. Eine symbolhafte Zeichnung von zwei Hasenohren zum Nachweis der Operationslagerung in „Häschenstellung" wurde insoweit als ausreichend erachtet[205]. Grundsätzlich genügt ein OP-Bericht nur den immanenten Anforderungen an eine ausreichende Dokumentationspflicht[206], wenn die Dokumentation schriftlich, lesbar, in sich widerspruchsfrei und nachvollziehbar ist[207]. Unlesbare OP-Berichte könnten nicht nachträglich in lesbare OP-Berichte umstrukturiert werden, da dies die Möglichkeit der Manipulation eröffne[208]. Soweit in einem knappen OP-Bericht keine Indizien für Dokumentationslücken enthalten sind, hält ein solcher aber auch beweisrechtlichen Vorgaben stand[209].

Liegt eine stichwortartige, im Fachterminus sog „verkürzte" Dokumentation vor, gelten für **50** deren Interpretation die allgemeinen Regeln für Dokumentationsversäumnisse mit der Folge, dass dem Behandler der Beweis offensteht, die Eintragung sei in einem bestimmten Sinne zu verstehen[210]. Dies gilt umso mehr dann, wenn es der allgemeinen Routine entspricht, solche Dokumentationen in Stichworten festzuhalten[211]. Zumindest wird aber gefordert, dass zu jeder Operation ein lesbarer, nach Möglichkeiten maschinengeschriebener OP-Bericht gehört, aus dem die Stammdaten des Patienten, das Operationsdatum, die Diagnose und die durchgeführte Operation mit den entsprechenden OP-Schritten hervorgehen müssen[212]. Die Hinzuziehung eines Oberarztes während eines Eingriffs geht über eine Routineoperation hinaus und bedarf daher ebenso einer Dokumentation[213].

Bei der Bilddokumentation ist das verfassungsrechtlich geschützte Recht am Bild des Men- **51** schen zu berücksichtigen. Die Fertigung von Fotografien, Filmen, Videoaufnahmen von Personen ohne deren Zustimmung ist zwar nicht unter Strafe gestellt, sie verstößt aber gegen das allgemeine Persönlichkeitsrecht[214]; aus diesem Grunde können die genannten Augenscheinsobjekte auch grundsätzlich nicht dem Beweis dienen[215]. Auch dann scheidet eine Verwertung von Augenscheinsobjekten aus, wenn diese zwar nicht widerrechtlich entstanden sind, aber widerrechtlich erlangt wurden und weiterhin eine Vorlagepflicht der Partei nicht besteht[216]. Dies gilt bspw für den Fall vom Arzt unberechtigt heraus gegebener Röntgenaufnahmen, vgl StGB § 203[217]. Ist der Augenscheinsbeweis danach unzulässig, scheidet auch die Zeugenvernehmung über deren Inhalt aufgrund einer sonst gegebenen Verbotsumgehung aus[218]. Gleichwohl sind Bilddokumentationen, wenn sachliche Anhaltspunkte dafür vorliegen, gerechtfertigt. Sie verstoßen insbesondere dann nicht gegen das Persönlichkeitsrecht des Patienten, wenn die Aufnahmen vor einem medizinischen Hintergrund gemacht werden. Dabei sind auf der Bilddokumentation der Zeitpunkt, die Patientendaten sowie der Hersteller des Bildes zu erfassen. Anhand der Bilddokumentation müssen die medizinischen Sachverhalte erkennbar sein, so etwa auch Fort- und Rückschritte eines Gesundungsprozesses oder des Krankheitsverlaufs.

Relevant für die Dokumentation ist ferner der Arztbrief. Eine ausdrückliche Definition des **52** Arztbriefs findet sich in den Regelungen gemäß §§ 630a ff jedoch nicht. Der Arztbrief wird in § 630f Abs 2 Satz 2 lediglich erwähnt. Dort wird vorgeschrieben, dass Arztbriefe zur Patientenakte zu nehmen sind[219]. In die Patientenakte gehören auch Unterlagen oder Arztbriefe anderer Ärzte, die den Patienten behandelt haben; dies sogar dann[220], wenn der Patient unterdessen den Behandler, der den Arztbrief erhält, gewechselt hat[221]. In einem seitens des BGH entschiedenen Fall, informierte das Klinikum die Hausärztin in einem an sie adressierten Arztbrief über eine bösartige Geschwulst. Die Ärztin erhielt diesen Brief nicht. Einen weiteren Brief erhielt sie dagegen schon, informierte ihren Patienten jedoch nicht über den bösartigen Befund. Auch den Hinweis, dass der Patient an einen Onkologen weiterverwiesen werden solle, ignorierte sie. Der

---

203 OLG Köln, Urt v 2.4.1990 – 27 U 140/88, VersR 1991, 695.
204 „Häschenurteil" BGH, Urt v 24.1.1984 – VI ZR 203/82, NJW 1984, 1403.
205 „Häschenurteil" BGH, Urt v 24.1.1984 – VI ZR 203/82, NJW 1984, 1403.
206 SG Stuttgart, Urt v 19.6.2002 – S 10 KA 2453/00, -juris.
207 Zur Nichtabrechenbarkeit bei mangelnder Lesbarkeit der ärztl Dokumentation vgl LSG Baden-Württemberg, Urt v 25.9.2013 – L 5 KA 3347/11, openJur 2014, 7520.
208 LSG Baden-Württemberg, Urt v 25.9.2013 – L 5 KA 3347/11, openJur 2014, 7520.
209 Rehborn/Kern, in: Laufs/Kern/Rehborn, HdB ArztR[5], § 61 Rz 19; OLG Koblenz, Beschl v 27.9.2011, MedR 2012, 330, 331.
210 OLG Karlsruhe, Urt v 25.1.2006 – 7 U 36/05, GesR 2006, 211.
211 JurisPK-BGB[9]/Lafontaine/Schmidt, § 630h Rz 143.
212 LSG Baden-Württemberg, Urt v 25.9.2013 – L 5 KA 3347/11, openJur 2014, 7520.
213 OLG Naumburg, Urt v 24.9.2015 – 1 U 132/14, GuP 2016, 37.
214 MünchKommZPO[6]/Zimmermann, § 371 Rz 6.
215 MünchKommZPO[6]/Zimmermann, § 371 Rz 6.
216 MünchKommZPO[6]/Zimmermann, § 371 Rz 6.
217 MünchKommZPO[6]/Zimmermann, § 371 Rz 6.
218 MünchKommZPO[6]/Zimmermann, § 371 Rz 6.
219 Möller/Makoski KrV, 2015, 186, 187.
220 OLG Köln v 14.3.2016 – 5 U 69/15 openJur 2017, 627 m Anm Fiekas, MedR 2017, 318, 320.
221 BGH, Urt v 26.6.2018 – VI ZR 285/1, NJW 2018, 3382.

BGH stellte fest: „Die Ärztin hätte den Brief weiterleiten müssen. Indem sie dies unterließ, verletzte sie ihre ärztliche Aufklärungspflicht, die auch nach Behandlungsende immer einzuhalten ist[222]."

53 In der amtlichen Begründung werden Arztbriefe beschrieben als „Transferdokumente, die der Kommunikation zwischen zwei Ärzten dienen und Auskunft über den Gesundheitszustand des Patienten geben"[223]. Vorgaben zu seinem Inhalt hat der Gesetzgeber nicht gemacht[224]. Der Arztbrief steht im therapeutischen Interesse. Er dient der Sicherungsaufklärung, als nachgelagerter Teil der therapeutischen Aufklärung[225] und dazu, die durchgeführten Befunderhebungen und Behandlungsmaßnahmen sowie ihre Auswirkungen zu dokumentieren und so etwaigen Nachbehandlern mitzuteilen, wie und mit welchem Ergebnis ein Patient behandelt worden ist. Der hinzugezogene Arzt ist grundsätzlich gehalten, den behandelnden Arzt in einem Arztbrief über das Ergebnis des Überweisungsauftrages zu unterrichten. Diese Pflicht gehört zu den Schutzpflichten gegenüber dem Patienten[226]. Damit besteht grundsätzlich ein Anspruch des Patienten auf Anfertigung eines Arztbriefes[227]. Jedoch kann von dem Behandler nicht erwartet werden, dass er den Zugang eines jeden Arztbriefes beim Empfänger kontrolliert. Dies kann nur verlangt werden, wenn in der Vergangenheit bereits Zustellungsprobleme in der entsprechenden Empfängerpraxis bekannt geworden sind oder falls es sich um eine Diagnose handelt, die einer dringenden Weiterbehandlung bedarf[228]. Grundsätzlich genügt die Information des Hausarztes mittels Arztbrief per Post[229]. Der mangelhafte Informationsfluss der ärztlichen Kollegen untereinander kann zulasten der Patientengesundheit gehen, so auch, wenn Veränderungen im Medikamentenplan nicht richtig kommuniziert werden. Ein Facharzt für Anästhesiologie und Schmerztherapeut hat eine Patientin wegen mehrerer Erkrankungen betreut. Der beklagte Schmerztherapeut legte zu Beginn der Behandlung einen Medikamentenplan in einem an den Hausarzt gerichteten Arztbrief fest[230]. Der Hausarzt übernahm im Anschluss die Rezeptierung des Medikamentenplanes und deren Verordnung, der Schmerztherapeut stellte sie aber nach ein paar Jahren um. In dem dazu verfassten Arztbrief gab er das neue Präparat und dessen Dosierung an sowie den Zusatz „übrige Therapie weiter wie bisher"[231]. Der Hausarzt jedoch verordnete beide Präparate nebeneinander, da er die Anweisung nicht verstand. Im weiteren Verlauf stellte sich bei der Patientin eine dauerhafte Schädigung der Nieren ein, welche kausal auf die gleichzeitige Einnahme der beiden Medikamente zurückzuführen war.

54 Ein Anspruch des Patienten auf Abänderung oder Korrektur eines Arztbriefes ist gesetzlich nicht geregelt. § 630f Abs 1 Satz 2 schränkt den Arzt in der Möglichkeit ein, Berichtigungen und Änderungen der Patientenakte vorzunehmen; diese sind nur zulässig, wenn neben dem ursprünglichen Inhalt erkennbar bleibt, wann sie vorgenommen worden sind[232]. Die unzureichende Lektüre von Arztbriefen und Befundberichten durch den Behandler ist schließlich als grob fehlerhaft zu werten.

55 Zu berücksichtigen ist, dass der Arzt auch im Interesse des Patienten die Anamnese, seine Diagnosen, Untersuchungen und Untersuchungsergebnisse sowie die von ihm durchgeführte Behandlung zutreffend, so wie sie von ihm wahrgenommen worden sind, im Arztbrief darzustellen hat. Dazu können auch Umstände gehören, die der Patient über sich und seine Erkrankung nicht geäußert hat oder nicht so darstellen wollte. Könnte der Patient beliebig eine Abänderung verlangen, so wäre die notwendige Information des Nachbehandlers nicht mehr gewährleistet[233].

56 In den Arztbrief müssen ebenfalls Schritte Eingang finden, die der zur Beratung zugezogene Arzt unabhängig von der Reichweite des ihm erteilten Auftrags für indiziert hielt[234], an deren Vornahme er sich beispielsweise aber gehindert sah, etwa weil der Patient fernblieb oder sich verweigerte[235].

---

222 BGH, Urt v 26.6.2018 – VI ZR 285/1, NJW 2018, 3382.
223 Möller/Makoski KrV, 2015, 186, 187.
224 Möller/Makoski KrV, 2015, 186, 187.
225 Möller/Makoski KrV, 2015, 186, 187.
226 OLG Karlsruhe, Urt v 11.3.2020 – 7 U 10/19, MedR 2020, 758.
227 OLG München, Beschl v 26.8.2019 – 24 U 22814/19, Rz 4, BeckRS 2019, 43660.
228 OLG Karlsruhe, Urt v 11.3.2020 – 7 U 10/19, MedR 2020, 758.
229 OLG Karlsruhe, Urt v 11.3.2020 – 7 U 10/19, MedR 2020, 758.
230 Mannschatz Rechtsdepesche, 25.2.2019, https://www.rechtsdepesche.de/missverstaendnis-zwischen-aerzten-fuehrte-zu-dauerschaden-beim-patienten/, zuletzt abgerufen am 30.12.2021.
231 Mannschatz Rechtsdepesche, 25.2.2019, https://www.rechtsdepesche.de/missverstaendnis-zwischen-aerzten-fuehrte-zu-dauerschaden-beim-patienten/, zuletzt abgerufen am 30.12.2021.
232 OLG München, Beschl v 26.8.2019 – 24 U 22814/19, BeckRS 2019, 43660.
233 OLG München, Beschl v 26.8.2019 – 24 U 22814/19, BeckRS 2019, 43660.
234 Vgl OLG Karlsruhe, Urt v 11.3.2020 – 7 U 10/19, MedR 2020, 758.
235 BGH, Urt v 5.10.1993 – VI ZR 237/92, NJW 1994, 797.

Daher kann auch das Fehlen eines für die Weiterbehandlung wesentlichen Hinweises in einem Entlassungsbrief durchaus eine Beweislastumkehr im Hinblick auf die Frage bewirken, ob dem Patienten ein entsprechender Hinweis erteilt worden ist. Folgen eines grob missverständlichen Befundberichts können als Behandlungsfehler gewertet werden[236] und somit haftungsbegründend sein[237]. **57**

Eine Pflicht zur Dokumentation von Behandlungsfehlern besteht nicht, jedenfalls nicht zu dem Zweck, dem Patienten die Durchsetzung von Schadensersatzansprüchen zu erleichtern[238]. Anders liegt es, wenn die Dokumentation des Behandlungsfehlers aus medizinischer Sicht erforderlich ist, um die sachgerechte Weiterbehandlung des Patienten zu ermöglichen[239]. Dafür müsste es ausreichend sein, den Gesundheitszustand, den der Behandlungsfehler verursacht oder nicht beseitigt hat, zu beschreiben, ohne auf dessen Ursache im Verhalten des Behandelnden einzugehen[240]. **58**

2. Beispiele, in denen eine Dokumentationspflicht bejaht wurde. Wie sich eine ärztliche Behandlung gestaltet, entscheidet sich am konkreten Einzelfall. Dasselbe gilt für die nötige Dokumentation. Je umfangreicher und komplizierter eine Behandlung ist, desto höhere Anforderungen stellt die Rechtsprechung an die Dokumentation[241]. **59**

Strittig war, ob der dem Patienten erteilte Rat, einen bestimmten Facharzt aufzusuchen, dokumentationspflichtig ist. Es gibt Umstände, die diesen Verweis erforderlich machen so zB die umgehende Verweisung an den Schulmediziner aufgrund einer Verschlechterung des Gesundheitszustandes[242]. Es reicht dabei der mündliche Rat zur Weiterbehandlung aus, sofern er in der Patientenakte eindeutig dokumentiert wird[243]. Zwar benötigt der weiterbehandelnde Arzt die schriftliche Aufklärungsbestätigung für die Behandlung des Patienten grundsätzlich nicht[244]. Behauptet der Arzt, er habe die Untersuchungsmaßnahme vorgeschlagen, der Patient habe sie aber verweigert, so hat der Arzt diese Behauptung jedoch dann immer zu beweisen, wenn die Weigerung des Patienten nicht dokumentiert worden ist[245]. **60**

Die Weigerung des Patienten, eine Untersuchung vornehmen zu lassen, ist zu dokumentieren, ebenso der dem Patienten erteilte Hinweis auf die Notwendigkeit und Dringlichkeit der Untersuchung[246] oder auf den Verbleib im Krankenhaus für eine stationäre Behandlung[247]. Am besten sollte die Entlassung gegen den ärztlichen Rat vom Patienten nach durchgeführter Sicherungsaufklärung gegengezeichnet werden[248]. Wichtige Hinweise für den nachbehandelnden Arzt sind in einem zeitnah zu erstellenden Entlassungsbrief festzuhalten, etwa die Erforderlichkeit der Schonung des operierten Beines unter Benutzung von Unterarmgehstützen[249]. **61**

Auch negative Befunde sind zu dokumentieren[250]. Jedenfalls, wenn ein konkreter Anlass zur Ausräumung eines bestimmten Verdachts besteht oder es sich um medizinisch besonders wichtige Befunde handelt[251]. Ein negativer Befund liegt beispielsweise vor, wenn ein Befund oder ein Test ergibt, dass ein vermuteter Krankheitserreger, Krankheitsherd oder eine bestimmte Krankheit nicht nachgewiesen werden konnte. Falls die Dokumentation über Negativbefunde jedoch unüblich ist, so muss sie logischerweise nicht erfolgen[252]. Fehlt in solchen Fällen eine Dokumentation, so kann nicht ohne Weiteres auf ein Unterbleiben der Untersuchung geschlossen werden[253]. **62**

---

236 OLG Köln, Beschl v 14.3.2016 – 5 U 69/15, openJur 2017, 627 = MedR 2017, 318 m Anm Fiekas MedR 2017, 320.
237 OLG Köln, Beschl v 14.3.2016 – 5 U 69/15, openJur 2017, 627 = MedR 2017, 318 m Anm Fiekas MedR 2017, 320.
238 Ausdrücklich OLG Koblenz, Urt v 15.1.2004 – 5 U 1145/03, NJW-RR 2004, 410.
239 MünchKomm⁸/Wagner, § 630f Rz 8.
240 MünchKomm⁸/Wagner, § 630f Rz 8.
241 Rehborn/Kern, in: Laufs/Kern/Rehborn, HdB ArztR⁵, § 61 Rz 18.
242 OLG Karlsruhe, Urt v 25.10.2006 – 7 U 183/05, OLGR 2007, 258, 259; AG Ansbach, Urt v 7.7.2015 – 2 C 1377/14, -juris.
243 Zu den Pflichten des Hausarztes bei steigendem PSA-Wert OLG Koblenz, Urt v 18.6.2015 – 5 U 66/15, MDR 2015, 1237.
244 Zum Rat einen bestimmten Facharzt aufzusuchen bereits OLG Braunschweig VersR 1980, 853, 855, zitiert nach Rieger, Lexikon des Arztrechts, Rz 320, der vertritt, dass dies auch dem Grundsatz der freien Arztwahl widerspräche.
245 OLG Oldenburg, Urt v 23.7.2008 – 5 U 28/08, MedR 2011, 163, 165 m Anm Walter MedR 2011, 166, 167.
246 BGH, Urt v 24.6.1997 – VI ZR 94/96, NJW 1997, 3090; zur Verweigerung einer Herzkatheteruntersuchung OLG Bamberg, Urt v 4.7.2005 – 4 U 126/03, MDR 2006, 206: OLG Düsseldorf, Urt v 21.7.2005 – I – 8 U 33/05, VersR 2006, 841.
247 Houben, in: Jorzig, HdB-ArztHaftR², Teil I Kapitel 4 Rz 9.
248 Houben, in: Jorzig, HdB-ArztHaftR², Teil I Kapitel 4 Rz 28.
249 OLG Schleswig, Urt v 19.5.2006 – 4 U 33/05, OLGR 2006, 546.
250 OLG Stuttgart, Urt v 29.7.1997 – 14 U 20/96, -juris; aA hierzu BGH, Urt v 23.3.1993 – VI ZR 26/92, NJW 1993, 2375, 2377 = MedR 1993, 430.
251 Houben, in: Jorzig, HdB-ArztHaftR², Teil I Kapitel 4 Rz 18.
252 Houben, in: Jorzig, HdB-ArztHaftR², Teil I Kapitel 4 Rz 17.
253 Houben, in: Jorzig, HdB-ArztHaftR², Teil I Kapitel 4 Rz 17.

63 Die Dokumentation in Bezug auf die durchgeführte Medikation, muss in Bezug auf Zeitpunkt und Menge so umfangreich sein, dass bei Medikamenten mit Sucht- oder sonstigem Gefährdungspotenzial einem Missbrauch entgegengewirkt werden kann[254]. Zur ausreichenden Dokumentation über die Medikation gehört neben dem Zeitpunkt der Anordnung und Verabreichung sowie der Menge, auch der Name des Präparats, ggf die Umstellung, das Applikationsintervall (morgens/abends), die Indikation und die Tageshöchstdosis[255]. Die ärztliche Anordnung ist ferner von dem Behandler zu unterzeichnen. Nur so können unerwünschte Wechselwirkungen verschiedener verabreichter Arzneien verhindert werden.

64 Bei neurologischen Befunden[256] muss eine neurologische Dokumentation vorhanden sein. Nach einer schwerwiegenden neurochirurgischen Operation hat der Arzt „mindestens einen Satz" zum neurologischen Befund in die Krankenakte zu schreiben, wenn er durch das Pflegepersonal wegen Sensibilitätsstörungen zum Patienten gerufen wird[257]. Fehlt die Angabe in den Behandlungsunterlagen, indiziert dies, dass die aufzeichnungspflichtigen klinisch-neurologischen Befunderhebungen nicht stattgefunden haben[258].

65 Wird die Freilegung des Nervus Accessorius zur Bestimmung einer Lokalisation im OP-Bericht nicht dokumentiert, so ist zu Gunsten des Patienten davon auszugehen, dass der Arzt diese Maßnahme nicht getroffen hat. Die fehlende Darstellung des Nervus Accessorius zur Vermeidung seiner dann eingetretenen Verletzung stellt einen Behandlungsfehler dar[259].

66 Die Durchführung einer funktionellen Befunderhebung (hinreichende Diagnostik hinsichtlich geschilderter Zahn- bzw Kiefergelenksprobleme) vor einer umfangreichen restaurativen Therapie[260] sowie der Ausgangsbefund bei einer zahnärztlichen Behandlung, insbesondere vor der Durchführung prothetischer Maßnahmen, sind zu dokumentieren[261].

67 Der Zahnarzt hat den Röntgenbefund in der Kartei zu vermerken, um einen etwaigen Verlust von Röntgenbildern aufzufangen[262].

68 Jedenfalls bei einer Spontangeburt nach einem vorzeitigen Blasensprung sind Geburtsvorgang und einzelne Überwachungsmaßnahmen zu dokumentieren[263]. Hinsichtlich des Geburtsverlaufes ist dabei jegliche Besonderheit zu dokumentieren[264]. Dies bezieht sich insbesondere auf das mögliche Vorliegen einer Schulterdystokie[265].

69 Der Arzt hat grds keine Verpflichtung, solche Untersuchungen durchzuführen, die zur Abklärung der Beschwerden des Patienten nicht notwendig sind, somit müssen diese grds nicht dokumentiert werden. Das OLG München hat entschieden, dass ein praktischer Arzt ungeachtet der Beschwerden und der persönlichen Konstitution eines Patienten nicht verpflichtet sei, zu Beginn oder im Verlauf der Behandlung stets vorsorglich den Blutdruck zu messen, um den Gefahren einer Hypertonie vorzubeugen[266]. Die Ärztin hatte ihren Patienten, der sie mit Beschwerden konsultiert hatte, lege artis untersucht und behandelt. Die routinemäßige Messung des Blutdrucks wurde ebenso wenig dokumentiert wie das Ergebnis. Der Patient versuchte, die Ärztin wegen „unterlassener Befunderhebung" für einen wenige Wochen nach dem Behandlungsende erlittenen Schlaganfall verantwortlich zu machen. Der im gerichtlichen Verfahren hinzugezogene Sachverständige hingegen hielt eine Blutdruckmessung selbst dann für dokumentationspflichtig, wenn ein Normalbefund festgestellt wird. Der Behandler sollte daher immer den Blutdruck messen sowie das Ergebnis dokumentieren, nicht jeweils nur „oB" (ohne Befund) schreiben. Nur im konkreten Einzelfall war die unterlassene Blutdruckmessung nicht als Behandlungsfehler gewertet worden, da der Patient den Arzt mit Beschwerden aufgesucht hatte, die nicht im Zusammenhang mit Bluthochdruck standen. Auch der BGH ging davon aus, dass zumindest die Doku-

---

254 OLG Koblenz, Urt v 18.10.2007 – 5 U 1523/06, MedR 2008, 86.
255 Houben, in: Jorzig, HdB-ArztHaftR², Teil I Kapitel 4 Rz 21.
256 OLG Hamm, Urt v 19.11.2007 – 3 U 83/07, openJur 2011, 54573.
257 Bspw mit Messung der Nervenleitgeschwindigkeit beim Sulcus ulnaris–Syndrom (Einengung des Ellennervs in seiner knöchernen Rinne auf Höhe des Ellenbogens) und beim Carpaltunnelsyndrom (Einklemmung des Mittelhandnerven).
258 OLG Hamm, Urt v 19.11.2007 – 3 U 83/07, openJur 2011, 54573.
259 OLG Zweibrücken, Urt v 11.10.2005 – 5 U 10/05, BeckRS 2005, 13450.
260 OLG Köln, Urt v 23.8.2006 – 5 U 22/04, MedR 2008, 46, 47.
261 OLG Koblenz, Urt v 29.6.2006 – 5 U 1591/05, GesR 2007, 18.
262 OLG München, Urt v 22.2.2001 – 1 U 4321/00, AHRS III, 2695/306.
263 Zur Beweislastumkehr bei grob fehlerhafter Befunderhebung OLG Saarbrücken, Urt v 8.11.2006 – 1 U 582/05, MedR 2007, 486, 487.
264 OLG München, Urt v 8.7.2010 – 1 U 4550/08, VersR 2012, 111.
265 OLG München, Urt v 12.11.1998 – 1 U 3671/97, OLGR München 2000, 61, 62; OLG München, Urt v 16.9.1999 – 1 U 3549/98, OLGR München 2000, 94, 95.
266 Vgl Tacke VersR 2007, 562, 653.

mentation von Blutdruckwerten einer Schwangeren zu dokumentieren seien, selbst wenn diese bei der Eingangsuntersuchung im Normalbereich liegen würden[267], dies gilt insbesondere in der Entbindungsphase[268].

Eine weitere Ausnahme von der Beschränkung der Dokumentation auf das therapeutisch Notwendige, stellt die Dokumentation der Anfängeroperation dar[269]. So sieht der BGH bei einer Behandlung durch einen Anfänger die Pflicht zu einer umfassenden, also einer nicht nur auf das medizinisch Notwendige beschränkten, Dokumentation vor[270]. Die Pflicht eines Assistenzarztes umfasst hier auch die genauen Aufzeichnungen von Routinehandlungen[271]. Dies sei im Interesse einer Ausbildungskontrolle, aber auch im Sinne des Patienten geboten, dem in dieser schadensanfälligen Konstellation der Nachweis eines Behandlungsfehlers erleichtert werden soll[272]. Fehlt es an einer ausreichenden Dokumentation der Beaufsichtigung des Anfängers, so wird daraus resultierend vermutet, dass Beaufsichtigung unterblieb, § 630h Abs 4[273]. **70**

Auch wenn Visiten zur Klinikroutine gehören und eine Dokumentationspflicht bei ärztlichen Routinebehandlungen und -kontrollen sowie bei medizinischen Selbstverständlichkeiten abgelehnt wird[274], so sind dennoch das Stattfinden von ärztlichen Visiten mit Datum sowie ihr jeweiliger Inhalt zumindest stichwortartig festzuhalten[275]. **71**

Wird eine Patientenakte an einer anderen Stelle als üblich aufbewahrt oder wird sie herausgegeben, so ist dies zu dokumentieren[276]. Dem Krankenhausträger wird eine Missachtung dieser Verpflichtung angelastet, in Form dessen, dass er ihm im Falle des Verlustes der Patientenunterlagen dafür einzustehen hat[277]. Es gehört zu den Organisationsaufgaben des Krankenhausträgers, dafür zu sorgen, dass Klarheit über den Verbleib der Patientenakte besteht[278]. **72**

In großen Krankenhäusern, bspw in Universitätskliniken, gibt es darüber hinaus eigene Einrichtungen, die sich nur mit der medizinischen Dokumentation befassen. Sie kontrollieren die einzelnen Schritte der Dokumentation und sorgen dafür, dass die Dokumentationsbelege vollständig und konsistent geführt werden. Da die Erlöse von der Qualität der Dokumentation abhängen, es handelt sich iRd Vergütung um ein Diagnose-orientiertes Fallpauschalensystem, werden diese Einrichtungen als medizinisches Controlling bezeichnet. Nach diesem werden die Kosten für alle während eines Patientenaufenthalts anfallenden Leistungen pauschal auf Grund der Einordnung in diagnosebezogene Gruppen (Diagnosis Related Groups, DRGs) ermittelt und abgerechnet[279]. Alle stationären Behandlungsfälle werden in aufwandshomogene Gruppen eingeteilt, damit in Gruppen, bei denen der gleiche Behandlungsaufwand besteht und dafür das gleiche Entgelt von den Kostenträgern gezahlt wird[280]. **73**

3. Beispiele, in denen eine Dokumentationspflicht abgelehnt wurde. Der BGH hat entgegen kritischen Stimmen in der Literatur[281] eine Dokumentationspflicht bei ärztlichen Routinebehandlungen und –kontrollen sowie bei medizinischen Selbstverständlichkeiten abgelehnt[282]. Grundsätzlich nicht dokumentiert werden muss die Feststellung eines unveränderten Beschwerdebildes oder die Art und Weise der Durchführung einer Routineuntersuchung. In der Regel fehle es in diesen Fällen an der medizinischen Notwendigkeit der Dokumentation. Deshalb müssen bspw Desinfektionsmaßnahmen[283] oder Blutentnahmen[284] vor dem operativen Eingriff nicht dokumentiert werden[285]. Weiterhin muss bspw im Rahmen einer Bauchoperation und bei einer spannungsfreien Verknotung der Anastomosennähte nicht die Stelle, an welcher der Nahtknoten platziert worden ist und im Rahmen einer Prostatektomie, ob eine Dichtigkeitsprü- **74**

---

267 BGH, Urt v 14.2.1995 – VI ZR 272/93, BGHZ 129, 6.
268 BGH, Urt v 14.2.1995 – VI ZR 272/93, BGHZ 129, 6.
269 Houben, in: Jorzig, HdB-ArztHaftR[2], Teil I Kapitel 4 Rz 15.
270 BGH, Urt v 7.5.1985 – VI ZR 224/83, NJW 1985, 2193, 2194.
271 Rehborn/Kern, in: Laufs/Kern/Rehborn, HdB ArztR[5], § 61 Rz 16.
272 Vgl BGH, Urt v 7.5.1985 – VI ZR 224/83 = NJW 1985, 2193, 2195.
273 Rehborn/Kern, in: Laufs/Kern/Rehborn, HdB ArztR[5], § 61 Rz 16.
274 BGH, Urt v 23.3.1993 – VI ZR 26/92, NJW 1993, 2375 = MedR 1993, 430; auch Spickhoff/Scholz, MedR-Komm[3], Nr 350 (MBO) § 10 Rz 3.
275 Houben, in: Jorzig, HdB-ArztHaftR[2], Teil I Kapitel 4 Rz 24.
276 JurisPK BGB[9]/Schmidt, § 630f Rz 23.
277 BGH, Urt v 21.11.1995 – VI ZR 341/94, NJW 1996, 779 = MedR 1996, 215.
278 BGH, Urt v 21.11.1995 – VI ZR 341/94, NJW 1996, 779 = MedR 1996, 215.
279 Stollmann/Wollschläger, in: Laufs/Kern/Rehborn, HdB ArztR[5], § 81 Rz 186.
280 Stollmann/Wollschläger, in: Laufs/Kern/Rehborn, HdB ArztR[5], § 81 Rz 187, 189.
281 Sträter, Grober Behandlungsfehler und Kausalitätsvermutung, S 44 f, der darin einen Widerspruch sieht zur Einstufung von Fehlern aus diesem Bereich als „grob".
282 BGH, Urt v 23.3.1993 – VI ZR 26/92, NJW 1993, 2375, 2377 = MedR 1993, 430; Spickhoff/Scholz, MedR-Komm[3], Nr 350 (MBO) § 10 Rz 3.
283 OLG Brandenburg, Urt v 8.11.2007 – 12 U 53/07, -juris Rz 22, 24.
284 Rehborn/Kern, in: Laufs/Kern/Rehborn, HdB ArztR[5], § 61 Rz 18.
285 OLG Hamburg, Urt v 22.2.2002 – 1 U 35/00, MDR 2002, 1315.

fung der Verbindung Harnröhre-Blase erfolgt ist[286] nicht dokumentiert werden. Ebenso muss die Durchführung einer Blutstillung oder die Abdeckung des Operationsbereiches nicht dokumentiert werden. Weiterhin sind nicht dokumentationspflichtig die Tubusgröße bei der Intubation eines Kindes[287] oder der Wechsel einer Magensonde[288], soweit das erste Legen der Magensonde mit dem Einverständnis des Patienten und lege artis erfolgt ist[289].

75 Nur falls der Behandler ein Berufsanfänger ist, besteht auch bei routinierten Maßnahmen eine Dokumentationspflicht[290].

76 Die Dokumentationspflicht erstreckt sich nicht auf bloße Vermutungen des Arztes, ungesicherte Befunde oder nur für die Vorbereitung eines weiteren Behandlungsabschnittes notwendig erscheinende Erkenntnisse[291].

77 Verläuft ein Nerv neben dem Operationsgebiet und strahlt er allenfalls mit sensiblen Fasern in das Operationsgebiet ein, ist dieser Umstand im OP-Bericht nicht zu dokumentieren, da er für die Nachbehandlung aus medizinischen Gründen ohne Belang ist[292].

78 Es stellt keinen Dokumentationsmangel dar, wenn nicht alle Einzelbefunde einer Duplex-Ultraschalluntersuchung durch dauerhafte Bilder aktenkundig gemacht werden[293]. Es genügt, wenn sich aus der Dokumentation die Vorgehensweise bei der Befunderhebung und die vom Arzt gewonnenen Erkenntnisse ergeben[294].

79 Entdeckt der Arzt im Rahmen einer ambulanten Nachsorge zu einer stationären gefäßchirurgischen Behandlung eine subkutane Blutung, die nach seiner Einschätzung weder eine Verdrängung in innere Organe noch von Muskulatur besorgen lässt, genügt die Dokumentation seines wertenden Untersuchungsergebnisses[295].

80 Der Hinweis des Arztes, der Patient solle sich bei Fortdauer der Beschwerden wieder vorstellen, muss aus medizinischen Gründen nicht dokumentiert werden; denn ein entsprechender Vermerk hätte medizinisch keine Bedeutung[296].

81 Es bedarf keiner Befundsicherung durch Anfertigung eines Röntgenbildes und keiner Dokumentation des Ausgangsbefundes, wenn der Zahnarzt oder Chirurg ein luxiertes Kiefergelenk erfolgreich reponiert oder einrenkt[297].

82 Bei Verneinung einer Suizidalität nach Exploration muss kein Suizidbogen ausgefüllt werden[298]. Der Wunsch eines Angehörigen des Patienten, dass der Pfleger ins Krankenzimmer kommen möge, weil sich der Patient nicht wohl fühle, muss nicht dokumentiert werden[299].

83 Eine Behandlungsalternative ist nicht aufklärungsbedürftig, wenn die Therapiewahl vom Ergebnis einer intraoperativen Voruntersuchung abhängt und deshalb erst anhand der im Rahmen des diagnostischen Eingriffs zu Tage getretenen Befundlage getroffen werden kann[300].

84 Voraussetzung einer Chirotherapie an der Wirbelsäule ist die Durchführung eines Probezugs. Die Manipulation an der Wirbelsäule und der Probezug stehen in einem inneren Zusammenhang und werden gemeinsam ausgeführt[301]. Es besteht keine separate Dokumentationspflicht für eine Probemanipulation. Auch ist eine Dokumentation für einen Nachbehandler nicht mit einem Erkenntnisgewinn verbunden[302].

286 OLG Oldenburg, Urt v 30.1.2008 – 5 U 92/06, NJW-RR 2009, 32, 33.
287 OLG München, Urt v 18.9.2008 – 1 U 4837/07, -juris Rz 32.
288 OLG Köln, Urt v 6.7.2015 – 5 U 181/14, openJur 2015, 16391 Rz 17.
289 OLG Köln, Urt v 6.7.2015 – 5 U 181/14, openJur 2015, 16391 Rz 17.
290 Rehborn/Kern, in: Laufs/Kern/Rehborn, HdB ArztR[5], § 61 Rz 16.
291 Hohloch NJW 1982, 2577, 2578 f.
292 OLG Naumburg, Urt v 18.7.2006 – 1 U 29/05, OLGR 2007, 2, 5.
293 OLG Naumburg, Urt v 13.3.2008 – 1 U 83/07, VersR 2008, 1073, 1074.
294 OLG Naumburg, Urt v 13.3.2008 – 1 U 83/07, VersR 2008, 1073, 1074.
295 OLG Naumburg, Urt v 2.12.2008 – 1 U 27/08, -juris.
296 OLG München, Urt v 12.4.2007 – 1 U 2267/04, -juris, Rz 158.
297 OLG Naumburg, Urt v 1.11.2007 – 1 U 13/07, GesR 2008, 128.
298 OLG Braunschweig, Beschl v 11.2.2008 – 1 U 2/08, GesR 2008, 536, 537.
299 OLG Frankfurt/M, Urt v 4.4.2006 – 8 U 98/05, VersR 2007, 1276, 1277.
300 Zur Implantation eines Stents nach vorausgegangener Herzkatheteruntersuchung OLG Bamberg, Beschl v 27.11.2015 – 4 U 82/15, -juris Rz 29 m Anm Hübel GesR 2016, 493; m Anm Bergmann/Wever MedR 2016, 792, 793; zitiert in: Süss MedR 2017, 107, 108 ff.
301 LG Baden-Baden, Urt v 4.7.2014 – 2 O 161/11, juris Rz 37, 40 m Anm Jungbecker VersR 2014, 1507, 1508.
302 LG Baden-Baden, Urt v 4.7.2014 – 2 O 161/11 –, juris Rz 40 m Anm Jungbecker VersR 2014, 1507, 1508.

VI. Form der Dokumentation

1. Schriftformerfordernis. Die Dokumentation ist grundsätzlich schriftlich zu erstellen. Sie muss eindeutig, umfassend, sowie einsichts-, beweis- und archivierungstauglich erfolgen[303]. Denn die Verpflichtungen erstrecken sich neben den Vorgaben des § 630f ebenso wie auf die Sicherung der Datenintegrität und die Aufbewahrung der Aufzeichnung. 85

Für die Beurteilung, ob eine Dokumentation formgerecht erfolgte, muss zunächst zwischen der Form der Dokumentation (Patientenakte) und der Form des niedergeschriebenen Inhalts unterschieden werden[304]. 86

Wegen der Funktion der Patientenakte im Sinne der Weitergabe von behandlungsrelevanten Informationen und aufgrund ihres Beweiswertes im Rechtsverkehr, gilt das Gebot der objektiven Wahrheit der Eintragung. Die Dokumentation muss zudem vollständig sein. 87

Bei der Dokumentation in Papierform sind die Regeln des Urkundsbeweises nach ZPO §§ 415 ff anzuwenden, sodass eine Vermutung hinsichtlich der Richtigkeit und Vollständigkeit der Patientenakte angenommen werden kann[305]. 88

Aus der Tatsache, dass der Gesetzgeber geregelt hat, wie Berichtigungen und Änderungen der Dokumentation vorzunehmen sind, ist zu schließen, dass solche zulässig sind[306]. Radierungen oder das gelegentlich vorzufindende Überdecken von Eintragungen mit Korrekturfolien oder Korrekturflüssigkeiten (Tipp-Ex) sind jedoch problematisch, da das Reproduzieren der Ursprungseintragung beinhalten würde, die alte Eintragung zu zerstören[307]. Insofern wird man diese Form der Berichtigung der Dokumentation eher als unzulässig anzusehen haben[308]. Änderungen müssen nach § 630f Abs 1 Satz 2 klar erkennbar sein. Bei der Patientenakte in Papierform sind Eintragungsfehler einmal waagerecht durchzustreichen und mit Handzeichen sowie Änderungsdatum zu versehen[309]. Eine Missachtung der Kenntlichmachung von Dokumentationsänderungen kann zum Verdacht der Urkundenfälschung nach StGB § 267 Abs 1 führen[310]. 89

Der zu dokumentierende Inhalt sollte knapp und präzise erfolgen, möglichst frei von wertenden Beurteilungen[311], die für eine weitergehende Behandlung belanglos sind. Vordatierungen der Behandlungsabschnitte oder Voreintragungen sind unzulässig[312]. Die Verwendung von fachspezifischen, aber auch allgemeinen Abkürzungen ist zulässig, wobei der Inhalt stets lesbar sein muss[313]. Schließlich ist für die Erstellung einer handschriftlichen Dokumentation auch ein dokumentenechter Stift zu verwenden, somit weder ein Bleistift noch ein Tintenfüller[314]. Offen ist, ob ein Dokumentationsfehler vorliegt, wenn diese zwar vorgenommen wurde, jedoch das dafür bspw verwendete Papier nicht fortwährend haltbar war und die Dokumentation somit langfristig unleserlich wird. Diesbezüglich würde zumindest von einem Verstoß gegen BMV-Ä § 57 Abs 1, der vertragsärztlichen Dokumentationspflicht, auszugehen sein. 90

2. Elektronische Patientendokumentation. Der Behandler kann nach § 630f Abs 1 die Patientenakte elektronisch führen. Das Gesetz schreibt nach § 630f Abs 1 Satz 3 vor, dass Berichtigungen und Änderungen von Eintragungen in die Patientenakte, gleich ob in Papierform oder elektronisch geführt, nur zulässig sind, wenn der ursprüngliche Inhalt erkennbar bleibt und zusätzlich der Zeitpunkt der Veränderung vermerkt ist. Damit soll eine „Revisionssicherheit"[315] der Dokumentation sichergestellt werden. Die Gesetzesbegründung nennt als Ziel „eine fälschungssichere Organisation der Dokumentation"[316]. 91

Die Begründung dazu verweist ausdrücklich auf die Grundsätze der ordnungsgemäßen Buchführung[317] im Handelsgesetzbuch (HGB) und in der Abgabenordnung (AO), somit im Handels- und Steuerrecht. Normvorbilder sind die HGB §§ 239 Abs 3 und AO 146 Abs 4[318]. Die Interessenlage ist vergleichbar; die handelsrechtlichen Grundsätze dienen der vermögensmäßigen Rechenschaftspflicht, die ärztliche Dokumentation unter anderem auch der ärztlichen Rechen- 92

---

303 Rehborn/Kern, in: Laufs/Kern/Rehborn, HdB ArztR[5], § 61 Rz 14.
304 Houben, in: Jorzig, HdB-ArztHaftR[2], Teil I Kapitel 4 Rz 32.
305 Houben, in: Jorzig, HdB-ArztHaftR[2], Teil I Kapitel 4 Rz 34.
306 Rehborn GesR 2013, 257, 263.
307 Rehborn GesR 2013, 257, 263.
308 Houben, in: Jorzig, HdB-ArztHaftR[2], Teil I Kapitel 4 Rz 34.
309 Houben, in: Jorzig, HdB-ArztHaftR[2], Teil I Kapitel 4 Rz 38.
310 Houben, in: Jorzig, HdB-ArztHaftR[2], Teil I Kapitel 4 Rz 34.
311 Houben, in: Jorzig, HdB-ArztHaftR[2], Teil I Kapitel 4 Rz 38.
312 Houben, in: Jorzig, HdB-ArztHaftR[2], Teil I Kapitel 4 Rz 38.
313 Houben, in: Jorzig, HdB-ArztHaftR[2], Teil I Kapitel 4 Rz 38.
314 Houben, in: Jorzig, HdB-ArztHaftR[2], Teil I Kapitel 4 Rz 38.
315 Thole MedR 2013, 145, 148.
316 BT-Drucks 17/10488, 32.
317 BT-Drucks 17/10488, 32; Ortner/Geis MedR 1997, 337 ff; Schmidt-Beck NJW 1991, 2335, 2336.
318 Katzenmeier, in: Laufs/Katzenmeier/Lipp, Arztrecht[8], IX Rz 53; BT-Drucks 17/10488, 26.

schaftspflicht. Diese Anknüpfung war früher in der Literatur weitestgehend abgelehnt worden[319] und stellte somit eine wesentliche Neuerung dar. Nach beiden Normen darf eine Aufzeichnung nicht in einer Weise verändert werden, dass der ursprüngliche Inhalt nicht mehr feststellbar ist.

93   Die „Revisionssicherheit der Behandlungsdokumentation"[320] ist durch den Einsatz einer geeigneten Software sicherzustellen[321]. Die Regelung ist aus beweisrechtlicher Sicht interessant[322]. Aufgrund des zunehmenden Einsatzes digitaler Dokumentations- und Verbundsysteme gewinnt die Frage nach dem prozessualen Beweiswert ärztlicher EDV-Dokumentation stetig an Bedeutung[323]. Neu war im Patientenrechtegesetz, dass die faktische Beweissicherung auch als Schutzzweck in BGB § 630f über den Gedanken der Manipulationssicherheit verankert worden ist.

94   Das Gebot der Datensicherheit wird zudem gemäß MBO-Ä § 10 Abs 2 zur standesrechtlichen Pflicht erhoben. Damit soll sichergestellt werden, dass im Interesse der Behandlungs- und Patientensicherheit Behandlungsdaten, so bspw auf Grund von Hardware- oder Softwareproblemen nicht verloren gehen. Zudem muss sichergestellt werden, dass Zugriffsrechte auf die Patientendaten so klar definiert werden, dass nur die behandelnden Personen Zugang zu dem Datenbestand haben, bspw durch Passwortsicherung für die in die Behandlung einbezogenen Ärzte und die gleichermaßen zur Verschwiegenheit verpflichteten Mitarbeiter. Bei Verwendung der elektronischen Aktenführung wie auch bei der körperlichen Patientenakte muss die Urheberschaft jeder einzelnen Eintragung eindeutig erkennbar sein und jede Nutzung der Patientenakte protokolliert werden.

95   Die digitale Archivierung von Patientendaten auf „elektronischen Datenträgern oder anderen Speichermedien" sehen MBO-Ä § 10 Abs 5 und begleitende Bestimmungen vor. Vertragsarztrechtlich ist die elektronische Archivierung nach SGB V § 95 Abs 3 zulässig.

96   Eine Regelung „besonderer Sicherungs- und Schutzmaßnahmen" vor Veränderung gab es zuvor ausschließlich in MBO-Ä § 10 Abs 5. Veränderungssichere Software bei EDV-Dokumentationen hatte ihren Grund allein in der Erzielung therapeutischer Sicherheit aus medizinischen Gründen. Daraus konnte der Patient jedoch keine Rechte herleiten. Insbesondere muss der Arzt nicht den „Negativbeweis" der Manipulationssicherheit seiner EDV-Dokumentation führen[324], denn auch Dateien, die nicht vor einer nachträglichen Veränderung geschützt waren, bekamen gleichwohl die volle Beweiskraft zugesprochen, soweit der Arzt im Einzelfall plausibel darlegen konnte, dass seine Eintragungen richtig waren[325]. Dies gilt aber nur, wenn ärztlicherseits glaubhaft gemacht wird, dass die Dokumentation nicht nachträglich verändert wurde und sie aus medizinischen Gründen plausibel erscheint[326].

97   Diese Rechtsauffassung war unter der gesetzlichen Vorgabe des § 630f Abs 1 Satz 3 im Umbruch, da das OLG Frankfurt hinsichtlich der Erinnerungsfähigkeit an das Aufklärungsgespräch[327] dem Patienten ein besseres Erinnerungsvermögen zusprach als dem behandelnden Arzt. Zudem war es der Auffassung[328], dass der im Prozess zu führende Beweis für die Dokumentation ausschließlich mit der Verwendung einer fälschungssicheren Software, welche die ursprünglichen Einträge erhalte und nachträgliche Änderungen deutlich sichtbar mache, möglich sei. Weiter stellte das Gericht klar[329], dass eine EDV-Dokumentation ohne Sicherung gegen Veränderungen nicht mehr zulässig sei und ihr deshalb auch kein Beweiswert wie einer herkömmlichen schriftlichen Dokumentation zukäme, selbst wenn der Arzt nachvollziehbar darlege, dass er die Dokumentation nicht nachträglich verändert habe und diese Darlegung auch medizinisch plausibel sei. Wenn aber der Arzt eine elektronische Patientendokumentation verwendet, die Veränderungen der Eintragungen nicht kenntlich macht, so kann dieser Dokumentation nicht dasselbe Vertrauen geschenkt werden wie einer papierenen Dokumentation[330]. Die nachträglich veränderbare E-Akte rechtfertigt nicht den ausreichend sicheren Schluss, die dokumentierte Maßnahme sei tatsächlich erfolgt; der BGH entschied deshalb, dass mit veränderbaren Softwareprogrammen erstellte elektronische Akten nur noch einen eingeschränkten Beweiswert

---

319 Muschner VersR 2006, 621, 623; Schmidt-Beck NJW 1991, 2335, 2337.
320 Thole MedR 2013, 145, 148.
321 Katzenmeier, in: Laufs/Katzenmeier/Lipp, Arztrecht[8], IX Rz 53.
322 Katzenmeier, in: Laufs/Katzenmeier/Lipp, Arztrecht[8], IX Rz 53.
323 Ortner/Geis MedR 1997, 337 ff.
324 Muschner VersR 2006, 621, 627.
325 Muschner VersR 2006, 621, 627.
326 OLG Hamm, Urt v 26.1.2005 – 3 U 161/04, GesR 2005, 349.
327 OLG Frankfurt, Urt v 13.1.2015 – 8 U 141/13, openJur 2015, 2043 Rz 15.
328 OLG Frankfurt, Urt v 13.1.2015 – 8 U 141/13, openJur 2015, 2043 Rz 15.
329 OLG Frankfurt, Urt v 13.1.2015 – 8 U 141/13, openJur 2015, 2043 Rz 15.
330 Zur nicht revisionssicheren Praxisdokumentation BGH, Urt v 27.4.2021 – VI ZR 84/19, ZMGR 2021, 229, 230 ff; Geiß/Greiner, Arzthaftpflicht[8], B Rz 204 mwN aus der Rspr.

aufweisen[331]. „Einer elektronischen Dokumentation, die nachträgliche Änderungen entgegen § 630f Abs 1 Satz 2 und 3 nicht erkennbar macht, kommt keine positive Indizwirkung dahingehend zu, dass die dokumentierte Maßnahme von dem Behandelnden tatsächlich getroffen worden ist[332]." „Es fehlt ihr gerade deshalb an der Zuverlässigkeit, weil sie Veränderungen so zulässt, dass sie unbemerkt bleiben. Der Patient steht insoweit außerhalb des maßgeblichen Geschehensablaufs. Er wird deshalb regelmäßig nicht in der Lage sein, Anhaltspunkte für eine – bewusste oder versehentliche – nachträgliche Abänderung der elektronischen Dokumentation vorzutragen[333]."

98 Hinsichtlich der Ordnungsmäßigkeit der Dokumentation im Haftungsrecht wird sich an den „Grundsätzen zur ordnungsmäßigen Führung und Aufbewahrung von Büchern, Aufzeichnungen und Unterlagen in elektronischer Form sowie zum Datenzugriff" (GoBD) orientiert[334]. Dabei wird sich im Wesentlichen auf belegbar technisch ordnungsgemäße Verfahren beim Digitalisieren von Papierdokumenten durch Scannen, also auf die digital-optische Archivierung fokussiert[335]. Für die betreffenden Dokumente wird kein Urkundenwert erzielt[336].

99 Auf gescannte und signierte Dokumente ist ZPO § 371a nicht anwendbar, weil diese Vorschrift eine Willens- und Wissenserklärung voraussetzt und daher nur für ein originäres elektronisches Dokument gilt, während dem Scan-Produkt kein eigener Erklärungsgehalt zukommt[337]. ZPO § 371b gilt ausschließlich für öffentliche Urkunden und ist damit ebenfalls nicht anwendbar[338].

100 Ob „Computer-Bescheide" dem Urkunden- oder dem Augenscheinsbeweis hinsichtlich ihres Inhalts zugänglich sind, blieb in der Rechtsprechung offen[339]. Werden Schriftstücke gescannt und dann vernichtet (früher hat man mikroverfilmt), dann ist der Scan, gleich, ob auf dem Bildschirm oder ausgedruckt, nur noch Objekt des Augenscheins[340]. Allerdings können die auf Grund der Beweisregel des ZPO § 416 formell erwiesenen Erklärungen – je nach ihrem Inhalt – auch geeignet sein, dem Gericht allein oder im Zusammenhang mit weiteren Umständen die Überzeugung davon zu verschaffen, dass die urkundlich bezeugten Tatsachen und Vorgänge der Wirklichkeit entsprechen[341]. Das Gericht befindet darüber wiederum nach ZPO § 286 Abs 1 im Wege des Augenscheinsbeweises. Dazu kann der Erfahrungssatz angewendet werden, dass eine Vertragsurkunde den endgültigen und wohl überlegten Willen der Parteien enthält, mithin vollständig und richtig ist[342]. Diese Grundsätze gelten entsprechend für gescannte Privaturkunden, die von ZPO § 416[343] direkt nicht erfasst sind[344].

101 Dies gilt analog für die Mikroverfilmung schriftlicher Arztunterlagen[345]. Es bestehen keine grundsätzlichen rechtlichen Bedenken gegen die Mikroverfilmung[346], soweit diese noch Verwendung findet.

102 Für den Anteil der Urkunden in Krankenakten lässt sich die Beweiswertminderung ausgleichen und gemäß neuerer Gesetzgebung eine digitale „Urkunde" herstellen[347]. ZPO § 371a betrifft private elektronische Dokumente[348]. Eine beweissichere Dokumentation bei dieser wird durch die Verwendung einer qualifizierten elektronischen Signatur nach ZPO § 371a Abs 1 Satz 1, Satz 2 erfüllt[349].

103 Der Begriff der qualifizierten elektronischen Signatur richtete sich früher nach dem Signaturgesetz (SigG)[350], das mit Wirkung seit 29.7.2017 durch das eIDAS- Durchführungsgesetz und das

---

331 Zur nicht revisionssicheren Praxisdokumentation BGH, Urt v 27.4.2021 – VI ZR 84/19, ZMGR 2021, 229, 230 ff.
332 BGH, Urt v 27.4.2021 – VI ZR 84/19, ZMGR 2021, 229, 230 ff.
333 BGH, Urt v 27.4.2021 – VI ZR 84/19, ZMGR 2021, 229, 230 ff.
334 BStBl I S 1450 v 14.11.2014, Neufassung in Kraft getreten am 1.1.2020.
335 Semler/Ripkens-Reinhard, in: Jäckel (Hrsg) Telemedizinführer Deutschland, Archivierung von klinischen Forschungsunterlagen, 353, 354.
336 Zöller[33]/Feskorn, § 416 Rz 1.
337 Musielak/Voit[18]/Huber, § 416 Rz 5.
338 Musielak/Voit[18]/Huber, § 416 Rz 5.
339 Zum Urkundsbegriff, Fotografie gilt nicht als Urkunde BGH, Urt v 28.11.1975 – V ZR 127/74, BGHZ 65, 300; aA für den Urkundenbeweis Rüssmann JurPC 1995, 3212, 3212; vgl MünchKommZPO[6]/Zimmermann, § 416 Rz 4.
340 MünchKommZPO[6]/Zimmermann, § 371 Rz 4; Zöller[33]/Feskorn, § 416 Rz 1.
341 Zu den Voraussetzungen des ZPO § 416 BGH, Urt v 13.4.1988 – VIII ZR 274/87, BGHZ 104, 172; Musielak/Voit[18]/Huber, § 416 Rz 4.
342 Musielak/Voit[18]/Huber, § 416 Rz 4.
343 ZPO § 416 bezieht sich direkt nur auf die Beweiskraft privater Urkunden.
344 Musielak/Voit[18]/Huber, § 416 Rz 4.
345 Semler/Ripkens-Reinhard, in: Jäckel (Hrsg) Telemedizinführer Deutschland, Archivierung von klinischen Forschungsunterlagen, 353, 354.
346 Kern, Krankenhaustechnik 6/1981, 60 f.
347 Semler/Ripkens-Reinhard, in: Jäckel (Hrsg), Telemedizinführer Deutschland 353, 354.
348 MünchKommZPO[6]/Zimmermann, § 371a Rz 2.
349 BeckOK ZPO/Bach, Stand 1.9.2021, § 371a Rz 4; Musielak/Voit[18]/Huber, § 371a Rz 1; MünchKommZPO[6]/Zimmermann, § 371a Rz 2.
350 Musielak/Voit[18]/Huber, § 371a Rz 3; ausführlich Rossnagel NJW 2001, 1817, 1819 f.

Vertrauensdienstegesetz (VDG)[351] aufgehoben wurde[352]. Das VDG ergänzt die eIDAS–Verordnung (EU) Nr 910/2014[353]. Sie bestimmt die Mitwirkungspflichten der Anbieter, die Vertrauensdienste erbringen, bspw die Erstellung, Überprüfung und Validierung von elektronischen Signaturen, Siegeln und Zeitstempeln[354]. Wegen der unmittelbaren Wirkung der eIDAS-Verordnung (EU) richten sich die Begrifflichkeiten nunmehr nach dieser, ohne dass es eines ausdrücklichen Verweises bedürfte. Wenn also auf eine „qualifizierte elektronische Signatur" (qeS) Bezug genommen wird, ist damit eine solche nach eIDAS-VO Art 3 Nr 12 der eIDAS-VO gemeint[355].

104 ZPO § 371a Abs 1 Satz 1 stellt klar, dass auf solche Dokumente die Vorschriften über den Urkundenbeweis (§§ 416 ff) entsprechende Anwendung finden[356]. Sie bieten vollen Beweis dafür, dass die in ihnen enthaltenen (Wissens- oder Willens-) Erklärungen vom Inhaber des Signaturschlüssels stammt, ZPO 416 analog[357].

105 ZPO § 371a Abs 1 Satz 2 regelt die Echtheitsvermutung entsprechend ZPO § 437 für Dokumente mit einer qualifizierten elektronischen Signatur (qeS)[358] und stellt die gesetzliche Normierung eines Anscheinsbeweises dar. Es handelt sich um eine Sonderregelung zu ZPO § 440, eine gesetzliche Vermutung[359]. Nach dem Signieren können an dem gesamten elektronischen Dokument keine unbemerkten Änderungen mehr durchgeführt werden[360]. Erfolgte Änderungen werden dann mit Datum, Uhrzeit und Signatur dokumentiert[361]. Damit ist die qeS wie eine Originalunterschrift auf dem Dokument zu bewerten[362]. Auch Ergänzungen und Berichtigungen, die sich auf das einmal signierte Dokument beziehen, werden durch die Stapelsignaturfunktion untrennbar miteinander verbunden[363]. Das Grundprinzip des Signierens beruht auf asymmetrischer Verschlüsselung[364]. Die qualifizierten Signaturen erscheinen ausreichend geeignet, die Identität des Schlüsselinhabers sicherzustellen[365]. Solche Signaturen sind allerdings derzeit noch kaum verbreitet[366].

106 Liegt keine fälschungssichere ärztliche EDV-Dokumentation vor, bleibt zum einen der Patient für die Behauptung der nachträglichen Veränderung beweispflichtig, da diese nicht von Amts wegen zu prüfen ist und zum anderen könnte dieser Einwand auch der herkömmlichen Dokumentation gegenüber erhoben werden[367]. Richtig ist, dass der EDV–Ausdruck der Datei allein keine Urkunde im zivilprozessualen Rechtssinne ist[368]. Dies spielt im Arzthaftpflichtprozess zumindest derzeit noch eine untergeordnete Rolle, da die ärztliche Dokumentation nicht zwingend die Qualität einer Urkunde nach der ZPO haben muss[369]. Bislang wird das digitale medizinische Dokument gemäß ZPO § 371a Abs 1 Satz 2 lediglich als Objekt des Augenscheins bewertet[370]. Als solches unterliegt es der freien richterlichen Beweiswürdigung gemäß ZPO § 286[371]. In der gerichtlichen Wertung nach ZPO § 286 können Kopien durchaus dieselbe Beweiskraft wie Originale entfalten.

107 Bei Behauptung eines Behandlungsfehlers obliegt grundsätzlich allein dem Patienten die volle Beweislast. Zwar ist bei mangelhafter Dokumentation eine Umkehr der Beweislast gemäß § 630h angeordnet worden; es scheint aber kaum vorstellbar, dass diese Beweislastumkehr angewendet wird, nur weil digital dokumentiert und archiviert worden ist, sollte dies jeweils ordnungsgemäß

---

351 Erlassen am 18.7.2017, BGBl I 2745, am 29.7.2017 in Kraft getreten.
352 Gesetz zur Durchführung der Verordnung (EU) Nr 910/2014 des Europäischen Parlaments und des Rates v 23.7.2014 über elektronische Identifizierung und Vertrauensdienste für elektronische Transaktionen im Binnenmarkt und zur Aufhebung der Richtlinie 1999/93/EG (eIDAS-Durchführungsgesetz) v 28.7.2017, BGBl I, 2745; Materialien: Entwurf eines Gesetzes zur Durchführung der Verordnung (EU) Nr 910/2014, BT-Drucks 18, 12494.
353 Anzuwenden seit 1.7.2016, ABl L 257 v 28.8.2014, S 73–114.
354 BeckOK ZPO/Bach, Stand: 1.9.2021, § 371a Rz 4.1, 5.1.
355 Die im Terminservice- und Versorgungsgesetz (TSVG) enthaltene Norm des SGB V § 295 Abs 1 Satz 10 sieht die elektronische Übermittlung der Arbeitsunfähigkeitsdaten durch die Ärzte an die Krankenkasse verpflichtend vor. Der Versicherte selbst erhält seine AU–Bescheinigung in Papierform.
356 MünchKommZPO[6]/Zimmermann, § 371a Rz 3.
357 BeckOK ZPO/Bach, Stand: 1.9.2021, § 371a Rz 4.
358 Musielak/Voit[18]/Huber, ZPO § 371a Rz 1; MünchKommZPO[6]/Zimmermann, § 371a Rz 2.
359 MünchKommZPO[6]/Zimmermann, § 371a Rz 4; Wagner Jus 2016, 29, 30 ff.
360 Krüger-Brand Deutsches Ärzteblatt 2012, 109 (9): [6].
361 Krüger-Brand Deutsches Ärzteblatt 2012, 109 (9): [6].
362 Krüger-Brand Deutsches Ärzteblatt 2012, 109 (9): [6].
363 MünchKommZPO[6]/Zimmermann, § 371a Rz 2.
364 MünchKommZPO[6]/Zimmermann, § 371a Rz 2.
365 MünchKommZPO[6]/Zimmermann, § 371a Rz 2.
366 MünchKommZPO[6]/Zimmermann, § 371a Rz 2.
367 MBO[7]/Ratzel, § 10 Rz 8.
368 MBO[7]/Ratzel, § 10 Rz 8.
369 MBO[7]/Ratzel, § 10 Rz 8.
370 BeckOK ZPO/Bach, Stand: 1.9.2021, § 371a Rz 1; Musielak/Voit[18]/Huber, § 371a Rz 5; Houben, in: Jorzig, HdB ArztHaftR[2], Teil I Kapitel 4 Rz 35.
371 Ortner/Geis MedR 1997, 337, 341; Muschner VersR 2006, 621, 622; Bartlakowski, Die ärztliche Behandlungsdokumentation, S 95 f; Rossnagel/Fischer-Dieskau NJW 2006, 806, 807.

abgelaufen sein³⁷². Anders stellt sich die Rechtslage im Hinblick auf die Aufklärungspflicht und den Beweis der Einwilligung nach § 630h Abs 2 dar. Hier obliegt die Beweislast den Behandlern oder dem Krankenhaus, und die oben angestellten Überlegungen zum Urkunds- und Augenscheinsbeweis gemäß ZPO § 371 Abs 1 Satz 2 treffen bei der Vorlage des elektronischen Dokumentes zu³⁷³.

VII. Zeitpunkt der Dokumentation

1. Zeitpunkt der Erstellung der ärztlichen Dokumentation. Bedeutsam zugespitzt worden ist durch das Patientenrechtegesetz die ärztliche Erstellungspflicht der Dokumentation im Hinblick auf den unmittelbaren zeitlichen Zusammenhang mit der Behandlung. § 630f Abs 1 S 1 schreibt vor, die Dokumentation im unmittelbaren zeitlichen Zusammenhang mit der Behandlung vorzunehmen. Auch zuvor entsprach es gefestigter Rspr, dass die Formulierungen tätigkeitsnah erfolgen sollen³⁷⁴. **108**

Die Gesetzesbegründung³⁷⁵ spricht unklar von einer Fortentwicklung der bisherigen gerichtlichen Spruchpraxis. Offen bleibt, welcher zeitliche Abstand zur Behandlungsmaßnahme noch als unmittelbar angesehen werden kann. Der Gesetzgeber lässt damit Raum für Interpretationen³⁷⁶. **109**

Der genaue Zeitpunkt der Dokumentation ist aufgrund der Einzigartigkeit der Behandlung einzelfallabhängig. Maßgeblich ist insoweit, dass die Dokumentation verwertbar bleibt, auch wenn diese nicht unverzüglich nach Behandlungsabschluss erfolgt³⁷⁷. Die Nach- oder Weiterbehandlung muss aufgrund der vorhergehenden Dokumentation der Ausgangsbehandlung effektiv möglich sein³⁷⁸. **110**

Die Dokumentation ist zudem nicht beliebig nachholbar. In vielen Fällen, so beispielsweise in Notfallsituationen oder bei (aufwendigen) Operationen darf auch nach dem Gesetz nicht die Dokumentation priorisierte Pflicht sein³⁷⁹, obgleich diese unabdingbar bleibt. Bei näherem Betrachten des Normzweckes kann es nicht um ein durchgängiges und in jedem Fall gefordertes sofortiges Dokumentieren gehen. Es müssen zulässige Ausnahmen möglich sein. **111**

2. Unmittelbarer zeitlicher Zusammenhang. Stets musste die Dokumentation ereignisnah³⁸⁰, spätestens zum Ende des einzelnen Behandlungsabschnittes, vorliegen³⁸¹. In der Literatur wurde von einer Maximalfrist von 3 Tagen ausgegangen³⁸². Nach früherer Rechtslage konnte eine fehlende Dokumentation während eines Haftungsprozesses im Einzelfall noch geheilt werden, soweit eine sachlich zutreffende Dokumentation bloß nachgeholt werden brauchte. **112**

Für das Kriterium des unmittelbaren zeitlichen Zusammenhangs erscheinen die Hürden aufgrund des PatRG nun höher zu liegen, da der Gesetzgeber bei fortgeschrittenem Zeitablauf zwischen Behandlungs- und Dokumentationszeitpunkt eine höhere Wahrscheinlichkeit von Unrichtigkeiten vermutet³⁸³. Mit fortschreitender Distanz zum Ereignis verblasst das Erinnerungsvermögen³⁸⁴. Die gesetzliche Begründung zu der Formulierung gibt daher als Ziel der Vorschrift auch die Umgehung von Unrichtigkeit und Unvollständigkeit³⁸⁵ an. Ohne eine zeitnahe Dokumentation bestünde die Gefahr, dass wichtige Informationen, etwa Ergebnisse von Untersuchungen, in Vergessenheit geraten und damit verloren gehen könnten³⁸⁶. Gleichwohl wird man weder in der Arztpraxis noch im Krankenhaus immer sofort – also während der laufenden Behandlung – dokumentieren können. Ziel sollte es sein, die Dokumentation zum nächstmöglichen Zeitpunkt nachzuholen³⁸⁷. **113**

Da eine Teilfunktion der Wahrheit von Dokumentationsleistungen gerade auch durch die zeitliche Nähe der Eintragung zur eigentlichen Behandlungsmaßnahme gekennzeichnet ist, bedeutet dies, dass diese zwar nicht nach jedem Arbeitsschritt, jedoch bis spätestens zum **114**

---

372 Streckel Die Schwester/Der Pfleger, 2000, 60, 64.
373 Streckel Die Schwester/Der Pfleger, 2000, 60, 64.
374 KG, Urt v 10.1.2013 – 20 U 225/10, ArztR 2013, 190; OLG Naumburg, Urt v 15.11.2011 – 1 U 31/11, MedR 2012, 529, 530 m Anm Gödicke MedR 2012, 531, 532.
375 BT-Drucks 17/10488, 26.
376 Houben, in: Jorzig, HdB ArztHaftR², Teil I Kapitel 4 Rz 29.
377 Rehborn/Kern, in: Laufs/Kern/Rehborn, HdB ArztR⁵, § 61 Rz 29.
378 Rehborn/Kern, in: Laufs/Kern/Rehborn, HdB ArztR⁵, § 61 Rz 29.
379 Rehborn/Kern, in: Laufs/Kern/Rehborn, HdB ArztR⁵, § 61 Rz 28.
380 KG, Urt v 10.1.2013 – 20 U 225/10, ArztR 2013, 190; OLG Naumburg, Urt v 15.11.2011 – 1 U 31/11, MedR 2012, 529, 530 m Anm Gödicke MedR 2012, 531, 532.
381 Katzenmeier, in: Laufs/Katzenmeier/Lipp, Arztrecht⁸, IX Rz 52; „Zeitnah" bei Spickhoff/Scholz, MedR-Komm³, Nr 350 (MBO), § 10 Rz 3.
382 Bartlakowski, Die ärztliche Behandlungsdokumentation, S 70 mwN.
383 BT-Drucks 17/10488, 26.
384 Geiß/Greiner, Arzthaftpflicht⁸, B Rz 202.
385 BT-Drucks 17/10488, 26.
386 Vgl Geiß/Greiner, Arzthaftpflicht⁸, B Rz 202.
387 Rehborn/Kern, in: Laufs/Kern/Rehborn, HdB ArztR⁵, § 61 Rz 29.

Abschluss des jeweiligen Dienstes des Dokumentationspflichtigen erfolgen sollte. Dabei soll aber bspw zumindest nach früherer Rspr ein OP-Bericht ohne jedes Datum keine Vermutung für eine verspätete Erstellung begründen[388].

115 3. **Einzelfallbeurteilung.** Zu beurteilen verbleibt der spezifische Einzelfall. Der Gesetzgeber hat hier nicht die anderweitig im BGB verwandten Begriffe „unverzüglich"[389], das heißt „ohne schuldhaftes Zögern" gemäß § 121 Abs 1 Satz 1 oder „sofort"[390] verwandt. Die Differenzierung macht deutlich, dass der Zeitabstand zwischen Behandlung und Dokumentation größer sein darf als „sofort" oder „unverzüglich"[391].

116 Die Rspr hat in der Vergangenheit unter Berücksichtigung der Komplexität des individuellen Falles den betroffenen Personen zur Erstellung der Dokumentation Zeitspannen von zwei bis vierzehn Tagen zugebilligt. Daraus resultierend ist eine Erstellung nach Wochen oder gar Monaten als unzulässig zu erachten. Aber auch eine erst nach Tagen erfolgte Dokumentation wird, soweit keine triftigen Gründe hierfür vorliegen, die gesetzlich geforderte Unmittelbarkeit nicht erfüllen. Zu bedenken ist, dass jeder (unnötige) Verzug auch die beweisrechtlichen Zwecke gefährdet[392].

117 Das OLG Naumburg vertrat die Ansicht, dass die Dokumentation einen Monat nach einem operativen Eingriff noch als ausreichend anerkannt werden kann[393]. Von einer unvollständigen bzw unrichtigen Dokumentation kann jedoch ausgegangen werden, soweit der Patientin erst ein Jahr nach der Operation der Bericht hierüber zugeht[394].

118 Nur derjenige, der statt einer „begleitenden Dokumentation" Aufzeichnungen so minimal zeitversetzt im Anschluss an die Behandlung macht, wie ihm dies in Anbetracht der beruflichen Anforderung möglich ist, wird sich auch in vollem Ausmaß auf den hohen Beweiswert einer vollständigen Dokumentation berufen können. So gilt es als unbedenklich, sollten Operation und der erforderliche Revisionseingriff am Folgetag in einem Operationsbericht zusammengefasst werden, da die erforderliche Zeitnähe gegeben ist und somit die umfassende Verlässlichkeit der Angaben tatsächlich nicht in Frage gestellt werden kann. Soweit dies nicht der Fall ist, nimmt die Dokumentation an der Indizwirkung nicht teil[395].

VIII. Pflegeakte

119 Die Patientenakte wird für Eintragungen durch Pflegekräfte, Physiotherapeuten und den Sozialdienst genutzt. Diese Einträge unterfallen ebenfalls dem Zweck der Behandlungsdokumentation. Diese Entwicklung wurde für den pflegerischen Bereich durch den BGH in Urteilen aus den Jahren 1986[396] und 1987[397] umfassend ergänzt, wonach die sachgerechte Pflege, Betreuung und Versorgung des Patienten durch eine geeignete Pflegedokumentation darzulegen und zu beweisen ist[398]. Wenn schon in der gesetzlichen Krankenversicherung mit dem GKV-Patienten ein privatrechtlicher Vertrag mit dem Leistungserbringer zustande kommt, muss dies erst recht im Rahmen der (gesetzlichen) Pflegeversicherung gelten, bei der es sich nicht um eine Vollversicherung handelt und die vom Versicherten geschuldeten Entgelte für die Pflege teilweise weit über den abgedeckten Versicherungsleistungen liegen[399].

---

388 OLG Köln, Urt v 27.4.2005 – 5 U 254/02; Geiß/Greiner, Arzthaftpflicht[8], B Rz 202.
389 Exemplarisch nur § 111 S 2; § 149, § 174 Satz 1, § 230 Abs 3 und bei der Einsichtnahme in die Patientenakte § 630 g.
390 Exemplarisch in §§ 147 Abs 1 Satz 1, 229, 271 Abs 1; hierbei wird auf eine (verschuldensunabhängige) Handlung „so schnell wie möglich" abgestellt, vgl JurisPK BGB[9]/Otto, § 147 Rz 9.
391 Rehborn GesR 5/2013, 257, 266.
392 OLG Koblenz, Urt v 27.7.2006 – 5 U 212/05, MedR 2007, 305 = NJW-RR 2007, 405, von einer Maximalfrist von drei Tagen geht Bartlakowski aus, vgl Die ärztliche Behandlungsdokumentation, S 72 mwN zu anderen Ansichten.
393 OLG Naumburg, Urt v 15.11.2011 – 1 U 31/11, MedR 2012, 529, 530 m Anm Gödicke MedR 2012, 531, 532.
394 OLG Zweibrücken, Urt v 12.1.1999 – 5 U 30/96, VersR 1999, 1546 f.
395 Zur Erschütterung der Vermutung vollständiger und richtiger Dokumentation ärztlicher Behandlung, OLG Zweibrücken, Urt v 12.1.1999 – 5 U 30/96, VersR 1999, 1546 f; KG, Urt v 10.1.2013 – 20 U 225/10, openJur 2013, 5596 Ls 2; zur formellen und materiellen Beweiskraft eines OP-Berichtes OLG Naumburg, 15.11.2011 – 1 U 31/11, openJur 2012, 136340.
396 Zu den Anforderungen an die Beweis für die Durchführung der notwendigen Prophylaxe, wenn entsprechende Krankenblatteintragungen bei einem Durchliegegeschwür fehlen BGH, Urt v 18.3.1986 – VI ZR 215/84, NJW 1986, 2365 = VersR 1986, 788; OLG Hamm, Urt v 9.9.2015 – I – 3 U 60/14, GesR 2015, 688, 690.
397 Vgl zur Anordnungsverantwortung bei Dekubitusprophylaxe und -behandlung BGH, Urt v 2.6.1987 – VI ZR 174/86, NJW 1988, 762, 762 f.
398 Vgl Strässner https://www.thieme.de/statics/dokumente/thieme/final/de/dokumente/tw_pflege/le4_110_1-schutz.pdf, zuletzt abgerufen am 30.12.2021; Huber AJP/PJA 2011, 272, 273, 377, 383, https://dejure.org/ext/b874e26b9a6c17fb36451e6b60b96c79, zuletzt abgerufen am 30.12.2021.
399 Bayer, Ärztliche Dokumentationspflicht und Einsichtsrecht in Patientenakten, S 25; Mielęcki Sozialrecht aktuell 2014, 143, 145.

Auch der Pflege im Rahmen eines Krankenhausaufenthaltes liegt zweifellos ein Vertragsverhältnis zugrunde, unabhängig davon, ob die Leistungen von einer Kranken- oder Unfallversicherung getragen werden. Beim Krankenhausaufenthalt liegt es zudem nahe, die pflegerischen Leistungen insgesamt unter den Behandlungsvertrag mit dem Klinikträger zu fassen, wobei jedoch eine Differenzierung zwischen der Grundpflege und der medizinischen Behandlungspflege denkbar erscheint[400]. Für die vorliegende Frage der Anwendbarkeit der §§ 630f und 630g spielt dies aber keine Rolle, zumal im Rahmen einer Krankenhausbehandlung grundsätzlich auch sämtliche Pflegeleistungen zu dokumentieren sind und kein Grund dafür ersichtlich ist, dem Patienten diese Unterlagen später vorzuenthalten[401].

Als normierte Rechtsgrundlagen für die Dokumentationspflicht in der Pflege dienen neben BGB § 630f – soweit anwendbar – auch PflBG § 5 Abs 3 Nr 1c), HeimG § 13 (bzw die landesrechtlichen Vorschriften) sowie SGB XI § 113[402]. Ebenso ergibt sich aus den geschlossenen Dienst-, Wohn- und Betreuungsverträgen während der Pflege die Dokumentationspflicht als Nebenpflicht des jeweiligen Vertrags[403].

Die pflegerische Dokumentation ist eine erforderliche Informationsquelle im Rahmen einer arbeitsteiligen Behandlung[404]. Die Dokumentation der pflegerischen Leistungen bezieht sich inhaltlich und strukturell auf Pflegeaufklärung, Pflegeanamnese, Pflegediagnose, Pflegeplanung, Pflegedurchführung, Personalien, Pflegezeit, und -dauer[405]. Eine Orientierung an § 630f Abs 2 Satz 1 ist dahingehend offensichtlich. Dabei ist zu beachten, dass die akute Pflege und Behandlung des Patienten selbst im Vordergrund steht, also nicht jegliche pflegerische Leistung zu dokumentieren ist. Insofern sind auch die Dokumentationsanforderungen im Bereich der Grundpflege und der Behandlungspflege unterschiedlich stark ausgeprägt[406]. Ebenso bestehen Unterschiede im Rahmen der ambulanten und stationären Pflege, bei erstgenannter muss jede einzelne Pflegemaßnahme dokumentiert werden (Mundpflege, Kämmen, Hautpflege), bei letztgenannter genügt eine pauschalisierte Dokumentation der „morgendlichen Grundpflege"[407].

Was Inhalt der Pflegedokumentation ist, ist aufgrund der Einzigartigkeit des zu pflegenden Patienten, einzelfallabhängig. Aufgrund dessen, dass der Dokumentationsumfang vermeintlich zunimmt und dies für das Pflegepersonal idR einen immensen bürokratischen Aufwand bedeutet, hat die juristische Expertengruppe zur Entbürokratisierung der Pflegedokumentation in ihrer „Ersten[408] und Zweiten[409] Kasseler Erklärung" Grundsätze festgelegt, um vorgenannten Zustand zu verbessern. Dabei wurden Grundsätze erarbeitet, die ua vorschreiben, dass routinemäßige Pflegemaßnahmen nicht täglich bzw schichtbezogen dokumentiert werden müssen[410]. Ebenso nicht notwendig sei die Dokumentation, wer welche konkrete Pflegemaßnahme vorgenommen hat. Es würde genügen, wenn nachgewiesen werden kann, dass alle Mitarbeiter, die mit der Pflege zu tun haben, in die individuelle Maßnahmenplanung einbezogen sind und entsprechende Verfahrensanleitungen im Qualitätsmanagement hinterlegt werden sowie in regelmäßigen Abständen Schulungen hierzu stattfinden. Bereits aus den Dienstplänen würde sich ergeben, welches Personal an welcher Pflegemaßnahme beteiligt war[411].

Es gilt der sogenannte Wesentlichkeitsgrundsatz, wonach Selbstverständlichkeiten und Routinearbeiten nicht dokumentiert werden müssen, sondern Besonderheiten, Auffälligkeiten und Abweichungen von normalen Versorgungsabläufen. In der Pflegedokumentation zu findende Einträge, wie dem Patienten gehe es gut oder sei mobil, haben also nur dann einen Dokumentati-

---

400 So auch Mielęcki Sozialrecht aktuell 2014, 143, 151; zur Dokumentation von Pflegemaßnahmen im Krankenhaus BGH, Urt v 18.3.1986 – VI ZR 215/84, NJW 1986, 2365, 2366; BGH, Urt v 2.6.1987 – VI ZR 174/86, NJW 1988, 762, 763.
401 Bayer, Ärztliche Dokumentationspflicht und Einsichtsrecht in Patientenakten, S 25.
402 Huber Haftung für Pflegefehler, AJP/PJA 3/2011, 272, 273, 377, 383, https://dejure.org/ext/b874e26b9a6c17fb36451e6b60b96c79, zuletzt abgerufen am 30.12.2021; Houben, in: Jorzig, HdB-ArztHaftR², Teil I Kapitel 4 Rz 52.
403 Houben, in: Jorzig, HdB-ArztHaftR², Teil I Kapitel 4 Rz 52.
404 Vgl inhaltlich OLG Düsseldorf, Urt v 16.6.2004 – I-15 U 160/03, 15 U 160/03, PflegeRecht [PflR] 2005, 62, gekürzt in: RDG 2005, 61.
405 OLG Düsseldorf, Urt v 16.6.2004 – I-15 U 160/03, PflegeRecht [PflR] 2005, 62, gekürzt in: RDG 2005, 61.
406 OLG Düsseldorf, Urt v 16.6.2004 – I-15 U 160/03, 15 U 160/03, PflegeRecht [PflR] 2005, 62, gekürzt in: RDG 2005, 61.
407 Houben, in: Jorzig, HdB-ArztHaftR², Teil I Kapitel 4 Rz 63.
408 Https://www.ein-step.de/fileadmin/content/documents/Kasseler_Erklaerung_Pflegedoku_HaftR_21_01_2014.pdf, S 1 zuletzt abgerufen am 28.12.2021.
409 Https://www.ein-step.de/fileadmin/content/documents/Kasseler_Erklaerung_Pflegedoku_HaftR_21_01_2014.pdf, S 1 zuletzt abgerufen am 28.12.2021.
410 Https://www.ein-step.de/fileadmin/content/documents/Kasseler_Erklaerung_Pflegedoku_HaftR_21_01_2014.pdf, S 3, zuletzt abgerufen am 28.12.2021.
411 Https://www.ein-step.de/fileadmin/content/documents/Kasseler_Erklaerung_Pflegedoku_HaftR_21_01_2014.pdf, S 1, zuletzt abgerufen am 28.12.2021.

onswert, wenn diese Einträge nicht die eigentlich normale Situation des Patienten wiedergeben, sondern auch die Genesung oder eine Verbesserung des Gesundheitszustandes dokumentieren sollen. Es gilt der allgemeine arztrechtliche Grundsatz, je komplexer und atypischer eine Behandlung/Pflege verläuft, desto genauer ist deren Chronologie zu dokumentieren.

125 Die Grundpflege, damit sind die Körperpflege und die Essensversorgung gemeint, ist nicht dokumentationspflichtig[412], sollten sie keine spezifischen Besonderheiten aufweisen[413]. Dagegen ist die Behandlungspflege, also die Medikamentengabe, Injektionen, physiotherapeutische Behandlungen sowie in besonderem Ausmaß die Hautpflege bei Dekubitus Patienten[414], immer dokumentationspflichtig. Nach höchstrichterlicher Rechtsprechung[415] ist jedenfalls bei Risikopatienten schon zur Gewährleistung der erforderlichen Prophylaxe erforderlich, in den Krankenunterlagen die ärztliche Diagnose, dass der Patient zB bzgl Dekubitus ein Risikopatient ist, festzuhalten und dies betrifft auch die die ärztlichen Anordnungen zu den durchzuführenden besonderen Pflegemaßnahmen[416].

126 Die Dokumentationsmittel sind so zu gestalten, dass diese für eine 24-stündige und somit durchgehende Dokumentation der Pflege geeignet sind[417]. Als Dokumentationsmittel kommen in Betracht: Stammblatt/Pflegeanamnese, Pflegeplanung, Pflegebericht/Pflegeverlauf, ärztliches Verordnungsblatt als Basis für die daraus abzuleitenden Pflegemaßnahmen, Durchführungsnachweise zur Darstellung der Tätigkeiten und Abzeichnung durch die Pflegekraft soweit erforderlich Beobachtungs- und Überwachungsbögen, Medikationsblätter etc[418].

127 Die Pflegedokumentation hat zudem zeitnah nach einer Pflegemaßnahme zu erfolgen, die für die Pflege von Relevanz ist bzw nachdem eine relevante Wahrnehmung der Pflegesituation vernommen wurde[419]. Eine ständige Dokumentation des unveränderten Pflegezustands ist nicht erforderlich. Vielmehr sollte der anfängliche Zustand sowie Änderungen desgleichen Eingang in die Dokumentation finden[420].

128 Die pflegerische Dokumentation darf von der Pflegekraft nicht delegiert werden[421]. Der Grundsatz der Eigenhändigkeit bleibt bestehen. Zeitliche Nähe bedeutet, dass nicht nach jedem Arbeitsschritt, jedoch bis spätestens zum Abschluss der Schicht Dokumentationsleistungen erfolgen[422].

129 Ziel der Pflegedokumentation ist es, einen lückenlosen Verlauf der Pflege abzubilden[423]. Die Voraussetzungen für die Beweiserleichterungen zugunsten des Patienten sind gegeben, wenn die gebotene ärztliche Dokumentation lückenhaft oder unzulänglich bleibt und sich darum im Schadensfall die Aufhellung des Sachverhalts unzumutbar erschwert[424]. Dasselbe gilt, wenn erforderliche Aufzeichnungen über Maßnahmen der Krankenpflege fehlen, die nicht den gewöhnlichen Dienst betreffen, sondern wegen eines aus dem Krankheitszustand des Patienten folgenden spezifischen Pflegebedürfnisses Gegenstand ärztlicher Beurteilung und Anordnung sind. So hat der Arzt im Krankenblatt einen Krankenhauspatienten, bei dem die ernste Gefahr eines Durchliegegeschwürs (Dekubitus) besteht, sowohl die Gefahrenlage als auch die ärztlich angeordneten Vorbeugungsmaßnahmen zu deren Vermeidung zu dokumentieren[425]. Die Unterlassung der erforderlichen Dokumentation ist ein Indiz dafür, dass im Krankenhaus die ernste Gefahr der Entstehung eines Durchliegegeschwürs nicht erkannt und die Durchführung vorbeugender Maß-

---

412 Strässner, https://www.thieme.de/statics/dokumente/thieme/final/de/dokumente/tw_pflege/le4_110_1-schutz.pdf, zuletzt abgerufen am 30.12.2021; Huber Haftung für Pflegefehler, AJP/PJA 3/2011, 272, 273, 377, 383, https://dejure.org/ext/b874e26b9a6c17fb36451e6b60b96c79, zuletzt abgerufen am 30.12.2021.
413 OLG Oldenburg, Urt v 30.1.2008 – 5 U 92/06, NJW-RR 2009, 32.
414 OLG Köln, Hinweisbeschl v 26.7.2010 – 5 U 27/10, openJur 2012, 125500 Rz 11.
415 BGH, Urt v 2.6.1987 – IV ZR 174/86, NJW 1988, 762 = MDR 1987, 1017 f; BGH, Urt v 18.3.1986 – VI ZR 215/84, NJW 1986, 2365 = VersR 1986, 788 ff.
416 OLG Düsseldorf, Urt v 16.6.2004 – 15 U 160/03, PflR 2005, 62 ff.
417 Rehborn/Kern, in: Laufs/Kern/Rehborn, HdB ArztR[5], § 61 Rz 14.
418 Schmücker GuP 3/2016, 81, 85, 86.
419 Houben, in: Jorzig, HdB-ArztHaftR[2], Teil I Kapitel 4 Rz 68.
420 Houben, in: Jorzig, HdB-ArztHaftR[2], Teil I Kapitel 4 Rz 68.
421 Strässner, https://www.thieme.de/statics/dokumente/thieme/final/de/dokumente/tw_pflege/le4_110_1-schutz.pdf, zuletzt abgerufen am 30.12.2021.
422 Strässner, https://www.thieme.de/statics/dokumente/thieme/final/de/dokumente/tw_pflege/le4_110_1-schutz.pdf, zuletzt abgerufen am 30.12.2021.
423 Houben, in: Jorzig, HdB-ArztHaftR[2], Teil I Kapitel 4 Rz 62.
424 BGH, Urt v 27.6.1978 – VI ZR 183/76, BGHZ 72, 132 = NJW 1978, 2337; BGH, Urt v 3.2.1987 – VI ZR 56/86, NJW 1987, 1482 = MDR 1987, 1017; Peter NJW 1988, 751, 752.
425 Zur Dekubitusprophylaxe BGH, Urt v 18.3.1986 – VI ZR 215/84, NJW 1986, 2365 = VersR 1986, 788 ff.

nahmen nicht in ausreichender Form angeordnet wurde und, dass daher das Pflegepersonal nicht intensiv genug auf die Prophylaxe geachtet hat[426].

IX. Dokumentation im Rahmen der tierärztlichen Behandlung

Auch wenn § 630f nach Willen des Gesetzgebers auf die Besonderheiten des Arzt-Patienten-Verhältnisses zugeschnitten ist und so eine unmittelbare Anwendung für den Tierarzt ausscheidet[427], ist dieser gleichwohl zu einer ordnungsgemäßen Dokumentation des Behandlungsgeschehens verpflichtet[428]. Diese Verpflichtung resultiert zum einen aus dem mit dem Patienteneigentümer abgeschlossenen Behandlungsvertrag[429] oder auch aus dem Werkvertrag[430], der im Rahmen einer sog Ankaufsuntersuchung in Vorbereitung eines Pferdekaufs abgeschlossen wird. Zum anderen ist der Tierarzt berufsrechtlich zur Aufzeichnung von wesentlichen Aspekten der Behandlung verpflichtet. Gemäß MBO-TÄ § 3 Abs 1 Nr 5 sind Tierärzte verpflichtet, über in Ausübung ihres Berufes gemachte Feststellungen und getroffene Maßnahmen Aufzeichnungen zu fertigen und fünf Jahre lang aufzubewahren, soweit keine andere Frist bestimmt ist; dies gilt auch für technische Dokumentationen. Mit der tierärztlichen Dokumentation wird in erster Linie und im Gleichklang zur Humanmedizin der Erfolg der Behandlung gesichert[431]. Die Dokumentation stellt somit nicht nur eine Gedächtnisstütze des behandelnden Tierarztes dar, sondern wird zumindest auch im Interesse des Tiereigentümers erstellt[432]. Dieser soll ggf nach Einsichtnahme in die Behandlungsunterlagen selbst über die Weiterbehandlung des Tieres oder die Geltendmachung etwaiger Schadensersatzansprüche gegenüber dem Tierarzt autonom entscheiden können[433]. Dass sich dabei die Gefahr der Selbstbezichtigung des Tierarztes verwirklicht, ist mit Hinblick auf den angestrebten Grundsatz der Waffengleichheit von Tierarzt und Tiereigentümer, zumutbar[434]. 130

Was genau Inhalt der tierärztlichen Dokumentation wird, ist einzelfallabhängig. Anerkannt ist jedoch, dass nur wesentliche Aspekte der Untersuchung und Behandlung Eingang in die Dokumentation finden sollen, auf die Niederschrift von Selbstverständlichkeiten kann indes verzichtet werden[435]. Dabei sollte die Dokumentation unter Beachtung des wirtschaftlichen Interesses des Tiereigentümers sowie tierschutzrechtlichen Belangen erfolgen[436]. Eine Aufzeichnung in Stichworten ist möglich, soweit ein nachbehandelnder Tierarzt die Behandlung unter zu Hilfenahme der Dokumentation weiterführen kann[437]. Schließlich dürfen an die tierärztliche Dokumentation – vor allem eines praktischen Tierarztes – geringe Anforderungen hinsichtlich des Umfangs gestellt werden. Grund dafür ist, dass ein praktischer Tierarzt oft allein, ohne die Unterstützung von Hilfspersonal, die Behandlung durchführt, zT bei Großtieren auch direkt vor Ort bei dem Tiereigentümer, im Stall oder auf der Weide[438]. Der richtige Zeitpunkt der Dokumentation ist während oder unverzüglich nach der Behandlung[439]. 131

Die zu erstellenden Dokumente, egal ob handschriftlich oder digitalisiert, müssen mindestens fünf Jahre lang aufbewahrt werden, so schreibt es MBO-TÄ in § 3 Abs 1 Nr 5 vor. Gleichwohl kann es zB bei der Anfertigung von Röntgenbildern zu längeren Aufbewahrungsfristen kommen. Ebenso sind im Rahmen eines möglichen zivilrechtlichen Anspruchs gegen den Tierarzt längere Verjährungsfristen gemäß § 199 Abs 3 zu beachten, die eine längere Aufbewahrung von 10 bzw 30 Jahren ratsam erscheinen lassen. Kommt es zu einer Verletzung der Dokumentationspflicht, so entsteht dem Tiereigentümer daraus idR kein selbstständiger Schadensersatzanspruch[440]. 132

---

426 Zur Dekubitusprophylaxe BGH, Urt v 18.3.1986 – VI ZR 215/84, NJW 1986, 2365 = VersR 1986, 788 ff; vgl zur Anordnungsverantwortung bei Dekubitusprophylaxe und -behandlung BGH, Urt v 2.6.1987 – VI ZR 174/86, NJW 1988, 762 = MDR 1987, 1017; Huber AJP/PJA 3/2011 https://dejure.org/ext/b874e26b9a6c17fb36451e6b60b96c79, zuletzt abgerufen am 30.12.2021.
427 BT-Drucks 17/10488, 18.
428 Bemmann Pferdeheilkunde 2004, 353, 359; Ackenheil hundkatzepferd 2014, 30; OLG Köln, Beschl v 11.11.2009 – 5 U 77/09, VersR 2010, 1504; OLG Hamm, Urt v 22.4.2002 – 3 U 1/01, openJur 2011, 20242.
429 Bemmann Pferdeheilkunde 2004, 355; Ackenheil hundkatzepferd 2014, 30; OLG Köln, Beschl v 11.11.2009 – 5 U 77/09, VersR 2010, 1504; OLG Hamm, Urt v 22.4.2002 – 3 U 1/01, openJur 2011, 20242.
430 OLG Frankfurt/M, Urt v 28.1.2000 – 24 U 64/98, NJW-RR 2001, 893.
431 LG Paderborn, Urt v 7.4.2011 – 5 S 93/10, openJur 2012, 79432; OLG Köln, Beschl v 11.11.2009 – 5 U 77/09, VersR 2010, 1504.
432 Bemmann Pferdeheilkunde 2004, 353, 356.
433 OLG Köln, Beschl v 11.11.2009 – 5 U 77/09, VersR 2010, 1504; Bemmann Pferdeheilkunde 2004, 354, 358.
434 Bemmann Pferdeheilkunde 2004, 353, 358.
435 OLG Hamm, Urt v 22.4.2002 – 3 U 1/01, openJur 2011, 20242; Bemmann Pferdeheilkunde 2004, 353, 356.
436 Bemmann Pferdeheilkunde 2004, 353, 356.
437 OLG Hamm, Urt v 22.4.2002 – 3 U 1/01, openJur 2011, 20242; Ackenheil hundkatzepferd 2014, 30.
438 Bemmann Pferdeheilkunde 2004, 353, 356.
439 Wohllebe, Dokumentation in der Tiermedizin, http://geb.uni-giessen.de/geb/volltexte/2011/8154/pdf/Wohllebe_Dokumentation_2010.pdf, S 4, zuletzt abgerufen am 30.12.2021.
440 OLG Hamm, Urt v 22.4.2002 – 3 U 1/01, openJur 2011, 20242.

Anders zu bewerten ist aber der Fall, wenn ein Tierarzt im Rahmen einer Ankaufsuntersuchung eine fehlerhafte Dokumentation erstellt, infolgedessen der Käufer bspw durch den Kauf oder Nichtkauf des Pferdes kausale Vermögeneinbußen erleidet[441]. Grundsätzlich führt die Verletzung der Dokumentationspflicht zu der Fiktion, dass die nicht oder fehlerhaft dokumentierte medizinische Maßnahme nicht durchgeführt wurde[442]. Dem beklagten Tierarzt steht jedoch der Gegenbeweis offen. Falls das Unterlassen der medizinisch gebotenen Maßnahme selbst einen groben Behandlungsfehler darstellt, so ist zu Gunsten des Patienteneigentümers von einer Beweislastumkehr auszugehen[443].

X. Aufbewahrung der Krankenunterlagen

133 1. **Einführung.** Zur Organisationspflicht des Behandlers/Krankenhausträgers gehört es, die Aufbewahrung der Patientenakten zu organisieren. Die Lagerung hat so zu erfolgen, dass die Unterlagen immer zur Verfügung stehen, Dateien immer lesbar und nicht durch Diebstahl oder Brand gefährdet sind[444].

134 Die Patientenunterlagen sind jederzeit sicher aufzubewahren und nach Aufgabe der Praxis in „gehörige Obhut" zu nehmen, MBO-Ä § 10 Abs 4. Sie dürfen nicht unverschlossen in Räumen gelagert werden, die für Patienten oder sonstige Dritte (zum Beispiel Reinigungspersonal, Mitarbeiter von Wartungsfirmen) ohne Aufsicht durch das Praxispersonal zugänglich sind[445]. Während der Sprechstunde sind sie auch im Sprech- und Behandlungszimmer so zu deponieren beziehungsweise zu verschließen, dass andere Patienten oder sonstige Dritte sie nicht einsehen können[446]. Bei einem Wechsel des Arztes/Psychotherapeuten oder einem Wohnortwechsel des Patienten sollte sichergestellt sein, dass auf Wunsch des Patienten seine Krankenakte dem weiterbehandelnden Arzt gegen Empfangsbestätigung übersandt wird[447]. Die Aufbewahrungspflicht des übermittelnden Arztes bleibt hiervon jedoch unberührt. Er muss weiterhin mindestens bis zum Ende der gesetzlichen Aufbewahrungsfrist die Patientenakte verwahren.

135 Patientenunterlagen können auch außerhalb der Praxisräume in eigenen oder vom Behandler angemieteten Räumen gelagert werden, wenn diese für die Lagerung von Patientenunterlagen geeignet (Erhalt und Lesbarkeit der Unterlagen) und die Patientenunterlagen ausreichend gegen den Zugriff von Unbefugten gesichert sind.

136 Eine Übergabe von Patientenunterlagen zur Verwahrung an ein externes Unternehmen, das selbst keine Einsicht in die Unterlagen nehmen kann/darf, ist möglich. Mit Neufassung des StPO § 53a[448] wurde der Kreis der zeugnisverweigerungsberechtigten Personen auf an der beruflichen Tätigkeit Mitwirkende erweitert, sodass auch diese einer Beschlagnahme iRe Strafverfolgung nach StPO § 97 Abs 3 widersprechen können[449]. Bereits StPO § 97 Abs 2 Satz 2 aF sah eine dahingehende Erweiterung für Dienstleister vor, die für Ärzte personenbezogene Daten nach DS-GVO Art 28 iVm Art 32 im Auftrag verarbeiten (hier: Patientenunterlagen und Patientendaten aufbewahren)[450]. Die Fassung von StPO § 97 Abs 2 Satz 2 aF wurde durch die Neufassung von StPO § 53a entbehrlich[451].

137 Es entspricht der ständigen höchst- und obergerichtlichen Rechtsprechung, dass derjenige, der den Verlust eines erheblichen Beweismittels zu verantworten hat, sich die etwaige Vereitelung der Beweisführung vorhalten lassen muss[452]. Für den Bereich des Arzthaftungsrechts ist aner-

---

441 Bemmann Pferdeheilkunde 2004, 353, 357.
442 Bemmann Pferdeheilkunde 2004, 353, 357; OLG Hamm, Urt v 22.4.2002 – 3 U 1/01, openJur 2011, 20242.
443 OLG Hamm, Urt v 22.4.2002 – 3 U 1/01, openJur 2011, 20242; aA „Es besteht kein Grund, im Rahmen der Beweislastverteilung die fehlerhafte Behandlung eines Tieres abweichend von einer sonstigen Eigentumsverletzung zu behandeln,..." vgl OLG Koblenz, Hinweisbeschl v 18.12.2008 – 10 U 73/08, VersR 2010, 406.
444 Auch nach einem Brand muss versucht werden, die noch vorhandenen Unterlagen wieder den einzelnen Patienten zuzuordnen, vgl OLG Hamm, Urt v 12.12.2001 – 3 U 119/00, NJW-RR 2003, 807.
445 Holzner, Datenschutz, Dokumentations- und Organisationspflichten in der ärztlichen Praxis, S 191, 192, 193, 195; https://www.kvb.de/fileadmin/kvb/dokumente/Praxis/Praxisfuehrung/KVB-Infoblatt-FAQ-DSGVO.pdf S 14, zuletzt abgerufen am 28.10.2021.
446 Holzner, Datenschutz, Dokumentations- und Organisationspflichten in der ärztlichen Praxis, S 191, 192, 193 ff.
447 Holzner, Datenschutz, Dokumentations- und Organisationspflichten in der ärztlichen Praxis, S 191, 192, 193 ff.
448 BGBl 2017 I, 3618, 3619.
449 BGBl 2017 I, 3618, 3619.
450 Holzner, Datenschutz, Dokumentations- und Organisationspflichten in der ärztlichen Praxis, S 217, 218.
451 BT-Drucks 18/12940, 11.
452 Zur Beweislast bei Verletzung einer Dokumentationspflicht BGH, Urt v 15.11.1984 – IX ZR 157/83, ZIP 1985, 312, 314 mwN; verstößt der Vertreiber eines Medizinproduktes gegen seine eigene Aufbewahrungsfrist, indem er das eingesandte Medizinprodukt, hier Katheter, vor Ablauf der Aufbewahrungsfrist vernichtet, so trifft ihn die Beweislast dafür, dass das konkrete Produkt fehlerfrei war, BGH, Urt v 23.2.2000 – 3 U 133/99, NJW-RR 2001, 1539; NA-Beschl d BGH v 24.7.2001 – VI ZR 183/00.

kannt, dass nicht nur denjenigen, der gerade im Hinblick auf einen zu erwartenden oder bereits laufenden Prozess die Benutzung von Beweismitteln vereitelt, Beweisnachteile treffen, wobei dies aus ZPO §§ 427, 444, 446 abgeleitet wird. Vielmehr können auch denjenigen Arzt Beweisnachteile treffen, der gegen die Pflicht verstößt, Befunde zu sichern oder zu erheben. Bei einem Verstoß gegen die Befundsicherungs- oder Befunderhebungspflicht können dem Patienten Beweiserleichterungen, und zwar bis hin zur Beweislastumkehr zugutekommen[453]. Verletzt der Arzt die Pflicht zur ordnungsgemäßen Aufbewahrung von Befundträgern, so dass aus diesen keine Dokumentation mehr möglich ist, wird selbstverständlich auch dieser Verstoß beweiserleichternde Bedeutung haben[454].

138 Der Verstoß gegen die Aufbewahrungspflicht in Form einer unterbliebenen Befundsicherungspflicht kann auch darin liegen, dass bspw Gewebeproben nicht standardgemäß gelagert worden sind und somit keine Dokumentation mehr möglich ist[455].

139 2. **Zehnjahresfrist gemäß § 630f Abs 3**. Gemäß § 630f Abs 3 ist die Dokumentation über ärztliche Aufzeichnungen nach Abschluss der Behandlung in der Regel zehn Jahre lang aufzubewahren.

140 Der Fristbeginn, also der „Abschluss der Behandlung", liegt in diesem Kontext nicht dann vor, wenn ein Arzt-Patienten-Verhältnis endet, sondern erst oder bereits dann, wenn die Behandlung eines Krankheitsvorgangs abgeschlossen ist[456]. Bei chronisch kranken Patienten oder einer Behandlung beim Hausarzt kommt es dabei auf den Tag der letztmaligen Behandlung an[457]. Bei der 10-Jahres-Frist handelt es sich nicht um eine Frist im Sinne der Verjährungsberechnung nach §§ 199 ff mit der Folge, dass hier nicht auf das Ende des Kalenderjahres der Behandlung, sondern das jeweilige Behandlungsende – auch innerhalb eines Kalenderjahres – abzustellen ist[458]. Jedoch ist für die Praxis anzumerken, dass mögliche Haftungsansprüche infolge eines Behandlungsfehlers erst nach einer Verjährungsfrist von 30 Jahren nicht mehr durchsetzbar sind, vgl § 199 Abs 2. Die Aufbewahrungsdauer verkürzt sich weder durch den Tod des Arztes noch durch den des Patienten und gilt auch bei einer zwischenzeitlichen Auf- oder Abgabe der Praxis[459].

141 Unter ärztlichen Aufzeichnungen, die dieser zehnjährigen Frist unterfallen, versteht man beispielsweise den Arztbrief, die EEG/EKG-Streifen, Krankenhausberichte, Verordnungen (Krankenhausbehandlungen, Heilmittel etc), der Notfall-/Vertretungsschein, die Patientenakte, Untersuchungsbefunde und sonstige ärztliche Aufzeichnungen wie auch Gutachten.

142 Nach MBO-Ä § 10 Abs 3 hatte der Arzt bereits „Ärztliche Aufzeichnungen [...] für die Dauer von zehn Jahren nach Abschluss der Behandlung aufzubewahren, soweit nicht nach gesetzlichen Vorschriften eine längere Aufbewahrungspflicht besteht"[460].

143 Gemäß BMV-Ä § 57 Abs 2 beträgt die Aufbewahrungsdauer der Unterlagen ebenfalls mindestens zehn Jahre ab dem Abschluss der Behandlung, nachdem es heißt: „Die ärztlichen Aufzeichnungen sind vom Vertragsarzt mindestens 10 Jahre nach Abschluss der Behandlung aufzubewahren; sind die Aufzeichnungen elektronisch dokumentiert worden, hat der Vertragsarzt dafür Sorge zu tragen, dass sie innerhalb der Aufbewahrungszeit verfügbar gemacht werden können."

144 3. **Aufbewahrung im Falle der Klinik- oder Praxisaufgabe (bzw der Praxisübergabe)**. Gemäß MBO-Ä § 10 Abs 4 hat der Arzt entweder selbst für die ordnungsgemäße Aufbewahrung nach Praxisauf- oder -übergabe einzustehen oder aber er sorgt dafür, dass die Unterlagen in gehörige Obhut gelangen. In erstgenannter Alternative – idR bei einer Praxisaufgabe ohne Nachfolger – muss der Arzt die Patientenakten in seinen Privaträumen unterbringen und mit dem

---

453 BGH, Urt v 3.2.1987 – VI ZR 56/86, BGHZ 99, 391; zur Pflicht des Krankenhausträgers, über den Verbleib von Behandlungsunterlagen jederzeit Klarheit zu verschaffen vgl BGH, Urt v 21.11.1995 – VI ZR 341/94, NJW 1996, 779; zur Beweiserleichterung bei Verlust eines Original-EKG BGH, Urt v 13.2.1996 – VI ZR 402/94 = NJW 1996, 1589; zur Arzthaftung bei Augenhintergrunduntersuchung und zur Beweislastumkehr bei unterlassener Befunderhebung BGH, Urt v 13.1.1998 – VI ZR 242/96, BGHZ 138, 1 = NJW 1998, 1780.
454 BGH, Urt v 21.11.1995 – VI ZR 341/94, NJW 1996, 779; BGH, Urt v 13.2.1996 – VI ZR 402/94, NJW 1996, 1589.
455 OLG Hamm, Urt v 12.12.2001 – 3 U 119/00, NJW-RR 2003, 807.
456 Rehborn GesR 2013, 257, 267.
457 Spickhoff/Scholz, MedR-Komm³, Nr 350 (MBO), § 10 Rz 9.
458 Rehborn GesR 2013, 257, 267.
459 Houben, in: Jorzig, HdB-ArztHaftR², Teil I Kapitel 4 Rz 49.
460 OLG Hamm, Urt v 29.1.2003 – 3 U 91/02, VersR 2005, 412, 413: „Der Umstand, daß heute ein CTG-Streifen nicht mehr auffindbar ist, läßt nicht den Rückschluß zu, daß deshalb auch kein CTG zum Einsatz kam. Das Nichtvorhandensein des CTG-Streifens kann vielfältige Ursachen haben; nur eine denkbare ist das Faktum des unterbliebenen Einsatzes eines entsprechenden Aufzeichnungsgeräts. Der fehlende Vermerk des CTG-Geräts auf den zur Verfügung stehenden Krankenunterlagen läßt nicht auf dessen unterbliebenen Einsatz schließen."

entsprechenden Patienten einen Verwahrungsvertrag iSd § 688 abschließen[461]. Bei dem Umzug oder der Räumung einer Klinik hat die Betreibergesellschaft dafür Sorge zu tragen, dass sämtliche Patientenunterlagen sicher abtransportiert und verwahrt werden. Eine fachgerechte Ausführung dieser Arbeiten, die die Sensibilität der Patientenunterlagen berücksichtigt, kann nur durch ein entsprechend spezialisiertes Transportunternehmen sichergestellt werden. Das Transportunternehmen ist ausdrücklich auf den besonderen Schutz der Patientendaten hinzuweisen. Im Anschluss an den Abtransport der Patientenunterlagen hat sich die Betreibergesellschaft selbst davon zu überzeugen, dass keine Unterlagen mit personenbezogenen Daten zurückgelassen wurden. Die Patientenunterlagen müssen auch nach Schließung einer Klinik aufgrund gesetzlicher bspw § 630f Abs 3 und berufsrechtlichen Aufbewahrungspflichten sicher verwahrt werden. Die Verantwortlichen müssen nach DSGVO Art 5 Abs 1 lit f, insbesondere durch geeignete technische und organisatorische Maßnahmen gemäß DSGVO Art 32, eine angemessene Sicherheit personenbezogener Daten gewährleisten.

145 In der Alternative des Praxisüberganges werden die Patientenakten an den Praxisnachfolger übergeben[462]. Nach früherer Rechtsprechung verstieß die Übergabe der Patientenkartei dabei nicht gegen die ärztliche Schweigepflicht, sondern war durch eine mutmaßliche Einwilligung des Patienten zur Übernahme der Kartei durch den Nachfolger gedeckt[463]. Von dieser Rechtsprechung ist der BGH seit längerer Zeit abgerückt[464]. Vor der Weitergabe von Patientenunterlagen ist die Zustimmung des Patienten in „eindeutiger und unmissverständlicher Weise" einzuholen; anderenfalls liegt ein Verstoß gegen das informationelle Selbstbestimmungsrecht des Patienten, eine Strafbarkeit gem StGB § 203[465] und die Nichtigkeit des Kaufvertrages aufgrund eines Verstoßes gegen § 134 vor. Die Übergabe der Patientenunterlagen muss durch das konkrete Einverständnis des Patienten gem MBO-Ä § 10 Abs 4, Alt 1 gedeckt sein. Bloße vorherige oder begleitende Empfehlungen auf den Praxisübergang in der Arztpraxis genügen nicht. Ausnahmen gelten ausschließlich für Betriebsärzte, sofern diese einen Aushang am Schwarzen Brett vornehmen und die Arbeitnehmer kraft Dienstanweisung verpflichtet sind, diese Informationstafel wiederholend auf momentane Meldungen durchzusehen[466]. Es ist nicht erforderlich, dass Betriebsangehörige sich mit der Benutzung der Altkartei durch den neuen Betriebsarzt einverstanden erklären[467].

146 Das Einverständnis der Patienten zur Einsichtnahme in seine Unterlagen kann schlüssig erklärt werden, bspw durch das konkrete Aufsuchen des Praxisnachfolgers[468]. In Praxisübernahmeverträgen wird nach der Rspr des BGH[469] zumeist nach den „Münchener Empfehlungen" zur Wahrung der ärztlichen Schweigepflicht bei Veräußerung einer Arztpraxis verfahren[470]. Danach schließen die Parteien einen Verwahrungsvertrag ab, der den Erwerber verpflichtet, die Altkartei separat von der Neukartei zu verwahren[471], es handelte sich dabei um das sog „Zweischrankmodell"[472]. Der Erwerber verpflichtet sich, die Altkartei für den Praxisveräußerer zu verwahren und nur Einblick zu nehmen, nachdem der Patient seine Zustimmung ausdrücklich oder schlüssig erklärt hat. Mit Erteilung der Zustimmung geht das Eigentum an der jeweiligen Patientendokumentation auf den Erwerber über.

147 Nach den Bestimmungen der DSGVO ist es ggf plausibel, dass der Abschluss eines Verwahrungsvertrages nicht mehr ausreicht, um die Daten der Patientenkartei wirksam auf den Erwerber zu übertragen. Die problematische Frage, ob es sich bei der Übergabe der Kartei um die Schaffung eines gemeinsamen Verantwortungsbereiches gem DSGVO Art 26, oder, alternativ und nach der Gesamtkonstellation passender, um einen Übergang des Verantwortungsbereichs handelt, und somit um einen Fall der Auftragsverarbeitung („AV") gem DSGVO Art 28 Abs 3, bleibt allerdings derzeit noch offen. In Anbetracht der bislang ungeklärten Rechtslage ist eine AV gem DSGVO Art 28 Abs 3 iVm Art 32 zumindest nicht auszuschließen. Der risikoärmste Weg für Verkäufer und Käufer wäre, zusätzlich zu dem Kauf– und Verwahrungsvertrag eine AV gem

---

461 Houben, in: Jorzig, HdB-ArztHaftR², Teil I Kapitel 4 Rz 49.
462 Houben, in: Jorzig, HdB-ArztHaftR², Teil I Kapitel 4 Rz 49.
463 BGH, Urt v 7.11.1973 – VIII ZR 228/72, NJW 74, 602.
464 BGH, Urt v 11.12.1991 – VIII ZR 4/91, BGHZ 116, 268 = NJW 1992, 737; vgl dazu Taupitz MDR 1992, 421, 422 f, 425; Taupitz VersR 1992, 448, 449 f; Deutsch/Spickhoff, MedR-HdB⁷, Rz 717.
465 Vgl § 630a Rz 201.
466 Schahinian https://www.arbeitssicherheit.de/themen/arbeitsicherheit/detail/besonderheiten-beim-wechsel-des-betriebsarztes.html, zuletzt abgerufen am 8.12.2021.
467 Schahinian https://www.arbeitssicherheit.de/themen/arbeitsicherheit/detail/besonderheiten-beim-wechsel-des-betriebsarztes.html, zuletzt abgerufen am 8.12.2021.
468 BGH, Urt v 10.7.1991 – VIII ZR 296/90, NJW 1991, 2955.
469 BGH, Urt v 11.12.1991 – VIII ZR 4/91, BGHZ 116, 268 = NJW 1992, 737; Deutsch/Spickhoff, MedR-HdB⁷, Rz 717.
470 Haack/Grothe NWB 2009, 3113, 3117.
471 Haack/Grothe NWB 2009, 3113, 3117.
472 Ulsenheimer/Gaede, in: Ulsenheimer/Gaede, Arztstrafrecht in der Praxis⁶, Rz 1055; Katzenmeier, in: Laufs/Katzenmeier/Lipp, Arztrecht⁸, IX Rz 34; Rehborn, in: Laufs/Kern/Rehborn, HdB ArztR⁵, § 23 Rz 25.

DSGVO Art 28 Abs 3 iVm Art 32 hinsichtlich der Verwahrung der Patientenkartei zu gestalten und zu unterzeichnen[473].

Dieses Vorgehen ist nicht nur wegen der drohenden Bußgelder und Schadensersatzansprüche anzuraten[474], sondern insbesondere deshalb, da bei einer Unterlassung in zivilrechtlicher Hinsicht der Praxiskaufvertrag gemäß § 134 iVm StGB § 203 Abs 1 Nr 3 in wesentlichen Teilen als nichtig anzusehen wäre. Ein Vertrag über die Veräußerung einer Sozietät oder Praxis, in der sich der Veräußerer unbeschränkt zur Übergabe der Mandantenakten ohne vorherige Einwilligung der betroffenen Mandanten verpflichtet, wird aufgrund des Verstoßes gegen ein gesetzliches Verbot, als insgesamt nichtig bewertet[475]. Konsequenz dessen wäre, dass der Käufer vom Praxisverkäufer den Kaufpreis zurückverlangen könnte, ohne jedoch seine Zulassung zurückgeben zu müssen[476]. 148

4. **Andere Aufbewahrungsfristen.** Die Zehnjahresfrist des § 630f Abs 3 ist immer dann subsidiär, wenn andere Vorschriften als lex specialis die Aufbewahrungsfrist ändern[477]. Dies betrifft ausweislich der Gesetzesbegründung alle Fristen, die entweder länger oder aber auch kürzer als zehn Jahre sind[478]. 149

Diese Sondervorschriften gelten jeweils nur für einen ganz speziellen Teilbereich der Behandlungsdokumentation und kommen nur dann zur Anwendung, wenn eine unter das Spezialgesetz fallende Maßnahme durchgeführt wurde[479]. Insoweit gilt nicht, dass § 630f Abs 3 nur dann verdrängt wird, wenn eine andere längere Frist besteht[480]. 150

Hinsichtlich der Aufbewahrungsfristen für die Röntgenbilder gilt nach StrSchV § 127 und StrSchG § 85, dass Aufzeichnungen sowie Röntgenbilder, digitale Bilddaten und sonstige Untersuchungsdaten bei volljährigen Personen für eine Dauer von 10 Jahren und bei minderjährigen Personen bis zur Vollendung ihres 28. Lebensjahres aufzubewahren sind. Allerdings legt StrSchV § 140 Abs 1 Nr 1, Nr 2 eine Aufbewahrungsdauer von 30 Jahren im Rahmen der medizinischen Forschung fest. Gemäß StrSchG § 85 sind hinsichtlich der Dokumentation iRd Anwendung von Strahlung bei der Behandlung von Menschen die Aufzeichnungen ebenfalls 30 Jahre aufzubewahren. Neu ist, dass sich die Aufbewahrungspflicht nicht nur auf die angefertigten Aufzeichnungen und Röntgenbilder beschränkt. Zusätzlich sind auch digitale Bild- und sonstige Untersuchungsdaten, bspw Ergebnisse lediglich in Form von Messwerten, etwa bei der Knochendichtemessung mittels Röntgenstrahlung, innerhalb der genannten Zeiträume zu speichern. Der Gesetzgeber möchte auf diese Weise der zunehmenden Anwendung digitaler Aufnahmeverfahren Rechnung tragen. Hinsichtlich der Körperdosis nach StrlSchG § 167 und der Gesundheitsakte beim ermächtigten Arzt nach StrlSchG § 79 gilt sogar eine Aufbewahrungsfrist von 30 Jahren nach dem Beschäftigungsende des Mitarbeiters, welcher der Exposition ausgesetzt war. 151

Auch im Transfusionsgesetz (TFG) sind für die Anwendung von Blutprodukten und Plasmaproteinen) gemäß TFG § 14 Abs 3 längere Aufbewahrungsfristen vorgesehen. Je nach Art der Unterlagen betragen die Aufbewahrungsfristen 15, 20 oder 30 Jahre. Die Dokumentation der Blutprodukte und Plasmaproteine zur Behandlung von Hämostasestörungen ist 30 Jahre lang aufzubewahren, Aufzeichnungen über Spenderdaten 15 Jahre Dokumentationen über die Spenderimmunisierung muss der Arzt hingegen 20 Jahre lang aufbewahren. Dies gilt einschließlich der EDV-erfassten Daten. Zu beachten ist, dass der Arzt diese Daten vernichten oder löschen muss, wenn die Aufbewahrung nicht mehr erforderlich ist. Werden Aufzeichnungen länger als 30 Jahre aufbewahrt, sind diese nach dem TFG zu anonymisieren. 152

Für die Unterlagen nach dem Durchgangsarztverfahren ist eine Aufbewahrungspflicht von mindestens 15 Jahren zu beachten. Die Aufbewahrungszeit ist in den Richtlinien für die Bestel- 153

---

473 Vgl die einschlägigen Bestimmungen der Auftragsverarbeitung gem DSGVO Art 28 Abs 3 iVm den „TOM's" gemäß DSGVO Art 32.
474 Andere Ansicht das Bayerische Landesamt für Datenschutzaufsicht: Im Rahmen von Praxisübernahmen übergibt der Praxisabgeber idR seine Patientenakten dem Praxisübernehmer in gehörige Obhut (§ 10 Abs 4 der Berufsordnung für die Ärzte Bayerns). Die Verwahrung der Patientenakten durch den Praxisübernehmer stellt – nach Abstimmung mit dem Bayerischen Landesamt für Datenschutzaufsicht – keine Auftragsverarbeitung dar. Es sei daher ausreichend, diesen Sachverhalt im Praxisübernahmevertrag wie sonst üblich zu regeln, https://www.kvb.de/fileadmin/kvb/dokumente/Praxis/Praxisfuehrung/KVB-Infoblatt-FAQ-DSGVO.pdf, S 16, zuletzt abgerufen am 8.12.2021.
475 St Rspr seit BGH, Urt v 11.12.1991 – VIII ZR 4/91, BGHZ 116, 268 = NJW 1992, 737; BGH Urt v 13.6.2001 – VIII ZR 176/00, BGHZ 148, 97, 100 = NJW 2001, 2462.
476 BGH, Urt v 13.6.2001 – VIII ZR 176/00, BGHZ 148, 97, 101.
477 Reuter/Hahn VuR 2012, 247, 255.
478 BT-Drucks 17/10488, 26.
479 Bayer, Ärztliche Dokumentationspflicht und Einsichtsrecht in Patientenakten, S 77.
480 Ggtlg Martis/Winkhart, Arzthaftungsrecht[6], D Rz 414.

lung von Durchgangsärzten geregelt. Die Unterlagen für die Durchführung von Disease-Management-Programmen müssen Ärzte nach den entsprechenden Richtlinien 15 Jahre lang aufbewahren.

154 Nach Transplantationsgesetz (TPG) § 15 Abs 1, Abs 2 gilt für die Daten über die Organentnahme, -vermittlung und -übertragung eine dreißigjährige Aufbewahrungspflicht. Nach § 1631e Abs 6 wird bei der Behandlung von Kindern mit Geschlechtsvarianten nach § 1631e die in § 630f Abs 3 festgelegte Aufbewahrungspflicht auf einen Zeitraum von 30 Jahren nach Volljährigkeit der Betroffenen verlängert, also bis zu der Vollendung deren 48. Lebensjahrs, um diesen auch noch im Erwachsenenalter die Verschaffung von Informationen über etwaige bei ihnen durchgeführte Eingriffe zu ermöglichen. Die Übergangsvorschrift hierfür ist EGBGB Art 229 § 55[481].

155 Zum Teil sehen Krankengeschichten-Verordnungen zusätzliche fallabhängige Abstufungen und Aufbewahrungen bis zu 30 Jahren vor, so bspw die KrankengeschichtenVO/Berlin § 6.

156 Das GenDG gibt vor, dass Unterlagen über genetische Untersuchungen bei Menschen nach GenDG § 12 Abs 1 unverzüglich zu vernichten sind, wenn die zehn Jahre abgelaufen sind oder soweit die betroffene Person entschieden hat, dass die Ergebnisse zu vernichten sind. Damit unterliegen Ergebnisse genetischer Analysen und Untersuchungen nicht nur der in der Medizin üblichen 10-jährigen Aufbewahrungspflicht, sondern nach deren Ablauf auch der Pflicht zur umgehenden Vernichtung[482]. Bereits bei Inkrafttreten des GenDG warf die Vernichtungspflicht nach § 12 Fragen auf, welche nicht nur die praktische Umsetzung der Vernichtungspflicht betreffen, sondern auch deren Sinnhaftigkeit[483]. Der Gesetzestext enthält einige konkrete Anweisungen zur Vernichtungspflicht, die jedoch für deren praktische Umsetzung nicht ausreichen[484]. Die Gendiagnostik-Kommission (GEKO) hat deshalb in ihrem dritten Tätigkeitsbericht[485] versucht, Antworten auf einige offene Fragen zu finden.

157 Die GEKO stellt die Sinnhaftigkeit der Vernichtungspflicht aus verschiedenen Gründen in Frage und fordert, „den GenDG § 12 auf die Vernichtung von Ergebnissen genetischer Untersuchungen und Analysen zu beschränken, deren Mitteilung von den Betroffenen gemäß GenDG § 8 nicht gewünscht wird"[486]. Solange jedoch GenDG § 12 in seiner jetzigen Fassung gilt, ist dessen Umsetzung für alle Beteiligten verpflichtend[487]. Da erbliche genetische Eigenschaften unveränderlich sind und dadurch lebenslang von Bedeutung sein können, kann zudem regelmäßig eine Begründung gefunden werden, weshalb eine Vernichtung von Untersuchungs- und Analyseergebnissen schutzwürdige Interessen der untersuchten Person beeinträchtigt[488]. Es handelt sich dann um eine einzelfallbezogene Verlängerung der Aufbewahrungsfrist. Ein schutzwürdiges Interesse kann bspw sowohl ein positives Ergebnis im Sinne des Nachweises einer klinisch relevanten genetischen Eigenschaft (bspw der Nachweis einer Mutation oder eines relevanten Polymorphismus) als auch ein negatives Ergebnis (bspw der Ausschluss einer Mutation oder eines relevanten Polymorphismus) sein[489]. Was unter „schutzwürdige Interessen" iSd GenDG § 12 Abs 1 Satz 3 genau zu verstehen ist, ließ der Gesetzgeber jedoch offen[490]. Bei jeder genetischen Variante von unklarer klinischer Bedeutung ist so lange von einem schutzwürdigen Interesse auszugehen, bis deren Bedeutung geklärt sei[491].

158 Dagegen sind nach BtMVV § 8 Abs 5 bzw § 13 Abs 3 die Rezepte über eine Verschreibung von Betäubungsmitteln drei Jahre und die Unterlagen zur Krebsfrüherkennung fünf Jahre aufzubewahren (Abschnitt B und C der Krebsfrüherkennungsrichtlinien).

---

481 Grüneberg[81]/Götz, § 1631e Rz 14.
482 Kern/Kern (Hrsg), GenDG, § 12 Rz 6.
483 Vgl Heinemann medizinische Genetik 2020; 32 (1): 75–78, https://doi.org/10.1515/medgen-2020-2002, zuletzt abgerufen am 5.12.2021; Kern, in: Kern (Hrsg), GenDG, § 12 Rz 9, 15.
484 Kern/Kern, GenDG, § 12 Rz 14.
485 3. Tätigkeitsbericht der Gendiagnostik-Kommission, S 29, 30, 34, 35, https://www.rki.de/DE/Content/Kommissionen/GendiagnostikKommission/Taetigkeitsbericht/Taetigkeitsbericht_03.pdf?__blob=publicationFile, zuletzt abgerufen am 5.12.2021.
486 3. Tätigkeitsbericht der Gendiagnostik-Kommission, S 29, 30, 34, 35, https://www.rki.de/DE/Content/Kommissionen/GendiagnostikKommission/Taetigkeitsbericht/Taetigkeitsbericht_03.pdf?__blob=publicationFile, zuletzt abgerufen am 5.12.2021.
487 Kern/Kern (Hrsg), GenDG, § 12 Rz 6.
488 3. Tätigkeitsbericht der Gendiagnostik-Kommission, S 29, 30, 34, 35, https://www.rki.de/DE/Content/Kommissionen/GendiagnostikKommission/Taetigkeitsbericht/Taetigkeitsbericht_03.pdf?__blob=publicationFile, zuletzt abgerufen am 5.12.2021.
489 3. Tätigkeitsbericht der Gendiagnostik-Kommission, S 29, 30, 34, 35, https://www.rki.de/DE/Content/Kommissionen/GendiagnostikKommission/Taetigkeitsbericht/Taetigkeitsbericht_03.pdf?__blob=publicationFile, zuletzt abgerufen am 5.12.2021.
490 Kern/Kern (Hrsg), GenDG, § 12 Rz 14.
491 Vgl Heinemann medizinische genetik 2020; 32 (1): 75–78, https://doi.org/10.1515/medgen-2020-2002, zuletzt abgerufen am 5.12.2021.

Für die medizinische Forschung gilt keine abweichende Aufbewahrungsdauer. Die für eine **159**
15-jährige Aufbewahrungsdauer angeführte Arzneimittelprüfrichtlinie Nr 5.2 betrifft die Aufbewahrungspflicht des Antragstellers und ausdrücklich nicht die Behandlungsunterlagen der Studienteilnehmer. Dabei weist das AMG in § 40 lediglich auf die Rahmenbedingungen für eine Datenaufbewahrung hin und betont, dass vor Löschung von Daten zu prüfen ist, inwieweit dem nicht gesetzliche, satzungsmäßige oder vertragliche Aufbewahrungsfristen entgegenstehen.

Konkrete Vorgaben finden sich gemäß AMG § 42 in der GCP-Verordnung (GCP-V) § 13 **160**
Abs 10. Demnach muss der Studienverantwortliche, der sogenannte „Sponsor", sicherstellen, dass die wesentlichen Unterlagen der klinischen Prüfung einschließlich der Prüfbögen nach der Beendigung oder dem Abbruch der Prüfung mindestens zehn Jahre aufbewahrt werden. Als wesentliche Unterlagen werden im Sinne von § 8 der „international harmonisierten" GCP-Leitlinien alle Quelldaten inklusive aller Laborberichte, Zentrumsordner, Identifizierungsliste der Teilnehmer, die unterschriebenen Einwilligungserklärungen im Original, ausgefüllte Erhebungsbögen und die Protokollierung der Rückfragen der Studien-Monitore betrachtet. Andere Vorschriften zur Aufbewahrung von Unterlagen bleiben hiervon unberührt. Potentiell interferieren unter anderem gesetzliche, behördliche und berufsrechtliche Vorschriften zur Aufbewahrung von Krankenakten, bspw das StrSchG, die StrSchV oder das Medizinproduktegesetz.

Gemäß GefStoffV § 14 Abs 3 Nr 4 hat der Arbeitgeber das Verzeichnis nach Nummer 3 mit **161**
allen Aktualisierungen 40 Jahre nach Ende der Exposition aufzubewahren; bei Beendigung von Beschäftigungsverhältnissen hat der Arbeitgeber den Beschäftigten einen Auszug über die sie betreffenden Angaben des Verzeichnisses auszuhändigen und einen Nachweis hierüber wie Personalunterlagen aufzubewahren[492]. Für die BiostoffV § 14 Abs 2 Satz 5[493] gibt es keine gesetzlich geregelte Sonderfrist.

Aus medizinischer Sicht kann uU eine noch längere Aufbewahrung geboten sein[494]. Zumin- **162**
dest handelt es sich bei der zehnjährigen Aufbewahrung um eine Mindestfrist[495].

Eine weit über zehn Jahre hinausgehende Aufbewahrungsfrist könnte sich aus verjährungs- **163**
rechtlichen Erforderlichkeiten im Sinne einer effektiven Haftungsprophylaxe[496] ergeben[497]. So ist insbesondere die Höchstverjährungsfrist nach § 199 Abs 2 von 30 Jahren für zivilrechtliche Ansprüche des Patienten zu berücksichtigen. Voraussetzung hierfür wäre allerdings, dass § 199 Abs 2 als sog „andere Vorschrift" nach § 630f in Frage käme, dagegen spräche, dass durch ein solches Verständnis der Anwendungsbereich des § 630f Abs 3 ebenfalls erheblich verkürzt werden würde, da dieser aufgrund der Subsidiarität gegenüber Spezialvorschriften nur noch in Fällen des Nichteingreifens einer 30-jährigen Verjährungsfrist Geltung beanspruchen könnte[498].

Der Beginn der Verjährung von Schadensersatzansprüchen ist bei Behandlungsfehlern stets **164**
kenntnisabhängig. Da die allgemeine Schadenskenntnis ausreicht, gelten im Zeitpunkt der Erlangung dieser Kenntnis auch solche Folgezustände als bekannt, die als möglich voraussehbar waren (der sog Grundsatz der Schadenseinheit)[499]. Für Körperschäden aufgrund der ärztlichen Behandlung kommt es hinsichtlich der Voraussehbarkeit entscheidend auf das Verständnis der medizinischen Fachkreise an[500]. Nach einigen Stimmen in der Literatur kann es auch sinnvoll sein, die

---

492 Die Gefahrstoffverordnung (GefStoffV) ist eine deutsche Verordnung zum Schutz vor gefährlichen Stoffen im deutschen Arbeitsschutz. Die Verordnungsermächtigung ist im Chemikaliengesetz enthalten. Seit 2005 ist auch das Arbeitsschutzgesetz gesetzliche Grundlage für die GefStoffV, BGBl I, 1782, 2049, Inkrafttreten der letzten Änderung am 5.4.2017, letzte Änderung: Art 183 G vom 29.3.2017, BGBl I 626, 648.
493 Verordnung über Sicherheit und Gesundheitsschutz bei Tätigkeiten mit Biologischen Arbeitsstoffen (Biostoffverordnung – BioStoffV), BGBl I, S 50, Inkrafttreten am 1.4.1999, Inkrafttreten der Neufassung am 16.7.2013.
494 Rehborn/Kern, in: Laufs/Kern/Rehborn, HdB ArztR[5], § 61 Rz 31.
495 MBO[7]/Ratzel, § 10 Rz 10; zur mangelnden Vorhersehbarkeit des Schadens und der daraus resultierenden Unsicherheit für die Verjährungsfrist vgl Pauge/Offenloch, Arzthaftungsrecht[14], Rz 534–558, insbesondere Rz 535–546; zum maßgeblichen Zeitpunkt für die Kenntniserlangung Rz 544–546; Katzenmeier, in: Laufs/Katzenmeier/Lipp, Arztrecht[8], IX Rz 53; Deutsche Krankenhausgesellschaft (Hrsg), Die Dokumentation der Krankenhausbehandlung – Hinweise zur Durchführung, Archivierung und zum Datenschutz[6], S 3, 9.
496 Jauernig[18]/Mansel, § 630f Rz 8b; Houben, in: Jorzig, HdB-ArztHaftR[2], Teil I Kapitel 4 Rz 48; BT-Drucks 17/10488, 26;.
497 Bayer, Ärztliche Dokumentationspflicht und Einsichtsrecht in Patientenakten, S 79; dafür sind bspw Katzenmeier NJW 2013, 817, 820 Fn 54; MünchKomm[8]/Wagner, 630f Rz 17; Rehborn/Kern, in: Laufs/Kern/Rehborn, HdB ArztR[5], § 61 Rz 31; Houben, in: Jorzig, HdB-ArztHaftR[2], Teil I Kapitel 4 Rz 48; vgl insbesondere auch den Hinweis in den Materialien BT-Drucks 17/10488, 26 re Sp, 3. Absatz, Satz 3.
498 Bayer, Ärztliche Dokumentationspflicht und Einsichtsrecht in Patientenakten, S 79.
499 Pauge/Offenloch, Arzthaftungsrecht[14], Rz 544; BGH, Urt v 27.11.1990 – VI ZR 2/90, NJW 1991, 973 = VersR 1991, 115; BGH, Urt v 16.11.1999 – VI ZR 37/99, VersR 2000, 331.
500 Pauge/Offenloch, Arzthaftungsrecht[14], Rz 545; BGH, Urt v 20.4.1982 – VI ZR 197/80, VersR 1982, 703.

Aufbewahrungsfrist fachgebietsbezogen zu differenzieren. So empfiehlt sich bspw in der Geburtshilfe oder Kinderheilkunde eine längere Aufbewahrung der Patientenunterlagen[501]. Die Erforderlichkeit einer längeren Speicherung von medizinischen Daten könne sich auch aus der Art der Erkrankung ergeben[502]. Dies gelte bspw bei Erbkrankheiten, psychischen Störungen oder bei Implantaten[503]. Ist die Schadensfolge hingegen auch für die ärztlichen Fachleute im Zeitpunkt der allgemeinen Schadenskenntnis nicht vorhersehbar, und ergibt sich diese erst später, kommt es für den Verjährungsbeginn auf die individuelle Kenntniserlangung des Geschädigten an[504]. Für den Verjährungsbeginn im Arzthaftungsrecht ist es nicht grundsätzlich erforderlich, dass die nicht sachkundige Partei, ihren Verdacht eines arztfehlerhaften Verhaltens durch ein Gutachten bestätigt sieht[505]. Ist die Partei in der Lage, den Vorwurf zu formulieren, von dem sie meint, er stelle eine Standardunterschreitung dar, und diente ein Gutachten nur der persönlichen Vergewisserung, wird regelmäßig die notwendige Kenntnis iSd Verjährungsrechts bereits ohne gutachterliche Bestätigung anzunehmen sein[506]. Lassen Dokumentationsmängel die von der Verjährungsregel vorausgesetzte Kenntnis des Patienten erst später eintreten, so belastet dies den säumigen Arzt oder den Krankenhausträger, da der Beginn der Verjährung später einsetzt[507]. Auch hieraus kann sich ebenfalls im Einzelfall die Erforderlichkeit einer längeren Aufbewahrung als zehn Jahre ergeben.

165 Aus einer längeren Frist können Schwierigkeiten bei der Archivierung resultieren[508]. Zudem besteht die Gefahr, dass sich der medizinische Standard in dieser Frage verschiebt und die längere Aufbewahrungsfrist sich als Standard durchsetzt. Fraglich bleibt, ob eine längere als die vorgeschriebene Aufbewahrungsdauer auch zulässig ist. Dagegen sprächen DSGVO Art 17 sowie BDSG § 35 Abs 2 Satz 1, denen zufolge Daten grds zu löschen sind, wenn sie nicht mehr benötigt werden. Der nationale Gesetzgeber hat mit BDSG § 35 zwar eine Abweichung von dem strikten Löschgebot des DSGVO Art 17 normiert, dieser ist aber ebenfalls im Kontext des § 630f zu sehen.

166 Fraglich ist, ob eine noch vorhandene, aber unvollständige Aufzeichnung dem Patienten Beweiserleichterungen bringen kann[509]. Im entsprechenden Haftungsprozess konnte sich der Behandler bislang durch Verweis auf die kürzere Frist des § 630f Abs 3 freizeichnen[510]. Sind Dokumentationen nach Ablauf der Aufbewahrungsfrist nicht mehr vorhanden, wirkt sich das in beweisrechtlicher Hinsicht somit nicht zwingend negativ aus, da bislang Unvollständigkeit oder Mangelhaftigkeit der ärztlichen Dokumentation nach Ablauf der Aufbewahrungspflicht nicht zu Lasten des Arztes berücksichtigt wurden[511].

167 Umgekehrt berechtigt den Arzt die zivilrechtliche Verjährung nicht zur Vernichtung seiner Dokumentation, wenn medizinisch deren weitere Verwahrung geboten ist. Gesetz und Rechtsverordnung geben teilweise Fristen vor. Fehlen diese, wird man in der Regel davon ausgehen können, dass nach einem Ablauf von 10 Jahren seit dem Behandlungsende eine medizinische Grundlage für die längere Aufbewahrung nicht mehr besteht. Eine Aufbewahrungspflicht bis zur Verjährung aller Schadensersatzansprüche kann und sollte im Regelfall nicht angenommen werden.

168 5. **„Ersetzendes Scannen" von Originalen.** Werden Originalunterlagen gescannt und dann vernichtet, spricht man insoweit von dem „ersetzenden Scannen". Das spart Platz und Transportkosten, schmälert aber die Beweismöglichkeiten, weil Fälschungen des Originals nicht mehr nachgewiesen werden können (es ist keine Untersuchung des Papiers, des Alters der Tinte bzw Kugelschreiberpaste, von Fingerabdrücken, von Radierungen etc mehr möglich)[512]. Dies hat derjenige zu vertreten, der das Originaldokument vernichtet[513]. Die Technische Richtlinie BSI-TR-

---

501 Spickhoff/Scholz, MedR-Komm³, Nr 350 (MBO), § 10 Rz 9.
502 Spickhoff/Scholz, MedR-Komm³, Nr 350 (MBO), § 10 Rz 9.
503 Spickhoff/Scholz, MedR-Komm³, Nr 350 (MBO), § 10 Rz 9.
504 Pauge/Offenloch, Arzthaftungsrecht¹⁴, Rz 546.
505 Zur Verjährung während einer ärztlich unzureichenden Behandlung während der Entbindung OLG Oldenburg, Urt v 4.4.2018 5 U 9/17, https://www.rechtsprechung.niedersachsen.de/jportal/?quelle=jlink&docid=KORE202562020&psml=bsndprod.psml&max=true Rz 24, 25, zuletzt abgerufen am 10.11.2021.
506 Zur Verjährung während einer ärztlich unzureichenden Behandlung während der Entbindung OLG Oldenburg, Urt v 4.4.2018 5 U 9/17, https://www.rechtsprechung.niedersachsen.de/jportal/?quelle=jlink&docid=KORE202562020&psml=bsndprod.psml&max=true Rz 24, 25, zuletzt abgerufen am 10.11.2021.
507 Kern/Rehborn, in: Laufs/Kern/Rehborn, HdB ArztR⁵, § 95 Rz 12.
508 MBO⁷/Ratzel, § 10 Rz 10.
509 Gegen Beweiserleichterungen OLG Hamm Urt v 29.1.2003 – 3 U 91/02, VersR 2005, 412, 413.
510 OLG Hamm Urt v 29.1.2003 – 3 U 91/02, VersR 2005, 412, 413.
511 OLG Hamm, Urt v 9.5.2017 – 26 U 91/16, openJur 2019, 11882; OLG Karlsruhe, Urt v 11.2.2004 – 7 U 174/02, ArztR 2004, 438.
512 MünchKommZPO⁶/Zimmermann, § 371a Rz 5.
513 MünchKommZPO⁶/Zimmermann, § 371a Rz 5.

03138 des BSI definiert das ersetzende Scannen als den Vorgang des elektronischen Erfassens von Papierdokumenten mit dem Ziel der elektronischen Weiterverarbeitung und Aufbewahrung des hierbei entstehenden elektronischen Abbildes (Scanprodukt) und der späteren Vernichtung des papiergebundenen Originals.

169 Aus technischer Sicht empfiehlt die Richtlinie BSI-TR-03138 (BSI-TR-RESISCAN) des Bundesamtes für Sicherheit in der Informationstechnik (BSI) Maßnahmen für das ersetzende Scannen. Diese Richtlinie beschreibt, welche Maßnahmen durchgeführt werden müssen, damit der Beweiswert des elektronisch erfassten Dokuments (Scanprodukt) möglichst nah an den des Originaldokuments angenähert wird. Die rechtliche Anwendbarkeit der Technischen Richtlinie BSI-TR-03138 für die ärztliche Dokumentation in der Patientenakte ist gegenwärtig nur für Röntgenbilder und diesbezügliche Aufzeichnungen ausdrücklich geregelt[514]. Hier ist eine Digitalisierung mit dem Ziel der anschließenden Vernichtung der Originale zulässig[515]. Für sonstige Papierdokumente der Patientenakte existiert keine gesetzliche Bestimmung, die es gestattet oder verbietet, die Originaldokumente nach dem Scannen zu vernichten, da für medizinische Dokumentationen bisher keine allgemeine Schutzbedarfsanalyse oder Musterverfahrensanweisung speziell zum ersetzenden Scannen existiert[516].

170 Grundsätzlich ist das ersetzende Scannen aus handels- und steuerrechtlicher Sicht seit 1995 gesetzlich zulässig und etabliert. Auch das Abfotografieren von Belegen mit dem Smartphone ist unterdessen als ordnungsgemäßer Beleg anerkannt[517]. Voraussetzung für die Zulässigkeit ist die Einhaltung der Grundsätze zur ordnungsmäßigen Führung und Aufbewahrung von Büchern, Aufzeichnungen und Unterlagen in elektronischer Form sowie zum Datenzugriff (GoBD)[518] im Scanverfahren. Problematisch ist die Aufbewahrung von Patientenakten in den Fällen, in denen die Dokumentation zum Teil unter Nutzung eines elektronischen Datenerfassungssystems und zum Teil mit Papierakte erfolgt.

171 Werden Patientenunterlagen im Zuge der Archivierung eingescannt, verringert sich ihr Beweiswert insofern, als diese als sogenannter Augenscheinbeweis gewertet werden können und nicht mehr dem Beweismittel einer Urkunde gleichgestellt sind, somit nicht mehr den vollen Beweiswert gemäß ZPO § 371 Abs 1 Satz 2 aufweisen.

172 Ein rechtssicheres Scannen der Dokumente, das entsprechend ZPO § 298a Abs 2 zu einer rechtsetzenden digitalen Kopie führt, ist Privatpersonen derzeit noch nicht möglich. Während es für die von vornherein elektronisch geführte Patientenakte über ZPO § 371a die Möglichkeit gibt, dass diese bei Verwendung einer qualifizierten elektronischen Signatur als Urkundsbeweis anerkannt wird, besteht diese Option für die nachträglich eingescannten Akten nicht[519]. Auch ZPO §§ 371b iVm § 437 analog sind nicht anwendbar. Allerdings kommt eine entsprechende Anwendung des ZPO § 416 in Betracht[520].

173 Enthält das gescannte Dokument eine qualifiziert signierte Erklärung der scannenden Stelle, dass Ausgangs- und Zieldokument übereinstimmen, wird lediglich diese Erklärung von ZPO § 371 Abs 1 Satz 2 erfasst, nicht jedoch das Zieldokument[521].

174 Im Hinblick auf die vorgenannten Nachteile bei der Beweiswürdigung und die fehlende Verwendbarkeit eines Scans im Rahmen von graphologischen Gutachten ist deshalb zu empfehlen, zumindest die im Original unterschriebenen Dokumente bezüglich der Einwilligung und Aufklärung in der Akte auch nach dem Scan bis zum Ablauf der gesetzlichen Fristen aufzubewahren[522].

---

514 BSI-TR-03138, Anlage R, Abschnitt R.1.2.4. „Medizinische Dokumentation" S 20, 21, https://www.bsi.bund.de/SharedDocs/Downloads/DE/BSI/Publikationen/TechnischeRichtlinien/TR03138/TR-03138-Anwendungshinweis-R.pdf?__blob=publicationFile&v=1, zuletzt abgerufen am 3.12.2021.

515 BSI-TR-03138, Anlage R, Abschnitt R.1.2.4. „Medizinische Dokumentation" S 20, 21, https://www.bsi.bund.de/SharedDocs/Downloads/DE/BSI/Publikationen/TechnischeRichtlinien/TR03138/TR-03138-Anwendungshinweis-R.pdf?__blob=publicationFile&v=1, zuletzt abgerufen am 3.12.2021.

516 BSI-TR-03138, Anlage R, Abschnitt R.1.2.4. „Medizinische Dokumentation" S 20, 21, https://www.bsi.bund.de/SharedDocs/Downloads/DE/BSI/Publikationen/TechnischeRichtlinien/TR03138/

TR-03138-Anwendungshinweis-R.pdf?__blob=publicationFile&v=1, zuletzt abgerufen am 3.12.2021.

517 Neufassung des GoBD-Leitfadens, Punkt 9.2: „Eine bildliche Erfassung kann […] mit den verschiedensten Arten von Geräten (zB Smartphones, Multifunktionsgeräten oder Scan-Straßen) erfolgen". Die Neufassung des GoBD, die am 1.1.2020 in Kraft trat, löst die bisher gültige Fassung vom 14.11.2014 ab. Bisher war lediglich das Scannen von Belegen beschrieben.

518 BStBl I S 1450 v 14.11.2014, Neufassung in Kraft getreten am 1.1.2020.

519 Halbe Deutsches Ärzteblatt 2018, 115(42): A-1890/B-1580/C-1566.

520 Musielak/Voit[18]/Huber, § 416 Rz 4.

521 Musielak/Voit[18]/Huber, § 416 Rz 4.

522 Musielak/Voit[18]/Huber, § 416 Rz 4.

§ 630g Einsichtnahme in die Patientenakte

(1) Dem Patienten ist auf Verlangen unverzüglich Einsicht in die vollständige, ihn betreffende Patientenakte zu gewähren, soweit der Einsichtnahme nicht erhebliche therapeutische Gründe oder sonstige erhebliche Rechte Dritter entgegenstehen. Die Ablehnung der Einsichtnahme ist zu begründen. § 811 ist entsprechend anzuwenden.

(2) Der Patient kann auch elektronische Abschriften von der Patientenakte verlangen. Er hat dem Behandelnden die entstandenen Kosten zu erstatten.

(3) Im Fall des Todes des Patienten stehen die Rechte aus den Absätzen 1 und 2 zur Wahrnehmung der vermögensrechtlichen Interessen seinen Erben zu. Gleiches gilt für die nächsten Angehörigen des Patienten, soweit sie immaterielle Interessen geltend machen. Die Rechte sind ausgeschlossen, soweit der Einsichtnahme der ausdrückliche oder mutmaßliche Wille des Patienten entgegensteht.

ÜBERSICHT

I. Normzweck und Entstehungsgeschichte, § 630g	1–8
II. Einsichtsberechtigte Personen	9–26
1. Der Patient persönlich	9–15
2. Gesetzliche Vertreter	16–24
3. Gewillkürte Vertreter	25, 26
III. Der Umfang des Einsichtsrechtes des Patienten	27–31
IV. Der Schuldner des Einsichtnahmeanspruchs	32–36
V. Die Grenzen des Einsichtsrechtes des Patienten gemäß § 630g Abs 1, 2. Hs	37–59
VI. Die Art und Weise der Einsichtnahme in die ärztliche Dokumentation	60–78
1. Ort der Einsichtnahme	60–62
2. Kein Anspruch auf Originale	63–66
3. Kopien der Patientendokumentation	67–78
VII. Der Anspruch auf Einsichtnahme in die ärztliche Dokumentation gemäß DSGVO Art 15 Abs 3 Satz 1, Art 12 Abs 5 Satz 1	79–92
VIII. Das Recht zur Einsichtnahme im Rahmen des Maßregelvollzugs/Strafvollzugs	93–95
IX. Das Recht zur Einsichtnahme gemäß Heimgesetz § 11 Nr 7	96
X. Das Einsichtsrecht bei der tierärztlichen Behandlung/Untersuchung	97
XI. Das Recht zur Einsichtnahme in genetische Daten/Daten einer Lehranalyse und das Recht zur Ansicht von Körpermaterialien	98–114
1. Herausgabe genetischer Daten nach dem GenDG	98–101
2. Herausgabe von Forschungsdaten	102–106
a) Einsichtnahme in Forschungsdaten	102–105
b) Eigentum an Forschungsdaten	106
3. Einsichtnahme im Rahmen der Lehranalyse	107
4. Eigentumsverhältnisse von Körpermaterialien und das Ansichtsrecht des Patienten	108–114
a) Zivilrechtlicher Grundgedanke	108–113
b) Eigentum von Körpermaterialien bei medizinischer Forschung	114
XII. Das postmortale Einsichtsrecht	115–151
1. Einleitung	115–117
2. Durch Erben und nahe Angehörige gemäß § 630g Abs 3	118–139
3. Durch Erben und nahe Angehörige gemäß DSGVO Art 15	140, 141
4. Durch die gesetzliche Krankenversicherung gemäß SGB X § 116 Abs 1 Satz 1, BGB § 401 Abs 1, § 412 analog	142–145
5. Durch die Versicherung	146, 147
6. Durch den Arztkollegen	148
7. Durch den Staatsanwalt	149–151
XIII. Gerichtliche Durchsetzung des Einsichtsrechtes	152–157
XIV. Sonstige Einsichtsrechte Dritter	158–183
1. Aufgrund eines Rechtsgutschutzes Dritter	158–161
2. Aufgrund eines Eigeninteresses des Arztes	162, 163
3. Aufgrund einer prozessualen Verpflichtung des Arztes im gerichtlichen Verfahren	164–167
4. Aufgrund eines Einsichtnahmerechtes von Versicherungen oder privaten Verrechnungsstellen	168–170
5. Aufgrund eines Einsichtnahmerechtes der Krankenkassen/des Medizinischen Dienstes	171–173
6. Aufgrund eines Einsichtnahmerechtes des Geistlichen	174–177
7. Aufgrund von Einsichtnahmerechten innerhalb einer klinischen Prüfung	178–180
8. Aufgrund des Transplantationsgesetzes (TPG)	181
9. Aufgrund der Gefahrenstoffverordnung (GefStoffV) und der Biostoffverordnung (BioStoffV)	182, 183

Schrifttum § 630g: Daniels, Die Ansprüche des Patienten hinsichtlich der Krankenunterlagen des Arztes, NJW 1976, 345; Lenkaitis, Krankenunterlagen aus juristischer, insbesondere zivilrechtlicher Sicht, 1979; Krause, Die Rechtsbeziehungen zwischen Kassenarzt und Kassenpatient, SGb 1982, 425; Ahrens, Ärztliche Aufzeichnungen und Patienteninformation – Wegmarken des BGH, NJW 1983, 2609; Nüssgens, 25 Jahre Karlsruher Forum, 1983; Schlund, Anmerkung zu BGH, Urt v 23.11.1982 – VI ZR 222/79, JR 1983, 236; Giesen, Anmerkung zu BGH, Urt v 2.10.1984 – VI ZR 311/82, JZ 1985, 286; Bockelmann, Die Dokumentationspflicht des Arztes und ihre Konsequenzen, in: Vogler (Hrsg), Festschrift für Hans-Heinrich Jescheck zum 70. Geburtstag, Band 2, 1985, 693; Kern, Dokumentation und Schweigepflicht, in: Gramberg-Danielsen (Hrsg), Rechtsophthalmologie, 1985,

52; Lenz, Zur Rechtsnatur der Rechtsbeziehung zwischen Krankenhäusern und gesetzlichen Krankenkassen, NJW 1985, 649; Natter, Der Arztvertrag mit dem sozialversicherten Patienten, 1987; Schnapp/Düring, Die Rechtsbeziehung zwischen Kassenzahnarzt und sozialversichertem Patienten nach dem Gesundheits-Reformgesetz, NJW 1989, 2913; Rieger, Praxisverkauf und ärztliche Schweigepflicht, MedR 1992, 147; Schmidt-De Caluwe, Das Behandlungsverhältnis zwischen Vertragsarzt und sozialversichertem Patienten, VSSR 1998, 207; Rieger, Einsichtsrecht des Patienten in Krankenhausunterlagen, Deutsche Medizinische Wochenschrift, 1999; 24 (3): 130; Deutsch, Verkehrsuntauglichkeit: die Rolle des Arztes aus rechtlicher Sicht, VersR 2001, 793; Engländer, Schweigepflicht bei HIV-Infektion, MedR 2001, 143; Gehrlein, Kein Anspruch des Patienten auf Ablichtung seiner Krankenunterlagen, NJW 2001, 2773; Bartlakowski, Die ärztliche Behandlungsdokumentation, 2003; Kern, Unerlaubte Diagnostik – Das Recht auf Nichtwissen, in: Dierks/Wienke/Eberbach/Schmidtke/Lippert (Hrsg), Genetische Untersuchungen und Nutzung von Körpersubstanzen, Schriftenreihe Medizinrecht, 2003; Zentrale Ethikkommission der Bundesärztekammer, Deutsches Ärzteblatt 2003; 100 (23): A-1632; Bemmann, Die tierärztliche Dokumentationspflicht und das Einsichtsrecht in tierärztliche Behandlungsunterlagen, Pferdeheilkunde 2004, 353; Hasskarl/Ostertag, Der deutsche Gesetzgeber auf dem Weg zu einem Gendiagnostikgesetz, MedR 2005, 640; Hinne, Das Einsichtsrecht in Patientenakten, NJW 2005, 2270; Spranger, Die Rechte des Patienten bei der Entnahme und Nutzung von Körpersubstanzen, NJW 2005, 1084; Spickhoff, Postmortaler Persönlichkeitsschutz und ärztliche Schweigepflicht, NJW 2005, 1982; Hess, Das Einsichtsrecht der Erben und Angehörigen in Krankenunterlagen des Erblassers, ZEV 2006, 479; Kern, Der postmortale Geheimnisschutz, MedR 2006, 205; Madea, Die ärztliche Leichenschau, Rechtsgrundlagen, Praktische Durchführung, Problemlösungen, 2006; Spickhoff, Die Entwicklung des Arztrechts 2006/2007, NJW 2007, 1628; Hausner/Hajak/Spiessl, Krankenunterlagen – Wer darf Einsicht nehmen, Eine Analyse unter dem Blickwinkel der neueren Rechtsprechung, Deutsches Ärzteblatt 2008, 105 (1–2): A 27–9 (A 27); Gross, Ärztliche Dokumentation und die beweisrechtliche Bedeutung ihrer Mängel im Haftpflichtprozess, in: Greiner/Gross/Nehm/Spickhoff (Hrsg), Festschrift für Gerda Müller, Neminem Laedere Aspekte des Haftungsrechts, 2009, 227; Lippert, Wem gehören Daten, die im Rahmen von Forschungsprojekten gewonnen werden?, in: Medizin und Haftung, Ahrens/von Bar/Fischer/Spickhoff/Taupitz (Hrsg), Festschrift für Erwin Deutsch zum 80. Geburtstag, 2009, 359; Schultze-Zeu, Die Übergangsfähigkeit zivilrechtlicher Akteneinsichtsansprüche von Patienten und Pflegeheimbewohnern gegen Ärzte, Kliniken und Pflegeheime, VersR 2011, 194; Bienwald, Anspruch des Krankenversicherers auf Herausgabe von Kopien der Pflegedokumentation, Zusammenfassung von „Anmerkung zum Urteil des BGH vom 23.03.2010, Az: VI ZR 249/08, FamRZ 2010, 969; Bornheimer, Kommunale Krankenhausgesellschaften in Krise und Insolvenz, in: Dahl/Jauch/Wolf (Hrsg), Festschrift für Klaus Hubert Görg zum 70. Geburtstag, Sanierung und Insolvenz, 2010, 71; Lauterbach, Anmerkung zu BGH, Urt v 23.3.2010 – VI ZR 249/08, NJ 2010, 347; Fellner, Grenzen der ärztlichen Schweigepflicht nach dem Tod des Patienten, MDR 2011, 1452; Lopacki, Das Selbstbestimmungsrecht im Kontext mit ärztlicher Dokumentationspflicht und Einsicht in die Patientenakte, GuP 2011, 98; Spickhoff, Patientenrechte und Gesetzgebung, ZRP 2012, 65; Coester-Waltjen, Reichweite und Grenzen der Patientenautonomie von Jungen und Alten – Ein Vergleich, MedR 2012, 553; Wagner, Kodifikation des Arzthaftungsrechts?, VersR 2012, 789; Habermalz, Das Akteneinsichtsrecht des Patienten und seine zivilprozessuale Durchsetzung, NJW 2013, 3403; Jaeger, Patientenrechtegesetz, Kommentar zu §§ 630a bis 630h BGB, 2013; Koch, Das Biobankgeheimnis Schutz der Persönlichkeitsrechte in der biomedizinischen Forschung, 2013; Preis/Schneider, Das Patientenrechtegesetz – eine gelungene Kodifikation?, NZS 2013, 281; Rehborn, Das Patientenrechtegesetz, GesR 2013, 257; Vallender, Wohin mit den Patientenakten? – Aufbewahrung von Patientenakten in der Insolvenz des Krankenhausträgers, NZI 2013, 1001; Müller, Das Akteneinsichtsrecht des Patienten nach dem Patientenrechtegesetz und seine postmortale Wahrnehmung durch Dritte, ZEV 2014, 401; Fisher/Achilles/Tönnies/Schmidtke, Konzepte zur Mitteilung genetischer Zusatzbefunde in der medizinischen Diagnostik und Forschung, Bundesgesundheitsbl 2015, 166; Möller/Makoski, Der Arztbrief – Rechtliche Rahmenbedingungen, KrV 2015, 186; Münnch, Wer bekommt Akteneinsicht nach dem Tod eines Patienten?, Der Allgemeinarzt 08/2015, 64; Bayer, Einsichtsrecht in die Patientenakte nach der Behandlung in einer Zahnklinik der Krankenkasse, Anmerkung zu BSG, Urt v 8.9.2015 – B 1 KR 36/14 R, MedR 2016, 213; Bayer, Postmortales Einsichtsrecht der nächsten Angehörigen in die Patientenakte im öffentlich-rechtlichen Unterbringungsverhältnis, Anmerkung zu VG Freiburg i Brsg, Urt v 29.10.2015 – 6 K 2245/14, Recht & Psychiatrie 2016, 209; Bayer, Zu den Umständen der Einsichtsgewährung in die Behandlungsdokumentation, MedR 2016, 730; Fleischer/Schickhardt/Taupitz/Winkler, Das Recht von Patienten und Probanden auf Herausgabe ihrer genetischen Rohdaten. Eine rechtliche und ethische Analyse samt einer Empfehlung für die Praxis, MedR 2016, 481; Kircher, Der Schutz personenbezogener Gesundheitsdaten im Gesundheitswesen, 2016; Parzeller/Zedler/Gaede/Verhoff, Kostenfalle postmortale ärztliche Schweigepflicht, Deutsches Ärzteblatt 2016, 113 (43): A-1912/B-1611/C-1599; Roth, in: Thierhoff/Müller (Hrsg), Unternehmenssanierung, 2. Aufl 2016; von Schwarzkopf/Schoeller, Präventions- und Infektionsschutz: Zwischen Persönlichkeitsrecht und Patientenrecht, Deutsches Ärzteblatt 2016, 113 (42): A-1855/B-1563/C-1551; Walter, Anmerkung zu LG Stuttgart, Urt v 9.12.2015 – 19 T 488/15, MedR 2016, 452; Schmoeckel, Die Geschäfts- und Testierfähigkeit von Demenzkranken, NJW 2016, 433; Bayer, Anforderung der Patientenakte durch einen Rechtsanwalt und Subsidiarität des Bundesdatenschutzgesetzes gegenüber dem Einsichtsrecht nach § 630g BGB, Anmerkung zu OLG Hamm, Urt v 2.1.2017 – I-3 W 43/16, MedR 2017, 480; Bekanntmachung der Bundesärztekammer, Deutsches Ärzteblatt 2017, 114(50): A-2434/B-2018/C-1972; Ludyga, Die Schweigepflicht von Ärzten bei der Behandlung Minderjähriger, NZFam 2017, 1121; Prechtel, Die Bedeutung der Glaubwürdigkeit und des persönlichen Eindrucks für die Beweiswürdigung, http://www.zjs-online.com/dat/artikel/2017_4_1134.pdf (zuletzt abgerufen am 31.12.2021); Rehborn, in: Huster/Kaltenborn (Hrsg), Krankenhausrecht, 2. Aufl 2017; Halbe, Recht auf Akteneinsicht: Was Ärzte wissen sollten, Deutsches Ärzteblatt 2017, 114 (4): A-178/B-160/C-160; Bäcker, in: Kühling/Buchner, DSGVO/BDSG, 2. Aufl 2018; Bayer, Ärztliche Dokumentationspflicht und Einsichtsrecht in Patientenakten, 2018; Franck, in: Gola, DSGVO, 2. Aufl 2018; Wienke, Anmerkung zu OLG Karlsruhe, OLG Karlsruhe, Urt v 3.8.2017 – 7 U 202/1, MedR 2018, 326; Beyerbach, Genomanalysen zu Forschungszwecken Eine rechtliche Grauzone, Deutsches Ärzteblatt 2019, A 1854; Cornelius/Spitz, Auskunfts- und Einsichtnahmerechte von Patienten im digitalisierten Gesundheitswesen, GesR 2019, 69; Dix, in: Simitis/Hornung/Spiecker gen Döhmann, Datenschutzrecht, 2019; Ertel, Weitergabe von Patientendaten an Geistliche, Datenschutz im Blick Newsletter für das Datenschutz im Gesundheitswesen, 1/2019, 5; Zipperer, in: Hirte/Vallender (Hrsg), Kommentar Insolvenzordnung, 15. Aufl 2019; Katzenmeier, Anmerkung zu OLG Köln, Beschl v 15.8.2018 – 5 W 18/18, MedR 2019, 147; Riemer, Der Datenauskunftsanspruch gem. Art 15 DSGVO als pre-trial-discovery und prima lex des Auskunftsrechts, Datenschutz-Berater, Nr 10/2019, 223; Buchner, Die Vertraulichkeit der Arzt-Patienten-Beziehung, in: Katzenmeier (Hrsg), Festschrift für Dieter Hart, 2020, 49; Damm, Information und Wissen im Recht der modernen Medizin – Aufstieg und Krise des informed consent, in: Katzenmeier (Hrsg), Festschrift für Dieter

Hart, 2020, 81; Häberle/Lutz, in: Erbs/Kohlhaas (Hrsg), Strafrechtliche Nebengesetze, Stand: 233. EL Oktober 2020; Holzner, Datenschutz, Dokumentations- und Organisationspflichten in der ärztlichen Praxis, 2020; Kayser/Thole, Heidelberger Kommentar zur Insolvenzordnung, 10. Aufl 2020; Popp, in: Leipold/Tsambikakis/Zöller, Anwaltskommentar StGB, 3. Aufl 2020; Wenzel, Handbuch des Fachanwalts Medizinrecht, 4. Aufl 2020; Windau, Anmerkung zu OLG Köln, Beschl v 25.7.2019 – 20 U 75/18, Rspr Übersicht (RÜ) 2/2020, 151; Achterfeld, Anmerkung zu LG Flensburg, Urt v 8.9.2020 – 3 O 375/14, MedR 2021, 655; Bundespsychotherapeutenkammer (BPtK), Informationen zum Patientenrechtegesetz, https://www.psychotherapeutenkammer-berlin.de/system/files/information_patientenrechtegesetz_inkl.gesetz.pdf (zuletzt abgerufen am 15.12.2021); Der hessische Beauftragte für Datenschutz und Informationsfreiheit, Verhältnis des Auskunftsrechts nach Art 15 DSGVO zum Recht auf Einsichtnahme in die Patientenakte nach § 630g BGB, https://datenschutz.hessen.de/datenschutz/gesundheits-und-sozialwesen/gesundheitswesen/verhältnis-des-auskunftsrechts-nach-art-15 (zuletzt abgerufen am 21.12.2021); Hannak, Strahlenschutzgesetzgebung Herausgabe von Original-Patientenaufnahmen, https://www.zaek-berlin.de/dateien/Content/Dokumente/Zahnärzte/Praxisführung/Praxisführung_im_MBZ/2019/MBZ_11_2019-1.pdf (zuletzt abgerufen am 31.12.2021).

I. Normzweck und Entstehungsgeschichte, § 630g

1 Das Einsichtsrecht des Patienten in seine Patientenunterlagen aufgrund eines Behandlungsverhältnisses besteht ausdrücklich gemäß § 630g Abs 1 und 2 und nach dem Inkrafttreten der DSGVO auch gemäß DSGVO Art 12 Abs 5 Satz 1, Art 15 Abs 3 Satz 1. Das Verhältnis der zivil- und datenschutzrechtlichen Normen zueinander ist bislang ungeklärt. § 630g Abs 1 Satz 1 bestimmt, dass dem Patienten „auf Verlangen unverzüglich Einsicht in die vollständige, ihn betreffende Patientenakte zu gewähren ist, soweit der Einsichtnahme nicht erhebliche therapeutische Gründe oder sonstige erhebliche Rechte Dritter entgegenstehen." Die Norm knüpft inhaltlich als auch gesetzessystematisch an die Regelung des § 630f an, wonach der Behandelnde zur Dokumentation in Form einer Patientenakte verpflichtet ist[1]. Die zivilrechtliche Rspr räumte dem Patienten sein Einsichtsrecht in die Krankenakte nach langen Kontroversen als vertragliche Nebenpflicht und bezogen auf die objektiven Befunde auch außerhalb eines Rechtsstreits ein[2]. „Der Patient hat gegenüber Arzt und Krankenhaus grundsätzlich auch außerhalb eines Rechtsstreits Anspruch auf Einsicht in die ihn betreffenden Krankenunterlagen, soweit sie Aufzeichnungen über objektive physische Befunde und Berichte über Behandlungsmaßnahmen (Medikation, Operation etc) betreffen[3]." Der BGH hat dieses Recht auf Akteneinsicht nicht wie die spätere Rspr aus den §§ 810, 811[4], sondern aus dem allgemeinen Persönlichkeitsrecht iVm §§ 242, 611 hergeleitet[5]. Das erforderliche Behandlungsverhältnis muss dabei nicht zwingend ein Behandlungsvertrag nach § 630a sein, obgleich nur dieser ausdrücklich vom Gesetz umfasst ist[6]. Überholt sind Ansichten, wonach die Patientenunterlagen im uneingeschränkten Eigentum des Arztes stehen und deshalb ausschließlich ihm vorbehalten sind[7]. Zunächst war dem Patienten als Durchbrechung des Arzteigentums das Recht zugestanden worden, die Herausgabe der Krankenunterlagen an den nachbehandelnden Arzt zu verlangen[8]. Zwar stehen die Krankenunterlagen im Eigentum des niedergelassenen Arztes oder des Krankenhausträgers, jedoch können diese als Eigentümer nur insoweit frei über ihre Dokumentation verfügen, soweit ihr Eigentumsrecht nicht durch einschränkende rechtliche Regelungen begrenzt wird[9]. Die bedeutendste Einschränkung stellt dabei die ärztliche Schweigepflicht, so in StGB § 203, MBO-Ä § 9 sowie SGB I § 35 dar, die das therapeutische Vertrauensverhältnis zwischen Arzt und Patienten schützt[10].

2 Die Rechtslage hinsichtlich der Einsichtnahme in die Patientenakte bis zum Inkrafttreten des Patientenrechtegesetzes[11] wurde vornehmlich durch die Rspr geprägt. Der BGH hat wiederholt einen Anspruch des Patienten auf Einsicht in die ihn betreffenden Krankenunterlagen als vertrag-

---

1 Bayer, Ärztliche Dokumentationspflicht und Einsichtsrecht in Patientenakten, S 93.
2 Grlgd BGH, Urt v 23.11.1982 – VI ZR 222/79, BGHZ 85, 327 = JR 1983, 236 m Anm Schlund JR 1983, 239; Rehborn/Kern, in: Laufs/Kern/Rehborn, HdB ArztR[5], § 62 Rz 3; Bartlakowski, Die ärztliche Behandlungsdokumentation, S 145 f; Gehrlein NJW 2001, 2773 f.
3 BGH, Urt v 23.11.1982 – VI ZR 222/79, BGHZ 85, 327 = JR 1983, 236 m Anm Schlund JR 1983, 239.
4 OLG Frankfurt, Urt v 9.5.2011 – 8 W 20/11, GesR 2011, 672 f; OLG Köln, Beschl v 11.11.2009 – 5 U 77/09, VersR 2010, 1504.
5 Ebenso OLG München, Urt v 19.4.2001 – 1 U 6107/00, NJW 2001, 2806; BVerfG, Beschl v 9.1.2006 – 2 BvR 443/02, BVerfGK 7, 168, 176 f = NJW 2006, 1116, 1117 ff; BVerfG, Beschl v 16.9.1998 – 1 BvR 1130/98, NJW 1999, 1777; Lenkaitis, Krankenunterlagen aus juristischer, insbesondere zivilrechtlicher Sicht, S 185 ff, Hinne NJW 2005, 2270, 2272 f.
6 Habermalz NJW 2013, 3403, 3404; gilt auch bei einem „vertragslosen Behandlungsverhältnis", so vertr v Erman[16]/Rehborn/Gescher, § 630g Rz 3; BVerfG, Beschl v 17.11.1992 – 1 BvR 162/89, MedR 1993, 232; VG Freiburg, Urt v 29.10.2015 – 6 K 2245/14, MedR 2017, 252, 254; ggtlg „BGB 630 g setzt einen wirksamen Behandlungsvertrag voraus." So vertr v jurisPK-BGB[9]/Lafontaine, 630 g Rz 14.
7 Deutsch/Spickhoff, MedR-HdB[7], Rz 917.
8 Vgl Daniels NJW 1976, 345, 348; Zur Überlassung von Unterlagen (Röntgenbilder) an den Patientenanwalt, LG Kiel, Urt v 30.3.2007 – 8 O 59/06, NJW-RR 2007, 1623; Deutsch/Spickhoff, MedR-HdB[7], Rz 917.
9 Hausner/Hajak/Spiessl Deutsches Ärzteblatt 2008, 105 (1–2): A 27–9 (A 27).
10 Hausner/Hajak/Spiessl Deutsches Ärzteblatt 2008, 105 (1–2): A 27–9 (A 27).
11 Gesetz zur Verbesserung der Rechte von Patientinnen und Patienten vom 20.2.2013, BGBl I 2013, 277.

liche Nebenpflicht des Behandlungsvertrags bejaht, und zwar ohne, dass der Patient ein berechtigtes Interesse daran geltend zu machen hatte[12]. Das BVerfG hat die ständige Rspr des BGH verfassungsrechtlich gebilligt[13]. Nach verfassungsrechtlich bestätigter Spruchpraxis hatte der Patient gegenüber dem Arzt und Krankenhausträger einen Anspruch auf Einsicht in die ihn betreffenden Krankenunterlagen, soweit sie objektivierbare Befunde und medizinische Maßnahmen enthielten[14]. Dass der Patient somit grds ein Einsichtsrecht in die ihn betreffenden Behandlungsunterlagen hatte, war unbestritten und durch die Rspr vielfach bestätigt worden.

MBO-Ä § 10 Abs 2 enthält die entsprechende berufsrechtliche Verpflichtung der Ärzte, dem Patienten Einsicht in die ihn betreffenden Krankenunterlagen zu gewähren[15]. Schließlich besteht ein Auskunftsrecht regelmäßig aufgrund der BDSG §§ 19, 34, dem allgemeinen Auskunftsanspruch, wonach der Betroffene Auskunft über die von ihm gespeicherten personenbezogenen Daten von allen öffentlichen und nichtöffentlichen Stellen erhalten kann. **3**

Erklärtes Ziel von § 630g war es im Hinblick auf das informationelle Selbstbestimmungsrecht des Patienten, die bisherigen Wertungen des Richterrechts regulatorisch steuernd niederzulegen. Der Anspruch des Patienten in seine Krankenakte basiert nach Ansicht der Rspr[16] in dessen Selbstbestimmungsrecht und seiner personalen Würde nach GG Art 2 Abs 1 iVm Art 1 Abs 1. Diese Normen verbieten es, den Patienten im Rahmen der Behandlung als bloßes Objekt zu sehen. Zudem betreffen die ärztlichen Krankenunterlagen mit ihren Angaben über Anamnese, Diagnose und therapeutische Maßnahmen den Patienten unmittelbar in seiner Privatsphäre[17]. Auch der fehlende Zugang zum Wissen Dritter über die eigene Person kann die von GG Art 2 Abs 1 iVm Art 1 Abs 1 geschützte individuelle Selbstbestimmung berühren[18]. **4**

Die Gesetzesbegründung für 630 g lautet: „Die Regelung greift die Rechtsprechung des Bundesverfassungsgerichts aus dem Jahre 2006 auf[19] und dient insbesondere der Umsetzung des Rechts des Patienten auf informationelle Selbstbestimmung." Da das Einsichtsrecht dabei systematisch als Nebenpflicht unmittelbar aus dem Behandlungsvertrag aus § 810 und insbesondere der persönlichen Würde des Patienten nach GG Art 1 Abs 1 iVm 2 Abs 1[20] hergeleitet[21] würde, bestünde es auch im Straf- und Maßregelvollzug[22]. **5**

Das Einsichtnahmerecht gilt unabhängig von der Verpflichtung des Arztes zur Dokumentation[23]. Hierzu wird allerdings in der Literatur die Meinung vertreten, dass die Funktionsbeschreibung, welche das Patienteneinsichtsrecht ausschließlich auf dessen Selbstbestimmungsrecht beziehen würde, tatsächlich nicht die ganze Wahrheit sei, denn mit dem Akteneinsichtsrecht des Patienten korrespondiere die in § 630f geregelte Dokumentationspflicht des Behandelnden[24]. Die bloße Nachbarschaft oder die angenommene Korrespondenz beider Normen[25] kann insofern dahinstehen, als dass Einigkeit insofern besteht, dass dem Patienten durch sein Recht zur Einsichtnahme die Kontrolle in Form einer Begutachtung oder Beobachtung der ärztlichen Behandlung ermöglicht wird. Weder sei eine richtige Kontrolle durch einen medizinischen Laien möglich[26], noch die Klageerhebung ohne Einsichtsrecht in die Dokumentation darstellbar[27]. **6**

---

12 BGH, Urt v 23.11.1982 – VI ZR 222/79, BGHZ 85, 327 = JR 1983, 236 m Anm Schlund JR 1983, 239; BGH, Urt v 23.11.1982 – VI ZR 177/81, BGHZ 85, 339; BGH, Urt v 6.12.1988 – VI ZR 76/88, BGHZ 106, 146, 152.
13 BVerfG, Urt v 16.9.1998 – 1 BvR 1130/98, NJW 1999, 1777; BVerfG, Beschl v 9.1.2006 – 2 BvR 443/02, BVerfGK 7, 168, 176 f = NJW 2006, 1116, 1117 ff.
14 BGH, Urt v 23.11.1982 – VI ZR 222/79, BGHZ 85, 327 = JR 1983, 236 m Anm Schlund; BGH, Urt v 6.12.1988 – VI ZR 76/88, BGHZ 106, 146, 152; LG Düsseldorf, Urt v 12.11.1998 – 3 O 240-98, NJW 1999, 873; Übersicht von Rieger Dtsch Med Wschr 1999; 24 (3): 130, 130.
15 MBO[7]/Ratzel, § 10 Rz 19–26; Spickhoff/Scholz, MedR-Komm[3], Nr 350 (MBO), § 10 Rz 5–8; Rehborn/Kern, in: Laufs/Kern/Rehborn, HdB ArztR[5], § 62 Rz 2.
16 Vgl BVerfG, Beschl v 16.9.1998 – 1 BvR 1130/98, NJW 1999, 1777; BVerfG, Beschl v 9.1.2006 – 2 BvR 443/02, BVerfGK 7, 168, 176 f = NJW 2006, 1116, 1117 ff.
17 Müller ZEV 2014, 401, 401.
18 BVerfG, Urt v 17.11.1992 – 1 BvR 162/89, MedR 1993, 232.
19 Müller ZEV 2014, 401, 401.
20 BVerfG, Urt v 17.11.1992 – 1 BvR 162/89, MedR 1993, 232; BVerfG, Beschl v 16.9.1998 – 1 BvR 1130/98, NJW 1999, 1777.
21 BVerfG, Beschl v 16.9.1998 – 1 BvR 1130/98, NJW 1999, 1777; BVerfG, Beschl v 9.1.2006 – 2 BvR 443/02, BVerfGK 7, 168, 176 f = NJW 2006, 1116 (1117 ff); OLG Frankfurt, Urt v 9.5.2011 – 8 W 20/11, GesR 2011, 672 f; Spickhoff/Scholz, MedR-Komm[3], Nr 350 (MBO), § 10 Rz 5.
22 Zum Anspruch der Strafgefangenen auf Akteneinsichtsrecht BVerfG, 20.12.2016 – 2 BvR 1541/15, NJW 2017, 1014, 1015.
23 Rehborn/Kern, in: Laufs/Kern/Rehborn, HdB ArztR[5], § 62 Rz 1.
24 MünchKomm[8]/Wagner, § 630g Rz 3; so auch Bayer, Ärztliche Dokumentationspflicht und Einsichtsrecht in Patientenakten, S 93, der das Einsichtnahmerecht als „Anknüpfung an ihre Nachbarregelung" deklariert.
25 MünchKomm[8]/Wagner, § 630g Rz 3; Bayer, Ärztliche Dokumentationspflicht und Einsichtsrecht in Patientenakten, S 93.
26 Bockelmann, Die Dokumentationspflicht des Arztes und ihre Konsequenzen, in: Vogler (Hrsg), Festschr für Hans-Heinrich Jescheck, S 693, 695; OLG Karlsruhe, Urt v 3.8.2017 – 7 U 200/16, MedR 2018, 326, 328 m Anm Wienke.
27 MünchKomm[8]/Wagner, § 630g Rz 3.

7 Der Gesetzeswortlaut des § 630g bietet in Details Klarstellungen, aber auch neue Regelungen. Die Einsicht ist nicht nur „jederzeit", wie es in einer früheren Gesetzesfassung enthalten war[28], sondern „unverzüglich" zu gewähren[29]. Nach der Legaldefinition gemäß § 121 Abs 1 bedeutet dies: „ohne schuldhaftes Zögern", so dass ein zumindest zeitnahes Handeln geboten ist[30]. Entscheidend stellt sich der Einzelfall dar und die intendierte Zweckrichtung der Einsichtnahme. Der Anspruch wird unabhängig davon gewährt, ob es sich bei den Inhalten der Patientenakte um eine Urkunde iS des § 810 handelt[31]. Denn nach § 630g fallen sämtliche medizinisch-technischen Aufzeichnungen wie etwa EKG-Streifen, CT-, MRT- und Röntgenaufnahmen sowie Blutbilder usw unter das Einsichtsrecht, wenn sie mit der Behandlung als patientenbezogen in Zusammenhang stehen[32]. Das Einsichtsrecht bezieht sich damit sowohl auf die technischen als auch auf die nicht-technischen Aufzeichnungen[33]. Dies stellte aber materiell keine Erweiterung des Rechtskreises des Patienten dar, denn ein solcher Anspruch war als vertragliche Nebenpflicht des Behandelnden bereits allgemein anerkannt[34]. Unabhängig vom Inhalt der Neuregelung war damit zu rechnen, dass der Anspruch durch die Kodifikation erstmals in den Fokus einer breiteren Öffentlichkeit geraten würde und der Anspruch vermehrt auf gerichtlichem Wege durchgesetzt werden wird[35].

8 Fraglich ist, ob das Einsichtsrecht des Patienten entsprechend dessen systematischer Einordnung im Dienstvertragsrecht disponibel ist, wobei zwischen dem individualvertraglichen und dem formularmäßigen Ausschluss zu unterscheiden ist. Grds wird in der Literatur die Zulässigkeit abweichender Parteivereinbarungen, sofern es sich dabei um Individualvereinbarungen und nicht um AGB handelt, befürwortet[36]. Einschränkungen des Akteneinsichtsrechts in allgemeinen Geschäftsbedingungen von Krankenhäusern und Ärzten gelten aufgrund des Verstoßes gemäß § 307 als stets unwirksam[37]. Bei einer individuellen Abrede spricht die Regelung des Einsichtsrechts in den §§ 630a ff dafür, dessen grundrechtliche Fundierung im Persönlichkeitsrecht des Patienten eher dagegen[38]. An einen individualvertraglichen Ausschluss sind dabei in Anbetracht der tendenziell dem Arzt eher unterlegenen Position des Patienten hohe Anforderungen zu stellen, bspw das Erfordernis eines ausdrücklichen Hinweises an den Patienten zu der Rechtsfolge eines Verzichts auf das Einsichtsrecht[39]. Der Verzicht ist zwar wirksam[40], jedoch darf die Durchführung der Behandlung nie an einen Rechtsverzicht gekoppelt werden[41]. Ein Vertragsarzt verletzt eindeutig seine vertragsärztlichen Pflichten, wenn er eine (Weiter-)Behandlung ablehnt, da gemäß BMV-Ä der Vertragsarzt die Behandlung eines Versicherten nach SGB V § 95 Abs 3 Satz 1 nur in begründeten Fällen ablehnen darf[42]. MBO-Ä § 2 Abs 2 Satz 2 bestimmt, dass Ärzte weder ihr eigenes noch das Interesse Dritter über das Wohl des Patienten stellen dürfen. Zwar scheint bei der Einsichtnahme kein absoluter Ausschluss jeglicher privatautonomer Entscheidungsfreiheit notwendig, gleichwohl wird man die Disponibilität des Einsichtsrechts ablehnen müssen, wenn das therapeutische oder körperliche Wohl des Patienten gefährdet sein würde, bspw wenn der nachbehandelnde Arzt zwingend auf die frühere Patientenakte angewiesen ist, um den Patienten fachlich korrekt (weiter-)behandeln zu können[43]. Fraglich bleibt bei einem Ausschluss, wie sich dieser auf andere Normen, etwa aus dem Bereich des Datenschutz-, Sozial- oder Berufsrechtes, auswirkt[44]. Zumindest sind einschränkende Vereinbarungen zu DSGVO Art 15, nach dem „betroffene Person das Recht haben, von dem Verantwortlichen eine Bestätigung darüber zu verlangen, ob sie betreffende personenbezogene Daten verarbeitet werden" und daraus ein Recht auf Auskunft bezüglich dieser Daten folgt, zwischen den Parteien nichtig, da dieser nicht disponibel ist. Auch andere dieser Normen dürften als zwingendes Recht gelten, sodass ein

---

28 Dazu Spickhoff ZRP 2012, 65, 69; Deutsch/Spickhoff, MedR-HdB[7], Rz 918.
29 Katzenmeier, in: Laufs/Katzenmeier/Lipp, Arztrecht[8], IX Rz 66; Laux, in Jorzig, HdB-ArztHaftR[2], Teil II Kapitel 1, Rz 23; Rehborn/Kern, in: Laufs/Kern/Rehborn, HdB ArztR[5], § 62 Rz 7.
30 Katzenmeier, in: Laufs/Katzenmeier/Lipp, Arztrecht[8], IX Rz 66.
31 Dies war im Hinblick auf die Herausgabe von Röntgenbildern problematisch, vgl Müller ZEV 2014, 401, 401; ausführlich Spickhoff/Scholz/Pethke, MedR-Komm[3], Nr 350 (MBO), § 10 Rz 12 (5. Anhang, Besonderheiten bei Röntgenaufnahmen); vgl zum Urkundsbegriff MünchKomm[8]/Habersack, § 810 Rz 3.
32 Bayer, Ärztliche Dokumentationspflicht und Einsichtsrecht in Patientenakten, S 98.
33 Bayer, Ärztliche Dokumentationspflicht und Einsichtsrecht in Patientenakten, S 98.
34 Vgl LG Aachen, Urt v 16.10.1985 – 7 S 90/85, NJW 1986, 1551.
35 Habermalz NJW 2013, 3403, 3403 f.
36 MünchKomm[8]/Wagner, § 630g Rz 41.
37 MünchKomm[8]/Wagner, § 630g Rz 41.
38 MünchKomm[8]/Wagner, § 630g Rz 41.
39 Bayer, Ärztliche Dokumentationspflicht und Einsichtsrecht in Patientenakten, S 109.
40 Pauge/Offenloch, Arzthaftungsrecht[14], Rz 524.
41 Bayer, Ärztliche Dokumentationspflicht und Einsichtsrecht in Patientenakten, S 109; Gross, Ärztliche Dokumentation und die beweisrechtliche Bedeutung ihrer Mängel im Haftpflichtprozess, in: Greiner/Gross/Nehm/Spickhoff (Hrsg), Festschr für Gerda Müller, Neminem Laedere Aspekte des Haftungsrechts, S 227, 230; Pauge/Offenloch, Arzthaftungsrecht[14], Rz 524.
42 Vgl § 630a Rz 28, 29, 30; für den Privatarzt Rz 31.
43 Bayer, Ärztliche Dokumentationspflicht und Einsichtsrecht in Patientenakten, S 109.
44 Bayer, Ärztliche Dokumentationspflicht und Einsichtsrecht in Patientenakten, S 109.

Ausschluss des vertraglichen Einsichtsrechts sich aller Voraussicht nach auf sie nicht auswirken könnte[45].

II. Einsichtsberechtigte Personen

1. Der Patient persönlich. Einsichtsberechtigt nach § 630g Abs 1 und 2 ist der Patient als tatsächlich behandelte Person und Vertragspartner des Behandlers. Die Einsichtnahme sollte möglichst im Rahmen eines Arzt-Patienten-Gesprächs erfolgen, dabei müssen dem Patienten die leserlichen Originalunterlagen vollständig vorgelegt werden[46]. Die Akteneinsicht erfolgt grds bei dem Behandler. Der Patient hat keinen Anspruch darauf, die Originale in Besitz zu nehmen, eine Ausnahme bilden hier nur Röntgenunterlagen, die zur Weiterleitung an den nachbehandelnden Kollegen herausgegeben werden müssen[47].

Röntgenbilder sind primär Eigentum des (Zahn-)Arztes, der diese erzeugt hat. Dieser ist auch verpflichtet, die Röntgenbilder und alle dazu gehörenden Aufzeichnungen zehn Jahre lang nach der letzten Röntgenuntersuchung aufzubewahren[48]. Gemäß Strahlenschutzgesetz (StrlSchG) § 85 Abs 3 Nr 3 wird präzisiert, dass dem weiterbehandelnden Arzt oder Zahnarzt die Röntgenbilder, die digitalen Bilddaten und dazugehörenden Untersuchungsdaten vorübergehend zu überlassen sind. Wesentlich ist, dass dabei der ärztlichen Schweigepflicht sowie der DSGVO entsprochen wird. Der nachbehandelnde, anfordernde Zahnarzt ist verpflichtet, die Röntgenbilder dem vorbehandelnden Zahnarzt, aufgrund dessen Archivierungspflicht zurückzugeben. Eine andere Verfahrensweise ergibt sich, wenn der Patient die Herausgabe analoger Röntgenbilder fordert, ohne den Verwendungszweck der Überlassung mitzuteilen[49]. Der Zahnarzt ist in diesem Falle nicht verpflichtet, dem Patienten die Original–Röntgenbilder zu überlassen, sondern allenfalls eine Kopie der Röntgenaufnahme[50]. Denkbar wäre zudem eine Fotografie des Röntgenbildes, allerdings gehen radiologische Details hierbei ggf verloren. Bei der Aushändigung von Original-Röntgenbildern an den Patienten für einen nachbehandelnden Zahnarzt, ist dem Patienten von seinem nachbehandelnden Zahnarzt eine diesbezügliche Vollmacht auszuhändigen[51]. Es ist in der Krankenakte aufzuzeichnen, zu welchem Zeitpunkt konkret welche Röntgenbilder abgeholt werden und wer Empfänger ist; zudem ist der Erhalt der Röntgenbilder schriftlich seitens des Empfängers zu bestätigen[52]. Ein Verlust der Röntgenaufnahmen nach der Abgabe an den Patienten, geht nicht zu Lasten des Arztes, der die Röntgenbilder angefertigt hat, sondern entbinden diesen von seiner gesetzlichen Aufbewahrungspflicht.

Der Anspruch besteht nicht nur im Rahmen eines Behandlungsvertrags, sondern aufgrund „der Bedeutung des GG Art 2 Abs 1 iVm GG Art 1 Abs 1 und dessen Übertragung auf die Vertragspflichten des Privatrechts" auch bei einem vertragslosen Behandlungsverhältnis[53]. Die Behandlung Versicherter in einer rechtlich unselbstständigen Eigeneinrichtung begründet zwischen Versicherten und Krankenkasse ein öffentlich-rechtliches Behandlungsverhältnis[54]. Hier ergibt sich der Anspruch auf Einsicht in entsprechender Anwendung des 630 g[55]. Die entsprechende Anwendung der Vorschriften §§ 630a ff ist geboten, um eine insoweit bestehende Regelungslücke zu schließen. Soweit eine Einsichtnahme in die Patientenakte der Feststellung von Verstößen gegen Sorgfaltspflichten und der Durchsetzung von Schadensersatzansprüchen dient, folgt dies aus dem Regelungsgehalt und -zweck des SGB V 76 Abs 4.

Bei anderen öffentlich-rechtlichen Behandlungsverhältnissen soll sich der Anspruch auf Einsichtnahme aus dem jeweils einschlägigen öffentlichen Recht ergeben[56]. Ob man hier von einer

---

45 Bayer, Ärztliche Dokumentationspflicht und Einsichtsrecht in Patientenakten, S 109.
46 Rieger Dtsch Med Wschr 1999; 24 (3): 130–132; Hausner/Hajak/Spiessl Deutsches Ärzteblatt 2008, 105 (1–2): A 27–9 (A 27).
47 Hausner/Hajak/Spiessl Deutsches Ärzteblatt 2008, 105 (1–2): A 27–9 (A 27).
48 Bei Röntgenuntersuchungen an Minderjährigen (unter 18 Jahren) besteht die Aufbewahrungspflicht bis zur Vollendung des 28. Lebensjahres des Patienten.
49 Hannak https://www.zaek-berlin.de/dateien/Content/Dokumente/Zahnärzte/Praxisführung/Praxisführung_im_MBZ/2019/MBZ_11_2019-1.pdf, zuletzt abgerufen am 30.11.2021.
50 Hannak https://www.zaek-berlin.de/dateien/Content/Dokumente/Zahnärzte/Praxisführung/Praxisführung_im_MBZ/2019/MBZ_11_2019-1.pdf, zuletzt abgerufen am 30.11.2021.
51 Hannak https://www.zaek-berlin.de/dateien/Content/Dokumente/Zahnärzte/Praxisführung/Praxisführung_im_MBZ/2019/MBZ_11_2019-1.pdf, zuletzt abgerufen am 30.11.2021.
52 Hannak https://www.zaek-berlin.de/dateien/Content/Dokumente/Zahnärzte/Praxisführung/Praxisführung_im_MBZ/2019/MBZ_11_2019-1.pdf, zuletzt abgerufen am 30.11.2021.
53 BVerfG, Beschl v 17.11.1992 – 1 BvR 162/89, MedR 1993, 232; VG Freiburg, Urt v 29.10.2015 – 6 K 2245/14, MedR 2017, 252, 254 m Anm Bayer Recht & Psychiatrie 2016, 209, 210; Erman[16]/Rehborn/Gescher, § 630g Rz 3.
54 BSG, Urt v 8.9.2015 – B 1 KR 36/14 R, NZS 2016, 63 = MedR 2016, 210 m Anm Bayer MedR 2016, 213, 214; jurisPK-BGB[9]/Lafontaine, § 630g Rz 14.
55 BSG, Urt v 8.9.2015 – B 1 KR 36/14 R, NZS 2016, 63 = MedR 2016, 210 m Anm Bayer MedR 2016, 213, 214.
56 JurisPK-BGB[9]/Lafontaine, § 630g Rz 14; Bayer MedR 2016, 213, 214.

analogen Anwendung des § 630g ausgehen kann, ist nach in Teilen der Lehre vertretener Ansicht zumindest zweifelhaft[57]. Denn die sozialrechtliche Rechtsprechung[58], weitgehend im Einklang mit der sozialrechtlichen Lehre[59], negiert einen Vertragsschluss zumindest, wenn GKV-Versicherte sog „Kassenleistungen" in Anspruch nehmen unter Verweis auf SGB V § 76 Abs 4. Die Einsichtnahme geschehe vielmehr im Rahmen eines öffentlich-rechtlichen Sonderverhältnisses[60]. Dieser Streit ist auch nicht, wie vielfach angenommen, rein akademischer Natur[61]. Praktische Relevanz hat er insbesondere, wenn es um die Frage geht, ob Allgemeine Geschäftsbedingungen – meist eines Krankenhausträgers – Geltung finden[62]. Sofern die allgemeinen Voraussetzungen hierfür vorliegen, vgl §§ 305 f, kann das nur dann der Fall sein, wenn zwischen den Parteien ein Vertrag zustande gekommen ist, in den diese wirksam einbezogen sind.

13 Der Gesetzgeber hat die Anwendung der §§ 630a ff nicht auf Selbstzahler beschränkt. Das Gesetz unterscheidet ausdrücklich nicht zwischen gesetzlich oder privat krankenversicherten Patienten[63]. In den Motiven heißt es, es sei „der besonderen Konstruktion der gesetzlichen Krankenversicherung geschuldet, dass der Patient und der Arzt zwar einen privatrechtlichen Behandlungsvertrag abschließen und der Arzt aus diesem Vertrag die Leistung der fachgerechten Behandlung" schulde. Gleichwohl überlagere „das Recht der gesetzlichen Krankenversicherung an dieser Stelle das Privatrecht mit der Folge, dass sich der ansonsten synallagmatische Behandlungsvertrag zwischen dem Arzt und dem Patienten in ein partiell einseitiges Vertragsverhältnis" umwandle[64]. Hierin liegt ein Grund mehr, der dafür spricht, die Rechtsbeziehung zwischen Behandelnden (Arzt, Krankenhaus usw) und GKV-Versicherten im Grundsatz dogmatisch gleich zu behandeln[65].

14 Einer analogen Anwendung bedarf es nicht mehr, wenn der Patient den Primäranspruch gegen den Behandelnden durch einen Vertrag zugunsten Dritter erworben hat[66].

15 Wie sich aus der übertragbaren Rspr zum Heimrecht[67] ergibt[68], kann mit Zustimmung des Patienten einem Sozialversicherungsträger ein Einsichtsrecht aus übergegangenem Recht gemäß SGB X § 116 Abs 1 iVm §§ 401 Abs 1 analog, 412 zustehen[69]. Für private Krankenversicherungen ergibt sich dies aus VVG § 86[70].

16 **2. Gesetzliche Vertreter.** Schließt der tatsächlich Behandelte nicht selbst den Vertrag, sondern der gesetzliche Vertreter oder ein Bevollmächtigter, dann hat dieser das Einsichtsrecht für den Behandelten geltend zu machen[71]. Ist der Patient geschäftsunfähig, minderjährig oder steht er unter Betreuung, ist das Akteneinsichtsrecht von dem Vertreter, somit den Eltern oder dem Betreuer wahrzunehmen[72].

17 Sollte der Patient nicht Vertragspartner des Behandelnden geworden sein, weil der Behandlungsvertrag weder von ihm persönlich noch von einem Vertreter mit Vertretungsmacht für den Patienten geschlossen worden ist, besteht das Akteneinsichtsrecht nach 630 g gleichwohl[73].

18 Ist der minderjährige Patient selbst einwilligungsfähig, kann er den Behandlungsvertrag auch ohne Einwilligung seiner Eltern eingehen. Dies ist bei einer partiellen Geschäftsfähigkeit nach §§ 112, 113 denkbar oder wenn die Behandlung keinen rechtlichen Nachteil für den Minderjährigen mit sich bringt, sodass eine Einwilligung in den Behandlungsvertrag seitens der Eltern als

---

57 JurisPK-BGB⁹/Lafontaine, § 630g Rz 14; Rehborn GesR 2013, S 257, 257, 258.
58 BSG, Urt v 16.12.1993 – 4 RK 5/92, BSGE 73, 271, 278; aber auch BGH, Urt v 26.11.1998 – III ZR 223/97 = BGHZ 140, 102, 104.
59 Krause SGb 1982, 425, 431; Lenz NJW 1985, 649; Schmidt-De Caluwe VSSR 1998, 207, 224; Schnapp/Düring NJW 1989, 2913, 2916; vgl Natter, Der Arztvertrag mit dem sozialversicherten Patienten, S 45, 61 f; aA Stollmann/Wollschläger, in: Laufs/Kern/Rehborn, HdB ArztR⁵, § 79 Rz 43.
60 Vgl zum Meinungsstand im Einzelnen Rehborn, in: Huster/Kaltenborn (Hrsg), Krankenhausrecht², § 14 Rz 7, 7a.
61 Rehborn GesR 2013, 257, 257, 258.
62 Rehborn GesR 2013, 257, 257, 258.
63 Vgl BT-Drucks 17/10488, 18; Wagner VersR 2012, 789, 793 meint, damit werde „der im Sozialrecht verbreiteten Gegenansicht die Grundlage" entzogen; ebenso Preis/Schneider NZS 2013, 281, 282.
64 BT-Drucks 17/10488, 19.
65 Vgl zu den Einzelheiten Rehborn GesR Heft 2013, 257, 258; Habermalz NJW 2013, 3403, 3404; gilt auch bei einem „vertragslosen Behandlungsverhältnis", so Erman¹⁶/Rehborn/Gescher, § 630g Rz 3;

BVerfG, Beschl v 17.11.1992 – 1 BvR 162/89, MedR 1993, 232; VG Freiburg, Urt v 29.10.2015 – 6 K 2245/14, MedR 2017, 252, 254; aA jurisPK-BGB⁹/Lafontaine, § 630g Rz 14: „ 630 g setzt einen wirksamen Behandlungsvertrag voraus.",.
66 MünchKomm⁸/Wagner, § 630g Rz 11.
67 Heimbewohnern wurde höchstrichterlich ein Einsichtsrecht in die Dokumentation des Pflegeheimes zuerkannt vgl BGH, Urt v 23.3.2010 – VI ZR 249/08, BGHZ 185, 74 Rz 12; BGH, Urt v 26.2.2013 – VI ZR 359/11, VersR 2013, 648 Rz 6 mwN; LG Karlsruhe, Urt v 22.1.2010 – 9 S 311/09, NJW 2010, 3380; vgl Heimgesetz § 11 Nr 7.
68 Erman¹⁶/Rehborn/Gescher, § 630g Rz 2a.
69 MünchKomm⁸/Wagner, § 630g Rz 11.
70 Laux, in: Jorzig, HdB-ArztHaftR², Teil II Kapitel 1, Rz 28.
71 Katzenmeier, in: Laufs/Katzenmeier/Lipp, Arztrecht⁸, IX Rz 65.
72 MünchKomm⁸/Wagner, § 630g Rz 11; Houben, in: Jorzig, HdB-ArztHaftR², Teil I Kapitel 4, Rz 83.
73 MünchKomm⁸/Wagner, § 630g Rz 11; aA vertr v Grüneberg⁸¹/Weidenkaff, § 630g Rz 2: „… der tatsächlich behandelten Person bleibt das Einsichtsrecht nach BGB § 810".

gesetzliche Vertreter nicht erforderlich ist. Der Behandlungsvertrag wird zwischen dem Minderjährigen und dem Behandler geschlossen, sodass letzterer sich an seine Schweigepflicht halten muss[74]. Insoweit dürfen die sorgeberechtigten Eltern nur Einsicht in die Krankenunterlagen ihres minderjährigen Kindes nehmen, soweit dieses sein Einverständnis dafür erteilt hat[75]. Ausgeschlossen kann die Einsichtnahme auch dann sein, wenn Gegenstand des Behandlungsvertrags eine psychiatrische Behandlung war[76].

Im Gegensatz dazu kann den sorgeberechtigten Eltern – unabhängig von der Einwilligungsfähigkeit ihres Kindes[77] – ein Einsichtsrecht zustehen, soweit diese nur mit Kenntnis der Krankenunterlagen ihrer elterlichen Sorge nach § 1627 bzw ihrem Erziehungsrecht nach GG Art 6 Abs 2 nachkommen können[78]. Dem behandelnden Arzt kommt dabei eine Einschätzungsprärogative zu, in welcher er das Erziehungsrecht der Eltern gegen das Recht auf informationelle Selbstbestimmung des Kindes abwägen muss[79]. Eine Durchbrechung der ärztlichen Schweigepflicht ist bspw bei Suizidgefahr des Minderjährigen[80] oder dem Schwangerschaftsabbruch einer Minderjährigen anzunehmen[81]. Im letztgenannten Fall ist der grundrechtlich manifestierte Schutz des „ungeborenen Lebens" in den Abwägungsprozess miteinzubeziehen.

Geboten ist die Durchbrechung der ärztlichen Schweigepflicht, wenn strafrechtlich relevante Fallgestaltungen im Raum stehen. Zu nennen sind neben der allgemeinen Kindeswohlgefährdung insbesondere die Kindesmisshandlung oder kinderpornografische Handlungen. Rechtsgrundlage für Erstgenannte stellt Kinderschutz-Kooperations-Gesetz (KKG) § 4 dar[82]. Laut KKG § 4 Abs 1 Nr 1 sind Ärzte beim Verdacht der Kindeswohlgefährdung berechtigt, das Gespräch mit dem Minderjährigen im Beisein seiner Personensorgeberechtigten zu suchen. Des Weiteren ist der Arzt nach Absatz 3 Satz 1, 2 zur Mitteilung gegenüber dem zuständigen Jugendamt befugt, soweit dies zur Abwendung der vermeintlichen Kindeswohlgefährdung für erforderlich gehalten wird.

Beim Verdacht von Straftaten nach StGB §§ 176, 184b ist die Missachtung der ärztlichen Schweigepflicht gemäß StGB 34 geboten. Hierfür sind keine hohen Anforderungen an den Verdachtsgrad zu stellen, insbesondere ist kein hinreichender Tatverdacht iSd StPO § 170 erforderlich[83]. Es kann bereits genügen, dass sich eine Patientin, die das 14. Lebensjahr noch nicht vollendet hat, von ihrem Gynäkologen Kontrazeptiva verschreiben lassen möchte[84]. Der Arzt ist dabei – unabhängig von der Art der Krankenversicherung (PKV oder GKV) – zur Mitteilung gegenüber den Eltern befugt. Hat die Patientin das 14. Lebensjahr vollendet, kann ein Einsichtsrecht der Eltern gleichwohl aus ihrem Erziehungsrecht erwachsen, da die Sexualerziehung ein Bestandteil eben diesen Rechts darstellt[85].

Ebenso sind die Eltern zu informieren, soweit ihr minderjähriges Kind an einer ansteckenden Krankheit leidet, welche auch für sie selbst gefährlich werden kann. Anzunehmen ist dies bei einer HIV-Infektion, Hepatitis oder Tuberkulose[86]. Bei diesen Erkrankungen kann sich der Arzt auf StGB § 34 berufen. Gefährdetes Rechtsgut ist insoweit das Leben oder die Gesundheit der Erziehungsberechtigten. Auch die Informationsweitergabe einer Drogenabhängigkeit bei einem minderjährigen Patienten lässt sich mit StGB § 34 rechtfertigen, wobei schon eine drogenbedingte Einwilligungsunfähigkeit die informationelle Weiterleitung bezüglich eines Konsums an die Eltern begründen kann[87].

Eine Pflicht zur Offenbarung der Krankenunterlagen gegenüber den Personensorgeberechtigten ist in Fällen der Organspende von Minderjährigen oder Teilnahme dergleichen an einer klinischen Prüfung gegeben[88]. Insoweit müssen die Eltern noch nicht einmal ihr Einsichtsrecht geltend machen. Gemäß Transplantationsgesetz (TPG) §§ 8, 8a Abs 1 Nr 4 kann ein Minderjähriger nur nach Aufklärung und Einwilligung der Eltern eine Knochenmarksentnahme bei sich vornehmen lassen. Nach Arzneimittelgesetz (AMG) § 40 Abs 4 Nr 3 gilt Gleiches für die Teilnahme an einer klinischen Prüfung.

---

74 Ludyga NZFam 2017, 1121, 1122; Coester-Waltjen MedR 2012, 553, 559.
75 Ludyga NZFam 2017, 1121, 1124.
76 AG Saarbrücken, Urt v 4.5.2004 – 42 C 283/03, NJW-RR 2004, 1302.
77 Ludyga NZFam 2017, 1121, 1123.
78 Ludyga NZFam 2017, 1121, 1123.
79 Ludyga NZFam 2017, 1121, 1123.
80 Ludyga NZFam 2017, 1121, 1123.
81 Ludyga NZFam 2017, 1121, 1125.
82 Ludyga NZFam 2017, 1121, 1124.
83 KG Berlin, Urt v 27.6.2013 – 20 U 19/12, NJW 2014, 640 = MedR 2013, 787.
84 Ludyga NZFam 2017, 1121, 1124.
85 Ludyga NZFam 2017, 1121, 1124.
86 Ludyga NZFam 2017, 1121, 1126.
87 Ludyga NZFam 2017, 1121, 1126.
88 Ludyga NZFam 2017, 1121, 1126.

24 Eine Begründung für das Einsichtsverlangen muss der Betreuer oder Sorgeberechtigte nicht vorbringen[89]. Letzterem bleibt der Anspruch aus § 810[90].

25 **3. Gewillkürte Vertreter.** Das Akteneinsichtsrecht kann auch von einem gewillkürten Vertreter aufgrund einer ihm erteilten Vollmacht für den Patienten wahrgenommen werden[91]. Eine speziell auf § 630g bezogene Vollmacht ist nach § 167 Abs 2 formlos wirksam, kann bei Zweifeln an der Authentizität von dem Behandelnden jedoch entsprechend § 174 unverzüglich zurückgewiesen werden[92]. Dieser Punkt ist umstritten. So wird auch vertreten, dass bei Vorlage der ordnungsgemäßen und eindeutigen Vollmacht an diese zu Recht „strengste Anforderungen" gestellt werden, da die Herausgabe höchstpersönlicher Daten begehrt wird[93]. Die Vorlage einer Vollmacht und Schweigepflichtentbindungserklärung des Patienten müssen gegeben sein, damit die Anspruchsvoraussetzungen bejaht werden können[94]. Allerdings verlangt die Rspr nicht die Vorlage einer Originalvollmacht[95]. Aus § 630g folgt nicht, dass die Vorlage einer schriftlichen (Original-) Vollmacht Fälligkeitsvoraussetzung für den Herausgabeanspruch der Patientendokumentation ist[96]. Die Vollmacht kann demnach auch als Kopie oder elektronisch durch den gewillkürten Vertreter vorgelegt werden.

26 Ein bevollmächtigter Rechtsanwalt leitet sein Einsichtsrecht von seinem Mandanten ab. Um einer Strafbarkeit iSd StGB § 203 zu entgehen, ist der Arzt in diesen Fällen von seiner Schweigepflicht zu entbinden[97].

III. Der Umfang des Einsichtsrechtes des Patienten

27 Normiert ist das Einsichtsrecht des Patienten in die vollständige Patientenakte, zumindest soweit sie Aufzeichnungen über objektive physische Befunde und Berichte über Behandlungsmaßnahmen betreffen[98], und dies zu jedem Zeitpunkt der Behandlung[99]. Die Begründung hierfür fällt seitens des Gesetzgebers knapp und eindeutig aus: „Die beste Dokumentation nützt nichts, wenn die Akten für die Patientinnen und Patienten verschlossen bleiben"[100]. Das Recht zur Einsichtnahme ist daher sehr weit zu interpretieren[101]. Anders als vor der gesetzlichen Normierung des Einsichtsrechts bezieht sich das Einsichtsrecht nicht mehr nur auf die objektiven Befunde, sondern auch auf die mitnotierten persönlichen Eindrücke und subjektiven Bewertungen des Behandlers[102]. Subjektive Notizen eines Arztes, die ihren Ursprung in vagen Verdachtsdiagnosen oder emotionalen Beweggründen haben, sollten vor dem Patientenrechtegesetz dem Einsichtsrecht entzogen werden dürfen, etwa durch erkennbare Abdeckung auf einer Kopie[103]. An einem generellen Vorbehalt zugunsten subjektiver ärztlicher Eindrücke wurden jedoch zunehmend Zweifel angemeldet[104].

28 Nunmehr besteht das Einsichtsrecht auch hinsichtlich der an den Behandler gerichteten Briefe und Befundergebnisse anderer vor-, mit- oder nachbehandelnder Ärzte. Dies war in Rspr und Literatur mit Blick auf das Urheberrecht des Verfassers in der Vergangenheit oftmals anders beurteilt worden[105]. Der BGH gewährte – anfänglich gegen Widerstand innerhalb der Ärzteschaft – dem Patienten ein Recht auf Einblick in die Aufzeichnungen über naturwissenschaftlich objektivierbare Befunde und auf Behandlungsfakten, die seine Person betreffen. Das schloss neben Medikation und Operationsberichten[106] die durch die medizinische Apparaturen gewon-

---

89 Laux, in: Jorzig, HdB-ArztHaftR², Teil II Kapitel 1, Rz 23.
90 Katzenmeier, in: Laufs/Katzenmeier/Lipp, Arztrecht⁸, IX Rz 65.
91 MünchKomm⁸/Wagner, § 630g Rz 10.
92 MünchKomm⁸/Wagner, § 630g Rz 10.
93 OLG München, Urt v 18.3.2011 – 1 W 98/11, GesR 2011, 673–674; Erman¹⁶/Rehborn/Gescher, § 630g Rz 5.
94 Erman¹⁶/Rehborn/Gescher, § 630g Rz 5.
95 OLG Koblenz, Urt v 23.1.2014 – 5 W 44/14, GesR 2014, 235; aA LG Stuttgart, Urt v 9.12.2015 – 19 T 488/15, MedR 2016, 450 m krit Anm Walter MedR 2016, 452, 453; einschränkend auch LG Hannover, Urt v 11.12.2015 – 19 O 81/15, MedR 2016, 730: „keine Original-Vollmacht erforderlich"; Anm Bayer MedR 2016, 731.
96 OLG Hamm, Beschl v 2.1.2017 – I-3 W 43/16, -juris Rz 4.
97 Laux, in: Jorzig, HdB-ArztHaftR², Teil II Kapitel 1, Rz 24.
98 Grüneberg⁸¹/Weidenkaff, § 630g Rz 3; Wenzel, in: Wenzel, HdB Fachanwalt Medizinrecht⁴, Kapitel 4 Rz 327.
99 Houben, in: Jorzig, HdB-ArztHaftR², Teil I Kapitel 4, Rz 80.
100 BT-Drucks 17/10488, 11.
101 Rehborn/Kern, in: Laufs/Kern/Rehborn, HdB ArztR⁵, § 62 Rz 3; Laux, in: Jorzig, HdB-ArztHaftR², Teil II Kapitel 1, Rz 23.
102 BT-Drucks 17/10488, 26 f, Anlage V; Rehborn/Kern, in: Laufs/Kern/Rehborn, HdB ArztR⁵, § 62 Rz 3; Laux, in Jorzig, HdB-ArztHaftR², Teil II Kapitel 1, Rz 23.
103 Katzenmeier, in: Laufs/Katzenmeier/Lipp, Arztrecht⁸, IX Rz 59.
104 Katzenmeier, in: Laufs/Katzenmeier/Lipp, Arztrecht⁸, IX Rz 59.
105 BVerfG, Beschl v 16.9.1998 – 1 BvR 1130/98, NJW 1999, 1777.
106 Houben, in: Jorzig, HdB-ArztHaftR², Teil I Kapitel 4, Rz 79; Bayer, Ärztliche Dokumentationspflicht und Einsichtsrecht in Patientenakten, S 98.

nen Datensätze ein, etwa EEG, EKG, CT, MRT, Blutbilder etc[107]. Unabhängig davon hat der Patient aus dem Behandlungsvertrag das vorprozessuale Recht auf Einblick in solche medizinischen Dokumentationen, die von Relevanz für die individuelle Behandlung sind, ohne dass diese zur Person des Patienten geführt sein müssten. Dies gilt bzgl einer Bluttransfusion für die (anonymisierte) Blutspendedokumentation, die Herstellerdokumentation sowie die Ausgabedokumentation bzgl Blutprodukten[108]. Es kommt nicht auf die Urheberschaft der Aufzeichnungen an, unerheblich ist, ob diese von ärztlichem, pflegerischem oder technischem Personal erstellt wurden, solange diese einer bestimmten Patientenakte zuordbar sind[109]. Schließlich ist nicht nur Einsicht in die vom Behandelnden selbst verfassten und abgesandten, sondern auch in die erhaltenen Arztbriefe anderer Ärzte zu gewähren, die nach § 630f Abs 2 Satz 2 ebenfalls in die Patientenakte aufzunehmen sind[110].

Der Anspruch auf Einsichtnahme in die Patientenunterlagen tritt allenfalls beim Vorliegen **29** gewichtiger Belange zurück[111]. Der Gesetzeswortlaut enthält keine entsprechende Einschränkung; § 630g Abs 1 Satz 1 sieht ein Einsichtsrecht des Patienten in die vollständige, ihn betreffende Patientenakte vor[112]. Nach der Gesetzesbegründung sind auch Niederschriften über persönliche Eindrücke oder subjektive Wahrnehmungen des Behandelnden betreffend die Person des Patienten diesem grundsätzlich offenzulegen[113]. Auch hier ist davon auszugehen, dass das Persönlichkeitsrecht des Patienten in aller Regel das Interesse des Behandelnden an einer Nichtoffenbarung seiner Aufzeichnungen überwiegt. Dies gilt auch bei einer „dualen Gestaltung" der Unterlagen durch zwei Akten im Vertrauen auf die damalige BGH-Rspr zum beschränkten Einsichtsrecht[114]. Sowohl im Hinblick auf § 630f, als auch auf das Einsichtsrecht, flankiert durch die Beweisregel des § 630h Abs 3, ist daher von der Führung von „Parallelakten" abzuraten[115]. In der Gesetzesbegründung heißt es, dass auch Niederschriften über persönliche Eindrücke oder die subjektive Wahrnehmung der Behandlungsseite betreffend die Person des Patienten ihm gegenüber grundsätzlich offenzulegen sind[116]. Der Patient hat insoweit einen Anspruch auf Einsicht auch in die abgetrennten Teile, als die therapiebezogenen persönlichen Aufzeichnungen des Behandelnden nicht derart auf seine eigene Person Rückschlüsse ziehen lassen, dass sein Geheimhaltungsinteresse das Informationsinteresse des Patienten überwiegt[117].

Die Glaubhaftmachung eines berechtigten Interesses, wie es lange Zeit von der Rspr zur **30** Bejahung eines solchen Anspruchs gefordert wurde, ist mit der Kodifikation nicht mehr notwendig[118]. Allein aufgrund des verfassungsrechtlich geschützten Selbstbestimmungsrechtes wäre die Darlegung eines berechtigten Interesses überzogen[119]. Ein besonderes Interesse des Patienten ist daher nicht oder nicht mehr geltend[120] zu machen[121]. So ist es bspw nicht erforderlich ist, dass es zu einem Prozess zwischen dem Patienten und dem Behandelnden gekommen ist oder kommen wird. Der Patient besitzt das Einsichtnahmerecht sogar dann, wenn er die Arztrechnungen nicht bezahlt oder er die Behandlung selber abgebrochen hat. Allerdings reicht die unsubstantiierte Behauptung, sich während eines mehrjährigen Zeitraums bei einem Mediziner in Behandlung befunden zu haben, für den Anspruch des Patienten auf Herausgabe von Behandlungsunterlagen ebenso nicht aus, wie ein (weiterer) Anspruch auf Herausgabe der anamnestischen Erhebungen durch den Arzt, wenn der Patient diese Ansprüche lediglich pauschal vorbringt[122].

---

107 Katzenmeier, in: Laufs/Katzenmeier/Lipp, Arztrecht[8], IX Rz 58.
108 LG Düsseldorf, Urt v 5.5.1999 – 1 S 105/99, RDV 1999, 173; Die Grundlage zum Umgang mit Blutprodukten bildet das Transfusionsgesetz (TFG). Die speziellen Regelungen zur Abgabe in Apotheken sind in ApBetrO § 17 Abs 6a und zur Dokumentation in in ApBetrO § 22 Abs 4 zu finden. Nach den Vorgaben des GSAV (Gesetz für mehr Sicherheit in der Arzneimittelversorgung) müssen Apotheken seit dem 16.8.2019 nach der Abgabe von Blutzubereitungen, Sera aus menschlichem Blut, Zubereitungen aus anderen Stoffen menschlicher Herkunft und Arzneimitteln zur Behandlung der Hämophilie bestimmte Angaben an den verschreibenden Arzt übermitteln. Die Meldung kann elektronisch oder postalisch erfolgen.
109 Bayer, Ärztliche Dokumentationspflicht und Einsichtsrecht in Patientenakten, S 98.
110 Möller/Makoski KrV 2015, 186, 191.
111 BVerfG, Beschl v 9.1.2006 – 2 BvR 443/02, BVerfGK 7, 168, 176 f = NJW 2006, 1116, 1117 ff; Grüneberg[81]/Weidenkaff, § 630g Rz 3.
112 Katzenmeier, in: Laufs/Katzenmeier/Lipp, Arztrecht[8], IX Rz 59.
113 Katzenmeier, in: Laufs/Katzenmeier/Lipp, Arztrecht[8], IX Rz 59.
114 Katzenmeier, in: Laufs/Katzenmeier/Lipp, Arztrecht[8], IX Rz 60.
115 Deutsch/Spickhoff, MedR-HdB[7], Rz 922.
116 BT-Drucks 17/10488, 27.
117 Katzenmeier, in: Laufs/Katzenmeier/Lipp, Arztrecht[8], IX Rz 60.
118 Vgl „Dokumentationsurteil" BGH, Urt v 23.11.1982 – VI ZR 222/79, BGHZ 85, 327, 329 = JR 1983, 236 m Anm Schlund.
119 Rehborn/Kern, in: Laufs/Kern/Rehborn, HdB ArztR[5], § 62 Rz 6.
120 BGH, Urt v 23.11.1982 – VI ZR 222/79, BGHZ 85, 327 = JR 1983, 236 m Anm Schlund; BVerwG, Urt v 27.4.1989 – 3 C 4/86, BVerwGE 82, 45, NJW 1989, 2960; Ahrens NJW 1983, 2609; Nüssgens, 25 Jahre Karlsruher Forum, S 175.
121 Deutsch/Spickhoff, MedR-HdB[7], Rz 920; Pauge/Offenloch, Arzthaftungsrecht[14], Rz 524 mwN.
122 OLG Frankfurt, Urt v 9.8.2016 – 8 U 176/15, -juris.

31 Die Zulässigkeit abweichender Parteivereinbarungen in Bezug auf das Akteneinsichtsrecht wird derzeit nicht bestritten. Grundsätzlich spricht die Verankerung des gesetzlichen Einsichtsrechtes in den Normen des Behandlungsvertrages für deren Zulässigkeit, hingegen dessen grundrechtliche Fundierung im Persönlichkeitsrecht des Patienten dagegen. Einschränkungen des Akteneinsichtsrechts in allgemeinen Geschäftsbedingungen von Krankenhäusern und Ärzten sind wegen Verstoßes gegen das in § 630g verankerte gesetzliche Leitbild und nach dem Verbot der unangemessenen Benachteiligung gemäß § 307 ausnahmslos als unwirksam zu betrachten[123]. Nach 307 Abs 2 Nr 2 ist eine unangemessene Benachteiligung im Zweifel anzunehmen, wenn wesentliche vertragliche Pflichten so eingeschränkt werden, dass der Vertragszweck gefährdet wird. Es sollen nicht durch AGB gerade die Vertragsbestandteile entwertet werden können, um derentwillen der Vertrag abgeschlossen wurde und auf deren Bestand die andere Vertragspartei vertraut und vertrauen darf[124]. Nur Individualvereinbarungen, die den Standards der allgemeinen Rechtsgeschäftslehre standhalten, sind je nach Einzelfallprüfung zuzulassen[125].

IV. Der Schuldner des Einsichtnahmeanspruchs

32 Wer der Schuldner des Anspruches ist, ist nicht ausdrücklich gesetzlich geregelt. Grds richtet sich der Anspruch gegen den Vertragspartner[126], somit den Behandler; bei einer Behandlung im Krankenhaus ist der Anspruch auf Einsichtnahme des Patienten gegen den Betreiber des Krankenhauses, den Krankenhausträger, vertreten durch den ärztlichen Direktor, gerichtet. Bestehen vertragliche Beziehungen zu mehreren Behandlern, kann der Patient den Einsichtnahmeanspruch gegen jeden Einzelnen und zwar unabhängig voneinander geltend machen. Sind die Therapien der einzelnen Behandler hingegen in einer einzigen Akte zusammengefasst, kann der Patient gegen jeden einzelnen Behandler seinen Anspruch auf Einsichtnahme in die gesamte Patientenakte geltend machen[127]. Grundsätzlich hat der Arzt die Behandlungsunterlagen gemäß § 630f Abs 3 für die Dauer von zehn Jahren nach Abschluss der letzten Behandlung aufzubewahren. Sollten allerdings nach dem Ablauf von zehn Jahren noch Behandlungsunterlagen vorhanden sein, darf die Einsicht des Patienten in die Unterlagen nicht verweigert werden. Grund hierfür ist, dass die zehn Jahre nicht als Verjährung für das Recht auf Einsichtnahme gelten, sondern als minimale gesetzliche Aufbewahrungsfrist der Patientenakte. So muss auch bei einem Verkauf oder bei einer Aufgabe der Arztpraxis der Behandler oder im Falle dessen Todes seine Erben[128] gemäß MBO-Ä § 10 Abs 4 sicherstellen, dass die Patientenakten (zumindest) für diesen Zeitraum ordnungsgemäß aufbewahrt werden.

33 In der Insolvenz des Krankenhausträgers ist Adressat des Einsichtsgesuches der Insolvenzverwalter, der für die gesicherte Aufbewahrung der Patientenakten Sorge zu tragen hat[129]. Dieser hat die Einsichtsgesuche an das ärztliche Personal zu delegieren. Soweit eine Behandlung durch einen Belegarzt erfolgt ist, hat der Patient sein Einsichtsgesuch hinsichtlich der behandlungsbezogenen Unterlagen unmittelbar an diesen zu richten[130]. Denn der Belegarzt erbringt seine ärztliche Leistung nach BPflV §§ 2 Abs 1 Satz 2, 22 Abs 1 Satz 1 und KHEntG § 18 im Rahmen des gespaltenen Krankenhausvertrags als Vertragspartner des Patienten[131]. Diesbezüglich trifft das Krankenhaus keine Aufbewahrungspflicht hinsichtlich Patientenunterlagen.

34 Beabsichtigt der Insolvenzverwalter nach entsprechender Beschlussfassung der Gläubigerversammlung, sämtliche Wirtschaftsgüter bzw Teile des Unternehmens an einen Investor zu veräußern[132], bedarf die künftige Erfüllung der Aufbewahrungspflicht der Patientenakten durch den Erwerber einer besonderen Regelung, weil der Insolvenzverwalter Unterlagen, die der ärztlichen Schweigepflicht unterliegen, ohne Zustimmung des Patienten nicht auf Dritte übertragen darf[133]. Sowohl für manuell geführte als auch für elektronisch abgespeicherte behandlungsbezogene Patientenunterlagen dürfte von dem Erfordernis einer schriftlichen Zustimmung des Patienten auszugehen sein[134].

---

123 MünchKomm[8]/Wagner, § 630g Rz 41.
124 BGH, Urt v 3.3.1988 – X ZR 54/86, BGHZ 103, 316, 321.
125 MünchKomm[8]/Wagner, § 630g Rz 41.
126 JurisPK-BGB[9]/Lafontaine, § 630g Rz 40.
127 JurisPK-BGB[9]/Lafontaine, § 630g Rz 40.
128 Zur Aufbewahrung von Patientenakten nach Tod des Arztes OLG Rostock, Beschl v 2.7.2020 – 3 W 7/19, GesR 2020, 810.
129 Zu allen Einzelheiten des Insolvenzverfahrens bzgl eines Krankenhauses vgl Vallender NZI 2013, 1001, 1003.
130 Vallender NZI 2013, 1001, 1003; jurisPK-BGB[9]/Lafontaine, § 630g Rz 40.
131 Bornheimer, Kommunale Krankenhausgesellschaften in Krise und Insolvenz, in: Dahl/Jauch/Wolf (Hrsg), Festschr für Hubert Görg zum 70. Geburtstag, 71, 77.
132 Näher dazu HK InsO[10]/Kayser/Thole, § 158 Rz 1 ff; Roth, in: Thierhoff/Müller (Hrsg), Unternehmenssanierung[2], Kap 9, Rz 74 ff.
133 Zipperer, in: Hirte/Vallender (Hrsg), Kommentar InsO[15], § 159 Rz 32.
134 Vallender NZI 2013, 1001, 1003.

Wenig praktikabel erscheint, dass der Verwalter von jedem Patienten die Zustimmung zur 35
Übermittlung der Unterlagen an den Erwerber einholt. Es wird deshalb angeregt[135], dass der
Insolvenzverwalter als Veräußerer des Krankenhausbetriebs dem Übernehmer den verschlossenen
Aktenraum und die dazu gehörenden Schlüssel übergibt[136]. Im Übernahmevertrag habe sich der
Erwerber zu verpflichten, die Unterlagen bis zum Ablauf der Aufbewahrungsfristen für den
Veräußerer zu verwahren und diese nur in Anwesenheit der Patienten, die dort entweder zur
Weiterbehandlung erscheinen und das Vertragsverhältnis fortsetzen wollen bzw Einsicht in die
Unterlagen begehren, herauszunehmen und in seine neu angelegte Kartei umzusortieren[137].

Einer Vernichtung behandlungsbezogener Unterlagen steht während der Dauer der Aufbe- 36
wahrungsfristen das Grundrecht des Patienten auf informationelle Selbstbestimmung entgegen,
das seine Befugnis gewährleistet, über die Preisgabe und Verwendung seiner persönlichen Daten
selbst zu bestimmen. Für den Insolvenzverwalter bleibt mangels vorhandener Mittel zur Archivierung der Patientenunterlagen oft nur der Ausweg, die Unterlagen freizugeben oder „sich selbst
zu überlassen"[138]. Diese Entscheidung begründet unter Umständen die Pflicht der Ordnungsbe-
hörden zum Einschreiten, wenn Unbefugte Zugriff auf die Unterlagen nehmen können. Da einer
Vollstreckung von Ersatzvornahmekosten die Vorschrift des InsO § 210 entgegensteht, bleibt
letztlich der Staat in der Verantwortung. Denn den Verwalter trifft nach Aufhebung bzw Einstellung des Verfahrens nicht mehr die Pflicht, die Patientenunterlagen bis zum Ablauf der Aufbewahrungsfristen aufzubewahren. Weder Ordnungs- noch Insolvenzrecht vermögen eine befriedigende Lösung des Problems anzubieten, wenn nach einer Schließung des Krankenhauses keine
Mittel für die Aufbewahrung der behandlungsbezogenen Patientenakten vorhanden sind[139].

V. Die Grenzen des Einsichtsrechtes des Patienten gemäß § 630g Abs 1, 2. Hs

Das Einsichtsrecht gilt nach § 630g Abs 1, 2. Halbsatz nicht grenzenlos[140]. Schon vor dem In- 37
Kraft-Treten des Patientenrechtegesetzes war anerkannt, dass der Einsichtnahme Gründe, bspw
solche erheblicher therapeutischer Natur oder erhebliche Rechte Dritter, bei seltenen Ausnahmen auch eigene Rechte des Arztes[141], dieser entgegenstehen konnten. Erhebliche therapeutische
Gründe können dazu führen, dass die Einsichtnahme zumindest partiell verweigert werden
durfte und darf[142]. Die Begründung benennt hier als Hauptbeispiel „sensible Informationen über
die Eltern des Patienten und über deren Persönlichkeit"[143]. Die Rspr ging bspw von einem sog
therapeutischen Vorbehalt aus, soweit es um die Einsichtnahme in psychiatrische Behandlungsunterlagen ging[144].

Die Regelung des § 630g greift die Rspr des BVerfG aus 2006[145] auf und dient somit der 38
Umsetzung des Rechts des Patienten auf informationelle Selbstbestimmung. Während das Bun-
desverfassungsgericht die Frage der partiellen Verweigerung zwar grundsätzlich bejaht, die Grenzen für dieses jedoch offen gelassen hat[146], neigte der BGH ebenso wie das BVerwG hingegen
bereits früh zu einer stärkeren Beachtung der Patientenautonomie[147]. Die Literatur und auch die
weitere Rspr behandelten das Thema kontrovers[148].

---

135 Zipperer, in: Hirte/Vallender (Hrsg), Kommentar InsO[15], § 159 Rz 32.
136 Vallender NZI 2013, 1001, 1003.
137 So auch Rieger MedR 1992, 147, 150.
138 Vallender NZI 2013, 1001, 1003.
139 Vallender NZI 2013, 1001, 1007.
140 OLG Koblenz, Urt v 15.1.2004 – 5 U 1145/03, NJW–RR 2004, 410; OLG Düsseldorf, Urt v 30.1.2003 – 8 U 62/02, NJW–RR 2003, 1604; Geiß/Greiner, Arzthaftpflichtrecht[8], A Rz 7; Wenzel, in: Wenzel, HdB Fachanwalt Medizinrecht[4], Kapitel 4 Rz 328.
141 Eingehend hierzu Kippen der bayrischen Fassung der BO-Ä aufgrund festgestellter Unverträglichkeit mit § 630g VG München, Urt v 27.9.2016 – M 16 K 15.5630, MedR 2017, 581 = LSK 2016, 54219.
142 Rehborn/Kern, in: Laufs/Kern/Rehborn, HdB ArztR[5], § 62 Rz 5; Laux, in: Jorzig, HdB-ArztHaftR[2], Teil II Kapitel 1, Rz 25; Tadayon, in: Jorzig, HdB-ArztHaftR[2], Teil II Kapitel 1, Rz 44; Houben, in: Jorzig, HdB-ArztHaftR[2], Teil I Kapitel 4, Rz 81.
143 BT-Drucks 17/10488, 27; Grüneberg[81]/Weidenkaff, § 630g Rz 3.
144 Vgl BGH, Urt v 23.11.1982 – VI ZR 177/81, BGHZ 85, 339; ausdrücklich offen gelassen in BVerfG, Beschl v 9.1.2006 – 2 BvR 443/02, BVerfGK 7, 168, 176 f = NJW 2006, 1116, 1117 ff; Wenzel, in: Wenzel, HdB Fachanwalt Medizinrecht[4], Kapitel 4 Rz 329.
145 BVerfG, Beschl v 9.1.2006 – 2 BvR 443/02, BVerfGK 7, 168, 176 f = NJW 2006, 1116, 1117 ff.
146 BVerfG, Beschl v 17.11.1992 – 1 BvR 162/89, MedR 1993, 232; BVerfG, Beschl v 16.9.1998 – 1 BvR 1130/98, NJW 1999, 1777.
147 BGH, Urt v 2.10.1984 – VI ZR 311/82, NJW 1985, 674; BVerwG, Urt v 27.4.1989 – 3 C 4/86, BVerwGE 82, 45.
148 LG Frankfurt/M, Urt v 8.1.2007 – 2/24 S 127/06, NJW-RR 2007, 999; zum Einsichtsrecht einer Mutter in den psychiatrischen Befundbericht ihrer minderjährigen Tochter vgl AG Saarbrücken, Urt v 4.5.2004 – 42 C 283/03, NJW-RR 2004, 1302; vgl zu den verschiedenen Auffassungen Martis/Winkhart, Arzthaftungsrecht[6], E Rz 5–15b mwN; Katzenmeier, in: Laufs/Katzenmeier/Lipp, Arztrecht[8], IX, Rz 58–60; Rehborn/Kern, in: Laufs/Kern/Rehborn, HdB ArztR[5], § 62 Rz 5; ablehnend Spickhoff NJW 2007, 1628, 1635.

39 Bezogen auf den Zugang zu Krankenunterlagen hat das BVerfG festgestellt, dass das Recht auf informationelle Selbstbestimmung und die personale Würde des Patienten gem GG Art 1 Abs 1 iVm Art 2 Abs 1 es gebieten, jedem Patienten gegenüber seinem Krankenhaus und Arzt einen Anspruch auf Einsicht der in die ihn betreffenden Krankenunterlagen einzuräumen[149] und nicht bei Psychiatriepatienten „praktisch leer läuft"[150]. Dieses Informationsrecht hat seine Grundlage im grundrechtlich geschützten Selbstbestimmungsrecht des Patienten und muss, da es nicht einschränkungslos gewährleistet ist[151], nur zurücktreten, sofern ihm entsprechend wichtige Belange entgegenstehen.

40 Diese Erwägung hat den Gesetzgeber dazu bewogen, eine Einschränkung des Einsichtsrechts nur noch in besonders gelagerten Einzelfällen zuzulassen. Auch nach dem Wortlaut des § 630g Abs 1 Satz 1 können dem Anspruch therapeutische Gründe entgegengehalten werden. Mit dieser Einschränkung wird die bisher geltende und von der Rspr geprägte Rechtslage fortgeführt. Das Einsichtsrecht ist stets einzuschränken, falls sich für den Patienten infolge der unmittelbaren Einsichtnahme eine Gefahrenlage ergeben sollte, so etwa, wenn dieser durch die Einsichtnahme suizidal gefährdet oder der weitere Heilungserfolg gefährdet würde. Insbesondere der Zweifel am Erfolg des Heilungsverlaufs bei erfolgter Einsichtnahme (therapeutischer Vorbehalt), welcher als entgegenstehender Grund anerkannt war, wurde seitens des BVerfG nicht als Einschränkung des Einsichtsrechts verworfen.

41 Ein begründetes Interesse des Arztes darf daher das Einsichtsrecht begrenzen. Eine pauschale Verweigerung zur Einsicht steht dem Behandler nicht zu[152]. Die Beschränkungen des Einsichtsrechts sind am besten durch eine Abwägung der Interessen des Arztes oder der Klinik zu bestimmen. Handelt es sich um höchst subjektive oder ausgesprochen vorläufige Bemerkungen, so wird man dem Arzt ein Verweigerungsrecht geben müssen, erste Verdachtsdiagnosen, Bemerkungen zu querulatorischem Verhalten des Patienten usw sollen nicht der Einsicht unterliegen[153]. Andernfalls zwingt man ihn zur Zurückhaltung gegenüber schriftlichen Niederlegungen sogar in der allerersten Phase[154].

42 Die Grenze des patientenseitigen Einsichtsrechtes ist jedenfalls dann erreicht, wenn die uneingeschränkte Einsichtnahme in die Dokumentation mit der potentiellen Gefahr einer erheblichen gesundheitlichen (Selbst-)Schädigung des Patienten verbunden sein würde[155]. Die persönliche Abwägung des Behandlers im Vorfeld der Einsichtnahme ist gefordert.

43 Grundsätzlich besitzt der Patient ein schutzwürdiges Interesse daran zu wissen, wie mit seiner Gesundheit umgegangen wurde, welche Daten sich bei seiner Behandlung ergeben haben und wie die weitere ärztliche Entwicklung eingeschätzt wird.

44 Exemplarisch wird nach der Gesetzesbegründung[156] der Fall eines minderjährigen Patienten genannt, der eine Behandlung unter Einbeziehung seiner sorgeberechtigten Eltern durchführt. Sind sensible Informationen über die Eltern des Patienten und über deren Persönlichkeit in die Dokumentation des Behandlungsgeschehens eingeflossen oder ist im Einzelfall eine erhebliche Gesundheitsgefährdung des Patienten im Falle der Kenntnis dieser Informationen zu befürchten, ist es sachgerecht, dem Patienten die Einsichtnahme partiell zu verweigern[157]. Grund hierfür ist, dass (nicht nur psychiatrische) Patienten hierdurch in einen seelischen Ausnahmezustand geraten können, der iRd ärztlichen Abwägung rechtfertigt, keine Einsicht in die vollständige Patientenakte zu gewähren.

45 Für den Bereich der Psychiatrie gilt kein pauschales Einsichtnahmeverweigerungsrecht, sondern ist vielmehr ein individueller Prüfungsrhythmus[158] anwendbar. Gegenüber Psychiatern hatte der BGH zunächst das Einsichtsrecht auf Null reduziert[159]. Selbst der inzwischen beschwerdefreie Patient hatte in der Regel keine grundsätzliche Berechtigung zur Einsicht in die Kranken-

---

149 BVerfG, Beschl v 16.9.1998 – 1 BvR 1130/98, NJW 1999, 1777.
150 Wenzel, in: Wenzel, HdB Fachanwalt Medizinrecht⁴, Kapitel 4 Rz 330.
151 BVerfG, Beschl v 16.9.1998 – 1 BvR 1130/98, NJW 1999, 1777; BVerfG, Beschl v 9.1.2006 – 2 BvR 443/02, BVerfGK 7, 168, 176 f = NJW 2006, 1116, 1117 ff.
152 Rehborn/Kern, in: Laufs/Kern/Rehborn, HdB ArztR⁵, § 62 Rz 5; Laux, in: Jorzig, HdB-ArztHaftR², Teil II Kapitel 1 Rz 25.
153 Deutsch/Spickhoff, MedR-HdB⁷, Rz 917.
154 Deutsch/Spickhoff, MedR-HdB⁷, Rz 917.
155 Rehborn/Kern, in: Laufs/Kern/Rehborn, HdB ArztR⁵, § 62 Rz 5; Laux, in: Jorzig, HdB-ArztHaftR², Teil II Kapitel 1, Rz 25; Tadayon, in: Jorzig, HdB-ArztHaftR², Teil II Kapitel 1 Rz 44; Houben, in: Jorzig, HdB-ArztHaftR², Teil I Kapitel 4, Rz 81.
156 BT-Drucks 17/10488, 27; Katzenmeier, in: Laufs/Katzenmeier/Lipp, Arztrecht, IX Rz 59.
157 Grüneberg⁸¹/Weidenkaff, § 630g Rz 3.
158 Zum Einsichtsrecht bei psychotherap Bhdlg gemäß § 810 LG Frankfurt/M, Urt v 8.1.2007 – 2/24 S 127/06, NJW-RR 2007, 999; LG Bremen, Teilurt v 25.7.2008 – 3 O 2011/07, MedR 2009, 480; Deutsch/Spickhoff, MedR-HdB⁷, Rz 917, Fn 53.
159 BGH, Urt v 23.11.1982 – VI ZR 177/81, BGHZ 85, 339.

unterlagen¹⁶⁰. Die Sorge, dass die Interessen des Psychiaters durch ein Einsichtsrecht des Patienten verletzt würden, ist nicht allgemein zutreffend¹⁶¹. Der BGH hat unter dem Aspekt des Missbrauchsgedankens seine frühere Rspr diesbezüglich eingeschränkt¹⁶². Der psychiatrische Patient hat einen Anspruch auf Einsicht in die vollständigen Krankenunterlagen, wenn keine schutzwürdigen Interessen des Patienten selbst, des Arztes oder Dritter entgegenstehen¹⁶³. Das gilt in gesteigertem Maße für Informationen über die psychische Verfassung, da hier die vom BGH¹⁶⁴ in Kauf genommene Missbrauchsgefahr viel schwerer wiegt. Schließlich wird in geschlossenen psychiatrischen Anstalten über das hohe Gut der Freiheit des Untergebrachten entschieden¹⁶⁵. Dabei reicht der Umfang des Einsichtsrechts wohl weiter als bislang¹⁶⁶. Allerdings kann der Behandler auch eigene Interessen an der Erhaltung der therapeutischen Handlungsfähigkeit oder des Eigenschutzes berücksichtigen. Bei noch nicht abgeschlossener Behandlung kann eine Verweigerung eher begründet werden als bei Befund-, Prognose- und Planungsdaten vor einer Behandlung und in Fällen einer ggf seit Jahren abgeschlossenen oder auch abgebrochenen Behandlung. Wegen des objektiven Charakters von Arztbriefen, Befunden und Epikrisen können diese auch im Bereich der Psychiatrie nicht vom Einsichtsrecht ausgeschlossen werden, denn der Begriff der Krankenunterlage ist weit gespannt¹⁶⁷.

Bestehen die medizinischen Verweigerungsgründe bei Anwesenheit des behandelnden oder **46** eines anderen Arztes bei der Akteneinsicht nicht, so muss von der Möglichkeit der Anwesenheit Gebrauch gemacht werden. Ein weiteres Einzelproblem auf dem Gebiet der Psychotherapie stellen Berichte von Kliniken dar, auf denen ein Stempel mit einer Bezeichnung „nicht für den Patienten bestimmt" oder ähnlich Lautendes aufgebracht ist. Erhält ein Psychotherapeut einen derartigen Arztbrief, ist dieser in die Patientenakte aufzunehmen. Sollte der Patient nun sein Einsichtsrecht geltend machen, hat der Psychotherapeut zu entscheiden, ob das Einsichtnahmerecht aus erheblichen therapeutischen Gründen hinsichtlich der entsprechend gestempelten Arztbriefe zu verweigern ist. Der Stempel könnte die Bedeutung haben, dass der Einsichtnahme erhebliche therapeutische Gründe entgegenstehen. Tatsächlich werden diese Stempel jedoch auf dem Gebiet der Psychotherapie oftmals standardmäßig aufgebracht, eine individuelle Prüfung erfolgt im Vorfeld nicht, so dass der Stempelung weder eine rechtliche noch tatsächliche Bedeutung iS eines Ausschlusskriteriums bezüglich der Einsichtnahme zukommt¹⁶⁸.

Zumindest ist die Grenze des Einsichtsrechts immer dann erreicht, wenn und soweit in die **47** Aufzeichnungen Informationen über die Persönlichkeit dritter Personen eingeflossen sind, die ihrerseits schutzwürdig sind. Hierzu zählen beispielsweise „Drittgeheimnisse", die durch Gespräche mit Angehörigen Eingang in die Patientenakte finden könnten, ebenso wie für den Patienten unbekannte Vorerkrankungen/-untersuchungen sehr naher Angehöriger wie bspw eine HIV–Infektion¹⁶⁹. Hier kann dem Informationsanspruch des Patienten insoweit Rechnung getragen werden, als dass eine teilweise Einsichtnahme durch spaltenweise Schwärzung der schutzwürdigen Belange möglich ist¹⁷⁰.

Zu beachten ist das Recht des Patienten auf Nichtwissen¹⁷¹, das nicht nur für den gendiagnos- **48** tischen Bereich gemäß GenDG § 9 Abs 2 Nr 5 zu beachten ist¹⁷², sondern auch bei anderen

---

160 BVerfG, Beschl v 17.11.1992 – 1 BvR 162/89, MedR 1993, 232; BayVerfGH, Entsch v 17.6.1994 – Vf 92-VI-93, NJW 1995, 1608; BGH, Urt v 23.11.1982 – VI ZR 177/81, BGHZ 85, 339; OLG Köln, Urt v 25.11.1982 – 7 U 104/82, NJW 1983, 2641.
161 Deutsch/Spickhoff, MedR-HdB⁷, Rz 921.
162 Zum Einsichtsrecht nach psychiatrischer Behandlung BGH, Urt v 2.10.1984 – VI ZR 311/82, NJW 1985, 674, 675 = JZ 1985. 286 m Anm Giesen JZ 1985, 288, 289.
163 Vgl BGH, Urt v 6.12.1988 – VI ZR 76/88, BGHZ 106, 146, 152; AG Charlottenburg, Urt v 6.10.2016 – 233 C 578/15, GesR 2016, 796, 797; Deutsch/Spickhoff, MedR-HdB⁷, Rz 921.
164 BGH, Urt v 23.11.1982 – VI ZR 177/81, BGHZ 85, 327, 338, 339; vgl Hess ZEV 2006, 479, 480.
165 BVerfG, Beschl v 9.1.2006 – 2 BvR 443/02, BVerfGK 7, 168, 176 f = NJW 2006, 1116, 1117 ff; Hess ZEV 2006, 479, 480.
166 Katzenmeier, in: Laufs/Katzenmeier/Lipp, Arztrecht⁸, IX Rz 56 ff; alternativ kann die Gewährung der Akteneinsicht unter Überwachung eines Fachkollegen erfolgen, vgl BVerfG, Beschl v 17.11.1992 – 1 BvR 162/89, MedR 1993, 232; BGH, Urt v 6.12.1988 – VI ZR 76/88, BGHZ 106, 146, 152; BGH, Urt v 2.10.1984 – VI ZR 311/82, NJW 1985, 674.

167 Kern, Dokumentation und Schweigepflicht, in: Gramberg-Danielsen (Hrsg), Rechtsophthalmologie, S 52, 56.
168 Bundespsychotherapeutenkammer (BPtK), Informationen zum Patientenrechtegesetz, S 22, https://www.psychotherapeutenkammer-berlin.de/system/files/information_patientenrechtegesetz_inkl.gesetz.pdf, zuletzt abgerufen am 15.12.2021.
169 Strittig ist das Urteil des OLG Frankfurt, Urt v 5.10.1999 – 8 U 67/99, MedR 2000, 196; Engländer MedR 2001, 143, 144 zur „Offenbarungspflicht" des Arztes bei HIV–Infektion eines Patienten; anstelle einer Offenbarungspflicht, die abzulehnen sei, wäre eher für ein ärztliches „Mitteilungsrecht" zu votieren.
170 Rehborn/Kern, in: Laufs/Kern/Rehborn, HdB ArztR⁵, § 62 Rz 8.
171 BGH, Urt v 20.5.2014 – VI ZR 381/13, NJW 2014, 2190.
172 So bspw das Recht auf Nichtwissen der eigenen genetischen Konstitution, Kern/Kern, GenDG, GenDG § 9 Abs 2 Nr 5, Rz 16; Kern, Unerlaubte Diagnostik – Das Recht auf Nichtwissen, in: Dierks/Wienke/Eberbach/Schmidtke/Lippert (Hrsg), Genetische Untersuchungen und Persönlichkeitsrecht = Schriftenreihe Medizinrecht, 55, 56.

Krankheiten zu berücksichtigen sein wird, insbesondere bei der Untersuchung von Kindern der Patienten, die mit einer Erbkrankheit belastet sein könnten[173].

49 § 823 Abs 1 bezweckt nicht den Schutz eines sorgeberechtigten Elternteils vor den psychischen Belastungen, die damit verbunden sind, dass der Elternteil von einer genetisch bedingten Erberkrankung des anderen Elternteils und dem damit einhergehenden Risiko Kenntnis erlangt, dass auch die gemeinsamen Kinder von der Krankheit betroffen sein könnten[174]. Grds besteht ein „negatorisches Recht" in Bezug auf personenbezogene Daten. Das Recht auf Nichtwissen als Recht, keine Informationen aufgedrängt zu erhalten und damit einhergehend die Ablehnung einer Pflicht zum Wissen sind die zwangsläufige Konsequenz der Patientenselbstbestimmung. Der BGH stellte fest, dass das allgemeine Persönlichkeitsrecht ein „Recht auf Nichtwissen der eigenen genetischen Veranlagung", das den Einzelnen davor schützt, Kenntnis über ihn betreffende genetische Informationen mit Aussagekraft für seine persönliche Zukunft zu erlangen, ohne dies zu wollen, umfasst[175]. Die Kenntnis von Erbanlagen, insbesondere genetisch bedingten Krankheitsanlagen, kann maßgeblichen Einfluss auf die Lebensplanung und Lebensführung einer Person haben und berührt deshalb unmittelbar das in GG Art 2 Abs 1 gewährleistete Selbstbestimmungsrecht. Das Recht auf Nichtwissen gilt nicht nur im genetischen Bereich, für den es entwickelt wurde, sondern generell für jeden medizinischen Bereich. Es basiert auf der Überlegung, dass das Wissen über gesundheitliche Verhältnisse das eigene Verhalten, Denken und Fühlen massiv beeinflussen kann und der Mensch die Wahlfreiheit haben muss, von einer solchen Beeinflussung frei leben zu können. Relevant ist dies insbesondere bei der Feststellung von Dispositionen zu nicht heilbaren Krankheiten. Es muss sich allerdings um ein eigenes „Recht auf Nichtwissen der eigenen genetischen Veranlagung" handeln. In dem fraglichen Fall hatte der Behandler über die bei einem Elternteil bestehende Erkrankung über Chorea Huntington zu informieren, deren genetische Anlage die gemeinsamen Kinder möglicherweise geerbt haben konnten. Aus einer etwaigen Verletzung des allgemeinen Persönlichkeitsrechts von Kindern, kann jedoch kein eigener Schadensersatzanspruch des gesunden Elternteiles abgeleitet werden[176].

50 Die Ablehnung der Gewährung vollständiger oder partieller Einsichtnahme ist zu begründen, § 630g Abs 1 Satz 2[177]. Nur so kann die Akzeptanz einer die Einsichtnahme ganz oder teilweise ablehnenden Entscheidung gewährleistet werden. Auch wird der Patient erst dadurch in die Lage versetzt, den Grund der Ablehnung zumindest in seinen wesentlichen Zügen nachvollziehen zu können. Außerdem kann der Patient, sollte kein ausreichender Ablehnungsgrund genannt werden, sein Recht auf Akteneinsicht notfalls gerichtlich einklagen[178]. Das beschwört die Gefahr herauf, dass in der Ablehnungsbegründung gerade die Umstände doch wieder offengelegt werden, um derentwillen das Einsichtsrecht nicht besteht oder zumindest beschränkt ist.

51 Zur Lösung des damit drohenden Widerspruchs könnte man auf eine Linie zurückgreifen, die das OLG Naumburg[179] in anderem Zusammenhang entwickelt hat[180]. In dem dort zugrundeliegenden Fall ging es darum, ob die ärztliche Schweigepflicht bestand oder nicht. Danach liegt es prinzipiell in der Verantwortung der Behandlungsseite, nach einer gewissenhaften Prüfung über die Reichweite einer Ausübung des Zeugnisverweigerungsrechts zu befinden. Das kann man auf den Umfang des Einsichtsrechts übertragen. Ggf können also die Gründe, auf welche die Verweigerung der Gewährung von Einsicht gestützt werden, in einer sehr allgemeinen Form nachvollziehbar dargelegt werden[181]. So soll es nach der Rspr bei einer Verweigerung der Einsichtnahme genügen, dass der Arzt entgegenstehende therapeutische Gründe nach Art und Rich-

---

173 „Chorea Huntington–Urteil" BGH, Urt v 20.5.2014 – VI ZR 381/13, NJW 2014, 2190 = FamRZ 2014, 1288; Damm, Information und Wissen im Recht der modernen Medizin – Aufstieg und Krise des informed consent, in Katzenmeier (Hrsg), Festschr für Dieter Hart, 81, 93; Kern, Unerlaubte Diagnostik – Das Recht auf Nichtwissen, in: Dierks/Wienke/Eberbach/Schmidtke/Lippert (Hrsg), Genetische Untersuchungen und Persönlichkeitsrecht, 55, 56.

174 „Chorea Huntington–Urteil" BGH, Urt v 20.5.2014 – VI ZR 381/13, NJW 2014, 2190 = FamRZ 2014, 1288; Damm, Information und Wissen im Recht der modernen Medizin – Aufstieg und Krise des informed consent, in Katzenmeier (Hrsg), Festschr für Dieter Hart, 81, 93.

175 „Chorea Huntington–Urteil" BGH, Urt v 20.5.2014 – VI ZR 381/13, NJW 2014, 2190 = FamRZ 2014, 1288; Damm, Information und Wissen im Recht der modernen Medizin – Aufstieg und Krise des informed consent, in Katzenmeier (Hrsg), Festschr für Dieter Hart, 81, 93.

176 „Chorea Huntington–Urteil" BGH, Urt v 20.5.2014 – VI ZR 381/13, NJW 2014, 2190 = FamRZ 2014, 1288.

177 Rehborn/Kern, in: Laufs/Kern/Rehborn, HdB ArztR[5], § 62 Rz 5; Laux, in: Jorzig, HdB-ArztHaftR[2], Teil II Kapitel 1, Rz 25; Houben, in: Jorzig, HdB-ArztHaftR[2], Teil I Kapitel 4, Rz 81.

178 BT-Drucks 17/11710, 40, Prozessuales, XII. Gerichtliche Durchsetzung des Einsichtsrechtes.

179 OLG Naumburg, Beschl v 9.12.2004 – 4 W 43/04, NJW 2005, 2017; dazu Spickhoff NJW 2005, 1982.

180 Deutsch/Spickhoff, MedR-HdB[7], Rz 923.

181 Deutsch/Spickhoff, MedR-HdB[7], Rz 923.

tung kennzeichnet, ohne dabei ins Detail gehen zu müssen[182]. Das Gericht prüft dann nur noch die Frage der Überschreitung eines Beurteilungsspielraums. Insofern muss in der Begründung der Verweigerung nicht bis ins letzte Detail gegangen werden. Nicht genügen kann es, wenn die Behandlungsseite sich nur allgemein auf den Gesetzestext beruft[183].

Anders verhält es sich hingegen bei einer gewünschten Einsichtnahme in Unterlagen und Niederschriften, die nach Infektionsschutzgesetz (IfSG) § 23 erstellt worden sind. Bislang wird, soweit ersichtlich, nur vereinzelt in der Lehre vertreten, dass dem Patienten ein umfassendes Einsichtsrecht auch in die außerhalb der Patientenakte geführte Dokumentation der Hygienemaßnahmen nach dem IfSG zuerkannt werden müsse[184]. Die Rspr hat ein Einsichtsrecht lange Zeit abgelehnt[185]. Aus IfSG § 23 Abs 4 Satz 4 ergibt sich lediglich ein Einsichtsrecht des zuständigen Gesundheitsamtes. Wird dem Verlangen auf Einsicht zuwidergehandelt, so stellt dies eine Ordnungswidrigkeit iSd IfSG § 73 Abs 1a Nr 10 dar[186], die mit einem Bußgeld bis € 25.000,- geahndet werden kann. Aufgrund dessen, dass die Einsichtnahme durch ein Gesundheitsamt bedacht wurde, nicht aber der betroffene Patient, kann insoweit nicht von einer Analogie des IfSG § 23 zugunsten des Patienten auszugehen sein. 52

Aus dem IfSG selbst ist kein Anspruch auf Einsichtnahme ersichtlich. Ein solcher ist auch nicht aus §§ 810, 611, 242 zu entnehmen, weil es sich bei den Niederschriften nach IfSG nicht um Krankenunterlagen handle und auch nicht um solche, die im Interesse des Patienten errichtet worden seien[187]. Sie begründen kein Rechtsverhältnis zum Patienten und sind nicht dazu geeignet, einen evtl Anspruch zu stützen. Aus der amtlichen Begründung zu IfSG § 23 ist an keiner Stelle zu entnehmen, dass es dem Gesetzgeber um den Schutz des einzelnen Patienten ging. Hintergrund des Gesetzes, mit dem ua das BSeuchG abgelöst wurde, das auch nur im Hinblick auf die Anzeigepflicht als Schutzgesetz iSd § 823 Abs 2 angesehen wurde, ist vielmehr, dass die aufgeführten Infektionen enorme soziale und wirtschaftliche Kosten verursachen, die zum Schutz der Volksgesundheit und -wirtschaft entsprechende Kontrollmaßnahmen erforderlich machen, um die Krankenhaushygiene zu verbessern[188]. Es geht um übergeordnete Interessen, die zwar auch dem einzelnen Patienten zugutekommen, aber nicht zu seinem persönlichen Schutz geschaffen wurden. Dies lässt sich insbesondere aus IfSG § 1 entnehmen, der die Zweckrichtung des Gesetzes vorgibt, nämlich die allgemeine Verhinderung und Weiterverbreitung von übertragbaren Krankheiten und Infektionen beim Menschen, sowie die dazu erforderliche Zusammenarbeit von Behörden, Krankenhäusern und Ärzten[189]. Vor diesem Hintergrund besteht für eine analoge Anwendung des IfSG § 23 Abs 1 zugunsten des Patienten kein Anlass, weil eine planwidrige Regelungslücke nicht feststellbar ist[190]. Allerdings wird die erweiterte sekundäre Darlegungslast bei der Behauptung eines Hygieneverstoßes regelmäßig in Betracht kommen.[191] Für das Auslösen der sekundären Darlegungslast ist nicht Voraussetzung, dass der Patient konkrete Anhaltspunkte für einen Hygieneverstoß vorträgt[192]. Stellt sich bspw iRd Beweisaufnahme heraus, dass der von der Behandlungsseite benannte Arzt die streitgegenständliche Infusion, bei der es nach der Behauptung des klagenden Patienten zu Hygieneverstößen gekommen sein soll, gar nicht gelegt hat, muss das Gericht den Sachverhalt zunächst weiter aufklären[193]. Die Existenz möglicher Infektionsquellen entzieht sich mangels möglichem Einblick in die Behandlungsunterlagen der Kenntnis des Patienten, während die Behandlerseite ohne Weiteres über die entsprechenden Informationen verfügt. Grds befürwortet die Rspr nunmehr – soweit ersichtlich bis auf eine Ausnahme[194] – das Einsichtsrecht, da der Krankenhausträger nicht nur über die einschlägigen Behandlungsunterlagen, sondern idR auch über die notwendigen Informationen zu den Sicherstellungsmaßnahmen der Hygiene und Infektionsprävention verfügt. 53

---

182 BGH, Urt v 2.10.1984 – VI ZR 311/82, VersR 1984, 1171 = NJW 1985, 674; BGH, Urt v 6.12.1988 – VI ZR 76/88, BGHZ 106, 146; LG Frankfurt/M, Urt v 8.1.2007 – 2/24 S 127/06, NJW-RR 2007, 999; BVerfG, Urt v 9.1.2006 – 2 BvR 443/02, BVerfGK 7, 168 = NJW 2006, 1116, 1121.
183 Deutsch/Spickhoff, MedR-HdB[7], Rz 923.
184 Jaeger, Patientenrechtegesetz, Kommentar zu §§ 630a bis 630h BGB, Rz 253 ff.
185 OLG Hamm Urt v 5.4.2011 – I–26 U 192/10, GesR 2011, 671.
186 Häberle/Lutz, in: Erbs/Kohlhaas (Hrsg), Strafrechtliche Nebengesetze, Stand: 233. EL Oktober 2020, § 23 IfSG Rz 7.
187 OLG Hamm Urt v 5.4.2011 – I–26 U 192/10, GesR 2011, 671; Martis/Winkhart, Arzthaftungsrecht[6], E Rz 15b.
188 Martis/Winkhart, Arzthaftungsrecht[6], E Rz 15b.
189 Martis/Winkhart, Arzthaftungsrecht[6], E Rz 15b.
190 Martis/Winkhart, Arzthaftungsrecht[6], E Rz 15b.
191 Martis/Winkhart, Arzthaftungsrecht[6], E Rz 15b.
192 Martis/Winkhart, Arzthaftungsrecht[6], E Rz 15b.
193 BGH, Urt v 24.11.2020 – VI ZR 415/19, NJW-RR 2021, 93 = MDR 2021, 168.
194 BGH Urt v 24.11.2020 – VI ZR 415/19, NJW-RR 2021, 93 = MDR 2021, 168; BGH, Urt v 24.11.2020 – VI ZR 415/19, NJW-RR 2021, 93 = MDR 2021, 168; Vgl BGH, Beschl v 18.2.2020 – VI ZR 280/19, NJW-RR 2020, 720; Fortführung von BGH, Beschl v 25.6.2019 – VI ZR 12/17, NJW-RR 2019, 1360; Abgrenzung zu BGH Urt v 28.8.2018 – VI ZR 509/17, NJW-RR 2019, 17; kein solches Einsichtsrecht spricht das LG Flensburg zu, Urt v 8.9.2020 – 3 O 375/14 = MedR 2021, 652, 653 m Anm Achterfeld, MedR 2021, 655 (656).

54 Inwieweit die Niederschriften und Hygieneprotokolle, die nach IfSG § 23 erstellt worden sind nach DSGVO Art 15 Abs 3 dem Patienten aufgrund datenschutzrechtlichen Anwendungsvorranges zukünftig zur Einsicht gegeben werden müssen, ist eine durch die DSGVO aufgeworfene Frage. IfSG § 23a Satz 3 verweist darauf, dass „im Übrigen" die Bestimmungen des allgemeinen Datenschutzrechts gelten[195]. Normadressaten dieses Paragrafen sind allerdings die Arbeitgeber und die Arbeitnehmer. Der Arbeitgeber hat unter bestimmten Umständen ein Fragerecht, der Arbeitnehmer hingegen die Informationspflicht über seinen Impf- beziehungsweise Serostatus. Geregelt wird allein das Recht des Arbeitgebers, Daten erheben, verarbeiten und nutzen zu können[196]. Eine Verweisung in der Form, dass die Geltung des Datenschutzrechtes auf das gesamte IfSG bezogen sein soll, ist daraus nicht abzuleiten.

55 Unterlagen über die interne Organisation stellen ebenfalls keine Behandlungsunterlagen dar, auf deren Herausgabe der Patient einen Anspruch hat. Das OLG Karlsruhe hat versucht, die Grenzen des Einsichtnahmerechts des Patienten eindeutiger zu definieren[197]: „Der Anspruch auf Herausgabe von Abschriften der Patientenakte nach dieser Vorschrift umfasst (nur) die vollständige Patientenakte, zu deren Führung der Behandelnde nach § 630f Abs 1 und 2 verpflichtet ist. Die von der Klägerin über die (nicht vorhandene) Dokumentation der bei ihrer Operation verwendeten Instrumente hinaus verlangten Unterlagen betreffen die allgemeine innere Organisation der Klinik. Sie haben und hatten weder für die Behandlung der Klägerin noch für die aus damaliger Sicht erforderlichen künftigen Behandlungen der Klägerin eine Bedeutung. Vielmehr betrafen sie den gesamten Krankenhausbetrieb, damit sämtliche im fraglichen Zeitraum behandelten Patienten." Diesbezüglich besteht kein denkbarer Anspruch auf Auskunft weder nach 630 g noch aus dem allgemeinen Auskunftsanspruch nach § 242.

56 Das OLG Köln attestiert, dass ein Auskunftsanspruch gegen den Träger eines Krankenhauses im Hinblick auf die Person und die ladungsfähige Anschrift der behandelnden Ärzte nur dann unter dem Gesichtspunkt der Zumutbarkeit eigener Informationsbeschaffung entfällt, wenn es dem Patienten auch als medizinischem Laien ohne weiteres möglich ist, die gewünschten Angaben konkret und eindeutig aus den Behandlungsunterlagen zu ermitteln, wobei diesbezüglich keine strengen Anforderungen an den Patienten zu stellen seien[198]. Dabei sei der Anspruch auf Auskunftserteilung iSd allgemeinen Auskunftsanspruches nach § 242 nicht grundsätzlich nachrangig gegenüber dem Anspruch auf Einsichtnahme in die Behandlungsunterlagen nach § 630g[199]. Ein Anspruch auf Mitteilung von Privatanschriften bestehe zwar grundsätzlich nicht[200], wohl sei aber mitzuteilen, bei welcher neuen Arbeitsstelle der nicht mehr beim Träger selbst angestellte Behandler nunmehr tätig ist, falls dies dem Träger bekannt ist[201].

57 Ebenso hat der Patient keinen Anspruch auf Mitteilung der Privatadressen von Mitarbeitern, die an seiner Behandlung beteiligt waren[202]. Dies ist für ein gerichtliches Vorgehen gegen bspw einen Krankenhausträger auch nicht nötig[203]. Gleichwohl darf der Patient die Namen der an seiner Behandlung beteiligten Personen erfahren[204]. Das OLG Frankfurt entschied, dass nur die Namen der operierenden Ärzte freigegeben werden müssen, nicht hingegen die Namen aller Ärzte im Krankenhaus[205]. Das OLG Hamm geht von einem berechtigten Interesse des Patienten aus, wenn der Patient ein begründetes Interesse an den Daten nachweist; dazu muss er darlegen, dass die Ärzte zB als Anspruchsgegner wegen eines Behandlungs- oder Aufklärungsfehlers oder als Zeugen einer Falschbehandlung in Betracht kommen[206].

58 Eine Entscheidung des Arztes über die Verweigerung der Akteneinsichtnahme des Patienten ist gerichtlich überprüfbar. Werden Unterlagen, die der Einsichtnahme entzogen waren, im Prozess vorgelegt, dürfen diese inhaltlich zumindest in der freien Beweiswürdigung gemäß ZPO § 286 bei der Urteilsfindung mitberücksichtigt werden[207].

59 Weder die drohende Vernichtung von Behandlungsdokumentationen bei nahendem Ablauf der Aufbewahrungsfrist, noch die zunehmend fehlende Erinnerungsfähigkeit von Zeugen, stel-

---

195 Infektionsschutzgesetz (IfSG) v 20.7.2000 (BGBl I S 1045), das zuletzt durch Artikel 1 des Gesetzes v 22.4.2021 (BGBl I S 802) geändert worden ist.
196 von Schwarzkopf/Schoeller Deutsches Ärzteblatt 2016, 113 (42): A-1855/B-1563/C-1551.
197 OLG Karlsruhe, Urt v 16.8.2017 – 7 U 202/16, MDR 2017, 1300.
198 OLG Köln, Beschl v 15.8.2018 – 5 W 18/18, MedR 2019, 147 m Anm Katzenmeier.
199 OLG Köln, Beschl v 15.8.2018 – 5 W 18/18, MedR 2019, 147 m Anm Katzenmeier.
200 BGH, Urt v 20.1.2015 – VI ZR 137/14, NJW 2015, 1525.
201 BGH, Urt v 20.1.2015 – VI ZR 137/14, NJW 2015, 1525.
202 Tadayon, in: Jorzig, HdB-ArztHaftR², Teil II Kapitel 1 Rz 49.
203 Tadayon, in: Jorzig, HdB-ArztHaftR², Teil II Kapitel 1 Rz 49.
204 Rehborn/Kern, in: Laufs/Kern/Rehborn, HdB ArztR⁵, § 62 Rz 7.
205 OLG Frankfurt, Urt v 23.9.2004 – 8 U 67/04, VersR 2006, 81.
206 OLG Hamm, Urt v 14.7.2017 – 26 U 117/16, -juris.
207 OLG Düsseldorf, Urt v 21.7.2005 – 8 U 33/05, MedR 2006, 537 = VersR 2006, 841.

len dabei einen drohenden Verlust von Beweismitteln dar, da die Behandlungsunterlagen nach § 630g durch den Patienten jederzeit eingesehen werden können und die abnehmende Erinnerungsfähigkeit von Zeugen bei längeren Zeiträumen, in der Natur einer jeden Zeugenbefragung liegt[208].

VI. Die Art und Weise der Einsichtnahme in die ärztliche Dokumentation

1. **Ort der Einsichtnahme**. Der Patient kann von seinem Behandler verlangen, dass er in seine Krankenunterlagen persönlich Einsicht nehmen kann, soweit dies aufgrund der örtlichen Nähe möglich und/oder im Einzelfall sinnvoll ist. Hinsichtlich des Einsichtsrechts durch Vorlegung der Patientenakte verweist die Regelung in § 630g Abs 1 Satz 2 ausdrücklich auf § 811 (Vorlegungsort, Gefahr und Kosten). Da sich die Patientenakte zumeist in den Praxisräumen des Behandlers bzw im Krankenhaus befindet, erfolgt die Einsichtnahme idR dort[209] und zu den normalen Sprechzeiten der Praxis[210]. Grds besteht das Recht, die Behandlungsunterlagen im Original einzusehen, nur in den Praxisräumen des behandelnden Arztes. Dabei ist auf Belange des Praxisbetriebes Rücksicht zu nehmen. So ist die Einsichtnahme auf die normalen Praxisöffnungszeiten beschränkt (nicht zur Unzeit)[211]. 60

Die Pflicht zur Gewährung von Einsicht in die Krankenunterlagen am Ort der Aufbewahrung besteht auch während der laufenden Behandlung und ohne, dass ein Vertrag mit dem Behandler besteht[212], wie es bei GKV-Patienten in Krankenhäusern oftmals der Fall ist. 61

Bei dem Einsichtnahmerecht handelt es sich um eine Holschuld des Patienten[213]. Wahlweise kann der Patient ebenfalls als Holschuld[214] Fotokopien oder die Übertragung auf digitale Datenträger[215] verlangen[216]. Hingegen hat der Patient keinen Anspruch auf die Zusendung der Kopien an sich[217]. 62

2. **Kein Anspruch auf Originale**. Da die Krankenunterlagen Eigentum des Arztes oder des Krankenhausträgers sind, besteht kein Anspruch auf deren Herausgabe[218]. Der Behandelnde ist nicht verpflichtet, die in seinem Eigentum stehenden Originalunterlagen herauszugeben[219]. Dieser Anspruch ist aus dem Einsichtnahmerecht des Patienten grundsätzlich nicht herzuleiten[220]. Allerdings müssen die Originalbehandlungsakten[221] nach einer Digitalisierung, auch wenn damit ein erheblicher Aufwand verbunden ist, vorgelegt werden[222]. Röntgenbilder ebenso wie histologische oder zytologische Präparate[223] sind leihweise[224] zur Verfügung zu stellen[225]. Eine zeitweilige Überlassung der Präparate hat zu erfolgen, da die Herausgabe der Präparate zur Prüfung von Schadensersatzansprüchen unabdingbar und dem Arzt zumutbar ist, und von einer ordnungsgemäßen Rückgabe ausgegangen werden kann. 63

Nach Ansicht des OLG München steht dem Patienten – jedenfalls bei einer Vielzahl von Röntgenaufnahmen – das Recht zu, dass einem von ihm bevollmächtigten Rechtsanwalt die 64

---

208 Zur verblassenden Erinnerung als drohendem Beweismittelverlust iSd ZPO § 485 Abs 1 ZPO, OLG Köln, Beschl v 25.07.2019 _ 20 U 75/18, BeckRS 2019, 18779 m Anm Windau Rechtsprechungsübersicht RÜ2 Heft 7/2020, 151; OLG Köln, Beschl v 3.9.2019 – 20 U 75/18, openJur 2020, 3377 = LSK 2019, 18779.
209 Rehborn/Kern, in: Laufs/Kern/Rehborn, HdB ArztR[5], § 62 Rz 6; Katzenmeier, in: Laufs/Katzenmeier/Lipp, Arztrecht[8], IX Rz 56 ff; Laux, in: Jorzig, HdB-ArztHaftR[2], Teil II Kapitel 1, Rz 26;.
210 Rehborn/Kern, in: Laufs/Kern/Rehborn, HdB ArztR[5], § 62 Rz 6.
211 MBO[7]/Ratzel, § 10 Rz 19; Rehborn/Kern, in: Laufs/Kern/Rehborn, HdB ArztR[5], § 62 Rz 6.
212 Geiß/Greiner, Arzthaftpflichtrecht[8], A Rz 7.
213 AG Waiblingen, Urt v 9.2.2011 – B 6 KA 49/09 R, GesR 2011, 484.
214 Zum Erfüllungsort für Einsichtnahmerechte in die Behandlungsunterlagen, LG Dortmund, Urt v 7.4.2000 – 17 T 31/00, NJW 2001, 2806; zu den Umständen der Einsichtsgewährung LG Hannover, Urt v 11.12.2015 – 19 O 81/15, MedR 2016, 731.
215 AG Charlottenburg, Urt v 6.10.2016 – 233 C 578/15, GesR 2016, 796, 797.
216 Spickhoff/Scholz, MedR-Komm[3], Nr 350 (MBO) § 10 Rz 5.
217 OLG Frankfurt, Beschl v 9.5.2011 – 8 W 20/11, GesR 2011, 672 = ArztR 2012, 78f;, BeckOK-BGB/Katzenmeier, Stand: 1.11.2021, § 630g Rz 14; Katzenmeier, in: Laufs/Katzenmeier/Lipp, Arztrecht[8], IX Rz 67.
218 Rehborn/Kern, in: Laufs/Kern/Rehborn, HdB ArztR[5], § 62 Rz 6; Laux, in Jorzig, HdB-ArztHaftR[2], Teil II Kapitel 1, Rz 23; OLG Frankfurt, Beschl v 9.5.2011 – 8 W 20/11, GesR 2011, 672 = ArztR 2012, 78f.
219 Rehborn/Kern, in: Laufs/Kern/Rehborn, HdB ArztR[5], § 62 Rz 6.
220 BGH, Urt v 23.11.1982 – VI ZR 222/79, VersR 1983, 264 = MedR 1983, 62.
221 OLG Frankfurt, Beschl v 9.5.2011 – 8 W 20/11, GesR 2011, 672.
222 Zum Einsichtsrecht des Patienten bei digitaler Verfilmung LG Kiel Urt v 4.4.2008 – 8 O 50/07, GesR 2008, 540, 541 = NJOZ 2009, 83; Spickhoff/Scholz, MedR-Komm[3], Nr 350 (MBO) § 10 Rz 5.
223 Zur Herausgabe der histologischen/zytologischen Präparate zwecks Nachbefundung durch einen Sachverständigen OLG München, Urt v 6.12.2012 – 1 U 4005/12, BeckRS 2013, 01052.
224 LG Essen, Urt v 15.4.2010 – 10 S 501/09, MedR 2010, 553.
225 Zu einem Fall mit 82 Röntgenaufnahmen OLG München, Urt v 19.4.2001 – 1 U 6107/00, NJW 2001, 2806; noch weiter geht das LG Kiel, Urt v 30.3.2007 – 8 O 59/06, MedR 2007, 733, 734 das für die Herausgabe außer dem Interesse des Patienten im Arzthaftpflichtprozess keine besonderen Umstände fordert.

Unterlagen zwecks Einsichtnahme in der Kanzlei übersandt werden[226]. Es könnten Gründe des Rechtsgedankens des StrlSchG § 85 (damals RöV § 28)[227] in die Urteilsfindung eingeflossen sein, denn nach StrlSchG § 85 Abs 3 Nr 3 hat der Verantwortliche die Röntgenbilder vorübergehend zur Einsichtnahme an den nachbehandelnden Arzt zu überlassen[228].

65 Die Vorlegung der Originalunterlagen an einem anderen Ort kann bei Vorliegen eines „wichtigen Grundes", etwa bei einer nicht unerheblichen Erkrankung des Patienten oder bei einem Umzug des Behandelnden, verlangt werden, § 811 Abs 1 Satz 2[229]. Die Kosten hat nach § 630g Abs 1 Satz 3 iVm § 811 Abs 2 der Einsichtsberechtigte zu tragen[230]. Die Vereinbarkeit dieser Bestimmung mit DSGVO Art 12 Abs 5 Satz 1, 15 Abs 3 Satz 1, wonach der Betroffene Anspruch auf die kostenlose Erteilung einer Kopie seiner personenbezogenen Daten hat, ist dabei zweifelhaft[231].

66 Ebenso ist einem Krankenhausträger zumutbar, Krankenunterlagen zu suchen, falls diese augenscheinlich abhandengekommen sind. Auch längere und aufwendigere Suchaktionen auf Kosten des Krankenhausträgers sind denkbar[232].

67 3. **Kopien der Patientendokumentation.** Der Patient kann auf eigene Kosten Kopien oder auch elektronische Abschriften der Patientenakte verlangen. Der Patient darf nicht nur einen „Blick in die Akte" werfen, sondern ihm ist die Möglichkeit des dauerhaften Zugriffs auf den Inhalt der Unterlagen durch Abfotografieren, Anfertigung von Fotokopien oder den Erhalt von Fotokopien gegen Kostenerstattung zu gewähren[233]. § 630g Abs 2 stellt klar, dass dies auch für elektronische Abschriften von der Patientenakte gilt[234]. Der Anspruch auf Anfertigung von Kopien ist dabei nicht auf Schriftstücke beschränkt, sondern gilt gleichermaßen auch für elektronische Dokumente, digitale Bilddaten gemäß StrSchG § 85 Abs 2 und Videos[235].

68 Die Aushändigung von Kopien der schriftlichen Aufklärungsformulare an den Patienten nach § 630e Abs 2 ist kein Fall der Einsichtnahme, sondern eine eigenständige Verpflichtung des Behandlers, die der Behandler immer bis zur Entlassung bzw umgehend nach Behandlungsende erfüllen muss[236]. Für die Aushändigung dieser Kopien dürfen dem Patienten keine Kosten auferlegt werden[237].

69 Nach vorherrschender Ansicht in Rspr und Lit hat der Patient grundsätzlich keinen Anspruch darauf, dass die Richtigkeit und Vollständigkeit der zu überlassenden Behandlungsunterlagen schriftlich bestätigt werden[238]. Der Behandler ist ebenso nicht verpflichtet, an Eides statt zu versichern, dass die von ihm vorgelegten Behandlungsunterlagen vollständig sind[239].

70 Die Behandlungsunterlagen müssen lesbar sein[240], wobei strittig ist, ob sich daraus ein Anspruch auf Leseabschriften ergibt[241]. Da der Anspruch dem Recht des Patienten auf informationelle Selbstbestimmung dienen soll, ist dies zu bejahen, da nur durch lesbare Dokumente die durch die Einsichtnahme gewonnenen Daten und die Prognose für den Patienten erkennbar werden[242]. Wenn aber von einer Kopie eine klare Diagnose für den Patienten nicht möglich ist, kann zunächst ein Anspruch auf die zeitlich befristete Herausgabe von Originalunterlagen bestehen[243] oder eben doch die Erteilung einer Leseabschrift angefordert werden[244].

71 Grundsätzlich ist davon auszugehen, dass die Akteneinsicht ihre Informationsfunktion verfehlt, wenn die Patientendaten auf eine Art festgehalten sind, die der Patient nicht verstehen kann. Dies ist bspw bei handschriftlichen Aufzeichnungen in Arztbriefen oder auf Karteikarten

---

226 OLG München, Urt v 19.4.2001 – 1 U 6107/00, NJW 2001, 2806; LG Kiel, Urt v 30.3.2007 – 8 O 59/06, MedR 2007, 733, 734.
227 MBO⁷/Ratzel, § 10 Rz 19.
228 Vgl hierzu den Exkurs § 630g Rz 10.
229 BT-Drucks 17/10488, 27; BeckOK-BGB/Katzenmeier, Stand: 1.5.2022, § 630g Rz 14.
230 MBO⁷/Ratzel, § 10 Rz 19.
231 MBO⁷/Ratzel, § 10 Rz 19.
232 Zum Einsichtsrecht des Patienten bei digitaler Verfilmung LG Kiel Urt v 4.4.2008 – 8 O 50/07, GesR 2008, 540, 541.
233 Katzenmeier, in: Laufs/Katzenmeier/Lipp, Arztrecht⁸, IX Rz 66.
234 Rehborn/Kern, in: Laufs/Kern/Rehborn, HdB ArztR⁵, § 62 Rz 6, vgl auch durch das Krankenhaus verlorene Röntgenbilder BGH, Urt v 21.11.1995 – VI ZR 341/94, NJW 1996, 779 = VersR 1996, 330.
235 Katzenmeier, in: Laufs/Katzenmeier/Lipp, Arztrecht⁸, IX Rz 66; BT-Drucks 17/10488, 27.
236 Halbe Deutsches Ärzteblatt 2017, 114 (4): A-178/B-160/C-160.
237 Halbe Deutsches Ärzteblatt 2017, 114 (4): A-178/B-160/C-160.
238 OLG München, Beschl v 16.11.2006 – 1 W 2713/06, NJW-RR 2007, 273 = MedR 2007, 47; Rehborn/Kern, in: Laufs/Kern/Rehborn, HdB ArztR⁵, § 62 Rz 7.
239 OLG München, Beschl v 16.11.2006 – 1 W 2713/06, NJW-RR 2007, 273 = MedR 2007, 47.
240 Rehborn/Kern, in: Laufs/Kern/Rehborn, HdB ArztR⁵, § 62 Rz 7; Lopacki GuP 2011, 98, 98 f.
241 Rehborn/Kern, in: Laufs/Kern/Rehborn, HdB ArztR⁵, § 62 Rz 7.
242 Grüneberg⁸/Weidenkaff, § 630g Rz 1.
243 Katzenmeier, in: Laufs/Katzenmeier/Lipp, Arztrecht⁸, IX Rz 66.
244 Strittig vgl Rehborn GesR 2013, 257, 268 Fn 168 ff; Rehborn/Kern, in: Laufs/Kern/Rehborn, HdB ArztR⁵, § 62 Rz 7; LG Marburg, Urt v 18.6.2003 – 5 O 42/02, -juris.

der Fall, wenn eine nicht verständliche Terminologie oder eine nicht bzw nur für „Eingeweihte" lesbare Schrift verwendet wird. Dies gilt nicht nur bei konventioneller, sondern auch bei elektronischer Speicherung, wenn Abkürzungen oder Codes genutzt werden, deren Entschlüsselung dem Patienten nicht möglich ist. Dem Arzt obliegt im Rahmen von Treu und Glauben, nach § 242 für den Patienten Lesbarkeit und Nachvollziehbarkeit herzustellen. Daraus ergibt sich jedoch kein Anspruch auf Aufschlüsselung von Fachtermini[245], da einem Patienten kein Informationsdefizit entsteht, wenn die Patientenunterlagen zwar lesbar, aber mit Fachausdrücken versehen sind[246]. Ein Informationsdefizit, welches einen Eingriff in das Selbstbestimmungsrecht darstellt, besteht nur, wenn dem Patienten die Überprüfung der Behandlungsunterlagen ggf in Vorbereitung auf einen Arzthaftungsprozess nicht möglich ist[247]. Ein sachunkundiger Patient ist in der Regel stets auf eine Übersetzung von Fachtermini angewiesen, ohne dass darin ein Verstoß gegen sein informationelles Selbstbestimmungsrecht liegt[248]. Die inhaltliche Vermittlung kann (auch) in einem persönlichen Arztgespräch hergestellt werden. Die Unmöglichkeit der Herausgabe von Patientenunterlagen gem § 275 hat der Arzt entsprechend darzulegen[249].

Die Herausgabe der Kopien von Krankenunterlagen muss innerhalb von 14 Tagen, spätestens aber nach einem Monat erfolgen[250]. Zu der Frage, wie die Frist auszulegen sei, liegen unterschiedliche Entscheidungen vor. Während das AG Dortmund[251] dem Arzt bis zu einem Monat einräumt, vertreten andere Gerichte, so das AG Hamm[252] die Auffassung, 14 Tage seien ausreichend. Konsequenz ist, dass ein Arzt bereits nach dem Verstreichen von 14 Tagen eine Herausgabeklage mit entsprechendem Kostenrisiko zu befürchten hat, da er als im Verzug befindlich bewertet wird[253]. **72**

Bei der Übersendung der vollständigen Behandlungsunterlagen in Kopie durfte bislang um Erstattung der üblichen Kosten in Höhe von bis zu EUR 0,50 je Kopie und angemessener Kosten für Abzüge von Röntgenaufnahmen und den Ergebnissen anderer bildgebender Verfahren gebeten werden. In Anlehnung an das Justizvergütungs- und Entschädigungsgesetz (JVEG) ist anerkannt, dass seitens des Behandlers pro Kopie € 0,50[254] und ab der 50. Kopie € 0,15 je Kopie in Rechnung gestellt werden können. Für aufwendigere Abschriften, bspw in Form der Kopie einer Röntgenaufnahme, eines MRT-Bildes oder eines Videofilmes, können die angemessenen, bzw die tatsächlich nachgewiesenen Kosten verlangt werden[255]. **73**

Der Patient hat auch aufgrund ärztlichen Berufsrechtes einen Anspruch auf Ablichtungen der Krankenunterlagen nach MBO-Ä § 10 Abs 2 Satz 2. Der Anspruch auf Übersendung der Kopien aus § 630g Abs 2 Satz 2 ist nicht aufgrund einer etwaigen Vorleistungspflicht hinsichtlich der Kopierkosten zu versagen[256]. Zwar sind im Hinblick auf das Einsichtnahmerecht des Patienten § 630g Abs 2 Satz 1 und Abs 1 Satz 3 zu beachten[257]. § 630g Abs 1 Satz 3 verweist auf § 811 mit der Folge einer Vorleistungspflicht desjenigen, der Kopien verlangt[258]. Der Vorlegungspflichtige kann die Vorlegung grundsätzlich verweigern, bis ein Vorschuss erbracht ist, § 811 Abs 2 Satz 2. Allerdings gilt dies eingeschränkt nur, wenn nach den Umständen überhaupt Kosten zu erwarten sind[259]. In Anbetracht des Umfanges bei Behandlungsunterlagen ist dies bereits zweifelhaft[260]. Jedenfalls würde ein Leistungsverweigerungsrecht zunächst voraussetzen, dass der Verpflichtete reagiert und die Kosten mitteilt, die zu erstatten sind[261]. Hinzukommt, dass bei einer wortlautgetreuen Auslegung von § 630g Abs 2 Satz 2 nur die entstandenen Kosten zu erstatten sind, was eine Vorleistungspflicht gerade ausschließt[262]. **74**

---

245 Rehborn/Kern, in: Laufs/Kern/Rehborn, HdB ArztR⁵, § 62 Rz 7.
246 OLG Frankfurt/M, Hinweisbeschl v 30.9.2003 – 15 U 174/03 (nicht veröffentlicht).
247 OLG Frankfurt/M, Hinweisbeschl v 30.9.2003 –15 U 174/03 (nicht veröffentlicht).
248 OLG Frankfurt/M, Hinweisbeschl v 30.9.2003 –15 U 174/03 (nicht veröffentlicht).
249 Rehborn/Kern, in: Laufs/Kern/Rehborn, HdB ArztR⁵, § 62 Rz 6.
250 MBO⁷/Ratzel, § 10 Rz 22.
251 AG Dortmund, Beschl v 12.8.1998 – 120 C 6046/98 (nicht veröffentlicht).
252 AG Hamm, Urt v 15.6.2004 – 16 C 105/04 (nicht veröffentlicht); aA OLG München, Beschl v 18.3.2011 – 1 W 98/11, GesR 2011, 673, zwei Wochen seien zu knapp.
253 MBO⁷/Ratzel, § 10 Rz 22.
254 LG München, Urt v 19.11.2008 – 9 O 5324/08, GesR 2009, 201 = ArztR 2009, 215; Laux, in: Jorzig, HdB-ArztHaftR², Teil II Kapitel 1, Rz 23.
255 Martis/Winkhart, Arzthaftungsrecht⁶, E Rz 17 mwN.
256 LG Hamburg, Beschl v 22.1.2019 – 323 O 128/18, BeckRS 2019, 23798.
257 LG Hamburg, Beschl v 22.1.2019 – 323 O 128/18, BeckRS 2019, 23798.
258 OLG Hamm, Urt v 7.11.2011 – 3 U 140/11, -juris Rz 36 mwN.
259 MünchKomm⁸/Habersack, BGB, § 811 Rz 5; Grüneberg⁸¹/Sprau, § 811 Rz 2.
260 LG Hamburg, Beschl v 22.1.2019 – 323 O 128/18, BeckRS 2019, 23798.
261 Saarländisches OLG Saarbrücken, Urt v 16.11.2016 – 1 U 57/16, -juris Rz 61.
262 Rehborn/Kern, in: Laufs/Kern/Rehborn, HdB ArztR⁵, § 62 Rz 7; zum Verhältnis zu DSGVO Art 15 Abs 3 Satz 1 siehe § 630a Rz 93f.

75 Die Beglaubigung der Kopien kann nicht verlangt werden[263], allenfalls nur nach (vorheriger) Erstattung der Aufwendungen in Form von weiteren Kosten nur hierfür[264].

76 Zumindest vor Geltung der DSGVO mussten Kopien nicht zwingend in der Praxis bzw vom Praxispersonal hergestellt werden, wenn sichergestellt war, dass auch bei Beteiligung Dritter eine Kenntnisnahme vom Inhalt der Unterlagen und damit eine Verletzung der Schweigepflicht und des Persönlichkeitsrechts ausgeschlossen wurde[265].

77 Werden die Kopien der Behandlungsdokumentation durch ein anwaltliches Aufforderungsschreiben angefordert, muss hierfür eine ordnungsgemäße und wirksame anwaltliche Bevollmächtigung gegeben sein[266]. In diesem Fall ist der anwaltliche Vertreter oder auch der Klägervertreter zur Geltendmachung des Herausgabeverlangens tatsächlich bevollmächtigt und nicht als Dritter iSd BDSG anzusehen[267].

78 Nach der früheren Rspr besaß der Patient keinen Anspruch darauf, Kopien der vom Gericht beigezogenen Krankenunterlagen zu erhalten[268], da diese nicht Bestandteil der Gerichtsakten seien und nicht der Akteneinsichtsregelung des ZPO § 299 unterliegen würden. Diese Rechtsauffassung hat sich geändert, da die Partei einer Arzthaftungssache auch den Anspruch auf Übersendung von Kopien der Behandlungsunterlagen besitzt[269]. Die Möglichkeit der Einsichtnahme auf der Geschäftsstelle des Gerichts ist nicht ausreichend[270]. Grund hierfür sei der Grundsatz des rechtlichen Gehörs, der es gebiete, den Parteien Einsichtnahme in Unterlagen zu gewähren, auf deren Grundlage die Entscheidung des Gerichts gestützt wird. Die Gefahr, dass bei der Ablichtung durch die Geschäftsstelle ein Verlust- oder Vertauschrisiko besteht, rechtfertige es nicht, der Partei keine Kopien zu übersenden. Das Gericht hat dafür Sorge zu tragen, dass zuverlässige Mitarbeiter den Kopiervorgang in sorgfältiger Weise durchführen. Eine ggf bestehende Gefahr des Verlustes oder Vertauschens muss dabei hingenommen werden[271].

VII. Der Anspruch auf Einsichtnahme in die ärztliche Dokumentation gemäß DSGVO Art 15 Abs 3 Satz 1, Art 12 Abs 5 Satz 1

79 Die Patientenakte beinhaltet patientenbezogene Daten, so dass DSGVO Art 15 Abs 1 Halbsatz 2 Variante 1 einschlägig erscheint, der den „Betroffenen", hier den Patienten, ein Einsichtsrecht in die über sie gespeicherten Daten umfassend gewährt. Das beinhaltet auch die Erstellung einer nach DSGVO Art 12 Abs 5 kostenfreien Kopie. Da DSGVO Art 4 Nr 6 auch Daten in „strukturierten Dateisystemen" erfasst, die in Papierform geführt werden, fallen Behandlungsdokumentationen unstreitig hierunter[272]. Der Weg, über die Datenauskunft statt über den Einsichtsanspruch zu gehen, bietet zumindest dem Patienten noch einen weiteren Vorteil: Bei „subjektiven medizinischen Befunden, bspw den psychiatrisch-psychotherapeutischen Aufzeichnungen, waren Psychiater und Psychotherapeuten zurückliegend nicht immer bereit, diese den Patienten vollständige Auskunft zu geben, was mit ‚therapeutischen Vorbehalten' begründet wurde"[273]. Dem Auskunftsverlangen nach DSGVO Art 15 hingegen können nur noch solche Einwendungen entgegensetzt werden, zu denen über das Datenschutzrecht nach DSGVO und BDSG selbst ein Versagungsgrund besteht[274]. Einschränkend heißt es dann allerdings in DSGVO Art 15 Abs 4, dass dieses Recht auf Kopie nicht die „Rechte und Freiheiten anderer Personen" beeinträchtigen dürfen.

80 In Rspr und Lehre ist bislang ungeklärt, wie das Verhältnis dieser Vorschriften zueinander ist[275]. Manches spricht dafür, dass die (jüngere) europarechtliche Regelung wegen des europa-

---

263 LG Düsseldorf, Urt v 28.9.2006 – 3 O 106/06, MedR 2007, 663 = ArztR 2007, 191; LG Dortmund, Beschl v 7.4.2000 – 17 T 31/00, NJW 2001, 2806; aA Bockelmann, Die Dokumentationspflicht des Arztes und ihre Konsequenzen, in: Vogler (Hrsg), Festschr für Hans-Heinrich Jescheck zum 70. Geburtstag, 693, 695.
264 OLG Frankfurt, Beschl v 9.5.2011 – 8 W 20/11, GesR 2011, 672 f = ArztR 2012, 78 f.
265 Vgl LG Augsburg, Urt v 13.3.2012 – 031 O 2264/11, GesR 2012, 50 f, zu dem Fall, dass Kopien in einem Copyshop unter Aufsicht von Praxispersonal gefertigt wurden und der Dritte den Inhalt nicht zur Kenntnis genommen hat.
266 OLG Hamm, Beschl vom 2.1.2017 – I-3 W 43/16, openJur 2019, 14651 Rz 16, 17.
267 OLG Hamm, Beschl vom 2.1.2017 – I-3 W 43/16, openJur 2019, 14651 Rz 16, 17.
268 OLG Hamm, Beschl v 30.8.2006 – 3 W 38/06, GesR 2006, 569.
269 OLG Dresden, Beschl v 28.6.2021 – 4 W 386/21, -juris.
270 OLG Dresden, Beschl v 28.6.2021 – 4 W 386/21, -juris.
271 OLG Dresden, Beschl v 28.6.2021 – 4 W 386/21, -juris.
272 Riemer Datenschutz-Berater, Nr 10/2019, 223, 225; OLG Köln, Urt v 26.7.2019 – 20 U 75118, openJur 2019, 29754 Rz 88.
273 Riemer Datenschutz-Berater Nr 10/2019, 223, 225.
274 Riemer Datenschutz-Berater Nr 10/2019, 223, 225.
275 Rehborn/Gescher, in: Erman, BGB[16], § 630g Rz 1.

rechtlichen Anwendungsvorrangs gegenüber dem nationalen Recht[276] die entgegenstehenden Regelungen in § 630g, insbesondere die Kostenerstattungsregelung in § 630 Abs 2 Satz 2, verdrängt[277].

Gemäß DSGVO Art 15 Abs 3 Satz 1 ergibt sich eine Verpflichtung des Arztes, die angeforderten Abschriften/Kopien der Behandlungsakte gemäß DSGVO Art 12 Abs 5 Satz 1 unentgeltlich einschließlich der ersten Kopie an den Patienten zu übersenden („Informationen gemäß den Artikeln 13 und 14 sowie alle Mitteilungen und Maßnahmen gemäß den DSGVO Artikeln 15 bis 22 und Artikel 34 werden unentgeltlich zur Verfügung gestellt."). Somit entsteht ein wesentlicher Unterschied zu § 630g Abs 1 Satz 3 iVm § 811, § 630g Abs 2 Satz 2, nach welchen die Patientenunterlagen in der Praxis zwecks kostenpflichtiger Abholung nur bereitzuhalten sind. Je nachdem, welche Norm sich als vorrangig durchsetzen wird, kann der Behandler Kostenersatz für die von ihm angefertigten Kopien der Patientenakte verlangen oder muss diese unentgeltlich zur Verfügung stellen. Die Rspr hat zu dieser Frage bislang nicht konkret Stellung genommen. **81**

Der Rechtslage vor der DSGVO zufolge war zumindest das nationale Bundesdatenschutzrecht subsidiär zu dem Patientenrechtegesetz[278]. Dem Anspruch des Patienten auf Herausgabe einer Kopie seiner Patientenakte Zug um Zug gegen Erstattung der der Beklagten entstandenen Kosten gem § 630g Abs 2 standen die Vorschriften des Bundesdatenschutzgesetzes nicht entgegen[279]. Denn gem BDSG § 1 Abs 3 gingen andere Rechtsvorschriften des Bundes, soweit sie auf personenbezogene Daten einschließlich deren Veröffentlichung anzuwenden sind, den Vorschriften des Bundesdatenschutzgesetzes vor[280]. Die Regelung in § 630g Abs 2 – einem Bundesgesetz – enthält eine Spezialregelung zu personenbezogenen Daten, nämlich Patientenakten. Das Bundesdatenschutzgesetz sei deshalb vorliegend gar nicht anwendbar. Auch vor dem Hintergrund des Zwecks des Bundesdatenschutzgesetzes, den Einzelnen davor zu schützen, dass der Patient durch den Umgang mit seinen personenbezogenen Daten in seinem Persönlichkeitsrecht beeinträchtigt wird, BDSG § 1 Abs 1, käme eine Anwendung der Vorschriften des Bundesdatenschutzgesetzes bei Patientendaten nicht in Betracht[281]. **82**

Das LG Dresden verurteilte das Universitätsklinikum der Stadt zur unentgeltlichen Herausgabe der Behandlungsunterlagen[282]. Geklagt hatte eine Patientin, die sich in dem Klinikum behandeln ließ[283]. Sie verlangte die Herausgabe ihrer Patientenakte unter ausdrücklicher Bezugnahme auf die unentgeltliche Herausgabe der Patientenakte nach DSGVO Art 15 Abs 3. Die Uniklinik berief sich auf § 630g. Der Klägerin wurde Recht gegeben. **83**

Der europäische Gesetzgeber hat in DSGVO Art 23 Abs 1 lit i) eine Öffnungsklausel zugunsten des nationalen Rechts dahingehend normiert, dass einschränkende nationale Regelungen zum „Schutz der betroffenen Person oder der Rechte und Freiheiten anderer Personen" zulässig sind[284]. Da zu diesen „anderen Personen" im Sinne der DSGVO Art 15 Abs 4 und Art 23 Abs 1 lit i nicht nur Dritte, sondern auch die Daten verarbeitenden Stellen selbst zählen[285], und zudem letztere Norm auch den Schutz der betroffenen Person selbst erfasst, können die berufsrechtlich anerkannten Beschränkungen des Patientenauskunftsrechts auch unter Geltung der DSGVO weiterhin bestehen bleiben[286]. **84**

Insoweit gilt also gerade nicht, dass getreu dem Zwei-Schranken-Prinzip die beiden Regelungsregimes Datenschutz und ärztliche Schweigepflicht unabhängig voneinander gelten und sich damit im Ergebnis stets das für die betroffene Person günstigere Regelungsregime durchsetzt. Es ist eher davon auszugehen, dass die DSGVO mit ihrem an sich umfassend und unmittel- **85**

---

276 Vgl das „Maastricht-Urteil" BVerfG, Urt v 12.10.1993 – 2 BvR 2134/92, 2 BvR 2159/92, BVerfGE 89, 155, 190, Ls 7: „Akte einer besonderen, von der Staatsgewalt der Mitgliedstaaten geschiedenen öffentlichen Gewalt einer supranationalen Organisation betreffen die Grundrechtsberechtigten in Deutschland." Das BVerfG wiederholte in Anlehnung an seinen Solange II-Beschluss, dass auf europäischer Ebene ein hinreichender Grundrechtsschutz gewährleistet sei, der auch nicht dadurch beschnitten werde, dass weitere Kompetenzen an die EU übertragen würden.
277 Vertreten von Grüneberg[81]/Weidenkaff, § 630g Rz 4; ausführlich Cornelius/Spitz GesR 2019, 69, 70 f.
278 OLG Hamm, Beschl v 2.1.2017 – I-3 W 43/16, MedR 2017, 480, 481 m Anm Bayer MedR 2017, 480, 482.
279 OLG Hamm, Beschl v 2.1.2017 – I-3 W 43/16, MedR 2017, 480, 481 m Anm Bayer MedR 2017, 480, 482.
280 OLG Hamm, Beschl v 2.1.2017 – I-3 W 43/16, MedR 2017, 480, 481 m Anm Bayer MedR 2017, 480, 482.
281 OLG Hamm, Beschl v 2.1.2017 – I-3 W 43/16, MedR 2017, 480, 481 m Anm Bayer MedR 2017, 480, 482.
282 LG Dresden, Urt v 29.5.2020 – 6 O 76/20, NJW 2020, 1303.
283 LG Dresden, Urt v 29.5.2020 – 6 O 76/20, NJW 2020, 1303.
284 Buchner, Die Vertraulichkeit der Arzt-Patienten-Beziehung, in: Katzenmeier (Hrsg), Festschrift für Dieter Hart, 49, 61.
285 Bäcker, in: Kühling/Buchner (Hrsg), DSGVO/BDSG[2], Art 23 DSGVO, Rz 32.
286 Franck, in: Gola (Hrsg), DSGVO[2], Art 15 Rz 36; Dix, in: Simitis/Hornung/Spiecker gen Döhmann, Datenschutzrecht, DSGVO Art 23 Rz 33, der eine Beschränkung des Patientenauskunftsrechts bei „erheblichen therapeutischen Gründen" zulässt; Buchner, Die Vertraulichkeit der Arzt-Patienten-Beziehung, in: Katzenmeier (Hrsg), Festschr für Dieter Hart, 49, 61.

bar geltenden Regelungsanspruch sich hier ausdrücklich zugunsten bereichsspezifischer Regelungen zurückzieht.

86 Bezogen auf den therapeutischen Vorbehalt ist es damit vertretbar, dass § 630g eine zulässige Beschränkung der DSGVO Art 15, Art 23 Abs 1 lit i) darstellt. Es kann angenommen werden, dass der Bundesgesetzgeber in der Akteneinsicht nach § 630g eine von dem Auskunftsanspruch und dem Recht auf Kopie des DSGVO Art 15 unabhängige Regelung mit anderem Inhalt und anderem Zweck sieht[287], und § 630g keine Einschränkung des Rechts auf Auskunft nach DSGVO Art 15 sein soll.

87 Die Norm des § 630g dient grds anderen Patienteninteressen als die Norm des DSGVO Art 15. Eine gut geführte Patientenakte erleichtert den Arztwechsel, weil sie dem übernehmenden Behandler die Anknüpfung an das zuvor Geleistete erst ermöglicht und zudem die nochmalige Durchführung diagnostischer oder therapeutischer Maßnahmen zu vermeiden hilft[288]. Auch die Beweissicherungsfunktion der Dokumentation bzw ihre Funktion als Beweismittel in einem Arzthaftungsprozess ist vom Gesetzgeber anerkannt worden. In vielen Prozessen lassen sich die Krankengeschichte und der Behandlungsverlauf nur mit Hilfe der Patientenakte nachvollziehen. Erst aufgrund dieser Nachvollziehbarkeit kann von einem sachverständig beratenen Gericht beurteilt werden, ob dem Arzt eine Sorgfaltspflichtverletzung unterlaufen ist oder nicht[289].

88 Dem widersprechen auch nicht die in ErwG 63 Satz 2 enthaltenen Ausführungen, dass die betroffene Person das Recht auf Auskunft über ihre eigenen gesundheitsbezogenen Daten besitzt, etwa Daten in ihren Patientenakten, die Informationen wie beispielsweise Diagnosen, Untersuchungsergebnisse, Befunde der behandelnden Ärzte und Angaben zu Behandlungen oder Eingriffen enthalten[290]. Denn diese sollen der betroffenen Person zu den in ErwG Satz 1 genannten Zwecken zur Verfügung gestellt werden, insbesondere um deren Rechtmäßigkeit überprüfen zu können. Weitergehende Zwecke, wie die des § 630g, werden hier nicht genannt[291]. Es wäre zur Erfüllung des Anspruchs aus DSGVO Art 15 Abs 1 und 3 ausreichend, wenn die in ErwG 63 genannten Daten seitens des Verantwortlichen (Behandlers) zusammengefasst würden.

89 Aus Praktikabilitätsgründen könnten die Verantwortlichen sich hier aber auch für die Herausgabe von gesamten Dokumenten entscheiden, wie für die Herausgabe eines Arztbriefs, der die Behandlung eines mehrtägigen Krankenhausaufenthalts zusammenfasst inklusive aller Befunde und Diagnosen[292]. Die Kopie der gesamten Krankenhausakte des Patienten wäre dann nur nach § 630g herauszugeben. Der Anspruch des DSGVO Art 15 könnte aber andersherum auch nachträglich vom Patienten durch den umfassenderen Anspruch aus § 630g erweitert und ergänzt werden[293].

90 Aktuell wird die Frage nach dem Zusammenspiel zwischen Datenschutzrecht und ärztlichem Berufsrecht vor allem unter dem Aspekt der Kostenpflicht einer Auskunft diskutiert[294]. Im Hinblick auf den Wegfall der Kostenerstattung nach DSGVO Art 12 Abs 5 Satz 1 erscheint die Regelung durch § 630g Abs 2 Satz 2, MBO-Ä § 10 Abs 2 Satz 2 somit unzulässig.

91 Vereinzelt finden sich im Gesetz Ausnahmevorschriften im Hinblick auf das Auskunftsrecht, welche mit der Unverhältnismäßigkeit des Auskunftsaufwandes begründet werden können (vgl BDSG § 34 Abs 4 und SGB X § 83 Abs 2). Diese Vorschriften gelten jedoch nur für öffentliche Stellen. Von einer Analogie ist derzeit, soweit ersichtlich, nicht auszugehen. Erste Aufsichtsbehör-

---

[287] Der hessische Beauftragte für Datenschutz https://datenschutz.hessen.de/datenschutz/gesundheits-und-sozialwesen/gesundheitswesen/verhältnis-des-auskunftsrechts-nach-art-15, zuletzt abgerufen am 16.12.2021.
[288] Der hessische Beauftragte für Datenschutz https://datenschutz.hessen.de/datenschutz/gesundheits-und-sozialwesen/gesundheitswesen/verhältnis-des-auskunftsrechts-nach-art-15, zuletzt abgerufen am 16.12.2021.
[289] MünchKomm[8]/Wagner, § 630g Rz 3f.
[290] Der hessische Beauftragte für Datenschutz https://datenschutz.hessen.de/datenschutz/gesundheits-und-sozialwesen/gesundheitswesen/verhältnis-des-auskunftsrechts-nach-art-15, zuletzt abgerufen am 31.12.2021.
[291] Der hessische Beauftragte für Datenschutz https://datenschutz.hessen.de/datenschutz/gesundheits-und-sozialwesen/gesundheitswesen/verhältnis-des-auskunftsrechts-nach-art-15, zuletzt abgerufen am 31.12.2021.
[292] Der hessische Beauftragte für Datenschutz https://datenschutz.hessen.de/datenschutz/gesundheits-und-sozialwesen/gesundheitswesen/verhältnis-des-auskunftsrechts-nach-art-15, zuletzt abgerufen am 31.12.2021.
[293] Der hessische Beauftragte für Datenschutz https://datenschutz.hessen.de/datenschutz/gesundheits-und-sozialwesen/gesundheitswesen/verhältnis-des-auskunftsrechts-nach-art-15, zuletzt abgerufen am 31.12.2021.
[294] Buchner, Die Vertraulichkeit der Arzt-Patienten-Beziehung, in: Katzenmeier (Hrsg), Festschr für Dieter Hart, 49, 62.

den vertreten die Ansicht, dass im Rahmen der Ausnahmevorschriften nur der Aufwand des Auffindens der (Papier-)Daten berücksichtigt werden darf[295].

Der nötige Aufwand zum Erstellen der Kopien sollte nicht mit dem Informationsinteresse der betroffenen Person abgewogen werden. Das Recht auf kostenlose Kopie birgt in der Praxis ein erhebliches Konfliktpotential. Eine einheitliche und rechtssichere Meinung im Hinblick auf das Zusammenspiel von Regelungen des BGB und der DSGVO hat sich an dieser Stelle noch nicht gebildet. An dieser Stelle sind die ersten Musterverfahren abzuwarten. Im Hinblick auf das Zusammenspiel von § 630g und DSGVO Art 15 Abs 3, Art 12 Abs 5 Satz 1 werden die Musterverfahren aus dem Gesundheitsbereich kommen müssen[296]. 92

VIII. Das Recht zur Einsichtnahme im Rahmen des Maßregelvollzugs/Strafvollzugs

Im Hinblick auf den Anspruch auf Einsicht in die Krankenunterlagen eines im Maßregelvollzug Untergebrachten hat das BVerfG darauf hingewiesen, dass das Selbstbestimmungsrecht des Patienten im Maßregelvollzug in stärkerem Maße gefährdet ist als bei privatrechtlichen Behandlungsverhältnissen[297]. Die maßgeblichen Erwägungen lassen sich teilweise auf die Behandlung von Strafgefangenen übertragen[298]. Wie der im Maßregelvollzug Untergebrachte kann auch ein Strafgefangener seinen Arzt nicht frei wählen[299]. Er kann selbst dann nicht nach eigenem Wunsch in ein anderes Behandlungsverhältnis wechseln und sich von dem Behandler zurückziehen, wenn er kein Vertrauen in den ihn behandelnden Arzt hat und nach seiner Wahrnehmung die Beziehung zerrüttet ist[300]. Unter diesen Bedingungen ist das Selbstbestimmungsrecht des Behandelten durch Verweigerung des Zugangs zu den eigenen Krankenunterlagen deutlich intensiver berührt als in einem privatrechtlichen Behandlungsverhältnis, in dem der Betroffene sein Selbstbestimmungsrecht dadurch ausüben kann, dass er sich aus dem Behandlungsverhältnis zurückzieht[301]. 93

Wie der Maßregelvollzug ist auch der Strafvollzug durch ein besonders hohes Machtgefälle zwischen den Beteiligten geprägt, weshalb die Grundrechte der Betroffenen besonderer Gefährdung ausgesetzt sind[302]. Der Inhalt der Krankenunterlagen ist wegen seines sehr privaten Charakters in besonderem Maße grundrechtsrelevant. Ohne Akteneinsicht kann sich der Betroffene nicht vergewissern, ob die Aktenführung den grundrechtlichen Anforderungen entspricht, und seinen Anspruch auf Löschung oder Berichtigung falscher Informationen nicht verwirklichen. Im Bereich des Maßregelvollzugs sollte daher das Gewicht des Interesses des Untergebrachten an der Einsichtnahme die Persönlichkeitsrechte des Therapeuten überwiegen[303]. 94

Der grundrechtlich verankerte Anspruch des Patienten auf Einsicht in seine Krankenakte wird auch durch die Wertungen der Europäischen Menschenrechtskonvention (EMRK) in ihrem Art 8 unterstrichen[304]. Die EMRK und die Rspr des Europäischen Gerichtshofs (EuGH) für Menschenrechte dienen auf der Ebene des Verfassungsrechts als Auslegungshilfen für die Bestimmung von Inhalt und Reichweite von Grundrechten und rechtsstaatlichen Grundsätzen[305]. Nach der Rspr des EuGH folgt aus EMRK Art 8 ein Anspruch des Patienten gegenüber staatlichen Stellen auf umfassende Einsicht in seine Krankenakte und die Übermittlung von Kopien[306]. Im Einklang mit dieser Rechtsauffassung steht Ziffer 8.1. der Empfehlung Nr R (97) 5 des Europarats über den Schutz medizinischer Daten, wonach jedermann Zugang zu seinen medizinischen Daten haben soll. Dem entsprechen die Empfehlungen des Europäischen Komitees zur Verhütung von 95

---

295 Der hessische Beauftragte für Datenschutz https://datenschutz.hessen.de/datenschutz/gesundheits-und-sozialwesen/gesundheitswesen/verhältnis-des-auskunftsrechts-nach-art-15, zuletzt abgerufen am 16.12.2021; Martis/Winkhart, Arzthaftungsrecht⁶, E Rz 17.
296 Der hessische Beauftragte für Datenschutz https://datenschutz.hessen.de/datenschutz/gesundheits-und-sozialwesen/gesundheitswesen/verhältnis-des-auskunftsrechts-nach-art-15, zuletzt abgerufen am 30.12.2021.
297 BVerfG, Beschl v 9.1.2006 – 2 BvR 443/02, BVerfGK 7, 168, 176 f = NJW 2006, 1116, 1117 ff; BVerfG, Beschl v 20.12.2016 – 2 BvR 1541/15, NStZ 2018, 162.
298 OLG Brandenburg, Beschl v 12.2.2008 – 2 VAs 7/07, StV 2008, 308, 309; OLG Hamm, Beschl v 23.2.2012 – III-1 Vollz (Ws) 653/11, openJur 2013, 20876 Rz 26.
299 BVerfG, Beschl v 20.12.2016 – 2 BvR 1541/15, NStZ 2018, 162.
300 BVerfG, Beschl v 20.12.2016 – 2 BvR 1541/15, NStZ 2018, 162; OLG Hamm, Beschl v 23.2.2012 – III-1 Vollz (Ws) 653/11, openJur 2013, 20876 Rz 26.
301 BVerfG, Beschl v 9.1.2006 – 2 BvR 443/02, BVerfGK 7, 168, 176 f = NJW 2006, 1116, 1117 ff.
302 BVerfG, Beschl v 9.1.2006 – 2 BvR 443/02, BVerfGK 7, 168, 177 mwN = NJW 2006, 1116, 1117 ff.
303 BVerfG, Beschl v 9.1.2006 – 2 BvR 443/02, BVerfGK 7, 168, 176 f = NJW 2006, 1116, 1117 ff; vgl Hinne NJW 2005, 2270, 2272.
304 BVerfG, Beschl v 20.12.2016 – 2 BvR 1541/15, NStZ 2018, 162.
305 Ständige Rspr vgl BVerfG, Beschl v 14.10.2004 – 2 BvR 1481/04, BVerfGE 111, 307, 317 = NJW 2004, 3407; BVerfG, Urt v 4.5.2011 – 2 BvR 2365/09, 740/10, 2333/08, 1152/10, 571/10128, 326, 366 f = NJW 2011, 1931.
306 Vgl EGMR, K H and others v Slovakia, Urt v 28.4.2009, Nr 32881/04, §§ 47 ff.

Folter und unmenschlicher oder erniedrigender Behandlung oder Strafe (engl Committee for the Prevention of Torture, CPT). Danach sollen auch im Freiheitsentzug befindlichen Patienten alle relevanten Informationen über ihren Gesundheitszustand, den Behandlungsverlauf und ihre Medikation zur Verfügung gestellt werden; sie sollen das Recht haben, den Inhalt ihrer Gefängniskrankenakte zu konsultieren, es sei denn, dies ist aus therapeutischen Gründen nicht ratsam[307].

IX. Das Recht zur Einsichtnahme gemäß Heimgesetz § 11 Nr 7

96 Neben § 630g ergibt sich ein Einsichtnahmerecht aus Heimgesetz (HeimG) § 11 Nr 7. Dieser schreibt vor, dass über jeden Bewohner eines Pflegeheims eine Pflegedokumentation zu führen ist. Die Dokumentation über die Pflegeplanung und Umsetzung ist mit der von Krankenunterlagen vergleichbar, sodass ein jeder Bewohner des Pflegeheims, seinem informationellen Selbstbestimmungsrecht folgend, Einsicht in seine Pflegeunterlagen erhalten kann[308]. Der BGH hat Heimbewohnern ein Einsichtsrecht in die Pflegedokumentation zuerkannt[309].

X. Das Einsichtsrecht bei der tierärztlichen Behandlung/Untersuchung

97 Auch wenn § 630g nicht auf die tierärztliche Behandlung zugeschnitten ist, so erhält diejenige Person, die mit dem Veterinärmediziner einen Behandlungsvertrag abschließt, ein Einsichtsrecht in die entsprechenden Behandlungsunterlagen[310]. Als Rechtsgrundlage dient neben §§ 809 bzw 810[311] auch der abgeschlossene Tierarztvertrag selbst[312]. Aus diesem erwächst für den Behandler die Nebenpflicht zur Einsichtsgewährung zugunsten des auftraggebenden Tierhalters[313]. Letzterer habe aufgrund seiner Verantwortung gegenüber seinem Tier, die auch dessen gesundheitliche Versorgung beinhaltet, ein berechtigtes Interesse an der Einsichtnahme in Krankenunterlagen[314]. Hinzu kommen wirtschaftliche Aspekte, insbesondere dann, wenn das behandelte Tier ein Nutztier ist[315]. Gleiches kann für einen etwaigen Käufer des Tieres, der (noch) nicht Tierhalter ist, im Rahmen einer sog Ankaufsuntersuchung (AKU) gelten[316]. Die AKU wird von einem Tierarzt durchgeführt, der mit der Untersuchung und Erstellung eines entsprechenden Gutachtens entweder vom Verkäufer oder künftigen Käufer beauftragt wird. Die AKU selbst folgt dabei den Regeln des § 631[317]. Der Tierarzt hat gegenüber dem Besteller eine umfangreiche Informations- und Rechenschaftspflicht, die über den Umfang des zu erstellenden Gutachtens hinausgehen kann und bspw Röntgenbilder beinhaltet, die im Rahmen der Untersuchung angefertigt wurden[318]. Stützt sich der Tierhalter auf § 809 als Rechtsgrundlage der Einsichtnahme bspw für die Vorlage von Röntgenbildern, die nicht als Urkunde iSd § 810 zu klassifizieren sind[319], so kommt es lediglich auf ein besonderes und ernstliches Interesse an der Vorlegung der Unterlagen an, nicht aber auf ein rechtliches[320]. § 809 knüpft allein an den Besitz der zu besichtigenden Sache an, unabhängig von der Erstellung der Behandlungsunterlagen im Interesse des Tierhalters[321]. Als weitere Rechtsgrundlage kommen die Berufsordnungen der Länder[322] in Betracht, die dem Patientenbesitzer ein grundsätzliches Einsichtsrecht in die Krankenunterlagen des Tieres gewähren, mit Ausnahme von den Teilen, die subjektive Eindrücke oder Wahrnehmungen des Tierarztes enthalten. Im Übrigen kann das Einsichtsrecht im Rahmen einer tierärztlichen Behandlung umfassender interpretiert werden als bei einer Behandlung durch einen Humanmediziner. Bei

---

307 CPT-Standards, CPT/Inf/E [2002] 1 – Rev 2010, S 35, Health care services in prisons, S 27, https://www.refworld.org/pdfid/4d7882092.pdf, zuletzt abgerufen am 25.9.2021; vgl auch CPT/Inf [2009] 38, S 15, Während des Besuchs vorgefundene Tatsachen und vorgeschlagene Massnahmen, https://rm.coe.int/CoERMPublicCommonSearchServices/DisplayDCTMContent?documentId=0900001680653ec4, zuletzt abgerufen am 25.6.2021.
308 LG Karlsruhe, Urt v 22.1.2010 – 9 S 311/09, NJW 2010, 3380.
309 vgl BGH, Urt v 23.3.2010 – VI ZR 249/08, BGHZ 185, 74 Rz 12; BGH, Urt v 26.2.2013 – VI ZR 359/11, VersR 2013, 648 Rz 6 mwN.
310 Https://www.kanzlei-hella-fischer.de/rechtsgebiete/tierarzthaftungsrecht, zuletzt abgerufen: 22.6.2021.
311 LG Hildesheim, Urt v 12.3.1991 – 3 O 31/91, NJW-RR 1992, 415; AG Bad Hersfeld, Urt v 22.11.2005 – 10 C 766/05, -juris.
312 IRd Ankaufsuntersuchung eines Pferdes OLG Köln, Urt v 11.11.2009 – 5 U 77/09, openJur 2011, 69835 Rz 5; AG Bad Hersfeld, Urt v 22.11.2005 – 10 C 766/05, -juris.
313 OLG Köln, Urt v 11.11.2009 – 5 U 77/09, openJur 2011, 69835 Rz 5; AG Bad Hersfeld, Urt v 22.11.2005 – 10 C 766/05, -juris.
314 LG Hildesheim, Urt v 12.3.1991 – 3 O 31/91, NJW-RR 1992, 415.
315 LG Hildesheim, Urt v 12.3.1991 – 3 O 31/91, NJW-RR 1992, 415.
316 LG Köln, Urt v 30.6.2009 – 22 O 586/08, openJur 2011, 69835 Rz 5.
317 BeckOK-BGB/Voit, Stand: 1.5.2020, § 631 Rz 17.
318 OLG Köln, Urt v 11.11.2009 – 5 U 77/09, openJur 2011, 69835 Rz 5.
319 OLG Köln, Urt v 11.11.2009 – 5 U 77/09, openJur 2011, 69835 Rz 5.
320 BeckOK-BGB/Gehrlein, Stand: 1.11.2021, § 809 Rz 5.
321 OLG Köln, Urt v 11.11.2009 – 5 U 77/09, openJur 2011, 69835 Rz 5.
322 Berufsordnung der Sächsischen Landestierärztekammer § 3 Abs 1 Nr 5; Berufsordnung der Tierärztekammer Sachsen-Anhalt § 3 Abs 1 Nr 6.

letzterem können der umfassenden Einsichtnahme psychische Belange des Patienten entgegenstehen, da diese zu dessen Gefährdung führen können. Derartige Schutzgedanken spielen bei der tierärztlichen Behandlung keine Rolle[323]. Die Einsichtnahme erfolgt idR am Aufbewahrungsort der Behandlungsunterlagen, allerdings ist auch die Zusendung von Kopien gegen Kostenübernahme möglich[324]. Neben dem Tierhalter, Tiereigentümer oder Käufer eines Tieres kann zudem auch die Tierhaftpflichtversicherung Einsicht in die erstellten Behandlungsunterlagen verlangen[325].

XI. Das Recht zur Einsichtnahme in genetische Daten/Daten einer Lehranalyse und das Recht zur Ansicht von Körpermaterialien

1. Herausgabe genetischer Daten nach dem GenDG. Grundsätzlich haben sowohl Patienten als auch Probanden ein Recht auf Herausgabe ihrer genetischen Rohdaten. Da es sich bei den gewonnenen Informationen um hochsensible Daten handelt, an deren Geheimhaltung der Betroffene ein gesteigertes Interesse hat, enthält das Gendiagnostikgesetz die Bestimmung des GenDG § 11, die über die allgemeinen datenschutzrechtlichen Vorschriften und die ärztliche Schweigepflicht hinausgeht, sie ergänzt und konkretisiert[326].

GenDG § 11 Abs 1 sichert, dass der Befund der Untersuchung – die genetische Analyse ist hier nicht ausdrücklich mit genannt – nur dem Betroffenen von kompetenter Seite überbracht werden darf[327]. Daraus ergibt sich im Umkehrschluss ein umfassendes Einsichtnahmerecht des Patienten. Unter „Ergebnis einer genetischen Untersuchung" werden hier das Ergebnis einer genetischen Analyse sowie deren Interpretation unter Berücksichtigung individueller Gegebenheiten verstanden[328]. GenDG § 11 Abs 1 stellt eine Grundsatznorm dar, wovon nach den Absätzen 2 und 3 des § 11 abgewichen werden darf.

Nach GenDG § 11 Abs 2 dürfen die Person oder die Einrichtung, die nach GenDG § 7 Abs 2 die genetische Analyse durchgeführt haben (Labor), das Ergebnis nur dem Arzt mitteilen, der sie beauftragt hat. Hier ist nur das Ergebnis einer genetischen Analyse gemeint[329]. Die Vorschrift verbietet der Einrichtung zum einen die Weitergabe der Befunde an Dritte, zum anderen aber auch die Mitteilung an den Betroffenen[330], die nach GenDG § 7 Abs 1 dem kompetenten Arzt vorbehalten bleibt. Abs 2 stellt damit sicher, dass der Betroffene nur im Rahmen eines Arzt-Patienten-Verhältnisses mit einem Befund konfrontiert wird[331]. GenDG § 11 Abs 3 erlaubt eine Datenweitergabe der verantwortlichen ärztlichen Person an Dritte nur mit vorheriger ausdrücklicher und schriftlicher bzw in elektronischer Form vorliegender Einwilligung seitens des Patienten.

Erfolgen gendiagnostische Untersuchungen im Rahmen der medizinischen Forschung, ist § 630g mangels Behandlungsvertrag nicht anwendbar[332]. Die Ergebnisse einer genetischen Untersuchung sind der betroffenen Person ausschließlich nach GenDG § 11 mitzuteilen. Diese Normierung ist als lex specialis gegenüber § 630g zu betrachten. Soweit eine Genomanalyse allein zur Behandlung erfolgt, besteht mit dem GenDG ein Spezialgesetz, das die wichtigsten Fragen zu diagnostischen Genomanalysen regelt[333].

2. Herausgabe von Forschungsdaten. – a) Einsichtnahme in Forschungsdaten. Soweit die Genomanalyse aber nur zu Forschungszwecken erfolgt, mangelt es an einem Spezialgesetz[334]. Das GenDG gilt nämlich ausdrücklich nicht in der Forschung[335]. Die Forschung mit genetischen Daten sowie Blut-, Urin- und Gewebeproben, die Kliniken, Forschungsinstitute und Pharmafirmen in Biobanken sammeln, sind also von diesem Gesetz nicht erfasst[336]. Es ginge nach Ansicht des Gesetzgebers um die allgemeine Erforschung von Ursachenfaktoren menschlicher Eigenschaften und nicht um konkrete Maßnahmen zur Heilung gegenüber eines einzelnen Patienten[337].

---

323 OLG Köln, Urt v 11.11.2009 – 5 U 77/09, openJur 2011, 69835 Rz 5.
324 Bemmann Pferdeheilkunde 2004, 353, 358; AG Bad Hersfeld, Urt v 22.11.2005 – 10 C 766/05, -juris.
325 Bemmann Pferdeheilkunde 2004, 353, 359.
326 Hasskarl/Ostertag MedR 2005, 640, 648; MedR-Komm/Stockter, GenDG § 11 Rz 2; Kern/Kern (Hrsg), GenDG, § 11 Rz 1.
327 BT-Drucks 16/3233, 34; BR–Drucks 633/08, 56; BT-Drucks 16/10532, 29; Kern/Kern, GenDG, § 11 Rz 3.
328 BT-Drucks 16/10532, 29.
329 BT-Drucks 16/10532, 29; Kern/Kern, GenDG, § 11 Rz 4.
330 BT-Drucks 16/3233, 34; Kern/Kern, GenDG, § 11 Rz 4.
331 BT-Drucks 16/10532, 29; Kern/Kern, GenDG, § 11 Rz 4.
332 Kern/Kern (Hrsg), GenDG, § 11 Rz 4.
333 Beyerbach Deutsches Ärzteblatt 2019, A 1854; Beyerbach in: Juristische Aspekte von Genomanalysen in der Forschung, Sommertagung des Arbeitskreises medizinischer Ethikkommissionen, 20.6.2019.
334 Beyerbach Deutsches Ärzteblatt 2019, A 1854.
335 Vgl § 2 Abs 2 Nr 1 GenDG.
336 Koch, Das Biobankgeheimnis Schutz der Persönlichkeitsrechte in der biomedizinischen Forschung, S 103.
337 Koch, Das Biobankgeheimnis Schutz der Persönlichkeitsrechte in der biomedizinischen Forschung, S 103.

Zudem würden die Datenschutzgesetze einen umfangreichen Schutz vor möglichen Gefahren in der genetischen Forschung gewährleisten[338]. Ein Anspruch auf Mitteilung und Herausgabe (auch) der genetischen Rohdaten ist in GenDG § 11 nicht ausdrücklich geregelt und lässt sich daher allenfalls im Wege verfassungskonformer Auslegung gewinnen[339]. Stammen die Rohdaten hingegen aus Zusammenhängen, die sowohl forschungs- als auch behandlungstypische Merkmale aufweisen, sollte der Studienteilnehmer zum Zwecke der bestmöglichen Gewährleistung seiner informationellen Selbstbestimmung als Patient betrachtet und ihm zumindest ein Recht auf Herausgabe seiner Rohdaten gem § 630g zugestanden werden[340]. Es handelt sich dabei dann um einen persönlichkeitsrechtlichen Anspruch auf Informationen. Bezogen auf bereits vorliegende Informationen besteht zudem ein Recht auf Auskunft nach DSGVO Art 15 Abs 1 Halbsatz 2 Variante 1.

103 Nach der Öffnungsklausel in der DSGVO für Forschungsklauseln in das BDSG und in Landesdatenschutzgesetze ist BDSG § 27 zu beachten. Ein Auskunftsanspruch ist ausgeschlossen, wenn der Forschungszweck damit unmöglich gemacht oder ernsthaft beeinträchtigt wird und dadurch die Einschränkung der Auskunft erforderlich wird oder, alternativ, die Auskunftserteilung einen wie bspw bei einer Anonymisierung der Daten unverhältnismäßigen Aufwand erfordert[341]. Die Rechtsgrundlage hierfür bietet BDSG § 27 Abs 1, Abs 3 iVm § 34 Abs 1 Nr 2, 3. Alt, Abs 4. Nach dieser Vorschrift ist abweichend von DSGVO Art 9 Abs 1 die Verarbeitung besonderer Kategorien personenbezogener Daten auch ohne Einwilligung für wissenschaftliche oder historische Forschungszwecke oder für statistische Zwecke zulässig, wenn die Verarbeitung zu diesen Zwecken erforderlich ist und die Interessen des Verantwortlichen an der Verarbeitung die Interessen des Betroffenen an einem Ausschluss der Verarbeitung erheblich überwiegen. BDSG § 27 ist im Zusammenhang mit DSGVO Art 89 zu betrachten. Gemäß DSGVO Art 89 unterliegt die Verarbeitung zu „… wissenschaftlichen Forschungszwecken oder zu statistischen Zwecken geeigneten Garantien für die Rechte und Freiheiten der betroffenen Person gemäß dieser Verordnung"[342]. Gemäß DSGVO Erwägungsgrund 161[343], auf welchen die Vorschrift des DSGVO Art 89 verweist, sollen für die Zwecke der Einwilligung in die Teilnahme an wissenschaftlichen Forschungstätigkeiten im Rahmen klinischer Prüfungen die einschlägigen Bestimmungen der EU-Verordnung Nr 536/2014 vom 16.4.2014 über klinische Prüfungen mit Humanarzneimitteln des Europäischen Parlaments und des Rates gelten. Auch diese legt in Absatz 27 fest, dass Interventionen im Rahmen der Medizin oder Biologie mit freier Einwilligung des Betroffenen und nach dessen vorheriger Aufklärung vorgenommen werden dürfen.

104 Problematisch gestalten sich die rechtlichen Herausforderungen von Biobanken. Biobanken dienen der biomedizinischen Forschung, indem verschiedene Körpermaterialien, Gewebeproben etc dort gesammelt, untersucht, analysiert und anschließend vergleichend ausgewertet werden. Für den Spender verfolgt die Biobank keinen unmittelbaren Nutzen, da die Archivierung und Auswertung der gewonnenen Daten vorrangig dem Forschungszweck dient. Eine individuelle Rückmeldung bleibt idR aus[344]. Zwar ergibt sich aus dem Persönlichkeitsrecht des Spenders, dass dieser bezüglich der Nutzung seines Körpermaterials die Befugnis behält[345], eine ausdrückliche Regelung hierzu fehlt jedoch. Die rechtlichen Aspekte von Biobanken (ausschließlich) über das Datenschutzrecht zu lösen, erweist sich ebenfalls als unbefriedigend, da die DSGVO im Zusammenspiel mit dem BDSG keine speziellen Regelungen für die Forschung bereithält. Einerseits werden genetische Daten als besonders sensibel geschützt und ihre Verwendung nur bei Einwilligung oder spezieller gesetzlicher Gestattung erlaubt, vgl DSGVO Art 9[346], andererseits enthalten die datenschutzrechtlichen Gesetze nur allgemeine Vorschriften[347]. Anforderungen an den

---

338 Koch, Das Biobankgeheimnis Schutz der Persönlichkeitsrechte in der biomedizinischen Forschung, S 103.
339 Fleischer/Schickhardt/Taupitz/Winkler MedR 2016, 481, 482.
340 Fleischer/Schickhardt/Taupitz/Winkler MedR 2016, 481, 482.
341 Beyerbach Deutsches Ärzteblatt 2019, A 1854; Beyerbach, in: Juristische Aspekte von Genomanalysen in der Forschung, Sommertagung des Arbeitskreises medizinischer Ethikkommissionen, 20.6.2019.
342 DSGVO Art 89 Abs 1 Satz 2, 3: „Mit diesen Garantien wird sichergestellt, dass technische und organisatorische Maßnahmen bestehen, mit denen insbesondere die Achtung des Grundsatzes der Datenminimierung gewährleistet wird. Zu diesen Maßnahmen kann die Pseudonymisierung gehören, sofern es möglich ist, diese Zwecke auf diese Weise zu erfüllen."
343 DSGVO Erwägungsgrund 161 „Einwilligung zur Teilnahme an klinischen Prüfungen".
344 Bekanntmachung der Bundesärztekammer, Deutsches Ärzteblatt 2017, 114 (50): A-2434/B-2018/C-1972.
345 Bekanntmachung der Bundesärztekammer, Deutsches Ärzteblatt 2017, 114 (50): A-2434/B-2018/C-1972.
346 Beyerbach Deutsches Ärzteblatt 2019, A 1854; Beyerbach, in: Juristische Aspekte von Genomanalysen in der Forschung, Sommertagung des Arbeitskreises medizinischer Ethikkommissionen, 20.6.2019.
347 Koch, Das Biobankgeheimnis Schutz der Persönlichkeitsrechte in der biomedizinischen Forschung, S 103.

Schutz der Persönlichkeitsrechte im Zusammenhang mit Biobanken fehlen dabei gänzlich[348]. Weiterhin gilt für die Datenverarbeitung der Grundsatz der Zweckbestimmung, welcher die Verwendung vorhandener Daten für andere Zwecke grundsätzlich ausschließt und dies verträgt sich offensichtlich nur schwer mit dem Gedanken einer Biobank, die gerade eine Datensammlung „auf Vorrat" darstellt[349]. Andererseits betont die DSGVO, dass eine Verwendung von Daten für die Forschung nach DSGVO Art 5 Abs 1 lit b nicht als Zweckänderung gelten solle. DSGVO Art 89 enthält eine Öffnungsklausel, die es dem Gesetzgeber erlaubt, die Verwendung vorhandener Daten für Forschungszwecke nach nationalen Vorschriften zuzulassen[350]. Im Weiteren ist nach BDSG § 34 die Verweigerung der Auskunft über die Daten des Betroffenen geregelt.

Daraus resultierend wird ein Biobankgesetz, zumindest aber konkrete gesetzliche Regelungen hierzu benötigt[351]. Diese(s) werden/wird insbesondere die derzeit fehlenden Regelungen für die Rückmeldung sog Zufallsbefunde an den Betroffenen beinhalten müssen[352]. Hierzu gehören bspw je nach genetischer Disposition erhöhte Wahrscheinlichkeiten, eine bestimmte Krankheit zukünftig zu bekommen. Gesetzgebungsvorschläge hierzu gab es bereits[353], ebenso wie zu einem Humanforschungsgesetz. Grundsätzlich sollte, wie es im Medizinrecht üblich ist, sowohl der Patient als auch der Proband ein Recht auf Einblick in die Unterlagen bekommen und Kopien aller ihn betreffenden Papiere aus der Forschung verlangen können[354]. Da ein Großteil genetischer Erkrankungen derzeit noch unbekannt ist und sich durch zukünftige Forschungserkenntnisse wichtige Rückmeldungen für die Patienten ergeben dürften, wäre es umso erforderlicher, dass die Patienten oder Probanden auf deren Mitteilung einen Anspruch eingeräumt bekommen. Denn obwohl das Selbstbestimmungsrecht als auch das Datenschutzrecht grds einen Anspruch auf Auskunft über vorliegende Befunde gewähren, sofern dies mit verhältnismäßigem Aufwand möglich ist, können nach derzeitiger Rechtslage die aus der Forschung gewonnenen Daten gegenüber dem Betroffenen legitim verschlossen bleiben wie auch die Rückmeldung von Zufallsbefunden unterlassen werden.

b) **Eigentum an Forschungsdaten.** Eine andere Frage ist, wer Eigentum an den erhobenen Forschungsdaten erlangt. Grundsätzlich kann davon ausgegangen werden, dass der Leiter einer klinischen Prüfung hinsichtlich von Arzneimitteln oder Medizinprodukten Eigentümer der angefertigten Probandenunterlagen wird[355]. An den Materialien kann bspw ein Doktorand, aber auch ein anderer Mitarbeiter, der in den Bearbeitungsprozess eingeschaltet ist, nach § 950 durch Umbildung und Verarbeitung Eigentum erwerben[356]. Ausgeschlossen ist dies nur für die Angestellten und/oder Beamten, zu deren Aufgaben es gehört, wissenschaftliche Dienstleistungen zu erbringen[357]. Denn akademische Mitarbeiter sind aufgrund eines Arbeits- oder Dienstverhältnisses verpflichtet, wissenschaftliche Arbeitsleistungen zu erbringen[358]. Somit wird dann der Arbeitgeber Eigentümer der Ergebnisse, auch der verkörperten Daten[359]. Eine eigene Befugnis zur Verwertung steht den Mitarbeitern daraus jedenfalls nicht zu[360].

3. **Einsichtnahme im Rahmen der Lehranalyse.** Nach der Rspr des BGH besteht auch im Fall einer Lehranalyse eine Nebenpflicht aus dem Vertrag, aufgrund derer die Einsicht in die vorgenommenen Aufzeichnungen verlangt werden kann[361]. Dies sei unabhängig davon, dass eine

---

348 Koch, Das Biobankgeheimnis Schutz der Persönlichkeitsrechte in der biomedizinischen Forschung, S 103.
349 Beyerbach Deutsches Ärzteblatt 2019, A 1854; Beyerbach, Juristische Aspekte von Genomanalysen in der Forschung, Sommertagung des Arbeitskreises medizinischer Ethikkommissionen, 20.6.2019.
350 Beyerbach Deutsches Ärzteblatt 2019, A 1854.
351 Beyerbach Deutsches Ärzteblatt 2019, A 1854.
352 Vgl ausführlich hierzu Fisher/Achilles/Tönnies/Schmidtke Bundesgesundheitsbl 2015, 58, 166, 167 ff, 172, 173.
353 BT-Drucks 17/2620, 9.
354 Deutsch/Spickhoff, MedR-HdB⁷, Rz 1357; vgl EGMR (Große Kammer), Urt v 19.10.2005; NJW 2007, 1363; EGMR (Große Kammer), Gillberg v Sweden, Urt v 3.4.2012 (Appl no 41723/06), MedR 2013, 100.
355 Lippert, Wem gehören Daten, die im Rahmen von Forschungsprojekten gewonnen werden?, in: Medizin und Haftung, Ahrens/von Bar/Fischer/Spickhoff/Taupitz (Hrsg), Festschr für Erwin Deutsch zum 80. Geburtstag, 363 ff.
356 Lippert, Wem gehören Daten, die im Rahmen von Forschungsprojekten gewonnen werden?, in: Medizin und Haftung, Ahrens/von Bar/Fischer/Spickhoff/Taupitz (Hrsg), Festschr für Erwin Deutsch zum 80. Geburtstag, 363 ff.
357 Lippert, Wem gehören Daten, die im Rahmen von Forschungsprojekten gewonnen werden?, in: Medizin und Haftung, Ahrens/von Bar/Fischer/Spickhoff/Taupitz (Hrsg), Festschr für Erwin Deutsch zum 80. Geburtstag, 363 ff.
358 Lippert, Wem gehören Daten, die im Rahmen von Forschungsprojekten gewonnen werden?, in: Medizin und Haftung, Ahrens/von Bar/Fischer/Spickhoff/Taupitz (Hrsg), Festschr für Erwin Deutsch zum 80. Geburtstag, 363 ff.
359 Lippert, Wem gehören Daten, die im Rahmen von Forschungsprojekten gewonnen werden?, in: Medizin und Haftung, Ahrens/von Bar/Fischer/Spickhoff/Taupitz (Hrsg), Festschr für Erwin Deutsch zum 80. Geburtstag, 363 ff.
360 Lippert, Wem gehören Daten, die im Rahmen von Forschungsprojekten gewonnen werden?, in: Medizin und Haftung, Ahrens/von Bar/Fischer/Spickhoff/Taupitz (Hrsg), Festschr für Erwin Deutsch zum 80. Geburtstag, 363 ff.
361 BGH, Urt v 7.11.2013 – III ZR 54/13, VersR 2014, 503, 15; MünchKomm⁸/Wagner, § 630g Rz 41.

Dokumentationspflicht für die Durchführung der Lehranalyse nicht bestünde[362]. Da sich aber Lehranalyse und therapeutische Analyse inhaltlich und methodisch weitgehend entsprechen und der Sinn der Dokumentation darin besteht, den Verlauf psychotherapeutischer Prozesse festzuhalten, liegt es nahe, dass auch Dokumentationen über Lehranalysen, sofern sie erfolgen, höchst sensible Informationen aus den intimsten Bereichen des Lehranalysanden zum Gegenstand haben[363]. Für die Frage eines Anspruchs auf Einsichtnahme kommt es nicht darauf an, ob die Daten zur Weitergabe an Dritte bestimmt sind. Zwar sind die Ziele einer Lehranalyse und Psychoanalyse nicht gleich, da letztere auf eine Behandlung gerichtet ist. Die Durchführung unterscheidet sich jedoch nicht und deshalb besteht wie bei der Psychoanalyse ein gleichgerichtetes Interesse auf Einsichtnahme in die geführte Dokumentation[364]. Auch bei der Lehranalyse ist es nicht von vornherein ausgeschlossen, dass es zu Fehlern bei der Lehranalyse kommt, die unter Umständen Schadensersatzansprüche des Lehranalysanden nach sich ziehen könnten. Allerdings ist den berechtigten Persönlichkeitsinteressen des Behandlers durch Unkenntlichmachung (Schwärzung) der die Persönlichkeitssphäre des Behandlers betreffenden Aufzeichnungen Rechnung zu tragen[365].

108   **4. Eigentumsverhältnisse von Körpermaterialien und das Ansichtsrecht des Patienten. – a) Zivilrechtlicher Grundgedanke.** Sowohl im Rahmen einer Behandlung als auch bei einer klinischen Prüfung etc können dem Patienten/Probanden, soweit dies für den jeweiligen Umstand erforderlich ist, Körpermaterialien entnommen werden. Die Patienten werden über die nötigen medizinischen Maßnahmen aufgeklärt, das Material entnommen und dieses zunächst für die Behandlung (auch genetisch) ausgewertet. Anders als der menschliche Körper als Gesamtgefüge, sind einzelne abgetrennte bzw entnommene Körpermaterialien wie Blut, Gewebe, Urin, Liquor eigentumsfähig[366]. Nach Trennung des Körpers verbleibt das Eigentum zunächst beim Patienten[367], denn mit der Trennung verwandelt sich die Herrschaft des Menschen über seinen Körper in entsprechender Anwendung des § 953 ipso facto in Eigentum[368]. Dieses wird aber in der Regel durch Übereignung gemäß § 929 Eigentum des Trägers des Krankenhauses, vorausgesetzt, es kommt zu einer ausdrücklichen oder konkludenten Einigung zwischen Patient und Krankenhausträger. Zudem kommt auch eine Übereignung durch Umbildung bzw Verarbeitung nach § 950 in Betracht[369]. Das Verfügungsrecht wird jedoch aufgrund des Persönlichkeitsrechts des Patienten determiniert, auch wenn dies aufgrund vorheriger Dereliktion des Patienten etwas konstruiert wirkt[370].

109   Patienten fordern ggf auch Zugang zu entnommenen Körperproben, wie etwa Abstrichen oder sonstigen histologischen Präparaten, um diese wiederholt gutachtlich nachbefunden zu lassen und um mögliche Befundungsfehler ausschließen zu wollen. Das Problem, wem aus dem Körper entnommenes lebendes Material gehört, in die Kategorien des Sachenrechts zu stellen, ist mit Ausnahme von normalen Körperbestandteilen, die bei einer Operation entfernt werden, ohne ausdrückliche Vereinbarung nicht zu lösen[371].

110   Regelmäßig müssen die Präparate dafür in ihrem Originalzustand an den Patienten oder vielmehr einen von ihm benannten Sachverständigen oder von ihm Bevollmächtigten herausgegeben werden, da ihre Reproduktion technisch nicht möglich ist. Stimmen in der Literatur lehnen eine Anwendung des § 630g auf Blut- und Gewebeproben sowie abgetrennte Körperteile ab und leiten stattdessen ein „Ansichtsrecht" aus einer vertraglichen Nebenpflicht her[372]. Das OLG München entschied sich für eine analoge Anwendung des § 811 Abs 1, ging allerdings nicht auf den Umstand ein, dass es sich bei den Präparaten nicht um klassische Aktenbestandteile handelt[373]. Das Gericht befand, dass dem Patienten ansonsten die Überprüfung möglicher ärztlicher Behandlungsfehler verwehrt oder unzumutbar erschwert würde[374]. Dabei sei aber das Eigentumsrecht des Arztes an den Präparaten zu beachten, sodass eine zeitweilige Überlassung der

---

362 Rehborn/Kern, in: Laufs/Kern/Rehborn, HdB ArztR[5], § 62 Rz 2.
363 BGH, Urt v 7.11.2013 – III ZR 54/13, VersR 2014, 503 Rz 15 f.
364 Jauernig[18]/Mansel, § 630g Rz 2b.
365 BGH, Urt v 7.11.2013 – III ZR 54/13, VersR 2014, 503, Rz 24 f; Vgl die Ausführungen zur Schwärzung der Unterlagen in MünchKomm[8]/Wagner, § 630g Rz 41.
366 Lippert, Wem gehören Daten, die im Rahmen von Forschungsprojekten gewonnen werden?, in: Medizin und Haftung, Ahrens/von Bar/Fischer/Spickhoff/Taupitz (Hrsg), Festschr für Erwin Deutsch zum 80. Geburtstag, 360.
367 Lippert, Wem gehören Daten, die im Rahmen von Forschungsprojekten gewonnen werden?, in: Medizin und Haftung, Ahrens/von Bar/Fischer/Spickhoff/Taupitz (Hrsg), Festschr für Erwin Deutsch zum 80. Geburtstag, 360.
368 Grüneberg[81]/Ellenberger, § 90 Rz 3.
369 Lippert, Wem gehören Daten, die im Rahmen von Forschungsprojekten gewonnen werden?, in: Medizin und Haftung, Ahrens/von Bar/Fischer/Spickhoff/Taupitz (Hrsg), Festschr für Erwin Deutsch zum 80. Geburtstag, 361.
370 Spranger NJW 2005, 1084, 1085, 1086.
371 Deutsch/Spickhoff, MedR-HdB[7], Rz 1356.
372 JurisPK-BGB[9]/Lafontaine, § 630g Rz 92.
373 Vgl OLG München, Urt v 6.12.2012 – 1 U 4005/12,- juris Rz 31 ff.
374 OLG München, Urt v 6.12.2012 – 1 U 4005/12,- juris Rz 31 ff.

Präparate nur erfolgen könne, wenn die Herausgabe zur Prüfung von Schadensersatzansprüchen unabdingbar sei, eine Herausgabe dem Arzt zumutbar wäre und von einer Rückgabe ausgegangen werden könne[375].

Allerdings bereitet es dogmatisch Schwierigkeiten, die Herausgabe von Körpermaterialien auf das Einsichtsrecht in die gesamte Patientenakte nach § 630g zu fassen, da diese Norm keinen Herausgabeanspruch darstellt[376]. Vertreten wird deshalb auch, dass Patienten ein Ansichtsrecht iRe vertraglichen Nebenpflicht nach § 241 Abs 2 besitzt[377]. **111**

Zumindest dürfte sich ein Herausgabeanspruch auf die Körpermaterialien gemäß § 809 ergeben, wonach die Besichtigung einer Sache verlangen kann, wer gegen ihren Besitzer einen Anspruch in Ansehung der Sache hat oder sich Gewissheit verschaffen will, ob ein solcher Anspruch für ihn besteht[378]. Hierfür ist es nur erforderlich, dass dieser Anspruch in irgendeiner Weise von Bestand oder Beschaffenheit der Sache abhängt[379] und dass es sich um eine vom Körper bereits abgetrennte Einheit nach § 90 Abs 3 handelt[380]. **112**

Hat der Patient vor, einen Schadensersatzanspruch gegen den Behandelnden geltend zu machen und hängt dieser davon ab, ob die streitgegenständlichen Präparate ordnungsgemäß ausgewertet wurden, ist die Ansicht dieser Präparate die einzige Möglichkeit, Gewissheit darüber zu erhalten, ob ihm ein solcher Anspruch in Anbetracht einer falschen Befundung zusteht[381]. Einschränkend wird man der Behandlungsseite aber wohl zuzugestehen haben, dass sie die Präparate nur an einen Empfänger herausgeben muss, bei der mit einem sachgerechten Umgang zu rechnen ist, wie etwa bei einem (Labor-)Arzt[382]. **113**

b) **Eigentum von Körpermaterialien bei medizinischer Forschung.** Bei der Entnahme und Verwendung von Körpermaterialien zu Forschungszwecken wird die Eigentumsfrage an diesen ebenfalls als strittig betrachtet[383]. Grund dafür ist, dass dabei nicht der Heilungsaspekt im Vordergrund steht. Folglich wird idR für die Entnahme eine ausdrückliche Einwilligung seitens des Probanden gefordert, welche auch als solche zu dokumentieren ist[384]. Vorhergehendes kann bspw mittels eines Übereignungsvertrags zwischen Proband und Klinik eingeholt werden[385]. Auch genügt der Behandlungs- oder Krankenhausaufnahmevertrag, soweit die Übereignung hinreichend deutlich aus dem Vertrag hervorgeht[386]. Der Einwilligung voraus gehen muss jedoch eine umfassende Aufklärung, die ebenso wirtschaftliche Aspekte einschließen muss[387]. Auch wenn hierzu gleichsam die Ansicht vertreten wird, dass es nicht eindeutig ist, ob das Klinikum oder das Labor, in dem eine Probe gelagert wird (Biobank), tatsächlich dadurch im zivilrechtlichen Sinne Eigentümer wird und keine sonstigen Ansprüche mehr an dem Probenmaterial bestehen[388], kann die Lösung der Problematik nur darüber erfolgen, dass für die Forschung in den entsprechenden Mustertexten zur Einwilligung eine ausdrückliche Übertragung des Eigentums an der Probe vorgesehen ist. Dies werden auch Kliniken in ihren Aufnahmebestimmungen so zu regeln haben. Auch die Zentrale Ethikkommission der Bundesärztekammer plädiert angesichts der Betroffenheit des Persönlichkeitsrechts für eine ausdrückliche Einwilligung seitens des Patienten/Betroffenen[389]. **114**

XII. Das postmortale Einsichtsrecht

1. **Einleitung.** Bei Erben und Angehörigen besteht in vielen Fällen ein Informationsbedürfnis, so dass diese an bestimmte Informationen, die womöglich in der Krankenakte vermerkt **115**

---

375 Bayer, Ärztliche Dokumentationspflicht und Einsichtsrecht in Patientenakten, S 99.
376 Bayer, Ärztliche Dokumentationspflicht und Einsichtsrecht in Patientenakten, S 99.
377 JurisPK-BGB[9]/Lafontaine, § 630g Rz 92.
378 Grüneberg[81]/Sprau, § 809 Rz 5.
379 Grüneberg[81]/Sprau, § 809 Rz 4.
380 Grüneberg[81]/Sprau, § 809 Rz 3.
381 Bayer, Ärztliche Dokumentationspflicht und Einsichtsrecht in Patientenakten, S 100.
382 Im Fall des dem Urteil des OLG München v 6.12.2012 – 1 U 4005/12,– juris, zugrunde liegenden Sachverhaltes war die Empfangsbotin die bevollmächtigte Anwältin der Klägerin, zitiert nach Bayer, Ärztliche Dokumentationspflicht und Einsichtsrecht in Patientenakten, S 100.
383 Lippert, Wem gehören Daten, die im Rahmen von Forschungsprojekten gewonnen werden?, in: Medizin und Haftung, Ahrens/von Bar/Fischer/Spickhoff/Taupitz (Hrsg), Festschr für Erwin Deutsch zum 80. Geburtstag, 361.
384 Kern, in: Laufs/Kern/Rehborn, HdB ArztR[5], § 131 Rz 88.
385 Lippert, Wem gehören Daten, die im Rahmen von Forschungsprojekten gewonnen werden?, in: Medizin und Haftung, Ahrens/von Bar/Fischer/Spickhoff/Taupitz (Hrsg), Festschr für Erwin Deutsch zum 80. Geburtstag, 361.
386 Bekanntmachung der Bundesärztekammer, Deutsches Ärzteblatt 2017, 114(50): A-2434/B-2018/C-1972.
387 Kern, in: Laufs/Kern/Rehborn, HdB ArztR[5], § 131 Rz 88.
388 Vgl Spranger NJW 2005, 1084 für die Entnahme von Körpermaterialien, bei welcher idR davon ausgegangen werden kann, dass der Patient sein Eigentum an den Materialien aufgibt und dem Arzt/Krankenhaus zumindest konkludent übereignet; das Verfügungsrecht des Arztes/der Klinik wird allerdings durch das Persönlichkeitsrecht des Patienten determiniert.
389 Zentrale Ethikkommission der BÄK, Deutsches Ärzteblatt 2003, 100(23): A-1632.

sind, gelangen möchten[390]. Die Einsichtnahme in die Krankenunterlagen soll häufig der Klärung dienen, ob etwa ein Behandlungsfehler des Arztes zu Lebzeiten des Patienten vorlag und somit Schadensersatzansprüche gegen den Arzt begründet sein könnten[391]. Zudem können sich in der Krankenakte auch Hinweise auf die Geschäftsfähigkeit des Erblassers ergeben, bspw wenn Erben die Rechtsgültigkeit einer Heirat des Erblassers auf dem Sterbebett anzweifeln, oder die Testierfähigkeit des Erblassers zum Zeitpunkt der Errichtung seines Testaments[392].

116 Nach dem Versterben des Patienten, können dessen Erben und nächste Angehörige Einsicht in die Patientenakte verlangen, § 630g Abs 3. Dieses Einsichtsrecht kann aber mit der ärztlichen Schweigepflicht kollidieren, die über den Tod des Patienten hinaus Wirkung entfaltet, StGB § 203 Abs 5. Ein Recht zur Einsichtnahme ist daher ausgeschlossen, soweit der ausdrückliche oder mutmaßliche Wille des Patienten entgegensteht, § 630g Abs 3 Satz 3[393].

117 Nach der Rspr des BGH obliegt dem behandelnden Arzt die Prüfung des Patientenwillens. Ihm steht dabei ein Ermessen zu, das nur begrenzt gerichtlich überprüfbar ist. Der Arzt muss darlegen, unter welchen allgemeinen Gesichtspunkten er sich durch die Schweigepflicht an der Offenlegung der Unterlagen gehindert sieht[394]. Auf Basis einer uneindeutigen Tatsachengrundlage wäre die Gewährung der Einsichtnahme in die Akte durch die Erben oder Angehörigen eine Verletzung der Schweigepflicht und damit seitens des Arztes das Risiko der Strafverfolgung gemäß StGB § 203 eingegangen worden.

118 **2. Durch Erben und nahe Angehörige gemäß § 630g Abs 3**. Die ärztliche Schweigepflicht gilt grundsätzlich auch über den Tod des Patienten hinaus, MBO-Ä § 9 Abs 1, StGB § 203 Abs 4, Abs 5. Mit dem Tod des Patienten endet zwar die ärztliche Schweigepflicht als solche, jedoch greift ab diesem Moment unverzüglich zugunsten des verstorbenen Patienten sein sog „postmortales Persönlichkeitsrecht" aus GG Art 2 Abs 1 iVm Art 1 Abs 1 ein. Weder die Erben noch andere nahe Angehörige des Patienten können den schweigepflichtigen Arzt als Berufsgeheimnisträger davon entbinden, denn die Entbindungsberechtigung ist als höchstpersönliches Recht gerade nicht vererblich[395]. StGB § 203 Abs 4 stellt dementsprechend den unbefugten ärztlichen Geheimnisverrat unter Strafe, gerade dann, wenn er nach dem Tod des Patienten begangen wird. Nach der Novellierung des StGB wurde der postmortale Geheimnisschutz auch auf die Person von Geheimnisträgern ausgeweitet gem StGB § 203 Abs 4 Satz 2 Nr 3[396]. Nach StGB § 203 Abs 5 ist strafbar, wer das Geheimnis nach dem Tod des Betroffenen unbefugt offenbart[397].

119 Das Recht des verstorbenen Patienten auf Wahrung seiner Geheimnisse über den Tod hinaus wurde frühzeitig durch den BGH entwickelt[398]. Nach der Rspr des BGH ist der mutmaßliche Willen des Verstorbenen zur Publikmachung maßgeblich für alle dem Behandler anvertrauten Aspekte im Rahmen dessen ärztlicher Behandlung[399]. Die frühere zur sog „postmortalen Schweigepflicht", also zum Einsichtsrecht Dritter nach dem Tod des Patienten bestehende Rspr ist mit dem Inkrafttreten des Patientenrechtegesetzes gemäß § 630g Abs 3 normiert worden. Seit Inkrafttreten des § 630g Abs 3 stehen im Fall des Todes des Patienten, die Einsichtnahmerechte aus § 630g Abs 1 und 2 seinen Erben mittels Nachweis durch Erbschein (zumindest der Kopie des Erbscheins[400]) oder ggf auch den nächsten Angehörigen zur Wahrnehmung der vermögensrechtlichen Interessen bspw Geltendmachung von Schadensersatzansprüchen aus Arzthaftung oder von Versicherungs- oder Rentenansprüchen zu.

120 § 630g Abs 3 Satz 1 gewährt das Einsichtsrecht in die Patientenakte zunächst zu Gunsten der Erben. Den Erben steht ein Anspruch auf Einsicht in die Patientenakte nach § 630g Abs 3 Satz 1 iVm § 1922 Abs 1 dann zu, wenn sie vermögensrechtliche Interessen geltend machen[401].

121 Die Rechte aus § 630g Abs 1 und 2 stehen nach § 630g Abs 3 Satz 2 weiterhin den nächsten Angehörigen des Patienten zu. Das BGB definiert den Begriff des Angehörigen nicht. Das Strafrecht (StGB § 11 I Nr 1 lit a) definiert als solche Verwandte (§ 1589) und Verschwägerte gerader Linie (§ 1590), Ehegatten (§ 1303 ff), Lebenspartner (LPartG § 1), Verlobte (§ 1297 ff), Geschwis-

---

390 Hess ZEV 2006, 479, 479.
391 Hess ZEV 2006, 479.
392 Hess ZEV 2006, 479.
393 Grüneberg[81]/Weidenkaff, § 630g Rz 3.
394 BGH, Urt v 26.2.2013 – VI ZR 359/1111, VersR 2013, 648.
395 Rehborn/Kern, in: Laufs/Kern/Rehborn, HdB ArztR[5], § 62 Rz 9.
396 Giring, in: Ratzel/Luxenburger (Hrsg), Handbuch Medizinrecht, 10. Verletzung der ärztlichen Schweigepflicht, Rz 136.
397 Giring, in: Ratzel/Luxenburger (Hrsg), Handbuch Medizinrecht, 10. Verletzung der ärztlichen Schweigepflicht, Rz 136.
398 BGH, Urt v 14.5.2002 – VI ZR 220/01, NJW 2002, 2317 ff.
399 BGH, Urt v 31.5.1983 – VI ZR 259/81, Ergänzung zu BGH, Urt v 23.11.1982 – VI ZR 222/79, BGHZ 85, 327.
400 Halbe Deutsches Ärzteblatt 2017, 114 (4): A-178/B-160/C-160.
401 Vgl OLG München, Urt v 9.10.2008 – 1 U 2500/08, NStZ 2013, 151 = MedR 2009, 49 ff.

ter (§ 1589), Ehegatten oder Lebenspartner der Geschwister, Geschwister der Ehegatten oder Lebenspartner, und zwar auch dann, wenn die Ehe oder die Lebenspartnerschaft, welche die Beziehung begründet hat, nicht mehr besteht oder wenn die Verwandtschaft oder Schwägerschaft aufgelöst wurde (§ 1590 Abs 2, LPartG § 11 Abs 2), ferner (StGB § 11 I Nr 1 lit b) Pflegeeltern und -kinder (zu den Angehörigen iSd StPO § 52 Abs 1)[402]. Es erscheint sachgerecht, diese Auslegung und unter Verweisung auf StGB § 77 Abs 2[403] auch bei Abs 3 Satz 2 entsprechend heranzuziehen[404]. Mit dem Hinweis auf die „nächsten" Angehörigen grenzt der Gesetzgeber den Kreis auf diese ein, setzt innerhalb dieses Kreises aber eine Hierarchie: Entfernte Angehörige wie bspw Lebenspartner der Geschwister des Verstorbenen werden durch dessen nähere Angehörige wie bspw dessen Ehepartner, Eltern oder Kinder verdrängt[405]; dies ist allerdings nicht unstrittig[406]. Im Ergebnis steht jedem von mehreren gleich nahen Angehörigen der Anspruch für sich zu; eine gesamthänderische Geltendmachung ist hingegen nicht erforderlich[407].

Das Einsichtsrecht der Angehörigen ist begrenzt auf deren immaterielle Interessen. Ein solches **122** kann in dem Strafverfolgungsinteresse nach StGB § 205 Abs 2 Satz 1 gesehen werden[408]. Gem StGB § 77 Abs 2 steht den dort genannten nahen Angehörigen ein Antragsrecht zu[409]. Hierzu gehören alle Rechte, die ihre Grundlage im Persönlichkeitsrecht des Verstorbenen haben, so bei Angriffen auf den sog Achtungsanspruch des Verstorbenen[410]. Dazu zählt bspw die Klärung des Vorliegens einer Erbkrankheit ebenso wie die Feststellung einer Vaterschaft, nicht aber das Recht zur Geltendmachung von Schmerzensgeld, da es sich hierbei zwar um einen immateriellen Schaden handelt, damit gleichwohl aber materielle Interessen verfolgt werden[411]. Auf die Erben geht das Antragsrecht über, soweit es zu einer Verletzung von Privatgeheimnissen gekommen ist, die nicht zum persönlichen Bereich des Verletzten gehören[412].

Anders als das Einsichtsrecht zur Wahrnehmung wirtschaftlicher Interessen ist das Recht zur **123** Wahrnehmung immaterieller Interessen nicht vererblich, da höchstpersönlich. Ein Einsichtsrecht weiterer Personen ist durch das Patientenrechtegesetz nicht vorgesehen[413]. Auch bei den aufgezählten Angehörigen ist erforderlich, dass ein persönliches Näheverhältnis zum Patienten besteht[414]. Die Beweislast für das Vorliegen eines solchen nahen Verhältnisses liegt bei dem jeweiligen Angehörigen[415].

Nach der seitens des BGH[416] vertretenen Auffassung war idR davon auszugehen, dass der **124** verstorbene Patient eine Offenbarung gegenüber den Erben oder Angehörigen gewünscht hätte, so dass von einer mutmaßlichen Einwilligung auszugehen sei. Als Gründe werden in diesem Kontext genannt, dass der Verstorbene mutmaßlich eine ordnungsgemäße Klärung seines Nachlasses inklusive seiner Testierfähigkeit[417], die Geltendmachung von Ansprüchen aus Behandlungsfehlern oder den Schutz seiner postmortalen Persönlichkeitsrechte befürwortet hätte. Nur in Ausnahmefällen sollte von einer mutmaßlichen Ablehnung des Verstorbenen auszugehen sein.

Der Arzt muss demzufolge gemäß § 630g Abs 3 Satz 2 prüfen, ob die Einsichtnahme in **125** Unterlagen dem ausdrücklichen oder mutmaßlichen Willen des Verstorbenen entsprechen könnte. Der Arzt wird meistens bloß mündliche Äußerungen des Patienten vorbringen können, aus denen sich der Schluss auf dessen tatsächlichen Willen oder einen entgegenstehenden Willen ergeben könnte[418]. Dem Behandler steht bei der Prüfung des Patientenwillens ein Ermessen zu, das begrenzt gerichtlich überprüfbar ist[419]. Der Behandler muss darlegen, unter welchen Gesichtspunkten er sich durch die Schweigepflicht an der Offenlegung der Unterlagen gehindert

---

402 Erman[16]/Rehborn/Gescher, § 630g Rz 22.
403 JurisPK-BGB[9]/Lafontaine, § 630g Rz 32; BeckOK-BGB/Katzenmeier, Stand: 1.5.2022, § 630g Rz 18; dies entspricht so auch dem von der Literatur argumentierten Einsichtsrecht nach altem Recht gemäß StGB § 77 Abs 2, 194, 205 Abs 2.
404 BeckOK-BGB/Katzenmeier, Stand: 1.5.2022, § 630g Rz 18.
405 JurisPK-BGB[9]/Lafontaine, § 630g Rz 33.
406 VG Freiburg, Urt v 29.10.2015 – 6 K 2245/14, MedR 2017, 252, 254 m Anm Bayer Recht & Psychiatrie 2016, 209, 210.
407 Erman[16]/Rehborn/Gescher, § 630g Rz 22.
408 Erman[16]/Rehborn/Gescher, § 630g Rz 23.
409 BeckOK StGB/Dallmeyer, Stand: 1.2.2022, § 77 Rz 15.
410 Erman[16]/Rehborn/Gescher, § 630g Rz 23.
411 Erman[16]/Rehborn/Gescher, § 630g Rz 23; aA VG Freiburg, Urt v 29.10.2015 – 6 K 2245/14, MedR 2017, 252, 254.
412 Ausnahmen bei Schönke/Schröder[30]/Bosch, § 77 Rz 13.
413 Spickhoff/Spickhoff, MedR-Komm[3], § 630g Rz 9.
414 Spickhoff/Spickhoff, MedR-Komm[3], § 630g Rz 9.
415 Spickhoff/Spickhoff, MedR-Komm[3], § 630g Rz 9.
416 Zur Akteneinsicht beim verstorbenen Patienten BGH, Urt v 31.5.1983 – VI ZR 259/81, NJW 1983, 2627, 2629.
417 BGH, Urt v 31.5.1983 – VI ZR 259/81, NJW 1983, 2627, 2629.
418 Houben, in: Jorzig, HdB-ArztHaftR[2], Teil I Kapitel 4, Rz 93 ff.
419 BGH, Urt v 26.2.2013 – VI ZR 359/11 11, MDR 2013, 653 = VersR 2013, 648.

sieht[420]. Hierfür muss der Behandler nachvollziehbar vortragen, dass sich seine Weigerung auf konkrete oder mutmaßliche Belange des Verstorbenen stützt[421].

126 Kommt es mit den Erben oder nahen Angehörigen zum Streit, muss der Arzt den entgegenstehenden Willen des Verstorbenen beweisen. Das kann er bestenfalls per Vorlage einer geeigneten schriftlichen Erklärung des Verstorbenen[422]. Gleichfalls ist der Beweis mittels eines glaubwürdigen Zeugen möglich[423]. Eine Verweigerung der Einsichtnahme ist ebenso möglich, wenn der inzwischen verstorbene Patient mit der Haftpflichtversicherung des Arztes oder Klinikträgers einen außergerichtlichen Abgeltungsvergleich geschlossen hat; die Erben nach dem Tod aber vermögensrechtliche Interessen verfolgen und daher Einsicht begehren[424].

127 Machen Erben im Namen des Verstorbenen Vermögensinteressen geltend, wird man auf einen entgegenstehenden mutmaßlichen Willen des Erblassers kaum rückschließen können[425], denn „es ist im Sinne des verstorbenen Patienten, eine etwaige Testierunfähigkeit nicht geheim zu halten"[426]. Der BGH legt dies so aus, dass das Interesse eines Erblassers nicht dahingeht, dass seine Testierunfähigkeit geheim bleibt, sondern sein wohl verstandenes Interesse besteht darin, dass die allgemeinen Vorschriften zum Schutz einer testierunfähigen Person nicht durch die ärztliche Schweigepflicht unterlaufen werden[427]. Bei der Geltendmachung immaterieller Interessen anhand naher Verwandter ist die Sachlage unklarer. Wer sich hier als Arzt auf den entgegenstehenden Willen des Verstorbenen berufen möchte, muss Anhaltspunkte darlegen, aus denen sich jener Wille auch tatsächlich ergibt, ohne währenddessen bereits die geheimhaltungsbedürftige Tatsache zu offenbaren.

128 Der BGH hat darauf hingewiesen, dass die Darlegungspflicht des Arztes nicht zur Aushöhlung der bezweckten Geheimhaltung führen darf[428]. Grundsätzlich könne der Arzt davon ausgehen, dass es dem mutmaßlichen Willen seines verstorbenen Patienten entspricht, einem rechtmäßigen Erben die für die Geltendmachung dessen vermögensrechtlicher Ansprüche erforderlichen Informationen zu erteilen[429]. Auch die Klärung der Frage, ob ein Behandlungsfehler ursächlich für das Ableben des Patienten war, wurde als grundsätzlich im Interesse des Verstorbenen und damit seinem mutmaßlichen Willen entsprechend anerkannt[430]. Gleiches gilt für die Aufklärung einer Straftat, und die Frage, ob der Patient einer Straftat zum Opfer gefallen ist. Anhaltspunkte, die eher gegen eine Offenbarung sprechen, sind anvertraute Tatsachen, deren Offenbarung dem Verstorbenen zu Lebzeiten möglicherweise unangenehm gewesen oder geeignet sind, sein postmortales Andenken zu schädigen.

129 Bei Zweifeln über den mutmaßlichen Willen hat der Behandler in eigener Verantwortung und mit einem gerichtlich nur eingeschränkt überprüfbaren Entscheidungsspielraum aufgrund der ihm bekannten Umstände den mutmaßlichen Willen zu eruieren[431]. Um sachfremde Erwägungen bei der Gewissensentscheidung des Arztes auszuschließen, muss er vertretbare Bedenken anbringen, die substantiiert Rückschlüsse auf den Wunsch des verstorbenen Patienten nach postmortaler Verschwiegenheit belegen. Diese Darlegung der Verweigerungsgründe kann aber nur in einem allgemeinen Rahmen erörtert werden, um zu verhindern, dass die ärztliche Schweigepflicht nicht dadurch bereits unterlaufen wird. Mitunter ergibt eine sorgfältige Prüfung, dass nach dem mutmaßlichen Willen einige anvertraute Tatsachen der Schweigepflicht und andere dieser wiederum nicht unterliegen. Die konkreten Umstände des Einzelfalls sind für eine substan-

---

420 BGH, Urt v 26.2.2013 – VI ZR 359/11 11, MDR 2013, 653 = VersR 2013, 648.
421 BGH, Urt v 26.2.2013 – VI ZR 359/11 11, MDR 2013, 653 = VersR 2013, 648.
422 Formulierungsvorschläge einer entsprechenden Erklärung bei Müller ZEV 2014, 401, 404.
423 Grundlage für die Beurteilung der Zuverlässigkeit („Glaubhaftigkeit") von Zeugen vor Gericht ist in erster Linie die Aussagepsychologie vgl BGHSt, Urt v 22.1.1998 – 4 StR 100/97, NStZ 1998, 336; BGHSt, Urt v 3.11.1987 – VI ZR 95/87, MDR 1988, 307; BeckOK ZPO/Scheuch, Stand: 1.9.2021, § 373 Rz 36: „Weder die (vermutete) Unfähigkeit zur Beobachtung, Erinnerung und Wiedergabe, noch die Interessengebundenheit, noch gar die Inhaberschaft des streitbefangenen Rechts schließen eine Person von der Zeugenschaft aus"; Attribute wie Zuverlässigkeit und Unzuverlässigkeit müssen gleichermaßen anhand der aussagepsychologisch gesicherten Kriterien geprüft und begründet werden, OLG Karlsruhe 14.11.1997 – 10 U 169/87, NJW-RR 1998, 789, 790; vgl Prechtel, Die Bedeutung der Glaubwürdigkeit und des persönlichen Eindrucks für die Beweiswürdigung, http://www.zjs-online.com/dat/artikel/2017_4_1134.pdf, zuletzt abgerufen am 31.10.2021.
424 Houben, in: Jorzig, HdB-ArztHaftR², Teil I Kapitel 4, Rz 92.
425 AG Augsburg, Urt v 17.7.2013 – VI 1163/12, FamRZ 2014, 882; nachfolgend OLG München, Urt v 6.7.2017 – 31 Wx 409/16 Kos, NJW-RR 2017, 1277; vgl BGH, Beschl v 4.7.1984 – IV a ZB 18/83, NJW 1984, 2893.
426 AG Augsburg, Urt v 17.7.2013 – VI 1163/12, FamRZ 2014, 882; nachfolgend OLG München, Urt v 6.7.2017 – 31 Wx 409/16 Kos, NJW-RR 2017, 1277.
427 Vgl BGH, Beschl v 4.7.1984 – IV a ZB 18/83, NJW 1984, 2893 ff.
428 BGH, Urt v 31.5.1983 – VI ZR 259/81, NJW 1983, 2627, 2629.
429 BGH, Beschl v 4.7.1984 – IV a ZB 18/83, NJW 1984, 2893 ff.
430 BGH, Urt v 31.5.1983 – VI ZR 259/81, NJW 1983, 2627.
431 OLG München, Urt v 9.11.2006 – 1 U 2742/06, -juris Rz 21.

tiierte Begründung durch den Arzt entscheidend, wobei dieses Prozedere einer „Quadratur des Kreises"[432] gleichkommt.

Eine mutmaßliche Einwilligung ist ein anerkannter Rechtfertigungsgrund zum Bruch der **130** ärztlichen Schweigepflicht nach StGB § 203[433]. Sollte der Arzt sein Schweigen brechen, weil er irrtümlich von einer mutmaßlichen Einwilligung des verstorbenen Patienten ausgegangen ist, kann von einem Erlaubnistatbestandsirrtum ausgegangen werden. In analoger Anwendung von StGB § 16 entfällt der Vorsatz[434]. Eine Fahrlässigkeit bleibt zwar unberührt, aber ein fahrlässiger Verstoß gegen StGB § 203 ist nicht strafbar.

In der Literatur wird ausgeführt, dass der Nachweis einer mutmaßlichen Einwilligung „regel- **131** mäßig Schwierigkeiten bereitet"[435]. Bei der Bewertung des Nachweises werden unterschiedliche, teilweise auch konträre, Auffassungen vertreten[436]. Der Bayerische VerfGH hat in einer Entscheidung aus 2011[437] ausgeführt, dass die Wahrung der ärztlichen Schweigepflicht einer Offenlegung der Behandlungsunterlagen nur dann entgegenstünde, „wenn eine ausdrückliche Einwilligung des Patienten fehlt und der Arzt bei gewissenhafter Prüfung aller Umstände – zu denen auch das Anliegen der die Einsicht begehrenden Person gehört – zu dem Ergebnis kommt, dass der Verstorbene die vollständige oder teilweise Offenlegung der Krankenunterlagen gegenüber seinen Hinterbliebenen missbilligt hätte"[438].

Zudem können Behandler bei Erbstreitigkeiten zwischen die Fronten geraten. Sowohl die **132** Geschäfts- und Testierfähigkeit[439] zur Testamentsanfechtung als auch anrechenbare Pflegeleistungen der betreuenden Abkömmlinge spielen eine Rolle. Zur gerichtlichen Klärung wird der Arzt, von dem sich eine Prozesspartei einen für sie günstigen Ausgang erhofft, als Zeuge benannt. Während eine Seite eine Offenbarung genau dieser dem Arzt im Rahmen seiner Berufstätigkeit bekanntgewordenen und anvertrauten Tatsachen[440] verlangt, hofft die andere Seite unter Hinweis auf die ärztliche Schweigepflicht, dass der Arzt sich an die postmortale Schweigepflicht halten werde.

Ist der Arzt von dem verstorbenen Patienten zu Lebzeiten oder nach dessen Tod mutmaßlich **133** von der ärztlichen Schweigepflicht entbunden, besteht nach StPO § 53 Abs 2 Satz 1 oder ZPO § 385 Abs 2 kein Zeugnisverweigerungsrecht. Beruft sich der Arzt auf sein Zeugnisverweigerungsrecht, so muss er die Begründung glaubhaft darlegen, ZPO § 386 Abs 1. Über die Rechtmäßigkeit kann in einem Zwischenstreit gemäß ZPO § 387 entschieden werden.

Ein solcher Streit vor dem OLG Koblenz[441] wurde einem Behandler als vorgeladenem Zeugen **134** zum Verhängnis, da er als Zeuge die Kosten des Zwischenstreits zu tragen hatte. In dem Rechtsstreit erhob der Sohn der Verstorbenen als Kläger einen Anspruch auf einen Pflichtteil aus dem Erbe seiner Mutter gegenüber seiner Schwester, der Beklagten. Die Tochter machte einen finanziellen Ausgleich geltend, da sie die Verstorbene gepflegt habe. Über den Umfang, die Art und Weise der Pflegebedürftigkeit und die Erkrankungen der Verstorbenen wurde durch richterliche Vernehmung des Arztes Beweis erhoben. Der Arzt berief sich auf seine postmortale ärztliche Schweigepflicht und sein Zeugnisverweigerungsrecht. Dem wurde zunächst vom LG Trier[442] erstinstanzlich entsprochen. Auf die Beschwerde der Beklagten wurde das Zwischenurteil des LG Trier abgeändert und das Zeugnisverweigerungsrecht des Arztes für unrechtmäßig erklärt. Die Kosten des Zwischenstreits wurden daraufhin dem Behandler auferlegt[443].

Das VG Freiburg[444] entschied, dass die Einsichtnahme der Erben und nächsten Angehörigen **135** in die Patientenakten sich grundsätzlich in analoger Anwendung des § 630g Abs 3 bestimme und, dass das Anliegen der nicht Erbin gewordenen Mutter eines Patienten, durch Akteneinsicht weitere Aufschlüsse über dessen Todesursache und mögliche strafrechtliche Verantwortlichkeiten des Behandlungspersonals zu erhalten, ein immaterielles Interesse gemäß § 630g Abs 3 Satz 2

---

432 Kern MedR 2006, 205, 207.
433 BeckOK StGB/Weidemann, Stand: 1.2.2022, § 203 Rz 51.
434 StGB[69]/Fischer, § 16 Rz 2.
435 Müller ZEV 2014, 401, 401, 402, 404.
436 Vgl rechtl Bewertungen durch Kern MedR 2006, 205, 208 und Spickhoff NJW 2005, 1982 hinsichtlich der rechtlichen Würdigung der Entscheidung des OLG Naumburg, NJW 2005, 2017, 2018, 2019.
437 Zur Einsicht in Krankenunterlagen durch Erben BayVerfGH, Urt v 26.5.2011 – Vf 45-VI-10, openJur 2012, 115399 = MedR 2012, 51, 52; der BayVerfGH wies die Verfassungsbeschwerde eines Arztes ua gegen OLG München, Urt v 9.10.2008 – 1 U 2500/08, NStZ 2013, 151 = MedR 2009, 49 ff ab.
438 BayVerfGH, Urt v 26.5.2011 – Vf 45-VI-10, openJur 2012, 115399 = MedR 2012, 51, 52.
439 Schmoeckel NJW 2016, 433, 434 f.
440 BGH, Beschl v 4.7.1984 – IV a ZB 18/83, NJW 1984, 2893, 2894.
441 OLG Koblenz, Beschl v 23.10.2015 – 12 W 538/15, BeckRS 2016, 00896 = NJW-Spezial 2016, 71, 72.
442 LG Trier, Zwischenurt v 23.6.2015 – 4 O 5/12 (nicht veröffentlicht).
443 Vgl Parzeller/Zedler/Gaede/Verhoff Deutsches Ärzteblatt 2016, 113 (43): A-1912/B-1611/C-1599.
444 VG Freiburg, Urt v 29.10.2015 – 6 K 2254/14, openJur 2016, 2701.

analog begründe⁴⁴⁵. Entschieden wurde, dass, soweit der Einsichtnahme der ausdrückliche oder mutmaßliche Wille des Patienten entgegenstehe, dies einen Ausschlussgrund gem § 630g Abs 3 Satz 3 analog darstelle[446]. Käme es allerdings mangels einer ausdrücklich erklärten Weigerung des Patienten nur auf dessen mutmaßlichen Willen an, spräche eine Regelannahme zu Gunsten einer Akteneinsicht von Erben und nächsten Angehörigen[447].

136 Weiterhin entschieden wurde, dass Angehörige nicht gegen den erklärten oder mutmaßlichen Willen des Verstorbenen Einsicht nehmen dürfen, auch nicht aufgrund einer Vorsorgevollmacht[448]. Hierdurch sollen die Persönlichkeitsrechte des Verstorbenen geschützt werden[449], die als höchstpersönliche Rechte idR Vorrang vor den Interessen der Erben oder Angehörigen genießen[450]. In dem zugrundeliegenden Fall hatten sich die Patientin und ihre Mutter gegenseitig in ihren Vorsorgevollmachten und Patientenverfügungen als Bevollmächtigte benannt. Zukünftig behandelnde Ärzte wurden von der Schweigepflicht entbunden und der jeweiligen Bevollmächtigten wurde das Recht eingeräumt, die Krankenunterlagen der anderen einzusehen. Die Vollmacht sollte auch über den Tod hinauswirken. Die Patientin begann im Jahr 2016 eine psychotherapeutische Behandlung, in deren Verlauf sie den Kontakt zu ihrer Mutter verringerte und schließlich Suizid beging. Nach dem Tod der Tochter ersuchte die Mutter um Einsicht in die Patientenakte. Dieses lehnte der behandelnde Arzt mit der Begründung ab, die Patientin habe klar zu erkennen gegeben, dass Informationen, die das Verhältnis zu ihrer Familie, insbesondere zu ihrer Mutter betreffen, nicht weitergegeben werden sollten[451]. In einer Therapiesitzung darf sogar davon ausgegangen werden, dass der Patient intime Details gerade nur in der Erwartung preisgibt, dass Dritte davon nicht erfahren. Besteht darüber hinaus die Befürchtung, dass Erben oder nahe Angehörige selbst unter diesen Informationen leiden könnten, wird dadurch die Annahme eines auch nach dem Tod bestehenden Geheimhaltungsinteresses gestärkt[452].

137 Das Einsichtsrecht aus der Vorsorgevollmacht stünde, wie auch bei anderen Regelungen in Vorsorgevollmachten, unter dem Vorbehalt, dass die Regelungen noch mit der aktuellen Lebens- und Behandlungssituation zu vereinbaren sind (§ 1827 Abs 1 Satz 1). Aus diesem Grund könne der zeitlich deutlich nach Erstellung der Vollmacht und der Patientenverfügung erklärte Wille, keine Gesprächsinhalte bezüglich der familiären Beziehung bekanntzugeben, nicht mehr von der Vollmacht umfasst sein[453]. Auch angesichts einer Vollmacht könne nur das verlangt werden, was im Rahmen des Behandlungsvertrages zulässig sei. Bei sich widersprechenden Erklärungen geht immer der eigene Wille des Patienten vor[454].

138 Es obliegt dem Arzt zu prüfen, ob er bei einer teilweisen Rückbehaltung der Dokumentation seiner Schweigepflicht gegenüber dem Patienten genügt, und welche übrige Dokumentation er den Erben zur Verfügung stellen muss. Dies entspricht der Situation, wenn der Einsichtnahme durch den Patienten selbst therapeutische Gründe, Rechte Dritter oder Rechte des Arztes entgegenstehen. Auch in solchen Fällen kann der Arzt die Einsichtnahme nicht generell verweigern, sondern muss die relevanten Teile der Dokumentation streichen sowie die Streichung oder stellenweise Schwärzung begründen.

139 Auch der Leichenschauarzt darf die Herausgabe der Kopie eines Totenscheins an den Abkömmling des Verstorbenen nach einer Interessenabwägung verweigern[455]. Eine Einsicht ist nur möglich, wenn die Totenfürsorgeberechtigung nachgewiesen werden kann und diese Unterlagen zusammen mit der Vorsorgevollmacht über den Tod hinaus bei dem zuständigen Gesundheitsamt mit der Bitte um Kopie des vertraulichen Teils eingereicht werden. Von besonderer Brisanz ist die Situation bei einem Todesfall während der ärztlichen Behandlung, dem sogenannten Exitus in tabula. Hier kann die Angabe einer natürlichen Todesart im Totenschein als versuchte Vertuschung interpretiert werden. Der Tod, der im Zusammenhang mit einer Operation auftritt, ist nicht per se als nicht natürlicher Tod zu bescheinigen. Vielmehr müssen für die Bescheinigung der Todesart „nicht natürlicher Tod" Anhaltspunkte für einen Behandlungsfehler oder ein sonstiges Verschulden des behandelnden Personals bei der Durchführung des Eingriffs

---

445 VG Freiburg, Urt v 29.10.2015 – 6 K 2254/14, openJur 2016, 2701.
446 VG Freiburg, Urt v 29.10.2015 – 6 K 2254/14, openJur 2016, 2701.
447 VG Freiburg, Urt v 29.10.2015 – 6 K 2254/14, openJur 2016, 2701.
448 OLG Karlsruhe, Urt v 14.8.2019 – 7 U 238/18, NJW 2020, 162 = MedR 2020, 588.
449 BT-Drucks 17/10488, 27.
450 Erman¹⁶/Rehborn/Gescher, § 630g Rz 25.
451 OLG Karlsruhe, Urt v 14.8.2019 – 7 U 238/18, NJW 2020, 162 = MedR 2020, 588.
452 OLG Karlsruhe, Urt v 14.8.2019 – 7 U 238/18, NJW 2020, 162 = MedR 2020, 588.
453 OLG Karlsruhe, Urt v 14.8.2019 – 7 U 238/18, NJW 2020, 162 = MedR 2020, 588.
454 OLG Karlsruhe, Urt v 14.8.2019 – 7 U 238/18, NJW 2020, 162 = MedR 2020, 588.
455 OVG Lüneburg, Urt v 18.7.1996 – 7 A 9/96, NJW 1997, 2498 ff; OVG Koblenz, Urt v 11.1.2000 – 7 A 117841/99, -juris.

vorliegen[456]. Abweichend von dieser Einschätzung wird jedoch auch argumentiert, dass gerade beim Exitus in tabula der Tod ohne den ärztlichen Eingriff jedenfalls nicht zum gegebenen Zeitpunkt eingetreten wäre, insofern sei – ohne jeglichen Verschuldensvorwurf – regelmäßig von einem nicht natürlichen Tod auszugehen[457].

3. Durch Erben und nahe Angehörige gemäß DSGVO Art 15. Das weiter gefasste Auskunftsrecht des DSGVO Art 15 ist für die Daten Verstorbener nicht einschlägig, da dieser sich nur auf das Auskunftsrecht der Patienten selbst bezieht. Das Datenschutzrecht selbst bezieht sich nur auf personenbezogene Daten lebender Personen. Die DSGVO gilt nicht für personenbezogene Daten Verstorbener. Dies ergibt sich ausdrücklich aus den Erwägungsgründen[458]. Die einzelnen Mitgliedsstaaten sind berechtigt, davon abweichende nationale Vorschriften vorzusehen. Dies könnte künftig durchaus zu einer unterschiedlichen Regelung dieser Materie innerhalb der EU führen[459]. Dass der deutsche Gesetzgeber davon Gebrauch machen wird, ist derzeit nicht erkennbar.

„Unmittelbar sind die datenschutzrechtlichen Regelungen aber anwendbar, wenn ein Datum über eine verstorbene Person zugleich Bezug zu einer lebenden Person aufweist", etwa „die genetische Prädisposition des Verstorbenen, die […] einen Schluss zulässt, ob seine Nachkommen eine Veranlagung zu einer bestimmten Erbkrankheit haben"[460]. Damit könnten verwandte Personen zwar einen postmortalen Auskunftsanspruch gegen die Behandlungsseite geltend machen; einschränkend wären dabei jedoch ggf nach DSGVO Art 15 Abs 4 (analog)[461] die Persönlichkeitsrechte des Verstorbenen, insbesondere dessen entgegenstehender Wille, zu berücksichtigen. Da für den Nachweis des entgegenstehenden Willens des verstorbenen Patienten ebenfalls die datenverarbeitende Stelle, also in dem Fall der Behandelnde, beweispflichtig wäre, würden sich somit keine wesentlichen Unterschiede zu dem Auskunftsanspruch der Angehörigen aus § 630g Abs 3 Satz 2 und 3 ergeben[462].

4. Durch die gesetzliche Krankenversicherung gemäß SGB X § 116 Abs 1 Satz 1, § 401 Abs 1, § 412 analog. Die Sozialversicherungsträger, allen voran die gesetzliche Krankenversicherung, haben ein postmortales Einsichtsrecht bei Patientenunterlagen verstorbener Versicherter[463]. Das Einsichtsrecht geht gem SGB X § 116 Abs 1 Satz 1, BGB §§ 401, 412 analog auf den Träger der gesetzlichen Krankenversicherung über, sofern die Klärung von Schadensersatzansprüchen herbeigeführt werden soll[464]. Eine Schweigepflichtentbindungserklärung seitens des Patienten bzw dessen Erben ist dabei nicht erforderlich[465]. So kann diese stellvertretend Ansprüche aus fehlerhafter Behandlung prüfen und „post mortem" für den Verstorbenen geltend machen. Ein eigenes Einsichtsrecht aus § 630g steht dem Sozialversicherungsträger jedoch nicht zu[466].

§ 630g steht dem konkreten Einsichtsrecht der gesetzlichen Krankenversicherung SGB X gem § 116 Abs 1 Satz 1, §§ 401 Abs 1, 412 analog gerade nicht entgegen, basierend darauf, dass der BGH einen mutmaßlichen Willen des Verstorbenen dahingehend annimmt, dass denkbare bestehende Schadensersatzansprüche ausgeglichen werden und nicht zu Lasten der Solidargemeinschaft der Krankenversicherten fallen dürfen[467]. Begehrt eine Krankenversicherung Einsicht in Behandlungsunterlagen eines verstorbenen Patienten, so sei sie auch nicht verpflichtet, Näheres zu dem (vermuteten) Behandlungsfehler vorzutragen[468]. Teilweise wurde aber auch vertreten, dass es eine allgemeine Vermutung, dass der verstorbene Patient immer an der Aufklärung möglicher Behandlungsfehler seiner Ärzte interessiert sei, nicht existiere[469]. Anderseits wird vertreten, dass bei Versorgungs-, Versicherungs- und Rentenansprüchen von einer mutmaßlichen Einwilligung des Verstorbenen immer auszugehen sei[470]. Bei der Gewissensabwägung hat der Arzt die

---

456 BeckOK StPO mit RiStBV und MiStra/Goers, Stand: 1.4.2022 § 159 Rz 6.
457 Madea, Die ärztliche Leichenschau, Rechtsgrundlagen, Praktische Durchführung, Problemlösungen, S 27.
458 Erwägungsgrund 27 DSGVO.
459 Bayer, Ärztliche Dokumentationspflicht und Einsichtsrecht in Patientenakten, S 228.
460 Bayer, Ärztliche Dokumentationspflicht und Einsichtsrecht in Patientenakten, S 228.
461 Bayer, Ärztliche Dokumentationspflicht und Einsichtsrecht in Patientenakten, S 228.
462 Bayer, Ärztliche Dokumentationspflicht und Einsichtsrecht in Patientenakten, S 228.
463 Zum Einsichtsrecht der Krankenkasse in die Patientenunterlagen OLG München, Urt v 15.3.2018 – 1 U 4153/17, GesR 2018, 357, 358; LG Kassel, Urt v 2.3.2022 – 2 O 560/21, openJur 2022, 14508 Rz 46–49.
464 LG Hof, Urt v 9.6.2016 – 24 S 4/16, -juris; LG Kassel, Urt v 2.3.2022 – 2 O 560/21, openJur 2022, 14508 Rz 46–49; vgl Spickhoff, Medizinrecht[3], § 630g BGB, Einsichtnahme in die Patientenakte, Rz 10.
465 BGH, Urt v 26.2.2013 – VI ZR 359/11, VersR 2013, 648; Houben, in: Jorzig, HdB-ArztHaftR[2], Teil I Kapitel 4, Rz 99, 101.
466 Houben, in: Jorzig, HdB-ArztHaftR[2], Teil I Kapitel 4, Rz 97.
467 BGH, Urt v 26.2.2013 – VI ZR 359/11, VersR 2013, 648; Pauge/Offenloch, Arzthaftungsrecht[14], Rz 532.
468 LG Hof, Urt v 9.6.2016 – 24 S 4/16, -juris.
469 OLG München, Urt v 9.10.2008 – 1 U 2500/08, NStZ 2013, 151 = MedR 2009, 49 ff.
470 Ulsenheimer/Gaede, in: Ulsenheimer/Gaede, Arztstrafrecht in der Praxis[6], Rz 1095.

Verweigerung der Einsichtnahme zu begründen, ohne aber die Geheimhaltung zu unterlaufen[471]. Verbleiben dem Arzt Zweifel, sollte er sich, wie auch sonst, für die postmortale Schweigepflicht entscheiden[472].

144 Soll die Einsichtnahme dem Träger der gesetzlichen Krankenversicherung die Verfolgung von Schadensersatzansprüchen wegen der Verletzung von Betreuungspflichten des Altenpflegepersonals ermöglichen, wird je nach Einzelfall davon auszugehen sein, dass die Offenlegung der Unterlagen gegenüber dem Krankenversicherer dem mutmaßlichen Willen des verstorbenen Heimbewohners entspricht[473].

145 Der Anspruch des Pflegeheimbewohners auf Einsicht in die Pflegeunterlagen geht auf den Sozialversicherungsträger über, wenn und soweit mit seiner Hilfe das Bestehen von Schadensersatzansprüchen geklärt werden soll und die dem Pfleger obliegende Schweigepflicht einem Gläubigerwechsel nicht entgegensteht[474]. § 630g stellt nur klar, dass die Erben insoweit einen Auskunftsanspruch an die Behandler haben, schließt jedoch nicht solche Ansprüche der Sozialversicherungsträger aus, auf die mit der Cessio Legis im Moment ihres Entstehens übergehen oder übergegangen sind[475]. Zwar ist ein inhaltlicher Unterschied zu der ein Pflegeheim betreffenden Entscheidung des BGH[476] festzustellen, jedoch besteht grundsätzlich die gleiche Interessenlage, da es im Interesse der verstorbenen Versicherungsnehmerin der Klägerin liegt, dass eventuelle Ansprüche verfolgt werden können und somit davon auszugehen ist, dass diese mutmaßlich ihre Einwilligung zur Auskunftserteilung abgegeben hätte[477].

146 **5. Durch die Versicherung.** Hinsichtlich der Leistungspflicht einer Lebensversicherung müsste, soweit jene sich zum Nachweis der von ihr behaupteten gezielt falschen Beantwortung von Gesundheitsfragen im Antragsformular auf das Zeugnis des Hausarztes des unterdessen Verstorbenen berufen will, ihr gegenüber auch eine Schweigepflichtsentbindung vorliegen[478]. Von dieser ist gegenüber der Versicherung jedoch gerade nicht auszugehen[479], da dies konträr zu den Interessen des verstorbenen Patienten wäre. Im Gegenteil wird dem Verstorbenen gerade nicht daran gelegen sein, dass eine wahrheitswidrige Beantwortung von Gesundheitsfragen durch eine Einsicht in die Patientendokumentation offenbart wird[480]. Der Arzt ist somit zur „Zeugnisverweigerung" berechtigt[481].

147 Das gilt sogar, wenn der Verstorbene gegenüber der Versicherung tatsächlich die Unwahrheit gesagt hat und die Bezugsberechtigten selbst dies sogar wissen[482]. Eine über der Schweigepflicht stehende Pflicht zur Verhinderung von Straftaten gibt es nur in eng umgrenzten Ausnahmefällen; dies sind die sog „Katalogtaten" des StGB § 138 wie etwa Hochverrat oder Mord, zu denen der Betrug gemäß StGB § 263[483] ausdrücklich nicht gehört[484]. StGB § 265 „Versicherungsmissbrauch" umfasst lediglich Tathandlungen, in denen eine versicherte Sache beschädigt oder zerstört wird. Den sog „Versicherungsbetrug" gem StGB § 265 aF gibt es als eigenständigen Tatbestand nicht mehr, die Strafbarkeit nach Tatbestandsverwirklichung ergibt sich nun nach StGB § 263 Abs 3 Nr 5. Auch macht sich der Arzt bei Auskunftsverweigerung gegenüber der Lebensversicherung weder strafbar, noch zieht dies berufsrechtliche Konsequenzen nach sich.

148 **6. Durch den Arztkollegen.** Gelegentlich kann auch ein Arzt ein Interesse an der Einsicht in die Dokumentation eines Kollegen haben. Entschieden wurde der Fall, dass ein Arzt von der Witwe des Patienten wegen eines Behandlungsfehlers erfolgreich in Anspruch genommen wurde und im Anschluss daran versuchte, sich einen Teil seiner Schadensersatzzahlungen von einem mitbehandelnden Kollegen wiederzuholen[485]. Der in Anspruch genommene Kollege durfte die Vorlage seiner Behandlungsdokumentation mit Ziel der Beweiserschwernis verweigern, weil er

---

471 Ulsenheimer/Gaede, in: Ulsenheimer/Gaede, Arztstrafrecht in der Praxis⁶, Rz 1058, 1095.
472 Ulsenheimer/Gaede, in: Ulsenheimer/Gaede, Arztstrafrecht in der Praxis⁶, Rz 1096.
473 BGH, Urt v 23.3.2010 – VI ZR 249/08, BGHZ 185, 74 m Anm Lauterbach NJ 2010, 347; m Anm Bienwald FamRZ 2010, 969, 970, 972; OLG München MDR 2011, 1496; Fellner MDR 2011, 1452, 1453; Schultze-Zeu VersR 2011, 194, 195 ff; Pauge/Offenloch, Arzthaftungsrecht¹⁴, Rz 532.
474 BGH, Urt v 26.2.3013 – VI ZR 359/11, VersR 2013, 648; Pauge/Offenloch, Arzthaftungsrecht¹⁴, Rz 532.
475 OLG München, Urt v 21.3.2018 – 1 U 4153/17, BeckRS 2018, 4669.
476 BGH, Urt v 26.2.3013 – VI ZR 359/11, VersR 2013, 648; Pauge/Offenloch, Arzthaftungsrecht¹⁴, Rz 532.
477 OLG München, Urt v 21.3.2018 – 1 U 4153/17, BeckRS 2018, 4669.
478 Münnch Der Allgemeinarzt 8/2015, 64, 65 f.
479 Münnch Der Allgemeinarzt 8/2015, 64, 65 f.
480 Münnch Der Allgemeinarzt 8/2015, 64, 65 f.
481 OLG München, Beschl v 19.9.2011 – 1 W 1320/11, MDR 2011, 1496.
482 Münnch Der Allgemeinarzt 8/2015, 64, 65 f.
483 § 265 StGB „Versicherungsmissbrauch" umfasst lediglich Tathandlungen, in denen eine versicherte Sache beschädigt oder zerstört wird. Den sog „Versicherungsbetrug" gem StGB § 265 aF gibt es als eigenständigen Tatbestand nicht mehr, die Strafbarkeit nach Tatbestandsverwirklichung ergibt sich gemäß StGB § 263 Abs 3 Nr 5.
484 Münnch Der Allgemeinarzt 8/2015, 64, 65 f.
485 Münnch Der Allgemeinarzt 8/2015, 64, 65 f.

darlegen konnte, dass ihn sein ehemaliger Patient von Schadensersatzansprüchen verschonen wollte[486]. Denkbar ist auch ein immaterielles Interesse des Arztes an Einsicht in den Obduktionsbericht der Pathologie, beispielsweise, um Gründe für den plötzlichen und unerklärlichen Tod des Patienten zu erfahren. Insoweit fehlt es aber an eigenen Rechten des Arztes, vorausgesetzt, er gehört nicht zu den nahen Angehörigen oder den Erben des Patienten.

7. Durch den Staatsanwalt. Die Staatsanwaltschaft kann zwar einem Hausarzt Akteneinsicht 149 und damit auch ein Einsichtsrecht in den Obduktionsbericht gewähren, wenn er zum einen ein berechtigtes Interesse darlegen kann und zum anderen die bloße Auskunft über den Akteninhalt zur Wahrnehmung des berechtigten Interesses nicht ausreicht gem StPO § 475 Abs 2[487]. Allein das Interesse an der Aufklärung der Todesumstände reicht hierfür jedoch nicht aus. Sollte ein berechtigtes Interesse bestehen, muss die Staatsanwaltschaft dieses im Verhältnis zu dem Geheimhaltungsinteresse des Verstorbenen abwägen[488]. Auch insoweit kommt es also auf den mutmaßlichen Willen des Verstorbenen an[489].

Anders liegt es, wenn der Hausarzt einer Straftat an dem Verstorbenen beschuldigt wurde, 150 beispielsweise der Körperverletzung mit Todesfolge[490]. Dann bestünde ein grundgesetzlich aufgrund von GG Art 103 Abs 1 abgesichertes Akteneinsichtsrecht[491]. Dieses Akteneinsichtsrecht kann nach StPO § 147 nur der Verteidiger geltend machen, nicht der Beschuldigte selbst.

Im Gegensatz dazu haben die Ermittlungsbehörden grundsätzlich kein Recht auf Einsicht- 151 nahme, soweit keine Schweigepflichtentbindungserklärung des Patienten vorliegt[492]. Nur im Fall eines rechtfertigenden Notstands ist eine Einsicht auch ohne vorherige Einwilligung des Patienten möglich[493].

XIII. Gerichtliche Durchsetzung des Einsichtsrechtes

Kommt der Behandelnde dem Verlangen des Patienten auf Akteneinsicht nicht nach, kann 152 dieser sein Einsichtsrecht gerichtlich geltend machen. Da § 630g eine Ausgestaltung des informationellen Selbstbestimmungsrechts darstellt, kann der Anspruch auf Akteneinsicht als Leistungsklage geltend gemacht werden[494]. Unnötig ist dabei, dass die Anspruchsgeltendmachung mit einer Schadensersatzklage verbunden wird. Ist dies jedoch der Fall, ist eine Stufenklage mit dem Feststellungsantrag auf Einsichtnahme zu erheben und zusammen mit dem Arzthaftungsanspruch (als Leistungsanspruch) geltend zu machen. Dem Patienten obliegt die Darlegung und ggf der Beweis für das Vorliegen eines Behandlungsvertrags, sein Einsichtsverlangen und die diesbezügliche Ablehnung seitens des beklagten Behandlers. Fraglich ist jedoch, inwieweit sich die Darlegungs- und Beweislastverteilung gestaltet, wenn man die Vorgaben des § 630g ernst nimmt. Das Gericht müsste die Berechtigung der Verweigerung seitens des Arztes prüfen, dürfte dafür aber eben keine Einsicht in die Patientenunterlagen nehmen. Der Behandler könnte seine Begründung nicht offenlegen, da sich der Prozess in der Hauptsache dann so erledigt hätte[495]. In der Literatur wird der Ansatz vertreten, dass nur ein in-camera-Verfahren adäquat Abhilfe schaffen könnte[496]. So würde nur das Gericht eine vollständige Einsicht in die Patientenunterlagen erhalten, dass dabei der Anspruch auf rechtliches Gehör und Akteneinsicht beschränkt werden würde, wäre hinnehmbar[497].

Falls das Einsichtsrecht mit einer Klage auf Schadensersatz kumuliert wird, ist von einer Klage- 153 häufung iSd ZPO § 264 auszugehen[498]. Dem Patienten steht auch die Möglichkeit offen, im Rahmen einer Schadensersatzklage Akteneinsicht zu erhalten. Die Patientenakte kann als Urkunde gem ZPO § 422 in den Prozess eingeführt werden, auch eine gerichtliche Anordnung nach ZPO § 142 ist denkbar[499], selbst wenn dies dem Patientenwillen widerspricht[500]. Werden die Patientenunterlagen Teil der Gerichtsakte, so kann die Partei gem ZPO § 299 Einsicht nehmen.

Bei einer Einsicht oder Vorlage nach ZPO §§ 134 bzw 142 erfolgt die Einsichtnahme nicht 154 direkt nach ZPO § 299[501], sondern vielmehr gem ZPO §§ 131, 133 und einer analogen Anwendung von ZPO § 299[502]. Grund dafür ist, dass die Patientenunterlagen bei einer gerichtlichen

---

486 Münnch Der Allgemeinarzt 8/2015, 64, 65 f.
487 Münnch Der Allgemeinarzt 8/2015, 64, 65 f.
488 Münnch Der Allgemeinarzt 8/2015, 64, 65 f.
489 Münnch Der Allgemeinarzt 8/2015, 64, 65 f.
490 Münnch Der Allgemeinarzt 8/2015, 64, 65 f.
491 Münnch Der Allgemeinarzt 8/2015, 64, 65 f.
492 Rehborn/Kern, in: Laufs/Kern/Rehborn, HdB ArztR[5], § 62 Rz 2.
493 Rehborn/Kern, in: Laufs/Kern/Rehborn, HdB ArztR[5], § 62 Rz 2.
494 MünchKomm[8]/Wagner, § 630g Rz 47.
495 MünchKomm[8]/Wagner, § 630g Rz 22.
496 MünchKomm[8]/Wagner, § 630g Rz 22; BeckOK-BGB/Katzenmeier, Stand: 1.5.2022, § 630g Rz 20.
497 MünchKomm[8]/Wagner, § 630g Rz 22.
498 MünchKomm[8]/Wagner, § 630g Rz 47.
499 MünchKomm[8]/Wagner, § 630g Rz 47; jurisPK-BGB[9]/Lafontaine, § 630g Rz 166.
500 JurisPK-BGB[9]/Lafontaine, § 630g Rz 166.
501 OLG Karlsruhe, Beschl v 19.9.2012 – 13 W 90/12, NJW-RR 2013, 312.
502 JurisPK-BGB[9]/Lafontaine, § 630g Rz 166.

Anordnung oder Einreichung durch eine Partei nicht Gegenstand der Prozessakten werden. Gleichwohl ist dem Patienten iRd GG Art 103 Abs 1 Einsicht in die Unterlagen zu gewähren. Einsicht genommen werden kann grundsätzlich nur in der Geschäftsstelle des jeweiligen Gerichts. Ausnahmen, bei denen die Akten zum Prozessbevollmächtigten im Original geschickt werden, stehen im Ermessen des Gerichts. Hieran sind aufgrund der Bedeutung der Patientenunterlagen hohe Anforderungen im Einzelfall zu stellen[503]. Bspw wäre ein solches Vorgehen denkbar, wenn die Akten entbehrlich sind und der Empfänger vertrauenswürdig ist[504].

155 Die Rspr nimmt unterschiedliche Werte bei der Festlegung des Streitwertes an[505]. Beträge von 1/10 bis ¼ des Streitwerts der Hauptsache sind möglich[506], wobei die Bedeutung der Unterlagen für einen möglichen Arzthaftungsprozess maßgeblich sein soll[507]. Wird der Anspruch innerhalb einer Schadensersatzklage geltend gemacht, so kommt diesem nach Ansicht der Rspr kein eigenständiger Streitwert zu[508]. Zumindest ist das KG von einem sehr geringen Streitwert bei der Einsichtnahme in die Behandlungsunterlagen ausgegangen[509]. Das nachvollziehbare Interesse des Patienten wurde hier auf Null entwertet, denn dem Streitwert kommt „keine selbstständige Bedeutung zu"[510]. Zu einem gegenteiligen Ergebnis hingegen gelangte das OLG Frankfurt[511]: „Der Streitwert einer isolierten Klage auf Herausgabe von Kopien der Behandlungsunterlagen zur Vorbereitung eines Arzthaftungsprozesses ist bei Fehlen besonderer Umstände mit 1/5 des Streitwertes der in Aussicht genommenen Arzthaftungsklage zu bemessen." Dieses Ergebnis scheint für den Patienten sowohl interessengerechter als auch angemessener zu sein, so dass dieser Ansicht der Vorrang zu gewähren ist. Bei einer isolierten Klageerhebung ist daher ein Streitwert von 1/5 des beabsichtigten Schadensersatzprozesses als angemessen zu betrachten[512].

156 Die Vollstreckung eines zugunsten des klägerischen Patienten ausgehenden Urteils erfolgt gem ZPO § 883. Als vertretbare Handlung iSd ZPO § 887 ist die Patientenakte in Papierform vom Gerichtsvollzieher dem Patienten zu übergeben. Handelt es sich um eine elektronisch geführte Patientenakte, so ist die Herausgabe derer vom Willen des Behandelnden abhängig. Folglich ist von einer unvertretbaren Handlung iSd ZPO § 888 auszugehen[513]. Zur Vollstreckung muss daher auf Zwangsgeld oder gar Zwangshaft zurückgegriffen werden.

157 Die Verweigerung der Einsichtnahme oder Herausgabe der Dokumentation kann als Beweiserschwerung oder -vereitelung[514] angesehen werden und zur Umkehr der Beweislast zuungunsten des Arztes führen[515].

XIV. Sonstige Einsichtsrechte Dritter

158 **1. Aufgrund eines Rechtsgutschutzes Dritter.** Nicht ausgeschlossen ist mit der gesetzlichen Regelung, auch sonstigen Dritten Einsicht zu gewähren[516]. Ganz im Gegenteil kann diese geboten sein, so ggf zur Überwachung des Betäubungsmittelverkehrs nach BtMG §§ 22 Abs 1 Nr 1, Abs 2, 24[517] oder auch im Rahmen einer Beschlagnahme[518]. Nach BtMVV § 5 Abs 11 Satz 1, 2 iVm Abs 10 iVm § 5a hat ein substituierender Arzt ferner die Substitutionsbehandlung zu dokumentieren und auf Verlangen der zuständigen Landesbehörde vorzulegen.

159 Die durch den Behandler ermöglichte Einsichtnahme/Auskunftserteilung bei Fällen von höherwertigem Gemeininteresse ist zulässig; dies sind bspw solche Fälle, in denen der Arzt bei seinem Patienten eine Erkrankung oder Disposition feststellt, die sich mit dem Bedienen von

---

503 JurisPK-BGB⁹/Lafontaine, § 630g Rz 166.
504 OLG Karlsruhe, Beschl v 19.9.2012 – 13 W 90/12.NJW-RR 2013, 312.
505 Laux, in: Jorzig, HdB-ArztHaftR², Teil II Kapitel 1, Rz 26; vgl bspw zur Ermittlung des Streitwertes KG, Beschl v 12.4.2018 – 20 W 14/18, BeckRS 2018, 33192 Rz 8; OLG München, Beschl v 6.6.2011 – 1 W 953/11, openJur 2012, 116488 Rz 12, 13.
506 Laux, in: Jorzig, HdB-ArztHaftR², Teil II Kapitel 1, Rz 26; OLG München, Beschl v 6.6.2011 – 1 W 953/11, openJur 2012, 116488 Rz 12, 13.
507 Laux, in Jorzig, HdB-ArztHaftR², Teil II Kapitel 1, Rz 26; OLG Saarbrücken, Beschl v 8.1.2007 – 1 W 301/06.
508 KG, Beschl v 12.4.2018 – 20 W 14/18, BeckRS 2018, 33192, Rz 9.
509 KG, Beschl v 1.12.2016 – 20 W 67/16, openJur 2019, 39935.
510 KG, Beschl v 1.12.2016 – 20 W 67/16, openJur 2019, 39935.
511 OLG Frankfurt/M, Beschl v 13.10.2017 – 8 W 13/17, openJur 2019, 35386.
512 KG, Beschl v 12.4.2018 – 20 W 14/18, BeckRS 2018, 33192 Rz 10; MünchKomm⁸/Wagner, § 630g Rz 47.
513 MünchKomm⁸/Wagner, § 630g Rz 48; Habermalz NJW 2013, 3403, 3403.
514 Zu den Voraussetzungen der Beweisvereitelung BGH, Urt v 11.6.2015 – I ZR 226/13.
515 Bockelmann, Die Dokumentationspflicht des Arztes und ihre Konsequenzen, in: Vogler (Hrsg), Festschr für Hans-Heinrich Jescheck zum 70. Geburtstag, 693, 695.
516 Erman¹⁶/Rehborn/Gescher, § 630g Rz 26.
517 VGH Bayern, Urt v 4.7.2019 – 20 BV 18.68, GesR 2019, 574, 575 f, 577; Erman¹⁶/Rehborn/Gescher, § 630g Rz 26.
518 BVerfG, Beschl v 22.5.2000 – 2 BvR 291/92, NJW 2000, 3557; BGH, Urt v 3.12.1991 – 1 StR 120/90, BGHSt 38, 144 = NJW 1992, 763.

Maschinen, dem Steuern von Kraftfahrzeugen, Flugzeugen, Schiffen oder Bussen nicht verträgt[519].

Ist der Patient uneinsichtig, so darf der Arzt zum Schutze der potenziell betroffenen Passagiere oder anderer Verkehrsteilnehmer die ärztliche Schweigepflicht brechen und den zuständigen Behörden Mitteilung von seiner ärztlichen Feststellung machen[520]. **160**

Andererseits droht dem Arzt ein Strafverfahren, wenn er als Zeuge in einem Schadensersatzprozess über die Fahrtauglichkeit seines Patienten gehört wird und ohne von der Schweigepflicht entbunden zu sein, vor Gericht konkrete Angaben bezüglich seiner erfolglosen Hinweise an den Patienten, die Fahrerlaubnis abzugeben, tätigt[521]. Hier geht es nicht um einen Fall des rechtfertigenden Notstandes nach StGB § 34, sondern um materielle Interessen des Klägers und des Beklagten, so dass dieser Rechtfertigungsgrund nicht eingreift[522]. **161**

2. **Aufgrund eines Eigeninteresses des Arztes.** Außerhalb eines gerichtlichen Verfahrens kann der Arzt ausschließlich mit der Einwilligung des Patienten Äußerungen tätigen oder Einsichtnahme in Unterlagen gewähren, welche seiner ärztlichen Schweigepflicht unterliegen. **162**

Aus berechtigtem Eigeninteresse darf der Arzt nur handeln, wenn der Patient (als Privatpatient) das geschuldete Honorar nicht zahlt und der Arzt gezwungen ist, die Forderung gerichtlich einzuklagen[523]. Um der Klage zum Erfolg zu verhelfen, ist er gezwungen, die Patientendaten, die dem Arztgeheimnis unterfallen, zu offenbaren[524]. Identisch ist die Situation, wenn der Arzt sich gerichtlich gegen seinen Patienten zur Wehr setzen muss, etwa durch eine Unterlassungsklage bei berufsschädigenden Äußerungen[525]. **163**

3. **Aufgrund einer prozessualen Verpflichtung des Arztes im gerichtlichen Verfahren.** In der Konstellation des Arztes als einem Beschuldigten des Strafverfahrens und seiner Möglichkeit, trotz seiner Schweigeverpflichtung aussagen oder Akteneinsichtsrecht gewähren zu dürfen, ist umstritten, ob sich die Rechtfertigung an StGB § 34[526] oder StGB § 228[527] oder aber an einer analogen Anwendung von StGB § 193 orientiert, die in der Wahrnehmung berechtigter Interessen bestünde[528]. Das Ergebnis ist nach allen Wegen unstritig[529]. Aus dem Recht des Beschuldigten, sich umfassend verteidigen zu dürfen, ergibt sich nicht automatisch die Möglichkeit einer umfassenden Geheimnisoffenbarung[530]. Unabhängig von der Rechtsgrundlage muss nach überwiegender Auffassung eine Interessenabwägung durchgeführt werden[531]. Vorstehendes gilt nach StGB § 11 Abs 1 Nr 2 auch für Ärzte, die Amtsträger sind. **164**

Wird der Arzt nicht als Beschuldigter, sondern als Zeuge im Prozess gehört, stellt sich der Sachverhalt wiederum anders dar. Dann stehen auf der einen Seite die Rechtspflicht des Arztes, über Dinge, die er im Rahmen des Arzt–Patienten–Verhältnisses erfahren hat, schweigen zu dürfen oder zu müssen[532]. Dem Arzt im Strafverfahren, der als Zeuge in einem Schadensersatzprozess über die Fahrtauglichkeit seines Patienten gehört wird und ohne von der Schweigepflicht entbunden zu sein, Angaben über seine Hinweise an den Patienten, die Fahrerlaubnis abzugeben, macht[533], droht ein Verfahren nach StGB § 203. Hier geht es nicht um einen Fall des rechtfertigenden Notstandes, sondern um materielle Interessen des Klägers und des Beklagten, so dass der Rechtfertigungsgrund des StGB § 34 nicht eingreifen kann[534]. Zudem darf der Behandler nicht zum Funktionär der allgemeinen Strafrechtspflege werden, etwas anderes darf nur dann gelten, wenn der Arzt selber den Patienten in den Zustand der Fahruntauglichkeit versetzt hat[535], bspw durch die Verabreichung von sedierenden Mitteln. In solchen Fällen besteht auch eine Garantenstellung des Behandlers aus Ingerenz[536]. **165**

---

519 MBO[7]/Lippert, § 12 Rz 65.
520 MBO[7]/Lippert, § 12 Rz 67.
521 Ulsenheimer/Gaede, in: Ulsenheimer/Gaede, Arztstrafrecht in der Praxis[6], Rz 1087.
522 Ulsenheimer/Gaede, in: Ulsenheimer/Gaede, Arztstrafrecht in der Praxis[6], Rz 1087; Deutsch VersR 2001, 793, 794 f.
523 MBO[7]/Lippert, § 12 Rz 68.
524 MBO[7]/Lippert, § 12 Rz 68.
525 MBO[7]/Lippert, § 12 Rz 68.
526 Vgl zum Notstand nach StGB § 34 im „Fall Lubitz" Ulsenheimer/Gaede, in: Ulsenheimer/Gaede, Arztstrafrecht in der Praxis, Rz 1089, 1092.
527 Ulsenheimer/Gaede, in: Ulsenheimer/Gaede, Arztstrafrecht in der Praxis[6], Rz 1078.
528 Popp, in: Leipold/Tsambikakis/Zöller, Anwaltskommentar StGB[3], § 203 Rz 52mwN; BeckOK StGB/Weidemann, Stand: 1.2.2022, § 203 Rz 57.
529 NK-GesMedR[3]/Gaidzik StGB §§ 203-205, Rz 15; Ulsenheimer/Gaede, in: Ulsenheimer/Gaede, Arztstrafrecht in der Praxis[6], Rz 1078.
530 StGB[69]/Fischer, § 203 Rz 91.
531 BeckOK StGB/Weidemann, Stand: 1.2.2022, § 203 Rz 57; Deutsch/Spickhoff, MedR-HdB[7], Rz 946.
532 Ulsenheimer/Gaede, in: Ulsenheimer/Gaede, Arztstrafrecht in der Praxis[6], Rz 1092; Deutsch VersR 2001, 793, 794 f.
533 Ulsenheimer/Gaede, in: Ulsenheimer/Gaede, Arztstrafrecht in der Praxis[6], Rz 1092, 1108.
534 Ulsenheimer/Gaede, in: Ulsenheimer/Gaede, Arztstrafrecht in der Praxis[6], Rz 1092, 1108; Deutsch VersR 2001, 793, 794 f.
535 Ulsenheimer/Gaede, in: Ulsenheimer/Gaede, Arztstrafrecht in der Praxis[6], Rz 1108.
536 Ulsenheimer/Gaede, in: Ulsenheimer/Gaede, Arztstrafrecht in der Praxis[6], Rz 1108.

166 Auf der anderen Seite ist die Aufgabe des Staates, Straftaten zu verfolgen und das damit verbundene Interesse, unter Umständen auch auf Informationen zurückzugreifen, die Ärzte im Rahmen ihres ärztlichen Vertrauensverhältnisses zum Patienten gewonnen haben. Deshalb kann bei einem Fall, in dem die Schweigepflichtentbindung durch den Patienten wieder zurückgenommen wird und das Zeugnisverweigerungsrecht des Behandlers im Prozess wieder auflebt, auch der Ermittlungsbeamte als Zeuge vernommen werden, der den Arzt im Ermittlungsverfahren zuvor als Zeuge vernommen hat[537]. Das Gericht hat dabei nicht zu prüfen, ob der Arzt seine Schweigepflicht durchbrechen durfte, sondern darf die Aussage des Ermittlungsbeamten „so oder so" verwerten[538]. StPO § 252 ist insoweit nicht anzuwenden, da ein Pflichtenkonflikt – den StPO § 252 versucht zu verhindern – nicht entstehen kann[539]. StPO § 252 schützt die Person, die den Berufsgeheimnisträger von seiner Schweigepflicht entbindet, dieser wiederum erhält nur über StPO § 53 die Möglichkeit zur Zeugnisverweigerung.

167 Ist der Arzt vom Gericht zum Gutachter oder Sachverständigen bestellt worden, ist er zur Erstattung des Gutachtens verpflichtet. Im Umkreis seines Auftrags als Sachverständiger kann er sich auf die ärztliche Schweigepflicht nicht berufen. Ebenso kann ein Arzt, der vom Gericht als sachverständiger Zeuge gemäß ZPO § 414 geladen und vom Patienten von der Schweigepflicht befreit worden ist, sich nicht auf sein Zeugnisverweigerungsrecht gemäß ZPO § 383 Abs 1 Nr 6, StPO § 53 Abs 1 Nr 3 und § 53 Abs 2 berufen. Seine Aussagepflicht ist dabei von der Limitierung bestimmt, die ihm durch die Entbindung von der ärztlichen Schweigepflicht gesetzt ist und ist somit bezogen auf den bestimmten Behandlungszeitraum und die bestimmte Erkrankung seines Patienten.

168 **4. Aufgrund eines Einsichtnahmerechtes von Versicherungen oder privaten Verrechnungsstellen.** Bei Fragen von privaten Verrechnungsstellen, Krankenversicherungen oder Haftpflichtversicherungen existiert keine gesetzliche Grundlage, die die Schweigepflicht des Arztes durchbricht. Eine Auskunft darf daher nur erteilt werden, soweit dies durch den Patienten erlaubt worden ist.

169 In Versicherungsvertragsgesetz (VVG) § 213 ist geregelt, dass die Erhebung personenbezogener Gesundheitsdaten durch den Versicherer nur zulässig ist, soweit die Kenntnis der Daten für die Beurteilung des zu versichernden Risikos oder der Leistungspflicht erforderlich ist und die betroffene Person eine Einwilligung erteilt hat. Versicherungen neigen dazu, diese Vorschrift allzu weit auszudehnen und fordern von dem anspruchsberechtigten Versicherten oft umfassende Auskünfte und Erklärungen über die Entbindung von der ärztlichen Schweigepflicht. Mit diesen überzogenen Anforderungen beabsichtigen Versicherungen nicht selten, sich ihrer Leistungspflicht zu entziehen. Die Versicherungsnehmerin einer Berufsunfähigkeitsversicherung erwirkte eine höchstrichterliche Grundsatzentscheidung zur Zulässigkeit der Datenerhebung[540]. Die Befugnisse der Versicherungen wurden fühlbar eingeschränkt. Demnach bedarf es hierbei eines Ausgleichs „insbesondere hinsichtlich der Frage, wie die für die Beurteilung der Leistungspflicht erforderlichen Informationen eingegrenzt werden können"[541]. Das Versicherungsunternehmen muss einerseits den Eintritt des Versicherungsfalls prüfen können. Dabei muss anderseits aber die Übermittlung von persönlichen Daten auf das hierfür Erforderliche begrenzt bleiben[542].

170 Eine rechtlich zulässige Begrenzung liegt vor, wenn die Datenerhebung hinsichtlich der Beurteilung des zu versichernden Risikos oder der Leistungspflicht als „geeignet", „erforderlich" und „angemessen" anzusehen ist[543]. Nötig ist daher die Existenz eines legitimen Ziels, welches mit der Datenerhebung erreicht werden kann, wobei ein milderes, gleich effektives Mittel nicht gegeben ist und in der Abwägung verletzter Grundrechte – insbesondere des informationellen Selbstbestimmungsrechts – die Datenerhebung verhältnismäßig erscheint. Die Versicherung muss ihre Datenerhebung nach dem Grundsatz „so viel wie nötig, so wenig wie möglich" richten. Die Unterrichtungspflicht des Arztes beschränkt sich somit auf das „absolut Notwendige"[544].

171 **5. Aufgrund eines Einsichtnahmerechtes der Krankenkassen/des Medizinischen Dienstes.** Für die Leistungsträger und die weiteren Stellen nach SGB I § 35 kommt der Sozialdaten-

---

[537] Besprechung von Jäger, BGH, Beschl v 20.12.2011 – 1 StR 547/11 = JA 2012, 472; Ulsenheimer/Gaede, in: Ulsenheimer/Gaede, Arztstrafrecht in der Praxis⁶, Rz 1110.
[538] BGH, Urt v 12.1.1956 – 3 StR 195/55, BGHSt 9, 60; Ulsenheimer/Gaede, in: Ulsenheimer/Gaede, Arztstrafrecht in der Praxis⁶, Rz 1110.
[539] BGH, Urt v 20.11.1962 – 5 StR 426/62, BGHSt 18, 146.
[540] Kein unbeschränktes „Abschöpfen" von Gesundheitsdaten im Versicherungsfall – BVerfG, Urt v 17.7.2013 – 1 BvR 3167/08, NJW 2013, 3086.
[541] BVerfG, Urt v 17.7.2013 – 1 BvR 3167/08, NJW 2013, 3086.
[542] BVerfG, Urt v 17.7.2013 – 1 BvR 3167/08, NJW 2013, 3086.
[543] BVerfG, Urt v 17.7.2013 – 1 BvR 3167/08, NJW 2013, 3086.
[544] Vgl Ulsenheimer/Gaede, in: Ulsenheimer/Gaede, Arztstrafrecht in der Praxis⁶, Rz 1103.

schutz nach SGB I § 35 iVm SGB X §§ 67 ff bei der Erfüllung der öffentlichen Aufgaben und diese sind für den Gesundheitsbereich schwerpunktartig im SGB V geregelt, zum Tragen[545]. Detailliert ist der allgemeine Sozialdatenschutz insbesondere im zweiten Kapitel des SGB X geregelt[546]. Gerade in der gesetzlichen Krankenversicherung nimmt der Datenschutz aufgrund der großen Zahl an Betroffenen und der Sensibilität der gesammelten, im Regelfall der ärztlichen Schweigepflicht unterfallenden Daten, einen hohen Stellenwert ein.

SGB V § 73 Abs 2 Nr 9 regelt, dass die vertragsärztliche Versorgung die Ausstellung von Bescheinigungen und Erstellung von Berichten, die die Krankenkassen oder der Medizinische Dienst nach SGB V § 275 zur Durchführung ihrer gesetzlichen Aufgaben oder welche die Versicherten für den Anspruch auf Fortzahlung des Arbeitsentgelts benötigen, umfasst. In der Praxis verwenden die Krankenkassen hierfür gesonderte und standardisierte Vordrucke. Werden durch die Krankenkassen informelle Anfragen gestellt, ist die jeweilige Rechtsgrundlage anzugeben, auf deren Basis der Arzt zur Beantwortung der Frage verpflichtet sein soll. Fehlt es an einer solchen Legitimierung, ist die ärztliche Auskunft unter Verweis auf die ärztliche Schweigepflicht zu verweigern. **172**

In Frage kommen bspw Anfragen aus den folgenden Bereichen: Auskunft ggü dem Berufsgenossenschaftsträger gemäß SGB VII § 203, Auskunftsbefugnisse gegenüber den Sozialversicherungsträgern (gesetzliche Krankenkassen/MD/Berufsgenossenschaften) gemäß SGB X § 100: jeder Arzt und jeder Angehörige eines anderen Heilberufs ist verpflichtet, den Leistungsträgern in der gesetzlichen Sozialversicherung im Einzelfall auf Verlangen Auskunft zu geben, soweit es für die Durchführung der Aufgaben nach dem Sozialgesetzbuch erforderlich und gesetzlich zulässig ist oder der Betroffene im Einzelfall schriftlich eingewilligt hat (Nachweispflicht); regelmäßige Datenübermittlung an die Kassenärztlichen Vereinigungen/gesetzlichen Krankenkassen gemäß SGB V §§ 294 ff; für den Bereich der hausarztzentrierten und integrierten Versorgung nach SGB V §§ 73b bzw 140a gilt SGB V § 295a. Die teilnehmenden Ärzte/Leistungserbringer sind befugt, die zu Abrechnungszwecken erforderlichen Daten an die Krankenkassen oder die beauftragte Stelle zu übermitteln. Weiterhin kommt in Betracht die Datenübermittlung zu Zwecken der Qualitätssicherung gemäß DSGVO Art 9 Abs 2i iVM SGB V §§ 299, 136 bzw den Richtlinien des G-BA, Auskünfte an die gesetzliche Krankenkasse/KV/Prüfungsstelle gemäß SGB V § 284 oder die Übermittlung an den MD für eine gutachterliche Stellungnahme oder Prüfung gemäß SGB V § 275 Abs 1 bis 3. **173**

6. **Aufgrund eines Einsichtnahmerechtes des Geistlichen**. In katholischen oder evangelischen Krankenhäusern gilt katholisches beziehungsweise evangelisches kirchliches Datenschutzrecht. Eine Trägerin diakonischer Krankenhäuser fällt aufgrund ihres Bezugs zur Evangelischen Kirche unter das Merkmal „Kirche", auch wenn es sich bei ihr um eine selbständige, privatrechtlich (nämlich als GmbH) organisierte Einrichtung der Kirche handelt. Nach der Rechtslage bis zum Inkrafttreten der DSGVO fanden sich Regelungen zur Datenweitergabe vom Krankenhaus an einen Geistlichen in der Anordnung zum Schutz von Patienten in katholischen Krankenhäusern sowie in den Durchführungsverordnungen der Gliedkirchen[547] zum Datenschutzgesetz der Evangelischen Kirchen. Nach diesen war eine Weitergabe von Namen und dem Aufnahmestatus an den Geistlichen zulässig, wenn der Patient diesem nicht widersprochen hatte. Bereits nach altem Recht gab es eine Widerspruchslösung, dabei wurde vielfach in der Angabe einer Konfession bereits die Zustimmung in die Weitergabe der Daten gesehen[548]. **174**

Mit Inkrafttreten der neuen Gesetze, KDG in der Katholischen Kirche und DSG-EKD (neu) in der evangelischen Kirche, sind die Anordnungen und Durchführungsverordnungen weggefallen und werden grundlegend überarbeitet. Aus DSGVO Art 91 folgt, dass die kirchenrechtlichen Datenschutzregeln vorrangig zur Anwendung gelangen, wenn sie mit der DSGVO in Einklang gebracht werden können und bereits vor dieser bestanden. Dies ist bei dem Kirchengesetz über den Datenschutz der Evangelischen Kirche in Deutschland (DSG-EKD) der Fall. Da bereits der Umstand einer stationären Aufnahme in einem Krankenhaus ein Gesundheitsdatum darstellt, muss die Zulässigkeit der Datenweitergabe an den KDG §§ 9 und 6 sowie DSG-EKD §§ 13 und 6 gemessen werden[549]. In Betracht käme zunächst die Verarbeitung aus Gründen eines erheblichen kirchlichen Interesses, KDG § 11 Abs 2 lit g sowie DSG-EKD § 13 Abs 2 Nr 8, oder zur rechtmäßi- **175**

---

545 Kircher, Der Schutz personenbezogener Gesundheitsdaten im Gesundheitswesen, S 208.
546 Kircher, Der Schutz personenbezogener Gesundheitsdaten im Gesundheitswesen, S 208.
547 Die Gliedkirchen (heute 20) haben mit der Evangelischen Kirche Deutschlands (EKD) ihre übergreifende institutionelle Gestalt gefunden. Das evangelische Kirchenwesen ist auf allen Ebenen föderal aufgebaut. Die EKD nimmt die ihr übertragenen Gemeinschaftsaufgaben wahr.
548 Ertel Newsletter für den Datenschutz im Gesundheitswesen, 1/2019, 5; OLG Hamm, Beschl v 23.9.2022 – 26 W 6/22, -juris.
549 Ertel Newsletter für den Datenschutz im Gesundheitswesen, 1/2019, 5 f.

gen Tätigkeitserbringung, KDG § 11 Abs 2 lit d oder DSG-EKD § 13 Abs 2 Nr 4, jeweils in Verbindung mit KDG § 6 oder DSG-EKD § 6. Zu beachten ist, dass zur rechtmäßigen Tätigkeitserbringung allenfalls ein Zugriff auf die Daten der jeweiligen Gemeindemitglieder legitimiert ist. Insoweit wird nunmehr die Verwendung einer Einwilligungserklärung nach KDG § 11 Abs 2 lit a, § 6 Abs 1 lit b oder DSG-EKD § 13 Abs 2 Nr 4, § 6 Nr 1 erforderlich sein[550].

176 Es bedarf bei der Patientenaufnahme somit der Kommunikation zum Patienten, in der auf die Möglichkeit der Datenweitergabe hingewiesen wird, sodass dieser der Weitergabe widersprechen könnte[551]. Liegt diese Einwilligungserklärung nicht vor, bleibt eine Datenweitergabe oder Einsichtnahme durch den Geistlichen (beispielsweise auch post mortem) unzulässig.

177 Gehört der Patient keiner Gemeinde an, erhält der Patient den Beistand durch den Geistlichen nur auf konkreten Wunsch hin, sodass in solchen Fällen eine Einwilligung in die Datenweitergabe an diesen vorliegen wird.

178 **7. Aufgrund von Einsichtnahmerechten innerhalb einer klinischen Prüfung.** Grundsätzlich sind die spezialgesetzlichen Regelungen nach AMG § 40 Abs 2a unverändert wirksam und auch nach Wirksamwerden der DSGVO zu beachten. Die daraus resultierenden Änderungen im AMG betreffen insbesondere die Vorschriften zur klinischen Prüfung. So wurde in AMG § 40 Abs 2a, Satz 2 geändert von bisher: „die Einwilligung [zur Erhebung und Verarbeitung personenbezogener Gesundheitsdaten] ist *unwiderruflich*" zu „die Einwilligung [zur Erhebung und Verarbeitung personenbezogener Gesundheitsdaten] *kann jederzeit widerrufen* werden". Des Weiteren handelt es sich um redaktionelle Anpassungen der bisherigen Begriffe „Erhebung" und „Verarbeitung" von Daten an die neue Begriffsbestimmung „Verarbeitung" als Oberbegriff, der die bisherigen Begriffe „Erhebung" (inklusive Verwendung und Nutzung) und „Verarbeitung" umfasst[552].

179 Die schriftliche Form für die Einwilligung in die Datenverarbeitung nach AMG § 40 Abs 1 Nr 3 lit c ist im Sinne einer fortschreitenden Digitalisierung um die elektronische Möglichkeit ergänzt worden.

180 Die im Rahmen einer klinischen Prüfung erhobenen Gesundheitsdaten können der zuständigen Überwachungsbehörde oder einem Beauftragten des Sponsors zur Überprüfung der ordnungsgemäßen Durchführung der klinischen Prüfung zur Einsicht gereicht werden. Die betroffene Person ist hierüber gem AMG § 40 Abs 2a Satz 2 Nr 1 zu informieren. Werden Daten nicht mehr benötigt, so sind diese nach AMG § 40 Abs 2a Satz 4 unverzüglich zu löschen.

181 **8. Aufgrund des Transplantationsgesetzes (TPG).** Im Rahmen einer Organspende ergeben sich diverse Einsichtnahmerechte für verschiedene Personen und Institutionen. Zuvörderst ergibt sich ein Einsichtnahmerecht aus TPG § 7 Abs 3 für die Ärzte, die eine Organ- oder Gewebeentnahme planen und in einem dafür zugelassenen Krankenhaus tätig sind oder mit einem solchen zusammenarbeiten. Demnach können sie Auskunft über personenbezogene Daten eines möglichen Organ- oder Gewebespenders eines nächsten Angehörigen oder einer Person nach TPG § 4 Abs 2 Satz 5 oder Abs 3 verlangen. Auch das Transplantationszentrum ist nach TPG § 13 Abs 2 berechtigt, von der Koordinierungsstelle personenbezogene Daten des Organspenders zu erhalten, soweit dies zur Abwehr einer zu befürchtenden gesundheitlichen Gefährdung der Organempfänger erforderlich ist. Den nächsten Angehörigen des verstorbenen Organspenders und Personen nach TPG § 4 Abs 2 Satz 5 und Abs 3 kommt ein ausdrückliches Einsichtsrecht gem TPG § 5 Abs 2 Satz 4 für die Untersuchungsergebnisse zum Tod des Verstorbenen zu. Bei einer Lebendspende nach TPG § 8 ist eine gegenseitige Bekanntgabe der Namen von Organspender und Organempfänger indes nicht vorgesehen. Im TPG findet sich insoweit nur eine Ausnahme bei Samen- und Knochenmarksspenden, vgl TPG § 14 Abs 3. Das im Wege einer Samenspende gezeugte Kind hat ein Recht auf Kenntnis seiner Abstammung, ebenso dürfen Knochenmarksspender und -empfänger gegenseitig von der Identität des jeweils anderen erfahren.

182 **9. Aufgrund der Gefahrenstoffverordnung (GefStoffV) und der Biostoffverordnung (BioStoffV).** Bereits nach Arbeitsstoffverordnung (ArbStoffV) § 17 Abs 4 Nr 1 war dem Arbeitnehmer auf dessen Verlangen hin nach einer arbeitsmedizinischen Vorsorgeuntersuchung über den schriftlichen Befund Auskunft zu erteilen[553], da gemäß ArbStoffV § 19 Abs 3 dem Arbeitnehmer die gesamte medizinische Dokumentation über ihn nach seiner Entlassung auszuhändigen

---

550 Ertel Newsletter für den Datenschutz im Gesundheitswesen, 1/2019, 5 f.
551 Ertel Newsletter für den Datenschutz im Gesundheitswesen, 1/2019, 5 f.
552 Holzner, Datenschutz, Dokumentations- und Organisationspflichten in der ärztlichen Praxis, A Rz 140–142.
553 Neufassung der Verordnung über gefährliche Arbeitsstoffe (Arbeitsstoffverordnung – ArbStoffV) v 11.2.1982, BGBl 1982 Teil I Nr 5, 144.

war. Diese ärztliche Dokumentation spielt für die Arbeitnehmer besonders auch iVm Anhang 2 der ArbStoffV, den dort aufgezählten gefährlichen Arbeitsstoffen, und somit bei der Verfolgung der Anerkennung von arbeitsbedingten Gesundheitsschäden eine elementare Rolle. Abgelöst worden ist die Vorschrift von der Gefahrenstoffverordnung (GefStoffV)[554] und dort dem Auskunftsanspruch nach GefStoffV § 14 Abs 3 Nr 4. Danach hat der Arbeitgeber das Verzeichnis nach Nummer 3 mit allen Aktualisierungen 40 Jahre nach Ende der Exposition aufzubewahren; bei Beendigung von Beschäftigungsverhältnissen hat der Arbeitgeber den Beschäftigten einen Auszug über die sie betreffenden Angaben des Verzeichnisses auszuhändigen und einen Nachweis hierüber wie Personalunterlagen aufzubewahren. Die Nr 5 bis 7 des GefStoffV § 14 Abs 3 regeln weitere Auskunftsrechte eines Arbeitnehmers, der gefährlichen Stoffen iRs Arbeitstätigkeit ausgesetzt war, so bspw in Nr 6, dass alle Beschäftigten jederzeit Zugang zu den sie persönlich betreffenden Angaben in dem Gefahrenstoffverzeichnis nach Abs 3 haben.

Ähnliches gilt auch nach der Biostoffverordnung (BioStoffV) § 14 Abs 2 Satz 5[555] iVm der Verordnung zur arbeitsmedizinischen Vorsorge (ArbMedVV) § 6 Abs 3 Nr 2, nach dem der Arzt das Ergebnis sowie die Befunde aus der arbeitsmedizinischen Vorsorgeuntersuchung dem Beschäftigten bei Arbeitstätigkeiten mit biologischen Arbeitsstoffen ebenfalls zur Einsichtnahme und Auskunft zur Verfügung zu stellen hat. **183**

Vorbemerkungen § 630h

ÜBERSICHT

I. Entstehungsgeschichte 1, 2	V. Haftungstatbestände 42–103
II. Normzweck 3–5	1. Behandlungsfehler 42–82
III. Haftungsgrundlagen der Behandelndenhaftung 6–34	a) Übernahmeverschulden 50
1. Vertragliche Haftungsgrundlagen . . 7, 8	b) Befunderhebungsfehler 51–54
2. Vertragsparteien 9–27	c) Diagnosefehler 55–58
a) Ambulante Behandlung in der Praxis des Behandelnden 10–13	d) Therapiefehler 59–69
b) Behandlung beim Durchgangsarzt 14–16	aa) Durchführung der Therapie . 60, 61
c) Behandlung in KV-Notdienstpraxis 17, 18	bb) Wahl der Therapiemethode . 62–64
d) Behandlung in Krankenhausambulanz 19–21	cc) Neulandmethode 65
e) Stationäre Behandlung 22–27	dd) Off-Label-Use 66
aa) Totaler Krankenhausvertrag . 22, 23	ee) Heilversuch 67
bb) Totaler Krankenhausvertrag mit Arztzusatzvertrag 24	ff) Außenseitermethode 68
cc) Gespaltener Arzt-Krankenhaus-Vertrag bei Wahlleistungen 25, 26	gg) Anfängeroperation 69
dd) Gespaltener Arzt-Krankenhaus-Vertrag bei stationärer Behandlung durch Belegarzt 27	e) Vertikale und horizontale Arbeitsteilung 70–75
3. Deliktische Haftungsgrundlagen . . . 28–34	aa) Vertikale Arbeitsteilung . . . 71, 72
a) Eigenhaftung 29–31	bb) Horizontale Arbeitsteilung . 73–75
b) Haftung für Dritte 32–34	f) Nachsorge 76
aa) Haftung für Verrichtungsgehilfen 32, 33	g) Therapeutische Sicherungsaufklärung 77, 78
bb) Organhaftung 34	h) Organisationsverschulden 79–82
IV. Anspruchsgrundlagen 35–41	2. Haftung wegen unwirksamer Einwilligung 83–94
1. Vertragliche Haftung aus § 280 Abs 1 Satz 1 36–38	a) Verpflichtung zur Einholung der Einwilligung 83–86
2. Anspruchskonkurrenz mit deliktischer Haftung aus §§ 823 ff 39–41	b) Einwilligungsfähigkeit 87, 88
	c) Entbehrlichkeit der Einwilligung 89, 90
	d) Folgen der Unwirksamkeit der Einwilligung 91–94
	3. Haftung infolge unzureichender wirtschaftlicher Aufklärung 95, 96
	4. Verletzung der Offenbarungspflicht . 97, 98
	5. Dokumentationsmängel 99–103
	VI. Kausalität, Zurechnungszusammenhang 104–112
	1. Haftungsbegründende Kausalität . . 105–107

---

[554] Die Gefahrstoffverordnung ist eine deutsche Verordnung zum Schutz vor gefährlichen Stoffen im deutschen Arbeitsschutz. Die Verordnungsermächtigung ist im Chemikaliengesetz enthalten. Seit 2005 ist auch das Arbeitsschutzgesetz gesetzliche Grundlage für die GefStoffV, BGBl I S 1782, ber S 2049, Inkrafttreten der letzten Änderung am 5.4.2017; (letzte Änderung: Art 183 G vom 29.3.2017, BGBl I S 626, 648).

[555] Verordnung über Sicherheit und Gesundheitsschutz bei Tätigkeiten mit Biologischen Arbeitsstoffen (Biostoffverordnung – BioStoffV), BGBl I, 50, Inkrafttreten am 1.4.1999, Inkrafttreten der Neufassung am 16.7.2013.

2. Haftungsausfüllende Kausalität ... 108	
3. Zurechnungszusammenhang 109–112	
a) Unterbrechung des Kausalzusammenhangs 109	
b) Rechtmäßiges Alternativverhalten 110, 111	
c) Schutzzweck der Norm 112	

VII. Geschützter Personenkreis 113–117
1. Patient 113
2. Eltern eines geschädigten Kindes; Eltern eines ungewollten Kindes („Kind als Schaden") 114, 115
3. Erben, Hinterbliebene 116
4. Gesetzlicher Anspruchsübergang auf Dritte 117

VIII. Haftungsbeschränkungen 118, 119

IX. Haftungsumfang 120–126
1. Grundsätze 120, 121
2. Materieller Schaden 122, 123
3. Immaterieller Schaden 124–126

X. Mitverschulden des Patienten ... 127

XI. Verjährung 128–130

XII. Prozessuale Besonderheiten im Arzthaftungsprozess 131–140
1. Amtsermittlung durch das Gericht . 131–133
2. Einholung eines Sachverständigengutachtens 134–137
3. Einrichtung von Spezialkammern .. 138
4. Berufungsverfahren 139, 140

Schrifttum § 630h: Franzki, H/Franzki, Dietmar, Waffengleichheit im Arzthaftungsprozess, NJW 1975, 2225; Wasserburg, Die ärztliche Dokumentationspflicht im Interesse des Patienten, NJW 1980, 617; Deutsch/Geiger, Medizinischer Behandlungsvertrag – Empfiehlt sich eine besondere Regelung der zivilrechtlichen Beziehung zwischen dem Patienten und dem Arzt im BGB?, in: Gutachten und Vorschläge zur Überarbeitung des Schuldrechts, Band II, Hrsg. Bundesministerium der Justiz, 1981, 1049; Hohloch, Ärztliche Dokumentation und Patientenvertrauen – Zum Streit um „Dokumentationspflicht" und „Einsichtsrecht", NJW 1982, 2577; Kern/Laufs, Die ärztliche Aufklärungspflicht, 1983; Matthies, Anmerkung zu BGH, Urt v 18.3.1986 – VI ZR 215/84, JZ 1986, 958; Hager, Fetale Hypoxie und rechtliche Konsequenzen, Der Gynäkologe 1989, 390; Steffen, Neue Entwicklungslinien der BGH-Rechtsprechung zum Arzthaftungsrecht, 4. Aufl 1990; Rigizahn, Anmerkung zu OLG Koblenz, Urt v 19.9.1994 – 2 Ss 123/94, MedR 1995, 29; Steffen, Einfluss verminderter Ressourcen und von Finanzierungsgrenzen aus dem Gesundheitsstrukturgesetz auf die Arzthaftung, MedR 1995, 190; Laufs, Anmerkung zu BGH, Urt v 13.2.1996 – VI ZR 402/94, Nachschlagewerk des Bundesgerichtshofs, 1996, LM BGB § 823 (Aa) Nr 164 (7/1996); Giesen, Aktuelle Probleme des Arzthaftungsrechts, MedR 1997, 17; Müller, Spielregeln für den Arzthaftungsprozeß, DRiZ 2000, 259; Jorzig, Arzthaftungsprozeß – Beweislast und Beweismittel, MDR 2001, 481; Laumen, Die „Beweiserleichterung bis zur Beweislastumkehr" – Ein beweisrechtliches Phänomen, NJW 2002, 3739; Katzenmeier, Arzthaftung, 2002; Laufs, Der mündige, aber leichtsinnige Patient, NJW 2003, 2288; Hausch, Vom therapierenden zum dokumentierenden Arzt – über die zunehmende haftungsrechtliche Bedeutung der ärztlichen Dokumentation, VersR 2006, 612; Bender, Dokumentationspflichten bei der Anwendung von Blutprodukten, MedR 2007, 533; Parzeller/Wenk/Zedler/Rothschild, Aufklärung und Einwilligung bei ärztlichen Eingriffen, Deutsches Ärzteblatt, 2007, A 576; Clemens, Zulässigkeit von Arzneimittelverordnungen und Kostenregresse gegen Ärzte – Off-Label-Use und Unlicensed Use, GesR 2011, 397; Walter, Off-Label-Use: Die Haftung des verordnenden Arztes, NZS 2011, 361; Walter, Anmerkung zu OLG Oldenburg, Urt v 23.7.2008 – 5 U 28/08, MedR 2011, 166; Soukup, Der Einwand des rechtmäßigen Alternativverhaltens bei ärztlichen Behandlungsfehlern, Leipziger Juristische Studien – Medizinrechtliche Abteilung – Band 9, 2012; Spickhoff, Patientenrechte und Gesetzgebung, Rechtspolitische Anmerkungen zum geplanten Patientenrechtegesetz, Zeitschrift für Rechtspolitik 2012, 65; Wagner, Kodifikation des Arzthaftungsrechts?, - Zum Entwurf eines Patientenrechtegesetzes -, VersR 2012, 789; Jaeger, Patientenrechtegesetz, Kommentar zu §§ 630a bis 630h BGB, 2013; Spickhoff, Neues aus Gesetzgebung und Rechtsprechung – Auswirkungen für Gynäkologen, Der Gynäkologe 2013, 273; Thurn, Das Patientenrechtegesetz – Sicht der Rechtsprechung, MedR 2013, 153; Walter, Das Beweisrecht der Behandlungsfehlerhaftung nach dem Patientenrechtegesetz, GesR 2013, 129; Franzki, Dominik, Der Behandlungsvertrag – Ein neuer Vertragstypus im Bürgerlichen Gesetzbuch, Göttinger Schriften zum Medizinrecht, 2014; Gödicke, Risikoerklärung statt Risikoaufklärung, Rechtliche Anforderungen im Ausnahmefall vorwiegend schriftlicher Patientenaufklärung, dargestellt am Beispiel der H1N1-Pandemie-Impfung 2009, Besprechung von OLG Zweibrücken, Beschl v 31.12013 – 5 U 43/11, MedR 2014, 18; Kern/Reuter, Haftung für Hygienemängel – unter besonderer Berücksichtigung der aktuellen Rechtsprechung und des Patientenrechtegesetzes, MedR 2014, 785; Kett-Straub/Sipos-Lay, § 630c Abs 2 S 2 BGB im Spannungsfeld von Patientenrechten und Nemo tenetur-Grundsatz, MedR 2014, 867; Schmidt-Recla, Gibt es die Lehre vom fiktiven Behandlungsfehler?, GesR 2014, 92; Hausharter, Die Kodifizierung des Arzthaftungsrechts im deutschen Patientenrechtegesetz: ein Vergleich mit Lehre und Forschung in Österreich, 2015; Heyers, Risikomanagementsysteme im Krankenhaus, Standards und Patientenrechte, MedRecht 2016, 23; Taupitz, Patientenrechtegesetz: Hemmschuh für den medizinischen Fortschritt?, GesR 2015, 65; Dautert, Anmerkung zu OLG Oldenburg, Urt v 21.5.2014 – 5 U 216/11, GesR Rechtsprechung kompakt 2015, 612; Prütting, Die „immer-so"-Rechtsprechung – Eine kritische Würdigung aus prozessrechtlicher Perspektive, in: Katzenmeier/Ratzel (Hrsg), Festschrift für Franz-Josef Dahm, Glück auf! Medizinrecht gestalten, 2017, 359; Geier, Anspruch des Patienten auf eine Behandlung contra legem, MedR 2017, 293; Prütting, Anspruch des Patienten auf Behandlung contra legem?, MedR 2017, 531; Prütting, Prozessuale Besonderheiten der Arzthaftung – Grober Behandlungsfehler, Organisationsverschulden und „Immer-so-Beweis", https://medizinrechtsanwaelte.de/app/uploads/2017/06/06-Jens-Prütting.pdf (zuletzt abgerufen am 25.12.2021); Bayer, Ärztliche Dokumentationspflicht und Einsichtsrecht in Patientenakten, 2018; Bayer, Neue Haftungsrisiken bei Behandlungsverträgen? Das Hinterbliebenengeld im Kontext der vertraglichen Haftung, MedR 2018, 947; Damm, Patientenrechte, MedR 2018, 847; Katzenmeier, Anmerkungen zu BGH, Urt v 11.5.2017 – III ZR 92/16 (KG), MedR 2018, 93 f; Miranowicz, Die Entwicklung des Arzt-Patienten-Verhältnisses und seine Bedeutung für die Patientenautonomie, MedR 2018, 131; Quaas, in: Quaas/Zuck/Clemens (Hrsg), Medizinrecht, 4. Aufl 2018; Pentz, von, Aktuelle Rechtsprechung des BGH zum Arzthaftungsrecht, MedR 2018, 283; Martis/Winkhart-Martis, Arzthaftungsrecht – Aktuelle Rechtsprechung zur Aufklärung des Patienten, MDR 2020, 1421; Süß, Anmerkungen zu den Entscheidungen des OLG Karlsruhe (Urt v 4.7.2019 – 7 U 159/16) und des OLG Naumburg (Urt v 28.11.2019 – 1 U 75/18), MedR 2021, 165; Frahm, Ausschluss der Beweislastumkehr beim groben Behandlungsfehler wegen äußerst unwahrscheinlichen Kausalzusammenhangs, MedR 2021, 647.

Untertitel 2 Behandlungsvertrag　　　　　　　　　　　　　　　　　1, 2 **Vor § 630h**

I. Entstehungsgeschichte

Das Arzthaftungsrecht, insbesondere die Regelungen zur Beweislast, waren bis zur Kodifizierung der Regelungen zum Behandlungsvertrag in den §§ 630a bis 630h durch das Gesetz zur Verbesserung der Rechte der Patienten und Patientinnen („Patientenrechtegesetz") in erheblichem Umfang durch **Richterrecht** geprägt. Die allgemeinen Grundsätze des Schadensersatzrechts machten es Patienten angesichts des strukturellen Ungleichgewichts zwischen Ärzten und Patienten, insbesondere in Gestalt einer weithin vorhandenen **Informationsasymmetrie** in Bezug auf medizinische Fachkenntnisse und den Behandlungsverlauf, aber auch hinsichtlich der in Arzthaftungssachen spezifischen **Probleme des Kausalitätsnachweises** zwischen Behandlungsfehler und Schäden in vielen Fällen sehr schwer oder nahezu unmöglich, mit Erfolg Schadensersatzansprüche durchzusetzen. Denn die allgemeinen Beweisregeln, wonach derjenige, der sich auf für ihn günstige Tatsachen beruft, diese im Einzelnen darzulegen und im Streitfall zu beweisen hat, führen dazu, dass Patienten, die sich mit einem (mutmaßlichen) Behandlungsfehler konfrontiert sehen, nicht nur das **schadensbegründende Ereignis** in Form des Behandlungsfehlers und den **Eintritt eines konkreten Schadens**, sondern auch die **Kausalität des Behandlungsfehlers für den Schaden** darlegen und gegebenenfalls beweisen müssen. In vielen Fällen ist es jedoch kaum möglich – schon gar nicht für den medizinisch nicht vorgebildeten Patienten –, festzustellen, ob eine gesundheitliche Beeinträchtigung auf eine fehlerhafte Behandlung, auf die Erkrankung des Patienten als solche oder auf andere Umstände zurückzuführen ist. Vor diesem Hintergrund war die höchstrichterliche Judikatur im Rahmen der Rechtsprechung zur deliktischen Haftung schon seit Jahrzehnten bestrebt, im Sinne einer **Waffengleichheit**[1] im Arzthaftungsrecht die widerstreitenden Interessen der Patienten einerseits und der Behandelnden andererseits in Ausgleich zu bringen, indem sie in besonderen Fällen, wie zB beim voll beherrschbaren Risiko[2], beim groben Behandlungsfehler[3], bei der unterlassenen Befunderhebung[4] und bei Dokumentationsmängeln[5] im Wege der richterlichen Rechtsfortbildung **Beweiserleichterungen zugunsten des Patienten** schuf[6]. 1

Im Gesetz fanden sich diese Beweisregeln bis zur Kodifizierung des § 630h nicht. Dies hatte seine Ursache auch darin, dass sich der Gesetzgeber mit der Kodifizierung spezifischer Normen zur Haftung Behandelnder über lange Zeit zurückgehalten und dieses Feld der Rechtsprechung und der juristischen Literatur überlassen hatte[7], obwohl bereits ab Mitte des 19. Jahrhunderts (!) in juristischen Fachkreisen die Notwendigkeit gesehen worden war, „eine dogmatische Grundlage für das Arzthaftungsrecht"[8] zu schaffen. Auch anlässlich des 52. Deutschen Juristentags im Jahr 1978 war angeregt worden, im Interesse der Patienten und Ärzte deren Rechte und Pflichten gesetzlich zu konkretisieren[9]. Ebenso wurde im Rahmen der Diskussionen um die Schuldrechtsmodernisierung über die Notwendigkeit diskutiert, angesichts der Wichtigkeit der Beziehungen zwischen Ärzten und Patienten deren zivilrechtliche Beziehung im BGB zu kodifizieren[10]. Eine im Jahr 1999 von der damaligen Bundesregierung eingesetzte Arbeitsgruppe sah „zwar keinen gesetzgeberischen Handlungsbedarf, stellte aber ein Informations- und Vollzugsdefizit im Arzthaftungsrecht fest"[11], worauf das Vorhaben von der Gesundheitsministerkonferenz vorangetrieben und am 16.01.2012 ein Referentenentwurf vorgelegt wurde[12]. Am 25.02.2013 wurde das Gesetz im Bundesgesetzblatt veröffentlicht[13] und trat am darauf folgenden Tag in Kraft[14]. 2

1　Siehe hierzu BVerfG, Beschl v 25.7.1979 – 2 BvR 878/74, BVerfGE 52, 131.
2　Vgl BGH, Urt v 18.12.1990 – VI ZR 169/90, NJW 1991, 1540, 1541; BGH, Urt v 8.1.1991 – VI ZR 102/90, NJW 1991, 1541.
3　Zu grobem Behandlungsfehler aufgrund mangelhafter Eingriffsaufklärung BGH, Urt v 21.9.1982 – VI ZR 302/80, BGHZ 85, 212, 216; zu grobem Behandlungsfehler durch eine Hebamme BGH, Urt v 16.5.2000 – VI ZR 321/98, BGHZ 144, 296, 303, 304; BGH, Urt v 16.11.2004 – VI ZR 328/03, ArztR 2006, 63, 64, 65; vgl BGH, Urt v 27.4.2004 – VI ZR 34/03, VersR 2004, 909; zur Beurteilung als „grob" BGH, Urt v 3.12.1985 – VI ZR 106/84, NJW 1986, 540.
4　BGH, Urt v 6.7.1999 – VI ZR 290/98, NJW 1999, 3408, 3409; BGH, Urt v 23.3.2004 – VI ZR 428/02, MedR 2004, 1056.
5　BGH, Urt v 24.1.1984 – VI ZR 203/82, MedR 1985, 221.
6　Giesen, MedR 1997, 17, spricht von einer besonders ausgefeilten und richterrechtlich verselbständigten Systematik der Beweislastverteilung.
7　Katzenmeier, Arzthaftung, S 77 mwN.
8　Franzki, Der Behandlungsvertrag, S 2 unter Verweis auf Zimmermann AcP 1856, 222.
9　Steinhilper, in: Laufs/Kern/Rehborn, HdB ArztR[5], § 27 Rz 128.
10　Deutsch/Geiger, Medizinischer Behandlungsvertrag, in: Gutachten und Vorschläge zur Überarbeitung des Schuldrechts, Band II, S 1049 ff.
11　BT-Drucks 17/10488, 10.
12　Steinhilper, in: Laufs/Kern/Rehborn, HdB ArztR[5], § 27 Rz 128.
13　BGBl 2013 Teil I, S 277 ff.
14　BGBl 2013 Teil I (Art 5), S 282.

II. Normzweck

3 Ziel des § 630h sollte es nach dem Willen des Gesetzgebers sein, die von der Rechtsprechung entwickelten Grundsätze zu **Beweiserleichterungen** bei der Haftung für Behandlungs- und Aufklärungsfehler im Arzthaftungsrecht gesetzlich im Vertragsrecht festzuschreiben, „systematisch in einer Vorschrift zusammenzufassen und auf sämtliche medizinischen Behandlungsverträge zu erstrecken"[15], ohne eine inhaltliche Änderung vorzunehmen, „da diese Pflichten in der alltäglichen Praxis bereits umfangreiche Anwendung finden"[16]. In den von dem Regelungsgehalt des § 630h nicht erfassten Fällen verbleibt es bei den allgemeinen Beweisregeln.

4 Ausdrücklich war es somit nicht die Absicht des Gesetzgebers, das Recht der Haftung der Behandelnden neu zu regeln, sondern es sollten im Wesentlichen lediglich die von der Rechtsprechung entwickelten Grundsätze in Gesetzesform gegossen werden. Die von der Judikatur entwickelten Grundsätze zu den Beweiserleichterungen gelten daher auch unter den Regelungen des § 630h fort.

5 Weitergehenden Forderungen im Gesetzgebungsverfahren, etwa nach einer generellen Beweislastumkehr zugunsten des Patienten auf der Ebene der Kausalität auch bei einfachen Behandlungsfehlern oder nach einer Beweislastumkehr auch für die haftungsausfüllende Kausalität, hat der Gesetzgeber eine Absage erteilt. In diesen Fällen verbleibt es nach wie vor bei den allgemeinen Beweisregeln und somit bei der Beweislast des Patienten. Der Gesetzgeber weist darauf hin, dass die Beweiserleichterungen den Zweck verfolgen sollen, „einen Ausgleich dafür zu bieten, dass das Spektrum der für die Schädigung in Betracht kommenden Ursachen infolge des groben Behandlungsfehlers besonders vergrößert oder verschoben worden ist mit der Folge, dass die Aufklärung des Behandlungsgeschehens zulasten des Patienten in besonderer Weise erschwert wird"[17]. Dieses Zweckerfordernis sei bei einem einfachen Behandlungsfehler nicht gegeben. Würde auch hier eine Umkehr der Beweislast zugunsten des Patienten eintreten, führte dies zu einer erheblichen Ausweitung der Haftung des Behandelnden, und zwar auch in solchen Fällen, in denen der bei dem Patienten eingetretene Schaden nicht auf einen Behandlungsfehler, sondern auf die Grunderkrankung oder etwaige Begleiterkrankungen zurückzuführen sind. Zutreffend wird daher auch in der Literatur darauf hingewiesen, dass stets deutlich bleiben muss, „dass es um das Einstehen für Unrecht, nicht für Unglück, geht"[18]. Maßstab für die Haftung des Behandelnden muss daher das **Verschuldensprinzip** bleiben. Eine Abkehr vom Verschuldensprinzip, sei es durch eine generelle Umkehr der Beweislast für die haftungsbegründende und/oder haftungsausfüllende Kausalität auch bei einfachen Behandlungsfehlern, sei es durch eine Gefährdungshaftung, würde auch die Neigung zu einer defensiven Medizin erhöhen und damit den medizinischen Fortschritt behindern[19].

III. Haftungsgrundlagen der Behandelndenhaftung

6 Um die Beweislastregeln von § 630h einordnen zu können, bedarf es zunächst eines Blicks in die Grundzüge des Rechts der Behandelndenhaftung. Soweit im Folgenden auch der Begriff „Arzthaftungsrecht" verwendet wird, ist dies dem Umstand geschuldet, dass die zum Recht der Behandelndenhaftung ergangene Judikatur sich in der überwiegenden Mehrzahl der Fälle mit medizinischen Behandlungen durch Ärztinnen und Ärzte befasst und sich hierdurch der Begriff „Arzthaftungsrecht" etabliert hat.

7 **1. Vertragliche Haftungsgrundlagen.** Zur **vertraglichen Haftungsverantwortung** ist derjenige verpflichtet, der die **Behandlung des Patienten durch Behandlungsvertrag** übernommen oder zu übernehmen hat[20]. Gegenstand des Behandlungsvertrages im Sinne des § 630a ist die „medizinische Behandlung eines Patienten" gegen die „Gewährung der vereinbarten Vergütung". Unter „medizinischer Behandlung" wird nicht nur die Behandlung durch einen Arzt verstanden, vielmehr sollen unter diesen Begriff nach der Gesetzesbegründung „sämtliche Maßnahmen und Eingriffe am Körper eines Menschen" fallen, die dem Zweck dienen, „Krankheiten, Leiden, Körperschäden, körperliche Beschwerden oder seelische Störungen nicht krankhafter Natur zu verhüten, zu erkennen, zu heilen oder zu lindern"[21]. Erfasst werden somit nicht nur Behandlungen durch Ärzte und Zahnärzte, sondern auch durch Angehörige anderer Heilberufe wie Psychologische Psychotherapeuten, Kinder- und Jugendlichenpsychotherapeuten, Hebammen, Masseure und medizinische Bademeister, Ergotherapeuten, Logopäden, Physiotherapeuten

---

15 BT-Drucks 17/10488, 27.
16 BT-Drucks 17/10488, 19.
17 BT-Drucks 17/10488, 31.
18 Kern/Rehborn, in: Laufs/Kern/Rehborn, HdB ArztR[5], § 92 Rz 4.
19 Katzenmeier, Arzthaftung, S 183.
20 Pauge/Offenloch, Arzthaftungsrecht[14], Rz 90.
21 BT-Drucks 312/12, 24 unter Hinweis auf Laufs, in: Laufs/Kern, HdB ArztR[4], § 10 Rz 1, 6.

und Heilpraktiker. Dabei ist die Anwendbarkeit der §§ 630a ff nicht berufsbezogen, sondern **tätigkeitsbezogen**. Auch ein Nichtmediziner, der sich unberechtigt als Arzt geriert und Patienten „behandelt", ohne im Besitz einer Approbation als Arzt zu sein, fällt somit unter den Anwendungsbereich der §§ 630a ff. Nicht unter deren Anwendungsbereich fallen hingegen Tierärzte, da diese keine medizinische Behandlung an Patienten iSd § 630a, worunter ausschließlich Menschen verstanden werden, erbringen. Ebenso wenig fallen Apotheker sowie Angehörige des Gesundheitshandwerks wie etwa Zahntechniker, Augenoptiker, Hörgeräteakustiker unter den Anwendungsbereich der §§ 630a ff. Da die Regelungen der §§ 630a ff nur für solche Verträge gelten sollen, die **medizinische Leistungen** zum Gegenstand haben, sind sie auf Verträge, die **reine Pflege- und Betreuungsleistungen** betreffen, **nicht anzuwenden**. Ebenso wenig finden sie Anwendung auf Verträge im Bereich des Gesetzes über Wohnraum mit Pflege- und Betreuungsleistungen (WBVG).

Die Haftungsverantwortung erstreckt sich auch auf die **Erfüllungsgehilfen** des Behandelnden iSd § 278. Wenn und soweit die an der Behandlung Mitwirkenden selbst Vertragspartner des Patienten sind – zB selbstliquidierende Krankenhausärzte – sind sie insoweit allerdings keine Erfüllungsgehilfen, sondern haften selbst vertraglich aus dem Behandlungsvertrag. **8**

2. Vertragsparteien. Vertragsparteien des Behandlungsvertrages sind auf der einen Seite der **Patient**, also eine natürliche Person, auf der anderen Seite der **Behandelnde**, was neben einer natürlichen auch eine juristische Person, etwa als Träger eines MVZ oder Krankenhauses, sein kann. **9**

a) **Ambulante Behandlung in der Praxis des Behandelnden**. Der Behandlungsvertrag zwischen dem niedergelassenen Arzt und dem Patienten ist zivilrechtlicher Natur, und zwar gleich, ob es sich bei dem Patienten um einen privat Krankenversicherten bzw Selbstzahler oder um einen gesetzlich Versicherten handelt, bei dem nach den sozialversicherungsrechtlichen Regelungen des SGB V im Rahmen des Vierecks-Verhältnisses ‚Patient – Arzt – Krankenkasse – Kassenärztliche Vereinigung' die Honorarzahlung über die Kassenärztliche Vereinigung und die Leistung des Arztes gegenüber dem Patienten als Sachleistung der GKV erbracht werden[22]. Für letztere Fälle gilt die Einschränkung, dass der „Kassenarzt […] den Behandlungsvertrag mit dem Kassenpatienten grundsätzlich nur auf der Grundlage und im Rahmen seines kassenärztlichen Pflichtenkatalogs abschließen darf"[23]. Der Gesetzgeber des Patientenrechtegesetzes hat in der Gesetzesbegründung ausdrücklich klargestellt, dass auch der **Vertrag zwischen dem gesetzlich krankenversicherten Patienten und dem Arzt ein privatrechtlicher Vertrag** ist, aber das Privatrecht von den Regelungen des SGB V überlagert wird[24]. **10**

Schließt der Patient den Behandlungsvertrag mit einer **ärztlichen Berufsausübungsgemeinschaft** (früher: Gemeinschaftspraxis) in der Rechtsform einer Gesellschaft bürgerlichen Rechts ab, so haften die Gesellschaft – die zwar keine juristische Person, aber als Folge der Anerkennung der Rechtssubjektivität[25] im Verhältnis zu Dritten Träger von Rechten und Pflichten ist – und alle, auch später eintretende Gesellschafter der Berufsausübungsgemeinschaft akzessorisch gegenüber dem Patienten als Gesamtschuldner mit der Möglichkeit des Gesamtschuldnerinnenausgleichs, gleich, ob sie selbst mit der Behandlung des Patienten befasst waren oder nicht[26]. Bei einer Partnerschaftsgesellschaft von Ärzten haften die Partner zwar für die Verbindlichkeiten der **Partnerschaftsgesellschaft** gesamtschuldnerisch. Für berufliche Fehler haften sie neben dem Vermögen der Partnerschaftsgesellschaft aber nur dann, wenn sie an der Behandlung des Patienten in irgendeiner Weise beteiligt waren[27], wobei dieses Merkmal weit ausgelegt wird und grundsätzlich jede Form der Mitbehandlung ausreichend ist[28]. Bei einer bloßen **Praxisgemeinschaft**, bei der mehrere Ärzte gemeinsam räumliche, sachliche und/oder personelle Infrastruktur zum Betrieb jeweils eigener Praxen nutzen, schließt nur der jeweilige Arzt mit seinem Patienten einen Behandlungsvertrag ab, weshalb nur er gegenüber dem Patienten für etwaige berufliche Fehler haftet[29]. **11**

Bei **Urlaubsvertretung** des niedergelassenen Arztes in dessen Praxis durch einen Vertreter kommt der Behandlungsvertrag mit dem Praxisinhaber, nicht mit dem Vertreter zustande. Dieser **12**

---

22 BGH, Urt v 31.1.2006 – VI ZR 66/05, MedR 2006, 591.
23 BGH, Urt v 29.6.1999 – VI ZR 24/98, MedR 1999, 561.
24 BT-Drucks 17/10488, 19.
25 BGH, Urt v 27.9.1999 – II ZR 371/98, VersR 1999, 1425.
26 BGH, Urt v 29.1.2001 – II ZR 331/00, VersR 2001, 510; BGH, Urt v 24.2.2003 – II ZR 385/99, VersR 2003, 650.
27 Pauge/Offenloch, Arzthaftungsrecht[14], Rz 64.
28 Kern/Rehborn, in: Laufs/Kern/Rehborn, HdB ArztR[5], § 22 Rz 34.
29 Pauge/Offenloch, Arzthaftungsrecht[14], Rz 58.

ist **Erfüllungsgehilfe** des Praxisinhabers gem § 278 und haftet nicht selbst vertraglich, wohl aber persönlich **deliktisch für eigenes Verschulden**[30].

13   Bei der Behandlung in einem **Medizinischen Versorgungszentrum** (MVZ), das gem SGB V § 95 Abs 1 S 6 in jeder rechtlich zugelassenen Organisationsform (z B GbR, GmbH, AG) gegründet werden kann, kommt der Behandlungsvertrag mit dem **Träger des MVZ** zustande. Dieses haftet für die bei ihm angestellten Ärzte als seine Erfüllungsgehilfen vertraglich, während die Ärzte selbst für eigenes Verschulden deliktisch haften.

14   b) **Behandlung beim Durchgangsarzt**. Die Berufsgenossenschaften als Träger der gesetzlichen Unfallversicherung haben die Verpflichtung, gesetzlich Unfallversicherten nach einem Arbeitsunfall Heilbehandlung zukommen zu lassen. Je nach Art und Umfang der Verletzungen kann diese in einer allgemeinen Heilbehandlung nach SGB VII § 10 durch jeden Vertragsarzt oder in einer besonderen Heilbehandlung gemäß SGB VII § 11 durch den Unfallversicherungsträger selbst oder die von einem Landesverband der DGUV eV durch Verwaltungsakt bestellten sogenannten **Durchgangsärzte** erfolgen. Dabei handelt es sich um Ärzte mit besonderen unfallmedizinischen Qualifikationen. Die Entscheidung darüber, ob ein durch einen Arbeitsunfall Verletzter im Hinblick auf Art und Schwere der Verletzung der besonderen berufsgenossenschaftlich-unfallmedizinischen Heilbehandlung bedarf, oder ob die allgemeine Heilbehandlung ausreicht, trifft der Durchgangsarzt, bei dem sich der Verletzte vorzustellen hat. Diese Entscheidung stellt eine **öffentlich-rechtliche Aufgabe** dar, weshalb die Durchgangsärzte diesbezüglich eine **hoheitliche Tätigkeit** ausüben[31].

15   Für Fehler im Zusammenhang mit der Untersuchung und Diagnosestellung, die zu dieser Entscheidung führt, haftet daher nicht der Durchgangsarzt, sondern die zuständige Berufsgenossenschaft[32]. Da die Grenzen der zur Entscheidung über das Ob der besonderen berufsgenossenschaftlichen oder allgemeinen Heilbehandlung erforderlichen ärztlichen Maßnahmen einerseits und der Erstversorgung des Patienten andererseits fließend sind und beide häufig nicht sinnvoll gegeneinander abgegrenzt werden können, hat der BGH in seinem wegweisenden Urteil vom 29.11.2016 entschieden, dass auch die Erstversorgung des Patienten durch den Durchgangsarzt dessen hoheitlicher Tätigkeit zuzuordnen ist, mit der Folge, dass auch für etwaige **Fehler bei der Erstversorgung** die **Berufsgenossenschaft** haftet[33].

16   Wenn der Durchgangsarzt hingegen die besondere Heilbehandlung auch über die Erstversorgung hinaus selbst übernimmt, kommt ein privatrechtlicher Behandlungsvertrag mit dem Patienten zustande, im Rahmen dessen der Durchgangsarzt für etwaige Fehler selbst haftet[34].

17   c) **Behandlung in KV-Notdienstpraxis**. Die **Kassenärztlichen Vereinigungen** haben gemäß SGB V § 75 Abs 1 die Verpflichtung zur Sicherstellung der vertragsärztlichen Versorgung, die nach SGB V § 75 Abs 1b auch die Zurverfügungstellung der vertragsärztlichen Versorgung zu den sprechstundenfreien Zeiten (Notdienst) umfasst. Aufgrund dieses **Sicherstellungsauftrages** sind die Kassenärztlichen Vereinigungen berechtigt, im Rahmen ihrer Satzungsautonomie den Notdienst selbstständig zu regeln[35]. Hiervon haben viele Kassenärztliche Vereinigungen Gebrauch gemacht und in ihren **Notfalldienstordnungen** festgelegt, dass über die Errichtung und Schließung von **Notdienstpraxen** im allgemeinen und im gebietsärztlichen Notfalldienst die örtlich zuständige Notfalldienst-Kommission in Abstimmung mit und vorbehaltlich der Zustimmung durch den Vorstand der KV entscheidet, und abweichend hiervon die Kassenärztlichen Vereinigungen selbst **zentrale Notdienstpraxen** errichten können. Vom KV-Notfalldienst streng zu unterscheiden ist der Rettungsdienst. Dieser ist ganz überwiegend öffentlich-rechtlich ausgestaltet, so dass die Regelungen der Amtshaftung gelten. Eine Ausnahme bildet Baden-Württemberg, wo der Rettungsdienst als privatrechtliche Aufgabe verstanden wird[36].

18   Wer der Vertragspartner des Patienten bei dessen Behandlung in einer solchen Notdienstpraxis ist, hängt von der Ausgestaltung dieser Praxis ab. In den Fällen, in denen die Kassenärztliche Vereinigung die **Notdienstpraxis als Eigeneinrichtung**, also mit eigenen Mitteln, eigenem angestellten ärztlichen und nichtärztlichen Personal und unter eigener Verantwortung nach allgemeinen vertragsärztlichen Grundsätzen führt, wird die Kassenärztliche Vereinigung selbst zum

---

30 BGH, Urt v 16.5.2000 – VI ZR 321/98, MedR 2001, 197.
31 Siehe hierzu im Zusammenhang mit der Besprechung zweier OLG-Entscheidungen: Süß Anmerkungen zu den Entscheidungen des OLG Karlsruhe (Urt v 4.7.2019 – 7 U 159/16) und des OLG Naumburg (Urt v 28.11.2019 – 1 U 75/18), MedR 2021, 165.
32 BGH, Urt v 20.12.2016 – VI ZR 395/15, GesR 2017,
171; BGH, 09.3.2010 – VI ZR 131/09, MedR 2011, 96.
33 BGH, Urt v 29.11.2016 – VI ZR 208/15, BGHZ 213, 120 = NJW 2017, 1742, 1745.
34 BGH, Urt v 20.12.2016 – VI ZR 395/15, GesR 2017, 171.
35 BSG, Urt v 15.9.1977 – 6 RKa 8/77, NJW 1978, 1213.
36 Sarangi, in: Jorzig, HdB-ArzthaftR[2], Rz 1050.

Leistungserbringer und damit zum Vertragspartner des Patienten. Eine solche Eigeneinrichtung liegt dagegen nicht vor, wenn die Kassenärztliche Vereinigung dem jeweils diensthabenden Vertragsarzt oder ermächtigten Arzt lediglich **sachliche und personelle Mittel zur selbstständigen Erbringung vertragsärztlicher Leistungen im Rahmen des Notdienstes zur Verfügung stellt**[37]. In diesem Fall wird der Arzt Vertragspartner des Patienten.

d) **Behandlung in Krankenhausambulanz.** Bei der ambulanten, nicht operativen Behandlung im Krankenhaus kommt der Behandlungsvertrag des gesetzlich versicherten Patienten nicht mit dem Krankenhausträger zustande, sondern mit dem von der Kassenärztlichen Vereinigung zur ambulanten vertragsärztlichen Versorgung **ermächtigten Arzt**. Dies ist in der Regel der die Ambulanz leitende Chefarzt. Gleichzeitig ist dieser hinsichtlich der privat versicherten Patienten vom Krankenhausträger zur Selbstliquidation berechtigt, so dass auch diese in vertragliche Beziehungen zum Chefarzt und nicht zum Krankenhausträger treten[38]. **19**

Anders ist dies beim **ambulanten Operieren** im Krankenhaus **gem SGB V § 115b**. Die Krankenhäuser sind zur Durchführung der in dem Katalog gem SGB V § 115b Abs 1 Nr 1 genannten Eingriffe zugelassen. Hierzu bedarf es einer Mitteilung des Krankenhauses an die Landesverbände der Krankenkassen, die Ersatzkassen, die Kassenärztliche Vereinigung und den Zulassungsausschuss. Vertragspartner der Patienten wird in diesem Fall der **Krankenhausträger**. Bei der vor- und nachstationären Behandlung im Krankenhaus im Sinne von SGB V § 115a, die der Krankenhausversorgung zugeordnet wird, kommt der Vertrag ebenfalls mit dem Krankenhausträger zustande. Allerdings sind in diesem Rahmen auch ärztliche Wahlleistungen möglich, so dass hier unter Umständen neben dem Vertragsverhältnis mit dem Krankenhausträger noch ein **Arztzusatzvertrag** oder auch ein **gespaltener Arzt-Krankenhaus-Vertrag** in Betracht kommen. **20**

Für die Frage der Passivlegitimation bedarf es daher der genauen Klärung, ob die Behandlung in einer „Chefarztambulanz", im Rahmen des ambulanten Operierens im Krankenhaus oder als Krankenhausbehandlung (mit oder ohne Wahlleistungen) durchgeführt wurde[39]. **21**

e) **Stationäre Behandlung.** – aa) **Totaler Krankenhausvertrag**. Bei der **stationären Krankenhausbehandlung** kommen vertragliche Beziehungen des Patienten grundsätzlich nur mit dem Krankenhausträger zustande[40], der für die bei ihm angestellten ärztlichen und nichtärztlichen Mitarbeiter ebenso wie für evtl hinzugezogene externe Dritte[41] (z B Konsiliararzt), soweit deren Leistungen solche des Krankenhauses gem KHEntgG § 2 Abs 2 Satz 2 Nr 2 sind, als seine Erfüllungsgehilfen gemäß § 278, ohne die Möglichkeit einer Entlastung haftet, unabhängig davon, ob der Fehler dem ärztlichen oder dem nichtärztlichen Personal unterlaufen ist. Letztere wiederum haften gegenüber dem Patienten für etwaiges eigenes Verschulden allein deliktsrechtlich. Man spricht insoweit von einem „**totalen Krankenhausvertrag**". **22**

Beim totalen Krankenhausvertrag besteht seitens des Patienten kein Rechtsanspruch darauf, nur von bestimmten Ärzten behandelt zu werden. Will der Patient dies, hat er die Möglichkeit, im Rahmen einer **Wahlleistungsvereinbarung** die Behandlung durch die betreffenden Wahlärzte, in der Regel die zur Selbstliquidation berechtigten Chefärzte oder leitenden Abteilungsärzte, zu vereinbaren. Dies kann entweder im Rahmen eines **totalen Krankenhausvertrages mit Arztzusatzvertrag** oder durch einen sog **gespaltenen Arzt-Krankenhaus-Vertrag** erfolgen. **23**

bb) **Totaler Krankenhausvertrag mit Arztzusatzvertrag.** Beim **totalen Krankenhausvertrag mit Arztzusatzvertrag** ist das Krankenhaus zur Erbringung sowohl der allgemeinen Krankenhausleistungen im Sinne von KHEntgG § 2 Abs 2 als auch der vereinbarten Wahlleistungen nach KHEntgG § 17 Abs 1 verpflichtet. Daneben wird ein weiterer Vertrag mit den liquidationsberechtigten Ärzten abgeschlossen, welche weitere wahlärztliche Leistungen erbringen. Vertragspartner des Patienten sind daher sowohl der Krankenhausträger als auch die Wahlärzte, weshalb beide für etwaige haftungsbegründende Fehler gegenüber dem Patienten in der Haftung stehen. **24**

cc) **Gespaltener Arzt-Krankenhaus-Vertrag bei Wahlleistungen.** Nur in den Fällen, in denen sich die Verpflichtung des Krankenhauses zur Leistungserbringung lediglich auf Unterbringung, pflegerische Leistungen und Verköstigung beschränkt, die ärztlichen Leistungen hingegen aufgrund eines gesonderten Behandlungsvertrages, der auf Seiten der Wahlärzte auch stell- **25**

---

[37] LSG Baden-Württemberg, Urt v 20.11.2019 – L 5 KA 2858/17, GesR 2020, 462.
[38] BGH, Urt v 31.1.2006 – VI ZR 66/05, MedR 2006, 591.
[39] BGH, Urt v 31.1.2006 – VI ZR 66/05, MedR 2006, 591; Pauge/Offenloch, Arzthaftungsrecht[14], Rz 82.
[40] BGH, Urt v 8.2.2000 – VI ZR 325/98, MedR 2001, 310.
[41] OLG Hamm, Urt v 30.10.2020 – 26 U 131/19, GesR 2021, 111; OLG Oldenburg, Urt v 12.10.1988 – 3 U 86/88, VersR 1989, 1300.

vertretend vom Krankenhausträger abgeschlossen werden kann, ausschließlich von den liquidationsberechtigten Wahlärzten geschuldet sind, liegt ein **gespaltener Arzt-Krankenhaus-Vertrag** vor. Für Fehler der Wahlärzte haftet der Krankenhausträger in diesem Fall weder vertraglich noch deliktsrechtlich[42].

26   Diese Rechtsfolge bedarf jedoch einer ausdrücklichen vertraglichen Vereinbarung, die auch einer AGB-Kontrolle standhalten muss[43]. Denn nach zutreffender Ansicht des BGH kann ohne eine ausdrückliche Vereinbarung nicht davon ausgegangen werden, dass der Patient den Krankenhausträger aus seiner Verpflichtung zur Haftung entlassen will, nur weil er im Rahmen einer Wahlleistungsvereinbarung zusätzliche Leistungen hinzuerwirbt[44].

27   dd) **Gespaltener Arzt-Krankenhaus-Vertrag bei stationärer Behandlung durch Belegarzt.** Bei der stationären Behandlung durch einen **Belegarzt** in einem Belegkrankenhaus oder einer Belegabteilung beschränkt sich die Leistungsverpflichtung des Krankenhausträgers neben der Unterbringung, den pflegerischen Leistungen und der Verköstigung auf den ärztlichen Hintergrunddienst außerhalb des Fachgebiets des Belegarztes, weshalb nur insoweit vertragliche Beziehungen zum Patienten zustande und eine vertragliche Haftung des Krankenhausträgers in Betracht kommen. Über alle ärztlichen Leistungen des Belegarztes, der nachgeordneten Ärzte seines Fachgebiets und der von ihm veranlassten Leistungen externer Ärzte kommt der **Vertrag zwischen dem Patienten und dem Belegarzt** zustande. Insoweit ist er gegenüber den Patienten in der vertraglichen Haftung. Auch für den von ihm bestellten Urlaubsvertreter haftet der Belegarzt gem § 278[45]. Eine Haftung des Krankenhausträgers kann sich allerdings auch in diesen Fällen aufgrund von Organisationsmängeln ergeben, da die organisatorische Sicherstellung von apparativer und personeller Ausstattung grundsätzlich zu seinem Pflichtenkreis gehören.

28   **3. Deliktische Haftungsgrundlagen.** Neben der vertraglichen Haftung aus §§ 280 ff bestehen die **deliktische Haftung** des Arztes persönlich **aus unerlaubter Handlung** für eigene Rechtsgutsverletzungen gem §§ 823 ff oder **zurechenbares Handeln eines Dritten** gem § 831 sowie die **Organhaftung** des Trägers des in der Rechtsform einer juristischen Person betriebenen Krankenhauses für seine verfassungsmäßigen Vertreter gem §§ 31, 89. Deliktisch haftet jeder an der Behandlung des Patienten beteiligte Arzt für sein eigenes Verschulden persönlich[46].

29   a) **Eigenhaftung.** Die deliktische Haftung knüpft an die **faktische Übernahme der Behandlung** an, ohne dass es auf das Zustandekommen eines Vertrages ankommt[47]. Aus dieser erwachsen gesetzliche Pflichten des Behandelnden aus § 823 auf Schutz von Rechtsgütern des Patienten, ua des Lebens, des Körpers und der Gesundheit, woraus sich für den Arzt die Pflicht ergibt, „die notwendigen diagnostischen und therapeutischen Maßnahmen vorzunehmen, für deren Unterlassen er ebenso wie für sein Tun einzustehen hat"[48]. Dabei ist der den Arzt treffenden **Sorgfaltsmaßstab bei den vertraglichen und deliktischen Pflichten grundsätzlich deckungsgleich**[49].

30   Über die jeden Menschen treffende Pflicht zur Hilfeleistung in Notfällen hinaus, deren Unterlassung strafrechtlich durch StGB § 323c Abs 1 sanktioniert ist, haftet der Arzt für das Unterlassen einer gebotenen diagnostischen oder therapeutischen Maßnahme nur dann, wenn ihn eine **Garantenstellung** trifft, die eine **Behandlungsübernahme** voraussetzt[50].

31   Für **beamtete Ärzte** gilt hinsichtlich der deliktischen Eigenhaftung aus einer Amtspflichtverletzung das **Verweisungsprivileg** des § 839 Abs 1. Danach haftet der beamtete Arzt nur dann, wenn der Patient nicht auf andere Weise Schadensersatz erlangen kann, wobei die Darlegungs- und Beweislast hierfür den Patienten trifft. Beim totalen Krankenhausvertrag kann der beamtete Arzt hinsichtlich seiner deliktischen Haftung auf die vertragliche und deliktische Haftung des Krankenhausträgers sowie das nachgeordnete nicht beamtete Personal mit Blick auf dessen deliktische Haftung verweisen. Beim totalen Krankenhausvertrag mit Arztzusatzvertrag kann der beamtete Arzt in Bezug auf eine Haftung im deliktischen Bereich ebenfalls auf den Krankenhausträger verweisen, da er hier auch im Bereich der Wahlleistungen zugleich für den Krankenhausträger tätig wird. Beim gespaltenen Arzt-Krankenhaus-Vertrag erbringt der Wahlarzt oder Beleg-

---

42 Kern/Rehborn, in: Laufs/Kern/Rehborn, HdB ArztR[5], § 103 Rz 12; Pauge/Offenloch, Arzthaftungsrecht[14], Rz 36.
43 BGH, Urt v 11.5.2010 – VI ZR 252/08, GesR 2010, 407.
44 BGH, Urt v 14.1.2016 – III ZR 107/15, GesR 2016, 170.
45 BGH, Urt v 16.5.2000 – VI ZR 321/98, MedR 2001, 197.
46 Katzenmeier, Arzthaftung, S 127.
47 Kern/Rehborn, in: Laufs/Kern/Rehborn, HdB ArztR[5], § 102 Rz 9; Katzenmeier, Arzthaftung, S 128.
48 Kern/Rehborn, in: Laufs/Kern/Rehborn, HdB ArztR[5], § 102 Rz 9.
49 Kern/Rehborn, in: Laufs/Kern/Rehborn, HdB ArztR[5], § 102 Rz 8.
50 Kern/Rehborn, in: Laufs/Kern/Rehborn, HdB ArztR[5], § 102 Rz 10.

arzt die ärztlichen Leistungen demgegenüber nicht zugleich für den Krankenhausträger, weshalb er den Patienten insoweit nicht auf diesen verweisen kann[51].

b) **Haftung für Dritte.** – aa) **Haftung für Verrichtungsgehilfen.** Die deliktische Haftung beschränkt sich grundsätzlich auf eigenes Verschulden, nicht hingegen auf Fremdverschulden Dritter[52]. Ein Eigenverschulden kann sich aber auch aus **Pflichtverletzungen im Bereich der Organisation** sowie der Auswahl, Anleitung, Überwachung und Ausstattung der Gehilfen ergeben[53]. Anknüpfungsgrund für die Haftung des Geschäftsherrn ist die **Weisungsgebundenheit des Verrichtungsgehilfen**, der in die Herrschafts- und Organisationssphäre des Geschäftsherrn eingegliedert und an dessen Weisungen gebunden ist[54]. Der Gesetzestext des § 831 Abs 1 S 1 verlangt in der Person des Verrichtungsgehilfen kein Verschulden, sondern nur die widerrechtliche Zufügung eines Schadens. Für Fehler seiner Verrichtungsgehilfen wird das **Verschulden des Geschäftsherrn** vermutet.

An den Entlastungsbeweis nach § 831 Abs 1 S 2 stellt der Bundesgerichtshof im Bereich des Arzthaftungsrechts sehr hohe Anforderungen, weshalb in diesem Bereich „die Unterschiede zwischen § 278 und BGB § 831 weitgehend aufgehoben sind"[55].

bb) **Organhaftung.** Eine Entlastung nach § 831 Abs 1 S 2 ist dem Krankenhausträger für Fehler seiner Organe nicht möglich. Nach der Rechtsprechung des BGH werden der weisungsunabhängige Chefarzt und der Oberarzt als sein planmäßiger Vertreter, wenn er dessen Funktion ausübt, als „Organe" des Krankenhausträgers angesehen[56], mit der Folge, dass der Krankenhausträger für deren Fehler wie für eigene haften muss. Dies gilt nicht nur beim totalen Krankenhausvertrag, sondern auch beim Krankenhausvertrag mit Arztzusatzvertrag, weil bei letzterem der Wahlarzt die Wahlleistungen nicht nur für sich, sondern auch für den Krankenhausträger übernimmt[57]. Anders verhält es sich bei deliktischen Handlungen des Wahlarztes[58] und des Belegarztes[59] beim gespaltenen Arzt-Krankenhaus-Vertrag sowie bei „Chefarzt-Ambulanzen"[60]. Hier sind der selbstliquidierende Wahlarzt, der Belegarzt sowie die ambulant tätigen Ärzte deliktisch-haftungsrechtlich für sich selbst, nicht aber für den Krankenhausträger tätig, weshalb diesen keine deliktische Verantwortung trifft.

IV. Anspruchsgrundlagen

Eigene Haftungstatbestände für die Haftung des Behandelnden sollten nach dem Willen des Gesetzgebers weder durch § 630h noch durch die übrigen Regelungen zum Behandlungsvertrag geschaffen werden. Vielmehr solle entsprechend dem Grundsatz des Bürgerlichen Gesetzbuchs, „das besondere Schuldrecht so weit wie möglich von Spezialhaftungsnormen freizuhalten"[61], die Haftung des Behandelnden den Regelungen des allgemeinen Schuldrechts unterworfen bleiben[62].

1. **Vertragliche Haftung aus § 280 Abs 1 Satz 1.** Anspruchsgrundlage für eine **vertragliche Haftung** des Behandelnden oder Krankenhausträgers gegenüber dem Patienten infolge der Verletzung vertraglicher Pflichten aus dem Behandlungsvertrag ist **§ 280 Abs 1 S 1**.

Die **vertragliche Haftung gem § 280 Abs 1 S 1** knüpft an die **Verletzung einer Pflicht aus dem Schuldverhältnis** an. Für eine vertragliche Haftung nach dieser Norm müssen dem Grundsatz nach a) die Verletzung einer Pflicht aus einem vertraglichen Schuldverhältnis, b) ein Schaden und c) eine Kausalität zwischen Pflichtverletzung und Schaden vorliegen. Die Pflichten, die Gegenstand einer Pflichtverletzung iSd § 280 Abs 1 S 1 sein können, ergeben sich für den Behandlungsvertrag aus § 630a. Danach ist der Behandelnde „zur Leistung der versprochenen Behandlung" verpflichtet, wobei diese „nach den zum Zeitpunkt der Behandlung bestehenden, **allgemein anerkannten fachlichen Standards** zu erfolgen [hat], soweit nicht etwas anderes vereinbart ist."

Gemäß § 280 Abs 1 S 2 in der Fassung seit der Schuldrechtsmodernisierung tritt eine Haftung nur dann nicht ein, „wenn der Schuldner die Pflichtverletzung nicht zu vertreten hat." Es gilt mithin eine **widerlegbare Verschuldensvermutung**. Die zwischen der Schuldrechtsmoderni-

---

51 BGH, Urt v 30.11.1982 – VI ZR 77/81, VersR 1983, 244.
52 Pauge/Offenloch, Arzthaftungsrecht[14], Rz 115.
53 Pauge/Offenloch, Arzthaftungsrecht[14], Rz 115.
54 Katzenmeier, Arzthaftung, S 129.
55 Pauge/Offenloch, Arzthaftungsrecht[14], Rz 115.
56 Pauge/Offenloch, Arzthaftungsrecht[14], Rz 123.
57 BGH, Urt v 18.6.1985 – VI ZR 234/83, MedR 1986, 138.
58 BGH, Urt v 14.2.1995 – VI ZR 272/93, MedR 1995, 366; BGH, Urt v 16.4.1996 – VI ZR 190/95, MedR 1996, 466.
59 BGH, Urt v 16.5.2000 – VI ZR 321/98, MedR 2001, 197.
60 BGH, Urt v 08.12.1992 – VI ZR 349/91, MedR 1993, 194.
61 Franzki, Der Behandlungsvertrag, S 52.
62 BT-Drucks 17/10488, 11.

sierung und der Einführung des Patientenrechtegesetzes geführte Diskussion darüber, ob die Verschuldensvermutung auch für die vertragliche Arzthaftung gelten solle oder nicht[63], hat der Gesetzgeber des Patientenrechtegesetzes in der Gesetzesbegründung dahingehend geklärt, dass sie auch für medizinische Behandlungsverträge gilt[64].

39 2. **Anspruchskonkurrenz mit deliktischer Haftung aus §§ 823 ff**. Neben der vertraglichen Haftung können sich Ansprüche des Patienten aus **deliktischer Haftung** aus der Anspruchsgrundlage des § 823 ergeben. Die vertragliche Haftung und die deliktische Haftung stehen nebeneinander in **Anspruchskonkurrenz**[65]. Die Unterschiede beider sind in der Praxis von untergeordneter Bedeutung[66]. Denn die Verletzung einer Pflicht aus dem Behandlungsvertrag stellt gleichermaßen eine deliktische Pflichtverletzung dar. Die deliktische Haftung hat allerdings noch erhebliche Bedeutung für Ansprüche gegen Ärzte, zu denen der Patient nicht in einem vertraglichen Verhältnis steht[67]. Dies betrifft vor allem angestellte Ärzte eines Krankenhauses oder eines MVZ, die im Arzthaftungsprozess häufig neben dem Träger der Einrichtung mitverklagt werden, sei es auch nur aus prozesstaktischen Gründen, um ihnen die Stellung eines Zeugen zu verunmöglichen.

40 Die deliktische Haftung setzt nach § 823 Abs 1 die schuldhafte und widerrechtliche Verletzung eines geschützten Rechtsgutes bzw gem § 823 Abs 2 den schuldhaften Verstoß gegen ein den Schutz eines anderen bezweckenden Gesetzes voraus. Im Gegensatz zur deliktischen Haftung setzt die vertragliche Haftung keine Rechtsgutverletzung voraus und kennt grundsätzlich auch keine Rechtfertigung, wie sie im Deliktsrecht durch die Einwilligung des Patienten erfolgt. Um im Arzthaftungsrecht eine Synchronität von deliktischer und vertraglicher Haftung herzustellen, hat der Gesetzgeber des Patientenrechtegesetzes allerdings die deliktsrechtlichen Haftungsvoraussetzungen in die Regelungen zum Behandlungsvertrag übernommen, indem er dem Behandelnden in § 630d die Pflicht zur Einholung einer Einwilligung des Patienten auferlegt hat, zu deren Wirksamkeit wiederum die vorhergehende Aufklärung des Patienten gem § 630e erforderlich ist. Damit hat der Gesetzgeber klargestellt, „dass es sich bei der Einholung der Einwilligung um eine vertragliche Pflicht handelt, deren Verletzung zu einer Haftung nach § 280 Abs 1" führen kann[68].

41 Hinsichtlich des **Haftungsumfangs** bestehen zwischen der vertraglichen und der deliktischen Haftung seit der Schuldrechtsmodernisierung[69] kaum noch maßgebliche Unterschiede: Während vor der Schuldrechtsreform ein **Schmerzensgeldanspruch** des Patienten nur bei deliktischer Haftung gemäß § 847 aF bestand, ergibt er sich seither aus § 253 Abs 2, der sowohl für deliktische wie auch für vertragliche Schadensersatzansprüche gilt. Gleichfalls wurden durch das Schuldrechtsmodernisierungsgesetz die Regelungen zur Verjährung vereinheitlicht. Die deliktische Haftung umfasst allerdings über die vertragliche Haftung hinaus auch **Ersatzansprüche für den Unterhaltsverlust von Hinterbliebenen** beim Tod eines Patienten gem §§ 844, 845.

V. Haftungstatbestände

42 1. **Behandlungsfehler**. Der im Volksmund zuweilen noch anzutreffende Begriff des ärztlichen „Kunstfehlers", den die höchstrichterliche Rechtsprechung bis in die 1990er Jahre benutzte[70], findet in juristischen Fachkreisen heute kaum noch Verwendung. Vielmehr verwendet die Judikatur heute ebenso wie die Literatur den Begriff des **ärztlichen Behandlungsfehlers**. Dies hat seinen Grund zum einen darin, dass der Begriff der Kunst, der ursprünglich den gesamten Bereich des „Könnens" einschließlich des Wissens und der Wissenschaft umfasste, sich im Lauf der Zeit zunehmend auf die „schönen Künste" beschränkte[71] und damit eine Einengung erfuhr,

---

63 Verneinend noch nach der Schuldrechtsmodernisierung BGH, Urt v 20.3.2007 – VI ZR 158/06, BGHZ 171, 358, 362; Vgl Wenzel, in: 25 Jahre Arbeitsgemeinschaft, S 325, 337.
64 BT-Drucks 17/10488, 28: „Insoweit gilt auch für medizinische Behandlungsverträge die Beweiserleichterung des § 280 Absatz 1 Satz 2, nach der das Vertretenmüssen des Behandelnden für die fehlerhafte Behandlung vermutet wird. Das war auch bislang im Ergebnis schon so (vgl Palandt-Grüneberg, Bürgerliches Gesetzbuch, 70. Auflage 2011, § 280 Rz 34 und 42; Bamberger/Roth, Bürgerliches Gesetzbuch, § 823 Rz 784; Katzenmeier, Arzthaftung, § 8 S 491 f, 493). Steht beispielsweise eine gegen § 630a Absatz 2 verstoßende Behandlung unstreitig fest oder hat der Patient einen Behandlungsfehler im Streitfall bewiesen, so liegt es gemäß § 280 Abs 1 Satz 2 an dem Behandelnden, zu beweisen, dass er die objektiv fehlerhafte Behandlung subjektiv nicht zu vertreten hat. Anknüpfungspunkt der Vermutung ist nicht ein ausbleibender Heilungserfolg, sondern vielmehr ein feststehender Behandlungsfehler.".
65 Kern/Rehborn, in: Laufs/Kern/Rehborn, HdB ArztR[5], § 92 Rz 22.
66 Katzenmeier, Arzthaftung, S 81.
67 Kern, in: Jorzig, HdB-ArzthaftR[2], Rz 53; Kern/Rehborn, in: Laufs/Kern/Rehborn, HdB ArztR[5], § 92 Rz 23.
68 Franzki, Der Behandlungsvertrag, S 112.
69 Gesetz zur Modernisierung des Schuldrechts v 26.11.2001, BGBl 2001 Teil I, 3138.
70 Siehe etwa BGH, Urt v 25.4.1991 – III ZR 175/90, VersR 1991, 811; BGH, Urt v 10.11.1981 – VI ZR 92/80, VersR 1982, 168.
71 Katzenmeier, Arzthaftung, S 274.

die sprachlich kaum mehr zu der sich immer mehr verwissenschaftlichten und technisierten medizinischen Behandlung passt. Zum anderen wird von dem Arzt ein **objektiver Sorgfaltsmaßstab** gefordert, der sich gerade nicht lediglich an seinem „Können", also seiner subjektiven Geschicklichkeit orientiert[72].

Gem § 630a Abs 2 hat die Behandlung nach den zu ihrem Zeitpunkt „bestehenden, **allgemein anerkannten fachlichen Standards** zu erfolgen, soweit nicht etwas anderes vereinbart ist." Der Arzt schuldet also keinen Behandlungserfolg, sondern „nur" eine zum Zeitpunkt der Behandlung der berufsfachlichen Sorgfalt entsprechende Behandlung des Patienten[73]. Maßgeblich für die Einordnung des Behandlungsvertrages als besonderer Dienstvertrag und nicht als Werkvertrag ist insbesondere die Tatsache, dass der Arzt letztlich keinen Behandlungserfolg versprechen kann, weil die Gesundung des Patienten nicht allein in seiner Macht steht und er das Risiko, dass die Behandlung erfolglos bleibt, nicht übernehmen will und redlicherweise auch nicht übernehmen soll[74]. Sorgfaltsmaßstab für das Handeln des Arztes ist der **Facharztstandard seines Fachgebietes**. Sowohl Krankenhäuser als auch niedergelassene Fachärzte haben grundsätzlich den jeweiligen Facharztstandard ihres Fachgebiets vorzuhalten[75]. Dabei ist die **objektive Sorgfalt** und nicht ein hinter dieser etwaiges Zurückbleiben der „subjektiven, individuellen Fähigkeiten und Kenntnisse eines Arztes" entscheidend[76]. Andererseits sind besondere Kenntnisse und Fähigkeiten des Arztes bei der individuellen Bestimmung des Standards zu berücksichtigen. Verfügt der Arzt über solche, muss er diese auch einsetzen[77]. **43**

Der BGH führt zum ärztlichen Standard folgendes aus: „Der Standard gibt Auskunft darüber, welches Verhalten von einem gewissenhaften und aufmerksamen Arzt in der konkreten Behandlungssituation aus der berufsfachlichen Sicht seines Fachbereichs im Zeitpunkt der Behandlung erwartet werden kann. Er repräsentiert den jeweiligen Stand der naturwissenschaftlichen Erkenntnisse und der ärztlichen Erfahrung, der zur Erreichung des ärztlichen Behandlungsziels erforderlich ist und sich in der Erprobung bewährt hat"[78]. Der Standard ist, wie sich aus dieser Definition ergibt, eine dynamische Größe, die durch den stetigen Erkenntnisgewinn in der medizinischen Forschung, Wissenschaft und Praxis beständig fortschreitet. Zu der Frage, wie der Standard für die konkrete Behandlungssituation zu bestimmen ist und welche Bedeutung Richtlinien, Leitlinien etc auf die Standardgewinnung haben, wird auf die Erläuterungen zu § 630a verwiesen. **44**

Entspricht die Behandlung nicht den allgemein anerkannten fachlichen Standards, ist sie fehlerhaft. Der Begriff des **Behandlungsfehlers** ist demgemäß „als **Abweichen vom Standard**" im Sinne einer „**Standardunterschreitung**" zu definieren[79]. Dies war bereits vor der Einführung der §§ 630a bis 630h der Fall. Insoweit hat der Gesetzgeber in § 630a Abs 2 ebenfalls lediglich die bis dahin geltende Rechtsprechung zum Inhalt des Gesetzes gemacht. **45**

Ob ein Behandlungsfehler vorliegt, wird daher „anhand eines Vergleichs der tatsächlich durchgeführten ärztlichen Behandlung mit den nach den Regeln der medizinischen Wissenschaft angezeigten Maßnahmen"[80] ermittelt und stellt somit reine Kasuistik dar. Allein daraus, dass sich der mit der Behandlung erstrebte Erfolg nicht eingestellt hat, dass eine Komplikation eingetreten ist oder sich ein Risiko verwirklicht hat, lässt sich kein Schluss auf ein pflichtwidriges Verhalten des Arztes ziehen[81]. Da sich der Standard auf das **gesamte Behandlungsgeschehen** bezieht, von der Anamneseerhebung über die klinische Untersuchung, die Erhebung bildgebender Befunde und Laborparameter, die Hinzuziehung von oder die Überweisung an Ärzte anderer Fachgebiete, die Diagnosestellung einschließlich etwaiger Differentialdiagnosen, die Therapiemaßnahmen selbst bis hin zur Nachsorge und therapeutischen Sicherungsaufklärung etc, und in all diesen Bereichen Unterschreitungen des Standards eintreten können, kommen Behandlungsfehler in Gestalt von Befunderhebungsfehlern, Diagnosefehlern, Therapiefehlern, Fehlern bei der Nachsorge usw vor, wobei die Grenzen fließend sind und zB die Abgrenzung von Befunderhebungs- und Diagnosefehlern auf Schwierigkeiten stoßen kann. **46**

---

72 Taupitz GesR 2015, 67; Katzenmeier, Arzthaftung, S 274.
73 Kern/Rehborn, in: Laufs/Kern/Rehborn, HdB ArztR[5], 96 Rz 26.
74 MünchKomm[8]/Wagner, § 630a Rz 4.
75 Martis/Winkhart, Arzthaftungsrecht[6], T Rz 3 mwN.
76 Martis/Winkhart, Arzthaftungsrecht[6], T Rz 3.
77 Taupitz GesR 2015, 65, 70.
78 BGH, Urt v 15.4.2014 – VI ZR 382/12, GesR 2014, 896; BGH, Urt v 16.3.1999 – VI ZR 34/98, VersR 1999, 716; BGH, Urt v 29.11.1994 – VI ZR 189/93, MedR 1995, 276; OLG Dresden, Urt v 02.9.2021 – 4 U 730/21, -juris; Prütting, MedR 2017, 531; Steffen, MedR 1995, 190.
79 Kern/Rehborn, in: Laufs/Kern/Rehborn, HdB ArztR[5], § 96 Rz 17.
80 Katzenmeier, Arzthaftung, S 276.
81 Kern, in: Laufs/Kern/Rehborn, HdB ArztR[5], § 106 Rz 15.

47 Verstößt der Arzt in besonders eklatanter Weise gegen den Facharztstandard seines Fachgebietes, liegt ein **grober Behandlungsfehler** im Sinne von Abs 5 S 1 vor. Ein Verstoß gegen den Facharztstandard ist dann als grober Behandlungsfehler zu werten, wenn der Arzt „**eindeutig gegen bewährte ärztliche Behandlungsregeln oder gesicherte medizinische Erkenntnisse verstoßen und einen Fehler begangen hat, der aus objektiver Sicht nicht mehr verständlich erscheint, weil er einem Arzt schlechterdings nicht unterlaufen darf**"[82]. Zu den gesicherten medizinischen Erkenntnissen in diesem Sinne zählen neben Erkenntnissen, „die Eingang in Leitlinien, Richtlinien oder sonstige ausdrückliche Handlungsanweisungen" gefunden haben **„auch die elementaren medizinischen Grundregeln, die im jeweiligen Fachgebiet vorausgesetzt werden"**[83].

48 Ein Abweichen vom Facharztstandard soll nach § 630a Abs 2 allerdings dann möglich sein, wenn es Grundlage einer wirksamen Vereinbarung zwischen dem Arzt und dem Patienten ist. Denn § 630a Abs 2 lässt eine **abweichende Vereinbarung** ausdrücklich zu. Da weder für den Behandlungsvertrag an sich noch für eine abweichende Vereinbarung Formvorschriften bestehen, wird in der Literatur zu Recht darauf hingewiesen, dass sie nach den allgemeinen Grundsätzen des Vertragsrechts formfrei möglich ist[84]. Eine Vereinbarung dahin, dass ein **Überschreiten des medizinischen Standards** vereinbart wird, etwa indem zwischen dem Patienten und einem Krankenhausträger vereinbart wird, dass an die Behandlung der **Standard einer Universitätsklinik** angelegt werden soll, erscheint unproblematisch. Sucht ein Patient einen Arzt mit einer besonderen Expertise hinsichtlich der bei ihm vorliegenden Erkrankung auf und wird von diesem behandelt, kann darin eine konkludente Vereinbarung eines Überschreitens des medizinischen Standards liegen.

49 Ob das **Unterschreiten des medizinischen Standards** im Bereich der Heilbehandlung überhaupt zulässig vereinbart werden kann, ist indes umstritten, weil dies nach der Definition einen Behandlungsfehler begründen würde[85] und in einen solchen grundsätzlich nicht eingewilligt werden kann. Dies mag im Einzelfall mit Blick auf das Gewicht des Eingriffs unbedenklich sein, wenn mit der gewünschten Abweichung vom Standard nur ein äußerst geringes Risiko für den Patienten verbunden ist. Auch im Bereich von Neuland- und Außenseitermethoden, bei denen der Behandlungserfolg unsicherer ist oder ihre Risiken nicht abschließend geklärt sind, und der Arzt daher den „Korridor der allgemein anerkannten fachlichen Standards"[86] verlässt, führt dies nicht per se zu einer Haftung des Arztes. Allerdings werden in diesen Fällen an die **Aufklärung des Patienten besonders hohe Anforderungen** gestellt. Entscheidet sich der entsprechend diesen Anforderungen ordnungsgemäß aufgeklärte Patient für die Neuland- oder Außenseitermethode, weil er sich hiervon zB trotz gegebenenfalls höherem oder ungeklärtem Risiko eine größere Heilungschance verspricht, ist dies zu berücksichtigen. In der Regel dürften Vereinbarungen eines Abweichens vom Standard nach unten mit Blick auf die Patientenautonomie in den zulässigen Grenzen daher vor allem im Bereich der wunscherfüllenden Medizin oder von Forschungseingriffen von Bedeutung sein[87]. Begrenzt wird die Möglichkeit einer abweichenden Vereinbarung aber jedenfalls durch § 138 und StGB § 228 sowie hinsichtlich vorformulierter Vereinbarungen durch §§ 305 ff. Letztlich stellt sich hier die Frage des Austarierens zwischen Paternalismus und Patientenautonomie[88]. Eine stillschweigende Vereinbarung zum Unterschreiten des Facharztstandards allein aus dem Umstand herzuleiten, dass der Patient einen Arzt in Kenntnis dessen fehlender Qualifikation aufsucht, kann nicht angenommen werden. Dies würde voraussetzen, dass der Patient selbst hinreichende medizinische Fachkenntnisse hat, aufgrund derer er den für seine Behandlung anzuwendenden medizinischen Standard kennt und weiß, dass es dem Arzt zu dessen Einhaltung an der ausreichenden Qualifikation fehlt. Wenngleich für eine abweichende Vereinbarung keine Formvorschrift besteht, ist dem Arzt aus Beweisgründen dringend zur Text- oder Schriftform zu raten. Denn die Beweislast dafür, dass bei der Behandlung im Einzelfall nicht der medizinische Standard maßgeblich sein sollte, trägt der Arzt. Von der vertraglichen Vereinbarung einer Standardunterschreitung sind die Fälle zu unterscheiden, in denen der Patient schlicht nicht in eine Maßnahme einwilligt, so etwa die Verweigerung von Blutspenden durch Zeugen Jehovas[89].

---

82 Zum groben Behandlungsfehler bei einem Neugeborenen OLG Hamm, Urt v 19.3.2018 – 3 U 63/15, VersR 2019, 34; zum Begriff des groben Behandlungsfehlers BGH, Urt v 10.05.1983 – VI ZR 270/81, VersR 1983, 72; BGH, Urt v 3.12.1985, VI ZR 106/84, NJW 1986, 1540; BGH, Urt v 4.10.1994 – VI ZR 205/93, MedR 1995, 70.
83 BGH Urt v 20.9.2011 – VI ZR 55/09, GesR 2011, 718.
84 Taupitz GesR 2015, 65, 69.
85 Prütting, MedR 2017, 532.
86 Pentz, von MedR 2018, 283.
87 Prütting, MedR 2017, 532; siehe hierzu auch Geier MedR 2017, 293.
88 Siehe hierzu auch: Miranowicz MedR 2018, 131; Geier MedR 2017, 293; Prütting MedR 2017, 531.
89 Deutsch/Spickhoff, MedR-HdB[7], Rz 334.

a) **Übernahmeverschulden.** Der von dem Arzt geschuldete Standard stellt keinen auf alle 50
Ärzte bezogenen Einheitsstandard dar, sondern ist im Hinblick auf die zahlreichen Subdisziplinen der Medizin fachgebietsbezogen. Denn es ist offensichtlich, dass nicht jeder Arzt das gesamte medizinische Fachwissen aller Fachgebiete auf sich vereinen kann. Von einem ausgewiesenen Spezialisten etwa in der Neurochirurgie ist in seinem Fachgebiet selbstredend ein anderes Wissen zu erwarten, als von einem Augenarzt oder einem Allgemeinarzt. Umgekehrt kann von dem Neurochirurgen kein spezialisiertes Fachwissen auf den Gebieten der Ophthalmologie und Allgemeinmedizin erwartet werden. Umso wichtiger ist es, dass der Arzt die **Grenzen seiner eigenen Fähigkeiten und seiner apparativen Ausstattung** erkennt. Eine ärztliche Sorgfaltspflichtverletzung und damit ein Behandlungsfehler in Form eines **Übernahmeverschuldens** liegt vor, wenn er diese Grenzen nicht erkennt und die Behandlung des Patienten trotz unzureichender apparativer Ausstattung oder körperlicher Unfähigkeit[90] oder trotz fehlender Spezialkenntnisse und Erfahrung übernimmt, anstatt ihn an einen Spezialisten zu verweisen[91].

b) **Befunderhebungsfehler.** Der Arzt muss den Patienten mit der gebotenen Sorgfalt unter- 51
suchen und vorhandenen Krankheitssymptomen durch die Erhebung der nach dem für sein Fachgebiet geltenden Facharztstandard medizinisch gebotenen Befunde auf den Grund gehen, um hieraus Erkenntnisse und Konsequenzen für die Therapie ziehen zu können[92]. Dabei hat der Arzt „alle ihm zu Gebote stehenden Erkenntnisquellen zu nutzen, soweit die Umstände und Verdachtsmomente dies verlangen und der Eingriff im Dienste der Erkenntnis nicht neue und überwiegende Gefahren von einem gewissen Gewicht heraufbeschwört"[93]. Wird dies vom Arzt nicht oder nur unzureichend veranlasst, liegt ein sog **Befunderhebungsfehler** vor[94]. Allerdings muss eine Befunderhebung nicht mit allen denkbaren weiteren Untersuchungsmethoden erfolgen. So kann beispielsweise das Anfertigen eines MRT unterbleiben, wenn schon „das Röntgenbild eine ausreichend verlässliche Entscheidungsgrundlage bildet"[95]. Je eindeutiger sich das Vorliegen einer bestimmten Krankheit abzeichnet und je unwahrscheinlicher andere Erkrankungen sind, „desto eher kann der Arzt auf weitere belastende und kostspielige Diagnostik verzichten"[96]. Umgekehrt sind weitere Befunderhebungsmaßnahmen umso eher vorzunehmen, je ungewöhnlicher die Beschwerden des Patienten sind und keine sichere Zuordnung zu einem bestimmten Krankheitsbild zulassen. Ein Befunderhebungsfehler liegt somit nicht erst dann vor, wenn die unterlassene Maßnahme medizinisch zwingend geboten war, sondern bereits dann, wenn ihr **Unterlassen dem zum Zeitpunkt der Behandlung geltenden Facharztstandard zuwiderlief**[97].

Ein Befunderhebungsfehler kann als nur **einfacher Behandlungsfehler** zu werten sein oder 52
einen **groben Behandlungsfehler** darstellen. Letzteres ist dann der Fall, wenn der Arzt **medizinisch zwingend gebotene Befunde nicht erhebt** und damit „eindeutig gegen bewährte ärztliche Behandlungsregeln oder gesicherte medizinische Erkenntnisse verstoßen und einen Fehler begangen hat, der aus objektiver Sicht nicht mehr verständlich erscheint, weil er einem Arzt schlechterdings nicht unterlaufen darf"[98].

Aber auch bei einem für sich gesehen einfachen Befunderhebungsfehler kann zugunsten des 53
Patienten auf der Kausalitätsebene eine Beweislastumkehr eintreten, wenn der unterlassene „Befund mit hinreichender Wahrscheinlichkeit ein Ergebnis erbracht hätte, das Anlass zu weiteren Maßnahmen gegeben hätte, und wenn das Unterlassen solcher Maßnahmen grob fehlerhaft gewesen wäre". Auch insoweit hat der Gesetzgeber bisheriges Richterrecht in Gesetzesform gegossen.

Da das Unterlassen einer nach dem Facharztstandard medizinisch gebotenen Befunderhebung 54
zu einer falschen Diagnose führen kann, stellt sich in diesen Fällen die Frage der **Abgrenzung zwischen Befunderhebungsfehler und Diagnosefehler**. Dies ist auch mit Blick auf die Zurückhaltung der Rechtsprechung, Diagnoseirrtümer als Behandlungsfehler zu werten, von Bedeutung. Nach der Rechtsprechung des Bundesgerichtshofs ist „ein Befunderhebungsfehler […] gegeben, wenn die Erhebung medizinisch gebotener Befunde unterlassen oder nicht veranlasst wird. Im Unterschied dazu liegt ein Diagnoseirrtum vor, wenn der Arzt erhobene oder sonst

---

90 Kern, in: Laufs/Kern/Rehborn, HdB ArztR[5], § 96 Rz 31.
91 OLG Karlsruhe, Urt v 13.12.2017 – 7 U 90/15, GesR 2018, 171; OLG Köln, Urt v 13.8.2014 – 5 U 104/13, VersR 2015, 330.
92 Katzenmeier, Arzthaftung, S 477.
93 Kern, in: Laufs/Kern/Rehborn, HdB ArztR[5], § 97 Rz 9.
94 BGH, Urt v 21.12.2010 – VI ZR 284/09, MedR 2011, 645.
95 Martis/Winkhart, Arzthaftungsrecht[6], U Rz 15d; OLG Koblenz, Urt v 30.1.2013 – 5 U 336/12, -juris.
96 Kern, in: Laufs/Kern/Rehborn, HdB ArztR[5], § 97 Rz 9.
97 BGH, Urt v 22.12.2015 – VI ZR 67/15, GesR 2016, 159.
98 BGH, Urt v 10.5.1983 – VI ZR 270/81, VersR 1983, 729; BGH, Urt v 3.12.1985 – VI ZR 106/84, MedR 1988, 94; BGH, Urt v 4.10.1994 – VI ZR 205/93, MedR 1995, 366.

vorliegende Befunde falsch interpretiert und deshalb nicht die aus der berufsfachlichen Sicht seines Fachbereichs gebotenen – therapeutischen oder diagnostischen – Maßnahmen ergreift"[99]. Ein **Diagnosefehler** setzt sonach voraus, dass „**der Arzt die medizinisch notwendigen Befunde überhaupt erhoben** hat, um sich eine ausreichende Basis für die Einordnung der Krankheitssymptome zu verschaffen. Hat dagegen die unrichtige diagnostische Einstufung einer Erkrankung ihren Grund bereits darin, dass der Arzt **die nach dem medizinischen Standard gebotenen Untersuchungen erst gar nicht veranlasst** hat, er mithin aufgrund unzureichender Untersuchungen vorschnell zu einer Diagnose gelangt, ohne diese durch die medizinisch gebotenen Befunderhebungen abzuklären, dann ist dem Arzt ein Befunderhebungsfehler vorzuwerfen. Denn bei einer solchen Sachlage geht es im Kern nicht um die Fehlinterpretation von Befunden, sondern um deren Nichterhebung"[100].

55 c) **Diagnosefehler.** Diagnoseirrtümer, die auf eine **Fehlinterpretation der erhobenen Befunde** zurückzuführen sind, werden von der Rechtsprechung nur mit Zurückhaltung als Behandlungsfehler angesehen[101]. Denn Irrtümer bei der Diagnosestellung sind oft nicht die Folge eines vorwerfbaren Verhaltens des Arztes. Der BGH führt hierzu folgendes aus: „Die Symptome einer Erkrankung sind nämlich nicht immer eindeutig, sondern können auf die verschiedensten Ursachen hinweisen. Dies gilt auch unter Berücksichtigung der vielfachen technischen Hilfsmittel, die zur Gewinnung von zutreffenden Untersuchungsergebnissen einzusetzen sind. Auch kann jeder Patient wegen der Unterschiedlichkeiten des menschlichen Organismus die Anzeichen ein und derselben Krankheit in anderer Ausprägung aufweisen. Diagnoseirrtümer, die objektiv auf eine Fehlinterpretation der Befunde zurückzuführen sind, können deshalb nur mit Zurückhaltung als Behandlungsfehler gewertet werden"[102].

56 Von einem einfachen, **nicht als Behandlungsfehler vorwerfbaren Diagnoseirrtum**, wird demgemäß ausgegangen, wenn der Arzt eine „**vertretbare bzw noch vertretbare Diagnose**" stellt. Dies ist etwa der Fall, wenn „keine bestimmten, die Krankheit kennzeichnenden Symptome vorliegen"[103] oder „wenn gravierende Leitsymptome" einer Erkrankung fehlen[104].

57 Ist die gestellte Diagnose dagegen „**nicht bzw nicht mehr vertretbar**", weil „Symptome vorliegen, die für eine bestimmte Erkrankung kennzeichnend sind, vom Arzt aber nicht ausreichend berücksichtigt werden"[105], liegt ein **vorwerfbarer Diagnosefehler** im Sinne eines einfachen Behandlungsfehlers vor.

58 Ein **fundamentaler Diagnosefehler** und damit ein grober Behandlungsfehler im Sinne eines Verstoßes „gegen bewährte ärztliche Behandlungsregeln oder gesicherte medizinische Erkenntnisse" liegt vor, wenn der Arzt eine **völlig unvertretbare** oder „**gänzlich unverständliche**"[106] **Diagnose** stellt, weil er zB trotz Vorliegens eindeutiger Symptome eine Erkrankung nicht erkennt[107]. Dies ist auch der Fall, wenn „die Kenntnis der richtigen Diagnose zum Basiswissen zählt und schon von einem Examenskandidaten erwartet werden kann"[108].

59 d) **Therapiefehler.** Ein **Therapiefehler** liegt vor, wenn die vom Arzt angewandte **Therapiemethode ihrer Wahl nach fehlerhaft** ist, wenn bei ihrer **Durchführung** gegen den Facharztstandard verstoßen wird oder wenn eine nach dem allgemein anerkannten fachärztlichen Standard medizinisch **gebotene Behandlungsmaßnahme unterlassen** wird.

60 aa) **Durchführung der Therapie.** Der Arzt muss die Behandlung selbst mit der gebotenen Sorgfalt, also unter Beachtung des zum Zeitpunkt der Behandlung geltenden Facharztstandards durchführen. Diese Pflicht stellt eine bare Selbstverständlichkeit dar, „die im Bereich der Arzthaftung lediglich kasuistischer Konkretisierung bedarf"[109]. Der Behandelnde ist daher verpflichtet, **alle ihm möglichen und zumutbaren Maßnahmen zu treffen, um gesundheitlichen Schaden von seinem Patienten abzuwenden**[110]. Wenn die Therapie unter Einsatz technischer Apparate erfolgt, haftet der Arzt sowohl für fehlerhafte Bedienung wie auch für technische

---

[99] BGH, Urt v 26.5.2020 – VI ZR 213/19, MedR 2021, 44; BGH, Urt v 26.0.2016 – VI ZR 146/14, GesR 2016, 293; BGH, Urt v 21.12.2010 – VI ZR 284/09, MedR 2011, 645.
[100] BGH, Urt v 26.5.2020 – VI ZR 213/19, MedR 2021, 44; BGH, Urt v 26.01.2016 – VI ZR 146/14, GesR 2016, 293.
[101] BGH Urt v 8.7.2003 – VI ZR 304/02, MedR 2004, 107; BGH, Urt v 14.6.1994 – VI ZR 236/93, -juris; BGH, Urt v 14.7.1981 – VI ZR 39/79, VersR 1980, 652; OLG Dresden, Urt v 15.1.2021 – 4 U 1785/20, MedR 2021, 677. Pauge/Offenloch, Arzthaftungsrecht[14], Rz 195 mwN.
[102] BGH, Urt v 8.7.2003 – VI ZR 304/02, MedR 2004, 107.
[103] OLG Frankfurt, Urt v 9.4.2013 – 8 U 12/12, -juris.
[104] OLG Koblenz, Urt v 4.7.2014 – 5 U 278/14, MedR 2015, 351.
[105] BGH, Urt v 8.7.2003 – VI ZR 304/02, MedR 2004, 107.
[106] OLG Jena, Urt v 15.10.2008 – 4 U 990/06, -juris.
[107] OLG Celle, Urt v 21.10.1996 – 1 U 59/95, VersR 1998, 54.
[108] Martis/Winkhart, Arzthaftungsrecht[6], D Rz 17.
[109] MünchKomm[8]/Wagner, § 630a Rz 154.
[110] Kern, in: Laufs/Kern/Rehborn, HdB ArztR[5], § 97 Rz 19.

Defekte. Auch wenn die immer mehr zunehmende Technisierung in der Medizin dazu führt, „dass der Arzt nicht mehr alle technischen Einzelheiten der ihm verfügbaren Geräte zu erfassen und gegenwärtig zu machen vermag," ändert dies nichts an seiner Verpflichtung, „sich mit der Funktionsweise insbesondere von Geräten, deren Einsatz für den Patienten vitale Bedeutung hat, wenigstens insoweit vertraut zu machen, wie dies einem naturwissenschaftlich und technisch aufgeschlossenen Menschen möglich und zumutbar ist"[111].

Ein Behandlungsfehler liegt auch vor, wenn der Arzt nach dem Facharztstandard gebotene **61** therapeutische Maßnahmen unterlässt. Dazu gehört neben der **Pflicht zur persönlichen Untersuchung und Behandlung** des Patienten auch die Verpflichtung zur Durchführung von **Hausbesuchen**[112].

bb) **Wahl der Therapiemethode.** Bei der **Wahl der Therapie** ist dem Arzt ein **weiter** **62** **Beurteilungs- und Entscheidungsspielraum**[113] „unter Abwägung von Chancen und Risiken im Einzelfall unter Berücksichtigung vielfältiger physischer, psychischer und sozialer Aspekte"[114] eröffnet. Dabei kann er auch seine eigenen Erfahrungen und seine Geschicklichkeit berücksichtigen[115]. Unter verschiedenen Therapiemethoden, die hinsichtlich der Belastungen für den Patienten und der Erfolgsaussichten im Wesentlichen gleich sind, kann der Arzt daher grundsätzlich frei wählen[116], insbesondere auch danach, bei welcher Methode er die größere Erfahrung besitzt[117]. Voraussetzung ist dabei stets, dass die **gewählte Behandlungsmethode medizinisch indiziert** ist[118]. Die Wahl der Therapiemaßnahme ist „regelmäßig vor allem dahin zu überprüfen, ob die gewählte Therapie dem Stand der naturwissenschaftlichen Erkenntnisse und fachärztlichen Erfahrungen entspricht, ob sie zur Erreichung des Behandlungsziels geeignet und erforderlich ist, und regelmäßig auch, ob sie sich in der fachärztlichen Praxis bewährt hat"[119].

Bestehen verschiedene Therapiemöglichkeiten mit unterschiedlichen Chancen und Risiken, **63** muss der Arzt den Patienten über die echten Behandlungsalternativen gemäß § 630e Abs 1 S 3 aufklären. Lehnt der Patient im Rahmen seiner Autonomie eine ihm vom Arzt vorgeschlagene medizinisch indizierte, dem Facharztstandard entsprechende Therapie zugunsten einer nicht dem medizinischen Standard entsprechenden ab, handelt er auf eigenes Risiko. Birgt die Entscheidung des Patienten allerdings erhebliche gesundheitliche Risiken, darf sich der Arzt mit der spontanen Entscheidung des Patienten nicht ohne weiteres zufrieden geben, sondern muss ihm eine Bedenkzeit aufgeben[120]. Überlässt der Patient die Auswahl dem Arzt, hat dieser unter verschiedenen Behandlungsmethoden „**grundsätzlich den sichersten Weg** zu wählen"[121], jedenfalls dann, wenn „Unterschiede in der konkreten Heilungsprognose zwischen den Behandlungsalternativen nicht ins Gewicht fallen"[122]. Wählt er eine mit höheren Risiken verbundene Behandlungsmethode, muss sie daher entweder „in den besonderen Sachzwängen des konkreten Falls oder in einer günstigeren Heilprognose eine sachliche Rechtfertigung" finden[123].

Zu berücksichtigen ist auch das im Sozialrecht geltende **Wirtschaftlichkeitsgebot**, das dem **64** Ziel der Beitragsstabilisierung in der gesetzlichen Krankenversicherung dienen soll. Der Patient kann „nicht das jeweils neueste Therapiekonzept mittels einer auf den jeweils neuesten Stand gebrachten apparativen Ausstattung"[124] verlangen. Zwar hat auch der gesetzlich krankenversicherte Patient Anspruch auf eine ausreichende Behandlung, die sich am objektiven Sorgfaltsmaßstab des § 276 zu orientieren hat. Das Wirtschaftlichkeitsgebot erlaubt aber „die Beschränkung auf die weniger aufwändige Alternative; den Verzicht auf Perfektion einer diagnostischen Abklärung bei nur noch minimalen therapeutischen Konsequenzen; [...] Verzichte auf Bequemlichkeiten, Erleichterungen, Beschleunigung, kosmetische Kaschierung, soweit sie dem Patienten auch vom Standpunkt einer aktuellen modernen Medizin zugemutet werden können"[125]. Erst dann, wenn neue Behandlungsmethoden, „die risikoärmer oder für den Patienten weniger belastend

---

111 Kern, in: Laufs/Kern/Rehborn, HdB ArztR[5], § 97 Rz 25, unter Hinweis auf BGH NJW 1978, 584.
112 Kern, in: Laufs/Kern/Rehborn, HdB ArztR[5], § 97 Rz 19.
113 Laufs, in: Laufs/Uhlenbruck, HdB ArztR[2], § 3 Rz 13, und Kern, in: Laufs/Kern/Rehborn, HdB ArztR[5], § 3 Rz 22, sehen in der Therapiefreiheit „das Kernstück der ärztlichen Profession".
114 Katzenmeier, Arzthaftung, S 304.
115 OLG Naumburg, Urt v 6.6.2005 – 1 U 7/05, VersR 2006, 979; Martis/Winkhart, Arzthaftungsrecht[6], T Rz 2.
116 OLG Naumburg, Urt v 6.6.2005 – 1 U 7/05, VersR 2006, 979.
117 Kern/Rehborn, in: Laufs/Kern/Rehborn, HdB ArztR[5], § 96 Rz 49.
118 Pauge/Offenloch, Arzthaftungsrecht[14], Rz 200.
119 OLG Naumburg, Urt v 6.6.2005 – 1 U 7/05, VersR 2006, 979.
120 MünchKomm[8]/Wagner, § 630a Rz 151.
121 Kern, in: Laufs/Kern/Rehborn, HdB ArztR[5], § 97 Rz 22.
122 Pauge/Offenloch, Arzthaftungsrecht[14], Rz 204.
123 Kern, in: Laufs/Kern/Rehborn, HdB ArztR[5], § 97 Rz 22; Pauge/Offenloch, Arzthaftungsrecht[14], Rz 201; Martis/Winkhart, Arzthaftungsrecht[6], T Rz 6.
124 BGH, Urt v 22.9.1987 – VI ZR 238/86, MedR 1988, 91; Martis/Winkhart, Arzthaftungsrecht[6], Rz 5; Pauge/Offenloch, Arzthaftungsrecht[14], Rz 207.
125 Pauge/Offenloch, Arzthaftungsrecht[14], Rz 172.

sind und/oder bessere Heilungschancen versprechen, in der medizinischen Wissenschaft im Wesentlichen unumstritten sind und in der Praxis, nicht nur an wenigen Universitätskliniken, verbreitet Anwendung finden"[126], entspricht eine Therapiemethode nicht mehr dem Facharztstandard.

65 cc) **Neulandmethode**. Der Arzt kann eine noch nicht allgemein eingeführte Therapiemethode („Neulandmethode") grundsätzlich anwenden, „wenn die verantwortliche medizinische Abwägung und ein Vergleich der zu erwartenden Vorteile dieser Methode und ihrer abzusehenden und zu vermutenden Nachteile mit der standardgemäßen Behandlung unter Berücksichtigung des Wohles des Patienten die Anwendung der neuen Methode rechtfertigt"[127]. Dies setzt selbstverständlich die Einwilligung des Patienten nach dessen umfassender Aufklärung voraus. Hierzu führt der BGH folgendes aus: „Am Patienten dürfen Neulandmethoden aber nur dann angewandt werden, wenn diesem zuvor unmissverständlich verdeutlicht wurde, dass die neue Methode die Möglichkeit unbekannter Risiken birgt. Der Patient muss in die Lage versetzt werden, für sich sorgfältig abzuwägen, ob er sich nach der herkömmlichen Methode mit bekannten Risiken operieren lassen möchte, oder nach der neuen Methode unter besonderer Berücksichtigung der in Aussicht gestellten Vorteile und der noch nicht in jeder Hinsicht bekannten Gefahren"[128]. Diese besondere Hinweispflicht besteht dann nicht mehr, wenn sich die neue Methode in der Praxis neben anderen Verfahren durchgesetzt hat[129].

66 dd) **Off-Label-Use**. Wie die Anwendung einer Neulandmethode kann auch ein sog **Off-Label-Use** – darunter wird die Anwendung eines Arzneimittels zur Behandlung einer Erkrankung außerhalb seiner arzneimittelrechtlichen Zulassung verstanden – unter bestimmten Voraussetzungen zulässig sein, ohne dass sich der verordnende Arzt damit einem Behandlungsfehlervorwurf aussetzt[130]. Hierfür ist zum einen erforderlich, dass unter **sorgfältigem Abwägen der Vor- und Nachteile** des für den beabsichtigten Zweck nicht zugelassenen Arzneimittels im Vergleich zu zugelassenen Medikamenten eine Anwendung vertretbar ist und medizinisch-sachlich begründet erscheint[131]. Zum anderen muss der Patient nicht nur über die bekannten Risiken und Nebenwirkungen des Medikaments, sondern auch ausdrücklich darüber aufgeklärt werden, dass es sich um eine **Anwendung außerhalb des arzneimittelrechtlich zugelassenen Anwendungsbereichs** handelt und **möglicherweise weitere, noch unbekannte Nebenwirkungen** auftreten können[132].

67 ee) **Heilversuch**. Auch die Anwendung einer neuen, klinisch noch nicht hinreichend erprobten Therapie oder Medikation kann vertretbar sein, „wenn die Standardmethode im konkreten Fall wenig Aussicht gibt, die Prognose der Alternative deutlich günstiger ist und das in Kauf genommene Fehlschlagrisiko von den Heilungschancen deutlich überstiegen wird"[133]. Auch in diesem Fall ist natürlich eine umfassende Aufklärung des Patienten, gerade auch darüber, dass es sich nur um einen **Heilversuch** handelt, zu fordern.

68 ff) **Außenseitermethode**. Wie ausgeführt, hat die Behandlung gemäß § 630a Abs 2 nach den zum Zeitpunkt der Behandlung bestehenden, allgemein anerkannten fachlichen Standards zu erfolgen, „soweit nicht etwas anderes vereinbart ist." Es kann somit zwischen dem Arzt und dem Patienten ein Abweichen vom Facharztstandard vereinbart werden, und zwar sowohl nach oben (zB Standard einer Universitätsklinik) wie auch – mit erheblichen Einschränkungen – nach unten. Der Arzt kann daher grundsätzlich mit dem Patienten rechtswirksam auch die Anwendung einer **Außenseitermethode** vereinbaren, die von der Schulmedizin abgelehnt wird. Häufig wird dies sogar auf den ausdrücklichen Wunsch von Patienten hin geschehen, wenn diese Anhänger der Alternativmedizin sind und eine schulmedizinische Behandlung ablehnen. Voraussetzung ist allerdings auch in diesem Fall, dass der Patient neben der üblichen Aufklärung ausdrücklich darauf hingewiesen wird, dass nach Auffassung der Schulmedizin „die **beabsichtigte Therapie nicht als erforderlich bzw indiziert** angesehen wird"[134]. Der Arzt muss des Weiteren die Außenseitermethode beherrschen, deren vermuteten Vorteile mit den zu erwartenden Nachteilen besonders sorgfältig abwägen und den Verlauf der Behandlung besonders kontrollieren[135].

---

126 BGH, Urt v 22.9.1987 – VI ZR 238/86, MedR 1988, 91; Martis/Winkhart, Arzthaftungsrecht[6], T Rz 7.
127 BGH, Urt v 13.6.2006 – VI ZR 323/04 („Robodoc"), MedR 2006, 650.
128 BGH, Urt v 13.06.2006 – VI ZR 323/04 („Robodoc"), MedR 2006, 650.
129 Martis/Winkhart, Arzthaftungsrecht[6], A Rz 1208.
130 Dennoch können dem Arzt vertragsarztrechtliche Konsequenzen wie Regressforderungen drohen; siehe hierzu: Walter NZS 2011, 361.
131 Martis/Winkhart, Arzthaftungsrecht[6], A Rz 1231c.
132 Clemens GesR 2011, 397.
133 Pauge/Offenloch, Arzthaftungsrecht[14], Rz 222 mwN.
134 Martis/Winkhart, Arzthaftungsrecht[6], A Rz 1204a.
135 Pauge/Offenloch, Arzthaftungsrecht[14], Rz 221 mwN.

gg) **Anfängeroperation**. Dass sich der vom Arzt einzuhaltende Sorgfaltsmaßstab nach objektiven Kriterien an dem Facharztstandard des jeweiligen Fachgebietes orientiert, hat auch erheblichen Einfluss auf die **Ausbildung von Fachärzten**. Da sich diese die für die fachärztliche Tätigkeit erforderlichen Kenntnisse und Erfahrungen erst noch aneignen müssen, müssen sie stets von einem **erfahrenen Arzt überwacht** werden. So muss bei einer **Anfängeroperation**, auch wenn es sich um eine Routineoperation wie etwa eine Appendektomie handelt, neben dem noch weniger erfahrenen Operateur immer ein kompetenter Arzt zugegen sein, der mindestens die Facharztausbildung abgeschlossen hat, und der mit seiner Erfahrung begleitend zur Seite steht und bei Fehlern, Komplikationen und Notfällen eingreifen kann[136]. Dies gilt gleichermaßen für die Anästhesie[137] und die Geburtshilfe[138]. Wird gegen diese Verpflichtungen verstoßen und tritt ein Schaden ein, haftet hierfür der Klinikträger gegenüber dem Patienten. Ob der in Ausbildung befindliche Arzt auch persönlich haftet, hängt davon ab, ob er aus objektiver Sicht hätte erkennen können, dass er mit der **ihm übertragenen Aufgabe überfordert** war[139]. Befindet sich der Arzt hingegen gegen Ende der Facharztausbildung und weist er deswegen eine Kompetenz und einen Erfahrungsgrad wie ein Facharzt auf, begründet der Umstand, dass er noch Assistenzarzt ist, für sich genommen nicht die Vermutung des Eintritts des Gesundheitsschadens aufgrund mangelnder Qualifikation[140]. 69

e) **Vertikale und horizontale Arbeitsteilung**. Grenzen der ärztlichen Haftung können sich durch die bei der Behandlung von Patienten übliche Arbeitsteilung ergeben, die insbesondere bei der stationären Behandlung von Bedeutung ist, aber durchaus auch im Bereich der ambulanten Behandlung eine Rolle spielt. 70

aa) **Vertikale Arbeitsteilung**. Obgleich den behandelnden Arzt grundsätzlich stets die Verpflichtung zur Anwendung der gebotenen objektiven Sorgfalt im Sinne des Facharztstandards trifft, kann etwa die **Führungsrolle des leitenden Arztes, Chefarztes oder auch eines Oberarztes den Assistenzarzt von einer eigenverantwortlichen Prüfung der von jenen getroffenen Therapieentscheidungen entlasten, sofern nicht besondere Umstände konkrete Zweifel daran begründen**[141]. Der Assistenzarzt darf also grundsätzlich auf die von dem Chefarzt oder Oberarzt beurteilten Befunde, getroffenen Entscheidungen, gestellten und gebilligten Diagnosen und Indikationen **vertrauen**[142]. Er haftet daher nur für ein allein von ihm zu verantwortendes Verhalten, etwa wenn er einer ihm erteilten Anweisung zuwiderhandelt, ihm ein Übernahmeverschulden vorzuwerfen ist oder er eine gebotene Remonstration unterlässt[143]. Umgekehrt trifft den Chefarzt, der mit dem Patienten eine Wahlarztvereinbarung getroffen hat, die vertragliche Haftung für die ihm nachgeordneten Ärzte als seine Erfüllungsgehilfen gemäß § 278, an die er die Behandlung seines Patienten delegiert hat[144]. 71

Pflegepersonal eines Krankenhauses ist hinsichtlich der **pflegerischen Leistungen** grundsätzlich nicht Erfüllungsgehilfe des die Behandlung eines Patienten verantwortenden Arztes, sondern des Krankenhausträgers. Die Haftung des Arztes endet daher dort, wo er die Betreuung des von ihm lege artis behandelten Patienten dem Krankenpflegepersonal für die weitere Pflege überlassen kann. Allerdings muss der Arzt das Pflegepersonal entsprechend anweisen und entsprechende Anordnungen treffen, wenn besondere Anforderungen an die weitere Betreuung des Patienten zu stellen sind[145]. 72

bb) **Horizontale Arbeitsteilung**. Aus dem Umstand, dass Ärzten bei der Behandlung ihrer Patienten kein allumfassendes medizinisches Wissen abverlangt wird und der medizinische Standard kein Einheitsstandard für alle Ärzte ist, sondern sie jeweils „nur" den Facharztstandard ihres eigenen Fachgebiets einzuhalten haben, ergibt sich spiegelbildlich auch die Verpflichtung, Ärzte anderer Fachgebiete mit ihrer Expertise hinzuzuziehen, wenn das Krankheitsbild des Patienten und die Behandlung dies erfordern. Da der Arzt grundsätzlich nur für seine eigenen sowie die Pflichtverletzungen seines Hilfspersonals gemäß § 278 und § 831 haftet, stellt sich die Frage der Haftung für Fehler der Fachärzte anderer Fachgebiete, die im Zuge der **arbeitsteiligen Behandlung** des Patienten tätig geworden sind. Diese sind weder Erfüllungs- noch Verrichtungsgehilfen, vielmehr sind sie aufgrund eines eigenen Behandlungsvertrages eigenverantwortlich tätig, weshalb sie für eigene Pflichtverletzungen selbst haften. 73

---

136 MünchKomm[8]/Wagner, § 630a Rz 124.
137 BGH, Urt v 5.6.1993 – VI ZR 175/92, VersR 1993, 1231.
138 BGH, Urt v 12.7.1994 – VI ZR 299/93, VersR 1994, 1303.
139 BGH, Urt v 27.9.1983 – VI ZR 230/81, MedR 1984, 63.
140 LG Urt v Bonn, 24.1.2018 – 9 O 186/16, -juris.
141 Pauge/Offenloch, Arzthaftungsrecht[14], Rz 272.
142 Martis/Winkhart, Arzthaftungsrecht[6], A Rz 374 und 375.
143 Martis/Winkhart, Arzthaftungsrecht[6], A Rz 375a.
144 MünchKomm[8]/Wagner, § 630a Rz 107.
145 Pauge/Offenloch, Arzthaftungsrecht[14], Rz 275.

74 Es gilt der Grundsatz: „Es haftet, wer liquidiert"[146]. Wird also etwa der Patient vom Orthopäden zur Durchführung eines MRT zum Radiologen überwiesen, kommt ein eigenständiger Behandlungsvertrag zwischen dem Patienten und dem Radiologen zustande; der Radiologe haftet daher für einen ihm etwa unterlaufenen Behandlungsfehler selbst vertraglich (und daneben deliktisch). Der überweisende Orthopäde darf sich hingegen **auf die Richtigkeit der von dem Arzt des anderen Fachgebiets getroffenen Befunde verlassen**, solange und soweit keine konkreten Anhaltspunkte dafür bestehen, dass sie falsch sind[147]. Sich aufdrängenden Fehlern des an der Behandlung mitbeteiligten Arztes einer anderen Fachrichtung muss der Arzt entgegenwirken. Grundsätzlich darf er jedoch auf die im fremden Fachgebiet erhobenen Befunde vertrauen[148].

75 Die beteiligten Ärzte müssen ihre **Zusammenarbeit organisieren und koordinieren**, so dass eine fachgerechte Versorgung des Patienten sichergestellt ist. In diesem Zusammenhang führte der BGH Folgendes aus: „Beim Zusammenwirken mehrerer Ärzte im Rahmen der sogenannten horizontalen Arbeitsteilung bedarf es zum Schutz des Patienten einer Koordination der beabsichtigten Maßnahmen, um Risiken auszuschließen, die sich aus der Unverträglichkeit der von den beteiligten Fachrichtungen vorgesehenen Methoden oder Instrumente ergeben könnten"[149]. Die Koordinationspflicht erfordert, dass die beteiligten Ärzte sich wechselseitig „über den festgestellten Befund, über spezielle Gesundheitsrisiken des jeweiligen Patienten, über die einzuleitende Therapie und über die in diesem Zusammenhang zu veranlassenden Maßnahmen"[150] **informieren** und sicherstellen, die von den jeweils anderen Kollegen erhaltenen Informationen auch **zur Kenntnis zu nehmen**.

76 f) **Nachsorge**. Die Sorgfaltspflichten des Arztes enden nicht mit der Erbringung der eigentlichen Behandlungsmaßnahmen, sondern es können ihn auch **nach Abschluss der eigentlichen Behandlung** Pflichten treffen[151]. So muss etwa der Patient, bei dem ein ambulanter Eingriff durchgeführt und der dabei sediert wurde, nicht nur darauf hingewiesen werden, dass er nicht selbst nach Hause fahren darf, da er aufgrund des Sedativums vorübergehend hierzu nicht in der Lage ist, sondern es müssen darüber hinaus **geeignete physische Vorkehrungen** gegen ein unbemerktes Verlassen der Praxis getroffen werden[152]. Besteht nach einem gravierenden diagnostischen Eingriff wie etwa einer Herzkatheteruntersuchung das Risiko innerer Blutungen, darf der Patient nicht schon am Folgetag aus der Klinik entlassen werden[153]. Zu den Pflichten im Rahmen der Nachsorge zählt auch die **Unterrichtung des nachbehandelnden Haus- oder Facharztes** über bei der Behandlung aufgetretene Komplikationen oder die **Notwendigkeit besonderer Nachbehandlungsmaßnahmen**. Verstöße gegen diese Verpflichtungen können einen Behandlungsfehler darstellen. Zu beachten sind hierbei allerdings auch die datenschutzrechtlichen Regelungen, weshalb die Zustimmung des Patienten zur Weitergabe seiner personenbezogenen Daten notwendig ist.

77 g) **Therapeutische Sicherungsaufklärung**. Gemäß § 630c Abs 2 S 1 muss der Arzt den Patienten auch über „die zu und nach der Therapie zu ergreifenden Maßnahmen" informieren. Diese Informationsverpflichtung dient der **Sicherung des Therapieerfolges** während und nach der Therapie und wird als therapeutische Aufklärung oder **therapeutische Sicherungsaufklärung** bezeichnet. Während die Rechtsprechung diese Verpflichtung vor der Kodifizierung des Patientenrechtegesetzes weitgehend auf das während und nach der Therapie zur Sicherung des Therapieerfolges einzuhaltenden Maßnahmen und Verhaltensregeln bezog, wurde sie in § 630c Abs 2 S 1 auf die „sämtliche für die Behandlung wesentlichen Umstände [...], insbesondere die Diagnose, die voraussichtliche gesundheitliche Entwicklung, die Therapie und die zu und nach der Therapie zu ergreifenden Maßnahmen" erweitert. Diese gesetzgeberische Formulierung erscheint etwas unglücklich, da sie nicht hinreichend zwischen der Selbstbestimmungsaufklärung und der therapeutischen Sicherungsaufklärung differenziert, sondern beides vermengt.

78 Die **therapeutische Sicherungsaufklärung** ist von der **Selbstbestimmungsaufklärung** des § 630e, die Voraussetzung für eine wirksame Einwilligung des Patienten in einen Eingriff ist, **streng zu unterscheiden**. Dies hat vor allem Bedeutung hinsichtlich der **Verteilung der Beweislast**. Während der Arzt gemäß § 630e Abs 2 S 1 die Beweislast für die Selbstbestimmungsaufklärung trägt, ist für die Informationspflichten des § 630c Abs 2 S 1 keine entsprechende

---

146 BGH, Urt v 21.1.2014 – VI ZR 78/13, GesR 2014, 374.
147 MünchKomm[8]/Wagner, § 630a Rz 111 mwN.
148 Pauge/Offenloch, Arzthaftungsrecht[14], Rz 284.
149 BGH, Urt v 26.1.1999 – VI ZR 376/97 (Anästhesist und Ophtalmologe bei einer Schieloperation), MedR 1999, 321.
150 MünchKomm[8]/Wagner, § 630a Rz 113 mwN.
151 Pauge/Offenloch, Arzthaftungsrecht[14], Rz 223.
152 BGH, Urt v 8.4.2003 – VI ZR 265/02, GesR 2003, 233; Kern, in: Laufs/Kern/Rehborn, HdB ArztR[5], § 97 Rz 33 unter Hinweis auf die kritischen Anmerkungen hierzu in Laufs NJW 2003, 2288.
153 BGH, Urt v 16.6.1981 – VI ZR 38/80, VersR 1981, 954.

Regelung kodifiziert. Wie bei jedem Behandlungsfehler trägt der Patient daher die Beweislast dafür, dass er dem Arzt unterlaufen ist. Auch hinsichtlich der Kausalität der Pflichtverletzung für den primären Gesundheitsschaden trägt grundsätzlich der Patient die Beweislast. Es wird also bei fehlerhafter therapeutischer Aufklärung das aufklärungsrichtige Verhalten des Patienten nicht vermutet, sondern ist seitens des Patienten nachzuweisen[154]. Nur dann, wenn sich die Verletzung der Pflicht zur therapeutischen Aufklärung als grober Behandlungsfehler darstellt, tritt auf der Ebene der Kausalität gemäß § 630h Abs 5 S 1 die Umkehr der Beweislast ein.

h) **Organisationsverschulden.** Der Arzt muss aber nicht nur bei der Durchführung der gewählten Therapie selbst den Facharztstandard entsprechend dem geforderten objektiven Sorgfaltsmaßstab einhalten. Die gleiche Sorgfalt muss auch bei **der Organisation der Praxis oder Klinik** zur Gewährleistung **reibungsloser Abläufe** an den Tag gelegt werden, etwa durch Vorhalten eines **quantitativ und qualitativ hinreichenden Personalstandes** und hinreichender sachlicher Ausstattung und Medikamente, die **Instruktion, Überwachung und Weiterbildung des Personals**, die **Erstellung von Zuständigkeitsregelungen, Dienstplänen und Vertretungsregelungen**, die **Sterilisation** von Operationsbesteck, das **Zählen von Operationsbesteck, Klammern, Tüchern** usw, um ein Zurücklassen im Körper des Patienten zu verhindern, die **Einhaltung von Hygienebestimmungen** zur Verhinderung nosokomialer Infektionen durch Reinigung der Behandlungsräume und Vorhalten entsprechender Schutzkleidung, die Verkehrssicherungspflichten usw. 79

An diese **Organisationspflichten** stellt die Rechtsprechung **sehr hohe Anforderungen**[155]. Die Organisation muss dem Standard des Krankenhauses mit den jeweils typischen Aufgaben entsprechen[156]. Das bedeutet, dass an Universitätskliniken diesbezüglich höhere Ansprüche als an kleinere Krankenhäuser der Grundversorgung gestellt werden. 80

Verstöße gegen diese Organisationspflichten können als Behandlungsfehler gewertet werden, auch wenn im Einzelfall keine fehlerhafte Behandlung im eigentlichen Sinn vorliegt. So kann man etwa eine unzureichende Reinigung und Desinfektion eines Patientenzimmers in einem Krankenhaus schwerlich als Behandlungsfehler im klassischen Sinn bezeichnen. Allerdings gehört zu einer ordnungsgemäßen Behandlung im weiteren Sinne „die Geordnetheit aller Abläufe im Sinne eines zuverlässig abgestimmten Gesamtgefüges, also die organisatorische Leistung, die nur der Fachmann in Kenntnis der Gefahrenquellen und Schwachstellen erbringen kann"[157]. Insoweit kann ein Verstoß gegen die Organisationspflichten durchaus als „**Unterfall des Behandlungsfehlers**" bezeichnet werden, auch wenn es sich letztlich „um Verkehrspflichten im Sinne deliktischer Sorgfaltspflichten bzw [...] vertragliche Schutzpflichten handelt, die nicht nur den Betreibern von Krankenhäusern, sondern gleichermaßen den Betreibern anderer öffentlich zugänglicher Gebäude [...] obliegen"[158]. 81

Die **Grenzen zwischen Übernahmeverschulden und Organisationsverschulden** können fließend sein. So besteht ein Behandlungsfehler im Sinne eines Organisationsverschuldens des Krankenhausträgers darin, die Aufnahme von Risikogeburten in die geburtshilfliche Abteilung zugelassen und nicht unterbunden zu haben, obwohl die angemessene ärztliche Versorgung von unreifen Frühgeborenen nicht gewährleistet war[159]. 82

2. **Haftung wegen unwirksamer Einwilligung.** – a) **Verpflichtung zur Einholung der Einwilligung.** § 630d Abs 1 verpflichtet den Arzt, vor Durchführung der medizinischen Maßnahme die **Einwilligung** des Patienten in diese einzuholen. Auch diese Verpflichtung des Arztes ist nicht neu, da sie nach ständiger Rechtsprechung bereits vor dem Inkrafttreten des Patientenrechtegesetzes bestand. Da das Arzthaftungsrecht aber auf Grundlage des Deliktsrechts entwickelt wurde, wo die Einwilligung einen Rechtfertigungsgrund darstellt, war ihre „dogmatische Einordnung [...] im Vertragsrecht nach bisheriger Rechtslage unklar"[160]. Durch ihre Kodifizierung in § 630d Abs 1 ist nun klargestellt, dass die **Einholung der Einwilligung** eine **vertragliche Pflicht des Arztes aus dem Behandlungsvertrag** darstellt. 83

Voraussetzung für die Wirksamkeit der Einwilligung des Patienten ist gemäß § 630d Abs 2 die **ordnungsgemäße Aufklärung** nach Maßgabe des § 630e. Gemäß § 630e Abs 1 ist der Behandelnde verpflichtet, den Patienten über sämtliche für die Einwilligung wesentlichen 84

---

154 MünchKomm⁸/Wagner, § 630c Rz 15.
155 Pauge/Offenloch, Arzthaftungsrecht¹⁴, Rz 235.
156 Kern/Rehborn, in: Laufs/Kern/Rehborn, HdB ArztR⁵, § 100 Rz 4.
157 Kern/Rehborn, in: Laufs/Kern/Rehborn, HdB ArztR⁵, § 100 Rz 5 unter Hinweis auf BGH NJW 1994, 1594.

158 MünchKomm⁸/Wagner, § 630a Rz 160.
159 OLG Zweibrücken, Urt v 16.5.1994 – 7 U 211/91, -juris.
160 Franzki, Der Behandlungsvertrag, S 111.

Umstände aufzuklären, wozu „insbesondere Art, Umfang, Durchführung, zu erwartende Folgen und Risiken der Maßnahme sowie ihre Notwendigkeit, Dringlichkeit, Eignung und Erfolgsaussichten im Hinblick auf die Diagnose und Therapie" gehören. Die Aufklärung dient der Wahrung des Selbstbestimmungsrechts und der personalen Würde des Patienten, weshalb insoweit auch von Selbstbestimmungsaufklärung oder Eingriffsaufklärung – im Unterschied zur therapeutischen Aufklärung und wirtschaftlichen Aufklärung – gesprochen wird. Wegen der Einzelheiten wird auf die Erläuterungen zu § 630e verwiesen.

85 Eine Neuerung, die mit dem Patientenrechtegesetz eingeführt wurde, ist die Verpflichtung des Arztes in § 630e Abs 2 S 2, dem Patienten **Abschriften von Unterlagen**, die er im Zusammenhang mit der Aufklärung oder Einwilligung unterzeichnet hat, auszuhändigen. Dies ist eine durchaus sinnvolle Änderung. Nicht selten erlebt man es im Arzthaftungsprozess – der meist erst mehrere Jahre nach der durchgeführten Behandlung stattfindet –, dass der Patient behauptet, über bestimmte Risiken überhaupt nicht aufgeklärt worden zu sein. Dies kann darin begründet liegen, dass sich der Patient vor einem schwerwiegenden Eingriff, zumal wenn diesem eine lebensbedrohliche Erkrankung zugrunde liegt, in einer außergewöhnlichen Lebenssituation befindet, in der andere Sachverhalte einen wichtigeren Raum einnehmen als das ärztliche Aufklärungsgespräch. Nach Jahren erinnert sich der Patient an dieses Gespräch oder jedenfalls an dessen Inhalte oft nicht mehr. Werden ihm Abschriften der Unterlagen, die er im Zuge der Aufklärung und Einwilligung unterzeichnet hat, mitgegeben, kann das Erinnerungsvermögen an die damalige Situation oft wiedererweckt werden, wenn er diese Unterlagen auch nach einigen Jahren wieder ansieht.

86 Die ordnungsgemäße Aufklärung ist gemäß § 630d Abs 2 Voraussetzung für die Wirksamkeit der Einwilligung des Patienten in den Eingriff. Ohne eine ordnungsgemäße Aufklärung ist die Einwilligung unwirksam. Dies hat zur Folge, dass der Eingriff in die körperliche Integrität des Patienten aus strafrechtlicher Sicht eine Körperverletzungshandlung im Sinne der StGB §§ 223 ff darstellt, die – mangels Einwilligung – nicht gerechtfertigt ist. Denn nach ständiger Rechtsprechung[161] stellt jede in die körperliche Integrität eingreifende ärztliche Behandlungsmaßnahme eine tatbestandliche Körperverletzung dar und zwar gleich, ob sie behandlungsfehlerfrei oder behandlungsfehlerhaft, erfolgreich oder missglückt ist. Ein ärztlicher Eingriff, auch wenn er zum Erfolg führt, steht daher nicht schon wegen der medizinischen Indikation und des mit ihm verfolgten diagnostischen oder therapeutischen Zwecks außerhalb des Anwendungsbereichs des Strafgesetzbuchs; vielmehr bedarf er einer besonderen Rechtfertigung, die nach der Rechtsprechung erst auf der Rechtswidrigkeitsebene geprüft wird, in der Regel durch eine Einwilligung des Patienten im Sinne des StGB § 228. Aus deliktsrechtlicher Sicht stellt der Eingriff ohne wirksame Einwilligung eine unerlaubte Handlung im Sinne einer widerrechtlichen Verletzung eines geschützten Rechtsgutes bzw gemäß § 823 Abs 2 den schuldhaften Verstoß gegen ein den Schutz eines anderen bezweckenden Gesetzes dar. Die Beweislast für die Rechtfertigung des Eingriffs durch Einwilligung liegt deliktsrechtlich beim Arzt. Auch aus vertragsrechtlicher Sicht hat der Gesetzgeber des Patientenrechtegesetzes nunmehr klargestellt, dass die **Einholung der Einwilligung eine vertragliche Pflicht** des Arztes darstellt, deren Verletzung die Haftungsfolge des § 280 Abs 1 auslöst[162]. Nach den allgemeinen Grundsätzen des vertraglichen Haftungsrechts müsste der Patient diese Pflichtverletzung beweisen; in § 630h Abs 2 hat der Gesetzgeber allerdings eine Beweisregel dergestalt aufgenommen, dass der Arzt zu beweisen hat, dass er die Einwilligung des Patienten nach ordnungsgemäßer Aufklärung eingeholt hat[163]. Dadurch wurde eine Diskrepanz der Beweislastverteilung zwischen Deliktsrecht und Vertragsrecht vermieden[164].

87 b) **Einwilligungsfähigkeit**. Neben der ordnungsgemäßen Aufklärung ist Voraussetzung für die wirksame Einwilligung, dass der Patient einwilligungsfähig ist. Ist er nicht einwilligungsfähig, ist gemäß § 630d Abs 1 S 2 die Einwilligung eines hierzu Berechtigten, in der Regel also der gesetzlichen Vertreter wie Eltern, Vormund, Betreuer etc einzuholen. Besondere Schwierigkeiten kann die Frage der Einwilligungsfähigkeit von Minderjährigen aufwerfen. Da die Einwilligung im Unterschied zu den auf den Abschluss des Behandlungsvertrages gerichteten Willenserklärungen keinen rechtsgeschäftlichen Charakter hat, sondern eine natürliche Willenserklärung darstellt, kommt es für die Einwilligungsfähigkeit nicht auf die bürgerlich-rechtliche Geschäftsfähigkeit[165] oder die strafrechtliche Schuldfähigkeit[166] an, sondern auf die natürliche Einsichts- und Urteilsfähigkeit. Die Einwilligungsfähigkeit unterscheidet sich von der Geschäftsfähigkeit. Für

---

[161] RG, Urt v 31.5.1894, RGSt 25, 375; BGH, 10.7.1954 – VI ZR 45/54, NJW 1956, 1106; BGH, Urt v 28.11.1957 – 4 StR 525/57, BGHSt 11, 111; BGH, Urt v 10.2.1959 – 5 StR 533/58, VersR 1959, 319.
[162] BT-Drucks 17/10488, 24.
[163] Siehe hierzu Erläuterungen zu § 630h Rz 58 ff.
[164] Franzki, Der Behandlungsvertrag, S 113.
[165] BGH, Urt v 5.12.1958 – VI ZR 266/57, VersR 1959, 308; Kern NJW 1994, 753, 755.
[166] Tag, S 309.

die „natürliche Einwilligungsfähigkeit" gibt es keine gesetzliche Altersgrenze. Maßgeblich sind das Einsichtsvermögen und die Urteilskraft des Patienten, um die vorherige Aufklärung zu verstehen, den Nutzen einer Behandlung gegen die Risiken abzuwägen und um schließlich eine eigenverantwortliche Entscheidung zu treffen. Je nach Lebensalter, Reife und Verständigkeit ist unter Berücksichtigung der Schwere und Tragweite des geplanten Eingriffs zu entscheiden, ob der Minderjährige einwilligungsfähig ist oder nicht. Liegt nach diesen Kriterien eine Einwilligungsfähigkeit des Minderjährigen vor, bedarf es grundsätzlich nicht zusätzlich der Einwilligung der gesetzlichen Vertreter[167]. Bei Kindern unter 14 Jahren ist in der Regel davon auszugehen, dass sie noch nicht einwilligungsfähig sind.

Die Beantwortung der Frage nach der Einwilligungsfähigkeit obliegt dem Behandelnden, was durchaus haftungsträchtig ist. Hier wäre es wünschenswert gewesen, dass der Gesetzgeber bei der Kodifizierung des Patientenrechtegesetzes für die Behandelnden klare Vorgaben gemacht hätte. Dies ist jedoch nicht geschehen. Hinzu kommt, dass nach der Rechtsprechung des BGH einem nicht einwilligungsfähigen Minderjährigen jedenfalls bei schwerwiegenderen Eingriffen ein **Vetorecht** zugebilligt wird[168]. Dem Arzt kann daher zur Vermeidung unnötiger Haftungsrisiken nur angeraten werden, im Zweifel den Minderjährigen und dessen beide Elternteile aufzuklären und die Einwilligung von diesen und von jenem einzuholen. **88**

c) **Entbehrlichkeit der Einwilligung**. Ausnahmsweise ist die Einwilligung dann **entbehrlich**, wenn die medizinische Maßnahme unaufschiebbar ist, die Einwilligung nicht rechtzeitig eingeholt werden kann und die Maßnahme dem mutmaßlichen Willen des Patienten entspricht (§ 630d Abs 1 Satz 4). Auch dies war bereits vor Inkrafttreten der §§ 630a ff ständige Rechtsprechung. Hierbei ist insbesondere an Eingriffe wie etwa **Notfalloperationen** bei Unfallopfern zu denken, bei denen eine **vitale Indikation** vorliegt, also ohne den Eingriff mit dem alsbaldigen Versterben des Patienten zu rechnen ist, der Patient selbst nicht (mehr) einwilligungsfähig ist und ein anderer Einwilligungsberechtigter nicht verfügbar ist. Zur Ermittlung des **mutmaßlichen Patientenwillens** hat der Arzt alle Erkenntnisquellen heranzuziehen, die Aufschluss über die persönlichen Wertvorstellungen und Umstände des Patienten mit Blick auf die Behandlung geben können. Hierzu zählen selbstverständlich auch eine etwa vorhandene **Patientenverfügung**, aber auch Gespräche mit nahen Angehörigen des Patienten – sofern die Dringlichkeit des Eingriffs dies zulässt. Liegen solche Erkenntnisquellen nicht vor, darf der Arzt den Eingriff ohne Einwilligung vornehmen, „wenn er annehmen kann, dass ein verständiger Kranker in dieser Lage bei angemessener Aufklärung eingewilligt hätte"[169]. **89**

Voraussetzung der Wirksamkeit der Einwilligung ist die vorangegangene ordnungsgemäße Aufklärung des Patienten durch den Arzt. Ausnahmsweise soll der Patient jedoch auf die Aufklärung verzichten und dennoch wirksam einwilligen können. Nach der Gesetzesbegründung soll dies möglich sein, wenn der Patient den **Verzicht auf die Aufklärung** klar und unmissverständlich geäußert und die Notwendigkeit der Behandlung sowie deren Chancen und Risiken zutreffend erkannt hat[170]. Dies erscheint jedoch in sich widersprüchlich. Denn um die Notwendigkeit des Eingriffs und dessen Chancen und Risiken zutreffend zu erkennen, bedarf es gerade einer vorherigen Aufklärung[171]. Ein Blankoverzicht ist daher nach hM nicht möglich[172]. Wohl aber kann der Patient, der einen entsprechenden Eingriff bereits zu einem früheren Zeitpunkt hat durchführen lassen und vor diesem ordnungsgemäß aufgeklärt worden war, auf eine erneute Aufklärung verzichten. Der Arzt sollte sich in diesem Fall jedoch vergewissern, wie lange das frühere Aufklärungsgespräch zurückliegt und ob dem Patienten dessen Inhalt im Großen und Ganzen noch gegenwärtig ist. **90**

d) **Folgen der Unwirksamkeit der Einwilligung**. Ist die Einwilligung unwirksam, so haftet der Arzt gegenüber dem Patienten dem Grunde nach auch dann, wenn er den Eingriff völlig ordnungsgemäß ausgeführt hat[173]. Voraussetzung für die Haftung ist allerdings, dass die unter **Verletzung der Aufklärungspflicht** durchgeführte Behandlung zu einer Beeinträchtigung der Gesundheit und damit **zu einem Schaden geführt** hat. Der Arzt haftet nicht, weil es am Zurechnungszusammenhang fehlt, wenn er den Patienten zwar nicht über alle relevanten Risiken einer Behandlung aufgeklärt, wohl aber über das Risiko, welches sich dann tatsächlich reali- **91**

---

167 OLG Saarbrücken, Urt v 12.8.2020 – 1 U 85/19, GesR 2020, 728.
168 BGH, Urt v 10.10.2006 – VI ZR 74/05, MedR 2008, 289.
169 Kern, in: Laufs/Kern/Rehborn, HdB ArztR[5], § 68 Rz 1.
170 BT-Drucks 17/10488, 25.

171 Hausharter, Die Kodifizierung des Arzthaftungsrechts im deutschen Patientenrechtegesetz: ein Vergleich mit Lehre und Forschung in Österreich, S 68.
172 Kern, in: Laufs/Kern/Rehborn, HdB ArztR[5], § 68 Rz 9.
173 Martis/Winkhart, Arzthaftungsrecht[6], A Rz 510 mwN.

siert hat[174]. Die zum Teil vertretene Ansicht[175], eine Haftung des Arztes ergebe sich bereits aus der bloßen Verletzung der Aufklärungspflicht, auch wenn kein Gesundheitsschaden eingetreten sei, wird von der höchstrichterlichen Rechtsprechung zu Recht nicht geteilt, weil dies zu einer „uferlosen Haftung der Ärzte führen [würde], die auch bei der gebotenen Berücksichtigung der Interessen der Patienten nicht vertretbar wäre"[176].

92 Allerdings kann der Gesundheitsschaden in dem Eingriff selbst bestehen, wenn durch diesen die körperliche Integrität des Patienten verletzt wird. Wird etwa der Patient nicht über die **echte Behandlungsalternative** einer Fortführung der konservativen Behandlung aufgeklärt, sondern stattdessen ordnungsgemäß und erfolgreich operiert, liegt der – wenn auch vorübergehende – Gesundheitsschaden in der Operation selbst, die einen Eingriff in die körperliche Unversehrtheit darstellt, und den damit verbundenen Beeinträchtigungen. Der Arzt haftet in diesen Fällen also grundsätzlich auch dann, wenn sich überhaupt **kein mit der Behandlung verbundenes Risiko realisiert** hat, sondern „nur" die mit dem Eingriff selbst einhergehenden Wundschmerzen etc eingetreten sind. Ist umgekehrt die Fortsetzung einer konservativen Behandlung mangels wirksamer Einwilligung rechtswidrig, ist diese Pflichtverletzung nur dann kausal, wenn pflichtgemäßes Handeln den Eintritt des Schadens verhindert hätte[177].

93 Die Kausalität entfällt desgleichen, wenn der Patient auch bei ordnungsgemäßer Aufklärung in den Eingriff eingewilligt hätte. Dem Arzt steht daher gemäß § 630h Abs 2 Satz 2 der **Einwand des rechtmäßigen Alternativverhaltens** mit dem Argument der **hypothetischen Einwilligung** zu. Die Darlegungs- und Beweislast hierfür trägt der Arzt, wobei die Anforderungen an die Beweisführung eher gering sind[178]. Je dringlicher der Eingriff ist und je weniger eine echte Behandlungsalternative besteht, umso wahrscheinlicher ist es nach allgemeiner Lebenserfahrung, dass der Patient – eine ordnungsgemäße Aufklärung unterstellt – in den Eingriff eingewilligt hätte. Allerdings kann der Patient das Berufen auf rechtmäßiges Alternativverhalten zu Fall bringen, wenn er mit plausiblen Argumenten vorträgt, dass er im Fall einer ordnungsgemäßen Aufklärung zumindest in einen **echten Entscheidungskonflikt** darüber, ob er den Eingriff durchführen lassen soll oder nicht, gekommen wäre[179]. Nicht verlangt werden kann hingegen, dass der Patient über das Vorliegen eines echten Entscheidungskonflikts hinaus plausibel macht, dass er sich im Fall einer ordnungsgemäßen Aufklärung auch tatsächlich gegen die durchgeführte Maßnahme entschieden hätte[180].

94 In der Regel beruhen Einwilligungsmängel auf Aufklärungspflichtverletzungen. Sie können aber auch andere Gründe haben. Schließt ein Patient eine **Wahlleistungsvereinbarung** ab, in der eine **Chefarztbehandlung** vereinbart ist, und vereinbart er mit dem ihn untersuchenden Chefarzt, dass dieser ihn operiert, umfasst die Einwilligung in den Eingriff nicht die Operation durch einen anderen Arzt[181]. Anders verhält es sich beim totalen Krankenhausvertrag. Hier besteht – wenn nichts anderes vereinbart ist – kein Anspruch des Patienten darauf, von einem bestimmten Arzt operiert zu werden. Die Einwilligung erstreckt sich daher grundsätzlich auch auf die Behandlung durch einen anderen Arzt[182].

95 **3. Haftung infolge unzureichender wirtschaftlicher Aufklärung.** Gemäß § 630c Abs 3 hat der Arzt die Pflicht, den Patienten vor Beginn der Behandlung über deren **voraussichtliche Kosten** in **Textform** zu informieren, wenn er weiß, dass eine **vollständige Übernahme der Behandlungskosten durch einen Dritten nicht gesichert** ist. Bei dem Dritten kann es sich um die gesetzliche Krankenversicherung, die private Krankenversicherung, die Beihilfestelle oder sonstige Kostenträger handeln. Auch diese Verpflichtung ist dem Grundsatz nach nicht neu, mit ihrer Kodifizierung hat der Gesetzgeber die bisherige Rechtsprechung – die allerdings keine Textform vorsah – umgesetzt. So führte etwa der BGH bereits in einer Entscheidung aus dem Jahr 1983 folgendes aus: „Muss der Arzt, der dem Patienten eine stationäre Behandlung vorschlägt, den Umständen nach begründete Zweifel haben, ob der private Krankenversicherer des Patienten die Behandlung im Krankenhaus als notwendig ansehen und die Kosten dafür über-

---

174 Kern, in: Laufs/Kern/Rehborn, HdB ArztR[5], § 63 Rz 17, unter Hinweis auf OLG Hamm, MedR 2011, 439.
175 OLG Jena, Urt v 3.12.1997 – 4 U 687/97, VersR 1998, 586.
176 BGH, Urt v 27.5.2008 – VI ZR 69/07, GesR 2008, 419.
177 Pauge/Offenloch, Arzthaftungsrecht[14], Rz 495.
178 Kern, in: Laufs/Kern/Rehborn, HdB ArztR[5], § 66 Rz 50.
179 BGH, Urt v 11.12.1990 – VI ZR 151/90, MedR 1991, 137.
180 BGH, Urt v 7.12.2021 – VI ZR 277/19, GesR 2022, 110.
181 BGH, Urt v 19.7.2016 – VI ZR 75/15, GesR 2016, 1191.
182 Kern, in: Laufs/Kern/Rehborn, HdB ArztR[5], § 63 Rz 19, unter Hinweis auf OLG Oldenburg, MedR 2008, 295.

nehmen wird, so hat er die vertragliche Pflicht, den Patienten darauf hinzuweisen"[183]. Voraussetzung dieser Unterrichtungspflicht ist, dass der Arzt zumindest **Anhaltspunkte** dafür hat, dass der Kostenträger die Kosten der Behandlung möglicherweise nicht vollständig übernimmt.

Einen Verstoß gegen diese Verpflichtung löst Schadensersatzansprüche des Patienten gegenüber dem Arzt aus. In der Gesetzesbegründung des Patientenrechtegesetzes wurde insoweit ausdrücklich darauf hingewiesen, dass ein Verstoß gegen § 630c Abs 3 eine Pflichtverletzung im Sinne von § 280 Abs 1 darstellt[184]. Den sich daraus ergebenden Schadensersatzanspruch kann der Patient gegenüber der Honorarforderung des Arztes zur Aufrechnung stellen.

4. Verletzung der Offenbarungspflicht. In § 630 Abs 2 S 2 wurde die Verpflichtung des Arztes aufgenommen, den Patienten **auf dessen Nachfrage** oder **zur Abwendung gesundheitlicher Gefahren** über für ihn erkennbare Umstände zu informieren, die die **Annahme eines Behandlungsfehlers** begründen. Auch insoweit soll nach dem Willen des Gesetzgebers im Wesentlichen die bislang schon geltende Rechtsprechung in Gesetzesform gegossen werden[185]. Soweit der Patient nicht ausdrücklich nach einem Behandlungsfehler fragt, trifft den Arzt diese Informationspflicht nur dann, soweit sie zur Abwendung von gesundheitlichen Gefahren für den Patienten erforderlich ist. Leider bleibt bei dieser Regelung vieles im Unklaren[186]. Insoweit wird auf die Erläuterungen zu § 630c verwiesen.

Verletzt der Arzt die **Offenbarungspflicht**, stellt dies eine **Pflichtverletzung aus dem Behandlungsvertrag** dar, die Schadensersatzansprüche gemäß § 280 Abs 1 nach sich ziehen kann. Dies hat jedoch neben den Schadensersatzansprüchen, die sich aus dem – nicht offenbarten – Behandlungsfehler selbst ergeben, **keine eigenständige Bedeutung**, da dem Patienten allein durch die Verletzung der Offenbarungspflicht kein Schaden entsteht[187]. Auch im Hinblick auf eine mögliche Verjährung von Schadensersatzansprüchen spielt die Verletzung der Offenbarungspflicht keine Rolle. Denn die Verjährungsfrist der Schadensersatzansprüche beginnt erst dann zu laufen, wenn der Patient soweit Kenntnis vom Vorliegen eines Behandlungsfehlers erlangt, dass ihm zumindest die Erhebung einer Feststellungsklage möglich wäre[188]. Informiert der Arzt den Patienten nicht über den möglichen Behandlungsfehler, tritt – mit Ausnahme der kenntnisunabhängigen Verjährung des § 199 Abs 2 – keine Verjährung ein, sofern der Patient nicht anderweitig Kenntnis von dem Behandlungsfehler erlangt.

5. Dokumentationsmängel. § 630f verpflichtet den Arzt in unmittelbarem zeitlichem Zusammenhang zu der Behandlung eine **Dokumentation** in **Papierform oder elektronischer Form** zu führen, in der die wesentlichen Maßnahmen und deren Ergebnisse, „insbesondere die Anamnese, Diagnosen, Untersuchungen, Untersuchungsergebnisse, Befunde, Therapien und ihre Wirkungen, Eingriffe und ihre Wirkungen, Einwilligungen und Aufklärungen" aufzuzeichnen sind. Auch diese Verpflichtung bestand nach der höchstrichterlichen Rechtsprechung[189] – und ebenso berufsrechtlich in den Berufsordnungen für Ärzte[190] – weitgehend bereits vor dem Inkrafttreten des Patientenrechtegesetzes. Begründet wurde und wird sie mit der **Sicherheit des Patienten aus medizinischer Sicht**. Danach dient die Dokumentationspflicht „ausschließlich der **Sicherstellung einer ordnungsgemäßen Behandlung bzw Behandlungsfortführung**. Sie ist notwendige Grundlage für die Sicherheit des Patienten in der Behandlung und der Respektierung seines Persönlichkeitsrechts und zielt keinesfalls auf eine Sicherung der Beweise für eine haftungsrechtliche Auseinandersetzung" ab[191].

Insbesondere für **nachfolgende Behandler** soll die Dokumentation daher alle aus medizinischer Sicht wichtigen Aspekte, die für die weitere Behandlung von Bedeutung sein können, enthalten. Dagegen dient die Dokumentation **nicht der forensischen Beweissicherung** für einen späteren Haftungsprozess, weshalb „eine Dokumentation, die medizinisch nicht erforderlich ist, auch nicht aus Rechtsgründen geboten" ist[192].

Dokumentationspflichtig sind die für die ärztliche Diagnose und Therapie wesentlichen Umstände wie Untersuchungen mit Befunden, Laborbefunde, Operationsberichte, Anfängerbe-

---

183 BGH, Urt v 1.2.1983 – VI ZR 104/81, MedR 1983, 109.
184 BT-Drucks 17/10488, 20.
185 BT-Drucks 17/10488, 21.
186 Siehe hierzu ausführlich: Kett-Straub/Sipos-Lay MedR 2014, 867.
187 Franzki, Der Behandlungsvertrag, S 99.
188 Siehe hierzu nachstehend § 630h Abs 3 Rz 104 ff, 110 f.
189 Martis/Winkhart, Arzthaftungsrecht[6], D Rz 209.
190 Siehe § 10 Musterberufsordnung der deutschen Ärzte (MBO); § 10 der Berufsordnung der Landesärztekammer Baden-Württemberg; ausführlich hierzu MBO[7]/Ratzel, § 10 Rz 1 ff.
191 OLG Oldenburg, Urt v 30.4.1991 – 5 U 120/90, MedR 1992, 111, unter Hinweis auf Steffen, Neue Entwicklungslinien der BGH-Rechtsprechung zum Arzthaftungsrecht[4], S 112 f.
192 BGH, Urt v 6.7.1999 – VI ZR 290/98, VersR 1999, 1282; Martis/Winkhart, Arzthaftungsrecht[6], D Rz 204; Pauge/Offenloch, Arzthaftungsrecht[14], Rz 506.

fassung und -Kontrolle, vorgefundene anatomische Abweichungen, Komplikationen, Verordnungen, Abweichungen vom Standard- oder Normalverlauf, Wechsel des Operateurs, Behandlungsverweigerung, fehlende Compliance sowie Aufklärungen und Einwilligungen usw[193]. Über die bisherige Rechtsprechung[194] hinaus wurde – als eine der wenigen Neuerungen des Patientenrechtegesetzes – die Dokumentationspflicht des Arztes auch auf die **Einwilligungen und Aufklärungen** erstreckt.

102 Die Dokumentation kann in **Stichworten**, **Schlagworten** sowie mit **in Fachkreisen üblichen Abkürzungen** erfolgen, soweit diese für einen anderen Arzt aussagekräftig und nachvollziehbar sind[195]. **Berichtigungen und Änderungen** in der Dokumentation sind gemäß § 630f Abs 1 S 2 nur zulässig, „wenn neben dem ursprünglichen Inhalt erkennbar bleibt, wann sie vorgenommen worden sind", was auch für die elektronisch geführte Dokumentation sicherzustellen ist. Dieser Wortlaut des Gesetzestextes entspricht der bisherigen Rechtsprechung des BGH.

103 Ist die Dokumentation unvollständig oder fehlerhaft, stellt dies noch **keine eigenständige Haftungsgrundlage** dar[196]. Es bedarf vielmehr eines schuldhaft verursachten, kausalen Schadens. Ein solcher kann beispielsweise darin liegen, dass erneute, mit Kosten verbundene Befunderhebungsmaßnahmen erforderlich sind, die bei ordnungsgemäßer Dokumentation nicht notwendig gewesen wären[197].

VI. Kausalität, Zurechnungszusammenhang

104 Der Arzt ist dem Patienten gegenüber nicht schon wegen eines ihm unterlaufenen schuldhaften Behandlungsfehlers per se zur Haftung verpflichtet. Voraussetzungen für einen Schadensersatzanspruch des Patienten sind vielmehr der Eintritt eines Schadens sowie das **Bestehen eines kausalen Zusammenhangs zwischen dem Behandlungsfehler und dem Schaden**. Nicht wenige Arzthaftungsprozesse sind für den Patienten trotz Vorliegens eines Behandlungsfehlers erfolglos, weil es am Nachweis der Kausalität mangelt. Denn oft lässt sich trotz der Einholung eines medizinischen Sachverständigengutachtens durch das Gericht nicht klären, ob ein bei dem Patienten eingetretener Gesundheitsschaden ursächlich auf den Behandlungsfehler zurückzuführen ist, oder ob er auf der bei dem Patienten bestehenden Grunderkrankung beruht[198]. Zu unterscheiden sind im Rahmen der Kausalität die **haftungsbegründende** und die **haftungsausfüllende** Kausalität.

105 1. **Haftungsbegründende Kausalität.** Die haftungsbegründende Kausalität betrifft die Frage des **Ursachenzusammenhangs zwischen dem Behandlungsfehler und dem ersten eingetretenen Verletzungserfolg (primärer Gesundheitsschaden)**[199]. Sie ist gegeben, wenn der primäre Gesundheitsschaden ursächlich auf den Behandlungsfehler zurückzuführen ist. Dabei kommt es nicht darauf an, ob ein Behandlungsfehler die alleinige Ursache für den Schaden darstellt. Eine **Mitursächlichkeit genügt** und steht einer Alleinursächlichkeit gleich, es sei denn, es liegt eine **Teilkausalität** vor, bei der die eingetretenen Schäden abgrenzbar auf unterschiedliche Schadensursachen zurückgeführt werden können[200].

106 Bei einem Behandlungsfehler durch Unterlassen ist die haftungsbegründende Kausalität dann zu bejahen, wenn der **Schaden nicht eingetreten wäre, wenn die unterbliebene oder verspätete Behandlung hinzugedacht** wird[201]. Liegt eine Verletzung der Pflicht zur (Selbstbestimmungs-)Aufklärung vor, besteht eine Kausalität zwischen der Pflichtverletzung und dem eingetretenen Gesundheitsschaden bei zutreffender Betrachtung nur dann, wenn sich gerade das Risiko verwirklicht hat, über den der Arzt den Patienten pflichtwidrig nicht aufgeklärt hatte[202].

107 Für die haftungsbegründende Kausalität gilt sowohl bei der vertraglichen wie auch bei der deliktischen Haftung das **strenge Beweismaß des ZPO § 286**. Danach sind für die richterliche Überzeugungsbildung „weder eine unumstößliche Gewissheit noch eine an Sicherheit grenzende

---

193 Pauge/Offenloch, Arzthaftungsrecht[14], Rz 507 mwN.
194 BGH, Urt v 28.1.2014 – VI ZR 143/13, GesR 2014, 227.
195 Rehborn/Kern, in Laufs/Kern/Rehborn, HdB ArztR[5], § 61 Rz 22.
196 Rehborn/Kern, in: Laufs/Kern/Rehborn, HdB ArztR[5], § 62 Rz 36; Pauge/Offenloch, Arzthaftungsrecht[14], Rz 513.
197 Pauge/Offenloch, Arzthaftungsrecht[14], Rz 511.
198 Kern/Rehborn, in: Laufs/Kern/Rehborn, HdB ArztR[5], § 105 Rz 11.
199 BGH, Urt v 22.5.2012 – VI ZR 157/11, MedR 2012, 804.
200 Kern/Rehborn, in: Laufs/Kern/Rehborn, HdB ArztR[5], § 102 Rz 12; Martis/Winkhart, Arzthaftungsrecht[6], K Rz 18, K Rz 32 f; Pauge/Offenloch, Arzthaftungsrecht[14], Rz 367.
201 Martis/Winkhart, Arzthaftungsrecht[6], K Rz 11.
202 Kern/Laufs, Die ärztliche Aufklärungspflicht, S 151; Kern, in: Laufs/Kern/Rehborn, HdB ArztR[5], § 71 Rz 6.

Wahrscheinlichkeit" erforderlich. Vielmehr genügt „ein für das praktische Leben brauchbarer Grad an Gewissheit, der Zweifeln Schweigen gebietet, ohne sie völlig auszuschließen"[203].

2. Haftungsausfüllende Kausalität. Die haftungsausfüllende Kausalität bezieht sich auf den Ursachenzusammenhang zwischen dem eingetretenen primären Gesundheitsschaden und den weiteren Gesundheits- oder Vermögensschäden[204]. Für sie gilt das weniger strenge Beweismaß des ZPO § 287. Bei der Feststellung von Kausalbeziehungen nach ZPO § 287 ist der Tatrichter, insofern freier gestellt, als er in einem der jeweiligen Sachlage angemessenen Umfang andere, weniger wahrscheinliche Verlaufsmöglichkeiten nicht mit der sonst erforderlichen Wahrscheinlichkeit ausschließen muss[205]. Danach kann für die Feststellung einer haftungsausfüllenden Kausalität eine überwiegende Wahrscheinlichkeit ausreichen[206]. Bei einer Haftung wegen Aufklärungsversäumnissen kann – so entschieden z B für den Ursachenzusammenhang zwischen einer durchgeführten Spinalanästhesie und dem Auftreten subduraler Hygrome – das weniger strenge Beweismaß des ZPO § 287 für die haftungsausfüllende Kausalität gelten, „weil die Primärschädigung bei fehlerhafter Aufklärung bereits in dem mangels wirksamer Einwilligung per se rechtswidrigen Eingriff als solchem liegt"[207]. 108

3. Zurechnungszusammenhang. – a) Unterbrechung des Kausalzusammenhangs. Der Arzt haftet grundsätzlich für sämtliche sich aus seinem Fehler adäquat-kausal entwickelnden Schadensfolgen[208]. Unterläuft dem Arzt ein Behandlungsfehler und begibt sich der Patient in die Weiterbehandlung eines anderen Arztes, so wird daher auch dessen Behandlungsfehler **dem Erstbehandelnden zugerechnet**. Dies gilt ausnahmsweise nur dann nicht, wenn das Fehlverhalten des Zweitschädigers „als so schwerwiegend anzusehen ist, dass hierdurch der **Kausalverlauf unterbrochen** wird[209], oder das Schadensrisiko der Erstbehandlung zum Zeitpunkt der Weiterbehandlung schon gänzlich abgeklungen war, so dass sich der Behandlungsfehler des Erstbehandlers gar **nicht mehr auf den weiteren Verlauf ausgewirkt** hat[210]. Steht die Erkrankung, wegen derer sich der Patient in die Behandlung eines anderen Arztes begibt, in **keinerlei Beziehung oder Zusammenhang mit der Erstbehandlung**, besteht **kein Zurechnungszusammenhang**. Ebenfalls fehlt es am Zurechnungszusammenhang, wenn sich bei einem Aufklärungsfehler nicht das Risiko verwirklicht, über welches der Patient nicht ordnungsgemäß aufgeklärt worden ist, sondern ein Risiko, das Gegenstand der Aufklärung war. 109

b) **Rechtmäßiges Alternativverhalten.** Der Einwand des Arztes, ein **rechtmäßiges Alternativverhalten**[211] hätte den Schaden ebenso herbeigeführt, kann, wenn er zutrifft, den Zurechnungszusammenhang entfallen lassen. Denn die Frage des rechtmäßigen Alternativverhaltens betrifft nach zutreffender Rechtsprechung des BGH[212] nicht die Kausalität, sondern erst die Frage, inwieweit dem Schädiger die Folgen seines pflichtwidrigen Verhaltens bei wertender Betrachtung billigerweise zugerechnet werden können[213]. Ob ein rechtmäßiges Alternativverhalten den Schaden ebenso herbeigeführt hätte, ist deshalb erst dann zu beurteilen, wenn die **Ursächlichkeit des tatsächlichen Verhaltens feststeht**[214]. 110

Der Einwand des rechtmäßigen Alternativverhaltens setzt daher zunächst voraus, dass die von dem Arzt begangene Pflichtverletzung für den Verletzungserfolg kausal gewesen ist. Steht dies fest und behauptet der Arzt, der Schaden sei auch bei fehlerfreiem Handeln in gleicher oder ähnlich schwerer Weise entstanden, muss er diesen **hypothetischen Verlauf** beweisen[215]. Nicht beachtlich ist der Einwand des rechtmäßigen Alternativverhaltens durch den Arzt, wonach sich der nicht ordnungsgemäß aufgeklärte Lebendorganspender auch im Fall der ordnungsgemäßen Aufklärung mit der Organentnahme einverstanden erklärt hätte, weil dies den spezifischen, gesteigerten Anforderungen an die Aufklärung nach TPG § 8 zuwiderliefe[216]. 111

---

203 BGH, Urt v 13.9.2018 – III ZR 294/16, GesR 2018, 711.
204 BGH, Urt v 22.05.2012 – VI ZR 157/11, MedR 2012, 804.
205 BGH, Urt v 4.11.2003 – VI ZR 28/03, VersR 2004, 118 (unter Bezugnahme auf die Senatsrechtsprechung).
206 Martis/Winkhart, Arzthaftungsrecht⁶, K Rz 27.
207 BGH, Urt v 19.10.2010 – VI ZR 241/09, MedR 2011, 244.
208 Kern/Rehborn, in: Laufs/Kern/Rehborn, HdB ArztR⁵, § 105 Rz 3.
209 Kern/Rehborn, in: Laufs/Kern/Rehborn, HdB ArztR⁵, § 102 Rz 18; Pauge/Offenloch, Arzthaftungsrecht¹⁴, Rz 368.
210 Martis/Winkhart, Arzthaftungsrecht⁶, K Rz 48.
211 Ausführlich zum Einwand des rechtmäßigen Alternativverhaltens: Soukup, Der Einwand des rechtmäßigen Alternativverhaltens bei ärztlichen Behandlungsfehlern, S 18 zur Begrifflichkeit.
212 Soukup, Der Einwand des rechtmäßigen Alternativverhaltens bei ärztlichen Behandlungsfehlern, S 18, 21 ff.
213 BGH, Urt v 24.10.1985 – IX ZR 91/84, BGHZ 96, 157.
214 BGH, Urt v 17.10.2002 – IX ZR 3/01, VersR 2003, 218.
215 BGH, Urt v 22.5.2012 – VI ZR 157/11, MedR 2012, 804; BGH, Urt v 5.4.2005 – VI ZR 216/03, GesR 2005, 359.
216 BGH, Urt v 29.1.2019 – VI ZR 495/16, GesR 2019, 233.

112 c) **Schutzzweck der Norm.** Die Schadensersatzpflicht wird durch den **Schutzzweck der Norm** begrenzt. Eine Haftung besteht nur für diejenigen **äquivalenten und adäquaten Schadensfolgen**, die aus dem Bereich der Gefahren stammen, zu deren Abwendung die verletzte Norm erlassen oder die verletzte Vertragspflicht übernommen wurde[217]. Dies ist bei Schäden aufgrund ärztlicher Behandlungsfehler in aller Regel der Fall, denn die den Arzt treffende Verpflichtung zu einer dem jeweiligen Facharztstandard entsprechenden Behandlung des Patienten dient ua gerade dem Zweck, gesundheitliche (Primär-)Schäden und dadurch entstehende weitere Schäden durch die Behandlungsmaßnahme zu verhindern.

VII. Geschützter Personenkreis

113 1. **Patient.** Der Schutzbereich sowohl der vertraglichen wie der deliktischen Haftung umfasst grundsätzlich nur den **Patienten** als Vertragspartner des Behandlungsvertrages bzw als von einer deliktischen Pflichtverletzung Betroffenen. Bei der Behandlung einer **schwangeren Frau** ist auch das (ungeborene) **Kind** vom Schutzbereich erfasst, und zwar auch dann, wenn es zum Zeitpunkt der Behandlung noch nicht rechtsfähig ist. Ihm können sowohl hinsichtlich der pränatalen Behandlung als auch der Behandlung in der Geburt selbst vertragliche und deliktische Ansprüche zustehen[218].

114 2. **Eltern eines geschädigten Kindes; Eltern eines ungewollten Kindes („Kind als Schaden").** Ausnahmsweise können aber auch Dritte unter den Schutzbereich fallen. Den **Eltern eines durch die Behandlung geschädigten Kindes** können ungeachtet der Frage, wer Vertragspartner des Arztes geworden ist, neben den eigenen Ansprüchen des Kindes Ansprüche auf Ersatz des ihnen durch vermehrten Unterhaltsaufwand entstehenden Schadens zustehen. Dies wurde vom Bundesgerichtshof beispielsweise für den Fall einer vom Arzt pflichtwidrig nicht erkannten Rötelnerkrankung der Mutter während der Schwangerschaft, die eine Unterbrechung der Schwangerschaft gerechtfertigt hätte und durch die das Kind schwer geschädigt wurde, entschieden[219].

115 Auch im Fall einer **fehlgeschlagenen Sterilisation** können beiden Elternteilen Schadensersatzansprüche wegen der mit der Geburt des nicht gewollten Kindes für die Eltern verbundenen wirtschaftlichen Belastungen, insbesondere die **Aufwendungen für den Kindesunterhalt**, zustehen[220].

116 3. **Erben, Hinterbliebene.** Die Erben eines infolge eines Behandlungsfehlers verstorbenen Patienten können deliktisch gemäß § 844 Abs 1 einen Anspruch auf **Erstattung der Beerdigungskosten** geltend machen, den Hinterbliebenen können gemäß §§ 844, 845 **Ansprüche für entgangenen Unterhalt** und auf **Hinterbliebenengeld** zustehen[221].

117 4. **Gesetzlicher Anspruchsübergang auf Dritte.** Aber auch **Versicherungen** und **Versorgungsträger**, die Leistungen für Heilbehandlungen, Rehabilitationsmaßnahmen, Arzneimittel usw zugunsten des geschädigten Patienten erbracht haben, können diese gegenüber dem Schädiger geltend machen, wenn und soweit sie **aufgrund gesetzlicher Regelungen** (SGB X § 116, VVG § 86, BBG § 76) auf sie **übergegangen** sind. Nicht auf die Krankenversicherung übergehen können aber eigene Ansprüche der Eltern eines durch die Behandlung geschädigten Kindes auf vermehrten Unterhaltsaufwand, da es sich hierbei nicht um einen Anspruch des Kindes selbst handelt, der vom Anspruchsübergang erfasst würde[222].

VIII. Haftungsbeschränkungen

118 Haftungsbeschränkungen zum Ausschluss oder zur Abschwächung vertraglicher oder deliktischer Ansprüche sind nur sehr eingeschränkt möglich. Zu unterscheiden ist insoweit zwischen Haftungsbeschränkungen oder Haftungsfreizeichnungen durch vorformulierte Klauseln einerseits, die nach dem Recht der Allgemeinen Geschäftsbedingungen einer Inhaltskontrolle unterliegen, und Individualvereinbarungen andererseits. Grundsätzlich sind **formularmäßige Haftungsfreizeichnungs- oder Haftungsbeschränkungsklauseln** zwar möglich, gemäß § 309 Nr 7a allerdings **unwirksam, soweit es um die Verletzung von Leben, Körper und Gesundheit** geht. Darüber hinaus benachteiligen derartige Ausschlüsse oder Begrenzungen im Rahmen

---

217 BGH, Urt v 22.5.2012 – VI ZR 157/11, MedR 2012, 804.
218 Pauge/Offenloch, Arzthaftungsrecht[14], Rz 155.
219 BGH, Urt v 18.1.1983 – VI ZR 114/81 VersR 1983, 396.
220 BGH, Urt v 8.7.2008 – VI ZR 259/06, MedR 2009, 44 (fehlgeschlagene Tubenligatur).
221 Kern/Rehborn, in: Laufs/Kern/Rehborn, HdB ArztR[5], § 94 Rz 11.
222 BGH, Beschl v 6.11.2001 – VI ZR 38/01, VersR 2002, 192.

von Behandlungsverträgen den Patienten auch unangemessen und sind damit gemäß § 307 Abs 1 S 1 unwirksam.

Auch eine Haftungsfreizeichnung oder Beschränkung für Schäden an Leben, Körper und Gesundheit durch eine **Individualvereinbarung** kommt ebenfalls nicht in Betracht, da eine solche gemäß § 138 **sittenwidrig** wäre[223]. Zulässig sein können hingegen grundsätzlich Vereinbarungen, die sich nicht auf Gesundheitsschäden des Patienten, sondern auf nicht personenbezogene Sachschäden wie etwa das Abhandenkommen von Gegenständen aus dem Wartezimmer beziehen. **119**

IX. Haftungsumfang

1. **Grundsätze.** Im Falle der Haftung hat der Arzt dem geschädigten Patienten grundsätzlich alle Schäden zu ersetzen, die ursächlich auf den Behandlungsfehler zurückzuführen sind, wobei die **allgemeinen Regelungen des Schadensrechts** gemäß §§ 249 ff gelten. Dem Grundsatz nach besteht daher zunächst ein Anspruch des Patienten auf **Naturalrestitution**, also Wiederherstellung des Zustands, wie er ohne das schadensbegründende Ereignis bestünde. Häufig stellt sich die Situation nach ärztlichen Behandlungsfehlern allerdings so dar, dass der dadurch eingetretene Schaden nicht im Wege der Naturalrestitution wieder beseitigt werden kann. Offensichtlich ist dies in den Fällen so, in denen der Patient aufgrund der Pflichtwidrigkeit des Arztes den Tod erleidet. Aber auch Gesundheitsbeeinträchtigungen sind häufig nicht rückgängig zu machen. In der Regel wird zudem der Patient das Vertrauen in den Arzt verloren haben und diesem nicht die Möglichkeit zur Naturalrestitution geben. Auch die Einordnung des Behandlungsvertrages als Dienstvertrag schließt grundsätzlich ein Nachbesserungsrecht aus. **120**

Regelmäßig erfolgt im Arzthaftungsrecht daher eine **Entschädigung in Geld** gemäß § 249 Abs 2[224]. Als Ausnahme ist insoweit allerdings die zahnprothetische Behandlung zu nennen. Hier ist in der Rechtsprechung anerkannt, dass der Patient, bevor er eine aus seiner Sicht nicht zufriedenstellende Behandlung abbricht und die Kosten der Nachbehandlung gegenüber dem erstbehandelnden Zahnarzt als Schaden geltend machen kann, diesem grundsätzlich die Möglichkeit der Behandlungsfortführung einräumen muss[225]. **121**

2. **Materieller Schaden.** Zu den ersatzfähigen materiellen Schäden zählen grundsätzlich **alle adäquat-kausalen Schäden**, die aus dem Behandlungsfehler resultieren. Zunächst gehören hierzu die **Kosten der erforderlichen Nachbehandlung**. Hierzu zählen bei gesetzlich krankenversicherten Patienten, bei denen die Krankenkasse die Behandlungskosten übernimmt[226], auch **Zuzahlungen** für Behandlungen sowie Heil- und Hilfsmittel. Entstehen dem Patienten notwendigerweise **Fahrtkosten**, stellen diese ebenfalls einen kausalen Schaden dar. Ebenso besteht ein Anspruch des Patienten auf Erstattung des **Erwerbsausfallschadens**, der entsteht, weil zB der Anspruch auf Krankengeld geringer als die Arbeitsvergütung ist, oder weil der Patient aufgrund des erlittenen Gesundheitsschadens seine bisherige berufliche Tätigkeit nicht mehr ausüben kann, sondern nur noch eine geringer vergütete anderweitige Tätigkeit. Soweit der Patient aus diesen Gründen ein geringeres Einkommen erzielt und demgemäß geringere Beiträge zur Rentenversicherung bezahlt, kann ihm ferner ein **Rentenverkürzungsschaden** entstehen[227]. Kann der Geschädigte schadensbedingt seine Haushaltsführung nicht oder nicht mehr in vollem Umfang durchführen, kann er einen **Haushaltsführungsschaden** beanspruchen[228]. Die Eltern eines durch die Behandlung geschädigten Kindes können Ansprüche auf Ersatz des ihnen durch **vermehrten Unterhaltsaufwand** entstehenden Schadens geltend machen. Im Fall einer fehlgeschlagenen Sterilisation können die Eltern materielle Schadensersatzansprüche wegen der mit der Geburt des nicht gewollten Kindes für die Eltern verbundenen Aufwendungen für den Kindesunterhalt fordern. Die Erben eines infolge eines Behandlungsfehlers verstorbenen Patienten können deliktisch gemäß § 844 Abs 1 einen Anspruch auf Erstattung der **Beerdigungskosten** geltend machen, den Hinterbliebenen stehen gemäß § 844 Abs 2 **Ansprüche für entgangenen Unterhalt** zu. Auch die dem Patienten für die Inanspruchnahme eines Rechtsanwalts zur Geltendmachung der Schadensersatzansprüche entstehenden **Rechtsanwaltsgebühren** kann der **122**

---

223 Kern/Rehborn, in: Laufs/Kern/Rehborn, HdB ArztR⁵, § 94 Rz 32 ff.
224 Kern/Rehborn, in: Laufs/Kern/Rehborn, HdB ArztR⁵, § 94 Rz 2.
225 OLG Naumburg, Urt v 13.12.2007 – 1 U 10/07, NJW-RR 2008, 1056; Martis/Winkhart, Arzthaftungsrecht⁶, A Rz 409.
226 Die Krankenkasse hat aus übergegangenem Recht gemäß SGB X § 116 die Möglichkeit, sich hinsichtlich der von ihr übernommenen Heilbehandlungskosten bei dem Schädiger zu regressieren.
227 BGH, Urt v 20.12.2016 – VI ZR 664/15, VersR 2017, 557.
228 BGH, Urt v 22.5.2012 – VI ZR 157/11, MedR 2012, 804; BGH, Urt v 3.2.2009 – VI ZR 183/08, VersR 2009, 515.

Patient von dem Schädiger – begrenzt auf die Höhe der gesetzlichen Vergütung nach dem RVG – ersetzt verlangen.

123 Den Hinterbliebenen eines infolge eines Behandlungsfehlers verstorbenen Patienten, zu dem sie in einem besonderen Näheverhältnis gestanden haben, kann gemäß dem am 22.07.2017 mit dem „Gesetz zur Einführung eines Anspruchs auf Hinterbliebenengeld"[229] eingeführten § 844 Abs 3 ein deliktischer **Anspruch auf Hinterbliebenengeld** zustehen[230]. Ziel dieses Gesetzes war es, den Hinterbliebenen für ihr mit der fremdverursachten Tötung eines ihnen nahestehenden Menschen verbundenen Leids eine eigene Entschädigung über die materiellen Schäden oder eigene Schmerzensgeldansprüche hinaus zuzugestehen[231]. Ein maßgeblicher Grund hierfür war der, dass die Angehörigen nach ständiger Rechtsprechung nur dann einen eigenen Schmerzensgeldanspruch gegen den Schädiger haben, wenn sie eine eigene Gesundheitsbeeinträchtigung erleiden, die über die von nahen Angehörigen empfundene Trauer und Schmerz hinausgehen[232]. Nach dem Gesetzeswortlaut besteht der Anspruch in einer „**angemessenen Entschädigung in Geld**". Dabei handelt es sich nicht um einen Schadensersatzanspruch und nicht um Schmerzensgeld, vielmehr ähnelt der Anspruch der Geldentschädigung bei Verletzungen des allgemeinen Persönlichkeitsrechts. Maßgeblich für die Höhe sind „Art und Ausmaß des durch den Tod zugefügten seelischen Leids, das wiederum von der Intensität der Beziehung" abhängt[233].

124 **3. Immaterieller Schaden.** Neben den materiellen Schäden kann der geschädigte Patient gemäß § 253 Abs 2 für den Schaden, der nicht Vermögensschaden ist, „eine billige Entschädigung in Geld" verlangen, und zwar sowohl bei vertraglicher wie auch bei deliktischer Haftung. Gemeinhin wird hierfür der – in § 253 allerdings nicht genannte – Terminus „**Schmerzensgeld**" verwendet. Dies ist insoweit missverständlich, als der immaterielle Schaden gemäß § 253 nicht nur für Schmerzen im eigentlichen Sinn entschädigen soll. Nach ständiger Rechtsprechung besteht die Funktion des Schmerzensgeldes vielmehr darin, dem Verletzten einen **Ausgleich für die erlittenen immateriellen Schäden** und ferner **Genugtuung für das ihm zugefügte Leid** zu geben[234]. Es handelt sich daher um den immateriellen Schaden des Verletzten, der „in dem Eingriff in die Integrität bestimmter Rechtsgüter, die untrennbar mit seiner Person verbunden sind," liegt[235].

125 Bei der Bemessung der Höhe des Schmerzensgeldes ist insbesondere das Maß der Beeinträchtigung des Wohlbefindens des Patienten ein entscheidendes Kriterium[236]. Auch in Arzthaftungsangelegenheiten kann der Gesichtspunkt der Genugtuung – jedenfalls bei Vorliegen eines groben Behandlungsfehlers – nicht außer Acht bleiben. Denn auch wenn bei der ärztlichen Behandlung das Bestreben, dem Patienten zu helfen, im Vordergrund steht, „stellt es unter dem Blickpunkt der Billigkeit einen wesentlichen Unterschied dar, ob dem Arzt grobes – möglicherweise die Grenze zum bedingten Vorsatz berührendes – Verschulden zur Last fällt, oder ob ihn nur ein geringer Schuldvorwurf trifft"[237]. Das Gericht hat bei der Bemessung des Schmerzensgeldes alle Umstände des Falles zu berücksichtigen, hierzu können auch die wirtschaftlichen Verhältnisse des Schädigers und des Geschädigten zählen[238]. Dabei hat das Gericht im Rahmen der Ermessensausübung „unabhängig von den stets zu beachtenden Besonderheiten des Einzelfalles zu berücksichtigen, dass vergleichbare Verletzungen annähernd gleiche Entschädigungen zur Folge haben"[239] sollen. Eine taggenaue Berechnung des Schmerzensgeldes anhand der Tage, die der Geschädigte im Krankenhaus verbracht hat oder die er nach seiner Lebenserwartung mit der Beeinträchtigung noch wird leben müssen, wird diesen Grundsätzen nicht gerecht[240].

126 In Fällen, in denen durch einen Behandlungsfehler eine **nahezu vollständige Zerstörung der Persönlichkeit** des Verletzten eingetreten ist, zB infolge schwerer Hirnschädigung, hielt der BGH zunächst eine Reduzierung des Schmerzensgeldes auf eine lediglich symbolhafte Entschädigung für angemessen, weil dann weder für einen Ausgleich im herkömmlichen Sinne noch für eine Genugtuung Raum sei. Denn die fast völlige Zerstörung der Persönlichkeit des Geschädigten hindere diesen daran, den Zusammenhang der Entschädigungszahlung mit dem Schaden zu erfassen[241]. Hiervon rückte der BGH in einer Entscheidung aus dem Jahr 1992 zu Recht ab[242]. Der Senat führte aus, dass er eine Reduzierung des Schmerzensgeldes auf eine lediglich symbolhafte Entschädigung nicht mehr für gerechtfertigt halte. Beeinträchtigungen von solchem Aus-

---

229 BGBl 2017 Teil I, S 2421 ff.
230 Siehe hierzu auch: Bayer, MedR 2018, 947.
231 BT-Drucks 18/11397, 1.
232 BT-Drucks 18/11397, 1.
233 Grüneberg[81]/Sprau, § 844 Rz 25.
234 So bereits BGH, Beschl v 6.7.1955 – GSZ 1/55, BGHZ 18, 149.
235 MünchKomm[8]/Oetker, § 253 Rz 13.
236 MünchKomm[8]/Oetker, § 253 Rz 30.
237 BGH, Urt v 8.2.2022 – VI ZR 409/19, -juris.
238 BGH, Beschl v 16.09.2016 – VGS 1/16, VersR 2017, 180.
239 MünchKomm[8]/Oetker, § 253 Rz 30.
240 BGH, Urt v 15.2.2022 – VI ZR 937/20, -juris.
241 BGH, Urt v 16.12.1975 – VI ZR 175/74, VersR 1976, 1147.
242 BGH, Urt v 13.10.1992 – VI ZR 201/91, MedR 1993, 101.

maß verlangten „mit Blick auf die verfassungsrechtliche Wertentscheidung in GG Art 1 eine stärkere Gewichtung und [verböten] eine lediglich symbolhafte Bewertung"[243]. Der **Wegfall der Empfindungsfähigkeit des Verletzten** könne bei der Bemessung des Schmerzensgeldes **nicht mindernd berücksichtigt** werden[244]. Vielmehr müsse der Richter wie in sonstigen Fällen auch „diejenigen Umstände, die dem Schaden im Einzelfall sein Gepräge geben, eigenständig bewerten und aus einer Gesamtschau die angemessene Entschädigung für das sich ihm darbietende Schadensbild gewinnen"[245].

X. Mitverschulden des Patienten

Wie im Schadensersatzrecht im allgemeinen besteht auch im Bereich des Arzthaftungsrechts im besonderen weitgehend Einigkeit darüber, dass dem Patienten gemäß § 254 ein **Mitverschulden** zur Last fallen kann, wenn er „durch ein **vorwerfbares Verhalten in der Behandlung zu der Entstehung oder Entwicklung des Schadens beigetragen** hat"[246]. So kann es beispielsweise als Mitverschulden des Patienten gewertet werden, wenn dieser den Hinweis des Arztes auf die Notwendigkeit einer Kontrolluntersuchung unbeachtet lässt[247]. Auch die Ablehnung einer vom Arzt empfohlenen medizinisch indizierten Therapie kann ein Mitverschulden des Patienten begründen. Ferner trifft den geschädigten Patienten grundsätzlich die jeden Geschädigten treffende **Pflicht zur Schadensgeringhaltung**[248]. In der Rechtspraxis spielt ein Mitverschulden des Patienten allerdings eine eher untergeordnete Rolle.

127

XI. Verjährung

Seit dem Schuldrechtsmodernisierungsgesetz unterliegen Schadensersatzansprüche aus Behandlungsfehlern, gleich ob sie auf vertragliche oder deliktische Anspruchsgrundlagen gestützt werden, der **Regelverjährungsfrist** von drei Jahren gemäß § 195. Die Verjährungsfrist beginnt gemäß § 199 Abs 1 mit dem Schluss des Jahres zu laufen, in dem der Anspruch entstanden ist und der Gläubiger von den **den Anspruch begründenden Umständen und der Person des Schuldners Kenntnis erlangt** oder ohne grobe Fahrlässigkeit erlangen müsste. Kenntnisunabhängig tritt die Verjährung von Schadensersatzansprüchen, die auf der Verletzung des Lebens, des Körpers oder der Gesundheit beruhen, innerhalb einer Frist von 30 Jahren von der Begehung des schadensbegründenden Ereignisses an (§ 199 Abs 2).

128

Im Arzthaftungsrecht hat die Verjährung allerdings eine untergeordnete Bedeutung, da die Rechtsprechung hinsichtlich der Kenntniserlangung des Patienten über die den Anspruch begründenden Umstände eher großzügig ist. Dies liegt auch darin begründet, dass dem Patienten in aller Regel bekannt ist, dass der Arzt keinen Heilungserfolg garantieren kann, weshalb allein der Umstand, dass die Behandlung nicht erfolgreich war, dem Patienten grundsätzlich keinen Anlass dazu gibt, einen dem Arzt unterlaufenen Behandlungsfehler zu erwägen. Entscheidend ist vielmehr die **Kenntnis einer Abweichung vom medizinischen Standard** durch den Behandelnden[249]. Dabei muss sich diese Kenntnis nicht auf den gesamten Behandlungsverlauf, die Kausalität oder den gesamten Schadensumfang beziehen. Es reicht aus, ist aber auch erforderlich, dass der Patient **so viel Kenntnis vom Vorliegen des Behandlungsfehlers hat, dass ihm die Erhebung einer Feststellungsklage möglich wäre**[250]. Das Wissen nachbehandelnder

129

---

243 BGH, Urt v 13.10.1992 – VI ZR 201/91, MedR 1993, 101.
244 BGH, Urt v 13.10.1992 – VI ZR 201/91, MedR 1993, 101; Nicht konsequent hat der Bundesgerichtshof in dieser Entscheidung allerdings die Beanstandung der Revision, dass sich das Berufungsgericht im Hinblick auf die Genugtuungsfunktion des Schmerzensgeldes nicht zu der Frage geäußert habe, ob der Behandlungsfehler des Beklagten als grob zu bewerten sei, als unbeachtlich angesehen. Er begründete dies damit, dass zur Erörterung dieser Frage keine Notwendigkeit bestehe, wenn bei dem Verletzten, wie im vorliegenden Fall, ein Empfinden der Genugtuung durch eine Schmerzensgeldzahlung, für das die Bewertung des Behandlungsfehlers als grob eine Rolle spielen könnte, nicht vorhanden sei. Weshalb es für die Ausgleichsfunktion des Schmerzensgeldes nicht auf den Wegfall der Empfindungsfähigkeit des Geschädigten ankommen soll, für die Genugtuungsfunktion aber doch, erscheint wenig plausibel.
245 BGH, Urt v 13.10.1992 – VI ZR 201/91, MedR 1993, 101.
246 Katzenmeier, Arzthaftung, S 372.

247 Kern/Rehborn, in: Laufs/Kern/Rehborn, HdB ArztR[5], § 94 Rz 19.
248 OLG Hamm, Urt v 6.4.2014 – 26 U 14/13, -juris; Kern/Rehborn, in: Laufs/Kern/Rehborn, HdB ArztR[5], § 94 Rz 21 f.
249 BGH, Urt v 10.11.2009 – VI ZR 247/08, MedR 2010, 258, unter Hinweis auf die ständige Senatsrechtsprechung.
250 Grundlegend: BGH, Urt v 20.9.1983 – VI ZR 35/82, MedR 1984, 104: „Eine ausreichende Kenntnis des Patienten von Tatsachen, die ein derartiges Fehlverhalten nahelegen, setzt zB die Kenntnis der wesentlichen Umstände des Behandlungsverlaufs, insbesondere auch etwaiger anatomischer Besonderheiten, eines vom Standard abweichenden ärztlichen Vorgehens, des Eintritts von Komplikationen und der zu ihrer Beherrschung ergriffenen Maßnahmen voraus. Der Patient muß darüber so viel wissen, daß bei zutreffender medizinischer und rechtlicher Subsumtion ohne weitere Ermittlung ihm etwa bisher verborgener Fakten eine Einschätzung der Prozeßaussichten möglich ist."

Ärzte wird dem Patienten nicht zugerechnet[251], sofern der Patient selbst davon keine Kenntnis hat. Neben dieser positiven Kenntnis des Patienten über das Vorliegen eines Abweichens vom medizinischen Standard reicht es gemäß § 199 Abs 1 Nr 2 für den Beginn der Verjährungsfrist auch aus, dass der Patient ohne grobe Fahrlässigkeit von den den Anspruch begründenden Tatsachen und der Person des Schädigers Kenntnis erlangen müsste. Eine derartige grobfahrlässige Unkenntnis liegt allerdings nur dann vor, wenn sie darauf zurückzuführen ist, dass der Patient „die im Verkehr erforderliche Sorgfalt in ungewöhnlich grobem Maße verletzt und auch ganz naheliegende Überlegungen nicht anstellt oder das nicht beachtet, was jedem hätte einleuchten müssen"[252].

130 Auch bei Arzthaftungsansprüchen gelten die allgemeinen Regelungen zur Hemmung der Verjährung. Darüber hinaus tritt eine **Hemmung der Verjährung** auch dann ein, wenn der Patient einen „vollständigen Güteantrag bei einer von den **Ärztekammern eingerichteten Schlichtungsstelle**" einreicht, selbst wenn „der Arzt oder sein Haftpflichtversicherer die Durchführung des Schlichtungsverfahrens in der Folge ablehnt"[253].

XII. Prozessuale Besonderheiten im Arzthaftungsprozess

131 1. **Amtsermittlung durch das Gericht**. Wie in jedem Zivilprozess gelten auch im zivilen Arzthaftungsprozess die Regelungen der Zivilprozessordnung. Grundsätze des Zivilprozesses sind ua die **Dispositionsmaxime** und die **Beibringungsmaxime**. Danach bestimmen die Parteien als Herren des Verfahrens selbst, was sie zum Gegenstand des Rechtsstreits machen und was sie an Tatsachenvortrag in den Rechtsstreit einführen. Eine Amtsermittlung durch das Gericht findet im Zivilprozess grundsätzlich nicht statt. Von den Parteien nicht vorgebrachte Tatsachen bleiben unberücksichtigt. Um ihre Ansprüche in einem Zivilprozess mit Aussicht auf Erfolg geltend machen zu können, muss eine Partei in ihrem Sachvortrag die Tatsachen, auf welche sie die geltend gemachten Ansprüche stützt, substantiiert vortragen. Die Anforderungen an diese Substantiierungspflicht sind grundsätzlich hoch.

132 Im Arzthaftungsprozess hingegen werden nach der gefestigten Rechtsprechung an den **medizinischen Sachvortrag des Patienten nur maßvolle Anforderungen** gestellt[254]. Dies war bereits vor dem Inkrafttreten der §§ 630a ff der Fall und gilt auch unter den Regelungen des Patientenrechtegesetzes. Dies findet berechtigterweise seine Begründung darin, dass der Patient „aufgrund mangelnder medizinischer Kenntnisse den möglichen Verstoß gegen den jeweiligen fachmedizinischen Standard und dessen Ursächlichkeit für den eingetretenen Körperschaden kaum sachgerecht zu begründen vermag"[255]. Einschränkungen der Darlegungslast des Patienten ergeben sich auch daraus, dass der Patient regelmäßig „außerhalb des von ihm vorzutragenden Geschehensablaufs steht und ihm eine nähere Substantiierung nicht möglich oder nicht zumutbar ist, während der Prozessgegner alle wesentlichen Tatsachen kennt oder unschwer in Erfahrung bringen kann und es ihm zumutbar ist, nähere Angaben zu machen"[256]. Der Patient braucht daher **keine Einzelheiten in Bezug auf den medizinischen Geschehensablauf** vorzutragen. Sein Sachvortrag soll aber zumindest in **groben Zügen** erkennen lassen, worin ein Behandlungsfehler liegen könnte. Dabei darf er auch nur von ihm vermutete Tatsachen als Behauptungen in den Rechtsstreit einführen, wenn er mangels entsprechenden Erkenntnisquellen oder medizinischer Sachkunde keine sichere Kenntnis von den entscheidungserheblichen Tatsachen hat[257]. Der Patient darf sich daher auf den Vortrag beschränken, der die Vermutung eines fehlerhaften Verhaltens der Behandlungsseite aufgrund der Folgen für ihn gestattet[258]. Allein der Vortrag des negativen Ausgangs der Behandlung ist allerdings nicht ausreichend[259].

133 Korrespondierend mit diesen abgesenkten Anforderungen an den medizinischen Sachvortrag des Patienten besteht eine **gesteigerte Hinweispflicht des Gerichts**. Diese aus ZPO § 139

---

251 OLG Brandenburg, Urt v 8.10.2020 – 12 U 97/20, NJW-RR 2021, 153.
252 Pauge/Offenloch, Arzthaftungsrecht[14], Rz 540.
253 BGH, Urt v 17.1.2017 – VI ZR 239/15, GesR 2017, 165.
254 BGH, Beschl v 18.12.2020 – VI ZR 280/19, MedR 2020, 924; BGH, Beschl v 12.3.2019 – VI ZR 278/18, VersR 2019, 1450; BGH, Urt v 19.2.2019 – VI ZR 505/17, MedR 2019, 649; BGH, 14.3.2017 – VI ZR 605/15, GesR 2017, 439; BGH, Beschl v 1.3.2016 – VI ZR 49/15, MedR 2016, 796; BGH, Beschl v 15.7.2014 – VI ZR 176/13, GesR 2014, 658; BGH, Urt v 8.6.2004 – VI ZR 199/03, MedR 2005, 37.
255 Ulsenheimer, in: Laufs/Kern/Rehborn, HdB ArztR[5], § 115 Rz 6.
256 BGH, Beschl v 18.2.2020 – IV ZR 280/19, MedR 2020, 924; BGH, Urt v 28.8.2018 – VI ZR 509/17, VersR 2018, 1510; BGH, Urt v 28.06.2016 – VI ZR 559/14, NJW 2016, 3244; BGH, Beschl v 16.8.2016 – VI ZR 634/15, VersR 2016, 1380; BGH, Urt v 1.3.2016 – VI ZR 34/15, VersR 2016, 666; BGH, Urt v 10.2.2013 – VI ZR 343/13, VersR 2015, 1529; BGH, Urt v 14.6.2005 – VI ZR 179/04, NJW 2005, 2614.
257 BGH, Urt v 18.5.2021 – VI ZR 401/19, MedR 2021, 897.
258 BGH, Beschl v 18.2.2020 – VI ZR 280/19, MedR 2020, 924.
259 OLG Dresden, Beschl v 26.11.2020 – 4 W 733/20, -juris.

folgende gerichtliche Hinweispflicht wird im Arzthaftungsprozess so weit ausgelegt, dass die Beibringungsmaxime durchbrochen wird und es **praktisch auf eine Amtsermittlung durch das Gericht** hinausläuft[260]. Danach hat das Gericht „den ihm zur Entscheidung unterbreiteten Sachverhalt auszuschöpfen und **sämtlichen Unklarheiten, Zweifeln oder Widersprüchen von Amts wegen** nachzugehen"[261]. Das Gericht muss die Parteien zu offenkundig fehlenden oder unklaren Tatsachen befragen und zur Klarstellung auffordern.

2. Einholung eines Sachverständigengutachtens. Der Arzthaftungsprozess ist ein **Sachverständigenprozess**. Das Gericht hat zu streitigen medizinischen Fragen grundsätzlich von Amts wegen ein **medizinisches Sachverständigengutachten** einzuholen, und zwar auch dann, wenn keine der Parteien die Einholung eines Sachverständigengutachtens beantragt[262]. Denn ohne die Unterstützung eines Sachverständigen kann das Gericht den Rechtsstreit nicht entscheiden, soweit es auf medizinische Fragen und Zusammenhänge ankommt. Insbesondere die Bestimmung des anzuwendenden Facharztstandards, also die Frage, „welche Maßnahmen der Arzt aus der berufsfachlichen Sicht seines Fachbereichs unter Berücksichtigung der in seinem Fachbereich vorausgesetzten Kenntnisse und Fähigkeiten in der jeweiligen Behandlungssituation ergreifen muss, richtet sich in erster Linie nach **medizinischen Maßstäben**, die der **Tatrichter mithilfe eines Sachverständigen** zu bestimmen hat[263]. Er darf den medizinischen Standard nicht ohne eine entsprechende Grundlage in einem Sachverständigengutachten oder gar entgegen den Ausführungen des Sachverständigen aus eigener Beurteilung heraus festlegen"[264]. Verfügt das Gericht ausnahmsweise über eigene Sachkunde, muss es dies in seiner Entscheidung darlegen[265] und den Parteien zuvor einen entsprechenden Hinweis erteilen[266]. Ebenso wenig darf sich das Gericht ohne eigene Sachkunde über medizinische Fragen allein auf Erkenntnisse aus der Fachliteratur stützen[267]. Der vom Gericht zu bestimmende Sachverständige hat dem Fachgebiet anzugehören, zu dem auch der beklagte Arzt zugehörig ist[268]. Dieser Sachverständige hat dann dem Gericht erforderlichenfalls auch mitzuteilen, ob die Hinzuziehung weiterer Sachverständiger aus anderen medizinischen Fachgebieten erforderlich ist[269].

Bei der Beauftragung des Sachverständigen muss das Gericht durch möglichst präzise Fassung der Beweisfragen darauf hinwirken, dass die Beweisaufnahme auf die medizinisch wesentlichen Umstände ausgerichtet wird[270].

Über Widersprüche oder Unklarheiten in den Ausführungen des Sachverständigen darf sich das Gericht nicht mit einer eigenen Interpretation hinwegsetzen. Vielmehr muss es Unklarheiten und Zweifel in den Ausführungen des Sachverständigen durch gezielte Befragungen klären[271]. Dies umfasst auch die Pflicht des Gerichts, „Widersprüchen zwischen Äußerungen mehrerer Sachverständiger von Amts wegen nachzugehen und sich mit ihnen auseinanderzusetzen, auch wenn es sich um Privatgutachten handelt"[272].

Auch dann, wenn seitens der Parteien zu einem schriftlichen Gutachten keine schriftsätzlichen Einwände vorgetragen oder Ergänzungsfragen gestellt werden, hat das Gericht zur Gewährung des rechtlichen Gehörs nach ZPO §§ 397, 402 den Sachverständigen **auf Antrag einer**

---

260 Ulsenheimer, in: Laufs/Kern/Rehborn, HdB ArztR[5], § 115 Rz 7.
261 BGH, Beschl v 16.6.2015 – VI ZR 332/14, VersR 2015, 1293; BGH, Urt v 23.3.2004 – VI ZR 428/02, MedR 2004, 559.
262 BGH, Beschl v 12.3.2019 – VI ZR 278/18, VersR 2019, 1450; BGH, Urt v 19.2.2019, VI ZR 505/17, MedR 2019, 649.
263 BGH, Beschl v 23.2.2021 – VI ZR 44/20, MedR 2022, 127.
264 BGH, Beschl v 23.2.2021 – VI ZR 44/20, MedR 2022, 127.
265 BGH, Urt v 24.2.2015 – VI ZR 106/13, MedR 2015, 724.
266 BGH, Urt v 29.1.2019 – VI ZR 113/17, VersR 2019, 694; BGH, Beschl v 9.1.2018 – VI ZR 106/17, VersR 2018, 1147; BGH, Beschl v 8.3.2016 – VI ZR 243/14, GesR 2016, 351.
267 BGH, Urt v 2.3.1993 – VI ZR 104/92, MedR 1993, 265: „Wie der Senat schon im Urteil vom 10. Januar 1984 – VI ZR 122/84 ... ausgeführt hat, ist der Hinweis auf medizinische Lehrbücher grundsätzlich nicht geeignet, die erforderliche Sachkunde des Gerichts zu begründen, da das Studium einschlägiger Fachliteratur infolge deren notwendigerweise generalisierenden Betrachtungsweise dem medizinischen Laien nur bruchstückhafte Kenntnisse vermitteln kann. Zwar kann die eigene Unterrichtung anhand der Fachliteratur für den Tatrichter im Einzelfall geboten sein, um etwa ärztliche Gutachten kritisch zu überprüfen. Will er jedoch sein Urteil in einer medizinischen Frage hierauf allein stützen, etwa gar ohne Hinzuziehung eines Sachverständigen bei widerstreitenden Meinungen innerhalb der Fachliteratur einer bestimmten Auffassung den Vorzug geben, so muß er darlegen, daß er die für die Auswertung der Fachliteratur erforderliche medizinische Sachkunde besitzt.".
268 BGH, Beschl v 1.3.2016 – VI ZR 49/15, MedR 2016, 796; BGH, Urt v 24.2.2015 – VI ZR 106/13, MedR 2015, 724.
269 BGH, Beschl v 1.3.2016 – VI ZR 49/15, MedR 2016, 796.
270 Martis/Winkhart, Arzthaftungsrecht[6], S Rz 5.
271 BGH, Urt v 6.7.2010 – VI ZR 198/09, MedR 2011, 242; BGH, Urt v 27.3.2001 – VI ZR 18/00, VersR 2001, 859.
272 BGH, Beschl v 5.11.2019 – VIII ZR 344/18, NJW-RR 2020, 186; BGH, Urt v 28.8.2018 – VI ZR 509/17, VersR 2018, 1510; BGH, Beschl v 16.6.2015 – VI ZR 332/14, VersR 2015, 1293.

Partei zu einem Termin zur mündlichen Verhandlung zu laden[273]. Denn die Parteien haben einen Anspruch darauf, dem Sachverständigen die Fragen, die sie zur Aufklärung der Sache für wesentlich halten, in einer mündlichen Verhandlung stellen zu können[274]. Mit Hilfe der widerspruchsfreien, nachvollziehbaren und überzeugenden Feststellungen des Sachverständigen hat das Gericht zu ermitteln, welche Maßnahmen der beklagte Arzt „aus der berufsfachlichen Sicht seines Fachbereichs unter Berücksichtigung der in seinem Fachbereich vorausgesetzten Kenntnisse und Fähigkeiten in der jeweiligen Behandlungssituation ergreifen"[275] musste, um zu seiner Entscheidung zu gelangen.

138 3. **Einrichtung von Spezialkammern**. Gemäß GVG § 72a Abs 1 Nr 3 sind vor den Landgerichten eine oder mehrere Zivilkammern für Streitigkeiten aus Heilbehandlungen einzurichten. Durch diese Konzentration der Arzthaftungsprozesse auf „Spezialkammern" soll gewährleistet werden, dass an den Landgerichten Spruchkörper mit viel Erfahrung auf dem Gebiet des Arzthaftungsrechts zur Verfügung stehen.

139 4. **Berufungsverfahren**. Auch im **Berufungsverfahren** wirken die Besonderheiten des Arzthaftungsprozesses trotz der seit 2002 eingeschränkten Berufungsmöglichkeiten fort. So entschied der BGH, dass „auch nach der Reform der Zivilprozessordnung [...] beim Vortrag zu medizinischen Fragen im Arzthaftungsprozess an den Vortrag zu Einwendungen gegen ein Sachverständigengutachten [...] nur maßvolle Anforderungen gestellt werden" dürfen[276]. So kann eine Partei im Arzthaftungsprozess auch noch nach Abschluss der ersten Instanz ein Privatgutachten einholen und sich zur Begründung der Berufung auf dieses stützen. Das Berufungsgericht darf dieses Vorbringen auch dann nicht zurückweisen, wenn es aus medizinischer Sicht neues Vorbringen enthält[277]. Sofern das Berufungsgericht fehlerhaft Vorbringen nicht zulässt, „weil es zu Unrecht dieses für neu hält oder Nachlässigkeit bejaht, so kann es sich nicht auf die Bindung an die im ersten Rechtszug festgestellten Tatsachen berufen, wenn die Berücksichtigung des Vorbringens zu Zweifeln im Sinne von ZPO § 531 Abs 2 S 1 Nr 3 hätte führen müssen"[278].

140 Wird dagegen der Einwand der **hypothetischen Einwilligung** erst im Berufungsverfahren erhoben, handelt es sich dabei grundsätzlich um ein **neues Verteidigungsmittel** im Sinne des ZPO § 531 Abs 2[279]. Muss die Behandlungsseite daher schon im ersten Rechtszug davon ausgehen, dass das Gericht ihrem Sachvortrag zu einer ordnungsgemäßen Aufklärung möglicherweise nicht folgen würde, hat sie den Einwand der hypothetischen Einwilligung zumindest hilfsweise schon im erstinstanzlichen Verfahren vorzubringen.

§ 630h Beweislast bei Haftung für Behandlungs- und Aufklärungsfehler

(1) Ein Fehler des Behandelnden wird vermutet, wenn sich ein allgemeines Behandlungsrisiko verwirklicht hat, das für den Behandelnden voll beherrschbar war und das zur Verletzung des Lebens, des Körpers oder der Gesundheit des Patienten geführt hat.

(2) Der Behandelnde hat zu beweisen, dass er eine Einwilligung gemäß § 630d eingeholt und entsprechend den Anforderungen des § 630e aufgeklärt hat. Genügt die Aufklärung nicht den Anforderungen des § 630e, kann der Behandelnde sich darauf berufen, dass der Patient auch im Fall einer ordnungsgemäßen Aufklärung in die Maßnahme eingewilligt hätte.

(3) Hat der Behandelnde eine medizinisch gebotene wesentliche Maßnahme und ihr Ergebnis entgegen § 630f Absatz 1 oder Absatz 2 nicht in der Patientenakte aufgezeichnet oder hat er die Patientenakte entgegen § 630f Absatz 3 nicht aufbewahrt, wird vermutet, dass er diese Maßnahme nicht getroffen hat.

(4) War ein Behandelnder für die von ihm vorgenommene Behandlung nicht befähigt, wird vermutet, dass die mangelnde Befähigung für den Eintritt der Verletzung des Lebens, des Körpers oder der Gesundheit ursächlich war.

(5) Liegt ein grober Behandlungsfehler vor und ist dieser grundsätzlich geeignet, eine Verletzung des Lebens, des Körpers oder der Gesundheit der tatsächlich eingetretenen Art herbeizuführen, wird vermutet, dass der Behandlungsfehler für diese Verletzung ursächlich war. Dies gilt auch dann, wenn es der Behandelnde unterlassen hat, einen medizinisch gebotenen Befund rechtzeitig zu erheben oder zu sichern, soweit der Befund mit hinreichender

---

273 BGH, Beschl v 30.10.2013 – IV ZR 307/12, GesR 2014, 105.
274 BGH, Beschl v 30.10.2013 – IV ZR 307/12, GesR 2014, 105.
275 BGH, Urt v 24.2.2015 – VI ZR 106/13, MedR 2015, 724.
276 BGH, Urt v 8.6.2004 – VI ZR 199/03, MedR 2005, 37.
277 OLG Dresden, Urt v 14.9.2021 – 4 U 1771/20, GesR 2021, 778.
278 BGH, Urt v 8.6.2004 – VI ZR 199/03, MedR 2005, 37.
279 BGH, Urt v 18.11.2008 – VI ZR 198/07, MedR 2010, 181.

Untertitel 2 Behandlungsvertrag **1 § 630h**

Wahrscheinlichkeit ein Ergebnis erbracht hätte, das Anlass zu weiteren Maßnahmen gegeben hätte, und wenn das Unterlassen solcher Maßnahmen grob fehlerhaft gewesen wäre.

ÜBERSICHT

A. Grundsätze der Beweisverteilung im Recht der Behandelndenhaftung 1–3	aa) Bezüglich eines (groben) Behandlungsfehlers 109–116
B. Beweiserleichterungen im Behandelndenhaftungsprozess 4–211	bb) Bezüglich eines Aufklärungsfehlers 117, 118
I. Allgemeine Beweiserleichterungen 5–29	cc) Bezüglich einer mangelnden Befähigung des Behandlers . 119
1. Anscheinsbeweis 5–25	c) Widerlegung der Vermutung . . . 120–123
a) Grundsätze, Bedeutung 5, 6	d) Fristen 124, 125
b) Kasuistik 7–25	e) Einzelprobleme 126–128
aa) Anscheinsbeweis bejaht ... 7–15	f) Rechtsfolgen der unzureichenden Dokumentationspflicht 129–143
bb) Anscheinsbeweis verneint . . 16–25	aa) Zivilrechtliche Folgen 129–133
2. Beweisvereitelung 26–29	bb) Beweisrechtliche Folgen . . . 134–138
II. Besondere Beweiserleichterungen des BGB § 630h 30–211	cc) Straf- und berufsrechtliche Folgen 139
1. Allgemeines 30–34	aaa) StGB §§ 267, 274 ...... 140, 141
a) Grundsätze 30, 31	bbb) StGB §§ 223, 229 142
b) Anwendungsbereich 32, 33	ccc) Berufsrechtliche Folgen . . 143
c) Normzweck 34	5. Mangelnde Befähigung, Abs 4 144–152
2. Voll beherrschbares Risiko, Abs 1 . . 35–57	a) Grundsätze 144
a) Grundsätze 35	b) Anwendungsbereich 145
b) Normzweck 36	c) Nicht befähigter Behandelnder . 146, 147
c) Anwendungsbereich 37–40	d) Überwachung durch qualifizierten Behandelnden 148
d) Vermutungswirkung 41	e) Voraussetzungen 149
e) Kausalität 42	f) Vermutungswirkung, Widerlegbarkeit 150, 151
f) Widerlegbarkeit der Vermutung . 43	g) Haftung 152
g) Kasuistik 44–57	6. Grober Behandlungsfehler, Abs 5 Satz 1 153–194
aa) Voll beherrschbares Risiko bejaht 44–52	a) Grundsätze 153–155
bb) Voll beherrschbares Risiko verneint 53–57	b) Normzweck 156, 157
3. Einwilligung und Aufklärung, Abs 2 58–102	c) Definition des „groben Behandlungsfehlers" 158–160
a) Grundsätze 58–61	d) Generelle Geeignetheit zur Herbeiführung des Gesundheitsschadens 161
b) Normzweck 62	e) Vermutungswirkung 162
c) Rechtscharakter 63	f) Widerlegbarkeit der Vermutung . 163
d) Beweis der Einwilligung und Aufklärung, „Immer-so"-Rechtsprechung 64, 65	g) Fehlender Zurechnungszusammenhang 164
e) Einwand der hypothetischen Einwilligung 66–69	h) Erweiterter Anwendungsbereich . 165, 166
f) Analoge Anwendung von Abs 2 Satz 2 auf Einwilligung? 70	i) Kasuistik 167–194
g) Ernsthafter Entscheidungskonflikt 71–77	aa) Grober Behandlungsfehler bejaht 167–181
h) Kausalität, Zurechnungszusammenhang 78–80	bb) Grober Behandlungsfehler verneint 182–194
i) Kasuistik 81–102	7. Unterlassene Befunderhebung oder -Sicherung, Abs 5 Satz 2 195–211
aa) Ernsthafter Entscheidungskonflikt bejaht 81–93	a) Grundsätze 195, 196
bb) Ernsthafter Entscheidungskonflikt verneint 94–102	b) Abgrenzung zum Diagnosefehler 197
4. Dokumentationsversäumnisse, Abs 3 103–143	c) Beweislastumkehr beim einfachen Befunderhebungsfehler . . . 198, 199
a) Die Grundlagen des § 630h Abs 3 103–108	d) Voraussetzungen 200
b) Gesetzliche Vermutung des § 630h Abs 3 und deren Voraussetzungen 109–119	e) Vermutungswirkung 201, 202
	f) Widerlegbarkeit der Vermutung . 203
	g) Kasuistik 204–211

A. Grundsätze der Beweisverteilung im Recht der Behandelndenhaftung

Im Arzthaftungsrecht gelten zunächst die **allgemeinen Grundsätze** der Darlegungs- und **1** Beweislast des Zivilrechts, wonach **jede Partei die ihr günstigen Tatsachen** darlegen und im Fall des Bestreitens durch den Prozessgegner beweisen muss. Wie im vertraglichen Schadensersatzrecht und im Deliktsrecht üblich, trägt somit auch im Arzthaftungsprozess grundsätzlich der

Geschädigte die Beweislast für die **Pflichtverletzung** bzw die Rechtsgutverletzung, die **Schadensentstehung** und die **Kausalität** zwischen Pflichtverletzung und Schaden[1]. Der Patient muss daher beweisen, dass dem Arzt ein Behandlungsfehler unterlaufen ist, dass ihm Schäden entstanden sind und dass diese gerade kausal auf den Behandlungsfehler zurückzuführen sind[2]. Der Behandelnde kann sich mit dem Einwand des rechtmäßigen Alternativverhaltens entlasten, wenn er den Nachweis führt, dass im Fall des pflichtgemäßen Verhaltens ein anderer Kausalverlauf in Gang gesetzt worden wäre, in dessen Verlauf der Patient durch andere medizinische Maßnahmen denselben Schaden erlitten hätte[3].

2 Bestrebungen, im Rahmen des Gesetzgebungsverfahrens des Patientenrechtegesetzes grundsätzlich eine Beweislastumkehr zugunsten des Patienten auch für einfache Behandlungsfehler einzuführen, wurden vom Gesetzgeber aus guten Gründen nicht verwirklicht[4]. Derartiges würde den Arzt im Ergebnis mit einer „Garantie für den Erfolg der Behandlung belegen"[5] und wäre mit dem Risiko einer defensiven Medizin verbunden, die sich statt von medizinischen von forensischen Indikationen leiten ließe[6]. Zu Recht wird daher in der Gesetzesbegründung darauf hingewiesen, dass eine allgemeine Beweislastumkehr zulasten Behandelnder auf einfache Behandlungsfehler grob unbillig wäre[7].

3 Hinsichtlich der Haftung für Aufklärungsversäumnisse bei der Selbstbestimmungsaufklärung liegt die Beweislast für die ordnungsgemäße Aufklärung und die wirksame Einwilligung des Patienten beim Arzt. Der Patient trägt allerdings die Beweislast für den Schadenseintritt, also dafür, dass der mangels Aufklärung rechtswidrige Eingriff einen Gesundheitsschaden verursacht hat[8].

B. Beweiserleichterungen im Behandelndenhaftungsprozess

4 Allerdings können zugunsten des Patienten zahlreiche Beweiserleichterungen eintreten, die weitestgehend schon vor dem Inkrafttreten der §§ 630a-h aufgrund Richterrechts galten.

I. Allgemeine Beweiserleichterungen

5 1. **Anscheinsbeweis.** – a) **Grundsätze, Bedeutung.** Nach den allgemeinen Grundsätzen des **Anscheinsbeweises**, der kein spezifisch arzthaftungsrechtliches Instrument darstellt, können sich auch im Arzthaftungsprozess Beweiserleichterungen ergeben. Der Anscheinsbeweis ist gesetzlich nicht geregelt und wurde vom Gesetzgeber auch nicht in die Beweislastverteilungsregelungen des § 630h aufgenommen. Er ist gleichwohl in der Rechtsprechung seit langem **gewohnheitsrechtlich anerkannt**[9]. Voraussetzung für den prima facie Beweis ist das Vorliegen eines **typischen Geschehensablaufs**, bei dem nach **allgemeinen Erfahrungssätzen der Lebenserfahrung aus bestimmten Tatsachen auf eine typischerweise eintretende Folge oder umgekehrt eine bestimmte Ursache** geschlossen werden kann[10].

6 Er kann im Behandelndenhaftungsrecht daher zur Anwendung gelangen, „wenn der Arzt einen Behandlungsfehler verschuldet hat, der nach Erfahrungssätzen der medizinischen Wissenschaft typischerweise die eingetretene Schädigung zur Folge hat, oder wenn die ärztliche Behandlung einen Schaden zur Folge hat, der nach medizinischer Erfahrung typischerweise auf einen Behandlungsfehler zurückzuführen ist"[11]. Dabei muss die Tatsache, aufgrund derer nach der Lebenserfahrung auf eine typischerweise eintretende Folge geschlossen werden kann (oder umgekehrt), unstreitig sein oder mit dem Beweismaß des ZPO § 286 bewiesen werden. Liegen diese Voraussetzungen vor, wird der **Ursachenzusammenhang zwischen der Pflichtverletzung und dem darauf zurückgeführten Schaden** dann als erwiesen angesehen, wenn der Behandelnde den Anscheinsbeweis nicht durch den Beweis der ernsthaften Möglichkeit eines **atypischen Geschehensablaufs erschüttert**[12]. Im Arzthaftungsprozess spielt der Anscheinsbeweis eine eher untergeordnete Rolle, weil im Rahmen medizinischer Behandlung auch im Hinblick auf die Komplexität und Unberechenbarkeit des menschlichen Organismus häufig gerade keine typischen Geschehensabläufe festzustellen sind, und es keinen allgemeinen Erfahrungssatz gibt,

---

1 Kern, in: Laufs/Kern/Rehborn, HdB ArztR[5], § 106 Rz 28.
2 Martis/Winkhart, Arzthaftungsrecht[6], B Rz 471.
3 MünchKomm[8]/Wagner, § 630h Rz 115.
4 Franzki, Der Behandlungsvertrag, S 189.
5 Pauge/Offenloch, Arzthaftungsrecht[14], Rz 560.
6 Kern, in: Laufs/Kern/Rehborn, HdB ArztR[5], § 106 Rz 8.
7 BT-Drucks 17/10488, 31.
8 Martis/Winkhart, Arzthaftungsrecht[6], B Rz 471.
9 Katzenmeier, Arzthaftung, S 430; Zöller[34]/Greger, vor § 284 Rz 29.
10 BGH, Urt v 29.6.1982 – VI ZR 206/80, VersR 1982, 972.
11 Katzenmeier, Arzthaftung, S 434.
12 Zöller[34]/Greger, vor § 284 Rz 29.

dass selten oder äußerst selten auftretende Komplikationen auf einen Fehler des Behandlers zurückzuführen sind[13].

b) Kasuistik. – aa) **Anscheinsbeweis bejaht.** Das **Zurücklassen von Fremdkörpern im Operationsbereich** spricht prima facie für das Vorliegen eines Behandlungsfehlers[14]. 7

Tritt bei einer perkutanen Leberbiopsie eine **Perforation der Gallenblase** auf, spricht dies prima facie für ein Verschulden des Arztes[15]. 8

Vom Vorliegen eines typischen Geschehensablaufs im Sinne des Anscheinsbeweises für eine **HIV-Infektion durch Bluttransfusion** ging der Bundesgerichtshof bei einem Patienten aus, der – ohne zu einer HIV-Risikogruppe zu gehören oder durch die Art seiner Lebensführung einer gesteigerten HIV-Infektionsgefahr ausgesetzt zu sein – im Rahmen einer Bluttransfusion das Blut eines Spenders übertragen erhalten hatte, der an Aids erkrankt war[16]. Der Anscheinsbeweis streitet in diesem Fall zugunsten des Patienten dafür, dass dieser vor der Bluttransfusion noch nicht mit HIV infiziert war. In den Schutzbereich miteinbezogen ist der (auch künftige) **Ehepartner des Patienten.** Erkrankt auch dieser, gilt der Anscheinsbeweis, dass er von dem das Spenderblut empfangenden Patienten infiziert wurde[17]. Steht hingegen nicht fest, ob das transfundierte Blut aus infizierten Blutspenden stammt, oder gehört der Empfänger zu einer HIV-Risikogruppe, tritt der Anscheinsbeweis nicht ein[18]. 9

Wird bei **Injektionen** ein **Verstoß gegen die Regeln der Desinfektion festgestellt**, spricht der prima facie-Beweis dafür, dass eine bei dem Patienten in zeitlichem Zusammenhang aufgetretene **Infektion** kausal hierauf zurückzuführen ist[19]. Allerdings besteht umgekehrt kein allgemeiner Erfahrungssatz dahingehend, dass eine Infektion nur auftreten kann, wenn bei der Injektion gegen die Regeln der Desinfektion verstoßen wurde. Denn selbst bei strengster Einhaltung aller Hygienemaßnahmen können Infektionen nach Injektionen nicht mit Sicherheit ausgeschlossen werden. Allein ein enger zeitlicher Zusammenhang zwischen Injektion und Infektion ohne Vorliegen weiterer Anhaltspunkte ist daher nicht ausreichend[20]. 10

Kommt ein Patient mit einem **Durchgangssyndrom bei Alkoholabhängigkeit** im Rahmen eines stationären Krankenhausaufenthalts zum Sturz, kann der Anscheinsbeweis für die Kausalität zwischen Pflichtverletzung und Schaden angenommen werden, wenn Schutzmaßnahmen zur Verhinderung eines Sturzes versäumt wurden[21]. 11

Kommt es bei der Extraktion eines Weisheitszahnes zu einer primären **Schädigung des Nervus lingualis** durch ein rotierendes Gerät (Rosenbohrer oder Lindemannfräse), spricht der Anscheinsbeweis für einen Fehler des Behandlers[22]. Tritt bei dem wiederholten Versuch der Extraktion eines Weisheitszahnes mittels eines Hebelinstruments, bei der ein erheblicher knöcherner Widerstand zu erwarten war, eine **Zerstörung des Nachbarzahns** ein, so spricht dies prima facie für eine zu große und damit fehlerhafte Kraftentfaltung des Zahnarztes[23]. 12

Zeigt ein Eileiter zwei Jahre nach einer **Tubenligatur** keinerlei Anzeichen einer Durchtrennung, spricht der Beweis des ersten Anscheins dafür, dass er nicht durchtrennt worden ist[24]. 13

Kommt es bei der Verwendung eines **chirurgischen Hochfrequenzgerätes** zu endogenen **Verbrennungen**, kann der Anscheinsbeweis zum Tragen kommen[25]. Dies gilt jedenfalls dann, wenn das Risiko von Verbrennungen während der Operation verhindert werden kann, indem der Patient auf einer dauerhaft nicht leitfähigen Unterlage gelagert wird. Denn in diesem Fall 14

---

13 Kern, in: Laufs/Kern/Rehborn, HdB ArztR[5], § 107 Rz 5 und Rz 21.
14 BGH, Urt v 29.6.1953 – VI ZR 88/52, -juris (Zurücklassen einer Arterienklemme in der Bauchhöhle); OLG Dresden, Urt v 7.7.2020 – 4 U 352/20, NJW-RR 2020, 1152 („Wird bei einem Patienten in zeitlich engem Zusammenhang mit einer Operation ein medizinisches Bauchtuch im Operationsgebiet vorgefunden, spricht der Beweis des ersten Anscheins dafür, dass dieses bei der Voroperation übersehen wurde."); Kern, in: Laufs/Kern/Rehborn, HdB ArztR[5], § 107 Rz 10; Martis/Winkhart, Arzthaftungsrecht[6], A Rz 191.
15 OLG Celle, Urt v 13.10.1976 – 9 U 47/76, VersR 1976, 1178.
16 BGH, Urt v 30.4.1991 – VI ZR 178/90, VersR 1991, 816; BGH, Urt v 14.6.2005 – VI ZR 179/04, VersR 2005, 1238; BGH, Urt v 17.1.2012 – VI ZR 336/10, MedR 2012, 520.
17 BGH, Urt v 30.4.1991 – VI ZR 178/90, VersR 1991, 816; BGH, Urt 14.6.2005 – VI ZR 179/04, VersR 2005, 1238.
18 BGH, Urt v 17.1.2012 – VI ZR 336/10, MedR 2012, 520; BGH, Urt v 14.6.2005 – VI ZR 179/04, VersR 2005, 1238.
19 OLG Koblenz, Urt v 22.6.2006 – 5 U 1711/05, MedR 2006, 657; OLG Düsseldorf, Urt v 12.6.1997 – 8 U 143/96, VersR 1998, 1242.
20 Kern, in: Laufs/Kern/Rehborn, HdB ArztR[5], § 107 Rz 16.
21 OLG Dresden, Beschl v 7.3.2012 – 4 W 123/12, -juris.
22 OLG Stuttgart, Urt v 10.11.1998 – 14 U 34/98, VersR 1999, 1018.
23 OLG Köln, Urt v 9.3.1992 – 27 U 144/91, VersR 1992, 1475.
24 LG Aachen, Urt v 21.9.1988 – 4 O 430/85, -juris.
25 OLG Saarbrücken, Urt v 30.5.1990 – 1 U 69/89, VersR 1991, 1289.

handelt es sich um ein Risiko, das von der Behandlungsseite voll beherrschbar ist[26]. Nach anderer Ansicht sei es auch bei Anwendung aller Sicherheitsvorkehrungen nicht stets vermeidbar, dass es während der Operation zu Flüssigkeitsansammlungen kommen kann, die unter dem steril abgedeckten Patienten nicht mehr kontrolliert werden können, so dass Kriechströme entstehen können[27].

15 Fälle, bei denen der Anscheinsbeweis zur Anwendung gelangt, können im Einzelfall gleichzeitig auch unter dem Gesichtspunkt des vollbeherrschbaren Risikos zur Vermutung eines Behandlungsfehlers führen.

16 bb) **Anscheinsbeweis verneint.** Der Umstand, dass es im Rahmen einer **Koloskopie** zu einer **Perforation der Darmwand** kommt, rechtfertigt für sich allein nicht den Rückschluss auf einen Behandlungsfehler. Denn eine Darmperforation gehört zu den seltenen, eingriffsimmanenten, methodentypischen und nicht stets vermeidbaren Risiken einer Koloskopie, aus deren Verwirklichung allein der Vorwurf unzureichenden ärztlichen Vorgehens nicht abzuleiten ist[28].

17 **Infektionen nach Bluttransfusionen** rechtfertigen den Anscheinsbeweis nur dann, wenn feststeht, dass es sich bei der zugeführten Blutkonserve um **infiziertes Spenderblut** gehandelt hat und der Patient nicht zu einer Risikogruppe gehört oder durch die Art seiner Lebensführung einem gesteigerten Infektionsrisiko ausgesetzt ist[29].

18 Das Auftreten von **Wund- oder Gelenksinfektionen** rechtfertigt keinen Anscheinsbeweis für unterbliebene oder nicht hinreichende Reinigungs- und Desinfektionsmaßnahmen[30]. Auch der Umstand, dass in einer Arztpraxis bei **mehreren Patienten Infektionen nach Injektionen** auftreten, spricht für sich allein nicht für einen Fehler[31].

19 Ebenso wenig besteht ein Anscheinsbeweis für einen Kausalzusammenhang zwischen einer **FSME-Schutzimpfung** und der nachfolgend aufgetretenen Gesundheitsschädigung[32].

20 Wird der **Nervus lingualis** anlässlich einer **Leitungsanästhesie** zur Vorbereitung der Extraktion eines Weisheitszahnes geschädigt, besteht kein Anscheinsbeweis für einen Behandlungsfehler[33]. Ebenso wenig kann prima facie auf einen Behandlungsfehler geschlossen werden, wenn es beim Punktieren der Halsvene und Legen eines Venenkatheders zu einer **Nervschädigung** kommt[34]. Gleiches gilt für das Auftreten einer **Schädigung des Kehlkopfnervs**, die zu einer Stimmbandlähmung führt[35], oder des **Nervus reccurens** im Rahmen von Schilddrüsenoperationen[36]. Ebenso wenig lässt sich allein aus dem Auftreten einer **Schädigung des Nervus medianis** und des **Nervus ulnaris** im Rahmen einer transaxilliären Resektion der ersten Rippe aus dem Gesichtspunkt des Anscheinsbeweises auf einen Behandlungsfehler schließen[37].

21 Auch eine **Nahtinsuffizienz** begründet keinen Anscheinsbeweis für einen Behandlungsfehler[38].

22 Das Entstehen eines **CRPS** (Komplexes Regionales Schmerzsyndrom) – früher auch als Morbus Sudeck bezeichnet – nach der Behandlung einer Fraktur oder einer Gelenkoperation begründet für sich genommen keinen Anscheinsbeweis, sondern kann schicksalhaft eingetreten sein[39].

23 Allein aus dem zeitlichen Zusammenhang zwischen einer **Tonsillektomie** und dem einige Tage später eintretenden **Verlust des Geschmacksempfindens** kann nicht auf das Vorliegen eines Behandlungsfehlers aufgrund eines Anscheinsbeweises geschlossen werden[40].

---

26 BGH, Beschl v 26.9.2017 – VI ZR 529/16, MedR 2018, 234.
27 LG Bonn, Urt v 30.10.2007 – 8 S 130/07, -juris.
28 OLG Oldenburg, Urt v 20.4.1993 – 5 U 2/93, -juris.
29 BGH, Urt v 30.4.1991 – VI ZR 178/90, VersR 1991, 816; BGH, Urt v 14.6.2005 – VI ZR 179/04, VersR 2005, 1238; BGH, Urt v 17.1.2012 – VI ZR 336/10, MedR 2012, 520.
30 OLG Köln, Urt v 11.2.2004 – 5 U 150/03, -juris; OLG Köln, Urt v 25.2.1998 – 5 U 144/97, VersR 1998, 1026; OLG Hamburg, Urt v 22.2.2002 – 1 U 35/00, MDR 2002, 1315; OLG Oldenburg, Urt v 7.3.1986 – 6 U 224/85, VersR 1987, 390; OLG Düsseldorf, Urt v 12.6.1997 – 8 U 143/96, VersR 1998, 1242.
31 OLG München, Urt v 6.12.1984 – 24 U 854/82, NJW 1985, 1403.
32 OLG München, Urt v 10.5.1995 – 3 U 6367/94, VersR 1997, 314; nachgehend BGH, Beschl v 7.5.1995 – VI ZR 246/95 (Nichtannahmebeschluss).
33 OLG Stuttgart, Urt v 17.11.1998 – 14 U 69/97, VersR 1999, 1500.
34 OLG Stuttgart, Urt v 17.12.1987 – 14 U 21/87, -juris.
35 OLG Düsseldorf, Urt v 10.11.1988 – 8 U 156/86, -juris.
36 OLG Oldenburg, Urt v 3.3.2004 – 5 U 46/03, -juris; aA OLG Zweibrücken, Urt v 11.10.2005 – 5 U 10/05, MedR 2006, 218, für den Fall, dass der Nerv nicht in ausreichendem Maß freipräpariert wurde.
37 OLG Hamm, Urt v 18.4.2005 – 3 U 259/04.
38 OLG Stuttgart, Urt v 12.10.1999 – 14 U 22/99.
39 OLG Hamm, Urt v 8.9.2004 – 3 U 80/04, -juris; OLG Oldenburg, Urt v 11.8.1998 – 5 U 23/98, NJW-RR 1999, 178.
40 OLG Düsseldorf, Urt v 11.2.1987 – 8 U 135/85, VersR 1988, 742.

Steht zwar fest, dass eine **Blutprobe verwechselt** wurde, ist aber unklar, in welcher Praxis 24 dies geschah, ist für den Anscheinsbeweis kein Raum. Denn die Frage, in welcher Praxis die Blutproben verwechselt wurden, ist mangels Feststellens eines typischen Geschehensablaufs nicht nach den Regeln des Anscheinsbeweises zu beantworten[41]. Auch die **Verwechslung der Spritzen** mit **Eigenblut** der Patientin und **Fremdblut** eines anderen Patienten ist dann nicht dem Anscheinsbeweis zugänglich, wenn weder feststeht, dass der Patientin das Fremdblut injiziert wurde, noch, dass das Fremdblut mit Hepatitis-C-Erregern infiziert war[42].

Es besteht kein Anscheinsbeweis für die Kausalität einer Operation am Fuß für das Entstehen 25 einer tiefen **Phlebothrombose**. Denn die mögliche, schicksalhafte Ausbildung der Erkrankung und deren je nach Lage der Dinge subakuter oder schleichender Verlauf rechtfertigen es nicht, allein deshalb, weil sich die Thrombose entwickelt hat, nach allgemeinen Erfahrungssätzen von Behandlungs- oder Diagnoseversäumnissen auszugehen[43].

2. **Beweisvereitelung.** Von einer **Beweisvereitelung** spricht man, „wenn eine Prozesspartei 26 dem beweisbelasteten Gegner die **Beweisführung schuldhaft erschwert oder unmöglich** macht, wobei ein Verhalten vor oder während des Prozesses in Betracht kommt, mit dem gezielt oder fahrlässig vorhandene **Beweismittel vernichtet oder vorenthalten** werden"[44]. Dies kann im Arzthaftungsprozess etwa der Fall sein, wenn der Arzt schadhafte medizinische Geräte nach dem Misslingen des Eingriffs beseitigt[45], oder wenn erkennbar wichtige Befunde wie zB die Ergebnisse bildgebender Verfahren oder andere wichtige Unterlagen vor Ablauf der gesetzlichen Aufbewahrungsfrist vernichtet werden[46]. Mit Blick auf die Besonderheiten der Verjährung von Schadensersatzansprüchen aus Behandlungsfehlern ist es durchaus möglich, dass auch viele Jahre nach Abschluss der Behandlung noch Ansprüche geltend gemacht werden können. Wenn zu diesem Zeitpunkt die gesetzlichen Aufbewahrungsfristen bereits abgelaufen und die Behandlungsunterlagen vernichtet sind, darf dies nicht zum Nachteil des Behandelnden gereichen[47]. Dies gilt jedenfalls dann, wenn der ihn Behandelnde nach Ablauf der Aufbewahrungsfrist nicht mehr mit einer Inanspruchnahme rechnen musste[48]. Auf Seiten des Patienten kann eine Beweisvereitelung darin bestehen, dass er Ärzte nicht von deren Schweigepflicht entbindet, so dass der Sachverhalt nicht aufgeklärt werden kann[49].

Die Partei, die Beweise vereitelt, kann prozessuale Nachteile erleiden. Dies ist kein Spezifikum 27 des Arzthaftungsrechts, kann allerdings auch hier Bedeutung erlangen. Bereits das Reichsgericht entschied, dass eine **Beweisvereitelung zu einer Umkehr der Beweislast** führe[50]. Dabei war zunächst allerdings unklar, ob damit eine Beweislastumkehr im strengen Sinne gemeint war, oder es sich nur um eine Regel für die Beweiswürdigung durch das Gericht handelte. Nach der Rechtsprechung des Bundesgerichtshofs, der **in entsprechender Anwendung der ZPO §§ 427, 444** von „Beweiserleichterungen [...], die unter Umständen bis zu einer Beweislastumkehr gehen können"[51] spricht, ist nicht von einer strengen Beweislastumkehr auszugehen[52].

Zu beachten ist dabei, dass die Vernichtung eines Beweismittels nicht per se zu Beweiserleich- 28 terungen führen muss. Kann der medizinische Sachverständige die Beweisfragen auch ohne das nicht mehr vorhandene Beweismittel beantworten[53], oder ergeben sich aus den gesicherten Befunden keine Anhaltspunkte dafür, dass sich aus den fehlenden Befunden etwas zugunsten des Patienten ergeben hätte[54], scheiden Beweiserleichterungen aus.

Voraussetzung für die Beweiserleichterungen ist ein „**doppeltes Verschulden**"[55] desjenigen, 29 der die Beweisführung unmöglich macht oder erschwert. Es muss sich sowohl auf die **Vernichtung des Beweisgegenstandes** wie auch auf die **Vereitelung der Beweissituation in einem gegenwärtigen oder künftigen Prozess** erstrecken[56]. Voraussetzung ist daher, dass für denjeni-

---

41 BGH, Urt v 20.6.1989 – VI ZR 320/88, MedR 1989, 324.
42 OLG Zweibrücken, Urt v 23.11.2010 – 5 U 11/10, -juris.
43 OLG Saarbrücken, Urt v 29.11.2000 – 1 U 69/00, -juris.
44 St Rspr vgl nur BGH, Urt v 19.9.2019 – I ZR 64/18, VersR 2020, 121.
45 Katzenmeier, Arzthaftung, S 481.
46 OLG Düsseldorf, Urt v 1.7.2021 – 8 U 165/20, MDR 2022, 100; Martis/Winkhart, Arzthaftungsrecht[6], B Rz 499.
47 OLG Düsseldorf, Urt v 1.7.2021 – 8 U 165/20, MDR 2022, 100; OLG Hamm, Urt v 9.5.2017 – 26 U 91/16.
48 OLG Düsseldorf, Urt v 1.7.2021 – 8 U 165/20, MDR 2022, 100.
49 Kern, in: Laufs/Kern/Rehborn, HdB ArztR[5], § 106 Rz 35; Martis/Winkhart, Arzthaftungsrecht[6], B Rz 499a.
50 Kern, in: Laufs/Kern/Rehborn, HdB ArztR[5], § 106 Rz 33, unter Hinweis auf RGZ 105, 259; Franzki, Der Behandlungsvertrag, S 18 f unter Hinweis auf RGZ 60, 147.
51 BGH, Urt v 23.9.2003 – XI ZR 380/00, NJW 2004, 222.
52 Kern, in: Laufs/Kern/Rehborn, HdB ArztR[5], § 106 Rz 33.
53 OLG Köln, Urt v 29.1.2007 – 5 U 85/06, MedR 2007, 591; Kern, in: Laufs/Kern/Rehborn, HdB ArztR[5], § 106 Rz 34; Martis/Winkhart, Arzthaftungsrecht[6], B Rz 499b.
54 Martis/Winkhart, Arzthaftungsrecht[6], B Rz 499c.
55 Martis/Winkhart, Arzthaftungsrecht[6], B Rz 498.
56 BGH, Urt v 1.2.1994 – VI ZR 65/93, VersR 1994, 562.

gen, der den Gegenstand vernichtet oder vernichten lässt, bereits vor der Vernichtung erkennbar war, dass dieser später einmal eine Beweisfunktion haben kann[57].

II. Besondere Beweiserleichterungen des BGB § 630h

30   1. **Allgemeines.** – a) **Grundsätze.** Die Grundsätze der Beweislastverteilung wurden durch die Rechtsprechung im Wege der richterlichen Rechtsfortbildung schon in den vergangenen Jahrzehnten in mehrfacher Hinsicht durch Beweiserleichterungen zugunsten der Patienten modifiziert. Die Motive hierfür waren, dem **Erkenntnisgefälle zwischen Arzt und Patienten**, das sich namentlich aus dem bei dem Patienten fehlenden medizinischen Fachwissen und häufig auch aus dem Fehlen des Tatsachenwissens über den Behandlungsverlauf speist, was vielfach zu einer Beweisnot des Patienten im Prozess führt[58], entgegenzuwirken und **Waffengleichheit im Arzthaftungsprozess** herzustellen[59]. Sie galten gleichermaßen für Ansprüche aus **vertraglicher** wie aus **deliktischer Haftung**. Diese von der Judikatur entwickelten Grundsätze der Beweiserleichterungen hat der Gesetzgeber weitestgehend in § 630h übernommen. Sie gehen **alle zu Lasten des Behandelnden** und sollen dem Patienten aus der Beweisnot helfen[60].

31   Die Norm regelt zum Teil Beweiserleichterungen des Inhalts, dass ein **Behandlungsfehler vermutet** wird (voll beherrschbares Risiko, Abs 1; Dokumentationsversäumnis, Abs 3), teilweise wird die **Kausalität für den primären Gesundheitsschaden vermutet** (Nichtbefähigung, Abs 4; grober Behandlungsfehler und Befunderhebungsfehler, Abs 5). Dazwischen findet sich und daher etwas unsystematisch in Abs 2 die Regelung zur Beweislast des Arztes für die ordnungsgemäße Einwilligung und Aufklärung sowie die Möglichkeit des Einwands der hypothetischen Einwilligung.

32   b) **Anwendungsbereich.** Die Frage, ob sie auch für **vertragslose Behandlungsverhältnisse** gelten, ist zu bejahen. Zwar gelten die Regelungen der §§ 630a-h ihrem Wortlaut nach nur für den Behandlungsvertrag. Die im Rahmen der richterlichen Rechtsfortbildung entwickelten Beweiserleichterungen galten jedoch ebenso für die rein deliktische Haftung von Ärzten. Der Gesetzgeber des Patientenrechtegesetzes wollte auch nicht Ärzte, die einen Patienten außerhalb eines Behandlungsvertrages behandeln, besserstellen; auch sie haben den jeweiligen medizinischen Standard einzuhalten. Es wäre daher wünschenswert gewesen, dass der Gesetzgeber dies im Gesetzestext deutlich gemacht hätte. Die Beweisregeln des § 630h sind auf vertragslose Behandlungsverhältnisse jedenfalls analog anzuwenden[61].

33   In persönlicher Hinsicht gelten die besonderen Beweiserleichterungen des § 630h nicht nur zugunsten des Patienten, sondern auch **zugunsten Dritter**, auf welche die Ansprüche des Patienten übergehen. Dies betrifft insbesondere die **Träger gesetzlicher oder privater Versicherungen**, die aus übergegangenem Recht (VVG § 86, SGB X § 116) Regressansprüche gegenüber dem Behandelnden geltend machen.

34   c) **Normzweck.** Wie bereits in der Vorbemerkung zu § 630h erwähnt, war es das Motiv des Gesetzgebers, damit „die von der Rechtsprechung entwickelten Grundsätze zu den **Beweiserleichterungen** aus dem Arzthaftungsrecht **systematisch in einer Vorschrift zusammenzufassen** und auf sämtliche medizinischen Behandlungsverträge zu erstrecken"[62], ohne eine inhaltliche Änderung vorzunehmen, „da diese Pflichten in der alltäglichen Praxis bereits umfangreiche Anwendung finden"[63]. Der Gesetzgeber wollte mithin erklärtermaßen an der von der Judikatur entwickelten Systematik zur Beweislastverteilung festhalten, weshalb die diesbezügliche Rechtsprechung auch im Rahmen der Anwendung des § 630h maßgeblich bleibt[64]. Die von der Rechtsprechung entwickelten Grundsätze zum voll beherrschbaren Risiko im Recht der Behandelndenhaftung haben ihren Ursprung nicht in Entscheidungen des Arzthaftungsrechts, sondern in Fällen, in welchen die in Anspruch genommenen die besondere Berufs- und Organisationspflicht übernommen hatten, andere vor Gefahren für Leben und Gesundheit zu bewahren. So hatte der BGH bereits im Jahr 1962 entschieden, dass zu Lasten eines Schwimmbadbetreibers, der seine Aufsichtspflicht verletzt, eine Beweislastumkehr dahingehend eintritt, dass er „die Nichtursächlichkeit festgestellter Fehler beweisen (muss), die allgemein als geeignet anzusehen sind, einen Schaden nach der eingetretenen Art herbeizuführen"[65]. Diese Rechtsprechung führt der BGH

---

57 BGH, Urt v 1.2.1994 – VI ZR 65/93, VersR 1994, 562.
58 Katzenmeier, Arzthaftung, S 416.
59 Kern, in: Laufs/Kern/Rehborn, HdB ArztR[5], § 106 Rz 11; Franzki/Franzki, NJW 1975, 2225.
60 MünchKomm[8]/Wagner, § 630h Rz 1.
61 Erman[16]/Rehborn/Gescher, § 630h Rz 8.
62 BT-Drucks 17/10488, 27; Erman[16]/Rehborn/Gescher § 630a, Rz 6,7.
63 BT-Drucks 17/10488, 19.
64 MünchKomm[8]/Wagner, § 630h Rz 5.
65 BGH, Urt v 13.3.1962 – VI ZR 142/61, NJW 1962, 959.

bis heute fort[66] und wendet die im Arzthaftungsrecht entwickelten Beweisgrundsätze „wegen der Vergleichbarkeit der Interessenlage etsprechend bei grober Verletzung von Berufs- oder Organisationspflichten, sofern diese, ähnlich wie beim Arztberuf, spezifisch dem Schutz von Leben und Gesundheit anderer dienen", an[67].

2. Voll beherrschbares Risiko, Abs 1. – a) **Grundsätze**. Gemäß Abs 1 wird ein Fehler des **35** Behandelnden vermutet, „wenn sich ein allgemeines Behandlungsrisiko verwirklicht hat, das für den Behandelnden voll beherrschbar war und das zur Verletzung des Lebens, des Körpers oder der Gesundheit des Patienten geführt hat." Der Gesetzgeber des Patientenrechtegesetzes hat insoweit die bereits vorbestehende höchstrichterliche Spruchpraxis in das Gesetz implementiert. Danach muss ausnahmsweise nicht der Patient das Unterlaufen eines Fehlers beweisen, sondern der Behandelnde eine Fehlervermutung entkräften, wenn feststeht, dass die Schädigung aus einem Bereich stammt, dessen Gefahren voll beherrschbar sind und daher ärztlicherseits objektiv in vollem Umfang ausgeschlossen werden können und müssen[68]. Kennzeichnend für diese Fälle ist der Umstand, dass objektiv eine Gefahr besteht, die jeweils erkannt und durch entsprechende Vorkehrungen mit Sicherheit ausgeschlossen werden kann. Liegen diese Voraussetzungen nicht vor, verbleibt es bei der allgemeinen Regelung, wonach der Patient zu beweisen hat, dass dem Arzt ein Behandlungsfehler unterlaufen ist.

b) **Normzweck**. Sinn und Zweck dieser Regelung ist nach dem dokumentierten Willen des **36** Gesetzgebers die **Schutzbedürftigkeit des Patienten**, dem die Vorgänge aus dem Organisations- und Gefahrenbereich des Behandelnden regelmäßig verborgen bleiben und der sich darauf verlassen können soll, dass der Behandelnde alles Erforderliche unternimmt, um ihn vor den mit der Behandlung verbundenen typischen Gefahren zu schützen[69]. Begründet wird dies damit, dass beim Behandlungsvertrag zwar eine Umkehr der Beweislast für die Pflichtverletzung für den Kernbereich des ärztlichen Handelns nicht in Betracht komme, weil der Arzt keinen Behandlungserfolg, sondern lediglich ein sorgfältiges Vorgehen schulde. Gehe es jedoch nicht um Risiken aus dem Kernbereich ärztlicher Tätigkeit, sondern um solche, die durch **sorgfältige Organisation und entsprechendes Handeln des Personals praktisch ausgeschlossen** werden könnten, sei es vertretbar, hiervon eine Ausnahme zu machen[70]. Es handelt sich dabei um die Risiken aus dem Herrschafts- und Organisationsbereich des Behandelnden, die nach dem Erkennen mit Sicherheit ausgeschlossen werden können[71] und für deren Erfüllung der Behandelnde daher – im Gegensatz zu Tätigkeiten aus dem Kernbereich ärztlichen Handelns – **erfolgsbezogen** einzustehen hat[72]. Unerheblich ist dabei, ob und inwieweit das Risiko konkret vermeidbar war[73].

c) **Anwendungsbereich**. Fälle des voll beherrschbaren Risikos betreffen vor allem Risiken **37** aus dem **technisch-apparativen** und dem **organisatorischen Bereich**[74], die durch den Klinik- oder Praxisbetrieb selbst gesetzt werden und nicht aus den Unwägbarkeiten des menschlichen Organismus bzw den Besonderheiten des Eingriffs in diesen Organismus[75] stammen. Dem Behandelnden wird aber nicht eine generelle Garantie für das fehlerfreie Funktionieren der von ihm eingesetzten Geräte aufgebürdet[76]. Für Konstruktionsfehler, die er nicht erkennen kann, haftet er nicht, sondern gegebenenfalls der Hersteller aus Produkthaftungsrecht[77]. Zum organisatorischen Bereich gehört die **Organisation der Praxis oder Klinik** zur Gewährleistung **reibungsloser Abläufe** durch Vorhalten eines **quantitativ und qualitativ hinreichenden Personalstandes** und hinreichender **sachlicher Ausstattung und Medikamente**, die **Instruktion, Überwachung und Weiterbildung des Personals**, die **Erstellung von Zuständigkeitsregelungen, Dienstplänen und Vertretungsregelungen**, die **Sterilisation** von Operationsbesteck, das **Zählen von Operationsbesteck, Klammern, Tüchern** usw, um ein Zurücklassen im Körper des Patienten zu verhindern, die **Einhaltung von Hygienebestimmungen** zur Verhinderung nosokomialer Infektionen durch Reinigung der Behandlungsräume und Vorhalten entsprechender Schutzkleidung, die Verkehrssicherungspflichten usw. Zu beachten sind in diesem Zusammenhang insbesondere die Empfehlungen der Kommission für Krankenhaushygiene und

---

66 BGH, Urt v 23.11.2017 – III ZR 60/16, VersR 2018, 614.
67 BGH, Urt v 4.4.2019 – III ZR 35/18, MedR 2019, 799.
68 BGH, Urt v 28.8.2018 – VI ZR 509/17; BGH, Beschl v 16.8.2016, VI ZR 634/15, MedR 2018, 239; BGH, Urt v 18.12.1990 – VI ZR 169/90, MedR 1991, 139; Pauge/Offenloch, Arzthaftungsrecht[14], Rz 572; Kern, in: Laufs/Kern/Rehborn, HdB ArztR[5], § 108 Rz 7.
69 BT-Drucks 17/10488, 28.
70 MünchKomm[8]/Wagner, § 630h Rz 21.
71 BT-Drucks 17/10488, 28.
72 MünchKomm[8]/Wagner, § 630h Rz 25.
73 BTDrucks 17/10488, 28.
74 Katzenmeier, Arzthaftung, S 482.
75 BGH, Beschl v 16.8.2016, VI ZR 634/15, MedR 2018, 239; BGH; Urt v 20.3.2007 – VI ZR 158/06, MedR 2010, 30.
76 Katzenmeier, Arzthaftung, S 484.
77 Katzenmeier, Arzthaftung, S 484.

Infektionsprävention („**KRINKO-Empfehlungen**") des RKI[78]. Ein Verstoß gegen diese begründet grundsätzlich einen Organisationsfehler[79]. **Hygienemängel** führen nur dann zu einer Beweislastumkehr nach diesen Grundsätzen, wenn die bei dem Patienten eingetretene Infektion „aus einem **hygienisch voll beherrschbaren Bereich** hervorgegangen ist"[80].

38 Ein voll beherrschbares Risiko liegt aber dann nicht mehr vor, wenn für die Verletzung des Lebens, des Körpers oder der Gesundheit des Patienten eine andere, gegebenenfalls unbekannte oder nicht zu erwartende **Prädisposition des Patienten** ursächlich ist, die diesen für das verwirklichte Risiko anfällig macht und dem Behandelnden damit **die volle Beherrschbarkeit des Risikobereichs entzieht**[81].

39 Voraussetzungen für den Eintritt der Vermutungswirkung sind das **Vorliegen einer Verletzung des Lebens, des Körpers oder der Gesundheit** und die Feststellung, dass sich diese Verletzung aus einem **voll beherrschbaren Risiko verwirklicht** hat. Die Verletzung anderer Rechtsgüter als Leben, Körper oder Gesundheit begründen die Vermutungswirkung nach Abs 1 nicht. Mit der Verwendung des Begriffs **allgemeines Behandlungsrisiko** soll gemeint sein, dass das Risiko der konkreten Behandlung immanent ist. Die Darlegungs- und Beweislast hierfür liegt bei dem Patienten[82]. Dieser muss daher bereits für den Einstieg in die Vermutungswirkung den Nachweis der Kausalität zwischen dem voll beherrschbaren Risiko und dem eingetretenen Gesundheitsschaden erbringen[83].

40 Ein Risiko ist nur dann **voll beherrschbar**, wenn es durch **sorgfältige Organisation und entsprechendes Handeln des Personals praktisch ausgeschlossen** werden kann. Nicht umfasst sind Risiken, die sich organisatorisch und medizinisch nicht ausschließen lassen, weil sie sich aus dem nicht ärztlich steuerbaren menschlichen Schicksal ergeben[84].

41 d) **Vermutungswirkung**. Wenn diese Voraussetzungen erfüllt sind, wird das Vorliegen eines **Behandlungsfehlers vermutet**. Diese **Vermutungswirkung** bezieht sich gemäß Abs 1 auf das Vorliegen eines Behandlungsfehlers und damit auf die Pflichtverletzung des Behandelnden. Damit wird von Abs 1 der Grundsatz durchbrochen, wonach stets der Patient das Vorliegen eines Behandlungsfehlers und somit einer Pflichtverletzung im Sinne des § 280 Abs 1 S 1 zu beweisen hat.

42 e) **Kausalität**. Die Vermutungswirkung soll sich nach dem Willen des Gesetzgebers dagegen ausdrücklich nicht auf die Kausalität erstrecken[85]. Nach dem Wortlaut Abs 1 („... das für den Behandelnden voll beherrschbar war und das zur Verletzung des ... Patienten geführt hat") stellt die **Kausalität** des verwirklichten voll beherrschbaren Risikos für den Gesundheitsschaden bereits ein **Tatbestandsmerkmal für die Vermutungswirkung** dar, so dass der Patient die Kausalität grundsätzlich bereits an dieser Stelle zu beweisen hat[86]. Nur ausnahmsweise, wenn weitere Beweiserleichterungen hinzutreten, etwa wenn sich das voll beherrschbare Risiko durch **ein grobes Organisationsverschulden** verwirklicht hat und somit ein grober Behandlungsfehler vorliegt, kann sich auch für den Kausalitätsnachweis eine Umkehr der Beweislast ergeben[87].

43 f) **Widerlegbarkeit der Vermutung**. Verwirklicht sich ein solches Risiko, muss die Behandlungsseite entweder gemäß ZPO § 292 durch den **Gegenbeweis** mit dem Beweismaß des ZPO § 286 beweisen, dass sie **alle erforderlichen organisatorischen und technischen Vorkehrungen ergriffen hatte, um das Risiko zu vermeiden**[88]. Eine Erschütterung wie beim Anscheinsbeweis ist nicht ausreichend. Oder sie kann die Vermutungsbasis durch den **Gegenbeweis**, dass **kein Fall des voll beherrschbaren Risikos** vorliegt, entkräften. In diesem Fall genügt es, die Überzeugung des Richters vom Vorliegen des voll beherrschbaren Behandlungsrisikos zu „erschüttern"[89]. Gelingt es der Behandlungsseite, zu beweisen, „dass nicht aus ihrem Risikobereich stammende, bei der Behandlungs- oder Operationsplanung nicht erkennbare Umstände vorlagen, die mit einer gewissen Wahrscheinlichkeit ebenfalls zum Primärschaden geführt haben

---

78 Www.rki.de/DE/Content/Infekt/Krankenhaushygiene/Kommission/Tabelle_gesamt.html, zuletzt abgerufen 15.4.2022.
79 Jaeger, Rz 368.
80 Hierzu umfassend Kern/Reuter MedR 2014, 785, 788 mwN.
81 BGH, Urt v 24.1.1995 – VI ZR 60/94, MedR 1995, 365; BT-Drucks 17/10488, 28.
82 BT-Drucks 17/10488, 28.
83 MünchKomm[8]/Wagner, § 630h Rz 30; BT-Drucks 17/10488, 28; BGH, Urt v 1.2.1994 – VI ZR 65/93, VersR 1994, 562.
84 Kern, in: Laufs/Kern/Rehborn, HdB ArztR[5], § 108 Rz 10.
85 BT-Drucks 17/10488, 28.
86 MünchKomm[8]/Wagner, § 630h Rz 30.
87 Kern, in: Laufs/Kern/Rehborn, HdB ArztR[5], § 108 Rz 4.
88 BGH, Urt v 28.8.2018 – VI ZR 509/17, GesR 2018, 770; BGH, Beschl v 16.8.2016 – VI ZR 634/15, MedR 2018, 239.
89 BT-Drucks 17/10488, 28.

könnten", etwa eine besondere Schadensdisposition beim Patienten, ist für die Vermutung der Pflichtverletzung kein Raum[90].

g) Kasuistik. – aa) Voll beherrschbares Risiko bejaht. Zu den voll beherrschbaren Risiken zählen der **ordnungsgemäße Zustand eines verwendeten Tubus** bei einer Intubationsnarkose[91] und die **Funktionstüchtigkeit des eingesetzten Narkosegerätes**[92]. Gleiches gilt in Bezug auf die Funktionsfähigkeit eines **Röntgengeräts**; die Behandlungsseite hat zu gewährleisten, dass die Bestrahlung mit einer überhöhten Röntgendosis ausgeschlossen ist[93]. Können aber alle denkbaren Bedienungsfehler beweiskräftig ausgeschlossen werden und war ein technischer Fehler nicht erkennbar oder vorhersehbar, weil vor Inbetriebnahme die gebotene Überprüfung stattgefunden und das Gerät störungsfrei funktioniert hat, tritt die Beweislastumkehr nicht ein[94]. Denn der Arzt kann sich im Zuge der fortschreitenden Technisierung der Medizin nicht mit allen technischen Einzelheiten der eingesetzten Geräte befassen. Er muss sich aber zumindest mit der Funktionsweise von Geräten, deren Einsatz für den Patienten vitale Bedeutung hat, insoweit vertraut machen, wie dies einem naturwissenschaftlich und technisch aufgeschlossenen Menschen möglich und zumutbar ist[95]. 44

Kann sich die Mutter eines neugeborenen Kindes, bei dem es zu Atemproblemen kommt, während des „Bondings" wegen einer **fehlenden Notrufklingel** nicht bemerkbar machen, haftet der Krankenhausträger nicht nur wegen eines groben Behandlungsfehlers[96], sondern auch aus dem Gesichtspunkt des voll beherrschbaren Risikos. Denn eine Mutter ist in dieser Phase noch nicht stets in der Lage, selbstständig das Bett zu verlassen, um Hilfe zu holen. Sie muss aber die Möglichkeit haben, eine Hebamme zu alarmieren, beispielsweise mit einer Klingel. 45

Das Risiko einer **Darmperforation bei einer Einlaufbehandlung** gehört zum voll beherrschbaren Bereich des Behandlungsablaufs[97], sofern es nicht durch eine vorab mit vertretbarem Aufwand nicht feststellbare Prädisposition durch den Patienten eingebracht wurde[98]. 46

Auch das **Zurückbleiben von Fremdkörpern** wie eines **Tupfers**[99], einer **Nadel**[100] oder eines **Bauchtuchs**[101] **im Operationsgebiet** sind dem Bereich des voll beherrschbaren Risikos zuzuordnen. 47

Gleiches gilt für die Reinheit des benutzten Desinfektionsmittels[102] und die Sterilität der verabreichten Infusionsflüssigkeit[103]. 48

Ebenso stellen der **Sturz von einer Untersuchungsliege**[104] oder **aus einem Bett im Aufwachraum**[105] die Verwirklichung eines voll beherrschbaren Risikos dar. Der Einwand der Behandlungsseite, die Patientin habe sich ruckhaft und mit Schwung auf die Liege geschwungen, ist unbeachtlich, weil eine Behandlungsliege derartige Bewegungen und Kräfte aushalten muss. Gleiches gilt für den Sturz aus einem **Rollstuhl**. Dieser muss, insbesondere bei einem unruhigen Patienten, standfest und umsturzsicher sein[106]. Bekommt ein Patient im Krankenhaus bei einer **Bewegungs- und Transportmaßnahme** der ihn betreuenden Krankenschwester aus ungeklärter Ursache das Übergewicht und **stürzt**, muss der Krankenhausträger nachweisen, dass der Sturz nicht auf einer Pflichtwidrigkeit der Pflegekraft beruht[107]. Dasselbe gilt, wenn der Patient im Krankenhaus bei einem **begleiteten Toilettengang** zum Sturz kommt. Denn bei allen **pflegerischen Maßnahmen**, an denen das Pflegepersonal beteiligt ist, besteht eine gesteigerte Obhutspflicht, die dem Bereich des voll beherrschbaren Risikos zuzuweisen ist[108]. 49

---

90 Kern, in: Laufs/Kern/Rehborn, HdB ArztR[5], § 108 Rz 11.
91 BGH, Urt v 24.6.1975 – VI ZR 72/74, VersR 1975, 952.
92 BGH, Urt v 11.10.1977 – VI ZR 110/75, VersR 1978, 82.
93 OLG Jena, Urt v 12.7.2006 – 4 U 705/05, VersR 2007, 69.
94 OLG Jena, Urt v 12.7.2006 – 4 U 705/05, VersR 2007, 69.
95 BGH, Urt v 11.10.1977 – VI ZR 110/75, VersR 1978, 82.
96 OLG Celle, Urt v 20.9.2021 – 1 U 32/20, -juris (noch nicht rechtskräftig; Nichtzulassungsbeschwerde zum BGH eingelegt).
97 OLG Zweibrücken, Urt v 16.1.2007 – 5 U 48/06, GesR 2007, 317; LG Hamburg, Urt v 14.8.2015 – 303 O 94/12, GesR 2015, 728.
98 OLG Zweibrücken, 16.1.2007 – 5 U 48/06, GesR 2007, 317.
99 BGH, Urt v 27.1.1981 – VI ZR 138/79, VersR 1981, 462.
100 OLG Stuttgart, Urt v 20.12.2018 – 1 U 145/17, GesR 2019, 337.
101 OLG München, Urt v 22.8.2013 – 1 U 3971/12, GesR 2013, 620.
102 BGH, Urt v 9.5.1978 – VI ZR 81/77, VersR 1978, 764.
103 BGH, Urt v 3.11.1981 – VI ZR 119/80, VersR 1982, 161.
104 OLG Hamm, Urt v 10.1.2001 – 3 U 59/00, MedR 2002, 196.
105 LG Dortmund, Urt v 4.3.2021 – 4 O 152/19, PflR 2021, 440.
106 KG Berlin, Urt v 20.1.2005 – 20 U 401/01, MedR 2006, 182.
107 BGH, Urt v 18.12.1990 – VI ZR 169/90, MedR 1991, 139.
108 Martis/Winkhart, Arzthaftungsrecht[6], V Rz 360.

50 Die **richtige Lagerung** des Patienten auf dem Operationstisch ist ebenfalls voll beherrschbar[109]. Allerdings können Lagerungsschäden auch bei ordnungsgemäßer Lagerung nicht stets voll beherrschbar sein.

51 Bei der **Infektion** eines Patienten im Krankenhaus tritt ausnahmsweise nur dann zugunsten des Patienten die Beweislastumkehr ein, wenn feststeht, dass die Infektion weder aus der Sphäre des Patienten – zB aus dessen eigenen menschlichen Organismus – noch aus dem Kernbereich des ärztlichen Handelns stammt, sondern aus einem voll beherrschbaren Bereich hervorgegangen sein muss[110].

52 Im Rahmen der **horizontalen Arbeitsteilung** bedarf es zum Schutz des Patienten **einer Koordination der beabsichtigten Maßnahmen** beim Zusammenwirken mehrerer Ärzte, um voll beherrschbare Risiken auszuschließen, die sich aus der Unverträglichkeit der von den beteiligten Fachrichtungen vorgesehenen Methoden oder Instrumente ergeben können[111].

53 bb) **Voll beherrschbares Risiko verneint.** Das Auftreten von Paravasaten bei der Verwendung eines Portsystems kann nicht in jedem Fall ausgeschlossen werden, weshalb es kein voll beherrschbares Risiko darstellt[112].

54 Auch das Entstehen von **Dekubiti** gehört nicht zu dem Bereich, der vom Krankenhaus und dessen Mitarbeitern voll beherrscht werden kann[113].

55 Der **Sturz** eines Patienten im Krankenhaus bei einem **eigenständigen Toilettengang** ist jedenfalls dann kein voll beherrschbares Risiko, wenn es keinen Fehler darstellte, dass der Patient ohne Hilfestellung die Toilette aufsuchen durfte[114]. Soweit sich Stürze nicht während einer pflegerischen Maßnahme, sondern im Flur, im Krankenzimmer, oä ereignen, sind diese dem Grundsatz nach nicht voll beherrschbar[115]. Der **Sturz** eines Patienten während einer **Gangschule im Rahmen einer physiotherapeutischen Behandlung** stellt kein voll beherrschbares Risiko dar, weil bei einer krankengymnastischen Übung im Gegensatz zu pflegerischen Maßnahmen oder dem Transport des Patienten typischerweise gerade die Anweisung und Anleitung zu aktiver Bewegung im Vordergrund steht, bei der Geschicklichkeit, Mitarbeit und Konzentration des Patienten gefordert sind, so dass der Ablauf nicht voll beherrschbar, sondern von den Unwägbarkeiten des menschlichen Organismus geprägt ist[116]. Ebenso wenig ist der **Sturz** eines Kindes von einem aus mehreren Sitzsäcken bestehenden „Kletterberg" im Rahmen **ergotherapeutischer Behandlung** voll beherrschbar, wenn es zur Förderung der motorischen Fähigkeiten gerade notwendig ist, dass sich das Kind eigenständig auf dem Kletterberg bewegt[117].

56 Der **Bruch des Rades einer Rolltrage** des Rettungsdienstes stellt kein Risiko dar, das durch den Rettungsdienst und dessen Mitarbeiter voll beherrscht werden kann[118]. Nach Auffassung des OLG Braunschweig sollen dessen ungeachtet die Beweiserleichterungen beim voll beherrschbaren Risiko auf den **Rettungsdienst** ohnehin nicht angewandt werden können, weil der Transport einer Person im Rettungsdienst und die Vorbereitung hierzu keine Bestandteile eines medizinischen Behandlungsgeschehens seien[119]. Vom BGH wurde dies ausdrücklich offengelassen; Er folgte aber im Ergebnis der Entscheidung des OLG Braunschweig, weil seitens des Rettungsdienstträgers an der Rolltrage **alle erforderlichen Wartungs- und Überprüfungsarbeiten** ausgeführt worden waren und kein Schaden erkannt werden konnte[120]. Die Auffassung des OLG, die Beweiserleichterungen bei voll beherrschbarem Risiko seien auf den Rettungsdienst nicht anwendbar, ist nicht überzeugend. Im Gegensatz etwa zu einem Taxi, welches ausschließlich den Transport durchführt, sind die Aufgaben des Rettungsdienstes weitergehend. Zu ihnen gehört nach den Regelungen der Landesrettungsdienstgesetze nicht nur der Krankentransport, sondern gerade auch die Notfallrettung, im Rahmen derer auch Maßnahmen zur Erhaltung des Lebens und Vermeidung gesundheitlicher Schäden einzuleiten sind[121]. Eine gedankliche Trennung eines

---

[109] BGH, Urt v 24.1.1995 – VI ZR 60/94, MedR 1995, 365; BGH, Urt v 24.1.1984 – VI ZR 203/82, MedR 1985, 221.
[110] BGH, Urt v 20.3.2007 – VI ZR 158/06, MedR 2010, 30; BGH, Urt v 8.1.1991 – VI ZR 102/90, MedR 1991, 140.
[111] BGH, Urt v 26.1.1999 – VI ZR 376/97, VersR 1999, 579.
[112] OLG Dresden, Beschl v 23.4.2020 – 4 U 347/20, -juris.
[113] OLG Braunschweig, Beschl v 7.10.2008 – 1 U 93/07, MedR 2009, 733.
[114] OLG Karlsruhe, Urt v 18.9.2019 – 7 U 21/18, GesR 2019, 724; OLG Hamm, Urt v 2.12.2014 – 26 U 13/14, GesR 2015, 229.
[115] OLG Düsseldorf, Urt v 2.3.2006 – 8 U 163/04, GesR 2006, 214.
[116] OLG Frankfurt, Urt v 29.8.2017 – 8 U 172/16, VersR 2018, 227.
[117] OLG Köln, Urt v 8.2.2017 – 5 U 17/16, MedR 2017, 884.
[118] OLG Braunschweig, Beschl v 28.10.2020 – 9 U 27/20, MedR 2022, 145.
[119] OLG Braunschweig, Beschl v 28.10.2020 – 9 U 27/20, MedR 2022, 145. BGH, Beschl v 27.5.2021 – III ZR 329/20, -juris.
[120] BGH, Beschl v 27.5.2021 – III ZR 329/20, -juris.
[121] Siehe etwa § 1 Abs 2 RDG Baden-Württemberg.

Rettungsdiensteinsatzes in diese medizinischen Maßnahmen zur Erhaltung der vitalen Körperfunktionen einerseits und den Transport andererseits erscheint nicht sachgerecht und wäre rein willkürlich.

Allein der Umstand, dass sich der Patient im Krankenhaus eine **Infektion** zugezogen hat, reicht für eine Beweislastumkehr nicht aus[122], da dies nicht zum voll beherrschbaren Bereich zählt. Es tritt jedoch eine **sekundäre Beweislast des Behandelnden** ein, wenn der Patient – im Rahmen der an seine primäre Darlegungslast gestellten nur maßvollen Anforderungen – Sachvortrag hält, der die Vermutung eines **Hygienefehlers** aufgrund der Folgen für ihn gestattet, ohne dabei Anhaltspunkte für konkrete Hygieneverstöße vorzutragen. Hierzu genügt nach Ansicht des BGH regelmäßig die Behauptung eines Hygieneverstoßes[123]. Dann hat die Behandlungsseite nach den Grundsätzen der sekundären Beweislast auf die Behauptungen des Patienten substantiiert zu erwidern[124]. 57

3. **Einwilligung und Aufklärung, Abs 2.** – a) **Grundsätze**. Gemäß Abs 2 Satz 1 **trägt der Behandelnde die Beweislast** dafür, dass er die **Einwilligung** gemäß § 630d eingeholt und den Patienten ordnungsgemäß nach § 630e **aufgeklärt** hat. 58

Der Behandelnde ist nach § 630d Abs 1 verpflichtet, vor Durchführung der medizinischen Maßnahme die **Einwilligung des Patienten** in diese einzuholen. Voraussetzung für die Wirksamkeit der Einwilligung des Patienten ist gemäß § 630d Abs 2 die **ordnungsgemäße Aufklärung** nach Maßgabe des § 630e. Dies war bereits vor Einführung der §§ 630a bis 630h ständige Rechtsprechung zur deliktischen Haftung. Denn deliktsrechtlich stellt ein Eingriff in die körperliche Integrität ohne rechtswirksame Einwilligung eine Körperverletzungshandlung dar. Die Einwilligung – und damit auch die dieser zu ihrer Wirksamkeit vorgeschaltete Aufklärung – stellt einen Rechtfertigungsgrund dar, weshalb insoweit schon immer der Arzt die Beweislast hierfür getragen hat. 59

Diese Rechtsprechung wollte der Gesetzgeber des Patientenrechtegesetzes auch für die vertragliche Haftung des Behandelnden kodifizieren[125]. Damit findet nun ein **Gleichklang zwischen vertraglicher und deliktischer Haftung** statt. 60

Durch den Verweis auf § 630e wird deutlich, dass sich die Beweislastregel des Abs 2 Satz 1 auf die für die Wirksamkeit der Einwilligung maßgebliche **Selbstbestimmungsaufklärung** bezieht, nicht dagegen auf die therapeutische Sicherungsaufklärung oder die Fehleraufklärung, die zu den Informationspflichten des § 630c Abs 2 zählen. Macht der Patient geltend, dass der Arzt gegen diese Informationspflichten verstoßen hätte, verbleibt die Beweislast entsprechend den allgemeinen Grundsätzen bei ihm. 61

b) **Normzweck**. Zweck der Regelung ist auch hier die **Waffengleichheit im Prozess** zwischen dem Patienten und dem Behandelnden. Aus der zutreffenden Sicht des Gesetzgebers ist dem Patienten häufig der **Beweis einer negativen Tatsache**, nämlich für die nicht ordnungsgemäße Aufklärung oder die nicht erfolgte Einwilligung kaum möglich. Für den Behandelnden sei es hingegen ein leichtes, Aufzeichnungen über den Inhalt einer erfolgten Aufklärung und Einwilligung zu erstellen und hierdurch eine Aufklärung des Sachverhalts zu ermöglichen[126]. Als eine der wenigen echten Neuerungen des Patientenrechtegesetzes wurde in diesem Zusammenhang die Verpflichtung des Arztes zur **Dokumentation der Aufklärungen und Einwilligungen** gemäß § 630f Abs 2 S 1 sowie die Verpflichtung, dem Patienten gemäß § 630e Abs 2 S 2 Abschriften von Unterlagen, die er im Zusammenhang mit der Aufklärung oder Einwilligung unterzeichnet hat, auszuhändigen, kodifiziert. Erfüllt der Behandelnde diese Verpflichtungen, wird er nach der Vorstellung des Gesetzgebers in der Regel in der Lage sein, die Aufklärung und Einwilligung nachzuweisen. Ob sich dies in der Praxis als so einfach darstellt, erscheint allerdings zweifelhaft. Denn einerseits sind die an die ordnungsgemäße Selbstbestimmungsaufklärung gestellten Anforderungen sehr hoch. Andererseits steht die Pflicht zur Dokumentation der Aufklärungen und Einwilligungen unter dem Vorbehalt, dass nur die „aus fachlicher Sicht für die derzeitige und künftige Behandlung wesentliche(n) Maßnahme(n)" (§ 630f Abs 2 Satz 1) dokumentiert werden müssen[127]. Es sind daher nicht alle Einzelheiten des Aufklärungsgesprächs zu dokumentieren. Auch wenn die Dokumentation der Aufklärungen und Einwilligungen ord- 62

---

122 BGH, Beschl v 18.2.2020 – VI ZR 280/19, MedR 2020, 924; BGH, Beschl v 25.06.2019 – VI ZR 12/17, GesR 2019, 569.
123 BGH, Beschl v 18.2.2020 – VI ZR 280/19, MedR 2020, 924.
124 BGH, Beschl v 25.06.2019 – VI ZR 12/17, GesR 2019, 569; BGH, Urt v 19.2.2019 – VI ZR 505/17, MedR 2019, 649; OLG Dresden, Beschl v 2.5.2019 – 4 U 510/18, -juris.
125 BT-Drucks 17/10488, 28.
126 BT-Drucks 17/10488, 29.
127 Erman[16]/Rehborn/Gescher, § 630f Rz 9a, 11.

nungsgemäß ist, steht dem Patienten daher durchaus die Möglichkeit offen, zu behaupten, über ein bestimmtes Risiko nicht aufgeklärt worden zu sein.

63 c) **Rechtscharakter**. Die Beweisregel des Abs 2 Satz 1 stellt eine **echte Beweislastumkehr** dar, da nach den allgemeinen Beweisregelungen grundsätzlich der Patient verpflichtet ist, die Pflichtverletzung des Behandelnden zu beweisen. Um die Beweislast des Behandelnden auszulösen, genügt es, wenn der Patient behauptet, nicht oder über bestimmte Umstände nicht aufgeklärt worden zu sein.

64 d) **Beweis der Einwilligung und Aufklärung, „Immer-so"-Rechtsprechung**. Die Erbringung des Beweises, dass und mit welchem Inhalt die Aufklärung stattgefunden hat, kann sich für den Behandelnden als schwierig darstellen. Nach § 630e Abs 2 Nr 1 hat die Aufklärung „mündlich durch den Behandelnden …" zu erfolgen. Die Dokumentationspflicht der Aufklärung und Einwilligung steht unter dem Vorbehalt der „fachlichen Sicht" (§ 630f Abs 2 Satz 1). Der Behandelnde muss daher nicht alle Einzelheiten des Aufklärungsgesprächs dokumentieren. Außerdem behandelt ein Arzt in der Regel eine Vielzahl von Patienten und führt aus diesem Grund zahlreiche Aufklärungsgespräche. In einem – oft Jahre nach der Behandlung stattfindenden – Rechtsstreit ist die Erinnerung an das konkrete Aufklärungsgespräch häufig bereits verblasst.

65 Aus diesen Gründen dürfen nach ständiger Rechtsprechung des BGH an den **vom Arzt zu führenden Nachweis der Aufklärung keine übertriebenen Anforderungen** gestellt werden[128]. Liegt eine vom Patienten unterzeichnete Einwilligungserklärung auf einem vorformulierten Aufklärungsbogen vor, in welchem **individualisierte Angaben zum Patienten und dem vorgesehenen Eingriff** enthalten sind, etwa in Form von Unterstreichungen, Einkreisungen oder zusätzlichen handschriftlichen Anmerkungen, ist dies ein **starkes Indiz dafür, dass ein Aufklärungsgespräch stattgefunden hat**. Genauso, wie es dem Arzt möglich ist, eine ordnungsgemäße Aufklärung des Patienten im Rahmen eines Aufklärungsgesprächs nachzuweisen, wenn keine schriftliche Dokumentation hierzu vorliegt, ist es ihm nicht verwehrt, über den in einem Aufklärungsbogen schriftlich dokumentierten Text hinausgehende Inhalte des Aufklärungsgesprächs nachzuweisen[129]. In diesem Zusammenhang kann auch die **ständige Übung** im Rahmen der Aufklärung bei immer wieder vorkommenden Eingriffen von Bedeutung sein. Führt der Arzt aus, dass er vor bestimmten Eingriffen stets (**„immer so"**) in einem bestimmten Umfang aufklärt, ist dies vom Gericht nicht von vornherein als unglaubhaft zurückzuweisen, sondern unter Berücksichtigung aller Umstände des Einzelfalles im Rahmen der Beweiswürdigung zu würdigen[130]. Der BGH führt in diesem Zusammenhang folgendes aus: „Ist einiger Beweis für ein gewissenhaftes Aufklärungsgespräch erbracht, sollte dem Arzt im Zweifel geglaubt werden, dass die Aufklärung auch im Einzelfall in der gebotenen Weise geschehen ist; dies auch mit Rücksicht darauf, dass aus vielerlei verständlichen Gründen Patienten sich im Nachhinein an den genauen Inhalt solcher Gespräche, die für sie etwa vor allem von therapeutischer Bedeutung waren, nicht mehr erinnern. In jedem Fall bedarf es einer verständnisvollen und sorgfältigen Abwägung der tatsächlichen Umstände, für die der Tatrichter einen erheblichen Freiraum hat"[131].

66 e) **Einwand der hypothetischen Einwilligung**. Gelingt dem Arzt der Beweis, den Patienten ordnungsgemäß aufgeklärt zu haben, nicht, und steht damit ein Aufklärungsfehler fest, hat der Arzt die Möglichkeit, den **Einwand der hypothetischen Einwilligung** zu erheben. Der Gesetzgeber hat in Abs 2 Satz 2 geregelt, dass sich der Behandelnde darauf **berufen** kann, „dass der Patient **auch im Fall einer ordnungsgemäßen Aufklärung in die Maßnahme eingewilligt** hätte." Dieser Umstand findet seine Rechtfertigung darin, dass eine unterbliebene oder unvollständige Aufklärung dann keine für den Patienten nachteiligen Folgen bewirkt, wenn feststeht, dass der Patient, wäre er ordnungsgemäß aufgeklärt worden, seine Einwilligung in den Eingriff

---

128 BGH, Urt v 30.9.2014 – VI ZR 443/13, GesR 2015, 20, unter Hinweis auf die ständige Senatsrechtsprechung; Kern, in: Laufs/Kern/Rehborn, HdB ArztR[5], § 112 Rz 9.
129 BGH, Urt v 28.1.2014 – VI ZR 143/13, MedR 2015, 594.
130 OLG Dresden, Urt v 29.6.2021 – 4 U 1388/20, ZMGR 2021, 363; Ausführlich: Prütting, Die „immer-so"-Rechtsprechung – Eine kritische Würdigung aus prozessrechtlicher Perspektive, in: Katzenmeier/Ratzel (Hrsg), Festschr für Franz-Josef Dahm, S 359.
131 BGH, Urt v 30.9.2014 – VI ZR 443/13, GesR 2015,

10, unter Hinweis auf die ständige Senatsrechtsprechung; siehe auch: OLG Dresden, Beschl v 7.4.2020 – 4 U 331/20, -juris-: „Für den Nachweis einer ordnungsgemäßen Aufklärung reicht ein Aufklärungsformular nicht aus, vielmehr ist grundsätzlich die Zeugenvernehmung oder Parteianhörung des aufklärenden Arztes geboten. Ist dessen Darstellung schlüssig und durch einen Aufklärungsbogen einiger Beweis für ein solches Gespräch erbracht, genügt es, wenn der Arzt seine regelmäßige Aufklärungspraxis schildert, damit ihm in der Regel geglaubt werden kann.".

erteilt haben würde[132]. Gedankliche Voraussetzung der hypothetischen Einwilligung ist stets die dem Behandler unterstellte ordnungsgemäß und vollständig durchgeführte Aufklärung[133]. Der Behandelnde selbst muss die hypothetische Einwilligung im Prozess einwenden, was durch die Verwendung des Terminus „berufen" festgelegt wird. Auch hier handelt sich erneut um einen **Einwand aufgrund des rechtmäßigen Alternativverhaltens**[134]. Das Gericht darf diesen Einwand nicht von Amts wegen prüfen, sondern ist diesbezüglich auf das selbständige Vorbringen der Beklagtenseite angewiesen.

In der Gesetzesbegründung hat der Gesetzgeber klargestellt, dass insoweit lediglich die hierzu bereits „bestehende Rechtsprechung gesetzlich umgesetzt werden" soll[135]. Für die Behauptung, dass der Patient auch im Fall einer ordnungsgemäßen Aufklärung in die Maßnahme eingewilligt hätte, trifft den Behandler daraus resultierend die volle Darlegungs- und Beweislast. Da von ihm ein Strengbeweis mit dem Beweismaß des ZPO § 286 schwerlich zu führen sein wird, lässt die Rechtsprechung ein geringeres Beweismaß ausreichen. Es gelten die abgesenkten Anforderungen des ZPO § 287 Abs 1[136]. Zunächst obliegt es der **Vortragslast des Behandelnden**, zu behaupten, dass der von ihm **durchgeführte Eingriff medizinisch so indiziert** war, dass sich ein **vernünftiger Patient auch bei ordnungsgemäßer Aufklärung für den Eingriff** entschieden hätte[137]. Erhebt er diesen Einwand jedoch nicht, braucht sich der Patient auch nicht dazu zu äußern, wie er sich im Fall einer – unterstellten – ordnungsgemäßen Aufklärung verhalten hätte[138]. 67

Besonderheiten gelten bei **Lebendorgantransplantationen**. Nach TPG § 8 Abs 2 Satz 3 hat das Aufklärungsgespräch in Anwesenheit eines weiteren Arztes stattzufinden. Ferner sind gemäß TPG § 8 Abs 2 Satz 4 der Inhalt des Aufklärungsgesprächs und die Einwilligung aufzuzeichnen und auch von dem weiteren Arzt zu unterzeichnen. Wird hiergegen verstoßen, führt dies zwar nicht per se zur Unwirksamkeit der Einwilligung in die Organspende, es tritt aber eine Beweisskepsis gegenüber der Behauptung einer ordnungsgemäßen Aufklärung durch die Behandlungsseite ein[139]. Erhebt die Behandlungsseite den Einwand, der unter Verstoß gegen TPG § 8 Abs 2 inhaltlich nicht ordnungsgemäß aufgeklärte Patient hätte auch im Fall einer ordnungsgemäßen Aufklärung der Organentnahme zugestimmt, ist dies unbeachtlich, weil dies dem **Schutzzweck der gesteigerten Anforderungen des TPG § 8** widersprechen würde[140]. 68

Wird der Einwand der **hypothetischen Einwilligung erst im Berufungsverfahren** erhoben, handelt es sich dabei grundsätzlich um ein **neues Verteidigungsmittel** im Sinne des ZPO § 531 Abs 2[141]. Muss die Behandlungsseite daher schon im ersten Rechtszug davon ausgehen, dass das Gericht ihrem Sachvortrag zu einer ordnungsgemäßen Aufklärung möglicherweise nicht folgen würde, hat sie den Einwand der hypothetischen Einwilligung zumindest hilfsweise schon im erstinstanzlichen Verfahren vorzubringen. 69

f) **Analoge Anwendung von Abs 2 Satz 2 auf Einwilligung?**. Nach dem Wortlaut von Abs 2 Satz 2 steht dem Behandelnden der Einwand der hypothetischen Einwilligung für den Fall zu, dass die **Aufklärung** nicht den Anforderungen des § 630e genügt. Die Regelung umfasst mithin die Fälle, in denen der Patient zwar seine Einwilligung in die medizinische Maßnahme erteilt hat, diese aber wegen einer nicht den Anforderungen genügenden Aufklärung rechtsunwirksam ist. In diesem Zusammenhang stellt sich die Frage, ob dem Behandelnden der Einwand der hypothetischen Einwilligung auch dann eröffnet sein soll, wenn die mangelnde Einwilligung nicht an einem Aufklärungsfehler liegt, sondern andere Gründe hat, etwa wenn überhaupt keine Einwilligung eingeholt wurde. Aus den Motiven des Gesetzgebers lässt sich diese Frage nicht bejahen. Im Gegenteil hat dieser die Anwendbarkeit von Abs 2 Satz 2 ausdrücklich auf die nicht den Anforderungen entsprechende Aufklärung beschränkt. Sofern der Einwilligungsmangel 70

---

132 BT-Drucks 17/10488, 29: „Hätte der Patient den Eingriff ohnehin vornehmen lassen, fehlt es an dem für die Schadenersatzhaftung erforderlichen Ursachenzusammenhang zwischen der unterbliebenen bzw unzureichenden Aufklärung und dem eingetretenen Schaden.".
133 BGH, Urt v 18.5.2021 – VI ZR 401/19, MedR 2021, 897; BGH, Urt v 21.5.2019 – VI ZR 119/18, MedR 2020, 125; BGH, Urt v 5.2.1991 – VI ZR 108/90, MedR 1991, 200.
134 Vgl § 630h Rz 110; MünchKomm[8]/Wagner, § 630h Rz 46; vgl zur Anerkennung des Einwands rechtmäßigen Alternativverhaltens, Der Einwand des rechtmäßigen Alternativverhaltens bei ärztlichen Behandlungsfehlern, Leipziger Juristische Studien – Medizinrechtliche Abteilung – Band 9, S 53, 54, 55.
135 BT-Drucks 17/10488, 29.
136 Soukup, Der Einwand des rechtmäßigen Alternativverhaltens bei ärztlichen Behandlungsfehlern, Leipziger Juristische Studien – Medizinrechtliche Abteilung – Band 9, S 67.
137 MünchKomm[8]/Wagner, § 630h Rz 50.
138 Vgl § 630h Rz 66.
139 BGH, Urt v 29.1.2019 – VI ZR 495/16, MedR 2019, 554.
140 BGH, Urt v 11.2.2020 – VI ZR 415/18, VersR 2020, 773.
141 BGH, Urt v 18.11.2008 – VI ZR 198/07, MedR 2010, 181.

darin begründet liegt, dass die Einwilligung von dem Behandelnden aus von ihm nicht zu vertretenden Gründen nicht eingeholt werden konnte, kann sich der Behandelnde gegebenenfalls mit dem Instrument der mutmaßlichen Einwilligung (§ 630d Abs 1 Satz 4) behelfen. Andere Fälle, in denen die Einholung der Einwilligung aus von dem Behandelnden zu vertretenden Gründen unterblieben ist, werden von der mutmaßlichen Einwilligung nicht erfasst. Sie sind aber von der Interessenlage der Beteiligten her mit den Fällen, in denen die Wirksamkeit der Einwilligung an fehlender Aufklärung scheitert, vergleichbar. In diesen Fällen sollten die Regelungen von § 630h Abs 2 Satz 2 zur hypothetischen Einwilligung analog angewandt werden[142] und dem Behandelnden ebenfalls der Einwand der hypothetischen Einwilligung ermöglicht werden.

71 g) **Ernsthafter Entscheidungskonflikt.** Ist der Einwand der hypothetischen Einwilligung erhoben, wird die Berufung des Patienten auf eine unwirksame Einwilligung obsolet, es sei denn, der Patient macht plausibel geltend, dass er sich im Fall einer unterstellten ordnungsgemäßen Aufklärung hinsichtlich der Frage, ob er die Maßnahme tatsächlich durchführen lassen soll oder nicht, in einem **ernsthaften Entscheidungskonflikt** befunden hätte[143]. Im Gesetzestext selbst wird der Einwand des Patienten, er hätte sich im Fall einer ordnungsgemäßen Aufklärung in einem ernsthaften Entscheidungskonflikt befunden, im Gegensatz zum Referentenentwurf nicht mehr erwähnt, wohl aber in der Gesetzesbegründung[144].

72 Es reicht hierfür aus, dass der Patient durch plausible Darlegung ernsthafte Zweifel an der Behauptung des Behandelnden weckt, er hätte auch bei ordnungsgemäßer Aufklärung in die Maßnahme eingewilligt[145]. Dabei ist es nicht erforderlich, dass der Patient darlegt, sich bei ordnungsgemäßer Aufklärung gegen den Eingriff entschieden zu haben[146]. Vielmehr genügt es, wenn der Patient erklärt, er hätte bei korrekter Aufklärung noch zugewartet, um sich **in Ruhe über den Eingriff schlüssig zu werden**, jedenfalls, wenn dieser nicht vital bzw zwingend indiziert war[147], oder er vorträgt, dass die ordnungsgemäße Aufklärung über das Für und Wider des ärztlichen Eingriffs ihn **ernsthaft vor die Frage gestellt hätte, ob er zustimmen solle oder nicht**[148].

73 Die Feststellungen darüber, wie sich der Patient bei ausreichender Aufklärung entschieden hätte, und ob er in einen Entscheidungskonflikt geraten wäre, darf das Gericht grundsätzlich **nicht ohne persönliche Anhörung des Patienten** treffen[149]. Dabei hat das Gericht zunächst – gegebenenfalls unter Zuhilfenahme eines Sachverständigen – festzustellen, welche konkreten Inhalte eine ordnungsgemäße und vollständige Aufklärung des Patienten hätte umfassen müssen. Mit einer mit diesem Inhalt unterstellten Aufklärung ist der Patient dann zu konfrontieren und zu befragen, wie er sich bei einer solchen Aufklärung verhalten hätte.

74 Ebenso wie für den Einwand der hypothetischen Einwilligung durch den Arzt ein reduziertes Beweismaß gilt, dürfen auch an den Vortrag eines ernsthaften Entscheidungskonflikts durch den Patienten **keine überzogenen Anforderungen** gestellt werden[150]. Grundsätzlich ist es ausreichend, wenn der Patient zB plausibel darlegt, dass er im Fall einer solchen Aufklärung noch eine zweite Meinung eingeholt hätte oder sich Bedenkzeit erbeten hätte, um die Frage, ob er den Eingriff tatsächlich durchführen lassen soll, noch mit seiner Familie zu besprechen. Nach der Gesetzesbegründung soll es für die Frage der Plausibilität eines echten Entscheidungskonflikts nicht darauf ankommen, ob ein verständiger oder durchschnittlicher Patient die Einwilligung erteilt hätte, wie sich ein „vernünftiger" Patient verhalten hätte oder was aus Sicht des Behandelnden sinnvoll oder erforderlich gewesen wäre. Vielmehr sollen „allein der jeweilige Patient und dessen Entscheidung im Einzelfall maßgeblich" sein[151]. Damit knüpft die Gesetzesbegründung an die Rechtsprechung des BGH an, der ebenfalls entschieden hatte, dass bei der Plausibilität des Entscheidungskonflikts auf die persönliche Entscheidungssituation des jeweiligen Patienten abzustellen ist[152]. Der Tatrichter darf nicht seine eigene Beurteilung eines möglichen Entscheidungskonflikts anstelle der des Patienten setzen[153]. Gleichwohl sind für die Frage der Plausibilität eines geltend gemachten ernsthaften Entscheidungskonflikts auch Umstände wie der **Leidensdruck** und die **Risikobereitschaft** des Patienten sowie die **Dringlichkeit des Eingriffs** und

---

142 Erman[16]/Rehborn/Gescher, § 630h Rz 22.
143 Erman[16]/Rehborn/Gescher, § 630h Rz 23.
144 BT-Drucks 17/10488, 29.
145 BT-Drucks 17/10488, 29.
146 BGH, Urt v 7.12.2021 – VI ZR 277/19, GesR 2022, 110.
147 Martis/Winkhart-Martis, MDR 2020, 1421, 1426.
148 Jaeger, Rz 413.
149 BGH, Urt v 18.5.2021 – VI ZR 401/19, MedR 2021, 897; BGH, Urt v 6.7.2010 – VI ZR 198/09, MedR 2011, 242.
150 Kern, in: Laufs/Kern/Rehborn, HdB ArztR[5], § 112 Rz 23.
151 BT-Drucks 17/10488, 29.
152 BGH, Urt v 27.3.2007 – VI ZR 55/05, MedR 2007, 653.
153 BGH, Urt v 1.2.2005 – VI ZR 174/03, MedR 2005, 527.

die Erwartungen eines umfassend aufgeklärten Patienten von dem Eingriff maßgeblich[154]. Auch etwa bestehende Behandlungsalternativen sind zu berücksichtigen. Ist eine absolute oder gar vitale Indikation für den Eingriff gegeben, ohne dass alternative Behandlungsmöglichkeiten bestehen, reicht allein die Aussage des Patienten, er hätte sich bei ordnungsgemäßer Aufklärung das Für und Wider des Eingriffs ernsthaft überlegt, nicht aus. Dasselbe gilt in der Regel, wenn der Patient unter starken, durch Einleitung oder Fortführung einer konservativen Behandlung nicht beherrschbaren Schmerzen und einem dadurch bedingten hohen Leidensdruck leidet. Dann erscheint der Hinweis, sich bei ordnungsgemäßer Aufklärung über die Risiken des operativen Eingriffs in einem ernsthaften Entscheidungskonflikt befunden zu haben, nicht plausibel[155].

Kann der Patient zu der Frage, ob er bei ordnungsgemäßer und vollständiger Aufklärung in einen echten Entscheidungskonflikt geraten wäre, **nicht mehr persönlich angehört** werden, so hat das Gericht aufgrund einer umfassenden Würdigung der Umstände des Einzelfalls festzustellen, ob der Patient aus nachvollziehbaren Gründen in einen ernsthaften Entscheidungskonflikt geraten sein könnte[156]. **75**

Macht der Patient das Vorliegen eines ernsthaften Entscheidungskonflikts für den Fall einer unterstellten ordnungsgemäßen Aufklärung glaubhaft, fällt die Beweislast für die hypothetische Einwilligung wieder dem Behandelnden zu. Dies stellt eine hohe Hürde dar, die im Arzthaftungsprozess selten genommen wird[157]. **76**

Hat das erstinstanzliche Gericht den Patienten zur Frage des Vorliegens eines ernsthaften Entscheidungskonflikts für den Fall der unterstellten ordnungsgemäßen Aufklärung persönlich angehört und will das Berufungsgericht von dem Ergebnis des erstinstanzlichen Gerichts hinsichtlich der Würdigung der Anhörung abweichen, hat es den Patienten grundsätzlich im Berufungsverfahren nochmals persönlich anzuhören[158]. **77**

h) **Kausalität, Zurechnungszusammenhang.** Hat der Behandelnde den Patienten nicht ordnungsgemäß aufgeklärt, trifft diesen die Darlegungs- und Beweislast (ZPO § 286) dafür, dass der bei ihm eingetretene Gesundheitsschaden kausal auf der Behandlungsmaßnahme beruht, die mangels ordnungsgemäßer Aufklärung rechtswidrig war. Dabei ist allerdings zu beachten, dass der mangels ordnungsgemäßer Aufklärung rechtswidrige Eingriff (oder der rechtswidrige Teil des Eingriffs) bereits selbst den Primärschaden darstellt. Für die **Folgen** des rechtswidrigen Eingriffs kommt dem Patienten daher das Beweismaß des ZPO § 287 zugute, wofür eine überwiegende Wahrscheinlichkeit für die Kausalität der rechtswidrigen Behandlungsmaßnahme für den entstandenen Gesundheitsschaden ausreicht[159]. Der Patient hat daher den Nachweis zu führen, dass sein Gesundheitsschaden mit **überwiegender Wahrscheinlichkeit** auf den nicht von der Einwilligung gedeckten und somit rechtswidrigen Teil der Behandlung zurückzuführen ist[160]. **78**

Liegt **Mitursächlichkeit** vor, obliegt die Beweislast dafür, dass die rechtswidrige Behandlungsmaßnahme nur zu einem **abgrenzbaren Teil des Schadens** geführt hat, dem Behandelnden[161]. **79**

Der Umstand allein, dass eine Behandlungsmaßnahme ohne hinreichende Aufklärung durchgeführt wurde, begründet für sich genommen aber noch keinen Schadensersatzanspruch des Patienten, da es insoweit an Zurechnungszusammenhang fehlt[162]. Voraussetzung hierfür ist vielmehr, dass sich gerade ein Risiko, über welches nicht oder nicht ordnungsgemäß aufgeklärt wurde, realisiert hat. Verwirklicht sich dagegen ein Risiko, über welches der Patient ordnungsgemäß aufgeklärt worden ist, stehen dem Patienten keine Ansprüche gegenüber dem Behandler zu, weil dieser über ein **anderes Risiko, welches sich nicht verwirklicht** hat, nicht aufgeklärt hat[163]. **80**

i) **Kasuistik. – aa) Ernsthafter Entscheidungskonflikt bejaht.** Bei einem **Heilversuch** mit einem neuen, erst im Lauf der Behandlung zugelassenen Medikament, sind an die hypothetische **81**

---

154 OLG Dresden, Urt v 20.7.2021 – 4 U 2901/19, -juris; OLG Dresden, Beschl v 2.10.2019 – 4 U 1141/19, -juris.
155 OLG Brandenburg, Urt v 18.8.2016 – 12 U 176/14, -juris.
156 BGH, Urt v 17.4.2007 – VI ZR 108/06, MedR 2007, 718; OLG Köln, Urt v 15.10.2018 – 5 U 76/16, MedR 2019, 725.
157 MünchKomm[8]/Wagner, § 630h Rz 52.
158 BGH, Urt v 30.9.2014 – VI ZR 443/13, GesR 2015, 20.
159 BGH, Urt v 19.10.2010 – VI ZR 241/09, MedR 2011, 244; BGH, Urt v 29.9.2009 – VI ZR 251/08, MedR 2010, 494; BGH, Urt v 15.3.2005 – VI ZR 313/03, MedR 2005, 599.
160 OLG Dresden, Urt v 15.5.2018 – 4 U 248/16, MedR 2018, 971.
161 OLG Karlsruhe, Urt v 3.2.2021 – 7 U 2/19, GesR 2021, 397; BGH, Urt v 5.4.2005 – VI ZR 216/03, GesR 2005, 359; BGH, Urt v 27.6.2000 – VI ZR 201/99, VersR 2000, 1282.
162 OLG Dresden, Urt v 20.7.2021 – 4 U 2901/19, -juris.
163 BGH, Urt v 13.6.2006 – VI ZR 323/04, MedR 2006, 650.

Einwilligung besonders strenge Maßstäbe anzulegen[164]. Dementsprechend reicht es für den plausiblen Vortrag eines ernsthaften Entscheidungskonflikts aus, wenn sich der Patient darauf beruft, dass er, hätte er gewusst, dass das Medikament noch nicht zugelassen war und deshalb die Gefahr noch nicht bekannter Nebenwirkungen bestand, in einen ernsthaften Entscheidungskonflikt darüber geraten wäre, ob er der Anwendung des Medikaments zustimmen solle oder nicht[165].

82 Dem Arzt ist im Rahmen der Therapiefreiheit zwar auch ein **Off-Label-Use** (hier: **Cytotec zur Geburtseinleitung**) gestattet, wenn er unter sorgfältiger Abwägung der Vor- und Nachteile des nicht zugelassenen Medikaments im Vergleich zu den zugelassenen Substanzen vertretbar und medizinisch-sachlich begründet ist. Er muss die Patientin aber darauf hinweisen, dass es sich um einen Off-Label-Use mit möglicherweise noch unbekannten Nebenwirkungen handelt. Macht die Patientin geltend, im Fall der ordnungsgemäßen Aufklärung eine Sectio in Kauf genommen zu haben, weil sie auf eine vaginale Geburt keinen besonderen Wert gelegt und während der ganzen Schwangerschaft die Angst um das Kind im Vordergrund gestanden habe, da sie kurz vor dieser Schwangerschaft eine Fehlgeburt erlitten habe, genügt dies für die plausible Darlegung eines ernsthaften Entscheidungskonflikts[166].

83 Wird ein Patient über eine bestehende **Behandlungsalternative**, hier die Möglichkeit einer Myektomie anstelle einer Re-TASH-Operation (Transkoronare Ablation der Septumhypertrophie) nicht aufgeklärt, reicht es für die plausible Darlegung eines ernsthaften Entscheidungskonflikts aus, wenn er vorträgt, er hätte sich bei Vorstellungen beider Methoden noch die Meinung seines behandelnden Kardiologen eingeholt oder zumindest über beide Methoden nachgedacht und sich mit seiner Familie besprochen[167].

84 Bei der Implantation einer **unzementierten Hüftgelenksprothese** muss der Patient in den ersten Wochen nach der Operation eine Teilbelastung des Beins durchführen, wozu er von der Schulter- und Armsituation her in der Lage sein muss, Unterarmgehstützen einzusetzen. Ist ihm dies aufgrund seiner Rheumaerkrankung nicht möglich, ist er über den **alternativen Einsatz einer zementierten Prothese** aufzuklären. Erfolgt dies nicht, ist sein Einwand plausibel, bei ordnungsgemäßer Aufklärung in einen ernsthaften Entscheidungspflicht hinsichtlich der Vor- und Nachteile einer zementierten und einer unzementierten Prothese geraten zu sein[168].

85 Auch über die Alternative einer **operativen Vorgehensweise anstelle einer konservativen Vorgehensweise**, ist grundsätzlich aufzuklären. Wird der Patient über die Möglichkeit einer erneuten unblutigen Reposition oder operativen Reposition einer früheren Fraktur anstelle der Fortsetzung der konservativen Behandlung nicht ordnungsgemäß aufgeklärt, kann er dem Einwand der hypothetischen Einwilligung einen ernsthaften Entscheidungskonflikt entgegenhalten[169].

86 Umgekehrt ist auch über die echte Behandlungsalternative der **Fortführung der konservativen Behandlung anstelle einer operativen Vorgehensweise** aufzuklären, wenn die Operation nur relativ indiziert ist und die konservativen Maßnahmen noch nicht ausgeschöpft sind. Macht der Patient geltend, im Fall der ordnungsgemäßen Aufklärung darüber, dass anstelle der Wirbelsäulenoperation eine mehrwöchige Schmerztherapie hätte durchgeführt werden und diese dazu hätte führen können, dass die Schmerzen noch über Jahre hinweg beherrschbar sind, lieber weiter mit Schmerzen gelebt zu haben, als sich dem Risiko einer Querschnittslähmung auszusetzen, stellt dies einen plausiblen Entscheidungskonflikt dar[170].

87 Wird der Patient vor Durchführung **chirotherapeutischer Maßnahmen**, die aufgrund einer Medikamenteneinnahme mit einem erhöhten Risiko von Einblutungen verbunden waren, nicht über die Möglichkeit konservativer Maßnahmen wie Bewegungsübungen oder physikalische Therapien aufgeklärt, ist es plausibel, wenn er darlegt, in einen ernsthaften Entscheidungskonflikt geraten zu sein, wäre er ordnungsgemäß über die erheblichen Risiken des Eingriffs und die bestehenden konservativen Behandlungsmöglichkeiten aufgeklärt worden[171].

88 Wird der Patient nicht über das **Infektionsrisiko einer Kniegelenkspunktion** aufgeklärt, ist es plausibel, wenn er vorträgt, im Fall der ordnungsgemäßen Aufklärung zunächst die konser-

---

164 BGH, Urt v 27.3.2007 – VI ZR 55/05, MedR 2007, 653.
165 BGH, Urt v 27.3.2007 – VI ZR 55/05, MedR 2007, 653.
166 LG Berlin, GerBesch v 2.7.2020 – 6 O 425/12, VersR 2021, 973.
167 OLG Hamm, Urt v 10.4.2018 – 26 U 67/17, -juris.
168 OLG Köln, Urt v 10.1.2018 – 5 U 104/15, VersR 2019, 490.
169 BGH, Urt v 15.3.2005 – VI ZR 313/03, MedR 2005, 599.
170 OLG Hamm, Urt v 15.12.2017 – 26 U 3/14, VersR 2018, 1004.
171 OLG Hamm, Urt v 2.2.2021 – 26 U 54/19, NJW-RR 2021, 221.

vative Behandlung fortgeführt und zugewartet zu haben, ob hierdurch eine Besserung der Beschwerden auftritt, insbesondere, wenn er einer Punktion gegenüber ohnehin eher ablehnend gegenüberstand und sich erst nach Einwirkung des Arztes zu dem Eingriff entschlossen hat[172].

Besteht bei einem Patienten ein **spezifisch erhöhtes Risiko von Infektionen und Wundheilungsstörungen** (zB Diabetiker, langjährige Kortisoneinnahme, Raucher), ist hierüber gesondert aufzuklären. Dieses erhöhte Risiko wird von der allgemeinen Aufklärung über Wundinfektionen und Wundheilungsstörungen nicht umfasst. Erleidet der Patient infolge dieses erhöhten Risikos nach einer Operation eine Sepsis am Vorfuß und macht er geltend, er hätte im Fall einer ordnungsgemäßen Aufklärung auf den Eingriff verzichtet, weil die Beschwerden erträglich waren, reicht dies für die Annahme eines ernsthaften Entscheidungskonflikts aus[173]. 89

Ist die Durchführung eines **nur relativ indizierten** Eingriffs (hier: Varizen-OP) mit dem Risiko einer **dauerhaften Nervenschädigung** und damit einhergehenden erheblichen motorischen Beeinträchtigungen verbunden, muss der Patient über diese Risiken aufgeklärt werden. Legt er dar, bei Aufklärung über diese Risiken in einen Entscheidungskonflikt geraten zu sein, ist dies plausibel, wenn er vor dem Eingriff sehr bewegungsaktiv war und zwei Kinder zu versorgen hatte[174]. 90

Je weniger medizinisch indiziert ein Eingriff ist, umso ausführlicher ist die Selbstbestimmungsaufklärung durchzuführen. Bei **rein kosmetischen Operationen** reicht selbst eine umfassende Aufklärung nicht aus. Vielmehr muss der Behandelnde dem Patienten das **Für und Wider des Eingriffs mit allen Konsequenzen und Alternativen schonungslos** vor Augen führen[175]. Eine unzureichende Aufklärung beeinträchtigt den Patienten in seiner Entscheidungsfreiheit. Es ist daher regelmäßig von der Plausibilität eines ernsthaften Entscheidungskonflikts auszugehen, wenn die persönliche Anhörung des Patienten nicht ergibt, dass er bereits präoperativ unverrückbar zur Durchführung des Eingriffs entschlossen war[176]. 91

Ist die Einwilligung des Patienten in eine nur relativ indizierte Operation wegen **verspäteter Aufklärung** unwirksam, kann der Patient den Einwand der hypothetischen Einwilligung durch die Behandlungsseite dadurch entkräften, dass er plausibel vorträgt, bei Einräumung einer ordnungsgemäßen Bedenkzeit hätte er noch **Rücksprache** mit dem ihn behandelnden HNO-Arzt gehalten und sich möglicherweise gegen die Operation entschieden[177]. 92

Bei einer **Lebendorganspende** ist der Spender darüber aufzuklären, dass bei ihm nach der Entnahme einer Niere eine dauerhafte Müdigkeits- und Erschöpfungssymptomatik oder eine Insuffizienz der verbleibenden Niere auftreten können. Unterbleibt diese Aufklärung und realisiert sich ein solches Risiko, macht der Spender plausibel einen ernsthaften Entscheidungskonflikt geltend, wenn er auf besondere körperliche Fitness angewiesen ist und bei dem Empfänger der Spenderniere eine Dialyse noch längere Zeit möglich gewesen wäre[178]. Im Hinblick auf die zeitlich später ergangene Entscheidung des BGH, wonach der **Einwand der hypothetischen Einwilligung in Fällen eines Verstoßes gegen TPG § 8 Abs 2 unbeachtlich** ist, weil dies dem **Schutzzweck der gesteigerten Anforderungen des TPG § 8** widersprechen würde[179], wäre es in diesem Fall auf den ernsthaften Entscheidungskonflikt hingegen nicht mehr angekommen. 93

bb) **Ernsthafter Entscheidungskonflikt verneint**. Ist ein Eingriff zum Schutz des Patienten **dringend und alternativlos indiziert**, ist der Nachweis eines ernsthaften Entscheidungskonflikts häufig nur schwer möglich, weil die Zustimmungsverweigerung zu dem Eingriff völlig unvernünftig wäre. Zwar ist es grundsätzlich nicht von Bedeutung, wie sich ein „vernünftiger Patient" entschieden haben würde. In derartigen Fällen obliegt dem Patienten jedoch eine nähere Substantiierungspflicht, um einsichtig zu machen, dass ihn die ordnungsgemäße Aufklärung über das Für und Wider des Eingriffs vor einen ernsthaften Entscheidungskonflikt gestellt hätte[180]. Es ist daher nicht plausibel, wenn ein Patient vorträgt, dass er bei einem vorhandenen **Bauchaortenaneurysma** mit der Wahrscheinlichkeit des Platzens von 10 % und einem daraus resultierenden Risiko des Versterbens iHv 50 % für den Fall des Platzens auf eine Operation verzichtet hätte, wäre er auf das mit der Operation ebenfalls verbundene Risiko einer spinalen 94

---

172 BGH, Urt v 14.6.1994 – VI ZR 260/93, MedR 1994, 488.
173 OLG Oldenburg, Urt v 15.11.2006 – 5 U 68/05, -juris.
174 OLG Brandenburg, Urt v 10.5.2000 – 1 U 21/99, -juris.
175 OLG Dresden, Beschl v 8.10.2019 – 4 U 1052/19, NJW-RR 2020, 149; OLG Dresden, Urt v 3.9.2009 – 4 U 239/08, -juris.
176 OLG Dresden, Beschl v 8.10.2019 – 4 U 1052/19,

NJW-RR 2020, 149; OLG Dresden, 3.9.2009 – 4 U 239/08, -juris.
177 OLG Hamburg, Urt v 25.11.2021 – 5 U 63/20, MDR 2022, 368.
178 OLG Düsseldorf, Urt v 25.8.2016 – 8 U 115/12, GesR 2017, 37.
179 BGH, Urt v 11.2.2020 – VI ZR 415/18, VersR 2020, 773.
180 OLG Bremen, Urt v 2.4.2015 – 5 U 12/14, -juris.

Ischämie, das lediglich in 0,1 % der Operationen eintritt, aufgeklärt worden[181]. Die Abwägung des vorgetragenen Entscheidungskonfliktes geht somit mit der Höhe prozentualer Wahrscheinlichkeiten und diesen zugrunde liegenden statistischen Berechnungen nach dem jeweiligen Stand der Medizin einher, die ohne die Grundlage eines medizinischen Sachverständigen nicht vernünftig evaluiert werden können.

95 Auch ist es **nicht plausibel**, wenn ein Patient behauptet, dass er, hätte man ihn über das Risiko einer (weitergehenden) Lähmung bei Durchführung einer Lysetherapie ordnungsgemäß aufgeklärt, auf diese verzichtet hätte, selbst wenn dies für ihn **den sicheren Tod bedeutet** hätte[182]. Ebenso erscheint in diesen Fällen der Vortrag des Patienten, bei ordnungsgemäßer Aufklärung noch eine Zweitmeinung eingeholt zu haben, in der Regel nicht plausibel[183], insbesondere dann nicht, wenn es sich, wie hier, um einen Not- und Akutfall handelte.

96 Behauptet der Patient, der an einer **perforierten Blinddarmentzündung** litt, die eine lebensbedrohliche Peritonitis zur Folge haben konnte, bei ordnungsgemäßer Aufklärung über das Risiko einer Narbenhernie in einen Entscheidungskonflikt geraten zu sein, ob er der minimal-invasiven Laparoskopie zugestimmt hätte, oder stattdessen auf eine Laparotomie bestanden hätte, ist dies gleichfalls nicht plausibel[184].

97 Sind konservative **Behandlungsmethoden ausgeschöpft**, kann der Patient in der Regel keinen Entscheidungskonflikt hinsichtlich einer operativen Vorgehensweise plausibel machen, da in diesem Fall die Fortführung der konservativen Behandlung keine echte Behandlungsalternative darstellt.

98 Stand der Patient, bei dem eine **Kniegelenksarthroskopie** durchgeführt wurde, infolge jahrelanger Beschwerden und Schmerzen unter einem **hohen Leidensdruck** und begegnete er **weiteren konservativen Behandlungsmaßnahmen** gegenüber skeptisch, ist es nicht plausibel, wenn er behauptet, bei ordnungsgemäßer Aufklärung über die Möglichkeit weiterer konservativer Behandlungsalternativen in einen ernsthaften Entscheidungskonflikt geraten zu sein[185]. Ebenso wenig ist ein Entscheidungskonflikt eines Patienten plausibel, der vor einer Kniegelenksarthroskopie nicht über die Möglichkeit konservativer Therapiealternativen aufgeklärt wurde, aber bereits **zuvor vergleichbare Eingriffe** hat durchführen lassen, bei denen er über die Risiken ordnungsgemäß aufgeklärt worden war[186].

99 Nicht plausibel erscheint die Behauptung eines ernsthaften Entscheidungskonflikts auch dann, wenn der Patient sich nach dem Eingriff, hinsichtlich dessen er sich in einem ernsthaften Entscheidungskonflikt befunden haben will, einem **gleichartigen Eingriff** bei gleicher (relativer) Indikationslage nach zwischenzeitlich erfolgter ordnungsgemäßer Aufklärung unterzieht.

100 Vor der Implantation einer **Fingergrundgelenksprothese** ist über die **Behandlungsalternative einer Arthrodese** aufzuklären. Macht der Patient geltend, die Alternative einer Versteifung des Gelenks gewählt zu haben, hätte er gewusst, was hier noch alles an Operationen auf ihn zugekommen war, begründet dies aber keinen ernsthaften Entscheidungskonflikt. Denn dies stellt eine reine **Betrachtung ex post** dar, die **keinen Entscheidungskonflikt** ex ante plausibel machen kann. Hat der Patient dem behandelnden Arzt in hohem Maß vertraut, macht auch seine bloße Behauptung ohne jegliche nähere Darlegung, noch eine Zweitmeinung eingeholt zu haben, keinen ernsthaften Entscheidungskonflikt plausibel[187]. Beim **Kniegelenk** hingegen stellt die **Arthrodese keine echte Alternative zur Kniegelenkprothese** dar, über die aufzuklären wäre[188]. Bei dieser kann die Beweglichkeit des Gelenks im Vergleich zum Zustand vor der Operation sogar verbessert werden, während die Arthrodese mit einer vollständigen Versteifung des Gelenks verbunden ist.

101 Die Behauptung einer Patientin, bei ordnungsgemäßer Aufklärung über die **Risiken einer Sectio** auf diese zugunsten einer vaginalen Geburt verzichtet zu haben, ist nicht plausibel, wenn feststeht, dass das werdende Kind wegen einer bereits eingetretenen Sauerstoffunterversorgung nur durch den Kaiserschnitt vor einem dauerhaften Gehirnschaden bewahrt werden konnte, da in einem derartigen Fall der Entscheidungskonflikt allein am **Wohl des Kindes** zu orientieren

---

181 OLG Bremen, Urt v 2.4.2015 – 5 U 12/14, -juris.
182 OLG Oldenburg, Urt v 22.3.2017 – 5 U 191/15, MDR 2017, 881.
183 OLG Brandenburg, Beschl v 28.10.2021 – 12 U 6/21, -juris; OLG Köln, Beschl v 17.4.2014 – 5 U 148/13, -juris.
184 OLG Köln, Urt v 15.10.2018 – 5 U 76/16, MedR 2019, 725.
185 OLG Naumburg, Urt v 10.4.2017 – 1 U 96/16, -juris.
186 OLG Dresden, Beschl v 2.10.2019 – 4 U 1141/19, -juris.
187 OLG Köln, Urt v 28.4.2021 – 5 U 151/18, GesR 2021, 441.
188 OLG Oldenburg, Urt v 30.3.2005 – 5 U 66/03, VersR 2006, 517.

ist[189]. Anders kann sich dies darstellen, wenn aufgrund eines erhöhten Risikos für Gesundheit und Leben der Entbindenden deren Leben gegen das des werdenden Kindes abzuwägen ist[190].

Willigt ein Patient in einen Eingriff ein, bei dem er eine **Vielzahl von Risiken in Kauf** **102** **nimmt** (Wundheilungsstörungen, Knochen- und Gelenksentzündungen, Bewegungseinschränkungen, Prothesenlockerung, Nervenschädigung, Thrombosen, Embolie) ist es nicht plausibel, wenn er behauptet, in einen ernsthaften Entscheidungskonflikt hinsichtlich des Für und Wider des Eingriffs geraten zu sein, wäre er auch über das – im Promillebereich liegende – **Risiko einer Gefäßverletzung** aufgeklärt worden[191].

4. Dokumentationsversäumnisse, Abs 3. – a) **Die Grundlagen des § 630h Abs 3**. In der **103** Gesetzesbegründung ist hervorgehoben, dass die Dokumentation nicht nur die Therapie des Patienten absichern, sondern sie auch „Rechenschaft über die Maßnahmen" des Arztes ablegen soll, und zwar deshalb, um einen Ausgleich zu dem gegenüber dem Patienten zweifellos bestehenden Wissensgefälle oder Wissensvorsprung herzustellen[192]. Grund dafür sind die spezifischen Beweisnöte des Patienten[193]. Das Vorliegen eines Behandlungsfehlers ist vom Patienten zu beweisen, diese Rechtslage bleibt auch nach dem Inkrafttreten des Patientenrechtegesetzes unverändert bestehen[194]. Die entscheidende Informationsquelle für den Patienten ist die seitens des Behandlers zu erstellende ordnungsgemäße Patientendokumentation nach § 630f[195]. Eine umfassende und korrekte Dokumentation ist bei der Ausübung des Arztberufes unerlässlich. Der Gesetzgeber hat durch das Patientenrechtegesetz die Dokumentationspflicht für den behandelnden Arzt in § 630f eingefügt, weiterhin ist sie im BMV-Ä und in der MBO-Ä geregelt. Während der BMV-Ä § 57 vorschreibt, dass der Arzt die Befunde, die Behandlungsmaßnahmen und die veranlassten Leistungen einschließlich des Tages der Behandlung in geeigneter Weise zu dokumentieren hat, fordert die MBO-Ä § 10, dass über die getroffenen Feststellungen und Maßnahmen die erforderlichen Aufzeichnungen zu machen sind. Die Anforderungen an die Dokumentation werden in den verschiedenen Vorschriften nur unbestimmt beschrieben. Die Dokumentation hat in erster Linie die Aufgabe, das Behandlungsgeschehen aufzuzeichnen und dadurch eine sachgerechte therapeutische Behandlung und Weiterbehandlung zu gewährleisten. Die Dokumentation ist ebenfalls erforderlich, um Ärzte, die einen Patienten weiterbehandeln, zu informieren. Gesetzlich vorgeschrieben ist, dass der Behandler Anamnese und Diagnose, durchgeführte Untersuchungen inklusive deren Ergebnisse, sämtliche Befunde, Therapien und deren Wirkungen, Eingriffe und ihre Wirkungen sowie Einwilligungen und Aufklärungen in seine Dokumentation aufnimmt. Darüber hinaus muss der Arzt alle Arztbriefe als sog Transferdokumente gemäß § 630f Abs 2 Satz 2 in die Patientenakte aufnehmen. Dies spiegelt sich nunmehr in § 630f Abs 2 Satz 1 wider, der für die Wesentlichkeit der zu dokumentierenden Maßnahmen auf die fachliche Sicht abstellt. Nach dem Wortlaut kommt es bei der Beurteilung des Dokumentationsumfangs ausdrücklich auf eine fachlich-medizinische Sichtweise an[196]. Dies ist ein Indiz dafür, dass auch der Gesetzgeber von dem Grundsatz ausgeht, dass eine Dokumentation, die medizinisch nicht geboten ist, auch aus Rechtsgründen nicht vom Behandelnden gefordert werden kann[197]. Diesen Gedanken formulierte der BGH so erstmals in einer Entscheidung aus dem Jahr 1989[198]. Nur was medizinisch notwendig ist, ist dokumentationspflichtig und auch aus Rechtsgründen geboten[199].

Durch die Verpflichtung des Behandlers die ordnungsgemäße Patientendokumentation nach **104** § 630f zu erstellen und dem Patienten nach § 630g den Zugang hierzu zu gewähren[200], wird dem Patienten ermöglicht, die eventuelle Pflichtverletzung des Behandlers, zunächst festzustellen und gegenüber Dritten oder vor Gericht zu beweisen. Hat der Behandelnde gegen seine Befunderhebungs- oder Befundsicherungspflicht verstoßen, bleibt unklar, ob der Behandelnde einen Befund überhaupt erhoben oder einen erhobenen Befund tatsächlich richtig gedeutet hat[201]. Diese Unsicherheit erschwert dem Patienten hinsichtlich eines Behandlungsfehlers die Beweisführung und brächte ihn in Beweisschwierigkeiten[202], denn eine unterbliebene oder unvollstän-

---

189 OLG Köln, Urt v 3.11.1997 – 5 U 98/97, VersR 1999, 98.
190 OLG Köln, Urt v 3.11.1997 – 5 U 98/97, VersR 1999, 98.
191 OLG Hamm, Urt 12.3.2003 – 3 U 132/02, -juris.
192 BT-Drucks 17/10488, 29.
193 BeckOK-BGB/Katzenmeier, Stand: 1.5.2022, § 630h Rz 44.
194 MünchKomm⁸/Wagner, § 630h Rz 58.
195 MünchKomm⁸/Wagner, § 630h Rz 58; Erman¹⁶/Rehborn/Gescher, § 630h Rz 24; Walter GesR 2013, 129, 130 ff.
196 Bayer, Ärztliche Dokumentationspflicht und Einsichtsrecht in Patientenakten, S 47.
197 Bayer, Ärztliche Dokumentationspflicht und Einsichtsrecht in Patientenakten, S 47.
198 BGH, Urt v 24.1.1989 – VI ZR 170/88, NJW 1989, 2330, 2331.
199 BGH, Urt v 24.1.1989 – VI ZR 170/88, NJW 1989, 2330, 2331; BGH, Urt v 23.3.1993 – VI ZR 26/92, NJW 1993, 2375; BGH, Urt v 6.7.1999 – VI ZR 290/98, NJW 1999, 3408, 3409.
200 MünchKomm⁸/Wagner, § 630h Rz 58.
201 BT-Drucks 17/10488, 29.
202 BT-Drucks 17/10488, 29.

dige Dokumentation erschwert die Beweisführung des Patienten zusätzlich. Da diese Unsicherheit aber aus der Sphäre des Behandelnden stammt, und der Behandler daraus keinen Vorteil ziehen soll[203], wäre es unbillig, dem Patienten die erschwerte Beweisführung aufzuerlegen[204]. Mithin ist es in Anknüpfung an die Rechtsprechung sachgerecht, den Behandelnden mit der Vermutung des Absatzes 3 zu belasten[205].

105 Liegt hingegen eine ordnungsgemäße Dokumentation vor, so wird dieser solange Glauben geschenkt, bis ein Gegenbeweis angetreten wird[206]. Grundsätzlich hat die Dokumentation einen positiven Beweiswert. Die Echtheits- bzw Vollständigkeitsvermutung gilt nicht mehr, wenn an den Eintragungen nachträglich Änderungen vorgenommen worden sind, ohne diese kenntlich zu machen[207]. § 630f Abs 1 Satz 3 iVm Satz 2 verlangt deshalb auch eine „fälschungssichere Software", welche die ursprünglichen Einträge beibehält und nachträgliche Änderungen deutlich sichtbar macht. Um die Nachträglichkeit zu erkennen, muss die Änderung mit Datum versehen sein. Die Kenntlichmachung von nachträglichen Eintragungen oder Ergänzungen sind für die Echtheitsvermutung der Dokumentation von Bedeutung, um diese nicht zu erschüttern. Der BGH hat entschieden, dass veränderbare elektronische Akten ohne Kenntlichkeitsfunktion bezüglich der Änderungen nur noch einen eingeschränkten Beweiswert aufweisen[208]. Einer EDV-Dokumentation ohne die Funktion der Kenntlichmachung einer nachträglichen Veränderung kommt somit nicht mehr der volle Beweiswert zu, auch nicht für den Fall, dass der Arzt nachvollziehbar darlegt, dass keine nachträglichen Eintragungen vorgenommen worden sind und die Eintragungen in der EDV-Dokumentation grundsätzlich plausibel sind[209]. Der Grund hierfür ist, dass bei der Verwendung eine Praxisverwaltungssoftware, die Veränderungen der Eintragungen nicht kenntlich macht, dieser Dokumentation nicht dasselbe Vertrauen geschenkt werden kann, wie einer unveränderten papierenen Dokumentation[210]. Die nachträglich veränderbare E-Akte rechtfertigt nach § 630f Abs 1 Satz 3 nicht den ausreichend sicheren Schluss, die dokumentierte Maßnahme sei tatsächlich erfolgt[211].

106 Die Entscheidung, ob und inwieweit auch eine Fotokopie iRd ärztlichen Dokumentation aussagekräftig ist, obliegt der richterlichen Beweiswürdigung. Wenn keine Anhaltspunkte für eine Fälschung bzw Manipulation bestehen, kommt die Indizwirkung auch einer Kopie der Behandlungsunterlagen zu[212]. Um die Indizwirkung bzw die Vollständigkeit der Dokumentation zu erschüttern, müssen konkrete Anhaltspunkte vorliegen.

107 Im Gegensatz zu dem Einsichtnahmerecht des Patienten in seine Akte, ist die Dokumentationspflicht keine Leistungspflicht des Arztes, die der Patient selbständig einklagen kann[213]. Zwar ist die Aufzeichnungspflicht auch nicht nur eine bloße Obliegenheit, deren Nichterfüllung einen Rechtsverlust des Arztes bewirkt[214]. Sie löst bei Schlechterfüllung keinen eigenständigen Haftungsanspruch[215] oder Behandlungsfehler[216] aus. Allerdings wird durch eine unzulängliche Dokumentation die Weiterbehandlung entscheidend erschwert[217]. Auch kann die Dokumentation lebensrettend sein, bspw wenn eine bereits aufgetretene allergische Reaktion auf zuvor applizierte Medikamente festgehalten wurde[218]. Eine pflichtwidrig lückenhafte Dokumentation kann somit einen Behandlungsfehler auslösen. Das ist der Fall, wenn die nicht dokumentierten Anga-

---

203 BeckOK-BGB/Katzenmeier, Stand: 1.5.2022, § 630h Rz 44.
204 BT-Drucks 17/10488, 29.
205 BT-Drucks 17/10488, 29.
206 Rehborn/Kern, in: Laufs/Kern/Rehborn, HdB ArztR[5], § 61 Rz 35.
207 OLG Oldenburg, Urt v 23.7.2008 – 5 U 28/08, MedR 2011, 163, 165 m Anm Walter MedR 2011, 166, 167; OLG Naumburg, Urt v 15.11.2011 – 1 U 31/11, MedR 2012, 529, 530 m Anm Gödicke MedR 2012, 531, 532; OLG Naumburg, Urt v 26.1.2012 – I U 45/11, GesR 2012, 762, 763.
208 Zur nicht revisionssicheren Praxisdokumentation BGH, Urt v 27.4.2021 – VI ZR 84/19, ZMGR 2021, 229, 230 ff.
209 OLG Frankfurt/M, Urt v 13.11.2015 – 8 U 141/13, -juris Rz 9; OLG Naumburg, Urt v 16.4.2015 – I U 119/13, GesR 2015, 498, 499.
210 Zur nicht revisionssicheren Praxisdokumentation BGH, Urt v 27.4.2021 – VI ZR 84/19, ZMGR 2021, 229, 230 ff.
211 Zur nicht revisionssicheren Praxisdokumentation BGH, Urt v 27.4.2021 – VI ZR 84/19, ZMGR 2021, 229, 230 ff.
212 OLG München, Urt v 28.5.2013 – 1 U 844/13, -juris Rz 16.
213 Näher dazu Hohloch NJW 1982, 2577, 2580, 2581 f; aA Wasserburg NJW 1980, 617, 621, 624.
214 OLG München, Beschl v 26.8.2019 – 24 U 2814/19, BeckRS 2019, 45534; LG Koblenz, Urt v 26.10.2017 – 1 O 53/17, BeckRS 2017, 133327; Hohloch NJW 1982, 2577, 2580.
215 Rehborn/Kern, in: Laufs/Kern/Rehborn, HdB ArztR[5], § 61 Rz 36, BeckOK-BGB/Katzenmeier, Stand: 1.5.2022, § 630f Rz 18.
216 OLG Koblenz, Hinweisbeschl v 4.4.2016 – 5 U 151/1, GuP 2017, 73.
217 Rehborn/Kern, in: Laufs/Kern/Rehborn, HdB ArztR[5], § 61 Rz 36; Zum Dokumentationszweck Sicherung der Weiterbehandlung vgl eingehend BeckOK-BGB/Katzenmeier, Stand: 1.5.2022, § 630f Rz 3.
218 Rehborn/Kern, in: Laufs/Kern/Rehborn, HdB ArztR[5], § 61 Rz 36.

ben in der weiteren Behandlung zu ansonsten vermeidbaren Schäden führen[219]. Damit kann eine unterlassene Dokumentation, die zunächst ohne Auswirkung für ein späteres Behandlungsgeschehen ist, ggf haftungsauslösend werden.

Neben fehlenden Einträgen in der Patientenakte führt gemäß § 630h Abs 3 auch die vorzeitige (gesamte oder teilweise) Vernichtung der Dokumentation zur Beweislastumkehr[220], denn der unterlassenen Aufzeichnung der Dokumentation steht die Vernichtung der Dokumentation vor Ablauf der Aufbewahrungsfrist des § 630f Abs 3 gleich[221]. Die Norm des § 630h Abs 3, die den Patienten vor einer unvollständigen Dokumentation schützt, gilt erst recht, wenn die Dokumentation vollständig fehlt[222]. Die Vernichtung oder der Verlust nach Ablauf der Aufbewahrungsfrist des § 630f Abs 3 löst die Vermutung des § 630h Abs 3 allerdings nicht aus[223]. **108**

b) **Gesetzliche Vermutung des § 630h Abs 3 und deren Voraussetzungen.** – aa) **Bezüglich eines (groben) Behandlungsfehlers.** Der vertrauenswürdigen Behandlungsdokumentation ist grundsätzlich Glauben zu schenken, soweit sich kein Anhalt für Veränderungen, Verfälschungen oder Widersprüchlichkeiten bietet[224]. Dies gilt auch, wenn die Dokumentation sich äußerlich und inhaltlich ohne Lücken in die sonstigen vorherigen und nachfolgenden Eintragungen einfügt[225]. Radierungen oder Veränderungen der Dokumentation sind gemäß § 630f Abs 1 Satz 2 nur zulässig, wenn der ursprüngliche Inhalt erkennbar bleibt[226]. Anderenfalls können nachträgliche Veränderungen an der Dokumentation – ebenso wie deren Fehlen – eine Vermutung für einen Dokumentationsfehler begründen[227]. Liegen keine Anhaltspunkte für eine Manipulation oder Unrichtigkeit der Dokumentation vor, hat der Patient die Vermutung der Richtigkeit der ärztlichen Dokumentation zunächst zu erschüttern[228], falls er sich auf deren Unrichtigkeit oder Unvollständigkeit berufen möchte. **109**

Eine nicht ordnungsgemäße Dokumentation lässt die Vermutung zu, dass eine nicht dokumentierte Maßnahme nicht ergriffen wurde und ferner, dass ein nicht dokumentierter, aber wesentlicher Umstand sich so ereignet hat, wie ihn der Patient glaubhaft schildert[229]. Die Vermutung in Absatz 3 knüpft dabei an die bisherige Rechtsprechung dazu an, dass soweit eine dokumentationspflichtige Maßnahme unterblieb, diese als von dem Behandelnden nicht getroffen anzusehen ist[230]. Nach der Rspr vor dem PatRG bestand keine genuin haftungsrechtliche Verpflichtung des Behandelnden zur Dokumentation des Behandlungsgeschehens zwecks Verwendung selbiger in einem späteren Arzthaftungsprozess. Seine Dokumentationsverpflichtung war und ist auf das aus medizinischen Gründen Gebotene beschränkt[231]. **110**

Dokumentationsmängel erleichtern den Nachweis eines Behandlungsfehlers insofern, als dass die Vermutung entsteht, dass eine aus medizinischen Gründen erforderliche, jedoch nicht doku- **111**

---

219 OLG Naumburg, Urt v 24.9.2015 – 1 U 132/14; zum einheitlichen Schmerzensgeldanspruch bei verschiedenen Behandlungsfehlern innerhalb einer Operation BGH, Urt v 14.3.2017 – VI ZR 605/15, MDR 2017, 762.
220 BT-Drucks 17/10488, 8.
221 BeckOK-BGB/Katzenmeier, Stand: 1.5.2022, § 630h Rz 44.
222 BT-Drucks 17/10488, 30; zur Beweislast bei Unmöglichkeit der Herausgabe der Behandlungsunterlagen LG Köln, Beschl v 15.1.2010 – 3 O 477/08, MedR 167, 168.
223 BT-Drucks 17/10488, 30; BeckOK-BGB/Katzenmeier, Stand: 1.5.2022, § 630h Rz 44; Walter GesR 2013, 129, 130 ff; zu mögl Beweisnachteilen für den Arzt, wenn in geburtshilflichen Schadensfällen das Geburtsprotokoll lückenhaft ist und die CTG-Aufzeichnungen fehlen OLG Hamm, Urt v 29.1.2003 – 3 U 91/02, VersR 2005, 412, 413; OLG Karlsruhe, Urt v 11.2.2004 – 7 U 174/02, ArztR 2004, 438.
224 OLG Düsseldorf, Urt v 17.3.2005 – 8 U 56/04, GesR 2005, 464; OLG Naumburg, Urt v 15.11.2011 – 1 U 31/11, MedR 2012, 529, 530 m Anm Gödicke MedR 2012, 531, 532; OLG Naumburg, Urt v 26.1.2012 – 1 U 45/11, GesR 2012, 762, 763; OLG Naumburg, Urt v 16.4.2015 – 1 U 119/13, GesR 2015, 498; zur Indizwirkung der Dokumentation OLG Oldenburg, Urt v 28.2.2007 – 5 U 147/05, VersR 2007, 1567; zur Indizwirkung von sog „vertraulichen" Vermerken an Kollegen auf der Rückseite des Arztbriefes (bei unerkannt gebliebenem Minderwuchs und unterlassener Verlaufskontrolle) OLG Oldenburg, Urt v 21.5.2014 – 5 U 216/11, VersR 2014, 1336, 1339 = GesR Rechtsprechung kompakt 2015, 611 m Anm Dautert GesR 2015, 612.
225 Die Beweislast für die Unrichtigkeit liegt beim Patienten OLG Köln, Urt v 13.8.2014 – 5 U 57/14, juris Rz 2, 4 und OLG Köln, Urt v 3.9.2008 – 5 U 51/08, GesR 2009 385, 386; zur Glaubhaftigkeit einer detaillierten, medizinisch plausiblen und schlüssigen ärztlichen Dokumentation OLG München, Urt v 15.7.2011 – 1 U 5092/10, openJur 2012, 117090 Rz 32.
226 Zur nicht revisionssicheren Praxisdokumentation BGH, Urt v 27.4.2021 – VI ZR 84/19, ZMGR 2021, 229, 230 ff.
227 OLG Frankfurt/M, Urt v 21.2.1991 – 12 U 42/90; VersR 1992, 579; Spickhoff/Greiner, MedR-Komm[3], Nr 70 (BGB), §§ 823–839 Rz 123.
228 Spickhoff/Greiner, MedR-Komm[3], Nr 70 (BGB), §§ 823–839 Rz 123.
229 Vgl Quaas/Zuck/Clemens (Hrsg), Medizinrecht[4], § 14 Rz 114; Kern, in: Laufs/Kern/Rehborn, HdB ArztR[5], § 111 Rz 1 ff.
230 BT-Drucks 17/10488, 29; BGH, Urt v 14.3.1978 – VI ZR 213/76, NJW 1978, 1681, 1682; OLG Naumburg, Urt v 15.11.2011 – 1 U 31/11, MedR 2012, 529, 530 m Anm Gödicke MedR 2012, 531, 532; Martis/Winkhart, Arzthaftungsrecht[6], D Rz 395 mwN; Walter GesR 2013, 129, 130 ff.
231 Zum Aufklärungsbogen und dem Merkmal „Lähmung" sowie zum Widerspruch zwischen Dokumentation und Behauptungen des Patienten BGH, Urt v 29.9.1998 – VI ZR 268/97, NJW 1999, 863.

mentierte Maßnahme vom Behandler nicht getroffen worden ist[232]. Eine Vermutung, dass streitige Angaben des Patienten zu seinen Beschwerden dem Arzt mitgeteilt wurden, ergibt sich hieraus jedoch nicht[233].

112 Die Beweiserleichterung des § 630h Abs 3 setzt voraus, dass die Dokumentation des Behandlungsgeschehens nicht den Vorgaben des § 630f entspricht. Der auf Schadensersatz klagende Patient hat darzulegen, dass eine medizinische Maßnahme diagnostischer oder therapeutischer Art unterblieben ist, deren Anwendung oder Unterlassung einem Behandlungsfehler gleichkommen würde[234]. Dies kann er dadurch erreichen, dass er darlegt, dass die zu ergreifende Maßnahme nicht dokumentiert wurde und daher deren Unterlassen nach § 630h Abs 3 vermutet wird. Die Vermutung greift jedoch nur, wenn die Maßnahme überhaupt dokumentationspflichtig war. Der Umfang der dokumentationspflichtigen Umstände bestimmt sich dabei nach § 630 f.

113 Die Vermutungswirkung erstreckt sich jedoch nicht auf die Kausalität zwischen Pflichtverletzung, also hier der nicht dokumentierten Maßnahme, und dem Schaden[235]. Eine unterbliebene, unvollständige oder auch nur lückenhafte Dokumentation führt nicht unmittelbar zu einer Beweislastumkehr hinsichtlich des Ursachenzusammenhangs zwischen einem Behandlungsfehler und dem eingetretenen Primärschaden[236]. Damit bleibt es Voraussetzung des Anspruchs, dass ein schuldhafter Behandlungsfehler als Ursache des auszugleichenden Gesundheitsschadens ernstlich in Frage kommt[237]. Dies muss letztlich der Patient beweisen[238].

114 Zu einer Beweislastumkehr hinsichtlich des Ursachenzusammenhangs zwischen einem festgestellten oder in Ermangelung einer Dokumentation anzunehmenden Behandlungsfehler und dem Schaden des Patienten kann es allerdings nur kommen, wenn die Dokumentationslücke entweder einen „groben Behandlungsfehler" nach § 630h Abs 5 Satz 1 oder die Voraussetzungen einer „unterlassenen Befunderhebung" nach 630h Abs 5 Satz 2[239] indiziert, und aus diesem Grund dem Patienten Vergünstigungen beim Nachweis des Ursachenzusammenhangs zuzubilligen sind[240]. Der Befunderhebungsfehler führt dann zur Beweiserleichterung, wenn es hinreichend wahrscheinlich ist, dass bei korrekt durchgeführter Befunderhebung ein reaktionspflichtiger Befund aufzufinden gewesen wäre[241].

115 Ein Verstoß gegen die Pflicht zur Erhebung und Sicherung medizinischer Befunde und zur ordnungsgemäßen Aufbewahrung der Befundträger im Wege der Beweiserleichterung für den Patienten lässt auf ein reaktionspflichtiges positives Befundergebnis schließen. Dies ist jedoch nur dann der Fall, wenn ein solches Ergebnis hinreichend wahrscheinlich ist[242]. Zu weit ginge es, als Folge der Unterlassung medizinisch gebotener Befunderhebung oder Befundsicherung unabhängig von der hinreichenden Wahrscheinlichkeit des Befundergebnisses eine Vermutung dahingehend vorzunehmen, dass zugunsten des Patienten der von diesem vorgetragenen Sachverhalt für den Befund als bestätigt gilt[243]. Da auch der Befunderhebungsfehler als grober Behandlungsfehler gilt, zumindest dann, wenn dem Arzt ein Behandlungsfehler unterlaufen ist, der einem ordnungsgemäß arbeitenden Facharzt schlechterdings nicht passieren darf und aus objektiver Sicht nicht mehr verständlich ist[244], kann die kombinierte Anwendung von § 630h Abs 3 und 5 dem Patienten den Weg zum Nachweis der Kausalität ebnen[245]. Bei Befunderhebungsfehlern ist dies insbesondere dann der Fall, wenn Befunde nicht erhoben wurden, die zur Abwehr schwerer Gesundheitsschäden ersichtlich erforderlich gewesen wären. Die Besonderheit eines Befunderhebungsfehlers liegt darin, dass auch ein für sich genommen einfacher (nicht grober) Fehler zu einer Beweislastumkehr des Patienten führen kann. Entscheidend ist, dass sich im

---

232 OLG München, Urt v 18.9.2008 – 1 U 4837/07, -juris Rz 32; OLG Oldenburg, Urt v 30.1.2008 – 5 U 92/06, NJW-RR 2009, 32, 34; OLG Saarbrücken, Urt v 8.11.2006 – 1 U 582/05-203, OLGR 2007, 91, 92.
233 Zum Befunderhebungsfehler bei einem Magenkarzinom aufgrund einer vermeintlich verspätet angeordneten Gastroskopie, OLG Dresden, Urt v 27.10.2020 – 4 U 845/20, NJW-RR 2021, 95.
234 MünchKomm[8]/Wagner, § 630h Rz 60.
235 JurisPK-BGB[9]/Lafontaine/Schmidt, § 630h Rz 147.
236 BGH, Urt v 6.7.1999 – VI ZR 290/98, NJW 1999, 3408, 3409; OLG Koblenz, Urt v 15.1.2004 – 5 U 1145/03, VersR 2004, 1323; OLG Saarbrücken, Urt v 8.11.2006 – 1 U 582/05-203, OLGR 2007, 91, 92; OLG München, Urt v 18.9.2008 – 1 U 4837/07, -juris Rz 32; OLG Oldenburg, Urt v 30.1.2008 – 5 U 92/06, NJW-RR 2009, 32, 34; Hausch VersR 2006, 612, 614, 618.
237 JurisPK-BGB[9]/Lafontaine/Schmidt, § 630h Rz 147.
238 JurisPK-BGB[9]/Lafontaine/Schmidt, § 630h Rz 147.

239 OLG Oldenburg, Urt v 30.1.2008 – 5 U 92/06, NJW-RR 2009, 32, 34; OLG Koblenz, Urt v 30.11.2006 – 5 U 784/06, MedR 2007, 365; OLG Brandenburg, Urt v 5.4.2005 – 1 U 34/04, OLGR 2005, 489, 492; Hausch VersR 2006, 612, 614.
240 BeckOK-BGB/Katzenmeier, Stand: 1.5.2022, BGB 630h Rz 47.
241 OLG Saarbrücken, Urt v 8.11.2006 – 1 U 582/05, MedR 2007, 486, 487.
242 Zum Befunderhebungsfehler und zur nicht revisionssicheren Dokumentation vgl BGH, Urt v 27.4.2021 – VI ZR 84/19, ZMGR 2021, 229, 230 ff.
243 Zum Umfang der Beweiserleichterung bei Dokumentationsmängeln, BGH, Urt v 22.10.2019 – VI ZR 71/17, GesR 2020, 49 Rz 10 f.
244 Zur Qualifizierung eines Behandlungsfehlers als „grob fehlerhaft" BGH, Urt v 25.10.2011 – VI ZR 139/10, NJW 2012, 227, 227 f.
245 MünchKomm[8]/Wagner, § 630h Rz 68.

Falle der Erhebung eines Befundes mit hinreichender Sicherheit ein reaktionspflichtiger Befund ergeben hätte und sich dessen Verkennung oder die Nichtreaktion auf diesen somit als grob fehlerhaft darstellen würde. Der Behandlungsverlauf und die Sicherung der medizinischen Befunde müssen daher dokumentiert werden, um festzuhalten, welche Maßnahmen mit welchem Ergebnis bereits durchgeführt worden sind. Dabei ist die Rekonstruierbarkeit der medizinischen Behandlung maßgebend[246].

Über die im Gesetzestext ausdrücklich genannte Konstellation hinaus, nämlich die Vermutung, dass die nicht dokumentierte medizinische Maßnahme nicht getroffen worden ist[247], ist auch der umgekehrte Fall einzubeziehen, dass nämlich eine Maßnahme dokumentiert wurde, die einen (groben) Behandlungsfehler darstellt, wäre sie tatsächlich durchgeführt worden[248]. Sind bspw bestimmte Therapien vermerkt worden, ist im Umkehrschluss von § 630h Abs 3 zu vermuten, dass diese tatsächlich erfolgt sind. Aus der fehlenden Dokumentation ist daher bei hinreichender Wahrscheinlichkeit[249], richtigerweise nicht nur auf ein Unterlassen bestimmter Maßnahmen zu schließen, sondern ggf auf einen Geschehensverlauf, der den Behauptungen des Patienten entspricht (Positivfeststellung)[250]. Der Behandler hat – soweit er sich vom Vorwurf des Behandlungsfehlers exkulpieren möchte – daraus resultierend, das Gegenteil zu beweisen. § 630h Abs 3 ist somit dahingehend auszulegen, dass der Inhalt der Patientenakte zugunsten des Patienten als gegeben fingiert wird, es sei denn, der Behandler kann einen anderen Geschehensverlauf oder sogar das Gegenteil beweisen[251]. 116

bb) **Bezüglich eines Aufklärungsfehlers.** Bei einem behaupteten Aufklärungsfehler obliegt es dem Arzt zu beweisen, dass er seiner Pflicht zur Aufklärung nachgekommen ist und der Patient auf Grund dieser vollständigen und richtigen Aufklärung in rechtlich wirksamer Weise in die Behandlung eingewilligt hat. Der Arzt hat nach § 630h Abs 2 Satz 1 zu beweisen, dass er den Patienten aufgeklärt und dessen Einwilligung eingeholt hat. Dabei handelt es sich – anders als nach der älteren Rechtsprechung – um eine echte Beweislastumkehr. Zwar sind schriftliche Aufzeichnungen im Krankenblatt über die Durchführung des Aufklärungsgesprächs und seines wesentlichen Inhalts nützlich und dringend zu empfehlen. Ihr Fehlen darf aber nicht dazu führen, dass der Arzt regelmäßig beweisfällig für die behauptete Aufklärung bleibt[252]. Zur Erleichterung der Aufklärung („umfassende Gedächtnisstütze") und aus Beweislastgründen werden in der ärztlichen Praxis daher standardisierte Aufklärungsbögen (vorformulierte Einwilligungserklärungen) verwendet[253]. Allerdings ist ein Nachweis der Aufklärung selbst dann möglich, wenn Gesprächsinhalte nicht schriftlich dokumentiert werden und sich der Behandler an das Gespräch nicht mehr im Einzelnen erinnern kann[254], mit der Folge, dass der schlüssigen Darstellung des Arztes eher geglaubt werden soll, als der Erinnerung des Patienten[255]. Der Beweis zur Durchführung des ärztlichen Aufklärungsgesprächs setzt nicht die Erinnerung des Arztes an ein konkretes Gespräch voraus, es genügt der Nachweis einer ständigen Übung bei schlüssigen Angaben des Arztes und Bestätigung der Angaben durch die Dokumentation[256]. Dies steht allerdings unter dem Vorbehalt, dass es sich bei dem Eingriff nicht nur um eine bloße ärztliche Routinemaßnahme mit geringer Risikokomplexität und -individualität handelte, denn für diesen Fall reicht eine schriftliche Risikoaufklärung[257]. Gelingt der Beweis für ein Aufklärungsgespräch nicht durch die Vorlage eines (unterschriebenen) Formulars und fehlt es an Aufzeichnungen in den Krankenunterlagen, stehen dem Arzt andere Beweismöglichkeiten zur Verfügung[258]. Zu beachten ist dabei, dass der Inhalt eines Aufklärungsgespräches sich grds mit einem vom Patienten unterschriebenen Aufklärungsbogen nicht unbedingt beweisen lässt, sondern für den Nachweis einer ordnungsgemäßen Aufklärung regelhaft die Vernehmung des aufklärenden Arztes erforderlich ist[259]. Ärztliche Aufklärungsformulare unterliegen gemäß § 307 Abs 3 Satz 1 nach Auffassung des BGH zudem nur einer eingeschränkten Kontrolle nach dem Recht der Allgemeinen 117

---

246 Rehborn/Kern, in: Laufs/Kern/Rehborn, HdB ArztR⁵, § 61 Rz 10.
247 BT-Drucks 17/10488, 29 f.
248 MünchKomm⁸/Wagner, § 630h Rz 64.
249 Zum Umfang der Beweiserleichterung bei Dokumentationsmängeln, BGH, Urt v 22.10.2019 – VI ZR 71/17, GesR 2020, 49 Rz 10 f.
250 Erman¹⁶/Rehborn/Gescher, § 630h Rz 26.
251 MünchKomm⁸/Wagner, § 630h Rz 64.
252 BGH, Urt v 8.1.1985 – VI ZR 15/83, NJW 1985, 1399, 1399 f.
253 Parzeller/Wenk/Zedler/Rothschild, Deutsches Ärzteblatt, 2007, A 576, A 583; zur Darlegungs- und Beweislast bei Verletzung der Aufklärungspflicht BGH, Urt v 26.6.1990 – VI ZR 289/89, MedR 1990, 329, 330, 331.
254 OLG Dresden, Urt v 29.6.2021 – 4 U 1388/20, openJur 2021, 22702.
255 BGH, Urt v 21.1.2014 – VI ZR 143/13, GesR 2014, 227.
256 OLG Dresden, Urt v 29.6.2021 – 4 U 1388/20, openJur 2021, 22702.
257 BGH, Urt v 15.2.2000 – VI ZR 48/99, BGHZ 144, 1; OLG Zweibrücken, Beschl v 31.1.2013 – 5 U 43/11, MedR 2014, 29, 30, 31; Gödicke MedR 2014, 18, 19.
258 Kern, in: Laufs/Kern/Rehborn, HdB ArztR⁵, § 112 Rz 14.
259 OLG Dresden, Urt v 30.6.2020 – 4 U 2883/19, -juris Rz 19; OLG Karlsruhe, Urt v 12.12.2012 – 7 U 176/11; BeckRS 2013, 2329.

Geschäftsbedingungen[260]. Der BGH wies erneut auf die Vorteile vorformulierter Informationen für den Patienten hin. Liegt ein solches Blatt jedoch nicht vor und ist bspw die ärztliche Darstellung in sich schlüssig, soll dem Arzt in der Regel geglaubt werden, dass die Aufklärung auch im konkreten Fall in der gebotenen Weise geschehen ist[261]. Das sog „Immer-So-Verfahren" kann nach überwiegender Ansicht hier angewandt werden[262]. Der BGH schließt damit an seine ständige Rechtsprechung an, wonach Lücken in der Dokumentation über die Aufklärung einzelner Risiken notfalls geschlossen werden können. Dessen ungeachtet weist der BGH jedoch auch darauf hin, dass die Dokumentation über das Aufklärungsgespräch „nützlich und zu empfehlen" sei und zumindest für den stationären Bereich „erwartet werden kann"[263].

118 Auf Fehler im Rahmen der Aufklärung ist § 630h Abs 3 hingegen nicht anzuwenden[264]. Zwar ist gemäß § 630f Abs 2 Satz 1 eine Dokumentation erforderlich. Aber es handelt sich bei der Aufklärung nicht um eine „medizinisch gebotene wesentliche Maßnahme" iSd § 630h Abs 3, sondern diese und die Einwilligung des Patienten dienen der Wahrung des Selbstbestimmungsrechts desgleichen[265]. Ein inhaltlicher Aufklärungsfehler führt somit nicht zwangsläufig zur Anwendung von § 630h Abs 3[266].

119 cc) **Bezüglich einer mangelnden Befähigung des Behandlers.** Auf der Basis von § 630h Abs 3 soll an die Rspr des BGH zu Anfängerfehlern im Bereich der Dokumentation angeknüpft werden[267]. Bei einer Behandlung, insbesondere einer Operation, durch einen Berufsanfänger sind – auch bei einem Routineeingriff – strengere Anforderungen an die Dokumentation zu stellen[268]. Bei ihm ist es nicht selbstverständlich, dass er von vornherein die medizinisch richtige und übliche Operationstechnik anwendet und beherrscht. Sowohl im Interesse des Behandlers in Bezug auf seine Ausbildung als auch im Interesse des Patienten muss dieser daher den Gang der Operation – auch bezüglich Selbstverständlichkeiten – genau aufzeichnen[269]. Es handelt sich dabei stets um eine „wesentliche Maßnahme" iSd Absatzes 3, die exakt dokumentiert werden muss[270]. Ist gegen dessen Anforderung verstoßen worden, wird gemäß § 630h Abs 3 vermutet, dass das nicht Dokumentierte auch nicht stattgefunden hat. An diese Beweiserleichterung schließt § 630h Abs 4 an, nach welchem weiter zu vermuten ist, dass die mangelnde Befähigung des Behandelnden ursächlich für den Gesundheitsschaden des Patienten war[271]. Somit kann es infolge des Dokumentationsmangels bei einer Anfängeroperation zu einer Vermutung für den Behandlungsfehler sowie dessen Kausalität für den entstandenen Gesundheitsschaden kommen, es erfolgt eine für den Patienten günstige Kombination von §§ 630h Abs 3 und 4.

120 c) **Widerlegung der Vermutung.** Allerdings soll der Patient durch die gesetzliche Vermutung des § 630h Abs 3 nicht besser stehen, als er im Falle der ordnungsgemäßen Befunderhebung und Befundsicherung gestanden hätte[272]. Somit reicht die Beweiserleichterung in der Regel nur bis zu der Vermutung, dass der Befund ein reaktionspflichtiges Ergebnis für den Behandler erbracht hätte[273]. Es handelt sich um eine widerlegliche Vermutung. Gemäß Abs 3 liegt die Beweislast für den Fall, dass der Behandelnde eine medizinisch gebotene wesentliche Maßnahme und ihr Ergebnis entgegen § 630f Abs 1 oder 2 nicht in der Patientenakte aufgezeichnet oder er die Patientenakte entgegen § 630f Abs 3 nicht aufbewahrt hat, bei ihm[274]. Dem Behandelnden verbleibt gemäß ZPO § 292[275] die Möglichkeit, das vermutete Versäumnis zu widerlegen, indem er iSd ZPO § 286 das Gericht davon überzeugt[276] und das Gegenteil beweist[277]. Ergeben sich im Arzt-

---

260 BGH, Urt v 2.9.2021 – III ZR 63/20, BGHZ, 321, 31, 31 ff = NJW 2021, 3528, 3528 ff.
261 OLG Dresden, Urt v 30.6.2020 – 4 U 2883/19, -juris Rz 19; OLG Karlsruhe, Urt v 12.12.2012 – 7 U 176/11, BeckRS 2013, 2329.
262 Kern, in: Laufs/Kern/Rehborn, HdB ArztR[5], § 112 Rz 18; vgl ausführlich hierzu § 630a Rz 186.
263 BGH, Urt v 28.1.2014 – VI ZR 143/13, NJW 2014, 1527.
264 MünchKomm[8]/Wagner, § 630h Rz 60; Martis/Winkhart, Arzthaftungsrecht[6], D Rz 393.
265 BeckOK-BGB/Katzenmeier, Stand: 1.5.2022, § 630h Rz 45.
266 Kern, in: Laufs/Kern/Rehborn, HdB ArztR[5], § 112 Rz 13, 14, 15, 16.
267 BT-Drucks 17/10488, 30; BGH, Urt v 10.3.1992 – VI ZR 64/91, VersR 1992, 745; BGH, Urt v 7.5.1985 – VI ZR 224/83, NJW 1985, 2193, 2195.
268 JurisPK-BGB[9]/Lafontaine/Schmidt, § 630h Rz 141.
269 JurisPK-BGB[9]/Lafontaine/Schmidt, § 630h Rz 141.
270 BT-Drucks 17/10488, 29; Rehborn/Kern, in: Laufs/Kern/Rehborn, HdB ArztR[5], § 61 Rz 16.
271 MünchKomm[8]/Wagner, § 630h Rz 62.
272 BT-Drucks 17/10488, 29; Pauge/Offenloch, Arzthaftungsrecht[14], Rz 614.
273 BT-Drucks 17/10488, 29; Katzenmeier, in: Laufs/Katzenmeier/Lipp, Arztrecht[8], IX Rz 46.
274 Erman[16]/Rehborn/Gescher, § 630h Rz 27.
275 BeckOK-BGB/Katzenmeier, Stand: 1.5.2022, § 630h Rz 45; BT-Drucks 17/10488, 30; zur Abweichung von einem Sachverständigengutachten nach Heranziehung von Fachliteratur durch das Gericht im Arzthaftungsprozess BGH, Urt v 10.1.1984 – VI ZR 122/82, NJW 1984, 1408, 1409; zum ärztlichen Ermessen bei Wahl der Operationsmethode und zur Umkehr der Beweislast, OLG Köln, Urt v 20.4.1989 – 7 U 20/88 = VersR 1990, 856, 857.
276 MünchKomm[8]/Wagner, § 630h Rz 69.
277 Zur Beweiserbringung, dass ungeachtet der fehlenden Dokumentation ein bislang nur behaupteter Befund tatsächlich doch vorliegt OLG Brandenburg, Urt v 29.5.2008 – 12 U 81/06, RDG 2009, 84.

haftungsprozess Widersprüche innerhalb der Dokumentation, so hat das Gericht diesen Widersprüchen nachzugehen[278].

Sind die Angaben des behandelnden Arztes zur Durchführung der Behandlung des Patienten plausibel und werden sie von der Dokumentation gestützt, sodass keine Anhaltspunkte für eine Manipulation oder Unrichtigkeit der Dokumentation ersichtlich sind, bleibt der Patient für seine der Dokumentation widersprechende Behauptung regelmäßig beweisfällig[279], so bspw wenn keine Anhaltspunkte für nachträgliche Veränderungen, Verfälschungen oder Widersprüchlichkeiten vorliegen. **121**

Da es sich um eine bloße Beweiserleichterung zugunsten des Patienten handelt, steht dem Behandler stets der (Gegen)beweis offen, den er bspw auch durch eine Zeugenvernehmung erbringen kann[280]. Aussagen von Zeugen und ggf der Parteien sind allerdings nur einzuholen, wenn die Dokumentation Lücken aufweist oder der Richtigkeit der Dokumentation substantiiert widersprochen worden ist[281]. **122**

Von der Vermutungswirkung des § 630h Abs 3 ist auch auszugehen, wenn in der Praxis der Dokumentationspflicht nur ab und zu nicht nachgekommen wird oder diese insgesamt lückenhaft ist[282]. Handelt es sich um eine sog „verkürzte" Dokumentation, gilt dies entsprechend für deren Interpretation, mit der Folge, dass dem Behandelnden die Darlegung und ggf der Beweis offensteht, die Eintragung sei in einem bestimmten Sinne zu verstehen[283]. Dies gilt insbesondere, wenn diese Art der Dokumentation in der Praxis häufig stichwortartig gehandhabt wird[284]. Allerdings muss auch die sog „verkürzte" Dokumentation den Vorgaben des § 630f entsprechen. **123**

d) **Fristen.** Der Gesetzgeber hat keine Frist festgesetzt, ab wann und bis wann eine ordnungsgemäße Dokumentation erfolgen soll. Gleichwohl kann eine zu frühe (vorformulierte), aber auch eine zu spät erstellte Dokumentation zur Fehlerhaftigkeit führen. Wird ein Operationsbericht binnen eines Monats nach dem Eingriff erstellt, ist dies grundsätzlich noch rechtzeitig und dem Bericht kommt Beweiswert zu[285]. Einer erst ein Jahr nach der Behandlung erstellten Dokumentation kommt hingegen kein Indizwert mehr zu[286]. **124**

In zeitlicher Hinsicht greift die Vermutung des § 630h Abs 3 nur so lange ein, wie den Behandelnden auch eine Befunderhebungs- und Befundsicherungspflicht trifft[287]. Es ergeben sich für Arzt und Krankenhaus keine nachteiligen Folgen aus der Vernichtung von Krankenunterlagen nach Ablauf der berufs- und zivilrechtlichen Aufbewahrungsfrist[288], da eine Vernichtung der Dokumentation nach Ablauf der Aufbewahrungspflicht nicht zur Beweislastfolge des § 630h Abs 3 führt[289]. **125**

e) **Einzelprobleme.** Zur Annahme einer Beweislastumkehr in Bezug auf den Ursachenzusammenhang reicht es nicht aus, wenn sich anhand von Lücken im Operationsbericht nicht beurteilen lässt, welche konkrete Ursache für den Zustand des Patienten verantwortlich ist, die Voraus- **126**

---

278 Pauge/Offenloch, Arzthaftungsrecht[14], Rz 519.
279 OLG Düsseldorf, Urt v 17.3.2005 – 8 U 56/04, GesR 2005, 464; OLG Köln, Urt v 21.1.2016 5 U 120/15, -juris Rz 7, 10; OLG Köln, Urt v 13.8.2014 – 5 U 57/14, -juris Rz 2, 4.
280 Zur Dokumentationspflicht BGH, Urt v 18.3.1986 – VI ZR 215/84, NJW 1986, 2365 m Anm Matthies JZ 1986, 958, 960; OLG Düsseldorf, Urt v 24.7.1986 – 8 U 44/85, VersR 1987, 1138; zur Berufung auf die ständige Durchführung von Aufklärungsgesprächen vgl OLG Hamm, Urt v 22.3.1993 – 3 U 182/92, VersR 1995, 661; OLG Karlsruhe, Urt v 25.1.2006 – 7 U 36/05, GesR 2006, 211; OLG Oldenburg, Urt v 25.10.2006 – 5 U 29/0, GesR 2007, 66; Spickhoff/Greiner, MedR-Komm[3], Nr 70 (BGB), §§ 823–839 Rz 130.
281 Der Patient muss den Beweis für die Unrichtigkeit der Dokumentation führen OLG Köln, Urt v 14.4.2014 – 5 U 117/13, -juris Rz 3, 4, 9; keine Indizien für eine Manipulation oder Unrichtigkeit OLG München, Urt v 7.11.2011 – 1 U 2401/11, -juris Rz 16, 17; OLG München, Urt v 13.7.2011 – 1 U 5092/10, -juris Rz 27; OLG Naumburg v 10.4.2017 – 1 U 96/16, -juris Rz 53.
282 Zur gerichtlichen Aufklärung zwischen Gerichts- und Parteigutachten BGH, Urt v 11.11.2014 – VI ZR 76/13, MedR 2015, 420, 422; jurisPK-BGB[9]/Lafontaine/Schmidt, § 630h Rz 143.
283 BGH, Urt v 29.9.1998 – VI ZR 268/97, VersR 1999, 190; OLG Karlsruhe, Urt v 25.1.2006 – 7 U 36/05, GesR 2006, 211; Erman[16]/Rehborn/Gescher, § 630h Rz 27; jurisPK-BGB[9]/Lafontaine/Schmidt, § 630h Rz 143.
284 JurisPK-BGB[9]/Lafontaine/Schmidt, § 630h Rz 143.
285 OLG Naumburg, Urt v 15.11.2011 – 1 U 31/11, MedR 2012, 529, 530 m Anm Gödicke MedR 2012, 531, 532.
286 Zur Erschütterung der Vermutung vollständiger und richtiger Dokumentation ärztlicher Behandlung, OLG Zweibrücken, Urt v 12.1.1999 – 5 U 30/96, VersR 1999, 1546 f; jurisPK-BGB[9]/Lafontaine/Schmidt, § 630h Rz 150.
287 JurisPK-BGB[9]/Lafontaine/Schmidt, § 630h Rz 143.
288 Vgl zu mögl Beweisnachteilen für den Arzt, wenn in geburtshilflichen Schadensfällen das Geburtsprotokoll lückenhaft ist od die CTG-Aufzeichnungen fehlen OLG Hamm, Urt v 29.1.2003 – 3 U 91/02, VersR 2005, 412, 413; die Unvollständigkeit/Mangelhaftigkeit der ärztlichen Dokumentation darf nach Aufbewahrungspflicht nicht zu Lasten des Arztes berücksichtigt werden vgl OLG Hamm, Urt v 9.5.2017 – 26 U 91/16, openJur 2019, 1188; zur Beweislastumkehr bei Vernichtung von Krankenakten nach Aufbewahrungsfristablauf OLG Karlsruhe, Urt v 11.2.2004 – 7 U 174/02, ArztR 2004, 438.
289 Houben, in: Jorzig, HdB-ArztHaftR[2], Teil I Kapitel 4, Rz 48.

setzungen eines „groben Behandlungsfehlers" oder einer „unterlassenen Befunderhebung" aufgrund der Dokumentationslücke aber nicht für eine Indizwirkung genügen[290].

127 Der Krankenhausträger hat zumindest beweisrechtliche Nachteile zu fürchten, wenn der Verbleib der Krankenunterlagen unklar ist[291]. Anders verhält sich die Situation, wenn feststeht, dass die Unterlagen dem Patienten auf seinen Wunsch hin ausgehändigt wurden. Bleibt im weiteren Verlauf unklar, ob die Dokumente zurückgegeben wurden, trifft diesbezüglich den Patienten die Beweislast[292].

128 Bei Kontrolluntersuchungen kann aus einer fehlenden Dokumentation nicht zwangsläufig auf die Unterlassung der gebotenen Untersuchungen geschlossen werden, wenn es dem medizinischen Standard entspricht, bei Ausbleiben eines positiven Befundes keinerlei Aufzeichnungen vorzunehmen[293].

129 f) **Rechtsfolgen der unzureichenden Dokumentationspflicht.** – aa) **Zivilrechtliche Folgen.** Beweiserleichterungen können dem Patienten bereits auf der Ebene des Behandlungsfehlerbeweises aus pflichtwidrig unvollständiger oder widersprüchlicher Dokumentation zugutekommen. Lässt die Behandlungsseite pflichtwidrig dokumentationsbedürftige Befunde in den Krankenunterlagen undokumentiert oder findet eine Therapieaufklärung, die zu dokumentieren gewesen wäre, pflichtwidrig in den Krankenunterlagen keinen Niederschlag, folgt hieraus ein Indiz dafür, dass, was nicht zeitnah dokumentiert ist, auch nicht geschehen ist[294]. Insoweit ist nach Vortrag oder über die Anhörung eines Sachverständigen gemäß ZPO § 144 zunächst zu klären, was im Ergebnis hätte geschehen müssen. Ist dazu nichts ausreichend dokumentiert, wird vermutet, dass die aus medizinischer Sicht erforderlichen Maßnahmen unterblieben sind. Sodann ist die Unterlassung der erforderlichen Maßnahmen haftungsrechtlich zu würdigen[295].

130 Eine unterbliebene, unvollständige oder auch nur lückenhafte Dokumentation bildet keine eigene Anspruchsgrundlage und führt grundsätzlich nicht unmittelbar zu einer Beweislastumkehr hinsichtlich des Ursachenzusammenhangs zwischen einem Behandlungsfehler und dem eingetretenen Primärschaden[296]. Das Unterbleiben der Maßnahme wird vermutet, nicht aber deren fehlerhafte Durchführung[297].

131 Eine unzulängliche Dokumentation allein wird nicht als Behandlungsfehler angesehen[298], sondern kann lediglich ein Indiz für einen solchen sein[299]. Das Gericht kann aus der Tatsache einer fehlenden, mangelhaften oder unvollständigen Dokumentation einer aus medizinischen Gründen aufzeichnungspflichtigen Maßnahme bis zum Beweis des Gegenteils durch die Behandlungsseite darauf schließen, dass diese Maßnahme unterblieben oder vom Arzt nicht getroffen worden ist[300]. Liegt eine Dokumentation vor, die auf einen Behandlungsfehler hindeutet, so ist bei deren Vorlage im Prozess nicht von einer Geständniswirkung nach ZPO § 288 auszugehen,

---

290 OLG Oldenburg, Urt v 30.1.2008 – 5 U 92/06, NJW-RR 2009, 32, 34; Hausch VersR 2006, 612, 614; Müller DRiZ 2000, 259, 268.
291 BGH, Urt v 21.11.1995 – VI ZR 341/94, NJW 1996, 779.
292 Zur Beweislast bei Unauffindbarkeit von Röntgenaufnahmen, OLG Hamm, Urt v 20.1.1992 – 3 U 58/91, VersR 1993, 102.
293 BGH, Urt v 23.3.1993 – VI ZR 26/92, MedR 1993, 430.
294 Zur Bewertung eines medizinischen Behandlungsgeschehens als grob fehlerhaft und zur Beatmung eines Neugeborenen BGH, Beschl v 9.6.2009 – VI ZR 261/08, VersR 2009, 1406; Spickhoff/Greiner, MedR-Komm³, Nr 70 (BGB), §§ 823–839 Rz 123.
295 BGH, Urt v 16.4.2013 – VI ZR 44/12, VersR 2013, 1045; KG, Urt v 10.1.2013 – 20 U 225/10, ArztR 2013, 190; OLG Naumburg, Urt v 15.11.2011 – 1 U 31/11, MedR 2012, 529, 530 m Anm Gödicke MedR 2012, 531, 532; zum Umfang der Dokumentationspflicht in Bezug auf die Krankenakte eines Patienten und in Bezug auf den Operationsbericht OLG Oldenburg, Urt v 30.1.2008 – 5 U 92/06, NJW-RR 2009, 32, 33; Spickhoff/Greiner, MedR-Komm³, Nr 70 (BGB), §§ 823–839 Rz 123.
296 BGH, Urt v 6.7.1999 – VI ZR 290/98, NJW 1999, 3408, 3409; BGH, Urt v 28.6.1988 – VI ZR 210/87, VersR 1989, 80, 81; OLG Dresden, Urt v 7.3.2017 – 4 U 929/16, GesR 2017, 333; OLG Dresden, Beschl v 4.1.2018 – 4 U 1079/17, -juris Rz 11.
297 OLG Koblenz, Urt v 15.1.2004 – 5 U 1145/03, VersR 2004, 1323; OLG Koblenz, Urt v 7.3.2016 – 5 U 1039/15, MedR 2017, 52, 56; OLG München, Urt v 18.9.2008 – 1 U 4837/07, -juris Rz 32; zum Umfang der Dokumentationspflicht in Bezug auf die Krankenakte eines Patienten und in Bezug auf den Operationsbericht OLG Oldenburg, Urt v 30.1.2008 – 5 U 92/06, NJW-RR 2009, 32, 33; MünchKomm⁸/Wagner, § 630f Rz 17, § 630h Rz 64; Spickhoff/Greiner, MedR-Komm³, Nr 70 (BGB), §§ 823–839 Rz 128, 167; Pauge/Offenloch, Arzthaftungsrecht¹⁴, Rz 507, 614; Kern, in: Laufs/Kern/Rehborn, HdB ArztR⁵, § 111 Rz 7, 10, 16; Hausch VersR 2006, 612, 614, 618.
298 OLG Saarbrücken, Urt v 8.11.2006 – 1 U 582/05, MedR 2007, 486, 487, 488; Bender MedR 2007, 533, 536.
299 OLG Saarbrücken, Urt v 8.11.2006 – 1 U 582/05, MedR 2007, 486, 487.
300 BGH, Urt v 11.11.2014 – VI ZR 76/13, MedR 2015, 420 Rz 21; BGH, Urt v 9.6.2009 – VI ZR 261/08, VersR 2009, 1406; BGH, Urt v 29.9.1998 – VI ZR 268/97, VersR 1999, 190; BGH, Urt v 1.10.1996 – VI ZR 10/96, VersR 1997, 362, 364; BGH, Urt v 14.2.1995 – VI ZR 272/93, BGHZ 129, 6; OLG Bamberg, Urt v 4.7.2005 – 4 U 126/03, VersR 2005, 1292, 1293; Zur Aufklärung über einen Wechsel der OP-Methode nach Einleitung der Prämedikation OLG Brandenburg, Urt v 15.7.2010 – 12 U 232/09, MDR 2010, 1324.

soweit der Arzt in seinem Prozessvortrag die Dokumentation als unzutreffend deklariert[301]. Da es sich lediglich um eine Beweiserleichterung handelt, steht dem Behandler der (Gegen)beweis offen, den er bspw auch durch eine Zeugenvernehmung erbringen kann[302], da der Behandlungsseite stets der Beweis offensteht, dass der Befund erhoben, die Maßnahme vorgenommen oder die Therapieaufklärung erteilt worden ist. Steht dies fest, fehlt es an dem behaupteten Behandlungsfehler; die mangelhafte Dokumentation bleibt insoweit dann unschädlich[303].

132 Führt hingegen eine unterlassene oder unvollständige Dokumentation kausal zu einem Behandlungsfehler, hat der Arzt für den Schaden zivilrechtlich einzustehen[304].

133 Unbestritten wirkt sich ein non liquet zum Nachteil des Arztes dann aus, wenn der Patient infolge der Lückenhaftigkeit der Dokumentation einen Schaden dadurch erleidet, dass eine kostenverursachende Untersuchung zu wiederholen ist, die für weitere Maßnahmen erforderlich, in den Unterlagen aber nicht nachweisbar ist[305].

134 bb) **Beweisrechtliche Folgen.** Der Patient hat darzulegen, dass überhaupt ein dokumentationspflichtiger Vorgang stattgefunden hat[306]. Es ist schlüssig zu behaupten, dass ein Mangel des medizinischen Standards zu dem bleibenden Gesundheitsschaden geführt hat. An die Substantiierung sind dabei keine zu hohen Anforderungen zu stellen[307].

135 Der Patient bleibt bei der Darlegung zudem verpflichtet zu beweisen, dass ein schuldhafter Behandlungsfehler des Arztes als Ursache des Gesundheitsschadens in Frage kommt. Das Fehlen eines gebotenen Vermerks wirkt sich nur insofern zugunsten des Fehlernachweises aus, als dass eine dokumentationspflichtige nicht dokumentierte Maßnahme als nicht erbracht gilt[308].

Dies gilt zB für die Blutdruckuntersuchung in der Entbindungsphase, denn hier besteht die Dokumentationspflicht auch bei normalem Befund, da dies medizinisch geboten ist[309].

136 Erweist sich die fehlerhafte Dokumentation nicht als kausal für den Schaden, hat sie für den Patienten auch keine Beweiserleichterungen zur Folge[310].

137 Nur ausnahmsweise kann der Dokumentationsmangel auch für den Nachweis des Ursachenzusammenhangs Bedeutung gewinnen, nämlich dann, wenn iRd Befunderhebungs- und Sicherungspflicht im Einzelfall zugleich auf einen groben Behandlungsfehler zu schließen ist[311].

138 Anders als bei seiner Rechtsprechung zu den groben Behandlungsfehlern hat der BGH bisher nicht klargestellt, ob er in den Fällen des 630h Abs 3 die Ebene der Beweiswürdigung auf die Verschiebung der Feststellungslast verlagern möchte[312].

---

301 Rehborn/Kern, in: Laufs/Kern/Rehborn, HdB ArztR[5], § 61 Rz 35.
302 BGH, Urt v 18.3.1986 – VI ZR 215/84, NJW 1986, 2365 m Anm Matthies JZ 1986, 958, 960; OLG Düsseldorf, Urt v 24.7.1986 – 8 U 44/85, VersR 1987, 1138; OLG Hamm, Urt v 22.03.1993 – 3 U 182/92, VersR 1995, 661; OLG Karlsruhe, Urt v 25.1.2006 – 7 U 36/05, GesR 2006, 211; OLG Oldenburg, Urt v 25.10.2006 – 5 U 29/0, GesR 2007, 66; Spickhoff/Greiner, MedR-Komm[3], Nr 70 (BGB), §§ 823–839 Rz 130.
303 BGH, Urt v 10.1.1984 – VI ZR 122/82, NJW 1984, 1408, 1409; zur zu geringen Medikamentendosierung, die nicht als grob behandlungsfehlerhaft gilt OLG München, Urt v 12.12.1991 –1 U 3075/91, VersR 1993, 362; Spickhoff/Greiner, MedR-Komm[3], Nr 70 (BGB), §§ 823–839 Rz 130.
304 Zur Haftung aufgrund einer unterlassenen Information des Patienten über einen Arztbrief, BGH, Urt v 26.6.2018 – VI ZR 285/17, NJW 2018, 3382 f; vgl auch OLG Karlsruhe, Urt v 11.3.2020 – 7 U 10/19: es genügt die Information der Hausärztin mittels Arztbrief per Post OLG München, Beschl v 26.8.2019 – 24 U 22814/19, BeckRS 2019, 43660, Rz 11 (Ls).
305 Kern, in: Laufs/Kern/Rehborn, HdB ArztR[5], § 111 Rz 1 ff, besonders Rz 6; Bergmann/Wever, Die Arzthaftung. Ein Leitfaden für Ärzte und Juristen, S 162; Pauge/Offenloch, Arzthaftungsrecht[14], Rz 614.

306 OLG Koblenz, Urt v 30.11.2006 – 5 U 784/06, MedR 2007, 365.
307 BGH, Urt v 9.11.1982 – VI ZR 23/81, NJW 1983, 332; BGH, Urt v 28.6.1988 – VI ZR 217/87, NJW 1988, 2949; zur Abgrenzung zwischen der Dokumentations- und der Befunderhebungspflicht Hager Der Gynäkologe 1989, 390, 391, 392 mwN.
308 BGH, Urt v 29.9.1998 – VI ZR 268/97, NJW 1999, 863; OLG Hamburg, Urt v 22.2.2002 – 1 U 35/00, MDR 2002, 1315; BGH, Urt v 30.9.2003 – VI ZR 438/02, NJW 2004, 293; Spickhoff/Greiner, MedR-Komm[3], Nr 70 (BGB), § 823 Rz 124, 128.
309 BGH, Urt v 14.2.1995 – VI ZR 272/93, BGHZ 129, 6.
310 OLG Oldenburg, Urt v 18.10.1989 – 3 U 25/87, VersR 1990, 666; BGH, Urt v 23.3.1993 – VI ZR 26/92, NJW 1993, 2375, 2376; MBO[7]/Ratzel, § 10 Rz 9.
311 Zur Kausalität, falls durch die unterlassene Dokumentation im Einzelfall zugleich auf einen groben Behandlungsfehler zu schließen ist vgl BGH, Urt v 13.2.1996 – VI ZR 402/94, BGHZ 132, 47 m Anm Laufs, Nachschlagewerk des Bundesgerichtshofs, 1996, LM BGB § 823 (Aa) Nr 164 (7/1996); vgl ferner BGH, Urt v 13.1.1998 – VI ZR 242/96, BGHZ 138, 1; BGH, Urt v 6.10.1998 – VI ZR 239/97, NJW 1999, 860; zu dogmatischen Ansätzen bzgl der Beweislastverteilung vgl Hausch VersR 2006, 612, 619.
312 Vgl Laumen NJW 2002, 3739, 3740 f mwN zur widersprüchlichen Judikatur.

139 cc) **Straf- und berufsrechtliche Folgen.** Im Einzelfall kommen durch die mangelhafte ärztliche Dokumentation auch strafrechtliche und disziplinarrechtliche Sanktionen[313] oder Maßnahmen nach dem OWiG[314] in Betracht.

140 aaa) **StGB §§ 267, 274.** Eine strafrechtliche Relevanz erhalten Dokumentationsmängel, wenn Krankenunterlagen gezielt nachträglich manipuliert[315] oder unterschlagen werden[316]. Eine unzulässige Voreintragung von Untersuchungen und deren Ergebnissen führt jedoch zu keiner strafrechtlichen Verfolgbarkeit, sondern stellt lediglich eine sog schriftliche Lüge dar.

141 Verändert hingegen der Arzt, die von seinem Laborpersonal ermittelten und in die Krankenakte eingetragenen Messwerte nachträglich[317], so ist nicht (oder nicht nur) § 630f einschlägig, sondern bei nachträglichen gezielten Manipulationen der Tatbestand der Urkundenfälschung gem StGB § 267 Abs 1 und bei einer gezielten Zurückhaltung oder Beeinträchtigung von Dokumenten dergestalt, dass diese nicht mehr benutzt werden können, der Tatbestand der Urkundenunterdrückung gem StGB § 274 Abs 1 Nr 1, Nr 2. Der Behandler ist zwar idR selbst Verfasser und Urheber der Patientenakte und damit Aussteller der damit entstehenden Urkunde iSd StGB § 267, jedoch führt jede nachträgliche Änderung – auch des Ausstellers – die nicht als solche gekennzeichnet wird, zu einer Urkundenfälschung iSd StGB § 267, da der Aussteller bei einer nicht als solche gekennzeichneten Änderung seine Verfügungsgewalt[318] über die Urkunde verliert und gleichermaßen zur Täuschung im Rechtsverkehr beiträgt.

142 bbb) **StGB §§ 223, 229.** Liegt mangels wirksamer Aufklärung keine wirksame Einwilligung des Patienten vor, hat der Arzt auch mit einem lege artis durchgeführten Heileingriff eine strafbare Körperverletzung gemäß StGB §§ 223, 229 begangen[319].

143 ccc) **Berufsrechtliche Folgen.** Eine fehlerhafte Dokumentation kann auch dazu führen, dass Nachteile für sonstige Rechtsverhältnisse (bspw Kosten in Versicherungsverhältnissen) entstehen, da sich ein Dokumentationsmangel auch nicht nur in gesundheitsschädlichen, sondern auch kostenintensiven Doppeluntersuchungen niederschlagen kann. Ferner kann der vertragsärztliche Honoraranspruch bei nicht ordnungsgemäßer Dokumentation entfallen[320], auch die Einleitung eines Disziplinarverfahrens durch die Kassenärztliche Vereinigung (KV) ist möglich[321].

144 5. **Mangelnde Befähigung, Abs 4.** – a) **Grundsätze.** Dem Patienten steht gemäß § 630a ein Anspruch darauf zu, nach den **allgemein anerkannten Standards** behandelt zu werden, die sich nach einem **objektiven Sorgfaltsmaßstab** richten. Hierzu gehört selbstredend, dass der Behandelnde für den von ihm vorgenommenen Eingriff **hinreichend qualifiziert** sein muss. Wenn der Behandelnde zu der von ihm vorgenommenen Behandlung **nicht befähigt** war, wird nach Abs 4 **vermutet**, dass die mangelnde Befähigung **ursächlich für den bei dem Patienten eingetretenen Gesundheitsschaden** war.

145 b) **Anwendungsbereich.** Diese Regelung betrifft insbesondere **Anfängerfehler** wie Anfängeroperationen oder sonstige Behandlungsmaßnahmen, die von (noch) nicht **hinreichend qualifizierten** Behandelnden erbracht worden sind. Mit ihr wollte der Gesetzgeber in Anlehnung an die bisherige Rechtsprechung die Fälle von Anfängerfehlern regeln[322]. Der BGH hielt es bereits lange vor der Kodifizierung des Patientenrechtegesetzes für gerechtfertigt, im Fall der Gesundheitsbeschädigung eines Patienten bei der Behandlung durch einen nicht ausreichend qualifizierten Arzt die dem Geschädigten obliegende Beweislast für den Kausalzusammenhang auf die Behandlungsseite zu verlagern, weil es die Schwierigkeiten bei der Aufklärung des Kausalverlaufs dem Patienten oft unmöglich machten, den Beweis dafür zu erbringen, dass sich bei ihm gerade das erhöhte Risiko der Anfängeroperation verwirklicht hat[323]. Da für den Krankenhausträger das mit einer Anfängeroperation verbundene erhöhte Risiko für den Patienten in der Regel voll beherrschbar sei, müsse er auch die Gefahr der Unaufklärbarkeit der Kausalität der vorwerfbar geschaffenen Risikoerhöhung tragen[324].

---

313 Vgl SG Düsseldorf, Beschl v 8.8.2018 – S 33 KA 117/18 ER, openJur 2020, 31442.
314 Vgl bspw IfSG § 73 Abs 1 Nr 8 iVm § 22 Abs 1 und IfSG § 73 Abs 1 Nr 9, 9a iVm § 23 Abs 4; StrlSchVO § 184.
315 OLG Frankfurt/M, Urt v 14.3.1991 – 1 U 218/89, VersR 1992, 578.
316 Deutsch/Spickhoff, MedR-HdB[7], Rz 526.
317 OLG Koblenz, Urt v 19.9.1994 – 2 Ss 123/94, NJW 1995, 1624 m abl Anm Rigizahn MedR 1995, 29.
318 BeckOK StGB/Weidemann, Stand: 1.2.2022, StGB § 267 Rz 27.
319 Vgl hierzu Spickhoff/Knauer/Brose, MedR-Komm[3], Nr 600 (StGB), § 223 Rz 6, 7, 8 f.
320 Vgl SG Düsseldorf, Beschl v 8.8.2018 – S 33 KA 117/18 ER, openJur 2020, 31442; LSG Niedersachsen-Bremen, Urt v 6.9.2017 – L 3 KA 108/14, openJur 2020, 8956.
321 Rehborn/Kern, in: Laufs/Kern/Rehborn, HdB ArztR[5], § 61 Rz 37.
322 BT-Drucks 17/10488, 30.
323 BGH, Urt v 27.9.1983 – VI ZR 230/81, MedR 1984, 63.
324 BGH, Urt v 27.9.1983 – VI ZR 230/81, MedR 1984, 63; BGH, Urt v 24.6.1980 – VI ZR 7/79, VersR 1980, 940; BGH, Urt v 22.1.2980 – VI ZR 263/78, VersR 1980, 428.

c) **Nicht befähigter Behandelnder. Behandelnder** ist die Person, welche die Behandlungs- **146** maßnahmen tatsächlich durchführt, wobei es nicht darauf ankommt, ob sie Vertragspartner des Patienten ist oder nicht. Wird eine nicht befähigte Person, zB ein angestellter Krankenhausarzt, mit der Behandlung des Patienten betraut, stellt bereits die Übertragung der Arbeiten auf diesen Behandelnden einen Verstoß gegen den geschuldeten Standard dar[325]. Die Übertragung von Behandlungsmaßnahmen auf einen hierzu nicht befähigten Behandelnden kann auch unter dem Gesichtspunkt des voll beherrschbaren Risikos eine Pflichtverletzung darstellen.

Nicht befähigt im Sinne des Abs 4 ist ein Behandelnder, dem es an der für die Durchführung **147** der konkreten Behandlungsmaßnahme erforderlichen **fachlichen Qualifikation** mangelt. Hierfür ist sowohl die **Ausbildung** des Behandelnden – sei es in Ausbildung oder Weiterbildung –[326] wie auch dessen **praktische Erfahrung** entscheidend. Maßgeblich ist dabei aber im Gegensatz zu der Voraussetzung des § 630e Abs 2 Nr 1 nicht, dass der Behandelnde seine Ausbildung bereits erfolgreich abgeschlossen hat. Dies liegt zu Recht darin begründet, dass es auch möglich sein muss, einem noch in der Ausbildung stehenden Assistenzarzt, dessen Fachausbildung bereits weit fortgeschritten ist, Eingriffe zu übertragen. Allerdings müssen die damit verbundenen größeren Risiken für den Patienten dadurch kompensiert werden, dass die ausbildenden Ärzte zuvor nach objektiven Kriterien prüfen und danach zu dem vertretbaren Ergebnis kommen konnten, dass für den Patienten durch die Übertragung des Eingriffs auf den Assistenzarzt kein zusätzliches Risiko entsteht[327]. Umgekehrt kann auch der Arzt, der zwar seine Facharztausbildung erfolgreich absolviert hat, aber noch nicht über die ausreichende praktische Erfahrung für den konkreten Eingriff verfügt, nicht befähigt im Sinne dieser Vorschrift sein. Denn stets muss der **Standard eines erfahrenen Facharztes** gewährleistet sein.

d) **Überwachung durch qualifizierten Behandelnden.** Liegt die Voraussetzung, dass stets **148** der Standard eines erfahrenen Facharztes gewährleistet sein muss, (noch) nicht vor, muss der noch nicht hinreichend befähigte Arzt bei Durchführung des Eingriffs **von einem qualifizierten Facharzt**, der grundsätzlich stets anwesend und im Bedarfsfall sofort eingreifen können muss, **überwacht** werden. Für eine solche Überwachung ist es nicht zwingende Voraussetzung, dass der erfahrene Ausbilder unmittelbar neben dem behandelnden Arzt stehen muss, um im Fall einer Komplikation sofort die weitere Behandlung zu übernehmen. Vielmehr reicht eine Überwachung zB auch in einem angrenzenden Monitorraum aus, wenn dadurch gewährleistet ist, dass sich hinsichtlich der **sofortigen Eingriffsmöglichkeiten** dabei keine Unterschiede zu der Situation ergeben, dass der Ausbilder direkt neben den Behandler steht[328]. Entscheidend ist, dass der aufsichtführende Facharzt jeden Operationsschritt beobachtend verfolgen und jederzeit korrigierend eingreifen können muss[329]. Ist dies der Fall, ist der Facharztstandard gewahrt und der Anfängerstatus des Behandelnden wirkt sich nicht haftungsrechtlich aus[330]. Mit fortschreitender Erfahrung des Auszubildenden kann die Assistenz des aufsichtführenden Facharztes aber gelockert werden[331].

e) **Voraussetzungen.** Um die Vermutungswirkung auszulösen, muss der **Patient beweisen**, **149** dass bei ihm durch die Behandlung eine **Verletzung des Lebens, des Körpers oder der Gesundheit**, mithin ein primärer Gesundheitsschaden eingetreten ist. Ferner trägt der Patient die Beweislast dafür, dass der ihn behandelnde Arzt **nicht ausreichend für den Eingriff qualifiziert** war, also entweder noch nicht über ausreichende theoretische Kenntnisse oder noch nicht über ausreichende praktische Erfahrung verfügte.

f) **Vermutungswirkung, Widerlegbarkeit.** Gelingt dem Patienten dieser Beweis, tritt die **150** **Vermutungswirkung** ein. Sie erstreckt sich auf die **haftungsbegründende Kausalität**, also darauf, dass die mangelnde Befähigung des Behandelnden für den eingetretenen Gesundheitsschaden ursächlich war. Die Vermutungswirkung erstreckt sich anders als beim vollbeherrschbaren Risiko nicht auf das Vorliegen eines Behandlungsfehlers. Dieser liegt vielmehr bereits in der organisatorischen Fehlentscheidung der Übertragung der Behandlung auf den nicht befähigten Behandler ohne Sicherstellung einer ausreichenden Überwachung durch einen qualifizierten Facharzt[332].

---

325 BT-Drucks 17/10488, 30.
326 BGH, Urt v 3.2.1998 – Az VI ZR 356/96, MedR 1998, 514.
327 BGH, Urt v 27.9.1983 – Az VI ZR 230/81, MedR 1984, 63.
328 OLG Köln, Urt v 9.1.2019 – Az 5 U 25/18, MedR 2019, 964.
329 OLG Bremen, Urt v 13.12.2018 – Az 5 U 10/17, GesR 2020, 103.
330 OLG Saarbrücken, Urt v 11.4.2018 – Az 1 U 111/17, NJW 2019, 239.
331 BGH, Urt v 15.6.1993 – Az VI ZR 175/92, VersR 1993, 1231; BGH, Urt v 27.9.1983 – Az VI ZR 230/81, MedR 1984, 63.
332 BGH, Urt v 18.6.1985 – Az VI ZR 234/83, MedR 1986, 138.

151 Tritt die Vermutungswirkung ein, fällt Darlegungs- und Beweislast dafür, dass der Gesundheitsschaden nicht ursächlich auf die mangelnde Befähigung des Behandelnden zurückzuführen ist, mit dem Beweismaß des ZPO § 286 der Behandlungsseite zu. Der diesbezügliche Beweis kann im Rechtsstreit zB durch die Feststellungen eines gerichtlichen Sachverständigengutachtens erfolgen.

152 g) **Haftung**. Kann die Behandlungsseite den Gegenbeweis, dass der Gesundheitsschaden nicht ursächlich auf die mangelnde Befähigung des Behandelnden zurückzuführen ist, nicht erbringen, haftet der **Krankenhausträger**, der dem nicht befähigten Arzt die Behandlung übertragen hat, dem Patienten gegenüber **aus vertraglicher Pflichtverletzung** gemäß § 280 Abs 1. Daneben kann auch der **verantwortliche Facharzt**, der den nicht qualifizierten Kollegen mit der Durchführung der Behandlung beauftragt hat, deliktisch und, soweit er mit dem Patienten in einem Vertragsverhältnis steht, gegebenenfalls auch aus vertraglicher Pflichtverletzung haften. Kann der nicht befähigte Arzt bei Anwendung der erforderlichen Sorgfalt erkennen, dass ihm die fachliche Qualifikation für die Durchführung des konkreten Eingriffs fehlt und er daher mit der Übernahme der Aufgabe überfordert ist, haftet er persönlich gegenüber dem Patienten deliktisch.

153 6. **Grober Behandlungsfehler, Abs 5 Satz 1.** – a) **Grundsätze**. Das Vorliegen eines groben Behandlungsfehlers führt zur Umkehr der Beweislast hinsichtlich der Kausalität des Behandlungsfehlers für den eingetretenen Primärschaden zulasten des Arztes, wenn der Behandlungsfehler grundsätzlich geeignet ist, eine Verletzung des Lebens, des Körpers oder der Gesundheit der tatsächlich eingetretenen Art herbeizuführen. Auch insoweit hat der Gesetzgeber des Patientenrechtegesetzes kein Novum geschaffen. Die in Abs 5 S 1 kodifizierte Beweislastumkehr galt nach ständiger höchstrichterlicher Rechtsprechung bereits seit Jahrzehnten und damit lange vor Beginn des Gesetzgebungsverfahrens zum Patientenrechtegesetz.

154 Dogmatisch wird dies damit begründet, dass die grundsätzliche Beweisregel, wonach der Patient nicht nur den Behandlungsfehler, sondern auch dessen Ursächlichkeit für den eingetretenen primären Gesundheitsschaden nachweisen muss, eine hohe Hürde darstellt. Denn in vielen Fällen kann – auch aufgrund der Komplexität des menschlichen Organismus und der damit verbundenen Unwägbarkeiten – auch bei einem nachweisbaren Behandlungsfehler nicht aufgeklärt werden, ob ein bei dem Patienten eingetretener Gesundheitsschaden kausal auf den Behandlungsfehler zurückzuführen ist, oder ob andere Umstände, zB die Grunderkrankung des Patienten, hierfür ursächlich sind. Aus diesem Grund besteht das Bedürfnis, den Patienten auf der Kausalitätsebene dann von dieser hohen Hürde der Beweisfeststellung zu entlasten, wenn dem Arzt ein **besonders schwerwiegender Fehler** unterlaufen ist.

155 So hatte bereits das Reichsgericht entschieden, dass es im Einzelfall eine gerechte Interessenabwägung sei, dem Arzt die Beweislast für die Nichtursächlichkeit eines von ihm schuldhaft begangenen Fehlers aufzuerlegen, wenn er „den Kranken durch unsachgemäße Behandlung bewusst oder leichtfertig einer Gefahr ausgesetzt hat, die den äußeren Umständen nach gerade die Schädigung herbeiführen konnte, die dann eingetreten ist"[333]. Der Bundesgerichtshof führte diese Rechtsprechung fort und entwickelte sie weiter. Während er bei Vorliegen eines groben Behandlungsfehlers zunächst von „Beweiserleichterungen bis hin zur Beweislastumkehr"[334] sprach, stellte er sodann klar, dass zwingend eine **Beweislastumkehr**[335] hinsichtlich der Kausalität des Behandlungsfehlers für den tatsächlich eingetretenen primären Gesundheitsschaden eintritt, **wenn der grobe Behandlungsfehler geeignet ist, die bei dem Patienten eingetretene Verletzung des Lebens, des Körpers oder der Gesundheit herbeizuführen.**

156 b) **Normzweck**. Der Gesetzgeber des Patientenrechtegesetzes weist in der Gesetzesbegründung darauf hin, dass die Beweislastumkehr den Zweck habe, „einen Ausgleich dafür zu bieten, dass das Spektrum der für die Schädigung in Betracht kommenden Ursachen infolge des groben Behandlungsfehlers besonders vergrößert oder verschoben worden [sei], mit der Folge, dass die **Aufklärung des Behandlungsgeschehens zu Lasten des Patienten in besonderer Weise erschwert**" werde[336]. Bei einem einfachen Behandlungsfehler sei dem Patienten die Aufklärung der Behandlung hingegen nicht erschwert[337]. Wirklich überzeugend erscheint diese Begründung

---

[333] RG, Urt v 21.5.1937 – III 203/36, HRR 1937, Nr 1301; RG, Urt v 21.6.1941 – III 134/39, WarnRspr 1941, Nr 14.
[334] BGH, Urt v 18.4.1989 – VI ZR 221/88, MedR 1989, 238.
[335] BGH, Urt v 27.4.2002 – VI ZR 34/03, MedR 2004, 561: „Ein grober Behandlungsfehler, der geeignet ist, einen Schaden der tatsächlich eingetretenen Art herbeizuführen, führt grundsätzlich zu einer Umkehr der objektiven Beweislast für den ursächlichen Zusammenhang zwischen dem Behandlungsfehler und dem Gesundheitsschaden. Dafür reicht aus, dass der grobe Behandlungsfehler geeignet ist, den eingetretenen Schaden zu verursachen; nahelegen oder wahrscheinlich machen muss der Fehler den Schaden hingegen nicht.".
[336] BT-Drucks 17/10488, 31.
[337] BT-Drucks 17/10488, 31.

nicht. Letztlich könnte mit dieser Argumentation ebenso gut das Bedürfnis für eine Beweislastumkehr auch in Fällen eines einfachen Behandlungsfehlers begründet werden. Denn dass die Aufklärung des Behandlungsgeschehens bei einem groben Behandlungsfehler grundsätzlich in besonderer Weise erschwert wäre, hat keine Evidenz. Umgekehrt kann argumentiert werden, dass gerade bei einem groben Behandlungsfehler im Hinblick auf dessen Eindeutigkeit die Aufklärung des Behandlungsgeschehens leichter sei, als bei einem einfachen Behandlungsfehler[338]. In der Literatur wird demgemäß auch darauf hingewiesen, dass es der Rechtsprechung in Jahrzehnten nicht gelungen sei, eine überzeugende Begründung dafür zu finden, weshalb es nicht überrasche, dass auch der Gesetzgeber „in den Gesetzesmaterialien keine dogmatisch überzeugende Begründung für diese Beweislastregel" vorlege, sondern sich auf eine „Wiedergabe der Argumente der Rechtsprechung" beschränke[339].

Ungeachtet dieser dogmatischen Defizite besteht jedoch weithin Einigkeit darüber, dass die Beweislastumkehr beim groben Behandlungsfehler jedenfalls aus Billigkeitsgründen notwendig ist und immerhin „sachlich begründbar" sei[340]. Auch wenn ein grober Behandlungsfehler per se nicht das Risiko des Eintritts eines Gesundheitsschadens erhöht oder die Aufklärbarkeit der Kausalität erschwert, erscheinen Beweiserleichterungen zugunsten des Patienten bei Vorliegen eines groben Behandlungsfehlers als sachgerecht. Denn es ist zutreffend, dass der Nachweis der Kausalität eines Behandlungsfehlers für den eingetretenen Gesundheitsschaden für den Patienten in vielen Fällen auf Schwierigkeiten stößt. Wenn ein Behandler dann in so eklatanter Weise gegen den medizinischen Standard verstößt, dass dies schlechterdings nicht mehr verständlich und verantwortbar ist, erscheint es gerechtfertigt, die Beweislast dafür, dass der Behandlungsfehler nicht ursächlich für den eingetretenen primären Gesundheitsschaden war, ausnahmsweise der Behandlungsseite aufzuerlegen, wenn der grobe Behandlungsfehler grundsätzlich geeignet war, den eingetretenen Gesundheitsschaden herbeizuführen. **157**

c) **Definition des „groben Behandlungsfehlers"**. Eine Definition des groben Behandlungsfehlers findet sich in Abs 5 nicht. Ein grober Behandlungsfehler kann – wie ein einfacher – dem Behandelnden in **allen Bereichen der Behandlung** unterlaufen. So kann etwa ein schwerwiegender Befunderhebungsfehler einen groben Behandlungsfehler darstellen, ein fundamentaler Diagnosefehler wird als grober Behandlungsfehler gewertet und auch ein dem Behandelnden im Rahmen der Therapie selbst unterlaufender Fehler kann als grober Behandlungsfehler zu qualifizieren sein. Ob ein Fehlverhalten des Arztes als **besonders schwerwiegend** und damit als grober Behandlungsfehler zu qualifizieren ist, ist stets **Gegenstand einer tatrichterlichen Einzelfallbetrachtung**[341]. **158**

Eine generalisierende Definition, ab wann ein Behandlungsfehler als „grob" einzustufen ist, ist demgemäß schwierig. Da der Gesetzgeber auch mit Abs 5 die bisher zum groben Behandlungsfehler ergangene Rechtsprechung in Gesetzesform gießen wollte, kann zur Definition des groben Behandlungsfehlers auf die bisherige höchstrichterliche Judikatur rekurriert werden. In dieser hat sich im Lauf der Zeit die Definition durchgesetzt, dass ein Behandlungsfehler dann als grob zu bewerten ist, wenn ein medizinisches Fehlverhalten vorliegt, das ex ante betrachtet **„aus objektiver ärztlicher Sicht bei Anlegung des für einen Arzt geltenden Ausbildungs- und Wissensmaßstabes nicht mehr verständlich und verantwortbar erscheint, weil ein solcher Fehler dem behandelnden Arzt aus dieser Sicht schlechterdings nicht unterlaufen darf"**[342]. Dies ist dann der Fall, wenn ein Verstoß gegen gesicherte und bewährte medizinische Erkenntnisse[343] vorliegt, wozu neben Erkenntnissen, die in Leitlinien, Richtlinien oder andere ausdrückliche Handlungsanweisungen gefunden haben, auch die elementaren medizinischen Grundregeln zählen, die in dem jeweiligen Fachgebiet vorausgesetzt werden[344]. Grundsätz- **159**

---

338 Damm MedR 853, 857 mwN.
339 Franzki, Der Behandlungsvertrag, S 179.
340 Katzenmeier, Arzthaftung, S 467.
341 BGH, Urt v 24.2.2015 – VI ZR 106/13, MedR 2015, 724; für die Anwendung von § 630h Abs 5 bei fehlerhafter Sicherungsaufklärung OLG Oldenburg, Urt v 1.3.2023 – 5 U 45/22, BeckRS 2023, 4560 m Anm Kretschmer.
342 BGH, Urt v 18.10.1994 – VI ZR 302/93, -juris; BGH, Urt v 10.5.1983 – VI ZR 270/81, VersR 1983, 729; OLG Hamm, Urt v 28.1.2019 – 3 U 63/17, -juris; OLG Hamm, Urt v 19.3.2018 – 3 U 63/15, MedR 2019, 220; OLG Naumburg, Beschl v 27.3.2014 – 10 W 1/14, -juris; OLG Frankfurt, Urt v 20.10.2020 – 14 U 103/11, -juris; OLG Frankfurt, Beschl v 28.1.2011 – 1 W 37/10, NVwZ-RR 2011, 668; OLG Frankfurt, Urt v 5.8.2003 – 8 U 33/03, -juris; OLG Celle Urt v 28.5.2002 – 1 U 22/00, VersR 2002, 854; OLG Celle, Urt v 7.5.2001 – 1 U 15/00, VersR 2002, 1558; OLG Saarbrücken, Urt v 3.11.1999 – 1 U 419/97, MedR 2000, 326; OLG Zweibrücken, Urt v 30.6.1998 – 5 U 26/95, -juris; KG Berlin, Urt v 15.1.1998 – 20 U 3654/96, MedR 1999, 226; OLG Schleswig, Urt v 4.12.1996 – 4 U 146/95, MedR 1997, 321; OLG Braunschweig, Urt v 10.2.1994 – 1 U 31/93, -juris; OLG Stuttgart, Urt v 21.6.1990 – 14 U 3/90, VersR 1991, 821; OLG Köln, Urt v 9.11.1988 – 27 U 77/88, NJW 1990, 776; OLG Karlsruhe, Urt v 14.12.1983 – 7 U 208/80, VersR 1986, 44.
343 BGH, Urt v 3.12.1985 – VI ZR 106/84, MedR 1988, 94.
344 BGH, Urt v 20.9.2011 – VI ZR 55/09, MedR 2012, 450.

lich ist ein Behandlungsfehler als grob zu qualifizieren, wenn sich ein **klares Behandlungsbild** oder **eindeutige Befunde** ergeben, die **vom Arzt verkannt** werden. Ein grober Behandlungsfehler kann sich auch im Rahmen einer **Gesamtbetrachtung des Behandlungsgeschehens**[345] aus dem **Zusammentreffen mehrerer „einfacher" Behandlungsfehler** ergeben[346]. Dies ist der Fall, wenn unter Berücksichtigung aller Umstände des Einzelfalles eine Häufung mehrerer an sich nicht grober Fehler die Behandlung **insgesamt als grob fehlerhaft** erscheinen lassen[347].

160   Bei der Feststellung, ob ein grober Behandlungsfehler vorliegt oder nicht, handelt es sich nicht um eine medizinische, sondern um eine juristische Wertung, die nicht der Sachverständige, sondern das Gericht zu treffen hat[348]. Da der Richter den **berufsspezifischen Sorgfaltsmaßstab** des Arztes aber regelmäßig nur unter Zuhilfenahme eines medizinischen Sachverständigen ermitteln kann, muss diese wertende Entscheidung in vollem Umfang durch die von dem medizinischen Sachverständigen getroffenen Feststellungen getragen werden und sich auf diese stützen können[349]. Das Gericht ist insoweit an die Feststellungen des Sachverständigen gebunden, als sich aus diesen ein **schlechterdings unverständliches Verhalten** des Arztes ergeben muss[350]. Letztendlich handelt es sich bei der Frage des Feststellens eines groben Behandlungsfehlers um reine Kasuistik.

161   d) **Generelle Geeignetheit zur Herbeiführung des Gesundheitsschadens.** Die Beweislastumkehr auf der Kausalitätsebene tritt nur dann ein, wenn der grobe Behandlungsfehler grundsätzlich geeignet ist, einen Gesundheitsschaden der tatsächlich eingetretenen Art herbeizuführen. Dafür reicht es aus, dass der grobe Behandlungsfehler **generell geeignet** ist, den eingetretenen Schaden zu verursachen oder zumindest mit zu verursachen, wahrscheinlich braucht dies nicht zu sein[351]. Nur dann, wenn jeglicher haftungsbegründende Ursachenzusammenhang **äußerst unwahrscheinlich** ist, tritt die Beweislastumkehr nicht ein[352]. Die Beweislast hierfür trifft den Behandelnden. Wenngleich sich der BGH zu der Frage, wann eine äußerste Unwahrscheinlichkeit vorliegt, bisher nicht in Prozentangaben geäußert hat, dürfte eine solche nur vorliegen, wenn die Verursachungswahrscheinlichkeit bei (deutlich) weniger als 10 % liegt[353]. Ein Ursachenzusammenhang von ca 10 % rechtfertigt jedenfalls nicht die Annahme, dass die Kausalität äußerst unwahrscheinlich ist[354]. In der Instanzrechtsprechung wurde ein äußerst unwahrscheinlicher Ursachenzusammenhang ab einer Quote von etwa 5 % und darunter[355] oder „deutlich unter 1 %"[356] angenommen. Die tatrichterlich zu beantwortenden Fragen, ob der grobe Behandlungsfehler generell geeignet ist, einen Schaden der eingetretenen Art zu verursachen, und ob ein Ursachenzusammenhang äußerst unwahrscheinlich ist, sind vom Gericht gegebenenfalls mithilfe eines Sachverständigengutachtens zu klären. Dabei ist die Beweislastumkehr nicht schon dann ausgeschlossen, wenn die alleinige Ursächlichkeit des groben Behandlungsfehlers für den primären Gesundheitsschaden äußerst unwahrscheinlich ist; dies ist erst dann der Fall, wenn es äußerst unwahrscheinlich ist, dass eine Mitursächlichkeit gegeben ist[357].

162   e) **Vermutungswirkung.** Gelingt es dem Patienten, das Vorliegen eines groben Behandlungsfehlers und dessen grundsätzliche Geeignetheit, den eingetretenen Gesundheitsschaden herbeizuführen, zu beweisen, tritt die Vermutungswirkung hinsichtlich der Kausalität des Behandlungsfehlers für den eingetretenen Primärschaden gem Abs 5 S 1 ein. Sie erstreckt sich grundsätzlich nur auf die haftungsbegründende Kausalität, also auf die Frage der Ursächlichkeit des Behandlungsfehlers für den eingetretenen primären Gesundheitsschaden. Nur ausnahmsweise gilt sie auch für Sekundärschäden, und zwar dann, wenn die von dem Arzt verletzte Pflicht gerade auch vor dem eingetretenen Folgeschaden schützen sollte[358] oder dieser eine typische Folge des Primärschadens ist[359].

---

345   BGH, Urt v 8.3.1988 – VI ZR 201/87, MedR 1988, 253.
346   OLG Celle, Urt v 7.5.2001 – 1 U 15/00, VersR 2002, 1558.
347   BGH, Beschl v 7.11.2017 – VI ZR 173/17, MedR 2018, 880.
348   Katzenmeier, Arzthaftung, S 443; Kern, in: Laufs/Kern/Rehborn, HdB ArztR⁵, § 109 Rz 15.
349   BGH, Urt v 24.2.2015 – VI ZR 106/13, MedR 2015, 724; BGH, Urt v 28.5.2002 – VI ZR 42/01, MedR 2003, 169; BGH, Urt v 3.7.2001 – VI ZR 418/99, VersR 2001, 2795; BGH, Urt v 19.6.2001 – VI ZR 286/00, VersR 2001, 1115.
350   Kern, in: Laufs/Kern/Rehborn, HdB ArztR⁵, § 109 Rz 15.
351   BGH, Beschl v 13.10.2020 – VI ZR 348/20, MedR 2021, 647.
352   BGH, Beschl v 13.10.2020 – VI ZR 348/20, MedR 2021, 647; BGH, Urt v 19.6.2012 – VI ZR 77/11, MedR 2013, 365; BGH, Urt v 27.4.2004 – VI ZR 34/03, MedR 2004, 561; BGH, Urt v 25.11.2003 – VI ZR 8/03, GesR 2004, 132.
353   Martis/Winkhart, Arzthaftungsrecht⁶, G Rz 255, 266 ff.
354   Pauge/Offenloch, Arzthaftungsrecht¹⁴, Rz 589.
355   OLG Frankfurt, Urt v 22.12.2020 – 8 U 142/18, MedR 2021, 996; OLG Köln, Urt v 9.1.2019 – 5 U 13/17, VersR 2019, 764.
356   OLG Hamm, Urt v 15.3.2016 – 26 U 137/15, -juris.
357   Frahm MedR 2021, 647.
358   Franzki, Der Behandlungsvertrag, S 181.
359   BGH, Urt v 5.11.2013 – VI ZR 527/12, GesR 2014, 16; BGH, Urt v 2.7.2013 – VI ZR 554/12, MedR 2014, 488.

f) **Widerlegbarkeit der Vermutung.** Dem Arzt ist die Möglichkeit eröffnet, den Eintritt der 163 Beweislastumkehr auszuschließen, indem er nachweist, dass der Behandlungsfehler nicht generell geeignet war, den eingetretenen Gesundheitsschaden herbeizuführen oder ein Kausalzusammenhang zwischen dem groben Behandlungsfehler und der Verletzung äußerst unwahrscheinlich ist[360]. Die Wirkung der Beweislastumkehr beim Vorliegen eines groben Behandlungsfehlers führt dazu, dass der Arzt daher zur Überzeugung des Gerichts mit dem **Beweismaß des ZPO § 286** den Beweis führen muss, dass der bei dem Patienten eingetretene primäre Gesundheitsschaden gerade nicht auf die fehlerhafte Behandlung, sondern auf andere Ursachen zurückzuführen ist. Da es für die Beweislastumkehr schon tatbestandliche Voraussetzung ist, dass die Pflichtverletzung grundsätzlich geeignet ist, den primären Gesundheitsschaden herbeizuführen, ist dem Arzt dieser Beweis in der prozessualen Praxis nur schwer möglich. Denn wenn der grobe Behandlungsfehler geeignet war, den bei dem Patienten eingetretenen Gesundheitsschaden herbeizuführen, ist der Nachweis der Nichtursächlichkeit in aller Regel kaum zu führen. Nicht zu Unrecht wird in der Literatur daher eingewandt, Abs 5 sei keine Beweisregel, sondern eine „verkappte Haftungsregel"[361], die in der Praxis dazu führe, dass der Arzt, wenn ihm ein grober Behandlungsfehler unterlaufen ist und dieser grundsätzlich geeignet ist, den tatsächlich eingetretenen Schaden herbeizuführen, stets haftet.

g) **Fehlender Zurechnungszusammenhang.** Die Beweislastumkehr tritt allerdings nicht 164 ein, „wenn sich nicht das Risiko verwirklicht hat, dessen Nichtbeachtung den Fehler als grob erscheinen lässt"[362]. Wird dem Arzt etwa vorgeworfen, im Rahmen einer (grob behandlungsfehlerhaft) unterlassenen weitergehenden Diagnostik hätte er als Zufallsbefund eine weitere Erkrankung diagnostiziert, fehlt es an einem inneren Zusammenhang zwischen der Pflichtverletzung und dem eingetretenen Schaden[363].

h) **Erweiterter Anwendungsbereich.** Obgleich die §§ 630a bis 630h nur für den Behand- 165 lungsvertrag zwischen Behandelnden und Patienten – also Menschen, anwendbar sind, gelten die von der Rechtsprechung entwickelten Grundsätze zur Beweislast auch für Tierärzte. Unterläuft einem Tierarzt ein grober Behandlungsfehler, der geeignet ist, einen Schaden der tatsächlich eingetretenen Art herbeizuführen, tritt regelmäßig eine Beweislastumkehr für die Kausalität zwischen dem Behandlungsfehler und dem primären Gesundheitsschaden zugunsten des Tierhalters ein[364].

Darüber hinaus wendet der 3. Zivilsenat BGH die Grundsätze der Beweislastumkehr im Arzt- 166 haftungsprozess mit der Begründung einer Vergleichbarkeit der Interessenlage auch auf andere Personen und Organisationen an, welche die **besondere Berufs- oder Organisationspflicht** haben, andere vor Gefahren für Leben und Gesundheit zu bewahren, so etwa **Sportlehrer**, **Bademeister** in einem Schwimmbad und Betreiber von **Hausnotrufanlagen**. Würden solche besonderen Pflichten grob vernachlässigt, könnten nach Treu und Glauben die Folgen der Ungewissheit, ob der Schaden abwendbar war, nicht dem Geschädigten aufgebürdet werden[365]. Zu Recht wird an dieser Ausweitung des Anwendungsbereichs der Beweislastumkehr kritisiert, dass es in den entschiedenen Fällen an der typischerweise vorliegenden Beweisnot des Geschädigten fehlt, welche der BGH zur Begründung der Beweislastumkehr beim groben Behandlungsfehler von Ärzten anführt[366]. Letztlich handelt es sich dabei um reine Billigkeitserwägungen in Einzelfällen, in denen der Kausalverlauf nicht mehr rekonstruierbar war[367].

i) **Kasuistik. – aa) Grober Behandlungsfehler bejaht.** Ein grober Behandlungsfehler in 167 Form eines **Übernahmeverschuldens** liegt vor, wenn ein im Krankenhaus als Belegarzt tätiger Gynäkologe eine **hochschwangere Risikopatientin** (Verdacht auf Blasensprung) in die Behandlung übernimmt, obwohl ihm die mangelnde sachliche und personelle Ausstattung der Klinik bekannt ist und dort weder die Laboruntersuchungen zur Feststellung der Entzündungsparameter noch eine neonatologische Versorgung möglich sind[368].

Kann sich die Mutter eines neugeborenen Kindes, bei dem es zu Atemproblemen kommt, 168 während des „Bondings" wegen einer **fehlenden Notrufklingel** nicht bemerkbar machen, haf-

---

360 Kern, in: Laufs/Kern/Rehborn, HdB ArztR[5], § 109 Rz 36.
361 MünchKomm[8]/Wagner, § 630h Rz 84.
362 BGH, Urt v 16.6.1981 – VI ZR 38/80, VersR 1981, 954; Kern, in: Laufs/Kern/Rehborn, HdB ArztR[5], § 109 Rz 37; Martis/Winkhart, Arzthaftungsrecht[6], G Rz 287 ff.
363 OLG Zweibrücken, Urt v 21.08.2001 – 5 U 9/01, -juris.
364 BGH, Urt v 10.5.2016 – VI ZR 247/15, MedR 2017, 709.
365 BGH, Urt v 4.4.2019 – III ZR 35/18, MedR 2019, 799; BGH, Urt v 23.11.2017 – III ZR 60/16, MedR 2018, 481; BGH, Urt v 11.5.2017 – III ZR 92/16, MedR 2018, 90.
366 Katzenmeier, Anmerkungen zu BGH, Urt v 11.5.2017 – III ZR 92/16 (KG), MedR 2018, 93.
367 Katzenmeier, Anmerkungen zu BGH, Urt v 11.5.2017 – III ZR 92/16 (KG), MedR 2018, 93.
368 OLG Hamm, Urt v 30.1.2008 – 3 U 71/07, -juris.

tet der Krankenhausträger nicht nur aus dem Gesichtspunkt des voll beherrschbaren Risikos, sondern auch wegen eines groben Behandlungsfehlers in Form eines groben Organisationsverschuldens[369]. Denn eine Mutter ist in dieser Phase noch nicht stets in der Lage, selbstständig das Bett zu verlassen, um Hilfe zu holen. Sie muss aber die Möglichkeit haben, eine Hebamme zu alarmieren, beispielsweise mit einer Klingel.

169 Wird von einem Unfallchirurgen oder Orthopäden eine auf dem Röntgenbild **eindeutig erkennbare Fraktur übersehen**, liegt in der Regel ein grober Behandlungsfehler in Form eines fundamentalen Diagnoseirrtums vor[370]. Anders kann dies im Einzelfall zu beurteilen sein, wenn die Fraktur auf einem Röntgenbild nur schwer zu erkennen ist[371].

170 Verkennt ein Radiologe in einem MRT des Schädels eine **eindeutige Raumforderung** und unterbleibt damit die Diagnose eines bösartigen Tumors im Bereich der Ohrspeicheldrüse, liegt ebenfalls ein fundamentaler Diagnoseirrtum und damit ein grober Behandlungsfehler vor[372].

171 Übersieht der **Radiologe** oder der **Lungenfacharzt** auf einem **Röntgenbild ein Bronchialkarzinom**, ist dies gleichfalls als grober Behandlungsfehler in Form eines fundamentalen Diagnoseirrtums zu werten[373]. Unterläuft dieser Fehler dem Allgemeinmediziner, kann der Behandlungsfehler im Einzelfall dann als nicht grob bewertet werden, wenn sich der Verdacht auf das Vorliegen eines Karzinoms nicht ohne weiteres aufdrängt[374].

172 Verkennt der Hausarzt **trotz Vorliegens eindeutiger Hinweise** die Gefahr eines bevorstehenden **Herzinfarktes** und unterlässt eine sofortige Einweisung ins Krankenhaus, liegt in der Regel ein grober Behandlungsfehler vor[375]. Dies ist auch der Fall, wenn der Arzt im Krankenhaus die eindeutigen Symptome eines Herzinfarktes verkennt[376].

173 Besteht bei einem Patienten ein erhöhtes Thromboserisiko, stellt es einen groben Behandlungsfehler (Therapiefehler) dar, wenn trotz einer **zweiwöchigen Immobilisation** des Unterschenkels keine medikamentöse **Thromboseprophylaxe** durchgeführt wird[377].

174 Das Unterbleiben einer HIT-II-Diagnostik bei Verdacht auf eine **Heparin-induzierte Thrombozytopenie** ist schlechterdings nicht mehr nachvollziehbar und stellt damit bereits für sich genommen einen groben Behandlungsfehler (grober Befunderhebungsfehler) dar[378].

175 Das **Unterbleiben einer CT-Aufnahme** nach einer **Entfernung und Ligatur der Arteria mesenterica** bei Auftreten abdominaler Schmerzen, Fieber und persistierend hoher Infektionsparameter ist nicht mehr nachvollziehbar und stellt einen groben Behandlungsfehler (grober Befunderhebungsfehler) dar[379].

176 Wird bei einer **Reanimation** die notwendige **Gabe von Adrenalin unterlassen**, stellt dies auch dann einen groben Behandlungsfehler dar, wenn zum Zeitpunkt der Behandlung die von der Bundesärztekammer herausgegebenen Richtlinien für Wiederbelebung und Notfallversorgung, die eine erste Medikation des Medikaments Adrenalin vorsehen, noch nicht veröffentlicht waren, aber die Gabe von Adrenalin bereits dem Erkenntnisstand der medizinischen Wissenschaft entsprochen hat[380].

177 Nach einer **Gipsschienenbehandlung** muss der Hausarzt bei der Nachsorge die Möglichkeit eines **Kompartmentsyndroms** in Betracht ziehen, falls der Patient hierfür typische Beschwerden (Hämatombildung, massive Schmerzen, eingeschränkte Beweglichkeit mit Schwellung) schildert, und den Patienten in die chirurgische Behandlung überweisen. Unterbleibt dies, liegt ein grober Behandlungsfehler vor[381].

178 Auch Verstöße gegen erforderliche Desinfektionsmaßnahmen können sich als grobe Behandlungsfehler erweisen. Bei Kniegelenkspunktionen genügt es nicht, sich vor dem Eingriff die Hände zu waschen, vielmehr hat der Behandelnde eine **chirurgische Handdesinfektion** durch-

---

369 OLG Celle, Urt v 20.9.2021 – 1 U 32/20, -juris (noch nicht rechtskräftig; Nichtzulassungsbeschwerde zum BGH eingelegt).
370 OLG Naumburg, Urt v 28.11.2019 – 1 U 75/18, MedR 2021, 161.
371 BGH, Urt v 12.2.2008 – VI ZR 221/06, GesR 2008, 250.
372 OLG München, Urt v 16.02.2012 – 1 U 2798/11, -juris.
373 OLG Hamm, Urt v 2.4.2001 – 3 U 160/00, VersR 2002, 578.
374 OLG Schleswig, Urt v 24.06.2005 – 4 U 10/04, -juris.
375 OLG Bamberg, Urt v 4.7.2005 – 4 U 126/03, VersR 2005, 1292.
376 OLG Hamm, Urt v 1.9.2008 – 3 U 245/07, -juris.
377 OLG Düsseldorf, Urt v 21.2.2008 – 8 U 82/06, VersR 2009, 403.
378 LG Hamburg, Urt v 19.5.2021 – 336 O 76/17, -juris (Berufung beim OLG Hamburg – Az 1 U 79/21 – anhängig).
379 OLG Koblenz, Urt v 17.3.2021 – 5 U 1651/19, -juris.
380 OLG Hamm, Urt v 27.1.1999 – 3 U 26/98, NJW 2000, 57.
381 OLG Hamm, Urt v 13.6.2017 – 26 U 59/16, -juris.

zuführen **oder sterile Handschuhe** zu tragen. Verstößt er hiergegen, stellt dies einen groben Behandlungsfehler dar[382].

Verabreicht ein Arzt **zu viele Injektionen mit einem Kortisonpräparat in dasselbe** **179** **Gelenk** (vier in elf Tagen) mit einer **zu hohen Gesamtdosis**, stellt dies einen groben Behandlungsfehler dar[383].

Die Behandlung eines Patienten mit **Novalgin**, der wegen seiner Asthmaerkrankung im Hinblick auf die Gabe dieses Medikaments als **Risikopatient** anzusehen ist, stellt einen groben Behandlungsfehler dar, wenn für die Behandlung des Patienten kein Raum gewählt wurde, in dem eine ausreichende Notfallausstattung vorhanden war[384]. **180**

Widerspricht ein **Heilpraktiker** seinem Patienten bei dessen Entscheidung zum Abbruch **181** einer schulmedizinisch indizierten Therapie bei einer todbringenden Krankheit zugunsten einer nicht evidenzbasierten alternativmedizinischen Behandlung (hier: Horvi-Schlangengift-Therapie) nicht mit Nachdruck und wirkt bei einer längeren Behandlungsdauer auch nicht jederzeit und wiederholt auf den Patienten ein, die schulmedizinisch indizierte Therapie fortzusetzen oder wieder aufzunehmen, stellt dies einen groben Behandlungsfehler wegen unzureichender therapeutischer Sicherungsaufklärung dar[385].

bb) **Grober Behandlungsfehler verneint**. Die **Übernahme einer schwangeren Risikopatientin** durch ein Krankenhaus der Grund- und Regelversorgung anstelle eines Perinatalzentrums stellt nicht generell einen Behandlungsfehler in Form eines Übernahmeverschuldens dar. Kann kein Abweichen vom Standard der medizinischen Versorgung festgestellt werden und wäre die Versorgung der Patientin auch in der Klinik der höheren Versorgungsstufe wohl nicht übertroffen worden, besteht **kein Übernahmeverschulden**[386]. **182**

Ist auf dem Röntgenbild eine **Fraktur nur schwer zu erkennen**, liegt kein fundamentaler **183** Diagnoseirrtum vor[387].

Ebenso wenig stellt es einen groben Behandlungsfehler dar, wenn der Arzt nach einem Sturzereignis eine Röntgenaufnahme befundet und dabei zwar eine **Wirbelkörperfraktur** feststellt, diese jedoch wegen der klinischen Befundlage als Altverletzung wertet[388]. **184**

Übersieht ein **Allgemeinmediziner** auf einem **Röntgenbild ein Bronchialkarzinom**, kann **185** der Behandlungsfehler dann als nicht grob bewertet werden, wenn sich der Verdacht auf das Vorliegen eines Karzinoms nicht ohne weiteres aufdrängt[389]. Dies gilt auch, wenn ein **Radiologe** im Röntgenbild ein vorhandenes Bronchialkarzinom übersieht, das sich nur als **winzige Aufhellung** darstellt und erst unter Berücksichtigung später gewonnener Erkenntnisse als tumoröses Geschehen einordnen lässt[390].

Veranlasst ein Anästhesist zur Überprüfung der Narkosefähigkeit des adipösen Patienten eine **186** bildgebende Diagnostik und erkennt auf dieser einen mit der beabsichtigten Operation **nicht in Zusammenhang stehenden Zufallsbefund** in Form eines Rundherdes in der Lunge nicht, stellt dies **keinen fundamentalen Diagnoseirrtum** dar. Denn der für die Auswertung eines Befundes medizinisch verantwortliche Arzt hat die Auffälligkeiten zur Kenntnis und zum Anlass für die gebotenen Maßnahmen zu nehmen, die er aus der **berufsfachlichen Sicht seines Fachgebiets** erkennen muss[391]. Vor in diesem Sinne für ihn erkennbaren Zufallsbefunden darf er nicht die Augen verschließen[392].

Bestehen nach einer Kieferoperation klinische Symptome für eine Beinvenenthrombose, die **187** durch Laborwerte (Hämoglobin und Hämatokrit) gestützt werden, stellt die **Fehldeutung eines Kompartmentsyndroms als Beinvenenthrombose** keinen fundamentalen Diagnoseirrtum dar[393].

Unterlässt es der Allgemeinmediziner vor einer **Zeckenschutzimpfung** (FSME), bei dem **188** Patienten Fieber zu messen, woraus sich eine Kontraindikation für die Impfung ergeben hätte, liegt kein grober, sondern ein einfacher Behandlungsfehler vor[394].

---

382 OLG Schleswig, Urt v 12.7.1989 – 4 U 120/88, VersR 1990, 1121.
383 OLG Köln, Urt v 10.5.2017 – 5 U 68/16, -juris.
384 OLG Karlsruhe, Urt v 18.4.2018 – 7 U 196/16, -juris.
385 OLG München, Urt v 25.3.2021 – 1 U 1831/18, MedR 2021, 1079.
386 OLG Naumburg, Urt v 11.7.2006 – 1 U 1/06, -juris.
387 BGH, Urt v 12.2.2008 – VI ZR 221/06, GesR 2008, 250.
388 OLG Koblenz, Beschl v 5.8.2016 – 5 U 723/16, -juris.
389 OLG Schleswig, Urt v 24.6.2005 – 4 U 10/04, -juris.
390 OLG Koblenz, Beschl v 20.2.2017 – 5 U 1349/16, GesR 2017, 399.
391 BGH, Urt v 21.12.2010 – VI ZR 284/09, MedR 2011, 645.
392 BGH, Urt v 21.12.2010 – VI ZR 284/09, MedR 2011, 645.
393 OLG Koblenz, Beschl v 18.10.2010 – 5 U 1000/10, GesR 2011, 100.
394 OLG Nürnberg, Urt v 15.7.2016 – 5 U 294/15, -juris.

189 Wird eine notwendige **medikamentöse Thromboseprophylaxe** um drei Wochen **verzögert**, weil der Arzt aufgrund einer **Abwägung der Vor- und Nachteile** der Therapie zu Unrecht das Blutungsrisiko in den Mittelpunkt gestellt und deshalb zunächst nur eine mechanische Thromboseprophylaxe eingeleitet hat, liegt nur ein einfacher und kein grober Behandlungsfehler vor[395].

190 Das Risiko einer **Achsfehlstellung** nach Implantation einer Kniegelenksprothese kann nicht immer vermieden werden, und bei einem erfahrenen Operator kann eine korrekte Implantation auch ohne eine präoperative Vermessung und Planzeichnungen erreicht werden. Das **Unterlassen einer präoperativen Planungsskizze** stellt daher keinen groben Behandlungsfehler, sondern – wenn überhaupt – einen einfachen Behandlungsfehler dar[396].

191 Es widerspricht zwar dem chirurgischen Standard bei einer **perforierten Appendizitis**, wenn trotz Gabe eines Breitband-Antibiotikums **keine Abstrichentnahme** zur Keimbestimmung durchgeführt wird. Es stellt jedoch keinen groben Behandlungsfehler dar, wenn die Antibiose mit dem Breitband-Antibiotikum auf das zu erwartende Keimspektrum abgestimmt war[397].

192 Dem Behandelnden ist kein grober Behandlungsfehler zur Last zu legen, wenn er eine **falsche Operationsstelle** ausgesucht und infolgedessen nicht im Segment HW7/BW1, sondern in TH1/2 operiert hat, wenn trotz aller Bemühungen drei Ärzte dem Irrtum unterlegen sind, die vorgesehene Etage gefunden zu haben[398].

193 Bei Bestehen einer Indikation zur operativen Wundexploration zur Überprüfung einer nicht auszuschließenden **Nervenverletzung** und anschließender mikrochirurgischer Versorgung liegt kein grober Behandlungsfehler vor, wenn der Arzt die Patientin für den kommenden Tag zur Nachuntersuchung einbestellt bzw ihr empfiehlt, am kommenden Tag einen niedergelassenen Chirurgen zu konsultieren[399].

194 Klagt die Patientin wenige Stunden nach Durchführung einer **laparoskopischen Sterilisation**, bei deren Beendigung der Arzt das Operationsfeld sorgfältig überprüft hat, über heftige Schmerzen, die aus einer nicht erkannten Darmläsion resultieren, liegt kein grober Behandlungsfehler vor, wenn der Arzt die Patientin nicht unverzüglich einbestellt oder in ein Krankenhaus überweist, sondern ihr aufgibt, sich bei Fortdauer der Beschwerden erneut bei ihm vorzustellen[400].

195 7. **Unterlassene Befunderhebung oder -Sicherung, Abs 5 Satz 2.** – a) **Grundsätze.** Der Arzt darf seine Diagnose nur auf eine hinreichende Tatsachengrundlage stützen. Er muss den Patienten daher zunächst mit der gebotenen Sorgfalt untersuchen und vorhandenen Krankheitssymptomen durch die **Erhebung der nach dem für sein Fachgebiet geltenden Facharztstandard medizinisch gebotenen Befunde** auf den Grund gehen, um hieraus Erkenntnisse und Konsequenzen für die Therapie ziehen zu können[401]. Dabei hat der Arzt „alle ihm zu Gebote stehenden Erkenntnisquellen zu nutzen, soweit die Umstände und Verdachtsmomente dies verlangen und der Eingriff im Dienste der Erkenntnis nicht neue und überwiegende Gefahren von einem gewissen Gewicht heraufbeschwört"[402]. Welche Befunde für eine Diagnose erhoben werden müssen, ist stets eine Frage des Einzelfalls, bei der die Plausibilität und die Eindeutigkeit oder Uneindeutigkeit einzelner Befunde sowie die Häufigkeit und Gefährlichkeit der in Betracht zu ziehenden Erkrankungen maßgeblich sind[403]. Wird dies vom Arzt nicht oder nur unzureichend veranlasst, liegt ein Behandlungsfehler in Form eines **Befunderhebungsfehlers** vor.

196 Ein Befunderhebungsfehler kann sich, wenn er aus objektiver ärztlicher Sicht bei Anlegung des für einen Arzt geltenden Ausbildungs- und Wissensmaßstabes nicht mehr verständlich erscheint, weil ein solcher Fehler dem behandelnden Arzt schlechterdings nicht unterlaufen

---

395 OLG Naumburg, Urt v 6.2.2017 – 1 U 10/16, -juris.
396 OLG Brandenburg, Urt v 1.12.2016 – 12 U 222/15, VersR 2017, 1143.
397 OLG Hamm, Urt v 7.7.2015 – 26 U 112/14, -juris.
398 OLG Köln, Beschl v 13.1.2015 – 5 U 120/14, -juris.
399 OLG Köln, Beschl v 28.1.2016 – 5 U 91/15, -juris.
400 OLG Düsseldorf, Urt v 8.5.2008 – 8 U 38/07, -juris.
401 Katzenmeier, Arzthaftung, S 477.
402 Kern, in: Laufs/Kern/Rehborn, HdB ArztR[5], § 97 Rz 9.
403 OLG Frankfurt, Urt v 22.12.2020 – 8 U 142/18, MedR 2021, 996.

darf⁴⁰⁴, bereits als **grober Behandlungsfehler** darstellen, so dass dem Patienten die Beweislastumkehr nach Abs 5 S 1 zugutekommt. Insofern gilt das oben zum groben Behandlungsfehler Ausgeführte. Liegt lediglich ein einfacher Befunderhebungsfehler vor, gelten grundsätzlich die allgemeinen Beweisregelungen, wonach der Patient auch die Kausalität des Behandlungsfehlers für den eingetretenen primären Gesundheitsschaden zu beweisen hat, soweit nicht die Voraussetzungen von Abs 5 S 2 vorliegen.

b) **Abgrenzung zum Diagnosefehler.** Das Unterlassen einer nach dem Facharztstandard medizinisch gebotenen Befunderhebung kann zu einer falschen Diagnose führen. Im Hinblick auf die Regelung von Abs 5 S 2 stellt sich daher die Frage der **Abgrenzung zwischen Befunderhebungsfehler und Diagnosefehler**, da von der Beweiserleichterung des Abs 5 S 2 lediglich der Befunderhebungsfehler, nicht aber der Diagnosefehler erfasst ist. Nach der Rechtsprechung des BGH ist „ein Befunderhebungsfehler […] gegeben, wenn die Erhebung medizinisch gebotener Befunde unterlassen oder nicht veranlasst wird. Im Unterschied dazu liegt ein Diagnoseirrtum vor, wenn der Arzt erhobene oder sonst vorliegende Befunde falsch interpretiert und deshalb nicht die aus der berufsfachlichen Sicht seines Fachbereichs gebotenen – therapeutischen oder diagnostischen – Maßnahmen ergreift"⁴⁰⁵. Ein **Diagnoseirrtum** setzt sonach voraus, dass „der Arzt die **medizinisch notwendigen Befunde überhaupt erhoben** hat, um sich eine ausreichende Basis für die Einordnung der Krankheitssymptome zu verschaffen. Hat dagegen die unrichtige diagnostische Einstufung einer Erkrankung ihren Grund bereits darin, dass der Arzt die **nach dem medizinischen Standard gebotenen Untersuchungen erst gar nicht veranlasst** hat, er mithin aufgrund unzureichender Untersuchungen vorschnell zu einer Diagnose gelangt, ohne diese durch die medizinisch gebotenen Befunderhebungen abzuklären, dann ist ihm ein Befunderhebungsfehler vorzuwerfen. Denn bei einer solchen Sachlage geht es im Kern nicht um die Fehlinterpretation von Befunden, sondern um deren Nichterhebung"⁴⁰⁶. Diese Abgrenzung kann im Einzelfall auf Schwierigkeiten stoßen. Mit Blick auf die zu Recht von der Rechtsprechung geforderte Zurückhaltung, Diagnoseirrtümer als Behandlungsfehler zu werten⁴⁰⁷, darf sich die Beantwortung der Frage, welche Befunde vom Arzt hätten erhoben werden müssen, nicht nach der objektiv richtigen Diagnose richten⁴⁰⁸. Ein Diagnosefehler wird somit nicht dadurch zum Befunderhebungsfehler, dass bei objektiv zutreffender Diagnosestellung noch weitere Befunde zu erheben gewesen wären⁴⁰⁹. Verbleibt es sonach bei einem Diagnosefehler, kann eine Umkehr der Beweislast zugunsten des Patienten nur dann eintreten, wenn es sich um einen groben Behandlungsfehler, also um einen fundamentalen Diagnoseirrtum handelt.

c) **Beweislastumkehr beim einfachen Befunderhebungsfehler.** Aber auch bei einem einfachen Befunderhebungsfehler tritt gem Abs 5 S 2 zugunsten des Patienten auf der Kausalitätsebene eine Beweislastumkehr ein, wenn der unterlassene „Befund **mit hinreichender Wahrscheinlichkeit ein Ergebnis erbracht hätte, das Anlass zu weiteren Maßnahmen gegeben hätte, und wenn das Unterlassen solcher Maßnahmen grob fehlerhaft gewesen wäre**". Damit wollte der Gesetzgeber eine weitere bereits seit langem von der Judikatur entwickelte Beweiserleichterung kodifizieren⁴¹⁰. Danach wird **vermutet**, dass die **Unterlassung einer medizinisch gebotenen Befunderhebung oder Befundsicherung dann ursächlich für die eingetretene Verletzung** war, wenn sich bei der gebotenen Abklärung mit hinreichender Wahrscheinlichkeit ein reaktionspflichtiges positives Ergebnis gezeigt hätte und sich die Verkennung dieses Befundes als fundamental oder die Nichtreaktion hierauf als grob fehlerhaft darstellen würde⁴¹¹.

---

404 BGH, Urt v 18.10.1994 – VI ZR 302/93, -juris; BGH, Urt v 10.5.1983 – VI ZR 270/81, VersR 1983, 729; OLG Hamm, Urt v 28.1.2019 – 3 U 63/13; OLG Hamm, Urt v 19.03.2018 – 3 U 63/15, MedR 2019, 220; OLG Naumburg, Beschl v 27.3.2014 – 1 W 1/14, -juris; OLG Frankfurt, Urt v 20.10.2020 – 14 U 103/11, -juris; OLG Frankfurt, Beschl v 28.1.2011 – 1 W 37/10, NVwZ-RR 2011, 668; OLG Frankfurt, Urt v 5.8.2003 – 8 U 33/03, -juris; OLG Celle Urt v 28.5.2002 – 1 U 22/00, VersR 2002, 854; OLG Celle, Urt v 7.5.2001 – 1 U 15/00, VersR 2002, 1558; OLG Saarbrücken, Urt v 3.11.1999 – 1 U 419/97, MedR 2000, 326; OLG Zweibrücken, Urt v 30.6.1998 – 5 U 26/95, -juris; KG Berlin, Urt v 15.1.1998 – 20 U 3654/96, MedR 1999, 226; OLG Schleswig, Urt v 4.12.1996 – 4 U 146/95, MedR 1997, 321; OLG Braunschweig, Urt v 10.2.1994 – 1 U 31/93, -juris; OLG Stuttgart, Urt v 21.6.1990 – 14 U 3/90, VersR 1991, 821; OLG Köln, Urt v 9.11.1988 – 27 U 77/88, NJW 1990, 776; OLG Karlsruhe, Urt v 14.12.1983 – 7 U 208/80, VersR 1986, 44.

405 BGH, Urt v 26.5.2020 – VI ZR 213/19, MedR 2021, 41; BGH, Urt v 26.1.2016 – VI ZR 146/14, MedR 2016, 976; BGH, Urt v 21.12.2010 – VI ZR 284/09, MedR 2011, 645.

406 BGH, Urt v 26.5.2020 – VI ZR 213/19, MedR 2021, 41; BGH, Urt v 26.1.2016 – VI ZR 146/14, MedR 2016, 976.

407 BGH, Urt v 8.7.2003 – VI ZR 304/02, MedR 2004, 107; BGH, Urt v 14.6.1994 – VI ZR 236/93, -juris; OLG Dresden, Beschl v 15.1.2021 – 4 U 1785/20, -juris. Pauge/Offenloch, Arzthaftungsrecht¹⁴, Rz 195.

408 BGH, Urt v 21.12.2010 – VI ZR 284/09, MedR 2011, 645.

409 OLG Saarbrücken, Urt v 3.5.2017 – 1 U 122/15, -juris.

410 BT-Drucks 17/10488, 31.

411 BGH, Urt v 13.9.2011 – VI ZR 144/10, MedR 2012, 383; BGH, Urt v 7.6.2011 – VI ZR 87/10, MedR 2012, 249; BGH, Urt v 13.2.1996 – VI ZR 402/94, MedR 1996, 316.

199 Dabei ist nicht erforderlich, dass der Behandlungsfehler die einzige Ursache für den Schaden ist. Wie der Verweis auf S 1 („Dies gilt auch ...") zeigt, genügt es, dass er **generell geeignet ist, einen Schaden der eingetretenen Art zu verursachen**. Es wird daher ein einfacher Befunderhebungsfehler zu einem groben Behandlungsfehler, indem im Rahmen der Betrachtung einer hypothetischen Situation ein grober Behandlungsfehler fingiert wird. Begründen lässt sich dies damit, dass der Patient dann, wenn der Arzt die Befunderhebungsmaßnahme durchgeführt hätte und diese ein reaktionspflichtiges Ergebnis erbracht hätte, dessen Verkennung fundamental wäre oder auf das eine Nichtreaktion einen groben Behandlungsfehler darstellen würde, nicht schlechter gestellt werden soll, als wenn der Arzt die medizinisch notwendige Befunderhebungsmaßnahme erst gar nicht durchgeführt, sondern pflichtwidrig unterlassen hat.

200 d) **Voraussetzungen.** Voraussetzung ist zunächst, dass der Patient den Nachweis erbringt, dass dem Arzt ein **einfacher Befunderhebungsfehler** unterlaufen ist. Ferner muss er beweisen, dass die unterbliebene Befunderhebung, wäre sie durchgeführt worden, **mit hinreichender Wahrscheinlichkeit** einen so **deutlichen und gravierenden Befund** ergeben hätte, dessen **Verkennung sich als fundamental oder die Nichtreaktion hierauf als grob fehlerhaft** darstellen würde[412]. Weiterhin müsste dieser Fehler **generell geeignet** sein, den tatsächlich eingetretenen Gesundheitsschaden herbeizuführen, wofür die Beweislast ebenfalls bei dem Patienten liegt. Zu beachten ist, dass das Beweismaß der „hinreichenden Wahrscheinlichkeit" für den Beweis, dass die unterbliebene Befunderhebung ein reaktionspflichtiges Ergebnis erbracht hätte, dessen Verkennung oder Nichtreaktion hierauf fundamental fehlerhaft gewesen wäre, für den Patienten keine besonders hohe Hürde darstellt. Die Gesetzesbegründung zum Patientenrechtegesetz lässt bedauerlicherweise Erwägungen des Gesetzgebers dazu, was eine „hinreichende Wahrscheinlichkeit" ist, vermissen. Sie gibt lediglich die Erwägungen des Bundesgerichtshofs zu den Beweiserleichterungen beim Befunderhebungsfehler wieder. Ab welchem Wahrscheinlichkeitsgrad eine hinreichende Wahrscheinlichkeit gegeben ist, ist sonach anhand der bisherigen Rechtsprechung festzumachen, wobei festzustellen ist, dass sich der BGH selbst zu dem erforderlichen Grad der Wahrscheinlichkeit noch nicht geäußert hat. Nach der Rechtsprechung der Oberlandesgerichte ist eine hinreichende Wahrscheinlichkeit ab einem Wahrscheinlichkeitsgrad von 51 % anzunehmen[413]. Allerdings geht es zu weit, als Folge der Unterlassung medizinisch gebotener Befunderhebung unabhängig von einer hinreichenden Wahrscheinlichkeit des Befundergebnisses eine Vermutung dahingehend anzunehmen, dass zugunsten des Patienten der von diesem vorgetragene Sachverhalt für den Befund als bestätigt gilt[414].

201 e) **Vermutungswirkung.** Die Vermutungswirkung ist dieselbe wie bei Abs 5 S 1. Gelingt es dem Patienten, das Vorliegen eines **Befunderhebungsfehlers** in oben genanntem Sinn und dessen **generelle Geeignetheit, den eingetretenen Gesundheitsschaden herbeizuführen**, zu beweisen, tritt die Vermutungswirkung hinsichtlich der **Kausalität der unterlassenen Befunderhebung oder -sicherung für den eingetretenen Primärschaden** ein. Sie erstreckt sich grundsätzlich nur auf die haftungsbegründende Kausalität, also auf die Frage der Ursächlichkeit des Befunderhebungsfehlers für den eingetretenen primären Gesundheitsschaden. Nur ausnahmsweise gilt sie auch für Sekundärschäden, und zwar dann, wenn die von dem Arzt verletzte Pflicht gerade auch vor dem eingetretenen Folgeschaden schützen sollte[415] oder dieser eine typische Folge des Primärschadens ist[416].

202 Nur dann, wenn jeglicher haftungsbegründende Ursachenzusammenhang **äußerst unwahrscheinlich** ist, wofür die Beweislast den Behandelnden trifft, tritt die Beweislastumkehr nicht ein[417].

203 f) **Widerlegbarkeit der Vermutung.** Dem Arzt ist die Möglichkeit eröffnet, den Eintritt der Beweislastumkehr auszuschließen, indem er nachweist, dass der Befunderhebungsfehler nicht generell geeignet war, den eingetretenen Gesundheitsschaden herbeizuführen oder ein Kausalzusammenhang zwischen dem groben Behandlungsfehler und der Verletzung äußerst unwahrscheinlich ist[418]. Die Wirkung der Beweislastumkehr führt dazu, dass der Arzt daher zur Überzeugung des Gerichts mit dem **Beweismaß des ZPO § 286** den Beweis führen muss, dass der

---

412 BT-Drucks 17/10488, 31; Kern, in: Laufs/Kern/Rehborn, HdB ArztR[5], § 109 Rz 31; Schmidt-Recla GesR 2014, 92.
413 OLG Brandenburg, Urt v 26.4.2012 – 12 U 166/10, -juris; OLG Naumburg, Urt v 12.6.2012 – 1 U 119/11, MedR 2013, 302; OLG München, Urt v 10.8.2006 – 1 U 2438/06, MedR 2007, 361.
414 BGH, 22.10.2019 – VI ZR 71/17, NJW 2020, 1071.
415 Franzki, Der Behandlungsvertrag, S 181.
416 BGH, Urt v 5.11.2013 – VI ZR 527/12, GesR 2014, 16; BGH, Urt v 2.7.2013 – VI ZR 554/12, MedR 2014, 488.
417 BGH, Beschl v 13.10.2020 – VI ZR 348/20, MedR 2021, 647; BGH, Urt v 19.6.2012 – VI ZR 77/11, VersR 2012, 1176; BGH, Urt v 27.4.2004 – VI ZR 34/03, MedR 2004, 561; BGH, Urt v 25.11.2003 – VI ZR 8/03, GesR 2004, 132.
418 Kern, in: Laufs/Kern/Rehborn, HdB ArztR[5], § 109 Rz 36.

bei dem Patienten eingetretene primäre Gesundheitsschaden gerade nicht auf die fehlerhafte Behandlung, sondern auf andere Ursachen zurückzuführen ist. Da es für die Beweislastumkehr schon tatbestandliche Voraussetzung ist, dass die Pflichtverletzung grundsätzlich geeignet ist, den primären Gesundheitsschaden herbeizuführen, ist dem Arzt dieser Beweis in der prozessualen Praxis nur schwer möglich. Denn wenn der Behandlungsfehler geeignet war, den bei dem Patienten eingetretenen Gesundheitsschaden herbeizuführen, ist der Nachweis der Nichtursächlichkeit häufig kaum zu führen. Des Weiteren kann sich der Arzt mit dem Einwand des rechtmäßigen Alternativverhaltens entlasten, wofür die Beweislast ebenfalls ihn trifft.

g) **Kasuistik.** Unterlässt es eine **Hebamme** nach Mitteilung durch die Schwangere über eine Blutung, rechtzeitig die Vorlage zu kontrollieren und hätte sich bei Durchführung der versäumten Vorlagekontrolle ein so deutlicher und gravierender Befund ergeben, dass sich die Verkennung dieses Befundes als fundamental oder die Nichtreaktion hierauf als grob fehlerhaft darstellt, wird vermutet, dass die unterlassene Befunderhebung ursächlich für den eingetretenen primären Gesundheitsschaden war[419]. **204**

Dasselbe gilt, wenn ein Orthopäde, der zur Abklärung eines auffälligen Gangbildes eines Kindes **röntgenologische Befunde oder Kontrollen** im engen zeitlichen Abstand **versäumt** hat, durch welche sich mit überwiegender Wahrscheinlichkeit der Befund einer Hüftgelenksdysplasie ergeben hätte[420]. **205**

Auch im Fall des **Unterlassens einer weiteren Abklärung** (unter anderem durch Tastbefund und Sonografie) **trotz unauffälligen Mammografie-Screenings** bei anamnestischer Angabe der Patientin, dass die rechte Mamille seit ca einem Jahr leicht eingezogen sei, bei der sich mit überwiegender Wahrscheinlichkeit ein reaktionspflichtiger Befund ergeben hätte, kommt der Patientin die Beweislastumkehr von Abs 5 S 2 zugute[421]. **206**

Unterlässt der Arzt nach einer Wirbelsäulenoperation eine **neurologische Untersuchung** des Patienten am ersten postoperativen Tag und hätte diese Untersuchung mit überwiegender Wahrscheinlichkeit ein neurologisches Defizit in Form einer Fußheberparese gezeigt, tritt eine Umkehr der Beweislast ein, weil die Nichtreaktion auf diesen Befund einen groben Behandlungsfehler dargestellt hätte[422]. **207**

Das Erheben **fehlerhafter Herz-Wehen-Befunde** durch Einsatz eines **defekten CTG-Geräts**, welches zuvor mit einem Heftpflaster geflickt worden war, und die infolgedessen unterbliebene Entscheidung zur sofortigen Entbindung kann einen Befunderhebungsfehler darstellen, bei dem eine Umkehr der Beweislast eintritt, weil die Nichtreaktion auf korrekt erhobene Herz-Wehen-Befunde einen groben Behandlungsfehler dargestellt hätte[423]. **208**

Geht der Arzt von einem Hämatom aus, obwohl diese Diagnose wenig naheliegend war und auch nicht zu den Bildern der Sonografie passte, und **unterlässt** er deswegen **die Anfertigung eines MRT**, liegt kein Diagnosefehler, sondern ein Befunderhebungsfehler vor. Wäre bei Durchführung der unterlassenen Bildgebung mit überwiegender Wahrscheinlichkeit ein malignes Sarkom erkannt worden, tritt ebenfalls die Beweislastumkehr ein, weil eine Nichtreaktion auf diesen Befund grob fehlerhaft gewesen wäre[424]. **209**

Ein Arzt, der nach einem Arbeitsunfall mit Aufprall des Fußes zunächst nur ein Umknicktrauma diagnostiziert, muss dann, wenn er im Rahmen der weitergeführten Behandlung von der **Diabetes mellitus-Erkrankung** des Patienten und einer darauf beruhenden **Polyneuropathie** erfährt, die Möglichkeit einer **Mitbeteiligung von Fußknochen** in Erwägung ziehen und **röntgenologisch abklären**. Unterlässt er dies, stellt dies einen hypothetischen groben Befunderhebungsfehler dar, wenn sich bei der weiterführenden Befunderhebung mit hinreichender Wahrscheinlichkeit der Befund einer Mittelfußfraktur ergeben hätte, auf den eine Nichtreaktion grob fehlerhaft gewesen wäre[425]. **210**

Auch Fehler im Bereich der **therapeutischen Sicherungsaufklärung** können **gleichzeitig einen Befunderhebungsfehler** darstellen, wenn der Schwerpunkt des ärztlichen Fehlverhaltens in der unterbliebenen Befunderhebung als solcher liegt. Demgemäß liegt ein Befunderhebungsfehler in Kombination mit einem hypothetischen groben Befunderhebungsfehler vor, wenn der **211**

---

419 OLG Rostock, Urt v 5.11.2021 – 5 U 119/13, -juris (Anm Dautert, GesR 2022, 152).
420 OLG Hamm, Urt v 31.10.2016 – 3 U 173/15, -juris.
421 BGH, Urt v 26.5.2020 – VI ZR 213/19, MedR 2021, 41; OLG Stuttgart, Urt v 7.5.2019 – 1 U 16/17, juris.
422 OLG Naumburg, Urt v 8.10.2019 – 1 U 123/18, -juris.
423 BGH, Urt v 24.7.2018 – VI ZR 294/17, MedR 2020, 212.
424 OLG Frankfurt, Urt v 22.12.2020 – 8 U 142/18, MedR 2021, 996.
425 OLG Köln, Urt v 9.1.2019 – 5 U 13/17, VersR 2019, 764.

Arzt eine einer bestimmten diagnostischen Untersuchung zum Ausschluss einer akuten Appendizitis dienende Überweisung des Patienten an einen anderen Arzt oder in ein Krankenhaus unterlässt[426], oder wenn ein Arzt die Wiedereinbestellung einer Patientin zur dringend medizinisch gebotenen weiteren Diagnostik unterlässt[427].

---

[426] OLG Köln, Beschl v 15.11.2017 – 5 U 86/17, VersR 2018, 1129. Anm Gödicke, GesR 2018, 494.
[427] OLG Karlsruhe, Urt v 17.5.2018 – 7 U 32/17, -juris m

Allgemeines Gleichbehandlungsgesetz (AGG)
Vorbemerkungen AGG

ÜBERSICHT

1. Entwicklung des Diskriminierungsrechts 1–6
2. Regelungsziele des Diskriminierungsschutzes des AGG 7–11
3. Der unionsrechtliche Rahmen 12–18
4. Umsetzung in deutsches Recht 19–23

Schrifttum: Nipperdey, Kontrahierungszwang und diktierter Vertrag, Jena 1920; Wieacker, Das Sozialmodell der klassischen Privatrechtsgesetzbücher und die Entwicklung der modernen Gesellschaft, Karlsruhe 1953; L Raiser, Der Gleichheitsgrundsatz im Privatrecht, ZHR 111 (1949), 75 = ders, Die Aufgabe des Privatrechts: Aufsätze zum Privat- und Wirtschaftsrecht aus drei Jahrzehnten, Kronberg/Ts 1977, 1; G Hueck, Der Grundsatz der gleichmäßigen Behandlung im Privatrecht, München u Berlin 1958; Grunewald, Vereinsaufnahme und Kontrahierungszwang, AcP 182 (1982), 181; Mittmann, Das Zweite Gleichberechtigungsgesetz – eine Übersicht, NJW 1994, 3048; Worzalla, Das Beschäftigtenschutzgesetz in der Praxis, NZA 1994, 1016; Busche, Privatautonomie und Kontrahierungszwang, Tübingen 1999; Welti, Das neue SGB IX – Recht der Rehabilitation und Teilhabe behinderter Menschen, NJW 2001, 2210; Nickel, Handlungsaufträge zur Bekämpfung von ethnischen Diskriminierungen in der neuen Gleichbehandlungsrichtlinie 2000/43/EG, NJW 2001 S 2668; Rolfs/Paschke, Die Pflichten des Arbeitgebers und die Rechte schwerbehinderter Arbeitnehmer nach § 81 SGB IX, BB 2002, 1260; Schiek/Dieball/Horstkötter/Seidel/Vieten/Wankel, Frauengleichstellungsgesetze[2] Frankfurt am Main 2002; Schmidt/Senne, Das gemeinschaftsrechtliche Verbot der Altersdiskriminierung und seine Bedeutung für das deutsche Arbeitsrecht, RdA 2002, 80; Stähler, Rechte behinderter Menschen, NZA 2002, 777; Picker, Antidiskriminierung als Zivilrechtsprogramm?, JZ 2003, 540; Schiek, Diskriminierung wegen „Rasse" oder „ethnischer Herkunft" – Probleme der Umsetzung der RL 2000/43/EG im Arbeitsrecht, AuR 2003, 44; C Schubert, Der Schutz der arbeitnehmerähnlichen Personen, München 2004; Schiek, Gleichbehandlungsrichtlinien der EU – Umsetzung im deutschen Arbeitsrecht, NZA 2004, 873; Seifert, Arbeitsrechtliche Sonderregeln für kleine und mittlere Unternehmen – zur Auflösung des Spannungsverhältnisses zwischen Mittelstands- und Arbeitnehmerschutz, RdA 2004, 200; Wrase/Baer, Unterschiedliche Tarife für Männer und Frauen in der privaten Krankenversicherung – ein Verstoß gegen den Gleichheitssatz des Grundgesetzes?, NJW 2004, 1623; Dammann, Die Grenzen zulässiger Diskriminierung im allgemeinen Zivilrecht, Berlin 2005; Neuner, Vertragsfreiheit und Gleichbehandlungsgrundsatz, in: Leible/Schlachter (Hrsg.), Diskriminierungsschutz durch Privatrecht, München 2006, 73 ff; Adomeit, Political Correctness – jetzt Rechtspflicht!, NJW 2006, 2169; Däubler, Weltanschauung auf europäisch, NJW 2006, 2608; Klumpp, § 23 BetrVG als Diskriminierungssanktion?, NZA 2006, 904; Sagan, Die Sanktion diskriminierender Kündigungen nach dem Allgemeinen Gleichbehandlungsgesetz, NZA 2006, 1257; Kamanabrou, Die arbeitsrechtlichen Vorschriften des Allgemeinen Gleichbehandlungsgesetzes, RdA 2006, 321; Maier-Reimer, Das Allgemeine Gleichbehandlungsgesetz im Zivilrechtsverkehr, NJW 2006, 2577; Grobys, Organisationsmaßnahmen des Arbeitgebers nach dem neuen Allgemeinen Gleichbehandlungsgesetz, NJW 2006, 2950; Schroeder/Diller, Antidiskriminierung bei der Aufnahme als Gesellschafter?, NZG 2006, 728; Looschelders, Das Verbot der geschlechterspezifischen Diskriminierung im Versicherungsvertragsrecht, in: Leible/Schlachter, Diskriminierungsschutz durch Privatrecht, München 2006, 141; P Hanau, Das Allgemeine Gleichbehandlungsgesetz (arbeitsrechtlicher Teil) zwischen Bagatellisierung und Dramatisierung, ZIP 2006, 2189 ff; Thüsing/v Hoff, Private Versicherungen und das Allgemeine Gleichbehandlungsgesetz, VersR 2007, 1; Thüsing/v Hoff, Vertragsschluss als Folgenbeseitigung: Kontrahierungszwang im zivilrechtlichen Teil des Allgemeinen Gleichbehandlungsgesetzes, NJW 2007, 21; Ch Armbrüster, Kontrahierungszwang im Allgemeinen Gleichbehandlungsgesetz?, NJW 2007, 1494; Adomeit/Mohr, Benachteiligung von Bewerbern (Beschäftigten) nach dem AGG als Anspruchsgrundlage für Entschädigung und Schadensersatz, NZA 2007, 179; Besgen/Roloff, Grobe Verstöße des Arbeitgebers gegen das AGG – Rechte des Betriebsrats und der Gewerkschaften, NZA 2007, 670; Wiedemann, Tarifvertrag und Diskriminierungsschutz – Rechtsfolgen einer gegen Benachteiligungsverbote verstoßenden Kollektivvereinbarung, NZA 2007, 954; Schmidt-Räntsch, Auswirkungen des Allgemeinen Gleichbehandlungsgesetzes auf das Mietrecht, NZM 2007, 6; Gach/Julis, Beschwerdestelle und -verfahren nach § 13 Allgemeines Gleichbehandlungsgesetz, BB 2007, 773; Eßer/Baluch, Bedeutung des Allgemeinen Gleichbehandlungsgesetzes für Organmitglieder, NZG 2007, 321; Joussen: Schwerbehinderung, Fragerecht und positive Diskriminierung nach dem AGG, NZA 2007, 174; Schürnbrand, Auswirkungen des Allgemeinen Gleichbehandlungsgesetzes auf das Recht der Bankgeschäfte, BKR 2007, 305; Schiek, AGG – Ein Kommentar aus europäischer Perspektive, Oldenburg 2007; Schneider/Sittard, Ethikrichtlinien als Präventivmaßnahmen i.S. des § 12 AGG?, NZA 2007, 654; Kamanabrou, Europarechtskonformer Schutz vor Benachteiligungen bei Kündigungen, RdA 2007, 199; N Krause, Auswirkungen des Allgemeinen Gleichbehandlungsgesetzes auf die Organbesetzung, AG 2007, 392; Rolfs, Allgemeine Gleichbehandlung im Mietrecht, NJW 2007, 1489; Rath/Rütz, Ende der „Ladies Night", der „Ü-30-Parties" und der Partnervermittlung im Internet? Risiken und Nebenwirkungen des allgemeinen zivilrechtlichen Diskriminierungsverbots der §§ 19, 20 AGG, NJW 2007, 1498; Lobinger, Vertragsfreiheit und Diskriminierungsverbote: Privatautonomie im modernen Zivil- und Arbeitsrecht, in: Isensee (Hrsg), Vertragsfreiheit und Diskriminierung, Berlin 2007, 99; Lutter, Anwendbarkeit der Altersbestimmungen des AGG auf Organpersonen, BB 2007, 725; Oetker, Ausgewählte Probleme zum Beschwerderecht des Beschäftigten nach AGG, NZA 2008, 264; Temming, Für einen Paradigmenwechsel in der Sozialplanrechtsprechung – Konsequenzen des Verbots der Altersdiskriminierung, RdA 2008, 205; Wendeling-Schröder/Stein, AGG, München 2008; Bayreuther, „Quotenbeweis" im Diskriminierungsrecht, NJW 2009, 806; Adomeit/Mohr, Rechtsgrundlagen und Reichweite des Schutzes vor diskriminierenden Kündigungen, NJW 2009, 2255; Stoffels, Grundprobleme der Schadensersatzverpflichtung nach § 15 Abs 1 AGG, RdA 2009, 204; Derleder, Gleichbehandlung im Abseits des Wohnungsmarktes, NZM 2009, 310; Hepple, Equality at Work, in: Hepple/Veneziani (Hrsg), The Transformation of Labour Law in Europe – A Comparative Study of 15 Countries 1945-2004, Oxford und Portland/Oregon 2009, 129; Horn, Arbeitsrechtlicher Kündigungsschutz und Europarecht: zur Europarechtskonformität von § 2 IV AGG unter Berücksichtigung der Bestimmungen zum allgemeinen und besonderen Kündigungsschutz, Baden-Baden 2009;

Krebber, Rechtsfolgen einer Diskriminierung durch gesetzliche und kollektivvertragliche Regelungen, EuZA 2009, 200; Schwanenpflug, Umsetzung von Gender-Mainstreaming in der Verwaltung und die Bedeutung gesetzlicher Quoten bei der Gremienbesetzung, KommJur 2009, 121; von Bogdandy/Bast, Europäisches Verfassungsrecht, 2. Auflage, Heidelberg 2009; Seifert, Der Beitrag der Internationalen Arbeitsorganisation zur Verwirklichung des Grundsatzes der Entgeltgleichheit zwischen Frauen und Männern, in: Hohmann-Dennhardt/Körner/Zimmer (Hrsg), Geschlechtergerechtigkeit – Festschrift für Heide Pfarr, Baden-Baden 2010, 459; Franke, Das zivilrechtliche Benachteiligungsverbot des Allgemeinen Gleichbehandlungsgesetzes (AGG) in der Rechtsprechung, NJ 2010, 233; Kühling/Bertelsmann, Höchstaltersgrenzen bei der Einstellung von Beamten, NVwZ 2010, 87; Meinel/Heyn/Herms, AGG, 2. Auflage, München 2010; M. Schmidt, Organisationspflichten von Arbeitgebern, Expertise für die Antidiskriminierungsstelle des Bundes, Berlin 2010, abrufbar unter: http://www.antidiskriminierungsstelle.de/SharedDocs/Downloads/DE/publikationen/Expertisen/Expertise_Organisationspflichten_Arbeitgebender.pdf?__blob=publicationFile; Klose/Kühn, Die Anwendbarkeit von Testing-Verfahren im Rahmen der Beweislast, § 22 Allgemeines Gleichbehandlungsgesetz – Expertise im Auftrag der Antidiskriminierungsstelle des Bundes, Berlin 2010; Walk/Shipton, Zu den Beteiligungsrechten des Betriebsrats im Rahmen des AGG, BB 2010, 1917; Fredman, Discrimination Law[2] Oxford 2011; Adomeit/Mohr, Allgemeines Gleichbehandlungsgesetz (AGG) – Kommentar zum AGG und anderen Diskriminierungsverboten[2], Stuttgart ua 2011; Lüttringhaus, Europaweit Unisex-Tarife für Versicherungen!, EuZW 2011, 296; Seifert, Die horizontale Wirkung von Grundrechten – Europarechtliche und rechtsvergleichende Überlegungen, EuZW 2011, 696; Döse, Die anonyme Bewerbung und das Berliner Partizipations- und Integrationsgesetz – zwei „positive Maßnahmen" auf dem Prüfstand, NZA 2012, 781; Heese, Offene Preisdiskriminierung und zivilrechtliches Benachteiligungsverbot, NJW 2012, 572; Ullenboom, Toleranz, Respekt und Kollegialität – Betriebs- und Dienstvereinbarungen: Analyse und Handlungsempfehlungen, Frankfurt aM 2012; Grünberger, Personale Gleichheit: Der Grundsatz der Gleichbehandlung im Zivilrecht, Baden-Baden 2013; Preis/Sagan, Der GmbH-Geschäftsführer in der arbeits- und diskriminierungsrechtlichen Rechtsprechung des EuGH, BGH und BAG, ZGR 2013, 26; Zange, Diskriminierung bei Berechnung einer Sozialplanabfindung – Nicht wegen des Alters, wohl aber wegen Schwerbehinderung, NZA 2013, 601; Alexander, Die unberechtigte Verweigerung der Aufnahme in einen Wirtschaftsverband aus kartellrechtlicher, lauterkeitsrechtlicher und bürgerlichrechtlicher Sicht, ZStV 2014, 121; Habersack/Kersten, Chancengleiche Teilhabe an Führungspositionen in der Privatwirtschaft, BB 2014, 2819; HA Wolff, Die Unionalisierung des Beamtenrechts, ZBR 2014, 1; Ziekow, Möglichkeiten und Grenzen der Verbesserung der Chancen von Personen mit Migrationshintergrund im öffentlichen Dienst, DÖV 2014, 765; Krieger/Günther, Vorsicht Falle! – Diskriminierungsnachweis durch Testing-Verfahren, NZA 2015, 262; Drygala, Harte Quote, weiche Quote und die Organpflichten von Vorstand und Aufsichtsrat, NZG 2015, 1129; Köhler/Koops, Sexuelle Belästigung am Arbeitsplatz – Einmal grapschen erlaubt?, BB 2015, 2807; Teichmann/Rüb, Der Regierungsentwurf zur Geschlechterquote in Aufsichtsrat und Vorstand, BB 2015, 259; Baeck/Winzer/Hies, EuGH vom 28.7.2016 (EUGH Aktenzeichen C42315 C-423/15) – Das Ende des AGG-Hopping?, NZG 2016, 1218; Benecke, AGG und Kündigungsschutz – das BAG und die diskriminierende Kündigung, ArbuR 2016, 9; Krieger, Rechtsmissbrauch durch „AGG-Hopping", EuZW 2016, 696; Seifert, Bankgebühren für beleghafte Überweisungen und Diskriminierungsrecht, VuR 2016, 542; Porsche, Bedeutung, Auslegung und Realisierung des Konzepts der positiven Maßnahmen nach § 5 AGG im unionsrechtlichen Kontext, Baden-Baden 2016; Dzida, Big Data und Arbeitsrecht, NZA 2017, 541; an der Heiden/Wersig, Preisdifferenzierung nach Geschlecht in Deutschland – Forschungsbericht, Baden-Baden 2017, abrufbar unter: https://www.antidiskriminierungsstelle.de/SharedDocs/downloads/DE/publikationen/Expertisen/expertise_preisdifferenzierung_nach_geschlecht.html; Bauer/Krieger/Günther, AGG, EntgTranspG, 5. Auflage, München 2018; Czermak, Religions- und Weltanschauungsrecht, 2. Auflage, Heidelberg 2018; Däubler/Beck, AGG – Handkommentar, 5. Auflage, Baden-Baden 2022; Dzida/Groh, Diskriminierung nach dem AGG beim Einsatz von Algorithmen im Bewerbungsverfahren, NJW 2018, 1917. Körlings, Das dritte Geschlecht und die diskriminierungsfreie Einstellung, NJW 2018, 282; Junker, Gleichbehandlung und kirchliches Arbeitsrecht – In deutscher Sonderweg endet vor dem EuGH, NJW 2018, 1850; Dzida/Groh, Diskriminierung nach dem AGG beim Einsatz von Algorithmen im Bewerbungsverfahren, NJW 2018, 1917; Reichold/Beer, Eine „Abmahnung" des EuGH mit Folgen: Neue Anforderungen an die kirchliche Personalpolitik in der Rechtssache Egenberger aus juristischer und theologischer Sicht, NZA 2018, 581; Greiner, Kirchliche Loyalitätsobliegenheiten nach dem „IR"-Urteil des EuGH, NZA 2018, 1289; Ponti/Tuchtfeld, Zur Notwendigkeit einer Verbandsklage im AGG, ZRP 2018, 139; Heuschmid, Geltung des Europäischen Antidiskriminierungsrechts für Kirchen und ihre Einrichtungen, NJW 2019, 3117; Cleff Le Divellec, Parité in Frankreich, DJBZ 2019, 117; Geppert, Parité-Gesetzentwürfe in den Bundesländern, DJBZ 2019, 119; Schneedorf, Diskriminierungsschutz nach dem EuGH – Bröckelt das Fundament des kirchlichen Arbeitsrechts?, NJW 2019, 177; Schlewing, Die aktuelle Rechtsprechung des Achten Senats des BAG zum Entschädigungs- und Schadensersatzanspruch des erfolglosen Bewerbers nach § 15 Abs 2 und Abs 1 AGG, RdA 2019, 257; Metz, Neues zur Strafbarkeit des AGG-Hoppings, NZA 2019, 876; Leppek, Beamtenrecht[13], Heidelberg ua 2019; Rolfs/Giesen/Kreikebohm/Udsching (Hrsg): BeckOK Arbeitsrecht, AGG, 56. Edition, München 2020. Kutting/Amin, Mit „Rasse" gegen Rassismus? – Zur Notwendigkeit einer Verfassungsänderung, DÖV 2020, 612; Danker, Paritätische Aufstellung von Landeswahllisten – Beeinträchtigung der Wahlrechtsgrundsätze, NVwZ 2020, 1250; L Volk, Die Kardinalfrage der Paritätsdebatte: Formeller oder materieller Gleichheitsbegriff im Wahlrecht?, DÖV 2021, 413; Edinger, Landes-Parité-Gesetze verfassungswidrig – wie weiter?, DÖV 2021, 442; Vianden, Neuer Richtlinienvorschlag der EU-Kommission im Bereich Entgelttransparenz, AuR 2021, 431; Jarass, EU-Grundrechte-Charta, 4. Auflage, München 2021; Benecke, Zwischen „Liebesverboten" und #MeToo: Sexuelle Belästigung am Arbeitsplatz, AuR 2021, 397; Jarass, Charta der Grundrechte der EU, 4. Auflage, München 2021; Franzen/Gallner/Oetker, Kommentar zum europäischen Arbeitsrecht, 4. Auflage, München 2022; Husemann, Der Richtlinienvorschlag der Kommission zur Stärkung des Grundsatzes der Entgeltgleichheit, EuZA 2022, 166; von Roetteken, Entwurf zur Änderung des AGG zwecks Umgestaltung der Rechtsstellung der Leitung der Antidiskriminierungsstelle des Bundes, jurisPR-ArbR 17/2022 Anm 1; Thüsing/Bleckmann, Die Unabhängige Bundesbeauftragte für Antidiskriminierung nach §§ 26 ff AGG nF, BB 2022, 1332.

1. Entwicklung des Diskriminierungsrechts. Die Entwicklung des Diskriminierungsrechts kann hier nicht in seinen Einzelheiten nachgezeichnet werden. Stattdessen soll diese anhand einzelner Entwicklungsstufen zumindest in ihren Grundzügen grob skizziert werden. Den Ausgangspunkt der Rechtsentwicklung bildet **das liberale Modell des Privatrechts**, das vom Grundsatz der Vertragsfreiheit als zentralem Pfeiler der Privatautonomie beherrscht war und sich auf die Verankerung einer rechtlich gleichen Freiheit der Privatrechtssubjekte beschränkte. Eine Pflicht zur Gleichbehandlung von Personen in einzelnen Vertragsverhältnissen (zB Arbeitsverhältnissen) hatte in dieser Privatrechtskonzeption, wie sie dem BGB bei dessen Inkrafttreten in weiten Teilen zugrunde gelegen hatte, zunächst keinen Platz. Die Herausbildung eines Diskriminierungsrechts mit Gleichbehandlungspflichten bzw Verboten einer Benachteiligung ist vielmehr eingebettet in die allgemeine **Entwicklung des Privatrechts** von einem liberalen **zu einem sozialstaatlich geprägten Sozialmodell**[1]. Es ist vor allem für Bereiche geschaffen worden, in denen die Durchsetzung der Interessen betroffener Personen mit den Mitteln der Privatautonomie wegen einer Machtasymmetrie typischerweise nicht gelingt (zB Arbeitsverhältnis). Insgesamt lassen sich **drei Entwicklungsstufen des Diskriminierungsrechts** unterscheiden. Die einzelnen Entwicklungsstufen ersetzen nicht vorausliegende Entwicklungsstufen, sondern führen vielmehr zur Herausbildung neuer Dimensionen des Diskriminierungsrechts.

In der **ersten Entwicklungsstufe** war die Geltung des Diskriminierungsverbotes an das **Bestehen einer wirtschaftlichen Machtstellung** gebunden. Im Mittelpunkt stand insoweit die Anerkennung der Rechtsfigur des Kontrahierungszwanges in Fällen, in denen ein Anbieter von Waren oder Dienstleistungen ein Monopol besaß[2]. Auch **der verbandsrechtliche Aufnahmezwang** gegenüber Verbänden mit einer überragenden Stellung im wirtschaftlichen und sozialen Bereich gehört in diesen Zusammenhang[3]. Die Pflicht zur Gleichbehandlung von Monopolisten diente somit der **Bändigung wirtschaftlicher Übermacht auf Märkten**. Dieser Gedanke hat auch Eingang in das geltende Kartellrecht gefunden, insbesondere in das Verbot einer missbräuchlichen Ausnutzung einer marktbeherrschenden Stellung in GWB § 19 und AEUV Art 102 bzw einer relativen oder überlegenen Marktmacht (vgl GWB § 20) sowie in das Verbot der Diskriminierung beim Zugang zu Wirtschafts- und Berufsvereinigungen sowie zu Gütezeichengemeinschaften (GWB § 20 Abs 5).

Die **zweite Entwicklungsstufe** des Diskriminierungsrechts war durch die **Herausbildung eines merkmalsbezogenen Diskriminierungsschutzes** geprägt, der nicht mehr an einer wirtschaftlichen Machtstellung anknüpft. Der Schwerpunkt dieser Entwicklung lag im Arbeitsrecht. Erste Ansätze hierzu mit Blick auf die Diskriminierung wegen des Geschlechts enthielt das Recht der IAO schon bei Gründung dieser Organisation im Jahre 1919[4]: Versailler Vertrag Art 427 Abs 3 Nr 7 erkannte den „Grundsatz gleichen Lohnes ohne Unterschied des Geschlechts für eine Arbeit von gleichem Werte" als „allgemeinen Grundsatz" des internationalen Arbeitsrechts an. Allerdings kam die Entwicklung des merkmalsbezogenen Diskriminierungsschutzes erst nach dem Zweiten Weltkrieg voll in Gang[5]. So erkannte die **AEMR** (1948) in ihrem **Art 23 Abs 2** das Recht auf Lohngleichheit aller Menschen ohne jede unterschiedliche Behandlung ausdrücklich an (ebenso IPWSKR Art 7 lit a i)). Die **IAO** verabschiedete 1951 das **Übereinkommen Nr 100** über die Gleichheit des Entgelts männlicher und weiblicher Arbeitskräfte für gleichwertige Arbeit und 1958 das **Übereinkommen Nr 111** über Diskriminierung in Beschäftigung und Beruf in den Jahren 1951 und 1958.

Im deutschen Recht erhielt der merkmalsbezogene Diskriminierungsschutz eine verfassungsrechtliche Ausformung in GG Art 3 Abs 2 und 3 und wurde bereits in den 1950er Jahren unter Rückgriff auf die Lehre von der unmittelbaren Drittwirkung der Grundrechte jedenfalls für das Arbeitsrecht vom BAG mobilisiert[6]. Die weitere Rechtsentwicklung war vor allem durch das Europarecht getrieben und konzentrierte sich zunächst auf die Diskriminierung wegen des Geschlechts. Wichtige Schritte in diesem Prozess waren das **Ges über die Gleichbehandlung von Männern und Frauen am Arbeitsplatz und über die Erhaltung von Ansprüchen bei Betriebsübergang** vom 13. August 1980, durch das BGB § 611a aF eingeführt wurde (dazu die Kommentierung in Soergel/Voraufl BGB § 611a mwNachw), das Verbot der Benachteiligung wegen Teilzeitarbeit in **BeschFG 1985 § 2 Abs 1** sowie das **2. GleiBG** von 1994[7]. Aufgrund der Verabschiedung der RL 2000/43/EG und der RL 2000/78/EG (dazu s unten Rz 13 und 14

---

1   Zu diesem Paradigmenwandel im Privatrecht nach wie vor grundlegend Wieacker, Das Sozialmodell der klassischen Privatrechtsgesetzbücher und die Entwicklung der modernen Gesellschaft, Karlsruhe 1953.
2   Grundlegend RGZ 48, 114 ff (Dampfschiffgesellschaft). Zur Rechtsfigur des Kontrahierungszwanges ausführlich insbesondere Nipperdey, Kontrahierungszwang und diktierter Vertrag, Jena 1020, sowie aus neuerer Zeit Busche, Privatautonomie und Kontrahierungszwang, Tübingen 1999.
3   Für einen Überblick s Grunewald AcP 182 (1982) S 182 ff mwNachw.
4   Dazu eingehender Seifert, in: Festschr Pfarr, S 459, 460 ff mwNachw.
5   Für einen rechtsvergleichenden Überblick zwischen 15 Mitgliedstaaten der EU s Hepple, Transformation of Labour Law in Europe, 129-163 mwNachw.
6   BAG AP Nr 4, 6 und 7 zu GG Art 3 mit Blick auf die damals noch verbreiteten „Leichtlohnklauseln" in Tarifverträgen.
7   Ges zur Durchsetzung der Gleichberechtigung von Männern und Frauen (BGBl 1994 I S 1406). Für einen Überblick über das 2. GleiBG 1994 s Mittmann NJW 1994, 3048 ff mwNachw.

mwNachw) wurde eine Ausweitung des Diskriminierungsschutzes auf die Merkmale Rasse und ethnische Herkunft, Religion oder Weltanschauung, Behinderung, Alter und sexuelle Identität erforderlich. Ihre Umsetzung in deutsches Recht erfolgte durch das AGG (s unten Rz 17 ff mwNachw).

5 Die **dritte Entwicklungsstufe** des Diskriminierungsrechts markiert den Übergang zu einer **Politik der Gleichstellung** von Personen, die wegen bestimmter Merkmale strukturell benachteiligt sind (*„substantive equality"*). Den historischen Ausgangspunkt dieser Politik einer tatsächlichen Gleichstellung von benachteiligten Gruppen bildet die **Affirmative Action**, wie sie im US-amerikanischen *Civil Rights Act* 1964 anerkannt worden ist[8]. Über das Vereinigte Königreich ist diese Rechtsentwicklung auch vom Europarecht unter dem Begriff der **positiven Maßnahmen** rezipiert und anschließend in die nationalen Rechtsordnungen der Mitgliedstaaten transformiert worden[9]. Die bestehenden Vorschriften über positive Maßnahmen in den Mitgliedstaaten der EU haben ganz überwiegend Bevorzugungen des unterrepräsentierten Geschlechts beim Zugang zur Beschäftigung, insbesondere Quotenregelungen, zum Gegenstand (zu den Einzelheiten s die Erläuterungen zu § 5). Darüber hinaus ist aber auch das **Verbot mittelbarer Benachteiligungen** (vgl AGG § 3 Abs 2) Teil einer Politik der tatsächlichen Gleichstellung der Angehörigen von benachteiligten Gruppen[10]. Denn bei dieser Benachteiligungsform geht es um Vorschriften, Kriterien und Verfahren, die dem äußeren Anschein nach neutral sind, sich jedoch in besonderer Weise zu Lasten einzelner Gruppen als benachteiligend erweisen wie zB Schlechterstellungen von Teilzeit- gegenüber Vollzeitbeschäftigten, welche in erster Linie weibliche Beschäftigte treffen (zu Einzelheiten s § 3 Rz 8ff mwNachw).

6 In das Ziel einer effektiven Verwirklichung von *„substantive equality"* fügt sich das seit einigen Jahren verstärkt verfolgte **Konzept der transformativen Gleichheit** (*transformative equality*) ein[11]. Dessen Ziel ist es, durch eine Mobilisierung aller Politikbereiche, institutionelle Schranken einer Gleichstellung benachteiligter Gruppen zu beseitigen. Beispiele hierfür sind das sog *„gender mainstreaming"*[12], der Kampf gegen institutionalisierten Rassismus sowie die Schaffung angemessener Vorkehrungen für Behinderte (*reasonable accomodation*), um ihnen Zugang und Ausübung beruflicher Tätigkeiten zu ermöglichen (vgl RL 2000/78/EG Art 5). Dieser ganzheitliche Ansatz zur Verwirklichung von Gleichstellung benachteiligter Gruppen scheint indessen weder auf EU-Ebene noch in den Mitgliedstaaten derzeit weiter vorangetrieben zu werden.

7 **2. Regelungsziele des Diskriminierungsschutzes des AGG.** Die Benachteiligungsverbote des AGG – ebenso wie alle darüber hinaus bestehenden gesetzlichen Benachteiligungsverbote (zu Einzelheiten s § 2 Rz 21 ff mwNachw) – stellen einen **Eingriff in die Vertragsfreiheit** desjenigen dar, der an diese gebunden ist, also insbesondere Arbeitgeber, aber auch Anbieter von Gütern und Dienstleistungen, die der Öffentlichkeit zur Verfügung stehen, einschließlich von Wohnraum (vgl § 2 Abs 1 Nr 8). Im Rahmen des persönlichen und sachlichen Geltungsbereichs des Gesetzes können diese Privatrechtssubjekte grds nicht bei der Begründung eines Vertragsverhältnisses, bei seiner inhaltlichen Ausgestaltung und Durchführung sowie bei dessen Beendigung wegen eines in § 1 genannten Grundes differenzieren. Vor diesem Hintergrund stellt sich die damit verbundene grundsätzliche Frage nach der **Zuordnung von Freiheit und Gleichheit in unserer Privatrechtsordnung** besonders eindringlich. Sie verlangt eine Bestimmung der Regelungszwecke des Diskriminierungsrechts, insbesondere aber des AGG.

8 Bei der Schaffung eines gesetzlichen Diskriminierungsschutzes stand von Beginn an das Bestreben im Vordergrund, Gleichbehandlungspflichten lediglich **in Bereichen** zu verankern, **in denen** eine Verwirklichung von **Privatautonomie typischerweise versagt**[13] und es in einem sozialstaatlich geprägten Privatrecht (vgl oben Rz 1 mwNachw) deshalb eines Schutzes zugunsten unterlegener Privatrechtssubjekte bedarf. Dies gilt vor allem für das Arbeitsverhältnis, das *per definitionem* durch eine strukturelle Unterlegenheit des Arbeitnehmers charakterisiert ist, zu Einzelheiten s oben BGB § 611a Abs 1 mwNachw. Aber auch beim Zugang zu und der Versorgung

---

8 Vgl 41 Code of Federal Regulations, ss 60-250/s 60/741. Für einen guten Überblick über die Entwicklung des US-amerikanischen Diskriminierungsrechts im Allgemeinen und der Affirmative Action im Besonderen aus dem deutschsprachigen Schrifttum s Grünberger, Personale Gleichheit S 205 ff mwNachw.

9 Zu diesen Rezeptionsprozessen im Überblick Hepple, Transformation of Labour Law, 129, 151 ff mwNachw.

10 In diesem Sinne auch Hepple, Transformation of Labour Law, 129, 148 ff mwNachw.

11 Dazu näher Fredman, Discrimination Law S 30f mwNachw; s auch Hepple, Transformation of Labour Law, 129, 157 ff.

12 Zur Umsetzung des Gender Mainstreaming s zB von Schwanenpflug KommJur 2009, 121 ff mwNachw.

13 Zu diesem Zusammenhang zwischen gesetzlichem Diskriminierungsschutz u Marktversagen schon Raiser, Die Aufgabe des Privatrechts S 11 u S 14.

mit Gütern u Dienstleistungen, die der Öffentlichkeit zur Verfügung stehen (vgl AGG § 2 Abs 1 Nr 8), insbesondere beim Zugang zu Wohnraum, zeigt sich diese ungleiche Kräfteverteilung auf Märkten und die Gefahr eines Marktversagens in besonderer Weise[14].

Ganz überwiegend wird das Diskriminierungsrecht des AGG als ein Komplex von Regeln verstanden, der dem **Schutz des Persönlichkeitsrechts** von Personen dient, die wegen eines in § 1 genannten Grundes benachteiligt werden[15]. Demnach wäre das AGG eine Ausformung des sich aus GG Art 2 Abs 1 iVm Art 1 Abs 1 ergebenden verfassungsrechtlichen Schutzauftrages. Eine andere Akzentuierung nimmt das **Unionsrecht** vor, das die Diskriminierungsverbote der RL und vor allem von GrChEU Art 21 Abs 1 als besondere **Ausprägung des Gebotes der Achtung und des Schutzes der Menschenwürde** in GrChEU Art 1 ansieht[16]. Für diese persönlichkeitsschützende bzw an dem Schutz der Menschenwürde anknüpfende Deutung des gesetzlichen Diskriminierungsschutzes lässt sich zweifelsohne ins Feld führen, dass eine Benachteiligung wegen eines der Gründe des § 1 zu einer Zurücksetzung des Betroffenen und in der Folge zu einer uU erheblichen Beeinträchtigung seiner Persönlichkeitssphäre führen kann: Insbesondere durch eine unmittelbare Benachteiligung (§ 3 Abs 1) erfolgt eine Herabwürdigung der betroffenen Person gegenüber einer oder mehreren anderen Personen wegen eines der Gründe in § 1. Auch der Begriff der Belästigung (vgl § 3 Abs 3) und der sexuellen Belästigung (§ 3 Abs 4) sowie die Pflicht des Belästigenden zum Ersatz des immateriellen Schadens (§§ 15 Abs 2, 21 Abs 2) weisen eine stark persönlichkeitsschützende bzw die Menschenwürde des Benachteiligten schützende Zielrichtung auf.

Eine Reduktion des Diskriminierungsrechts des AGG auf einen reinen Persönlichkeitsschutz griffe indessen zu kurz. Es dient darüber hinaus auch der **Sicherung einer chancengleichen Teilhabe** von Personen, die eines der verbotenen Merkmale des § 1 erfüllen. Es geht somit auch um die Gewährleistung eines diskriminierungsfreien Zuganges zu Märkten, etwa um den Zugang zu unselbständiger und selbständiger Erwerbsarbeit (§ 2 Abs 1 Nr 1) oder um den Zugang zu und die Versorgung mit Gütern und Dienstleistungen, die der Öffentlichkeit zur Verfügung stehen (vgl § 2 Abs 1 Nr 8). Das AGG erfüllt somit auch eine **marktbezogene Funktion**, die gewiss in engem Zusammenhang mit seiner persönlichkeitsschützenden Funktion steht – so besitzt auch der diskriminierungsfreie Zugang zu Beschäftigung eine persönlichkeitsschützende Komponente –, doch steht diese Teilhabefunktion selbständig neben dem Persönlichkeitsschutz. In dieser Eröffnung und Sicherstellung gesellschaftlicher Teilhabe von Angehörigen benachteiligter Gruppen sollte indessen keine **verteilungspolitische Zielsetzung des AGG** gesehen werden[17]. Es geht nämlich nicht um die Umverteilung von Ressourcen auf die Angehörigen benachteiligter Gruppen, sondern um die **Gewährleistung von Chancengleichheit** insbesondere auf den Arbeitsmärkten und den Güter- und Dienstleistungsmärkten, für welche das AGG gilt.

Eine vereinzelt behauptete **Erziehungsfunktion des AGG**, wonach das Gesetz zu einer *political correctness* erziehen soll und „wir [...] es mit einem neuartigen *Gesinnungszivilrecht* zu tun [haben]"[18], lässt sich jedenfalls nicht als Hauptzweck des Gesetzes überzeugend begründen: Auch wenn eine Benachteiligung iSd AGG nur „wegen" eines in § 1 genannten Merkmals erfolgen kann und somit an der subjektiven Seite des Benachteiligenden angeknüpft zu werden scheint, geht es doch beim Diskriminierungsschutz nicht in erster Linie um eine „Umerziehung" des Benachteiligenden, sondern um Persönlichkeitsrechtsschutz sowie um eine gleichberechtigte Teilhabe (vgl oben Rz 8 und 9). Es ist aber nicht zu verkennen, dass einzelne Sanktionen des AGG, insbesondere die Entschädigungspflicht nach Maßgabe von § 15 Abs 2, auch präventiven Charakter haben kann und somit *auch* erzieherisch auf den Benachteiligenden einwirken sollen. Dies ist aber kein Befund, der auf das Diskriminierungsrecht beschränkt ist: Auch andere Rechtsregeln oder Rechtsinstitute sollen auf Privatrechtssubjekte verhaltenssteuernd einwirken (für die Bedeutung des Präventionsgedankens im Deliktsrecht s unten Vor § 823 Rz 31 f mwNachw).

---

14 Dazu Riesenhuber, Europäisches Vertragsrecht, Rz 424.
15 Vgl zB Lobinger, in: Isensee, 99, 119f, der insoweit treffend von Integritätsschutz spricht; Staud/Hartmann AGG Rz 8; Schiek AGG Einl Rz 43; wohl auch Däubler/Beck/Blanke/Graue AGG Einl Rz 231. Ebenfalls betont auch das BAG NZA 2014, 373, 376 die persönlichkeitsschutzrechtliche Seite des AGG.
16 Jarass, GRC³ Art 1 Rz 8 mwNachw. Den Zusammenhang zwischen Diskriminierungsverbot und Menschenwürde hat insbesondere EuGH NZA 1996, 695, 696 mit Blick auf die Entlassung einer transsexuellen Person aus einem mit ihrer Geschlechtsumwandlung zusammenhängenden Grund unterstrichen.
17 So aber zB Lobinger, in: Isensee, 99, 121f sowie auch Staud/Hartmann AGG Rz 8 mit krit Stoßrichtung.
18 So insbesondere Adomeit NJW 2006, 2169, 2171. In das gleiche Horn stoßend Picker JZ 2003, 540, 542, der von „Überwachungs- und Inquisitionskomitees von wahrhaft Robespierre'schem Charakter" spricht, welche „die neue Moral im Zivilrecht sichern [sollen]".

12 3. **Der unionsrechtliche Rahmen.** Die Bekämpfung von sozialer Ausgrenzung und Diskriminierungen sowie die Förderung der Gleichstellung von Frauen und Männern bilden zentrale Ziele der Union (vgl EUV Art 3 Abs 3 Uabs 2). Das AGG dient vor allem der Umsetzung verschiedener EU-RL zum Diskriminierungsrecht. Das Diskriminierungsrecht der Union definiert somit die Anforderungen an die Ausgestaltung des AGG. Allerdings liegt dem Unionsrecht **kein in sich geschlossenes Regelungskonzept** für den Diskriminierungsschutz zugrunde. Es bleibt **fragmentarisch**, und zwar insbesondere mit Blick auf die verbotenen Merkmale – so greifen die RL zum Diskriminierungsrecht nicht alle Merkmale von GrChEU Art 21 auf –, aber auch hinsichtlich der Sanktionierung von Verstößen der Benachteiligungsverbote: Insbesondere Schadensersatz- oder Entschädigungspflichten werden nicht ausdrücklich normiert, sondern bedürfen als Sanktionen iSv RL 2000/43/EG Art 15 oder RL 2000/78/EG Art 18 eines entsprechenden Tätigwerdens des nationalen Gesetzgebers; das Diskriminierungsrecht der Union bleibt insoweit zB hinter dem neuen Datenschutzrecht der Union zurück, das zB einen eigenständigen Schadensersatzanspruch in DSGVO Art 82 normiert.

13 Den Nukleus des Diskriminierungsschutzes auf europäischer Ebene bildete das **Verbot der Benachteiligung wegen der Staatsangehörigkeit**. Dieses war und ist noch immer ein wesentlicher Bestandteil der im AEUV gewährleisteten Grundfreiheiten[19]. Für das Recht der **Arbeitnehmerfreizügigkeit** ist es in **AEUV Art 45 Abs 2** primärrechtlich anerkannt und in **VO (EU) 492/2011** vom 5. April 2011 über die Freizügigkeit der Arbeitnehmer innerhalb der Union sekundärrechtlich ausgeformt worden. Inzwischen ist das allgemeine Verbot der Benachteiligung wegen der Staatsangehörigkeit in **AEUV Art 18 Abs 1** verankert.

14 Seit der Gründung der EWG durch die Römischen Verträge von 1957 nahm in beschränktem Umfang auch das **Verbot der Diskriminierung wegen des Geschlechts** eine wichtige Rolle ein. Insbesondere aus wettbewerbspolitischen Gründen verbot bereits EWG Art 119 (nunmehr AEUV Art 157 Abs 1 und 2) Ungleichbehandlungen zwischen Frauen und Männern beim Arbeitsentgelt, doch entwickelte der EuGH in der Rechtssache *Defrenne II* diese Bestimmung zu einem Grundrecht fort[20]. In der Folge schuf der RL-Geber mehrere arbeitsrechtliche RL auf dem Gebiet der Geschlechtergleichbehandlung[21], die in der RL 2006/54/EG zusammengeführt worden sind[22]. Für den Bereich der sozialen Sicherheit schuf die Gemeinschaft mit der RL 79/7/EWG vom 19. Dezember 1978 zur schrittweisen Verwirklichung des Grundsatzes der Gleichbehandlung von Männern und Frauen im Bereich der sozialen Sicherheit[23] einen eigenständigen Diskriminierungsschutz, der innerhalb des Sozialversicherungsrechts umgesetzt worden ist (vgl § 2 Rz 17 mwNachw). Der Diskriminierungsschutz reicht indessen über den Bereich von Beschäftigung und Beruf hinaus. **RL 2004/113/EG** vom 13. Dezember 2004 zur Verwirklichung des Grundsatzes der Gleichbehandlung von Männern und Frauen beim Zugang zu und bei der Versorgung mit Gütern und Dienstleistungen erstreckt das Verbot der Diskriminierung wegen des Geschlechts auch auf einzelne Bereiche des allgemeinen Zivilrechts. Zu diesem RL-Recht treten noch einzelne **Empfehlungen der Kommission**, die zwar unverbindlich sind (vgl AEUV Art 288 Abs 5), jedoch im Rahmen der Auslegung einzelner Vorschriften des AGG herangezogen werden können[24].

15 Einen starken Schub erhielt das europäische Diskriminierungsrecht im Jahre 2000. Zum einen wurde aufgrund der **Proklamation der GrChEU** auf dem Gipfel von Nizza mit deren **Art 21** ein allgemeines Diskriminierungsverbot sowie in **Art 23** die Pflicht zur Gleichstellung der Geschlechter in allen Bereichen grundrechtlich verankert. Mit dem Inkrafttreten des Vertrages von Lissabon im Dezember 2009 hat die GrChEU Rechtsverbindlichkeit im Range von Primär-

---

19 Allgemein zu den Grundfreiheiten als Ausformungen des allgemeinen Verbotes der Benachteiligung wegen der Staatsangehörigkeit Kingreen, in: v Bogdandy/Europäisches Verfassungsrecht, S 727 ff mwNachw.
20 EuGH C-43/75, ECLI:EU:C:1976:56.
21 RL 75/117/EWG v 10.2.1975 zur Angleichung der Rechtsvorschriften der Mitgliedstaaten über die Anwendung des Grundsatzes des gleichen Entgelts für Männer und Frauen (ABl 1975 Nr L 45 S 19); RL 76/207/EWG v 9.2.1976 zur Verwirklichung des Grundsatzes der Gleichbehandlung von Männern und Frauen hinsichtlich des Zugangs zur Beschäftigung, zur Berufsbildung und zum beruflichen Aufstieg sowie in Bezug auf die Arbeitsbedingungen (ABl 1976 Nr L 39 S 40); RL 86/378/EWG v 24.7.1986 zur Verwirklichung des Grundsatzes der Gleichbehandlung von Männern und Frauen bei den betrieblichen Systemen der sozialen Sicherheit (ABl 1986 Nr L 225 S 40); RL 97/80/EG v 15.12.1997 über die Beweislast bei Diskriminierung aufgrund des Geschlechts (ABl 1997 Nr L 14 S 6).
22 RL 2006/54/EG v 5.7.2006 zur Verwirklichung des Grundsatzes der Chancengleichheit und Gleichbehandlung von Männern und Frauen in Arbeits- und Beschäftigungsfragen, ABl 2006 Nr L 204 S 23).
23 ABl 1979 Nr L 6 S 24.
24 Vgl zB die Empfehlung des Rates vom 13.12.1984 zur Förderung positiver Maßnahmen für Frauen, ABl EWG 1984 Nr L 331 S 34 sowie die Empfehlung der Kommission 92/131/EWG v 27.11.1991 zum Schutz der Würde von Frauen und Männern am Arbeitsplatz, ABl EWG 1991 Nr L 49 S 1.

recht erlangt (vgl EUV Art 6 Abs 1). Zum anderen verabschiedete die Union im Jahr 2000 zwei zentrale RL, welche Diskriminierungen wegen verschiedener weiterer Merkmale jenseits des Geschlechts verbieten. Die **RL 2000/43/EG** vom 29. Juni 2000 zur Anwendung des Gleichbehandlungsgrundsatzes ohne Unterschied der Rasse oder der ethnischen Herkunft[25] schafft einen allgemeinen Rahmen zur Bekämpfung der **Diskriminierung aufgrund der Rasse oder der ethnischen Herkunft** im Hinblick auf die Verwirklichung des Grundsatzes der Gleichbehandlung in den Mitgliedstaaten (Art 1) und gilt nicht nur für den Bereich von Beschäftigung und Beruf, sondern auch für das Zivilrecht, namentlich beim Zugang zu und der Versorgung mit Gütern und Dienstleistungen, die der Öffentlichkeit zur Verfügung stehen, einschließlich Wohnraum (Art 3 Abs 1 lit h).

Die **RL 2000/78/EG** vom 27. November 2000 zur Festlegung eines allgemeinen Rahmens für die Verwirklichung der Gleichbehandlung in Beschäftigung und Beruf[26], die sog „Gleichbehandlungsrahmen-RL", verfolgt demgegenüber den Zweck, einen allgemeinen Rahmen zur Bekämpfung der Diskriminierung wegen der Religion oder der Weltanschauung, einer Behinderung, des Alters oder der sexuellen Ausrichtung in Beschäftigung und Beruf zu schaffen (vgl Art 1). Im Unterschied zur RL 2000/43/EG entfaltet sie keine Bedeutung für das Zivilrecht. Allerdings hat die **Kommission** 2008 einen **Vorschlag** vorgelegt[27], durch Verabschiedung einer RL den Diskriminierungsschutz hinsichtlich der Merkmale der Gleichbehandlungsrahmen-RL auf den Zugang zu und die Versorgung mit Gütern und Dienstleistungen, die der Öffentlichkeit zur Verfügung stehen, einschließlich Wohnraum, auszuweiten: Mehr als ein Jahrzehnt konnte dieser RL-Vorschlag nicht die erforderliche Mehrheit im Rat finden, doch scheint in jüngster Zeit das Gesetzgebungsverfahren wieder an Fahrt zu gewinnen[28]. **16**

Insgesamt scheint in das Diskriminierungsrecht der Union in jüngster Zeit wieder Bewegung zu kommen. So hat die EU mit der RL (EU) 2023/970 vom 10.5.2023 zur Stärkung der Anwendung des Grundsatzes des gleichen Entgelts für Männer und Frauen[29] bei gleicher oder gleichwertiger Arbeit durch Entgelttransparenz und Durchsetzungsmechanismen einen neuen Rechtsakt zur Entgeltgleichheit erlassen. Ein Kernelement der neuen RL ist die Verankerung eines Anspruches von Arbeitnehmern gegenüber ihrem Arbeitgeber auf Erteilung von Auskunft über die Durchschnittseinkommen, aufgeschlüsselt nach Geschlecht und für die Gruppen von Arbeitnehmern, welche gleiche Arbeit wie sie oder gleichwertige Arbeit verrichten (Art 7). Darüber hinaus begründet die RL eine Pflicht von Arbeitgebern ab einer gewissen Größe zur Berichterstattung über das Lohngefälle zwischen Arbeitnehmerinnen und Arbeitnehmern innerhalb des Unternehmens (Art 9) sowie zur Vornahme einer gemeinsamen Entgeltbewertung mit den bei ihnen errichteten Arbeitnehmervertretungen (Art 10) bestehen. Die Häufigkeit der Berichtspflicht soll nach der Unternehmensgröße gestaffelt sein: Arbeitgeber mit mindestens 250 Arbeitnehmern trifft eine jährliche Berichtspflicht (Art 9 Abs 2), während Arbeitgeber mit 150 bis 249 alle drei Jahre (Art 9 Abs 3) und Arbeitgeber mit 100 bis 140 Arbeitnehmer nach fünf Jahren ab Inkrafttreten der RL alle drei Jahre Bericht zu erstatten haben (Art 9 Abs 4). Ferner sieht der Kompromiss eine Stärkung der Rechtsmittel und der Rechtsdurchsetzung des Grundsatzes der Entgeltgleichheit vor (zB Recht auf Entschädigung, Stärkung der Gleichbehandlungsstellen bei der gerichtlichen Rechtsdurchsetzung, Verlagerung der Beweislast, Pflicht der Mitgliedstaaten zur Anordnung von Geldstrafen für den Fall der Verletzung des Entgeltgleichheitsgrundsatzes sowie die Instrumentalisierung des Vergaberechts zur Durchsetzung des Grundsatzes). **17**

Vor allem in ihrem am 4. März 2021 veröffentlichten **„Aktionsplan zur europäischen Säule sozialer Rechte"** hat die Kommission ihren politischen Willen bekundet, die Rolle der nationalen Gleichstellungsstellen stärken zu wollen, einen Legislativvorschlag zur Bekämpfung geschlechtsspezifischer Gewalt gegen Frauen (einschließlich Belästigung am Arbeitsplatz aufgrund des Geschlechts) vorzulegen und plant die Einführung einer verbindlichen Geschlechterquote für die Aufsichts- und Verwaltungsräte großer Kapitalgesellschaften[30]. Im Dezember 2021 hat die Europäische Kommission eine Konsultation zur Stärkung der nationalen **Gleichstel-** **18**

---

25 ABl 2000 Nr L 180 S 22.
26 ABl 2000 Nr L 303 S 16.
27 Kommission, Vorschlag für eine RL zur Anwendung des Grundsatzes der Gleichbehandlung ungeachtet der Religion oder Weltanschauung, einer Behinderung, des Alters oder der sexuellen Ausrichtung, KOM (2008) 426 endg.
28 Vgl Kommission, Aktionsplan zur Europäischen Säule sozialer Rechte v 4.3.2021, in dem die Kommission die Mitgliedstaaten „ermutigt", die Verhandlungen über den RL-Vorschlag „voranzutreiben u abzuschließen".
29 S ABl EU Nr L 132 S 21.
30 Kommission, Mitteilung „Eine Union der Gleichheit: Strategie für die Gleichstellung der Geschlechter 2020-2025, COM(2020) 152 final, S 16. Insoweit beabsichtigt die Kommission, den Kommissionsvorschlag vom 14.11.2012 für eine Richtlinie zur Gewährleistung einer ausgewogenen Vertretung von Frauen u Männern unter den nicht geschäftsführenden Direktoren/Aufsichtsratsmitgliedern börsennotierter Gesellschaften u über damit zusammenhängende Maßnahmen (KOM(2012) 614 endg) wieder aufzugreifen.

lungsstellen – in Deutschland ist dies die Antidiskriminierungsstelle des Bundes (vgl AGG §§ 25 ff) – in Gang gesetzt[31].

19 **4. Umsetzung in deutsches Recht.** Die genannten RL der EU wurden erst mit dem AGG von 2006 in deutsches Recht umgesetzt. Der deutsche **Gesetzgeber überschritt** damit die **Umsetzungsfrist der meisten RL** nicht unerheblich. So war die RL 2000/43/EG bis zum 19. Juli 2003 (vgl Art 16 Abs 1), die RL 2000/78/EG – abgesehen vom Merkmal Alter, für das eine Zusatzfrist von drei Jahren in Anspruch genommen werden konnte (RL 2000/78/EG Art 18 Abs 2) –[32] bis zum 2. Dezember 2003 (Art 18 Abs 1) und die RL 2004/113/EG bis zum 21. Dezember 2007 (vgl Art 17 Abs 1) umzusetzen; lediglich die RL 2006/54/EG – die Umsetzungsfrist lief am 15. Dezember 2007 ab (Art 19 Abs 1) – erfolgte noch rechtzeitig. Der EuGH verurteilte die Bundesrepublik Deutschland wegen noch nicht erfolgter Umsetzung der RL 2000/43/EG[33] und der RL 2000/78/EG im Rahmen von **Vertragsverletzungsverfahren**[34]. Ein wegen nicht vollständig erfolgter Umsetzung der RL 2000/78/EG gegen die Bundesrepublik Deutschland 2008 von der Kommission in Gang gesetztes Vertragsverletzungsverfahren wurde indessen im Jahre 2010 eingestellt[35].

20 Schon diese Vertragsverletzungsverfahren deuten an, dass sich der deutsche Gesetzgeber mit der Umsetzung der RL der EU zum Diskriminierungsrecht nicht leichtgetan hat. Sehr tief waren die Gräben, welche Befürworter und Gegner einer Ausweitung des Diskriminierungsschutzes im Arbeitsrecht und Zivilrechtsverkehr trennten. Einen ersten Vorstoß bildete ein **RefE von 2002**, der allerdings wegen zT sehr starker Kritik nicht weiterverfolgt wurde. Im Dezember 2004 brachten die Fraktionen von SPD und Bündnis 90/Die Grünen dann den **Entwurf eines Antidiskriminierungsgesetzes** in das Gesetzgebungsverfahren ein[36], der das zivilrechtliche Benachteiligungsverbot nicht auf Rasse und ethnische Herkunft beschränkte, sondern sich auch auf die anderen Merkmale erstreckte. Der Entwurf wurde zwar vom Bundestag mit einigen Abschwächungen am 17. Juni 2005 angenommen, doch stimmte der Bundesrat nicht zu und rief den Vermittlungsausschuss an. Da eine Auflösung des Konfliktes nicht mehr vor der Bundestagswahl im September 2005 erfolgen konnte, verfiel der Entwurf der Diskontinuität.

21 Schon kurz nach Zusammentreten des neu gewählten 16. Bundestages brachten die Fraktionen von SPD und Bündnis 90/Die Grünen den vom Bundestag verabschiedeten Entwurf unverändert erneut ins Gesetzgebungsverfahren ein[37]. Das Gesetzgebungsverfahren erlangte eine zusätzliche Dynamik durch die Verurteilung der Bundesrepublik Deutschland in den genannten Vertragsverletzungsverfahren (vgl s oben Rz 17 mwNachw). Daraufhin brachte die Bundesregierung am 8. Juni 2006[38] einen eigenen Gesetzesentwurf in den Bundesrat ein, der dann als **Ges zur Umsetzung europäischer Antidiskriminierungsrichtlinien** am 14. August 2006 (BGBl 2006 I S 1897) verabschiedet wurde.

22 Das AGG wurde bereits kurz nach seinem Inkrafttreten durch **Ges zur Änderung des Betriebsrentengesetzes und anderer Ges Art 8** vom 2. Dezember 2006[39] geändert. Damit sollten „Redaktionsversehen" im AGG bereinigt werden. In diesem Rahmen wurden zwei Rechtfertigungstatbestände des § 10 (Nr 6 und 7 aF) aufgehoben, da sie wegen der Vorschrift des § 2 Abs 4 ins Leere liefen, und § 20 wurde an das zivilrechtliche Benachteiligungsverbot des § 19 Abs 1 angepasst, indem die Weltanschauung als Differenzierungsmerkmal gestrichen wurde. Bereits diese sehr schnell erfolgende **Korrektur des AGG** zeigt, dass das Ges mit handwerklichen Mängeln behaftet war[40]. Weitere Novellierungen des AGG, welche die Vorschriften über die Antidiskriminierungsstelle (§§ 25 ff) betreffen, sind durch das Ges zur Änderung des Allgemeinen Gleichbehandlungsgesetzes Art 1 vom 23.5.2022 (BGBl I S 768) sowie durch das Ges zur weiteren Umsetzung der RL (EU) 2019/1158 vom 19.12.2022 (BGBl I S 2510) (s die Erläuterungen zu §§ 25-30 mwNachw) erfolgt.

---

31 Vgl Europäische Kommission, Pressemitteilung v 10.12.2021, abrufbar unter: https://germany.representation.ec.europa.eu/news/hilfe-bei-diskriminierung-kommission-startet-offentliche-konsultation-zur-starkung-der-2021-12-10_de (zuletzt abgerufen am 14.3.2022).
32 Von dieser Verlängerungsmöglichkeit hat die Bundesrepublik Deutschland mit Schreiben v 28.11.2003 an die Kommission Gebrauch gemacht; vgl dazu EuGH, C-43/05, ECLI:EU:C:2006:145.
33 EuGH EuZW 2005, 444 f.
34 Zur nicht fristgerecht erfolgten Umsetzung von RL 2000/78/EG s EuGH C-43/05, ECLI:EU:C:2006:145.
35 Vgl Pressemitteilung der Kommission vom 28.10.2010, abrufbar unter: https://ec.europa.eu/commission/presscorner/detail/de/IP_10_1429 (zuletzt abgerufen am 14.3.2022).
36 Vgl BT-Drucks 15/4538.
37 BT-Drucks 16/297.
38 Entwurf eines Gesetzes zur Umsetzung europäischer Richtlinien zur Verwirklichung des Grundsatzes der Gleichbehandlung, BT-Drucks 16/1780.
39 BGBl 2006 I S 2742 ff. Der RegE zu dem Ges (BT-Drucks 16/1936) sah noch keine Änderung des AGG vor, sie gelangte erst aufgrund der Beschlussempfehlungen des Ausschusses für Arbeit und Soziales des BT (vgl BT-Drucks 16/3007 S 10 und 22) ins Gesetz.
40 So zu Recht MünchKomm/Thüsing AGG Einl Rz 22.

Das AGG wurde durch das sehr kontrovers diskutierte Ges zur Förderung der Transparenz 23
von Entgeltstrukturen (**EntgTranspG**) vom 30. Juni 2017 (BGBl I S 2152) ergänzt[41]. Das Gesetz
dient der Durchsetzung des Grundsatzes des Gebotes des gleichen Entgelts für Männer und
Frauen bei gleicher oder gleichwertiger Arbeit (EntgTranspG § 1). Es formt somit die primärrechtliche Vorschrift des AEUV Art 157 Abs 1 und 2 und von GrChEU Art 23 Abs 1 verfahrensförmig
aus. Neben einer ausdrücklichen Verankerung dieses Grundsatzes (EntgTranspG § 4), was innerhalb des AGG nicht erfolgt ist (s unten § 8 Rz 28 ff mwNachw), sieht es insbesondere ein
Verfahren zur Überprüfung der Verwirklichung der Entgeltgleichheit in Betrieben vor. Kernelemente dieser verfahrensförmigen Flankierung des Grundsatzes der Entgeltgleichheit ist ein **individueller Auskunftsanspruch von Beschäftigten** (vgl EntgTranspG § 5 Abs 2) gegenüber
ihrem Arbeitgeber über die von diesem für vergleichbare Tätigkeiten gezahlten Entgelte (EntgTranspG §§ 10-16).

Abschnitt 1

Allgemeiner Teil

§ 1 Ziel des Gesetzes

Ziel des Gesetzes ist, Benachteiligungen aus Gründen der Rasse oder wegen der ethnischen Herkunft, des Geschlechts, der Religion oder Weltanschauung, einer Behinderung, des Alters oder der sexuellen Identität zu verhindern oder zu beseitigen.

ÜBERSICHT

1. Überblick 1, 2
2. Die einzelnen Benachteiligungsgründe 3–17
   a) Rasse oder ethnische Herkunft . 4–8
   b) Geschlecht 9
   c) Religion oder Weltanschauung . 10, 11
   d) Behinderung 12–14
   e) Alter 15, 16
   f) Sexuelle Identität 17

1. **Überblick.** Die Vorschrift definiert allgemein die Zielsetzung, die der Gesetzgeber mit der 1
Verabschiedung des AGG verfolgt, und greift damit die Regelungstechnik der diskriminierungsrechtlichen RL der EU auf, die den Regelungszweck ebenfalls an ihren Anfang stellen[1]. Ziel ist
die **Verhinderung oder Beseitigung von Benachteiligungen** wegen eines der in der Vorschrift
genannten Gründe. Allerdings lässt sich ein Benachteiligungsverbot nicht ausschließlich auf die
Vorschrift stützen, vielmehr bedarf es zur Begründung des beschäftigungsrechtlichen Benachteiligungsverbotes des Verweises auf § 7 Abs 1 und zur Herleitung des zivilrechtlichen Benachteiligungsverbotes der Verknüpfung mit § 19 Abs 1.

Gleichwohl geht die Bedeutung der Vorschrift über den Charakter einer „Programmnorm" 2
hinaus. Mit der Auflistung der einzelnen Merkmale, auf deren Grundlage nicht benachteiligt
werden darf, regelt § 1 – zusammen mit § 2 – zugleich auch den **sachlichen Anwendungsbereich des AGG**[2], da die ihrer amtlichen Überschrift nach den (sachlichen) Anwendungsbereich
regelnde Vorschrift des § 2 in ihrem Abs 1 auf die in § 1 genannten Gründe verweist. Den
Begriff der Benachteiligung konturiert § 1 nicht: Er wird in § 3, der die einzelnen Formen
von Benachteiligungen normiert, sowie in den Rechtfertigungsgründen der §§ 8-10 und § 20
näher ausgeformt. Wegen der Einzelheiten wird deshalb auf die Erläuterungen zu diesen Vorschriften verwiesen.

2. **Die einzelnen Benachteiligungsgründe.** § 1 zählt die im Rahmen des AGG relevanten 3
Gründe für eine Benachteiligung **abschließend** auf. Auf andere, nicht in der Vorschrift genannte
Merkmale wie die Benachteiligung wegen der Sprache oder der politischen Anschauung (vgl GG
Art 3 Abs 3 Satz 1) können die Vorschriften des AGG nicht im Zuge einer erweiternden Auslegung erstreckt werden. Der Gesetzgeber wollte mit dem AGG ausschließlich die diskriminierungsrechtlichen RL der Union umsetzen und sich somit auf die unionsrechtlich vorgegebenen

---

41 Zur Entstehungsgeschichte des EntgTranspG s den Überblick bei Däubler/Beck/Zimmer EntgTranspG, Einl Rz 6 ff mwNachw.

1 Vgl RL 2000/43/EG Art 1; RL 2000/78/EG Art 1; RL 2006/54/EG Art 1. Zu diesem Zusammenhang von AGG § 1 u der Regelungstechnik der RL s ErfK/Schlachter AGG § 1 Rz 1.

2 Statt vieler Meinel/Heyn/Herms AGG § 1 Rz 6 sowie ErfK/Schlachter AGG § 1 Rz 1.

verbotenen Merkmale, wie sie in § 1 aufgezählt sind, beschränken[3]; nur so lässt sich erklären, dass es jenseits der im AGG ausgeformten Benachteiligungsverbote noch weitere gesetzliche Benachteiligungsverbote im geltenden Recht gibt, deren Geltung durch das AGG nach § 2 Abs 4 Satz 1 nicht berührt wird (zu weiteren Benachteiligungsverboten s § 2 Rz 21 ff mwNachw). Durch eine Handlung kann auch eine Benachteiligung wegen mehrerer der in § 1 genannten Gründe erfolgen: Für Mehrfachbenachteiligungen gilt die Vorschrift des § 4.

4   a) **Rasse oder ethnische Herkunft**. § 1 verbietet Benachteiligungen aus Gründen der Rasse oder wegen der ethnischen Herkunft. Der **Gebrauch des Merkmals der Rasse** ist **nicht affirmativ** in dem Sinne zu verstehen, dass sich das Unionsrecht und das AGG auf Theorien stützen, die versuchen, die Existenz menschlicher Rassen zu belegen: Sowohl der Richtliniengeber als auch der deutsche Gesetzgeber verwerfen diesen Gedanken ausdrücklich und mit Nachdruck[4]. Nicht zuletzt wegen dieser Probleme, die mit der Verwendung des Begriffes der Rasse verbunden sind, hat sich der deutsche Gesetzgeber dazu entschlossen, auch eine sprachliche Distanzierung von einer solchen Annahme dadurch herbeizuführen, dass nicht wie zB in GG Art 3 Abs 3 von Benachteiligungen „wegen" der Rasse, sondern von Benachteiligungen „aus Gründen" der Rasse gesprochen wird[5]. Die Benachteiligung aus Gründen der Rasse hat somit in sozio-kulturellen Vorstellungen ihre Wurzeln[6], ohne dass dem Begriff der „Rasse" eine objektive oder gar wissenschaftliche Grundlage zugesprochen werden kann.

5   Eine **Definition der Begriffe „Rasse" und „ethnische Herkunft"** enthält RL 2000/43/EG ebenso wenig wie § 1[7]. Für eine Präzisierung des Begriffs der Benachteiligung aus Gründen der Rasse lässt sich aber am Antirassismus-Übereinkommen der Vereinten Nationen (VN) vom 7. März 1966[8] anknüpfen, das von der Bundesrepublik Deutschland ratifiziert worden ist[9] und dessen Art 1 Abs 1 unter dem Begriff der „Rassendiskriminierung" „jede auf der Rasse, der Hautfarbe, der Abstammung, dem nationalen Ursprung oder dem Volkstum beruhende Unterscheidung, Ausschließung, Beschränkung oder Bevorzugung […]" versteht. Insbesondere die Anknüpfung an die Hautfarbe oder wegen der Zugehörigkeit zu einer vermeintlichen menschlichen Rasse ist in diesem Zusammenhang hervorzuheben. Die Kriterien des nationalen Ursprunges und des Volkstums bilden eine Überschneidung mit dem Merkmal der ethnischen Herkunft (dazu näher sogleich Rz 6), was zeigt, dass die beiden Merkmale nicht trennscharf voneinander abgrenzbar sind. Für eine Benachteiligung aus Gründen der Rasse ist jedenfalls ausschlaggebend, dass sie auf Vorurteilen des Benachteiligenden beruht, hat sich doch der Gesetzgeber von Theorien, welche die Existenz verschiedener menschlicher Rassen belegen wollen, ausdrücklich distanziert (s oben Rz 4 mwNachw)[10]. Benachteiligungen aus Gründen der Rasse sind etwa Differenzierungen aufgrund der Hautfarbe eines Menschen oder die Bezeichnung einer Person als „Neger".

6   Das **Merkmal der ethnischen Herkunft** bezeichnet Kriterien, mit deren Hilfe eine gemeinsame Herkunft von Bevölkerungsteilen festgemacht werden kann (zB Sprache, Traditionen und Überlieferungen, Geschichte usw)[11]. Eine Überschneidung mit anderen verbotenen Differenzierungsmerkmalen ist durchaus möglich: Man denke nur an Überlappungen mit dem Verbot der Benachteiligung wegen der Religion, wenn sich eine ethnische Herkunft von Personen auch in deren religiösen Zugehörigkeiten und Traditionen äußert. Ethnien können somit alle Gruppen sein, die eine solche historisch vermittelte eigenständige Identität herausgebildet haben. Hervorzuheben sind in diesem Zusammenhang insbesondere die Sinti und Roma[12], die dänische Min-

---

3   Vgl BT-Drucks 16/1780 S 20; ebenso ErfK/Schlachter AGG § 1 Rz 17 sowie Bauer/Krieger/Günther AGG § 1 Rz 4.
4   Vgl RL 2000/43/EG EG Nr 6 sowie BT-Drucks 16/1780 S 30-31. Dazu auch Nickel NJW 2001, 2668 2670. Ausführlich hierzu auch Schiek AuR 2003 S 44 ff mwNachw.
5   BT-Drucks 16/1780 S 31. Die Frage besitzt auch für GG Art 3 Abs 3 große Aktualität, wie der Diskussionsentwurf des BMJV eines Ges zur Ersetzung des Begriffs „Rasse" in Art 3 Abs 3 Satz 1 GG v Februar 2021 zeigt: Der Entwurf sieht vor, dass die Worte „seiner Rasse" durch „oder aus rassistischen Gründen" ersetzt werden soll; allerdings ist dieser Entwurf bis zum Ende der 19. Legislaturperiode (September 2021) nicht mehr weiterverfolgt worden. Zur Problematik der derzeit geltenden Fassung v GG Art 3 Abs 3 S 1 u für eine Verfassungsänderung sehr instruktiv Kutting/Amin DÖV 2020, 612.
6   In diesem Sinne auch Schiek AGG § 1 Rz 11. Sehr instruktiv hierzu ist die „Jenaer Erklärung ‚Das Konzept der Rasse ist das Ergebnis von Rassismus und nicht dessen Voraussetzung'" v 2019. Sie wurde vom Institut für Zoologie und Evolutionsforschung der Friedrich-Schiller-Universität Jena verfasst und anlässlich des 100. Todestages des Jenaer Evolutionsforschers Ernst Haeckel verabschiedet; abrufbar unter: https://www.uni-jena.de/190910_JenaerErklaerung.html (zuletzt abgerufen am 14.3.2022).
7   Dazu Schiek AuR 2003, 44 ff; Nickel NJW 2001, 2668.
8   Internationales Übereinkommen zur Beseitigung jeder Form von Rassendiskriminierung v 7.3.1966.
9   BGBl 1969 II S 961.
10 Vgl zB Däubler/Beck AGG § 1 Rz 24 u Bauer/Krieger/Günther AGG § 1 Rz 16 („rassistisch motiviert").
11 Vgl zB EuGH NJW 2017, 3139; s auch die Folgeentscheidung v BGH NJW 2020, 852, 855.
12 Vgl EuGH NZA 2015, 1247.

derheit in Schleswig-Holstein sowie die in der Lausitz ansässigen Sorben. Auch wird man die Gruppe der sog „Spätaussiedler" aus dem Gebiet der ehemaligen Sowjetunion als Gruppe mit einer besonderen ethnischen Herkunft zu betrachten haben, da sie trotz ihrer deutschen Staatsangehörigkeit nicht selten als nicht deutsch angesehen werden[13]. Das Merkmal der ethnischen Herkunft ist jedoch nicht betroffen, wenn ein Arbeitgeber eine Stellenbewerbung mit der Bemerkung **„Ossi (-)"** aussortiert, da es sich bei den Bewohnern des Gebietes der ehemaligen DDR nicht um eine Bevölkerungsgruppe mit einer eigenständigen, geschichtlich gewachsenen Identität handelt[14]. Die Grenzen können indessen manchmal schwer zu ziehen sein. Eine sich an Sinn und Zweck des AGG orientierende Auslegung des § 1 wird auch Benachteiligungen wegen der Zugehörigkeit zu regionalen Gruppen wie zB Badenern, Bayern, Sachsen oder Thüringern einbeziehen. Auch wenn es sich bei den deutschen „Stämmen" regelmäßig nicht um Ethnien im diskriminierungsrechtlichen Sinne handeln wird[15], wäre nur schwer nachvollziehbar, wenn Benachteiligungen wegen der Zugehörigkeit zu solchen regionalen Gruppen oder des Bekenntnisses zu den – ganz überwiegend konstruierten – regionalen Identitäten nicht vom AGG erfasst wären[16]. Immerhin gründen solche regionalen Identitäten nicht selten auf gemeinsamen Traditionen sowie sprachlichen Besonderheiten (Dialekte oder Akzente)[17], die Anknüpfungspunkte für Benachteiligungen sein können.

Ausdrücklich ausgenommen vom Geltungsbereich der Richtlinie sind **Benachteiligungen** 7 **wegen der Staatsangehörigkeit** (RL 2000/43/EG Art 3 Abs 2), da diese – für Angehörige der Mitgliedstaaten – bereits durch AEUV Art 18 oder auch AEUV Art 45 Abs 2 untersagt sind und sich der deutsche Gesetzgeber bei der Schaffung des AGG am Unionsrecht orientieren wollte[18]. Allerdings ist auch bei den nicht von § 1 erfassten Benachteiligungen wegen der Staatsangehörigkeit zu prüfen, ob es sich bei den ihnen zugrunde liegenden Vorgängen um Benachteiligungen wegen der ethnischen Herkunft handelt: Nicht selten wird der Hinweis auf die Staatsangehörigkeit einer Person (zB „Türke" oder „Marokkaner") im Kern auf deren ethnische Herkunft zielen, so dass ein und derselbe tatsächliche Vorgang beide Benachteiligungstatbestände erfüllt[19].

Im **Arbeitsrecht** hat bislang vor allem die Frage im Vordergrund gestanden, ob es sich bei der 8 Anforderung von Arbeitgebern, die **deutsche Sprache zu beherrschen**, um eine (mittelbare) Benachteiligung wegen der ethnischen Herkunft handelt. Verlangt ein Arbeitgeber von seinen Beschäftigten, dass sie die deutsche Sprache auf muttersprachlichem Niveau beherrschen, benachteiligt dies Bewerber, die infolge ihres Migrationshintergrundes nicht über diese Deutschkenntnisse verfügen[20]. Allerdings können sich aus dem Arbeitsverhältnis des Beschäftigten konkrete arbeitsplatzbezogene Anforderungen an die Deutschkenntnisse ergeben. So kann ein Arbeitgeber von Beschäftigten verlangen, in einem für die arbeitsvertraglich zu erbringende Arbeitsleistung erforderlichen Umfang, und zwar in Wort und Schrift, Deutschkenntnisse zu besitzen („**arbeitsnotwendige Sprachkenntnisse**")[21], um mit Kunden oder Kollegen zu kommunizieren, aber auch um Arbeitsanweisungen des Arbeitgebers verstehen zu können.

b) **Geschlecht**. Unter Geschlecht iSv § 1 ist die **biologische Zuordnung einer Person zu** 9 **einer Geschlechtsgruppe** zu verstehen[22]. Die subjektive sexuelle Ausrichtung einer Person fällt nicht unter den Begriff des Geschlechts, sondern unter die sexuelle Identität, die eine Person ausgebildet hat und wegen der sie ebenfalls nicht benachteiligt werden darf (dazu s unten Rz 17 mwNachw). Neben dem weiblichen und dem männlichen Geschlecht fällt unter den Begriff des Geschlechts iSv § 1 auch das sog dritte Geschlecht, also **intersexuelle Menschen**. Diese Ausdehnung des Begriffs des Geschlechts ergibt sich nicht aus der RL 2006/54/EG, da diese schon ihrem Titel nach von einem „binären Geschlechtersystem" ausgeht[23]. Wohl aber ist eine Auslegung der RL 2006/54/EG sowie von § 1, die auch intersexuelle Personen einschließt, aus GrChEU Art 21[24]

---

13 Ebenso Wendeling-Schröder/Stein AGG § 1 Rz 15.
14 So auch ArbG Stuttgart NZA 2010, 344. Die mehr als vierzigjährige deutsche Teilung reicht für die Ausbildung einer eigenständigen ethnischen Identität bei Weitem nicht aus.
15 So insbesondere MünchKomm/Thüsing AGG § 1 Rz 21 mwNachw.
16 Im Ergebnis ebenso BeckOK/Roloff AGG § 1 Rz 3; ebenso Bauer/Krieger/Günther AGG § 1 Rz 22f; aA allerdings Wendeling-Schröder/Stein AGG § 1 Rz 12.
17 Ähnlich Bauer/Krieger/Günther AGG § 1 Rz 23, die insoweit treffend von „Zusammengehörigkeitsmerkmale(n)" sprechen.
18 In diesem Sinne auch BT-Drucks 16/1780 S 31.
19 So wohl auch Däubler/Beck AGG § 1 Rz 33 ff; ebenso LAG Sachsen NZA-RR 2011, 72, 73.
20 Vgl zB ArbG Berlin NZA-RR 2010, 16, 17.
21 So der vom BAG NZA 2011, 1226, 1230 gebrauchte Begriff.
22 Allgemeine Ansicht: statt vieler MünchKomm/Thüsing AGG § 1 Rz 22 mwNachw.
23 So zu Recht der Hinweis von Körlings NJW 2018, 282.
24 Inzwischen besteht weitgehende Einigkeit darüber, dass der Begriff des Geschlechts in GrCh Art 21 auch intersexuelle Menschen einschließt: vgl zB Meyer/Hölscheidt, GrCh[5]Art 21 Rz 40 sowie Jarass, GRC[3]Art 21 Rz 19 jew mwNachw.

10 c) **Religion oder Weltanschauung.** Die Merkmale der Religion und der Weltanschauung stehen in engem Zusammenhang. Eine Präzisierung dieser beiden Begriffe enthält weder die RL 2000/78/EG noch das AGG. Bei der Konkretisierung dieser beiden Begriffe greift der EuGH auf EMRK Art 9 zurück. Doch hat der EGMR beiden noch keine Konturen verleihen können. Einigkeit besteht lediglich darüber, dass beide Merkmale weit auszulegen sind. Insgesamt scheint sich eine dem deutschen Verfassungsrecht ähnliche Begriffsbestimmung durchzusetzen, wonach Religion eine „umfassende Deutung der Welt und der menschlichen Existenz" sein soll, „aus der sich Anforderungen für das menschliche Leben ableiten lassen"[26]. Die Religion umfasst sowohl das *forum internum* als auch das *forum externum*[27]. Insbesondere die Vornahme religiöser Handlungen (zB Teilnahme an Gottesdiensten oder an religiösen Festen, Gebetshandlungen usw), aber auch das Tragen religiöser Symbole (zB Kreuz, Kopftuch, Kippa oder Turban) sowie die Beachtung weiterer religiöser Bekleidungsvorschriften fallen hierunter.

11 Weitaus größere Probleme als das Merkmal der Religion wirft die Bestimmung des Begriffes der **Weltanschauung** auf. Nach einer Ansicht soll der Begriff im Lichte von GG Art 4 Abs 1 erfolgen[28]. Weltanschauung wäre demnach – ebenso wie Religion – ein umfassendes Sinnsystem zur Erklärung des Weltganzen und der Stellung des Menschen in ihm, jedoch mit einer a- oder gar antireligiösen Prägung (zB Anthroposophie)[29]. Auch wenn RL 2000/78/EG Art 1 ebenfalls den Begriff der Weltanschauung gebraucht, ist es doch zweifelhaft, ob sich diese enge Begriffsbestimmung des deutschen Verfassungsrechts auf § 1 ohne weiteres übertragen lässt. Denn andere Sprachfassungen der RL gebrauchen den wesentlich weiteren Begriff der Überzeugung (zB *conviction* in der französischen Sprachfassung, *convicción* im Spanischen und *overtuiging* im Niederländischen)[30], der auch politische Überzeugungen einschließt. Die meisten anderen Sprachfassungen der RL sprechen somit für ein weiteres Verständnis des Begriffs der Weltanschauung. Lediglich die englische Sprachfassung nähert sich mit dem Begriff des *„similar secular belief"* dem Verständnis von Weltanschauung in GG Art 4 Abs 1 an. Auch wenn alle Sprachfassungen gleichrangig nebeneinanderstehen, darf bei der Auslegung dieses unionsrechtlichen Begriffes nicht einfach ein bereits existentes nationales Begriffsverständnis zugrunde gelegt werden. Und dennoch spricht mehr für ein enges Begriffsverständnis, wie es GG Art 4 Abs 1 zugrunde liegt. Ein Verbot von Benachteiligungen wegen irgendeiner Überzeugung eines Menschen (zB Vegetarismus oder Tierschutz)[31] würde das Merkmal der Weltanschauung geradezu entgrenzen, was weder dem Richtliniengeber noch dem Gesetzgeber des AGG unterstellt werden kann. Für ein enges Verständnis spricht überdies auch ein Blick auf die EMRK, auf welche RL 2000/78/EG ausdrücklich Bezug nimmt[32]: EMRK Art 9 Abs 1 verwendet nämlich ebenfalls die Begriffe „Religion oder Weltanschauung" im Zusammenhang. Dies lässt darauf schließen, dass beide einheitlich iSv umfassenden Sinnsystemen zur Weltdeutung zu verstehen sind. Darüber hinaus differenziert das grundrechtliche Diskriminierungsverbot des GrChEU Art 21, das fast zeitgleich mit der RL 2000/78/EG ausgearbeitet worden ist, zwischen „Religion oder Weltanschauung" und „der politischen oder sonstigen Anschauung". Auch für die Weltanschauung bedarf es deshalb wie bei GG Art 4 Abs 1 eines ganzheitlichen Sinnanspruches, der sich einer Religion vergleichbar darstellt. Konkret hat dieses engere Verständnis des Begriffs der Weltanschauung zur Folge, dass von § 1 – ebenso wie im Rahmen von GG Art 4 Abs 1 –[33] **Benachteiligungen wegen politischer Überzeugungen** nicht erfasst sind[34]. Aus diesem Grunde sind auch Benachteiligungen wegen einer (etwaigen) marxistischen oder kommunistischen Grundeinstellung eines Beschäftigten keine Benachteiligungen wegen der Weltanschauung[35].

---

25 Vgl insbes BVerfG NJW 2017, 3643.
26 Statt vieler Jarass, GRC Art 10 Rz 6 mwNachw.
27 Vgl EuGH C-157/15 (Samira Achbita und Centrum voor gelijkheid van Kansen en voor racismebestrijding/G4S Secure Solutions NV), NJW 2017, 1087 ff, sowie EuGH C-188/15 (Asma Bougnaoui und Association de défense des droits de l'homme (ADDH)/Micropole SA), NJW 2017, 1089.
28 So zB Bauer/Krieger/Günther AGG § 1 Rz 30; wohl auch Hanau ZIP 2006, 2189, 2190.
29 Ebenso Czermak, Religions- und Weltanschauungsrecht Rz 114.
30 Einen kurzweiligen Überblick über die einzelnen Sprachfassungen der RL 2000/43/EG gibt Däubler NJW 2006, 2608 ff mwNachw.
31 So die Beispiele bei Däubler NJW 2006, 2608.
32 S RL 2000/78EG EG Nr 1 S 2.
33 Vgl zB BVerwG NJW 2005, 85, 88.
34 Im Ergebnis ebenso Bauer/Krieger/Günther AGG § 1 Rz 30; Hanau ZIP 2006, 2189, 2190; wohl auch ErfK/Schlachter AGG § 1 Rz 8.
35 BAG NZA 2014 S 21, 24 lässt es offen, „ob heute überhaupt noch von einer ‚kommunistischen Weltanschauung' gesprochen werden kann". Ebenfalls die Frage offenlassend, ob die Zugehörigkeit zu einer politischen Partei eine Weltanschauung sei, BVerwG NZA-RR 2012, 43, 46. Mit Blick auf den Begriff der Weltanschauung in GG Art 4 Abs 1 hat das BVerwG es indessen abgelehnt, in der Zugehörigkeit zu einer Partei (NPD) eine Weltanschauung zu sehen: vgl BVerwG NJW 2005, 85, 88.

d) **Behinderung**. Der diskriminierungsrechtliche Begriff der Behinderung ist weiter als der im deutschen Recht geläufige Begriff der Schwerbehinderung, wie er in SGB IX § 2 Abs 2 ausgeformt ist. Der Behinderungsbegriff, welcher der RL 2000/78/EG und § 1 zugrunde liegt, wird durch das **Übereinkommen der VN über die Rechte von Menschen mit Behinderungen**, das durch einen Beschluss des Rates[36] in das Unionsrecht übernommen und überdies von der Bundesrepublik Deutschland ratifiziert worden ist, konturiert. Als Menschen mit Behinderungen gelten nach VN-Behindertenübereinkommen Art 1 Abs 2 „Menschen, die langfristige körperliche, seelische, geistige oder Sinnesbeeinträchtigungen haben, welche sie in Wechselwirkung mit verschiedenen Barrieren an der vollen, wirksamen und gleichberechtigten Teilhabe an der Gesellschaft hindern können." Der EuGH legt in inzwischen ständiger Rspr diesen völkerrechtlichen Behinderungsbegriff bei der Auslegung der RL 2000/78/EG zugrunde[37]. Die für das deutsche Recht charakteristische Verengung auf den Schwerbehinderten, wie sie zB im Diskriminierungsverbot des SGB IX § 164 Abs 2[38] ihren Ausdruck findet, zieht den Kreis der aus dem Verbot der Diskriminierung wegen der Behinderung Berechtigten zu eng. Der Begriff der Behinderung der Richtlinie verlangt keinen vollständigen Ausschluss von der Arbeit oder vom Berufsleben: Auch eine Einschränkung, nur Teilzeit arbeiten zu können, kann eine Behinderung darstellen[39]. 12

Der **Begriff der Behinderung des SGB IX § 2 Abs 1**, wonach die körperliche Funktion, geistige Fähigkeit oder seelische Gesundheit eines Menschen mit hoher Wahrscheinlichkeit länger als sechs Monate von dem für sein Alter typischen Zustand abweichen und daher seine Teilhabe am Leben in der Gesellschaft beeinträchtigt ist, orientiert sich zwar am Behinderungsbegriff der WHO und entspricht weitgehend den Vorgaben der RL 2000/78/EG[40]. Allerdings unterscheidet sich die Begriffsbestimmung des SGB IX § 2 Abs 1 vom unionsrechtlichen Begriff der Behinderung darin, dass nach SGB IX § 2 Abs 1 die Hinderung an einer gleichberechtigten Teilhabe an der Gesellschaft mit hoher Wahrscheinlichkeit länger als sechs Monate dauern wird, während das Unionsrecht allgemein auf die „Langfristigkeit" einer Beeinträchtigung der Teilhabe abstellt, die aber über eine nur sechsmonatige Einschränkung hinausgehen kann. Indem es einen größeren Personenkreis in den Diskriminierungsschutz einbezieht, geht das deutsche Recht in zulässiger Weise über den Schutz vor Benachteiligungen wegen einer Behinderung, wie er in RL 2000/78/EG vorgesehen ist, hinaus, gewährleistet doch die RL nur einen Mindestschutz (vgl Art 8 Abs 1), über den die Mitgliedstaaten hinausgehen dürfen. Außerdem stellt SGB IX § 2 Abs 1 auf eine gleichberechtigte Teilhabe „an der Gesellschaft" ab, während der EuGH für den Begriff der Behinderung in der RL 2000/78/EG auf Beeinträchtigungen einer gleichberechtigten **Teilhabe „am Berufsleben"** abstellt. Mit Blick auf Sinn und Zweck der RL 2000/78/EG, den Grundsatz der Gleichbehandlung in Beschäftigung und Beruf zu verwirklichen, kann es aber bei § 1 nur auf eine gleichberechtigte Teilhabe von Menschen am Berufsleben, nicht aber am gesellschaftlichen Leben im Allgemeinen ankommen. Der Begriff der Behinderung iSv § 1 ist deshalb im Lichte der RL 2000/78/EG unionsrechtskonform auszulegen; die abweichende Begriffsbestimmung des SGB IX § 2 Abs 1 bleibt infolgedessen für § 1 ohne Bedeutung[41]. 13

Nach der Rspr des EuGH und in der Folge auch des BAG können unter den diskriminierungsrechtlichen Begriff der Behinderung auch Krankheiten fallen. Auch wenn **Krankheiten nicht als solche eine Behinderung iSv § 1** darstellen, können doch zumindest **chronische Erkrankungen** die Voraussetzungen einer Behinderung erfüllen, soweit durch sie die gleichberechtigte Teilhabe an der Gesellschaft länger als sechs Monate gehindert wird (vgl SGB IX § 2 Abs 1)[42]. Wegen der mit ihr immer noch verbundenen Stigmatisierung in der Gesellschaft und des auf sie zurückzuführenden Vermeidungsverhaltens kann auch eine **symptomlose HIV-Infektion** eine Behinderung sein[43]. Auch eine Erkrankung an **Adipositas** kann die Voraussetzungen einer Behinderung iSv § 1 erfüllen[44]. Nichts anderes kann für Suchterkrankungen wie eine Alkoholabhängigkeit oder andere Formen der Drogensucht gelten, da sie im Regelfall die gleichberechtigte 14

---

36 Beschluss vom 26.11.2009 über den Abschluss des Übereinkommens der Vereinten Nationen über die Rechte von Menschen mit Behinderungen durch die Europäische Gemeinschaft (2010/48/EG), ABl 2010 L 23 S 35.
37 EuGH Rs C-397/18, ECLI:EU:C:2019:703, Rz 39 ff (DW/Nobel Plastiques Ibérica SA); EuGH Rs C-270/16 (Carlos Enrique Ruiz Conejero/Ferroser Servicios Auxiliares SA und Ministerio Fiscal), NZA 2018, 159, 160; EuGH Rs C-406/15, ECLI:EU:C:2017:198, Rz 36 (Petya Milkova/Iszalnitelen direktor); EuGH Rs C-395/15 (Daouidi/Bootes Plus ua), EuZW 2017, 263, 265; EuGH Rs C-354/13 (ag og Arbejde (FOA), handelnd für Karsten Kaltoft/Kommunernes Landsforening (KL), handelnd für die Billund Kommune), ECLI:EU:C:2014:2463.
38 Rolfs/Paschke BB 2002, 1260.
39 EuGH NZA 2019, 1634, 1636; EuGH Rs C-335/11, C-337/11 (HK Danmark/Dansk almennyttigt Boligselskab u HK Danmark/Dansk Arbejdsgiverforening), NZA 2013, 553, 555.
40 Welti NJW 2001, 2210 ff; Stähler NZA 2002, 777.
41 Ebenso Bauer/Krieger/Günther AGG § 1 Rz 41a.
42 Allgemeine Ansicht: vgl statt vieler Grüneberg/Ellenberger AGG § 1 Rz 6 mwNachw.
43 Vgl BAG NZA 2014, 372 ff.
44 EuGH NZA 2015, 33 ff.

Teilhabe an der Gesellschaft erheblich beeinträchtigen können[45]. Auch **psychische Beeinträchtigungen** wie zB Autismus können den Tatbestand einer Behinderung iSv SGB IX § 2 Abs 1 erfüllen[46]. Hingegen stellt die Einstufung eines Beschäftigten nach nationalem Recht als besonders gefährdeter Arbeitnehmer im Hinblick auf Berufsrisiken für sich genommen noch keine Behinderung dar[47]: Auch insoweit muss die besondere Anfälligkeit des Arbeitnehmers dessen gleichberechtigte Teilhabe am Berufsleben über eine längere Dauer beeinträchtigen.

15 e) **Alter**. Das Verbot der Benachteiligung wegen des Alters, so wie es durch das AGG ausgeformt ist, stellt eine **Neuerung für das deutsche Recht** dar[48]. Lediglich die Vorschrift des BetrVG § 75 Abs 1 Satz 2 aF, der zufolge Arbeitgeber und Betriebsrat darauf zu achten hatten, dass Arbeitnehmer nicht wegen Überschreitung bestimmter Altersstufen benachteiligt werden, enthielt schon vor dem Inkrafttreten des AGG im Jahre 2006 ein Verbot der Benachteiligung wegen des Alters zugunsten älterer Arbeitnehmer.

16 Unter Alter iSv § 1 ist **das biologische Lebensalter eines Menschen** zu verstehen. Im Unterschied zu BetrVG § 75 Abs 1 Satz 2 aF sowie zu dem schon im Jahre 1967 erlassenen US-amerikanischen *Age Discrimination in Employment Act* (ADEA), der Arbeitnehmer ab einem Alter von 40 Jahren schützt[49], geht es beim Alter nicht nur um den Schutz von älteren Beschäftigten, die zB wegen ihrer möglicherweise schwierigen Arbeitsmarktlage oder wegen einer uU nachlassenden Arbeitsfähigkeit in besonderer Weise schutzbedürftig sind. Auch junge Beschäftigte werden durch das AGG vor Benachteiligungen wegen ihres niedrigen Alters geschützt: Dies lässt sich ausdrücklich § 10 Satz 3 Nr 1 sowie RL 2000/78/EG Art 6 Abs 1 entnehmen, wonach die berufliche Eingliederung ua auch von Jugendlichen eine Differenzierung nach dem Alter von Beschäftigten rechtfertigen kann.

17 f) **Sexuelle Identität**. Das Verbot der Benachteiligung wegen der sexuellen Identität zielte ursprünglich vor allem auf den Schutz homosexueller Männer und Frauen am Arbeitsplatz, ist aber in seiner Bedeutung nicht darauf beschränkt. Im Unterschied zum Merkmal des Geschlechts (s oben Rz 9) geht es hier nicht um die objektive Zugehörigkeit eines Menschen zu einem Geschlecht, sondern mit der Ausbildung einer sexuellen Ausrichtung eines Menschen um ein subjektives Moment. Es soll jede identitätsprägende sexuelle Ausrichtung eines Menschen als Differenzierungskriterium im Anwendungsbereich des AGG ausgeschlossen werden, also nicht nur die **homosexuelle**, sondern auch die **bi- oder heterosexuelle Identität**[50]. Eine gesonderte Normierung des Merkmals der sexuellen Identität wäre entbehrlich gewesen, wenn der Begriff der Benachteiligung wegen des Geschlechts dahingehend auszulegen wäre, dass er auch die sexuelle Orientierung eines Menschen einschließt. Der EuGH hat ein solches Verständnis des diskriminierungsrechtlichen Begriffs des Geschlechts jedoch abgelehnt[51]. Benachteiligungen wegen Trans- oder Intersexualität sind hingegen Benachteiligungen wegen des Geschlechts (vgl s oben Rz 9 mwNachw)[52].

§ 2 Anwendungsbereich

(1) Benachteiligungen aus einem in § 1 genannten Grund sind nach Maßgabe dieses Gesetzes unzulässig in Bezug auf:
1. die Bedingungen, einschließlich Auswahlkriterien und Einstellungsbedingungen, für den Zugang zu unselbstständiger und selbstständiger Erwerbstätigkeit, unabhängig von Tätigkeitsfeld und beruflicher Position, sowie für den beruflichen Aufstieg,
2. die Beschäftigungs- und Arbeitsbedingungen einschließlich Arbeitsentgelt und Entlassungsbedingungen, insbesondere in individual- und kollektivrechtlichen Vereinbarungen und Maßnahmen bei der Durchführung und Beendigung eines Beschäftigungsverhältnisses sowie beim beruflichen Aufstieg,
3. den Zugang zu allen Formen und allen Ebenen der Berufsberatung, der Berufsbildung einschließlich der Berufsausbildung, der beruflichen Weiterbildung und der Umschulung sowie der praktischen Berufserfahrung,

---

45 Vgl Bauer/Krieger/Günther AGG § 1 Rz 44 Stichwort „Suchtkrankheit"; s auch Däubler/Beck AGG § 1 Rz 92.
46 Ebenso zB Bauer/Krieger/Günther AGG § 1 Rz 44 Stichwort „Psychische Beeinträchtigung".
47 Vgl EuGH NZA 1634, 1636.
48 Dazu insbes Schmidt/Senne RdA 2002, 80 mwNachw.
49 Aus dem deutschsprachigen Schrifttum zum ADEA s insbes Wiedemann/Thüsing NZA 2002, 1234, 1235 mwNachw.
50 So auch BT-Drucks 16/1780 S 31.
51 EuGH Rs C-249/96 (Grant), Slg 1998, I-621; ebenso BAG NZA 1998, 207.
52 Vgl Preis/Sagan/Grünberger, Europäisches Arbeitsrecht, § 3, Rz 74 sowie EnzEuR/Kocher 7, § 5 Rz 81 ff jew mwN.

4. die Mitgliedschaft und Mitwirkung in einer Beschäftigten- oder Arbeitgebervereinigung oder einer Vereinigung, deren Mitglieder einer bestimmten Berufsgruppe angehören, einschließlich der Inanspruchnahme der Leistungen solcher Vereinigungen,
5. den Sozialschutz, einschließlich der sozialen Sicherheit und der Gesundheitsdienste,
6. die sozialen Vergünstigungen,
7. die Bildung,
8. den Zugang zu und die Versorgung mit Gütern und Dienstleistungen, die der Öffentlichkeit zur Verfügung stehen, einschließlich von Wohnraum.

(2) Für Leistungen nach dem Sozialgesetzbuch gelten § 33c des Ersten Buches Sozialgesetzbuch und § 19a des Vierten Buches Sozialgesetzbuch. Für die betriebliche Altersvorsorge gilt das Betriebsrentengesetz.

(3) Die Geltung sonstiger Benachteiligungsverbote oder Gebote der Gleichbehandlung wird durch dieses Gesetz nicht berührt. Dies gilt auch für öffentlich-rechtliche Vorschriften, die dem Schutz bestimmter Personengruppen dienen.

(4) Für Kündigungen gelten ausschließlich die Bestimmungen zum allgemeinen und besonderen Kündigungsschutz.

ÜBERSICHT

1. Überblick 1	4. Verhältnis zu anderen Benachteiligungsverboten und Gleichbehandlungsgeboten (Abs 3) 21–27
2. Der sachliche Anwendungsbereich nach Abs 1 2–16	a) Benachteiligungsverbote 22–24
3. Bereichsausnahmen 17–20	b) Gleichbehandlungsgebote 25
a) Sozialrecht und betriebliche Altersvorsorge (Abs 2) . . . 17, 18	c) Schutz bestimmter Personengruppen 26, 27
b) Bereichsausnahme für Kündigungen? 19, 20	

1. Überblick. Die Vorschrift legt den **sachlichen Anwendungsbereich des AGG** fest und **1** lehnt sich in weiten Teilen an die RL der Union an[1]. Da die diskriminierungsrechtlichen RL nicht umfassend gelten, bedarf es einer Festlegung, in welchen Fällen der sachliche Anwendungsbereich des Diskriminierungsrechts eröffnet sein soll. **Abs 1 Nr 1 bis 8** listen die einzelnen Tatbestände auf, bei deren Vorliegen die Regeln des AGG gelten sollen. **Abs 2** verweist mit Blick auf soziale Leistungen und auf die betriebliche Altersvorsorge auf Sonderregelungen im SGB bzw im BetrAVG. **Abs 3** stellt klar, dass das AGG andere Benachteiligungsverbote oder Gebote der Gleichbehandlung nicht verdrängt. Schließlich verweist **Abs 4** mit Blick auf Kündigungen auf die Bestimmungen zum allgemeinen und besonderen Kündigungsschutz. Die Vorschriften des § 2 werden durch die **Festlegung des persönlichen Anwendungsbereichs** des AGG in § 6 und **des zeitlichen Anwendungsbereiches** in § 33 ergänzt.

2. Der sachliche Anwendungsbereich nach Abs 1. Der Katalog des Abs 1 Nr 1 bis 8 **2** bestimmt den sachlichen Anwendungsbereich des AGG.

Nr 1 unterstellt die Bedingungen für den **Zugang zu unselbständiger und selbständiger 3 Erwerbsarbeit sowie für den beruflichen Aufstieg** dem Anwendungsbereich des AGG. Es geht somit um die Anbahnung und Begründung von Rechtsverhältnissen, die der Erbringung von Erwerbsarbeit zugrunde liegen. Unter den **Begriff der unselbständigen Erwerbsarbeit** fallen neben der Tätigkeit im Rahmen eines Arbeitsverhältnisses (einschließlich einer geringfügigen Beschäftigung iSv SGB IV § 8 Abs 1) oder eines Beamtenverhältnisses auch Berufsauszubildende sowie arbeitnehmerähnliche Personen; Beamte sind aufgrund von § 24 einbezogen und die beiden letztgenannten Beschäftigtengruppen sind nach § 6 Abs 1 Nr 2 und 3 Arbeitnehmern diskriminierungsrechtlich gleichgestellt[2]. Hingegen gehen ehrenamtlich tätige Personen keiner unselbständigen Erwerbsarbeit nach[3]. Auch Beschäftigte in zusätzlichen Arbeitsgelegenheiten nach SGB II § 16d („Ein-Euro-Jobber"), Beschäftigte in Behindertenwerkstätten sowie Strafgefangene sind als unselbständig Erwerbstätige iSv Nr 1 anzusehen[4]. Der **Tatbestand der selbständigen Erwerbsarbeit** erfasst **Gewerbetreibende** iSv GewO § 1 Abs 1 sowie **Angehörige freier Berufe** (vgl PartGG § 1 Abs 1). Auch **Mitglieder eines** zur Geschäftsführung und Vertretung der Gesellschaft befugten **Organes** (zB Vorstand der AG, Geschäftsführung einer GmbH einschließlich Fremdgeschäftsführer) gehören zu der Gruppe der selbständig Erwerbstätigen[5]; dies ergibt sich auch aus dem Zusammenhang von § 2 Abs 1 Nr 1 u § 6 Abs 3. Dagegen ist der

---

1 RL 2000/43/EG Art 3; RL 2000/78/EG Art 3; RL 2006/54/EG Art 14.
2 Vgl Däubler/Beck AGG § 2 Rz 10 und 11.
3 Statt vieler Däubler/Beck AGG § 2 Rz 14 ff mwNachw.
4 Däubler/Beck AGG § 2 Rz 17 ff mwNachw.
5 Bauer/Krieger/Günther AGG § 2 Rz 16; zum Fremdgeschäftsführer einer GmbH vgl BGH NJW 2012, 2346, 2347f.

Zugang zu einer **Gesellschafterstellung in einer Personengesellschaft** vor allem wegen des besonderen Nähe- und Vertrauensverhältnisses der Beteiligten, das durch die Aufnahme als Gesellschafter einer Personengesellschaft begründet wird, nicht von § 2 Abs 1 Nr 1 erfasst[6]; zur Begründung lässt sich auf die ges Wertung des § 19 Abs 5 Satz 1 zurückgreifen (zu den Vorschriften unten § 19 Rz 22 ff mwNachw).

4 Mit dem **Zugang zur unselbständigen Erwerbstätigkeit** ist die Begründung eines Beschäftigungsverhältnisses mit dem in § 6 Abs 1 bezeichneten Personenkreis (Vertragsanbahnung) sowie eines der in § 24 genannten öffentlich-rechtlichen Dienstverhältnisse gemeint. Im Vordergrund dürften die Begründung eines Arbeitsverhältnisses und die in diesem Zusammenhang vorgenommenen Handlungen des Arbeitgebers stehen (zB Festlegung von Auswahlkriterien, Ausübung des Fragerechts, Durchführung von Persönlichkeitstests), doch bezieht sich Nr 1 in gleicher Weise auf das Zustandekommen von Werk- oder Dienstverträgen mit arbeitnehmerähnlichen Personen oder die Begründung eines Beamtenverhältnisses. Unter den Bedingungen für den **Zugang zur selbständigen Erwerbstätigkeit** versteht man alle Voraussetzungen, die für die Ausübung der selbständigen Tätigkeit erforderlich sind oder die die rechtliche Grundlage für die Aufnahme der Tätigkeit sind[7]. Ein Beispiel ist die Festlegung eines Höchstalters für eine bestimmte selbständige Tätigkeit (zB für die Anerkennung als vereidigter Sachverständiger)[8]; aber auch die Festlegung von Altersgrenzen für Geschäftsführer oder für Gesellschafter dürften hierzu gehören. Auch beim Abschluss eines die künftige Geschäftsbeziehung regelnden Rahmenvertrages mit Selbständigen (zB Sukzessivlieferungsvertrag oder Franchisevertrag) handelt es sich um Zugang zu einer selbständigen Erwerbstätigkeit, nicht hingegen bei der Vergabe nur einzelner Aufträge an Selbständige durch ein Unternehmen[9].

5 Bei den **Bedingungen für den beruflichen Aufstieg** iSv Nr 1 handelt es sich um sämtliche Voraussetzungen für Beförderungsentscheidungen und damit um jeden Aufstieg innerhalb der Hierarchie. Im Einzelnen geht es insoweit um Auswahlkriterien (vgl BetrVG § 95 Abs 1), aber auch um Personalfragebögen sowie um die zB im Rahmen eines Auswahlgespräches gestellten Fragen vom Arbeitgeber oder Dienstherr. Teil des Anwendungsbereichs des AGG ist nur die Entscheidung über den beruflichen Aufstieg (zB Beförderungsentscheidung) selbst, nicht aber über die konkreten Beschäftigungsbedingungen, die mit dem beruflichen Aufstieg verbunden sind; insoweit ist allerdings der sachliche Anwendungsbereich des AGG nach § 2 Abs 1 Nr 2 eröffnet (dazu unten Rz 6-8).

6 Nach **Nr 2** gilt das AGG für **Beschäftigungs- und Arbeitsbedingungen** und setzt somit im Unterschied zu Nr 1, bei dem es um den Zugang zur Beschäftigung geht, das Bestehen eines Beschäftigungsverhältnisses voraus. Der Begriff der Beschäftigungs- und Arbeitsbedingungen ist weit auszulegen und erfasst sämtliche Umstände, auf Grund welcher und unter denen die vertraglich geschuldete Dienstleistung zu erbringen ist[10]. Nr 2 hebt das **Arbeitsentgelt** – wohl wegen des unionsrechtlichen Gebots der Entgeltgleichheit zwischen den Geschlechtern in AEUV Art 157 Abs 1 und 2 – als einzelne Beschäftigungs- und Arbeitsbedingung besonders hervor. Bei der Auslegung dieses Begriffes ist an dessen primärrechtlicher Definition in AEUV Art 157 Abs 2 anzuknüpfen: Demnach sind die üblichen Grund- oder Mindestlöhne und Gehälter sowie alle sonstigen Vergütungen, die der Arbeitgeber aufgrund des Dienstverhältnisses dem Arbeitnehmer unmittelbar oder mittelbar in bar oder in Sachleistung zahlt, als Entgelt anzusehen.

7 **Nr 2** bezieht ausdrücklich und in Übereinstimmung mit den RL der Union, die zum Begriff der Beschäftigungs- und Arbeitsbedingungen auch Entlassungsbedingungen zählen[11], auch die **Beendigung des Beschäftigungsverhältnisses** in den sachlichen Anwendungsbereich des AGG ein. Damit sind die Bedingungen einer Beendigung des Beschäftigungsverhältnisses erfasst, und zwar unabhängig vom Beendigungstatbestand und betreffen sowohl die Frage des Ob der Beendigung als auch die mit ihr verknüpften Beendigungsbedingungen[12]. Angesprochen ist damit natürlich die **Kündigung**, wobei Nr 2 im Zusammenhang mit der Vorschrift des § 2 Abs 4 zu lesen ist, welche für Kündigungen ausschließlich das Kündigungsschutzrecht für anwendbar erklärt und somit für die Kündigung eine diskriminierungsrechtliche Bereichsausnahme anordnet (zur Unvereinbarkeit von § 2 Abs 4 mit Unionsrecht s unten Rz 20 mwNachw). Mit der Beendigung des Beschäftigungsverhältnisses sind aber **auch andere Beendigungsformen** ange-

---

6 Allg Ansicht: so zB Grüneberg/Ellenberger AGG § 2 Rz 5 mwNachw. Ausführlicher zu der Frage Schroeder/Diller NZG 2006, 728 ff.
7 Vgl BVerwG NZA-RR 2011, 233, 234.
8 BVerwG NZA-RR 2011, 233, 234.
9 Ebenso wohl ErfK/Schlachter AGG § 2 Rz 6.
10 BAG NZA 2012, 803, 804; BAG NZA 2010, 327, 331; Däubler/Beck AGG § 2 Rz 36.
11 Vgl RL 2000/43/EG Art 3 Abs 1c); RL 2000/78/EG Art 3 Abs 1c); RL 2006/54/EG Art 14 Abs 1c).
12 Vgl BAG NJW 2011, 3110, 3114. Aus dem Schrifttum statt vieler Bauer/Krieger/Günther AGG § 2 Rz 28.

sprochen wie zB die Vereinbarung einer Befristung des Arbeitsverhältnisses (zB durch Festlegung einer arbeitsvertraglichen Altersgrenze), eines Aufhebungsvertrages[13] oder einer auflösenden Bedingung. Bedingungen des Wie der Beendigung des Beschäftigungsverhältnisses können insbes **Entlassungsentschädigungen**, aber auch die Dauer der bei einer Kündigung zugrunde zu legenden **Kündigungsfrist**[14] oder sonstige Leistungen sein, die aus Anlass der Beendigung des Beschäftigungsverhältnisses (zB **Pflicht zur Erteilung eines Arbeitszeugnisses** nach BGB § 630 Satz 3 iVm GewO § 109)[15] gewährt werden. Der in Nr 2 ebenfalls angesprochene **berufliche Aufstieg** greift ein Tatbestandsmerkmal von Nr 1 auf (s oben Rz 5) und erstreckt dieses auf die Beschäftigungs- und Arbeitsbedingungen des Beschäftigten.

Die Vorschrift der Nr 2 stellt klar, dass **Beschäftigungs- und Arbeitsbedingungen** auf unterschiedlichen **Rechtsgrundlagen** beruhen können. Sie können einmal auf einer **Vereinbarung** beruhen. Dabei ist ohne Bedeutung, ob es sich um Bedingungen handelt, die in einem individuellen Arbeitsvertrag bzw in einem Beschäftigungsvertrag mit einer arbeitnehmerähnlichen Person vereinbart sind, oder ob sie auf einer kollektivvertraglichen Regelung fußen, die auf das Beschäftigungsverhältnis einwirken (Rechtsnormen eines Tarifvertrages, Regelungen einer Betriebsvereinbarung oder einer Dienstvereinbarung, Sprecherausschussrichtlinien, aber auch gemeinsame Vergütungsregeln für Urheber nach UrhG § 36). Darüber hinaus können Beschäftigungs- und Arbeitsbedingungen aber auch auf **Maßnahmen des Arbeitgebers** zurückgehen. Damit sind insbes Weisungen des Arbeitgebers (GewO § 106), aber auch andere einseitige Anordnungen des Arbeitgebers wie die Erteilung einer Abmahnung, die Gewährung einer Leistung (zB Gratifikation) sowie Versetzungen oder Umsetzungen von Arbeitnehmern gemeint[16]. 8

§ 2 Abs 1 Nr 3 erklärt das AGG für anwendbar auf den Zugang zu allen Formen und Ebenen der **Berufsberatung**, der **Berufsbildung** einschließlich der Berufsausbildung, der beruflichen Weiterbildung und der Umschulung sowie der praktischen Berufserfahrung. Die Vorschrift setzt wortgleich die diskriminierungsrechtlichen RL der Union um[17]. Unter den **Begriff der Berufsberatung** fällt die Beratungstätigkeit öffentlicher Einrichtungen wie der Agenturen für Arbeit (vgl SGB III §§ 29 ff) in gleicher Weise wie privater Personalberater. Der **Begriff der Berufsbildung** lässt sich zwar nicht mit dem Begriff der Berufsbildung in BBiG § 1 Abs 1 gleichsetzen, da es sich bei dem in § 2 Abs 1 Nr 3 gebrauchten Begriff um einen unionsrechtlichen Begriff handelt, der nicht ohne Weiteres im Lichte nationalen Rechts ausgelegt werden darf. Wohl aber kann das BBiG bei der Auslegung der Vorschrift eine Orientierungshilfe geben. Neben der ausdrücklich genannten Berufsausbildung, beruflichen Weiterbildung und Umschulung wird man deshalb auch die Berufsausbildungsvorbereitung iSv BBiG § 1 Abs 2 der Berufsbildung zuzurechnen haben. Zur praktischen Berufserfahrung gehört die Teilnahme an Praktika, die Teil der Berufsausbildung oder doch zumindest empfohlen sind, aber auch ein Tätigwerden als Volontär[18]. Der Diskriminierungsschutz nach § 2 Abs 1 Nr 3 erstreckt sich nur auf den **Zugang zu Berufsberatung und Berufsbildung** und nicht auch auf die inhaltliche Ausgestaltung von Maßnahmen der Berufsberatung und der Berufsbildung; die inhaltliche Gestaltung von Verträgen mit privaten Personalberatern oder mit Trägern einer beruflichen Weiterbildung ist infolgedessen nicht vom AGG erfasst[19], auch wenn dies zu Wertungswidersprüchen führen kann (zB Gewährung eines Zuganges zu einer Einrichtung iSv § 2 Abs 1 Nr 3, deren Verträge nach mindestens einem der Kriterien des § 1 benachteiligen). 9

Nach **§ 2 Abs 1 Nr 4** ist der Anwendungsbereich des AGG auch für die **Mitgliedschaft und die Mitwirkung in einer Beschäftigten- oder Arbeitgebervereinigung** oder einer Vereinigung, deren Mitglieder einer bestimmten Berufsgruppe angehören, einschließlich der Inanspruchnahme der Leistungen solcher Vereinigungen eröffnet. Die Vorschrift entspricht den unionsrechtlichen Vorgaben der RL[20] und verlängert den Diskriminierungsschutz auf den Zugang zu und die Mitgliedschaft in Berufsverbänden, die der Wahrnehmung der Interessen von Beschäftigten dienen. Damit soll ein umfassender Diskriminierungsschutz in Beschäftigung und Beruf sichergestellt werden[21]: Der Diskriminierungsschutz des AGG wäre lückenhaft, würde er nicht auch diesen Aspekt erfassen, denn die Beschäftigungsbedingungen werden nach wie vor zu 10

---

13 Vgl BAG NZA 2010, 561, 563. Mit Blick auf den Begriff der Entlassungsbedingung in RL 76/207/EWG ebenso bereits EuGH NJW 1982, 2726, 2727 (Burton); aus dem Schrifttum statt vieler ErfK/Schlachter AGG § 2 Rz 9.
14 BAG NZA 2014, 1400, 1401; mit Blick auf BGB § 622 Abs 2 S 2 aF s insbes EuGH NZA 2010, 85, 86.
15 Mit Blick auf RL 76/207/EWG bereits EuGH NZA 1998, 1223, 1224; Däubler/Beck AGG § 2 Rz 36; wohl auch Meinel/Heyn/Herms AGG § 2 Rz 20.
16 Statt vieler Meinel/Heyn/Herms AGG § 2 Rz 30.
17 RL 2000/43/EG Art 3 Abs 1b); RL 2000/78/EG Art 3 Abs 1b); RL 2006/54/EG Art 14 Abs 1b).
18 Ebenso Däubler/Beck AGG § 2 Rz 39.
19 Däubler/Beck AGG § 2 Rz 37 sowie Bauer/Krieger/Günther AGG § 2 Rz 33.
20 Vgl RL 2000/43/EG Art 3 Abs 1d); RL 2000/78/EG Art 3 Abs 1d); RL 2006/54/EG Art 14 Abs 1d).
21 In diesem Sinne BT-Drucks 16/1780 S 31.

einem beträchtlichen Teil durch Tarifverträge geregelt. Nr 4 erfasst sämtliche Arbeitnehmervereinigungen – neben den tariffähigen Gewerkschaften auch kleinere Arbeitnehmervereinigungen, die keine Tarifverträge abschließen dürfen –[22] sowie Arbeitgebervereinigungen oder aber Handwerksinnungen bzw Innungsverbände[23]. Nr 4 ist im Zusammenhang mit § 2 Abs 1 Nr 1 zu lesen, der auch selbständige Erwerbstätige in den Anwendungsbereich des AGG einbezieht, so dass auch **Vereinigungen selbständiger Erwerbstätiger** zu den Berufsvereinigungen iSv Nr 4 gehören: Dies gilt namentlich für Gewerkschaften arbeitnehmerähnlicher Personen. Die Vorschrift geht aber wesentlich weiter, wenn sie alle Berufsvereinigungen von Selbständigen in den Anwendungsbereich des AGG einbezieht: Nr 4 gilt somit für den Deutschen Anwaltsverein, die Berufsvereinigungen von Fachärzten (zB der Berufsverband Deutscher Internisten) oder den Bund Deutscher Architekten. Darüber hinaus legt eine sich am Schutzzweck von Nr 4 orientierende Auslegung es nahe, dass die Vorschrift auch Vereinigungen von Beschäftigten oder Selbständigen mit Pflichtmitgliedschaft dem Diskriminierungsrecht einschließt[24]: Dementsprechend sind auch die Arbeitskammer des Saarlandes und die Arbeitnehmerkammer von Bremen ebenso erfasst wie die Berufskammern der Selbständigen (zB Rechtsanwaltskammer, Ärztekammer) und die Handwerkskammern. Unter Nr 4 fallen indessen nicht der **Zugang zu und die Mitgliedschaft in Betriebs- und Personalräten**, da es sich bei diesen um gesetzlich ausgestaltete Organe der Arbeitnehmervertretung in den Betrieben und nicht um Vereinigungen iSd Vorschrift handelt[25]. Der Diskriminierungsschutz von Beschäftigten und selbständigen Erwerbstätigen innerhalb von Berufsvereinigungen ist in § 18 näher geregelt.

11   Die Anwendbarkeit für den **Sozialschutz, einschließlich der sozialen Sicherheit und der Gesundheitsdienste** nach **§ 2 Abs 1 Nr 5** ist unionsrechtlich ausschließlich für Benachteiligungen wegen der Rasse und der ethnischen Herkunft aufgrund von RL 2000/43/EG Art 3 Abs 1e) vorgegeben. Die Erstreckung des Sozialschutzes auch auf Benachteiligungen wegen der übrigen in § 1 aufgezählten Gründe geht somit über das Unionsrecht hinaus. Der **Begriff des Sozialschutzes** wird weder im Ges noch in der RL 2000/43/EG konturiert. Er umfasst sowohl Leistungen der Sozialversicherung als auch andere Sozialleistungen. Dabei ist ohne Bedeutung, ob der Sozialschutz auf öffentlich-rechtlicher oder privatrechtlicher Grundlage erbracht wird, da ansonsten die Geltung des Diskriminierungsschutzes von der öffentlich-rechtlichen Organisationsform des Sozialschutzes in den Mitgliedstaaten abhängen würde[26]. Wegen der Bereichsausnahme von § 2 Abs 2 für die Sozialversicherung fällt diese nicht unter den Sozialschutz iSv § 2 Abs 1 Nr 5; für sie gelten aber besondere Benachteiligungsverbote in SGB I § 33c und SGB IV § 19a (dazu s unten Rz 17 mwNachw). Allerdings kommen andere staatliche **Leistungen der sozialen Sicherheit außerhalb des Sozialversicherungsrechts** in Betracht wie zB die Gewährung des Zuganges von Obdachlosen zu kommunalen Obdachlosenasylen oder von hilfsbedürftigen Frauen zu Frauenhäusern[27]. Leistungen des Sozialschutzes iSv § 2 Abs 1 Nr 5, die auf privatrechtlicher Grundlage erbracht werden, sind zB Leistungen aufgrund von privaten Kranken- oder Unfallversicherungen, aufgrund von privaten Arztverträgen[28], Verträgen mit Physio- oder Psychotherapeuten oder aufgrund von Krankenhausverträgen[29]. Demgegenüber fallen soziale Einrichtungen des Arbeitgebers (zB Kantinen oder Firmenkindergärten) nicht unter Nr 8, da sie bereits von Nr 2 erfasst sind[30].

12   Der Anwendungsbereich des AGG ist nach **§ 2 Abs 1 Nr 6** auch für **soziale Vergünstigungen** eröffnet. Die Vorschrift übernimmt insoweit den Tatbestand des RL 2000/43/EG Art 3 Abs 1 f), der wiederum an VO (EU) 492/2011 Art 7 Abs 2 angelehnt ist. Demzufolge handelt es sich bei sozialen Vergünstigungen um Vorteile wirtschaftlicher oder kultureller Art, die entweder von öffentlichen Stellen oder von privaten Einrichtungen gewährt werden. Beispiele sind vor allem Vergünstigungen für die Inanspruchnahme von Personenbeförderungsleistungen oder beim

---

22   ZB selbständige Vereinigungen von Arbeitnehmern mit sozial- oder berufspolitischer Zwecksetzung für ihre Mitglieder, die nach ArbGG § 11 Abs 2 Nr 3 zur Prozessvertretung vor den Arbeitsgerichten zugelassen sind.
23   Innungen und Innungsverbände besitzen Tariffähigkeit (vgl HandwO §§ 54 Abs 3 Nr 1, 82 Nr 3, 85 Abs 2 Satz 1).
24   So zu Recht auch Däubler/Beck AGG § 2 Rz 42 mwNachw insbes aus der Rspr des EuGH zu der entsprechenden Regelung im Recht der Arbeitnehmerfreizügigkeit.
25   Im Ergebnis ebenso Bauer/Krieger/Günther AGG § 2 Rz 34; Däubler/Beck AGG § 2 Rz 43; Meinel/Heyn/Herms AGG § 2 Rz 39. Gegen eine Einbeziehung von Betriebs- und Personalräten in den sachlichen Anwendungsbereich des AGG spricht auch das systematische Argument, dass auch das Recht der Arbeitnehmerfreizügigkeit von einer Trennung zwischen Gewerkschaften als Arbeitnehmervereinigungen und Organen der Arbeitnehmervertretung in den Betrieben ausgeht; vgl VO (EU) 492/2011 Art 8 Abs 1 S 3.
26   So der zutreffende Hinweis von ErfK/Schlachter AGG § 2 Rz 13.
27   Vgl zB Bauer/Krieger/Günther AGG § 2 Rz 37.
28   So ausdrücklich BT-Drucks 16/1780 S 32.
29   Für die Beispiele statt vieler MünchKomm/Thüsing AGG § 2 Rz 23.
30   Vgl ErfK/Schlachter AGG § 2 Rz 13; Bauer/Krieger/Günther AGG § 2 Rz 37; wohl auch Däubler/Beck/Franke AGG § 2 Rz 48 ff.

Zugang zu kulturellen Veranstaltungen oder Einrichtungen (zB Theater, Konzerte, Museen oder Kinos), die von einem Höchstalter, vom Seniorenstatus oder von der Anerkennung als Schwerbehinderter abhängig gemacht werden (zur Zulässigkeit solcher Ungleichbehandlungen bei der Preisgestaltung s § 20 Rz 9 mwNachw)[31].

Dem Anwendungsbereich des AGG ist nach § 2 Abs 1 Nr 7 auch die **Bildung** unterworfen. **13** Das AGG geht hier über die Vorgaben des Unionsrechts hinaus, die mit Blick auf die Bildung lediglich für Benachteiligungen wegen Rasse und ethnischer Herkunft, nicht aber für die übrigen in § 1 genannten Merkmale gelten. Der Begriff der Bildung ist in § 2 Abs 1 Nr 7 nicht näher konturiert. Der Schutzzweck des AGG gebietet es, auch den Zugang zur Bildung als von dieser Vorschrift erfasst anzusehen[32]. Nach der Rspr des EuGH gilt dies auch für die Vergabe von Stipendien durch eine private Stiftung, die Forschungs- oder Studienvorhaben im Ausland fördern sollen[33]. Der Begriff der Bildung in § 2 Abs 1 Nr 7 ist weit auszulegen und schließt sowohl öffentliche als auch private Bildungseinrichtungen ein[34]. Die Vorschrift erfasst jedoch nur die Bildung ohne die Bereiche der Berufsausbildung, der beruflichen Weiterbildung und der Umschulung, die bereits aufgrund von § 2 Abs 1 Nr 3 in den Anwendungsbereich des AGG einbezogen sind (dazu oben Rz 9).

Der Tatbestand von **Nr 8** erstreckt den Diskriminierungsschutz auf den **Zugang zu und die** **14** **Versorgung mit Gütern und Dienstleistungen, die der Öffentlichkeit zur Verfügung stehen**, einschließlich Wohnraum. Die Anwendung des AGG auf diese Fälle ist nur für Benachteiligungen wegen der Rasse und der ethnischen Herkunft sowie wegen des Geschlechts unionsrechtlich geboten[35]. Mit der Erstreckung dieses Tatbestandes auch auf Benachteiligungen wegen der Religion oder der Weltanschauung, der Behinderung, des Alters und der sexuellen Identität geht der Gesetzgeber somit über das unionsrechtlich gebotene Minimum hinaus. Die nähere Ausformung des Diskriminierungsschutzes beim Zugang zu und der Versorgung mit Gütern und Dienstleistungen, die der Öffentlichkeit zur Verfügung stehen, erfolgt in den **§§ 19 bis 21** über den Schutz vor Benachteiligung im Zivilrechtsverkehr und ist dort im Einzelnen zu behandeln. Der Tatbestand von Nr 8 bezieht sich auf **Güter und Dienstleistungen**. Der Begriff stammt aus dem Unionsrecht, insbesondere aus den Vorschriften des AEUV zum freien Waren- und Dienstleistungsverkehr und ist deshalb iSd Vorschriften weit auszulegen: Erfasst sind infolgedessen nicht nur Dienst- und Werkverträge, sondern auch andere Vertragstypen wie Geschäftsbesorgungsverträge, Mietverträge und Verträge über Finanzdienstleistungen (zB Kredit-, Versicherungs- und Leasingverträge)[36].

Der Tatbestand des Zugangs zu und der Versorgung mit Gütern und Dienstleistungen erfährt **15** eine beträchtliche Einschränkung dadurch, dass die Güter und Dienstleistungen **der Öffentlichkeit zur Verfügung stehen** müssen. Mit dieser Tatbestandsbegrenzung soll sichergestellt werden, dass „im Zusammenhang mit dem Zugang zu und der Versorgung mit Gütern und Dienstleistungen der Schutz der Privatsphäre und des Familienlebens sowie der in diesem Kontext getätigten Geschäfte gewahrt bleibt"[37]; es geht somit um den Schutz des Grundrechts der Anbieter von Gütern und Dienstleistungen aus GrChEU Art 7. Hierzu bedarf es eines Angebotes von Gütern und Dienstleistungen an einen unbestimmten Personenkreis, etwa durch Zeitungsanzeigen, Anzeigen in Internet-Plattformen oder durch Schaufensterauslage; auf die Größe der vom Anbieter hergestellten Öffentlichkeit kommt es mit Blick auf Nr 8 nicht an[38]. Auch Geschäfte unter Privatpersonen (zB Verkauf des privaten Kfz oder eines alten Möbelstücks) sind infolgedessen von Nr 8 erfasst, sofern die gerade genannten Voraussetzungen erfüllt sind[39]: Allerdings verlangt die Anwendbarkeit des zivilrechtlichen Benachteiligungsverbotes, dass es sich bei einem solchen Kaufvertrag um ein Massengeschäft oder um ein vergleichbares Geschäft iSv § 19 Abs 1 Nr 1 handelt.

Die Vorschrift hebt im Einklang mit RL 2000/43/EG Art 3 Abs 1h) den **Zugang zu und die** **16** **Versorgung mit Wohnraum** besonders hervor. In welcher Rechtsform der Zugang zu oder die Versorgung mit Wohnraum erfolgt, ist für Nr 8 bedeutungslos. Erfasst sind deshalb Mietverträge über Wohnraum in gleicher Weise wie der Zugang zu Wohnraum, der von einer Wohnungsgenos-

---

31 Ebenso zB Däubler/Beck/Franke AGG § 2 Rz 51.
32 Vgl EuGH NJW 2019, 1057, 1059 (Maniero/Studienstiftung des deutschen Volkes eV).
33 EuGH NJW 2019, 1057, 1059 (Maniero/Studienstiftung des deutschen Volkes eV). Vgl auch das Endurteil des BGH in dem Rechtsstreit: BGH NJW 2020, 852, 854.
34 Vgl ErfK/Schlachter AGG § 2 Rz 13.
35 Vgl RL 2000/43/EG Art 3 Abs 1h); RL 2004/113/EG Art 3 Abs 1.
36 So der Hinweis in BT-Drucks 16/1780 S 32.
37 So ausdrücklich RL 2000/43/EG EG Nr 4; dies klingt auch in der Begründung zum RegE eines AGG, BT-Drucks 16/1780 S 32 an.
38 Zu den Beispielen s BT-Drucks 16/1780 S 32.
39 Ebenso Meinel/Heyn/Herms AGG § 19 Rz 25 sowie Bauer/Krieger/Günther AGG § 19 Rz 13.

senschaft zur Verfügung gestellt wird, oder die Verschaffung von Wohnraum durch den käuflichen Erwerb von Grundstückseigentum zu Wohnzwecken. Einschränkend ist aber erforderlich, dass es sich auch beim Wohnraum um ein der Öffentlichkeit zur Verfügung stehendes Gut iSv Nr 8 handelt (dazu s oben Rz 14 mwNachw); diese Einschränkung ergibt sich daraus, dass der Zugang zu und die Versorgung mit Wohnraum als Beispiel des allgemeinen Tatbestandes der Nr 8 genannt wird[40]. Allerdings schränken § 19 Abs 5 Satz 2 und 3 die Anwendbarkeit des zivilrechtlichen Benachteiligungsverbotes auf Mietverhältnisse dahingehend ein, dass es nicht gilt, sofern die Parteien oder Angehörigen Wohnraum auf demselben Grundstück nutzen und wenn die Vermietung von Wohnraum zum nicht nur vorübergehenden Gebrauch durch einen Vermieter erfolgt, der insgesamt nicht mehr als 50 Wohnungen vermietet (dazu unten § 19 Rz 26 f mwNachw).

17   3. **Bereichsausnahmen.** – a) **Sozialrecht und betriebliche Altersvorsorge (Abs 2)**. Die Vorschrift des Abs 2 nimmt Leistungen nach dem SGB sowie die betriebliche Altersvorsorge vom Anwendungsbereich des AGG insgesamt aus, obwohl die Gleichbehandlungs-RL der EU grds auch für Betriebsrenten gelten[41]. Stattdessen gilt für Leistungen nach dem SGB allgemein das besondere Benachteiligungsverbot des SGB I § 33c, wonach bei der Inanspruchnahme sozialer Rechte niemand aus Gründen der Rasse, wegen der ethnischen Herkunft oder einer Behinderung benachteiligt werden darf; die Vorschrift verbietet somit nicht alle in § 1 aufgezählten Merkmale und ist infolgedessen enger als dieser. Für die Inanspruchnahme von Leistungen, die den Zugang zu allen Formen und Ebenen der Berufsberatung, der Berufsbildung, der beruflichen Weiterbildung, der Umschulung einschließlich der praktischen Berufserfahrung betreffen, gilt das besondere Benachteiligungsverbot des SGB IV § 19a, der dieselben verbotenen Merkmale wie AGG § 1 aufzählt.

18   Für das **Recht der betrieblichen Altersvorsorge** soll nach AGG § 2 Abs 2 Satz 2 das BetrAVG gelten. Nach der Begründung des RegE soll damit klargestellt werden, dass die im BetrAVG geregelten Benachteiligungsverbote Anwendung finden und außerdem die unionsrechtlichen Regeln zur Verwirklichung des Grundsatzes der Gleichbehandlung von Männern und Frauen bei den betrieblichen Systemen der sozialen Sicherheit maßgeblich sein sollen[42]. Schon der Wille des Gesetzgebers spricht dagegen, die Vorschrift als diskriminierungsrechtliche Bereichsausnahme zu verstehen. Angesichts der Einbeziehung der betrieblichen Altersversorgung in den Anwendungsbereich der Richtlinien der Union wäre eine Auslegung der Vorschrift iS einer Bereichsausnahme für das Recht der betrieblichen Altersvorsorge überdies unionsrechtswidrig. Einen überzeugenden Ausweg bietet insoweit die inzwischen ständige Rspr des BAG, die in dieser Vorschrift keine Bereichsausnahme, sondern lediglich eine Kollisionsregel sieht[43]. Konkret hat dies zur Folge, dass den Vorschriften des BetrAVG nur insoweit Vorrang vor dem AGG zukommt, wie das BetrAVG Sonderregelungen enthält. Da das BetrAVG aber keine eigenständigen Benachteiligungsverbote anordnet, hat die Kollisionsregel des Abs 2 Satz 2 keine praktische Auswirkung und es gelangen die Vorschriften des AGG auch für die betriebliche Altersvorsorge zur Anwendung[44].

19   b) **Bereichsausnahme für Kündigungen?**. Abs 4 nimmt Kündigungen von Arbeitsverhältnissen durch den Arbeitgeber – nicht aber die Kündigung von anderen Beschäftigungsverhältnissen (zB Kündigung eines selbständigen Dienstvertrages mit einem Selbständigen oder eines Werkvertrages mit einer arbeitnehmerähnlichen Person) – grds vom Anwendungsbereich des AGG aus. Für Kündigungen von Arbeitsverhältnissen sollen ausschließlich die Bestimmungen zum allgemeinen und besonderen Kündigungsschutz gelten. Die Vorschrift ist von Anfang an Gegenstand eingehender Diskussionen zu ihrer Vereinbarkeit mit den RL gewesen. Die Kommission hat ua wegen § 2 Abs 4 ein Vertragsverletzungsverfahren gegen die Bundesrepublik Deutschland eingeleitet (s Vorbemerkungen Rz 19 mwNachw). Unterliegt ein Arbeitsverhältnis (noch) nicht dem allgemeinen Kündigungsschutz des KSchG – etwa wegen der noch nicht erfüllten sechsmonatigen Wartezeit des KSchG § 1 Abs 1 oder in Betrieben, die in der Regel zehn oder weniger Arbeitnehmer ausschließlich der zu ihrer Berufsbildung Beschäftigten, beschäftigen (vgl KSchG § 23 Abs 1 Satz 3) –, steht somit AGG § 2 Abs 4 einer Anwendung der Vorschriften des AGG nicht entgegen[45]: Kündigungen des Arbeitgebers, die gegen das Benachteiligungsverbot des § 7 Abs 1 iVm § 1 Abs 1 verstoßen, sind nach BGB § 134 nichtig (s unten § 7 Rz 6 mwNachw).

---

40 Allgemeine Ansicht: vgl statt vieler Meinel/Heyn/Herms AGG § 2 Rz 53 sowie Däubler/Beck/Eichenhofer AGG § 2 Rz 64.
41 Grdlgd EuGH NZA 1986, 559 (Bilka-Kaufhaus GmbH).
42 BT-Drucks 16/1780 S 32.
43 Vgl BAG NZA 2008, 532, 534.

44 In diesem Sinne auch BAG, NZA 2018, 315, 317f; BAG NZA 2014, 606, 607; aus der Lit statt vieler ErfK/Schlachter AGG § 2 Rz 15.
45 Vgl BAG NZA 2014, 372, 374f zu einer Kündigung wegen einer HIV-Infektion eines Arbeitnehmers während der sechsmonatigen Wartezeit.

Beschäftigte haben dann uU einen Anspruch auf Schadensersatz oder auf eine Entschädigung nach Maßgabe des § 15 Abs 1 und 2. Auch kommt gekündigten Arbeitnehmern die Darlegungs- und Beweislasterleichterung des § 22 zugute[46].

Die Ausnahme des **§ 2 Abs 4** ist indessen **mit Unionsrecht nicht vereinbar**. Denn der 20 sachliche Geltungsbereich des Diskriminierungsrechts der Union erstreckt sich auch auf die Beschäftigungs- und Arbeitsbedingungen, einschließlich der Entlassungsbedingungen[47], wozu die einseitige Lösung des Arbeitsverhältnisses durch Kündigung des Arbeitgebers gehört. Rechtsfolge dieses Verstoßes gegen die RL hat eigentlich zu sein, dass Arbeitsrichter die Ausnahmebestimmung des § 2 Abs 4 nicht anwenden und es somit bei der Anwendung des AGG auf Maßnahmen der Beendigung des Arbeitsverhältnisses durch den Arbeitgeber bleibt (vgl § 2 Abs 1 Nr 2)[48]. Das BAG[49] hat diese Konsequenz indessen nicht gezogen, sondern für Kündigungen, die dem Geltungsbereich des KSchG (vgl §§ 1 Abs 1, 23 Abs 1 Satz 2 bis 4) unterliegen, entschieden, dass die Benachteiligungsverbote des AGG bei der Auslegung des unbestimmten Rechtsbegriffs der sozialen Rechtfertigung in KSchG § 1 Abs 2 Satz 1 zu berücksichtigen seien; im Kern läuft dies auf eine richtlinienkonforme Auslegung des KSchG hinaus. Diese durchaus **pragmatische Lösung der Rspr** hat den Vorzug, dass sie § 2 Abs 4 im Kern aufrechterhält. Allerdings ist eine solche unionsrechtskonforme Auslegung der Vorschrift problematisch, da sie die Grenzen einer unionsrechtskonformen Auslegung überschreitet und überdies zu einer mangelnden Transparenz in der Rechtsanwendung führen kann, die unionsrechtlich nicht zulässig ist. So hat die Lösung des BAG zur Folge, dass entgegen dem erklärten Willen des Gesetzgebers die Vorschriften des AGG auch bei Kündigungen zur Anwendung kommen, wenn auch nur vermittelt durch die Auslegung des Begriffs der sozialen Rechtfertigung in KSchG § 1 Abs 2. Schon dieser klar geäußerte gesetzgeberische Wille steht einer richtlinienkonformen Auslegung von § 2 Abs 4 entgegen. Hinzu tritt aber auch, dass die Lösung des BAG letztlich zu einer **mangelnden Transparenz** für betroffene Personen führt: So verschwimmt zB, welche Anforderungen an die Darlegungs- und Beweislast des Kündigenden konkret zu stellen sind (KSchG § 1 Abs 2 Satz 4 oder AGG § 22). § 2 Abs 4 darf infolgedessen von Rechtsanwendern wegen seiner Unionsrechtswidrigkeit nicht angewandt werden; an Stelle der Vorschrift kommen das Benachteiligungsverbot der §§ 1, 7 Abs 1 sowie die Regeln des AGG über die Rechtsfolgen von Benachteiligungen (zB § 15 Abs 1 und 2) zur Anwendung[50].

4. Verhältnis zu anderen Benachteiligungsverboten und Gleichbehandlungsgeboten 21 **(Abs 3)**. Nach Abs 3 Satz 1 wird die Geltung sonstiger Benachteiligungsverbote oder Gebote der Gleichbehandlung durch das AGG nicht berührt. Damit soll nach der Vorstellung des Gesetzgebers klargestellt werden, dass das AGG „keine vollständige und abschließende Regelung des Schutzes vor Benachteiligung darstellt", da es letztlich nur **das fragmentarisch gebliebene Diskriminierungsrecht der Richtlinien der Union** in deutsches Recht umsetzt[51]. Soweit es um Benachteiligungsverbote geht, die nicht im AGG enthalten sind, bedürfte es der Klarstellung des Abs 3 Satz 1 eigentlich gar nicht, denn die RL der EU wollen und können auch nicht diese im nationalen Recht vorhandenen Benachteiligungsverbote (zB Verbot der Benachteiligung wegen der politischen Meinung oder wegen der Herkunft) ausschließen. Sind (teilweise) deckungsgleiche Benachteiligungsverbote auch in anderen gesetzlichen Vorschriften normiert, wie dies zB für das Verbot der Benachteiligung wegen einer Behinderung nach AGG §§ 7 Abs 1, 1 und das Verbot der Benachteiligung wegen einer Schwerbehinderung des Beschäftigten in SGB IX § 164 Abs 2 der Fall ist, gilt nach § 2 Abs 3 Satz 1 neben den Vorschriften des AGG auch das besondere Benachteiligungsverbot weiter. Sonstige Benachteiligungsverbote oder Gebote der Gleichbehandlung können sich **aus unterschiedlichen Rechtsquellen**, namentlich aus deutschem Verfassungsrecht, einfachem Gesetzesrecht oder aus Unionsrecht, ergeben.

a) **Benachteiligungsverbote. GG Art 3** bindet Privatrechtssubjekte grundsätzlich nicht 22 unmittelbar, sondern lediglich mittelbar im Rahmen der Auslegung unbestimmter Rechtsbegriffe[52]. Ähnliches gilt auch für **EMRK Art 14**, der positive Pflichten für die Unterzeichnerstaa-

---

46 BAG NZA 2014, 372, 376.
47 Vgl RL 2000/43/EG Art 3 Abs 1 lit c); RL 2000/78/EG Art 3 Abs 1 lit c); RL 2006/54/EG Art 14 Abs 1 lit c).
48 Die Pflicht nationaler Gerichte, unionsrechtswidrige nationale Vorschriften außer Anwendung zu lassen, ist st Rspr des Gerichtshofs: vgl zB EuGH 17.4.2018, C-414/16, ECLI:EU:C:2018:257 Rz 82 (Vera Egenberger).
49 BAG NZA 2009, 361, 363 ff; zust Adomeit/Mohr NJW 2009, 2255 ff.
50 Ausführlich hierzu Däubler/Beck AGG § 2 Rz 296 ff. Ebenso Schiek AGG § 2 Rz 13; Meinel/Heyn/Herms AGG § 2 Rz 66.
51 Vgl BT-Drucks 16/1780 S 32.
52 Statt vieler ErfK/Schmidt GG Art 3 Rz 28 u 29 mwNachw mit Blick auf den Arbeitsvertrag und die Betriebsvereinbarung. Auch die Tarifvertragsparteien sind nicht unmittelbar an GG Art 3 Abs 1 gebunden, doch geht das BAG in seiner neueren Rspr von einer weitgehenden Bindung an den Gleichheitsgrundsatz als einem „fundamentalen Rechtsprinzip" aus: vgl BAG NZA 2004, 1399 ff.

ten begründet, auch im Privatrechtsverkehr Benachteiligungen wegen eines der Rechte der EMRK zu verhindern[53]. Auch GrChEU Art 21 entfaltet keine unmittelbare Wirkung im Privatrechtsverkehr, sondern bedarf der Umsetzung durch sekundäres Unionsrecht oder die nationalen Rechte der Mitgliedstaaten[54]. Ein sonstiges Benachteiligungsverbot iSv § 2 Abs 3 Satz 1 stellen auch die arbeitsrechtlichen **Grundsätze über den allgemeinen Gleichbehandlungsgrundsatz** dar, die für die Gewährung freiwilliger sozialer Leistungen durch den Arbeitgeber nach ständiger Rspr gelten und das Vorliegen eines sachlichen Grundes für Ungleichbehandlungen verlangt[55]. Bei Ungleichbehandlungen wegen eines der in § 1 genannten Gründe darf allerdings der Schutzumfang des AGG nicht durch den allgemeinen Gleichbehandlungsgrundsatz abgesenkt werden: In diesen Fällen müssen die Voraussetzungen des AGG für eine Rechtfertigung einer Ungleichbehandlung (zB nach Maßgabe von § 8 Abs 1) vorliegen. § 2 Abs 3 Satz 1 lässt darüber hinaus auch das **betriebsverfassungsrechtliche Benachteiligungsverbot** des BetrVG § 75 Abs 1, an das Arbeitgeber und Betriebsrat gebunden sind[56], unberührt. Auch das **Recht auf gleichen Zugang zum öffentlichen Dienst** (GG Art 33 Abs 2) ist in diesem Zusammenhang zu nennen[57]. Schließlich ist hier auch das **Maßregelungsverbot des BGB § 612a** zu nennen, das jede Benachteiligung wegen der zulässigen Ausübung eines Rechts des Arbeitnehmers verbietet.

23 Spezielle **Verbote einer Benachteiligung wegen des Geschlechts** sind etwa das Verbot der Entgeltdiskriminierung wegen des Geschlechts in **AEUV Art 157 Abs 1 und 2**, das nach der Rspr des EuGH unmittelbare Wirkung im Arbeitsverhältnis entfaltet (s unten § 8 Rz 29 mwNachw), und in **EntgTranspG § 3 Abs 1**. Doch auch das Verbot der Benachteiligung von Teilzeitbeschäftigten wegen ihrer Teilzeitarbeit gegenüber vergleichbaren Vollzeitbeschäftigten (**TzBfG § 4 Abs 1**) sowie das Verbot der Benachteiligung von befristet Beschäftigten wegen der Befristung ihres Arbeitsvertrages gegenüber vergleichbaren unbefristet Beschäftigten (**TzBfG § 4 Abs 2**) enthalten besondere Benachteiligungsverbote wegen des Geschlechts: In beiden Vorschriften geht es letztlich um mittelbare Benachteiligungen wegen des Geschlechts[58]. Gesonderte Verbote der Benachteiligung wegen der Behinderung enthalten **BGG § 7 Abs 1** sowie die Landesgesetze zur Gleichstellung von Menschen mit Behinderungen (zB ThürGlG § 8 und HessBGG § 9). Ein **Verbot der Benachteiligung wegen der Schwerbehinderung von Beschäftigten** sieht überdies der bereits erwähnte SGB IX § 164 Abs 2 Satz 1 vor, doch gelten nach Satz 2 dieser Vorschrift insoweit die Regelungen des AGG. Besondere **Verbote einer Benachteiligung wegen der Staatsangehörigkeit** enthalten die unionsrechtlichen Grundfreiheiten – für das Recht der Arbeitnehmerfreizügigkeit ist dies in VO (EU) 492/2011 Art 7 und Art 8[59] sogar näher ausgeformt worden – und das allgemeine Verbot der Benachteiligung wegen der Staatsangehörigkeit in AEUV Art 18 Abs 1. Darüber hinaus enthält GG Art 9 Abs 3 Satz 1 ein mit unmittelbarer Drittwirkung ausgestattetes (vgl GG Art 9 Abs 3 Satz 2) **Verbot der Benachteiligung wegen der Zugehörigkeit zu und Betätigung für eine Koalition**[60]. GenDG § 4 Abs 1 ordnet ein allgemeines Verbot der Benachteiligung wegen genetischer Eigenschaften, der Vornahme oder Nichtvornahme einer genetischen Untersuchung oder wegen des Ergebnisses einer solchen Untersuchung und **GenDG § 21** sowie **§ 22 iVm § 21** ein beschäftigungsrechtliches Benachteiligungsverbot wegen dieser Merkmale an. Schließlich lässt sich hier auch noch DSGVO Art 9 Abs 1 nennen, der grds die **Verarbeitung besonderer Kategorien personenbezogener Daten**, namentlich von Daten, aus denen die rassische und ethnische Herkunft, politische Meinungen oder weltanschauliche Überzeugungen oder die Gewerkschaftszugehörigkeit hervorgehen, sowie die Verarbeitung von genetischen Daten, biometrischen Daten usw verbietet: Auch wenn die Unionsvorschrift nicht ausdrücklich ein Benachteiligungsverbot anordnet, dient sie doch vor

---

53 In diesem Sinne auch Meyer-Ladewig/Nettesheim/von Raumer, EMRK Art 14 Rz 15 mwNachw.
54 Statt vieler Jarass, GRC³ Art 21 Rz 4 mwNachw.
55 Allgemeine Ansicht: vgl zB ErfK/Schlachter AGG § 2 Rz 16; Bauer/Krieger/Günther AGG § 2 Rz 52 f.
56 Ein entsprechendes Benachteiligungsverbot enthalten auch BPersVG § 2 Abs 4 u die PersVG der Länder (zB ThürPersVG § 67 Abs 1 u HessPersVG § 61 Abs 1).
57 Dieses Benachteiligungsverbot ist in den Beamtengesetzen des Bundes u der Länder einfachgesetzlich ausgeformt: vgl zB BeamtStG § 9 u BBG § 9 Satz 1.
58 Für die Vereinbarkeit eines Ausschlusses von Teilzeitbeschäftigten v betrieblichen Versorgungsleistungen mit dem Verbot des EWG Art 119 (= AEUV Art 157 Abs 1) der Entgeltdiskriminierung s zB EuGH C-170/84, ECLI:EU:C:1986:204 Rz 24 ff (Bilka Kaufhaus-GmbH/Karin Weber von Hartz).

Der Bezug des Verbots der Benachteiligung v befristet Beschäftigten zur Geschlechtergleichbehandlung lässt sich zB RL 1999/70/EG zu der EGB-UNICE-CEEP-Rahmenvereinbarung über befristete Arbeitsverträge, Allgemeine Erwägung Nr 9 entnehmen, wonach die Sozialpartnervereinbarung zur Verbesserung der Chancengleichheit zwischen Frauen u Männern beitragen kann, da mehr als die Hälfte der Arbeitnehmer in befristeten Arbeitsverhältnissen im Binnenmarkt Frauen seien.
59 VO (EU) 492/2011 v 5.4.2011 über die Freizügigkeit der Arbeitnehmer innerhalb der Union.
60 Vgl BAG NZA 2000, 1294, 1295 und BAG AP Nr 49 zu Art 9 GG; zur diskriminierungsrechtlichen Dimension der Koalitionsfreiheit näher MünchArbR-HB/Rieble § 218 Rz 6 und § 219 Rz 40 ff mwNachw.

allem dem Schutz betroffener Personen vor einer Benachteiligung aufgrund einer Verarbeitung dieser sensiblen personenbezogenen Daten[61].

Auch im **Zivilrechtsverkehr** bestehen Benachteiligungsverbote, deren Geltung das AGG unberührt lässt. Sie dienen überwiegend der Bändigung wirtschaftlicher Übermacht von Unternehmen auf Märkten. So verbietet ZKG § 3 Benachteiligungen wegen der Staatsangehörigkeit, der Sprache oder des Wohnsitzes sowie aus anderen Gründen des GrChEU Art 21 für Verbraucher beim Zugang zu einem Zahlungskonto. Auch untersagt der **verbandsrechtliche Gleichbehandlungsgrundsatz** Ungleichbehandlungen zwischen Gesellschaftern, soweit sie nicht durch einen sachlichen Grund gerechtfertigt sind (zu Einzelheiten s oben BGB § 35 Rz 7 sowie § 38 Rz 19, jew mwNachw). Im **Kartellrecht** enthalten das Verbot der missbräuchlichen Ausnutzung einer marktbeherrschenden Stellung (vgl GWB § 19 Abs 1 iVm Abs 2 Nr 1 und AEUV Art 102) sowie das Missbrauchsverbot für marktstarke Unternehmen (GWB § 20 Abs 1) auch ein Benachteiligungsverbot; auch die richterrechtlichen **Grundsätze über den Monopolmissbrauch**, insbesondere über den verbandsrechtlichen Aufnahmezwang, sind in diesem Zusammenhang zu nennen (dazu näher s BGB § 826 Rz 155 ff mwNachw). 24

b) **Gleichbehandlungsgebote**. § 2 Abs 3 Satz 1 lässt auch **Gebote der Gleichbehandlung** unberührt. Somit verdrängt die allgemeine Regelung des AGG § 5 über die Zulässigkeit positiver Maßnahmen nicht besondere Vorschriften, die einzelne **positive Maßnahmen** regeln. Dies gilt für die Bevorzugungsregelungen im BGleichG sowie in den Landesgleichstellungsges zugunsten des unterrepräsentierten Geschlechts in gleicher Weise wie für die Quotenregelungen des BetrVG § 15 Abs 2 für die Mitgliedschaft im Betriebsrat sowie des AktG § 96 Abs 2 und Abs 3a für die Mitgliedschaft im Aufsichtsrat bzw im Vorstand einer börsennotierten und mitbestimmten AG (zu weiteren Beispielen für ges vorgesehene positive Maßnahmen s § 5 Rz 9 ff mwNachw). 25

c) **Schutz bestimmter Personengruppen**. Nach Abs 3 Satz 2 gilt die Klarstellung des Satz 1 auch für **öffentlich-rechtliche Vorschriften**, die dem **Schutz bestimmter Personengruppen** dienen. Damit sind insbes die Vorschriften des **MuSchG**[62] zum Schutz werdender und junger Mütter, aber auch die Vorschriften des SGB IX §§ 154 ff zum **Schutz schwerbehinderter Beschäftigter** und die Regeln des JArbSchG zum **Schutz jugendlicher Beschäftigter** gemeint[63]. Ein Beispiel aus dem Wohnraummietrecht ist die **Förderung der Barrierefreiheit** durch BGB § 554a. 26

Schließlich gilt Abs 3 Satz 2 auch für landesgesetzliche Benachteiligungsverbote. So hat das **Berliner Landesantidiskriminierungsgesetz** vom 4. Juni 2020 für die Berliner Landesverwaltung und alle anderen öffentlichen Stellen des Landes ein eigenständiges Benachteiligungsverbot festgelegt[64]. 27

§ 3 Begriffsbestimmungen

(1) Eine unmittelbare Benachteiligung liegt vor, wenn eine Person wegen eines in § 1 genannten Grundes eine weniger günstige Behandlung erfährt, als eine andere Person in einer vergleichbaren Situation erfährt, erfahren hat oder erfahren würde. Eine unmittelbare Benachteiligung wegen des Geschlechts liegt in Bezug auf § 2 Abs. 1 Nr. 1 bis 4 auch im Falle einer ungünstigeren Behandlung einer Frau wegen Schwangerschaft oder Mutterschaft vor.

(2) Eine mittelbare Benachteiligung liegt vor, wenn dem Anschein nach neutrale Vorschriften, Kriterien oder Verfahren Personen wegen eines in § 1 genannten Grundes gegenüber anderen Personen in besonderer Weise benachteiligen können, es sei denn, die betreffenden Vorschriften, Kriterien oder Verfahren sind durch ein rechtmäßiges Ziel sachlich gerechtfertigt und die Mittel sind zur Erreichung dieses Ziels angemessen und erforderlich.

(3) Eine Belästigung ist eine Benachteiligung, wenn unerwünschte Verhaltensweisen, die mit einem in § 1 genannten Grund in Zusammenhang stehen, bezwecken oder bewirken, dass die Würde der betreffenden Person verletzt und ein von Einschüchterungen, Anfeindungen, Erniedrigungen, Entwürdigungen oder Beleidigungen gekennzeichnetes Umfeld geschaffen wird.

(4) Eine sexuelle Belästigung ist eine Benachteiligung in Bezug auf § 2 Abs. 1 Nr. 1 bis 4, wenn ein unerwünschtes, sexuell bestimmtes Verhalten, wozu auch unerwünschte sexuelle Handlungen und Aufforderungen zu diesen, sexuell bestimmte körperliche Berührungen,

---

61 DSGVO EG Nr 51 Satz 1 hebt allerdings nur allgemein den Schutz der Grundrechte und Grundfreiheit der betroffenen Person als Zweck des besonderen Schutzes sensibler Daten im Rahmen von DSGVO Art 9 hervor.

62 So ausdrücklich BT-Drucks 16/1780 S 32.
63 Statt vieler ErfK/Schlachter AGG § 2 Rz 16.
64 GVBl Berlin 2020 S 532.

Bemerkungen sexuellen Inhalts sowie unerwünschtes Zeigen und sichtbares Anbringen von pornographischen Darstellungen gehören, bezweckt oder bewirkt, dass die Würde der betreffenden Person verletzt wird, insbesondere wenn ein von Einschüchterungen, Anfeindungen, Erniedrigungen, Entwürdigungen oder Beleidigungen gekennzeichnetes Umfeld geschaffen wird.

(5) Die Anweisung zur Benachteiligung einer Person aus einem in § 1 genannten Grund gilt als Benachteiligung. Eine solche Anweisung liegt in Bezug auf § 2 Abs. 1 Nr. 1 bis 4 insbesondere vor, wenn jemand eine Person zu einem Verhalten bestimmt, das einen Beschäftigten oder eine Beschäftigte wegen eines in § 1 genannten Grundes benachteiligt oder benachteiligen kann.

ÜBERSICHT

1. Überblick 1
2. Unmittelbare Benachteiligung 2–7
3. Mittelbare Benachteiligung 8–13
4. Belästigung 14–18
5. Sexuelle Belästigung 19–22
6. Anweisung zur Benachteiligung ... 23–26

1. Überblick. Die Vorschrift regelt unter der Überschrift „Begriffsbestimmungen" die einzelnen Formen von Benachteiligungen iSd AGG. Dabei übernimmt sie weitgehend wortgleich die entsprechenden Definitionen aus den Gleichbehandlungs-RL der EU[1], die dem deutschen Recht somit **unionsrechtlich vorgegeben** sind. Neben der unmittelbaren Benachteiligung (Abs 1) normiert Abs 2 die mittelbare Benachteiligung, die von besonders großer praktischer Tragweite ist. Handelt es sich bei diesen beiden Formen einer Benachteiligung um Fälle einer – offenen oder verdeckten – Ungleichbehandlung zwischen einzelnen Personen oder Personengruppen wegen eines der in § 1 genannten Merkmale, verlässt das AGG mit dem Begriff der Belästigung (Abs 3) und der sexuellen Belästigung (Abs 4) die eigentliche Grundstruktur des Diskriminierungsrechts als eines Regelungskomplexes, der Personen vor nicht gerechtfertigten Ungleichbehandlungen wegen bestimmter Merkmale schützt. Diese Ausweitung des Begriffes der Benachteiligung auf „unerwünschte Verhaltensweisen", welche die Würde der betroffenen Personen verletzen, ist immer wieder konzeptionell kritisiert worden[2]. Sie ist allerdings unionsrechtlich vorgegeben und steht deshalb nicht zur Disposition des deutschen Gesetzgebers. In der Konsequenz führt sie zu einer Geltungserstreckung des Diskriminierungsrechts auch auf diese Fallgestaltungen.

2. Unmittelbare Benachteiligung. § 3 Abs 1 Satz 1 definiert die unmittelbare Benachteiligung in Übereinstimmung mit den RL der EU als eine weniger günstige Behandlung wegen eines in § 1 genannten Grundes, die eine Person gegenüber einer anderen Person in einer vergleichbaren Situation erfährt, erfahren hat oder erfahren würde. Die Vorschrift setzt nicht voraus, dass eine Schlechterstellung einer Person wegen eines Grundes des § 1 bereits eingetreten ist. Auch eine **hinreichend konkrete Gefahr einer Benachteiligung** wegen eines in § 1 genannten Grundes kann schon eine unmittelbare Benachteiligung darstellen[3]. So begründen nicht schon benachteiligende Fragen des Arbeitgebers an Bewerber (zB nach der Religion oder nach einer Behinderung des Bewerbers) deren weniger günstige Behandlung als Vergleichspersonen, sondern erst die infolge einer nicht gewünschten Beantwortung nicht erfolgte Einstellung des Bewerbers[4]; Vergleichbares gilt für benachteiligende Stellenausschreibungen (vgl § 11). Auch **benachteiligende öffentliche Äußerungen eines Arbeitgebers**, Personen aus bestimmten Ländern oder homosexuelle Personen nicht beschäftigen zu wollen, stellen solche hinreichend konkreten Gefahren einer Benachteiligung dar[5]. In diesen konkreten Gefahrenlagen ist nicht zu befürchten, dass der Tatbestand der unmittelbaren Benachteiligung uferlos ausgeweitet wird[6].

Benachteiligungen wegen eines der in § 1 genannten Gründe erfolgen regelmäßig **durch positives Tun**, etwa indem der Arbeitgeber benachteiligende Fragen bei einer Einstellung stellt oder ein Kreditinstitut es ablehnt, einen kleineren Verbraucherkredit an ältere Menschen zu gewähren[7]. Werden Auswahlentscheidungen mithilfe von Algorithmen getroffen (zB durch den

---

1 Vgl RL 2000/43/EG Art 2; RL 2000/78/EG Art 2; RL 2006/54/EG Art 2.
2 So zB Bauer/Krieger/Günther AGG § 3 Rz 39.
3 In diesem Sinne auch BT-Drucks 16/1780 S 32.
4 So EuGH NJW 2020, 1789 ff mit Blick auf homophobe Äußerungen eines Arbeitgebers in einer Radiosendung: In dem Urteil ging es zwar vor allem um die Frage, ob es sich bei den Äußerungen um „Bedingungen ... für den Zugang zu einer Erwerbstätigkeit iSv RL 2000/78/EG Art 3 Abs 1 lit a" handelt, doch schließt die Bejahung dieser Frage durch den EuGH die Annahme ein, dass entsprechende Äußerungen eines Arbeitgebers eine Benachteiligung iSd RL 2000/78/EG darstellen können.
5 Vgl EuGH v 10.7.2008, C-54/07, ECLI:EU:C:2008:397 Rz 21 ff (Feryn).
6 So aber die Befürchtung von MünchKomm/Thüsing AGG § 1 Rz 11; wohl auch Wendeling-Schröder/Stein AGG § 1 Rz 5.
7 Zu diesen Fällen s Seifert VuR 2016, 452 ff.

Einsatz von Online-Persönlichkeitstests in Bewerbungsverfahren), besteht das positive Tun des Arbeitgebers im Einsatz von Algorithmen, die Personen wegen eines in § 1 genannten Grundes (mittelbar) benachteiligen[8]. Benachteiligungen können aber auch **durch Unterlassung** begangen werden[9]. Zu denken ist etwa an das Auslaufenlassen eines befristeten Arbeitsverhältnisses (zB wegen der Schwangerschaft einer Beschäftigten) oder eines befristeten Wohnraummietverhältnisses (zB wegen der Religion oder der ethnischen Herkunft des Mieters)[10]. Doch auch die nicht erfolgte Einladung eines Bewerbers zu einem Vorstellungsgespräch (zB eines schwerbehinderten Bewerbers, der grundsätzlich nach SGB IX § 165 Satz 3 einzuladen ist) kann ein im Rahmen von § 3 Abs 1 relevantes Unterlassen begründen[11]. Eine Benachteiligung durch Unterlassung kann auch in einer Verletzung des Arbeitgebers seiner ihn aus § 12 treffenden Organisationspflichten darstellen, sofern sein Unterlassen zu einem Verstoß gegen das Benachteiligungsverbot der §§ 7 Abs 1, 1 führt.

Die Vergleichsperson oder Personengruppe muss eine weniger günstige Behandlung wegen **4** eines in § 1 genannten Grundes erfahren, erfahren haben oder würde eine solche erfahren. Damit ist nichts anderes als eine **Schlechterstellung** gegenüber der Vergleichsperson oder der zum Vergleich herangezogenen Vergleichsgruppe gemeint. Die **Ungleichbehandlung** kann, muss aber nicht **notwendigerweise synchron** erfolgen, sondern kann auch zeitlich aufeinanderfolgend sein. So kann die Besserstellung der Vergleichsperson in der Vergangenheit erfolgt sein; ausreichend für eine unmittelbare Benachteiligung ist deshalb, dass die Vergleichsperson als Vorgänger der benachteiligten Person auf demselben Arbeitsplatz beschäftigt war. Allerdings muss sich der zum Vergleich herangezogene frühere Beschäftigte in einer vergleichbaren Situation mit dem Beschäftigten befunden haben, der sich auf eine unmittelbare Benachteiligung beruft. Daran dürfte es fehlen, wenn der frühere Beschäftigte zwar eine vergleichbare Tätigkeit für den Arbeitgeber, jedoch mit einer anderen Berufsausbildung ausgeübt hat[12].

Weitaus schwieriger ist die **Bestimmung einer hypothetischen Vergleichsperson** („erfah- **5** ren würde"). Ausgangspunkt ist, dass es keine konkrete Vergleichsperson gibt, sondern danach zu fragen ist, wie der Arbeitgeber eine mögliche Vergleichsperson behandelt haben würde. Konkrete Fälle, für deren Lösung auf eine hypothetische Vergleichsperson abzustellen ist, dürften selten und auch nur schwer auszumachen sein. Wie eine nicht existente Vergleichsperson von Benachteiligenden behandelt werden würde, ist im Regelfall äußerst vage zu bestimmen[13]. Durch die in § 3 Abs 1 eröffnete Möglichkeit einer hypothetischen Vergleichsperson könnte der Begriff der unmittelbaren Benachteiligung deshalb sehr stark ausgeweitet werden. Sicherlich lässt sich dieser Gefahr dadurch begegnen, das Vorliegen konkreter Anhaltspunkte für die hypothetische Behandlung einer Vergleichsperson zu verlangen wie zB die Geltung von kollektivvertraglichen Regelungen im Betrieb, die der Arbeitgeber wegen ihrer normativen Wirkung anwenden muss[14]; die Geltung einer tarifvertraglichen Altersgrenzenregelung in einem Betrieb hat nämlich zur Folge, dass auch fiktive Vergleichsbeschäftigte, welche die Altersgrenze noch nicht erreicht haben, weiter in einem Beschäftigungsverhältnis zum Arbeitgeber stehen dürfen[15]. Ein anderes Beispiel ist der „reine Migrantenbetrieb", in dem auch ein fiktiver Vergleichsbeschäftigter einen Migrationshintergrund aufweisen muss und somit nach der ethnischen Herkunft differenziert wird[16]; Entsprechendes gilt auch für einen reinen Frauenbetrieb. Darüber hinaus fällt es allerdings schwer, Fallgestaltungen zu erkennen, in denen auf eine hypothetische Vergleichsperson abzustellen wäre.

Die Benachteiligung muss wegen eines in § 1 genannten Grundes erfolgen. Es bedarf somit **6** einer **Kausalität** zwischen einem der in § 1 genannten Merkmale und der Schlechterstellung einer Person. Der RegE hat dies dahingehend konkretisiert, dass „die benachteiligende Maßnahme [...] durch eines dieser Merkmale motiviert sein [muss] bzw der Benachteiligende [...] bei seiner Handlung hieran anknüpfen [muss]"[17]. Die Äußerung darf indessen nicht so verstanden werden, dass das Vorliegen einer unmittelbaren Benachteiligung eine Absicht des Benachteiligenden oder dessen Verschulden voraussetzt. § 3 Abs 1 verlangt nicht das Vorliegen eines subjektiven Tatbestandes, sondern lässt es ausreichen, dass an die Merkmale des § 1 nachteilige Folgen

---

8 Dazu näher Dzida/Groh NJW 2018, 1917 ff mwNachw und einzelnen Beispielen aus der Personalpraxis; vgl auch Dzida NZA 2017, 541 ff.
9 So der ausdrückliche Hinweis in BT-Drucks 16/1780 S 32.
10 Zur Nichtverlängerung eines befristeten Arbeitsvertrages zB BAG NZA 2014, 21, 23; BAG NZA 2012, 1345; ebenso EuGH NZA 2001, 1243, 1246.
11 Ebenso ErfK/Schlachter AGG § 3 Rz 2 unter Hinweis auf BAG NZA 2014, 84, 85.
12 So EuGH AP EG-Vertrag Art 141 Nr 1 zum Grundsatz der Entgeltgleichheit zwischen Frauen u Männern nach EGV Art 141 (= AEUV Art 157 Abs 1 u 2).
13 Eingehender zu den Schwierigkeiten Däubler/Beck/Schrader/Schubert AGG § 3 Rz 31 ff mwNachw.
14 So insbesondere ErfK/Schlachter AGG § 3 Rz 5.
15 Zu diesem Beispiel Bauer/Krieger/Günther AGG § 3 Rz 11.
16 So das Beispiel von Schiek NZA 2004, 873, 874.
17 BT-Drucks 16/1780 S 32.

geknüpft werden[18]. Für die Annahme einer Kausalität reicht es aus, dass das nach § 1 verbotene Merkmal *condicio sine qua non* für die Schlechterstellung einer Person gewesen ist.

7 Für den Sonderfall der **Benachteiligung** in Beschäftigung und Beruf (§ 2 Abs 1 Nr 1 bis 4) **wegen Schwangerschaft oder Mutterschaft** ordnet § 3 Abs 1 Satz 2 an, dass es sich um eine unmittelbare Benachteiligung wegen des Geschlechts handeln soll. Dies entspricht der Rspr des EuGH[19] zur alten RL 76/207/EWG über die Gleichbehandlung der Geschlechter und hat auch in RL 2006/54/EG Art 2 Abs 2 lit c seinen Ausdruck gefunden. § 3 Abs 1 Satz 2 hat zur Folge, dass eine weniger günstige Behandlung einer schwangeren Beschäftigten gegenüber einer anderen Beschäftigten eine unmittelbare Benachteiligung wegen des Geschlechts darstellt, obwohl beide Personen demselben Geschlecht angehören. Die Vorschrift erfasst nur Benachteiligungen, die wegen einer **Schwangerschaft** erfolgen, also im Zusammenhang zu dem mutterschutzrechtlichen Schutz einer Beschäftigten stehen (zB Benachteiligungen einer Arbeitnehmerin wegen eines aufgrund des MuSchG verhängten Beschäftigungsverbotes oder aufgrund ihrer Situation als stillende Frau)[20]. Bei einer künstlichen Befruchtung beginnt die Schwangerschaft und damit der Schutz vor Benachteiligung nach § 3 Abs 1 Satz 2 bereits mit dem Embryonentransfer und nicht erst mit der Nidation[21]. Der **Begriff der Mutterschaft** ist eng zu verstehen und schließt nur den Schutz der Frau im Zusammenhang mit einer kurz bevorstehenden oder gerade erfolgten Entbindung ein[22]: Somit kann sich eine Beschäftigte wegen ihres siebenjährigen Kindes oder wegen der Inanspruchnahme von Elternzeit[23] nicht auf § 3 Abs 1 Satz 2 berufen; allerdings kommt in solchen Fällen eine unmittelbare Benachteiligung iSv § 3 Abs 1 Satz 1 in Betracht, sollte eine Arbeitgebermaßnahme (zB eine Äußerung) nur gegenüber einem Geschlecht erfolgen[24].

8 3. **Mittelbare Benachteiligung.** Die Besonderheit der in Abs 2 definierten mittelbaren Benachteiligung wegen eines in § 1 genannten Grundes liegt darin, dass nicht unmittelbar an einem oder mehreren dieser Merkmale angeknüpft wird, sondern eine Regelung oder eine Praxis merkmalsneutral gefasst ist. Der Vorwurf besteht vielmehr darin, dass eine Vorschrift, ein Kriterium oder ein Verfahren trotz seiner neutralen Abfassung mit Blick auf Merkmale des § 1 Personen wegen eines dort genannten Grundes in besonderer Weise benachteiligen kann. Im Vergleich zur unmittelbaren Benachteiligung iSv Abs 1 wandert der Blick bei der Prüfung einer mittelbaren Benachteiligung vom Text einer Vorschrift auf deren mögliche tatsächliche Folgen für Personen einer bestimmten Gruppe. Vorrangig ist allerdings stets das Vorliegen einer unmittelbaren Benachteiligung iSv Abs 1 zu prüfen, da die Anforderungen an eine Rechtfertigung (§§ 8-10) strenger als bei einer mittelbaren Benachteiligung sind[25].

9 Es muss sich um **dem Anschein nach neutrale Vorschriften, Kriterien oder Verfahren** handeln. Unter den Begriff der Vorschriften fallen insbesondere die Rechtsnormen eines Tarifvertrages und die Regelungen einer Betriebsvereinbarung. Bei den Kriterien wird es zumeist um Auswahlkriterien gehen und Verfahren können neben Einstellungs- zB auch Beförderungs- oder Entlassungsverfahren einschließen. Diese sind neutral, wenn sie nicht an einem der in § 1 genannten Merkmale anknüpfen. Eine dem Anschein nach neutrale Vorschrift iSv § 3 Abs 2 ist auch ein Verbot, sichtbare religiöse Zeichen am Arbeitsplatz zu tragen, sofern sie auf eine interne Regelung des Arbeitgebers zurückgeht und unterschiedslos für jede Bekundung religiöser Überzeugungen gilt und alle Arbeitnehmer des Unternehmens gleichbehandelt, indem ihnen allgemein und undifferenziert ua vorgeschrieben wird, sich neutral zu kleiden, was das Tragen solcher Zeichen ausschließt[26]; soweit eine solche Vorschrift Beschäftigte einzelner Religionen besonders belastet, handelt es sich um eine mittelbare Ungleichbehandlung, deren Zulässigkeit an § 3 Abs 2 zu messen ist.

10 Auch beim **Einsatz von Algorithmen** bei Personalentscheidungen (zB in Bewerbungs- oder Beförderungsverfahren) kann es sich um Kriterien oder Verfahren iSv § 3 Abs 2 handeln, die sich benachteiligend auswirken. Zu denken ist hier zB an immer häufiger in Bewerbungsverfahren eingesetzte Online-Persönlichkeitstests oder den Einsatz von Sprachanalyse-Software, die mithilfe von automatisierten Telefoninterviews mit Bewerbern Rückschlüsse auf deren Persönlichkeitspro-

---

18 Statt vieler MünchKomm/Thüsing AGG § 3 Rz 8.
19 Vgl zB EuGH NZA 2001, 1241 ff (Tele Danmark).
20 Zur Einbeziehung stillender Arbeitnehmerinnen in den Diskriminierungsschutz s EuGH NZA 2017, 1448 ff.
21 BAG NZA 2015, 734, 735f.
22 Vgl BAG AP AGG § 3 Nr 10.
23 Dazu insbes BAG NZA 2011, 1361, 1363.
24 BAG AP AGG § 3 Nr 10 mwNachw. Bei einer Benachteiligung wegen der Inanspruchnahme von Elternzeit kommt im laufenden Arbeitsverhältnis überdies ein Verstoß gegen das allgemeine Maßregelungsverbot des BGB § 612a in Betracht.
25 BAG AP AGG § 3 Nr 10 mwNachw. Ebenso auch die Prüfungsabfolge des EuGH: zB EuGH C-123/06, Slg 2011, I-10003.
26 Vgl EuGH NZA 2021, 1085, 1087f (IX/Wabe eV u MH Müller Handels GmbH/MJ); ebenso EuGH NZA 2017, 373, 374 (G4S Solutions NV).

fil ziehen[27]: Durch den Einsatz solcher Algorithmen in Bewerbungsverfahren können bspw Menschen, die an einer psychischen Behinderung leiden, in besonderer Weise benachteiligt werden, wenn der Algorithmus bestimmte ihrer „emotionalen Stimmungen" negativ bewertet; auch können sich Algorithmen auf Bewerber mit Migrationshintergrund nachteilig auswirken, wenn ihre Herkunft aus einem anderen Land erkennbar wird. Das Fehlen eines benachteiligenden Verhaltens des Arbeitgebers ist hierbei unbeachtlich: Bedient sich der Arbeitgeber eigener Mitarbeiter oder Dritter, trifft ihn die Verantwortlichkeit für deren Verhalten[28]. Der Arbeitgeber muss sich infolgedessen die Programmierung eines solchen diskriminierenden Algorithmus (zB bei einem Online-Persönlichkeitstest) durch einen eigenen Mitarbeiter oder durch einen Dritten wie etwa eine Personalberatung als eigenes Verhalten zurechnen lassen[29].

Weiterhin muss aufgrund dessen die **Möglichkeit** bestehen, dass **Personen** wegen eines in § 1 genannten Grundes gegenüber anderen Personen **in besonderer Weise benachteiligt werden**. In diesem Tatbestandsmerkmal kommt zum Ausdruck, dass auch für die mittelbare Benachteiligung ein Vergleich erforderlich ist. Ein **statistischer Beweis** ist für die Annahme einer mittelbaren Benachteiligung grundsätzlich **nicht erforderlich**, denn der Wortlaut des § 3 Abs 2 verlangt nur, dass Personen wegen eines in § 1 genannten Grundes gegenüber anderen Personen in besonderer Weise benachteiligt werden *können*[30]. Wohl aber können **Statistiken Indizien für eine mittelbare Benachteiligung** wegen eines in § 1 genannten Grundes sein[31]. Werden Statistiken von einem Gericht herangezogen, muss es deren **Aussagekraft** für den zu entscheidenden diskriminierungsrechtlichen Rechtsstreit feststellen. Noch nicht abschließend durch die Rspr geklärt ist die Frage, **ab welcher Relation** zwischen benachteiligter und bevorzugter Gruppe **von einer mittelbaren Benachteiligung** die Rede sein kann. Für unmittelbare Benachteiligungen wegen des Geschlechts hat die Rechtsprechung eine Abweichung zwischen beiden Gruppen iHv jedenfalls 75 % anerkannt[32]. **11**

Der Tatbestand der mittelbaren Benachteiligung in Abs 2 definiert zugleich auch die Voraussetzungen für die **Rechtfertigung einer mittelbaren Ungleichbehandlung** wegen eines in § 1 genannten Grundes. Die Rechtfertigung ist somit ein negatives Tatbestandsmerkmal für das Vorliegen einer mittelbaren Benachteiligung iSv Abs 2. Notwendig ist, dass die Ungleichbehandlung durch ein rechtmäßiges Ziel sachlich gerechtfertigt ist und die Mittel zur Erreichung dieses Ziels angemessen und erforderlich sind. Der Ausnahmetatbestand ist grundsätzlich eng auszulegen[33]. Der **Begriff des rechtmäßigen Ziels** schließt alle ihrerseits nicht diskriminierenden Ziele und sonstigen legalen Ziele ein[34]. Hierunter fallen jedenfalls sämtliche Ziele, die auch eine unmittelbare Benachteiligung rechtfertigen können, also zB Gründe der Beschäftigungspolitik, Arbeitsmarkt und berufliche Bildung bei einer Benachteiligung wegen des Alters (RL 2000/78/EG Art 6 Abs 1 sowie AGG § 10)[35]. Der Begriff ist aber noch weiter[36] und kann auch **privatautonom vom Arbeitgeber bestimmte Ziele** einschließen, insbesondere die Festlegung von Anforderungen an die persönlichen Fähigkeiten von Beschäftigten[37]. Darüber hinaus ist zu klären, ob die Verfolgung des legitimen Zieles auch in einer dem **Verhältnismäßigkeitsgrundsatz** genügenden Weise erfolgt. Der Wortlaut knüpft an den RL an und verlangt nur, dass die Ungleichbehandlung zur Erreichung des legitimen Ziels angemessen (*„appropriate"*) und erforderlich ist. Das BAG geht in diesem Zusammenhang weiter, überträgt den verfassungsrechtlichen Begriff der Verhältnismäßigkeit auf § 3 Abs 2 und prüft somit Geeignetheit, Erforderlichkeit und Angemessenheit der Ungleichbehandlung zur Erreichung des verfolgten legitimen Ziels[38]. **12**

Die **Darlegungs- und Beweislast** für das Vorliegen der tatsächlichen Umstände, die eine Rechtfertigung der mittelbaren Ungleichbehandlung begründen, liegt grundsätzlich bei demjeni- **13**

---

27 Dazu und zu den folgenden Beispielen instruktiv Dzida/Groh NJW 2018, 1917 ff mwNachw.
28 Dieser Grundsatz entspricht der st Rspr des BAG: vgl BAG NZA 2018, 33, 39 mwNachw.
29 Im Ergebnis ebenso Dzida/Groh NJW 2018, 1917, 1920.
30 Vgl BAG AP AGG § 3 Nr 10 mwNachw zur Heranziehung des Mikrozensus des Statistischen Bundesamtes, um eine mittelbare Benachteiligung wegen des Geschlechts darzulegen. Auch die Gleichbehandlungs-RL gehen davon aus, dass ein statistischer Beweis unionsrechtlich nicht zwingend vorgegeben ist, aber von den Mitgliedstaaten durch Vorschriften angeordnet werden kann: vgl RL 2000/43/EG u RL 2000/78/EG, jew EG Nr 15, sowie ähnlich RL 2006/54/EG Nr 30.
31 So BAG AP AGG § 3 Nr 10.
32 Vgl ErfK/Schlachter AGG § 3 Rz 10 mwNachw.
33 St Rspr des EuGH: vgl EuGH NJW 2021, 2715, 2720 (IX/Wabe u MH Müller Handels GmbH/MJ) sowie EuGH, C-83/14, EU:C:2015:480 Rz 112 (CHEZ Razpredelenie Bulgaria).
34 St Rspr: vgl zB BAG vom 26.1.2017; BAG NZA-RR 2011, 467, 470 mwNachw; vgl auch Däubler/Beck/Schrader/Schubert AGG § 3 Rz 71.
35 Vgl BAG NZA 2010, 625, 627. Ebenso EuGH NZA 2009, 305, 310 mit Blick auf die in RL 2000/78/EG Art 6 Abs 1 genannten legitimen Ziele für Ungleichbehandlungen wegen des Alters.
36 So zB BAG NZA-RR 2011, 467, 470; ebenso Bauer/Krieger/Günther AGG § 3 Rz 33 mwNachw.
37 So insbesondere BAG NZA 2010, 625, 626 mit Blick auf Deutschkenntnisse von Beschäftigten.
38 So zB BAG 26.1.2017 – 8 AZR 848/13 Rz 74 (juris-doc).

gen, der sich auf sie beruft; dies lässt sich bereits aus dem Wortlaut von Abs 2 herleiten („es sei denn")[39]. Dies gilt für Arbeitgeber in gleicher Weise wie für Versicherer oder die Anbieter von Waren und Dienstleistungen, die der Öffentlichkeit zur Verfügung stehen (§ 2 Abs 1 Nr 8) im Zivilrechtsverkehr.

14 4. **Belästigung.** Mit der durch § 3 Abs 3 erfolgenden Anerkennung von Belästigungen als Benachteiligungen geht das AGG über die Grundstruktur des Diskriminierungsrechts als eines Regelungskomplexes, der an unmittelbaren oder mittelbaren Ungleichbehandlungen zwischen Personen wegen eines der in § 1 genannten Gründe anknüpft, hinaus und unterstellt dem Diskriminierungsschutz auch Verhaltensweisen, welche sich treffender als Persönlichkeitsrechtsverletzung charakterisieren lassen und landläufig als „**Mobbing**" bezeichnet werden. Auch wenn es in diesen Fällen an einer Ungleichbehandlung zwischen verschiedenen Personen fehlt und somit der Grundtatbestand einer Diskriminierung nicht erfüllt ist[40], darf doch nicht übersehen werden, dass die mit ihrer Einbeziehung in den Diskriminierungsschutz einhergehende Erweiterung des Benachteiligungsbegriffes **durch Unionsrecht vorgegeben** ist und somit nicht zur Disposition des deutschen Gesetzgebers steht[41]. Doch abgesehen von diesem formalen Argument spricht für eine Einbeziehung von Belästigungen wegen eines in § 1 genannten Grundes in das AGG auch das inhaltliche Argument, dass diese in vergleichbarer Weise wie unmittelbare oder mittelbare Benachteiligungen die Würde der Betroffenen verletzen und es deshalb gerechtfertigt erscheint, sie als Benachteiligungen zu qualifizieren. Rechtsdogmatisch wäre es indessen überzeugender gewesen, die Belästigung einer unmittelbaren oder mittelbaren Benachteiligung für die Zwecke des AGG gleichzustellen, um den strukturellen Unterschied zur Diskriminierung im eigentlichen Sinne zu betonen, die Rechtsfolgen des Diskriminierungsschutzes aber auch für Opfer von Belästigungen zu öffnen.

15 Der Tatbestand der Belästigung wird in Abs 3 weitgehend mit unbestimmten Begriffen umschrieben. Die Bestimmung setzt zum einen unerwünschte Verhaltensweisen voraus, die mit einem in § 1 genannten Grund in Zusammenhang stehen, und die bezwecken oder bewirken, dass die Würde der betroffenen Person verletzt wird. Unter dem weit auszulegenden Begriff der **Verhaltensweisen** lassen sich sowohl verbale (zB mündliche Äußerungen, Emails, Schmierereien) wie nonverbale Formen der Kommunikation (körperliche Berührungen, Handzeichen oder andere Gesten, Geräusche) fassen[42]. Bei der **Unerwünschtheit der Verhaltensweisen** handelt es sich um ein normatives Kriterium. Bei seiner Ermittlung kommt es weder auf das subjektive Verständnis des Belästigenden noch auf dasjenige der belästigten Person, sondern ausschließlich auf einen allgemeinen Wertmaßstab an: Es ist danach zu fragen, ob die in Frage stehenden Verhaltensweisen nach den allgemeinen gesellschaftlichen Wertvorstellungen als unerwünscht anzusehen sind; nur in diesem Sinne kann von einem „objektiven" Maßstab[43] die Rede sein. In den meisten Fällen wird es sich nicht um ein einmaliges, sondern um ein fortdauerndes bzw „prozesshaftes" Verhalten des oder der Belästigenden handeln, das sich aus zahlreichen Einzelvorkommnissen zusammensetzt (zB Beleidigungen oder Verhöhnen des Opfers, Schikanen usw) und über einen längeren Zeitraum fortläuft[44].

16 Die unerwünschten Verhaltensweisen müssen zum anderen bezwecken oder bewirken, dass **die Würde der betreffenden Person verletzt** wird. Mit dieser Bezugnahme auf die Menschenwürde sollen geringfügige Eingriffe in die Sphäre der betreffenden Person für die Anwendung des Diskriminierungsrechts ausgeschlossen werden[45]. Demgegenüber soll Abs 3 aber auch nicht erfordern, dass die Menschenwürde iSv GG Art 1 Abs 1 verletzt worden ist[46]. Nicht immer klar ist, ab welchem Punkt die für eine Belästigung iSd Abs 3 relevante Schwelle zu einer Verletzung der Menschenwürde überschritten ist. Bei der Anwendung können als Kriterien die Gesichtspunkte, die für ein feindliches Arbeitsumfeld sprechen (dazu sogleich unten Rz 17 mwNachw), zu berücksichtigen sein, also ob es sich zB um Einschüchterungen, Anfeindungen, Erniedrigungen, Entwürdigungen oder Beleidigungen handelt[47].

17 Die unerwünschten Verhaltensweisen müssen zum anderen **ein von Einschüchterungen, Anfeindungen, Erniedrigungen, Entwürdigungen oder Beleidigungen gekennzeichnetes**

---

39 Allgemeine Ansicht: vgl BAG v 26.1.2017 – 8 AZR 848/13 Rz 75 mwNachw (juris-doc); aus dem Schrifttum statt vieler MünchKomm/Thüsing AGG § 22 Rz 17 sowie Bauer/Krieger/Günther AGG § 3 Rz 37.
40 So im Kern auch Bauer/Krieger/Günther AGG § 3 Rz 39, die den Tatbestand der Belästigung und der sexuellen Belästigung als „systemwidrig" ansehen.
41 Vgl RL 2000/43/EG Art 2 Abs 3; RL 2000/78/EG Art 2 Abs 3; RL 2006/54/EG Art 2 Abs 1 lit c.
42 So auch BAG NZA 2011, 1226, 1230.
43 So insbesondere BAG NZA 2011, 1226, 1230; ähnlich ErfK/Schlachter AGG § 3 Rz 16, die auf den Verständnishorizont eines „obj Dritten" abstellen will.
44 So auch BAG NZA 2017, 1530, 1541.
45 Vgl BT-Drucks 16/1780 S 33.
46 Vgl BT-Drucks 16/1780 S 33.
47 So zutreffend der Hinweis von ErfK/Schlachter AGG § 3 Rz 19.

Umfeld geschaffen haben. Mit diesen Tatbestandsmerkmalen ist letztlich ein „feindliches Arbeitsumfeld"[48] gemeint, das sich aus Bezugnahmen auf Gründe, die in § 1 genannt sind, speist. § 3 Abs 3 nennt nur einzelne Beispiele, die ein solches Arbeitsumfeld begründen können. Seine Ermittlung lässt sich indessen nicht im Wege der einfachen Subsumtion dieser Merkmale bewerkstelligen, sondern erfordert eine **Gesamtbeurteilung aller Umstände des Einzelfalles**[49], in deren Rahmen Einschüchterungen, Anfeindungen, Erniedrigungen, Entwürdigungen oder Beleidigungen zentrale Beurteilungskriterien sein dürften. Das Umfeld muss durch solche Umstände gekennzeichnet sein, was dafür spricht, dass eine einmalige unerwünschte Verhaltensweise hierfür normalerweise nicht ausreichen dürfte[50]; so hat das BAG es zB abgelehnt, die durch den Arbeitgeber nicht vorgenommene Entfernung von entwürdigenden Schmierereien auf einer Betriebstoilette („Scheiß Ausländer", „ihr Hurensöhne" usw), sofern nicht noch weitere Vorkommnisse dieser Art zu verzeichnen sind, als ein feindliches Umfeld iSv § 3 Abs 3 zu qualifizieren[51].

Gerade wegen des oftmals prozesshaften Charakters der Belästigung ist eine arbeitsgerichtliche **18 Darlegung der einzelnen Vorgänge**, die eine Belästigung begründen, für den Belästigten in den meisten Fällen äußerst schwierig[52], etwa der Beweis von Beleidigungen oder Einschüchterungen unter vier Augen oder die Rekonstruktion von Einzelereignissen im Rahmen eines langandauernden (zT mehrjährigen) Geschehens[53]. Der Darlegungs- und Beweiserleichterung des § 22 kommt hier eine besondere Rolle zu.

5. **Sexuelle Belästigung.** Abs 4 erkennt als weitere Form der Benachteiligung die sexuelle **19** Belästigung an. Mit dieser Einbeziehung der sexuellen Belästigung in das Diskriminierungsrecht dient das AGG auch dem **Schutz der sexuellen Selbstbestimmung** von Menschen, die im deutschen Verfassungsrecht als Teil des allgemeinen Persönlichkeitsrechts (GG Art 2 Abs 1 iVm Art 1 Abs 1) und[54] in der grundrechtlichen Ordnung des Unionsrechts in GrChEU Art 7 im Rahmen des Rechts auf Achtung des Privat- und Familienlebens[55] gewährleistet ist. Der Begriff der sexuellen Belästigung war vor dem Inkrafttreten des AGG durch BeschSchG § 2 Abs 2 bereits gesetzlich definiert, doch reicht die Begriffsbestimmung des AGG – in Übernahme der Definitionen der RL – weiter (dazu s unten Rz 20f mwNachw). Der Tatbestand der sexuellen Belästigung in Abs 4 ist **nicht lex specialis zum allgemeinen Begriff der Belästigung** in Abs 3, da sie Abs 3 nicht weiter qualifiziert: So erfordert die sexuelle Belästigung nicht die Schaffung eines feindlichen Arbeitsumfeldes, wie es für den Begriff der Belästigung iSv Abs 3 vorausgesetzt wird (s unten Rz 21 mwNachw). Aus diesem Grunde erfüllen gerade einmalige Verhaltensweisen, die als sexuelle Belästigungen anzusehen sind (dazu unten Rz 21), nicht automatisch den Tatbestand der Belästigung iSv Abs 3. Der deutsche Gesetzgeber hat sich insoweit an die RL 2006/54/EG angelehnt, die ebenfalls eine Unterscheidung zwischen Belästigung und sexueller Belästigung bei der Gleichbehandlung der Geschlechter vornimmt (vgl Art 2 Abs 1 lit c und d)[56].

Im Unterschied zu den Benachteiligungsformen in § 3 Abs 1 bis 3 gilt die sexuelle Belästigung **20** nur für **Verhaltensweisen in Beschäftigung und Beruf**, wie sich der Verweisung auf § 2 Abs 1 Nr 1 bis 4 entnehmen lässt. Es bedarf somit eines Zusammenhanges zwischen der sexuellen Belästigung und einem Beschäftigungsverhältnis (§ 6). Dies ist insbesondere der Fall, wenn das belästigende Verhalten während der Arbeitszeit oder am Arbeitsplatz stattfindet. Außerhalb der Arbeitszeit oder des Arbeitsplatzes kann ein Zusammenhang mit dem Beschäftigungsverhältnis bei Betriebsfeiern oder auch auf Dienstreisen bestehen; rein private Zusammenkünfte können ausnahmsweise Relevanz im Rahmen von Abs 4 entfalten, sofern sie vom Belästigenden veranlasst worden sind und sich die belästigte Person unter Druck gesetzt fühlt, zu einem solchen privaten Treffen zu kommen[57]. Der Verweis von Abs 4 auf § 2 Abs 1 Nr 1 bis 4 hat zur Folge, dass sexuelle Belästigungen jenseits von Beschäftigung und Beruf, insbesondere im Zusammenhang mit dem sozialen Schutz wie zB bei Gesundheitsdiensten (Nr 5), mit sozialen Vergünstigungen (Nr 6), im Bildungsbereich (Nr 7) oder beim Zugang zu und der Versorgung mit Gütern und Dienstleistungen, die der Öffentlichkeit zur Verfügung stehen (Nr 8), nicht vom AGG erfasst sind.

---

48 Dazu und den Ursprüngen dieses Begriffes im US-amerikanischen Antidiskriminierungsrecht s zB Bauer/Krieger/Günther AGG § 3 Rz 45 mwNachw.
49 S BAG NZA 2010, 387, 390 unter Verweisung zur Mobbing-Rspr des Gerichts mwNachw.
50 Vgl zB BAG NZA 2010, 387, 390.
51 BAG NZA 2010, 387, 390.
52 So auch Bauer/Krieger/Günther AGG § 3 Rz 47.
53 Vgl zB die „Chronologie" von Ereignissen im Sachverhalt, welcher BAG NZA 2017, 1530 ff zugrunde gelegen hat.
54 Vgl zB Köhler/Koops BB 2015, 2807, 2808 mwNachw.
55 Statt vieler Jarass, Charta der Grundrechte der EU, Art 7 Rz 13 mwNachw.
56 So zu Recht der Hinweis von ErfK/Schlachter AGG § 3 Rz 20.
57 Zu diesen Beispielen s Köhler/Koops BB 2015, 2807, 2808.

21 Ebenso wie für eine Belästigung iSv Abs 3 setzt auch die sexuelle Belästigung ein unerwünschtes Verhalten (dazu oben Rz 15 mwNachw) voraus. Allerdings muss dieses **unerwünschte Verhalten sexuell bestimmt** sein. Obwohl das Merkmal „bestimmt" eine sexuelle Zielrichtung des Handelnden (Motivation oder gar Absicht) und damit das Vorliegen eines subjektiven Tatbestandes nahelegt, reicht der objektive Charakter der Verhaltensweise als unerwünscht aus[58]. Für die sexuelle Belästigung ist charakteristisch, dass die streitgegenständliche Verhaltensweise „das Geschlechtliche im Menschen zum unmittelbaren Gegenstand" wird[59]. Die Vorschrift nennt einzelne Beispiele solcher Verhaltensweisen. Unerwünschte sexuelle Handlungen sind auf jeden Fall sämtliche Straftaten gegen die sexuelle Selbstbestimmung (StGB §§ 174 ff)[60]. Doch auch unterhalb der Schwelle der Strafbarkeit liegende Verhaltensweisen mit sexuellem Charakter stellen ein unerwünschtes sexuelles Verhalten dar. Abs 4 nennt als Beispiele für solche unerwünschten Verhaltensweisen sexuell bestimmte körperliche Berührungen, anzügliche Bemerkungen sexuellen Inhaltes sowie unerwünschtes Zeigen und sichtbares Anbringen von pornographischen Darstellungen[61]; bei der Konkretisierung des Begriffs der Pornographie kann auf strafrechtliche Grundsätze zurückgegriffen werden (vgl StGB §§ 184 ff)[62]. Darüber hinaus kann auch die Entblößung der Genitalien eines anderen unter Missachtung seines Rechts auf Selbstbestimmung den Tatbestand einer sexuellen Belästigung erfüllen[63]. Auch die **Aufforderung** zu einem unerwünschten, sexuell bestimmten Verhalten fällt unter den Tatbestand von Abs 4. Mit einer Aufforderung versucht der Belästigende, die betroffene Person zur Vornahme einer sexuellen Handlung zu bewegen[64]. Eine erkennbare Ablehnung der sexuell bestimmten Handlung durch die sexuell belästigte Person ist im Unterschied zu BeschSchG § 2 Abs 2 Nr 2 keine Voraussetzung für eine sexuelle Belästigung iSv § 3 Abs 4. Ein **Irrtum des Belästigenden über die Unerwünschtheit** seines sexuell bestimmten Verhaltens ist grundsätzlich unbeachtlich, da § 3 Abs 4 keinen Vorsatz des Belästigenden erfordert[65].

22 Der Begriff der sexuellen Belästigung setzt weiterhin voraus, dass das sexuell bestimmte Verhalten bezweckt oder bewirkt, dass die **Würde der betroffenen Person verletzt** wird. Für das **Bewirken** reicht der bloße Eintritt des tatbestandlichen Erfolges, also die sexuelle Belästigung, aus; eine gegenteilige Absicht des Belästigenden ist insoweit unbeachtlich[66]. Das **Bezwecken** erfordert eine Absicht des Belästigenden. Sie äußert sich insbesondere in der **Erniedrigung der belästigten Person zum Sexualobjekt**[67]. Der Tatbestand des Abs 4 unterscheidet sich vom allgemeinen Begriff der Belästigung in Abs 3 dadurch, dass durch die Verletzung der Würde nicht zwingend ein feindliches Arbeitsumfeld geschaffen worden sein muss. Diese Verkürzung des Tatbestandes der sexuellen Belästigung im Vergleich zur Belästigung iSv Abs 3 ist durchaus schlüssig, kann doch bereits **ein einmaliges Verhalten** wie zB das Berühren der Genitalien oder sexuell anzügliche Bemerkungen eine sexuelle Belästigung darstellen, ohne dass das Arbeitsumfeld durch wiederkehrende und sich fortsetzende Verhaltensweisen wie Einschüchterungen, Anfeindungen, Erniedrigungen, Entwürdigungen oder Beleidigungen gekennzeichnet ist[68]. Allerdings liegt in der **Schaffung eines** solchen **feindlichen Arbeitsumfeldes**, wie es Belästigungen iSv Abs 3 charakterisiert, eine Würdeverletzung, wie dessen Nennung als Beispiel („insbesondere") zeigt. Das BAG lässt sogar mehrere Belästigungshandlungen (zB wiederholte Bemerkungen sexuellen Inhaltes) für die Entstehung eines solchen feindlichen Arbeitsumfeldes ausreichen[69].

23 **6. Anweisung zur Benachteiligung.** Mit der Einbeziehung der Anweisung in den Benachteiligungsbegriff stellt das AGG zum einen sicher, dass Handlungen im Vorfeld einer Benachteiligung wegen eines in § 1 genannten Grundes, die auf die Begehung einer solchen Benachteiligung abzielen, ebenfalls verboten sind. Damit wird der Diskriminierungsschutz effektiviert[70]. Zum

---

58 Vgl zB BAG NZA 2021, 1178, 1181 u BAG NZA 2017, 1121, 1122 mwNachw.
59 In diesem Sinne auch BAG NZA 2021, 1178, 1181.
60 Insoweit gilt im Rahmen von AGG § 3 Abs 4 nichts anderes als nach dem BeschSchG § 2 Abs 2 S 2 Nr 1.
61 ZB das über ein Handy erfolgte Zeigen eines Bildes mit den unbekleideten Geschlechtsteilen einer Frau mit gespreizten Beinen in Nahaufnahme; vgl LAG Schleswig-Holstein 3 SA 410/08 (juris-doc).
62 IdS auch Bauer/Krieger/Günther AGG § 3 Rz 57; zu BeschSchG § 2 Abs 2 bereits Worzalla NZA 1994, 1016, 1018.
63 Vgl BAG NZA 2021, 1178, 1180 ff.
64 Allgemeine Ansicht: statt vieler ErfK/Schlachter AGG § 3 Rz 18; ähnlich zu BeschSchG § 2 bereits Worzalla NZA 1994, 1016, 1018.
65 Vgl BAG NZA 2011, 1342, 1345. Wohl aber kann ein solcher Irrtum bei einer außerordentlichen Kündigung uU im Rahmen der Interessenabwägung nach BGB § 626 Abs 1 oder bei einer ordentlichen Kündigung nach Maßgabe von KSchG § 1 Abs 2 zu berücksichtigen sein.
66 Vgl BAG NZA 2011, 1342, 1343.
67 In diesem Sinne auch BAG NZA 2011, 1342, 1344.
68 Ebenso Köhler/Koops BB 2014, 2807, 2809 mwNachw. Auch nach der st Rspr des BAG können einmalige Verhaltensweisen als sexuelle Belästigungen zu qualifizieren sein: vgl BAG NZA 2021, 1178, 1181; BAG NZA 2017, 1121, 1122; BAG NZA 2015, 294, 295; BAG NZA 2011, 1342, 1343.
69 So insbesondere BAG NZA 2011, 1342, 1344.
70 Ähnlich MünchKomm/Thüsing AGG § 3 Rz 81.

anderen führt die Regelung des Abs 5 dazu, dass auch „Hintermänner" von Benachteiligungen in eine diskriminierungsrechtliche Haftung einbezogen werden können (zB aufgrund von § 7 Abs 3 oder von § 15 Abs 1 und 2).

Eine Anweisung iSv Abs 5 Satz 1 setzt eine **Anweisungsbefugnis** voraus. Im Arbeitsverhältnis können dies Vorgesetzte sein, die gegenüber Arbeitnehmern die Weisungsbefugnis des Arbeitgebers (GewO § 106) wahrnehmen. Für den Bereich von Beschäftigung und Beruf (vgl § 2 Abs 1 Nr 1 bis 4) nennt Abs 5 Satz 2 als gesetzlichen Beispielsfall die Bestimmung einer Person zu einem Verhalten, das einen Beschäftigten wegen eines in § 1 genannten Grundes benachteiligt oder benachteiligen kann. Zu Recht wird die rechtsdogmatische Anlehnung an den strafrechtlichen Begriff der Anstiftung (StGB § 26) hervorgehoben[71]. Der Anweisende muss somit den Tatentschluss des eigentlich Benachteiligenden hervorrufen. Die Anweisung kann dem Arbeitgeber nach allgemeinen zivilrechtlichen Grundsätzen zurechenbar sein, insbesondere nach den BGB §§ 278, 831, so dass dieser seinerseits für sie zu haften hat (zB § 15 Abs 1 und 2)[72]. Auch **Dritte** (zB **Kunden des Arbeitgebers**) können eine Benachteiligung durch Anweisung begehen[73]. 24

In subjektiver Hinsicht setzt eine Anweisung zur Benachteiligung iSv Abs 5 **Vorsatz des Handelnden** und somit dessen Wissen und zumindest billigende Inkaufnahme der Begehung einer Benachteiligung durch den Angewiesenen voraus[74]. Dabei kommt es nicht darauf an, dass der die Anweisung Erteilende auch in Kenntnis der Verbotswidrigkeit der Anweisung gehandelt hat: Wegen des fehlenden Verschuldenserfordernisses der Benachteiligung ist vielmehr ausreichend, dass er in Kenntnis der tatsächlichen Umstände gehandelt hat, die den Tatbestand einer der Formen der Benachteiligung iSv Abs 1 bis 4 erfüllen. 25

Eine Anweisung ist auch dann eine Benachteiligung iSv Abs 5 Satz 1, wenn die Person, welcher die Weisung erteilt worden ist, diese nicht ausführt. Für den Tatbestand des Abs 5 reicht somit auch ein **Versuch des Anweisenden** aus[75]. Konkret hat dies zur Folge, dass der Anweisende seinerseits den Sanktionen des AGG ausgesetzt ist, zB einer Schadensersatz- oder Entschädigungspflicht gegenüber dem Benachteiligten nach § 15 Abs 1 und 2, wobei jedoch bei der Bemessung des Entschädigungsanspruches der Vorsatz des Benachteiligenden zu berücksichtigen sein wird[76]. 26

§ 4 Unterschiedliche Behandlung wegen mehrerer Gründe

Erfolgt eine unterschiedliche Behandlung wegen mehrerer der in § 1 genannten Gründe, so kann diese unterschiedliche Behandlung nach den §§ 8 bis 10 und 20 nur gerechtfertigt werden, wenn sich die Rechtfertigung auf alle diese Gründe erstreckt, derentwegen die unterschiedliche Behandlung erfolgt.

§ 4 regelt, wie im Falle von **Mehrfachdiskriminierungen** oder **intersektionellen Diskriminierungen** zu verfahren ist. Angesprochen ist damit, dass eine Handlung eine Benachteiligung aus mehreren der in § 1 genannten Gründen darstellt. Dem Rechtsgedanken nach handelt es sich bei der Mehrfachdiskriminierung somit um einen Fall der Idealkonkurrenz (vgl StGB § 52 Abs 1) im Diskriminierungsrecht. So kann es bei der Bewerbung von schwerbehinderten Frauen zu Benachteiligungen wegen des Geschlechts und wegen der Behinderung kommen[1]. Auch kann ein Verbot des muslimischen Kopftuchs am Arbeitsplatz in Einzelfällen eine Benachteiligung zugleich wegen der Religion, der ethnischen Herkunft und des Geschlechts darstellen[2]. Die Ausschreibung einer Buchhalterstelle nur für männliche Bewerber mit muttersprachlichen Deutschkenntnissen dürfte weibliche Bewerber mit Migrationshintergrund benachteiligen. Zentrale Aussage der Vorschrift ist, dass eine solche unterschiedliche Behandlung wegen mehrerer der in § 1 genannten Merkmale nur dann gerechtfertigt werden kann, wenn sich die Rechtfertigung auf sämtliche Gründe der unterschiedlichen Behandlung erstreckt. Für diese Fälle einer 1

---

71 So zB MünchKomm/Thüsing AGG § 3 Rz 82.
72 Statt vieler ErfK/Schlachter AGG § 3 Rz 19.
73 So zB MünchKomm/Thüsing AGG § 3 Rz 85.
74 Vgl BT-Drucks 16/1780 S 33.
75 So schon ausdrücklich BT-Drucks 16/1780 S 33.
76 In diesem Sinne wohl auch Däubler/Beck/Deinert AGG § 3 Rz 118 sowie Bauer/Krieger/Günther AGG § 3 Rz 68 jew mwNachw.

1 Die besondere Schutzbedürftigkeit dieser Gruppe erkennt auch SGB IX § 166 Abs 3 Nr 2 an, wonach eine Inklusionsvereinbarung zwischen Arbeitgeber einerseits sowie Schwerbehindertenvertretung und Betriebsrat andererseits (dazu s unten § 5 Rz 16 mwNachw) insbesondere auch Regelungen über die anzustrebende Beschäftigungsquote schwerbehinderter Frauen getroffen werden können.
2 Zum Kopftuchverbot als Beispiel für eine Mehrfachdiskriminierung s insbesondere Schiek NZA 2004, 873, 876; ebenso Meinel/Heym/Herms AGG § 4 Rz 4.

Mehrfachdiskriminierung schafft § 4 somit keine eigenständige Benachteiligungskategorie, sondern stellt lediglich klar, was ohne die Vorschrift zu beachten wäre, nämlich, dass jede ungleiche Behandlung wegen eines bestimmten in § 1 genannten Grundes gesondert im Hinblick auf jedes einzelne Merkmal auf ihre Rechtfertigung zu prüfen ist[3]. Eine solche gesonderte Prüfung der Rechtfertigung wegen jedes einzelnen Merkmals, dessentwegen eine Ungleichbehandlung erfolgt, kann angesichts der unterschiedlich strengen Rechtfertigungsregeln für die einzelnen in § 1 genannten Merkmale in den §§ 9 bis 10 zu unterschiedlichen Ergebnissen führen.

2 Die Vorschrift ist **unionsrechtlich nicht ausdrücklich vorgegeben**: Keine der Diskriminierungs-RL der EU behandelt die Problematik der Mehrfachdiskriminierung. Allerdings hat der EuGH in der Rechtssache *Parris* jüngst klargestellt, dass es bei Ungleichbehandlungen wegen mehrerer verpönter Merkmale „keine neue, aus der Kombination mehrerer dieser Gründe [...] resultierende Diskriminierungskategorie gibt, die sich dann feststellen ließe, wenn eine Diskriminierung wegen dieser Gründe, einzeln betrachtet, nicht nachgewiesen ist"[4]. Auch unionsrechtlich ist somit jeder Grund einer Ungleichbehandlung gesondert auf seine Rechtfertigung zu überprüfen. § 4 entspricht infolgedessen den Vorgaben der Gleichbehandlungs-RL der Union.

3 § 4 bezieht sich sowohl auf unmittelbare als auch auf mittelbare Benachteiligungen. Bei mittelbaren Benachteiligungen muss allerdings für die betroffenen Merkmale jew gesondert das Vorliegen des Tatbestandes des § 3 Abs 2 herausgearbeitet werden[5]. Denkbar ist auch eine Mehrfachdiskriminierung in Gestalt einer unmittelbaren und einer mittelbaren Benachteiligung[6]. Bei Benachteiligungen in Form von **Belästigungen** oder **sexuellen Belästigungen** ist eine Rechtfertigung indessen ausgeschlossen: In solchen Fällen ist eine Anwendung von § 4 praktisch wirkungslos[7].

4 Die **Rechtfertigung** der jew gesondert zu prüfenden Ungleichbehandlungen richtet sich dem Wortlaut des § 4 zufolge bei Ungleichbehandlungen von Beschäftigten nach den **§§ 8 bis 10** und – im Falle einer Ungleichbehandlung im Zivilrechtsverkehr – nach **§ 20**. Es entspricht aber einhelliger Ansicht, dass **auch eine zulässige positive Maßnahme** nach Maßgabe von § 5 eine Rechtfertigung für Ungleichbehandlungen im Rahmen von § 4 darstellen kann[8].

5 Die Vorschrift des § 4 regelt nur die Frage der Rechtfertigung von mehrfachen Ungleichbehandlungen. Insbesondere thematisiert sie nicht die Frage von **Rechtsfolgen von Mehrfachdiskriminierungen**. So ist bei der Bemessung des Entschädigungsanspruches nach § 15 Abs 2 verschärfend zu berücksichtigen, dass eine Handlung den Tatbestand einer Benachteiligung aus mehreren der in § 1 genannten Gründe erfüllt[9]; zu den Einzelheiten des Entschädigungsanspruches s § 15 Rz 11 ff mwNachw).

§ 5 Positive Maßnahmen

Ungeachtet der in den §§ 8 bis 10 sowie in § 20 benannten Gründe ist eine unterschiedliche Behandlung auch zulässig, wenn durch geeignete und angemessene Maßnahmen bestehende Nachteile wegen eines in § 1 genannten Grundes verhindert oder ausgeglichen werden sollen.

ÜBERSICHT

I. Überblick 1–3
II. Positive Maßnahmen 4–21
  1. Begriff der positiven Maßnahme ... 4–6
  2. Zulässigkeit 7, 8
  3. Einzelne positive Maßnahmen 9–21
    a) Maßnahmen zugunsten des unterrepräsentierten Geschlechts 9–13
    b) Maßnahmen zugunsten von behinderten Beschäftigten 14–16
    c) Maßnahmen zugunsten bestimmter Altersgruppen 17
    d) Religion und Weltanschauung .. 18

---

[3] So auch BAG NZA 2018, 584, 588. Vgl auch BT-Drucks 16/1780 S 33.
[4] Vgl EuGH NZA 2017, 233, 237 (Rz 80).
[5] So überzeugend MünchKomm/Thüsing AGG § 4 Rz 3; ebenso Däubler/Beck AGG § 4 Rz 11.
[6] So insbesondere Däubler/Beck AGG § 4 Rz 10, der hier auf die Fälle eines Kopftuchverbotes verweist, die uno actu den Tatbestand einer unmittelbaren Benachteiligung wegen der Religion und einer mittelbaren Benachteiligung wegen der ethnischen Herkunft erfüllen können.
[7] Vgl MünchKomm/Thüsing AGG § 4 Rz 4; ebenso Meinel/Heym/Herms AGG § 4 Rz 4.
[8] Vgl MünchKomm/Thüsing AGG § 4 Rz 5; ErfK/Schlachter AGG § 4 Rz 1; Meinel/Heym/Herms AGG § 4 Rz 4; Bauer/Krieger/Günther AGG § 4 Rz 4.
[9] So bereits die Begründung zum RegE, BT-Drucks 16/1780 S 38. Ebenso MünchKomm/Thüsing AGG § 12 Rz 6; Meinel/Heyn/Herms AGG § 12 Rz 6.

e) Maßnahmen zugunsten von Beschäftigten mit Migrationshintergrund 19
f) Positive Maßnahmen im Zivilrechtsverkehr 20
g) Einzelne positive Maßnahmen jenseits des Geltungsbereichs des AGG 21

I. Überblick

Die Vorschrift erlaubt eine ungleiche Behandlung wegen eines der in § 1 genannten Merkmale, wenn sie im Rahmen einer Maßnahme erfolgt, die geeignet und angemessen ist, bestehende Nachteile wegen eines Grundes iSv § 1 zu verhindern oder auszugleichen. Ziel solcher positiven Maßnahmen ist nicht die Gleichbehandlung zwischen einzelnen Beschäftigten, sondern die Herstellung einer tatsächlichen (statistisch messbaren) Gleichheit zwischen unterschiedlichen gesellschaftlichen Gruppen. Die positive Maßnahme erlaubt somit individuelle Ungleichbehandlungen (zB zwischen Frauen und Männern oder zwischen behinderten und nichtbehinderten Beschäftigten), um Chancengleichheit zugunsten einer bislang benachteiligten Gruppe zu verwirklichen. Die positive Maßnahme, die in § 5 nur rahmenförmig normiert ist, geht letztlich auf die *affirmative action* zurück, wie sie im US-amerikanischen *Civil Rights Act* von 1964 (Titel VII) ausgeformt worden ist[1]. 1

Rechtsdogmatisch eröffnet § 5 einen **besonderen Rechtfertigungsgrund für Ungleichbehandlungen** wegen eines in § 1 genannten Grundes und ergänzt somit die Vorschriften der §§ 8 bis 10 und § 20 über die Zulässigkeit von Ungleichbehandlungen im Geltungsbereich des AGG[2]. Erfüllt eine Ungleichbehandlung wegen des Geschlechts (zB aufgrund einer Bevorzugungsregelung zugunsten des unterrepräsentierten Geschlechts) die Voraussetzungen des § 5 – einschließlich der unionsrechtlichen Kriterien und Anforderungen, welche sich aus der Rspr des EuGH ergeben (dazu s unten Rz 7f mwNachw) –, ist sie diskriminierungsrechtlich zulässig, auch wenn nicht der allgemeine Tatbestand des § 8 Abs 1 für eine Rechtfertigung einer Ungleichbehandlung wegen des Geschlechts erfüllt sein sollte. 2

Das **Unionsrecht** verpflichtet die Mitgliedstaaten bislang nicht dazu, positive Maßnahmen zugunsten benachteiligter Gruppen in ihren nationalen Rechtsordnungen vorzusehen. So legt die **Empfehlung 84/635/EWG** vom 13.12.1984 **zur Förderung positiver Maßnahmen für Frauen**[3] den Mitgliedstaaten lediglich nahe, eine Politik der positiven Maßnahmen zur Beseitigung von tatsächlichen Geschlechterungleichheiten einzuführen. Ähnlich ermuntert die **Empfehlung 86/379/EWG** des Rates vom 24.7.1986 **zur Beschäftigung von Behinderten in der Gemeinschaft** die Mitgliedstaaten[4], positive Maßnahmen zugunsten von behinderten Menschen zu ergreifen. Auch begnügen sich die **Diskriminierungsrichtlinien** mit der Klarstellung, dass der Gleichbehandlungsgrundsatz die Mitgliedstaaten nicht daran hindert, „zur Gewährleistung der völligen Gleichstellung im Berufsleben spezifische Maßnahmen beizubehalten oder einzuführen, mit denen verbotene Benachteiligungen verhindert oder ausgeglichen werden"[5]. Begrenzte Versuche, insbesondere positive Maßnahmen zur Gleichstellung der Geschlechter für die Mitgliedstaaten verbindlich anzuordnen, sind bis heute erfolglos geblieben. Dies gilt namentlich für den Vorschlag der Kommission einer RL zur Gewährleistung einer ausgewogenen Vertretung von Frauen und Männern unter den nichtgeschäftsführenden Direktoren/Aufsichtsratsmitgliedern börsennotierter Gesellschaften[6]. 3

II. Positive Maßnahmen

1. **Begriff der positiven Maßnahme**. Nach der Definition des § 5, die den Gleichbehandlungs-RL entspricht, handelt es sich bei einer positiven Maßnahme um eine Maßnahme, die eine unterschiedliche Behandlung erlaubt und dem Zweck dient, bestehende Nachteile wegen eines in § 1 genannten Grundes zu verhindern oder auszugleichen. 4

---

1 Zur affirmative action im US-amerikanischen Recht aus dem deutschsprachigen Schrifttum s Grünberger, Personale Gleichheit, S 205 ff mwNachw; ebenfalls instruktiv Sandra Fredman, Discrimination Law,² S 260 ff mwNachw.
2 Vgl zB Bauer/Krieger/Günther AGG § 5 Rz 4.
3 ABl EWG 1984 Nr L 331 S 34.
4 ABl EWG Nr L 225 S 43. Im Anhang zur Empfehlung findet sich ein „Orientierungsrahmen positiver Maßnahmen für die Beschäftigung und Berufsbildung von Behinderten".
5 Vgl die nahezu wortidentischen RL 2000/43/EG Art 5, RL 2000/78/EG Art 7 Abs 1 und RL 2006/54/EG Art 3.
6 Vgl KOM (2012) 614 endg. Dazu im Überblick Seifert in Schlachter/Heinig, Europäisches Arbeits- und Sozialrecht, § 20 Rz 91-92 mwNachw. Allerdings hat die Kommission diesen Vorschlag vor kurzem aufgegriffen und will ihn weiterverfolgen; s oben Vor AGG Rz 18 mwNachw.

5 Eine **Maßnahme** iSv § 5 kann jede tatsächliche oder rechtliche Handlung sein, die der Verhinderung oder dem Ausgleich bestehender Nachteile dient. Urheber der Maßnahme muss nicht notwendigerweise der Staat sein. Auch wenn positive Maßnahmen, die auf ein Gesetz zurückgehen, derzeit noch im Vordergrund zu stehen scheinen, erlaubt § 5 auch positive Maßnahmen von Arbeitgebern oder solche, die tarifvertraglich, durch Betriebsvereinbarung oder in einem Individualarbeitsvertrag geregelt sind[7]. Darüber hinaus sind die Koalitionen, insbesondere die Gewerkschaften, befugt, in ihren Verbandssatzungen positive Maßnahmen zugunsten benachteiligter Gruppen zu ergreifen; man denke nur an die in einzelnen Gewerkschaftssatzungen vorgesehenen „Frauenquoten" (dazu näher s § 18 Rz 19 mwNachw). Die unionsrechtliche Zulässigkeit der mit § 5 verbundenen „Delegation" auf nichtstaatliche Subjekte ist verschiedentlich in Frage gestellt worden, da die einschlägigen Vorschriften der Gleichbehandlungs-RL nur die Mitgliedstaaten ermächtigen, positive Maßnahmen zu ergreifen[8]. Für die Vereinbarkeit von § 5 mit Unionsrecht spricht indessen grds, dass der Unionsgesetzgeber mit Verabschiedung der Gleichbehandlungs-RL die Zulässigkeit positiver Maßnahmen nicht einschränken wollte; vielmehr sind positive Maßnahmen nach seiner Ansicht sogar erwünscht[9].

6 Die mit Blick auf AGG-relevante Personengruppen bestehenden **Nachteile**, die durch eine positive Maßnahme verhindert oder ausgeglichen werden sollen, können sowohl tatsächlicher als auch struktureller Art sein[10]. Bei der Feststellung, ob solche Nachteile vorliegen, ist großzügig zu verfahren. Es reicht aus, dass die von der positiven Maßnahme begünstigten Personen über schlechtere Arbeitsmarktchancen verfügen. Dabei kann an der Arbeitsmarktlage insgesamt, aber auch an der Situation in dem Wirtschaftszweig, dem der sich auf § 5 berufende Arbeitgeber angehört, oder an den betrieblichen Verhältnissen angeknüpft werden[11]. Der **Nachweis bestehender Nachteile** zu Lasten einer bestimmten Personengruppe wie zB für ältere oder weibliche Beschäftigte kann **durch Statistiken** erbracht werden, die belegen, dass die betroffene Personengruppe im Berufsleben allgemein oder in dem gegenständlichen Wirtschaftszweig oder einem bestimmten Unternehmen unterrepräsentiert ist. Die Gleichstellungsgesetze des Bundes und auch der Länder sehen für den Bereich der öffentlichen Verwaltung die Erhebung solcher Statistiken hinsichtlich der Verteilung der Geschlechter innerhalb der Verwaltung bei der Aufstellung von Frauenförder- und Gleichstellungsplänen ausdrücklich vor[12]. In der Regel muss eine solche Verobjektivierung der ins Visier genommenen Nachteile durch Vorlage von Zahlenmaterial möglich sein[13]. Allerdings müssen sich die Statistiken nicht auf konkret bestehende Nachteile einer Beschäftigtengruppe im Betrieb oder der Dienststelle beziehen, sondern können die Situation der betroffenen Gruppe im Wirtschaftszweig, der betroffenen Region oder gar gesamtwirtschaftlich wiedergeben, solange eine große Wahrscheinlichkeit dafür besteht, dass diese Statistiken auch die innerbetriebliche Lage abbilden.

7 2. **Zulässigkeit.** Positive Maßnahmen sind nach dem Wortlaut des § 5 nur zulässig, wenn sie zur Verhinderung oder zum Ausgleich bestehender Nachteile wegen eines in § 1 genannten Grundes geeignet und angemessen sind. Zentrales Beurteilungskriterium für ihre Zulässigkeit ist somit ihre **Verhältnismäßigkeit**. Damit knüpft das Gesetz an der inzwischen gefestigten Rspr des EuGH zur Zulässigkeit von positiven Maßnahmen im Rahmen der RL 76/207/EWG an[14]. Im Einzelnen bedeutet dies, dass die zu prüfende Maßnahme **geeignet, erforderlich und angemessen** zur Verwirklichung eines legitimen Zweckes iSv § 5 ist. Der Verhältnismäßigkeitsgrundsatz ist letztlich Ausfluss dessen, dass der Gerichtshof positive Maßnahmen als Ausnahme des in den RL verankerten individuellen Rechts auf Gleichbehandlung ansieht und deshalb deren Zulässigkeit eng auslegt[15].

8 Bei der Anwendung des Verhältnismäßigkeitsgrundsatzes ist zu berücksichtigen, dass positive Maßnahmen Ausnahmen vom Gleichbehandlungsgrundsatz sind, die ihrerseits Personen benachteiligen und deshalb eng auszulegen sind[16]. Derartige Maßnahmen müssen geeignet, erforderlich und angemessen zur **Verwirklichung von Chancengleichheit** im Arbeitsleben sein. An die Verhältnismäßigkeitsprüfung sind deshalb strenge Anforderungen zu stellen. **Harte Quotenregelungen beim Zugang zur Beschäftigung**, die einen absoluten Vorrang eines Angehörigen

---

7 S BT-Drucks 16/1780 S 34.
8 So insbesondere ErfK/Schlachter AGG § 5 Rz 2 mwNachw.
9 Diese Wertung lässt sich zB RL 2000/78/EG Erwägungsgrund 26 und 27, aber auch Empfehlung Nr 84/635/EWG vom 13.12.1984 zur Förderung positiver Maßnahmen für Frauen sowie der Empfehlung 86/379/EWG des Rates vom 24.7.1986 zur Beschäftigung von Behinderten in der Gemeinschaft (ABl EWG Nr L 225/43) entnehmen.
10 Vgl BT-Drucks 16/1780 S 34.
11 Bauer/Krieger/Günther AGG § 5 Rz 9; BeckOK Arbeitsrecht/Roloff AGG § 5 Rz 4.
12 ZB BGleiG § 13 Abs 1 und HGlG § 6 Abs 2 Nr 1 („Bestandsaufnahme").
13 So auch Meinel/Heyn/Herm AGG § 5 Rz 6.
14 So der Hinweis in BT-Drucks 16/1780 S 34.
15 EuGH NZA 1995, 1095.
16 Vgl EuGH NZA 1995, 1095 im Hinblick auf RL 76/207/EWG Art 2 Abs 4.

der geförderten benachteiligten Gruppe bei gleicher Qualifikation vorsehen, ohne dass die besonderen Umstände des Einzelfalls berücksichtigt werden, sind deshalb nicht verhältnismäßig[17]. Wohl aber genügen **Quotenregelungen mit einer Härtefallklausel** den Anforderungen des Verhältnismäßigkeitsgrundsatzes[18]. Auch können sog **"flexible Ergebnisquoten"** vorgesehen werden, die durch einen Frauenförderungsplan festzulegen sind, aber eine individuelle Beurteilung der einzelnen Bewerbungen erlauben (zB HGlG), soweit sie eine objektive Betrachtung der besonderen persönlichen Lage der einzelnen Kandidaten gewährleisten[19]. Grundsätzlich kommt eine Bevorzugung von Angehörigen einer benachteiligten Gruppe nur bei gleicher Qualifikation im Vergleich zu anderen Bewerbern in Betracht. Der EuGH hat aber in der Rechtssache *Abrahamsson* auch eine nahezu gleichwertige Qualifikation für ausreichend gehalten; der Abstand der Qualifikation darf indessen nicht zu groß sein[20].

3. **Einzelne positive Maßnahmen.** – a) **Maßnahmen zugunsten des unterrepräsentierten Geschlechts.** Im Vordergrund stehen traditionell positive Maßnahmen zugunsten von Beschäftigten des unterrepräsentierten Geschlechts und damit von weiblichen Beschäftigten. 9

Von besonderer Bedeutung sind positive Maßnahmen, die Angehörige des unterrepräsentierten Geschlechts beim **Zugang zur Beschäftigung** oder bei **Beförderungsentscheidungen** bevorzugen. So sehen das BGleiG sowie die Gleichstellungsges der Länder eine Bevorzugung von Angehörigen des unterrepräsentierten Geschlechts beim Zugang zum öffentlichen Dienst vor. Demnach sind Frauen, soweit sie in einem bestimmten Bereich unterrepräsentiert sind, bei der Vergabe von Ausbildungsplätzen, bei Einstellung und beruflichem Aufstieg grds bevorzugt zu berücksichtigen. Allerdings ist eine Bevorzugung nur in den Grenzen des **GG Art 33 Abs 2** (Grundsatz der Bestenauslese) verfassungsrechtlich zulässig und erfordert somit, dass sie die gleiche Qualifikation wie ihre männlichen Mitbewerber aufweisen[21]. Die Bevorzugung ist ausgeschlossen, wenn rechtlich schützenswerte Gründe überwiegen, die in der Person eines männlichen Mitbewerbers liegen. Sind Männer strukturell benachteiligt und in dem jeweiligen Bereich unterrepräsentiert, gilt § 5 zu ihren Gunsten. Ebenso handelt es sich um eine positive Maßnahme, wenn der öffentliche Arbeitgeber im **Ausschreibungstext** des in dem jew Bereich unterrepräsentierten Geschlechts besonders zur Bewerbung auffordert[22], die Pflicht zur Einladung einer gleichen Zahl von männlichen und weiblichen Bewerbern zu einem **Vorstellungsgespräch**[23] sowie die grds Pflicht des öffentlichen Arbeitgebers, Personalauswahlkommissionen nach Geschlechtern paritätisch zusammenzusetzen[24]. Vergleichbare gesetzliche Bevorzugungsregelungen **für die Privatwirtschaft** sind politisch bisher nicht durchsetzbar gewesen[25]. Darüber hinaus sehen verschiedene Landesgleichstellungsgesetze besondere Regelungen für die **Berücksichtigung von Gleichstellungsbelangen bei der Vergabe öffentlicher Aufträge** vor[26]. Bestehen keine gesetzlichen Regelungen, ist eine aktive Frauenförderung durch positive Maßnahmen vor allem auf den Tarifvertrag oder die Betriebsvereinbarung als arbeitsrechtliche Gestaltungsfaktoren verwiesen. 10

Positive Maßnahmen zugunsten des unterrepräsentierten Geschlechts finden sich seit einigen Jahren auch im **Unternehmensrecht.** Sah **DCGK Ziffer 5.4.1. idF v 26.5.2010** zunächst noch eine weiche Regelung dergestalt vor, dass der Aufsichtsrat für seine Zusammensetzung konkrete Ziele benennt und in diesem Rahmen auch eine angemessene Beteiligung von Frauen vorsieht, führte der Gesetzgeber angesichts der Erfolglosigkeit dieser soft-law-Regelungen mit dem Ges für gleichberechtigte Teilhabe von Frauen und Männern an Führungspositionen vom 24.4.2015[27] eine harte Geschlechterquote für die Zusammensetzung bestimmter Aufsichtsräte ein. Nach dem in diesem Zusammenhang eingeführten **AktG § 96 Abs 2** müssen Aufsichtsräte in börsennotierten Gesellschaften, auf die das MitbestG, das Montan-MitbestG oder das MitbestErgG Anwendung findet, zu mindestens 30 % aus Frauen und zu mindestens 30 % aus Männern bestehen. Da es sich um eine starre Quote handelt, die keine Abweichung im Einzelfall zulässt, ist ihre unionsrechtliche Zulässigkeit unter Berufung auf die Rspr des EuGH zu Quotenregelungen 11

---

17 So EuGH NZA 1995, 1095.
18 EuGH NJW 1997, 3429 zum BeamtenG NRW.
19 EuGH NZA 2000, 473.
20 Vgl EuGH NZA 2000, 935.
21 Vgl zB BGlG § 8 Abs 1.
22 Vgl zB BGleiG § 6 Abs 1 S 2 u HGlG § 9 Abs 1 S 3. Dazu LAG Düsseldorf, LAGE § 15 ArbGG Nr 6a.
23 ZB BGlG § 7 Abs 1, HGlG § 10 Abs 1.
24 So zB BGlG § 7 Abs 3.
25 Stattdessen hat sich die Privatwirtschaft nur allgemein zur Erhöhung des Anteils weiblicher Beschäftigter verpflichtet: s die Vereinbarung zwischen der Bundesregierung und den Spitzenverbänden der deutschen Wirtschaft zur Förderung der Chancengleichheit von Frauen und Männern in der Privatwirtschaft vom 3.7.2001. Zu der mangelnden Effektivität dieser Vereinbarung vgl Katrin Lange, Die „Vereinbarung zwischen der Bundesregierung und den Spitzenverbänden der deutschen Wirtschaft zur Förderung der Chancengleichheit von Frauen und Männern in der Privatwirtschaft" und ihre Bilanzierung – Expertise für den Zweiten Gleichstellungsbericht der Bundesregierung, Berlin 2017.
26 Dazu im Überblick Seidel, in: Schiek/Dieball/Horstkötter/Seidel/Vieten/Wankel, Frauengleichstellungsgesetze Rz 795 ff mwNachw.
27 BGBl I S 642.

(dazu s oben Rz 7-8 mwNachw) mit beachtlichen Gründen in Zweifel gezogen worden[28]. Für die Zusammensetzung des Vorstandes einer börsennotierten AG, für die das MitbestG, das Montan-MitbestG oder das MitbestErgG gilt, verlangt der 2021 neu eingeführte AktG § 76 Abs 3a[29], dass mindestens eine Frau und mindestens ein Mann Mitglied des Vorstandes sein muss, sofern dieser aus mehr als drei Personen besteht. Für Aufsichtsgremien, für die der Bund Mitglieder zu bestimmen hat, gilt ab dem 1.1.2016 nach **Bundesgremienbesetzungsges (BGremBG) § 4** ebenfalls eine Quote von mindestens 30 % Frauen und von mindestens 30 % Männern.

12 Darüber hinaus ordnet der ebenfalls 2015 eingeführte **AktG § 76 Abs 4** an, dass der Vorstand von börsennotierten oder mitbestimmten Gesellschaften für den Frauenanteil in den beiden Führungsebenen unterhalb des Vorstands Zielgrößen sowie eine Frist, innerhalb welcher diese zu erreichen sind (höchstens fünf Jahre), festlegt. Die Vorschrift verlangt somit die Festlegung einer „weichen" Frauenquote[30] für die beiden Führungsebenen unterhalb des Vorstandes und ist wegen der mit ihr verbundenen Flexibilität im Einzelfall unionsrechtlich unbedenklich. Eine entsprechende Regelung sieht AktG § 111 Abs 5 für den Frauenanteil im Aufsichtsrat und im Vorstand vor. Die betroffenen Gesellschaften unterliegen hinsichtlich der Einhaltung der Quote des AktG § 96 Abs 2 und der Zielvorgaben aufgrund von AktG §§ 76 Abs 4, 111 Abs 5 einer handelsrechtlichen **Publizitätspflicht**, da diese Angaben in die Erklärung dieser Gesellschaften zur Unternehmensführung aufzunehmen sind (vgl HGB § 289f Abs 2 Nr 5, § 315d).

13 Jenseits des Zuganges zur Beschäftigung können positive Maßnahmen zugunsten der Beschäftigten eines Geschlechts auch **einzelne Beschäftigungsbedingungen** betreffen. Man denke nur an positive Maßnahmen zugunsten von Frauen, die der besseren Vereinbarkeit von Familie und Beruf dienen. In diesen Zusammenhang gehört insbesondere die vom EuGH entschiedene Rechtssache *Lommers*, in der ein Arbeitgeber weiblichen Beschäftigten mit kleinen Kindern einen bevorzugten **Zugang zur betriebseigenen Kindertagesstätte** gewährt hat[31]. Denkbar sind aber auch besondere **Fort- und Weiterbildungsmaßnahmen**, um die berufliche Entwicklung von Angehörigen des unterrepräsentierten Geschlechts zu fördern. Auch **BetrVG § 15 Abs 2** regelt eine positive Maßnahme im Hinblick auf eine bestimmte Arbeitsbedingung, wenn die Vorschrift verlangt, dass das Geschlecht, das in der Belegschaft in der Minderheit ist, mindestens entsprechend seinem zahlenmäßigen Verhältnis im Betriebsrat vertreten sein muss, sofern dieser aus mindestens drei Mitgliedern besteht[32].

14 b) **Maßnahmen zugunsten von behinderten Beschäftigten.** Eine Reihe von gesetzlichen Vorschriften sehen positive Maßnahmen zur Förderung von behinderten Beschäftigten vor; im Vordergrund stehen dabei im deutschen Recht traditionell **Fördermaßnahmen zugunsten von schwerbehinderten Beschäftigten** (vgl SGB IX § 2 Abs 2). Eine solche Beschränkung auf schwerbehinderte Personen ist **unionsrechtlich unbedenklich**[33]: Da das Unionsrecht die Mitgliedstaaten nicht zur Ergreifung von positiven Maßnahmen zugunsten von behinderten Beschäftigten verpflichtet, besitzen sie Gestaltungsfreiheit dahingehend, mit der Gruppe der schwerbehinderten Beschäftigten die am meisten schutzbedürftige Gruppe der behinderten Menschen besonders zu fördern.

15 Positive Maßnahmen sind begrifflich von den **angemessenen Vorkehrungen** zu unterscheiden, die RL 2000/78/EG Art 5 Arbeitgebern gegenüber Menschen mit Behinderung zur Pflicht macht. Dabei geht es um die im konkreten Fall erforderlichen Maßnahmen, um Menschen mit Behinderung überhaupt erst den Zugang zur Beschäftigung, die Ausübung eines Berufes, den beruflichen Aufstieg und die Teilnahme an Aus- und Weiterbildungsmaßnahmen zu ermöglichen. Für schwerbehinderte Beschäftigte hat der deutsche Gesetzgeber diese sich aus der Richtlinie ergebende Pflicht des Arbeitgebers in SGB IX § 164 Abs 4 in nationales Recht umgesetzt. Nach der Konzeption von RL 2000/78/EG Art 5 sollen angemessene Vorkehrungen überhaupt erst ermöglichen, dass Menschen mit Behinderung wie andere Beschäftigte im Berufsleben behandelt werden (zu dieser sog *"Reasonable Accomodation"* s § 8 Rz 22 mwNachw). Demgegenüber ist der Arbeitgeber zur Ergreifung von positiven Maßnahmen zugunsten behinderter Beschäftigter grds gesetzlich nicht verpflichtet: Sie stellen freiwillige Maßnahmen des Arbeitgebers dar, welche die völlige Gleichstellung von behinderten mit nichtbehinderten Beschäftigten im Berufsleben zum Ziel haben (vgl RL 2000/78/EG Art 7 Abs 1).

---

28 So zB MünchKomm/Habersack AktG § 96 Rz 34; eingehender Habersack/Kersten BB 2014, 2819, 2828.
29 Eingeführt durch Art 7 Ges zur Ergänzung und Änderung der Regelungen für die gleichberechtigte Teilhabe von Frauen an Führungspositionen in der Privatwirtschaft und im öffentlichen Dienst v 7.8.2021 (BGBl 2021 I S 3311).
30 So Drygala NZG 2015, 1129 ff.
31 Vgl EuGH NZA 2002, 501 ff.
32 So auch Richardi/Thüsing BetrVG § 15 Rz 3 und 4. Vergleichbare Vorschriften enthalten BPersVG § 17 Abs 6 und 7, SprAuG § 4 Abs 2, EBRG §§ 11 Abs 5, 23 Abs 5.
33 Ebenso Däubler/Beck/Zimmer AGG § 5 Rz 55 mN.

Beispiele für **gesetzlich angeordnete positive Maßnahmen zugunsten von schwerbehin-** 16
derten Beschäftigten sind die Pflicht der Arbeitgeber zur Beschäftigung schwerbehinderter Menschen (SGB IX §§ 154 ff), die grds Pflicht des öffentlichen Arbeitgebers, schwerbehinderte Bewerber zu einem Vorstellungsgespräch einzuladen (SGB IX § 165 S 3), der zu ihren Gunsten bestehende besondere Kündigungsschutz (SGB IX §§ 168 ff) und die Gewährung von Zusatzurlaub (SGB IX § 208); Erwähnung verdient auch die Pflicht des Arbeitgebers zur Berücksichtigung einer Behinderung von Beschäftigten bei der Durchführung der Sozialauswahl vor einer betriebsbedingten Kündigung (vgl KSchG § 1 Abs 3). Positive Maßnahmen zugunsten von behinderten Beschäftigten können aber auch **in kollektivrechtlichen Instrumenten** vorgesehen werden. So können Arbeitgeber einerseits sowie Betriebs- bzw Personalrat und Schwerbehindertenvertretung andererseits in einer von ihnen abgeschlossenen **Inklusionsvereinbarung** nach SGB IX § 166 (früher Integrationsvereinbarungen) konkrete Regelungen über die Eingliederung schwerbehinderter Menschen im Betrieb vorsehen, die als positive Maßnahmen zu qualifizieren sind, wie etwa Beschäftigungsquoten (SGB IX § 166 Abs 3 Nr 1) oder die vorrangige Berücksichtigung von schwerbehinderten Beschäftigten beim Zugang zu betrieblichen Weiterbildungsmaßnahmen[34]; in diesen Fällen verfügt der Arbeitgeber entgegen der allgemeinen Unzulässigkeit der Frage nach der Schwerbehinderung in Bewerbungsverfahren über ein Fragerecht hinsichtlich der Schwerbehinderteneigenschaft von Bewerbern[35]. Entsprechende positive Maßnahmen zugunsten von schwerbehinderten Beschäftigten können auch durch **Tarifvertrag** oder durch **freiwillige Betriebsvereinbarung** (vgl BetrVG § 88 Nr 5) geregelt werden.

c) **Maßnahmen zugunsten bestimmter Altersgruppen. Positive Maßnahmen zuguns-** 17
ten von älteren Beschäftigten sind zB die gesetzlich, tarifvertraglich oder durch Betriebsvereinbarung vorgesehenen längeren Kündigungsfristen für ältere Beschäftigte (vgl zB BGB § 622 Abs 2), die Einräumung längerer Pausen für ältere Beschäftigte sowie die Berücksichtigung des Alters im Rahmen der Sozialauswahl nach KSchG § 1 Abs 3[36]. Umgekehrt kann es auch **positive Maßnahmen zugunsten von jüngeren Beschäftigten** geben. So ist denkbar, dass durch Tarifvertrag oder durch Betriebsvereinbarung eine Pflicht zur **Übernahme von Auszubildenden** in ein (befristetes) Arbeitsverhältnis vorgesehen wird, um ihnen einen Berufseinstieg zu ermöglichen[37].

d) **Religion und Weltanschauung.** Positive Maßnahmen, mit denen die Ausübung einer 18
bestimmten Religion von Beschäftigten gefördert werden soll, finden sich im Arbeitsleben selten. Soweit überhaupt vorhanden, dürften sie sich auf die Integration von Beschäftigten muslimischen Glaubens konzentrieren. So gibt Partizipations- und Integrationsges Baden-Württemberg § 8[38] Beschäftigten grds einen Anspruch auf Freistellung von der Arbeit oder vom Dienst, um an bestimmten muslimischen Feiertagen am Gottesdienst teilzunehmen. Entsprechende Regelungen sind auch für die Angehörigen anderer Religionsgesellschaften denkbar und können durch die Rechtsnorm eines Tarifvertrages oder durch freiwillige Betriebsvereinbarung festgelegt werden. Auch können durch Tarifvertrag oder durch Betriebsvereinbarung Gebetspausen für Beschäftigte muslimischen Glaubens vorgesehen werden[39].

e) **Maßnahmen zugunsten von Beschäftigten mit Migrationshintergrund.** Positive Maß- 19
nahmen, die Beschäftigte wegen ihrer ethnischen Herkunft bevorzugen, sind bislang selten. Denkbar ist, dass durch eine freiwillige Betriebsvereinbarung (BetrVG § 88) die gezielte Förderung von Beschäftigten mit Migrationshintergrund bei der Einstellung oder bei Beförderungsentscheidungen vorgesehen wird, um eine möglichst große Vielfalt (*Diversity*) innerhalb der Belegschaft sicherzustellen. Auch kommt eine besondere Förderung von Beschäftigten mit Migrationshintergrund durch Sprachkursangebote in Betracht[40]. Entsprechende gesetzliche Vorschriften gibt es insoweit (noch) nicht. Einen Schritt in diese Richtung bilden allerdings die **Partizipations- und Integrationsgesetze der Länder Berlin, Baden-Württemberg und**

---

34 Dazu insbesondere Joussen NZA 2007, 174, 177f.
35 Ebenso Joussen NZA 2007, 174, 177f. Zur grds Unzulässigkeit der Frage eines Arbeitgebers nach der Schwerbehinderung eines Bewerbers s statt vieler Simitis/Hornung/Spiecker/Seifert DSGVO Art 88 Rz 87 mwNachw.
36 Ausführlich mit zahlreichen weiteren Beispielen Däubler/Beck/Zimmer AGG § 5 Rz 62 ff.
37 Zu tarifvertraglichen Übernahmeregeln s Kempen/Zachert/Seifert TVG § 1 Rz 789 mwNachw.

38 Ges zur Verbesserung von Chancengleichheit und Teilhabe in Baden-Württemberg vom 1.12.2015 (GBl 2015 S 1047).
39 Eine Pflicht des Arbeitgebers gegenüber einem muslimischen Arbeitnehmer zur Gewährung einer Gebetspause hat das LAG Hamm NJW 2002, 170 indessen abgelehnt.
40 So die Beispiele von Vereinbarungen bei Ullenboom, Toleranz, Respekt und Kollegialität S 40 ff.

Nordrhein-Westfalen[41]: Diese beiden Landesgesetze schreiben das Ziel fest, eine Erhöhung des Anteils von Beschäftigten mit Migrationshintergrund in der Landesverwaltung anzustreben, doch sind die gesetzlichen Regelungen im Unterschied zu den Gleichstellungsgesetzen des Bundes und der Länder (dazu s oben Rz 10 mwNachw) nicht so formuliert, dass Bewerber mit Migrationshintergrund bei gleicher Eignung im Verhältnis zu anderen Bewerbern bevorzugt in den öffentlichen Dienst einzustellen sind[42]. Solche „weichen" Zielvorgaben zugunsten von Personen mit Migrationshintergrund sind gleichwohl als positive Maßnahmen iSv § 5 zu qualifizieren und sind auch grds zulässig[43].

20 f) **Positive Maßnahmen im Zivilrechtsverkehr.** Eine weitaus geringere Bedeutung besitzen demgegenüber positive Maßnahmen im Geltungsbereich des zivilrechtlichen Benachteiligungsverbots (vgl § 19). Beispiele für positive Maßnahmen im Zivilrechtsverkehr sind etwa die strukturpolitisch motivierte **Gewährung von vergünstigten Hausbaudarlehen an junge Familien**, um diese in strukturschwachen Gebieten anzusiedeln, die Berücksichtigung des Alters oder der ethnischen Herkunft bei der **Vergabe von Mietwohnungen** durch gemeinnützige Wohnungsgesellschaften, um eine möglichst ausgewogene Belegung der Wohnungen sicherzustellen, oder die **Gewährung eines Rabattes an Schüler und Studenten** für den Eintritt in Theater oder Kinos. In sämtlichen dieser Fälle sollen die Maßnahmen den Angehörigen einer bestimmten benachteiligten Gruppe zugutekommen.

21 g) **Einzelne positive Maßnahmen jenseits des Geltungsbereichs des AGG.** Die Durchführung positiver Maßnahmen zugunsten einer benachteiligten Gruppe, um deren tatsächliche Gleichstellung zu verwirklichen, ist nicht auf den Geltungsbereich des AGG begrenzt. Ein aktuelles und äußerst kontrovers diskutiertes Beispiel sind positive Maßnahmen zugunsten des unterrepräsentierten Geschlechts bei der Aufstellung von Wahllisten der politischen Parteien für Parlaments- oder Kommunalwahlen durch sog **„Paritätsgesetze"**[44]. Insbesondere der Freistaat Thüringen sowie das Land Brandenburg haben solche Gesetze geschaffen[45]. Ihre Vereinbarkeit mit Landesverfassungsrecht und mit dem GG wird äußerst kontrovers diskutiert[46]. Der Thüringer Verfassungsgerichtshof hat das Thüringer Gesetz für verfassungswidrig erklärt[47]. Auch das Brandenburger Paritégesetz ist vom Brandenburger Verfassungsgericht als verfassungswidrig verworfen worden[48].

Abschnitt 2

Schutz der Beschäftigten vor Benachteiligung

Unterabschnitt 1

Verbot der Benachteiligung

§ 6 Persönlicher Anwendungsbereich

(1) Beschäftigte im Sinne dieses Gesetzes sind
1. Arbeitnehmerinnen und Arbeitnehmer,
2. die zu ihrer Berufsbildung Beschäftigten,
3. Personen, die wegen ihrer wirtschaftlichen Unselbstständigkeit als arbeitnehmerähnliche Personen anzusehen sind; zu diesen gehören auch die in Heimarbeit Beschäftigten und die ihnen Gleichgestellten.

Als Beschäftigte gelten auch die Bewerberinnen und Bewerber für ein Beschäftigungsverhältnis sowie die Personen, deren Beschäftigungsverhältnis beendet ist.

---

41 Vgl Ges zur Regelung von Partizipation und Integration in Berlin vom 15.12.2010 (GVBl 2010 S 560), das Ges zur Verbesserung von Chancengleichheit und Teilhabe in Baden-Württemberg vom 1.12.2015 (GBl 2015 S 1047) sowie das Ges zur Förderung der gesellschaftlichen Teilhabe und Integration in Nordrhein-Westfalen vom 14.2.2012 (GVBl 2012 S 97).
42 Ebenso Döse NZA 2012, 781f.
43 Dazu näher Ziekow DÖV 2014, 765, 774.
44 Für einen Überblick über die bestehenden Regelungen in einzelnen Bundesländern s Geppert DJBZ 2019, 119 ff; zum französischen Paritätsgesetz instruktiv zB Cleff Le Divellec DJBZ 2019, 117 ff mwNachw.
45 Vgl Thür GVBl 2019 S 322 sowie Brbg GVBl 2019 S 1.
46 Für einen Überblick über die Diskussion s zB Volk DÖV 2021, 413 ff mwNachw.
47 Vgl ThürVerfGH NVwZ 2020, 1266 ff. Zur Kritik an dieser Entscheidung s insbesondere Danker NVwZ 2020, 1250 ff.
48 BbgVerfG NJW 2020, 3579 ff; s dazu die Bespr v Sachs JuS 2020, 1230 ff sowie Edinger DÖV 2021, 442 ff.

(2) Arbeitgeber (Arbeitgeber und Arbeitgeberinnen) im Sinne dieses Abschnitts sind natürliche und juristische Personen sowie rechtsfähige Personengesellschaften, die Personen nach Absatz 1 beschäftigen. Werden Beschäftigte einem Dritten zur Arbeitsleistung überlassen, so gilt auch dieser als Arbeitgeber im Sinne dieses Abschnitts. Für die in Heimarbeit Beschäftigten und die ihnen Gleichgestellten tritt an die Stelle des Arbeitgebers der Auftraggeber oder Zwischenmeister.
(3) Soweit es die Bedingungen für den Zugang zur Erwerbstätigkeit sowie den beruflichen Aufstieg betrifft, gelten die Vorschriften dieses Abschnitts für Selbstständige und Organmitglieder, insbesondere Geschäftsführer oder Geschäftsführerinnen und Vorstände, entsprechend.

ÜBERSICHT

1. Überblick 1, 2
2. Beschäftigte iSd AGG (Abs 1) 3–8
3. Arbeitgeberbegriff (Abs 2) 9–12
4. Selbständige und Organmitglieder (Abs 3) 13–17

1. **Überblick.** Die Vorschriften des § 6 stecken den persönlichen Geltungsbereich des 2. Abschnittes des AGG über den Schutz von Beschäftigten vor Benachteiligung ab. Im Zentrum steht dabei der in **Abs 1** ausgeformte Beschäftigtenbegriff, der weit über den Begriff des Arbeitnehmers im arbeitsrechtlichen Sinne hinausgeht und ua auch die zu ihrer Berufsbildung Beschäftigten sowie arbeitnehmerähnliche Personen einschließt; ebenso wie einzelne andere Ges (vgl zB BDSG § 26 Abs 8 oder ArbSchG § 2 Abs 2 Nr 1-7) sind die §§ 6 ff nicht nur arbeitsrechtliche Vorschriften, sondern bilden ein weitergehendes Beschäftigtenrecht. **Abs 3** ordnet über die Gruppe von Beschäftigten hinaus die entsprechende Geltung der Vorschriften des 2. Abschnittes auf Selbständige und Organmitglieder an, soweit es die Bedingungen für den Zugang zur Erwerbstätigkeit betrifft. **Abs 2** legt mit dem Begriff des Arbeitgebers iSd 2. Abschnittes den Vertragspartner von Beschäftigten im diskriminierungsrechtlichen Sinne fest.

Der durch § 6 festgelegte persönliche Geltungsbereich des Schutzes von Beschäftigten vor Benachteiligungen ist **teilweise unionsrechtlich vorgegeben**. Zwar ist durchaus zutreffend, dass die Gleichbehandlungs-RL keine den Vorschriften des § 6 entsprechende Regelung des persönlichen Geltungsbereichs enthalten. Daraus lässt sich aber nicht der voreilige Schluss ziehen, dass die RL insoweit dem nationalen Gesetzgeber eine weitreichende Gestaltungsfreiheit beließen. Denn die RL verweisen hinsichtlich des Arbeitnehmerbegriffes nicht auf das nationale Recht der Mitgliedstaaten (etwa auf BGB § 611a Abs 1 für das deutsche Recht), sondern gehen von einem autonomen Arbeitnehmerbegriff aus, der unionsrechtlich zu bestimmen ist[1]. In Anknüpfung an die Rspr des EuGH zum Arbeitnehmerbegriff, welcher der Arbeitnehmerfreizügigkeit (AEUV Art 45) zugrunde liegt, ist danach Arbeitnehmer, wer für einen anderen nach dessen Weisungen eine Arbeitsleistung erbringt, für die er eine Vergütung erhält[2]. Infolgedessen fallen unter den unionsrechtlichen Arbeitnehmerbegriff nicht nur Arbeitnehmer im arbeitsrechtlichen Sinne, sondern auch Beschäftigte, die in einem öffentlich-rechtlichen Dienstverhältnis (zB Beamte, Soldaten, Richter) stehen, oder Auszubildende unter den persönlichen Geltungsbereich der Gleichbehandlungs-RL. Allerdings geht der Arbeitnehmerbegriff der RL nicht so weit, auch arbeitnehmerähnliche Personen zu erfassen (zu dieser Personengruppe s unten Rz 5 mwNachw).

2. **Beschäftigte iSd AGG (Abs 1).** Beschäftigte sind nach Abs 1 Satz 1 Nr 1 **Arbeitnehmerinnen und Arbeitnehmer**. Damit knüpft das Gesetz vor allem am allgemeinen arbeitsrechtlichen Arbeitnehmerbegriff an, wie er für das deutsche Recht seit 2017 in **BGB § 611a Abs 1** gesetzlich geregelt ist. Arbeitnehmer ist danach, wer durch Arbeitsvertrag zur Leistung weisungsgebundener, fremdbestimmter Arbeit in persönlicher Abhängigkeit durch Arbeitsvertrag verpflichtet ist. Der Arbeitnehmerbegriff des § 6 Abs 1 Satz 1 Nr 1 ist unionsrechtskonform auszulegen, da mit dem AGG die Gleichbehandlungs-RL der EU umgesetzt werden sollen und den RL der unionsrechtliche Arbeitnehmerbegriff zugrunde liegt, wie er ursprünglich für das Recht der Arbeitnehmerfreizügigkeit entwickelt worden ist und inzwischen auf die meisten anderen Bereiche des Arbeitsrechts der Union übertragen wird. Konkrete Folgen hat dies insbesondere für die Gruppe der **GmbH-Fremdgeschäftsführer**: Obwohl diese Personen nach deutschem Recht nicht als Arbeitnehmer iSv BGB § 611a Abs 1 eingeordnet werden, sind sie Arbeitnehmer im unionsrechtlichen Sinne und genießen deshalb den Diskriminierungsschutz von Arbeitnehmern

---

1 Vgl EUArbR/Mohr, Art 10 RL 2000/78/EG Rz 5f mwNachw.
2 Zur Ausstrahlung des Arbeitnehmerbegriffs von AEUV Art 45 auf andere Rechtsakte der Union allgemein EuGH C-519/09, ECLI:EU:C:2011:221 Rz 22 (May); s auch EuGH C-143/16, ECLI:EU:C:2017:566 Rz 19 (Abercrombie & Fitch Italia Srl) im Hinblick auf die Arbeitnehmereigenschaft nach RL 2000/78/EG.

(dazu näher unten Rz 15 f mwNachw). Andere Personen, die **aufgrund eines freien Dienstvertrages** Dienste für einen anderen erbringen (zB selbständige Rechtsanwälte oder Ärzte), fallen indessen nicht unter Nr 1; bei ihnen handelt es sich aber uU um arbeitnehmerähnliche Personen und infolgedessen um Beschäftigte iSv § 6 Abs 1 Satz 1 Nr 3 oder um Selbständige, die im Umfang des Abs 3 einbezogen sind (s unten Rz 13 ff mwNachw). Keine Arbeitnehmer iSv Nr 1 sind auch Personen, denen nach SGB II § 16d Abs 1 zur Erhaltung oder Wiedererlangung ihrer Beschäftigungsfähigkeit eine zusätzliche Arbeitsgelegenheit zugewiesen worden ist („Ein-Euro-Jobber"), sowie Strafgefangene[3].

4 Der diskriminierungsrechtliche Beschäftigtenbegriff schließt nach Abs 1 Satz 1 Nr 2 auch **die zu ihrer Berufsbildung Beschäftigten** ein. Die Vorschrift verweist auf den Begriff der Berufsbildung, wie er in BBiG § 1 Abs 1 definiert ist, und erfasst die Berufsausbildungsvorbereitung, die Berufsausbildung, die berufliche Fortbildung sowie die berufliche Umschulung. Der Tatbestand der Beschäftigung zur Berufsbildung geht somit weit über den der Berufsausbildung hinaus. Abs 1 Satz 1 Nr 2 erfasst folglich auch Volontäre, Praktikanten und Anlernlinge, die sich in einem anderen Vertragsverhältnis iSv BBiG § 26 befinden, soweit sie nicht bereits in einem Arbeitsverhältnis iSv Nr 1 stehen[4].

5 Nach § 6 Abs 1 Satz 1 Nr 3 HS 1 sind auch **arbeitnehmerähnliche Personen** Beschäftigte iSd AGG. Bei den arbeitnehmerähnlichen Personen handelt es sich um Personen, die aufgrund eines Dienst- oder Werkvertrages für andere Personen tätig sind, aber im Unterschied zum Arbeitnehmer im arbeitsrechtlichen Sinne nicht persönlich, sondern lediglich wirtschaftlich von ihrem Vertragspartner abhängig und einem Arbeitnehmer vergleichbar sozial schutzbedürftig sind[5]. Nach der ständigen Rspr der Arbeitsgerichte liegt der Tatbestand einer wirtschaftlichen Abhängigkeit in der Regel vor, „wenn der Beschäftigte auf die Verwertung seiner Arbeitskraft und die Einkünfte aus der Tätigkeit für den Vertragspartner zur Sicherung seiner Existenzgrundlage angewiesen ist"[6]. Zu den arbeitnehmerähnlichen Personen gehören nach Nr 3 HS 2 auch **die in Heimarbeit Beschäftigten und die ihnen Gleichgestellten**. Wer Heimarbeiter ist, ergibt sich aus HAG § 2 Abs 1. Ihnen können Personen nach Maßgabe von HAG § 1 Abs 2 bis 5 gleichgestellt werden. Die Einbeziehung dieser wirtschaftlich abhängigen Beschäftigten in den persönlichen Geltungsbereich des AGG ist unionsrechtlich unbedenklich, verankern doch die Gleichbehandlungs-RL nur einen Mindeststandard, über den die Mitgliedstaaten durch Erstreckung des Diskriminierungsschutzes auf weitere Personengruppen hinausgehen dürfen.

6 § 6 Abs 1 Satz 2 erweitert den Beschäftigtenbegriff von Satz 1 in zeitlicher Hinsicht auf die Phase der Begründung des Beschäftigungsverhältnisses sowie auf die Zeit nach der Beendigung des Beschäftigungsverhältnisses. Aufgrund der Vorschrift sind zum einen **Bewerber für ein Beschäftigungsverhältnis** in den persönlichen Geltungsbereich des gesetzlichen Schutzes von Beschäftigten vor Benachteiligung einbezogen. Gerade in der Anbahnungsphase von Beschäftigungsverhältnissen ist das Risiko von Benachteiligungen besonders hoch. Dabei ist ein formaler Bewerberbegriff zugrunde zu legen: Bewerber ist danach nur derjenige, der eine Bewerbung eingereicht hat; die Einreichung von prüffähigen neutralen Unterlagen wie Zeugnissen ist für die Bewerbereigenschaft hingegen nicht erforderlich[7]. Wegen der Formalität des Bewerberbegriffs setzt der Bewerberstatus auch keine subjektive Ernsthaftigkeit der Bewerbung voraus[8]: Erfolgt die Bewerbung nicht mit dem Ziel, die freie Stelle zu erhalten, sondern ausschließlich, um nach Abschluss des Bewerbungsverfahrens einen Entschädigungsanspruch aus § 15 Abs 2 gegenüber dem Arbeitgeber geltend zu machen („AGG-Hopping"), stellt sich die Frage, ob sich der Betreffende unter Verstoß gegen Treu und Glauben den formalen Status als Bewerber verschafft hat und der Ausnutzung dieser Rechtsposition, insbesondere der Geltendmachung eines Anspruches auf Entschädigung aus § 15 Abs 2, vom Arbeitgeber der **Einwand des Rechtsmissbrauchs** entgegengehalten werden kann. In solchen Fällen eines Rechtsmissbrauches kann sich der Betreffende weder auf § 6 Abs 1 Satz 2 (und § 2 Abs 1 Nr 1) noch auf die Gleichbehandlungs-RL der Union berufen[9]. Die Frage, welche Anforderungen an den subjektiven Tatbestand des Rechtsmissbrauchs zu stellen sind, um von der fehlenden Ernsthaftigkeit einer Bewerbung ausge-

---

[3] Statt vieler Däubler/Beck/Schrader/Schubert AGG § 6 Rz 10.
[4] Vgl ErfK/Schlachter AGG § 6 Rz 2 sowie Wendeling-Schröder/Stein AGG § 6 Rz 8.
[5] Ausführlich zum Begriff der arbeitnehmerähnlichen Person statt vieler ErfK/Franzen TVG § 12a Rz 4 ff mwNachw.
[6] Vgl zB BAG NZA 2007, 699, 700 mwNachw.
[7] Vgl BAG NZA 2017, 43, 47; BAG NZA 2017, 715, 717; BAG NZA 2016, 1394, 1402.
[8] So aber die bisherige Rspr des BAG: vgl zB BAG NZA 2015, 1063, 1065 mwNachw. Seit BAG NZA 2017, 310, 314 verlangt die Rspr nicht mehr die subjektive Ernsthaftigkeit der Bewerbung.
[9] So auch EuGH, ECLI:EU:C:2016:604 (Kratzer/R+V Allgemeine Versicherung AG); BAG NZA 2016, 1394 ff. Zur möglichen Strafbarkeit eines „AGG-Hoppings" instruktiv Metz NZA 2019, 876 ff.

hen zu können, ist allerdings weder vom EuGH noch von der Rspr der deutschen Arbeitsgerichte bislang klar beantwortet worden[10]. Indizien für ein rechtsmissbräuchliches Verhalten können zB eine Vielzahl von parallelen Bewerbungen, die Verwendung einheitlicher Bewerbungsschreiben, die fehlende objektive Eignung des Bewerbers wegen deutlicher Über- oder Unterqualifikation für die in Aussicht genommene Stelle oder die nicht nachvollziehbare Ablehnung der Einladung zu einem Vorstellungsgespräch sein[11]. Allerdings wird das Vorliegen einzelner dieser Indizien für sich genommen einen Rechtsmissbrauch nicht begründen können: Erforderlich ist vielmehr eine umfassende Beurteilung sämtlicher Umstände des Einzelfalles.

Zum anderen gelten nach Maßgabe von § 6 Abs 1 Satz 2 auch **Personen, deren Beschäftigungsverhältnis beendet ist**, als Beschäftigte iSd AGG. Hierzu gehören vor allem Betriebsrentner, für die das AGG trotz des Verweises von § 2 Abs 2 Satz 2 auf das BetrAVG grundsätzlich gilt[12]. Doch auch andere Fallgestaltungen sind denkbar wie zB die Gewährung von Leistungen an ehemalige Beschäftigte (zB Jubiläumszulagen oder sonstige Vergünstigungen wie Personalrabatt)[13] oder die „Anschwärzung" eines ehemaligen Beschäftigten durch den Arbeitgeber gegenüber anderen Arbeitgebern wegen eines der in § 1 genannten Gründe.

Personen, die sich wie **Beamte, Richter, Zivildienstleistende oder Soldaten** in einem öffentlich-rechtlichen Dienstverhältnis befinden, sind zwar keine Beschäftigten iSv § 6 Abs 1. Die Vorschriften des AGG gelten für sie aber nach § 24 und nach dem Ges über die Gleichbehandlung der Soldatinnen und Soldaten unter Berücksichtigung ihrer besonderen Rechtsstellung entsprechend (zu den Einzelheiten s die Kommentierung zu § 24 mwNachw).

3. Arbeitgeberbegriff (Abs 2). § 6 Abs 2 definiert den **Arbeitgeber im diskriminierungsrechtlichen Sinne**. Der Begriff des Arbeitgebers, den das AGG zugrunde legt, geht über den arbeitsrechtlichen Arbeitgeberbegriff weit hinaus, da er letztlich den Vertragspartner von Beschäftigten iSv Abs 1 Satz 1 Nr 2 und 3 kennzeichnet und somit auch Ausbildende iSv BBiG § 10 Abs 1 sowie Auftraggeber von arbeitnehmerähnlichen Personen als Arbeitgeber iSd AGG angesehen werden.

Arbeitgeber sind nach der allgemeinen Definition von § 6 Abs 1 Satz 1 natürliche und juristische Personen sowie rechtsfähige Personengesellschaften, die Personen iSv Abs 1 beschäftigen. Der Begriff schließt neben natürlichen Personen (zB eK) **sämtliche Formen von juristischen Personen des deutschen Rechts und des Unionsrechts** ein (zB eV, AG, GmbH, eG, VVaG, SE, SCE); auf eine Gewinnerzielungsabsicht kommt es hierbei nicht an. Auch ein nichtrechtsfähiger Verein (zB einzelne große Gewerkschaften) ist wegen der grundsätzlichen Gleichstellung trotz BGB § 54 mit dem eV (dazu oben BGB § 54 Rz 22 mwNachw) als juristische Person zu qualifizieren, die Arbeitgebereigenschaft iSd AGG besitzt[14]. Zu den rechtsfähigen Personengesellschaften, die Arbeitgeber sein können, gehören insbesondere OHG, KG, PartnerschG und die EWIV. Auch die GbR gehört zum Kreis der rechtsfähigen Personengesellschaften, sofern es sich bei ihr um eine Außengesellschaft handelt, da sie nach der neueren Rspr des BGH Teilrechtsfähigkeit besitzt (dazu BGB Vor § 705 Rz 21 u § 718 Rz 3 mwNachw)[15].

Abs 2 Satz 2 enthält eine **Sonderregelung für den Fall der Arbeitnehmerüberlassung** (zum Begriff vgl AÜG § 1 Abs 1 Satz 1) und stellt klar, dass bei der Arbeitnehmerüberlassung nicht nur der Verleiher als eigentlicher Vertragsarbeitgeber, sondern auch der Entleiher, bei dem der Leiharbeitnehmer seine vertraglich geschuldete Arbeitsleistung tatsächlich erbringt, als Arbeitgeber iSd §§ 6 ff gilt. Diese Einbeziehung des Entleihers in den Arbeitgeberbegriff des AGG dient der Effektivität des diskriminierungsrechtlichen Schutzes von Beschäftigten vor Umgehungen im Bereich der praktisch bedeutsamen Arbeitnehmerüberlassung. Sie ist überdies **unionsrechtlich geboten**, denn die Gleichbehandlungs-RL gelten auch für Beschäftigungs- und Arbeitsbedingungen von Leiharbeitnehmern und differenzieren nicht danach, ob diese vom eigentlichen Arbeitgeber oder von einem Entleiher festgelegt werden[16].

§ 6 Abs 2 Satz 3 enthält eine Klarstellung mit Blick auf die Gruppe der **Heimarbeiter**. Zu ihnen gehören die Heimarbeiter ieS (vgl HAG § 2 Abs 1), die Hausgewerbetreibenden (HAG § 2 Abs 2) sowie die ihnen Gleichgestellten (HAG § 1 Abs 2-6). Bei diesen Personen tritt an die Stelle des Arbeitgebers der Auftraggeber oder Zwischenmeister (vgl HAG § 2 Abs 3).

---

10 Mit Blick auf EuGH, ECLI:EU:C:2016:604 insbesondere Baeck/Winzer/Hies NZG 2016, 1218, 1219f sowie Krieger EuZW 2016, 696, 698.
11 Vgl Krieger EuZW 2016, 696, 698; ErfK/Schlachter AGG § 15 Rz 13.
12 S BAG NZA 2014, 308, 311. Ebenso ErfK/Schlachter AGG § 6 Rz 4; Bauer/Krieger/Günther AGG § 6 Rz 14.
13 Dazu insbesondere Bauer/Krieger/Günther AGG § 6 Rz 14.
14 In diesem Sinne wohl auch Bauer/Krieger/Günther AGG § 6 Rz 18.
15 Grundlegend BGHZ 146, 341 ff.
16 Verfehlt daher Bauer/Krieger/Günther AGG § 6 Rz 21, die „ausschließlich rechtspolitische Gründe" für die Regelung nennen.

13 4. **Selbständige und Organmitglieder (Abs 3).** Abs 3 ordnet an, dass die Vorschriften des 2. Abschnitts des AGG auch für Selbständige und Organmitglieder, insbesondere Geschäftsführer und Vorstände, entsprechend gelten, soweit es um Bedingungen für den Zugang zur Erwerbstätigkeit und den beruflichen Aufstieg geht. Unionsrechtlich geboten ist lediglich die Geltung des AGG für Selbständige beim Zugang zur selbständigen Erwerbstätigkeit einschließlich des beruflichen Aufstiegs[17]. Die Vorschrift des § 6 Abs 3 ist im Zusammenhang mit § 2 Abs 1 Nr 1 zu sehen, wonach das AGG sachlich für die Bedingungen für den Zugang auch zu selbständiger Erwerbstätigkeit sowie für den beruflichen Aufstieg gilt.

14 Zu der **Gruppe der Selbständigen** iSv Abs 3 gehören natürliche Personen, die insbesondere aufgrund eines freien Dienstvertrages, eines Werkvertrages, Handelsvertretervertrages (HGB § 84), Vertragshändlervertrages, Franchise-Vertrages oder ähnlicher Vertragsverhältnisse wie freie Mitarbeiterverhältnisse ihre Erwerbstätigkeit ausüben, ohne dass sie bereits nach Abs 1 (insbesondere als arbeitnehmerähnliche Personen, § 6 Abs 1 Satz 1 Nr 3) als Beschäftigte zu qualifizieren sind[18]. Somit fallen auch Angehörige freier Berufe (zum Begriff des freien Berufes s PartGG § 1 Abs 2 und EStG § 18 Abs 1 Satz 1) wie Rechtsanwälte, Architekten oder Ärzte unter Abs 3. Der Begriff des Selbständigen entspricht demjenigen der selbständigen Erwerbstätigkeit iSv § 2 Abs 1 Nr 1 (vgl § 2 Rz 3 mwNachw).

15 Die Geltung der Vorschriften des AGG auch für **Organmitglieder** wirft hingegen weitaus mehr Fragen auf. So ist noch nicht abschließend geklärt, welche Personen im Einzelnen unter den Begriff des Organmitgliedes fallen. § 6 Abs 3 nennt als einen Beispielsfall („insbesondere") **Geschäftsführer einer GmbH**, ohne dass zwischen Fremdgeschäftsführern und Gesellschafter-Geschäftsführern differenziert wird[19]. Eine teleologische Reduktion von § 6 Abs 3 auf GmbH-Fremdgeschäftsführer, wie sie in der Sache vereinzelt gefordert wird[20], ist deshalb nicht statthaft. Ebenso gelten die Bestimmungen des AGG für **Vorstandsmitglieder** einer AG, einer eG oder eines VVaG. Da § 6 Abs 3 Organmitglieder insgesamt in den persönlichen Geltungsbereich einbezieht, können auch die **Mitglieder eines Aufsichtsrates** einer AG, einer eG oder einer GmbH (vgl GmbHG § 54) – einschließlich der Arbeitnehmervertreter aufgrund des MitbestG, DrittelbG, Montan-MitbestG, MitbestErgG und des SEBG – von den Vorschriften des AGG erfasst sein: Insoweit ist zwar zu verlangen, dass es sich bei der Aufsichtsratstätigkeit um eine Erwerbstätigkeit handelt – denn eine solche unterstellen die §§ 6 ff –, doch wird man bei der Anwendung im Einzelfall aus Gründen einer effektiven Verwirklichung des Schutzzwecks des AGG mit diesem Kriterium großzügig zu verfahren haben und grundsätzlich sämtliche Mitgliedschaften in Aufsichtsräten, die mit einer Vergütung verbunden sind (vgl AktG § 113 Abs 1), als unter § 6 Abs 3 fallend anzusehen haben[21]. Auch Mitglieder anderer fakultativer Gremien wie zB eines satzungsmäßig vorgesehenen Beirates sind Organmitglieder iSv Abs 3[22]. Die Geltung des AGG für Organmitglieder betrifft nicht nur deren Dienstvertrag mit der Gesellschaft, für die sie als Geschäftsführer, Vorstandsmitglied oder als Aufsichtsratsmitglied tätig sind, sondern auch die Bestellung zum Geschäftsführer oder Vorstandsmitglied[23].

16 Nach § 6 Abs 3 gilt der 2. Abschnitt des AGG für Organmitglieder nur, soweit es um **Bedingungen für den Zugang zur Erwerbstätigkeit und den beruflichen Aufstieg** geht. Hierunter fällt neben der Auswahlentscheidung für eine Fremdgeschäftsführerstelle in einer GmbH oder eine Vorstandsstelle in einer AG ua auch die Neubesetzung zB einer Geschäftsführerstelle nach Beendigung einer befristeten Bestellung eines Geschäftsführers[24]. Der BGH[25] geht in seiner jüngsten Rspr über diesen Tatbestand allerdings hinaus und unterstellt aus Gründen einer unionsrechtskonformen Auslegung Fremd-Geschäftsführer einer GmbH auch hinsichtlich der Beschäftigungsbedingungen einschließlich Entlassungsbedingungen dem Diskriminierungsschutz des 2. Abschnitts des AGG. Diese erweiternde Auslegung stützt er zutreffend nicht auf eine Analogie zu § 6 Abs 3, da der Wortlaut der Vorschrift eindeutig und auch der Wille des Gesetzgebers klar ist, Organmitgliedern nur beim Zugang zur Erwerbstätigkeit und beim beruflichen Aufstieg den Diskriminierungsschutz des AGG zuteilwerden zu lassen. Stattdessen qualifiziert der BGH die Gruppe der Fremdgeschäftsführer einer GmbH als Arbeitnehmer iSv

---

17 Vgl RL 2000/43/EG Art 3 Abs 1 lit a; RL 2000/78/EG Art 3 Abs 1 lit a; RL 2006/54/EG Art 14 Abs 1 lit a.
18 Ähnlich Schiek/Schmidt AGG § 6 Rz 13; ErfK/Schlachter AGG § 6 Rz 6.
19 Ebenso Eßer/Baluch NZG 2007, 321, 322.
20 So insbesondere Bauer/Krieger/Günther AGG § 6 Rz 27 ff.
21 Ebenso Lutter BB 2007, 725, 726.
22 So auch Krause AG 2007, 392, 393.
23 Ebenso BGH NJW 2012, 2346, 2348; vgl auch Lutter BB 2007, 725, 730.
24 Vgl BGH NJW 2012, 2346, 2348.
25 Vgl BGH NJW 2019, 2086, 2087 ff (Lunk).

§ 6 Abs 1 Satz 1 Nr 1, so dass sie aufgrund dieser Vorschrift als Beschäftigte gelten, auf deren Beschäftigungsverhältnisse die §§ 6 ff Anwendung finden[26]. Im Kern folgt dieses weite Verständnis des Arbeitnehmerbegriffs in § 6 Abs 1 Nr 1 aus einer **unionsrechtskonformen Auslegung** dieser Bestimmung: Der BGH geht insoweit von der neueren Rspr des EuGH aus, der zufolge auch der GmbH-Fremdgeschäftsführer als Arbeitnehmer im unionsrechtlichen Sinne zu qualifizieren sei[27]. In der Tat handelt es sich bei Fremdgeschäftsführern einer GmbH um Personen, die gegen Zahlung eines Entgelts für eine andere Person Leistungen nach deren Weisungen erbringen; deshalb sind sie Arbeitnehmer iSv § 6 Abs 1 Nr 1. Zweifelhaft ist indessen, ob dies in einem umfassenden Sinne auch für alle anderen Organmitglieder (s oben Rz 15), insbesondere für **Vorstandsmitglieder einer AG**, gilt: Denn sie sind grundsätzlich nicht weisungsgebunden, sondern leiten die Gesellschaft in eigener Verantwortung (vgl AktG § 76 Abs 1)[28].

Vereinzelt wird die Ansicht vertreten, dass die Verweisung des § 6 Abs 3 nicht in vollem Umfange für Organmitglieder gelten könne, da eine Übertragung des 2. Abschnitts des AGG „eins zu eins" in den gesellschaftsrechtlich geschützten Autonomiebereich der zuständigen Bestellungsorgane (zB Gesellschafterversammlung in der GmbH) eingreifen würde; dieser Entscheidungsbereich sei deshalb im Rahmen einer Rechtfertigung von Ungleichbehandlungen nach § 8 Abs 1 zu berücksichtigen[29]. Gegen eine solche großzügige Handhabung der Rechtfertigung von Ungleichbehandlungen von Organmitgliedern lässt sich indessen ins Feld führen, dass sie sich nicht aus § 6 ergibt: Durch den Verweis bringt der Gesetzgeber gerade zum Ausdruck, dass diskriminierungsrechtlich für diese Personengruppe ein Gleichlauf mit den Beschäftigten iSv § 6 Abs 1 erfolgen soll[30]. 17

§ 7 Benachteiligungsverbot

(1) Beschäftigte dürfen nicht wegen eines in § 1 genannten Grundes benachteiligt werden; dies gilt auch, wenn die Person, die die Benachteiligung begeht, das Vorliegen eines in § 1 genannten Grundes bei der Benachteiligung nur annimmt.

(2) Bestimmungen in Vereinbarungen, die gegen das Benachteiligungsverbot des Absatzes 1 verstoßen, sind unwirksam.

(3) Eine Benachteiligung nach Absatz 1 durch Arbeitgeber oder Beschäftigte ist eine Verletzung vertraglicher Pflichten.

ÜBERSICHT

1. Überblick 1, 2
2. Benachteiligungsverbot (Abs 1) . . . 3–5
3. Unwirksamkeit von Vereinbarungen (Abs 2) 6–9
4. Verletzung vertraglicher Pflichten als Benachteiligung 10–12

1. Überblick. § 7 enthält in seinem **Abs 1** das „zentrale Verbot"[1] der Benachteiligung in Beschäftigung und Beruf wegen eines der in § 1 genannten Gründe und ist somit eine zentrale Vorschrift des gesamten AGG. Die Vorschrift regelt in ihren Abs 2 und 3 nur einzelne Folgen von Verstößen gegen das Benachteiligungsverbot des Abs 1; sie werden insbesondere durch die „Rechte der Beschäftigten" in den §§ 13 ff ergänzt. **Abs 2** ordnet die Unwirksamkeit von Vereinbarungen an, die gegen dieses Benachteiligungsverbot verstoßen, und normiert auf diese Weise eine wesentliche Rechtsfolge von Verstößen gegen das Benachteiligungsverbot für mehrseitige Rechtsgeschäfte. Die Vorschrift tritt neben die weitaus umfassendere allgemeine Regel des BGB § 134, die für sämtliche Rechtsgeschäfte gilt und ist deshalb eigentlich überflüssig. **Abs 3** schließlich stellt klar, dass eine Benachteiligung iSv Abs 1 stets auch eine vertragliche Pflichtverletzung darstellt und eröffnet insbesondere Arbeitgebern, arbeitsrechtliche Konsequenzen gegenüber Beschäftigten zu ziehen, die eine Benachteiligung begangen haben (zB Abmahnung oder Kündigung), wie auch von einer Benachteiligung betroffenen Beschäftigten, im Verhältnis zu ihrem Arbeitgeber Rechte geltend zu machen (zB aus den §§ 13 ff). 1

Die Vorschriften des § 7 dienen der **Umsetzung der Gleichbehandlungs-RL der Union.** Das Benachteiligungsverbot des Abs 1 findet sich zwar nicht ausdrücklich in den Gleichbehandlungs-RL wieder, ist aber selbstverständlich in diesen vorausgesetzt. Die Unwirksamkeitssanktion 2

---

26 Vgl BGH NJW 2019, 2086, 2087 ff (Lunk).
27 Vgl EuGH Rs 232/09 Slg 2010, I-11405 (Danosa).
28 Im Ergebnis wohl ebenso Bauer/Krieger/Günther AGG § 6 Rz 35b.
29 So insbesondere Bauer/Krieger/Günther AGG § 6 Rz 36.
30 Ähnlich ErfK/Schlachter AGG § 6 Rz 8.
1 So BT-Drucks 16/1780 S 34.

von Abs 2 dient ausweislich der Gesetzesbegründung der Umsetzung von RL 2000/43/EG Art 14 lit b), RL 2000/78/EG Art 16 lit b) und RL 76/207/EG Art 3 Abs 2 (= RL 2006/54/EG Art 23 lit b)), wonach die Mitgliedstaaten die erforderlichen Maßnahmen treffen, um sicherzustellen, dass die mit dem Gleichbehandlungsgrundsatz nicht zu vereinbarenden Bestimmungen in Arbeits- und Tarifverträgen, Betriebsvereinbarungen und Statuten der freien Berufe und der Arbeitgeber- und Arbeitnehmerorganisationen für nichtig erklärt werden oder erklärt werden können oder geändert werden. Bei der Klarstellung in Abs 3, dass eine Benachteiligung zugleich eine vertragliche Pflichtverletzung darstellt, handelt es sich um eine Regelung, die im Zusammenwirken mit den Vorschriften der §§ 13 ff über die Rechte der Beschäftigten den Betroffenen die Möglichkeit eröffnet, Verletzungen des Benachteiligungsverbotes angemessen und effektiv zu sanktionieren (vgl RL 2000/43/EG Art 15, RL 2000/78/EG Art 17, RL 2006/54/EG Art 25).

3 2. **Benachteiligungsverbot (Abs 1)**. § 7 Abs 1 enthält iVm § 1 das allgemeine Benachteiligungsverbot. Beschäftigte (vgl § 6 Abs 1) dürfen nicht wegen eines in § 1 genannten Grundes benachteiligt werden. Für den Begriff der Benachteiligung gelten die einzelnen in § 3 Abs 1 bis 4 geregelten Formen. Das Benachteiligungsverbot von § 7 Abs 1 richtet sich nicht ausschließlich an Arbeitgeber (§ 6 Abs 2), sondern auch an andere Beschäftigte, Dritte (zB Kunden des Arbeitgebers), soweit sie mit Beschäftigten zu tun haben, sowie an Tarifvertragsparteien und Betriebs- oder Dienstpartner.

4 Das Benachteiligungsverbot setzt eine Benachteiligung **wegen eines in § 1 genannten Grundes** voraus und verlangt somit einen **kausalen Nexus** zwischen dem benachteiligenden Verhalten des Arbeitgebers, eines Arbeitskollegen oder eines Dritten einerseits und der Benachteiligung eines Beschäftigten andererseits. Insoweit ist allerdings nicht erforderlich, dass das verbotene Merkmal für die Ungleichbehandlung ausschlaggebend gewesen ist. Vielmehr reicht aus, dass es Teil eines Motivbündels ist, das die Entscheidung zu Lasten des betroffenen Beschäftigten beeinflusst hat[2]: Verlangt wird somit lediglich **Mitursächlichkeit**. Die Schwelle für § 7 Abs 1 ist infolgedessen nicht sehr hoch angesetzt, zumal die Beweislasterleichterung des § 22 gilt.

5 Nach **§ 7 Abs 1 HS 2** gilt das Benachteiligungsverbot auch, wenn der Urheber der Benachteiligung das Vorliegen eines in § 1 genannten Grundes bei der Benachteiligung nur annimmt, ohne dass dies objektiv der Fall ist. Ausschlaggebend soll somit die innere Tatseite des Benachteiligenden sein. Diese Anknüpfung des Benachteiligungsverbotes an den subjektiven Vorstellungen des Täters scheint in der Tat den *dolus malus* oder – allgemein gesprochen – die moralischen Vorstellungen des Handelnden rechtlich sanktionieren zu wollen und damit die Grenze zwischen Recht und Moral einzureißen (dazu oben Vorbem Rz 10 mwNachw)[3]. Dabei wird indessen verkannt, dass die Vorschrift nicht ausschließlich an den subjektiven Vorstellungen des Handelnden anknüpft und es sich gerade nicht nur um eine „Putativdiskriminierung"[4] handelt. Vielmehr entfaltet eine solche Handlung auch objektiv belastende Wirkungen gegenüber betroffenen Beschäftigten, da diese aufgrund einer irrtümlichen Zuschreibung eines oder mehrerer in § 1 genannten Merkmale im Vergleich zu anderen Beschäftigten schlechter gestellt werden. So kann zB die irrtümliche Annahme eines Arbeitgebers, ein Bewerber leide aufgrund seines äußeren Erscheinungsbildes an einer bestimmten Krankheit, die eine Behinderung iSv § 1 darstellen könne, dazu führen, dass der Bewerber anscheinend nicht in die engere Wahl gezogen wurde[5]. Die durch § 7 Abs 1 HS 2 erfolgende Qualifizierung solcher „Putativdiskriminierungen" als Benachteiligungen dient somit dem Schutz der äußeren Freiheit von Beschäftigten bei der Begründung, Durchführung oder Beendigung ihres Beschäftigungsverhältnisses und lässt sich deshalb nicht lediglich als eine an der Gesinnung des Urhebers einer benachteiligenden Handlung verstehen.

6 3. **Unwirksamkeit von Vereinbarungen (Abs 2)**. Vereinbarungen, die gegen das Benachteiligungsverbot des Abs 1 verstoßen, sind nach der Vorschrift von Abs 2 unwirksam. Nach der Vorstellung des Gesetzgebers soll die Vorschrift **lediglich deklaratorischen Charakter** besitzen[6]. Dies ist insofern überzeugend, als es der Vorschrift des § 7 Abs 2 gar nicht bedurft hätte, da sich die Unwirksamkeit diskriminierender Vereinbarungen bereits aus BGB § 134 iVm AGG §§ 7 Abs 1, 1 Abs 1 unproblematisch ergibt. § 7 Abs 2 gilt nicht nur für **Bestimmungen in Individualarbeitsverträgen** (einschließlich Gesamtzusagen des Arbeitgebers und Regelungen

---

2 St Rspr: vgl zB BAG NZA 2010, 383, 385 mwNachw.
3 Im Kern ist dies der Vorwurf von Adomeit NJW 2006, 2169, 2171, der im Zusammenhang mit dem AGG von einem „Gesinnungszivilrecht" spricht; ähnlich auch Adomeit/Mohr NZA 2007, 179, 181.
4 So der von Adomeit/Mohr NZA 2007, 179, 181 gebrauchte Ausdruck.
5 S den Sachverhalt, welcher dem Urt des BAG NZA 2010, 383 ff zugrunde gelegen hat.
6 Vgl BT-Drucks 16/1780 S 34.

einer betrieblichen Übung)⁷ und freien Dienst- oder Werkverträgen von arbeitnehmerähnlichen Personen, sondern auch für solche in **Kollektivverträgen**⁸: Auch benachteiligende Rechtsnormen eines Tarifvertrages, Regelungen einer Betriebsvereinbarung bzw einer Dienstvereinbarung oder von Sprecherausschussrichtlinien sind deshalb grundsätzlich nach § 7 Abs 2 unwirksam. **Benachteiligende einseitige Rechtsgeschäfte** wie zB Kündigungen, die gegen § 7 Abs 1 verstoßen, sind demgegenüber nicht von § 7 Abs 2 erfasst; ihre Nichtigkeit ergibt sich aus BGB § 134 iVm AGG § 7 Abs 1⁹.

§ 7 Abs 2 ordnet nur die Unwirksamkeit der benachteiligenden Bestimmung in der betroffenen Vereinbarung und damit grundsätzlich die **Teilunwirksamkeit der Vereinbarung** an. Die Vorschrift sagt nichts darüber aus, ob die Teilunwirksamkeit uU auch die Unwirksamkeit der gesamten Vereinbarung nach sich zieht. Die allgemeine Vorschrift des BGB § 139 spricht zwar dafür, dass im Regelfall die Unwirksamkeit einer einzelnen Bestimmung die Gesamtnichtigkeit der Vereinbarung nach sich zieht. Dabei ist jedoch zu berücksichtigen, dass BGB § 139 im Geltungsbereich der AGG §§ 6 ff allenfalls in Ausnahmefällen zur Anwendung gelangen kann. So entspricht es der ständigen Rspr des BAG, dass BGB § 139 aus Gründen des Arbeitnehmerschutzes auf Arbeitsverträge grundsätzlich nicht anwendbar ist, soweit eine arbeitsvertragliche Bestimmung gegen eine zwingend geltende arbeitsrechtliche Schutznorm verstößt (dazu näher BGB § 139 Rz 60 mwNachw); die Aufrechterhaltung des teilnichtigen Arbeitsvertrages ist somit tragender Gedanke dieser teleologischen Reduktion von BGB § 139¹⁰. Dieselben Grundsätze gelten auch für die Vertragsverhältnisse von arbeitnehmerähnlichen Personen¹¹. Auch für **Kollektivverträge** ist anerkannt, dass eine Teilunwirksamkeit nicht die Unwirksamkeit des ganzen kollektivvertraglichen Regelwerkes nach sich zieht, sofern der Kollektivvertrag im Übrigen noch eine sinnvolle und in sich geschlossene Regelung enthält; wegen der vergleichbaren Interessenlage gelangen somit die Grundsätze über die Teilunwirksamkeit von Gesetzen zur Anwendung¹².

§ 7 Abs 2 beantwortet indessen nicht die Frage, wie **die durch die Teilunwirksamkeit einer Vereinbarung entstehende Regelungslücke** zu **schließen** ist. In einzelnen Fällen kann bereits die Nichtanwendung der benachteiligenden Vereinbarung ausreichen, die Benachteiligung von Beschäftigten zu korrigieren¹³. So führt die Unwirksamkeit einer gegen § 7 Abs 1 verstoßenden Befristungsabrede dazu, dass sie als nicht geschrieben und infolgedessen der Vertrag als auf unbestimmte Zeit geschlossen gilt (vgl TzBfG § 16 Satz 1)¹⁴; dies gilt im Falle einer gegen das Verbot der Benachteiligung wegen des Alters verstoßenden Altersgrenzenregelung in einem Tarifvertrag oder einer Betriebsvereinbarung¹⁵. Ebenso führt eine unwirksame Regelung in einer Kleiderordnung, die das Tragen bestimmter religiöser Kleidungsstücke verbietet, dazu, dass das Verbot nicht gilt und Beschäftigte im Rahmen des Zulässigen religiöse Kleidungsstücke während der Arbeitszeit tragen dürfen. Werden Beschäftigte wegen eines der in § 1 genannten Gründe bei der Gewährung einer Leistung gegenüber anderen Beschäftigten schlechter gestellt, hat an die Stelle der benachteiligenden Vereinbarung die für die Vergleichspersonen geltende nicht benachteiligende Regelung Anwendung zu finden. Es findet somit eine „**Anpassung nach oben**" statt. Es erfolgt dann eine Angleichung der Arbeitsbedingungen, die Gegenstand einer Benachteiligung iSv § 7 Abs 1 gewesen sind, auf das Niveau des Bezugssystems. Voraussetzung für diese Rechtsfolge ist nach der Rspr des EuGH allerdings, dass die begünstigende Regelung ein „**gültiges Bezugssystem**" darstellt¹⁶. Die Angleichung erfolgt nicht nur für die Zukunft. Die betroffenen Beschäftigten können grundsätzlich **auch für die Vergangenheit** eine „Anpassung nach oben" und damit Gleichstellung mit den Vergleichsbeschäftigten von ihrem Arbeitgeber verlangen; eine Begrenzung der Rückwirkung besteht insoweit nur durch arbeitsvertragliche oder tarifvertragliche Ausschlussfristen oder die Vorschriften über die Verjährung¹⁷.

Handelt es sich bei der benachteiligenden Vereinbarung, die nach § 7 Abs 2 unwirksam ist, um eine begünstigende Regelung, kommt für die Zukunft auch eine „**Anpassung nach unten**"

---

7   Ebenso Meinel/Heyn/Herms AGG § 7 Rz 33; Bauer/Krieger/Günther AGG § 7 Rz 21. Die betriebliche Übung ist nach st Rspr des BAG arbeitsvertraglicher Natur: vgl zB BAG NZA 2016, 557, 558 mwNachw aus der Rspr des BAG. Für einen Überblick s Bepler RdA 2005, 323, 324f.
8   Vgl BT-Drucks 16/1780 S 34.
9   Statt vieler Grüneberg/Weidenkaff AGG § 7 Rz 5.
10 S insbesondere BAG AP § 611 BGB Anwesenheitsprämie Nr 1 mAnm Fenn. Aus dem Schrifttum statt vieler ErfK/Preis BGB § 611a Rz 342.
11 Vgl C. Schubert, Der Schutz der arbeitnehmerähnlichen Person, S 252f mwNachw.
12 Für teilunwirksame Tarifverträge s BAG NZA-RR 2012, 308, 309 sowie im Überblick ErfK/Franzen TVG § 1 Rz 52 mwNachw. Für teilunwirksame Betriebsvereinbarungen vgl zB BAG NZA 1995, 641, 643 mwNachw aus der Rspr des BAG.
13 In diesem Sinne auch BAG AP AGG § 10 Nr 11; BAG NZA 2016, 709, 713.
14 Ebenso BeckOK Arbeitsrecht/Roloff AGG § 7 Rz 2.
15 Vgl zB Däubler/Beck AGG § 7 Rz 30.
16 Vgl EuGH C-417/13, ECLI:EU:C:2015:38 (Rz 47) mwNachw aus der Rspr.
17 Ebenso Meinel/Heyn/Herms AGG § 7 Rz 49.

in Betracht[18]. Sie hat zur Folge, dass die begünstigende Regelung in Zukunft für alle Beschäftigten entfällt. Dies ist der Fall, wenn wegen Unwirksamkeit der begünstigenden Regelung ein „gültiges Bezugssystem"[19] fehlt.

10 4. **Verletzung vertraglicher Pflichten als Benachteiligung.** Abs 3 ordnet an, dass eine Benachteiligung iSv Abs 1, die der Arbeitgeber oder ein Beschäftigter begangen hat, eine Verletzung vertraglicher Pflichten darstellt. Die Anwendung der Vorschrift setzt somit voraus, dass zwischen Arbeitgeber und dem benachteiligten Beschäftigten überhaupt ein Vertragsverhältnis besteht: Für die Benachteiligung von Bewerbern durch den Arbeitgeber ist Abs 3 infolgedessen grundsätzlich ohne Bedeutung, doch kann eine Benachteiligung iSv Abs 1 eine vorvertragliche Pflicht des Arbeitgebers verletzen (BGB § 311 Abs 2 iVm § 241 Abs 2)[20].

11 Hat der **Arbeitgeber** eine Benachteiligung iSv Abs 1 begangen, hat dies regelmäßig zur Folge, dass der betroffene Beschäftigte sein Vertragsverhältnis aus wichtigem Grunde ohne Einhaltung einer Kündigungsfrist außerordentlich kündigen kann (vgl BGB §§ 314, 626). Neben dieses außerordentliche Kündigungsrecht des Beschäftigten tritt das Recht, nach Maßgabe des § 15 Abs 1 und 2 **Schadensersatz** und Entschädigung vom Arbeitgeber verlangen zu können. Darüber hinaus kann der benachteiligte Beschäftigte auch ein **Zurückbehaltungsrecht** nach Maßgabe von § 14 Satz 1 haben.

12 Ist die **Benachteiligung von einem anderen Beschäftigten** und somit innerhalb des horizontalen Kollegenverhältnisses begangen worden, kann der Arbeitgeber die bei vertraglichen Pflichtverstößen von Beschäftigten insgesamt bestehenden Sanktionen auswählen. Handelt es sich um einen schwerwiegenden Sachverhalt und liegen die Voraussetzungen für einen wichtigen Grund iSv BGB §§ 314, 626 vor, kann er das Beschäftigungsverhältnis mit dem Täter außerordentlich kündigen. Sind die Voraussetzungen hierfür nicht erfüllt, dürfte im Geltungsbereich des KSchG (vgl KSchG, § 1 Abs 1, § 23 Abs 1) zumeist jedenfalls eine soziale Rechtfertigung für eine ordentliche verhaltensbedingte Kündigung in Betracht kommen. Andernfalls dürfte zumindest eine Abmahnung wegen der vertraglichen Pflichtverletzung gerechtfertigt sein.

§ 8 Zulässige unterschiedliche Behandlung wegen beruflicher Anforderungen

(1) Eine unterschiedliche Behandlung wegen eines in § 1 genannten Grundes ist zulässig, wenn dieser Grund wegen der Art der auszuübenden Tätigkeit oder der Bedingungen ihrer Ausübung eine wesentliche und entscheidende berufliche Anforderung darstellt, sofern der Zweck rechtmäßig und die Anforderung angemessen ist.

(2) Die Vereinbarung einer geringeren Vergütung für gleiche oder gleichwertige Arbeit wegen eines in § 1 genannten Grundes wird nicht dadurch gerechtfertigt, dass wegen eines in § 1 genannten Grundes besondere Schutzvorschriften gelten.

ÜBERSICHT

1. Überblick 1, 2	aa) Rasse und wegen ethnischer Herkunft 13, 14
2. Rechtfertigung nach Abs 1 3–28	bb) Geschlecht 15–18
a) Grundlagen 3–12	cc) Religion oder Weltanschauung 19–22
aa) Wesentliche und entscheidende berufliche Anforderung 5–8	dd) Behinderung 23
bb) Rechtmäßigkeit des Zwecks und Angemessenheit der Anforderung 9–11	ee) Alter 24–26
	ff) Sexuelle Identität 27, 28
cc) Darlegungs- und Beweislast . 12	3. Entgeltgleichheit 29, 30
b) Die einzelnen Merkmale 13–28	

1 1. **Überblick.** § 8 Abs 1 lässt Ungleichbehandlungen wegen eines in § 1 genannten Grundes zu, wenn dieser Grund eine wesentliche und entscheidende berufliche Anforderung darstellt und verhältnismäßig ist. Die Vorschrift, welche weitgehend an der nur für Ungleichbehandlungen wegen des Geschlechts geltenden Vorläufervorschrift von BGB § 611a Abs 1 Satz 2 aF anknüpft, regelt die allgemeinen Voraussetzungen für eine **Rechtfertigung von Ungleichbehandlungen** wegen eines in § 1 genannten Grundes **in Beschäftigung und Beruf.** Unionsrechtlich geht § 8 Abs 1 auf RL 2000/43/EG Art 4, RL 2000/78/EG Art 4 Abs 1 und RL 2006/54/EG Art 14 Abs 2 zurück. Abs 1 wird bei Ungleichbehandlungen wegen der Religion oder Weltanschauung in

---

18 In diesem Sinne auch BAG AP AGG § 10 Nr 11; BAG NZA 2016, 709, 713. Ausführlich zur „Anpassung nach unten" Krebber EuZA 2009, 200, 205 ff mwNachw.

19 Vgl EuGH C-417/13 Rz 47, ECLI:EU:C:2015:38.

20 Ebenso ErfK/Schlachter AGG § 7 Rz 9.

Beschäftigung und Beruf durch die besondere Rechtfertigung des § 9 und bei Ungleichbehandlungen wegen des Alters durch § 10 ergänzt. Die Anforderungen an die Rechtfertigung einer Ungleichbehandlung wegen eines in § 1 genannten Grundes sind weitaus strenger als an eine Rechtfertigung von Ungleichbehandlungen im Zivilrechtsverkehr: Von Benachteiligungen aus Gründen der Rasse oder wegen der ethnischen Herkunft abgesehen, die keiner Rechtfertigung zugänglich sind, reicht dort das Vorliegen eines sachlichen Grundes aus (vgl § 20 Abs 1 Satz 1).

§ 8 Abs 2 enthält eine besondere **Vorschrift zur Entgeltdiskriminierung** und schließt aus, dass eine geringere Vergütung für gleiche oder gleichwertige Arbeit wegen eines in § 1 genannten Grundes damit gerechtfertigt wird, dass zugunsten der benachteiligten Person wegen eines in § 1 genannten Grundes besondere Schutzvorschriften gelten. 2

2. **Rechtfertigung nach Abs 1.** – a) **Grundlagen.** Der Rechtfertigungstatbestand des § 8 Abs 1 ist als Ausnahmebestimmung **eng auszulegen**[1]; diese strikte Auslegung ist unionsrechtlich geboten und entspricht der ständigen Rechtsprechung des EuGH zu den Gleichbehandlungs-RL[2]. 3

Eine Rechtfertigung von Ungleichbehandlungen nach § 8 Abs 1 kommt lediglich für **unmittelbare Benachteiligungen** iSv § 3 Abs 1 in Betracht. Davon geht auch der Gesetzgeber aus, bleibt insoweit aber unscharf, wenn er in unmittelbaren Ungleichbehandlungen wegen eines in § 1 genannten Grundes den „Hauptanwendungsbereich" von § 8 Abs 1 sieht[3]. Bei mittelbaren Benachteiligungen bedarf es einer Rechtfertigung nach § 8 Abs 1 nicht, da deren Rechtfertigung durch einen sachlichen Grund zum Tatbestand des § 3 Abs 2 gehört. (Sexuelle) Belästigungen iSv § 3 Abs 3 und 4 sind keiner Rechtfertigung zugänglich, so dass in ihrem Fall eine Anwendung von § 8 Abs 1 von vornherein ausgeschlossen ist[4]. 4

aa) **Wesentliche und entscheidende berufliche Anforderung**. Eine Rechtfertigung von Ungleichbehandlungen wegen eines in § 1 genannten Grundes knüpft nach § 8 Abs 1 an der Art der auszuübenden Tätigkeit bzw den Bedingungen ihrer Ausübung an. 5

Die Ungleichbehandlung wegen eines in § 1 genannten Grundes muss eine **berufliche Anforderung** betreffen. Die Festlegung des Tätigkeitsbereichs des Beschäftigten und der sich daraus ergebenden beruflichen Anforderung obliegt grundsätzlich dem Arbeitgeber. Dabei kann dieser auch auf ein Unternehmenskonzept zurückgreifen. Für privatwirtschaftliche Arbeitgeber ist diese Autonomie Ausfluss der grundrechtlich gewährleisteten Berufsfreiheit (GG Art 12 Abs 1 sowie GrChEU Art 15)[5]; auch der öffentliche Arbeitgeber oder Dienstherr verfügt über eine entsprechende Organisationsfreiheit bei der Festlegung der Anforderungsprofile. Der zeitliche Anteil, welcher dieser Tätigkeit zukommt, ist in diesem Zusammenhang ohne Bedeutung[6]. Allerdings unterliegt die Festlegung des Anforderungsprofils durch den Arbeitgeber einer Missbrauchskontrolle, die Teil der Verhältnismäßigkeitsprüfung ist (s unten Rz 10 f mwNachw). 6

Weiterhin muss die berufliche Anforderung **wesentlich und entscheidend** sein. Insoweit weicht § 8 Abs 1 – in Übereinstimmung mit den Gleichbehandlungs-RL – von BGB § 611a Abs 1 Satz 1 aF ab, wonach die Anforderung für eine vertragsgemäße Beschäftigung unverzichtbare Voraussetzung sein musste. Nach der ständigen Rechtsprechung des BAG[7] ist eine berufliche Anforderung nur dann als wesentlich und entscheidend anzusehen, wenn von ihrem Vorhandensein die „ordnungsgemäße Durchführung der Tätigkeit" abhängt; diese Voraussetzungen sind nicht erfüllt, wenn das Merkmal nur für untergeordnete und für den Arbeitsplatz nicht charakteristische Tätigkeiten notwendig ist[8]. Der Tatbestand dürfte dem Begriff der Unverzichtbarkeit einer beruflichen Anforderung, wie er in BGB § 611a Abs 1 Satz 2 aF und auch in RL 76/207/EWG vorgesehen war, weitgehend entsprechen: Mit dem Abstellen auf wesentliche und entscheidende berufliche Anforderungen in RL 2000/43/EG Art 4 Abs 1 und RL 2000/78/EG Art 4 Abs 1 wollte der Richtliniengeber nämlich nicht das Erfordernis der Unverzichtbarkeit, wie es in RL 76/207/EWG Art 2 Abs 2 für den Bereich der Geschlechterdiskriminierung geregelt war, modifizieren, sondern inhaltlich daran festhalten[9]. 7

---

1 St Rspr: vgl zB BAG NZA 2020, 707, 711 mwNachw aus der Rspr des BAG. Aus dem Schrifttum statt vieler Däubler/Beck/Brors AGG § 8 Rz 3 mwNachw.
2 Zum Ausnahmetatbestand v RL 2006/54/EG Art 14 Abs 2 s EuGH NZA 2014, 715 (Loredana Napoli) u EuGH NZA 2000, 137 (Tanja Kreil/Bundesrepublik Deutschland) zu der inhaltsgleichen Vorläufervorschrift v RL 76/207/EWG Art 2 Abs 2.
3 Vgl die Begründung des RegE, BT-Drucks 16/1780 S 35.
4 Vgl zB BeckOK Arbeitsrecht/Roloff AGG § 8 Rz 1.
5 Vgl BAG NZA 2010, 872, 876; BAG NZA 2009, 1016. Aus der Literatur statt vieler Bauer/Krieger/Günther AGG § 8 Rz 20.
6 BAG NZA 2010, 872, 875 mwNachw.
7 BAG NZA 2020, 707, 711.
8 Vgl BAG NZA 2010, 872, 875 mwNachw.
9 Ausführlicher dazu Schiek/Schmidt AGG § 8 Rz 2 mwNachw.

8 Die wesentliche und entscheidende Bedeutung eines in § 1 genannten Merkmals als berufliche Anforderung für die ordnungsgemäße Durchführung eines Beschäftigungsverhältnisses kann sich aus rechtlichen oder aus tatsächlichen Gründen ergeben. **Tatsächliche Gründe**, von denen eine ordnungsgemäße Durchführung eines Beschäftigungsverhältnisses abhängen, können etwa die ohne das Merkmal nicht sicherzustellende Authentizität wie zB das Alter bei dem vielzitierten jugendlichen Liebhaber in einem Theaterstück oder einem Film sein[10]. **Rechtliche Gründe** sind etwa das Verbot, auf einer bestimmten Stelle Angehörige eines bestimmten Geschlechts zu beschäftigen – so ordnen einzelne Gleichstellungsgesetze für das Amt der Gleichstellungsbeauftragten an, dass nur weibliche Beschäftigte gewählt werden können –[11], oder aber die Weiterbeschäftigung von Beschäftigten, welche eine (tarifvertragliche) Altersgrenze überschritten haben[12].

9 **bb) Rechtmäßigkeit des Zwecks und Angemessenheit der Anforderung.** Darüber hinaus muss der Zweck der Ungleichbehandlung rechtmäßig und die berufliche Anforderung an den Beschäftigten angemessen sein. Diese Tatbestandsmerkmale sind wörtlich den Gleichbehandlungs-RL entnommen und fügen sich nicht nahtlos in die deutsche Rechtssprache ein,[13] weshalb sie auf den ersten Blick Auslegungsschwierigkeiten verursachen könnten. Es besteht indessen Einigkeit darüber, dass sie iS einer **Verhältnismäßigkeitsprüfung** zu verstehen sind[14]. Neben der Geeignetheit und Erforderlichkeit der Ungleichbehandlung zur Verwirklichung des mit ihr verfolgten Zweckes ist somit auch die Verhältnismäßigkeit im engeren Sinne zu prüfen und in diesem Rahmen eine Abwägung zwischen der unternehmerischen Autonomie des Arbeitgebers und dem Interesse des Beschäftigten an einer Gleichbehandlung vorzunehmen[15]. Subjektive Zweckmäßigkeitsüberlegungen des Arbeitgebers reichen infolgedessen nicht aus[16].

10 Im Rahmen der Angemessenheitsprüfung führt die Rechtsprechung auch eine **Missbrauchskontrolle** durch, um zu ermitteln, ob der Arbeitgeber in willkürlicher Weise einen Arbeitsplatz eingerichtet hat, für dessen Besetzung ein in § 1 genanntes Merkmal unverzichtbar ist[17]. Ebenso wie in seiner Rechtsprechung zur Willkürkontrolle unternehmerischer Entscheidungen des Arbeitgebers, die zu einer betriebsbedingten Kündigung führen[18], greift das BAG auf dieses Instrument zurück, um Umgehungen des gesetzlich intendierten Beschäftigtenschutzes zu verhindern, der sich aus dessen weitgehender unternehmerischer Freiheit ergeben kann.

11 Gerade mit Blick auf Erwartungen Dritter gegenüber dem Beschäftigten, also vor allem bestehender Kundenerwartungen, erweist sich eine solche Kontrolle als notwendig. Inzwischen hat die Rechtsprechung zumindest die groben Konturen für einzelne Fallgruppen von berechtigten Erwartungen Dritter herausgearbeitet. Diesen Anforderungen genügen Fälle, in denen ein in § 1 genanntes Merkmal (zB eine bestimmte ethnische Herkunft oder ein bestimmtes Alter) für die **Authentizität der Aufgabenwahrnehmung** erforderlich ist (s unten Rz 14 und Rz 26 mwNachw)[19]. Zu denken ist in diesem Zusammenhang zB an ein unternehmerisches Konzept des Inhabers eines Restaurants, in dem Spezialitäten und das Ambiente eines anderen Landes authentisch angeboten werden sollen, was die Beschäftigung von Bedienungs- und Küchenpersonal aus diesem Land erfordern kann (s unten Rz 14). Ebenso können sich berechtigte Erwartungen Dritter aus dem Umstand ergeben, dass der Beschäftigte zu Angehörigen einer bestimmten Gruppe ein **Vertrauensverhältnis** aufzubauen hat und deshalb dieser Gruppe angehören muss: So rechtfertigt § 8 Abs 1 beispielsweise, dass die Stelle eines Gleichstellungsbeauftragten, der auch für die Förderung der Integration zugewanderter Frauen zuständig ist, mit einem weiblichen Beschäftigten besetzt wird[20].

12 **cc) Darlegungs- und Beweislast.** Bei dem Rechtfertigungsgrund des § 8 Abs 1 handelt es sich um eine für den Arbeitgeber günstige Ausnahme vom Verbot der Benachteiligung wegen eines in § 1 genannten Grundes. Der **Arbeitgeber** trägt nach allgemeinen Regeln die Darlegungs- und Beweislast für das Vorliegen der tatsächlichen Umstände, welche eine Rechtfertigung

---

10 Statt vieler Adomeit/Mohr AGG § 8 Rz 31f mwNachw.
11 So zB BGleiG § 19, GleichStG TH § 15 sowie NdsGO § 5a. Die Vereinbarkeit einer solchen landesgesetzlichen Regelung mit RL 2006/54/EG offenlassend BAG NZA 2010, 872, 875.
12 Vgl statt vieler Adomeit/Mohr AGG § 8 Rz 35 mwNachw.
13 Dies kritisieren zu Recht Bauer/Krieger/Günther AGG § 8 Rz 18.
14 So schon die Begründung des RegE, BT-Drucks 16/1780 S 35. Aus dem Schrifttum statt vieler ErfK/Schlachter AGG § 8 Rz 8.
15 Vgl Bauer/Krieger/Günther AGG § 8 Rz 20.
16 Vgl BT-Drucks 16/1780 S 35.
17 St Rspr: vgl BAG NZA 2009, 1016, 1022; BAG NZA 2010, 872, 877f. Aus der Literatur statt vieler Meinel/Heyn/Herms AGG § 8 Rz 12, jew mwNachw.
18 Zu diesem Zusammenhang mit der Rspr zu KSchG § 1 Abs 2 s zB Bauer/Krieger/Günther AGG § 8 Rz 19.
19 So auch BAG NZA 2010, 872, 877.
20 Vgl BAG NZA 2010, 872, 877f.

nach dieser Vorschrift begründen[21]. Diese Darlegungs- und Beweislastverteilung ist unionsrechtlich geboten[22].

b) Die einzelnen Merkmale. – aa) Rasse und wegen ethnischer Herkunft. Mit Blick auf 13 die Rechtfertigung von Ungleichbehandlungen wegen eines dieser beiden Merkmale hat bislang vor allem die Frage im Vordergrund gestanden, ob ein Arbeitgeber von Beschäftigten die **Beherrschung der deutschen Sprache** auf muttersprachlichem Niveau verlangen kann. Dabei handelt es sich jedoch allenfalls um eine mittelbare Benachteiligung (§ 3 Abs 2) wegen der ethnischen Herkunft von Beschäftigten (vgl § 1 Rz 8 mwNachw).

Die Beschäftigung von Personen mit einem bestimmten ethnischen Hintergrund kann nur in 14 sehr engen Grenzen aufgrund von § 8 Abs 1 gerechtfertigt werden. In Betracht kommen Fälle, in denen deren Beschäftigung zum unternehmerischen Konzept des Arbeitgebers gehört, um die Authentizität der angebotenen Güter oder Dienstleistungen sicherzustellen und Kundenerwartungen Rechnung zu tragen. Zu denken ist etwa an die Beschäftigung eines chinesischen Kochs in einem chinesischen Restaurant, eines italienischen Verkäufers in einem italienischen Feinkostladen oder aber die Vergabe einer Film- oder Theaterrolle, die mit einem bestimmten ethnischen Hintergrund verknüpft ist[23]. Sicherlich wird man in solchen Fällen davon ausgehen dürfen, dass der verlangte ethnische Hintergrund eine wesentliche berufliche Anforderung darstellt. Allerdings wird es nicht selten an der Erforderlichkeit einer bestimmten ethnischen Herkunft des Beschäftigten fehlen, wenn auch Beschäftigte, die nicht die verlangte ethnische Herkunft aufweisen, die anvisierte Tätigkeit ohne weiteres und glaubwürdig verrichten können[24]. Kundenerwartungen reichen für sich genommen normalerweise nicht aus, in diesen Fällen wegen der ethnischen Herkunft von Beschäftigten zu differenzieren.

bb) **Geschlecht.** Bei der Rechtfertigung von ungleichen Behandlungen wegen des 15 Geschlechts nach § 8 Abs 1 kann weitgehend an Rechtsprechung und Literatur zu der Vorläuferregelung in BGB § 611a Abs 1 Satz 2 aF angeknüpft werden (zu den Einzelheiten s Soergel/Vorauß BGB § 611a Rz 34 ff mwNachw).

So ist das weibliche Geschlecht für eine Stelle als Erzieher/Sportlehrer/Sozialpädagoge in 16 einem **Mädcheninternat**, die mit Nachtdiensten verbunden ist, eine wesentliche und entscheidende berufliche Anforderung und die Ablehnung eines männlichen Bewerbers zulässig[25]. Demgegenüber lässt sich der Ausschluss eines männlichen Bewerbers auf eine Stelle als **Sportlehrer für Mädchengruppen** nicht ohne Weiteres mit dem weiblichen Geschlecht als wesentliche und entscheidende berufliche Anforderungen nach § 8 Abs 1 rechtfertigen[26].

Für Ungleichbehandlungen beim **Zugang zu oder beim Dienst innerhalb der Bundes-** 17 **wehr** gilt nicht § 8 Abs 1, sondern der inhaltsgleiche SoldGG § 8. Seit dem Urteil des EuGH in der Rechtssache *Tanja Kreil* ist klar, dass das männliche Geschlecht keine wesentliche und entscheidende berufliche Anforderung für den Dienst in den Streitkräften ist und deshalb ein genereller Ausschluss der Frauen von der Bundeswehr eine Benachteiligung wegen des Geschlechts darstellt[27]. Lediglich bei speziellen Kampfeinheiten („Royal Marines") kann das männliche Geschlecht aufgrund der Art und der Bedingungen der Ausübung der betreffenden Tätigkeiten eine wesentliche und entscheidende berufliche Anforderung und infolgedessen gerechtfertigt sein[28]. Nur unter diesen engen Voraussetzungen kann das männliche Geschlecht eine wesentliche und entscheidende berufliche Anforderung für den Dienst in **Spezialeinheiten der Bundespolizei** wie der „GSG 9" sein und den Ausschluss weiblicher Polizisten vom Dienst in diesen Einheiten rechtfertigen[29].

Dass die öffentlich-rechtlichen **Vorschriften des MuSchG** wegen ihrer unmittelbaren 18 Anknüpfung am Geschlecht keiner besonderen Rechtfertigung iSv § 8 Abs 1 bedürfen, ergibt sich bereits aus § 2 Abs 3 Satz 2: danach wird die Geltung öffentlich-rechtlicher Vorschriften, die dem Schutz bestimmter Personengruppen dienen, durch das AGG nicht berührt (s oben § 2 Rz 26 mNachw). Im Lichte der neuesten Rechtsprechung des EuGH zur RL 92/85/EWG über die Durchführung von Maßnahmen zur Verbesserung der Sicherheit und des Gesundheitsschutzes von schwangeren Arbeitnehmerinnen, Wöchnerinnen und stillenden Arbeitnehmerinnen am

---

21 St Rspr: vgl BAG NZA 2020, 707, 712 mwNachw.
22 So der EuGH in st Rspr: vgl zB EuGH v 6.3.2014 – C-595/12, ECLI:EU:C:2014:128 Rz 41 mwNachw (Loredana Napoli/Ministero della Giustizia – Dipartimento Amministrazione penitenziaria).
23 Zu letzterem Beispiel zB Schiek AuR 2003, 44, 47f.
24 So zu Recht Däubler/Beck/Brors AGG § 8 Rz 39.
25 Vgl BAG NZA 2009, 1016, 1018 ff.
26 So BAG NZA 2020, 707 ff.
27 EuGH v 11.1.2000, C-285/98, ECLI:EU:C:2000:2 (Tanja Kreil/Bundesrepublik Deutschland).
28 Vgl EuGH NZA 2000, 25 ff (Sirdar).
29 Nach Presseberichten gibt es keine Frauen in der GSG 9: vgl WDR, Spezialeinheit GSG 9: Seltene Einblicke in die Arbeit (Stand: 2.2.2019), abrufbar unter: https://www1.wdr.de/nachrichten/gsg9-spezialeinheit-polizei-terrorismusbekaempfung-100.html.

Arbeitsplatz wird man diese Bestimmung weiter auszulegen und bspw auch die Rechtsnormen eines Tarifvertrages einzubeziehen haben, die für Mütter im Anschluss an den gesetzlichen Mutterschutz einen zusätzlichen Urlaub vorsehen, sofern dieser zusätzliche Urlaub deren Schutz sowohl hinsichtlich der Folgen der Schwangerschaft als auch ihrer Mutterschaft bezweckt[30]. Erfüllen tarifvertragliche oder auch arbeitsvertragliche Regelungen diese Voraussetzungen, stellen sie keine Benachteiligung der von solch einem Zusatzurlaub ausgeschlossenen männlichen Arbeitnehmer wegen ihres Geschlechtes dar.

19 cc) **Religion oder Weltanschauung.** Bei ungleichen Behandlungen von Beschäftigten wegen der Religion oder Weltanschauung wird die allgemeine Rechtfertigungsnorm des § 8 Abs 1 durch den besonderen Rechtfertigungstatbestand des § 9 ergänzt, der weniger strenge Anforderungen an die Rechtfertigung von ungleichen Behandlungen wegen der Religion bei der Beschäftigung durch Religions- oder Weltanschauungsgemeinschaften vorsieht (zu den Einzelheiten s unten § 9 Rz 4 ff mwNachw). Wegen dieser *lex specialis* des § 9 kommt § 8 Abs 1 praktische Bedeutung in erster Linie für Ungleichbehandlungen wegen der Religion oder Weltanschauung jenseits von Beschäftigungsverhältnissen mit Religions- oder Weltanschauungsgemeinschaften zu, also insbesondere für solche Differenzierungen wegen der Religion oder Weltanschauung, die durch „säkulare Arbeitgeber" erfolgen[31].

20 Vor allem die **Untersagung eines Tragens von religiösen Symbolen am Arbeitsplatz** hat die Rechtsprechung wiederholt beschäftigt. Insbesondere die „Kopftuchfälle" haben zu zahlreichen gerichtlichen Entscheidungen geführt. Nach der Rechtsprechung des EuGH kann das Bestreben des Arbeitgebers, dem Wunsch eines Kunden zu entsprechen, die Leistungen dieses Arbeitgebers nicht mehr von einer Arbeitnehmerin ausführen zu lassen, die ein **islamisches Kopftuch** auch während der Arbeitszeit trägt, nicht als wesentliche und entscheidende berufliche Anforderung angesehen werden: Entsprechende Kundenerwartungen berechtigen somit den Arbeitgeber grundsätzlich nicht dazu, einer Arbeitnehmerin das Tragen des Kopftuches bei der Arbeit zu untersagen[32]. Beruht ein Verbot, sichtbare religiöse Zeichen am Arbeitsplatz zu tragen, auf einer internen Regelung des Arbeitgebers (zB einer Arbeitsordnung), handelt es sich indessen um eine mittelbare Ungleichbehandlung wegen der Religion, deren Zulässigkeit sich nach § 3 Abs 2 richtet (s oben § 3 Rz 8 ff mwNachw)[33].

21 Diese für privatwirtschaftliche Unternehmen geltende Rechtsprechung des EuGH, die dem Arbeitgeber im Grundsatz erlaubt, für seinen Betrieb religiöse Neutralität zu verordnen, kann indessen nicht ohne Weiteres auf den öffentlichen Dienst übertragen werden. Zwar haben verschiedene Bundesländer sog **„Neutralitätsgesetze"** erlassen, die es untersagen, sichtbare religiöse oder weltanschauliche Symbole während des Schuldienstes oder sogar insgesamt im öffentlichen Dienst zu tragen[34]. Nach der neueren Rechtsprechung des BVerfG[35] ist aber ein generelles Kopftuchverbot im Schuldienst wegen Verstoßes gegen die grundrechtlich gewährleistete Religionsfreiheit (GG Art 4 Abs 1) verfassungswidrig; nur wenn das Tragen des Kopftuches zu einer konkreten Gefahr für den Schulfrieden führt, kann ein solches Verbot angeordnet werden. Aufgrund dieser verfassungsrechtlichen Lage ist das Fehlen sichtbarer religiöser Symbole wie des Kopftuches keine wesentliche und entscheidende berufliche Anforderung an den Dienst in einer staatlichen Gemeinschaftsschule[36]. Demgegenüber ist die Entscheidung eines Landesgesetzgebers für eine Pflicht, sich im Rechtsreferendariat in weltanschaulich-religiöser Hinsicht neutral zu verhalten, um die weltanschaulich-religiöse Neutralität des Staates, die Funktionsfähigkeit der Rechtspflege und die negative Religionsfreiheit Dritter zu gewährleisten, grundsätzlich verfassungskonform[37].

22 Eine Untersagung von **Gebetspausen muslimischer Beschäftigter** während der Arbeitszeit durch den Arbeitgeber aufgrund seines Weisungsrechts (GewO § 106) ist nicht generell nach § 8 Abs 1 gerechtfertigt. Die Frage ist in einer älteren Entscheidung des LAG mit Blick auf die Religionsfreiheit (GG Art 4 Abs 1) behandelt worden[38]. Eine entsprechende Weisung des Arbeit-

---

30 So EuGH 18.11.2020, C-463/19, ECLI:EU: C:2020:932 Rz 46 ff (Syndicat CFTC). Allerdings hat der EuGH insbes die mit RL 92/85/EWG u RL 2006/54/EG noch vereinbarte Höchstdauer eines solchen schwangerschaftsbedingten Zusatzurlaubs sowie das mit einem solchen Urlaub verbundene rechtliche Schutzniveau von Arbeitnehmerinnen noch nicht präzisiert.
31 So treffend Adomeit/Mohr AGG § 8 Rz 63.
32 Vgl EuGH NZA 2017, 375 ff (Asma Bougnaoui). Allerdings ging der Gerichtshof in der Entscheidung von einer mittelbaren Benachteiligung v Frau Bougnaoui wegen der Religion aus.
33 So insbes EuGH NJW 2017, 1087, 1088 (Samira Achbita) u EuGH NZA 2017, 373, 374 (G4S Solutions NV) s auch EuGH NZA 2021, 1085, 1087f (IX/Wabe eV u MH Müller Handels GmbH/MJ).
34 So zB HBG § 58 u SchulG Baden-Württemberg; zu letzterer Vorschrift BVerwGE 121, 140 ff.
35 BVerfGE 138, 296 ff.
36 So auch BAG NZA 2021, 189 ff.
37 Vgl BVerfG NVwZ 2020, 461 ff mAnm v Schwanenpflug. In dem Verfahren ging es um HBG § 45.
38 Vgl LAG Hamm NZA 2002, 1090 u NJW 2002, 1970.

gebers kann aufgrund von § 8 Abs 1 gerechtfertigt sein, wenn eine solche Arbeitsunterbrechung jenseits der vorgesehenen Pausen aus Gründen der Arbeitssicherheit nicht in Betracht kommt. Allerdings kann sich eine solche Untersagung als unmittelbare Benachteiligung erweisen, wenn der Arbeitgeber Beschäftigten anderer Glaubensrichtungen bestimmte religiöse Riten am Arbeitsplatz erlaubt (zB Gebet) oder sie für eine begrenzte Zeit für den Besuch eines Gottesdienstes (zB Katholiken an Aschermittwoch) freistellt.

dd) **Behinderung.** An die Rechtfertigung von Ungleichbehandlungen wegen einer Behinderung sind besondere Maßstäbe anzulegen. RL 2000/78/EG Art 5 ordnet nämlich eine Pflicht des Arbeitgebers an, **angemessene Vorkehrungen für Menschen mit Behinderung** zu treffen, um ihnen den Zugang zur Beschäftigung, die Ausübung eines Berufs, den beruflichen Aufstieg und die Teilnahme an Aus- und Weiterbildungsmaßnahmen zu ermöglichen. Diese Pflicht zu einer *Reasonable Accomodation*[39], die in dem von der EU ratifizierten Übereinkommen über die Rechte von Menschen mit Behinderungen Art 2 Abs 4 konkretisiert ist, findet lediglich in unverhältnismäßigen Belastungen des Arbeitgebers ihre Grenze. Die Vorschrift von RL 2000/78/EG Art 5 ist vom deutschen Gesetzgeber zwar nicht durch eine eigenständige Norm in nationales Recht umgesetzt worden, doch ist ihr im Rahmen einer richtlinienkonformen Auslegung der Rücksichtnahmepflichten von BGB § 241 Abs 2 Rechnung zu tragen: Demnach kann sich ein Arbeitgeber nur dann auf § 8 Abs 1 berufen, um die Schlechterstellung eines behinderten Beschäftigten zu rechtfertigen, wenn auch die durch BGB § 241 Abs 2 iVm RL 2000/78/EG Art 5 gebotenen angemessenen Vorkehrungen nicht dazu geführt haben, dass der Betroffene im Rahmen des Arbeitsvertrages eingesetzt werden kann[40]. Ein Unterlassen angemessener Vorkehrungen und eine sich daraus ergebende mangelnde Einsetzbarkeit des Beschäftigten ist dann nicht auf dessen Behinderung, sondern auf die Untätigkeit des Arbeitgebers zurückzuführen[41]. So sind zB RL 2000/78/EG Art 2 Abs 2 lit a, Art 4 Abs 1, Art 5 dahingehend auszulegen, dass sie einer nationalen Vorschrift entgegenstehen, der zufolge die Beschäftigung im Strafvollzugsdienst ausgeschlossen ist, wenn das Hörvermögen eines Strafvollzugsbeamten nicht die gesetzlich festgelegte Mindesthörschwelle erreicht[42]: Insoweit verlangt RL 2000/78/EG – und damit auch § 8 Abs 1 – angemessene Vorkehrungen wie die Prüfung, ob auch ein Hörgerät verwendet werden kann, oder die Befreiung von der Pflicht, Aufgaben zu erfüllen, die das Erreichen der gesetzlich angeordneten Mindesthörschwelle erfordern.

ee) **Alter.** Nicht wenige Ungleichbehandlungen wegen des Alters werden sich bereits aufgrund der *lex specialis* des § 10 rechtfertigen lassen, die mit dem Erfordernis eines legitimen Ziels der Sozialpolitik und der Verhältnismäßigkeit des Mittels zur Erreichung dieses Zweckes die Schwelle für eine Rechtfertigung weitaus niedriger ansetzt als § 8 Abs 1 (s unten § 10 Rz 5 ff mwNachw). Infolgedessen ist die praktische Bedeutung von § 8 Abs 1 für ungleiche Behandlungen wegen des Alters auf einen überschaubaren Kreis von Fallgruppen begrenzt.

Der Rechtfertigungsgrund des § 8 Abs 1 besitzt vor allem für die Zulässigkeit von tätigkeitsbezogenen **Altersgrenzen für die Einstellung** von Beschäftigten praktische Bedeutung. So ist ein gesetzliches Höchstalter (30 Jahre) für die Einstellung in die Laufbahn des mittleren feuerwehrtechnischen Dienstes als wesentliche und entscheidende berufliche Anforderung für die Einsatzbereitschaft und das ordnungsgemäße Funktionieren der Berufsfeuerwehr gerechtfertigt, da die körperlich anspruchsvollen Aufgaben jüngere Feuerwehrleute erfordert[43]. Auch kann der Polizeidienst wegen der mit diesem verbundenen körperlich anspruchsvollen Aufgaben ein Höchstalter von 35 Jahren für die Einstellung rechtfertigen[44]. Demgegenüber hat der EuGH ein Höchstalter von 30 Jahren für die Einstellung in den örtlichen Polizeidienst als eine nicht verhältnismäßige wesentliche und entscheidende berufliche Anforderung angesehen, da der Polizeidienst keine so hohe körperliche Eignung wie der Feuerwehrdienst verlange[45]. In Ausnahmefällen kann auch eine Altersgrenze, mit deren Erreichung das Beschäftigungsverhältnis automatisch endet, nach § 8 Abs 1 gerechtfertigt sein. Eine tarifvertragliche **Altersgrenze von 60 Jahren für Piloten** erweist sich allerdings nicht als eine verhältnismäßige wesentliche und entscheidende berufliche

---

39 Dazu instruktiv Hendrickx, Reasonable Accomodation in the Modern Workplace S 61 ff.
40 Vgl BAG NZA 2014, 373, 378.
41 BAG NZA 2014, 373, 378; ebenso bereits EuGH NZA 2013, 553, 557.
42 Vgl EuGH Rs C-795/19, ECLI:EU:C:2021:606 (XX/Tartu Vangla).
43 EuGH, C-229/08, ECLI:EU:C:2010:3 (Wolf/Stadt Frankfurt am Main) zu RL 2000/78/EG Art 4 Abs 1.
44 So insbesondere EuGH, C-258/15, ECLI:EU:C:2016:873 Rz 32 ff (Gorka Salaberria Sorondo/Academia Vasca de Policía y Emergencias).
45 EuGH, C-416/13, ECLI:EU:C:2014:2371 Rz 45 ff (Mario Vital Pérez/Ayuntamiento de Oviedo).

Anforderung, solange nationale und internationale Regelungen das Höchstalter auf 65 Jahre festlegen[46].

26 Ein bestimmtes Lebensalter kann auch aus Gründen der **Authentizität** (s oben Rz 11) verlangt werden. Ein inzwischen schon klassisches Beispiel ist das jugendliche Alter eines Schauspielers, der einen jugendlichen Liebhaber in einem Theaterstück spielen soll[47]. Dies gilt natürlich auch für Darbietungen, die einen Schauspieler reiferen Alters erfordern, wie etwa die Rolle des Nathan des Weisen in Lessings gleichnamigem Drama. Handelt es sich um ein Unternehmen, das sich nach seinem Konzept an die Angehörigen einer bestimmten Altersgruppe richtet (zB eine Diskothek oder ein Club, der ausschließlich Jugendliche anspricht), kann die Authentizität der angebotenen Leistung ein bestimmtes (Höchst)Alter der Beschäftigten rechtfertigen[48]. Allerdings wird man wegen des Ausnahmecharakters von § 8 Abs 1 strenge Anforderungen an die Verhältnismäßigkeit einer solchen Altersvorgabe für Beschäftigte anlegen müssen.

27 ff) **Sexuelle Identität**. Ungleichbehandlungen von Beschäftigten wegen ihrer sexuellen Identität werden sich im Regelfall nicht nach § 8 Abs 1 rechtfertigen lassen. Es lassen sich nur sehr wenige Fälle denken, in denen die Heterosexualität eine wesentliche und entscheidende berufliche Anforderung für die anvisierte Tätigkeit darstellt. Zu denken ist etwa an Homosexuellenvereinigungen oder an eine „Schwulenberatung", die ausschließlich homosexuelle Personen beschäftigen wollen[49].

28 Demgegenüber können Erwartungen Dritter, insbesondere **Kundenpräferenzen**, grundsätzlich keine Benachteiligungen von Beschäftigten wegen deren sexueller Identität rechtfertigen[50]. Auch lässt sich der Ausschluss des überlebenden Lebenspartners eines Arbeitnehmers von dessen **Hinterbliebenenversorgung** nicht mit § 8 Abs 1 rechtfertigen und stellt deshalb eine verbotene Benachteiligung wegen der sexuellen Identität dar[51].

29 3. **Entgeltgleichheit**. Abs 2, der auf die Vorschrift des BGB § 612 Abs 3 aF zur Entgeltgleichheit zwischen den Geschlechtern zurückgeht und diese Regel auf sämtliche in § 1 genannten Merkmale erstreckt, enthält eine Sonderregel für die Rechtfertigung von Ungleichbehandlungen wegen des Entgelts und steht somit in einem systematischen Zusammenhang mit Abs 1. Die Vorschrift schließt aus, dass die Vereinbarung einer geringeren Vergütung für gleiche oder gleichwertige Arbeit wegen eines in § 1 genannten Grundes mit dem Argument gerechtfertigt wird, dass wegen des Kriteriums besondere Schutzvorschriften gelten. § 8 Abs 2 normiert nicht den Grundsatz des gleichen Entgelts für gleiche und gleichwertige Arbeit, sondern setzt dessen Geltung notwendigerweise voraus. Seine Geltung innerhalb des AGG ergibt sich aus einer Zusammenschau von § 7 Abs 1 und § 1 iVm § 2 Abs 1 Nr 2; der Grundsatz der Entgeltgleichheit zwischen Frauen und Männern folgt überdies aus der primärrechtlichen Vorschrift des AEUV Art 157 Abs 1, die unmittelbare Wirkung innerhalb des Arbeitsverhältnisses entfaltet[52]. Im deutschen Recht ist das Gebot der Entgeltgleichheit zwischen den Geschlechtern inzwischen in den EntgTranspG §§ 3 Abs 1, 7 ausdrücklich geregelt. § 8 Abs 2 schneidet dem Arbeitgeber die Möglichkeit einer Rechtfertigung einer Ungleichbehandlung in Entgeltfragen von Beschäftigten mit dem Argument, dass diese wegen eines in § 1 genannten Grundes über einen besonderen gesetzlichen Schutz verfügen, grundsätzlich ab.

30 **Besondere Schutzvorschriften** iSv Abs 2 können unterschiedliche Beschäftigtengruppen betreffen. Vor allem die **Vorschriften des Mutterschutzes** – der besondere Kündigungsschutz für werdende Mütter und Wöchnerinnen (MuSchG § 17), der Anspruch auf Mutterschutzlohn im Falle eines Beschäftigungsverbotes (vgl MuSchG § 18), aber auch das Verbot von Mehrarbeit, Nachtarbeit und Arbeit an Sonn- und Feiertagen (MuSchG §§ 4-6) – dürfen deshalb nicht als Rechtfertigung für eine niedrigere Vergütung von werdenden Müttern herangezogen werden[53]. Ebenso wenig rechtfertigen die zahlreichen gesetzlichen **Vorschriften zum Schutze von schwerbehinderten Personen** – zB der besondere Kündigungsschutz (SGB IX §§ 168 ff), die Pflicht des Arbeitgebers zu einer behindertengerechten Gestaltung des Arbeitsplatzes (SGB IX

---

46 Vgl EuGH, C-447/09, ECLI:EU:C:2011:573 (Prigge ua/Deutsche Lufthansa) zu RL 2000/78/EG Art 4 Abs 1. Vgl auch die Folgeentscheidung des BAG in der Rs Prigge zu AGG § 8 Abs 1: BAG NZA 2012, 575, 578f; s auch BAG NZA 2012, 691, 695.
47 Dazu s Schmidt/Senne RdA 2002, 80, 83.
48 So auch Adomeit/Mohr AGG § 8 Rz 61.
49 Ebenso Adomeit/Mohr AGG § 8 Rz 76 mNachw.
50 Statt vieler Bauer/Krieger/Günther AGG § 8 Rz 38.
51 Vgl BAG BB 2009, 954 ff; im gleichen Sinne zur RL 2000/78/EG EuGH EzA EG-Vertrag 1999 Richtlinie 2000/78/EG Nr 4 (Maruko).
52 Vgl EuGH v 8.4.1976, C-43/75 ECLI:EU:C:1976:56 (Gabrielle Defrenne gegen Société anonyme belge de navigation aérienne Sabena); ausdrücklich auch für den Grundsatz der Entgeltgleichheit zwischen Frauen und Männern für gleichwertige Arbeit s EuGH v 3.6.2021 – C-624/19, ECLI:EU:C:2021:429 Rz 29 (Tesco Stores Ltd).
53 Allg Ansicht: vgl statt vieler ErfK/Schlachter AGG § 8 Rz 9, Bauer/Krieger/Günther AGG § 8 Rz 49 sowie Meinel/Heyn/Herms AGG § 8 Rz 65.

§§ 164 Abs 4) oder die Gewährung von Zusatzurlaub (SGB IX § 208) – die Vereinbarung einer niedrigeren Vergütung im Arbeitsvertrag, einem Tarifvertrag oder einer Betriebsvereinbarung[54]. Auch bilden weder die besonderen (arbeitsschutzrechtlichen) **Vorschriften zugunsten jugendlicher Beschäftigter** (insbesondere nach dem JArbSchG) noch die gesetzlichen **Schutzvorschriften für ältere Beschäftigte**, die dem Schutz ihrer Gesundheit dienen, einen Rechtfertigungsgrund für die Vereinbarung einer niedrigeren Vergütung.

§ 9 Zulässige unterschiedliche Behandlung wegen der Religion oder Weltanschauung

(1) Ungeachtet des § 8 ist eine unterschiedliche Behandlung wegen der Religion oder der Weltanschauung bei der Beschäftigung durch Religionsgemeinschaften, die ihnen zugeordneten Einrichtungen ohne Rücksicht auf ihre Rechtsform oder durch Vereinigungen, die sich die gemeinschaftliche Pflege einer Religion oder Weltanschauung zur Aufgabe machen, auch zulässig, wenn eine bestimmte Religion oder Weltanschauung unter Beachtung des Selbstverständnisses der jeweiligen Religionsgemeinschaft oder Vereinigung im Hinblick auf ihr Selbstbestimmungsrecht oder nach der Art der Tätigkeit eine gerechtfertigte berufliche Anforderung darstellt.

(2) Das Verbot unterschiedlicher Behandlung wegen der Religion oder der Weltanschauung berührt nicht das Recht der in Absatz 1 genannten Religionsgemeinschaften, der ihnen zugeordneten Einrichtungen ohne Rücksicht auf ihre Rechtsform oder der Vereinigungen, die sich die gemeinschaftliche Pflege einer Religion oder Weltanschauung zur Aufgabe machen, von ihren Beschäftigten ein loyales und aufrichtiges Verhalten im Sinne ihres jeweiligen Selbstverständnisses verlangen zu können.

ÜBERSICHT

1. Überblick 1–3
2. Rechtfertigung unterschiedlicher
   Behandlungen (Abs 1) 4–16
   a) Geltungsbereich 5–8
   b) Religionszugehörigkeit als
      berufliche Anforderung 9–15

   c) Beispiele 16
3. Loyalitätspflichten von Beschäftigten
   der Religionsgemeinschaften
   (Abs 2) 17–22

1. Überblick. Die Vorschrift normiert einen besonderen Rechtfertigungsgrund für Ungleichbehandlungen wegen der Religion oder Weltanschauung und geht somit über den allgemeinen Rechtfertigungsgrund des § 8 Abs 1 (wesentliche und entscheidende berufliche Anforderung) hinaus. § 9 ist Ausdruck des verfassungsrechtlich gewährleisteten Selbstbestimmungsrechts der Religionsgemeinschaften (GG Art 140 iVm WRV Art 137 Abs 3), das diesen die Befugnis einräumt, für ihren Wirkungsbereich den Dienst in ihnen und ihren Einrichtungen nach ihrem Selbstverständnis zu regeln[1]. Die großen christlichen Kirchen haben die Anforderungen in den Vorschriften ihres jeweiligen Kirchenrechts normiert: Für den Wirkungskreis der Katholischen Kirche ist Rechtsgrundlage die „Grundordnung des kirchlichen Dienstes im Rahmen kirchlicher Arbeitsverhältnisse"[2], im Bereich der Evangelischen Kirche in Deutschland (EKD) ist das zentrale Regelwerk die „Richtlinie des Rates der EKD über die Anforderungen der privatrechtlichen beruflichen Mitarbeit in der EKD und des Diakonischen Werkes der EKD" vom 9. Dezember 2016[3]. 1

Die etwas kompliziert formulierte Vorschrift des **Abs 1** erlaubt Religionsgemeinschaften, den ihnen zugeordneten Einrichtungen und Vereinigungen, die sich die gemeinschaftliche Pflege einer Religion oder Weltanschauung zur Aufgabe machen, von ihren Beschäftigten die Zugehörigkeit zu ihnen zu verlangen, wenn die Zugehörigkeit zu der Religion oder Weltanschauung unter Beachtung des Selbstverständnisses der betreffenden Religionsgemeinschaft, Einrichtung oder Vereinigung im Hinblick auf das Selbstbestimmungsrecht oder nach der Art der Tätigkeit eine gerechtfertigte berufliche Anforderung darstellt. **Abs 2** ergänzt diese Vorschrift dahingehend, dass das Verbot der Benachteiligung wegen der Religion oder der Weltanschauung nicht das Recht der Religionsgemeinschaften, der ihnen zugeordneten Einrichtungen oder von Vereinigungen, die sich die gemeinschaftliche Pflege einer Religion oder Weltanschauung zur Aufgabe 2

---

54 Allg Ansicht: vgl zB ErfK/Schlachter AGG § 8 Rz 9; Bauer/Krieger/Günther AGG § 8 Rz 49; Meinel/Heyn/Herms AGG § 8 Rz 65.

1 Grundlegend BVerfGE 70, 138 ff; vgl zuletzt BVerfGE 137, 273 ff = NJW 2014, 1387 ff. Für einen Überblick über das Selbstbestimmungsrecht der Religionsgemeinschaften s von Campenhausen/de Wall, Staatskirchenrecht, 4. Aufl, § 14 sowie §§ 19 ff mwNachw.

2 IdF des Beschlusses der Vollversammlung des Verbandes der Diözesen Deutschlands vom 27.4.2015.

3 ABl EKD Nr 1/2017 S 11.

machen, berührt, von ihren Beschäftigten ein loyales und aufrichtiges Verhalten im Sinne ihres jeweiligen Selbstverständnisses verlangen zu können. Die Rechtfertigungstatbestände des Abs 1 und des Abs 2 überschneiden sich, ist doch die in Abs 1 normierte Zulässigkeit der Zugehörigkeit zu einer bestimmten Religionsgemeinschaft als Voraussetzung für eine Beschäftigung in derselben oder ihren Einrichtungen letztlich Ausdruck der von Beschäftigten verlangten Loyalität gegenüber der Religionsgemeinschaft, wie sie in den autonomen Regelungen der Religionsgemeinschaften, insbesondere in den Kirchenrechtsordnungen der großen christlichen Kirchen, ausgeformt worden ist[4].

3   **Unionsrechtliche Grundlage** dieser diskriminierungsrechtlichen Privilegierung der Religionsgemeinschaften und ihrer Einrichtungen ist die Vorschrift des RL 2000/78/EG Art 4 Abs 2, mit welcher der Richtliniengeber der sog „Kirchenerklärung" des Amsterdamer Vertrages, die aufgrund des Lissabon-Vertrages in AEUV Art 17 aufgegangen ist, Rechnung tragen wollte[5]. Die Richtlinienvorschrift ist mit anderen Vorschriften des Unionsrechts vergleichbar, die der besonderen Rechtsstellung der Religionsgemeinschaften Rechnung tragen sollen[6]. RL 2000/78/EG Art 4 Abs 2 UAbs 1 erlaubt den Mitgliedstaaten, geltende Rechtsvorschriften beizubehalten oder in künftigen Rechtsvorschriften Bestimmungen vorzusehen, welche die Religionszugehörigkeit von Beschäftigten von Kirchen und anderen öffentlichen oder privaten Organisationen vorsehen, wenn die Religion oder Weltanschauung der Beschäftigten nach der Art der Tätigkeit oder der Umstände ihrer Ausübung eine wesentliche, rechtmäßige und gerechtfertigte berufliche Anforderung angesichts des Ethos der Organisation darstellt. UAbs 2 ermächtigt Kirchen und andere öffentliche oder private Organisationen, deren Ethos auf religiösen Grundsätzen oder Weltanschauungen beruht, im Einklang mit den einzelstaatlichen verfassungsrechtlichen Bestimmungen und Rechtsvorschriften von den für sie arbeitenden Personen ein loyales und aufrichtiges Verhalten iSd Ethos der Organisation zu verlangen. Der Ausnahmevorschrift des RL 2000/78/EG Art 4 Abs 2 liegt die Intention des Gesetzgebers der Union zugrunde, den Status, den Kirchen und religiöse Vereinigungen oder Gemeinschaften sowie weltanschauliche Gemeinschaften in den Mitgliedstaaten nach deren Rechtsvorschriften genießen, zu achten (AEUV Art 17 Abs 1 und 2). Sowohl § 9 Abs 1 als auch § 9 Abs 2 sind nicht in vollem Umfange mit Unionsrecht vereinbar, sondern bedürfen einer einschränkenden Auslegung im Lichte von RL 2000/78/EG Art 4 Abs 2, um aufrechterhalten werden zu können; auf die sich daraus ergebenden Anforderungen ist noch zurückzukommen (s unten Rz 10 ff und Rz 19 ff mwNachw).

4   **2. Rechtfertigung unterschiedlicher Behandlungen (Abs 1).** § 9 Abs 1 erlaubt unterschiedliche Behandlungen wegen der Religion oder Weltanschauung, die darauf zurückzuführen sind, dass Religionsgemeinschaften, die ihnen zugeordneten Einrichtungen oder Vereinigungen, die sich die gemeinschaftliche Pflege einer Religion oder Weltanschauung zur Aufgabe machen, von Beschäftigten eine bestimmte Religions- oder Weltanschauungszugehörigkeit verlangen und somit Personen, welche diese Zugehörigkeit nicht oder nicht mehr aufweisen, nicht beschäftigen oder ein bestehendes Beschäftigungsverhältnis (zB nach einem Kirchenaustritt) lösen.

5   a) **Geltungsbereich.** § 9 Abs 1 gilt für die Beschäftigung durch Religionsgemeinschaften, die ihnen zugeordneten Einrichtungen ohne Rücksicht auf ihre Rechtsform oder durch Vereinigungen, die sich die gemeinschaftliche Pflege einer Religion oder Weltanschauung zur Aufgabe gemacht haben.

6   Der Begriff der **Religionsgemeinschaft** knüpft an GG Art 140 iVm WRV Art 136 ff an. Als Religionsgemeinschaften anerkannt sind insbesondere die Katholische Kirche und die Caritas-Verbände, die Evangelischen Landeskirchen und das Diakonische Werk, einzelne Jüdische Gemeinden sowie die Zeugen Jehovas[7]. Muslimische Vereinigungen haben bislang noch nicht den Status einer Religionsgemeinschaft erlangt[8]. Ebenso wenig besitzt Scientology den Status einer Religionsgemeinschaft[9]. Zwar nennt § 9 Abs 1 nicht ausdrücklich **Weltanschauungsgemeinschaften**, doch wird man auch sie als einbezogen ansehen müssen, will doch der Gesetzgeber mit § 9 dem verfassungsrechtlichen Selbstbestimmungsrecht der Religionsgemeinschaften Rechnung tragen und sind Weltanschauungsgemeinschaften nach GG Art 140 iVm WRV Art 137 Abs 7 den Religionsgemeinschaften gleichgestellt. Darüber hinaus erfasst § 9 Abs 1 auch **Religions- sowie Weltanschauungsvereinigungen**, die sich die gemeinschaftliche Pflege einer Reli-

---

4   In eine ähnliche Richtung weisend, wenn auch die Frage der Konvergenz von § 9 Abs 1 und 2 offenlassend Schneedorf NJW 2019, 177, 179.
5   Vgl RL 2000/78/EG Erwägungsgrund Nr 24.
6   So zB DSGVO Art 91 sowie RL 2002/14/EG Art 3 Abs 2.
7   Für eine Liste der anerkannten Religionsgemein-

schaften s insbesondere Bundesregierung, Stand der rechtlichen Gleichstellung des Islam in Deutschland, BT-Drucks 16/5033 S 25.
8   Vgl BT-Drucks 16/5033 S 25 f. S auch Klöpfer DÖV 2006, 45 ff mwNachw.
9   Dazu insbesondere BAG NZA 1995, 823 ff.

gion oder Weltanschauung zur Aufgabe gemacht haben: Sie besitzen nicht den Status einer Körperschaft des öffentlichen Rechts und sind lediglich privatrechtlich organisiert.

Einrichtungen sind Religions- oder Weltanschauungsgemeinschaften zugeordnet, wenn und soweit sie nach dem glaubensdefinierten Selbstverständnis der Kirchen ihrem Zweck oder ihrer Aufgabe entsprechend berufen sind, Auftrag und Sendung der Kirchen wahrzunehmen und zu erfüllen[10]. Ausschlaggebend für die Zuordnung einer Einrichtung ist deren institutionelle Verbindung mit einer Religionsgemeinschaft oder die Art der mit der Vereinigung verfolgten Ziele[11]. Demnach sind auch die Einrichtungen der Caritas-Verbände der katholischen Kirche und der Diakonie im Bereich der Evangelischen Kirche in Deutschland, aber auch Stiftungen kirchlichen Rechts oder bürgerlichen Rechts (BGB §§ 80 ff), soweit sie nach ihrem Selbstverständnis an der Erfüllung des Sendungsauftrages einer Kirche teilnehmen, vom Geltungsbereich des § 9 erfasst. 7

Mit den **Vereinigungen**, die sich die gemeinschaftliche Pflege einer Religion oder Weltanschauung zur Aufgabe machen, knüpft § 9 Abs 1 an dem nur für Weltanschauungsvereinigungen geltenden GG Art 140 iVm WRV Art 137 Abs 7 an und bezieht in den Geltungsbereich einer Rechtfertigung von Ungleichbehandlungen wegen der Religion oder Weltanschauung auch kirchliche Orden[12] sowie Vereinigungen, die Koranschulen tragen[13], ein; als Vereinigungen zur gemeinschaftlichen Pflege einer Weltanschauung kommen insbesondere Vereinigungen der Anthroposophen in Betracht[14]. Kirchliche Krankenhäuser, Pflegeheime, Schulen oder Kindergärten fallen regelmäßig bereits als Einrichtungen, die einer Religionsgemeinschaft zugeordnet sind, unter den Geltungsbereich des § 9 Abs 1[15]. 8

b) **Religionszugehörigkeit als berufliche Anforderung**. Religionsgemeinschaften und die ihnen zugeordneten Einrichtungen dürfen aufgrund von Abs 1 ihre Beschäftigten wegen der Religion oder Weltanschauung unterschiedlich behandeln, wenn eine bestimmte Religion oder Weltanschauung unter Beachtung des Selbstverständnisses der jeweiligen Religionsgemeinschaft oder Vereinigung im Hinblick auf ihr Selbstbestimmungsrecht oder nach der Art der Tätigkeit eine gerechtfertigte berufliche Anforderung darstellt. Die Vorschrift enthält somit **zwei Rechtfertigungstatbestände**. 9

Seinem Wortlaut und auch seiner Entstehungsgeschichte nach eröffnet der Tatbestand des § 9 Abs 1 Alt 1 eine Rechtfertigung von Benachteiligungen wegen der Religion oder Weltanschauung, ohne dass ein konkreter Bezug zur Tätigkeit des Beschäftigten vorliegt. Diese weitreichende Rechtfertigungsbefugnis geht indessen über den Rahmen des nach RL 2000/78/EG Art 4 Abs 2 Zulässigen hinaus, denn die Richtlinienvorschrift verlangt, dass die Religion oder Weltanschauung des Beschäftigten nach der Art der Tätigkeit oder der Umstände ihrer Ausübung eine wesentliche, rechtmäßige und gerechtfertigte berufliche Anforderung angesichts des Ethos der Organisation darstellt und gebietet somit die Durchführung einer Interessenabwägung im Einzelfall. § 9 **Abs 1 Alt 1** ist infolgedessen **unionsrechtswidrig**. Da wegen des eindeutigen Wortlauts der Vorschrift und des klar geäußerten Willens des Gesetzgebers eine richtlinienkonforme Auslegung ausscheidet, hat § 9 **Abs 1 Alt 1 unangewendet** zu bleiben[16]. 10

Rechtfertigungen von Ungleichbehandlungen wegen der Religion oder Weltanschauung kommen somit ausschließlich auf der Grundlage von § 9 Abs 1 Alt 2 in Betracht. Allerdings bedarf sie einer unionsrechtskonformen einschränkenden Auslegung[17]. Die Vorschrift verlangt ihrem Wortlaut nach, dass die Religionszugehörigkeit „nach der Art der Tätigkeit eine gerechtfertigte berufliche Anforderung darstellt", während RL 2000/78/EG Art 4 Abs 2, dessen Umsetzung die Vorschrift dient, voraussetzt, dass die Religion oder Weltanschauung des Beschäftigten nach der Art der Tätigkeit oder der Umstände ihrer Ausübung eine wesentliche, rechtmäßige und gerechtfertigte berufliche Anforderung angesichts des Ethos der Organisation darstellt. Die Voraussetzungen einer Rechtfertigung nach § 9 Abs 1 Alt 2 sind somit weniger streng als nach RL 2000/78/EG Art 4 Abs 2. Der EuGH[18] hat in seiner Entscheidung in der Rechtssache *Egenberger* diese 11

---

10 So die st Rspr des BVerfG zum persönlichen Geltungsbereich des Selbstbestimmungsrechts der Religionsgemeinschaften: vgl zB BVerfGE 46, 73, 85 ff; 70, 138, 162; 137, 273 ff. Aus der Rspr des BAG s BAG NZA 2013, 448, 456 sowie BAG NJW 2014, 104, 106f.
11 Vgl die Begründung zum RegE, BT-Drucks 16/1780 S 35 unter Verweis auf die st Rspr des BVerfG.
12 Vgl BT-Drucks 16/1780 S 35.
13 Ebenso Adomeit/Mohr AGG § 9 Rz 12.
14 So auch Adomeit/Mohr AGG § 9 Rz 13 sowie Däubler/Beck/Wedde AGG § 9 Rz 29.
15 AA anscheinend jedoch Däubler/Beck/Wedde AGG § 9 Rz 27.
16 So auch BAG NZA 2019, 455, 460 ff; ebenso zuvor schon Junker NJW 2018, 1850, 1852, demzufolge die Vorschrift „als toter Buchstabe durch die Gesetzbücher" künftig geistere.
17 In diesem Sinne auch BAG NZA 2019, 455, 463 ff.
18 Vgl EuGH, ECLI:EU:C:2018:257 Rz 60 ff (Vera Egenberger/Evangelisches Werk für Diakonie und Entwicklung eV).

Richtlinienvorschrift weiter konturiert (dazu unten Rz 12 ff mwNachw); die in diesem Rahmen herausgearbeiteten Grundsätze sind bei der Auslegung von § 9 Abs 1 Alt 2 zu berücksichtigen.

12 Der Begriff der **beruflichen Anforderung** entspricht dem in § 8 Abs 1 gebrauchten (s § 8 Rz 6 mwNachw). Die Religions- oder Weltanschauungszugehörigkeit muss sich somit als unverzichtbares Kriterium für eine vertragsgemäße Beschäftigung erweisen. Bei der Auslegung dieses Tatbestandes ist die Rechtsprechung des EuGH zu berücksichtigen, der den zugrunde liegenden RL 2000/78/EG Art 4 Abs 2 verbindlich ausgelegt hat. Die RL-Vorschrift verlangt nämlich, dass das Erfordernis einer bestimmten Religionszugehörigkeit eine wesentliche, rechtmäßige und gerechtfertigte berufliche Anforderung angesichts des Ethos der Organisation darstellt.

13 Die Religionszugehörigkeit ist eine **wesentliche** berufliche Anforderung, wenn sie „aufgrund der Bedeutung der betreffenden beruflichen Tätigkeit für die Bekundung dieses Ethos oder die Ausübung des Rechts dieser Kirche oder Organisation auf Autonomie notwendig erscheinen muss"[19]. Mit dem Erfordernis der **Rechtmäßigkeit** der Religionszugehörigkeit als beruflicher Anforderung soll sichergestellt werden, dass die Anforderung nicht zu einem sachfremden Kriterium ohne Bezug zum Ethos der Religionsgemeinschaft eingesetzt wird[20]. Das Tatbestandsmerkmal **„gerechtfertigt"** bedeutet, dass diese berufliche Anforderung durch ein innerstaatliches Gericht überprüfbar sein muss und die betroffene Religionsgemeinschaft oder die ihr zugeordnete Einrichtung darlegen kann, dass „die Gefahr einer Beeinträchtigung ihres Ethos oder ihres Rechts auf Autonomie wahrscheinlich und erheblich ist" und sich deshalb eine solche Anforderung als notwendig erweist[21]. Schließlich verlangt der Gerichtshof, dass die Religionszugehörigkeit als berufliche Anforderung mit dem Grundsatz der **Verhältnismäßigkeit** in Einklang steht und somit angemessen und erforderlich sein muss[22].

14 Für die Auslegung von § 9 Abs 1 Alt 2 hat dies zur Folge, dass insbesondere kirchliche Arbeitgeber nicht generell die Kirchenzugehörigkeit ihrer Beschäftigten verlangen dürfen, sondern nach der betreffenden beruflichen Tätigkeit des Beschäftigten abstufen müssen[23]. Es ist somit zwischen verkündigungsnahen und verkündigungsfernen Tätigkeiten von kirchlichen Beschäftigten zu unterscheiden, wobei vom Selbstverständnis der jeweiligen Religionsgemeinschaft auszugehen ist[24]. Eine solche **Abstufung** ist in der im Dezember 2022 grundlegend überarbeiteten **Grundordnung des kirchlichen Dienstes** [25] zumindest in Ansätzen erkennbar: So verlangt die Katholische Kirche für Mitarbeiter in ihren Einrichtungen nur noch für Personen die Kirchenmitgliedschaft, „die das katholische Profil der Einrichtung inhaltlich prägen, mitverantworten und nach außen repräsentieren" (vgl GrO Art 6 Abs 4); für die anderen Mitarbeiter verlangt sie nur noch „die Identifikation mit den Zielen und Werten der katholischen Einrichtung" (GrO Art 6 Abs 2). Gleichwohl hält GrO Art 7 Abs 4 daran fest, dass der Kirchenaustritt eine schwerwiegende Pflichtverletzung darstellt, die „in der Regel" zu einer Beendigung des Beschäftigungsverhältnisses führt; insoweit genügt die GrO nicht den Anforderungen, die sich aus der Rechtsprechung des EuGH zu RL 2000/78/EG Art 4 Abs 2 ergibt (s oben Rz 13 mwNachw). Eine Anpassung der **Richtlinie des Rates über kirchliche Anforderungen der beruflichen Mitarbeit in der Evangelischen Kirche in Deutschland und ihrer Diakonie** ist, soweit ersichtlich, bislang noch nicht erfolgt.

15 Nach der Rechtsprechung des EuGH unterliegt die Frage, ob die Zugehörigkeit zu einer bestimmten Religion oder Weltanschauung eine wesentliche, rechtmäßige und berufliche Anforderung iSv RL 2000/78/EG Art 4 Abs 2 UAbs 1 und AGG § 9 Abs 1 darstellt, einer **gerichtlichen Überprüfung**[26]. Demnach haben die staatlichen Arbeitsgerichte die Entscheidung von Kirchen oder ihnen zugeordneten Einrichtungen darüber, die Kirchenzugehörigkeit als berufliche Anforderung zu verlangen, daraufhin zu kontrollieren, ob es sich bei der Kirchenzugehörigkeit um eine wesentliche, rechtmäßige und gerechtfertigte berufliche Anforderung angesichts des Selbstverständnisses der Kirche handelt und diese Anforderung auch verhältnismäßig ist. Dies hat zur Folge, dass die staatlichen Arbeitsgerichte die innerkirchlichen Regelungen nicht mehr einfach als juristisches Datum hinnehmen dürfen, sondern nach objektiven Kriterien deren Vereinbarkeit mit dem staatlichen Recht prüfen müssen.

16 c) **Beispiele**. Die Religionszugehörigkeit wird man gewiss bei Beschäftigten, die Religionsunterricht an einer staatlichen Schule erteilen oder an einer kirchlichen Schule beschäftigt sind

---

19 Vgl EuGH, ECLI:EU:C:2018:257 Rz 65.
20 Vgl EuGH, ECLI:EU:C:2018:257 Rz 66.
21 EuGH, ECLI:EU:C:2018:257 Rz 67.
22 EuGH, ECLI:EU:C:2018:257 Rz 68.
23 So auch Schneedorf NJW 2019, 177, 179.
24 In diesem Sinne auch Junker NJW 2018, 1850, 1852.
25 Geändert durch Beschluss der Deutschen Bischofskonferenz v 22.11.2022.
26 Vgl EuGH, ECLI:EU:C:2018:257 Rz 59 sowie EuGH, ECLI:EU:C:2018:696 (IR/JQ) Rz 43 ff.

und somit die kirchliche Lehre nach außen vertreten, annehmen dürfen[27]. Dasselbe gilt für Sozialpädagogen einer Einrichtung der Erziehungshilfe, in der Kinder nachmittags betreut werden und die von der Caritas betrieben wird[28]. Für eine befristete Referentenstelle, die der Erstellung eines Parallelberichts zum UN-Abkommen zur Beseitigung jeder Form von rassistischer Diskriminierung dient, hat die Rechtsprechung von EuGH und BAG dies indessen abgelehnt[29]. Ebenso wenig besteht eine Verkündigungsnähe beim Pflegepersonal in Krankenhäusern oder Pflegeheimen, Hauswirtschafter(innen), Reinigungspersonal oder bei Fahrern[30].

3. Loyalitätspflichten von Beschäftigten der Religionsgemeinschaften (Abs 2). Nach 17 der sehr kompliziert formulierten Vorschrift des Abs 2 sind Ungleichbehandlungen wegen der Religion oder der Weltanschauung durch Religionsgemeinschaften oder den ihnen zugeordneten Einrichtungen oder Vereinigungen (s oben Rz 6ff) zulässig, wenn diese von ihren Beschäftigten ein loyales und aufrichtiges Verhalten iS ihres jeweiligen Selbstverständnisses verlangen können. Solche besonderen **Loyalitätspflichten** für ihre Beschäftigten haben die großen christlichen Kirchen in ihrem Kirchenrecht geschaffen[31] und beziehen diese Vorschriften in ihre Arbeitsverträge durch Verweisungsklauseln ein. Beispiele aus der Rechtsprechung für solche kirchenrechtlich fundierten Loyalitätspflichten von Beschäftigten im kirchlichen Bereich sind etwa das Verbot der katholischen Kirche, aus der Kirche auszutreten[32], das Verbot für Ärzte an katholischen Krankenhäusern, sich öffentlich über die Durchführung von Schwangerschaftsabbrüchen in einer Weise zu äußern, die nicht mit katholischem Verständnis zu vereinbaren ist[33], sowie das Verbot eines nach den Regeln des kanonischen Rechtes verheirateten Beschäftigten, erneut eine Ehe zu schließen[34].

Nach der ständigen **Rechtsprechung des BVerfG**[35] verfügen die Religionsgemeinschaften 18 aus GG Art 140 iVm WRV Art 137 Abs 3 über das Recht, in Selbstbestimmung die Loyalitätspflichten zu regeln, die sie ihren Beschäftigten abverlangen. Verfassungsrechtlich besitzen die Religionsgemeinschaften somit eine weitreichende Zuständigkeit für die Festlegung von Loyalitätspflichten für ihre Beschäftigten. Verfassungsrechtlich ist eine Abstufung von Loyalitätspflichten nach der Verkündigungsnähe der Tätigkeit von Beschäftigten nicht geboten. GG Art 140 iVm WRV Art 137 Abs 3 lässt daher zu, dass das in der GrO Art 5 Abs 2 Nr 1 lit a normierte Verbot eines Kirchenaustritts für katholische Arbeitnehmer den Religionslehrer in gleicher Weise wie den Pförtner oder die Hauswirtschafterin eines katholischen Krankenhauses trifft.

Diese sehr weitreichende Autonomie der Religionsgemeinschaften, ihren Beschäftigten Loyali- 19 tätspflichten aufzuerlegen, ist in jüngster Zeit durch die **Rechtsprechung des EuGH** zu RL 2000/78/EG Art 4 Abs 2 UAbs 2 jedoch stark eingeschränkt worden. In der sog „Chefarzt-Entscheidung" hat der Gerichtshof[36] nämlich die in der *Egenberger*-Entscheidung entwickelten Grundsätze zu RL 2000/78/EG Art 4 Abs 2 UAbs 1 auch auf die Auslegung von UAbs 2 dieser Vorschrift übertragen. Danach stellt eine von einer Religionsgemeinschaft angeordnete Loyalitätspflicht nur dann keine Benachteiligung wegen der Religion oder Weltanschauung dar, wenn es sich dabei um eine wesentliche, rechtmäßige und gerechtfertigte berufliche Anforderung handelt, die sich als verhältnismäßig erweist (zu den Einzelheiten s oben Rz 12 ff mwNachw). Der 2. Senat des BAG hat diese Vorgaben des EuGH in seinem Urteil vom 20. Februar 2019 zum Ausgangsrechtsstreit der Rechtssache *IR/JQ* umgesetzt und AGG § 9 Abs 2 einschränkend dahingehend ausgelegt, dass ein aufrichtiges und loyales Verhalten im Sinne des kirchlichen Selbstverständnisses nur insoweit von Arbeitnehmern verlangt werden kann, als es sich dabei um eine wesentliche, rechtmäßige und gerechtfertigte berufliche Anforderung handelt, welche einer Verhältnismäßigkeitsprüfung standhält[37].

Diese vieldiskutierte Rechtsprechung des Gerichtshofes und die sie ins deutsche Recht einfü- 20 gende neue Spruchpraxis des BAG hat das Gefüge der kirchlichen Loyalitätspflichten sicherlich ins Wanken gebracht, doch ginge es zu weit, in der neuen Rechtsprechung eine „kopernikanische

---

27 Statt vieler Däubler/Beck/Wedde AGG § 9 Rz 55.
28 Vgl BAG NJW 2014, 104, 108.
29 Vgl BAG NZA 2019, 455, 463 ff; EuGH, ECLI:EU:C:2018:257 Rz 60 ff.
30 Ähnlich Grüneberg/Ellenberger AGG § 9 Rz 3; Bauer/Krieger/Günther AGG § 9 Rz 15.
31 Im Bereich der EKD ergeben sich die besonderen Loyalitätspflichten der Beschäftigten aus der Richtlinie des Rates der EKD nach Art 9 Buchst b Grundordnung über die Anforderungen der privatrechtlichen beruflichen Mitarbeit in der Evangelischen Kirche in Deutschland und des Diakonischen Werkes vom 1.7.2005 (ABl EKD 2005 S 413) idF vom 9.12.2016 (ABl EKD 2017 S 11).
32 Vgl GrO des kirchlichen Dienstes im Rahmen kirchlicher Arbeitsverhältnisse § 5 Abs 2 Nr 1 lit a.
33 S BVerfGE 70, 138 ff.
34 Vgl BVerfGE 137, 273 ff.
35 Grundlegend BVerfGE 70, 138 ff; bestätigt durch BVerfGE 137, 273 ff.
36 Gegen die Egenberger-Entscheidung des EuGH ist derzeit ein ultra-vires-Verfahren vor dem BVerfG unter dem Az 2 BvR 934/19 anhängig.
37 Vgl BAG NZA 2019, 901 ff.

Wende für das deutsche Kirchenarbeitsrecht" zu sehen[38]. Jedenfalls hat die Rechtsprechung einen starken Anpassungsbedarf bei den Kirchen hinsichtlich ihrer kirchenrechtlichen Regelwerke, die den kirchlichen Dienst zum Gegenstand haben, ausgelöst: Die GrO der katholischen Kirche ist im Dezember 2022 stark überarbeitet worden (s oben Rz 14), doch hält insbesondere GrO Art 7 Abs 4 daran fest, dass der Kirchenaustritt eines Mitarbeiters „in der Regel" zur Beendigung von dessen Beschäftigungsverhältnis berechtigt. Eine Novellierung der **Richtlinie des Rates über kirchliche Anforderungen der beruflichen Mitarbeit in der Evangelischen Kirche in Deutschland und ihrer Diakonie** ist seit der „Chefarzt-Entscheidung" des EuGH noch nicht erfolgt. Die arbeitsrechtliche Regelung der katholischen Kirche zu den Folgen eines Kirchenaustritts kann somit auch weiterhin in Konflikt mit der Rechtsprechung des EuGH und der diese umsetzenden neuen Rechtsprechung des BAG zu § 9 geraten. Eine wesentliche Konsequenz dieser unionsrechtlich gebotenen engen Auslegung des § 9 Abs 2 ist, dass die Loyalitätspflichten kirchlicher Arbeitnehmer nach der Nähe ihrer Tätigkeit zum Verkündigungsauftrag der Kirche abzustufen sind. Anhaltspunkte hierfür bietet insbesondere die ältere Rechtsprechung des BAG, die bis zum Urteil des BVerfG vom 4. Juni 1985[39] bei der Bindung an kirchliche Loyalitätspflichten zwischen verkündigungsnahen und verkündigungsfernen Tätigkeiten unterschieden hat[40]. Besonderen Problemen sehen sich konfessionsbezogene Loyalitätspflichten ausgesetzt: Werden zB katholische Arbeitnehmer besonderen Anforderungen unterworfen (s GrO Art 7), kann es an der Wesentlichkeit der sich aus der Loyalitätspflicht ergebenden beruflichen Anforderung fehlen, wenn der kirchliche Arbeitgeber auf vergleichbaren Positionen nicht konfessionsangehörige Arbeitnehmer beschäftigt[41].

21   Forstet man die bisherige Rechtsprechung durch, wird man nicht in allen Fällen, in denen ein Verstoß gegen kirchliche Loyalitätspflichten bejaht worden ist, eine Rechtfertigung nach § 9 Abs 2 annehmen können. Unproblematisch handelt es sich um einen Verstoß gegen eine kirchliche Loyalitätspflicht, wenn eine Lehrerin an einer katholischen Schule ein nichteheliches Verhältnis mit einem Mönch unterhält und sich darüber öffentlich äußert[42]. Auch rechtfertigt § 9 Abs 2 grundsätzlich das Verbot für muslimische Arbeitnehmerinnen kirchlicher Einrichtungen, während der Arbeitszeit ein muslimisches Kopftuch zu tragen[43]. Hingegen kann das an Beschäftigte eines katholischen Krankenhauses gerichtete Verbot, sich nach dem Scheitern einer nach katholischem Ritus eingegangenen Ehe wiederzuverheiraten, die Benachteiligung eines Chefarztes durch dessen Kündigung nicht nach § 9 Abs 2 rechtfertigen[44].

22   Zweifelhaft ist, ob die **Homosexualität** eines Diplom-Psychologen, der beim Diakonischen Werk beschäftigt und im Bereich der Familienhilfe, der Betreuung suchtkranker Männer und geistig Behinderter eingesetzt ist, eine Loyalitätspflichtverletzung darstellt. Das BAG hat dies in einer älteren Entscheidung bejaht[45]. Damit wäre der Rechtfertigungstatbestand des § 9 Abs 2 zwar grundsätzlich erfüllt. Es bestehen allerdings erhebliche Zweifel daran, dass dies mit dem Verbot von Benachteiligungen wegen der sexuellen Identität von Beschäftigten (§§ 1, 7 Abs 1) vereinbar ist.

§ 10 Zulässige unterschiedliche Behandlung wegen des Alters

Ungeachtet des § 8 ist eine unterschiedliche Behandlung wegen des Alters auch zulässig, wenn sie objektiv und angemessen und durch ein legitimes Ziel gerechtfertigt ist. Die Mittel zur Erreichung dieses Ziels müssen angemessen und erforderlich sein. Derartige unterschiedliche Behandlungen können insbesondere Folgendes einschließen:
1. die Festlegung besonderer Bedingungen für den Zugang zur Beschäftigung und zur beruflichen Bildung sowie besonderer Beschäftigungs- und Arbeitsbedingungen, einschließlich der Bedingungen für Entlohnung und Beendigung des Beschäftigungsverhältnisses, um die berufliche Eingliederung von Jugendlichen, älteren Beschäftigten und Personen mit Fürsorgepflichten zu fördern oder ihren Schutz sicherzustellen,

---

38 Ebenso die Einschätzung von Greiner NZA 2018, 1289, 1291.
39 Vgl BVerfGE 70, S 138 ff.
40 Vgl insbesondere BAG NJW 1984, 1917 ff. Für eine solche Rückkehr zu einer abgestuften Loyalitätspflicht, wie sie die alte Rspr des BAG vornahm, auch Heuschmid NJW 2019, 3117 ff.
41 Vgl EuGH, C-68/17, ECLI:EU:C:2018:696 Rz 59 (IR/JQ); s ebenso Greiner NZA 2018, 1289, 1293.
42 BVerfG NZA 2001, 717 ff.
43 Vgl BAG NZA 2014, 1407 ff.
44 Vgl BAG NZA 2019, 901, 903 ff; EuGH, C-68/17, ECLI:EU:C:2018:696 (IR/JQ).
45 BAG NJW 1984, 1917 ff.

2. die Festlegung von Mindestanforderungen an das Alter, die Berufserfahrung oder das Dienstalter für den Zugang zur Beschäftigung oder für bestimmte mit der Beschäftigung verbundene Vorteile,
3. die Festsetzung eines Höchstalters für die Einstellung auf Grund der spezifischen Ausbildungsanforderungen eines bestimmten Arbeitsplatzes oder auf Grund der Notwendigkeit einer angemessenen Beschäftigungszeit vor dem Eintritt in den Ruhestand,
4. die Festsetzung von Altersgrenzen bei den betrieblichen Systemen der sozialen Sicherheit als Voraussetzung für die Mitgliedschaft oder den Bezug von Altersrente oder von Leistungen bei Invalidität einschließlich der Festsetzung unterschiedlicher Altersgrenzen im Rahmen dieser Systeme für bestimmte Beschäftigte oder Gruppen von Beschäftigten und die Verwendung von Alterskriterien im Rahmen dieser Systeme für versicherungsmathematische Berechnungen,
5. eine Vereinbarung, die die Beendigung des Beschäftigungsverhältnisses ohne Kündigung zu einem Zeitpunkt vorsieht, zu dem der oder die Beschäftigte eine Rente wegen Alters beantragen kann; § 41 des Sechsten Buches Sozialgesetzbuch bleibt unberührt,
6. Differenzierungen von Leistungen in Sozialplänen im Sinne des Betriebsverfassungsgesetzes, wenn die Parteien eine nach Alter oder Betriebszugehörigkeit gestaffelte Abfindungsregelung geschaffen haben, in der die wesentlich vom Alter abhängenden Chancen auf dem Arbeitsmarkt durch eine verhältnismäßig starke Betonung des Lebensalters erkennbar berücksichtigt worden sind, oder Beschäftigte von den Leistungen des Sozialplans ausgeschlossen haben, die wirtschaftlich abgesichert sind, weil sie, gegebenenfalls nach Bezug von Arbeitslosengeld, rentenberechtigt sind.

ÜBERSICHT

1. Überblick 1–4	d) Betriebliche Altersversorgung (Nr 4) 22–24
2. Allgemeine Voraussetzungen einer Rechtfertigung (Satz 1 und 2) 5–10	e) Altersgrenzen für Beendigung des Beschäftigungsverhältnisses
a) Verfolgung eines legitimen Ziels 5–8	(Nr 5) 25–30
b) Angemessenheit und Erforderlichkeit 9	f) Sozialplanabfindungen (Nr 6) . . 31–34
c) Darlegungs- und Beweislast . . . 10	4. Andere Fallgruppen 35–39
3. Die Regelbeispiele von Satz 3 Nr 1 bis 6) 11–34	a) Berücksichtigung des Lebensalters bei der sozialen Auswahl . . 36, 37
a) Förderung der beruflichen Eingliederung bestimmter Altersgruppen (Nr 1) 12–15	b) Unkündbarkeit wegen Erreichens eines bestimmten Alters 38
b) Mindestanforderungen an das Alter von Beschäftigten (Nr 2) . . 16–18	c) Staffelung der Kündigungsfristen (BGB § 622 Abs 2 und 4) 39
c) Höchstalter für die Einstellung (Nr 3) 19–21	

1. Überblick. Benachteiligungen wegen des Alters von Beschäftigten können bereits nach § 8 Abs 1 gerechtfertigt sein, wenn das Alter eine wesentliche und entscheidende berufliche Anforderung darstellt. § 10 geht über diesen allgemeinen Rechtfertigungstatbestand hinaus und schafft einen besonderen Rechtfertigungsgrund für Benachteiligungen wegen des Alters, der lediglich an die Verfolgung eines legitimen Zieles sowie an die Angemessenheit und der Erforderlichkeit des Mittels zu seiner Erreichung geknüpft ist. Neben dem für Ungleichbehandlungen wegen der Religion geltenden § 9 führt somit auch § 10 zu einer Hierarchisierung der einzelnen Gründe des § 1, nach denen nicht benachteiligt werden darf. Gerade wegen dieser niedrigeren Schwelle für eine Rechtfertigung unterschiedlicher Behandlungen von Beschäftigten wegen des Alters im Vergleich zu Benachteiligungen aus anderen der in § 1 genannten Gründen ist das Verbot der Benachteiligung wegen des Alters durchaus treffend als ein „Grundrecht 2. Klasse" bezeichnet worden[1]. In der Vorschrift des § 10, aber auch in dem dieser Bestimmung zugrunde liegenden RL 2000/78/EG Art 6 dürfte die große Unsicherheit des deutschen Gesetzgebers, vor allem aber des Unionsgesetzgebers (s unten Rz 3) ihren Ausdruck gefunden haben, erstmalig ein umfassendes Verbot der Benachteiligung wegen des Alters anzuerkennen[2].

Satz 1 und 2 der Vorschrift legen als allgemeine Voraussetzungen für eine Rechtfertigung 2 von Benachteiligungen wegen des Alters das Vorhandensein eines legitimen Zieles sowie die Angemessenheit und Erforderlichkeit der Mittel zur Erreichung dieses Ziels fest. **Satz 3** zählt in Nr 1 bis 6 Regelbeispiele für Benachteiligungen wegen des Alters auf, welche nach der Wertung des Gesetzgebers diese allgemeinen Anforderungen von § 10 Satz 1 und 2 erfüllen. Ursprünglich

---

1 So insbesondere Schmidt/Senne RdA 2002, 80, 89.
2 Zur Entwicklungsgeschichte des Verbotes der Benachteiligung wegen des Alters s den Überblick bei Senne, Auswirkungen des europäischen Verbotes der Altersdiskriminierung auf das deutsche Arbeitsrecht S 101 ff mwNachw.

sah § 10 Satz 3 sogar acht Regelbeispiele vor, doch wurden durch das Zweite Gesetz zur Änderung des Betriebsrentengesetzes vom 2. Dezember 2006 (BGBl I S 2742) Nr 6 aF (Berücksichtigung des Alters bei der Sozialauswahl) und Nr 7 aF (Unkündbarkeit bei Erreichen eines bestimmten Alters) aufgehoben, da sie mit Blick auf den Verweis von § 2 Abs 4 auf die Bestimmungen zum allgemeinen und besonderen Kündigungsschutz als Redaktionsversehen und deshalb als überflüssig angesehen wurden[3]; Nr 8 aF wurde daraufhin die aktuell geltende Nr 6.

3 Der Rechtfertigungsgrund gilt lediglich für **unmittelbare Benachteiligungen** iSv § 3 Abs 1. Bei mittelbaren Benachteiligungen wegen des Alters (zB bei einer Anknüpfung an der Dauer der Betriebszugehörigkeit von Beschäftigten zur Bemessung des Umfanges von Rechten)[4] bedarf es eines Rückgriffes auf § 10 nicht, da schon der Tatbestand des § 3 Abs 2 voraussetzt, dass eine Rechtfertigung durch ein rechtmäßiges Ziel, das sachlich gerechtfertigt ist und dessen Erreichung mit einem Mittel verfolgt wird, das angemessen und erforderlich ist[5]. Es sind deshalb keine Fälle denkbar, in denen § 10 bei mittelbaren Benachteiligungen wegen des Alters unmittelbar zur Anwendung gelangen könnte. Aus diesem Grund ist auch ohne Bedeutung, dass insbesondere § 10 Satz 3 Nr 2 mit der Anknüpfung an der Berufserfahrung oder dem Dienstalter letztlich auch Fälle einer mittelbaren Benachteiligung wegen des Alters zum Gegenstand hat[6]. Allerdings können die Wertungen des § 10, insbesondere die Regelbeispiele in Satz 3 Nr 1 bis 6, bei der Konkretisierung des Begriffs des rechtmäßigen Ziels in § 3 Abs 2 herangezogen werden[7].

4 Mit § 10 hat der deutsche Gesetzgeber **RL 2000/78/EG Art 6** umgesetzt. Die Richtlinienvorschrift enthält in ihrem Abs 1 besondere Rechtfertigungsgründe für Ungleichbehandlungen wegen des Lebensalters und ergänzt somit den allgemeinen Rechtfertigungsgrund des RL 2000/78/EG Art 4 Abs 1, der durch § 8 Abs 1 in deutsches Recht umgesetzt worden ist (s oben § 8 Rz 3). RL 2000/78/EG räumt den Mitgliedstaaten aufgrund von Art 6 Abs 1 ein weitgehendes Regelungsermessen bei der Festlegung legitimer Ziele für eine Differenzierung nach dem Alter und bei der Beurteilung der Angemessenheit und Erforderlichkeit der Mittel zur Erreichung eines legitimen Zieles ein (s unten Rz 5 ff mwNachw). Auch wenn die Frage bislang nicht näher von ihm geprüft worden ist[8], scheint der EuGH (stillschweigend) von der Vereinbarkeit dieses weitgehenden Rechtfertigungsgrundes für Ungleichbehandlungen wegen des Alters mit dem grundrechtlichen Verbot der Benachteiligung wegen des Alters in GrChEU Art 21 Abs 1 auszugehen.

5 **2. Allgemeine Voraussetzungen einer Rechtfertigung (Satz 1 und 2).** – a) **Verfolgung eines legitimen Ziels.** Eine Rechtfertigung von Ungleichbehandlungen von Beschäftigten wegen des Alters setzt nach § 10 Satz 1 voraus, dass sie objektiv und angemessen ist und durch die Verfolgung eines legitimen Zieles getragen ist. Die Tatbestandsmerkmale der **Objektivität** und der **Angemessenheit** in Satz 1 sind nach wie vor unklar[9]: Der EuGH[10] thematisiert sie bei der Prüfung von RL 2000/78/EG Art 6 Abs 1, dem sie wortgleich entnommen sind, gar nicht erst, sondern prüft die Angemessenheit erst im Rahmen der Verhältnismäßigkeit (s unten Rz 8). Den beiden Tatbestandsmerkmalen kommt infolgedessen im Rahmen von § 10 Satz 1 keine eigenständige Bedeutung zu.

6 § 10 Satz 1 unterscheidet sich indessen von RL 2000/78/EG Art 6 Abs 1 darin, dass die in letzterer Vorschrift genannten Regelbeispiele für legitime Ziele, nämlich Ziele aus den Bereichen der Beschäftigungspolitik, des Arbeitsmarktes und der beruflichen Bildung, nicht übernommen worden sind. Gleichwohl wird man den Begriff der legitimen Ziele iSv § 10 Satz 1 im Lichte der Richtlinienvorschrift auszulegen haben, lehnt sich doch § 10 an diese an und kann wegen der niedrigeren Schwelle für eine Rechtfertigung von Ungleichbehandlungen wegen des Alters als nach den allgemeinen Maßstäben des RL 2000/78/EG Art 4 Abs 1 auch nicht weiter gehen als Art 6 Abs 1.

7 RL 2000/78/EG Art 6 Abs 1, der für die Auslegung des § 10 Satz 1 zugrunde zu legen ist, nennt als Beispiele rechtmäßiger Ziele solche aus den Bereichen Beschäftigungspolitik, Arbeits-

---

3   Vgl BT-Drucks 16/3007 S 22.
4   Zur Vereinbarkeit der Staffelung der Kündigungsfristen nach der Dauer der Betriebszugehörigkeit in BGB § 622 Abs 2 in dem unionsrechtlichen Verbot der Altersdiskriminierung s BAG NZA 2014, 1400 ff.
5   Für die identische Frage im Rahmen von RL 2000/78/EG Art 6 Abs 1 s EUArbR/Mohr, Art 10 RL 2000/78/EG Rz 3; aA jedoch Meinel/Heyn/Herms AGG § 10 Rz 5 sowie Däubler/Beck/Brors AGG § 10 Rz 10 mwNachw.
6   So aber insbesondere Meinel/Heyn/Herms AGG § 10 Rz 5 sowie Däubler/Beck/Brors, AGG § 10 Rz 10.
7   IdS auch Meinel/Heyn/Herms AGG § 10 Rz 5 mNachw.
8   Die Frage wird von Schmidt/Senne RdA 2002, 80, 89 zutreffend aufgeworfen, jedoch letztlich offengelassen.
9   Eingehender zu den Problemen mit diesen Merkmalen Däubler/Beck/Brors AGG § 10 Rz 24 ff mwNachw.
10 So zB EuGH v 5.3.2009 – C-388/07, ECLI:EU:C:2009:128 Rz 45.

markt und berufliche Bildung. Nach der inzwischen ständigen Rechtsprechung des EuGH, die gemäß EUV Art 19 Abs 1 als verbindliche Auslegung zugrunde zu legen ist, handelt es sich bei den legitimen Zielen um rechtmäßige Ziele aus dem Bereich der **Sozialpolitik**[11]. Damit werden aus dem Anwendungsbereich des § 10 zum einen Ziele ausgeschlossen, deren Verfolgung im Eigeninteresse des Arbeitgebers liegen, namentlich Kostensenkungen oder allgemein die Erhöhung seiner Wettbewerbsfähigkeit[12]. Zum anderen lässt sich die Verfolgung von allgemeinpolitischen Zielen jenseits der Sozialpolitik wie etwa die Aufrechterhaltung der Flugsicherheit (zB durch Anordnung einer besonderen Altersgrenzenregelung für Piloten) ebenfalls nicht auf § 10 Satz 1 stützen[13].

Das **Regelungsziel** muss sich **nicht ausdrücklich** aus der Regelung (zB einem Tarifvertrag) selbst ergeben: Ausreichend ist, dass es sich dem allgemeinen Zusammenhang, in den die Regelung eingebettet ist, entnehmen lässt (zB aus Protokollnotizen, Schriftverkehr zwischen den Tarifvertragsparteien usw)[14]. **8**

b) **Angemessenheit und Erforderlichkeit**. Die Mittel zur Erreichung dieses legitimen Ziels müssen angemessen und erforderlich sein (Satz 2). Der deutsche Gesetzgeber hat damit an RL 2000/78/EG Art 6 Abs 1 angeknüpft. Daraus folgt letztlich das Gebot einer **Verhältnismäßigkeitsprüfung**[15]. Das gewählte Mittel ist **angemessen**, wenn es nicht offensichtlich ungeeignet ist, um das verfolgte legitime Ziel zu erreichen[16]. Die **Erforderlichkeit** der Ungleichbehandlung wegen des Alters setzt voraus, dass sich diese als relativ mildestes Mittel erweist[17]. **9**

c) **Darlegungs- und Beweislast**. Nach allgemeinen Grundsätzen hat derjenige, der sich auf die Rechtfertigung einer ungleichen Behandlung von Beschäftigten wegen des Alters beruft, also der Arbeitgeber, die **Darlegungs- und Beweislast** für die tatsächlichen Umstände, aus denen sich ein legitimes Ziel sowie dessen Verhältnismäßigkeit ergibt, zu tragen[18]. **10**

3. **Die Regelbeispiele von Satz 3 Nr 1 bis 6**). Die Regelbeispiele von Satz 3 bilden als *leges speciales* von Satz 1 und 2 für die Prüfung einer Rechtfertigung von Ungleichbehandlungen wegen des Alters den Ausgangspunkt; nur sofern eine Rechtfertigung nicht nach einem dieser Tatbestände möglich sein sollte, ist auf den Auffangtatbestand von Satz 1 und 2 zurückzugreifen. Das Vorliegen eines der Regelbeispiele ist notwendige, aber nicht hinreichende Bedingung für eine Rechtfertigung von Ungleichbehandlungen wegen des Alters nach Satz 3: Stets ist im Einzelfall außerdem noch zu prüfen, ob die Ungleichbehandlung zur Erreichung eines legitimen Zieles auch angemessen und erforderlich iSv Satz 2 ist. Es bedarf somit einer Prüfung der **Verhältnismäßigkeit**[19]. **11**

a) **Förderung der beruflichen Eingliederung bestimmter Altersgruppen (Nr 1)**. Das Regelbeispiel der Nr 1 erlaubt die Festlegung besonderer Bedingungen für den Zugang zur Beschäftigung und zur beruflichen Bildung sowie besonderer Beschäftigungs- und Arbeitsbedingungen zur Förderung und zum Schutz der beruflichen Eingliederung von Jugendlichen, älteren Beschäftigten und Personen mit besonderen Fürsorgepflichten für den Zugang zur Beschäftigung. Die Einbeziehung der Förderung von Personen mit besonderen Fürsorgepflichten in das Regelbeispiel ist nicht überzeugend, müssen doch diese Personen nicht einer bestimmten Altersgruppe angehören, vielmehr können in allen Altersklassen von Fürsorgepflichten (zB für Kinder, für die Eltern oder für den eigenen Ehepartner im Alter) betroffen sein[20]. **12**

Soweit es um die Förderung und den Schutz der **beruflichen Eingliederung** einzelner Altersgruppen von Beschäftigten geht, kommt eine Rechtfertigung von Ungleichbehandlungen **13**

---

11 St Rspr des EuGH: s zB EuGH v 5.3.2009 – C-388/07, ECLI:EU:C:2009:128 (Age Concern England/Secretary of State for Business, Enterprise and Regulatory Reform) mwNachw.

12 Vgl EuGH v 21.7.2011 – C-159, 160/10, ECLI:EU:C:2011:508 Rz 52 (Gerhard Fuchs, Peter Köhler/Land Hessen) sowie EuGH v 5.3.2009 – C-388/07, ECLI:EU:C:2009:128 (Age Concern England/Secretary of State for Business, Enterprise and Regulatory Reform) zu RL 2000/78/EG Art 6 Abs 1. Zu § 10 Satz 1 s BAG NZA 2016, 1081, 1086 sowie BAG NJW 2016, 268, 270f.

13 Ebenso Däubler/Beck/Brors AGG § 10 Rz 14 mwNachw.

14 St Rspr: s EuGH v 5.3.2009 – C-388/07, ECLI:EU:C:2009:128 Rz 45 mwNachw (Age Concern England); EuGH v 16.10.2007, C-411/05, ECLI:EU:C:2007:604 Rz 57 (Palacios de la Villa); BAG NZA 2018, 315, 319.

15 Allg Ansicht: statt vieler Grüneberg/Weidenkaff AGG § 10 Rz 2 sowie ErfK/Schlachter AGG § 10 Rz 3 jew mwNachw.

16 St Rspr des EuGH zu RL 2000/78/EG Art 6 Abs 1: vgl zB EuGH, Urteil v 12.10.2010 – C-499/08, ECLI:EU:C:2010:600 Rz 35 (Ingeniørforeningen i Danmark/Region Syddanmark).

17 Für einen Überblick s EuArbR/Mohr, RL 2000/78/EG Art 6 Rz 16 mwNachw.

18 Vgl zB BAG NZA 2016, 1081, 1087 mwNachw. S auch EuGH v 21.7.2011, C-159, 160/10, ECLI:EU:C:2011:508 Rz 76 ff (Gerhard Fuchs, Peter Köhler/Land Hessen).

19 St Rspr: vgl zB BAG NZA 2019, 997, 1000 sowie BAG NZA 2018, 712, 715.

20 So zu Recht ErfK/Schlachter AGG § 10 Rz 5.

wegen des Alters nach Nr 1 insbesondere bei tarifvertraglichen **„Einsteigertarifen"** für ältere Arbeitnehmer wegen ihrer schweren Vermittelbarkeit auf dem Arbeitsmarkt in Betracht[21]. Ebenso dient der beruflichen Eingliederung, wenn auch eine Beendigungsbedingung regelnd, die Erlaubnis, mit Personen, die das 52. Lebensjahr vollendet haben, uneingeschränkt einen befristeten Arbeitsvertrag ohne Sachgrund abschließen zu können (vgl **TzBfG § 14 Abs 3**). Der EuGH hat in seiner Mangold-Entscheidung TzBfG § 14 Abs 3 aF als einen Verstoß gegen das Verbot der Benachteiligung wegen des Alters angesehen, da sie über das Erforderliche hinausgehe, indem das Befristungsrecht ausschließlich an das Lebensalter geknüpft und nicht auch die Schutzbedürftigkeit der betroffenen älteren Beschäftigten Voraussetzung war[22]. TzBfG § 14 Abs 3 nF, der auf das Ges zur Verbesserung der Beschäftigungschancen älterer Menschen vom 19. April 2007 (BGBl I S 538) zurückgeht, trägt dieser Rechtsprechung des Gerichtshofes Rechnung und verlangt eine mindestens viermonatige Beschäftigungslosigkeit (SGB III § 138 Abs 1 Nr 1) unmittelbar vor Beginn des befristeten Arbeitsverhältnisses; jedenfalls soweit erstmalig aufgrund der Bestimmung eine Befristung mit einem älteren Arbeitnehmer folgt, steht die Vorschrift in Einklang mit der RL 2000/78/EG[23].

14 Bei den Beschäftigungs- und Arbeitsbedingungen kann insbesondere eine **Staffelung von Urlaubstagen** nach dem Lebensalter der Beschäftigten, um dem gesteigerten Erholungsbedarf älterer Beschäftigter Rechnung zu tragen, unter Nr 1 fallen[24]. Auch wenn die Tarifvertragsparteien oder der einzelne Arbeitgeber bei der konkreten Ausgestaltung einer solchen Staffelung einen Beurteilungsspielraum besitzen, muss sich die Regelung doch mit Blick auf das mit ihr verfolgte Ziel des Gesundheitsschutzes älterer Beschäftigter als erforderlich erweisen[25]. Insoweit bedarf es eines substantiierten Sachvortrages des Arbeitgebers im Prozess. Die Rechtsprechung nimmt bei Urlaubsstaffelungen nach dem Lebensalter stets eine genaue Verhältnismäßigkeitsprüfung vor und lässt den allgemeinen Hinweis auf das mit zunehmendem Alter gesteigerte Erholungsbedürfnis von Beschäftigten nicht ausreichen[26]; ein substantiierter Sachvortrag kann zB auf einschlägige Statistiken verweisen, welche eine Staffelung der Urlaubsdauer nach bestimmten Lebensaltern stützt. Nach denselben Maßstäben ist eine **Staffelung der Arbeitszeitdauer** nach dem Lebensalter im Rahmen von Nr 1 zu beurteilen[27].

15 Als besondere Bedingungen der **Beendigung des Beschäftigungsverhältnisses** können aufgrund von Nr 1 Rechtsnormen eines Tarifvertrages oder die Regelungen einer Betriebsvereinbarung gerechtfertigt sein, die nach dem Modell des KSchG § 10 Abs 2 die Höhe einer Kündigungsabfindung nach dem Alter staffeln[28]. Auf die Befristungsmöglichkeit des TzBfG § 14 Abs 3 ist bereits eingegangen worden (s oben Rz 12 mwNachw).

16 b) **Mindestanforderungen an das Alter von Beschäftigten (Nr 2)**. Ungleichbehandlungen wegen des Alters, die sich aus einer Festlegung von Mindestanforderungen an das Alter, die Berufserfahrung oder das Dienstalter für den Zugang zur Beschäftigung oder für bestimmte mit der Beschäftigung verbundene Vorteile ergeben, können nach Nr 2 gerechtfertigt sein. Der Tatbestand greift mit der **Berufserfahrung** und dem **Dienstalter** auch Merkmale auf, die nicht unmittelbar am Lebensalter von Beschäftigten anknüpfen, sondern mittelbar jüngere Beschäftigte in besonderer Weise benachteiligen können. Die Bezugnahme auf diese Kriterien, die eine mittelbare Benachteiligung wegen des Alters begründen können, ist systemwidrig, da § 10 auf mittelbare Benachteiligungen wegen des Alters keine Anwendung findet (s oben Rz 3 mwNachw).

17 Mindestanforderungen an das Alter für den **Zugang zur Beschäftigung** bestehen nur noch selten. Das Mindestalter von 27 Jahren für eine Verbeamtung (BBG § 9 Nr 1 aF) ist durch das Dienstrechtsneuordnungsgesetz vom 5. Februar 2009 (BGBl I S 160) aufgehoben worden. Zu Recht wird darauf hingewiesen, dass solche Mindestaltersgrenzen aufgrund der Verhältnismäßigkeitsprüfung, die auch bei Vorliegen des Tatbestandes der Nr 2 durchzuführen ist (s oben Rz 10), im Regelfall nicht mit § 10 Satz 3 Nr 2 vereinbar sein werden[29]: Es wird zumeist bereits an einem legitimen Ziel für eine solche Altersgrenze fehlen.

18 Zu den Mindestanforderungen an das Alter für bestimmte mit der Beschäftigung verbundene Vorteile gehören insbesondere nach Lebensalter gestaffelte **Entgeltregelungen**, die höhere Ent-

---

21 Zum „Einsteigertarif" im Tarifvertrag der Chemischen Industrie s zB Eich NZA 1995, 149, 152.
22 EuGH v 22.11.2005, C-144/04, ECLI:EU:C:2005:709 Rz 65 (Werner Mangold/Rüdiger Helm).
23 So auch BAG NZA 2015, 1131, 1135.
24 St Rspr: vgl BAG AP AGG § 10 Nr 11; BAG NZA-RR 2016, 438 ff. Ebenso im Grundsatz ErfK/Schlachter AGG § 10 Rz 6 sowie Däubler/Beck/Brors AGG § 10 Rz 42 mwNachw.
25 So ausdrücklich BAG AP AGG § 10 Nr 11.
26 Vgl zB BAG NZA 2017, 267, 268.
27 Dazu ausführlicher BAG NZA 2016, 1081, 1086 ff.
28 IdS auch Bauer/Krieger/Günther AGG § 10 Rz 27a.
29 So insbesondere Däubler/Beck/Brors AGG § 10 Rz 72 sowie Meinel/Heyn/Herms AGG § 10 Rz 44.

gelte nach Erreichung bestimmter Altersstufen der Beschäftigten vorsehen. Eine solche unmittelbare Anknüpfung von Entgeltregelungen am Lebensalter lässt sich aber grundsätzlich nicht nach Nr 2 rechtfertigen[30]: Die für eine solche Differenzierung nach Altersstufen ins Feld geführte größere Berufserfahrung älterer Beschäftigter ist nicht notwendigerweise an deren Lebensalter geknüpft. Allerdings steht dies nicht einer Anknüpfung von Entgeltregelungen an der Betriebs- oder Dienstzugehörigkeit entgegen, um eine größere Berufserfahrung von Beschäftigten zu honorieren[31]: bei solchen Entgeltregelungen handelt es sich indessen um eine Frage der Zulässigkeit einer mittelbaren Benachteiligung wegen des Alters, die sich ausschließlich nach § 3 Abs 2 bestimmt (s oben Rz 3).

c) **Höchstalter für die Einstellung (Nr 3).** Der Rechtfertigungstatbestand, der wortgleich RL 2000/78/EG Art 6 Abs 1 lit c) umsetzt, schützt das **Amortisierungsinteresse** des Arbeitgebers bei der Einstellung von Personal[32]: Ist der Eintritt eines älteren Beschäftigten in den Ruhestand bereits absehbar, besteht die Gefahr, dass einer uU aufwändigen Einarbeitung eine betriebswirtschaftlich sinnvolle Mindestdauer des Beschäftigungsverhältnisses nicht gegenübersteht[33].

Nr 3 Alt 1 erlaubt die Festlegung eines Höchstalters für die Einstellung auf Grund der spezifischen **Ausbildungsanforderungen** eines bestimmten Arbeitsplatzes. Eine größere Bedeutung als Rechtfertigungsgrund scheint die Regelung bislang nicht erlangt zu haben. Ein Höchstalter für die Einstellung von Cockpitpersonal durch eine Fluggesellschaft („32 Jahre + 364 Tage") lässt sich jedenfalls nicht unter Rückgriff auf diesen Tatbestand rechtfertigen, da für eine solche Altersgrenze kein legitimes Ziel erkennbar ist[34].

Nr 3 Alt 2 kann die Festlegung eines Höchstalters für die Einstellung auf Grund der Notwendigkeit einer angemessenen Beschäftigungszeit vor dem Eintritt in den Ruhestand rechtfertigen. Nach diesem Tatbestand sind Altersgrenzen für die Einstellung in den mittleren **Feuerwehrdienst** wegen der hohen körperlichen Anforderungen an diesen Dienst grundsätzlich gerechtfertigt (s oben § 8 Rz 15 mwNachw). Demgegenüber ist eine Altersgrenze von 30 Jahren für den Zugang zum örtlichen Polizeidienst keine verhältnismäßige spezifische Ausbildungsanforderung und kann auch nicht mit der Notwendigkeit einer angemessenen Beschäftigungszeit vor dem Eintritt in den Ruhestand gerechtfertigt werden[35]. Noch nicht abschließend geklärt ist, ob und ggf in welchem Umfang Altersgrenzen für den Zugang zum **Beamtenverhältnis** durch den Tatbestand der Nr 3 gerechtfertigt sind. Die verwaltungsgerichtliche Rechtsprechung sieht eine Altersgrenze von 42 Jahren (LBG NRW § 14 Abs 3)[36] als von § 10 Satz 3 Nr 3 (iVm § 24) gedeckt an, da das Interesse des Dienstherrn an einem ausgewogenen Verhältnis von Lebensdienstzeit und Ruhestandszeit des Beamten ein legitimes Ziel darstelle und sich mit Blick auf den auch unionsrechtlich anerkannten weiten Spielraum des Gesetzgebers als angemessen iSv § 10 Satz 2 erweise. Es ist jedoch zweifelhaft, ob eine generelle Altersgrenze den unionsrechtlichen Anforderungen aus RL 2000/78/EG Art 6 Abs 1 lit c entspricht[37]: Soweit die Gefahr eines Missverhältnisses zwischen Dienstzeit und Versorgungslast des Dienstherrn ins Feld geführt wird, erweist sich eine Altersgrenze allenfalls als verhältnismäßig für ein Eintrittshöchstalter innerhalb der letzten 20 Dienstjahre vor der Pensionierung.

d) **Betriebliche Altersversorgung (Nr 4).** Der Tatbestand erlaubt die Festlegung von Altersgrenzen in betrieblichen Systemen der sozialen Sicherheit und betrifft damit insbesondere die betriebliche Altersversorgung. Für diese soll nach § 2 Abs 2 Satz 2 das BetrAVG gelten, doch finden wegen fehlender Sonderregeln des BetrAVG zu Benachteiligungsverboten weitgehend die Vorschriften des AGG Anwendung (s oben § 2 Rz 18). Die Rechtfertigung nach Ziffer 4 dient der Sicherung der Funktionsfähigkeit von betrieblichen Systemen der sozialen Sicherheit. Sie setzt RL 2000/78/EG Art 6 Abs 2 um. Allerdings geht die deutsche Umsetzung über den Schutzstandard der Richtlinie in einem Punkt hinaus[38]: Während die Richtlinie nicht verlangt, dass

---

30 Vgl BAG NZA 2012, 161 ff sowie EuGH, C-297/10 u C-298/10, ECLI:EU:C:2011:560 Rz 58 ff (Sabine Hennigs/Eisenbahn-Bundesamt u Land Berlin/Alexander Mai) zu BAT § 27.
31 Allg Ansicht: vgl zB Grüneberg/Weidenkaff AGG § 10 Rz 3 sowie Bauer/Krieger/Günther AGG § 10 Rz 30. So auch EuGH, C-17/05 ECLI:EU:C:2006:633 Rz 33 ff (B. F. Cadman/Health & Safety Executive) zur Vereinbarkeit der Ancienität mit dem Gebot der Entgeltgleichheit des EGV Art 141 Abs 1 (= AEUV Art 157 Abs 1).
32 IdS BT-Drucks 16/1780 S 36.
33 So BT-Drucks 16/1780 S 36.
34 Vgl BAG NZA 2011, 751, 759.
35 EuGH, C-416/13, ECLI:EU:C:2014:2371 Rz 59 ff (Mario Vital Pérez/Ayuntamiento de Oviedo) zu RL 2000/78/EG Art 6 Abs 1 lit c), dem AGG § 10 Satz 3 Nr 3 entspricht.
36 Zu weiteren landesgesetzlichen Altersgrenzen für eine Verbeamtung s Kühling/Bertelsmann NVwZ 2010, 87f mNachw.
37 Eingehend zu der Problematik Kühling/Bertelsmann NVwZ 2010, 87 ff mwNachw. Ebenso eine Vereinbarkeit mit RL 2000/78/EG Art 6 Abs 1 lit c) ablehnend Däubler/Beck/Brors AGG § 10 Rz 84 sowie ErfK/Schlachter AGG § 10 Rz 9.
38 St Rspr: so zuletzt BAG NZA 2018, 315, 318f mwNachw aus der Rspr. Aus dem Schrifttum statt vieler Grüneberg/Weidenkaff AGG § 10 Rz 3.

Altersgrenzen in betrieblichen Systemen der sozialen Sicherheit ein legitimes Ziel verfolgen und zu dessen Erreichung angemessen und auch erforderlich sind, verlangt § 10 Satz 3 Nr 4 eine solche Verhältnismäßigkeitsprüfung: Dies lässt sich dem Willen des Gesetzgebers, aber auch der systematischen Stellung des Rechtfertigungstatbestandes nach Satz 2 entnehmen.

23 Nr 4 lässt Altersgrenzen für die **Berücksichtigung bestimmter Beschäftigungszeiten** in betrieblichen Versorgungsordnungen zu. So dürfen Beschäftigungszeiten vor der Vollendung des 17. Lebensjahres außer Anrechnung bleiben[39]. Auch kann eine Versorgungsordnung die Anrechnung von Beschäftigungszeiten ab der Vollendung des 60. Lebensjahres vorsehen, um die aus einer betrieblichen Altersversorgung für den Arbeitgeber resultierende Belastung zu begrenzen und kalkulierbar zu halten[40]. Ferner lässt sich die Festlegung einer **Höchstaltersgrenze** für den Kreis der Versorgungsberechtigten grundsätzlich mit Nr 4 rechtfertigen. So erweist sich eine Höchstaltersgrenze von 50 Jahren noch als verhältnismäßig, da der Beschäftigte bereits bei einem vorhergehenden Arbeitgeber ausreichend Zeit hatte, Betriebsrentenanwartschaften zu erdienen oder anderweitig für seine Altersversorgung zu sorgen[41]. Eine Höchstaltersgrenze von 45 Jahren für den Beginn des Beschäftigungsverhältnisses ist indessen nicht mehr zu rechtfertigen, da sie dazu führt, dass Beschäftigte während eines beträchtlichen Teils ihres Erwerbslebens, nämlich vom 45. Lebensjahr bis zum Erreichen der Regelaltersgrenze, keine Versorgungsanwartschaften mehr erwerben können[42].

24 Der Rechtfertigungstatbestand der Nr 4 gilt auch für die **Hinterbliebenenversorgung**: Nach der verbindlichen Auslegung des inhaltsgleichen RL 2000/78/EG Art 6 Abs 2 durch den EuGH ist nämlich auch eine betriebliche Hinterbliebenenversorgung eine Form der Altersrente, die unter den Begriff des betrieblichen Systems der sozialen Sicherheit fällt[43]. So kann Nr 4 insbesondere eine **„Spätehenklausel"** in einem System der betrieblichen Altersversorgung rechtfertigen, mit deren Hilfe der Kreis der anspruchsberechtigten Hinterbliebenen beschränkt wird. Danach ist zB eine Klausel mit § 10 Satz 3 Nr 4 vereinbar, die eine Hinterbliebenenversorgung für einen Ehepartner des verstorbenen Arbeitnehmers ausschließt, wenn die Ehe nicht vor Vollendung des 62. Lebensjahres, dem Zeitpunkt des Erreichens der Altersgrenze nach der Versorgungsordnung, geschlossen worden ist[44].

25 e) **Altersgrenzen für Beendigung des Beschäftigungsverhältnisses (Nr 5)**. Nach Nr 5 kann eine Schlechterstellung älterer Beschäftigter aufgrund von Vereinbarungen, welche die Beendigung des Beschäftigungsverhältnisses ohne Kündigung zu einem Zeitpunkt vorsehen, zu dem der Beschäftigte eine Altersrente beantragen kann, gerechtfertigt sein. Die Vorschrift gilt für Altersgrenzen in Arbeitsverträgen sowie in Rechtsnormen von Tarifverträgen oder Regelungen von Betriebsvereinbarungen, auch wenn Letztere wegen des Tarifvorranges des BetrVG § 77 Abs 3 Satz 1 nur selten wirksam sein dürften. Gesetzliche Altersgrenzen für bestimmte Berufsgruppen (zB für Beamte aufgrund von BBG § 51) erfasst Nr 5 indessen nicht[45].

26 Nach Nr 5 HS 2 bleibt der Arbeitnehmerschutz aufgrund von **SGB VI § 41** unberührt. Konkret bedeutet dies zunächst, dass der Anspruch eines Arbeitnehmers auf eine Altersrente keine Kündigung rechtfertigen kann (SGB VI § 41 Satz 1). Ferner gelten Vereinbarungen über Altersgrenzen, die an dem Zeitpunkt anknüpfen, zu dem der Arbeitnehmer vor Erreichen der Regelaltersgrenze eine Altersrente beantragen kann, grundsätzlich als auf das Erreichen der Regelaltersgrenze abgeschlossen (Satz 2). Soll das Arbeitsverhältnis mit Erreichen der Regelaltersgrenze beendet werden, können die Arbeitsvertragsparteien durch Vereinbarung während des Arbeitsverhältnisses den Beendigungszeitpunkt, ggf auch mehrfach, hinausschieben (Satz 3).

27 Altersgrenzenvereinbarungen sind nach Nr 5 HS 1 zulässig, wenn sie die Beendigung des Beschäftigungsverhältnisses zu einem Zeitpunkt vorsehen, zu dem der Beschäftigte eine Altersrente beantragen kann. Durch diese Einschränkung soll sichergestellt werden, dass der Beschäftigte nach Erreichen der Altersgrenze **wirtschaftlich abgesichert** ist; sie ist Ausfluss der Verhältnismäßigkeit einer Altersgrenzenvereinbarung (s unten Rz 29 mNachw). Eine Rentennähe des Beschäftigten (zB Antragsberechtigung in einem oder zwei Jahren) reicht für eine Rechtfertigung der Altersgrenze nach Nr 5 HS 1 nicht aus. Eine bestimmte Mindesthöhe der Altersrente, insbesondere deren Auskömmlichkeit zur Bestreitung des Lebensunterhaltes, verlangt Nr 5 HS 1 nicht, ebenso wenig wie das Unionsrecht (s unten Rz 29 mwNachw). Die Problematik dürfte

---

39 Vgl BAG NZA 2018, 315 ff.
40 BAG NZA 2018, 376 ff.
41 Vgl BAG NZA 2014, 848 ff.
42 BAG NZA 2014, 606, 609.
43 Vgl EuGH, C-443-15, ECLI:EU:C:2016:897 Rz 71f (David A. Parris/Trinity College Dublin). Das BAG hat sich dem EuGH in seiner Auslegung von AGG § 10 Satz 3 Nr 4 angeschlossen: vgl BAG NJW 2018, 1339 ff und BAG NZA 2019, 991, 995. Seine bisherige gegenläufige Rspr (s BAG NZA 2015, 1447 ff) hat es aufgegeben.
44 BAG NZA 2019, 991 ff.
45 Ebenso ErfK/Schlachter AGG § 10 Rz 12 mwNachw.

indessen durch die Einführung einer Grundrente durch das Grundrentengesetz vom 12. August 2020 (BGBl I S 1879) etwas entschärft worden sein.

Der Rechtfertigungstatbestand der Nr 5 steht in Einklang mit RL 2000/78/EG Art 6 Abs 1. **28** Der EuGH ist großzügig bei der Beurteilung der Zulässigkeit von Altersgrenzenregelungen. So erkennt er in inzwischen ständiger Rechtsprechung an, dass Altersgrenzen aufgrund der Richtlinienvorschrift mit **arbeitsmarktpolitischen Zielen** gerechtfertigt werden können, wenn durch eine automatische Beendigung des Arbeitsverhältnisses bei Erreichen der Altersgrenze jüngeren Beschäftigten ein Nachrücken in Beschäftigung ermöglicht wird. Sind Altersgrenzen von solchen Zielen getragen, geht es im Kern um eine Umverteilung des Arbeitsvolumens von älteren Beschäftigten auf jüngere Beschäftigte und damit um die Reduzierung von Arbeitslosigkeit[46].

Auch bei Altersgrenzen nimmt der EuGH eine **Verhältnismäßigkeitsprüfung** vor. Aller- **29** dings dürfen die Maßstäbe als sehr großzügig bezeichnet werden und haben bislang dazu geführt, dass Altersgrenzen mit arbeitsmarktpolitischen Zielen weitgehend als mit RL 2000/78/EG Art 6 Abs 1 vereinbar angesehen worden sind. Bei der Angemessenheit solcher Altersgrenzen aus arbeitsmarktpolitischen Motiven verlangt der Gerichtshof nicht den Nachweis einer tatsächlichen Eignung zur Bekämpfung von Arbeitslosigkeit durch die Altersgrenzenregelung, sondern räumt hier insbesondere den Tarifvertragsparteien einen weiten „Ermessensspielraum" ein und sieht sie nicht als unvernünftig an[47]. Mit Blick auf die Erforderlichkeit hat der Gerichtshof in der Rechtssache *Palacios* verlangt, dass der Beschäftigte bei Beendigung des Beschäftigungsverhältnisses aufgrund der Altersgrenze wirtschaftlich durch eine Altersrente abgesichert ist[48]. Allerdings hat er diese Voraussetzung stark abgeschwächt, als er in der Rechtssache *Rosenbladt* sogar eine Altersgrenzenregelung als gerechtfertigt ansah, die es zuließ, dass eine Teilzeitbeschäftigte lediglich eine sehr geringe Rente bezog, die zur Bestreitung des Lebensunterhaltes nicht annähernd ausreichte[49].

Nr 5 rechtfertigt nicht besondere, aus Gründen des Allgemeininteresses bestehende **beschäfti- 30 gungsbezogene Altersgrenzen** (zB für Piloten zum Schutze der Flugsicherheit), da die Vorschrift – ebenso wie der zugrunde liegende RL 2000/78/EG Art 6 Abs 1 – nur rechtmäßige Ziele erfasst, die mit der Beschäftigungspolitik, dem Arbeitsmarkt und der beruflichen Bildung in Zusammenhang stehen[50]. Sie sind an dem allgemeinen Rechtfertigungstatbestand des § 8 Abs 1 zu messen und setzen somit voraus, dass ein Alter von Beschäftigten unterhalb der Altersgrenze eine wesentliche und entscheidende berufliche Anforderung darstellt (s oben § 8 Rz 24 mwNachw).

f) **Sozialplanabfindungen (Nr 6).** Dieser Rechtfertigungstatbestand betrifft Differenzierun- **31** gen nach dem Lebensalter bei Leistungen, die in einem Sozialplan (BetrVG § 112 Abs 1 Satz 2) festgelegt sind. Im Zentrum stehen hier Abfindungen für Arbeitnehmer, denen aus einer Betriebsänderung (s BetrVG § 111) wirtschaftliche Nachteile erwachsen (zB Beendigung des Arbeitsverhältnisses im Zuge einer Betriebsschließung oder -änderung). Die Vorschrift gilt ihrem Wortlaut nach ausschließlich für Sozialpläne iSd BetrVG. Soweit es um Ungleichbehandlungen wegen des Lebensalters in Sozialplänen nach dem Personalvertretungsrecht (s zB BPersVG § 75 Abs 3 Nr 13), dem Sprecherausschussrecht[51] sowie in Tarifsozialplänen geht[52], gelten aber aufgrund der allgemeinen Regelung in § 10 Satz 1 und 2 dieselben Maßstäbe von Nr 6 für Sozialpläne außerhalb des BetrVG[53].

Nach einer bereits seit langem bestehenden und stark verbreiteten Praxis werden **Sozialplan- 32 abfindungen nach Altersstufen** gestaffelt[54]. Ältere Arbeitnehmer haben infolgedessen grundsätzlich einen höheren Abfindungsanspruch als ihre jüngeren Kollegen. Diese Praxis trägt den schlechteren Arbeitsmarktperspektiven älterer Arbeitnehmer Rechnung. Nach **Nr 6 Alt 1** sind solche Sozialplanregelungen und die mit ihnen einhergehende Besserstellung von älteren

---

46 Vgl zB EuGH v 16.10.2007, C-411/05, ECLI:EU:C:2007:604 Rz 52 ff (Felix Palacios de la Villa/Cortefiel Servicios SA); EuGH v 12.10.2010, C-45/09, ECLI (Gisela Rosenbladt/Oellerking Gebäudereinigungsges mbH).
47 Vgl EuGH v 12.10.2010, C-45/09, ECLI Rz 69 (Gisela Rosenbladt/Oellerking Gebäudereinigungsges mbH).
48 EuGH v 16.10.2007, C-411/05, ECLI:EU: C:2007:604 Rz 73 (Felix Palacios de la Villa/Cortefiel Servicios SA).
49 S Vgl EuGH v 12.10.2010, C-45/09, ECLI Rz 73 ff (Gisela Rosenbladt/Oellerking Gebäudereinigungsges mbH).

50 St Rspr des EuGH zu RL 2000/78/EG Art 6 Abs 1: vgl zB EuGH Urt v 13.9.2011 – C-447/09 Rz 80 ff (Reinhard Prigge, Michael Fromm, Volker Lambach/Deutsche Lufthansa AG) mwNachw.
51 Zur grundsätzlichen Vereinbarkeit eines solchen Sozialplanes mit dem SprAuG s statt vieler ErfK/ Oetker SprAuG § 32 Rz 10.
52 Zur Zulässigkeit von Tarifsozialplänen s BAG NZA 2020, 1121 ff; grundlegend BAG NZA 2007, 987 ff.
53 Ebenso Bauer/Krieger/Günther AGG § 10 Rz 51.
54 Ausführlich zur Sozialplanpraxis insbesondere Temming RdA 2008, 205 ff mwNachw.

Beschäftigten grundsätzlich gerechtfertigt, wenn damit die schlechteren Arbeitsmarktchancen dieser Beschäftigten erkennbar berücksichtigt worden sind: Nr 6 ist insoweit auch mit RL 2000/78/EG Art 6 Abs 1 vereinbar[55]. Auch eine stufenweise Reduzierung des Abfindungsanspruches ab dem 54. Lebensjahr hat der EuGH als grundsätzlich mit dem Verbot der Benachteiligung wegen des Alters vereinbar angesehen, doch kann eine solche Sozialplanregelung schwerbehinderte Beschäftigte diskriminieren, da sie auf diese einen starken Druck ausübt, ab dem ersten möglichen Zeitpunkt aufgrund von SGB VI § 37 vorzeitig in Rente zu gehen[56].

33 **Nr 6 Alt 2** erlaubt den Ausschluss von Beschäftigten von Sozialplanleistungen, die wirtschaftlich abgesichert sind, weil sie, ggf nach Bezug von Arbeitslosengeld, rentenberechtigt sind. So dürfen nach Nr 6 Alt 2 Beschäftigte von Abfindungsansprüchen eines Sozialplanes ausgeschlossen werden, die nach dem Bezug von Arbeitslosengeld I rentenberechtigt sind und zuvor eine Weiterbeschäftigung an einem anderen Unternehmensstandort abgelehnt haben[57].

34 Im Kern hat sich somit die bisherige Sozialplanpraxis als mit dem Verbot der Benachteiligung wegen des Alters vereinbar erwiesen. Auch das Diskriminierungsrecht erkennt die **Ausgleichs- und Überbrückungsfunktion** des Sozialplans an[58].

35 **4. Andere Fallgruppen.** Neben den Regelbeispielen von Satz 3 Nr 1 bis 6 können auch noch andere Vereinbarungen oder Regelungen, die unterschiedliche Behandlungen wegen des Alters vorsehen, gerechtfertigt sein. Sie sind am Maßstab des Auffangtatbestandes des Satz 1 und 2 zu messen (zu den Anforderungen s oben Rz 5 ff mwNachw).

36 a) **Berücksichtigung des Lebensalters bei der sozialen Auswahl.** Nach KSchG § 1 Abs 3 Satz 1 sind im Rahmen der **sozialen Auswahl** vor dem Ausspruch einer betriebsbedingten Kündigung auch die Dauer der Betriebszugehörigkeit sowie das Lebensalter der in die Auswahl einzubeziehenden Arbeitnehmer zu berücksichtigen. § 10 Satz 3 Nr 6 aF (s oben Rz 2 mNachw) ließ eine solche Berücksichtigung des Lebensalters zu, „soweit dem Alter kein genereller Vorrang gegenüber anderen Auswahlkriterien zukommt, sondern die Besonderheiten des Einzelfalls und die individuellen Unterschiede zwischen den vergleichbaren Beschäftigten, insbesondere die Chancen auf dem Arbeitsmarkt entscheiden". Obgleich dieser Rechtfertigungstatbestand durch das Zweite Gesetz zur Änderung des Betriebsrentengesetzes vom 2. Dezember 2006 aufgehoben worden ist, stellt sich doch nach wie vor die Frage, ob und inwieweit eine Differenzierung nach dem Lebensalter und eine damit uU verbundene Bevorzugung älterer Beschäftigter mit § 10 Satz 1 und 2 gerechtfertigt werden kann[59]. § 2 Abs 4 ist nämlich wegen Verstoßes gegen Unionsrecht nicht anwendbar, so dass die Benachteiligungsverbote des AGG in vollem Umfang auch bei Kündigungen zu beachten sind (s oben § 2 Rz 20 mwNachw).

37 Das Verbot der Benachteiligung wegen des Alters steht einer Berücksichtigung des Lebensalters von Beschäftigten im Rahmen der sozialen Auswahl nicht grundsätzlich entgegen, die zu einer tendenziellen Bevorzugung älterer Beschäftigter führt. KSchG § 1 Abs 3 Satz 1 verfolgt mit der Berücksichtigung des Lebensalters vor allem das Ziel, ältere Beschäftigte, die regelmäßig eine schlechtere Arbeitsmarktperspektive als ihre jüngeren Kollegen haben, besser vor betriebsbedingten Kündigungen zu schützen. Es handelt sich somit um ein **legitimes Ziel** aus dem Bereich des Arbeitsmarktes (vgl RL 2000/78/EG Art 6 Abs 1 und § 10 Satz 1)[60]. Auch bestehen gegen die **Angemessenheit** und **Erforderlichkeit** einer Berücksichtigung des Lebensalters zur Verwirklichung dieses Ziels keine ernsthaften Bedenken, denn bei dem Kriterium handelt es sich nur um eines von mehreren in KSchG § 1 Abs 3 Satz 1 HS 1 vorgesehenen Auswahlkriterien, so dass es nicht notwendigerweise zu einer Bevorzugung älterer Beschäftigter führt[61]. Umgekehrt ist es mit § 10 Satz 1 und 2 vereinbar, wenn ein Beschäftigter, der berechtigt ist, eine Altersrente zu beziehen, im Rahmen der Sozialauswahl als deutlich weniger schutzbedürftig im Vergleich zu Beschäftigten eingestuft wird, die noch keinen Anspruch auf Bezug einer Altersrente haben[62].

38 b) **Unkündbarkeit wegen Erreichens eines bestimmten Alters.** Das Regelbeispiel des § 10 Satz 3 Nr 7 aF, das durch das Zweite Gesetz zur Änderung des Betriebsrentengesetzes vom 2. Dezember 2006 aufgehoben wurde (s oben Rz 2), erlaubte grundsätzlich individual- oder

---

55 Vgl EuGH v 6.12.2012, C-152/11, ECLI:EU:C:2012:772 Rz 30 ff (Johann Odar/Baxter Deutschland GmbH). Dazu insbesondere Zange NZA 2013, 601 ff.
56 EuGH v 6.12.2012, C-152/11, ECLI:EU:C:2012:772 Rz 55 ff (Johann Odar/Baxter Deutschland GmbH); ebenso EuGH v 19.9.2018 – C-312/17, ECLI:EU:C:2018:734 Rz (Surjit Singh Bedi/Bundesrepublik Deutschland) mit Blick auf ein tarifvertragliches Überbrückungsgeld.
57 Vgl BAG NZA 2015, 365 ff.
58 Zu dieser Sozialplanfunktion Temming RdA 2008, 205, 208 ff mwNachw.
59 IdS auch BAG NZA 2010, 457, 459.
60 Vgl BAG NZA 2010, 457, 459; BAG NZA 2012, 1044, 1049f.
61 Vgl BAG NZA 2010, 457, 459; BAG NZA 2012, 1044, 1050.
62 BAG NZA 2017, 902 ff.

kollektivrechtliche Vereinbarungen der Unkündbarkeit von Beschäftigten eines bestimmten Alters und einer bestimmten Betriebszugehörigkeit. Trotz Wegfall des Rechtfertigungstatbestandes stellt sich auch heute noch die Frage, ob die mit solchen Unkündbarkeitsvereinbarungen verknüpfte Bevorzugung älterer Beschäftigter mit dem Verbot der Benachteiligung wegen des Alters zu vereinbaren ist. Solche arbeits- oder tarifvertraglichen Unkündbarkeitsvereinbarungen tragen den schlechteren Arbeitsmarktperspektiven älterer Beschäftigter Rechnung und verfolgen deshalb ein legitimes Ziel iSv § 10 Satz 1. Sie erweisen sich allerdings nur dann als verhältnismäßig iSv Satz 2, wenn sie nicht dazu führen, dass unkündbare Beschäftigte aus dem Kreis der vergleichbaren Arbeitnehmer ausscheiden und dadurch das Ergebnis einer sozialen Auswahl grob fehlerhaft würde[63].

c) **Staffelung der Kündigungsfristen (BGB § 622 Abs 2 und 4)**. Bei der Staffelung von Kündigungsfristen nach der Dauer der Betriebszugehörigkeit handelt es sich um eine mittelbare Differenzierung nach dem Lebensalter, deren Zulässigkeit sich aus § 3 Abs 2, nicht aber aus § 10 Satz 1 und 2 ergibt (s oben Rz 3 mwNachw). Davon geht letztlich auch das BAG aus, wenn es die Vereinbarkeit von BGB § 622 Abs 2 am Maßstab von RL 2000/78/EG Art 2 Abs 2 lit b geprüft und im Ergebnis auch zu Recht bejaht hat[64]. Im Übrigen wäre § 10 Satz 1 und 2 nicht mit Blick auf die gesetzliche Staffelung der Kündigungsfristen in BGB § 622 Abs 2, sondern lediglich für eine tarifvertragliche Staffelung nach Maßgabe von BGB § 622 Abs 4 oder in einer Betriebsvereinbarung (soweit überhaupt nach BetrVG § 77 Abs 3 Satz 1 zulässig) einschlägig, da gesetzliche Regelungen nicht an § 10 zu messen sind. **39**

Unterabschnitt 2

Organisationspflichten des Arbeitgebers

§ 11 Ausschreibung

Ein Arbeitsplatz darf nicht unter Verstoß gegen § 7 Abs. 1 ausgeschrieben werden.

ÜBERSICHT

1. Überblick 1, 2
2. Tatbestand 3–5
3. Rechtsfolgen von Verstößen 6

1. Überblick. Mit der Vorschrift soll sichergestellt werden, dass Ausschreibungen von Arbeitsplätzen benachteiligungsfrei erfolgen. Sie knüpft an die nur für die Benachteiligung wegen des Geschlechtes geltenden Vorläufervorschrift des BGB § 611b aF sowie an der vergleichbaren Vorschrift von TzBfG § 7 Abs 1 an. Zwar werden Beschäftigte durch diskriminierende Ausschreibungen nicht unmittelbar benachteiligt. Vielmehr handelt es sich bei diesen um eine **Organisationspflicht des Arbeitgebers im Vorfeld einer Einstellung**, die allerdings bei Verstoß gegen § 7 Abs 1 einen potentiell benachteiligenden Charakter besitzt. Die Vorschrift begründet keine Pflicht des Arbeitgebers, freie Arbeitsplätze auszuschreiben, sondern beschränkt sich darauf, den Arbeitgeber diskriminierungsrechtlich zu binden, wenn er sich dieses Instrumentes zur Rekrutierung von Personal bedient[1]. **1**

Das Verbot des § 11 ist **unionsrechtlich nicht geboten**. Die Gleichbehandlungs-RL der Union enthalten keine ausdrücklichen Vorschriften zur Ausschreibung von Arbeitsplätzen. Das AGG geht insoweit in zulässiger Weise über die Gleichbehandlungs-RL der EU hinaus und verstärkt den Schutz von Bewerbern im Vorfeld einer Einstellung vor verbotenen Benachteiligungen. **2**

2. Tatbestand. Eine **Ausschreibung iSv § 11** ist jede „an eine unbekannte Vielzahl von Personen gerichtete Aufforderung eines Arbeitgebers, sich auf die ausgeschriebene Stelle zu bewerben"[2]. Auch wenn § 11 im Unterschied zu der Vorläufervorschrift des BGB § 611b aF u zu den vergleichbaren Vorschriften von TzBfG § 7 Abs 1 dies nicht ausdrücklich klarstellt, erfasst die Vorschrift sowohl **öffentliche Ausschreibungen** (zB in Zeitungen oder im Internet) als auch **unternehmensinterne Ausschreibungen** (zB im unternehmenseigenen Intranet, durch deren Zusendung per E-Mail an Beschäftigte des Arbeitgebers oder durch einen Aushang am **3**

---

63 So BAG NZA 2014, 208, 212 ff. Wohl auch ErfK/Schlachter AGG § 10 Rz 4.
64 Vgl BAG NZA 2014, 1400 ff.

1 Allg Ansicht: vgl statt vieler Bauer/Krieger/Günther AGG § 11 Rz 5.
2 St Rspr: vgl zB BAG NZA-RR 2018, 287, 289.

schwarzen Brett)³. Bei der Auslegung einer Ausschreibung ist wegen ihres unbestimmten Adressatenkreises deren objektiver Inhalt und typischer Sinn zu ermitteln, wie er von verständigen u redlichen potentiellen Bewerbern unter Abwägung der Interessen der normalerweise beteiligten Verkehrskreise verstanden wird⁴.

4   Die Vorschrift hat in den vergangenen Jahren eine **wachsende Bedeutung in der Rspr** erlangt. So verstößt eine Ausschreibung, die sich lediglich an einem Geschlecht orientiert (zB nur „Rechtsanwältin"), gegen das Verbot der Benachteiligung wegen des Geschlechts. Allerdings ist die Ausschreibung eines öffentlichen Arbeitgebers, in der auf eine gesetzliche Pflicht zur Bevorzugung von Frauen hingewiesen wird, wegen der Zulässigkeit von positiven Maßnahmen grds mit § 11 vereinbar. Nichts Anderes kann für eine Ausschreibung gelten, in der darauf hingewiesen wird, dass Bewerbungen von schwerbehinderten Personen erwünscht sind⁵. Die Ausschreibung einer Stelle für einen „Young Professional" oder für „Berufseinsteiger" kann ältere Bewerber wegen ihres Alters benachteiligen. Soweit nach der neuesten Rspr des EuGH zu RL 2000/78/EG Art 4 Abs 2 die Kirchenzugehörigkeit überhaupt noch zur Voraussetzung einer Einstellung in kirchlichen Einrichtungen gemacht werden darf (zu den Einzelheiten s oben § 9 Rz 9 ff mwNachw), kann ein kirchlicher Arbeitgeber in einer Ausschreibung die Zugehörigkeit zu der die Einrichtung tragenden Kirche verlangen.

5   **Adressat** der Pflicht aus § 11 **ist der Arbeitgeber**. Dies gilt nicht nur für die Fälle, in denen dieser einen freien Arbeitsplatz selbst ausschreibt, etwa im Internet, in einer Zeitung oder durch einen Aushang. Auch bei **Fremdausschreibungen**, also im Falle der Einschaltung eines Dritten wie einer Personalberatung oder der Agentur für Arbeit, trifft den Arbeitgeber die Pflicht aus § 11: Insoweit hat er die Sorgfaltspflicht, die Ordnungsmäßigkeit der Ausschreibung durch den Dritten zu überwachen⁶.

6   3. **Rechtsfolgen von Verstößen**. Verstößt ein Arbeitgeber bei der Ausschreibung eines Arbeitsplatzes gegen das Benachteiligungsverbot des § 7 Abs 1, kann dies die Vermutung begründen, die erfolgte Einstellung sei wegen des in der Ausschreibung bezeichneten verbotenen Merkmals erfolgt; insoweit gilt die **Darlegungs- und Beweislasterleichterung des § 22**⁷. Der Arbeitgeber kann die Vermutung einer Benachteiligung nur dadurch widerlegen, dass er Tatsachen vorträgt, aus denen sich ergibt, dass die Benachteiligung des Beschäftigten gerade nicht auf dem nach § 7 Abs 1 verbotenen Merkmal beruht, wie die Ausschreibung vermuten lässt, sondern sich auf andere Gründe zurückführen lässt. Dies kann bspw dadurch geschehen, dass der Arbeitgeber darlegt, einen Beschäftigten eingestellt zu haben, welcher der benachteiligten Gruppe angehört⁸. Sofern dem Arbeitgeber dieser Entlastungsbeweis nicht gelingt, kann der Bewerber **Ansprüche aus § 15 Abs 1 und 2** geltend machen.

§ 12 Maßnahmen und Pflichten des Arbeitgebers

(1) Der Arbeitgeber ist verpflichtet, die erforderlichen Maßnahmen zum Schutz vor Benachteiligungen wegen eines in § 1 genannten Grundes zu treffen. Dieser Schutz umfasst auch vorbeugende Maßnahmen.

(2) Der Arbeitgeber soll in geeigneter Art und Weise, insbesondere im Rahmen der beruflichen Aus- und Fortbildung, auf die Unzulässigkeit solcher Benachteiligungen hinweisen und darauf hinwirken, dass diese unterbleiben. Hat der Arbeitgeber seine Beschäftigten in geeigneter Weise zum Zwecke der Verhinderung von Benachteiligung geschult, gilt dies als Erfüllung seiner Pflichten nach Absatz 1.

(3) Verstoßen Beschäftigte gegen das Benachteiligungsverbot des § 7 Abs. 1, so hat der Arbeitgeber die im Einzelfall geeigneten, erforderlichen und angemessenen Maßnahmen zur Unterbindung der Benachteiligung wie Abmahnung, Umsetzung, Versetzung oder Kündigung zu ergreifen.

---

3   So ausdrücklich die Begründung zu § 11 RegE, BT-Drucks 16/1780 S 36. Eine betriebsinterne Ausschreibung einer Stelle kann vom Betriebsrat nach Maßgabe von BetrVG § 93 vom Arbeitgeber verlangt werden.
4   Vgl BAG NZA-RR 2018, 287, 289 mwNachw.
5   Statt vieler ErfK/Schlachter AGG § 11 Rz 2.
6   So bereits BAG NZA 2004, 540, 544 sowie BVerfG NZA 2007, 195, 197 zu der Vorläufervorschrift des BGB § 611b aF.
7   Vgl BAG NZA 2013, 498, 501f; BAG NZA 2010, 1412, 1415f. Aus dem Schrifttum statt vieler MünchKomm/Thüsing AGG § 11 Rz 8 mwNachw. So auch schon die st Rspr zu BGB § 611a aF: vgl zB BAG NZA 2004, 540, 543 sowie BVerfG NZA 2007, 195, 196 mwNachw.
8   So auch ErfK/Schlachter AGG § 11 Rz 3 mNachw.

(4) Werden Beschäftigte bei der Ausübung ihrer Tätigkeit durch Dritte nach § 7 Abs. 1 benachteiligt, so hat der Arbeitgeber die im Einzelfall geeigneten, erforderlichen und angemessenen Maßnahmen zum Schutz der Beschäftigten zu ergreifen.

(5) Dieses Gesetz und § 61b des Arbeitsgerichtsgesetzes sowie Informationen über die für die Behandlung von Beschwerden nach § 13 zuständigen Stellen sind im Betrieb oder in der Dienststelle bekannt zu machen. Die Bekanntmachung kann durch Aushang oder Auslegung an geeigneter Stelle oder den Einsatz der im Betrieb oder der Dienststelle üblichen Informations- und Kommunikationstechnik erfolgen.

ÜBERSICHT

1. Überblick 1, 2	c) Benachteiligungen durch Beschäftigte (Abs 3) 9–11
2. Organisationspflichten des Arbeitgebers 3–13	d) Benachteiligungen durch Dritte (Abs 4) 12, 13
a) Die Generalklausel des Abs 1 . . 3, 4	3. Bekanntmachungspflichten (Abs 5) . 14, 15
b) Hinweis- und Hinwirkungspflichten (Abs 2) 5–8	4. Rechtsfolgen von Verstößen 16

1. **Überblick.** § 12 normiert verschiedene **diskriminierungsrechtliche Organisations- 1 pflichten des Arbeitgebers.** Abs 1 verpflichtet den Arbeitgeber in Form einer Generalklausel, die erforderlichen Maßnahmen zum Schutz vor Benachteiligungen zu ergreifen. Abs 2 bis 5 formen diese Organisationspflichten des Arbeitgebers darauf aufbauend näher aus. Abs 2 enthält eine Regelung zum präventiven Benachteiligungsschutz. Demgegenüber normieren Abs 3 und Abs 4 den repressiven Benachteiligungsschutz: Während Abs 3 die auf dem Arbeitgeber lastenden Organisationspflichten im Falle von Verstößen gegen das Benachteiligungsverbot durch Beschäftigte normiert, hat Abs 4 deren Inhalt bei Verstößen durch Dritte im Blickfeld. Abs 5 sieht Publizitätspflichten des Arbeitgebers hinsichtlich des Textes des AGG und der Ausschlussfrist des ArbGG § 61b vor.

Die in § 12 ausgeformten Organisationspflichten des Arbeitgebers sind **überwiegend nicht 2 durch Unionsrecht vorgegeben.** Lediglich die Publizitätspflicht hinsichtlich des Textes des AGG und des ArbGG § 61b ist in den Gleichbehandlungs-RL geregelt[1] und musste vom deutschen Gesetzgeber in nationales Recht umgesetzt werden. Doch weder die Generalklausel des Abs 1 noch die besonderen Pflichten des Arbeitgebers nach Abs 2 und Abs 3 sind in den RL normiert. Da die Gleichbehandlungs-RL lediglich einen Mindeststandard festlegen, darf der deutsche Gesetzgeber über sie hinausgehend Organisationspflichten des Arbeitgebers anordnen. § 12 ist infolgedessen unionsrechtlich unbedenklich[2].

2. **Organisationspflichten des Arbeitgebers.** – a) **Die Generalklausel des Abs 1.** § 12 3 Abs 1 Satz 1 verpflichtet den Arbeitgeber generalklauselartig, die erforderlichen Maßnahmen zum Schutz vor Benachteiligungen wegen eines in § 1 genannten Grundes zu treffen. Die aufgrund dessen gebotenen Maßnahmen können zum einen präventiver Natur sein (vgl Abs 1 Satz 2) und der Vorbeugung gegen Benachteiligungen dienen. Zum anderen erfasst § 12 Abs 1 Satz 1 aber auch Maßnahmen, die der Arbeitgeber bei bereits erfolgten Verstößen gegen das Benachteiligungsverbot des § 7 Abs 1 zu ergreifen hat (zB deren Aufklärung und Sanktionierung)[3]. Prävention und Reaktion auf bereits eingetretene Benachteiligungen beziehen sich auf Benachteiligungen durch andere Beschäftigte des Betriebs oder der Dienststelle sowie durch Dritte (zB Kunden oder Geschäftspartner des Arbeitgebers). Die Generalklausel des Abs 1 wird durch die nachfolgenden Abs 2 bis 4 näher konturiert. Die allg Organisationspflicht des Abs 1 bezieht sich allerdings **nur auf Abläufe im Betrieb** und nicht auch auf die Privatsphäre der Beschäftigten. Dem Arbeitgeber können nur insoweit Organisationspflichten auferlegt werden, als dieser tatsächlich auch auf Abläufe Einfluss nehmen kann, was bei der Privatsphäre gerade nicht der Fall ist[4]. Zur betrieblichen Sphäre, für welche Abs 1 gilt, gehören indessen auch Vorgänge außerhalb des Betriebes, die betrieblich veranlasst sind, wie etwa betriebliche Feiern, Betriebsausflüge, Dienstreisen oder betriebliche Fortbildungsmaßnahmen[5].

§ 12 Abs 1 legt keine konkreten Organisationspflichten des Arbeitgebers fest. Es ist allerdings 4 klar, dass die Vorschrift dem Arbeitgeber nur solche Pflichten abverlangt, die er rechtlich und tatsächlich auch erfüllen kann: *impossibilium nulla obligatio est*. Aus diesem Grunde sind an die **Erforderlichkeit von Maßnahmen** iSv § 12 Abs 1 in Großunternehmen andere Anforderungen

---

1 Vgl RL 2000/43/EG Art 10; RL 2000/78/EG Art 12; RL 2006/54/EG Art 30.
2 Ebenso Bauer/Krieger/Günther AGG § 12 Rz 3.
3 Vgl zB Meinel/Heyn/Herms AGG § 12 Rz 3.
4 In diesem Sinne auch ErfK/Schlachter AGG § 12 Rz 1 u BeckOK Arbeitsrecht/Roloff AGG § 12 Rz 2.
5 So auch ErfK/Schlachter AGG § 12 Rz 1.

als etwa an den kleinen Handwerksbetrieb zu stellen. Davon geht auch der Gesetzgeber des AGG aus, wenn er in der Gesetzesbegründung anerkennt, dass die Erforderlichkeit der Maßnahmen „je nach der Größe des Betriebs unterschiedlich zu beurteilen sein [kann]"[6]. Es hängt somit von den konkreten Gegebenheiten eines Unternehmens ab, welche Maßnahmen erforderlich iSv § 12 Abs 1 anzusehen sind. Erforderliche **Maßnahmen zum präventiven Schutz vor Benachteiligungen** können bspw Fortbildungsmaßnahmen und Schulungen, Hinweise auf das AGG in Rundschreiben oder betrieblichen Aushängen oder auch eine Behandlung von Fragen des Diskriminierungsrechts auf Betriebs- oder Dienstversammlungen sein. Maßnahmen, die auf Verstöße gegen das Benachteiligungsverbot reagieren, sind insbesondere Versetzungen, der Ausspruch einer Abmahnung oder einer Kündigung des Benachteiligenden.

5 b) **Hinweis- und Hinwirkungspflichten (Abs 2)**. Die Vorschrift des Abs 2 konkretisiert die Generalklausel des Abs 1 und nennt in Satz 2 mit der Schulung von Beschäftigten ein Regelbeispiel, wie der Arbeitgeber seine diskriminierungsrechtlichen Organisationspflichten aus Abs 1 erfüllen kann.

6 Nach **Abs 2 Satz 1** soll der Arbeitgeber zum einen in geeigneter Art und Weise, insbesondere im Rahmen der beruflichen Aus- und Weiterbildung, auf die Unzulässigkeit von Benachteiligungen iSv § 7 Abs 1 **hinweisen**. Dabei handelt es sich aber nicht um eine Rechtspflicht des Arbeitgebers, da Abs 2 Satz 1 eine **Soll-Vorschrift** ist[7]. Geht der Arbeitgeber diesen Weg, kann er allerdings unter den Voraussetzungen des Satz 2 von der Erfüllungswirkung einer Schulung seiner Beschäftigten profitieren. Der Hinweis auf das Verbot von Benachteiligungen kann in beruflichen Aus- und Weiterbildungsmaßnahmen den Beschäftigten gegenüber erfolgen. Möglich ist aber auch, einen entsprechenden Hinweis auch in anderer geeigneter Weise bei den Beschäftigten zu platzieren, etwa durch einen Aushang im Betrieb oder der Dienststelle, im unternehmenseigenen Intranet, durch Rundschreiben (auch per E-Mail) usw. Es bedarf nur eines Hinweises, nicht aber auch eines belehrenden Gespräches mit den einzelnen Beschäftigten[8].

7 Zum anderen sieht Abs 2 Satz 1 vor, dass der Arbeitgeber **auf die Unterlassung von Benachteiligungen hinwirken** soll. Damit ist gemeint, dass sich der Arbeitgeber nicht auf einen Hinweis zur geltenden Rechtslage im Hinblick auf Benachteiligungen beschränken darf, sondern unmissverständlich gegenüber seinen Beschäftigten deutlich machen muss, dass Benachteiligungen nicht geduldet werden und für den Täter arbeitsrechtliche Konsequenzen nach sich ziehen werden[9].

8 Der Arbeitgeber erfüllt nach der Regel des § 12 Abs 2 Satz 2 seine Organisationspflichten aus Abs 1, indem er seine Beschäftigten in geeigneter Weise zum Zwecke der Verhinderung von Benachteiligungen schult. Das Gesetz räumt somit einer auf Diskriminierungen bezogenen **Aufklärung von Beschäftigten** einen besonderen Stellenwert bei der Prävention von Benachteiligungen im Betrieb oder der Dienststelle ein. Die Vorschrift begründet allerdings keine Rechtspflicht zur Durchführung solcher Schulungen, vielmehr stellen diese nur eine mögliche Form der Erfüllung der Organisationspflichten aus Abs 1 dar. Der **konkrete Inhalt und die notwendige Dauer** einer solchen Schulung werden in § 12 Abs 2 Satz 2 nur durch das Merkmal „in geeigneter Weise" umschrieben. Die Schulung hat jedenfalls weiter zu gehen als eine reine Information über das Gesetz, wie sie Abs 5 dem Arbeitgeber ohnehin zur Pflicht macht (dazu unten Rz 14 ff mwNachw). Der geeignete Inhalt und die geeignete Dauer einer solchen Schulung hängen letztlich vom Einzelfall ab. Ist es bereits zu Benachteiligungen im Betrieb gekommen, hat sie ihrem Inhalt nach auch und gerade auf diese Vorkommnisse zu reagieren, um geeignet zu sein, weitere derartige Benachteiligungen zu verhindern. Entsprechendes gilt auch für die Dauer der Schulung. Auch ist auf die Stellung der betroffenen Beschäftigten im Betrieb Rücksicht zu nehmen: Insbesondere leitenden Angestellten kommt wegen ihrer Personalverantwortung eine besondere Bedeutung bei der Verfolgung von Benachteiligungen oder deren Prävention zu[10]. Neben einer Erläuterung, welche Verhaltensweisen eine Benachteiligung darstellen (können), hat eine Schulung iSv Abs 2 Satz 2 auch eine normative Seite zu enthalten, nämlich, dass der Arbeitgeber Verstöße von Beschäftigten gegen das Benachteiligungsverbot des § 7 Abs 1 nicht duldet, sondern sanktioniert[11]. Die **Form einer solchen Schulung** kann von unterschiedlicher Gestalt sein. Sie kann durch Seminare erfolgen, und zwar sowohl durch interne Referenten (zB

---

6 Vgl BT-Drucks 16/1780 S 37. Zu den möglichen unterschiedlichen Auswirkungen einzelner arbeitsrechtlicher Vorschriften auf Unternehmen unterschiedlicher Größenklasse s Seifert RdA 2004, 200 ff mwNachw.
7 Statt vieler Bauer/Krieger/Günther AGG § 12 Rz 12.
8 Ebenso Bauer/Krieger/Günther AGG § 12 Rz 13.
9 So auch Schmidt, Organisationspflichten von Arbeitgebenden, S 8; ErfK/Schlachter AGG § 12 Rz 2; BeckOK Arbeitsrecht/Roloff AGG § 12 Rz 8.
10 Ebenso Schmidt, Organisationspflichten von Arbeitgebenden S 8.
11 Statt vieler ErfK/Schlachter AGG § 12 Rz 2.

Personalabteilung) als auch durch externe Anbieter wie Personalberatungen oder Rechtsanwälte. Es ist allerdings zweifelhaft, ob auch „Ethikrichtlinien" des Unternehmens des Arbeitgebers die Voraussetzungen des § 12 Abs 2 Satz 2 erfüllen[12], da es bei Ihnen keinerlei Interaktion zwischen Beschäftigten und Schulenden gibt und ihnen somit der erforderliche Schulungscharakter fehlt.

c) **Benachteiligungen durch Beschäftigte (Abs 3)**. Die Vorschrift entwickelt die für sexuelle Belästigungen geltende Vorläuferregelung des BeschSchG § Abs 1 Nr 1 fort und regelt die Organisationspflichten des Arbeitgebers bei Verstößen von Beschäftigten gegen das Benachteiligungsverbot des § 7 Abs 1. Sie verpflichtet ihn, die im Einzelfall geeigneten, erforderlichen und angemessenen Maßnahmen zur Unterbindung der Benachteiligung zu ergreifen. Im Unterschied zu Abs 1 und 2 hat die Vorschrift ausschließlich bereits eingetretene Benachteiligungen durch Beschäftigte zum Gegenstand, nicht aber auch deren Prävention. Die Pflicht des Arbeitgebers aus Abs 3 konkretisiert die allg Pflicht des Arbeitgebers im Rahmen seiner Rücksichtnahmepflicht (BGB § 241 Abs 2 iVm allg Persönlichkeitsrecht), seine Arbeitnehmer vor Belästigungen durch Vorgesetzte oder andere Beschäftigte zu schützen[13].

Die Pflicht aus § 12 Abs 3 gibt Beschäftigten einen Anspruch gegen ihren Arbeitgeber, zur **Beseitigung einer benachteiligungsbedingten Störung** die erforderlichen Maßnahmen zu ergreifen[14]. Allerdings hat ein betroffener Beschäftigter im Regelfall keinen Anspruch darauf, dass der Arbeitgeber eine bestimmte Maßnahme ergreift: Der Arbeitgeber besitzt nämlich bei der Auswahl der zu ergreifenden Schutzmaßnahme ein Auswahlermessen, das sich lediglich ausnahmsweise auf Null reduziert und nur in diesen Fällen eine bestimmte Maßnahme verlangt[15].

Der Arbeitgeber hat unter **Beachtung des Verhältnismäßigkeitsgrundsatzes** auf die Benachteiligung durch einen Beschäftigten zu reagieren. Als mögliche Maßnahmen nennt Abs 3 die Erteilung einer Abmahnung, eine Umsetzung, eine Versetzung oder eine Kündigung. Handelt es sich um eine schwere Verfehlung (zB sexuelle Belästigung am Arbeitsplatz), kann auch ohne Ausspruch einer Abmahnung eine Kündigung des Beschäftigten in Betracht kommen[16].

d) **Benachteiligungen durch Dritte (Abs 4)**. § 12 Abs 4 legt die Organisationspflichten des Arbeitgebers für den Fall fest, dass eine nach § 7 Abs 1 verbotene Benachteiligung eines Beschäftigten bei der Ausübung seiner Tätigkeit nicht durch einen Beschäftigten des Betriebs oder der Dienststelle, sondern durch einen **betriebsfremden Dritten** begangen worden ist. In Betracht kommen insbesondere **Kunden** des Arbeitgebers oder sonstige Dritte, mit denen Beschäftigte bei der Erbringung ihrer Arbeitsleistung in Berührung kommen wie zB Verwandte oder Freunde des Arbeitgebers oder eines Kunden des Arbeitgebers. Denkbar sind insoweit insbesondere sexuelle Belästigungen (§ 3 Abs 4), aber auch Belästigungen (vgl § 3 Abs 3) von Beschäftigten des Arbeitgebers wegen ihrer Hautfarbe bzw ihrer Herkunft oder auch wegen ihrer Religion, wenn weibliche Beschäftigte zB ein Kopftuch zum Zeichen ihres muslimischen Glaubens tragen.

In solchen Fällen trifft den Arbeitgeber die Pflicht aus § 12 Abs 4, die im Einzelfall geeigneten, erforderlichen und angemessenen Maßnahmen zum Schutz der Beschäftigten zu ergreifen. Er hat sich somit schützend vor seine Beschäftigten zu stellen. Bei der Auswahl der zu ergreifenden Schutzmaßnahme hat der Arbeitgeber einen Beurteilungsspielraum. Ebenso wie in Abs 3 hängt der Umfang dieser Pflicht aber von den Umständen des Einzelfalles ab. So wird man vom Arbeitgeber im Regelfall verlangen können, dass er einen **Kunden**, der gegen § 7 Abs 1 verstößt, **auf die Gesetzeswidrigkeit hinweist und** ihn außerdem zur Beachtung des Benachteiligungsverbots **ermahnt**. Sollte dieser Weg nicht gangbar oder erfolglos geblieben sein, kommt bei solchen benachteiligenden Kundenpräferenzen eine **Umsetzung oder Versetzung des betroffenen Beschäftigten** in einen Bereich in Betracht, in dem dieser mit dem „Täter" der Benachteiligung nicht mehr in Berührung kommt. Erweist sich auch diese Reaktionsform als ungeeignet, kann äußerstenfalls auch eine Pflicht zum **Abbruch der vertraglichen Beziehung zu dem Kunden** geboten sein. Dabei ist sicherlich zu unterscheiden zwischen einmaligen Kunden (zB in einem Kaufhaus), den je nach Schwere des Vorfalls ohne größere ökonomische Konsequenzen für den Arbeitgeber ein Hausverbot erteilt werden kann, und größeren Kunden des Arbeitgebers, deren Wegbrechen zu uU erheblichen Umsatzeinbußen beim Arbeitgeber führt[17]. Ob in solchen Fällen der Abbruch einer Geschäftsbeziehung verhältnismäßig ist, hängt von den Umständen des Einzelfalles und der im Rahmen einer Verhältnismäßigkeitsprüfung vorzunehmenden Interessenabwägung ab.

---

12 So aber Schneider/Sittard NZA 2007, 654, 655 ff.
13 So insbesondere BAG NZA 2008, 223, 225f mwNachw.
14 Vgl BAG NZA 2008, 223, 226.
15 BAG NZA 2008, 223, 226.
16 Vgl zB LAG Niedersachsen NZA-RR 2009, 249, 251.
17 In diesem Sinne ebenso Schiek/Schmidt AGG § 12 Rz 14 sowie Däubler/Beck/Buschmann AGG § 12 Rz 42.

14 3. **Bekanntmachungspflichten (Abs 5).** Die Vorschrift des § 12 Abs 5 Satz 1, die BeschSchG 1994 § 7 nachgebildet ist, erlegt dem Arbeitgeber eine Pflicht zur Bekanntmachung des Gesetzestextes des AGG und der Ausschlussfrist des ArbGG § 61b sowie von Informationen über die für die Behandlung von Beschwerden nach § 13 zuständigen Stellen im Betrieb oder in der Dienststelle auf. Damit sollen Beschäftigten die Wahrnehmung ihrer Rechte aus dem AGG erleichtert und Informationsdefizite vermieden werden. Diese Pflicht des Arbeitgebers ist unionsrechtlich vorgegeben (s Rz 2 mwNachw).

15 Die **Form der Bekanntmachung** regelt Abs 5 Satz 2. Diese kann durch Aushang oder Auslegung an geeigneter Stelle oder den Einsatz der im Betrieb oder der Dienststelle üblichen Informations- und Kommunikationstechnik erfolgen. Bei der Konkretisierung dieses Tatbestandes ist stets zu berücksichtigen, dass dem Beschäftigten in zumutbarer Weise ermöglicht werden muss, von den Gegenständen des Satz 1 Kenntnis zu erlangen[18]. Dementsprechend kann ein Aushang am schwarzen Brett des Betriebes oder der Dienststelle erfolgen. Hinsichtlich der Auslegung lässt sich an den zu TVG § 8 und BetrVG § 77 Abs 2 Satz 3 entwickelten Grundsätzen anknüpfen. Eine Auslage der Vorschriften und der Informationen zur betrieblichen Beschwerdestelle kann deshalb auch in der Personalabteilung des Arbeitgebers erfolgen. Zu der im Betrieb oder der Dienststelle üblichen IKT gehört insbesondere das unternehmenseigene Intranet[19]; denkbar ist aber auch die Mitteilung durch eine Sammel-E-Mail an die Beschäftigten. Die Beschränkung der Bekanntmachungspflicht auf den Betrieb oder die Dienststelle führt zwar dazu, dass Bewerber nicht von ihr profitieren können: Dieser **Ausschluss von Bewerbern** ist aber mit Unionsrecht vereinbar, da die RL nur eine Pflicht zur Bekanntmachung im Betrieb bzw am Arbeitsplatz vorsehen[20].

16 4. **Rechtsfolgen von Verstößen.** Die einzelnen Rechtsfolgen bei Verstößen von Arbeitgebern gegen die sich aus § 12 ergebenden Organisationspflichten sind im AGG nicht gesondert geregelt. Da es sich bei deren Verletzung nicht um eine Benachteiligung iSv § 3 handelt, kommt ein Anspruch des Benachteiligten auf Schadensersatz und auf Entschädigung in Geld aus § 15 Abs 1 und 2 nicht in Betracht. Wohl aber kann sich eine **Haftung des Arbeitgebers aus allg Grundsätzen** ergeben, insbesondere aus BGB § 280 Abs 1 und aus deliktsrechtlichen Grundsätzen (nach BGB § 823 Abs 1 wegen einer Gesundheitsbeschädigung oder einer Verletzung des allg Persönlichkeitsrechts sowie nach BGB § 823 Abs 2 zB iVm StGB § 185)[21]. Besteht in dem Betrieb des Arbeitgebers ein **Betriebsrat**, trifft diesen – zusammen mit dem Arbeitgeber – eine **Überwachungspflicht aus BetrVG § 75 Abs 1**, die sich auch auf die Verhinderung von Benachteiligungen bezieht[22]. Darüber hinaus kann der Betriebsrat vom Arbeitgeber die Entfernung betriebsstörender Arbeitnehmer verlangen, die durch grobe Verletzung der in BetrVG § 75 Abs 1 enthaltenen Grundsätze den Betriebsfrieden wiederholt gestört haben (vgl BetrVG § 104).

Unterabschnitt 3

Rechte der Beschäftigten

§ 13 Beschwerderecht

(1) **Die Beschäftigten haben das Recht, sich bei den zuständigen Stellen des Betriebs, des Unternehmens oder der Dienststelle zu beschweren, wenn sie sich im Zusammenhang mit ihrem Beschäftigungsverhältnis vom Arbeitgeber, von Vorgesetzten, anderen Beschäftigten oder Dritten wegen eines in § 1 genannten Grundes benachteiligt fühlen. Die Beschwerde ist zu prüfen und das Ergebnis der oder dem beschwerdeführenden Beschäftigten mitzuteilen.**
(2) **Die Rechte der Arbeitnehmervertretungen bleiben unberührt.**

ÜBERSICHT

1. Überblick 1, 2
2. Beschwerderecht (Abs 1) 3–10
3. Beschwerderechte gegenüber Arbeitnehmervertretungen 11

---

18 So ist wohl auch BT-Drucks 16/1780 S 37 zu verstehen.
19 So ausdrücklich BT-Drucks 16/1780 S 37.
20 Überzeugend deshalb ArbG Stuttgart NZA-RR 2012, 241, 243.
21 Allg Ansicht: statt vieler MünchKomm/Thüsing AGG § 12 Rz 12 ff mwNachw.
22 Die in BetrVG § 75 Abs 1 genannten Benachteiligungsverbote enthalten auch die Benachteiligungsverbote iSv AGG § 7 Abs 1 iVm § 1.

1. **Überblick.** Die Vorschrift eröffnet für Beschäftigte, die sich als Opfer einer Benachteiligung 1
iSd §§ 1, 7 Abs 1 fühlen, die Möglichkeit, ein **Beschwerdeverfahren im Betrieb, Unternehmen oder der Dienststelle** einzuleiten, um Abhilfe zu schaffen und einen möglichen gesetzeswidrigen Zustand zu beseitigen. § 13 Abs 1 greift auf das Regelungsmodell des alten BeschSchG § 3 zurück, der ausschließlich für sexuelle Belästigungen am Arbeitsplatz galt, und erstreckt diesen Mechanismus auf sämtliche Benachteiligungen iSd AGG[1]. Das in § 13 Abs 1 vorgesehene Beschwerdeverfahren tritt neben das betriebsverfassungsrechtliche Beschwerderecht von Arbeitnehmern (BetrVG §§ 84 ff) und die Rechte von Arbeitnehmervertretungen, wie § 13 Abs 2 ausdrücklich klarstellt. Mit der Vorschrift verlangt der Gesetzgeber die Schaffung von innerbetrieblichen Verfahren, die wegen ihres weniger formalisierten Charakters als gerichtliche Verfahren schneller und auch näher an den Betroffenen stehend eine zufriedenstellende Lösung von Konflikten wegen möglicher Benachteiligungen herbeiführen können. Die Durchführung eines Beschwerdeverfahrens nach § 13 ist keine Voraussetzung für die spätere gerichtliche Geltendmachung von Ansprüchen eines Benachteiligten (zB auf Schadensersatz oder auf Entschädigung, § 15 Abs 1 und 2)[2].

Das Beschwerderecht des § 13 ist **unionsrechtlich nicht geboten**. Insbesondere verlangen 2
die Gleichbehandlungs-RL, deren Umsetzung das AGG dient, die Schaffung eines solchen Rechtes nicht. Der Sache nach handelt es sich um außerjustizförmige, weitgehend entformalisierte Verfahren zur Durchsetzung der Diskriminierungsverbote der AGG §§ 1, 7 Abs 1. Da die Gleichbehandlungs-RL nur einen unionsrechtlichen Mindeststandard verankern, kann der deutsche Gesetzgeber die Möglichkeit eines Beschwerdeverfahrens für Betroffene, wie es in § 13 vorgesehen ist, auf unionsrechtlich unbedenkliche Weise anordnen.

2. **Beschwerderecht (Abs 1).** Abs 1 Satz 1 begründet ein Recht von Beschäftigten iSv § 6, 3
sich bei den zuständigen Stellen des Betriebs, des Unternehmens oder der Dienststelle zu beschweren, weil sie sich aus einem der in § 1 genannten Gründe benachteiligt fühlen. Diesem Recht der Beschäftigten steht die Pflicht des Arbeitgebers gegenüber, eine solche Beschwerdestelle überhaupt zu errichten[3]. Auch wenn die Vorschrift ihrem Wortlaut nach keine solche Pflicht begründet, unterstellt doch die in § 12 Abs 5 angeordnete Publizitätspflicht des Arbeitgebers hinsichtlich der nach § 13 zuständigen Stellen, dass der Arbeitgeber durch Errichtung einer Beschwerdestelle die Durchführung von Beschwerdeverfahren auf Antrag von Beschäftigten zu ermöglichen hat.

Wer **zuständige Stelle** im Betrieb oder Unternehmen ist, wird grundsätzlich vom Arbeitgeber 4
einseitig festgelegt. Ein Mitbestimmungsrecht des Betriebsrates nach Maßgabe von BetrVG § 87 Nr 1 besteht weder hinsichtlich der Einrichtung der Beschwerdestelle noch mit Blick auf deren personelle Zusammensetzung, da es sich bei diesen Fragen nicht um Angelegenheiten der Ordnung des Betriebes, sondern um dessen Organisation handelt, die grds mitbestimmungsfrei ist[4]. Zuständige Stelle kann zB ein Vorgesetzter, eine Gleichstellungsbeauftragte oder eine betriebliche Beschwerdestelle nach BetrVG § 84[5], aber auch die Personalabteilung, die Compliance-Abteilung oder der Compliance-Officer des Unternehmens sein. Eine **externe Stelle** (zB eine Schlichtungsstelle bei der IHK oder der Handwerkskammer) erfüllt die Anforderungen des § 13 Abs 1 indessen nicht[6]; wohl aber können unternehmensexterne Personen (zB Mediatoren oder Schlichter) in eine betriebliche Beschwerdestelle unproblematisch einbezogen werden. Die zuständige Beschwerdestelle kann durch einseitige Anordnung des Arbeitgebers, aber auch durch Betriebsvereinbarung oder durch die Rechtsnormen eines Tarifvertrages errichtet werden[7]; allerdings muss die normative Wirkung dieser Kollektivverträge auf deren persönlichen Geltungsbereich beschränkt bleiben. Ist der Arbeitgeber seiner gesetzlichen Pflicht, eine zuständige Beschwerdestelle zu bestimmen, nicht nachgekommen, sind die Beschäftigten nicht schutzlos: Vielmehr können sie dann ihre Beschwerden unmittelbar an ihren Vorgesetzten richten[8].

---

1 IdS auch BT-Drucks 16/1780 S 37.
2 Vgl BT-Drucks 16/1780 S 37.
3 Oetker NZA 2008, 264, 266f; ErfK/Schlachter AGG § 13 Rz 1; Däubler/Beck/Buschmann AGG § 13 Rz 31.
4 Vgl BAG NZA 2009, 1049 ff; ebenso LAG Hamburg NZA-RR 2007, 413, 415f.
5 So insbesondere BT-Drucks 16/1780 S 37.
6 Ebenso Däubler/Beck/Buschmann AGG § 13 Rz 31; wohl auch Gach/Jullis BB 2007, 773, 774.
7 Im Ergebnis ist die Regelungsbefugnis der Betriebspartner für das Beschwerdeverfahren nach § 13 unumstritten. Streitig ist jedoch, ob die Regelungsbefugnis auf BetrVG § 88 (umfassende Zuständigkeit des Betriebsrats in sozialen Angelegenheiten) oder auf BetrVG § 86 analog zu stützen ist: dazu ausführlicher Oetker NZA 2008, 264, 269f mwNachw.
8 Ebenso zB Oetker NZA 2008, 264, 266f.; Gach/Jullis BB 2007, 773, 776.

5 **Das von der Beschwerdestelle zu beachtende Verfahren** ist in § 13 nicht gesetzlich ausgeformt. Der Arbeitgeber kann somit auch verfahrensrechtliche Fragen regeln. Dabei hat er allerdings das Mitbestimmungsrecht des Betriebsrates nach BetrVG § 87 Abs 1 Nr 1 („Ordnung des Betriebs") zu beachten[9]. Bei der Ausgestaltung des Beschwerdeverfahrens sind bestimmte Prinzipien zwingend zu beachten. So sind die Beteiligten des Beschwerdeverfahrens zu den streitgegenständlichen Vorwürfen grds anzuhören. Darüber hinaus ist von der Beschwerdestelle der Sachverhalt insbesondere durch die Befragung von Zeugen, die Einsichtnahme von Dokumenten (zB dienstliche E-Mails usw) im Rahmen des Möglichen zu ermitteln. Ferner verfügt der Beschwerdeführer über das Recht, ein Betriebsratsmitglied hinzuzuziehen (BetrVG § 84 Abs 1 Satz 2 analog)[10].

6 Bei der Ausgestaltung des Beschwerdeverfahrens ist der **Schutz der personenbezogenen Daten der am Verfahren Beteiligten** sicherzustellen[11]. Nicht selten werden in Beschwerdeverfahren sensible personenbezogene Daten (vgl DSGVO Art 9 Abs 1) erhoben, die einen besonderen Schutz genießen. Mit Blick auf den Schutz der personenbezogenen Daten der Betroffenen ist die allgemeine Vorschrift des BDSG § 26 Abs 1 zu beachten. Die im Rahmen von Beschwerdeverfahren erhobenen Daten dürfen insbesondere nicht am Verfahren beteiligten Dritten übermittelt werden, müssen sicher vor dem Zugriff unbefugter Dritter aufbewahrt werden und sind zu löschen, sobald sie nicht mehr für die weitere Durchführung der Beschäftigungsverhältnisse der Beteiligten erforderlich sind. Sofern nicht bereits eine gesetzliche Verschwiegenheitspflicht besteht (zB für Betriebsratsmitglieder nach BetrVG § 79 Abs 2 iVm Abs 1), hat der Arbeitgeber Verschwiegenheitserklärungen der Mitglieder der Beschwerdestelle einzuholen.

7 Die **Beschwerde** von Beschäftigten nach § 13 Abs 1 ist **an keine Form gebunden** und kann deshalb auch mündlich gegenüber der zuständigen Stelle erhoben werden. Sie muss allerdings den Beschwerdeführer erkennen lassen: **Anonyme Beschwerden** genießen grundsätzlich nicht den Schutz des § 13 Abs 1[12]. Auch ist die Beschwerde eines Beschäftigten nach § 13 Abs 1 nur zulässig, wenn er konkrete Tatsachen über eine mögliche Benachteiligung seiner Person im Zusammenhang mit seinem Beschäftigungsverhältnis vorträgt und somit überhaupt erst eine Überprüfung durch die Beschwerdestelle ermöglicht. Dieses Erfordernis einer **Beschwerdebefugnis** der Beschäftigten stellt zugleich sicher, dass Beschäftigte keine Beschwerden über Benachteiligungen Dritter vor der zuständigen Stelle erheben können und somit eine **betriebliche „Popularbeschwerde" ausgeschlossen** ist[13].

8 Es besteht nach § 13 Abs 1 Satz 2 die Pflicht der Beschwerdestelle, die Beschwerde zu prüfen und das Ergebnis der oder dem beschwerdeführenden Beschäftigten mitzuteilen. Die Vorschrift verpflichtet somit die Beschwerdestelle, den Beschwerdeführer zu bescheiden. Eine **Form der Entscheidung der Beschwerdestelle für die Mitteilung an den Beschwerdeführer** ordnet das Gesetz nicht an. Insbesondere muss die Mitteilung weder der Schriftform (BGB § 126) noch der Textform (BGB § 126b) genügen und kann deshalb auch mündlich erfolgen; sicherlich wird aber die Praxis zum Nachweis die Mitteilung schriftlich fixieren. Obgleich dies nicht ausdrücklich gesetzlich angeordnet ist, enthält § 13 Abs 1 Satz 2 eine Pflicht der zuständigen Beschwerdestelle, eine **Begründung** ihrer Entscheidung dem Beschwerdeführer dann mitzuteilen, wenn keine konkreten Maßnahmen ergriffen werden sollen und sie somit für den Beschwerdeführer belastenden Charakter besitzt[14]: Das Begründungserfordernis entspricht nicht nur dem Willen des Gesetzgebers[15], sondern ergibt sich überdies aus dem allgemeinen verfassungsrechtlichen Gebot eines fairen Verfahrens[16].

9 Hält die Beschwerdestelle die Beschwerde für begründet, stellt sich die Frage nach den Folgen. Die Beschwerdestelle trifft auf jeden Fall die Pflicht, das Ergebnis des Verfahrens dem Arbeitgeber mitzuteilen. Auch wenn § 13 Abs 1 eine BetrVG § 84 Abs 2 vergleichbare Vorschrift nicht enthält, trifft den Arbeitgeber die **Pflicht, Abhilfe zu schaffen** und den im Beschwerdeverfahren festgestellten rechtswidrigen Zustand nach Möglichkeit abzustellen. Diese Pflicht ergibt sich aus einer Zusammenschau des § 13 Abs 1 mit § 12 Abs 3, wonach der Arbeitgeber bei Verstößen von Beschäftigten gegen das Benachteiligungsverbot die im Einzelfall geeigneten, erforderlichen und angemessenen Maßnahmen zur Unterbindung der Benachteiligung zu ergreifen hat wie etwa eine Abmahnung, Umsetzung, Versetzung oder Kündigung[17]. Schafft der Arbeitgeber keine

---

9 LAG Hamburg NZA-RR 2007, 413, 415f.
10 So auch Oetker NZA 2008, 264, 267.
11 Ansatzweise auch Gach/Jullis BB 2007, 773, 776.
12 Vgl zB Oetker NZA 2008, 264, 268 mN; aA allerdings Gach/Jullis BB 2007, 773, 776.
13 Statt vieler ErfK/Schlachter AGG § 13 Rz 1.
14 So auch ErfK/Schlachter AGG § 13 Rz 3.
15 Vgl BT-Drucks 16/1780 S 37.
16 Ebenso ErfK/Schlachter AGG § 13 Rz 3; Däubler/Beck/Buschmann AGG § 13 Rz 45. AA aber Oetker NZA 2008, 264, 268.
17 In diesem Sinne auch Gach/Jullis BB 2007, 773, 777.

Abhilfe, kann der Beschäftigte bei einer Belästigung oder einer sexuellen Belästigung am Arbeitsplatz ein Leistungsverweigerungsrecht nach Maßgabe von § 14 haben.

Zugunsten der Beschäftigten, die bei einer Beschwerdestelle nach § 13 eine Beschwerde einlegen, weil sie sich wegen eines der Gründe in § 1 im Zusammenhang mit ihrem Beschäftigungsverhältnis benachteiligt fühlen, besteht nach Maßgabe des § 16 ein **Maßregelungsverbot**[18]. 10

3. Beschwerderechte gegenüber Arbeitnehmervertretungen. Nach Abs 2 bleiben die Rechte der Arbeitnehmervertretungen unberührt. Somit schränkt § 13 Abs 1 die gesetzlich bestehenden Beschwerderechte von Beschäftigten gegenüber einer Arbeitnehmervertretung nicht ein. Dies gilt namentlich für das Recht von Arbeitnehmern, sich nach Maßgabe der **BetrVG §§ 84, 85** bei den zuständigen Stellen des Betriebs zu beschweren, wenn sie sich vom Arbeitgeber oder von Arbeitnehmern des Betriebs benachteiligt oder ungerecht behandelt fühlen. Entsprechendes gilt für die Aufgabe der Personalvertretung, Anregungen und Beschwerden von Beschäftigten entgegenzunehmen und, falls sie berechtigt erscheinen, durch Verhandlung mit dem Leiter der Dienststelle auf ihre Erledigung hinzuwirken (**BPersVG § 68 Abs 1 Nr 3**) und für die vergleichbare Aufgabe der **Schwerbehindertenvertretung**, als Beschwerdestelle für schwerbehinderte Menschen im Betrieb aufzutreten (vgl SGB IX § 178 Abs 1 Satz 2 Nr 3). Der Gesetzgeber des AGG erkennt somit an, dass die gesetzlichen Arbeitnehmervertretungen neben den Instrumenten des AGG eine wichtige Rolle beim Schutz vor Benachteiligungen erfüllen. 11

§ 14 Leistungsverweigerungsrecht

Ergreift der Arbeitgeber keine oder offensichtlich ungeeignete Maßnahmen zur Unterbindung einer Belästigung oder sexuellen Belästigung am Arbeitsplatz, sind die betroffenen Beschäftigten berechtigt, ihre Tätigkeit ohne Verlust des Arbeitsentgelts einzustellen, soweit dies zu ihrem Schutz erforderlich ist. § 273 des Bürgerlichen Gesetzbuchs bleibt unberührt.

ÜBERSICHT

1. Überblick 1, 2
2. Leistungsverweigerungsrecht nach Satz 1 3–9
   a) Tatbestand 3–6
   b) Rechtsfolgen 7–9
3. Zurückbehaltungsrecht (BGB § 273) 10

1. Überblick. § 14 Satz 1 gibt Beschäftigten, die einer Belästigung oder sexuellen Belästigung am Arbeitsplatz ausgesetzt sind, ein **Leistungsverweigerungsrecht**, sofern der Arbeitgeber keine (ernsthaften) Maßnahmen zu deren Unterbindung ergreift; die Vorschrift ist BeschSchG 1994 § 4 Abs 2 nachgebildet. Satz 2 der Vorschrift stellt überdies klar, dass die allgemeine Vorschrift des BGB § 273 über das **Zurückbehaltungsrecht** auch in solchen Konstellationen anwendbar bleibt. Mit dem Leistungsverweigerungsrecht ohne Verlust des Arbeitsentgelts wird Beschäftigten, die einer Belästigung oder sexuellen Belästigung am Arbeitsplatz ausgesetzt sind, ein Instrument an die Hand gegeben, auf ihren Arbeitgeber Druck auszuüben, um diese Benachteiligungen abzustellen. Für diese Fälle gibt § 14 Beschäftigten somit einen Mechanismus zur Rechtsdurchsetzung an die Hand. 1

Die Anerkennung eines Leistungsverweigerungsrechts iSd § 14 ist durch das **Diskriminierungsrecht der EU** nicht ausdrücklich vorgegeben. Der deutsche Gesetzgeber war somit in der Auswahl dieses Rechtsinstituts unionsrechtlich durchaus frei. Gleichwohl ist § 14 unionsrechtlich nicht ohne Bedeutung, denn mit der Einführung des Leistungsverweigerungsrechts ohne Verlust des Arbeitsentgelts hat der deutsche Gesetzgeber eine **wirksame, verhältnismäßige und abschreckende Sanktion** iSd Gleichbehandlungs-RL der Union geschaffen[1]. 2

2. Leistungsverweigerungsrecht nach Satz 1. – a) Tatbestand. Das Leistungsverweigerungsrecht gilt lediglich für Belästigungen oder sexuelle Belästigungen am Arbeitsplatz iSv § 3 Abs 3 und 4. Bei unmittelbaren oder mittelbaren Benachteiligungen (§ 3 Abs 1 und 2) sowie bei Anweisungen zu Benachteiligungen (§ 3 Abs 5) kann der Beschäftigte kein Leistungsverweigerungsrecht in Anspruch nehmen, was rechtspolitisch nicht überzeugt; in diesen Fällen ist aber zu prüfen, ob sich uU zugunsten des Benachteiligten ein Zurückbehaltungsrecht aus BGB § 273 ergibt[2]. § 14 Satz 1 steht somit vollständig in der Tradition von BeschSchG 1994 § 4 Abs 2, der ausschließlich für sexuelle Belästigungen galt. 3

---

18 Vgl zB Gach/Jullis BB 2007, 773, 777.

1 Vgl RL 2000/43/EG Art 15 Satz 2; RL 2000/78/EG Art 17 Satz 2; RL 2006/54/EG Art 25 Satz 2.

2 In diesem Sinne auch Bauer/Krieger/Günther AGG § 14 Rz 5.

4 Das Leistungsverweigerungsrecht des Satz 1 setzt weiterhin voraus, dass der Arbeitgeber keine oder offensichtlich ungeeignete **Maßnahmen zur Unterbindung der Belästigung oder sexuellen Belästigung** ergriffen hat. Dies ist dann der Fall, wenn der Arbeitgeber Kenntnis von den diskriminierungsrechtlich relevanten Vorgängen erlangt hat, jedoch nicht die nach § 12 Abs 3 geeigneten, erforderlichen und angemessenen Maßnahmen zur Unterbindung der Belästigung ergriffen hat. Eine **offensichtlich ungeeignete Maßnahme des Arbeitgebers** wäre zB dessen Beschränkung auf die Anfertigung eines rein internen schriftlichen Vermerkes, ohne mit Täter und Opfer über den Vorgang zu sprechen[3]. Allerdings ist bei dem Merkmal der offensichtlich ungeeigneten Maßnahme des Arbeitgebers Zurückhaltung geboten: Es muss der Maßnahme geradezu auf die Stirn geschrieben sein, dass sie zur Unterbindung der streitgegenständlichen Belästigungen nicht geeignet ist.

5 Darüber hinaus muss sich die Leistungsverweigerung **zum Schutz des Beschäftigten** als **erforderlich** erweisen. Das Recht aus Satz 1 ist grundsätzlich arbeitsplatzbezogen und bezieht sich somit nur auf „die konkreten Tätigkeiten am Ort der unmittelbaren Belästigung"[4]: Regelmäßig wird eine Ausweitung des Leistungsverweigerungsrechts des Beschäftigten auf den gesamten Betrieb oder die gesamte Dienststelle nicht zu dessen Schutz erforderlich sein. Kann er dem Belästigenden in angemessener Weise während seiner Arbeitszeit ausweichen, besteht kein Leistungsverweigerungsrecht[5]. Sicherlich wird man vom Beschäftigten grundsätzlich verlangen dürfen, dass er zunächst eine **Beschwerde vor** der nach § 13 zuständigen **betrieblichen Beschwerdestelle** einlegt, bevor er die Erbringung seiner arbeitsvertraglich geschuldeten Arbeitsleistung verweigert[6]. Allerdings wird in vielen Fällen durch eine solche Beschwerde keine schnelle Abhilfe erwartet werden können, so dass zum Schutz des betroffenen Beschäftigten ein Leistungsverweigerungsrecht erforderlich sein kann, um weitere Belästigungen verhindern zu können[7]. Die Frage der Erforderlichkeit einer Beschwerde nach § 13 hängt somit wesentlich von den Umständen des Einzelfalles ab.

6 Bei dem Leistungsverweigerungsrecht nach § 14 Satz 1 handelt es sich um ein Gestaltungsrecht des Beschäftigten, das eine **Erklärung dem Arbeitgeber gegenüber** erfordert. Die Erklärung muss nicht nur die klare und eindeutige Mitteilung enthalten, die Leistung verweigern zu wollen. Vielmehr muss aus ihr auch hervorgehen, aus welchem Grunde konkret die Leistungsverweigerung erfolgen soll, also wegen welcher Belästigungen oder sexuellen Belästigungen sie ausgeübt wird: Nur so kann der Arbeitgeber einen möglichen Anspruch des Beschäftigten aus § 12 Abs 4 oder Abs 5 prüfen und auch erfüllen[8].

7 b) **Rechtsfolgen.** Liegen die Voraussetzungen des § 14 Satz 1 vor, hat der Beschäftigte das Recht, seine Tätigkeit ohne Verlust des Arbeitsentgelts einzustellen. Insoweit wird der allgemeine Grundsatz „ohne Arbeit kein Lohn" (vgl BGB § 326 Abs 1) durchbrochen. Für die Zeit des Vorliegens der Voraussetzungen dieses Leistungsverweigerungsrechts hat er somit zum einen das Recht, die arbeitsvertraglich geschuldete Arbeitsleistung nicht zu erbringen; die nicht erbrachte Arbeitsleistung muss wegen **BGB § 275 Abs 1** nicht nachgeleistet werden.

8 Zum anderen hat der Beschäftigte für den Zeitraum, in dem die Voraussetzungen des § 14 Satz 1 vorliegen, Anspruch auf Entgeltfortzahlung[9]. Für die Höhe des Entgeltanspruches des Beschäftigten gilt das **Entgeltausfallprinzip**[10]. Insoweit kann auf die für BGB §§ 615 Satz 1, 616 geltenden Grundsätze zurückgegriffen werden.

9 Noch nicht abschließend geklärt ist die Frage, welche Rechtsfolgen eine **irrtümliche Annahme des Vorliegens der Voraussetzungen eines Leistungsverweigerungsrechts** nach § 14 Satz 1 auslöst. Gerade das Erfordernis der Erforderlichkeit der Leistungsverweigerung zum Schutz des Beschäftigten, insbesondere das Vorhandensein milderer Handlungsalternativen (zB Versetzung eines der Beteiligten), dürften nicht selten zu Fehleinschätzungen durch den Beschäftigten führen. Zu Recht ist deshalb darauf hingewiesen worden, dass die Ausübung des Leistungsverweigerungsrechts im Falle des § 14 Satz 1 für den betroffenen Beschäftigten „mit Risiken

---

[3] So das Beispiel der Begründung des RegE eines Gesetzes zur Durchsetzung der Gleichberechtigung von Frauen und Männern (Zweites Gleichberechtigungsgesetz) v 21.7.1993, BT-Drucks 12/5468 S 47, mit dem BeschSchG § 4 Abs 2, die Vorläufervorschrift von AGG § 14 Satz 1, eingeführt wurde; in diesem Sinne auch Schiek/Kocher AGG § 14 Rz 7.
[4] So die Begründung des RegE zu BeschSchG § 4 Abs 2, BT-Drucks 12/5468 S 47.
[5] So auch Bauer/Krieger/Günther AGG § 14 Rz 10.
[6] Ebenso zB BeckOK Arbeitsrecht/Roloff AGG § 14 Rz 1; Adomeit/Mohr AGG § 14 Rz 16; Bauer/Krieger/Günther AGG § 14 Rz 9.
[7] Ähnlich wohl Däubler/Beck/Buschmann AGG § 14 Rz 9; s auch Wendeling-Schröder/Stein AGG § 14 Rz 6.
[8] Insoweit kann die Rspr zu BGB § 273 Abs 1 auf § 14 Satz 1 übertragen werden: vgl BAG AP Nr 1 zu KSchG § 1 1969 mwNachw.
[9] Statt vieler Grüneberg/Weidenkaff AGG § 14 Rz 3 sowie MünchKomm/Thüsing AGG § 14 Rz 12.
[10] So auch Schiek/Kocher AGG § 14 Rz 12.

behaftet" sei[11]. Eine unberechtigte Ausübung des Leistungsverweigerungsrechts kann zur Folge haben, dass der Arbeitgeber dem betreffenden Arbeitnehmer verhaltensbedingt wegen beharrlicher Arbeitsverweigerung ordentlich oder gar außerordentlich kündigt[12]. Allerdings wird man in solchen Fällen einer irrtümlichen Annahme der Voraussetzungen des § 14 Satz 1 durch einen Beschäftigten im Rahmen der umfassenden Interessenabwägung, die bei BGB § 626 Abs 1 und KSchG § 1 Abs 2 vom Arbeitsgericht durchzuführen ist, die Schwere des Verschuldensvorwurfes zu berücksichtigen haben, den den Beschäftigten bei der Fehleinschätzung trifft[13].

3. Zurückbehaltungsrecht (BGB § 273). § 14 Satz 2 lässt BGB § 273 unberührt. Bei Vorliegen der gesetzlichen Voraussetzungen kann sich ein Beschäftigter somit gegenüber dem Arbeitgeber auch auf ein Zurückbehaltungsrecht berufen und die Erbringung seiner arbeitsvertraglich geschuldeten Arbeitsleistung verweigern. Erforderlich hierfür ist, dass der Beschäftigte gegen den Arbeitgeber aus dem Arbeitsvertrag einen fälligen Anspruch hat, der noch nicht erfüllt worden ist (BGB § 273 Abs 1). Ein solcher zur Zurückbehaltung der Arbeitsleistung berechtigender Anspruch des Beschäftigten wird sich in diesen Fällen regelmäßig aus § 12 Abs 3 und Abs 4 ergeben; uU kann sich der Beschäftigte auch wegen Schadensersatzansprüchen oder Ansprüchen auf Entschädigung aus § 15 Abs 1 und 2 auf ein Zurückbehaltungsrecht aus BGB § 273 Abs 1 berufen[14]. **10**

§ 15 Entschädigung und Schadensersatz

(1) Bei einem Verstoß gegen das Benachteiligungsverbot ist der Arbeitgeber verpflichtet, den hierdurch entstandenen Schaden zu ersetzen. Dies gilt nicht, wenn der Arbeitgeber die Pflichtverletzung nicht zu vertreten hat.

(2) Wegen eines Schadens, der nicht Vermögensschaden ist, kann der oder die Beschäftigte eine angemessene Entschädigung in Geld verlangen. Die Entschädigung darf bei einer Nichteinstellung drei Monatsgehälter nicht übersteigen, wenn der oder die Beschäftigte auch bei benachteiligungsfreier Auswahl nicht eingestellt worden wäre.

(3) Der Arbeitgeber ist bei der Anwendung kollektivrechtlicher Vereinbarungen nur dann zur Entschädigung verpflichtet, wenn er vorsätzlich oder grob fahrlässig handelt.

(4) Ein Anspruch nach Absatz 1 oder 2 muss innerhalb einer Frist von zwei Monaten schriftlich geltend gemacht werden, es sei denn, die Tarifvertragsparteien haben etwas anderes vereinbart. Die Frist beginnt im Falle einer Bewerbung oder eines beruflichen Aufstiegs mit dem Zugang der Ablehnung und in den sonstigen Fällen einer Benachteiligung zu dem Zeitpunkt, in dem der oder die Beschäftigte von der Benachteiligung Kenntnis erlangt.

(5) Im Übrigen bleiben Ansprüche gegen den Arbeitgeber, die sich aus anderen Rechtsvorschriften ergeben, unberührt.

(6) Ein Verstoß des Arbeitgebers gegen das Benachteiligungsverbot des § 7 Abs. 1 begründet keinen Anspruch auf Begründung eines Beschäftigungsverhältnisses, Berufsausbildungsverhältnisses oder einen beruflichen Aufstieg, es sei denn, ein solcher ergibt sich aus einem anderen Rechtsgrund.

ÜBERSICHT

1. Überblick 1, 2	b) Besonderheiten bei der Anwendung kollektivrechtlicher Vereinbarungen (Abs 3) 13–17
2. Anspruch auf Schadensersatz (Abs 1) 3–9	
a) Verstoß gegen das Benachteiligungsverbot 3	4. Ausschlussfristen (Abs 4) 18–23
b) Vertretenmüssen 4, 5	a) Vereinbarkeit mit Unionsrecht . . 19
c) Materieller Schaden 6–9	b) Frist und Fristberechnung 20–22
3. Anspruch auf Entschädigung (Abs 2) 10–17	c) Schriftliche Geltendmachung . . 23
	5. Anspruchskonkurrenzen (Abs 5) . . . 24–26
a) Höhe der Entschädigung 11, 12	6. Ausschluss eines Kontrahierungszwangs (Abs 6) 27–31

---

[11] So insbesondere ErfK/Schlachter AGG § 14 Rz 1; ebenso BeckOK-Arbeitsrecht/Roloff AGG § 14 Rz 3, der von einem „Irrtumsrisiko" spricht, das den Beschäftigten treffe.

[12] Vgl BAG AP Nr 1 zu KSchG 1969 § 1 mit Blick auf die Ausübung eines Zurückbehaltungsrechts nach BGB § 273 Abs 1 wegen eines „Mobbing"-Vorwurfes.

[13] Allgemein Stahlhacke/Preis/Vossen, Kündigung und Kündigungsschutz im Arbeitsverhältnis Rz 1168a; ErfK/Oetker KSchG § 1 Rz 192.

[14] Ebenso Bauer/Krieger/Günther AGG § 14 Rz 17.

AGG § 15 1–5 Abschnitt 2 Schutz der Beschäftigten vor Benachteiligung

1 1. **Überblick.** Die Vorschrift regelt den Anspruch von Benachteiligten gegen den Arbeitgeber auf Ersatz des ihnen aufgrund einer Benachteiligung iSv §§ 7 Abs 1 iVm § 1 entstandenen Schadens (Abs 1) sowie auf Zahlung einer angemessenen Entschädigung in Geld wegen des ihnen entstandenen immateriellen Schadens (Abs 2). § 15 hat somit eine **wesentliche Rechtsfolge für den Fall eines Verstoßes gegen das Benachteiligungsverbot** zum Gegenstand. Die Entschädigungspflicht greift auf das Regelungsmodell von BGB § 611a Abs 1 und 2 aF zurück, das für die Sanktionierung von Benachteiligungen wegen des Geschlechts bis zum Inkrafttreten des AGG galt (s Soergel/Voraufl, BGB § 611a). Die Vorschriften von Abs 1 und Abs 2 werden bei der Anwendung kollektivrechtlicher Vereinbarungen durch Abs 3 und durch die Anordnung einer Ausschlussfrist in Abs 4 ergänzt. Abs 5 regelt Anspruchskonkurrenzen und lässt Ansprüche von Benachteiligten gegen den Arbeitgeber aus anderen Rechtsgründen unberührt. Abs 6 schließt bei Benachteiligungen einen Anspruch auf Begründung eines Beschäftigungsverhältnisses, eines Berufsbildungsverhältnisses oder eines beruflichen Aufstieges grds aus und verweist den benachteiligten Beschäftigten in diesen Fällen somit auf einen Ausgleich in Geld.

2 RL 2000/43 Art 15 sowie RL 2000/78/EG Art 17 fordern nicht ausdrücklich die Schaffung besonderer Schadensersatz- und Entschädigungspflichten zugunsten von Benachteiligten. Vielmehr beschränkt sich das **Unionsrecht** insoweit auf das allg Gebot, dass die Mitgliedstaaten angemessene, effektive und abschreckende Sanktionen für den Fall eines Verstoßes des Benachteiligungsverbotes vorzusehen haben[1]. Allerdings hat der EuGH in seiner Rspr anerkannt, dass die Anordnung von Schadensersatzpflichten die Voraussetzungen für eine solche Sanktionierung von Verstößen gegen das Benachteiligungsverbot erfüllen kann[2]. Lediglich RL 2006/54/EG Art 18 ordnet für Benachteiligungen wegen des Geschlechts an, dass die Mitgliedstaaten einen tatsächlichen und wirksamen Ausgleich und Ersatz des Schadens von Benachteiligten sicherzustellen haben, wobei dies auf eine abschreckende und dem erlittenen Schaden angemessene Art und Weise erfolgen muss; bei der Festlegung dieser Ersatz- und Entschädigungspflicht haben die Mitgliedstaaten aber ein großes Gestaltungsermessen, da sie „je nach den Vorschriften der Mitgliedstaaten" erfolgen kann.

3 2. **Anspruch auf Schadensersatz (Abs 1).** – a) **Verstoß gegen das Benachteiligungsverbot.** § 15 Abs 1 Satz 1 verlangt als relevante Pflichtverletzung, welche die Schadensersatzpflicht auslöst, einen rechtswidrigen Verstoß des Arbeitgebers gegen das Benachteiligungsverbot (§ 7 Abs 1 iVm § 1)[3]. Der Verstoß kann vom Arbeitgeber selbst begangen worden sein, er kann ihm aber auch **nach BGB § 278 zurechenbar** sein: Dies ist insbesondere der Fall, wenn der Arbeitgeber sich bei der Anbahnung oder der Durchführung eines Beschäftigungsverhältnisses eigener Mitarbeiter (zB Vorgesetzte des Benachteiligten) oder Dritter (zB Personalberatungen) bedient[4].

4 b) **Vertretenmüssen.** Der Schadensersatzanspruch aus § 15 Abs 1 ist rechtsdogmatisch der allgemeinen Norm des BGB § 280 Abs 1 nachgebildet. Ein Vertretenmüssen des Arbeitgebers ist deshalb grundsätzlich erforderlich, wenngleich dieses nach BGB § 280 Abs 1 Satz 2 vermutet wird. Die Haftung des Arbeitgebers aus § 15 Abs 1 ist somit als verschuldensabhängige Haftung konzipiert, wenn auch die Anforderungen an die Darlegung eines Verschuldens wegen der Verschuldensvermutung für den benachteiligten Beschäftigten abgeschwächt sind.

5 Doch auch ein solches vermutetes Verschulden ist **mit Unionsrecht unvereinbar**[5]. § 15 Abs 1 dient der Umsetzung der Bestimmungen in den Diskriminierungsrichtlinien, welche die Mitgliedstaaten verpflichten, für den Fall von Verstößen gegen das Benachteiligungsverbot wirksame, verhältnismäßige und abschreckende Sanktionen festzulegen (s oben Rz 2 mwNachw). Bei der Auswahl der Sanktionen besitzen die Mitgliedstaaten ein Ermessen, solange diese den Anforderungen der Richtlinien entsprechen. Auch die Anordnung einer zivilrechtlichen Haftung des benachteiligenden Arbeitgebers für Schäden, die dem Beschäftigten aus der Benachteiligung entstanden sind, kann diese Voraussetzungen erfüllen. Allerdings hat der EuGH in seiner Rspr zur RL 76/207/EWG deutlich gemacht, dass dies nicht für eine verschuldensabhängige Haftung

---

1 Vgl RL 2003/43/EG Art 15; RL 2000/78/EG Art 17. Nur RL 2006/54/EG Art 18 verlangt v den Mitgliedstaaten für den Bereich der Gleichbehandlung der Geschlechter sicherzustellen, dass Schäden des Benachteiligten ersetzt werden, jedoch überlasst der Unionsgesetzgeber den Mitgliedstaaten insoweit eine weitreichende Gestaltungsfreiheit („je nach den Rechtsvorschriften der Mitgliedstaaten").

2 Die Frage ist nach wie vor streitig. Einen Verstoß gegen Unionsrecht annehmend insbesondere: MünchKomm/Thüsing AGG § 15 Rz 32 ff; ErfK/Schlachter AGG § 15 Rz 1; Däubler/Beck/Deinert AGG § 15 Rz 30 ff. Für die Unionsrechtskonformität des Verschuldenserfordernisses insbes Bauer/Krieger/Günther AGG § 15 Rz 15 mwNachw.

3 Ausführlich zum Verstoß gegen das Benachteiligungsverbot als Anspruchsvoraussetzung des § 15 Abs 1 s Schlewing RdA 2019, 257 ff.

4 So zB BAG NZA 2010, 2970, 2973; eingehender Stoffels RdA 2009, 204, 207f mwNachw.

5 ErfK/Schlachter AGG § 15 Rz 1 u 6; Däubler/Bertzbach/Deinert AGG § 15 Rz 31. BAG NZA 2017, 1530, 1537 konnte diese Frage noch offenlassen.

des benachteiligenden Arbeitgebers gegenüber dem Beschäftigten gilt: Nach den Urteilen in der Rechtssache *Dekker*[6] und in der Rechtssache *Draempaehl*[7] macht RL 76/207/EWG, die Vorläuferin von RL 2006/54/EG, „die Haftung des Urhebers einer Diskriminierung keineswegs vom Nachweis eines Verschuldens oder vom Fehlen eines Rechtfertigungsgrundes abhängig". Diese Rspr ist auch auf die Diskriminierungs-RL zu übertragen. Rechtsfolge der Unionsrechtswidrigkeit von § 15 Abs 1 Satz 2 ist, dass die **Vorschrift nicht von den Gerichten angewendet** werden darf: Die Pflicht des Arbeitgebers zum Ersatz materieller Schäden darf somit lediglich von den Voraussetzungen des Satz 1 abhängig gemacht werden[8].

c) **Materieller Schaden.** Der Ersatzpflicht nach Abs 1 unterliegt der materielle Schaden des Benachteiligten. Es gilt die **Differenzhypothese**. Bei der Bestimmung des Schadens kann grds an den allg Regeln der BGB §§ 249 ff angeknüpft werden. Allerdings werden diese teilweise jedenfalls durch § 15 Abs 6 modifiziert, wonach eine **Naturalrestitution (BGB § 249 Abs 1) in Gestalt eines Kontrahierungszwanges** bei Benachteiligungen in Bewerbungsverfahren oder im Rahmen eines Beförderungsverfahrens ausdrücklich **ausgeschlossen** ist (s unten Rz 27 ff mwNachw): Denn die Rspr zu BGB § 826 hat einen Kontrahierungszwang als Teil des Schadensersatzes anerkannt (s BGB § 826 Rz 156 ff mwNachw). Der **Schadensersatz** nach § 15 Abs 1 geht somit **ausschließlich auf Geld** (vgl BGB § 251 Abs 1). 6

Streitig ist bereits die schadensrechtliche Einordnung der **Bewerbungskosten** („Portogeld", Reisekosten für ein Vorstellungsgespräch). Unter der Geltung von BGB § 611a Abs 2 aF war anerkannt, dass diese Kosten als materieller Schaden gegenüber einem benachteiligenden Arbeitgeber geltend gemacht werden können. Auch zu AGG § 15 Abs 1 wird diese Ansicht vertreten[9]. Diese Einordnung der Bewerbungskosten kann indessen schon deshalb nicht überzeugen, weil sie dem Bewerber sowieso entstanden wären und es somit an der Kausalität der Benachteiligung für die Entstehung des Schadens fehlt. Zutreffender dogmatischer Anknüpfungspunkt ist insoweit **BGB § 284**[10]. Um Konflikte mit dem Unionsrecht zu vermeiden, das eine verschuldensunabhängige Haftung des Arbeitgebers verlangt (s Rz 5 mwNachw), muss BGB § 284 allerdings unionsrechtskonform dahingehend ausgelegt werden, dass der Aufwendungsersatzanspruch für vergebliche Bewerbungskosten ein Verschulden nicht voraussetzt. 7

Zu dem vom Arbeitgeber zu ersetzenden Vermögensschaden gehört nach **BGB § 252** auch das dem Benachteiligten infolge der Benachteiligung entgangene Arbeitsentgelt. Ist der Beschäftigte bei einem Bewerbungsverfahren benachteiligt worden und wäre er ohne die Benachteiligung als bestqualifizierter Bewerber vom Arbeitgeber eingestellt worden, umfasst der Ersatzanspruch aus § 15 Abs 1 grds auch die Zahlung des Arbeitsentgeltes, das er aufgrund des entgangenen Beschäftigungsverhältnisses erhalten hätte. Allerdings besteht die Ersatzpflicht nicht endlos, ggf bis zu einer hypothetischen Verrentung des Beschäftigten oder das Erreichen einer anderweitigen Altersgrenze durch den Beschäftigten. Den Benachteiligten trifft insoweit eine Schadensminderungspflicht, was sich aus dem Rechtsgedanken des BGB § 254 Abs 2 ergibt[11]. Nach ganz überwiegender Ansicht soll das **Arbeitsentgelt bis zur hypothetischen Kündigung des Beschäftigungsverhältnisses zum nächstmöglichen Termin** – nach BGB § 622 Abs 1 also vier Wochen zum 15. oder zum Ende eines Kalendermonats – der Ersatzpflicht unterliegen[12]. Auch die Rspr zu BGB § 628 Abs 2 lässt eine solche zeitliche Beschränkung des Ersatzes des entgangenen Arbeitsentgeltes bis zum nächstmöglichen Kündigungstermin zu[13]. Die Möglichkeit eines solchen rechtmäßigen Alternativverhaltens des Arbeitgebers spricht entscheidend dafür, die Ersatzpflicht hinsichtlich des entgangenen Arbeitsentgelts auf die Dauer von vier bis sechs Wochen (vgl BGB § 622 Abs 1) zu beschränken. Gegen die RL-Konformität dieser Lösung bestehen grds keine Bedenken[14], da dem Erfordernis der Gleichbehandlungs-RL, Sanktionen mit effektiver und abschreckender Wirkung anzuordnen, durch eine entsprechende Bemessung der angemessenen Entschädigung in Geld nach § 15 Abs 2 Rechnung getragen werden kann (dazu unten Rz 10 ff mwNachw). Für das Vorliegen der haftungsausfüllenden Kausalität hinsichtlich 8

---

6 EuGH NJW 1991, 628, 629.
7 EuGH NJW 1997, 1839, 1840.
8 Statt vieler ErfK/Schlachter AGG § 15 Rz 1 sowie Däubler/Beck/Deinert AGG § 15 Rz 31, jew mwNachw.
9 Vgl zB Wendeling-Schröder/Stein AGG § 15 Rz 22; wohl auch ErfK/Schlachter AGG § 15 Rz 5.
10 Vgl zB Grüneberg/Weidenkaff AGG § 15 Rz 5; Stoffels RdA 2009, 204, 213; iE ähnlich Däubler/Beck/Deinert AGG § 15 Rz 39, der allerdings die Wertungen des BGB § 284 im Rahmen von AGG § 15 Abs 1 berücksichtigen möchte.
11 Statt vieler Schlewing RdA 2019, 257, 269 mwNachw.
12 Vgl zB Grüneberg/Weidenkaff AGG § 15 Rz 5; Bauer/Krieger/Günther AGG § 15 Rz 27.
13 Vgl BAG AP § 628 BGB Nr 18.
14 Bedenken äußert insoweit aber Stoffels RdA 2009, 204, 213, der zur Sicherstellung einer RL-Konformität v § 15 Abs 1 die Wertung des § 15 Abs 1 S 2 (drei Monatsgehälter) heranziehen will.

des entgangenen Arbeitsentgelts trägt der sich auf eine Benachteiligung berufende Beschäftigte die Darlegungs- und Beweislast[15].

9 Denkbar ist, dass sich ein Schadensersatzanspruch des benachteiligten Beschäftigten aus § 15 Abs 1 wegen eines Mitverschuldens nach Maßgabe von **BGB § 254** vermindert. Praktisch bedeutsam dürfte hier insbesondere die den Benachteiligten treffende **Obliegenheit zur Schadensminderung** sein. Schuldet der Arbeitgeber zB wegen einer Benachteiligung in einem Bewerbungsverfahren Zahlung des entgangenen Gewinnes, obliegt es grds dem Benachteiligten, ein anderes, ihm zumutbares Beschäftigungsverhältnis einzugehen; unterlässt er eine solche Verdienstmöglichkeit, vermindert sich der Schadensersatzanspruch um dasjenige, was der Benachteiligte durch dessen Eingehung hätte verdienen können; die Einzelheiten sind bislang wenig geklärt. Dies mag vor allem daran liegen, dass **der Arbeitgeber die Darlegungs- und Beweislast** dafür **trägt**, dass der Benachteiligte der Bestqualifizierte für eine bestimmte, ihm zumutbare Arbeitsstelle gewesen wäre[16]: Auch wenn dies die Bedeutung des BGB § 254 Abs 1 Satz 1 nicht unbeträchtlich schmälert[17], sollte doch nicht übersehen werden, dass die weitere Entspannung der Arbeitsmarktlage aufgrund des langfristig sich vollziehenden demographischen Wandels und des damit in vielen Wirtschaftszweigen einhergehenden Fachkräftemangels die Position des Arbeitgebers insoweit verbessern kann.

10 **3. Anspruch auf Entschädigung (Abs 2).** § 15 Abs 2 Satz 1 räumt dem Benachteiligten darüber hinaus wegen eines Schadens, der nicht Vermögensschaden ist, einen Anspruch auf Entschädigung ein. Die Vorschrift ist *lex specialis* zu der allgemeinen Bestimmung des BGB § 253 Abs 1. Ebenso wie Abs 1 setzt sie einen Verstoß gegen das Benachteiligungsverbot des § 7 Abs 1 iVm § 1 voraus. Handelt nicht der Arbeitgeber selbst, sondern ein Dritter, muss ihm dessen **Verhalten zurechenbar** sein; insoweit gilt das zu § 15 Abs 1 Gesagte (s Rz 3 mwNachw). Die Benachteiligung muss nicht zugleich die Voraussetzungen für eine schwerwiegende Verletzung des allg Persönlichkeitsrechts (GG Art 2 Abs 1 iVm Art 1 Abs 1) erfüllen[18]: Nach der Konzeption der Vorschrift ist bereits immer dann ein immaterieller Schaden entstanden, wenn gegen das Benachteiligungsverbot des § 7 Abs 1 iVm § 1 verstoßen worden ist. Der Entschädigungsanspruch ist **verschuldensunabhängig**[19].

11 **a) Höhe der Entschädigung.** Die **Höhe der vom Arbeitgeber zu zahlenden Entschädigung** ist mit dem unbestimmten Rechtsbegriff der Angemessenheit umschrieben und steht im Ermessen des Arbeitsgerichts. Ihre Festlegung erfolgt unter Berücksichtigung der Umstände des Einzelfalles[20]. Bei der Bemessung der Entschädigung **zu berücksichtigende Kriterien** sind insbesondere die Art und Schwere der Benachteiligung, deren Dauer und Folgen, Anlass und Beweggrund des Benachteiligenden, der Grad der Verantwortlichkeit des Arbeitgebers sowie eine eventuell erfolgte Wiedergutmachung oder Genugtuung; auch ist zu berücksichtigen, ob es sich um einen Wiederholungsfall handelt[21]. Wegen des gerichtlichen Ermessens bei der Festlegung der Höhe der Entschädigung bedarf der Klageantrag des Benachteiligten grds **keiner Bezifferung**[22]. Allerdings hat der Benachteiligte diejenigen Tatsachen vorzutragen, die dem Gericht als Grundlage für die Bemessung des Entschädigungsanspruches dienen sollen[23].

12 Bei Bewerbungsverfahren begrenzt Abs 2 Satz 1 die maximale Entschädigung auf drei Monatsgehälter, wenn der Beschäftigte auch bei benachteiligungsfreier Auswahl nicht eingestellt worden wäre. Die Anordnung einer solchen Obergrenze für den Entschädigungsanspruch ist **unionsrechtskonform**, wie der EuGH in der Rechtssache *Draehmpaehl* zu der Obergrenze von drei Monatsgehältern nach BGB § 611a Abs 2 aF entschieden hat[24]. Daraus folgt, dass die Höhe des Entschädigungsanspruches nicht begrenzt ist, wenn der Benachteiligte ohne die Benachteiligung eingestellt worden wäre. Es kommt somit auf den hypothetischen Kausalverlauf ohne Benachteiligung an. Beruft sich der Benachteiligte darauf, dass ihm als bestqualifiziertem Bewerber eine höhere Entschädigung als drei Monatsgehälter zusteht, trägt grds der Arbeitgeber die Darlegungs- und Beweislast für das Vorliegen der für ihn günstigen Obergrenze des § 15 Abs 2 Satz 2. Er hat insoweit darzulegen und ggf zu beweisen (zB durch Vorlage von Zeugnissen), dass andere Bewerber besser (fachlich) qualifiziert waren als der Anspruchsteller; dabei wird man dem Arbeitgeber

---

15 Vgl BAG AP AGG § 15 Nr 22 (Rz 104); BAG NZA 2010, 1412, 1417.
16 Ebenso zB Däubler/Beck/Deinert AGG § 15 Rz 49 sowie Bauer/Krieger/Günther AGG § 15 Rz 30.
17 So insbesondere der Hinweis v Bauer/Krieger/Günther AGG § 15 Rz 30.
18 Vgl BAG NJW 2010, 2970, 2973 mwNachw.
19 St Rspr: vgl zB BAG NZA 2009, 945, 950 mwNachw. Aus dem Schrifttum statt vieler Grüneberg/Weidenkaff AGG § 15 Rz 6.
20 St Rspr: zB BAG NZA 2009, 945, 952.
21 So ausdrücklich die st Rspr: vgl BAG NZA 2009, 945, 952; vgl auch Schlewing RdA 2019, 257, 269.
22 Vgl BAG NZA 2011, 153, 154 mwNachw aus der Rspr; aus dem Schrifttum statt vieler Grüneberg/Weidenkaff AGG § 15 Rz 6 mwNachw.
23 BAG NZA 2011, 153, 154 m zahlr wNachw aus dem Schrifttum.
24 Vgl EuGH v 22.4.1997, C-180/95, Slg 1997 I-2213, 2224 ff (Draehmpaehl).

einen gewissen Beurteilungsspielraum zuzugestehen haben. Die Obergrenze von drei Monatsgehältern gilt nicht nur für Einstellungsverfahren, sondern auch für **Beförderungsverfahren**[25]: Hierfür lässt sich ein Erst-Recht-Schluss ins Feld führen, denn Benachteiligungen bei Beförderungsverfahren greifen letztlich weniger intensiv in die Sphäre des Beschäftigten ein als Benachteiligungsverfahren in Bewerbungsverfahren; BGB § 611a Abs 5 iVm Abs 3 aF und SGB IX § 81 Abs 2 Satz 2 Nr 5 aF sahen noch eine solche summenmäßige Beschränkung auch für den beruflichen Aufstieg vor, das Fehlen einer entsprechenden Regelung in § 15 Abs 2 Satz 2 erweist sich auch deshalb als planwidrig.

b) **Besonderheiten bei der Anwendung kollektivrechtlicher Vereinbarungen (Abs 3).** 13
Benachteiligt der Arbeitgeber Beschäftigte bei der Anwendung kollektivvertraglicher Vereinbarungen, soll er nach Abs 3 vom Benachteiligten nur dann auf Zahlung einer Entschädigung aus Abs 2 in Anspruch genommen werden können, wenn er vorsätzlich oder fahrlässig gehandelt hat. Im Klartext bedeutet diese Regelung, dass den Arbeitgeber nur dann eine Entschädigungspflicht aus Abs 2 treffen soll, wenn er eine kollektivvertragliche Vorschrift, die gegen das Benachteiligungsverbot des § 7 Abs 1 iVm § 1 verstößt und infolgedessen nach § 7 Abs 2 unwirksam ist, in Kenntnis oder in grob fahrlässiger Unkenntnis ihrer Rechtswidrigkeit angewendet hat[26]. Der Gesetzgeber wollte mit dieser Privilegierung dem Umstand Rechnung tragen, dass die Rechtsnormen von Tarifverträgen sowie die Regelungen von Betriebs- oder Dienstvereinbarungen eine „höhere Richtigkeitsgewähr" in sich tragen und deshalb „die Rechtsfolgen benachteiligender kollektiver Regelungen anders auszugestalten [seien] als bei Maßnahmen, für die der Arbeitgeber allein verantwortlich ist"[27].

Die Vorschrift des Abs 3 ist insgesamt als misslungen anzusehen. So überzeugt schon nicht, 14
dass die Haftungsprivilegierung des Arbeitgebers nur für dessen Entschädigungspflicht aus Abs 2, nicht aber auch für seine Schadensersatzpflicht aufgrund von Abs 1 gelten soll[28]: Diese Ungleichbehandlung beider Sachverhalte lässt eine sachliche Rechtfertigung vermissen. Auch ist nicht überzeugend, dass die Vorschrift eine Haftungsprivilegierung des Arbeitgebers nur bei der Anwendung von Kollektivvereinbarungen, nicht aber auch bei Benachteiligungen, die aufgrund eines Gesetzesvollzugs durch den Arbeitgeber ausgelöst werden[29].

Unter den **Begriff der Kollektivvereinbarung** iSv Abs 3 fallen die Rechtsnormen von Tarif- 15
verträgen, Regelungen von Betriebs- und Dienstvereinbarungen sowie Sprecherausschussrichtlinien. Kirchliche Regelungen des sog Dritten Weges sind demgegenüber nicht von dem Haftungsprivileg des Abs 3 erfasst, da die kirchenrechtlichen Regelungen nicht in gleicher Weise wie Kollektivvereinbarungen eine Angemessenheitsvermutung für sich in Anspruch nehmen können[30]. Im Falle von Tarifverträgen beschränkt Abs 3 die Haftungsprivilegierung des Arbeitgebers nicht auf den Fall einer normativen Geltung seiner Rechtsnormen kraft beiderseitiger Tarifbindung (TVG §§ 4 Abs 1, 3 Abs 1) oder aufgrund von Allgemeinverbindlicherklärung (TVG § 5 Abs 4), wie sich den Entstehungsmaterialien des AGG entnehmen lässt[31]: Auch die Tarifgeltung aufgrund einer arbeitsvertraglichen Bezugnahmeklausel kann zur Anwendung von Abs 3 führen.

Diskussionen hat die Frage nach der Vereinbarkeit von Abs 3 mit Unionsrecht ausgelöst[32]. 16
Nach einer Ansicht verstößt die Vorschrift gegen die Gleichbehandlungs-RL und soll deshalb wegen **Unionsrechtswidrigkeit** außer Acht bleiben[33]: Da der Entschädigungsanspruch aus Abs 2 nach der Rechtsprechung des EuGH verschuldensunabhängig ausgestaltet sein müsse (s oben Rz 10 mwNachw), dürfe dieser im Falle einer Anwendung von Kollektivvereinbarungen nicht von einem Verschulden des Arbeitgebers abhängig gemacht werden. Demgegenüber wird zu Recht mit Blick auf Abs 3 zwischen verschiedenen Fallgestaltungen unterschieden[34]. So verlangt das Unionsrecht nur dann eine Sanktionierung von Arbeitgebern, wenn diese eine Benachteiligung iSd §§ 1, 7 Abs 1 überhaupt verursacht haben. Eine solche Verursachung durch den Arbeitgeber kann in Fällen gegeben sein, in denen er Partei der benachteiligenden Kollektivvereinbarung sei, also bei Unternehmenstarifverträgen sowie bei Betriebs- und Dienstvereinbarun-

---

25 Vgl BAG NZA 2011, 153, 158; ErfK/Schlachter AGG § 15 Rz 11; Bauer/Krieger/Günther AGG § 15 Rz 36; Däubler/Beck/Deinert AGG § 15 Rz 77.
26 Ebenso MünchKomm/Thüsing AGG § 15 Rz 34.
27 Vgl BT-Drucks 16/1780 S 38.
28 So der zutreffende Einwand zB v Wendeling-Schröder/Stein AGG § 15 Rz 58 mwNachw.
29 So insbesondere Krebber EuZA 2009, 200, 214; ebenso Adomeit/Mohr AGG § 15 Rz 86.
30 So auch Kempen/Zachert/Schubert TVG, Grundlagen Rz 250 f mwNachw. Offen gelassen v BAG NZA 2009, 1417, 1422.
31 Vgl BT-Drucks 16/1780 S 38.
32 Die Beantwortung dieser Frage hat das BAG bislang offengelassen: vgl BAG NZA 2009, 945, 951.
33 So zB Schiek/Kocher § 15 Rz 52 sowie Wendeling-Schröder/Stein AGG § 15 Rz 59.
34 Dazu u zum Folgenden Krebber EuZA 2009, 200, 214; ErfK/Schlachter AGG § 15 Rz 15; Wiedemann NZA 2007, 950, 954; wohl auch Adomeit/Mohr AGG § 15 Rz 87f; ebenfalls v der grds Unionsrechtskonformität der Vorschrift ausgehend Grüneberg/Weidenkaff AGG § 15 Rz 7.

gen. Dies gilt grundsätzlich auch für den Abschluss eines Unternehmenstarifvertrages vom Arbeitgeber, der unter dem Druck einer Streikdrohung der Gewerkschaft abgeschlossen wurde und für das Zustandekommen einer Betriebsvereinbarung mit benachteiligenden Regelungen durch Spruch der Einigungsstelle gegen seine Stimme(n) (zB nach BetrVG § 87 Abs 2 iVm § 76 Abs 5); diese Umstände sind bei der Bemessung der Höhe der Entschädigung zu berücksichtigen. Beim Vollzug der Rechtsnormen eines Verbandstarifvertrages fehlt ein solcher Kausalitätsbeitrag für eine Benachteiligung, so dass die Haftungsprivilegierung des Abs 3 mit Unionsrecht ohne Weiteres vereinbar ist[35]: Da der deutsche Gesetzgeber für diese Fälle unionsrechtlich nicht gehalten ist, eine Entschädigungspflicht des Arbeitgebers vorzusehen, darf er eine nur auf vorsätzliche oder grob fahrlässige Herbeiführung der Benachteiligung beschränkte Entschädigungspflicht grundsätzlich anordnen.

17 Wegen der Vorgaben des Unionsrechts ist der Anwendungsbereich des Abs 3 somit im Wege einer richtlinienkonformen Auslegung einzuschränken. Bei der Anwendung von benachteiligenden Rechtsnormen eines Verbandstarifvertrages privilegiert die Vorschrift somit **leicht fahrlässige Unkenntnis des Arbeitgebers** vom benachteiligenden Charakter der Rechtsnorm. Von einer grob fahrlässigen Kenntnis des Arbeitgebers, welche eine Entschädigungspflicht auslöst, wird man dann sprechen können, wenn sich ihm die Benachteiligung hat aufdrängen müssen. Allerdings wird man dem Arbeitgeber zugutehalten müssen, wenn er sich in einer unklaren Rechtslage für eine vertretbare Rechtsansicht entschieden hat; in diesen Fällen fehlt es an einer grob fahrlässigen Unkenntnis der Benachteiligung iSv Abs 3[36].

18 **4. Ausschlussfristen (Abs 4).** Ansprüche von Beschäftigten auf Schadensersatz und auf Entschädigung aus § 15 Abs 1 und 2 unterliegen einer **zweistufigen Ausschlussfrist**. Nach § 15 Abs 4 müssen Beschäftigte Ansprüche aus § 15 Abs 1 und 2 zunächst grds innerhalb einer Frist von zwei Monaten schriftlich geltend machen. Anschließend müssen sie innerhalb von drei Monaten, nachdem sie den Anspruch schriftlich geltend gemacht haben, wegen des Anspruches Klage vor dem Arbeitsgericht erheben (**ArbGG § 61b Abs 1**). Die Versäumung jeder einzelnen dieser beiden Ausschlussfristen führt zum Erlöschen der Ansprüche des Beschäftigten. Die Ausschlussfrist ist **von Amts wegen** durch das Arbeitsgericht **zu prüfen**[37].

19 a) **Vereinbarkeit mit Unionsrecht.** Die Ausschlussfrist ist **unionsrechtskonform**. Sie ist vereinbar mit dem Verschlechterungsverbot des RL 2000/78/EG Art 8 und mit dem Gebot eines effektiven Rechtsschutzes, das sich aus RL 2000/78/EG Art 9 ergibt. Dies hat der EuGH in der Rechtssache *Bulicke* jedenfalls für die zweimonatige Frist des AGG § 15 Abs 4 entschieden[38]. Die Ausschlussfrist ist zum einen nicht weniger günstig als die für vergleichbare innerstaatliche Rechtsbehelfe im Bereich des Arbeitsrechts (**Grundsatz der Äquivalenz**), wie ein Blick auf die dreiwöchige Frist für die Erhebung einer Kündigungsschutzklage (KSchG § 4) oder einer Entfristungsklage (vgl TzBfG § 17 Satz 1) zeigt. Mit Blick auf den **Grundsatz der Effektivität** meint der Gerichtshof zwar, dass eine mit der Ablehnung einer Bewerbung beginnende zweimonatige Ausschlussfrist dem Benachteiligten durchaus die in den Gleichbehandlungs-RL vorgesehene Rechtsverfolgung unmöglich machen kann. Er macht aber zugleich deutlich, dass eine Auslegung von § 15 Abs 4 dahingehend, dass der Fristlauf nicht bereits mit dem Zeitpunkt der Ablehnung, sondern erst mit Kenntniserlangung von der behaupteten Benachteiligung beginnt, mit dem Grundsatz der Effektivität vereinbar ist.

20 b) **Frist und Fristberechnung.** Die Frist des § 15 Abs 4 gilt ausschließlich für Schadensersatz- und Entschädigungsansprüche, auf welche die Beweislastregelung des § 22 Anwendung findet. Hierfür spricht der Wille des Gesetzgebers des AGG: Dem Arbeitgeber soll nämlich angesichts der Beweiserleichterungen zugunsten des Benachteiligten nicht zugemutet werden, Vorgänge wie Einstellungsverfahren bis zum Ablauf der allg dreijährigen Verjährungsfrist aufzubewahren[39]. Daraus folgt, dass Ansprüche von Benachteiligten, auf die § 22 keine Anwendung findet, grds nicht der Ausschlussfrist des § 15 Abs 4 unterworfen sind[40]; die Vorschrift ist deshalb bereits wegen des Fehlens einer Regelungslücke insoweit nicht analogiefähig. Macht der Beschäftigte darüber hinaus auch noch Schadensersatzansprüche aufgrund von anderen Anspruchsgrundlagen geltend (zB aus BGB § 823 Abs 1 oder 2), verfallen diese nicht nach § 15 Abs 4, sondern

---

35 Die innerverbandliche Mitwirkung des einzelnen verbandsgebundenen Arbeitgebers bei der Aushandlung und beim Abschluss eines Verbandstarifvertrages mit benachteiligenden Rechtsnormen ist zu diffus und untergeordnet, als dass sie die Haftungsprivilegierung des Abs 3 ausschließen könnte.
36 Ebenso Bauer/Krieger/Günther AGG § 15 Rz 40; Adomeit/Mohr AGG § 15 Rz 90; ErfK/Schlachter AGG § 15 Rz 5.
37 Vgl BAG NZA 2012, 1211, 1212; aus dem Schrifttum statt vieler Bauer/Krieger/Günther AGG § 15 Rz 46a mwNachw.
38 EuGH NZA 2010 S 869 ff (Susanne Bulicke/Deutsche Büro Service-GmbH); ebenso BAG NZA 2017, 1530, 1536 ff; BAG NZA 2012, 1211, 1212.
39 S BT-Drucks 16/1780 S 38.
40 Vgl BAG NZA 2017, 1530, 1540; BAG NZA 2015, 808, 810.

unterliegen den allg Verjährungsregeln. Für die **Fristberechnung** gelten die allgemeinen Vorschriften der BGB §§ 187, 188. Auf die Dreimonatsfrist des § 15 Abs 4 Satz 1 angewendet, bedeutet dies, dass zB bei einer Kenntniserlangung der anspruchsbegründenden Umstände (s Rz 16 mwNachw) am 12. Juni die Ausschlussfrist nach Maßgabe von BGB § 188 Abs 2 am 12. September um 24.00 Uhr endet (vgl oben BGB § 188 Rz 3).

Die zweimonatige Ausschlussfrist beginnt nach dem Wortlaut des § 15 Abs 4 Satz 2 im Falle einer Bewerbung oder eines beruflichen Aufstiegs mit dem Zugang der Ablehnung und in den sonstigen Fällen einer Benachteiligung zu dem Zeitpunkt, in dem der oder die Beschäftigte von der Benachteiligung Kenntnis erlangt. Allerdings hat der EuGH in seinem bereits erwähnten Urteil in der Rechtssache *Bulicke* klargestellt, dass der unionsrechtliche Grundsatz der Effektivität es gebiete, die Vorschrift unionsrechtskonform auszulegen und den **Fristlauf** auch in Fällen einer Bewerbung oder eines beruflichen Aufstiegs nicht bereits mit dem Zeitpunkt der Ablehnung, sondern erst **mit Kenntniserlangung der anspruchsbegründenden Tatsachen** beginnen zu lassen[41]. Geht es bei dem Schadensersatz- oder Entschädigungsverlangen um eine Benachteiligung in Form einer **Belästigung iSv § 3 Abs 3**, soll es nach der Rspr des BAG wegen des „prozesshaften Charakters" solcher Benachteiligungen und ihrer Einordnung als ein einheitliches Gesamtgeschehen auf den Abschluss des letzten vom Kläger geschilderten Vorfalls für den Fristbeginn ankommen[42]; insoweit greift das BAG auf die von ihm entwickelten Grundsätze zum Beginn des Laufes von Ausschlussfristen bei der Haftung wegen Mobbings zurück[43].

Die **Fristdauer** von zwei Monaten ist durch § 15 Abs 4 Satz 1 **tarifdispositiv** ausgestaltet. Rechtsnormen eines Tarifvertrages können somit eine abweichende Frist vorsehen. Dies gilt nicht nur für die Anordnung einer längeren Ausschlussfrist als derjenigen des § 15 Abs 4 Satz 1, die wegen des grundsätzlich im Verhältnis von Gesetz und Tarifvertrag geltenden Günstigkeitsprinzips ohnehin zulässig ist, sondern auch für die tarifvertragliche Verkürzung der gesetzlichen Zweimonatsfrist. Voraussetzung für die Geltung einer tarifvertraglichen Abänderung von § 15 Abs 4 Satz 1 ist jedoch, dass die Rechtsnormen des betreffenden Tarifvertrages auf das Beschäftigungsverhältnis Anwendung finden, und zwar entweder normativ – aufgrund beiderseitiger Tarifbindung (TVG §§ 4 Abs 1 Satz 1, 3 Abs 1) oder aufgrund einer Allgemeinverbindlicherklärung des Tarifvertrages (TVG § 5 Abs 4) –, auf der Grundlage einer arbeitsvertraglichen Bezugnahmeklausel oder durch betriebliche Übung[44]. Die Tarifdispositivität gilt nur für die Zweimonatsfrist des § 15 Abs 4 Satz 1, also die erste Stufe, und **nicht** auch **für die dreimonatige Klageerhebungsfrist des ArbGG § 61b Abs 1**, da diese verfahrensrechtliche Vorschrift nicht tarifdispositiv gestellt ist. Die in Tarifverträgen oftmals vorgesehenen allg Ausschlussfristen für die Geltendmachung von Rechten durch die Arbeitsvertragsparteien verdrängen somit die Zweimonatsfrist des § 15 Abs 4 Satz 1[45]. Allerdings sind der **Tarifdispositivität der Zweimonatsfrist** für die Geltendmachung von Ansprüchen aus § 15 Abs 1 und 2 durch Unionsrecht Grenzen gezogen: Insbesondere der Grundsatz der Effektivität steht einer Verkürzung der gesetzlichen Ausschlussfrist durch Tarifvertrag generell entgegen[46]. Eine richtlinienkonforme Auslegung von § 15 Abs 4 Satz 1 in dem Sinne, dass eine tarifvertraglich verkürzte Ausschlussfrist nicht die Geltendmachung von Schadensersatz- und Entschädigungsansprüchen von Benachteiligten unmöglich gemacht oder übermäßig erschwert wird[47], ist deshalb geboten. Eine trennscharfe Grenzziehung ist aufgrund dessen gewiss nur schwer möglich. In jedem Falle gilt aber auch für tarifvertragliche Ausschlussfristen, dass sie erst mit dem Zeitpunkt beginnen, an dem der Benachteiligte von der Benachteiligung Kenntnis erlangt hat[48]; tarifvertragliche Ausschlussfristen sind deshalb in diesem Sinne unionsrechtskonform auszulegen.

c) **Schriftliche Geltendmachung.** § 15 Abs 4 Satz 1 verlangt von dem benachteiligten Beschäftigten eine **schriftliche Geltendmachung** seiner Ansprüche aus § 15 Abs 1 und 2. Der Wortlaut der Vorschrift spricht für die Pflicht zur Einhaltung der Schriftform iSv BGB § 126 Abs 1 und würde infolgedessen neben der schriftlichen Niederlegung der Geltendmachung in einer Urkunde auch noch die eigenhändige Unterzeichnung durch den Anspruch stellenden Beschäftigten erfordern. An dieser Beurteilung würde sich auch nichts dadurch ändern, dass es

---

41 Vgl EuGH NZA 2010, 869 ff (Susanne Bulicke/Deutsche Büro Service-GmbH).
42 BAG NZA 2017, 1530, 1541.
43 Dazu BAG NZA 2007, 1154, 1159.
44 St Rspr: zur arbeitsvertraglichen Geltung eines Tarifvertrages für Arbeitsverhältnisse aufgrund einer betrieblichen Übung statt vieler BAG AP BetrVG 1972 § 77 Nr 101 mwNachw; aus der Literatur statt aller Kempen/Zachert TVG § 3 Rz 271 ff.
45 Statt vieler Bauer/Krieger/Günther AGG § 15 Rz 61.
46 AA unter allg Hinweis auf den Grundsatz der Effektivität jedoch ErfK/Schlachter AGG § 15 Rz 16.
47 So die Anforderungen von EuGH NZA 2010, 869, 871; vgl auch BAG NZA 2017, 1530, 1538.
48 Allgemein zum Erfordernis der Kenntniserlangung EuGH NZA 2010, 869, 871 u BAG NZA 2017, 1530, 1537.

sich bei der Geltendmachung von Ansprüchen nur um eine rechtsgeschäftsähnliche Handlung handelt, denn auf diese finden die Vorschriften über Rechtsgeschäfte und damit auch BGB § 126 entsprechend Anwendung[49]. Allerdings besteht inzwischen Einigkeit darüber, dass § 15 Abs 4 Satz 1 teleologisch zu reduzieren ist und Textform iSv BGB § 126b (zB Fax oder E-Mail) insoweit ausreichend ist[50]: Sinn und Zweck des Schriftlichkeitsgebotes einer Geltendmachung von Ansprüchen aus § 15 Abs 1 und 2 ist nämlich die Schaffung von Rechtsfrieden und die Herbeiführung von Rechtssicherheit, was auch durch eine namentliche Bezeichnung der Identität des Erklärenden erreicht werden kann, ohne dass es seiner eigenhändigen Unterschrift bedarf. Selbstverständlich genügen aber auch Schriftform (BGB § 126 Abs 1), elektronische Form (BGB § 126a) sowie die Erhebung einer arbeitsgerichtlichen Klage zur Geltendmachung von Ansprüchen aus § 15 Abs 1 und 2[51] den Formanforderungen des § 15 Abs 4 Satz 1.

24 **5. Anspruchskonkurrenzen (Abs 5).** § 15 Abs 5 stellt klar, dass die Ansprüche von Beschäftigten wegen Benachteiligungen iSv § 7 Abs 1 auf Schadensersatz oder Entschädigung aus Abs 1 und 2 nicht abschließend sind. Vielmehr können sich Ansprüche von Beschäftigten wegen solcher Sachverhalte auch aus anderen Vorschriften ergeben, mit denen die Ansprüche aus § 15 Abs 1 und 2 in freier **Anspruchskonkurrenz** stehen.

25 Eine Benachteiligung iSv § 7 Abs 1 kann zugleich auch eine Haftung auf Schadensersatz aus **BGB § 823 Abs 1 iVm GG Art 2 Abs 1 und Art 1 Abs 1** wegen einer schweren Verletzung des allgemeinen Persönlichkeitsrechts auslösen (zur persönlichkeitsschützenden Funktion des AGG s oben Vorbemerkungen Rz 9 mwNachw)[52]. Auch ist denkbar, dass ein Verstoß gegen das Benachteiligungsverbot des § 7 Abs 1 eine Körperverletzung oder Gesundheitsbeschädigung (zB bei einer fortgesetzten Belästigung eines Beschäftigten) mit sich bringt und somit wegen Verletzung dieser deliktisch geschützten Rechtsgüter ein Schadensersatzanspruch aus BGB § 823 Abs 1 besteht. Ebenso können im Zusammenhang mit einer Benachteiligung Ansprüche wegen Verletzung eines Schutzgesetzes (zB § 7 Abs 1 oder § 11) aus **BGB § 823 Abs 2** entstanden sein[53]. Bei vorsätzlichen sittenwidrigen Schädigungen von Beschäftigten kommt ferner BGB § 826 als Anspruchsgrundlage in Betracht. Darüber hinaus können aber auch **quasi-negatorische Ansprüche** von Beschäftigten gegen den Arbeitgeber aus BGB § 1004 analog iVm GG Art 2 Abs 1 iVm Art 1 Abs 1 auf Unterlassung oder Beseitigung bestehen[54].

26 Neben dem Anspruch aus § 15 Abs 1 besteht indessen **kein eigenständiger Anspruch aus BGB §§ 280 Abs 1, 241 Abs 2, 311 Abs 2 iVm § 7 Abs 3**[55]. § 15 Abs 1 verdrängt als *lex specialis* die allgemeinen Vorschriften, soweit deren Vorliegen alleine mit einem Verstoß gegen das Benachteiligungsverbot des § 7 begründet wird. § 15 Abs 1 ist dem Regelungsmodell des BGB § 280 Abs 1 nachgebildet und weist mit Blick auf die Sanktionierung von Verstößen gegen das Benachteiligungsverbot des § 7 Abs 1 einzelne Besonderheiten auf wie zB der Ausschluss der Naturalrestitution (vgl § 15 Abs 6); auch soll nach § 15 Abs 5 eine Anspruchskonkurrenz nur „im Übrigen" bestehen, was so zu verstehen ist, dass die allgemeinen Regeln nur gelten sollen, soweit § 15 keine eigene Regelung trifft[56].

27 **6. Ausschluss eines Kontrahierungszwangs (Abs 6).** Verstößt der Arbeitgeber bei der Begründung eines Beschäftigungsverhältnisses gegen das Benachteiligungsverbot des § 7 Abs 1, wäre durchaus denkbar, dem benachteiligten Bewerber als Schadensersatz ein Recht auf Begründung des begehrten Beschäftigungsverhältnisses zu geben, sofern er der bestqualifizierte Bewerber in dem Einstellungsverfahren gewesen ist; dasselbe gilt auch für Benachteiligungen bei Beförderungsentscheidungen des Arbeitgebers. Ein solcher **Kontrahierungszwang im Wege der Naturalrestitution** (BGB § 249 Satz 1) ist seit der Rspr des RG zum Kontrahierungszwang von Unternehmen, die eine Monopolstellung auf den räumlich und sachlich relevanten Märkten besitzen, anerkannt (s BGB § 826 Rz 156 ff mwNachw).

28 § 15 Abs 6, der die auf die Benachteiligung wegen des Geschlechts beschränkte Vorschrift des BGB § 611a Abs 2 aF übernimmt und auf sämtliche Benachteiligungsmerkmale des § 1 ausweitet, schließt allerdings einen solchen Kontrahierungszwang grundsätzlich bei Verstößen gegen das

---

49 So insbesondere BAG NZA 2009, 622, 624f mit Blick auf die parallele Problematik des Zustimmungsverweigerungsrechts des Betriebsrates nach BetrVG § 99 Abs 3 S 1.
50 St Rspr: vgl BAG NZA 2012, 667, 669; BAG NZA 2011, 737, 738f; BAG NZA 2010, 1412, 1414. Aus dem Schrifttum statt vieler Grüneberg/Weidenkaff AGG § 15 Rz 8.
51 Vgl BAG NZA 2012, 34, 36. Sie erfolgt durch die Zustellung der Klage vor dem Arbeitsrecht (ArbGG § 46 Abs 2 iVm ZPO § 253 Abs 2).
52 So auch BAG NZA 2012, 1211, 1213.
53 Den Schutzgesetzcharakter v § 7 Abs 1 hat das BAG allerdings ausdrücklich offen gelassen: vgl BAG NZA 2012, 1211, 1215.
54 So auch der Hinweis im RegE: vgl BT-Drucks 16/1780 S 38.
55 Vgl BAG NZA 2012, 1211, 1214. Ebenso Stoffels RdA 2009, 204, 214.
56 Vgl NZA 2012, 1211, 1215.

Benachteiligungsverbot des § 7 Abs 1 aus: Die Begründung eines Beschäftigungsverhältnisses, Berufsbildungsverhältnisses oder einen beruflichen Aufstieg kann vom benachteiligten Beschäftigten nicht verlangt werden, es sei denn, ein Kontrahierungszwang ergibt sich aus einem anderen Rechtsgrund. Für Beschäftigungsverhältnisse iSv § 6, die durch privatrechtlichen Vertrag begründet werden, gilt somit grundsätzlich **kein Kontrahierungszwang** als Sanktion von Verstößen gegen das Benachteiligungsverbot des § 7 Abs 1.

§ 15 Abs 6 schließt indessen nicht aus, dass sich ein Anspruch auf die Begründung eines 29 Beschäftigungsverhältnisses wegen Verstoßes gegen das Benachteiligungsverbot des § 7 Abs 1 aus einem anderen Rechtsgrund ergibt. So kann sich insbesondere aus GG Art 33 Abs 2 ausnahmsweise ein **Anspruch auf Zugang zum öffentlichen Dienst** ergeben, wenn in der Person des Bewerbers sämtliche Einstellungsvoraussetzungen erfüllt sind und die Nichteinstellung ermessensfehlerhaft wäre[57]. Auch kann ein Anspruch des Beschäftigten auf beruflichen Aufstieg bestehen: So sieht beispielsweise der nur noch vereinzelt weitergeltende Bundesangestelltentarifvertrag (BAT § 23a) einen sog **"Bewährungsaufstieg"** vor[58].

Der Ausschluss eines Anspruches auf Begründung eines Beschäftigungsverhältnisses gilt auch 30 für Fälle einer benachteiligenden Weigerung des Arbeitgebers, ein **auslaufendes befristetes Beschäftigungsverhältnis** zu verlängern. Eine Naturalrestitution würde hier einen solchen Neuabschluss des verweigerten befristeten Vertrages einschließen. Nach seinem Sinn und Zweck, die Vertragsfreiheit des Arbeitgebers zu schützen, muss in solchen Fällen aber Abs 6 gelten, so dass der benachteiligte Beschäftigte auf einen Ersatz in Geld verwiesen ist[59]: Es kann mit Blick auf das Verbot des Kontrahierungszwanges in Abs 6 keinen Unterschied machen, ob es um den erstmaligen oder wiederholten Abschluss eines Beschäftigungsvertrages geht.

Bei **Benachteiligungen jenseits der Begründung eines Beschäftigungsverhältnisses** 31 **oder eines beruflichen Aufstiegs** ist eine Naturalrestitution hingegen nicht ausgeschlossen. So kann der Anspruch auf Ersatz wegen einer benachteiligenden Abmahnung deren Entfernung aus der Personalakte umfassen[60]. Bei benachteiligenden Kündigungen oder Weisungen des Arbeitgebers ist allerdings schon infolge der Nichtigkeitsanordnung von AGG §§ 7 Abs 1, 1 iVm BGB § 134 eine Naturalrestitution von Gesetzes wegen erfolgt[61].

§ 16 Maßregelungsverbot

(1) Der Arbeitgeber darf Beschäftigte nicht wegen der Inanspruchnahme von Rechten nach diesem Abschnitt oder wegen der Weigerung, eine gegen diesen Abschnitt verstoßende Anweisung auszuführen, benachteiligen. Gleiches gilt für Personen, die den Beschäftigten hierbei unterstützen oder als Zeuginnen oder Zeugen aussagen.

(2) Die Zurückweisung oder Duldung benachteiligender Verhaltensweisen durch betroffene Beschäftigte darf nicht als Grundlage für eine Entscheidung herangezogen werden, die diese Beschäftigten berührt. Absatz 1 Satz 2 gilt entsprechend.

(3) § 22 gilt entsprechend.

ÜBERSICHT

1. Überblick 1, 2
2. Tatbestand des Maßregelungsverbots 3–10
   a) Maßregelungsverbot des Abs 1 . . 3–7
   b) Maßregelungsverbot des Abs 2 . . 8–10
3. Rechtsfolgen von Verstößen 11, 12

1. Überblick. Die Vorschrift regelt für das Diskriminierungsrecht ein besonderes Maßrege- 1 lungsverbot und sieht ebenso wie das teilzeit- und befristungsrechtliche Maßregelungsverbot des TzBfG § 5 eine *lex specialis* zu dem allgemeinen Maßregelungsverbot des BGB § 612a vor. Beschäftigte iSv § 6 dürfen nach § 16 Abs 1 Satz 1 vom Arbeitgeber nicht wegen der Geltendmachung ihrer Rechte aufgrund des AGG benachteiligt werden. Dieses Maßregelungsverbot gilt auch zugunsten von Dritten, die den Beschäftigten bei der Geltendmachung seiner Rechte unterstüt-

---

57 Vgl zB BAG NZA 2005, 1243, 1245 ff mwNachw. Für das Beamtenrecht statt aller Leppek, Beamtenrecht Rz 73 mN.
58 So auch der Hinweis in BT-Drucks 16/1780 S 38; ebenso Däubler/Beck/Deinert AGG § 15 Rz 152. Allerdings sieht weder der TVöD noch der TVL einen Bewährungsaufstieg mehr vor.
59 Ausführlicher zu der Problematik Stoffels RdA 2009 204, 214; LAG Hamm 26.2.2009 – 17 Sa 923/

08 (juris-doc); Bauer/Krieger/Günther AGG § 15 Rz 68. AA jedoch ErfK/Schlachter AGG § 15 Rz 15, welche die Ausnahme des Abs 6 eng verstanden wissen will.
60 Statt vieler Grüneberg/Weidenkaff AGG § 15 Rz 4 sowie Däubler/Beck/Deinert AGG § 15 Rz 153.
61 Zu benachteiligenden Kündigungen vgl Stoffels RdA 2009, 204, 211; Sagan NZA 2006, 1257, 1260.

zen oder als Zeugen aussagen (§ 16 Abs 1 Satz 2). § 16 Abs 2 stellt klar, dass auf die Zurückweisung oder die Duldung benachteiligender Verhaltensweisen durch Beschäftigte keine Entscheidung gestützt werden darf, die diese Beschäftigten belastet. Schließlich gelten für die Beschäftigten oder Unterstützer und Zeugen, die vom Arbeitgeber gemaßregelt worden sind, die Beweiserleichterungen des § 22 (vgl § 16 Abs 3).

2   Die Vorschrift setzt das in sämtlichen Diskriminierungsrichtlinien angeordnete **Viktimisierungsverbot**[1] um[2]. Das **Maßregelungsverbot** des § 16 ist somit **unionsrechtlich geboten**.

3   2. Tatbestand des Maßregelungsverbots. – a) **Maßregelungsverbot des Abs 1**. Zu den von § 16 geschützten Personen gehören **Beschäftigte** iSv § 6 Abs 1 (vgl § 16 Abs 1 Satz 1). Das Maßregelungsverbot schützt nach § 16 Abs 1 Satz 2 aber auch Personen, die den Beschäftigten bei der Wahrnehmung seiner Rechte aus dem AGG unterstützen oder als Zeugen aussagen. Eine **Unterstützung** erfordert eine konkrete Hilfeleistung für den Beschäftigten bei der Inanspruchnahme seiner Rechte, etwa Arbeitskollegen des Beschäftigten, die diesem durch Beratung oder durch ihre Anwesenheit bei einer Anhörung des Beschäftigten durch den Arbeitgeber beistehen. Auch Betriebsrats- oder Personalratsmitglieder[3] oder gewerkschaftliche Vertrauensleute, an die sich der Beschäftigte wendet, können vom Schutzbereich des § 16 Abs 1 Satz 2 erfasst sein. Personen, die als **Zeugen** aussagen, sind nicht nur solche Personen, die in einem Verfahren vor einem staatlichen Gericht oder vor einer staatlichen Behörde aussagen[4]. Auch **Zeugen vor einer betriebsinternen Stelle**, insbesondere vor einer betrieblichen Beschwerdestelle iSv § 13 oder vor einer betrieblichen Stelle im Rahmen von betriebsinternen Untersuchungen („*internal investigations*"), werden durch das Maßregelungsverbot des § 16 Abs 1 Satz 2 geschützt[5]: Eine solche weite Auslegung der Vorschrift verlangt die Effektivität des unionsrechtlichen Verbotes der Viktimisierung (s oben Rz 2 mwNachw).

4   § 16 Abs 1 Satz 1 verbietet Benachteiligungen wegen der Inanspruchnahme von Rechten durch Beschäftigte aus dem AGG oder wegen der Weigerung, eine gegen das AGG verstoßende Anweisung auszuführen. Eine **Inanspruchnahme von Rechten aus dem AGG** setzt nicht voraus, dass diese auch tatsächlich bestehen: Allenfalls eine rechtsmissbräuchliche Geltendmachung von Rechten des Beschäftigten (zB in Kenntnis der Falschheit der Vorwürfe) lässt den Schutz des Beschäftigten durch § 16 Abs 1 Satz 1 entfallen[6]. Auf die Form der Geltendmachung dieser Rechte durch den Beschäftigten kommt es für den Schutz durch das Maßregelungsverbot nicht an. Die Vorschrift schützt deshalb eine gerichtliche Geltendmachung in gleicher Weise wie eine Geltendmachung von Rechten gegenüber dem Arbeitgeber oder einem Vorgesetzten sowie durch Anrufung einer betrieblichen Beschwerdestelle iSv § 13. Hinsichtlich der 2. Alt von § 16 Abs 1 Satz 1, die **Weigerung eines Beschäftigten, eine AGG-widrige Anweisung auszuführen**, ist zu Recht darauf hingewiesen worden, dass die Bestimmung entbehrlich ist, da eine entsprechende Anweisung zu einer Benachteiligung (vgl § 3 Abs 5) bereits nach den §§ 1, 7 Abs 1 unwirksam ist und deshalb nicht befolgt werden muss.

5   Nach der gesetzlichen Bestimmung des § 16 Abs 1 Satz 1 handelt es sich bei einer Maßregelung um eine **Benachteiligung**. Dies suggeriert, dass einer der gesetzlichen Tatbestände des § 3 erfüllt sein muss. Nach Sinn und Zweck des Maßregelungsverbotes, den Beschäftigten bei einer Inanspruchnahme seiner Rechte aus dem AGG zu schützen, kann es auf einen Vergleich mit der Behandlung anderer Beschäftigter jedoch nicht ankommen: Vielmehr benachteiligt der Arbeitgeber einen Beschäftigten nach § 16 Abs 1 bereits dann, wenn der Beschäftigte bei Unterlassung der Inanspruchnahme seiner Rechte besser stehen würde (eine bessere Stellung kann auch in der Vorenthaltung von Vorteilen durch den Arbeitgeber bestehen)[7].

6   Zwischen der Inanspruchnahme von Rechten aus dem AGG bzw der Weigerung, eine AGG-widrige Weisung durchzuführen, einerseits und der Benachteiligung des Beschäftigten durch den Arbeitgeber andererseits muss ein **ursächlicher Zusammenhang** bestehen. Die von der Rspr zu BGB § 612a entwickelten Grundsätze lassen sich ohne Weiteres auch auf § 16 übertragen: Danach darf für die vom Arbeitgeber ergriffene Maßnahme die Rechtsausübung des Beschäftigten „nicht nur in irgendeiner Weise auch ursächlich und nicht nur deren äußerer Anlass gewesen

---

1   RL 2000/43/EG Art 11, RL 2000/78/EG Art 11, RL 2006/54/EG Art 24 (= RL 76/207/EWG Art 7).
2   Vgl RegE, BT-Drucks 16/1780 S 38.
3   Allerdings verfügen sie bereits über einen besonderen Schutz im Rahmen ihrer gesetzlichen Tätigkeit (vgl BetrVG § 78 sowie § 103 u KSchG § 15).
4   Zu eng deshalb Grüneberg/Weidenkaff AGG § 16 Rz 3 sowie Bauer/Krieger-Günther AGG § 16 Rz 13f.
5   Im gleichen Sinne ErfK/Schlachter AGG § 16 Rz 3; Däubler/Beck/Deinert AGG § 16 Rz 16.
6   Ähnlich auch ErfK/Schlachter AGG § 16 Rz 1, die insoweit an den zum Whistleblowing entwickelten Grundsätzen anknüpft.
7   In diesem Sinne zu BGB § 612a bereits BAG NZA 1988, 18, 19; Grüneberg/Weidenkaff AGG § 16 Rz 3; ErfK/Schlachter AGG § 16 Rz 2; Bauer/Krieger-Günther AGG § 16 Rz 15.

(sein)", vielmehr muss das Verhalten des Beschäftigten der „tragende Beweggrund" und damit das „wesentliche Motiv" für die Reaktion des Arbeitgebers gewesen sein[8].

Auf die **Darlegungs- und Beweislast** des Beschäftigten hinsichtlich der Tatsachen, die eine Maßregelung iSv § 16 Abs 1 und 2 begründen, findet die Beweiserleichterung des § 22 entsprechende Anwendung (vgl § 16 Abs 3). In all diesen Fällen privilegiert § 22 den Beschäftigten vor allem dadurch, dass es ausreicht, Indizien für einen kausalen Nexus zwischen der Inanspruchnahme von Rechten aus dem AGG und einer Benachteiligung durch den Arbeitgeber vorzutragen, die eine Maßregelung des Beschäftigten vermuten lassen[9]. Löst der Beschäftigte diese Vermutungswirkung aus, hat der Arbeitgeber substantiiert darzulegen und ggf auch zu beweisen, dass eine bestimmte für den Beschäftigten oder einen Dritten iSv § 16 Abs 1 Satz 2 nachteilige Maßnahme (zB Kündigung oder Versetzung) nicht wegen der Inanspruchnahme von Rechten aus dem AGG erfolgt ist.

b) **Maßregelungsverbot des Abs 2**. Nach Abs 2 Satz 1 darf die Zurückweisung oder Duldung benachteiligender Verhaltensweisen durch betroffene Beschäftigte nicht als Grundlage für eine Entscheidung herangezogen werden, die diese Beschäftigten berührt. Wegen dieses besonderen diskriminierungsrechtlichen Maßregelungsverbotes darf das Verhalten eines Beschäftigten mit Blick auf eine Benachteiligung nicht zur Grundlage einer Entscheidung des Arbeitgebers gemacht werden. Die Zurückweisung oder Duldung einer Benachteiligung durch einen betroffenen Beschäftigten hat für ihn somit ohne Folgen zu bleiben[10]. Auch Personen, welche den benachteiligten Beschäftigten unterstützen oder als Zeugen aussagen, sind vom persönlichen Schutzbereich dieses besonderen Maßregelungsverbotes erfasst (vgl § 16 Abs 2 Satz 2 iVm Abs 1 Satz 2); zu den Einzelheiten s oben Rz 3 mwNachw.

Abs 2 setzt das **Vorliegen einer benachteiligenden Verhaltensweise** voraus und lässt somit nicht wie in Abs 1 Satz 1 die Behauptung einer Benachteiligung iSd §§ 1, 7 Abs 1 ausreichen. Die Zurückweisung oder Duldung der Benachteiligung durch den betroffenen Beschäftigten darf nicht **ursächlich** für eine Entscheidung des Arbeitgebers werden, die den Beschäftigten berührt. Streitig ist, ob dieses Verbot lediglich Benachteiligungen des betroffenen Beschäftigten erfasst oder auch die Gewährung von Vorteilen an diesen einschließt[11]. Für ein **Verbot auch von Belohnungen durch den Arbeitgeber** spricht neben dem Wortlaut des § 16 Abs 2 Satz 1 auch die Überlegung, dass es mit Sinn und Zweck des Maßregelungsverbotes nicht zu vereinbaren ist, wenn die Gewährung von Belohnungen für Benachteiligungen – zB für sexuelle Belästigungen oder für andere herabwürdigende Verhaltensweisen, die den Tatbestand des § 3 Abs 3 iVm §§ 1, 7 Abs 1 erfüllen – hingenommen würden und auf diese Weise sogar Benachteiligungen begünstigt werden könnten, sofern dafür eine wie auch immer geartete Kompensation gewährt wird[12].

Hinsichtlich der entsprechenden Anwendung der **Beweislasterleichterung des § 22** auf das Maßregelungsverbot des Abs 2 gilt das zu Abs 1 Gesagte (s oben Rz 7 mwNachw). Sie erleichtert die Darlegung eines ursächlichen Zusammenhanges zwischen der Zurückweisung oder Duldung benachteiligender Verhaltensweisen durch den betroffenen Beschäftigten und einer Entscheidung (zB des Arbeitgebers), die den Beschäftigten berührt.

3. **Rechtsfolgen von Verstößen. Verstöße des Arbeitgebers gegen das Maßregelungsverbot** des § 16 Abs 1 (zB Kündigungen oder Versetzungen des Beschäftigten wegen der Inanspruchnahme von Rechten aus dem AGG) sind nach BGB § 134 iVm AGG § 16 Abs 1 **unwirksam**. Darüber hinaus kann der betroffene Beschäftigte **Schadensersatzansprüche** aus BGB § 280 Abs 1 oder aber auch aus unerlaubter Handlung haben, insbesondere aus BGB § 823 Abs 1 wegen Verletzung des allgemeinen Persönlichkeitsrechts, aus BGB § 823 Abs 2 iVm AGG § 16 Abs 1 oder 2[13].

Bei Verstößen gegen das besondere Maßregelungsverbot des § 16 Abs 2 sind Entscheidungen, die in Gestalt eines Rechtsgeschäfts (zB Kündigung) oder einer rechtsgeschäftsähnlichen Handlung erfolgen (zB Abmahnung) nach BGB § 134 nichtig[14]. Wegen möglicher Schadensersatzansprüche gelten dieselben Grundsätze wie im Rahmen von § 16 Abs 1 (s oben Rz 11).

---

8   Vgl BAG NZA 1988, 18, 19 zum allg Maßregelungsverbot des BGB § 612a. Ebenso auch Grüneberg/Weidenkaff AGG § 16 Rz 3.
9   Ebenso ErfK/Schlachter AGG § 16 Rz 3.
10 So ausdrücklich BT-Drucks 16/1780 S 39.
11 Für eine Einbeziehung einer Gewährung von Vorteilen insbesondere ErfK/Schlachter AGG § 16 Rz 3; dagegen vor allem Bauer/Krieger/Günther AGG § 16 Rz 19.
12 Im Ergebnis wie hier MünchKomm/Thüsing AGG § 16 Rz 17 und ErfK/Schlachter AGG § 16 Rz 3.
13 Statt vieler Grüneberg/Weidenkaff AGG § 16 Rz 4.
14 Statt aller Grüneberg/Weidenkaff § 15 Rz 5.

§ 17 Soziale Verantwortung der Beteiligten

(1) Tarifvertragsparteien, Arbeitgeber, Beschäftigte und deren Vertretungen sind aufgefordert, im Rahmen ihrer Aufgaben und Handlungsmöglichkeiten an der Verwirklichung des in § 1 genannten Ziels mitzuwirken.

(2) In Betrieben, in denen die Voraussetzungen des § 1 Abs. 1 Satz 1 des Betriebsverfassungsgesetzes vorliegen, können bei einem groben Verstoß des Arbeitgebers gegen Vorschriften aus diesem Abschnitt der Betriebsrat oder eine im Betrieb vertretene Gewerkschaft unter der Voraussetzung des § 23 Abs. 3 Satz 1 des Betriebsverfassungsgesetzes die dort genannten Rechte gerichtlich geltend machen; § 23 Abs. 3 Satz 2 bis 5 des Betriebsverfassungsgesetzes gilt entsprechend. Mit dem Antrag dürfen nicht Ansprüche des Benachteiligten geltend gemacht werden.

ÜBERSICHT

1. Überblick 1, 2	3. Unterlassungs- und Beseitigungsansprüche (Abs 2) 5–10
2. Soziale Verantwortung der Beteiligten (Abs 1) 3, 4	

1 **1. Überblick.** Die Vorschrift hat die **soziale Verantwortung** sämtlicher Beteiligten iSd AGG zum Gegenstand. **Abs 1** fordert diese auf, im Rahmen ihrer Aufgaben und Handlungsmöglichkeiten an der Verwirklichung des Ziels des AGG mitzuwirken und besitzt somit **appellierenden Charakter.** Die Vorschrift des **Abs 2** räumt Betriebsräten und im Betrieb vertretenen Gewerkschaften in Anlehnung an BetrVG § 23 Abs 3 einen **Unterlassungs- und Beseitigungsanspruch gegen Arbeitgeber** wegen grober Verstöße gegen Vorschriften des AGG ein und schafft für die Durchsetzung der Benachteiligungsverbote des § 1 in Beschäftigung und Beruf neben der in § 23 vorgesehenen Unterstützung von Benachteiligten durch Antidiskriminierungsverbände einen eigenständigen kollektiv-rechtlichen Durchsetzungsmechanismus.

2 **Unionsrechtlich** ist lediglich § 17 Abs 1 vorgegeben. RL 2000/43/EG Art 11 Abs 2, RL 2000/78/EG Art 13 Abs 2 und RL 2006/54/EG Art 21 Abs 2 verpflichten nämlich die Mitgliedstaaten, geeignete Maßnahmen zur Förderung des sozialen Dialoges mit dem Ziel der Verwirklichung des Gleichbehandlungsgrundsatzes insbesondere durch Kollektivverträge voranzubringen. Die Gewährleistung einer Rechtsdurchsetzung durch Arbeitnehmervertreter in § 17 Abs 2 ist durch das Unionsrecht indessen **nicht geboten**[1]: Keine der Diskriminierungs-RL der Union verlangt ausdrücklich die Einräumung von Ansprüchen für Arbeitnehmervertreter. Allerdings schließen die Richtlinien einen solchen kollektiven Rechtsschutz nicht aus, da diese ausdrücklich nur einen Mindestschutz für Beschäftigte in ihrem Anwendungsbereich gewährleisten[2].

3 **2. Soziale Verantwortung der Beteiligten (Abs 1).** § 17 Abs 1 appelliert an alle Beteiligten iSd AGG, im Rahmen ihrer Aufgaben und Handlungsmöglichkeiten an der Verwirklichung der Ziele des AGG mitzuwirken. Die Vorschrift ist rein symbolischer Natur, da sich ihr keine konkreten Rechte von Beschäftigten, Gewerkschaften oder gesetzlichen Interessenvertretungen der Beschäftigten entnehmen lassen. Auch sind an ihre Missachtung keinerlei Rechtsfolgen geknüpft. Sinn und Zweck der Vorschrift sind deshalb sehr fragwürdig. Gleichwohl wird an ihr auch *de lege ferenda* festzuhalten sein, da sie jedenfalls im Kern unionsrechtlich vorgegeben ist (s oben Rz 2).

4 Ob und inwieweit die Tarifvertragsparteien durch den Abschluss von Tarifverträgen an der Verwirklichung der Ziele des AGG mitwirken, obliegt ihrer **Tarifautonomie**, die aufgrund von GG Art 9 Abs 3 verfassungsrechtlichen Schutz genießt und durch GrChEU Art 28 auch auf der Ebene des Unionsrechts gewährleistet ist. So können zB positive Maßnahmen zugunsten bestimmter benachteiligter Gruppen ohne Weiteres durch tarifvertragliche Abschlussnormen oder Inhaltsnormen (mit Blick auf Beförderungsentscheidungen) vorgesehen oder über das Gesetz hinausgehende Sanktionen für Verstöße der gesetzlichen Benachteiligungsverbote als Inhaltsnormen in Tarifverträgen verankert werden. Allerdings lässt sich weder § 17 Abs 1 noch einer anderen gesetzlichen Vorschrift eine Pflicht der Tarifvertragsparteien entnehmen, Fragen des Diskriminierungsschutzes durch Tarifvertrag zu regeln; ebenso wenig besteht insoweit eine Verhandlungspflicht[3]. Das deutsche Recht schlägt hier einen anderen Weg ein als verschiedene andere Mitgliedstaaten, welche Kollektivvertragsparteien gesetzlich sogar verpflichten, über Fra-

---

1 So auch Klumpp NZA 2006, 904.
2 Vgl RL 2000/43/EG Art 6 Abs 1; RL 2000/78/EG Art 8 Abs 1 sowie RL 2006/54/EG Art 27 Abs 1.
3 Zum Nichtbestehen einer Verhandlungspflicht der Tarifvertragsparteien s BAG NJW 1983, 2395 ff sowie allgemein Kempen/Zachert/Schubert TVG § 1 Rz 32 jew mwNachw.

gen des Diskriminierungsschutzes in Beschäftigung und Beruf regelmäßig zumindest Verhandlungen zu führen[4]. Weitaus stärkere Anknüpfungspunkte für die in § 17 Abs 1 verlangte Mitwirkung bietet die **Betriebsverfassung**. Eine Gesamtschau der Vorschriften des BetrVG § 80 Abs 1 zeigt, dass die Verwirklichung der Ziele des AGG auch zu den gesetzlichen Aufgaben des Betriebsrats gehört. So hat der Betriebsrat darüber zu wachen, dass die zugunsten der Arbeitnehmer geltenden Rechtsvorschriften durchgeführt werden (BetrVG § 80 Abs 1 Nr 1) und hat nicht nur die Durchsetzung der tatsächlichen Gleichstellung von Frauen und Männern (BetrVG § 80 Abs 1 Nr 2a), sondern auch die Vereinbarkeit von Familie und Erwerbstätigkeit zu fördern (BetrVG § 80 Abs 1 Nr 2b); ebenso ergeben sich Überschneidungen zu den Zielsetzungen von AGG § 1 in BetrVG § 80 Abs 1 Nr 4, wonach die Eingliederung schwerbehinderter Menschen durch den Betriebsrat gefördert werden soll, und auch die Förderung älterer Arbeitnehmer im Betrieb zu den Aufgaben des Betriebsrates gehört (vgl BetrVG § 80 Abs 1 Nr 6). Darüber hinaus haben die Betriebspartner nach BetrVG § 75 Abs 1 alle Betriebsangehörigen nach den Grundsätzen von Recht und Billigkeit zu behandeln, wozu die Vorschrift ausdrücklich auch die Unterlassung von Benachteiligungen aus Gründen zählt, die von AGG § 1 erfasst sind. Entsprechende Vorschriften bestehen auch für die Personalvertretung sowie für Sprecherausschüsse nach dem SprAuG[5].

3. **Unterlassungs- und Beseitigungsansprüche (Abs 2)**. Nach Abs 2 Satz 1 können in 5 Betrieben mit in der Regel mindestens fünf wahlberechtigten Arbeitnehmern, von denen drei wählbar sind[6], der Betriebsrat oder eine im Betrieb vertretene Gewerkschaft bei einem groben Verstoß des Arbeitgebers gegen Vorschriften der §§ 6 bis 21 nach Maßgabe von BetrVG § 23 Abs 3 Satz 1 HS 1 gegen den Arbeitgeber einen Unterlassungs- oder Beseitigungsanspruch geltend machen. Die Vorschrift dehnt somit eine zentrale betriebsverfassungsrechtliche Sanktionsnorm auf das Diskriminierungsrecht aus. Dieser Verweis auf BetrVG § 23 Abs 3 bewirkt aber nur einen Schutz für Beschäftigte, die Arbeitnehmerstatus besitzen: Andere Beschäftigte iSv § 6 wie insbesondere die Gruppe der arbeitnehmerähnlichen Personen (vgl § 6 Abs 1 Satz 1 Nr 3)[7] werden jedoch nicht vom Betriebsrat repräsentiert.

Antragsberechtigt sind der **Betriebsrat** des von dem groben Verstoß gegen Vorschriften des 6 AGG betroffenen Betriebes sowie **eine im Betrieb vertretene Gewerkschaft**. Insoweit finden die zu BetrVG § 23 Abs 3 entwickelten Grundsätze im Rahmen von § 17 Abs 2 Anwendung. Es ist somit der Gewerkschaftsbegriff des TVG § 2 Abs 1 zugrunde zu legen und eine Vertretung der Gewerkschaft im Betrieb setzt voraus, dass mindestens ein Arbeitnehmer des Betriebes Mitglied dieser Gewerkschaft ist. Nach dem Wortlaut der Vorschrift sind andere Interessenvertretungen der Arbeitnehmer, namentlich der Personalrat in Dienststellen der öffentlichen Verwaltung sowie der die leitenden Angestellten (vgl BetrVG § 5 Abs 3 und 4) repräsentierende Sprecherausschuss, nicht antragsberechtigt. Zu Recht wird aber zugunsten einer Erstreckung des § 17 Abs 2 auch auf Personalräte auf die Wertung des § 24 verwiesen, der die Vorschriften des AGG grundsätzlich für entsprechend anwendbar ua auf Beamte erklärt[8]: Der Gesetzgeber bringt damit letztlich zum Ausdruck, dass Beschäftigte in öffentlich-rechtlichen Dienstverhältnissen diskriminierungsrechtlich nicht schlechter als andere Beschäftigte gestellt sein sollen. Somit verfügen auch **Personalräte** über die Antragsberechtigung nach § 17 Abs 2[9]. Für eine **Antragsberechtigung von Sprecherausschüssen** besteht hingegen keine gesetzliche Grundlage. Dies ist systemwidrig, fallen doch auch leitende Angestellte unter den Beschäftigungsbegriff des AGG (vgl § 6 Abs 1 Nr 1) und können Opfer von Benachteiligungen iSv § 1 sein; in ihrem Fall können lediglich im Betrieb vertretene Gewerkschaften, zu denen auch Gewerkschaften leitender Angestellter wie der „Führungskräfteverband VAA" gehören können, einen Antrag nach § 17 Abs 2 stellen.

---

4 So müssen zB nach Art L 2242-17 C trav franç auf Unternehmensebene jährlich Kollektivverhandlungen über die Gleichheit der Geschlechter im Unternehmen geführt werden. Und Art L 162-12 (4) Nr 4 C trav lux verpflichtet die Tarifvertragsparteien, die Ergebnisse ihrer Verhandlungen über die Verwirklichung des Grundsatzes der Entgeltgleichheit der Geschlechter im Unternehmen sowie über die Aufstellung eines Gleichstellungsplanes für das Unternehmen festzuhalten.

5 Entsprechende Aufgaben sind durch BPersVG § 62 Abs 1 Nr 2, 4, 5, 5a u 6 auch dem Personalrat zugewiesen; eine Pflicht der Dienststelle und der Personalvertretung, alle Dienststellenangehörige nach Recht u Billigkeit zu behandeln, ergibt sich aus BPersVG § 2 Abs 4. Vergleichbare gesetzliche Aufgabennormen enthält SprAuG § 25 für den Sprecherausschuss zwar nicht: Wohl aber verankert SprAuG § 27 Abs 1 für Arbeitgeber u Sprecherausschuss Benachteiligungsverbote, die BetrVG § 75 Abs 1 und BPersVG § 62 Abs 1 entsprechen.

6 Der betriebsverfassungsrechtliche Arbeitnehmerbegriff ergibt sich aus BetrVG § 5. Zu den Voraussetzungen der Wählbarkeit in den Betriebsrat s BetrVG § 8.

7 Heimarbeiter, die in der Hauptsache für den Betrieb arbeiten, für den der Betriebsrat errichtet ist, gelten allerdings als Arbeitnehmer im betriebsverfassungsrechtlichen Sinne; vgl BetrVG § 5 Abs 1 Satz 2.

8 So insbesondere Besgen/Roloff NZA 2007, 670, 671; aA allerdings ErfK/Schlachter AGG § 17 Rz 2.

9 Ebenso Besgen/Roloff NZA 2007, 670, 671.

7 Der Unterlassungs- und Beseitigungsanspruch setzt das **Vorliegen eines groben Verstoßes des Arbeitgebers** gegen die §§ 6 bis 18 voraus. Hinsichtlich des Begriffes des groben Verstoßes kann an den zu BetrVG § 23 Abs 3 entwickelten Grundsätzen angeknüpft werden[10]. Es muss sich somit um eine objektiv erhebliche und offensichtlich schwerwiegende Verletzung von Pflichten des Arbeitgebers aus dem AGG handeln[11]. Ein Verschulden des Arbeitgebers ist hierfür grundsätzlich nicht erforderlich[12]. Im Regelfall wird es sich um einen groben Verstoß handeln, wenn der Arbeitgeber mehrfach und erkennbar seine gesetzlichen Pflichten aus dem AGG verletzt hat. Allerdings kann auch ein einzelner, besonders schwerwiegender Verstoß gegen das AGG einen groben Verstoß iSv § 17 Abs 2 Satz 1 darstellen[13]. Beispiele für grobe Verstöße des Arbeitgebers gegen seine Pflichten aus dem AGG sind etwa als Verletzung des Verbotes der mittelbaren Benachteiligung wegen des Alters die Beschränkung von betriebsinternen Stellenausschreibungen auf Arbeitnehmer im ersten Berufs- oder Tätigkeitsjahr[14] oder nach den Ausführungen der Begründung zum RegE auch die Unterlassung von objektiv gebotenen Maßnahmen zum Schutz der Beschäftigten[15]. In Betracht kommen aber insbesondere auch alle anderen Verstöße des Arbeitgebers gegen das Benachteiligungsverbot der §§ 1, 7, gegen eine Pflicht zur Vornahme von positiven Maßnahmen (§ 5) oder gegen das Maßregelungsverbot des § 16.

8 Ansprüche des Betriebsrates oder einer im Betrieb vertretenen Gewerkschaft aus § 17 Abs 2 iVm BetrVG § 23 Abs 3 sind **im arbeitsgerichtlichen Beschlussverfahren** geltend zu machen (ArbGG § 2a Abs 1 Nr 1); dies ergibt sich bereits aus der Verweisung des § 17 Abs 2 auf BetrVG § 23 Abs 3[16]. Am Verfahren sind der Betriebsrat oder die im Betrieb vertretene Gewerkschaft als Antragsteller sowie der Arbeitgeber, gegen den sich der Antrag richtet, nach ArbGG § 83 Abs 3 zu beteiligen. Die Vorschrift verlangt indessen keine Beteiligung des oder der benachteiligten Beschäftigten, da hierfür eine unmittelbare Betroffenheit ihrer betriebsverfassungsrechtlichen Rechtsstellung erforderlich wäre[17], was indessen nicht der Fall ist[18]. Für das Beschlussverfahren gilt der **Amtsermittlungsgrundsatz** im Rahmen der gestellten Anträge (ArbGG § 83 Abs 1 Satz 1). Die in § 22 angeordneten **Beweiserleichterungen** zugunsten des Benachteiligten können allerdings im Beschlussverfahren **keine Anwendung** finden, da ansonsten der Amtsermittlungsgrundsatz in ArbGG § 83 Abs 1 Satz 1 ausgehöhlt würde[19]. Die Kosten des Beschlussverfahrens hat grundsätzlich der Arbeitgeber zu tragen, soweit eine arbeitsgerichtliche Geltendmachung erforderlich iSv BetrVG § 40 Abs 1 gewesen ist[20].

9 Für den Fall der Zuwiderhandlung des Arbeitgebers gegen eine rechtskräftige gerichtliche Entscheidung gelten nach § 17 Abs 2 Satz 1 HS 2 die sich aus BetrVG § 23 Abs 3 Satz 2-5 ergebenden **besonderen Regeln über die Zwangsvollstreckung**. Dies bedeutet, dass der Arbeitgeber auf Antrag vom Arbeitsgericht wegen einer jeden Zuwiderhandlung bei Unterlassungs- oder Duldungspflichten nach vorheriger Androhung zu einem Ordnungsgeld und bei Handlungspflichten zu einem Zwangsgeld bis zu einer Höhe von 10.000 Euro zu verurteilen ist.

10 § 17 Abs 2 Satz 2 schließt ausdrücklich aus, dass mit einem Antrag eines Betriebsrates oder einer im Betrieb vertretenen Gewerkschaft Ansprüche von Benachteiligten geltend gemacht werden. Das Antragsrecht aus § 17 Abs 2 gibt Betriebsräten und Gewerkschaften infolgedessen **keine gesetzliche Prozessstandschaft** zur Geltendmachung von Individualansprüchen[21]. Alles andere würde der Wertung des § 23 Abs 2 widersprechen, dass Antidiskriminierungsverbände nur über ein Beistandsrecht, nicht jedoch die Befugnis verfügen, als Prozessstandschaftler für benachteiligte Personen deren Rechte geltend zu machen (dazu unten § 23 Rz 12). Die Vorschrift des § 17 Abs 2 bringt somit zum Ausdruck, dass die individuelle Rechtsdurchsetzung durch den benachteiligten Beschäftigten Vorrang hat gegenüber einer kollektiven Rechtsdurchsetzung durch den Betriebsrat oder eine im Betrieb vertretene Gewerkschaft. Beide können lediglich Unterlassung und Beseitigung, nicht aber die Zahlung eines Schadensersatzes (§ 15 Abs 1) oder einer Entschädigung an den Benachteiligten (§ 15 Abs 2) verlangen. Schadensersatz- und Entschädigungsansprüche oder Zurückbehaltungsrechte von Beschäftigten können hingegen ausschließ-

---

10 Für einen Überblick über die zum Begriff des groben Verstoßes iSv BetrVG § 23 Abs 3 ergangene Rspr s statt vieler Fitting/Engels/Schmidt/Trebinger/Linsenmaier BetrVG § 23 Rz 59 ff mwNachw.
11 Statt vieler BAG NZA 2010, 222, 225 mwNachw aus der Rspr zu BetrVG § 23 Abs 3.
12 BAG NZA 2010, 222, 225; BAG NZA 1990, 357, 358.
13 BAG NZA 1990, 357, 359. Aus dem Schrifttum statt vieler Fitting/Engels/Schmidt/Trebinger/Linsenmaier BetrVG § 23 Rz 59 ff mwNachw.
14 Vgl BAG NZA 2010, 222 ff.
15 Vgl BT-Drucks 16/1780 S 39.
16 Vgl statt vieler Besgen/Roloff NZA 2007, 670, 672.
17 Vgl ArbGG § 83 Abs 3 sowie die hierzu ergangene Rspr: zB BAG NZA 1986, 404.
18 So auch Besgen/Roloff NZA 2007, 670, 672; Klumpp NZA 2006, 904, 905.
19 Walk/Shipton BB 2010, 1917, 1921; Besgen/Roloff NZA 2007, 670, 673; ebenso Bauer/Krieger/Günther AGG § 17 Rz 28.
20 So auch Besgen/Roloff NZA 2007, 670, 673.
21 So die Begründung zur Beschlussempfehlung des Rechtsausschusses des BT, in BT-Drucks 16/2022 S 12.

lich im arbeitsrechtlichen Urteilsverfahren (ArbGG § 2) von dem benachteiligten Beschäftigten geltend gemacht werden. Ein Beschluss, der aufgrund von AGG § 17 Abs 2 iVm BetrVG § 23 Abs 3 im arbeitsgerichtlichen **Beschlussverfahren** ergangen ist, entfaltet **keine präjudizielle Wirkung** für die Geltendmachung individueller Ansprüche von benachteiligten Beschäftigten im arbeitsgerichtlichen Urteilsverfahren, da sich die Streitgegenstände beider Verfahren stark unterscheiden und überdies der benachteiligte Arbeitnehmer auch nicht am arbeitsgerichtlichen Beschlussverfahren zu beteiligen ist (vgl s oben Rz 8 mwNachw)[22].

§ 18 Mitgliedschaft in Vereinigungen

(1) Die Vorschriften dieses Abschnitts gelten entsprechend für die Mitgliedschaft oder die Mitwirkung in einer
1. Tarifvertragspartei,
2. Vereinigung, deren Mitglieder einer bestimmten Berufsgruppe angehören oder die eine überragende Machtstellung im wirtschaftlichen oder sozialen Bereich innehat, wenn ein grundlegendes Interesse am Erwerb der Mitgliedschaft besteht,
sowie deren jeweiligen Zusammenschlüssen.
(2) Wenn die Ablehnung einen Verstoß gegen das Benachteiligungsverbot des § 7 Abs. 1 darstellt, besteht ein Anspruch auf Mitgliedschaft oder Mitwirkung in den in Absatz 1 genannten Vereinigungen.

ÜBERSICHT

1. Überblick 1–3	3. Rechtsfolgen 16–22
2. Erfasste Verbände 4–15	a) Diskriminierungsfreie Mitgliedschaft und Mitwirkung in Verbänden (Abs 1) 16–20
a) Tarifvertragsparteien 5–8	
b) Berufsvereinigungen 9–11	b) Aufnahmeanspruch (Abs 2) . . . 21, 22
c) Verbände mit überragender Machtstellung 12–14	
d) Spitzenverbände 15	

1. Überblick. Die Vorschrift des § 18 bindet auch die Verbände des Arbeitslebens an das AGG **1** und erkennt auf diese Weise an, dass auch das **Grundrecht der Koalitionsfreiheit** (GG Art 9 Abs 3) **bzw der arbeitsbezogenen Vereinigungsfreiheit** (vgl GrChEU Art 10, EMRK Art 11) eine diskriminierungsfreie Ausübung durch den einzelnen Beschäftigten gebietet. § 18 ist im Zusammenhang mit § 2 Abs 1 Nr 4 zu lesen, wonach das Benachteiligungsverbot auch in Bezug auf die Mitgliedschaft und Mitwirkung in einer Beschäftigten- oder Arbeitgebervereinigung oder einer Vereinigung gilt, deren Mitglieder einer bestimmten Berufsgruppe angehören, einschließlich der Inanspruchnahme der Leistungen solcher Vereinigungen.

Ein benachteiligungsfreier Zugang zu Berufsverbänden sowie eine benachteiligungsfreie Mit- **2** wirkung in ihnen ist **unionsrechtlich durch die Richtlinien vorgegeben**. Sämtliche Richtlinien sind insoweit wortgleich und erstrecken den Geltungsbereich des von ihnen angeordneten Diskriminierungsschutzes auch auf die Mitgliedschaft und Mitwirkung in einer Arbeitnehmer- oder Arbeitgeberorganisation oder einer Organisation, deren Mitglieder einer bestimmten Berufsgruppe angehören, einschließlich der Inanspruchnahme der Leistungen solcher Organisationen (vgl RL 2000/43/EG Art 3 Abs 1 lit d, RL 2000/78/EG Art 3 Abs 1 lit d und RL 2006/54/EG Art 14 Abs 1 lit d). § 2 Abs 1 Nr 4 setzt diese Richtlinienvorgaben wortgetreu in deutsches Recht um. Es ist allerdings zweifelhaft, ob § 18 mit den Richtlinien vollständig vereinbar ist, da § 18 Abs 1 Nr 1 und 2 die erfassten Vereinigungen auf Tarifvertragsparteien und Vereinigungen mit einer überragenden Machtstellung im wirtschaftlichen und sozialen Bereich verengt (dazu unten Rz 6).

Soweit § 18 einen Aufnahmeanspruch verankert, steht die Vorschrift neben anderen zwingend **3** geltenden Aufnahmeansprüchen gegenüber Verbänden; teilweise überschneidet sie sich aber auch mit diesen. Dies gilt insbesondere für die ständige **Rspr des BGH zum Aufnahmeanspruch** aus BGB § 826 gegenüber Verbänden mit einer überragenden Machtstellung im wirtschaftlichen und sozialen Bereich, die in ihren Grundlagen auf das Reichsgericht zurückgeht[1]. Auch können im Einzelfall Überschneidungen zu dem in **GWB § 20 Abs 5** gewährleisteten Aufnahmeanspruch gegenüber Wirtschafts- und Berufsvereinigungen bestehen.

---

22 Dazu näher Besgen/Roloff NZA 2007, 670, 674.

1 Dazu im Überblick MünchKomm/Wagner BGB § 826 Rz 200 ff mwNachw. Eingehend zur Entwicklung der Rspr zum Aufnahmezwang Busche, Privatautonomie und Kontrahierungszwang, 1999 S 151 ff mwNachw.

4 **2. Erfasste Verbände.** Die Bindungen des AGG gelten aufgrund von § 18 Abs 1 nicht umfassend für sämtliche Verbände, sondern nur für bestimmte Verbände, die einen Berufsbezug aufweisen. Im Einzelnen verweist die Vorschrift des § 18 Abs 1 Nr 1 auf Tarifvertragsrecht, wenn sie tariffähige Verbände an Bestimmungen des AGG bindet. Außerdem werden aufgrund von § 18 Abs 1 Nr 2 Berufsvereinigungen sowie Vereinigungen mit einer überragenden Machtstellung im wirtschaftlichen oder sozialen Bereich diskriminierungsrechtlich in die Pflicht genommen.

5 a) **Tarifvertragsparteien.** Nach § 18 Abs 1 Nr 1 unterliegen Verbände dem Benachteiligungsverbot des AGG, die Tarifvertragsparteien sind. Hierzu gehören grds Gewerkschaften sowie Arbeitgeberverbände (TVG § 2 Abs 1). Bei **Gewerkschaften** handelt es sich um frei gebildete, gegnerunabhängige und demokratisch organisierte Arbeitnehmervereinigungen zur Wahrung und Förderung der Arbeits- und Wirtschaftsbedingungen, die tarifwillig sind, das geltende Tarifvertragsrecht als verbindlich anerkennen, überbetrieblich organisiert sind und über eine ausreichende soziale Mächtigkeit, also über Durchsetzungskraft gegenüber dem sozialen Gegenspieler und über eine leistungsfähige Organisation verfügen[2].

6 **Unionsrechtlich problematisch** ist indessen die Beschränkung auf Gewerkschaften iSv TVG § 2 Abs 1 und der damit verbundene Ausschluss von Beschäftigtenvereinigungen, die keine ausreichende soziale Mächtigkeit iSd Rspr des BAG aufweisen. Denn die Richtlinien der EU differenzieren nicht nach der Größe der Arbeitnehmerorganisationen, so dass davon auszugehen ist, dass auch die Mitgliedschaft und Mitwirkung in kleinen Arbeitnehmerorganisationen, welche die Schwelle der sozialen Mächtigkeit nicht überschreiten, an die Einhaltung des Diskriminierungsrechts gebunden sein sollen; ansonsten hätten sie nur große Verbände oder solche, die eine Monopolstellung besitzen (vgl § 18 Abs 1 Nr 2 Alt 2), in ihren Anwendungsbereich einbezogen. Diese Engführung lässt sich indessen durch eine **richtlinienkonforme Auslegung des § 18 Abs 1 Nr 1** korrigieren. Zwar ist der Wortlaut der Vorschrift eindeutig und scheint keinen Auslegungsspielraum insoweit zuzulassen[3]. Zu berücksichtigen ist jedoch, dass der Tatbestand erst im Laufe des Gesetzgebungsverfahrens eingefügt und nicht mehr mit § 2 Abs 1 Nr 4, der weitgehend an den unionsrechtlichen Richtlinien anknüpft, abgestimmt wurde. Die Verengung des Anwendungsbereichs des § 18 erscheint vor diesem Hintergrund als planwidrig und ist somit einer Korrektur im Wege der Auslegung zugänglich. In der Folge ist der Begriff der Gewerkschaft in AGG § 18 Abs 1 Nr 1 iVm TVG § 2 Abs 1 im Lichte des Begriffs der Arbeitnehmerorganisation der Richtlinien weit auszulegen, so dass auch kleine Arbeitnehmerorganisationen, die keine soziale Mächtigkeit iSd Rspr des BAG besitzen, an Vorschriften des AGG gebunden sind[4].

7 **Arbeitgeberverbände** sind frei gebildete, gegnerunabhängige und demokratisch organisierte Vereinigungen von Arbeitgebern zur Wahrung und Förderung der Arbeits- und Wirtschaftsbedingungen, die tarifwillig sind und das geltende Tarifvertragsrecht als verbindlich anerkennen[5]; einer ausreichenden sozialen Mächtigkeit bedürfen Arbeitgeberverbände im Unterschied zu Gewerkschaften hingegen nicht[6]. Wegen des Erfordernisses der Tarifwilligkeit als Voraussetzung der Tariffähigkeit von Arbeitgeberverbänden fallen Verbände, die eine Mitgliedschaft ohne Tarifbindung (OT-Mitgliedschaft) vorsehen, nicht unter den Tatbestand des § 18 Abs 1 Nr 1; wohl aber erfüllen sie die Voraussetzungen von § 18 Abs 1 Nr 2 Alt 2 (dazu s unten Rz 12 ff mwNachw)[7].

8 Über die in TVG § 2 Abs 1 genannten Verbände des Arbeitslebens hinaus besitzen auch **Innungen** sowie **Innungsverbände** (Landes- und Bundesinnungsverbände) Tariffähigkeit (vgl HandwO §§ 54 Abs 3 Nr 1, 82 Satz 2 Nr 3, 85 Abs 2). Auch sie sind von § 18 Abs 1 Nr 1 erfasst[8]. Im Unterschied zu Arbeitgeberverbänden dürfen Handwerksinnungen allerdings aus handwerksrechtlichen Gründen keine OT-Mitgliedschaft vorsehen[9], so dass sie stets tariffähig sind und unter den Tatbestand des § 18 Abs 1 Nr 1 fallen.

9 b) **Berufsvereinigungen.** § 18 Abs 1 Nr 2 Alt 1 bindet darüber hinaus auch noch **Vereinigungen, deren Mitglieder einer bestimmten Berufsgruppe angehören**, an die Vorschriften des zweiten Abschnitts des AGG. Der Tatbestand ist nahezu wortgleich den EU-Richtlinien zum

---

2 St Rspr: vgl zB BAG NZA 2019, 188, 194 ff mwNachw. Aus dem Schrifttum s statt vieler ErfK/Franzen TVG § 2 Rz 6 ff mwNachw.

3 Zu den Voraussetzungen einer unionsrechtskonformen Auslegung deutschen Rechts s statt vieler Langenbucher, Europäisches Privat- und Wirtschaftsrecht[4] § 1 Rz 97 ff mwNachw.

4 Im Ergebnis ebenso BeckOK Arbeitsrecht/Roloff AGG § 18 Rz 1.

5 Statt vieler Kempen/Zachert TVG § 2 Rz 112 ff mwNachw.

6 Vgl BAG NZA 1991, 428 ff; aus dem Schrifttum statt vieler Kempen/Zachert TVG § 2 Rz 125 mwNachw. Kritisch hierzu statt vieler ErfK/Franzen TVG § 2 Rz 11.

7 Ebeno ErfK/Schlachter AGG § 18 Rz 1.

8 Statt vieler Däubler/Beck/Herrmann AGG § 18 Rz 4.

9 Zur grundsätzlichen Unzulässigkeit einer OT-Mitgliedschaft in Handwerksinnungen s BVerwG NZA 2016, 779 ff.

Diskriminierungsrecht entnommen[10] und bezieht sich nicht auf Beschäftigten- und Arbeitgeberorganisationen iSv § 2 Abs 1 Nr 4 und den RL – diese werden in den genannten Richtlinienbestimmungen gesondert genannt –, sondern auf **Verbände von Selbständigen**[11]. Diese Ausweitung über den Bereich der Verbände des Arbeitslebens hinaus ist insofern plausibel, als die Richtlinien auch den Zugang zu abhängiger oder selbständiger Erwerbstätigkeit schützen[12]. Allerdings handelt es sich nur dann um eine Vereinigung einer bestimmten Berufsgruppe, wenn der Verband lediglich die Angehörigen einer Berufsgruppe organisiert; Vereinigungen, die mehrere Berufsgruppen organisieren, sind somit nicht von § 18 Abs 1 Nr 2 Alt 1 erfasst[13]. Wohl aber wird man den Begriff der Berufsgruppe weit zu fassen haben, so dass zB Personen, die einen Berufsabschluss besitzen oder innerhalb einer Branche arbeiten, erfasst sind.

Unter den Begriff der Vereinigung einer bestimmten Berufsgruppe fallen zB **Vereinigungen bestimmter Selbständigengruppen** wie etwa der „Deutsche Anwaltsverein", der „Deutsche Architektenverband", Ärztevereinigungen usw. **10**

Berufsvereinigungen iSv § 18 Abs 1 Nr 2 Alt 1 sind nicht nur privatrechtlich organisierte Vereinigungen. Auch Vereinigungen eines bestimmten Berufs in der **Rechtsform einer Körperschaft des öffentlichen Rechts** fallen hierunter; weder § 18 Abs 1 Nr 2 Alt 1 noch die diskriminierungsrechtlichen Richtlinien der EU nehmen Vereinigungen des öffentlichen Rechts vom Geltungsbereich des Diskriminierungsrechts aus[14]. Solche öffentlich-rechtlichen Berufsvereinigungen gibt es für Beschäftigte nur in wenigen Bundesländern, und zwar die Arbeitskammer des Saarlandes sowie die Arbeitnehmerkammer Bremen. Da für sie eine Zwangsmitgliedschaft der in ihrem räumlichen Geltungsbereich beschäftigten Arbeitnehmer gesetzlich angeordnet ist[15], besitzt der in § 18 Abs 2 angeordnete Anspruch auf Mitgliedschaft praktisch keine Rolle. Auf Unternehmensseite sind Berufsvereinigungen in der Rechtsform einer Körperschaft des öffentlichen Rechts namentlich die Handwerksinnungen (vgl HandwO § 53 Satz 1) sowie die berufsständischen Kammern einzelner selbständiger Berufe (zB Rechtsanwälte, Steuerberater, Wirtschaftsprüfer, Ärzte, Zahnärzte, Architekten). Sieht man einmal von den Handwerksinnungen ab, besteht auch für diese eine gesetzlich angeordnete Pflichtmitgliedschaft, so dass ein Anspruch auf Mitgliedschaft (§ 18 Abs 2) ohne Bedeutung ist. Industrie- und Handelskammern (IHK) sind demgegenüber keine Berufsvereinigungen iSv § 18 Abs 1 Nr 2 Alt 1, da in ihnen alle Gewerbetreibende innerhalb des Kammerbezirkes Mitglieder sind (vgl IHKG § 2 Abs 1)[16]. **11**

c) **Verbände mit überragender Machtstellung.** Außer Vereinigungen einer bestimmten Berufsgruppe bindet § 18 Abs 1 Nr 2 Alt 2 auch Vereinigungen, die eine überragende Machtstellung im wirtschaftlichen oder sozialen Bereich innehaben, an Vorschriften des AGG. Die Bestimmung knüpft an der Rspr von RG und BGH zum Aufnahmezwang von Verbänden mit überragender Machtstellung im wirtschaftlichen oder sozialen Bereich an, derzufolge diese Verbände einer Person nicht ohne sachlichen Grund einen Verbandsbeitritt verweigern dürfen, wenn ein grundlegendes Interesse am Erwerb der Mitgliedschaft besteht. Diese langjährige „Monopolrechtsprechung" der Zivilgerichte stützt sich auf BGB § 826 als Anspruchsgrundlage (zu der Rspr im Überblick s BGB § 826 Rz 160 ff mwNachw)[17]. Daneben ist ein besonderer Aufnahmezwang von Wirtschafts- und Berufsvereinigungen sowie von Gütezeichengemeinschaften gegenüber die Mitgliedschaft begehrenden Unternehmen in **GWB § 20 Abs 5** für den Fall normiert, dass die Ablehnung eine sachlich nicht gerechtfertigte ungleiche Behandlung darstellt und zu einer unbilligen Benachteiligung des Unternehmens im Wettbewerb führen würde[18]. **12**

Unter welchen Voraussetzungen eine Vereinigung eine **überragende Machtstellung im wirtschaftlichen oder sozialen Bereich** besitzt, ist im Einzelnen noch nicht abschließend geklärt. Jedenfalls für die großen Gewerkschaften des DGB sowie für zahlreiche Arbeitgeberverbände dürfte dieser Tatbestand unproblematisch erfüllt sein. **13**

Zu Recht ist aber darauf hingewiesen worden, dass der Tatbestand der Vereinigung mit überragender Machtstellung im wirtschaftlichen oder sozialen Bereich einschränkend auszulegen ist. **14**

---

10 Vgl RL 2000/43/EG Art 3 Abs 1d), RL 2000/78/EG Art 3 Abs 1d) und RL 2006/54/EG Art 14 Abs 1d).
11 So auch Däubler/Beck/Herrmann AGG § 18 Rz 7.
12 Vgl RL 2000/43/EG Art 3 Abs 1a), RL 2000/78/EG Art 3 Abs 1a) und RL 2006/54/EG Art 14 Abs 1a).
13 Ebenso Bauer/Krieger/Günther AGG § 18 Rz 8.
14 Zu AGG § 18 Abs 1 Nr 2 vgl zB Däubler/Beck/Herrmann AGG § 18 Rz 14; ebenso VG Trier – 5 K 806/08.TR Rz 28 (juris-doc). Für das Richtlinienrecht insbesondere Preis/Sagan/Grünberger Europäisches Arbeitsrecht, § 3 Rz 55 EUArbR/Mohr, Art 10 RL 2000/78/EG Art 3 Rz 30 mwNachw.

15 Vgl G über die Arbeitnehmerkammern im Lande Bremen § 4 Abs 1 sowie G Nr 1290 über die Arbeitskammer des Saarlandes § 3 Abs 1.
16 Ebenso Bauer/Krieger/Günther AGG § 18 Rz 8 mwNachw.
17 Ausführlich zu dieser Rspr insbesondere Grunewald AcP 182 (1982), 181, 189 ff mwNachw.
18 Zum besonderen Aufnahmezwang des GWB § 20 Abs 5 s den instruktiven Überblick bei Alexander ZStV 2014, 121 ff mwNachw.

Mit Blick auf die systematische Stellung des § 18 – sie befindet sich im Abschnitt über den „Schutz der Beschäftigten vor Benachteiligung" – und die unionsrechtlichen Vorgaben (s oben Rz 2) bindet § 18 Abs 1 Nr 2 Alt 2 nicht umfassend Vereinigungen mit einer überragenden Machtstellung im wirtschaftlichen oder sozialen Bereich, sondern **lediglich** insoweit, als es sich um **berufsbezogene Vereinigungen** handelt[19].

15 d) **Spitzenverbände.** Auch Zusammenschlüsse von Tarifvertragsparteien, von Berufsvereinigungen und von Verbänden mit überragender Machtstellung im wirtschaftlichen und sozialen Bereich sind nach § 18 Abs 1 Alt 2 an das Benachteiligungsverbot gebunden (§ 18 Abs 1 aE). Somit unterliegen nach der Vorschrift auf Beschäftigtenseite insbesondere der Deutsche Gewerkschaftsbund (DGB), der Deutsche Beamtenbund (DBB) sowie der Christliche Gewerkschaftsbund (CGB) den diskriminierungsrechtlichen Bindungen des AGG. Als Zusammenschlüsse von Tarifvertragsparteien sind insbesondere die Bundesvereinigung Deutscher Arbeitgeberverbände (BDA), aber auch Spitzenverbände wie zB Gesamtmetall anzusehen. Ein Zusammenschluss von Berufsvereinigungen ist etwa die Arbeitsgemeinschaft Selbständiger Unternehmer (ASU). Beispiele für Zusammenschlüsse von Vereinigungen mit überragender Machtstellung im wirtschaftlichen oder sozialen Bereich dürften im Bereich des Handwerks nicht wenige Landes- oder Bundesinnungsverbände sein. Die Rechtsform des Zusammenschlusses (eV oder nicht eingetragener Verein iSv BGB § 54, Gesellschaft bürgerlichen Rechts) ist für die Geltung des § 18 Abs 1 ohne Bedeutung. Allerdings dürfte die Erstreckung der Bindungen des AGG auf solche Spitzenverbände ohne größere praktische Bedeutung sein: Denn Beschäftigte iSd AGG, die Schutz vor Benachteiligungen genießen, sind ausschließlich natürliche Personen (vgl § 6 Abs 1); Mitglieder von Zusammenschlüssen iSv § 18 Abs 1 aE sind aber fast ausschließlich Vereinigungen und damit juristische Personen oder teilrechtsfähige Personenvereinigungen. Die Bedeutung der Erstreckung des Diskriminierungsschutzes auch auf Zusammenschlüsse von Vereinigungen iSv § 18 Abs 1 Nr 1 und 2 dürfte vor allem in der **diskriminierungsfreien Mitwirkung** innerhalb solcher Spitzenorganisationen liegen, zB in deren Organen oder Gremien (dazu s unten Rz 17 mwNachw)[20].

16 **3. Rechtsfolgen.** – a) **Diskriminierungsfreie Mitgliedschaft und Mitwirkung in Verbänden (Abs 1).** § 18 Abs 1 ordnet als Rechtsfolge an, dass für die Mitgliedschaft oder die Mitwirkung in den in Nr 1 und 2 genannten Vereinigungen die Vorschriften des Abschnittes 2 des AGG entsprechend gelten.

17 Zentrale Bedeutung besitzt in diesem Zusammenhang das **Benachteiligungsverbot des § 7 Abs 1.** Vereinigungen iSd § 18 Abs 1 dürfen somit weder bei der Mitgliedschaft einschließlich des Ausschlusses aus der Vereinigung –[21] für die Aufnahme in die Vereinigung gilt die *lex specialis* des Abs 2 – noch bei der Mitwirkung in ihr aus einem der in § 1 genannten Gründe benachteiligen. Dabei ist ohne Bedeutung, ob es sich um eine unmittelbare (§ 3 Abs 1) bzw mittelbare Benachteiligung (§ 3 Abs 2), um eine (sexuelle) Belästigung (§ 3 Abs 3 und 4) oder um eine Anweisung zu einer Benachteiligung (§ 3 Abs 5) handelt. Die Rechtfertigung unmittelbarer Benachteiligungen richtet sich nach den §§ 8-10, mittelbare Ungleichbehandlungen sind am Maßstab des § 3 Abs 2 zu messen. Die **Mitwirkung im Verband** umfasst den diskriminierungsfreien Zugang zu den innerverbandlichen Gremien. Daraus folgt insbesondere, dass gewerkschaftlich organisierte Arbeitnehmer, für die Tarifverträge abgeschlossen werden, auch die Möglichkeit haben müssen, sich am Entscheidungsprozess beim Abschluss entsprechender Tarifverträge innergewerkschaftlich zu beteiligen und dieses Recht auch durchzusetzen. So hat das BAG für Betriebsrentner ausdrücklich entschieden, dass diese „an den **tarifpolitischen Entscheidungsprozessen**, soweit sie sie betreffen, ebenso mitzuwirken [haben] wie Gewerkschaftsmitglieder, die noch aktive Arbeitnehmer sind"[22]. Auch wenn Angehörige dieser Gruppe nur noch außerordentliche Gewerkschaftsmitglieder sind[23], müssen sie an der Ausarbeitung der sie betreffenden Rechtsnormen eines Tarifvertrages innerverbandlich beteiligt werden (zB durch eine entsprechende Repräsentation in der gewerkschaftlichen Tarifkommission). Weitere Formen der Mitwirkung, für die nach § 18 Abs 1 das Benachteiligungsverbot des § 7 Abs 1 gilt, sind etwa die **Aufstellung einer Gewerkschaftsliste für die Betriebsratswahlen** (vgl BetrVG § 14 Abs 3

---

19 So auch MünchKomm/Thüsing AGG § 18 Rz 8.
20 So wohl auch Bauer/Krieger/Günther AGG § 18 Rz 14.
21 Vgl statt vieler Bauer/Krieger/Günther AGG § 18 Rz 16.

22 Vgl BAG NZA 2010, 408, 410; BAG NZA 2008, 1244, 1246f.
23 So zB die Satzung der Vereinigung Cockpit, die BAG NZA 2010, 408 ff zugrunde lag.

und 5) oder für die Wahlen der Arbeitnehmervertreter zu einem mitbestimmten Aufsichtsrat (zB MitbestG § 16 Abs 2)[24].

Liest man § 18 Abs 1 im Lichte des § 2 Abs 1 Nr 4, muss auch die **Inanspruchnahme von Verbandsleistungen** benachteiligungsfrei möglich sein. So haben zB gewerkschaftliche Versicherungsleistungen wie Rechtsschutz in arbeits- und sozialrechtlichen sowie die Gewährung von Arbeitskampfunterstützungsleistungen oder der Zugang zum gewerkschaftlichen Schulungsangebot den Rahmen des § 7 Abs 1 zu wahren[25]. Nichts Anderes gilt für die Beratungs- oder Schulungsleistungen von Arbeitgeberverbänden oder anderen Berufsvereinigungen sowie für die zahlreichen Leistungen, die für Handwerksunternehmen mit der Mitgliedschaft in einer Handwerksinnung verbunden sind.

Auch die **Organisationspflichten des § 12** gelten für die von § 18 Abs 1 erfassten Vereinigungen entsprechend[26]. Sicherlich gehen diese Pflichten nicht so weit wie diejenigen von Arbeitgebern, besitzen letztere doch die Organisationszuständigkeit in ihrem Unternehmen und können ihre Organisationsregeln im Wege des Weisungsrechts (GewO § 106) gegenüber ihren Beschäftigten auch durchsetzen. Verstöße einer Vereinigung iSv § 18 Abs 1 kann Schadensersatzansprüche sowie Ansprüche auf Entschädigung nach Maßgabe von § 15 Abs 1 und 2 auslösen. Jedenfalls nicht ausdrücklich von der Verweisung des § 18 Abs 1 erfasst ist die im ersten Abschnitt des AGG verortete Vorschrift des § 5 über die **Zulässigkeit positiver Maßnahmen**. Diese Lücke überrascht, wird doch schon seit Jahren eine sehr lebhafte Debatte über die Einführung von Quoten insbesondere innerhalb der Gewerkschaften des DGB geführt[27]. Einzelne Gewerkschaften haben bereits in ihren Satzungen entsprechende Quotenregelungen zugunsten des unterrepräsentierten Geschlechts eingeführt[28]. Trotz der fehlenden Verweisung des § 18 Abs 1 auf § 5 wird man aber davon auszugehen haben, dass derartige positive Maßnahmen in Arbeitnehmer- und Arbeitgebervereinigungen sowie in Vereinigungen bestimmter Berufsgruppen zugunsten einer Minderheit in den Grenzen der Rspr des EuGH (zu den Einzelheiten s § 5 Rz 7f mwNachw) grundsätzlich zulässig sind. § 18 Abs 1 ist nämlich im Lichte des § 2 Abs 1 Nr 4 zu lesen, der den Text der Richtlinien nahezu wörtlich übernimmt (vgl oben Rz 2) und eine Beschränkung auf die in Abschnitt 2 des AGG geregelten Vorschriften für Verbände gerade nicht anordnet. Demnach dürfen Verbände, für welche § 18 gilt, unter Wahrung des Verhältnismäßigkeitsgrundsatzes zur Förderung der Gleichstellung einer innerhalb ihrer Mitgliedschaft unterrepräsentierten Gruppe positive Maßnahmen wie zB Quotenregelungen anordnen (zu deren Zulässigkeit vgl oben § 5 Rz 7 mwNachw).

Beschlüsse von Verbandsgremien, die gegen das Benachteiligungsverbot verstoßen, sind nach § 7 Abs 2 nichtig. Benachteiligen Satzungsregelungen bei der Mitgliedschaft oder im Rahmen ihrer Mitwirkung innerhalb des Verbandes wegen eines der in § 1 genannten Gründe, sind sie ebenfalls nach § 7 Abs 2 nichtig.

b) **Aufnahmeanspruch (Abs 2).** Die Vorschrift des Abs 2 gewährleistet einen Aufnahmeanspruch für den Fall, dass die Ablehnung der Mitgliedschaft durch eine der in § 18 Abs 1 Nr 1 und 2 genannten Vereinigungen einen Verstoß gegen das Benachteiligungsverbot des § 7 Abs 1 darstellt. Es besteht somit für die betroffenen Verbände ein **Kontrahierungszwang**. Ist die Benachteiligung zB eines Beschäftigten wegen eines der in § 1 genannten Gründen Ergebnis einer benachteiligenden Satzungsregelung, besteht gleichwohl der Aufnahmeanspruch der benachteiligten Person. Die **gegen § 7 Abs 1 iVm § 1 verstoßende Satzungsregelung** ist dann nach § 7 Abs 2, der insoweit entsprechend gilt (vgl § 18 Abs 1), **nichtig**[29].

Eines Aufnahmeanspruches bedarf es nicht bei **Vereinigungen in der Rechtsform einer Körperschaft des öffentlichen Rechts**, sofern eine gesetzliche Pflichtmitgliedschaft besteht und die Vereinigung schon deshalb die Mitgliedschaft eines Beschäftigten nicht ablehnen darf. Dies gilt namentlich für die Mitgliedschaft in den berufsständischen Kammern bestimmter selbständiger Berufe (zB Rechtsanwälte, Ärzte oder Architekten). Demgegenüber kann § 18 Abs 2

---

[24] Dazu insbesondere Seifert BB 2019, 1784, 1785f. Die Vertrauensleute-Richtlinien einzelner DGB-Gewerkschaften sehen eine Beteiligung der gewerkschaftlichen Vertrauensleute im Unternehmen an der Aufstellung des gewerkschaftlichen Wahlvorschlages für die Betriebsrats- und die Aufsichtsratswahl vor: so zB Ziffer 2.4 Richtlinie der IG-Metall über Vertrauensleutearbeit sowie Ziffer 4.1 e) Richtlinie der Vereinten Dienstleistungsgewerkschaft ver.di zur Betriebs- und Vertrauensleutearbeit.

[25] So auch MünchKomm/Thüsing AGG § 18 Rz 13.

[26] AA, jedoch ohne Begründung MünchKomm/Thüsing AGG § 18 Rz 14.

[27] Ein Beispiel für eine solche innerverbandliche Frauenquote ist § 13 Satzung der IG-Metall.

[28] So zB Satzung IG Metall § 13 Satz 1 („Beteiligung v Frauen"), wonach „in den Organen u Gremien der IG Metall [...] Frauen grundsätzlich mindestens entsprechend ihrem Anteil an der Mitgliedschaft vertreten sein [müssen]".

[29] So auch Däubler/Beck/Herrmann AGG § 18 Rz 21.

aber Bedeutung für die Mitgliedschaft von Handwerksunternehmen in Innungen entfalten, da für Innungen keine Pflichtmitgliedschaft besteht.

Abschnitt 3
Schutz vor Benachteiligungen im Zivilrechtsverkehr

§ 19 Zivilrechtliches Benachteiligungsverbot

(1) Eine Benachteiligung aus Gründen der Rasse oder wegen der ethnischen Herkunft, wegen des Geschlechts, der Religion, einer Behinderung, des Alters oder der sexuellen Identität bei der Begründung, Durchführung und Beendigung zivilrechtlicher Schuldverhältnisse, die
1. typischerweise ohne Ansehen der Person zu vergleichbaren Bedingungen in einer Vielzahl von Fällen zustande kommen (Massengeschäfte) oder bei denen das Ansehen der Person nach der Art des Schuldverhältnisses eine nachrangige Bedeutung hat und die zu vergleichbaren Bedingungen in einer Vielzahl von Fällen zustande kommen oder
2. eine privatrechtliche Versicherung zum Gegenstand haben,
ist unzulässig.

(2) Eine Benachteiligung aus Gründen der Rasse oder wegen der ethnischen Herkunft ist darüber hinaus auch bei der Begründung, Durchführung und Beendigung sonstiger zivilrechtlicher Schuldverhältnisse im Sinne des § 2 Abs. 1 Nr. 5 bis 8 unzulässig.

(3) Bei der Vermietung von Wohnraum ist eine unterschiedliche Behandlung im Hinblick auf die Schaffung und Erhaltung sozial stabiler Bewohnerstrukturen und ausgewogener Siedlungsstrukturen sowie ausgeglichener wirtschaftlicher, sozialer und kultureller Verhältnisse zulässig.

(4) Die Vorschriften dieses Abschnitts finden keine Anwendung auf familien- und erbrechtliche Schuldverhältnisse.

(5) Die Vorschriften dieses Abschnitts finden keine Anwendung auf zivilrechtliche Schuldverhältnisse, bei denen ein besonderes Nähe- oder Vertrauensverhältnis der Parteien oder ihrer Angehörigen begründet wird. Bei Mietverhältnissen kann dies insbesondere der Fall sein, wenn die Parteien oder ihre Angehörigen Wohnraum auf demselben Grundstück nutzen. Die Vermietung von Wohnraum zum nicht nur vorübergehenden Gebrauch ist in der Regel kein Geschäft im Sinne des Absatzes 1 Nr. 1, wenn der Vermieter insgesamt nicht mehr als 50 Wohnungen vermietet.

ÜBERSICHT

1. Überblick 1, 2	3. Erweiterter Benachteiligungsschutz durch Abs 2 . . . . 17, 18
2. Das zivilrechtliche Benachteiligungsverbot des Abs 1 3–16	4. Besonderer Rechtfertigungsgrund bei der Vermietung von Wohnraum (Abs 3) 19–21
a) Allgemeines 3, 4	5. Geltungsausnahmen 22–27
b) Erfasste Schuldverhältnisse . . . 5–16	a) Familien- und erbrechtliche Schuldverhältnisse 22–24
aa) Massengeschäfte (Nr 1 Alt 1) 6–11	b) Besonderes Nähe- oder Vertrauensverhältnis (Abs 5) 25–27
bb) Ähnliche Geschäfte (Nr 1 Alt 2) 12–14	
cc) Privatrechtliche Versicherungen (Nr 2) 15, 16	

1 **1. Überblick.** § 19 regelt das zivilrechtliche Benachteiligungsverbot und ergänzt somit das Verbot von Benachteiligungen in Beschäftigung und Beruf in den §§ 7 Abs 1, 1. Das zivilrechtliche Benachteiligungsverbot des § 19 wird durch § 20, der die Zulässigkeit unterschiedlicher Behandlungen wegen der Religion, einer Behinderung, des Alters, der sexuellen Identität oder des Geschlechts normiert, und durch § 21 vervollständigt, in dem einzelne Rechtsfolgen in Fällen von Verstößen gegen das Benachteiligungsverbot angeordnet werden (Beseitigung, Schadensersatz und Entschädigung). **§ 19 Abs 1** ordnet ein allgemeines Verbot von Benachteiligungen aus Gründen der Rasse, wegen der ethnischen Herkunft, wegen des Geschlechts, der Religion, einer Behinderung, des Alters oder der sexuellen Identität bei Massengeschäften oder ähnlichen Geschäften sowie bei privatrechtlichen Versicherungen an. **Abs 2** dehnt diesen Grundtatbestand des zivilrechtlichen Benachteiligungsverbotes für Fälle von Benachteiligungen aus Gründen der Rasse oder wegen der ethnischen Herkunft auf die Tatbestände des § 2 Abs 1 Nr 5 bis 8 aus. **Abs 3** enthält einen besonderen Rechtfertigungsgrund für die Vermietung von Wohnraum, welcher Besonderheiten bei der öffentlichen Wohnbauförderung Rechnung tragen soll. **Abs 4** nimmt familien- und erbrechtliche Schuldverhältnisse generell vom Geltungsbereich des zivilrechtlichen Benachteiligungsverbotes aus. **Abs 5** schließlich ordnet eine Geltungsausnahme für Schuldverhältnisse an, bei denen ein besonderes Nähe- oder Vertrauensverhältnis der Parteien oder ihrer Angehörigen begründet wird.

Das zivilrechtliche Benachteiligungsverbot, wie es der deutsche Gesetzgeber in § 19 ausgeformt hat, **geht über das unionsrechtlich gebotene Minimum hinaus**. So verbieten lediglich RL 2000/43/EG Art 3 Abs 1 lit h sowie RL 2004/113/EG Art 3 Abs 1 Benachteiligungen aus Gründen der Rasse und wegen der ethnischen Herkunft sowie wegen des Geschlechts beim Zugang zu und der Versorgung mit Gütern und Dienstleistungen, die der Öffentlichkeit zur Verfügung stehen, einschließlich Wohnraum. RL 2000/78/EG sieht ein solches Benachteiligungsverbot wegen der Religion oder Weltanschauung, einer Behinderung, des Alters oder der sexuellen Identität nicht vor; der Vorschlag der Kommission von 2008 für eine RL zur Anwendung des Grundsatzes der Gleichbehandlung ungeachtet der Religion oder Weltanschauung, einer Behinderung, des Alters, oder der sexuellen Ausrichtung, der ein entsprechendes zivilrechtliches Benachteiligungsverbot mit Blick auf die Merkmale der RL 2000/78/EG vorsah, ist nicht verabschiedet worden (vgl Vorbemerkungen Rz 16 mwNachw).

2. Das zivilrechtliche Benachteiligungsverbot des Abs 1. – a) **Allgemeines**. § 19 Abs 1 verbietet Benachteiligungen aus Gründen der Rasse oder wegen der ethnischen Herkunft, wegen des Geschlechts, der Religion, einer Behinderung, des Alters oder der sexuellen Identität. Die Vorschrift knüpft somit – mit Ausnahme des Verbots der Benachteiligung wegen der Weltanschauung – an den Merkmalen des § 1 an. Grund für die Auslassung des Merkmals „Weltanschauung" in § 19 Abs 1 und die Abweichung des Merkmalkatalogs in § 1 ist das Bestreben des Gesetzgebers, der Gefahr zu begegnen, dass sich „Anhänger rechtsradikalen Gedankenguts" auf das zivilrechtliche Benachteiligungsverbot berufen, um „sich Zugang zu Geschäften zu verschaffen, die ihnen aus anerkennenswerten Gründen verweigert wurden"[1]. Das Fehlen eines zivilrechtlichen Verbots der Benachteiligung wegen der Weltanschauung ist allerdings **unionsrechtskonform**, da RL 2000/78/EG nur für Benachteiligungen wegen der Weltanschauung in Beschäftigung und Beruf gilt und die Gleichbehandlungs-RL der Union somit kein Verbot von zivilrechtlichen Benachteiligungen wegen der Weltanschauung enthalten (vgl oben Rz 2 mwNachw).

Auch für das zivilrechtliche Benachteiligungsverbot gilt der allgemeine **Begriff der Benachteiligung des § 3**. Neben der unmittelbaren (§ 3 Abs 1) und der mittelbaren Benachteiligung (§ 3 Abs 2) sind somit auch die Belästigung (§ 3 Abs 3), die sexuelle Belästigung (§ 3 Abs 4) sowie die Anweisung zu einer Benachteiligung (§ 3 Abs 5) als Benachteiligungsformen erfasst.

b) **Erfasste Schuldverhältnisse**. § 19 Abs 1 findet auf die Begründung, Durchführung und Beendigung der in Nr 1 und 2 genannten Schuldverhältnisse Anwendung und unterwirft somit sämtliche Stadien des durch diese Schuldverhältnisse vermittelten rechtsgeschäftlichen Kontaktes dem zivilrechtlichen Benachteiligungsverbot. **Begründung des Schuldverhältnisses** meint nicht nur den Vertragsschluss nach Maßgabe der BGB §§ 145 ff, sondern auch die Phase der Vertragsanbahnung. Somit ist bereits die Aufnahme eines Kontaktes der am (zukünftigen) Schuldverhältnis Beteiligten erfasst (vgl BGB § 311 Abs 2)[2]. Doch geht § 19 Abs 1 darüber hinaus und schließt auch *invitationes ad offerendum* wie zB öffentliche Angebote ein[3]; erst dieses weite Verständnis bewirkt eine Stimmigkeit mit der Einbeziehung von Ausschreibungen von Arbeitsplätzen in den Diskriminierungsschutz (§ 11). Bei der **Durchführung** der von § 19 Abs 1 erfassten Schuldverhältnisse geht es um sämtliche Handlungen, welche die Erfüllung des Schuldverhältnisses, seine vertragliche Abänderung oder die vertragliche Gewährleistung (zB BGB §§ 434 ff) betreffen[4]. Zur **Beendigung** eines Schuldverhältnisses iSv § 19 Abs 1 gehören sämtliche Formen des Erlöschens des Schuldverhältnisses, namentlich der Aufhebungsvertrag, die Kündigung, der Rücktritt sowie der Widerruf eines Verbrauchergeschäfts[5]. Auch die Anfechtung einer zu einem Vertragsschluss führenden Willenserklärung, die wegen ihrer *ex-tunc*-Wirkung (BGB § 142 Abs 1) ein vertragliches Schuldverhältnis *stricto sensu* nicht beendet, sondern zur Folge hat, dass das betroffene vertragliche Schuldverhältnis zu keinem Zeitpunkt bestanden hat, ist als Beendigung iSv § 19 Abs 1 am Maßstab des zivilrechtlichen Benachteiligungsverbotes zu messen,

---

[1] So der Bericht des Rechtsausschusses des Deutschen Bundestages, BT-Drucks 16/2022 S 13. Zur Herausnahme der Weltanschauung aus dem zivilrechtlichen Benachteiligungsverbot s auch BGH NJW 2012, 1725 sowie BGH BKR 2013, 300, 301.

[2] Vgl Grüneberg/Grüneberg AGG § 19 Rz 2.

[3] Vgl BGH NJW 2020, 852, 853. Eingehend hierzu MünchKomm/Thüsing AGG § 19 Rz 140.

[4] Statt vieler Grüneberg/Grüneberg AGG § 19 Rz 2 sowie MünchKomm/Thüsing AGG § 19 Rz 142.

[5] Statt vieler Grüneberg/Grüneberg AGG § 19 Rz 2.

um einen umfassenden Diskriminierungsschutz in allen Stadien der erfassten Schuldverhältnisse zu gewährleisten[6].

6   aa) **Massengeschäfte (Nr 1 Alt 1)**. Das zivilrechtliche Benachteiligungsverbot gilt nach Abs 1 Nr 1 Alt 1 für Massengeschäfte. Es handelt sich nach der Legaldefinition der Vorschrift dabei um zivilrechtliche Schuldverhältnisse, die typischerweise ohne Ansehen der Person zu vergleichbaren Bedingungen in einer Vielzahl von Fällen zustande kommen. Der Begriff des Massengeschäfts ist nicht unionsrechtlich geprägt, sondern vom deutschen Gesetzgeber eigenständig entwickelt worden. Unklar ist, warum dieser bei der Ausgestaltung des zivilrechtlichen Benachteiligungsverbotes nicht einfach das in den RL 2000/43/EG und 2006/54/EG sowie bei der Festlegung des sachlichen Anwendungsbereichs in AGG § 2 Abs 1 Nr 8 gebrauchte Merkmal des Zuganges zu und der Versorgung mit Gütern und Dienstleistungen, die der Öffentlichkeit zur Verfügung stehen, aufgegriffen hat[7]. Sicherlich besteht weitgehende Deckungsgleichheit dieser beiden Tatbestände, so dass Nr 1 Alt 1 als grundsätzlich unionsrechtskonform angesehen werden darf. Die durch § 19 Abs 2 erfolgende Ausweitung des Benachteiligungsverbotes aus Gründen der Rasse und wegen der ethnischen Herkunft auf die Tatbestände des § 2 Abs 1 Nr 6 bis 8 deutet jedoch an, dass der Begriff des Massengeschäfts und der Zugang zu und die Versorgung mit Gütern und Dienstleistungen, die der Öffentlichkeit zur Verfügung stehen, nicht vollständig deckungsgleich sind (vgl Rz 17 mwNachw).

7   Es muss sich um Schuldverhältnisse handeln, die **in einer Vielzahl von Fällen zustande kommen**. Streitig ist, wann von einer Vielzahl von Fällen die Rede sein kann. Dabei ist die **Anbieterperspektive** ausschlaggebend[8]. Nach verbreiteter Ansicht soll insofern auf die Wertung von § 19 Abs 5 Satz 3 zurückgegriffen werden und bei bis zu 50 Geschäften in der Regel kein Massengeschäft vorliegen[9]. Demgegenüber soll nach anderer Auffassung auf die Rechtsprechung zu BGB § 305 Abs 1 Satz 1 (vgl § 305 Rz 18 mwNachw) zurückgegriffen werden, so dass ein dreimaliges Zustandekommen eines zivilrechtlichen Schuldverhältnisses iSv Abs 1 für die Annahme eines Massengeschäfts ausreichen würde[10]. Aus Gründen der Rechtssicherheit ist eine quantitative Bestimmung der unteren Grenze dessen, was als Vielzahl von Fällen gelten kann, ohne Zweifel wünschenswert. Eine solche Quantifizierung dieses Tatbestandsmerkmals darf aber nicht zur Festlegung einer starren Grenze führen, sondern kann allenfalls als ein Orientierungswert für die Rechtspraxis sein. Der Gesetzgeber scheint mit diesem Merkmal in erster Linie sicherstellen zu wollen, dass nur Geschäfte von Unternehmen im Rahmen ihrer unternehmerischen Tätigkeit erfasst werden[11]. Eine pragmatische Lösung ist deshalb der Rückgriff auf die zum AGB-Begriff entwickelten Grundsätze des BGB § 305 Abs 1 Satz 1, auch wenn die *ratio legis* des Merkmals in BGB § 305 Abs 1 Satz 1 und in AGG § 19 Abs 1 Nr 1 Alt 1 unbestreitbar divergiert: Somit reicht im Regelfall das Zustandekommen von drei zivilrechtlichen Schuldverhältnissen ohne Ansehen einer Person zu vergleichbaren Bedingungen aus, um von einem Massengeschäft ausgehen zu können. § 19 Abs 5 Satz 3 ist infolgedessen nicht mehr als eine bereichsspezifische Sonderregel für die Wohnraummiete, die den Begriff der Vielzahl von Fällen iSv Abs 1 Nr 1 nicht generell bestimmt. Im Regelfall bewirkt das Tatbestandsmerkmal eine Beschränkung des Anwendungsbereichs des zivilrechtlichen Benachteiligungsverbotes auf **Unternehmer** iSv BGB § 14[12]. Es ist jedoch denkbar, dass in Ausnahmefällen auch Anbieter von Waren oder Dienstleistungen, die keine Unternehmer sind, an das zivilrechtliche Benachteiligungsverbot gebunden sind[13]: Dies gilt namentlich für private Anbieter, die für mindestens drei Verträge zu vergleichbaren Bedingungen Gegenstände verkaufen wollen (zB Einzelverkauf einzelner Bücher- oder Kellerregale über eine Internetplattform).

8   Weiterhin muss das Schuldverhältnis typischerweise ohne **Ansehen der Person** zustande kommen. Damit ist gemeint, dass die betroffenen vertraglichen Schuldverhältnisse typischerweise ohne Berücksichtigung eines der in § 1 genannten Merkmale abgeschlossen werden[14]. Bei dem

---

6   Vgl Saarbrücken VersR 2009, 1522; aus dem Schrifttum statt vieler Grüneberg/Grüneberg AGG § 19 Rz 2 sowie Thüsing/Hoff VersR 2007, 1 mwNachw.
7   Die Entstehungsgeschichte v § 19 enthält hierzu jedenfalls keine konkreten Anhaltspunkte: vgl insbesondere BT-Drucks 16/1780 S 40 ff.
8   Vgl BT-Drucks 16/1780 S 41.
9   So zB Grüneberg/Grüneberg AGG § 19 Rz 2; Bauer/Krieger/Günther AGG § 19 Rz 7; Däubler/Beck/Franke/Schlichtmann § 19 Rz 29.
10 Ausführlich Dammann, Grenzen zulässiger Diskriminierung im allgemeinen Zivilrecht S 346 ff; s auch Schiek AGG § 19 Rz 10 sowie MünchKomm/Thüsing AGG § 19 Rz 37.
11 Vgl Dammann, aaO S 347f unter Hinweis auf BT-Drucks 15/4538 S 39.
12 Davon geht auch der Gesetzgeber aus: s BT-Drucks 16/1780 S 41. Für eine Beschränkung des § 19 Abs 1 de lege ferenda auf Unternehmer iSv BGB § 14 insbesondere MünchKomm/Thüsing AGG § 19 Rz 39.
13 So insbesondere Dammann, aaO S 346 ff sowie Schiek/Kocher AGG § 19 Rz 10.
14 So ausdrücklich BT-Drucks 16/1780 S 41. Vgl auch Grüneberg/Grüneberg AGG § 19 Rz 2 sowie Däubler/Beck/Franke/Schlichtmann AGG § 19 Rz 30.

Angebot einer Ware oder Dienstleistung dürfen somit die Rasse oder ethnische Herkunft, das Geschlecht, die Religion, eine Behinderung, das Alter oder die sexuelle Identität von Nachfragern bei typisierender Betrachtung keine Rolle spielen. Schließlich muss das Schuldverhältnis typischerweise **zu vergleichbaren Bedingungen** zustande kommen. Das Tatbestandsmerkmal steht in engem Zusammenhang mit dem fehlenden Ansehen der Person des Vertragspartners, da diese normalerweise zu einer Gleichbehandlung von Vertragspartnern führen wird[15]. Es schließt indessen eine Differenzierung bei Vertragskonditionen im Einzelfall (zB die Gewährung von Preisnachlässen) nicht grundsätzlich aus[16]. Ebenso wenig steht es Differenzierungen wegen eines in § 1 genannten Grundes entgegen, die der Erfüllung gesetzlicher Pflichten dienen (zB Mindestalter für den Ausschank alkoholischer Getränke nach JuSchG § 9)[17].

Massengeschäfte, die dem zivilrechtlichen Benachteiligungsverbot unterliegen, sind vor allem die **Bargeschäfte des täglichen Lebens**; insoweit lässt sich an den Grundsätzen über das Geschäft für denjenigen, den es angeht (zu diesen ausführlich BGB Vor § 164 Rz 23 ff mwNachw) und an BGB § 105a anknüpfen. Somit fallen unter Abs 1 Nr 1 Alt 1 regelmäßig Käufe im Einzelhandel, die sofort bar beglichen werden, aber auch der Zugang zu **Freizeiteinrichtungen** (Schwimmbäder, Fitnessclubs[18], öffentlich zugängliche Fußballspiele oder andere Sportveranstaltungen). Auch Dienstleistungen des täglichen Lebens wie zB Transportdienstleistungen[19] sowie **Bewirtungs- und Beherbergungsverträge** gehören zum Kreis der Massengeschäfte[20]; praktische Bedeutung hat insoweit der Zugang zu Diskotheken oder Abend- bzw Nachtclubs erlangt[21]. Grundsätzlich wird man sagen können, dass **Verträge im elektronischen Geschäftsverkehr** (vgl BGB § 312i Abs 1) zu den Massengeschäften iSv Nr 1 Alt 1 gehören, da sie typischerweise ohne Ansehen der Person des Verbrauchers zustande kommen[22]. Auch **Fernabsatzverträge** iSv BGB § 312c fallen deshalb regelmäßig unter den Begriff des Massengeschäfts. Schließlich können auch privatrechtliche Versicherungen wie zB **Reisegepäck- und Reiserücktrittsversicherungen**, bei denen eine individuelle Risikoprüfung des Versicherungsnehmers nicht erfolgt, zu den Massengeschäften zählen[23]; diese Versicherungen sind allerdings zugleich von Abs 1 Nr 2 erfasst (vgl unten Rz 15f). Auch einzelne **Bankgeschäfte** sind als Massengeschäfte anzusehen: Unproblematisch sind insofern das Einlagengeschäft sowie Zahlungskonten (vgl ZAG § 1 Abs 3, BGB § 675c) auf Guthabenbasis, da in diesen Fällen die Person des Vertragspartners keine Rolle spielt[24]; für den Abschluss eines Basiskontovertrages (ZKG § 2 Abs 8 iVm § 30 Abs 2) trifft Kreditinstitute sogar ein Kontrahierungszwang zugunsten von Verbrauchern (vgl ZKG § 31 Abs 1). Wegen der von Kreditinstituten in der vorvertraglichen Anbahnungsphase vorzunehmenden Kreditwürdigkeitsprüfung (vgl BGB §§ 505aff) sind Kreditverträge normalerweise keine Massengeschäfte, können aber die Voraussetzungen eines ähnlichen Geschäfts iSv Nr 1 Alt 2 erfüllen (vgl unten Rz 13 mwNachw).

Auch **Mietverträge** können den Tatbestand des Massengeschäfts erfüllen. Man denke nur an die Vermietung von Fahrrädern oder von Strandkörben, die normalerweise ohne Ansehen der Person erfolgt. Ebenso stellt die Vermietung von KFZ im Regelfall ein Massengeschäft iSv Abs 1 Nr 1 dar: Abgesehen von der Überprüfung der Fahrerlaubnis und der Stellung einer Sicherheit ist das Ansehen der Person des Mieters normalerweise ohne Bedeutung. Eine abweichende Beurteilung ist indessen überwiegend für die **Vermietung von Wohnraum** geboten, da es bei ihr typischerweise auf die Person des Mieters ankommt: Regelmäßig werden Vermieter Auskünfte über die Bonität des Mieters einholen und darüber hinaus auch die Stellung einer Sicherheit nach Maßgabe von BGB § 551 verlangen. Auch die Wertung des § 19 Abs 5 Satz 3 spricht gegen

---

15 So der Hinweis in BT-Drucks 16/1780 S 41.
16 Vgl BT-Drucks 16/1780 S 42.
17 Vgl BT-Drucks 16/1780 S 42.
18 Die ersten beiden Beispiele finden sich bereits in BT-Drucks 16/1780 S 41.
19 So ausdrücklich BT-Drucks 16/1780 S 41.
20 Statt vieler Grüneberg/Grüneberg AGG § 19 Rz 2. Zweifelnd im Hinblick auf Verträge über den Aufenthalt in einem Wellness-Hotel jedoch BGH NJW 2012, 1725.
21 Ausführliche Nachweise auf die vorliegenden instanzgerichtlichen Entscheidungen zu diskriminierenden Verweigerungen des Zutritts zu Diskotheken bei Däubler/Beck/Franke/Schlichtmann AGG § 19 Rz 26. OLG Stuttgart NJW 2012, 1085 mAnm Liebscher scheint indessen wegen der Einlasskontrolle vor Diskotheken durch Türsteher in dem Begehren des Zutritts zu einer Diskothek die Anbahnung eines Schuldverhältnisses iSv § 19 Abs 1 Nr 1 Alt 2 zu sehen, bei dem das Ansehen der Person nur eine nachrangige Bedeutung hat. Dabei übersieht das Gericht jedoch, dass auch bei einer Eingangskontrolle durch Türsteher die Diskotheken normalerweise öffentlich zugänglich sein sollen, ohne dass nach einem der in § 1 genannten Gründe differenziert wird, so dass im Regelfall der Tatbestand eines Massengeschäfts erfüllt sein wird.
22 Mit Blick auf Verträge über Hotelzimmer oder Ferienwohnungen, die über Internet abgeschlossen worden sind, auch die Begründung zum RegE, BT-Drucks 16/1780 S 42. Ebenso Däubler/Beck/Franke/Schlichtmann AGG § 19 Rz 36.
23 So auch BT-Drucks 16/1780 S 42.
24 Eingehender hierzu Schürnbrand BKR 2007, 305, 306.

die Annahme, die Vermietung von Wohnraum erfülle den Tatbestand eines Massengeschäfts iSv Abs 1 Nr 1 Alt 1[25].

11 Die **Vergabe von Studienstipendien** (zB durch die Studienstiftung des Deutschen Volkes) stellt wegen der besonderen Bedeutung der Person der Antragsteller bei der Auswahlentscheidung indessen kein Massengeschäft dar[26].

12 bb) **Ähnliche Geschäfte (Nr 1 Alt 2)**. Das zivilrechtliche Benachteiligungsverbot gilt außerdem für **Geschäfte, bei denen das Ansehen der Person** nach der Art des Schuldverhältnisses eine **nachrangige Bedeutung hat** und die zu vergleichbaren Bedingungen in einer Vielzahl von Fällen zustande kommen. Der Tatbestand schließt den Begriff des Massengeschäfts von Alt 1 rechtslogisch ein, weshalb es der Alt 1 eigentlich gar nicht bedurft hätte, doch hat der Gesetzgeber bewusst an der Normstruktur von Nr 1 festgehalten, um Alt 2 die Funktion eines Auffangtatbestandes für Fälle, in denen das Ansehen der Person nicht ausgeschlossen werden kann, jedoch nur eine untergeordnete Bedeutung besitzt, zuzuweisen[27]. Es geht bei Nr 1 Alt 2 um Geschäfte in einem Graubereich, bei denen es sich zwar um kein Massengeschäft handelt, für die aber bei einer Gesamtbetrachtung die Person des Vertragspartners ganz klar in den Hintergrund tritt.

13 So ist zB die gewerbliche Vermietung einer ansonsten zu Wohnzwecken genutzten Villa für Feiern (zB Hochzeitsfeiern) ein ähnliches Geschäft iSv Nr 1 Alt 2[28]. Zu differenzieren ist im Hinblick auf **Bankgeschäfte**. Es wurde bereits darauf hingewiesen, dass das Einlagengeschäft sowie Zahlungskonten auf Guthabenbasis bereits unter den Tatbestand der Alt 1 fallen (vgl Rz 9). Bei Zahlungsdiensterahmenverträgen (BGB § 675f Abs 2) handelt es sich regelmäßig um ähnliche Geschäfte iSv Nr 1 Alt 2, da hier die Person des Kunden letztlich im Hintergrund steht[29]; auch stünde es im Widerspruch zur Vorschrift des § 19 Abs 5 Satz 3, wenn der Abschluss einer Vielzahl von Wohnraummietverträgen dem zivilrechtlichen Benachteiligungsverbot unterliegen würde, nicht hingegen der massenweise Abschluss von standardisierten Zahlungsdiensterahmenverträgen. Bei Kreditgeschäften wird es wegen der vom Kreditgeber vorgenommenen individuellen Risikoprüfung im Normalfall auf die Person des Kreditnehmers, insbesondere auf dessen Kreditwürdigkeit, ankommen. Vor allem aus diesem Grunde geht die Begründung zum RegE eines AGG davon aus, dass der Tatbestand der Nr 1 regelmäßig nicht erfüllt ist[30]. Dem ist im Grundsatz durchaus beizupflichten. Eine abweichende Beurteilung ist allerdings für kleinere Verbraucherkredite, bei denen nur eine standardisierte Risikobewertung durch den Kreditgeber erfolgt, trotz der notwendigen Bonitätsprüfung (vgl BGB § 505a ff) angebracht: Regelmäßig wird es sich um ein mit einem Massengeschäft vergleichbares Geschäft iSv Nr 1 Alt 2 handeln, da in diesen Fällen die persönlichen Eigenschaften des Kreditnehmers deutlich in den Hintergrund treten[31]; auch hier entstünde ansonsten ein Wertungswiderspruch zur Vermutungsregel des § 19 Abs 5 Satz 3. Ebenso erfüllen **umfassend gesicherte Kredite** den Tatbestand von Nr 1 Alt 2, da in diesen Fällen die Person des Kreditnehmers, insbesondere seine Bonität, bei der Vornahme der Risikobeurteilung durch das Kreditinstitut weitgehend in den Hintergrund tritt[32]: Möglicherweise entstehende Kosten einer Verwertung der Sicherheit sind durch diese abgedeckt (vgl zB BGB § 1118 für die Hypothek).

14 Darüber hinaus gehört die **Vermietung von Wohnraum** zu den ähnlichen Geschäften iSv Abs 1 Nr 1 Alt 2. Zwar lässt sich nicht abstreiten, dass bei der Auswahl eines Mieters von Wohnraum dessen Person, insbesondere seine Bonität sowie einzelne vermietungsrelevante Eigenschaften für den Vermieter eine durchaus gewichtige Rolle spielen. Nach der Wertung des Gesetzgebers und auch der Gleichbehandlungs-RL soll aber auf die Wohnraummiete das zivilrechtliche Benachteiligungsverbot anwendbar sein: Dies gilt jedenfalls für die Vermietung einer Vielzahl von Wohnungen, wie sich der Begründung des RegE zu Abs 1 Nr 1 Alt 2, aber auch der Vermutungsregel des Abs 5 Satz 3 entnehmen lässt (vgl Rz 26)[33]; bei der Vermietung

---

25 Allg Ansicht. Vgl zB Grüneberg/Grüneberg AGG § 19 Rz 2; MünchKomm/Thüsing AGG § 19 Rz 22; Däubler/Beck/Franke/Schlichtmann AGG § 19 Rz 36.
26 Vgl BGH NJW 2020, 852, 854.
27 Zu diesem entstehungsgeschichtlichen Hintergrund s Däubler/Beck/Franke/Schlichtmann § 19 Rz 40 mwNachw.
28 Dazu LG Köln NJW 2016, 510, 511.
29 Vgl Seifert VuR 2016, 453. 454 mwNachw.
30 Vgl BT-Drucks 16/1780 S 42.
31 So die ganz überwiegende Ansicht: vgl zB MünchKomm/Thüsing AGG § 19 Rz 25f mwNachw sowie Däubler/Beck/Franke/Schlichtmann AGG § 19 Rz 36; aA indessen Schürnbrand BKR 2007, 305, 306 ff.
32 So überzeugend MünchKomm/Thüsing AGG § 19 Rz 27 unter Hinweis auf eine entsprechende Wertung in BGB § 416 Abs 1 S 2 für den Fall der Übernahme einer Hypothekenschuld; ebenso Däubler/Beck/Franke/Schlichtmann AGG § 19 Rz 27; aA unter Hinweis auf einen sehr diffusen und vagen Reputationsverlust der Bank, der ihr durch eine Verwertung von Sicherheiten entstehen kann, Schürnbrand BKR 2007, 305, 308.
33 Vgl BT-Drucks 16/1780 S 42.

einer kleineren Zahl von Wohnungen liegt somit im Regelfall auch kein Geschäft vor, das einem Massengeschäft ähnlich ist.

cc) **Privatrechtliche Versicherungen (Nr 2).** Das zivilrechtliche Benachteiligungsverbot gilt schließlich auch für privatrechtliche Versicherungen. Ihre Einbeziehung in den Diskriminierungsschutz ist – abgesehen von der Gleichbehandlung der Geschlechter (vgl RL 2004/113/EG Art 5 Abs 1) – unionsrechtlich nicht vorgegeben. Das AGG geht insoweit über das Unionsrecht hinaus, da der Abschluss eines privatrechtlichen Versicherungsvertrages wegen der Bedeutung der Person des Versicherungsnehmers regelmäßig kein Massengeschäft iSv Nr 1 sein wird (zur Einordnung der Reisegepäckversicherung als Massengeschäft s Rz 9). 15

§ 19 Abs 1 Nr 2 erfasst so unterschiedliche **private Versicherungsverhältnisse** wie Reisegepäckversicherungen, private Krankenversicherungen, Lebensversicherungen, private Unfallversicherungen, private Rentenversicherungen, KFZ-Kaskoversicherungen oder Kreditausfallversicherungen[34]. Die Vorschrift gilt allerdings nur für Versicherungen auf privatrechtlicher Grundlage. Die durch öffentliches Recht ausgestalteten **Sozialversicherungen** sind infolgedessen **nicht von der Vorschrift erfasst**; für Leistungen nach dem SGB ergibt sich die Bereichsausnahme bereits aus AGG § 2 Abs 2 Satz 1 (vgl § 2 Rz 17 mwNachw). Für diese gelten allerdings das allgemeine Benachteiligungsverbot des SGB I § 33c für die Inanspruchnahme sozialer Rechte und das besondere Benachteiligungsverbot des SGB IV § 19a für den Zugang zu allen Formen der Berufsbildung (s oben § 2 Rz 17). 16

3. **Erweiterter Benachteiligungsschutz durch Abs 2.** Der sachliche Geltungsbereich des zivilrechtlichen Benachteiligungsverbotes ist nicht für sämtliche in § 19 Abs 1 genannten Merkmale einheitlich. Nach Abs 2 ist eine **Benachteiligung aus Gründen der Rasse oder wegen der ethnischen Herkunft** auch bei der Begründung, Durchführung und Beendigung sonstiger zivilrechtlicher **Schuldverhältnisse iSd § 2 Abs 1 Nr 5 bis 8** unzulässig. Der Gesetzgeber wollte mit der Vorschrift des Abs 2 insbesondere sicherstellen, dass der über den Kreis der Schuldverhältnisse des Abs 1 Nr 1 und 2 hinausgehende Zugang zu und die Versorgung mit Gütern und Dienstleistungen, die der Öffentlichkeit zur Verfügung stehen (vgl RL 2000/43/EG Art 3 Abs 1 lit h), in deutsches Recht umgesetzt wird[35]. Allerdings ist eine solche merkmalsbezogene Ausweitung des zivilrechtlichen Benachteiligungsverbotes nicht nur für Benachteiligungen aus Gründen der Rasse und wegen der ethnischen Herkunft, sondern auch für Benachteiligungen wegen des Geschlechts (vgl RL 2004/113/EG Art 3 Abs 1) unionsrechtlich geboten. § 19 Abs 2 bleibt infolgedessen hinter den Vorgaben der RL 2004/113/EG zurück[36]. 17

Im Einzelnen hat Abs 2 zur Folge, dass Benachteiligungen aus Gründen der Rasse oder wegen der ethnischen Herkunft unzulässig sind, die den Sozialschutz, einschließlich der sozialen Sicherheit und der Gesundheitsdienste (§ 2 Abs 5 Nr 5), soziale Vergünstigungen (§ 2 Abs 1 Nr 6), die Bildung (§ 2 Abs 1 Nr 7)[37] sowie den Zugang zu und die Versorgung mit Gütern und Dienstleistungen, die der Öffentlichkeit zur Verfügung stehen, einschließlich von Wohnraum (§ 2 Abs 1 Nr 8), betreffen. Die Tatbestände sind teilweise sehr eng mit Benachteiligungen in Beschäftigung und Beruf verknüpft (zB der Sozialschutz und die soziale Sicherheit im Rahmen von § 2 Abs 5 Nr 5). Die Geltung des Verbotes der Benachteiligung aus Gründen der Rasse oder der ethnischen Herkunft ist nicht auf Massengeschäfte oder ähnliche Geschäfte iSv Abs 1 Nr 1 beschränkt: Das zivilrechtliche Benachteiligungsverbot findet mit Blick auf diese beiden Merkmale somit auch auf Schuldverhältnisse Anwendung, die nicht zu vergleichbaren Bedingungen für eine Vielzahl von Fällen zustande kommen wie zB der private Verkauf einer Immobilie oder von gebrauchten Sachen (Möbel, KFZ, usw) über eine Zeitungsannonce oder per Internet[38], aber auch die öffentlich angebotene Vermietung von Wohnraum, soweit sie nicht schon von Abs 1 Nr 1 erfasst ist (s oben Rz 14 mwNachw). 18

4. **Besonderer Rechtfertigungsgrund bei der Vermietung von Wohnraum (Abs 3).** § 19 Abs 3 schafft einen besonderen **Rechtfertigungsgrund für Ungleichbehandlungen** wegen eines der in Abs 1 genannten Gründe **bei der Vermietung von Wohnraum** („[...] ist eine unterschiedliche Behandlung [...] zulässig")[39]. Die Vorschrift ist im Gefüge des § 19 ein Fremdkörper, da die Zulässigkeit einer unterschiedlichen Behandlung im Geltungsbereich des zivilrechtlichen Benachteiligungsverbotes in § 20 geregelt ist. In der Sache geht es um eine Privilegierung der Wohnungsbauwirtschaft, „bei der Vermietung von Wohnraum den bewährten 19

---

34 Statt vieler Grüneberg/Grüneberg AGG § 19 Rz 4 mwNachw.
35 Vgl BT-Drucks 16/1780 S 42.
36 So die zutreffende Kritik von Schiek AGG § 19 Rz 17.
37 Dazu BGH NJW 2020, 852, 854.
38 So ausdrücklich BT-Drucks 16/1780 S 42.
39 Unzutreffend deshalb die Einordnung der Vorschrift als Ausnahme vom sachlichen Geltungsbereich des zivilrechtlichen Benachteiligungsverbotes: so zB Rolfs NJW 2007, 1489, 1490.

Grundsätzen einer sozialen Stadt- und Wohnungspolitik Rechnung tragen zu können"[40]. Dem liegt als Konzept der **Gedanke einer integrationsfördernden Wirkung gesellschaftlicher Diversität** zugrunde. Dabei hat der Gesetzgeber in erster Linie die Prävention von Benachteiligungen wegen der ethnischen Herkunft im Blick, wie sich aus der Hervorhebung dieses Merkmals in der Begründung des RegE eines AGG schließen lässt[41].

20 § 19 Abs 3 erlaubt bei der Vermietung von Wohnraum unterschiedliche Behandlungen im Hinblick auf die Schaffung und Erhaltung sozial stabiler Bewohnerstrukturen und ausgewogener Siedlungsstrukturen sowie ausgeglichener wirtschaftlicher, sozialer und kultureller Verhältnisse. Insoweit greift der Gesetzgeber auf die allgemeinen Fördergrundsätze von **WoFG § 6 Satz 2 Nr 3 und 4** zurück[42]. § 19 Abs 3 dient somit der Aufrechterhaltung dieser Fördergrundsätze: Vermieter von öffentlich gefördertem Wohnraum iSd WoFG können daher bei dessen Vermietung die genannten Kriterien berücksichtigen, ohne dass sie gegen das zivilrechtliche Benachteiligungsverbot verstoßen. Dabei kommt es nicht darauf an, ob es sich bei dem Vermieter um einen „Großvermieter" handelt, der ganze Straßen oder sogar Stadtviertel dominiert[43].

21 Die Vorschrift des Abs 3 ist allerdings im Lichte der RL 2000/43/EG einschränkend auszulegen, da die RL 2000/43/EG keine Rechtfertigung für Ungleichbehandlungen aus Gründen der Rasse oder wegen der ethnischen Herkunft enthält. Sie lässt sich nur als positive Maßnahme aufrechterhalten, welche in begrenztem Maße die Bevorzugung oder Ablehnung einer Wohnung wegen einer bestimmten ethnischen Herkunft zulässt[44]. Voraussetzung für eine Ablehnung von Familien mit Migrationshintergrund mit dem Ziel, in einem Wohnviertel eine „Ghettoisierung" zu verhindern, ist somit, dass bestehende Nachteile von Personen, die zB zu einer bestimmten ethnischen Gruppe gehören, verhindert oder ausgeglichen werden sollen und die Anforderungen des Verhältnismäßigkeitsgrundsatzes gewahrt werden (vgl § 5 Rz 7 ff mwNachw).

22 5. **Geltungsausnahmen.** – a) **Familien- und erbrechtliche Schuldverhältnisse.** Nach Abs 4 gilt das zivilrechtliche Benachteiligungsverbot nicht für familien- und erbrechtliche Schuldverhältnisse. Nach Ansicht des Gesetzgebers unterscheiden sich diese Schuldverhältnisse von „Verträgen des sonstigen Privatrechts"[45]. Damit dürfte die **besondere Personalität familien- und erbrechtlicher Beziehungen** gemeint sein. Sie steht im Einklang mit der Wertung des Gesetzgebers in Abs 5, besondere Nähe- und Vertrauensverhältnisse von der Geltung des zivilrechtlichen Benachteiligungsverbotes auszunehmen (vgl Rz 25 ff mwNachw). Die Bereichsausnahme des Abs 4 zugunsten des Familien- und Erbrechts ist von den Gleichbehandlungs-RL nicht ausdrücklich vorgegeben. Sie steht aber unproblematisch **im Einklang mit den unionsrechtlichen Vorgaben**, da es sich bei familien- und erbrechtlichen Rechtsverhältnissen nicht um Rechtsverhältnisse handelt, die den Zugang zu und die Versorgung mit Gütern und Dienstleistungen vermitteln, welche der Öffentlichkeit zur Verfügung stehen (RL 2000/43/EG Art 3 Abs 1 lit h und RL 2004/113/EG Art 3 Abs 1). Zu Recht ist die Sinnhaftigkeit der Bereichsausnahme des Abs 4 in Frage gestellt worden, handelt es sich doch zB bei Eheverträgen (BGB § 1408) und bei letztwilligen Verfügungen von vornherein nicht um Massengeschäfte oder vergleichbare Geschäfte (Abs 1 Nr 1), so dass eine Anwendung auch ohne Abs 4 praktisch ausgeschlossen wäre[46].

23 Zu den von Abs 4 erfassten **familienrechtlichen Schuldverhältnissen** gehören insbesondere die Schuldverhältnisse, die sich auf der Grundlage einer Ehe oder Lebenspartnerschaft, der Verwandtschaft oder der Schwägerschaft ergeben; dies gilt vor allem für Unterhaltsansprüche. Der **Begriff der erbrechtlichen Schuldverhältnisse** ist indessen unscharf. Auch wenn auf erbrechtlicher Grundlage Schuldverhältnisse entstehen können (zB der Erbschaftsanspruch, BGB §§ 2018 ff, oder der Anspruch des Bedachten gegen die Erben auf Herausgabe eines Vermächtnisses, BGB § 2174), dürften im Vordergrund der Regelung des Abs 4 Benachteiligungen aufgrund von letztwilligen Verfügungen gestanden haben[47], die als solche jedoch keine Schuldverhältnisse sind (zum Begriff der letztwilligen Verfügung vgl § 1937 Rz 1).

24 Der **Diskriminierungsschutz der EMRK** geht indessen über das AGG hinaus und gewährleistet auch im Bereich des Erbrechts Schutz vor Benachteiligungen. So hat der EGMR in der Rechtssache *Puncernau/Andorra* eine letztwillige Verfügung, der zufolge nur Söhne aus einer „legi-

---

40 Vgl BT-Drucks 16/1780 S 42.
41 BT-Drucks 16/1780 S 42.
42 So ausdrücklich BT-Drucks 16/1780 S 42.
43 So aber Rolfs NJW 2007, 1489, 1490 f.
44 In diesem Sinne auch Schiek AGG § 19 Rz 22.

45 Vgl BT-Drucks 16/1780 S 42.
46 Däubler/Beck/Klose/Braunroth AGG § 19 Rz 63.
47 Ebenso Däubler/Beck/Klose/Braunroth AGG § 19 Rz 64.

timen" und nach kanonischem Recht geschlossenen Ehe zur Erbfolge berufen sein können, als Verstoß gegen das Diskriminierungsverbot von EMRK Art 14 iVm Art 8 angesehen[48].

b) **Besonderes Nähe- oder Vertrauensverhältnis (Abs 5).** Das zivilrechtliche Benachteiligungsverbot findet nach Abs 5 Satz 1 weiterhin keine Anwendung auf zivilrechtliche Schuldverhältnisse, bei denen ein besonderes Nähe- oder Vertrauensverhältnis der Parteien oder ihrer Angehörigen begründet wird. Ein solches Verhältnis verlangt ein gegenüber normalen Schuldverhältnissen gesteigertes Maß an Nähe oder Vertrauen zwischen den Parteien[49]. Die Bereichsausnahme für Nähe- oder Vertrauensverhältnisse dient nämlich ausweislich der Begründung des RegE dem **Schutz der Privatsphäre und des Familienlebens** desjenigen, der an die Gleichbehandlungspflicht gebunden ist[50]. Es geht infolgedessen vor allem um den Schutz des Grundrechts auf Wahrung des Privat- und Familienlebens aus GrChEU Art 7 der diskriminierungsrechtlich Verpflichteten. 25

Abs 5 Satz 2 nennt als gesetzliches Beispiel für ein solches besonderes Nähe- oder Vertrauensverhältnis iSv Satz 1 die **Vermietung von Wohnraum**, wenn die Parteien oder ihre Angehörigen Wohnraum auf demselben Grundstück nutzen. Nach der Entscheidung des Gesetzgebers soll es in diesen Fällen dem Vermieter nicht zumutbar sein, dass ihm ein Mieter aus diskriminierungsrechtlichen Gründen aufgezwungen wird[51]. Der **Begriff des Angehörigen** entspricht nach dem Willen des Gesetzgebers demjenigen des Rechts der Eigenbedarfskündigung von Wohnraum (BGB § 573 Abs 2 Nr 2)[52]. Demnach sind Angehörige der Parteien eines Wohnraummietvertrages Mitglieder des engeren Familienkreises, insbesondere Eltern, Kinder, Ehe- und Lebenspartner sowie Geschwister (vgl § 573 Rz 31 mwNachw). Für „dasselbe" **Grundstück** ist nicht erforderlich, dass es als ein Grundstück im Grundbuch eingetragen ist: Ausreichend ist vielmehr ein Zusammenleben der Parteien auf engem Raum, auch wenn es sich um grundbuchrechtlich getrennte Grundstücke handelt[53]. Auch in diesen Fällen besteht ein besonderes Nähe- oder Vertrauensverhältnis zwischen den Parteien, das mit der Vorschrift des Abs 5 Satz 2 diskriminierungsrechtlich privilegiert werden soll. Die Regelung des **Abs 5 Satz 3** steht systematisch zwar in dem Absatz über besondere Nähe und Vertrauensverhältnisse, die einer Anwendung des zivilrechtlichen Benachteiligungsverbotes entgegenstehen, doch handelt es sich rechtstechnisch um einen Ausschluss des Tatbestandes des Massengeschäftes oder eines ähnlichen Geschäftes iSv Abs 1 Nr 1, wenn die Vermietung von Wohnraum zum nicht nur vorübergehenden Gebrauch erfolgt und der Vermieter insgesamt nicht mehr als 50 Wohnungen vermietet: Die hohe Zahl verfügbarer Wohnungen des Vermieters soll die Anonymität des Vermietungsverfahrens und damit das Vorliegen eines der beiden Tatbestände des Abs 1 Nr 1 indizieren („in der Regel") (vgl oben Rz 14). 26

Jenseits der Regelung von Abs 5 Satz 2 gibt es noch **weitere Nähe- oder Vertrauensverhältnisse**, die eine Anwendung des zivilrechtlichen Benachteiligungsverbotes ausschließen. Die Begründung zum RegE eines AGG nennt in diesem Zusammenhang als Beispiele Geschäfte, bei denen wegen der besonderen Bedeutung des Geschäfts ein intensiver persönlicher Kontakt zwischen den Parteien besteht, aber auch Verträge, die einen „besonders engen oder lang andauernden Kontakt der Vertragspartner mit sich bringen"[54]. Sieht man einmal davon ab, dass der Begriff des Nähe- oder Vertrauensverhältnisses iSv Abs 5 dadurch nicht schärfer umrissen wird, ist dieser richtlinienkonform auszulegen. Denn bei der Bereichsausnahme für Nähe- oder Vertrauensverhältnisse geht es um den Schutz der Privatsphäre und des Familienlebens des an die Gleichbehandlungspflicht Gebundenen[55]. Der Umstand, dass ein Schuldverhältnis eine besondere Bedeutung für die Parteien hat oder dass mit dessen Durchführung ein besonders intensiver Kontakt zwischen den Vertragsparteien verbunden ist, hat mit dem genannten grundrechtsschützenden Telos von Abs 5 zunächst einmal nichts zu tun. Die Vorschrift ist deshalb im Lichte des Unionsrechts einschränkend auszulegen. Um ein besonderes Nähe- oder Vertrauensverhältnis kann es sich danach nur handeln, wenn das Schuldverhältnis in die Privatsphäre des durch das Benachteiligungsverbot Verpflichteten erheblich eingreifen würde[56]. Dieser Tatbestand wird nur in wenigen Ausnahmefällen erfüllt sein: Zu denken ist etwa an die Untervermietung der eigenen (einge- 27

---

48 EGMR NJW 2005, 875. Kritisch zu dieser Entscheidung Pintens FamRZ 2004, 1470, 1471 sowie Staudinger ZEV 2005, 140, 142 ff; s auch Seifert EuZW 2011, 696, 700.
49 In diesem Sinne auch BT-Drucks 16/1780 S 42.
50 So BT-Drucks 16/1780 S 42 unter Hinweis auf RL 2000/43/EG Erwägungsgrund Nr 4 u RL 2004/113/EG Erwägungsgrund Nr 3.
51 So BT-Drucks 16/1780 S 43.
52 Vgl BT-Drucks 16/1780 S 43.
53 Ebenso Grüneberg/Grüneberg AGG § 19 Rz 8; vgl auch Rolfs NJW 2007, 1489, 1490.
54 Vgl BT-Drucks 16/1780 S 42 f.
55 So BT-Drucks 16/1780 S 42 unter Hinweis auf RL 2000/43/EG Erwägungsgrund Nr 4 u RL 2004/113/EG Erwägungsgrund Nr 3.
56 In diesem Sinne auch: MünchKomm/Thüsing AGG § 19 Rz 104 ff; Däubler/Beck/Klose/Braunroth AGG § 19 Rz 67.

richteten) Wohnung des Vermieters oder eines Teils derselben[57] oder die Auswahl eines Mitmieters für die Fortsetzung einer Wohngemeinschaft.

§ 20 Zulässige unterschiedliche Behandlung

(1) Eine Verletzung des Benachteiligungsverbots ist nicht gegeben, wenn für eine unterschiedliche Behandlung wegen der Religion, einer Behinderung, des Alters, der sexuellen Identität oder des Geschlechts ein sachlicher Grund vorliegt. Das kann insbesondere der Fall sein, wenn die unterschiedliche Behandlung
1. der Vermeidung von Gefahren, der Verhütung von Schäden oder anderen Zwecken vergleichbarer Art dient,
2. dem Bedürfnis nach Schutz der Intimsphäre oder der persönlichen Sicherheit Rechnung trägt,
3. besondere Vorteile gewährt und ein Interesse an der Durchsetzung der Gleichbehandlung fehlt,
4. an die Religion eines Menschen anknüpft und im Hinblick auf die Ausübung der Religionsfreiheit oder auf das Selbstbestimmungsrecht der Religionsgemeinschaften, der ihnen zugeordneten Einrichtungen ohne Rücksicht auf ihre Rechtsform sowie der Vereinigungen, die sich die gemeinschaftliche Pflege einer Religion zur Aufgabe machen, unter Beachtung des jeweiligen Selbstverständnisses gerechtfertigt ist.

(2) Kosten im Zusammenhang mit Schwangerschaft und Mutterschaft dürfen auf keinen Fall zu unterschiedlichen Prämien oder Leistungen führen. Eine unterschiedliche Behandlung wegen der Religion, einer Behinderung, des Alters oder der sexuellen Identität ist im Falle des § 19 Abs. 1 Nr. 2 nur zulässig, wenn diese auf anerkannten Prinzipien risikoadäquater Kalkulation beruht, insbesondere auf einer versicherungsmathematisch ermittelten Risikobewertung unter Heranziehung statistischer Erhebungen.

ÜBERSICHT

1. Überblick 1–3	e) Sonstige sachliche Gründe (Satz 1) 14
2. Rechtfertigung durch sachliche Gründe (Abs 1) 4–14	3. Sonderregeln für privatrechtliche Versicherungen (Abs 2) 15–21
a) Gefahrenvermeidung (Nr 1) . . . 6	a) Ungleichbehandlungen wegen des Geschlechts 16, 17
b) Schutz von Intimsphäre und persönlicher Sicherheit (Nr 2) 7, 8	b) Risikoadäquate Kalkulation (Abs 2 Satz 2) 18–21
c) Gewährung besonderer Vorteile (Nr 3) 9	
d) Ungleichbehandlungen wegen der Religion (Nr 4) 10–13	

1 1. **Überblick.** § 20 baut auf dem zivilrechtlichen Benachteiligungsverbot des § 19 auf und schafft die Möglichkeit einer Rechtfertigung von unterschiedlichen Behandlungen im sachlichen Geltungsbereich des § 19 Abs 1. Die Vorschrift des **Abs 1 Satz 1** betrifft Ungleichbehandlungen wegen der Religion, einer Behinderung, des Alters, der sexuellen Identität oder des Geschlechts und erlaubt diese bei Vorliegen eines sachlichen Grundes. **Abs 1 Satz 2 Nr 1 bis 4** konkretisiert den unbestimmten Begriff des sachlichen Grundes mithilfe von vier nicht abschließenden Regelbeispielen. Die Bestimmungen des **Abs 2** betreffen privatrechtliche Versicherungen. Während Abs 2 Satz 1 ausschließt, dass Kosten, die im Zusammenhang mit Schwangerschaft und Mutterschutz entstehen, zu unterschiedlichen Versicherungsprämien und -leistungen führen, verlangt Abs 2 Satz 2 für eine Differenzierung wegen der Religion, einer Behinderung, des Alters oder der sexuellen Identität bei Versicherungsprämien die Stützung auf anerkannte Prinzipien risikoadäquater Kalkulation unter Heranziehung statistischer Erhebungen.

2 Ebenso wie in § 19 Abs 1 ist die Anknüpfung von Ungleichbehandlungen an der **Weltanschauung** in § 20 Abs 1 Satz 1 und Abs 2 Satz 3 nicht genannt (zum Hintergrund vgl § 19 Rz 3 mwNachw). Die Rechtfertigung von Ungleichbehandlungen nach § 20 gilt nicht für sämtliche **Formen der Benachteiligungen**. Sie hat in erster Linie für **unmittelbare Benachteiligungen** iSv § 3 Abs 1 Bedeutung[1]. Für **mittelbare Benachteiligungen** (§ 3 Abs 2) wegen eines der in § 20 Abs 1 Satz 1 und Abs 2 genannten Gründe gilt § 20 lediglich indirekt, da die Zulässigkeit von mittelbaren Ungleichbehandlungen bereits im Rahmen des Tatbestandes der unmittelbaren Benachteiligung zu prüfen ist[2]. Allerdings sind bei der sachlichen Rechtfertigung durch ein

---

57 Zu diesem Beispiel MünchKomm/Thüsing AGG § 19 Rz 104.

1 Statt aller Grüneberg/Grüneberg AGG § 20 Rz 1.

2 So schon BT-Drucks 16/1780 S 43; statt vieler Grüneberg/Grüneberg AGG § 20 Rz 1.

legitimes Ziel auch die sachlichen Gründe von Abs 1 zu berücksichtigen. Keine Bedeutung entfalten die Rechtfertigungsgründe des § 20 für die **Belästigung** (§ 3 Abs 3) sowie für die **sexuelle Belästigung** (§ 3 Abs 4)[3]. Eine **Anweisung zu einer Ungleichbehandlung** (§ 3 Abs 5) wegen eines der genannten Gründe kann nur aufgrund von § 20 gerechtfertigt werden, wenn zu einer unmittelbaren Ungleichbehandlung angewiesen wird.

Die Vorschrift ist **nur teilweise unionsrechtlich vorgegeben**. Das Erfordernis des sachlichen Grundes des § 20 Abs 1 ergibt sich für Ungleichbehandlungen wegen des Geschlechts aus RL 2004/113/EG Art 4 Abs 5[4]. Ungleichbehandlungen aus Gründen der Rasse und wegen der ethnischen Herkunft können demgegenüber nicht gerechtfertigt werden und bleiben in § 20 ausgespart, da RL 2000/43/EG keinen Rechtfertigungsgrund für Ungleichbehandlungen aus einem dieser Gründe vorsieht[5]. Die Sondervorschriften des § 20 Abs 2 für Ungleichbehandlungen in privatrechtlichen Versicherungsverträgen finden nur im Hinblick auf Ungleichbehandlungen wegen des Geschlechts, die Gegenstand von Satz 1 sind, im Unionsrecht eine Stütze (vgl RL 2004/113/EG Art 4 Abs 5); Abs 2 Satz 1 in seiner ursprünglichen Fassung erlaubte noch generell Ungleichbehandlungen wegen des Geschlechts bei der Festlegung von Versicherungsprämien und -leistungen, ist jedoch vom Gesetzgeber nach dem Urteil des EuGH in der Rechtssache *Test Achats*[6] aufgehoben worden (s unten Rz 16 mwNachw). 3

2. **Rechtfertigung durch sachliche Gründe (Abs 1)**. Ungleichbehandlungen wegen der Religion, einer Behinderung, des Alters, der sexuellen Identität oder des Geschlechts, die bei Massengeschäften oder ähnlichen Geschäften (§ 19 Abs 1 Nr 1) oder bei privatrechtlichen Versicherungen (§ 19 Abs 1 Nr 2) erfolgen, können nach § 20 Abs 1 Satz 1 durch das Vorliegen eines sachlichen Grundes gerechtfertigt werden. Abs 1 Satz 2 Nr 1 bis 4 fächert die sachlichen Gründe in Regelbeispiele auf, ohne dass die Regelung abschließenden Charakter besitzt. 4

Seinem Wortlaut nach verlangt § 20 Abs 1 Satz 1 für eine Rechtfertigung durch sachlichen Grund keine **Verhältnismäßigkeitsprüfung**. Aus diesem Grunde soll nach einer Auffassung eine solche im Rahmen von § 20 Abs 1 auch nicht erforderlich sein[7]. Diese sich am Wortlaut orientierende Deutung von § 20 Abs 1 kann jedoch nicht überzeugen[8]. Für Ungleichbehandlungen wegen des Geschlechts ist die Durchführung einer Verhältnismäßigkeitsprüfung bereits unionsrechtlich geboten (vgl RL 2004/113/EG Art 4 Abs 5). Da dem Gesetzgeber nicht unterstellt werden kann, eine gespaltene Auslegung des § 20 Abs 1 nach den einzelnen Merkmalen gewollt zu haben, spricht schon dies für die Geltung des Verhältnismäßigkeitsgrundsatzes als ungeschriebenes Tatbestandsmerkmal. Außerdem stützt diese Sichtweise eine systematische Auslegung anderer Rechtfertigungsgründe des AGG, die sämtlich eine Rechtfertigung an die Wahrung des Verhältnismäßigkeitsgrundsatzes binden (vgl §§ 8 bis 10). 5

a) **Gefahrenvermeidung (Nr 1)**. Das Regelbeispiel des Abs 1 Satz 2 Nr 1 lässt eine unterschiedliche Behandlung aus einem der in Abs 1 Satz 1 genannten Gründe zur Vermeidung von Gefahren, der Verhütung von Schäden oder zur Erreichung anderer Zwecke vergleichbarer Art zu. Die Vorschrift verfolgt in erster Linie den Zweck, die **Beachtung von Verkehrssicherungspflichten bei Massengeschäften** (§ 19 Abs 1 Nr 1 Alt 1) **durchzusetzen**[9]. Es geht bei diesem Rechtfertigungsgrund somit vor allem um den Schutz des Lebens und der körperlichen Unversehrtheit von Personen (vgl GrChEU Art 2 Abs 1, Art 3 Abs 1), aber auch um den Schutz des Eigentums (vgl GrChEU Art 17). Nach der Vorstellung des Gesetzgebers sollen zur Vermeidung von Gefahren insbesondere **Zugangsbeschränkungen in Freizeitparks** für Menschen mit einer körperlichen Behinderung bzw die Beschränkung des Zuganges dieser Menschen nur in Begleitung einer weiteren Person grundsätzlich zulässig sein[10]. Dasselbe gilt für den Schutz von Opfern sexueller Gewalt durch Einrichtungen, die nur Angehörigen eines Geschlechts Zuflucht bieten (zB **Frauenhäuser**)[11]. Auch dürfte die Anordnung eines **Mindestalters** (18 Jahre) beim Zugang zu bestimmten risikobehafteten Leistungen (zB Zutritt zu bestimmten Anlagen in einem Freizeitpark) von Nr 1 abgedeckt sein[12]. In der Rechtsprechung ist eine Rechtfertigung aufgrund von Nr 1 bislang erst für ein **Kopftuchverbot** in einem Fitnessstudio wegen der mit dem Tragen 6

---

[3] Statt vieler Grüneberg/Grüneberg AGG § 20 Rz 1.
[4] Zulässigkeit von Ungleichbehandlungen wegen des Geschlechts, die zur Erreichung eines legitimen Ziels erfolgen und sich als verhältnismäßig erweisen.
[5] Statt vieler Grüneberg/Grüneberg AGG § 20 Rz 1.
[6] EuGH ECLI:EU:C:2011:100 = EuZW 2011, 301 ff; dazu Lüttringhaus, EuZW 2011, 296 ff.
[7] So insbesondere Bauer/Krieger/Günther § 20 Rz 6; unklar jedoch Grüneberg/Grüneberg AGG § 20 Rz 2.
[8] Ausführlicher zu der Frage mit überzeugender Begründung MünchKomm/Thüsing AGG § 20 Rz 10 ff mwNachw. Ebenso Däubler/Beck/Franke/Schlichtmann AGG § 20 Rz 11.
[9] Vgl BT-Drucks 16/1780 S 43.
[10] BT-Drucks 16/1780 S 43.
[11] Vgl BT-Drucks 16/1780 S 43 unter Verweis auf RL 2004/113/EG Erwägungsgrund Nr 16.
[12] Vgl BT-Drucks 16/1780 S 43.

des Kopftuches verbundenen Gesundheitsgefährdung an einzelnen der Sportgeräte bejaht worden[13]. Ebenso hat verschiedene Instanzgerichte die Frage beschäftigt, ob Personenbeförderungsunternehmen die **Beförderung von behinderten Menschen mit einem E-Scooter** aufgrund von Nr 1 verweigern dürfen. Diese Frage wird noch uneinheitlich beantwortet[14]. Jedoch wird man in diesen Fällen regelmäßig davon auszugehen haben, dass ein genereller Beförderungsausschluss für E-Scooter sich nicht mit Nr 1 rechtfertigen lässt, da bei einer Beförderung unter Einhaltung bestimmter Vorsichtsmaßnahmen (zB Festhalten an einer Haltestange) durchaus die erforderliche Transportsicherheit gewährleistet werden kann[15].

7 b) **Schutz von Intimsphäre und persönlicher Sicherheit (Nr 2)**. Eine Rechtfertigung von Ungleichbehandlungen wegen eines der in Abs 1 Satz 1 genannten Gründe ist weiterhin möglich, wenn diese dem Bedürfnis nach Schutz der Intimsphäre oder der persönlichen Sicherheit Rechnung trägt. Nr 2 weist der Begründung des RegE zufolge eine gewisse Nähe zu positiven Maßnahmen iSv § 5 auf[16]. Dieser Rechtfertigungstatbestand dient jedoch nicht der Verhinderung oder dem Ausgleich bestehender Nachteile wegen eines in § 1 genannten Grundes, sondern dem Schutz des Grundrechts auf Achtung des Privat- und Familienlebens (GrChEU Art 7) derjenigen, zu deren Gunsten eine Ungleichbehandlung erfolgt; insofern besteht eine klare begriffliche Trennung zwischen einer Rechtfertigung nach § 20 Abs 1 Satz 2 Nr 2 und positiven Maßnahmen iSv § 5. Für Ungleichbehandlungen zum Schutze der persönlichen Sicherheit reicht nicht ein subjektives Sicherheitsbedürfnis aus, vielmehr ist eine Objektivierung erforderlich („verständliches Sicherheitsbedürfnis"), wobei eine Bedrohungslage nicht konkret belegt sein muss[17].

8 Im Vordergrund dieses Rechtfertigungstatbestandes stehen **Ungleichbehandlungen wegen des Geschlechts**. Der Gesetzgeber will mit ihm zB getrennte Öffnungszeiten für Schwimmbäder und Saunen und die Zurverfügungstellung von Frauenparkplätzen (zB in Parkhäusern) ermöglichen[18]. Nr 2 erfasst aber auch die Einrichtung von Frauenhäusern[19].

9 c) **Gewährung besonderer Vorteile (Nr 3)**. Der Rechtfertigungstatbestand erlaubt Ungleichbehandlungen wegen eines in § 1 genannten Grundes, sofern diese besondere Vorteile gewähren und ein Interesse an der Durchsetzung der Gleichbehandlung fehlt. Mit Blick auf ein fehlendes Durchsetzungsinteresse haben sich zwei Fallgruppen herausgebildet. Zum einen ist der Rechtfertigungstatbestand der Nr 3 bei der Gewährung von vertraglichen Sonderkonditionen für einzelne Personengruppen wegen eines Merkmals des § 1 erfüllt, wenn mit der Vorteilsgewährung eine **geringere wirtschaftliche Leistungsfähigkeit bestimmter Gruppen** ausgeglichen werden soll: Zu denken ist etwa an **Rabatte** für Schüler, Auszubildende oder Studierende, aber auch für Senioren. Dies gilt insbesondere für den öffentlichen Personennahverkehr[20] und für den ermäßigten Eintritt zugunsten von Schülern oder Studierenden bei Theatern oder Kinos. Ebenfalls erfasst der Rechtfertigungstatbestand der Nr 3 die **gezielte Ansprache von Kundenkreisen** durch die Gewährung von Sonderkonditionen. Zu dieser Fallgruppe gehören etwa das Angebot eines „Seniorentellers" oder eines „Kindertellers" in Gaststätten sowie eine „Ladies Night" in einer Disco oder einem Club[21]. Auch für die Veranstaltung von „Ü-30-Parties", welche die Teilnahme auf Personen ab diesem Alter beschränken, besteht kein Interesse an der Durchsetzung des Gleichbehandlungsgrundsatzes, da es sich auch hier um eine gezielte Ansprache eines bestimmten Kundenkreises handelt[22]. Soweit die üblicherweise nach Geschlechtern differenzierende **Tarifgestaltung von Friseuren** durch einen höheren Zeit- und Sachaufwand gerechtfertigt ist, können sich Friseure auf eine Rechtfertigung nach Nr 3 berufen[23]; darüber hinausgehende Preisdifferenzierungen nach dem Geschlecht lassen sich indessen grundsätzlich nicht rechtfertigen.

10 d) **Ungleichbehandlungen wegen der Religion (Nr 4)**. Die Vorschrift erkennt einen besonderen Rechtfertigungsgrund für Ungleichbehandlungen wegen der Religion an und dient dem Schutz des Grundrechts auf Religionsfreiheit (GG Art 4 Abs 1) und, soweit Religionsgemein-

---

13 Vgl LG Bremen NJW-RR 2014, 206 ff.
14 Für die Zulässigkeit einer Beförderungsverweigerung insbesondere LG Bremen v 28.5.2015 – 17 O 79/15 (juris-doc); aA hingegen das Berufungsurteil des OLG Schleswig NJW-RR 2016, 749 ff, das einen generellen Ausschluss der Personenbeförderung in diesen Fällen für nicht mit § 20 Abs 1 Nr 1 vereinbar hält.
15 Überzeugend Schleswig NJW-RR 2016, 749, 751f.
16 BT-Drucks 16/1780 S 44.
17 Vgl BT-Drucks 16/1780 S 44.
18 Vgl BT-Drucks 16/1780 S 44.
19 Statt vieler Grüneberg/Grüneberg AGG § 20 Rz 4.
20 Dazu ausführlicher AG Mannheim NJW 2008, 3442.
21 Vgl Rath/Rütz NJW 2007, 1498, 1500; Heese NJW 2012, 572, 574; Bauer/Krieger/Günther AGG § 20 Rz 9.
22 Wie hier Bauer/Krieger/Günther § 20 Rz 9. AA indessen Rath/Rütz NJW 2007, 1498, 1500 mit dem Argument, dass Personen unter 30 Jahren keine Sonderkonditionen gewährt werden, sondern ihnen der Zutritt insgesamt verwehrt ist; allerdings stützen sie eine Rechtfertigung in diesem Fall auf die Generalklausel des § 20 Abs 1 Satz 1.
23 Vgl zB an der Heiden/Wersig, Preisdifferenzierung nach Geschlecht in Deutschland S 171 ff.

schaften privilegiert werden, auch dem Schutz des Selbstbestimmungsrechts der Religionsgemeinschaften (GG Art 140 iVm WRV Art 137 Abs 3)[24]. Soweit eine besondere Rechtfertigung für Ungleichbehandlungen wegen der Religion durch Religionsgemeinschaften geschaffen wird, ist die Vorschrift im **Zusammenhang mit § 9** zu sehen, der nur für Benachteiligungen in Beschäftigung und Beruf gilt.

Der Tatbestand der Nr 4 erlaubt zunächst, dass Ungleichbehandlungen an die Religion anknüpfen, sofern sie im Hinblick auf die **Ausübung der (individuellen) Religionsfreiheit** unter Beachtung des jeweiligen (religiösen) Selbstverständnisses gerechtfertigt sind. Allerdings reicht das religiöse Selbstverständnis desjenigen, der wegen der Religion differenziert, nicht für die Rechtfertigung aus. Vielmehr müssen die Anforderungen des Verhältnismäßigkeitsgrundsatzes gewahrt sein. Die Begründung des RegE[25] nennt als Beispiel den muslimischen Metzger, der das Fleisch von Tieren verkaufen möchte, die nach islamischen Regeln geschlachtet worden sind und nimmt insoweit Bezug auf die Entscheidung des BVerfG zum **Schächten**[26]. Gerade dieses Beispiel ist jedoch mit Blick auf § 20 Abs 1 Satz 2 Nr 4 wenig tauglich, hatte doch die genannte Entscheidung des BVerfG die Frage zum Gegenstand, ob eine behördliche Ausnahmegenehmigung des Schächtens nach TierSchG § 4a Abs 2 Nr 2 verfassungsrechtlich geboten sei, und betraf somit nicht den Privatrechtsverkehr. Verkauft der Metzger seine Erzeugnisse ausschließlich an Muslime und schließt somit andere Kunden aus, kommt eine Rechtfertigung nach Nr 4 nur in Betracht, wenn sich der Metzger auf einen Glaubenssatz berufen kann, der ihm verbietet, an Personen zu verkaufen, die keine Muslime sind[27]. An die insoweit bestehende Darlegungs- und Beweislast wird man allerdings strenge Anforderungen zu stellen haben. Auch der Vertrieb anderer religiös geprägter Waren oder Dienstleistungen, die einen der Tatbestände des § 19 Abs 1 Nr 1 erfüllen, ausschließlich an die Angehörigen einer Religion kommt hier in Betracht. Im Regelfall dürfte es indessen schwierig sein, diese Beschränkungen auf einen bestimmten Personenkreis sachlich zu rechtfertigen. So wird man die Berufung auf die Position der katholischen Kirche zur Homosexualität nicht als Rechtfertigung iSv Nr 4 begreifen können, wenn ein Eigentümer zahlreicher Wohnungen sich weigert, Wohnungen an homosexuelle Paare zu vermieten. Sonst drohte der mit §§ 19 Abs 1, 20 ausdrücklich bezweckte Schutz der sexuellen Identität, insbesondere von homosexuellen Menschen, ausgehebelt zu werden.

Neben der Ausübung der individuellen Religionsfreiheit dient Nr 4 auch dem **Schutz der Religionsgemeinschaften** und den ihnen zugeordneten Einrichtungen (zB Einrichtungen der Diakonie oder der Caritas); insoweit ist der persönliche Geltungsbereich von Nr 4 in gleicher Weise abgesteckt wie in § 9 (vgl § 9 Rz 7 mwNachw). Auch sie dürfen im sachlichen Geltungsbereich des § 19 Abs 1 wegen der Religion differenzieren, soweit dies unter Beachtung ihres Selbstverständnisses gerechtfertigt ist. Solche Ungleichbehandlungen sind nicht selten. Wegen der großen Bedeutung kirchlicher Einrichtungen im Sozialwesen kommt diesem Rechtfertigungsgrund (potentiell) eine große praktische Bedeutung zu: Zu denken ist zB an die Vergabe von Plätzen in einem kirchlichen Wohn- oder Pflegeheim oder in kirchlichen Kindergärten ausschließlich an Kirchenangehörige. Eine Rechtfertigung nach § 20 Satz 2 Nr 4 wird in diesen Fällen von einer Verhältnismäßigkeitsprüfung abhängen, insbesondere von der Bedeutung des Gutes oder der Dienstleistung, die begehrt wird. Angesichts der tatsächlich weitgehend erfolgten Öffnung kirchlicher Einrichtungen auch für Menschen, die der Religionsgemeinschaft nicht angehören, dürfte die Tragweite von Nr 4 allerdings sehr begrenzt sein.

Schließlich erlaubt Nr 4 Ungleichbehandlungen wegen der Religion, wenn sie im Hinblick auf das Selbstbestimmungsrecht von **Vereinigungen, die sich die gemeinschaftliche Pflege einer Religion zur Aufgabe machen**, unter Beachtung des jeweiligen Selbstverständnisses gerechtfertigt ist. Welche Vereinigungen damit gemeint sind, lässt sich den Entstehungsmaterialien des AGG nicht entnehmen. Angesichts der Weite der Formulierung dürfte es sich um einen Auffangtatbestand für diejenigen Religionsvereinigungen handeln, die nicht den Tatbestand einer Religionsgemeinschaft (GG Art 140 iVm WRV Art 137) erfüllen[28].

e) **Sonstige sachliche Gründe (Satz 1).** Bei den Rechtfertigungstatbeständen von Satz 2 Nr 1 bis 4 handelt es sich lediglich um Regelbeispiele, die keinen abschließenden Charakter besitzen. Sachliche Gründe iSv Satz 1 müssen von ähnlichem Gewicht sein wie die Regelbeispiele des Satz 2. Allgemein gesprochen muss es sich um eine Differenzierung handeln, die von einem

---

24 So der ausdrückliche Hinweis in BT-Drucks 16/1780 S 43. Zum Schutz des Selbstbestimmungsrechts der Religionsgemeinschaften s § 9 Rz 1 ff mwNachw.
25 BT-Drucks 16/1780 S 45.
26 Vgl BVerfGE 104, 337 ff = NJW 2002, 663.
27 So auch BT-Drucks 16/1780 S 45 unter Verweis auf BVerwGE 94, 82 ff.
28 Anhaltspunkte dafür, dass mit dem Tatbestand Dachverbände von Religionsgemeinschaften erfasst werden sollten, wie MünchKomm/Thüsing AGG § 20 Rz 51 meint, gibt es keine.

anerkennenswerten Ziel getragen ist und den Anforderungen des Verhältnismäßigkeitsgrundsatzes (vgl oben Rz 5 mwNachw) genügt. Sachliche Gründe können sich aus dem Charakter des betroffenen Schuldverhältnisses ergeben und können in gleicher Weise aus der Sphäre desjenigen, der die Ungleichbehandlung vornimmt, wie aus der Sphäre des Betroffenen stammen[29].

15   3. **Sonderregeln für privatrechtliche Versicherungen (Abs 2)**. Abs 2 regelt die Rechtfertigung von Ungleichbehandlungen bei privaten Versicherungsverträgen und knüpft somit an der Regelung des § 19 Abs 1 Nr 2 an, die private Versicherungsverträge in den sachlichen Anwendungsbereich des zivilrechtlichen Benachteiligungsverbotes einbezieht. Die Vorschriften des Abs 2 betreffen lediglich Benachteiligungen wegen des Geschlechts (Satz 1) sowie wegen der Religion, einer Behinderung, des Alters oder der sexuellen Identität (Satz 2). Benachteiligungen in privaten Versicherungen aus Gründen der Rasse oder wegen der ethnischen Herkunft können infolgedessen nicht aufgrund von Abs 2 gerechtfertigt werden.

16   a) **Ungleichbehandlungen wegen des Geschlechts**. In seiner ursprünglichen Fassung ließ § 20 Abs 2 Satz 1 in Umsetzung von RL 2000/43/EG Art 4 Abs 5 eine unterschiedliche Behandlung wegen des Geschlechts bei Prämien und Leistungen einer privaten Versicherung zu, wenn dieses bei einer auf relevanten und genauen versicherungsmathematischen und statistischen Daten beruhenden Risikobewertung ein bestimmender Faktor ist[30]. Im Ausgangspunkt verlangte das AGG somit keine „Unisex-Tarife" für private Versicherungen. Der EuGH sah allerdings in der Rechtssache *Test Achats* eine geschlechtsspezifische Differenzierung von Versicherungsprämien generell als Verstoß gegen das grundrechtliche Verbot der Diskriminierung wegen des Geschlechts (GrChEU Art 21 Abs 1)[31]. In der Folge hat der deutsche Gesetzgeber § 20 Abs 2 Satz 1 aF durch SEPA-Begleitgesetz Art 8 vom 3. April 2013 aufgehoben und eine Bestandssicherung für Altversicherungen (Vertragsschluss vor dem 21. Dezember 2012), die eine Prämiendifferenzierung wegen des Geschlechts vorsehen, in einem neuen § 33 Abs 5 verankert (vgl § 33 Rz 8 mwNachw)[32]. Aus dieser Rechtsentwicklung folgt, dass „Unisex-Tarife" für private Versicherungen unionsrechtlich geboten sind und eine Prämiendifferenzierung auf der Grundlage versicherungsmathematischer Methoden nicht (mehr) zulässig ist.

17   § 20 Abs 2 Satz 2 aF wurde aufgrund des SEPA-Begleitgesetzes der neue § 20 Abs 2 Satz 1. In Umsetzung von RL 2004/113/EG Art 5 Abs 3 schließt § 20 Abs 2 Satz 1 grundsätzlich aus, dass Kosten im Zusammenhang mit Schwangerschaft und Mutterschutz zu unterschiedlichen Versicherungsprämien oder -leistungen **bei privaten Krankenversicherungen** führen[33]. Die typischerweise höheren ärztlichen Behandlungskosten von werdenden Müttern oder Wöchnerinnen wären bei einer Ermittlung der Versicherungsprämien nach versicherungsmathematischen Grundsätzen zu berücksichtigen und würden eigentlich für Frauen im gebärfähigen Alter zu höheren Prämiensätzen führen[34]. Zu Recht ist angemerkt worden, dass Abs 2 Satz 1 aufgrund der Aufhebung von § 20 Abs 2 Satz 1 aF, der in beschränktem Umfang Prämiendifferenzierungen nach dem Geschlecht zuließ, hinfällig geworden ist, da nunmehr generell nicht mehr nach dem Geschlecht bei der Bestimmung der Versicherungsprämien differenziert werden darf[35].

18   b) **Risikoadäquate Kalkulation (Abs 2 Satz 2)**. Die Vorschrift des Satz 2 erlaubt eine unterschiedliche Behandlung wegen der Religion, einer Behinderung, des Alters oder der sexuellen Identität bei privaten Versicherungen, wenn diese auf anerkannten Prinzipien risikoadäquater Kalkulation beruht, insbesondere auf einer versicherungsmathematisch ermittelten Risikobewertung unter Heranziehung statistischer Erhebungen.

19   Die Vorschrift dürfte einmal bei Prämiendifferenzierungen gegenüber **Menschen mit Behinderungen** praktische Bedeutung besitzen, insbesondere in privaten Krankenversicherungen und

---

29 BT-Drucks 16/1780 S 43.
30 Zu § 20 Abs 2 Satz 1 aF im Überblick Thüsing/v Hoff VersR 2007, 1 mwNachw.
31 Vgl EuGH ECLI:EU:C:2011:100 = EuZW 2011, 301 ff; dazu Lüttringhaus EuZW 2011, 296 ff.
32 Gesetz zur Begleitung der Verordnung (EU) Nr 260/2012 zur Festlegung der technischen Vorschriften und der Geschäftsanforderungen für Überweisungen und Lastschriften in Euro und zur Änderung der Verordnung (EG) Nr 924/2009 (SEPA-Begleitgesetz) vom 3. April 2013 (BGBl I S 610) Art 8.
33 Zur sachlichen Rechtfertigung dieses Ausschlusses der Kosten der Schwangerschaft und des Mutterschutzes aufgrund einer gemeinsamen Verantwortung von Männern und Frauen für diese Kosten s Wrase/Baer NJW 2004, 1623, 1625; vgl auch Looschelders, in: Leible/Schlachter, Diskriminierungsschutz durch Privatrecht, 141, 152f, der außerdem auf die gesellschaftspolitische Erwünschtheit der Geburt von Kindern hinweist und es deshalb als nicht gerechtfertigt ansieht, deren Kosten lediglich den Müttern als einer Gruppe von Versicherungsnehmern aufzubürden.
34 Zu den Kosten, die im Zusammenhang mit einer Schwangerschaft und dem Mutterschutz stehen, s den Überblick bei Thüsing/v Hoff VersR 2007, 1 mwNachw.
35 So insbes Bauer/Krieger/Günther § 20 Rz 14.

in Lebensversicherungen[36]. Eine risikoadäquate Kalkulation der Prämien von Menschen mit Behinderungen, die zu deren Mehrbelastung gegenüber Versicherungsnehmern ohne Behinderung in einer privaten Krankenversicherung führen, ist aufgrund von Satz 2 somit zulässig. Die Prämiendifferenzierungen wegen einer Behinderung dürften in Zukunft auch noch an Bedeutung gewinnen, berücksichtigt man, dass der Begriff der Behinderung iSd RL 2000/78/EG in den vergangenen Jahren durch die Rechtsprechung des EuGH ausgeweitet worden ist und unter ihn zunehmend auch chronische Erkrankungen (zB Adipositas oder eine symptomlose HIV-Infektion) subsumiert werden (vgl § 1 Rz 14 mwNachw). Um eine angemessene Risikobewertung vornehmen zu können, haben Versicherer ein anerkennenswertes Interesse daran, risikorelevante Vorerkrankungen eines Versicherungsnehmers mitgeteilt zu bekommen; werden diese verschwiegen, kann der Versicherer seine Willenserklärung, die zum Abschluss des Versicherungsvertrages geführt hat, wegen arglistiger Täuschung anfechten[37]. Mit Blick auf die bestehenden grundrechtlichen Schutzpflichten zugunsten von Menschen mit Behinderungen (vgl GG Art 3 Abs 3 Satz 2[38] sowie GrChEU Art 26) ist die mit den anerkannten Prinzipien einer risikoadäquaten Kalkulation einhergehende finanzielle Mehrbelastung von Menschen mit Behinderung innerhalb einer privaten Krankenversicherung rechtspolitisch allerdings nicht unproblematisch.

Auch nach dem **Alter von Versicherungsnehmern** differenzierte Prämien sind in der Versicherungspraxis weit verbreitet[39]. So ist die Lebenserwartung des Versicherungsnehmers bei der Lebensversicherung ein wichtiger Faktor bei der Kalkulation von Versicherungsprämien. Bei privaten Krankenversicherungen, aber auch bei privaten Unfallversicherungen steigen mit zunehmendem Alter des Versicherungsnehmers die Behandlungskosten. § 20 Abs 2 Satz 2 erlaubt Versicherungen somit grundsätzlich die Beibehaltung solcher nach dem Alter differenzierten Prämien, wenn diese nach versicherungsmathematischen Methoden ermittelt werden. 20

Ungleichbehandlungen wegen der sexuellen Identität kann es auch im privaten Versicherungswesen geben. Zu denken ist insbesondere an die **Weigerung** von privaten Kranken- oder Lebensversicherungen, **mit homosexuellen Personen einen Versicherungsvertrag abzuschließen**, da diese einem erhöhten HIV-Risiko ausgesetzt seien[40]. Ein aufgrund dessen bestehendes höheres Versicherungsrisiko rechtfertigt im Regelfall aber keine Vertragsverweigerung, sondern allenfalls eine höhere Versicherungsprämie, die sich auf versicherungsmathematische Methoden der Risikobewertung stützt; in Betracht kommt uU auch der Ausschluss einzelner Versicherungsleistungen[41]. **Ungleichbehandlungen wegen der Religion** sind im privaten Versicherungsrecht bislang ohne praktische Bedeutung geblieben[42]. 21

§ 21 Ansprüche

(1) Der Benachteiligte kann bei einem Verstoß gegen das Benachteiligungsverbot unbeschadet weiterer Ansprüche die Beseitigung der Beeinträchtigung verlangen. Sind weitere Beeinträchtigungen zu besorgen, so kann er auf Unterlassung klagen.

(2) Bei einer Verletzung des Benachteiligungsverbots ist der Benachteiligende verpflichtet, den hierdurch entstandenen Schaden zu ersetzen. Dies gilt nicht, wenn der Benachteiligende die Pflichtverletzung nicht zu vertreten hat. Wegen eines Schadens, der nicht Vermögensschaden ist, kann der Benachteiligte eine angemessene Entschädigung in Geld verlangen.

(3) Ansprüche aus unerlaubter Handlung bleiben unberührt.

(4) Auf eine Vereinbarung, die von dem Benachteiligungsverbot abweicht, kann sich der Benachteiligende nicht berufen.

(5) Ein Anspruch nach den Absätzen 1 und 2 muss innerhalb einer Frist von zwei Monaten geltend gemacht werden. Nach Ablauf der Frist kann der Anspruch nur geltend gemacht werden, wenn der Benachteiligte ohne Verschulden an der Einhaltung der Frist verhindert war.

---

36 Eingehender zu der Problematik Thüsing/v Hoff VersR 2007, 1 mwNachw; ebenfalls instruktiv hierzu Däubler/Beck/Klose/Braunroth AGG § 20 Rz 45.
37 Vgl BGH NJW 2011, 3149, 3150.
38 Zu den sich aus diesen Grundrechtsvorschriften ergebenden staatlichen Förderpflichten s insbes BVerfG NJW 2016, 3013 ff.
39 Dazu ausführlicher Thüsing/v Hoff VersR 2007, 1 mwNachw.

40 S Thüsing/v Hoff VersR 2007, 1 mwNachw zu einer solchen Vertragspraxis von Versicherungen.
41 So auch Thüsing/v Hoff VersR 2007, 1.
42 So auch die Einschätzung v Thüsing/v Hoff VersR 2007, 1 u v Däubler/Beck/Klose/Braunroth AGG § 20 Rz 46.

ÜBERSICHT

1. Überblick 1, 2
2. Quasi-negatorische Ansprüche
   (Abs 1) 3–10
   a) Beseitigung (Abs 1 Satz 1) 4–9
      aa) Grundlagen 4, 5
      bb) Kontrahierungszwang 6–9
   b) Unterlassung (Abs 1 Satz 2) ... 10
3. Schadensersatz (Abs 2) 11–17
   a) Ersatz des materiellen Schadens 12–14
   b) Ersatz des immateriellen Schadens (Abs 2 Satz 3) 15–17
4. Anspruchskonkurrenz (Abs 3) 18, 19
5. Unabdingbarkeit (Abs 4) 20
6. Ausschlussfrist (Abs 5) 21–24

1. Überblick. Die Vorschrift regelt **Ansprüche des Benachteiligten** wegen Verletzungen des zivilrechtlichen Benachteiligungsverbotes (§§ 19, 20). Sie bildet die Entsprechung zu § 15, der Ansprüche auf Schadensersatz und Entschädigung wegen Verstößen gegen das Verbot der Benachteiligung in Beschäftigung und Beruf regelt, jedoch keinen Folgenbeseitigungs- und Unterlassungsanspruch gewährleistet, wie dies in § 21 Abs 1 für Verstöße gegen das zivilrechtliche Benachteiligungsverbot geschieht. Im Zentrum von § 21 steht zum einen der Anspruch des Benachteiligten auf Beseitigung der Beeinträchtigung, die aufgrund einer Verletzung des zivilrechtlichen Benachteiligungsverbotes eingetreten ist, sowie auf Unterlassung weiterer Beeinträchtigungen (**Abs 1**). Zum anderen gewährt **Abs 2** dem Benachteiligten einen Anspruch auf Schadensersatz. Dieser Anspruch erfasst sowohl den Ersatz des materiellen Schadens (Abs 2 Satz 1 und 2) als auch einen Anspruch auf Zahlung einer angemessenen Entschädigung in Geld (Abs 2 Satz 3). **Abs 3** stellt klar, dass Ansprüche aus unerlaubter Handlung nicht berührt werden. **Abs 4** schließt aus, dass sich ein Benachteiligender auf eine Vereinbarung beruft, die vom Benachteiligungsverbot abweicht. **Abs 5** schließlich ordnet eine zweimonatige Ausschlussfrist für Ansprüche des Benachteiligten aus Abs 1 und 2 an.

Das **Unionsrecht** entfaltet **nur teilweise Bedeutung** für die Vorschrift. Da ein zivilrechtliches Benachteiligungsverbot lediglich für Ungleichbehandlungen wegen des Geschlechts, aus Gründen der Rasse und wegen der ethnischen Herkunft unionsrechtlich angeordnet ist[1], besteht nur für Benachteiligungen wegen eines dieser Merkmale eine Pflicht der Mitgliedstaaten, wirksame, verhältnismäßige und abschreckende Sanktionen in ihren nationalen Rechtsordnungen zu verankern[2]: Die RL nennen zwar beispielhaft nur Schadensersatzleistungen an Opfer als geeignete Sanktionen, doch wird man ohne Weiteres auch die Pflicht zur Beseitigung der diskriminierungsbedingt eingetretenen Beeinträchtigungen sowie die Pflicht zur Unterlassung weiterer Beeinträchtigungen zu den geeigneten Sanktionen rechnen dürfen; die Mitgliedstaaten verfügen bei der Festlegung von Sanktionen insoweit über ein Auswahlermessen, als diese wirksam, verhältnismäßig und abschreckend sind. Für Benachteiligungen wegen der Religion, einer Behinderung, des Alters und der sexuellen Identität bestehen wegen des begrenzten Charakters des unionsrechtlichen Verbotes zivilrechtlicher Benachteiligungen keine Vorgaben und der Gesetzgeber ist frei in der Anordnung von Rechtsfolgen von Verstößen.

2. Quasi-negatorische Ansprüche (Abs 1). § 21 Abs 1 gibt dem Benachteiligten einen Anspruch auf Beseitigung der Beeinträchtigung sowie einen Anspruch auf Unterlassung, sofern weitere Beeinträchtigungen zu besorgen sind. Die dogmatische Struktur der Vorschrift ist BGB § 1004 Abs 1 nachgebildet und sichert dem Benachteiligten einen quasi-negatorischen Rechtsschutz.

a) Beseitigung (Abs 1 Satz 1). – aa) Grundlagen. Der Beseitigungsanspruch in Abs 1 Satz 1 setzt eine **fortdauernde Beeinträchtigung** des Anspruchsstellers wegen eines Verstoßes gegen das zivilrechtliche Benachteiligungsverbot voraus. Ein bereits abgeschlossener Vorgang (zB Verweigerung des Zutritts zu einer Diskothek unter Verstoß gegen die §§ 19 Abs 1, 20) ist somit keiner Beseitigung zugänglich. Ein **Verschulden** des Benachteiligenden ist **nicht Anspruchsvoraussetzung**[3]: Ausreichend ist ein objektiver Verstoß gegen das zivilrechtliche Benachteiligungsverbot.

Die vom Benachteiligenden gegenüber dem Benachteiligten geschuldete **Beseitigung** ist nicht die Wiederherstellung des ursprünglichen Zustandes ohne Eintritt der benachteiligungsbedingten Beeinträchtigung – Naturalrestitution ist vielmehr im Rahmen des Schadensersatzes nach Abs 2 geschuldet (s unten Rz 14) –, sondern die **Abstellung der Benachteiligung für die Zukunft**. Die Beseitigung kann in einem tatsächlichen oder rechtlichen Handeln des Benachteiligenden bestehen. So kann sich bei Verweigerung eines Vertragsschlusses unter Verstoß gegen das zivilrechtliche Benachteiligungsverbot ein Kontrahierungszwang aus Abs 1 Satz 1 ergeben

---

[1] Vgl RL 2000/43/EG Art 3 Abs 1 lit h) sowie RL 2004/113/EG Art 4 Abs 1 iVm Art 3.
[2] RL 2000/43/EG Art 15 u RL 2004/113/EG Art 14.
[3] Allg Ansicht: so bereits die Begründung zum RegE, BT-Drucks 16/1780 S 46 sowie Grüneberg/Grüneberg AGG § 21 Rz 3.

(vgl Rz 6 ff mwNachw). Vertragliche Vereinbarungen, die gegen das zivilrechtliche Benachteiligungsverbot verstoßen, sind bereits nach BGB § 134 nichtig und bedürfen als solche keiner Beseitigung nach § 21 Abs 1. Bei einer (sexuellen) Belästigung (§ 3 Abs 3 und 4) besteht die Beseitigung in einem einfachen Ablassen des Benachteiligenden von seinen belästigenden Verhaltensweisen. Die **Kosten der Beseitigung** hat der Benachteiligende zu tragen[4]; insoweit gelten dieselben Grundsätze wie für den negatorischen Anspruch aus BGB § 1004 (vgl BGB § 1004 Rz 320 mzahlrwNachw), dem § 21 Abs 1 Satz 1 nachgebildet ist.

bb) **Kontrahierungszwang**. Im Einzelnen kann die Abgrenzung der Beseitigung von der Naturalrestitution nach BGB § 249 aber durchaus schwierig sein. Dies gilt in besonderer Weise für die vieldiskutierte Frage, ob der Beseitigungsanspruch des Abs 1 Satz 1 auch die Pflicht des Benachteiligenden zum Abschluss eines von ihm unter Verletzung der §§ 19, 20 verweigerten Vertrages einschließt. Ein solcher Kontrahierungszwang ist **unionsrechtlich nicht geboten**, da RL 2004/113/EG Art 14 und RL 2000/43/EG Art 15 den Mitgliedstaaten hinsichtlich der Sanktionierung von Verstößen gegen das zivilrechtliche Benachteiligungsverbot ein Auswahlermessen einräumen, das lediglich in den Erfordernissen der Wirksamkeit, Verhältnismäßigkeit und des abschreckenden Charakters der Sanktion seine Grenzen findet[5].

Die Anordnung eines (mittelbaren) Abschlusszwanges als Rechtsfolge eines Verstoßes gegen das zivilrechtliche Benachteiligungsverbot ist im Unterschied zur Sanktionierung von Verstößen gegen das Verbot der Benachteiligung in Beschäftigung und Beruf nicht ausdrücklich ausgeschlossen; bereits ein Umkehrschluss zu § 15 Abs 6 spricht deshalb für die Zulässigkeit dieser Rechtsfolge im Rahmen des § 21. Obgleich der Gesetzgeber entgegen § 22 Abs 2 ADG-E (2005)[6] einen Abschlusszwang für den Bereich des Zivilrechts nicht mehr ausdrücklich regelt, wollte der Gesetzgeber doch nicht diese Sanktion durch Wegfall dieser Bestimmung ausschließen; vielmehr ist er von der Selbstverständlichkeit dieser Rechtsfolge ausgegangen[7]. Vereinzelt sind **verfassungsrechtliche Bedenken an einem mittelbaren Kontrahierungszwang** im Rahmen von § 21 wegen des damit verbundenen unverhältnismäßigen Eingriffs in die durch GG Art 2 Abs 1 allgemein gewährleistete negative Abschlussfreiheit von Anbietern der verweigerten Waren oder Dienstleistungen angeführt worden[8]. Diese Einwände können indessen nicht überzeugen, kann doch eine effektive Verwirklichung des Benachteiligungsverbotes nur durch eine tatsächliche Folgenbeseitigung und damit durch eine Eröffnung des diskriminierend vorenthaltenen Freiheitsbereichs verwirklicht werden; die außerdem bestehende Pflicht des Benachteiligenden zur Zahlung einer angemessenen Entschädigung in Geld (vgl Abs 2 Satz 3) bietet hierfür keinen angemessenen Ersatz[9].

Umstritten ist die **Rechtsgrundlage des Kontrahierungszwanges** zugunsten des Benachteiligten. Nach ganz überwiegender Ansicht kann sich eine Pflicht des Benachteiligenden auf Abschluss eines verweigerten Vertrages aus der Beseitigungspflicht des Abs 1 Satz 1 ergeben und nicht aus seiner Pflicht zum Ersatz des aufgrund der Benachteiligung entstandenen Schadens[10]. Besteht der Verstoß gegen das zivilrechtliche Benachteiligungsverbot in der Verweigerung eines Vertragsschlusses (zB Begründung eines Versicherungsverhältnisses oder Abschluss eines Bewirtungsvertrages mit einem Gastwirt), liegt im Abschluss des verweigerten Vertrages die aufgrund von Abs 1 Satz 1 vom Benachteiligenden geschuldete Folgenbeseitigung. Demgegenüber soll sich nach anderer Ansicht[11], die an den durch die Rechtsprechung entwickelten Grundsätzen über den mittelbaren Kontrahierungszwang aus BGB § 826 anknüpft (zu diesen vgl BGB § 826 Rz 155 ff mwNachw), die Pflicht zum Abschluss des verweigerten Vertrages aus der Pflicht des Benachteiligenden zur Naturalrestitution im Wege des Schadensersatzes nach Maßgabe von § 21 Abs 2 Satz 1 und 2 ergeben. Die besseren Argumente sprechen indessen für eine Einordnung des Kontrahierungszwanges als **Folgenbeseitigung im Rahmen des quasi-negatorischen Anspruches aus Abs 1 Satz 1**. Denn bei dem zuvor verweigerten Vertragsschluss handelt es sich nicht um die Herstellung des Zustandes, der bestehen würde, wenn die zum Ersatz verpflichtende Benachteiligung nicht eingetreten wäre, sondern um die Beseitigung der fortdauernden Folgen, die sich für den Benachteiligten aus einer Verletzung des zivilrechtlichen Benachteiligungsverbotes der §§ 19, 20 ergeben.

---

4   Statt vieler Däubler/Beck/Deinert AGG § 21 Rz 31.
5   In diesem Sinne auch Busche, in: Leible/Schlachter, Diskriminierungsschutz durch Privatrecht S 172; vgl auch Thüsing/v Hoff NJW 2007, 21, 22.
6   Vgl BT-Drucks 15/4538.
7   Dazu näher Thüsing/v Hoff NJW 2007, 21, 22.
8   So zB Armbrüster NJW 2007, 1494, 1497.
9   Ähnlich Thüsing/v Hoff NJW 2007, 25.
10 MünchKomm/Thüsing AGG § 21 Rz 19; Thüsing/v Hoff NJW 2007, 21 ff; Maier-Reimer NJW 2006, 2577, 2582; Däubler/Beck/Deinert AGG § 21 Rz 28 und 83; Schiek AGG § 21 Rz 10; Bauer/Krieger/Günther AGG § 21 Rz 6; s auch Schmidt-Räntsch NZM 2007, 6, 13 ff mwNachw. Offen gelassen von Grüneberg/Grüneberg AGG § 21 Rz 7.
11 So zB Rolfs NJW 2007, 1489, 1493 f.

9 Eine Folgenbeseitigung in Gestalt eines Kontrahierungszwangs ist an das **Vorliegen enger Voraussetzungen** geknüpft[12]. So muss der verweigerte Vertrag ohne den Verstoß gegen das Benachteiligungsverbot abgeschlossen worden sein und somit eine **hypothetische Kausalität** zwischen der Benachteiligung und der Ablehnung eines bestimmten Vertragsschlusses bestehen[13]. Auch muss die vertragliche Leistung hinreichend bestimmt sein, was gerade bei Massengeschäften oder diesen vergleichbaren Geschäften iSv § 19 Abs 1 Nr 1 im Regelfall unproblematisch sein dürfte. Die wesentlichen Vertragsbedingungen werden durch AGB desjenigen bestimmt sein, gegenüber dem der Vertragsschluss begehrt wird. Kann der Benachteiligende die vom Benachteiligten begehrte Vertragsleistung nicht (mehr) erbringen, etwa weil er anderweitig über das Gut verfügt hat (zB Vermietung einer Wohnung an eine andere Person), kommt er grundsätzlich von der Leistungspflicht nach **BGB § 275 Abs 1** frei[14], kann aber uU nach den BGB §§ 280 ff, insbesondere nach BGB § 283, zum Schadensersatz verpflichtet sein.

10 b) **Unterlassung (Abs 1 Satz 2)**. Der Benachteiligte hat neben dem Beseitigungsanspruch auch noch einen Anspruch auf Unterlassung, sofern weitere Beeinträchtigungen zu besorgen sind. Voraussetzung ist das Bestehen einer **Wiederholungsgefahr**: Es bedarf somit der objektiv ernstlichen Besorgnis weiterer Verstöße gegen das zivilrechtliche Benachteiligungsverbot. Zu denken ist etwa an die Gefahr einer neuerlichen Verweigerung des Zugangs zu einer Einkaufspassage[15], zu einer Diskothek oder einem Einzelhandelsgeschäft oder die objektiv ernstliche Besorgnis, dass ein Handwerker seine Dienstleistung wegen eines der in § 19 Abs 1 genannten Gründe erneut vorenthalten wird. Aufgrund von § 21 Abs 1 Satz 2 kann auch ein **vorbeugender Unterlassungsanspruch** von demjenigen geltend gemacht werden, dem Beeinträchtigungen wegen einer Benachteiligung iSv § 19 erstmalig drohen[16]: Diese Vorverlagerung des quasi-negatorischen Schutzes entspricht den zu BGB § 1004 entwickelten allgemeinen Grundsätzen[17], an deren Modell sich AGG § 21 Abs 1 orientiert.

11 3. **Schadensersatz (Abs 2)**. Neben der Beseitigung benachteiligungsbedingter Beeinträchtigungen und deren Unterlassung für die Zukunft kann der Benachteiligte unter den Voraussetzungen des Abs 2 auch noch Ersatz des ihm entstandenen materiellen Schadens sowie eine angemessene Entschädigung in Geld wegen seines immateriellen Schadens verlangen. Die Vorschrift ist in ihrer dogmatischen Struktur § 15 Abs 1 und 2 nachgebildet, weicht jedoch hinsichtlich der Entschädigungspflicht des Benachteiligenden insoweit von § 15 Abs 2 ab, als ein Höchstbetrag – und sei es auch nur für einen bestimmten Fall wie in § 15 Abs 2 Satz 2 (vgl § 15 Rz 12 mwNachw) – für den Ausgleich eines Verstoßes gegen das zivilrechtliche Benachteiligungsverbot nicht vorgesehen ist.

12 a) **Ersatz des materiellen Schadens**. Der Benachteiligende schuldet dem Benachteiligten aufgrund von Abs 2 Satz 1 und 2 den Ersatz des Schadens, der diesem durch die Verletzung des zivilrechtlichen Benachteiligungsverbotes entstanden ist. Insoweit findet der Grundsatz der Naturalrestitution (BGB § 249 Abs 1) Anwendung und es gelten dieselben Regeln wie für den Anspruch auf Ersatz der materiellen Schäden nach § 15 Abs 1 (vgl § 15 Rz 6-9 mwNachw). Abs 2 Satz 1 und 2 folgen demselben dogmatischen Modell wie § 15 Abs 1 und BGB § 280 Abs 1. Voraussetzung für den Schadensersatzanspruch ist das Vorliegen eines Schuldverhältnisses, und zwar iSv § 19 Abs 1 Nr 1 oder Nr 2, sowie eine Pflichtverletzung des in Anspruch Genommenen in Gestalt einer Verletzung des zivilrechtlichen Benachteiligungsverbotes. Liegen diese beiden Voraussetzungen vor, vermutet § 21 Abs 1 Satz 2 das Vertretenmüssen des Benachteiligenden.

13 Streitig ist, ob das **Erfordernis des Vertretenmüssens** in § 21 Abs 2 Satz 2 mit Unionsrecht vereinbar ist. Mit Blick auf die parallele Konstruktion des Schadensersatzanspruches in § 15 Abs 1 Satz 2 verstößt ein Verschuldenserfordernis nach nahezu einhelliger Ansicht gegen Unionsrecht (vgl § 15 Rz 4 f mwNachw). Es stellt sich somit die Frage, ob diese für § 15 Abs 1 Satz 2 geltenden Grundsätze auf den Anspruch aus § 21 Abs 2 übertragbar sind. Ein zivilrechtliches Benachteiligungsverbot ergibt sich aus unionsrechtlichen Vorgaben nur für Benachteiligungen aus Gründen der Rasse sowie wegen der ethnischen Herkunft und des Geschlechts und gerade nicht für die anderen in § 19 Abs 1 genannten Gründe (vgl Rz 2). Eine gespaltene Auslegung

---

12 Insoweit kann an § 22 Abs 2 ADG-E (BT-Drucks 15/4538 S 43f) angeknüpft werden: Die Entwurfsvorschrift regelte ausdrücklich die Voraussetzungen eines Abschlusszwanges als Folge eines Verstoßes gegen das zivilrechtliche Benachteiligungsverbot.
13 Ausführlich zu den in diesem Zusammenhang auftretenden Kausalitätsfragen Thüsing/v Hoff NJW 2007, 21, 23.
14 Allg Ansicht: statt vieler Grüneberg/Grüneberg AGG § 21 Rz 7.
15 So das Beispiel in BT-Drucks 16/1780 S 46.
16 Allg Ansicht: vgl zB Grüneberg/Grüneberg AGG § 21 Rz 4 sowie Däubler/Beck/Deinert AGG § 21 Rz 34 mwNachw.
17 Zur Gewährleistung eines vorbeugenden Unterlassungsanspruches im Rahmen von BGB § 1004 Abs 1 Satz 2 statt vieler Grüneberg/Herrler BGB § 1004 Rz 12 mwNachw aus der Rspr.

von § 21 Abs 2 Satz 2, die nach der Sanktion von Benachteiligungen wegen unionsrechtlich vorgegebener Merkmale und den anderen Merkmalen differenziert, entspricht allerdings nicht dem Willen des Gesetzgebers: Durch die Gleichstellung von Benachteiligungen wegen der Religion, der Behinderung, des Alters und der sexuellen Identität mit Benachteiligungen aus Gründen der Rasse, wegen der ethnischen Herkunft oder des Geschlechts hat er gerade zum Ausdruck gebracht, dass deren Sanktionierung nach einheitlichen Maßstäben erfolgen soll. Die teilweise Unionsrechtswidrigkeit des Erfordernisses eines Vertretenmüssens in Abs 2 Satz 2 hat deshalb zur Folge, dass diese Voraussetzung insgesamt für den Anspruch des Benachteiligten auf Ersatz materieller Schäden zu entfallen hat.

Für die Höhe des Schadensersatzanspruches gilt der **Grundsatz der Naturalrestitution** **14** (BGB § 249 Abs 1). Der Benachteiligte ist somit so zu stellen, als wäre das schädigende Ereignis, die Verletzung des zivilrechtlichen Benachteiligungsverbotes, nicht eingetreten. Eine summenmäßige Beschränkung besteht insoweit nicht. Die Pflicht zur Naturalrestitution schließt keinen Kontrahierungszwang in den Fällen ein, in denen der Verstoß gegen das zivilrechtliche Benachteiligungsverbot in der Verweigerung eines Vertragsschlusses besteht; allerdings kann sich ein solcher **Kontrahierungszwang** aus der Pflicht des Benachteiligenden aus Abs 1 Satz 1 zur Beseitigung der Folgen der Benachteiligung ergeben (s oben Rz 6 ff mwNachw).

b) **Ersatz des immateriellen Schadens (Abs 2 Satz 3)**. Neben dem Ersatz des materiellen **15** Schadens nach Satz 1 kann der Benachteiligte wegen des Schadens, der nicht Vermögensschaden ist, eine angemessene Entschädigung in Geld verlangen. Es handelt sich bei der Vorschrift um einen gesetzlich bestimmten Fall iSv BGB § 253 Abs 1. Mit Ausnahme der Festlegung eines Höchstbetrages in § 15 Abs 2 Satz 2 entspricht die dogmatische Struktur der Vorschrift dem Anspruch von Beschäftigten aus § 15 Abs 2.

Der Anspruch auf angemessene Entschädigung setzt ebenso wenig ein Vertretenmüssen wie **16** der Anspruch auf Ersatz des materiellen Schadens voraus und entsteht somit **verschuldensunabhängig**. Dies ergibt sich nicht bereits aus dem Wortlaut von § 21 Abs 2 Satz 3, der ein Vertretenmüssen nicht anordnet[18]: Die Vorschrift regelt nur den Anspruchsinhalt, nicht aber dessen Voraussetzungen, die sich aus § 21 Abs 2 Satz 1 und 2 ergeben und auch ein – zumindest vermutetes – Vertretenmüssen des Benachteiligenden verlangen. Allerdings lässt sich der Rechtsprechung des EuGH zur Umsetzung der RL 76/207/EWG durch BGB § 611a Abs 2 aF entnehmen, dass der Ersatz des immateriellen Schadens wegen einer Geschlechterdiskriminierung nur dann eine wirksame, verhältnismäßige und abschreckende Sanktion von Verstößen darstelle, wenn die Pflicht verschuldensunabhängig ausgestaltet ist (vgl § 15 Rz 4 ff mwNachw). Selbst wenn man davon ausgehen sollte, dass sich das Erfordernis des Vertretenmüssens in § 21 Abs 2 Satz 2 nicht nur auf den Schadensersatzanspruch, sondern auch auf den Entschädigungsanspruch bezieht, ist der Anspruch aus § 21 Abs 2 Satz 3 jedenfalls für Benachteiligungen aus Gründen der Rasse oder wegen der ethnischen Herkunft oder des Geschlechts aus unionsrechtlichen Gründen verschuldensunabhängig. Theoretisch könnte somit bei Benachteiligungen im Bereich des § 19 Abs 1 wegen der Religion, einer Behinderung, des Alters oder der sexuellen Identität am Vertretenmüssen festgehalten und § 21 Abs 2 Satz 3 nach einzelnen Merkmalen getrennt ausgelegt werden. Eine nach einzelnen in § 19 Abs 1 genannten Benachteiligungsmerkmalen gespaltene Auslegung von § 20 Abs 2 Satz 3 würde indessen der Intention des Gesetzgebers widersprechen, die dem zivilrechtlichen Benachteiligungsverbot unterliegenden Merkmale gleich zu behandeln, auch wenn die unionsrechtlichen Vorgaben nur einzelne von ihnen bestimmen.

Die **Höhe der Entschädigung in Geld** steht im Ermessen des Gerichts (ZPO § 287 Abs 1). **17** Eine Deckelung sieht § 21 Abs 2 Satz 3 – im Unterschied zur Entschädigung für Verstöße gegen das Verbot der Benachteiligung in Beschäftigung und Beruf (vgl § 15 Abs 2 Satz 2) – nicht vor. Die **Angemessenheit der Entschädigung** hängt vor allem davon ab, dass sie dem Benachteiligten Genugtuung für die mit der Benachteiligung verbundene Beeinträchtigung seiner Persönlichkeit verschafft[19]. Für die weitere Präzisierung soll nach der Vorstellung des Gesetzgebers auf die von der Rechtsprechung entwickelten Grundsätze über die Entschädigung bei der Verletzung des allgemeinen Persönlichkeitsrechts (vgl § 823 Rz 243 ff mwNachw) zurückgegriffen werden können[20]. Ein solches Anknüpfen an der Rechtsprechung zu BGB § 823 Abs 1 ist vor allem deshalb wünschenswert, um die von der Rechtsordnung zu erwartende Kohärenz der Grundsätze über den Ersatz immaterieller Schäden sicherzustellen. Die noch überschaubare Rechtsprechung der Zivilgerichte zur Entschädigungshöhe ist bislang eher tastend und uneinheitlich. Klare Richtlinien für die Praxis haben sich deshalb noch nicht herausgebildet. So hat das OLG Stuttgart

---

18 So aber zB Däubler/Beck/Deinert AGG § 21 Rz 65.   20 Vgl BT-Drucks 16/1780 S 46.
19 Vgl BT-Drucks 16/1780 S 46.

einem Kläger, dem ua wegen seiner Hautfarbe Zutritt zu einer Diskothek verwehrt worden war, eine Entschädigung iHv 900 Euro zugesprochen[21]. Im Falle einer Kündigung einer privaten Krankenversicherung, welche die Versicherungsnehmerin wegen ihres Geschlechts benachteiligte, hat das OLG Hamm eine Entschädigung von 2.000 Euro für angemessen erachtet[22]. Das OLG Köln hat zwei Interessenten „afrikanischer Herkunft und von dunkler Hautfarbe"[23] sogar eine Entschädigung iHv jeweils 2.500 Euro zugebilligt, da sie bei einer Wohnungsbesichtigung von der Hausmeisterin der Liegenschaft, die von der vermietenden Wohnungsverwaltung beschäftigt war, mit den Worten „Die Wohnung wird nicht an Neger, äh ... Schwarzafrikaner und Türken vermietet" abgewiesen worden waren[24]. Schließlich verdient noch ein Urteil des LG Köln Erwähnung, in dem es um das Scheitern der gewerblichen Vermietung einer ansonsten zu Wohnzwecken genutzten Villa ging, da die Kläger – ein homosexuelles Paar – die Villa zur Ausrichtung ihrer Hochzeitsfeier nutzen wollten, und diesen eine Entschädigung iHv jeweils 850 Euro zugesprochen worden ist[25].

18   **4. Anspruchskonkurrenz (Abs 3).** Die Ansprüche aus Abs 1 und Abs 2 lassen Ansprüche aus unerlaubter Handlung unberührt. Somit können Personen neben diesen Ansprüchen auch noch Ansprüche auf Schadensersatz wegen einer Verletzung des allgemeinen Persönlichkeitsrechts (BGB § 823 Abs 1), wegen einer Verletzung strafrechtlicher Tatbestände, die zugleich Schutzgesetze iSv BGB § 823 Abs 2 sind (zB die Ehrverletzungsdelikte der StGB §§ 185 ff)[26], oder in Ausnahmefällen wegen einer vorsätzlichen sittenwidrigen Schädigung aus BGB § 826 verlangen. In diesen Fällen besteht eine **freie Anspruchskonkurrenz** zwischen den Ansprüchen aus AGG § 21 Abs 1 und 2 und aus den BGB §§ 823 ff. Bei der Geltendmachung von Ansprüchen aus unerlaubter Handlung kann sich der Benachteiligte jedoch nicht auf die Beweiserleichterung des § 22 berufen[27].

19   Seinem Wortlaut nach regelt § 21 Abs 3 nicht das Verhältnis zwischen Ansprüchen von Benachteiligten aus dem AGG und aus **BGB § 280 Abs 1**, insbesondere bei Bestehen eines vorvertraglichen Schuldverhältnisses iSv BGB § 311 Abs 2 iVm § 241 Abs 2. § 21 enthält hierzu keine Regelung. Es würde indessen dem in § 21 Abs 3, aber auch in § 15 Abs 5 erkennbaren gesetzgeberischen Willen zuwiderlaufen, Benachteiligten Ansprüche, die sich wegen einer Benachteiligung aus anderen Anspruchsnormen ergeben, zu erhalten, wenn die Vorschrift iS ihres Wortlautes eng ausgelegt und Ansprüche aus BGB § 280 Abs 1 ausschließen würde[28]. Aus diesem Grunde stehen auch diese Ansprüche in freier Anspruchskonkurrenz mit den Ansprüchen aus AGG § 21 Abs 2.

20   **5. Unabdingbarkeit (Abs 4).** Auf Vereinbarungen, die vom zivilrechtlichen Benachteiligungsverbot abweichen, kann sich der Benachteiligende nicht berufen. Damit wird das zivilrechtliche **Benachteiligungsverbot mit zwingender Wirkung** ausgestattet. Dieser besonderen Anordnung hätte es eigentlich nicht bedurft, da § 31 diese Aufgabe für das gesamte AGG übernimmt (vgl § 31 Rz 1)[29]. Abs 4 ordnet als Rechtsfolge eines Verstoßes von abweichenden Vereinbarungen lediglich an, dass sich der Benachteiligende nicht auf diese berufen kann und diese in der Folge nichtig sind. Bei einseitigen Rechtsgeschäften (zB Kündigungen), für die Abs 4 nicht gilt, folgt deren Nichtigkeit aus BGB § 134. Verstoßen nur einzelne Abreden gegen das zivilrechtliche Benachteiligungsverbot, bleibt die Vereinbarung entgegen BGB § 139 im Übrigen grundsätzlich wirksam, da dem Benachteiligenden mit einer Rückabwicklung des Vertrages normalerweise nicht geholfen sein wird[30].

21   **6. Ausschlussfrist (Abs 5).** Ansprüche von Benachteiligten auf Beseitigung oder Unterlassung aus Abs 1 oder auf Schadensersatz aus Abs 2 unterliegen einer **zweimonatigen materiellen Ausschlussfrist** (Abs 5 Satz 1). Ist die Frist abgelaufen, ohne dass Ansprüche vom Benachteiligten geltend gemacht worden sind, erlöschen diese automatisch; einer Berufung auf den Ablauf der Ausschlussfrist durch den Benachteiligenden bedarf es im Unterschied zur Verjährung, auf die sich der Schuldner als rechtshemmende Einrede berufen muss (BGB § 214 Abs 1), nicht. Das Gericht hat **von Amts wegen zu prüfen**, ob ein Anspruch aus Abs 1 oder Abs 2 noch nicht durch die Frist des Abs 5 ausgeschlossen ist[31]. Die Ausschlussfrist des Abs 5 gilt lediglich für Ansprüche des Benachteiligten aus Abs 1 oder Abs 2: Sie erfasst infolgedessen nicht auch dessen

---

21 Stuttgart NJW 2012, 1085, 1086f mAnm Liebscher.
22 Vgl Hamm NJW-RR 2011, 762, 764.
23 Zur berechtigten Kritik an dieser Formulierung des Tatbestandes des Urteils Derleder NZM 2009, 310.
24 Vgl Köln NJW 2010, 1676 ff.
25 Vgl LG Köln NJW 2016, 510.
26 So auch der Hinweis in BT-Drucks 16/1780 S 47.
27 Vgl BT-Drucks 16/1780 S 47.
28 IE ebenso Grüneberg/Grüneberg AGG § 21 Rz 10.
29 Ebenso Bauer/Krieger/Günther AGG § 21 Rz 15.
30 So schon BT-Drucks 16/1780 S 47. Allg Ansicht im Schrifttum: vgl Grüneberg/Grüneberg AGG § 21 Rz 2 sowie Däubler/Beck/Deinert AGG § 21 Rz 106 jew mwNachw.
31 Statt Grüneberg/Grüneberg AGG § 21 Rz 8.

Ohne weitere Begründung aA insbes Däubler/Beck/Deinert AGG § 21 Rz 103; unklar Bauer/Krieger/Günther AGG § 21 Rz 14.

vertragliche oder deliktische Ansprüche wegen einer zivilrechtlichen Benachteiligung[32]; diese unterliegen somit der Verjährung.

Im Gegensatz zur Geltendmachung von Schadensersatz- und Entschädigungsansprüchen **22** wegen einer Benachteiligung in Beschäftigung und Beruf, für die das Gesetz eine zweistufige Ausschlussfrist anordnet (vgl AGG § 15 Abs 4 Satz 1 und ArbGG § 61b), besteht für Ansprüche wegen einer Verletzung des zivilrechtlichen Benachteiligungsverbotes somit nur eine einstufige Ausschlussfrist; eine gesonderte Frist für die Klageerhebung sieht das Gesetz nicht vor. Diese bereichsspezifische Differenzierung bei den Ausschlussfristen ist **mit Unionsrecht vereinbar**[33]: Eine zweimonatige Frist zur Geltendmachung von Beseitigungs- und Schadensersatzansprüchen ab Kenntniserlangung steht im Einklang mit dem Gebot einer effektiven Rechtsdurchsetzung und wahrt auch den Grundsatz der Äquivalenz mit vergleichbaren innerstaatlichen Rechtsbehelfen, denn Ersatz- und Entschädigungsansprüche für Benachteiligungen sind erst mit dem AGG geschaffen worden.

Der **Lauf der Ausschlussfrist** beginnt mit der Entstehung der Ansprüche aus § 21 Abs 1 **23** oder Abs 2[34]. Die Fristberechnung erfolgt unter Rückgriff auf BGB §§ 187 ff: Der Tag der Anspruchsentstehung wird bei der Fristberechnung nicht mitgerechnet (BGB § 187 Abs 1); für das Fristende gilt BGB § 188. Die **Geltendmachung** der Ansprüche ist im Gegensatz zu § 15 Abs 4 Satz 1 **nicht formgebunden**. Denkbar ist somit sogar eine mündliche oder fernmündliche Geltendmachung des Benachteiligten gegenüber dem Benachteiligenden, um die Frist zu wahren.

Ausnahmsweise können auch **nach Ablauf der zweimonatigen Ausschlussfrist** Ansprüche **24** aus Abs 1 und 2 noch geltend gemacht werden, wenn der Benachteiligte ohne Verschulden an der Einhaltung der Frist verhindert war (**Satz 2**). Dies ist insbesondere dann der Fall, wenn der Benachteiligte erst nach Fristablauf Kenntnis von den anspruchsbegründenden Tatsachen erlangt hat, ohne dass er dies vorsätzlich oder fahrlässig zu vertreten hat[35]. Streitig ist, innerhalb welcher Frist der Benachteiligte nach Ablauf der zweimonatigen Frist noch Ansprüche aus § 21 Abs 1 und 2 geltend machen kann. Nach einer Ansicht soll die Geltendmachung unverzüglich, also ohne schuldhaftes Zögern (BGB § 121), ab Kenntniserlangung erfolgen müssen[36]. Für eine solche Verkürzung der Frist lassen sich jedoch keine überzeugenden Argumente finden: Es ist nicht ersichtlich, warum in diesen Fällen dem Rechtsfrieden zu Lasten des Benachteiligten, dessen Frist zur Geltendmachung seiner Ansprüche von zwei Monaten uU auf nur wenige Tage reduziert wird, der Vorzug eingeräumt wird. Dem Benachteiligten sind somit auch im Fall des Satz 2 **zwei Monate ab Kenntniserlangung** für die Geltendmachung seiner Ansprüche wegen der Benachteiligung einzuräumen[37].

Abschnitt 4
Rechtsschutz

§ 22 Beweislast

Wenn im Streitfall die eine Partei Indizien beweist, die eine Benachteiligung wegen eines in § 1 genannten Grundes vermuten lassen, trägt die andere Partei die Beweislast dafür, dass kein Verstoß gegen die Bestimmungen zum Schutz vor Benachteiligung vorgelegen hat.

---

32 Ganz überwiegende Ansicht: vgl zB MünchKomm/Thüsing AGG § 21 Rz 70; Däubler/Beck/Deinert AGG § 21 Rz 109; aA, allerdings ohne Begründung Bauer/Krieger/Günther AGG § 21 Rz 16.
33 Vgl zB MünchKomm/Thüsing AGG § 21 Rz 71 sowie Däubler/Beck/Deinert AGG § 21 Rz 111 mwNachw; iE ebenso, allerdings ohne Begründung Grüneberg/Grüneberg AGG § 21 Rz 8; aus der Rspr eingehend zu der Frage Hamm NJW-RR 2011, 762, 765.
34 Statt vieler Grüneberg/Grüneberg AGG § 21 Rz 8 mwNachw; aus der Rspr Hamm NJW-RR 2011, 762, 764.
35 Vgl BT-Drucks 16/1780 S 47.
36 So insbes MünchKomm/Thüsing AGG § 21 Rz 69; Grüneberg/Grüneberg AGG § 21 Rz 8; Adomeit/Mohr § 21 Rz 21.
37 Vgl Maier-Reimer NJW 2006, 2577, 2582; Bauer/Krieger/Günther AGG § 21 Rz 16; Däubler/Beck/Deinert AGG § 21 Rz 118.

ÜBERSICHT

I. Überblick 1–3	3. Auskunftsanspruch des Benachteiligten 16, 17
II. Tatbestand der Beweiserleichterung 4–17	III. **Rechtsfolgen** 18–21
1. Anwendungsbereich 4–6	
2. Beweis von Indizien 7–15	

I. Überblick

1 § 22 regelt abweichend von den allgemeinen Grundsätzen die Darlegungs- und Beweislastverteilung für eine prozessuale Geltendmachung von Rechten aufgrund einer Benachteiligung wegen eines in § 1 genannten Grundes. Im Kern gewährt sie Personen, die sich auf eine Benachteiligung berufen, eine **Beweiserleichterung** und erhöht auf diese Weise die Effektivität des vom AGG gewährleisteten Diskriminierungsschutzes. § 22 schafft eine abgestufte Darlegungs- und Beweislast in Prozessen, die eine Benachteiligung wegen eines in § 1 genannten Grundes zum Gegenstand haben, geht aber nicht so weit, eine Beweislastumkehr zu Lasten desjenigen anzuordnen, von dem behauptet wird, dass er benachteiligt hat. Vielmehr handelt es sich bei der durch die Vorschrift ausgelösten Vermutung einer Benachteiligung im Falle des Beweises von Indizien, die eine Benachteiligung vermuten lassen, um eine **Form des Anscheinsbeweises**[1].

2 Die Vorschrift ist weitgehend der ausschließlich für die Benachteiligung wegen des Geschlechts geltenden Vorläufervorschrift des BGB **§ 611a Abs 1 Satz 3 aF** – und der an diese angelehnten Vorschrift des SGB IX § 81 Abs 2 Satz 2 Nr 1 Satz 3 aF für Benachteiligungen von schwerbehinderten Beschäftigten wegen der Behinderung – nachgebildet, ersetzt allerdings das Tatbestandsmerkmal der Glaubhaftmachung durch das Erfordernis des Beweises von Indizien, die eine Benachteiligung wegen eines in § 1 genannten Grundes vermuten lassen.

3 Die erleichterte Darlegungs- und Beweislast des § 22 geht auf die Gleichbehandlungs-RL zurück und ist somit durch **Unionsrecht** vorgegeben[2]. Allerdings verlangen die RL ihrem Wortlaut nach übereinstimmend nur die „Glaubhaftmachung" von Tatsachen, die das Vorliegen einer unmittelbaren oder mittelbaren Diskriminierung vermuten lassen, damit eine Beweislasterleichterung eintritt, nicht aber deren Beweis, wie es § 22 vorsieht. Damit ist keine Glaubhaftmachung iSv ZPO § 294 gemeint, vielmehr hat der Benachteiligte die Indizien, die eine Benachteiligung wegen eines verbotenen Merkmals als überwiegend wahrscheinlich erscheinen lassen, nach den Regeln der jeweils geltenden Verfahrensordnung darzulegen und zu beweisen[3]. In der Sache ist § 22 nicht strenger als die RL (s unten Rz 7 mwNachw), sondern entspricht diesen unionsrechtlichen Vorgaben.

II. Tatbestand der Beweiserleichterung

4 **1. Anwendungsbereich.** § 22 gilt für Streitfälle, die eine Benachteiligung wegen eines in § 1 genannten Grundes zum Gegenstand haben. Damit sind sämtliche **Rechtsstreitigkeiten vor Gerichten** – vor ordentlichen Gerichten in gleicher Weise wie vor Arbeits- oder Verwaltungsgerichten – gemeint, in denen es um eine solche Benachteiligung geht. Der Begriff der **Benachteiligung** in § 22 knüpft an der begrifflichen Bestimmung des § 3 an: Somit kommt einer Partei, die behauptet, benachteiligt worden zu sein, die Beweiserleichterung des § 22 nicht nur bei unmittelbaren und mittelbaren Benachteiligungen, wie dies die Gleichbehandlungs-RL ausdrücklich verlangen (s oben Rz 3), sondern auch bei (sexuellen) Belästigungen sowie Anweisungen zu Benachteiligungen zugute[4]; insoweit geht § 22 in zulässiger Weise über den Standard der Gleichbehandlungs-RL hinaus, da diese lediglich einen Mindestschutz gewährleisten, der durch die nationalen Rechtsordnungen der Mitgliedstaaten überschritten werden kann[5].

5 Der sachliche Anwendungsbereich der Beweiserleichterung bestimmt sich weiterhin nach § 2 Abs 1 Nr 1 bis 8. Trotz der Ausnahmeregelung des § 2 Abs 4 für Kündigungen von Arbeitsverhältnissen gilt § 22 auch für Benachteiligungen wegen eines in § 1 genannten Grundes bei der Kündigung, da § 2 Abs 4 richtlinienwidrig ist und nicht angewendet werden darf (s oben § 2

---

[1] IdS wohl auch der RegE zum AGG, BT-Drucks 16/1780 S 47.
[2] Vgl RL 2000/43/EG Art 8; RL 2000/78/EG Art 10; RL 2004/113/EG Art 9; RL 2006/54/EG Art 19. Die Vorschriften entsprechen den Beweiserleichterungen, wie sie die RL 97/80/EG über die Beweislast bei Diskriminierung aufgrund des Geschlechts anordnete.
[3] Statt vieler EUArbR/Mohr, Art 10 RL 2000/78/EG Rz 4 Rz 4 mwNachw.
[4] So wohl auch BT-Drucks 16/1780 S 47.
[5] Vgl RL 2000/43/EG Art 6 Abs 1; RL 2000/78/EG Art 8 Abs 1; RL 2006/54/EG Art 27 Abs 1.

Rz 19 ff mwNachw). § 22 gilt sowohl für Benachteiligungen in Beschäftigung und Beruf als auch für solche auf dem Gebiet des Zivilrechts (vgl § 19).

Für die Geltendmachung von Ansprüchen, die sich nicht wie § 15 Abs 1 und 2 oder § 21 auf eine Grundlage im AGG stützen (zB BGB §§ 823, 826), gilt die Beweiserleichterung des § 22 nicht[6]. Die Vorschrift ist eine *lex specialis* für die Verteilung der Darlegungs- und Beweislast in diskriminierungsrechtlichen Rechtsstreitigkeiten über Benachteiligungen, die gegen eine der Gleichbehandlungs-RL verstoßen. **6**

2. **Beweis von Indizien.** Die Vermutungswirkung des § 22 setzt voraus, dass eine Partei in einer Rechtsstreitigkeit vor Gericht (s oben Rz 4) Indizien beweist, die eine Benachteiligung wegen eines in § 1 genannten Grundes vermuten lassen. Erforderlich ist somit der volle Beweis von **Hilfstatsachen**, aus deren Vorliegen auf eine solche Benachteiligung geschlossen werden kann. Insoweit kommt dem Benachteiligten eine Beweiserleichterung zugute. Er genügt nämlich seiner Darlegungs- und Beweislast aus § 22 in Abweichung von allgemeinen Grundsätzen bereits dann, wenn er Indizien vorträgt, die mit überwiegender Wahrscheinlichkeit auf eine Benachteiligung wegen eines in § 1 genannten Grundes schließen lassen. Somit betrifft die Beweiserleichterung des § 22 den kausalen Zusammenhang zwischen einer benachteiligenden Handlung und einem in § 1 genannten Grund[7]. Die Hilfstatsachen müssen den Schluss auf ein Verhalten des Klagegegners begründen, das eine Benachteiligung wegen eines der in § 1 genannten Merkmale vermuten lässt. Reichen einzelne Hilfstatsachen für sich genommen nicht aus, um die Vermutung einer Benachteiligung zu rechtfertigen, hat das Gericht eine **Gesamtbetrachtung** der vorgetragenen Hilfstatsachen (zB Äußerungen sowie andere Verhaltensweisen eines Arbeitgebers) vorzunehmen, um zu klären, ob diese im Zusammenhang betrachtet geeignet sind, die Vermutungswirkung des § 22 auszulösen[8]. Keine Indizien iSv § 22 sind indessen **Behauptungen „ins Blaue hinein"**, für deren Zutreffen keine tatsächlichen Anhaltspunkte vorgetragen werden[9]. **7**

Die Beweiserleichterung des § 22 betrifft nur die Kausalität zwischen der Benachteiligung und einem in § 1 genannten Grund („wegen ..."). Die **übrigen anspruchs- oder rechtsbegründenden Tatsachen** (zB von § 15 Abs 1 oder 2) hat derjenige, der sich auf eine Benachteiligung wegen eines in § 1 genannten Grundes beruft, in vollem Umfang darzulegen und ggf auch zu beweisen[10]. Dies gilt insbesondere für die Tatsachen, aus denen sich die Eröffnung des Anwendungsbereichs des AGG sowie das Vorliegen einer Benachteiligung iSv § 3 ergibt. **8**

Ausgangspunkt für die Festlegung des Kreises geeigneter Indizien iSv § 22 hat die Feststellung zu sein, wonach es keinen allgemeinen Erfahrungssatz des Inhaltes gibt, dass eine Ungleichbehandlung wegen eines in § 1 genannten Grundes auf unzulässigen Motiven beruht (zB Alter oder sexuelle Identität) und für sich genommen eine Hilfstatsache darstellt, welche eine Benachteiligung vermuten lässt[11]. Zu unterschiedlich können die Gründe sein, warum zB ein bestgeeigneter Bewerber in einem Einstellungsverfahren nicht berücksichtigt worden ist. Es bedarf somit über die pure Ungleichbehandlung hinaus weiterer Umstände, die einen solchen Schluss zulassen. **9**

Indizien iSv § 22 können insbesondere **Statistiken** sein[12]. Sie können eine Vermutung für ein regelhaftes Verhalten des Arbeitgebers gegenüber Trägern eines oder mehrerer Merkmale des § 1 begründen, wenn sie sich konkret auf den betroffenen Arbeitgeber beziehen und im Hinblick auf dessen Verhalten auch aussagekräftig sind[13]. Dies ist im Einzelfall genau zu prüfen. Insbesondere im Bereich der Gleichbehandlung der Geschlechter ist der Statistikbeweis immer wieder als ein Indiz für eine Benachteiligung ins Feld geführt worden. Die Rechtsprechung ist bei dessen Anerkennung indessen zurückhaltend. So begründet nach Auffassung des BAG ein wesentlich geringerer Frauenanteil in der Führungsebene im Vergleich zum Frauenanteil an den Führungskräften in anderen Unternehmen sowie zum Frauenanteil in der Gesamtbelegschaft des betroffenen Unternehmens für sich genommen noch keine Vermutung einer „gläsernen Decke", welche weibliche Beschäftigte wegen des Geschlechts benachteilige[14]. Ebenso wenig begründen Statistiken, welche die Unterrepräsentation von Beschäftigten nichtdeutscher Herkunft in einem **10**

---

6 Statt vieler ErfK/Schlachter AGG § 22 Rz 11 sowie Bauer/Krieger/Günther AGG § 22 Rz 5.
7 St Rspr: vgl zB BAG NJW 2018, 1118, 1120. Bauer/Krieger/Günther AGG § 22 Rz 6 mwNachw.
8 Vgl BAG NJW 2018, 1118, 1120 mwNachw aus der Rspr; aus der Literatur statt vieler Grüneberg/Weidenkaff AGG § 22 Rz 2; ebenso schon BT-Drucks 16/1780 S 47 unter Hinweis auf die Rspr des BAG zu BGB § 611a Abs 1 Satz 3 aF.
9 Allg Ansicht: vgl zB BAG NJOZ 2013, 1699, 1702; s auch BT-Drucks 16/1780 S 47.
10 Statt vieler Bauer/Krieger/Günther AGG § 22 Rz 6 u 8 mwNachw.
11 Ebenso ErfK/Schlachter AGG § 22 Rz 4.
12 So schon BT-Drucks 16/1780 S 47. St Rspr: vgl zB BAG NZA 2012, 1345, 1348 ff; BAG NZA 2011, 93, 99. Ausführlicher zur Zulässigkeit des Statistikbeweises s Bayreuther NJW 2009, 806 ff mwNachw; vgl auch Bauer/Krieger/Günther AGG § 22 Rz 11 Stichwort „Statistikbeweis" mwNachw.
13 S ausdrücklich BAG NZA 2011, 93, 99.
14 Vgl BAG NZA 2011, 93, 98 ff.

Betrieb belegen, nicht per se eine Vermutungswirkung zugunsten der Bevorzugung von Beschäftigten deutscher Herkunft und dem Bestehen einer nach der ethnischen Herkunft von Beschäftigten diskriminierenden Personalpolitik des Arbeitgebers[15]. Es bedarf somit zusätzlicher Indizien, um die Vermutungswirkung des § 22 auszulösen.

11 Auch **„Testing-Verfahren"** können Indizien iSv § 22 darstellen[16]. In diesen Fällen reichen Bewerber eine zweite fiktive Bewerbung einer vom Fehlen eines der Merkmale des § 1 (zB Behinderung) abgesehen vergleichbaren Person ein, um festzustellen, ob ein Arbeitgeber den Merkmalsträger ungünstiger als die fiktive Vergleichsperson behandelt. Ist dies der Fall, lässt dies eine Ungleichbehandlung wegen des betroffenen, in § 1 genannten Grundes vermuten. Allerdings wird oftmals die Vergleichbarkeit der tatsächlichen und der fiktiven Bewerbung problematisch sein[17]. Es ist unverkennbar, dass ein solches „Testing" auch strafrechtlich relevantes Verhalten (zB Urkundenfälschung, StGB § 267) darstellen und sich auch gegenüber dem betroffenen Arbeitgeber als rechtsmissbräuchlich erweisen kann. Allerdings kann die Antidiskriminierungsstelle des Bundes im Rahmen ihrer Aufgabe, wissenschaftliche Untersuchungen zu Benachteiligungen durchzuführen (vgl § 27 Abs 3 Nr 3), auch Testing-Verfahren unter Beachtung wissenschaftlicher Methoden anwenden[18]. *De lege ferenda* spricht wegen der genannten Gefahren, die mit „Testing-Verfahren" verbunden sind, Einiges dafür, dieses – wie in verschiedenen anderen Ländern auch –[19] gesetzlich näher zu regeln und auf die Durchführung durch Antidiskriminierungsverbände (§ 23) oder die Antidiskriminierungsstelle des Bundes (§§ 25 ff) zu begrenzen, um missbräuchliche Verhaltensweisen zu verhindern.

12 Indizien, die eine Benachteiligung wegen eines in § 1 genannten Grundes vermuten lassen, können sich insbesondere aus **Äußerungen oder Fragen des Arbeitgebers** bzw einer von ihm beauftragten Person im Rahmen eines Vorstellungsgesprächs (zB Frage nach einer bestimmten Krankheit des Bewerbers, bei deren Vorliegen von einer Behinderung ausgegangen werden kann[20], nach der Religionszugehörigkeit des Bewerbers[21] oder herabsetzende Bemerkungen über Homosexuelle) ergeben[22]. Fragen, die eine Benachteiligung indizieren, können vom Arbeitgeber auch durch ein **Online-Bewerbungsformular** gestellt werden[23]. Allerdings kommt es auch hier auf die Umstände des Einzelfalles an. Das BAG[24] hat mit Blick auf einzelne Fragen in Online-Bewerbungsformularen die Vermutungswirkung des § 22 überzeugend abgelehnt: So reicht die Frage nach dem Geburtsdatum nicht für die Vermutung einer Benachteiligung wegen des Alters aus, da es keinen Erfahrungssatz des Inhaltes gibt, dass mit der Frage nach dem Alter eines Bewerbers die Bevorzugung jüngerer Bewerber indiziert wird. Ebenso wenig begründet die in einem Online-Bewerbungsformular vorgesehene Auswahl zwischen der Anrede „Herr" und „Frau" eine Vermutung für die Unerwünschtheit von Bewerbungen von Frauen und damit die Benachteiligung wegen des Geschlechts und die Frage nach den Deutschkenntnissen eine Benachteiligung wegen der ethnischen Herkunft, wenn sich aus den Umständen ergibt, dass der Arbeitgeber nicht nur Muttersprachler beschäftigen möchte.

13 Auch **öffentliche Äußerungen des Arbeitgebers** (zB in einer Radiosendung), Beschäftigte „fremder Herkunft" oder Homosexuelle nicht einstellen zu wollen, sind Indizien, welche die Vermutung einer Benachteiligung wegen der ethnischen Herkunft oder wegen der sexuellen Identität auslösen können, wenn Bewerber, die der betreffenden Gruppe angehören, in einem Einstellungsverfahren des Arbeitgebers nicht weiter berücksichtigt worden sind[25]. Eine **Stellenanzeige** des Arbeitgebers (zB in Zeitungen oder in Internetportalen), die unter Verstoß gegen

---

15 Vgl BAG NZA 2012, 1345, 1348f.
16 So bereits BT-Drucks 16/1780 S 47; ErfK/Schlachter AGG § 22 Rz 7a; kritisch hingegen Krieger/Günther NZA 2015, 262 ff sowie Bauer/Krieger/Günther AGG § 22 Rz 11 Stichwort „Testing-Verfahren".
17 IdS wohl auch LAG Schleswig-Holstein ArbR-Aktuell 2014, 364; ebenso Krieger/Günther NZA 2015, 263.
18 So auch Klose/Kühn, Die Anwendbarkeit von Testing-Verfahren im Rahmen der Beweislast, § 22 AGG S 28f.
19 Für einen älteren Überblick s Klose/Kühn, Die Anwendbarkeit von Testing-Verfahren im Rahmen der Beweislast, § 22 AGG S 12 ff mwNachw.
20 So BAG NZA 2010, 383, 385.
21 Vgl Bauer/Krieger/Günther AGG § 22 Rz 11 Stichwort „Fragen im Bewerbungsgespräch/Fragebögen".
22 BAG NZA 2010, 383, 385.
23 Dazu insbesondere BAG v 15.12.2016 – 8 AZR 418/15 (juris-doc).
24 Dazu insbesondere BAG v 15.12.2016 – 8 AZR 418/15 (juris-doc).
25 Vgl EuGH v 10.7.2008, C-54/07, ECLI:EU:C:2008:397 Rz 29 ff (Centrum voor gelijkheid van kansen en voor racismebestrijding/Firma Feryn NV) zur Einordnung von solchen öffentlichen Äußerungen des Arbeitgebers als Benachteiligung wegen der ethnischen Herkunft. Zur Benachteiligung von (potentiellen) Bewerbern wegen ihrer sexuellen Identität durch Radioäußerungen eines Arbeitgebers s EuGH v 23.4.2020, C-507/18, Rz ECLI:EU:C:2020:289 (NH/Associazione Avvocatura per i diritti LGBTI – Rete Lenford). Aus dem Schrifttum statt vieler ErfK/Schlachter AGG § 22 Rz 6.

§ 11 iVm § 7 Abs 1 erfolgt (zB „Berufseinsteiger/in" oder „Buchhalter"), kann ebenfalls ein Indiz für eine Benachteiligung iSd AGG darstellen[26].

Ebenso sind Verstöße gegen **schwerbehindertenrechtliche Verfahrens- oder Förderungspflichten** des Arbeitgebers Indizien, welche grundsätzlich die Vermutungswirkung des § 22 auslösen. Dies gilt für eine nicht erfolgte Einladung eines schwerbehinderten Bewerbers zu einem Vorstellungsgespräch bei Bewerbungen auf Stellen im öffentlichen Dienst, wenn dieser entgegen SGB IX § 165 Satz 4 nicht zu einem Vorstellungsgespräch eingeladen wird, obwohl die fachliche Eignung nicht offensichtlich fehlt[27]. Ein Verstoß gegen diese Pflicht kann vom Arbeitgeber nicht durch nachträgliche Einladung zu einem Vorstellungsgespräch geheilt werden[28]. Ebenso stellt die unterbliebene Beteiligung der Schwerbehindertenvertretung in einem Einstellungsverfahren (vgl SGB IX § 178 Abs 2 Satz 1) ein Indiz für eine Benachteiligung wegen der Behinderung dar[29]: Auf diese Beteiligung kann die Schwerbehindertenvertretung selbst nicht verzichten, sondern ausschließlich der schwerbehinderte Bewerber (s SGB IX § 164 Abs 1 Satz 10)[30]. Schließlich wird nach § 22 eine Benachteiligung wegen der Behinderung vermutet, wenn der Arbeitgeber nicht, wie SGB IX § 164 Abs 1 Satz 2 dies verlangt, die Bundesagentur für Arbeit über die Besetzung eines freien Arbeitsplatzes unterrichtet hat[31]. 14

Die **Schwangerschaft** einer Bewerberin oder einer Beschäftigten, die eine Beförderung begehrt, ist für sich genommen keine Vermutungstatsache iSv § 22[32]. Es müssen auch hier weitere Umstände hinzutreten, die eine Benachteiligung der Schwangeren wegen ihres Geschlechts vermuten lassen (zB entsprechende Äußerungen des Arbeitgebers). 15

3. **Auskunftsanspruch des Benachteiligten.** Nicht selten werden nicht berücksichtigte Bewerber in Einstellungsverfahren über keine ausreichenden Informationen verfügen, welche Indizien iSv § 22 für eine Benachteiligung sein und die Vermutungswirkung auslösen könnten. Von großer praktischer Bedeutung ist deshalb die Beantwortung der Frage, ob nicht eingestellte Bewerber gegenüber einem Arbeitgeber einen Auskunftsanspruch darüber haben, wen dieser nach Abschluss des Bewerbungsverfahrens eingestellt hat. Der EuGH[33] hat in der Rechtssache *Meister* entschieden, dass ein solcher Auskunftsanspruch von nicht eingestellten Bewerbern darüber, ob der Arbeitgeber am Ende des Einstellungsverfahrens einen anderen Bewerber eingestellt hat, aufgrund der Gleichbehandlungs-RL grundsätzlich nicht besteht. 16

Allerdings hat der Gerichtshof in der Rechtssache *Meister* zugleich deutlich gemacht, dass die Verweigerung jedes Zuganges zu diesen Informationen durch den Arbeitgeber ein Gesichtspunkt sein kann, der für die Auslegung der Vermutungswirkung des § 22 zugunsten einer Benachteiligung relevant sein kann. Die Gerichte der Mitgliedstaaten hätten darüber zu wachen, dass die Auskunftsverweigerung die Verwirklichung der mit den Gleichbehandlungs-RL verfolgten Ziele nicht zu beeinträchtigen droht: Bei der Klärung der Frage, ob es ausreichend Indizien für eine Vermutung einer Benachteiligung gebe, seien alle Umstände des Rechtsstreits zu berücksichtigen. Der von § 22 geforderte Indizienbeweis darf somit nicht an der Vorenthaltung von Informationen durch den einstellenden Arbeitgeber scheitern. An diese Ausnahme werden indessen strenge Anforderungen gestellt: So muss der Benachteiligte substantiiert darlegen und ggf beweisen können, dass er auf die Auskunft durch den Arbeitgeber angewiesen ist, um seine Rechte aus dem AGG geltend zu machen[34]. Im Kern läuft dies auf eine Anwendung des aus BGB § 242 entwickelten Rechtsgedankens der **Beweisvereitelung** hinaus[35]. 17

III. Rechtsfolgen

Liegen die Tatbestandsvoraussetzungen des § 22 vor, geht die Darlegungs- und Beweislast auf die andere Partei über. Sie hat dann darzulegen und ggf auch zu beweisen, dass kein Verstoß gegen die Bestimmungen des AGG zum Schutz vor Benachteiligungen vorgelegen hat. Die andere Partei hat die auf den Beweis von Indizien gestützte Vermutung einer Benachteiligung 18

---

26 Allg Ansicht: BAG NZA 2017, 715, 718; aus dem Schrifttum s statt vieler Grüneberg/Weidenkaff AGG § 22 Rz 2.
27 Vgl BAG NJW 2018, 1118, 1120 mNachw.
28 Dazu mit eingehender u überzeugender Begründung BAG NZA 2014, 82, 86.
29 Vgl BAG NZA 2016, 681, 685.
30 St Rspr: s BAG 2016, 681, 685 sowie BAG AP SGB IX § 81 Nr 21.
31 Vgl BAG NZA 2007, 507, 510 zu SGB IX § 81 Abs 2 S 2 Nr 1 Satz 3 aF: nichts anderes kann für den nicht nur auf Benachteiligungen wegen Behinderungen beschränkten u im Übrigen gleichlautenden AGG § 22 gelten. Vgl statt vieler ErfK/Schlachter, AGG § 22 Rz 6 sowie Däubler/Beck AGG § 22 Rz 83 mwNachw.
32 Vgl BAG NZA 2008, 1351, 1353 zu der Vorläufervorschrift des BGB § 611a Abs 1 S 3 aF.
33 EuGH v 19.4.2012, C-415/10, ECLI:EU:C:2012:217 Rz 32 ff (Galina Meister/Speech Design Carrier Systems GmbH).
34 So auch BeckOK-Arbeitsrecht/Roloff AGG § 22 Rz 10.
35 Zu diesen Grundsätzen statt vieler Thomas/Putzo ZPO, 43. Aufl (2022) § 286 Rz 17 ff mwNachw.

wegen eines in § 1 genannten Grundes zu widerlegen und muss somit den **Entlastungsbeweis** führen. Hierfür trägt sie die volle Beweislast[36].

19   Diesen Entlastungsbeweis kann sie auf zweierlei Weise erbringen. Entweder kann sie darlegen und beweisen, dass die Ungleichbehandlung der anderen Partei nicht wegen eines in § 1 genannten Grundes erfolgt ist und **widerlegt** somit die aufgrund der Indizien begründete **Vermutung einer Kausalität** zwischen der streitgegenständlichen Ungleichbehandlung und einem der Merkmale des § 1. Allerdings ist hier die Messlatte hoch angesetzt, muss doch im Einzelfall dargelegt und auch unter Beweis gestellt werden, dass keines der verbannten Merkmale des § 1 eine Rolle bei der streitgegenständlichen Entscheidung gespielt hat[37]. So kann der Arbeitgeber die Vermutungswirkung des § 22 wirksam dadurch erschüttern, dass er darlegt und beweist, von der Schwerbehinderteneigenschaft der anderen Partei in Unkenntnis gewesen zu sein und deshalb nicht wegen der Behinderung diesen Bewerber benachteiligt hat oder auch ältere Bewerber zu Vorstellungsgesprächen eingeladen und uU auch eingestellt zu haben und infolgedessen nicht ältere Bewerber benachteiligt hat.

20   Zum anderen kann die Entlastung aber auch dadurch erfolgen, dass die Partei, zu deren Lasten nach § 22 eine Benachteiligung vermutet wird, Tatsachen darlegt und beweist, aus denen sich eine **Rechtfertigung der Ungleichbehandlung** wegen eines in § 1 genannten Grundes ergibt. Eine solche Rechtfertigung kann sich für den Bereich von Beschäftigung und Beruf aus § 5 (positive Maßnahmen) und den §§ 8-10 sowie für den Geltungsbereich des zivilrechtlichen Benachteiligungsverbotes aus § 19 Abs 3 und aus § 20 ergeben. Allerdings sieht § 3 Abs 3 und 4 eine Rechtfertigung für eine (sexuelle) Belästigung grundsätzlich nicht vor, so dass insoweit ein Entlastungsbeweis von dem in Anspruch Genommenen nicht möglich ist[38].

21   Beim Entlastungsbeweis darf der in Anspruch Genommene grundsätzlich nicht Tatsachen im Verfahren nachschieben[39]. **Nachgeschobene Kriterien** für die Einstellung, die diskriminierungsfrei sind, dürften schon zweifelhaft sein, wenn sie nicht in einer zuvor erfolgten Stellenausschreibung genannt waren. Doch davon abgesehen sind **nachträglich vorgebrachte Gründe** auch deshalb im Rahmen des Entlastungsbeweises grundsätzlich unbeachtlich, weil § 22 die Darlegung und auch den Beweis positiv verlangt, dass keines der in § 1 genannten Merkmale bei der streitgegenständlichen Entscheidung eine Rolle gespielt hat (s oben Rz 19).

§ 23 Unterstützung durch Antidiskriminierungsverbände

(1) Antidiskriminierungsverbände sind Personenzusammenschlüsse, die nicht gewerbsmäßig und nicht nur vorübergehend entsprechend ihrer Satzung die besonderen Interessen von benachteiligten Personen oder Personengruppen nach Maßgabe von § 1 wahrnehmen. Die Befugnisse nach den Absätzen 2 bis 4 stehen ihnen zu, wenn sie mindestens 75 Mitglieder haben oder einen Zusammenschluss aus mindestens sieben Verbänden bilden.
(2) Antidiskriminierungsverbände sind befugt, im Rahmen ihres Satzungszwecks in gerichtlichen Verfahren als Beistände Benachteiligter in der Verhandlung aufzutreten. Im Übrigen bleiben die Vorschriften der Verfahrensordnungen, insbesondere diejenigen, nach denen Beiständen weiterer Vortrag untersagt werden kann, unberührt.
(3) Antidiskriminierungsverbänden ist im Rahmen ihres Satzungszwecks die Besorgung von Rechtsangelegenheiten Benachteiligter gestattet.
(4) Besondere Klagerechte und Vertretungsbefugnisse von Verbänden zu Gunsten von behinderten Menschen bleiben unberührt.

ÜBERSICHT

1. Überblick 1–3	a) Beistand in Gerichtsverfahren .. 12
2. Begriff des Antidiskriminierungsverbandes 4–10	b) Besorgung von Rechtsangelegenheiten Benachteiligter 13
3. Befugnisse von Antidiskriminierungsverbänden 11–13	4. Besondere Klagerechte von Behindertenverbänden (Abs 4) 14

---

36 Statt aller Grüneberg/Grüneberg AGG § 22 Rz 3 mwNachw.
37 St Rspr: EuGH v 16.7.2015, C-83/14, ECLI:EU:C:2015:480 Rz 85 (CHEZ Razpredelenie Bulgaria AD/Komisia za zashtita ot diskriminatsia) mwNachw aus der Rspr des EuGH; s auch BAG NJW 2018, 1118, 1120 u BAG NZA 2017, 715, 717 mwNachw. Bauer/Krieger/Günther AGG § 22 Rz 13; ErfK/Schlachter AGG § 22 Rz 11 mwNachw.
38 So auch BeckOK-Arbeitsrecht/Roloff AGG § 22 Rz 53.
39 Vgl BAG NZA 2004, 540, 544f sowie BVerfG NZA 1994, 745, jew zu BGB § 611a Abs 1 S 3 aF; ebenso Bauer/Krieger/Günther AGG § 22 Rz 13.

5. Verbandsbeteiligung nach anderen
   Vorschriften 15, 16

1. Überblick. Die Vorschrift regelt die **Mitwirkung von Antidiskriminierungsverbänden bei der Durchsetzung der Rechte von benachteiligten Personen** und gewährleistet somit die Möglichkeit einer kollektiven Rechtsdurchsetzung des AGG durch ein Tätigwerden von Verbänden. Auf diese Weise wird einerseits die individuelle Durchsetzung der Benachteiligungsverbote des AGG durch benachteiligte Personen, namentlich durch die Geltendmachung eines Leistungsverweigerungsrechts (§ 14) oder eines Schadensersatz- oder Entschädigungsanspruches (§§ 15 Abs 1 und 2, 21 Abs 1 und 2), sowie andererseits das Tätigwerden der Antidiskriminierungsstelle (vgl insbesondere die Aufgaben nach § 27 Abs 1 und 2) um kollektive Elemente ergänzt[1]. Mit der Anerkennung einer kollektiven Rechtsdurchsetzung beschreitet der Gesetzgeber im Diskriminierungsrecht einen ähnlichen Weg, wie er im Verbraucherschutzrecht (vgl zB UKlaG §§ 2 ff), aber auch im Wettbewerbsrecht (zB UWG § 8 Abs 1 iVm Abs 3 Nr 2 und 3) schon seit längerem eingeschlagen hat. 1

Die **Schaffung eines kollektiven Rechtsschutzes** durch Antidiskriminierungsverbände ist **unionsrechtlich geboten**: So sollen die Mitgliedstaaten nach den insoweit wortidentisch formulierten RL 2000/43/EG Art 7 Abs 2, RL 2000/78/EG Art 9 Abs 2, RL 2004/113/EG Art 8 Abs 3 sowie RL 2006/54/EG Art 17 Abs 2 sicherstellen, „dass Verbände, Organisationen oder andere juristische Personen, die gemäß den in ihrem einzelstaatlichen Recht festgelegten Kriterien ein rechtmäßiges Interesse daran haben, für die Einhaltung der Bestimmungen der Richtlinie(n) zu sorgen, sich entweder im Namen der beschwerten Person oder zu deren Unterstützung mit deren Einwilligung an den in diesen Richtlinie(n) zur Durchsetzung der Ansprüche vorgesehenen Gerichts- und/oder Verwaltungsverfahren beteiligen können". Die genannten Richtlinienvorschriften lassen dem nationalen Gesetzgeber einen gewissen Gestaltungsspielraum bei der Festlegung der Befugnisse von Antidiskriminierungsverbänden. Insbesondere gehen sie nicht so weit, dass ihnen eine Pflicht der Mitgliedstaaten zur Schaffung einer Verbandsklage, also der Befugnis von Verbänden zur Geltendmachung von Rechten von Benachteiligten im eigenen Namen, entnommen werden könnte[2]. 2

Abs 1 legt die Kriterien fest, welche Verbände erfüllen müssen, um als Antidiskriminierungsverbände iSd AGG Befugnisse wahrnehmen zu können. **Abs 2** und **Abs 3** bestimmen die Befugnisse von Antidiskriminierungsverbänden. **Abs 4** stellt klar, dass besondere Formen der Verbandsklage, die zugunsten von Behindertenverbänden existieren, durch das AGG nicht berührt werden. 3

2. Begriff des Antidiskriminierungsverbandes. Mit Abs 1 liefert der Gesetzgeber eine **Legaldefinition des Antidiskriminierungsverbandes**. Nur Verbände, die sämtliche gesetzlichen Voraussetzungen der Vorschrift erfüllen, können die Befugnisse von Abs 2 und 3 in Anspruch nehmen. 4

Dabei muss es sich um **Personenzusammenschlüsse** handeln, die nicht gewerbsmäßig und nicht nur vorübergehend entsprechend ihrer Satzung die besonderen Interessen von benachteiligten Personen oder Personengruppen nach Maßgabe von § 1 wahrnehmen. Für den Begriff des Personenzusammenschlusses iSd § 23 Abs 1 ist dessen Rechtsfähigkeit grundsätzlich ohne Bedeutung. Somit kommen nicht nur eingetragene Vereine, sondern auch nicht eingetragene Vereine (BGB § 54) in Betracht. Ebenso ist die Rechtsform unbeachtlich, soweit sie den nicht gewerbsmäßigen und nicht nur vorübergehenden Charakter des Personenzusammenschlusses sicherstellt: Antidiskriminierungsverbände können deshalb außer in der Rechtsform eines Vereins auch als Stiftung oder als GmbH organisiert sein. Hingegen dürfen sie nicht in der Rechtsform einer Kapitalgesellschaft organisiert sein, da diese Kaufleute kraft Rechtsform (HGB § 6 iVm GmbHG § 13 Abs 3 und AktG § 3 Abs 1) sind und deshalb der Betrieb eines Handelsgewerbes unterstellt wird, was dem Erfordernis einer fehlenden Gewerbsmäßigkeit in § 23 Abs 1 Satz 1 widerspricht[3]. Ebenso wenig dürfen sie in der Rechtsform einer **Personengesellschaft** (zB Gesellschaft bürgerlichen Rechts nach BGB § 705) organisiert sein: Denn nach den gesetzlichen Vorschriften ist die Gesellschaft bürgerlichen Rechts als Personenzusammenschluss mit starken personalen Elementen konzipiert, der von seinem Mitgliederbestand grundsätzlich abhängig ist (s BGB Vor § 705 Rz 14 mwNachw) und deshalb nicht die von § 23 Abs 1 Satz 1 verlangte Dauerhaftigkeit der Verbandsstruktur aufweist[4]. 5

Personenzusammenschlüsse iSv Abs 1 müssen ferner nach ihrer Satzung die besonderen Interessen von benachteiligten Personen oder Personengruppen nach Maßgabe von § 1 wahrnehmen. 6

---

1 So auch BT-Drucks 16/1780 S 48.
2 In diesem Sinne auch EuGH NJW 2008, 2767, 2768f mit Blick auf RL 2000/43/EG Art 7.
3 IE ebenso zB Schiek/Kocher AGG § 23 Rz 5.
4 AA ohne nähere Begründung aber Schiek/Kocher AGG § 23 Rz 5.

Zu ihren **satzungsmäßigen Aufgaben** muss somit gehören, sich für die Interessen von Personen oder Personengruppen, die durch das AGG geschützt werden, einsetzen zu wollen. Dabei muss der Diskriminierungsschutz nicht den einzigen satzungsmäßigen Zweck des Verbandes bilden: Es schadet nicht, wenn ein Verband zugleich auch weitere satzungsmäßige Ziele verfolgt[5]. Allerdings darf der Antidiskriminierungsschutz nicht nur eine untergeordnete satzungsgemäße Aufgabe sein[6].

7 Bei der Auslegung des nicht gewerbsmäßigen und nicht nur vorübergehenden Charakters des Verbandes kann auf die zu UKlaG § 4 Abs 2 entwickelten Grundsätze zurückgegriffen werden. Von einer **fehlenden Gewerbsmäßigkeit der Verbandstätigkeit** kann nur dann die Rede sein, wenn diese nicht auf die Erzielung dauernder Einnahmen durch die Wahrnehmung der besonderen Interessen von benachteiligten Personen gerichtet ist und sich der Verband grundsätzlich aus eigenen Mitteln wie Mitgliedsbeiträgen oder Spenden finanziert[7]. Das **Erfordernis eines nicht nur vorübergehenden Bestehens** schließt vor allem ad-hoc-Zusammenschlüsse zu Zwecken des Diskriminierungsschutzes von den Befugnissen des § 23 Abs 2 und 3 aus[8], die etwa zum Zwecke einer konkreten „Kampagne" gegen Benachteiligungen durch ein bestimmtes Unternehmen gebildet worden sind. Allerdings können die Grenzen zwischen einem nur vorübergehenden und einer auf eine gewisse Dauer angelegten Personenzusammenschluss im Einzelfall durchaus fließend sein, was zu Rechtsunsicherheiten führen kann.

8 Abs 1 Satz 2 verlangt außerdem, dass der Verband **mindestens 75 Mitglieder** haben muss **oder**, sofern es sich um einen Zusammenschluss verschiedener Verbände handelt, **aus mindestens sieben Verbänden gebildet** ist. Mit diesen quantitativen Kriterien soll letztlich sichergestellt werden, dass die Antidiskriminierungsverbände eine gewisse Mindestgröße aufweisen, welche die Vermutung begründet, dass der Personenzusammenschluss die ihm eröffneten Befugnisse in Abs 2 und 3 auch tatsächlich effektiv erfüllen kann. Diese vom deutschen Gesetzgeber verlangte Mindestgröße von Antidiskriminierungsverbänden ist zwar nicht durch Unionsrecht vorgegeben, doch erlauben die Richtlinienvorschriften über die Mitwirkung der Verbände[9], dass die Mitgliedstaaten die „Kriterien" definieren, welche Antidiskriminierungsverbände erfüllen müssen, um die besonderen Interessen von Benachteiligten wahrnehmen zu dürfen.

9 Der Tatbestand des Abs 1 kann von sehr unterschiedlichen Verbänden erfüllt werden. In Betracht kommen beispielsweise Verbände von Migrantinnen und Migranten, Verbände von Homosexuellen (zB der „Lesben- und Schwulenverband LSVD"), von Transsexuellen (zB „Bundesvereinigung Trans*") oder Behindertenverbände (zB der „Sozialverband VDK Deutschland"). Auch **Arbeitnehmervereinigungen**, insbesondere Gewerkschaften (TVG § 2 Abs 1), können unter den Begriff des Antidiskriminierungsverbandes iSv Abs 1 fallen[10]. Zwar ist der Diskriminierungsschutz nicht die zentrale satzungsmäßige Aufgabe von Gewerkschaften, doch gehört der Schutz vor Benachteiligungen, insbesondere die Hilfestellung bei einer Maßregelung eines Mitgliedes durch dessen Arbeitgeber, zu den historisch gewachsenen Aufgaben gewerkschaftlicher Selbsthilfe. Darüber hinaus haben jedenfalls die Gewerkschaften des DGB eine „gleichberechtigte Teilhabe von Frauen und Männern in Betrieb, Wirtschaft, Gesellschaft und Politik"[11] als satzungsmäßige Aufgabe verankert und setzen sich auch für die Integration behinderter Arbeitnehmer[12] sowie für die Integration ausländischer Arbeitnehmer ein. Der Schutz vor Benachteiligungen wegen der in § 1 genannten Gründe bildet somit durchaus einen wichtigen Pfeiler satzungsmäßiger Aufgaben von Gewerkschaften. Allerdings werden Gewerkschaften regelmäßig nicht auf die Rechte aus § 23 Abs 2 und 3 angewiesen sein, da sie schon aufgrund von ArbGG § 11 Abs 2 Satz 2 Nr 3 und 4 als Prozessbevollmächtigte von Benachteiligten in arbeitsgerichtlichen Verfahren auftreten dürfen und ihnen die Rechtsberatung für ihre Mitglieder gesetzlich erlaubt ist (vgl RDG § 7 Abs 1 Nr 1).

10 Das **Vorliegen der Voraussetzungen des § 23 Abs 1** wird im Unterschied zu anderen Vorschriften über eine Verbandsbeteiligung (vgl zB BGG § 15 Abs 3) nicht verwaltungsbehördlich überprüft (Anerkennungsverfahren). Auch sieht das AGG keine Eintragung in eine behördliche Liste vor, wie dies etwa nach UKlaG § 4 für die qualifizierten Einrichtungen nach UKlaG gilt. Der Gesetzgeber hat „wegen der großen Heterogenität der in Betracht kommenden Verbände"

---

5 So auch BGH NJW 1986, 1613 zu der vergleichbaren Problematik des AGBG § 13 Abs 2 Nr 1 (nunmehr mit Änderungen UKlaG § 4 Abs 2 Nr 1).
6 Ebenso Däubler/Beck AGG § 23 Rz 14 sowie Bauer/Krieger/Günther AGG § 23 Rz 6 mwNachw.
7 So insbesondere Grüneberg/Bassenge UKlaG § 4 Rz 6.
8 In diesem Sinne auch Schiek/Kocher AGG § 23 Rz 7.
9 Vgl RL 2000/43/EG Art 7 Abs 2, RL 2000/78/EG Art 9 Abs 2, RL 2004/113/EG Art 8 Abs 3 sowie RL 2006/54/EG Art 17 Abs 2.
10 So auch Wendeling-Schröder/Stein AGG § 23 Rz 5; aA, allerdings ohne Begründung Schiek/Kocher AGG § 23 Rz 6 sowie Däubler/Beck AGG § 23 Rz 17.
11 So zB Satzung IG-Metall § 2 Abs 1 Satz 5.
12 Vgl zB Satzung IG-Metall § 2 Abs 3 Nr 9.

bewusst auf ein verwaltungsbehördliches Anerkennungs- oder Listenverfahren verzichtet[13]. Ob ein Verband die Voraussetzungen des § 23 Abs 1 erfüllt, ist deshalb im Rahmen konkreter Rechtsstreitigkeiten nach Maßgabe der jeweils geltenden Verfahrensordnung **von dem jeweils zuständigen Gericht zu prüfen**[14].

3. Befugnisse von Antidiskriminierungsverbänden. Das AGG weist Antidiskriminierungsverbänden keine eigene Verbandsklagebefugnis zu: Diese können somit nicht die Rechte von Benachteiligten im eigenen Namen gerichtlich geltend machen[15]. Die Mitwirkung von Verbänden bei der Durchsetzung des Diskriminierungsrechts ist somit schwächer ausgeformt als die Stellung der Verbände im Verbraucherschutzrecht (vgl UKlaG § 3 Abs 1 Satz 1 Nr 1 und 2) und im Wettbewerbsrecht (zB UWG § 8 Abs 3 Nr 2 und 3). Nach § 23 Abs 2 und 3 sind Antidiskriminierungsverbände lediglich befugt, als Beistände Benachteiligter in Gerichtsverfahren aufzutreten sowie im Rahmen ihres Satzungszwecks die Rechtsangelegenheiten Benachteiligter zu besorgen.

a) **Beistand in Gerichtsverfahren.** Antidiskriminierungsverbände sind nach § 23 Abs 2 befugt, in Verfahren, für die kein Anwaltszwang besteht, für Benachteiligte als Beistand (ZPO § 90) aufzutreten. Die Vorschrift erweitert den Kreis derjenigen Personen, die nach ZPO § 90 Abs 1 Satz 1 iVm § 79 Abs 2 Satz 1 und Satz 2 einer Prozesspartei beistehen dürfen. Im Falle von Antidiskriminierungsverbänden erfolgt der Beistand durch ihre Organe oder die mit dem Beistand beauftragten Mitglieder oder Beschäftigte des Verbandes (ZPO § 90 Abs 1 Satz 3 iVm § 79 Abs 2 Satz 3). Der Beistand hat gegenüber dem Verfahrensbevollmächtigten (ZPO § 79) eine schwächere Rechtsstellung. Beistände sind lediglich berechtigt, mit der Partei in der mündlichen Verhandlung zu erscheinen (ZPO § 90 Abs 1 Satz 1) und sind zum Sachvortrag neben der Partei befugt: Ein Benachteiligter, der im Beistand eines Antidiskriminierungsverbandes zur mündlichen Verhandlung erscheint, muss somit das vom Verband Vorgetragene gegen sich gelten lassen, es sei denn, es wird von der Partei sofort widerrufen oder berichtigt (vgl ZPO § 90 Abs 2).

b) **Besorgung von Rechtsangelegenheiten Benachteiligter.** § 23 Abs 3 erlaubt Antidiskriminierungsverbänden im Rahmen ihres Satzungszwecks die Besorgung von Rechtsangelegenheiten Benachteiligter. Die Vorschrift stellt die Verbände vom Verbot der außergerichtlichen und gerichtlichen Rechtsberatung, das sich aus dem RDG ergibt, insoweit frei. Nach RDG § 7 Abs 1 Satz 1 dürfen nämlich Berufs- und Interessenvereinigungen im Rahmen ihres satzungsmäßigen Aufgabenbereichs nur für ihre Mitglieder oder für die Mitglieder der ihnen angehörenden Vereinigungen oder Einrichtungen Rechtsdienstleistungen erbringen, soweit sie gegenüber der Erfüllung ihrer übrigen satzungsmäßigen Aufgaben nicht von übergeordneter Bedeutung sind. Als Ausnahmetatbestand gehört § 23 Abs 3 rechtssystematisch eigentlich in das RDG, ist vom Gesetzgeber aber wegen des zur Zeit der Entstehung des AGG erst in einem Vorentwurf vorliegenden RDG „im Zusammenhang mit der jeweiligen Fachmaterie geregelt (worden)"[16]. Gehört die Rechtsberatung von Benachteiligten zum Satzungszweck eines Antidiskriminierungsverbandes, kann dieser somit außergerichtlich oder gerichtlich den Benachteiligten rechtlich beraten. Allerdings schließt diese Befugnis **nicht die Geltendmachung von Ansprüchen Benachteiligter wegen deren Benachteiligung** (zB aus § 15 Abs 1 oder 2) ein[17].

4. Besondere Klagerechte von Behindertenverbänden (Abs 4). Nach seinem Abs 4 lässt § 23 besondere Klagerechte und Vertretungsbefugnisse von Verbänden zu Gunsten von behinderten Menschen unberührt. Ein solches besonderes Klagerecht ergibt sich namentlich aus der gesetzlichen Prozessstandschaft des **SGB IX § 85**. Danach können Verbände, die nach ihrer Satzung Menschen mit Behinderungen auf Bundes- oder Landesebene vertreten und nicht selbst am Prozess beteiligt sind, an Stelle von Menschen mit Behinderungen aus eigenem Recht klagen und deren Rechte aus dem SGB IX geltend machen, sofern die Betroffenen ihr Einverständnis gegeben haben. Darüber hinaus räumt auch **Bundesgleichstellungsgesetz (BGG) § 15** Behindertenverbänden, die vom Bundesministerium für Arbeit und Soziales anerkannt worden sind, ein Verbandsklagerecht im Hinblick auf verschiedene Rechte von behinderten Menschen nach SGB IX ein, namentlich bei Verstößen gegen das für Träger der öffentlichen Gewalt geltende Benachteiligungsverbot (BGG § 7 Abs 1), gegen bestimmte bundesrechtliche Vorschriften über die Barrierefreiheit sowie gegen die Vorschriften des Bundesrechts zur Verwendung von Gebärdensprache oder anderer geeigneter Kommunikationshilfen (vgl BGG § 15 Abs 2).

---

13 Vgl BT-Drucks 16/1780 S 48.
14 So auch der Hinweis in BT-Drucks 16/1780 S 48.
15 So auch LG Kiel v 28.5.2015 – 17 O 79/15, Rz 17 (juris-doc). Rechtspolitisch wird die Schaffung einer solchen Verbandsklage im Diskriminierungsrecht aber immer wieder gefordert: vgl zuletzt Ponti/Tuchtfeld ZRP 2018, 139 ff.
16 BT-Drucks 161780 S 48.
17 Vgl statt vieler Grüneberg/Bassenge AGG § 23 Rz 5.

15 **5. Verbandsbeteiligung nach anderen Vorschriften.** Darüber hinaus können Antidiskriminierungsverbände aber **auch nach anderen Vorschriften an der Durchsetzung der Rechte von Benachteiligten mitwirken**[18]. So können Antidiskriminierungsverbände Unterlassungsklagen nach UKlaG § 1 erheben, mit denen die Unterlassung von AGB verlangt wird, welche gegen das AGG verstoßen würden. Nach ständiger Rspr des BGH berechtigen nämlich auch AGB-Verstöße gegen zwingende Gesetzesvorschriften zur Erhebung von **Unterlassungsklagen nach UKlaG § 1**[19]. Allerdings müssen Antidiskriminierungsverbände hierzu zugleich qualifizierte Einrichtungen iSv UKlaG § 3 Abs 1 sein, welche die materiellen Voraussetzungen des UKlaG § 4 Abs 2 erfüllen und nachweisen können, dass sie in der Liste qualifizierter Einrichtungen beim Bundesverwaltungsamt eingetragen sind (UKlaG § 3 Abs 1). Die Aufklärung und Beratung von Verbrauchern muss somit eine der satzungsmäßigen Aufgaben des Verbandes sein. Ebenso ist zulässig, dass Antidiskriminierungsverbände iSv § 23 als qualifizierte Einrichtungen **Rechtsverstöße gegen das UWG im Verbraucherinteresse** nach Maßgabe von UWG § 8 Abs 3 Nr 3 geltend machen.

16 Auch ist zulässig, dass Antidiskriminierungsverbände **Rechte von Benachteiligten aus abgeleitetem Recht gerichtlich geltend machen**. Die sich aus dem AGG ergebenden Ansprüche (insbesondere aus den §§ 15 Abs 1 und 2, 21) können von Benachteiligten an Antidiskriminierungsverbände nach BGB § 398 abgetreten werden. § 23 sind insoweit keinerlei Anhaltspunkte für ein Abtretungsverbot iSv BGB § 399 zu entnehmen[20]. Der für ein Abtretungsverbot ins Feld geführte Umkehrschluss aus § 23 Abs 4[21] kann indessen nicht überzeugen, da nicht erkennbar ist, warum der Verweis dieser Vorschrift insbesondere auf SGB IX § 85 und das sich daraus ergebende Recht von Behindertenverbänden, die Rechte von Behinderten im eigenen Namen geltend zu machen (gesetzliche Prozessstandschaft), Benachteiligten verbieten sollte, über ihre Rechte aus den §§ 15, 21 durch Abtretung an einen Antidiskriminierungsverband privatautonom zu verfügen. Auch auf die Entstehungsgeschichte des AGG lässt sich ein solches Abtretungsverbot nicht stützen. Zwar hat der Gesetzgeber die im ADG-E[22] noch enthaltene ausdrückliche Abtretbarkeit von Ansprüchen aus den §§ 15, 21 im weiteren Verlauf des Gesetzgebungsverfahren aufgegeben, doch lässt sich daraus nicht der klare gesetzgeberische Wille entnehmen, ein Abtretungsverbot für Benachteiligte anordnen zu wollen. Dies gilt umso mehr, als auch andere Ansprüche wegen einer Verletzung des Persönlichkeitsrechts (zum persönlichkeitsrechtsschützenden Zweck des AGG s Vorbemerkungen Rz 8 mwNachw) keinem solchen Abtretungsverbot unterliegen und ein Abtretungsverbot bei Ansprüchen aus den §§ 15, 21 somit zu Wertungswidersprüchen führen würde[23].

Abschnitt 5
Sonderregelungen für öffentlich-rechtliche Dienstverhältnisse

§ 24 Sonderregelung für öffentlich-rechtliche Dienstverhältnisse

Die Vorschriften dieses Gesetzes gelten unter Berücksichtigung ihrer besonderen Rechtsstellung entsprechend für
1. Beamtinnen und Beamte des Bundes, der Länder, der Gemeinden, der Gemeindeverbände sowie der sonstigen der Aufsicht des Bundes oder eines Landes unterstehenden Körperschaften, Anstalten und Stiftungen des öffentlichen Rechts,
2. Richterinnen und Richter des Bundes und der Länder,
3. Zivildienstleistende sowie anerkannte Kriegsdienstverweigerer, soweit ihre Heranziehung zum Zivildienst betroffen ist.

ÜBERSICHT

1. Überblick 1	3. Rechtsfolgen 8, 9
2. Öffentlich-rechtliche Dienstverhältnisse 2–7	

1 **1. Überblick.** § 24, die einzige Vorschrift des Abschnittes 5, regelt die grundsätzliche **Einbe-**

---

[18] So ausdrücklich auch BT-Drucks 16/1780 S 48f.
[19] Vgl zB BGH NJW 1982, 1320, 1322; dazu auch Grüneberg/Bassenge UKlaG § 1 Rz 6 mwNachw.
[20] Wie hier Grüneberg/Bassenge AGG § 23 Rz 6 sowie MünchKomm/Thüsing AGG § 23 Rz 34 mwNachw.
[21] So insbesondere Bauer/Krieger/Günther AGG § 23 Rz 17.
[22] BT-Drucks 15/4538.
[23] Ähnlich MünchKomm/Thüsing AGG § 23 Rz 34.

ziehung von Angehörigen öffentlich-rechtlicher Dienstverhältnisse, namentlich von Beamten, Richtern und Zivildienstleistenden, in das AGG. Die Vorschrift bestimmt somit ebenso wie § 6 den persönlichen Anwendungsbereich des AGG und wäre deshalb dort besser am Platze als in einem eigenen Abschnitt „Sonderregelungen für öffentlich-rechtliche Dienstverhältnisse" gewesen. Die grundsätzliche Einbeziehung von Beschäftigten, die in einem öffentlich-rechtlichen Dienstverhältnis stehen, in den Geltungsbereich des AGG ist **unionsrechtlich geboten**; darüber besteht Konsens[1]. Sämtliche Gleichbehandlungs-RL der Union gehen nämlich von einem weiten Beschäftigtenbegriff aus, der nicht nur auf arbeitsvertraglicher Grundlage Beschäftigte, sondern grundsätzlich auch Beschäftigte in einem öffentlich-rechtlichen Dienstverhältnis einschließt: Dies lässt sich bereits aus den RL entnehmen, denen zufolge der Diskriminierungsschutz der RL „für alle Personen in öffentlichen und privaten Bereichen, einschließlich öffentlicher Stellen" gilt[2]. Die Rechtsform der Beschäftigung ist somit für die Anwendung des AGG grundsätzlich ohne Bedeutung.

2. **Öffentlich-rechtliche Dienstverhältnisse.** § 24 knüpft am Begriff des öffentlich-rechtlichen Dienstverhältnisses an und nennt in den Nr 1 bis 3 **Fallgruppen**. Die Vorschrift erfasst allerdings nicht sämtliche Formen öffentlich-rechtlicher Dienstverhältnisse.

Nach **Nr 1** gelten die Vorschriften des Gesetzes entsprechend für Beamtinnen und Beamte des Bundes, der Länder und der Gemeinden, der Gemeindeverbände sowie der sonstigen der Aufsicht des Bundes oder eines Landes unterstehenden Körperschaften, Anstalten und Stiftungen des öffentlichen Rechts. Der **Beamtenstatus** ist im AGG nicht definiert, vielmehr geht das Gesetz insoweit nach GG Art 33 Abs 4 und 5 von den einfachgesetzlichen Bestimmungen des Beamtenrechts aus. Beim Beamtenverhältnis handelt es sich um ein öffentlich-rechtliches Dienst- und Treueverhältnis (BeamtStG § 3 Abs 1). Zwischen einzelnen Arten von Beamtenverhältnissen (vgl BeamtStG § 4) differenziert § 24 Nr 1 nicht.

Kirchenbeamte (zB der Katholischen Kirche oder einer Evangelischen Landeskirche) fallen nach dem Wortlaut nicht unter § 24 Nr 1. Sie sind keine Beamten iSd Vorschrift, ihr rechtlicher Status bestimmt sich nach dem Kirchenrecht der jeweils betroffenen Religionsgesellschaft[3]. Nr 1 hätte somit zur Folge, dass für diese Gruppe von Beamten das AGG nicht gelten würde. Eine solche Geltungsausnahme widerspräche aber den Gleichbehandlungs-RL der Union, da diese keine Bereichsausnahme zugunsten der Religionsgesellschaften in den Mitgliedstaaten enthalten. Eine solche Ausnahme ist auch nicht wegen AEUV Art 17 Abs 1 geboten, wonach die Union den Status, den Kirchen und religiöse Vereinigungen oder Gemeinschaften in den Mitgliedstaaten nach deren Rechtsvorschriften genießen, achtet und diesen nicht beeinträchtigt: Die gesetzliche Lücke lässt sich durch eine **erweiternde Auslegung von § 24 Nr 1** in dem Sinne schließen, dass die Vorschrift auch für Kirchenbeamte gilt[4].

Der Status von **Richterinnen und Richtern des Bundes und der Länder (Nr 2)** bestimmt sich verfassungsrechtlich nach GG Art 92 und Art 97 Abs 1 sowie einfachgesetzlich nach dem DRiG und bei den Richtern der Länder darüber hinaus auch noch nach dem Richtergesetz des jeweiligen Landes. Dies schließt sowohl Berufsrichter als auch ehrenamtliche Richter ein. Infolge dieser im Verfassungsrecht wurzelnden gesetzlichen Bestimmung des Richteramtes gilt Nr 2 nicht für Rechtspfleger, Richter eines Schiedsgerichtes, Mediatoren (vgl MediationsG § 1 Abs 2) oder die Mitglieder einer betriebsverfassungsrechtlichen Einigungsstelle (BetrVG § 76).

In einem öffentlich-rechtlichen Dienstverhältnis stehen nach § 24 Nr 3 **Zivildienstleistende** sowie **anerkannte Kriegsdienstverweigerer**, soweit ihre Heranziehung zum Zivildienst betroffen ist. Ihr Rechtsstatus bestimmt sich nach den ZDG §§ 24 ff und ist öffentlich-rechtlicher Natur[5].

§ 24 zählt nicht die Dienstverhältnisse von **Soldaten** auf. Dass diese unter den persönlichen Geltungsbereich der Gleichbehandlungs-RL der EU fallen, ist unbestritten[6]. Der Bundesgesetzgeber hat aber mit Art 2 Umsetzungsgesetz[7] ein eigenständiges **Gesetz über die Gleichbehandlung der Soldatinnen und Soldaten** geschaffen, dessen Inhalt zwar im Wesentlichen demjenigen des AGG entspricht, den Besonderheiten des Soldatendienstes aber Rechnung trägt.

---

1 Vgl MünchKomm/Thüsing AGG § 24 Rz 1; Bauer/Krieger/Günther AGG § 24 Rz 2.
2 Vgl RL 2000/43/EG Art 3, RL 2000/78/EG Art 3 sowie RL 2006/54/EG Art 14 Abs 1.
3 Dazu im Überblick von Campenhausen/de Wall, Staatskirchenrecht § 21 II mwNachw.
4 IE ebenso Stein/Wendeling-Schröder AGG § 9 Rz 12 sowie § 24 Rz 4; aA allerdings MünchKomm/Thüsing AGG § 24 Rz 2.
5 Vgl zB BVerwG NJW 2004, 1372 ff.
6 Für das Verbot der Benachteiligung wegen des Geschlechts s zB EuGH NZA 2000, 137 ff (Tanja Kreil/Bundesrepublik Deutschland).
7 Vgl BGBl 2006 S 1897.

8 **3. Rechtsfolgen.** § 24 ordnet an, dass die Vorschriften des AGG für öffentlich-rechtliche Dienstverhältnisse unter **Berücksichtigung der besonderen Rechtsstellung der Beschäftigten** entsprechend gelten. In der Konsequenz bedeutet dies, dass nahezu sämtliche Vorschriften des AGG – mit Ausnahme des zivilrechtlichen Benachteiligungsverbotes (§§ 19 bis 21) – auf öffentlich-rechtliche Dienstverhältnisse Anwendung finden.

9 Unklar ist indessen, was mit der „Berücksichtigung der besonderen Rechtsstellung" der öffentlich-rechtlichen Beschäftigten genau gemeint sein soll. Die Gleichbehandlungs-RL sehen nicht ausdrücklich eine solche Einschränkung des Diskriminierungsschutzes der Beschäftigten, die in einem öffentlich-rechtlichen Dienstverhältnis stehen, vor. Die Tragweite dieses Tatbestandsmerkmals des § 24 ist nicht geklärt. Nach der Begründung des RegE soll indessen die Vorschrift des § 14 über das **Leistungsverweigerungsrecht des benachteiligten Beschäftigten** keine Anwendung auf öffentlich-rechtliche Dienstverhältnisse finden, soweit im Einzelfall dienstliche Belange entgegenstehen[8]. Damit soll einer „sachgerechten und kontinuierlichen Erfüllung öffentlicher Aufgaben mit Blick auf die Gemeinwohlverpflichtung des öffentlichen Dienstes"[9] Rechnung getragen werden. Eine solche Einschränkung ist unionsrechtlich durchaus zulässig, verlangen die RL doch nicht ausdrücklich die Anerkennung eines Leistungsverweigerungsrechts benachteiligter Beschäftigter (s oben § 14 Rz 3 mwNachw).

Abschnitt 6
Antidiskriminierungsstelle des Bundes und Unabhängige Bundesbeauftragte oder Unabhängiger Bundesbeauftragter für Antidiskriminierung

§ 25 Antidiskriminierungsstelle des Bundes

(1) Beim Bundesministerium für Familie, Senioren, Frauen und Jugend wird unbeschadet der Zuständigkeit der Beauftragten des Deutschen Bundestages oder der Bundesregierung die Stelle des Bundes zum Schutz vor Benachteiligungen wegen eines in § 1 genannten Grundes (Antidiskriminierungsstelle des Bundes) errichtet.

(2) Der Antidiskriminierungsstelle des Bundes ist die für die Erfüllung ihrer Aufgaben notwendige Personal- und Sachausstattung zur Verfügung zu stellen. Sie ist im Einzelplan des Bundesministeriums für Familie, Senioren, Frauen und Jugend in einem eigenen Kapitel auszuweisen.

(3) Die Antidiskriminierungsstelle des Bundes wird von der oder dem Unabhängigen Bundesbeauftragten für Antidiskriminierung geleitet.

§ 26 Wahl der oder des Unabhängigen Bundesbeauftragten für Antidiskriminierung; Anforderungen

(1) Die oder der Unabhängige Bundesbeauftragte für Antidiskriminierung wird auf Vorschlag der Bundesregierung vom Deutschen Bundestag gewählt.

(2) Über den Vorschlag stimmt der Deutsche Bundestag ohne Aussprache ab.

(3) Die vorgeschlagene Person ist gewählt, wenn für sie mehr als die Hälfte der gesetzlichen Zahl der Mitglieder des Deutschen Bundestages gestimmt hat.

(4) Die oder der Unabhängige Bundesbeauftragte für Antidiskriminierung muss zur Erfüllung ihrer oder seiner Aufgaben und zur Ausübung ihrer oder seiner Befugnisse über die erforderliche Qualifikation, Erfahrung und Sachkunde insbesondere im Bereich der Antidiskriminierung verfügen. Insbesondere muss sie oder er über durch einschlägige Berufserfahrung erworbene Kenntnisse des Antidiskriminierungsrechts verfügen und die Befähigung für die Laufbahn des höheren nichttechnischen Verwaltungsdienstes des Bundes haben.

§ 26a Rechtsstellung der oder des Unabhängigen Bundesbeauftragten für Antidiskriminierung

(1) Die oder der Unabhängige Bundesbeauftragte für Antidiskriminierung steht nach Maßgabe dieses Gesetzes in einem öffentlich-rechtlichen Amtsverhältnis zum Bund. Sie

---

[8] Vgl BT-Drucks 16/1780 S 49.
[9] BT-Drucks 16/1780 S 49.

oder er ist bei der Ausübung ihres oder seines Amtes unabhängig und nur dem Gesetz unterworfen.

(2) Die oder der Unabhängige Bundesbeauftragte für Antidiskriminierung untersteht der Rechtsaufsicht der Bundesregierung.

§ 26b Amtszeit der oder des Unabhängigen Bundesbeauftragten für Antidiskriminierung

(1) Die Amtszeit der oder des Unabhängigen Bundesbeauftragten für Antidiskriminierung beträgt fünf Jahre.

(2) Eine einmalige Wiederwahl ist zulässig.

(3) Kommt vor Ende des Amtsverhältnisses eine Neuwahl nicht zustande, so führt die oder der bisherige Unabhängige Bundesbeauftragte für Antidiskriminierung auf Ersuchen der Bundespräsidentin oder des Bundespräsidenten die Geschäfte bis zur Neuwahl fort.

§ 26c Beginn und Ende des Amtsverhältnisses der oder des Unabhängigen Bundesbeauftragten für Antidiskriminierung; Amtseid

(1) Die oder der nach § 26 Gewählte ist von der Bundespräsidentin oder dem Bundespräsidenten zu ernennen. Das Amtsverhältnis der oder des Unabhängigen Bundesbeauftragten für Antidiskriminierung beginnt mit der Aushändigung der Ernennungsurkunde.

(2) Die oder der Unabhängige Bundesbeauftragte für Antidiskriminierung leistet vor der Bundespräsidentin oder dem Bundespräsidenten folgenden Eid: „Ich schwöre, dass ich meine Kraft dem Wohl des deutschen Volkes widmen, seinen Nutzen mehren, Schaden von ihm wenden, das Grundgesetz und die Gesetze des Bundes wahren und verteidigen, meine Pflichten gewissenhaft erfüllen und Gerechtigkeit gegen jedermann üben werde. So wahr mir Gott helfe." Der Eid kann auch ohne religiöse Beteuerung geleistet werden.

(3) Das Amtsverhältnis endet
1. regulär mit dem Ablauf der Amtszeit oder
2. wenn die oder der Unabhängige Bundesbeauftragte für Antidiskriminierung vorzeitig aus dem Amt entlassen wird.

(4) Entlassen wird die oder der Unabhängige Bundesbeauftragte für Antidiskriminierung
1. auf eigenes Verlangen oder
2. auf Vorschlag der Bundesregierung, wenn die oder der Unabhängige Bundesbeauftragte für Antidiskriminierung eine schwere Verfehlung begangen hat oder die Voraussetzungen für die Wahrnehmung ihrer oder seiner Aufgaben nicht mehr erfüllt.

Die Entlassung erfolgt durch die Bundespräsidentin oder den Bundespräsidenten.

(5) Im Fall der Beendigung des Amtsverhältnisses vollzieht die Bundespräsidentin oder der Bundespräsident eine Urkunde. Die Entlassung wird mit der Aushändigung der Urkunde wirksam.

§ 26d Unerlaubte Handlungen und Tätigkeiten der oder des Unabhängigen Bundesbeauftragten für Antidiskriminierung

(1) Die oder der Unabhängige Bundesbeauftragte für Antidiskriminierung darf keine Handlungen vornehmen, die mit den Aufgaben des Amtes nicht zu vereinbaren sind.

(2) Die oder der Unabhängige Bundesbeauftragte für Antidiskriminierung darf während der Amtszeit und während einer anschließenden Geschäftsführung keine anderen Tätigkeiten ausüben, die mit dem Amt nicht zu vereinbaren sind, unabhängig davon, ob es entgeltliche oder unentgeltliche Tätigkeiten sind. Insbesondere darf sie oder er
1. kein besoldetes Amt, kein Gewerbe und keinen Beruf ausüben,
2. nicht dem Vorstand, Aufsichtsrat oder Verwaltungsrat eines auf Erwerb gerichteten Unternehmens, nicht einer Regierung oder einer gesetzgebenden Körperschaft des Bundes oder eines Landes angehören und
3. nicht gegen Entgelt außergerichtliche Gutachten abgeben.

§ 26e Verschwiegenheitspflicht der oder des Unabhängigen Bundesbeauftragten für Antidiskriminierung

(1) Die oder der Unabhängige Bundesbeauftragte für Antidiskriminierung ist verpflichtet, über die Angelegenheiten, die ihr oder ihm im Amt oder während einer anschließenden

Geschäftsführung bekannt werden, Verschwiegenheit zu bewahren. Dies gilt nicht für Mitteilungen im dienstlichen Verkehr oder für Tatsachen, die offenkundig sind oder ihrer Bedeutung nach keiner Geheimhaltung bedürfen. Die oder der Unabhängige Bundesbeauftragte für Antidiskriminierung entscheidet nach pflichtgemäßem Ermessen, ob und inwieweit sie oder er über solche Angelegenheiten vor Gericht oder außergerichtlich aussagt oder Erklärungen abgibt.

(2) Die Pflicht zur Verschwiegenheit gilt auch nach Beendigung des Amtsverhältnisses oder nach Beendigung einer anschließenden Geschäftsführung. In Angelegenheiten, für die die Pflicht zur Verschwiegenheit gilt, darf vor Gericht oder außergerichtlich nur ausgesagt werden und dürfen Erklärungen nur abgegeben werden, wenn dies die oder der amtierende Unabhängige Bundesbeauftragte für Antidiskriminierung genehmigt hat.

(3) Unberührt bleibt die Pflicht, bei einer Gefährdung der freiheitlichen demokratischen Grundordnung für deren Erhaltung einzutreten und die gesetzlich begründete Pflicht, Straftaten anzuzeigen.

§ 26f Zeugnisverweigerungsrecht der oder des Unabhängigen Bundesbeauftragten für Antidiskriminierung

(1) Die oder der Unabhängige Bundesbeauftragte für Antidiskriminierung ist berechtigt, über Personen, die ihr oder ihm in ihrer oder seiner Eigenschaft als Leitung der Antidiskriminierungsstelle des Bundes Tatsachen anvertraut haben, sowie über diese Tatsachen selbst das Zeugnis zu verweigern. Soweit das Zeugnisverweigerungsrecht der oder des Unabhängigen Bundesbeauftragten für Antidiskriminierung reicht, darf von ihr oder ihm nicht gefordert werden, Akten oder andere Dokumente vorzulegen oder herauszugeben.

(2) Das Zeugnisverweigerungsrecht gilt auch für die der oder dem Unabhängigen Bundesbeauftragten für Antidiskriminierung zugewiesenen Beschäftigten mit der Maßgabe, dass über die Ausübung dieses Rechts die oder der Unabhängige Bundesbeauftragte für Antidiskriminierung entscheidet.

§ 26g Anspruch der oder des Unabhängigen Bundesbeauftragten für Antidiskriminierung auf Amtsbezüge, Versorgung und auf andere Leistungen

(1) Die oder der Unabhängige Bundesbeauftragte für Antidiskriminierung erhält Amtsbezüge entsprechend dem Grundgehalt der Besoldungsgruppe B 6 und den Familienzuschlag entsprechend den §§ 39 bis 41 des Bundesbesoldungsgesetzes.

(2) Der Anspruch auf die Amtsbezüge besteht für die Zeit vom ersten Tag des Monats, in dem das Amtsverhältnis beginnt, bis zum letzten Tag des Monats, in dem das Amtsverhältnis endet. Werden die Geschäfte über das Ende des Amtsverhältnisses hinaus noch bis zur Neuwahl weitergeführt, so besteht der Anspruch für die Zeit bis zum letzten Tag des Monats, in dem die Geschäftsführung endet. Bezieht die oder der Unabhängige Bundesbeauftragte für Antidiskriminierung für einen Zeitraum, für den sie oder er Amtsbezüge erhält, ein Einkommen aus einer Verwendung im öffentlichen Dienst, so ruht der Anspruch auf dieses Einkommen bis zur Höhe der Amtsbezüge. Die Amtsbezüge werden monatlich im Voraus gezahlt.

(3) Für Ansprüche auf Beihilfe und Versorgung gelten § 12 Absatz 6, die §§ 13 bis 18 und 20 des Bundesministergesetzes entsprechend mit der Maßgabe, dass an die Stelle der vierjährigen Amtszeit in § 15 Absatz 1 des Bundesministergesetzes eine Amtszeit als Unabhängige Bundesbeauftragte oder Unabhängiger Bundesbeauftragter für Antidiskriminierung von fünf Jahren tritt. Ein Anspruch auf Übergangsgeld besteht längstens bis zum Ablauf des Monats, in dem die für Bundesbeamtinnen und Bundesbeamte geltende Regelaltersgrenze nach § 51 Absatz 1 und 2 des Bundesbeamtengesetzes vollendet wird. Ist § 18 Absatz 2 des Bundesministergesetzes nicht anzuwenden, weil das Beamtenverhältnis einer Bundesbeamtin oder eines Bundesbeamten nach Beendigung des Amtsverhältnisses als Unabhängige Bundesbeauftragte oder Unabhängiger Bundesbeauftragter für Antidiskriminierung fortgesetzt wird, dann ist die Amtszeit als Unabhängige Bundesbeauftragte oder Unabhängiger Bundesbeauftragter für Antidiskriminierung bei der wegen Eintritt oder Versetzung der Bundesbeamtin oder des Bundesbeamten in den Ruhestand durchzuführenden Festsetzung des Ruhegehalts als ruhegehaltfähige Dienstzeit zu berücksichtigen.

(4) Die oder der Unabhängige Bundesbeauftragte für Antidiskriminierung erhält Reisekostenvergütung und Umzugskostenvergütung entsprechend den für Bundesbeamtinnen und Bundesbeamte geltenden Vorschriften.

§ 26h Verwendung der Geschenke an die Unabhängige Bundesbeauftragte oder den Unabhängigen Bundesbeauftragten für Antidiskriminierung

(1) Erhält die oder der Unabhängige Bundesbeauftragte für Antidiskriminierung ein Geschenk in Bezug auf das Amt, so muss sie oder er dies der Präsidentin oder dem Präsidenten des Deutschen Bundestages mitteilen.

(2) Die Präsidentin oder der Präsident des Deutschen Bundestages entscheidet über die Verwendung des Geschenks. Sie oder er kann Verfahrensvorschriften erlassen.

§ 26i Berufsbeschränkung

Die oder der Unabhängige Bundesbeauftragte für Antidiskriminierung ist verpflichtet, eine beabsichtigte Erwerbstätigkeit oder sonstige entgeltliche Beschäftigung außerhalb des öffentlichen Dienstes, die innerhalb der ersten 18 Monate nach dem Ende der Amtszeit oder einer anschließenden Geschäftsführung aufgenommen werden soll, schriftlich oder elektronisch gegenüber der Präsidentin oder dem Präsidenten des Deutschen Bundestages anzuzeigen. Die Präsidentin oder der Präsident des Deutschen Bundestages kann der oder dem Unabhängigen Bundesbeauftragten für Antidiskriminierung die beabsichtigte Erwerbstätigkeit oder sonstige entgeltliche Beschäftigung untersagen, soweit zu besorgen ist, dass öffentliche Interessen beeinträchtigt werden. Von einer Beeinträchtigung ist insbesondere dann auszugehen, wenn die beabsichtigte Erwerbstätigkeit oder sonstige entgeltliche Beschäftigung in Angelegenheiten oder Bereichen ausgeführt werden soll, in denen die oder der Unabhängige Bundesbeauftragte für Antidiskriminierung während der Amtszeit oder einer anschließenden Geschäftsführung tätig war. Eine Untersagung soll in der Regel die Dauer von einem Jahr nach dem Ende der Amtszeit oder einer anschließenden Geschäftsführung nicht überschreiten. In Fällen der schweren Beeinträchtigung öffentlicher Interessen kann eine Untersagung auch für die Dauer von bis zu 18 Monaten ausgesprochen werden.

§ 27 Aufgaben der Antidiskriminierungsstelle des Bundes

(1) Wer der Ansicht ist, wegen eines in § 1 genannten Grundes benachteiligt worden zu sein, kann sich an die Antidiskriminierungsstelle des Bundes wenden. An die Antidiskriminierungsstelle des Bundes können sich auch Beschäftigte wenden, die der Ansicht sind, benachteiligt worden zu sein auf Grund
1. der Beantragung oder Inanspruchnahme einer Freistellung von der Arbeitsleistung oder der Anpassung der Arbeitszeit als Eltern oder pflegende Angehörige nach dem Bundeselterngeld- und Elternzeitgesetz, dem Pflegezeitgesetz oder dem Familienpflegezeitgesetz,
2. des Fernbleibens von der Arbeit nach § 2 des Pflegezeitgesetzes oder
3. der Verweigerung ihrer persönlich zu erbringenden Arbeitsleistung aus dringenden familiären Gründen nach § 275 Absatz 3 des Bürgerlichen Gesetzbuchs, wenn eine Erkrankung oder ein Unfall ihre unmittelbare Anwesenheit erforderten.

(2) Die Antidiskriminierungsstelle des Bundes unterstützt auf unabhängige Weise Personen, die sich nach Absatz 1 an sie wenden, bei der Durchsetzung ihrer Rechte zum Schutz vor Benachteiligungen. Hierbei kann sie insbesondere
1. über Ansprüche und die Möglichkeiten des rechtlichen Vorgehens im Rahmen gesetzlicher Regelungen zum Schutz vor Benachteiligungen informieren,
2. Beratung durch andere Stellen vermitteln,
3. eine gütliche Beilegung zwischen den Beteiligten anstreben.

Soweit Beauftragte des Deutschen Bundestages oder der Bundesregierung zuständig sind, leitet die Antidiskriminierungsstelle des Bundes die Anliegen der in Absatz 1 genannten Personen mit deren Einverständnis unverzüglich an diese weiter.

(3) Die Antidiskriminierungsstelle des Bundes nimmt auf unabhängige Weise folgende Aufgaben wahr, soweit nicht die Zuständigkeit der Beauftragten der Bundesregierung oder des Deutschen Bundestages berührt ist:
1. Öffentlichkeitsarbeit,
2. Maßnahmen zur Verhinderung von Benachteiligungen aus den in § 1 genannten Gründen sowie von Benachteiligungen von Beschäftigten gemäß Absatz 1 Satz 2,
3. Durchführung wissenschaftlicher Untersuchungen zu diesen Benachteiligungen.

(4) Die Antidiskriminierungsstelle des Bundes und die in ihrem Zuständigkeitsbereich betroffenen Beauftragten der Bundesregierung und des Deutschen Bundestages legen gemeinsam dem Deutschen Bundestag alle vier Jahre Berichte über Benachteiligungen aus

den in § 1 genannten Gründen sowie über Benachteiligungen von Beschäftigten gemäß Absatz 1 Satz 2 vor und geben Empfehlungen zur Beseitigung und Vermeidung dieser Benachteiligungen. Sie können gemeinsam wissenschaftliche Untersuchungen zu Benachteiligungen durchführen.

(5) Die Antidiskriminierungsstelle des Bundes und die in ihrem Zuständigkeitsbereich betroffenen Beauftragten der Bundesregierung und des Deutschen Bundestages sollen bei Benachteiligungen aus mehreren der in § 1 genannten Gründe zusammenarbeiten.

§ 28 Amtsbefugnisse der oder des Unabhängigen Bundesbeauftragten für Antidiskriminierung und Pflicht zur Unterstützung durch Bundesbehörden und öffentliche Stellen des Bundes

(1) Die oder der Unabhängige Bundesbeauftragte für Antidiskriminierung ist bei allen Vorhaben, die ihre oder seine Aufgaben berühren, zu beteiligen. Die Beteiligung soll möglichst frühzeitig erfolgen. Sie oder er kann der Bundesregierung Vorschläge machen und Stellungnahmen zuleiten.

(2) Die oder der Unabhängige Bundesbeauftragte für Antidiskriminierung informiert die Bundesministerien – vorbehaltlich anderweitiger gesetzlicher Bestimmungen – frühzeitig in Angelegenheiten von grundsätzlicher politischer Bedeutung, soweit Aufgaben der Bundesministerien betroffen sind.

(3) In den Fällen, in denen sich eine Person wegen einer Benachteiligung an die Antidiskriminierungsstelle des Bundes gewandt hat und die Antidiskriminierungsstelle des Bundes die gütliche Beilegung zwischen den Beteiligten anstrebt, kann die oder der Unabhängige Bundesbeauftragte für Antidiskriminierung Beteiligte um Stellungnahmen ersuchen, soweit die Person, die sich an die Antidiskriminierungsstelle des Bundes gewandt hat, hierzu ihr Einverständnis erklärt.

(4) Alle Bundesministerien, sonstigen Bundesbehörden und öffentlichen Stellen im Bereich des Bundes sind verpflichtet, die Unabhängige Bundesbeauftragte oder den Unabhängigen Bundesbeauftragten für Antidiskriminierung bei der Erfüllung der Aufgaben zu unterstützen, insbesondere die erforderlichen Auskünfte zu erteilen.

§ 29 Zusammenarbeit der Antidiskriminierungsstelle des Bundes mit Nichtregierungsorganisationen und anderen Einrichtungen

Die Antidiskriminierungsstelle des Bundes soll bei ihrer Tätigkeit Nichtregierungsorganisationen sowie Einrichtungen, die auf europäischer, Bundes-, Landes- oder regionaler Ebene zum Schutz vor Benachteiligungen wegen eines in § 1 genannten Grundes tätig sind, in geeigneter Form einbeziehen.

§ 30 Beirat der Antidiskriminierungsstelle des Bundes

(1) Zur Förderung des Dialogs mit gesellschaftlichen Gruppen und Organisationen, die sich den Schutz vor Benachteiligungen wegen eines in § 1 genannten Grundes zum Ziel gesetzt haben, wird der Antidiskriminierungsstelle des Bundes ein Beirat beigeordnet. Der Beirat berät die Antidiskriminierungsstelle des Bundes bei der Vorlage von Berichten und Empfehlungen an den Deutschen Bundestag nach § 27 Abs. 4 und kann hierzu sowie zu wissenschaftlichen Untersuchungen nach § 27 Abs. 3 Nr. 3 eigene Vorschläge unterbreiten.

(2) Das Bundesministerium für Familie, Senioren, Frauen und Jugend beruft im Einvernehmen mit der oder dem Unabhängigen Bundesbeauftragten für Antidiskriminierung sowie den entsprechend zuständigen Beauftragten der Bundesregierung oder des Deutschen Bundestages die Mitglieder dieses Beirats und für jedes Mitglied eine Stellvertretung. In den Beirat sollen Vertreterinnen und Vertreter gesellschaftlicher Gruppen und Organisationen sowie Expertinnen und Experten in Benachteiligungsfragen berufen werden. Die Gesamtzahl der Mitglieder des Beirats soll 16 Personen nicht überschreiten. Der Beirat soll zu gleichen Teilen mit Frauen und Männern besetzt sein.

(3) Der Beirat gibt sich eine Geschäftsordnung, die der Zustimmung des Bundesministeriums für Familie, Senioren, Frauen und Jugend bedarf.

(4) Die Mitglieder des Beirats üben die Tätigkeit nach diesem Gesetz ehrenamtlich aus. Sie haben Anspruch auf Aufwandsentschädigung sowie Reisekostenvergütung, Tagegelder und Übernachtungsgelder. Näheres regelt die Geschäftsordnung.

ÜBERSICHT

1. Allgemeines 1, 2
2. Binnenorganisation der Antidiskriminierungsstelle 3–7
   a) Leitung 4, 5
   b) Einzelne Referate 6
   c) Beirat 7
3. Aufgaben 8–13
4. Befugnisse 14
5. Zusammenarbeit mit Nichtregierungsorganisationen 15, 16

1. **Allgemeines.** Abschnitt 6 des Gesetzes regelt Organisation, Aufgaben und Befugnisse der Antidiskriminierungsstelle des Bundes und enthält somit **verwaltungsorganisatorische Bestimmungen**. Diese sind in jüngster Zeit aufgrund von **zwei Gesetzesnovellen** abgeändert worden: durch das Ges zur Änderung des Allgemeinen Gleichbehandlungsgesetzes Art 1 vom 23.5.2022 (BGBl I S 768), mit denen das Amt der oder des Unabhängigen Bundesbeauftragten für Antidiskriminierung geschaffen wurde (s unten Rz 4 ff mwNachw), sowie durch das Ges zur weiteren Umsetzung der RL (EU) 2019/1158 vom 19.12.2022 (BGBl I S 2510) (dazu unten Rz 9 mwNachw).

Die Bildung einer solchen Antidiskriminierungsstelle des Bundes ist **durch das Unionsrecht vorgegeben**. RL 2000/43/EG Art 13, RL 2004/113/EG Art 12 sowie RL 2006/54/EG Art 20 verpflichten nämlich die Mitgliedstaaten, eine oder mehrere Stellen zu bezeichnen, deren Aufgabe darin besteht, die Verwirklichung des Grundsatzes der Gleichbehandlung aller Personen ohne Diskriminierung aufgrund der verbotenen Merkmale zu fördern. Zu den Zuständigkeiten dieser Stellen soll nach diesen RL-Vorschriften die Durchführung unabhängiger Untersuchungen zum Thema Diskriminierung sowie die Veröffentlichung unabhängiger Berichte und Empfehlungen zu allen Aspekten, die mit Diskriminierungen in Zusammenhang stehen, gehören. Aufgabe der in den RL vorgesehenen Stellen ist somit **nicht die Durchführung einer verwaltungsbehördlichen Kontrolle** der Einhaltung der Benachteiligungsverbote, wie sie für andere Bereiche des Arbeitsrechts gesetzlich angeordnet ist (zB im Mindestlohnrecht durch die Behörden der Zollverwaltung; vgl MiLoG §§ 14 ff sowie AEntG §§ 16 ff). Allerdings sind die Mitgliedstaaten angesichts des Charakters der RL als eines Mindestschutzes nicht daran gehindert, ein solches System einer verwaltungsbehördlichen Kontrolle für das Diskriminierungsrecht einzuführen. In einzelnen Mitgliedstaaten ist dies auch geschehen.

2. **Binnenorganisation der Antidiskriminierungsstelle.** Die Antidiskriminierungsstelle des Bundes ressortiert beim Bundesministerium für Familie, Senioren, Frauen und Jugend (§ 25 Abs 1). Sie ist infolgedessen keine eigenständige Verwaltungsbehörde, sondern Teil des Ministeriums[1]. Ihr ist die für die Erfüllung ihrer Aufgaben (dazu s unten Rz 7 ff) notwendige Personal- und Sachausstattung zur Verfügung zu stellen (vgl § 25 Abs 2 Satz 1).

a) **Leitung.** Die Leiterin oder der Leiter der Antidiskriminierungsstelle des Bundes war bis 2022 von der Bundesministerin oder vom Bundesminister für Familie, Senioren, Frauen und Jugend auf Vorschlag der Bundesregierung zu ernennen (§ 26 Abs 1 Satz 1). Aufgrund des Ges zur Änderung des Allgemeinen Gleichbehandlungsgesetzes wurde das Amt der Leiterin bzw des Leiters der Antidiskriminierungsstelle durch das Amt der oder des Unabhängigen Bundesbeauftragten für Antidiskriminierung ersetzt. Hintergrund dieser Reform war vor allem der Umstand, dass sich Besetzungsverfahren für dieses Amt wiederholt Konkurrentenklagen ausgesetzt sahen und „einander widersprechende Gerichtsentscheidungen" nach der Einschätzung der Bundesregierung deutlich machten, dass § 26 Abs 1 Satz 1 aF „keine hinreichend sichere Rechtsgrundlage für gerichtsfeste Besetzungsentscheidungen" bot[2]. Die bzw der neue Bundesbeauftragte für Antidiskriminierung ist auf Vorschlag der Bundesregierung vom Deutschen Bundestag mit der Mehrheit seiner Mitglieder zu wählen, und zwar ohne vorige Aussprache (§ 26 Abs 1 bis 3). Ob durch dieses Verfahren Konkurrentenklagen verhindert werden können, wie die Bundesregierung meint, bleibt indessen fraglich: Sieht man einmal davon ab, dass die in Bezug genommene Rspr des BVerfG lediglich Wahlämter von Abgeordneten betrifft, spricht für die Geltung des GG Art 33 Abs 2 im Hinblick auf das Amt der bzw des Bundesbeauftragten für Antidiskriminierung, dass der neue § 26 Abs 3 die für das Amt erforderlichen Qualifikationen ausdrücklich nennt und es nicht überzeugend wäre, die Erfüllung dieser Anforderungen an das Amt einer verwaltungsgerichtlichen Überprüfung zu entziehen[3].

---

1   Statt vieler Thüsing/Bleckmann BB 2022, 1332.
2   Vgl BT-Drucks 20/1332 S 1 u S 11. Lesenswert sind die damit gemeinten verwaltungsgerichtlichen Entscheidungen über Konkurrentenklagen bei der Besetzung der Leitung der Antidiskriminierungsstelle, die dem Bundesministerium im Wege einer einstweiligen Anordnung nach VwGO § 123 Abs 1 untersagten, eine bestimmte Person zur Leiterin der Antidiskriminierungsstelle zu bestellen: vgl OVG Berlin-Brandenburg LKV 2010, 85; VG Berlin v 8.2.2019 – 7 L 218.18 (juris-doc.).
3   Auf diesen Zusammenhang hat überzeugend v Roetteken jurisPR-ArbR 17/2022 Anm 1 hingewiesen.

5 Die **Rechtsstellung der bzw des Bundesbeauftragten** ist in den neuen §§ 26a ff näher ausgeformt. Sie bzw er steht in einem öffentlich-rechtlichen Amtsverhältnis zum Bund (§ 26a Abs 1 Satz 1) und ist somit weder Bundesbeamtin oder Bundesbeamter noch Arbeitnehmer des Bundes[4]. Bei der Amtsausübung ist sie oder er unabhängig und nur dem Gesetz unterworfen (§ 26a Abs 1 Satz 2). Die Amtszeit beträgt fünf Jahre, eine einmalige Wiederwahl ist zulässig (§ 26b Abs 1 und 2). Die bzw der Bundesbeauftragte erhält Amtsbezüge nach der Besoldungsgruppe B 6 (§ 26g Abs 1 iVm BBes §§ 39-41). Sie oder er unterliegt einer besonderen Verschwiegenheitspflicht (vgl § 26c) sowie einem Zeugnisverweigerungsrecht über Personen, die ihr oder ihm in ihrer oder seiner Eigenschaft als Leitung der Antidiskriminierungsstelle Tatsachen anvertraut haben, sowie über die Tatsachen selbst (§ 26f). Das Amtsverhältnis der oder des Bundesbeauftragten endet mit dem Ablauf der fünfjährigen Amtszeit oder durch Entlassung aus dem Amt (vgl § 26c Abs 3 Nr 1 und 2): Eine Entlassung erfolgt entweder auf eigenes Verlangen oder auf Vorschlag der Bundesregierung, die Amtsinhaberin oder der Amtsinhaber eine schwere Verfehlung begangen hat oder die Voraussetzungen für die Wahrnehmung ihrer oder seiner Aufgaben nicht mehr erfüllt sind (§ 26c Abs 3 Satz 1).

6 b) **Einzelne Referate.** Die interne Organisation der Antidiskriminierungsstelle in einzelne Referate ist vom AGG nicht vorgegeben. Insoweit besitzt die Leitung der Stelle Organisationsautonomie. Derzeit bestehen vier Referate, namentlich für „Presse und Politische Planung", für „Öffentlichkeitsarbeit und Kommunikation", für „Forschung und Grundsatzangelegenheiten" sowie für die „Beratung"[5].

7 c) **Beirat.** Der Antidiskriminierungsstelle ist zur Förderung des Dialogs mit gesellschaftlichen Gruppen und Organisationen, die auf dem Gebiet des Diskriminierungsschutzes tätig sind, ein Beirat beigeordnet (§ 30 Abs 1 Satz 1). Seine Mitglieder werden vom Bundesministerium für Familie, Senioren, Frauen und Jugend im Einvernehmen mit der Leitung der Antidiskriminierungsstelle sowie den Beauftragten der Bundesregierung oder des Deutschen Bundestages, mit deren Zuständigkeit eine Überschneidung der Tätigkeit der Stelle besteht (s unten Rz 8), berufen (§ 30 Abs 2 Satz 1). Die Beiratsmitglieder müssen eine ausreichende fachliche Eignung besitzen: § 30 Abs 2 Satz 2 verlangt deshalb, dass in den Beirat Vertreter gesellschaftlicher Gruppen und Organisationen sowie Experten in Benachteiligungsfragen berufen werden sollen. Der Beirat soll nicht mehr als 16 Mitglieder haben und soll zu gleichen Teilen mit Frauen und Männern besetzt sein (vgl § 30 Abs 2 Satz 3 und 4). Bei der Mitgliedschaft im Beirat handelt es sich um eine **ehrenamtliche Tätigkeit**, die lediglich zu einem Aufwendungsersatz berechtigt (vgl § 30 Abs 4).

8 3. **Aufgaben.** Die Antidiskriminierungsstelle des Bundes (vgl § 27) hat zum einen eine **Unterstützungsaufgabe** gegenüber (potentiell) benachteiligten Personen, zum anderen hat sie **über Einzelfälle hinausreichende allgemeine Aufgaben** wie zB Öffentlichkeitsarbeit und die Durchführung von wissenschaftlichen Untersuchungen.

9 Personen, die der Ansicht sind, aus einem in § 1 genannten Grunde benachteiligt worden zu sein, dürfen sich „voraussetzungsfrei" an die Antidiskriminierungsstelle des Bundes wenden (§ 27 Abs 1). Sie soll nach dem Willen des Gesetzgebers eine gut erreichbare **„Anlaufstelle"** für diese Personen sein, um sie bei der Geltendmachung ihrer Rechte auf unabhängige Weise zu unterstützen (vgl § 27 Abs 1 Satz 1)[6]. Der neue **§ 27 Abs 1 Satz 2** ist durch das Ges zur weiteren Umsetzung der RL (EU) 2019/1158 vom 19.12.2022 Art 4 eingefügt worden und dient der Umsetzung von RL (EU) 2019/1158 zur Vereinbarkeit von Beruf und Privatleben für Eltern und pflegende Angehörige Art 15. Aufgrund dieser unionsrechtlichen Vorschrift haben die Mitgliedstaaten dafür zu sorgen, dass die nationalen Gleichbehandlungsstellen, die für die Gleichbehandlung der Geschlechter zuständig sind (vgl RL 2006/54/EG Art 20), auch für Fragen im Zusammenhang mit Diskriminierungen zuständig sind, die unter die „Vereinbarkeits-RL" fallen. Mit dem neuen § 27 Abs 1 Satz 2 soll somit sichergestellt werden, dass zu den Aufgaben der Antidiskriminierungsstelle des Bundes auch Benachteiligungen von Beschäftigten gehören, die im Zusammenhang mit der Wahrnehmung von Rechten von Eltern oder pflegenden Angehörigen erfolgen. Im Einzelnen ist die Antidiskriminierungsstelle infolgedessen auch zuständig für Benachteiligungen wegen der Beantragung oder Inanspruchnahme einer Arbeitsfreistellung oder Anpassung der Arbeitszeit als Eltern oder pflegende Angehörige nach dem BEEG, dem PflegeZG oder dem FamPflZG (Nr 1), wegen des Fernbleibens von der Arbeit nach § 2 PflegeZG (Nr 2) sowie wegen der Verweigerung der persönlich zu erbringenden Arbeitsleistung durch den Beschäftigten aus dringenden familiären Gründen nach BGB § 275 Abs 3, wenn eine Erkrankung oder ein Unfall seine unmittelbare Anwesenheit erforderten (Nr 3). Diese Ausweitung des Aufgabenkreises der

---

[4] IdS auch BT-Drucks 20/1332 S 14.
[5] Ein Organigramm der Antidiskriminierungsstelle des Bundes ist abrufbar unter: https://www.antidiskriminierungsstelle.de/DE/UeberUns/OrganisationDerStelle/organisation_node.html.
[6] Vgl BT-Drucks 16/1780 S 50.

Antidiskriminierungsstelle auf die genannten Fragen ist plausibel, wird es sich doch bei solchen Benachteiligungen oftmals zugleich auch um mittelbare Benachteiligungen wegen des Geschlechts handeln (zB bei Fällen von BGB § 275 Abs 3 oder die Pflege von pflegebedürftigen Angehörigen, die ganz überwiegend durch weibliche Familienmitglieder erfolgt).

Diese Unterstützung von potenziell benachteiligten Personen erfolgt insbesondere durch die **10** Unterrichtung der Person über Ansprüche und die Möglichkeiten des rechtlichen Vorgehens im Rahmen der gesetzlichen Regelungen zum Schutz vor Benachteiligungen (§ 27 Abs 2 Satz 2 Nr 1), wobei die **Aufklärung nur in allgemeiner Weise** erfolgt und **keine Rechtsberatung** darstellt[7]. Sofern eine solche Rechtsberatung (zB durch einen Rechtsanwalt oder durch gewerkschaftlichen Rechtsschutz) erforderlich erscheint, kann die Antidiskriminierungsstelle des Bundes eine solche Beratung vermitteln (vgl § 27 Abs 2 Satz 2 Nr 2). Darüber hinaus kann sie sich um eine **gütliche Einigung zwischen den Beteiligten** bemühen (§ 27 Abs 2 Satz 2 Nr 3). In diesem Fall interveniert sie als Mediatorin in Einzelfällen. Allerdings basiert diese Tätigkeit auf dem Einverständnis der Person, welche sich an sie gewandt hat, wie sich aus § 28 Abs 1 ergibt (Ersuchen um eine Stellungnahme der Beteiligten). Ist bei einer Anfrage nach Abs 1 die **Zuständigkeit eines Beauftragten des Deutschen Bundestages** (zB die Wehrbeauftragte des Deutschen Bundestages nach GG Art 45b iVm WehrbeauftragtenG) **oder der Bundesregierung** eröffnet, leitet die Antidiskriminierungsstelle die Anliegen der Person, die sich an sie nach Abs 1 gewandt hat, mit deren Einverständnis unverzüglich an den zuständigen Beauftragten oder die Bundesregierung weiter (§ 27 Abs 2 Satz 3).

Die Antidiskriminierungsstelle des Bundes hat außerdem **über diese Einzelfälle hinausrei-** **11** **chende allgemeine Aufgaben**. Sie hat **Öffentlichkeitsarbeit** zu leisten (vgl § 27 Abs 3 Nr 1), um ihre Tätigkeit bei Personen, die benachteiligt worden sind, bekannt zu machen; nur dann werden diese sich nach Abs 1 an die Antidiskriminierungsstelle wenden[8]. Weiterhin hat sie eine **Präventionsaufgabe**, indem sie Maßnahmen zur Verhinderung von Benachteiligungen aus den in § 1 und Abs 1 Satz 2 genannten Gründen ergreift (§ 27 Abs 3 Nr 2). Diese Aufgabe kann sie insbesondere durch **Schulungen und Fortbildungen**, welche von der Stelle in Betrieben veranstaltet werden, wahrnehmen[9]. Schließlich hat die Stelle zur Aufgabe, **wissenschaftliche Untersuchungen zu Benachteiligungen**, die vom AGG erfasst sind, durchzuführen (§ 27 Abs 3 Nr 3)[10].

Zu den allgemeinen Aufgaben der Antidiskriminierungsstelle des Bundes gehört auch deren **12** Pflicht, zusammen mit den in ihrem Zuständigkeitsbereich betroffenen Beauftragten der Bundesregierung und des Deutschen Bundestages alle vier Jahre einen **Bericht über Benachteiligungen, die vom AGG erfasst sind**, vorzulegen und Empfehlungen zur Beseitigung und Vermeidung dieser Benachteiligungen aus den in § 1 und in Abs 1 Satz 2 genannten Gründen zu geben (§ 27 Abs 4 Satz 1)[11]. Sie kann außerdem mit diesen Beauftragten der Bundesregierung und des Deutschen Bundestages **wissenschaftliche Untersuchungen zu Benachteiligungen** durchführen (§ 27 Abs 4 Satz 2).

Schließlich sollen die **Antidiskriminierungsstelle des Bundes und** die in ihrem Zuständig- **13** keitsbereich betroffenen **Beauftragten der Bundesregierung und des Deutschen Bundestages** bei Benachteiligungen aus mehreren der in § 1 genannten Gründe **zusammenarbeiten** (§ 27 Abs 5). In welcher Weise diese Kooperation erfolgt, lässt das Gesetz offen; insoweit verfügen die beteiligten Behörden über ein weites Ermessen. Zu denken ist aber insbesondere an gemeinsame Empfehlungen[12]; gemeinsame wissenschaftliche Untersuchungen sind bereits in § 27 Abs 4 Satz 2 genannt.

4. **Befugnisse**. Die Antidiskriminierungsstelle des Bundes verfügt über keinerlei Eingriffsbe- **14** fugnisse. Ihre Befugnisse sind in § 28 knapp geregelt. Abs 1 gibt ihr die Befugnis, bei einer Intervention zur Herbeiführung einer gütlichen Einigung zwischen den Beteiligten diese um Stellungnahmen zu ersuchen, soweit die Person, die sich nach § 27 Abs 2 an sie gewandt hat, hierzu ihr Einverständnis erklärt (vgl s oben Rz 8). § 28 Abs 2 Satz 1 statuiert zugunsten der

---

7 So auch MünchKomm/Thüsing AGG § 27 Rz 16. AGG § 27 Abs 2 Satz 2 Nr 1 erweitert somit nicht den gesetzlichen Rahmen des RDG für die Erbringung von Rechtsberatungsleistungen.
8 Vgl BT-Drucks 16/1780 S 51.
9 So das Beispiel in BT-Drucks 16/1780 S 51.
10 Eine Liste der wissenschaftlichen Untersuchungen der Antidiskriminierungsstelle findet sich auf deren Website, abrufbar unter: https://www.antidiskriminierungsstelle.de/DE/Publikationen/publikationen_node.html.
11 Diese Berichte der Antidiskriminierungsstelle des Bundes sind abrufbar unter: https://www.antidiskriminierungsstelle.de/DE/Publikationen/publikationen_node.html;jsessionid=75E87FD147AC23557C3402358E2C52E2.1_cid351.
12 Ebenso Beck-GK BGB/Benecke AGG § 25 Rz 18 mwNachw.

Antidiskriminierungsstelle des Bundes eine **Pflicht zur Amtshilfe** durch alle Bundesbehörden und sonstigen Stellen des Bundes. Diese Stellen haben die Antidiskriminierungsstelle bei der Erfüllung ihrer Aufgaben zu unterstützen, insbesondere die erforderlichen Auskünfte zu erteilen. Dabei stellt Abs 2 Satz 2 klar, dass **die datenschutzrechtlichen Anforderungen** unberührt bleiben: Sie ergeben sich insbesondere aus DSGVO Art 5 und aus den Vorschriften des BDSG.

15   **5. Zusammenarbeit mit Nichtregierungsorganisationen.** § 29 legt ein Kooperationsgebot für die Antidiskriminierungsstelle des Bundes fest, um eine effektive Aufgabenerfüllung zu fördern. So soll sie im Rahmen ihrer Tätigkeit **Nichtregierungsorganisationen** in geeigneter Weise **einbeziehen**. Der Begriff der Nichtregierungsorganisation ist nicht gesetzlich umrissen und umfasst sämtliche Verbände. Ausschlaggebend für das Kooperationsgebot des § 29 muss letztlich sein, dass eine Nichtregierungsorganisation Sachverstand auf dem Gebiet des Diskriminierungsschutzes besitzt. In begrenztem Umfang ist eine solche Kooperation mit Nichtregierungsorganisationen bereits durch den Beirat der Stelle institutionalisiert, denn in den Beirat sollen neben Expertinnen und Experten in Benachteiligungsfragen vor allem Vertreterinnen und Vertreter gesellschaftlicher Gruppen und Organisationen berufen werden, die auf dem Gebiet des Diskriminierungsschutzes tätig sind (§ 30 Abs 2 Satz 1). Auf diese Weise wird der Dialog mit Nichtregierungsorganisationen verstetigt (vgl § 30 Abs 1 Satz 1). Bei der darüber hinausgehenden Einbeziehung von Nichtregierungsorganisationen in die Arbeit der Antidiskriminierungsstelle besitzt diese ein weitreichendes Ermessen. Dies gilt sowohl hinsichtlich der Auswahl der einbezogenen Verbände – natürlich unter Beachtung von GG Art 3 Abs 1 – als auch für die Art und Weise der Einbeziehung (zB bei der Durchführung wissenschaftlicher Untersuchungen, Anhörungen zu konkreten Fragen des Diskriminierungsrechts usw). Ein Rechtsanspruch von Nichtregierungsorganisationen auf Teilhabe an der Tätigkeit der Antidiskriminierungsstelle lässt sich § 29 indessen grds nicht entnehmen[13].

16   Das Kooperationsgebot des § 29 gilt auch gegenüber **Einrichtungen,** die auf europäischer, Bundes-, Landes- oder regionaler Ebene zum Schutz von Benachteiligungen wegen eines in § 1 genannten Grundes tätig sind. Auf Unionsebene ist dies insbesondere die Agentur der EU für Grundrechte[14]. Auf Bundesebene sind ebenfalls auf dem Gebiet des Benachteiligungsschutzes ua die Beauftragte der Bundesregierung für Migration, Flüchtlinge und Integration[15], der Beauftragte der Bundesregierung für jüdisches Leben in Deutschland und den Kampf gegen Antisemitismus sowie auch die Wehrbeauftragte des Deutschen Bundestages tätig[16].

Abschnitt 7
Schlussvorschriften

§ 31 Unabdingbarkeit

Von den Vorschriften dieses Gesetzes kann nicht zu Ungunsten der geschützten Personen abgewichen werden.

1   § 31 stellt klar, dass die Vorschriften des AGG **einseitig zwingendes Recht** sind, von denen nicht zum Nachteil der geschützten Personen (zB Arbeitnehmer, Beamte, arbeitnehmerähnliche Personen, Versicherungsnehmer oder Personen, die Güter und Dienstleistungen in Anspruch nehmen, welche der Öffentlichkeit zur Verfügung stehen) abgewichen werden darf. Der Diskriminierungsschutz des AGG darf deshalb verstärkt werden. Das AGG entspricht somit in seiner rechtlichen Wirkung den meisten anderen gesetzlichen Vorschriften, welche der Kompensation gestörter Vertragsparität dienen. Für das Arbeitsrecht hat der Große Senat des BAG festgestellt, dass das Günstigkeitsprinzip ein umfassender arbeitsrechtlicher Grundsatz sei, der unabhängig von der Art der Rechtsquelle und auch außerhalb des TVG § 4 Abs 3, wo er ausdrücklich normiert ist, Geltung beansprucht[1]. Auch andere privatrechtliche Regelungskomplexe wie das Verbraucherrecht (vgl zB BGB § 476 für das Recht des Verbrauchsgüterkaufes oder BGB § 512 für

---

13   So auch Bauer/Krieger/Günther AGG § 29 Rz 21 sowie Beck-GK BGB/Benecke AGG § 29 Rz 22.
14   Nähere Informationen zu der Grundrechte-Agentur der EU unter: https://europa.eu/european-union/about-eu/agencies/fra_de.
15   Nähere Informationen zu ihr unter: https://www.integrationsbeauftragte.de/ib-de.
16   Nähere Informationen zu ihr unter: https://www.bundestag.de/parlament/wehrbeauftragter.
1   Vgl BAG AP Nr 17 zu § 77 BetrVG 1972. Für das Verhältnis von gesetzlichen Vorschriften und abweichenden Rechtsnormen eines Tarifvertrages BAG NZA 1988, 358, 361.

das Verbraucherkreditrecht), die der Kompensation einer gestörten Vertragsparität dienen, entfalten eine einseitig zwingende Wirkung.

Die Vorschrift des § 31 ist **unionsrechtlich geboten**. Zwar verlangen die Diskriminierungs- 2
richtlinien der Union nicht ausdrücklich von den Mitgliedstaaten, die Vorschriften ihrer Umsetzungsrechtsakte mit (einseitig) zwingender Wirkung auszustatten. Doch lässt sich dieses Gebot daraus ableiten, dass die RL nur einen Mindestschutz auf dem Gebiet der Gleichbehandlung gewährleisten sollen und eine Verstärkung des Diskriminierungsschutzes in den nationalen Rechtsordnungen der Mitgliedstaaten nach wie vor möglich sein soll[2].

Die Vorschrift gilt für **Individualarbeitsverträge** sowie für andere Verträge, die unter den 3
sachlichen Geltungsbereich des AGG fallen wie Versicherungen (§ 19 Abs 1 Nr 2 oder Wohnraummietverträge, soweit der Tatbestand des § 19 Abs 1 Nr 1 eröffnet ist). Darüber hinaus findet sie aber auch auf **Rechtsnormen von Tarifverträgen** sowie für die Regelungen von **Betriebs- oder Dienstvereinbarungen** Anwendung[3]. So ist etwa die kollektivvertragliche Zulassung von Rechtfertigungsgründen für Ungleichbehandlungen wegen eines der in § 1 genannten Gründe, die über die Vorgaben der §§ 8-10 hinausgehen, nicht mit dem zwingenden Charakter des AGG vereinbar. Im Unterschied zu zahlreichen arbeitsrechtlichen Vorschriften, denen der Gesetzgeber eine tarifdispositive Wirkung beigelegt hat (zB BGB § 622 Abs 4, BUrlG § 13 oder TzBfG § 14 Abs 2 Satz 3), lässt § 31 keine Abweichungen durch Tarifvertrag zu. Entsprechendes gilt für eine Abweichung durch Betriebsvereinbarung: Die Vorschriften des AGG sind außerdem nicht betriebsvereinbarungsdispositiv; eine solche ist ohnehin nur ausnahmsweise erlaubt (vgl zB ArbZG §§ 7 Abs 1-2a, 12).

Wegen der einseitig zwingenden Wirkung der Vorschriften des Gesetzes kann durch Vereinba- 4
rung auch **nicht im Voraus auf Rechte verzichtet** werden. So können Beschäftigte nicht auf ihre Ansprüche auf Schadensersatz oder Entschädigung nach § 15 Abs 1 und 2, Benachteiligte auf ihre Ansprüche aus § 21 oder auf die ihnen aufgrund von § 22 zugutekommenden Beweislasterleichterungen im Voraus verzichten. Wohl aber ist es zulässig, **auf bereits entstandene Rechte** aus dem Gesetz zu **verzichten**[4]. Dies entspricht dem allgemeinen Grundsatz, dass Privatrechtssubjekte über die ihnen zustehenden Rechte disponieren dürfen. Deshalb ist der Verzicht auf einen Schadensersatz- oder Entschädigungsanspruch aus § 15 Abs 1 und 2 oder aus § 21 Abs 1 und 2 mit § 31 vereinbar, etwa im Rahmen eines Vergleichs iSv BGB § 779.

Die einseitig zwingende Wirkung der Vorschriften des AGG verlangt einen **Günstigkeitsver-** 5
gleich zwischen der gesetzlichen Regelung und der davon abweichenden einzel- oder kollektivvertraglichen Vereinbarung. Insoweit lassen sich die zu **EFZG § 12** entwickelten Grundsätze auf § 31 übertragen[5]: Welche Regelung günstiger ist, muss demzufolge in einem **Einzelvergleich** ermittelt werden (zB mit Blick auf Ausschlussfristen, Beweislasterleichterungen usw). „Äpfel und Birnen" dürfen somit nicht miteinander verglichen werden[6].

Vereinbarungen, die gegen den Unabdingbarkeitsgrundsatz des § 31 verstoßen, sind wegen 6
Verstoßes gegen ein gesetzliches Verbot nach **BGB § 134** iVm der Vorschrift des AGG, von der abgewichen wurde, nichtig. Diese allgemeine Nichtigkeitsfolge des BGB § 134 hat das Gesetz allerdings für Vereinbarungen, die gegen eines seiner Benachteiligungsverbote verstoßen, konkret ausgeformt. So sind nach § 7 Abs 2 iVm Abs 1 und § 1 Bestimmungen in Vereinbarungen, die gegen das Verbot der Benachteiligung von Beschäftigten verstoßen, unwirksam (dazu oben § 7 Rz 6 mwNachw) und auf Vereinbarungen, die vom zivilrechtlichen Benachteiligungsverbot abweichen, können sich Benachteiligende nicht berufen (§ 21 Abs 4) (s oben § 21 Rz 20 mwNachw). Gesetzesabweichende Vereinbarungen zu Ungunsten der geschützten Person haben indessen im Regelfall nicht die gesamte Nichtigkeit der inkriminierten vertraglichen Vereinbarung zur Folge; **BGB § 139 findet** normalerweise **keine Anwendung**[7]. Für das Arbeitsrecht (und auch die anderen einbezogenen Beschäftigungsformen) gilt BGB § 139 ohnehin nicht[8]. Im Übrigen ist anerkannt, dass die Auslegungsregel des BGB § 139 nicht zum Zuge kommt, wenn die Teilnichtigkeit auf einen Verstoß gegen eine Vorschrift zurückzuführen ist, die dem Schutz

---

2   Vgl RL 2000/43/EG Art 6, RL 2000/78/EG Art 8, RL 2004/113/EG Art 7 und RL 2006/54/EG Art 27.
3   Allgemeine Ansicht: statt vieler MünchKomm/Thüsing AGG § 31 Rz 1 sowie Däubler/Beck AGG § 31 Rz 2.
4   So auch Grüneberg/Ellenberger AGG § 31 Rz 1; MünchKomm/Thüsing AGG § 31 Rz 4; Bauer/Krieger/Günther AGG § 31 Rz 13; Däubler/Beck AGG § 31 Rz 4.
5   Allgemeine Ansicht: vgl statt vieler Bauer/Krieger/Günther AGG § 31 Rz 13 sowie Däubler/Beck AGG § 31 Rz 5 jew mwNachw.
6   Zum Erfordernis eines Sachgruppenvergleiches mit Blick auf das tarifvertragsrechtliche Günstigkeitsprinzip (TVG § 4 Abs 3) s BAG NZA 1999, 887, 892f.
7   Ebenso Stein/Wendeling-Schröder AGG § 31 Rz 10.
8   Vgl BAGE 1, 128, 133.

des Vertragspartners dient und die Gesamtnichtigkeit zur Folge hätte, dass sich dessen gesetzlicher Schutz in sein Gegenteil verkehren würde[9].

§ 32 Schlussbestimmung

Soweit in diesem Gesetz nicht Abweichendes bestimmt ist, gelten die allgemeinen Bestimmungen.

1 Die Vorschrift bringt eine **rechtstechnische Selbstverständlichkeit** zum Ausdruck. Überall dort, wo das AGG keine Sonderregelung getroffen hat, sollen die allgemeinen Bestimmungen zur Anwendung kommen. Auch ohne diese klarstellende Regelung im Gesetz würden die allgemeinen Bestimmungen gelten, soweit sie nicht durch eine besondere Regel des AGG verdrängt werden. Es gilt der allgemeine Rechtsgrundsatz lex specialis derogat legi generali. Doch hat es der Gesetzgeber bei diesem allgemeinen Hinweis des § 32 nicht bewenden lassen und auch noch an einzelnen Stellen des Gesetzes ausdrücklich klargestellt, dass (bestimmte) allgemeine Vorschriften neben dem AGG anwendbar bleiben (vgl § 13 Abs 2, § 14 Satz 2, § 15 Abs 5, § 21 Abs 1 Satz 1 und Abs 3 sowie § 23 Abs 4). Umgekehrt hat er in § 2 Abs 4 angeordnet, dass für Kündigungen ausschließlich die Bestimmungen zum allgemeinen und besonderen Kündigungsschutz gelten und hat somit (unionsrechtswidrig) festgelegt, dass das AGG keine besonderen Vorschriften über die Kündigung des Arbeitsverhältnisses vorsieht (zu den unionsrechtlichen Problemen dieses Geltungsausschlusses des § 2 Abs 4 für Kündigungen des Arbeitsverhältnisses s § 2 Rz 19f mwNachw).

2 Der Gesetzgeber will mit der Vorschrift des § 32 ausweislich der Begründung zum RegE deutlich machen, „dass die allgemeinen für das Beschäftigungsverhältnis geltenden Gesetze unberührt bleiben"[1]. Insbesondere hat er dabei an die Vorschriften des Schuldrechts (einschließlich des Deliktsrechts) sowie an arbeitsrechtliche Gesetze wie das KSchG oder das BetrVG gedacht. Wie weit die besonderen Regelungen des AGG gehen, ist eine Frage der Auslegung der einzelnen Vorschriften dieses Gesetzes. Ob etwa neben dem Entschädigungsanspruch des § 15 Abs 1 auch noch die allgemeine Bestimmung des BGB § 280 Abs 1 zur Anwendung kommen kann, ist im Zusammenhang mit § 15 Abs 1 zu erläutern (dazu s § 15 Rz 26 mwNachw).

§ 33 Übergangsbestimmungen

(1) Bei Benachteiligungen nach den §§ 611a, 611b und 612 Abs. 3 des Bürgerlichen Gesetzbuchs oder sexuellen Belästigungen nach dem Beschäftigtenschutzgesetz ist das vor dem 18. August 2006 maßgebliche Recht anzuwenden.

(2) Bei Benachteiligungen aus Gründen der Rasse oder wegen der ethnischen Herkunft sind die §§ 19 bis 21 nicht auf Schuldverhältnisse anzuwenden, die vor dem 18. August 2006 begründet worden sind. Satz 1 gilt nicht für spätere Änderungen von Dauerschuldverhältnissen.

(3) Bei Benachteiligungen wegen des Geschlechts, der Religion, einer Behinderung, des Alters oder der sexuellen Identität sind die §§ 19 bis 21 nicht auf Schuldverhältnisse anzuwenden, die vor dem 1. Dezember 2006 begründet worden sind. Satz 1 gilt nicht für spätere Änderungen von Dauerschuldverhältnissen.

(4) Auf Schuldverhältnisse, die eine privatrechtliche Versicherung zum Gegenstand haben, ist § 19 Abs. 1 nicht anzuwenden, wenn diese vor dem 22. Dezember 2007 begründet worden sind. Satz 1 gilt nicht für spätere Änderungen solcher Schuldverhältnisse.

(5) Bei Versicherungsverhältnissen, die vor dem 21. Dezember 2012 begründet werden, ist eine unterschiedliche Behandlung wegen des Geschlechts im Falle des § 19 Absatz 1 Nummer 2 bei den Prämien oder Leistungen nur zulässig, wenn dessen Berücksichtigung bei einer auf relevanten und genauen versicherungsmathematischen und statistischen Daten beruhenden Risikobewertung ein bestimmender Faktor ist. Kosten im Zusammenhang mit Schwangerschaft und Mutterschaft dürfen auf keinen Fall zu unterschiedlichen Prämien oder Leistungen führen.

---

[9] Dazu statt vieler Soergel/Hefermehl § 139 Rz 50 ff mwNachw.

[1] Vgl BT-Drucks 16/1780 S 53.

Abschnitt 7 Schlussvorschriften 1–4 **§ 33 AGG**

ÜBERSICHT

1. Überblick 1
2. Übergangsregel für Beschäftigungsverhältnisse (Abs 1) 2
3. Übergangsbestimmungen für das zivilrechtliche Benachteiligungsverbot 3–9
   a) Verbot von Benachteiligungen wegen der Rasse oder der ethnischen Herkunft (Abs 2) 3, 4
   b) Übergangsbestimmung für Dauerschuldverhältnisse (Abs 3) ... 5
   c) Übergangsbestimmungen für privatrechtliche Versicherungen (Abs 4) 6, 7
   d) Altversicherungen (Abs 5) 8, 9

1. Überblick. Die Vorschrift steckt den zeitlichen Geltungsbereich des AGG mit Blick auf **1** bestimmte Benachteiligungen ab und trifft für die in Abs 1 bis 5 genannten Benachteiligungen oder Schuldverhältnisse **Übergangsbestimmungen**, die zu einem Geltungsausschluss des AGG oder zumindest zu einer Herausschiebung der Geltung des Gesetzes führen. Abs 1 der Vorschrift betrifft den arbeitsrechtlichen Teil des AGG, während die Abs 2 bis 4 einzelne Aspekte der Geltung des zivilrechtlichen Benachteiligungsverbotes zum Gegenstand haben. Eine solche Einschränkung des zeitlichen Geltungsbereichs ist in den Richtlinien der Union nicht ausdrücklich vorgesehen.

2. Übergangsregel für Beschäftigungsverhältnisse (Abs 1). Die Ausnahmebestimmung **2** betrifft Benachteiligungen wegen des Geschlechts oder sexuelle Belästigungen, die zeitlich vor dem Inkrafttreten des AGG (18. August 2006) liegen. Für diese sollen nach § 33 Abs 1 die vor dem Inkrafttreten geltenden Vorschriften der BGB §§ 611a, 611b und BGB § 612 Abs 3 sowie das Beschäftigtenschutzgesetz vom 24.6.1994 zur Anwendung kommen (zum Inhalt dieser Vorschriften s die Erläuterungen in Soergel/Voraufl, BGB § 611a und § 611b). Das **AGG** ordnet somit **keine Rückwirkung seiner Vorschriften** an. Die Vorschrift des Abs 1 ist insofern unvollständig, als unter den genannten aufgehobenen Vorschriften, welche durch das AGG ersetzt worden sind, nicht der teilweise ebenfalls aufgehobene SGB IX § 81 aF (= SGB IX § 164 Abs 2 nF) genannt wird: Die fehlende Nennung dieser Vorschrift beruht indessen offenkundig auf einem Redaktionsversehen, da sie in der Gesetzesbegründung zu AGG § 33 Abs 1 ausdrücklich genannt wird[1].

3. Übergangsbestimmungen für das zivilrechtliche Benachteiligungsverbot. – a) Ver- 3 bot von Benachteiligungen wegen der Rasse oder der ethnischen Herkunft (Abs 2). Die Übergangsbestimmung des Abs 2 Satz 1 betrifft das zivilrechtliche Verbot von Benachteiligungen aus Gründen der Rasse oder wegen der ethnischen Herkunft in den **§§ 19 bis 21**. Soweit Schuldverhältnisse vor dem 18.8.2006 begründet worden sind, finden die §§ 19 bis 21 keine Anwendung. Für diese zeitlich vor dem gesetzlichen Stichtag liegenden Benachteiligungen wegen der Rasse oder der ethnischen Herkunft besteht infolgedessen nur ein sehr schwacher Diskriminierungsschutz.

Abs 2 Satz 2 ordnet an, dass diese Übergangsbestimmung nicht für spätere **Änderungen von 4 Dauerschuldverhältnissen** gelten soll. Damit soll sichergestellt werden, dass Dauerschuldverhältnisse nicht auf unabsehbare Zeit von der Geltung des Benachteiligungsverbotes ausgenommen sein sollen[2]. Zu den Änderungen, die ein Hineinfallen in den Geltungsbereich des AGG zur Folge haben, gehören nach dem Willen des Gesetzgebers insbesondere Anpassungen des Entgelts für die Leistung bei langfristigen Verträgen sowie Kündigungen bei Bestandsverträgen[3]. Ebenso gehören hierzu aber auch Verlängerungen der zeitlichen Geltung von Dauerschuldverhältnissen (zB Verlängerung der Befristung eines Mietvertrages, der unter § 19 fällt). Zu Recht ist an der Vorschrift des **Abs 2 Satz 2** bemängelt worden, dass die mit ihr verknüpfte Bestandsgarantie von laufenden Dauerschuldverhältnissen, die nicht geändert werden, **mit der RL 2000/ 43/EG nicht zu vereinbaren** ist[4]. So fehlt es bereits an einer Übergangsregelung in der RL, welche Abs 2 rechtfertigen könnte. Wegen des Fehlens einer Übergangsregelung in der RL gilt, dass ihre Bestimmungen bis zum 19.7.2003 vollumfänglich umzusetzen waren (vgl RL 2000/43/ EG Art 16 Abs 1), und zwar auch für damals laufende Dauerschuldverhältnisse mit Wirkung für die Zukunft. Eine benachteiligende Regelung in einem Wohnraummietvertrag, der bereits zum Zeitpunkt des Inkrafttretens des AGG bestand, kann deshalb nicht aufgrund von Abs 2 Satz 2 in die Zeit der Geltung des AGG fortwirken; Abs 2 Satz 2 ist insoweit im Lichte der RL 2000/ 43/EG einschränkend auszulegen.

---

1 Vgl BT-Drucks 16/1780 S 53. Allgemeine Ansicht: vgl zB BAG AP Nr 41 zu TVG § 1 Altersteilzeit sowie Grüneberg/Weidenkaff AGG § 33 Rz 2.
2 Vgl BT-Drucks 16/1780 S 53.
3 Vgl BT-Drucks 16/1780 S 53.
4 So insbesondere MünchKomm/Thüsing AGG § 33 Rz 7.

Seifert 915

5 b) **Übergangsbestimmung für Dauerschuldverhältnisse (Abs 3)**. Die Vorschrift ordnet an, dass auf Versicherungsverträge, die unter den Geltungsbereich des AGG fallen, das zivilrechtliche Benachteiligungsverbot des § 19 Abs 1 nicht anwendbar sein soll, wenn diese vor dem 22.12.2007 begründet worden sind. Auch diese Herausnahme von Altverträgen ist **mit Unionsrecht nicht vereinbar**; insoweit gilt das zu Abs 2 Gesagte entsprechend (vgl s oben Rz 4 mwNachw).

6 c) **Übergangsbestimmungen für privatrechtliche Versicherungen (Abs 4)**. Die Vorschrift des Abs 4, die in ihrer Struktur den anderen Übergangsbestimmungen für das zivilrechtliche Benachteiligungsverbot in Abs 2 und 3 nachgebildet ist, betrifft ausschließlich **privatrechtliche Versicherungen**. Damit soll „den Bedürfnissen der Versicherungswirtschaft Rechnung [getragen werden]", indem Versicherungsunternehmen ein angemessener zeitlicher Vorlauf gegeben wird, um ihre Prämienkalkulation und Versicherungsbedingungen an die neue Rechtslage anzupassen[5]. Abs 4 Satz 1 ordnet an, dass auf privatrechtliche Versicherungen, die vor dem 22.12.2007 begründet worden sind, das zivilrechtliche Benachteiligungsverbot des § 19 Abs 1 keine Anwendung findet. Der gesetzliche Stichtag entspricht RL 2004/113/EG Art 5 Abs 1, ab dem eine diskriminierungsfreie (bezogen auf das Merkmal Geschlecht) Neuberechnung von Prämien und Leistungen von Versicherern erfolgt sein muss. Satz 2 unterwirft allerdings **spätere Änderungen** dieser privatrechtlichen Versicherungsverträge, die vor dem Stichtag des 22.12.2007 begründet worden sind, dem AGG.

7 Die Übergangsbestimmung ist allerdings **unionsrechtlich nur teilweise zulässig**[6]: Nur für Benachteiligungen wegen des Geschlechts lässt sich der Stichtag aufgrund der RL 2004/113/EG rechtfertigen; für die Merkmale „Rasse" und „ethnische Herkunft" enthält die RL 2000/43/EG indessen keine vergleichbare Übergangsregelung[7].

8 d) **Altversicherungen (Abs 5)**. Für Versicherungsverhältnisse, die bis zum 20.12.2012 begründet worden sind, lässt Abs 5 Satz 1 eine unterschiedliche Behandlung wegen des Geschlechts bei den Prämien oder Leistungen insoweit zu, als die Berücksichtigung des Merkmals „Geschlecht" bei einer Risikobewertung, die auf relevanten und genauen versicherungsmathematischen und statistischen Daten beruht, ein bestimmender Faktor ist. In diesem Umfang sollen also Ungleichbehandlungen wegen des Geschlechts zulässig sein. Die Vorschrift ist durch das Gesetz zur Modernisierung der Finanzaufsicht über Versicherungen Art 2 (BGBl 2015 Teil I S 434) eingeführt worden und soll klarstellen, dass der durch den EuGH[8] in der Rechtssache *Test-Achats* für unvereinbar mit GrChEU Art 21 erklärte und mit Wirkung ab dem 21.12.2012 nicht mehr anwendbare RL 2002/113/EG Art 5 Abs 2 für Altversicherungsverträge, die vor diesem Zeitpunkt begründet wurden, fortgilt. Die **Vereinbarkeit der Vorschrift mit Unionsrecht** ist jedoch **zweifelhaft**. Der Gerichtshof hat nämlich in seinem Urteil zu den sog „Unisex-Tarifen" den Mitgliedstaaten aus Gründen des Vertrauensschutzes nur eine Übergangszeit bis zum 20.12.2012 eingeräumt und geht somit von einer dann beginnenden Wirkung seiner Grundsätze aus. Altverträge mussten deshalb bis zu diesem Zeitpunkt auf „Unisex-Tarife" umgestellt worden sein, um den Anforderungen von GrChEU Art 21 in der Auslegung durch den EuGH in der Rechtssache *Test-Achats* zu genügen[9]. Mit dem Wirksamwerden des Urteils des EuGH wurden geschlechtsspezifische Differenzierungen somit unwirksam.

9 Abs 5 Satz 2 stellt klar, dass **Kosten**, die **im Zusammenhang mit Schwangerschaft und Mutterschaft** entstehen, auf keinen Fall zu unterschiedlichen Prämien und Leistungen führen dürfen. Die Vorschrift entspricht dem Verbot des § 20 Abs 2 Satz 1 (zu den Einzelheiten s § 20 Rz 16f mwNachw).

---

5 Vgl BT-Drucks 16/1780 S 53.
6 Von einer RL-Konformität scheint indessen Hamm NJW-RR 2011, 762, 766 ohne Begründung auszugehen.
7 So zu Recht MünchKomm/Thüsing AGG § 33 Rz 8.
8 Vgl EuGH NJW 2011, 907 ff.
9 So wohl auch Däubler/Beck/Klose/Braunroth AGG § 33 Rz 39. Für diese Lesart des EuGH-Urteils sprechen auch die Schlussanträge v GA Kokott v 30.9.2010 – C-236/09 Rz 81 sowie Ziffer 5 ff der Leitlinien der Europäischen Kommission zur Anwendung der RL 2004/113/EG auf das Versicherungswesen im Anschluss an das Urteil des EuGH in der Rs C-236/09 (Test-Achats), ABl EU 2012 C 11/1. Dagegen wegen der aufgrund v Vertragsumstellungen erforderlich werdenden hohen Rückstellungen zB Lüttringhaus EuZW 2011, 296, 300. Wohl offen gelassen v Bauer/Krieger/Günther AGG § 20 Rz 12, 13 u § 33 Rz 22a.

Stichwortverzeichnis

Die erste, fettgedruckte Zahl nach dem Stichwort bezeichnet den Paragraphen des Gesetzes, die alsdann nach dem Komma folgende Zahl die Bemerkung (Randziffer). Im Übrigen bedeuten: Anh = Anhang, B = Begriff, Einl = Einleitung, Vb/Vor = Vorbemerkung.

Die Umlaute ä, ö und ü werden wie a, o und u angesehen, sie stehen also nicht als ae, oe, ue hinter ad, od und ud.

A

Abfallbeauftragter
– Kündigungsschutz **Vor 620-630**, 37
Abfindung
– Aufhebungsvertrag **Vor 620-630**, 70
Abfindungsanspruch Vor 620-630, 190
Abkehrrecht 626, 14
Abkehrwille
– fristlose Kündigung **626**, 63
Abmahnung
– fristlose Kündigung **626**, 50
– Schriftform **623**, 10
Abwerbung
– fristlose Kündigung **626**, 64
Abwicklungsvertrag
– Anfechtung **Vor 620-630**, 89
– Klageverzicht **Vor 620-630**, 85–89
– Schriftform **623**, 16
AG-Vorstand
– Kündigungsfrist **621**, 12
Akquisekosten
– Schadensposten **628**, 67
Alkoholabhängigkeit
– fristlose Kündigung **626**, 121
Alkoholkonsum
– fristlose Kündigung **626**, 65
Alter 1 AGG, 15
Altersdiskriminierung
– Altersgrenze **10 AGG**, 25–30
– berufliche Eingliederung **10 AGG**, 12–15
– Berufserfahrung **10 AGG**, 16
– betriebliche Altersversorgung **10 AGG**, 22–24
– Dienstalter **10 AGG**, 16
– Einstellungshöchstalter **10 AGG**, 19–21
– Entgeltregelung **10 AGG**, 18
– Hinterbliebenenversorgung **10 AGG**, 24
– Kündigungsfrist **10 AGG**, 39
– legitimes Ziel **10 AGG**, 5–8
– Rechtfertigung **10 AGG**, 1
– Sozialauswahl **10 AGG**, 36–37
– Sozialplanabfindung **10 AGG**, 31–34
– Unkündbarkeitsregelung **10 AGG**, 38
– Verhältnismäßigkeitsprüfung **10 AGG**, 9
Altersgrenze 10 AGG, 25–30
– gesetzliche **Vor 620-630**, 8
– Sachgrundbefristung **620**, 55
Altersteilzeitvertrag
– Schriftform **623**, 14
ambulante Behandlung 630a, 60–63
Amtsträger
– besonderer Kündigungsschutz **Vor 620-630**, 207–210
– fristlose Kündigung **626**, 175–179
Analogleistungen 630a, 84
Änderungskündigung Vor 620-630, 93–94
– fristlose **626**, 16, 167–174
– Kündigungserklärungsfrist **626**, 224
– Kündigungsfrist **622**, 12
– Schriftform **623**, 8, 23
Anfängeroperation 630a, 323
– Behandlungsfehler **Vor 630h**, 69
Anfechtung 626, 8–10
– Abwicklungsvertrag **Vor 620-630**, 89
– Aufhebungsvertrag **Vor 620-630**, 77
– Dienstvertrag **Vor 620-630**, 223
– Kündigung **Vor 620-630**, 128–129
– Schriftform **623**, 9

– Zeugnis **630**, 76
Ankündigung Krankschreibung
– fristlose Kündigung **626**, 66
Anschlussbeschäftigung 620, 38 s a **Sachgrundbefristung**
Antidiskriminierungsstelle 30 AGG, 3
– Aufgaben **30 AGG**, 7–11
– Befugnisse **30 AGG**, 12
– Beirat **30 AGG**, 6
– Kooperationsgebot **30 AGG**, 13
– Leitung **30 AGG**, 4
Antidiskriminierungsverband 23 AGG, 4–10
– Befugnisse **23 AGG**, 11–14
Anweisung zur Benachteiligung 3 AGG, 23–26
Anzeigepflicht
– Massenentlassung **Vor 620-630**, 196
Arbeitgeber 6 AGG, 9–12
– Bekanntmachungspflicht **12 AGG**, 14–15
– kirchliche **Vor 620-630**, 30
– lösende Aussperrung **Vor 620-630**, 230
– diskriminierungsrechtliche Organisationspflichten **12 AGG**, 3–13
– Hinweis- und Hinwirkungspflicht **12 AGG**, 5–8
Arbeitgeberdarlehen
– Schadensposten **628**, 62
Arbeitgeberverband
– Benachteiligungsverbot **18 AGG**, 7
Arbeitgebervereinigung 2 AGG, 10
Arbeitnehmer
– Lossagungsrecht **Vor 620-630**, 229
arbeitnehmerähnliche Person
– Beendigung **Vor 620-630**, 48
– Befristung **620**, 15
– Kündigungsfrist **621**, 6
Arbeitnehmerüberlassung 6 AGG, 11
Arbeitsbedingungen-Richtlinie Vor 620-630, 24
Arbeitserlaubnis
– fristlose Kündigung **626**, 132
Arbeitskampf
– Abkehrrecht **626**, 14
Arbeitsplatzausschreibung 11 AGG, 3
– Fremdausschreibung **11 AGG**, 5
Arbeitsteilung 630a, 447–461
– horizontale **630a**, 448–457
– vertikale **630a**, 458–461
Arbeitsunfähigkeit
– fristlose Kündigung **626**, 71
Arbeitsverhältnis
– Beendigung **Vor 620-630**, 2 s a dort
– fristlose Kündigung s dort
– gerichtliche Auflösung **Vor 620-630**, 227–228
– Kündigungsfrist s dort
– Schriftform **623**, 3
– Zeugnis s dort
Arbeitsvertrag
– Befristung s dort
Arbeitsverweigerung
– fristlose Kündigung **626**, 74
Arbeitszeitbetrug
– fristlose Kündigung **626**, 75
Arbeitszeugnis s **Zeugnis**
Arztzusatzvertrag 630a, 65
Arzt s a **Behandelnder**
– Internetbewertung **630a**, 149
Arztbrief 630f, 52–58
Arzthaftung s **Behandlungsfehler**

917

Stichwortverzeichnis

Arzthaftungsprozess
- Beibringungsmaxime **Vor 630h**, 131
- Berufungsverfahren **Vor 630h**, 139–140
- Beweislast s dort
- Beweismittel **Vor 630a ff**, 56–59
- Dispositionsmaxime **Vor 630h**, 131
- gerichtliche Hinweispflicht **Vor 630h**, 133
- medizinischer Sachverständiger **Vor 630a ff**, 60–70
- Passivlegitimation **Vor 630a ff**, 39
- Sachverständigengutachten **Vor 630h**, 134–137
- sekundäre Darlegungslast **Vor 630a ff**, 51–55
- selbständiges Beweisverfahren **Vor 630a ff**, 71–80
- Spezialkammern **Vor 630h**, 138
- Streitgegenstand **Vor 630a ff**, 40–45
- Substantiierungspflicht **Vor 630a ff**, 46–50
- Verbot der Überbeschleunigung **Vor 630a ff**, 79

Arzt-Krankenhaus-Vertrag
- gespaltener **630a**, 66–67

ärztliche Aufgaben
- Delegation **630a**, 168

ärztliche Schweigepflicht s Schweigepflicht

ärztlicher Leiter
- Pflichten **630a**, 360

Arztvorbehalt 630a, 155

Aufhebungsvertrag Vor 620-630, 51, **626**, 5
- Abfindung **Vor 620-630**, 70
- Abschlussanspruch **Vor 620-630**, 55
- AGB-Kontrolle **Vor 620-630**, 69
- Anfechtung **Vor 620-630**, 77
- arglistige Täuschung **Vor 620-630**, 77
- aufschiebende Bedingung **Vor 620-630**, 67
- bedingter Wiedereinstellungsanspruch **Vor 620-630**, 68
- Beendigungszeitpunkt **Vor 620-630**, 65
- Betriebsänderung **Vor 620-630**, 75
- Betriebsübergang **Vor 620-630**, 72
- Gebot fairen Verhandelns **Vor 620-630**, 59, 83
- Hinweis- und Aufklärungspflichten **Vor 620-630**, 56
- Inhaltsirrtum **Vor 620-630**, 78
- Klageverzicht **Vor 620-630**, 82
- Massenentlassung **Vor 620-630**, 63
- Mitbestimmungsrechte **Vor 620-630**, 61
- Nebenabreden **Vor 620-630**, 71
- Rücktritt **Vor 620-630**, 82
- Sprinterprämie **Vor 620-630**, 88
- Störung der Geschäftsgrundlage **Vor 620-630**, 85
- Turboklausel **Vor 620-630**, 88
- widerrechtliche Drohung **Vor 620-630**, 77
- Widerruf **Vor 620-630**, 80
- Zustandekommen **Vor 620-630**, 52

Aufklärung 630a, 182–198
- Aufklärungsgespräch **630a**, 186–189
- Fernbehandlung **630a**, 190
- Selbstbestimmungsaufklärung 191–196, 197–198, 203–204

Aufklärungspflicht
- Neutralitätsgrundsatz **630e**, 4

auflösende Bedingung 620, 12
- Eintritt **620**, 71

Auflösungserklärung 626, 13

Auflösungsvertrag
- Schriftform **623**, 12–16, 24–25, 28

Aufnahmeanspruch
- Verband **18 AGG**, 21–22

Aufsichtsratsmitglieder 6 AGG, 15

Aus- und Weiterbildung
- Sachgrundbefristung **620**, 56

Ausbildungsverhältnis
- Beendigung **Vor 620-630**, 41

Ausgleichsquittung
- Schriftform **623**, 17

Aushilfskraft
- Kündigungsfrist **622**, 58

Auslauffrist 622, 13
- soziale **626**, 138

Ausschlussfrist 15 AGG, 18–23
- Fristberechnung **15 AGG**, 20–22
- schriftliche Geltendmachung **15 AGG**, 23

- Zeugnis **630**, 93

Außenseitermethode 630a, 392
- Behandlungsfehler **Vor 630h**, 68

außerdienstliches Verhalten
- fristlose Kündigung **626**, 60

außerordentliche Kündigung Vor 620-630, 91 s a fristlose Kündigung
- Auslauffrist **622**, 13
- Schadensersatzpflicht **628**, 34–78
- Teilvergütungsanspruch **628**, 8–15

Auszubildende
- Kündigungsschutz **Vor 620-630**, 159

B

Bankgeschäft
- Benachteiligungsverbot **19 AGG**, 9, 13

Bargeschäft
- Benachteiligungsverbot **19 AGG**, 9

Bedingung
- auflösende **620**, 12, 61

Beendigung Vor 620-630, 2
- aufschiebend bedingte **Vor 620-630**, 67
- Beendigungstatbestände **Vor 620-630**, 3

Befolgungsobliegenheit
- Patient **630a**, 126–131

Befristung 620, 8–21
- arbeitnehmerähnliche Personen **620**, 15
- auflösende Bedingung **620**, 12, 61
- Begriff **620**, 8
- Doppelbefristung **620**, 13
- Handelsvertreter **620**, 20
- Heimarbeiter **620**, 18
- Probezeit **622**, 32–33
- Sachgrundbefristung **620**, 34–60 s a dort
- sachgrundlose **620**, 25
- unwirksame **620**, 75
- Vorbeschäftigungsverbot **620**, 26 s a dort
- vorzeitige Kündigung **620**, 72–73
- Zeitbefristung **620**, 10
- Zweckbefristung **620**, 11

Befristungsabrede 620, 62–67
- AGB-Kontrolle **620**, 67
- Schriftform **620**, 62
- Zitiergebot **620**, 63

Befristungsende
- auflösende Bedingung **620**, 71
- Fortsetzung **620**, 74
- Zweckbefristung **620**, 69

Befristungskette 620, 60

Befristungskontrolle
- mehrere Befristungen **620**, 79

Befristungskontrollklage 620, 76–80
- Klagefrist **620**, 78

Befristungsrecht Vor 620-630, 42

Befristungsrichtlinie Vor 620-630, 24

Befunderhebungsfehler 630a, 262
- Behandlungsfehler **Vor 630h**, 51–54

Behandelndenhaftung, Behandlungsfehler s dort
- deliktische Haftung **Vor 630h**, 28–33
- Dokumentationsmangel **Vor 630h**, 99–103
- Eigenhaftung **Vor 630h**, 29
- Grundlagen **Vor 630h**, 6–34
- Haftungsbeschränkung **Vor 630h**, 118–119
- Haftungsumfang **Vor 630h**, 120–126
- Kausalität **Vor 630h**, 104–108
- Mitverschulden **Vor 630h**, 127
- Organhaftung **Vor 630h**, 34
- unwirksame Einwilligung **Vor 630h**, 91–94
- Verjährung **Vor 630h**, 128–130
- Verrichtungsgehilfenhaftung **Vor 630h**, 32–33
- vertragliche Haftung **Vor 630h**, 36–38
- Zurechnungszusammenhang **Vor 630h**, 109–112

Behandelnder 630a, 19
- Apotheker **630a**, 23–24
- Arztvorbehalt **630a**, 155
- Diagnose s dort
- Dokumentationspflicht **630a**, 228–236

Stichwortverzeichnis

- Fortbildungspflicht **630a**, 237–238
- höchstpersönliche Erfüllung **630a**, 151–154
- Informationspflicht **630a**, 224–227, **630c**, 37–41
- Nachsorge **630a**, 291–294
- Nebenpflichten **630a**, 201–254
- Obhutspflichten **630a**, 338–346
- persönliche Leistungserbringung **630b**, 41–55 s a dort
- Qualitätssicherungspflicht **630a**, 338–346
- Sachausstattung **630a**, 333–337
- Schweigepflicht **630a**, 201–218 s a dort
- Teilnahmepflicht Notdienst **630a**, 239–242
- Therapiewahl s dort
- Überwachungspflicht **630a**, 282–288, 338–346
- Veterinärmediziner **630a**, 20
- Zeugnisverweigerungsrecht **630a**, 205

Behandlung
- medizinische **630**, 19

Behandlung
- ambulante **630a**, 60–63
- Minderjährige **630**, 49–60 s a dort
- öffentliches Amt **630a**, 78–85
- stationäre **630a**, 64–67

Behandlungsablauf
- Organisation und Koordination **630a**, 302–312

Behandlungsdokumentation
- Arztbrief **630f**, 52–58
- Aufbewahrung **630f**, 133–167
- Begriff **630f**, 1–2
- Beweisfunktion **630f**, 27–28
- elektronische Patientendokumentation **630f**, 91–107
- Entstehung **630f**, 29–31
- Informationsfunktion **630f**, 19–22
- Kontrollfunktion **630f**, 24
- Pflegeakte **630f**, 119–129
- Rechtfertigungsfunktion **630f**, 23
- Schriftform **630f**, 85–90
- tierärztliche Behandlung **630f**, 130–132
- Transparenzfunktion **630f**, 26
- Umfang **630f**, 36–84
- Verständlichkeit **630f**, 32–35
- Zeitpunkt **630f**, 108–118
- Zweck **630f**, 18

Behandlungsfehler Vor 630h, 42–82
- Anfängeroperation **630a**, 323, **Vor 630h**, 69
- Arbeitsteilung **630a**, 447–461
- Aufklärungsgebot **630c**, 59–85
- Außenseitermethode **Vor 630h**, 68
- Befunderhebungsfehler **630a**, 262, **Vor 630h**, 51–54
- Begriff **630a**, 442–443
- deliktische Haftung **630a**, 444
- Diagnosefehler **630a**, 259, **Vor 630h**, 55–58
- dualistisches Anspruchssystem **630a**, 437
- entgangener Gewinn **630a**, 519
- Folgeschäden Dritter **630a**, 513
- grober **630c**, 123, **630h**, 159–161
- Haftung **630a**, 437–531
- Haftungsbeschränkung **630a**, 503–505
- Heilversuch **Vor 630h**, 67
- Hinterbliebenengeld **630a**, 525–526
- horizontale Arbeitsteilung **Vor 630h**, 73–75
- Hygieneverstoß **630a**, 320–322
- immaterieller Schaden **630a**, 523
- Informationspflicht **630a**, 224–227
- Kasuistik **630a**, 532–554
- Lagerungsfälle **630a**, 311–312
- mangelhafte Ausstattung **630a**, 313–314
- materieller Schaden **630a**, 514
- mittelbarer Schaden **630a**, 512
- Mitverschulden **630a**, 527–531
- Nachsorge **Vor 630h**, 76
- Neulandmethode **Vor 630h**, 65
- Off-Label-Use **Vor 630h**, 66
- Organisationsverschulden **Vor 630h**, 79
- Schaden **630a**, 506–526
- Schadensarten **630a**, 509–526
- Schmerzensgeld s dort
- Schockschaden **630a**, 511

- Standardunterschreitung **Vor 630h**, 45
- Sturzfälle **630a**, 310
- Therapiefehler **Vor 630h**, 59–69
- Übernahmeverschulden **Vor 630h**, 50
- Vergütungspflicht **630a**, 85
- Vermutung s **Behandlungsfehlervermutung**
- vertikale Arbeitsteilung **Vor 630h**, 71–72

Behandlungsfehlervermutung 630h, 35–57
- voll beherrschbares Risiko **630h**, 37–40
- Widerlegbarkeit **630h**, 43

Behandlungsmethode
- Außenseitermethode **630a**, 392
- neue **630a**, 391

Behandlungspflicht
- Privatarzt **630a**, 31
- Vertragsarzt **630a**, 24–30

Behandlungsvergütung 630b, 12–41
- Abrechnung **630b**, 30–31
- Annahmeverzug **630b**, 34–35
- Ausschluss **630b**, 41–42
- Entstehung **630b**, 25–29
- Fälligkeit **630b**, 30–31
- Notfallbehandlung **630b**, 14
- Vergütungshöhe **630b**, 15
- Vergütungsvereinbarung **630b**, 12–24
- Verjährung **630b**, 32–33
- Verzicht **630b**, 16

Behandlungsvertrag
- Beendigung **630a**, 79–81, **630b**, 58–80
- Behandelnder s dort
- Behandlungsfehler s dort
- Delegationsfehler **630a**, 501
- Dokumentationspflicht s **Behandlungsdokumentation**
- Fehleroffenbarungspflicht **630c**, 8
- fristlose Kündigung **630b**, 65, 69
- Gegenstand **630a**, 20
- Gerichtsstand **Vor 630a ff**, 25–29
- Gewährleistungsrecht **630a**, 422–531
- Gutachter- und Schlichtungsstelle **Vor 630a ff**, 30–36
- Haftungsrecht **630b**, 7–8
- Kontrahierungszwang **630a**, 76–78
- Kooperation **630c**, 21
- Kündigung **630b**, 63–78
- Kündigungsausschluss **630b**, 77
- Minderjährige **630a**, 50–51
- Minderung **630a**, 430
- Nacherfüllung **630a**, 432–433
- nachwirkende Schutzpflicht **630c**, 49
- Rücktritt **630a**, 434
- Schadensersatz **630a**, 435–436
- Selbstbestimmungsaufklärung **630c**, 14
- tierärztlicher **630a**, 80
- Tod **630b**, 61
- Unmöglichkeit **630a**, 425–429
- Vergütung **630b**, 12–41 s a **Behandlungsvergütung**
- Vergütung Teilleistung **630a**, 82
- Verschuldensvermutung **630a**, 424
- Vertragsaufhebung **630b**, 60
- Vertragsparteien **630b**, 5–6
- Vertragsparteien **Vor 630h**, 9–27
- Werkvertrag **630a**, 3
- Zeitablauf **630b**, 59
- Zweckerreichung **630b**, 58

Beherbergungsvertrag
- Benachteiligungsverbot **19 AGG**, 9

Behindertenverband
- Klagerecht **23 AGG**, 14

Behinderung 1 AGG, 12
- Krankheit **1 AGG**, 14

Belästigung 3 AGG, 14–18
- sexuelle **3 AGG**, 19–22

Beleidigung
- fristlose Kündigung **626**, 97

Benachteiligung
- Anweisung **3 AGG**, 23–26
- Beseitigungsanspruch **21 AGG**, 4–9

Stichwortverzeichnis

- Beweiserleichterung 22 AGG, 4–17
- Indizien 22 AGG, 7–15
- mittelbare 3 AGG, 8–13
- Pflichtverletzung 7 AGG, 10–12
- positives Tun 3 AGG, 3
- Schadensersatz 21 AGG, 11–17
- unmittelbare 3 AGG, 2–7
- Unterlassen 3 AGG, 3
- Unterlassungsanspruch 21 AGG, 10

Benachteiligungsgrund 1 AGG, 3
- Alter 1 AGG, 15
- Behinderung 1 AGG, 12
- ethnische Herkunft 1 AGG, 6
- Geschlecht 1 AGG, 9
- Krankheit 1 AGG, 14
- Rasse 1 AGG, 5
- Religion 1 AGG, 10
- sexuelle Identität 1 AGG, 17
- Staatsangehörigkeit 1 AGG, 7
- Weltanschauung 1 AGG, 11

Benachteiligungsverbot 2 AGG, 22–24
- Arbeitgeberverband 18 AGG, 7
- Bankgeschäft 19 AGG, 9, 13
- Bargeschäft 19 AGG, 9
- Beherbergungsvertrag 19 AGG, 9
- Berufsvereinigung 18 AGG, 9–11
- Bewirtungsvertrag 19 AGG, 9
- Fernabsatzvertrag 19 AGG, 9
- Gewerkschaft 18 AGG, 6
- Innung 18 AGG, 8
- Kündigungsfrist 622, 48
- Massengeschäft 19 AGG, 6–11
- Mietvertrag 19 AGG, 9, 14
- Nichtigkeitsfolge 7 AGG, 6–9
- Schuldverhältnisse 19 AGG, 5–16
- Spitzenverband 18 AGG, 15
- Studienstipendium 19 AGG, 9
- Versicherung 19 AGG, 15–16
- Wohnraummiete 19 AGG, 19–22
- zentrales 7 AGG, 1, 3–5
- zivilrechtliches 19 AGG, 3–16

Bereichsausnahme
- Kündigung 2 AGG, 19–21

Bereitschaftsdienst
- ärztlicher 630a, 32

berufliche Anforderung 8 AGG, 5–8, 9 AGG, 12
berufliche Eingliederung 10 AGG, 12–15
Berufsausbildungsverhältnis
- fristlose Kündigung 626, 19

Berufsberatung 2 AGG, 9
Berufsbildung 2 AGG, 9
Berufserfahrung 10 AGG, 16
Berufsvereinigung
- Benachteiligungsverbot 18 AGG, 9–11

Beschäftigte 6 AGG, 3–8
- Arbeitnehmer 6 AGG, 3
- arbeitnehmerähnliche Person 6 AGG, 5
- Auszubildende 6 AGG, 4
- Beamte 6 AGG, 8
- Beschwerderecht 13 AGG, 3–10
- Bewerber 6 AGG, 6
- Entschädigungsanspruch 15 AGG, 10–17
- Entschädigungshöhe 15 AGG, 11–12
- Leistungsverweigerungsrecht 14 AGG, 3–9
- materieller Schaden 15 AGG, 6–9
- Richter 6 AGG, 8
- Schadensersatzanspruch 15 AGG, 3–9
- Soldaten 6 AGG, 8
- Zivildienstleistende 6 AGG, 8
- Zurückbehaltungsrecht 14 AGG, 10

Beschäftigtenvereinigung 2 AGG, 10
Beschäftigungs- und Arbeitsbedingungen 2 AGG, 6–8
Beschäftigungsverbot Vor 620-630, 9
Beschwerderecht
- Beschäftigte 13 AGG, 3–10

Beschwerdestelle 13 AGG, 4
Beseitigungsanspruch

- Ausschlussfrist 21 AGG, 21–24
- Benachteiligung 21 AGG, 4–9
- Kontrahierungszwang 21 AGG, 6–9

besonderes Vertrauen
- Dienste höherer Art 627, 8–10

Bestechung
- fristlose Kündigung 626, 98

Betreute
- Zwangsbehandlung 630a, 140–141

betriebliche Altersversorgung 10 AGG, 22–24
betriebliche Gründe
- fristlose Kündigung 626, 137–147

betriebliche Interessenvertreter
- Kündigungsschutz Vor 620-630, 36

Betriebsänderung
- Aufhebungsvertrag Vor 620-630, 75

Betriebsarzt
- Kündigungsschutz Vor 620-630, 37

betriebsbedingte Kündigung Vor 620-630, 180–190
- Abfindungsanspruch Vor 620-630, 190
- Interessenausgleich mit Namensliste Vor 620-630, 189
- Sozialauswahl Vor 620-630, 185–188
- Unternehmerentscheidung Vor 620-630, 180

Betriebseinschränkung
- fristlose Kündigung 626, 137

Betriebseinstellung
- fristlose Kündigung 626, 137

Betriebsratsbeteiligung
- Kündigung Vor 620-630, 199–201

Betriebsstilllegung Vor 620-630, 10
Betriebsübergang
- Aufhebungsvertrag Vor 620-630, 72
- fristlose Kündigung 626, 144
- Zwischenzeugnis 630, 26

Betriebsveräußerung Vor 620-630, 10
Betriebsvereinbarung Vor 620-630, 45
- Kündigungsfrist 622, 50

Betriebsverfassung
- soziale Autonomie 17 AGG, 4

Beweiserleichterung
- Benachteiligung 22 AGG, 4–17

Beweisfunktion
- Schriftform 623, 2

Beweislast
- Anscheinsbeweis 630h, 5–25
- Aufklärung 630h, 58–102
- Aufklärungsfehler 630h, 117–118
- Befunderhebungsfehler 630h, 199–200
- Behandlungsfehlervermutung 630h, 35–57 s a dort
- Beweislastverteilung 630h, 30–34
- Beweisvereitelung 630h, 26–29
- Diagnosefehler 630h, 198
- Dokumentationsversäumnis 630h, 103–153
- Einwilligung 630h, 58–102
- ernsthafter Entscheidungskonflikt 630h, 71–77
- grober Behandlungsfehler 630h, 159–161
- Kausalitätsvermutung 630h, 163

Beweisverfahren
- selbständiges Vor 630a ff, 71–80

Bewirtungsvertrag
- Benachteiligungsverbot 19 AGG, 9

binäres Modell 630d, 42
Bindungswirkung
- Zwischenzeugnis 630, 34

C

Chefarzt
- Kontrolle 630a, 349
- Pflichten 630a, 355–359

Chefarztbehandlung 630a, 159

D

Darlegungslast
- sekundäre Vor 630a ff, 51–55

Stichwortverzeichnis

Datenschutz
- fristlose Kündigung **626**, 81

Datenschutzbeauftragte
- Kündigungsschutz **Vor 620-630**, 37

Dauersachverhalt
- Kündigungserklärungsfrist **626**, 225

Delegationsfehler 630a, 501
Diagnose 630a, 255–261
Diagnosefehler
- Behandlungsfehler **630a**, 259, **Vor 630h**, 55–58
- einfacher **630a**, 261

Diagnoserevision 630a, 267
Dienstalter 10 AGG, 16
Dienstberechtiger
- Insolvenz **Vor 620-630**, 6
- Tod **Vor 620-630**, 5

Dienste höherer Art 627, 4–7
- besonderes Vertrauen **627**, 8–10
- dauerndes Dienstverhältnis **627**, 12
- feste Vergütung **627**, 13
- fristlose Kündigung **626**, 23
- Kündigung zur Unzeit **627**, 16–18

Dienstleistung
- digitale **620**, 83
- Unmöglichkeit **Vor 620-630**, 7

Dienstleistungsversorgung 2 AGG, 14
Dienstordnungs-Angestellte
- fristlose Kündigung **626**, 22

Dienstvereinbarung Vor 620-630, 45
Dienstverhältnis
- Aufsuchen **629**, 12–13
- Beamte **24 AGG**, 3
- Beendigung **Vor 620-630**, 2 s a dort
- für Lebenszeit **624**, 8
- für mehr als fünf Jahre **624**, 9
- Kirchenbeamte **24 AGG**, 4
- Kriegsdienstverweigerer **24 AGG**, 6
- öffentlich-rechtliches **24 AGG**, 2–7
- Richter **24 AGG**, 5
- Schriftform **623**, 6
- Soldaten **24 AGG**, 7
- stillschweigende Fortsetzung **625**, 10–12
- Zeugnis s dort
- Zivildienstleistende **24 AGG**, 6

Dienstverpflichteter
- Tod **Vor 620-630**, 225

Dienstvertrag
- Anfechtung **Vor 620-630**, 223
- Befristung s dort
- Nichtigkeit **Vor 620-630**, 224

Diskriminierung s a Benachteiligung
- intersektionelle **4 AGG**, 1
- Kündigung **Vor 620-630**, 149–150

Dokumentation s Behandlungsdokumentation
Dokumentationspflicht
- ärztliche **630a**, 228–236

Doping
- fristlose Kündigung **626**, 77

Doppelbefristung 620, 13
Drei-Stufen-Theorie
- Minderjährige **630a**, 50–51

Drittmittel
- Sachgrundbefristung **620**, 51

Drogen
- fristlose Kündigung **626**, 65

Druckkündigung 626, 145–147
- echte **626**, 147
- Kündigungserklärungsfrist **626**, 223
- unechte **626**, 146

Duldungsobliegenheit
- Patient **630a**, 132–145

E

Ehegatte
- Mitbehandlung **630a**, 39–41

ehrenamtliche Richter
- Kündigungsschutz **Vor 620-630**, 38

Eigenart der Arbeitsleistung
- Sachgrundbefristung **620**, 43

Einwilligung 630a, 182
- Adressat **630d**, 28
- arztkonkretisierende **630d**, 23
- Betreueranrufung **630d**, 81
- Bezugspunkt **630d**, 20
- binäres Modell **630d**, 42
- Facharztstandard **630d**, 22
- Form **630d**, 33
- hypothetische **630a**, 200
- informed consent **630d**, 3, 68
- Minderjährige **630d**, 36–52
- mutmaßliche **630a**, 199
- mutmaßliche **630d**, 76–80
- Patientenverfügung **630d**, 57
- Rechtscharakter **630d**, 10
- Transgender **630d**, 52
- Vorsorgevollmacht **630d**, 61
- Widerruf **630d**, 4, 71–75

Einwilligungsfähigkeit 630d, 15–19
elektronische Patientendokumentation 630f, 91–107
Elternzeit
- besonderer Kündigungsschutz **Vor 620-630**, 219
- fristlose Kündigung **626**, 38

Endzeugnis 630, 13
entgangener Gewinn
- Schadensposten **628**, 70

Entgeltgleichheit 8 AGG, 29–30
Entschädigungsanspruch
- Ausschlussfrist **15 AGG**, 18–23
- diskriminierungsrechtlicher **15 AGG**, 10–17
- Entschädigungshöhe **15 AGG**, 11–12
- Kollektivvereinbarung **15 AGG**, 13–17
- schriftliche Geltendmachung **15 AGG**, 23

Entscheidungskonflikt
- ernsthafter **630h**, 71–77

Erprobung
- Sachgrundbefristung **620**, 47

Erwerbstätigkeit 2 AGG, 3–5
Erziehungsfunktion Vorb AGG, 11
ethnische Herkunft 1 AGG, 6

F

Fachkraft für Arbeitssicherheit
- Benachteiligungsverbot **Vor 620-630**, 37

Familienpflegezeit
- besonderer Kündigungsschutz **Vor 620-630**, 218

Fehleroffenbarungspflicht
- Behandlungsvertrag **630c**, 8

Fernabsatzvertrag
- Benachteiligungsverbot **19 AGG**, 9

Fernbehandlung
- Aufklärungsgespräch **630a**, 190

Fernunterrichtsvertrag
- Kündigungsfrist **621**, 5

Fortbildungspflicht
- ärztliche **630a**, 237–238

Freiheitsstrafe
- fristlose Kündigung **626**, 122

Freizeitgewährung
- Qualifizierungsmaßnahme **629**, 13
- Schadensersatz **629**, 26
- Stellensuche **629**, 15–22
- Vergütung **629**, 20

Fremdgeschäftsführer
- Beendigung **Vor 620-630**, 49

fristlose Kündigung
- Abkehrwille **626**, 63
- Abmahnung **626**, 50
- Abwerbung **626**, 64
- Alkoholabhängigkeit **626**, 121
- Alkoholkonsum **626**, 65
- Amtsträger **626**, 175–179
- Änderungskündigung **626**, 16, 167–174
- Anhörung **626**, 199–200
- Ankündigung Krankschreibung **626**, 66

Stichwortverzeichnis

- Arbeitserlaubnis **626**, 132
- Arbeitsunfähigkeit **626**, 71
- Arbeitsverweigerung **626**, 74
- Arbeitszeitbetrug **626**, 75
- außerdienstliches Verhalten **626**, 60
- Begründungsverlangen **626**, 192–195
- Beleidigung **626**, 97
- Berufsausbildungsverhältnis **626**, 19
- Bestechung **626**, 98
- betriebliche Gründe **626**, 137–147
- Betriebseinschränkung **626**, 137
- Betriebseinstellung **626**, 137
- Betriebsratsbeteiligung **626**, 36–37
- Betriebsübergang **626**, 144
- Datenschutz **626**, 81
- Dienste höherer Art **626**, 23
- Dienstordnungs-Angestellte **626**, 22
- Dienstverhältnis **626**, 15
- Doping **626**, 77
- Drogen **626**, 65
- Druckkündigung **626**, 145–147
- echte **626**, 147
- Elternzeit **626**, 38
- Erklärungsfrist s **Kündigungserklärungsfrist**
- Freiheitsstrafe **626**, 122
- Geheimnisverrat **626**, 110
- Geschäftsschädigung **626**, 79
- Gruppenarbeit **626**, 180–188
- Handelsvertreter **626**, 18
- Heuerverhältnis **626**, 20
- Insolvenz **626**, 24, 142
- Interessenabwägung **626**, 52–54
- Internetnutzung **626**, 80
- Krankfeiern **626**, 112
- Krankheit **626**, 116
- Kündigungserklärung **626**, 189–207
- Leistungsbereich **626**, 46
- Lohnrückstände **626**, 152
- Meinungsäußerung **626**, 83
- Minderleistung **626**, 135
- Mobbing **626**, 82, 155
- Mutterschutz **626**, 38
- Nebentätigkeit **626**, 84
- ordentliche Unkündbarkeit **626**, 55
- Orlando-Kündigung **626**, 138–139
- Personalratsbeteiligung **626**, 36–37
- personenbedingte Gründe **626**, 115–135
- Pflegezeit **626**, 38
- politische Betätigung **626**, 85
- Religionssymbol **626**, 88
- Reuerecht **626**, 150
- Rufschädigung **626**, 79
- Schlechtleistung **626**, 89
- Schleppnetzantrag **626**, 244
- Schwarzarbeit **626**, 90
- Schwerbehinderung **626**, 39
- Selbstbeurlaubung **626**, 91
- sexuelle Belästigung **626**, 100
- Stalking **626**, 101
- Straftat **626**, 95–105
- Streikteilnahme **626**, 106
- Studienplatz **626**, 165
- Tätlichkeit **626**, 102
- Tendenzbetrieb **626**, 60
- ultima ratio **626**, 48–49
- Umdeutung **626**, 151, 201–205
- unechte **626**, 146
- unentschuldigtes Fehlen **626**, 107
- Unfähigkeit **626**, 135
- Unpünktlichkeit **626**, 109
- Unternehmensbereich **626**, 46
- Urlaubsversagung **626**, 154
- Verdachtskündigung **626**, 125–131
- verhaltensbedingte Gründe **626**, 59–113
- Vermögensdelikt **626**, 104
- Verschulden **626**, 43
- Vertrauensbereich **626**, 46
- Verzeihung **626**, 34
- Verzicht **626**, 33
- Wehrdienst **626**, 124
- Werkswohnung **626**, 161
- Wettbewerbsverbot **626**, 114
- Whistleblowing **626**, 67
- wichtiger Grund **626**, 40–56
- Zivildienst **626**, 124

G

Gebot fairen Verhandelns Vor **620-630**, 59, 83
Gefahrenvermeidung
- Rechtfertigungsgrund **20 AGG**, 6

Geheimnisverrat
- fristlose Kündigung **626**, 110

Gekündigter
- vertragswidriges Verhalten **628**, 39–42

gender mainstreaming Vorb **AGG**, 6
gerichtliche Auflösung
- Arbeitsverhältnis Vor **620-630**, 227–228

gerichtlicher Vergleich
- Sachgrundbefristung **620**, 53

Gerichtsstand
- Behandlungsvertrag Vor **630a ff**, 25–29

Geschäftsführer 6 AGG, 15
- Beendigung Vor **620-630**, 49

Geschäftsschädigung
- fristlose Kündigung **626**, 79

Geschlecht 1 AGG, 9
Gesundheitsleistungen
- individuelle **630a**, 248–254

Gewässerschutzbeauftragter
- Kündigungsschutz Vor **620-630**, 37

Gewerkschaft
- Benachteiligungsverbot **18 AGG**, 6

Gewinnbeteiligung
- Teilvergütungsanspruch **628**, 13

Gleichbehandlungsgebote 2 AGG, 25
Gleichbehandlungsgrundsatz
- Kündigung Vor **620-630**, 151

golden standard 630a, 276
Gratifikation
- Teilvergütungsanspruch **628**, 12

Gruppenarbeit
- fristlose Kündigung **626**, 180–188

Günstigkeitsvergleich 622, 63
Gutachter- und Schlichtungsstelle Vor **630a ff**, 30–36
Güterversorgung 2 AGG, 14

H

Haftung
- Arzt im Justizvollzugsdienst **630a**, 498–500
- beamteter Arzt **630a**, 483–490
- Belegarzt **630a**, 467
- Chefarztambulanz **630a**, 469–482
- Durchgangsarzt **630a**, 483–496
- Institutsambulanz **630a**, 469–482
- Krankenhaus-Notarzt **630a**, 491
- Krankenhausträger **630a**, 463–465
- Rettungsdienst-Notarzt **630a**, 492–495
- selbstliquidierende Ärzte **630a**, 466

Handelsvertreter
- Befristung **620**, 20
- fristlose Kündigung **626**, 18

Handelsvertreter-Richtlinie Vor **620-630**, 24
Handelsvertretervertrag
- Beendigung Vor **620-630**, 46

Härtefallregelung 5 AGG, 8
Hausangestellte
- Kündigungsfrist **622**, 8

Haushaltsrecht
- Sachgrundbefristung **620**, 49

Heilpraktiker
- Informationspflicht **630c**, 38

Heilversuch
- Behandlungsfehler Vor **630h**, 67

Stichwortverzeichnis

Heimarbeiter
- Befristung **620**, 18
- Kündigungsfrist **621**, 5

Heimarbeitsverhältnis
- Beendigung **Vor 620-630**, 47

Heuerverhältnis
- fristlose Kündigung **626**, 20
- Kündigungsfrist **621**, 5
- Schriftform **623**, 5

Hinterbliebenengeld **630a**, 525–526
Hinterbliebenenversorgung **10 AGG**, 24
Höchstalter
- Einstellung **10 AGG**, 19–21

höherer Art
- Dienste **627**, 4–7

Homosexualität
- Religionsgemeinschaft **9 AGG**, 22

Honorarforderung
- Abtretung **630a**, 111

Honorarvereinbarung **630a**, 86–94
horizontale Arbeitsteilung
- Behandlungsfehler **Vor 630h**, 73–75

Hygieneverstoß
- Behandlungsfehler **630a**, 320–322

I

IGeL **630a**, 248–254, **630c**, 96
Immissionsschutzbeauftragter
- Kündigungsschutz **Vor 620-630**, 37

Impfung
- Aufklärung **630e**, 19

in dubio pro vita **630d**, 63
Infektionsrisiko
- Hygieneverstoß **630a**, 320–322

Informationsobliegenheit
- Patient **630a**, 119–125

Informationspflicht
- ambulante Behandlung **630c**, 47
- Betroffenheit Dritter **630c**, 46
- Diagnose **630c**, 43
- Patientenverhalten **630c**, 45
- seltene Risiken **630c**, 48

informed consent **630d**, 3, 68
Innung
- Benachteiligungsverbot **18 AGG**, 8

Insolvenz
- Dienstberechtigter **Vor 620-630**, 6
- fristlose Kündigung **626**, 24, 142
- Kündigungserleichterung **Vor 620-630**, 40
- Kündigungsrecht **Vor 620-630**, 6

institutioneller Rechtsmissbrauch
- Befristung **620**, 60

Interessenabwägung
- fristlose Kündigung **626**, 52–54
- Kündigungsschutz **Vor 620-630**, 171

Interessenausgleich mit Namensliste **Vor 620-630**, 189

Interessenwegfall
- Kündigung **628**, 25

Internetbewertung
- Arzt **630a**, 149

Internetnutzung
- fristlose Kündigung **626**, 80

Intimschutz
- Rechtfertigungsgrund **20 AGG**, 7

K

Klagefrist
- Befristungskontrollklage **620**, 78

Klageverzicht
- Abwicklungsvertrag **Vor 620-630**, 85–89
- Aufhebungsvertrag **Vor 620-630**, 82

Klageverzichtsvertrag
- Schriftform **623**, 16

Kleinunternehmen
- Kündigungsfrist **622**, 59–60

Koalitionsfreiheit
- Diskriminierungsrecht **18 AGG**, 1

Konsultationsverfahren
- Massenentlassung **Vor 620-630**, 195

Kontrahierungszwang **15 AGG**, 27–31
- Behandlungsvertrag **630a**, 76–78
- Benachteiligung **21 AGG**, 6–9

Kooperationsobliegenheit
- Patient **630a**, 113–150

Koordination
- Behandlungsablauf **630a**, 302–312

Körperverletzungsdoktrin **630d**, 13
Krankenhaus
- Testamentserrichtung **630a**, 347–348

Krankenhausarzt
- ermächtigter **630a**, 180

Krankenhausbehandlungsvertrag
- Vergütung **630a**, 107–110

Krankenhausträger
- Haftung **630a**, 463–465
- Pflichten **630a**, 350–344

Krankenhausvertrag
- totaler **630a**, 64
- Arztzusatzvertrag **630a**, 65

Krankfeiern
- fristlose Kündigung **626**, 112

Krankheit
- fristlose Kündigung **626**, 116

krankheitsbedingte Kündigung **Vor 620-630**, 174–176
Kündigung
- Änderungskündigung **Vor 620-630**, 93–94
- Anfechtung **Vor 620-630**, 128
- außerordentliche **Vor 620-630**, 91 s a fristlose Kündigung
- bedingte **Vor 620-630**, 99
- Beendigungszeitpunkt **Vor 620-630**, 97–98
- Begriff **Vor 620-630**, 90
- Begründung **Vor 620-630**, 102–106
- Behandlungsvertrag **630b**, 63–78
- betriebsbedingte **Vor 620-630**, 180–190
- Betriebsratsbeteiligung **Vor 620-630**, 199–201
- Diskriminierung **Vor 620-630**, 149–150
- Diskriminierungsschutz **2 AGG**, 19–21
- Empfangsbote **Vor 620-630**, 121
- Empfangsvertreter **Vor 620-630**, 121
- Form **Vor 620-630**, 125–127
- fristlose s fristlose Kündigung
- gesetzliches Verbot **Vor 620-630**, 139
- Gleichbehandlungsgrundsatz **Vor 620-630**, 151
- hilfsweise **Vor 620-630**, 100
- Interessenwegfall **628**, 25
- krankheitsbedingte **Vor 620-630**, 174–176
- Kündigungsschutzgesetz **Vor 620-630**, 154–190 s a dort
- Kündigungsschutzklage s dort
- Kündigungswille **Vor 620-630**, 96
- Massenentlassung s dort
- ordentliche **626**, 4
- ordentliche **Vor 620-630**, 91 s a dort
- Personalratsbeteiligung **Vor 620-630**, 202–204
- personenbedingte **Vor 620-630**, 172–176
- Prozessvollmacht **Vor 620-630**, 111
- Rücknahme **Vor 620-630**, 130–131
- Schadensersatzpflicht **628**, 34–78
- Schriftform s dort
- Schwerbehindertenvertretung **Vor 620-630**, 205
- Sittenwidrigkeit **Vor 620-630**, 140–142
- Stellvertretung **Vor 620-630**, 107–113
- tariflicher Ausschluss **Vor 620-630**, 153
- Teilkündigung **Vor 620-630**, 92
- Treu und Glauben **Vor 620-630**, 143
- Umdeutung **Vor 620-630**, 132–133
- ungehörige **Vor 620-630**, 148
- Unzeitkündigung **Vor 620-630**, 148
- Veranlassung **628**, 17–21
- verhaltensbedingte **Vor 620-630**, 177–179
- vor Dienstantritt **Vor 620-630**, 137

Stichwortverzeichnis

- vorsorgliche **Vor 620-630**, 100
- vorzeitige **620**, 72–73
- Widerruf **Vor 620-630**, 129
- Zugang **Vor 620-630**, 114–124 s a dort
- zur Unzeit **627**, 16–18
- Zurückweisung **Vor 620-630**, 108–110

Kündigungserklärung
- fristlose Kündigung **626**, 189–207
- Umdeutung **Vor 620-630**, 54

Kündigungserklärungsfrist 626, 208–237
- Änderungskündigung **626**, 224
- Anhörung **626**, 218
- Aufklärungsmaßnahmen **626**, 217
- Betriebsratsbeteiligung **626**, 229–231
- Dauersachverhalt **626**, 225
- Druckkündigung **626**, 223
- Ermittlungsmaßnahmen **626**, 217
- Ermittlungsverfahren **626**, 221
- Fristbeginn **626**, 214–219
- Fristberechnung **626**, 233
- positive Kenntnis **626**, 216
- Rechtsrat **626**, 219
- Verdachtskündigung **626**, 220
- Zustimmungserfordernis **626**, 232
- Zweck **626**, 209

Kündigungserschwerung 622, 65–66
Kündigungsfrist 621, 3, **10 AGG**, 39
- AG-Vorstand **621**, 12
- Änderungskündigung **622**, 12
- arbeitnehmerähnliche Person **621**, 6
- Aushilfskräfte **622**, 58
- Auslauffrist **622**, 13
- Benachteiligungsverbot **622**, 48
- Betriebsvereinbarung **622**, 50
- Fernunterrichtsvertrag **621**, 5
- Fristberechnung **622**, 17–18
- Grundkündigungsfrist **622**, 19
- Günstigkeitsvergleich **622**, 63
- Hausangestellte **622**, 8
- Heimarbeiter **621**, 5
- Heuer **621**, 5
- Kleinunternehmen **622**, 59–60
- Kündigungstermin **622**, 22
- leitende Angestellte **622**, 7
- Organmitglied **621**, 8–11
- Probezeit **622**, 28–36 s a dort
- tarifvertragliche **622**, 37–49
- Vergütung nach Monaten **621**, 18
- Vergütung nach Quartalen **621**, 19
- Vergütung nach Tagen **621**, 16
- Vergütung nach Wochen **621**, 17
- Vergütung nach Zeitabschnitt **621**, 15
- verlängerte **622**, 21–27
- vertragliche **622**, 51–64

Kündigungsgrund
- Nachschieben **626**, 251–265

Kündigungsschutz
- Abfallbeauftragter **Vor 620-630**, 37
- allgemeiner **Vor 620-630**, 33
- Amtsträger **Vor 620-630**, 207–210
- besonderer **Vor 620-630**, 34, 206–219
- betriebliche Interessenvertreter **Vor 620-630**, 36
- Betriebsarzt **Vor 620-630**, 37
- Datenschutzbeauftragte **Vor 620-630**, 37
- ehrenamtliche Richter **Vor 620-630**, 38
- Elternzeit **Vor 620-630**, 219
- Familienpflegezeit **Vor 620-630**, 218
- Gewässerschutzbeauftragter **Vor 620-630**, 37
- Immissionsschutzbeauftragter **Vor 620-630**, 37
- kirchliche Arbeitgeber **Vor 620-630**, 30
- Kleinbetrieb **Vor 620-630**, 147
- Mutterschutz **Vor 620-630**, 215–218
- Pflegezeit **Vor 620-630**, 218
- Schwerbehinderte **Vor 620-630**, 35, 211–214
- Störfallbeauftragter **Vor 620-630**, 37
- Wahlbewerber **Vor 620-630**, 207–210

Kündigungsschutzgesetz Vor 620-630, 154–190
- Abfindungsanspruch **Vor 620-630**, 190
- Auszubildende **Vor 620-630**, 159
- betriebsbedingte Kündigung **Vor 620-630**, 180–190
- Betriebsratswiderspruch **Vor 620-630**, 168
- Interessenabwägung **Vor 620-630**, 171
- Interessenausgleich mit Namensliste **Vor 620-630**, 189
- krankheitsbedingte Kündigung **Vor 620-630**, 174–176
- negative Zukunftsprognose **Vor 620-630**, 169
- personenbedingte Kündigung **Vor 620-630**, 172–176
- Schwellenwert **Vor 620-630**, 162–165
- Sozialauswahl **Vor 620-630**, 185–188
- Unternehmerentscheidung **Vor 620-630**, 180
- verhaltensbedingte Kündigung **Vor 620-630**, 177–179
- Verhältnismäßigkeitsgrundsatz **Vor 620-630**, 170
- Wartezeit **Vor 620-630**, 160–161

Kündigungsschutzklage Vor 620-630, 220–222
- Wirksamkeitsfiktion **Vor 620-630**, 220

L

Lähmungsrisiko
- Aufklärung **630e**, 107

Leistung
- generell delegationsfähige **630a**, 171
- nicht delegationsfähige **630a**, 169
- Substitution **630a**, 178

Leistungsverweigerungsrecht
- Beschäftigte **14 AGG**, 3–9

leitende Angestellte
- Kündigungsfrist **622**, 7

Leitlinien
- medizinische **630a**, 380–388

Lohnrückstände
- fristlose Kündigung **626**, 152

lösende Aussperrung Vor 620-630, 230

Lossagung
- Schriftform **623**, 8

Lossagungsrecht
- Arbeitnehmer **Vor 620-630**, 229

Loyalitätspflicht
- Patient **630a**, 149

Loyalitätspflicht
- Religionsgemeinschaft **9 AGG**, 17–22

M

Massenentlassung Vor 620-630, 191–197
- Anzeigepflicht **Vor 620-630**, 196
- Aufhebungsvertrag **Vor 620-630**, 63
- Betriebsbegriff **Vor 620-630**, 194
- Konsultationsverfahren **Vor 620-630**, 195

Massenentlassungsrichtlinie Vor 620-630, 24

Massengeschäft
- Benachteiligungsverbot **19 AGG**, 6–11

Maßnahme
- positive **5 AGG**, 4–9
- zugunsten Altersgruppen **5 AGG**, 17
- zugunsten Behinderter **5 AGG**, 14–16
- zugunsten Geschlecht **5 AGG**, 9–13
- zugunsten Migrationshintergrund **5 AGG**, 19
- zugunsten Religion **5 AGG**, 18
- zugunsten Weltanschauung **5 AGG**, 18

Maßregelungsverbot
- Beweislasterleichterung **16 AGG**, 10
- Tatbestand **16 AGG**, 3–10

Maßregelvollzug
- Einsicht Patientenakte **630g** 91-93

medizinischer Standard 630a, 363–376
- dynamischer Standard **630a**, 375
- Facharztstandard **630a**, 367
- Gruppenstandard **630a**, 376
- Patientenwunsch **630a**, 374

Mehrfachdiskriminierung 4 AGG, 1

Meinungsäußerung
- fristlose Kündigung **626**, 83

Stichwortverzeichnis

Mietvertrag
- Benachteiligungsverbot **19 AGG**, 9, 14
- Wohnraummiete **19 AGG**, 19–22

Minderjährige 630a, 42
- Behandlung **630a**, 43–54
- Drei-Stufen-Theorie **630a**, 50–51
- Einwilligung **630d**, 36–52
- Einwilligungsfähigkeit **630a**, 49
- entgegenstehender Wille **630a**, 53
- gesetzlich versicherte **630a**, 46–47
- privat versicherte **630a**, 48
- Vergütungspflicht **630a**, 99–111

Minderleistung
- fristlose Kündigung **626**, 135

Minderung
- Behandlungsvertrag **630a**, 430

mittelbare Benachteiligung 3 AGG, 8–13

Mitwirkungsobliegenheit
- Patient **630a**, 113–118

Mobbing
- fristlose Kündigung **626**, 82, 155

Monatslohn
- Teilvergütungsanspruch **628**, 10

Mutterschutz
- besonderer Kündigungsschutz **Vor 620-630**, 215–218
- fristlose Kündigung **626**, 38

N

Nacherfüllung
- Behandlungsvertrag **630a**, 432–433

Nachschieben
- Kündigungsgrund **626**, 251–265

Nachsorge 630a, 291–294
- Behandlungsfehler **Vor 630h**, 76

Nebentätigkeit
- fristlose Kündigung **626**, 84

Neulandmethode
- Behandlungsfehler **Vor 630h**, 65

Neutralitätsgrundsatz 630e, 4

Notaufnahme 630a, 33

Notdienst
- Teilnahmepflicht **630a**, 239–242

Notfallbehandlung
- Vergütung **630b**, 14

O

Offenbarungspflicht
- Behandlungsfehler **630c**, 59–85
- Beweisverwertungsverbot **630c**, 83–85
- fremde Behandlungsfehler **630c**, 71–73
- Haftpflichtversicherung **630c**, 82

öffentliches Amt
- Behandlung **630a**, 68–75

off-label-use 630a, 400–408
- Behandlungsfehler **Vor 630h**, 66

OP-Material
- Verbleib im Patienten **630a**, 328

ordentliche Kündigung Vor 620-630, 91

ordentliche Unkündbarkeit
- fristlose Kündigung **626**, 55
- Orlando-Kündigung **626**, 138–139

Organisation
- Behandlungsablauf **630a**, 302–312

Organisationsverschulden
- Behandlungsfehler **Vor 630h**, 79

Organmitglied 6 AGG, 15
- Kündigungsfrist **621**, 8–11
- Schriftform **623**, 7

Organstellung
- Widerruf **Vor 620-630**, 11, **626**, 12

Orlando-Kündigung 626, 138–139

P

Patient
- Auskunftsklage **630c**, 67
- Aufklärung **630a**, 182–198 s a dort
- Befolgungsobliegenheit **630a**, 126–131
- betreuter **630a**, 55
- bewusstloser **630a**, 55
- Duldungsobliegenheit **630a**, 132–145
- Einsichtsrecht Patientenakte **630g**, 9–26 s a **Patientenakte**
- Einwilligung **630a**, 182 s a dort
- Informationsobliegenheit **630a**, 119–125
- Informationspflicht **630c**, 36
- Internetbewertung **630a**, 149
- Kooperationsobliegenheit **630a**, 112–150
- Loyalitätspflicht **630a**, 149
- minderjähriger s **Minderjährige**
- Mitverschulden **630a**, 527–531
- Mitwirkungsobliegenheit **630a**, 113–118
- Selbstschädigung **630a**, 341–342
- Termineinhaltungspflicht **630a**, 146–147
- Verbraucherleitbild **630c**, 35
- Vergütungspflicht **630a**, 82–84
- Vorsorgevollmacht **630a**, 57
- Wartepflicht **630a**, 148

Patientenakte
- Einsichtnahme **630g**, 60–78
- Einsichtnahme Erben **630g**, 118–141
- Einsichtnahme Geistlicher **630g**, 174–177
- Einsichtnahme gesetzliche Vertreter **630g**, 16–24
- Einsichtnahme gewillkürte Vertreter **630g**, 25–26
- Einsichtnahme Krankenversicherung **630g**, 142–145
- Einsichtnahme Staatsanwaltschaft **630g**, 149–151
- Einsichtsberechtigung **630g**, 9–26
- Einsichtsort **630g**, 60–62
- Einsichtsrecht **630a**, 243–247
- Kopien **630g**, 67–78
- Maßregelvollzug **630g**, 93–95
- postmortales Einsichtsrecht **630g**, 115–151
- Strafvollzug **630g**, 93–95
- tierärztliche Behandlung **630g**, 97

Patienten-Compliance 630c, 27–30

Patientenverfügung
- Einwilligung **630d**, 57

Pauschalhonorar
- Teilvergütungsanspruch **628**, 11

Personalmehrkosten
- Schadensposten **628**, 66

Personalplanung
- Sachgrundbefristung **620**, 58

Personalratsbeteiligung
- Kündigung **Vor 620-630**, 202–204

personenbedingte Gründe
- fristlose Kündigung **626**, 115–135

personenbedingte Kündigung Vor 620-630, 172–176

persönliche Leistungserbringung 630b, 41–55
- Aufklärung **630b**, 54
- Delegation **630b**, 49–53
- stationärer Bereich **630b**, 45
- Stellvertretung **630b**, 46

Pflegeakte 630f, 119–129

Pflegezeit
- besonderer Kündigungsschutz **Vor 620-630**, 218
- fristlose Kündigung **626**, 38

Placebo 630a, 396–397
- Aufklärung **630e**, 110

political correctness Vorb AGG, 11

politische Betätigung
- fristlose Kündigung **626**, 85

Privatarzt
- Behandlungspflicht **630a**, 31

Privatpatient 630a, 26

Probezeit 622, 28–36
- Befristung **622**, 32–33
- Dauer **622**, 34
- Kündigungsfrist **622**, 35–36
- vereinbarte **622**, 30–31

Stichwortverzeichnis

Profisportler
- Sachgrundbefristung **620**, 45

Provision
- Teilvergütungsanspruch **628**, 13

Prozessbeschäftigung
- Zwischenzeugnis **630**, 24

Prozessvollmacht
- Kündigungsbefugnis **Vor 620-630**, 111

psychisch Kranke
- Unterbringung **630a**, 138

Q

Qualifizierungsmaßnahme
- Freizeitgewährung **629**, 13

Quotenregelung
- harte **5 AGG**, 8
- Härtefallregelung **5 AGG**, 8

R

Rasse **1 AGG**, 5

Rechtfertigung
- Alter **8 AGG**, 24-26
- Behinderung **8 AGG**, 23
- ethnische Herkunft **8 AGG**, 14
- Gefahrenvermeidung **20 AGG**, 6
- Geschlecht **8 AGG**, 15-18
- Intimschutz **20 AGG**, 7
- Missbrauchskontrolle **8 AGG**, 10
- persönliche Sicherheit **20 AGG**, 7
- Rasse **8 AGG**, 13
- Religion **8 AGG**, 19-22
- Religionsfreiheit **20 GG**, 11
- Religionsgemeinschaftsschutz **20 AGG**, 12
- risikoadäquate Kalkulation **20 AGG**, 18-21
- sachliche Gründe **20 AGG**, 4-14
- sexuelle Identität **8 AGG**, 27-28
- Verhältnismäßigkeitsprüfung **8 AGG**, 9
- Vorteilsgewährung **20 AGG**, 9
- Weltanschauung **8 AGG**, 19-22
- wesentliche und entscheidende berufliche Anforderung **8 AGG**, 5-8

Regelaltersgrenze
- Sachgrundbefristung **620**, 55

Religion **1 AGG**, 10

Religionsfreiheit
- Rechtfertigungsgrund **20 AGG**, 11

Religionsgemeinschaft **9 AGG**, 6
- Homosexualität **9 AGG**, 22
- Loyalitätspflicht **9 AGG**, 17-22

Religionsgemeinschaftsschutz
- Rechtfertigungsgrund **20 AGG**, 12

Religionssymbol
- fristlose Kündigung **626**, 88

Religionszugehörigkeit
- berufliche Anforderung **9 AGG**, 9-15

Rettungsdienst **630a**, 34

Reuerecht
- fristlose Kündigung **626**, 150

Richtlinien
- sozialrechtliche **630a**, 379

risikoadäquate Kalkulation
- Rechtfertigungsgrund **20 AGG**, 18-21

Rücknahme
- Kündigung **Vor 620-630**, 130-131

Rücktritt
- Aufhebungsvertrag **Vor 620-630**, 82
- Behandlungsvertrag **630a**, 434

Rücktrittsrecht **626**, 11

Rufschädigung
- fristlose Kündigung **626**, 79

Ruhen des Arbeitsverhältnisses
- Zwischenzeugnis **630**, 27

S

Sachgrundbefristung **620**, 34-60
- Altersgrenze **620**, 55
- Anschlussbeschäftigung **620**, 38
- Aus- und Weiterbildung **620**, 56
- Befristungskette **620**, 60
- Dauer **620**, 35
- Drittmittel **620**, 51
- Eigenart der Arbeitsleistung **620**, 43
- Erprobung **620**, 47
- gerichtlicher Vergleich **620**, 53
- Haushaltsrecht **620**, 49
- institutioneller Rechtsmissbrauch **620**, 60
- Personalplanung **620**, 58
- Profisportler **620**, 45
- Prognose **620**, 36
- Regelaltersgrenze **620**, 55
- unbenannte Sachgründe **620**, 54-59
- Vertretung **620**, 39
- vorübergehender Bedarf **620**, 37
- Wunsch des Arbeitnehmers **620**, 48

Sachverständiger, medizinischer **Vor 630a ff**, 60-70

Schadensersatz
- Akquisekosten **626**, 67
- Arbeitgeberdarlehen **628**, 62
- Ausschlussfrist **15 AGG**, 18-23, **21 AGG**, 21-24
- Behandlungsvertrag **630a**, 435-436
- Benachteiligung **21 AGG**, 11-17
- diskriminierungsrechtlicher **15 AGG**, 3-9
- entgangener Gewinn **628**, 70
- immaterieller Schaden **21 AGG**, 15-17
- Kündigung **628**, 34-78
- materieller Schaden **15 AGG**, 6-9, **21 AGG**, 12-14
- Personalmehrkosten **628**, 66
- schriftliche Geltendmachung **15 AGG**, 23
- Verfrühungsschaden **628**, 66
- Vergütung **628**, 60
- Vorhaltekosten **626**, 68
- Zeugnis **630**, 84-89

Schlechtleistung
- fristlose Kündigung **626**, 89

Schleppnetzantrag **626**, 244

Schmerzensgeld **630a**, 510-511

Schockschaden **630a**, 511

Schriftform **623**, 19-25
- Abmahnung **623**, 10
- Abwicklungsvertrag **623**, 16
- Altersteilzeitvertrag **623**, 14
- Änderungskündigung **623**, 8, 23
- Anfechtung **623**, 9
- Arbeitsverhältnis **623**, 3
- Auflösungsvertrag **623**, 12-16, 24-25, 28
- Ausgleichsquittung **623**, 17
- Berufsausbildungsverhältnis **623**, 4
- Beweisfunktion **623**, 2
- Dienstverhältnis **623**, 6
- Echtheitsfunktion **623**, 2
- Heuerverhältnis **623**, 5
- Klageverzichtsvertrag **623**, 16
- Kündigung **623**, 8-11, 21-23
- Lossagung **623**, 8
- Organmitglieder **623**, 7
- Schriftsatzkündigung **623**, 22
- Stellvertreter **623**, 20
- Teilkündigung **623**, 10
- Teilwiderruf **623**, 10
- Treuwidrigkeit **623**, 29-30
- Verifikationsfunktion **623**, 2
- Vorvertrag **623**, 15
- Warnfunktion **623**, 2
- Widerspruch **623**, 11

Schriftsatzkündigung **623**, 22

Schuldverhältnis
- Benachteiligungsverbot **19 AGG**, 5-16

Schwarzarbeit
- fristlose Kündigung **626**, 90

Schweigepflicht **630a**, 201-218

Stichwortverzeichnis

- Zeugnisverweigerungsrecht **630a**, 205
Schwellenwert
- Kündigungsschutz **Vor 620-630**, 162–165
Schwerbehinderte
- besonderer Kündigungsschutz **Vor 620-630**, 35, 211–214
- fristlose Kündigung **626**, 39
Schwerbehindertenvertretung
- Kündigung **Vor 620**, 205
Selbständige 6 AGG, 14
Selbstbestimmungsaufklärung
- Alternativen **630e**, 39–44
- Aushändigungspflicht **630e**, 52
- Diagnoseaufklärung **630e**, 12
- Dolmetscher **630e**, 74
- Entbehrlichkeit **630e**, 77
- fremdsprachiger Patient **630e**, 73
- Gebot der Schonung **630e**, 28
- Gegenstand **630e**, 11–49
- hörbehinderter Patient **630e**, 75
- hypothetische **630e**, 101
- Impfung **630e**, 19
- Indikation **630e**, 35
- kosmetische Behandlung **630e**, 37
- Lähmungsrisiko **630e**, 107
- Medikamenteneinsatz **630e**, 33
- Mündlichkeit **630e**, 50
- Neulandmethode **630e**, 46
- nicht indizierte Behandlung **630e**, 36
- nicht zugelassenes Medikament **630e**, 109
- Operationsvorgehensweise **630e**, 34
- Placebo-Einsatz **630e**, 110
- Risikoaufklärung **630e**, 14–21
- Schriftlichkeit **630e**, 51
- schwerstes Risiko **630e**, 31
- schwerwiegende Nebenwirkungen **630e**, 108
- therapeutische Kontraindikation **630e**, 85
- Transplantation **630e**, 111
- Vergütungsanspruch **630e**, 95–96
- Verlaufsaufklärung **630e**, 13
- verspätete **630e**, 70
- Verständlichkeit **630e**, 72
- Verzicht **630e**, 79–83
- Zeitpunkt **630e**, 61–78
Selbstbeurlaubung
- fristlose Kündigung **626**, 91
Selbstschädigung
- Patient **630a**, 341–342
Selbstzahler 630, 27
sexuelle Belästigung 3 AGG, 19–22
- fristlose Kündigung **626**, 100
sexuelle Identität 1 AGG, 17
Sicherheit
- Rechtfertigungsgrund **20 AGG**, 7
Sicherungsaufklärung 630a, 197–198 s a **Aufklärung**
Sittenwidrigkeit
- Kündigung **Vor 620-630**, 140–142
Sozialauswahl Vor 620-630, 185–188, **10 AGG**, 36–37
soziale Verantwortung 17 AGG, 3–4
- Betriebsverfassung **17 AGG**, 4
- Tarifautonomie **17 AGG**, 4
soziale Vergünstigung 2 AGG, 12
Sozialplanabfindung 10 AGG, 31–34
Sozialschutz 2 AGG, 11
Spitzenverband
- Benachteiligungsverbot **18 AGG**, 15
Sprinterprämie Vor 620-630, 88
Staatsangehörigkeit 1 AGG, 7
Stalking
- fristlose Kündigung **626**, 101
Standardunterschreitung
- Behandlungsfehler **Vor 630h**, 45
stationäre Behandlung 630a, 64–67
Stellenwechsel
- Zwischenzeugnis **630**, 25
Stellungnahmen 630a, 389
Stellvertreter
- Kündigung **Vor 620-630**, 107–113

- Schriftform **623**, 20
Störfallbeauftragter
- Kündigungsschutz **Vor 620-630**, 37
Störung der Geschäftsgrundlage Vor 620-630, 16
- Aufhebungsvertrag **Vor 620-630**, 84
Strafgefangene
- Behandlung **630a**, 135
- Unterbringung **630a**, 136
Straftat
- fristlose Kündigung **626**, 95–105
Strafvollzug
- Einsicht Patientenakte **630g**, 93–95
Streikteilnahme
- fristlose Kündigung **626**, 106
Studienstipendium
- Benachteiligungsverbot **19 AGG**, 9
Stundenlohn
- Teilvergütungsanspruch **628**, 9
substantive equality Vorb AGG, 5
Suspendierung Vor 620-630, 12–13

T

Tarifautonomie
- soziale Verantwortung **17 AGG**, 4
Tarifvertrag Vor 620-630, 44
- Benachteiligungsverbot **622**, 49
- Kündigungsfrist **622**, 37–49
Tarifvertragsparteien
- Benachteiligungsverbot **18 AGG**, 5
Tätlichkeit
- fristlose Kündigung **626**, 102
Teilkündigung Vor 620-630, 92
- Schriftform **623**, 10
Teilvergütungsanspruch 628, 8–15
- Gewinnbeteiligung **628**, 13
- Gratifikation **628**, 12
- Monatslohn **628**, 10
- Pauschalhonorar **628**, 11
- Provision **628**, 13
- Stundenlohn **628**, 9
- Urlaub **628**, 14
Teilwiderruf
- Schriftform **623**, 10
Telemedizin 630a, 361–362
- Sorgfaltsstandards **630a**, 409–417
Tendenzbetrieb
- fristlose Kündigung **626**, 60
Termineinhaltungspflicht
- Patient **630a**, 146–147
Testamentserrichtung
- Krankenhaus **630a**, 347–348
Therapiefehler
- Behandlungsfehler **Vor 630h**, 59–69
Therapiewahl 630a, 269–279,
- freie **630a**, 398
tierärztliche Behandlung
- Dokumentation **630f**, 130–132
- Einsichtnahme Behandlungsakte **630g**, 97
Tod
- Dienstberechtigter **Vor 620-630**, 5
- Dienstverpflichteter **Vor 620-630**, 225
transformative equality Vorb AGG, 6
Transplantation
- Aufklärung **630e**, 111
Treu und Glauben
- Kündigung **Vor 620-630**, 143
Turboklausel Vor 620-630, 88

U

Überbeschleunigung
- Verbot **Vor 630a ff**, 79
Übergabeeinschreiben
- Kündigung **Vor 620-630**, 117
Überlassungserlaubnis
- Leiharbeit **Vor 620-630**, 14

Stichwortverzeichnis

Übernahmeverschulden
- Behandlungsfehler **Vor 630h**, 50

Überwachungspflicht
- Behandelnder **630a**, 282–288

ultima ratio 626, 48–49

Umdeutung
- fristlose Kündigung **626**, 151, 201–205
- Kündigung **Vor 620-630**, 132–133

unentschuldigtes Fehlen
- fristlose Kündigung Fehlen **626**, 107

Unfähigkeit
- fristlose Kündigung **626**, 135

Ungleichbehandlung
- gerechtfertigte **8 AGG**, 4

Unkündbarkeit
- ordentliche **626**, 138–139

Unkündbarkeitsregelung 10 AGG, 38

unmittelbare Benachteiligung 3 AGG, 2–7
- Rechtfertigung **8 AGG**, 4

Unmöglichkeit
- Behandlungsvertrag **630a**, 425–429
- Dienstleistung **Vor 620-630**, 7

Unpünktlichkeit
- fristlose Kündigung **626**, 109

unterlassene Hilfeleistung 630a, 38

Unterlassungsanspruch
- Ausschlussfrist **21 AGG**, 21–124
- Benachteiligung **21 AGG**, 10
- grober Verstoß **17 AGG**, 7

Unternehmerentscheidung Vor 620-630, 180
Unzeitkündigung Vor 620-630, 148, **627**, 16–18

Urlaub
- Teilvergütungsanspruch **628**, 14

Urlaubstage
- Staffelung **10 AGG**, 14

Urlaubsversagung
- fristlose Kündigung **626**, 154

V

Veranlassung
- Kündigung **628**, 17–21

Verband
- Aufnahmeanspruch **18 AGG**, 21–22
- Machtstellung **18 AGG**, 12–14

Verbrauchervertrag über digitale Dienstleistung 620, 82–89
- Anfechtung **620**, 89
- Aufhebungsvertrag **620**, 89
- Beendigung **620**, 82

Verdachtskündigung 626, 125–131
- Anhörung Betriebsrat **626**, 128
- Ermittlungsverfahren **626**, 221
- Kündigungserklärungsfrist **626**, 220
- Wiedereinstellung **626**, 130

Vereinbarung
- standardunterschreitende **630c**, 20

Verfrühungsschaden
- Schadensposten **628**, 66

Vergütung
- betreuter Patient **630a**, 104–106
- Honorarvereinbarung **630a**, 86–94
- Krankenhausbehandlungsvertrag **630a**, 107–110
- Laborarzt **630a**, 95
- minderjähriger Patient **630a**, 99–102
- Vorschuss **630a**, 97

verhaltensbedingte Kündigung Vor 620-630, 177–179

Verhältnismäßigkeitsgrundsatz
- Kündigungsschutz **Vor 620-630**, 170

Vermögensdelikt
- fristlose Kündigung **626**, 104

Versicherung
- Benachteiligungsverbot **19 AGG**, 15–16
- risikoadäquate Kalkulation **20 AGG**, 18–21

vertikale Arbeitsteilung
- Behandlungsfehler **Vor 630h**, 71–72

Vertragsarzt
- Behandlungspflicht **630a**, 27–30

vertragswidriges Verhalten
- Gekündigter **628**, 39–42

Vertrauensarzt 630a, 72

Vertretung
- Gesamtvertretung **620**, 40
- Kausalzusammenhang **620**, 40
- Sachgrundbefristung **620**, 39

Verzeihung
- fristlose Kündigung **626**, 34

Verzicht
- fristlose Kündigung **626**, 33

Verzicht
- Zeugnis **630**, 90

Vorbeschäftigung 620, 26
- Fragerecht **620**, 30

Vorhaltekosten
- Schadensposten **628**, 68

Vorlagepflicht
- Zwischenzeugnis **630**, 28

vorläufige personelle Maßnahme Vor 620-630, 15
Vorleistungspflicht 628, 5
Vorsorgevollmacht 630a, 57
- Einwilligung **630d**, 61

Vorteilsgewährung
- Rechtfertigungsgrund **20 AGG**, 9

vorübergehender Bedarf 620, 37 s a **Sachgrundbefristung**

Vorvertrag
- Schriftform **623**, 15

W

Wahlbewerber
- besonderer Kündigungsschutz **Vor 620-630**, 207–210

Warnfunktion
- Schriftform **623**, 2

Wartepflicht
- Patient **630a**, 148

Wartezeit
- Kündigungsschutz **Vor 620-630**, 160–161

Wehrdienst
- fristlose Kündigung **626**, 124

Weltanschauung 1 AGG, 11
Weltanschauungsgemeinschaft 9 AGG, 6

Wettbewerbsverbot
- fristlose Kündigung **626**, 114

Whistleblowing 630c, 73
- fristlose Kündigung **626**, 67

wichtiger Grund, fristlose Kündigung s dort

Widerruf
- Aufhebungsvertrag **Vor 620-630**, 80
- Schriftform **623**, 11
- Zeugnis **630**, 76–80

Wiedereinstellungsanspruch
- bedingter **Vor 620-630**, 68

Wohnraummiete
- Benachteiligungsverbot **19 AGG**, 19–22

Wohnraumversorgung 2 AGG, 16

Z

Zeitbefristung 620, 10 s a **Befristung**

Zeugnis
- Anfechtbarkeit **630**, 76
- Aufhebungsvertrag **630**, 18
- Ausgleichsklausel **630**, 91
- Ausschlussfrist **630**, 93
- äußere Form **630**, 63
- Aussteller **630**, 67
- Befristung **630**, 19
- Berichtigung **630**, 81–83
- Betriebsratsbeteiligung **630**, 61
- Bewertungsskala **630**, 51
- Datum **630**, 65
- einfaches **630**, 42
- Einheitlichkeit **630**, 36
- Endzeugnis **630**, 13

Stichwortverzeichnis

- Erteilung **630**, 59–75
- Erteilungsberechtigung **630**, 59
- Führung **630**, 47
- Holschuld **630**, 69
- Inhalt **630**, 35–58
- Klage **630**, 96–100
- Kündigung **630**, 15–17
- Kündigungsschutzklage **630**, 20
- Leistung **630**, 48
- Noten **630**, 52–57
- Personaldaten **630**, 43
- qualifiziertes **630**, 46
- Schadensersatz **630**, 84–89
- Schlussformel **630**, 68
- Sprache **630**, 64
- Tätigkeitsbeschreibung **630**, 44
- Tätigkeitsdauer **630**, 45
- Überschrift **630**, 66
- Verhalten **630**, 47
- Verjährung **630**, 73
- Verwirkung **630**, 73
- Verzicht **630**, 90
- Vollständigkeit **630**, 38
- Widerruf **630**, 76–80
- Wohlwollenspflicht **630**, 41
- Zeugnisklarheit **630**, 40
- Zeugniswahrheit **630**, 39
- Zwangsvollstreckung **630**, 107
- Zwischenzeugnis **630**, 21–30 s a dort

Zeugnisverweigerungsrecht
- Arzt **630a**, 205

Zitiergebot 620, 63

Zivildienst
- fristlose Kündigung **626**, 124

Zugang
- Empfangsbote **Vor 620-630**, 123
- Empfangsvertreter **Vor 620-630**, 121
- Kündigung **Vor 620-630**, 114–124
- Möglichkeit der Kenntnisnahme **Vor 620-630**, 118

Zukunftsprognose
- negative **Vor 620-630**, 169

Zurückbehaltungsrecht
- Beschäftigte **14 AGG**, 10

Zwangsbehandlung
- Betreute **630a**, 140–141

Zweckbefristung 620, 11 s a **Befristung**
- Schriftform **620**, 3
- Zweckerreichung **620**, 69–70

Zwischenzeugnis 630, 21–30
- Betriebsübergang **630**, 26
- Bindungswirkung **630**, 34
- Prozessbeschäftigung **630**, 24
- Ruhen des Arbeitsverhältnisses **630**, 27
- Stellenwechsel **630**, 25
- Subsidiarität **630**, 32
- Vorlagepflicht **630**, 28